Dicionário
Verbo
Oxford

Inglês
Português

Dicionário
Verbo
Oxford

Inglês
Português

Verbo

EDITORIAL VERBO
DEPARTAMENTO DE ENCICLOPÉDIAS E DICIONÁRIOS

Direcção
DR. JOÃO BIGOTTE CHORÃO

Orientação Científica
PROF. DOUTOR JOÃO MALACA CASTELEIRO

Coordenação Geral
MESTRE ANTÓNIO MADURO COLAÇO

EQUIPA REDACTORIAL

Responsável Editorial
MESTRE ANTÓNIO MADURO COLAÇO

Redacção
DRA. ANA MARIA MOTA LIZ
DRA. JÚLIA LAGO
DRA. HELENA MARIA ROMÃO
MESTRE CARLA FERNANDES

Português do Brasil
ENG. EURICO NEVES DA COSTA

Anexo Gramatical e Notas Vocabulares
DRA. ANA MARIA MOTA LIZ

Revisão
DRA. PAMELA INEICHEN

Digitalização
FERNANDO MARINHO
HERMÍNIA PIRES

Agradecemos à equipa inglesa que elaborou o modelo em que este dicionário se baseou, e em particular à:
DRA. VALERIE GRUNDY (JOINT CHIEF EDITOR), a NICOLA ADDYMAN, JENNIFER BARNES, MARIANNE
CHALMERS, GLYNNIS CHANTRELL, GEARÓID CRONIN, FRANCES ILLINGWORTH, MARY O'NEILL e SUSAN
STEINBERG (EDITORS). Desejamos ainda alargar os nossos agradecimentos a BERNADETTE
MOHAN e ao DR. MICHAEL CLARK pelos seus conselhos e apoio.

Introdução

Na sequência do acordo estabelecido entre a Editorial Verbo e a Oxford University Press, publica-se agora o Dicionário Verbo-Oxford de Inglês-Português. Destinado ao grande público, é um dicionário de carácter geral que contempla o Inglês falado e escrito nos dias de hoje. O vocabulário foi concebido em Oxford, com base no *Oxford Corpus of Modern English*, um dos maiores *corpus* existentes para a língua inglesa, constantemente actualizado e enriquecido diariamente com novas entradas que abrangem o Inglês do Reino Unido e dos Estados Unidos. Assim, esta importante obra de referência revela-se totalmente inovadora ao nível da selecção de vocábulos, incluindo numerosos neologismos nunca antes registados em dicionários semelhantes, termos de áreas de ponta como as novas tecnologias, a política, o desporto, a ecologia, etc. Aqui se encontrarão ainda abundantes expressões do quotidiano, desde as de uso mais informal, às mais tradicionais, cristalizadas pelo uso, passando pelas frases idiomáticas e pelos *phrasal verbs*, que tantos problemas levantam aos que estudam e utilizam a língua inglesa.

Inovadora também é a organização das entradas e das respectivas traduções. Particular cuidado foi posto nas traduções de cada entrada, atribuindo, sempre que possível, uma só tradução para cada sentido da palavra ou expressão a traduzir. Assim, cada entrada foi organizada e hierarquizada segundo as categorias gramaticais do vocábulo e segundo os seus diversos sentidos, sendo essas diferenças indicadas através de indicadores semânticos e de coocorrentes, os quais proporcionam traduções adequadas a cada caso e orientam o consulente do dicionário na escolha da tradução certa - (ver *Como consultar o dicionário*).

As palavras de entrada, palavras compostas, *phrasal verbs* e expressões idiomáticas estão nitidamente marcadas para permitir uma mais fácil consulta. O dicionário abrange tanto o Inglês do Reino Unido como dos Estados Unidos e as traduções incluem o Português usado em Portugal e no Brasil.

Para ajudar os utilizadores que dão os primeiros passos na aprendizagem da língua inglesa, inclui-se, no fim do dicionário, um anexo gramatical que visa esclarecer as dificuldades mais comuns que um estrangeiro sente ao aprender a língua bem como um anexo vocabular onde se abordam tópicos de interesse geral na aprendizagem do Inglês.

COMO CONSULTAR O DICIONÁRIO

As entradas do dicionário têm uma estrutura hierarquizada; encontram-se subdivididas em categorias gramaticais, e estas, por sua vez, subdividem-se em categorias semânticas. As categorias gramaticais encontram-se sempre na mesma ordem. Se a palavra tiver uma forma irregular que seja utilizada, como *left* por exemplo, esta surgirá primeiro. A seguir surgirá a categoria de nome, se existir, e depois o adjectivo e o advérbio. Verbos, expressões idiomáticas e *phrasal verbs* surgem no final, por esta ordem. A estrutura hierarquizada da vedeta *kindly* encontra-se no diagrama abaixo. Para traduzir *he thought kindly of her*, siga as indicações da direita. Nas páginas seguintes encontram-se alguns exemplos de utilização do dicionário.

Regra geral, os homónimos estão agrupados sob a mesma entrada. As palavras compostas inglesas surgem por ordem alfabética, seja como entradas separadas, seja agrupadas sob o primeiro elemento. As categorias semânticas foram ordenadas a partir da frequência de utilização. Dentro destas categorias, as distinções entre traduções são dadas por indicadores de sentido (entre parênteses curvos) e/ou coocorrentes (entre parênteses rectos).

❶**kindly** ['kaɪndlɪ] **1** *adj* [*smile, nature, interest, person*] afável, simpático,-a; [*voice*] gentil. ❷**2** *adv* **a)** (in a kindly manner) ❸[*speak, say, look at sb*] ❹com gentileza, com amabilidade; **b)** (obligingly) amavelmente; **she ~ put me up for the night** ela foi simpática e albergou-me por aquela noite; **c)** (on notices) "**~ shut the door**" é favor fechar a porta. IDIOMAS **to take ~ to a suggestion** apreciar uma sugestão; **to think ~ of sb** ter uma boa opinião de alg.

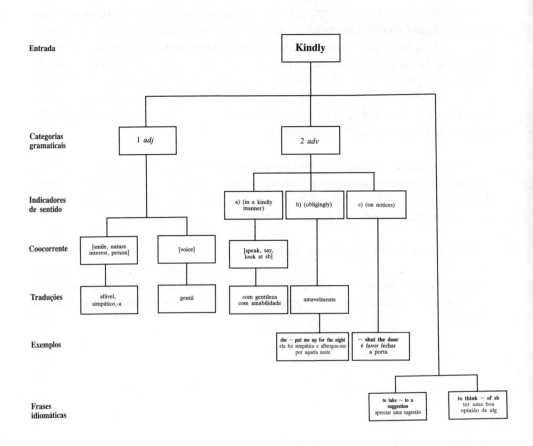

VI

Traduza	he treated her kindly
1 Procure a palavra *kindly* na respectiva ordem alfabética e escolher a categoria gramatical apropriada — *2 adv*	**kindly** ['kaɪndlɪ] **1** *adj* [*smile, nature, interest, person*] afável, simpático,-a; [*voice*] gentil. **2** *adv* **a)** (in a kindly manner) [*speak, say, look at sb*] com gentileza, com amabilidade; **b)** (obligingly) amavelmente; **she ~ put me up for the night** ela foi simpática e albergou-me por aquela noite; **c)** (on notices) "**~ shut the door**" é favor fechar a porta. **IDIOMAS to take ~ to a suggestion** apreciar uma sugestão; **to think ~ of sb** ter uma boa opinião de alg.
2 Escolha o sentido mais apropriado — **a)** (in a kindly manner)	**kindly** ['kaɪndlɪ] **1** *adj* [*smile, nature, interest, person*] afável, simpático,-a; [*voice*] gentil. **2** *adv* **a)** (in a kindly manner) [*speak, say, look at sb*] com gentileza, com amabilidade; **b)** (obligingly) amavelmente; **she ~ put me up for the night** ela foi simpática e albergou-me por aquela noite; **c)** (on notices) "**~ shut the door**" é favor fechar a porta.
3 Repare nas indicações de contexto em que a palavra pode ocorrer — [*speak, say, look at sb*]	**kindly** ['kaɪndlɪ] **1** *adj* [*smile, nature, interest, person*] afável, simpático,-a; [*voice*] gentil. **2** *adv* **a)** (in a kindly manner) [*speak, say, look at sb*] com gentileza, com amabilidade; **b)** (obligingly) amavelmente; **she ~ put me up for the night** ela foi simpática e albergou-me por aquela noite; **c)** (on notices) "**~ shut the door**" é favor fechar a porta.
4 Repare na tradução — com gentileza *ou* com amabilidade	**kindly** ['kaɪndlɪ] **1** *adj* [*smile, nature, interest, person*] afável, simpático,-a; [*voice*] gentil. **2** *adv* **a)** (in a kindly manner) [*speak, say, look at sb*] **com gentileza, com amabilidade**; **b)** (obligingly) amavelmente; **she ~ put me up for the night** ela foi simpática e albergou-me por aquela noite; **c)** (on notices) "**~ shut the door**" é favor fechar a porta.
5 Se necessário, veja *her* no anexo gramatical no fim do dicionário	**HIM / HER / THEM** Quando usados como complemento directo, **him** e **her** traduzem-se por **o** e **a**.

I know him/her   conheço-o/a

Quando usados como complemento indirecto, são traduzidos por **lhe**.

I've given **him/her**   dei-lhe (a ele ou a
the book   ela) o livro

Depois de preposições e depois do verbo to be, traduz-se por **ele/ela**.

he did it for **him/her** ele fê-lo por **ele/ela**
it's **him/her**   é **ele/ela**

O plural de ~~him, her~~ e ~~it~~ (comp. directo) é **them**. Tudo o que foi dito para o sing., se aplica ao plural. Traduz-se para Português por **os, as** e **lhes**, conforme os casos.

I know **them**   eu conheço-**os/as**
                    (comp. directo)
I gave **them** the   eu dei-**lhes** (a eles
book   ou a elas) o livro
                    (comp. indirecto)
he did it for **them** ele fê-lo por
                    eles/elas (depois de
                    preposição)
it's **them**   são **eles/elas** (depois
                    do verbo to be)

Tradução	**ele tratou-a com gentileza *ou* com amabilidade**

Traduza	my son convinced me to buy a new car
1 Procure *convince*	**convince** [kən'vɪns] *vtr* **a)** convencer [*person, jury, reader*] (**of** de; **that** que; **about** acerca de); **to ~ oneself** convencer-se; **the story fails to ~** *or* **does not ~** a história não convence ninguém; **b)** (persuade) persuadir [*voter, consumer*] (**to do** a fazer).
2 Escolha o sentido mais apropriado — **b)** (persuade)	**convince** [kən'vɪns] *vtr* **a)** convencer [*person, jury, reader*] (**of** de; **that** que; **about** acerca de); **to ~ oneself** convencer-se; **the story fails to ~** *or* **does not ~** a história não convence ninguém; **b) (persuade)** persuadir [*voter, consumer*] (**to do** a fazer).
3 Repare na tradução — persuadir — e nos indicadores de contexto — [*voter, consumer*]	**convince** [kən'vɪns] *vtr* **a)** convencer [*person, jury, reader*] (**of** de; **that** que; **about** acerca de); **to ~ oneself** convencer-se; **the story fails to ~** *or* **does not ~** a história não convence ninguém; **b)** (persuade) **persuadir** [***voter, consumer***] (**to do** a fazer).
4 Repare na estrutura do verbo — **to do**	**convince** [kən'vɪns] *vtr* **a)** convencer [*person, jury, reader*] (**of** de; **that** que; **about** acerca de); **to ~ oneself** convencer-se; **the story fails to ~** *or* **does not ~** a história não convence ninguém; **b)** (persuade) persuadir [*voter, consumer*] (**to do** a fazer).
5 Repare na tradução — a fazer	**convince** [kən'vɪns] *vtr* **a)** convencer [*person, jury, reader*] (**of** de; **that** que; **about** acerca de); **to ~ oneself** convencer-se; **the story fails to ~** *or* **does not ~** a história não convence ninguém; **b)** (persuade) persuadir [*voter, consumer*] (**to do** a fazer).
6 Utilize essa estrutura para a tradução, adaptando à frase a traduzir	
Tradução ♦	**o meu filho persuadiu-me a comprar um carro novo**

Traduza	she phoned her parents up
1 *phone up* é um phrasal verb, que se encontram no fim das respectivas entradas por ordem alfabética — ■ **phone up**	**phone** [fəʊn] **1** *n* telefone *m*; **to be on the ~** (be talking) estar ao telefone; (be subscriber) ter telefone; **he told me on** *or* **over the ~ that...** ele disse-me ao telefone que.... **2** *vtr* telefonar a [*person, organization*]. **3** *vi* telefonar; **he ~d for a doctor** ele telefonou a chamar um médico. ■ **phone in**: **~ in (sth)** comunicar (qq coisa) pelo telefone; **she ~d in sick** ela telefonou a comunicar que estava doente. ■ **phone up**: **~ up (sb)**, **~ (sb) up** telefonar a [*person, organization*].
2 Escolha a estrutura do verbo apropriada — **~ up (sb), ~ (sb) up**	■ **phone up**: **~ up (sb), ~ (sb) up** telefonar a [*person, organization*].
3 Repare nos coocorentes do verbo, neste caso o complemento directo — [*person, organization*]	■ **phone up**: **~ up (sb), ~ (sb) up** telefonar a [*person, organization*].
4 Veja a tradução — telefonar a	■ **phone up**: **~ up (sb), ~ (sb) up** telefonar a [*person, organization*].
Tradução	**ela telefonou aos pais**

Traduza	**birds of a feather flock together**
1 Procure as palavras que não conhece — **feather**	**feather** ['feðə(r)] 1 *n* pena *f.* 2 *modif* [*boa, cushion, mattress*] de penas. 3 *vtr* (in rowing) fazer o remo deslizar à tona de água. 4 **feathered** *pp adj* [*garment*] enfeitado com plumas; **our ~ friends** as aves nossas amigas. **IDIOMAS birds of a ~ flock together** (Prov) diz-me com quem andas, dir-te-ei quem és (Prov); **that'll make the ~s fly** isso vai mandar as pessoas ao ar (fam); **that's a ~ in his cap** isso é mais um louro para o seu palmarés ou é mais um penacho com que ele fica; **you could have knocked me down with a ~** fiquei boquiaberto (de surpresa).
2 No fim da entrada encontra as frases idiomáticas. Escolha a correcta — **IDIOMAS birds of a ~ flock together**	**feather** ['feðə(r)] 1 *n* pena *f.* 2 *modif* [*boa, cushion, mattress*] de penas. 3 *vtr* (in rowing) fazer o remo deslizar à tona de água. 4 **feathered** *pp adj* [*garment*] enfeitado com plumas; **our ~ friends** as aves nossas amigas. **IDIOMAS birds of a ~ flock together** (Prov) diz-me com quem andas, dir-te-ei quem és (Prov); **that'll make the ~s fly** isso vai mandar as pessoas ao ar (fam); **that's a ~ in his cap** isso é mais um louro para o seu palmarés ou é mais um penacho com que ele fica; **you could have knocked me down with a ~** fiquei boquiaberto (de surpresa).
3 Repare na indicação (Prov) que lhe indica que tanto a frase inglesa como a respectiva tradução são provérbios	**IDIOMAS birds of a ~ flock together** (Prov) diz--me com quem andas, dir-te-ei quem és (Prov); **that'll make the ~s fly** isso vai mandar as pessoas ao ar (fam); **that's a ~ in his cap** isso é mais um louro para o seu palmarés ou é mais um penacho com que ele fica; **you could have knocked me down with a ~** fiquei boquiaberto (de surpresa).
Traduza	**diz-me com quem andas, dir-te-ei quem és**

ESTRUTURA DAS ENTRADAS

entrada

mash [mæʃ] **1** *n* **a)** AGRIC (for dogs, poultry, horses) mistura *f* para animais; **bran** ~ mistura de farelo; **b)** (in brewing) mosto *m*; **c)** GB puré *m*. **2** *vtr* **a)** esmagar [*fruit*]; ~**ed potatoes** puré de batata; **to** ~ **potatoes** fazer puré de batata; **b)** (in brewing) preparar a cerveja.

separação das categorias gramaticais

separação das categorias semânticas

transcrição fonética internacional

mask [mɑːsk] **1** *n* **a)** (for disguise, protection) máscara *f*; (at masked ball) mascarilha *f*; (sculpture) carranca *f*; (cosmetic) **face** ~ máscara *f*; (fig) **a** ~ **of indifference** uma máscara de indiferença; **b)** ELECTRON, COMPUT máscara *f*. **2** *vt* mascarar [*face*]; dissimular [*truth, emotions*]; FIN encobrir, ocultar [*losses*].

indicadores de sentido

coocorrentes

indicadores temáticos

mast [mɑːst] **1** *n* **a)** NAUT (also flagpole) mastro *m*; RAD, TV (aerial) antena *f*; **the** ~**s of a ship** a mastreação dum navio; **b)** AGRIC bolota *f*. **2** *vtr* mastrear. **IDIOMAS to nail one's colours to the** ~ dizer as suas opiniões de forma clara e definitiva.

maths GB, **math** US [mæθ(s)] (coll) see **mathematics**.

abreviatura

acrónimo

MD *n* **a)** MED, UNIV abrev = **Doctor of Medicine** médico *m*; **b)** US POST abrev = **Maryland**; **c)** MGMT abrev = **Managing**; **d)** MED abrev = **muscular**.

remissão

inglês dos Est. Unidos

tradução
género da tradução

mead [miːd] *n* hidromel *m*.

categoria gramatical

meagre GB, **meager** US [ˈmiːgə(r)] *adj* [*income, sum, meal, fire, crop*] magro,-a (*before n*) [*living, existence*] mísero,-a; [*response, returns*] mesquinho,-a (*before n*) **a** ~ **diet of rice** uma insuficiente refeição de arroz.

variante ortográfica dos Est. Unidos

o ~ substitui a entrada
no exemplo

meal [miːl] *n* **a)** (food) refeição *f*; **main** ~ refeição principal; **they had a** ~ **in the canteen** eles comeram na cantina; **let's go out for a** ~ **tonight!** vamos jantar fora hoje!; **b)** (from grain) farinha *f*; **c)** US (maize flour) farinha *f* de milho.

exemplo

expressões idiomáticas

IDIOMAS don't make a ~ **of it!** (coll) isto não merece tanto escarcéu!.

meal ticket *n* **a)** (voucher) vale *m* de refeição; **b)** (coll, fig) (quality, qualification) ganha-pão *m*; (person) **I'm just a** ~ **for you!** para ti, sou apenas um poço de dinheiro!.

indicadores dos níveis de língua

palavras compostas

palavras compostas

meat: ~ **loaf** *n* rolo *m* de carne; ~ **pie** *n* empada *f* de carne; ~ **safe** *n* GB armário para guardar comida.

melt [melt] **1** *n* (thaw) degelo *m*. **2** *vtr* **a)** [*heat, sun, person*] derreter [*snow, ice, plastic, chocolate*]; fundir [*metal*]; ~ **the butter in a pan** derreter a manteiga num tacho; **b)** [*pity, plea, person*] enternecer [*heart, person*]. **3** *vi* **a)** [*snow, ice, butter, plastic, chocolate*] derreter-se; [*metal*] fundir-se; **to** ~ **in your mouth** derreter na boca; **b)** [*heart, person*] enternecer-se (**with** com). ■ **melt away a)** [*snow, ice*] derreter totalmente; **b)** [*crowd, people*] dispersar-se; [*fear, confidence*] dissipar-se; [*money*] desaparecer. ■ **melt down:** ~ **down (sth),** ~ **(sth) down** fundir [*metal, object*]; derreter [*wax*] (**into** em). ■ **melt into:** ~ **into (sth)** fundir-se com [*crowd, background, forest, colour*].

phrasal verbs

construção de um phrasal verbs

FONÉTICA

Vogais e semivogais

i:	see	/si:/
ɪ	sit	/sɪt/
e	ten	/ten/
æ	hat	/hæt/
a	arm	/a:m/
ɒ	got	/gɒt/
ɔ:	saw	/sɔ:/
ʊ	put	/pʊt/
u:	too	/tu:/
ʌ	cup	/kʌp/
ɜ	fur	/fɜ:(r)/
ə	ago	/ə'geʊ/
eɪ	page	/peɪdʒ/
əʊ	home	/həʊm/
aɪ	five	/faɪv/
aʊ	now	/naʊ/
ɔɪ	join	/dʒɔɪn/
ɪə	near	/nɪə(r)/
eə	hair	/heə(r)/
ʊə	pure	/'pjʊə(r)/
j	yes	/jes/
w	wet	/wet/

Consoantes

p	pen	/pen/
b	bad	/bæd/
t	tea	/ti:/
d	did	/dɪd/
k	cat	/kæt/
g	got	/gɒt/
tʃ	chin	/tʃɪn/
dʒ	June	/dʒu:n/
f	fall	/fɔ:l/
v	voice	/vɔɪs/
θ	thin	/θɪn/
ð	then	/ðen/
s	so	/səʊ/
z	zoo	/zu:/
ʃ	she	/ʃi:/
ʒ	vision	/'vɪʒn/
h	how	/haʊ/
m	man	/mæn/
n	no	/nəʊ/
ŋ	sing	/sɪŋ/
l	leg	/leg/
r	red	/red/

Abreviaturas e Símbolos

abrev	abreviatura de
adj	adjectivo
adj phr	locução adjectival
Admin	administração
adv	advérbio
adv phr	locução adverbial
Aerosp	aeronáutica
Agric	agricultura
alg	alguém
Anat	anatomia
Archit	arquitectura
Aut	automobilismo

aux	auxiliar
Aviat	aviação
baby talk	linguagem infantil
Biol	biologia
Bot	botânica
Br	português do Brasil
cal	calão
Chem	química
Cin	cinema
coll	nível de língua coloquial

Comm	comércio		Med	medicina
Comput	informática		Meteorol	meteorologia
conj	conjunção		Mil	militar
conj phr	locução conjuncional		Mus	música
Constr	construção		Mythol	mitologia
Culin	culinária			
			n	nome
dial	dialecto		Naut	náutico
			nf	nome feminino
Ecol	ecologia		nm	nome masculino
Econ	economia		npl	nome plural
Elec	electrónica		npr	nome próprio
euph	eufemismo			
excl	exclamação		onomat	onomatopeia
			Ordinat	informática
f	nome feminino			
fam	nível de língua familiar			
fig	figurado		pej	pejorativo
Fin	finanças		Philos	filosofia
formal	nível de língua formal		Phot	fotografia
			Phys	física
GB	inglês do Reino Unido		pl	plural
gen	geral		Pol	política
Geog	geografia		Po	Port. Europeu
			pop	nível de língua popular
Hist	história		Post	correios
hum	humorístico		pp	particípio passado
			pp adj	particípio passado adjectival
Ind	indústria		pres p	particípio presente
indic	indicativo		pref	prefixo
injur	injurioso		prep	preposição
inv	invariável		prep phr	locução preposicional
iron	irónico		pres	presente
			Press	imprensa
Journ	imprensa		past	pretérito
Jur	jurídico		pron	pronome
			pron phr	locução pronominal
Ling	linguística		Prov	provérbio
lit	literal		Psych	psicologia
liter	literário			
Literat	literatura		Rad	rádio
loc	locução		Relig	religião
m	nome masculino		sb	alguém
Math	matemática		Scol	escola

Scot	inglês da Escócia		Univ	universidade
sg	singular		US	inglês dos Estados Unidos
slang	calão			
Sociol	sociologia		v	verbo
Sport	desporto		v aux	verbo auxiliar
sth	algo		vi	verbo intransitivo
subj	conjuntivo		vpr	verbo pronominal
			vtr	verbo transitivo
Tech	tecnologia			
Telecom	telecomunicações		Zool	zoologia
Theat	teatro			
TV	televisão		®	marca registada

Principais diferenças ortográficas entre o Português Europeu e o Português do Brasil

Os grupos **cc**, **cç** e **ct** do Português Europeu passam a **c**, **ç** e **t** do Português do Brasil
     accionista → acionista
     acção → ação
     facto → fato

Os grupos **pç** e **pt** passam respectivamente a **ç** e **t**
     excepção → exceção
     óptimo → ótimo

Os grupos **bd** e **bt** passam repectivamente a **d** e **t**
     subdito → súdito
     subtil → sutil

O grupo **mn** passa a **n**
     amnistia → anistia

Os grupos **gu** e **qu** passam respectivamente a **gü** e **qü** quando pronunciados /gw/ e /kw/
     aguentar → agüentar
     cinquenta → cinqüenta

Aa

a¹, A [eɪ] *n* **a)** (letter) a, A *m*; **the A to Z of cooking** a cozinha de A a Z; **b)** Mus lá *m*; **c)** (place) **to get from A to B** ir de um lado a outro; **d)** GB (road) **the A7** a estrada A7.

a² [ə, eɪ] (*antes de vogal ou "h" mudo*, **an** [ən, ən]) *det* um/uma.

AA [eɪ'eɪ] *n* GB Aut abrev = **Automobile**; **the ~** (confrontar) o Automóvel Clube de Portugal (o ACP); abrev = **Alcoholics Anonymous** os Alcoólicos *mpl* Anónimos.

aback [ə'bæk] *adv* **to be taken ~ by** [*remark, proposal, experience*] ser surpreendido ou colhido de surpresa por.

abacus ['æbəkəs] *n* (*pl* **-cuses**) ábaco *m*.

abandon [ə'bændən] **1** *n* abandono *m*; **with gay ~** com desenvoltura. **2** *vtr* abandonar [*person, town, car, hope, etc*] (**to** a); renunciar a PO, arrenegar a BR [*activity, claim, idea*]. **3** *v refl* **to ~ oneself** abandonar-se (**to** a).

abandonment [ə'bændənmənt] *n* abandono *m*.

abase [ə'beɪs] (formal) *v* **to ~ oneself** humilhar-se (*reflex*) (**before** perante).

abashed [ə'bæʃt] *adj* embaraçado; **to be ~ at** *or* **by** [*criticism, discovery*] estar embaraçado devido a *ou* por.

abate [ə'beɪt] **1** (formal) *vtr* (gen) diminuir, reduzir [*noise, pollution*]; Jur (cancel) anular [*writ, sentence*]. **2** *vi* [*wind*] amainar; [*fever*] baixar; [*storm, shock*] diminuir.

abbey ['æbɪ] *n* abadia *f*; **the A~** Brit a Abadia de Westminster.

abbot ['æbət] *n* abade *m*.

abbreviate [ə'briːvɪeɪt] **1** *vtr* abreviar (**to sth** em qq coisa). **2 abbreviated** *pp adj* [*version, form, edition*] reduzido, abreviado, resumido.

abbreviation [əbriːvɪ'eɪʃn] *n* (short form) abreviatura *f* PO, abreviação *f* BR.

ABC [eɪbiː'siː] *n* **a)** (alphabet) alfabeto *m*; **b)** (basics) **the ~ of** [*cooking, photography, etc*] o abc *ou* o b a ba de, os rudimentos *mpl*. IDIOMAS **as easy** *or* **simple as ~** tão simples como beber um copo de água.

abdicate ['æbdɪkeɪt] **1** *vtr* **a)** (give up) renunciar a, abdicar PO, arrenegar a BR [*throne*]; **b)** (relinquish) desistir de [*power, right*]; **c)** (avoid) evitar [*responsibility*]. **2** *vi* abdicar; **to ~ from the throne** abdicar da coroa.

abdication [æbdɪ'keɪʃn] *n* **a)** (royal) abdicação *f*; **b)** (of responsibility) renúncia *f* (**of** a).

abdomen ['æbdəmɪn, æb'dəʊmɪn] *n* abdómen *m*.

abdominal [æb'dɒmɪnl] *adj* abdominal.

abduct [əb'dʌkt] *vtr* raptar, arrebatar.

abduction [əb'dʌkʃn] *n* (of person) rapto *m*.

aberrant [ə'berənt] *adj* [*behaviour, nature*] aberrante; [*result*] anormal.

aberration [æbə'reɪʃn] *n* **a)** (deviation) aberração *f*; **b)** (lapse) lapso *m*; engano *m*; **in a moment of ~** num lapso.

abet [ə'bet] *vtr* (*pres p etc* **-tt-**) ser cúmplice de [*crime, attack*]; **to (aid and) ~ sb in sth** *or* **in doing sth** ser cúmplice de alg para fazer algo.

abeyance [ə'beɪəns] (formal) *n* **in ~** [*matter, situation*] em suspenso; **to fall into ~** [*rule, law, custom*] cair em desuso.

abhor [əb'hɔː(r)] *vtr* (*pres p etc* **-rr-**) detestar [*violence, injustice*].

abhorrence [əb'hɒrəns] *n* horror *m*; **with ~** [*regard, speak*] com horror; **to have an ~ of** *or* **for** [*injustice, hypocrisy, violence*] ter horror de.

abhorrent [əb'hɒrənt] *adj* odioso, detestável, execrável.

abide [ə'baɪd] *vtr* **I/he etc can't ~ sth** eu/ele, etc não posso/pode suportar qq coisa.

abiding [ə'baɪdɪŋ] *adj* permanente, constante.

ability [ə'bɪlɪtɪ] *n* **a)** (capability) capacidade *f* (**to do** de/para fazer); **within the limits of one's ~** [*contribute*] na medida das suas possibilidades; **b)** (talent) talento *m*; **someone of proven ~** alg de competência reconhecida; **c)** (*pl* **abilities**) (skills) competências *fpl*; Sch (of pupils) aptidões *fpl*.

abject ['æbdʒekt] *adj* **a)** [*state, conditions*] miserável; [*failure*] deplorável, lamentável; **~ misery** miséria *f*; **b)** [*slave, coward*] abjecto.

abjure [əb'dʒʊə(r)] (formal) *vtr* renunciar a PO, arrenegar a BR [*rights, claims*]; repudiar [*religion*]; renegar [*vice, theory*].

ablaze [ə'bleɪz] *adj* **a)** (alight) [*building, town*] em chamas; **to set sth ~** inflamar qq coisa, deitar fogo a qq coisa; **b)** (lit up) (lit, fig) **to be ~ with** [*candles, lights, fireworks*] estar iluminado com; [*rage, excitement*] estar inflamado de.

able ['eɪbl] *adj* **a)** (having ability to) capaz; **to be ~ to do** ser capaz de fazer; **b)** (skilled) [*lawyer, teacher, etc*] competente; (gifted) [*child*] dotado; **~-bodied** *adv* robusto, forte; **~ rating** *n* marinheiro,-a *m*; **~ seaman** *n* marinheiro *m* de 2.ª classe.

abnormal [æb'nɔːml] *adj* anormal.

abnormality [æbnɔː'mælɪtɪ] *n* **a)** (feature) anomalia *f*; **b)** (state) anormalidade *f*.

abnormally [æb'nɔːməlɪ] *adv* [*high, low, slow*] anormalmente.

aboard [ə'bɔːd] **1** *adv* (gen) [*come, go, take*] a bordo; **with three people ~** com três pessoas a bordo. **2** *prep* **~ the plane** a bordo do avião; **~ ship** a bordo.

abode [ə'bəʊd] *n* **a)** (formal) (home) residência *f*; **of no fixed ~** sem morada certa; **b)** Jur (residence) **his place of ~** o seu domicílio.

abolish [ə'bɒlɪʃ] *vtr* abolir [*law, right, tax, penalty*]; suprimir [*allowance, service*].

abolition [æbə'lɪʃn] *n* (of law, right, penalty) abolição *f*; (of service, allowance) supressão *f*.

abominable [ə'bɒmɪnəbl] *adj* (appalling) [*crime, practice, system*] abominável.

abominable snowman *n* the ~ o abominável homem das neves.

abominably [ə'bɒmɪnəblɪ] *adv* **a)** (appallingly) [*treat, behave*] horrivelmente; **b)** (emphatic) [*behave, play, perform*] abominavelmente.

abominate [ə'bɒmɪneɪt], US [-mən-] *vtr* abominar, detestar.

abomination [əbɒmɪ'neɪʃn] *n* **a)** abominação *f*; **b)** (emphatic) horror *m*; **c)** (loathing) aversão *f* PO, ojeriza *f* BR (**of sth** a qq coisa).

aborigine [æbə'rɪdʒɪnɪ] *n* aborígene *m/f*.

abort [ə'bɔːt] **1** *vtr* **a)** (terminate) fazer abortar [*foetus, embryo, pregnancy*]; **b)** (interrupt) interromper [*mission, plan*]; **c)** COMPUT (abandon) abandonar [*program, operation*]. **2** *vi* **a)** [*mother, embryo*] abortar; **b)** [*plan, mission, attack*] fracassar; **c)** COMPUT [*program*] abortar.

abortion [ə'bɔːʃn] **1** *n* **a)** (termination) aborto *m*; **a back-street** ~ aborto clandestino; ~ **on demand/request** aborto livre; **to have an** ~ abortar; **b)** (coll) (disaster) horror *m*; aborto *m*. **2** *modif* [*law, debate*] sobre o aborto.

abortive [ə'bɔːtɪv] *adj* (unsuccessful) [*attempt, project*] abortado; [*coup, raid, attack*] falhado.

abound [ə'baʊnd] *vi* abundar (**in sth** em qq coisa); **to** ~ **with** estar cheio de.

about [ə'baʊt] **1** *adj* **a)** (expressing future intention) **to be** ~ **to do** estar prestes a fazer; **b)** (awake) **up and** ~ a pé. **2** *adv* **a)** (approximately) cerca de, aproximadamente; **at** ~ **6 pm** por volta das/cerca das 6 horas da tarde; **it's** ~ **the same as yesterday** é aproximadamente o mesmo que ontem; **b)** (almost) quase; **that seems** ~ **right** isso parece-me bem; **c)** (in circulation) **there was no one** ~ não havia ninguém por perto. **3** *prep* **a)** (concerning) sobre; **what's it** ~? (for book, film, etc) é sobre quê?; **it's** ~... trata-se de...; **b)** (in the nature of) em; **what I like** ~ **her is...** o que eu gosto nela é...; **c)** (occupied with) ocupado com; **to know what one is** ~ saber o que se está a fazer; **what are you** ~? que é que estás a fazer?; **d)** (around) **to wander** ~ **the streets** vaguear pelas ruas; **e)** (in suggestions, invitations) **how** *or* **what** ~ **some tea?** e se tomássemos um pouco de chá?; **f)** (when soliciting opinions) **what** ~ **you?** e tu?. IDIOMAS **it's** ~ **time (that)** já não era sem tempo (que) (+ *conj*) **that's** ~ **it** (that's all) é tudo.

about-face, about-turn *n* GB (fig) volte face *m*.

above [ə'bʌv] **1** *pron* **the** ~ (people) os supracitados *mpl*. **2** *prep* **a)** (vertically higher) por cima de; **the mountains** ~ **Monte Carlo** as montanhas que se projectam sobre Monte Carlo; **b)** (north of) a norte de; **c)** (upstream of) a montante de; **d)** (morally) acima de; **he's** ~ **such petty behaviour** ele está acima dum comportamento mesquinho como esse; **they're not** ~ **cheating** eles são bem capazes de fazer aldrabice; **e)** (in preference to) acima de; ~ **all others,** ~ **all else** acima de tudo; **f)** (superior in status, rank) superior a; **he thinks he's** ~ **us** ele julga-se superior a nós; **g)** (beyond) acima de; ~ **suspicion** acima de toda a suspeita; **h)** (over) por cima de; ~ **the shouting** sobrepondo-se à gritaria. **3** *adj* **the** ~ **items** os artigos *mpl* acima citados. **4** *adv* **a)** (higher up) de cima; **b)** (earlier in the text) aci-

ma; **c)** (more) mais; **12 and** ~ mais de 12 anos. **5 above all** *adv phr* sobretudo. IDIOMAS **to get** ~ **oneself** ter a mania.

above: ~ **board** *adj* honesto, correcto; ~ **ground** *adv* à superfície; ~**-named** *adj* supracitado; ~**-mentioned** *adj* supracitado.

abrade [ə'breɪd] *vtr* **a)** GEOL [*element*] desgastar [*rock*]; **b)** TECH [*sandpaper*] lixar [*wood, surface*]; **c)** (formal) (gen) (scrape) esfolar [*skin*].

abrasion [ə'breɪʒn] *n* (on skin) esfoladela *f*.

abrasive [ə'breɪsɪv] **1** *n* abrasivo *m*. **2** *adj* (substance) abrasivo.

abreast [ə'brest] *adv* **a)** (side by side) lado a lado; **cycling three** ~ pedalando em coluna de três; **b)** (in touch with) **to keep/sb** ~ **of** [*change, current affairs*] manter alg ao corrente de; **to be** ~ **of the times** acompanhar o progresso do seu tempo.

abridge [ə'brɪdʒ] *vtr* resumir [*book, programme*].

abridg(e)ment [ə'brɪdʒmənt] *n* (version) versão *f* resumida.

abroad [ə'brɔːd] *adv* **a)** [*be, go, live, etc*] no estrangeiro; **news from home and** ~ notícias *fpl* nacionais e internacionais; **b)** (in circulation) **there is a rumour** ~ *or* **it is being noised** ~ **that...** corre o boato de que....

abrogate ['æbrəgeɪt] (formal) *vtr* revogar, ab-rogar (formal).

abrupt [ə'brʌpt] *adj* **a)** (sudden) [*end, departure, etc*] brusco, abrupto, repentino; **b)** (curt) [*manner, tone, person*] brusco; **c)** (steep) [*slope*] abrupto.

abruptly [ə'brʌptlɪ] *adv* **a)** (suddenly) [*end, leave, etc*] bruscamente; **b)** (curtly) [*speak, behave*] com brusquidão.

abscess ['æbsɪs] *n* abcesso *m*.

abscond [əb'skɒnd] *vi* evadir-se (**from** de; **with** com).

absence ['æbsəns] *n* **a)** (of person) ALSO ADMIN, SCH ausência *f*; **in/during sb's** ~ na/durante a ausência de alg; **leave of** ~ licença *f*; **b)** (of thing) falta *f*; **in the** ~ **of sth** na falta de qq coisa.

absent 1 ['æbsənt] *adj* **a)** (not there) [*person, thing, emotion*] ausente (**from** de); **to be conspicuously** ~ brilhar pela sua ausência; **to be** ~ **without leave** MIL ausentar-se sem licença; **b)** (preoccupied) distraído, desatento. **2** [əb'sent] *v refl* **to** ~ **oneself** ausentar-se (**from** de).

absentee ['æbsən'tiː] *n* absentista *m/f*.

absenteeism [əbsən'tiːɪzəm] *n* absentismo *m*.

absently ['æbsəntlɪ] *adv* com um ar descontente.

absent-minded *adj* distraído.

absent-mindedly *adv* [*behave, speak*] distraidamente.

absent-mindedness *n* distracção *f*.

absolute ['æbsəluːt, 'æbsəljuːt] **1** *n* **the** ~ o absoluto *m*. **2** *adj* **a)** [*assurance, certainty, duty, right, minimum, etc*] absoluto; ~ **beginner** verdadeiro principiante; **b)** (coll) [*chaos, disaster, limit, scandal*] verdadeiro; **c)** PHYS [*humidity, scale*] máximo; [*zero*] absoluto.

absolutely ['æbsəluːtlɪ, 'æbsəljuːtlɪ] *adv* (gen) [*adore, refuse, right, wonderful*] absolutamente; [*amazed, believe, hate, mad*] completamente; **"is that alright?" "A ~!"** "está tudo certo?" "Com certeza!".

absolution [æbsə'luː/n, æbsə'ljuː/n] *n* absolvição *f* (**from sth** de qq coisa).

absolve [əb'zɒlv] (formal) *vtr* **a**) (clear) **to ~ sb from** *or* **of** [*responsibility, blame, guilt*] isentar, desobrigar; **b**) RELIG (free) absolver (**from sth** de qq coisa).

absorb [əb'sɔːb, əb'zɔːb] *vtr* **a**) (lit) (soak up) absorver [*liquid, oxygen, sound, etc*]; **b**) (fig) (take in) absorver [*attention, facts, region, people*]; **c**) (withstand) amortecer [*shock, jolt*].

absorbed [əb'sɔːbd, əb'zɔːbd] *adj* absorvido (**in** *or* **by** por); **~ in one's work** absorvido pelo trabalho.

absorbency [əb'sɔːbənsɪ, əb'zɔːbənsɪ] *n* poder *m* de absorção.

absorbent [əb'sɔːbənt, əb'zɔːbənt] *n, adj* absorvente *m*.

absorbing [əb'sɔːbɪŋ, əb'zɔːbɪŋ] *adj* empolgante, apaixonante.

absorption [əb'sɔːp/n, əb'zɔːp/n] *n* **a**) (lit) (of nutrients, liquid) absorção *f*; **b**) (fig) (of people) assimilação *f*; integração *f*; **c**) (in activity, book) concentração *f* (**in sth** em qq coisa).

abstain [əb'steɪn] *vi* (gen) RELIG abster-se (**from sth/doing** de qq coisa/de fazer).

abstention [əb'sten/n] *n* **a**) POL (from vote) abstenção *f* (**from** de); **b**) (abstinence) abstinência *f*.

abstinence ['əbstɪnəns] *n* abstinência *f* (**from** de).

abstinent ['æbstɪnənt] *adj* [*person*] abstémio, sóbrio.

abstract 1 ['æbstrækt] *n* **a**) (theoretical) **the ~** o abstracto; **in the ~** [*consider, discuss*] em abstracto, em teoria; **b**) (summary) resumo *m*; **c**) FIN, JUR (of accounts) extracto *m*; **d**) ART (painting) obra *f* abstracta. **2** ['æbstrækt] *adj* abstracto ALSO LING. **3** [əb'strækt] *vtr* **a**) (summarize) **to ~ sth from** [*documents, data*] sumariar ou resumir qq coisa a partir de; **b**) (mentally) **to ~ one's attention from** [*scene, situation, routine*] abstrair a sua atenção de.

abstracted [əb'stræktɪd] *adj* [*gaze, expression*] distraído,-a.

abstraction [əb'strək/n] *n* abstracção *f*; distracção *f*; **an air of ~** um ar distraído.

absurd [əb'sɔːd] **1** *n* **the ~** PHILOS, THEAT absurdo *m*. **2** *adj* [*act, appearance, idea*] absurdo, ridículo; **to be ~ (of sb) to do sth** ser absurdo que (alg) faça algo.

absurdity [əb'sɔːdɪtɪ] *n* (absurd nature, idea) absurdo *m*; disparate *m*; **to be the height of ~ (to do)** ser o cúmulo do absurdo (fazer).

absurdly [əb'sɔːdlɪ] *adv* ridiculamente.

abundance [ə'bʌndəns] *n* **a**) (large quantity) profusão *f* (**of** de); **in ~** em profusão; **b**) (wealth) abundância *f*; riqueza *f*; **in ~** na abundância.

abundant [ə'bʌndənt] *adj* abundante (**in** em).

abundantly [ə'bʌndəntlɪ] *adv* **a**) (in large quantities) abundantemente; **b**) [*clear, obvious*] completamente.

abuse 1 [ə'bjuːs] *n* **a**) (maltreatment) maus tratos *mpl*; (sexual) abuso *m* sexual; **b**) (misuse) (of position, power, trust) abuso *m*; **alcohol ~** abuso de álcool; **c**) (insults) insultos *mpl*; injúrias *fpl*. **2** [ə'bjuːz] *vtr* (hurt) maltratar; (sexually) abusar de [*woman*].

abusive [ə'bjuːsɪv] *adj* **a**) (rude) grosseiro, rude (**to para com**); **b**) (improper) abusivo.

abut [ə'bʌt] **1** *vtr* (*pres p etc* -tt-) [*building*] ser contíguo a, confinar com. **2** *vi* ser contíguo (**on** a); **to ~ against sth** apoiar-se em qq coisa.

abysmal [ə'bɪzml] *adj* abissal, extremo.

abyss [ə'bɪs] *n* (lit, fig) abismo *m*.

a/c *n* abrev = **account**.

acacia [ə'keɪ/ə] *n* acácia *f*.

academic [ækə'demɪk] **1** *n* académico *m*; universitário *m*. **2** *adj* UNIV **a**) (college, university) [*career, life, etc*] universitário; [*year*] académico; **b**) (scholarly) [*achievement, child, reputation*] intelectual; **c**) (theoretical) [*debate, question*] teórico.

academically [ækə'demɪkəlɪ] *adv* [*qualified, minded*] intelectualmente.

academy [ə'kædəmɪ] *n* **a**) GB SCH colégio *m*; academia *f*; **~ of music** academia de música; **naval ~** escola náutica; **military ~** academia militar; **b**) (learned society) academia *f* (**of** de).

accede [æk'siːd] *vi* **a**) **to ~ to sth** (to request, suggestion, wish) concordar com; **b**) POL (to treaty, agreement) associar-se a; (congress) tomar parte; **c**) (to post) aceder a; (to throne) subir a.

accelerate [ək'sələreɪt] *vtr, vi* acelerar.

acceleration [əksələ'reɪ/n] *n* (gen) AUT, FIN, PHYS aceleração *f* (**in** em); **under ~** PHYS sem aceleração.

accelerator [ək'sələreɪtə(r)] *n* AUT, CHEM, PHYS, PHYSIOL acelerador *m*; **to step** *or* **tread on the ~** AUT acelerar.

accelerator pedal *n* (pedal *m* do) acelerador.

accent 1 ['æksənt] *n* (gen) LING, MUS (fig) acento *m*; **in** *or* **with a (strong) Portuguese ~** com um (forte) sotaque português; **to put the ~ on sth** acentuar qq coisa. **2** [æk'sent] *vtr* **a**) LING, MUS acentuar; **b**) (fig) sublinhar [*issue, point*]. **3 accented** *pp adj* [*speech*] com sotaque.

accentuate [ək'sentjʊeɪt] *vtr* (gen) sublinhar, destacar (**by** por); MUS acentuar.

accept [ək'sept] **1** *vtr* **a**) aceitar PO, topar BR [*gift, offer, suggestion, excuse, money, etc*]; **b**) (tolerate) admitir [*behaviour, new idea*]. **2 accepted** *pp adj* [*behaviour, fact, definition*] aceite.

acceptability [əkseptə'bɪlɪtɪ] *n* aceitabilidade *f*; admissibilidade *f*.

acceptable [ək'septəbl] *adj* **a**) [*gift, money*] bem vindo; **b**) (allowable) aceitável.

acceptance [ək'septəns] *n* **a**) (of offer, invitation, limitations) aceitação *f* (**of** de); **b**) (of plan, proposal) aprovação *f* (**of** de); COMM (of goods) recepção *f*.

access ['ækses] **1** *n* **a**) (means of entry) acesso *m* (**to** a; **for** para; **from** por); **to gain ~ to sth** ter acesso a qq coisa; (on signs) "**No ~**" "Passagem proibida"; **open ~** livre acesso; **b**) (right to visit) (gen) JUR acesso *m* (**to** a); **c**) (attack) acesso *m*; ataque *m*; **an ~ of rage** um ataque de raiva. **2** *modif* [*control, door, point*] de entrada. **3** *vtr* (gen) COMPUT ter acesso a [*database, information*].

accessible [ək'sesɪbl] *adj* **a**) (easy to reach) [*beach, education, information, file, person*] acessível (**to** a); **b**) (affordable) [*car, equipment, price*] acessível.

accession [ək'seʃn] *n* (to power, throne, title) ascensão *f* (**to** a); (to treaty, organization) adesão *f* (**to** a).

accessory [ək'sesərɪ] **1** *n* a) AUT, FASHN acessório *m*; **b**) JUR cúmplice *m/f* (**to** de). **2** *modif* (gen) ANAT acessório; [*market*] AUT de acessórios.

access road *n* (to building, site) caminho *m* de acesso.

accident ['æksɪdənt] **1** *n* (mishap) acidente *m* (**with sth** com qq coisa); **car** ~ acidente de viação; **to have an** ~ ter um acidente; ~ **and emergency service** (in hospital) serviço de urgências; (chance) acaso *m*; **by** ~ por acaso. **2** *modif* [*figures, statistics*] relativo a acidentes; [*protection*] contra acidentes; ~ **victim** acidentado *m*.

accidental [æksɪ'dentl] **1** *n* MUS acidente *m*. **2** *adj* [*death*] acidental; [*event, meeting, mistake*] fortuito; (incidental) [*effect*] secundário.

accidentally [æksɪ'dentəlɪ] *adv* (mishap) acidentalmente; (by chance) casualmente, por acaso; **to do sth** ~ **on purpose** (hum) fazer qq coisa de propósito.

acclaim [ə'kleɪm] **1** *n* (never pl) **a**) (praise) **to do sth to great public** ~ fazer algo muito aplaudido pelas pessoas; **b**) (cheering) aclamação *f* (often pl). **2** *vtr* **a**) (praise) aplaudir; ~**ed by the critics** aclamado pela crítica; **b**) (cheer) aclamar.

acclamation [æklə'meɪʃn] *n* aclamação *f*.

acclimatization [əklɑ.ɪmətɑ.ɪ'zeɪʃn] *n* (lit, fig) aclimatização *f* (**to** a).

acclimatize [ə'klɑ.ɪmətɑ.ɪz] *vtr* aclimatizar (**to** a); **to get** *or* **become** ~**d** aclimatizar-se.

accolade ['ækəleɪd, ækə'leɪd] *n* (specific honour) galardão *m*.

accommodate [ə'kɒmədeɪt] **1** *vtr* **a**) (provide bed for) [*person, hotel, lodging*] alojar; (have space for) [*vehicle, room, etc*] ter lugar para; **b**) (adapt to) adaptar-se a [*change, view*]; conciliar [*objection, role*] (**with** com); **c**) (grant) satisfazer [*need, wish*]. **2** *v refl* **to** ~ **oneself** adaptar-se (**to** a).

accommodating [ə'kɒmədeɪtɪŋ] *adj* [*attitude, person*] condescendente (**to** para com).

accommodation [əkɒmə'deɪʃn] *n* **a**) (living quarters) alojamento *m*; **b**) (space) lugar *m* (**for** para); **c**) (adjustment) (gen) adaptação *f*.

accompaniment [ə'kʌmpənɪmənt] *n* (gen) MUS acompanhamento *m* (**to** a); **as an** ~ **to sth** para acompanhar qq coisa.

accompanist [ə'kʌmpənɪst] *n* aquele *m* que acompanha; acompanhador *m*.

accompany [ə'kʌmpənɪ] *vtr* (gen) MUS acompanhar; **accompanied** acompanhado (**by sb** por alg; **by sth** por algo; **on sth** MUS a qq coisa).

accomplice [ə'kʌmplɪs, ə'kɒmplɪs] *n* cúmplice *m/f* (**in, to sth** de qq coisa).

accomplish [ə'kʌmplɪʃ, ə'kɒmplɪʃ] *vtr* (gen) cumprir, executar, realizar [*objective*].

accomplished [ə'kʌmplɪʃt, ə'kɒmplɪʃt] *adj* [*performer, sportsperson*] perfeito; **it's an** ~ **fact that...** é um facto consumado que....

accomplishment [ə'kʌmplɪʃmənt, ə'kɒmplɪʃmənt] *n* (achievement) feito *m*; proeza *f*; (skill) talento *m*; **that's no mean** *or* **small** ~ ! não é uma bagatela!.

accord [ə'kɔːd] **1** *n* acordo *m* PO, convénio *m* BR (**on** sobre); **in** ~ **with** de acordo com; **of one's** *or* **its own** ~ sozinho, por sua livre vontade; **with one** ~ de comum acordo; **to reach an** ~ chegar a um acordo. **2** *vtr* conceder (**sth to sb** algo a alg). **3** *vi* **to** ~ **with (sth)** concordar com (qq coisa).

accordance [ə'kɔːdəns] **in** ~ **with** *prep phr* **a**) (in line with) [*act*] de acordo com [*rules, wishes*]; **b**) (proportional to) segundo, em conformidade com.

according [ə'kɔːdɪŋ] **1 according to** *prep phr* **a**) (in agreement with) [*act*] segundo, de acordo com [*law, principles, etc*]; ~ **to plan** como previsto, de acordo com o combinado; **b**) (by consulting) segundo [*newspaper, person*]. **2** (formal) ~ **as** *conj* na medida em que.

accordingly [ə'kɔːdɪŋlɪ] *adv* em consequência.

accordion [ə'kɔːdɪən] *n* acordeão *m*.

accost [ə'kɒst] *vtr* (gen) abordar.

account [ə'kaʊnt] **1** *n* **a**) ACCTS, FIN (money held at bank) conta *f* (**at, with** em); **savings** ~ conta poupança; **in my** ~ na minha conta; **b**) conta *f*; **on** ~ (on credit) a crédito; (as part payment) por conta; **to settle an** ~ liquidar uma conta; **c**) ACCTS (financial record) (often in pl) conta *f*; ~**s** contabilidade *f*; **d**) (bill) factura *f*; **electricity** ~ a conta *f* da electricidade; **e**) **to take sth into** ~ *or* **to take** ~ **of sth** ter qq coisa em conta; **to be taken into** ~ ser tido em consideração; **f**) (description) relato *m*; **by** *or* **from all** ~**s** segundo todos dizem; **g**) (formal) (usu in passive) **to call** *or* **bring sb to** ~ pedir contas a alg; **h**) **to give a good** ~ **of oneself (in sth)** causar boa impressão (em qq coisa); **i**) (because of) **on** ~ **of sth/sb** por causa de qq coisa/alg; **on no** ~ de modo nenhum ou de maneira nenhuma; **on my** ~ por minha causa. **2 accounts** *npl* ACCTS (records, department) contabilidade *f*. **3 accounts** *modif* [*staff, department*] da contabilidade. **4** *vtr* (regard as) considerar; **he was** ~**ed a genius** consideravam-no um génio. **5** *v refl* **to** ~ **oneself** tomar-se por, considerar-se. ■ **account for**: ~ **for (sth) a**) (explain) explicar [*events, behaviour*]; justificar [*expense*]; encontrar [*missing people, vehicle*]; **b**) (represent, make up) representar qq coisa [*proportion, percentage*]; **c**) MIL (gen) (destroy) destruir [*vehicle, gun, plane*]; (kill) abater, matar [*attacker*]; **d**) SPORT, JOURN pôr (alg) fora de jogo.

accountability [əkaʊntə'bɪlɪtɪ] *n* (gen) FIN responsabilidade *f*.

accountable [ə'kaʊntəblk] *adj* responsável.

accountancy [ə'kaʊntənsɪ] **1** *n* (profession) contabilidade *f*. **2** *modif* [*course, department, exam, firm, training*] de contabilidade.

accountant [ə'kaʊntənt] *n* contabilista *m/f* PO, contábil *m/f* BR.

accounting [ə'kaʊntɪŋ] **1** *n* contabilidade *f*. **2** *modif* [*method, procedure, period*] de contabilidade.

account number *n* número *m* de conta.

accrue [ə'kruː] **1** *vi* **a**) FIN acumular-se; **b**) (gen) [*advantages*] aumentar; [*power, influence*] acumular-se. **2 accrued** *pp, adj* [*interest, charges, expenses*] acumulado.

accumulate [ə'kjuːmjʊleɪt] **1** *vtr* acumular,

amontoar [*possessions, money, wealth*]. 2 *vi* (all contexts) acumular-se.

accumulation [əkjuːmjʊːleɪʃn] *n* (quantity, process) (of wealth, objects, problems) acumulação *f*.

accumulator [əˈkjuːmjʊleɪtə(r)] *n* ELEC acumulador *m*.

accuracy [ˈækjʊrəsɪ] *n* (of figures, estimate, translation, etc) precisão *f*; correcção *f*; (of description) exactidão *f*.

accurate [ˈækjʊrət] *adj* [*figures, estimate, translation*] preciso, correcto; [*description*] exacto.

accurately [ˈækjʊrətlɪ] *adv* [*calculate*] exactamente; [*remember*] com precisão; [*translate, describe*] com exactidão.

accursed [əˈkɜːst] *adj* a) (arch) (under curse) maldito; b) (dated) (wretched) [*person, exam*] execrável.

accusation [ækjuːˈzeɪʃn] *n* acusação *f* (of de; against contra); to make an ~ fazer uma acusação.

accusative [əˈkjuːzətɪv] 1 *n* acusativo *m*. 2 *adj* [*case, ending, etc*] LING do acusativo.

accuse [əˈkjuːz] *vtr* (gen) JUR acusar (of sth de qq coisa; of doing de ter feito); to stand ~d of sth ser acusado de qq coisa.

accused [əˈkjuːzd] *n* the ~ (one) o acusado,-a *m/f*.

accuser [əˈkjuːzə(r)] *n* acusador, a *m/f*.

accustom [əˈkʌstəm] 1 *vtr* to ~ sb to sth/to doing habituar alguém a qq coisa/a fazer. 2 *v refl* to ~ oneself habituar-se (to a; to doing a fazer).

accustomed [əˈkʌstəmd] *adj* a) to be ~ to sth/to doing estar habituado a qq coisa/a fazer; to become ~ to sth/to doing habituar-se a qq coisa/a fazer; b) [*manner, greeting, place, route*] habitual.

ace [eɪs] 1 *n* a) (cards) ás *m*; b) (fig) (trump) trunfo *m*; c) (tennis) ponto *m* ganho no serviço; d) (expert) ás *m*; campeão *m*; a flying ~ um ás da aviação; an ~ driver um ás do volante; (fam). 2 (coll) *adj* (great) óptimo. IDIOMAS to have an ~ up one's sleeve/in the hole ter uma carta na manga; to hold all the ~s ter os trunfos todos.

acetylene [əˈsetɪliːn] *n* acetileno *m*.

ache [eɪk] 1 *n* a) (physical) dor *f* (in em); ~s and pains dores por todo o lado; b) (emotional) sofrimento *m*. 2 *vi* a) (physically) [*person*] ter dores; b) (suffer emotionally) to ~ with sth morrer de [*humiliation, fatigue*].

achieve [əˈtʃiːv] 1 *vtr* (all contexts) alcançar, realizar, chegar a. 2 *vi* conseguir.

achievement [əˈtʃiːvmənt] *n* a) (accomplishment) realização *f*; empreendimento *m*; her many ~s os seus inúmeros sucessos; b) (performance) proeza *f*; a sense of ~ um sentimento de satisfação.

aching [ˈeɪkɪŋ] *adj* [*body, limbs*] dorido,-a; an ~ void um grande vazio.

acid [ˈæsɪd] 1 *n* a) CHEM ácido *m*; b) (coll) (drug) LSD, ácido (fam). 2 *modif* [*content*] teor *m* em ácido; [*level*] nível *m* de acidez. 3 *adj* a) (sour) [*taste, rock, soil*] ácido; b) (fig) [*tone*] azedo; [*remark*] mordaz.

acid drop *n* bombom *m* amargo.

acidic [əˈsɪdɪk] *adj* ácido.

acidity [əˈsɪdɪtɪ] *n* a) CHEM acidez *f*; b) (fig) (of tone, remark) mordacidade *f*.

acid rain *n* chuva *f* ácida.

acknowledge [əkˈnɒlɪdʒ] *vtr* a) (admit) admitir [*jealousy, fact*]; reconhecer [*error*]; to ~ that admitir que; b) (recognize) reconhecer [*ability, claim, authority*]; to be ~d as or to be an excellent doctor ser (re)conhecido como um excelente médico; c) (express thanks for) agradecer [*gift, help*]; responder a [*applause*]; (in book) to ~ one's sources citar as fontes; d) (confirm receipt of) acusar a recepção de [*letter, parcel*].

acknowledgement [əkˈnɒlɪdʒmənt] *n* a) (admission) (of fact, problem, authority) reconhecimento *m* (of de; that de que); (of error, guilt, jealousy) admissão *m* (of de; that de que); in ~ that reconhecendo que; b) (expression of thanks) agradecimento *m*; c) (confirmation of receipt) confirmação *f* da recepção de; d) (recognition of presence) sinal *m* de ter reconhecido alg.

acne [ˈækniː] *n* acne *m*.

acorn [ˈeɪkɔːn] *n* bolota *f*.

acoustic [əˈkuːstɪk] 1 *n* see **acoustics**. 2 *adj* [*effect, problem, instrument*] acústico.

acoustics [əˈkuːstɪks] *n* a) (science) (+ *v sg*) acústica *f*; b) (properties) (+ *v pl*) acústica *f*.

acquaint [əˈkweɪnt] 1 *vtr* to ~ sb with sth pôr alg ao corrente de algo; to be ~ed conhecer-se; to get/become ~ed with sb conhecer alg; to get/become ~ed with sth ser informado de. 2 *v refl* to ~ oneself with sth familiarizar-se com algo.

acquaintance [əˈkweɪntəns] *n* a) (friend) (+ *c*) conhecido *m*; an ~ of mine uma pessoa minha conhecida; a foreign ~ um amigo estrangeiro; b) (knowledge) (- *c*) conhecimento *m* (with de); c) (relationship) (- *c*) relações *fpl*; to make sb's ~ conhecer alg.

acquiesce [ækwɪˈes] *vi* a) (concede, accept) aquiescer; b) (collude) to ~ in sth condescender, ser convivente com qq coisa.

acquiescence [ækwɪˈesns] *n* a) (agreement) acordo *m* PO, convênio *m* BR; b) (collusion) ~ in sth conivência *f* com qq coisa.

acquiescent [ækwɪˈesənt] *adj* (unassertive) tímido, submisso.

acquire [əˈkwaɪə(r)] *vtr* adquirir [*skill, experience*]; obter [*information*]; FIN comprar [*company, shares*]; to ~ a taste for sth adquirir gosto por qq coisa.

acquired [əˈkwaɪəd] *adj* [*characteristic*] adquirido,-a; it's an ~ taste é algo que se aprende a gostar.

acquisition [ækwɪˈzɪʃn] *n* (object bought, process) aquisição *f*; FIN (company) compra *f*.

acquisitive [əˈkwɪzɪtɪv] *adj* [*person, society*] ávido, consumista.

acquit [əˈkwɪt] *vtr* JUR absolver, ilibar; to ~ sb of (doing) sth ilibar alguém de (ter feito) qq coisa. 2 *v refl* to ~ oneself well sair-se bem.

acquittal [əˈkwɪtl] *n* JUR absolvição *f*.

acre [ˈeɪkə(r)] *n* MEAS acre *m*; (coll) ~s of work montes de trabalho (fam).

acrid [ˈækrɪd] *adj* [*fumes, smell*] acre.

acrimonious [ækrɪ'məʊnɪəs] *adj* [*argument, debate, tone*] acrimonioso.
acrimony ['ækrɪmənɪ] *n* acrimónia *f.*
acrobat ['ækrəbæt] *n* acrobata *m/f.*
acrobatic [ækrə'bætɪk] *n* [*person, leap, feat*] acrobático; [*skill*] de acrobata.
acrobatics [ækrə'bætɪks] *n* **a**) (art) (+ *v sg*) acrobacia *f;* **b**) (movements) (+ *v pl*) acrobacias *fpl.*
acronym ['ækrənɪm] *n* acrónimo *m.*
across [ə'krɒs] **1** *prep* **a**) (from one side to the other) através de; **to travel ~ the country** viajar pelo campo; (in car) viajar pelas estradas secundárias; **a journey ~ the desert** uma viagem através do deserto; **b**) (to, on the other side of) do outro lado de; **~ the street/desk (from me)** do outro lado da rua/da secretária; **c**) (all over, covering a wide range of) por (todo); **~ the world/country** por todo o mundo/país. **2** *adv* **to help sb ~** ajudar alg a atravessar; **to go ~ to sb** ir em direcção a alg; **to be two miles ~** ter duas milhas de largo. **3 across from** *prep phr* (mesmo) em frente de.
across-the-board *adj, adv* a todos os níveis.
act [ækt] **1** *n* **a**) (action, deed) acto *m;* **to be in the ~ of doing sth** estar prestes a fazer qq coisa; **to be caught in the ~** ser apanhado em flagrante delito; **b**) Pol (law) lei *f;* **Act of Parliament** lei (saída do Parlamento); **c**) Theat (in play) acto *m;* **a play in five ~s** uma peça em cinco actos; **d**) (in circus, cabaret) número *m;* **to put on an ~** (fig, pej) fazer de conta, estar a brincar; **to get one's ~ together** controlar-se. **2** *vtr* Theat representar [*part, role*]; **to ~ Cleopatra** desempenhar o papel de Cleópatra; **to ~ the fool** fazer-se de idiota; **~ your age!** não sejas criança!. **3** *vi* **a**) (take action) agir; **b**) (behave) comportar-se; **c**) Theat representar; **d**) (take effect) [*drug, chemical substance*] agir, fazer efeito; **e**) (serve) servir (**as** de); **he ~ed as their interpreter** ele serviu de intérprete. ▪ **act on** agir de acordo com [*information*]. ▪ **act out** representar [*role, part*]; realizar [*fantasy*]; Psych exteriorizar, exprimir [*impulse, feeling*]. ▪ **act up** (coll) (misbehave) [*person*] portar-se mal; (malfunction) [*machine*] estar avariado; (coll) **that child has been ~ing up all day** esta criança esteve insuportável todo o dia.
acting ['æktɪŋ] **1** *n* Cin, Theat (performance) representação *f;* interpretação *f.* **2** *modif* Cin, Theat [*style*] de representação; [*talent, skill*] de actor /-riz; **the ~ profession** (occupation) o teatro *m* (ou o cinema) *m;* (actors collectively) os actores. **3** *adj* [*director, manager, inspector, president, etc*] interino.
action ['ækʃn] *n* **a**) (to deal with sth) acção *f;* **freedom of ~** liberdade de acção; **to take ~** agir; **to get into ~** entrar em acção; **to be out of ~** (machine) estar avariado; (person) estar inactivo, estar sem trabalhar; **b**) (deed) acto *m;* **to judge sb by their ~s** julgar alguém pelos seus actos; **~s speak louder than words** vale mais agir que falar; **c**) (fighting) combate *m;* **d**) Jur acção *f* judicial; **to bring an ~ against sb** intentar numa acção judicial contra alguém; **e**) (in play, film) acção *f;* **Action!** acção!.
action replay [ækʃn 'ri:pleɪ] *n* repetição *f* de

uma acção; **to show an ~ of a goal** repetir o golo em câmara lenta.
activate ['æktɪveɪt] *vtr* **a**) (gen) Tech accionar [*machine, system*]; estimular [*brain, memory*]; **b**) Chem activar.
active ['æktɪv] *adj* **a**) (gen) [*person, life, mind, member*] activo; [*campaign*] enérgico; [*debate*] animado; **to be ~ in sth** ser um membro activo de [*party, organization*]; **b**) Mil [*unit*] activo; **he is on ~ service** ele está no activo; **c**) Ling [*voice, verb*] activo; **d**) Comput [*file, window*] activo; **e**) Jur [*law*] em vigor.
actively ['æktɪvlɪ] *adv* activamente; **to be ~ considering doing** pensar seriamente em fazer.
activist ['æktɪvɪst] *n* activista *m/f.*
activity [æk'tɪvɪtɪ] *n* (gen) actividade *f;* **brain ~** actividade cerebral; **business activities** actividades *fpl* profissionais.
actor ['æktə(r)] *n* actor *m.*
actress ['æktrɪs] *n* actriz *f.*
actual ['æktʃʊəl] *adj* **a**) (existing in reality) real; **I don't remember the ~ words** eu não me lembro das palavras exactas; **in ~ fact** de facto; **b**) (specific) **it has nothing to do with the ~ problem** isso não tem nada a ver com o próprio problema; **c**) (as such) **he didn't give me an ~ cheque, but...** ele não me deu propriamente um cheque, mas....
actuality [æktʃʊ'ælɪtɪ] *n* realidade *f.*
actually ['æktʃʊəlɪ] *adv* **a**) (contrary to expectation) com efeito; **their profits have ~ risen** com efeito, os seus lucros aumentaram; **b**) (in reality) na realidade; **yes, it ~ happened!** sim, na realidade isso aconteceu!; **c**) (as sentence adv) com efeito, na realidade; **~, I don't feel like it** para dizer a verdade, não me apetece; **no, she's a doctor, ~** não, na realidade, ela é médica; **d**) (exactly) exactamente; **what ~ happened?** o que é que aconteceu exactamente?.
actuary ['æktʃʊərɪ] *n* Fin actuário *m.*
actuate ['æktʊeɪt] *vtr* **a**) Tech accionar [*machine, system, device, alarm*]; **b**) (motivate) estimular, motivar.
acumen ['ækjʊmən] *n* perspicácia *f;* sagacidade *f;* **business ~** tino *m* para os negócios.
acupuncture ['ækjʊpʌŋktʃə(r)] *n* acupunctura *f.*
acute [ə'kju:t] *adj* **a**) (sharp, keen) [*person, mind*] arguto, perspicaz; [*intelligence*] vivo; **to have ~ eye-sight** ter a vista apurada; **b**) (intense) [*anxiety, grief*] intenso; [*boredom*] profundo; (grave) [*situation, crisis*] grave; Med agudo; **~ appendicitis** Med apendicite *f* aguda; **~ case or treatment** Med cuidados *mpl* intensivos; **c**) **~ angle** Geom ângulo *m* agudo; **d**) **~ accent** Ling acento *m* agudo.
AD [eɪ'di:] *abrev* = **Anno Domini** d.C..
ad [æd] *n* Journ abrev = **advertisement;** **a**) (*also* **small ~**) pequeno anúncio *m;* **b**) (publicity) publicidade *f.*
adage ['ædɪdʒ] *n* provérbio *m;* máxima *f;* adágio *m.*
adamant ['ædəmənt] *adj* categórico, inflexível (**about sth** acerca de qq coisa).
Adam's apple [ædəmz'æpl] *n* maçã *f* de Adão.
adapt [ə'dæpt] **1** *vtr* adaptar (**to** a; **for** para). **2** *vi* adaptar-se (**to** a).
adaptable [ə'dæptəbl] *adj* [*person, organiza-*

tion] adaptável; **to be ~ to** *or* **for** [*machine, system, book, play*] poder ser adaptado para ou a.

adaptation [ædæp'teɪ/n] *n* (all contexts) adaptação *f.*

adapter, adaptor [ə'dæptə(r)] *n* ELEC, MECH (person) adaptador *m.*

add [æd] *vtr* **a)** (gen) juntar, acrescentar; **b)** MATH (*also* ~ **together**) adicionar, somar; **to ~ sth to sth** somar qq coisa a qq coisa. ▪ **add in:** ~ **(sth) in,** ~ **in (sth)** incluir qq coisa. ▪ **add on:** ~ **(sth) on,** ~ **on (sth)** acrescentar qq coisa. ▪ **add to:** ~ **to (sth)** acentuar [*irritation, confusion*]; acrescentar a [*problems, costs*]; aumentar [*house, total*]. ▪ **add up:** ~ **up** [*facts, figures*] somar; **it doesn't** ~ **up** (fig) isso não faz sentido; **it all ~s up!** (lit) (accumulate) tudo isso conta!. ▪ **add up on:** ~ **up to (sth)** (lit) (total) somar [*amount, number*].

adder ['ædə(r)] *n* **a)** (snake) víbora *f;* **b)** COMPUT adicionador *m;* máquina de somar.

addict ['ædɪkt] *n* (drug-user) toxicómano *m;* **coffee** ~ viciado no café.

addiction [ə'dɪk/n] *n* **a)** (lit) (to alcohol, drugs, etc) dependência *f* (**to** a); **b)** (fig) (to music, chocolate, etc) paixão *f* Po, gamação *f* BR (**to** por).

addictive [ə'dɪktɪv] *adj* (lit) [*drug, tobacco, alcohol*] que cria dependência; **tobacco is** ~ o tabaco cria habituação.

adding machine ['ædɪŋ'mə/iːn] *n* máquina *f* de calcular.

addition [ə'dɪ/n] **1** *n* **a)** (person or thing added) (to text, list, house) acréscimo *m;* acrescentamento *m; f;* **b)** MATH adição *f.* **2 in addition** *adv phr* além disso. **3 in addition to** *prep phr* além de.

additional [ə'dɪ/ənl] *adj* adicional, suplementar.

additive ['ædɪtɪv] *n* aditivo *m.*

address [ə'dres] **1** *n* **a)** (place of residence) endereço *m;* morada *f;* **b)** (speech) discurso *m;* palestra *f* (**to** a); **to give** *or* **deliver an** ~ fazer um discurso; **c)** COMPUT endereço *m.* **2** *vtr* **a)** (write address on) endereçar [*parcel, letter*]; **b)** (speak to) dirigir-se a [*crowd, group, person*]; **Mr X will now** ~ **the meeting** agora vai usar da palavra o Sr X; **c)** (tackle) abordar [*question, problem*].

addressee [ædre'siː] *n* destinatário *m.*

adept ['ædept, ə'dept] **1** *n* perito *m.* **2** *adj* [*cook, gardener*] perito.

adequate ['ædɪkwət] *adj* [*funds, supply, staff, etc*] adequado (**for sth** para qq coisa; **to do** para fazer).

adequately ['ædɪkwətlɪ] *adv* [*to pay, compensate*] convenientemente, adequadamente; [*insure*] suficientemente.

adhere [əd'hɪə(r)] *vi* **a)** (lit) aderir (**to** a); **b)** (fig) perfilhar [*belief, ideology*]; aceitar Po, topar BR [*rule, policy, plan*].

adherence [əd'hɪərəns] *n* (to belief, ideology) adesão *f* (**to** a); (to rule, plan, policy) observância *f.*

adherent [əd'hɪərənt] *n* (of party) membro *m;* (of doctrine) aderente *m/f.*

adhesion [əd'hiːʒŋ] *n* **a)** (fig) (to belief, religion) adesão *f;* **b)** (lit) aderência *f* ALSO MED.

adhesive [əd'hiːsɪv] **1** *n* adesivo *m.* **2** *adj* (gen) pegajoso, adesivo; **self-** ~ auto-colante.

adjacent [ə'dʒeɪsənt] *adj* **a)** (touching) [*buildings*] contíguo; **b)** (nearby) vizinho.

adjective ['ædʒɪktɪv] *n* adjectivo *m.*

adjoin [ə'dʒɔɪn] **1** *vtr* [*room*] ser contíguo a. **2 adjoining** *pres p adj* [*building, room, office*] contíguo, vizinho.

adjourn [ə'dʒɜːn] **1** *vtr* adiar [*session, trial, meeting*] (**for** para); **the session was ~ed** a sessão foi adiada. **2** *vi* (for break, meal) [*persons, committee*] parar, suspender, fazer um intervalo.

adjournment [ə'dʒɜːnmənt] *n* (of trial) adiamento *m;* (of session) suspensão *f.*

adjudge [ə'dʒʌdʒ] (formal) *vtr* JUR (decree) declarar; **the court ~d him (to be) guilty** o tribunal declarou-o culpado.

adjudicate [ə'dʒuːdɪkeɪt] **1** *vtr* julgar [*contest*]; examinar [*case, claim*]. **2** *vi* escolher (**between** entre).

adjudication [ədʒuːdɪ'keɪ/n] *n* **a)** (of contest) julgamento *m;* **b)** JUR decisão *f* judicial; **under** ~ sob apreciação.

adjudicator [ə'dʒuːdɪkeɪtə(r)] *n* juiz *m.*

adjunct ['ædʒʌŋkt] *n* **a)** (addition) anexo *m* (**of,** **to** a); **b)** (person) adjunto *m.*

adjure [ə'dʒʊə(r)] (formal) *vtr* adjurar (formal).

adjust [ə'dʒʌst] **1** *vtr* (gen) TECH regular [*component, control, machine, etc*]; ajustar [*amount, price, rate*]; rectificar [*figures, statistics*]; arranjar [*clothing*]. **2** *vi* [*person*] adaptar-se; (to climate) aclimatar-se; [*component, machine*] ajustar-se; [*seat*] regular-se. **3 well-~** equilibrado.

adjustable [ə'dʒʌstəbl] *adj* [*appliance, fitment, level, seat, etc*] regulável; [*timetable*] variável; [*rate*] ajustável.

adjustment [ə'dʒʌstmənt] *n* TECH (of control, machine, fitment) rectificação *f;* **to make an** ~ **to sth** rectificar qq coisa.

ad-lib [æd'lɪb] **1** *n* improvisação *f.* **2** *adj* [*comment, performance*] improvisado; [*comedian*] de improvisação. **3** *vtr, vi* (*pres p etc* **-bb-**) improvisar.

adman ['ædmæn] *n* publicitário *m.*

admin ['ædmɪn] (coll) *n* abrev = **administration** administração *f.*

administer, administrate [æd'mɪnɪstə(r)] *vtr* administrar [*company, affairs, estate*]; gerir [*policy, project, funds*]; dar [*caution*]; governar [*territory*]; aplicar [*punishment, medicine, treatment*]; exercer [*justice*]; ministrar.

administration [ədmɪnɪ'streɪ/n] *n* **a)** (of business, funds) gestão *f;* **b)** (of hospital, school, territory) administração *f;* **c)** JUR (of an estate) administração *f* judicial; (of justice) exercício *m.*

administrative [əd'mɪnɪstrətɪv] *adj* administrativo.

administrator [əd'mɪnɪstreɪtə(r)] *n* **a)** COMM, MGMT gestor *m;* administrador *m* (**for, of** de); **sales** ~ director *m* de vendas; **b)** (of hospital, school, theatre) administrador *m;* director *m.*

admirable ['ædmərəbl] *adj* admirável.

admirably ['ædmərəblɪ] *adv* admiravelmente.

admiral ['ædmərəbl] *n* MIL, NAUT almirante *m.*

admiralty ['ædmərəltɪ] *n* almirantado *m;* ministério *m* da Marinha.

admiration [ædmə'reɪ/n] *n* admiração *f* (**for** por); **to be the** ~ **of sb** ser a admiração de alg.

admire [əd'mɑɪə(r)] *vtr* admirar; **he ~s her for her courage** ele admira-a pela sua coragem.

admirer [əd'mɑ.ɪərə(r)] *n* admirador *m*.

admissible [əd'mɪsɪbl] *adj* JUR (gen) admissível, aceitável.

admission [əd'mɪ/n] **1** *n* **a)** (entry) admissão *f*; entrada *f*; **to refuse sb** ~ recusar a entrada a alg; **to gain** ~ **(to)** ser admitido em; **no** ~ **(to)** entrada proibida (a); **"~ by ticket only"** "só são admitidas as pessoas portadoras de bilhete"; **b)** (fee charged) preço *m* do ingresso; **to charge £5** ~ cobrar cinco libras por ingresso; **c)** (confession) confissão *f*; reconhecimento *m*; **an** ~ **of guilt** a sua admissão de culpa. **2 admissions** *npl* UNIV inscrição *f*; matrícula *f*.

admit [əd'mɪt] **1** *vtr* (*pres p etc* **-tt-**) **a)** (accept) admitir, reconhecer [*mistake, fact*]; **to** ~ **that** reconhecer que; **it is annoying I (must** *or* **have to)** ~ é aborrecido, tenho de o admitir; **b)** (confess) confessar [*crime, wrongdoing*]; reconhecer [*guilt*]; **c)** (allow to enter) [*person, authority*] deixar entrar, admitir [*person*] (**in** em); **this ticket ~s two (people)** este bilhete é válido para duas pessoas; **"dogs not ~ted"** "entrada proibida a cães"; **to be ~ted to hospital** ser hospitalizado. **2** *vi* (allow) (formal) ~ **of** permitir, admitir.

admittance [əd'mɪtəns] *n* acesso *m*; entrada *f*; **"No ~!"** entrada proibida.

admittedly [əd'mɪtɪdlɪ] *adv* reconhecidamente, de forma evidente.

admonish [əd'mɒnɪ/] (formal) *vtr* (gen) JUR (reprimand) admoestar (**for** por; **for doing** por ter feito).

admonition [ædmə'nɪ/n] (gen) MIL (warning) aviso *m*; advertência *f*.

ad nauseam [æd'n'ɔ:zɪæm, æd'nɔ:sɪæm] *adv* [*discuss, repeat, practise*] até nunca mais acabar; [*hear, endure, suffer*] muitas vezes.

ado [ə'du:] without more/further ~ *adv phr* sem mais cerimónias. IDIOMAS **much** ~ **about nothing** muito barulho por nada.

adolescent [ædə'lesnt] **1** *n* adolescente *m/f*. **2** *adj* (teenage) [*crisis, rebellion*] de adolescente.

adopt [ə'dɒpt] *vtr* adoptar [*child, idea, attitude, identity, etc*]; escolher.

adopted [ə'dɒptɪd] *adj* [*child*] adoptado,-a; [*son, daughter*] adoptivo,-a.

adoption [ə'dɒp/n] **1** *n* (of child, identity) adopção *f* (**of** de; **by** por); (of candidate) escolha *f* (**of** de; **by** por). **2** *modif* [*papers, process*] de adopção; [*expert*] em adopção.

adorable [ə'dɔ:rəbl] *adj* adorável.

adoration [ædə'reɪ/n] *n* adoração *f*.

adore [ə'dɔ:(r)] *vtr* adorar (**doing sth** fazer qq coisa).

adorn [ə'dɔ:n] **1** (liter) *vtr* decorar [*building, room, walls*] (**with, by** com); enfeitar [*body, hair*] (**with, by** com). **2** *v refl* enfeitar-se (**with** com).

adornment [ə'dɔ:nmənt] *n* (decorative object) adorno *m*; enfeite *m*.

adrenalin [ə'drenəlɪn] *n* PHYSIOL (gen) adrenalina *f*; **to get the** ~ **flowing** fazer subir a adrenalina.

Adriatic (sea) [eɪdɪ'ætrɪk (si:)] **1** *pr n* **the** ~ o mar Adriático, o Adriático. **2** *adj* [*coast, resort*] do Adriático.

adrift [ə'drɪft] *adj, adv* **a)** (floating tree) [*person,*

boat] à deriva; **to be** ~ andar à deriva; **b)** (wrong) (of plan) **to go** ~ ir por água abaixo; **c)** (loose) **to come** ~ separar-se (**of, from** de).

adroit [ə'drɔɪt] *adj* hábil (**in, at** em; **in/at doing** a fazer).

adulation [ædjʊ'leɪ/n] *n* adulação *f* (**of** de); **in** ~ adulando.

adult ['ædʌlt, ə'dʌlt] **1** *n* (gen) JUR adulto *m*; ~**s only** só para adultos. **2** *adj* **a)** [*animal, population, behaviour, etc*] adulto; **b)** (pornographic) (euph) [*film, magazine*] para adultos.

adulterate [ə'dʌltəreɪt] *vtr* adulterar, falsificar (**with** com).

adulterous [ə'dʌltərəs] *adj* adúltero.

adultery [ə'dʌltərɪ] *n* adultério *m* (**with** com).

adulthood ['ædʌlthʊd, ə'dʌlthʊd] *n* idade *f* adulta.

advance [əd'va:ns] **1** *n* **a)** (forward movement) (gen) MIL avanço *m* (**on** sobre); (progress: of civilization, science) progresso *m*; **a great** ~ **for democracy** um grande passo em frente pela democracia; **b)** **in** ~ [*book, reserve, notify, know*] antecipadamente; **a month in** ~ um mês de antecedência; **to send sb on in** ~ mandar alguém à frente; **c)** (sum of money) adiantamento *m* (de fundos); **d)** (increase) (in price, amount, value) subida *f*; aumento *m*. **2 advances** *npl* (overtures) (sexual) propostas *fpl*; (other contexts) diligências *fpl*. **3** *vtr* **a)** (move forward) avançar [*tape, film, troops, etc*]; (move to earlier date) antecipar [*time, date*] (**to** para); (improve) fazer progredir [*knowledge, research, understanding*]; **b)** (put forward) avançar [*theory, idea, explanation*]. **4** *vi* **a)** (move forward) avançar (**on, towards** sobre, em direcção a); **b)** (progress) [*person, society, civilization*] progredir; **to** ~ **in one's career** progredir na carreira.

advanced [əd'va:nst] *adj* [*course, studies*] superior; [*class*] de nível superior, avançado; [*level*] elevado; [*equipment, technology*] de ponta; ~ **physics** curso superior de física; ~ **course in physics** curso de física para alunos de nível superior; **to be** ~ **in years** ser de idade avançada.

advance guard *n* MIL vanguarda *f*.

advancement [əd'va:nsmənt] *n* **a)** (of person) (in career) promoção *f*; (in society) ascensão *f*; **b)** (furtherance) (of science) progresso *m*; avanço *m*.

advance: ~ **notice** *n* aviso *m* prévio; pré-aviso *m*; ~ **payment** *n* pagamento *m* adiantado.

advantage [əd'va:ntɪdʒ] **1** *n* **a)** (good position) vantagem *f*; **it's an** ~ **to have a fridge** *or* **it's an** ~ **having a fridge** é uma vantagem ter frigorífico; **b)** (benefit) **it would be to your** ~ **to invest now** você teria toda a vantagem ou todo o interesse se investisse agora; **to take** ~ **of sth/sb** aproveitar-se de algo/de alg; **to take** ~ **of sb** (sexually) abusar de alg. **2** *vtr* (to benefit) (somebody deserving) favorecer, beneficiar.

advantageous [ædvən'teɪdʒəs] *adj* vantajoso; **a decision which would be** ~ **to him** uma decisão que lhe seria vantajosa.

advent ['ædvənt] *n* (of person) chegada *f* (**of** de); (of technique, product) aparecimento *m*; advento *m*; **A~** RELIG Advento *m*.

adventure [əd'vent/ə(r)] **1** *n* aventura *f*. **2** *modif* [*story, film*] de aventuras.

adventure playground *n* zona *f* de jogos.

adventurer [əd'ventʃərə(r)] *n* (daring person) aventureiro *m*.

adventurous [əd'ventʃərəs] *adj* **a)** (eager for adventure) [*person*] audaz, temerário; **b)** (daring) [*person, plan, policy*] ousado, inovador.

adverb ['ædvɜːb] *n* advérbio *m*.

adverbial [əd'vɜːbɪəl] **1** *n* locução *f* adverbial. **2** *adj* adverbial.

adversary ['ædvəsərɪ] *n* adversário *m*.

adverse ['ædvɜːs] *adj* [*reaction, conditions, decision*] adverso, desfavorável; [*effect, influence, consequences*] nefasto.

adversity [əd'vɜːsɪtɪ] *n* (difficult circumstances) adversidade *f*; **in ~** na adversidade.

advert ['ædvɜːt] **1** *n* BRIT (coll) anúncio *m* publicitário; (on TV) "spot" *m* publicitário; see **advertisement**. **2** *vi* (formal) **to ~ to sth** atentar em aludir a, referir-se a.

advertise ['ædvətaɪz] **1** *vtr* **a)** COMM **to ~ sth** anunciar/publicitar algo; **b)** (formal) (show plainly) **to ~ the fact that** notificar que, advertir que; **to ~ one's presence** assinalar a presença de alg. **2** *vi* **a)** COMM publicitar, fazer a publicidade de; **b)** (for job to sell sth) anunciar, pôr num anúncio.

advertisement [əd'vɜːtɪsmənt] *n* COMM (on radio, TV, in newspaper) anúncio *m* (**for** de); **job ~** (in small ads) anúncio classificado, secção de classificados (pequeno anúncio).

advertiser [ædvətaɪzə(r)] *n* (agent) anunciante *m/f*; publicitário *m*.

advertising ['ædvətaɪzɪŋ] *n* **a)** (activity, profession) publicidade *f*; **b)** (advertisements) **wine/tobacco ~** a campanha publicitária de vinho/tabaco.

advice [əd'vaɪs] *n* **a)** (recommendation) conselho *m* (**on/about sth** sobre algo); **his advice to them was to keep calm** ele aconselhou-os a ter calma; **a word** *or* **piece** *or* **bit of ~** um conselho; **b)** (professional) **to seek ~ from sb (about sth)** consultar alg (sobre algo); **I shall have to take legal advice** tenho de consultar um advogado; **c)** COMM opinião *f*; parecer *m*.

advisable [əd'vaɪzəbl] *adj* aconselhável, conveniente; **it is ~ to do sth** (speaking officially) é conveniente fazer algo.

advise [əd'vaɪz] *vtr* **a)** (give advice to) aconselhar (**about sth** sobre qq coisa); (give information to) informar (**about sth** acerca de qq coisa); **to ~ sb to do sth** aconselhar alg a fazer qq coisa; **you should be well ~/ ill ~ to stay in bed** seria melhor/pior para ti ficares na cama; **b)** (recommend) recomendar; **c)** (inform) avisar (**of sth** de qq coisa); **to ~ sb that...** avisar alg que....

advisedly [əd'vaɪzɪdlɪ] *adv* deliberadamente, intencionalmente, prudentemente.

adviser, advisor [əd'vaɪzə(r)] *n* (in official capacity) conselheiro *m* (**to sth/sb** junto de qq coisa/alg); (unofficially) colaborador *m*.

advisory [əd'vaɪzərɪ] *adj* consultivo; **to act/do sth in an ~ capacity** fazer qq coisa a título consultivo.

advocate 1 ['ædvəkət] *n* **a)** JUR advogado *m*; **b)** (supporter) partidário *m*. **2** ['ædvəkeɪt] *vtr* advogar, defender, recomendar (**doing** fazer).

Aegean [iː'dʒiːən] **1** *pr n* **the Aegean** o Mar Egeu. **2** *adj* egeu.

aegis ['iːdʒɪs] *n* **under the ~ of** sob a égide de.

aerial ['eərɪəl] **1** *n* antena *f* de rádio ou televisão; **satellite ~** antena parabólica. **2** *adj* (in the air) aéreo.

aerobatics [‚eərə'bætɪks] *n* (manoeuvres) (+ *v pl*) acrobacias *fpl* aéreas.

aerobics [eə'rəʊbɪks] *n* (+ *v sg*) aeróbica *f*.

aerodrome ['eərədrəʊm] *n* BRIT aeródromo *m*.

aerodynamic [eərəʊdaɪ'næmɪk] *adj* aerodinâmico.

aeronautic(al) [eərəʊ'nɔːtɪk(əl)] *adj* [*skill*] aeronáutico.

aeronautics [eərəʊ'nɔːtɪks] *n* (science) (+ *v sg*) aeronáutica *f*.

aeroplane GB, **airplane** US [eərəpleɪn] *n* avião *m*; **by plane** de avião.

aerosol ['eərəsɒl] *n* **a)** (spray) bomba *f* aerossol; **b)** (system) aerossol *m*.

aerospace ['eərəʊspeɪs] **1** *n* (industry) indústria aeroespacial. **2** *modif* aeroespacial.

aesthetic GB, **esthetic** US [iːs'θetɪk] **1** *n* estética *f*. **2** *adj* [*sense, appeal*] estético.

aesthetics GB, **esthetics** US [iːs'θetɪks] *n* (concept) (+ *v sg*) a estética *f*.

A F [eɪef] abrev = **audio frequency**.

afar [ə'faː(r)] *adv* (formal) ao longe, à distância; **from ~** de longe.

affair [ə'feə(r)] *n* **a)** (business) negócios *m*; **to put one's ~ in order** pôr os negócios em ordem; **b)** (concern) preocupação *f*; **it's my ~** isso só me diz respeito a mim, isso é comigo; **c)** (event, incident) acontecimento *m*; **the weeding was a grand ~** o casamento foi um acontecimento de respeito; **d)** (matter) assunto *m*; **state of ~s** situação *f* de estado *m* de coisas; **e)** POL (*pl*) negócios *mpl*; **foreign ~s** negócios estrangeiros; **~s of state** assuntos de estado; **f)** (relationship) ligação *f* Po, conexão *f* BR (**with sb** com alg); **love ~** aventura amorosa.

affect 1 [ə'fekt] *n* PSYCH emoção *f*. **2** ['æfekt] *vtr* **a)** (influence) afectar [*person, right, state of affairs*]; **b)** (upset) tocar, comover; **he was ~ed by the photos of refugees** ele comoveu-se com as fotografias dos refugiados; **c)** MED [*disease, disorder*] atingir [*person*]; **d)** (feign) simular, fingir [*surprise, ignorance*].

affected [ə'fektɪd] *adj* **a)** (influenced) (by event, change, decision) afectado; (by disease) [*part*] infectado; [*person*] atingido; **b)** (pej) (mannered) [*accent, behaviour, style*] afectado; (feigned) [*emotion, interest*] simulado, fingido.

affection [ə'fekʃ(ə)n] *n* afeição *f*; afecto *m* (**for sb** por alg).

affectionate [ə'fekʃənət] *adj* [*child, animal*] afectuoso; [*memory*] terno.

affectionately [ə'fekʃənətlɪ] *adv* [*smile, speak, recall*] afectuosamente; conhecido carinhosamente por, apelidado carinhosamente de.

affidavit [æfɪ'deɪvɪt] *n* depoimento *m*; **to swear an ~** declarar por escrito sob juramento (**that** que).

affiliate [ə'fɪlɪeɪt] **1** *n* filial *f*; sucursal. **2** *vtr* perfilhar, adoptar, filiar. **3** *vi* (combine) filiar-se (**with sth** a algo).

affiliation [əfɪlɪ'eɪʃ(ə)n] *n* (process or state of association) filiação *f*; (link) ligação *f*; **what is his political ~?** quais são as suas inclinações políticas ?.

affinity [ə'fɪnɪtɪ] *n* **a**) (liking, attraction) atracção *f* (**with** *or* **for sth** por qq coisa); **b**) (resemblance) semelhança *f*; **c**) (relationship) relação *f* (**between** entre).

affirm [ə'fɜːm] *vtr* **a**) (assert, state positively) afirmar, sustentar (**that** que); **b**) (state belief in) garantir; **c**) (confirm) confirmar, ratificar.

affirmation [æfə'meɪʃ(ə)n] *n* afirmação *f* (**of sth** de qq coisa).

affirmative [ə'fɜːmətɪv] **1** *n* frase *f* afirmativa; **to reply in the** ~ responder na afirmativa/afirmativamente. **2** *adj* [*reply, nod, statement*] afirmativo.

affix 1 ['əfɪks] *n* LING afixo *m*. **2** [ə'fɪks] (formal) *vtr* colar [*stamp*]; apor [*signature*].

afflict [ə'flɪkt] *vtr* [*poverty, disease, recession*] afligir; [*grief*] atormentar; [*disease*] ser atingido por.

affliction [ə'flɪkʃn] *n* (illness) doença *f*; (suffering) infelicidade *f*; aflição *f*.

affluence ['æflʊəns] *n* **a**) (wealthiness) riqueza *f*; (plenty) abundância *f*; **b**) (flow of people) afluência *f*.

affluent ['æflʊənt] *adj* [*person, area, society*] rico.

afford [ə'fɔːd] *vtr* **a**) (have money for) **to be able to** ~ **sth** ter a possibilidade de obter qq coisa; **b**) (spare) **to be able to** ~ **sth** dispor de qq coisa [*space, time*]; **c**) (risk) **to be able to** ~ **sth** permitir-se qq coisa; **the government can't** ~ **to lose** o governo não se pode dar ao luxo de perder; **d**) (formal) oferecer [*support, protection*]; fornecer [*opportunity*].

affordable [ə'fɔːdəbl] *adj* [*price*] razoável.

affray [ə'freɪ] *n* JUR rixa *f*.

affront [ə'frʌnt] **1** *n* afronta *f*; ofensa *f*. **2** *vtr* (*usu in passive*) afrontar, ofender Po, xingar Br.

Afghan ['æfgæn] *n, adj* (*also* **Afghani**) afegão *m*.

Afghan hound *n* galgo *m* afegão.

Afghanistan [æf'gænɪstɑːn] *pr n* Afeganistão *m*.

afield [ə'fiːld] **for afield** *adv phr* longe; **further** ~ mais longe; **to go further** ~ afastar-se para mais longe.

afire [ə'faɪə(r)] *adj, adv* em fogo; **to be** ~ **with enthusiasm** transbordar de entusiasmo.

aflame [ə'fleɪm] *adj, adv* **to be** ~ [*cheek*] estar em brasa; [*sky*] estar em fogo; **to be** ~ **with desire** arder em desejo.

afloat [ə'fləʊt] *adv* **a**) (floating) à tona, a boiar; **b**) (financially) **to keep the economy** ~ manter a economia equilibrada (*do ponto de vista financeiro*).

afoot [ə'fʊt] *adj* (*after n*) **there is sth** ~ há qq coisa em preparação.

aforementioned [ə'fɔːmenʃnd] (formal) *n* **the** ~ JUR o supracitado.

aforesaid [ə'fɔːsed] (formal) JUR *adj* [*document, incident, person*] supracitado.

afraid [ə'freɪd] *adj* **a**) (frightened) amedrontado; **don't be** ~ não tenhas medo; **to be** ~ **of sth/sb** ter medo de qq coisa/alg; **b**) (anxious) apreensivo; **she was** ~ **(that) there would be an accident** ela temia que houvesse um acidente; **I'm** ~ **it might rain** julgo que vai chover; **c**) (in expressions of regret) **I'm** ~ **I can't go to the cin-**ema lamento mas não posso ir ao cinema; **"Did they win?"** - **"I'm** ~ **not"** "Ganharam?" - "Parece-me que não"; **d**) (as polite formula) **I'm** ~ **the house is in a mess** peço desculpa por a casa se encontrar desarrumada; **I'm** ~ **I don't agree** desculpe-me, mas não concordo.

afresh [ə'freʃ] *adv* novamente, de novo; **to start** ~ começar de novo; (in life) partir do zero.

Africa ['æfrɪkə] *pr n* África *f*.

African ['æfrɪkən] *n, adj* africano.

Afrikaans [æfrɪ'kɑːns] *n* afrikaans *m*.

Afro ['æfrəʊ] **1** *n* afro *m*. **2** **Afro**+ (*in compounds*) afro-.

aft [ɑːft] *adv* NAUT, AVIAT à ré, à popa.

after ['ɑːftə(r)] **1** *adv* **a**) (following time or event) depois; **soon** *or* **not long** ~ pouco depois; **straight** ~ GB **right** ~ US imediatamente, logo a seguir; **b**) (following specific time) a seguir, seguinte; **the year/day** ~ o ano *m*/dia *m* seguinte. **2** *prep* **a**) (later in time than) depois de, a seguir a; **immediately/shortly** ~ **the strike** imediatamente a seguir à/depois da greve; ~ **that date** (future) para lá dessa data; (in past) depois dessa data; **it was** ~ **six o'clock** já passava das seis; ~ **that** depois (disso); **the day** ~ **tomorrow** depois de amanhã; **b**) (given) depois de, apesar de; ~ **all we did!** depois de/apesar de tudo o que fizemos!; **c**) (expressing contrast) depois de; **it's boring here** ~ **London** "depois de Londres, isto aqui é uma chatice"; **d**) (behind) atrás de; **to chase** ~ **sb/sth** correr atrás de alg/algo ou perseguir alg (algo); **e**) (following in sequence, rank) depois de; **the adjective comes** ~ **the noun** o adjectivo vem depois do nome; **f**) (in the direction of) olhar para alg que se afasta; **g**) (in pursuit of) **the police are** ~ **him** ele é procurado pela polícia ou a polícia anda atrás dele; **that's the house they're** ~ essa é a casa de que eles andam à procura; **to be** ~ **sb** (sexually) estar interessado em alg; **h**) (beyond) para além de; **i**) (stressing continuity) após; **generation** ~ **generation** geração após geração; **it was one disaster** ~ **another** era um desastre em cima doutro; **j**) (about) **to ask** ~ **sb** perguntar por alg; quer saber notícias de alg; **k**) (in honour or memory of) **named** ~ [*street, institution*] que tem o nome de; **we called her Margaret** ~ **my mother** chamámos-lhe Margarida como a minha mãe; **l**) (in the manner of) à maneira ou ao estilo de; **"~ Millet"** "à maneira de Millet"; **m**) US (past) ~ **twenty** ~ **eleven** são onze e vinte. **3** *conj* **a**) (in sequence of events) depois de; ~ **we had left we realized that** depois de nos termos ido embora, percebemos que; **b**) (once) uma vez que; ~ **you explained the situation they left** uma vez que explicaste a situação, eles foram-se embora; **c**) (in spite of the fact that) **why did he do that** ~ **we'd warned him?** porque é que ele fez isso, se nós o tínhamos avisado?. **4 afters** *npl* GB sobremesa *f*. **5 after all** *adv, prep* afinal de contas.

after: ~**birth** *n* placenta *f*; ~ **care** *n* MED acompanhamento *m* médico; ~**-dinner speaker** *n* orador *m* convidado; ~**-effect** *n* MED sequela *f*; (fig) repercussão *f*; ~**life** *n* vida *f* depois da morte.

afternoon [ɑːftə'nuːn] **1** *n* tarde *f*; **in the** ~ na parte da tarde, à tarde; **at 2.30 in the** ~ às 2.30

da tarde; **in the early/late** ~ ao princípio/ao fim da tarde; **I work** ~**s** trabalho só da parte da tarde; **it's my** ~ **off** é a minha tarde de folga. **2** *modif* [*shift, train*] da tarde.

afternoon tea *n* chá *m* das cinco.

afterthought ['ɑ:ftəθɔ:t] *n* pensamento *m* posterior; **as an** ~ pensando melhor; **our youngest was an** ~ o nosso filho mais novo veio fora de tempo.

afterwards ['ɑ:ftəwədz] GB, **afterward** ['ɑ:ftəwəd] US *adv* **a**) (after) GEN depois; (in sequence of events) a seguir; **not long** ~ pouco depois; **directly/straight** ~ imediatamente a seguir; **b**) (later) mais tarde; **it was only** ~ **that** foi só mais tarde que; **c**) (subsequently) [*regret, etc*] posteriormente.

again [ə'geɪn] *adv* outra vez; **sing it (once)** ~**!** canta outra vez!; **never** ~**!** nunca mais!; **not** ~**!** outra vez não!; ~ **and** ~ repetidamente.

against [ə'geɪnst] *prep* **a**) (physically) contra; ~ **the wall** contra a parede; **b**) (objecting to) contra; **I'm** ~ **it** sou contra, oponho-me; **c**) (counter to) contrário a; **to go** *or* **be** ~ ser contrário a [*tradition, policy*]; [*conditions, decision*] não ser favorável a [*person*]; **d**) (in opposition to) contra; **the fight** ~ **inflation** a luta contra a inflação; **e**) (compared to) em relação a; **the pound fell** ~ **the dollar** a libra caiu em relação ao dólar; **f**) (in contrast to) sobre, em contraste com; ~ **a background of** sobre um fundo de; ~ **the light** a contra luz.

age [eɪdʒ] **1** *n* **a**) (length of existence) idade *f*; **at the** ~ **of** com a idade de; **to look one's** ~ aparentar a idade que se tem; **(of) school** ~ (n)a idade escolar; **she's twice/half his** ~ ela tem o dobro/metade da idade dele; **they are of an** ~ eles são da mesma idade; **act your** ~**!** não sejas criança!; **to come/be of** ~ atingir a maioridade/ ser maior (de idade); **to be under** ~ JUR ser menor; **b**) (latter part of life) velhice *f*; **with** ~ com a idade; **c**) (era) era *f*; época *f* **(of** de); **the video** ~ a era do vídeo; **through the** ~**s** ao longo dos séculos; **the Stone/Iron** ~ a Idade da Pedra/do Ferro; **d**) (coll) (long time) (*often pl*) **it's** ~**s since I've played golf** há séculos que não jogo golf. **2** *vtr* envelhecer [*person*]. **3** *vi* [*person*] envelhecer.

aged ['eɪdʒɪd] **1** *n* **the** ~ os idosos *mpl*; os velhos *mpl*. **2** *adj* **a**) (old) velho, idoso Po, coroa *m/f* BR; **b**) [eɪdʒd] (of an age) **(to be)** ~ **10** (ter) 10 anos.

age group *n* faixa *f* etária.

ageless ['eɪdʒlɪs] *adj* **a**) (of indeterminate age) sem idade; **b**) (timeless) eterno,-a.

age limit *n* limite *m* de idade.

agency ['eɪdʒənsɪ] *n* POL (council, office, business) agência *f*; COMM (representing firm) agente *m* concessionário; **to have the sole** ~ **for** ter a representação exclusiva de; **"no agencies"** (in advertisements) só o próprio.

agenda [ə'dʒendə] *n* **a**) ADMIN ordem *f* do dia; **b**) (fig) (list of priorities) programa *m*; agenda *f*; **unemployment is high on the political** ~ o desemprego é uma das prioridades da agenda política.

age-old *adj* muito velho.

agent ['eɪdʒ(ə)nt] *n* **a**) (acting for customer, artist, firm) agente *m* **(for** de); **to be done through an** ~ *or* **to go through an** ~ passar por um intermediário; **to act as sb's** ~ *or* **as** ~ **for sb** representar alg; **b**) POL (spy) agente *m*; **c**) (cause means) agente *also* Ling; **d**) (chemical substance) agente *m*; reagente *m*.

aggravate ['ægrəveɪt] *vtr* **a**) (make worse) agravar [*situation, illness*]; **b**) (annoy) exasperar.

aggravating ['ægrəveɪtɪŋ] *adj* **a**) agravante; **b**) exasperante.

aggravation [ægrə'veɪʃn] *n* **a**) (annoyance) circunstância *f* agravante; **b**) (irritation) contrariedade *f*; **c**) (worsening) agravamento *m*.

aggregate ['ægrɪgət] **1** *n* **a**) ECON conjunto *m*; (o) total *m*; **in the** ~ no conjunto; **b**) CONSTR, GEOL composto *m*; massa *f*. **2 aggregates** *npl* (*also* **monetary** ~) BRIT ECON rendimento *m* global. **3** *adj* [*amount, cost, loss, profit*] total, colectivo, global. **4** *vtr* **a**) (combine) agregar, juntar, reagrupar; **b**) (group) incorporar [*people*].

aggression [ə'greʃn] *n* (of person) agressividade *f*; (in situation) agressão *f*.

aggressive [ə'gresɪv] *adj* agressivo.

aggressor [ə'gresə(r)] *n* agressor *m*.

aggro ['ægrəʊ] *n* **a**) (violence) violência *f*; **b**) (hostility) hostilidade *f*.

aghast [ə'gɑ:st] *adj* horrorizado **(at** por).

agile ['ædʒaɪl] *adj* [*person, movement*] ágil; [*mind*] vivo, ágil.

agility [ə'dʒɪlɪtɪ] *n* (physical, mental) agilidade *f*.

agitate ['ædʒɪteɪt] **1** *vtr* (shake) agitar [*liquid*]. **2** *vi* (campaign, demonstrate) fazer campanha **(for/against sth** a favor de/contra qq coisa).

agitated ['ədʒɪteɪtɪd] *adj* agitado,-a, inquieto,-a.

agitation [ædʒɪ'teɪʃn] *n* **a**) (political) agitação *f*; **b**) (anxiety) agitação *f*; perturbação *f*; **to be in a state of** ~ estar agitado ou perturbado.

agitator ['ædʒɪteɪtə(r)] *n* agitador *m*.

AGM [eɪdʒɪ'em] *n* abrev = **Annual General Meeting** assembleia *f* geral anual.

agnostic [æg'nɒstɪk] *n, adj* agnóstico *m*.

ago [ə'gəʊ] *adv* **three weeks/two years** ~ há três semanas/dois anos; **some time** ~ há algum tempo; **how long** ~**?** há quanto tempo?; **not long** ~ não há muito tempo; **as long** ~ **as 1986** desde 1986.

agonize ['ægənaɪz] *vt* atormentar-se **(over, about** por causa de).

agonizing ['əgənaɪzɪŋ] *adj* [*pain*] atroz; [*decision*] dolorosa.

agony ['ægənɪ] *n* **a**) (physical) agonia *f*; **to die in** ~ morrer em grande sofrimento; **b**) (mental) angústia *f*; **it was** ~**!** (hum) foi um horror!.

agony: ~ **aunt** *n* jornalista *m/f* que responde às cartas da secção "correio do coração"; ~ **column** *n* correio *m* do coração.

agree [ə'gri:] **1** *vtr* (*past, pp* **agreed**) **a**) (reach same opinion on) estar de acordo **(that** com o facto de que; **with** com); (admit, concede) admitir, concordar Po, topar BR; **we** ~**d with him that he should leave** concordámos com ele de que se devia ir embora; **b**) (consent) aceitar Po, topar BR **(to do** fazer); **c**) (settle on) combinar [*date, time, method, fee, etc*]; **d**) (approve) aprovar [*change, pay rise, plan*]; concordar com [*solution*]. **2** *vi* **a**) (hold same opinion) estar de

acordo em fazer qq coisa; (coll) **I couldn't ~ more!** estou inteiramente de acordo!; **b)** (approve, consent) aceitar Po, topar BR; **to ~ with** aprovar, aceitar [*belief, idea, practice, proposal*]; **to ~ to** consentir em [*plan, suggestion*]; **c)** (reach mutual understanding) concordar Po, topar BR **(about, on, as to sth** em qq coisa); **d)** (suit) **to ~ with sb** [*climate, weather, etc*] ser bom para alg; [*food*] cair bem, não fazer mal; **e)** LING concordar (**with** com; **in** em). **3 agreed** *pp adj* [*date, time, amount, fee, price, etc*] combinado; **~ damages** JUR indemnização *f* por mútuo acordo.
agreeable [ə'gri:əbl] *adj* **a)** (pleasant) [*experience, surroundings, person*] agradável; **to be ~ to sb** ser amável para com alg; **b)** (willing) **to be ~** estar de acordo, concordar Po, topar BR.
agreeably [ə'gri:ɑəblli] *adv* **a)** (pleasantly) agradavelmente; **b)** (amicably) [*say, smile*] amavelmente.
agreement [ə'gri:mənt] *n* **a)** (settlement, contract) (gen) FIN acordo *m* Po, convênio *m* BR; contracto *m* (**between** entre); POL pacto *m*; acordo *m* Po, convênio *m* BR (**between** entre); **EC ~** acordo da CEE; **pay ~** acordo salarial; **to come to** *or* **get to** *or* **reach an ~** chegar a um acordo; **to draw up/sign an ~** redigir/assinar um acordo; **b)** (mutual understanding) acordo *m* (**about** *or* **on** sth sobre qq coisa); **to be in ~ with sb** estar de acordo com alg; **by mutual ~** de comum acordo; **c)** (consent to proposal) aprovação *f*; **d)** LING concordância *f*.
agricultural [ægrɪ'kʌltʃərl] *adj* [*land, worker, etc*] agrícola; [*expert, engineer*] agrónomo.
agriculture ['ægrɪkʌltʃə(r)] *n* agricultura *f*.
aground [ə'grɑʊnd] *adj, adv* **to be ~** estar encalhado; **to run ~** encalhar.
ah [ɑ:] *excl* ah!; (resignedly) **~ well!** ah bem!.
aha [ɑ:'hɑ:] *excl* ah! ah!.
ahead [ə'hed] *adv* **a)** (spatially) [*go on, run*] à frente; **to send sb on ~** mandar alg à frente; **a few kilometres ~** alguns quilómetros à frente; **b)** (in time) próximo, futuro; **in the months ~** nos próximos meses; **at least a year ~** pelo menos um ano antes; **who knows what lies ~?** quem sabe o que o futuro nos reserva?; **c)** (fig) (in leading position) à frente; **to be ~ in the polls** ir à frente nas sondagens; **to be 30 points ~** ter 30 pontos de avanço; **d)** (fig) (more advanced) **to be ~ in** [*pupil, etc*] estar mais avançado em [*school subject*].
ahoy [ə'hɔɪ] *excl* olá!; **ship ~** ó do barco!.
aid [eɪd] **1** *n* **a)** (help) ajuda *f* (**to** a); **with/ without sb's ~** com/sem a ajuda de alg; **what's all this shouting in ~ of?** GB a que se deve toda esta gritaria?; **b)** (charitable or financial support) contribuição *f*; assistência *f*; auxílio *m* (**from** de; **for** para); **food/medical ~** assistência alimentar/médica; **in ~ of cancer research** em benefício da investigação sobre o cancro; **c)** (equipment) (for teaching, the handicapped) meio(s) *m(pl)* auxiliar(es); **hearing ~** aparelho *m* acústico; **teaching ~** material *m* pedagógico. **2** *modif* de cooperação; **~ worker** cooperante. **3** *vtr* ajudar, auxiliar (**sb to do** alg a fazer); facilitar, favorecer, promover [*digestion, recovery, development*]. **4** *vi* **to ~ in sth** facilitar qq coisa.

aide [eɪd] *n* assistente *m/f*; ajudante *m/f*.
aide-de-camp *n* ajudante-de-campo *m*.
Aids [eɪdz] *n* abrev = **Acquired Immune Deficiency Syndrome** SIDA *m* Po; Aids *m* BR.
ail [eɪl] **1** *vtr* **a)** (arch) contristar [*person*]; **b)** afligir [*society, economy*]. **2** *vi* **to be ~ing** [*person*] estar adoentado; [*business*] ir mal.
ailing ['eɪlɪŋ] *adj* **a)** (fig) [*industry, business*] mal; **b)** [*person*] doente, indisposto.
ailment ['eɪlmənt] *n* indisposição *f*; doença *f*.
aim [eɪm] **1** *n* **a)** (fig) (purpose) fim *m*; propósito *m*; objectivo *m* (**to do** de fazer; **of sth** de qq coisa); **with the ~ of doing sth** com o objectivo de fazer qq coisa; **b)** (with gun, missile) mira *f*; pontaria *f*; **to take ~** fazer pontaria, visar; **to miss one's ~** falhar o alvo. **2** *vtr* **a)** (fig) **to be ~ed at sb** [*campaign, product, insult*] visar alg; [*effort, action*] aspirar a fazer algo; **b)** (gun) fazer pontaria, apontar (**at** para); [*ball, stone*] lançar (**at** para); [*blow, kick*] atirar (**at** a); [*vehicle*] dirigir (**at** contra). **3** *vi* **to ~ for** *or* **at sth** ter em vista qq coisa; **to ~ high** almejar.
ain't [eɪnt] (coll) = **am not, is not, are not, has not, have not.**
air [eə(r)] **1** *n* **a)** ar *m*; **in the open ~** ao ar livre; **b)** (atmosphere, sky) (gen) AVIAT ar *m*; **to travel by ~** viajar de avião; **c)** **to be/go on the ~** RADIO, TV [*broadcaster, interview*] estar no/ir para o ar; **d)** (manner) (of person) ar *m*; (aura, appearance) (of place) aspecto *m*; **to give oneself ~s, to put on ~s** (pej) dar-se ares. **2** *vtr* **a)** (dry) secar; (freshen by exposing to air) arejar [*garment*]; (ventilate) arejar [*room, bed*]; **b)** (express) exprimir [*opinion, view*]; **to ~ one's grievances** expor as suas razões de queixa; **c)** US (broadcast) difundir. **IDIOMAS there's something in the ~** há qualquer coisa no ar; **our plans are still totally up in the ~** os nossos planos são ainda muito vagos; **you can't live on ~** tu não podes viver do ar; **there's a rumour in the ~ that...** consta por aí que...; **to disappear** *or* **vanish into thin ~** evaporar-se (fam); desaparecer.
air: ~ base *n* base *f* aérea; **~-bed** *n* GB colchão *m* pneumático.
airborne ['eəbɔ:n] *adj* **a)** BOT [*spore, seed*] transportado pelo vento; **b)** AVIAT, MIL [*troops, division*] aerotransportado.
air: ~ brake *n* AUT, RAIL travão *m* Po, freio, breque *m* BR de ar comprimido; **~ bubble** *n* (in liquid, glass, wallpaper, etc) bolha *f* de ar; **~bus** *n* airbus *m*; **~-conditioner** *n* aparelho *m* de ar condicionado; **~-contitioning** *n* ar *m* condicionado; **~ corridor** *n* corredor *m* aéreo; **~craft** *n* aeronave *f*; avião *m*; **~craft carrier** *n* porta--aviões *m*; **~crew** *n* tripulação *f* (dum avião); **~-field** *n* campo *m* de aviação; **~force** *n* força *f* aérea; **~gun** *n* pressão *f* de ar; **~ hostess** *n* hospedeira *f* de ar ou de bordo Po, aeromoça *f* BR.
airily ['eərɪlɪ] *adv* com desenvoltura, levianamente.
airing ['eərɪŋ] *n* **a)** (of linen) (drying) secagem *f*; (freshening, ventilation) arejamento *m*; **to go for an ~, take an ~** [*person*] (fig) ir tomar ar; **b)** RADIO, TV difusão *f*.
airless ['eəlɪs] *adj* **a)** [*room*] abafado; **b)** [*weather, evening*] pesado, abafado.

air letter *n* aerograma.

airlift ['eəlɪft] **1** *n* ponte *f* aérea; ~ **of refugees** evacuação *f* de refugiados através de ponte aérea. **2** *vtr* evacuar (alguém) através de ponte aérea [*evacuees*].

airline ['eəlaɪn] **1** *n* **a)** AVIAT companhia *f* aérea; **b)** TECH (gen) tubo *m* de ar. **2** *modif* [*pilot, staff*] de companhia aérea; [*company*] de transportes aéreos.

airliner ['eəlaɪnə(r)] *n* avião *m* de passageiros.

airlock ['eəlɒk] *n* (in pipe, pump, etc) bloqueamento *m* de passagem de líquido devido à pressão exercida por uma bolha de ar.

airmail ['eəmeɪl] **1** *n* correio *m* aéreo; **to send sth (by)** ~ enviar qq coisa por via aérea. **2** *vtr* enviar (qq coisa) por avião.

airman *n* aviador *m*.

air: ~**plane** *n* US avião *m*; ~**pocket** *n* (in pipe, enclosed space) bolsa *f* de ar AVIAT poço *m* de ar; ~ **pollution** *n* poluição *f* atmosférica.

airport ['eəpɔ:t] **1** *n* aeroporto *m*. **2** *modif* [*building, runways, staff*] do aeroporto.

air: ~ **pressure** *n* pressão *f* atmosférica; ~ **pump** *n* bomba *f* de ar; ~ **raid** *n* ataque *m* aéreo; ~**ship** *n* dirigível *m*.

airsick ['eəsɪk] *adj* **to be** ~ enjoar (por andar de avião).

air: ~**sickness** *n* enjoo *m* (provocado por viagens de avião); ~**space** *n* espaço *m* aéreo; ~**speed** *n* velocidade *f* do avião em relação ao ar; ~**strip** *n* pista *f* de aterragem; ~ **terminal** *n* terminal *m* aéreo.

airtight ['eətaɪt] *adj* hermético.

air-to-air ['eətu:eə] *adj* MIL [*missile*] ar-ar.

air-traffic-control [eətræfɪkən'trəʊl] *n* controlo *m* de tráfego aéreo.

air: ~~**traffic controller** *n* controlador *m* de tráfico aéreo; ~**waves** *npl* transmissão *f* por rádio ou televisão; **on the** ~**waves** no ar.

airway ['eəweɪ] *n* **a)** AVIAT (route) rota *f* aérea; (airline) companhia *f* aérea; **b)** (ventilating passage) canal *m* de ventilação; **the airways** ANAT vias *fpl* respiratórias.

airworthy *adj* apto a voar.

airy ['eərɪ] *adj* **a)** [*room, house*] arejado; **b)** (casual) [*manner, attitude, gesture*] desenvolto.

aisle [aɪl] *n* **a)** (in church) (side passage) nave *f* lateral; (centre passage) nave *f* central; **b)** (passageway) (in train, plane) corredor *m*; (in cinema) coxia *f*.

ajar [ə'dʒɑ:(r)] *adj, adv* entreaberto.

akin [ə'kɪn] *adj* **a)** (similar) **to be** ~ **to sth** ser semelhante a qq coisa; **her style is more/closely** ~ **to cubism** o seu estilo parece-se mais com o cubismo; **b)** (tantamount: with disapproval) **to be** ~ **to sth/doing sth** ser equivalente a qq coisa/a fazer qq coisa.

alabaster ['æləbɑ:stə(r)] *n* alabastro *m*.

alacrity [ə'lækrɪtɪ] (formal) *n* prontidão *f*.

alarm [ə'lɑ:m] **1** *n* **a)** (terror) susto *m*; receio *m*; (concern) inquietação *f*; **in** ~ inquieto; (stronger) amedrontado; **there is no cause for** ~ não há motivo para alarme; **b)** (warning signal) alarme *m*; rebate *m*; **to sound** *or* **activate** *or* **set off an** ~ accionar o alarme; **c)** (clock) (*also* ~ **clock**) relógio *m* despertador. **2** *modif* [*bell, call, system*] de alarme. **3** *vtr* inquietar, sobressaltar; pôr em alerta.

alarming [ə'lɑ:mɪŋ] *adj* alarmante, inquietante, assustador.

alarmist [ə'lɑ:mɪst] *n, adj* alarmista *mf*.

alas [ə'læs, ə'lɑ:s] *excl* ai de mim!.

Albania [æl'beɪnɪə] *pr n* Albânia *f*.

albatross ['ælbətrɒs] *n* albatroz *m*. **IDIOMAS to be the** ~ **around sb's neck** ser um grande problema para alguém.

albeit [ɔ:lbi:ɪt] (formal) *conj* embora, se bem que (+ *conj*).

albino [æl'bi:nəʊ] *n, adj* albino *m*.

album ['ælbəm] *n* (gen) MUS álbum *m*; **photo/ stamp** ~ álbum de fotografias/selos.

alchemist ['ælkəmɪst] *n* alquimista *m/f*.

alchemy ['ælkəmɪ] *n* CHEM (fig) alquimia *f*.

alcohol ['ælkəhɒl] **1** *n* álcool *m*. **2** *modif* [*abuse, level, consumption*] de álcool; [*poisoning*] pelo álcool; **the** ~ **content of a drink** o teor de álcool de uma bebida.

alcoholic [ælkə'hɒlɪk] *n, adj* alcoólico *m*.

alcoholism ['ælkəhɒlɪzm] *n* alcoolismo *m*.

alcove ['ælkəʊv] *n* recanto *m*; (in a garden) caramanchão *m*.

alder ['ɔ:ldə(r)] *n* (tree, wood) amieiro *m*.

alderman ['ɔ:ldəmən] *n* GB (formerly) US vereador *m* municipal.

ale [eɪl] *n* variedade *f* de cerveja; **brown/light/ pale** ~ cerveja *f* preta/leve/branca.

alert [ə'lɜ:t] **1** *n* alerta *m*; **to be on** ~ MIL estar em estado de alerta; **to be on the** ~ **for** desconfiar de [*danger*]. **2** *adj* **a)** (lively) (child) vivo; (old person) atento; **b)** (attentive) vigilante; **to be** ~ **to** [*danger, risk, fact, etc*] ter consciência de.

algebra ['ældʒɪbrə] *n* álgebra *f*.

Algeria [æl'dʒɪərɪə] *pr n* Argélia *f*.

Algerian [æl'dʒɪərɪən] *n, adj* argelino *m*.

algorithm ['ælgərɪðm] *n* algoritmo *m*.

alias ['eɪlɪəs] *n* **a)** (adapted name) pseudónimo *m*; **b)** (false name) nome *m* falso; **under an** ~ sob nome suposto.

alibi ['ælɪbɑɪ] *n* **a)** JUR álibi *m*; **b)** (coll) (excuse) desculpa *f* PO, escusa *f* BR.

alien ['eɪlɪən] *n, adj* **a)** JUR (foreigner) estrangeiro *m*; **b)** (being from space) extraterrestre *m/f*.

alienate ['eɪlɪəneɪt] *vtr* **a)** (estrange) afastar [*supporters, colleagues*]; **b)** JUR alienar (**from** de).

alienation [eɪlɪə'neɪʃn] *n* **a)** (process) afastamento *m* (**of** de); **b)** (state) isolamento *m* (**from** de); **c)** JUR, POL, PSYCH alienação *f*.

alight [ə'laɪt] **1** *adj* **a)** [*match, fire*] aceso; [*building, grass*] em chamas; **to set sth** ~ incendiar qq coisa; **b)** (fig); **the goal set the stadium** ~ o golo pôs o estádio ao rubro. **2** *vi* [*passenger*] descer (**from** de); [*bird*] pousar (**on** em, sobre).

align [ə'laɪn] **1** *vtr* alinhar (**with** com). **2** **aligned** *pp adj* (**with** com); alinhado; **the** ~**ed/non-** ~**ed nations** os países alinhados/não-alinhados.

alignment [ə'laɪnmənt] *n* (gen) POL alinhamento *m* (**with** com); **to be in/out of** ~ **with sth** estar coligado/não coligado com algo.

alike [ə'laɪk] **1** *adj* (identical) parecido; (similar) semelhante; **to look/sound** ~ parecer-se. **2** *adv* [*dress, think*] da mesma maneira; **for young and old** ~ tanto para jovens como para idosos. **IDIOMAS to share and share** ~ dividir ou partilhar de igual modo.

alimentary [ælɪ'mentərɪ] *adj* [*system, process*] digestivo; [*rules, law*] alimentar; ~ **canal/organ** ANAT tubo *m* digestivo.

alimony ['ælɪmənɪ] *n* JUR pensão *f* alimentar.

alive [ə'laɪv] *adj* **a**) (living) com vida; **to keep** ~ manter vivo [*person, animal*]; conservar [*plant*]; **to stay** ~ sobreviver, manter-se vivo; (fig) ~ **and well** *or* **and kicking** bem vivo; **it's good/ great to be** ~! é bom viver!, é bom estar vivo!; **no man** ~ não há ninguém vivo; **b**) (lively) (person) animado, alegre; (mind, senses) desperto; **to bring** ~ tornar interessante [*story*]; animar [*party*]; **to come** ~ (party) animar-se; (history) tornar-se vivo, interessante; **c**) (in existence) (institution, art, tradition) em actividade; (interest, faith) vivo; **to keep sth** ~ preservar qq coisa; **d**) (aware) ~ **to sth** consciente de qq coisa.

alkali ['ælkəlɑɪ] *n* alcali *m*.

alkaline ['ælkəlɑɪn] *adj* alcalino.

all [ɔːl] **1** *pron* **a**) (everything) tudo; **to risk a** ~ arriscar tudo; ~ **was well** tudo ia bem; **that's** ~ (all contexts) é tudo; **after** ~ **she's been through** depois de tudo por que ela tem passado; **500 in** ~ 500 ao todo; ~ **in a** tomando tudo em consideração; **b**) (the only thing) tudo; **that's** ~ **I want** é tudo o que quero; **that's** ~ **we need!** (iron) era mesmo o que nos faltava (iron); **c**) (everyone) todos; **thank you, one and** ~ obrigado a todos; **d**) (the whole amount) todos/ as; ~ **of our belongings** todos os nossos pertences, todas as nossas coisas; **e**) (emphasizing entirety) **we a feel that** nós todos sentimos que; **what's it** ~ **for?** (all contexts) para que é que isso (tudo) serve?. **2** *det* **a**) (each one of) todos/ todas; ~ **those who** todos aqueles que; **b**) (the whole of) todo/toda; **a his life** toda a sua vida; ~ **year round** durante todo o ano; **c**) (total) todo/ toda; **in** ~ **honesty** com toda a honestidade; **d**) (any) todo(s)/toda(s); **beyond** ~ **expectations** para além de todas as expectativas. **3** *adv* **a**) (emphatic, completely) completamente; ~ **alone** completamente só; **to be** ~ **wet** estar todo molhado; ~ **in white** todo de branco; **to be** ~ **for sth** ser totalmente a favor de qq coisa; **b**) (emphatic: nothing but) **to be** ~ **smiles** (happy) estar todo sorridente; (two-faced) ser todo sorrisos; **c**) SPORT (they are) **six** ~ (estão) seis a seis. **4** *n* **to give one's** ~ dar tudo por tudo. **5** *all + combining form* (completely) **~-concrete** tudo em betão; **~-digital/-electronic** inteiramente digital/ electrónico; **~-female/-male** [*group*] só composto por mulheres/homens. **6** **all long** *adv phr* [*know, etc*] desde o princípio, sempre. **7** **all but** *adv phr* quase, praticamente. **8** **all of** *adv phr* **to be** ~ **of 50** ter pelos menos 50 anos. **9** **all that** *adv phr* **not** ~ **that strong** não tão forte quanto isso. **10** **all the** *adv phr* ~ **the better** tanto melhor; **to laugh** ~ **the more** rir ainda mais; ~ **the more** [*difficult, effective*] tanto mais (*before adj*). **11** **all too** *adv phr* [*accurate, easy, often*] demasiadamente; **she saw** ~ **too clearly that** ela viu demasiadamente bem que. **12** **and all** *adv phr* **a**) **they moved the books and** ~ eles mudaram tudo até os livros; **b**) GB **what with the heat and** ~ com este calor e tudo. **13** **at all** *adv phr* **not at** ~! (acknowledging thanks) de nada!; não tem de quê; (answering query) de maneira nenhuma; **if (it is) at** ~ **possible** se (for) possível; **nothing at** ~ nada; **if you knew anything at** ~ **about** se souberes a mínima coisa acerca de; **is it at** ~ **likely that...?** há a menor possibilidade de que...? (+ *conj*). **14 for all** *prep phr*; *adv phr* **a**) (despite) **for** ~ **that** apesar de tudo; **b**) (as regards) **for** ~ **I know** tanto quanto sei. **15 of all** *prep phr* **a**) (in rank) **the easiest of** ~ o mais fácil; **first/last of** ~ para começar/por último; **b**) (emphatic) **why today of** ~ **days?** porquê precisamente hoje?; **of** ~ **the nerve!** que lata!. IDIOMAS **he's not** ~ **those** "ele não está bom da cabeça"; **it's** ~ **one to me** é-me indiferente; **that's** ~ **very well, that's** ~ **well and good** é tudo muito bonito.

Allah ['ælə] *pr n* Alá *m*.

all-American *n* [*girl, boy, hero*] tipicamente americano.

allay [ə'leɪ] (formal) *vtr* dissipar [*fear, suspicion, doubt*].

allegation [ælɪ'geɪʃn] *n* (gen) JUR alegação *f* (**about** sobre; **against** contra; **of** de).

allege [ə'ledʒ] *vtr* alegar, pretender; **he is ~ed to be living in Italy** diz-se que ele vive em Itália.

alleged [ə'ledʒd] *adj* [*author, culprit, accomplice*] pretenso, alegado.

allegedly [ə'ledʒɪdlɪ] *adv* pretensamente, alegadamente.

allegiance [ə'liːdʒəns] *n* (gen) JUR vassalagem *f*; **to swear** ~ **to sb/sth** jurar vassalagem a alg/ algo.

allegoric(al) [ælɪ'gɒrɪk(l)] *adj* alegórico.

allegory ['ælɪgərɪ] *n* alegoria *f* (**of** de).

allergic [ə'lɜːdʒɪk] *adj* alérgico (**to** a) (also fig).

allergy ['ælədʒɪ] *n* alergia *f* (**to** a) (also fig).

alleviate [ə'liːvɪeɪt] *vtr* aliviar [*pain, suffering*]; diminuir, reduzir [*fears, stress, unemployment*].

alley ['ælɪ] *n* (for pedestrians) álea *f*; alameda *f*.

alliance [ə'lɑɪəns] *n* POL, MIL aliança *f* (**between** entre; **with** com); **in** ~ **with** em colaboração com.

allied ['ælɑɪd] *adj* [*country, army, party*] aliado (**with** com; **to** a); [*trades, subjects*] afim.

alligator ['ælɪgeɪtə(r)] *n* jacaré *m*.

alliteration [əlɪtə'reɪʃ(ə)n] *n* aliteração *f*.

allocate ['æləkeɪt] *vtr* atribuir [*money, land*] (**to** a); fixar, determinar (**to** a); conferir, destinar [*tasks*] (**to** a).

allocation [ælə'keɪʃ(ə)n] *n* **a**) (amount) crédito *m*; dotação *f*; **b**) (process) atribuição *f*.

allot [ə'lɒt] **1** *vtr* (p, pp **-tt-**) atribuir, outorgar [*money, resources*] (**to** a); conceder [*task, job*] (**to** a). **2 allotted** *pp adj* (time) dado; **his ~ted task** a tarefa que lhe foi conferida.

allotment [ə'lɒmənt] *n* (garden) loteamento *m*; lote; (allocation) atribuição *f*.

allow [ə'laʊ] **1** *vtr* **a**) (authorize) permitir, deixar [*person*] (**to do** fazer); autorizar [*action, change*]; **to be ~ed to do** [*person*] ser autorizado a fazer; **we don't** ~ **photography** é proibido tirar fotografias; **b**) (entitle) **to be ~ed to do** ter o direito de fazer; **I'm ~ed to take 20 days' holiday** tenho o direito de tirar 20 dias de férias; **c**) (enable) possibilitar; ~ **me to introduce myself** permita-me que me apresente; **d**) (permit) deixar; **e**) (allocate) calcular, prever; **to** ~ **two days for the job** calcular dois dias para fazer o trabalho; **f)** (agree) [*referee*] validar [*goal*]; [*supplier*] conceder [*discount*]; [*insurer*] admitir [*claim*]; **g)** (admit) [*club*] admitir [*children, women*]; **"no dogs ~ed"** "proibida a entrada a cães"; **h)** (condone) tolerar [*rudeness, swearing*]. **2** *v refl* **to ~ oneself** (grant) permitir-se, conceder a si próprio [*drink, treat*].

allowable [ə'laʊəbl] *adj* **a)** TAX dedutível; **b)** (permissible) admissível; **c)** JUR legítimo.

allowance [ə'laʊəns] *n* **a)** SOC ADMIN concessão *f*; **b)** (from employer) subsídio *m*; ajudas *fpl* de custo; **travel ~** subsídio de deslocação; **entertainment ~** despesas *fpl* de representação; **c)** (regulated amount) isenção *f*; **your baggage is 40 kg ~** tem direito a 40 kg de bagagem; **d)** TAX abatimento *m* or dedução *f* fiscal; **e)** (spending money) (for teenager, spouse) mesada *f*; (from trust) rendimento *m*; renda *f*; **f)** COMM desconto *m*; **to give sb a 10% ~** conceder a alg um desconto de 10%; **g)** (concession) (*often pl*) **to make ~(s) for sth** ter em conta [*growth, variations, inflation*].

alloy ['ælɔɪ,ə'lɔɪ] **1** *n* liga *f* (combinação de metais). **2** *vtr* fundir, amalgamar; (fig) (spoil) alterar.

all right [ɔ:l'raɪt] **1** *adj* **a)** (expressing degree of satisfaction) [*film, garment, etc*] assim, assim; **she's ~** (pleasant) ela é simpática; (attractive) ela é jeitosa; (competent) ela trabalha bem; **sounds ~ to me!** (acceptance) parece-me bem; **b)** (well) bem; **to feel ~** sentir-se bem; **c)** (able to manage) **to be ~ for** ter suficiente [*money, etc*]; **will you be ~?** achas que consegues?; **d)** (acceptable) **is it ~ if...?** não há problema se...?; **is that ~ with you?** convém-te?; **that's (quite) ~!** não há problema!. **2** *adv* **a)** [*function*] bem; **she's doing ~** corre tudo bem com ela; **b)** (without doubt) **she knows ~!** claro que ela sabe!. **3** *particle* de acordo, está bem.

all-time ['ɔ:ltaɪm] *adj* (record) absoluto; **an ~ high/low** [*of prices, shares, etc*] o nível mais alto/baixo alguma vez registado.

allude [ə'lu:d,ə'lju:d] *vi* **~ to sth** aludir à qq coisa, fazer alusão a qq coisa.

allure [ə'ljʊə(r)] *n* atracção *f*; sedução *f*; (sexual) encantos *mpl*.

alluring [ə'ljʊərɪŋ] *adj* [*person*] atraente, cativante, sedutor.

allusion [əə'lu:ʒ(ə)n,ə'lju:-] *n* alusão (**to** a).

ally 1 ['ælaɪ] *n* (*pl* **-ies**) **a)** aliado *m*; **b) the Allies** os Aliados. **2** [ə'laɪ] *v refl* **to ~ oneself with/to** aliar-se com/a.

almighty [ɔ:l'maɪtɪ] *adj* [*crash, row, explosion*] tremendo, formidável; RELIG **the Almighty** o Todo Poderoso, Deus.

almond [ɑ':mənd] *n* (nut) amêndoa *f*; (tree) amendoeira *f*.

almost ['ɔ:lməʊst] *adv* **a)** (practically) quase; **~ any train** quase todos os comboios; **b)** (implying narrow escape) quase; **he ~ died** ele quase se matou.

alms [ɑ:mz] (dated) *npl* esmolas *fpl*.

aloft [ə'lɒft], US [ə'lɔ:ft] *adv* **a)** (gen) [*hold, soar*] no ar; [*seated, perched*] no alto; **from ~** de alto; **b)** NAUT no mastro.

alone [ə'ləʊn] **1** *adj* (*always after n*) só, sozinho; **all** or **quite ~** completamente só; **she stands ~**

(fig) ela é única. **2** *adv* só, somente; **on books ~ we spent £100** só em livros gastámos 100 libras; **let ~** sem falar de; **too ill to stand, let ~ walk** demasiado doente para se pôr em pé, quanto mais para andar. IDIOMAS (coll) **to go it ~** levar as coisas para diante sozinho, sem ajuda de ninguém.

along [ə'lɒŋ] **1** *adv* **push/pull sth ~** empurrar/puxar qq coisa; **to be walking ~** caminhar; **I'll be ~ in a second** já aí vou. **2** *prep* **a)** (also ~ side) (all along) ao longo de; **to run ~ the beach** [*path, etc*] correr ao longo de; **b)** (the length of) ao longo de; **to look ~ the shelves** procurar ao longo das prateleiras; **c)** (at a point along) **halfway ~ the path** a meio caminho. **3 along with** *prep phr* (accompanied by) acompanhado por; (at same time as) ao mesmo tempo que.

alongside [ə'lɒŋsaɪd], US [əlɔ:ŋ'saɪd] **1** *prep* **a)** (all along) see **along**; **b)** (next to) **to draw up ~ sb** [*vehicle*] parar ao lado de alg; **to learn to live ~ each other** [*groups*] aprender a coexistir. **2** *adv* **a)** (gen) ao lado; **the car and the motorbike ~** o carro e a mota lado a lado; **b)** NAUT **to come ~** acostar.

aloof [ə'lu:f] *adj* **a)** (remote) distante; **to remain/stand ~** manter-se distante; **b)** (uninvolved) **to remain/stand ~ from sth/sb** manter-se longe de algo/alg.

aloud [ə'laʊd] *adv* (audibly) [*say, read*] em voz alta; [*think, wonder*] alto.

alpaca [æl'pækə] *n* ZOOL alpaca *m*.

alpha ['ælfə] *n* **a)** (letter) alfa *m*; **b)** (grade) 20 m (in em); **to get an ~** ter um 20.

alphabet ['ælfəbet] *n* alfabeto *m*.

alphabetical [ælfə'betɪkl] *adj* [*guide, list, index*] alfabético.

alpine ['ælpaɪn] **1** *n* (at high altitudes) planta *f* alpina. **2** *adj* (*also* **Alpine**) (gen) alpino.

already [ɔ:l'redɪ] *adv* já; **it's 10 o'clock ~** são já 10 horas; **he's ~ left** ele já se foi embora. IDIOMAS **so come on ~!** US (indicating irritation) vá lá, despacha-te!.

alright see **all right**.

Alsace [æl'sæs] *pr n* Alsácia *f*.

Alsatian [æl'seɪʃn] **1** *n* **a)** (dog) lobo *m* da Alsácia; **b)** (native) alsaciano *m*. **2** *adj* da Alsácia.

also [ɔ:l'səʊ] *adv* **a)** (too, as well) também; **~ available in red** também existe em vermelho; **b)** (furthermore) para (além do) mais; **~, he snores** para mais, ele ressona.

altar ['ɔ:ltə(r), 'ɒltə(r)] *n* altar *m*; **high ~** altar-mor *m*. IDIOMAS (dated) **to lead sb to the ~** levar alg ao altar, casar com alg; **to be sacrificed on the ~ of** ser imolado no altar de.

alter ['ɔ:ltə(r), 'ɒltə(r)] *vi, vtr* (change) mudar (de) [*opinion, lifestyle, person, rule, etc*]; modificar (-se) [*judgement, amount*]; transformar-se [*building*]; **that does not ~ the fact that...** isso não altera o facto de que....

alteration [ɔ:ltə'reɪ/n, ɒltə'reɪ/n] **1** *n* (act of altering) (of building) transformação *f*; (of will, document) modificação *f*; (of timetable, route) mudança *f*; alteração *f*. **2 alterations** *npl* CONSTR **a)** (result) transformações *fpl*; **structural ~s** alterações estruturais; **b)** (process) trabalhos *mpl*; **we're having ~s done to our house** temos obras em curso na casa.

altercation [ɔːltə'keɪʃn, ɒltə'keɪʃn] *n* (also hum) altercação *f* (**about** *or* **over** sobre; **between** entre).

alternate 1 [ɔːl'tɜːnət, ɒl'tɜːnət] *adj* **a)** (successive) [*chapters, colours, layers*] alternado; **b)** US (another) outro; **c)** BOT [*leaf, branch*] alterno. **2** ['ɔːltəneɪt, 'ɒltəneɪt] *vtr* **to** ~ **sth and** *or* **with sth** alternar uma coisa e outra. **3** ['ɔːltəneɪt, 'ɒltəneɪt] *vi* (swap) [*people*] revezar-se; **to** ~ **with sb** revezar-se com alg; [*colours, seasons, patterns*] alternar-se; **to** ~ **with sth** alternar com qq coisa.

alternately [ɔːl'tɜːnətlɪ, ɒl'tɜːnətlɪ] *adv* alternadamente; **or** ~, **we could go home** em alternativa, nós podíamos ir para casa.

alternative [ɔːl'tɜːnətɪv, ɒl'tɜːnətɪv] **1** *n* **a)** (option) alternativa *f*; **what is the** ~ **to pesticides?** qual é a alternativa aos pesticidas?; **b)** (possibility of choice) escolha *f*; **to have an/no** ~ ter/não ter possibilidade de escolha. **2** *adj* **a)** (other) [*activity, career, flight, plan, etc*] alternativo; **b)** (unconventional) [*culture, lifestyle, scene, therapy*] não convencional, alternativo.

alternator ['ɔːltəneɪtə(r), 'ɒltəneɪtə(r)] *n* ELECTRON alternador *m*.

although [ɔːl'ðəʊ] *conj* embora, ainda que (+ *conj*); ~ **he claims to be shy** ainda que ele afirme ser tímido; **you don't have to attend,** ~ **we advise it** não precisas de ir, embora te aconselhemos a fazê-lo.

altitude ['æltɪtjuːd] *n* (above sea-level) altitude *f*; **at high/low** ~ a elevada/baixa altitude; **at** ~ em altitude.

alto ['æltəʊ] *n* (*pl* **-tos**) (singer, voice) (female) contralto *m*.

altogether [ɔːltə'geðə(r)] *adv* **a)** (completely) completamente; **not** ~ **true** parcialmente verdadeiro, não completamente verdadeiro; **b)** (in total) ao todo; **how much is that** ~? quanto é o total; **c)** (all things considered) ~, **it was a mistake** feitas as contas, foi um erro.

altruistic [æltrʊ'ɪstɪk] *adj* altruísta.

aluminium GB [æljʊ'mɪnɪəm], **aluminum** US [ə'luːmɪnəm] **1** *n* alumínio *m*. **2** *modif* [*utensil*] de alumínio.

always ['ɔːlweɪz] *adv* sempre; **he's complaining** ele está sempre a queixar-se.

am[1] [æm] see **be**.

am[2] [eɪ'em] *adv* abrev = **ante meridiem**; **three** ~ três horas (da manhã).

amalgam [ə'mælgəm] *n* (formal) (blend) amálgama *f*.

amalgamate [ə'mælgəmeɪt] **1** *vtr* **a)** (merge) unir, fundir, fazer a fusão de [*companies, parties, posts, schools*] (**with** com; **into** em); **b)** METAL amalgamar (**with** com); **c)** (blend) misturar [*styles*]. **2** *vi* [*company, party, school*] unir-se, associar-se (**with** a, com). **3** **amalgamated** *pp adj* [*school, association, etc*] unificado, unido.

amalgamation [əmælgə'meɪʃn] *n* **a)** (merging, merger) (of companies, posts, schools) união *f*; fusão *f* (**with** com; **into** em); (of styles, traditions) mistura *f*; **b)** METAL amálgama *f*.

amass [ə'mæs] *vtr* reunir, acumular [*shares, data, fortune*].

amateur ['æmətə(r)] **1** *n* (gen) SPORT amador *m*. **2** *modif* **a)** [*sports person, musician*] amador; ~

dramatics teatro *m* amador; **b)** (pej) (unskilled) **it's** ~ **work** é um trabalho de amador (pej).

amateurish ['æmətərɪʃ] *adj* (pej) [*work, attitude*] de amador (pej); **to do sth in an** ~ **way** fazer qq coisa sem cuidado.

amaze [ə'meɪz] *vtr* surpreender; (stronger) abismar, aturdir; **to be** ~**d by** ser surpreendido por; **you never cease to** ~ **me!** tu não paras de me surpreender!.

amazed [ə'meɪzd] *adj* [*reaction, silence, look, person*] admirado,-a, atónito,-a; **I'm** ~ **(that)...** espanta-me que... (+ *subj*).

amazement [ə'meɪzmənt] *n* estupefacção *f*; **in/with** ~ com estupefacção; **to everyone's** ~ para espanto geral.

amazing [ə'meɪzɪŋ] *adj* [*performer, game, chance, offer*] espantoso, excepcional; [*amount, cost*] exorbitante; [*number, reaction, defeat*] surpreendente; **it's** ~ **how different people can be** é incrível como as pessoas podem ser tão diferentes.

amazingly [ə'meɪzɪŋlɪ] *adv* [*good, bad, ignorant, cheap*] surpreendentemente, incrivelmente.

Amazon ['æməzən] **1** *pr n* **a)** (river) Amazonas *m*; **b)** MYTHOL amazona *f*; **c)** (fig) (strong woman) virago *f*. **2** *modif* [*basin, forest, tribe*] amazónico.

ambassador [æm'bæsədə(r)] *n* (diplomatic) embaixador.

amber ['æmbə(r)] **1** *n* **a)** (resin) âmbar *m*; **b)** GB (traffic signal) amarelo *m*; **at** ~ (no) amarelo. **2** *modif* [*necklace, ring*] de âmbar. **3** *adj* [*eye, fruit, light, etc*] ambarino.

ambidextrous [æmbɪ'dekstrəs] *adj* ambidextro.

ambient ['æmbɪənt] *adj* ambiente; ~ **noise** ruído *m* ambiente.

ambiguity [æmbɪ'gjuːɪtɪ] *n* (gen) ambiguidade *f* (**about** acerca de).

ambiguous [æm'bɪgjʊəs] *adj* ambíguo.

ambiguously [æm'bɪgjʊəslɪ] *adv* [*state, phrase*] de forma ambígua; ~ **worded** [*statement*] colocado em termos ambíguos.

ambition [æm'bɪʃn] *n* **a)** (quality) ambição *f* (**to do** de fazer); **b)** (aim) aspiração *f*; desejo *m* (**to do, of doing** de fazer); **it was his lifelong** ~ **to visit China** o seu maior desejo era visitar a China; **c)** (*pl* ~**s**) (aspirations) ambições *fpl* (**to do, of doing** de fazer); **political/literary** ~ ambições políticas/literárias.

ambitious [æm'bɪʃəs] *adj* [*person*] ambicioso (**for sb** para alg); **to be** ~ **to do** ter a ambição de fazer.

ambivalent [æm'bɪvələnt] *adj* ambivalente; **to be** ~ **about/towards** ter uma atitude ambivalente acerca de/em relação a.

amble ['æmbl] *vi* **a)** (stroll) **to** ~ **in/out/off** entrar, sair, partir tranquilamente; **b)** EQUIT trotar a furta-passo.

ambrosia [æm'brəʊzɪə] *n* ambrósia *f*.

ambulance ['æmbjʊləns] **1** *n* ambulância *f*. **2** *modif* [*service, station*] de ambulâncias.

ambulanceman *n* enfermeiro *m* ou maqueiro *m* do serviço de ambulâncias.

ambush ['æmbʊʃ] **1** *n* **a)** (tactic) emboscada *f* PO, tocaia *f* BR; **to lie in** ~ estar escondido numa emboscada; **b)** (attack) emboscada *f*; **to walk** *or* **fall into an** ~ cair numa emboscada. **2** *vtr* fazer uma emboscada a [*soldiers, convoy*]; **to be ~ed** ser apanhado numa emboscada.

amen [ɑːˈmen, eɪˈmen] *excl* ámen. IDIOMAS A~ **to that!** com certeza!.

amenable [əˈmiːnəbl] *adj* **a)** (obliging) amável, acessível; ~ **to** sth sensível a algo; **b)** (subject to) **to be** ~ **to** [*regulations*] estar sujeito a.

amend [əˈmend] **1** *vtr* **a)** (alter) emendar, alterar [*law, bill, constitution*]; modificar [*document, plan, contract*]; **b)** (formal) (correct) corrigir, modificar [*life-style, behaviour*]. **2** *vi* emendar--se.

amendment [əˈmendmənt] *n* **a)** (alteration) ~ **to** [*constitution, bill, law*] emenda *f* a; [*document, plan, contract*] modificação *f* de; **the Fifth A~** US JUR a quinta emenda; **b)** (altering) JUR, POL emenda *f*; (gen) alteração *f*.

amends [əˈmendz] *npl* **a)** (pay) **to make** ~ **for** [*damage, hurt*] indemnizar; **b)** (redeem oneself) **to make** ~ redimir-se.

amenity [əˈmiːnɪtɪ] *n* **a)** (facility) (*usu pl*) (of hotel, locality) comodidades *fpl*; vantagens *fpl*; atractivos *mpl*; (of house, sports club) instalações *fpl*; comodidades *fpl*; **b)** (formal) (of surroundings) locais *mpl* de interesse; **c)** (formal, dated) (courtesy) (*usu pl*) cortesia *f*.

America [əˈmerɪkə] *pr n* América *f*.

American [əˈmerɪkən] *n, adj* **a)** (person) americano *m*; **b)** (language) americano *m*.

American: A~ English *n* americano *m*; **A~ football** futebol *m* americano; **A~ Indian 1** *n* índio *m* da América. **2** *adj* dos índios da América.

Americanism [əˈmerɪkənɪzm] *n* americanismo *m*.

amethyst [ˈæmɪθɪst] *n* **a)** (gen) ametista *f*; **b)** (colour) violeta *f*.

amiable [ˈeɪmɪəbl] *adj* [*person*] amável (**to, towards sb** com, para com alg); [*comedy, performance, manner*] agradável.

amicable [ˈæmɪkəbl] *adj* **a)** (friendly) [*gesture, manner*] amistoso, cordial; **b)** **an** ~ **solution** JUR uma solução amigável; **to come to an** ~ **agreement with sb** chegar a um acordo amigável com alg.

amicably [ˈæmɪkəblɪ] *adv* [*live, behave*] amigavelmente, cordialmente.

amidships [əˈmɪdʃɪps] *adv* no/a meio do navio.

amino acid [əmiːnəʊˈæsɪd] *n* aminoácido *m*.

amiss [əˈmɪs] **1** *adj* **to be something** *or* **anything** ~ haver qq coisa de errado (**with sb** com alg) (**in, with sth** em qq coisa). **2** *adv* **to come** ~ não ser benvindo; **to take sth** ~ levar qq coisa a mal.

ammeter [ˈæmɪtə(r)] *n* amperímetro *m*.

ammonia [əˈməʊnɪə] *n* **a)** (gas) amoníaco *m*; **b)** (solution) amoníaco *m*.

ammunition [æmjʊˈnɪʃn] *n* MIL munições *fpl*; (fig) armas *fpl*.

amnesia [æmˈniːzɪə] *n* amnésia *f*.

amnesty [ˈæmnɪstɪ] *n* POL, JUR (pardon) amnistia *f* PO, anistia *f* BR (**for** para); **under an** ~ no âmbito da amnistia.

amoeba [əˈmiːbə] *n* amiba *f*.

amok [əˈmɒk] *adv* **to run** ~ [*person, animal, crowd*] perder a cabeça; [*imagination*] voar desenfreadamente; [*prices*] disparar.

among, amongst [əˈmʌŋ, əˈmʌŋst] *prep* **a)** (amidst) entre, no meio de [*crowd, ruins, papers*]; **to be** ~ **friends** estar entre amigos; **b)** (affecting a particular group) entre; **unemployment** ~ **young people** o desemprego entre os jovens; **c)** (one of) **she was** ~ **those who survived** ela fazia parte dos sobreviventes; **d)** (between) entre; **one bottle** ~ **five** uma garrafa em cinco; **they can never agree** ~ **themselves** eles nunca conseguem entender-se.

amoral [eɪˈmɒrəl] *adj* amoral.

amorous [ˈæmərəs] *adj* (liter *or* hum) amoroso.

amorphous [əˈmɔːfəs] *adj* CHEM, GEOL amorfo; [*object, shape*] informe; [*ideas, plans*] confuso, sem forma definida.

amount [əˈmaʊnt] *n* **a)** (gen) (quantity) (of goods, food) quantidade *f*; (of money) quantia *f*; (of people) número *m*; **a certain** ~ **of imagination is needed for this job** é precisa uma certa imaginação para fazer este trabalho; **I'm entitled to a certain** ~ **of respect** tenho direito a que me respeitem; **b)** (gen) FIN (sum of money) quantia *f*; (total of bill, expenses, damages, etc) montante *m*; **what is the outstanding ~?** quanto é que falta pagar?; **to the** ~ **of** até ao total de; **c)** (formal) (significance) importância *f*; **to be of little** ~ ter pouca importância. ▪ **amount to: to** ~ **to sth a)** (gen) FIN (add up to) [*cost*] atingir; **b)** (be worth, equivalent to) [*behaviour, policy, decision*] ser equivalente a [*a betrayal, defeat, triumph*]; **not to** ~ **to much** [*accusation, report*] não ter muita importância.

amp [æmp] **a)** see **ampere**; **b)** (coll) see **amplifier**.

ampere [ˈæmpeə(r)] *n* ampere *m*.

ampersand [ˈæmpəsænd] *n* COMM &, "e" *m* comercial.

amphibian [æmˈfɪbɪən] *n* **a)** ZOOL anfíbio *m*; **b)** AVIAT anfíbio *m*; MIL (tank) tanque *m* anfíbio.

amphibious [æmˈfɪbɪəs] *adj* ZOOL, MIL anfíbio.

amphitheatre [ˈæmfɪθɪətə(r)] *n* (gen) ANTIQ, THEAT anfiteatro *m*.

ample [ˈæmpl] *adj* **a)** (plenty) [*provision(s), space, time*] bastante(s), amplo, vasto; **to have** ~ **opportunity** ter uma grande oportunidade; **to be more than** ~ ser mais que suficiente (**for** para); **b)** (a great deal) [*supplies, means*] abundante.

amplifier [ˈæmplɪfaɪə(r)] *vtr* ACOUST, ELEC, RAD amplificador *m*.

amplify [ˈæmplɪfaɪ] *vtr* ACOUST, ELEC, RAD amplificar; desenvolver [*account, statement, concept*].

amply [ˈæmplɪ] *adv* amplamente.

amputate [ˈæmpjʊteɪt] *vtr* amputar; **to** ~ **sb's leg** amputar a perna a alg.

amputee [æmpjʊˈtiː] *n* amputado *m*.

amulet [ˈæmjʊlɪt] *n* amuleto *m*.

amuse [əˈmjuːz] *vtr* **a)** (cause laughter) divertir; **to not be ~d at/by** não ficar muito satisfeito/divertido com; **the shareholders were not ~d by the decision** a discussão não agradou muito aos accionistas; **I'm not ~d!** não estou a achar piada! (fam); **b)** (entertain) [*game, story*] distrair; **to keep sb ~d** distrair alg; **c)** (occupy) [*activity, hobby*] ocupar; **to keep oneself ~d** ocupar-se.

amusement [ə'mjuːzmənt] *n* **a)** (mirth) divertimento *m* (**at** com); **a look of** ~ um ar divertido; **to conceal one's** ~ dissimular a vontade de rir; **b)** (diversion) distracção *f*; **c)** (at fairground) (*usual pl*) atracção *f*.

amusement arcade *n* sala *f* de jogos electrónicos.

amusing [ə'mjuːzɪŋ] *adj* divertido.

amusingly [ə'mjuːzɪŋlɪ] *adv* de maneira divertida.

an [æn, ən] see **a**.

anachronism [ə'nækrənɪzm] *n* anacronismo *m*; **to be an** ~ ser um anacronismo.

anachronistic [ənækrə'nɪstɪk] *adj* anacrónico.

anaemia [ə'niːmɪə] *n* anemia *f*.

anaemic [ə'niːmɪk] *adj* MED anémico; (fig, pej) [*character, performance, poem*] fraco.

anaesthesia [ænɪs'θiːzɪə] *n* anestesia *f*.

anaesthetic [ænɪs'θetɪk] *n* anestésico *m*; **to be under (an)** ~ estar sob anestesia.

anaesthetist [ə'niːsθətɪst] *n* anestesista *m/f*.

anaesthetize [ə'niːsθətaɪz] *vtr* anestesiar.

anagram ['ænəgræm] *n* anagrama *m* (**of** de).

anal ['eɪnl] *adj* ANAT, PSYCH anal; ~ **sex** sexo *m* anal.

analgesia [ænæl'dʒiːzɪə] *n* analgesia *f*.

analgesic [ænæl'dʒiːsɪk] *n, adj* analgésico *m*.

analog ['ænəlɒg] US see **analogue**.

analogous [ə'næləgəs] *adj* análogo (**to, with** a).

analogue ['ænəlɒg] *n* coisa *f* análoga; ~ **computer:** computador *m* analógico.

analogy [ə'nælədʒɪ] *n* analogia *f*; **by** ~ **with** por analogia com; **to draw an** ~ fazer uma analogia (**between** entre; **with** com).

analyse US, **analyze** GB ['ænəlaɪz] *vtr* (gen) LING, PSYCH analisar.

analysis [ə'nælɪsɪs] *n* **a)** (gen) LING análise *f*; **in the final** *or* **last** ~ em última análise; **b)** PSYCH psicanálise *f*; **to be in** ~ estar submetido a análise.

analyst ['ænəlɪst] *n* **a)** (gen) analista *m/f*; **b)** PSYCH psicanalista *m/f*.

analytic(al) [ænə'lɪtɪk(l)] *adj* (gen) LING, PSYCH, GEOM, ETC analítico.

analyze *vtr* US see **analyse**.

anarchic(al) [ə'naːkɪk(l)] *adj* anárquico.

anarchist ['ænəkɪst] *n* anarquista *m/f*.

anarchy ['ænəkɪ] *n* anarquia *f*.

anathema [ə'næθəmə] *n* RELIG anátema *m*; (fig) aversão *f* Po, ojeriza *f* Br; **politics are** ~ **to him** ele tem aversão à política.

anatomical [ænə'tɒmɪkl] *adj* anatómico.

anatomist [ə'nætəmɪst] *n* anatomista *m/f*.

anatomy [ə'nætəmɪ] *n* **a)** MED, BIOL anatomia *f*; **b)** (fig) (of subject, event) análise *f* detalhada (**of** de).

ancestor ['ænsestə(r)] *n* (lit, fig) antepassado *m*.

ancestral [æn'sestrəl] *adj* ancestral; **the** ~ **home** a morada *f* de família.

ancestry ['ænsestrɪ] *n* **a)** (lineage) ascendência *f*; **b)** (ancestors collectively) antepassados *mpl*.

anchor ['æŋkə(r)] **1** *n* NAUT âncora *f*; (fig) (person) esteio *m*; apoio *m*; **to drop** *or* **cast** ~ lançar a âncora; **to raise (the)** ~, **to weigh** *or* **up** ~ levantar a âncora, levantar ferro; **to be** *or* **lie at** ~ estar ancorado. **2** US RADIO, TV apresentar.

anchorage ['æŋkərɪdʒ] *n* NAUT (place, action) ancoradouro *m*; molhe *m*.

anchorman *n* RADIO, TV apresentador *m*; (in network organization) pivô *m*.

anchovy ['æntʃəvɪ, æn'tʃəʊvɪ] *n* anchova *f*.

ancient ['eɪnʃənt] **1** *n* (gen) ANTIQ ancião/-ã *m/f*. **2** *adj* **a)** antigo; ~ **Greek** LING grego *m* clássico; **in** ~ **times** antigamente; ~ **monument** monumento *m* histórico; **b)** (coll) [*person, car*] muito velho; **I must be getting** ~ devo estar a ficar velho.

ancillary [æn'sɪlərɪ] **1** *n* (office, department, etc) serviço *m* auxiliar; (person) subordinado *m*; auxiliar *m/f*. **2** *adj* [*service, task, role, etc*] auxiliar; [*cost*] acessório; [*road*] secundário; ~ **staff** pessoal *m* auxiliar.

and [ənd] *conj* **a)** (joining words or clauses) e; **cups** ~ **plates** chávenas e pires; **he picked up his papers** ~ **went out** ele pegou nos papéis e saiu; **b)** (in numbers) e; **two hundred** ~ **sixty-two** duzentos e sessenta e dois; **c)** (with repetition) **faster** ~ **faster** cada vez mais depressa; **I waited** ~ **waited** esperei e tornei a esperar; **to talk on** ~ **on** falar ininterruptamente; **we laughed** ~ **laughed** fartámo-nos de rir; **d)** (in phrases) ~ **all that** e tudo o resto; ~ **so on** etc, e assim por diante; ~ **how!** e como!; **e)** (alike) **summer** ~ **winter** tanto no Verão como no Inverno; **day** ~ **night** dia e noite; **f)** (with negative) **he doesn't like singing** ~ **dancing** ele não gosta nem de cantar, nem de dançar.

Andes ['ændiːz] *npl* **the** ~ os Andes *mpl*.

anecdotal [ænɪk'dəʊtəl] *adj* [*memoirs, account*] anedótico; **on the basis of** ~ **evidence...** segundo fontes não confirmadas....

anecdote ['ænɪkdəʊt] *n* anedota *f*.

anemone [ə'nemənɪ] *n* anémona *f*.

anesthesia [ænɪs'θiːzɪə] *n* US see **anaesthesia**.

angel ['eɪndʒl] *n* **a)** (lit, fig) anjo *m*; **the** ~ **of death** o Anjo da Morte; **be an** ~ **and answer the phone!** sê um anjo e atende-me o telefone! (fam); **b)** (coll) COMM, THEAT (hum *or* pej) mecenas *m*; patrocinador *m*. IDIOMAS **to be on the side of the** ~**s** ter a razão do seu lado; **to rush in where** ~**s fear to tread** ir até onde os mais afoitos não se atrevem.

angelic [æn'dʒelɪk] *adj* angélico.

anger ['æŋgə(r)] **1** *n* cólera *f*; fúria *f* (**at** diante); **to feel** ~ **towards sb** sentir raiva contra alg; **in** ~ numa fúria. **2** *vtr* [*decision, remark*] enfurecer, irritar [*person*].

angle ['æŋgl] **1** *n* **a)** (gen) MATH ângulo *m*; **at a 60** ~ num ângulo de 60; **to be at an** ~ **to sth** [*table*] fazer ângulo com [*wall*]; [*tower*] inclinar-se para [*ground*]; **from every** ~ de todos os ângulos; **camera** ~ ângulo de visão; **b)** (point of view) ponto *m* de vista (**on** sobre). **2** *vtr* **a)** (tilt) orientar [*camera, light, table*]; **to** ~ **sth sideways/upwards/downwards** inclinar qq coisa para o lado/para cima/para baixo; **b)** (adapt) adaptar (qq coisa) de acordo com [*programme, event*]. **3** *vi* **a)** FISHG pescar (à linha); **to** ~ **for salmon** pescar salmão; **b)** (coll) (try to obtain) **to** ~ **for** procurar obter [*compliments, money, work*]; **to** ~ **for sb's attention** tentar captar a atenção de alg.

angler ['æŋglə(r)] *n* pescador *m* (à linha).

Anglican ['æŋglɪkən] *n, adj* anglicano *m*.

Anglo ['æŋgləʊ] **1** *n* US Americano *m*. **2** **Anglo-** (*in compounds*) anglo-.

Anglo-American *n, adj* anglo-americano *m*.
Anglo-Indian *n* **a)** (ex-patriot) britânico que vive na Índia; **b)** (of mixed race) de origem inglesa e indiana.
Anglo-Saxon **1** *n* anglo-saxão *m*. **2** *adj* anglo--saxónico.
angrily ['æŋgrɪlɪ] *adv* com raiva, iradamente.
angry ['æŋgrɪ] *adj* **a)** [*person*] zangado, furioso; **to be ~ at** *or* **with sb** estar zangado com alg; **to be ~ at** *or* **about sth** estar zangado com qq coisa; **to get ~** zangar-se; **b)** (fig) [*cloud, sea, sky*] ameaçador.
anguish ['æŋgwɪʃ] *n* **a)** (mental) angústia *f* (**about, over** acerca de); **to be in ~** estar angustiado; **b)** (physical) dor *f*; aflição *f*; **he cried out in ~** ele gritou de aflição ou de dor.
anguished ['æŋgwɪʃt] *adj* angustiado.
angular ['æŋgjʊlə(r)] *adj* **a)** (bony) [*face, jaw*] anguloso; [*building*] cheio de ângulos; [*rock*] abrupto; **~ features** traços *mpl* angulosos; **b)** PHYS [*distance, frequency, velocity*] angular.
animal ['ænɪməl] **1** *n* **a)** (lit) ZOOL animal *m*; besta *f*; **domestic ~** animal doméstico; **wild ~** animal selvagem; **b)** (fig) **man is a political ~** o homem é um animal político; **to bring out the ~ in sb** despertar o animal que há em cada um de nós; **there's no such ~** isso não existe. **2** *modif* [*behaviour, fat, instinct, etc*] animal.
animal lover *n* amigo *m* dos animais.
animate **1** ['ænɪmət] *adj* [*person*] vivo; [*object*] animado. **2** ['ænɪmeɪt] *vtr* animar; **she was ~d by** *or* **with desire** ela sentia-se animada pelo desejo.
animated ['ænɪmeɪtɪd] *adj* animado; **an ~ film** um filme de desenhos animados.
animatedly ['ænɪmeɪtɪdlɪ] *adj* animadamente, com animação.
animation [ænɪ'meɪ/n] *n* animação *f*.
animator ['ənɪmeɪtə(r)] *n* (film cartoonist) animador, a *m/f*; (director) realizador, a *m/f* de desenhos animados.
animosity [ænɪ'mɒsɪtɪ] *n* animosidade *f* (**between** entre); **towards** em relação a.
aniseed ['ænɪsɪːd] *n* **a)** (flavour) anis *m*; **b)** (seed) semente *f* de anis; erva-doce *f*.
ankle ['æŋkl] *n* tornozelo *m*; **to break/sprain/twist one's ~** partir/deslocar/torcer o tornozelo.
ankle- **~-deep** *adj* **the snow was ~-deep** a neve dava pelos tornozelos; **to be ~-deep in sth** estar metido em algo até aos tornozelos; **~ sock** peúga *f*.
annals ['ænəlz] *npl* anais *mpl*; **to go down in the ~** (of history) figurar nos anais (da história).
annex [ə'neks] **1** *n* (*also* **annexe**) GB anexo *m* (**to** a). **2** *vtr* anexar [*territory, land, country*] (**to** a).
annexation [ænɪk'seɪ/n] *n* anexação *f* (**of** de).
annexe *n* GB see **annex**.
annihilate [ə'naɪɪleɪt] *vtr* aniquilar.
anniversary [ænɪ'vɜːsərɪ] **1** *n* aniversário *m* (**of** de). **2** *modif* (of historical event) [*celebration, dinner, festival, reunion*] comemorativo.
annotate ['ænəteɪt] *vtr* anotar; **~d edition** edição anotada.
announce [ə'naʊns] *vtr* anunciar (**that** que); **we are pleased to ~...** anunciamos com agrado....
announcement [ə'naʊnsmənt] *n* **a)** (spoken) anúncio *m* (**of** de); **b)** (written) notícia *f*; informação *f*; (of death, birth) participação *f*.

announcer [ə'naʊnsə(r)] *n* (on TV) locutor *m*; **radio ~** apresentador *m* de rádio.
annoy [ə'nɔɪ] *vtr* [*person*] (by general behaviour, approach) aborrecer; (by opposing wishes, plans) contrariar; [*discomfort, noise*] incomodar; **what really ~s me is that I was not informed** o que mais me aborrece, é que não fui informado.
annoyance [ə'nɔɪəns] *n* (general) (crossness) aborrecimento *m* Po, aporrinhação *f* BR (**at** perante); (reaction to specific vexation) contrariedade *f* (**at** para com); **in ~** em sinal de contrariedade.
annoyed [ə'nɔɪd] *adj* contrariado, aborrecido, chateado (fam) (**by sth** por qq coisa); **to be ~ with sb for doing sth** estar aborrecido por alg ter feito qq coisa; **to get ~** irritar-se, ficar aborrecido.
annoying [ə'nɔɪɪŋ] *adj* aborrecido; **the ~ thing is that...** o que é aborrecido é que....
annual ['ænjʊəl] **1** *n* **a)** (book) anuário *m*; publicação *f* anual; **b)** (plant) planta *f* anual/sazonal. **2** *adj* [*event, leave, income, report, budget, subscription*] anual.
annually ['ænjʊəlɪ] *adv* [*cost, earn, pay, produce*] por ano, anualmente.
annuity [ə'njuːɪtɪ] *n* renda *f*; **life(time) ~** renda vitalícia.
annul [ə'nʌl] *vtr* anular [*marriage, treaty, vote*]; revogar [*law*].
annulment [ə'nʌlmənt] *n* (of marriage) anulação *f*; (of legislation) revogação *f*.
Annunciation [ənʌnsɪ'eɪ/n] *n* **the ~** a (festa da) Anunciação *f*.
anoint [ə'nɔɪnt] *vtr* **a)** untar, ungir; **to ~ with oil** ungir; **b)** (appoint to high office) sagrar; **the ~ing of the sick** RELIG a unção dos doentes.
anomalous [ə'nɒmələs] *adj* anormal.
anomaly [ə'nɒməlɪ] *n* (situation, law, fact) anomalia *f* (**in** em); (person) aberração *f*.
anon [ə'nɒn] *abrev* = **anonymous**.
anonymity [ænə'nɪmɪtɪ] *n* anonimato *m*; **to preserve one's ~** guardar anonimato.
anonymous [ə'nɒnɪməs] *adj* anónimo.
anorak ['ænəræk] *n* anorak *m*; kispo *m*.
anorexia [ænə'reksɪə] *n* **a)** (*also* **~ nervosa**) anorexia *f* mental; **b)** (loss of appetite) anorexia *f*.
another [ə'nʌðə(r)] **1** *det* **a)** (an additional) outro (a); **would you like ~ drink?** toma outra bebida?; **without ~ word** sem dizer mais nada; **b)** (a different) outro(a); **he has ~ job now** ele tem outro emprego ou trabalho agora; **to put it ~ way** dizer por outras palavras; **c)** (new) **~ Garbo** uma nova Garbo. **2** *pron.* outro(a); **can I have ~?** dás-me outro?; **one after ~** um a seguir ao outro; **for one reason or ~** por uma razão ou outra.
answer ['ɑːnsə(r)] **1** *n* **a)** (reply) resposta *f* (**to** a); **to wait for/get/give an ~** esperar por/obter/dar uma resposta; **there was no ~** não houve resposta; **in ~ to sth** em resposta a qq coisa; **I won't take "no" for an answer** eu não aceito um "não" como resposta; **b)** (solution) (to difficulty, to puzzle) solução *f* (**to** para); **the right/wrong ~** a solução certa/errada. **2** *vtr* **a)** (reply) responder a [*ad, question, invitation, letter, per-*

son]; **to ~ that...** responder que...; **to ~ the door** ver quem está a bater à porta; **to ~ the telephone** atender o telefone; **our prayers have been ~ed!** as nossas preces foram ouvidas!; **b)** JUR (gen) (respond) responder a [*critic, criticism, accusation, allegation*]; **to ~ a charge** responder a uma acusação; **c)** (react) responder, reagir [*action, violence, tactic*] (**with** com); **she ~ed this with a smile** ela respondeu a isto com um sorriso; **d)** (meet) corresponder [*description*]; **we saw no-one ~ing that description** não encontrámos ninguém que correspondesse a essa descrição. **3** *vi* **a)** (respond) responder; **it's not ~ing** TELECOM não atende; **to ~ to the name of...** responder pelo nome de...; **b)** (account) **to ~ for sb** responder por alguém; **to ~ to sb** responder perante alguém. ■ **answer back** (coll) (retort) retorquir; **don't dare ~ (me) back!** não te atrevas a responder-me!. ■ **answer for** (account) responder por [*action, behaviour*]; **they have a lot to ~ for!** eles têm muitas contas a dar!.

answerable ['a:nsərəbl] *adj* (accountable) **to be ~ to sb** ser responsável perante alguém; **to be ~ for** ser responsável por [*decisions, action*].

answering machine ['a:nsərɪŋmə/ɪn] *n* atendedor *m* de chamadas.

ant [ænt] *n* formiga *f*; **flying ~** formiga voadora. IDIOMAS **to have ants in one's pants** (coll) ter bichos carpinteiros.

antagonism [æn'tægənɪzm] *n* antagonismo *m* (**between** entre); **mutual/class ~** antagonismo mútuo/de classes.

antagonist [æn'tægənɪst] *n* antagonista *m/f*.

antagonistic [æntægə'nɪstɪk] *adj* **a)** (hostile) [*person, attitude*] hostil (**to, towards** a); **b)** (mutually opposed) [*theories, forces*] antagónico.

antagonize [æn'tægənaɪz] *vtr* (annoy) contrariar (**with** com); (stronger) provocar a inimizade de (**by doing sth** ao fazer algo; **with** com).

Antarctic [ænt'ɑ:ktɪk] **1** *n* **the ~** o Antárctico *m*; **~ Circle/Ocean** círculo polar antárctico/oceano Antárctico. **2** *adj* (*also* **antarctic**) antárctico.

Antarctica [ænt'ɑ:ktɪkə] *pr n* Antárctica *f*.

anteater *n* papa-formigas *m*.

antecedent [æntɪ'si:dənt] **1** *n* **a)** (precedent) LING, MATHS, PHILOS antecedente *m*; **b)** (ancestor) antepassado *m*. **2** *adj* anterior (**to** a).

antechamber ['æntɪt/eɪmbə(r)] *n* see **anteroom**.

antedate [æntɪ'deɪt] *vtr* **a)** (put earlier date on) predatar [*cheque, letter*]; **b)** (predate) preceder (**by** de).

antediluvian [æntɪdɪ'lju:vɪən] *adj* antediluviano.

antelope ['æntɪləʊp] *n* antílope *m*.

antenatal GB [æntɪ'neɪtl], **prenatal** US ['pri-'neɪtl] **1** *n* exame prénatal. **2** *adj* prénatal.

antenna [æn'tenə] *n* (*pl* **-ae** *or* **-as**) antena *f*.

anteroom ['æntɪru:m, 'æntɪrʊm] *n* antecâmara *f*.

antheap *n* see **anthill**.

anthem ['ænθəm] *n* **a)** (theme tune of group) hino *m*; **b)** RELIG (motet) motete *m*.

anther ['ænθə(r)] *n* BOT antera *f*.

anthill, antheap ['ænθɪl, 'ænthi:p] *n* formigueiro *m*.

anthology [æn'θɒlədʒɪ] *n* antologia *f*.

anthracite ['ænθrəsaɪt] *n* antracite *f*.

anthrax ['ænθræks] *n* carvão *m*; antraz *m*.

anthropoid ['ænθrəpɔɪd] **1** *n* antropóide *m*. **2** *adj* antropóide.

anthropological [ænθrəpə'lɒdʒɪkl] *adj* antropológico.

anthropologist [ænθrə'pɒlədʒɪst] *n* antropólogo *m*; antropologista *m/f*.

anthropology [ænθrə'pɒlədʒɪ] *n* antropologia *f*.

anti ['æntɪ] *prep* contra; **to be ~ (sth)** ser contra qq coisa.

anti- [æntɪ] (*in compounds*) anti-.

anti-aircraft [æntɪ'eəkrɑ:ft] *adj* [*battery, fire, gun, missile, weapon*] antiaéreo.

antibiotic [æntɪbaɪ'ɒtɪk] *n, adj* antibiótico *m*; **to be on ~s** estar a antibióticos.

antibody [æntɪbɒdɪ] *n* anticorpo *m*; **to produce antibodies** produzir anticorpos.

anticipate [æn'tɪsɪpeɪt] **1** *vtr* **a)** (expect) prever, esperar, contar com [*problem, trouble, delay, victory, large crowd*]; **to ~ that** prever que; **as ~d** como se esperava, como previsto; **b)** (foresee, make provision for) antecipar [*needs, wishes, disaster, outcome*]; **to ~ sb by doing sth** antecipar-se a alg ao fazer qq coisa. **2 anticipated** *pp adj* [*delay, rise, fall, profit*] previsto.

anticipation [æntɪsɪ'peɪ/n] *n* **a)** (suspense, excitement, tension) excitação *f*; **in ~ of sth** à ideia de qq coisa; **b)** (expectation) expectativa *f* (**of** de); **in ~ of sth** na expectativa de qq coisa; **thanking you in ~** agradecendo-lhe antecipadamente.

anticlimax [æntɪ'klaɪmæks] *n* anticlímax *m*; desilusão *f*; decepção *f*; **there was a sense of ~** toda a gente se sentia desiludida.

anticlockwise [æntɪ'klɒkwaɪz] *adj, adv* [*movement*] no sentido inverso ao dos ponteiros do relógio.

antics ['æntɪks] *npl* (comical) palhaçadas *fpl* (pej) chalaças *fpl*.

anticyclone [æntɪ'saɪkləʊn] *n* anticiclone *m*.

antidote ['æntɪdəʊt] *n* MED (fig) antídoto *m* (**to, for** contra, para).

antifreeze [æntɪ'fri:z] *n* antigelante *m*.

antinuclear [æntɪ'nju:klɪə(r)] *adj* antinuclear.

antipathy [æn'tɪpəθɪ] *n* antipatia *f* (**for, to, towards** para com; **between** entre).

Antipodes [æn'tɪpədi:z] *npl* **the ~** GEOG os antípodas *mpl*; GB a Austrália e a Nova Zelândia.

antiquarian [æntɪ'kweərɪən] *n* (dealer) antiquário *m*; (scholar) arqueólogo *m*; (collector) coleccionador *m* de antiguidades.

antiquated ['æntɪkweɪtɪd] *adj* [*phone, system, machinery*] arcaico, obsoleto; [*idea, procedure*] antiquado; [*building*] velho.

antique [æn'ti:k] **1** *n* **a)** (piece of furniture) móvel *m* antigo; antiguidade *f*; (article) objecto *m* antigo; **genuine ~** (piece of furniture) móvel *m* de época; **b)** (coll, pej) (person) fóssil *m* (fam). **2** *vtr* US envelhecer [*furniture*].

antique: ~ dealer *n* antiquário *m*; **~ shop** *n* loja *f* de antiguidades.

antiquity [æn'tɪkwɪtɪ] *n* **a)** (ancient times) antiguidade *f*; **in ~** na antiguidade; **classical ~** antiguidade grega e romana; **b)** (relic) antiguidade *f*; relíquia *f*.

anti-Semitic [æntɪsɪ'mɪtɪk] *adj* anti-semita.

anti-Semitism [æntɪ'semɪtɪz(ə)m] *n* anti-semitismo *m*.

antiseptic [æntɪ'septɪk] *n, adj* anti-séptico *m*.

antisocial [æntɪ'səʊʃ(ə)l] *adj* **a)** [*behaviour*] anti-social; **overtime for working ~ hours** pagamento suplementar por trabalho fora das horas normais; **b)** (reclusive) tímido.

antithesis [æn'tɪθəsɪs] (formal) *n* (*pl* **-theses**) **a)** (opposite) contrário *m* (**of** de); (in ideas) antítese *f* (**of** de); **b)** (contrast) contraste *m* (**between** entre); **c)** LITERAT, PHILOS antítese *f*.

antlers ['æntlə(r)s] *npl* (**a pair of**) ~ (on stag) chifres *mpl* de veado; armação *f* de veado.

antonym ['æntənɪm] *n* antónimo *m*.

Antwerp ['æntwɜ:p] *pr n* Antuérpia *f*.

anus ['eɪnəs] *n* ANAT ânus *m*.

anvil ['ænvɪl] *n* ALSO ANAT bigorna *f*; incude *f*.

anxiety [æŋ'zɑ.ɪətɪ] *n* **a)** (apprehension) inquietação *f* (**about sb/sth** acerca de alg/algo); **for sb** por alg); **b)** (eagerness) ânsia *f* (**to do** de fazer); **c)** PSYCH ansiedade *f*.

anxious ['æŋkʃəs] *adj* **a)** (worried) inquieto (**about sth** acerca de qq coisa; **for sb** por alg); **b)** (causing worry) [*moment, time*] angustiante; **c)** (eager) ansioso (**to do** por fazer).

anxiously ['æŋkʃəslɪ] *adv* **a)** com inquietação; **b)** (eagerly) com ânsia, ansiosamente.

any ['enɪ] **1** *det.* **a)** (with negative, implied negative) nenhum(a); **he hasn't got ~ money** ele não tem dinheiro nenhum; **they never receive ~ letters** eles nunca recebem cartas; **I don't want ~ lunch** não quero almoçar; **b)** (in questions, conditional sentences) algum(a); **is there ~ tea?** há chá?; **if you have ~ money** se tens algum dinheiro; **c)** (no matter which) qualquer, todo(a), tudo; ~ **information would be very useful** toda e qualquer informação seria muito útil; **I'm ready to help in ~ way I can** estou pronto a fazer tudo o que puder para ajudar; **he might return at ~ time** ele pode voltar a qualquer momento. **2** *pron* **a)** (with negative, implied negative) nenhum(a); **she doesn't like ~ of them** ela não gosta de nenhum (deles); **b)** (in questions, conditional sentences) algum(a); **I'd like some tea, if you have ~** gostaria de um pouco de chá, se ainda houvesse (algum); **have ~ of you got a car?** algum de vocês tem carro?; **c)** (no matter which) um(a) qualquer; **"which colour would you like?" - "~"** "que cor queres?" - "uma qualquer". **3** *adv* **a)** (*with comparatives*) **is he feeling ~ better?** ele sente-se melhor?; **I don't like him ~ more than you** não gosto dele mais do que tu; **he doesn't live here ~ more** *or* **longer** ele já não vive ou mora aqui; **b)** (at all) de maneira nenhuma; **that doesn't help me ~** isso não me ajuda de maneira nenhuma.

anybody ['enɪbɒdɪ] *pron* **a)** (with negative, implied negative) ninguém; **there wasn't ~ in the house** não havia ninguém dentro de casa; **without ~ knowing** sem ninguém saber; **b)** (in questions, conditional sentences) alg; **is there ~ in the house?** está alg em casa?; **if ~ asks, tell them I've gone out** se alg perguntar por mim, diz que não estou; **c)** (no matter who) qualquer um(a); ~ **could do it** qualquer pessoa podia fazê-lo; **you can invite ~ (you like)** podes convidar quem quiseres; ~ **but you would say yes** todos menos tu diriam que sim; **d)** (somebody important) ~ **who was ~ was at the party** todas as pessoas importantes estavam na festa.

anyhow ['enɪhaʊ] *adv* (in any case) see **anyway**.

anyone ['enɪwʌn] *adv* US see **anybody**.

anyplace ['enɪpleɪs] *adv* US see **anywhere**.

anything ['enɪθɪŋ] *pron* **a)** (with negative, implied negative) nada; **she didn't say/do ~** ela não disse/fez nada; **b)** (in questions, conditional sentences) algo; **is there ~ to be done?** é preciso fazer algo?; **if ~ happens** *or* **should happen to her** se algo acontecer *ou* acontecesse com ela; **c)** (no matter what) tudo; ~ **is possible** tudo é possível; **he wasn't annoyed, if ~, he was quite pleased** ela não estava aborrecida, pelo contrário, até estava contente. IDIOMAS ~ **goes** tudo é permitido, vale tudo; **as easy/funny as ~** fácil/engraçado como tudo; **to run/laugh/work like ~** correr/rir/trabalhar como um louco.

anytime ['enɪtaɪm] *adv* (*also* **any time**) **a)** (no matter when) em qualquer momento/altura; ~ **after 2 pm** a qualquer hora depois das duas da tarde; ~ **you like** quando quiseres; **if at ~ you feel lonely...** se em qualquer altura te sentires só...; **b)** (at any moment) a qualquer momento, dum momento para o outro; **he could arrive ~ now** ele podia chegar a qualquer momento.

anyway ['enɪweɪ] *adv* **a)** (in any case, besides) em todo o caso; **b)** (nevertheless) mesmo assim; **I don't really like hats, but I'll try it on ~** na verdade, não gosto de chapéus mas, mesmo assim, vou experimentá-lo; **c)** (*well: as sentence adverb*) bem; **"~, we arrived at the station..."** bem, chegámos à estação...".

anywhere ['enɪweə(r)] *adv* **a)** (with negative, implied negative) lado/lugar nenhum; **crying isn't going to get you ~** (fig) chorar não te leva a lado nenhum; **b)** (in questions, conditional sentences) qualquer lado/lugar; **have you got a radio ~?** tens por aí um rádio?; **did you go ~ nice?** foste a algum sítio agradável?; **we're going to Spain, if ~** se formos a qualquer sítio, é a Espanha; **c)** (no matter where) ~ **you like** onde (tu) quiseres; ~ **except** *or* **but Bournemouth** em qualquer sítio excepto Bournemouth.

apart [ə'pɑ:t] **1** *adj, adv* **a)** (at a distance in time or space) afastado,-a; **the trees were planted 10 metres ~** as árvores foram plantadas com 10 metros de intervalo; **the houses were far ~** as casas estavam bastante afastadas umas das outras; **b)** (separate from each other) separado,-a; **we hate being ~** (of couple) detestamos estar separados; **c)** (leaving aside) à parte; **dogs ~** à parte os cães; **d)** (different) à parte; **a race/a world ~** uma raça/um mundo à parte. **2 apart from** *prep phr* **a)** (separate from) afastado,-a/separado,-a de; **he lives ~ from his wife** ele vive separado da mulher; **it stands ~ from the other houses** fica afastada das outras casas; **b)** (leaving aside) além de; ~ **from being illegal, it's also dangerous** além de ser ilegal, é também perigoso.

apartheid [ə'pɑ:theɪt] *n* apartheid *m* (regime de segregação racial na África do Sul).

apartment [ə'pɑ:tmənt] *n* **a)** (flat) apartamento *m* Po, cómodo *m* BR; **studio ~** estúdio *m*; **b)** **apartments** (*npl*) (suite of rooms) aposentos *mpl*.

apathetic [æpə'θetɪk] *adj* (by nature) amorfo;

(from illness, depression) apático; **to be ~ about sth/towards sb** ser indiferente em relação a algo/para com alg.
apathy ['æpəθɪ] *n* apatia *f.*
ape [eɪp] **1** *n* Zool macaco grande; **female ~** macaca *f;* **the higher ~s** os primatas *mpl.* **2** *vtr* macaquear, imitar [*speech, behaviour, manners*].
aperitif [əperɪ'tiːf] *n* aperitivo *m.*
aperture ['æpət/ə(r)] *n* **a)** (in wall, door) abertura *f;* (small) interstício *m;* fenda *f;* greta *f;* **b)** (in telescope, camera) abertura *f.*
apex ['eɪpɪsiːz] *n* (*pl* **-exes, -ices**) Archit (fig) cume *m;* vértice *m;* auge *m.*
aphorism ['æfərɪzm] *n* aforismo *m.*
aphrodisiac [æfrə'dɪzɪæk] *n, adj* afrodisíaco *m.*
apiece [ə'piːs] *adv* **a)** (for each person) para cada um *m;* **he gave them a pound ~** ele deu uma libra a cada um; **b)** (each one) **the melons cost one pound ~** os melões custam uma libra cada um.
aplomb [ə'plɒm] *n* calma *f;* firmeza *f;* autodomínio *m.*
apocalypse [ə'pɒkəlɪps] *n* **a)** (Bible) **the A~** o Apocalipse *m;* **b)** (disaster, destruction) apocalipse *m.*
apocalyptic [əpɒkə'lɪptɪk] *adj* apocalíptico.
apocryphal [ə'pɒkrɪfl] *adj* (untrue) [*story, joke*] apócrifo.
apolitical [eɪpə'lɪtɪkl] *adj* apolítico.
apologetic [əpɒlə'dʒetɪk] *adj* [*gesture, letter, smile, etc*] de desculpa Po, de escusa Br; **to be ~ about sth** desculpar-se de qq coisa; **to look ~** ter um ar constrangido.
apologetically [əpɒlə'dʒetɪkəlɪ] *adv* apologeticamente.
apologize [ə'pɒlədʒɑɪz] *vi* desculpar-se Po, escusar-se Br (**to sb** a alg; **for sth** por qq coisa).
apology [ə'pɒlədʒɪ] *n* **a)** (excuse) desculpa *f* Po, escusa *f* Br (**for (doing) sth** por (ter feito) qq coisa); **to make an ~** pedir desculpa; **without ~** sem desculpa; **to send one's apologies** apresentar desculpas; **b)** (poor substitute) **an ~ for sth** uma espécie de qq coisa; **c)** (formal) (apologia) apologia *f* (**for** de).
apoplectic [æpə'plektɪk] *adj* **a)** (furious) [*criticism, prediction*] furioso; **to be ~ (with rage)** estar furibundo; **b)** Med [*fit, attack*] de apoplexia.
apoplexy ['æpəpleksɪ] *n* **a)** (rage) ataque *m* de fúria; **b)** Med apoplexia *f.*
apostle [ə'pɒsl] *n* Relig (fig) apóstolo *m* (**of sth** de qq coisa).
apostrophe [ə'pɒstrəfɪ] *n* Print apóstrofe *f;* Literat (address) apóstrofe *f* (**to** a).
appal GB, **appall** US [ə'pɔːl] *vtr* (GB **-ll-**) (shock) escandalizar; (horrify, dismay) horrorizar; **to be ~led at/by sth (shocked)** ficar escandalizado por algo; (horrified) ficar horrorizado com algo; **it ~s them that there is no transport** eles estão escandalizados com a falta de transportes.
appalling [ə'pɔːlɪŋ] *adj* **a)** (shocking) [*crimes, conditions, bigotry*] pavoroso, terrível; [*injury*] horrível; **it's ~ that...** é revoltante que... (+ *conj*) **it's ~!** é espantoso!; **b)** (very bad) [*manners, joke, taste*] execrável; [*noise, weather*] medonho; [*stupidity*] incrível.
apparatus [æpə'reɪtəs] *n* **a)** (equipment) equipa-

mento *m;* (in lab) instrumentos *mpl;* (in gym) aparelhos *mpl* (de ginástica) Phot equipamento *m* (fotográfico); **b)** (for specific purpose) aparelho *m;* **diving/heating ~** aparelho *m* de mergulho/aquecimento; **digestive ~** Physiol aparelho *m* digestivo.
apparel [ə'pærəl] *n* (clothing) (arch) GB fatos *mpl;* roupa *f.*
apparent [ə'pærənt] *adj* **a)** (seeming) [*contradiction, success, willingness*] aparente; **b)** (clear) evidente; **for no ~ reason** sem razão aparente.
apparently [ə'pærəntlɪ] *adv* aparentemente.
apparition [æpə'rɪ/n] *n* (act, vision) aparição *f.*
appeal [ə'piːl] **1** *n* **a)** (call) apelo *m* (**for** a); **an ~ for calm** um apelo à calma; **b)** (for charity, money, food) apelo *m* (**for sb, on sb's behalf** a favor de alg; **for sth** a favor de qq coisa); **c)** Sport, Jur apelo *m;* recurso *m;* **d)** (attraction) atracção *m;* encanto *m;* **the old town has a certain ~** a cidade antiga tem um certo encanto. **2** *vi* **a)** Jur recorrer, apelar para, interpor recurso; **I shall ~ (against my sentence)** vou recorrer (da minha sentença); **b)** Sport **to ~ against a decision** recorrer duma decisão; **c)** (call, request) **to ~ for order** apelar à ordem; **to ~ for support** solicitar ajuda; **d)** (attract, interest) (of idea) atrair, interessar; (of person) agradar.
appealing [ə'piːlɪŋ] *adj* **a)** (attractive) [*child, kitten*] encantador; [*plan, theory, choice*] sedutor; [*modesty, reserve*] atraente, sedutor; **b)** (beseeching) [*look, eyes*] suplicante.
appear [ə'pɪə(r)] *vi* **a)** (become visible, noticeable) [*person, ship, phenomenon, growth, symptom*] aparecer; [*vision, ghost*] aparecer (**to sb** a alguém); **b)** (turn up) aparecer; **to ~ on the scene** aparecer no local; **c)** (look) **to ~ depressed** parecer deprimido; **it ~s to me that...** parece-me que; **d)** Press, Publg [*book, work, article, journal*] ser publicado; **e)** (perform) **to ~ on stage** Cin, Theat, TV aparecer em cena; **f)** (be present) **to ~ before** Jur [*court, magistrate*] comparecer perante; **to ~ in court** comparecer em tribunal.
appearance [ə'pɪərəns] *n* **a)** (arrival) (of person, vehicle) chegada *f;* (of symptom, growth, invention) aparecimento *m;* **b)** Cin, Theat, TV (on screen, TV) passagem *f* (**on sth** em qq coisa); **to make an ~ on TV** aparecer na TV; **cast in order of ~** elenco *m* por ordem de entrada em cena; **c)** (public, sporting) aparição *f;* **to make a public ~** fazer uma aparição pública; **d)** Jur (in court) comparência *f* (**in, before** em, perante); **e)** (look) (of person) aparência *f;* (of landscape, district, building, object) aspecto *m;* **"smart ~ essential"** "exige-se boa apresentação"; **to be foreign in ~** ter um ar estrangeiro; **f)** *pl* **~s** (external show) aparências *fpl;* **to judge** *or* **go by ~s** ficar-se nas aparências; **~s can be deceptive** as aparências iludem; **g)** Press, Publg (of book, article) publicação *f.*
appease [ə'piːz] *vtr* acalmar, apaziguar.
appeasement [ə'piːzmənt] *n* apaziguamento *m;* **a policy of ~** uma política de conciliação.
append [ə'pend] (formal) *vtr* juntar (**to** a).
appendage [ə'pendɪdʒ] *n* (lit, fig) apêndice *m.*
appendicitis [əpendɪ'saɪtɪs] *n* apendicite *f;* **acute ~** apendicite *f* aguda.

appendix [ə'pendɪks] *n* (*pl* **-ixes, -ices**) **a)** ANAT apêndice *m*; **to have one's ~ removed** fazer uma operação ao apêndice; **b)** (to printed volume) apêndice *m*; (to essay, manuscript) anexo *m*.

appertain [æpə'teɪn] *vi* **to ~ to sth** (belong) pertencer a algo; (relate) referir-se a qq coisa.

appetite ['æpɪtaɪt] *n* **a)** (desire to eat) apetite *m*; **he has a good/poor ~** ele tem muito apetite/ele não tem apetite nenhum; **to work up an ~** fazer abrir o apetite; **b)** (strong desire) ânsia *f* (**for sth** de algo); **insatiable ~** apetite *m* insaciável; **these books will whet your ~ for travel** estes livros provocar-lhe-ão o desejo de viajar.

appetizer ['æpɪtaɪzə(r)] *n* **a)** CULIN (food) aperitivo *m*; (drink) aperitivo *m*; **b)** (fig) (starter) entrada *f*.

appetizing ['æpɪtaɪzɪŋ] *adj* apetitoso.

applaud [ə'plɔːd] **1** *vtr* **a)** (clap) aplaudir [*play, performance*]; **b)** (approve of) aprovar, louvar [*choice, tactics, initiative*]; aplaudir, elogiar [*person*]. **2** *vi* aplaudir.

applause [ə'plɔːz] *n* aplausos *mpl*; ovação *f*; **loud ~** fortes aplausos; **a burst/riffle of ~** uma explosão de aplausos.

apple ['æpl] **1** *n* maçã *f*; **the (Big) A~** Nova Iorque. **2** *modif* [*juice, peel, pip, skin, ice-cream, puree*] de maçã. IDIOMAS **he is the ~ of her eye** ele é a menina dos olhos dela; **there is a bad ~ in every bunch/in every barrel** há sempre uma ovelha ranhosa.

apple: ~-pie *n* CULIN tarte *f* de maçã; **~-pie bed** *n* cama *f* à francesa; **~ sauce** *n* **a)** CULIN molho *m* de maçã; **b)** (coll) US tolices *fpl*; **~ tree** *n* macieira *f*.

appliance [ə'plaɪens] *n* aparelho *m*; **electrical ~s** aparelhos *mpl* eléctricos; **household ~s** aparelhos *mpl* electrodomésticos.

applicable ['æplɪkəbl, ə'plɪkəbl] *adj* [*argument, excuse*] adequado, apropriado; [*law, regulation, requirement*] em vigor; **if ~** se assim for; **to be ~ to sb/sth** dizer respeito a alg/algo.

applicant ['æplɪkənt] *n* **a)** (for job, university place) candidato *m* (**for** a); **b)** (for welfare benefit, grant, loan, etc) requerente *m/f* (**for** a); **c)** (for membership) candidato *m*; **d)** (for shares) subscritor *m*.

application [æplɪ'keɪʃn] *n* **a)** (request) (for job, membership) candidatura *f* (**for** para ou a); (for loan, promotion, transfer) pedido *m*; requerimento *m* (**for** de ou para); (for shares) subscrição *f* (**for** para); **to make an ~ for a job** apresentar uma candidatura a um emprego; **my ~ for a loan** o meu pedido de empréstimo; **on ~** a pedido; **b)** (spreading) aplicação *f*; **c)** (layer) camada *f*; **one ~ of varnish is sufficient** basta apenas uma camada de verniz; **d)** (formal) (implementation) (of law, penalty, rule) aplicação *f*; **e)** (use) utilização *f*; **the ~ of computers to language learning** a utilização do computador na aprendizagem das línguas.

applied [ə'plaɪd] *adj* [*linguistics, maths, science*] aplicado,-a.

apply [ə'plaɪ] **1** *vtr* **a)** (spread) aplicar [*glue, cream, paint, etc*] (**to** em); **b)** (use) utilizar [*common sense, logic, theory*] (**to** em); aplicar [*method, rule, technology*]; exercer [*friction,*

pressure] (**to** em); **to ~ the foot brake** travar Po, brecar, frear BR. **2** *vi* **a)** (request) pedir, requerer; **to ~ for divorce** pedir o divórcio; **to ~ for shares** fazer a subscrição de acções; **b)** (seek work, entry) candidatar-se a; **to ~ for a job** candidatar-se a um emprego; **c)** (be relevant) [*definition, term, rule*] aplicar-se (**to** a); **d)** (to be in force) [*ban, registration, penalty*] estar em vigor; **e)** (contact) **to ~ to sb** dirigir-se a alg; **~ to the manager** contactar o gerente. **3** *v refl* **to ~ oneself** aplicar-se (**to** a; **to doing** a fazer).

appoint [ə'pɔɪnt] *vtr* **a)** (name) nomear [*person*] (**to sth** para qq coisa; **to do** para fazer; **as** como); marcar, fixar [*date, place*]; **b)** (equip) (*usu in passive*) equipar [*accommodation*]; **well ~ed** bem equipado.

appointment [ə'pɔɪntmənt] *n* **a)** (meeting) encontro *m* (**with** com); (consultation) consulta *f* marcada (**at** em); **by ~** por marcação; **to have/ make an ~** ter/marcar um encontro ou uma consulta; **b)** ADMIN, POL (nomination) nomeação *f* (**as** como; **to sth** para qq coisa; **to do** para fazer); **"By ~ to her Majesty"** COMM fornecedor de Sua Majestade; **to take up an ~ as sth** tomar posse do cargo de; **c)** (job) cargo *m* (**as, of** de); **"A~"** (in paper) "Ofertas de emprego".

apportion [ə'pɔːʃn] *vtr* repartir [*blame, money, cost*] (**among** entre (vários); **between** entre (dois)).

apposite ['æpəzɪt] (formal) *adj* pertinente.

appraisal [ə'preɪzl] *n* avaliação *f*; **to make an ~ of sth** (estimation) avaliar algo; **job ~** avaliação *f* de carreira.

appraise [ə'preɪz] *vtr* **a)** (examine critically) julgar [*painting, information, sb's appearance*]; **b)** (evaluate) estimar [*value*]; ADMIN avaliar.

appreciable [ə'priːʃəbl] *adj* apreciável, sensível.

appreciably [ə'priːʃəblɪ] *adv* apreciavelmente, sensivelmente.

appreciate [ə'priːʃɪeɪt, ə'priːsɪeɪt] **1** *vtr* **a)** (be grateful for) ser sensível a [*honour, favour*]; estar reconhecido por [*help, kindness, sympathy*]; apreciar [*comfort, pleasure*]; **I'd ~ it if you could reply soon** ficaria muito grato se me respondesse rapidamente; **b)** (realize) aperceber-se, compreender; **yes, I can ~ that** sim, eu percebo isso; **c)** (enjoy) apreciar [*music, art, good food*]. **2** *vi* FIN avaliar.

appreciation [əpriːʃɪ'eɪʃn, əprɪːsɪ'eɪʃn] *n* **a)** (gratitude) agradecimento *m* (**for** por); **in ~ of sth** em agradecimento de qq coisa; **b)** (awareness) compreensão *f* (**of** de); **c)** (enjoyment) apreciação *f* (**of** de); **Ladies and gentlemen, please show your ~** senhoras e senhores, os vossos aplausos por favor; **d)** LITERAT, SCH (commentary) apreciação *f*; comentário *m*; **e)** FIN aumento *m* (**of, in** de); **~ in value** valorização *f*.

appreciative [ə'priːʃətɪv] *adj* (grateful) agradecido (**of** por); (admiring) apreciativo; (aware) sensível, atento (**of** a).

apprehend [æprɪ'hend] *vtr* **a)** (arrest) deter; **b)** (formal) (comprehend) entender [*complexity, meaning*].

apprehension [æprɪ'henʃɪon] *n* **a)** (fear) (of sth specific) medo *m*; (vague) apreensão *f*; **b)** (arrest) prisão *f*; detenção *f*.

apprehensive [æprɪ'hensɪv] *adj* [*glance, tourists, parents*] apreensivo; (worried) estar preocupado em relação a algo; **to be ~ about doing sth** ter medo de fazer algo.

apprehensively [æprɪ'hensɪvlɪ] *adv* [*wait, watch, glance*] apreensivamente, com apreensão.

apprentice [ə'prentɪs] **1** *n,vtr* **a)** (trainee) aprendiz *m/f*; **to be an ~ to sb** ser aprendiz de alg; **electrician's ~** aprendiz *m/f* electricista; **b)** (fig) (beginner) principiante *m/f*. **2** *modif* (trainee) [*baker, dressmaker, fitter, mechanic*] aprendiz (*before n*).

apprenticeship [ə'prentɪs/ɪp] *n* aprendizagem *f*; **to serve/complete one's ~** fazer/completar a sua aprendizagem.

approach [ə'prəʊt/] **1** *n* **a)** (route of access) (to town, island) acesso *m*; **b)** (advance) (of person) aproximação *f*; (of season old age) chegada *f*; **c)** (way of dealing) **an original ~ to the problem** uma forma original de abordar o problema; **we need to try a different ~** nós precisamos de experimentar uma abordagem diferente; **d)** (overture) diligência *f*; (proposal) proposta *f*; **to make ~s to sb** (gen) COMM fazer diligências junto de alguém. **2** *vtr* **a)** (draw near to) aproximar-se de [*person, place*]; (verge on) aproximar-se; **he is ~ing sixty** ele está perto dos 60; **b)** (deal with) abordar [*problem, topic, subject*]; **c)** (make overtures to) **to ~ sb** (gen) dirigir-se a alguém; (more formally) fazer diligências junto de. **3** *vi* [*person, animal, car, etc*] aproximar-se. **4 approaching** *pres p adj* [*event*] iminente.

approachable [ə'prəʊt/əbl] *adj* [*person, place*] acessível.

approach road *n* via *f* de acesso.

approbation [æprə'beɪ/n] (formal) *n* aprovação *f*; **to win sb's ~** obter a aprovação de alg.

appropriate 1 [ə'prəʊprɪət] *adj* (proper) [*attitude, choice, time, etc*] oportuno, apropriado, adequado (**for** para; **to** a); [*authority, department*] competente; **it is ~ that he should be here** era conveniente que ele estivesse aqui; **"delete as ~"** riscar o que não interessa. **2** [ə'prəʊprɪeɪt] *vtr* (gen) apropriar-se de.

appropriately [ə'prəʊprɪətlɪ] *adv* (properly) [*behave, dress, speak, etc*] apropriadamente, convenientemente.

appropriation [əprəʊprɪ'eɪ/n] (formal) *n* JUR (removal) apropriação *f*.

approval [ə'pru:vl] *n* **a)** (gen) aprovação *f*; **for ~** para aprovação; **b)** COMM (on trial) **to be/have/take/send sth on ~** estar/ter/aceitar/enviar qq coisa sob condição.

approve [ə'pru:v] *vtr* **a)** aprovar [*product, plan, statement, etc*] (**for sth** qq coisa); aceitar [*person*]; **~ school** GB SOC reformatório *m*; casa *f* de correcção; **b)** **I don't ~ of you doing that** não concordo que faças isso.

approving [ə'pru:vɪŋ] *adj* de aprovação.

approvingly [ə'pru:vɪŋlɪ] *adv* [*look, smile*] com aprovação, aprovadoramente.

approximate [ə'prɒksɪmət] **1** *adj* [*date, idea, method*] aproximado; **~ to** próximo de. **2** *vtr* **a)** (come close to) aproximar-se de [*frequency, profits, size*]; **b)** (resemble) assemelhar-se a [*idea, objective*]. **3** *vi* **to ~ to sth** (in quantity, size, etc) aproximar-se de algo; (in nature, quality, etc) assemelhar-se a algo.

approximately [ə'prɒksɪmətlɪ] *adv* **a)** (about) aproximadamente; **at ~ four o'clock** cerca das 4 horas; **b)** [*equal, true, identical*] quase, pouco mais ou menos.

approximation [əprɒksɪ'meɪ/n] *n* **a)** (guess) aproximação *f*; **a rough ~** aproximação grosseira; **the nearest ~ to it is...** o que mais se aproxima, é...; **b)** (figure, calculation) aproximação *f* (**of** de).

apricot ['eɪprɪkɒt] **1** *n* **a)** (fruit) damasco *m*; **b)** (tree) damasqueiro *m*; **c)** (colour) cor *m* de damasco *inv*. **2** *modif* [*pulp, skin, stone, jam*] de damasco.

April ['eɪprəl] *n* Abril *m*; **A~ Fools' Day** dia um de Abril, dia dos enganos.

apron ['eɪprən] *n* (garment) avental *m*; AERON (for parking) área *f* de estacionamento.

apropos [æprə'pəʊ, 'æprəpəʊ] **1** *adj* [*remark*] oportuno. **2** *adv* a propósito; **~ of** a propósito de.

apse [æps] *n* ábside *f*.

apt [æpt] *adj* **a)** (suitable) [*choice, description, title, etc*] adequado, apropriado (**to, for** para, a); **b)** (inclined) **to be ~ to do sth** estar disposto a fazer qq coisa; **this is ~ to happen** isto é capaz de acontecer; **c)** (clever) dotado.

aptitude ['æptɪtju:d] *n* aptidão *f* (**for sth** para qq coisa; **for doing** para fazer).

aptly ['æptlɪ] *adv* [*named, described*] com justiça, adequadamente.

aqualung ['ækwəlʌŋ] *n* escafandro *m* (autónomo).

aquarium [ə'kweərɪəm] *n* (*pl* **-iums, ia**) aquário *m*; **fresh water/marine ~** aquário de água doce/ de água do mar.

Aquarius [ə'kweərɪəs] *n* Aquário *m*; **he/she is ~** ele/ela é (do signo de) Aquário.

aquatic [ə'kwætɪk] *adj* [*plant, environment*] aquático; [*sport*] náutico.

aqueduct ['ækwɪdʌkt] *n* aqueduto *m*.

aquiline ['ækwɪlɑɪn] *adj* [*nose, features*] aquilino.

Arab ['ærəb] *n, adj* **a)** [*person*] árabe *m/f*; **b)** EQUIT cavalo *m* árabe.

Arabia [ə'reɪbɪə] *pr n* Arábia *f*.

Arabian [ə'reɪbɪən] *adj* [*desert, landscape*] árabe, da Arábia; **the ~ Nights** as Mil e Uma Noites.

Arabic ['ærəbɪk] **1** *n* árabe *m*; **to speak ~** falar árabe; **in ~** em árabe. **2** *adj* [*dialect, numerals*] árabe.

arable ['ærəbl] *adj* [*crop, land, sector*] arável, cultivável; **~ farming** agricultura.

arbiter ['ɑ:bɪtə(r)] *n* (spokesperson, mediator) árbitro *m*.

arbitrarily ['ɑ:bɪtrərɪlɪ] *adv* arbitrariamente.

arbitrary ['ɑ:bɪtrərɪ] *adj* arbitrário; **the conclusions are extremely ~** as conclusões são extremamente arbitrárias.

arbitrate ['ɑ:bɪtreɪt] **1** *vtr* arbitrar [*dispute, wages claim*]. **2** *vi* arbitrar (**between** entre).

arbitration [ɑ:bɪ'treɪ/n] *n* arbitragem *f*; **to refer a case to ~** submeter um assunto para arbitragem.

arbitrator ['ɑ:bɪtreɪtə(r)] *n* (mediator) medianeiro *m* (**between** entre); (in industrial disputes) árbitro *m*.

arc [ɑːk] *n* (gen) GEOM arco *m*; ELEC arco voltaico.

arcade [ɑːˈkeɪd] *n* arcada *f*; **shopping** ~ arcadas *fpl* comerciais.

arcane [ɑːˈkeɪn] *adj* (incomprehensible) incompreensível; (mysterious) misterioso, obscuro.

arch [ɑːtʃ] **1** *n* **a)** ARCHIT (dome) abóboda *f*; (for bridge) arco *m*; **b)** ANAT (of foot) curva *f*; (of eyebrows) arco *m*; **he has fallen ~es** ele tem o pé chato. **2** *adj* (coy) malicioso, astuto, travesso. **3** *vtr* arquear; **to ~ one's back** [*person*] curvar as costas; [*cat*] arquear o dorso. **4** *vi* [*branch, rainbow*] fazer um arco.

archaeological GB, **archeological** US [ɑːkɪəˈlɒdʒɪkl] *adj* arqueológico.

archaeologist GB, **archeologist** US [ɑːkɪˈɒledʒɪst] *n* arqueólogo *m*.

archaeology GB, **archeology** US [ɑːkɪˈɒlədʒɪ] *n* arqueologia *f*.

archaic [ɑːˈkeɪk] *adj* arcaico.

archaism [ˈɑːkeɪɪzm] *n* arcaísmo *m*.

archbishop [ɑːtʃˈbɪʃəp] *n* arcebispo *m*.

archer [ˈɑːtʃə(r)] *n* MIL arqueiro *m*; besteiro *m*; **the A~** ASTROL o Sagitário.

archery [ˈɑːtʃərɪ] *n* tiro *m* com arco e flechas.

archetypal [ɑːkɪˈtɑɪpl] *adj* **the** *or* **an ~ hero/ villain** o arquétipo do herói/vilão.

archetype [ˈɑːkɪtɑɪp] *n* arquétipo *m*.

archipelago [ɑːkɪˈpeləgəʊ] *n* arquipélago *m*.

architect [ˈɑːkɪtekt] *n* ARCHIT arquitecto *m*.

architectural [ɑːkɪˈtektʃerl] *adj* [*design, style*] arquitectónico; [*student, studies*] de arquitectura.

architecture [ˈɑːkɪtektʃə(r)] *n* (gen) (fig) COMPUT arquitectura *f*.

archive [ˈɑːkaɪv] *n* arquivo *m*; (*usual in pl*) **in the ~s** nos arquivos.

Arctic [ˈɑːktɪk] **1** *n* **the ~** o Árctico *m*. **2** *adj* **a)** [*climate, animal*] árctico; **b)** [*expedition, equipment*] polar; **c)** (fig) (icy) [*conditions*] glacial.

ardent [ˈɑːdənt] *adj* **a)** (fervent) [*revolutionary, supporter*] ardente; [*defense, opposition*] apaixonado; **b)** (passionate) [*lover, nights*] apaixonado PO, gamado BR.

ardour GB, **ardor** US [ˈɑːdə(r)] *n* ardor *m*; **with ~** com ardor; **to cool sb's ~** moderar o ardor de alg.

arduous [ˈɑːdjʊəs] *adj* [*path, journey, task*] árduo.

arduously [ˈɑːdjʊəslɪ] *adv* arduamente.

are [ɑː(r)] see **be**.

area [ˈeərɪə] *n* **a)** (gen) área *f*; região *f*; zona *f*; **in the Lisbon ~** na região de Lisboa; **b)** (in building) **dining ~** zona de refeições; **sleeping ~** zona dos quartos; **c)** (sphere of knowledge) domínio *m*; área *f*; (part of activity) sector *m*; **that's not my ~** isso não é da minha área/do meu pelouro.

arena [əˈriːnə] *n* (stadium) (also fig) arena *f*; **the political ~** a arena política.

aren't [ɑːnt] (coll) **are not** see **be**.

Argentina [adʒənˈtiːnə] *n* GEOG Argentina *f*.

Argentine [ˈɑːdʒəntaɪn] **1** *n* **a)** (country) Argentina *f*; **the ~ (Republic)** a Argentina *f*; **in/to the ~** na Argentina; **b)** (native, inhabitant) argentino *m*. **2** *adj* argentino; **the ~ people** os argentinos.

Argentinian [ɑːdʒənˈtɪnɪən] *n, adj* argentino,-a *m*.

arguable [ˈɑːgjʊəbl] *adj* discutível; **it's ~ whether... (or not)** é discutível se... (ou não).

arguably [ˈɑːgjʊəblɪ] *adv* **she's ~ the best soprano in the world** ela é indiscutivelmente a melhor soprano do mundo.

argue [ˈɑːgjuː] **1** *vtr* **a)** (debate) discutir, debater; **b)** (put one's case) **to ~ one's point** argumentar o seu ponto de vista; **to ~ from sth that...** deduzir de qq coisa que...; **to ~ one's way into sth** conseguir qq coisa à força de discussões; **I ~d my way into this job** consegui este emprego à força de discussões; **c)** (provide evidence of) [*document*] sugerir; [*action, behaviour, incident*] denotar. **2** *vi* **a)** (quarrel) discutir (**with** com); **they're always arguing (with each other)** eles estão sempre a discutir (um com o outro); **b)** (debate) discutir, debater; **to ~ about (sth)** discutir, debater [*case, point, principles*]; **c)** (put one's case) argumentar; **to ~ against sth** argumentar contra qq coisa; **to ~ for** *or* **in favour of sth** argumentar em favor de qq coisa [*policy, action, progress*]. **3** *v impers* **it ~s sth that...** o facto de que... demonstra que....

argument [ˈɑːgjʊmənt] *n* **a)** (quarrel) disputa *f*; discussão *f* (**about** acerca de); **to win/lose an ~** ter/não ter ganho a causa (numa disputa); **to have an ~** discutir; **b)** (reasoned discussion) debate *m*; discussão *f* (**about** acerca de); **beyond ~** indiscutível; **it's open to ~** está aberto à discussão; **one side of the ~** um lado da questão; **c)** (case) argumento *m*; (line of reasoning) raciocínio *m*; **~ against sth/for** *or* **in favour of sth** argumento contra/a favor de qq coisa.

argumentation [ɑːgjʊmenˈteɪn] *n* argumentação *f*.

argumentative [ɑːgjʊˈmentətɪv] *adj* argumentativo.

argy-bargy [ɑːdʒɪˈbɑːdʒɪ] *n* discussão *f*.

aria [ˈɑːrɪə] *n* (*pl* **arias**) MUS ária *f*.

arid [ˈærɪd] *adj* (lit, fig) árido.

aridity [əˈrɪdɪtɪ] *n* (lit, fig) aridez *f*.

Aries [ˈeəriːz] *n* (sign) o Carneiro (símbolo do zodíaco).

aright [əˈraɪt] (formal) *adv* [*read, understand*] correctamente.

arise [əˈraɪz] *vi* (*past* **arose**; *pp* **arisen**) **a)** (occur) provir (**out of** do facto de); **to ~ from sth** proceder de algo; **if it ~s that...** se acontecer que...; **she solves problems as they ~** ela resolve os problemas à medida que eles vão surgindo; **the question arises whether...** a questão põe-se em saber se...; **b)** (be the result) resultar (**from** de); **matters arising** questões levantadas pelo debate; **c)** (stand) levantar-se; **d)** (rebel) rebelar-se, opor-se (**against** contra).

aristocracy [ærɪˈstɒkrəsɪ] *n* aristocracia *f*.

aristocrat [ˈærɪstəkræt] *n* aristocrata *m/f*.

aristocratic [ærɪstəˈkrætɪk] *adj* aristocrático.

Aristotle [ˈærɪstɒtl] *pr n* Aristóteles.

arithmetic [əˈrɪθmətɪk] *n* aritmética *f*; **she's good at ~** ela é boa em aritmética/cálculo.

arithmetical [ærɪθˈmetɪkl] *adj* aritmético.

ark [ɑːk] *n* (boat) barca *f*; (in synagogue) arca *f*. **IDIOMAS to be out of the ~** ser muito velho.

arm [ɑːm] **1** *n* **a)** ANAT (fig) braço *m*; **~ in ~ de**

braço dado; **to give sb one's** ~ dar o braço a alg; **to fold one's** ~ cruzar os braços; **in** *or* **within** ~**'s reach** à mão ou ao alcance da mão; **b)** (sleeve) manga *f*; **c)** (influence) **to have a long** ~ ter o braço comprido (fig); **d)** TECH (of crane, robot, record player) braço *m*; **e)** ECON (subsidiary) filial *f*; **f)** (of sea) braço *m*; **g)** (weapon) (*often pl*) arma *f*; **to take up** ~**s** (lit) pegar em armas; (fig) revoltar-se (**against** contra). **2 arms** *npl* HERALD brasão *m*. **3** *vtr* **a)** (equip with weapons) armar [*troops, rebels*]; **b)** (equip) **to** ~ **sb with sth** (lit, fig) equipar alg com qq coisa. **4** *v refl* **to** ~ **oneself** MIL armar-se (**with** de); (fig) armar-se de [*arguments, facts*]. **IDIOMAS** (coll) **to cost an** ~ **and a leg** custar os olhos da cara (fam); **a list as long as my** ~ uma lista imensa.
Armada [ɑːˈmɑːdə] *n* **a) the** ~ HIST a Invencível Armada *f*; **b)** MIL (fleet) armada *f*.
armadillo [ɑːməˈdɪləʊ] *n* ZOOL tatu *m*.
armament [ˈɑːməmənt] *n* MIL (*usu pl*) armamento *m*.
arm band [ˈɑːmbænd] *n* **a)** (for buoyancy) braçadeira *f*; **b)** (for mourner) faixa *f* (de luto); **c)** (for identification) braçadeira *f*.
armchair [ɑːmˈtʃeə(r)] **1** *n* poltrona *f*. **2** *modif* (pej) [*general*] de secretaria.
armed [ɑːmd] *adj* (lit) [*conflict, animal, guard, etc*] armado (**with** de); **to be** ~ **to the teeth** (lit, fig) estar armado até aos dentes.
Armenia [ɑːˈmiːnɪə] *n* a Arménia *f*; **in** ~/**to** ~ na Arménia.
Armenian [ɑːˈmiːnɪən] *n, adj* **a)** (native, inhabitant) arménio(a) *m*; **b)** (language) arménio *m*.
armful [ˈɑːmfʊl] *n* braçada *f*; **we had flowers by the** ~ nós tivemos uma braçada de flores.
armhole [ˈɑːmhəʊl] *n* cava *f* (de vestido, camisa, etc).
armistice [ˈɑːmɪstɪs] *n* armistício *m*; **A~ Day** Dia do Armistício/o onze de Novembro.
armor US [ˈɑːmə(r)] see **armour**.
armorial [ɑːˈmɔːrɪəl] *adj* armorial.
armour GB, **armor** US [ˈɑːmə(r)] *n* **a)** HIST (clothing) **a suit of** ~ uma armadura *f*; **b)** (protective covering) (on tank, ship, etc) couraça *f*; blindagem *f*; ZOOL couraça *f*; ELEC (on wire, cable) protecção *f*; (fig) (against criticism) couraça *f*; **c)** (tanks) (+ *v sg/pl*) blindados *npl*.
armoured GB, **armored** US [ˈɑːməd] *adj* **a)** MIL [*vehicle, regiment*] blindado; **b)** ZOOL com uma carapaça; ~ **car** carro *m* blindado.
arm: ~**pit** *n* sovaco *m*; ~**rest** *n* braço *m* (de poltrona).
army [ˈɑːmɪ] **1** *n* **a)** MIL exército *m*; **to be in the** ~ estar no exército; **to join the** ~ alistar-se; **b)** (fig) exército *m*; **an** ~ **of volunteers** um exército de voluntários. **2** *modif* [*discipline, life, staff, uniform*] militar.
aroma [əˈrəʊmə] *n* aroma *m*.
aromatic [ærəˈmætɪk] *adj* aromático.
arose [[əˈrəʊz]] see **arise**.
around [əˈraʊnd] **1** *adv* **a)** (approximately) à/por volta de; **at** ~ **3 pm** por volta das 3 da tarde; **b)** (in the vicinity) por aí, na vizinhança; **are they** ~? eles estão por aí?; **to be (somewhere)** ~ estar na vizinhança; **c)** (in circulation) **CDs have been** ~ **for years** há anos que existem CDs; **one of the most gifted musicians** ~ um dos mais

dotados músicos do momento; **she's been** ~ (fig) ela é uma pessoa vivida; **d)** (available) disponível; **there are still some strawberries** ~ ainda há morangos; **e)** (in all directions) **all** ~ (in general) por todo o lado; **the only garage for miles** ~ a única garagem num raio de vários quilómetros; **f)** (in circumference) **three metres** ~ três metros de circunferência; **g)** (in different, opposite direction) **there is no way** ~ **the problem** não há maneira de contornar o problema; **to go the long way** ~ ir pelo caminho mais longo; **to turn sth the other way** ~ voltar qq coisa; **to do it the other way** ~ fazer (exactamente) o contrário; **the wrong/right way** ~ no mau/bom sentido; **to put one's skirt on the wrong way** ~ vestir a saia ao contrário *ou* do avesso; **she's coming** ~ **today** ela passa por cá hoje; **I'll be** ~ **in a minute** já venho. **2** *prep* **a)** (on all sides) em/o redor de [*fire, table, head*]; **the villages** ~ **Dublin** as aldeias em redor de Dublin; **b)** (throughout) por todo o lado; **clothes scattered** ~ **the room** roupas espalhadas por todo o quarto; **(all)** ~ **the world** por todo o mundo; **from** ~ **the world** de todo o mundo; **c)** (in the vicinity of, near) **I like having people** ~ **the house** gosto de ter a casa cheia de gente; **the people** ~ **here** as pessoas daqui; **d)** (at) por volta de~ **midnight/1980** por volta da meia-noite/de 1980; **e)** (in order to circumvent) **to go** ~ evitar [*town centre*]; contornar [*obstacle*]; **f)** (to the other side of) **to go** ~ **the corner** ir até à esquina; ~ **the mountain** do outro lado da montanha; **g)** (in sizes) **he's 90 cm** ~ **the chest** ele tem 90 cm de peito.
arousal [əˈraʊzl] *n* (excitation) excitação *f*.
arouse [əˈraʊz] *vtr* **a)** (cause) despertar [*interest, attention*]; provocar [*anger, jealousy*]; **b)** (sexually) **to be** ~**d by sth** estar excitado por algo; **c)** (waken) **to** ~ **sb from sleep** acordar alg.
arrange [əˈreɪndʒ] **1** *vtr* **a)** (put in order) arranjar, arrumar [*ornaments, room, hair, clothes*]; arranjar, dispor [*flowers*]; **b)** (organize) organizar [*party, wedding, meeting, holiday*]; combinar [*date, appointment*]; **to** ~ **sth with sb** combinar qq coisa com alg; **c)** (bring about agreement on) chegar a acordo, concordar com [*agreement, loan, deal*]; **d)** MUS arranjar, adaptar [*piece*]. **2** *vi* **to** ~ **for sth** dar instruções para qq coisa.
arrangement [əˈreɪndʒmənt] *n* **a)** (positioning) (of hair, jewellery, etc) arranjo *m*; (of objects, chairs, etc) disposição *m*; (of ideas: on page) organização *f*; **b)** (agreement) acordo *m* PO, convênio *m* BR; combinação *f* (**with sb** com alg); **by** ~ por encomenda, por acordo prévio; **c)** (plan) (*usu pl*) medidas *fpl*; disposições *fpl*; preparativos *mpl*; **to make** ~**s to do** dar instruções para que se faça; **parking** ~**s** facilidade *f* de estacionamento.
array [əˈreɪ] **1** *n* **a)** (of goods, products) gama *f*; série *f*; **b)** (of weaponry) panóplia *f*; **c)** (of troops, people) formação; **battle** ~ ordem *f* de batalha; **d)** (of numbers) série *f*; **e)** COMPUT matriz *f*; **f)** (liter) (clothes) fato *m*; vestuário *m*; traje *m*; **in all their** ~ com o seu melhor vestuário; **g)** (of factors, problems) série *f*. **2** *vtr* **a)** MIL dispor [*troops*]; **b)** JUR constituir [*jury*]; **c)** (mode) **to be** ~**ed in sth** estar vestido com algo. **3** *v*

refl (liter) **to ~ oneself in sth** enfeitar-se com algo.

arrears [ə'rɪəz] *npl* dívidas *fpl*; **my payments are in ~/I am in ~ with my payments** tenho os meus pagamentos atrasados; **to fall into ~** atrasar-se; **mortgage/rent ~** atrasos *mpl* na hipoteca/no arrendamento.

arrest [ə'rest] **1** *n* prisão *f*; **house ~** detenção *f* domiciliária; **to be under ~** estar preso; **to put sb under ~** prender alg. **2** *vtr* **a)** [*police*] prender; **to ~ sb on a charge of sth** prender alg sob a acusação de qq coisa; **b)** (halt) deter, suster [*decline, development, disease*]; **c)** (attract) atrair [*attention, gaze*].

arrival [ə'raɪvl] *n* **a)** (of person, transport) chegada *f*; **on sb's/sth's ~** à chegada de alg/algo; **late ~** chegada *f* atrasada; atraso *m*; **b)** (of new character or phenomenon) aparecimento *m*.

arrive [ə'raɪv] *vi* **a)** (at destination) chegar (**to** a; **from** de); **b)** (at decision, agreement) **to ~ at sth** chegar a qq coisa.

arrogance ['ærəgəns] *n* arrogância *f* Po, empáfia *f* Br.

arrogant ['ærəgənt] *adj* arrogante.

arrogantly ['ærəgəntlɪ] *adv* arrogantemente.

arrow ['ærəʊ] *n* **a)** (weapon) flecha *f*; **to fire/ shoot an ~** disparar uma flecha; **b)** (symbol) seta *f*; **marked with an ~** [*road, text*] assinalado com uma seta.

arrowhead *n* ponta *f* de flecha.

arse [ɑːs] GB *n* (coarse) cu *m* (cal); traseiro *m* (cal); **get off your ~!** (slang) fora daqui!, pira-te! (fam); **move your ~!** (slang) mexe-te!.

arsenal ['ɑːsənl] *n* (lit, fig) arsenal *m*.

arsenic ['ɑːsənɪk] *n* arsénico *m*; **~ poisoning** envenenamento por arsénico.

arson ['ɑːsn] *n* fogo *m* posto; **~ attack** incêndio *m* criminoso.

arsonist ['ɑːsənɪst] *n* pirómano *m*; incendiário *m*.

art [ɑːt] **1** *n* **a)** (creation, activity) arte *f*; (**~ form**) arte *f*; **I'm bad at ~** sou mau em desenho; **b)** (skill) arte *f*; **the ~ of listening/survival** a arte de saber escutar/de sobreviver. **2 arts** *npl* **a)** (culture) **the ~** as artes *fpl*; **~s funding** (by state) subsídio *m* para as artes; (by sponsors) mecenato *m*; **b) to study (the) ~s** UNIV tirar um curso de letras. **IDIOMAS ~ for ~'s sake** a arte pela arte.

art: A~ College *n* ≈ Escola *f* de Belas-Artes; **~ deco** *n* arte *m* déco; **an ~ deco chair** uma cadeira estilo arte déco.

artefact ['ɑːtɪfækt] *n* artefacto *m*.

arterial [ɑː'tɪərɪəl] *adj* (*before n*) **a)** ANAT [*disease, circulation*] arterial; **b)** [*road*] de grande circulação; **~ line** RAIL linha *f* principal.

artful ['ɑːtfl] *adj* **a)** (cunning) [*sculpture, lighting*] engenhoso; **b)** [*politician, speaker*] (skilful) hábil; (crafty) astucioso.

artful dodger *n* malandro *m* Po, pilantra *m*, sem-vergonha *m* Br.

artfully ['ɑːtflɪ] *adv* [*arranged, entwined*] engenhosamente; [*expressed*] artificiosamente.

art gallery *n* (museum) museu *m* de arte; (commercial) galeria *f* de arte.

arthritic [ɑː'θrɪtɪk] *n, adj* artrítico *m*.

arthritis [ɑː'θraɪtɪs] *n* artrite *f*; **to suffer from/ have ~** sofrer de artrite.

artichoke ['ɑːtɪtʃəʊk] **1** *n* BOT alcachofra *f*. **2** *modif* [*head, heart, leaf, stalk, salad, soup*] de alcachofra.

article ['ɑːtɪkl] **1** *n* **a)** (object) objecto *m*; **toilet ~s** artigos de toilette; **b)** JOURN artigo *m* (**about,** **on** sobre); **leading ~** editorial *m*; **c)** ADMIN, JUR (provision) cláusula *f*; artigo *m*; **~s of war** código *m* militar; **in** *or* **under A~ 12, it is stated that...** no artigo 12, diz-se que...; **d)** LING artigo *m*; **definite ~** artigo definido; **indefinite ~** artigo indefinido. **2** *vtr* contratar [*worker*].

articulate 1 [ɑː'tɪkjʊlət] *adj* **a)** [*critic, defender, speaker*] que se exprime bem; **b)** ANAT articulado. **2** [ɑː'tɪkjʊleɪt] *vtr* (pronounce) articular; (express) exprimir [*views, feelings, needs*]. **3** [ɑː'tɪkjʊleɪt] *vi* (pronounce) articular.

articulated lorry *n* GB camião *m* Po, caminhão *m* Br com reboque.

articulately [ɑː'tɪkjʊlətlɪ] *adv* articuladamente.

articulation [ɑːtɪkjʊ'leɪʃn] *n* **a)** (expression) articulação *f*; **b)** (pronunciation) pronúncia *f*; ANAT articulação *f*.

artifact ['ɑːtɪfækt] *n* see **artefact**.

artifice ['ɑːtɪfɪs] *n* **a)** (trick) estratagema *m*; **b)** (cunning) astúcia *f*.

artificial [ɑːtɪ'fɪʃl] *adj* [*colour, climate, organ, silk, snow, smile*] artificial; [*fertilizer*] químico.

artificial: ~ horizon *n* horizonte *m* artificial; **~ insemination** *n* inseminação *f* artificial.

artificially [ɑːtɪ'fɪʃəlɪ] *adv* artificialmente.

artillery [ɑː'tɪlərɪ] *n* MIL (guns, regiment) artilharia *f*.

artisan ['ɑːtɪzn, ɑːtɪ'zæn] *n* artesão *m*.

artist ['ɑːtɪst] *n* ART (fig) artista *m/f*.

artiste [ɑː'tiːst] *n* THEAT artista *m/f*.

artistic [ɑː'tɪstɪk] *adj* [*talent, creation, activity, community*] artístico; **he's very ~** (good at art) ele tem um grande talento artístico.

artistically [ɑː'tɪstɪkəlɪ] *adv* (in terms of arts) artisticamente; (tastefully) [*arrange, decorate*] com bom gosto.

artless ['ɑːtlɪs] *adj* [*smile*] natural.

art nouveau *n* arte *f* nova; **an ~ box** uma caixa estilo arte nova.

arts and crafts *npl* artesanato *m*; (school subject) trabalhos *mpl* manuais.

art: ~ student *n* estudante *m/f* de belas-artes; **~s student** *n* estudante *m/f* de letras; **~work** *n* obra *f* de arte.

arty ['ɑːtɪ] (coll) *adj* (pej) [*person, family*] de tendências artísticas; [*district*] boémio; [*book, film*] com pretensões artísticas.

Aryan ['eərɪən] **1** *n* ariano *m*. **2** *adj* ariano.

as [əz] **1** *conj* **a)** (in the manner that) como; **~ you know** como sabes; **~ usual** como de costume; **do ~ I say** faz como eu digo; **~ I see it** na minha opinião; **~ I understand it** tanto quanto posso perceber; **he lives abroad, ~ does his sister** ele vive no estrangeiro, tal como a irmã; **leave it ~ it is** deixa estar como está; **~ one man to another** de homem para homem; **b)** (while, when) enquanto; (over more gradual period of time) à medida que; **~ she grew older** à medida que ela ia envelhecendo; **~ a child, he...** enquanto (era criança), ele...; **c)** (because, since) visto que; **d)** (although) embora (+ *conj*) **strange ~ it may seem** embora possa parecer estranho; **e) the same...** ~ o mesmo... que; **I've got a jacket the same** ~ **yours** tenho um casaco igual ao teu; **the same** ~ **always** o mesmo de sempre, como de costume; **f)** (expressing purpose) **so** ~ **to do** para fazer. **2** *prep* **a)** (in order to appear to be) como; **dressed** ~ **a sailor** vestido como um marinheiro, vestido de marinheiro; **b)** (showing function, status) como; **he works** ~ **a pilot** ele é piloto, ele trabalha como piloto; **my rights** ~ **a parent** os meus direitos enquanto pai; **a job** ~ **a teacher** um emprego de professor; **with Lauren Bacall** ~ **Vivien** CIN, THEAT com Lauren Bacall no papel de Vivien; **c) to treat sb** ~ **an equal** tratar alg de igual para igual; **he was quoted** ~ **saying that...** disseram que ele tinha dito que...; **it came** ~ **a shock** foi um verdadeiro choque. **3** *adv* **a)** (expressing degree, extent) tão...como, tanto...quanto; **he is just intelligent** ~ **you** ele é tão inteligente como tu; ~ **fast** ~ **you can** tão depressa quanto puderes; **I paid** ~ **much** ~ **she did** paguei tanto quanto ela; ~ **much** ~ **possible** tanto quanto possível; ~ **soon** ~ **possible** logo que possível; ~ **little** ~ **possible** o menos possível; **not** ~ **often** menos vezes; **not early** ~ **much** ~ muito menos que; ~ **many** ~ **10000 people attended the demonstration** pelo menos 10000 pessoas estavam na manifestação; **he has a house in Nice** ~ **well** ~ **an apartment in Paris** ele tem uma casa em Nice, assim como um apartamento em Paris; **b)** (expressing similarity) como; ~ **before** como antes; **I thought** ~ **much** era o que me parecia, foi o que pensei. **4 as against** *prep phr* contra, comparado com. **5 as and when** *conj phr* ~ **and when the passengers arrive** à medida que os passageiros forem chegando. **6 as for** *prep phr* quanto a. **7 as from, as of** *prep phr* a partir de. **8 as if** *conj phr* como se; **he looked at me** ~ **if to say "I told you so"** ele olhou para mim como que a dizer "eu bem te disse"; **it looks** ~ **if we're lost** parece que estamos perdidos; ~ **if by accident/magic** como por acaso/magia. **9 as such** *prep phr* enquanto tal. **10 as to** *prep phr* quanto a.

asbestos [æz'bestɒs] *n* amianto *m*.

ascend [ə'send] **1** (formal) *vtr* subir [*steps, hill*]; **to** ~ **the throne** subir ao trono. **2** *vi* [*person, bird, soul, etc*] elevar-se.

ascendancy [ə'sendənsɪ] *n* ascendência *f*; **to have/gain the** ~ **over sb** ter/ganhar o domínio sobre alg.

ascendant [ə'sendənt] *n* ASTROL ascendente *m*; **to be in the** ~ ser o ascendente.

Ascension [ə'sənʃn] *n* **the** ~ RELIG a Ascensão *f*.

ascent [ə'sent] *n* **a)** (of smoke, gas) subida *f*; (of soul, balloon, plane) elevação *f*; **b)** (in cycling) subida *f*; (in mountaineering) escalada *f*; (of path) subida *f*.

ascertain [æsə'teɪn] *vtr* apurar; **to** ~ **what had happened** para apurar o que aconteceu.

ascetic [ə'setɪk] **1** *n* asceta *m/f*. **2** *adj* ascético.

asceticism [ə'setɪsɪzm] *n* ascetismo *m*.

ascribe [ə'skraɪb] *vtr* **to** ~ **sth to sb** [*influence*] atribuir algo a alg; [*accident, mistake*] imputar algo a alg; **the accident can be** ~**d to human error** o acidente pode ser imputado a erro humano.

aseptic [eɪ'septɪk] *adj* asséptico.

asexual [eɪ'sekʃʊəl] *adj* (lit, fig) assexuado.

ash [æʃ] *n* **a)** (burnt residue) cinza *f*; **to be reduced/burned to** ~**es** ficar reduzido a cinzas; **b)** (remains) **his/her** ~**es** as suas cinzas; **c)** (tree) freixo *m*; (wood) madeira *f* de freixo; **made of/in** ~ feito em freixo.

ashamed [ə'ʃeɪmd] *adj* **to be** *or* **feel** ~ **of sth/sb** ter vergonha de algo/alg.

ash: ~**bin** *n* US caixote do lixo *m*; ~**-blond** *adj* loiro acinzentado *inv* ~**can** *n* US caixote *m* do lixo.

ashore [ə'ʃɔː(r)] *adv* **a)** (towards shore) **to go** ~ desembarcar; **to swim** ~ (at lake, river, sea) nadar para terra; **washed** ~ **by the tide** deixado na margem pela maré; **b)** (on land) em terra; **to put men/goods** ~ desembarcar homens/mercadorias; **to spend a week** ~ (between journeys) passar uma semana em terra; (on stopover) fazer escala de uma semana.

ash: ~**tray** *n* cinzeiro *m*; ~ **tree** *n* freixo *m*.

Asia ['eɪʒə] *n* Ásia *f*; **in** ~ na Ásia; **to go to** ~ ir para a Ásia; **Central** ~ Ásia Central.

Asian ['eɪʃn, 'eɪʒən] **1** *n* (from Far East) asiático *m*; GB pessoa *f* originária da Índia, do Paquistão ou do Bangladesh. **2** *adj* [*river, custom*] asiático.

aside [ə'saɪd] **1** *n* aparte *m*. **2** *adj* **a)** (to one side) **to cast sth** ~ [*clothes, gift*] pôr de parte; [*objections, worries*] afastar; **b)** (as sentence adv) **money** ~, **let us discuss accommodation** deixemos de lado (por agora) a questão do dinheiro e falemos do alojamento; ~ **from the aspect of safety...** à parte a questão da segurança....

asinine ['æsɪnaɪn] (formal) *adj* [*behaviour, question*] tolo.

ask [aːsk] **1** *vtr* **a)** (question) **to** ~ **sb a question** fazer uma pergunta a alguém; **to** ~ **sb the time** perguntar as horas a alguém; **I** ~**ed him if the car was ready** perguntei-lhe se o carro estava pronto; **b)** (request) **I** ~**ed permission to stay** pedi licença para ficar; **to** ~ **sb to do sth** pedir a alguém para fazer qq coisa; **c)** (invite) **to** ~ **sb to dinner** convidar alguém para jantar; **he** ~**ed her to marry him** ele pediu-a em casamento. **2** *vi* **a)** (request) **to** ~ **to leave early** pedir para partir cedo; **b)** (make enquiries) informar-se; **to** ~ **about sth** informar-se acerca de qq coisa; **to** ~ **about sb** pedir informação acerca de alguém. ■ **ask after:** ~ **after (sb)** pedir notícias de alguém; **she was** ~**ing after you** ela perguntou por ti. ■ **ask for a)** (request) **to** ~ **for sth** pedir qq coisa; **he was** ~**ing for it!** ele estava a pedi--las! (fam); **to** ~ **for sb** pedir para falar com alguém; **b)** (demand) **to** ~ **sb for sth** pedir (dinheiro) a alguém por qq coisa; **to** ~ **£ 5000 for a car** pedir 5000 libras por um carro.

askance [ə'skæns, ə'skɑːns] *adv* **to look** ~ **at sb/sth** olhar para alg/algo de esguelha, com desconfiança.

askew [ə'skjuː] *adj, adv* obliquamente.

asleep [ə'sliːp] *adj* **to be** ~ estar a dormir; **to fall** ~ adormecer; **to be half** ~ estar meio adormecido; **to be sound** ~ dormir a sono solto.

asparagus [ə'spærəgəs] **1** *n* espargo *m*. **2** *modif* [*frond, shoot, tip, sauce, etc*] de espargos.

aspect ['æspekt] *n* **a)** (feature) aspecto *m*; **b)** (angle) **to examine every** ~ **of sth** examinar algo sob todos os ângulos; **from a political** ~ dum ponto de vista político; **seen from this** ~ visto deste ângulo; **c)** (orientation) orientação *f*; **a westerly** ~ uma orientação oeste; **d)** (view) vista *f*; **a pleasant front/rear** ~ uma vista agradável de frente/de trás; **e)** ASTROL, LING aspecto *m*; **f)** (liter) (appearance) **a man of repulsive** ~ um homem com uma aparência repugnante.

aspen ['æspən] *n* BOT faia *f* preta.

aspersions [ə'spəː/ns] **to cast** ~ **on** [*person*] denegrir; [*ability, capacity*] pôr em dúvida.

asphalt ['æsfælt] **1** *n* asfalto *m*; **to cover/surface sth with** ~ asfaltar qq coisa. **2** *modif* [*drive, road*] de asfalto. **3** *vtr* asfaltar [*road, path*].

asphyxia [æs'fɪksɪə] *n* MED asfixia *f*; **to die from** ~ morrer asfixiado.

asphyxiate [æs'fɪksɪeɪt] (formal) *vtr* asfixiar.

aspic ['æspɪk] *n* CULIN aspic *m*; geleia *f* de carne usada na preparação de galantinas; **salmon in** ~ salmão em aspic. IDIOMAS **to preserve sth in** ~ conservar qq coisa em aspic.

aspirant [ə'spɑɪərənt, 'æspərənt] **1** *n* aspirante *m/f* (**to** a). **2** *adj* these ~ **actors** estes aspirantes a actores.

aspiration [æspə'reɪ/n] *n* **a)** (formal) (desire) aspiração *f* (**to sth** a qq coisa); **to have** ~**s to do sth** ter aspirações a fazer qq coisa; **b)** MED, PHON aspiração *f*.

aspire [ə'spɑɪə(r)] *vi* aspirar (**to sth** a qq coisa); **to** ~ **to do sth** aspirar a fazer qq coisa.

aspirin ['æspərɪn] *n* aspirina *f*; **two** ~(**s)/half an** ~ duas aspirinas/meia aspirina.

aspiring [ə'spɑɪərɪŋ] *adj* ~ **authors/politicians** aspirantes a autores/políticos.

ass [æs] *n* **a)** (donkey) burro *m*; **b)** (coll) (fool) idiota *m/f*; **to make an** ~ **of oneself** tornar-se ridículo; **the law is an** ~ a lei é absurda; **c)** (slang) US (arse) traseiro *m*; cu *m* (cal).

assail [ə'seɪl] *vtr* **a)** MIL assaltar [*fort*]; **to** ~ **a town with missiles** bombardear uma cidade com mísseis; **b)** (bombard) bombardear; (plague, harass) assaltar; **to be** ~**ed by questions/doubts** ser crivado de perguntas/assaltado com dúvidas.

assailant [ə'seɪlənt] *n* (criminal) agressor *m*; assaltante *m/f*.

assassin [ə'sæsɪn] *n* assassino *m*.

assassinate [ə'sæsɪneɪt] *vtr* assassinar.

assassination [əsæsɪ'neɪ/n] *n* assassínio *m*; assassinato *m*; **an** ~ **attempt** uma tentativa de assassínio.

assault [ə'sɔːlt] **1** *n* **a)** JUR (on person) assalto *m*; agressão *f* (**on** sobre); (sexual) agressão sexual; **indecent** ~ atentado *m* ao pudor; **verbal** ~ insultos *mpl*; **b)** (criticism) (on belief, theory) ataque *m* (**on** a); **to make an** ~ **on a record** SPORT tentar bater um recorde. **2** *vtr* **a)** JUR agredir [*person*]; **b)** MIL assaltar, acometer.

assemblage [ə'semblɪdʒ] (formal) *n* **a)** (of people, animals, objects) reunião *f*; ajuntamento *m*; (of ideas) conjunto *m*; **b)** TECH (assembling) montagem *f*.

assemble [ə'sembl] **1** *vtr* **a)** (gather) reunir, juntar [*data, ingredients, cast, team, troops*]; **b)** (construct) montar [*vehicle, appliance*]; **easy to** ~ fácil de montar. **2** *vi* [*party, family, passengers*] juntar-se, reunir-se. **3** **assembled** *pp adj* [*family, friends, delegates*] junto, reunido.

assembly [ə'semblɪ] *n* **a)** (of people) assembleia *f*; reunião *f*; **b)** POL (institution) assembleia; **legislative** ~ assembleia legislativa; (congregating) reunião *f*; **freedom of** ~ liberdade de reunião; **c)** IND (of components, machines) montagem *f*; **d)** MIL (signal) toque *m* de reunir.

assembly line *n* linha *f* de montagem.

assent [ə'sent] **1** *n* assentimento *m*; consentimento *m*; **by common** ~ de comum acordo; (formal) **with one** ~ por unanimidade. **2** (formal) *vi* dar o seu consentimento (**to sth** a qq coisa).

assert [ə'sɜːt] *vtr* **a)** (state) afirmar (**that** que); (against opposition) sustentar (**that** que); **to** ~ **oneself** fazer-se valer, afirmar-se; **to** ~ **one's authority** afirmar a sua autoridade; **b)** (demand) reivindicar [*right, claim*].

assertion [ə'sɜː/n] *n* (statement) asserção *f*; afirmação *f*; **it was an** ~ **of her strength** foi uma afirmação da sua força.

assess [ə'ses] *vtr* **a)** (gen) avaliar [*ability, work, person, etc*]; julgar [*candidate*]; **b)** FIN, INSUR, JUR avaliar, estimar [*loss, damage, value*]; **c)** TAX tributar [*person*]; fixar [*tax, amount*]; **to be** ~**ed for tax** ser tributado; **d)** SCH testar os conhecimentos, avaliar [*pupil*].

assessment [ə'sesmənt] *n* **a)** (gen) avaliação *f*; apreciação *f* (**of** de); **b)** TAX (*also* **tax** ~) tributação *f*; **c)** SCH avaliação *f*; **continuous** ~ avaliação contínua.

asset ['æset] *n* **a)** (item of value) bem *m*; ~**s** COMM, FIN, JUR (private) bens *mpl*; activo *m*; ~**s and liabilities** activo e passivo; **b)** (fig) (advantage) (quality, skill, person) vantagem *f*; predicado *m*; **she is a great** ~ **to the team** ela é um grande trunfo para a equipa.

assiduous [ə'sɪdjʊəs] *adj* assíduo.

assign [ə'sɑɪn] *vtr* **a)** (allocate) conceder [*funding, resources*] (**to** a); atribuir [*staff, posts*] (**to** a); **b)** (attribute) atribuir [*importance, value, responsibility*] (**to** a); (delegate) **to** ~ **a task to sb** designar alg para uma tarefa; **c)** (appoint) nomear (**to** para); **d)** JUR (transfer) ceder [*rights, property*]; **e)** (give) atribuir, designar [*name, date*] (**to sth** a qq coisa).

assignment [ə'sɑɪnmənt] *n* **a)** (professional) (diplomatic, military) cargo *m*; posto *m*; (specific duty) missão *f*; **b)** JUR (of rights, copyright) transmissão *f*.

assimilate [ə'sɪmɪleɪt] **1** *vtr* assimilar (**to** a). **2** *vi* assimilar-se, ser assimilado (**to** a).

assimilation [əsɪmɪ'leɪ/n] *n* assimilação *f* (**to** a).

assist [ə'sɪst] **1** *vtr* (gen) ajudar (**to do, in doing** a fazer); (more formally) (in organization, bureaucracy) assistir; **to** ~ **sb in/out/down** ajudar alg a entrar/sair/descer. **2** *vi* **a)** (help) ajudar (**in doing sth** a fazer qq coisa; **in sth** em qq coisa); **b)** (formal) (attend) assistir (**at** a). **3** ~**ed** *suffix* (*in compounds*) **computer-**~ assistido por computador; **government-**~ **scheme** projecto financiado pelo governo.

assistance [ə'sɪstəns] *n* ajuda *f* (**to** a); (more formal) (in organization, bureaucracy) assistência *f* (**to** a); **to come to sb's** ~ vir em auxílio de alg; **can I be of** ~? posso ajudar?.

assistant [ə'sɪstənt] **1** *n* **a)** (helper) ajudante *m/f*; (in bureaucratic hierarchy) adjunto *m*; **b)** (for-

eign language) ~ Sch, Univ (in school) assistente *m*; monitor *m*; (in university department) leitor *m*. **2** *modif* ~ **editor** redactor *m* adjunto; ~ **professor** us Univ professor *m* assistente.

associate 1 [ə'səʊʃɪət, ə'səʊsɪət] *n* [*colleague, partner*] colega *m/f*; (of a society) sócio *m*; (of academic body) membro *m*; **an** ~ **in crime** um/ uma cúmplice *m/f*. **2** [ə'səʊʃɪeɪt, ə'səʊsɪeɪt] *vtr* associar; (with movement, campaign) fazer parte de qq coisa; **these symptoms are associated with old age** estes sintomas estão associados à velhice. **3** [ə'səʊʃɪeɪt, ə'səʊsɪeɪt] *vi* **to** ~ **with sb** associar-se a alg. **4 associated** *pp adj* [*concept, member*] associado; **the plan and its** ~**d problems** o plano e os problemas daí decorrentes. **5** [ə'səʊʃɪeɪt, ə'səʊsɪeɪt] *v refl* **to** ~ **oneself with sth** associar-se a qq coisa [*campaign, policy*].

association [əsəʊsɪ'eɪʃn] *n* **a)** (club, society) associação *f* (**for sth** para qq coisa; **to do** para fazer); **to form/join an** ~ formar/entrar para uma associação; **b)** (relationship) (between organizations, people, things) relações *fpl* (**between** entre; **with** com); (sexual) ligação *f* íntima (**with** com); **in** ~ **with** em associação com; **c)** (mental evocation) (*usu in pl*) recordação *f*; **free** ~ Psych associação *f* livre de ideias; **to have** ~**s with sth** lembrar qq coisa.

association football *n* futebol *m*.

assorted [ə'sɔːtɪd] *adj* (gen) diverso, sortido, variado; [*group*] heterogéneo; **ill** ~ mal sortido; **in** ~ **sizes** Comm nos vários tamanhos.

assortment [ə'sɔːtmənt] *n* (of products, colours) sortido *m*; colecção *f*; (of people) mistura *f*; **in an** ~ **of colours/sizes** em diferentes cores/tamanhos.

assuage [ə'sweɪdʒ] *vtr* (liter) aliviar, mitigar, atenuar [*sorrow, pain, fear*].

assume [ə'sjuːm] *vtr* **a)** (suppose) supor (**that** que); **I** ~ **him to be Portuguese** suponho que ele é Português; ~**d innocent/guilty** presumível inocente/culpado; **b)** (take on) assumir [*control, identity, name, office, power, etc*]; **under an** ~**d name** sob um nome suposto.

assumption [ə'sʌmpʃn] *n* **a)** (supposition) suposição *f*; hipótese *f*; **b)** (of duty, power) apropriação *f*; tomada *f* (**of** de); **c) the A**~ Relig a Assunção da Nossa Senhora.

assurance [ə'ʃʊərəns] *n* **a)** (*often in pl*) (of sth done) certeza *f*; (of future action) promessa *f*; **you have my** ~ **that...** asseguro-lhe que...; **b)** (self-confidence) segurança *f*; **c)** Insur gb seguro *m*; **life** ~ seguro de vida.

assure [ə'ʃʊə(r)] *vtr* **a)** (state positively) assegurar (**that** que; **sb** a alg); **b)** (ensure) garantir; **c)** Insur gb fazer um seguro.

assured [ə'ʃʊəd] **1** *n* **the** ~ Insur o segurado *m*. **2** *adj* **a)** (confident) [*voice, manner, person*] seguro, confiante; **she is very** ~ ela é muito segura de si; **b)** (beyond doubt) certo, indubitável.

assuredly [ə'ʃʊərɪdlɪ] *adv* (liter) de certeza, sem dúvida.

asterisk ['æstərɪsk] **1** *n* asterisco *m*. **2** *vtr* marcar com um asterisco.

astern [ə'stɜːn] *adv* à popa, à ré; **to go** ~ fazer marcha atrás.

asteroid ['æstərɔɪd] *n* asteróide.

asthma ['æsmə] *n* asma *f*; ~ **sufferer** asmático *m*; **he has** ~ ele tem asma.

asthmatic [æs'mætɪk] *n, adj* asmático *m*.

astir [ə'stɜː(r)] *adj, adv* **a)** (excited) em movimento, em actividade, agitado; **b)** (out of bed) a pé.

astonish [ə'stɒnɪʃ] *vtr* espantar, surpreender; **I was** ~**ed by his answer** fiquei espantado com a resposta dele; **you** ~ **me!** (iron) tu espantas-me! (iron).

astonished [ə'stɒnɪʃt] *adj* espantado,-a; **to be** ~ **that** ficar espantado por (+ *subj*), achar extraordinário que (+ *subj*).

astonishing [ə'stɒnɪʃɪŋ] *adj* espantoso, surpreendente; **prices rose by an** ~ **40%** os preços sofreram um aumento surpreendente de 40%.

astonishingly [ə'stɒnɪʃɪŋlɪ] *adv* incrivelmente, surpreendentemente.

astonishment [ə'stɒnɪʃmənt] *n* espanto *m*; **to my** ~ para minha surpresa; **to look at sb/sth in** ~ olhar para alg/algo com espanto.

astound [ə'staʊnd] *vtr* estarrecer, assombrar (**to do** por ter feito).

astounding [ə'staʊndɪŋ] *adj* estarrecedor, assombroso.

astray [ə'streɪ] *adv* **a) to go** ~ (get lost) (object, person) extraviar-se, perder-se; (go wrong) enganar-se; **b)** (fig) **to lead sb** ~ (confuse) induzir em erro; (corrupt) desviar do bom caminho.

astride [ə'straɪd] **1** *adv* [*be, ride, sit*] escarranchado; [*stand*] de pernas afastadas. **2** *prep* (seated) a cavalo sobre; (standing) de pernas afastadas sobre.

astringent [ə'strɪndʒənt] **1** *n* adstringente *m*. **2** *adj* **a)** Cosmet, Med adstringente; **b)** [*remark, tone*] severo, duro.

astrologer [ə'strɒlədʒə(r)] *n* astrólogo *m*.

astrological [æstrə'lɒdʒɪkl] *adj* astrológico.

astrology [ə'strɒlədʒɪ] *n* astrologia *f*.

astronaut ['æstrənɔːt] *n* astronauta *m/f*.

astronautical [æstrə'nɔːtɪkl] *adj* interplanetário, astronáutico.

astronautics [æstrə'nɔːtɪks] *n* (+ *v sg*) astronáutica *f*.

astronomer [ə'strɒnəmə(r)] *n* astrónomo *m*.

astronomical [æstrə'nɒmɪkl] *adj* (fig) Astron astronómico.

astronomy [ə'strɒnəmɪ] *n* astronomia *f*.

astrophysics [æstrəʊ'fɪzɪks] *n* (+ *v sg*) astrofísica *f*.

astute [ə'stjuːt] *adj* astuto.

asylum [ə'saɪləm] *n* **a)** (gen) Pol asilo *m*; **to grant/give/seek** ~ conceder/dar/procurar asilo; **political** ~ asilo político; **b)** (dated, pej) Med asilo *m*; **lunatic** ~ (injur) manicómio *m* (injur).

asymmetric(al) [eɪsɪ'metrɪk, eɪsɪ'metrɪkl] *adj* assimétrico; ~ **bars** Sport barras *fpl* assimétricas.

at [ət] *prep* **a)** (place, position) em, à; ~ **home** em casa; ~ **the door** à porta; **b)** (at the house of) em casa de; ~ **my brother's** em casa do meu irmão; **c)** (time, special occasions) à(s) em; ~ **1 o'clock** à 1 hora; ~ **10 o'clock** às 10 horas; **a night** à noite; ~ **times** às vezes, de vez em quando; ~ **once** (immediately) imediatamente; (at the same time) ao mesmo tempo; ~ **Christmas** no Natal; **d)** (State, condition) a, em; **good** ~ **languages** bom a/em línguas; ~ **war** em guerra; **e)** (*followed by superlative*) **I'm** ~ **my best**

in the morning de manhã é como me sinto melhor; **f)** (cause) por, por causa de, com; **to be surprised** ~ **sth** estar surpreendido com qq coisa; **angry** ~ zangado por causa de/com; **g)** (degree) ~ **first** primeiro, em primeiro lugar; **nothing** ~ **all** nada. IDIOMAS **I don't know where he's** ~ não o consigo compreender; **I've been (hard)** ~ **it all day** não parei todo o dia.
ate [eɪt] *pp* see **eat**.
atheism ['eɪθɪɪzm] *n* ateísmo *m*.
atheist ['eɪθɪɪst] *n, adj* ateu *m*.
Athenian [ə'θi:nɪən] *n, adj* ateniense *m/f*.
Athens ['æθɪnz] *pr n* Atenas.
athlete ['æθli:t] *n* atleta *m/f*; ~**'s foot** pé *m* de atleta.
athletic [æθ'letɪk] *adj* [*event, club, coach*] desportivo; [*person, body*] atlético.
athletics [æθ'letɪks] **1** *n* (+ *v sg or pl*) GB atletismo *m*; US desporto *m* Po, esporte *m* BR. **2** *modif* GB de atletismo; US desportivo.
Atlantic [ət'læntɪk] **1** *n* **the** ~ o Atlântico *m*. **2** *adj* (gen) do Atlântico; [*coast, current*] atlântico.
Atlantic Ocean *n* Oceano *m* Atlântico.
atlas ['ætləs] *n* atlas *m*; **road** ~ atlas rodoviário.
atmosphere ['ætməsfɪə(r)] *n* **a)** (air) atmosfera *f*; **the earth's** ~ PHYS a atmosfera terrestre; **b)** (mood) (gen) ambiente *m*; (bad) atmosfera *f*; (coll) **there was a bit of an** ~ estava uma atmosfera carregada.
atmospheric [ætməs'ferɪk] *adj* **a)** [*conditions, pressure, pollution*] atmosférico; **b)** [*film lighting, music*] ambiente.
atom ['ætəm] *n* PHYS (fig) átomo *m*; **hydrogen** ~ átomo de hidrogénio.
atom bomb *n* bomba *f* atómica.
atomic [ə'tɒmɪk] *adj* (gen) atómico.
atomic weight *n* peso *m* atómico.
atomize ['ætəmɑɪz] *vtr* PHYS (into atoms) atomizar.
atomizer ['ætəmɑɪzə(r)] *n* atomizador *m*; vaporizador *m*; pulverizador *m*.
atone [ə'təʊn] *vi* (liter) **to** ~ **for sth** expiar [*sin, crime*]; reparar [*error, rudeness*].
atonement [ə'təʊnmənt] *n* expiação *f*; **Day of A~** o Dia da Redenção.
atrocious [ə'trəʊʃəs] *adj* **a)** atroz; **b)** (coll) (gen) detestável, péssimo.
atrociously [ə'trəʊʃəslɪ] *adv* atrozmente.
atrocity [ə'trɒsɪtɪ] *n* atrocidade *f*.
atrophy ['ætrəfɪ] **1** *n* atrofia *f*. **2** *vi* (fig) MED atrofiar-se.
attach [ə'tætʃ] **1** *vtr* **a)** (fasten) prender [*object*] (**to** a); (to letter) juntar; **I** ~ **a photocopy** junto uma fotocópia; **to be** ~**ed to sth** estar ligado a qq coisa; **b)** (attribute) atribuir [*condition, importance*] (**to** a); **to** ~ **blame to sb for sth** culpar alg de qq coisa. **2** (formal) *vi* **to** ~ **sth** [*blame*] recair. **3** *v refl* **to** ~ **oneself** (lit) ligar-se (**to** a).
attaché [ə'tæʃeɪ] *n* adido *m*; **cultural/press** ~ adido cultural/de imprensa.
attaché case *n* pasta *f* para documentos.
attached [ə'tətʃt] *adj* **a)** (fond) ~ **to sb/sth** afeiçoado,-a a alg/algo; **to grow** ~ **to sb/sth** afeiçoar-se a alg/algo; **b)** [*document*] junto.
attachment [ə'tætʃmənt] *n* **a)** (affection) afeição

f; afecto *m* (**to, for** por); **b)** (device) acessório *m*; **mixing** ~ (acessório) misturador *m*; **c)** (to organization) destacamento *m*; **to be on** ~ **to** estar destacado em; **d)** (act of fastening) fixação *f*; **e)** ~ **of earnings** JUR GB retenção *f* sobre o salário.
attack [ə'tæk] **1** *n* **a)** (lit) MIL (verbal criticism) ataque *m* (**on** a); **nuclear** ~ ataque nuclear; **on the** ~ ao ataque; **b)** MED (of chronic illness) ataque *m*; crise *f* (**of** de); **to have an** ~ **of coughing** ter um ataque de tosse. **2** *vtr* **a)** (lit) MED, SPORT, MIL atacar [*enemy, position*]; agredir [*victim*]; **b)** (fig) atacar [*book, idea, problem*]; iniciar [*job*].
attain [ə'teɪn] *vtr* (gen) alcançar, atingir; realizar [*ambition*]; ter acesso a [*knowledge*].
attainable [ə'teɪnəbl] *adj* (gen) acessível; [*ambition*] realizável.
attainment [ə'teɪnmənt] *n* (of knowledge, happiness) obtenção *f*; (of goal) realização *f*.
attempt [ə'tempt] **1** *n* **a)** (to do sth) tentativa *f* (**to do** de fazer); **to make an** ~ **to do sth** *or* **at doing sth** tentar fazer qq coisa; **b)** (object produced) ensaio *m*; experiência *f*; **it's my first** ~ **at a cake** é a minha primeira experiência em matéria de bolos. **2** *vtr* tentar (**to do** fazer); ~**ed murder** tentativa de assassinato.
attend [ə'tend] **1** *vtr* **a)** (go to, be present at) assistir a [*birth, ceremony, conference, interview, etc*]; ir a [*church, school*]; frequentar [*class, course*]; **the event was well/poorly** ~**ed** muita/pouca gente assistiu ao acontecimento; **b)** (liter) (accompany) [*consequence, danger*] acompanhar; [*publicity*] rodear; **c)** (take care of) [*doctor, nurse*] cuidar de, tratar de. **2** *vi* **a)** (be present) estar presente; **b)** (pay attention) prestar atenção (**to** a). ■ **attend to:** ~ **to (sth/sb)** ocupar-se de; **are you being** ~**ed to, madam?** está a ser atendida, minha senhora?.
attendance [ə'tendəns] *n* (presence) (at event, meeting, school, class, etc) presença *f* (**at** em); (at clinic) visita *f* (**at** a); **church** ~ prática *f* religiosa; **to be in** ~ **on sb** (to care for) cuidar de alg; (to protect) acompanhar alg.
attendant [ə'tendənt] **1** *n* **a)** (in cloakroom, museum, park, car park) guarda *m/f*; empregado *m*; (at swimming-pool) vigilante *m/f*; (in cinema) arrumador *m*; **flight** ~ hospedeira *f* Po, aeromoça *f* BR; comissário *m* de bordo; **medical** ~ (doctor) médico *m*; **b)** (for royalty, bride) membro *m* dum séquito; **c)** (dated) (servant) criado *m*. **2** *adj* [*cost, danger, issue, problem*] associado; [*symptom*] concomitante; [*nurse*] assistente.
attention [ə'tenʃn] *n* **a)** (notice, concentration, interest) atenção *f*; **to attract** *or* **catch** ~ atrair a atenção; **to hold/have sb's** ~ prender a atenção de alg; **to draw** ~ **to sth** atrair ou dirigir a atenção para qq coisa; **pay no** ~! não prestes atenção!; **b)** (care, maintenance, repair work) cuidado *m*; atenção *f*; **medical** ~ assistência *f* médica; **c)** MIL sentido *m*; **to stand to** *or* **at** ~ estar em sentido; **to come to** ~ pôr-se em sentido.
attentive [ə'tentɪv] *adj* (alert) atento; (solicitous) atencioso (**to** para com).
attentively [ə'tentɪvlɪ] *adv* (alertly) atentamente; (solicitously) atenciosamente.
attentiveness [ə'tentɪvnɪs] *n* (concentration) atenção *f*; (solicitude) solicitude *f*; amabilidade *f*.

attenuate [ə'tenjʊeɪt] *vtr* (gen) atenuar, diminuir MED emagrecer.

attest [ə'test] **1** (formal) *vtr* **a**) (prove) (*often in passive*) demonstrar [*trend, feature, change*]; **b**) (declare) atestar (**that** que); **c**) (authenticate) autenticar [*will, signature, application*]. **2** *vi* **a**) (prove) **to ~ to** [*fact, development*] provar; **b**) (affirm) atestar.

attic ['ætɪk] *n* sótão *m*.

attire [ə'tɑɪə(r)] (dated *or* **hum**) *n* vestes *fpl*; vestuário *m*.

attitude ['ætɪtjuːd] *n* **a**) (intellectual, political) posição *f* (*in pl*) tomadas *fpl* de posição (**to sth/ sb** para com algo/alg); (emotional, sociological) atitude *f* (**to sth/sb** para com algo/alg); **if that's your ~...!** se é essa a tua posição...!; **b**) (physical) atitude *f*; pose *f*; **to strike an ~** tomar uma atitude afectada.

attorney [ə'tɜːnɪ] *n* US advogado *m*; **letter** *or* **power of ~** procuração *f*.

Attorney General *n* (*pl* **Attorneys General**) ≈ procurador *m* geral.

attract [ə'trækt] *vtr* atrair; suscitar [*interest*]; **to be ~ed to sb/sth** ser atraído por algo/alg.

attraction [ə'trækʃn] *n* **a**) (favourable feature) (of proposal, place, offer) atractivo *m*; interesse *m* (**of doing** em fazer; **for** por); **I can't see the ~ of (doing)** não vejo o interesse em (fazer); **b**) (entertainment) atracção *f*; **tourist ~** atracção turística; **the main ~** a principal atracção; **c**) (instinctive *or* sexual allure) atracção *f* (**to** para com).

attractive [ə'træktɪv] *adj* [*person*] sedutor; [*child*] encantador; [*place, music, offer*] atraente (**to** para); [*food*] apetecível.

attractiveness [ə'træktɪvnɪs] *n* (of person, place, investment) atractivo *m*; (of proposal) interesse *m*.

attributable [ə'trɪbjʊtəbl] *adj* [*problem, error, etc*] imputável (**to** a).

attribute 1 ['ætrɪbjuːt] *n* (gen) atributo *m* ALSO LING. **2** [ə'trɪbjuːt] *vtr* **to ~ sth to sb/sth** (gen) atribuir algo a alg/algo; [*crime, failing*] imputar (**to sb** a alg).

attribution [ætrɪ'bjuːʃn] *n* atribuição *f* (**of sth to sb** de algo para alg).

attrition [ə'trɪʃn] *n* GEOL, MIL, MGMT atrito *m*.

attune [ə'tjuːn] *vtr* (*usu in passive*) **to be ~d to sb/sth** adaptar-se a alg/algo; **we became ~d to each other/to local customs** nós adaptámo-nos um ao outro/aos costumes locais.

atypical [eɪ'tɪpɪkl] *adj* atípico.

aubergine ['əʊbəʒiːn] *n* GB beringela *f*.

auburn ['ɔːbən] *adj* castanho avermelhado.

auction ['ɔːkʃn] **1** *n* leilão *m*; **at ~** em leilão; **to put sth up for/to be up for ~** pôr qq coisa/estar em leilão. **2** *vtr* leiloar, vender em leilão; **they have ~ed their house** eles leiloaram a casa.

auctioneer [ɔːkʃə'nɪə(r)] *n* leiloeiro *m*.

audacious [ɔː'deɪʃəs] *adj* (bold) audacioso; (cheeky) impudente, descarado.

audacity [ɔː'dæsɪtɪ] *n* audácia *f*; **to have the ~ to...** ter a audácia de....

audible ['ɔːdɪbl] *adj* audível.

audience ['ɔːdɪəns] **1** *n* **a**) (cinema, concert, theatre) público *m*; **b**) (followers) (radio) ouvintes *mpl*; TV telespectadores *mpl*; (for books) lei-

tores *mpl*; **c**) (meeting) audiência *f* (**with sb** junto de). **2** *modif* **~ participation** participação *f* do público.

audio ['ɔːdɪəʊ] *adj* audio.

audio: ~typist *n* dactilógrafo *m* que escreve à máquina directamente duma gravação; **~visual** *adj* audiovisual.

audit ['ɔːdɪt] **1** *n* peritagem *f* (às contas); auditoria *f*; **National A~ Office** ≈ Tribunal *m* de Contas; **to carry out** *or* **do an ~** efectuar uma peritagem. **2** *vtr* verificar (contas).

audition [ɔː'dɪʃn] **1** *n* audição *f* (**for sth** para qq coisa); **to go for an ~** ter uma audição. **2** *vtr* assistir a uma audição. **3** *vi* [*performer*] realizar uma audição (**for** para).

auditor ['ɔːdɪtə(r)] *n* **a**) (accountant) perito *m* contabilista PO, contábil BR; **b**) US (student) aluno *m* externo.

auditorium [ɔːdɪ'tɔːrɪəm] *n* (*pl* **-iums** *or* **-ia**) auditório *m*.

auditory ['ɔːdɪtərɪ] *adj* auditivo.

Aug abrev = **August**.

auger ['ɔːgə(r)] *n* (for wood) pua *f*; (for ground) broca *f*.

augment [ɔːg'mənt] *vtr* aumentar (**with sth** de qq coisa; **by doing** por fazer).

augur ['ɔːgə(r)] *vi* **to ~ well/ill for sb/sth** ser de bom/mau augúrio para alg/algo.

augury ['ɔːgjʊrɪ] *n* (liter) augúrio *m*.

August ['ɔːgəst] *n* Agosto *m*.

august [ɔː'gʌst] *adj* (formal *or* **hum**) augusto, majestoso, imponente.

aunt [ɑːnt] *n* tia; **~ Ann** tia Ana.

auntie, aunty ['ɑːntɪ] *n* (childish lang) titi *f*.

au pair [əʊ'peə(r)] *n* jovem *f* au pair.

aura ['ɔːrə] *n* (of place) atmosfera *f*; (of person) aura *f*.

aural ['ɔːrl] **1** *n* SCH exercício *m* de compreensão oral MUS ≈ ditado *m* musical. **2** *adj* **a**) (gen) auditivo; **b**) SCH [*comprehension, test*] oral.

aurora [ɔː'rɔːrə] *n* ASTRON, GEOG, METEOROL aurora *f*; **~ australis/borealis** aurora austral/boreal.

auspices [ɔː'spɪsɪz] *npl* auspícios *mpl*; **under the ~ of...** sob os auspícios de....

auspicious [ɔː'spɪʃəs] *adj* prometedor.

Aussi ['ɒzɪ, 'ɒsɪ] (coll) *n, adj* australiano *m*.

austere [ɒ'stɪə(r), ɔː'stɪə(r)] *adj* austero.

austerely [ɒ'stɪəlɪ, ɔː'stɪəlɪ] *adv* de forma austera.

austerity [ɒ'sterɪtɪ, ɔː'sterɪtɪ] *n* austeridade *f*.

Australasia [ɒstrə'leɪʃə, ɔː'strə'leɪʃə] *pr n* Australásia *f*.

Australia [ɒ'streɪlɪə, ɔː'streɪlɪə] *pr n* Austrália *f*; **in ~** na Austrália.

Australian [ɒ'streɪlɪən, ɔː'streɪlɪən] *n, adj* australiano *m*.

Austria ['ɒstrɪə, 'ɔːstrɪə] *pr n* Áustria *f*.

Austrian ['ɒstrɪən, 'ɔːstrɪən] *n, adj* austríaco *m*.

authentic [ɔː'θentɪk] *adj* (gen) ART, JUR autêntico; [*information, source*] seguro, fidedigno.

authenticate [ɔː'θentɪkeɪt] *vtr* autenticar.

authenticity [ɔːθen'tɪsɪtɪ] *n* autenticidade *f*.

author ['ɔːθə(r)] *n* **a**) (of book, play, plan, scheme) autor *m*; **b**) (by profession) escritor *m*; **he's an ~** ele é escritor.

authoritarian [ɔːθɒrɪ'teərɪən] *n, adj* autoritário *m*.

authoritative [ɔː'θɒrɪtətɪv] *adj* (forceful) [*person, voice, manner*] autoritário; (reliable) [*work, report*] que é uma autoridade; [*source*] bem informado.

authority [ɔː'θɒrɪtɪ] *n* **a)** (power) autoridade *f* (over sobre); **the ~ of the state** a autoridade do estado; **to be in ~** ter um cargo de responsabilidade; **b)** (forcefulness, confidence) autoridade *f*; **to speak with ~** falar com autoridade; **c)** (permission) autorização *f*; **to give sb (the) ~ to do sth** dar a alg autorização para fazer qq coisa; **d)** (organization) autoridade *f*; **the local ~** as autoridades locais; **e)** (expert) [*person*] abalizado, autorizado (on em matéria de); **f)** (source of information) fonte *f*; **to have sth on good ~** saber qq coisa de fonte segura.

authorization [ɔːθəraɪ'zeɪʃn] *n* (authority, document) autorização *f*; **to give** *or* **grant ~ to do sth** dar ou conceder autorização para fazer qq coisa.

authorize ['ɔːθəraɪz] **1** *vtr* autorizar [*person, institution, visit*] (**to do** a fazer, que se faça). **2 authorized** *pp adj* autorizado [*signature, version, biography, dealer*].

authorship ['ɔːθəʃɪp] *n* (of book, poem) autoria *f*.

autistic [ɔː'tɪstɪk] *adj* [*person*] autista.

auto ['ɔːtəʊ] **1** (coll) *n* US auto *m*. **2** *modif* [*parts, accident*] auto; [*industry*] automóvel.

autobiographical [ɔːtəʊbaɪɒ'græfɪkl] *adj* autobiográfico.

autobiography [ɔːtəʊbaɪ'ɒgrəfɪ] *n* autobiografia *f*.

autocracy [ɔː'tɒkrəsɪ] *n* autocracia *f*.

autocrat ['ɔːtəkræt] *n* autocrata *m/f*.

autocratic [ɔːtə'krætɪk] *adj* autocrático.

autodidact ['ɔːtəʊdaɪdəkt] *n* (formal) autodidacta *mf*.

autograph ['ɔːtəɡrɑːf] **1** *n* autógrafo *m*. **2** *modif* [*album, hunter*] autógrafos. **3** *vtr* autografar [*book, record*].

automat ['ɔːtəmæt] *n* restaurante *m* automático.

automate ['ɔːtəmeɪt] *vtr* automatizar [*factory, process*].

automatic [ɔːtə'mætɪk] **1** *n* **a)** (washing machine) máquina *f* de lavar automática; **b)** (car) veículo *m* com caixa de velocidades automática; **c)** (gun) automática *f*. **2** *adj* automático.

automatically [ɔːtə'mætɪkəlɪ] *adv* automaticamente.

automation [ɔːtə'meɪʃn] *n* (of process, factory) automatização *f*; **industrial ~** robótica *f*.

automaton [ɔː'tɒmətən] *n* (*pl* **-s, automata**) (robot, person) autómato *m*.

automobile ['ɔːtəməbiːl] *n* US, GB (dated) automóvel *m*.

automotive [ɔːtə'məʊtɪv] *adj* **a)** [*design, industry, product, sales*] automóvel; **b)** (self-propelling) automotor.

autonomous [ɔː'tɒnəməs] *adj* autónomo.

autonomy [ɔː'tɒnəmɪ] *n* autonomia *f*.

autopilot ['ɔːtəʊpaɪlət] *n* (fig) AVIAT piloto *m* automático.

autopsy ['ɔːtɒpsɪ, ɒː'tɒpsɪ] *n* autópsia *f* (also fig).

autotimer ['ɔːtəʊtaɪmə(r)] *n* relógio *m* de programação automática.

autumn ['ɔːtəm] **1** *n* ESPEC GB Outono *m*; **in ~** no Outono. **2** *modif* [*leaves, colours, fashions*] outonal, de Outono.

autumnal [ɔː'tʌmnl] *adj* [*colour, light*] outonal.

auxiliary [ɔːg'zɪljərɪ] **1** *n* **a)** (person) auxiliar *m/f*; **b)** LING (verbo *m*) auxiliar. **2** *adj* [*equipment, engine, forces*] auxiliar; **~ verb** (verbo *m*) auxiliar.

avail [ə'veɪl] (formal) *vi* **to ~ (oneself)** [*opportunity*] aproveitar. **IDIOMAS they tried to save her but to no ~** eles tentaram-na salvar em vão.

availability [əveɪlə'bɪlɪtɪ] *n* COMM (of credit) disponibilidade *f*; (of option, services) viabilidade *f*; (of drugs) existência *f* (no mercado) COMM **subject to ~** (of holidays, hotel rooms, etc) sujeito a confirmação; **demand exceeds ~** a procura é superior à oferta.

available [ə'veɪləbl] *adj* **a)** [*product, room, money, etc*] disponível (**for/to** para); **to make sth ~ to sb** pôr qq coisa à disposição de alg; **to be ~ from** [*product*] estar disponível em [*shop*]; [*service*] ser fornecido por [*organization*]; **by every ~ means** por todos os meios à disposição; **b)** (free) [*person*] (for appointment, etc) livre, disponível; **to make oneself ~ for sth/sb** disponibilizar-se para qq coisa/alg.

avalanche ['ævəlɑːnʃ] *n* avalanche *f* (also fig).

avant-garde [ævˌɑ̃'gɑːd] **1** *n* vanguarda *f*. **2** *adj* [*art, artist, idea*] de vanguarda.

avarice ['ævərɪs] *n* avareza *f*. **IDIOMAS rich beyond the dreams of ~** podre de rico.

avaricious [ævə'rɪʃəs] *adj* avarento.

Ave *n* abrev = **Avenue.**

Ave Maria ['ɑːveɪmə'rɪə] *n* Avé Maria *f*.

avenge [ə'vendʒ] **1** *vtr* vingar [*person, death, honour*]. **2** *v refl* **to ~ oneself on sb** (guilty person) vingar-se de alg.

avenging [ə'vendʒɪŋ] *adj* vingador, a; **~ angel** anjo *m* exterminador.

avenue ['ævənjuː] *n* **a)** (street, road) avenida *f*; (path, driveway) alameda *f*; **b)** (fig) (possibility) possibilidade *f*.

aver [ə'vɜː(r)] (formal) *vtr* (*pret, etc* **-rr-**) asseverar, afirmar (**that** que).

average ['ævərɪdʒ] **1** *n* (gen) MATH média *f* (**of** de); **on (the) ~** em média; **above/below (the) ~** acima/abaixo da média; **at an ~ of** à média de; **to work out an ~** fazer uma média. **2** *adj* (gen) MATH [*amount, cost, person, rate*] médio. **3** *vtr* fazer em média [*distance, quantity, time*]. ▪ **average out: ~ out (sth), ~ (sth) out** fazer a média de (qq coisa). ▪ **average out at** fazer em média.

averse [ə'vɜːs] *adj* avesso, oposto (**to** a); **to be ~ to doing** ser avesso a fazer.

aversion [ə'vɜːʃn] *n* aversão *f* Po, ojeriza *f* BR (**to** a); **to have an ~ to doing sth** ter aversão a fazer qq coisa; **his pet ~** o que ele mais detesta.

avert [ə'vɜːt] *vtr* **a)** (avoid, prevent) evitar, prevenir [*crisis, disaster, criticism*]; **b)** (turn away) **to ~ one's eyes from sth** (lit, fig) desviar os olhos de qq coisa.

aviary ['eɪvɪərɪ] *n* aviário *m*.

aviation [eɪvɪ'eɪʃn] *n* aviação *f*; **~ fuel** combustível *m*; **~ industry** indústria *f* aeronáutica.

avid ['ævɪd] *adj* [*collector, reader*] ávido; **to be ~ for sth** estar ávido de qq coisa.

avocado [ævə'kɑːdəʊ] **1** *n* **a**) (fruit) abacate *m*; **b**) (tree, plant) abacateiro *m*. **2** *modif* [*salad, mousse*] de abacate.

avoid [ə'vɔɪd] *vtr* **a**) (prevent) evitar [*accident, error*]; **to ~ doing** evitar fazer; **it is to be ~ed** [*approach, tactic*] é de evitar; **b**) (keep away from) fugir de/a [*person, location, nuisance*]; esquivar-se de/a [*issue, question*].

avoidable [ə'vɔɪdəbl] *adj* evitável.

avoidance [ə'vɔɪdəns] *n* **a**) (of injuries, delay) prevenção *f*; **b**) (of responsibility, emotion) fuga *f*.

avow [ə'vaʊ] (formal) *vtr* (admit) confessar, reconhecer, admitir.

avowal [ə'vaʊəl] (formal) *n* (confession) confissão *f*.

avuncular [ə'vʌŋkjʊlə(r)] *adj* avuncular, benevolente.

await [ə'weɪt] *vtr* **a**) [*person*] esperar [*outcome, event, decision, etc*]; **long-~ed** longamente esperado; **b**) [*fate, surprise, welcome*] aguardar, esperar [*person*].

awake [ə'weɪk] **1** *adj* **a**) acordado, desperto; **to be ~** estar acordado; **to stay ~** ficar acordado; **b**) (aware of) **to be ~ to sth** estar ciente de qq coisa. **2** *vtr* (*past* **awoke** *or* **awakened**) (liter) (*pp* **awoken** *or* **awakened**) (liter) despertar [*fear, suspicion*]; (from sleep) acordar, despertar. **3** *vi* (became aware) **to ~ to** tomar consciência de [*duty, fact*].

awaken [ə'weɪkn] **1** *vtr* **a**) (from sleep) acordar; **b**) (generate) fazer nascer, despertar [*fear, feeling*]; **c**) (make aware) **to ~ sb to** tornar alg consciente de [*danger, problem, etc*]. **2** *vi* **a**) (from sleep) acordar, despertar; **b**) (become aware) **to ~ to sth** tomar consciência de qq coisa.

awakening [ə'weɪknɪŋ] **1** *n* (fig) (of emotion, interest) despertar *m* (**of** de); (of awareness) tomada *f* de consciência (**to** de). **2** *adj* (lit) que desperta.

award [ə'wɔːd] **1** *n* **a**) (prize) prémio *m*; (medal, certificate) distinção *f* honorífica; **the ~ for the best actor** o prémio para o melhor actor; **b**) (grant) subvenção *f*; bolsa *f*; **c**) (decision to give) (of prize, grant) atribuição *f*; concessão *f*. **2** *vtr* conceder [*prize*]; atribuir [*grant*]; Sport conceder; **to ~ a penalty** conceder uma grande penalidade.

award-winning *adj* [*book, film*] premiado; [*writer, etc*] laureado.

aware [ə'weə(r)] *adj* **a**) **to be ~ of sth** (understand) estar consciente de qq coisa [*danger, problem, need, situation, etc*]; **to become ~ that** tomar consciência de que...; **b**) **to be ~ of sth** (know fact) estar ao corrente de qq coisa [*fact, circumstance*]; **to be ~ that...** saber que...; **are they ~ how much it costs?** eles saberão quanto é que isto custa?.

awareness [ə'weənɪs] *n* consciência *f* (**of** em relação a; **that** que); **public ~** tomada *f* de consciência pública.

away [ə'weɪ] **1** *adj* Sport [*goal, match, win*] fora; **the ~ team** a equipa *f* visitante. **2** *adv* **a**) (not present, gone) fora; **to be ~** Gen, Sch faltar, estar ausente (**from** a ou de); (on business trip) estar fora (em serviço); **I'll be ~ for two weeks** estarei fora duas semanas; **b**) (distant in space) **3 km ~** a 3 km; **10 cm ~ from the edge** a 10 cm da berma; **c**) (distant in time) **London is two hours ~** Londres fica a duas horas daqui; **my birthday is two months ~** o meu aniversário é dentro de dois meses; **d**) (for emphasis) **~ back in 1920** em 1920; **e**) Sport [*play*] fora.

awe [ɔː] **1** *n* temor *m* respeitoso; **to watch/listen in ~** observar/escutar com reverência. **2** *vtr* **to be ~ed by sth** ser impressionado por qq coisa.

awe-inspiring *adj* que inspira temor.

awesome ['ɔːsəm] *adj* terrível.

awestruck ['ɔːstrʌk] *adj* atemorizado.

awful ['ɔːfl] *adj* **a**) [*book, film, weather*] (bad) terrível; **that ~ woman!** essa mulher horrível!; **you are ~!** (hum) és tremendo!; **b**) (horrifying, tragic) [*news, accident, crime*] horrível; **how ~ (for you)** que horrível (para ti); **c**) (unwell) **I feel ~** não me sinto nada bem; **d**) (guilty) culpado, preocupado; **I felt ~ leaving her alone** senti remorsos por a ter deixado sozinha; **e**) (coll) (emphasizing) **an ~ lot (of)** uma enormidade (de); **to be in an ~ hurry** estar cheio de pressa.

awfully ['ɔːfəlɪ, 'ɔflɪ] *adv* [*hot, cold, near, fast, difficult*] tremendamente; [*clever*] extremamente; **he's ~ late** ele está muito atrasado; **thanks ~** mil agradecimentos.

awkward ['ɔːkwəd] *adj* **a**) (lit) (in shape) [*corner, shape*] difícil; [*tool*] incómodo; [*position*] desconfortável; [*person*] desajeitado; [*pose, style*] deselegante, canhestro; **b**) (complicated, inconvenient) [*question*] complicado, embaraçoso; [*choice*] difícil; [*position, situation*] delicado; [*moment, day*] inoportuno, inadequado; **to make life ~ for sb** complicar a vida a alg; **c**) (uncooperative) [*person*] difícil; **the ~ age** a idade ingrata; **d**) (embarrassed) pouco à vontade, embaraçado.

awkwardly ['ɔːkwədlɪ] *adv* **a**) (inconveniently) [*shaped, placed*] mal; **b**) (clumsily) [*move, hold, express oneself*] desajeitadamente; **c**) (with embarrassment) [*speak, apologize*] com um ar embaraçado; [*behave*] pouco à vontade.

awkwardness ['ɔːkwədnɪs] *n* (clumsiness) falta *f* de jeito; (inconvenience) inadequação *f*; (embarrassment) embaraço *m*.

awl [ɔːl] *n* (for leather) sovela *f*.

awning ['ɔːnɪŋ] *n* (on shop) toldo *m*.

awoke [ə'wəʊk] *past* see **awake**.

awoken [ə'wəʊkn] *pp* see **awake**.

awry [ə'raɪ] **1** *adj* [*clothing, picture*] de esguelha; [*budget, figures*] errado. **2** *adv* **to go ~** [*plan, policy*] ter mau resultado; **to put sth ~** desorganizar qq coisa.

axe GB, **ax** US [æks] **1** *n* **a**) (lit) machado *m*; **b**) (fig) **the ~ falls on...** a desgraça abate-se sobre..., a morte desce sobre.... **2** *vtr* (cut) reduzir [*jobs, funding, organization*]; abandonar [*project, plan*].

axiom ['æksɪəm] *n* axioma *m*; **the ~ that...** o axioma segundo o qual....

axiomatic [æksɪə'mætɪk] *adj* **a**) Ling, Math, Philos axiomático; **b**) (gen) **it is ~ that** é evidente que.

axis [ˈæksɪs] *n* (gen) MATH eixo *m*; **on the x/y ~** no eixo do x e do y.

axle [ˈæksl] *n* (gen) eixo *m* (de roda); **front ~** eixo dianteiro.

aye [eɪ] **1** *particle* (dial) GB sim; GB ~ ~ **sir** NAUT sim, senhor, às suas ordens. **2** *n* (in voting) **the ~s** os votos *mpl* a favor.

Aztec [ˈæztek] *n, adj* azteca *m/f*.

azure [ˈæʒjə(r), ˈeɪʒjə(r)] **1** *n* azul *m* celeste. **2** *adj* [*sea, sky, eyes*] azul-celeste.

Bb

b, B [biː] **1** *n* **a)** (letter) b, B; **b)** Mus si *m*. **2** abrev = **born**.

BA [biːˈeɪ] *n* abrev = **Bachelor of Arts** bacharel *m* em letras.

baa [baː] **1** *vi* balir. **2** *excl* pff!.

babble [ˈbæbl] **1** *n* murmúrio *m*; (louder) clamor *m* confuso. **2** *vtr* balbuciar, tartamudear [*words, excuse*]. **3** *vi* [*baby*] balbuciar; [*stream*] murmurar.

baboon [bəˈbuːn] *n* babuíno *m*.

baby [ˈbeɪbɪ] **1** *n* **a)** (child) bebé *m*; **B~ Jesus** o Menino Jesus; **b)** (youngest) (of team, group) benjamim *m*. **2** *modif* [*brother, sister*] mais novo; [*equipment, food, etc*] para bebés. IDIOMAS (coll) **I was left holding the ~** fiquei com a criança nos braços (fig); (coll) **smooth as a ~'s bottom** suave como a pele de um bebé; (coll) **to throw the ~ out with the bathwater** deitar tudo a perder.

babyhood [ˈbeɪbɪhʊd] *n* primeira infância *f*.

babyish [ˈbeɪbɪɪʃ] *adj* infantil, pueril.

baby: **~-sit** *vtr* tomar conta de crianças por um curto espaço de tempo; **~-sitter** *n* aquele *m* que toma conta de crianças por um curto espaço de tempo; **~ talk** *n* linguagem *f* infantil.

baccy [ˈbækɪ] (coll) *n* GB tabaco *m* Po, fumo *m* BR.

bachelor [ˈbætʃələ(r)] *n* celibatário *m*; solteirão *m*; **B~ of Arts/Science** bacharelato em letras/ciência.

bachelor: **~ flat** *n* apartamento *m* Po, cômodo *m* BR de homem solteiro; **~ girl** *n* celibatária *f*; solteirona *f*.

bacillus [bəˈsɪləs] *n* bacilo *m*.

back [bæk] **1** *n* **a)** ANAT costas *fpl*; ZOOL dorso *m*; **to be (flat) on one's ~** (lit) estar deitado de costas; (fig) estar de cama; **to turn one's on sb/sth** (lit, fig) virar as costas a alg/algo; **I was glad to see the ~ of him** fiquei contente por o ver pelas costas; **b)** (reverse side) (of page, cheque) verso *m*; (of fabric) avesso *m*; (of medal, coin) reverso *m*; **c)** (rear-facing part) (of vehicle) traseira *f*; (of chair, sofa) parte *f* de trás; **on the ~ of the door** atrás da porta; **the shelves are oak but the ~ is plywood** as prateleiras são em madeira de carvalho mas o fundo é em contraplacado; **d)** (area behind building) traseiras *fpl*; **there's a small garden out ~ or round the ~** há um pequeno jardim nas traseiras; **e)** (of cupboard, drawer, bus, fridge) fundo *m*; **at or in the ~ of the drawer** no fundo da gaveta; **f)** SPORT defesa *m*; **left ~** defesa esquerdo; **g)** (end) fim *m*; **at the ~ of the book** no final do livro. **2** *adj* **a)** (at the rear) [*leg, paw, edge*] atrás; [*bedroom*] fundo,-a; [*page*] último,-a (*before* n); [*garden, gate*] de trás; **b)** (isolated) [*road*] escondido,-a (*before* n); **~ alley** *or* **lane** ruela *f*; **c)** FIN, COMM **~ interest/rent/tax** juros/rendas/impostos atrasados. **3**

adv **a)** (after absence) **to be ~** estar de volta; **I'll be ~ in five minutes** volto dentro de cinco minutos; **to arrive** *or* **come ~** voltar (**from** de); **he's ~ at work** ele retomou o trabalho; **the mini-skirt is ~** (in fashion) a mini-saia está de novo na moda ou a mini-saia está de volta; **b)** (in return) de volta; **to call** *or* **phone ~** telefonar (em resposta a outro telefonema); **I'll write ~ (to him)** vou-lhe responder por escrito; **to smile ~ at sb** responder ao sorriso de alg; **c)** (backwards) [*glance, jump, step, lean*] para trás; **d)** (away) atrás; **ten lines ~** 10 linhas acima; **ten pages ~** 10 páginas atrás; **e)** (ago) atrás; **25 years ~** há 25 anos ou há 25 anos atrás; **f)** (once again) de novo, outra vez; **she's ~ in power** ela está de novo no poder; **g)** (expressing a return to a former location) **to travel to London and ~** fazer a viagem de ida e volta a Londres; **we walked there and took the train ~** para lá fomos a pé e apanhámos o comboio de volta; **h)** (in a different location) **meanwhile, ~ in France, he...** entretanto, em França, ele...; **I'll see you ~ at the house** vemo-nos em casa. **4 back and forth** *adv phr* de um lado para o outro; **to go** *or* **travel ~ and forth** (commute) [*person, bus*] fazer transbordo (**between** entre); **to walk** *or* **go ~ and forth** andar de um lado para o outro (**between** entre); **to swing ~ and forth** [*pendulum*] oscilar. **5** *vtr* **a)** (support) apoiar [*party, person, bid, bill, strike, action, etc*]; (with money) financiar [*party, person, strike, etc*]; **b)** (finance) financiar [*project, undertaking*]; **c)** (endorse) avalizar [*currency*]; **to ~ a bill** COMM, FIN endossar uma letra; **d)** (substantiate) justificar [*argument, claim*] (**with** com); **e)** (reverse) **to ~ the car into the garage** entrar na garagem com o carro em marcha a trás; **to ~ sb into sth** fazer recuar alg em relação a qq coisa; **f)** (bet on) apostar em [*horse, winner, favourite*]; **g)** (stiffen, line) consolidar, reforçar [*structure*]; encadernar [*book*]; forrar [*fabric*]. **6 -backed** *combining form* **a)** (of furniture) **a high-/low--~ed chair** cadeira *f* de espaldar alto/baixo; **b)** (lined, stiffened) **canvas-/foam-~ed** forrado a tela/espuma; **c)** (supported) **UN-~ed** apoiado pelas Nações Unidas; **d)** (financed) **government -~ed** financiado pelo Estado. IDIOMAS **to put one's ~ into it** dar no duro; **he's always on my ~** ele não me larga; **to be at the ~ of sth** estar na origem de qq coisa; **to live off sb's ~** viver à custa de alg; **to put sb's ~ up** ofender alg; **to break the ~ of a journey** fazer o grosso da viagem. ▪ **back away** recuar; **to ~ away from** (lit) afastar-se de [*person*]; (fig) pôr à distância [*issue, problem*]; procurar evitar [*confrontation*]. ▪ **back down**: **~ down** (give way) ceder; **to give ~ on** *or* **over** reconsiderar [*sanctions, proposal, allegations*]. ▪ **back off** (move away) recuar.

■ **back onto**: ~ onto sth [*house*] dar para (qq coisa) nas traseiras. ■ **back out**: ~ out a) (lit) [*person*] sair às arrecuas; [*car, drive*] sair de marcha atrás; **b**) (fig) desistir de; **to ~ out of** (lit) [*person*] sair (de qualquer sítio) às arrecuas [*room*]; [*car, driver*] sair (de qualquer sítio) de marcha atrás; (fig) anular [*deal, contract*]; [*competitor*] retirar-se de [*event*]; ~ **(sth) out** fazer sair (qq coisa) de marcha atrás [*vehicle*]. ■ **back up**: ~ up a) AUT recuar, fazer marcha atrás; **b**) US (block) [*drains*] entupir-se; [*traffic*] ficar congestionado; ~ **(sth) up**, ~ **up** (~ **up (sth) a**) (support) [*facts, evidence*] confirmar [*claims, case, theory*]; **b**) COMPUT fazer back-up, fazer uma cópia de segurança; ~ **(sb) up** apoiar [*person*].

back: ~ **bacon** n CULIN bacon m magro; ~ **bencher** n GB POL deputado m; **backbiting** n maledicência f; **backboard** n (in basketball) tabela f.

backbone ['bækbəʊn] n a) (spine) (of person, animal) coluna f vertebral; (of fish) espinha f dorsal; **b**) (strong feature) pilar m; **to be the ~ of** (gen) ser o pilar de; **c**) (courage) audácia f; coragem f; **to have the ~ to do** ter a audácia de fazer.

back: ~**-breaking**adj de arrasar, cansativo; ~ **chat** n GB insolência f; ~ **cloth** n THEAT (fig) pano m de fundo; ~ **copy** n número m atrasado; ~ **door** n (of car) porta f de trás; (of building) porta f das traseiras; ~**-end** n a) (rear) rectaguarda f; traseira f; **b**) COMPUT terminal m.

backer ['bækə(r)] n a) (gen) (supporter) partidário m; aliado m; **b**) FIN (of project, event) comanditário m; (of business) fiador m.

backfire vi a) [*scheme, tactics*] ter o efeito oposto, sair o tiro pela culatra (fam); **to ~ on sb** voltar-se contra alg; **b**) [*car*] produzir explosões no carburador.

back: ~ **flip**n salto m mortal à rectaguarda; ~ **gammon** n gamão m.

background ['bækgraʊnd] **1** n a) (of person) (personal, family) origens fpl; (professional) formação f; **to come from a working-class ~** vir dum meio operário; **b**) (context) **the economic/ political ~** a situação económica/política; **I don't know the ~** eu não conheço a situação; **c**) (of painting, photo, scene) fundo m; último plano m; **against a ~ of** sobre um fundo de; **d**) (not upfront) **in the ~** no segundo plano; **e**) (of sound, music) **a ~ of music** música f de fundo. **2** modif a) [*music, lighting*] ambiente, de fundo; **b**) [*information, material, knowledge*] relativo às origens da situação.

back: ~ **handed** adj [*compliment*] equívoco; ~ **hander** n (bribe) suborno m; luvas fpl.

backing [b'ækɪŋ] n a) (reverse layer) revestimento m interior; **b**) (fig) FIN (support) apoio m; **c**) MUS acompanhamento m; fundo m musical.

back: ~ **issue**n número m atrasado; ~ **less** adj [*dress*] sem costas; ~ **number** n número m atrasado; ~ **pack** n mochila f; ~**packer** n aquele m que anda com uma mochila às costas; ~ **passage** n ANAT recto m; ~ **pay** n retroactivos mpl; ~**-pedal** vi (pres p etc -**ll**-, GB -**l**- US) (lit) pedalar para trás; (fig) fazer marcha atrás; ~ **pocket** n bolso m traseiro; ~ **rest** n espaldar m; ~ **room** n

quarto m dos fundos; ~**scratcher** n utensílio m para esfregar ou coçar as costas; ~**seat** n assento m traseiro; **to take a ~seat** (fig) afastar-se para segundo plano; ~**seat driver** n passageiro m que está sempre a dar conselhos ao motorista; ~**side** n traseiro m; ~ **space** n COMPUT tecla f para voltar atrás.

backstairs [bæk'steəz] **1** npl escada f de serviço. **2** adj (underhand) [*gossip, connivance*] clandestino.

back: ~ **stroke** n estilo m costas; ~ **talk** n US see **backchat**; ~ **to** ~ adv a) (with backs touching) **to stand** ~ **to** ~ [*two people*] estar costas com costas; **b**) (consecutively) consecutivamente, um atrás do outro; ~ **to front** adj, adv (facing the wrong way) ao contrário; **you've got it all ~ to front** (fig) compreendeste tudo ao contrário; ~ **track** vi (lit, fig) arrepiar caminho; ~ **translation** n LING retroversão f.

backwardness ['bækwədnɪs] n a) (of intellect) lentidão f; [*of culture, economy, etc*] atraso m; **b**) (shyness) timidez m; **c**) (reticence) hesitação f (**in doing** em fazer).

bacon ['beɪkn] n bacon m; toucinho m fumado; **a rasher of** ~ uma fatia de bacon; ~ **and egg(s)** bacon com ovos estrelados. **IDIOMAS** (coll) **to bring home the** ~ ser o ganha-pão (da família); (coll) **to save sb's** ~ salvar a pele de alg.

bacterial [bæk'tɪərɪəl] adj bacteriano.

bacteriological [bæktɪərɪə'lɒdʒɪkl] adj bacteriológico.

bacteriology [bæktɪərɪ'ɒlədʒɪ] n bacteriologia f.

bacterium [bæk'tɪərɪəm] n bactéria f.

bad [bæd] **1** n a) (evil) **she only sees the ~ in him** ela só vê o que há de mal nele; **b**) (unpleasantness, unfavourableness) **the good and the ~** o bom e o mau. **2** adj (comp **worse**, superl **worst**) a) (poor, inferior, incompetent or unacceptable) [*book, harvest, answer, memory, cook, decision, etc*] mau (*before n*) [*hearing, eyesight*] fraco (*after n*); **to be ~ at** ser mau em [*subject*]; **to be ~ at doing** (do badly) não ser dotado para fazer; (dislike doing, do reluctantly) não gostar de fazer; (coll) **not ~** nada mal; **b**) (unpleasant, unfavourable, or negative) [*news, day, time, year, smell, dream, review, mood, result, etc*] mau (*before n*) **it's ~ enough having to wait, but...** já é mau ter de esperar, mas...; **that's ~!** (it's a pity) que pena!; **c**) (morally or socially unacceptable) [*person, behaviour, habit, life, example, influence, reputation*] mau, desagradável (*before n*) [*language, word*] grosseiro, ordinário; **you ~ girl!** sua mazinha!; **it is ~ to do** é errado fazer; **it will look ~** isso parece mal; **to feel ~** sentir-se culpado (**about sth** acerca de qq coisa); **d**) (severe, serious of its kind) [*accident, attack, injury, mistake*] grave; [*case*] sério; **a ~ cold** uma gripe forte; **how ~ is it?** é grave?; **e**) (harmful, injurious) ~ **for** mau para; **smoking is** ~ **for you** fumar é mau para a tua saúde. **3** adv (coll) US [*need, want*] mal; **it hurts** ~ dói muito.

bad breath n mau hálito m.

baddie, baddy ['bædɪ] (coll) n mau/má m/f.

bade [beɪd, bæd] (arch or hum) past see **bid**.

badge [bædʒ] n a) (political, etc button) distintivo m; crachá m; **b**) (coat of arms) emblema m; (rank) divisa f; **proficiency** ~ medalha f.

badger ['bædʒə(r)] **1** *n* Zool texugo *m*. **2** *vtr* atormentar (**sb to do sth** alg para que faça qq coisa).
badger baiting *n* caça *f* ao texugo.
badly ['bædlɪ] *adv* (*comp* **worse,** *superl* **worst**) **a**) [*begin, sleep, treat, teach, etc*] mal; **to go** ~ ir mal; **he didn't do too** ~ ele não se saiu mal; **to do** ~ **by sb** não ser correcto com alg; **please, don't think** ~ **of me** por favor, não penses mal de mim; **b**) [*beat, defeat, disrupt, suffer*] seriamente; [*beaten, burnt, damaged, hurt*] gravemente; **I was** ~ **mistaken** eu estava seriamente enganado; **c**) **to want/need sth** ~ querer/precisar desesperadamente de qq coisa.
bad-tempered [bæd'tempəd] *adj* [*person*] mal humorado, irritado.
baffle ['bæfl] **1** *n* reflector *m*. **2** *vtr* desconcertar (**by sth** por qq coisa).
baffled ['bæfld] *adj* desconcertado.
bafflement ['bæflmənt] *n* perplexidade *f*; estupefacção *f*.
baffling ['bæflɪŋ] *adj* desconcertante.
bag [bæg] **1** *n* (container) saco *m*; saca *f*; bolsa *f* (**of** de). **2 bags** *npl* **a**) (baggage) bagagem *f*; **to pack one's** ~ (lit) fazer as malas; **b**) (coll) GB ~ **of** cheio de [*money, time*]. **3** *vtr* (*pres p etc* **-gg-**) **a**) (coll) (save, get) marcar, guardar [*seat, table*]; **to** ~ **sth for sb, to** ~ **sb sth** guardar algo para alguém; **b**) (coll) Sport marcar [*goal, point*]; matar [*hare, bird*]; apanhar [*fish*]; **c**) (put in bags) see ~ **up**. **4** *vi* [*garment*] deformar-se. IDIOMAS **a mixed** ~ uma mistura heterogénea; (coll) **it's in the** ~ está no papo (fam); **to have** ~**s under one's eyes** ter papos nos olhos. ■ **bag up**: **to** ~ **up (sth), to** ~ **(sth) up** meter qq coisa num saco, ensacar qq coisa.
bagful ['bægfʊl] *n* (*pl* ~**s** *or* **bagsful**) saco *m* cheio (**of** de).
baggage ['bægɪdʒ] *n* **a**) (luggage) bagagem *f*; **the ideological** ~ **we carry round with us** a herança ideológica que é a nossa; **b**) Mil equipamento *m*. IDIOMAS **bag and** ~ armas e bagagens.
baggy ['bægɪ] *adj* [*clothes, jumper, skirt*] largo, amplo; **to go** ~ **at the knees** fazer joelheiras.
Bahamas [bə'hɑːməz] *pr n* **the** ~ as Bahamas *fpl*.
bail [beɪl] **1** *n* Jur caução *f*; fiança *f*; **to be (out) on** ~ estar sob caução. **2** *vtr* **a**) Jur pôr (alg) em liberdade provisória; **b**) Naut escoar [*water*]. ■ **bail out a**) Naut esvaziar, baldear; **b**) (jump from plane) saltar; ~ **out (sb/sth),** ~ **(sb/sth) out a**) (get out of trouble) tirar alg de sarilhos; **b**) Jur pagar a caução a; **c**) Naut esvaziar, baldear [*boat*].
bailey ['beɪlɪ] *n* **a**) (wall) muralha *f* exterior de um castelo feudal; **b**) (court) pátio *m* interior.
bailiff ['beɪlɪf] *n* **a**) Jur meirinho *m*; **b**) GB (on estate) intendente *m*.
bairn [beən] *n* (dial) GB criança *m/f*.
bait [beɪt] **1** *n* (lit, fig) isca *f*; **to take, rise to** *or* **swallow the** ~ morder a isca. **2** *vtr* **a**) (put bait on) pôr isca em [*trap, hook*]; **b**) (tease) apoquentar [*person*].
bake [beɪk] **1** *vtr* **a**) Culin cozer no forno [*dish, vegetable*]; fazer [*bread, cake*]; **fresh-**~**d** saído do forno, feito agora mesmo; **home-**~**d** caseiro;

~**d potato** batata *f* assada (no forno) com casca; **b**) [*sun*] secar; [*kiln*] cozer. **2** *vi* **a**) Culin [*person*] (bread) cozer pão; (cake) fazer bolos; **b**) (fig) (in sun) [*town, land, person*] assar (fig); **the mud had** ~**d hard** a lama endureceu.
baker ['beɪkə(r)] *n* **a**) (person) (only bread) padeiro *m*; (pastries) pasteleiro *m*; **b**) (shop) padaria *f*.
bakery ['beɪkərɪ] *n* (for bread) padaria *f*; (for cakes) pastelaria *f*; confeitaria *f*.
baking ['beɪkɪŋ] **1** *n* acto *m* de cozer no forno; cozedura *f*. **2** (coll) *adj* (hot) [*place, day*] sufocante; **I'm absolutely** ~! estou a assar! (fam).
balaclava [bælə'klɑːvə] *n* (*also* ~ **helmet**) barrete *m* de lã (cobrindo a cabeça e o pescoço).
balalaika [bælə'laɪkə] *n* balalaica *f*.
balance ['bæləns] **1** *n* **a**) (fig) (correct or equal proportion) (of opinion, characteristic, ingredients) equilíbrio *m* (**between** entre); **to bring sth into** ~ equilibrar qq coisa; **to hold the** ~ **of power** deter o poder de decisão; **b**) (lit) (stable position) equilíbrio; **to keep one's** ~ manter o equilíbrio; **to catch sb off** ~ (fig) apanhar alguém desprevenido; **c**) (scales) (lit, fig) balança *f*; **to hang in the** ~ (fig) estar em jogo; **on** ~ feitas as contas; **d**) Accts, Comm (in account) saldo *m*; (residual sum) resto *m*; **e**) (remainder) restante *m*. **2** *vtr* **a**) (fig) (compensate for) equilibrar, compensar; **to** ~ **each other (out)** equilibrar-se; **b**) (counterbalance) Art (lit) contrabalançar [*weights, design, elements*]; **c**) (lit) (perch) pôr (qq coisa) em equilíbrio (**on** sobre); **d**) (adjust) equilibrar, conciliar [*diet, activity, timetable*]; **e**) (weigh up, compare) pesar; **we must** ~ **costs against benefits** devemos medir os custos em função dos ganhos; **f**) Accts, Comm equilibrar [*budget, economy*]; fazer o balanço de [*books*]; **g**) Aut calibrar [*wheels*]. **3** *vi* **a**) (lit) [*one person, one thing*] equilibrar-se (**on** sobre, em cima de); **b**) (fig) (*also* ~ **out**) [*benefits, drawbacks*] contrabalançar-se; **c**) Accts, Comm [*books, figures, budget*] equilibrar-se. **4 balanced** *pp adj* [*person, behaviour, discussion, diet, budget, economy, etc*] equilibrado; [*decision*] reflectido; [*article, report*] objectivo.
balcony ['bælkənɪ] *n* **a**) (in house, hotel) varanda *f*; **to be on the** ~ estar à varanda; **b**) (of theatre) segundo balcão *m*; **in the** ~ [*seats*] no segundo balcão.
bald [bɔːld] *adj* **a**) [*man, head*] calvo, careca; **to go** ~ estar a ficar careca; **b**) [*lawn, carpet*] pelado; **c**) Aut [*tyre*] liso, careca (fam); **d**) (blunt) [*statement, question*] abrupto, brusco; [*style*] seco.
balderdash ['bɔːldədæʃ] (coll, dated) GB **1** *n* disparate *m*; tolice *f*. **2** *excl* ~! tretas!, tolices!.
bald-headed *adj* calvo, careca; **a** ~ **man** um careca.
balding ['bɔːldɪŋ] *adj* **a** ~ **man** um homem com princípio de calvície.
baldly ['bɔːldlɪ] *adv* [*state, remark*] abruptamente, bruscamente.
baldness ['bɔːldnɪs] *n* (of person) calvície *f*.
bale [beɪl] **1** *n* fardo *m*. **2** *vtr* **a**) **to** ~ **the hay/cotton/paper** juntar o feno/algodão/papel em fardos; **b**) GB see **bail**.
baleful ['beɪlfl] *adj* (liter) [*influence, presence*] maléfico (liter); [*glance, eye*] turvo.

balk [bɔːk, bɔːlk] **1** *n* **a**) (beam) viga *f*; barrote *m*; trave *f*; **b**) US Sport finta *f*. **2** *vtr* (liter) contrariar, frustrar [*plan, intention*]; **to be ~ed of** [*leadership, chance*] ser impedido de. **3** *vi* [*person*] pensar duas vezes (antes de agir); **to ~ at** [*risk, cost*] recusar, recuar perante; **she ~ed at spending so much** ela recusava-se a gastar tanto dinheiro.

Balkan ['bɔːlkn] **1 Balkans** *pr n* **the ~s** os Balcãs *mpl*. **2** *adj* [*country, state, peoples*] balcânico.

ball [bɔːl] **1** *n* **a**) (round object) bola *f* Po, pelota *f* Br; (of wool, string) novelo *m* (**of** de); tennis **~** bola de ténis; **to curl up into a ~** (of person, cat) enroscar-se numa bola; **to wind sth into a ~** fazer um novelo de qq coisa; **b**) (dance) baile *m*. **2** *vtr* fechar [*fist*]. IDIOMAS **the ~ is in your court** é a tua vez de agir; **to be on the ~** estar à altura; (coll) **to play ~ (with sb)** cooperar (com alg); **to set the ~ rolling** dar o pontapé de saída; (coll) **to carry the ~** US tomar a responsabilidade.

ballad ['bæləd] *n* (musical poem) balada *f*.

ballast ['bæləst] *n* (in balloon, ship) lastro *m*.

ball bearing [bɔːl'beərɪŋ] *n* Tech **a**) (ball) esfera *f*; **b**) (bearing) rolamento *m* de esferas.

ball: ~ boy *n* (in tennis) apanha-bolas *m/f*; **~ cock** *n* Tech torneira *f* com bóia.

ballerina [bælə'riːnə] *n* bailarina *f*.

ballet ['bæleɪ] *n* (art) ballet *m*.

ball game ['bɔːl'geɪm] *n* **a**) (gen) jogo *m* de bola; **b**) US (in baseball) partida *f* (de beisebol). IDIOMAS (coll) **that's a whole new** *or* **completely different ~** isso é uma outra história.

ball girl *n* (in tennis) apanha-bolas *f*.

ballistic [bə'lɪstɪk] **1 ballistics** *npl* (+ *v sg*) balística *f*. **2** *adj* balístico; **~ missile** míssil *m* balístico.

balloon [bə'luːn] **1** *n* **a**) Aviat balão *m*; hot air **~** aeróstato *m*; **b**) (toy) balão *m*; **c**) (for cartoon speech) balão *m*. **2** *vi* **a**) **to go ~ing** Aviat andar de balão; **b**) (swell) [*cheeks*] inchar; **c**) (fig) [*deficit*] disparar.

ballot ['bælət] **1** *n* **a**) (process) escrutínio *m*; votação *f*; **secret ~** escrutínio secreto; **by ~** [*vote, decide, elect*] por sufrágio; **b**) (vote) voto *m* (secreto); **c**) (*also* **~ paper**) boletim *m* de voto. **2** *vtr* fazer um referendo (**on sth** sobre qq coisa). **3** *vi* votar (**on sth** em qq coisa; **to do** para fazer).

ballot box urna *f* eleitoral.

ball: ~-point (pen) *n* esferográfica *f*; **~-room** *n* sala *f* de baile; **~-room dancing** *n* dança *f* de salão.

balls up ['bɔːlzʌp] (slang) **1 balls-up** *n* GB confusão *f*. **2** *vtr* GB semear a confusão em (qq coisa).

bally ['bælɪ] (coll, dated) **1** *adj* GB (euph) **a ~ nuisance** uma grande chatice (fam); **you ~ fool!** seu grande idiota!. **2** *adv* [*good, stupid*] muito, extremamente.

ballyhoo [bælɪ'huː] (coll) *n* **a**) (in campaign) propaganda *f* exagerada; **b**) (fuss) barulho *m*.

balm [bɑːm] *n* **a**) (oily) bálsamo *m*; **b**) (liter) (peace) consolo *m*; bálsamo *m*; **c**) **lemon ~** Bot erva-cidreira *f*.

balmy ['bɑːmɪ] *adj* **a**) [*air, evening, weather*] ameno; **b**) (coll) GB see **barmy**.

balsa ['bɒlsə, 'bɔːlsə] **1** *n* **a**) (*also* **~ wood**) madeira *f* de balsa; **b**) (tree) balsa *f*. **2** *modif* [*model, raft*] em balsa.

balsam ['bɒlsəm, 'bɔːlsəm] *n* **a**) (oily) bálsamo *m*; **b**) (tree) árvore *f* do bálsamo; balsameiro *m*.

Baltic ['bɒltɪk, 'bɔːltɪk] *pr n* **the ~** o Báltico; **the B~ Sea** o mar *m* Báltico.

baluster ['bæləstə(r)] *n* Archit balaústre *m*.

balustrade [bæləs'treɪd] *n* balaustrada *f*.

bamboo [bæm'buː] **1** *n* bambu *m*. **2** *modif* [*chair, fence, hut*] de bambu.

bamboozle [bæm'buːzl] (coll) *vtr* **a**) (trick) enganar, intrujar Po, embromar Br; **to ~ sb into doing sth** enrolar alg para que faça qq coisa (fam); **to ~ sb out of** [*money*] burlar alg; **b**) (mystify) confundir.

ban [bæn] **1** *n* proibição *f*; interdição *f* (**on sth** de qq coisa; **on doing** de fazer); **smoking/overtime ~** proibição de fumar/de fazer horas extraordinárias. **2** *vtr* (*pres p etc* **-nn-**) interditar, proibir [*author, group, activity, book, etc*]; suspender [*athlete*]; **to ~ sb from** [*sport, event*] excluir alg de. **3 banned** *pp adj* [*writer, group*] interdito; [*athlete*] suspenso; [*book, drug*] proibido.

banal [bə'nɑːl, bə'næl] *adj* banal.

banality [bə'nælɪtɪ] *n* (quality) banalidade *f*.

banana [bə'nɑːnə] **1** *n* **a**) (fruit) banana *f*; **b**) **~ palm** bananeira *f*. **2** *modif* [*yoghurt, ice-cream*] de banana.

banana: ~ republic *n* (pej) república *f* das bananas; **~ skin** *n* (lit, fig) casca *f* de banana.

band [bænd] **1** *n* **a**) Mus (rock) conjunto *m* (de rock); (municipal) banda *f* (de música); **jazz ~** banda *f* ou orquestra *f* de jazz; **b**) (with common aim) grupo *m* (**of** de); **c**) (of light, colour, land) faixa *f*; **d**) (for binding) (hair, hat) fita *f*; (arm) braçadeira *f*; **e**) (ring) anel *m*; **wedding ~** aliança *f*. **2** *vtr* (stripe) rodear com uma faixa ou cinta. **3** *vi* **to ~ together** reunir-se (em grupos) (**to do** para fazer).

bandage ['bændɪdʒ] **1** *n* ligadura *f* Po, atadura *f* Br; **he has a ~ round his head** ele tem a cabeça ligada. **2** *vtr* ligar [*head, limb, wound*].

bandmaster *n* (of military band) chefe *m* ou regente *m/f* de uma banda.

bandsman ['bændzmən] *n* (*pl* **-men**) (gen) Mil músico *m* que toca numa banda.

bandstand *n* coreto *m*.

bandy ['bændɪ] **1** (coll) *adj* arqueado; **he is ~-legged** ter as pernas arqueadas. **2** *vtr* **to ~ words with sb** (dated) discutir.

bane [beɪn] *n* ruína *f*; maldição *f*; **she's the ~ of my life** ela é a minha desgraça.

bang [bæŋ] **1** *n* **a**) (noise) (from gun, bomb, firework) detonação *f*; (from door, window) estrondo *m*; **~ go my chances of promotion** posso dizer adeus Po, tchau Br à minha promoção; **b**) US (fringe) **~s** (*npl*) franja *f*. **2** *adv* (coll) **slap ~ in the mild of town** em pleno centro da vila; **to arrive ~ on time** chegar à hora exacta. **3** *vtr* **a**) (place sth noisily) **she ~ed the books down on the desk** ela atirou com estrondo os livros para cima da secretária; **b**) (causing pain) **he ~ed his head against the ceiling** ele bateu com a cabeça no tecto; **c**) (strike) bater em [*drum*]; **to ~ one's fist on the table** *or* **to ~ the table with**

one's fist bater com o punho na mesa; **d)** (slam) bater com [*door, window*]. **4** *vi* **a)** (strike) **to ~ against a table** chocar contra uma mesa; **b)** (make noise) [*door, shutter*] bater. ■ **bang into**: ~ **into** (sb/sth) bater em alg/algo.

banger ['bæŋə(r)] *n* **a)** (coll) (car) calhambeque *m*; **b)** (firework) bomba *f* (dos santos populares); foguete *m*; **c)** (coll) (sausage) salsicha *f*.

Bangladesh [bæŋglə'deʃ] *pr n* Bangladesh *m*; **in ~** no Bangladesh.

bangle ['bæŋgl] *n* bracelete *m*; pulseira *f*.

banish ['bænɪʃ] *vtr* (formal) (expel) expulsar (**from** de).

banishment ['bænɪʃmənt] (dated, formal) *n* expulsão *f*; desterro *m*.

banjo ['bændʒəʊ] *n* (*pl* **-jos** *or* **-joes**) banjo *m*.

bank [bæŋk] **1** *n* **a)** ~FIN, GAMES banco *m*; **to break the ~** GAMES levar a banca à falência; **b)** (border) (of river, lake) margem *f*; **the ~s of the Thames** as margens do Tamisa; **the river broke its ~s** o rio transbordou; **c)** (mound) (of earth, mud) rampa *f*; ladeira *f*; **d)** (elevated section of sea bed) banco *m*; **sand~** banco de areia; **e)** (mass) (of fog, mist) banco *m*; (of flowers) maciço *m*; **f)** HIST, NAUT (bench) banco *m* (de remador). **2** *modif* [*credit, debt, etc*] bancário. **3** *vtr* **a)** FIN depositar num banco [*cheque, money*]; **b)** (border) (*usu in passive*) ladear [*track, road*]. **4** *vi* FIN **to ~ with Grunard's** ter conta no banco Grunard. IDIOMAS **it's as safe as the B~ of England** é a toda a prova. ■ **bank on:** ~ **on (sb/sth)** contar com (alg/algo). ■ **bank up:** ~ **up** [*snow, earth, mud*] amontoar.

bank: ~ **account** *n* FIN conta *f* bancária; ~ **balance** *n* FIN saldo *m* bancário; ~ **card** *n* cartão *m* multibanco; ~ **charges** *npl* FIN encargos *mpl* bancários; ~ **clerk** *n* empregado *m* bancário.

banker ['bæŋkə(r)] *n* FIN, GAMES banqueiro *m*.

bank: ~ **holidays** *n* GB feriado *f* nacional.

banking ['bæŋkɪŋ] **1** *n* **a)** FIN (business) transacções *fpl* bancárias; **b)** (profession) a banca *f*. **2** *modif* [*group, sector, system, etc*] bancário; ~ **hours** horário *m* de funcionamento dos bancos.

bank manager *n* agente *m/f* da agência bancária; ~**note** *n* GB FIN nota *f*; ~ **raid** *n* assalto *m* (a um banco); ~ **robber** *n* assaltante *m/f* de bancos.

bankrupt ['bæŋkrʌpt] **1** *n* falido *m*. **2** *adj* (ruined) [*person*] arruinado; [*business, economy*] falido. **3** *vtr* **to ~ a person/company** levar uma pessoa/empresa à falência.

bankruptcy ['bæŋrʌptsɪ] *n* **a)** (ruin) falência; **b)** (moral, intellectual) decadência *f*; ruína *f*.

bank statement ['bæŋksteɪtmənt] *n* FIN extracto *m* bancário.

banner ['bænə(r)] *n* **a)** (in protest, festival) bandeirola *f*; **b)** (name) pavilhão *m*; estandarte *m*; **under the ~ of** sob a bandeira de.

banner headline *n* (*often pl*) título *m*.

banns [bænz] *npl* banhos *mpl*; **to read the ~** publicar os banhos (de casamento).

banquet ['bæŋkwɪt] **1** *n* banquete *m*. **2** *vi* banquetear.

banshee ['bænʃiː] *n* espírito *m* feminino cujos lamentos anunciam uma morte próxima. IDIOMAS **to wail like a ~** gritar como um perdido.

bantam ['bæntəm] *n* ~ **cock** garnisé *m*.

banter ['bæntə(r)] **1** *n* brincadeira *f*; gracejo *m*. **2** *vi* brincar, gracejar (**with sb** com alg).

baptism ['bæptɪzm] *n* RELIG baptismo *m*.

baptismal [bæp'tɪzml] *adj* [*name, rite*] baptismal.

Baptist ['bæptɪst] *n*, *adj* baptista *m/f*.

baptize [bæp'taɪz] *vtr* baptizar; **to be ~d a Catholic** ser baptizado pela igreja católica.

bar [baː(r)] **1** *n* **a)** (on gate, window) tranca *f*; (on prison cell) grades *fpl*; SPORT (in gym) barra *f*; **to be behind/to put sb behind ~s** estar atrás de/pôr alguém atrás das grades; **b)** (where drinks are served) bar *m*; (counter) balcão *m*; **c)** (block) (of candy, soap, gold) barra (**of** de); **d)** (ban) **age ~** limite de idade; **e)** JUR (in courthouse) barra *f* (do tribunal); (profession) **the ~** a advocacia; **the prisoner at the ~** o réu *m*; **a ré** *f*; **f)** MUS compasso *m*; **g)** (strip, band) **a ~ of light** uma faixa de luz. **2** *prep* **they're all here ~ one** estão todos aqui, excepto um; ~ **none** sem excepção. **3** *vtr* (*pres p etc* **-rr-**) **a)** (block) **he ~ red my way** ele barrou-me o caminho; **b)** (exclude, prevent) excluir (**from** de); **to ~ sb from doing sth** proibir alguém de fazer qq coisa. IDIOMAS **a no holds ~ red contest** uma luta em que tudo é permitido.

barb [baːb] *n* **a)** (on hook, arrow tip) barbela *f*; farpa *f*; **b)** (remark) farpa *f* (fam).

barbarian [baː'beərɪən] *n, adj* bárbaro *m*.

barbaric [baː'bærɪk] *adj* (brutal, primitive) bárbaro.

barbarism ['baːbərɪzm] *n* **a)** (brutality, primitiveness) barbárie *f*; **b)** (liter) (error) barbaridade *f*.

barbarity [baː'bærɪtɪ] *n* (brutality, primitiveness) barbaridade *f*; atrocidade *f*.

barbarous ['baːbərəs] *adj* **a)** (uncivilized) rude, inculto; **b)** (brutal) bárbaro, brutal.

barbecue ['baːbɪkjuː] **1** *n* **a)** (party, food) churrasco *m*; **b)** (grill) grelha *f*; espeto *m*. **2** **barbecued** *pp adj* [*meat, chicken*] grelhado no churrasco.

barbed wire [baːbd 'waɪər] *n* arame *m* farpado.

barber ['baːbə(r)] *n* barbeiro *m*.

barbican ['baːbɪkən] *n* barbacã *f*.

barbiturate [baː'bɪtjʊrət] *n* barbitúrico *m*.

bar: ~ **chart** *n* gráfico *m* de barras; ~ **code** *n* código *m* de barras.

bard [baːd] *n* **a)** (liter) (poet) poeta *m*; **the B~** (of Avon) Shakespeare; **b)** (arch) (minstrel) bardo *m*.

bare [beə(r)] **1** *adj* **a)** (naked) [*body, flesh, leg*] nu; **to sit in the sun with a ~ head** sentar-se ao sol com a cabeça destapada ou descoberta; **b)** (exposed) [*blade, wall, wood*] nu; **to lay sth ~** pôr qq coisa a nu [*plan, private life, secret*]; **c)** (empty) [*cupboard, house, room*] vazio; **to strip sth ~** esvaziar qq coisa [*house, room*]; **d)** (stark) [*branch, mountain, rock*] nu, desértico; ~ **of leaves** desprovido de folhas; **e)** (mere) mero; **a ~ 3% of the population** uns meros 3% da população; **the ~st sign** o menor sinal; **f)** (absolute) estrito; **the ~ essentials** *or* **necessities** o estritamente necessário; **g)** (unembellished) [*facts, statistics*] simples; **h)** (in Bridge) [*ace, king*] seco. **2** *vtr* **to ~ one's teeth** mostrar os dentes; **to ~ one's head** descolorir-se; **to ~ one's heart** pôr o coração a nu.

bareback ['beəbæk] *adv* em pêlo.
barefaced ['beəfeɪst] *adj* [*lie*] descarado.
barefoot(ed) ['beəfʊt(ɪd)] *adj* [*person*] descalço.
barely ['beəlɪ] *adv* mal; **he is ~ able to walk** ele mal consegue andar.
bareness ['beənɪs] *n* nudez *f*.
bargain ['baːgɪn] **1** *n* **a)** (deal) negócio *m* (**between** entre); **to make** *or* **strike a ~** fechar um negócio; **into the ~** ainda por cima; **b)** (good buy) pechincha *f*; **to get a ~** comprar qq coisa muito barato. **2** *modif* [*buy, book, house*] a preço reduzido. **3** *vi* (for deal) negociar (**with sb** com alg). ■ **bargain for, bargain on: to ~ for, to ~ on sth** esperar qq coisa; **we got more than we ~ed for** nós conseguimos mais do que esperávamos.
bargain basement *n* local *m* reservado, numa loja, aos negócios (normalmente na cave).
bargaining ['baːgɪnɪŋ] **1** *n* (over pay) regateio *m*; negociações *fpl*. **2** *modif* [*arrangements, framework, position, power, etc*] de negociação.
barge [baːdʒ] **1** *n* **a)** (living in, freight) barcaça *f*; batelão *m*; **b)** (in navy) vedeta *f*. **2** *vtr* **a) to ~ one's way through sth** abrir caminho aos encontrões; **b)** (shove) empurrar [*player, runner*]. ■ **barge in** interromper. ■ **barge into** irromper em [*room, house*].
baritone ['bærɪtəʊn] *n* (singer, voice, instrument) barítono *m*.
bark [baːk] **1** *n* **a)** (of tree) casca *f*; **b)** (of dog) latido *m*. **2** *vtr* raspar [*shin, elbow*]. **3** *vi* [*dog*] ladrar (**at sb/sth** a alg/algo). **IDIOMAS his ~ is worse than his bite** cão que ladra não morde (Prov); **to ~ up the wrong tree** utilizar os esforços na direcção errada. ■ **bark out: to ~ out (sth), ~ (sth) out** ladrar (**at sb** a alg).
barking ['baːkɪŋ] **1** *n* ladrar *m*. **2** *adj* [*dog*] que ladra; [*cough, laugh*] de cão. **IDIOMAS to be ~ mad** (coll) GB estar completamente louco,-a.
barley ['baːlɪ] *n* cevada *f*.
barley: ~corn *n* cevada *f* em grão; **~ sugar** *n* açúcar *m* de cevada; **~ water** *n* GB bebida *f* fresca à base de cevada e água.
bar: ~maid *n* empregada *f* de bar; **~man** *n* (*pl* **barmen**) barman *m*.
barmy ['baːmɪ] (coll) *adj* GB [*person, plan, idea*] maluco, doido Po, encucado, pirado Br. **IDIOMAS to go ~** (get angry) ter uma fúria (fam); (get excited) ficar doido (fam).
barn [baːn] *n* (for crops) celeiro *m*; (for cattle) estábulo *m*; (for horses) estrebaria *f*.
barnacle ['baːnəkl] *n* bernaca *f*; ganso *m* bravo.
barn: ~ dance *n* baile *m* de aldeia; **~ owl** *n* coruja *f*; **~yard** *n* terreiro *m*; capoeira *f*.
barometer [bə'rɒmɪtə(r)] *n* METEOROL (also fig) barómetro *m*.
barometric [bærə'metrɪk] *adj* barométrico.
baron ['bærn] *n* (noble, tycoon) barão *m*; **industrial ~** grande industrial, barão da indústria.
baroness ['bærənɪs] *n* baronesa *f*.
baronial [bə'rəʊnɪəl] *adj* (of a baron) próprio de barão; **~ hall** residência *f* senhorial.
baroque [bə'rɒk, bə'rəʊk] **1** the **~** o barroco. **2** *adj* barroco.
barque [baːk] *n* see **bark**.
barrack ['bærək] **1 barracks** *npl* (+ *v sg or pl*)

a) MIL caserna *f*; **in (the) ~s** na caserna; **b)** (coll, pej) (building) barracão *m*. **2** *vtr* GB (heckle) escarnecer.
barrack square *n* parada *f*.
barracuda [bærə'kuːdə] *n* barracuda *f*.
barrage ['bæraːʒ] *n* **a)** CIV, ENG barragem *f*; **b)** MIL fogo *m* de barragem; **c)** (fig) (of questions, criticism) bombardeamento *m*; fogo *m* cerrado; (of complaints) chuva *f*; catadupa *f*.
barrel ['bærl] **1** *n* **a)** (container) (of beer, wine, oil) barril *m*; (for herring) barrica *f*; **b)** (for bullet, shell) (of cannon, firearm) cano *m*; **c)** (of pen) reservatório *m*; **d)** (of watch, clock) tambor *m*. **2** *vtr* (*pres p etc* **-ll-** GB **-l-** US).
barrel: ~-chested *adj* [*person*] entroncado; **~ organ** *n* realejo *m*.
barren ['bærn] *adj* **a)** [*land*] árido; [*woman*] (arch) estéril; **b)** (unrewarding) infrutífero; [*style*] seco; **to be ~ of sth** ter falta de qq coisa.
barricade [bærɪ'keɪd] **1** *n* barricada *f*. **2** *vtr* barricar. **3** *v refl* **to ~ oneself** MIL barricar-se (**in, into** em); (gen) encerrar-se, fechar-se (**in, into** em).
barrier ['bærɪə(r)] *n* **a)** (lit) (gen) AUT, MIL barreira *f*; (**ticket**) **~** RAIL cancela *f*; **b)** (cultural, economic, medical, etc) barreira *f*; (to understanding, progress) obstáculo *m* (**to** a); **language ~** a barreira da língua; **to put up ~s** PSYCH fechar-se sobre si próprio.
barrier cream *n* COSMET creme *m* protector.
barring ['baːrɪŋ] *prep* **~ accidents, he'll win** a menos que haja algum contratempo, ele vai ganhar.
bar: ~tender *n* (man) empregado *m* de bar; (woman) empregada *f* de bar.
basalt ['bæsɔːlt, bə'sɔːlt] *n* basalto *m*; **lava** lava *f* basáltica.
base [beɪs] **1** *n* **a)** (centre of operations) base *f*; **power ~** MIL centro *m* de operações; (gen) sede *f* do poder; **b)** (of object) base *f*; suporte *m*; (of mountain) sopé *m*; (of society, edifice) alicerce *m*; **c)** AVIAT, MIL, NAUT base *f*; **military ~** base militar; **to return to ~** regressar à base; **d)** (fig) (for calculation, development) base *f*; fundamento *m*; (for research) ponto *m* de partida; **to have a broad ~** ter uma base sólida; **e)** CHEM, CULIN, PHARM ingrediente *m*; **f)** MATH (arithmetic, geometric) base *f*. **2** *adj* **a)** (liter) [*act*] vil, desprezível, baixo; **b)** [*metal*] sem valor; [*currency*] falso. **3** *vtr* **a)** (take as foundation) basear, fundamentar [*calculation, decision, research, etc*] (**on** em); **b)** (have as operations centre) sediar; **to be ~d in** *or* **at Lisbon** [*person, company*] estar sediado em Lisboa. **4 ~d** *pp adj* [*policy, method*] baseado em; [*person, company*] sediado em; **computer-~** baseado na informática.
baseball ['beɪsbɔːl] *n* beisebol *m*.
baseline *n* (in tennis) linha *f* de fundo.
basement ['beɪsmənt] *n* **a)** cave *f*; **~ flat** apartamento *m* Po, cómodo *m* Br na cave; **in the ~** na cave; **b)** ARCHIT (foundations) envasamento *m*.
base rate *n* taxa *f* de referência.
bash [bæʃ] (coll) **1** *n* (*pl* **-es**) **a)** (blow) murro *m*; soco *m*; **my car has a ~ on the wing** o meu carro tem uma amolgadela no pára-lamas; **b)** GB (attempt) tentativa *f*; **to have a ~ at sth** tentar

qq coisa; **go on, have a ~!** vá, tenta!; **c)** (party) festa *f.* **2** *vtr* **a)** (hit) esmurrar [*person*]; bater contra [*wall*]; **she ~ed her head on** *or* **against the shelf** ela bateu com a cabeça na prateleira; **b)** GB (criticize) criticar, denegrir [*person, group*].

bashful ['bæʃfl] *adj* tímido; **to be ~ about doing sth** hesitar em fazer qq coisa.

basic ['beɪsɪk] **1** *npl* **the ~s** o essencial; (of knowledge, study) princípios *mpl* fundamentais; (food) géneros *mpl* de primeira necessidade; **to get down to ~** abordar o essencial. **2** *adj* **a)** (fundamental) [*aim, fact, need, etc*] essencial (**to** a); [*education, knowledge, language, rule, etc*] elementar; [*belief, problem, principle, etc*] fundamental; [*theme*] principal; [*salary, working hours, structure*] (lit, fig) de base; **b)** (coll) (rudimentary) [*manners, accommodation*] rudimentar.

basically ['beɪsɪkəlɪ] *adv* (fundamentally) fundamentalmente, basicamente.

basil ['bæzɪl] *n* manjericão *m.*

basilica [bə'zɪlɪkə] *n* basílica *f.*

basin ['beɪsn] *n* **a)** CULIN tigela *f;* **b)** (for washing) lavatório *m;* (not plumbed) tina *f;* bacia *f;* **c)** GEOG, GEOL bacia *f;* **d)** NAUT (of port) doca *f;* **e)** (of fountain) tanque *m.*

basis ['beɪsɪs] *n* (for action, negotiation) base *f* (**for** de); (of discussion) quadro *m;* âmbito *m;* **on the ~ of** na base de [*earnings, experience, evidence*]; **on the same ~** nas mesmas condições.

bask [bɑːsk] *vi* **a)** (relax) [*person, animal*] refastelar-se; **b)** (enjoy) **to ~ in sb's affection** gozar da afeição de alg.

basket ['bɑːskɪt] *n* **a)** cesto *m;* cesta *f;* **b)** (in basketball) cesto *m;* **to make** *or* **score a ~** marcar um cesto; **c)** (in fencing) copo *m* de espada.

basketball *n* (game) basquetebol *m;* (ball) bola *f* de basquete.

basket: ~ chair *n* cadeira *f* de verga; **~work** *n* (craft, objects) cestaria *f;* objectos *mpl* de verga.

Basle [bɑːl] *pr n* Basileia *f.*

bas-relief ['bærɪliːf] *n* baixo-relevo *m;* **in ~** em baixo-relevo.

bass[1] [bæs] **1** *n* **a)** (voice, singer) baixo *m;* **b)** (instrument) baixo *m;* (in jazz) contrabaixo *m.* **2** *modif* **a)** [*voice, solo*] de baixo; **b)** [*flute, guitar, tuba*] baixo.

bass[2] [bæs] *n* ZOOL perca *f.*

bass: ~ clef *n* clave *f* de fá; **~ drum** *n* bombo *m.*

basset ['bæsɪt] *n* **~ (hound)** basset *m* (raça *f* de cães).

bassoon [bə'suːn] *n* MUS fagote *m.*

bastard ['bɑːstəd, 'bæstəd] **1** *n* **a)** (slang) (term of abuse) filho da mãe (cal); pulha *m;* **b)** (dated) (illegitimate child) bastardo *m.* **2** *adj* [*child*] bastardo; (fig) (hybrid) irregular, adulterado.

baste [beɪst] *vtr* **a)** CULIN regar com molho (um assado); **b)** (in dressmaking) alinhavar.

bastion ['bæstɪən] *n* (fig) bastião *m* (**of** de).

bat [bæt] **1** *n* **a)** SPORT bastão *m;* taco *m;* (cricket, baseball) **b)** ZOOL morcego *m;* **c)** (coll) (blow) pancada *f.* **2** *vtr* (*pres p etc* **-tt-**) bater. **IDIOMAS to be blind as a ~** ser míope, não ver bem; (coll) **to do sth off one's own ~** fazer qq

coisa de sua própria iniciativa; **like a ~ out of hell** como um possesso; **without ~ting an eyelid** GB **eye** US sem pestanejar.

batch [bætʃ] *n* (of loaves, cakes) fornada *f;* (of cement) carrada *f;* (of books, texts, goods, etc) lote *m;* (of candidates, prisoners, etc) grupo *m;* (of recruits, contingent) leva *f.*

batch processing *n* tratamento *m* por grupos ou sequências.

bath [bɑːθ] **1** *n* **a)** (act of washing) banho; **to have** *or* **take a ~** tomar um banho; **b)** GB (tub) banheira *f.* **2 baths** *npl* **a)** (swimming) piscina *f;* **b)** (in spa) termas *fpl* PO, estância hidromineral *f* BR. **3** *vtr, vi* banhar(-se).

bathe [beɪð] **1** *n* banho *m.* **2** *vtr* **a)** lavar [*wound*] (**in** em; **with** com); **to ~ one's feet** lavar os pés; **b)** (liter) banhar [*shore*]. **3** *vi* [*person*] tomar banho; **to be ~ed in** estar ensopado em [*sweat*]; estar inundado de [*light*]; estar banhado de [*tears*].

bather ['beɪðə(r)] *n* banhista *m/f.*

bathing ['beɪðɪŋ] *n* banho *m.*

bathing: ~ beauty *n* sereia *f* (fig); **~ cap** *n* touca *f* de banho; **~ costume** *n* fato *m* de banho; **~ suit** (dated) *n* see **~ costume**; **~ trunks** *n* calções *mpl* de banho.

bathos ['beɪθɒs] *n* passagem *f* do sublime ao ridículo; quebra *f* de dignidade.

bathrobe *n* roupão *m* de banho.

bathroom ['bɑːθruːm] *n* (for washing, lavatory) casa *f* de banho.

bath: ~ salts *n* sais *mpl* de banho; **~-towel** *n* toalha *f* de banho; **~tub** *n* banheira *f;* **~water** *n* água *f* do banho.

batman ['bætmən] *n* GB MIL ordenança *f;* impedido *m.*

baton ['bætn] **1** *n* GB (policeman's) bastão *m;* cassetete *m;* MUS batuta *f;* SPORT (in relay race) testemunho *m.* **2** *vtr* bater com o bastão, andar à bastonada.

battalion [bə'tæljən] *n* MIL (fig) batalhão *m.*

batten ['bætn] **1** *n* **a)** GB CONSTR (gen) (for door, floor) travessa *f;* (in roofing) ripa *f;* **b)** NAUT (in sail) fasquia *f;* **c)** THEAT gambiarra *f.* **2** *vtr* reforçar com ripas ou travessas [*door, floor*]. **IDIOMAS to ~ down the hatches** NAUT correr as escotilhas; (fig) preparar-se para o pior.

batter ['bætə(r)] **1** *n* CULIN (for baking) massa *f.* **2** *vtr* **a)** [*person*] bater em [*victim, wife, child*]; **b)** [*storm, bombs*] devastar.

battering-ram ['bætərɪŋræm] *n* aríete *m.*

battery ['bætərɪ] *n* **a)** ELEC pilha *f;* (for car) bateria *f;* **b)** MIL bateria *f;* **c)** (fig) (large number) (of cameras, medicines, tests) bateria *f;* **d)** JUR agressão *f;* espancamento *m.*

battery farming *n* criação *f* de aves; aviário *m.*

battle ['bætl] **1** *n* **a)** MIL batalha *f;* **to die in ~** morrer em combate; **to fight a ~** combater; **the field of ~** o campo de batalha; **b)** (fig) luta *f* (**for** por; **against** contra; **over** a propósito de); **to fight one's own ~s** desenvencilhar-se sozinho; **that's half the ~** é meio caminho andado. **2** *vi* MIL (fig) combater; **to ~ with sb** lutar com (ou contra) alg; **to ~ for** *or* **over** disputar [*supremacy*]; lutar por [*life, survival*]. ■ **battle on** perseverar. ■ **battle out: to ~ it out** lutar ferozmente (**for** por).

battle: ~-axe *n* a) (lit) acha *f* de armas; b) (termagant) megera *f*; ~ground *n* a) (lit) campo *m* de batalha; b) (fig) assunto *m* de discussão; ~ments *npl* (lit, fig) ameias *fpl*.

batty ['bætɪ] (coll) *adj* amalucado Po, biruta Br.

bauble ['bɔːbl] *n* a) (ornament) bugiganga *f*; (pej) (item of jewellery) quinquilharia *f*; b) (jester's) brincadeira *f*.

Bavaria [bə'veərɪə] *pr n* Baviera *f*.

bawdy ['bɔːdɪ] *adj* obsceno, pornográfico.

bawl [bɔːl] 1 *vtr* gritar, dizer aos gritos. 2 *vi* (shout, weep) gritar, berrar; **to ~ at sb/at sb to do sth** gritar a alg/para que alg faça qq coisa.

bay [beɪ] 1 *n* a) GEOG baía *f*; b) **to hold** *or* **keep at ~** (fig) manter à distância [*attacker, opponent*]; lutar contra [*famine, inflation, etc*]; c) ~ **(tree)** BOT loureiro *m*; d) (parking area) zona *f* de estacionamento; **loading ~** zona *f* de carga e descarga; e) ARCHIT (section of building) tramo *m*; (window) janela *f* de sacada; f) (horse) cavalo *m* baio. 2 **bays** *npl* (liter) honras *fpl*; louros *mpl*. 3 *adj* [*horse*] baio. 4 *vi* [*hound, dog*] ladrar (**at** a). IDIOMAS **to ~ at the moon** (lit) ladrar à lua; **to ~ for sb's blood** reclamar a cabeça de alg.

bay leaf *n* folha *f* de louro.

bayonet ['beɪənɪt] *n* MIL, ELEC baioneta *f*; **fix ~s!** armar baionetas!.

bay window *n* janela *f* de sacada.

bazaar [bə'zɑː(r)] *n* (oriental) bazar *m*.

BBC [biːbiːˈsiː] *abrev* = **British Broadcasting Corporation** BBC *f*.

BC [biːˈsiː] *abrev* = **Before Christ** a.C.

be [biː] *vi* (*pres p being, 3rd sing simp, pres* **is,** *past* **was,** *pp* **been**) a) GEN ser *ou* estar; **it's me, it's I** sou eu; **he's a good pupil** ele é um bom aluno; **he's at home** ele está em casa; **to ~ in danger** estar em perigo; b) (probability) (+ *conj*) **if I were you** se eu fosse a ti; **were it not that...** se não fosse por...; **if Henry were here** se o Henrique estivesse aqui; c) (phrases) **so ~ it** assim seja, de acordo; **as it were** por assim dizer; **leave it as it is** deixa estar como está; **let** *or* **leave him ~** deixa-o em paz; **a mother-to-~** uma futura mãe; d) (expressing sensations, feelings) **to ~ cold/hot** ter frio/calor; **I'm thirsty/hungry** tenho sede/fome; e) (felling age) ter; **how old are you?** que idade tens? quantos anos tens?; **he's twelve** ele tem doze (anos); **she will ~ 30 next week** ela vai fazer 30 anos na próxima semana; f) (talking about health) **how are you?** como estás? como tens passado?; **are you well?** tens passado bem?; **I'm fine** estou óptima; **I'm not very well** não me sinto muito bem; g) (cost) custar; **how much is that?** quanto custa? ou quanto é?; **the book is 2000 escudos** o livro custa 2000 escudos; h) (discussing weather) estar; **it's cold/hot** está frio/calor; i) (obligation) **she's to do it at once** ela tem de o fazer imediatamente; **what am I to do?** o que é que eu tenho de fazer?; j) (in question tags) **their house is lovely, isn't it?** a casa deles é um encanto, não é?; **his father was a doctor, wasn't he?** o pai dele era médico, não era?; **she isn't ill, is she?** ela não está doente, pois não?; k) (in short answers) **is it raining? — Yes, it is** está a chover? Está (sim); **are they late? No, they**

aren't eles estão atrasados? Não; l) (progressive tenses) **he's working** ele está a trabalhar; **I'm coming!** vou já!; **we are going to London tomorrow** amanhã vamos a Londres; **they were watching TV** eles estavam a ver televisão; m) (the passive) ser; **the rabbit was killed by a fox** o coelho foi morto por uma raposa; **their book will be sold** os livros deles serão vendidos; **the window had been broken** a janela tinha sido partida.

beach [biːtʃ] 1 *n* (by sea) praia *f*. 2 *modif* [*bag, mat*] de praia. 3 *vtr* encalhar [*boat*]; ~ed whale (lit) baleia *f* que deu à costa; (fig) (building, object, etc) edifício *m* (ou objecto, etc) enorme; colosso *m*.

beach: ~ ball *n* bola *f* de praia; ~comber a) (person) pessoa *f* que apanha objectos esquecidos na praia; b) (wave) vaga *f* que rebenta na praia; ~head *n* cabeça *f* de ponte; ~wear *n* vestuário *m* de praia.

beacon ['biːkn] *n* a) NAUT (lighthouse) farol *m*; (lantern) lanterna *f*; sinal *m* luminoso; (signalling buoy) bóia *f* de sinalização AVIAT baliza *f*; **to shine like a ~** (fig) brilhar como um farol; b) (transmitter) **(radio) ~** rádio-farol *m*; c) GB (hill) colina *f*.

bead [biːd] *n* a) (jewellery) pérola *f*; **(string of) ~s** colar *m*; b) (drop) (of sweat, dew) gota *f*.

beady ['biːdɪ] *adj* IDIOMAS **I've got my ~ eye on you** GB (hum) tenho-te debaixo de olho.

beady-eyed *adj* com olhos penetrantes.

beagle ['biːgl] *n* bigle *m* (raça de cães ingleses).

beak [biːk] *n* (of bird, turtle) bico *m*.

beaker ['biːkə(r)] *n* (cup) taça *f*; CHEM proveta *f*.

beam [biːm] 1 *n* a) (of light, etc) raio *m*; (of vehicle lights, lighthouse) feixe *m* (luminoso); **on full/dipped ~** AUT com os faróis nos máximos/mínimos; b) CONSTR (supporting structure) viga *f* mestra; c) (in gymnastics) trave *f* olímpica; d) (central shaft) (of weighing scales) braço *m* da balança; e) AVIAT, NAUT (radio or radar course) feixe *m* (direccional); f) NAUT (cross-member) através *m*. 2 *vtr* a) [*radio, satellite*] emitir, transmitir [*programme, signal, concert*]; [*sun*] emitir [*light*]; b) (fig). 3 *vi* [*sun, moon*] brilhar. IDIOMAS (coll) **to be broad in the ~** ter as ancas largas; (coll) **to be off ~** GB off **the ~** US estar errado.

beaming ['biːmɪŋ] *adj* radiante, resplandecente.

bean [biːn] *n* CULIN, HORT feijão *m*. IDIOMAS (coll) **to be full of ~s** estar em plena forma; (coll) **I haven't got a ~** não tenho um chavo (fam); (coll) **it's not worth a ~** não vale um caracol (fam).

bean: ~feast (coll) *n* patuscada *f*; ~pole *n* a) HORT tutor *m* para o feijoeiro; b) (coll) (thin person) espirra-canivetes (fam); ~sprout *n* broto *m* de soja.

bear [beə(r)] 1 *n* a) ZOOL urso *m*; **she ~** ursa *f*; b) FIN baixista *m/f*. 2 *modif* [*family, enclosure, trainer*] de ursos. 3 *vtr* (*past* **bore** *pp* **borne**) a) (formal) (carry) [*person, animal, vehicle*] transportar [*load*]; b) (formal) (bring) [*person*] trazer [*gift, message*]; [*wind, water*] (*usu in passive*) trazer [*seed, sound*]; **born on the wind** trazido pelo vento; c) (show visibly) [*envelope, shield*] ostentar; (fig) [*scar, mark*] exibir; **he still ~s the**

scars (fig) ele ainda tem as crianças; **to ~ a resemblance to** assemelhar-se a; **to ~ no relation to** não ter nada a haver com; **d)** (fig) (have) [*person, company*] trazer, ter [*name, title*]; **e)** (keep) **to ~ sth in mind** (remember) lembrar-se de [*suggestion, information*]; (take into account) ter em mente [*factors*]; **to ~ in mind that...** não esquecer que...; **f)** (support) **to ~ the weight of** [*structure, platform*] suportar o peso de [*person, object*]; **g)** (fig) (endure, tolerate) suportar, aguentar Po, topar Br [*illness, suspense, pressure, smell, person*]; **h)** (fig) (accept) assumir, aceitar [*cost, responsibility, blame*]; **i)** (stand up to) resistir a [*inspection*]; **j)** (nurture) (liter) nutrir [*love*]; **the love she bore her father** o amor que ela nutria pelo pai; **to ~ sb ill will** querer mal a alg; **k)** (yield) [*tree, land*] dar [*fruit, blossom, crop*]; Fin [*account, investment*] render [*interest*]; **l)** (dated *or* liter) (*pp active* **borne** *or* **borne** *pp passive* **borne**) (give birth to) [*woman*] dar à luz; [*animal*] parir. **4** (formal) *v refl* **to ~ oneself** (behave) comportar-se, portar-se; **he bore himself bravely** ele portou-se corajosamente. **5** *vi* **a) to ~ left/right** [*person*] virar à esquerda/direita; **b)** Naut (lie) **there is land ~ing SSE** é assinalada terra a sul-sudeste; **c)** (formal) (weight) **to bring pressure to ~ on** exercer pressão sobre [*person, system*]; **to bring all one's energies to ~ on sth** colocar todas as suas energias em qq coisa. ■ **bear along**: (formal) ~ **(sb/sth) along**, ~ **along (sb/sth)** (*usu in passive*) arrastar. ■ **bear away** (liter) ~ **(sb/sth) away**, ~ **away (sb/sth)** [*person, wind, water*] levar, arrastar [*person, boat, etc*]. ■ **bear in**: ~ **in with** Naut aproximar-se de [*land*]. ■ **bear on** pesar sobre. ■ **bear off**: ~ **off** see ~ **away** ~ **off from** Naut afastar-se de [*land*]. ■ **bear out**: ~ **out (sth)** confirmar [*story, theory, claim*]; ~ **(sb) out** apoiar. ■ **bear up**: ~ **up** [*person*] aguentar; [*structure*] resistir. ■ **bear with**: ~ **with (sb)** ser indulgente para com; ~ **with it** ser paciente.
bearable ['beərəbl] *adj* suportável.
bear cub *n* filhote *m* de urso; ursinho *m* pequeno.
beard ['bɪəd] *n* **a)** (on man) barba *f*; **to grow/ shave off one's** ~ deixar crescer/cortar a barba; **b)** (tuft, barbel) (on dog, goat) barbicha *f* Po, cavanhaque Br; **c)** (on wheat, barley) barba *f*. IDIOMAS **to ~ the lion in his den** desafiar o leão no seu covil.
bearded ['bɪədɪd] *adj* barbudo.
bearer ['beərə(r)] *n* **a)** (formal) (gen) (of news, gift) portador *m*; **b)** Fin, Jur (of note, cheque etc) portador *m*; (of passport) titular *m/f*.
bear hug ['beəhʌg] *n* (embrace) abraço *m* apertado Po, arrenegar a Br; **to give sb a ~** abraçar alguém fortemente.
bearing ['beərɪŋ] **1** *n* **a)** porte *m*; **b) to have no/ little ~ on sth** não ter nenhuma/ter pouca relação com qq coisa; **c)** Naut rumo *m*; **d)** Tech chumaceira *f*. **2 bearings** *npl* (orientation) **to get** *or* **find one's ~s** orientar-se; **to lose one's ~s** (lit) estar desorientado.
bear market *n* mercado *m* bolsista em baixa.
bearskin ['beəskɪn] *n* **a)** (felt) pele *f* de urso; **b)** Mil (hat) barrete *m* de pele de urso.
beast [biːst] *n* **a)** (formal) (animal) besta *f*; **the**

B~ Bibl o anticristo *m*; **b)** (coll, pej) (person) (annoying) velhaco *m*; (brutal) bruto *m*; **to bring out the ~ in sb** (make angry) enfurecer alg; (make lustful, brutal) tornar alg pior que uma fera (fam). IDIOMAS **it's in the nature of the ~** (hum) é a ordem natural das coisas.
beastly ['biːstlɪ] **1** (coll) *adj* **a)** (dated) Mainly GB (unpleasant) [*person, behaviour*] velhaco, mau; [*trick*] sujo (*before n*) [*food, weather*] detestável; **b)** (bestial) bestial, brutal. **2** *adv* Mainly GB horrivelmente, brutalmente.
beat [biːt] **1** *n* **a)** (repeated sound) batida *f*; batimento *m*; **the ~ of the drum** o rufar do tambor; **to the ~ of the drum** ao som do tambor; **b)** Mus (rhythm, tempo) ritmo *m*; compasso *m*; **c)** (pulsation) (of heart) batimento *m*; pulsação *f*; **80 ~s per minute** 80 pulsações por minuto; **d)** (in police force) ronda *f*; **e)** Hunt batida *f*. **2** *modif* Hist (in 1950s) [*poet, writer, philosophy*] da geração beat. **3** *vtr* (*past* **beat** *pp* **beaten**) **a)** (strike aggressively) [*person*] bater [*person, animal*]; **to ~ sth into sb** inculcar qq coisa em alguém; **you'll have to ~ the truth out of him** tens de lhe arrancar a verdade; **to be ~en into submission** ser submetido pela força; (coll) **to ~ sb black and blue** dar uma tareia em alguém; **b)** (strike with tool, fist) [*person*] martelar [*door*] (with com); [*hunter*] bater, fazer uma batida a [*undergrowth*]; **she ~ the dust out of the rug** ela bateu o tapete para lhe tirar o pó; **to ~ sth flat** achatar qq coisa; **c)** Mus, Mil (produce sound) tocar [*drum, tambourine*]; marcar [*rhythm*]; **to ~ the retreat** Mil toque *m* a recolher; **to ~ time** marcar o compasso; **d)** Culin (mix vigorously) bater [*mixture, eggs*]; **e)** (make escape) **to ~ one's way through** abrir caminho através de [*crowd, obstacles*]; ~ **a retreat** (gen) Mil bater em retirada; ~ **it!** põe-te a mexer! (fam); **f)** (flap) **to ~ its wings** bater as asas; **g)** (defeat) bater, derrotar [*team, opponent*]; vencer [*inflation, drug abuse etc*]; **h)** (confound) [*mystery*] confundir; **it ~s me how/why, etc** não compreendo como/porque é que, etc; **i)** (arrive earlier) evitar [*rush, crowds*]; chegar primeiro [*person*]; **he ~ me to the door** ele chegou à porta primeiro do que eu; **j)** (gen) Sport (outdo) bater [*score*]; **our prices are difficult to ~** os nossos preços são imbatíveis. **4** *vi* (*past* **beat** *pp* **beaten**) **a)** (strike repeatedly) [*rain, waves*] bater (**against** contra); [*person*] bater (**at, on** a); **b)** Physiol [*heart, pulse*] bater; **c)** (make sound) [*drum*] tocar, rufar; **d)** (flap) [*wings*] bater. IDIOMAS **if you can't ~'em, join'em** se não os consegues vencer, junta-te a eles; **a rod** *or* **stick to ~ sb with** um argumento para ser usado contra alguém. ■ **beat back**: ~ **(sth) back**, ~ **back (sth)** repelir [*group, flames*]; ~ **down** [*rain, hail*] cair em grande quantidade (**on** sobre); [*sun*] bater de chapa (**on** sobre); [*person*] arrombar [*door*]; ~ **(sb) down to** fazer alguém baixar o preço. ■ **beat in**: ~ **(sth) in**, ~ **in (sth)** esmagar. ■ **beat off**: ~ **(sth/sb) off**, ~ **off (sb/sth)** repelir [*attack, attackers*]; caçar, matar [*insects*]. ■ **beat out**: ~ **(sth) out**, ~ **out (sth)** martelar [*metal*]; abafar [*flames*]; marcar o ritmo de [*tune*]. ■ **beat up**: ~ **(sb) up**, ~ **up (sb)** espancar alguém.

beaten [ˈbiːtn] **1** *pp* see **beat**. **2** *adj* batido. IDIOMAS **to go off the ~ track** não ir pelos caminhos mais concorridos.

beating [ˈbiːtɪŋ] *n* **a)** (punishment) sova *f*; tareia *f*; **to get a ~** apanhar uma tareia; **b)** (coll) (rough treatment) **to take a ~** [*speaker, politician*] ser maltratado; **c)** (sound) (of heart, wings, etc) batidela *f*; (of drum) rufar *m*; **d)** HUNT batida *f*.

beat-up [ˈbiːtʌp] (coll) *adj* [*car*] desconjuntado, a cair aos pedaços.

beau [bəʊ] *n* (*pl* **beaux**) (liter *or* **hum**) (suitor) galã *m*.

beautician [bjuːˈtɪʃn] *n* esteticista *m/f*.

beautiful [ˈbjuːtɪfl] *adj* **a)** (aesthetically) [*person, place, sight, sound*] belo; **b)** (wonderful) [*day, holiday, feeling*] maravilhoso; [*weather*] magnífico; **c)** (classic) excelente.

beautifully [ˈbjuːtɪfəlɪ] *adv* **a)** (perfectly) [*play, sing, write*] maravilhosamente; **b)** (attractively) [*displayed, furnished, situated*] muito bem, optimamente; **she is ~ dressed** ela está vestida com muito bom gosto.

beautify [ˈbjuːtɪfaɪ] *vtr* embelezar; **to ~ oneself** embelezar-se.

beauty [ˈbjuːtɪ] **1** *n* **a)** (quality) beleza *f*; **b)** (woman) beleza *f*; **c)** (advantage) **the ~ of sth is that, the ~ of the system is that...** o que o sistema tem de bom é que...; **d)** (perfect example) (machine, animal, plant) modelo *m*. **2** *modif* [*contest, product, treatment*] de beleza. IDIOMAS **~ is in the eye of the beholder** a beleza está nos olhos de quem observa.

beauty: ~ parlour *or* **~ salon** *n* salão *m* de beleza; **~ queen** *n* rainha *f* de beleza; **~ spot** *n* **a)** (on skin) sinal *m*; **b)** (location) sítio *m* bonito.

beaver [ˈbiːvə(r)] *n* ZOOL (also fur, hat) castor *m*; **to work like a ~** trabalhar muito, trabalhar que nem uma besta (fam). **to ~ away** trabalhar muito (**at** em).

becalmed [bɪˈkɑːmd] *adj* apaziguado, serenado, acalmado.

became [bɪˈkeɪm] *past* see **become**.

because [bɪˈkɒz] **1** *conj* porque; **just ~ you're older doesn't mean you're right** lá porque és mais velho, isso não significa que tenhas razão. **2 because of** *prep phr* por causa de; **~ of the rain** por causa da chuva.

beck [bek] *n* **to be at sb's ~ and call** estar à disposição de alg.

beckon [ˈbekn] **1** *vtr* acenar a; **to ~ sb in/on/over** fazer sinal a alg para entrar, avançar, se aproximar. **2** *vi* **to ~ to sb to do sth** fazer sinal a alg para fazer qq coisa.

become [bɪˈkʌm] *vtr* (*past* **-came** *pp* **-come**) **a)** (to grow to be) vir a ser, tornar-se; **to ~ ill** ficar doente; **b)** (achieve a position) tornar-se; **c)** (happen) **what has ~ of your brother?** que é feito do teu irmão?; **d)** (suit) [*colour, dress, style*] ficar bem a [*person*]; **e)** (to befit) [*attitude, modesty*] convir a [*person*].

becoming [bɪˈkʌmɪŋ] *adj* **a)** (appropriate) conveniente, adequado; **b)** (attractive) atraente.

bed [bed] **1** *n* **a)** (furniture for sleeping) cama *f*; **double ~** cama de casal; **single ~** cama de solteiro; **to get into ~** ir para a cama; **to get out of ~** sair da cama; **to be in ~** estar deitado; **to go**

to ~ ir-se deitar; **to take to one's ~** recolher ao leito; **b)** **to go to ~ with sb** SEX (euph) ir para a cama com alguém; (fig) [*company, business*] associar-se a [*company*]; **c)** HORT (of flowers) canteiro *m*; **d)** (bottom) (of sea) fundo *m*; (of river) leito *m*; **e)** TEOL camada *f*; **f)** **to put a newspaper to ~** JOURN, PRINT preparar um jornal para ser impresso; **g)** CONSTR (of road) plataforma *f*; **h)** TECH (of machine tool) bancada *f*. **2** *vtr* (*pres p etc* **-dd-**) **a)** HORT (*also* **~out**) transplantar [*plants, seedlings*]; **b)** (dated) (sleep with) dormir com [*person*. IDIOMAS (dated) **to be brought to ~ of a girl** dar à luz uma menina; **to get out of ~ on the wrong side** levantar-se mal disposto; **life is not a ~ of roses** a vida não é um mar de rosas; **you've made your ~, now you must lie in it** (Prov) quem boa cama fizer, nela se deitará. ■ **bed down** [*soldier, traveller*] deitar-se; **~ (sth) down** fazer a cama a [*horse*]. ■ **bed in: ~ (sth) in** CONSTR consolidar [*beam*].

bed: ~bug *n* percevejo *m*; **~clothes** *n* roupa *f* de cama.

bedding [ˈbedɪŋ] *n* **a)** (for humans) roupa *f* de cama; **b)** (for animals) cama *f* (de palha).

bedeck [bɪˈdek] *vtr* ornamentar, enfeitar (**with** com).

bedevil [bɪˈdevl] *vtr* (plague) atormentar [*person*]; contrariar [*plans*]; (confuse) baralhar, confundir [*problem, situation*]; (undermine) minar [*confidence, support*].

bedfellow [ˈbedfeləʊ] *n* (fig) **they make odd/ unexpected ~s** eles formam uma dupla estranha/inesperada.

bed jacket *n* casaco *m* de dormir.

bedlam [ˈbedləm] *n* (chaos) balbúrdia *f*; confusão *f*; **it's ~ in here!** é o caos aqui!.

bed: ~ linen *n* lençóis *mpl* e fronhas *fpl*; **~pan** *n* MED arrastadeira *f*; **~-post** *n* coluna *f*.

bedraggled [bɪˈdrægld] *adj* [*person, clothes*] esfarrapado; [*hair*] emaranhado.

bed-ridden *adj* acamado.

bedrock [ˈbedrɒk] *n* **a)** GEOL substrato *m* rochoso; **b)** (fig) fundamento *m*.

bedroom [ˈbedrʊm] **1** *n* quarto *m* (de dormir). **2** *modif* [*carpet, furniture, window*] de quarto; **my ~ carpet** a alcatifa do meu quarto.

bedside [ˈbedsaɪd] **1** *n* cabeceira *f*; **to be at sb's ~** estar à cabeceira de alguém. **2** *modif* [*book, lamp*] de cabeceira.

bedside table *n* mesinha *f* de cabeceira.

bed: ~ sit, ~sitter, ~-sitting room *n* GB assoalhada *f* que serve simultaneamente de quarto e de sala de estar; **~ sock** *n* meia *f* de dormir; **~ sore** *n* escara *f*; **~ spread** *n* colcha *f*.

bedtime [ˈbedtaɪm] **1** *n* **it's ~** são horas de dormir; **it's way past your bedtime** já devias estar na cama há muito tempo. **2** *modif* [*story, drink*] antes de dormir ou para adormecer.

bedwetting *n* enurese *f*.

bee [biː] *n* (insect) abelha *f*. IDIOMAS (coll) **he thinks he's the ~'s knees** ele julga-se uma grande coisa (fam); **to be as busy as a ~** *or* **as ~s** estar muito ocupado.

beech [biːtʃ] **1** *n* (tree) faia *f*. **2** *modif* de faias; **~ grove** bosque de faias.

beef [biːf] *n* **a)** CULIN carne *f* de vaca; **roast ~** rosbife *m*; carne *f* assada; **b)** (coll) (complaint)

queixa *f*. ■ **beef up**: to ~ up (sth) gastar [*resources*]; aumentar [*budget*]; reforçar [*control*].
beef: ~-burger *n* hamburger *m*; ~ **cattle** *n* gado *m* vacum; ~**steak** *n* bife *m*; ~ **tea** *n* caldo *m* de carne.
beefy ['biːfɪ] *adj* [*man*] musculoso, robusto; [*flavour*] a carne, de carne.
bee: ~**hive** *n* colmeia *f*; ~**keeper** *n* apicultor *m*; ~**line** *n* **to make a ~line for the table** ir direito à mesa.
been [biːn, bɪn] *pp* see **be**.
beep [biːp] **1** *n* (of electronic device) bip *m*; (of car) toque *m* de buzina. **2** *vi* [*electronic device*] tocar o bip; [*car*] buzinar.
beer [bɪə(r)] **1** *n* cerveja *f*. **2** *modif* [*barrel, bottle*] de cerveja.
beer: ~ **belly** *n* barriga *f* de cerveja; ~ **bottle** *n* garrafa *f* de cerveja; ~ **can** N lata *f* de cerveja; ~ **garden** *n* GB bar ao ar livre onde se bebe cerveja; ~ **mat** *n* base *f* para copo de cerveja.
bee: ~ **sting** *n* ferroada *f* (de abelha); ~**swax** *n* cera *f* virgem.
beet [biːt] *n* beterraba *f*.
beetle ['biːtl] **1** *n* **a**) ZOOL (insect) escaravelho *m*; (genus) coleópteros *mpl*; **b**) (coll) AUT carocha *f* (fam). **2** (coll) *vi* **to** ~ **in/out** entrar/sair precipitadamente; **to** ~ **off** cavar (fam); fugir.
beetroot ['biːtruːt] GB *n* beterraba *f*; **to turn as red as a** ~ (confrontar) ficar vermelho como um pimentão.
befall [bɪ'fɔːl] (*past* **befell** *pp* **befallen**) (dated *or* liter) (only in infinitive and 3rd person) **1** *vtr* acontecer a, suceder a. **2** *vi* acontecer, suceder; **it befell that...** aconteceu que....
befit [bɪ'fɪt] (formal) *vtr* (only in infinitive and 3rd person) convir a; **as ~s sb/sth** como convém a alg/algo.
before [bɪ'fɔː(r)] **1** *prep* **a**) (earlier than) antes de; **the day** ~ **yesterday** anteontem; **the day** ~ **the exam** a véspera do exame; **I was there the week** ~ **last** eu estava lá há duas semanas; ~ **long it will be winter** estamos quase no Inverno; **six weeks** ~ **then** seis semanas antes; **b**) (in order, sequence) antes de; **G comes** ~ **H in the alphabet** o G vem antes do H no alfabeto; **the page** ~ **this one** a página anterior; **c**) US (in time expressives) **ten** ~ **six** seis menos dez ou dez para as seis; **d**) (in front of) perante; **to appear** ~ **a court** comparecer perante um tribunal; **to bring a bill** ~ **parliament** apresentar um projecto-lei perante o parlamento; **e**) (confronting) **the task** ~ **us** a tarefa que nos espera; **these are the alternatives** ~ **us** estas são as alternativas que se nos oferecem. **2** *adj* anterior; **the day** ~ a véspera, o dia anterior. **3** *adv* (at an earlier time) antes; **long** ~ bastante tempo antes; **have you been to India** ~? já estiveste na Índia?. **4** *conj* **a**) (in time) antes de *ou* antes que (+ *conj*) ~ **I go, I would like to say that** antes de ir, gostaria de dizer que; **oh,** ~ **I forget...** oh! Antes que me esqueça; **b**) (rather than) **he would die** ~ **betraying secret** ele preferiria morrer a trair esse segredo; **c**) (or else) ou (então), antes que (+ *conj*) **get out of here** ~ **I call the police!** sai daqui ou eu chamo a polícia ou sai daqui antes que chame a polícia; **d**) (as necessary condition) para que (+ *conj*) **you have to show your ticket**

~ **they'll let you in** tens de mostrar o bilhete para que eles te deixem entrar. IDIOMAS ~ **you could say Jack Robinson** em menos de um fósforo; ~ **you know where you are...** sem te dares conta....
beforehand [bɪ'fɔːhænd] *adv* **a**) (ahead of time) antes; **be there one hour** ~ está lá uma hora antes; **b**) (earlier) antes; **we saw them five minutes** ~ vimo-los cinco minutos antes.
before tax *adj* [*income*] bruto; [*profit*] ilíquido.
befriend [bɪ'frend] *vtr* (look after) proteger, cuidar de; (make friends with) tornar-se amigo Po, cupincha BR de.
beg [beg] **1** *vtr* (*pres p etc* **-gg-**) **a**) (solicit) pedir [*food, money*] (**from** a); **b**) (request) pedir [*favour, permission*] (**from** a); **to** ~ **sb for sth** pedir qq coisa a alg; **I** ~ **your pardon** desculpe ou não percebi o que disse; **I** ~ **to differ** não sou da mesma opinião; **c**) (entreat) suplicar [*person*]; **"stop, I** ~ **of you!"** "pára, suplico-te!"; **d**) (leave unresolved) iludir [*problem, question*]. **2** *vi* (*pres p etc* **-gg-**) **a**) (solicit) mendigar (**from** a); **to** ~ **for sth** mendigar qq coisa; **b**) (request) pedir; **to** ~ **for sth** pedir [*help, patience*]; **c**) (entreat) implorar. ■ **beg off** pedir desculpa por não participar em.
began [bɪ'gæn] (*past*) see **begin**.
beggar ['begə(r)] **1** *n* **a**) (pauper) mendigo *m*; **b**) (coll) (man) GB **he's a lucky** ~ ele é um felizardo; (coll) **a poor** ~ um pobre diabo. **2** *vtr* **a**) arruinar [*person, company*]; **b**) (defy) **to** ~ **description** ser impossível de descrever. IDIOMAS ~**s can't be choosers** (Prov) quem pede não escolhe.
begging letter *n* carta *f* em que se pede qq coisa.
begin [bɪ'gɪn] **1 to begin with** *adv phr* **a**) (at the outset) no ou a princípio; **b**) (firstly) em primeiro lugar; **c**) (at all) **I wish I hadn't told her to** ~ **with** para começar, eu nunca deveria ter-lhe contado. **2** *vtr* (*pres p* **-nn-** *past* **began** *pp* **begun**) **a**) (start) começar [*journey, letter, meeting, job, etc*]; lançar-se em [*adventure*]; encetar [*bottle, packet, jar*]; ~ **to do/doing** começar a fazer; **it's** ~**ning to rain** está a começar a chover; **to** ~ **again** recomeçar; **b**) (be unable) (*always negative*); **c**) (initiate) provocar [*debate, dispute*]; lançar [*campaign, bend*]; começar, iniciar [*tradition*]. **3** *vi* (*pres p etc* **-nn-** *past* **began** *pp* **begun**) **a**) (commence) [*custom, play, problem, story, term*] começar, iniciar; **to** ~ **with sth** começar por qq coisa; **to** ~ **by doing** começar por fazer; **to** ~ **well/badly** começar bem/mal; **b**) (have its starting point) [*river*] nascer.
beginner [bɪ'gɪnə(r)] *n* principiante *m/f*.
beginning [bɪ'gɪnɪŋ] *n* **1** (start) início *m*; princípio *m*; **from the** ~ **of March** desde o princípio de Março; **in** *or* **at the** ~ no início, ao princípio; **from** ~ **to end** do princípio ao fim; **to go back to the** ~ voltar ao princípio. **2 beginnings** *npl* (origins) (of person, business) começo *m*; os primeiros *mpl* tempos; (of theory, movement) origens *fpl*.
begonia [bɪ'gəʊnɪə] *n* begónia *f*.
begrudge [bɪ'grʌdʒ] *vtr* see **grudge 2**.
beguile [bɪ'gaɪl] *vtr* **a**) (entice, trick) enganar, defraudar Po, embromar BR; **b**) (charm) seduzir.

begun [bɪˈgʌn] *pp* see **begin**.
behalf [bɪˈhɑːf] *n* **on** ~ **of, in** ~ **of** US (as representative of) [*act, speak, sign, etc*] em nome de; [*phone, write, come*] da parte de; (in the interest of) [*campaign, plead*] no interesse de.
behave [bɪˈheɪv] **1** *vi* **a)** PSYCH [*person, group, animal*] portar-se, comportar-se (**towards** para com, em relação a); **b)** [*machine, device, system*] funcionar. **2** *v refl* **to** ~ **oneself** [*person*] portar-se bem; ~ **yourself!** porta-te bem!.
behaviour GB, **behavior** US [bɪˈheɪvjə(r)] **1** *n* **a)** (of person, group, animal) comportamento *m* (**towards** em relação a); **for good/bad** ~ por bom/mau comportamento; **b)** (of device, machine) funcionamento *m*. **2** *modif* [*disorder, patterns*] de comportamento. IDIOMAS **to be on one's best** ~ portar-se o melhor possível.
behead [bɪˈhed] *vtr* decapitar.
beheld [bɪˈheld] *past, pp* see **behold**.
behest [bɪˈhest] (formal) *n* **at the** ~ **of sb** à ordem de alg.
behind [bɪˈhaɪnd] **1** *n* traseiro *m*. **2** *adj* **to be** ~ **with** estar atrasado em [*studies, work*]; **to be too far** ~ estar muito atrasado. **3** *adv* [*follow on, trail*] atrás; [*look, glance*] para trás; **the car** ~ o carro atrás. **4** *prep* **a)** atrás de; ~ **my back** (fig) nas minhas costas; **he has three years experience** ~ **him** ele tem três anos de experiência por trás dele; **I've put all that** ~ **me now** fiz por esquecer tudo isso; **to be** ~ **the others** [*pupil*] estar atrasado em relação aos outros; **b)** (fig) (motivation) **the reasons** ~ **his declaration** as razões que motivaram as suas declarações; **c)** (fig) (supporting) **to be (solidly)** ~ **sb** apoiar (completamente) alg.
behold [bɪˈhəʊld] *vtr* (*past, pp* **beheld**) (liter *or* hum) ver, contemplar; **it was a wonder to** ~ era uma maravilha de se ver.
beholder [bɪˈhəʊldə(r)] *n* espectador *m*. IDIOMAS **beauty is in the eye of the** ~ (Prov) ≈ quem o feio ama bonito lhe parece (Prov).
beige [beɪʒ] *n, adj* bege *m*.
being [ˈbiːɪŋ] *n* **a)** (entity) (human) ser *m*; (animal) criatura *f*; **b)** (existence) **into** ~: **to bring sth into** ~ tornar qq coisa realidade; **to come into** ~ nascer, aparecer.
belated [bɪˈleɪtɪd] *adj* surpreendido pelo cair da noite.
belch [beltʃ] **1** *n* arroto *m*. **2** *vi* arrotar, vomitar. ■ **belch out**: **belch (sth) out, belch out (sth)** vomitar, expelir [*smoke, flames*].
belfry [ˈbelfrɪ] *n* campanário *m*.
Belgian [ˈbeldʒən] *n* belga *m/f*.
Belgium [ˈbeldʒəm] *n* Bélgica *f*.
belie [bɪˈlaɪ] *vtr* (disguise) enganar Po, embromar Br sobre [*appearances, facts, feelings*].
belief [bɪˈliːf] *n* **a)** (conviction, opinion) convicção *f* (**about** acerca de); **political/religious** ~(**s**) convicção(-ções) política(s)/religiosa(s); **in the** ~ **that...** na convicção de que...; **b)** (credence) crença *f*; **her** ~ **in God** a sua crença em Deus; **c)** (confidence, trust) confiança *f*; fé *f*; **d)** RELIG (faith) fé *f*.
believable [bɪˈliːvəbl] *adj* credível.
believe [bɪˈliːv] **1** *vtr* **a)** (accept as true) acreditar em [*evidence, statement, fact, person*]; **I don't** ~ **you!** não acredito em ti!; ~ **me!** acredita em

mim!; ~ **it or not!** quer acredites, quer não!; **b)** (think, be of the opinion) pensar, julgar; **I** ~ (**that**) **she is right, I** ~ **her to be right** penso que ela tem razão; **I** ~ **not** penso que não. **2** *vi* **a)** (have credence) **to** ~ **in God** acreditar ou crer em Deus; **b)** (have confidence, trust) **to** ~ **in sb** ter confiança em alg; **to** ~ **in doing** acreditar que é bom fazer; **c)** RELIG ter fé. **3** *v refl* **to** ~ **oneself to be sth** julgar-se qq coisa.
believer [bɪˈliːvə(r)] *n* RELIG crente *m/f*; (gen) (in hard work, progress, liberty) partidário *m* (**in** de).
belittle [bɪˈlɪtl] *vtr* diminuir, rebaixar [*person, achievement*]; **to feel** ~**d** sentir-se menosprezado.
bell [bel] **1** *n* **a)** (chime) (in church) sino *m*; (on bicycle) campainha *f*; (on sheep, goat) chocalho *m*; (on toy, cat) guizo *m*; **b)** (buzzer) campainha *f*; **door** ~ campainha da porta; **I can hear the** ~ oiço tocar à porta; **c)** (coll) GB (phone call) **to give sb a** ~ dar uma telefonadela a alg; **d)** BOT corola *f* (de flor). **2** *vtr* colocar chocalhos em [*goat, sheep*]. IDIOMAS **that name rings a** ~ esse nome lembra-me qq coisa; **to be saved by the** ~ ser salvo no último momento.
belle [bel] *n* beldade *f*; **the** ~ **of the ball** a rainha do baile.
bellicose [ˈbelɪkəʊz] (formal) *adj* belicoso.
belligerent [bɪˈlɪdʒərənt] *n, adj* [*person, attitude*] agressivo; POL [*nation, state*] beligerante.
bellow [ˈbeləʊ] **1** *n* (of bull) mugido *m*; (fig) (of person) berro *m*. **2** *vi* [*bull*] mugir; [*person*] berrar. **3** *vtr* gritar [*order, command*].
bellows [ˈbeləʊz] *npl* (for fire, in forge) ALSO PHOT fole *m*.
bell: ~-**pull** *n* (rope) corda *f* do sino; ~-**push** *n* botão *m* de campainha; ~-**shaped** *adj* em forma de sino; ~ **tent** *n* tenda *f* cónica; ~ **tower** *n* campanário *m*.
belly [ˈbelɪ] (coll) *n* **a)** (stomach) estômago *m*; **b)** (abdomen) ventre *m*.
belly: ~-**ache 1** (coll) *n* dor *f* de barriga; cólica *f*. **2** *vi* (*pres p* -**aching**) protestar, barafustar (**about** contra); ~ **button** *n* umbigo *m*; ~ **dance** *n* dança *f* do ventre; ~ **dancer** *n* dançarina *f* da dança do ventre.
bellyful [ˈbelɪfʊl] (coll) *n* IDIOMAS **to have a** *or* **one's** ~ **of sth** fartar-se de ter qq coisa.
belong [bɪˈlɒŋ] *vi* **a)** (be the property of) **to** ~ **to** pertencer a; **b)** (be member of) **to** ~ **to** pertencer a [*family, generation, party, union*]; fazer parte de [*club, society, gang, etc*]; **c)** (have its proper place) ser de; **where do these books** ~? donde são estes livros?; **d)** (formal) JUR.
belongings [bɪˈlɒŋɪŋz] *npl* pertences *mpl*; **personal** ~ objectos *mpl* de uso pessoal.
beloved [bɪˈlʌvɪd] **1** *n* (liter *or* hum) bem amado *m*. **2** *adj* bem amado.
below [bɪˈləʊ] **1** *prep* **a)** (under) por baixo de, abaixo de; ~ **sea level** abaixo do nível (da água) do mar; **the valley** ~ **you** o vale que se encontra por baixo de ti; **b)** (less than) inferior a, abaixo de; ~ **10%** abaixo de ou inferior a 10%; **c)** (in rank) abaixo de; **those** ~ **the rank of Major** MIL aqueles cuja patente está abaixo de Major; **d)** (South of) a Sul de; (downstream of) a jusante de; **e)** (unworthy of) indigno de. **2** *adv* **100**

metres ~ cem metros abaixo; **the apartment** ~ o apartamento de baixo; **seen from** ~ visto de baixo; **see** ~ (on page) ver abaixo.

belt [belt] **1** *n* **a)** FASHN cinto *m*; **to do up/undo a** ~ apertar/desapertar o cinto; **b)** (area) faixa *f*; cintura *f*; zona *f*; **earthquake** ~ zona *f* sísmica; **c)** AUT cinto *m*; **safety** *or* **seat**~ cinto de segurança; **d)** METEOROL zona *f*; **e)** TECH correia *f*; **f)** SPORT (in judo) cinturão *m*; **she's a black** ~ ela é cinturão negro; **g)** (coll) (blow) soco *m*; **to give sb a** ~ dar um soco a alguém; **h)** (coll) (kick) pontapé *m* PO, chute *m* BR. **2** *vtr* (coll) **a)** (hit) dar um soco a, bater em [*person*]; **b)** (kick) pontapear, dar um pontapé em PO, chute *m* BR [*ball*]. **3** *vi* (go fast) **to** ~ **along** *or* **down sth** [*person*] descer a correr [*street*]. **4** **belted** *pp*, *adj* [*coat*] com cinto (*after n*). IDIOMAS **to tighten one's** ~ (fig) apertar o cinto; **she has 15 years' experience under her belt** ela tem 15 anos de experiência no activo. ■ **belt off** (coll) ir a toda a pressa. ■ **belt out:** ~ **out (sth),** ~ **(sth) out** (person, jukebox) berrar a plenos pulmões. ■ **belt up a)** (coll) (shut up) calar a boca (fam); ~ **up!** cala-te!; **b)** AUT apertar o cinto de segurança.

bemoan [bɪ'məʊn] (formal) *vtr* lamentar.

bemused [bɪ'mju:zd] *adj* estupidificado.

bench [bentʃ] *n* **a)** (seat) banco *m*; **b)** GB POL assento *m*; bancada *f*; **to be on the opposition** ~**es** estar na bancada da oposição; **c)** (*also* B~) (judges collectively) magistrados *mpl*; **to be** *or* **sit on the** ~ fazer parte da magistratura; **d)** (*also* B~) (judge(s) in one case) tribunal *m*; **e)** (workbench) banco *m* de carpinteiro.

benchmark ['bentʃmɑ:k] **1** *n* **a)** (in surveying, computing, generally) ponto *m* de referência; **b)** FIN [*price*] preço *m* de referência. **2** *vtr* (compare, test) testar [*systems*].

bend [bend] **1** *n* **a)** (gen) (in road) curva *f*; (in pipe) cotovelo *m*; (in joint) ANAT flexão *f*; **there's a** ~ **in the road** a estrada BR, rodovia BR faz uma curva; **b)** NAUT (knot) nó *m*. **2** **bends** *npl* MED mal *m* dos mergulhadores. **3** *vtr* (*past*, *pp* **bent**) **a)** (force into a curve) [*person*] dobrar, flectir [*knee, arm, leg*]; curvar, inclinar [*head*]; **to** ~ **one's knees** dobrar os joelhos; **(to go down) on** ~**ed knee** (pôr-se) de joelhos; (fig) **to** ~ **sb to one's will** dobrar alguém à sua vontade; **b)** (distort) distorcer [*truth, facts*]; infringir [*rule, law*]. **4** *vi* **a)** (become curved) [*road, path*] virar; [*frame, bar*] dobrar-se; [*nail, mudguard*] entortar-se; **b)** (stoop) [*person*] curvar-se, inclinar-se; **to** ~ **forward/backwards** inclinar-se para a frente/para trás; **c)** (submit) **to** ~ **to sb/to sb's will** submeter-se a alguém/à vontade de alguém. IDIOMAS **to go round the** ~ enlouquecer; **to** ~ **over backwards for sb/to do** esforçar-se ao máximo por algo/para fazer. ■ **bend down:** ~ **down** [*person*] baixar-se. ■ **bend over** [*person*] inclinar-se sobre, debruçar-se.

beneath [bɪ'ni:θ] **1** *prep* **a)** sob, debaixo de; ~ **the table** sob a ou debaixo da mesa; **b)** **it is** ~ **you to do** não é digno de ti fazer. **2** *adv* abaixo; **the apartment** ~ o apartamento de baixo.

benediction [benɪ'dɪkʃn] *n* (blessing) RELIG (fig) bênção.

benefactor ['benɪfæktə(r)] *n* benfeitor *m*.

beneficial [benɪ'fɪʃl] *adj* (advantageous) [*effect, influence*] benéfico; [*treatment*] eficaz; [*change*] salutar; [*outcome, result*] favorável; **to be** ~ **for sb/sth** ser vantajoso para alg/algo.

beneficiary [benɪ'fɪʃərɪ] *n* JUR beneficiário *m*.

benefit ['benɪfɪt] **1** *n* **a)** (helpful effect) vantagem *f*; benefício *m* (**from** de); **to be of** ~ **to sb/sth** [*treatment, measure*] trazer benefícios a [*patient, environment, industry*]; **to get some** ~ **from sth** tirar proveito de qq coisa [*holiday, treatment*]; **b)** SOC ADMIN abono *m*; subsídio *m*; **c)** (advantage) vantagem *f*; **d)** (privilege) (*usu pl*) vantagens *fpl*; **"salary £ 20,000 plus** ~**s"** "salário de 20.000 libras mais benefícios sociais". **2** *modif* [*concert, gig, match*] de beneficência; [*claim*] de subsídio. **3** *vtr* (*pres p etc* **-tt--**) beneficiar [*person*]; ser vantajoso para [*group, nation*]; ser útil para [*economy, industry*]; ser bom para [*health*]; **to do sth to** ~ **sb** fazer qq coisa em benefício de alg. **4** *vi* (*pres p etc* **-tt-**) aproveitar; **to** ~ **from** *or* **by sth** tirar proveito de qq coisa. IDIOMAS **to give sb the** ~ **of the doubt** dar a alg o benefício da dúvida.

benevolence [bɪ'nevələns] *n* (kindness) benevolência *f*; (generosity) bondade *f*.

benevolent [bɪ'nevələnt] *adj* **a)** [*person, smile, gesture*] benevolente, benévolo (**to, towards** para com); **b)** (charitable) [*organization, trust, fund*] caridoso, caritativo.

benign [bɪ'naɪn] *adj* **a)** [*person, smile, gesture*] afável; [*climate*] ameno; [*conditions, circumstances*] propício; [*influence, effect*] benéfico; **b)** MED benigno.

bent [bent] **1** *n* **a)** (flair) disposição *f* (**for** para); (liking) gosto *m* (**for, towards** por); **to have a** ~ **for maths** ter queda para a Matemática; **b)** BOT agrostídea *f*. **2** *adj* **a)** [*nail, wire, etc*] torto; (stooped) [*old person*] curvado; **b)** (coll) (dishonest) [*policeman, detective, etc*] desonesto, corrupto. **3** *past, pp* see **bend**.

benzene ['benzi:n] *n* benzeno *m*.

benzine ['benzi:n] *n* benzina *f*.

bequeath [bɪ'kwi:ð] *vtr* JUR legar, deixar em herança (**to** a); (fig) transmitir.

bequest [bɪ'kwest] *n* JUR (fig) legado *m* (**to** a).

berate [bɪ'reɪt] *vtr* ralhar, admoestar (**for** por).

bereave [bɪ'ri:v] *vtr* (liter) **a)** (*past, pp* **bereft**) (deprive) privar (**of** de); **b)** (*past, pp* **bereaved**) (by death) enlutar [*person, family*].

bereavement [bɪ'ri:vmənt] *n* (state, period of mourning) luto *m*; (event) falecimento *m*; (loss) perda *f*.

bereft [bɪ'reft] *adj* **a)** **to be** ~ **of** [*love, friendship*] ser privado de; [*furniture, ideas*] ser desprovido de; **b)** (forlorn) [*person*] abandonado.

beret ['bereɪ] *n* boina *f*.

Berlin [bɜ:'lɪn] **1** *pr n* Berlim. **2** *modif* de Berlim; **the** ~ **Wall** HIST o Muro de Berlim.

Berliner [bɜ:'lɪnə(r)] *n* berlinense *m/f*.

Bern [bɜ:n] *pr n* Berna.

berry ['berɪ] *n* baga *f*; **to be as brown as a** ~ estar muito bronzeado.

berserk [bə'sɜ:k, bə'zɜ:k] *adj* furioso; **to go** ~ ficar furioso.

berth [bɜ:θ] **1** *n* **a)** NAUT, RAIL (for sleeping) beliche *m*; **b)** NAUT (for ship) ancoradouro *m*; **c)** (coll) (fig) (job) emprego *m*. **2** *vtr* amarrar, an-

corar [*ship*. IDIOMAS (coll) **to give sb/sth a wide** ~ conservar alg/algo à distância.
beseech [bɪ'siːtʃ] (formal) *vtr* (*past, pp* **beseeched** *or* **besought**) **a**) (entreat) suplicar (**sb to do** a alg que faça); **b**) (beg for) solicitar [*favour*]; implorar [*pardon*].
beseeching [bɪ'siːtʃɪŋ] *adj* (formal) suplicante.
beset [bɪ'set] *vtr* (*past, pp* **beset**) (*usu in passive*) (lit, fig) assaltar (**with** com); MIL sitiar, cercar.
beside [bɪ'saɪd] *prep* **a**) (next to) ao lado de; ~ **you** ao teu lado; ~ **the sea** à beira mar; **b**) (in comparison with) em relação a, comparado(s) com; **my problems seem rather minor ~ yours** os meus problemas parecem insignificantes comparados com os teus. IDIOMAS **to be ~ oneself (with anger)** estar fora de si; **to be ~ oneself (with excitement)** estar super excitado; **to be ~ oneself with happiness** estar louco de alegria.
besides [bɪ'saɪdz] **1** *adv* **a**) (moreover) além disso; **b**) (in addition) também; **she has a car and a motorbike ~** ela tem um carro e também uma moto; **and much else ~** e ainda muitas outras coisas. **2** *prep* (apart from) à parte, além de; ~ **John they're all teachers** à parte o João, eram todos professores; ~ **being an artist, she's also a poet** além de ser artista, é também poetisa; **everyone ~ me** todos excepto eu.
besiege [bɪ'siːdʒ] *vtr* **a**) MIL sitiar; **b**) (mob) assaltar, cercar.
bespectacled [bɪ'spektəkld] *adj* que usa óculos.
best [best] **1** *n* **a**) **the ~** o/a melhor *m/f*; **it's the ~ of his novels** é o seu melhor romance; **she is the ~ at tennis** ela é a melhor no ténis; **it's for the ~** (recommending course of action) é a melhor solução; (of something done) é com a melhor das intenções; **the ~ of friends** os melhores amigos do mundo; **b**) (most favourable) **the ~** o melhor; **at ~** na melhor das hipóteses; **to make the ~ of sth** tirar o melhor partido de qq coisa; **to get the ~ of** obter a melhor parte de [*deal, bargain*]; ganhar em [*arrangement*]; **c**) (peak, apogee) o melhor; **the city is at its ~ in autumn** é no Outono que a cidade se apresenta mais bela; **to be at one's ~** estar no melhor da sua forma; **d**) (greatest personal effort) **to do one's ~** o melhor possível; **to get the ~ out of** tirar o máximo de [*pupil, worker*]; **to bring out the ~ in sb** [*crisis, suffering*] incitar alg a dar o melhor de si mesmo; **e**) (good wishes) **all the ~!** (good luck) boa sorte!; (cheers) à nossa!; **wishing you all the ~ on your retirement** com os melhores votos de felicidade por ocasião da tua reforma. **2** *adj* (*superlative of* **good**) **a**) (most excellent) melhor; **the ~ idea she's had all day** a melhor ideia que ela teve durante todo o dia; **she looks ~ in black** ela fica melhor de preto; **she speaks the ~ Portuguese** é ela que fala melhor português; **"~ before end May"** "para ser consumido até finais de Maio"; **b**) (most competent) [*teacher, poet, actor*] melhor; **to be ~ at** ser o melhor em [*subject, game, sport*]; **may the ~ man win!** que ganhe o melhor!; **c**) (most suitable) [*tool, way, time, idea*] melhor; **the ~ thing to do** a melhor coisa a fazer; **the ~ thing would be to do, it would be ~ to do** seria melhor fazer. **3** *adv*

(*superlative of* **well**) o melhor; **to behave ~** comportar-se o melhor possível; **you know ~** tu é que sabes; **the ~-loved woman** a mulher mais amada. **4** *vtr* (liter) (in argument) levar a melhor sobre [*person*]; (in struggle) vencer [*opponent*]. IDIOMAS **it happens to the ~ of us** acontece até aos melhores.
best friend *n* o/a melhor amigo/a *m/f*.
bestial ['bestɪəl] *adj* (lit, fig) bestial.
best man *n* padrinho *m* (de casamento).
bestow [bɪ'stəʊ] (formal) *vtr* conceder, conferir [*honour, favour, title*] (**on, upon** a); prodigalizar.
bestseller [best'selə(r)] *n* (book) bestseller *m*; (writer) autor *m* de bestsellers, autor de sucesso.
bet [bet] **1** *n* **a**) (gamble) aposta *f*; **to place** *or* **put** *or* **lay a ~ on sth** apostar em qq coisa; **b**) (guess) **my ~ is (that)...** aposto (que)...; **your best ~ is to take the motorway** o melhor é apanhares a auto-estrada. **2** *vtr* (*pres p etc* **-tt-**) (gen) apostar; **to ~ sb sth** apostar qq coisa com alguém; **you ~!** podes crer!, sem dúvida!; **I'll ~!** sempre quero ver!. **3** *vi* (*pres p etc* **-tt-**) (gen) apostar; **to ~ on the happening** apostar que vai acontecer qq coisa; **something will go wrong: you can ~ on it** alguma coisa de errado vai acontecer, podes estar certo.
beta ['biːtə] *n* beta *m*.
betray [bɪ'treɪ] *vtr* **a**) (deceive) trair [*feelings, interests, country, person, etc*]; enganar [*lover*]; faltar a [*promise*]; **b**) (reveal) revelar [*nature, interest*]; trair [*curiosity, presence*]; mostrar [*sign of emotion*].
betrayal [bɪ'treɪəl] *n* (of country, ideal, person) traição *f*; (of secret, plan) revelação *f*; ~ **of trust** abuso *m* de confiança.
betrothal [bɪ'trəʊðl] (arch *or* formal) *n* esponsais *mpl*.
betrothed [bɪ'trəʊðd] **1** *n* (*inv*) (arch or hum) (*pl* ~) noivo *m*; prometido *m*. **2** *adj* (arch *or* formal) **to be ~** estar noivo; **the ~ couple** os noivos.
better[1] ['betə(r)] **1** *n* **a**) **the ~ of the two** o/a melhor dos/das dois/duas; **b**) (more desirable state of affairs) **to deserve/hope for ~** merecer/esperar melhor; **so much the ~, all the ~** tanto melhor; **to change for the ~** mudar para melhor; **c**) (superior person) **one's ~s** os superiores *mpl*. **2** *adj* (comparative of **good**) melhor; **to get ~** GEN melhorar; **the weather is no ~** o tempo não melhorou; **things are getting ~** as coisas vão melhor; **that's ~!** assim, é melhor!; **to be ~** [*patient, cold, headache*] estar melhor; **if it makes you feel any ~** (less worried) se isso te sossega; (less sad) se isso te consola; **to feel ~ about doing** (less nervous) sentir-se capaz de fazer; (less worried, guilty) ter menos problemas em fazer; **I sold the car and bought a ~ one** vendi o carro e comprei um melhor; **to be ~ at** estar melhor em [*subject, sport*]; **to be ~ than nothing** ser melhor que nada; **the bigger/sooner the ~** quando maior/mais cedo melhor. **3** *adv* (comparative of **well**) melhor; **to behave ~ than** comportar-se melhor que; **to think ~ of sb** ter uma melhor opinião de alg; **to do ~** (in career, life) ser mais bem sucedido; (in exam, essay) fazer melhor; (in health) passar melhor; **the ~ to see/hear** para ver/ouvir melhor; **the money**

would be ~ spent on a holiday seria melhor gastar o dinheiro numas férias; **you had ~ do, you'd ~ do** (advising) era melhor se fizesses; **~ still,...** ou melhor,.... **4** *vtr* melhorar [*one's performance, achievement*]. IDIOMAS **for ~ (or) for worse** GEN aconteça o que acontecer; **to get the ~ of** [*person*] levar a melhor sobre [*enemy, problem*]; **to go one ~** fazer ainda melhor (**than** que); **to think ~ of it** pensar melhor sobre o assunto.

better[2] ['betə(r)] *n* apostador, a *m/f.*

better off [betər'ɒf] **1** *n* (+ *v pl*) **the better-off** os ricos *mpl*. **2** *adj* **a)** (more wealthy) mais rico (**than** que); **our better-off neighbours** os nossos vizinhos mais ricos; **b)** (in better situation) melhor; **you'd be ~ in hospital** estarias melhor no hospital.

betting ['betɪŋ] *n* (activity) aposta *f.*

betting shop *n* agência *f* de apostas.

between [bɪ'twiːn] **1** *prep* **a)** (in time, space etc) entre; **the wall ~ the two gardens** o muro entre os dois jardins; **~ the ages of 12 and 18** entre os 12 e os 18 anos; **~ now and next year** de agora até ao próximo ano; **b)** (together, in combination) **the couples have seven children ~ them** entre todos os casais, havia sete crianças; **they drank the whole bottle ~ (the two of) them** beberam toda a garrafa entre eles (os dois). **2** *adv* (*also* **in ~**) (in space) no meio, entre dois; (in time) no intervalo, entre dois; **the two main roads and the streets (in) ~** as duas estradas principais e as ruas situadas entre elas. IDIOMAS **~ ourselves, ~ you and me (and the gatepost)** aqui entre nós.

betweentimes, betweenwhiles *adv* entretanto.

betwixt [bɪ'twɪkst] *adv* **~ and between** entre os dois.

bevel ['bevl] **1** *n* **a)** (edge) bisel *m*; **~ edge** borda *f* biselada; **b)** (tool) suta *f*; esquadro *m* móvel. **2** *vtr* biselar [*mirror, edge*].

beverage ['bevərɪdʒ] *n* bebida *f* Po, drinque Br.

bewail [bɪ'weɪl] *vtr* chorar; **to ~ the loss of sth** chorar a perda de algo.

beware [bɪ'weə(r)] **1** *excl* **a)** atenção! cuidado!; **b)** (on sign) **~ of** atenção a, cuidado com; **~ of the dog** cuidado com o cão. **2** *vi* precaver-se, tomar cuidado (**of** contra); **you must ~ of losing your purse** deves ter cuidado para não perderes o porta-moedas.

bewilder [bɪ'wɪldə(r)] *vtr* desconcertar, confundir; **by doing sth** por ter feito qq coisa.

bewildering [bɪ'wɪldərɪŋ] *adj* desconcertante, fantástico.

bewilderment [bɪ'wɪldəmənt] *n* perplexidade *f*; estupefacção *f.*

bewitch [bɪ'wɪtʃ] *vtr* (fig) (attract) fascinar, cativar.

beyond [bɪ'jɒnd] **1** *prep* **a)** (in space, time) para além de; **~ the city walls** para além das muralhas da cidade; **well ~ midnight** muito para além da meia-noite; **to go ~ a deadline** ultrapassar um prazo; **b)** (outside the range of) acima de, além de; **~ one's means** acima dos próprios meios; **~ one's control** fora de controlo; **to be wise ~ one's years** ser adulto para a idade; **to be ~ sb's ability** [*task, activity*] estar acima das capacidades de alg; **to be ~ sb** [*activity, task,*

subject] ultrapassar alg; **c)** (other than) para além de; **we know little about it ~ the fact that** sabemos muito pouco acerca disso para além do facto que. **2** *adv* **a)** (in space) acolá; **~ there was a garden** acolá havia um jardim; **b)** (in time) para lá, além; **up to the year 2000 and ~** para lá do ano 2000. **3** *conj* a não ser; **there was little I could do ~ telling him that** eu não podia fazer mais nada a não ser dizer-lhe que. IDIOMAS **to be in the back of ~** estar no fim do mundo.

bias ['baɪəs] **1** *n* (*pl* **-es**) **a)** (prejudice) preconceito *m* (**on the part of** por parte de); **b)** (tendency) tendência *f*; inclinação *f* (**in favour of, towards** a favor de); **a left-wing ~** uma tendência de esquerda; **c)** SEWING viés *m*. **2** *vtr* (*pres p etc* **-s** *or* **-ss-**) influir sobre [*person, decision, result*]; **to ~ sb against/in favour of** predispor alg contra/a favor de.

biased, biassed ['baɪəst] *adj* [*decision, opinion, person*] parcial; [*system, report*] sem objectividade (*after n*); **to be ~** [*person*] ser parcial; **to be ~ against/in favour of** ser preconceituoso contra/a favor de.

bib [bɪb] *n* **a)** (baby's) babete *m*; **b)** (of apron) peitilho *m.*

Bible ['baɪbl] *n* **the ~** a Bíblia; **it's his ~** (fig) é a sua bíblia.

biblical ['bɪblɪkl] *adj* bíblico.

bibliography [bɪblɪ'ɒgrəfɪ] *n* bibliografia *f.*

bicarbonate [baɪ'kɑːbəneɪt] *n* bicarbonato *m*; **~ (of soda)** bicarbonato *m* de soda.

bicentenary [baɪsen'tiːnərɪ], US [-'sentənerɪ], **bicentennial** [baɪsen'tenɪəl] **1** *n* bicentenário *m* (**of** de). **2** *noun modifier* [*celebration, year*] do bicentenário.

biceps ['baɪseps] *n* (*pl* **~**) bíceps *m.*

bicycle ['baɪsɪkl] **1** *n* bicicleta *f*; **by ~** de bicicleta; **to ride a ~** andar de bicicleta. **2** *modif* [*bell, chain, etc*] de bicicleta; [*hire, repair*] de bicicletas. **3** *vi* andar de bicicleta; **~ rack** (on car) parque *m* de estacionamento de bicicletas; (in yard) suporte *m* para bicicletas.

bid [bɪd] **1** *n* **a)** (at auction) lance *m*; oferta *f* (**for** para; **of** de); **the opening/closing ~** o primeiro lance/o lance final; **b)** (for contract) proposta *f* (**for** para; **of** de); **to invite ~s** abrir concurso; **c)** (for company) oferta *f*; **to make a ~** fazer uma oferta; **d)** (attempt) tentativa *f* (**to do** de fazer); **suicide ~** tentativa de suicídio. **2** *vi* (*pres p* **-dd-** *past* **bade** *or* **bid** *pp* **bidden** *or* **bid**) **a)** COMM, FIN (at auction) licitar; (for contract) apresentar-se a concurso (**for** para); (for company) fazer uma oferta (**for** para); **b)** (in Bridge) fazer uma oferta.

bidden ['bɪdn] *pp* see **bid.**

bidder ['bɪdə(r)] *n* **a)** (at auction) licitante *m/f*; **the painting went to the highest ~** o quadro foi arrematado pela maior oferta; **successful ~** adjudicatário *m*; **b)** (for land, property) comprador *m* potencial (**for** de).

bidding ['bɪdɪŋ] *n* **a)** (at auction) licitação *f*; **the ~ opened at £1 million** o preço de licitação começou em um milhão de libras; **b)** (will) **he did my ~** ele fez a minha vontade; **c)** (in Bridge) oferta *f.*

bide [baɪd] *vtr* **to ~ one's time** esperar o momento adequado, dar tempo ao tempo.

bidet ['biːdeɪ] *n* bidé *m*.
biennial [baɪ'enɪəl] **1** *n* planta *f* bienal. **2** *adj* [*event, plant*] bienal.
bier [bɪə(r)] *n* padiola *f* (onde se colocam os caixões antes do enterro).
bifocal [baɪ'fəʊkl] *adj* [*lens*] bifocal.
big [bɪg] **1** *adj* a) [*person*] (tall) alto; **to grow ~(ger)** (get taller) crescer; (get fatter) engordar; **~ with child** (liter) grávida; b) (in size) [*bed, room, building, town etc*] grande; **in ~ letters** em letras grandes; c) (in age) mais velho; **his ~ brother** o seu irmão mais velho; d) (in extent) [*family, class, collection etc*] grande; e) (important) [*question, problem, decision*] importante; **you're making a ~ mistake** estás a incorrer num grande erro; f) (coll, popular) **to be ~** [*fashion, programme, group etc*] fazer furor; (coll); g) (coll) (enthusiastic) **to be ~ into** *or* **on sth** US ser fanático por qq coisa; (coll) (fam); h) (generous) [*person*] generoso; [*heart*] grande; **he has a ~ heart** ele tem bom coração; i) (pej) **why can't you keep your ~ mouth shut?** porque é que não te calas?; (coll) **~ talk** fanfaronice *f*. **2** *adv* (coll) **to talk ~** ser fanfarrão; (coll) **to think ~** ter a mania das grandezas; (coll) **to make it ~** ter muito sucesso; (coll) **to go over ~** fazer furor.
bigamist ['bɪgəmɪst] *n* bígamo *m*.
bigamy ['bɪgəmɪ] *n* bigamia *f*.
big bang ['bɪg bænd] *n* ASTRON big bang *m*.
big business [bɪg'bɪznɪs] *n* negócio *m* em grande escala.
big: **~ dipper** (dated) *n* (at fairground) montanha *f* russa; **~ game hunting** *n* caçada *f* a animais de grande porte como leões, elefantes etc; **~ head** (coll) *n* (pej) fanfarrão/-ona *m/f*; **~headed** (coll) *adj* (pej) vaidoso; **~-hearted** *adj* generoso, com bom coração.
bigmouth ['bɪgmaʊθ] (coll) *n* (pej) (indiscreet person) **he's such a ~!** ele não se sabe calar!.
big noise (coll) *n* manda-chuva *m* (fam).
bigot ['bɪgət] *n* (gen) fanático *m*.
bigoted ['bɪgətɪd] *adj* fanático.
big shot (coll) *n* manda-chuva *m* (fam).
big time ['bɪgtaɪm] (coll) *n* **the ~** o êxito, o sucesso, a glória; (coll) **to make** *or* **hit the ~** ser bem sucedido, ter êxito.
big top (tent) tenda *f* de circo.
bigwig ['bɪgwɪg] (coll) *n* (pej) manda-chuva *m* (fam).
bike [baɪk] **1** *n* a) (cycle) bicla *f* (fam); **on a/by ~** de bicla; b) (motorbike) moto *f*. **2** *modif* [*light*] de bicicleta; [*hire*] de bicicletas.
bikini [bɪ'kiːnɪ] *n* biquíni *m*.
bilateral [baɪ'lætərl] *adj* SCI bilateral.
bilberry ['bɪlbərɪ] *n* (fruit, bush) arando *m*; uva--do-monte *f*.
bile [baɪl] *n* PHYSIOL bílis *f*; (fig) cólera *f*; mau humor *m*.
bilingual [baɪ'lɪŋgwəl] *adj* bilingue.
bilious ['bɪljəs] **1** *adj* a) MED bilioso; b) (fig) [*mood*] mau humorado. **2** *n* (dated) **~ attack** crise *f* de fígado.
bill [bɪl] **1** *n* a) COMM (for payment) (in restaurant, for work done) conta *f*; **electricity ~** a conta da electricidade; **put it on the ~, please** ponha na conta, se faz favor; b) JUR, POL (law)

(*also* **Bill**) projecto *m* de lei; **to pass/defeat a ~** aprovar/rejeitar um projecto de lei; c) (gen) THEAT (poster) cartaz *m*; **to be top of** *or* **to top the ~** ser cabeça de cartaz; **"stick no ~s"** é proibido afixar cartazes ou "afixação proibida"; d) US FIN (note) nota *f* de banco; **ten dollar ~** nota de dez dólares; e) ZOOL (beak) bico *m*; f) GEOG promontório *m*; g) (arch) AGRIC podão *m*. **2** *vtr* a) COMM facturar; **to ~ sb for sth** facturar qq coisa a alguém; b) (gen) **to be ~ed as...** [*event, meeting, entertainment*] ser anunciado como (sendo)...; c) THEAT (*usu in passive*) **to be ~ed to appear at/in** estar no cartaz em. IDIOMAS **to fit the ~** servir, reunir as condições necessárias; **to give sb/sth a clean ~ of health** encontrar alg/algo em perfeito estado de saúde.
billboard *n* (ESP US) espaço *m* para afixar cartazes.
billet ['bɪlɪt] **1** *n* a) MIL aquartelamento *m*; b) cavaca *f*; acha *f*. **2** *vtr* MIL aquartelar [*soldier, refugee*] (**on, with** em casa de).
billiard ['bɪljəd] **~s** *npl* (+ *v sg*) bilhar *m*.
billiard: **~ ball** *n* bola *f* de bilhar; **~ cue** *n* taco *m* de bilhar.
billion ['bɪljən] *n* a) GB trilião *m*; US bilião *m* Po, bilhão *m* Br; b) **~s of ~s of times** (as exaggeration) biliões de vezes.
bill: **~ of fare** *n* (dated *or* hum) ementa *f* Po, cardápio *m* Br; lista *f*; **~ of lading** *n* conhecimento *m* de carga.
billow ['bɪləʊ] **1** *n* (of smoke, steam) onda *f*; espiral *f*. **2** *vi* [*clouds, steam, smoke*] redemoinhar. ■ **billow out** [*skirt, sail*] enfunar-se; [*steam*] subir.
billy goat ['bɪlɪgəʊt] *n* (animal) bode *m*.
bin [bɪn] *n* a) (for rubbish) caixote *m* do lixo; b) (for storage) caixa *f*; (for bread) lata *f* ou caixa *f* do pão.
binary ['baɪnərɪ] *adj* (all contexts) binário.
bind [baɪnd] **1** (coll) *n* **what a ~!** que chatice! (fam). **2** *vtr* (*past, pp* **bound**) a) (fig) (link) (*also* **~ together**) unir, juntar [*people*]; b) (fig) (constrain) [*consideration, belief, law, rule, power, earth*] obrigar, impor; c) (lit) (tie up) atar [*hands, feet, prisoner*]; ligar [*wound*]; **bound hand foot** atado de pés e mãos; d) (in bookbinding) encadernar (**in** a); e) CULIN ligar [*mixture*]. **3** *vi* a) (cohere) BIOL, CHEM [*particles*] ligar-se (**to** a); CULIN [*mixture*] ligar; b) (stick) [*wheels, machine*] prender-se; c) (coll) GB (*also* **~ on**) resmungar. IDIOMAS (coll) **to be in a ~** US estar em apuros. ■ **bind on:** **~ on (sth),** **~ (sth) on** atar, prender. ■ **bind over** JUR **~ (sb) over** pôr (algo) em liberdade condicional. ■ **bind up:** **~ up (sth),** **~ (sth) up** ligar [*wound, part of body*].
binder [baɪndə(r)] *n* a) (for papers) ficheiro *m* Po, fichário *m* Br; b) AGRIC enfardadeira *f*.
binding ['baɪndɪŋ] **1** *n* (on book) (cover, process) encadernação *f*. **2** *modif* [*method, process*] de encadernação *f*. **3** *adj* [*agreement, contract, decision, force, rule, etc*] obrigatório, compulsivo.
bindweed ['baɪndwiːd] *n* BOT campainha *f*.
binge [bɪndʒ] (coll) *n* (of drinking) farra *f*; (of eating) patuscada *f* (fam); **to go on a ~ (by eating and drinking)** ir para a farra.

bingo ['bɪŋgəʊ] **1** *n* bingo *m*. **2** *modif* [*card, game, hall*] de bingo.
bin liner *n* saco *m* do lixo.
binoculars [bɪ'nɒkjʊləz] *npl* binóculos *mpl*.
biochemistry [baɪəʊ'kemɪstrɪ] *n* bioquímica *f*.
biodegradable [baɪəʊdɪ'greɪdəbl] *adj* biodegradável.
biographer [baɪ'ɒgrəfə(r)] *n* biógrafo *m*.
biographic(al) [baɪə'græfɪk(l)] *adj* biográfico.
biography [baɪ'ɒgrəfɪ] *n* biografia *f*.
biological [baɪə'lɒdʒɪkl] *adj* biológico.
biologist [baɪ'ɒlədʒɪst] *n* biólogo *m*.
biology [baɪ'ɒlədʒɪ] *n* biologia *f*.
bipartite [baɪ'pa:taɪt] *adj* (all contexts) bipartido.
biplane ['baɪpleɪn] *n* biplano *m*.
birch [bɜ:tʃ] **1** *n* **a)** (*also* ~ **tree**) vidoeiro *m*; bétula *f*; **b)** (*also* ~ **rod**) **the** ~ JUR, HIST a vara *f* de vidoeiros; o chicote *m*. **2** *vtr* JUR, HIST chicotear [*offender*].
bird [bɜ:d] *n* **a)** ZOOL pássaro *m*; ave *f*; **b)** (coll) GB (girl) rapariga *f* PO, moça *f* BR. IDIOMAS (coll) **a little ~ told me** um passarinho disse-me; **to tell sb about the ~s and the bees** explicar a alguém donde vêm os bebés; **to kill two ~s with one stone** matar dois coelhos duma só cajadada.
bird: ~ **bath** *n* recipiente *m* com água para os pássaros tomarem banho; ~-**cage** *n* gaiola *f*; ~**call** *n* chamariz *m*.
birdie ['bɜ:dɪ] *n* **a)** (in golf) birdie *m*; **b)** (coll) (baby talk) piu-piu *m*.
bird: ~ **sanctuary** *n* reserva *f* de pássaros; ~'**s eye view** *n* vista *f* geral; ~'**s nest** *n* ninho *m* de pássaros; ~**table** *n* plataforma *f* colocada num lugar alto com comida para pássaros; ~**watcher** *n* ornitófilo *m*; ~ **watching** *n* ornitologia *f*; **to go** ~ **watching** observar os pássaros.
biro ® ['baɪrəʊ] *n* (*pl* ~**s**) esferográfica *f* bic ® *f*.
birth [bɜ:θ] *n* **a)** (gen) (lit, fig) nascimento *m* (of de); **at** ~ à nascença; **by** ~ por nascimento; **from** ~ desde que (se) nasceu; **of low** ~ de origem humilde; **b)** MED (of baby) nascimento *m*; **difficult** ~ parto difícil; **to give** ~ [*person*] dar à luz.
birth certificate *n* certidão *f* de nascimento.
birth control ['bɜ:θkəntrəʊl] **1** *n* (in society) controlo *m* de natalidade; (by couple) contracepção *f*; **to practise** ~ [*couple*] utilizar um método contraceptivo; [*society*] praticar o controlo de natalidade. **2** *modif* [*method, device*] contraceptivo.
birthday ['bɜ:θdeɪ] **1** *n* aniversário *m*; **Happy B~!** Feliz Aniversário ou Parabéns!. **2** *modif* [*cake, drink, guest, present, etc*] de aniversário. IDIOMAS (coll, hum or euph) **in one's ~ suit** vestido à Adão e Eva (hum).
birthmark *n* sinal *m* de nascença.
birthplace ['bɜ:θpleɪs] *n* (lit) local *m* de nascimento.
birthrate ['bɜ:θreɪt] *n* taxa *f* de natalidade.
birthright ['bɜ:θraɪt] *n* (gen) direito *m* (adquirido pelo nascimento) BIBLE, HIST direito *m* de primogenitura.
biscuit ['bɪskɪt] **1** *n* **a)** biscoito *m*; bolacha *f*; **b)** US pão *m* de leite. **2** *adj* (*also* ~-**coloured**) castanho claro. IDIOMAS **to take the** ~ [*person*] levas a melhor.

biscuit tin *n* lata *f* de bolachas.
bisect [baɪ'sekt] *vtr* dividir ao meio.
bisexual [baɪ'seksjʊəl] *adj* bissexual.
bishop ['bɪʃəp] *n* bispo *m*.
bit [bɪt] **1** *past* see **bite**. **2** *n* **a)** (small piece) (of food, substance, wood, etc) pedaço *m*; bocado *m* (of de); **a** ~ **of news** uma notícia; **would you like a** ~ **more?** queres mais?; **b)** (coll) (small amount) **a** ~ (**of**) um pouco (de); **a little** ~ um pouco, um bocadinho; **it won't do a** ~ **of good** isso não vai servir para nada; **wait a** ~**!** espera um pouco!; **quite a** ~ *or* **a good** ~ **of sth** um bom pedaço de qq coisa; **c)** (coll) (section) passagem *f*; **listen, this** ~ **is brilliant!** escuta, esta passagem é excelente! PO, um barato! BR; **the** ~ **where Hamlet dies** o momento em que Hamlet morre; **d)** COMP bit *m*; **e)** (dated) (coin) moeda *f*; **f)** EQUIT freio *m*; **g)** TECH (for drill) (*also* drill ~) broca *f*. **3** (coll) *adv* (rather) **a** ~ um pouco; **a** ~ **early** um pouco cedo. **4** (coll) *adv phr* **a** ~ **of a** um pouco; **it's a** ~ **of a surprise** é um pouco surpreendente. IDIOMAS (coll); ~ **by** ~ pouco a pouco; ~**s and pieces** (belongings) pertences *mpl*; todas as coisas; (coll) **not a** ~ **of it** nem um pouco; **to do one's** ~ fazer a sua parte; **to take the** ~ **between one's teeth** tomar o freio nos dentes..
bitch [bɪtʃ] **1** *n* **a)** (female dog) cadela *f*; **b)** (slang) (pej) (woman) cabra *f*; prostituta *f*; **c)** (coll) (aggravation) **to be a** ~ [*life, job*] ser um osso duro de roer. **2** *vi* enfurecer-se (**about** contra).
bite [baɪt] **1** *n* **a)** (mouthful) dentada *f*; **in one** ~ uma dentada; **b)** (coll) (snack) (*also* ~ **to eat**) qualquer coisa *f* de comer; **to have a** ~ comer qq coisa; **c)** (fig) (impact, keen edge) (of wind, cold) golpe *m*; (of food) picante *m*; (of argument, film, play, etc) sarcasmo *m*; **d)** (from insect) picada *f*; (from dog, snake) mordidela *f* PO, mordida *f* BR. **2** *vtr* (*past* bit *pp* bitten) [*person, animal*] morder; [*insect*] picar; **to** ~ **sth in two** cortar qq coisa em dois com os dentes; **to** ~ **one's nails** roer as unhas. **3** *vi* **a)** (fig) (take effect) [*measure, policy, rule, strike, shortage*] fazer-se sentir; **b)** (lit) [*fish*] morder. IDIOMAS (coll) **he/she won't** ~ **you!** ele/ela não te morde!; **to** ~ **the hand that feeds you** cuspir na mão que te dá de comer. ■ **bite back:** ~ **back** (**sth**), ~ (**sth**) **back** engolir [*rude comment, reply*]. ■ **bite into:** ~ **into** (**sth**) (lit) morder [*fruit, sandwich, etc*]; (fig) (affect) afectar; ~ **off** ~ **off** (**sth**), ~ (**sth**) **off** arrancar qq coisa à dentada. ■ **bite on:** ~ **on** (**sth**) morder. ■ **bite through:** ~ **through** (**sth**), ~ (**sth**) **through** [*person, animal*] rasgar qq coisa à dentada; ~ **through** (**sth**) [*acid, wind*] trespassar.
biting ['baɪtɪŋ] *adj* (fig) [*comment, irony, satire, wit*] mordaz; [*wind*] penetrante, cortante.
bitten ['bɪtn] *pp* see **bite**.
bitter ['bɪtə(r)] **1** *n* GB (beer) cerveja *f* amarga. **2** **bitters** *npl* (wine) aperitivo *m*. **3** *adj* **a)** (sour) amargo; **b)** (resentful) [*person, tone, memory, comment*] amargo; **I feel** ~ **about his accusations** sinto-me amargurado com as suas acusações; **c)** (fierce) [*critic*] feroz; [*hatred*] profundo; [*attack, battle*] violento; [*argument, feud*] severo; **they are** ~ **enemies** eles são inimigos fi-

gadais; **d**) (very cold) [*cold weather, wind*] glacial; **e**) (hard to accept) [*disappointment, truth*] cruel; [*legacy*] pesado; [*blow*] duro. IDIOMAS **to carry on until the ~ end** (until the conclusion) ir até ao fim; **it's a ~ pill to swallow** isso é duro de engolir.
bitter: ~**ness** *n* (lit, fig) amargura *f*; ~-**sweet** *adj* (lit, fig) agridoce.
bitty ['bɪtɪ] (coll) *adj* [*account, information*] fragmentário.
bitumen ['bɪtjʊmən] *n* betume *m*.
bivouac ['bɪvʊæk] **1** *n* bivaque *m*. **2** *vi* bivacar.
bizarre [bɪ'za:(r)] *adj* (gen) bizarro.
blab [blæb] *vi* **a**) (reveal secret) despejar o saco (coll); dar com a língua nos dentes (coll); **b**) (talk idly) US tagarelar (**about** acerca de).
black [blæk] **1** *n* **a**) (colour) preto *m*; **in ~ a** preto; **to wear ~** (in mourning) andar de luto; **b**) (person) (*also* **Black**) negro *m*; **c**) **to be in the ~** FIN ser credor; **d**) (games) (in chess, draughts) pretas *fpl*. **2** *adj* **a**) (dark) [*car, hair, pant*] preto; [*cloud, night*] escuro; **to go** *or* **turn ~** enegrecer, escurecer; **b**) (African, Afro-Caribbean) [*skin, community, culture*] negro; **c**) (without milk) [*coffee, tea*] simples (sem leite); **d**) (gloomy) [*despair*] profundo; [*mood, thoughts*] negro; [*future, prospects*] sombrio; [*news*] mau. **3** *vtr* **a**) (darken) [*soldier, actor*] enegrecer [*face, hands*]; **b**) (boycott) boicotar. ▪ **black out** [*person*] desfalecer; ~ **(sth) out**, ~ **out (sth)** (hide all lights) obscurecer, apagar as luzes [*house, stage*]; (cut power) cortar a corrente em [*area*]; (obliterate) riscar (com um traço negro) [*name, word*].
black and white [blækænd'waɪt] **1** *n* **a**) CIN, PHOT preto e branco *m*; **in ~ a** preto e branco; **b**) (in writing) **here's the evidence in ~** eis a prova por escrito (preto no branco). **2** *adj* **a**) CIN, PHOT, TV [*movie, print, photo*] a preto e branco; **b**) (clear-cut) [*matter, situation*] nitidamente definido.
blackberry ['blækbərɪ] **1** *n* amora *f* silvestre. **2** *modif* [*juice, tart, pie, jam*] de amora silvestre.
blackbird ['blækbɜ:d] *n* melro *m*.
blackboard ['blækbɔ:d] *n* quadro *m*; **to write sth on the ~** escrever qq coisa no quadro.
black: ~ **box** *n* AVIAT, COMPUT caixa *f* preta; ~ **bread** *n* pão *m* de centeio.
blackcurrant [blæk'kʌrənt] **1** *n* BOT, CULIN groselha *f* negra. **2** *modif* [*tart, drink, jam, etc*] de groselha (negra).
black: **B~ Death** *n* peste *f* negra; ~ **economy** *n* economia *f* paralela.
blacken ['blækn] *vtr* **a**) [*actor, soldier*] sujar de negro [*face*]; [*smoke*] enegrecer [*bricks, wood*]; [*frost, disease*] queimar [*plants*]; [*dirt*] sujar [*towel*]; **b**) (diminish) denegrir [*reputation*].
black eye [blæk'aɪ] *n* olho *m* pisado; **to give sb a ~** pôr os olhos negros a alguém.
black: **B~ Forest gateau** *n* CULIN bolo *m* Floresta Negra; ~**head** *n* MED ponto *m* negro; ~ **hole** *n* ASTRON buraco *m* negro.
blackjack ['blækdʒæk] *n* GAMES vinte e um *m*.
blacklist ['blæklɪst] **1** *n* lista *f* negra. **2** *vtr* pôr (alguém) na lista negra.
blackmail ['blækmeɪl] **1** *n* chantagem *f*. **2** *vtr* chantagear ou fazer chantagem.

black mark [blæk'ma:k] *n* (fig) informação *f* negativa; **I've got several ~s against me** já tenho várias informações negativas contra mim.
black market [blæk'ma:kɪt] *n* COMM, ECON mercado *m* negro.
blackness ['blæknɪs] *n* **a**) (dark colour) (of hair, leather, ink) negro; (of the night) negrume *f*; escuridão *f*; **b**) (dirtness) sujidade *f*; **c**) (evilness) (of heart, thoughts) maldade *f*.
blackout ['blækaʊt] *n* **a**) (in wartime) black-out *m*; **b**) (power failure) corte *m* de corrente; **c**) RADIO, TV interrupção *f* da emissão; **d**) (faint) desmaio *m*; **e**) (loss of memory) perda *f* temporária de memória.
black: ~ **pudding** *n* GB CULIN chouriço *m* de sangue; **B~ Sea** *n* Mar *m* Negro; ~**smith** *n* ferreiro *m*.
blackspot ['blækspɒt] *n* lugar *m* fatídico; **an unemployment/accident ~** um lugar conhecido pela sua taxa elevada de desemprego/acidentes.
black tie [blæk'taɪ] *n* **the invitation says "~"** o convite diz "fato de cerimónia".
black widow (spider) *n* ZOOL viúva *f* negra.
bladder ['blædə(r)] *n* **a**) ANAT bexiga *f*; **b**) BOT vesícula *f*.
blade [bleɪd] *n* **a**) (cutting edge) (of knife, sword, axe) lâmina *f*; **b**) (for propulsion) (of fan, propeller, oar) pá *f*; **c**) BOT (of grass) folha *f*; lâmina *f*.
blame [bleɪm] **1** *n* **a**) (responsibility) responsabilidade *f*; **to take** *or* **bear the ~ for sth** tomar ou assumir a responsabilidade de qq coisa; **to put** *or* **place** *or* **lay the ~ for sth on sb** atribuir a responsabilidade de qq coisa a alguém; **b**) (criticism) censuras *fpl*; **without ~** irrepreensível. **2** *vtr* culpar [*person, group*]; **to ~ sth on sb** atribuir a responsabilidade de qq coisa a alguém; **to be to ~ for (sth)** ser responsável por [*accident, crisis, problem*]; **she has₁always ~d me** ela sempre me considerou culpado. **3** *v refl* **to ~ oneself** culpar-se.
blameless ['bleɪmlɪs] *adj* [*person*] inocente; [*activity, life*] irrepreensível.
blameworthy ['bleɪmwɜ:ðɪ] *adj* [*person*] culpado; [*action, conduct*] censurável.
blanch [bla:ntʃ] **1** *vtr* (all contexts) branquear. **2** *vi* [*person*] empalidecer; [*colour*] desaparecer.
blancmange [blə'mɒndʒ] *n* manjar *m* branco.
bland [blænd] *adj* [*food, flavour, diet*] insosso; [*demeanour, account, interview*] insípido; [*person, character*] terno.
blandishment ['blændɪ/mənt] *n* lisonja *f*.
blank [blæŋk] **1** *n* **a**) (empty space) espaço *m* em branco; **to fill in the ~s** preencher os espaços em branco; **my mind's ~** não me lembro de nada; **b**) US (clean form) ficha *f* limpa; **c**) (dummy bullet) cartucho *m* vazio; **to fire ~s** atirar sem balas. **2** *adj* **a**) (without writing, pictures) [*paper, page*] branco, em branco; [*wall*] nu; [*screen*] vazio; **a ~ piece of paper** uma folha de papel em branco; **b**) (unused) [*cassette, disk*] virgem; **c**) (expressionless) **a ~ look** um ar ausente; **d**) (uncomprehending) [*look, expression*] aturdido; **e**) (absolute) [*refusal, rejection*] categórico; [*astonishment*] absoluto. IDIOMAS **to draw a ~** não chegar a lado nenhum. ▪ **blank out**: ~**(sth) out**, ~ **out (sth)** (lit) apagar [*word*]; (fig) apagar da memória [*memory, event*].

blank cheque GB ~ **check** US *n* **a)** FIN cheque *m*; **b)** (fig) carta *f* branca; **to give sb a** ~ dar carta branca a alguém.

blanket ['blæŋkɪt] **1** *n* **a)** (bedcover) cobertor *m*; **electric** ~ cobertor eléctrico; **b)** (layer) (of snow, ash) camada *f*; manto *m*; (of smoke) nuvem *f*; (of fog) cortina *f*; (of flowers, weeds) tapete *m*. **2** *modif* (global) [*ban, condemnation, policy*] global; [*use*] excessivo. **3** *vtr* (cover) (*usu in passive*) cobrir.

blankly ['blæŋklɪ] *adv* (without comprehension) [*stare, look*] com um ar espantado.

blank verse *n* LITER verso *m* branco.

blare [bleə(r)] **1** *n* clangor *m*; som *m* semelhante ao toque de trombeta. **2** *vi* see ~ **out**. ■ **blare out** [*music*] ressoar.

blaspheme [blæs'fi:m] *vtr, vi* blasfemar (**against** contra).

blasphemy ['blæsfəmɪ] *n* blasfémia *f*.

blast [bla:st] **1** *n* **a)** (explosion) explosão *g*; **b)** (gust) rajada *f*; **c)** (air current from explosion) deslocação *f* de ar; **d)** (noise) (on whistle) assobio *m*; (on car horn) buzinadela *f* PO, buzinada BR; **to give a** ~ **on sth** soprar [*trumpet*]; fazer soar [*whistle, car horn*]; **he plays his records at full** ~ ele põe os discos a tocar com o volume no máximo. **2** *vtr* **a)** (blow up) fazer explodir [*building*]; dinamitar [*rockface*]; **b)** (blow) [*wind*] danificar [*tree*]; **c)** (coll) (criticize) [*article, review*] destruir [*person, performance, work*]. **3** *vi* **a)** (mining) utilizar explosivos; **b)** (make a noise) [*trumpets*] troar. **4** *excl* bolas!. ■ **blast away**: ~ **away at sth/sb** metralhar algo/alg. ■ **blast off**: ~ **off** [*rocket*] descolar; [*explosion*] fazer saltar [*roof*]. ■ **blast out** [*music*] ribombar, atroar.

blasted ['bla:stɪd] *adj* **a)** (withered) [*oak foliage*] murcho; [*crop*] estragado; **b)** (coll) (for emphasis) **some** ~ **idiot locked the door!** um idiota qualquer fechou a porta à chave!.

blast: ~ **furnace** *n* alto-forno *m*; ~~**-off** *n* lançamento *m*; partida *f*; **three, two, one** ~~**-off!** três, dois, um, partida!.

blatant ['bleɪtənt] *adj* [*lie, bias, disregard*] descarado; [*example, abuse*] flagrante, evidente; **to be** ~ **about sth** [*person*] ser directo em relação a qq coisa.

blatantly ['bleɪtəntlɪ] *adv* [*copy, disregard*] absolutamente, de forma evidente.

blaze [bleɪz] **1** *n* **a)** (fire) (in the hearth) chamas *fpl*; fogueira *f*; (accidental) incêndio *m*; **b)** (sudden burst) (of light, colour) brilho *m*; (of flames) clarão *m*; **the garden is a** ~ **of colour** o jardim é um esplendor de cores; **c)** EQUIT marca *f*; **d)** (cut in a tree) marca *f*; entalhe *m*. **2 blazes** (coll) *npl* (hell) **what the** ~**s are you up to?** ₅que diabo estás a magicar?. **3** *vtr* (mark) marcar [*tree*]; **to** ~ **a trail** (fig) abrir caminho. **4** *vi* **a)** (burn furiously) (*also* ~ **away**) [*fire, house*] arder; **b)** (give out light) (*also* ~ **away**) [*lights*] brilhar; **c)** (shoot) [*gun, cannon*] disparar. **5 blazing** *adj* (*pres p*) **a)** (violent) [*argument*] violento; [*building, car*] em chamas; [*sun, sunshine*] ardente (*before n*) **b)** (coll) (furious) furioso.

blazer ['bleɪzə(r)] *n* blazer *m*.

bleach [bli:tʃ] **1** *n* **a)** (*also* **household** ~) (liquid) lixívia *f*; **b)** (for hair) descolorante *m*. **2** *vtr* des-

colorir, alourar [*hair*]; branquear [*linen*]; ~**ed hair** cabelos descolorados.

bleak [bli:k] **1** *n* (fish) mugem *m*. **2** *adj* [*landscape, region*] desolado; [*weather, season*] frio; [*prospect, outlook, future*] sombrio; [*world, surroundings*].

bleary ['blɪərɪ] *adj* [*eyes*] infectado; **to be** ~**-eyed** ter os olhos infectados.

bleat [bli:t] *n* **a)** (of sheep, goat) balido *m*; (of calf) mugido *m*; **b)** (pej) (of person) lamúrias *fpl*.

bled [bled] *pp* see **bleed**.

bleed [bli:d] **1** *vtr* **a)** MED sangrar; **b)** (extract money) extorquir; **to** ~ **sb for sth** extorquir qq coisa a algo; **to** ~ **sb white** *or* **dry** esgotar algo; **c)** TECH purgar. **2** *vi* sangrar; **my finger's** ~**ing** o meu dedo está a deitar sangue; **to** ~ **to death** morrer, esvaindo-se em sangue.

bleeding ['bli:dɪŋ] **1** *n* **a)** hemorragia *f*; **to stop the** ~ estancar a hemorragia; **b)** (deliberate) sangria *f*. **2** *adj* MED que sangra; [*wound, corpse, victim*] ensanguentado.

bleeding heart (fig) coração despedaçado.

bleep [bli:p] **1** *n* (signal) bip-bip *m*. **2** *vi* emitir um sinal ou vários sinais sonoros. **3** *vtr* **to** ~ **sb** chamar algo (através de sinal sonoro).

bleeper *n* aparelho *m* que avisa ou chama pessoas através dum sinal sonoro.

blemish ['blemɪʃ] **1** *n* (visible) imperfeição *f*; (abstract) defeito *m* (**on** em). **2** *vtr* estragar [*fruit, beauty, happiness*]; manchar [*reputation*].

blend [blend] **1** *n* **a)** (fusion) (of sounds, colours, etc) mistura *f*; combinação *f* (**of sth** de qq coisa); **b)** CULIN (mixture) (of coffees, teas) mistura *f* (**of sth** de qq coisa); **c)** (fabric) **wool** ~ lã *f* mesclada. **2** *vtr* misturar [*foods, colours, etc*] (**with** com); ~ **all the ingredients together** misturar todos os ingredientes. **3** *vi* **to** ~ **with sb** [*colours, tastes, sounds*] combinar-se com qq coisa, [*smells, visual effects*] misturar-se com. ■ **blend in**: **to** ~ **in (sth),** ~ **(sth) in** incorporar; **to** ~ **in** [*colour, building*] harmonizar-se (**with** com). ■ **blend into**: **to** ~ **into** [*setting, landscape*] confundir-se com; **to** ~ **into the background** confundir-se com a paisagem.

blender ['blendə(r)] *n* US batedeira *f*.

bless [bles] **1** *vtr* **a)** RELIG abençoar [*building, congregation, food, marriage, person, sacrament*]; **God** ~ **you/America** que Deus te abençoe/abençoe a América; **b)** (coll) (affectionately) ~ **you/your heart!** tu és um querido! (fam); ~ **you!** (after sneeze) santinho!; **c)** (coll, dated) (in surprise) ~ **me!/**~ **my son!/well I'm** ~**ed!** meu Deus!/estou pasmado! (fam); **d)** (favour) **to** ~ **sb with sth** favorecer alg com algo; **to be** ~**ed with** usufruir de [*health, luck, skill, virtue*]; **e)** (be grateful to) estar reconhecido a; ~ **you for answering so quickly** (coll) pagaste a conta? és um anjo! (fam). **2** *v refl* **to** ~ **oneself** benzer-se, fazer o sinal da cruz. **IDIOMAS** ~**ed if I know** o diabo me leve se sei.

blessed [blest] **1** *npl* **the** ~ RELIG os bem-aventurados. **2** *adj* **a)** RELIG (fig) [*place*] santo, sagrado; [*those in heaven, beatified*] bem-aventurados; **the** ~ **sacrament** o santo sacramento; **the B**~ **Virgin** a santíssima Virgem; **b)** (welcome) [*warmth, quiet*] benéfico; [*relief*] feliz; **c)** (coll) (damned) maldito (fam); **every ~ day** todos os dias.

blessing ['blesɪŋ] *n* **a)** (asset, favour) bênção *f*; graça *f* divina; (relief) consolo *m*; alívio *m*; **it is a ~ (for him) that is healthy** felizmente ele tem saúde; **it is a ~ to know he is safe** é um alívio pensar que ele está seguro; **dishwashers are a ~ for busy mothers** as máquinas de lavar loiça são um benefício para as mães sempre ocupadas; **a mixed ~** um consolo relativo; **b)** (approval) **with the ~ of sb/with sb's ~** com a aprovação de alg; **to give one's ~ to sth** aprovar algo sem reservas; **c)** RELIG bênção *f*; **to give sb one's ~** dar a sua bênção a alg; **to say a ~ over sth** abençoar algo; **to ask God's ~ on sth/sb** pedir a bênção divina para algo/alg. IDIOMAS **a ~ in disguise** um mal que veio por bem; **count your ~s!** dá-te por feliz! (fam).

blew [blu:] *(past)* see **blow**.

blight [blaɪt] *n* **a)** BOT doença *f*; **potato ~ míldio** *m*; **b)** (fig) (on society) praga *f*; chaga *f* **(on** em); **urban ~** desordenamento *m* urbano.

blighter ['blaɪtə(r)] *n* BRIT (coll) tipo *m* (fam); camelo *m*; **poor ~** pobre diabo; **you lucky ~!~!** grande sortudo!; **little ~!** sua peste!.

blimey ['blaɪmɪ] *excl* BRIT (coll) que chatice! não me digas!.

blind [blaɪnd] **1** *n* **a)** (+ *v pl*) **the ~** os cegos *mpl*; **b)** (at window) persiana *f*; estore *m*; **c)** (front) fachada *f*; disfarce *m*; **d)** US (hide) esconderijo *m*. **2** *adj* **a)** [*person*] cego; (fig) **to be ~ to the fact that...** não ver que...; **to go ~** ficar cego; **b)** [*panic, rage, obedience*] cego; **c)** [*corner, brow of hill*] sem visibilidade; **d)** (the slightest) **he doesn't know a ~ thing about it!** ele não sabe absolutamente nada sobre isso!. **3** *adv* [*fly*] sem visibilidade. **4** *vtr* **a)** (*pp, past* **blinded**) [*injury, accident*] cegar [*person*]; **b)** (fig) (dazzle) [*sun, light*] cegar, ofuscar [*person*]; **c)** (fig) (mislead, overwhelm) cegar. IDIOMAS **to turn a ~ eye to sth** fazer vista grossa a qq coisa (fam).

blind alley [blaɪnd'ælɪ] *n* (lit, fig) beco *m* sem saída; **this line of inquiry is just leading us up a ~** o rumo deste inquérito leva-nos a um beco sem saída.

blind date [blaɪnd'deɪt] *n* **a)** (meeting) encontro; com um(a) desconhecido(a); **b)** (person) desconhecido(a) *m/f* com quem se tem um encontro.

blindfold ['blaɪndfəʊld] **1** *n* venda *f*. **2** *adj* de olhos vendados. **3** *vtr* vendar os olhos a alg [*person*].

blinding ['blaɪndɪŋ] *adj* ofuscante, que cega.

blind man's buff [blaɪnd'mænz'bʌf] *n* GAMES cabra-cega *f*.

blindness ['blaɪndnɪs] *n* cegueira *f*.

blind spot ['blaɪnd'spɒt] *n* **a)** MED ponto *m* cego; **b)** (where no visibility) local *m* sem visibilidade.

blindy ['blaɪndlɪ] *adv* [*obey*] cegamente; [*move forward*] às cegas.

blink [blɪŋk] **1** *n* (of eye) pestanejar *m*; piscar de olhos; **a ~ of light** um vislumbre *m* de luz; **without a ~** sem pestanejar. **2** *vi* (person) pestanejar; (light) piscar. ■ **blink away: to ~ away one's tears** fechar os olhos para não chorar.

blinker ['blɪŋkə(r)] *n* **a)** AUT pisca-pisca *m*; (emergency light) luz *f* intermitente; **b)** (on horse) (*usu pl*) antolhos.

blinking ['blɪŋkɪŋ] **1** *n* (of eye) piscar *m* de olhos; (of light) piscar. **2** GB (coll) *adj* maldito; **~ idiot** grande idiota *m*.

blip [blɪp] *n* **a)** (on radar screen, etc) (light) luzinha *f*; ponto *m* luminoso; (peak in curve, etc) acidente *m* (numa curva); (fig) ligeiro contratempo *m*; **b)** (sound) bip-bip *m*.

bliss [blɪs] *n* **a)** RELIG, LITER beatitude *f*; **b)** (coll) satisfação *f*; contentamento *m*.

blissful ['blɪsfl] *adj* **a)** (coll) (wonderful) delicioso; **~ ignorance** santa ignorância *f*; **b)** REL bem aventurado.

blister ['blɪstə(r)] **1** *n* (on skin) borbulha *f*; (on paint) bolha *f*; (in glass) bolha. **2** *vtr* (skin, paint) empolar. **3** *vi* (skin) empolar-se.

blistering ['blɪstərɪŋ] **1** *n* (of skin) formação *f* de vesículas ou borbulhas; (of paint) formação de bolhas de ar. **2** *adj* [*heat*] sufocante; [*sun*] tórrido; [*attack, criticism*] feroz; [*tongue*] afiado; **at a ~ speed** a uma velocidade alucinante.

blister pack *n* embalagem *f* almofadada.

blithely ['blaɪðlɪ] *adv* alegremente, despreocupadamente; **~ ignorant of sth** sem a mínima consciência de (qq coisa).

blithering ['blɪðərɪŋ] *adj* (coll) **he's a ~ idiot** é um perfeito idiota.

bloated ['bləʊtɪd] *adj* [*face*] intumescido, inchado; (stomach, body) (fig) [*estimate*] exagerado; [*style*] empolado.

blob [blɒb] *n* (of ink, cream, etc) pingo *m*; (of colour) mancha *f*.

bloc [blɒk] *n* bloco *m*.

block [blɒk] **1** *n* **a)** (slab) bloco *m*; **b)** (building) **a ~ of flats** um bloco de apartamentos Po, cômodos BR; **administration ~** bloco *m* administrativo; **c)** (group of buildings) quarteirão *m*; **drive round the ~** dá a volta ao quarteirão; **d)** (chopping surface) (for butcher, executioner) cepo *m*; **to put** *or* **lay one's head on the ~** (fig) deixar que lhe cortem a cabeça; **e)** (obstruction) **to be a ~ to progress** ser um entrave ao progresso; **to put a ~ on sth** bloquear [*price, sale*]; entravar [*initiative*]; **to be a ~ to reform** ser um obstáculo à reforma; **f)** COMPUT bloco *m*; **g)** (coll) (head) cabeça *f*. **2** *vtr* **a)** (obstruct) bloquear [*exit, road, pass*]; tapar, entupir [*drain gutter, hole, artery*]; obstruir [*traffic*]; **to ~ sb's way** *or* **path** impedir a passagem a alguém; **to have a ~ed nose** ter o nariz entupido; **b)** (impede) bloquear [*market, project*]; impedir [*advance escape, progress*]; **you're ~ing my light** estás-me a tapar a luz; **c)** FIN bloquear [*currency, funds*]; **d)** SPORT bloquear [*ball, opponent*]. ■ **block off: ~ (sth) off, ~ off (sth)** (seal off) barrar [*road, path*]. ■ **block out: ~ (sth) out, ~ out (sth)** tapar [*view, light, sun*]. ■ **block up: ~ (sth) up, ~ up (sth)** entupir [*drain, arteries, gutter*] tapar [*hole*]; bloquear [*streets*]. ■ **blockhead** (coll) *n* (pej) imbecil *m/f*; idiota *m/f*.

blockage ['blɒkɪdʒ] *n* (in arteries) obstrução *f*; (in distribution system) bloqueio *m*.

blockbuster ['blɒkbʌstə(r)] **1** (coll) *n* **a)** (book, film) livro *m* ou filme *m* de sucesso; **b)** MIL bomba *f* de grande potência. **2** *modif* [*film, series*] de grande sucesso (*after n*).

block: ~ **capital** n PRINT maiúscula f (de imprensa); **in** ~ **capitals** (on form) em letra f de imprensa; ~ **in** ~ **in** (**sb/sth**) (when parking) bloquear [car, driver]; ~ **letter** n letra f de imprensa; **in** ~ **letters** (on form) em letra de imprensa.

bloke [bləʊk] n (slang) BRIT tipo m (fam).

blond [blɒnd] adj [person, hair] louro; [wood] claro; [fur] dourado.

blonde 1 n pessoa f loura. **2** adj louro.

blood [blʌd] **1** n a) BIOL, PHYSIOL sangue m; **the** ~ **rushed to his cheeks** ele corou; **the sound made my** ~ **run cold** o barulho fez-me gelar o sangue (nas veias); b) (breeding) sangue m; **music is in her** ~ a música está-lhe no sangue; c) (anger) **his** ~ **is up** ele está furioso; **my** ~ **was boiling** eu fervia de raiva. **2** vtr HUNT dar o baptismo de sangue a [novice hunter]. IDIOMAS ~ **is thicker than water** os laços de sangue falam mais alto; **it's like getting** ~ **out of a stone** é como malhar em ferro frio.

blood: ~ **bank** n banco m de sangue; ~**bath** n banho m de sangue; ~ **cell** n glóbulo m (sanguíneo); ~ **clot** n coágulo m de sangue.

bloodcurdling ['blʌdkɜːdlɪŋ] adj **I heard a** ~ **scream** ouvi um grito de fazer gelar o sangue nas veias.

blood: ~ **donor** n dador m de sangue; ~ **flow** n fluxo m sanguínea; ~ **group** n grupo m sanguíneo; ~**hound** n sabujo m.

bloodless ['blʌdlɪs] adj a) (peaceful) [revolution, coup] sem derramamento de sangue; b) (pale) pálido; c) (drained of blood) exangue.

blood: ~ **lust** n sede f de sangue; ~ **poisoning** n MED septicemia f.

blood pressure ['blʌdpreʃə(r)] n MED tensão f arterial; **high** ~ hipertensão f; **low** ~ tensão f baixa; **my** ~ **rose/fell** a minha tensão arterial subiu/baixou.

blood: ~**-red** adj vermelho-sangue; ~ **relation** n parente m/f consaguíneo,-a; ~**shed** n carnificina f; derramamento m de sangue; ~**shot** adj injectado (de sangue); ~ **sport** n HUNT desporto m PO, esporte BR m sanguinário; ~**stain** n mancha f de sangue; ~**stained** adj manchado de sangue; ~**stream** n corrente f sanguínea.

bloodthirsty ['blʌdθɜːstɪ] adj (lit) [murderer tiger] sedento de sangue; (fig) [film, novel] sanguinário.

blood: ~ **transfusion** n transfusão f de sangue; ~ **vessel** n caso m sanguíneo.

bloody ['blʌdɪ] adj a) (gory) [hand, sword, rag] ensanguentado; **to have a** ~ **nose** ter o nariz a sangrar; b) (violent) [battle, deed] sangrento; [regime, tyrant] sanguinário; c) (red) vermelho--sangue; d) (slang) (expressing anger, frustration) maldito; **this** ~ **car!** este maldito carro!; ~ **hell!** merda! (cal); **you** ~ **fool!** seu estúpido!.

bloody-minded (coll) adj **don't be so** ~ não sejas tão cruel.

bloom [bluːm] **1** n a) (flower) flor f; b) (flowering) florescência f; (fig) brilho m; **in** ~ em flor; **to come into** ~ florir; **in the** ~ **of youth** na flor da idade; (fig) **to take the** ~ **of sth** fazer sobra sobre qq coisa. **2** vi (be in flower) estar em flor; (come into flower) florir, florescer.

bloomer ['bluːmə(r)] n (coll) gaffe f; deslize m.

bloomers ['bluːməz] npl calções mpl tufados apertados PO, estreitos BR nos tornozelos (usados antigamente pelas mulheres).

blossom ['blɒsəm] **1** n flor f; florescência f; **in** ~ em flor; **in full** ~ em plena florescência; **to come into** ~ florir. **2** vi florir; (fig) **to** ~ **out** desabrochar.

blot [blɒt] **1** n mancha f; borrão m de tinta. **2** vtr (past, pp **-tt-**) a) (dry) secar com o mata-borrão; b) (stain) manchar; (fig) ofuscar. IDIOMAS (coll) **to** ~ **one's copybook** manchar a sua reputação; **to be a** ~ **on the landscape;** estragar a paisagem; (fig) borrar a pintura.

blot: ~**ter** n mata-borrão m; pasta f de secretária; estojo m de secretária; ~**ting paper** n papel m mata-borrão.

blouse [blaʊz] n a) (woman's) blusa f; b) (smock) bata f; ARCH gabão m; c) AM MIL dólman m.

blow [bləʊ] **1** n a) (forceful stroke) (lit, fig) golpe m; pancada f; (with fist) soco m; **he was killed by a** ~ **to the back of the head** ele foi morto com uma pancada na cabeça; **they almost came to** ~**s** eles quase chegaram a vias de facto; **to strike a** ~ **for sth** lutar por [freedom, human rights]; b) (fig) (severe knock) golpe m; **it was a (real)** ~ **to sth/to** or **for sb** isso foi um golpe terrível para [pride, hopes, person, team]; c) (action) **give your nose a good** ~ assoa-te bem; d) (of wind) golpe m de vento; (dated) **to go out for a** ~ sair para tomar ar; e) (slang) GB (marijuana) erva f (cal); US (cocaine) pó m (cal). **2** vtr (past **blew** pp **blown**) a) (wind) **the wind blew the door open** a porta abriu-se com o vento; b) (person) **to** ~ **one's nose** assoar-se; c) (gen) MUS soprar, tocar [trumpet, whistle, flute]; d) [explosion]; **to** ~ **a safe** fazer saltar um cofre; e) ELEC queimar [fuse, gasket]; fundir [lightbulb]; f) (coll) (spend extravagantly) esbanjar [money] (**on** em); g) (make a mess of) (coll); **to** ~ **one's chances** desperdiçar as oportunidades; h) (coll) (pp **blowed**) ~ **him!** que ele vá para o diabo!; ~ **you!** vai para o diabo!. **3** vi (past **blew** pp **blown**) a) [wind] soprar; **the wind's** ~**ing from the north** o vento está a soprar do norte; b) [person] soprar (**into** para); c) (sound) [car horn, whistle, trumpet] soar; d) [fuse, gasket, lightbulb] fundir; e) (coll) (leave quickly) raspar-se (cal). IDIOMAS (coll) **to** ~ **a fuse/a gasket/one's lid/one's stack** or **one's top** ficar muito irritado; (coll) **it really blew my mind** or **blew me away!** fiquei realmente excitado com aquilo. ■ **blow off a)** [hat, etc] ser levado; b) (gush out) [gas, liquid] escapar-se; ~ (**sth**) **off,** ~ **off** (**sth**) a) (wind) levar [hat, etc]; b) **to** ~ **sb's head off** fazer saltar a cabeça de alg. ■ **blow out a)** [candle, flame] apagar-se; b) [oil well] deixar escapar petróleo; ~ (**sth**) **out,** ~ **out** (**sth**) a) apagar [candle, flames]; b) **to** ~ **one's cheeks out** encher as bochechas de ar. ■ **blow over a)** (pass, die down) (lit) [storm] passar; (fig) [affair] ser esquecido; [discontent, protests] acalmar; [anger] passar; b) (topple over) [fence, tree] cair (por causa do vento). ■ **blow up a)** (in explosion) [building, bridge] saltar; [bomb] explodir; b) [wind, storm] levantar-se; c) [trouble, problem, row, affair] estalar, rebentar, manifestar-se; **d**) (coll) (become angry) [*person*] perder a paciência, ficar irritado; **e**) (inflate) ~ **(sth/sb) up,** ~ **up (sth/sb)** (in explosion) fazer explodir [*building, bridge, bomb, person*]; ~ **(sth) up,** ~ **up (sth) a**) (inflate) encher [*tyre, balloon*]; **b**) PHOT (enlarge) ampliar; **c**) (exaggerate) exagerar.

blow-dry ['bləʊdraɪ] **1** *n* brushing *m* (pentear com escova e secador de mão). **2** *vtr* **to** ~ **one's hair** fazer um brushing.

blown [bləʊn] **1** *adj* [*rose*] desabrochado. **2** (*pp*) see **blow**.

blow-up ['bləʊʌp] *n* **a**) PHOT ampliação *f*; **b**) (coll) (argument) discussão *f*.

blowout ['bləʊaʊt] *n* **a**) ELEC curto-circuito *m*; **b**) AUT (of tyre) furo *m*; **c**) AVIAT (of jet engine) avaria *f*; **d**) MINING (in oil or gas well) jorro *f*; **e**) (coll) (large meal) jantarada *f*; comezaina *f*.

blowpipe ['bləʊpaɪp] *n* GB (for blowing darts etc) zarabatana *f*.

blowtorch ['bləʊtɔːtʃ] *n* GB maçarico *m*.

blowy ['bləʊɪ] (coll) *adj* ventoso.

blubber ['blʌbə(r)] **1** *n* (of whale) óleo *m* de baleia; (fig) (coll) (of person) gordura *f*. **2** *vi* chorar como um cabrito desmamado.

blue [bluː] **1** *n* **a**) (colour) azul *m*; **to go** *or* **turn** ~ ficar azul; **b**) (sky) (liter) **the** ~ o céu *m* azul; **to say sth out of the** ~ dizer qq coisa inesperadamente; **c**) GB **to be an Oxford/Cambridge** ~ UNIV (honour) ser membro duma equipa desportiva de Oxford/Cambridge; **d**) (coll) GB **a true** ~ POL um verdadeiro partidário do partido conservador. **2 blues** *npl* **a**) **the** ~**s** MUS os blues *mpl*; **to sing the** ~**s** cantar blues; **b**) (coll) (depression) **the** ~**s** a neura *f*; **to have the** ~**s** estar com a neura. **3 blues** *modif* MUS [*music, musician, fan*] de blues. **4** *adj* **a**) (in colour) azul; **black and** ~ cheio de nódoas negras; **b**) (depressed) **to feel** ~ sentir-se deprimido; **to look** ~ ter um ar deprimido; **c**) (coll) (smutty) [*film*] pornográfico; [*joke*] picante; **d**) (coll) GB POL conservador. **5** *vtr* (coll) (squander) **to** ~ **(all) one's money on sth** gastar todo o dinheiro em qq coisa. **IDIOMAS to tell sb sth/repeat sth (to sb) until one is** ~ **in the face** insistir indefinidamente em qq coisa até se estar cansado.

blue baby *n* criança *f* que sofre da doença azul.

bluebell ['bluːbel] *n* BOT campainha *f*.

blue: ~**berry** *n* US BOT mirtilo *m*; ~ **blood** *n* sangue *m* azul.

bluebottle ['bluːbɒtl] *n* **a**) ZOOL varejeira *f* azul; **b**) BOT centáurea *f* azul.

blue cheese *n* queijo *m* tipo roquefort.

blue collar [bluː'kɒlə(r)] *modif* ~ **worker** operário *m*; trabalhador *m* manual; ~ **union** sindicato *m* operário.

blue-eyed ['bluːaɪd] *adj* de olhos azuis.

blue jeans [bluː'dʒiːnz] *npl* jeans *mpl*.

blueprint ['bluːprɪnt] *n* **a**) ARCHIT, TECH anteprojecto *m*; **b**) (fig) (plan) esquema *m*; projecto *m* (**for** de).

bluestocking ['bluːstɒkɪŋ] *n* (pej) mulher *f* intelectual.

blue tit ['bluːtɪt] *n* melharuco *m* azul.

bluff [blʌf] **1** *n* **a**) (cards) "bluff" *m*; buela *f*; logro *m*; **b**) (bank) escarpa *f*; (cliff) penhasco *m*. **2** *adj* [*person, manner*] rude, mas cordial ao mes-

mo tempo. **3** *vtr* (coll) fazer "bluff"; **to** ~ **sb into thinking sth** enganar algo iludindo-a sobre qq coisa. **4** *vi* (cards) fazer "bluff"; **he's (only)** ~**ing** ele está (apenas) a fazer "bluff".

blunder ['blʌndə(r)] **1** *n* disparate *m*; erro. **2** *vi* (make mistake) errar, cometer um erro *m*; (move clumsily) **he** ~**ed into the table** ele foi de encontro à mesa. ■ **blunder about: she** ~**ed about in the dark** ela andou às cegas no escuro.

blunt [blʌnt] **1** *adj* **a**) [*knife, scissors*] cego, embotado; [*penal*] rombo, por afiar; [*needle*] embotado; **this knife is** ~ esta faca não corta; **b**) (frank) [*person, manner*] rude, indelicado; [*refusal*] categórico; [*criticism*] franco, directo; **to be** ~ **with you** para ser franco contigo. **2** *vtr* embotar [*scissors*]; tirar; (appetite) endurecer [*feeling*].

bluntly ['blʌntlɪ] *adv* francamente.

bluntness ['blʌntnɪs] *n* (of person) franqueza *f*; (of manner, answer) rudeza *f*.

blur [blɜː(r)] **1** *n* mancha *f*; imagem *f* enevoada; **after that it all became a** ~ depois as coisas tornaram-se confusas; **a** ~ **in her memory** numa lembrança vaga e confusa. **2** *vtr* (*past, pp* **-rr-**) nublar, misturar. **3** *vi* (*past, pp* **-rr-**) toldar-se, tornar-se indistinto.

blurb [blɜːb] *n* descrição *f* favorável; (on book cover) texto *m* de apresentação; (pej) lábia *f*.

blurred *adj* indistinto; [*image, photo, idea*] vago, impreciso; ~ **vision** perturbações *fpl* de visão.

blurt [blɜːt] *vtr* **to** ~ **out** proferir inadvertidamente.

blush [blʌʃ] **1** *n* rubor *m*; **without a** ~ sem escrúpulos. **2** *vi* corar, ruborizar-se (**for** *or* **with** por); **to** ~ **for sb** envergonhar-se de algo.

bluster ['blʌstə(r)] **1** *n* (fig) (angry) fúria *f*; ameaças *fpl*; (boasting) fanfarronice *f*. **2** *vi* **a**) (wind) soprar em rajadas; **b**) (fig) barafustar; (person) (angrily) vociferar, proferir ameaças (**at sb** contra algo); (boastfully) fanfarronar.

blustery ['blʌstərɪ] *adj* [*weather day*] tempestuoso, ventoso; [*wind*] que sopra em rajadas.

boa ['bəʊə] *n* ZOOL boa *f*; jibóia *f*; (clothing) boá *f* (abafo de peles).

boa constrictor *n* boa *f*.

boar [bɔː(r)] *n* (wild) javali *m*.

board [bɔːd] **1** *n* **a**) (plank) prancha *f*; tábua *f*; **b**) ADM conselho *m*; ~ **of directors** conselho de administração; ~ **of inquiry** comissão *f* de inquérito; **c**) GAMES (playing surface) tabuleiro *m*; **d**) SCHOL quadro *m*; **e**) (notice board) (for information) placard *m* de notícias; **f**) COMP, ELECTRON placa *f*; **g**) (accommodation) **full** ~ pensão *f* completa; ~ **and lodging** cama *f* e mesa *f*. **2 boards** *npl* (floor) palco *m*. **3** *modif* ADMIN [*meeting, member, policy, report*] do conselho de administração. **4 on board** *adv phr* **he's on** ~ **ship** ele encontra-se a bordo do navio; **to go on** ~ embarcar; **to get on** ~ **sth** entrar para [*bus, train*]; entrar a bordo de [*plane, ship*]; **to take sth on** ~ (lit) embarcar [*cargo, passengers*]; (fig) tomar (qq coisa) em consideração [*changes, facts*]; assumir [*problem*]. **5** *vtr* (passenger) embarcar em [*boat, plane*]; (passenger) entrar em [*bus, train*]; (pirates, marines) abordar [*ves-*

sel]. **6** *vi* estar hospedado (**at** em; **with sb** em casa de alguém). IDIOMAS **above** ~ legal; **there will be changes across the** ~ vai haver mudanças a todos os níveis; **all our good intentions went by the** ~ todas as nossas boas intenções foram pela borda fora; **to tread the** ~**s** THEAT pisar o palco, ser actor; **to sweep the** ~ ganhar tudo. ■ **board out**: ~ (**sb**) **out**, ~ **out** (**sb**) (full-time) alojar alguém numa pensão. ■ **board over**: ~ (**sth**) **over**, ~ **over** (**sth**) tapar (qq coisa) com tábuas [*hole, shaft*]. ■ **board up**: ~ (**sth**) **up**, ~ **up** (**sth**) entaipar [*door, window*].
boarder ['bɔ:də(r)] *n* **a**) (lodger) hóspede *m/f*; **b**) SCHOL aluno *m* interno.
board game *n* jogo *m* de tabuleiro.
boarding house ['bɔ:dɪŋ haʊs] *n* TOURISM pensão *f*.
boarding school *n* colégio *m* interno.
boardroom ['bɔ:dru:m] *n* (room) sala *f* do conselho de administração.
boast [bəʊst] **1** *n* bazófia *f*. **2** *vtr* **the town** ~**s a beautiful church** a cidade orgulha-se da sua bela igreja. **3** *vi* gabar-se, vangloriar-se Po, trombetear BR (**about** de); **without** ~ sem alarde.
boastful ['bəʊstfl] *adj* [*person*] gabarola, fanfarrão Po, gabola BR.
boat [bəʊt] **1** *n* (vessel) barco *m*; navio *m*; **he sailed across the lake in a** ~ atravessou o lago de barco; **by** ~ [*travel*] de barco. **2** *modif* [*journey, trip*] de barco. IDIOMAS (coll) **to be in the same** ~ (fig) estar no mesmo barco; (coll) **to push the** ~ **out** divertir-se à grande (fam); (coll) **to rock the** ~ fazer ondas (fam).
boater ['bəʊtə(r)] *n* (hat) palhinhas *m*; chapéu *m* de palha.
boat: ~**hook** *n* NAUT croque *m*; ~**house** *n* abrigo *m* para barcos; ~**load** *n* (of goods) capacidade *f* do barco; ~**loads of tourists** barcos cheios de turistas; ~**swain** *n* mestre *m* (do barco).
bob [bɒb] **1** *n* **a**) (curtsy) mesura *f*; reverência *f*; **a** ~ **of the head** inclinação *f* de cabeça; **b**) (weight) (on plumb line) prumo *m*; (on pendulum) peso *m*; **c**) (haircut) corte *m* de cabelo (para mulher); **d**) (coll) GB (money) xelim *m*. **2** *vtr* (*pres p etc* -**bb**-) **a**) (cut) cortar (qq coisa) curto [*tail, hair*]; **b**) (curtsy) **to** ~ **a curtsy** fazer uma mesura (**to** a). **3** *vi* (*pres p etc* -**bb**-) (move) [*boat, float*] balouçar-se; **to** ~ **up and down** [*person, boat*] balouçar-se; [*heads*] aparecer e desaparecer. **4 bobbed** *pp adj* [*hair, tail*] cortado curto.
bobbin ['bɒbɪn] *n* bobina *f*; (for lace-making) bilro *m*.
bobble ['bɒbl] *n* pompom *m*.
bobby ['bɒbɪ] (coll) *n* GB polícia *m*.
bob sled ['bɒbsled] *n* see **bobsleigh**.
bobsleigh *n* SPORT trenó *m*.
bode [bəʊd] *vi* (liter) **to** ~ **well/ill** (**for sb/sth**) ser bom/mau presságio (para alg/alg).
bodice ['bɒdɪs] *n* (of dress) corpete *m*.
bodily ['bɒdɪlɪ] **1** *adj* [*function*] fisiológico; [*fluids*] orgânico; [*need, welfare, well-being*] físico. **2** *adv* [*carry, pick-up*] em peso.
body ['bɒdɪ] **1** *n* **a**) (of person, animal) corpo *m*; ~ **and soul** corpo e alma; **a dead** ~ um cadáver *m*; **to eat just enough to keep** ~ **and soul to-**

gether comer apenas para sobreviver; **b**) (corpse) cadáver *m*; **c**) (main section) (of car) carroçaria *f*; (of plane) fuselagem *f*; (of violin, guitar) caixa *f* de ressonância; **d**) (large quantity) (of water) extensão *f*; **there is a** ~ **of opinion in favour of change** o conjunto da opinião é favorável à mudança; **e**) (group) **the main** ~ **of demonstrators** o grosso dos manifestantes; **the student** ~ a massa dos estudantes; **in a** ~ em massa; **f**) (organization) organismo *m*; **advisory** ~ comissão *f* consultiva; **g**) (fullness) (of wine) corpo *m*; (of hair) volume *m*. **2** *modif* **a**) COSMET [*lotion, scrub*] para o corpo; [*care*] corporal; **b**) AUT [*repair*] de carroçaria. IDIOMAS **over my dead** ~**!** só por cima do meu cadáver!.
body-building ['bɒdɪbɪldɪŋ] **1** *n* culturismo *m*; musculação *f*. **2** *adj* [*exercise*] muscular.
bodyguard ['bɒdɪga:d] *n* **a**) (group) escolta *f*; **b**) (individual) guarda-costas *m/f*.
body: ~ **odour** *n* odor *m* corporal; ~~-**work** *n* carroçaria *f*.
boffin ['bɒfɪn] (coll) *n* GB perito *m*; entendido *m*; **computer** ~ perito em informática.
bog [bɒg] *n* **a**) (marshy ground) pântano *m*; lodaçal *m*; **b**) (slang) GB (toilet) retrete *f* Po, privada *f* BR. IDIOMAS **to get** ~**ged down in sth** atolar-se em qq coisa.
boggle ['bɒgl] **1** *vtr* **it** ~**s the mind** isso ultrapassa a imaginação. **2** *vi* **the mind** *or* **imagination** ~**s at the idea** não quero nem pensar nisso.
boggy ['bɒgɪ] *adj* [*ground*] (swampy) pantanoso, lamacento.
bogus ['bəʊgəs] *adj* [*official, doctor, invoice*] falso (*before n*) ~ **company** sociedade fictícia.
Bohemia [bəʊ'hi:mɪə] *n* GEOG Boémia *f*.
Bohemian [bəʊ'hi:mɪən] *adj* [*lifestyle, person*] boémio.
boil [bɔɪl] **1** *n* **a**) **to be on the** ~ (lit) estar em ebulição; (be under way) [*deal, project*] estar em curso; **to come to the** ~ começar a ferver; **to go off the** ~ (lit) parar de ferver; (fig) [*performance*] baixar de qualidade; **b**) MED furúnculo *m*. **2** *vtr* **a**) ferver [*liquid*]; **to** ~ **the kettle** pôr a chaleira ao lume; **b**) cozer em água; **to** ~ **an egg** cozer um ovo; ~**ed potatoes** batatas *fpl* cozidas. **3** *vi* **a**) [*water, vegetables, etc*] ferver; **the kettle is** ~**ing** a chaleira está a ferver; **b**) (fig) (seethe) [*person*] ferver (**with** de). ■ **boil away** a) (go on boiling) ferver em cachão; **b**) (evaporate completely) evaporar-se. ■ **boil over a**) [*water, milk*] deitar por fora (ao ferver); **b**) [*anger, tension, excitement*] transbordar, extravasar. ■ **boil up** [*water, milk*] subir.
boiler ['bɔɪlə(r)] *n* **a**) (in central heating system, steam generator, locomotive) caldeira *f*; (for storing hot water) cilindro *m*; **b**) (saucepan) panela *f*; caçarola *f*.
boiler: ~ **room** *n* casa *f* das caldeiras; ~ **suit** *n* fato *m* de macaco.
boisterous ['bɔɪstərəs] *adj* **a**) [*adult*] barulhento; [*child*] turbulento; [*crowd*] impetuoso, agitado; **b**) (tempestuousness) tempestuoso; [*sea*] agitado.
bold [bəʊld] **1** *n* GB PRINT (*also* ~**face**) US negrito *m*; **in** ~ em negrito. **2** *adj* **a**) (daring) [*person*] ousado; [*plan, decision, move, step*] audacioso; **b**) (cheeky) [*person, look, stare*] descarado,

atrevido; **c)** (strong) [*design, colour*] forte, vistoso. IDIOMAS (coll) ~ **as brass** (ter) muita lata.

boldly ['bəʊldlɪ] *adv* **a)** (daringly) ousadamente, corajosamente; (cheekily) descaradamente; **b)** (design, colour) de forma vistosa.

boldness ['bəʊldnɪs] *n* (intrepidity) ousadia *f*; coragem *f*; arrojo *m*; (cheek) descaramento *m*; atrevimento *m*.

Bolivia [bə'lɪvɪə] *n* Bolívia *f*.

bollard ['bɒləd] *n* **a)** NAUT (on quay, ship) poste *f* de amarração; **b)** GB (across road, on traffic island) poste *m* de sinalização.

Bolshevik ['bɒlʃɪvɪk] *n, adj* bolchevique *m/f*.

bolshy ['bɒlʃɪ] (coll) *adj* **a)** (on one occasion) [*child*] rebelde; **he's** ~ [*adult*] ele é incómodo; **b)** (by temperament) **he's** ~ ele é um chato Po, saco BR (fam).

bolster ['bəʊlstə(r)] **1** *n* travesseiro *m*. **2** *vtr* **a)** (boost) reforçar, sustentar [*confidence*]; **to** ~ **sb's ego** alimentar o ego de alg; **b)** (shore up) proteger [*economy*]; apoiar [*argument*].

bolt [bəʊlt] **1** *n* **a)** (lock) trinco *m*; ferrolho *m*; **b)** (screw) parafuso *m*; **c)** ~ **of lightning** relâmpago *m*; faísca *f*; **d)** (of cloth) rolo *m*; peça *f*; **e)** (for crossbow) flecha *f*; **f)** (dash) partida *f* precipitada; **to make a ~ for it** pôr-se ao fresco (fam). **2 bolt upright** *adv phr* direito como um fuso. **3** *vtr* **a)** (lock) trancar [*window, door*]; **b)** (fix in place) aparafusar [*plate, girder, section*]; **c)** (*also* ~ **down**) (swallow) engolir à pressa; **d)** US negar apoio a [*political party, candidate*]. **4** *vi* (flee) [*horse*] disparar; [*rabbit*] fugir; **to** ~ **in/ out/off** entrar/sair/partir precipitadamente. IDIOMAS **a** ~ **from** *or* **out of the blue** (como) uma bomba (fam).

bolt-hole ['bəʊlt'həʊl] *n* (lit, fig) refúgio *m*.

bomb [bɒm] **1** *n* **a)** (explosive device) bomba *f*; **the B~** a bomba atómica; **b)** (coll) GB (large amount of money) **to cost/spend a** ~ custar/gastar uma pipa de massa (fam); **c)** (coll) US (flop) (of play, film) fiasco *m*. **2** *vtr* bombardear [*town, house, street*]. **3** *vi* **a)** (coll) GB (move fast) [*person, car*] andar a toda a velocidade; **b)** (coll) US (fail) fracassar. ▪ **bomb out**: ~ **(sb/ sth) out,** ~ **out (sb/sth)** (*usu in passive*) destruir através de bombardeamentos [*building, street, person*].

bombard [bɒm'baːd] *vtr* MIL, PHYS bombardear (**with** com).

bombardment [bɒm'baːdmənt] *n* MIL, PHYS bombardeamento *m*.

bombastic [bɒm'bæstɪk] *adj* grandiloquente, bombástico.

bomb disposal *n* desactivação *f* de minas; ~ **scare** *n* alerta *f* (de bombardeamento).

bombing ['bɒmɪŋ] *n* **a)** MIL bombardeamento *m*; **b)** (by terrorists) atentado *m* bombista.

bombshell ['bɒmʃel] *n* **a)** (bomb) granada *f*; **b)** (shock) bomba *f*; (fig) **to drop a** ~ lançar uma bomba (fig).

bona fide [bəʊnə'faɪdɪ] *adj* [*attempt*] sincero; [*member, refugee*] verdadeiro (*before* n) [*offer*] sério.

bonanza [bə'nænzə] *n* MIN filão *m*.

bond [bɒnd] **1** *n* **a)** (link) laço *m*; vínculo *m* (*often pl*) (**of** de; **between** entre); **to strengthen a**

~ reforçar os laços; **to feel a strong** ~ **with sb** sentir-se muito próximo de alg; **b)** (fetter) (*usu pl*) prisão *f*; (fig) cadeia *f* Po, xilindró *m* BR (**of** de); **c)** FIN obrigação *f*; **d)** (adhesion) aderência *f*; **e)** CHEM ligação *f*; **f)** JUR (guarantee) compromisso *m* (escrito); (deposit) caução *f*; **g)** (at customs) **in** ~ em depósito (na alfândega). **2** *modif* [*market, prices*] das obrigações. **3** *vtr* **a)** (*also* ~ **together**) [*glue, adhesive*] fazer aderir [*materials, surfaces*]; **b)** (*also* ~ **together**) [*experience, suffering*] criar laços entre [*people*]. **4** *vi* [*people*] ligar-se (**with** a); **the mother and baby** ~ **quickly** os laços maternais criam-se rapidamente; [*materials*] aderir; **to** ~ **with** aderir a; CHEM [*atoms*] associar-se; **to** ~ **with** associar-se a.

bondage ['bɒndɪdʒ] *n* (slavery) (lit, fig) escravidão *f*.

bone (coll) *n* parte do cotovelo por onde passa o nervo cubital.

bone ['bəʊn] **1** *n* **a)** (of human, animal) osso *m*; (of fish) espinha *f*; **made of** ~ em osso; **chicken off the** ~ frango *m* desossado; **b)** (in corset etc) barba *f*. **2 bones** *npl* (animal or human skeleton) ossada *fpl*; esqueleto *m*. **3** *modif* [*handle, button*] em osso. **4** *vtr* **a)** CULIN desossar [*joint, chicken*]; tirar as espinhas a [*fish*]; **b)** (reinforce) reforçar [*corset, bodice*]. IDIOMAS ~ **of contention** pomo *m* de discórdia; **her remark was close to the** ~ a sua observação atingiu o alvo; **to cut sth to the** ~ reduzir qq coisa ao mínimo; **to feel sth in one's** ~**s** ter um pressentimento qq; **to have a** ~ **to pick with sb** ter um assunto pendente com alguém; **to make no** ~**s about sth** não fazer cerimónia, não ter papas na língua.

bone: ~ **china** *n* porcelana *f* com mistura de cinzas de ossos; ~ **dry** *adj* completamente seco; ~ **idle** (coll) *adj* preguiçoso.

boneless ['bəʊnlɪs] *adj* [*chicken breast*] sem ossos; [*fish*] sem espinhas.

bonemeal ['bəʊnmiːl] *n* (fertilizer) fosfato *m* de cálcio.

boneshaker ['bəʊnʃeɪkə(r)] (coll) [*old vehicle*] velha carcaça *f* (fam).

bonfire ['bɒnfaɪə(r)] *n* fogueira *f* (ao ar livre).

bonkers ['bɒŋkəz] (coll) *adj* GB doido, maluco Po, encucado, pirado *f* BR.

bonnet ['bɒnɪt] *n* **a)** (hat) boné *m* Po, quepe *m* BR; gorro *m*; barrete *m*; **b)** AUT GB capô *m* (do motor). IDIOMAS **to have a bee in one's** ~ **about sth** ter uma ideia fixa acerca de qq coisa.

bonus ['bəʊnəs] *n* **a)** COMM, FIN (payment) gratificação *f*; bonificação *f*; **b)** (advantage) vantagem *f*.

bony ['bəʊnɪ] *adj* **a)** [*person, body, shoulders, face, features*] ossudo, anguloso; **b)** [*fish, piece of fish*] cheio de espinhas; **c)** [*substance*] ósseo.

boo [buː] **1** *n* (jeer) vaia *f*. **2** *excl* (to give sb a fright) hu! (para assustar alg). **3** *vtr* vaiar [*actor, speaker*]; **to be** ~**ed off the stage** deixar o palco debaixo de vaias.

boob [buːb] (coll) *n* **a)** (mistake) asneira *f* Po, bobagem *f* BR; **b)** (breast) seio *m*.

booby ['buːbɪ] (coll, dated) *n* **a)** (silly person) pateta *m*; **b)** ZOOL (gannet) ave *f* marinha semelhante a um ganso.

Booby: ['buːbɪ] ~ **prize** *n* prémio *m* de consolação; ~**trap 1** *n* MIL mecanismo *m* armadilhado. **2** *vtr* MIL armadilhar, colocar uma bomba em [*car, bodies, building*].

book [bʊk] **1** *n* **a**) livro *m*; **history** ~ livro de história; **"Carlton Books"** (title of publishing firm) "Edições Carlton"; **b**) (division, part) livro *m*; tomo *m*; volume *m*; **c**) SCH (exercise-book) caderno *m*; **drawing** ~ caderno de desenho; **d**) (of opera libretto) libreto *m*. **2 books** *npl* **a**) ACCTS, COM contabilidade *f*; **he keeps the** ~**s for the firm** ele fez a contabilidade da firma; **b**) ADMIN (records) registo *m*; **to be on the** ~**s of an organization** estar inscrito numa organização. **3** *vtr* **a**) (reserve) reservar [*table, seat, room, cabin, ticket*]; fazer as reservas para [*holiday*]; marcar [*taxi*]; contratar [*babysitter, driver, entertainer*]; **the hotel is fully** ~**ed for August** o hotel está completamente esgotado para Agosto; **my Tuesday and Thursday afternoons are** ~**ed** tenho as tardes de 3.ª e de 5.ª ocupadas; **b**) (charge) [*policeman*] autuar [*driver, offender*]; US (arrest) prender [*suspect*]; SPORT [*referee*] mostrar o cartão amarelo a [*player*]; **he was** ~**ed for speeding** ele foi multado por excesso de velocidade; **c**) COMM, FIN tomar nota [*order*]; **to** ~ **goods to sb's account** pôr as compras na conta de alguém. **4** *vi* reservar. IDIOMAS **I can read her like an open** ~ ela é como um livro aberto para mim; **economics is a closed** ~ **to me** não percebo nada de economia; **to be in sb's good** ~**s** estar nas boas graças de alguém; **to bring sb to** ~ pedir contas a alguém (**for** por); **to go by the** ~**/to do things by the** ~**/to stick to the** ~ seguir as regras; **to throw the** ~ **at sb** (reprimand sb) dar uma ensaboadela a alguém (fam). ■ **book in:** ~ **in** GB (at hotel) (check in) fazer o registo na recepção; (make reservation) reservar um quarto. ■ **book up:** ~ **(sth) up** (*usu. in passive*) **I'm** ~**ed up every evening next week** na próxima semana, tenho todas as noites ocupadas.

book: ~**case** *n* estante *f*; ~ **club** *n* clube *m* de livros; ~**end** *n* suporte *m* para livros.

bookie ['bʊkɪ] *n* agente *m/f* de apostas.

booking ['bʊkɪŋ] *n* **a**) GB (reservation) reserva *f*; **to make a** ~ fazer uma reserva; **b**) (from referee) **he got a** ~ **in the first half** SPORT ele recebeu um cartão amarelo na primeira parte.

booking: ~ **clerk** *n* THEAT empregado *m* de bilheteira PO, bilheteria BR; ~ **office** *n* bilheteira *f* PO, bilheteria *f* BR.

book: ~**-keeper** *n* contabilista *m/f* PO, contábil *m/f* BR; ~**-keeping** *n* contabilidade *f*.

booklet ['bʊklɪt] *n* brochura *f*.

book: ~**maker** *n* agente *m/f* de apostas; ~**mark** *n* marca *f* para livros; ~ **seller** *n* livreiro *m*; (shop) livraria *f*; ~**shelf** *n* (*pl* ~**shelves**) prateleira *f* para livros; ~**shop** *n* livraria *f*; ~**stall** *n* quiosque *m*; (in street market) banca *f* de livros; ~**token** *n* cheque-livro *m*.

bookworm ['bʊkwɜːm] *n* (person) rato *m* de biblioteca (fam).

boom [buːm] **1** *n* **a**) (noise) (of voices, cannon, thunder) bramido *m*; estrondo *m*; (of explosion) detonação *f*; **b**) ECON, FIN surto *m*; crescimento *m* rápido. **2** *modif* [*economy, industry, town*] em

pleno crescimento; [*share*] em alta. **3** *vi* **a**) (make a noise) [*cannon, thunder*] ribombar; [*person*] gritar; [*sea*] bramir, rugir; **b**) (prosper) [*economy, trade*] prosperar; [*exports, prices, sales*] subir em flecha; **business is** ~**ing** o negócio está florescente. ■ **boom out** [*music, sound*] ressoar; [*person*] berrar [*speech*].

boomerang ['buːməræŋ] **1** *n* bumerangue *m*. **2** *vi* (backfire) [*plan, campaign*] fazer ricochete; **to** ~ **on sb** voltar-se contra alg.

boon [buːn] *n* **a**) (advantage) vantagem *f*; benefício *m*; **b**) (invaluable asset) **the book is a great** ~ **to the user** o livro é um precioso auxiliar para o utilizador.

boor ['bʊə(r)] *n* labrego *m*.

boorish ['bʊərɪʃ] *adj* rude, grosseiro.

boost [buːst] **1** *n* **a**) (stimulus) estímulo *m*; **to give sth a** ~ estimular qq coisa; **b**) (encouragement) encorajamento *m* (**to do** para fazer); **to give sb a** ~ encorajar alg; **c**) (publicity) publicidade *f*; **to give sth a** ~ fazer propaganda de qq coisa; **d**) (upward push) ajuda *f*; empurrão *m*. **2** *vtr* **a**) (stimulate) estimular [*economy, sales, productivity*]; encorajar [*investment, lending*]; aumentar [*capacity, intake, profit, value*]; **to** ~ **morale** levantar o moral; **b**) (enhance) melhorar [*image, performance*]; **c**) ADVERTG promover, propagandear [*product*]; **d**) ELECTRON, TELECOM ampliar [*signal*]; **e**) AUT aumentar (a velocidade); **f**) (lift upwards) propulsar [*rocket*]; erguer [*person*].

booster [buːstə(r)] **1** *n* **a**) RADIO, TELECOM amplificador *m*; **b**) MED reforço *m* (de vacina); **c**) (coll) US (fan) fã *m/f*. **2** *modif* [*dose, injection*] de reforço.

boot [buːt] **1** *n* **a**) (shoe) bota *f*; **ankle** ~ botina *f*; **b**) GB AUT porta-bagagens *m*; **c**) (coll) (dismissal) **to give sb the** ~ ser posto na rua, ser despedido; **to give sb the** ~ pôr alg na rua, despedir alg; **d**) (coll) (kick) pontapé *m* PO, chute *m* BR. **2** *vtr* **a**) (coll) (kick) dar um pontapé em; **b**) COMPUT see ~ **up**. IDIOMAS **the** ~ **is on the other foot** as coisas estão ao contrário; **to be** *or* **get too big for one's** ~**s** ter pretensões; **to** ~ **e ainda por cima; **to lick sb's** ~**s** lamber as botas a alg (fig); **to put the** ~ **in** GB (lit, fig) pontapear alg que já está caído no chão. ■ **boot out:** ~ **(sb) out, ~ out (sb)** (from club, institution) expulsar; (from company, house) pôr na rua. ■ **boot up:** ~ **(sth) up, ~ up (sth)** arrancar [*computer, system*].

booth [buːð] *n* (at market) tenda *f*; (at fairground) barraca *f*; **pooling** *or* **voting** ~ cabina *f* de voto.

booty ['buːtɪ] *n* presa *f*; espólio *m*; despojo *m*.

booze [buːz] (coll) **1** *n* pinga *f*. **2** *vi* beber muito, embebedar-se.

booze-up (coll) *n* GB reunião *f* de copos (fam).

bop [bɒp] **1** *n* **a**) (slang) (blow) golpe *m*; murro *m*; **b**) MUS bebop *m*. **2** (slang) *vtr* (*pres p etc* **-pp-**) esmurrar.

border ['bɔːdə(r)] **1** *n* **a**) (frontier) fronteira *f* (**between** entre); **Portugal's** ~ **with Spain** a fronteira entre Portugal e Espanha; **to cross the** ~ atravessar a fronteira; **b**) (outer edge) (of forest, road) orla *f*; (of lake) margem *f*; **c**) (decorative edge) (on crockery, paper) bordo *m*; (on dress, tablecloth) orla *f*; debrum *m*. **2** *modif*

borderline [*crossing, patrol, state, area, town, zone*] fronteiriço; [*control, police*] das fronteiras. **3** *vtr* **a)** (lie alongside) (road, land) confinar [*lake, forest*]; **Portugal ~s Spain** Portugal faz fronteira com a Espanha; **b)** (surround) (*usu in passive*) (lit, fig) orlar; **field is ~ed on three sides by trees** o campo é rodeado de árvores em três dos seus lados. ■ **border on**: **~ on (sth) a)** (have a frontier with) (country, state) ter uma fronteira comum com [*country, state*]; (garden, land) chegar até [*forest, sea*]; **b)** (verge on) (behaviour) tocar, roçar [*rudeness, madness*].

borderline ['bɔːdəlaɪn] **1** *n* fronteira *f*; limite *m* (**between** entre); **on the ~** na fronteira. **2** *modif* (case) limite (*after n*).

bore [bɔː(r)] **1** *n* **a)** (person) maçador *m*; chato *m* Po, saco *m* Br (fam); **cricket ~** um chato que só fala de cricket; **b)** (situation) maçada *f*; chatice *f* (fam); **what a ~!** que chatice! (fam); **c)** (*also ~* **hole**) orifício *m*; perfuração *f*; **d)** (diameter) (of gun barrel) calibre *m*; (of pipe) diâmetro *m* interno; **small ~ rifle** carabina *f* de pequeno calibre; **e)** (wave) macaréu *m*. **2** *past see* **bear**. **3** *vtr* **a)** (annoy) aborrecer (**with sth** com algo); **b)** (drill) furar, perfurar [*hole*]; abrir [*well, tunnel*]. **4** *vi* **a)** **to ~ into/through** [*rock, mountain*] atravessar, abrir caminho; **b)** (fig) **her eyes ~d into me** os olhos dela trespassavam-me. IDIOMAS **to ~ sb stiff** *or* **to death** *or* **to tears** aborrecer alg de morte.

bored [bɔːd] *adj* [*person*] que se aborrece; [*expression, voice*] aborrecido,-a; **to get** *or* **be ~** aborrecer-se (**with** com); **to look ~** ter um ar aborrecido.

boredom ['bɔːdəm] *n* **a)** (feeling) aborrecimento *m* Po, aporrinhação *f* Br (**with** com); **b)** (of activity, job, lifestyle) monotonia *f*.

boring ['bɔːrɪŋ] **1** *n* (drilling) (in wood, rock) perfuração *f*. **2** *adj* [*person, place, activity, etc*] aborrecido, maçador; **it's ~ being at home all day** é chato ficar em casa todo o dia (fam).

born [bɔːn] *adj* (lit) [*person, animal*] nascido; **to be ~** nascer; **she was ~ in Lisbon** ela nasceu em Lisboa; **when the baby is ~** quando o bebé nascer; **a ~ liar** um perfeito mentiroso; **to be ~ out of one's time** nascer fora do seu tempo. IDIOMAS (coll) **in all my ~ days** em toda a minha vida; (coll) **I wasn't ~ yesterday** não nasci ontem; (coll) **there's one ~ every minute!** que tolo!.

borne [bɔːn] *pp see* **bear**.

borough ['bʌrə] *n* (in London, New York) município *m*; círculo *m* eleitoral.

borrow ['bɒrəʊ] **1** *vtr* pedir emprestado. **2** *vi* Fin fazer um empréstimo (**from** a). IDIOMAS **he/she is living on ~ed time** ele/ela tem os dias contados.

borrower ['bɒrəʊə(r)] *n* aquele que pede emprestado.

borrowing ['bɒrəʊɪŋ] *n* Fin empréstimo *m*; **~ costs** os custos do empréstimo.

bosom ['bʊzəm] (formal) *n* (liter) **a)** (chest) peito *m*; **to hug sb to one's ~** abraçar alg contra o peito; **b)** (breasts) **to have a large ~** ter seios grandes; **c)** (heart, soul) coração *m*; **to be in the ~ of one's family** estar no seio da família; **to take sb to one's ~** afeiçoar-se a alg.

boss [bɒs] **1** *n* **a)** (coll) (person in charge) (gen) patrão,-oa *m/f*; chefe *m/f*; **go ahead, you're the ~** (iron) vai em frente, és tu quem manda; **we'll show them who's the ~** vamos-lhe mostrar quem é que manda; **b)** (stud) saliência *f*; (on wheel) cubo *m*. **2** *adj* (coll) us óptimo. ■ **boss about** (coll), **boss around** (coll): **to ~ (sb) about, to ~ (sb) around** mandar em alg.

bossy ['bɒsɪ] (coll) *adj* mandão,-ona Po, mandachuva *m/f* Br.

botanic(al) [bə'tænɪk(l)] *adj* [*studies, term*] botânico, de botânica; **~ gardens** jardim *m* botânico.

botanist ['bɒtənɪst] *n* botânico *m*.

botany ['bɒtənɪ] *n* (+ *v sg*) botânica *f*.

botch [bɒtʃ] (coll) *n* **to make a ~ of sth** fazer uma trapalhada de qq coisa (fam).

both [bəʊθ] **1** *adj* ambos,-as, os dois, as duas; **~ sides of the road** os dois lados da estrada; **~ parents** ambos os pais. **2** *conj* tanto...; **~ ... and...** tanto ... como...; **~ you and I saw him** tanto eu como tu o vimos; **~ here and abroad** aqui como no estrangeiro. **3** *pron* (*v pl*) (of things, of people) os dois, ambos; **let's do ~** façamos os dois; **~ are young, they are ~ young** ambos são jovens ou são ambos jovens. **4** **both of** *pron phr* (+ *v pl*) **~ of you are wrong** vocês estão os dois errados ou vocês dois estão errados.

bother ['bɒðə(r)] **1** *n* **a)** Esp GB (inconvenience) aborrecimento *m*; chatice Po, aporrinhação *f* Br *f* (fam); **to do sth without any ~** fazer qq coisa sem problemas; **it's too much ~** é demasiado trabalho; **to go to the ~ of doing** dar-se ao trabalho de fazer; **it's no ~** não tem problema; **b)** (nuisance) maçador *m*. **2** (coll, dated) *excl* GB. **3** *vtr* **a)** (worry) aborrecer; **is there something ~ing you?** tens algo que te chateie? (fam); **it ~s me that...** aborrece-me que... (+ *subj*) **b)** (distract) incomodar, atrapalhar; **does it ~ you if...?** incomoda-te se...? (+ *subj*) **I'm sorry to ~ you, but,...** peço desculpa por incomodá-lo, mas...; (coll) **oh stop ~ing me!** não me chateies! (fam); **to ~ sb with** [*details, problems, questions*] aborrecer alguém com; **c)** (hurt) incomodar, doer; **her knee is still ~ing her** o joelho ainda a incomoda. **4** *vi* (take trouble) (*usu in negative*) preocupar-se; **please don't ~** por favor, não se preocupe; **it's not worth ~ing about the details** não vale a pena preocupar-se com os pormenores. **5** **bothered** *pp, adj* (*usu in negative*) **a)** (worried) **he's not ~ed about money** ele não está preocupado com o dinheiro; **I'm not ~ed** GB é-me indiferente; **b)** (interested) **I can't be ~ed** estou-me nas tintas (fam).

bottle ['bɒtl] **1** *n* **a)** (container) (for drinks) garrafa *f*; (for perfume, medicine, tablets) frasco *m*; (for baby) biberão *m* Po, mamadeira *f* Br; (for gas) garrafa *f*; **milk ~** garrafa de leite; **b)** (coll, fig) (alcohol) **to be on the ~** ser dado à bebida. **2** *vtr* **a)** (put in bottles) engarrafar [*wine, etc*]; **b)** (preserve) pôr (qq coisa) em (frasco de) conserva [*fruit*]. ■ **bottle up**: **~ (sth) up, ~ up (sth)** refrear, conter [*anger, despair, grief*].

bottle: **~-bank** *n* vidrão *m*; **~-fed** *adj* alimentado a biberão Po, mamadeira Br; **~-green** *n, adj* verde *m* garrafa.

bottleneck ['bɒtlnek] *n* **a)** (traffic jam) engarrafamento *m*; **b)** (of bottle) gargalo *m*; **c)** (narrow part of road) estreitamento *m* de via.

bottle: ~-**opener** *n* tira-cápsulas *m*; ~ **party** *n* festa *f em que cada convidado leva uma garrafa de vinho or qq outra bebida alcoólica*; ~ **top** *n* cápsula *f*; tampa *f*.

bottom ['bɒtəm] **1** *n* **a)** (base) (of hill) sopé *m*; (of pile, wall, steps) fundo *m*; (of bag, bottle, river, sea) fundo *m*; **at the** ~ **of the page** no fundo da página; **to touch** ~ tocar no fundo; **to wish from the** ~ of **one's heart that** desejar do fundo do coração que (+ *subj*); **b)** (underside) (of boat) casco *m*; quilha *f*; **c)** (lowest position) (of list) fim *m*; (of league) último lugar *m*; **to be at the** ~ **of the list** estar no fim da lista; **d)** (far end) (of garden, field, street) fundo *m*; **e)** (coll) (buttocks) traseiro *m*; **f)** (fig) (root) fundo *m*; **to get to the** ~ **of the matter** ir ao fundo da questão; **g)** GB Aut primeiro *f*; **in** ~ em primeiro; **h)** Naut navio *m*. **2** (coll) ~s *npl* **pyjama** ~s as calças de pijama. **3** *adj* **a)** (lowest) [*layer, rung, shelf, sheet*] de baixo; [*flat*] do-rés-do-chão; [*bunk*] inferior; [*division, half, part*] último; **b)** (last) [*place, pupil, team*] último. **4** *adv* **to come** ~ **of the class** ser o último da turma. IDIOMAS (coll) ~s **up!** (drink up) beber de um só trago; (cheers) à tua/à nossa (saúde)!. ■ **bottom out** [*recession*] atingir o seu ponto mais baixo.

bottom drawer *n* (lit) gaveta *f* de baixo; (fig) enxoval *m*.

bottomless ['bɒtəmlɪs] *adj* [*chasm, well*] sem fundo.

bottom line [bɒtəm'laɪn] **1** *n* **a)** (results) resultados *mpl*; **b)** (lowest level) fundo *m*; **at** ~ no fundo. **2** *modif* [*cost, loss*] definitivo.

bough [baʊ] *n* galho *m* (de árvore).

bought [bɔːt] *past, pp* see **buy.**

boulder ['bəʊldə(r)] *n* pedregulho *m*.

bounce [baʊns] **1** *n* **a)** (rebound of ball) ressalto *m*; **b)** (bouncy quality of mattress, ball, material) elasticidade *f*; **c)** (vigour of person) energia *f*. **2** *vtr* **a)** fazer ressaltar [*ball*]; retransmitir [*signal, radiowave*]; **b)** (coll) [*bank*] GB não pagar (cheque) por falta de cobertura; [*person*] US **to** ~ **a check** passar um cheque sem cobertura. **3** *vi* **a)** [*ball, object*] ressaltar (**off** sobre; **over** por cima de); **b)** (on trampoline, bed, uneven road) saltar, dar saltos; **c)** (fig) (move energetically) **to** ~ **in/along** entrar/caminhar com energia; **d)** (coll) [*cheque*] não ter cobertura.

bouncer ['baʊnsə(r)] (coll) *n* gorila *m* (cal); (empregado *m* encarregado de expulsar os indesejáveis dos bares, hotéis, restaurantes, etc).

bouncy ['baʊnsɪ] *adj* **a)** [*ball*] que ressalta bastante; [*mattress*] elástico; [*car, bus*] que balança bastante; **b)** [*person*] dinâmico.

bound [baʊnd] **1** *past, pp* see **bind. 2** *n* salto *m*; **in a** ~ *or* **with one** ~ de um salto. **3 bounds** *npl* limite *mpl*; (lit, fig) **to be in/out of** ~ Mil, Sch [*place*] estar autorizada/proibida a entrada; **to be within/beyond the** ~ **of sth** (fig) ficar dentro dos limites/ultrapassar os limites de qq coisa; **to know no** ~ não conhecer limites. **4** *adj* **a)** (certain) **to be** ~ **to do sth** ir fazer qq coisa de certeza; **they're** ~ **to ask** eles vão perguntar de certeza; **b)** (obliged) (by custom, promise, con-

ditions, etc) obrigado (**by** por; **to do** a fazer); **I am** ~ **to say I think it's unlikely** devo dizer que isso me parece improvável; **c)** [*book*] encadernado; **leather-**~ com encadernação de pele; **d)** (heading for) ~ **for** [*person, bus, train*] em direcção a; [*aeroplane*] com destino a; **e) to be** ~ **up with sth** (connected) estar ligado a qq coisa. **5** +**bound** (*in compounds*) **a)** (heading for) **to be Oporto-**~ com destino ao Porto; **b)** (confined to) retido; **c)** (delayed by) atrasado; **fog-**~ atrasado pelo nevoeiro.

boundary ['baʊndərɪ] **1** *n* (gen) Geog limite *m* (**between** entre); **city** ~ limites *mpl* da cidade; **national** ~ fronteiras *fpl* do país. **2** *modif* (fence, post) fronteiriço, de demarcação.

boundless ['baʊndlɪs] *adj* [*terrain*] sem fim; [*enthusiasm, energy*] sem limites.

bountiful ['baʊntɪfl] *n* (liter) **a)** (ample) farto, abundante; **b)** (generous) generoso, liberal.

bounty ['baʊntɪ] *n* **a)** (generosity) generosidade *f*; **b)** (gift) dom *m*; **c)** (reward) recompensa *f*.

bouquet [bʊ:'keɪ, bəʊ'keɪ, 'bu:keɪ] *n* (bunch) buquê *m*; ramo *m*.

bourbon ['bɜ:bən, 'bʊəbən] *n* US Culin uísque *m* norte-americano.

bourgeois ['bʊəʒwɑ:] **1** *n* burguês *m*. **2** *adj* burguês; **a** ~ **woman** uma burguesa *f*.

bourgeoisie [bʊəʒwɑ:.'zɪ] *n* burguesia *f*.

bout [baʊt] *n* **a)** (attack) ataque *m*; acesso *m*; **a** ~ **of insomnia** um ataque de insónia; **drinking** ~ bebedeira *f*; **to have a** ~ **of flu** ter uma gripe ou um ataque de gripe; **b)** Sport assalto *m*; combate *m*; competição *f*; **c)** (outbreak) crise *f*.

boutique [bu:tɪk] *n* boutique *f*; **fashion** ~ boutique de moda.

bow[1] [baʊ] **1** *n* **a)** (forward movement) vénia *f*; **to make a** ~ fazer uma vénia; **b)** Naut (often *pl*) proa *f*; **c) to take a** ~ Theat (lit) agradecer (inclinando-se perante o público). **2** *vtr* baixar, inclinar [*head*]; dobrar [*branch*]; **to** ~ **the knee (to)** (fig) submeter-se (a). **3** *vi* **a)** (head forward) cumprimentar; **to** ~ **to sb** cumprimentar alg; **b)** (give way) **to** ~ **to sb's superior knowledge** inclinar-se perante a sabedoria de alg; **c)** (sag) [*plant*] curvar-se, dobrar-se; [*shelf*] ceder, vergar, arquear (**under** sob). **4 bowed** *pp adj* [*head*] descaído; [*back*] curvado. ■ **bow down**: ~ **down** curvar-se (**before** perante); (fig) submeter-se (**before** perante); **he was** ~**ed down by the weight on his back** ele estava curvado sob o peso que tinha às costas. ■ **bow out** (resign) despedir-se.

bow[2] [bəʊ] **1** *n* **a)** (weapon) arco *m*; **b)** (knot) laço *m*; **to tie a** ~ dar um laço; **c)** Mus arco *m* (de instrumento de corda). **2** *vi* manejar o arco.

bowel ['baʊəl] **1** *n* Med intestino *m*. **2 bowels** *npl* **a)** Med intestinos *mpl*; **to have upset** ~ ter distúrbios intestinais; **b)** (fig) (inner depths) entranhas *fpl*. **3** *modif* [*cancer*] nos intestinos; [*disease*] intestinal.

bower ['baʊə(r)] *n* **a)** (in garden) caramanchão *m*; **b)** (liter) (chamber) aposento *m* privado.

bowl [bəʊl] **1** *n* **a)** (basin) (for food) tigela *f*; (for washing) bacia *f*; (of lamp) globo *m*; **she drank a** ~ **(full) of milk** ela bebeu uma tigela de leite; **b)** (hollow part) (of pipe) fornilho *m*; **c)** Sport bola *f* (de madeira); **d)** US (stadium) estádio *m*. **2**

vtr **a)** (roll) fazer rolar [*hoop, ball*]; **b)** (throw) lançar [*ball*]. **3** *vi* **a)** SPORT lançar; **b)** (move fast) **to ~ along** [*person*] andar depressa; [*vehicle*] ir a toda a velocidade.

bow-legged [baʊ'legɪd] *adj* [*person*] de pernas arqueadas; **to be ~** ter as pernas arqueadas ou tortas.

bowler [bəʊlə(r)] *n* **a)** SPORT (in cricket) lançador *m*; (in bowls) jogador *m*; **b)** FASH chapéu *m* de coco.

bowler hat *n* chapéu *m* de coco.

bowling ['bəʊlɪŋ] *n* SPORT **a)** (in alley) bowling *m*; **b)** GB (on grass) *jogo m em que se lançam bolas de madeira contra um alvo ou outra bola.*

bowling: **~ alley** *n* (lane) pista *f* de bowling; **~ green** *n* relvado *m* onde se joga com bolas de madeira.

bow tie *n* laço *m* (que se usa em vez de gravata).

bow window ['bəʊ'wɪndəʊ] *n* janela *f* saliente (formando uma pequena marquise).

box [bɒks] **1** *n* **a)** (small, cardboard) caixa *f*; (crate) caixote *m*; **~ of matches** caixa de fósforos; **b)** (on page) quadrado *m*; **put a tick in the ~** coloque uma cruz no quadrado; **c)** THEAT camarote *m*; **d)** (coll) GB **the ~** a televisão; **e)** (postal) (*also* **Box**) caixa *f* postal; **f)** (slap) **a ~ on the ear** um tabefe *m* no ouvido; **g)** BOT buxo *m*. **2** *vtr* **a)** (put in box) see **~ up**; **b)** (fight) jogar boxe com [*opponent*]; **c)** (strike) esbofetear; **d)** **to ~ the compass** NAUT recitar a rosa dos ventos. **3** *vi* SPORT jogar boxe. **4 boxed** *pp adj* [*note, information*] destacado. ▪ **box up: ~ up** (sth), **~ (sth) up** meter (qq coisa) em caixas ou caixotes, encaixotar (qq coisa). ▪ **box in: ~ in** (sth/sb), **~ (sb/sth) in** encurralar [*runner, car*]; **to feel ~ed in** sentir-se encurralado.

box: **~ camera** *n* máquina *f* fotográfica com o feitio de uma caixa; **~ car** *n* US vagão *m* de mercadorias.

boxer ['bɒksə(r)] *n* **a)** pugilista *m*; **b)** (dog) boxer *m*.

boxer shorts *npl* cuecas *fpl*.

boxing ['bɒksɪŋ] **1** *n* boxe *m*; pugilismo *m*; **to take up ~** dedicar-se ao boxe. **2** *modif* [*champion, fan, glove, etc*] de boxe.

Boxing Day ['bɒksɪŋdeɪ] *n* a Segunda-Feira *f* a seguir ao Natal.

boxing ring *n* ringue *m* de boxe.

box: **~ number** *n* número *m* da caixa postal; **~ room** *n* quarto *m* de arrumação.

boy [bɔɪ] **1** *n* **a)** (young male) rapaz *m*; **the ~'s toilet** a casa de banho dos rapazes; **an old ~** (school) um antigo aluno; **~s will be ~s!** os jovens serão sempre os mesmos!; **b)** (son) filho *m*; **c)** (coll) (man) (*usu pl*) **to be one of the ~s** fazer parte do grupo (fam); **how are you, old ~?** como vai isso, meu velho? Po, meu chapa? BR; **d)** (coll) (export) (*usu pl*) **the legal ~s** os rapazes do departamento jurídico; **e)** (colonial servant) criado *m*; **f)** (male animal) **easy ~!** calma, meu velho!. **2** (coll) *excl* **~, that curry was spicy!** céus, o caril estava mesmo picante!.

boycott ['bɔɪkɒt] **1** *n* boicote *m* (**against, of, on** a, de). **2** *vtr* boicotar.

boyish ['bɔɪɪʃ] *adj* **a)** (youthful) [*figure, looks*] jovem; **b)** (endearingly young) [*grin, charm, enthusiasm*] juvenil.

BR [biː'ɑː(r)] *n abrev* = **British Rail** (confrontar com) CP.

bra [brɑː] *n* soutien *m*.

brace [breɪs] **1** *n* **a)** CONSTR escova *f*; **b)** (*also* **~s**) (for teeth) aparelho *m* dentário; **c)** MED (for broken limb) tala *f*; **d)** (pair) par (**of** de); **e)** (tool) arco *m* de pua; **f)** (symbol) chaveta *f*. **2** *vtr* **a)** [*person*] apoiar [*body, back*] (**against** contra); **to ~ oneself** apoiar-se; **b)** CONSTR reforçar, consolidar [*wall, structure*]. **3 braces** *npl* GB suspensórios *mpl*. **4** *vi* (lit) (for crash) retorcer-se. **5** *v refl* **to ~ oneself** (fig) preparar-se (**for** para) (**to do** para fazer); **~ yourself!** prepara-te!. **6 braced** *pp adj* [*wall, structure*] reforçado (**with** com).

bracelet ['breɪslɪt] *n* (jewellery, watches trap) bracelete *f*; pulseira *f*.

bracing ['breɪsɪŋ] *adj* tonificante.

bracken ['brækn] *n* BOT feto *m*.

bracket ['brækɪt] **1** *n* **a)** (in typography) (gen) parêntesis *m*; (*also* **square ~**) parêntesis *m* recto; **in ~s** entre parêntesis; **b)** (support) (for shelf) suporte *m*; **c)** (category) classe *f*; categoria *f*; **age ~** faixa *f* etária. **2** *vtr* **a)** (put in brackets) colocar (qq coisa) entre parêntesis; **b)** (put in category) (*also* **~ together**) agrupar [*people, names, items*].

brackish ['brækɪʃ] *adj* salobro.

brag [bræg] **1** *n* **a)** (boast) fanfarronice *f*; **b)** (card game) jogo *m* de cartas semelhante ao póquer. **2** *vi* (*pres p etc* **-gg-**) gabar-se.

braid [breɪd] **1** *n* **a)** (of hair) trança *f*; **b)** (trimming) galão *m*. **2** *vtr* entrançar [*hair*]; ornar de galão [*cushion, uniform*].

brain [breɪn] **1** *n* **a)** ANAT cérebro *m*; (coll) **to blow sb's ~s out** fazer saltar os miolos a alg (fam); **calves' ~s** CULIN miolos *mpl* de vitela; **b)** (mind) **to have a good ~** ser inteligente; (coll) **he's got football on the ~** ele não pensa senão em futebol; **c)** (*usu in pl*) (intelligence) **~s** inteligência *f*; **she's got ~s** ela é inteligente; **he's the ~s of the family** ele é o cérebro da família. **2** *modif* [*cell, tissue*] de cérebro, cerebral. **3** (coll) *vtr* (knock out) rebentar os miolos (fam). IDIOMAS (coll) **to beat one's ~s out** dar voltas ao miolo (fam); **to pick sb's ~s** recorrer às ideias de alg.

brain: **~child** *n* invenção *f* pessoal; **the scheme was his ~child** foi um plano da sua inteira lavra; **~ drain** *n* fuga *f* de cérebros (para outro país).

brainless ['breɪnlɪs] *adj* [*person, scheme*] idiota.

brain: **~storm** *n* **a)** (gen) MED grande agitação *f* e confusão *f* de espírito; **b)** (coll) US see **~wave**; **~ teaser** (coll) *n* quebra-cabeças *m*; **~wash** *vtr* fazer uma lavagem ao cérebro; **they were ~washed into thinking that...** fizeram-nos pensar que...; **~washing** *n* (of prisoners) lavagem *f* ao cérebro; (fig, pej) (of the public, consumers, etc) intoxicação *f*; **~wave** *n* **a)** (coll) (inspiration) ideia *f* luminosa; **b)** MED onda *f* cerebral.

brainy ['breɪnɪ] (coll) *adj* brilhante, dotado, inteligente.

braise [breɪz] *vtr* estufar; **braising beef** carne *f* estufada.

brake [breɪk] **1** *n* **a)** AUT, TRANSP travão *m* Po, freio, breque *m* BR; **to apply the ~(s)** travar; **b)**

(fig) (curb) travão *m*; contenção *f*; **to put a ~ on price rises** travar a subida de preços. **2** *vi* (lit, fig) travar PO, brecar BR.

brake: ~ **block** *n* calço *m* de travão; ~ **drum** *n* tambor *m* do travão; ~ **fluid** *n* líquido *m* dos travões; ~ **light** *n* luz *f* dos travões; ~ **lining** *n* revestimento *m* do travão.

braking ['breɪkɪŋ] *n* travagem *f*.

bramble ['bræmbl] *n* **a)** (plant) silva *f*; **b)** (berry) amora *f* silvestre; ~ **jelly** geleia *f* de amora silvestre.

bran [bræn] *n* BOT, CULIN farelo *m*.

branch [braːntʃ] **1** *n* **a)** COMM (of shop) sucursal *f*; (of bank) agência *f*; (of company) filial *f*; **b)** (of family, language) ramo *m*; (of study, subject) sector *m*; (of administrative body, organization) divisão *f*; sector *m*; **c)** (lit) (of tree) ramo *m*; (of pipe, road, railway) ramificação *f*; ramal *m*; (of river) braço *m*; **d)** COMPUT ramificação. **2** *vi* [*tree, river*] ramificar-se; [*road, railway*] bifurcar-se. ■ **branch off** [*road, river, railway*] bifurcar-se; **to ~ off from** (lit) (road, river, railway) separar-se de; (fig) (speaker, writer) afastar-se de [*topic*]. ■ **branch out** [*business*] diversificar-se.

branch: ~ **line** *n* linha *f* secundária; ~ **office** *n* filial *f*.

brand [brænd] **1** *n* **a)** (make) marca *f*; **b)** (type) (of humour) tipo *m*; (of belief) concepção *f*; (of art, of music) género *m*; **c)** (burn) (on animal) ferro *m*; **d)** (fig) (stigma) estigma *m*. **2** *vtr* **a)** (mark) (lit) ferrar [*animal*]; **to ~ sb as sth** considerar alg qq coisa; **b)** (engrave) (*usu in passive*) gravar; **the experience is ~ed in my memory** a experiência ficou gravada na minha memória.

brandish ['brændɪʃ] *vtr* brandir.

brand: ~ **name** *n* marca *f* registada; ~ **new** *n* novo *m* em folha.

brandy ['brændɪ] *n* **a)** (grape spirit) conhaque *m*; **b)** (fruit spirit) aguardente *f*; **peach** ~ aguardente de pêssego.

brash [bræʃ] *adj* **a)** (self-confident) [*person, manner, tone*] atrevido, petulante; **b)** (garish) [*colour, decor*] vistoso, berrante; **c)** (harsh) [*music, sound*] agressivo.

brass [braːs] **1** *n* **a)** (metal) latão *m*; **b)** MUS metais *mpl*; **c)** (in church) placa *f* comemorativa; **d)** (coll) (nerve) lata *f* (fam); **e)** (coll) (money) GB massa *f* (fam). **2** *modif* [*candlestick, plaque*] em metal ou em latão. **IDIOMAS to get down to ~ tacks** passar ao que interessa.

brass band *n* charanga *f*; conjunto *m* de metais.

brass: ~ **rubbing** *n* ART técnica *f* de decalque; ~**ware** *n* objectos *mpl* em cobre.

brat [bræt] (coll) *n* (pej) (child) fedelho *m*; (young person) jovem *m/f*.

bravado [brə'vaːdəʊ] *n* bravata *f*.

brave [breɪv] **1** *n* (indian warrior) guerreiro *m* pele-vermelha. **2** *adj* **a)** (courageous) [*person, effort*] corajoso, bravo PO, brabo BR; **be ~ !** coragem!; **it is/was ~ of her to do it** é/foi corajoso da sua parte fazer isso; **b)** (formal) (fine) [*music, sight*] belo. **3** *vtr* desafiar [*storm, gunfire*]. **IDIOMAS to put a ~ face on sth** não deixar que qq coisa seja percebida.

bravely ['breɪvlɪ] *adj* corajosamente.

bravery ['breɪvərɪ] *n* bravura *f*.

brawl [brɔːl] **1** *n* briga *f*. **2** *vi* brigar (**with sb** com alg).

brawn [brɔːn] *n* **a)** GB CULIN cabeça *f* de porco ou vitela *cozinhada, cortada em pedacinhos e temperada*; **b)** (muscle) força *f* muscular; músculo *m*.

brawny ['brɔːnɪ] *adj* musculado.

bray [breɪ] **1** *n* (of donkey) zurro *m*; (pej) (of person) cacarejo *m*. **2** *vi* [*donkey*] zurrar; (pej) [*person*] (laugh) cacarejar (uma gargalhada).

brazen ['breɪzn] *adj* (shameless) descarado, desavergonhado.

brazier ['breɪzɪə(r), 'breɪʒə(r)] *n* (container) braseiro *m*.

breach [briːtʃ] **1** *n* **a)** JUR (infringement) (of rule) infracção *f*; transgressão *f* (**of a, de**); (of discipline) quebra *f* (**of de**); (of industrial secret) violação *f* do segredo profissional; **to be in ~ of** infringir [*law*]; violar [*agreement*]; ~ **of confidence** *or* **trust** abuso *m* de confiança; ~ **of peace** perturbação *f* da ordem pública; respeitado; **b)** MIL brecha *f* (also fig); **c)** (in relationship) ruptura *f*. **2** *vtr* **a)** desrespeitar [*law, rule, principle*]; **b)** (lit) abrir uma brecha em [*wall, defence*]. **IDIOMAS to step into the ~** salvar a situação, substituindo alg de repente, desenrascar uma situação (cal).

bread [bred] **1** *n* **a)** CULIN pão *m*; **a loaf/slice of ~** um pão/uma fatia de pão; **b)** (coll) (money) massa *f* (fam); dinheiro *m*; **c)** (livelihood) **to earn one's (daily) ~** ganhar o pão de cada dia. **2** *modif* [*knife, oven*] de pão. **3** *vtr* CULIN panar [*cutlet*]; ~**ed cutlets** costeletas *fpl* panadas. **IDIOMAS to know which side one's ~ is buttered** saber o lado que mais lhe convém.

bread-and-butter *adj* [*job, issue, work*] de todos os dias; [*letter*] de agradecimento pela hospitalidade recebida.

bread: ~**bin** *n* GB lata *f* ou caixa *f* do pão; ~**board** *n* tábua *f* para cortar pão; ~**crumb 1** *n* miolo *m* de pão. **2** ~**crumbs** *npl* CULIN pão *m* ralado; **escalopes coated in ~crumbs** escalopes panados; ~**line** ['bredlaɪn] *n* limiar *m* da pobreza.

breadth [bredθ] *n* **a)** MEAS largura *f*; **the length and ~ of** duma ponta a outra; **b)** (fig) (of experience, knowledge) vastidão *f* (**of** de). **IDIOMAS to be** *or* **come within a hair's ~ of** estar perto de.

breadwinner ['bredwɪnə(r)] *n* aquele *m* que insulta a família.

break [breɪk] **1** *n* **a)** (fracture) fractura *f*; **b)** (crack) (in plate, plank, surface) fenda *f*; racha *f*; **c)** (gap) (in fence, wall) brecha *f*; (in row, line) espaço *m*; (in circuit, chain, sequence) ruptura *f*; **a ~ in the clouds** uma aberta *f*; **d)** (interruption) (in conversation, match) pausa *f*; (in performance) intervalo *m*; **a ~ in transmission** uma interrupção na transmissão; **e)** RADIO, TV publicidade *f*; **f)** (pause) pausa *f*; intervalo *m*; **to take a ~** fazer um intervalo; **without a ~** sem parar; **g)** (holiday) férias *fpl*; **the Christmas ~** as férias de Natal; **h)** GB SCHOL recreio *m*; intervalo *m*; **i)** (respite) **to have a ~ from work** parar de trabalhar; (coll) **give us a ~!** deixa-nos em paz!; (coll) **give it a ~!** (stop it) pára com isso!; **j)**

(departure) ruptura *f* (**with** com); **a ~ with the past** uma ruptura com o passado; **it's time to make a** *or* **the ~** (from family) está na hora de me desenvencilhar sozinho; (from job) está na hora de arranjar outra coisa; **k**) (coll) (opportunity) oportunidade *f*; **her big ~ came in 1973** a grande oportunidade dela chegou em 1973; **a lucky ~** um golpe de sorte; **l**) (dawn) **at the ~ of day** ao romper da aurora; **m**) (escape bid) **to make a ~ for the door** precipitar-se para a porta; **n**) **page ~** PRINT mudança *f* de página; **line ~** última linha *f* dum parágrafo (geralmente incompleta). **2** *vtr* (*past* **broke** *pp* **broken**) **a**) (smash) partir, quebrar [*chair, eggs, etc*]; **to ~ one's leg** partir uma perna; **b**) (split, rupture) quebrar [*seal*]; (injury, blow) esfolar [*skin*]; cortar [*sentence, word*]; "**do not use on broken skin**" (on skin product) "não aplicar em pele irritada ou ferida"; **to ~ surface** [*diver, submarine*] subir à superfície; **the river broke its banks** o rio transbordou; **c**) (put out of action) [*person*] estragar [*TV, computer*]; **d**) (disobey) infringir [*law*]; desrespeitar [*embargo, conditions, terms*]; violar [*treaty*]; desobedecer a [*commandment, rule*]; furar [*strike*]; romper [*vow*]; faltar a [*appointment*]; **he broke his word** ele faltou à palavra; **e**) (exceed, surpass) ultrapassar [*speed limit, bounds*]; bater [*rival, opponent*]; **f**) (interrupt) [*person*] romper (silêncio); cortar [*circuit, current*]; romper [*ties, links*]; quebrar [*monotony, spell*] (**with** com); desconcentrar alg; **to ~ one's silence (on)** romper o silêncio (sobre); **g**) (lessen the impact) cortar [*wind*]; (hay) amortecer [*fall*]; **h**) (weaken) [*news*] aniquilar [*person*]; [*troops*] esmagar [*rebellion*]; **to ~ sb's spirit** enfraquecer a moral de alg; **i**) (ruin) arruinar [*person*]; **this contract will make** *or* **the company** este contrato será a salvação ou a falência da empresa; **j**) (give up) abandonar, deixar [*habit*] (**of doing** de fazer); **k**) (decipher) decifrar [*cipher*]; descodificar [*code*]; **l**) (leave) **to ~ camp** desmontar o acampamento; **m**) (announce) anunciar [*news*]; revelar [*truth*]; **to ~ the news to sb** dar a notícia a alg. **3** *vi* **a**) (smash) [*branch, chair, egg, etc*] partir-se, quebrar-se; [*arm, bone, leg*] fracturar-se; **b**) (separate) [*clouds*] espalhar-se; [*boxers*] separar-se; **c**) (stop for a rest) **to ~ for lunch** parar para almoçar; **d**) (change) [*good weather*] modificar-se; [*drought, heatwave*] terminar; **e**) (begin) [*day*] começar; [*scandal, news, story, storm*] rebentar; **f**) (weaken) **their spirit never broke** a moral deles nunca esmoreceu; **to ~ under torture** ceder sob tortura; **g**) (change tone) **his voice broke when he was 12** a voz dele mudou aos 12 anos. ■ **break away a**) (become detached) [*island, shell*] separar-se (**from** de); **b**) (escape) escapar (**from** a); **c**) SPORT [*runner, cyclist*] destacar-se (**from** de); (horse) fazer uma falsa partida; **~ away from (sth)** (group, person) romper com [*family, party*]; (state) separar-se de [*union*]; (animal) afastar-se de [*herd*]. ■ **break down a**) (stop functioning) [*car, lift, machine*] avariar-se; **b**) (collapse) (fig) [*negotiations*] fracassar; [*alliance, coalition*] desfazer-se; [*argument*] não se aguentar; **c**) MED, PSYCH [*person*] ir-se abaixo; **he broke down under**

the strain ele não suportou o stress e foi-se abaixo; **d**) (cry) desatar a chorar; **~ (sth) down, ~ down (sth)** confessar qq coisa; **a**) (demolish) (lit) deitar abaixo [*door*]; demolir [*fence, wall*]; vencer [*opposition, resistance*]; **b**) (analyse) decompor [*word*] (**into** em). ■ **break in a**) (enter forcibly) [*thief*] forçar a entrada; **b**) (interrupt) interromper; **~ (sb) in** acostumar (alg) ao trabalho [*recruit, newcomer*]. ■ **break into: ~ into (sth) a**) (enter by force) entrar à força em [*building*]; arrombar [*car*]; forçar [*safe, till*]; **b**) (start to use) encetar [*new packet, new bottle*]; começar a gastar [*savings, capital*]; **c**) (encroach) ocupar [*leisure time, working day*]; **d**) (begin to do) **to ~ into song** começar a cantar; **to ~ into a run** começar a correr; **e**) (make headway) [*company*] implantar-se em [*market*]; [*person*] penetrar em [*show business*]. ■ **break off a**) (snap off) [*mast, tip*] partir-se; **b**) (stop speaking) interromper-se; **c**) (pause) fazer uma pausa; **~ off (sth), ~ (sth) off a**) (snap) partir [*branch, piece, segment*]; **b**) (terminate) romper [*engagement, relationship*]; interromper [*conversation*]; **to ~ off doing** parar de fazer. ■ **break out a**) (erupt) [*epidemic, fire*] declarar-se; [*fight, panic, riot, storm*] rebentar, explodir, estalar; [*spots, rash*] aparecer; **b**) (escape) [*prisoner*] evadir-se; **~ out of sth** escapar de, fugir de [*cage, prison*]; sair de [*routine, vicious circle*]; libertar-se de [*chains, straitjacket*]. ■ **break through: ~ through (sth)** transpor [*defences, reserve*]; abrir caminho através de [*crowd*]; (sun) aparecer. ■ **break up a**) (disintegrate) [*empire*] desmembrar-se; [*alliance*] romper-se; [*group, family*] separar-se; [*wreck*] desagregar-se; **b**) (disperse) [*crowd*] dispersar; [*meeting*] terminar; **c**) GB **schools ~ up on the 18th** SCHOOL as aulas acabam a 18.

breakable [ˈbreɪkəbl] *adj* frágil.

breakage [ˈbreɪkɪdʒ] *n* **a**) (damage) (gen) fractura *f*; **b**) (damaged item) objecto *m* partido.

breakaway [ˈbreɪkəweɪ] **1** *n* (separation) (from organization) separação *f*; (from person, family) ruptura *f*; separação *f* (**from** de). **2** *modif* [*faction, group*] separatista, dissidente.

breakdown [ˈbreɪkdaʊn] **1** *n* **a**) AUT, MECH, TECH avaria *f* (**in, of** de); **he had a ~ on the motorway** ele teve uma avaria na auto-estrada; **b**) (collapse) (of communications, negotiations) ruptura *f*; (of discipline, order) degradação *f*; (of alliance, coalition) rompimento *m*; (of plan) falhanço *m*; **c**) MED depressão *f*; **to have a (nervous) ~** ter um esgotamento nervoso; **d**) (detailed account) (of figures, statistics, costs, budget) avaliação *f*; análise *f* detalhada; **e**) BIOL, CHEM decomposição *f*. **2 break-down** *modif* [*vehicle, truck*] de socorro.

breaker [ˈbreɪkə(r)] *n* onda *f* grande; vaga *f* que rebenta na praia ou nos rochedos.

breakfast [ˈbrekfəst] **1** *n* pequeno-almoço *m*; **to have** *or* **eat ~** tomar o pequeno-almoço. **2** *vi* tomar o pequeno-almoço.

breakfast: ~ television *n* programa *m* televisivo à hora do pequeno-almoço; **~ time** *n* hora *f* do pequeno-almoço.

break-in [ˈbreɪkɪn] *n* roubo *m* por arrombamento.

breaking point ['breɪkɪŋ pɔɪnt] *n* **a)** TECH ponto *m* de ruptura; **b)** (fig) (collapse) **to be at ~** (person) estar no fim, estar à beira do colapso.
break: ~neck *adj [pace, speed]* louco; **~-out** *n* evasão *f*; **~through** *n* **a)** MIL penetração *f* (na defesa adversária); **b)** (advance) (in science, medicine) avanço *m*; **c)** (turning point) (in negotiation) progresso *m*; **d)** (success) (in career, competition) sucesso *m*; **~-up 1** *n* **a)** (splitting up) (of empire) desmembramento *m*; (of alliance) ruptura *f*; (of family, group) dissolução *f*; **b)** (end) fim *m*. **2** *modif* FIN *[price, value]* de liquidação.
breakwater ['breɪkwɔtə(r)] *n* (in harbour) paredão *m*; molhe *m*; (on coastline) quebra-mar *m*.
breast [brest] **1** *n* **a)** ANAT (woman's) seio *m*; mama *f* PO, peito *m* BR; **b)** CULIN (of poultry, lamb) peito *m*; **c)** (chest) (liter) ZOOL peito *m*; tórax *m*; **d)** (heart,) (fig, liter) coração *m*. **2** *vtr* enfrentar *[wave]*; atingir o cume de *[hill]*; SPORT cortar a fita da chegada *[tape]*. IDIOMAS **to make a clean ~ of sth** ficar com a consciência mais tranquila (ao confessar algo).
breast: ~-feed 1 *vtr (past, pp* **~-fed)** amamentar; **a ~-fed baby** um bebé amamentado. **2** *vi* amamentar; **~-feeding** aleitamento *m* materno; **~ pocket** *n* bolso *m* do peito.
breath [breθ] *n* **a)** (air taken into lungs) fôlego *m*; respiração *f*; **to stop** *or* **pause for ~** parar para tomar fôlego; **to get one's ~** tomar fôlego; **out of ~** sem fôlego; **to hold one's ~** (lit) reter a respiração; **to draw ~** tomar fôlego; **as long as I have ~ in my body, as long as I draw ~** enquanto eu viver, enquanto eu tiver um sopro de vida; **to take sb's ~ away** cortar a respiração a alg; **save your ~** (coll) **don't waste your ~** não gastes o teu Latim; **b)** (air in or leaving mouth) (with smell) hálito *m*; (visible) respiração *f*; **his ~ smells of beer** o hálito dele cheira a cerveja; **c)** (single act) respiração *f*; **to take a deep ~** respirar fundo; **in the same ~** num só fôlego; **d)** (of air, wind) **a ~ of** um sopro de; **to go out for a ~ of (fresh) air** sair para tomar ar.
Breathalyzer ® ['breθəlaɪzə(r)] *n* teste *m* de alcoolémia.
breathe [bri:ð] **1** *vtr* **a)** (inhale, respire) respirar *[air, oxygen, gas]*; respirar, nadar *[scent, perfume]*; **to ~ one's last** (lit) dar o último suspiro; **b)** (exhale, blow) exalar *[air, smoke, germs]* **(on sb** sobre alg); **c)** (whisper) murmurar **(to** a); **don't ~ a word** não digas uma palavra; **d)** (inspire with) **to ~ hope into sb** dar esperanças a alg; **to ~ life into sb/sth** *[god]* insuflar vida em alg/algo. **2** *vi* (respire) respirar; **to ~ hard** *or* **heavily** respirar pesadamente ou penosamente. IDIOMAS (coll) **to ~ down sb's neck** (be close behind) estar no encalço de alg; (watch closely) ter alg debaixo de olho (fam). ■ **breathe in** inspirar. ■ **breathe out** expirar.
breather ['bri:ðə(r)] *n* **a)** (short break) pausa *f*; **to have** *or* **take a ~** fazer uma pausa; **b)** (holiday break) descanso *m*.
breathing ['bri:ðɪŋ] *n* respiração *f*.
breathing space ['bri:ðɪŋ speɪs] *n* **a)** (rest, respite) repouso *m*; descanso *m*; **b)** (delay, postponement) prazo *m*.
breathless ['breθlɪs] *adj* **a)** (out of breath) *[per-*

son, runner, asthmatic] ofegante, sem fôlego; **to be ~ from sth/from doing sth** estar sem fôlego por qq coisa/por ter feito qq coisa; **b)** *[hush, excitement, fascination]* extasiado; **~ with sth** sem respiração por qq coisa; **c)** (fast) **at a ~ pace** a todo o gás (fam); **d)** (liter) (still, calm) *[day, night]* calmo, sem aragem.
breathlessness ['breθlɪsnɪs] *n* falta *f* de fôlego.
breathtaking ['breθteɪkɪŋ] *adj [audacity, feat, pace, skill]* empolgante; *[scenery, view]* de cortar a respiração.
breath test ['breθtest] **1** *n* GB teste *m* de alcoolémia. **2** *vtr* fazer um teste de alcoolémia *[driver]*; **to be ~ed** ser sujeito ao teste de alcoolémia.
bred *pp* see **breed**.
breech [bri:tʃ] *n* **a)** MED *(also* **~ delivery)** parto *m* em que o bebé se apresenta de nádegas; **b)** (of gun) culatra *f*.
breeches ['brɪtʃɪz] *npl* (gen) calções *mpl*; HIST calções *mpl* antigos; (riding) ~ calças *fpl* de montar; **a pair of ~** uns calções ou umas calças.
breed [bri:d] **1** *n* **a)** ZOOL raça *f*; **b)** (type of person, thing) geração *f*; criação *f*. **2** *vtr (past, pp* **bred)** **a)** AGRIC, ZOOL criar *[animals]*; produzir *[plants]*; **b)** (fig) produzir, provocar *[disease, feeling, rumours, unrest]*; educar, formar *[person]*. **3** *vi [animals, persons]* (pej) reproduzir-se; *[microorganism]* multiplicar-se; **bred** *pp adj* **ill--/well-** ~ mal/bem educado; **country-~** educado no campo. ■ **breed out: to ~ out (sth), to ~ (sth) out** eliminar por selecção.
breeder ['bri:də] *n* **a)** AGRIC, ZOOL (of animals) criador *m*; (of plants) produtor *m*; **dog ~** criador de cães; **b)** NUCL reactor *m*.
breeding ['bri:dɪŋ] *n* **a)** AGRIC, HORT, ZOOL reprodução *f*; **b)** (good manners) educação *f*; boas maneiras *fpl*; **a man of ~** um homem bem educado.
breeze [bri:z] **1** *n* METEOROL brisa *f*; **sea ~** brisa *f* marítima; **in the ~** ao vento; **a stiff/light ~** uma brisa forte/leve. **2** *vi* **to ~ in/out** entrar/sair descontraidamente; **to ~ through life** viver a vida de ânimo leve.
breeze-block *n* GB bloco *m* leve feito de cinza e cimento PO, concreto BR.
breezily ['bri:zɪlɪ] *adv* **a)** (casually) *[dismiss, wave]* de maneira desenvolta; **b)** (cheerfully) jovialmente; **c)** (confidently) com confiança.
breezy ['bri:zɪ] *adj* **a)** **it will be ~** METEOROL haverá vento; **a ~ morning** uma manhã de vento; **b)** *[place]* exposto ao vento; **c)** (cheerful) jovial; (confident) com à vontade; **bright and ~** alegre, divertido.
brevity ['brevɪtɪ] *n* (of event) brevidade *f*; (of speech) concisão *f*.
brew [bru:] **1** *n* **a)** (beer) cerveja *f*; **home ~** cerveja feita em casa; **b)** (tea) chá *m*; **c)** (unpleasant mixture) mistela *f*; **d)** (fig) (of ideas, styles) mistura *f*. **2** *vtr* (lit) fazer *[beer]*; preparar *[tea, coffee]*. **3** *vi* **a)** (lit) *[beer]* fermentar; **b)** (fig) *[storm, trouble]* preparar-se; *[quarrel, revolt]* tramar-se; **there's something ~ing** está-se a tramar qq coisa (fam). ■ **brew up** fazer chá.
brewer ['bru:ə(r)] *n* fabricante *m/f* de cerveja.
brewery ['bru:ərɪ] *n* cervejaria *f*.
briar [braɪə(r)] **1** *n* **a)** *(also* **~ rose)** roseira *f* brava; **b)** (heather) urze *f* branca; **c)** *(also* **~ pipe)**

cachimbo *m* de urze. **2 briars** *npl* (thorns) espinhos *mpl*.
bribe [braɪb] **1** *n* (large-scale) suborno *m* (**to do** para fazer); **to offer/accept/take a** ~ oferecer/ aceitar suborno. **2** *vtr* **a)** (large-scale) pagar [*police, person in authority*] (**with** com; **to do** para fazer); subornar [*witness*] (**to do** para fazer); comprar [*voter*]; **b)** (small-scale) subornar, untar as mãos (fam) [*doorman, minor official*] (**to do** para fazer); **to** ~ **one's way into somewhere** dar dinheiro para entrar em algum lugar.
bribery ['braɪbərɪ] *n* corrupção *f*.
brick [brɪk] **1** *n* **a)** CONSTR tijolo *m*; **made of** ~ em ou de tijolo; **b)** (child's toy) cubo *m* (para fazer construções); **c)** (dated, coll) (kind, person) pessoa *f* simpática. **2** *modif* [*wall*] de tijolo. IDIOMAS **it's like banging one's head against a** ~ **wall** é como bater com a cabeça nas paredes. ▪ **brick up**: ~ (**sth**) **up,** ~ **up (sth)** tapar com tijolos [*fireplace, window*].
brick: ~**layer** *n* pedreiro *m* assentador de tijolos; ~**laying** *n* assentamento *m* de tijolos; ~**red** *n*, *adj* cor *f* de tijolo.
bridal ['braɪdl] *adj* [*dress, veil, banquet, etc*] de noiva; [*car*] dos noivos; [*feast*] de casamento.
bridal suite *n* suite *f* nupcial.
bride [braɪd] *n* **a)** recém-casada *f*; noiva *f*; **b)** (*also* ~**-to-be**) noiva *f*; **the** ~ **and (bride)groom** os recém-casados *mpl*; os noivos *mpl*.
bridegroom ['braɪdgruːm] *n* **a)** recém-casado *m*; noivo *m*; **b)** (*also* ~**-to-be**) noivo.
bridesmaid ['braɪdzmeɪd] *n* dama *f* de honor.
bridge [brɪdʒ] **1** *n* **a)** CONSTR ponte *f* (**over, across** sobre); **b)** (fig) (link) ligação *f* Po, conexão *f* Br; **to build** ~**s** estabelecer relações (**between** entre); **c)** (of nose) cavalete *m* (do nariz); **d)** (on guitar, violin) cavalete *m*; **e)** GAMES brídege *m*. **2** *modif* [*game, player*] de brídege. **3** *vtr* **a)** construir uma ponte sobre [*river*]; **b)** (fig) **to** ~ **the gap between** (promote understanding) efectuar uma aproximação entre [*countries, adversaries*]; **c) to** ~**a gap in** encher um vazio em [*conversation*]; preencher uma lacuna em [*knowledge*]. IDIOMAS **a lot of water has flowed under the** ~ muita água já correu debaixo da ponte; **it's (all) water under the** ~ isso pertence ao passado; **we'll cross that** ~ **when we come to it** pensaremos nisso, quando lá chegarmos.
bridging/loan ['brɪdʒɪŋləʊn] *n* FIN empréstimo *m* a curto prazo.
bridle ['braɪdl] **1** *n* **a)** EQUIT rédeas *fpl*; **b)** (fig) freio *m*. **2** *vtr* (restrain) conter [*emotions, temper*]. **3** *vi* (bristle) empinar-se (**at** contra; **with** por causa de).
bridle path, bridle track, bridleway *n* pista *f* ou vereda *f* para cavaleiros.
brief [briːf] **1** *n* **a)** (gen) (duty) tarefa *f*; atribuições *fpl*; **it is your** ~ **to do sth** tens obrigação de fazer qq coisa; **b)** JUR causa *f*; **c)** (gen) (instructions) instruções *fpl*; directivas *fpl*. **2 briefs** *npl* (men's, women's) cuecas *fp*; **a pair of** ~**s** um par de cuecas. **3** *adj* **a)** [*account, description, event, summary, speech*] breve; [*reply*] lacónico; [*manner*] brusco (**with** com); **I will be** ~ serei breve; **in** ~ em resumo; **news in** ~ notícias breves; **b)** [*skirt*] curto; [*swimwear*] reduzido. **4**

vtr **a)** (gen) MIL informar (**on** de) [*journalist, politician, technician, worker*]; dar instruções a (**on** sobre) [*officer, police, troops*]; dar directivas a (**on** sobre) [*artist, designer, student*]; **b)** JUR confiar uma causa a. **5** ~**ed** *pp adj* (*in compounds*) **fully-~** completamente informado. IDIOMAS **to hold a watching** ~ **on sb** estar de olho em alg.
briefcase ['briːfkeɪs] *n* pasta *f*.
briefing ['briːfɪŋ] *n* reunião *f* de informação; **press** ~ conferência *f* de imprensa.
briefly ['briːflɪ] *adv* [*describe, meet, summarize, speak, work*] brevemente; [*affect, look, pause*] um breve instante; [*reply, say*] laconicamente.
brigade [brɪ'geɪd] *n* (+ *v sg or pl*) brigada *f*; **cavalry** ~ brigada de cavalaria; **the anti-smoking** ~ a brigada anti-tabaco Po, fumo Br; **she/he is one of the old** ~ ela/ele faz parte da velha guarda.
brigadier [brɪgə'dɪə(r)] *n* brigadeiro *m*.
bright [braɪt] **1** *adj* **a)** [*colour, blue, red, etc*] vivo; [*garment, carpet, etc*] de cor(es) viva(s); **he went** ~ **red** ele ficou todo vermelho; **b)** [*sun, sunshine*] luminoso; [*room, day*] claro; **it will become** ~**er later** o tempo vai melhorar; **c)** [*star, coin, eye, etc*] brilhante; **d)** (clever) inteligente; **e)** (cheerful) [*person, mood*] feliz, contente; **to look on the** ~ **side** ver o lado bom das coisas. **2** *adv* [*shine, burn*] vivamente.
brighten ['braɪtn] *vtr, vi* see ~ **up.** ▪ **brighten up**: **to** ~ **up a)** [*person, mood*] animar(-se), alegrar(-se); [*face, expression*] iluminar(-se); **b)** [*situation, outlook*] melhorar; **c)** [*sky*] clarear; **d)** [*light*] intensificar(-se).
brightly ['braɪtlɪ] *adv* **a)** [*painted, dressed*] de cores vivas; **b)** (of sun, fire) [*shine, burn*] intensamente.
brightness ['braɪtnɪs] *n* **a)** (of colour, light, sunshine, star, sky, etc) brilho *m*; **b)** (of room, place) claridade *f*; **c)** (cheerfulness) vivacidade *f*; **d)** (TV) brilho *m*; claridade *f*.
brill ['brɪl] **1** *n* ZOOL espécie *f* de rodovalho. **2** (coll) *adj, excl* GB abrev = ~**iant** brilhante.
brilliance ['brɪljəns] *n* (of light, poetry, music) brilho *m*; esplendor *m*; (of person) génio *m*; talento *m*.
brilliant ['brɪljənt] **1** *adj* **a)** (clever, successful) [*student, mind, invention*] brilhante; **b)** (coll) (fantastic) [*holiday, party, evening*] óptimo, bestial (fam); [*person*] porreiro (fam); **we had a** ~ **time** divertimo-nos imenso; **she's** ~ **at maths** ela é excelente em matemática; **c)** (bright) [*colour, jewel, plumage*] cintilante. **2** *excl* bestial! (fam).
brilliantly ['brɪljəntlɪ] *adv* **a)** (very well) [*write, perform, argue*] brilhantemente; **b)** (particularly) [*witty, clever, inventive*] muito; **c)** (very brightly) [*shine, sparkle*] muito; [*lit, illuminated*] vivamente; ~ **coloured** *or* **colourful** com cores vivas.
brim [brɪm] **1** *n* (of hat) aba *f*; (of cup, pan) bordo *m*; **a hat with a wide** ~, **a wide-~med hat** um chapéu de abas largas; **to fill sth to the** ~ encher qq coisa até cima. **2** *vi* **to** ~ **with sth** (lit) (receptacle) estar cheio de qq coisa até cima; (fig) transbordar de [*ideas, people*]; **his eyes** ~**med with tears** os seus olhos encheram-se de

lágrimas. ▪ **brim over** (lit, fig) transbordar (**with** de).

brimful [brɪm'fʊl] *adj* [*cup, pan, bath*] cheio até cima; **a cup ~ of coffee** uma chávena Po/xícara Br a transbordar de café.

brine [braɪn] *n* (sea water) mar *m*; água *f* do mar Culin salmoura *f*.

bring [brɪŋ] **1** *vtr* (*past, pp* **brought**) **a)** (convey, carry) trazer; **wait and see what tomorrow ~s** espera para ver o que o futuro nos traz; **the case has brought him publicity** o caso trouxe-lhe publicidade; **to ~ sth to** (contribute) trazer qq coisa a [*school, work, area*]; **that ~s the total to 100** isso faz 100 no total; **to ~ a smile to sb's face** fazer alg sorrir; **to ~ sth into** fazer entrar qq coisa em [*room*]; introduzir qq coisa em [*conversation*]; **to ~ sth into existence** criar qq coisa; **you brought it on yourself** a culpa é tua; **b)** (come with) trazer [*friend, relative, dog*]; **to ~ sb with one** trazer alg consigo; **c)** (lead, draw) levar a, conduzir; **the path ~s you to the church** o caminho conduz-te à igreja; **what ~s me to the question** isso leva-me à questão; **to ~ sb to do sth** levar alg a fazer qq coisa; **to ~ sb home** (transport home) levar alg a casa; **I brought him to the ground** atirei-o ao chão; **d)** TV, Radio **the game will be brought to you live** o jogo será transmitido em directo; **e)** Jur, Admin levar; **to ~ a case before the court** levar um caso a tribunal. **2** *v refl* **to ~ oneself to do** decidir-se a fazer; **I couldn't ~ myself to get up/to tell him** não consegui levantar-me/dizer--lhe. ▪ **bring about**: **~ about (sth), ~(sth) about** provocar [*change, disaster, death*]; levar a [*settlement, reconciliation*]; causar [*success, failure, defeat*]. ▪ **bring along**: **~ along (sth), ~ (sth) along** trazer [*object*]; **~ along (sb), ~ (sb) along** trazer, vir com [*friend*]. ▪ **bring back**: **~ back (sth), ~ (sth) back a)** (return with) trazer [*souvenir*] (**from** de); **to ~ sb back sth** restituir qq coisa a alg; **b)** (restore) restaurar [*colour, shine*]; **to ~ sb's memory back** restituir a memória a alg; **c)** (reintroduce) restabelecer [*custom*]; restaurar [*monarchy*]; **d)** (restore memory of) relembrar [*night, occasion*]; **seeing her brought it all back to me** ao vê-lo, veio--me tudo à memória. ▪ **bring down**: **~ down (sth), ~ (sth) down a)** (cause collapse of) destituir, deitar abaixo [*government*]; **b)** (reduce) reduzir [*inflation, expenditure*]; fazer baixar [*rate, level, price, temperature*]; diminuir, baixar [*cost of living*]; **c)** (shoot down) abater; **~ (sb) down** deprimir, deitar para baixo [*person*]. ▪ **bring forth**: **~ forth (sth), ~ (sth) forth a)** (provoke) suscitar; **b)** (liter) (produce) produzir [*object, fruit*]; fazer jorrar [*water*]; gerar [*child*]. ▪ **bring forward**: **~ forward (sth), ~ (sth) forward a)** (make sooner) adiantar; **b)** (propose) avançar [*proposals*]; propor [*bill*]. ▪ **bring in**: **~ in (sth)** render [*amount, money, interest*]; introduzir [*custom*]; **~ in (sth), ~ (sth) in a)** (introduce) introduzir [*legislation, measure*]; **b)** Agric colher [*wheat*]; **~ in (sb), ~ (sb) in a)** (involve) envolver [*expert, army*] (**from** de; **as** para ser); **b)** (to police station) levar para (a esquadra. ▪ **bring into**: **~ (sb) into** fazer alg participar em [*conversation, organization*].

▪ **bring off**: **~ off (sth), ~ (sth) off** ser bem sucedido [*feat*]; concluir [*deal*]; obter [*victory*]. ▪ **bring on**: **~ on (sth), ~ (sth) on** (provoke) provocar, causar [*attack, migraine*]; estar na origem de [*bronchitis, rheumatism*]; **~ on (sb), ~ (sb) on** (to stage, field) fazer entrar [*dancer, substitute*]. ▪ **bring out**: **~ out (sth), ~ (sth) out a)** exibir [*gun, etc*]; **b)** Comm apresentar, lançar [*new model*]; publicar [*edition*]; **c)** (highlight) salientar [*flavour, meaning*]; **~ out (sb), ~ (sb) out to ~ sb out in sports** revelar alg. ▪ **bring together**: **~ together (sth/sb), ~ (sth/sb) together a)** (assemble) reunir; **b)** (create bond between) aproximar. ▪ **bring up**: **~ up (sth), ~ (sth) up a)** (mention) mencionar, falar de; **b)** (vomit) vomitar; **~ up (sb), ~ (sb) up** educar; **to ~ sb up to do** ensinar alg a fazer; **to be brought up as a Catholic** receber uma educação católica; **well/badly brought up** bem/mal educado.

bring and buy sale [brɪŋænd' baɪseɪl] *n* GB venda *f* de caridade.

brink [brɪŋk] *n* (lit, fig) (edge) beira *f*; borda *f*; **at** *or* **on the ~ of a precipice** à beira dum precipício.

brisk [brɪsk] *adj* **a)** (efficient) [*person, manner, tone*] vivo, enérgico; **b)** (energetic) [*pace, trot, movements*] rápido, enérgico; [*attack*] vigoroso; [*debate*] animado; **to go for a ~ walk** passear com passo enérgico; **c)** (good) [*business, trade*] activo, florescente; **business was ~** os negócios iam de vento em popa (fam); **d)** (invigorating) [*air, climate*] estimulante, tonificante, revigorante; **a ~ March morning** uma fresca manhã de Março.

briskly ['brɪsklɪ] *adv* **a)** (efficiently) [*say, ask, reply, etc*] com vivacidade; **b)** (quickly) [*walk*] com energia; **c)** (well) [*sell*] muito bem.

bristle ['brɪsl] **1** *n* **a)** (+ c) (on brush, chin, animal, plant) pêlo *m*; (on pig) cerda *f*; **b)** (-c) (on brush, mat) (real) cerdas *fpl*; (synthetic) pêlos *mpl*. **2** *vi* **a)** (lit) [*fur*] eriçar-se; [*hair*] arrepiar--se; **b)** (react angrily) ficar com o cabelo em pé (**at** perante; **with** com); **~ with: to ~ with (sth)** estar cheio de [*spikes, arms, pins, problems*]; estar cheio de [*police, soldiers*].

bristly ['brɪslɪ] *adj* [*hair, beard, fibres*] hirsuto, forte; [*skin, surface*] coberto de pêlos duros.

Britain ['brɪtn] *pr n* (*also* **Great ~**) Grã--Bretanha *f*.

British ['brɪtɪʃ] **1** *npl* **the ~** os ingleses *mpl*. **2** *adj* britânico, inglês; **the ~ embassy** a embaixada da Grã-Bretanha.

Britisher ['brɪtɪʃə(r)] *n* us britânico *m*; inglês *m*.

British Isles *npl* Ilhas *fpl* Británicas.

Briton ['brɪtn] *n* bretânico *m*; Hist bretão *m*.

brittle ['brɪtl] *adj* [*fingernails, hair*] quebradiço; (fig) [*relationship, confidence*] frágil.

broach [brəʊtʃ] *vtr* abordar [*subject, topic*]; abrir [*bottle, barrel*].

broad [brɔːd] *adj* **a)** (wide) [*back, chest, face, ribbon, etc*] largo; **to have ~ shoulders** ter os ombros largos; **b)** (extensive) [*area, expanse, plain*] vasto; **c)** (wide-ranging) [*choice, range*] amplo; [*introduction, invitation, agreement, feeling, etc*] geral; **there is ~ support for the new law** existe um apoio generalizado em relação à nova lei; **d)** (liberal) tolerante; **to have a ~ mind** ter um espírito aberto; **e)** (unsubtle) **to drop ~ hints about sth** fazer alusões evidentes a qq coisa; **f)** (pronounced) [*accent*] carregado (*before n*) **to have a ~ accent** ter uma pronúncia carregada; **g)** (complete) **in ~ day light** em pleno dia; **h)** LING [*transcription*] fonético. IDIOMAS **it's as ~ as it's long** vai dar no mesmo, é indiferente.

broad bean [brɔːdˈbiːn] *n* BOT, CULIN fava *f.*

broadcast [ˈbrɔːdkːst] **1** *n* transmissão *f;* emissão *f;* **TV/radio/sports/live ~** transmissão televisiva/radiofónica/desportiva/em directo; **the ~ of sth** a difusão *f* de qq coisa. **2** *vtr* (*pp, past ~ or ~ed*) **a)** [*station, person*] transmitir, difundir [*episode, interview, message*] (**on** através de/ em); **b)** (pej) (tell) contar; **there's no need to ~ it!** não é preciso apregoar isso aos quatro ventos!; **c)** AGRIC semear [*seeds*]. **3** *vi* (*pp, past ~ or ~ed*) **a)** [*station, channel*] transmitir, emitir; **b)** [*person*] fazer um programa; **to ~ on the radio** fazer programas de rádio. **4** *pp adj* (on TV) televisionado; (on radio) radiodifundido.

broadcaster [ˈbrɔːdkːstə(r)] *n* locutor *m* de rádio ou TV.

broadcasting [ˈbrɔːdkːstɪŋ] **1** *n* radiodifusão *f;* **to work in ~** trabalhar na rádio ou na televisão. **2** *modif* [*authorities, legislation, service, technology*] da comunicação social (audiovisual).

broaden [ˈbrɔːdn] **1** *vtr* **a)** (extend) expandir, estender [*appeal, experience, range*]; alargar [*horizons, interests, knowledge*]; **travel ~s the mind** viajar torna o espírito mais aberto; **b)** (widen) alargar [*path, road*]. **2** *vi* **a)** (expand) [*appeal, horizons, outlook*] ampliar-se, alargar-se, dilatar-se, expandir-se; **b)** [*river, road, etc*] alargar-se. ▪ **broaden out** [*river, road, pipe*] alargar--se; [*conversation*] estender-se.

broadly [ˈbrɔːdlɪ] *adv* **a)** (in general) [*agree, conform, correspond*] em geral; [*favourable, similar, true*] globalmente; **~ speaking** falando duma maneira geral; **b)** (widely) [*grin, smile*] largamente.

broadminded [brɔːdˈmaɪndɪd] *adj* [*person*] de espírito aberto; [*attitude, outlook*] liberal, tolerante.

broad: ~sheet *n* GB jornal *m* de grande formato; **~-shouldered** *adj* de ombros largos.

broadside [ˈbrɔːdsaɪd] **1** *n* **a)** NAUT (of ship) costado *m;* (enemy fire) descarga *f* de canhões de um dos bordos, bordada *f;* **b)** (criticism) ataque *m* cerrado; **to aim** or **deliver a ~ at sb** criticar severamente alg. **2** *adv* (*also ~ on*) de través.

brocade [breˈkeɪd] *n* brocado *m.*

broccoli [ˈbrɒkəlɪ] *n* brócolos *mpl.*

brochure [ˈbreʊʃə(r), ˈbreʊʃjʊə(r)] *n* (gen) TOURISM, COMM brochura *f;* (larger) catálogo *m;* (leaflet) desdobrável *m;* (for hotel) prospecto *m.*

brogue [breʊɡ] *n* **a)** (shoe) chanca *f;* **b)** (accent) sotaque *m;* **Irish ~** sotaque irlandês.

broil [brɔɪl] *vi, vtr* **a)** CULIN grelhar [*meat*]; **b)** (fig) [*sun, heat*] assar (fam).

broiler [ˈbrɔɪlə(r)] *n* **a)** (*also ~ chicken*) AGRIC, CULIN frango *m* (para assar); **b)** US (grill) grelhador *m;* **c)** (fig) (hot day) dia *m* de muito calor.

broke [breʊk] **1** (*past*) see **break**. **2** (coll) *adj* (insolvent) [*person*] falido; [*company, treasury*] insolvente; **to go ~** [*company*] abrir falência.

broken [ˈbreʊkn] **1** (*pp*) see **break**. **2** *adj* **a)** (damaged) [*glass, window, fingernail, tooth, chair etc*] partido; [*radio, washing machine*] avariado; **b)** (fractured) [*bone, leg, rib*] partido, fracturado; **c)** (interrupted) [*circle, line*] quebrado; [*voice*] alquebrado; **d)** (irregular) [*ground*] acidentado; [*coastline*] recortado; **e)** (depressed) [*man, woman*] deprimido; [*spirit*] abatido; **f)** (not honoured) [*contract, engagement, promise, vow*] desfeito, não cumprido, quebrado; **g)** (flawed) [*French*] macarrónico (*before n*) [*sentence*] mal feito, mal elaborado.

broken-down [ˈbreʊkndaʊn] *adj* **a)** (non--functional) [*vehicle, machine*] avariado; **b)** (damaged) [*shed, wall*] estragado; [*shoe*] cambado.

broker [ˈbreʊkə(r)] *n* FIN, COMM corretor *m;* **foreign exchange ~** cambista *m/f.*

bromide [ˈbreʊmaɪd] *n* PHARM brometo *m.*

bronchial [ˈbrɒŋkɪəl] *adj* [*infection*] dos brônquios; [*asthma*] brônquica; **~ tubes** brônquios *mpl;* **~ pneumonia** broncopneumonia *f.*

bronchitis [brɒŋˈkaɪtɪs] *n* bronquite *f;* **to suffer from ~** sofrer de bronquite.

bronze [brɒnz] **1** *n* **a)** (statue, metal) bronze *m;* **b)** SPORT (medal) medalha *f* de bronze; **B~ Age** a Idade do Bronze. **2** *modif* [*coin, ornament*] em ou de bronze. **3** *adj* [*tint*] de bronze. **4** *vtr, vi* bronzear(-se).

bronzed [brɒnzd] *adj* bronzeado.

brooch [breʊtʃ] *n* broche *m.*

brood [bruːd] **1** *n* **a)** ZOOL ninhada *f;* **b)** (of children) (pej) prole *f.* **2** *vi* **a)** (ponder) meditar, matutar; **to ~ about** or **on** or **over** [*problem, event, disappointment*] ruminar; **b)** ZOOL [*bird*] chocar.

broody [ˈbruːdɪ] *adj* **a)** (depressed) deprimido, melancólico; **b)** (of bird) **a ~ hen** uma galinha choca; **c)** (coll) GB (of woman) **to feel** or **be ~** desejar ter um filho.

brook [brʊk] **1** *n* regato *m;* ribeiro *m.* **2** *vtr* tolerar, suportar [*argument, refusal*].

broom [bruːm] *n* **a)** vassoura *f;* **b)** BOT giesta *f.* IDIOMAS **a new ~ sweeps clean** (Prov) novo chefe, novos métodos.

broom: ~ cupboard *n* GB (lit, fig) cubículo *m* onde se guardam as vassouras; **~stick** *n* cabo *m* de vassoura.

Bros *npl* COMM abrev = **Brothers** Irmãos *mpl.*

broth [brɒθ] *n* caldo *m.* IDIOMAS **too many cooks spoil the ~** (Prov) muitos a mexer a panela, entornam o caldo.

brother [ˈbrʌðə(r)] *n* **a)** (relative) irmão *m;* **b)** (trade unionist, fellow man) camarada *m;* **a ~ officer** um camarada de armas; **c)** RELIG irmão *m.*

brotherhood [ˈbrʌðəhʊd] *n* **a)** (bond) fraternidade *f;* **b)** (organization) (of idealists) confraria *f;* **c)** (of monks) irmandade *f;* **d)** (of freemasons) **the B~** a Maçonaria.

brother-in-law *n* (*pl* **brothers-in-law**) cunhado *m.*

brotherly [ˈbrʌðəlɪ] *adj* fraternal.

brought [brɔːt] *past, pp* see **bring**.

brow [braʊ] *n* **a)** (forehead) fronte *f;* testa *f;* **b)** (eyebrow) sobrancelha *f;* **to knit one's ~s** franzir o sobrolho; **c)** (of hill) cume *m.*

browbeat ['braʊbi:t] 1 *vtr* intimidar; **to ~ sb into silence** silenciar alg; **to ~ sb into doing sth** forçar alg a fazer qq coisa. 2 **browbeaten** *pp adj* tiranizado.

brown [braʊn] 1 *n* (colour) castanho *m*; **in ~ de** castanho. 2 *adj* **a)** (in colour) [*suit, shoes, car, etc*] castanho; **to go** *or* **turn ~** tornar-se castanho; **dark** *or* **deep ~** castanho escuro; **b)** (tanned) bronzeado; **to go ~** ficar bronzeado; **c)** (as racial feature) [*skin, face, person, race*] moreno, escuro. 3 *vtr* **a)** CULIN dourar, tostar [*meat, onions, potatoes*]; **b)** (tan) bronzear [*skin, face, body*]. 4 *vi* [*potatoes, meat*] alourar, tostar; **leave to ~ in the oven** deixar tostar no forno.

brown: ~ ale *n* GB cerveja *f* preta; **~ bear** *n* urso *m* pardo; **~ bread** *n* pão *m* integral.

brownie ['braʊnɪ] *n* **a)** B~ (junior guide) escuteira *f*; **b)** US (cake) bolinho *m* de chocolate e nozes; **c)** (elf) duende *m*; diabrete *m*.

brownish ['braʊnɪʃ] *adj* acastanhado.

brown paper [braʊn'peɪpə(r)] 1 *n* papel *m* pardo. 2 *modif* **~ bag** saco *m* em papel pardo.

brown sugar *n* CULIN açúcar *m* amarelo.

browse [braʊz] 1 *n* **to have a ~ in a bookshop** dar uma olhadela numa livraria; **to have a ~ through a book** folhear um livro. 2 *vi* **a)** (graze) pastar; **b)** (potter) passear sem preocupações.

bruise [bru:z] 1 *n* **a)** (on skin) ferida *f*; equimose *f*; nódoa *f* negra; **to be treated for cuts and ~s** sujeitar-se a tratamento de feridas ligeiras; **b)** (on fruit) mancha *f*; toque *m*; pisadura *f*. 2 *vtr* **a)** [*patient, victim*] magoar [*knuckles, face, neck*]; **to ~ oneself** magoar-se; **b)** (damage) (*usu in passive*) pisar, danificar [*fruit*].

bruised [bru:zd] *adj* **a)** (physically) [*knee, elbow*] aleijado,-a; [*eye, cheek, ribs*] magoado,-a; [*fruit*] tocado,-a; **badly ~** aleijado,-a com gravidade; **b)** (emotionally) [*ego, spirit*] ferido,-a; [*heart*] partido; **I feel a bit ~** sinto-me um pouco fraco.

brunette [bru:'net] *n* (person) morena *f*.

brunt [brʌnt] *n* **to bear** *or* **take the ~ of** ser o que mais sofre com [*disaster, unemployment, fighting*]; aguentar todo o peso de [*bad temper*].

brush [brʌʃ] 1 *n* **a)** (generally, for hair, clothes, shoes, etc) escova *f*; (small, for sweeping up) vassoura *f*; (for paint) pincel *m*; **hard/wire ~** escova dura/de metal; **b)** (act of brushing) escovadela; **to give one's teeth a quick ~** dar uma escovadela aos dentes; **c)** (encounter) (confrontation with person, police, authorities) escaramuça *f*; confronto *m* (**with** com); **d)** (light touch) toque *m* leve; **e)** (vegetation or twigs) mato *m*; matagal *m*; **f)** (fox's tail) cauda *f* peluda de raposa. 2 *vtr* **a)** (sweep, clean) escovar [*carpet, clothes, shoes*]; **to ~ one's teeth/hair** escovar os dentes/o cabelo; **b)** (touch lightly) aflorar, roçar [*person, part of body, object*] (**with** com); **c) to ~ sth with** CULIN pincelar qq coisa com [*water, milk, egg, oil*]. 3 *vi* **to ~ against** roçar [*person, part of body, object*]; **to ~ past** tocar em alguém ao passar. 4 **brushed** *pp, adj* [*cotton, denim, nylon*] cardado, felpudo.

■ **brush aside**: ~ **aside** (sth/sb), ~ (sth/sb) **aside** repelir, afastar [*idea, thought, argument, beggar, protester*]. ■ **brush away**: ~ **away**

(sth), ~ (sth) **away** retirar [*crumbs, dirt*]; enxugar [*tear*]. ■ **brush down**: ~ **down** (sth), ~ (sth) **down** escovar [*coat, skirt, horse*]. ■ **brush off**: ~ **off** (sth/sb), ~ (sth/sb) **off** repelir, afastar [*person, offer, suggestion, threat, incident, disagreement*]. ■ **brush up (on)**: ~ **up (on) (sth)**, ~ (sth) **up** pôr em dia, recordar [*language, skill, subject*].

brush-off ['brʌʃɒf] (coll) *n* **to give sb the ~** despedir alguém.

brushstroke ['brʌʃstrəʊk] *n* pincelada *f*.

brushup ['brʌʃʌp] *n* GB **to give oneself** *or* **have a (wash and) ~** refrescar-se.

brusque [brʊsk, brʌsk] *adj* brusco (**with** com).

Brussels ['brʌslz] *pr n* Bruxelas.

Brussels sprout *n* couve *f* de Bruxelas.

brutal ['bru:tl] *adj* [*dictator, honesty, etc*] brutal; [*murderer, act, regime*] cruel; [*film, scene*] violento.

brutality [bru:'tælɪtɪ] *n* brutalidade *f* (**of** de).

brutally ['bru:təlɪ] *adv* [*murder, torture, treat*] selvaticamente; [*say, reply*] brutalmente; ~ **honest/frank** duma honestidade/franqueza brutal.

brute [bru:t] 1 *n* **a)** (man) (pej) bruto *m*; **b)** (animal) animal *m*; besta *f*. 2 *adj* **a)** [*strength*] bruto (*before n*) **by (sheer) ~ force** pela força; **b)** (animal-like) [*instinct, passion*] bestial, animalesco; **c)** (simple) [*fact, question*] simples (*before n*).

brutish ['bru:tɪʃ] *adj* bruto, brutal.

BS [bi:'es] *n* **a)** GB COMM abrev = **British Standard; b)** US UNIV abrev = **Bachelor of Science.**

BSc [bi:es'si:] *n* GB UNIV abrev = **Bachelor of Science;** (degree) ≈ licenciatura *f* em ciências.

BST [bi:es'ti:] *n* abrev = **British Summer Time** hora de Verão em Inglaterra.

bubble ['bʌbl] 1 *n* **a)** (in air, liquid, glass) bolha (**in** em); **b)** FIN, COMM preço *m* inflacionado; **c)** (germ-free chamber) câmara *f* esterilizada; **d)** (sound) borbulhar *m*. 2 *vi* **a)** (form bubbles) (gen) fazer bolhas; [*boiling, liquid*] ferver; [*fizzy drink*] borbulhar, ser efervescente; **b)** (be lively, happy) estar em efervescência; **to ~ with** transbordar de [*enthusiasm, ideas*]. ■ **bubble over** transbordar (**with** de). ■ **bubble up** [*boiling liquid*] ferver.

bubble: ~ bath *n* banho *m* de espuma; **~ gum** *n* pastilha *f* elástica.

bubbly ['bʌblɪ] 1 *n* (coll) (champagne, sparkling wine) espumante *m*. 2 *adj* [*person, personality*] esfuziante de vida; [*liquid*] efervescente.

Bucharest [bju:kə'rest] *pr n* Bucareste.

buck [bʌk] 1 *n* **a)** (coll) US (dollar) dólar *m*; **b)** (coll) (money) massa *f* (fam); **to make a fast** *or* **quick ~** fazer dinheiro rapidamente; **c)** ZOOL macho *m*; **d)** (coll) (responsibility) **to pass the ~ to sb** lançar a responsabilidade para cima de alguém; **the ~ stops here** o último responsável sou eu; **e)** EQUIT coice *m*. 2 *vtr* (go against) ir contra, opor-se a [*bend, market*]; **to ~ the system** lutar contra o sistema. 3 *vi* **a)** EQUIT [*house, vehicle*] empinar-se; **b)** (oppose) US **to ~ at** *or* **against sth** opor-se a, resistir a [*changes, role*]. ■ **buck up a)** (cheer up) animar-se; **~ up!** coragem!; **b)** (hurry up) apressar-se.

bucket ['bʌkɪt] 1 *n* **a)** (gen) balde *m* (**of** de); **b)** TECH (of scoop, dredger, waterwheel) alcatruz *m*; (of pump) êmbolo *m*. **2** *npl* (coll) **~s to rain ~s** chover a potes (fam); **to cry** *or* **weep ~s** chorar como uma Madalena (fam). **3** *vi* (coll) (*also* **~ down**) chover a cântaros. IDIOMAS **to kick the ~** esticar o pernil (fam).

bucketful *n* um balde cheio (**of** de).

buckle ['bʌkl] **1** *n* (clasp) fivela *f*. **2** *vtr* **a**) (fasten) apertar, afivelar [*belt, shoe, strap*]; **to ~ sb into sth** prender alg a algo; **b**) (damage) [*impact, heat*] empenar [*surface*]. **3** *vi* **a**) (give away) (lit) [*surface*] empenar-se, deformar-se; (fig) [*person*] ceder; **b**) (fasten) [*belt, shoe, strap*] apertar-se. ■ **buckle down**: **~ down** empenhar-se; **~ down to it!** ao trabalho!.

buckwheat ['bʌkwiːt] *n* trigo *m* mourisco.

bud [bʌd] **1** *n* **a**) BOT (of leaf) rebento *m* PO, broto *m* BR; (of flower) botão *m*; **in ~** (of flower) em botão; **b**) ZOOL embrião *m*. **2** *vtr* HORT (graft) enxertar [*plant*]. **3** *vi* (*pres p etc* **-dd-**) **a**) (develop leaf or flower buds) BOT germinar, desenvolver-se; **b**) (develop) [*flower*] desabrochar; [*breast, horn, leaf*] nascer. IDIOMAS **to nip sth in the ~** matar qq coisa à nascença.

Buddhism ['bʊdɪzm] *n* budismo *m*.

Buddhist ['bʊdɪst] *n, adj* budista *m/f*.

buddy ['bʌdɪ] (coll) *n* US (friend) camarada *m/f*; companheiro *m*.

budge [bʌdʒ] **1** *vtr* **a**) (lit) mover [*object, person*]; **b**) (fig) fazer com que alg mude de opinião. **2** *vi* (lit) mexer-se, mover-se (**from, off** de); (fig) mudar de opinião (**on sth** sobre qq coisa); **she will not ~ an inch** (lit) ela não se vai mexer um centímetro; (fig) ela não mudará de opinião.

budgerigar ['bʌdʒərɪgɑː(r)] *n* periquito *m*.

budget ['bʌdʒɪt] **1** *n* (personal, commercial) orçamento *m* (**for** para); **annual ~** orçamento anual; **to stay within/go over ~** não ultrapassar/ultrapassar o orçamento; **to be on/operate on a tight ~** ter/gerir um orçamento reduzido. **2** *modif* **a**) [*cut, deficit*] orçamental; **b**) (cheap) [*holiday, offer, price*] para pequenos orçamentos. **3** *vtr* incluir num orçamento. **4 budgeted** *pp adj* [*amount, expenditure*] orçamentado. ■ **budget for**: **~ for (sth)** incluir no orçamento.

budgie ['bʌdʒɪ] (coll) *n* see **budgerigar**.

buff [bʌf] **1** *n* **a**) (coll) (enthusiast) fanático *m*; aficionado *m*; **he's a film ~** ele é doido por cinema (fam); **b**) (colour) cor *f* de camurça; **c**) (leather) pele *f* de búfalo. **2** *vtr* engraxar [*shoes*]; polir [*metal*].

buffalo ['bʌfələʊ] *n* (*pl* **-oes** *or* **~**) búfalo *m*; US bisonte *m*.

buffer ['bʌfə(r)] *n* **a**) (protection) tampão *m* (**against** contra; **between** entre); **b**) RAIL (at end of line) amortecedor *m*; pára-choques *m*; **c**) (coll).

buffet[1] ['bʊfeɪ] *n* bufê *m*; **~ car** RAIL carruagem-bar *f*; carruagem-restaurante *f*.

buffet[2] [bʌfɪt] *vtr* **a**) (push against) [*wind, sea*] fustigar; **b**) (fig, liter) [*misfortune*] bater à porta, atingir.

bug [bʌg] **1** *n* **a**) ZOOL percevejo *m*; **b**) (coll) (illness) (*also* **stomach** *or* **tummy ~**) distúrbios *mpl* gástricos; **c**) COMPUT (fault) erro *m*; **d**) (hidden microphone) microfone *m* de escuta; **e**) (coll) (craze) mania *f*; **he was bitten by the**

jazz ~ ele está com a mania do jazz; **f**) (coll) US (enthusiast) fanático *m*; **a jogging ~** um fanático do jogging. **2** *vtr* (*pres p etc* **-gg-**) **a**) (hide microphones in) colocar microfones escondidos em [*room, building*]; **the room is ~ged** a sala está sob escuta; **b**) (coll) (annoy) chatear (fam) [*person*].

bugbear [bʌgbeə(r)] *n* fantasma *m*; pesadelo *m*.

buggy ['bʌgɪ] *n* **a**) GB (push chair) carro *m* leve; **b**) US (baby carriage) carrinho *m* de bebé PO, nenê BR.

bugle ['bjuːgl] *n* corneta *f*; trompa *f*; **~ call** toque *m* de corneta.

build [bɪld] **1** *n* estatura *f*; constituição *f*; **a man of average ~** um homem de estatura média; **she is slender in ~** ela é de constituição magra. **2** *vtr* (*past, pp* **built**) **a**) (construct) construir [*factory, city, railway*]; **to ~ sb a house** *or* **to ~ a house for sb** construir uma casa para alg; **b**) (assemble) construir, fabricar [*car, engine, ship*]; **c**) (establish) estabelecer [*relations, relationship*]; construir [*career, future*]; **to ~ one's hopes on sth** fundar esperanças sobre qq coisa; **d**) GAMES formar [*sequence, set, word*]. **3** *vi* (*past, pp* **built**) **a**) (construct) construir; **they intend to ~ on the site** eles pretendem construir no local; **b**) (use as a foundation) **to ~ on the excitement generated by the first film** tirar partido do entusiasmo suscitado pelo primeiro filme. ■ **build in**: **~(sth) in, ~ in (sth) a**) (construct) encaixar, embutir [*mirror, bookcase*]; **b**) (incorporate) introduzir [*clause, guarantee, provision*]. ■ **build into**: **~ (sth) into (sth)** (construct) **to ~ a wardrobe into a wall** construir um armário embutido na parede. ■ **build up** [*gas, silt, deposits*] acumular-se; [*traffic*] intensificar-se; [*tension, pressure, excitement*] subir; **~ (sth) up, ~ up (sth) a**) (accumulate) acumular [*weapons, wealth*]; criar [*database*]; **b**) (boost) estabelecer [*self-confidence, trust*]; **c**) (establish) criar [*business, organization*]; constituir [*army*].

builder ['bɪldə(r)] *n* (contractor) empreiteiro *m*; construtor *m*; (worker) pedreiro *m*; **a firm of ~s** uma empresa de construção.

building ['bɪldɪŋ] *n* **a**) (structure) construção *f*; (with offices, apartments) edifício *m*; prédio *m*; **school ~** escola *f*; **b**) (action) construção *f*.

building: ~ contractor *n* construtor *m* civil; **~site** *n* (lit, fig) terreno *m* de construção; **~ society** *n* GB sociedade *f* de crédito para a habitação.

built [bɪlt] **1** *adj* **a**) (person, body) **he's powerfully ~** ele é de constituição forte ou ele é bem constituído; **b**) (car, machine) **these cars are ~ for speed** estes carros foram concebidos para andar a altas velocidades. **2** (*past, pp*) see **build**.

built-in [bɪltɪn] *adj* **a**) [*wardrobe, shelves*] embutido; **b**) [*guarantee, clause*] incorporado.

built-up ['bɪltʌp] *adj* (region, countryside) urbanizado; **the centre of London has become very ~** construiu-se bastante no centro de Londres.

bulb [bʌlb] *n* **a**) ELEC lâmpada *f*; **b**) BOT (gen) bolbo *m*; **c**) (of thermometer) reservatório *m*.

Bulgaria [bʌl'geərɪə] *n* Bulgária *f*.

bulge [bʌldʒ] **1** *n* **a**) (swelling) (on clothing, carpet) barriga *f*; papo *m*; (in vase, column) protuberância *f*; **b**) STAT explosão *f*; **a demographic ~** uma explosão demográfica; **c**) (increase) aumento *m* (**in** de). **2** *vi* [*bag, pocket*] fazer barriga; [*stomach*] inchar; [*wallet*] estar recheado; **his eyes were bulging out of their sockets** os olhos saíam-lhe das órbitas; **to be bulging with sth** [*bag, vehicle, wardrobe*] estar a abarrotar de qq coisa.

bulging ['bʌldʒɪŋ] *adj* [*eye*] desorbitado; [*cheek, stomach*] inchado; [*chest, muscle*] saliente; [*bag, file, wallet*] a abarrotar.

bulk [bʌlk] **1** *n* a) (lit) (size, volume) (of music, writings, correspondence) volume *m*; (of person) corpulência *f*; **in** ~ COMM a granel, por atacado; **b**) (majority) **the** ~ **of sth** a maior parte de qq coisa; **c**) CULIN (fibre) fibra *f*. **2** *modif* COMM [*delivery, export, material, order, etc*] por atacado.

bulky ['bʌlkɪ] *adj* [*package, equipment, item*] volumoso; [*book*] espesso; [*person*] corpulento Po, troncudo BR.

bull [bʊl] **1** *n* a) ZOOL touro *m*; **b**) (male) macho *m*; **c**) ASTROL Touro *m*; **d**) RELIG bula *f*; **e**) (coll) (nonsense) disparate *m*; **f**) (in darts) o centro *f* (do alvo). **2** *modif* [*elephant, whale*] macho *m* (*after n*). **3** *adj* FIN [*market*] na alta. **4** *vtr* (coll) GB MIL engraxar [*boots*]. **5** *vi* FIN [*speculator*] especular para produzir subida nos preços; [*stores*] estar em alta de preços. **IDIOMAS to go at sb/ sth like a** ~ **at a gate** investir contra alg/algo como um toiro.

bulldog ['bʊldɒg] *n* ZOOL buldogue *m*; ~ **dog CLIP** GB clip *m* gigante.

bulldoze ['bʊldəʊz] *vtr* a) (lit) (knock down) destruir (qq coisa) com uma escavadora [*building, wall, forest*]; **b**) (fig) (force) forçar; **to** ~ (**one's way) through a crowd** abrir (caminho) à força por entre a multidão.

bulldozer ['bʊldəʊzə(r)] *n* bulldozer *m*; escavadora *f*.

bullet ['bʊlɪt] **1** *n* bala *f*. **2** *modif* [*wound, hole, mark*] de bala.

bulletin ['bʊlɪtɪn] *n* boletim *m*; **weather** ~ boletim meteorológico.

bulletin board *n* US placard *m* de informações.

bulletproof ['bʊlɪtpruːf] **1** *adj* [*glass, vehicle, door*] blindado,-a; ~ **vest** *or* **jacket** colete *m* à prova de balas *inv*. **2** *vtr* blindar [*glass, vehicle*].

bull: ~**fight** *n* corrida *f* de toiros; ~**fighter** *n* toureiro *m*; ~**fighting** *n* (gen) corridas *fpl* de toiros; ~**frog** *n* rã *f* grande.

bullion ['bʊljən] *n* (gen) lingote *m*; **gold/silver** ~ (**bars**) lingote de ouro/prata.

bullock ['bʊlək] *n* (young) novilho *m*; (mature) boi *m*.

bullring ['bʊlrɪŋ] *n* a) (sandy area) arena *f*; **b**) (building) praça *f* de touros.

bull's-eye *n* (on a target) centro *m* de alvo; **to score a** ~ (lit, fig) acertar no centro do alvo.

bully ['bʊlɪ] **1** *n* a) tirano *m*; **the school** ~ o terror da escola; **b**) (dated) (*also* ~ **beef**) carne *f* enlatada. **2** (coll, dated) *adj* óptimo. **3** (coll) *excl* ~ **for you/him!**, etc melhor para ti/ele!, etc. **4** *vtr* (gen) SCH maltratar; [*country*] intimidar; tiranizar; **I won't be bullied!** não me metem medo!.

bullying ['bʊlɪɪŋ] **1** *n* (gen) SCH provocação *f*; ameaças *fpl*; (of country) intimidação *f*. **2** *adj* [*person, behaviour*] ameaçador; [*tactics*] de intimidação.

bulrush ['bʊlrʌʃ] *n* BOT junco *m*.

bulwark ['bʊlwək] *n* NAUT amurada *f*; (breakwater) quebra-mar *m*.

bum [bʌm] (coll) **1** *n* a) (buttocks) traseiro *m* (fam); **b**) ESP US (vagrant) vadio *m*; **to be on the** ~ vadiar, andar à boa vida. **2** *vtr* (*pres p etc* -**mm**-) (scrounge) cravar (cal) [*cigarette, money*] (**of, from** a alg); **to** ~ **a ride** US **lift** GB pedir boleia Po, carona BR. **3** *vi* viver à custa de alg. ■ **bum around** vadiar.

bumble ['bʌmbl] *vi* a) (*also* ~ **on**) (mumble) resmungar; **b**) (move) **to** ~ **around** *or* **about** deambular.

bumblebee ['bʌmblbiː] *n* abelhão *m*; zângão *m*.

bumbling ['bʌmblɪŋ] *adj* (incompetent) [*person, behaviour*] desastrado, desajeitado.

bumf, bumph ['bʌmf] (coll) *n* GB (documents) papelada *f* (fam); (toilet paper) papel *m* higiénico.

bump [bʌmp] **1** *n* a) (lump) bossa *f*; inchaço *m* Po, inchação *m* BR; **b**) (jolt) solavanco *m*; **c**) (sound of fall) barulho *m* surdo; baque *m*. **2** *excl* pum!. **3** *vtr* bater (**against, on** contra); **to** ~ **one's head** bater com a cabeça. **4** *vi* **to** ~ **into sth/sb** chocar com algo/dar com alg; **to** ~ **over sth** [*vehicle*] ir aos solavancos sobre qq coisa. **IDIOMAS to come down to earth with a** ~ cair das nuvens. ■ **bump into**: ~ **into** (sth)/(sb) a) (lit) bater em, chocar com; **b**) (coll) (meet by chance) (*also* ~ **across**) dar com, encontrar por acaso. ■ **bump off** (coll) ~ **off** (sb), ~ (**sb**) **off** liquidar alg. ■ **bump up** (coll) ~ **up** (sth) (increase) aumentar [*price, tax, wage*].

bumper ['bʌmpə(r)] **1** *n* a) AUT pára-choques *m*; ~ **to** ~ pára-choques contra pára-choques; **b**) (tankard) copo *m* cheio. **2** *adj* (large) [*crop, harvest, sales, year*] abundante, excepcional; [*book, edition*] excepcional.

bumpkin ['bʌmpkɪn] (coll) *n* (pej) (*also* **country** ~) labrego *m*.

bumpy ['bʌmpɪ] *adj* (lit) [*road, surface*] acidentado; [*journey, flight, landing*] agitado; [*part of body*] com inchaços Po, inchações BR. **IDIOMAS to be in for a** ~ **ride** conhecer os altos e baixos.

bun [bʌn] *n* a) CULIN (bread roll) pãozinho *m*; (cake) pão *m* doce; **b**) (hairstyle) coque *m*; **to put/wear one's hair in a** ~ pentear o cabelo num coque.

bunch [bʌntʃ] **1** *n* a) (coll) (of people) (also pej) grupo *m*; bando *m*; **a** ~ **of friends** um grupo de amigos; **a** ~ **of idiots** uma cambada de idiotas (fam); **b**) (of flowers) ramo *m* (**of** de); **c**) (of radishes, watercress, carrots) molho *m*; **tie the onions in a** ~ ata as cebolas num molho; **d**) (coll) (lot, group of things) monte *m* (**of** de); **a whole** ~ **of things** um monte de coisas; **the best of a bad** ~ o menos mau; **e**) GB (of hair) totós *mpl*; **f**) SPORT pelotão *m*. **2** *vtr* (put in bunches) fazer molhos de [*vegetables*]; fazer ramos de [*flowers*].

bundle ['bʌndl] **1** *n* a) (of objects) conjunto *m*; fardo *m*; (of clothes, cloth) trouxa *f*; ~ **of sticks** um molho *m* de paus; ~ **of newspapers/letters** maço *m* de jornais/cartas; (coll) **to cost/make a** ~ custar/ganhar uma data de massa (fam); **b**) (person) feixe *m*; ~ **of nerves** feixe de nervos. **2**

vtr **to** ~ **sb into a car** meter à pressa alg dentro dum carro. ■ **bundle off**: **to** ~ **(sb) off** despachar alg; **to** ~ **a child off to school/sb's** despachar uma criança para a escola/para casa de alg. ■ **bundle up**: **to** ~ **up (sth)**, **to** ~ **(sth) up** empacotar [*letters, newspapers, books*]; fazer uma trouxa de [*clothes*]; fazer maços de [*banknotes*].

bung [bʌŋ] **1** *n* batoque *m*; rolha *f*. **2** *vtr* **a)** (stop up) rolhar [*hole, barrel, bottle*]; **b)** (coll) (put, throw) pôr, deitar. ■ **bung up** (coll) GB **to** ~ **(sth) up**, **to** ~ **up (sth)** (block) entupir [*sink, drain, nose*].

bungalow [ˈbʌŋɡələʊ] *n* (gen) bangalô *m*; chalé *m*.

bungle [ˈbʌŋɡl] **1** *n* confusão *f*; embrulhada *f*. **2** *vtr* estragar [*attempt, opportunity, investigation*]; **the whole job was ~d** o trabalho foi feito de qq maneira ou o trabalho foi mal feito.

bungler [ˈbʌŋɡlə(r)] (coll) *n* trapalhão,-ona *m/f*.

bungling [ˈbʌŋɡlɪŋ] **1** *n* falta *f* de jeito. **2** *adj* desajeitado; **you** ~ **idiot!** seu desastrado!.

bunk [bʌŋk] **1** *n* **a)** NAUT, RAIL beliche *m*; **b)** (gen) (*also* ~ **bed**) (whole unit) beliches *mpl*; **the top/lower** ~ o beliche de cima/de baixo. **2** (coll) *vi* (*also* ~ **down**) dormir mal acompanhado. **IDIOMAS** (coll) **to do a** ~ pôr-se a mexer (cal).

bunker [ˈbʌŋkə(r)] *n* **a)** MIL (gen) (shelter) abrigo *m*; **b)** (container) NAUT carvoeira *f*; paiol *m*.

bunny [ˈbʌnɪ] *n* **a)** (*also* ~ **rabbit**) (childish talk) coelhinho *m*; **b)** (*also* ~ **girl**) coelhinha *f* (empregada no clube Playboy).

bunting [ˈbʌntɪŋ] *n* **a)** (flags) bandeiras *fpl*; **b)** ZOOL verdelhão *m*.

buoy [bɔɪ] **1** *n* (gen) bóia *f*; (for marking) baliza *f*. **2** *vtr* **a)** (*also* ~ **up**) (make cheerful) animar, estimular [*person, team*]; **b)** (*also* ~ **up**) (lit) (keep afloat) fazer boiar [*person, raft, object*]; **c)** NAUT (mark out) balizar [*channel, rocks*].

buoyancy [ˈbɔɪənsɪ] *n* **a)** (lit) (of floating object) capacidade *f* de flutuação; **b)** (fig) (cheerfulness) animação *f*.

buoyant [ˈbɔɪənt] *adj* **a)** [*object*] flutuante; **sea water is more** ~ **than fresh water** a água do mar é mais leve do que a água doce; **b)** (cheerful) [*person, personality*] animado, vivo; [*effort*] revigorante.

burble [ˈbɜːbl] **1** *n* see **burbling**. **2** *vi* **a)** [*stream, water*] ferver, borbulhar; **b)** (*also* ~ **on**) resmungar; **to** ~ **(on) about sth** resmungar acerca de qq coisa.

burbling [ˈbɜːblɪŋ] **1** *n* **a)** (of stream, voices) burburinho *m*; **b)** (rambling talk) aranzel *m*. **2** *adj* [*stream, voice*] que causa burburinho.

burden [ˈbɜːdn] **1** *n* **a)** (responsibility) fardo *m*; **the Third World's debt** ~ o peso da dívida do Terceiro Mundo; **to ease the** ~ **on sb** aligeirar a responsabilidade que pesa sobre alg; **the** ~ **of proof** JUR o ónus da prova; **b)** (lit) (load) carga *f*; fardo *m*. **2** *vtr* (*also* ~ **down**) **a)** (fig) oprimir; **b)** (lit) sobrecarregar (**with** com).

burdensome [ˈbɜːdnsəm] *adj* opressivo, pesado.

bureau [ˈbjʊərəʊ, bjʊəˈrəʊ] *n* **a)** (agency) agência *f*; (local office) escritório *m*; **a travel** ~ uma agência de viagens; **b)** ESP US (government department) departamento *m*; **immigration** ~ serviços *mpl* de imigração; **c)** GB (writing desk) escrivaninha *f*; secretária *f*; **d)** US (chest of drawers) cómoda *f*.

bureaucracy [bjʊəˈrɒkrəsɪ] *n* burocracia *f*.

bureaucrat [ˈbjʊərəkræt] *n* burocrata *m/f*.

bureaucratic [bjʊərəˈkrætɪk] *adj* burocrático.

burgeon [ˈbɜːdʒən] *vi* **a)** (fig) (grow) [*talent, love, industry, crime*] florescer; (multiply) [*population, industries*] multiplicar-se; **b)** (fig) (flourish) [*talent, love*] desabrochar; [*population*] prosperar; **c)** (lit) [*plant, flower*] desabrochar.

burglar [ˈbɜːɡlə(r)] *n* ladrão/ladra *m/f*.

burglar alarm *n* alarme *m* anti-roubo.

burglarize [ˈbɜːɡlərɑɪz] *vtr* US assaltar, fazer um assalto.

burglary [ˈbɜːɡlərɪ] *n* (gen) assalto *m*.

burgle [ˈbɜːɡl] *vtr* assaltar, fazer um assalto.

Burgundy [ˈbɜːɡəndɪ] *n* **a)** GEOG Borgonha *f*; **b)** (wine) vinho *m* da Borgonha; **c)** (colour) cor *f* de vinho.

burial [ˈbərɪəl] **1** *n* RELIG (ceremony) enterro *m*. **2** *modif* [*site*] de sepultura; [*service*] fúnebre; [*rites*] funerário.

burlesque [bɜːˈlesk] **1** *n* **a)** LITERAT (piece of writing) paródia *f*; (gender) género *m* burlesco; **b)** US (dated) (comedy show) revista *f* teatral. **2** *adj* **a)** [*style, satire, troupe*] burlesco; **b)** (sham) [*ceremony, speech*] caricato. **3** *vtr* parodiar.

burly [ˈbɜːlɪ] *adj* [*person*] corpulento, robusto Po, troncudo Br; [*building*] imponente.

Burma [ˈbɜːmə] *pr n* Birmânia *f*.

burn [bɜːn] **1** *n* **a)** (gen) MED queimadura *f*; **cigarette** ~**s** queimaduras de cigarro; **b)** AEROSP combustão *f*. **2** *vtr* (*past, pp* **burned** *or* GB **burnt**) **a)** (gen) queimar [*papers, rubbish, fuel, etc*]; incendiar [*building, city*]; **to** ~ **coal/gas** [*boiler*] trabalhar a carvão/gás; **to be** ~**ed to death** morrer carbonizado; **to** ~ **oneself** queimar-se; **b)** CULIN deixar queimar [*toast, meat*]; **c)** (sun) queimar [*person, skin*]; (acid) corroer [*surface, substance*]. **3** *vi* **a)** [*house, city*] arder Po, pegar fogo Br; **b)** (blister, wound) arder; (from sun) arder [*skin, part of the body*]; **he has the kind of skin that** ~**s easily** ele tem uma pele que se queima facilmente; **c)** CULIN [*toast, meat*] queimar; [*sauce*] pegar no fundo; **d)** (fig) **to be** ~**ing to do sth** [*person*] estar desejoso de fazer qq coisa. ■ **burn away a)** (continue to burn) [*fire, lamp, candles*] arder; **b)** (be consumed by fire) [*candle, piece of paper*] arder completamente. ■ **burn down a)** [*house*] ser reduzido a cinzas; **b)** [*fire*] extinguir-se; [*candle*] queimar até ao fim. ■ **burn off** (evaporate) [*alcohol*] evaporar-se; [*mist, cloud*] dissipar-se. ■ **burn out** [*fire*] extinguir-se; (fig) [*person*] (through overwork) desgastar-se; **to** ~ **out (sth)**, ~ **(sth) out** (*usu in passive*) (destroy by fire) incendiar [*building, vehicle*]; **to** ~ **out (sb)**, ~ **(sb) out** (forced out by fire) obrigar (alguém) a sair devido a um incêndio.

burner [ˈbɜːnə(r)] *n* (on gas cooker) queimador *m*; (of lamp) bico *m* (de gás). **IDIOMAS to put sth on the back** ~ [*question, issue*] prestar pouca atenção a qq coisa.

burning [ˈbɜːnɪŋ] **1** *n* **a)** **there's a smell of** ~ cheira a queimado; **b)** (setting on fire) (of building, town) incêndio *m*. **2** *adj* **a)** (on fire) [*building, town, forest, etc*] em chamas, a arder;

(alight) [*candle, lamp, fire*] aceso; [*ember, coal*] ardente; (fig) (very hot) [*heat*] tórrido; **a ~ feeling** *or* **sensation** uma sensação viva; **b**) (fig) (intense) [*fever, thirst, desire*] ardente; **a ~ question** *or* **issue** um assunto escaldante.

burnish ['bɜ:nɪʃ] **1** *vtr* polir, dar lustro. **2 burnished** *pp adj* [*copper, skin*] polido, lustroso, brilhante.

burnt [bɜ:nt] **1** *past, pp* see **burn**. **2** *adj* (gen) queimado; [*small, taste*] a queimado.

burnt offering *n* holocausto *m*.

burp [bɜ:p] (slang) **1** *n* arroto *m*. **2** *vtr* fazer com que um bebé Po/ nenê Br arrote. **3** *vi* (baby, person) arrotar.

burrow ['bʌrəʊ] **1** *n* toca *f*; abrigo *m*. **2** *vtr* (rabbit, etc) escavar; (hole, tunnel) **to ~ one's way** abrir caminho (**into** através de/por). **3** *vi* (rabbit, etc) cavar Po/cavocar Br uma toca, abrir um buraco; (person) (in blankets) refugiar-se sob/em qq coisa.

bursar ['bɜ:sə(r)] *n* (administrator) Sch, Univ tesoureiro *m*.

bursary ['bɜ:sərɪ] *n* **a**) (grant) bolsa *f* de estudos; **b**) (office) tesouraria *f* de um colégio/escola/universidade.

burst [bɜ:st] **1** *n* (of flame) erupção *f*; (of bomb, shell) rebentamento *m*; (of thunder) estouro *m*; (of applause) barulho *m*; (of activity, energy, enthusiasm, inspiration) acesso *m*; (of temper, fury) explosão *f*; **~ of weeping** crise *f* de lágrimas; **a ~ of colour** uma explosão de cores. **2** *vtr* (*past, pp* **burst**) rebentar [*balloon, bubble, tyre*]; **to ~ one's sides laughing/to be laughing fit to ~** rebentar de riso. **3** *vi* **a**) [*balloon, bubble, tyre, pipe*] rebentar; [*boiler, bomb, shell*] explodir; [*firework*] estourar; **b**) **to be ~ing at the seams, be full to ~ing point** [*bag, room, building*] estar completamente cheio; (hum) [*person*] (from too much food) não poder (comer) mais; **to be ~ing with health** transbordar de saúde. ■ **burst forth** (liter) [*buds, blossoms*] desabrochar; [*sun*] surgir. ■ **burst in** irromper; **to ~ in on a meeting** interromper bruscamente uma reunião. ■ **burst into**: **to ~ into** (sth) **a**) irromper em [*room, building*]; **b**) **to ~ into blossom** *or* **bloom** desabrochar, abrir-se em flor; **to ~ into tears** desatar a chorar; **~ on, ~ upon** aparecer. ■ **burst open**: **to ~ open** [*door*] abrir-se violentamente ou bruscamente. ■ **burst out a**) **to ~ out of a room** sair precipitadamente duma sala; **b**) **to ~ out laughing** desatar a rir; **to ~ out crying** desatar a chorar; **c**) (exclaim) exclamar, gritar. ■ **burst through**: **to ~ through** (sth) romper [*barricade*]; **she ~ through the door** ela entrou violentamente ou bruscamente.

bury ['berɪ] *vtr* **a**) enterrar, sepultar; (accidentally in earthquake, etc) soterrar [*person, town*]; **to be buried alive** ser enterrado vivo; **b**) (hide) esconder [*treasure, bone*]; **to ~ oneself in the countryside** ir-se enterrar no campo; **to ~ one's head in the sand** enterrar a cabeça na areia como a avestruz; **c**) (suppress) esquecer [*differences, memories*]; **d**) (engross) (*usu pp*) **to be buried in sth** [*book, work*] estar mergulhado em qq coisa; **e**) (plunge) meter, enfiar, introduzir (**into** em).

bus [bʌs] **1** *n* (*pl* **buses**) (vehicle) camioneta *f*; autocarro *m* Po, ônibus *f* Br; **by ~** [*come, go, travel*] de camioneta ou de autocarro. **2** *modif* [*garage, service, ticket*] de autocarro ou de camioneta. **3** *vi* (coll).

busby ['bʌzbɪ] *n* barrete *m* de pele usado pelos soldados em cerimónias especiais.

bus: **~ conductor** *n* cobrador *m*; **~ driver** *n* motorista *m/f* de autocarro Po, ônibus Br.

bush [bʊʃ] *n* **a**) (shrub) moita *f*; **a ~ of hair** (fig) um tufo *m* de cabelos; **b**) (in Australia, Africa) **the ~** a selva *f*; o mato *m*; (hum) (city, person) refugiar-se no campo. IDIOMAS **he doesn't beat about the ~** ele vai direito ao assunto.

bushel ['bʊʃl] *n* alqueire *m*; (coll) **~ of...** us montes de.... IDIOMAS **to hide one's light under a ~** não se valoriza (aos olhos dos outros).

bush: **~ing** *n* Tech bucha *f* de metal; **~ jacket** *n* casaco *m* tipo safari; **~ telegraph** *n* sistema de informação não oficial, meio não oficial de transmitir notícias.

bushy ['bʊʃɪ] *adj* **a**) [*hair, beard, etc*] espesso; **b**) [*land, garden*] cheio de arbustos de silvas.

busily ['bɪzɪlɪ] *adv* [*engaged, occupied*] activamente.

business ['bɪznɪs] **1** *n* **a**) (commerce) negócios *mpl*; comércio *m*; **to be in ~** estar no comércio; **she went into** *or* **set up in ~ as a hairdresser** ela estabeleceu-se como cabeleireira por conta própria; **that firm are no longer in ~** essa firma fechou; **to do ~ with sb** fazer negócios com alguém; **she's gone to Lisbon on ~** ela foi para Lisboa em serviço; **to go out of ~** falir; **now we're talking ~!** agora estamos a falar a sério; **to mix ~ with pleasure** juntar o útil ao agradável; **b**) (custom, trade) **to lose ~** perder clientela; **how's ~?** como vão os negócios?; **c**) (trade, profession) profissão *f*; ocupação *f*; **what's your line of ~?/what (line of) ~ are you in?** trabalha em que ramo?/qual é a sua profissão?; **he's in the hotel ~** ele trabalha em hotelaria; **d**) (company, firm) empresa *f*; **small ~es** as pequenas empresas; **e**) (important matters) assuntos *mpl* importantes; **let's get down to ~** passemos a coisas sérias; **f**) (concern) **that's her ~** isso é assunto dela; **it's none of your ~!** isto não te diz respeito!/não tens nada com isso!; **mind your own ~** não te metas onde não és chamado; **g**) (affair) assunto *m*; história *f*; **what a dreadful ~!** que história terrível!. **2** *modif* [*address*] profissional; [*letter, meeting, trip*] de negócios; **~ people** homens *mpl* de negócios. IDIOMAS **to be in the ~ of doing sth** GB ter o hábito de fazer qq coisa; **she means ~** ela fala a sério; **to send sb about his ~** mandar passar alguém (fam); **she can sing like nobody's ~** ela canta como ninguém.

business hours *npl* horas *fpl* de expediente.

businessman ['bɪznɪsmən] *n* (*pl* **~ men**) homem *m* de negócios.

business: **~ studies** *npl* estudos *mpl* comerciais; **~woman** *n* (*pl* **~women**) mulher *f* de negócios.

busker ['bʌskə(r)] *n* GB (singer, musician, actor) cantor *m*; músico ou actor ambulante.

bust [bʌst] **1** *n* **a**) Anat busto *m*; peito *m*; **b**) (coll) (binge) **to go on the ~** andar na pândega;

c) (coll) US (failure) falhado *m*; (business) falhanço *m*; falência *f*; d) (coll) (police raid) rusga *f*. 2 *modif* ~ size *or* measurement medida *f* do busto. 3 *adj* a) (broke) arruinado; b) to go ~ ir à falência. 4 *vtr* (coll) a) (break) estragar [*machine, object*]; b) (police) (break up) desmantelar [*organization*]; (raid) fazer uma rusga; c) (financially) arruinar, levar à falência [*firm, person*]. ■ **bust up** (break up) desfazer [*meeting, party, relationship*]; to ~ up [*couple*] romper, separar.

bustle ['bʌsl] 1 *n* (activity) azáfama *f*. 2 *vi* (person, crowd) to ~ about afadigar-se, azafamar-se; to ~ with activity estar muito animado, estar cheio de actividade.

bustling ['bʌslɪŋ] *adj* [*street, shop, town*] animado, movimentado; [*person*] atarefado.

bust up *n* descompostura *f*; to have a ~ with sb descompor algo.

busy ['bɪzɪ] 1 *adj* a) [*person*] ocupado; he looks ~ ele parece estar ocupado; to keep sb ~ dar trabalho para alg fazer; to keep oneself ~ manter-se ocupado; get ~! vamos lá trabalhar!; b) [*bar, shop, airport, etc*] movimentado; [*square, street, town*] animado; [*day, morning, week*] sobrecarregado; c) (engaged) [*line, photocopier*] US ocupado (por alg). 2 *vi* to ~ oneself ocupar-se (with sth com qq coisa).

busybody *n* (coll) intrometido *m*.

but [bʌt] 1 *adv* (only, just) só; if I had ~ known se ao menos eu tivesse sabido; I can ~ try eu só posso tentar; one can't help ~ admire her não se pode deixar de a admirar. 2 *prep* excepto; anything ~ that tudo menos/excepto isso; anywhere ~ Australia em todo o lado menos/excepto na Austrália; nobody ~ me knows how to do it ninguém a não ser eu sabe como fazê-lo; he's nothing ~ a coward ele não é senão um cobarde; and whom should I meet ~ Steven! e quem é que eu havia de encontrar senão o Steven!; the last ~ one o penúltimo; the next road ~ one a segunda rua (a partir daqui. 3 but for *prep phr* ~ for you, I would have died sem ti, teria morrido; he would have gone ~ for me ele ter-se-ia ido embora se não fosse eu. 4 *conj* a) (expressing contrast, contradiction) mas; I'll do it, ~ not yet faço isso, mas agora não; b) (yet) contudo, porém; cheap ~ nourishing barato, porém alimentício; c) (except that) never a day passes ~ she visits him ela não deixa passar um dia sem o visitar. IDIOMAS no ~s (about it) não há mas, nem meio mas.

butane ['bjuːteɪn] *n* butano *m*.

butch [bʊtʃ] *adj* (slang) (woman, appearance, manner) (often offensive) viril; (man) macho.

butcher ['bʊtʃə(r)] 1 *n* carniceiro *m*; açougueiro; at the ~ś no talho Po, açougue Br; ~ś shop talho Po, açougue Br. 2 *vtr* abater [*animal*]; vender [*meat*]; (fig) massacrar.

butchery ['bʊtʃərɪ] *n* (slaughter) (of people) massacre *m*.

butler ['bʌtlə(r)] *n* mordomo *m*.

butt [bʌt] 1 *n* a) (end) fundo *m*; extremidade *f*; (of rifle) coronha *f*; (of cigarette) (fam) beata *f*; prisca *f*; (coll) US (bullocks) (fam) traseiro *m*; b) (barrel) tonel *m*; c) (of person) to be the ~ of sb's jokes (fam) estar na berlinda; d) (target) alvo *m*; e) (blow) (person) cabeçada; (goat, ram,

etc) marrada. 2 *vtr* a) (person) dar uma cabeçada; (goat, ram, etc) dar uma marrada; b) CONSTR unir pelos topos. ■ **butt in**: to ~ in [*conversation*] interromper; (during meeting) intervir.

butter ['bʌtə(r)] 1 *n* manteiga *f*. 2 *vtr* barrar [*bread*]; de manteiga. IDIOMAS (she looks as if) ~ wouldn't melt in her mouth parece que não faz mal a uma mosca, parece que não parte um prato. ■ **butter up**: to ~ sb up, to ~ up sb (fam) dar graxa a algo.

butter bean [bʌtəbiːn] *n* feijão *m* manteiga.

butter: ~ cup *n* botão *m* de ouro; ranúnculo amarelo (flor); ~ dish *n* manteigueira *f*; ~ fingers *n* desajeitado *m*.

butterfly ['bʌtəflaɪ] *n* ZOOL borboleta *f* (*pl* -ies). IDIOMAS to have butterflies (in one's stomach) estar cheio de medo.

butterfly stroke *n* mariposa *f* (natação).

butter-milk ['bʌtəmɪlk] *n* soro *m* de leite.

butterscotch ['bʌtəskɒtʃ] *n* caramelo *m* duro.

buttock ['bʌtək] *n* (*usu pl*) nádega *f*.

button ['bʌtn] 1 *n* a) (on coat, bell, door, etc) BOT botão *m*; to do up/undo a ~ abotoar/desabotoar; b) (tip of chin) a ponta do queixo; c) US (badge) insígnia *f*; crachá *m*. 2 **button up** *vtr* ~ sth up, ~ up (sth) abotoar [*garment*]. 3 *vi* abotoar-se.

button: ~ down *adj* [*collar*] abotoado; ~ed up *adj* [*person*] (fam) entalado; ~-through *adj* ~-through dress vestido abotoado de cima abaixo.

buttonhole ['bʌtnhəʊl] 1 *n* a) (cloths) casa *f* de botão na lapela de um casaco; botoeira *f*; b) GB (flower) flor *f* usada na lapela. 2 *vtr* chamar a atenção de [*person*]; não largar uma pessoa.

buy [baɪ] 1 *n* a good ~ uma boa compra. 2 *vtr* (*past, pp* **bought**) a) COMM, FIN (purchase) comprar, adquirir [*food, car, shares, house*] (from sb a alg); to ~ sb sth comprar qq coisa a alg; the best car that money can ~ o melhor carro que existe; b) (coll) (believe) acreditar [*story, excuse*]. ■ **buy in**: ~ (sth) in, ~ in (sth) abastecer-se de [*food, coal*]. ■ **buy into**: ~ into (sth) COMM comprar *or* adquirir uma parte de [*firm, partnership*]. ■ **buy off**: ~ (sb) off, ~ off (sb) subornar (alg); ~ out ~ (sb) out, ~ out (sb) COMM comprar a parte de (alg); to ~ oneself out of the army MIL livrar-se da tropa. ■ **buy up**: ~ up (sth) açambarcar.

buyer ['baɪə(r)] *n* (purchase, profession) comprador *m*.

buzz [bʌz] 1 *n* a) (of insect, conversation) zumbido *m*; barulho *m*; b) (coll) (phone call) telefonadela *f* (fam); to give sb a ~ telefonar a alg; c) (coll) (rumour, news) the ~ is that... corre o boato de que.... 2 *vtr* a) (call) to ~ sb chamar alg pelo bip; b) [*plane*] fazer voo rasante sobre [*crowd, building*]. 3 *vi* a) [*bee, fly*] zumbir; [*buzzer*] soar; b) (call) to ~ for sb chamar alg pelo intercomunicador; c) (head) her head ~ed with thoughts a cabeça fervilhava de ideias. ■ **buzz off** (coll) ir-se embora; ~ off! põe-te a mexer! (fam).

buzzer ['bʌzə(r)] *n* campainha *f*.

buzzword ['bʌzwɜːd] (coll) *n* palavra *f* na moda; modismo *m*.

by [baɪ] 1 *prep* a) (showing agent, result) por; he

was bitten ~ a snake ele foi mordido por uma cobra; ~ **working extra hours** fazendo horas extraordinárias; **to begin ~ saying that** começar por dizer que; **b)** (through the means of) de, por (meio de); **to travel ~ bus/train** viajar de autocarro/comboio; ~ **bicycle** de bicicleta; **to pay ~ cheque** pagar por cheque; ~ **candlelight** [*dine, read*] à luz das velas; **I know her ~ sight** conheço-a de vista; **I took him ~ the hand** levei-o pela mão; **he has two children ~ his first wife** ele tem dois filhos da primeira mulher; **c)** (according to) em, por; ~ **my watch it is three o'clock** no meu relógio, são três horas; **I know him ~ his walk** reconheci-o pelo andar; **d)** (via) por; ~ **the back door** pela porta das traseiras; **to travel to Rome ~ Venice and Florence** viajar para Roma por Veneza e Florença; **e)** (near, beside) perto de; ~ **the bed/the window** perto da cama/da janela; ~ **the sea** à beira-mar; **f)** (past) **to go** *or* **pass ~ sb** passar por alg; **let's us get ~** deixem-nos passar; **g)** (showing authorship) de; **a film ~ Manoel de Oliveira** um filme de Manoel de Oliveira; **who is it ~?** é de quem? ou de quem é?; **h)** (before) antes de; ~ **four o'clock** antes das quatro horas; ~ **this time next week** até daqui a uma semana; **he ought to be here ~ now** ele já devia estar aqui; **i)** (during) ~ **day as ~ night** tanto de dia, como de noite; ~ **moonlight** ao luar; **j)** (according to) **forbidden ~ law** proibido por lei; **to play ~ the rules** jogar de acordo com as regras; **k)** (to the extent or degree of) **prices have risen ~ 20%** os preços aumentaram 20%; ~ **far** de longe; **l)** (in measurements) por; **a room 20 metres ~ 10 metres** uma sala de 20 metros por 10; **m)** (in multiplication, division) **10 multiplied ~ 5 is 50** 10 vezes 5 são 50; **n)** (showing rate, quantity) à; **to be paid ~ the hour** ser pago à hora; ~ **the dozen** à dúzia; **o)** (in successive degrees, units) a; **little ~ little** pouco a pouco; **day ~ day** dia a dia; **one ~ one** um a um, um por um; **p)** (with regard to) por, de; ~ **birth** por nascimento; **he is an architect ~ profession** *or* **trade** ele é arquitecto de profissão; **q)** (as a result of) por; ~ **accident/mistake** por acidente/engano; ~ **chance** por acaso; **r)** (*used with reflexive pronous*) **he did it all ~ himself** ele fez tudo sozinho; **s)** NAUT (in compass directions) **south ~ south west** sul sudoeste. **2** *adv* **a)** (past) **to go ~** passar; **the people walking ~** os transeuntes; **b)** (near) perto; **he lives close ~** ele mora perto; **c)** (aside, in reserve) **to put money ~** pôr dinheiro de lado; **d)** (to one's house) **come ~ for a drink** passa por cá para tomar um copo. **IDIOMAS ~ and ~** em pouco tempo, muito em breve; ~ **the ~, ~ the bye** a propósito.

bye [baɪ] (coll) (~-)~ *excl* adeus! Po, tchau Br; ~ **for now!** até breve!.

bypass ['baɪpɑːs] **1** *n* **a)** AUT desvio *m*; **b)** (pipe, channel) by-pass *m inv*; **c)** ELEC derivação *f*; **d)** MED by-pass *m*. **2** *vtr* AUT contornar [*town, city*]; (fig) evitar [*issue, question*]; contornar [*law*]; evitar passar por [*manager, chief*].

byzantine [bɪ'zæntaɪn, baɪ'zæntaɪn] **1** *n* bizantino *m*. **2** *adj* [*art, civilization, empire*] bizantino, de Bizâncio.

Cc

c, C [si:] *n* (letter) c, C *m*.

c [si:] **a)** abrev = **circa; c 1890** por volta de 1890; **b)** abrev = **carat; c)** abrev = **century; d)** US **cent(s)**.

C [si:] **1** *n* **a)** MUS dó *m*; **C major/minor** dó maior/menor; **b)** SCH (grade) ~ **note** 12 em 20 valores. **2** abrev = **Celsius, Centigrade**.

CA [si:eɪ] **a)** US POST abrev = **California; b)** abrev = **Central America**.

cab [kæb] *n* **a) taxi** ~ táxi *m*; **b)** (driver's compartment: in train, etc) cabina *f*.

cabaret [ˈkæbəreɪ] *n* (entertainment) espectáculo *m* (de cabaré).

cabbage [ˈkæb:dʒ] *n* BOT, CULIN couve *m*; repolho *m*; (coll) (fig) (brain-damaged person) pessoa em estado vegetativo.

cabby [ˈkæbɪ] (coll) *n* (taxi driver) motorista *m* de táxi.

cabin [ˈkæbɪn] **1** *n* **a)** (hut) cabana *f*; **b)** NAUT camarote *m*; cabina *f*; (for cargo) porão. **2** *modif* ~ **crew** pessoal *m* de cabina.

cabin: ~**boy** *n* grumete *m*; ~**cruiser** *n* barco *m* de cruzeiro.

cabinet [ˈkæbɪnɪt] **1** *n* **a)** (cupboard) armário *m*; (glass-fronted) vitrina *f*; **b)** GB POL conselho *m* de ministros; **in** ~ no conselho de Ministros. **2** *modif* GB POL [*crisis, decision, post*] ministerial.

cabinet: ~**maker** [ˈkæbɪnɪtmeɪkə(r)] *n* marceneiro *m*; ~ **minister** *n* ministro *m* adjunto.

cable [ˈkeɪbl] **1** *n* **a)** (rope) cabo *m*; **accelerator/ brake** ~ cabo do acelerador/travão; **b)** (electric) cabo *m*; **high-voltage** ~ cabo de alta tensão; **to lay a** ~ colocar um cabo; **c)** (telegram) telegrama *m*. **2** *vtr* (telegraph) enviar um telegrama. **3** *modif* [*programme, channel, network*] por cabo.

cable: ~ **car** *n* teleférico *m*; ~ **railway** *n* funicular *m*; ~ **television,** ~ **TV** *n* televisão, TV *f* por cabo.

caboodle [kəˈbuːdl] *n* (coll) (fam) bando *m*; (slang) **the whole (kit and)** ~ (fam) todo o mundo.

cache [kæʃ] *n* (place) esconderijo *m*.

cackle [kækl] **1** *n* (of hen) cacarejo *m*; (talking) tagarelice *f*. **2** *vi* (of hen) cacarejar; (person) (talk) tagarelar; (laugh) escarnecer, troçar de Po gozar BR. IDIOMAS **cut the** ~! parem com o falatório!.

cacophony [kəˈkɒfənɪ] *n* cacofonia *f*; dissonância *f*.

cactus [ˈkæktəs] *n* (*pl* **cacti**) cacto *m*.

caddie [ˈkædɪ] *n* "caddie" *m* (rapaz que carrega os tacos no golfe).

caddy [ˈkædɪ] *n* **a)** (shopping trolley) carrinho (de supermercado; **b) caddie c)** caixa *f* ou lata *f* para o chá.

cadet [kəˈdet] *n* MIL, POLICE cadete *m*.

cadet corps *n* MIL, POLICE corpo *m* de cadetes.

cadge [kædʒ] (slang) *vtr* (pej) GB **to** ~ **sth off** or **from sb** (cal) cravar algo [*money*]; cravar qq coisa a algo [*cigarette*]; **to** ~ **a meal** fazer-se convidado.

cadger [ˈkædʒə(r)] (slang) *n* GB (of money) (cal) crava *m*; (of meals) penetra *m*; papa-jantares *m*.

Caesar [ˈsiːzə(r)] *pr n* César. IDIOMAS **render unto C~ what is C~'s** a César o que é de César.

café [ˈkæfɪ, ˈkæfeɪ] *n* (coffee-shop) café *m*; (self-service) cafetaria *f*.

cafeteria [kæfɪˈtɪərɪə] *n* cafetaria *f*; snack-bar *m*.

cage [keɪdʒ] **1** *n* (for bird, animal) gaiola *f*; jaula *f*; (of lift) caixa *f*; (in prison) célula *f*. **2** *vtr* **to** ~ **up** engaiolar, enjaular [*bird, animal*].

cage bird *n* pássaro *m* ornamental.

cagey, cagy [ˈkeɪdʒɪ] *adj* **a)** desconfiado, metido consigo, reservado; **to be** ~ **about doing sth** hesitar em fazer qq coisa; **she's very** ~ **about her family** ela é muito reservada em relação à família; **b)** US (cal) prudente, astuto.

cairn [keən] *n* (mount of stones) pirâmide *f*; monte *m* de pedras erigido como monumento funerário, marco, etc.

Cairo [ˈkaɪrəʊ] *pr n* Cairo *m*.

cajole [kəˈdʒəʊl] *vtr* lisonjear; **to** ~ **sb into doing sth** conseguir, através de lisonjas, levar alg a fazer algo.

cake [keɪk] **1** *n* **a)** CULIN (gen) bolo *m*; **b)** (of soap) sabonete *m*; **c)** (of fish, potato) croquete *m*; rissol *m*. **2** *vtr, vi* [*mud, blood*] formar uma crosta (**on** em) [*clothes, person*]. **3** **caked** *pp adj* [*mud, blood*] que forma uma crosta; ~ **in/with** coberto de. IDIOMAS (coll) **it's a piece of** ~ é canja! (cal); **to get a** *or* **one's slice** *or* **share of the** ~ ter a sua parte no bolo; **you can't have your** ~ **and eat it** não se pode ter tudo ao mesmo tempo.

calamity [kəˈlæmɪtɪ] *n* calamidade *f*; desastre *m*.

calcium [ˈkælsɪəm] *n* cálcio *m*.

calculate [ˈkælkjʊleɪt] *vtr* **a)** (work out) calcular [*cost, distance, price, etc*]; **b)** (estimate) avaliar [*consequences, effect, probability*]; **c)** (intend) (usu in passive) **this film is ~d to please** este filme foi feito para agradar.

calculated [ˈkælkjʊleɪtɪd] *adj* [*crime*] premeditado; [*attempt, decision, malice*] deliberado; [*risk*] calculado.

calculating [ˈkælkjʊleɪtɪŋ] *adj* **a)** (scheming) [*cheat, manner, politician*] calculista; **b)** (shrewd) [*approach, policy*] prudente.

calculation [kælkjʊˈleɪʃn] *n* **a)** (computation) (usu in pl) cálculo *m*; **to make ~s** fazer cálculos; **b)** (scheming) premeditação *f*.

calculator [ˈkælkjʊleɪtə(r)] *n* calculadora *f*.

calculus [ˈkælkjʊləs] *n* MATH cálculo *m*.

calendar [ˈkælɪndə(r)] *n* calendário *m*.

calendar year *n* ano civil.

calf [ka:f] *n* **a)** (*pl* **caves**) vitelo *m* PO, garrote *m*

BR; bezerro *m*; cria *f* de outro mamífero como elefante, búfalo, etc; **b)** (skin) calfe *m*; couro *m*; **c)** ANAT barriga *f* da perna.
calf love *n* namorico *m* de adolescentes.
calfskin [ka:fskɪn] *n* couro *m*; calfe *m*.
caliber *n* US see **Calibre.**
calibrate ['kælɪbreɪt] *vtr* calibrar, graduar [*instrument*]; regular.
calibre GB, **caliber** US ['kælɪbə(r)] *n* (coll) (all uses) calibre *m*.
California [kælɪ'fɔ:nɪə] *pr n* Califórnia.
caliper *n* US see **Calliper.**
call [kɔ:l] **1** *n* **a)** TELECOM chamada *f* (telefónica); **to make a ~** telefonar; **I want to make a ~ to Italy** quero fazer uma chamada para Itália; **to receive/take a ~** receber/atender uma chamada; **to give sb a ~** telefonar a alg; **to put a ~ through to sb** passar uma chamada a alg; **b)** (audible cry) (human) grito *m*; chamamento *m* (**for** por); (animal) voz *f* de animal; pio *m*; latido *m*; **to give sb a ~** chamar alg; **c)** (summons) (gen) (appeal) apelo *m*; chamada *f*; (claim) pedido *m*; RELIG apelo *m*; vocação *f*; **this is the last ~ for passengers to Berlin** AVIAT esta é última chamada para os passageiros com destino a Berlim; **to put out a ~ for sb** [*over public address*] fazer um apelo a alg; (over radio) lançar um apelo a alg; **The Red Cross has put out a ~ for blankets** a Cruz Vermelha lançou um pedido de cobertores; **d)** (visit) visita *f*; **social ~** visita *f* de cortesia; **to make/pay a ~** fazer uma visita (**on sb** a alg); **to return sb's ~** (dated) (formal) pagar uma visita a alg; **e)** (demand, appeal) (gen) pedido *m* (**for** em favor de); COMM procura *f* (**for** de); **there were ~s for his resignation** foi pedida a sua demissão; **she has many ~s on her time** ela é muito solicitada; **we don't get much ~ for that** não temos muita procura disso; **to have first ~ on sth** ter prioridade sobre algo; **f)** (need) **there's no ~ for sth/to do sth** não há muita necessidade de algo/de fazer algo; **there was no ~ for her to say that** ela não tinha necessidade nenhuma de dizer isso; **g)** (allure) (of city, mountains, sea, the unknown) apelo *m* (**of** de); **h)** SPORT decisão *f*; **i)** FIN (repayment of loan) pedido *m* de reembolso; **at/on ~** à vista. **2** *vtr* **a)** (say loudly) (*also ~ out*) chamar, dizer [*name, number*]; gritar [*answer, instructions*]; anunciar [*result*]; anunciar [*flight*] AVIAT; **to ~ the register** SCH fazer a chamada; **he ~ed (out) "Goodbye"** ele gritou "adeus" Po/"tchau" BR; **b)** (summon) (by shouting) chamar [*person, animal, witness*]; (by phone) chamar [*person, doctor, police, emergency service, taxi*]; (on letter) convocar [*applicant, candidate*]; (arrange) convocar [*strike*]; fazer [*conference, meeting, rehearsal*]; fixar [*election*]; (waken) despertar [*person*]; **he was ~ed before the committee** ele foi chamado à comissão Po/ao comitê BR; **the boss ~ed me into her office** o patrão chamou-me ao seu gabinete; **the police were ~ed to the scene** a polícia foi chamada ao local; **come when you are ~ed** venha quando for chamado; **you may be ~ed to give evidence** pode ser convocado para testemunhar; **c)** (telephone) (*also ~ up*) telefonar [*person, institution, number*] (**at** para; **from** de); **d)** (give a name) chamar [*person, baby, animal, place, product*] (**by** de); intitular [*book, film, music,*

play]; **e)** (describe as) **to ~ sb fat/a liar** dizer que alg é gordo/um mentiroso; **I wouldn't ~ it spacious** eu não diria que é espaçoso; **do you ~ that plate clean?** chamas a isso um prato limpo?; **it's what you might ~ a delicate situation** é o que se pode considerar uma situação delicada; **~ it what you will** chama-lhe o que quiseres; **that's £ 5.04; (let's) ~ it £ 5** são £ 5.04; digamos £ 5; **f)** SPORT [*judge, referee, linesman*] declarar; **g)** FIN pedir o reembolso de [*loan*]. **3** *vi* **a)** (say loudly, cry out) (*also ~ out*) [*person, animal*] chamar; (louder) gritar; [*bird*] gritar; **London ~ing** RADIO aqui Londres; **b)** (telephone) telefonar; **who's ~ing?** quem fala?; **thank you for ~ing** obrigado, por ter telefonado; **please ~ back in an hour** por favor, volte a telefonar dentro de uma hora; **c)** (visit) (*also ~ in*) passar; **the London train ~ing at Reading and Slough** o comboio Po/trem BR com destino a Londres com paragem em Reading e Slough; **d)** (tossing coins, racquet) escolher. **4** *v refl* **to ~ oneself a)** (false or modified name) apelidar-se de algo; **b)** (claim to be) considerar-se algo, dizer-se algo; **I am proud to ~ myself English** tenho orgulho de me dizer inglês. ■ **call away:** **~ (sb) away** chamar alg para fazer outra coisa; **to be ~ed away** ser chamado para fazer qq coisa. ■ **call back a)** (on phone) voltar a telefonar; **b)** (return) mandar regressar; **~ (sth) back a)** (summon by shouting, phone back) chamar [*person, animal*]; **b)** (recall) mandar chamar [*official, representative, diplomat*]. ■ **call by** passar. ■ **call down** (shout from above) invocar; **~ down (sth), ~ (sth) down** pedir [*blessing, curse, vengeance*] (**on** sobre). ■ **call for:** **~ for (sth) a)** (shout) gritar por [*help*]; **b)** (demand) [*person*] pedir [*food, drink, equipment, tool*]; [*report, article, politician, protesters*]; **c)** (require) [*situation, problem, conditions*] exigir [*special, treatment, skill, approach, action*]; **this ~s for a celebration!** isto exige uma celebração!; **d)** (collect) ir buscar [*person, object*]. ■ **call forth** (liter) **~ forth (sth), ~ (sth) forth** suscitar. ■ **call in a)** (visit) visitar de passagem; **b)** (telephone) telefonar; **~ in (sb), ~ (sb) in c)** (lit) (summon inside) mandar entrar [*person, animal outside*]; **d)** (lit) (send for) chamar [*expert, police, engineer, plumber, etc*]; **e)** (recall) recolher [*library book, unsoldticket, surplus supplies*]; retirar da circulação [*currency*]; retirar do mercado [*dangerous or defective product*]; **f)** FIN pedir o reembolso de [*loan*]. ■ **call off:** **~ off (sth), ~ (sth) off a)** (lit) mandar parar [*dog, attacker*]; **b)** (fig) (stop while in progress) interromper [*arrangement, plan, investigation, strike*]; anular [*engagement to marry, strike, meeting*]; **let's ~ the whole thing** vamos anular tudo. ■ **call on:** **~ on (sb) a)** (visit) (*also ~ in on*) fazer uma visita a [*relative, friend*]; visitar [*patient, client*]; **b)** (invite) pedir a [*speaker, lecturer*] (**to do** para fazer); **c)** (urge) pedir a alg (**to do** para fazer); (stronger) ordenar (**to do** para fazer); **d)** (appeal to, resort to) dirigir-se a [*person*]; recorrer a [*services*]; apelar a [*moral quality*]. ■ **call out: cry aloud** chamar; (louder) gritar; **~ out (sb), ~ (sb) out a)** (summon outside) chamar; **the teacher ~ed me out to the**

front of the class o professor chamou-me à frente da turma; **b)** (on duty) chamar [*expert, doctor, repairman, army*]; **c)** MGMT convocar [*union, members*]; **to ~ sb out on strike** convocar greve. ■ **call over**: ~ (**sb**) **over** (in room or by phone) chamar (alg). ■ **call round**: (visit) vir, passar. ■ **call up** (telephone, shout from below) telefonar, chamar; ~ **up** (**sb**), ~ (**sb**) **up** **a)** (on phone) chamar ALSO MIL **b)** (summon) chamar [*reserves, reinforcements*]; invocar [*ghost, spirit*]; **c)** (evoke) recordar [*past event, scene sensation*]; **d)** COMPUT chamar (ao écran Po/à tela BR).

call box *n* GB cabina *f* telefónica.

caller ['kɔ:lə(r)] *n* (telephone) pessoa que telefona; (visitor) visitante *m/f*; visita *f*.

call girl *n* call-girl *f*; prostituta *f* que marca encontros pelo telefone.

calligraphy [kə'lɪgrəfɪ] *n* caligrafia *f*.

calling ['kɔ:lɪŋ] *n* (profession, vocation) vocação *f*.

calliper GB, **caliper** US ['kælɪpə(r)] *n* **a)** MED (leg support) aparelho *m* ortopédico; **b)** **calipers** (*npl*) (for measuring) compasso *m* de calibre.

callous ['kæləs] *adj* insensível, desumano.

callow ['kæləʊ] *adj* inexperiente, verde.

call sign *n* RADIO indicativo *m*.

calm [kɑ:m] **1** *n* (of place, atmosphere, of person) calma *f*; tranquilidade *f*; **the ~ before the storm** a acalmia antes da tempestade; **to keep one's ~** manter a calma. **2** *adj* calmo; **keep ~!** calma!. **3** *vtr* acalmar [*anger, fear, nerves, etc*]; ~ (**sth, sb**) **down** acalmar [*crowd, situation*]; ~ (**oneself**) **down** acalmar-se; ~ **down!** calma! ou acalme-se!.

calmly ['kɑ:mlɪ] *adv* **a)** (quietly) [*act, behave, speak*] calmamente; **b)** (brazenly) tranquilamente.

calmness ['kɑ:mnɪs] *n* (of person) calma *f*.

Calor gas ['kælə gæs] *n* GB gás *m* butano.

calorie ['kælərɪ] *n* caloria *f*; **low-~ diet** regime alimentar baixo em calorias.

calorific [kələ'rɪfɪk] *adj* calorífico; ~ **value** valor *f* calorífico.

calumny ['kæləmnɪ] *n* (formal) calúnia *f*.

calve [ka:v] *vi* parir (as vacas).

cam [kæm] *n* MECH excêntrico *m*; ressalto *m*.

camber ['kæmbə(r)] **1** *n* (of boat) abaulamento *m*; arqueamento *m*; (of beam) curvatura *f*. **2** *vtr* arquear, abaular [*road, beam*].

Cambodia [kæm'bəʊdɪə] *pr n* Camboja *m*.

came [keɪm] *pp* see **come**.

camel ['kæml] **1** *n* camelo; (colour) cor *f* de mel. **2** *modif* ~ **train** caravana *f* de camelos. IDIOMAS **that was the straw that broke the ~'s back** foi a gota que fez transbordar o copo.

camel hair *n* pêlo *m* de camelo.

camellia [kə'mi:lɪə, kə'melɪə] *n* camélia *f*.

cameo ['kæmɪəʊ] *n* camafeu *m*; **a ~ role** THEAT, CIN cena *f* ou quadro *m* destinado a evidenciar o talento de determinado artista.

camera ['kæmərə] *n* **a)** PHOT máquina *f* fotográfica CIN, TV câmara *f* de filmar; **b)** **in ~** JUR à porta fechada.

cameraman ['kæmərəmæn] *n* (*pl* **-men**) cameraman *m*; operador *m* de câmara.

Cameroon ['kæməru:n] *pr n* os Camarões *mpl*.

camomile ['kæməmaɪl] *n* camomila *f*.

camouflage ['kæmʊflɑ:ʒ, 'kæməflɑ:ʒ] **1** *n* (all uses) camuflagem *f*. **2** *vtr* (all uses) camuflar, dissimular (**with** com).

camp [kæmp] **1** *n* (of tents, buildings, etc) campo; (of nomads) acampamento. **2** *adj* (exaggerated) [*person*] cabotino; [*gesture, performance*] amaneirado, teatral, efeminado. ■ **camp out** acampar.

campaign [kæm'peɪn] **1** *n* campanha *f* (**against, for** contra, a favor). **2** *vi* fazer campanha (**against, for** contra, a favor).

campaigner [kæm'peɪnə(r)] *n* militante *m* (**against, for** contra, a favor); POL candidato *m* em campanha (eleitoral); **old ~** MIL veterano *m*.

camping ['kæmpɪŋ] *n* campismo *m*; **to go ~** fazer campismo.

campus ['kæmpəs] *n* (*pl* **-puses**) campos *m*; terrenos *mpl* de uma universidade ou colégio nos Est. Unidos.

camshaft *n* veio *m* de excêntricos.

can[1] [kæn, kən] *modal aux* (*past, conditional* **could**, *neg pres* **cannot, can't**) **a)** (expressing possibility) poder; **we ~ rent a house** nós podemos alugar uma casa; **it cannot be explained logically** isso não pode ser explicado de forma lógica; **could be** talvez; **I could be wrong** eu podia estar enganado; **"did she know?" - "no, how could she?"** "ela sabia?" - "não, como é que ela podia saber?"; **the computer couldn't or can't have made an error** é impossível que o computador tenha feito um erro; **b)** (expressing permission) poder; **I can't leave now** não posso sair agora; **c)** (when making requests) poder; ~ **I ask you a question?** posso-te fazer uma pergunta?; ~ **you leave us a message?** és capaz de nos deixar uma mensagem?; **d)** (when making an offer) poder; ~ **I give you a hand?** posso-te dar uma ajuda?; **what ~ I do for you?** em que posso ajudá-lo? ou posso ajudá-lo nalguma coisa?; **e)** (when making suggestions) poder; **we could try and phone him** podíamos tentar telefonar-lhe; **f)** (have skill, knowledge to) ser capaz de, saber (como); **she can't read yet** ela ainda não sabe ler; **g)** (have ability, power to) conseguir, ser capaz de; **computer ~ process data rapidly** os computadores são capazes de processar dados rapidamente; **he couldn't sleep for weeks** há semanas que ele não conseguia dormir; **I wish I could have been there** quem me dera ter lá estado; **h)** (having ability, using senses to) ser capaz de; ~ **you see it?** consegues vê-lo?; **I can't hear anything** não oiço nada; **i)** (expressing a reproach) poder; **they could have warned ~s** eles podiam ter-nos avisado; **how could you!** como pudeste fazer uma coisa destas?; **j)** (expressing surprise) poder; **who could it be?** quem podia ter sido?; ~ **you ~ or cannot be serious!** estás a brincar?; ~ **you believe it!** nem é para acreditar!; **k)** (for emphasis) **I couldn't agree more!** estou plenamente de acordo!; **you couldn't be more mistaken** não podia estar mais enganado; **l)** (expressing exasperation) ser capaz de; **I could murder him!** era capaz de o matar!. IDIOMAS **as happy as ~ or could be** muito feliz; **no ~ do** não, não posso; **you ~ get lost!** vai-te lixar!.

can² [kæn] **1** _n_ (of food, drink, aerosol) lata _f_; (for petrol) bidon _m_. **2** _vtr_ (_pres p etc_ **-nn-**) CU-LIN pôr (algo) em conserva; **canned 3** _pp adj_ **a)** [_food_] enlatado, de conserva; **b)** [_laughter_] gravado. IDIOMAS **a ~ of worms** vespeiro _m_; **in the ~** CIN (of film) acabado; (of negotiations) no papo; **to carry the ~ for sb** pagar as favas (por causa de alg).

Canada [ˈkænədə] _pr n_ Canadá _m_.

Canadian [kəˈneɪdɪən] **1** _n_ canadiano _m_. **2** _adj_ canadiano; **to speak ~ French/English** falar o francês ou o inglês do Canadá.

canal [kəˈnæl] _n_ **a)** (waterway) canal _m_; **the C~ zone** a zona do canal do Suez ou do Panamá; **~ barge** _or_ **boat** barcaça _f_ ou batelão _m_ que faz a navegação de um canal; **b)** ANAT (in ear) canal _m_.

Canaries [kəˈneərɪz] _pr npl_ **the ~** as Canárias _fpl_.

canary [kəˈneərɪ] _n_ ZOOL canário _m_.

canary yellow _n, adj_ amarelo _m_ canário.

cancel [ˈkænsl] **1** _vtr_ (_pres p etc_ **-ll-** GB **-l-** US) **a)** (call off) anular, cancelar [_meeting, reservation, order, etc_]; **b)** (nullify) rescindir [_contract, insurance, policy_]; revogar [_will_]; **c)** (obliterate) POST inutilizar [_stamp_]; RAIL [_inspector_] picar (fam); obliterar; **d)** MATH (eliminate) eliminar; **e)** (delete) apagar, riscar [_name, sentence_]. **2** _vi_ [_traveller, diner, hotel guest_] cancelar. ■ **cancel out** [_figures_] anular-se; **~ out (sth)** (gen) (counterbalance) neutralizar [_emotion, effect, gain_].

cancellation [kænsəˈleɪʃn] _n_ **a)** (of meeting, event, order, etc) cancelamento _m_; anulação _f_; **b)** FIN, INSUR, JUR (of contract, policy) rescisão _f_.

cancer [ˈkænsə(r)] **1** _n_ MED cancro _m_ Po, câncer _m_ Br; **to have ~** ter um cancro Po/câncer Br. **2** _modif_ **~ patient** doente _m_ de cancro, canceroso _m_.

cancerous [ˈkænsərəs] _adj_ canceroso.

candid [ˈkændɪd] _adj_ cândido, sincero, franco.

candidate [ˈkændɪdət, ˈkændɪdeɪt] _n_ POL, SCH candidato _m_; **to be/stand as a ~ for election** ser/ apresentar-se (como) candidato a uma eleição; **to be a ~ for a job** candidatar-se a um lugar (emprego).

candidly [ˈkændɪdlɪ] _adv_ francamente, sinceramente.

candle [kædl] _n_ vela _f_; (in church) círio _m_. IDIOMAS **to burn the ~ at both ends** não poupar as suas energias; **the game is not worth the ~** não vale a pena.

candlelight [ˈkændllaɪt] _n_ luz _f_ de vela; **by ~** à luz da vela ou das velas.

candlestick [ˈkændlstɪk] _n_ castiçal _m_.

candlewick _n_ pavio _m_ de vela; **~ bedspread** edredão _m_ acolchoado.

candour GB, **candor** US [ˈkændə(r)] _n_ candura _f_; franqueza _f_.

candy [ˈkændɪ] _n_ US bombons _mpl_; rebuçados _mpl_.

candy: ~ floss _n_ GB algodão _m_ doce; **~ stripes** _npl_ riscas _fpl_ brancas e azuis ou cor de rosa.

cane [keɪn] **1** _n_ **a)** (sugar, bamboo) cana _f_; (for supporting plants) tutor; **b)** (for walking) bengala _f_; (officer's) bastão _m_. **2** _vtr_ **a)** empalhar [_chair_]; **b)** **~ sb** dar bengaladas em alg.

cane sugar _n_ açúcar _m_ de cana.

canine [ˈkeɪnaɪn, ˈkænaɪn] _n_ **a)** (tooth) canino _m_; **b)** (animal) canino _m_.

canister [ˈkænɪstə(r)] _n_ lata _f_; caixa _f_ metálica; **a ~ of tear gas** _or_ **a tear gas ~** uma bomba lacrimogénea.

cannabis [ˈkænəbɪs] _n_ cânhamo _m_; "cannabis" _f_.

cannibal [ˈkænɪbl] _n_ canibal _m_; antropófago _m_.

cannibalism [ˈkænɪbəlɪzm] _n_ canibalismo _m_; antropofagia _f_.

cannibalize [ˈkænɪbəlaɪz] _vtr_ **to ~ a vehicle** MECH tirar as peças de um veículo para as utilizar noutro.

cannon [ˈkænən] **1** _n_ MIL canhão _m_. **2** _vi_ (collide) **to ~ sb/sth** chocar com alg ou algo.

cannot [ˈkænət] see **can**.

canoe [kəˈnuː] **1** _n_ canoa _f_; AFRICAN piroga _f_. **2** _vi_ andar de canoa, fazer canoagem; **they ~d down the river** eles desceram o rio de canoa.

canoeing [kəˈnuːɪŋ] _n_ canoagem _f_; **to go ~** fazer canoagem.

canoeist [kəˈnuːɪst] _n_ canoeiro _m_; remador _m_ de canoa.

canon [ˈkænən] _n_ **a)** (rule) critério _m_; (of church) cânone _m_; **b)** RELIG (priest) cónego _m_; **c)** (lit) (complete works) obra _f_.

canonize [ˈkænənaːz] _vtr_ canonizar.

can-opener _n_ ESP US abre-latas _m_.

canopy [ˈkænəpɪ] _n_ (for bed) dossel _m_; (for throne, altar, procession) pálio _m_; (for hammock) cobertura _f_; AVIA (cockpit) capota _f_; (for parachute) velame _m_.

can't [kɑːnt] see **can¹**.

cant [kænt] _n_ **a)** (false words) palavras _fpl_ convencionais; hipocrisia _f_; **~ phrase** frase _f_ feita; **b)** (prisoners', lawyers') gíria _f_; calão _m_; **c)** (sloping surface) declive _m_; plano _m_ inclinado.

cantankerous [kænˈtæŋkərəs] _adj_ rabugento, embirrento.

canteen [kænˈtiːn] _n_ **a)** (dining-room) cantina _f_; **in the ~** na cantina; **b)** MIL (flask) cantil _m_; (mess tim) marmita _f_.

canter [ˈkæntə(r)] **1** _n_ galope _m_ curto; **at a ~** a meio galope. **2** _vtr_ ir a meio galope; (horse) galopar.

cantilever [ˈkæntɪliːvə] _n_ (arch) cantiléver _m_; modilhão _m_.

canton [ˈkænton] _n_ cantão _m_.

Cantonese [kæntəˈniːz] **1** _n_ **a)** (_pl_ **~**) (people) cantonense _m_; **b)** LANG cantonense. **2** _adj_ cantonês, cantonense.

canvas [ˈkænvəs] _n_ **a)** (fabric) lona _f_; (for tapestry) tela _f_; **under ~** (in a tent) dentro da tenda; (in boxing) lançar algo ao tapete; **b)** ART (painting) tela _f_.

canvass [ˈkænvəs] **1** _n_ **a)** (for votes) campanha _f_ eleitoral; **b)** (of opinion) sondagem _f_; **c)** (for business) prospecção _f_. **2** _vtr_ **a)** [_party worker_] **to ~ voters** fazer campanha eleitoral junto dos eleitores; **b)** (ask opinions of) fazer inquéritos junto de [_public_] (**for, to get** para saber); **c)** [_salesman_] fazer prospecção de mercado.

canvasser [ˈkænvəsə(r)] _n_ (for party) agente _m/f_ eleitoral.

canvassing [ˈkænvəsɪŋ] _n_ **a)** **~ for votes** angariação _f_ de votos; **b)** **~ of opinion** sondagem _f_ de opiniões.

canyon ['kænjən] n desfiladeiro m.

cap [kæp] **1** n **a)** (headgear) (of wool) barrete m; (of canvas) boné m Po, quepe m Br; (of soldier) boina f; (of nurse) touca f; **to go to sb ~ in hand** apresentar-se perante alg de chapéu na mão; **b)** (cover) (of pen, valve) tampa f; (of bottle) cápsula f; **c) he's got his Scottish ~** Sport ele foi seleccionado para a equipa da Escócia; **d)** (coll) (diaphragm) diafragma m (contraceptivo); **e)** Archit capitel m de coluna. **2** vtr (pres p etc -pp-) **a)** Admin, Fin [government] impor um limite orçamental a [local authority]; **b)** Dent pôr uma coroa em [tooth]; **c)** Sport seleccionar alg para a equipa nacional [footballer]; **d)** (cover) (usu in passive) cobrir; **the hills were ~ed with snow** os montes estavam cobertos de neve. **IDIOMAS to ~ it all** para culminar tudo ou e para cúmulo.

capability [keɪpə'bɪlɪtɪ] n **a)** (capacity) (of intellect, machine, system) capacidade f (**to do** de fazer); **within/outside my capabilities** dentro das/para lá das minhas capacidades; **b)** (potential strength) capacidade f (**to do** de fazer); **nuclear ~** potencial m nuclear.

capable ['keɪpəbl] adj **a)** (competent) competente; **in the ~ hands of** nas mãos competentes de; **b)** (able) [person] capaz; **to be ~ of** (have potential to) ser capaz de.

capably ['keɪpəblɪ] adv (competently) com competência.

capacious [kə'peɪʃəs] adj [pocket, car boot] enorme, que leva tudo.

capacity [kə'pæsɪtɪ] n **a)** (largest amount which can be contained) (of barrel, machine, box) capacidade f (**of** de); **b)** (role) **in my ~ as a doctor** na minha qualidade de médico; **c)** (ability to produce) capacidade f; **manufacturing or production ~** capacidade de produção; **d)** Aut cilindrada f; **e)** (ability) **~ for sth** aptidão f para qq coisa [learning, maths]; **to have the ~ to do** ter a possibilidade de fazer.

cape [keɪp] n **a)** Cloth (for cyclist, fisherman, fashion) capa f; **b)** Geog cabo m; promontório m.

Cape of Good Hope pr n Cabo m da Boa Esperança.

caper ['keɪpə(r)] **1** n **a)** (playful leap) cabriola f; **to cut a ~** fazer cabriolas, dar saltos de contente; **b)** (coll) (funny film) comédia f; **cop ~** comédia policial; **c)** Bot, Culin alcaparra f; **d)** (coll) (dishonest scheme) combinação f; arranjinho m. **2 capers** npl (antics) aventuras fpl; **cartoon ~s with Mickey Mouse** as aventuras do Rato Mickey em banda desenhada. **3** vi saltar, cabriolar. ■ **caper about, caper around** (leap around) saltar, cabriolar.

Cape Town pr n Cidade do Cabo f.

capful n medida f (correspondente ao conteúdo da tampa duma garrafa ou frasco).

capillary [kə'pɪlərɪ] n, adj (all contexts) capilar m.

capital ['kæpɪtl] **1** n **a)** (letter) maiúscula f; (on a form) escrever em letra de imprensa; **b)** (also ~ city) capital f; **c)** (wealth) capital m; **to make ~ out of sth** (fig) tirar lucro de algo. **2** modif [amount, base, loss, outlay turnover] de capital. **3** adj **a)** [letter] maiúsculo; **b)** [offence, crime,

sentence] capital, máximo; **~ charge** acusação f passível de pena capital; **c)** [importance] fundamental; **d)** (coll, dated) excelente.

capital: ~ cost n custo m de investimento; **~ gains tax** n imposto m sobre os lucros.

capitalism ['kæpɪtəlɪzm] n capitalismo m.

capitalist ['kæpɪtəlɪst] n (also pej) capitalista m.

capitalize ['kæpɪtəlaɪz] **1** vtr **a)** Fin capitalizar [assets]; **over/under ~d** sobre/sub capitalizado; **b)** Ling escrever em maiúsculas. **2** vi **to ~ on sth** tirar partido de [situation, advantage].

capitulate [kə'pɪtjʊleɪt] vi (gen) Mil capitular (**to** perante).

caprice [kə'pri:s] n **a)** capricho m; **b)** Mus capricho m.

capricious [kə'prɪʃəs] adj [person, weather, fortune] caprichoso, inconstante.

Capricorn ['kæprɪkɔ:n] n **a)** Astrol Capricórnio m; **b) tropic of ~** Geol trópico m de Capricórnio.

capsize [kæp'saɪz] **1** vtr fazer capotar [boat]. **2** vi capotar, voltar-se.

capstan ['kæpst(ə)n] n Naut cabrestante m.

capsule ['kæpsjʊl] n (all contexts) cápsula f.

captain ['kæptɪn] **1** n (gen) Mil, Sport capitão m; (fire brigade) comandante m dos bombeiros; **naval/army ~** capitão de-mar-e-guerra; capitão do exército. **2** vtr ser o capitão de [team]; comandar [ship, platoon].

caption ['kæpʃn] **1** n **a)** Journ legenda f (**to, for** de); **b)** TV, Cin (sub-title) subtítulo m. **2** vtr **a)** (gen in passif) **he ~ed the photo 'souvenirs'?** ele escreveu como legenda da fotografia "recordações"; **b)** Cin, TV legenda [film].

captivate ['kæptɪveɪt] vtr (usually in passive) cativar, fascinar; **he was ~d by her** ela fascinava-o.

captivating ['kæptɪveɪtɪŋ] adj fascinante.

captive ['kæptɪv] **1** n cativo m; **to hold sb ~** manter alg preso; **to take sb ~** fazer alg prisioneiro. **2** adj cativo; **~ audience/animal** público/animal cativo.

captivity [kæp'tɪvɪtɪ] n cativeiro m; **in ~** em cativeiro.

captor ['kæptə(r)] n (of person) captor m; raptor m.

capture ['kæptʃə(r)] **1** n **a)** (of person, animal) captura f; (of stronghold) tomada f; **b)** Phys, Geog captura f. **2** vtr capturar [person, animal]; tomar [stronghold, chess-piece]; captar [moment, likeness]; apreender [feeling, essence, beauty]; **to ~ the market** Comm apoderar-se do mercado.

car [kɑ:r] **1** n **a)** Aut carro m; automóvel m; **b)** Rail carruagem m; vagão m; **restaurant ~** vagão-restaurante m; **c)** us (also street ~) carro-eléctrico m; **d)** (comportment) (of lift) cabina f. **2** modif Aut [industry, loan, insurance] automóvel; [journey, chose] de carro; [accident, owner] de automóvel; [maintenance, emissions] dos automóveis.

carafe [kə'ræf, -rɑ:f] n garrafa f de mesa.

caramel ['kærəmel] **1** n (toffee, sugar) caramelo m. **2** modif [dessert, cake] com caramelo.

carat ['kærət] **1** n quilate m. **2** modif **18/24 ~ gold** ouro de 18/24 quilates.

caravan ['kærəvæn] **1** n (gen) caravana f; **holi-**

day ~ caravana *f* de férias. **2** *modif* [*holiday, life*] em caravana; [*site, park*] para caravanas. **3** *vi* (*pres p etc* **-nn-**) **to go ~ning** viajar em caravana.

caraway ['kærəweɪ] *n* (plant) alcaravia *f*; chicória *f*.

carbohydrate [kɑ:bə'haɪdreɪt] **1** *n* hidrato *m* de carbono. **2** *modif* **low-/high-~** **diet** dieta pobre/rica em hidratos de carbono.

carbolic [kɑ:'bɒlɪk] *adj* carbólico, fénico.

carbolic soap *n* sabão *m* de fénico.

car bomb *n* bomba *f* dissimulada em viatura.

carbon ['kɑ:bən] **1** *n* carbono *m*. **2** *modif* [*atom, compound*] de carbono.

carbonate ['kɑ:bəneɪt] **1** *n* carbonato *m*. **2** *vtr* carbonatar.

carbon copy *n* **a)** PRINT cópia *f* em papel-carbono; **b)** (fig) cópia *f* exacta (de algo/alg); **~ dioxide** *n* dióxido *m* de carbono; **~ paper** *n* papel *m* carbono.

carbuncle ['kɑ:bʌŋkl] *n* **a)** (on skin) antraz *m*; **b)** (gen) rubi *m*.

carburettor GB, **carburetor** US [kɑ:bə'retə(r)] *n* carburador *m*.

carcass ['kɑ:kəs] *n* (gen) carcaça *f*.

carcinogen [kɑ:'sɪnədʒ(ə)n] *n* substância *f* cancerígena.

carcinogenic [kɑ:sɪnə'dʒenɪk] *adj* cancerígeno.

card [kɑ:d] **1** *n* **a)** (- *c*) (cardboard) cartão *m*; **b)** (+ *c*) (for scoring, filing, birthday, greeting, credit, cheque guarantee, identity, membership) cartão *m*; bilhete *m*; **c)** (playing) carta *f* (de jogar); **to play ~s** jogar às cartas; **one's strongest ~** (fig) a sua carta principal. **2** *vtr* TEX cardar. IDIOMAS **a ~ up one's sleeve** uma carta na manga; **to be on the ~s** estar escrito nas cartas (ser possível); **to hold all the ~s** ter todos os trunfos; **to play one's ~s right** fazer bem o seu jogo.

cardboard ['kɑ:dbɔ:d] **1** *n* cartão *m*; cartolina *f*. **2** *modif* (lit) [*box, cut-out*] em cartão, em cartolina.

card: **~ file** *n* see **~ index**; **~ game** *n* **a)** (type of game) jogo *m* de cartas; **b)** (instance of playing) partida *f* de cartas.

cardiac ['kɑ:dɪæk] *adj* cardíaco.

cardigan ['kɑ:dɪgən] *n* casaco *m* de malha de lã.

cardinal ['kɑ:dɪnl] **1** *n* REL cardeal *m*. **2** *adj* [*sin, principle*] capital.

cardinal number *n* número *m* cardinal.

card index **1** *n* ficheiro *m* Po, fichário *m* BR. **2** *vtr* pôr (algo) em ficheiro.

cardiology [kɑ:dɪ'ɒlədʒɪ] *n* cardiologia *f*.

care [keə(r)] **1** *n* **a)** (attention) atenção *f*; cuidado *m*; **to take ~ to do** ter cuidado em fazer; **to take ~ when doing** ter atenção ao fazer; **to take ~ that...** tomar atenção que... (+ *subj*) **he took (great) ~ over/with his work** ele teve (grande) cuidado com o seu trabalho; **she always takes (great) ~ in choosing the wine** ela põe sempre (muito) cuidado na escolha do vinho; **"take ~!"** "tem cuidado!"; **with ~** com cuidado, tome atenção; **"handle with ~"** "frágil"; **b)** (looking after) (of person, animal) cuidados *mpl*; (of car, plant, house) manutenção *f* (**of** de); **to take ~ of sb** ocupar-se de alg; **to take ~ of sth** (be responsible for) ocupar-se de algo [*house, garden*];

(be careful with) cuidar de algo [*machine, car*]; (keep in good condition) fazer a manutenção de algo [*machine, car, teeth*]; (look after for safe-keeping) guardar [*shop*]; (deal with) ocupar-se de [*client, arrangements, bill, tickets*]; **to leave sb/sth in sb's ~** deixar alg, algo ao cuidado de alg; **in his ~** à sua guarda; **in the ~ of his father** à guarda do seu pai; **c)** MED, PSYCH cuidados *mpl*; **d)** SOC, ADMIN **in ~** num centro de acolhimento para crianças; **to take/put a child into ~** pôr uma criança num centro de acolhimento; **e)** (worry) preocupação *f*; **without a ~ in the world** sem qualquer preocupação. **2** *vtr* (formal) (+ *infin*) **I don't ~ to...** não me interessa... (+ *infin*) **if you ~ to examine the report, you'll find that...** (iron) se quiser fazer o favor de examinar o relatório, constatará que...; (as polite formula) **would you ~ to sit down?** faça favor de se sentar; **he has more money than he ~s to admit** ele tem mais dinheiro do que quer admitir. **3** *vi* **a)** (feel concerned) **to ~ about sb/sth** interessar-se por alg/algo, preocupar-se com alg/algo; **I don't ~!** não me importo!, é-me indiferente!; **what do I ~ if...?** que me importa se...?; **as if I ~d!** como se me importasse muito com isso!; **I couldn't ~ less!** é-me completamente indiferente!; **she couldn't ~ less about...** ela está-se nas tintas para... (fam); **I couldn't ~ less who wins/what happened** quero lá saber quem ganha/o que aconteceu; **they could all have died, for all he ~s** para ele tanto lhe faz, eles podiam ter morrido todos; **who ~s?** que interessa?; **b)** (love) **to ~ about sb** gostar de alg; **show him that you ~** mostra-lhe que gostas dele; **I didn't know you ~d!** (hum) não sabia que era importante para ti! (hum). IDIOMAS **he doesn't ~a fig/a damn** (coll) ele está-se completamente nas tintas! (fam). ■ **care for:** **~ for (sb, sth)** **a)** (like) gostar de (alg/algo) [*person*]; **I don't ~ for chocolate** eu não gosto muito de chocolate; (as polite formula) **would you ~ for a drink?** bebe alguma coisa?; **b)** (look after) ocupar-se de [*child, elderly person, animal*]; (nurse) cuidar de [*patient, wounded person or animal*]; **c)** (maintain) fazer a manutenção de [*car, garden, house*]; cuidar de [*hair, teeth, skin, plant*].

career [kə'rɪə(r)] **1** *n* carreira *f*; profissão *f*; **political/musical ~** carreira política/musical; **a ~ in television/in real estate** uma carreira na televisão/no sector imobiliário. **2** *modif* **a)** [*choice, move, opportunity, prospect*] de carreira; **b)** [*diplomat, railwayman, soldier*] de carreira. **3** *vi* **to ~ in/out etc** entrar/sair a toda a velocidade; **to ~ off the road** sair da estrada Po/rodovia BR a toda a velocidade, descarrilar (coll); **to ~ out of control** entusiasmar-se.

career: **~s adviser** *n* conselheiro *m* de orientação profissional; **~s officer** *n* see **~s adviser**; **~ woman** *n* mulher *f* que se dedica à vida profissional; **~ free** *adj* [*person, smile, life*] despreocupado; [*feeling*] de despreocupação.

careful ['keəfl] *adj* **a)** (prudent) [*person, driving*] prudente; [*handling, washing*] com cuidado; (meticulous) [*planning, preparation*] minucioso; [*work, research, examination*] meticuloso; **to be ~ to do/about doing** ser cuidadoso em (fazer); **to be ~ (that)...** toma atenção que... (+ *subj*) to be ~ of sth ter cuidado com algo; to be ~ with sth ter cuidado com algo; to be ~ (when) doing ter cuidado ao fazer; to be ~ what/how/where/etc toma atenção a que/como/onde/etc; **"be ~!" "cuidado!"; you can't be too ~!** todo o cuidado é pouco!; **b)** (thrifty) [*person*] prudente.

carefully ['keəfəlı] *adv* [*go, walk, drive*] prudentemente; [*open, remove, handle*] com precaução; [*say, reply*] com prudência; [*write, choose words, phrase*] cuidadosamente, com cuidado; [*plan, choose, wash, place*] com cuidado; [*arranged, controlled, chosen, built*] cuidadosamente; [*listen, read, look*] com atenção; **"go ~!"** "seja prudente!"; **"listen/think ~!"** "escute/pense bem!".

careless ['keəlıs] *adj* **a)** (negligent) [*person*] negligente, imprudente; [*work, workmanship*] atamancado; [*writing, spelling*] descuidado; [*driving, handling*] negligente; ~ **mistake** erro por falta de atenção; (talk) imprudente; **it was ~ of me to do** foi negligência da minha parte fazer; **to be ~ about sth/doing** negligenciar algo/fazer; **to be ~ with sth** não ter atenção a algo; **to be ~ in sth** ser descuidado em algo; **to be ~ in doing** ser descuidado em fazer; **to be ~ in one's appearance** não cuidar da sua aparência; **b)** (carefree) [*smile, wave, reply*] descuidado.

carelessly ['keəlıslı] *adv* **a)** (negligently) [*do, act*] com negligência; [*make, repair, write*] sem cuidado, à pressa; [*drive*] com imprudência; [*break, drop, lose, spill*] por descuido; [*dressed, arranged*] negligentemente; **b)** (in carefree way) [*walk, dance, say, wave*] despreocupadamente.

carelessness ['keəlısnıs] *n* **a)** (negligence) negligência *f*; **b)** (carefree attitude) despreocupação *f*; indiferença *f*.

caress [kə'res] **1** *n* carícia *f*. **2** *vtr* acariciar.

caretaker ['keəteıkə(r)] **1** *n* GB (at school, club, in block of flats) guarda *m*; vigia *m*; porteiro *m*. **2** *modif* [*government, administration*] interino, provisório.

careworn ['keəwɔ:n] *adj* [*face*] marcado (pelas preocupações).

car ferry *n* barco *m* de passagem que transporta automóveis.

cargo ['kɑ:gəʊ] *n* (*pl* ~es *or* ~s) (gen) carga *f*; carregamento *m*.

cargo ship *n* navio *m* de carga.

Caribbean [kærı'bi:ən] **1** *pr n* **a)** (sea) the ~ o mar das Antilhas; **b)** (person) habitante *m/f* das Caraíbas. **2** *modif* [*climate, cookery*] das Caraíbas; [*carnival*] das Antilhas.

caricature ['kærıkətjʊə(r)] **1** *n* caricatura *f*. **2** *vtr* caricaturar.

carnage ['kɑ:nıdʒ] *n* massacre *m* (also fig).

carnal ['kɑ:nl] *adj* [*pleasure, desire*] carnal.

carnation [kɑ:'neı(ə)n] *n* cravo *m*.

carnet ['kɑ:neı] *n* **a)** TAX, ADMIN (for goods) guia *f* de trânsito; **b)** TOURISM (for campsite entry) autorização *f* de entrada; **c)** (of coupons) livro *m*; bloco *m*.

carnival ['kɑ:nıvl] *n* **a)** (festive procession) Carnaval *m*; **b)** US (fair) festa *f* popular; arraial *m*.

carnivore ['kɑ:nıvɔ:(r)] *n* carnívoro *m*.

carnivorous [kɑ:'nıvərəs] *adj* carnívoro.

carol ['kærl] *n* cântico *m* de Natal.

carol singer *n* cantor *m* de cânticos de Natal.

carouse [kə'raʊz] *vi* (formal *or* hum) andar na farra.

carousel [kærʊ'səl, kærʊ'zel] *n* **a)** US (merry-go-round) carrocel *m*; **b)** (for luggage) passadeira rotativa (no aeroporto).

carp [kɑ:p] **1** *n* (fish) carpa *f*. **2** *vi* (coll) praguejar (**about** contra).

car park *n* parque *m* de estacionamento.

carpenter ['kɑ:pıntə(r)] *n* (joiner) marceneiro *m*; (on building site) carpinteiro *m*.

carpentry ['kɑ:pıntrı] *n* (gen) marcenaria *f*; (structural) carpintaria *f*.

carpet ['kɑ:pıt] **1** *n* **a)** (fitted) alcatifa *f*; (loose) tapete *m*; carpete *f*; **b)** (fig) tapete *m*; ~ **of flowers/snow** um tapete de flores/de neve. **2** *modif* [*sale, showroom*] de tapetes; [*shampoo*] para tapetes; [*fitter*] de alcatifa. **3** *vtr* **a)** cobrir com um tapete, pôr alcatifa em [*room*]; (liter) ~ed with **flowers** atapetado de flores; **b)** (fig) (reprimand) dar uma descompostura a [*employee*]. IDIOMAS **to brush** *or* **push** *or* **sweep sth under the ~** abafar algo, esconder algo (para que não se saiba).

carpet: ~ **slipper** *n* chinelos *mpl* de feltro; ~ **sweeper** *n* máquina *f* de varrer tapetes.

car: ~ **port** *n* abrigo *m* para automóveis; ~ **radio** *n* auto rádio *m*.

carriage ['kærıdʒ] *n* **a)** (vehicle) (ceremonial, for wedding, royalty) carro *m*; carruagem *f*; coche *m*; (for transport) carruagem *m*; **b)** (of train) vagão *m*; carruagem *f*; **c)** (of goods, passenger) transporte *m* (by por); ~ **free/forward** porte *m* gratuito/contra reembolso; **d)** TECH (of typewriter) carro *m*; **e)** (person's bearing) postura *f*; (of head) porte *m*.

carriage: ~ **clock** *n* relógio *m* de viagem; ~**way** calçada *f*; estrada *f* Po, rodovia BR.

carrier ['kærıə(r)] *n* **a)** (transport company in general) transportadora *f*; (airline) companhia *f* aérea; **to send sth by ~** expedir algo; **b)** (of disease) portador *m*; **c)** GB, see ~ **bag**.

carrier: ~ **bag** *n* GB saco *m* (de plástico ou de papel); ~ **pigeon** *n* pombo-correio *m*.

carrion ['kærıən] *n* (also carrion flesh) carne *f* putrefacta.

carrot ['kærət] *n* cenoura *f* (also fig).

carry ['kærı] **1** *n* (range) alcance *m*. **2** *vtr* **a)** (person, animal) levar [*bag, shopping, load, news, message*] (in sth em algo; on sth sobre algo); **to ~ sth up/down** levar para cima/para baixo; **to ~ sth in/out** levar para dentro/para fora algo; **to ~ the child across the river** levar a criança para o outro lado do rio; **I never ~ cash** eu nunca trago dinheiro comigo; **to ~ a memory/a picture in one's mind** ter sempre em mente uma recordação/uma imagem; **to ~ sth too far** (fig) levar algo longe demais; **b)** [*vehicle, pipe, wire, vein*] transportar; [*wind, tide, current, stream*] levar, arrastar; **to be carried on by the tide** ser levado pela maré; **to ~ sth/sb off** *or* **away** levar algo/alg; **to ~ sth/sb back** trazer algo/alg de volta; **c)** (feature) conter [*warning, guarantee, review, report*]; trazer [*symbol, label*]; **d)** (entail) comportar, implicar [*risk, danger, responsibility*]; ser passível de [*penalty, fine*]; **to ~ conviction** ficar convencido; **e)** (bear, support) [*bridge, road, pillar*] suportar [*weight, load, traffic*]; **f)** MIL, POL (win) vencer, levar a melhor em [*state, region, constituency*]; ganhar [*battle, match*]; vencer por votação [*bill, amendment*]; **the motion was carried by 20 votes to 13** a moção venceu por 20 votos contra 13; **g)** MED ser portador de [*disease*]; **h)** (be pregnant with) [*woman*] estar grávida de [*boy, girl, twins*]; **I am ~ing his child** eu estou grávida dele; **i)** (stock, sell) abastecer, vender [*item, brand*]; **we ~ a wide range of...** nós oferecemos uma grande variedade de...; **j)** (hold, bear) (permanently) segurar [*tail, head*]. **3** *vi* [*sound, voice*] ser audível. **4** *v refl* **a) to ~ oneself** (move) mover-se (**like** como; **with** com); **b) to ~ oneself** (behave) comportar-se (**live** como; **with** como). IDIOMAS **to be carried away by sth** ficar entusiasmado com algo; **to get carried away** (coll) entusiasmar-se, deixar-se levar. ■ **carry back:** ~ **back (sth),** ~ **(sth)** TAX restituir (algo) [*sum, loss*]; ~ **back (sb),** ~ **(sb) back** (in memory) fazer voltar atrás [*person*] (**to** a). ■ **carry forward:** ~ **forward (sth),** ~ **(sth) forward** ACCTS transportar (para outra página ou conta) [*balance, total, sum*]. ■ **carry off:** ~ **off (sth),** ~ **(sth) off** ganhar, arrebatar [*prize, medal*]; ~ **it off** (coll) (succeed) ser bem sucedido; ~ **off (sb),** ~ **(sb) off** [*illness, disease*] causar a morte a [*person, animal*]. ■ **carry on:** ~ **on a)** (continue) continuar; ~ **on!** continua!; **to ~ on down** *or* **along the road** (in car) continuar o caminho; (on foot) seguir o seu caminho; **to ~ on with sth** continuar ou prosseguir com algo; **to ~ on doing** continuar a fazer; **b)** (coll) (behave) comportar-se; **c)** (coll) (have affair) namorar, ter uma ligação PO, paquerar BR (**with** com); **d)** (coll) (talk, go on) tagarelar (fam); ~ **on (sth),** ~ **(sth) on a)** (conduct) conduzir [*business, trade*]; manter [*correspondence*]; conduzir [*conversation, negotiations, normal life*]; **b)** (continue) continuar [*tradition, custom*]; reconstruir [*family, firm*]; prosseguir [*activity, discussion*]. ■ **carry out:** ~ **out (sth),** ~ **(sth) out** realizar [*plan, test, experiment, study, reform, robbery*]; efectuar [*raid, attack, operation, repairs*]; executar [*orders, punishment, instruction, recommendations, restoration*]; conduzir [*investigation, campaign*]; levar a cabo [*execution, killing*]; cumprir [*duties, function, mission*]. ■ **carry over:** ~ **over into** [*problem, attitude, rivalry*] estender-se a [*area of activity, personal life*]; ~ **over (sth),** ~ **(sth) over a)** FIN (on stock exchange) transferir [*debt*]; **b)** ACCTS, TAX see ~ **forward;** ~ **(sth) over from (sth);** ~ **(sth) over into** transferir (algo) para [*private life, area of activity, adulthood*]. ■ **carry through:** ~ **through (sth),** ~ **(sth) through** levar a efeito [*measure, reform, policy, task*]; ~ **(sb) through** [*humour, courage*] ajudar, animar [*person*]; (instincts) guiar [*person*].

carry: ~**cot** *n* GB porta-bebé *m*; ~~**on** *n* namorico *m* (fam); comportamento *m* duvidoso.

carsick *adj* **to be ~ sick** enjoar em viagem.

cart [kɑːt] **1** *n* (heavy for hay, produce, etc) carro *m*; carroça *f*. **2** *vtr* **a)** (coll) (drag, lug) arrastar [*luggage, shopping*]; **to ~ sth around/about** arrastar algo; **to ~ sth up/down the stairs** arras-

tar algo pelas escadas acima/abaixo; **b)** acarretar [*hay, turnips*]. IDIOMAS **to put the ~ before the horse** pôr a carroça à frente dos bois. ■ **cart off** (coll) **to ~ off (sb), to ~ (sb) off** levar alg à força.

cartel [kɑːˈtel] *n* (all contexts) cartel *m*; **drug/ price ~** cartel da droga/dos preços.

carthorse *n* cavalo *m* de tiro.

cartilage [ˈkɑːtɪlɪdʒ] *n* cartilagem *f*.

cartography [kɑːˈtɒɡrəfɪ] *n* cartografia *f*.

carton [ˈkɑːtn] *n* (gen) (small) caixa *f* de papelão; US (for house removals) caixote *m*; (of yoghurt, cream, juice, milk) embalagem *f*; (of cigarettes) caixa *f*.

cartoon [kɑːˈtuːn] *n* **a)** CIN desenho *m* animado; **b)** (drawing) desenho *m* humorístico; **c)** (in comic) banda *f* desenhada; **d)** ART (sketch) esboço *m*.

cartoonist [kɑːˈtuːnɪst] *n* **a)** CIN desenhador *m* PO/desenhista *m* BR de desenhos animados; **b)** JOURN desenhador *m* PO, desenhista *m* BR humorístico; **c)** (of strip cartoons) desenhador *m* PO, desenhista *m* BR de banda desenhada.

cartridge [ˈkɑːtrɪdʒ] *n* **a)** (for gun) cartucho *m*; (for pen) recarga *f*; **b)** AUDIO, ELEC (for video, typewriter, etc) fita *f*; **c)** PHOT (for camera) rolo *m*.

cartwheel [ˈkɑːtwiːl] *n* (in gymnastics) cambalhota *f*; **to do/turn a ~** fazer/dar uma cambalhota.

carve [kɑːv] **1** *vtr* **a)** (inscribe, decorate with) gravar [*words, letters, name, motto, motif*] (**on (to), in(to)** em; **above, over** sobre; **around** à volta de); **b)** (shape, sculpt) entalhar, esculpir [*wood, stone, figure, spoon, animal, piece of furniture, gorge, channel*]; **to ~ sth into** entalhar algo em [*motif, figure*]; **c)** (slice up) trinchar, cortar [*meat, joint, turkey, bird*]; **d)** (create) see ~ **out. 2** *vi* trinchar; **will you ~?** importa-se de trinchar a carne?. **3 carved** *pp, adj* [*figure, font, mantelpiece, wood*] esculpido. ■ **carve out: to ~ out (sth), to ~ (sth) out a)** (fig) fazer (o seu) [*niche, name, reputation, market*]; construir (a sua) [*career*]; **b)** (lit) abrir [*gorge, channel*]. ■ **carve up: to ~ up (sth), to ~ (sth) up a)** (pej) (share) partilhar [*territory, market, industry, spoils*]; **b)** (cut up) cortar [*meat, body*].

carving [ˈkɑːvɪŋ] *n* **a)** (+ *c*) (figure, sculpture) escultura *f*; **b)** (- *c*) (design, pattern or technique) gravura *f*.

carving knife *n* faca *f* de trinchar; trinchante *m*.

cascade [kæsˈkeɪd] **1** *n* **a)** (of water, fireworks) cascata *f*; **b)** (of hair, silk, music) onda *f* em forma de cascata. **2** *vi* cair em folhos.

case[1] [keɪs] **1** *n* **a)** (instance, example) caso *m*; **on a ~ by ~ basis** caso a caso; **in that ~** nesse caso; **in which ~** no caso em que; **in such** *or* **these ~s** em casos destes; **in 7 out of 10 ~s** 7 em 10 casos; **a ~ in point** um caso típico; **b)** (state of affairs, situation) caso *m*; **such** *or* **this being the ~** sendo este o caso, neste caso; **as** *or* **whatever the ~ may be** conforme os casos; **should this be the ~** *or* **if this is the ~** se for este o caso; **c)** JUR **the ~ for the Crown** GB **the ~ for the State** US a acusação *f*; o Ministério Público; **the ~ for the defense** a defesa; **to state**

the ~ expor os factos; **d**) (convincing argument) razões *fpl*; **to make a good ~ for sth** dar argumentos convincentes em favor de qq coisa; **there's a strong ~ for/against doing** há fortes razões para se fazer/para não se fazer; **e**) (trial) processo *m*; **criminal ~** processo-crime; **his ~ comes up next week** ele vai a julgamento na próxima semana; **famous ~s** causas *fpl* célebres; **f**) MED (instance of disease) caso *m*; (patient) doente *m/f*; **g**) LING caso *m*; **in the accusative ~** no (caso) acusativo. **2 in any case** *adv phr* (besides, anyway) seja como for, de qualquer forma ou maneira; (at any rate) em todo o caso. **3 in case** *conj phr* no caso de; **in ~ it rains** no caso de chover; **take the map just in case** leva o mapa no caso de ser necessário. **4 in case of** *prep phr* em relação a, em caso de.

case[2] [keɪs] **1** *n* **a**) (suitcase) mala *f* de viagem; **b**) (crate, chest) caixa *f*; caixote *m*; **c**) (display cabinet) vitrina *f*; **d**) (for spectacles, binoculars, jewels, weapon) estojo *m*; (of clock) caixa *f*. **2** *vtr* (reconnoitre) **to ~ the joint** fazer o reconhecimento (dum local).

casement ['keɪsmənt] *n* (liter) caixilho *m* (de janela).

casement window *n* janela *f* de batente.

cash [kæʃ] **1** *n* **a**) (notes and coins) dinheiro *m* em espécie; **to pay in ~** pagar em dinheiro; **£ 3.000 (in) ~** 3.000 libras em dinheiro; **to be paid ~ in hand** ser pago com dinheiro à vista; **b**) (money in general) dinheiro *m*; **to be short of ~** estar com pouco dinheiro; **c**) (immediate payment) dinheiro *m* à vista; **will it be ~ or credit?** paga em dinheiro ou com cheque?; **discount for ~** desconto *m* para pagamento à vista. **2** *modif* [*advance, balance, book, float*] de caixa; [*bid, offer, price, sale, terms, discount, transaction*] em dinheiro à vista; [*allowance, alternative, compensation, deposit, grant, sum, prize*] em dinheiro. **3** *vtr* descontar, cobrar [*cheque*]. ■ **cash in: to ~ in** (sth), **to ~** (sth) **in** resgatar [*bond, token, insurance policy*]; US descontar [*check*].

cash-and-carry *n* sistema *f* de venda a grosso de produtos pagos em dinheiro.

cash: ~ **box** *n* caixa *f*; ~ **card** *n* cartão *m* de crédito; ~ **desk** *n* caixa *f*; ~ **dispenser** *n* caixa *f* automática (da qual se pode retirar dinheiro usando um cartão de crédito).

cashew ['kæʃuɪ] *n* (*also* ~ **nut**) acaju *m*.

cash flow *n* movimento *m* de dinheiro (de entrada e saída num negócio).

cashier [kæˈʃɪə(r)] **1** *n* caixa *m/f*; encarregado *m* de caixa. **2** *vtr* exonerar [*officer, colonel*]; despedir [*employee*].

cashmere ['kæʃmɪə(r)] **1** *n* (lã *f* de) caxemira. **2** *modif* [*sweater, material*] de caxemira.

cash: ~ **point** *n* see ~ **dispenser**; ~ **ratio** *n* índice *m* de liquidez; ~ **register** *n* caixa *f* registadora.

casino [kəˈsiːnəʊ] *n* casino *m* Po, cassino *m* BR.

cask [kɑːsk] *n* casco *m*; barril *m*.

casket ['kɑːskɪt] *n* **a**) (jewel box) guarda-jóias *m*; **b**) US (coffin) urna *f*.

casserole ['kæsərəʊl] **1** *n* CULIN caçarola *f* de barro; (food) guisado *m* feito na caçarola (de barro). **2** *vtr* cozinhar em fogo lento.

cassette [kəˈset, kæˈset] *n* AUDIO, VIDEO cassete *f*; **to record on ~** gravar em cassete.

cassette: ~ **deck** *n* deck *m* de cassetes; ~ **recorder** *n* gravador *m* de cassetes.

cassock ['kæsək] *n* batina *f*; sotaina *f*.

cast [kɑːst] **1** *n* **a**) CIN, THEAT, TV (list of actors) elenco *m*; **the film has an all-star ~** o filme tem um elenco cheio de vedetas; **b**) ART, TECH (mould) molde *m*; MED (plaster) gesso *m*; **to have one's arm in a ~** ter o braço em gesso; ~ **of features** fisionomia *f*; **c**) (act of throwing) (of dice, net) lançamento *m*; **d**) MED (squint) estrabismo *m*; **to have a ~ in one's eye** ser estrábico; **e**) (skin of snake, insect) muda *f*. **2** *vtr* **a**) (throw) lançar, atirar [*stone, net, fishing, line, dice*]; projectar [*light, shadow*]; (direct) dirigir [*glance, look*] (at para); **her eyes were ~ downwards** ela tinha os olhos baixos; **he ~ his eyes around the room** ele percorreu a sala com os olhos; **to ~ a glance over one's shoulder** olhar por cima dos ombros de alg; **to ~ one's mind back over sth** relembrar-se de qq coisa; **to ~ light on sth** esclarecer qq coisa ou lançar luz sobre qq coisa; **b**) CIN, THEAT, TV distribuir os papéis de [*play, film*]; **she was ~ as** *or* **in the role of Blanche** foi-lhe distribuído o papel de Blanche; **c**) (shed) despojar-se de [*leaves, feathers*]; **the snake ~s its skin** a serpente muda de pele; **the horse ~ a shoe** o cavalo perdeu uma ferradura; **d**) ART, TECH fundir [*metal*]; **e**) **to ~ a vote** POL votar. **3** *vi* FISHG lançar a linha. ■ **cast about, cast around: to ~ about for sth** procurar qq coisa; **to ~ about for an excuse** procurar uma desculpa PO/escusa BR. ■ **cast away:** ~ **away (sth),** ~ **(sth) away** desembaraçar-se de [*cares, prejudices, inhibitions*]. ■ **cast down:** ~ **down (sth),** ~ **(sth) down** deitar por terra [*object*]; depor [*weapons*]; baixar [*eyes, head*]; **to be ~ down** (depressed) (fig, lit) estar abatido ou deprimido. ■ **cast in: to ~ in one's lot with sb** compartilhar a sorte de alg. ■ **cast on a**) NAUT soltar as amarras; **b**) (in knitting) rematar (as malhas restantes). ■ **cast off a**) (discard) tirar [*garment*]; libertar-se de [*chains*]; abandonar [*lover, friend*]; **b**) NAUT soltar as amarras; **c**) (in knitting) **to ~ off stitches** rematar as malhas. ■ **cast on:** ~ **on** (in knitting) montar as malhas. ■ **cast out:** ~ **out (sth/sb),** ~ **(sth/sb) out** expulsar.

castanets [kæstəˈnets] *npl* castanholas *fpl*.

castaway ['kɑːstəweɪ] *n* náufrago *m*.

caste [kɑːst] *n* casta *f*; **the ~ system** o sistema de castas.

caster ['kɑːstə(r)] *n* **a**) (shaker) polvilhador *m*; **b**) see **castor**.

castigate ['kæstɪgeɪt] (formal) *vtr* castigar (**for sth** por qq coisa; **for doing sth** por ter feito qq coisa).

casting [kɑːstɪŋ] *n* **a**) (throwing) lançamento *m*; **b**) (in metallurgy) (act) fusão *f*; **c**) CIN, THEAT, TV distribuição *f* de papéis.

casting vote [kɑːstɪŋ ˈvəʊt] *n* voto *m* decisivo.

cast iron [kɑːstˈaɪən] **1** *n* ferro *m* fundido. **2 cast-iron** *modif* (lit) em ferro fundido; (fig) [*alibi*] sólido, de pedra e cal; [*decision*] seguro; [*will*] de ferro.

castle ['kɑːstl] **1** *n* **a**) (gen) ARCHIT castelo *m*; **b**)

(in chess) torre *f.* **2** *vi* (in chess) fazer roque. **IDIOMAS** ~**s in the air** castelos no ar.
castor ['kɑ.ːstə(r)] *n* **a)** PHARM castóreo *m*; **b)** (*also* **caster**) (wheel) rodinha *f.*
castor oil *n* óleo *m* de rícino.
castrate [kæ'streɪt] *vtr* [*man, animal*] castrar; (fig) [*book, article*] expurgar.
castration [kæ'streɪ/n] *n* castração *f.*
casual ['kæʒjʊəl, 'kæʒjʊəl] **1** *n* (temporary or occasional worker) trabalhador *m* eventual. **2** **casuals** *npl* (clothes) roupa *f* desportiva. **3** *adj* **a)** (informal, relaxed) [*clothes, dress, person, manner, etc*] informal, descontraído; **b)** [*acquaintance, relationship, love, affair*] passageiro, de ocasião, acidental; **c)** (nonchalant) [*attitude, gesture, tone*] despreocupado; **d)** [*inspection, glance, observer*] superficial; **to the ~ eye it seems that...** um observador superficial diria que...; **e)** (chance) [*encounter, error*] fortuito; **f)** [*staff, work, labour*] temporário, eventual.
casually ['kæʒjʊəlɪ, 'kæzjʊəlɪ] *adv* **a)** [*say, ask, inquire, mention*] despreocupadamente; [*glance, leaf through*] superficialmente; **b)** [*dressed*] informalmente; **c)** [*hurt, condemn, insult*] sem pensar; **d)** [*employed*] temporariamente.
casualty ['kæʒjʊəltɪ, 'kæzjʊəltɪ] **1** *n* **a)** (gen) (person) vítima *f* (de acidente); **b)** (part of hospital) urgência(s) *fpl*; **in ~** na urgência. **2** **casualties** *npl* (soldiers) baixas *fpl*; (civilians) vítimas *fpl*. **3** *modif* [*department, nurse*] de urgências; MIL [*list, figures*] das vítimas.
cat [kæt] **1** *n* **a)** (domestic cat) gato *m*; **b)** (feline) felino *m*; **the ~ family** os felinos. **2** *modif* [*basket, food*] para gatos. **IDIOMAS to fight like ~ and dog** bater-se como cão e gato; **while the ~'s away, the mice will play** patrão fora, dia santo na loja; **to let the ~ out of the bag** dar com a língua nos dentes (fam).
cataclysm ['kætəklɪzm] *n* GEOL (fig) cataclismo *m.*
catacombs ['kætəkuːmz, 'kætəkəʊmz] *npl* catacumbas *fpl*.
catalogue ['kætəlɒg] **1** *n* **a)** (of goods, books, etc) catálogo *m*; **b)** (series) US UNIV anuário *m* universitário. **2** *vtr* catalogar.
catalyst ['kætəlɪst] *n* CHEM (fig) catalizador.
catamaran [kætəmə'ræn] *n* (boat) catamaran *m.*
catapult ['kætəpʌlt] **1** *n* GB catapulta *f.* **2** *vtr* [*force, explosion*] projectar, catapultar; **to be ~ed to** [*success, power*] ser catapultado para.
cataract ['kætərækt] *n* **a)** MED catarata *f*; **b)** (waterfall) catarata *f*; queda *f* de água.
catarrh [kə'tɑ:(r)] *n* catarro *m.*
catastrophe [kə'tæstrəfɪ] *n* catástrofe *f.*
catastrophic [kætə'strofɪk] *adj* catastrófico.
cat burglar *n* GB ladrão,-a *m/f* que escala paredes.
catcall ['kætkɔːl] **1** *n* assobio *m* (de desagrado). **2** *vi* assobiar.
catch [kæt/] **1** *n* **a)** (act of catching) captura *f*; **to take a ~** SPORT apanhar a bola; **b)** FISHG pesca *f*; pescaria *f*; (fig) **to be a (good) ~** (partner) ser um bom partido PO/um partidão BR (coll); **c)** (drawback) dificuldade *f*; (fig) **what's the ~?** qual é a dificuldade?; **d)** (fastening) (on purse, brooch) fecho *m*; (on window, door) fecho *m*; **e)**

(break) (in voice) **with a ~ in his voice** com uma voz entrecortada; **f)** MUS, HIST canção *f* em forma de cânon. **2** *vtr* (*past, pp* **caught**) **a)** (hold and retain) [*person*] agarrar [*ball, fish, mouse*]; [*container*] recolher [*water, dust*]; (by running) [*person*] apanhar [*person*]; **I managed to ~ her in** eu consegui encontrá-la; **b)** (take by surprise) surpreender [*person, thief*]; **to ~ sb doing** apanhar alg a fazer; **to be/get caught** ser apanhado; **to ~ sb in the act/at it** (coll) surpreender alg em flagrante; **you wouldn't ~ me arriving late** eu nunca chego atrasado; **we got caught in the rain** fomos apanhados pela chuva; **c)** (be in time for) apanhar [*bus, train, plane*]; **to ~ the last post** apanhar a última tiragem de correspondência; **d)** (manage to see) conseguir ver [*programme*]; **e)** (grasp) apertar [*hand, arm*]; agarrar [*branch, rope*]; captar, despertar [*interest, imagination*]; **to ~ sb's attention/eye** atrair a atenção de alg; **to ~ the chairman's eye** ADMIN obter a palavra; **f)** (hear) captar, compreender [*work, name*]; **g)** (perceive) sentir [*smell*]; ouvir [*sound*]; ver, distinguir [*look*]; **to ~ sight of sb/sth** ver alg/algo; **h)** (get stuck) **to ~ one's fingers in sth** ficar com os dedos entalados em algo [*drawer, door*]; **to ~ one's shirt on sth** prender a camisa em algo [*nail*]; **to get one's head caught (in/between)** ficar com a cabeça presa em/entre; **to get caught in sth** ficar preso em algo; **i)** MED apanhar, pegar [*disease, virus, flu, etc*]; **j)** (hit) bater [*object, person*]; **k)** (have an effect on) [*sun, light*] jogar com [*object, person*]; [*wind*] levar [*paper, bag*]; **to ~ one's breath** conter a respiração; **l)** (be affected by) **to ~ the sun** apanhar sol; **to ~ fire/light** inflamar-se; **m)** (render) transmitir [*atmosphere, mood, spirit*]; **n)** SPORT see ~ **out c)**; **o)** (trick) see ~ **out b)**; **p)** (manage to reach) see **catch up. 3** *vi* **a)** (become stuck) **to ~ on sth** [*shirt, sleeve, etc*] prender-me em algo; **b)** (start to burn) [*wood, coal, fire*] pegar. **IDIOMAS you'll ~ it!** (coll) tu vais ver!. ■ **catch on:** ~ **on a)** (become popular) [*fashion, song, TV programme, activity, idea*] tornar-se popular (**with sb** junto de alg); **b)** (understand) compreender, apanhar; ~ **on to sth** compreender algo. ■ **catch out:** ~ **(sb) out a)** (take by surprise) apanhar (alg) de surpresa; (doing sth wrong) apanhar (alg) em flagrante; **b)** (trick) iludir, enganar (alg) PO; embromar BR; **c)** SPORT (in cricket, baseball) eliminar (alg) [*batsman*]. ■ **catch up:** ~ **(sb/sth) up a)** (manage to reach) alcançar (alg); **b)** (pick up) apanhar [*bag, child*] (**in** em); ~ **(sth) up in sth** (get stuck) (lit) prender algo em algo; **to get caught up in** (lit) apanhar-se em, ficar preso por [*enthusiasm, excitement*]; encontrar-se em [*traffic*]; estar metido em algo [*scandal, fight, argument*]; ~ **up** (in race) recuperar terreno; (in work) recuperar o atraso; ~ **up with sb** (all contexts) alcançar alg; ~ **up on/ with sth** recuperar [*work, sleep*]; pôr-se ao corrente [*news, gossip*].
catch-22 situation [kæt/, twentɪ'tu:] *n* situação *f* inextricável; dilema *m.*
catching ['kæt/ɪŋ] *adj* MED (fig) contagioso.
catchment area ['kæt/mənt eərɪə] *n* (administrative area) área *f* servida por uma escola, hospital, etc.

catchword ['kæt∫wɜːd] *n* (popular word) palavra *f* d'ordem.
catchy ['kæt∫ɪ] *adj* cativante.
catechism ['kætɪkɪzm] *n* catecismo *m*.
categoric(al) [kætɪ'gɒrɪk(l)] *adj* categórico.
categorically [kætɪ'gɒrɪkəlɪ] *adv* categoricamente.
category ['kætɪgərɪ] *n* categoria *f*.
cater ['keɪtə(r)] *vi* **a)** (cook) fornecer refeições (**for** para, a); **b)** **to ~ for** (accommodate) acolher [*children, guests*]; (aim at) [*newspaper, programme*] ter em vista, dirigir-se a; **c)** (fulfil) **to ~ to** satisfazer [*whim, taste*].
caterer ['keɪtərə(r)] *n* (*also* ~**s**) fornecedor *m*.
catering ['keɪtərɪŋ] **1** *n* (provision) fornecimento *m*; aprovisionamento *m*. **2** *modif* [*industry, company, staff*] de fornecimento (de refeições); ~ **worker** aprendiz *m* de cozinheiro.
caterpillar ['kætəpɪlə(r)] *n* **a)** Zool lagarta *f*; **b)** Tech (*also* ~ **track**) caterpilar *m*; C~ tractor *m* de lagarta.
caterwaul ['kætəwɔːl] **1** *n* miar *m*. **2** *vi* miar.
cathedral [kə'θiːdrl] *n* catedral *f*.
Catherine wheel ['kæθərɪn wiːl] *n* GB roda *f* de fogo de artifício.
catheter ['kæθɪtə(r)] *n* cateter *m*; sonda *f*.
catholic ['kæθəlɪk, 'kæθlɪk] *adj* eclético, universal, geral; C~ Católico *m*.
Catholicism [kə'θɒlɪsɪzm] *n* Catolicismo *m*.
catnap ['kætnæp] **1** *n* sesta *f*. **2** *vi* dormitar, fazer uma sesta.
cattle ['kætl] **1** *n* (+ *v pl*) gado *m*. **2** *modif* [*breeder, raising, rustler*] de gado.
cattle: ~ **market** *n* (lit, fig) feira *f* de gado; ~ **truck** Aut camioneta *f* Po/caminhonete *f* Br ou vagão *m* para transporte de gado.
catty ['kætɪ] *adj* malicioso (**about** quanto a).
catwalk ['kætwɔːk] **1** *n* (narrow walkway) passarela *f*. **2** *modif* [*model, show*] de moda.
caucus ['kɔːkəs] *n* (*pl* **-es**) **a)** (meeting) reunião *f* de chefes de um partido político; **b)** (faction) grupo *m*.
caught [kɔːt] *past, pp* see **catch**.
cauldron ['kɔːldrən, 'kɒldrən] *n* caldeirão *m*.
cauliflower ['kɒlɪflaʊə(r)] *n* Bot, Culin couve--flor *f*.
causal ['kɔːzl] *adj* (gen) Ling causal.
cause [kɔːz] **1** *n* **a)** (gen) Jur (reason) causa *f*; razão *f* (**of** de); **there is/he has ~ for concern/ optimism** há/ele tem razões para se preocupar/ para estar optimista; **to give sb/have ~ to do** dar a alg/ter razões para fazer; **to give ~ for concern** dar motivo a preocupação; **the immediate/root ~** a causa imediata; **with good ~** com justa razão; **without (good) ~** sem ter boas razões; **b)** (objective) causa *f*; **a lost ~** uma causa perdida; **(for) a good ~** (por) uma boa causa; **all in a good ~** tudo por uma boa causa; **in the ~ of freedom** pela causa da liberdade; **c)** Jur (reason) causa *f*; motivo *m*; (action) acção *f*; **to show ~** expor as suas razões. **2** *vtr* causar, ocasionar [*damage, flooding, grief, problem*]; provocar [*chaos, delay, controversy, reaction*]; suscitar [*excitement, surprise*]; **to ~ sb to do** levar alg a fazer; **to ~ sb problems** causar problemas a alg; **to ~ trouble** criar problemas; **to ~ cancer** provocar cancro.

causeway ['kɔːzweɪ] *n* caminho *m* em terreno pantanoso ou arenoso.
caustic ['kɔːstɪk] *adj* Chem (fig) cáustico.
caustic soda *n* soda *f* cáustica.
cauterize ['kɔːtəraɪz] *vtr* cauterizar.
caution ['kɔː∫n] **1** *n* **a)** (care) cautela *f*; prudência *f*; cuidado *m*; **to drive with ~** conduzir com cuidado; **b)** (warning) aviso *m*; **"C~! Drive slowly!"** "Atenção! Conduza devagar!". **2** *vtr* **a)** (warn) avisar (**that** que); **to ~ sb against doing** avisar alg para não fazer; **b)** Jur [*policeman*] informar (alg) dos seus direitos [*suspect*]; **c)** Jur (admonish) admoestar. **3** *vi* **to ~ against doing** desaconselhar alg de fazer; **to ~ against sth** avisar de qq coisa. IDIOMAS **to throw** *or* **cast ~ to the wind(s)** desprezar toda a cautela.
cautious ['kɔː∫əs] *adj* **a)** (careful) [*person, attitude, action*] prudente, cauteloso; **he's ~ about spending money** ele tem cuidado a gastar dinheiro; **to be ~ in** [*treatment, claims*] ser prudente em; **b)** (wary) [*person, welcome, reception, etc*] reservado; [*optimism*] prudente.
cautiously ['kɔː∫əslɪ] *adv* **a)** (carefully) [*act, approach, say, move*] prudentemente; **b)** (warily) [*react, welcome, respond*] com reserva ou circunspecção.
cavalier [kævə'lɪə(r)] **1** (dated) *n* cavaleiro *m*. **2** C~ *pr n* GB Hist realista *m* (partidário de Carlos I na guerra civil inglesa).
cavalry ['kævəlrɪ] *n* cavalaria *f*.
cave [keɪv] **1** *n* caverna *f*; gruta *f*; **underwater ~s** grutas *fpl* submarinas. **2** *vi* fazer escavações. ▪ **cave in:** ~ **in a)** (lit) [*tunnel, wall, building*] ruir, aluir; **b)** (fig) [*person*] ceder.
caveat ['kævɪæt] *n* (gen) admoestação *f*; advertência *f*; aviso *m*.
cave: ~ **dweller** *n* troglodita *m/f*; ~**man** *n* homem *m* das cavernas.
cavern ['kævən] *n* caverna *f*.
cavernous ['kævənəs] *adj* (hollow) [*groan, room, voice*] cavernoso; [*mouth, yawn*] profundo; [*eyes*] cavo.
caviar(e) ['kævɪɑː(r), kævɪ'ɑː(r)] *n* caviar *m*.
cavil ['kævɪl] *vi* (*pres p etc* **-ll-** GB **-l-** US) sofismar.
cavity ['kævɪtɪ] *n* (gen) Dent, Med cavidade *f*.
cavity wall *n* muro *m* oco.
cavort [kə'vɔːt] *vi* (*also* ~ **about** *or* **around**) (often hum) brincar, fazer cabriolices.
caw [kɔː] **1** *n* grasnido *m*. **2** *vi* grasnar, crocitar.
cayenne (pepper) *n* pimenta *f* de Caiena.
CB [siː'biː] *abrev* = **Citizen's Band** Banda *f* do Cidadão.
CBI [siːbiː'aɪ] *n* GB *abrev* = **Confederation of British Industry** Confederação da Indústria Britânica.
cc [siː'siː] *n abrev* = **cubic centimeter** cm3.
CD [siː'diː] *n* **a)** *abrev* = **compact disk** disco *m* compacto; **on ~** em disco compacto; **b)** *abrev* = **corps diplomatique** corpo *m* diplomático, CD; **c)** *abrev* = **Civil Defence**; **d)** *abrev* = **Congressional District**.
cease [siːs] **1** *n* **without ~** sem cessar. **2** *vtr* cessar; **to ~ doing (sth)** parar de fazer qq coisa; **to ~ fire** cessar fogo. **3** *vi* acabar, deixar de; **to ~ to do (sth)** deixar de fazer (qq coisa); **you never ~ to amaze me!** nunca deixarás de me espantar!.

cease-fire ['si:s faɪə(r)] *n* cessar-fogo *m*.

ceaseless ['si:slɪs] *adj* incessante.

cedar ['si:də(r)] *n* (tree) (*also* ~ **tree**) cedro *m*.

cede [si:d] *vtr* (gen) JUR ceder [*control, land, rights*] (**to** a, para).

ceiling ['si:lɪŋ] *n* **a)** AVIAT, CONSTR, METEOROL tecto *m*; **b)** (upper limit) tecto *m*; limite *m*; **to set a ~ of 10% on wage rises** fixar um limite máximo de 10% no aumento salarial.

celebrate ['selɪbreɪt] **1** *vtr* **a)** festejar [*Christmas, birthday, promotion*]; (more formally) celebrar [*victory*]; **there's nothing/there's something to ~** não há nada/há qq coisa para comemorar; **b)** RELIG celebrar [*mass*]; **they don't ~ Easter** eles não celebram a Páscoa. **2** *vi* **let's ~!** vamos comemorar!.

celebrated ['selɪbreɪtɪd] *adj* célebre (**as** como; **for** por).

celebration [selɪ'breɪʃn] *n* **a)** (party) festa *f*; **to have a ~** dar uma festa; (public, large-scale) celebração *f*; **b)** (tribute) homenagem *f* (**of** a); **c)** RELIG (of mass) celebração *f*.

celebrity [sɪ'lebrɪtɪ] **1** *n* celebridade *f*. **2** *modif* [*guest*] célebre; [*panel*] de celebridades.

celery ['selərɪ] **1** *n* BOT, CULIN aipo *m*; **a stick/head of ~** um pé/talo de aipo. **2** *modif* [*salad, seeds*] de aipo.

celibate ['selɪbət] *n, adj* (gen) celibatário *m*.

cell [sel] *n* **a)** POLICE, RELIG cela *f*; **b)** BIOL, BOT, POL célula *f*; **c)** ELEC, CHEM elemento *m*.

cellar ['selə(r)] *n* (all contexts) cave *f*.

cellist ['tʃelɪst] *n* violoncelista *m/f*.

cello ['tʃeləʊ] *n* (instrument, person) violoncelo *m*.

cell phone, cell radio ['selfəʊn, sell'reɪdɪəʊ] *n* radiotelefone *m*.

cellular ['seljʊlə(r)] *adj* BOT celular.

celluloid ['seljʊlɔɪd] *n* celulóide *m*.

cellulose ['seljʊləʊz, 'seljʊləʊs] *n* celulose *f*.

Celsius ['selsɪəs] *adj* Celsius.

Celt [kelt, selt] *pr n* Celta *m/f*.

Celtic ['keltɪk, 'seltɪk] *adj* celta.

cement [sɪ'ment] **1** *n* CONSTR (fig) cimento *m*. **2** *modif* [*slab, floor, step*] em ou de cimento. **3** *vtr* CONSTR cimentar DENT obturar; (fig) [*alliance, relations, deal*] cimentar, fortalecer.

cemetery ['semɪtərɪ] *n* cemitério *m*.

cenotaph ['senəta:f, 'senətæf] **1** *n* cenotáfio *m*.

censor ['sensə(r)] **1** *n* (gen) PSYCH, ANTIQ censor *m*; **to act as a ~** agir como um censor. **2** *vtr* (all contexts) censurar.

censorship ['sensəʃɪp] *n* (all contexts) censura *f*; **to exercise/abolish ~** praticar/abolir a censura.

censure ['senʃə(r)] **1** *n* POL censura *f*; **motion/vote of ~** moção *f*/voto *m* de censura. **2** *vtr* criticar, censurar.

census ['sensəs] *n* censo *m*; recenseamento *m*.

cent [sent] *n* US, CANADA, AUSTRÁLIA cêntimo *m*; **I haven't got a ~** não tenho um tostão.

centenarian [sentɪ'neərɪən] *n, adj* centenário *m*.

centenary [sen'ti: nərɪ, sen'tenərɪ] *n* centenário *m*.

centennial [sen'tenɪəl] **1** *n* US centenário. **2** *adj* (every 100 years) secular; (lasting 100 years) centenário.

center ['sentə(r)] *n* US see **centre**.

centigrade ['sentɪgreɪd] *adj* [*thermometer*] centígrado; **in degrees ~** em graus centígrados ou Celsius.

centimetre GB, **centimeter** US ['sentɪmi:tə(r)] *n* centímetro *m*.

centipede ['sentɪpi:d] *n* centopeia *f*.

central ['sentrl] *adj* **a)** (in the middle) [*area, courtyard, district*] central; **in ~ London** no centro de Londres; **b)** (key) [*argument, feature, message, role*] principal; **to be ~ to sth** ser essencial a qq coisa; **c)** ADMIN, POL [*control, management, government*] central.

Central: ~ America *pr n* América *f* Central; **~ Europe** *pr n* Europa *f* Central; **~ European** *adj* da Europa Central.

centralize ['sentrəlaɪz] *vtr* centralizar.

centrally ['sentrəlɪ] *adv* [*live, work*] no centro da cidade; **~ managed** gerido de forma centralizada; **a ~ planned economy** uma economia de planificação centralizada.

central: ~ nervous system *n* sistema *m* nervoso central; **~ processing unit, ~ processor** *n* COMPUT unidade *f* central de processamento.

centre GB, **center** US ['sentə(r)] **1** *n* **a)** (middle) centro *m* (**of** de); **in the ~** ao ou no centro; **town or city ~** centro da cidade; **sweets with soft ~s** bombons *mpl* com recheio; **b)** (focus) centro *m*; **to be the ~ of attention** ser o centro das atenções; **c)** (seat) sede *f*; **the ~ of power** a sede do poder; **d)** (designated area) centro *m*; **shopping ~** centro comercial; **b)** POL centro *m*; **a ~-left party** um partido do centro-esquerda. **2** *modif* [*aisle, lane, line, section*] central; [*parting*] no meio. **3** *vtr, vi* SPORT, TECH centrar. **4** **~ed** *pp adj* (*in compounds*) centrado em; **child-~ed education** educação *f* centrada na criança.

■ **centre around: ~ around** (sth) [*activities, person*] concentrar-se em; [*people, industry*] situar-se ao redor de [*town*]; [*life, plans, thoughts*] estar centrado em [*holidays, person, work*].

■ **centre on, centre upon: ~ on** (sth) [*activities, feelings, thoughts, work*] concentrar-se sobre [*person, problem, subject*].

centre-forward [sentə(r)'fɔ:wəd] *n* SPORT avançado-centro *m*.

centre-half [sentə(r)'ha:f] *n* SPORT médio-centro *m*.

centre-piece ['sentəpi:s] *n* (of table) centro *m* de mesa; (of exhibition) obra *f* principal.

centre spread [sentə'spred] *n* páginas *fpl* centrais.

centrifugal [sen'trɪfjʊgl] *adj* centrífugo.

centrifuge ['sentrɪfju:dʒ] *n* centrifugadora *f*.

century ['sentʃərɪ] *n* século *m*; **in the 20th ~** séc. XX; **at the turn of the ~** no início do século; **half a ~** meio século.

ceramic [sɪ'ræmɪk] **1** *n* (all uses) cerâmica *f*. **2** *adj* [*tile, pot*] feito de cerâmica.

ceramics [sɪ'ræmɪks] *n* **a)** (+ *v sg*) (study) a cerâmica *f*; **b)** (+ *v pl*) (pots) objectos *mpl* de cerâmica.

cereal ['sɪərɪəl] **1** *n* cereal *m*; (for breakfast) flocos *mpl* de cereais. **2** *adj* de cereais.

cerebral ['serɪbrl] *adj* MED cerebral; (writing, music) intelectual.

ceremonious [serɪ'məʊnɪəs] *adj* [*event*] solene; [*behaviour*] cerimonioso, formal.

ceremoniously [serɪˈməʊnɪəslɪ] *adv* cerimonio-samente, com cerimónia.

ceremony [ˈserɪmənɪ] *n* **a)** (formal, event) cerimonia *f*; **a marriage** ~ uma cerimónia de casamento; **b)** (protocol) etiqueta *f*; **don't let's stand on** ~ deixamo-nos de cerimónias.

ceremonial [serɪˈməʊnɪəl] **1** *n* cerimonial *m*; (religious) ritos *mpl*; rituais *mpl*. **2** *adj* [*dress*] de cerimónia; (solemn) solene; (official) protocolar.

cert [sɜːt] (coll) *n* GB **it's a (dead)** ~! já cá canta! (fam).

certain [ˈsɜːtn] **1** *pron* algum(a); ~ **of our friends** alguns dos nossos amigos. **2** *adj* **a)** (sure, definite) certo (**about, of** de); **I'm** ~ **of it** *or* **that** estou certo disso; **I'm** ~ **that he refused** tenho a certeza de que ele recusou; **to make** ~ verificar; **to make** ~ **of** assegurar-se de [*cooperation, support*]; verificar [*facts, details*]; **to make** ~ **that** (as certain) verificar que; **be** ~ **to tell him** não te esqueças de lhe dizer; **nobody knows for** ~ ninguém sabe ao certo; **I can't say for** ~ não tenho a certeza absoluta; **b)** (assured, guaranteed) [*death, defeat*] certo (*after n*); **to be** ~ **of doing** ter a certeza de fazer; **he's** ~ **to agree** ele concorda, sem dúvida; **c)** (specific) [*amount, number*] certo (*before n*); ~ **people** certas pessoas *fpl*; **d)** (slight) [*shyness, difficulty*] certo (*before n*); **to a** ~ **extent** *or* **degree** numa certa medida; **a** ~ **amount of time** um certo tempo.

certainly [ˈsɜːtənlɪ, ˈsɜːtɪnlɪ] *adv* (without doubt) de certeza; (in answer to question: indicating assent) certamente, concerteza; ~ **not!** claro que não!; **we shall** ~ **attend the meeting** nós vimos à reunião sem falta.

certainty [ˈsɜːtntɪ, ˈsɜːtɪntɪ] *n* (sure thing) certeza *f*; **for a** ~ de certeza; **we have no** ~ **of success** nós não temos a certeza de sermos bem sucedidos.

certifiable [ˈsɜːtɪfaɪəbl] *adj* MED que deve ser internado; (hum) doido varrido.

certificate **1** [səˈtɪfɪkət] *n* certificado *m* (**in** de); (of birth, marriage) certidão *f*; (of examination) diploma *f*; **test** ~ AUT certificado de controlo técnico. **2** [səˈtɪfɪkeɪt] *vtr* certificar, atestar.

certify [ˈsɜːtɪfaɪ] **1** *vtr* certificar, constatar, atestar [*death*]; (as genuine) autenticar [*document*]; (as up to standard) garantir [*goods*]; (sb as capable) passar um certificado de aptidão profissional; **to** ~ **sth a true copy** JUR reconhecer a autenticidade de qq documento. **2 certified** *pp adj* autenticado; [*teacher*] qualificado.

certitude [ˈsɜːtɪtjuːd] (formal) *n* certeza *f*; convicção *f*.

cervical [sɜˈvaɪkl, ˈsɜːvɪkl] *adj* cervical; ~ **cancer** cancro *m* Po/câncer *m* BR do colo do útero.

cervix [ˈsɜːvɪks] *n* cerviz *f*; colo *m* do útero.

cesspit [ˈsespɪt], **cesspool** [ˈsespuːl] *n* fossa *f*.

Chad [tʃæd] *pr n* Chade *m*.

chafe [tʃeɪf] **1** *vtr* irritar; (breaking skin) esfolar; (to restore circulation) friccionar. **2** *vi* **a)** (skin) irritar-se; **b)** (rub) esfregar (**on** *or* **against** contra). IDIOMAS **to** ~ **at the bit** dominar-se, conter a raiva.

chaff [tʃɑːf] **1** *n* AGRIC (husk) casca *f* (de sementes, frutos); folhelho *m* (da espiga); (fodder) forragem *f*. **2** *vtr* troçar, brincar Po, gozar BR (**about** de, com).

chaffinch [ˈtʃæfɪnʃ] *n* lentilhão *m*.

chagrin [ˈʃægrɪn] *n* descontentamento *m*; (**much) to his** ~ para sua grande irritação.

chain [tʃeɪn] **1** *n* **a)** (metal links) corrente *m*; **a length of** ~ uma cadeia *f*; **to put/keep sb in** ~**s** acorrentar alg; **to keep a dog on a** ~ manter o cão preso (por uma corrente); **b)** (on door) corrente *f* de segurança; **c)** COMM cadeia *f* (**of** de); **supermarket** ~ cadeia de supermercados; **d)** (of events) série *f*; (of ideas) encadeamento *m*; ~ **of causation** princípio *m* de causa e efeito; **he's only a link in the** ~ ele é apenas o elo de uma cadeia; **e)** (of mountains, islands, atoms, molecules, people) cadeia *f*; **to make** *or* **form a (human)** ~ fazer uma cadeia humana; **f)** (measurement) 20,12 metros. **2** *vtr* acorrentar, prender com cadeia [*person, bike, animal*] (**to** a); **to** ~ **sb's legs** prender as pernas de alg com correntes, agrilhoar as pernas de alg. **3 chained** *pp adj* acorrentado; **to keep sb** ~**ed** manter alg acorrentado; ~**ed to one's desk/to the kitchen** escravo do seu trabalho/da cozinha.

chain: ~ **reaction** *n* reacção *f* em cadeia; ~ **saw** *n* serra *f* articulada; ~-**smoke** *vtr, vi* to ~-**smoke (cigarettes)** fumar cigarro atrás de cigarro; ~-**smoker** *n* fumador *m* Po/fumante *m* BR viciado; ~-**store 1** *n* armazém *m* que faz parte de uma cadeia comercial. **2** *modif* (pej) [*clothes, suit*] de confecção em série.

chair [tʃeə(r)] **1** *n* **a)** (seat) (wooden) cadeira *f*; (upholstered) poltrona *f*; **to take a** ~ sentar-se; **b)** (chair person) presidente *m*; **to take** *or* **be in the** ~ presidir, assumir a presidência; **c)** UNIV (professorship) cátedra *f* (**of** *or* **in** de); **to hold the** ~ **of...** ser titular da cátedra de...; **d)** US (electric) **to go to the** ~ morrer na cadeira eléctrica. **2** *vtr* **a)** presidir [*meeting*]; **b)** carregar em triunfo [*hero*].

chair-lift *n* cadeirinha *f* de teleférico.

chairman [ˈtʃeəmən] *n* presidente *m*; **Madam/ Mr.** ~ a Senhora/o Senhor Presidente.

chairmanship [ˈtʃeəmənʃɪp] *n* presidência *f*.

chairperson [ˈtʃeəpɜːsn] *n* (man, woman) o/a presidente.

chairwoman *n* presidente *f*.

chalet [ˈʃæleɪ] *n* (mountain) chalé *m*.

chalice [ˈtʃælɪs] *n* cálice *m*.

chalk [tʃɔːk] **1** *n* giz *m*; **a stick** *or* **piece of** ~ um pau de giz; ~ **mark** [*in sewing*] marcação *f* a giz; **the** ~ **period** GEOL o período cretáceo; **on** ~ HORT sobre um solo argiloso. **2** *vtr* **a)** (write) escrever com giz; **to** ~ **out sth** traçar qq coisa a giz; **b)** (apply chalk to) esfregar com giz. IDIOMAS **to be white as** ~ estar branco como a cal; (coll) **not by a long** ~! longe disso!. ■ **chalk up: to** ~ **(sth) up,** ~ **up (sth)** (lit, fig) pôr na conta.

chalky [ˈtʃɔːkɪ] *adj* branco como o giz; (hands, clothing) coberto de giz.

challenge [ˈtʃælɪndʒ] **1** *n* **a)** (defiant) desafio *m*; (motivating) repto *m*; **the** ~ **of doing** *or* **to do sth** o desafio de fazer qq coisa; **to take up** *or* **respond to a** ~ aceitar um desafio; **to put out** *or* **issue a** ~ lançar um desafio; **to rise to** *or* **meet the** ~ persistir; **unemployment is a** ~ **for**

us o desemprego põe-nos à prova; ~ **cup** SPORT troféu *m*; **b)** (questioning) (of claim, authority) contestação *f* (**to** de); (by sentry) intimação *f*; **c)** JUR recusa *f* de jurado. 2 *vtr* **a)** (to invite to contest or to justify) desafiar (**sb to sth** alg para qq coisa); **b)** (question) contestar [*statement, authority*]; (sentry) intimar; **c)** (test) testar, pôr à prova [*skill, endurance*]; **d)** JUR recusar [*jury, witness*].

challenger ['tʃælɪndʒə(r)] *n* SPORT, POL aquele que desafia, provoca, contesta.

challenging ['tʃælɪndʒɪŋ] *adj* (ideas, career) estimulante; (task) que representa um desafio; (statement, look) provocador.

chamber ['tʃeɪmbə(r)] 1 *n* **a)** câmara *f*; **council** ~ sala *f* de reuniões; **C~ of commerce** COMM associação *f* comercial; câmara *f* do comércio; **b)** GB **the upper/lower** ~ POL a câmara dos Lordes/Comuns; **c)** (*pl* **chambers**) JUR sala *f* de audiências; **d)** ANAT (of heart) cavidade *f*. 2 *modif* (music) de câmara; ~**maid** criada *f* de quarto; ~ **pot** bacio *m*.

chameleon [kə'miːlɪən] *n* camaleão *m* (also fig).

chamois ['ʃæmwaː] *n* (*pl* **chamois**) ZOOL camurça *f*.

champ [tʃæmp] 1 (coll) *n* campeão *m*. 2 *vtr* mastigar com ruído. 3 *vi* **to be** ~**ing to do sth** estar impaciente por fazer qq coisa; **to** ~ **at the bit** (person) dominar-se.

champagne [ʃæm'peɪn] *n* (wine) champanhe *m*.

champion ['tʃæmpɪən] 1 *n* campeão *m*; **world** ~ campeão do mundo. 2 *vtr* advogar, defender [*cause*]; proteger [*person*].

championship ['tʃæmpɪənʃɪp] *n* campeonato *m*.

chance [tʃaːns] 1 *n* **a)** (opportunity) oportunidade *f*; ocasião *f*; **to have** *or* **get the** ~ **to do** ter a oportunidade de fazer; **you've missed your** ~ perdeste a tua oportunidade; **give me a** ~ **to explain** deixa-me explicar; **b)** (likelihood) probabilidade *f*; possibilidade *f*; **there's little** ~ **of him accepting** há poucas probabilidades de ele aceitar PO/topar BR ou é pouco provável que ele aceite PO/tope BR; **the** ~**s are that it's true** há bastantes probabilidades de isso ser verdade; **any** ~ **of a coffee?** é possível um café?; **we don't stand a** ~ não temos nenhuma hipótese; **c)** (trick) acaso *m*; **a game of** ~ um jogo de azar; **it happened by** ~ aconteceu por acaso; **d)** (risk) risco *m*; **to take a** ~ arriscar-se; **I'm taking no** ~**s** não corro riscos. 2 *modif* [*encounter, occurrence*] fortuito; [*discovery*] acidental. 3 *vtr* **a)** (risk) **to** ~ **doing** arriscar fazer; **to** ~ **one's luck** *or* **arm** tentar a sorte; **b)** (happen to do) **I** ~**d to see the advert** eu vi o anúncio por acaso. **IDIOMAS no** ~! (it is forbidden) nem pensar!. ■ **chance upon, chance on:** ~ **upon (sb/sth)** encontrar (alg/alguma coisa) por acaso.

chancel ['tʃaːnsl] *n* coro *m*.

chancellor ['tʃaːnsələ(r)] *n* **a)** (head of government) chanceler *m*; **b)** GB UNIV reitor *m*.

chancy [tʃaːnsɪ] (coll) *adj* [*project, plan*] arriscado; **it's a** ~ **business** é um negócio arriscado.

chandelier [ʃændə'lɪə(r)] *n* candelabro *m*; lustre *m*.

change [tʃeɪndʒ] 1 *n* **a)** (alteration) mudança *f* (**in** de, em); (slower) modificação *f* (**in** de, em);

a ~ **for the better/worse** uma mudança para melhor/pior; ~ **of air** mudança de ares; ~ **of mind** mudança de opinião; **people opposed to** ~ as pessoas que são contra o progresso; **to make a** ~ para variar um pouco; **for a** ~ (for variety, as improvement) para variar; **b)** (substitution, replacement) troca *f* (**of** de); **costume** ~ THEAT troca de fato; **c)** (of clothes) muda *f* (de roupa); **take a** ~ **of clothes** leva uma muda de roupa; **d)** (cash) troco *m*; **small** ~ trocado *m*; **don't forget your** ~! não se esqueça do troco!; **have you got** ~ **for £ 10?** troca-me 10 libras?; (coll) **you won't get much** ~ **out of £ 20** vais pagar perto de 20 libras; **e)** (dated) FIN a Bolsa *f*; **f)** (bells) **to ring the** ~**s** (lit) tocar o sino; (fig) introduzir mudanças. 2 *vtr* **a)** (alter) (completely) mudar; (in part) modificar; **to** ~ **X into Y** transformar X em Y; **to** ~ **one's mind** mudar de ideia ou de opinião (**about** acerca de); **to** ~ **one's mind about doing** abandonar a ideia de fazer; **to** ~ **one's ways** mudar de vida; **b)** (substitute) **to** ~ **clothes/car** trocar de roupa/carro; **to** ~ **sth from X to Y** substituir X por Y; **c)** (replace sth dirty, old, broken) trocar, substituir [*battery, bulb, linen, wheel, etc*]; **to** ~ **a bed** fazer a cama de lavado; **d)** (exchange in a shop) trocar [*faulty or unsuitable purchase*] (**for** por); **if it's too big, we'll** ~ **it for you** nós trocamos, se for muito grande; **e)** (switch) mudar de [*course, sides, job, direction, TV channel, hands, doctor, etc*]; **to** ~ **hands** (fig) mudar de mãos, mudar de dono; **I'm tired, I have to** ~ **hands** estou cansada, tenho de mudar de mão; **f)** FIN trocar [*cheque, currency*] (**into, for** por); **to** ~ **some money** trocar dinheiro. 3 *vi* **a)** (alter) mudar; **times** ~ os tempos mudam; **the lights** ~**d from red to orange** os semáforos passaram de vermelho a amarelo; **b)** (undress) trocar de roupa; **to** ~ **into** trocar de roupa e vestir [*different garment*]; **to** ~ **out of** despir PO/desvestir BR [*garment*]; **c)** (from bus, train) mudar de; **do I have to** ~? tenho de mudar de transporte?. 4 **changed** *pp, adj* [*man, woman, child, animal*] diferente, mudado. ■ **change down** AUT engatar numa velocidade inferior. ■ **change over a)** (swap) trocar; **we shared driving, changing over at lunchtime** nós guiámos a meias, tendo trocado (de lugares) à hora do almoço; **b) to** ~ **over from X to Y** passar de X a Y. ■ **change round** mudar de lugar [*furniture, workers, words, etc*]. ■ **change up** AUT engatar numa velocidade superior.

changeable ['tʃeɪndʒəbl] *adj* [*circumstances, condition, behaviour, opinion, weather, etc*] instável, inconstante; [*price, rate, size, speed*] variável; **her** ~ **moods** as suas alterações de humor.

changeless ['tʃeɪndʒlɪs] *adj* [*law, rite, routine*] imutável; [*appearance, image*] inalterável; [*character*] constante.

changing ['tʃeɪndʒɪŋ] 1 *n* mudança *f*. 2 *adj* variável; [*attitude, world*] em mudança.

changing-room *n* **a)** GB, US SPORT vestiário *m*; **b)** US (fitting-room) gabinete *m* de provas.

channel ['tʃænl] 1 *n* **a)** (passage cut by or for liquid) canal *m*; **to cut a** ~ escavar um canal (**in sth** através de algo); **b)** (deep, navigable port of water) canal *m*; **c)** (fig) (diplomatic, commer-

cial) (*often pl*) canal *m*; **to do sth through the proper/usual ~s** fazer algo pela via normal; **to go through official ~s** passar por via oficial; **to open ~s of communication** abrir um meio de comunicação; **d**) TV canal *m*; **to change ~** mudar de canal; **e**) RADIO faixa *f* de frequência; **f**) ARCHIT (flute) canelura *f*; estria *f*; **g**) TECH (groove) rego *m*; calha *f*; **h**) COMP canal *m*. **2** *vtr* **a**) (carry, direct) canalizar [*water, liquid*] (**to, into** para; **through** através de); **b**) (fig) (direct) concentrar, canalizar [*efforts, energy*] (**into** para; **into doing** para fazer); canalizar [*funds, resources*] (**into** para; **into doing** para fazer); **c**) (cut) abrir, escavar [*groove, gorge*] (**in** em); **d**) ARCHT canelar [*column*]. ■ **channel off**: ~ **off (sth),** ~ **(sth) off** canalizar [*liquid, energy*] (**into** para); desbloquear [*funds, resources*] (**into** para).
Channel Islands *pr n* the ~ as ilhas *fpl* Anglo--Normandas.
Channel Tunnel *n* túnel *m* da Mancha.
chant [t∫ɑ:nt] **1** *n* **a**) cântico *m*; salmo *m*; **b**) MUS, RELIG melopeia *f*. **2** *vtr* **a**) entoar, cantar ritmadamente [*name, slogan*]; **b**) MUS, RELIG salmodiar [*prayer*]. **3** *vi* [*crowd*] gritar ritmadamente [*slogan*]; MUS, RELIG salmodiar, entoar cânticos.
chaos ['keɪɒs] *n* caos *m*; (on roads, at home) (political) confusão *f*; desordem *f* Po, bagunça *f* Br; (economic) caos *m*; **in a state of ~** (house, room) num estado de sítio; **to cause ~** semear o caos.
chaotic [keɪ'ɒtɪk, keɪ'ɔtɪk] *adj* (life) confuso, desordenado; (place, arrangement) caótico.
chap [t∫æp] **1** (coll) *n* (fam) tipo *m*; (boy, young man) rapaz *m*; **a nice ~** (fam) um tipo bestial; **an old ~** um velho amigo Po, chapa Br. **2** *vtr* (*past, pp* **-pp-**) (*usu in passive*) rachar; (deeply) fender; **~ped lips** lábios *mpl* gretados. **3** *vi* rachar-se; (deeply) fender-se.
chapel ['t∫æpl] *n* RELIG (building) capela *f*; **to be church or ~** ser anglicano.
chaperon ['∫æpərəʊn] **1** *n* "chaperon" *m*. **2** *vtr* vigiar (uma jovem, um casal de namorados).
chaplain ['t∫æplɪn] *n* capelão *m*.
chaplaincy ['t∫æplɪnsɪ] *n* capelania *f*.
chapter ['t∫æptə(r)] *n* **a**) (in book) capítulo *m*; **in ~ 3** no 3.º capítulo; **to give ~ and verse** dar a referência exacta; **b**) RELIG (*also* ~ **house**) sala *f* do capítulo.
char [t∫ɑ:(r)] **1** (coll) *n* (cleaner) mulher *f* a dias. **2** *vtr* (*past, pp* **-rr-**) queimar, carbonizar. **3** *vtr* (*past, pp* **-rr-**) **a**) (clean) trabalhar como mulher a dias; **b**) (scorch) ser carbonizado.
character ['kærɪktə(r)] **1** *n* **a**) (personality) carácter *m*; **she has a pleasant ~** ela possui um carácter agradável; **to act in/out of ~** agir da forma habitual/de maneira diferente; **b**) (reputation) reputação *f*; **a man of good/bad ~** um homem com boa/má reputação; **c**) LITER, THEAT, TV personagem *f* (**from** de); **to play the ~ of Romeo** representar o papel *m* de Romeu; **d**) (person) (gen) indivíduo *m*; **a local ~** uma figura *f* local; **a peculiar ~** um indivíduo estranho; **e**) COMPUT, PINT carácter *m*. **2** *modif* COMPUT [*density, reader, string, etc*] de caracteres.
character actor *n* actor *m* que interpreta personagens fora de vulgar.

characteristic [kærɪktə'rɪstɪk] **1** *n* (trait) (of person, place, theory) característica *f*. **2** *adj* característico.
characteristically [kærɪktə'rɪstɪkəlɪ] *adv* [*calm, helpful, mean, selfish*] tipicamente.
characterization [kærɪktəraɪ'zeɪ∫n] *n* (character portrait) caracterização *f*.
characterize ['kærɪktəraɪz] *vtr* LITERAT [*artist, writer, work*] caracterizar [*era, place, person*].
characterless ['kærɪktəlɪs] *adj* sem carácter.
charade [∫ə'rɑ:d] *n* **a**) (game) charada *f*; **to play ~s** jogar às charadas; **b**) (pej) (pretence) comédia *f*.
charcoal ['t∫ɑ:kəʊl] *n* **a**) (fuel) carvão *m* de lenha; carvão *m* vegetal; **b**) ART carvão (para desenhar); **c**) (colour) cinzento antracite.
charge [t∫ɑ:dʒ] **1** *n* **a**) (fee) encargos *mpl*; custos *mpl*; **free of ~** gratuito; **at no extra ~** gratuitamente; **an additional ~** um suplemento; **a small ~** *or* **token ~** uma participação; **b**) JUR acusação *f*; **he was arrested on a ~ of theft** ele foi preso sob acusação de roubo; **c**) (attack) carga *f* (**against** contra); **d**) (control) **to be in ~** (gen) ser responsável; MIL comandar; **the officer in ~ of the enquiry** o oficial responsável pelo inquérito; **the pupils in my ~** os alunos a meu cargo; **to take ~ of sth** encarregar-se de qq coisa; **e**) (explosive) carga *f*; **f**) (burden) encargo *m*; **financial ~** encargo financeiro. **2** *vtr* **a**) COMM, FIN cobrar [*customer*]; **to ~ sb for sth** cobrar qq coisa a alg [*postage, phone call*]; **I ~ £20 an hour** eu levo 20 libras à hora; **b**) JUR [*police*] inculpar, acusar [*suspect*]; **to ~ sb with sth** acusar alg de qq coisa [*crime, murder*]; **c**) (rush at) carregar sobre [*enemy, gates*]; **d**) ELEC, PHYS carregar [*battery, particle*]; **e**) (order) **to ~ sb to do** encarregar alg de fazer. **3** *vi* **a**) (demand payment) **to ~ for sth** cobrar por [*delivery, admission*]; **b**) (rush at) **to ~ at sth** [*troops*] carregar sobre [*enemy, gates*]; **c**) (run) precipitar-se (**into** para dentro de; **out of** para fora de); **to ~ across** *or* **through sth** atravessar qq coisa a toda a velocidade.
charge card ['t∫ɑ:dʒkɑ:d] *n* (credit card) cartão *m* de crédito.
charger ['t∫ɑ:dʒə(r)] *n* **a**) ELECTRON carregador *m*; **b**) (dated) EQUIT, HIST cavalo *m* de batalha.
chariot ['t∫ærɪət] *n* coche *m*; carro *m* triunfal.
charisma [kə'rɪzmə] *n* (fig) RELIG carisma *m*.
charismatic [kærɪz'mætɪk] *adj* [*preacher, leader*] carismático.
charitable ['t∫ærɪtəbl] *adj* (person, act, explanation) benévolo (**to** para com); (organization) caritativo; **~ trust** FIN fundação *f* de utilidade pública; **~ work** obras *fpl* de caridade.
charitably ['t∫ærɪtblɪ] *adv* caridosamente, caritativamente.
charity ['t∫ærɪtɪ] **1** *n* (virtue) caridade *f*; (good causes) obras *fpl* de caridade; (charitable organization) associação *f* de caridade; (money offered) esmola *f*. **2** *modif* (ball, etc) de caridade; **~ box** (in church) caixa *f* das esmolas.
charlady ['t∫ɑ:leɪdɪ] (dated) *n* GB mulher *f* a dias.
charlatan ['∫ɑ:lətən] *n* charlatão,-ona *m/f*.
charm [t∫ɑ:m] **1** *n* **a**) (capacity to please) encanto *m*; **b**) (amulet) amuleto *m*; **lucky ~** amule-

to *m*; mascote *f*; **c)** (magic words) feitiço *m*. **2** *vtr* encantar; **she ~ed her way into Head Office** ela usou todo o seu fascínio para chegar até à direcção. **3 charmed** *pp adj* encantado, seduzido, fascinado; **to lead a ~ life** ter sorte na vida; **the ~ (inner) circle** os iniciados.

charmer ['tʃɑːmə(r)] (coll) *n* **he/she is a real ~ !** ele/ela é um encanto!.

charming ['tʃɑːmɪŋ] *adj* (person, place, etc) encantador; (child, animal) adorável.

chart [tʃɑːt] **1** *n* **a)** (graph) diagrama *f*; METEO-ROL gráfico *m*; MED (temperature) tabela *f*; mapa *f*; registo *m*; **b)** (map) carta *f*; **c) the ~s** (*pl*) MUS as 10 melhores (canções); **to be n.º 1 in the ~s** ser n.º 1 no top 50, ser o 1.º entre os 50 melhores. **2** *vtr* **a)** cartografar, fazer o mapa de [*geographical feature*]; traçar [*route*]; **b)** registar [*changes, progress*].

charter [tʃɑːtə(r)] **1** *n* **a)** (gen) POL decreto *m*; (for company) alvará *m*; **b)** (hiring) fretamento *m*; aluguer *m* PO, aluguel *f* BR; **~ flight** voo *m* charter; **on ~ to...** sob contrato de aluguer com.... **2** *vtr* fretar. **3 chartered** *pp adj* **~ accountant** perito *m* contabilista PO/contábil BR; **~ surveyor** perito *m* imobiliário.

chary ['tʃeərɪ] (formal) *adj* (cautious) prudente; **to be ~ of doing sth** não estar disposto a fazer qq coisa.

chase [tʃeɪs] **1** *n* **a)** (pursuit) perseguição *f* (**after** de); **car ~** perseguição *f* de carro; **police ~** perseguição *f* pela polícia; **b)** (rush) corrida *f*; **c)** EQUIT see **steeple~**; **d)** HUNT caça *f*; caçada *f*; **e)** GB (deer park) terreno *m* de caça. **2** *vtr* (*also ~ after*) **a)** (pursue) perseguir [*fugitive, person*]; caçar [*animal*]; correr atrás de [*contract, job, success*]; **to ~ sb up/down the street** correr atrás de alg pela rua acima/abaixo; **to ~ sb away from/off of sth** afugentar alg de algo; **b)** (make advances) ir atrás de [*man, girl*]; **c)** (coll) (try to win) visar, ter em mira [*target, title*]; **d)** (engrave) gravar, cinzelar [*metal*]; **a ~ed silver dish** uma salva *f* em prata trabalhada. ■ **chase about, chase around** correr em todos os sentidos; **to ~ around (sth)** percorrer algo em todos os sentidos [*building, town*]; **to ~ (sb) around** perseguir alg. ■ **chase away: ~ (sth) away** afugentar [*intruder, predator*]; afastar [*anxiety, fear*]. ■ **chase off: ~ off (sth), ~ (sth) off** afastar [*animal, person*]. ■ **chase up: ~ sth up** procurar [*details, statistics*]; **~ (sb) up** ir atrás de [*person*].

chasm ['kæzm] *n* (in landscape) ravina *f*; (under sea) abismo *m*.

chassis ['ʃæsi] *n pl ~* AUT chassis *m*.

chaste [tʃeɪst] *adj* **a)** (celibate) casto; (faithful) [*couple, partner*] fiel; **b)** (sober) [*style*] sóbrio.

chasten ['tʃeɪsn] **1** (dated) *vtr* punir, castigar. **2 chastened** *pp adj* disciplinado.

chastening ['tʃeɪsənɪŋ] *adj* **to have a ~ effect on sb** servir de lição a alg.

chastise [tʃæs'taɪz] (formal) *vtr* castigar; (verbally) admoestar.

chastisement [tʃæ'staɪzmənt, 'tʃæstɪzmənt] (dated) *n* (physical) castigo *m*; (verbal) admoestação *f*.

chastity ['tʃæstɪtɪ] *n* castidade *f*.

chat [tʃæt] **1** *n* cavaqueira *f*; **to have a ~ with sb**

conversar amigavelmente com alg. **2** *vi* cavaquear, tagarelar PO, bater um papo BR (**with, to** com). ■ **chat up: to ~ (sb) up, to ~ up (sb)** GB (flirtatiously) atirar-se a alg (fam); (to obtain sth) dar manteiga (fam) [*person*].

chat show *n* GB "talk-show" *m* (*programa m televisivo em que são feitas entrevistas*).

chattel ['tʃætl] *n* JUR bens *mpl* móveis; **goods and ~s** teres e haveres.

chatter ['tʃætə(r)] **1** *n* (of person) tagarelice *f*; (fig) (of crowd, audience) murmúrio *m*; (of birds) (gen) chilreio *m*; (of machine) barulho *m*. **2** *vi* (*also ~ away, ~ on*) tagarelar [*person*]; [*birds*] (gen) chilrear; [*machine*] fazer barulho; **her teeth were ~ing with cold** ela batia os dentes de frio.

chatterbox ['tʃætəbɒks] *n* tagarela *m*.

chatty ['tʃætɪ] *adj* [*person*] tagarela, loquaz.

chauffeur ['ʃəʊfə(r), ʃəʊ'fɜ(r)] **1** *n* motorista *m/f*; chofer *m/f*; **a ~-driven car** um carro com motorista. **2** *vtr* conduzir.

chauvinism ['ʃəʊvɪnɪzm] *n* chauvinismo *m*; **(male ~)** machismo *m*.

chauvinist ['ʃəʊvɪnɪst] *n, adj* chauvinista *m/f*.

chauvinistic [ʃəʊvɪ'nɪstɪk] *adj* chauvinista.

cheap [tʃiːp] **1** *adj* **a)** [*article, metal, service, etc*] barato; **to buy/sell sth on the ~** comprar/ vender qq coisa ao desbarato; **life is ~** a vida é uma coisa vulgar; **b)** (pej) (shoddy) [*furniture, wine, etc*] de má qualidade; **c)** (pej) [*success, joke, stunt, woman, etc*] fácil; **talk is ~** falar é fácil. **2** (coll) *adv* [*buy, get, sell*] a baixo preço.

cheaply ['tʃiːplɪ] *adv* [*produce, do, sell*] a preço baixo.

cheat [tʃiːt] **1** *n* **a)** (person) vigarista *m/f* PO, vivaldino *m* BR; **b)** (dishonest action) vigarice *f*; fraude *f*. **2** *vtr* enganar PO, embromar BR [*person, company, organization*]; **to feel ~ed** sentir-se enganado. **3** *vi* fazer batota PO/trapaça BR; **to ~ at cards** fazer batota (quando se joga) às cartas; **to ~ on** enganar PO/embromar BR [*person*]; trair [*argument, relationship*].

check [tʃek] **1** *n* **a)** (inspection) (for quality security) controlo *m* (**on** sobre); (medical) exame *m*; **security ~** controlo *m* de segurança; **eye/ breast ~** exame *m* dos olhos/seios; **to carry out ~s** exercer controlo; **to give sth a ~** verificar algo; **to keep a (close) ~ on sb/sth** vigiar alg/algo (de perto); **b)** (restrain) restrição *f* (**on sth** em algo); **to put/place a ~ on** controlar algo; **to hold/keep sb** *or* **sth in ~** manter alg ou algo sob controlo; **to hold oneself in ~** controlar-se; **c)** CAN (bill) conta *f*; **to pick up the ~** pagar a conta; **d) in ~** GAMES em xeque (jogo de xadrez); **to put the king in ~** fazer xeque ao rei; **your king is in ~** xeque-mate ao rei; **e)** TEX (fabric) autorizado; (pattern) xadrez *m*; **f)** US (cheque) cheque *m*; **g)** US (receipt) talão *m*; recibo *m*; **h)** US (tick) cruz *m* (para assinalar). **2** *modif* [*fabric, suit, tablecloth*] em xadrez, axadrezado. **3** *vtr* **a)** (for security) verificar [*vehicle, mechanism, wiring, fuse*]; controlar [*person, baggage, product, ticket, ID, area*]; **to ~ sth for:** they **~ed the hotel for bombs** eles inspeccionaram o hotel à procura de bombas; **to ~ that/whether** verificar que/se; **b)** (for accuracy, reliability) conferir PO, checar BR [*bill, data, statement,* *terms, signature, banknote*]; controlar [*accounts, invoice, output, work*]; examinar [*manuscript, proofs, spelling, translation*]; **to ~ sth for accuracy** verificar a exactidão de algo; **to ~ sth for defects** controlar a qualidade de algo; **to ~ sth against** confrontar algo com [*original, document*]; verificar algo através de [*recorded data, inventory*]; **c)** (for health, progress) verificar [*temperature, blood pressure*]; testar [*reflexes*]; examinar [*eyesight*]; **to ~ sb's progress** verificar o progresso de alg; **to ~ sb for disease** fazer um exame médico a alg; **d)** (gen) (inspect) examinar [*watch, speedometer, map, wallet*]; **e)** (find out) verificar [*times, details, information*]; **to ~ if/whether** verificar se; **f)** (curb) controlar [*prices, inflation*]; refrear [*increase, growth, development, spread, progress*]; limitar [*abuse, emigration, influence*]; conter [*enemy advance, rebellion*]; desmentir [*rumour*]; desmanchar [*plans*]; **g)** (restrain) reprimir [*emotions*]; conter [*tears, exclamation*]; **to ~ oneself** dominar-se; **h)** (stop) parar [*person, animal, noise*]; **i)** (in chess) fazer xeque-mate a [*player, chesspiece*] (**with** com); **j)** US (for safekeeping) pôr (algo) no vestiário; [*coat*]; pôr (algo) no depósito; [*baggage*]; **k)** US see ~ **off**; **l)** US (register) registar [*baggage*]. **4** *vi* **a)** (verify) verificar (**with sb** com alg; **to do** para fazer); **b)** (examine) **to ~ for** despistar [*health, problems, disease, defects*]; procurar [*leaks, flows, danger signs*]; **to ~ (sth) for accuracy** verificar a exactidão de algo; **c)** (get clearance) **to ~ with sb that** perguntar a alg se; **d)** ESPECIALLY US (Tourism) **to ~ into** chegar a [*hotel*]; **e)** ESPECIALLY US (tally) **to ~ with** corresponder a [*data, photograph*]; **f)** (in poker) passar; **g)** (gen) HUNT deter-se. **5** *excl* **a)** (in chess) ~! xeque-mate!; **b)** (coll) US (expressing agreement) certo!. **6 checked** *pp adj* TEX [*material, pattern, garment*] axadrezado, em xadrez. ■ **check in** AVIAT, TOURISM (at airport) apresentar-se; (at hotel) registar-se; US (clock in) marcar a hora (da entrada); ~ (**sb, sth**) **in**, ~ **in (sb, sth)** AVIAT, TOURISM apresentar, registar [*baggage, passengers*]; receber [*hotel guests*]; US (deposit) pôr (algo) em depósito [*baggage*]; pôr (algo) no vestiário [*coat*]. ■ **check off**: ~ **off (sth)**, ~ (**sth**) **off** pôr um sinal de visto em algo; ~ **on** ~ **on sb/sth** (observe) observar [*person*]; **to ~ on sb's progress** verificar o progresso de alg; (investigate) fazer uma investigação sobre [*person*]; verificar [*information*]; ~ **on how/whether/what...** ver como/se/o que.... ■ **check out** (leave) partir; **to ~ out of a hotel** deixar um hotel; (be correct) [*information, story*] ser correcto; [*figures, details*] corresponder; US (lit) (clock out) marcar a saída; (fig) (euph) (coll) morrer; ~ **out (sth)**, ~ (**sth out**) (investigate) (lit) verificar [*information*]; examinar [*product, area, building*]; tirar, ver [*blood pressure*]; (fig, coll) experimentar [*place, food*]; informar-se sobre [*club, scheme*]; US (from library) pedir emprestado (**from** de); (from cloakroom, left luggage) retirar (**from** de); ~ (**sb**) **out**, ~ **out (sb)** (screen) fazer uma investigação sobre [*person*]; **he's been ~ed out** ele foi objecto de uma investigação; (from hotel) **to ~ out the guests** ocupar-se das formalidades da

partida dos hóspedes; US (take a look at) (coll) olhar; ~ **him out!** olha só!. ■ **check over**: ~ (**sth**) **over** verificar [*document, wiring, machine*]; ~ **through** ~ (**sth**) **through** verificar [*data*]. ■ **check up** verificar (**that** que); ~ **up (sth)** verificar [*story*]; controlar [*accounts*]; ~ **up (sth)** verificar [*story*]; controlar. ■ **check up on**: ~ **up on sb** (observe) vigiar alg; (investigate) investigar alg.

checkerboard ['tʃekəbɔːd] *n* US, CAN tabuleiro *m* de damas.

checkered *adj.* US sec. **chequered**.

check-in 1 *n* **a)** (*also* ~ **desk**) check-in *m*; registo *m*; **b)** (procedure) registo *m*; despacho *m*. **2** *modif* [*point, counter*] de registo, de despacho.

checking account *n* US conta *f* corrente.

checklist *n* lista *f* de controlo.

checkmate ['tʃekmeɪt] **1** *n* **a)** (lit) xeque-mate *m*; **b)** (fig) derrota *f*. **2** *excl* ~! xeque-mate!. **3** *vtr* **a)** (lit) fazer um xeque-mate a [*opponent*]; **b)** (fig) derrotar completamente alg.

checkout ['tʃekaʊt] **1** *n* (*also* ~ **counter**) caixa *f*; **on the** ~ na caixa. **2** *modif* [*procedure, queue*] de caixa.

checkpoint ['tʃekpɔɪnt] *n* posto *m* de controlo.

checkup *n* **a)** MED exame *m* médico; **to go for a** ~ passar um exame médico; **b)** (**dental**) ~ DENT exame *m* de rotina (ao dentista).

cheek [tʃiːk] **1** *n* **a)** (of face) bochecha *f*; **to dance** ~ **to** ~ dançar rosto contra rosto; **b)** (coll) (buttock) nádega *f*; **c)** (impudence, nerve) descaramento *m*; **to have the** ~ **to do sth** ter o descaramento de fazer qq coisa; **what a** ~! que lata! (fam). **2** *vtr* ser insolente para com [*person*]. IDIOMAS **to turn the other** ~ dar a outra face.

cheekily ['tʃiːkɪlɪ] *adv* [*ask, say*]; com insolência; [*arranged, perched*] arrogantemente.

cheer ['tʃɪə(r)] **1** *n* **a)** (shout of joy, praise etc) aclamação *f*; ~s aplausos *mpl*; vivas *mpl*; **to give a** ~ aclamar alg; **to give three** ~s **for sb** dar três vivas a alg; **three** ~s! três vivas/hurras!; **b)** (arch *or* lit) (happiness) regozijo *m*; alegria *f*; **c)** (arch) (food) comida *f*; iguaria *f*. **2 cheers** *interj* ~! (toast) à nossa/à vossa/à tua saúde!; GB (coll) (thank you) obrigado!; GB (coll) (goodbye) adeus! Po, tchau Br. **3** *vtr* **a)** (applaud) aclamar, aplaudir [*person, team, soldiers etc*]; **b)** (hearten) animar, encorajar [*person*]. **4** *vi* vivar, dar vivas; (lit) **to ~ for sb** aclamar ou aplaudir alg. ■ **cheer on**: **to ~ on (sb)**, ~ (**sb**) **on** encorajar (alg) (dando gritos ou aclamando) [*person, team*]. ■ **cheer up**: **to ~ up** animar-se; ~ **up!** anima-te!/coragem!; **to ~ up (sb)**, ~ (**sb**) **up** animar (alg) [*person*]; (fig) alegrar [*room*].

cheerful ['tʃɪəfl] *adj* [*person, smile, mood, music*] alegre; [*news, prospect*] animador; [*remark, tone*] divertido; [*colour, room, curtains*] alegre; **she seems very** ~ **about it** ela parece muito contente com isso.

cheerfully ['tʃɪəfəlɪ] *adv* (joyfully) alegremente.

cheerily ['tʃɪərɪlɪ] *adv* alegremente.

cheering ['tʃɪərɪŋ] **1** *n* (- c) aclamações *fpl*; vivas *mpl*. **2** *adj* [*message, news, words*] alegre, animador, reconfortante.

cheerio ['tʃɪrɪ'əʊ] *excl* GB até logo!, viva!.

cheerless ['tʃɪəlɪs] *adj* [*face, room, place, landscape*] triste, melancólico; [*morning*] triste; [*outlook, prospect*] sombrio.

cheery ['tʃɪərɪ] *adj* alegre, vivo.
cheese [tʃiːz] **1** *n* (substance, variety) queijo *m*. **2** *modif* [*sandwich, soufflé*] de queijo. IDIOMAS **they are as different as chalk and** ~ são tão diferentes como da noite para o dia. ■ **cheese off**: ~ **(sb) off** chatear alg (cal).
cheese: ~**board** *n* (object) tábua *f* para queijos; (selection) tábua *f* de queijos; ~**cake** *n* queijada *f*; ~ **cloth** *n* gaze *f* grosseira de algodão.
cheetah ['tʃiːtə] *n* chita *f*.
chef [ʃef] *n* chefe *m* de cozinha.
chemical ['kemɪkl] **1** *n* químico *m*; produto *m* químico. **2** *adj* [*process, change, industry, substance, etc*] químico; [*equipment, experiment*] de química.
chemical warfare *n* guerra *f* química.
chemist ['kemɪst] *n* **a)** (pharmacist) farmacêutico *m*; **ask at the** ~' **s** (shop) pergunte na farmácia; **b)** (scientist) químico *m*.
chemistry ['kemɪstrɪ] *n* **a)** (science, subject) química *f*; **b)** (chemical structure, properties) propriedades *fpl* químicas.
cheque GB, **check** US [tʃek] *n* cheque *m*; **by** ~ por cheque; **to write** *or* **make out a** ~ **for £ 20** passar um cheque de 20 libras. IDIOMAS **to give sb a blank** ~ **to do sth** dar carta branca a alg para fazer qq coisa.
cheque: ~**book** GB **checkbook** US *n* livro *m* de cheques; ~ **card** *n* cartão *m* de garantia de cheques.
chequered, checkered ['tʃekəd] *adj* **a)** (with pattern of squares) axadrezado, de xadrez; **b)** (fig) [*career, history*] acidentado.
cherish ['tʃerɪʃ] *vtr* **a)** acalentar [*hope, ambition*]; apreciar [*idea*]; **her (most)** ~**ed ambition** a sua maior ambição; **b)** (dated) estimar [*person*].
cherry ['tʃerɪ] *n* **a)** (fruit) cereja *f*; **b)** (tree, wood) cerejeira *f*; **c)** (colour) cor *f* de cereja.
cherry brandy *n* cherry *m*.
cherub ['tʃerəb] *n* RELIG, ART querubim *m*.
chess [tʃes] *n* xadrez *m*; **a game of** ~ um jogo de xadrez.
chess: ~**board** *n* tabuleiro *m* de xadrez; ~**man** *n* peça *f* ou pedra *f* de xadrez.
chest [tʃest] **1** *n* **a)** ANAT peito *m*; **b)** (container) (furniture) arca *f*; (for packing, packaging) caixa *f*; **c)** FIN (fund) fundos *mpl*; dinheiro *m* em cofre. **2** *modif* [*pains*] no peito; [*infection, specialist*] das vias respiratórias; [*X-ray*] aos pulmões; ~ **measurement** medida *f* de peito. IDIOMAS (coll) **to get sth off one's** ~ despejar o saco (cal); desabafar; **to hold** *or* **keep one's cards close to one's** ~ não pôr as cartas na mesa.
chestnut ['tʃesnʌt] **1** *n* **a)** (tree) (*also* ~ **tree**) castanheiro *m*; **b)** (nut) castanha *f*; **c)** (horse) cavalo *m* castanho; **d)** (fig) (joke) **an old** ~ anedota *f* com barbas. **2** *modif* [*cream, puree*] de castanhas. **3** *adj* [*hair*] castanho.
chest of drawers *n* cómoda *f*.
chew [tʃuː] **1** *n* **a)** (act) mastigação *f*; **b)** (sweet) doce *m* para mastigar; **a** ~ **of tobacco** tabaco *m* para mascar. **2** *vtr* mascar, mastigar [*food, chewing gum*]; roer [*bone, fingernails*]; mordiscar [*end of pencil, etc*]; **to** ~ **tobacco** mascar tabaco; **to** ~ **one's lips** morder os lábios. IDIOMAS **to bite off more than one can** ~ ter os olhos

maiores que a barriga. ■ **chew on** mastigar [*food*]; roer [*bone*]; (fig) meditar sobre [*problem*]. ■ **chew over** (coll) **to** ~ **over (sth), to** ~ **(sth) over** reflectir sobre [*problem*].
chewing gum ['tʃuːɪŋgʌm] *n* pastilha *f* elástica.
chewy ['tʃuːɪ] *adj* de mascar.
chic [ʃiːk] **1** *n* chique *m*; **to have** ~ ter um ar chique. **2** *adj* chique, fino, elegante.
chick [tʃɪk] *n* **a)** (fledgling) pintainho *m*; passarinho *m*; **b)** (coll, dated) (young woman) borrachinho *m*.
chicken ['tʃɪkɪn] **1** *n* **a)** AGRIC, ZOOL (fowl) frango *m*; galinha *f*; **to keep** ~**s** criar frangos ou galinhas; **b)** CULIN (*also* ~ **meat**) frango *m*; **c)** (coll) (coward) medricas *m/f*; cobarde *m/f*. **2** *modif* [*liver, salad, wings*] de frango. **3** (coll) *adj* cobarde. IDIOMAS **it's a** ~ **and egg situation** É a situação do costume. Quem nasceu primeiro: o ovo ou a galinha?; **to count one's** ~**s (before they are hatched)** pôr o carro à frente dos bois. ■ **chicken out** (coll) não ter coragem.
chicken feed *n* (coll) **a)** (paltry sum) bagatela *f*; **b)** AGRIC alimentação *f* para galinhas.
chickpea ['tʃɪkpiː] *n* grão-de-bico *m*.
chicory ['tʃɪkərɪ] *n* **a)** (vegetable) endívia *f*; **b)** (in coffee, etc) chicória *f*.
chief [tʃiːf] **1** *n* **a)** (leader) (gen) chefe *m*; **party** ~ POL dirigente *m/f* de partido; **defence** ~**s** POL responsáveis *m/f* pela defesa; **in** ~ (primarily) particularmente, sobretudo; **b)** (coll) (boss) chefe *m* (fam); patrão *m* (fam). **2** *modif* (primary) principal; (highest in rank) supremo, em chefe.
chiefly ['tʃiːflɪ] *adv* principalmente, sobretudo.
chieftain ['tʃiːftən, 'tʃiːftɪn] *n* chefe *m* (de clã ou tribo).
chiffon ['ʃɪfon] **1** *n* gaze *f*. **2** *modif* [*dress, scarf*] de gaze.
chilblain ['tʃɪlbleɪn] *n* frieira *f*.
child [tʃaɪld] *n* (*pl* **children**) (non-adult) criança *f*; **a** ~ **prodigy** uma criança prodígio; **when I was a** ~ quando eu era criança. IDIOMAS **it's** ~'**s play** é uma brincadeira de crianças.
child: ~**birth** *n* parto *m*; ~**care** *n* GB SOC ADMIN apoio *m* social à criança.
childhood ['tʃaɪldhʊd] **1** *n* infância *f*; **in (his) early** ~ na sua primeira infância. **2** *modif* [*home, friend, memory*] de infância; [*illness*] infantil.
childish ['tʃaɪldɪʃ] *adj* **a)** (of child) infantil; **b)** (pej) (immature) pueril.
childishly ['tʃaɪldɪʃlɪ] *adv* [*behave, say*] de forma infantil ou pueril.
childishness ['tʃaɪldɪʃnɪs] *n* infantilidade *f*.
childless ['tʃaɪldlɪs] *adj* sem crianças.
childlike ['tʃaɪldlaɪk] *adj* infantil.
child: ~**minder** *n* (for babies) ama *f* PO, babá *f* BR; ~~**proof** *adj* [*container, lock*] seguro (à prova de crianças).
children ['tʃɪldrən] (*pl*) see **child**.
chill [tʃɪl] **1** *n* **a)** (coldness) frio *m*; **these is a** ~ **in the air** está fresco; **b)** (illness) resfriado *m*; **to catch a** ~ apanhar um resfriado; **c)** (fig) arrepio *m*; **to send a** ~ **through sb** *or* **down sb's spine** causar arrepios a alg. **2** *adj* **a)** (cold) [*wind, air*] fresco; **b)** (fig) (causing fear) [*reminder, words*] brutal, arrepiante; (expressing, disapproval) [*look, expression*] glacial. **3** *vtr* **a)**

Culin (make cool) pôr (qq coisa) a arrefecer [*soup*] ou a refrescar [*champagne, white wine*]; (preserve at low temperature) conservar a baixa temperatura [*meat, food*] sem congelar; **b)** (make cold) [*wind*] refrescar [*air, atmosphere*]; fazer arrepiar [*person*]; **c)** (fig) (cause to fear) arrepiar [*person*]; **to ~ sb's** *or* **the blood** fazer gelar o sangue a alg; **d)** (lessen) arrefecer [*enthusiasm*]. **4** *vi* Culin [*dessert, wine*] refrescar. **5 chilled** *pp adj* Culin (cool) [*wine, soup, dessert*] servido frio; (preserved at low temperatures) [*food, meat*] semi-congelado.

chilli ['tʃɪlɪ] *n* (pod) malagueta *f*; (powder, substance) chili *m*; piripiri *m*; **~ con carne** carne *f* picada com piripiri.

chilling ['tʃɪlɪŋ] *adj* [*story, report, look, thought*] arrepiante.

chilly ['tʃɪlɪ] *adj* (lit) frio, fresco; **it's rather ~ today** hoje está frio; (fig).

chime [tʃaɪm] **1** *n* **a)** (of clock, church bell) carrilhão *m*; **b)** ~s (*npl*) (doorbell) carrilhão *m* (da campainha da porta). **2** *vi* (strike) tocar o sino ou o carrilhão; **the clock ~d 3** o relógio fez soar as 3. ▪ **chime in: to ~ in with a remark** repetir uma frase em concordância com alg.

chimney ['tʃɪmnɪ] *n* (*pl* **-neys**) chaminé *f*; **in the ~ corner** no borralho.

chimney: ~ **breast** *n* peitoril *m*; ~**pot** *n* apoio *m* da cobertura da chaminé; ~**sweep** *n* limpa-chaminés *m*.

chimp [tʃɪmp] (coll) *n* chimpanzé *m*.

chimpanzee [tʃɪmpən'ziː] *n* chimpanzé *m*; **female** ~ chimpanzé *m* fêmea.

chin [tʃɪn] *n* queixo *m*. IDIOMAS (coll) **to keep one's ~ up** manter-se alegre; (coll) **to take it on the ~** encaixar com desportivismo (fam).

China ['tʃaɪnə] *n* China *f*. IDIOMAS **not for all the tea in ~** por nada deste mundo.

china ['tʃaɪnə] *n* porcelana *f*.

China tea *n* chá *m* da China.

chinchilla [tʃɪn'tʃɪlə] *n* (animal, fur) chinchila *f*.

Chinese [tʃaɪ'niːz] **1** *n* **a)** (native, inhabitant) chinês *m*; **he/she is a ~** ele/ela é chinês/chinesa; **b)** (language) chinês *m*. **2** *adj* chinês.

chinese lantern *n* (lamp) lanterna *f* chinesa.

chink [tʃɪŋk] **1** *n* **a)** (slit) (in wall) fenda *f*; (in door) frincha *f*; **it's the ~ in his armour** é o seu calcanhar de Aquiles; **b)** (sound) tinido *m*. **2** *vi* [*glasses, coins*] tinir, tilintar.

chintz [tʃɪnts] *n* chita *f*.

chip [tʃɪp] **1** *n* **a)** (fragment) fragmento *m* (**of** de); **b)** (where fragment has broken off) (in wood, china, glass) falha *f*; lasca *f*; **this cup has a ~ in it** esta chávena Po/xícara Br está lascada; **c)** Culin GB (fried potato) batata *f* frita; **d)** US (potato crisp) batatas *fpl* fritas às rodelas; **a packet of ~s** um pacote de batatas fritas; **e)** Comput chip *m*; **f)** Games (in gambling) ficha *f*. **2** *vtr* (*pres p etc* **-pp-**) **a)** (break) partir, lascar [*glass, cup, plate*]; **to ~ a tooth** partir um dente; **b)** (carve) entalhar, esculpir [*wood, stone*]; **c)** Culin cortar [*potatoes*]. **3** *vi* (*pres p etc* **-pp-**) (break) [*plate, glass*] quebrar-se; [*paint, varnish*] estalar, lascar-se; [*tooth*] partir-se. IDIOMAS **to have a ~ on one's shoulder** ter um complexo de inferioridade; **to be a ~ off the old block** ser tal pai tal filho; **when the ~s are**

down quando se chega à hora H. ▪ **chip away:** ~ **away** [*paint, plaster*] partir-se, lascar-se; **to ~ away at sth** (carve) esculpir algo. ▪ **chip in** GB **a)** (join in) imiscuir-se; (interrupt) intrometer-se na conversa; **b)** (contribute money) contribuir com. ▪ **chip off:** ~ **off** [*paint, plaster*] descascar, lascar; **the paint is ~ping off the door** a pintura da porta está a descascar; ~ **(sth) off sth** fazer saltar algo de algo.

chip board *n* aglomerado *m*.

chipmunk ['tʃɪpmʌŋk] *n* Zool tâmia *m*.

chippings ['tʃɪpɪŋz] *npl* "**loose ~!**" "perigo: projecção de cascalho!".

chip shop *n* venda *f* de batatas fritas.

chiropodist [kɪ'rɒpədɪst, ʃɪ'rɒpədɪst] *n* calista *m/f*; pedicuro *m*.

chiropody [kɪ'rɒpədɪ, ʃɪ'rɒpədɪ] *n* quiropodia *f*.

chiropractor ['kaɪərəʊpræktə(r)] *n* quiroprático.

chirp [tʃɜːp] **1** *n* chilreio *m*; **to give a ~** dar um chilreio. **2** *vi* [*bird*] chilrear, pipilar.

chisel ['tʃɪzl] **1** *n* cinzel *m*; escopro *m*. **2** *vtr* (*pres p etc* **-ll-** GB **-l-** US) talhar com cinzel; (finely) cinzelar; **finely ~(l)ed features** (fig) traços *mpl* finamente cinzelados.

chit [tʃɪt] *n* **a)** GB (voucher) vale *m*; (note, memo) nota *f*; bilhete *m*; **b)** (coll) (pej) (young girl) **a ~ of a girl** uma miúda (fam).

chitchat ['tʃɪtʃæt] (coll) *n* tagarelice *f*; **to spend one's time in idle ~** perder tempo com conversa fiada.

chivalrous ['ʃɪvlrəs] *adj* **a)** (heroic) [*deeds, conduct*] valoroso, nobre, cavalheiresco; **a ~ knight** um cavaleiro corajoso; **b)** (polite) cavalheiresco, galante.

chivalrously ['ʃɪvlrəslɪ] *adv* galantemente.

chivalry ['ʃɪvlrɪ] *n* **a)** (qualities, system of values) cavalaria *f*; **the age of ~** a época dos ideais de cavalaria; **b)** (courtesy) cavalheirismo *m*.

chives [tʃaɪvz] *npl* cebolinho *m*.

chivvy ['tʃɪvɪ] (coll) *vtr* importunar; **to ~ sb into doing sth** importunar alg para que faça qq coisa.

chloride ['klɔːraɪd] *n* cloreto *m*.

chlorinate ['klɔːrɪneɪt] *vtr* **a)** (combine with chlorine) clorar; **b)** (disinfect) desinfectar [*swimming-pool*].

chlorine ['klɔːriːn] *n* cloro *m*.

chloroform ['klɒrəfɔːm] **1** *n* clorofórmio *m*. **2** *vtr* cloroformizar.

chlorophyll ['klɒrəfɪl] *n* clorofila *f*.

choc-ice *n* GB gelado *m* coberto de chocolate.

chock [tʃɒk] *n* (for boat, plane) cunha *f*; calço *m*; **to put a ~ under sth** meter uma cunha debaixo de qq coisa; ~**s away!** tirar os calços!.

chock-a-block ['tʃɒkəblɒk] *adj* (*after v*) cheio, atravancado (**with** de).

chock-full ['tʃɒkfl] *adj* (*after v*) completamente cheio, apinhado, a abarrotar; ~ **of** a abarrotar de.

chocolate ['tʃɒkələt, 'tʃɒklət] **1** *n* **a)** (substance) chocolate *m*; **plain** *or* **dark ~** chocolate *m* negro ou amargo; **b)** (sweet) chocolate *m*; **a box of ~s** uma caixa de chocolates; **c)** (drink) chocolate *m*; **hot ~** chocolate quente. **2** *modif* [*sweet, cake, sauce*] de chocolate.

choice [tʃɔɪs] **1** *n* **a)** (act of selection) escolha *f*; **to make a ~** fazer uma escolha, escolher; **it's**

your ~ és tu que escolhes; **b)** (right to select) (-
c) escolha *f*; **to have the** ~ ter o direito de escolha; **to have a free** ~ ser livre de escolher; **c)**
(option) escolha *f*; opção *f* (**between** entre; **of**
de); **you have a** ~ **of three colours** tens a hipótese de escolher entre três cores; **to have no** ~
but to do não ter outra hipótese senão fazer;
you have two ~**s open to you** tens duas possibilidades à tua escolha; **d)** (range of options) escolha *f*; variedade *f*; **a wide** ~ uma grande possibilidade de escolha; **a narrow** ~ uma escolha
limitada; **to be spoilt for** ~ ter o embaraço da
escolha; **e)** (preference) escolha *f*; preferência *f*;
a car of my ~ um carro da minha preferência;
my first ~ **would be a Rolls Royce** em primeiro lugar escolheria um Rolls Royce. **2** *adj* **a)**
(quality) [*cut, example, steak*] de qualidade; **b)**
(well- chosen) [*phrase, word*] bem escolhido.
choir ['kwɑɪə(r)] *n* **a)** Mus (of church, school)
coro *m*; **to be** *or* **sing in the church** ~ fazer
parte do coro da igreja; **b)** ARCHIT coro *m*.
choirboy *n* menino *m* do coro.
choke [tʃəʊk] **1** *n* **a)** AUT regulador *m* de ar do
carburador; **to pull out/use the** ~ puxar o regulador de ar; **b)** (sound) abafamento *m*. **2** *vtr* **a)**
(throttle) estrangular; **b)** (impede breathing)
(fumes, smoke) asfixiar, sufocar; **c)** (block)
(leaves) entupir [*drain*]; (cars) obstruir, bloquear
[*roads*]; (weeds) dominar [*garden*]. **3** *vi* **a)** (be
unable to breathe) ficar asfixiado; **to** ~ **on a fish
bone** ficar asfixiado com uma espinha de peixe;
to ~ **on a drink** ficar sufocado com uma bebida
Po/um drinque Br; **to** ~ **to death** morrer asfixiado; **b)** (become speechless) **to** ~ **with sth** sufocar de [*emotion*]; **c)** (coll) us (tense up) [*athlete, player*] ficar nervoso. **4 choked** *pp, adj* **a)**
furioso (**about** or **about** por causa de); **b)** (upset) aborrecido; **to be** ~**d over sth** ficar aborrecido com algo. ■ **choke back:** ~ **back (sth)** sufocar
[*cough, sob*]; **to** ~ **back one's tears** conter as
lágrimas. ■ **choke down:** ~ **(sth) down** engolir
(algo) com dificuldade. ■ **choke up:** ~ **up (sth)**
(block) obstruir [*drain, road, town, centre*]; **the
street was** ~**d up with traffic** a rua estava com
o trânsito muito congestionado; ~ **(sth) up**
(vomit up) vomitar, expelir (algo).
choker ['tʃəʊkə(r)] *n* colar" *m* "justo em volta
do pescoço.
cholera ['kɒlərə] *n* cólera *f*.
cholesterol [kə'lestərɒl] *n* colesterol *m*.
choose [tʃuːz] **1** *vtr* (*past* **chose**, *pp* **chosen**) **a)**
(select) escolher [*book, career, friend, captain,
option*] (**from** de (entre)); **to** ~ **sb as sth** escolher alg como [*advisor, friend, manager*]; eleger
alg [*leader*]; **b)** (decide) **to** ~ **to do** decidir fazer; **to** ~ **when/how/whether** decidir quando/
como/se; **we cannot but** ~ **to do** não temos outra hipótese senão fazer. **2** *vi* (*past* **chose**, *pp*
chosen) **a)** escolher (**between** entre; **between
doing** entre fazer); **there are many models to** ~
from há muitos modelos à escolha; **there's not
much to** ~ **from** há pouco por onde escolher;
there's nothing to ~ **between X and Y** há pouca diferença entre X e Y; **b)** (prefer) querer;
whenever you ~ quando tu quiseres; **to do as
one** ~**s** fazer o que se quer; **to** ~ **to do** decidir
fazer.

choosy ['tʃuːzɪ] *adj* difícil de contentar.
chop [tʃɒp] **1** *n* **a)** (with axe, chopper, hand)
golpe *m*; corte *m*; **b)** CULIN costeleta *f*; **pork** ~
costeleta *f* de porco; **c)** (coll) GB **to get the** ~
[*person*] ser despedido; [*scheme, service, programme*] ser suprimido; **d)** (in table tennis) golpe *m* de esquerda. **2 chops** (coll) *npl* beiços
mpl; **to lick one's** ~**s** (at food) lamber os beiços;
(at idea) esfregar as mãos. **3** *vtr* **a)** (cut up) cortar [*wood, log*]; cortar, picar [*vegetable, meat*];
to ~ **sth into cubes/rounds** cortar algo em cu-
bos/às rodelas; **to** ~ **sth to pieces/bits** cortar algo em bocados; **to finely** ~ **sth** picar algo; **b)**
(fig) (cut, reduce) restringir [*service, deficit,
subsidy*]; reduzir [*quote, footage*]. **4 chopped** *pp*
adj [*parsley, chives, nuts, meat*] us picado.
IDIOMAS **to** ~ **and change** [*person*] estar sempre a virar a casaca (coll). ■ **chop down:** ~
down (sth), ~ **(sth) down** abater; ~ **off** ~ **off
(sth),** ~ **(sth) off** cortar [*branch, end, head,
hand*]. ■ **chop up:** ~ **up (sth),** ~ **(sth) up** cortar
[*wood, log*]; picar [*meat, onion*] (**into** em).
chopper ['tʃɒpə(r)] **1** *n* **a)** (axe) machado *m*;
(for kitchen) cutelo *m*; **b)** (coll) (helicopter) heli
m (coll). **2 choppers** (coll) *npl* dentes *mpl*.
chopping board *n* tábua *f* de cozinha.
choppy ['tʃɒpɪ] *adj* **a)** [*sea, water*] agitado; **b)**
[*wind*] instável.
chopstick ['tʃɒpstɪk] *n* (often *pl*) pauzinho *m*
(usado pelo chineses para comer).
chop suey [tʃɒp'suːɪ, tʃɒp'sjuːɪ] *n* "chop suey"
m (prato chinês).
choral ['kɔːrl] *adj* coral.
choral society *n* grupo *m* coral.
chord [kɔːd] *n* **a)** MUS acorde *m*; **it struck a** ~
in *or* **with her** isso encontrou eco dentro dela;
to strike *or* **touch the right** ~ (fig) tocar no
ponto sensível; **b)** (of harp) corda *f*; **c)** GEOM linha *f* que une dois pontos.
chore [tʃɔː(r)] *n* (routine task) trabalho *m* rotineiro; (unpleasant) trabalho *m* desagradável;
shopping is such a ~**!** (fam) ir às compras é
uma chatice!; **the (house-hold)** ~**s** as tarefas domésticas.
choreographer [kɒrɪ'ɒɡrəfə(r)] *n* coreógrafo
m.
chorister ['kɒrɪstə(r)] *n* membro *m* de um coro.
chortle ['tʃɔːtl] **1** *n* gargalhada *f*; cacarejo *m*. **2**
vi rir alto; **to** ~ **at/about/over sth** rir de qq coisa.
chorus ['kɔːrəs] **1** *n* **a)** (supporting singers) coro
m; (of town, village, etc) coro *m*; **b)** (refrain) refrão *m*; estribilho *m*; **to join in the** ~ juntar-se
ao coro. **2** *vtr* (utter in unison) falar ou dizer em
coro.
chorus girl *n* corista *f*.
chose [tʃəʊz] *past* see **choose**.
chosen ['tʃəʊzn] *pp* see **choose**.
Christ Child ['kraɪst tʃaɪld] *n* **the** ~ **child** o
Menino Jesus.
christen ['krɪsn] *vtr* RELIG, NAUT baptizar; (fig)
(name, nickname) dar nome a, chamar; **I was**
~**ed John, but everybody calls me Jack** o meu
nome é John, mas todos me chamam Jack.
christening ['krɪsənɪŋ] *n* baptismo *m*; baptizado
m.
Christian ['krɪstjən] **1** *n* cristão,-ã *m/f*; **to become
a** ~ converter-se ao cristianismo. **2** *adj* **a)**

(relating to Christ) cristão; **b**) [*person, community*] cristão; **c**) [*attitude*] de cristão, caridoso; **a** ~ **burial** um enterro cristão.
Christianity [krɪstɪ'ænɪtɪ] *n* **a**) (religion) cristianismo *m*; **b**) (fact of being a Christian) ser cristão.
Christian name *n* nome *m* de baptismo.
Christmas ['krɪsməs] **1** *n* Natal *m*; **at** ~ no Natal; **over** ~ durante o período do Natal; **Merry** or **Happy** ~! Feliz Natal!. **2** *modif* [*cake, card, holiday, etc*] de Natal.
Christmas: ~ **carol** *n* (song) canção *f* de Natal RELIG cântico *m* de Natal; ~ **eve** *n* véspera *f* de Natal; ~**time** *n* época *f* natalícia.
chromatic [krə'mætɪk] *adj* PHYS, MUS cromático.
chrome [krəʊm] **1** *n* crómio *m*; cromo *m*. **2** *adj* cromado.
chrome: ~ **steel** *n* metal *m* cromado; ~ **yellow** *n* amarelo *m* de crómio.
chromium [krəʊmɪəm] *n* crómio *m*.
chromium plated *adj* cromado.
chromosome ['krəʊməsəʊm] *n* cromossoma *m*.
chronic ['krɒnɪk] *adj* **a**) MED (illness, state) crónico; (fig) (liar) inveterado; (problem, situation, shortage) permanente, contínuo, duradouro; **b**) (bad) GB (slang) desagradável, inútil.
chronically ['krɒnɪkəlɪ] *adv* **she is** ~ **ill** ela sofre duma doença crónica, ela está permanentemente doente.
chrysalis ['krɪsəlɪs] *n* crisálida *f*.
chrysanthemum [krɪ'sæθɪməm] *n* crisântemo *m*.
chubby ['tʃʌbɪ] *adj* (child, finger, face) rechonchudo, gorducho, roliço.
chuck [tʃʌk] *n* **a**) TECH mandril *m*; **b**) ~ **(steak)** CULIN bife *m* (da pá); **c**) (food) US comezaina *f*; festança *f*.
chuck [tʃʌk] **1** *n* **a**) (stroke) piparote *m*; **a** ~ **under the chin** um piparote debaixo do queixo; **b**) (coll) GB (dismissal) [*girl*] largar (fam) [*boyfriend*]; [*lover*] ser abandonado; **c**) TECH mandril *m*; **d**) CULIN (*also* ~ **steak**) pá *f* (de boi). **2** *vtr* **a**) (coll) (throw) atirar [*ball, book*] (**to** a); **b**) (coll) (get rid of) ver-se livre de [*boyfriend*]; **c**) (stroke) dar um piparote. ■ **chuck away:** ~ **(sth) away,** ~ **away (sth) a**) (discard) deitar fora [*food, newspapers*]; **b**) (squander) desperdiçar [*chance, life*]; esbanjar [*money*].
chuckle ['tʃʌkl] **1** *n* riso *m* reprimido. **2** *vi* (person) rir por entre os dentes; **to** ~ **at/about/over sth** rir de qq coisa; **to** ~ **to oneself** rir à socapa.
chuffed [tʃʌft] (slang) *adj* contente, satisfeito (**about, at, with** com).
chug [tʃʌg] **1** *n* som *m* de corpo que mergulha na água; chape *m*. **2** *vi* (*past, pp* **-gg-**) (train) soar abafadamente, roncar (máquina); **the train** ~**ged into/out of the station** o comboio PO/ trem BR entrou/saiu roncando da estação.
chum [tʃʌm] *n* (coll) GB camarada *m*; amigo *m* íntimo PO, cupincha *m* BR.
chump *n* (coll) parvo *m*; CULIN lombo *m* de carneiro.
chunk [tʃʌŋk] *n* **a**) (of meat, fruit) naco *m*; pedaço *m* grande; (of wood) cepo *m*; (of bread) fatia *f* grossa; **b**) (large portion) **a fair** ~ uma boa fatia.

chunky ['tʃʌŋkɪ] *adj* (bulky) (sweater) grosso; (man) atarracado.
Chunnel ['tʃʌnl] (coll) *n* **the** ~ o túnel sob o Canal da Mancha.
church [tʃɜːtʃ] **1** *n* (*pl* ~**es**) **a**) (building) igreja *f*; PROTESTANT templo *m*; **b**) (religious body) (*also* **C**~) Igreja *f*; **the Anglican** ~ a Igreja Anglicana; **to go into the** ~ tomar ordens; **c**) (service) CATHOLIC missa *f*. **2** *modif* [*bell, choir, roof, etc*] da igreja; [*fête*] paroquial; [*wedding*] religioso.
churchgoer *n* praticante *m/f*.
churchyard ['tʃɜːtʃjaːd] *n* **a**) adro *m* de igreja; **b**) (cemetery) cemitério *m* (junto da igreja).
churlish ['tɜːlɪʃ] *adj* (surly) rude, grosseiro.
churn [tʃɜːn] **1** *n* **a**) batedeira *f*; **b**) BRIT (container) lata *f* para leite. **2** *vtr* **a**) (beat) bater (leite, manteiga, nata) [*cream*]; **to** ~ **butter** fazer manteiga; **b**) (fig) agitar [*water, air*]. **3** *vi* [*ideas*] agitar; [*engine*] girar; **my stomach was** ~**ing** (with nausea or nerves) o meu estômago estava feito num oito (fam). ■ **churn out:** ~ **(sth) out,** ~ **out (sth)** debitar [*speeches*]; produzir em série [*goods, plays, novel*]. ■ **churn up:** ~ **(sth) up,** ~ **up (sth)** fazer remoinhos em [*water,*]; lavrar [*earth*].
chute [ʃuːt] *n* **a**) (in plane, swimming pool, playground) plano *m* inclinado; queda *f*; descida *f*; (for rubbish) conduta *f* do lixo; **b**) (parachute) (coll) pára-quedas *m*.
chutney ['tʃʌtnɪ] *n* "chutney" *m*; condimento *m* agridoce.
CI [siːaɪ] *abrev* = **Channel Islands**.
cicada [sɪ'kadə] cigarra *f*.
CID [siːaiːdiː] *n abrev* = **Criminal Investigation Department** o que corresponde à polícia *f* judiciária (PJ).
cider ['saɪdə(r)] *n* sidra *f*.
cigar [sɪ'ga:(r)] *n* charuto *m*.
cigarette [sɪgə'ret] *n* cigarro *m*.
cigarette: ~ **case** *n* cigarreira *f*; ~ **lighter** *n* isqueiro *m*; ~ **paper** *n* mortalha *f*.
cinch [sɪntʃ] (coll) *n* (easy task) **the exam was a** ~ o exame foi uma brincadeira de crianças; **it's a** ~! (fam) é canja!.
cinder ['sɪndə(r)] **1** *n* brasa *f*; **to burn sth to a** ~ reduzir qq coisa a cinzas. **2 cinders** *npl* cinzas *fpl*.
Cinderella [sɪndə'relə] *pr n* Cinderela *f*; gata borralheira *f*.
cine ['sɪnɪ] ~**camera** *n* câmara *f* de filmar; ~ **film** *n* filme *m* (cinematográfico).
cinema ['sɪnɪmə] *n* (building) cinema *m*; ART cinema *m*.
cinemagoer ['sɪnɪmə'gəʊə(r)] *n* (regular) cinéfilo *m*; (spectator) espectador *m*.
cinematic [sɪnɪ'mætɪk] *adj* (technique, work) cinematográfico.
cinnamon ['sɪnəmən] **1** *n* **a**) CULIN canela *f*; **b**) (tree) caneleira *m*; **c**) (colour) (cor *f*) de canela *f*. **2** *adj* **a**) CULIN [*cake, cookie*] de canela; [*stick*] de canela; **b**) (colour) canela *inv*.
cipher ['saɪfə(r)] *n* **a**) (code) cifra *f*; **in** ~ cifrado,-a; **b**) MATH zéro *m*; **c**) (Arabic numeral) algarismo *m* (árabe); **d**) (monogram) cifra *f*; monograma *m*.
circa ['sɜːkə] *prep* cerca de.
circle ['sɜːkl] **1** *n* **a**) (geometric shape) círculo *m*;

b) (of spectators, trees, chairs, flowers) círculo *m*; **to form a ~** [*objects*] formar um círculo; [*people*] fazer uma roda (**around** em volta de); **to go around in ~s** (lit, fig) andar às voltas; **c)** THEAT balcão *m*; **to sit in the ~** estar no balcão; **d)** (group) círculo *m* (**of** de); **to be in sb's ~** fazer parte do círculo de amizades de alg; **in business ~s** no meio empresarial. **2** *vtr* **a)** [*plane, helicopter*] andar às voltas sobre [*airport, tower*]; [*satellite*] gravitar em volta de [*planet*]; **b)** [*person, animal, vehicle*] andar à volta de [*square, building*]; **c)** (encircle) rodear, circundar (**with** de). **3** *vi* [*helicopter, plane, culture*] descrever círculos; [*predator, vehicle, horseman*] andar às voltas. IDIOMAS **to come full ~** [*person, situation*] voltar ao ponto de partida; **to have ~s under one's eyes** ter olheiras.

circuit ['sɜːkɪt] **1** *n* **a)** ELECTRON circuito *m*; **b)** (race track) (for vehicles) circuito *m*; (for athletes) pista *f*; **c)** (lap) volta *f*; **the cars do 15 ~s of the tracks** os carros dão 15 voltas à pista; **d)** (regular round) circuito *m*. **2** *vtr* dar a volta a [*course, town*].

circuitous [sə'kjuːɪtəs] *adj* (route) indirecto; (argument) tortuoso; (procedure) complicado.

circuitry ['sɜːkɪtrɪ] *n* sistema *f* de circuitos eléctricos.

circular ['sɜːkjʊlə(r)] **1** *n* (newsletter) circular *f*; (advertisement) prospecto *m*. **2** *adj* (object) redondo; (route) circular.

circular: ~ letter *n* circular *f*; **~ saw** *n* serra *f* circular.

circulate ['sɜːkjʊleɪt] **1** *vtr* (spread) fazer circular [*name, list*]. **2** *vi* [*water, rumour, banknote*] circular; (at party) **let's ~** vamos conhecer as pessoas.

circulation [sɜːkjʊ'leɪʃn] *n* **a)** (of blood, air) circulação *f*; **to have good/bad ~** ter boa/má circulação; **b)** (distribution) (of newspaper) tiragem *f*; (of coins, books) circulação *f*.

circumcise ['sɜːkəmsaɪz] *vtr* circuncidar [*boy*]; excisar [*girl*].

circumcision *n* (of boy) circuncisão *f*; (of girl) excisão *f*.

circumference [sə'kʌmfərəns] *n* circunferência *f*; **the earth is almost 40.000 Kms in ~** a terra tem uma circunferência de cerca de 40.000 km.

circumflex ['sɜːkəmfleks] **1** *n* **~** (accent) acento *m*; circunflexo (**on, over** sobre). **2** *adj* circunflexo.

circumlocution [sɜːkəmlə'juːʃn] *n* circunlóquio *m*; perífrase *f*.

circumnavigate [sɜːkəm'nævɪgeɪt] *vtr* dar a volta ao mundo, circum-navegar, passar ao largo [*cape*].

circumscribe ['sɜːkəmskraɪb] *vtr* (define) circunscrever; (limit) limitar.

circumspect ['sɜːkəmspekt] *adj* circunspecto (**about** acerca de).

circumstances ['sɜːkəmstənsiːs] *npl* **a)** (associated factors) circunstâncias *fpl*; **in/under the ~** nestas circunstâncias; **under no ~** em caso algum; **due to ~ beyond our control** por motivos alheios à nossa vontade; **b)** (conditions of life) situação *f*.

circumstantial [sɜːkəm'tænʃl] *adj* **a)** JUR circunstancial; **b)** (detailed) circunstanciado, minucioso.

circumvent [sɜːkəm'vent] *vtr* (avoid) contornar, rodear; (law, problem) enredar, enganar PO, embromar BR [*official*]; (frustrate) frustrar [*plot, adversary*].

circus ['sɜːkəs] *n* (show) circo *m*.

cirrhosis [sɪ'rəʊsɪs] *n* cirrose *f*.

cissy ['sɪsɪ] *n, adj* see **sissy**.

cistern ['sɪstən] *n* (of lavatory) reservatório *m* do autoclismo; (in loft or underground) cisterna *f*.

citadel ['sɪtədəl] *n* cidadela *f*.

cite [saɪt] *vtr* **a)** (quote) citar; (adduce) mencionar como exemplo; **b)** MIL (commend) elogiar (**for** por); **c)** JUR intimar.

citizen ['sɪtɪzn] *n* **a)** (of state) cidadão *m*; (when abroad) natural *m* (de); **b)** (of town) munícipe *m*.

citizen's arrest *n* detenção *f* feita por um particular.

citizen's band *n* RADIO banda *f* do cidadão.

citizenship ['sɪtɪzənʃɪp] *n* cidadania *f*; nacionalidade *f*.

citrus ['sɪtrəs] *n* (tree) árvore *f* citrina (como o limoeiro ou a laranjeira).

citrus fruit citrino *m*.

city ['sɪtɪ] *n* (town) cidade *f*; **~ life** vida *f* citadina; **the C~** (Fin) a City (centro financeiro de Londres).

city centre *n* centro *m* da cidade.

civic ['sɪvɪk] *adj* cívico; (administration) municipal.

civic centre *n* centro *m* cívico.

civil ['sɪvl,'sɪvɪl] *adj* **a)** (civic, not military) [*affairs, aviation, society, etc*] civil; **b)** JUR [*case, court*] civil; **c)** (polite) cortês; (coll) **to keep a ~ tongue in one's head** medir as palavras.

civil: ~ defence US **~ defense** *n* defesa *f* passiva; **~ disobedience** *n* resistência *f* passiva.

civilian [sɪ'vɪljən] **1** *n* civil *m*; paisano *m*. **2** *adj* civil.

civility [sɪ'vɪlɪtɪ] *n* **a)** (manners) delicadeza *f*; cortesia *f* (**to, towards** para com); **b)** (forms) (*usu pl*) civismo *m*.

civilization [sɪvɪlaɪ'zeɪʃn] *n* civilização *f*.

civilize ['sɪvɪlaɪz] *vtr* civilizar, educar [*manners, behaviour*].

civilly ['sɪvɪlɪ, 'sɪvəlɪ] *adv* cortesmente, delicadamente.

civil: ~ rights *n* direitos *mpl* civis; **~ servant** *n* funcionário *m* público; **~ service** *n* função *f* pública; funcionalismo *m* público; **~ war** *n* guerra *f* civil.

civvies ['sɪvɪz] (coll) *npl* traje *m* civil; **in ~** à paisana.

clad [klæd] *adj* vestido.

cladding ['klædɪŋ] *n* CONSTR revestimento *m*.

claim [kleɪm] **1** *n* **a)** (demand) reivindicação *f*; SOC ADMIN (for benefit) pedido *m* de gratificação INSUR (against a person) reclamação *f*; (for fire, theft) pedido *m* de indemnização; **wage ~** reivindicação *f* salarial; **to make ~s to a title** reivindicar um título; **to lay ~ to sth** [*land, building, percentage of profits*] reivindicar algo; **there are too many ~s on his time/sympathy** o seu tempo/a sua simpatia é muito requisitada; **to lodge/make/put in a ~** INSUR (against a person) fazer uma reclamação; (for fire, theft) fazer um pedido de indemnização; **she submitted a ~ for**

damages against the other driver INSUR ela apresentou uma reclamação de danos contra o outro condutor; **b)** (allegation, assertion) afirmação *f* alegação; **his ~ that he is innocent** as suas alegações de inocência; **extravagant ~s about the drug's power** afirmações extravagantes sobre os efeitos desta droga; **c)** MINING (piece of land) concessão *f*. **2** *vtr* **a)** (assert) **to ~ innocence** afirmar a sua inocência; **to ~ to be able to do sth** pretender poder fazer algo; **to ~ to be innocent** declarar a sua inocência; **b)** (assert right to) reivindicar [*money, land, lost, property*]; **to ~ sth as a right/to ~ the rights to sth** reivindicar o direito a algo; **c)** (apply for) requerer [*free, dental care*]; fazer um pedido de indemnização de [*unemployment, maternity benefit*]; requerer um reembolso de [*expenses*]. **3** *vi* **a) to ~ for damages** INSUR fazer um pedido de indemnização; **b)** SOC. ADMIN (apply for benefit) requerer uma gratificação. ■ **claim back**: ~ **back (sth), ~ (sth) back you can ~ back your expenses** podes pedir um reembolso das despesas; **you should ~ your money back** devias pedir um reembolso.

claimant ['kleɪmənt] *n* ADMIN reclamante *m* (**to** a); (to title) pretendente *m* (**to** a); JUR parte *f* requerente.

clairvoyant [kleə'vɔɪənt] **1** *n* clarividente *m*. **2** *adj* clarividente.

clam [klæm] *n* ZOOL, CULIN bivalvo *m*. ■ **clam up** (formal) **to ~ up on sb** não dizer mais nada a ninguém.

clamber ['klæmbə(r)] **1** *n* (up) escalada *f*; (down) descida *f*. **2** *vi* trepar, subir com dificuldade; **to ~ over/up/across** escalar.

clammy ['klæmɪ] *adj* húmido, pegajoso.

clamour, clamor ['klæmə(r)] **1** *n* (loud shouting) clamor *m*. **2** *vi* **a)** (demand) **to ~ for sth** reclamar qq coisa; **b)** (shout together) bradar, protestar em altos berros (**about, over** por, devido a).

clamp [klæmp] **1** *n* TECH (on bench) torno *m*; (unattached) prensa *f*; CHEM pinça *f*; alicate *m*. **2** *vtr* **a)** TECH prender com grampos [*two parts*]; **b)** (gen) apertar [*part of body*]. ■ **clamp down on**: ~ **down on (sth)** reprimir [*crime, drugs, criminals*]; refrear [*extravagance*].

clampdown ['klæmpdaʊn] *n* medidas *fpl* de repressão (**on sb/sth** contra alg/algo).

clamp: ~**-proof** *adj* impermeável, à prova de humidade; ~**(-proof) course** *n* CONSTR camada *f* isolante.

clan [klæn] *n* (lit) clã *m*.

clandestine [klæn'destɪn] *adj* clandestino.

clang [klæŋ] **1** *n* clangor *m*; som *m* metálico. **2** *vtr* (bell) retinir; (door) bater ruidosamente.

clanger ['klæŋə(r)] GB *n* (coll) "gaffe" *f*; engano *m*.

clank [klæŋk] **1** *n* (also clanking) estrépito *m*; fragor *m*. **2** *vtr* fazer tilintar. **3** *vi* tilintar.

clap [klæp] **1** *n* **a)** (of hands) palmas *fpl*; (round of applause) aplausos *m/f*; palmas *f/m*; (friendly slap) palmada *f*; **to give sb a ~ on the back** dar a alg uma palmadinha nas costas; **~ of thunder** ribombar *m* do trovão; **b)** (slang) (venereal disease) gonorreia *f*. **2** *vtr* **a) to ~ one's hands** bater palmas; **he ~ped his hands over his ears**

ele tapou os ouvidos com as mãos; **she ~ped the book shut** ela fechou o livro com um barulho seco; **b)** (applaud) aplaudir [*actor, performance, etc*]; **c)** (coll) (throw) **to ~ a prisoner in irons** encarcerar um prisioneiro; **to ~ eyes on** GB ver, pôr os olhos em. **3** *vi* aplaudir. ■ **clap on**: **to ~ on (sth), ~ (sth) on to ~ on one's hat** pôr o chapéu na cabeça; **to ~ on the brakes** AUT travar Po/brecar, frear BR bruscamente.

clapped-out *adj* (coll) [*machine*] estragada; (person) (exhausted) estafado; (past it) acabado.

clapping ['klæpɪŋ] *n* aplausos *mpl*.

claptrap ['klæptræp] (coll) *n* parlapatice *f*; artifício *m* para conquistar aplausos.

claret ['klærət] *n* **a)** (wine) clarete *m*; vinho *m* palhete; **b)** (colour) cor *f* de vinho.

clarification [klærɪfɪ'keɪʃn] *n* clarificação *f*; esclarecimento *m*.

clarify ['klærɪfaɪ] **1** *vtr* **a)** clarificar, esclarecer [*point*]; **b)** (wine) clarificar, purificar [*butter*]. **2** *vi* clarificar-se, esclarecer-se.

clarinet [klærɪ'net] *n* clarinete *m*.

clarinettist [klærɪ'netɪst] *n* clarinetista *m*.

clarity ['klærɪtɪ] *n* (of sound) clareza *f*.

clash [klæʃ] **1** *n* **a)** (violent meeting) choque *m* (**between** entre; **with** com); (fig) (disagreement) desacordo *m* (**between** entre; **with** com); **b)** SPORT, JOURN (contest) encontro *m* (**between** entre; **with** com); **c)** (contradiction) incompatibilidade *f*; conflito *m* (**between** entre); **a ~ of cultures** um conflito de culturas; **d)** (inconvenient coincidence) (of dates, appointments) incompatibilidade *f*; **e)** (noise) **the ~ of swords** o som metálico das espadas; **a ~ of cymbals** o som dos címbalos. **2** *vtr* (bang) (*also* ~ **together**) entrechocar [*dustbin lids*]; fazer soar [*cymbals*]. **3** *vi* **a)** (meet and fight) [*demonstrators, armies, rival groups*] confrontar-se; (fig) (disagree) [*ministers, leaders*] discordar; **to ~ with sb** (fight) bater em alg; (disagree) discordar de alg (**on** *or* **over sth** por causa de); **b)** (be in conflict) [*interests, beliefs, wishes*] ser incompatível; **c)** (coincide inconveniently) [*meetings, concert, parties*] ter lugar ao mesmo tempo; **d)** (not match) [*colours*] não combinar (**with** com).

clasp [klaːsp] **1** *n* **a)** (on bracelet, bag, purse) fecho *m*; (on belt) fivela *f*; **b)** (grip) abraço *m*; aperto *m* de mão. **2** *vtr* **a)** (hold tightly) segurar com força [*purse, knife*]; **he ~ed her hand** ele apertou-lhe a mão; **to ~ sth to one's breast** apertar qq coisa contra o peito; **b)** (embrace) abraçar; **to ~ sb to one's breast** apertar ou abraçar alg contra o peito.

class [klaːs] **1** *n* **a)** SOCIOL, BIOL, MATH classe *f*; **b)** SCH, UNIV (group of students) turma *f*; (lesson) aula *f* (**in** de); **in ~** na aula; **c)** (category) (gen) classe *f*; categoria *f*; tipo *f*; **d)** (fig) **to be in a ~ of one's own** *or* **by oneself** ser fora de série; **she's in a different ~ from the other athletes** ela não tem comparação com os outros atletas; **e)** (coll) (excellence) classe *f*; **f)** TOURISM classe *f*; **to travel first/second ~** viajar em 1.ª/2.ª classe. **2** *vtr* **to ~ sb/sth as sth** estabelecer uma comparação entre alg/algo e outra coisa; **to ~ sb/sth among/with** classificar alg/algo entre.

class: ~**-conscious** *adj* (gen) com consciência de

classe; ~ **consciousness** *n* (gen) consciência *f* de classe.

classic ['klæsɪk] **1** *adj* clássico. **2** *n* (literary, sporting) clássico *m*; **the ~s** LITER, CIN, ETC os autores clássicos.

classical ['klæsɪkl] *adj* clássico; ~ **scholar** filólogo *m*.

classicist ['klæsɪsɪst] *n* (student, teacher, scholar) estudante *m*; professor *m* ou especialista *m* em filologia clássica.

classification [klæsɪfɪ'keɪʃn] *n* (category) classificação *f*.

classified ['klæsɪfaɪd] *adj* (gen) classificado; (secret) ADMIN confidencial.

classified (ad *or* **advertisement)** *n* anúncio *m* classificado.

classify ['klæsɪfaɪ] *vtr* **a)** classificar, incluir; **b)** (declare secret) classificar de confidencial.

classless ['klɑːslɪs] *adj* [*society*] sem classe; [*accent*] neutro.

class: ~**mate** *n* colega *m/f* de turma, condiscípulo *m*; ~**room** *n* sala *f* de aula; ~ **struggle** *n* POL, SOCIOL luta *f* de classes; ~ **war(fare)** *n* luta *f* de classes.

classy ['klɑːsɪ] *adj* distinto; [*dress*] que tem classe; [*car, hotel*] de luxo; [*actor, performance*] de primeira ordem.

clatter ['klætə(r)] **1** *n* tinido *m*; (loud) estardalhaço *m*; (of dishes) entrechocar *m*. **2** *vtr* entrechocar. **3** *vi* (typewriter) bater (à máquina).

clause [klɔːz] *n* LING proposição *f*; JUR, ADMIN cláusula *f*; (in will, act of Parliament) disposição *f*; artigo *m*.

claustrophobia [klɔːstrə'fəʊbɪə] *n* claustrofobia *f*.

claustrophobic [klɔːstrə'fəʊbɪk] **1** *n* claustrófobo *m*. **2** *adj* PSYCH (person) claustrófobo; (sensation) de claustrofobia; **to feel/get** ~ ter uma sensação de claustrofobia.

claw [klɔː] **1** *n* **a)** ZOOL (nail) garra *f*; pata *f*; **b)** (of crab, lobster) pinça *f*; tenaz *f*; **c)** (on hammer) martelo *m* de orelhas; pé *m* de cabra. **2** *vtr* (scratch) arranhar; (tear) (animal) dilacerar (com as garras); **to ~ sb's eyes out** arrancar os olhos a alg. IDIOMAS **she ~ed her way out of the slums** ela subiu na vida a pulso.

clawback *n* recuperação *f*.

clay [kleɪ] **1** *n* **a)** (for sculpture) argila *f*; barro *m*; **glazed** ~ barro vidrado; **b)** (tennis) terra batida. **2** *modif* (pot) de barro. IDIOMAS **to have feet of** ~ ter pés de barro.

clay pigeon shooting *n* tiro *m* aos pratos.

clean [kliːn] **1** *n* **to give sth a** ~ limpar algo. **2** *adj* **a)** (not dirty) [*clothes, dishes, floor, window, habits*] limpo; [*air, water*] puro; [*wound, syringe*] desinfectado; **my hands are** ~ (lit, fig) tenho as mãos limpas; ~ **and tidy** impecável; **a** ~ **sheet of paper** uma folha branca; **to rinse/wash sth** ~ lavar algo; **b)** (with no pollution) [*bomb, environment, fuel, process*] limpo; **c)** (not obscene) [*joke*] inofensivo; **d)** (unsullied) [*reputation*] imaculado; [*driving licence*] sem nenhuma multa; [*record*] virgem; **e)** (drug addict's slang) (no longer addicted) desintoxicado; **f)** (policemen's slang) (without illicit property) **he's** ~ (gen) ele não tem nada; (no gun) ele não tem arma nenhuma; **the room is** ~ não se encontrou

nada no quarto; **g)** SPORT [*match*] sem casos; [*tackle*] sem falta; [*player*] com espírito desportivo; [*serve, hit, throw*] preciso; [*jump*] sem tocar o obstáculo; **keep it** ~ (in match) nada de desonestidades; **h)** (elegant, neat) [*lines, profile*] puro, nítido; [*edge*] nítido; ~ **break** MED fractura simples; **to make a** ~ **break with the past** (fig) romper definitivamente com o passado. **3** *adv* totalmente; **the bullet went** ~ **through his shoulder** a bala atravessou-lhe o ombro de lado a lado; **I'd** ~ **forgotten her birthday** tinha-me esquecido completamente do aniversário dela; **to jump** ~ **over the wall** saltar por cima do muro sem o tocar; **we're** ~ **out of bread** estamos sem uma migalha de pão. **4** *vtr* **a)** limpar [*room, shoes, gun*]; **to** ~ **sth from/off** tirar algo de [*hands, wall, car*]; **to have sth ~ed** mandar limpar algo; **to** ~ **one's teeth** lavar os dentes; **b)** CULIN limpar [*chicken, fish*]; lavar [*vegetables*]. **5** *vi* **a)** (do housework) [*person*] fazer a limpeza; **b)** (become cleansed) [*object*] limpar-se. **6** *v refl* **to** ~ **itself** [*animal*] lavar-se. ■ **clean down**: ~ **(sth) down,** ~ **down (sth)** limpar a fundo; ~ **off;** ~ **(sth) off,** ~ **off (sth)** limpar algo de [*blackboard*]; tirar algo de [*car, wall*]. ■ **clean out**: ~ **(sth) out,** ~ **out (sth)** (cleanse thoroughly) limpar a fundo [*cupboard, stable, toilets*]; ~ **(sb/ sth) out,** ~ **out (sb/sth)** (leave empty, penniless) (thief) saquear [*house*]; [*thief, shopping trip, holiday*] pôr na dependura [*person*]; ■ **clean up a)** (remove dirt) limpar bem; **b)** (tidy) pôr em ordem; **c)** (wash) [*gardener, miner*] lavar-se; **d)** (coll) (make profit) [*dealer*] governar-se (on com); [*gambler*] fazer o seu jogo; ~ **(sb) up** (nurse) tratar da higiene de [*patient*].

clean-cut *adj* [*outline*] nítido; [*image, person*] cuidado.

cleaner ['kliːnə(r)] *n* **a)** (in workplace) empregado *m* de limpeza; (in home) (woman) mulher *f* a dias; **b)** (machine) máquina *f* de limpeza; **c)** (detergent) produto *m* de limpeza; **d)** (laundry) lavandaria *f*. IDIOMAS (coll) **to take sb to the ~s** (swindle) depenar alg (fam).

cleanliness ['klenlɪnɪs] *n* limpeza *f*.

cleanly ['klenlɪ] **1** *adj* (liter) limpo. **2** *adv* [*cut*] bem; (catch, hit) com precisão.

clean-out *n* (coll) limpeza *f* a fundo.

cleanse [klenz] *vtr* limpar [*skin*]; lavar [*wound*]; MED purificar [*blood*]; limpar [*drains*]; expurgar [*society*] (of de).

cleanser ['klenzə(r)] *n* (for skin) desmaquilhante *m*; (household) produto *m* de limpeza.

clean-shaven *adj* [*features*] sem barba; **he's** ~ ele ainda não tem barba.

cleansing ['klenzɪŋ] *n* limpeza *f*.

cleansing department *n* ADMIN serviço municipal responsável pela limpeza das ruas e recolha do lixo.

clear [klɪə(r)] **1** *n* COMPUT, MIL **in** ~ em branco. **2** *adj* **a)** (transparent) [*glass, liquid*] transparente; [*lens, varnish*] incolor; **b)** (distinct) [*image, outline*] nítido; [*writing*] legível; [*sound, voice*] claro; **c)** (comprehensible) [*description, instruction, text*] claro; **d)** (obvious) [*lack, need, sign*] evidente; [*advantage, lead*] nítido; [*example*] belo (*before n*) [*majority*] largo (*before n*) **it is** ~ **that...** é claro que...; **to make sth** ~ **to sb** fazer compreender algo a alg; **I wish to make it ~ that...** quero que fique claro que...; **is that ~?/do I make myself ~?** está entendido?; **e)** (not confused) [*idea, memory*] claro; [*plan*] preciso; **I'm not ~ what to do** não sei bem o que fazer; **to have/keep a ~ head** ter/manter as ideias claras; **a ~ thinker** um espírito lúcido; **he's quite ~ about what the job involves** ele compreendeu bem em que consiste o trabalho; **f)** (empty) [*road, view, area*] desimpedido; [*table*] limpo; [*space*] livre; **the road is ~ of obstacles** não há obstáculos na estrada Po/rodovia Br; **g)** (not guilty) [*conscience*] tranquilo; **h)** (unblemished) [*skin, complexion*] sem manchas, claro; **i)** MED [*X-ray, scan*] normal; **j)** (cloudless) [*sky*] sem nuvens, limpo (*after n*) [*day, night*] limpo; **k)** (pure) [*sound, tone, voice*] claro, puro; **l)** CULIN [*honey*] líquido; **m)** (exempt) **to be ~ of sth** estar livre de [*debt*]; estar isento de [*blame*]; **n)** (frank) [*gaze, look*] franco; **o)** (free) [*day, diary*] livre; **p)** (whole) [*week, day*] inteiro; **you must allow three ~ days** tens de contar três dias inteiros; **q)** (net) [*gain, profit*] líquido (*after n inv*) **r)** LING [*"l"*] nítido. **3 in the ~** *adj phr* **to be in the ~** (safe) estar a salvo; (free from suspicion) estar livre de todas as suspeitas; (free of debt) não dever nada. **4** *adv* (away from) **to pull sb ~ of sth** libertar alg de [*wreckage*]; **to stay/keep/steer ~ of sth** evitar [*town centre, rocks*]; evitar [*alcohol, trouble, troublemakers*]; **to get ~ of sth** sair de [*traffic, town*]. **5** *vtr* **a)** (remove) abater [*trees*]; arrancar [*weeds*]; retirar [*debris, papers, mines*]; limpar [*snow*] (**from, off** de); **b)** (free from obstruction) desobstruir [*drains*]; desimpedir [*road*]; levantar [*table*]; desaterrar [*site*]; desbravar [*land*]; **to ~ the road of snow** limpar a neve da estrada Po/rodovia Br; **to ~ the streets of demonstrators** desimpedir as ruas de manifestantes; **to ~ sth out of the way** (from table, seat) retirar algo de; **to ~ the way for sth/sb** (lit) abrir caminho para algo/alg; (fig) abrir a via para [*developments*]; **c)** (disperse) dissipar [*fog, smoke*]; dispersar [*crowd*]; **d)** (create) ganhar [*space*]; **to ~ a path through sth** abrir um caminho através de algo; **e)** (destroy) demolir [*building*]; **f)** (evacuate) evacuar [*area, building*]; **g)** (empty) esvaziar [*desk, drawer*]; libertar [*room*]; **h)** COSMET [*lotion, product*] fazer desaparecer [*dandruff, spots*]; **i)** WINE clarear [*wine*]; **j)** (unblock) desentupir [*nose*]; **to ~ one's throat** tossir, pigarrear; **k)** COMPUT apagar [*screen, data*]; **l)** (pay off) saldar [*debt*]; amortecer [*mortgage*]; **m)** (dispose of) vender, liquidar [*stock*]; **n)** (free from blame) [*jury*] absolver [*accused*] (**of** de); **to be ~ed of suspicion** ficar livre de todas as suspeitas; **to ~ one's name/ reputation** limpar o seu nome/reputação; **o)** ADMIN, MIL (vet) fazer um inquérito a [*employee*]; **p)** (officially approve) aprovar [*proposal, request*]; despachar [*goods*]; **to ~ sth with sb** conseguir o acordo de alg para algo; **to be ~ for take-off/landing** receber autorização para descolar/aterrar; **q)** (jump over) transpor [*fence, hurdle, wall*]; **r)** (pass through) atravessar [*bridge*]; passar entre [*gateposts*]; **to ~ customs** passar a alfândega; **s)** FIN [*bank*] compensar

[*cheque*]; **t)** SPORT afastar [*ball*]; **u)** (make) ganhar, tirar como lucro [*profit, 10.000 dollars*]. **6** *vi* **a)** (become transparent) [*liquid*] tornar-se límpido; **b)** (disappear) [*smoke, fog, cloud*] dissipar-se; [*sky*] clarear; **c)** (become pure) [*air*] purificar-se; **d)** (go away) [*rash, spots*] desaparecer; [*skin*] tornar-se clara; **e)** FIN [*cheque*] ser compensado. ■ **clear away: ~ away** retirar; **~ (sth) away, ~ away (sth)** limpar [*snow, leaves*] (**from** de); tirar [*debris, rubbish*] (**from** de); arrumar [*papers, toys*]. ■ **clear off a)** (run away) fugir; **b)** (go away) ir embora. ■ **clear out: ~ out** desembaraçar-se (**of** de); **~ (sth) out, ~ out (sth) a)** (tidy) limpar, arrumar [*loft, drawer, cupboard*]; **b)** (throw away) deitar fora [*old clothes, newspapers*]. ■ **clear up: ~ up** (tidy up) fazer arrumação; (improve) [*weather*] clarear; [*rash, infection*] desaparecer; **~ up (sth), ~ (sth) up a)** (tidy) arrumar [*mess, toys, papers*]; apanhar [*litter, broken glass*]; arrumar [*room*]; limpar [*beach, garden*]; **b)** (resolve) resolver [*problem, difficulty*]; acabar com [*misunderstanding*]; resolver [*mystery*].

clearance ['klɪərəns] *n* **a)** (permission) autorização *f*; **the plane has ~ for take-off** o avião tem autorização para descolar; **to have ~ to do** estar autorizado a fazer; **flight ~** autorização de voo; **b)** COMM liquidação *f*; **c)** FIN compensação *f*; **d)** (removal) (of trees) derrube *m*; (of buildings) demolição *f*; (of vegetation) desbravação *f*; **e)** (gap) (below a bridge, barrier) vão *m*; (between two objects) espaço *m*; **there's a 10 cm ~ between the van and the wall** há um espaço de 10 cm entre o camião Po/caminhão Br e a parede; **the bridge has a 4 metre ~** o vão da ponte tem 4 metros de altura; **f)** (customs certificate) declaração *f* de alfândega.

clearance: ~ order *n* ADMIN ordem *f* de despejo; **~ sale** *n* COMM (total) liquidação *f*; (partial) saldos *mpl*.

clear-cut *adj* [*category, division*] preciso; [*distinction, difference*] nítido; [*question, problem*] claro; [*idea, plan*] definido; [*rule*] claro; [*outline*] nítido; **the matter is not so ~** o assunto não é assim tão simples.

clearing ['klɪərɪŋ] *n* **a)** (glade) clareira *f*; **b)** FIN compensação *f*; **c)** (removal) (of obstacles) remoção *f*; (of roads, mines, debris) terraplanagem *f*; **d)** (levelling) (of forest) desbravação *f*; (of buildings) demolição *f*; (of land) arroteamento *m*.

clearing bank *n* GB FIN banco *mn* que é membro de uma câmara de compensação.

clearly ['klɪəlɪ] *adv* **a)** (distinctly) [*speak, hear, remember, write*] claramente; [*audible*] nitidamente; [*visible*] bem; **b)** (intelligibly) [*describe, explain*] claramente; **c)** (obviously) [*drunk, worried, wrong*] manifestamente.

clearness ['klɪənɪs] *n* **a)** (transparency) (of glass, water, varnish) transparência *f*; **b)** METEOROL (of day, sky) claridade *f*; **c)** (purity) (of air) pureza *f*; (of note, voice) clareza *f*; **d)** (brightness) (of colour) claridade *f*; **e)** (distinctness) (of outline, image, writing) nitidez *f*; (of memory) precisão *f*; **f)** (intelligibility) (of style, message) clareza *f*.

clear-out *n* (coll) **to have a ~** fazer uma arrumação.

clearway n GB TRANSP estrada f Po/rodovia f BR de estacionamento proibido.

cleavage ['kli:vɪdʒ] n a) (of opinion) clivagem f; divisão f (**between** entre); b) BIOL divisão f; segmentação f; c) (of breasts) decote m; **she showed a lot of** ~ o decote dela era bastante ousado/pronunciado.

cleave [kli:v] vtr (past **clove** or **cleaved** pp **cleft** or **cleaved**) fender, rachar, dividir, separar.

cleaver ['kli:və(r)] n machadinha f; cutelo m (de talho Po, açougue BR).

clef [klef] n clave f; **in the treble** ~ em clave de sol.

clef palate n lábio m leporino.

cleft [kleft] **1** n (in rock) fenda f; fissura f. **2** adj (chin) queixo com uma covinha profunda.

clergyman ['klɜ:dʒɪmən] n (pl **clergymen**) clérigo m.

cleric ['klerɪk] n clérigo m.

clerical ['klerɪkl] adj (before n) a) RELIG clerical, eclesiástico; b) (staff, employee) relativo a amanuense; **it's** ~ **work** isso é trabalho de manga de alpaca.

clerical collar n colarinho m de padre.

clerk [klɑ:k] n a) (in office, bank, etc) empregado m; **head** ~ ADMIN chefe m de secção; COMM primeiro caixeiro m; b) GB (in court) escrivão m; c) US (in hotel) recepcionista m; (in shop) empregado m de balcão.

clever ['klevə(r)] adj a) (intelligent) (person) inteligente; (mind) ágil, vivo; **to be** ~ **at sth/at doing sth** ser dotado para (fazer) qualquer coisa; b) (ingenious) (solution, plot, person) esperto, sagaz; (shrewd) astucioso; **how** ~ **of you to find the solution** os meus parabéns por teres encontrado a solução; c) (skilful) (workman) hábil, jeitoso; **to be** ~ **at doing sth** ser jeitoso para fazer qq coisa; d) (pej) [lawyer, salesperson] manhoso; e) (coll, pej) GB (cunning) **to be too** ~ **for sb** ser-se apanhado pela astúcia de alg.

cleverly ['klevəlɪ] adv (intelligently) inteligentemente, astuciosamente; (dextrously) habilmente; (cunningly) sagazmente.

cleverness ['klevənɪs] n (intelligence) inteligência f; (ingenuity) ingenuidade f; (pej) habilidade f; (dexterity) destreza f; habilidade f.

cliché ['kli:ʃeɪ] n cliché m; lugar m comum.

click [klɪk] **1** n (of wood, metal, china) estalido m; (of mechanism) clique m. **2** vtr (make sound) **to** ~ **one's fingers/tongue** fazer estalar os dedos/a língua; **to** ~ **one's heels** bater os calcanhares. **3** vi a) (camera, lock) dar um estalido; b) (become clear) (coll) **suddenly something** ~**ed** de repente tudo se esclareceu; (work out perfectly) (slang) **everything** ~**ed for them** eles foram bem sucedidos; c) (coll) (strike a rapport) **we just** ~**ed** simpatizámos um com o outro à primeira vista.

client ['klaɪənt] n cliente m.

clientele [kli:ɒn'tel] n clientela f.

cliff [klɪf] n (by sea) falésia f; (inland) penhasco m.

cliffhanger n (film, story, situation) filme m; história f; situação f angustiante, de "suspense".

climate ['klaɪmət] n METEOROL (fig) clima m.

climax ['klaɪmæks] n a) (culmination, end of career) apogeu m; auge m; (of plot, speech,

play) clímax m; b) (intense moment) (in life, drama) momento m culminante.

climb [klaɪm] **1** n a) (ascent) (of hill, rockface) escalada f; (of tower) subida f; b) (fig) (rise) ascensão f. **2** vtr a) (scale) fazer a escalada de [cliff, mountain]; escalar [mast, wall]; trepar a [tree]; subir [ladder, steps, staircase]; b) BOT [creeper, vine] trepar a [trellis, wall]. **3** vi a) (scale) (gen) trepar (**along** ao longo de; **to** até); **to** ~ **down sth** descer qq coisa; **to** ~ **into sth** entrar para [car]; **to** ~ **into bed** meter-se na cama; **to** ~ **up sth** trepar a [ladder, tree]; subir [steps]; b) (rise) [sun] levantar-se; [aircraft] tomar altitude.

climb-down ['klaɪmdaʊn] n recuo m (**over** em).

climber ['klaɪmə(r)] n a) (mountaineer) alpinista m; b) (plant) trepadeira f.

climbing boot ['klaɪmɪŋbu:t] n bota f de montanha.

climbing frame ['klaɪmɪŋ'freɪm] n estrutura f de tubos interligados que se colocam em parques infantis para as crianças treparem.

clinch [klɪntʃ] **1** n a) (nail) rebite; b) (coll) **to be in a** ~ (lovers) estar abraçados. **2** vtr (secure) FIN certificar-se, assegurar-se [percentage of funding]; FIN adquirir [shares]; **to** ~ **a deal** (in business) fechar um negócio; (in politics) firmar um acordo Po/convênio BR.

cling [klɪŋ] vi (past, pp **clung**) a) (hold on) **to** ~ (**on**) **to sb/sth** agarrar-se a [parent, power]; **to** ~ **together** aglutinar-se; b) (emotionally) **to** ~ **to sth** agarrar-se a, apegar-se a [beliefs, myth, hope]; **he** ~**s to me all the time** ele não me deixa em paz; c) (adhere) (smell) colar (**to** a); aderir.

clingfilm n GB película f aderente.

clinic ['klɪnɪk] n a) (treatment centre) centro m de saúde; b) (nursing-home) clínica f.

clinical ['klɪnɪkl] adj MED clínico; [style] frio; [approach] objectivo; [accuracy] matemático.

clink [klɪŋk] **1** n a) (noise) tinido m; b) (slang) (prison) cadeia f; xadrez m (fam) Po, xilindró m BR; (slang). **2** vtr fazer tilintar; (glasses, keys) **to** ~ **glasses with sb** brindar, tocando os copos uns nos outros, fazer tchim-tchim. **3** vi (glasses, keys) tinir, tilintar.

clip [klɪp] **1** n a) (grip) (for hair) gancho m; travessa f; (on earring) mola f; ELEC (for wire) grampo m; b) TV, CIN (excerpt) extracto m (**from sth** de qq coisa); c) (**cartridge**) ~ MIL carregador m. **2** vtr a) (cut, trim) cortar, podar, aparar [hedge, grass verge]; tosquiar [dog, sheep]; b) (by hooking) prender [pen, microphone] (**to sth** a qq coisa); **there was a cheque** ~**ped to the letter** havia um cheque apenso à carta; c) GB perfurar, picar [ticket]. **3** vi (by hooking on) agarrar-se (**to sth** a qq coisa); (by fastening on) fixar-se (**to sth** a qq coisa). **IDIOMAS to** ~ **sb's wings** cortar as asas a alg.

clipboard n "dossier" m (munido de uma mola no topo para segurar folhas de papel).

clip-on n (pl **clip-ons**) (earrings) mola f.

clipped [klɪpt] adj [speech] conciso.

clipper ['klɪpə(r)] **1** n NAUT clíper m. **2** (pl **clippers**) (tool) (**a pair of**) ~ (for nail) corta-unhas m; (for hair) máquina f de cortar cabelo.

clipping ['klɪpɪŋ] **1** n (from newspaper, etc) recorte m. **2 clippings** npl (trimmings) (hair) res-

tos *mpl* de cabelo depois de cortados; (nail) extremidades *fpl* das unhas depois de cortadas.
clique [kli:k] *n* (pej) clique *f*; panelinha *f* (gir).
clown about/around *vi* fazer palhaçadas.
cloak [kləʊk] **1** *n* **a)** (garment) capa *f*; manto *m*; **b)** (front, cover) **to be a ~ for sth** servir de capa a qq coisa, dar cobertura a qq coisa. **2** *vtr* **he tried to ~ the bill with respectability** ele tentou disfarçar o projecto de lei com uma capa de respeitabilidade. **3 cloaked** *pp adj* **a)** (covered) **the negotiations were ~ed in secrecy** as negociações estavam rodeadas do maior secretismo; **b)** (masked) mascarado, disfarçado.
cloak: **~-and-dagger** *adj* [*story, thriller*] de espionagem; [*operation*] clandestino; **~room** *n* **a)** (for coats) vestiário *m*; **b)** GB (euph) (toilet) casa *f* de banho; **~room attendant** *n* (in hotel) encarregado *m* do vestiário.
clock [klɒk] **1** *n* **a)** relógio *m*; **what time does the ~ say?** que horas são nesse relógio?; **to set a ~** acertar um relógio; **to put the ~s forward // back one hour** adiantar/atrasar uma hora um relógio; **he does everything by the ~** ele faz tudo com tempo contado; **to watch sb around the ~** observar alg 24 horas por dia; **to work against the ~** fazer uma corrida contra o tempo; **b)** (in computer) (interno); (for central heating system) relógio *m* incorporado; **c)** AUT conta-quilómetros *m*; **a car with only 40000 kilometres on the ~** um carro só com 40 000 quilómetros registados; **d)** IND (in workplace) relógio de ponto; **to punch the ~** picar o ponto. **2** *vtr* SPORT **he ~ed 9.6 seconds in the 100 metres** ele faz 100 metros em 9.6 segundos; **he went on to ~ 5 minutes 2.987 seconds** EQUIT ele fez um tempo de 5 minutos e 2.987 segundos. IDIOMAS **they want to turn** *or* **put the ~ back 600 years** eles querem andar para trás 600 anos.
clock face *n* mostrador *m* de relógio.
clock tower *n* torre *f* de relógio; campanário *m*.
clockwise ['klɒkwaIz] *adj, adv* **in a ~ direction** no sentido dos ponteiros do relógio.
clockwork ['klɒkwɜ:k] **1** *n* (in clock) mecanismo *m* de relógio; (in toy) mecanismo *m*; **like ~** com exacta precisão. **2** *adj* [*toy*] mecânico. IDIOMAS **to be as regular as ~** (person) ser tão certo como um relógio.
clod [klɒd] *n* torrão *m* de terra.
clog [klɒg] **1** *n* tamanco *m*; socas *fpl*. **2** *vtr* (*past, pp* **-gg-**) obstruir, entupir [*drain, machinery, pores*]. **3** *vi* (drain, machinery) tapar-se, entupir-se [*pores*]; **the roads ~ up with traffic** as estradas PO/rodovias BR estão congestionadas.
cloister ['klɔIstə(r)] **1** *n* claustro *m*. **2** *vtr* isolar, enclausurar; **to lead a ~ed existence** levar uma vida retirada.
clone [kləʊn] *n* **a)** BIOL clone; **b)** COMPUT cópia *f* a partir do original.
close[1] [kləʊs] **1** *n* **a)** (road) beco *m* sem saída; **b)** (of cathedral) átrio *m*. **2** *adj* **a)** (with close links) [*relative*] chegado, próximo; [*resemblance*] perfeito; **to bear ~ a resemblance to sb/sth** parecer-se muito com alg/algo; **~ links with** laços estreitos com [*country*]; laços de amizade com [*group*]; **in ~ contact with** em contacto permanente com; **b)** (intimate) [*friend*] íntimo (**to** de); **they have a ~ friendship** eles são muito ami-

gos; **c)** (almost equal) [*contest, result*] renhido, próximo; **"is it the same?" - "no, but it's ~"** "é o mesmo?" - "não, mas está muito perto"; **d)** (careful, rigorous) [*scrutiny*] minucioso; **to pay ~ attention to sth** prestar muita atenção a qq coisa; **to keep a ~ watch** *or* **eye on sb/sth** ter alg/algo debaixo do olho; **e)** (compact) [*texture*] compacto; [*print, formation*] serrado; **f)** (stuffy) [*weather*] abafado; **it's ~** está abafado; **g)** (secretive) discreto; **she's been very ~ about it** ela não tem revelado nada acerca disso. **3** *adv* **a)** (nearly) perto, próximo; **to live quite ~ (by)** viver bastante perto; **how ~ is the town?** a cidade fica perto?; **to bring sth closer** aproximar qq coisa; **the closer he came** quanto mais ele se aproximava; **to hold sb ~** agarrar alg próximo de si; **b)** (close temporally) próximo; **the time is ~ when** dentro de pouco tempo; **how ~ are they in age?** qual é a diferença de idades entre eles?; **Christmas is ~** o Natal está perto ou aproxima-se o Natal; **c)** (almost) **that's closer to the truth** isso está perto da verdade; **"is the answer three?" - "~!"** "a resposta é três?" - "quase!". **4 close enough** *adv phr* **that's ~ enough** (no nearer) estás bastante perto; **20 yachts** *or* **~ enough** mais ou menos 20 iates. **5 close to** *prep phr, adv phr* **a)** (near) perto de [*place, person, object*]; **how ~ are we to...?** a que distância estamos de...?; **b)** (on point of) à beira de [*tears, hysteria*]; **to be ~ to doing** estar quase a fazer; **c)** (almost at) **closer to 30 than 40** mais perto de 30 do que 40; **to come closest to** aproximar-se o mais possível de [*ideal, conception*]; **it's coming ~ to the time when we must decide** está a aproximar-se a hora de decidirmos; **d)** (*also ~ on*) (approximately) perto de, quase. **6 close by** *prep phr, adv phr* perto de [*wall, bridge*]; **the ambulance is ~** a ambulância está perto. IDIOMAS **(from) ~ to, (from) ~ up** de perto; **it was a ~ call/shave/thing** escapou-se por pouco ou por um triz.
close[2] [kləʊz] **1** *n* (of period, event) fim *m*; **to bring sth to a ~** pôr fim a qq coisa; **to come to a ~** terminar, acabar; **at the ~ of day** no final do dia. **2** *vtr* **a)** (lit) fechar [*container, door, window, eyes, mind, book, etc*]; tapar [*pip, opening*]; bloquear [*road*]; interditar o acesso a [*area of town*]; **b)** (fig) (bring to end) acabar com, pôr fim a, terminar [*meeting, discussion, case, investigation*]; fechar [*account*]; **c)** (reduce) **to ~ the gaps** (fig) (improve fault) remediar as falhas; **d)** (agree) concluir [*deal, contract*]; **e)** ELECT fechar [*circuit*]. **3** *vi* **a)** (lit) (shut) [*door, window, container, eyes, etc*] fechar-se; [*airport, factory, polls, public building etc*] fechar (**for** para); **the museum is ~d** o museu está fechado; **b)** (fig) (end) [*meeting, play, concert, enquiry*] terminar, acabar; **c)** FIN [*currency, index, shares, market*] fechar, encerrar; **the dollar ~d down/ up** o dólar fechou em baixa/alta; **d)** (get closer) [*pursuer, enemy*] aproximar-se (**on** de). **4 closed** *pp adj* **a)** (shut) [*door, window, fist, eyes, public building etc*] fechado; **"~ to the public"** "interditado ao público"; **" ~ for lunch"** "fechado para almoço"; **b)** (restricted) [*circle, organization, meeting*] fechado, restrito; **to have a ~ mind** ter um espírito fechado; **c)** MATH [*set*] fechado.

■ **close down** [*shop, business, club, institution*] fechar definitivamente; [*TV, radio station*] (at night) terminar as emissões. ■ **close in** [*pursuers, enemy*] aproximar-se (**on sb** de alg); [*winter, night*] aproximar-se; [*darkness, fog*] cair. ■ **close off**: ~ off (sth), ~ (sth) off fechar (qq coisa) ao público. ■ **close out**: ~ out (sth), ~ (sth) out US COMM liquidar [*stock*]; vender, passar [*part of business*]. ■ **close up** [*flowers, petals, wound*] fechar-se; [*troops*] cerrar fileiras; ~ **up (sth), ~ (sth) up** fechar [*bank, office, shop*]; tapar [*hole, pipe, entrance*]. ■ **close with**: **to ~ with sb** concordar com alg (**for** para); **to ~ with sth** US FIN aceitar PO, topar BR [*deal, offer*]; MIL iniciar o combate com [*enemy*].

closed-circuit television *n* televisão *f* PO, tevê *f* BR em circuito fechado.

close-down *n* **a)** COMM encerramento *m* (definitivo); **b)** RADIO, TV fim *m* da emissão.

closeness ['kləʊsnɪs] *n* **a)** (emotionally) intimidade *f*; **b)** (in mutual understanding) boas relações *fpl*; **the ~ of their alliance** os laços *mpl* que os unem; **c)** (rapport) relação *f* (**to** a); ~ **to nature** relação com a natureza; **d)** (proximity) (of place) proximidade *f*; (of event) aproximação *f*; **e)** (of atmosphere) (inside) falta *f* de ar; (outside) **the ~ of the weather** o tempo carregado; **f)** (accuracy) (of copy) fidelidade *f*.

closet ['klɒzɪt] **1** *n* **a)** US (cupboard) armário *m* de parede; (for clothes) roupeiro *m*; guarda-fatos *m*; **b)** (room) gabinete *m*; **c)** (toilet) retrete *f* PO, banheiro *f* BR. **2** *modif* (secret) (alcoholic) secreto, inconfesso. **3** *vtr* **they were ~ed in the office for hours** eles ficaram horas a discutir encerrados no escritório.

close-up ['kləʊsʌp] **1** *n* grande plano *m*; **in ~** em grande plano. **2 close up** *adv* (**from**) ~ de perto.

closing ['kləʊzɪŋ] **1** *n* (of door, window, factory, shop) fecho *m*; **Sunday ~** encerrado aos Domingos. **2** *adj* [*minutes, months, days, words*] último; [*scene, pages*] final; **in the ~ stages** nas fases finais; **in his ~ speech** no seu discurso de encerramento.

closing time *n* hora *f* de encerramento.

closure ['kləʊʒə(r)] *n* **a)** (of road, factory) encerramento *m*; **b)** POL termo *m* dos debates; **c)** (fastening) fecho *m*.

clot [klɒt] **1** *n* **a)** (in blood) coágulo *m*; (in milk) coalho *m*; **a ~ in a blood vessel** um coágulo obstruindo uma artéria; **a ~ in the lung** uma embolia pulmonar; **b)** (slang) (idiot) idiota. **2** *vtr* (*past, pp* -tt-) coagular, coalhar. **3** *vi* (*past, pp* -tt-) coagular-se, coalhar-se.

cloth [klɒθ, klɔːθ] *n* **a)** (piece of fabric) (for polishing, dusting) trapo *m*; pano *m*; **dish ~** (for washing dishes) esfregão *m*; **b)** (fabric) tecido *m*; **wool/silk/cotton ~** tecido *m* de lã/seda/algodão. IDIOMAS **a man of the ~** (formal) um eclesiástico.

cloth cap *n* (fig) GB boné *m* de operário.

clothe [kləʊð] *vtr* vestir; **to be ~d in sth** estar vestido com qq coisa; **to ~ oneself** vestir-se; **fully ~d** completamente vestido.

cloth ears *n* (coll) GB **hey ~!** estás surdo ou quê?.

clothes [kləʊðz] **1** *npl* **a)** (garments) roupa *f*;

vestuário *m*; **to put on/take off one's ~** vestir--se/despir-se PO/desvestir-se BR; **without any ~ on** nu; **b)** (washing) roupa *f* de cama. **2** *modif* (basket, line, peg, pin, rack) da roupa.

clothes: ~ **brush** *n* escova *f* para fatos; ~**hanger** *n* cabide *m*; ~**horse** *n* secador *m* de roupa.

clothing ['kləʊðɪŋ] *n* roupa *f*; vestuário *m*; **an item/article of ~** uma peça de roupa.

cloud [klaʊd] **1** *n* **a)** (in sky) nuvem *f*; **there's a lot of ~s about** está bastante nublado; **b)** (mass) (of smoke, dust, gas) nuvem *f*. **2** *vtr* **a)** (blur) [*steam, breath*] embaciar [*mirror*]; [*tears, oil*] perturbar [*vision*]; **to be ~ed with tears** estar embaciado de lágrimas; **b)** (confuse) confundir [*judgement*]; baralhar [*memory*]; **to ~ the issue** baralhar as cartas (fig); **c)** (blight) ensombrar [*future, atmosphere, triumph*]. **3** *vi* see ~ **over**. IDIOMAS **to have one's head in the ~s** ter a cabeça na lua; (coll) **to be on ~ nine** estar nas nuvens; **to be under a ~** estar sob suspeita. ■ **cloud over** [*sky*] cobrir-se (de nuvens); [*face*] entristecer-se.

cloudburst *n* tromba *f* de água.

cloudless ['klaʊdlɪs] *adj* límpido, sem nuvens.

cloudy ['klaʊdɪ] *adj* **a)** [*weather*] nublado; **it's ~** o céu está cheio de nuvens; **b)** [*liquid*] turvo; (glass) (misted) embaciado; (not clear) baço.

clout [klaʊt] **1** *n* **a)** (blow) pancada *f*; **b)** (slang) (influence) influência *f* (**with sb** junto de); **c)** GB (dial) trapo *m*. **2** *vtr* dar uma pancada a [*person*]; bater [*ball*].

clove [kləʊv] **1** *vtr* see **cleave**. **2** *n* CULIN **a)** (spice) cravo *m* da Índia; **b)** (of garlic) dente *m* de alho.

cloven ['kləʊvn] *vtr* see **cleave**.

clover ['kləʊvə(r)] *n* trevo *m*. IDIOMAS **to be/live in ~** estar/viver na abundância.

clover-leaf (junction) *n* nó rodoviário parecido com um trevo de quatro folhas.

clown [klaʊn] *n* (in circus) palhaço *m*; (jester) bobo *m*.

cloy [klɔɪ] *vi* (pleasure, food) saciar, fartar, enjoar.

cloying ['klɔɪɪŋ] *adj* enjoativo.

club [klʌb] **1** *n* **a)** (society) (+ *u sg or pl*) clube *m*; **tennis ~** clube de ténis; **to be in a/be member of a ~** ser membro de um clube; **b)** (coll) (night-club) discoteca *f*; **c)** SPORT clube *f*; **d)** (stick, weapon) cacete *m*; moca *f*; (for golf) taco *m*; **e)** (at cards) paus *mpl*; **the Ace of ~s** o ás de paus; **to play a low/high ~** jogar uma carta de paus baixa/alta. **2** *modif* **a)** [*captain, committee, coach, member, official, rules*] do clube; **b)** (coll) [*DJ, aficionado, atmosphere, scene*] de discoteca. **3** *vtr* (*pres p etc* -bb-) bater com moca; desfazer [*seal*]; **to ~ sb with a brick** dar uma cacetada em alg com um tijolo. **4** *vi* (coll) **to go ~bing** correr as discotecas. IDIOMAS **join the ~!** (coll) junta-te a nós!. IDIOMAS ~ **together** juntar-se (**for** para; **to do** para fazer).

club: ~ **foot** *n* pé *m* torto; **to have a ~ foot** ser aleijado; ~ **house** *n* sede *f* do clube.

cluck [klʌk] **1** *n* cacarejo *m*; **the hen gave a little ~** a galinha cacarejou levemente. **2** *vi* (hen) cacarejar.

clue [kluː] *n* **a)** (in police case) indício *m*; **b)** (general idea) **to offer sb a ~ as how to do sth** dar a alg uma pista sobre o modo de fazer qq coisa; **they haven't a ~!** (coll) (unsuspecting) eles não suspeitam de nada; (incompetent) eles não sabem por onde começar; **c)** (in crossword) definição *f*; (in puzzles, riddles, etc) **he gave them a ~ about how to solve the puzzle** ele deu-lhes a chave para resolverem o enigma; **come on, give me a ~!** vá lá, dá-me uma ajuda!.

clueless ['klu:lɪs] *adj* GB incompetente.

clump [klʌmp] **1** *n* (group) (of grass) tufo *m*; (of trees) moita *f*; (of earth) torrão *m*. **2** *vtr* ~ **(together)** (plants) plantar em grupos. **3** *vi* (thud) cair pesadamente (**on** sobre); ~ **up/down stairs** subir/descer pesadamente as escadas.

clumsiness ['klʌmzɪnɪs] *n* (carelessness) descuido *m*; negligência *f*; (awkwardness) falta *f* de jeito; inabilidade *f*.

clumsy ['klʌmzɪ] *adj* (person) desajeitado; (body, limbs) disforme; (object) grosseiro; ~ **at doing** desajeitado a fazer.

clung [klʌŋ] see **cling**.

cluster ['klʌstə(r)] **1** *n* **a)** (joined at base) (of grapes) cacho *m*; (of flowers) ramo *m*; **b)** (group) (of tourists) grupo *m*; (of bees) enxame *m*; (of houses) conjunto *m*; (of trees) pequeno bosque *m*; ASTRON nebulosa *f*. **2** *vi* (people) reunir-se (**around** à volta de); **the trees were ~ed around the church** as árvores estavam agrupadas à volta da igreja.

clutch [klʌtʃ] **1** *n* **a)** (*pl* **clutches**) (fig) (power) **to be in the ~es of** [*enemy, hostile force*] cair nas mãos de; **b)** AUT (mechanism) embraiagem *f* Po, embreagem *f* BR; **to let in** or **disengage the ~** embraiar; **to let out** or **engage the ~** desembraiar; **c)** (cluster) **a ~ of** [*books, awards, companies*] um conjunto de; [*minister, athletes, customers*] um grupo de. **2** *vtr* (hold tightly) agarrar bem [*object, child*]; **to ~ sb/sth to** [*chest, body*] apertar alg/algo contra. **3** *vi* (grab) **to ~ at** [*branch, lifebelt, person, hope*] agarrar-se a.

clutter ['klʌtə(r)] **1** *n* **what a ~!** que confusão!. **2** *vtr* see ~ **up**. ■ **clutter up: to ~ up (sth)** (coll); **the table was ~ up with ornaments** a mesa estava juncada de bibelôs.

cluttered *adj* (room, desk) atravancado, cheio (**with** de).

CM [si:em] *abrev* = **centimetre** cm.

CND [si:endi:] *n abrev* = **Campaign for Nuclear Disarmament** movimento *m* a favor do desarmamento nuclear.

Co [kəʊ] COMM *abrev* = **Company** Cia; **... and Co ...** e Cia.

coach [kəʊtʃ] **1** *n* **a)** GB (bus) autocarro *m* Po, ônibus *m* BR; **to go by ~** or **on the ~** ir de/no autocarro; **b)** GB (of train) carruagem *f*; **c)** SPORT treinador *m*; **d)** (tutor) professor *m* particular; **e)** (horsedrawn) (for royals) coche *m*; (for passengers) diligência *f*; **f)** US AVIAT classe *f* turística. **2** *modif* GB [*holiday, journey, tour*] de autocarro. **3** *vtr* **a)** SPORT treinar; **b)** (teach) **to ~ sb** dar lições particulares a alg (**in sth** de qq coisa); **to ~ sb for an exam** preparar alg para um exame.

coach station *n* GB terminal *m* de autocarros Po/ônibus BR ou camionetas Po/caminhonhete *m* BR.

coagulate [kəʊ'ægjʊleɪt] **1** *vtr* coagular. **2** *vi* coagular-se.

coagulation [kəʊægjʊ'leɪʃn] *n* coagulação *f*.

coal [kəʊl] **1** *n* (mineral) carvão *m*; **hot** or **live ~s** brasas *fpl* [*cellar, scuttle, shovel*] de/para carvão. IDIOMAS **as black as ~** negro como um tição; **to carry ~s to Newcastle** chover no molhado, perder tempo; (coll) **to haul sb over the ~s** repreender alg, chamar alg à pedra.

coalition [kəʊə'lɪʃn] **1** *n* **a)** POL coligação *f*; aliança *f* (**between** entre); **b)** (gen) fusão *f*. **2** *modif* (government, party) de coligação.

coal: **~-black** *adj* preto retinto; **~face** *n* a superfície de carvão exposta numa mina; **~field** *n* região *f* carbonífera; **~ fire** *n* chaminé *f* alimentada a carvão; **~ fired** *adj* a carvão; **~man, ~ merchant** *n* carvoeiro *m*; **~ mine** *n* mina *f* de carvão; **~ miner** *n* mineiro *m*; **~ mining 1** *n* extracção *f* de carvão. **2** *modif* [*family, region, town*] mineiro; **~ tar** *n* alcatrão *m*.

coarse [kɔ:s] *adj* **a)** [*texture, linen, wool*] grosseiro; [*skin*] grosso; [*hair, grass*] espesso; [*to touch*] áspero; [*paper*] rugoso; **b)** (not refined) [*laugh, manners*] ordinário, rude, vulgar; ~ **features** de aspecto grosseiro; (indecent) (joke) indecente; **c)** [*wine*] ordinário.

coast [kəʊst] **1** *n* costa *f*; **off the ~** junto à costa; **from ~ to ~** por todo o país, de norte a sul; US **the C~** a costa do Pacífico. **2** *modif* (road, path) junto à costa. **3** *vi* **a)** (to free wheel) (car, bicycle) **to ~ down-hill** descer em ponto morto, com o motor desligado, sem pedalar; **b)** (travel effortlessly) **to ~ along at 50 mph** navegar a uma velocidade de 80 km/h.

coastal ['kəʊstl] *adj* (before *n*) costeiro.

coaster ['kəʊstə(r)] *n* **a)** (mat) base *f* para copos; **b)** (boat) navio *m* costeiro.

coastguard ['kəʊstga:d] *n* **a)** (organization) polícia *f* marítima; **b)** (person) guarda-costas *m*.

coat [kəʊt] **1** *n* **a)** (garment) casaco *m*; **full ~ length** casaco comprido; **b)** (jacket) casaco *m* curto; **c)** ZOOL (of dog, cat) pêlo *m*; **d)** (layer) (of paint, varnish, polish, dust) camada *f*. **2** *modif* [*button, lining, pocket*] de casaco. **3** *vtr* **a)** CULIN, MED (cover) (*usu in passive*) **to ~ sth in** or **with** [*breadcrumbs, chocolate, sauce*] passar por, cobrir de; **b)** (gen) CONSTR, TECH (cover) (*usu in passive*) **to ~ sth with** [*paint, tar, varnish*] cobrir qq coisa ou revestir qq coisa de.

coated ['kəʊtɪd] *adj* MED [*tongue*] com sarro.

coat hanger *n* cabide *m*.

coating ['kəʊtɪŋ] *n* **a)** (edible) cobertura *f* (**of sth** de qq coisa); **b)** (covering) revestimento *m*; **protective ~** camada *f* protectora.

coat of arms *n* brasão *m*.

coax [kəʊks] *vtr* adular; (person) acariciar [*animal*]; **to ~ him to come** or **into coming** persuadi-lo a vir à força de lisonjas; **to ~ sth out of sb** conseguir tirar algo de alg.

cob [kɒb] *n* (horse) garrano *m*; (swan) cisne *m* macho; (of maize) sabugo *m* de milho; (nut) avelã; (loaf) carcaça *f*; pão *m* redondo.

cobble [kɒbl] **1** *n* (*npl* **cobbles**) pedra *f* de calçada, paralelipípedo *m*. **2** *vtr* a) pavimentar [*road*]; **b)** remendar [*shoes*]. **3** *vi* (make) fazer sapatos; (mend) arranjar ou remendar sapatos.

cobbler ['kɒblə(r)] *n* (shoemaker) sapateiro *m*.

cobblestones ['kɒblstəʊnz] *npl* pedras *fpl* da calçada, paralelipípedos *mpl*.

cobra ['kɒbrə] *n* cobra-capelo *f* (*pl* **cobras--capelo**).
cobweb [kɒbweb] *n* teia *f* de aranha. IDIOMAS **this should blow away the ~s** isto deveria fazer-nos assentar ideias/desfazer as dúvidas.
cocaine [kə'keɪn] **1** *n* cocaína *f*. **2** *modif* ~ **addict** cocainómano *m*.
cock [kɒk] **1** *n* **a**) (rooster) galo *m*; **b**) ZOOL (male bird) (ave *f*) macho *m*; **c**) (weathervane) cata--vento *m*; **d**) (of gun) cão *m*. **2** *modif* [*bird, pheasant, sparrow*] macho. **3** *vtr* **a**) (raise) **to ~ an eyebrow** erguer as sobrancelhas; **b**) (tilt) inclinar [*head*]; pôr (qq coisa) de esguelha [*hat*]. IDIOMAS **to be ~ of the walk** (pej) ter o rei na barriga; **to keep an ear ~ed** prestar atenção; **to live like fighting ~s** viver à grande e à francesa.
cock-a-doodle-doo *n* cocorocó *m*.
cock-a-hoop [kɒkə'huːp] (coll) *adj* **to be ~ about sth/after doing sth** estar eufórico com qq coisa/por ter feito qq coisa.
cock and bull story *n* história *f* da carochinha.
cockatoo [kɒkə'tuː] *n* catatua *f*.
cockerel ['kɒkərəl] *n* frango *m*; galo *m* novo.
cockle [kɒkl] *n* (mollusc) amêijoa *f*; berbigão *m*.
cockpit ['kɒkpɪt] *n* **a**) AVIAT, NAUT cabina *f*; carlinga; **b**) AUT habitáculo *m*.
cockroach ['kɒkrəʊtʃ] *n* barata *f*.
cocksure *adj* (pej) [*person, manner, attitude*] seguro, convicto; **to be ~ about** [*abilities, prospects*] ser demasiado seguro de si quanto a.
cocktail ['kɒteɪl] **1** *n* **a**) (drink) "cocktail" *m*; **to make/mix a ~** preparar um cocktail; **b**) (mixture) **fruit ~** CULIN salada *f* de frutas. **2** *modif* [*dress*] de cocktail.
cocktail: ~ **cabinet** *n* móvel-bar *m*; ~ **party** *n* cocktail *m* (festa); ~ **shaker** *n* copo *m* misturador para preparar cocktails.
cocky ['kɒkɪ] *adj* petulante, atrevido, impudente.
cocoa ['kəʊkəʊ] **1** *n* **a**) cacau *m*; **b**) (drink) chocolate *m*. **2** *modif* ~ **powder** chocolate *m* em pó; ~ **butter** manteiga *f* de cacau.
coconut ['kəʊkənʌt] **1** *n* coco *m*. **2** *modif* [*milk, oil*] de coco.
coconut: ~ **matting** *n* esteira *f* de fibra de coco; ~ **palm** *n* coqueiro *m*; ~ **shy** *n* jogo *m* de arremesso.
cocoon [kə'kuːn] **1** *n* ZOOL (fig) casulo *m*. **2** *vtr* envolver delicadamente; **a ~ed existence** uma existência superprotegida.
COD [siːəʊdiː] *abrev* = **cash on delivery** GB **collect on delivery** US envio *m* contra reembolso.
coddle [kɒdl] *vtr* mimar, acarinhar; ~**d eggs** ovos *mpl* escalfados.
code [kəʊd] **1** *n* **a**) (laws, rules) código *m*; **safety ~** regras *fpl* de segurança; ~ **of practice** MED deontologia *f*; **b**) (of behaviour) regras *fpl* de comportamento; ~ **of honour** código *m* de honra; **c**) (cipher) código *m* secreto; cifra *f*; **it's in ~** está escrito em código; **d**) (dialling) ~ TELEC indicativo *m*. **2** *vtr* codificar [*message*].
code name 1 *n* nome *m* de código. **2** *vtr* dar um nome de código a.
cod(fish) ['kɒd(fɪʃ)] *n* ZOOL, CULIN bacalhau *m*.
cod-liver oil *n* óleo *m* de fígado de bacalhau.
co-driver ['kəʊdraɪvə(r)] *n* co-piloto *m*.
coeducational [kəʊedjʊ'keɪ/nl] *adj* misto.
coefficient ['kəʊɪ'fɪʃənt] *n* MATH, PHYS coeficiente *m*.

coerce [kəʊ'ɜːs] *vtr* coagir, forçar (**into doing** a fazer).
coercion [kəʊ'ɜːʃn] *n* coacção *f*.
coexist [kəʊɪg'zɪst] *vi* coexistir (**with** com).
coexistence [kəʊɪg'zɪstəns] *n* coexistência *f*.
coffee ['kɒfɪ] **1** *n* (commodity, liquid) café *m*; **a cup of ~** uma chávena Po/xícara Br de café; **a black/white ~** um café/café com leite. **2** *modif* [*cake, ice-cream, dessert, spoon*] de café.
coffee: ~ **bar** *n* café *m*; ~ **bean** *n* grão *m* de café; **a kilo of ~ beans** um quilo de café em grão; ~ **break** *n* intervalo *m* para tomar café; ~ **grounds** *n* borras *fpl* de café; ~ **machine,** ~ **maker** *n* máquina *f* de café; ~ **morning** *n* reunião *f* social, que se realiza de manhã, durante a qual se serve café e em que se aproveita para realizar uma venda de caridade; ~ **pot** *n* cafeteira *f*; ~ **shop** *n* restaurante *m* que serve refeições ligeiras; ~ **table** *n* mesinha *f* de café.
coffin ['kɒfɪn] *n* caixão *m*.
cog [kɒg] *n* TECH (tooth) dente *m* de engrenagem; (wheel) roda *f* dentada.
cogent ['kəʊdʒənt] *adj* convincente.
cogitate ['kɒdʒɪteɪt] (formal) *vi* cogitar, meditar, reflectir (**about, on** acerca de, sobre).
cognac ['kɒnjæk] *n* conhaque *m*.
cog: ~ **railway** *n* trilho *m* de cremalheira; ~ **wheel** *n* roda *f* dentada.
cohabit [kəʊ'hæbɪt] *vi* coabitar.
cohere [kəʊ'hɪə(r)] *vi* (substance) aderir; (reasoning) ser coerente.
coherence [kəʊ'hɪərəns] *n* (of thought) coerência *f*; (of artistic approach) harmonia *f*.
coherent [kəʊ'hɪərənt] *adj* (argument, plan) coerente; **he was barely ~** (through fatigue, alcohol) ele não dizia coisa com coisa.
coherently [kəʊ'hɪərəntlɪ] *adv* coerentemente, de forma coerente.
cohesive [kəʊ'hiːsɪv] *adj* (group, force) unido, coeso.
coil [kɔɪl] **1** *n* **a**) (of rope) rolo *m*; (of electric wire) bobina *f*; (of smoke) espiral *f*; anel *m*; (of hair) cacho *m*; (of snake) anel *m*; **b**) (contraceptive) "stérilet" *m*; dispositivo *m* intra-uterino. **2** *vtr* enrolar [*hair, rope, wire*]; **the python ~ed itself around his arm** a jibóia enrolou-se à volta do seu braço. **3** *vi* [*river, procession*] serpentear. ■ **coil up**: **to ~ up** [*snake*] enrolar-se em espiral; **to ~ (sth) up, to ~ up (sth)** enrolar [*rope, wire*].
coin [kɔɪn] **1** *n* moeda *f*; **£5 in ~** 5 libras em moedas. **2** *vtr* **a**) cunhar; (coins) (coll) **she's really ~ing it (in)** ela está mesmo a ganhar bastante em pouco tempo; **b**) inventar [*word, term*]. IDIOMAS **two sides of the same ~** os dois lados da questão.
coin box (telephone) *n* cabina *f* telefónica onde se utilizam moedas.
coincide [kəʊɪn'saɪd] *vi* coincidir (**with** com).
coincidence [kəʊ'ɪnsɪdəns] *n* (chance) coincidência *f*; acaso *m*; **by ~** por acaso.
coincidental [kəʊɪnsɪ'dentl] *adj* casual, fortuito, coincidente.
coincidentally [kəʊɪnsɪ'dentəlɪ] *adv* por coincidência.
coke [kəʊk] *n* **a**) (fuel) coque *m*; **b**) (coll) (cocaine) coca *f*.

cold [kəʊl(d)] **1** *n* **a)** (- *c*) (chilliness) frio *m*; **to feel the** ~ ser sensível ao frio, ser friorento; **to be out in the** ~ (lit) estar lá fora ao frio; **to come in from/out of the** ~ (lit) sair do frio; (fig) voltar a cair nas boas graças; **to be left out in the** ~ (fig) ser ignorado/deixado de lado; **b)** (+ *c*) MED constipação *f* Po, resfriado *m* BR; **a bad** ~ uma grande constipação; **to have a** ~ estar constipado; **to catch/get a** ~ apanhar uma constipação. **2** *adj* **a)** (lit) (chilly) frio; (fig) [*colour, light*] frio; **to be/feel** ~ [*person*] ter frio; **the room was/felt** ~ a sala estava fria; **it's** ~ **outside** está frio lá fora; **it's/the weather's** ~ está frio; **don't let the baby get** ~ não deixes o bebé apanhar frio; **to keep** ~ manter (algo) fresco [*food*]; **b)** (fig) (unemotional) [*expression, manner, reaction, reception, stare, voice, smile, heart, logic, reasoning*] frio, indiferente, insensível; **to be** ~ **to (wards) sb** ser frio para com alg; **to leave sb** ~ deixar alg indiferente; **pop music leaves me** ~ não sou sensível à música pop; **c)** (not recent) [*news*] ultrapassado, sem interesse; **d)** (unconscious) **to be out** ~ estar inconsciente; **to knock** *or* **lay sb out** ~ espancar alg até ficar inconsciente. **3** *adv* **a)** (coll) (without preparation) a frio (coll); **b)** US (thoroughly) [*learn, know*] de cor. **IDIOMAS in** ~ **blood** a sangue frio; **in the** ~ **light of day** de cabeça fria; **to be as** ~ **as ice/icy** ~ [*person, part of body*] ser frio como o gelo; [*room*] estar gelado. **cold-blooded** [kəʊld'blʌdɪd] *adj* (lit) a sangue-frio.
coldly ['kəʊldlɪ] *adv* friamente.
cold storage *n* (process) (gen) conservação *f* pelo frio; (place) câmara *f* frigorífica; frigorífico *m*.
cold store *n* câmara *f* frigorífica.
cold sweat *n* suores *mpl* frios; **to bring sb out in a** ~ provocar suores frios a alg.
cold turkey (coll) *n* (treatment) desmame *m* (impedimento de tomar drogas); (reaction) reacção de falta (de droga); **to go** ~ abster-se (**on sth** de algo).
cold war *n* **the** ~ a guerra fria.
collage [kɒ'lɑːʒ] *n* **a)** ART colagem *f*; **b)** (film) montagem *f*.
collapse [kə'læps] **1** *n* **a)** (of regime, system, bank, currency, market) colapso *m* (**of, in** de); **b)** (of relationship, talks) fracasso *m* (**of** de); **c)** (of company, newspaper) falência *f* (**of** de); **d)** (of person) (physical) desfalecimento *m*; (mental) esgotamento *m*; **to be close to** ~ estar à beira dum esgotamento; **e)** (of building, wall, roof) desabamento *m*. **2** *vtr* **a)** (fold) fechar [*umbrella*]; **b)** (combine) sintetizar [*ideas, paragraphs*]. **3** *vi* **a)** [*regime, bank, currency, economy*] entrar em colapso; **b)** [*talks, marriage*] fracassar; **c)** [*company, business*] entrar em falência; **d)** [*person*] desfalecer, sucumbir (**due to** devido a, **under** sob); **to** ~ **and die** cair fulminado; **e)** [*building, roof, wall*] desabar (**on** sobre).
collapsible [kə'læpsɪbl] *adj* flexível, desmontável.
collar ['kɒlə(r)] **1** *n* **a)** (on garment) colarinho *m*; gola *f*; **to grab sb by the** ~ agarrar alg pelo colarinho; **b)** (for animal) coleira *f*. **2** (coll) *vtr* agarrar; (thief, runaway) fanar; (belongings) (fam).

collarbone *n* clavícula *f*.
collate [kə'leɪt] *vtr* conferir, confrontar Po, checar BR.
collateral [kə'lætərl] **1** *n* **a)** FIN (security) garantia *f* suplementar; **b)** JUR (relative) parente *m* colateral. **2** *adj* (*before n*) **a)** JUR (relative) colateral; **b)** (subordinate) [*evidence*] secundário, adicional, acessório.
colleague ['kɒliːg] *n* colega *m*.
collect 1 [kə'lekt] *n* RELIG colecta *f* (oração). **2** *adj* [*person*] calmo. **3** *adv* US **to call sb** ~ TELECOM telefonar a alg a pagar no destinatário. **4** *vtr* **a)** (gather) juntar [*wood, litter, eggs*]; recolher [*information, facts, evidence, documents, signatures*]; **to** ~ **one's strength** recuperar as forças; **the Collected Works of Dickens** as Obras Completas de Dickens; **b)** (as hobby) coleccionar, fazer colecção de [*stamps, coins, antiques, etc*]; **c)** (obtain) cobrar [*rent, debt, tax, fine*]; receber [*degree, diploma*]; **the winner** ~**s £ 2000** o vencedor recebe 2000 libras; **d)** (take away) recolher [*empty bottles, rubbish, etc*]; **e)** (pick up) ir buscar [*person*]. **5** *vi* **a)** (accumulate, gather) [*substance, objects*] acumular-se; [*crowd*] juntar-se, reunir-se; **b) to** ~ **for charity** pedir dinheiro para obras de caridade.
collection [kə'lekʃn] *n* **a)** (act of collecting) (of objects, information, facts, etc) recolha *f*; ADMIN (of tax) cobrança *f*; GB POST (from letterbox) tiragem *f*; **b)** (set of collected items) (of coins, stamps, books, records, etc) colecção *f*; (anthology) colectânea *f*; **autumn** ~ FASHN colecção de Outono; **c)** (sum of money collected) (gen) RELIG colecta *f*; **to hold** *or* **make** *or* **organize a** ~ (in church, for charity) fazer ou organizar uma colecta.
collective [kə'lektɪv] *adj* [*decision, responsibility, ownership*] ALSO LING, PSYCH colectivo.
collective bargaining *n* negociação *f* colectiva.
collector [kə'lektə(r)] *n* **a)** (of coins, stamps, antiques, etc) coleccionador; ~**'s item** peça *f* de colecção; **b)** (official) (of taxes, rates) cobrador *m*; **ticket** ~ RAIL revisor *m*.
co-opt [kəʊ'ɒpt] *vtr* **a)** (onto committee) cooptar [*person*] (**onto** em); **b)** (commandeer) apoderar-se de [*issue, celebrity*] (**to sth** para qq coisa).
co-pilot ['kəʊpaɪl'ət] *n* co-piloto *m*.
co-respondent [kəʊrɪ'spɒndənt] *n* JUR cúmplice *m/f* de adultério.
college ['kɒlɪdʒ] *n* **a)** SCH, UNIV (place of tertiary education) estabelecimento *m* de ensino superior; (school, part of university) faculdade *f*; **to go to** *or* **be at** ~ ir para/estar no ensino superior; **b)** (professional body) (of arms, cardinals) colégio *m*; (of doctors, surgeons) ordem *f*; (of nurses) associação *f*.
college education *n* estudos *mpl* superiores.
collide [kə'laɪd] *vi* (vehicle, plane, ship) colidir (**with** com); **I** ~**ed with a tree** fui de encontro a uma árvore/choquei com uma árvore.
collie ['kɒlɪ] *n* "collie" *m*.
colliery ['kɒljərɪ] *n* mina *f* de carvão e respectivas instalações.
collision [kə'lɪʒn] *n* **a)** (crash) colisão *f*; choque *m*; **to come into** ~ **with** chocar com; **b)** (clash) conflito *m* (**between** entre).

collision course *n* the two planes were on a ~ NAUT, AVIAT os dois aviões encontravam-se em rota de colisão.
colloquial [kə'ləʊkwɪəl] *adj* coloquial, familiar; ~ **English** o Inglês falado.
collusion [kə'lju:ʒn, kə'lu:ʒn] *n* conluio *m*; conivência *f*; **to act in** ~ **with sb to do sth** agir de conivência com alg para fazer qq coisa.
Colombia [kə'lɒmbɪə] *pr n* Colômbia *f*.
colon ['kəʊlən] *n* a) ANAT cólon *m*; b) LING dois pontos *mpl*.
colonel [kɜ:nl] *n* coronel *m*.
colonial [kə'ləʊnɪəl] 1 *n* colono *m*; colonial *m*. 2 *adj* colonial.
colonialism [kə'ləʊnɪəlɪzm] *n* colonialismo *m*.
colonist ['kɒlənɪst] *n* colono *m*.
colonization [kɒlənaɪ'zeɪʃn] *n* colonização *f*.
colonize ['kɒlənaɪz] *vtr* colonizar.
colony ['kɒlənɪ] *n* colónia *f*.
color ['kʌlə(r)] *n, vtr, vi* see **colour**.
colossal [kə'lɒsl] *adj* colossal.
colour GB, **color** US ['kʌlə(r)] 1 *n* a) (hue) (gen) ART cor *f*; **what** ~ **is it?** de que cor é?; **the sky was the** ~ **of lead** o céu estava cor de chumbo; **in** ~ CIN, TV a cores; **the take the** ~ **of sth** descolorir algo; **to give/lend** ~ **to sth** colorir algo; b) (vividness) (in writing, description) cor *f*; vivacidade *f*; c) (dye) (for food) colorante *m*; (for hair) tinta *f*; (shampoo) shampoo *m* colorante; d) (cosmet) **eye** ~ sombra *f* de olhos; **lip** ~ baton *m*; e) (racial pigmentation) cor *f* de pele; **people of all races and** ~s pessoas de todas as raças e cores de pele; f) (complexion) cor *f*; **to lose (one's)** ~ perder as cores; **to put** ~ **into sb's cheeks** pôr um pouco de cor nas faces; **to have a high** ~ (naturally, always) ser corado; (from illness or embarrassment) estar muito vermelho; **her face was drained of** ~ a cara dela estava lívida; **he** ~ **rose** ela corou; **he's getting his** ~ **back at last** ele finalmente recobrou as cores; **g)** (usually in pl) MIL, SPORT, TURF cor *f* (gen pl); bandeira *f*; insígnia *f* (militar) NAUT bandeira *f*; **under false** ~ NAUT sob uma bandeira falsa; **to get one's football** ~s GB SPORT ser seleccionado para a equipa de futebol. 2 *modif* a) PHOT, TV [film, picture, photo, slide, television] a cor; b) SOCIOL [prejudice, problem] racial. 3 *vtr* a) (with paints, crayons) ART colorir; (with commercial paints) pintar; (with hairdye) tingir; **to** ~ **sth blue** colorir/pintar/tingir algo de azul; b) (fig) (prejudice) falsear [attitude, judgement, opinion]; c) (fig) (enhance) (pej) acrescentar [account, story]. 4 *vi* [plant, fruit] pintar, mudar de cor; [person] (also ~ **up**) corar. IDIOMAS **to be off** ~ não estar em forma, estar mal disposto.
colour: ~ **bar** *n* discriminação *f* racial; ~ **blind** *adj* daltónico.
coloured ['kʌləd] 1 *n* GB, US (injur) pessoa *f* de cor; (in South Africa) mestiço *m*. 2 *adj* a) (lit) [pen, chalk, crayon, ink, paper, label, sweet, bead] de cor; [picture, drawing, page] colorido; [light, glass, icing] de cor; **a brightly** ~ **shirt** uma camisa de cores vivas; b) SOCIOL (non--white) GB, US (injur) de cor; (in South Africa) mestiço. 3 + **coloured** (in compounds) **a raspberry-**~ **dress** um vestido cor de framboesa;

copper-~ **hair** cabelos cor de cobre; **a highly** ~ **account** (fig) um relato muito aumentado.
colour: ~-**fast** *adj* de cor firme; ~-**filter** *n* filtro *m* de cor.
colourful ['kʌləfl] *adj* a) (lit) cheio de cor; b) (fig) [story, career, life] cheio de interesse; [character, person] pitoresco.
colouring ['kʌlərɪŋ] *n* (of plant, animal) cores *fpl*; (complexion) tez *f*; cor do rosto ART uso" *m* "de cores; (for food) colorante *m*; (for hair) tinta *f*.
colourless ['kʌləlɪs] *adj* (lit) [liquid, substance, gas, glasses] incolor; [food, drink]; (pej) sem cor; [face, cheeks, hands] descorado.
colour: ~ **scheme** *n* tons *mpl*; ~ **supplement** *n* JOURN suplemento *m* a cores; ~ **television** *n* televisão *f* Po/tevê *f* BR a cores.
column ['kɒləm] *n* a) (gen) coluna *f*; b) JOURN coluna *f*; crónica *f*; sports ~ crónica desportiva; **letters** ~ o correio dos leitores.
columnist ['kɒləmnɪst] *n* jornalista *m/f*.
coma ['kəʊmə] *n* coma *m*; **in a** ~ em coma; **to go into a** ~ entrar em coma.
comb [kəʊm] 1 *n* a) (for hair) pente *m*; **to run a** ~ **through one's hair, to give one's hair a (quick)** ~ dar uma penteadela aos cabelos; b) TEX carda *f*; c) (honeycomb) favo *m* (de mel); d) (cock's crest) crista *f*. 2 *vtr* a) **to** ~ **sb's hair** pentear alg; b) (search) **to** ~ **a place (looking) for sth** passar qq sítio a pente fino à procura de qq coisa; c) TEX cardar [wool, textile].
combat ['kɒmbæt, 'kʌmbæt] 1 *n* MIL combate *m*; **in** ~ em combate; **single** ~ combate singular. 2 *modif* [aircraft, helmet, troops, zone] de combate. 3 *vtr* (past, pp -tt-) combater [violence, crime, inflation]; lutar contra [hunger, poverty, fear].
combatant ['kɒmbətənt, 'kʌmbətənt] *n* combatente *m/f*.
combative ['kɒmbətɪv, 'kʌmbətɪv] *adj* combativo.
combination [kɒmbɪ'neɪʃn] *n* a) (mixture, blend) combinação *f*; mistura *f* (of de); (of factors, events) conjunção *f*; b) (mixing) mistura *f*; associação *f* (of de; with com); **in** ~ **with** em associação com.
combination lock *n* fechadura *f* com segredo.
combine[1] 1 [kɒm'baɪn] *n* COMM consórcio *m*. 2 ['kɒmbaɪn] *vtr* a) combinar [activities, colours, elements, etc]; **to** ~ **sth with** or **and/sth** combinar uma coisa com outra; b) associar [ideas, aims]; c) CULIN misturar; d) CHEM combinar. 3 ['kɒmbaɪn] *vi* a) [activities, colours, events, etc] combinar-se (with com); b) [people, groups] associar-se (against contra); [institutions, firms] fundir-se.
combine[2] ['kɒmbaɪn] (coll) *n* ceifeira--debulhadora *f*.
combined [kəm'baɪnd] *adj* a) (joint) [effort, decision, operation] conjunto; b) (total) [loss, salary, capacity, etc] total; c) (put together) [effects, influence] combinado; ~ **with** juntamente com.
combustible [kəm'bʌstɪbl] *adj* [substance] combustível.
combustion [kəm'bʌstʃn] *n* combustão *f*; **internal** ~ **engine** motor *m* de combustão interna.

come [kʌm] **1** *n* esperma *m.* **2** *excl* (*also* ~ **now**) (reassuringly) vamos!; ~, ~ (in warning, reproach) então!. **3** *vtr* (*past* **came** *pp* **come**) (travel) fazer [*50 km*]. **4** *vi* (*past* **came** *pp* **come**) **a)** (arrive) [*person, day*] chegar; [*bus, letter, newspaper, rains, winter, results, etc*] vir; **to ~ after sb** perseguir alg; **to ~ down/up sth** descer/subir [*stairs, street*]; **to ~ by sth** vir de [*bus, taxi, plane*]; **I came on foot/by bike** vim a pé/de bicicleta; **to ~ from sth** (person) vir de [*airport, hospital*]; **to ~ into sth** (person) entrar em [*house, room*]; **to ~ past** [*car, person*] passar; **to ~ through sth** (rock) atravessar [*windscreen*]; **to ~ to school** vir à escola; **I'm coming** já vou; **to ~ and go** ir e vir; **b)** (approach) aproximar-se; **to ~ and see sb** vir ver alg; **don't ~ any closer** não te aproximes mais; **c)** (call, visit) [*window cleaner, dustmen, postman*] vir, passar; **I've ~ for my car** vim buscar o carro; **my brother is coming for me at 10 am** o meu irmão vem-me buscar às 10 h; **d)** (attend) vir; **to ~ to sth** vir a [*meeting, party, wedding*]; **e)** (reach) **to ~ to** *or* **up to sth** (water) chegar a [*knees*]; **f)** (happen) ~ **what may** aconteça o que acontecer; **g)** (begin) **to ~ to believe** acabar por acreditar; **h)** (originate) **to ~ from** (person) ser originário de [*Oslo, Lisbon*]; (word) vir de [*latin*]; **i)** (be available) **to ~ in two sizes** [*shirt, lampshade*] existir em dois tamanhos; **the steak ~s with chips** o bife vem acompanhado de batatas fritas; **j)** (tackle) **to ~ to sth** abordar [*problem, subject*]; **I'll ~ to that in a moment** eu voltarei ao assunto daqui a pouco; **k)** (develop) **it ~s with practice** isso aprende-se com a prática; **l)** (be situated) vir; **to ~ after sth** vir a seguir qq coisa; **to ~ before sth** preceder qq coisa; **to ~ within sth** (proposal) fazer parte de [*terms of contract*]; **to ~ first/last** [*athlete, horse*] chegar em primeiro/ em último lugar; **my family ~s first, work ~s second** a família está primeiro que o trabalho; **m)** (be a question of) **when it ~s to sth/doing sth** quando se trata de qq coisa/de fazer qq coisa; **n)** (coll) (climax) vir-se, gozar. **IDIOMAS** (coll) ~ **again?** perdão!?; **I don't know if I'm coming or going** não sei a quantas ando; **he's as stupid as they** ~ não há pessoa mais estúpida que ele; ~ **to that, you may be right** de facto, és capaz de ter razão. ■ **come about a)** (happen) [*problems, reforms*] acontecer; **b)** NAUT virar. ■ **come across** (be conveyed) [*meaning, message*] passar; [*feelings*] fazer-se sentir; ~ **across as (sth)** dar a impressão de ser [*liar, sincere person*]; parecer [*enthusiastic, honest*]; ~ **across (sth)** encontrar [*article, example, reference*]; descobrir (qq coisa) por acaso [*village*]; ~ **across (sb)** encontrar [*person*]. ■ **come along a)** (arrive) [*bus, person*] chegar; [*opportunity*] apresentar-se; **b)** (hurry up) (*always imperative*) ~ **along, we're late!** vamos embora ou despacha-te que estamos atrasados; **c)** (attend) vir; **to ~ along to sth** vir a [*lecture, party*]; **d)** (make progress) [*pupil, trainee*] fazer progressos; [*book, building, work*] avançar. ■ **come apart** (accidentally) [*book, parcel, box*] desfazer-se; [*toy, camera*] partir-se; (intentionally) [*machine, equipment*] desmanchar-se. ■ **come at**: ~ **at (sb)** (attack) [*person*] atacar alg (**with**

com). ■ **come away a)** (leave) (lit) partir; **to ~ away from sth** deixar, ir-se embora de [*cinema, match, show*]; sair de [*interview, meeting*]; **b)** (move away) afastar-se; **c)** (become detached) [*handle, plaster, cover*] soltar-se (**from** de). ■ **come back a)** (return) (gen) [*letter, person, memories, feeling, good weather*] voltar, regressar (**from** de; **to** a); (to one's house) regressar a casa; **to ~ back with sth** responder com [*new offer, different suggestion*]; **b)** (become popular) [*law, system*] ser restabelecido; [*trend, method, hairstyle*] voltar a estar na moda. ■ **come by a)** [*person*] passar por; ~ **by (sth)** encontrar [*book, job, money*]. ■ **come down a)** (move to a lower position) [*person*] descer (**from** de); [*lift, barrier, blind*] descer; **b)** (drop) [*price, inflation, unemployment*] baixar (**from** de; **to** para); [*temperature*] diminuir; **c)** METEOROL [*snow, rain*] cair; **d)** (land) [*helicopter*] pousar; [*aircraft*] aterrar; **e)** (crash) [*plane*] esmagar-se; **f)** (collapse) [*ceiling, wall*] desabar; [*hem*] desfazer-se; **g)** (catch) **to ~ down with** apanhar [*flu*]. ■ **come forward a)** (step forward) avançar; **b)** (volunteer) apresentar-se (**to do** para fazer); **to ~ forward with sth** apresentar [*proof, proposal*]; oferecer [*help, money, suggestions*]. ■ **come in a)** (enter) [*person, rain, water*] entrar (**through** através de); **b)** (return) regressar (**from** de); **c)** (arrive) [*plane, train*] chegar; **d)** (become current) [*trend, invention, style*] estar na moda; [*habit, practice*] espalhar-se; **e)** (participate) **to ~ in with sb** associar-se a alg; **f)** (interject) interpor, inserir; **g)** (receive) **to ~ in for criticism** [*person*] ser criticado. ■ **come into**: ~ **into (sth) a)** (inherit) herdar [*money*]; entrar na posse de [*inheritance*]; **b)** (be relevant) [*age, experience*] entrar em linha de conta. ■ **come off a)** (become detached) (accidentally) [*button, label, handle*] soltar-se; [*wallpaper*] descolar-se; **b)** (fall) [*rider*] cair (**of** de); **c)** (wash, rub off) [*ink, stain*] desaparecer; **d)** (take place) [*deal*] realizar-se; **e)** (succeed) [*plan, project*] ser bem sucedido, resultar; **f)** THEAT, TV ser retirado do programa; ~ **off (sth) a)** (stop using) parar de fumar [*pill, tablet*]; **b)** (fall off) cair de [*horse, bicycle*]; **c)** (get off) descer de, sair de. ■ **come on a)** (follow) **I'll ~ on later** eu virei mais tarde; **b)** (hurry up) (*always imperative*) (in encouragement) ~ **on, have a go!** vá, tenta!; **c)** (make progress) [*person, player, patient*] fazer progressos; [*bridge, new road, novel*] avançar; **d)** (begin) [*asthma, attack, headache*] começar; [*winter*] chegar; [*rain*] começar a cair; **e)** THEAT [*actor*] entrar em cena. ■ **come out a)** (emerge) [*person, animal, vehicle*] sair (**of** de); [*sun, star*] aparecer; **b)** (strike) fazer greve; **to ~ out on strike** entrar em greve; **c)** (fall out) [*contact lens, tooth*] cair; [*cork*] tirar, sair; **his hair is coming out** o cabelo está a começar a cair-lhe; **d)** (be emitted) [*water, air, smoke*] sair (**through** através de); **e)** (wash out) [*stain, ink, grease*] sair, desaparecer; **f)** (be deleted) [*reference, sentence*] ser eliminado; **g)** (be published, issued) [*magazine, novel*] ser publicado; [*album, film*] sair, ser estreado; **h)** (become known) [*feelings*] manifestar-se; [*details, facts*] ser revelado; [*results*] ser conhecido; [*secret*] ser divulgado; **it** came out that... soube-se que...; **i)** PHOT, PRINT [*photo, photocopy*] resultar, sair bem; **j)** (end up) **the jumper came out too big** a camisola era demasiado grande; **k)** (say) **to ~ out with sth** sair-se com [*excuse*]; contar [*nonsense, rubbish*]; **l)** (enter society) debutar; **~ out of (sth)**. ■ **come over a)** (drop in) vir, passar por; **b)** (create an impression) [*message, meaning*] passar; [*feelings*] fazer-se sentir; **to ~ over very well** [*person*] causar boa impressão; **~ over (sb) what's ~ over you?** o que é que te deu?. ■ **come round a)** (regain consciousness) voltar a si; **b)** (circulate) [*steward, waitress*] circular; **c)** (make a detour) ir de volta (**by** por); **d)** (visit) vir; **e)** (occur) [*World Cup, Olympics*] realizar--se; (change one's mind) mudar de ideia ou de opinião. ■ **come through a)** (survive) sobreviver; **to ~ through (sth)** sair de [*crisis, recession*]; **b)** (penetrate) [*heat, ink, light*] atravessar; **c)** (arrive) **the fax came through at midday** recebemos o fax ao meio dia; **d)** (emerge) [*personality, qualities*] aparecer. ■ **come to** (regain consciousness) (from faint) recuperar os sentidos; **~ to (sth)** [*bill, expenditure*] elevar-se a [£ 1000]. ■ **come under**: **~ under (sth) a)** (be subjected to) **to ~ under suspicion** estar sob suspeita; **to ~ under threat** estar a ser ameaçado; **b)** (be classified under) **dictionaries ~ under "reference books"** (in library, shop) os dicionários encontram-se nas "obras de referência". ■ **come up a)** (arise) [*problem, issue, matter*] surgir; [*name*] ser mencionado; **b)** (be due, eligible) **to ~ up for re-election** apresentar-se novamente às eleições; **c)** (occur) [*opportunity*] apresentar-se; **d)** (rise) [*sun, moon*] aparecer; [*tide*] subir; **e)** **to ~ up before sb/sth** [*case*] ser presente a [*judge, committee*]; (person) comparecer perante [*judge, committee*]; **~ up with (sth)** encontrar [*answer, idea, money, solution*]. ■ **come upon**: **~ upon (sth)** achar [*idea*]; encontrar [*book, reference*]; **~ upon (sth)** encontrar alg.

comeback ['kʌmbæk] **1** *n* **a)** (bid for success, popularity) reaparição *f*; **b)** (redress) recurso *m*; **c)** (retort) réplica *f*; resposta *f*; **d)** (repercussions) repercussões *fpl*. **2** *modif* [*campaign*] de regresso.

comedian [kə'miːdɪən] *n* **a)** (actor) cómico *m*; comediante *m/f*; **b)** (joker) brincalhão,-ona *m/f*.

comedienne [kəmiːdɪ'en] *n* comediante *f*; actriz *f* cómica.

come-down ['kʌmdaʊn] (coll) *n* (disappointment) decepção *f*; **it was rather a ~ for her** ela ficou bastante decepcionada.

comedy ['kɒmɪdɪ] *n* **a)** comédia *f*; **black ~** comédia negra; **light ~** comédia ligeira; **b)** (funny nature) comicidade *f*.

comer ['kʌmə(r)] *n* **a)** (arrival) pessoa *f* que chega; **b)** (challenger) **the contest is open to all ~s** o concurso é aberto a todos.

comet ['kɒmɪt] *n* cometa *m*.

comeuppance [kʌm'ʌpəns] *n* **to get one's ~** ter o que merece, pagar pelo que fez.

comfort ['kʌmfət] **1** *n* **a)** (well-being) (gen) conforto *m*; bem-estar *m*; desafogo *m*; **to live in ~** viver bem (com desafogo); **b)** (thing providing ~) conforto *m*; **every modern ~** todo o conforto

moderno; **home ~s** comodidades *fpl* domésticas; o conforto do lar; **c)** (consolation) consolo *m*; (relief from pain) alívio *m*; **it's a ~ to know that she didn't suffer** é bom saber que ela não sofreu; **to take ~ from sth** encontrar consolo em algo; **we can take ~ from the fact that...** podemo-nos consolar com a ideia que...; **if it's any ~ to you** se isso te consola; **this proved small ~ for the families** foi um pobre consolo para as famílias. **2** *vtr* confortar, consolar. IDIOMAS **his in-laws live in the same street, which is a bit close for ~** os sogros dele vivem na mesma rua, o que não é lá muito bom.

comfortable ['kʌmfətəbl] *adj* **a)** [*room, house, chair, clothes, journey*] confortável, cómodo; [*temperature*] agradável; [*person*] (relaxed) à vontade; **to make oneself ~** (in armchair) instalar-se confortavelmente; (make oneself at ease) pôr-se à vontade; **are you ~ in that chair?** está confortável nessa cadeira?; **she made everybody feel ~** ela pôs toda a gente à vontade; **the patient had a ~ night** o doente passou bem a noite; **b)** (financially) [*person, family*] com recursos económicos suficientes, sem necessidades; **c)** (reassuring) [*idea, thought, belief*] tranquilizador; (good, substantial) [*victory, majority, lead*] confortável; **d)** (untroubled) [*person*] à vontade; **I don't feel ~ asking her to do it** não me sinto muito à vontade para lhe pedir para fazer isso.

comfortably ['kʌmfətəblɪ] *adv* **a)** [*sit*] confortavelmente; [*rest*] tranquilamente; [*dressed, furnished*] confortavelmente; **you can live ~ on that salary** podes viver bem com esse salário; **to be ~ off** estar bem instalado na vida; **b)** (easily) [*win, reach*] facilmente, à vontade.

comforting ['kʌmfətɪŋ] *adj* [*sight, sound, news, thought, words*] reconfortante.

comfort station *n* US (euph) lavabos *mpl*.

comfy ['kʌmfɪ] *adj* [*chair, bed, house, etc*] confortável.

comic ['kɒmɪk] *n* **a)** (man) cómico *m*; humorista *m*; (woman) actriz *f* cómica; comediante *f*; **b)** **~ book** revista *f* ou livro *m* de banda desenhada.

comical ['kɒmɪkl] *adj* [*situation, clothes, expression*] engraçado, cómico, patusco (fam).

coming ['kʌmɪŋ] **1** *n* **a)** (arrival) chegada *f*; **~ and going** vaivém *m*; **~s and goings** idas e vindas *fpl*; **b)** RELIG advento *m*; **c)** (approach) (of winter, old age) chegada *f*; aproximação *f*. **2** *adj* [*election, event*] próximo; [*war, campaign*] que se anuncia; **I leave this ~ Monday** parto na Segunda que vem.

comma ['kɒmə] *n* (in punctuation) vírgula *f*.

command [kə'maːnd] **1** *n* **a)** (order) ordem *f*; **to carry out/give a ~** executar/dar uma ordem; **b)** (military control) (of officer) comando *m*; **to be in ~** comandar; **to be under the ~ of sb** estar sob as ordens de alg; **c)** (control) controlo *m*; domínio *m*; **to have full ~ of one's emotions** controlar completamente as suas emoções; **to be in ~ of the situation** ter o controlo da situação; **d)** COMPUT comando *m*; **e)** MIL (group of soldiers) unidade *f* sob comando; **f)** (mastery) conhecimento *m*; **to have an excellent ~ of Portuguese** ter um excelente conhecimento de Português. **2** *vtr* **a)** (order) ordenar a [*person*]; **to ~ sb to do**

ordenar a alg que faça; **b)** (obtain) inspirar [*affection, obedience, respect*]; forçar [*admiration, attention*]; dispor de [*support*]; **quality clothes ~ a good price** o vestuário de qualidade é caro; **c)** MIL comandar [*regiment*]; **d)** (fig) (rule) [*navy, nation*] dominar, ter o domínio de [*sea, air*]; **e)** (dominate) **to ~ a view over sth** dominar [*lake, road*]; (possess) possuir [*funds, resources, skill*]. **3** *vi* comandar.
commandant [kɒmən'dænt] *n* MIL comandante *m/f*.
commandeer [kɒmən'dɪə(r)] *vtr* MIL requisitar.
commander [kə'maːndə(r)] *n* **a)** (leader) chefe *m*; **b)** MIL comandante *m*; **~ in chief** comandante supremo; **c)** MIL, NAUT capitão *m* de fragata.
commanding [kə'maːndɪŋ] *adj* **a)** (authoritarian) [*look, manner, voice*] autoritário, imperioso; [*presence*] imponente; **b)** (dominant) [*position*] dominante; **to have a ~ lead in the polls** liderar as sondagens; **c)** (elevated) **the house has a ~ view over the lake** a casa tem uma vista sobranceira ao lago.
commanding officer *n* MIL comandante *m/f*.
commandment [kə'maːndmənt] *n* **a)** (order) ordem *f*; **b)** **C~** RELIG mandamento *m*.
commando [kə'maːndəʊ] *n* (*pl* **-os, -oes**) (unit) comando *m*.
command performance *n* GB THEAT representação *f* de gala (dada na presença dum membro da família real).
commemorate [kə'meməreɪt] *vtr* comemorar.
commemoration [kə'memə'reɪʃn] *n* comemoração *f* (**of sb/sth** de alg/algo; **for sb** em honra de alg).
commemorative [kə'memərətɪv] *adj* comemorativo.
commence [kə'mens] (formal) *vtr* começar [*story, proceedings*].
commend [kə'mend] *vtr* **a)** (praise) louvar, elogiar (**for** por); **b)** (formal) (recommend) recomendar; **to have much to ~ it** ter grandes qualidades; **c)** (entrust) confiar; **to ~ one's soul to God** encomendar a alma a Deus.
commendable [kə'mendəbl] *adj* louvável; **highly ~** muito louvável.
commendation [kɒmen'deɪʃn] *n* **a)** (praise, award) elogio *m* (*often pl*) **b)** MIL (medal, citation) louvor *m*; **c)** (recommendation) recomendação *f*.
commensurate [kə'menʃərət, kə'mensjərət] (formal) *adj* **a)** [*extent, amount*] proporcional (**with** a); **b)** (appropriate) **to be ~ with sth** ser à medida de qq coisa ou ser compatível com qq coisa.
comment ['kɒmənt] **1** *n* **a)** (remark) (public) comentário *m* (**on sth** acerca de qq coisa); (written) observação *f*; anotação *f*; **without ~** [*act, listen*] sem (suscitar) comentários; **b)** (reflection) **a ~ on** [*society, morality, role*] uma crítica *f* a. **2** *vtr* observar (**that** que). **3** *vi* **a)** (remark) fazer comentários; **to ~ on sth/sb** fazer comentários sobre qq coisa/alg; **b)** (discuss) **to ~ on** [*text, extract*] comentar.
commentary ['kɒməntərɪ] *n* **a)** RADIO, TV (description) comentário *m* (**on sth** sobre qq coisa); **b)** LITERAT (criticism) comentário *m* (**on sth** sobre qq coisa).

commentate ['kɒmənteɪt] **1** *vtr* comentar. **2** *vi* fazer o comentário; **to ~ on** [*sporting event*] comentar.
commentator ['kɒmənteɪtə(r)] *n* **a)** (sports) comentador *m*; **b)** (current affairs) jornalista *m/f*.
commerce ['kɒmɜːs] *n* comércio *m*; **to be** or **work in ~** trabalhar no comércio.
commercial [kə'mɜːʃl] **1** *n* anúncio *m* publicitário; **TV/radio ~** anúncio televisivo/radiofónico; **beer ~** anúncio de cerveja. **2** *adj* [*airline, bank, law, TV, product, etc*] comercial.
commercialism [kə'mɜːʃəlɪzəm] *n* **a)** (pej) mercantilismo *m* (pej); **b)** (principles of commerce) espírito *m* comercial.
commercialize [kə'mɜːʃəlaɪz] *vtr* comercializar.
commiserate [kə'mɪzəreɪt] *vi* (express sympathy) condoer-se; **to ~ with sb about** or **over sth** condoer-se de alg por qq coisa.
commiseration [kəmɪzə'reɪʃn] *n* comiseração *f*; **a look of ~** um ar de comiseração.
commission [kə'mɪʃn] **1** *n* **a)** (payment for goods sold, professional fee) comissão *f*; percentagem *f*; **to work on ~** trabalhar à comissão; **we charge 1% ~ on travellers' cheques** nós cobramos uma percentagem de 1% sobre os travel cheques; **b)** (advance order) encomenda *f* (**for** de); **to work to ~** trabalhar sob encomenda; **c)** (committee) comissão *f*; **a ~ of inquiry** uma comissão Po/um comité BR de inquérito; **d)** MIL patente *f* de oficial; **to get one's ~** ser nomeado oficial; **to resign one's ~** demitir-se; **e)** (carrying out) execução *f*; **the ~ of a crime** a execução dum crime; **f)** (authority to act) mandato *m* (**to do** para fazer); **g)** (mission) missão *f*; incumbência *f*; **h)** (operation) **to be in/out of ~** (of a ship) estar ao serviço/estar fora do serviço. **2** *vtr* **a)** (formal) (order) encomendar [*opera, portrait, report*] (**from** a); **b)** (instruct) **to ~ sb to do** encarregar alg de fazer; **c)** MIL promover (alg) a oficial; **a ~ed officer** um oficial; **d)** (prepare to service) armar [*ship*]; pôr (qq coisa) ao serviço [*plane, weapon system*]; **the power station is ~ed for next March** a central eléctrica entrará ao serviço em Março.
commissionaire [kəmɪʃə'neə(r)] *n* porteiro *m*.
commissioner [kə'mɪʃənə(r)] *n* **a)** comissário *m*; **b)** ADMIN membro *m* de uma comissão Po/um comité BR.
commit [kə'mɪt] *vtr* (*pres p etc* **-tt-**) **a)** (perpetrate) cometer [*crime, offence*]; **to ~ adultery** cometer adultério; **b)** (engage, promise) empenhar, comprometer [*person*] (**to do** a fazer); **this doesn't ~ you to anything** isso não te compromete a nada; **to ~ oneself** comprometer-se (**to sth** a qq coisa) (**to do sth** a fazer qq coisa); **c)** (assign) destinar, atribuir, consagrar [*money, time*] (**to** a); **d)** JUR **to ~ sb to a court for trial** enviar alg a julgamento; **to have sb ~ted** internar alg; **e)** (consign) confiar (**to** a; **to sb's care** à guarda de alg); **to ~ sth to paper** pôr qq coisa por escrito; **to ~ sth to memory** confiar na memória; **f)** POL enviar a uma comissão Po/um comité BR para exame [*bill*].
commitment [kə'mɪtmənt] *n* **a)** (obligation) compromisso *m* (**to do** de fazer); **to meet one's ~s** honrar os seus compromissos; **absent due to**

family ~s ausente por razões familiares; **b)** (being committed) incumbência *f* (**to** de); **we have a strong ~ to eradicating AIDS** temos a obrigação de erradicar a SIDA; **the job demands complete ~** este trabalho exige uma entrega total.

committed [kə'mɪtɪd] *adj* **a)** (devoted) [*parent, teacher*] devotado; **to be ~ to/to doing** consagrar-se a/a fazer; **to be politically/emotionally ~** estar comprometido politicamente/afectivamente; **b)** [*funds, time*] atribuído, destinado; **c)** (with commitments) tomado, cheio (**to doing** para fazer); **I am heavily ~** estou muito sobrecarregado; (financially) tenho pesados encargos.

committee [kə'mɪtɪ] *n* comité *m*; (to investigate, report) comissão *f* Po, comitê *m* Br.

commodity [kə'mɒdɪtɪ] *n* Comm (gen) artigo *m*; mercadoria *f*; (of food) género *m* de consumo corrente.

common ['kɒmən] **1** *n* **a)** (piece of public land) terreno *m* comunal; **b) in ~** em comum. **2** *adj* **a)** (widespread, often encountered) corrente, frequente; **in ~ use** de uso corrente; **it is ~ for sb to do** é usual que alg faça; **to be ~ among children** ser vulgar entre as crianças; **b)** (shared) comum (**to** a); **for the ~ good** pelo bem comum; **it is ~ property** é propriedade de todos; **it is ~ knowledge** é do conhecimento público; **c)** (ordinary, not aristocratic) [*man, woman*] do povo; **the ~ people** o povo; **in ~ parlance** em linguagem corrente; **to have the ~ touch** ter a simplicidade; **d)** (pej) (vulgar, low-class) ordinário, baixo; **it looks/sounds ~** isso parece ordinário; **e)** Zool, Bot [*frog, daisy, algae*] comum, vulgar; **f)** (basic minimum expected) [*courtesy, decency, humanity*] elementar. **3 commons** *npl* **a)** (the people) **the ~s** o povo; **b)** Pol (*also* **C~s**) **the C~s** os comuns *mpl*. IDIOMAS **to be as ~ as muck/dirt** (coll) (vulgar) ter maneiras rudes (fam); **they are as ~ as muck** (very widespread) há para aí aos pontapés (fam).

common cold *n* constipação *f* Po/resfriado *m* Br vulgar.

commoner ['kɒmənə(r)] *n* (non-aristocrat) plebeu,-eia *m/f*.

common law *n* direito *m* consuetudinário; **at ~** segundo o direito consuetudinário.

common: **~-law husband** marido *m* reconhecido pelo direito consuetudinário, após um período de coabitação; **~-law wife** esposa *f* reconhecida pelo direito consuetudinário, após um período de coabitação.

commonly ['kɒmənlɪ] *adv* geralmente.

common market, Common Market *n* mercado *m* comum.

commonplace ['kɒmənpleɪs] **1** *n* lugar-comum *m*; **it is a ~ that** é um lugar-comum dizer que. **2** *adj* (common, widespread) comum; (banal, trite) banal.

common: **~ room** *n* sala *f* comum; salão *m*; **~sense, ~sensical** *adj* [*attitude, approach, action*] cheio de bom senso; **~ sense** *n* bom senso *m*; senso *m* comum.

commonwealth ['kɒmənwelθ] *n* **the (British) ~ (of Nations)** Pol a Comunidade das Nações Unidas.

commotion [kə'məʊʃn] *n* **a)** (noise) tumulto *m*;

confusão *f*; reboliço *m*; **make a ~** fazer reboliço; **b)** (disturbance) comoção *f*; agitação *f*; **to cause a ~** provocar uma grande emoção; **to be in a state of ~** (person, family) estar profundamente comovido.

communal ['kɒmjʊnl] *adj* (shared in common) [*property, area, etc*] comum; [*facilities*] colectivo; (of a community) [*life*] comunitário.

commune 1 ['kɒmjuːn] *n* **a)** (group of people) comunidade *f*; **to live in/a ~** viver em comunidade; **b)** Admin (in continental Europe) comuna *f*. **2** [kə'mjuːn] *vi* **to ~ with** (nature) comungar com, estar em comunhão com; (person) conversar intimamente com.

communicate [kə'mjuːnɪkeɪt] **1** *vtr* **a)** (convey) comunicar [*ideas, feelings*] (**to** a); transmitir [*news, instructions, information*] (**to** a); **his enthusiasm ~s itself to others** o seu entusiasmo comunica-se às outras pessoas; **b)** (transmit) transmitir [*disease, virus*]. **2** *vi* **a)** (relate) comunicar-se, entrar em contacto (**with sb** com alg); **how do they ~ (with each other)?** como é que eles se comunicam?; **b)** Relig (take communion) comungar.

communication [kəmjuːnɪ'keɪʃn] **1** *n* **a)** (of information, feelings, ideas) comunicação *f*; **means of ~** meios *mpl* de comunicação; **b)** (contact) (general) comunicação *f* (**between** entre); **to be in ~ with sb** estar em contacto com alg. **2 communications** *npl* comunicações *fpl*.

communication: **~ cord** *n* GB sinal *m* de alarme; **~s satellite** *n* satélite *m* de comunicação.

communicative [kə'mjuːnɪkətɪv] *adj* **a)** (talkative) comunicativo (**about, on the subject of** acerca de); **b)** [*abilities, problems, skills*] de comunicação.

communion [kə'mjuːnɪən] *n* **(Holy) C~** Relig a comunhão, a (santa) eucaristia; **to make one's First C~** fazer a primeira comunhão; **to go to/take C~** receber a comunhão.

communiqué [kə'mjuːnɪkeɪ] *n* comunicado *m*.

Communism, communism ['kɒmjʊnɪzm] *n* comunismo *m*.

Communist, communist ['kɒmjʊnɪst] *adj, n* comunista *m*.

community [kə'mjuːnɪtɪ] *n* (gen) Pol (of people, animals) comunidade *f*; **the Protestant, student, Italian ~** a comunidade protestante, estudantil, italiana (*also* **the Community**) **the European C~** a Comunidade Europeia; **the business ~** o mundo dos negócios; **~ service** Jur trabalho *m* de interesse público; **in the ~ interest** no interesse da comunidade; **a sense of ~** espírito *m* comunitário.

community centre *n* centro *m* comunitário.

commute [kə'mjuːt] **1** *vtr* Fin converter Jur comutar (**to** em). **2** *vi* (**between** entre); **he ~s between London and Arundel** ele faz o trajecto Londres-Arundel regularmente.

commuter [kə'mjuːtə(r)] *n* utente *m* regular de um meio de transporte (como comboio Po/trem Br, autocarro Po/ônibus Br) *que mora nos arredores e trabalha na cidade*; **the ~ belt** os subúrbios *mpl*.

compact 1 ['kɒmpækt] *n* **a)** (agreement) (written) acordo *m*, contracto *m*; (verbal) entendimento *m*; **b)** (for powder) caixinha *f*. **2** [kəm'pækt] *adj*

a) (compressed) [*snow, mass*] compacto,-a, denso,-a; [*style, sentence*] conciso,-a; **b)** (neatly constructed) compacto,-a. **3** [kəm'pɔkt] *vtr* comprimir [*waste, rubbish*]; acalcar [*soil, snow*].

companion [kəm'pænjən] *n* **a)** (friend) companheiro *m*; **b)** (employee) (*also* **paid** ~) dama *f* de companhia; **c)** (pair) par *m*; **d)** LITERAT, PUBLG guia *m*.

companionable [kəm'pænjənəbl] *adj* [*person*] sociável; [*chat, meal*] amigável; [*silence, smile*] simpático.

companionship [kəm'pænjən/ɪp] *n* companhia *f*; **I have a dog for** ~ tenho um cão para me fazer companhia.

company ['kʌmpənɪ] **1** *n* **a)** COMM, JUR sociedade *f*; **airline/travel** ~ companhia aérea/de viagens; **b)** THEAT, MUS, MIL companhia *f*; **to keep sb** ~ fazer companhia a alg; **to part** ~ **with** [*person*] separar-se de [*person, bike, horse*]; **on political matters Paul and Simon part** ~ no que diz respeito à política, Paulo e Simão divergem totalmente; **to keep bad** ~ andar com más companhias; **c)** (visitors) visitas *fpl*; **to have** ~ ter visitas; **d)** (society) **to keep** ~ **with sb** andar com alg; **e)** (similar circumstances) **she's in good** ~ ela não é a única (nesta situação). **2** *modif* [*accountant, car park, headquarter*] da companhia.

comparable ['kɒmpərəbl] *adj* comparável (**to, with** a).

comparative [kəm'pærətɪv] **1** *n* LING comparativo *m*; **in the** ~ no comparativo. **2** *adj* **a)** LING comparativo; **b)** (relative) relativo; **in** ~ **terms** em termos relativos; **c)** (based on comparison) (method, study) comparativo; [*linguistics, literature, religion*] comparado.

comparatively [kəm'pærətɪvlɪ] *adv* [*safe, small, recent, young*] relativamente; [*analyse, examine, judge*] comparativamente; ~ **speaking** comparativamente falando.

compare [kəm'peə(r)] **1** *n* comparação *f*; **a beauty/leader beyond** ~ uma beleza/um chefe sem igual; **to be brave beyond** ~ ser incomparavelmente corajoso. **2** *vtr* **a)** (contrast) comparar; **to** ~ **sb/sth with** *or* **to sb/sth** comparar alg/algo a ou com alg/algo; **to** ~ **notes with sb** (fig) trocar impressões com alg; **b)** (liken) comparar, assemelhar (**to** a); **c)** LING formar os graus de comparação de [*adjective, adverb*]. **3 compared with/as** *prep phr* ~**d with sb/sth** em comparação com alg/algo. **4** *vi* ser comparável; **the two television** ~ **well for price** os dois televisores são comparáveis em relação ao preço; **how do they** ~? qual a diferença entre eles?. **5** *v refl* **to** ~ **oneself with/to** comparar-se a.

comparison [kəm'pærɪsn] *n* **a)** (likening) comparação *f* (**between** entre); **beyond** ~ sem comparação possível; **to draw a** ~ **between sth and sth** fazer uma comparação entre algo e algo; **b)** (contrast) comparação *f*; **for** ~ a título de comparação; **in/by** ~ **with** em comparação com.

compartment [kəm'pɑ:tmənt] *n* compartimento *m*.

compass ['kʌmpəs] *n* **a)** (gen) bússola *f*; **the points of the** ~ os pontos *mpl* cardeais; **b)** (**a pair of**) ~**es** MATH compasso *m*; **c)** (formal) (extent) extensão *f*; (range, scope) âmbito *m*; alcan-

ce *m*; **within the** ~ **of the law** dentro dos limites/âmbito da lei.

compatible [kəm'pɔtəbl] *adj* compatível (**with** com); **X-**~ COMPUT compatível X.

compatriot [kəm'pætrɪət, kəm'peɪtrɪət] *n* compatriota *m*.

compel [kəm'pel] (*past, pp* **-ll-**) **a)** (force) compelir, obrigar, forçar (**to do** a fazer); **b)** (win) **her courage** ~**led their respect** a sua coragem granjeou-lhe o respeito deles; **his speech** ~**led our attention** o seu discurso prendeu a nossa atenção.

compelling [kəm'pelɪŋ] *adj* [*reason, argument*] convincente; [*performance, novel*] fascinante, irresistível.

compendium [kəm'pendɪəm] *n* (*pl* **-diums** *or* **-dia**) (handbook) manual *m*; compêndio *m*; (box of games) colecção *f* de jogos de mesa.

compensate ['kɒmpenseɪt] **1** *vtr* (financially) indemnizar; **to** ~ **sb for sth** indemnizar ou compensar alg por qq coisa. **2** *vi* compensar.

compensation [kɒmpen'seɪ/n] *n* (gen) compensação *f*; FIN indemnização *f*; **in/as/by way of** ~ **(for sth)** em compensação (de/por qq coisa).

compère ['kɒmpeə(r)] **1** *n* compère *m*; animador *m*; apresentador *m*. **2** *vtr* apresentar.

compete [kəm'pi:t] **1** *vi* **a)** (gen) [*person, sounds, voices, smells*] rivalizar, competir; **to** ~ **against** *or* **with sb** rivalizar com alg; **they were competing (with each other) for the same job** eles competiam (um com o outro) para o mesmo emprego; **b)** COMM [*company*] fazer concorrência; **c)** SPORT, MUS entrar em competição (**with** com); **to** ~ **in the Olympics** participar nos Jogos Olímpicos. **2 competing** *pres p adj* rival.

competence ['kɒmpɪtəns] *n* **a)** (efficiency) competência *f*; capacidade *f*; aptidão *f*; **has he the professional** ~ **for the job?** ele é profissionalmente competente para o cargo?; **b)** JUR, LING competência *f*.

competent ['kɒmpɪtənt] *adj* **a)** (capable) (teacher, swimmer, etc) competente, apto, qualificado; **to be** ~ **to do** ser competente, qualificado ou capaz para fazer; **b)** (adequate, satisfactory) (performance) considerável; (knowledge) suficiente; (answer) satisfatório; **c)** (person) hábil, capaz (**to** para).

competently ['kɒmpɪtəntlɪ] *adv* com competência.

competition [kɒmpɪ'tɪ/n] **a)** (gen) COMM concorrência *f* (**between** entre); **in** ~ **with sb (for sth)** em concorrência com alg (por qq coisa); **b)** (contest) SPORT, MUS, THEAT concurso *m*; (race) competição *f*.

competitive [kəm'petɪtɪv] *adj* **a)** (enjoying rivalry) [*person, personality*] competitivo; **b)** COMM [*advantage, disadvantage*] concorrencial; **c)** (decided by competition) [*sport*] de competição; **by** ~ **examination** por concurso.

competitor [kəm'petɪtə(r)] *n* concorrente *m/f*.

compilation [kɒmpɪ'leɪ/n] *n* compilação *f*.

compile [kəm'paɪl] *vtr* compilar, coligir [*list, index, catalogue*].

compiler [kəm'paɪlə(r)] *n* compilador *m*; organizador *m* (de listas, textos, etc).

complacency [kəm'pleɪsənsɪ] *n* complacência *f*; benevolência *f*.

complacent [kəm'pleɪsənt] *adj* complacente, benevolente; **to grow ~ about sth** tornar-se complacente acerca de qq coisa.

complain [kəm'pleɪn] *vi* (informally) queixar-se (**to** a; **about** de); (officially) apresentar queixa (**to** junto de); reclamar (**to** a); **"how's life?"** - **"oh, I can't ~"** "como tens passado?" - "oh, não me posso queixar".

complaint [kəm'pleɪnt] *n* a) (criticism, objection) protesto *m*; recriminação *f*; (cause of grievance) queixume *m*; lamento *m*; **in the case of ~ contact the management** em caso de reclamação, é favor dirigir-se à gerência; **to lay** *or* **lodge a ~ against sb** apresentar queixa contra alg; **b)** MED doença *f*; achaque *m*.

complement ['komplɪmənt] **1** *n* (gen) MATH, LING complemento *m*; **with a full ~ of staff** com o quadro de pessoal completo. **2** *vtr* completar CULIN ser o acompanhamento de; **they ~ one another** eles completam-se, eles estão bem um para o outro.

complementary [komplɪ'mentərɪ] *adj* complementar (**to** em relação a).

complete [kəm'pli:t] **1** *adj* a) (total, utter) [*abolition, chaos, darkness, freedom*] completo, total; **he's a ~ fool** ele é completamente louco; **it's the ~ opposite** é exactamente o contrário; **it's ~ and utter rubbish** é completamente absurdo; **b)** (finished) acabado; **c)** (entire, full) [*collection, edition, works, etc*] completo; **~ with instructions** acompanhado de instruções; **d)** (typical, perfect example of) [*artist, star*] completo; [*gentleman, sportsman*] perfeito (*before n*). **2** *vtr* a) (finish) terminar [*building, investigation, degree course*]; acabar [*task, journey, exercise*]; **b)** (make whole) completar [*collection, trilogy, grand slam*]; **c)** (fill in) preencher [*form, crossword*]. **3 completed** *pp adj* [*creation, project*] acabado; **half ~d** inacabado.

completely [kəm'pli:tlɪ] *adv* [*changed, different, free, mad, etc*] completamente.

completion [kəm'pli:ʃn] *n* a) (finishing) conclusão *f* (**of** de); **it is due for ~ by the summer** prevê-se que esteja concluído no Verão; **nearing ~** quase pronto; **b)** JUR (of house sale) assinatura *f* da escritura; **on ~** no acto da escritura.

complex ['kompleks] **1** *n* a) (building, development) complexo *m*; **sport ~** complexo desportivo; **housing ~** complexo residencial; **b)** PSYCH complexo *m*; **she's got a ~ about her weight** ela tem complexos por ser gorda. **2** *adj* complexo, complicado.

complexion [kəm'plekʃn] *n* a) (face) tez *f*; cútis *f*; **b)** (aspect) aspecto *m*.

complexity [kəm'pleksɪtɪ] *n* complexidade *f*.

compliance [kəm'plaɪəns] *n* (agreement) condescendência *f*; transigência *f*; (conformity) conformidade *f* (**with** com).

compliant [kəm'plaɪənt] *adj* condescendente, complacente (**with, to** em relação a/para com).

complicate ['komplɪkeɪt] *vtr* complicar; **that ~s matters/life** isso complica as coisas.

complicated ['komplɪkeɪtɪd] *adj* complicado.

complication [komplɪ'keɪʃn] *n* (problem) inconveniente *m*; MED complicação *f*.

complicity [kəm'plɪsɪtɪ] *n* cumplicidade *f*.

compliment ['komplɪmənt] **1** *n* a) (comment, remark of admiration) cumprimento *m*; **to pay sb a ~** fazer um elogio a alg; **to return the ~** (liter) retribuir o elogio; (fig) responder da mesma maneira; **b)** (formal) **~s** (*npl*) cumprimentos *mpl*; lembranças *fpl*; votos *mpl*; **to give sb one's ~** apresentar os seus cumprimentos a alg; **with all the ~s of the season** com os nossos votos de Boas Festas. **2** *vtr* cumprimentar (**on** por); felicitar (**on** por).

complimentary [komplɪ'mentərɪ] *adj* a) (remark, letter) lisonjeiro; **b)** COMM (free) grátis.

complimentary copy *n* oferta *f*.

comply [kəm'plaɪ] *vi* (formal) aquiescer, condescender; **to ~ with (sb's wishes)** submeter-se a; (request) ceder a; (orders, instructions) respeitar, consentir; (criteria, standards) observar, respeitar.

component [kəm'pəʊnənt] **1** *n* (gen) MATH componente *m*. **2** *modif* **~ part** elemento *m*.

compose [kəm'pəʊz] **1** *vtr* a) (write) compor, produzir, escrever; (paint) pintar; **b)** (order) compor [*face, features*]; arrumar [*thoughts, ideas*]; **c)** (constitute) compor, constituir [*whole*]; **to be ~d of** ser composto por. **2** *v refl* **to ~ oneself** acalmar-se; **to ~ oneself for sleep** preparar-se para dormir.

composed [kəm'pəʊzd] *adj* [*person, features, appearance*] calmo.

composer [kəm'pəʊzə(r)] *n* MUS compositor *m*.

composite ['kompəzɪt] GB ['kompəzaɪt] US **1** *n* a) (substance) composto *m*; **b)** COMM empresa *f* mista. **2** *adj* CHEM, PHOT, ARCH, MATH (gen) composto.

composition [kompə'zɪʃn] *n* a) (make up) composição *f* (**of** de); **similar in ~** de composição análoga; **b)** MUS, LITER composição *f*; **c)** SCH redacção *f* (**about, on** sobre); **d)** PRINT composição *f*.

compost ['kompɒst] HORT *n* composto *m* de adubo.

composure [kəm'pəʊʒə(r)] *n* calma *f*; tranquilidade *f*.

compound 1 ['kompaʊnd] *n* a) (enclosure) recinto *m*; **b)** CHEM composto *m*; **c)** (word) palavra *f* composta. **2** ['kompaʊnd] *adj* [*tense, noun, leaf, etc*] composto. **3** [kəm'paʊnd] *vtr* a) (exacerbate) agravar [*difficulty, error, offence, etc*] (**by** por); **to ~ misfortune with error** aliar a infelicidade ao erro; **b)** (combine) combinar (**with** com); **~ed of** composto de.

compound interest *n* juro *m* composto.

comprehend [komprɪ'hend] *vtr* (understand) compreender.

comprehensible [komprɪ'hensɪbl] *adj* compreensível, inteligível.

comprehension [komprɪ'henʃn] *n* (understanding) compreensão *f*; entendimento *m*; **that is beyond my ~** isso ultrapassa a minha compreensão.

comprehensive [komprɪ'hensɪv] **1** *n* GB **~ (school)** escola *f* (pública) secundária. **2** *adj* a) (all-embracing) (report, list) completo, detalhado; (knowledge) amplo, lato; (planning) global; (measures) de conjunto; **~ insurance policy** seguro *m* contra todos os riscos; **b)** SCH GB (education, school) ≈ secundário.

compress 1 [kəm'pres] *vtr* comprimir, apertar [*lips*]; (fig) (condense) condensar, resumir [*text*]; reduzir [*period of time*]; ~**ed air** ar *m* comprimido. 2 ['kɒmpres] *n* compressa *f*.

compression [kəm'pre∫n] *n* (gen) PHYS compressão *f*; (of style) concisão *f*; (of book, chapters) redução *f*.

compressor [kəm'presə(r)] *n* compressor *m*.

comprise [kəm'praɪz] *vtr* (include) incluir; (consist of) consistir em.

compromise ['kɒmprəmaɪz] 1 *n* compromisso *m*; conciliação *f*; acordo *m* PO, convênio *m* BR; **to reach** *or* **to come to a** ~ chegar a um acordo. 2 *vtr* comprometer [*person*]; expor a perigo ou descrédito [*principles, reputation*]; **to** ~ **oneself** comprometer-se. 3 *vi* transigir, chegar a um acordo.

compulsion [kəm'pʌl∫n] *n* a) (urge) compulsão *f*; b) (force) força *f*; coacção *f*; **to act under** ~ agir sob coacção; **there is no** ~ **on you to leave** nada te obriga a partir.

compulsive [kəm'pʌlsɪv] *adj* a) [*liar, gambler*] inveterado; ~ **eater** bulímico *m*; b) (fascinating) [*book, story*] fascinante, irresistível; c) PSYCH compulsivo.

compulsorily [kəm'pʌlsərɪlɪ] *adv* obrigatoriamente, à força.

compulsory [kəm'pʌlsərɪ] 1 *npl* **the compulsories** (in skating) as figuras obrigatórias. 2 *adj* (subject, games, etc) obrigatório; (retirement) coercivo, imposto.

compulsory purchase *n* expropriação *f* (por motivo de utilidade pública).

compunction [kəm'pʌŋk∫n] *n* escrúpulo *m*; **to have no** ~ **in** *or* **about doing sth** não ter escrúpulos em fazer qq coisa.

computation [kɒmpjuː'teɪ∫n] *n* cômputo *m*; cálculo *m*.

compute [kəm'pjuːt] *vtr* calcular.

computer [kəm'pjuːtə(r)] *n* computador *m*; **to do sth by** ~/**on** ~/**on a** ~ fazer qq coisa no computador; **the** ~ **is down/up** o computador está avariado/a funcionar.

computerize [kəm'pjuːtəraɪz] *vtr* a) (store) meter no computador [*records, accounts*]; b) (treat by computer) informatizar [*list, system*].

computer: ~ **operator** *n* operador *m* de computadores; ~ **programmer** *n* programador *m*.

comrade ['kɒmreɪd,'kɒmrɪd] *n* (gen dated) POL camarada *m*; ~**-in-arms** camarada de armas.

comradeship *n* camaradagem *f*.

con [kɒn] (coll) *vtr* defraudar, enganar, agir fraudulentamente PO, embromar BR; **I was** ~**ned out of £5** fui burlado em 5 libras; **to** ~ **sb into doing sth** levar uma pessoa a fazer qq coisa, abusando da sua credulidade.

concave ['kɒnkeɪv] *adj* côncavo.

conceal [kən'siːl] 1 *vtr* (from view) esconder. 2 **concealed** *pp adj* (camera) escondido; (turning, road) oculto.

concealment [kən'siːlmənt] *n* (gen) JUR sigilo *m*; **a place of** ~ esconderijo *m*.

concede [kən'siːd] *vtr* a) (admit) admitir; **to** ~ **that...** reconhecer que...; b) (surrender) fazer concessão [*liberty, right*] (**to** a); ceder [*territory*] (**to** a); c) SPORT conceder, ceder [*point, goal*] (**to** a).

conceit [kən'siːt] *n* a) (vanity) vaidade *f*; b) (affectation) (lit) presunção *f*.

conceited *adj* [*person*] vaidoso; [*remark*] presumido.

conceivable [kən'siːvəbl] *adj* concebível, compreensível.

conceivably [kən'siːvəblɪ] *adv* compreensivelmente, de forma concebível; **I suppose it might just** ~ **cost more than £100** eu suponho que isso deva realmente custar mais de 100 libras.

conceive [kən'siːv] 1 *vtr* a) conceber [*child, idea, etc*]; b) (view, image) imaginar; **I cannot** ~ **that...** não consigo imaginar que.... 2 *vi* a) (woman) conceber, ficar grávida; b) **to** ~ **of sth** imaginar qq coisa.

concentrate ['kɒnsəntreɪt] 1 *n* CHEM, CULIN concentrado *m*; **orange** ~ concentrado de laranja. 2 *vtr* a) (focus) concentrar [*effort*] (**on** em, sobre; **on doing** em fazer); centrar [*attention*] (**on** em, sobre); b) CHEM, CULIN concentrar. 3 *vi* a) (pay attention) concentrar-se (**on** em, sobre); **to** ~ **on doing** aplicar-se a fazer; b) (focus) **to** ~ **on sth** [*film, report*] focar algo; c) (congregate) [*animal, person*] concentrar-se, reunir-se; **to be** ~**d** [*ownership, power, industry, population*] estar concentrado.

concentration [kɒnsən'treɪ∫n] *n* a) (attention) concentração *f* (**on** em/sobre); **to lose one's** ~ desconcentrar-se; **my powers of** ~ o meu poder de concentração; b) (specialization) especialização *f* (**on** em); c) CHEM concentração *f*; **a high/low** ~ uma forte/fraca concentração; d) (accumulation) concentração *f*; **the** ~ **of power** a concentração do poder.

concentration camp *n* campo *m* de concentração.

concept ['kɒnsept] *n* conceito *m*; noção *f*; ideia *f*.

conception [kən'sep∫n] *n* a) (idea, notion) ideia *f*; conceito *m*; b) MED concepção *f*.

concern [kən'sɜːn] 1 *n* a) (worry) inquietação *f*; preocupação *f* (**about, over** sobre, acerca de); **there is growing** ~ **about crime** há uma preocupação crescente acerca da criminalidade; **there is no cause for** ~ não há motivo para preocupação; b) (company) empresa *f*; **a going** ~ um negócio *m* rentável; c) (personal business) **that's her** ~ isso só a ela diz respeito; **your private life is no** ~ **of mine** a tua vida privada não me diz respeito ou não tenho nada com a tua vida privada; d) FIN comparticipação *f* (**in** em). 2 *vtr* a) (worry) preocupar, inquietar; b) (affect) interessar; **to whom it may** ~ a quem possa interessar; c) (involved) (*always in passive*) **to be** ~**ed in sth** estar implicado em qq coisa [*scandal*]; **to be** ~**ed with sth** ocupar-se de qq coisa; d) (be about) [*book, programme*] tratar de.

concerned [kən'sɜːnd] *adj* (anxious) preocupado (**about sth/sb** com alguma coisa/alg); **to be** ~ **at the news** estar preocupado com as notícias.

concerning [kən'sɜːnɪŋ] *prep* relativo a, respeitante a.

concert ['kɒnsət] 1 *n* a) MUS concerto *m*; b) (formal) (cooperation) **in** ~ de comum acordo; **in** ~ **with** em harmonia com. 2 *modif* (music, ticket, etc) de concerto.

concerted [kən'sɜːtɪd] *adj* [*efforts, action*] combinado; **to make a ~ effort to do sth** combinar esforços para fazer qq coisa.

concert: **~goer** *n* frequentador *m* assíduo de concertos; **~ hall** *n* sala *f* de concertos.

concertina [kɒnsə'ti:nə] **1** *n* concertina *f*; harmónio *m*. **2** *vi* GB (vehicle, part of vehicle) dobrar-se em harmónio; **three carriages had ~ed (together)** três carruagens ficaram encaixadas umas nas outras.

concerto [kən't/ɜ:təʊ, kən't/eətəʊ] *n* (*pl* **-tos** *or* **-tia**) concerto *m*.

concise [kən'saɪs] *adj* **a)** (succinct) conciso,-a; **b)** (abridged) **A Concise History of Celtic Art** História Concisa da Arte Celta.

conclude [kən'klu:d] **1** *vtr* **a)** concluir, terminar [*discussion, etc*]; **to be ~d** termina no próximo episódio ou no próximo número; **b)** (settle) estabelecer, decidir [*deal, agreement*]; **c)** (deduce) deduzir, concluir (**from** de; **that** que). **2** *vi* (story) terminar (**with** por); **to ~** para finalizar.

concluding [kən'klu:dɪŋ] *adj* final, derradeiro.

conclusion [kən'klu:ʒn] *n* **a)** (end) (of event, book, etc) fim *m*; **in ~** em conclusão; **b)** (opinion, resolution) conclusão *f*; **to draw a ~ from sth** tirar uma conclusão de qq coisa; **don't jump to ~s!** não tire conclusões precipitadas; **c)** (of agreement, deal) conclusão *f* (**of** de).

conclusive [kən'klu:sɪv] *adj* [*evidence, proof*] conclusivo, decisivo.

concrete ['kɒnkri:t] **1** *n* cimento *m*; betão *m* Po, concreto *m* BR. **2** *adj* **a)** de betão; **~ block** bloco *m* de cimento; **~ mixer** betoneira *f*; **b)** (gen) PHILOS, MUS, LING concreto; **in ~ terms** em termos específicos, concretamente. **3** *vtr* see **~ over**. ■ **concrete over:** **~ (sth) over,** **~ over (sth)** cobrir de cimento.

condemn [kən'dem] **1** *vtr* **a)** (censure) condenar (**for doing** por ter feito); **to ~ sb as an opportunist** denunciar alg como oportunista; **b)** JUR (sentence) **to ~ sb to death/life imprisonment** condenar alg à morte/à prisão prepétua; **c)** (doom) **to be ~ed to do** estar condenado a fazer; **to ~ sb to** condenar alg a [*poverty*]; **d)** (declare unsafe) declarar inabitável [*building*]. **2** **condemned** *pp adj* **a)** [*cell*] dos condenados à morte; **~ed man/woman** condenado,-a *m/f* à morte; **b)** [*building*] declarado inabitável.

condition [kən'dɪ/n] **1** *n* **a)** (stipulation) condição *f* (**for** para); **to fulfil** *or* **meet** *or* **satisfy the ~s** satisfazer as condições; **on ~ that** com a condição de; **I agree, on one ~, namely that you pay in cash** concordo, com uma condição, que pague a dinheiro; **b)** (state) estado *m*; condição *f*; **the house is in good ~** a casa está em bom estado; **to be in critical ~** estar em estado crítico; **to be in no ~ to do** não estar em condições de fazer; **c)** (disease) doença *f*; **a heart ~** uma doença de coração; **d)** (fitness) forma *f*; **to be out of ~** não estar em forma. **2 conditions** *npl* (circumstances) condições *fpl*; **to work under difficult ~s** trabalhar em condições difíceis; **weather ~s** condições *fpl* meteorológicas. **3** *vtr* PSYCH condicionar; **a ~ed response** (lit, fig) reflexo *m* condicionado.

conditional [kən'dɪ/ənl] **1** *n* LING condicional *m*; **in the ~** no condicional. **2** *adj* **a)** (dependent) [*agreement, acceptance, approval, offer, support*] condicional; **to make sth ~ on sth** fazer depender uma coisa de outra; **the sale is ~ on signing the contract** a venda só se torna efectiva no momento da assinatura do contrato; **b)** LING [*clause, sentence*] condicional; **a verb in the ~ tense** um verbo no condicional.

conditionally [kən'dɪ/ənəlɪ] *adv* (with stipulations) [*agree, accept, propose*] sob condições, condicionalmente.

conducive [kən'dju:sɪv] *adj* conducente, propício; **to be ~ to** contribuir para, ser propício a.

conduct ['kɒndʌkt] **1** *n* **a)** (behaviour) conduta *f*; comportamento *m* (**towards** em relação a); **b)** (handling) (of campaign, policy, etc) condução *f* (**of** de). **2** *vtr* **a)** (lead) conduzir, guiar [*visitors, group*]; **she ~ed us around the house** ela mostrou-nos a casa toda; **~ed tour** *or* **visit** visita *f* guiada; **b)** (manage) dirigir, administrar, gerir [*life, business, campaign*]; **c)** (carry out) celebrar [*religious ceremony*]; **d)** MUS reger [*orchestra, etc*]; **e)** (behave) **to ~ oneself** (*refl*) comportar-se; **f)** ELECT, PHYS ser condutor.

conduction [kən'dʌk/n] *n* condução *f*; ELECT, PHYS condutibilidade *f*.

conductor [kən'dʌktə(r)] *n* **a)** MUS chefe *m* de orquestra; **b)** TRANSP (on bus) cobrador *m*; US RAIL chefe *m* de comboio Po/de trem BR; **c)** ELECT, PHYS condutor *m*.

conductress *n* TRANSP cobradora *f*.

conduit ['kɒndɪt, 'kɒndjʊɪt] *n* conduta *f*.

cone [kəʊn] *n* **a)** MATH, (gen) cone *m*; **b)** (*also* **ice-cream ~**) cone *m*; **c)** (for traffic) cone *m*.

confection [kən'fek/n] (formal) *n* **a)** CULIN (cake) bolo *m*; (sweetmeat) doce *m*; compota *f*; **b)** (act, process) preparação *f*.

confectioner [kən'fek/ənə(r)] *n* (making sweets) confeiteiro *m*; doceiro *m*; (making cakes) pasteleiro *m*.

confectionery [kənf'ek/ənərɪ] *n* (sweets, chocolates, etc) doçaria *f*; doces *mpl*; (high quality) confeitaria *f*; (cakes) pastelaria *f*.

confederate [kən'fedərət] **1** *n* **a)** (in conspiracy) cúmplice *m*; conspirador *m*; **b)** POL confederado *m*. **2** *vi* **a)** (unite) confederar-se, aliar-se (**with** com); **b)** (conspire) **to ~ with sb** conspirar com alg (**against** contra).

confederation [kənfedə'reɪ/n] *n* confederação *f*.

confer [kən'fɜ(r)] (formal) **1** *vtr* conferir, outorgar [*right, honour, etc*] (**on, upon** a). **2** *vi* conferenciar.

conference ['kɒnfərəns] *n* (meeting) conferência *f* (**on** sobre); POL congresso *m*; **to be in ~** estar em conferência (**with** com); **peace ~** conferência para a paz.

conference table *n* mesa *f* de conferências ou de negociações.

confess [kən'fes] *vtr* **a)** confessar [*crime, mistake*]; admitir, reconhecer [*desire, weakness*]; **to ~ oneself guilty** confessar-se culpado; **I must ~ I don't like him** devo confessar que não gosto dele; **b)** RELIG (penitent) confessar(-se).

confession [kən'fe/n] *n* **a)** (gen) JUR confissão *f* (**of** de); **to make a full ~** fazer uma confissão completa; **b)** RELIG confissão *f*; **to go to ~** ir-se confessar.

confessional [kən'fe/ənl] RELIG confessional.

confessor [kən'fesə(r)] *n* confessor *m*.

confetti [kən'fetɪ] *n* confetti *m*.
confidant ['kɒnfɪdænt, kɒnfɪ'dænt] *n* confidente *m*.
confidante *n* confidente *f*.
confide [kən'faɪd] **1** *vtr* **a)** (entrust) confiar (**to** a); **to ~ sth/sb to sb's care** confiar alg ou algo à guarda de alg; **b)** (tell) confiar [*secret, hope*] (**to** a). **2** *vi* **to ~ in sb** fazer confidências a alg.
confidence ['kɒnfɪdəns] *n* **a)** (faith) confiança *f*; fé *f*; **to have (every) ~ in** sb/sth ter (plena) confiança em alg ou algo; **vote of ~, ~ vote** POL voto *m* de confiança; **motion of no ~** moção *f* de censura; **b)** (self-assurance) segurança *f*; autoconfiança *f*; **c)** (certainty) segurança *f*; **in the full ~ that...** com a plena certeza de que...; **d)** (confidentiality) confidência *f*; **to take sb into one's ~** confiar-se a alg; **in strict ~** confidencialmente; **e)** (secret) confidência *f*.
confidence: ~ game *n* US see **~ trick; ~ man** *n* see **~ trickster; ~ trick** *n* vigarice *f*; **~ trickster** *n* vigarista *m* Po, vivaldino *m* BR.
confident ['kɒnfɪdənt] *adj* **a)** (sure) confiante, seguro; **to be ~ that...** estar certo de que...; **b)** (self-assured) seguro de si, auto-confiante.
confidential [kɒnfɪ'denʃl] *adj* [*information, letter, etc*] confidencial; (servant) de confiança; **~ secretary** secretária *f* particular.
confidentiality [kɒnfɪdenʃɪ'ælɪtɪ] *n* confidencialidade *f*.
confidentially [kɒnfɪ'denʃəlɪ] *adv* confidencialmente.
confidently ['kɒnfɪdəntlɪ] *adv* [*speak, behave*] com segurança.
confine [kən'faɪn] *vtr* **a)** (in room, prison, etc) reter, confinar (**in, to** em); (mental patient) internar (**in, to** em); (animal) fechar, prender (**in** em); **to be ~d to bed** estar acamado, estar de cama; **b)** (limit) limitar, restringir; **to ~ oneself to (doing) sth** cingir-se ou limitar-se a (fazer) qq coisa.
confinement [kən'faɪnmənt] *n* **a)** (detention) (in cell, prison) reclusão *f*; (**in, to** em); **b)** MED (period) puerpério *m*; **b)** (birth) parto *m*.
confines *npl* limites *mpl*; fronteiras *fpl*; **within the ~ of** dentro dos limites de.
confirm [kən'fɜːm] *vtr* **a)** (corroborate) confirmar; **we ~ receipt of your cheque** COMM acusamos a recepção do vosso cheque; **b) to ~ sb in sth** (opinion, dislike, prejudice) comprovar as razões de alg em relação a qq coisa; **c)** ADMIN, POL reconduzir; **d)** RELIG crismar.
confirmation [kɒnfə'meɪʃn] *n* **a)** (of belief, statement, news, etc) confirmação *f*; **b)** ADMIN, POL (of appointment to post) recondução *f*; **c)** RELIG crisma.
confirmed [kənfɜːmd] *adj* [*alcoholic, smoker, etc*] inveterado; [*bachelor, sinner*] empedernido.
confiscate ['kɒnfɪskeɪt] *vtr* confiscar (**from** a).
confiscation [kɒnfɪs'keɪʃn] *n* confiscação *f*.
conflict[1] ['kɒnflɪkt] *n* (dispute) conflito *m* (**between** entre); **to be in ~/to come into ~ with** estar/entrar em conflito com; **~ of interests** luta *f* de interesses; **b)** (dilemma) conflito *m* (**between** entre); **he felt a ~ of loyalties** ele sentiu-se dividido no seu dever de lealdade.
conflict[2] [kən'flɪkt] *vi* (clash) **to ~ with** (state-

ment, feeling) entrar em contradição com; (events, programme) colidir, realizar-se ao mesmo tempo.
conflicting [kən'flɪktɪŋ] *adj* **a)** (incompatible) [*views, feelings*] oposto, incompatível, contraditório; **b)** (coinciding) [*dates, events*] coincidente; **I have two ~ engagements for April 20th** a 20 de Abril tenho dois compromissos simultâneos.
conform [kən'fɔːm] **1** *vtr* conformar, ajustar (**to** a). **2** *vi* **a)** (to rules, conventions, etc) (person) conformar-se (**with, to** a); (model, machine, etc) estar conforme (**to** a); **b)** (correspond) (ideas, beliefs) adaptar-se (**with, to** a).
conformist [kən'fɔːmɪst] *n, adj* (gen) RELIG conformista.
conformity [kən'fɔːmɪtɪ] *n* **a)** conformidade *f* (**to** com); **in ~ with** em conformidade com; **b)** RELIG conformismo *m*.
confound [kən'faʊnd] *vtr* **a)** (perplex) confundir, desconcertar; **b)** (discredit) desmentir, desfazer [*rumours*]; **c)** (coll) **~ it!** caramba!; **~ him!** (fam) que ele vá para o diabo!.
confront [kən'frʌnt] *vtr* **a)** (face) defrontar, enfrentar; **to be ~ed by** [*animal, police*] defrontar-se com; **a problem ~ed us** estávamos perante um problema; **b)** (bravely) desafiar [*danger, boss*]; fazer frente a [*problem*]; **to ~ the truth** enfrentar a verdade; **c)** (present) **to ~ sb with sth/sb** pôr alg em presença de algo/alg.
confrontation [kɒnfrən'teɪʃn] *n* confrontação *f* (**between** entre; **with** com).
confuse [kən'fjuːz] *vtr* **a)** (bewilder) baralhar, misturar; **b)** (fail to distinguish) confundir (**with** com); **c)** (complicate) complicar [*argument, explanation*]; **to ~ the issue** para complicar as coisas; **d)** (perplex) desconcertar.
confused [kən'fjuːzd] *adj* **a)** (bewildered) [*person*] baralhado, desnorteado; [*thoughts, mind*] confuso; **I'm ~ about what to do** não sei muito bem o que devo fazer; **b)** (unclear) [*account, reasoning*] obscuro; **c)** [*memories, sounds*] confuso; [*voices*] indistinto; **a ~ impression** uma vaga impressão.
confusing [kən'fjuːzɪŋ] *adj* (perplexing) desconcertante.
confusion [kən'fjuːʒn] *n* **a)** (in idea, in sb's mind) confusão *f*; **to create** *or* **cause ~** criar/causar confusão (no espírito de alg); **b)** (lack of distinction) confusão *f*; **c)** (chaos) desordem *f* Po, bagunça *f* BR; tumulto *m*.
congeal [kən'dʒiːl] *vtr, vi* solidificar(-se) [*oil, fat*]; coalhar(-se) [*milk*]; coagular(-se) [*blood*].
congenial [kən'dʒiːnɪəl] *adj* [*person, company*] agradável.
congenital [kən'dʒenɪtl] *adj* MED congénito; [*fear, dislike*] inato; [*liar*] inveterado.
congested [kən'dʒest] *adj* **a)** [*road*] congestionado; [*passage*] obstruído; [*district*] superpovoado; **b)** MED congestionado.
congestion [kən'dʒestʃn] *n* **a)** (of district) grande densidade *f* populacional; (of road) congestionamento *m*; **traffic ~** engarrafamento *m* de trânsito; **b)** MED congestão *f*.
conglomerate **1** [kən'glɒmərət] *n* COMM, GEOM conglomerado *m*. **2** [kən'glɒməreɪt] *vtr, vi* conglomerar(-se), aglomerar(-se), amontoar(-se).

congratulate [kən'grætjʊleɪt] *vtr* felicitar, congratular, dar os parabéns (**on sth** por qq coisa; **on doing sth** por ter feito qq coisa); **to ~ oneself** congratular-se.

congratulation [kəngrætjʊ'leɪʃn] **1** *n* felicitação *f*. **2 congratulations** *npl* felicitações *fpl*; parabéns *mpl*; **to offer one's ~ to sb** dar os parabéns a alg.

congregate ['kɒŋgrɪgeɪt] *vtr* congregar(-se), reunir(-se), juntar(-se) (**around** à volta).

congregation [kɒŋgrɪ'geɪʃn] *n* RELIG (in church) assembleia *f* de fiéis; (of cardinals) congregação *f*.

congress ['kɒŋgres] *n* (conference) congresso *m* (**on** sobre).

Congress *n* POL US o Congresso; **in ~** no Congresso.

Congressional [kən'greʃənl] *adj* US **~ district** ≈ circunscrição *f* dum membro do Congresso.

congressman *n* US membro do Congresso.

conifer ['kɒnɪfə(r), 'kəʊnɪfə(r)] *n* conifera *f*.

conjecture [kən'dʒektʃə(r)] **1** *n* hipótese *f*; conjectura *f*; suposição *f*; **to be a matter for ~** ser hipotético. **2** *vtr* supor, conjecturar. **3** *vi* fazer conjecturas (**about** acerca de).

conjugal ['kɒndʒʊgl] *adj* conjugal.

conjugate ['kɒndʒʊgeɪt] **1** *vtr* conjugar. **2** *vi* LING conjugar-se.

conjugation ['kɒndʒʊ'geɪʃn] *n* LING conjugação *f*.

conjunction [kən'dʒʌŋkʃn] *n* (gen) ASTRON, LING conjunção *f*; (of circumstances, events) associação *f*; **in ~** juntamente; **in ~ with** conjuntamente com.

conjure [kʌn'dʒə(r)] **1** *vtr* (by magic) praticar magia PO, fazer macumba BR; **to ~ sth** (rabbit, spirits) fazer aparecer qq coisa. **2** *vi* fazer truques de prestidigitação. **IDIOMAS a name to ~ with** um nome que se evoca com respeito.
■ **conjure up**: **to ~ up (sth), ~ (sth) up** fazer aparecer qq coisa como por magia [*house, yacht*].

conjurer ['kʌndʒərə(r)] *n* prestidigitador *m*; ilusionista *m*.

conk [kɒŋk] ■ **conk out** (slang) **to ~ out** (fall asleep) adormecer; (break down) falhar, entrar em pane [*motor*].

conker ['kɒŋkə(r)] (coll) *n* castanha *f* da Índia; (coll) **~s** GB jogo infantil em que cada jogador tem de equilibrar uma castanha em cima de um fio.

connect [kə'nekt] **1** *vtr* **a)** (join) ligar PO, conectar BR [*two objects, two ends*]; **b)** (link or act as a link) juntar, unir, ligar PO, conectar BR [*two roads, one place to another*]; (fig) **c)** ELEC (*also ~* **up**) (to source of electricity supply) ligar PO, conectar BR [*appliance, plug*] (**to** a); **d)** TELECOM (put through) estabelecer a ligação PO/ conexão BR. **2** *vi* **a)** [*room*] comunicar (**with** com); **b)** [*transport service, bus, plane*] fazer a ligação *or* a correspondência (**with** com).

connected [kə'nektɪd] *adj* **a)** (inter related) (two or more matters, ideas, events, etc) interligado; **b)** (related to sth) [*one matter*] relacionado (**with, to** com); **c)** (related in family) aparentado (**to** a); **to be well ~** (through family) ser de boas famílias; (having influence) ser bem relaciona-

do; **d)** (physically joined) [*roads*] ligado; [*railway wagons*] engatado; [*pipes*] unido.

connecting [kə'nektɪŋ] *adj* **a)** [*flight*] de ligação; **b)** [*room*] contíguo.

connection GB, **connexion** US [kə'nekʃn] **1** *n* **a)** (lit) ligação *f* PO, conexão *f* BR; (of pipes, tubes) função *f*; **b)** (fig) (link) relação *f* (**between** entre); **in ~ with** com relação a. **2 connections** *npl* (of power, influence) relações *fpl*; conhecimentos *mpl*; cunhas *fpl* (fam).

connivance [kə'naɪvəns] *n* conivência *f*; (**to act**) **with sb in ~** (agir) de conivência com alg.

connive [kə'naɪv] **1** *vi* **a)** (give tacit support to) **to ~ at** (theft, escape) fazer vista grossa (fam); **b)** (participate) **to ~ (with sb) in doing sth** ser conivente (com alg) em fazer qq coisa. **2 conniving** *pres p* (person) sem escrúpulos.

connoisseur [kɒnə'sɜ:(r)] *n* conhecedor *m*; (**of sth** de/em qq coisa).

connotation [kɒnə'teɪʃn] *n* conotação *f*.

conquer ['kɒŋkə(r)] **1** *vtr* (control) conquistar [*territory, people*]; vencer [*enemy, disease*]; ultrapassar [*fear*]. **2 conquering** *pres p adj* vitorioso, triunfante.

conqueror ['kɒŋkərə(r)] *n* (gen) MIL vencedor *m*; conquistador *m*.

conquest ['kɒŋkwest] *n* **a)** (of country) conquista *f*; **b)** (of disease) erradicação *f*; **c)** (territory) território *m* conquistado; **d)** (hum) (girl) conquista.

conscience ['kɒnʃəns] *n* **a)** (moral sense) consciência *f*; **b)** (feeling of guilty) remorso *m*; **to have a guilty** *or* **bad ~** ter remorsos; **to do sth with a clear ~** fazer qq coisa com a consciência tranquila. **IDIOMAS in all** *or* **in good ~** (justifiably) (say) francamente; (act) honestamente.

conscience: ~ clause *n* objecção *f* de consciência; **~-stricken** *adj* arrependido, cheio de remorsos.

conscientious [kɒnʃɪ'enʃəs] *adj* [*person, attitude*] conscencioso.

conscientiously [kɒnʃɪ'enʃəslɪ] *adv* conscienciosamente.

conscientious objector *n* objector *m* de consciência.

conscious ['kɒnʃəs] **1** *n* **the ~** PSYCH o consciente. **2** *adj* **a)** (aware) **~ of** consciente de; **to be ~ that...** estar/ser consciente de que...; **to be politically ~** ter consciência política; **b)** (deliberate) deliberado; **c)** MED consciente.

consciously ['kɒnʃəslɪ] *adv* (deliberately, with full awareness) conscientemente.

consciousness ['kɒnʃəsnɪs] *n* **a)** (awareness) consciência *f* (**of** de); (undefined) percepção *f* (**of** de); **b)** MED conhecimento *m* das coisas; **to lose/regain ~** perder/recuperar a consciência.

conscript [kən'skrɪpt] **1** *n* recruta *m*. **2** *vtr* (army) alistar; (for military service) incorporar, recrutar.

conscription [kən'skrɪpʃn] *n* **a)** (army duty) serviço *m* militar; **b)** (process) recrutamento *m* militar; incorporação *f* nas forças armadas.

consecrate ['kɒnsɪkreɪt] *vtr* RELIG (*usu in the passive*) consagrar.

consecration [kɒnsɪ'kreɪʃn] *n* (of church, bishop) consagração *f*.

consecutive [kən'sekjʊtɪv] *adj* consecutivo, sucessivo.

consecutively [kən'sekjʊtɪvlɪ] *adv* consecutivamente.

consensus [kən'sensəs] *n* consenso *m* (**among** entre); **what's the ~?** qual é a opinião geral ?.

consent [kən'sent] **1** *n* **a)** (permission) consentimento *m*; permissão *f*; **b)** (agreement) acordo *m* Po, convênio *m* Br; **by common** ~ por consenso geral; **by mutual** ~ por consenso mútuo. **2** *vi* consentir; **to** ~ **to sth/to do sth** consentir qq coisa/que se faça qq coisa; **between** ~ **adults** entre adultos concordantes.

consequence ['kɒnsɪkwəns] *n* **a)** (result) consequência *f*; resultado *m*; **as a** ~ **of** *or* **in** ~ **of** como consequência de/em consequência de; **in** ~ consequentemente; **to take/face the** ~**s** aceitar/enfrentar as consequências; **b)** (formal) (importance) importância *f*; **it's a matter of some** ~ é um assunto bastante importante; **he is a man of no** ~ é uma pessoa sem importância.

consequent ['kɒnsɪkwənt] *adj* (resulting) resultante; **the strike and the** ~ **redundancies** a greve e os excessos subsequentes.

consequently ['kɒnsɪkwəntlɪ] *adv* consequentemente, por consequência.

conservation [kɒnsə'veɪʃn] **1** *n* **a)** (of nature) protecção *f*; **energy** ~ manutenção *f* da energia; **b)** (of heritage) conservação *f*; manutenção *f*. **2** *modif* [*group, measure*] de protecção; ~ **area** zona *f* protegida.

conservationist [kɒnsə'veɪʃənɪst] *n* ecologista *m*.

conservatism [kən'sɜːvətɪzm] *n* (gen) Pol conservadorismo *m*.

conservative [kən'sɜːvətɪv] **1** *n* Pol conservador *m*. **2** *adj* **a)** Pol (person, policy) conservador; **b)** (cautious) (attitude) cauteloso, moderado; **at a** ~ **estimate** num cálculo por baixo/por defeito; **c)** (taste, style) clássico.

conservatory [kən'sɜːvətərɪ] *n* **a)** (beside house) jardim *m* de Inverno; **b)** us Mus conservatório *m*.

conserve [kən'sɜːv] **1** *n* (jam) (dated) doce *m*; conserva *f* de frutas. **2** *vtr* **a)** Ecol proteger [*forest*]; salvar [*wildlife*]; conservar [*remains, ruins*]; **b)** (save up) preservar, economizar, poupar [*natural resources*]; **c)** Fin economizar, poupar [*cash, stocks*].

consider [kən'sɪdə(r)] **1** *vtr* **a)** (give thought to, study) considerar, estudar; **to** ~ **how...** pensar na maneira de...; **to** ~ **why** examinar as razões pelas quais...; **to** ~ **whether...** decidir se...; **b)** (take into account, bear in mind) tomar (algo) em consideração [*risk, cost, difficulty, matter*]; ter em conta [*person*]; tomar em atenção [*person's feelings, wishes*]; **when you** ~ **that...** quando se tem em atenção que...; **all things** ~**ed** tomando tudo em consideração; **c)** (envisage, contemplate) considerar [*course action, purchase*]; **to** ~ **doing sth** pensar em fazer algo; **to** ~ **sb for a role** pensar em alg para um papel; **to** ~ **sb/sth as sth** pensar em alg/algo como qq coisa; **d)** (regard) **to** ~ **sb/sth favourably** encarar alg/algo favoravelmente; ~ **the matter closed** considere o assunto encerrado. **2** *vi* reflectir. **3 considered** *pp adj* [*answer, view, manner*] reflectido; **it is my** ~**ed opinion that, in my** ~**ed opinion** é convicção minha que, segundo a minha convicção.

considerable [kən'sɪdərəbl] *adj* considerável; **at** ~ **expense** a um preço considerável; **to a** ~ **degree/extent** em larga medida.

considerably [kən'sɪdərəblɪ] *adv* [*improve, vary, less, more*] consideravelmente.

considerate [kən'sɪdərət] *adj* [*person, nature*] atencioso; [*remark, behaviour, driver, motorist*] delicado; **to be** ~ **of sb's feelings/point of view** respeitar os sentimentos/o ponto de vista de alg; **to be** ~ **towards sb** ser atencioso em relação a alg; **it was** ~ **of you to...** foi amável da tua parte....

consideration [kənsɪdə'reɪʃn] *n* **a)** (thought, deliberation) consideração *f*; reflexão *f*; **after careful** ~ após cuidadosa reflexão; **to give** ~ **to sth** reflectir sobre algo; ~ **is being given to...** estar a ser examinado...; **to take sth into** ~ tomar algo em consideração; **to be under** ~ [*matter*] estar em estudo; **b)** (thoughtfulness, care) consideração *f* (**for** por); **to do sth out of** ~ fazer algo por consideração a; **c)** (factor, thing to be considered) consideração *f*; (concern) preocupação *f*; **commercial/political** ~**s** preocupações *fpl* comerciais/políticas; **safety is the overriding** ~ a segurança é a preocupação dominante; **my family is my only** ~ a minha única preocupação é a família; **d)** (fee) **for a** ~ mediante pagamento.

considering [kən'sɪdərɪŋ] **1** *prep, conj* considerando que; **it's not bad,** ~ **the price it was** não foi mau, considerando o preço que custou; **he did well,** ~ **(that) he was tired** ele portou-se bem, tendo em conta o seu cansaço. **2** *adv* (coll) feitas as contas.

consign [kən'saɪn] *vtr* **a)** (hand over) ceder, entregar; ~ **to the flames** abandonar às chamas; **b)** (entrust) **to** ~ **to sb's care** confiar aos cuidados de alg; **c)** (formal) Comm expedir, consignar [*goods*] (**to** para/a).

consignment [kən'saɪnmənt] *n* Comm expedição *f*; envio *m*; entrega *f*; remessa *f*; **for** ~ para expedição.

consist [kən'sɪst] *vi* consistir; **to** ~ **of sth/sb** compor-se de qq coisa/alg; **to** ~ **in sth/doing** consistir em qq coisa/em fazer.

consistency [kən'sɪstənsɪ] *n* **a)** (texture) consistência *f*; densidade *f*; **in** ~ em consistência; **b)** (of view, policy) coerência *f*; (of achievement) constância *f*.

consistent [kən'sɪstənt] *adj* (uniform) uniforme; (logical) coerente; ~ **with** de acordo com.

consistently [kən'sɪstəntlɪ] *adv* (regularly) invariavelmente; (continually) constantemente.

consolation [kɒnsə'leɪʃn] *n* consolação *f*; consolo *m* (**to** para); ~ **prize** prémio *m* de consolação.

console[1] [kən'səʊl] *vt* consolar (**with sth** com qq coisa); **to** ~ **oneself** consolar-se.

console[2] ['kɒnsəʊl] *n* **a)** (panel) consola *f*; **b)** (cabinet) móvel *m*; armário *m* de hi-fi, vídeo.

consolidate [kən'sɒlɪdeɪt] **1** *vtr* **a)** consolidar [*knowledge, position*]; **b)** Comm, Fin reunir [*resources*]; fundir, unir [*companies*]; us Sch reagrupar. **2** *vi* (become stronger) fortalecer(-se).

consolidation [kənsɒlɪ'deɪʃn] *n* (of knowledge, position) consolidação *f*; (of companies) Fin, Comm fusão *f*.

consoling [kən'səʊlɪŋ] *adj* consolador, reconfortante.

consonant ['kɒnsənənt] n LING consoante f.

consortium [kən'sɔːtɪəm] n (pl -iums or -ia) FIN consórcio m.

conspicuous [kən'spɪkjʊəs] adj a) (to the eye) (feature, sign) visível; (garment) patente, evidente, espampanante; to be ~ fazer-se notar (for sth por qq coisa); to feel ~ ter a sensação de dar nas vistas; in a ~ position bem em evidência; b) (unusual) (success, gallantry) notável; (failure) manifesto; a ~ lack of... (hum) uma total falta de....

conspicuously [kən'spɪkjʊəslɪ] adv (placed) em evidência; (dressed) de forma a atrair as atenções; (unusually) de forma notável; to be ~ absent (hum) brilhar pela ausência.

conspiracy [kən'spɪrəsɪ] n conspiração f (against contra); a ~ of silence um pacto m de silêncio.

conspirator [kən'spɪrətə(r)] n conspirador.

conspiratorial [kənspɪrə'tɔːrɪəl] adj cúmplice.

conspire [kən'spaɪə(r)] vi (plot) conspirar (against contra; with com).

constable ['kʌnstəbl, 'kɒnstəbl] n GB POLICE agente m/f (da polícia).

constabulary [kən'stæbjʊlərɪ] n GB POLICE força f policial; a polícia f.

constancy ['kɒnstənsɪ] n constância f; (to para com).

constant ['kɒnstənt] 1 n a) factor m constante (in em); b) MATH, PHYS constante f. 2 adj constante, regular, permanente.

constantly ['kɒnstəntlɪ] adv constantemente.

constellation [kɒnstə'leɪʃn] n ASTRON constelação f.

consternation [kɒnstə'neɪʃn] n consternação f; to sb's ~ para consternação de alg; in ~ consternado.

constipation [kɒnstɪ'peɪʃn] n prisão f de ventre.

constituency [kən'stɪtjʊənsɪ] n POL (district) circunscrição f (eleitoral); (voters) eleitorado m; ~ party secção f local de um partido político.

constituent [kən'stɪtjʊənt] 1 n a) POL eleitor m; b) (of compound) constituinte m; componente m; (of character) traço m; (of event, work of art) elemento m. 2 adj constitutivo POL [assembly, power] constituinte.

constitute ['kɒnstɪtjuːt] vtr (amount to, compose) constituir; (set up) organizar.

constitution [kɒnstɪ'tjuːʃn] n constituição f.

constitutional [kɒnstɪ'tjuːʃnl] 1 (dated or hum) n passeio m. 2 adj a) (relating to laws) constitucional; b) (innate) [tendency, inability] inato.

constrain [kən'streɪn] (formal) 1 vtr (usu in passive) constranger (to do a fazer). 2 constrained pp adj (smile) constrangido; (silence, air) embaraçado.

constraint [kən'streɪnt] (formal) n constrangimento m; under ~ sob coacção; you are under no ~ esteja perfeitamente à vontade.

constrict [kən'strɪkt] 1 vtr a) (gen) MED (block) comprimir, apertar, bloquear [flow, blood vessel]; dificultar [breathing, movement]; b) (fig) to ~ sb ser um obstáculo para alg. 2 constricted pp adj (voice) estrangulado; (breathing) dificultado; (space) restrito, limitado.

constriction [kən'strɪkʃn] n (gen) MED (tightness) aperto m; (squeezing) constrição f.

construct 1 [kən'strʌkt] vtr construir (of com; in em). 2 ['kɒnstrəkt] n construção f.

construction [kən'strʌkʃn] 1 n a) (building, composition) construção f; under ~ ALSO LING em construção; b) (interpretation) interpretação; to put a ~ on sth dar uma interpretação a qq coisa. 2 modif (work, equipment, toy) para construir; (worker) da construção civil; ~ industry a construção civil.

constructive [kən'strʌktɪv] adj construtivo.

construe [kən'struː] vtr interpretar [remark, reaction, phrase] (as como); wrongly ~d mal interpretado.

consul ['kɒnsl] n cônsul m.

consular ['kɒnsjʊlə(r)] adj consular.

consulate ['kɒnsjʊlət] n consulado m.

consult [kən'sʌlt] 1 vtr consultar (about acerca de). 2 vi (confer) to ~ (together) aconselhar-se (about acerca de).

consultant [kən'sʌltənt] 1 n (gen) consultor m (on, in em; to de); GB MED especialista m (ligado a um hospital). 2 modif ~ obstetrician MED chefe m do serviço de obstetrícia.

consultation [kɒnsʌl'teɪʃn] n (for advice) consulta f (about sobre); (for discussion) conferência f (about sobre); after ~ with sb (formal) depois de ter consultado alg.

consume [kən'sjuːm] vtr a) (eat) comer; (drink) beber; devorar [prey]; b) (use up) consumir [fuel, food, drink]; c) (destroy) destruir; d) (overwhelm) to be ~d by or with sth [envy, guilt] ser roído por; [desire] arder de.

consumer [kən'sjuːmə(r)] n consumidor m.

consumer goods npl bens mpl de consumo.

consummate ['kɒnsəmeɪt, 'kɒnsjʊmeɪt] 1 vtr (lit or formal) consumar [marriage]. 2 adj consumado, acabado, perfeito.

consumption [kən'sʌmpʃn] n a) (of fuel, goods, services) consumo m; gasto m; electricity ~ or ~ of electricity o consumo de electricidade; b) (of alcohol, food) consumo m; gasto m; dispêndio m; c) (tuberculosis) definhamento m; tuberculose f pulmonar.

contact 1 ['kɒntækt] n a) (touch) (lit or fig) contacto m (between entre; with com); to get in (to) ~ entrar em contacto; to maintain/lose ~ manter/perder o contacto; b) (acquaintance) conhecimento m; relação f; (for drugs, spy) ligação f; contacto m. 2 ['kɒntækt, kən'tækt] vtr contactar.

contact lens n lente f de contacto.

contagious [kən'teɪdʒəs] adj MED (fig) contagioso, infeccioso.

contain [kən'teɪn] vtr a) (hold) conter [amount, ingredients]; (consist of) (book, database) incluir; b) (curb) controlar [blaze]; limitar [costs]; (within boundary) encerrar, limitar [river]; conter [flood]; c) (contain, repress) [grief, joy, etc]; to ~ oneself conter-se; d) MIL deter, conter [enemy, offensive].

container [kən'teɪnə(r)] n a) (for food, liquids) recipiente m; HORT (for plants) cachepot m; (for waste) receptáculo m; b) TRANSP contentor m PO, container m BR.

containerize [kən'teɪnəraɪz] vtr transportar em contentor PO/em container BR [goods].

container ship n navio m porta-contentores.

contaminate [kən'tæmɪneɪt] *vtr* contaminar.
contamination [kəntæmɪ'neɪ/n] *n* contaminação *f*.
contemplate ['kɒntempleɪt] **1** *vtr* **a)** (consider deeply) considerar [*situation*]; **b)** (envisage) pensar em, ter em vista, tencionar fazer [*option*]; **c)** (look at) contemplar [*picture*]. **2** *vi* meditar.
contemplation [kɒntem'pleɪ/n] *n* (deep thought) contemplação *f*.
contemplative [kən'templətɪv] **1** *n* contemplativo *m*. **2** *adj* [*person, personality*] meditativo, sonhador.
contemporaneous [kəntempə'reɪnɪəs] (formal) *adj* contemporâneo (**with** de).
contemporary [kən'tempərərɪ] **1** *n* contemporâneo *m*; **he was a ~ of mine** *or* **we were contemporaries at college** andámos juntos na faculdade; **our contemporaries** as pessoas da nossa idade. **2** *adj* **a)** (present-day) [*history, etc*] contemporâneo; (up-to-date) moderno; **b)** (of same period) [*style, documents*] da (mesma) época; **to be ~ with** [*event*] coincidir com, ser da mesma altura.
contempt [kən'tempt] *n* (scorn) desprezo *m*; desdém *m*; **to feel ~ for sb** sentir desprezo por alg; **to hold sb/sth in ~** desprezar alg/algo.
contemptible [kən'temtɪbl] *adj* (cowardice, person) desprezível; **it was a really ~ thing to do** foi demasiado baixo fazer isso.
contemptuous [kən'temptjʊəs] *adj* desdenhoso; **to be ~ of sth/sb** desprezar qq coisa/alg.
contend [kən'tend] **1** (formal) *vtr* sustentar (**that** que). **2** *vi* **a)** lutar; **to ~ with** (winds, storm) lutar contra; **he's got a lot/enough to ~ with** ele tem muito/bastante com que se preocupar; **b)** (compete) competir; **she was ~ing with him for first place** ela estava a competir com ele para o primeiro lugar.
contender [kən'tendə(r)] *n* **a)** SPORT concorrente *m*; **he's top ~** ele é o favorito; **b)** (for job, political post) candidato (**for** para, a).
content ['kɒntent] **1** *n* **a)** (quantity) teor *m*; **the fat/vitamin ~** o teor em gordura/vitaminas; **this cheese has a low/high fat ~** (in food) este queijo é pobre/rico em gordura; **b)** (meaning) conteúdo *m*; essência *f*; **form and ~** LITERAT forma e conteúdo. **2 contents** *npl* **a)** (of house, for insurance) bens *mpl* móveis; **he emptied the drawer of its ~** ele despejou a gaveta toda; **b)** (of book, file) conteúdo *m*; **list/table of ~** índice *m*.
contented [kən'tentɪd] *adj* [*person*] contente (**with** com); **he's a ~ child** ele é uma criança feliz.
contentedly [kən'tentɪdlɪ] *adv* [*sigh, smile*] com contentamento.
contention [kən'ten/n] (formal) *n* **a)** (opinion) **it's my ~ that...** acho que...; **b)** (dispute) luta *f*; contenda *f*; (**about** acerca de).
contentious [kən'ten/əs] *adj* **a)** [*issue, subject*] controverso; **b)** (formal) [*person, group*] conflituoso.
contentment [kən'tentmənt] *n* contentamento *m*; **with ~** [*sigh, smile*] de satisfação.
contest¹ ['kɒntest] *n* **a)** (competition) concurso *m*; **sports ~** certame *m* desportivo; **to enter/hold a ~** tomar parte em/organizar um concur-

so; **b)** (formal) (struggle) luta *f* (**with** com; **between** entre).
contest² [kən'test] *vtr* **a)** (object to) contestar [*decision, result*]; JUR contestar [*will*]; **b)** (compete for) SPORT disputar [*match*]; **a strongly ~ed seat** POL um lugar bastante disputado; **to ~ an election** POL disputar uma eleição, candidatar-se.
contestant [kən'testənt] *n* (in competition, game) concorrente *m*; (in fight) adversário *m*; (for job, in election) candidato *m*.
context ['kɒntekst] *n* LING contexto *m*; **in ~** (study, understand) contexto; **out of ~** (quote, examine) fora de contexto.
continent ['kɒntɪnənt] *n* **a)** (land mass) continente *m*; **b)** (Europe) **the ~** a Europa continental, o Continente; **on the ~** na Europa continental.
continental [kɒntɪnentl] **1** *n* continental *m*. **2** *adj* GEOG [*vegetation, climate*] continental.
continental: ~ breakfast *n* pequeno-almoço *m* continental; **~ quilt** GB *n* edredão *m* de penas; **~ shelf** *n* GEOG fractura *f* continental.
contingency [kən'tɪndʒənsɪ] *n* contingência *f*; eventualidade *f*; **to provide** *or* **to be prepared for contingencies** estar preparado para uma eventualidade.
contingent [kən'tɪndʒənt] *n* (gen) MIL contingente *m*.; **to be ~ on** *or* **upon sth** defender de qq coisa.
continual [kən'tɪnjʊəl] *adj* contínuo, sucessivo, frequente.
continually [kən'tɪnjʊəlɪ] *adv* continuamente, sucessivamente.
continuance [kən'tɪnjʊəns] (formal) *n* (of war, regime) continuação *f*.
continuation [kəntɪnjʊ'eɪ/n] *n* **a)** (of situation, process, in book) continuação *f*; **b)** (resumption) prosseguimento *m*; retomada *f*; **c)** (of contract, route) prolongamento *m*.
continue [kən'tɪnju:] **1** *vtr* **a)** continuar, prosseguir [*career, studies, TV, series, etc*]; **to be ~ed** (in film) em episódios; **~d overleaf** continua na página seguinte; **if I may ~** (iron) se me deixarem continuar; **b)** (preserve) manter, preservar [*tradition, culture*]. **2** *vi* **a)** (noise, weather, debate, etc) continuar; **b)** (keep on) continuar (**doing, to do** a fazer); **c)** (in career, role) ficar (**in sth** em qq coisa); **she will ~ as minister** ela mantém-se como ministro; **d) to ~ with sth** (keep up) prosseguir [*task, duties, treatment*]; **to ~ with the ironing** continuar a passar a ferro.
continuity [kɒntɪ'nju:ɪtɪ] *n* continuidade; *f*.
continuity girl *n* argumentista *f*; guionista *f*.
continuous [kən'tɪnjʊəs] *adj* **a)** [*growth, flow, decline*] contínuo, ininterrupto; [*love, care*] constante; **~ assessment** GB controlo *m* contínuo; avaliação *f* contínua; **b)** LING (tense) forma *f* perifrástica; **it's in the present ~** está no presente na forma perifrástica.
continuously [kən'tɪnjʊəslɪ] *adj* **a)** (without a break) [*sing, talk*] sem interrupção, continuamente; **b)** (repeatedly) (incompleted action) constantemente.
continuum [kən'tɪnjʊəm] *n* (*pl* **-uums, -ua**) **time-space ~** contínuo *m* espaço-tempo; massa *f*.
contort [kən'tɔ:t] **1** *vtr* **a)** deformar [*body*,

limbs]; **to ~ one's body** contorcer-se; **b)** (distort) distorcer [*message, truth*]. **2** *vi* (steel bar) torcer, retorcer.

contortion [kən'tɔ:ʃn] *n* contorção *f*.

contour ['kɒntʊə(r)] *n* **a)** (outline) contorno *m*; **b) ~ (line)** GEOG curva *f* de nível.

contraband ['kɒntrəbænd] **1** *n* contrabando *m*. **2** *modif* (perfume, petrol) de contrabando.

contraception [kɒntrə'sepʃn] *n* contracepção *f*.

contraceptive [kɒntrə'septɪv] *n* contraceptivo *m*.

contract 1 ['kɒntrækt] *n* **a)** ADMIN, JUR (agreement) contrato *m* (**for** para; **with** com); **employment ~/~ of employment** contrato de trabalho; **to be on a ~** estar sob contrato; **b)** COMM (tender) contrato; **to award a ~ to sb** outorgar um contrato a alg; **~ to maintain** *or* **for the maintenance of** um contrato de manutenção de; **to put work out to ~** dar um trabalho de empreitada; **c)** (death warrant) **to put out a ~ on sb** contratar alg para matar outra pessoa. **2** ['kɒntrækt] *modif* **~ labour** mão de obra *f* contratual. **3** [kən'trækt] *vtr* **a)** (formal) MED (develop) contrair [*virus, disease*]; **b)** (formal) JUR (arrange) contrair [*marriage, alliance*] (**with sb** com alg); contrair [*debt, loan, duty*]; **c)** (tighten) contrair [*muscles*]; **d)** COMM, JUR (be bound) **to be ~ed to do** estar obrigado por contrato a fazer. **4** [kən'trækt] *vi* **a)** (formal) (undertake) **to ~ to do** COMM, JUR comprometer-se por contrato a fazer; **b)** (shrink) [*wood, metal*] contrair-se; [*power, influence, support, funds, market*] diminuir; **c)** MED, PHYSIOL contrair-se. ∎ **contract in** (formal) **to ~ in to** aderir a [*group, scheme*]; contrair [*obligations*]. ∎ **contract out** (formal) FIN, JUR renunciar por contrato; **to ~ out of** [*scheme*] retirar-se de.

contraction [kən'trækʃn] *n* MED, PHYSIOL (muscular) contracção *f*.

contractor [kən'træktə(r)] *n* CONSTR empreiteiro *m*; **defence ~** fornecedor *m* do exército.

contractual [kən'træktjʊəl] (formal) *adj* contratual.

contradict [kɒntrə'dɪkt] *vtr, vi* contradizer [*statement, person*].

contradiction [kɒntrə'dɪkʃn] *n* contradição *f* (**between** entre); **to be in ~ with** estar em contradição com; **it's a ~ in terms !** isso é uma contradição.

contradictory [kɒntrə'dɪktərɪ] *adj* contraditório.

contralto [kən'træltəʊ] *n* (*pl* **-tos** *or* **-ti**) (voice, singer) contralto *m*.

contraption [kən'træpʃn] *n* (machine) aparelho; (device) (fam) engenhoca *f*.

contrariness [kən'treərɪnɪs] *n* espírito *m* de contradição.

contrariwise [kən'treərɪwaɪz] (dated) *adv* **a)** (conversely) inversamente, vice-versa; **b)** (in the opposite direction) por outro lado, ao contrário.

contrary ['kɒntrərɪ] **1** *n* contrário *m*; **the ~ is the case** a verdade não é essa, é ao contrário; **quite the ~** bem pelo contrário; **on the ~** pelo contrário. **2** *adj* **a)** [*idea, view*] contrário, oposto; **to be ~ to sth** [*activity, proposal, etc*] ser contrário a qq coisa; **b) ~ to popular beliefs** (in spite of) contrariamente à opinião geral; **~ to expectations** contra toda a expectativa.

contrast[1] ['kɒntra:st] *n* **a)** (difference) contraste *m* (**between** entre; **with sth** com qq coisa); **in ~ to sth, by ~ with sth** por contraste com qq coisa; **by ~, in ~** por contraste; **b)** (opposition) contraste *m* (**between** entre; **with sth** com qq coisa); **in ~ to sth** por oposição a qq coisa; **c)** PHOT, TV contraste *m*.

contrast[2] [kən'tra:st] **1** *vtr* **to ~ sth with sth** pôr em contraste duas coisas. **2** *vi* (thing, event) contrastar (**with sth** com qq coisa). **3 contrasting** *adj* [*examples, opinions, etc*] oposto.

contravene [kɒntrə'vi:n] (formal) *vtr* infringir, transgredir.

contravention [kɒntrə'venʃn] (formal) *n* infracção *f*; transgressão *f* (**of sth** de qq coisa); **in ~ of** (rule, law) em violação de.

contribute [kən'trɪbju:t] **1** *vtr* **a)** INSUR, TAX pagar [*sum, percentage of salary*] (**to sth** para qq coisa); financiar [*costs, expenses*]; **b)** (to gift, charity) contribuir (**to** para); **to ~ money** fazer uma contribuição em dinheiro (**to do** para fazer); **c)** (to project, undertaking) contribuir; (one's ideas, experience) colaborar (**to sth** para qq coisa); **d)** JOURN, RAD escrever, redigir [*article, column*] (**to sth** para qq coisa). **2** *vi* **a)** (be a factor in) **to ~ to/towards** (change, productivity, etc) contribuir para; **b)** (to community life, research) participar (**to sth** em qq coisa); **an opportunity to ~** uma ocasião para participar; **c) to ~ to** INSUR, TAX (maintenance of facilities) contribuir financeiramente para; (pension, fund) pagar as quotas; **would you like to ~** não quer contribuir?.

contribution [kɒntrɪ'bju:ʃn] *n* **a)** (to tax pension) imposto *m*; tributação *f* (**towards sth** para qq coisa); SOC ADMIN (insurance) quotização *f* (**towards/to** para); **b)** (to charity, campaign) donativo *m*; **to make a ~** fazer um donativo (**to sth** para qq coisa); **c)** (personal, individual) contribuição *f*; concurso *m*; **her ~ to, the ~ she has made to** (success, undertaking, etc) o papel que ela teve para/em; SCIENCE, SPORT, ETC a sua contribuição para, o que ela trouxe para; **d)** RAD, TV participação *m*; JOURN artigo *m*; **with ~s from** com a colaboração de.

contributor [kən'trɪbjʊtə(r)] *n* **a)** (to charity) benfeitor *m*; **b)** (in discussion) participante *m*; **c)** (to magazine, book) colaborador *m*; **d)** (cause) factor *m* contribuinte (**to sth** para qq coisa).

contrite ['kɒntraɪt] *adj* [*person, expression*] contrito, arrependido.

contrivance [kən'traɪvəns] (formal) *n* (tool) instrumento *m*; aparelho *m*.

contrive [kən'traɪr] *vtr* **a)** (engineer) criar, planear; **b)** (invent) fabricar; (machine, device) criar [*costume, dress*].

contrived [kən'tyraɪvd] *adj* (pej) (planned) planeado; (forced) simulado, artificial, forçado.

control [kən'trəʊl] **1** *n* **a)** (domination) (of animals, children, crowd, country, party, situation) controlo *m* (**of** de); (of investigation, operation, project) direcção *f* (**of** de); (of other's behaviour) influência *f* (**over** sobre); (of life, fate) domínio *m* (**of, over** de); (of disease, pests, social problem) controlo *m* (**of** de); **to be in ~ of** controlar [*territory, town*]; dirigir [*operation, organization, project*]; dominar [*problem*]; **to**

have ~ over controlar [*territory, town*]; ter poder sobre [*animals, crowd, children, others' behaviour*]; dominar [*fate, life*]; **to take ~ of** tomar o controlo de [*territory, town*]; tomar a direcção de [*operation, organization, project*]; tomar (algo) em mão [*situation*]; **to be under sb's ~/the ~ of sb** (of person) estar sob a direcção de alg; (of army, government, organization, party) estar sob o controlo de alg; **to be under ~** [*fire, problem, situation*] estar dominado; **everything's under ~** está tudo bem; **to bring/get/keep under ~** dominar [*animals, crowd, fire, problem*]; disciplinar [*hair*]; **to be out of ~** [*animals, children, crowd*] estar excitado; [*fire*] estar incontrolável; **to let sth get out of ~/to lose ~ of sth** perder o controlo de algo; **to be beyond/outside sb's ~** [*animal, child*] escapar ao controlo de alg; **due to circumstances beyond our ~...** devido a razões que nos são alheias...; **b)** (restraint) (of self, appetite, bodily function, emotion, urge) controlo *m*; **to have/ exercise ~ over sth** dominar algo; **to keep ~ of oneself/be in ~ of oneself** manter o auto domínio; **to lose ~ (of oneself)** perder o auto domínio; **c)** (physical mastery) (of vehicle, machine, ball) controlo *m*; (of body, process, system) domínio *m*; **to be in ~ of** ter o controlo de; **to keep/lose ~ of a car** manter/perder o controlo do carro; **to take ~ (of car)** tomar o controlo; (of plane) tomar os comandos; **his car went out of ~** ele perdeu o controlo do carro. **2** *modif* [*button, knob, switch*] de comando. **3** *vtr* **a)** (dominate) dominar [*council, government, organization, situation*]; controlar [*territory, town*]; dirigir [*air traffic, investigation, project*]; regular [*road, traffic*]; controlar [*mind*]; Fin [*shareholder*] ser maioritário em [*company*]; **b)** (restrain, discipline) dominar [*person, animal, crowd, appetite, urge, voice, expression, temper, pain, inflation, riot, fire, pests*]; controlar [*disease, epidemic*]; conter [*laughter, tears*]; **c)** (operate) comandar [*machine, lever, movement, process, system*]; manobrar [*boat, vehicle*]; pilotar [*plane*]; Sport controlar [*ball*]; **d)** (regulate) regular [*speed, pressure, intensity, volume, temperature*]; regulamentar [*trade, import, export*]; controlar [*immigration, prices, wages*]; Med regularizar [*blood pressure*]; **e)** (check) controlar [*quality*]; verificar [*accounts*]; **f)** Biol, Bot, Chem, Phys confrontar [*experimental material*] (**against** com). **4** *v refl* **to ~ oneself** controlar-se.

control panel *n* (for plane, car, machine) painel *m* de comando; (on television) comandos *mpl*.
control room *n* sala *f* de comando Radio, TV régie *f*.
control tower *n* Aviat torre *f* de controlo.
controversial [kɒntrəˈvɜːʃl] *adj* controverso, polémico.
controversy [ˈkɒntrəvɜːsɪ, kənˈtrɒvəsɪ] *n* controvérsia *f*.
conundrum [kəˈnʌndrəm] *n* enigma *f*; adivinha *f*.
conurbation [kɒnɜːˈbeɪʃn] *n* conurbação *f*.
convalesce [kɒnvəˈles] *vi* convalescer, restabelecer-se; **he's convalescing** ele está em convalescença.
convalescence [kɒnvəˈlesəns] *n* convalescença *f*.

convalescent [kɒnvəˈlesənt] *n, adj* convalescente *m*.
convection [kənˈvekʃn] *n* convecção *f*.
convector (heater) [kənˈvektə(r)(hiːtə(r))] *n* convector *m*.
convene [kənˈviːn] (formal) **1** *vtr* organizar; (meeting) convocar [*group*]. **2** *vi* reunir-se.
convener [kənˈviːnə(r)] *n* (organizer) organizador; (chairperson) presidente *m*.
convenience [kənˈviːnɪəns] *n* **a)** (advantage) vantagem *f* (**of doing** de/em fazer); **b)** comodidade (**of sth** de qq coisa); **for (the sake of) ~** por razões de comodidade; **for your ~** no seu próprio interesse; **at your ~** (when it suits) quando lhe der jeito; **c)** (formal) gb **toilet** casa *f* de banho.
convenient [kənˈviːnɪənt] *adj* **a)** (suitable) [*place, date, time*] conveniente, oportuno; **now is not a very ~ time** agora não é o momento oportuno; **b)** (in practice) [*object, place, system, service*] prático, cómodo; **it's more ~ to go there by car** é mais prático ou cómodo ir de carro; **c)** (in location) [*shops, amenities, station*] perto, à mão; **d)** (iron, pej) (expedient) [*excuse, explanation*] cómodo.
conveniently [kənˈviːnɪəntlɪ] *adv* **a)** (in practical terms) [*arrange, borrow, repay*] comodamente; **the conference was ~ timed to coincide with...** a data da conferência foi escolhida para coincidir com...; **b)** (in location) **~ situated** *or* **located** bem situado ou colocado.
convent [ˈkɒnvənt] *n* convento *m*; **to enter a ~** entrar para um convento.
convention [kənˈvenʃn] *n* **a)** (meeting) (of party, union, profession) congresso *m*; (of society, fans) assembleia *f*; **b)** (social norms) convenções *fpl* sociais; **to flout/defy ~** desafiar as convenções (sociais); **c)** (agreement) convenção *f*; acordo *m* Po, convênio *m* Br (**on** sobre).
conventional [kənˈvenʃnl] *adj* **a)** [*person*] conformista; [*idea, role*] convencional; [*clothes*] clássico; **b)** [*approach, means, method*] convencional; [*medicine, agriculture*] tradicional; **the ~ wisdom about sth** sabedoria comum acerca de qq coisa.
conventionally [kənˈvenʃnəlɪ] *adv* [*dress, behave*] de forma convencional; **a ~ armed missile** um míssil convencional.
converge [kənˈvɜːdʒ] *vi* convergir; **~ on** [*people*] convergir para [*place*].
convergence [kənˈvɜːdʒəns] *n* convergência *f*.
conversant [kənˈvɜːsənt] *adj* **to be ~ with sth** ser versado em qq coisa.
conversation [kɒnvəˈseɪʃn] *n* conversa *f* Po, papo *m* Br (**with** com; **between** entre; **about** sobre); **to have** *or* **hold a ~** ter ou manter uma conversa.
conversational [kɒnvəˈseɪʃənl] *adj* [*ability, skill*] coloquial; **in a ~ tone** num tom coloquial.
converse 1 [ˈkɒnvɜːs] *n* **a)** (gen) inverso *m*; contrário *m*; **b)** Math proposição *f* recíproca Philos proposição *f* convertida. **2** [ˈkɒnvɜːs] *adj* [*opinion, statement*] contrário. **3** [kənˈvɜːs] *vi* conversar Po, papear Br (**with** com; **in** em).
conversely [kənˈvɜːslɪ] *adv* inversamente.
conversion [kənˈvɜːʃn] *n* **a)** Relig, Pol conversão *f* (**from** de; **to** a); **to undergo a ~** converter-

-se; **b)** (of building) transformação *f* (**into** em); **barn** ~ (house) celeiro *m* adaptado ou transformado; **c)** Comput (gen) (of currency, measurement, weight) conversão *f* (**from** de; **into** em).
convert 1 ['kɒnvɜːt] *n* convertido *m* (**to** a); **to become a** ~ converter-se; **to win/make** ~s fazer adeptos. **2** [kən'vɜːt] *vtr* **a)** Relig, Pol, etc converter [*person*] (**to** a; **from** de); **b)** Archit adaptar, reconverter [*building, loft*] (**into** em); **c)** converter [*currency, measurement*] (**from** de; **into** em ou para); **d)** (modify) adaptar, transformar [*car, product*]; **e)** Phys (gen) (change into sth else) transformar; **f)** Sport converter, transformar [*try*]. **3** [kən'vɜːt] *vi* **a)** Phys (gen) (change) **to** ~ **to sth** mudar para qq coisa (**from** de); **I've** ~**ed to unleaded** (**petrol**) mudei para gasolina sem chumbo; **b)** Relig, Pol, etc converter-se (**to** a; **from** de). **4 converted** *pp adj* **a)** [*person*] convertido; **b)** [*loft, barn, etc*] adaptado, transformado, reconvertido. **IDIOMAS to preach to the** ~**s** pregar aos convertidos.
convertible [kən'vɜːtɪbl] *n* convertível *m*; descapotável *m.*; [*car*] descapotável.
convex ['kɒnveks] *adj* convexo.
convey [kən'veɪ] *vtr* **a)** (transmit) [*person*] transmitir [*order, message, news, information*] (**to** a); exprimir [*opinion, idea, feeling*] (**to** a); dar [*thanks, congratulations, condolences*] (**to** a); **to** ~ **to sb that/how/what** comunicar a alg que/como/o que; **b)** (communicate) traduzir [*emotion, impression*]; **c)** (formal) (transport) [*means of transport*] transportar, conduzir [*people, goods*] (**from** de; **to** a); [*pipes, network*] levar [*water*] (**to** a); **d)** Jur transferir [*property, legal title*] (**to sb** para alg).
conveyance [kən'veɪəns] *n* **a)** (of goods, passengers) transporte *m*; **b)** (formal *or* **dated**) (means of transport) meio *m* de transporte.
conveyor [kən'veɪə(r)] *n* **a)** (*also* ~ **belt**) (in factory) correia *f* transportadora; (for luggage) tapete *m* rolante; **b)** (of goods, persons) transportador *m.*
convict 1 ['kɒnvɪkt] *n* **a)** (imprisoned criminal) detido *m*; preso *m*; **ex-**~ ex-preso; **b)** (deported criminal) deportado *m.* **2** [kən'vɪkt] *vtr* **a)** [*jury, court*] declarar (alg) culpado (**of sth** de qq coisa; **of doing sth** de ter feito qq coisa); **to be** ~**ed on a charge of sth** ser declarado culpado de qq coisa; **b)** [*evidence*] condenar.
conviction [kən'vɪkʃn] *n* **a)** Jur condenação *f* (**for** por); **b)** (belief) convicção *f*; **to lack** ~ ter falta de convicção.
convince [kən'vɪns] *vtr* **a)** convencer [*person, jury, reader*] (**of** de; **that** que; **about** acerca de); **to** ~ **oneself** convencer-se; **the story fails to** ~ *or* **does not** ~ a história não convence ninguém; **b)** (persuade) persuadir [*voter, consumer*] (**to do** a fazer).
convincing [kən'vɪnsɪŋ] *adj* [*account, evidence, theory*] convincente; [*victory, lead, win*] indiscutível.
convincingly [kən'vɪnsɪŋlɪ] *adv* [*argue, claim, demonstrate*] de forma convincente; [*win, beat, lead*] de forma indiscutível.
convivial [kən'vɪvɪəl] *adj* **a)** [*atmosphere, evening*] cordial; **b)** [*person*] caloroso, cordial.
convoluted ['kɒnvəluːtɪd] *adj* **a)** [*argument,*

speech, style, etc] afectado; **b)** [*vine, tendril*] enrolado.
convoy ['kɒnvɔɪ] **1** *n* comboio *m* (**of** de); **in** ~ em comboio. **2** *vtr* comboiar [*ship*]; escoltar [*person*].
convulse [kən'vʌls] *vtr* **a)** [*pain, sobs, grief*] agitar, abalar [*person, body*]; **b)** [*joke, comic*] fazer contorcer-se de riso [*person*]; **c)** [*riots, unrest*] abalar, convulsionar [*country*].
convulsion [kən'vʌlʃn] *n* (*often pl*) convulsão *f*; **to go into** ~**s** entrar em convulsões; **to be in** ~**s** (fig) torcer-se de riso.
coo [kuː] **1** *n* (of dove) arrulho *m.* **2** *vtr* murmurar. **3** *vi* [*lover, dove*] arrulhar. **IDIOMAS to bill and** ~ namorar Po/paquerar Br.
cook [kʊk] **1** *n* cozinheiro *m* Po, mestre-cuca *m* Br; **he's a good** ~ ele é um bom cozinheiro. **2** *vtr* **a)** Culin cozinhar [*vegetables, eggs*]; preparar [*meal*] (**for sb** para alg); **b)** (coll) (falsify) falsificar [*data, evidence, figures*]; **to** ~ **the books** falsificar os livros de contabilidade. **3** *vi* **a)** [*person*] cozinhar; **b)** [*vegetable, meat, meal*] cozer; **the carrots are** ~**ing** as cenouras estão ao lume; **c)** (coll) (happen) **what's** ~**ing?** que é que se está a tramar? (fam). **4 cooked** *pp adj* [*apples, vegetables*] cozido; **to be lightly/well** ~**ed** estar mal/bem cozido. ▪ **cook up**: (coll) ~ (**sth**) **up**, ~ **up** (**sth**) engendrar [*excuse, story*]; tramar Po, aprontar Br [*plan, scheme*].
cooker ['kʊkə(r)] *n* (appliance) fogão *m.*
cookery ['kʊkərɪ] *n* culinária *fpl.*
cookery book *n* livro *m* de cozinha.
cookie ['kʊkɪ] *n* (biscuit) biscoito *m*; bolacha *f.*
cooking ['kʊkɪŋ] **1** *n* **a)** Culin (activity) culinária *f*; **to do the** ~ cozinhar; **to be good at** ~ cozinhar bem; **b)** (food) cozinha *f*; **Chinese** ~ a cozinha chinesa. **2** *modif* [*oil, sherry*] de cozinha; ~ **chocolate** chocolate *m* para bolos; ~ **salt** sal *m* de cozinha, sal grosso.
cool [kuːl] **1** *n* **a)** (coldness) frescura *f*; **b)** (coll) **to keep one's** ~ (stay calm) manter a calma; **to lose one's** ~ (get angry) enervar-se; (panic) entrar em pânico. **2** *adj* **a)** (cold) [*breeze, day, drink, weather*] fresco; **it's** ~ **today** está fresco hoje; **b)** (lightweight) [*fabric, dress*] ligeiro, fresco; **c)** (calm) [*approach, handing*] calmo; **to stay** ~ ficar calmo, manter o sangue-frio; **d)** (unemotional) [*logic, reasoning, response*] frio; **e)** (unfriendly) [*reception, welcome*] frio; **to be** ~ **with** *or* **towards sb** ser frio com alg; **f)** (impertinent) [*person*] descontraído; [*way, attitude*] descarado; **g)** (for emphasis) **to spend a** ~ **million dollars** gastar a bonita soma de um milhão de dólares; **h)** (coll) (sophisticated) [*clothes, car, person*] sofisticado; **he thinks it's** ~ **to smoke** ele pensa que é bom fumar; **i)** (coll) (great) us. **3** *vtr* **a)** (lower temperature of) arrefecer [*soup, pan*]; refrescar [*wine*]; **b)** (calm) acalmar [*anger, ardour, passion*]. **4** *vi* **a)** (get colder) [*air, soup*] arrefecer; [*water*] refrescar; **b)** (subside) [*passion, enthusiasm*] arrefecer, esfriar; **wait until tempers have** ~**ed** espera até os ânimos se acalmarem. **IDIOMAS** (coll) ~ **it!** (stay calm) não te enerves!. ▪ **cool down a)** (grow cold) [*cake, iron*] arrefecer; **b)** (become calm) [*person, situation*] acalmar-se.
cool box *n* caixa *f* frigorífica.

coolly ['ku:lɪ] *adv* a) (lightly) [*dressed*] ligeiramente; b) (calmly) calmamente; c) (boldly) [*announce, demand*] de forma atrevida; d) (without warmth) [*greet, react, say*] sem cordialidade, friamente.

coolness ['ku:lnɪs] *n* a) (coldness) frescura *f*; b) (unfriendliness) frieza *f* (**between** entre); c) (calmness) calma *f*.

coop [ku:p] **1** *n* (*also* **chicken ~, hen ~**) galinheiro *m*. **2** *vtr* engaiolar [*hen*.

cooperate [kəʊ'ɒpəreɪt] *vi* cooperar (**with sb/ sth** com alg/algo; **on sth** sobre algo; **in doing sth** em fazer qq coisa).

cooperation [kəʊɒpə'reɪʃn] *n* cooperação *f*; colaboração *f* (**in** em); **in** (**close**) **~** em (estreita) colaboração.

cooperative [kəʊ'ɒpərətɪv] **1** *n* cooperativa *f*; **worker's ~** cooperativa de trabalhadores. **2** *adj* a) (joint) [*venture, effort*] conjunto; **to take ~ action** agir de forma conjunta; b) (helpful) [*person*] cooperativo, cooperante (**with** com); c) COMM, POL [*movement, society*] cooperativo.

coordinate 1 [kəʊ'ɔ:dɪnət] *n* (on graph, map) coordenada *f*. **2 coordinates** *npl* FASH conjunto *m*. **3 coordinating** *pres p adj* a) [*clothes, garment*] a condizer; b) [*authority, committee*] de coordenação, coordenador. **4** [kəʊ'ɔ:dɪneɪt] *vtr* coordenar [*movements, effort, action, etc*] (**with** com). **5** [kəʊ'ɔ:dɪneɪt] *vi* agir em coordenação (**with** com).

coordination [kəʊɒ:dɪ'neɪʃn] *n* coordenação *f*; **in ~** em coordenação.

cop [kɒp] **1** (coll) *n* a) (police officer) polícia *m/f*; chui *m* (cal); **to play ~s and robbers** brincar aos polícias e ladrões; b) GB (arrest) **it's a fair ~!** bem apanhado!; c) GB (useless) **to be not much ~** não valer grande coisa. **2** *vtr* GB (*pres p etc* **-pp-**) a) (arrest) capturar [*person*]; b) (receive) apanhar, levar com [*punch, punishment*]; c) (catch) (*also* **~ hold of**) apanhar; **~ hold of the rope** apanha a corda; d) (listen) escutar. ▪ **cop out** não ter coragem, desenfiar-se.

cope [kəʊp] **1** *n* (cloak) capa *f* de asperges. **2** *vi* a) [*person*] (manage practically or financially) desenvencilhar-se; **to learn to ~ alone** aprender a desenvencilhar-se sozinho; **it's more than I can ~ with** é mais do que eu posso suportar; b) [*person*] (manage emotionally) **to ~ with** suportar [*bereavement, depression*]; **if you left me I couldn't ~** eu não aguentava, se tu me deixasses; [*system, government, services, police*] **to ~ with** fazer frente a, lutar contra [*demand, disaster, inflation, etc*].

Copenhagen [kəʊpn'heɪgn] *pr n* Copenhaga.

copier ['kɒpɪə(r)] *n* (photo copier) fotocopiadora *f*.

copious ['kəʊpɪəs] *adj* a) (plentiful) [*crop, supply, tears*] abundante; b) (generous) [*quantity, serving*] copioso.

copper ['kɒpə(r)] **1** *n* a) CHEM cobre *m*; b) (coll) GB (policeman) chui *m* (fam); c) (coll) GB (coin) cobre *m* (fam); **to save a few ~s** economizar uns cobres (fam). **2** *modif* [*deposit, mine, miner, etc*] de cobre; [*bracelet, coin, pipe, wire*] de ou em cobre. **3** *adj* [*hair, leaf, lipstick*] acobreado.

copper: ~-bottomed *adj* seguro, revestido de cobre; **~-coloured** *adj* [*hair, leaf, lipstick*] aco-

breado; **~ plate** *n* a) chapa *f* de cobre; b) (*also* **~ handwriting**) letra *f* bem feita.

copulate ['kɒpjʊleɪt] *vi* copular.

copulation [kɒpjʊ'leɪʃn] *n* cópula *f*.

copy ['kɒpɪ] **1** *n* a) (reproduction or imitation) cópia *f* (**of** de); **to make a ~** tirar uma cópia; b) (issue, edition) (of book, newspaper, record) exemplar *m*; cópia *f*; c) (journalist's, advertiser's text) original *m*. **2** *vtr* a) (imitate) copiar, imitar [*person, style, design, system*]; b) (make a copy of) tirar ou fazer uma cópia [*document, letter, disk, file*]; **to have sth copied** mandar fazer uma cópia; c) (write out by hand) copiar [*exercise, answers, text, etc*] (**from** de); **to ~ sth into one's book** copiar qq coisa para um caderno. **3** *vi* [*person, candidate, pupil*] copiar (**from** de); **to ~ in a test** copiar num teste. ▪ **copy down** *or* **copy out** copiar.

copybook ['kɒpɪbʊk] *n* caderno *m* diário.

copyright ['kɒpɪraɪt] **1** *n* direitos *mpl* de autor; **to have** *or* **hold the ~** ter os direitos de autor; **to be in ~** estar protegido pelos direitos de autor; **to be out of ~** ser do domínio público. **2** *vtr* assegurar os direitos de autor [*work*].

copy typist *n* dactilógrafo *m*.

coral ['kɒrl] *n* coral *m*.

cord [kɔ:d] **1** *n* a) (of pyjamas, dressing gown, curtains, etc) cordão *m*; b) ELEC fio *m*; c) (coll) GB abrev = **~uroy** bombazina *f*. **2 cords** *npl* (coll) calças *fpl* de bombazina.

cordial ['kɔ:dɪəl] **1** *n* cordial *m*. **2** *adj* cordial (**to, with** para com).

cordially ['kɔ:dɪ'əlɪ] *adv* cordialmente.

cordon ['kɔ:dn] **1** *n* cordão *m*; **to break through a police ~** transpor um cordão da polícia. **2** *vtr* see **~ off**. ▪ **cordon off: to ~ off (sth), ~ (sth) off** interditar o acesso a (por meio dum cordão da polícia) [*street, area*]; [*crowd*] conter por meio dum cordão da polícia.

corduroy ['kɔ:dərɔɪ, 'kɔ:djʊrɔɪ] *n* veludo *m* cotelê; bombazina *f*; (**a pair of**) **~s** umas calças de bombazina.

core [kɔ:(r)] **1** *n* a) (of apple, pear) caroço *m*; b) (fig) (of problem, issue) âmago *m*; c) **to the ~** à raiz dos cabelos; **English to the ~** inglês até à raiz dos cabelos; **it shook me to the ~** isso abalou-me profundamente; d) (of magnet) núcleo *m*. **2** *vtr* CULIN tirar o caroço a [*fruit*].

cork [kɔ:k] **1** *n* (substance) cortiça *f*. **2** *vtr* arrolhar [*bottle*].

corn [kɔ:n] *n* a) GB (wheat) trigo *m*; (cereal crop) cereal *m*; b) (seed) grão *m* (de cereal); c) US (maize) milho *m*; d) MED (on foot) calo *m*.

corn: ~cob *n* espiga *f* de milho; **~ dolly** *n* boneca *f* de palha.

cornea ['kɔ:nɪə] *n* córnea *f*.

corner ['kɔ:nə(r)] **1** *n* a) [*angle*] (in geometry) ângulo; (of table, street, building) esquina *f*; (of box, page, room) canto *m*; **the house on the ~** a casa da esquina; b) (side) (of eye, mouth) canto *m*; **to watch sb of the ~ of one's eye** observar alg pelo canto do olho; c) (remote place) canto *m*; **a quiet ~ of Britanny** um canto sossegado da Bretanha; d) (bend) (in road) curva *f*; **the car took the ~ too fast** o carro fez a curva demasiado depressa; e) SPORT (in football) canto *m*; f) (impasse) impasse *m*; **to be in a tight** ~ estar num beco sem saída. **2** *modif* [*cupboard, shelf, table*] de canto. IDIOMAS **to cut ~s** (financially) fazer economias; (in a procedure) simplificar as coisas.

corner stone *n* ARCHIT (fig) pedra *f* angular.

cornet ['kɔːnɪt] *n* **a)** MUS cornetim *m*; **b)** GB (for ice-cream) cone *m*.

corn: ~field *n* GB campo *m* de trigo; US campo *m* de milho; **~flour** *n* farinha *f* de milho; Maizena® *f*; **~ flower** *n* centáurea *f* azul.

cornice ['kɔːnɪs] *n* cornija *f*.

corn starch *n* US see **~flour**.

corny ['kɔːnɪ] (coll) *adj* (pej) [*joke*] batido, com barbas (fam); [*film, story*] lamechas (fam).

corollary [kə'rɒlərɪ] (formal) *n* corolário *m* (**of, to** de).

coronary ['kɒrənərɪ] (coll) *n* MED enfarte *m*.

coronary thrombosis *n* trombose *f* coronária.

coronation [kɒrə'neɪ/n] *n* coroação *f*.

coroner ['kɒrənə(r)] *n* magistrado *m* encarregado de investigar casos de morte suspeita.

coronet ['kɒrənet] *n* (of prince, nobleman, etc) coroa *f* aberta.

corporal ['kɔːpərl] **1** *n* (in infantry, air force) cabo *m*. **2** (formal) *adj* corporal.

corporate ['kɔːpərət] *adj* COMM, FIN [*accounts, funds*] colectivo (que pertence a uma sociedade); [*clients, employees*] duma sociedade ou empresa; [*ownership*] em comum; [*decision, identity*] colectivo.

corporate body *n* pessoa *f* jurídica.

corporation [kɔːpə'reɪ/n] *n* **a)** COMM (grande) sociedade *f* ou empresa *f*; **b)** GB (town council) município *m*.

corporeal [kɔː'pɔːrɪəl] (formal) *adj* (bodily) corporal, físico; (material, not spiritual) corpóreo, material.

corps [kɔː(r)] *n* (gen) corpo *m*; **~ of ballet** corpo *m* de bailado.

corpse [kɔːps] *n* cadáver *m*.

corpus ['kɔːpəs] *n* (*pl* **corpora**) ['kɔːpərə] **a)** (collection) LITERAT, LING corpus *m*; **b)** FIN capital *m*.

corpuscle ['kɔːpəsl] *n* **(blood)** ~ ANAT, BIOL glóbulo *m* de sangue; **red/white (blood)** ~ glóbulo vermelho/branco.

correct [kə'rekt] **1** *adj* **a)** (right) [*amount, answer*] correcto, certo; [*figure*] exacto; [*decision, method, order, number*] bom; **that is** ~ é exacto, está certo; **what is the** ~ **time?** que horas são ao certo?; **you are quite** ~ tens toda a razão; **would I be** ~ **in thinking that...?** será que eu estou certo ao pensar que...?; **b)** (proper) [*behaviour, manner, dress, person*] correcto, conveniente. **2** *vtr* **a)** corrigir [*exam, error, text, proofs, spelling, pronunciation*]; MED corrigir [*eyesight*]; **b)** (put right) corrigir, repreender, remediar [*false impression*]; **to ~ oneself** corrigir-se; ~ **me if I'm wrong, but...** digam-me se estou errado, mas....

correction [kə'rek/n] *n* correcção *f*; rectificação *f*.

corrective [kə'rektɪv] **1** *n* correcção *f*; emenda *f*; **this is a** ~ **to the idea that...** isto vem rectificar a ideia segundo a qual.... **2** *adj* [*action*] correctivo, corrector; [*measures*] de correcção; MED [*treatment*] curativo.

correctly [kə'rektlɪ] *adv* (accurately) [*answer, describe, calculate, pronounce, etc*] correctamente.

correlate ['kɒrɪleɪt] **1** *vtr* correlacionar. **2** *vi* estar em correlação (**with** com).

correlation [kɒrɪ'leɪ/n] *n* correlação *f* (**between** entre; **with** com).

correspond [kɒrɪ'spɒnd] *vi* **a)** (match up) corresponder (**with** a); concordar (**with** com); **b)** (be equivalent) equivaler (**to** a); **c)** (formal) (by letter) corresponder-se (**with** com).

correspondence [kɒrɪ'spɒndəns] *n* (exchange of letters) correspondência *f*; **to be in** ~ **with sb** corresponder-se com alg (**about** acerca de).

correspondence: ~ column *n* JOURN correio *m* dos leitores; ~ **course** *n* curso *m* por correspondência.

correspondent [kɒrɪ'spɒndənt] *n* **a)** (journalist) correspondente *m/f*; **b)** (letter writer) correspondente *m/f*.

corresponding [kɒrɪ'spɒndɪŋ] *adj* **a)** (matching) correspondente; **b)** (similar) equivalente.

correspondingly [kɒrɪ'spɒndɪŋlɪ] *adv* **a)** (consequently) em conformidade; **b)** (proportionately) proporcionalmente.

corridor ['kɒrɪdɔː(r)] *n* (in building, train) corredor *m*; **the ~s of power** as altas esferas *fpl* do poder.

corroborate [kə'rɒbəreɪt] *vtr* corroborar.

corroboration [kərɒbə'reɪ/n] *n* corroboração *f* (**of** de).

corrode [kə'rəʊd] **1** *vtr* (lit) corroer. **2** *vi* corroer-se.

corrosion [kə'rəʊʒn] *n* corrosão *f*.

corrosive [kə'rəʊsɪv] *n, adj* corrosivo *m*.

corrugated: ~ iron *n* chapa *f* ondulada; ~ **paper** *n* papel *m* canelado.

corrupt [kə'rʌpt] **1** *adj* [*person, behaviour, system*] corrupto. **2** *vtr* corromper [*person, text*]; **to ~ sb's morals** perverter alg.

corruption [kə'rʌp/n] *n* (gen) (of person, system, etc) corrupção *f*.

Corsica ['kɔːsɪkə] *pr n* Córsega *f*.

cortege [kɔː'teɪʒ] *n* cortejo *m*.

cosh [kɒ/] **1** *n* matraca *f*. **2** *vtr* matraquear.

cosmetic [kɒz'metɪk] **1** *n* cosmético *m*. **2** *adj* cosmético; (fig, pej) [*change, measure, reform, etc*] superficial.

cosmic ['kɒzmɪk] *adj* cómico; (coll) (wonderful) [*concert, party, etc*] bestial (fam).

cosmonaut ['kɒzmənɔːt] *n* cosmonauta *m/f*.

cosmopolitan [kɒzmə'pɒlɪtən] *n, adj* cosmopolita *m/f*.

Cossack ['kɒsæk] *n, adj* cossaco *m*.

cosset ['kɒsɪt] *vtr* mimar, acarinhar.

cost [kɒst, kɔːst] **1** *n* **a)** (price) preço *m*; custo *m* (**of** de); **at a ~ of £ 100** ao preço de 100 libras; **I'll sell you the components at** ~ vendo-lhe as peças ao preço de custo; **to count the ~ of the sth** avaliar os prejuízos causados por qq coisa [*flood, earthquake*]; medir as consequências de [*decision*]; **b)** (fig) (detriment) preço *m*; **at all ~s** a todo o custo; **whatever the** ~ custe o que custar. **2 costs** *npl* **a)** JUR custas *fpl*; **b)** COMM, FIN custos *mpl*; despesas *fpl*; **production ~s** custos de produção; **to cut ~s** reduzir as despesas. **3** *vtr* **a)** custar; **how much does it ~?** quan-

to custa?; **b)** (require a sacrifice) **that decision ~ him his job** essa decisão custou-lhe o emprego. **4** *vi* Accts, Fin (*also* ~ **out**) determinar o custo de [*product*]; **the project was ~ed at £3 million** o custo do projecto foi avaliado em 3 milhões de libras.
cost-effective *adj* rentável.
costing [ˈkɒstɪŋ] *n* (process) (for project) estabelecimento *m* do custo; (for product) estabelecimento *m* dos custos de produção.
costly [ˈkɒstlɪ, ˈkɔːstlɪ] *adj* (expensive) [*scheme, exercise*] custoso, caro; [*taste, habit*] caro, sumptuoso Po, suntuoso Br; **the decision proved to be** ~ a decisão revelou-se cara.
cost: ~ **of living** *n* Econ, Fin custo *m* de vida; ~ **price** *n* Comm (for producer) preço *m* de revenda; (for consummer) preço *m* de custo; **at** ~ **price** a preço de custo.
costume [ˈkɒstjuːm] **1** *n* **a)** (outfit) trajo *m*; **b)** (*also* **swimming costume**) fato *m* de banho. **2** *vtr* trajar.
cosy GB, **cozy** US [ˈkəʊzɪ] *adj* **a)** (comfortable) [*chair, room, atmosphere*] confortável, acolhedor; **to feel** ~ [*person*] sentir-se confortável; **b)** (intimate) [*chat, evening, meeting*] íntimo.
cot [kɒt] *n* **a)** GB (for baby) berço *m*; **b)** US (camp bed) cama *f* de campanha.
cottage [ˈkɒtɪdʒ] *n* casa *f* de campo; **thatched** ~ casa de campo com telhado de colmo.
cottage: ~ **cheese** *n* queijo *m* creme; ~ **hospital** *n* IN GB hospital *m* pequeno sem corpo médico permanente; ~ **industry** *n* indústria *f* caseira *or* artesanal; ~ **pie** *n* empadão *m* de carne picada e puré de batata.
cotton [ˈkɒtən] **1** *n* **a)** Bot, Tex algodão *m*; **b)** (thread) fio *m* de algodão. **2** *modif* [*clothing, fabric, field*] de algodão; [*industry*] algodoeiro.
cotton: ~ **mill** *n* fiação *f* de algodão; ~ **reel** *n* bobina *f* de algodão.
cotton wool [kɒtnˈwʊl] *n* algodão *m* em rama.
couch [kaʊtʃ] **1** *n* **a)** (sofa) sofá *m*; canapé *m*; **b)** (at doctor's) marquesa *f*; (at psychoanalyst's) divã *m*. **2** *vtr* (*usu in passive*) formular [*idea, response*]; **response ~ed in conciliatory terms** resposta formulada em termos conciliadores.
couchette [kuːˈʃet] *n* beliche *m* (*nos comboios* Po/*trens* Br).
cough [kɒf] **1** *n* tosse *f*; **dry** ~ tosse seca; **to have a** ~ ter tosse. **2** *vi* tossir. ■ **cough up**: ~ **(sth) up,** ~ **up (sth)** expelir; cuspir [*blood, information*].
coughing [ˈkɒfɪŋ] *n* tosse *f*; ~ **fit** acesso *m* de tosse.
could [kʊd] see **can**[1].
couldn't [ˈkʊdnt] = **could not**.
council [ˈkaʊnsl] *n* conselho *m*; **city** ~ câmara *f* municipal.
council: ~ **house** *n* casa *f* de habitação social; ~ **housing** *n* habitação *f* social.
councillor [ˈkaʊnsələ(r)] *n* vereador *m*.
counsel [ˈkaʊnsl] **1** *n* **a)** (formal) (advice) conselho *m*; **b)** Jur advogado *m*; ~ **for the defence** advogado de defesa; ~ **for the prosecution** advogado de acusação. **2** *vtr* **a)** (give advice to) aconselhar [*student, family*] (**about, on** acerca de); **b)** (formal) (recommend) aconselhar, recomendar [*caution, silence*].

counselling [ˈkaʊnsəlɪŋ] *n* (psychological and practical advice) orientação *f* psicológica (especialmente de natureza profissional).
counsellor [ˈkaʊnsələ(r)] GB, **counselor** US *n* (adviser) conselheiro *m*; orientador *m*.
count [kaʊnt] **1** *n* **a)** (nobleman) conde *m*; **b)** (numerical record) **there were 60 guests at the last** ~ havia 60 convidados na última contagem; **to lose** ~ perder-se nas contas; **I've lost** ~ **of the number of stitches** já me perdi na contagem dos pontos; **I've lost** ~ **of the number of complaints I've received** já perdi a conta às queixas já recebidas; **c)** (level) nível *m*; quantidade *f*; **pollen/sperm** ~ nível/quantidade de pólen na atmosfera/espermatozóides; **d)** (figure) número *m*; **the official** ~ **was 3 million unemployed** o número oficial era de 3 milhões de desempregados; **e)** Sport (in boxing) **to be out for the** ~ (coll, lit, fig) estar KO (fam); **f)** Jur acusação *f*; **he was convicted on three** ~**s** ele foi condenado por três acusações; **g)** (point) **you're wrong on both** ~**s** está enganado em ambos os pontos. **2** *vtr* **a)** (add up) somar [*points, people, words, mistakes, cards, boxes*]; verificar [*change*]; enumerar [*reasons, cause*]; **I must** ~ **how much I've spent** tenho que calcular quanto é que já gastei; **to** ~ **the pennies** (fig) ter atenção às despesas; **55 people** ~**ing the children** 55 pessoas contando com as crianças; **b)** (consider) **to** ~ **sb as sth** considerar alg como qq coisa. **3** *vi* **a)** Math (gen) contar; **to** ~ **(up) to 50** contar até cinquenta; **b)** (be relevant) contar, ter valor; **it's the thought that** ~**s** o que conta é a intenção. **4** *v refl* **to** ~ **oneself lucky/fortunate** considerar-se feliz. ■ **count against**: ~ **against sb** [*criminal record, past*] pesar contra alg; [*age, background, mistakes*] jogar contra alg. ■ **count down** fazer uma contagem decrescente. ■ **count in**: **to** ~ **(sb) in a)** (include) **if you're organizing an outing,** ~ **me in!** se estás a organizar uma saída, conta comigo!; **b)** Mus marcar o compasso. ■ **count on, count upon**: ~ **(sb/sth)** contar com alg/algo. ■ **count out**: ~ **(sth) out,** ~ **out (sth)** contar [*money, cards*]; ~ **(sb) out a)** Sport declarar alg vencido por KO [*boxer*]; **b)** (exclude) ~ **me out, I'm not interested** não contes comigo, não estou interessado. ■ **count up**: ~ **(sth) up,** ~ **up (sth)** calcular [*cost*]; contar [*money, boxes*].
countdown *n* (lit, fig) contagem *f* decrescente (**to** para).
countenance [ˈkaʊntɪnəns] **1** *n* (lit) (face) expressão *f*. **2** *vtr* (tolerate) admitir, tolerar [*misuse, slander*].
counter [ˈkaʊntə(r)] **1** *n* **a)** (service area) (in shop, snack bar) balcão *m*; (in bank, post office) balcão *m*; (in pub, bar) balcão *m*; bar *m*; **he works behind the** ~ **at the bank** no banco ele trabalha ao balcão; **this medicine is available over the** ~ este medicamento é vendido sem receita médica; **these magazines are sold under the** ~ estas revistas vendem-se ilegalmente; (in bank, post office) o caixa *m*; **b)** (section of a shop) **perfume** ~ secção *f* de perfumaria; **c)** Games ficha *f*; **d)** (token) símbolo *m* (representando uma moeda). **2 counter to** *adv phr* [*be, go, run*] contra (algo); [*act, behave*] contrariamente a. **3**

vtr responder a [*accusation, claim*]; reagir a [*threat*]; opor-se a [*trend*]; neutralizar [*effect*]; aparar [*blow*]. **4** *vi* (retaliate) **she ~ed with a new proposal** ela respondeu com uma nova proposta.

counter+ ['kaʊntə] *n* (*in compounds*) contra-.

counteract [kaʊntər'ækt] *vtr* (counterbalance) contrabalançar [*tendency*].

counterattack ['kaʊntərətæk] **1** *n* contra-ataque *m*. **2** *vtr, vi* contra-atacar.

counterbalance [kaʊntəbæləns] **1** *n* contrapeso *m*. **2** *vtr* contrabalançar.

counter-clockwise [kaʊntə'klɒkwaɪz] *adj, adv* US no sentido contrário ao dos ponteiros do relógio.

counterespionage ['kaʊntə'espɪəna:ʒ] *n* contra--espionagem *f*.

counterfeit ['kaʊntəfɪt, 'kaʊntəfi:t] **1** *n* imitação *f*; falsificação *f*. **2** *adj* [*signature, note*] falso. **3** *vtr* falsificar.

counterfoil ['kaʊntəfɔɪl] *n* talão *m*; canhoto *m* (de cheque).

counterintelligence ['kaʊntərɪntelɪdʒəns] **1** *n* contra-espionagem *f*. **2** *modif* [*activity, personnel, agency*] de contra-espionagem.

countermand [kaʊntə'ma:nd] *vtr* revogar [*order, decision*].

countermeasure ['kaʊntəmeʒə(r)] *n* medida *f* em contrário.

counteroffensive ['kaʊntəəfensɪv] *n* contra--ofensiva *f*.

counterpart ['kaʊntəpa:t] *n* homólogo *m*; **the ~ of** *or* **to** o equivalente a.

counterproductive [kaʊntəprə'dʌktɪv] *adj* contraproducente.

countersign ['kaʊntəsaɪn] *vtr* ratificar.

countess ['kaʊntɪs] *n* condessa *f*.

countless ['kaʊntlɪs] *adj* **he has forgotten his key on ~ occasions** ele já se esqueceu da chave um sem número de vezes (fam); **~ millions of butterflies** milhões e milhões de borboletas.

country ['kʌntrɪ] **1** *n* **a)** (nation, people) país *m*; **to go to the ~** GB POL chamar o país às urnas, convocar eleições; **b)** (native land) pátria *f*; **to die for one's ~** morrer pela pátria; **c)** (out of town) campo *m*; **in the ~** no campo; **d)** (area) região *f*; **fishing ~** região boa para a pesca; **e)** (*also* ~ **music**) música *f* country. **2** *modif* [*person, life*] do campo; [*scene*] campestre. IDIOMAS **it's my line of ~** é o meu forte.

country dancing [kʌntrɪ'da:nsɪŋ] *n* dança *f* folclórica.

countryman ['kʌntrɪmən] *n* (*pl* **men**) (*also* **fellow ~**) compatriota *m*.

countryside ['kʌntrɪsaɪd] *n* campo *m*; **there is some lovely ~ around here** há belas paisagens por aqui.

countrywide *adj, adv* todo o país.

county ['kaʊntɪ] **1** *n* GB, US condado *m*. **2** *modif* GB [*boundary, team, agent, jail*] do condado. **3** *adj* (coll) GB (often pej) [*set, accent*] aristocrático.

county: ~ **council** *n* GB POL concelho *m* regional; ~ **town** *n* GB capital *m* do condado.

coup [ku:] *n* **a)** (*also* ~ **d'état**) golpe *m* de estado; **b)** (successful move) jogada *f*; **to score a ~** fazer uma boa jogada.

couple ['kʌpl] **1** *n* **a)** (gen) PHYS, SPORT (two partners) par *m*; **young (married) ~** jovem casal *m*; **b)** **a ~ of** (two) dois [*people, objects*]; (a few) alguns. **2** *vtr* **a)** ligar PO, conectar BR [*circuits, wheels*]; engatar, atrelar [*wagons*]; **b)** (fig) (associate) associar [*names, ideas*]; **~d with** juntamente com. **3** *vi* [*person, animal*] copular.

coupon ['ku:pɒn] *n* **a)** (for goods) vale *m*; **petrol ~** senha *f* de gasolina; **b)** (form) cupão *m* PO, cupom *m* BR; **reply ~** cupão para resposta; **c)** FIN cupão *m* PO, cupom *m* BR.

courage ['kʌrɪdʒ] *n* coragem *f* (**to do** de fazer); **to pluck up ~** encher-se de coragem.

courageous [kə'reɪdʒəs] *adj* corajoso; **it was ~ of him to do it** foi corajoso da parte dele fazer isso.

courageously [kə'reɪdʒəslɪ] *adv* corajosamente.

courier ['kʊrɪə(r)] *n* **a)** (*also* **travel ~**) guia *m/f* turístico,-a; **b)** (of parcels, documents, drugs) correio *m*.

course [kɔ:s] **1** *n* **a)** (progression) (of time, event, history, nature) curso *m* (**of** de); **in the ~ of the time** com o decorrer do tempo; **to take its ~** seguir o seu rumo; **in due ~** em devido tempo; **in the normal** *or* **ordinary ~ of things** *or* **events** normalmente; **b)** (route) (of river, road) curso *m*; (of planet, star) trajectória *f*; (of boat, plane) rota *f*; **the economy is back on ~** a economia entrou nos eixos (fam); **to change ~** (gen) (lit) mudar de direcção; AVIAT, NAUT mudar de rumo ou de rota; (fig) mudar de opinião; **~ (of action)** atitude *f*; **c)** SCH, UNIV curso *m* (**in** em; **of** de); **Portuguese ~** curso de Português; **to go on a ~** seguir um curso; **d)** MED, VET (of drug) tratamento *m*; **e)** (in golf) (*also* **golf ~**) campo *m*; (in athletics) percurso *m*; **f)** (part of meal) prato *m*; **first ~** entrada *f*; **main ~** prato *m* principal; **a four-~ lunch** um almoço em que são servidos quatro pratos diferentes. **2** *vtr* [*dog*] correr; [*person*] fazer correr. **3** *vi* **a)** (rush) [*liquid, blood, river, tears*] correr; [*animal*] precipitar-se; **b)** SPORT [*person*] caçar. **4** *adv phr* **of ~** concertaza, evidentemente, claro; **of ~ I do!** claro que sim!; **"you didn't believe him, did you?" "of ~ not!"** "não acreditaste nele, pois não?" "claro que não!".

court [kɔ:t] **1** *n* **a)** JUR tribunal *m*; **to appear in ~** comparecer perante o tribunal; **to take sb to ~** levar alg a tribunal; **b)** SPORT (for tennis, squash) campo *m*; court *m*; **c)** (household of sovereign) corte *f*. **2** *modif* JUR [*case, action*] judicial; [*decision, hearing, ruling*] do tribunal. **3** *vtr* (dated) **a)** (try to gain love of) (lit, fig) cortejar [*woman, voters, customers*]; **b)** (try to gain) procurar [*support, affection, favour*]; (attract) atrair [*disaster, failure*]. **4** *vi* (dated) [*couple*] namorar PO, paquerar BR; **a ~ing couple** um casal de apaixonados. IDIOMAS (dated) **to pay ~ to sb** fazer a corte a alg.

courteous ['kɜ:tɪəs] *adj* cortês (**to** para com).

courtesy ['kɜ:təsɪ] *n* **a)** cortesia *f*; **b)** (**by**) ~ **of** (gen) (por) gentileza de, com o consentimento de [*rightful owner*]; graças à generosidade de [*sponsor*].

courthouse ['kɔ:thaʊs] *n* JUR palácio *m* da justiça.

courtier ['kɔ:tɪə(r)] *n* cortesão /-ã *m/f*.

court-martial [kɔːt'maː.ʃl] MIL, JUR **1** n (pl **courts-martial**) conselho m. **2** vtr (pres p etc **-ll-**) levar a conselho de guerra [soldier].
court room n JUR sala f de audiências.
courtship ['kɔːtʃɪp] n **a)** (period of courting) namoro m; **b)** (act of courting) corte f.
cousin ['kʌzn] n primo m.
cove [kəʊv] n (bay) enseada f; angra f.
covenant ['kʌvənənt] n **a)** (gen) convénio m; **b)** JUR (payment agreement) contrato m.
Coventry ['kɒvəntrɪ] pr n Coventry. IDIOMAS **to send sb to** ~ relegar alg ao estoicismo.
cover ['kʌvə(r)] **1** n **a)** (gen) cobertura f; (fabric: for duvet, cushion, birdcage, statue) capa f; coberta f; (to protect table, furniture) cobertura f; (for umbrella, blade, knife) capa f; estojo m; (rigid: for typewriter, record player, pan, bowl) tampa f; **b)** (of book, magazine) capa f; **on the** ~ (of book) na capa; **from** ~ **to** ~ da primeira à última página; **c)** (shelter) abrigo m; **(for** para); **take** ~! para o abrigo!; **under** ~ ao abrigo; **under** ~ **of darkness** ao abrigo da noite; **d)** (for spy, agent, operation, crime) cobertura f; disfarce m **(for** para); **to blow sb's** ~ (coll) denunciar alg; **e)** MIL cobertura f; protecção f; **air** ~ protecção aérea; **to give sb** ~ cobrir alg; **f)** (for teacher, doctor) substituição f; **to provide emergency** ~ providenciar substituição imediata; **g)** GB INSUR seguro m **(for** para; **against** contra); **to give** or **provide** ~ **against** garantir contra; **h)** FIN (collateral) provisão f; **i)** (table place) talher m. **2** modif [design, illustration, text] de capa. **3** vtr **a)** (to conceal or protect) cobrir; tapar [table, bed, pan, legs, wound] **(with** com); revestir [cushion, sofa, corpse, hole] **(with** de); **b)** (coat) [person, dust, snow, water, layer] cobrir, revestir [ground, surface, person, cake] **(with** de); **to** ~ **one's face with cream** untar a cara com creme; **to be** ~ed **in glory** ficar coberto de glória; **c)** (be strewn over) [litter, graffiti, blossom, bruises, scratches] cobrir [floor, wall, tree, body, surface]; **d)** (travel over) percorrer [distance, area]; (extend over) estender-se sobre [distance, area]; **we** ~ed **a lot of miles on holiday** percorremos muitos quilómetros durante as férias; **e)** (deal with, include) [article, book, speaker] tratar [question, subject, field, term]; [word, term, item] englobar [sense, meaning, aspect]; [rule, law] aplicar-se a [situation, person, organization]; [department, office, rep] ocupar-se de [area, region, activity]; **f)** [journalist, reporter, station] cobrir, relatar [event, story, match]; **the game will be** ~ed **live on** BBC 1 o jogo será transmitido em directo pela BBC 1; **g)** [amount, salary, company, person] cobrir [costs, outgoings, loss, deficit]; **£ 20 should** ~ **it** (coll) 20 libras deveriam cobrir isso (fam); **h)** INSUR segurar, cobrir [person, possession] **(for, against sth** contra algo; **for doing sth** para fazer algo); (guarantee) cobrir [costs, ports]; **i)** MIL, SPORT (protect) proteger, cobrir [person, advance, retreat, area of pitch]; **I'll** ~ **you** eu cubro-te; **I've got you** ~ed! (threat) quieto ou eu atiro!; **j)** (conceal) esconder [emotion, ignorance, embarrassment]; **k)** MUS (make version of) fazer a sua versão de [song]; **l)** ZOOL [male animal] cobrir [female animal]. **4** v refl **to** ~ **oneself** proteger-

-se **(against** contra); **to** ~ **oneself with** cobrir-se de [glory, praise, shame]. **5** ~ed (in compounds) **snow-~ed** coberto de neve. **6 covered** pp adj [porch, passage, courtyard] coberto; [dish, pan] com tampa. ■ **cover for:** ~ **for (sb) a)** (replace) substituir, fazer uma substituição [colleague, employee]; **b)** (protect) proteger, cobrir [person]. ■ **cover over:** ~ **over (sth),** ~ **(sth) over** cobrir [passage, yard, area, pool] **(with** com). ■ **cover up:** ~ **up a)** (put clothes on) cobrir-se; **b)** (conceal truth) ocultar algo; ~ **up for (sb/sth)** encobrir [colleague, friend, mistakes]; ~ **up (sth),** ~ **(sth) up a)** (lit) encobrir [window, body, footprints] **(with** com); esconder [strain, answers] **(with** com); **b)** (fig) dissimular [mistake, loss, crime, affair, truth].
coverage ['kʌvərɪdʒ] n **a)** (in media) cobertura f; reportagem f; **television** ~ cobertura televisiva; **b)** (in book, dictionary, programme) tratamento m; **the programme's** ~ **of modern music is good** o programa dá-nos um bom panorama da música moderna.
covering ['kʌvərɪŋ] n **a)** (for wall, floor) revestimento m; **b)** (layer of snow, dust, moss, etc) camada f.
covering letter n carta f explicativa.
cover note n GB recibo m de seguro.
covert ['kʌvət] **1** n (thicket) matagal m; m. **2** adj [operation, activity] secreto m; [payment] clandestino; [glance] furtivo; [threat] velado.
covet ['kʌvɪt] vtr cobiçar.
covetous ['kʌvɪtəs] adj cobiçoso.
cow [kaʊ] **1** n (female ox) vaca f; (other animals) fêmea. **2** vtr intimidar. IDIOMAS **till the ~s come home** até que as galinhas tenham dentes.
coward ['kaʊəd] n cobarde m/f.
cowardice ['kaʊədɪs] n cobardia f.
cowardly ['kaʊədlɪ] adj cobarde.
cowboy ['kaʊbɔɪ] n **a)** IN US vaqueiro m; **to play ~s and indians** brincar aos índios e cowboys; **b)** (pej) (incompetent worker) incompetente m/f; impostor m.
cower ['kaʊə(r)] vi encolher-se de medo.
cowherd n vaqueiro m.
cowl [kaʊl] n (hood) capuz m.
cowshed n estábulo m.
cox [kɒks] **1** n timoneiro m. **2** vtr, vi guiar, dirigir (barco).
coxswain ['kɒkswein, 'kɒksn] (formal) n (gen) patrão m (de barco); capitão m; (in rowing) timoneiro m.
coy [kɔɪ] adj **a)** (bashful) [person] tímido, acanhado; **b)** (reticent) reservado (**about** acerca de).
cozy adj US see **cosy**.
crab [kræb] n ZOOL, CULIN caranguejo m; **dressed** ~ caranguejo recheado.
crab apple ['kræbæpl] n (fruit) maçã f ácida; (tree) macieira f brava.
crack [kræk] **1** n **a)** (part of fine network in paint, varnish, cup, ground) fissura f **(in** em); (single, marked line in wall, cup, mirror, ground, bone) fenda f **(in** em); **b)** (narrow opening) (in door) frincha f; (in curtains) abertura f; (in rock, wall) fenda f; racha f; **c)** (also ~ **cocaine**) crack m; **d)** (sharp noise of twig, bone, whip, shot) estalido m; **e)** (coll) (attempt) tenta-

tiva *f* (**at doing** para fazer); **to have a** ~ **at doing** tentar fazer; **f)** (coll) (jibe) troça *f* (**about** de); (joke) piada *f* (**about** acerca de); **g)** (coll) GB DIAL (laugh, good time) risota *f*; galhofa *f* (fam). **2** *adj* [*troops, regiment, player*] de élite; [*shot*] de craque, de campeão. **3** *vtr* **a)** (make a crack in) rachar [*mirror, bone, wall, cup*]; (make fine cracks in) estalar, fazer rachar [*paint, varnish, cup*]; **b)** (break) partir [*nut, egg, casing*]; **to** ~ **a safe** arrombar um cofre; **to** ~ **sth open** abrir algo; **c)** (solve) resolver [*problem, case*]; **to** ~ **a code** decifrar um código; **I think I've** ~**ed it** COLL creio que já percebi; **d)** (make cracking sound with) fazer estalar [*whip, knuckles, joints, twig*]; **to** ~ **sth over sb's head, to** ~ **sb on the head with sth** bater na cabeça de alg com algo; **to** ~ **one's head on sth** bater com a cabeça em algo; **to** ~ **the whip** (fig) agitar o chicote; **e)** (overcome) fazer ruir, vencer [*resistance, defences, opposition*]; **f) to** ~ **a joke** contar uma piada; **g)** CHEM decompor [*oil*]. **4** *vi* **a)** (develop cracks) [*bone, mirror, cup, wall, ice*] rachar-se; [*paint, varnish*] fender-se; [*skin*] gretar-se; [*ground*] abrir fendas; **b)** (cease to resist) [*person, opposition*] ceder; **to** ~ **under interrogation** ceder na sequência de interrogatório; **c)** (make sharp sound) [*knuckles, joint, twig*] estalar; **d)** [*voice*] alterar-se (**with** por meio de). IDIOMAS **not all/not as good as it's** ~**ed up to be** não tão bom como se espera que seja; **to get** ~**ing on/with a job** pôr-se a trabalhar; **to have a fair** ~ **of the whip** dar uma oportunidade a alg. ■ **crack down** tomar medidas severas (**on** contra). ■ **crack up** (coll) **to** ~ **up a)** (have breakdown) ter um colapso; **b)** (laugh) ter um ataque de riso; **c)** (drug slang) ~ **(it) up** fumar crack; **to** ~ (**sb) up** fazer (alg) morrer de rir.

cracker ['krækə(r)] *n* **a)** (biscuit) biscoito *m* seco; **b)** GB (for Christmas, etc) cilindro *m* de papel que no Natal se fixa nas duas extremidades, fazendo um estalido e libertando um pequeno brinquedo.

crackers ['krækəz] *adj* (coll) GB doido (fam).

crackle ['krækl] **1** *n* **a)** (sound) crepitação *f*; **b)** (in pottery) estalido *m*. **2** *vtr* fazer ranger [*foil, cellophane, etc*]; fazer estalar [*pottery*]. **3** *vi* [*twig, fire*] crepitar.

crackling ['kræklɪŋ] *n* **a)** (sound) (of fire) crepitação *f*; (of foil, cellophane) ranger *m*; (on radio) estalido *m*; **b)** CULIN (crisp pork) pele *f* torrada e estaladiça de porco assado.

crackpot (coll) *n, adj* louco *m*.

cradle ['kreɪdl] **1** *n* **a)** (for baby) berço *m*; **from the** ~ **to the grave** do berço à tumba; **b)** NAUT (framework) carreira *f* (*armação f de madeira sobre a qual se coloca o navio em construção*). **2** *vtr* embalar [*baby*]; segurar com cuidado [*precious object*].

craft [krɑːft] **1** *n* **a)** (skill) (art-related) arte *f*; (job-related) ofício *m*; **potter's** ~ o ofício de oleiro; **b)** (*also* **handi~**) (*often pl*) artesanato *m*; **arts and** ~**s** artesanato *m*; **c)** (formal) (boat) embarcação *f*. **2** *modif* [*exhibition, guild*] artesanal.

craft: ~**sman** *n* artesão *m*; artífice *m*; ~**smanship** *n* (artistic) artesanato *m*; (manual) habilidade *f* manual.

crag [kræg] *n* fraga *f*; penhasco *m*.

craggy ['krægɪ] *adj* **a)** [*coastline, mountain*] escarpado; **b)** [*face, features*] talhado à faca.

cram [kræm] *vtr* **a)** (pack) meter à força [*object*] (**into** em); meter [*people*] (**into** em); meter [*food*] (**into** em); **I have to** ~ **three meetings into one morning!** tenho de arranjar maneira de enfiar três reuniões numa só manhã!; **b)** (*usually in passive*) (fill) encher, abarrotar (**with** de); **room** ~**med full of antiques** um quarto a abarrotar de antiguidades; **to** ~ **oneself with food** empanturrar-se de comida (fam).

cramp [kræmp] *n* **a)** (pain) cãibra *f*; **to get** ~/**a** ~ **in one's foot** ter uma cãibra no pé; **b)** (*often pl*); IDIOMAS (coll) **to** ~ **sb's style** cortar as asas a alg (fam).

cramped [kræmpt] *adj* **a)** [*cell, house, office*] pequeno, exíguo; ~ **conditions** falta de condições; **we're very** ~ **in here** estamos muito apertados aqui; **b)** (handwriting) difícil de ler.

cranberry ['krænbərɪ] *n* arando *m*; uva *f* do monte.

crane [kreɪn] **1** *n* CONSTR grua *f*. **2** *vtr* **to** ~ **one's neck** esticar o pescoço.

crank [kræŋk] *n* **a)** (coll, pej) (freak) excêntrico *m*; **a health-food** ~ um fanático dos alimentos naturais; **b)** TECH manivela *f*. ■ **crank up: to** ~ **up (sth), to** ~ **(sth) up** (lit) accionar (através de manivela); (fig) pôr em funcionamento.

cranky ['kræŋkɪ] (coll) *adj* **a)** (grumpy) rabugento; **b)** (eccentric) excêntrico; **c)** [*machine*] em mau estado, desconjuntado.

cranny ['krænɪ] *n* see **nook**.

crap [kræp] (slang) *n* **a)** (nonsense) bacorada *f* (fam); **b)** (film, book, food, etc) porcaria *f*; **c)** (faeces) merda (cal).

crash [kræʃ] **1** *n* **a)** (noise) estrondo *m*; **b)** (accident) acidente *m*; desastre *m*; **car** ~ acidente de viação; **to have a** ~ ter um acidente ou um desastre; **c)** (commercial failure) (of company) falência *f* (**of** de). **2** *vtr* **a)** (involve in accident) **he** ~**ed the car** ele teve um desastre de carro; **b)** (coll) (gatecrash) **to** ~ **a party** ir a uma festa sem ser convidado. **3** *vi* **a)** (have accident) **to** ~ **into sth** bater em algo, colidir com algo; **b)** (fall) **to** ~ **to the ground** [*cup, try, picture*] cair ao chão com estrondo; **c)** (coll) (go to sleep) dormir. ■ **crash out** adormecer.

crash: ~ **barrier** *n* **a)** (on road) barreira *f* de protecção; **b)** (for crowd control) barreira *f* metálica (usada pela polícia); ~ **course** *n* curso *m* intensivo; ~ **helmet** *n* capacete *m*.

crash-land ['kræʃ lænd] *vtr* **to** ~ **a plane** fazer uma aterragem forçada.

crass [kræs] *adj* crasso, grosseiro; ~ **ignorance** ignorância *f* crassa.

crate [kreɪt] *n* **a)** (of bottles, china) grade *f*; engradado *m* (para transporte de mercadorias); (of fruit, vegetables) cesto *m*; cabaz *m*; **b)** (slang) (car, plane) lata *f* (fam).

crater ['kreɪtə(r)] *n* ASTRON, GEOL cratera *f*.

cravat [krə'væt] *n* lenço *m* de pescoço para homem.

crave [kreɪv] *vtr* **a)** (*also* ~ **for**) ter uma grande necessidade de [*drugs*]; ansiar por [*affection, change*]; [*pregnant woman*] ter desejos de [*food*]; **b)** (formal); solicitar [*attention, permission*].

craving ['kreıvıŋ] *n* desejo *m* irresistível; **a ~ for** uma grande necessidade de [*drug*]; uma ânsia de [*fame, love, freedom*]; um desejo de [*certain food*].

crawl [krɔːl] **1** *n* **a**) SPORT crawl *m*; **to swim the ~** nadar crawl; **b**) **at a ~** a passo; **to slow/be reduced to a ~** [*vehicle*] abrandar até uma velocidade mínima. **2** *vi* **a**) [*insect, snake, person*] rastejar; **to ~ in/out** entrar/sair rastejando; **b**) (on all fours) gatinhar; **she can ~ now** ela já consegue gatinhar; **c**) [*time, days*] arrastar-se; **d**) (coll) [*flatter*] lamber as botas (cal) (**to sb a** alg). IDIOMAS **to make sb's skin** *or* **flesh ~** fazer pele de galinha a alg (fam).

crayfish ['kreıfıʃ] *n* **a**) (freshwater) lagostim *m*; **b**) (spiny lobster) lagosta *f*.

crayon ['kreıən] **1** *n* **a**) (*also* **wax ~**) lápis *m* de cera; **b**) (*also* **pencil ~**) lápis *m* de cor. **2** *vtr* colorir.

craze [kreız] **1** *n* moda *f*; mania *f*; **to be the latest ~** ser a última moda. **2** *vi* (*also* **~ over**) [*china, glaze*] rachar.

crazy ['kreızı] **1** (coll) *n* louco *m*. **2** *adj* **a**) (insane) [*person, plan, scheme*] louco; **to go ~** enlouquecer; **~ with grief** louco de dor; **b**) (infatuated) **to be ~ about sb/sth** ser louco por alg/qq coisa.

creak [kriːk] **1** *n* (of hinge, gate, door) rangido *m*; (of wood, floorboard, bone) estalido *m*. **2** *vi* [*hinge, gate, door*] ranger; [*floorboard, bone*] dar um estalido; **the door ~ed open** a porta abriu-se rangendo.

cream [kriːm] **1** *n* **a**) nata *f*; **the ~ of London society** a fina flor da sociedade londrina; **b**) COSMET, MET, TECH creme *m*; **sun ~** creme solar; **shoe ~** pomada *f* para calçado; **c**) (sweet) bombom *m*; chocolate *m* com recheio; (biscuit) bolacha *f* recheada; **chocolate ~** bolacha com recheio de chocolate; **d**) (colour) (cor *f*) creme *m*. **2** *modif* **a**) (in colour) creme (*inv*); **b**) CULIN (**made with ~**) com natas. **3** *vtr* CULIN bater algo até ficar cremoso [*butter, mixture*]; **~ed potatoes** puré *m* de batatas (com natas). IDIOMAS **the ~ of the crop** o que há de melhor; **to look like the cat that's got/licked the ~** ter um ar satisfeitíssimo consigo mesmo. ■ **cream off** (fig) guardar para si [*best candidates, profits*].

cream: **~ cake** *n* bolo *m* recheado ou coberto de nata; **~ cheese** *n* queijo *m* fresco; **~ tea** *n* chá *m* completo (acompanhado de scones com natas e compota).

creamy ['kriːmı] *adj* (in texture, taste) cremoso; (in colour) (cor) creme (*inv*); **to have a ~ complexion** ter uma pele macia.

crease [kriːs] **1** *n* (in cloth, paper) prega *f*; dobra *f*. **2** *vtr* (crumple) amarrotar [*paper, cloth*]. **3** *vi* **a**) [*cloth*] amarrotar-se; **b**) [*face*] enrugar-se.

crease resistant *adj* [*fabric*] anti-ruga.

create [krıˈeıt] **1** *vtr* criar [*character, product, job, etc*]; provocar [*crisis, scandal, interest, etc*]; lançar [*fashion*]; pôr [*problem*]; **to ~ a good/bad impression** causar boa/má impressão. **2** (coll) *vi* GB fazer uma cena (fam).

creation [krıˈeıʃn] *n* criação *f*; **wealth ~** criação de riqueza.

creative [krıˈeıtıv] *adj* **a**) (inventive) [*person, solution, cookery, etc*] criativo, imaginativo, inventivo; **b**) (which creates) [*process, act, energy*] criador.

creator [krıˈeıtə(r)] *n* criador *m* (**of** de).

creature ['kriːtʃə(r)] *n* **a**) (created thing) criatura *f*; **living ~** ser *m* vivo; **b**) (animal) animal *m*.

crèche [kreıʃ] *n* (nursery school) creche *f*.

credentials [krıˈdenʃls] *npl* (qualifications) credenciais *fpl*; **to establish one's ~ as a great writer** afirmar-se como um grande escritor.

credibility [kredıˈbılıtı] *n* credibilidade *f*.

credible ['kredıbl] *adj* credível.

credit ['kredıt] **1** *n* **a**) (approval) mérito *m* (**for** de); **to get the ~ for sth/for doing** ter o mérito de algo/de ter feito; **to be a ~ to sb/sth** ser uma honra para alg/algo; **to do sb ~, to do ~ to sb** conferir honra a alg; **he is more intelligent than he is given ~** ele é mais inteligente do que o julgam; **~ where ~ is due, they have managed to...** honra lhes seja feita, eles conseguiram...; **b**) COMM, FIN (borrowing) crédito *m*; **to buy sth on ~** comprar algo a crédito; **to live on ~** viver de empréstimos; **her ~ is good** ela tem reputação de boa pagadora; **c**) FIN (positive balance) crédito *m*; saldo *m*; **to be £ 25 in ~** ter um saldo de 25 libras. **2 credits** *npl* CIN, TV genérico *m*. **3** *vtr* **a**) (attribute) **to ~ sb with sth** atribuir algo a alg [*discovery, power, achievement*]; **to ~ sb with intelligence** considerar alg inteligente; **b**) FIN creditar [*account*] (**with** de); **to ~ sth to an account** pôr algo numa conta; **c**) (believe) crer, ter fé em [*story, assertion*]; **would you ~ it!** podes crer!.

creditable ['kredıtəbl] *adj* (all contexts) respeitável.

credit card *n* COMM, FIN cartão *m* de crédito.

credit note *n* COMM, FIN nota *f* de crédito.

creditor ['kredıtə(r)] *n* COMM, FIN credor *m*.

credit side *n* **a**) ACCTS activo *m*; crédito *m*; **b**) (fig) lado bom *m*; **on the ~...** o lado bom das coisas, é que....

credit squeeze *n* ECON restrições *fpl* de crédito.

creditworthy ['kredıtwɜːdı] *adj* FIN merecedor *m* de crédito.

credulity [krıˈdjuːlıtı] *n* credulidade *f*; **to strain** *or* **stretch sb's ~** abusar da credulidade de alg.

credulous ['kredjʊləs] *adj* crédulo.

creed [kriːd] *n* **a**) RELIG (prayer) credo *m*; **b**) (religious faith) crença *f*; **c**) (belief) princípios *mpl*.

creek [kriːk] *n* (inlet) (into sea) enseada *f*; (stream) riacho *m*. IDIOMAS (coll) **to be up the ~(without a paddle)** (mistaken) estar errado ou incorrecto.

creep [kriːp] **1** *n* (coll) **a**) (flatterer) bajulador *m* PO, puxa saco *m* BR; **b**) (repellent man) **he's a ~** ele é nojento. **2** *vi* (*past, pp* **crept**) **a**) (furtively) **to ~ in/out** entrar/sair sorrateiramente; **to ~ behind/under sth** esgueirar-se para trás/para debaixo de qq coisa; **see ~ in, ~ up, etc**; **b**) (slowly) [*vehicle*]; **to ~ forward, along** avançar lentamente; **c**) [*insect*] trepar, rastejar; [*cat*] andar sem ruído; **d**) [*plant*] (horizontally) alastrar; (climb) trepar; **e**) (coll) bajular (**to sb** alg). ■ **creep in**: **to ~ in a**) [*wrong note, error, influence*] introduzir-se, insinuar-se (**to sth** em qq coisa); **b**) [*feeling, prejudice*] intervir. ■ **creep up** [*inflation, debt, unemployment*] subir.

■ **creep up on**: to ~ **up on sb** (lit) aproximar-se de alg a passos largos; (fig) tomar alg de surpresa. IDIOMAS (coll) **to give sb the ~s** provocar pele de galinha a alg (fam).

creeper ['kri:pə(r)] *n* a) (in jungle) liana *f*; b) (creeping plant) planta *f* trepadora.

creepy ['kri:pɪ] (coll) *adj* [*film, feeling, person*] que provoca calafrios, arrepiante.

cremate [krɪ'meɪt] *vtr* cremar.

cremation [krɪ'meɪ/n] *n* cremação *f*.

crematorium [kremə'tɔ:rɪəm] GB, **crematory** ['kremətərɪ] US *n* (building) crematório *m*.

Creole ['kri:əʊl] *n, adj* crioulo *m*.

crepe, crêpe [kreɪp] *n* a) TEX crepe *m*; b) (for soles) ~ **rubber** borracha enrugada (que se usa para solas de sapatos); c) CULIN crepe *m*.

crescendo [krɪ'ʃendəʊ] *n* a) MUS crescendo *m*; b) (fig) **to reach a ~** [*campaign, noise, violence*] atingir o ponto máximo.

crescent ['kresənt] *n* (shape) crescente *m*; quarto *m* crescente.

crescent moon *n* quarto *m* crescente.

cress [kres] *n* BOT, CULIN agrião *m*.

crest [krest] **1** *n* a) (gen) ZOOL crista *f*; b) HERALD (coat of arms) armas *fpl*; brasão *m*. **2 crested** *pp adj* [*bird*] dotado de crista; [*stationery*] timbrado. IDIOMAS **to be on the ~ of the wave** estar na crista da onda.

crestfallen ['krestfɔ:ln] *adj* cabisbaixo, abatido.

Crete [kri:t] *pr n* Creta; **in** *or* **on** ~ em Creta.

cretin ['kretɪn] *n* cretino *m*.

crevice ['krevɪs] *n* fissura *f*.

crew [kru:] **1** *n* a) AVIAT, NAUT tripulação *f*; b) CIN, RADIO, RAIL, TV equipa *f*; c) (coll) malta *f* (fam); bando *m* (fam). **2** *vtr* NAUT equipar [*boat*]. **3** *pp* see **crow**.

crewcut *n* corte *m* (de cabelos) à escovinha.

crib [krɪb] **1** *n* a) US berço *m*; cama *f* de criança; b) (Nativity) presépio *m*; c) (borrowing) plágio *m*; (illicit aid) SCH, UNIV cábula *f* (fam); (translation) tradução *f*. **2** *vtr* (*pp, etc* **-bb-**) copiar. **3** *vi* (gen) plagiar.

cribbage ['krɪbɪdʒ] *n* jogo *m* de cartas (para duas pessoas).

crick [krɪk] **1** *n* **to have/get a ~ in one's neck** ter um torcicolo. **2** *vtr* **to ~ one's back** ter uma cãibra nas costas.

cricket ['krɪkɪt] *n* a) ZOOL grilo *m*; b) GB SPORT críquete *m*. IDIOMAS (coll) **it's not ~** isso não é jogo limpo.

cricketer ['krɪkɪtə(r)] *n* GB jogador *m* de críquete.

crime [kraɪm] *n* a) (offence) (minor) delito *m*; (serious) crime *m* (**against** contra); **the ~ of murder** o homicídio; b) (criminal activity) criminalidade *f*; ~ **does not pay** o crime não compensa.

crime rate *n* taxa *f* de criminalidade.

criminal ['krɪmɪnl] **1** *n* criminoso *m*. **2** *adj* [*activity, behaviour, tendency, etc*] criminoso.

criminal law *n* direito *m* penal.

criminally ['krɪmɪnəlɪ] *adj* **he was ~ negligent** ele foi culpado de negligência criminosa.

criminal record *n* registo *m* criminal; **to have no ~ record** não ter cadastro.

criminology [krɪmɪnɒlədʒɪ] *n* criminologia *f*.

crimson ['krɪmzn] **1** *n* carmesim *m*. **2** *adj* [*lips,*

nails] vermelho; **to go** *or* **blush** ~ ficar corado, enrubescer.

cringe [krɪndʒ] **1** *vi* a) (physically) encolher-se; **to make sb** ~ provocar em alg um movimento de recuo; b) (feel shame) ter vontade de desaparecer; c) (grovel) comportar-se servilmente. **2 cringing** *pres p adj* servil.

crinkle ['krɪŋkl] **1** *n* (in skin) ruga *f*; (in fabric, paper) prega *f*; dobra *f*. **2** *vtr* amachucar [*paper*]; enrugar [*eyes*].

cripple ['krɪpl] **1** *n* a) (offensive) (lame) aleijado *m*; b) (inadequate) **emotional** ~ pessoa *f* traumatizada. **2** *vtr* a) (physically) estropiar, aleijar; (emotionally) traumatizar; b) (fig) paralisar [*country, economy, industry*]; inutilizar [*vehicle*].

crippled [krɪpld] *adj* a) (physically) [*person*] inválido; b) (fig) [*person*] (by debt) esmagado (**by** por); [*country, economy, etc*] paralizado; [*vehicle*] inutilizado.

crisis ['kraɪsɪs] *n* crise *f* (**in** de; **over** por causa de); **cabinet** ~ crise no seio do governo; **mid-life** ~ a crise da meia idade; **to be in** ~ estar em crise; **to be at/to reach** ~ **point** estar no/atingir o ponto crítico.

crisp [krɪsp] **1** *n* (*also* **potato** ~) (*usu in pl*) batatas *fpl* fritas estaladiças. **2** *adj* a) [*batter, biscuit, chips, pastry*] estaladiço; [*fruit, vegetable*] fresco, rijo; b) [*air*] fresco; c) (fig) (concise) [*order, words*] sucinto, breve; [*manner*] decidido; [*design*] nítido. IDIOMAS (coll) **to be burnt to a ~** ficar completamente queimado.

crispbread ['krɪspbred] *n* pão *m* de centeio tostado.

crispy ['krɪspɪ] *adj* estaladiço.

criss-cross ['krɪskrɒs, 'krɪskrɔ:s] **1** *n* (of streets) emaranhado *m*. **2** *adj* entrelaçado, entrecruzado. **3** *vi* entrecruzar-se.

criterion [kraɪ'tɪərɪən] *n* (*pl* **-ia** *or* **-ions**) critério *m* (**for sth** de qq coisa).

critic ['krɪtɪk] *n* a) (of art, music) crítico *m*; b) (opponent) detractor *m*.

critical ['krɪtɪkl] *adj* a) [*moment*] crítico, decisivo; b) (crucial) [*stage*] crucial; **to be ~ of sb/sth** criticar alg/algo.

critically ['krɪtɪkəlɪ] *adv* a) (using judgement) [*evaluate, examine*] criteriosamente; b) (with disapproval) criticamente; c) (seriously) [*ill, injured*] gravemente; ~ **important** crucial, de importância capital.

criticism ['krɪtɪsɪzm] *n* a) (remark, evaluation) crítica *f*; b) (analysis) análise *f* crítica (**of** de).

criticize ['krɪtɪsaɪz] *vtr* (find fault with) criticar; **to ~ sb for sth/for doing** criticar alg por algo/por ter feito.

croak [krəʊk] **1** *n* (frog) coaxar *m*; (crow) crocitar *m*. **2** *vtr* falar com voz rouca. **3** *vi* a) (frog) coaxar; b) (coll) (offensive) (die) esticar o pernil (fam).

crochet ['krəʊʃeɪ, 'krəʊʃɪ] **1** *n* croché *m*. **2** *vtr* fazer qq coisa em croché; **a ~ed sweater** uma camisola de croché. **3** *vi* fazer croché.

crock [krɒk] *n* (coll) (car) chaço *m* (fam); (person) cangalho *m* (fam).

crockery ['krɒkərɪ] *n* loiça *f* de barro.

crocodile ['krɒkədaɪl] **1** *n* a) TEX, ZOOL crocodilo *m*; b) (line) fila *f* de pessoas duas a duas. **2**

modif [*shoes, bag*] de crocodilo. **IDIOMAS (to shed) ~ tears** chorar lágrimas de crocodilo.

croft [krɒft, krɔːft] *n* pequena quinta *f* (na Escócia).

crony ['krəʊnɪ] *n* companheiro *m*; camarada *m/f*.

crook [krʊk] **1** *n* **a)** (rogue) escroque *m*; **b)** (of road, river) curva *f*; **c)** (shepherd's) cajado *m*; (bishop's) báculo *m*. **2** *vtr* dobrar [*arm, finger*]. **IDIOMAS by hook or by ~** custe o que custar, de qualquer maneira.

crooked ['krʊkɪd] **1** *adj* **a)** (with a bend) [*line*] quebrado; [*limb*] torcido, dobrado; [*back, person*] deformado; [*path*] tortuoso; **a ~ smile** um sorriso amarelo (fam); **b)** (off-centre) torto; (house) inclinado; **c)** (dishonest) desonesto. **2** *adv* de través.

croon [kruːn] *vtr, vi* cantarolar.

crop [krɒp] **1** *n* **a)** (type of produce) cultura *f*; **cereal ~** cultura de cereais; **b)** (harvest) (of cereals, fruit, vegetables) colheita *f*; safra *f*; (of fruit, by hand) apanha *f*; **c)** (fig) (collection of people, works, films, prizes) leva *f*; **d)** (short hair cut) corte *m* de cabelo (à garçonne); **e)** (whip) pingalim *m*. **2** *vtr* (*pres p etc* **-pp-**) **a)** (cut short) cortar curto [*hair*]; **b)** PHOTO retocar [*photograph*]; **c)** [*sheep, cow*] mordiscar [*grass*]. **3** *vi* (*pres p etc* **-pp-**) [*produce, land*] produzir. ■ **crop up a)** (in conversation, article) [*matter, subject*] surgir, aparecer; [*person, name*] ser mencionado; **b)** [*opportunity*] apresentar-se.

croquet ['krəʊkeɪ, 'krəʊkɪ] *n* croquet *m*.

cross [krɒs] **1** *n* **a)** (shape) cruz *f*; **the C~** RELIG a Cruz; **put a ~ in the box** ponha uma cruz no quadrado; **b)** BIOL, BOT, ZOOL (hybrid) cruzamento *m*; **a ~ between a labrador and a dalmatian** um cruzamento entre um labrador e um dálmata; **c)** (sewing) viés *m*; **on the ~** em viés; **d)** SPORT (in football) cruzamento *m*. **2** *adj* **a)** (angry) zangado; **to be ~ with sb** estar zangado com alg; **to be ~ about sth** estar aborrecido por qualquer coisa; **to get ~ (with sb)** zangar-se (com alg); **to make sb ~** aborrecer alg; **b)** (transverse) [*timber*] transversal; **c)** (contrary to general direction) [*breeze, swell*] contrário. **3** *vtr* **a)** (go across) atravessar [*road, railway, line, country, room, sea*]; passar, transpor [*river, border, line, ridge, threshold*]; atravessar [*mountains, ditch*]; [*bridge*] atravessar [*river, road*]; [*line*] trancar [*page*]; (fig) ultrapassar [*limit, boundary*]; **it ~ed his mind that...** passou-lhe pela cabeça que...; **the (TV) programme ~ed the bounds of decency** a emissão ultrapassou os limites da decência; **b)** (meet) cortar, encontrar [*road, path, railway, line, river*]; **to ~ each other** encontrar-se, cruzar-se; **c)** (place in shape of a cross) cruzar [*spoons, knives, ropes*]; **to ~ one's legs** cruzar as pernas; **d)** BIOL, BOT, ZOOL cruzar [*plants, animals, species*]; **e)** (oppose) contrariar [*person*]; **f)** (draw line across) riscar, trancar [*cheque*]; **g)** SPORT (in football) cruzar [*ball*]. **4** *vi* **a)** (go across) (*also* **~over**) atravessar; **to ~ into Italy** passar para a Itália; **b)** (meet) [*roads, railway lines, cars, trains*] cruzar-se; [*lines*] cortar-se; [*letters*] cruzar-se; **c)** (lie in shape of cross) [*straps, ropes, beams, bars*] cruzar-se. **5** *v refl* **to ~ oneself** RELIG ben-

zer-se, fazer o sinal da cruz. **6 crossed** *pp adj* TELECOM [*line*] cruzado. **IDIOMAS we seem to have got our wires** *or* **lines ~ed** parece haver um mal entendido entre nós; **to have a/one's ~ to bear** ter a sua cruz para carregar. ■ **cross off ~(sth) off, ~ off (sth, sb)** riscar, apagar [*name, thing*]; eliminar [*person*]; **~ (sb/sth) off sth** eliminar (alg/algo) de algo. ■ **cross out ~ (sth) out, ~ out (sth)** riscar, cortar (algo); **~ patch** (coll) *n* rezingão *m* (fam).

cross: ~ bar *n* (gen) barra *f*; **~ bow** *n* besta *f*.

crossbreed 1 *n* (animal) híbrido *m*; (person) mestiço *m*. **2** *vtr* cruzar [*animals*]; fazer hibridação [*plants*].

cross-Channel *adj* do outro lado da Mancha.

cross-check [krɒstʃek] **1** *n* verificação *f*. **2** *vtr/ vi* verificar (algo).

cross-country [krɒs'kʌntrɪ] **1** *n* SPORT (running) corta-mato *m*; (skiing) esqui *m* de fundo. **2** *adj* **a)** SPORT (running) [*race, run, champion, event*] de corta-mato; (skiing) [*skier*] de fundo; **b)** (gen) (by way of fields, etc) [*trip, walk, like, run*] através dos campos; **c)** (across a country) [*railway, road, route*] que atravessa o país. **3** *adv* [*run, walk, hike*] através dos campos.

cross-examination *n* JUR (gen) contra--interrogatório *m*.

cross-examine [krɒsɪg'zæmɪn] *vtr* **a)** JUR fazer um contra-interrogatório a (alg); **b)** (gen) interrogar, inquirir.

cross-eyed ['krɒsaɪd] *adj* [*person*] estrábico Po, caolho BR; **to be/go ~** ficar estrábico; **to make sb ~** pôr alg vesgo Po/caolho BR.

cross-fertilize [krɒs'fɜːtɪlaɪz] **1** *vtr* BOT hibridar. **2** *vi* BOT hibridar-se.

crossfire ['krɒsfaɪə(r)] *n* MIL (fig) fogo *m* cruzado; **to be** *or* **get caught in the ~** (lit, fig) ficar preso entre dois fogos.

crossing ['krɒsɪŋ] *n* **a)** (journey) (over sea, lake) travessia *f*; (over border) passagem *f*; **b)** (for pedestrians) passagem *f* para peões; passadeira *f*; RAIL passagem *f* de nível.

cross-legged ['krɒslegd] *adj, adv* de pernas cruzadas.

crossly ['krɒslɪ] *adv* com mau humor.

crossover ['krɒsəʊvə(r)] *adj* FASHN [*bodice, straps*] cruzado.

cross-purposes *npl* **a)** (misunderstanding) **we are at ~ (with each other)** há um malentendido (entre nós); **b)** (conflicting aims) **to be at ~ (with sb)** estar em desacordo (com alg).

cross-reference ['krɒsrefərəns] **1** *n* citação *f* (**to** de). **2** *vtr* (supply cross-references) fazer citações de [*book, dictionary*].

crossroads *n* (lit) cruzamento *m*; encruzilhada *f*.

cross-section [krɒs'sekʃ(ə)n] *n* **a)** (lit) corte *m* transversal; **in ~** em corte transversal; **b)** (fig) (selection) selecção *f*; grupo *m* representativo (**of** de).

cross wind *n* vento *m* cruzado.

crossword ['krɒswɜːd] *n* (*also* **~ puzzle**) palavras *fpl* cruzadas.

crotchet ['krɒtʃɪt] *n* GB MUS semínima *f*.

crouch [kraʊtʃ] **1** *n* posição *f* de cócoras. **2** *vi* (*also* **~ down**) [*person*] agachar-se.

croupier ['kruːpɪə(r), 'kruːpɪeɪ] *n* croupier *m*; banqueiro *m* (no jogo).

crow [krəʊ] **1** *n* ZOOL (gen) corvo *m*. **2** *vi* **a)** (exult) exultar; **b)** (*past* **crowed** *or* **crew**) [*cock*] cantar. IDIOMAS **as the ~ flies** em linha recta. **crow** *n* corvo *m* negro.

crowbar *n* alavanca *f*; pé-de-cabra *m*.

crowd [kraʊd] **1** *n* **a)** (gen) SPORT (mass of people) multidão *f*; **a ~ of 10000** uma massa de 10000 pessoas; **~s of people** montes de gente (fam); **a ~ gathered at the scene** formou-se um ajuntamento no lugar; **people came in ~s to hear him** as pessoas acorreram em massa para o ouvir; **b)** (ordinary public) **to stand out from the ~** sobressair (do comum); **c)** (coll) (set) grupo *m*; **"who's coming?" "the usual ~"** "quem vem?" - "o grupo do costume". **2** *vtr* **a)** (fill) encher [*pavement, platform, road*]; estar cheio de [*beach*]; **tourists ~ed the hotels** os hotéis estavam cheios de turistas; **the roads were ~ed with cars** as estradas estavam repletas de carros; **b)** (squash) amontoar [*people, animals, cars, furniture*] (**into** em); encher [*words, lines*]; **we always try to ~ as much as possible into our visits to London** nós procuramos ver sempre o maior número de coisas quando vamos a Londres; **c)** (fill to excess) atulhar, preencher [*room, house, mind*]; preencher [*time*]; sobrecarregar [*design, page*]; **d)** (coll) (put pressure on) pressionar; **stop ~ing me! let me think!** pára de me pressionar! deixa-me reflectir!. **3** *vi* **a)** (lit) **to ~ into** apertar-se em [*room, lift, vehicle*]; **to ~ up/down** subir ou descer em grande número [*stairs*]; **to ~ (up) against** comprimir-se contra [*barrier*]; **b)** (fig) **to ~ into** [*thoughts, memories, ideas*] acorrer em grande número a.

crowded [ˈkraʊdɪd] *adj* (with people) [*public transport, public room, restaurant, shop*] apinhado (**with** de).

crown [kraʊn] **1** *n* **a)** (of monarch) coroa *f*; **b)** (symbol of monarchy) **the C~** a Coroa *f*; **c)** GB JUR ministério *m* público; **d)** (top) (of hill) cume *m*; cimo *m*; (of hat, tree) copa *f*; (of head) cocuruto *m*; **e)** DENT coroa *f*; **f)** (old coin) antiga moeda de 5 xelins. **2** *vtr* **a)** (declare monarch) coroar [*queen, king*]; **b)** (bring to a worthy end) recompensar; **her efforts were ~ed by success** os seus esforços foram coroados de sucesso; **c)** (hit) assomar [*person*]; **d)** DENT pôr uma coroa em [*tooth*]; **e)** GAMES (in draughts) fazer dama.

Crown court *n* GB JUR Tribunal *m* de Justiça.

crowning [ˈkraʊnɪŋ] **1** *n* coroação *f*. **2** *adj* [*touch*] final; [*irony*] supremo; [*success, victory*] definitivo; **the ~ achievement of his career** a realização máxima da sua carreira.

Crown: **~ jewels** *npl* (as) jóias *fpl* da Coroa; **~ prince** *n* príncipe *m* herdeiro.

crucial [ˈkruːʃl] *adj* [*role, moment*] crucial; **it is ~ that** é essencial que.

crucifix [ˈkruːsɪfɪks] *n* crucifixo *m*.

crucifixion [kruːsɪˈfɪkʃn] *n* crucificação *f*.

crucify [ˈkruːsɪfaɪ] *vtr* **a)** (execute) crucificar; **b)** (coll) (criticize, punish) demolir.

crude [kruːd] **1** *n* (oil) crude *m*; rama *f*; de petróleo. **2** *adj* **a)** [*attempt, belief*] grosseiro; **b)** (rough and ready) [*method, tool, drawing*] rudimentar; **c)** (coarse) [*manners, person, etc*] rude, ordinário; **d)** (unrefined) [*rubber, ore*] em bruto.

crudity [ˈkruːdɪtɪ] *n* (vulgarity) grosseria *f*.

cruel [ˈkruːəl] *adj* (person, fate, treatment) cruel (**to** para); [*winter, climate*] rigoroso; **a ~ blow** um golpe tremendo; **you have to be ~ to be kind** por vezes, é preciso ser-se duro.

cruelly [ˈkruːəlɪ] *adv* cruelmente.

cruelty [ˈkruːəltɪ] *n* (of person, treatment) crueldade *f* (**to** para).

cruise [kruːz] **1** *n* **a)** NAUT cruzeiro *m*; **to be on a/go on a ~** estar num/fazer um cruzeiro; **b)** MIL see **~ missile**. **2** *vtr* **a)** **to ~ a sea** [*ship, liner*] cruzar o mar; **b)** [*car, driver, taxi*] percorrer [*street, city*]; **c)** (coll). **3** *vi* **a)** [*liner, tourist*] fazer um cruzeiro (**along** ao longo de; **around** à volta de; **into** em direcção a); **b)** [*plane*] voar a uma velocidade de cruzeiro; **to ~ at 500km/h** voar a uma velocidade de cruzeiro de 500km/h; **c)** (coll) [*competitor, team, candidate*]; **to ~ to victory** dirigir-se sem problemas para a vitória.

cruise missile *n* míssil *m* cruzeiro.

cruiser [ˈkruːzə(r)] *n* **a)** MIL cruzador *m*; **b)** (cabin-cruiser) pequeno iate *m* de cruzeiro.

crumb [krʌm] *n* **a)** (of food) migalha; **b)** (tiny amount) **a ~ of** (information) um pouco de; **a ~ of comfort** uma magra consolação.

crumble [ˈkrʌmbl] **1** *n* apple ~ maçã *f* assada. **2** *vt* esmigalhar [*bread*]; reduzir a pó [*clay*]. **3** *vi* **a)** (bread) esmigalhar-se; (soil, façade) esboroar-se; (building) desmoronar-se; **b)** (relationship) desagregar-se; (opposition) desfazer-se.

crumbly [ˈkrʌmblɪ] *adj* [*bread*] esboroável, que se esmigalha facilmente; [*pastry, earth*] fiável.

crumpet [ˈkrʌmpɪt] *n* espécie de bolo *m* feito na grelha.

crumple [ˈkrʌmpl] **1** *vtr* amarrotar [*paper*]; amarfanhar, amachucar (com as mãos) [*beer can*]; **she ~d her blouse into a ball** ela amarfanhou a blusa numa bola. **2** *vi* (paper, garment) amarrotar-se; **his face ~d** o rosto dele contorceu-se (de dor, de riso). ■ **crumple up: to ~ (sth), to ~ up (sth)** enrugar.

crunch [krʌntʃ] **1** *n* **a)** (in sound) (of gravel, snow) rangido *m*. **2** *vtr* **a)** (eat) mastigar ruidosamente [*toast, apple, biscuit*]; **b)** (crush) partir [*nuts*]; **she ~ed her way across the gravel** ela caminhava com ruído fazendo ranger o saibro. **3** *vi* [*snow, gravel*] ranger. **4 crunching** *pres p adj* **a ~ sound** *or* **noise** (of gravel, snow, glass) um rangido *m*. IDIOMAS **when** *or* **if it comes to the ~** quando chegar a altura ou o momento; **the ~ came when...** atingiu-se o ponto crítico, quando....

crunchy [ˈkrʌntʃɪ] *adj* [*vegetables, biscuits*] estaladiço.

crusade [kruːˈseɪd] **1** *n* **a)** (also Crusade) HIST cruzada *f*; **b)** (campaign) cruzada *f* (**for** a favor de; **against** contra). **2** *vi* (campaign) empreender uma cruzada (**for** a favor; **against** contra).

crusader [kruːˈseɪdə(r)] *n* **a)** (also crusader) HIST cruzado *m*; **b)** (campaign) militante *m* (**for** a favor de; **against** contra).

crush [krʌʃ] **1** *n* **a)** (crowd) aperto *m*; aglomeração *f*; **in the ~** na multidão; **b)** (coll) (infatuation) fraquinho *m* (fam); **c)** (drink) sumo *m* de fruta; **lemon ~** limonada *f*. **2** *vtr* **a)** (fig) (by force, argument) esmagar [*enemy, protester, uprising*]; abafar [*protest*]; (by ridicule) arrasar PO, esculhambar BR [*person*]; **to be ~ed by** ficar abatido por [*ill-treatment, sorrow, tragedy*]; **b**) (pulverize) (on purpose) esmagar [*can, fruit, vegetable*]; britar [*stone*]; partir [*ice*]; **to ~ to a powder** reduzir a pó, pulverizar; **c**) (crease) enrugar [*garment, fabric*]; **d**) (clasp) apertar.

crust [krʌst] *n* **a**) (on bread, pie) crosta *f*; **he'd share his last ~ with you** ele dar-te-ia tudo até ao último tostão; **b**) (of mind, blood) crosta *f*; **the earth's ~** a crosta terrestre.

crustacean [krʌ'steɪʃn] *n* crustáceo *m*.

crusty ['krʌstɪ] *adj* **a**) [*bread*] estaladiço; **b**) (irritable) rabugento, irritadiço.

crutch [krʌtʃ] *n* MED muleta *f*; **to walk/to be on ~es** andar de muletas.

crux [krʌks] *n* ponto *m*; crítico; **the ~ of the matter** o essencial *m*.

cry [kraɪ] **1** *n* **a**) grito *m*; **nobody heard his cries for help** ninguém o ouviu gritar por socorro; **b**) (slogan) divisa *f*. **2** *vtr* (shout) gritar; **"look out!" he cried** "atenção!" gritou ele. **3** *vi* **a**) (weep) chorar; **to ~ for joy** chorar de alegria; **to ~ with laughter** chorar a rir; **b**) (*also* ~ **out**) (call out) dar um grito. IDIOMAS **to ~ one's eyes** *or* **heart out** chorar copiosamente; **it's a far ~ from the days when...** vai longe o tempo em que.... ■ **cry down: to ~ down (sth), ~ (sth) down** dizer mal de qq coisa. ■ **cry off** GB (cancel appointment or invitation), anular, desistir. ■ **cry out** (with pain, grief) dar um grito; (when calling sb) gritar (por); **to ~ out for sth**.

crying ['kraɪɪŋ] **1** *n* (weeping) choro *m*. **2** *adj* [*injustice*] gritante; **it's a ~ shame** é uma vergonha intolerável.

crypt [krɪpt] *n* cripta *f*.

cryptic ['krɪptɪk] *adj* [*remark, allusion*] enigmático, misterioso.

crystal ['krɪstl] **1** *n* **a**) CHEM cristal *m*; **b**) US (on watch) vidro *m* de relógio. **2** *modif* (water) cristalino, límpido.

crystal ball *n* bola *f* de cristal; (fig) **to look into one's ~** prever o futuro.

crystallize ['krɪstəlaɪz] **1** *vtr* **a**) concretizar [*views, ideas*]; cristalizar [*identity, divisions*]; **b**) CHEM, GEOL cristalizar [*solution, molten rock*]. **2** *vi* **a**) (ideas) concretizar-se (**around** acerca de, em volta de); **b**) (solution, molten rock) cristalizar-se.

CS gas [siːes gæs] *n* gás *m* lacrimogéneo.

cub [kʌb] *n* ZOOL filhote *m*.

Cuba ['kjuːba] *pr n* Cuba *f*.

cubby-hole ['kʌbɪ-həʊl] *n* (cramped space) cubículo *m*; (snug room) cantinho *m*.

cube [kjuːb] **1** *n* **a**) (gen) MATH cube *m*; **b**) (of sugar) cubo *m*; **two ~s (of ice)** dois cubos de gelo. **2** *vtr* **a**) MATH elevar ao cubo; **b**) CULIN cortar em cubos/pedaços.

cubic ['kjuːbɪk] *adj* **a**) (gen) MATH (form) cúbico; **b**) (measurement) [*metre, centimetre*] cúbico; **two ~ metres** dois metros cúbicos.

cubicle ['kjuːbɪkl] *n* cubículo *m*; compartimento *m* pequeno; saleta *f*.

cuckoo ['kʊkuː] *n* cuco *m*.

cuckoo clock *n* relógio *m* de cuco.

cucumber ['kjuːkʌmbə(r)] *n* HORT, CULIN pepino *m*. IDIOMAS **to be as cool as a ~** ser/estar completamente calmo.

cud [kʌd] *n* porção *f* de alimento que volta do

barrete à boca dos ruminantes. IDIOMAS **to chew the ~** (lit, fig) ruminar, meditar, reflectir.

cuddle ['kʌdl] **1** *n* abraço *m*; meiguice *f*; **to give sb a ~** fazer uma meiguice a alg. **2** *vtr* acariciar. ■ **cuddle up** encolher-se, aninhar-se (**against** contra).

cuddly ['kʌdlɪ] *adj* (huggable) agradável; (soft to touch) macio; **~ toy** brinquedo *m* de peluche; **he's very ~** ele é tão amoroso, que até apetece fazer-lhe festinhas.

cudgel ['kʌdʒl] (dated) **1** *n* cacete *m*; moca *f*. **2** *vtr* (*pres p etc* **-ll-** GB, **-l-** US) espancar com um cacete. IDIOMAS (coll) **to ~ one's brains** matar a cabeça (fam) (**for**, to por causa de); **to take up the ~ for** *or* **on behalf of sb/sth** bater-se em defesa de alg/algo.

cue [kjuː] *n* **a**) THEAT (line) deixa *f*; (action) sinal *m*; MUS sinal *m* de entrada; **b**) (fig) (signal) sinal *m*; **c**) (snooker, billiards) taco *m* (de bilhar).

cuff [kʌf] **1** *n* **a**) (gen) punho *m*; **b**) (coll) (blow) bofetada *f*. **2** *vt* (coll); (handcuff) algemar, colocar as algemas em. IDIOMAS **off the: to speak off the ~** falar de improviso.

cuff link *n* botão *m* de punho.

cuisine [kwɪ'ziːn] *n* cozinha *f*.

cul-de-sac ['kʌldəsæk] *n* (street) beco *m* sem saída.

culinary ['kʌlɪnərɪ] *adj* culinário.

cull [kʌl] **1** *n* **a**) escolha *f*; **b**) HUNT (for skin, meat) massacre *m*. **2** *vtr* (to gather) colher [*information, details*] (**from** de).

culminate ['kʌlmɪneɪt] *vtr* culminar (**in** em).

culmination [kʌlmɪ'neɪʃn] *n* (high point: of work, career) auge *m* (**of** de).

culottes [kjuː'lot] *npl* saia-calça *f*.

culpable ['kʌlpəbl] *adj* culpável, censurável (**for** por).

culprit ['kʌlprɪt] *n* **a**) (guilty person) réu *m*; culpado *m*; **b**) (main cause) principal responsável *m*.

cult [kʌlt] *n* RELIG (primitive) culto *m*; (contemporary) seita *f*.

cultivate ['kʌltɪveɪt] *vtr* **a**) (land) cultivar; **b**) (develop) **to ~ one's memory** cultivar a sua memória; **to ~ one's mind** cultivar o espírito; **to ~ the right people** dar-se com as pessoas certas.

cultivation [kʌltɪ'veɪʃn] *n* AGRIC, HORT cultura *f*.

cultural ['kʌltʃərl] *adj* cultural.

culture ['kʌltʃə(r)] **1** *n* **a**) (art and thought) cultura *f*; **folk ~** folclore *m*; **to bring ~ to children** trazer a cultura até às crianças; **b**) (way of life) cultura *f*; **street ~** a experiência da rua; **c**) AGRIC cultura *f*; **olive ~** a cultura da oliveira. **2** *vt* BIOL fazer uma cultura de [*bacteria, tissue*].

cultured ['kʌltʃəd] *adj* cultivado, culto.

cultured pearl *n* pérola *f* de cultura.

cumbersome ['kʌmbəsəm] *adj* (luggage, furniture) incómodo; (method, phrase) desajeitado, grosseiro.

cumulative ['kjuːmjʊlətɪv] *adj* cumulativo.

cunning ['kʌnɪŋ] **1** *n* (of person) astúcia *f*; (nastier) manha *f*. **2** *adj* **a**) [*person*] astuto; [*nastier*] manhoso, velhaco; **he's a ~ old fox** ele é uma raposa matreira; **b**) (clever) [*trick, plot*] hábil, esperto; [*device*] engenhoso.

cup [kʌp] **1** *n* **a**) (container) chávena *f* PO, xícara *f* BR; **a ~ and a saucer** uma chávena e um pires; **b)** (*also* ~ **ful**) chávena *f* PO, xícara *f* BR; **a ~ of tea/coffee** uma chávena de chá/de café; **c)** SPORT taça *f;* **d)** (of flower) corola *f.* **2** *vtr* (*pres p etc* -**pp**-) **to ~ one's hands to/around one's mouth** pôr as mãos em forma de concha à volta da boca para gritar. IDIOMAS **to be in one's ~s** estar com os copos (fam).

cupboard [ˈkʌbəd] *n* GB armário *m.* IDIOMAS **the ~ is bare** não há dinheiro.

cupboard love *n* (hum) amor *m* interesseiro.

cupful [ˈkʌpfʊl] *n* chávena *f* PO, xícara *f* BR; **add three ~s of milk** junte três chávenas de leite.

cupola [ˈkjuːpələ] *n* ARCHIT (domed roof) cúpula *f.*

curable [ˈkjʊərəbl] *adj* curável.

curate [ˈkjʊərət] *n* cura *m;* pároco *m* auxiliar.

curator [kjʊəˈreɪtə(r)] *n* (of museum, gallery) conservador *m.*

curb [kɜːb] **1** *n* (control) restrição *f.* **2** *vtr* refrear [*desires*]; limitar; (power, influence) restringir [*consumption*]; **he tried to ~ his temper** ele tentou controlar-se.

curdle [ˈkɜːdl] *vtr, vi* talhar(-se) [*milk, mayonnaise*].

cure [ˈkjʊə(r)] **1** *n* (remedy) remédio *m* (**for** para). **2** *vtr* **a)** MED curar [*disease, patient*] (**of** de); **b)** (fig) curar [*bad habit*]; remediar [*unemployment, inflation, shortage*]; **c)** CULIN (dry) secar; (salt) salgar; (smoke) fumar.

curfew [ˈkɜːfjuː] *n* recolher *m;* **to impose a (ten o'clock)** ~ impor o recolher (a partir das dez horas).

curio [ˈkjʊərɪəʊ] *n* objecto *m* de arte raro.

curiosity [kjʊərɪˈɒsɪtɪ] *n* **a)** (desire to know) curiosidade *f* (**about** acerca de); **out of (idle)** ~ por (simples) curiosidade; **b)** (object, text) curiosidade *f.* IDIOMAS ~ **killed the cat** (Prov) não sejas demasiado curioso; não tira bom resultado quem vai onde não é chamado (Prov).

curious [ˈkjʊərɪəs] *adj* **a)** (eager to know) curioso; **to be ~ about sth** ter curiosidade acerca de qq coisa; **I'm just ~!** eu só queria saber, mais nada !; **b)** (odd) [*person, case, effect*] excêntrico, extraordinário; [*place, phenomenon*] estranho.

curiously [ˈkjʊərɪəslɪ] *adv* **a)** (oddly) [*silent, detached*] estranhamente; ~ **shaped** com uma forma esquisita; **b)** [*to ask*] curiosamente, com curiosidade.

curl [kɜːl] **1** *n* **a)** (of hair) caracol *m;* **b)** (of smoke) espiral *f;* **with a ~ of one's lip** com um beicinho. **2** *vtr* **a)** (hairdresser, person) encaracolar [*hair*]; **b)** (person, animal) **to ~ one's fingers around sth** envolver algo com os dedos; **to ~ itself around sth** (snake, caterpillar) enrolar-se em volta de algo; **to ~ one's lip** (person) fazer beicinho; (dog) arreganhar os beiços; **c)** (of paper, carpet, leaf) see ~ **up**. **3** *vi* **a)** (hair) encaracolar; **b)** (leaf, paper) enrolar; (edges, corner) dobrar; **smoke ~ed upwards** o fumo subia em espiral. IDIOMAS **to make sb's hair ~** (coll) (shock) pôr os cabelos em pé a alg. ■ **curl up** (person, cat, dog) enroscar-se; **to ~ up in bed/ against sb's back** encolher-se todo na cama/ contra as costas de alg; **to ~ up into a ball** (per-

son) enroscar-se todo; **to ~ up at the edges** dobrar-se nas pontas.

curler [ˈkɜːlə(r)] *n* (roller) rolo *m.*

curling [ˈkɜːlɪŋ] *n* SPORT curling *m* (*desporto* PO/*esporte* BR *jogado sobre o gelo com grandes pedras redondas*).

curly [ˈkɜːlɪ] *adj* **a)** [*hair*] (tight curls) frisado; (loose curls) encaracolado; **b)** [*tail, edge, eyelashes*] revirado.

curly-haired, curly-headed *adj* (tight curls) frisado; (loose curls) encaracolado.

currant [ˈkʌrənt] **1** *n* passa *f* de corinto. **2** *modif* ~ **loaf** pão *m* com passas.

currency [ˈkʌrənsɪ] *n* **a)** FIN moeda *f;* (unit) unidade *f* monetária; **have you any German ~?** tens dinheiro alemão?; **b)** (acceptance) (of word, term) frequência *f;* (of idea, opinion) credibilidade *f;* **to gain ~** tornar-se corrente; (of idea, opinion) propagar-se.

current [ˈkʌrənt] **1** *n* (lit) (of electricity, water) corrente *f;* (fig) (trend) tendência *f.* **2** *adj* **a)** (happening now) [*leader, situation, policy, value*] actual; [*development, crisis, year, research*] em curso; **b)** (in common use) [*term, word*] vulgar, em uso; **in ~ use** de uso corrente.

current account [ˈkʌrəntəkaʊnt] *n* **a)** GB FIN conta *f* corrente; **b)** ECON balança *f* de pagamentos.

currently [ˈkʌrəntlɪ] *adv* actualmente, neste momento.

curriculum vitae [ˈviːtaɪ] *n* curriculum vitae *m.*

curriculum [kəˈrɪkjʊləm] *n* (*pl* -**lums** *or* -**la**) SCH currículo *m;* programa *m* de estudos.

curry [ˈkʌrɪ] **1** *n* caril *m;* **chicken ~** caril de galinha. **2** *vtr* fazer caril de [*chicken*]. IDIOMAS **to ~ favour** procurar agradar (**with sb** a alg); bajular.

curse [kɜːs] **1** *n* **a)** (problem) flagelo *m;* **b)** (swearword) maldição *f;* **c)** (spell) maldição *f;* **to put a ~ on sb** amaldiçoar alg. **2** *vt* amaldiçoar alg/algo. **3** *vi* blasfemar, praguejar; **to ~ and swear** praguejar como um carroceiro.

cursor [ˈkɜːsə(r)] *n* cursor *m* (de régua de cálculo, etc).

cursory [ˈkɜːsərɪ] *adj* [*glance, inspection*] rápido, apressado; **to give sth a ~ glance** lançar uma olhadela a qq coisa.

curt [kɜːt] *adj* [*person, manner, etc*] seco, ríspido, lacónico.

curtail [kɜːˈteɪl] (formal) *vtr* **a)** (restrict) cercear, restringir, privar de [*freedom, rights*]; **b)** (cut short) interromper [*holidays*]; (cut back) reduzir [*service*].

curtain [ˈkɜːtən] **1** *n* **a)** (drape) cortina *f;* cortinado *m;* **b)** THEAT pano *m;* **the last/final ~ is at midnight** o espectáculo acaba à meia-noite. **2** *vtr* colocar cortinas em. ■ **curtain off**: **to ~ off (sth), to ~ (sth) off** estar separado por uma cortina; **the kitchen was ~ed off from the living--room** uma cortina separava a cozinha da sala.

curts(e)y [ˈkɜːtsɪ] **1** *n* (*pl* -**eyes** *or* -**ies**) reverência *f;* mesura *f.* **2** *vi* (*past, pp* -**seyed** *or* -**sied**) fazer uma reverência (**to sb** a alg).

curvaceous [kɜːˈveɪʃəs] *adj* (mainly hum) [*woman*] curvilínea, cheia de curvas.

curve [kɜːv] **1** *n* (in line, graph) (also maths)

curva *f.* **2** *vtr* curvar TECH arquear. **3** *vi* (line, wall) fazer uma curva; (edge) recurvar-se.
curved [kɜ:rd] *adj* [*line, surface*] curva; [*chairback, table edge*] arredondado; [*blade*] recurvado; [*nose*] adunco.
cushion ['kʊʃn] **1** *n* almofada *f.* **2** *vtr* **a)** amortecer; **b)** (provide with padding) TECH estofar, acolchoar.
cushy ['kʊʃɪ] (coll) *adj* fácil, agradável, confortável.
cussedness ['kʌsɪdnɪs] *n* mau génio *m*; espírito *m* de contradição.
custard ['kʌstəd] **1** *n* (runny) creme *m* (para doces, pastéis, etc); (set, baked) leite-creme *m.* **2** *modif* ~ **cream** (biscuit) bolacha *f* com recheio; ~ **powder** creme instantâneo.
custodian [kʌs'təʊdɪən] *n* (of building, collection) guarda *m/f*; (in museum) conservador *m*; (of monks, tradition, etc) guardião/-ã *m/f.*
custody ['kʌstədɪ] *n* **a)** USU, JUR custódia *f*; guarda *f*; **the boy is in the ~ of his mother** a custódia do rapaz foi entregue à mãe; **b)** (detention) prisão *f*; **to take sb into** ~ deter alg.
custom ['kʌstəm] *n* **a)** (convention) costume *m*; uso *m*; (habit) hábito *m*; JUR norma *f*; **it is the ~ to...** é costume...; **as was his ~** como era seu hábito; **b)** (formal) COMM (patronage) clientela *f*; freguesia *f*; **they have lost a lot of ~** eles perderam muitos clientes.
customary ['kʌstəmərɪ] *adj* habitual, usual, comum; ~ **law** direito *m* consuetudinário.
custom: ~**-built** *adj* [*car, house*] fabricado por encomenda; ~**-made** *adj* [*dress, suit*] feito por medida; ~**s 1** *n* **a)** (+ *v pl or sg*) ADMIN alfândega *f*; **at** *or* **in the** ~**s** na alfândega; **to go through (the)** ~**s** passar pela alfândega; **b)** (+ *v pl*) (duties) direitos *mpl* alfandegários. **2** *modif* (regulations, rate) alfandegário; ~**s declaration** *n* declaração *f* alfandegária; ~ **duty** *n* direitos *mpl* alfandegários.
customer ['kʌstəmə(r)] *n* **a)** COMM cliente *m/f*; freguês *m*; "~ **services**" "serviço *m* ao cliente"; **b)** (coll, hum or pej) sujeito *m*; tipo *m*; **a nasty** ~ um tipo lixado (fam).
custom officer *n* guarda *m/f* alfandegário.
cut [kʌt] **1** *n* **a)** (incision) (gen) corte *m*; (in surgery) incisão *f*; **to make a ~ in sth**; (surgeon) fazer uma incisão em [*flesh*]; **b)** (wound) golpe *m*; **c)** (coll) (share) parte *f*; **a ~ of the profits** uma parte dos lucros; **d)** (reduction) redução *f* (in de); **he agreed to take a ~ in salary** ele concordou numa redução do salário; **e)** (trim) **to give sth a ~** cortar [*hair, glass*]; **f)** CULIN pedaço *m*; **g)** (shape) (of gem) lapidação *f*; (of suit, jacket) corte *m*; **h)** (shorter route) atalho *m*; **i)** ART, PRINT gravura *f*; ilustração; **j)** MUS (track) trecho *m.* **2** *vtr* (*past, pp* **cut** *pres p* -tt-) **a)** (slice) cortar [*bread, fabric, paper, metal, wood*]; fazer abrir [*hole, slit*]; **to ~ sth out of sth** cortar qq coisa em [*fabric*]; recortar qq de [*magazine*]; **to ~ sth into pieces** cortar qq coisa em pedaços; **b)** (seven) cortar [*rope, ribbon, throat, wire*]; abrir [*vein*]; (fig) romper [*ties, links*]; **c)** (carve out) fazer [*notch*]; escavar [*channel, tunnel*]; gravar [*initials*] (in em); **to ~ sth open** abrir qq coisa [*packet, sack*]; **d)** (wound) (lit) ferir [*victim*]; (fig) (remark) magoar [*person*]; **to ~ one's fin-**

ger cortar o dedo; **e)** (trim) cortar [*grass, hair*]; **to have one's hair ~** cortar o cabelo; **f)** (shape, fashion) talhar [*gem, marble, wood, suit*]; **g)** (liberate) **to ~ sb/sth free** *or* **loose** libertar alg/algo (**from** de); **h)** (edit) cortar [*article, film*]; suprimir [*scene*]; **i)** (reduce) baixar [*price, rate*]; reduzir [*cost, inflation, number, staff, wages*] (**by** em); diminuir [*length, size, working day*]; **j)** (switch off) apagar [*headlights*]; **k)** (record) gravar [*album*]; **l)** GAMES cortar [*cards, decks*]; **m)** (intersect) [*line*] intersectar [*circle*]; **n)** (coll) (stop) ~ **the sarcasm!** basta de sarcasmos!; **o)** (coll) (fail to attend) faltar a [*class, lesson*]; **p)** (snub) ignorar [*person*]; **she ~ me dead in the street** ela ignorou-me completamente quando passou por mim na rua. **3** *vi* (*past, pp* **cut** *pres p* -tt-) **a)** (slice, make an incision) cortar; **b)** (move, go) **to ~ across the park** cortar caminho através do parque; **our route ~s across Belgium** o nosso itinerário atravessa a Bélgica; **to ~ in of sb** (in a queue) passar à frente de alg; **to ~ from the street to the courtroom** [*camera*] CIN passar da rua para a sala de audiências; GAMES cortar; **to ~ for the deal** cortar as cartas para decidir quem vai dar. **4** *v refl* **to ~ oneself** cortar-se. **5 cut** *pp, adj* **a)** (sliced, sawn) [*fabric, rope, pages, timber*] cortado; **b)** (shaped) [*gem, stone*] talhado; **a well-~ jacket** um casaco bem cortado; **c)** (injured) [*lip*] cortado. **IDIOMAS to be a ~ above sb/sth** ser superior a alg/algo; **to ~ and run** (fig) fugir a correr; **to ~ both ways** [*argument, measure*] ser uma faca de dois gumes. ■ **cut away**: ~ **away (sth),** ~ **(sth) away** retirar [*deadwood, diseased tissue*]. ■ **cut back** economizar; ~ **back (sth),** ~ **(sth) back a)** (reduce) reduzir [*production, spending*] (**to** a); limitar [*expansion*] (**to** a); **b)** (prune) cortar [*plant*]. ■ **cut down** reduzir o consumo de qq coisa [*alcohol, cigarettes, fatty foods*]; **to ~ sb down to size** baixar a crista a alg (fam). ■ **cut in** interromper; "**may I ~ in?** (on the dance floor) "permite-me a honra desta dança?". ■ **cut into**: ~ **into (sth)** (slit, open) encetar [*cake, pie*]; cortar [*fabric paper*]. ■ **cut off**: ~ **off (sth),** ~ **(sth) off a)** (remove) cortar [*hair, slice, top*]; **b)** (reduce) **to ~ 1 % off inflation** reduzir a inflação em 1 %; **c)** (disconnect) cortar [*gas, power, telephone, water*]; **we were ~ off** TELECOM cortaram-nos o telefone. ■ **cut out** [*engine, fan*] parar; ~ **out (sth)** suprimir [*alcohol, fatty food*]; ~ **(sth) out,** ~ **out (sth) a)** (snip out) recortar [*article, piece*] (**from** de); **b)** (remove) tirar [*tumour*]; suprimir [*scene*]; **c)** (block out) tapar [*view*]; eliminar [*draught, noise, vibration*]; **d)** (coll) **to be ~ out for teaching** ser feito para ensinar. ■ **cut through** [*knife, scissors*] cortar [*cardboard, plastic*]; [*detergent*] atacar [*grease*]; [*voice*] atravessar [*noise*]. ■ **cut up**: ~ **(sth) up,** ~ **up (sth)** cortar [*food, meat, onions*]; (murderer) cortar (qq coisa) em pedaços [*corpse*]; dissecar [*specimen*]; ~ **(sb) up** (upset) (death, news) afectar [*person*] (**about, by** acerca de, por).
cute [kju:t] (coll) *adj* MAINLY US **a)** (sweet) engraçado, giro (fam, pej); amaneirado; [*child*] precoce, esperto; **b)** (clever) inteligente; **to get ~** armar-se em esperto (fam).

cut glass 1 *n* vidro *m* lapidado. **2 cut-glass** *modif* (lit) [*decanter, fruit bowl*] em vidro lapidado; (fig) [*accent*] distinto.

cutlery ['kʌtlərɪ] *n* (+ *v sg*) cutelaria *f*; talheres *mpl*; **a set of** ~ um talher.

cutlet ['kʌtlɪt] *n* (meat) costeleta *f*; (fish) posta *f*.

cut: ~**-off** *n* **a)** (upper limit) limite *m*; **b)** (automatic switch) mecanismo *m* para interromper a corrente; interruptor *m*; **c)** US (shorter route) ~**-off point** *n* (gen) limite *m*; FIN, TAX tecto *m*; ~**-price** *adj* GB [*cigarettes, holiday, petrol, insurance*] a preços reduzidos; ~**-rate** *adj* US see ~**-price**.

cutter ['kʌtə(r)] *n* **a)** (sharp tool) ferramenta *f* de corte; **b)** NAUT veleiro *m* de um mastro; cúter *m*.

cut-throat 1 (dated) *n* assassino *m*. **2** *adj* (ruthless) [*battle, competition, rivalry*] feroz.

cut-throat razor *n* GB navalha *f* de barba.

cutting ['kʌtɪŋ] **1** *n* **a)** GB (newspaper extract) recorte *m* (**from** de); **b)** HORT estaca *f*; **c)** (shaping) (of gen, glass) corte *m*; **d)** CIN montagem *m*. **2 cuttings** *npl* (of wood, metal) aparas *fpl*. **3** *adj* HURT [*remark*] mordaz.

cuttle-fish ['kʌtlfɪʃ] *n* (*pl* ~ *or* **fishes**) ZOOL choco *m*.

CV, cv [si:vi:] *abrev* = **curriculum vitae**.

cwt [si:'dʌbljʊ ti:] *abrev* = **hundredweight**.

cyanide ['saɪənaɪd] *n* cianeto *m*.

cybernetics [saɪbə'netɪks] *n* (+ *v sg*) cibernética *f*.

cycle ['saɪkl] **1** *n* **a)** ciclo *m*; período *m*; **b)** see **bicycle**. **2** *vi* andar de bicicleta; **she** ~**s to work** ela vai para o trabalho de bicicleta. **3** *modif* (bell, lamp, chain, etc) de bicicleta.

cycle: ~ **rack** parque de bicicletas; ~ **track** pista de bicicletas.

cyclic(al) ['saɪklɪk(l)] *adj* cíclico.

cyclist ['saɪklɪst] *n* ciclista *m/f*.

cyclone ['saɪkləʊn] *n* ciclone *m*.

cygnet ['sɪgnɪt] *n* cisne *m* novo.

cylinder ['sɪlɪndə(r)] *n* **a)** AUT, GEOM, TECH cilindro *m*; **a 5-** ~ **engine/car** um motor de 5 cilindros; **b)** (of revolver, watch) tambor *m*; PRINT rolo *m*; **c)** GB (hot-water) cilindro *m* de água quente. IDIOMAS (coll) **to be firing** *or* **working on all** ~**s** trabalhar a todo o gás (fam).

cylinder head *n* culatra *f*.

cylindrical [si:'lɪndrɪkl] *adj* cilíndrico.

cymbal ['sɪmbl] *n* MUS címbalo *m*; prato *m*.

cynic ['sɪnɪk] **1** *n* cínico *m*. **2** *adj* cínico.

cynical ['sɪnɪkl] *adj* cínico (**about** acerca de).

cynically ['sɪnɪkəlɪ] *adv* cinicamente.

cynicism ['sɪnɪsɪzm] *n* (attitude,) ALSO PHILOS cinismo *m*.

cypher ['saɪfə(r)] *n, vtr* see **cipher**.

cypress (tree) ['saɪprɪs(tri:)] *n* cipreste *m*.

Cypriot ['sɪprɪət] *n, adj* cipriota *m*; **a Greek** ~ um cipriota grego.

Cyprus ['saɪprəs] *pr n* Chipre *m*.

Czech [tʃek] **1** *n* **a)** (person) checo *m*; **b)** (language) checo *m*. **2** *adj* checo.

Czechoslovakia [tʃekəʊlə'vækɪə] *pr n* Checoslováquia *f*.

czechoslovak(ian) [tʃekəʊ'sləʊvæk, tʃekəʊslə'vækɪən] *n, adj* checoslovaco *m*.

Dd

d, D [di:] *n* **a)** (letter) d, D *m*; **b)** Mus ré *m*; **c)** abrev = **died**.

DA [di:eɪ] *n* us Jur abrev = **District Attorney**.

dab [dæb] **1** *n* **a** ~ **of paint** um salpico de tinta; **a** ~ **of butter** um pouco de manteiga. **2** *vi* **to** ~ **at one's mouth with sth** bater levemente na boca com qq coisa. ■ **dab on**: **to** ~ **on (sth),** ~ **(sth) on** aplicar (qq coisa) através de ligeiros toques. ■ **dab off**: **to** ~ **off (sth),** ~ **(sth) off** retirar (qq coisa) com a ajuda de ligeiros toques.

dabble ['dæbl] **1** *vtr* salpicar, humedecer; **to** ~ **one's finger in sth** molhar os dedos em qq coisa. **2** *vi* see ~ **in**. ■ **dabble in** dedicar-se a algo como amador.

dachshund ['dækshund] *n* basset *m* (raça de cães).

dad, Dad [dæd] (coll) *n* (child speaker) (fam) papá *m*; (adult speaker) pai *m*; (hum, old man) velhote *m* (fam).

daddy, Daddy ['dædɪ] *n* (childish, language) papá *m*.

daddy-long-legs *n* espécie de mosquito *m*; grande aranha *f* dos campos.

daffodil ['dæfədɪl] *n* narciso *m*; junquilho *m*.

dagger ['dægə(r)] *n* punhal *m*. IDIOMAS **to be at ~s drawn with sb** estar de relações cortadas com alg; **to look ~s at sb** olhar furiosamente para alg.

daily ['deɪlɪ] **1** *n* **a)** (newspaper) diário *m*; **the national dailies** os jornais diários de maior circulação; **b)** (coll) GB (*also* ~ **maid,** ~ **help**) mulher *f* a dias. **2** *adj* [*routine, visit, etc*] diário, que ocorre todos os dias; [*wage, rate, intake*] constante; **to be paid on a** ~ **basis** ser pago ao dia. **3** *adv* diariamente, todos os dias; **to be taken twice** ~ para ser tomado duas vezes por dia; **he is expected** ~ ele é esperado dum dia para o outro.

dainty ['deɪntɪ] *adj* [*porcelain, movement*] delicado, fino; [*hat, shoes*] delicado, gracioso (*before n*) (figure) miúdo; **a** ~ **morsel** uma guloseima.

dairy ['deərɪ] **1 a)** *n* (on a farm) vacaria *f*; (shop) leitaria; **b)** COMM (company) indústria *f* de lacticínios. **2** *modif* (cow) leiteiro; (chocolate) de leite; ~ **farm** exploração leiteira; ~ **farming** criação de vacas leiteiras; ~ **produce** lacticínios.

dairy: ~ **maid** *n* leiteira *f*; queijeira *f*; ~**man** *n* (on farm, etc) leiteiro *m*; queijeiro *m*.

dais ['deɪɪs] *n* estrado *m*.

daisy ['deɪzɪ] *n* Hort margarida *f*. IDIOMAS **to be as fresh as a** ~ estar fresco como uma alface, bem disposto.

dale [deɪl] *n* vale *m*. IDIOMAS **up hill and down** ~ por montes e vales.

dally ['dælɪ] *vi* **a) to** ~ **with** (person) gracejar com; (fig) (idea, plan) divertir-se, acarinhar, alimentar; **b)** (linger) protelar, hesitar (**over** em); passar o tempo com bagatelas.

dam [dæm] **1** *n* CONSTR barragem *f*; dique *m*; represa *f*. **2** *vtr* CONSTR construir uma barragem em [*river, lake*]. ■ **dam up**: ~ **up (sth),** ~ **(sth) up** *vtr* **a)** see **dam**; **b)** (block up) bloquear, obstruir [*river, canal*].

damage ['dæmɪdʒ] **1** *n* **a)** (physical) (to building, machine, goods) dano *m*; estrago *m* (**to** a; **from** devido a, por causa de); **to do** *or* **cause a** ~ danificar, causar dano; **storm/water/frost** ~ prejuízo devido à intempérie/água/geada; ~ **or loss** INSUR perdas e danos; **b)** (medical) lesão *f*; traumatismo *m*; **to cause a** ~ **to** arruinar [*health*]; **(irreversible) brain** ~ lesão cerebral (irreversível); **psychological** ~ traumatismo psicológico; **c)** (fig) **to do** ~ **to** estragar, prejudicar [*cause, relationship, reputation, etc*]; **it's too late, the** ~ **is done** demasiado tarde, o mal está feito. **2 damages** *npl* JUR perdas *fpl* e danos *mpl*; **to be liable for** ~ ser sujeito a responsabilidade civil. **3** *vtr* **a)** (physically) danificar, estragar [*building, machine, furniture*]; arruinar [*health*]; ser nocivo a [*environment, crop*]; **b)** (fig) prejudicar, estragar [*reputation, career, relationship, etc*].

damaging ['dæmɪdʒɪŋ] *adj* **a)** (to reputation, career, person) prejudicial (**to** a, para); **to have a** ~ **effect** ter um efeito prejudicial; **b)** (to health, environment) nocivo (**to** a, para).

dame [deɪm] *n* GB (title) **D~** título da Ordem Do Império Britânico, correspondente a Knight (ex Dame Margot Fonteyn).

dammit ['dæmɪt] *excl* (coll) bolas!, raios! (coll).

damn [dæm] **1** *n* (coll) **to not give a** ~ não se importar; **to not give a** ~ **about sb/sth** estar-se nas tintas para alguém/algo (fam). **2** *adj* (coll) [*object*] maldito; **your** ~ **husband** o diabo do teu marido (fam). **3** (coll) *adv* raio!, diabo!. **4** (coll) ~ **near** *adv phr* **he** ~ **near killed me** ele por pouco matava-me. **5** (coll) *excl* raios! (coll). **6** *vtr* **a)** (coll) (curse) ~ **you!** raios te partam!; ~ **the consequences** que se lixem as consequências (fam); **I'll be** ~**ed!** essa agora!; **I'll be/I'm** ~**ed if I'm going to pay** ai isso é que não pago!; **(I'm)** ~**ed if I know** como se eu soubesse!; ~ **it!** diabos me levem! (fam); **b)** RELIG condenar [*sinner, soul*]; **c)** (condemn) censurar [*person, action, behaviour*]; **to** ~ **sb for sth/for doing** culpar alguém por algo/por fazer algo.

damnation [dæm'neɪ/n] **1** *n* RELIG condenação *f*. **2** *excl* (coll, dated) maldição!.

damned [dæmd] **1** *n* **the** ~ os condenados. **2** *adj* **a)** RELIG condenado; **b)** (coll) see **damn 2**. **3** *adv* see **damn 3**.

damning ['dæmɪŋ] *adj* terrível.

damp [dæmp] **1** *n* (atmosphere, conditions) humidade *f*. **2** *adj* [*atmosphere, clothes, skin*] húmido. **3** *vtr* **a)** see **dampen**; **b)** see **damp down**; **c)** Mus abafar. ■ **damp down**: ~ **(sth) down,**

~ **down (sth)** apagar [*fire*]; abafar [*flames*]; acalmar [*anger*].

dampen ['dæmpn] *vtr* **a)** humedecer [*cloth, sponge*]; **b)** (fig) espiar [*enthusiasm, optimism*]; **to ~ sbś spirits** desencorajar alg.

damper, dampener ['dæmpə(r), 'dæmpə(r)] *n* (in fireplace, store) registo *m*. IDIOMAS (coll) **the news put a ~ on the evening** a notícia estragou a noite.

dampness ['dæmpnɪs] *n* (of climat, room, clothes) humidade *f*.

damsel ['dæmzl] *n* (lit) donzela *f*; ~ **in distress** uma donzela em perigo.

damson ['dæmzn] *n* (fruit) espécie de ameixa pequena e escura *f*; (tree) ameixieira *f*.

dance [da:ns] **1** *n* **a)** (movement) dança *f*; **b)** (social occasion) baile *m*. **2** *modif* [*band, music, shoes, etc*] de dança. **3** *vtr* **a)** dançar [*steps, dance*]; **he ~d her away** ele saiu dançando com ela; **b)** (dandle) fazer dançar, embalar (nos braços ou nos joelhos). **4** *vi* (lit, fig) dançar (**with sb** com alg); **to ~ for joy/with rage** dançar de alegria/de raiva. IDIOMAS **to ~ the night away** passar a noite a dançar; **to lead sb a merry ~** dar que fazer a alg. ■ **dance about, dance up and down** saltitar no lugar.

dance hall *n* sala *f* de baile.

dancer ['da:nsə(r)] *n* bailarino *m*.

dancing ['da:nsɪŋ] **1** *n* dança *f*; **will there be ~?** haverá baile?. **2** *adj* (liter) [*waves, sunbeams*] dançante; [*eye*] cintilante.

dandruff ['dændrʌf] *n* caspa *f*.

dandy ['dændɪ] **1** *n* dandi, janota *m*. **2** *adj* (coll) US excelente, óptimo.

danger ['deɪndʒə(r)] *n* perigo *m* (**of** de; **to** para); **to be in ~ of doing sth** estar em risco de fazer qq coisa; **there is no ~ in doing sth** não há perigo em fazer qq coisa; **to put sb in ~** pôr alg em perigo; **there is a ~ that...** há o risco de...; **out of ~** fora de perigo; **~!** perigo!.

danger money *n* prémio *m* de risco.

dangerous ['deɪndʒərəs] *adj* perigoso (**for** para; **to do** de fazer). IDIOMAS **on ~ ground** em terreno perigoso.

dangerously ['deɪndʒərəslɪ] *adv* (gen) perigosamente; [*ill*] gravemente; **to live ~** levar uma vida arriscada.

dangle ['dæŋgl] **1** *vi* (puppet, keys, rope) balançar, baloiçar; (earrings) pender; **with legs dangling** com as pernas penduradas ou suspensas. **2** *vtr* baloiçar, oscilar; (puppet, keys, etc) deixar pender ou cair; (legs) (fig) tentar, acenar com [*prospect, reward*] (**before sb** (a) alg).

danish ['deɪnɪʃ] **1** *n* LING dinamarquês *m*. **2** *adj* dinamarquês.

dank ['dæŋk] *adj* frio e húmido.

dapper ['dæpə(r)] *adj* [*person, appearance*] janota, vivo.

dapple-grey ['dæpl'greɪ] **1** *n* cavalo *m* cinzento malhado. **2** *adj* cinzento malhado.

dare [deə(r)] **1** *n* desafio *m*; **to do sth for a ~** fazer qq coisa por desafio. **2** *modal aux* **a)** (to have the courage to) ousar; **to ~ to do sth** ter a coragem de fazer qq coisa; **they don't ~** *or* **daren't** GB eles não ousam ou eles não têm coragem de; **I ~ say, I daresay** GB creio; **I ~ say, I daresay** GB **that...** suponho que...; **b)** (expres-

sing anger, indignation) ousar, atrever-se a (**do** fazer); **they wouldn't ~!** eles não teriam coragem!; **don't (you) ~ speak to me like that** proíbo-te que me fales dessa maneira!; **don't you ~!** (warning) não te atrevas!. **3** *vtr* **to ~ sb to do** desafiar alg a fazer; **go on, I ~ you!** vamos lá ver se és capaz! ou aposto que não és capaz!.

daring ['deərɪŋ] **1** *n* audácia *f*; atrevimento *m*. **2** *adj* **a)** (courageous) audaz, ousado; **b)** (shocking) [*suggestion, dress*] atrevido, ousado.

dark [da:k] **1** *n* **the ~** o escuro *m*; **in the ~** [*see, hunt, navigate*] no escuro; **before/until ~** antes de/até escurecer; **after ~** depois de anoitecer. **2** *adj* **a)** (lacking in light) [*room, cellar, alley, forest*] sombrio, escuro; **it is/it is getting ~** está escuro/começa a escurecer; **b)** (in colour) [*colour, suit, figure, wood*] escuro; ~ **blue/green** azul/verde escuro; **c)** (physically) [*hair, eyes*] escuro, preto, negro; **d)** (in complexion) [*skin, complexion*] moreno; **e)** (gloomy) [*period, mood, perspective, play*] sombrio; **to look on the ~ side** ver só o lado negro das coisas; **f)** (sinister) [*secret, thoughts, feelings*] negro (**before** *n*) [*aspect, influence, warning*] sinistro; **g)** (evil) [*influence, forces, power*] maléfico; **h)** (angry) [*look*] carregado. IDIOMAS **to be in the ~ (about sth)** estar no escuro sobre qq coisa; **to leave sb in the ~** (about or on sth) deixar alguém na ignorância (acerca de qq coisa); (coll) **to keep sth ~** GB guardar segredo de qq coisa; (coll) **keep it ~!** GB não contes a ninguém!.

dark: ~ **age** *n* **a)** (gen) idade *f* das trevas; **b)** (*pl*) **D~ Ages the D~ Ages** HIST a alta Idade Média.

darken ['da:kn] **1** *vtr* **a)** (make dark) obscurecer [*sky, sun, landscape*]; escurecer [*house, room*]; **b)** (in colour) bronzear [*skin, complexion*]. **2** *vi* **a)** (become dark) [*sky, room*] escurecer-se; **b)** [*skin*] bronzear-se; **c)** (show anger) [*eyes, face*] toldar-se; **d)** (become gloomy) [*atmosphere, mood, outlook*] tornar-se carregado. **3 darkened** *pp, adj* [*room, hall, house, street*] sombrio. IDIOMAS **don't ever ~ my door again!** nunca mais ponhas os pés na minha casa!.

dark: ~ **glasses** *npl* óculos *mpl* escuros; ~ **horse** *n* **a)** (coll) GB (enigmatic person) enigma *m*; **b)** US POL candidato *m* surpresa.

darkness ['da:knɪs] *n* **a)** (blackness) obscuridade *f*; escuridão *f*; **as ~ fell, the streets emptied** à medida que a noite caía, as ruas esvaziavam-se; **b)** (of skin) tom *m* moreno; **c)** (fig) (evil) **the forces of ~** as forças do mal.

dark room *n* câmara *f* escura.

darling ['da:lɪŋ] **1** *n* **a)** (term of address) (to loved one) meu/minha querido/-a; (affectedly: to acquaintance) meu (minha) caro/-a; **you poor ~** (to adult) pobrezinho; **b)** (kind, lovable person) amor *m*; anjo *m*; **her father is a ~** o pai dela é um amor (fam); **be a ~ and pour me a drink** sê simpático e serve-me uma bebida Po/um drinque BR. **2** *adj* **a)** (expressing attachment) [*child, husband*] querido; **b)** (expressing approval, admiration) **a ~ little baby** um amor de bébé Po/nené, neném BR; **what a ~ little dress!** que lindo vestido!.

darn [da:n] **1** *n* serzidura *f*. **2** *vtr* serzir, passajar.

darning ['da:nɪŋ] *n* cerzidura *f*.

dart [dɑːt] **1** *n* **a)** SPORT dardo *m*; **to play ~s** atirar/lançar dardos; **b)** (arrow) flecha *f*; **c)** (swing) pinça *f*. **2** *vi* correr como uma flecha, arremessar-se, lançar-se (**at** sobre); **to ~ in/out/away** entrar/sair/fugir rapidamente.

dartboard *n* alvo *m*.

dash [dæʃ] **1** *n* **a)** ostentação *f*; **b)** (small amount) (of cream, liquid flavouring) gota *f* (**of** de); (of pepper) pitada *f* (**of** de); (of colour) pincelada *f* (**of** de); (fig) (hint) ponta *f*; **c)** (rush) corridinha *f*; **shall we make a ~ for it?** vamos dar uma corridinha?; **d)** (punctuation mark) travessão *m*; (shorter) hífen *m*; **e)** (in morse code) traço *m*; **f)** AUT (dashboard) painel *m* de instrumentos. **2** *vtr* JOURN (fig) desfazer [*hopes*]. **3** *vi* (hurry) precipitar-se; **to ~ for cover** correr para se abrigar; **to ~ out of the house** sair de casa a correr. IDIOMAS **to cut a ~** fazer um figurão (fam). ∎ **dash off**: **~ off (sth)** escrever apressadamente [*letter, essay*].

dashboard [dæʃbɔːd] *n* guarda-lama *m*; painel *m* de instrumentos.

dashing ['dæʃɪŋ] *adj* [*officer, young man*] arrojado; [*outfit*] soberbo.

data ['deɪtə, 'dɑːtə] *npl* COMPUT dados *mpl*.

data: **~ bank** *n* banco *m* de dados; **~ handling** *n* manipulação *f* de dados; **~ processing** *n* (procedure) tratamento *m* de dados; (career) informática *f*; (department) serviço *m* de informática; **~ processor** *n* (machine) processador *m* de dados; (worker) técnico *m* de informática; **~ protection** *n* protecção *f* do sistema informático.

date [deɪt] **1** *n* **a)** (day of the month) data *f*; **~ of birth** data do nascimento; **what ~ is your birthday?** em que dia fazes anos?; **what's the ~ today?** que dia é hoje?; **there's no ~ on the letter** a carta não está datada; **let's set a ~ now** fixemos agora uma data; **the ~ of the next meeting is...** a data da próxima reunião é...; **at a later ~** mais tarde; **at some future ~** mais tarde; **b)** (year: of event) data *f*; (on coin) data *f*; **c)** (meeting) encontro *m*; **to have a ~ with sb** sair com alg; **to have a lunch ~** estar comprometido para o almoço; **to make a ~ for Monday** marcar um encontro para segunda-feira; **d)** (person one is going out with) **who's your ~ for tonight?** com quem vais sair esta noite?; **e)** (fruit) tâmara *f*. **2 to date** *adv phr* actualizado,-a. **3** *vtr* **a)** [*person*] datar; [*machine*] imprimir a data em; **~d March 21st** datado 21 de Março; **a statuette ~d 1875** uma estatueta datada de 1875; **b)** (identify age of) datar [*skeleton, building, object*]; **c)** (reveal age of) **that hairstyle ~s her** o seu penteado denuncia a sua idade; **d)** (go out with) sair com [*person*]. **4** *vi* **a)** (originate) **to ~ from** *or* **back to** [*building*] datar de; [*problem, custom, friendship*] remontar a; **b)** (become dated) ficar démodé.

dated ['deɪtɪd] *adj* [*clothes, style*] fora de moda; [*idea, convention, custom*] ultrapassado,-a, datado,-a; [*expression, language*] velho,-a; **the film seems ~ now** o filme parece desactualizado.

dawn [dɔːn] **1** *n* **a)** (lit) alvorecer *m*, aurora *f* (liter); **at ~** ao alvorecer; **before** *or* **by ~** antes do alvorecer; **at the crack of ~** (lit, fig) de manhãzinha; **~ broke** o dia nasceu; **from ~ till dusk** de manhã à noite; **b)** (fig) (beginning) alvorecer

m; **the ~ of a new era** o alvorecer de uma nova época. **2** *vi* **a)** (become light) [*day*] nascer; **the day ~ed sunny and warm** o dia nasceu quente e ensolarado; **b)** (become apparent) **it ~ed on me that** apercebi-me que; **it suddenly ~ed on him why** de repente compreendi porquê.

day [deɪ] **1** *n* **a)** (24-hour period) dia *m*; **what ~ is it today?** que dia é hoje?; **~ after ~, ~ in ~ out** dia após dia; **every ~** todos os dias; **every other ~** dia sim, dia não, de dois em dois dias; **from ~ to ~** de um dia para o outro; **in five ~s' time** daqui a cinco dias; **any ~ now** a qualquer momento; **one fine ~** um belo dia; **within ~s** dentro de dias; **the ~ when** *or* **that** o dia em que; **to come on the wrong ~** enganar-se no dia; **all ~ and every ~** todos os dias, durante todo o dia; **the ~ after** o dia seguinte; **the ~ before** o dia anterior, a véspera; **the ~ before yesterday** anteontem; **the ~ after tomorrow** depois de amanhã; **two ~s after tomorrow** depois de amanhã; **two ~s after** dois dias depois; **from that ~ onwards** desde esse dia ou a partir desse dia; **she becomes more proficient by the ~** ela está a tornar-se cada dia mais competente; **b)** (until evening) dia *m* útil; **working/school ~** dia de trabalho/de escola; **busy ~** dia atarefado; **all ~** todo o dia; **before the ~ was out** antes do fim do dia; **to be paid by the ~** ser pago ao dia; **it's all in a ~'s work** faz parte da rotina diária; **have a nice ~!** desejo-te um bom dia!; **what a ~!** que dia!; **c)** (as opposed to night) dia *m*; **it's almost ~** é quase dia; **to be on** *or* **works ~s** estar/trabalhar de dia; **at close of ~** (liter) no final do dia; **d)** (as historical period) (*usu pl*) época *f*; **in/those ~s** nessa época; **in her younger ~s** na sua juventude; **his dancing ~** a sua carreira de dançarino; **in the old ~** nos velhos tempos; **the good old ~s** os bons velhos tempos; **in ~s gone by** outrora, antigamente; **these ~s** hoje em dia. **2** **days** *npl* (ages) dias *mpl*; **for ~s** há dias; **it's ~s since...** faz dias que.... **3** *modif* [*job, nurse*] de dia. IDIOMAS **one of those ~s** um dia daqueles; **those were the ~s** esses é que eram bons tempos; **to call it a ~** dar por terminado o dia de trabalho ou um assunto qualquer; **to have had its ~** ter feito uma época; **to have seen better ~s** ter conhecido melhores dias; **to make a ~ of it** aproveitar o dia.

day: **~ boy** *n* SCH aluno *m* externo; **~break** *n* amanhecer *m*; **~dream 1** *n* devaneio *m*. **2** *vi* sonhar, fantasiar (**about** com); **~dreamer** *n* sonhador *m*; **~ girl** *n* SCH aluna *f* externa.

daylight ['deɪlaɪt] **1** *n* **a)** (light) dia *m*, luz *f* do dia; **it was still ~** ainda era de dia; **we have two hours of ~ left** ainda temos duas horas até anoitecer; **in (the) ~** (by day) de dia; (in natural light) à luz do dia; **b)** (dawn) nascer *m* do dia; **before ~** antes de nascer o dia. **2** *noun modifier* de dia; **during ~ hours** durante o dia.

day: **~ return (ticket)** *n* RAIL bilhete *m* Po/tíquete *m* Br de ida e volta; **~ shift** *n* (time period) turno *m* de dia; **to be on ~ shift** estar de dia; **~time** *n* dia *m*; **during** *or* **in the ~time** durante o dia; **~-to-~** *adj* diário; **on a ~-to-~ basis** diariamente; **~-trip** *n* excursão *f* de um dia; **~-tripper** *n* excursionista *m/f*.

daze [deɪz] *n* **in a ~** (from blow) aturdido; (from

drug) atordoado; (feeling vague) embrutecido; **to be going around in a** ~ (after bad news) andar sorumbático; (after good news) andar nas nuvens.

dazed [deɪzd] *adj* (by blow, news) aturdido,- a, atordoado,-a.

dazzle ['dazl] **1** *n* (of sunlight, headlights) luz *f* ofuscante. **2** *vtr* [*sun, torch*] encandear; **to** ~ **sb with** (fig) deslumbrar alg com.

dazzling ['dazlɪŋ] *adj* deslumbrante.

dead [ded] **1** *n* **a)** (+ *v pl*) **the** ~ os mortos *mpl*; **b) at** ~ **of night, in the** ~ **of night** a horas mortas; **in the** ~ **of winter** em pleno Inverno. **2** *adj* **a)** [*person, animal, tree, skin*] morto; **to drop (down)** ~, **fall** ~ cair morto; (coll) **drop** ~! vai--te matar! (cal); ~ **and buried** (lit, fig) morto e enterrado; **b)** (extinct) [*language*] morto; [*custom, law*] em desuso; [*issue, subject, debate*] ultrapassado; [*cigarette, fire*] apagado, extinto; **c)** (dull, not lively) [*town, village*] morto; [*audience*] apático; [*sound*] abafado; **the** ~ **season** a estação baixa; **d)** (not functioning) [*battery*] descarregado; **the phone went** ~ a ligação caiu; **e)** (numb) [*limb*] dormente; **f)** (absolute) ~ **silence** silêncio de morte; **to come to a** ~**s stop** parar completamente. **3** *adv* GB (absolutely, completely) absolutamente; **are you** ~ **certain?** tens a certeza absoluta?; **to be** ~ **level** ser perfeitamente plano; **to be** ~ **on time** está à hora certa; (coll) **it's** ~ **easy!** é extremamente fácil!; (coll) ~ **drunk** a cair de bêbedo; (coll) ~ **tired** morto de cansaço; US (coll) **you're** ~ **on!** tens toda a razão!; **to stop** ~ estacar. IDIOMAS **as** ~ **as a door nail** *or* **as mutton** completamente morto; **to be** ~ **to the world** dormir como uma pedra; **I wouldn't be seen** ~ **wearing that hat** eu não usava esse chapéu, por nada deste mundo ou nem que me matassem.

deaden ['dedn] *vtr* acalmar, adormecer [*pain*]; amortecer [*blow, shock, sound*]; arrefecer.

dead: ~ **end** *n* (lit, fig) beco *m* sem saída; ~**-end job** *n* trabalho *m* sem perspectivas; ~ **heat** *n* (in athletics) empate *m*; **who won? it was a** ~ **heat** quem ganhou? acabaram empatados; ~ **letter** *n* **a)** POST carta *f* que não foi entregue, nem reclamada no correio; **b) to become a** ~ **letter** (fig) (law, custom, rule, etc) cair em desuso, tornar-se letra morta; ~**line** *n* prazo *m* limite; **to meet a** ~**line** respeitar um prazo; **applicants must be able to meet** ~**lines** os candidatos devem ser capazes de trabalhar sob pressão; ~**lock** *n* impasse *m*; **to reach (a)** ~**lock** chegar a um impasse; ~ **loss** *n* COMM perda *f* sem indemnização; (coll) (person) zero *m* à esquerda; **the film was a** ~ **loss** o filme não prestava para nada.

deadly ['dedlɪ] **1** *adj* **a)** (lethal) [*poison, disease, attack*] mortal; [*insult*] devastador; [*hatred*] terrível; [*weapon*] mortífero; **b)** (absolute, extreme) **with** ~ **accuracy** com a maior precisão; **c)** (deathlike) [*pallor, silence*] de morte. **2** *adv* [*dull, boring*] terrivelmente; ~ **pale** mortalmente pálido.

dead: ~**pan** *adj* [*humour*] sem graça; [*expression, face*] sem expressão; **D~ Sea** *n* Mar *m* Morto; ~ **weight** *n* **a)** (lit) peso *m* morto; **b)** US (in company) (unproductive staff) pessoal *m* a mais.

deaf [def] **1** *n* **the** ~ (+ *v pl*) os surdos *mpl*. **2** *adj* **a)** surdo; **to go** ~ ficar surdo; **to be** ~ **in one ear** ser surdo de um lado; **b)** (fig) **to be** ~ **to** ser surdo a; **to turn a** ~ **ear to** fazer orelhas mocas. IDIOMAS **to be as** ~ **as a post** (coll) ser surdo que nem uma porta (fam).

deal [di:l] **1** *n* **a)** (agreement) (gen) acordo *m* PO, convênio *m* BR; COMM, FIN negócio *m* (**between** entre); **pay** ~ acordo *m* salarial; **to make/strike a** ~ **with sb** (gen) fazer um acordo com alguém; COMM, FIN concluir um negócio com alguém; **it's a** ~! está combinado!; **the** ~' **s off** negócio acabado!; **a good** ~ um bom negócio; **it's (all) part of the** ~ isso faz parte do combinado; **b)** (amount) **a great** ~ (**of**) muito (de); **a good** ~(**of**) (coll) bastante; **they have a good/great** ~ **in common** eles têm muito em comum; **c)** (coll) **big** ~ ! (iron) que grande coisa! (iron); **it's no big** ~ isso não tem importância nenhuma; **to make a big** ~ **out of sth** fazer uma tempestade num copo d'água; **d)** GAMES vez *f* de dar cartas; **it's my** ~ é a minha vez de dar cartas; **e)** (timber) madeira *f* clara. **2** *modif* (timber) [*chair, table, etc*] de/em madeira clara. **3** *vtr* (*past, pp* **dealt**) **a)** (gen) **to** ~ **a blow to sth/sb** *or* **to** ~ **sb/ sth a blow** (lit, fig) dar um golpe a alguém/algo (**with** com); **b)** GAMES (*also* ~ **out**) distribuir [*cards*]; dar [*hand*]. **4** *vi* COMM, FIN (carry on business) [*person, firm*] estar em actividade, negociar; (operate on stock exchange) fazer operações na bolsa; **to** ~ **in** estar no negócio de [*commodity, product, shares*]. ■ **deal out**: ~ **out (sth),** ~ **(sth) out a)** (distribute) distribuir [*money, profit, cards*]; **b)** (mete out) administrar [*punishment, fine*]. ■ **deal with**: ~ **with (sth) a)** (sort out) ocupar-se de [*complaint, emergency, matter, situation, work, troublemaker*]; fazer face a [*social problems*]; **b)** (attend to, handle) ocupar-se de [*client, customer, patient, public*]; **c)** (do business with) negociar com [*person, company, terrorist organisation*]; **d)** (consider, discuss) tratar de [*topic, question, issue*].

dealer ['di:lə(r)] *n* **a)** COMM, FIN comerciante *m/f*; (more official) negociante *m/f*; (for specific make of car, product) concessionário *m*; **art** ~ negociante *m/f* de quadros; **drug(s)** ~ traficante *m/f* de droga; **b)** GAMES jogador *m* que dá as cartas.

dealing ['di:lɪŋ] **1** *n* **a)** COMM, FIN venda *f*; (on stock exchange) transacção *f* (*often pl*); **drug(s)** ~ venda *f* de droga; **share** ~ transacção *f* de bolsa; **b)** GAMES distribuição *f* das cartas no jogo. **2** **dealings** *npl* (gen) relações *fpl* (**with** com); COMM relações *fpl* comerciais (**with** com); **to have** ~**s with sb** tratar com alguém. **3** *modif* [*cost, firm, service*] comercial.

dealt [delt] *prét, pp* see **deal**.

dean [di:n] *n* decano *m*; deão *m*.

dear [dɪə(r)] **1** *n* **a)** (term of address) (affectionate) meu querido/minha querida *m/f*; (more formal, old-fashioned) meu caro/minha cara *m/f*; **you poor** ~ (to adult) pobre coitado; **the old** ~**s** (coll) os velhinhos (fam); **he's a** ~ ele é adorável; **be a** ~ sê gentil; (more affectionate) sê um amor. **2** *adj* **a)** (expressing attachment) [*friend, mother*] caro,-a; **she's a very** ~ **friend of mine** ela é uma grande amiga minha; **he's my** ~**est**

friend ele é o meu melhor amigo; **her ~est wish**.o seu desejo mais forte; **b)** (expressing admiration) **a ~ little house** uma casinha querida; **a ~ old lady** uma velhinha adorável; **c)** (in letter) caro,-a; **Dear Sir/Madam** caro senhor/cara senhora; **Dearest Robert** Meu caro Robert; **d)** (expensive) [*article, shop, workman*] caro,-a; **to get ~er** aumentar. **3** *adv* (fig) [*cost*] caro. **4** *excl* **oh ~!** (dismay, surprise) oh meu Deus!; (less serious) credo!; **~ me** *or* **~ ~, what a mess!** credo, que desordem!

death [deθ] *n* (of person) morte *f*; falecimento *m*; (of animal) morte *f*; (fig) (of hopes, plans, dreams) fim *m*; **at (the time of) his ~** no momento da sua morte; **to put sb to ~** executar alg; **a duel to the ~** um duelo de morte; **to work oneself to ~** matar-se a trabalhar; **she fell to her ~** ela morreu de uma queda; **to die a violent ~** morrer de morte violenta; **"until ~ do us part"** "até que a morte nos separe"; **"Deaths"** JOURN (obituaries) "Necrologia". IDIOMAS **he died the ~** ele queria desaparecer (de medo ou vergonha por ter sido mal recebido); **to look like ~ warmed up** parecer um cadáver ambulante; **to be at ~'s door** estar às portas da morte; (coll) **to be frightened to ~** estar morto de pavor; (coll) **to be bored to ~** morrer de tédio.

death: ~ certificate *n* JUR certidão *f*; de óbito; **~ penalty** *n* pena *f* de morte; **~ rate** *n* taxa *f* de mortalidade; **~ toll** *n* número *m* de mortos; **~ trap** *n* **this road is a real ~ trap** esta estrada é perigosíssima, é uma verdadeira ratoeira.

debate [dɪ'beɪt] **1** *n* (formal, about an issue) debate *m* (**on, about** sobre); (informal discussion) discusão *f* (**about** a propósito de); **to hold a ~ on** debater [*issue, proposal*]; **to be open to ~** ser discutível. **2** *vtr* (gen) POL (formally) debater [*issue, bill*]; (informally) discutir [*question*]. **3** *vi* **to ~ about sth** discutir algo (**with** com).

debt [det] **1** *n* **a)** FIN dívida *f* (**to** para com); **Third World ~** a dívida do terceiro mundo; **to get into ~** endividar-se; **to be in ~** ter dívidas; **she is $2,000 in ~** ela deve 2.000 dólares; **to get out of ~** pagar as suas dívidas; **b)** (obligation) obrigação *f*, dívida *f* (**to** para com); **a ~ of honour** uma dívida de honra; **to acknowledge one's ~ to sb** reconher a sua dívida para com alg **2** *noun modifier* FIN [*collection, recovery, relief*] de crédito; [*capacity, level, ratio*] de endividamento.

decade ['dekeɪd, dɪ'keɪd], US [dɪ'keɪd] *n* (period) década *f*; decénio *m*.

decadence ['dekədəns] *n* decadência *f*.

decadent ['dekədənt] *adj* decadente.

decay [dɪ'keɪ] **1** *n* **a)** (rot) (of timber, vegetation) decomposição *f*; (of house, area) degradação *f*; **to fall into ~** [*building*] degradar-se; **b)** cárie *f*; **dental ~** cárie dentária; **c)** (fig) (of culture) declínio *m*; (of institution, industry) declínio *m*; (of civilization) decadência *f*; **moral ~** decadência moral. **2** *vi* **a)** (rot) [*timber, vegetation, food*] decompor-se; [*corpse*] decompor-se; [*tooth*] cariar-se; [*bone*] detriorar-se; **b)** (disintegrate) [*building*] detriorar-se; **c)** (fig) (decline) [*civilization*] declinar.

deceased [dɪ'si:st] **1** *n* **the ~** (dead person) o defunto/a defunta *m/f*; (the dead collectively) (+ *v*

pl) os defuntos *mpl*. **2** *adj* defunto,-a, falecido,-a; **Anne Jones, ~** a falecida Anne Jones.

deceitful [dɪ'si:tfl] *adj* enganador, a.

deceive [dɪ'si:v] **1** *vtr* **a)** (lie to and mislead) enganar [*friend*]; **to be ~d** (fooled) ser enganado; **don't be ~d by his air of calm** não te deixes enganar pelo seu ar calmo; **don't be ~d by appearances** não se deixem levar pelas aparências; **b)** (be unfaithful to) enganar [*spouse, lover*]. **2** *v refl* **to ~ oneself** iludir-se.

December [dɪ'sembə(r)] *n* Dezembro *m*.

decent ['di:snt] *adj* **a)** (respectable) [*family, man, woman*] às direitas, como deve ser; **no ~ person would do a thing like that** ninguém normal faria tal coisa; **a ~ burial** um enterro decente; **after a ~ interval** depois de um intervalo conveniente; **to do the ~ thing** fazer o que dever ser feito; **b)** (pleasant) simpático, decente; **a ~ sort of chap** (coll) um tipo decente (fam); **it's ~ of him** é simpático da sua parte; **c)** (adequate) [*housing, wages, level, facilities*] conveniente; **d)** (not shabby) [*garment*] decente; **I've nothing ~ to wear** não tenho nada decente para levar; **e)** (good) [*camera, education, result*] bom/boa (*before n*); [*profit*] apreciável; **to make a ~ living** ganhar bem; **a ~ night's sleep** uma boa noite de sono; **they do a ~ fish soup** eles fazem uma sopa de peixe bastante razoável; **f)** (not indecent) decente, correcto; **are you ~?** estás decente?.

deception [dɪ'sepʃn] *n* **a)** (deceiving) **is she capable of such ~?** será ela capaz de uma tal duplicidade?; **to obtain sth by ~** obter algo por fraude; **b)** (trick) ludíbrio *f*; (to gain money, property) vigarice *f*.

decide [dɪ'saɪd] **1** *vtr* **a)** (reach a decision) **to ~ to do** decidir fazer; (after much thought) decidir-se a fazer; **I finally ~d to do it** decidi-me finalmete a fazê-lo; **I ~d that I would leave** decidi partir; **nothing has been ~d yet** nada foi ainda decidido; **b)** (settle) determinar [*matter, fate, outcome*]; **the goal ~d the match** o golo foi decisivo; **c)** (persuade) **to ~ sb to do** persuadir alg a fazer; **what finally ~d you to buy it?** o que te levou a comprá-lo?. **2** *vi* decidir; **let her ~** ela que decida ou tome a decisão; **it's up to him to ~** é ele que deve decidir; **to ~ against** não concordar com [*plan, idea*]; rejeitar [*candidate*]; **to ~ against sth** (choose not to buy) decidir não comprar algo; **to ~ between** escolher, optar entre [*applicants, books*]; **to ~ in favour of** [*panel, judges*] escolher [*candidate, applicant*]. ■ **decide on: ~ on [sth] a)** (choose) decidir-se por [*hat, wallpaper*]; fixar [*date*]; **to ~ on a career in law** escolher Direito; **b)** (come to a decision on) decidir-se por [*course of action, size, budget*]; **~ on [sb]** escolher [*member, applicant*]; seleccionar [*team*].

deciduous [dɪ'sɪdjʊəs] *adj* [*tree*] de folha caduca; [*antlers, leaves*] caduco.

decimate ['desɪmeɪt] *vtr* (lit, fig) dizimar, decimar, tirar a décima parte de.

decipher [dɪ'saɪfə(r)] *vtr* (code, writing) decifrar; (message) compreender.

decision [dɪ'sɪʒn] *n* decisão *f*; **my ~ to leave** a decisão que tomei de partir; **to make** *or* **take a ~** tomar uma decisão; **to reach** *or* **come to a ~** decidir-se.

decisive [dɪˈsaɪsɪv] *adj* [*manner, tone, reply*] decidido, categórico; [*battle, factor, influence*] decisivo. IDIOMAS **he's not ~ enough** não tem espírito de decisão.

deck [dek] **1** *n* **a)** NAUT convés *m*; **on ~** no convés; **upper ~** convés superior; **b)** (on bus, plane) andar *m*; **c)** AUDIO, MUS (record) gira-discos *m* PO, toca-discos *m* BR; (cassette) leitor *m* de cassetes; **d)** GAMES (of cards) **~ (of cards)** baralho *m* (de cartas); **e)** (coll) (heroin) pequena dose *f* (de heroína). **2** *vtr* **a)** (decorate) decorar [*building, room, table*] (**with sth** com qq coisa); **b)** (dress up) (*usu in passive*) enfeitar, embelezar [*person*]; **c)** (coll) US (floor) atirar (alg) ao chão. IDIOMAS **all hands on ~!** NAUT todos ao convés!; **to clear the ~s** deixar tudo em ordem. ∎ **deck out**: **~ (sth/sb) out, ~ out (sth/sb)** [*room, building, street, stage*] ornamentar, decorar, enfeitar (**with, in sth** com qq coisa).
deck chair *n* cadeira *f* de lona.
declaim [dɪˈleɪm] **1** *vtr* declamar. **2** *vi* (speak aloud) falar alto e com violência; (protest) **to ~ against** (in speech) insurgir-se contra; (in writing) escrever uma crítica severa, criticar severamente.
declaration [dekləˈreɪʃn] *n* declaração *f*; proclamação *f*; **the D~ of Human Rights** Declaração dos Direitos do Homem; **a customs ~** uma declaração alfandegária.
declare [dɪˈkleə(r)] **1** *vtr* **a)** (state firmly) declarar (**that** que); (state openly) anunciar [*intention, support*]; **b)** (proclaim) declarar [*war*]; proclamar [*independence*]; **to ~ war on** declarar guerra a; **I ~ the meeting closed** declaro encerrada a sessão; **c)** (officially) declarar [*income*]; comunicar [*dividend*]. **2** *vi* **a)** (come out in favour) declarar-se (**for** por); **b)** US POL anunciar a sua candidatura (à presidência).
declassify [diːˈklæsɪfaɪ] *vtr* ADMIN, MIL tornar comunicável ou acessível; deixar de ser confidencial.
declension [dɪˈklenʃn] *n* declinação *f*.
decline [dɪˈklaɪn] **1** *n* **a)** (of empire, civilization, economy, etc) declínio *m* (**of** de); **to be in ~** estar em declínio; **b)** (of trade, demand) quebra *f*; baixa *f* (**in, of** de). **2** *vtr* **a)** (refuse) declinar, recusar [*offer, honour*]; **b)** LING declinar. **3** *vi* **a)** [*number, rate, quality, etc*] baixar; [*business, trade*] diminuir, abrandar; **b)** [*influence, empire, etc*] entrar em declínio; **c)** (refuse) recusar; **d)** [*sun*] pôr-se. **4 declining** *pres p adj* **a)** (getting fewer, less) [*birth rate, circulation, sales, etc*] em diminuição, em quebra; **b)** (in decline) [*empire, influence, etc*] em declínio; **in her ~ years** no ocaso da vida; **c)** (getting worse) [*health, quality*] em deterioração ou a deteriorar-se.
declutch [diːˈklʌtʃ] *vi* desempatar, desembraiar.
decode [diːˈkəʊd] *vtr* MIL, LING, ELECTRON, TELECOM, COMPUT descodificar, decifrar.
decompose [diːkəmˈpəʊz] *vi* decompor-se.
decomposition [diːkɒmpəˈzɪʃn] *n* decomposição *f*.
decompression [diːkəmˈpreʃn] *n* descompressão *f*.
decontamination [diːkəntæmɪˈneɪʃn] *n* descontaminação *f*.
décor, decor [ˈdeɪkɔː(r)] *n* (specific style) decoração *f*; (of house) decoração *f*; (of stage) cenário *m*.
decorate [ˈdekəreɪt] **1** *vtr* **a)** (house, room, street, christmas tree, cake) decorar (**with** com); **the whole house needs to be ~d** a casa necessita de ser toda decorada; **b)** MIL condecorar (**for** por). **2** *vi* (in house) fazer trabalhos de decoração, pintar.
decoration [dekəˈreɪʃn] *n* **a)** (for festivities) decoração *f*; (on garment) ornamento *m*; **to put up/ take down ~'s** pôr ou tirar as decorações; **b)** (by painter) trabalhos *mpl* de decoração; **c)** MIL condecoração *f*.
decorative [ˈdekərətɪv] *adj* [*border, frill*] decorativo; [*sculpture, design*] ornamental.
decorator [ˈdekəreɪtə(r)] *n* decorador *m*; pintor *m*.
decorous [ˈdekərəs] *adj* [*behaviour*] decoroso; [*manners*] convenientes, correctas.
decorum [dɪˈkɔːrəm] *n* **with ~** com decoro, respeitando as conveniências; **a sense of ~** o sentido das conveniências.
decrease 1 [ˈdiːkriːs] *n* (gen) diminuição *f* (**in** de); (in price) baixa *f* (**in** de). **2** [dɪˈkriːs] *vtr* diminuir, reduzir. **3** [dɪˈkriːs] *vi* (gen) diminuir; [*price, cost*] baixar.
decreasing [dɪˈkriːsɪŋ] *adj* [*population, proportion*] decrescente; [*strength*] a faltar; [*price*] em baixa.
decrepit [dɪˈkrepɪt] *adj* [*chair, table*] velho, carcomido; [*building*] em ruína; [*horse, old man*] decrepito, velho.
decry [dɪˈkraɪ] *vtr* desacreditar, denegrir, depreciar.
dedicate [ˈdedɪkeɪt] **1** *vtr* **a)** consagrar, dedicar [*life, time*] (**to sth** a alguma coisa); dedicar [*book, performance, film*] (**to sb** a alg); **b)** RELIG consagrar [*church, shrine*] (**to** a). **2** *v refl* **to ~ oneself to** consagrar-se a.
dedicated [ˈdedɪkeɪtɪd] *adj* **a)** [*teacher, mother, doctor*] dedicado; [*worker, minister, secretary*] zeloso; [*musician, student, attitude*] sério; [*socialist, oponent*] convicto; **we only take on people who are really ~** nós só contratamos pessoas empenhadas; **she is ~d to social reform** ela dedicou todos os seus esforços às reformas sociais; **b)** COMPUT, ELECTRON especializado.
dedication [dedɪˈkeɪʃn] *n* **a)** (devoted attitude) dedicação *f*; consagração *f*; **her ~ to duty** o seu sentido do dever; **b)** (in a book) dedicatória *f*; **c)** (act of dedicating) (of book, performance) dedicatória *f*; RELIG consagração.
deduce [dɪˈdjuːs] *vtr* deduzir, concluir (**from** de; **that** que).
deduct [dɪˈdʌkt] *vtr* descontar [*subscription, tax*] (**from** de); deduzir [*sum, expenses*] (**from** de); **~ed at source** deduzido na fonte.
deductible [dɪˈdʌktɪbl] *adj* FIN, COMM dedutível.
deduction [dɪˈdʌkʃn] *n* **a)** FIN, ECON (on wages) retenção *f*; (on bill) desconto *m*; abatimento *m*; **after ~s** depois de feitos os descontos; **to make a ~ from** subtrair de; **b)** (conclusion) dedução *f*; conclusão *f*; **to make a ~** chegar a uma conclusão (**from** de; **that** que); **c)** (reasoning) **by ~** por dedução.
deed [diːd] *n* **a)** (action) acto *m*; **a brave ~** acto de coragem; **to do one's good ~ for the day** fa-

zer a sua boa acção do dia (fam); **b)** (for property) título *m* de propriedade; **c) a ~ of chivalry** uma proeza. **IDIOMAS in word and** ~ em palavras e actos; **in ~ if not in name** de facto.

deem [diːm] *vtr* considerar, julgar **(that** que); **your essay was ~ed the best** a sua dissertação foi considerada a melhor.

deep [diːp] **1** *n* (dated, liter) **the ~** (sea) o mar *m*; o oceano *m*. **2** *adj* **a)** (lit) (vertically) [*hole, well, ditch, lake, river, water, scratch, mark, etc*] profundo; [*mud, snow, carpet*] espesso; [*container, drawer, saucepan*] fundo; (wide) [*border, band, strip*] largo; **how ~ is the river?** qual é a profundidade do rio?; **a hole 3 m ~** *or* **a 3 m ~ hole** um buraco de 3 m de profundidade; **people were standing six ~** as pessoas formavam seis filas de pé; **b)** (fig) (intense) [*admiration, coma, concern, depression, love, etc*] profundo; [*disgrace, interest, pleasure, shame*] enorme; [*desire, need, offence*] grande; **c)** (impenetrable) (lit, fig) [*darkness, forest, jungle, mystery*] profundo; [*person*] reservado; (coll) **you're a ~ one!** tu escondes muito bem o teu jogo!; **d)** (dark) [*colour, green, red, etc*] intenso; **~ blue eyes** olhos de um azul intenso; **e)** (low) [*voice*] profundo; [*note, sound*] grave; **f)** (involved, absorbed) **to be ~ in** estar mergulhado em [*thought, entertainment, book, work, etc*]; **to be ~ in debt** estar endividado até ao pescoço. **3** *adv* **a)** (lit) (a long way down) [*dig, bury, cut*] profundamente; **his hands were ~ in his pockets** ele tinha as mãos enfiadas nos bolsos; **~ in space** longe no espaço; **~ under the sea** a uma grande profundidade sob o mar; **b)** (lit) (a long way in) **~ in(to)** no coração de; **~ in the forest, all was still** no coração da floresta, tudo estava calmo; **~ in my heart, I knew...** no mais profundo de mim mesmo, eu sabia...; **c)** (fig) **~ down** *or* **inside** no íntimo; **to go ~** [*faith, emotion, loyalty*] ser profundo; **his problems go ~er than that** os seus problemas são mais graves do que isso; **d)** SPORT [*hit, kick, serve*] em profundidade. **IDIOMAS to be in ~** (coll) estar metido até ao pescoço; **to be in ~ water** estar em maus lençóis.

deepen ['diːpn] **1** *vtr* **a)** (fig) (intensify) aumentar [*admiration, concern, dismay, interest, love*]; aprofundar [*knowledge, awareness, understanding*]; **b)** (lit) (dig out) escavar [*channel, river, lake, etc*]; **c)** (make lower) tornar (qq coisa) mais grave [*voice, pitch, tone*]; **d)** (make darker) escurecer [*colour*]. **2** *vi* **a)** (fig) (intensify) [*admiration, concern, dismay, interest, love*] aumentar; [*knowledge, understanding*] aprofundar-se; [*crisis, difficulties*] agravar-se; [*rift, gap*] alargar-se; **b)** (lit) [*river, water*] tornar-se mais profundo; [*snow, mud*] tornar-se mais espesso; **c)** (grow lower) [*voice, pitch, tone*] tornar-se mais grave; **d)** (grow darker) [*colour*] tornar-se mais carregado. **3 deepening** *pres p adj* **a)** (fig) (intensifying) [*darkness, emotion, interest, mystery, need*] crescente; [*crisis*] cada vez maior; [*knowledge, understanding*] cada vez mais profundo; **b)** (lit) [*wrinkle, line*] cada vez mais pronunciado; [*snow, mud*] cada vez mais espesso; **c)** (becoming lower) [*voice, pitch, tone*] cada vez mais grave; **d)** (becoming darker) [*colour, tan*] cada vez mais escuro.

deep: ~-freeze 1 *n* congelador *m* Po, frizer *m* BR. **2** *vtr* (*past* **-froze** *pp* **frozen**) congelar.

deeply ['diːplɪ] *adv* **a)** (intensely, extremely) profundamente; **~ felt** profundamente sincero; **our most ~ held convictions** as nossas convicções mais profundas; **b)** (analytically) [*think, reflect*] profundamente; [*examine, study*] em profundidade; **to go ~ into sth** analisar qq coisa em profundidade; **c)** [*breathe, sigh, sleep*] profundamente.

deep: ~-rooted *adj* [*dislike, fear, problem, idea, belief, etc*] profundamente enraízado; [*loyalty, affection, devotion*] profundo; **~-sea** *adj* [*animal, plant, organism*] do alto mar; [*current, exploration*] submarino; **~-seated** *adj* see **~-rooted**.

deer [dɪə(r)] **1** *n* (red) veado *m*; (roe) cabrito *m*; (fallow) gamo *m*; (female of all species) corça *f*, cerva *f*. **2** *noun modifier* **the ~ family** a família dos cervídeos *mpl*.

deface [dɪ'feɪs] *vtr* **a)** (damage) estragar [*wall, door, furniture*]; degradar, danificar [*painting, monument, poster*]; **b)** (make illegible) rabiscar, tornar ilegível.

defamation [defə'meɪʃn] *n* JUR difamação *f*; **~ of character** calúnia *f*.

default [dɪ'fɔːlt, dɪ'fɒlt] **1** *n* **a)** (failure to keep up payments) falta *f* de pagamento (**on** de) [*mortgage, loan*]; **the company is in ~** a companhia não honra os seus compromissos; **b)** (non-appearance) (in court) revelia *f*. **2** *vi* **a)** (fail to make payments) deixar de pagar uma dívida; **b)** (fail to appear in court) não comparecer. **3** *prep phr* **in ~ of** na ausência de, à revelia de.

defeat [dɪ'fiːt] **1** *n* **a)** (getting beaten) derrota *f*; **to suffer a ~** sofrer uma derrota; **England's 3-2 ~** a derrota da Inglaterra 2-3; **b)** (of proposal, bill) rejeição *m* (**of** de); **c)** (personal failure) derrota *f*; **to admit ~** admitir a sua derrota. **2** *vtr* **a)** (beat) vencer [*enemy, army*]; bater [*team, opposition, candidate*]; derrotar [*government*]; **the government was ~ed** o governo sofreu uma derrota; **b)** (overthrow) rejeitar [*bill, proposal*]; **c)** (thwart) fazer falhar [*take-over bid*]; vencer [*inflation*]; **it ~s the whole purpose!** não serve para nada!.

defeated [dɪ'fiːtɪd] *adj* [*army, party*] vencido,-a; [*candidate, opponent*] derrotado,-a.

defeatism [dɪ'fiːtɪzm] *n* derrotismo *m*.

defeatist [dɪ'fiːtɪst] **1** *n* derrotista *m/f*. **2** *adj* derrotista.

defect 1 ['diːfekt] *n* **a)** (flaw) defeito *m*; (minor) imperfeição *f*; **mechanical ~** defeito *f* mecânico; **b)** (disability) **a hearing/speech ~** deficiência auditiva/de fala; **birth ~**, **congenital ~** malformação *f* congénita. **2** [dɪ'fekt] *vi* desertar; **to ~ from** desertar de [*country*]; **to ~ to the West** fugir para o Oeste.

defective [dɪ'fektɪv] *adj* [*reasoning, part, structure, work, method*] defeituoso; [*sight, hearing, intelligence*] deficiente; **breakdown caused by ~ workmanship** avaria provocada por defeito de fabrico.

defector [dɪ'fektə(r)] *n* transfuga *f* (**from** de); aquele que muda de campo.

defence GB, **defense** US [dɪ'fens] **1** *n* **a)** (act of protecting) defesa *f* (**against** contra; **from, of** de); **to put up a spirited** ~ defender-se valentemente; **in** ~ **of the right to strike** pelo direito à greve; **in the** ~ **of freedom** na defesa da liberdade; **b)** (means of protection) defesa *f* (**against** contra); **a** ~ **against** um meio de lutar contra [*anxiety, boredom*]; **c)** (support) defesa *f*; **in my own** ~ **I must say that** deve dizer em minha própria defesa que; **an article in** ~ **of monetarism** um artigo defendendo o monetarismo; **d)** JUR **the** ~ (representatives of the accused, case, argument) a defesa *f*; **the case for the** ~ a defesa; **e)** SPORT defesa *f*; **to play in** ~ jogar à defesa; **f)** UNIV defesa *f* (de tese). **2 defences** *npl* (gen) MIL defesas *fpl*; **to break down sb's** ~**s** derrobar as defesas de alg. **3** *noun modifier* **a)** MIL (gen) de defesa; [*policy, forces*] de defesa; **b)** JUR [*counsel, lawyer*] para a defesa; [*witness*] de defesa.

defenceless [dɪ'fenslɪs] *adj* [*person, animal*] indefeso; [*town, country*] sem defesa.

defend [dɪ'fend] **1** *vtr* defender [*fort, freedom, interests, client, title, belief*]; justificar [*behaviour, decision*]; **to** ~ **a thesis** defender uma tese. **2** *vi* SPORT defender. **3** *v refl* **to** ~ **oneself** (protect oneself) (lit, fig) defender-se. **4 defending** *pres p adj* [*counsel*] de defesa; **the** ~**ing champion** o detentor do título.

defendant [dɪ'fendənt] *n* (court) acusado *m*; réu/ré *m/f*.

defender [dɪ'fendə(r)] *n* (gen) SPORT defensor *m*; defesa *m*.

defense *n* US see **defence**.

defensive [dɪ'fensɪv] **1** *n* (gen) SPORT, MIL defensiva *f*; **to be on the** ~ estar na defensiva. **2** *adj* **a)** (gen) PSYCH, PHYSIOL, MIL defensivo; [*movimento, reacção, comportamento*] de defesa; **b)** desconfiado; (person) **they were very** ~ **about the new proposals** eles estavam desconfiados em relação às novas propostas.

defer [dɪ'fə:] *vi* submeter-se, render-se a [*experience, wish, judgment*].

deference ['defərəns] *n* deferência *f*; consideração *f*; respeito *m*; **in** ~ **to, out of** ~ **to/for** por respeito a.

deferential [defə'rensl] *adj* [*person*] deferente, atencioso.

defiant [dɪ'faɪənt] *adj* [*person*] arrogante; [*behaviour*] desafiador, provocador.

defiantly [dɪ'faɪəntlɪ] *adv* arrogantemente, desafiadoramente; **she slammed the door** ~ ela bateu a porta propositadamente.

deficient [dɪ'fɪʃənt] *adj* insuficiente; ~ **in sth** pobre ou deficiente em qualquer coisa.

deficit ['defɪsɪt] *n* COMM, FIN défice *m*; **in** ~ défice, deficitário.

defile [dɪ'faɪl] **1** *n* (valley) desfiladeiro *m*. **2** *vtr* conspurcar, macular [*purity*]; profanar [*church*].

define [dɪ'faɪn] *vtr* **a)** (give definition of) definir [*term, concept*] (**as** como); **b)** (specify) definir, determinar [*limits*]; **c)** (pinpoint) definir [*problem*]; **d) to be** ~**d against** destacar-se sobre [*sky, background*].

definite ['defɪnɪt] *adj* **a)** (not vague) [*plan, criteeria, amount*] preciso,-a; **a** ~ **answer** uma resposta clara; ~ **evidence** provas *fpl* claras; **to have a** ~ **feeling that** ter uma clara impressão que; **noth-**

ing is ~ **yet** nada é ainda definitivo; **b)** (firm) [*contract, agreement, decision, intention*] definitivo,-a, fechado,-a; [*refusal*] categórica; **c)** (obvious) (*before n*) [*change, improvement, increase*] claro,-a; [*advantage*] certa (*after n*), evidente; **d) to be** ~ [*person*] (sure) ter a certeza (**about** de); (unyielding) ser firme (**about** sobre).

definitely ['defɪnɪtlɪ] *adv* **a)** (certainly) sem qualquer dúvida; **he** ~ **said he wasn't coming** ele deixou claro que não vinha; **she's** ~ **not there** ela não está lá, de certeza; **I'm** ~ **not going** está decidido, não vou; **this one is** ~ **the best** este é certamente o melhor; "~!" "absolutamente!"; **b)** (categorically) [*commit oneself, arrange*] formalmente, de maneira definitiva.

definition [defɪ'nɪʃn] *n* **a)** (of word) definição *f*; **by** ~ por definição; **b)** TV, COMPUT, PHOT nitidez *f*.

definitive [dɪ'fɪnɪtɪv] *adj* definitivo; [*decision*] irrevogável; [*interpretation*] conclusivo, certo.

definitively [dɪ'fɪnətɪvlɪ] *adv* (gen) definitivamente; [*answer*] de maneira definitiva.

deflationary [dɪfleɪ'ʃənərɪ] *adj* deflacionista.

deflect [dɪ'flekt] *vtr* **a)** desviar míssil; desviar [*water, air, attention, blame*]; **b)** (fig) escapar [*criticism, attention*].

deflection [dɪ'flekʃn] *n* (of missile) desvio *m*; PHYS (of air) deflexão; (of light) refracção.

deform [dɪ'fɔ:m] **1** *vtr* MED deformar. **2** *vi* (metal, structure) deformar-se, estragar-se.

deformity [dɪ'fɔ:mɪtɪ] *n* MED deformidade *f*.

defraud [dɪ'frɔ:d] *vtr* burlar [*client, employer*]; defraudar [*taxman, customs*]; **to** ~ **sb of sth** lesar alg em alguma coisa.

defray [dɪ'freɪ] *vtr* reembolsar [*cost*].

defrost [di:frɒst, di:'frɔ:st] **1** *vtr* descongelar [*food*]; degelar [*refrigerator, window*]. **2** *vi* (refrigerator) degelar; (food) descongelar.

deft [deft] *adj* destro, hábil.

deftly ['deftlɪ] *adv* destramento, primorosamente.

defunct [dɪ'fʌŋkt] *adj* [*organization, person*] desaparecido.

degenerate [dɪ'dʒenəreɪt] **1** *n* degenerado *m*. **2** *adj* [*person*] degenerado; [*life*] depravado. **3** *vi* (race, morals, intellect) degenerar.

degeneration [dɪdʒenə'reɪʃn] *n* **a)** (of health) declínio *m*; **b)** BIOL degenerescência *f*.

degrade [dɪ'greɪd] *vtr* **a)** (humiliate) humilhar [*person*]; **b)** (debase) **films which** ~ **women** filme que dão uma imagem degradante da mulher; **c)** degradar [*environment*].

degree [dɪ'gri:] *n* **a)** GEOL, MATH, MEAS grau *m*; **an angle of 60** ~**s** um ângulo de 60 graus; **ten** ~**s of latitude** 10 graus de latitude; **b)** METEOROL, PHYS grau *m*; **30** ~**s Celsius** *or* **centigrade** 30 graus Celsius ou centígrados; **c)** UNIV diploma *m*; grau *m* universitário *f*; (licenciatura *f*; bacharelato *m)*; **to have a** ~ ser licenciado ou bacharel; **d)** (amount) grau *m*; **this gives me a** ~ **of control** isto dá-me um certo controlo; **to such a** ~ **that** a tal ponto que; **by** ~**s** pouco a pouco, gradualmente; **to a lesser** ~ em menor escala; **e)** US **murder in the first** ~ JUR assassínio *m* de primeiro grau.

dehydrate [dɪ'haɪdreɪt] **1** *vtr* desidratar. **2** *vi* desidratar-se.

de-ice [di:'aɪs] *vtr* degelar, remover o gelo.
de-icer [di:'aɪsə(r)] *n* AUT, AVIAT *dispositivo próprio para remover o gelo ou impedir a sua formação.*
deign [deɪn] *vtr* **to ~ to do** condescender em fazer algo, dignar-se fazer.
deity ['di:ɪt] *n* divindade *f*; deidade *f* (lit); **the D~** Deus.
dejected [dɪdʒektɪd] *adj* deprimido, abatido, desanimado.
delay [dɪ'leɪ] **1** *n* **a)** (of train, plane, post) atraso *m* (**of** de; **to, on** em); **we apologize for the ~** pedimos desculpa pelo atraso; **b)** (slowness) **without (further) ~** sem mais demora. **2** *vtr* **a)** (postpone, put off) adiar [*decision, publication, departure*] (**until** até); **b)** (hold up) (*often passive*) atrasar [*train, arrival, change, process*]; **bad weather ~ed us, we were ~ed by bad weather** o mau tempo atrasou-nos. **3** *vi* esperar; **don't ~!** não esperem!. **4 delayed** *pp adj* [*flight, train, passenger*] atrasado; **to have a ~ed reaction** reagir a posteriori. **5 delaying** *pres p adj* [*action, tactic*] dilatório.
delayed action [dɪleɪd'ækʃn] *adj* [*shutter, fuse*] de acção retardada.
delectable [dɪ'lektəbl] *adj* [*meal, dish, drink*] deleitoso, delicioso.
delegate ['delɪgət] **1** *n* (to conference, meeting) delegado *m*; representante *m/f.* **2** *vtr* delegar [*power, responsability, task*] (**to sb** em alg; **to do** para fazer). **3** *vi* delegar as suas responsabilidades.
delete [dɪ'li:t] *vtr* suprimir (**from** de); (with pen) riscar (**from** de); (with type writer, computer) anular, suprimir, apagar; **~ where inapplicable** riscar o que não interessa.
deletion [dɪ'li:ʃn] *n* **a)** (act) supressão *f*; **b)** (word, line taken out) supressão *f*; apagamento *m*; (word, line crossed out) rasura *f.*
deliberate 1 [dɪ'lɪbərət] *adj* **a)** (intentional) deliberado; **it was ~** fiz de propósito; **b)** (measured) medido. **2** [dɪ'lɪbəreɪt] *vi* deliberar (**over, about** sobre).
deliberately [dɪ'lɪbərətlɪ] *adv* **a)** (intentionally) [*do, say*] propositadamente, intencionalmente, deliberadamente; **b)** (slowly and carefully) [*speak*] pausadamente; [*walk*] vagarosamente.
deliberation [dɪlɪbə'reɪ/n] *n* (reflection) reflexão *f*; deliberação *f*; **after careful ~** após cuidadosa reflexão; (slowness) decisão *f* reflectida; **with ~** pausadamente.
delicacy ['delɪkəsɪ] *n* **a)** (of feactures) finura *f*; (of beauty, china) delicadeza *f*; fragilidade *f*; (of colour, design, craftsmanship, touch) delicadeza *f*; **b)** (of health) delicadeza *f*; fragilidade *f*; **c)** (mechanism, instrument) sensibilidade *f*; **d)** (awkwardness) (of situation, subject) delicadeza *f*; **a matter of great ~** um assunto muito delicado; **e)** CULIN (savoury) prato *m* refinado; iguaria *f*; (sweet) guloseima *f.*
delicate ['delɪkət] *adj* [*fabric, shade, health, mechanism, operation, situation, subject*] delicado,-a; [*features*] fino,-a; [*touch*] ligeiro,-a; [*china*] frágil; **I feel a bit ~ this morning** sinto-me um pouco abalado esta manhã; **her ~ handling of the problem** a sua maneira hábil de lidar com o problema.

delicatessen [delɪkə'tesən] *n* **a)** (shop) mercearia *f* fina; **b)** (food) charcuteria *f.*
delicious [dɪ'lɪʃəs] *adj* [*meal, smell*] delicioso, requintado.
delight [dɪ'laɪt] **1** *n* alegria *f*; prazer *m*; deleite *m*; **to take ~ in sth/in doing sth** ter prazer em qq coisa/em fazer qq coisa; **(much) to my ~** com grande alegria minha; **it's a ~ to the senses** é um regalo para os sentidos. **2** *vtr* deleitar, encantar, deliciar [*person*] (**with** com). **3** *vi* **to ~ in sth/in doing sth** sentir prazer em qq coisa/em fazer qq coisa.
delighted [dɪ'laɪtɪd] *adj* [*smile, expression, parent*] encantado (**about, at, by, with sth** com qq coisa; **at doing** por fazer); **to be ~ that** estar encantado que; **~ meet you** muito prazer (em conhecer).
delightful [dɪ'laɪtfl] *adj* [*house, hotel, village, dress, laugh, story, person*] encantador.
delightfully [dɪ'laɪtfəlɪ] *adv* [*warm, peaceful*] agradavelmente; [*sing, play*] maravilhosamente; **he is ~ shy** ele é de uma timidez encantadora.
delimit [dɪ'lɪmɪt] *vtr* delimitar.
delinquency [dɪ'lɪŋkwənsɪ] *n* **a)** (behaviour) delinquência *f*; **b)** (offence) delito *m*; culpa *f.*
delinquent [dɪ'lɪŋkənt] **1** *n* delinquente *m/f.* **2** *adj* [*behaviour, child youth*] delinquente; [*act*] de delinquência.
delirious [dɪ'lɪrɪəs] *adj* **a)** MED delirante; **to become ~** entrar em delírio; **to be ~** delirar; **b)** (fig) [*crowd*] delirante, em delírio; **~ with joy** delirante de allegria.
delirium [dɪ'lɪrɪəm] *n* MED (fig) delírio *m.*
deliver [dɪ'lɪvə(r)] **1** *vtr* **a)** (take to address) distribuir, entregar [*goods, milk, groceries, etc*] (**to** a); transmitir [*oral message*]; **"~ed to your door"** "entrega ao domicílio"; **b)** MED [*doctor, midwife*] ajudar a nascer, assistir ao parto de [*baby*]; [*mother*] dar à luz [*baby*]; **c)** (uttter) fazer [*sermon*]; proferir [*speech*]; fazer, dar [*lecture, reprimand*]; dar [*ultimatum, decision*]; recitar [*line, speech in play*]; lançar [*verbal attack*]; **d)** (hand over) entregar [*property, money, goods*] (**over to, up to** a); abandonar [*town, ship*] (**over to, up to** a); **e)** (give, strike) dar [*blow, punch*]; atirar [*bullets*]; fornecer [*voltage*] (**to** a); **to ~ the final blow to sth** (fig) dar a machadada ou o golpe final a qq coisa (fam); **f)** (rescue) livrar (**from** de). **2** *vi* **a)** [*tradesman, company*] apresentar, entregar; **b)** (coll) dar conta do recado, cumprir as expectativas (**on** quanto a); **ultimately, the film doesn't ~** afinal, o filme não é lá grande coisa (fam).
deliverance [dɪ'lɪverəns] *n* libertação *f.*
delivery [dɪ'lɪvərɪ] **1** *n* **a)** (of goods, milk etc) entrega *f*; distribuição *f*; **on ~** para entrega; **b)** (way of speaking) enunciação *f*; modo *m* de falar; (speed of speaking) velocidade *f* de discurso; **c)** (of baby) parto *m*; **d)** (of ball in cricket, etc) lançamento *m*; arremesso *m*; **e)** (handing over of property) entrega *f.* **2** *modif* [*cost, date, delay, note, service, time, etc*] de entrega.
dell [del] *n* pequeno vale *m.*
delphinium [del'fɪnɪəm] *n* BOT espora *f* brava.
delta ['deltə] *n* (greek letter) GEOG, MATH delta *m.*
delude [dɪ'lju:d] **1** *vtr* enganar Po, embromar BR

(with com). **2** *vi* **to** ~ **oneself** iludir-se (*refl*) he ~ed himself into believing that... ele iludiu-se ao acreditar que....

deluge ['delju:dʒ] **1** *n* (lit, fig) dilúvio *m*; **a** ~ **of letters** uma avalanche de cartas. **2** *vtr* (fig) inundar (**with** de); **to be** ~**d with sth** estar absorvido em qq coisa.

delusion [dɪ'lju:ʒn] *n* ilusão *f*; Psych delírio *m*; **to be under a** ~ estar a iludir-se; ~**s of grandeur** mania de grandezas.

de luxe [də'lʌks, də'lu:ks] *adj* [*model, version, edition*] de luxo; [*accommodation*] luxuoso.

delve [delv] *vi* (in book) enfronhar-se (**into** em); (in records, one's memory, sb's past) ebuscar, investigar (**into** em); **to** ~ **into a subject** aprofundar um assunto.

demagogue ['deməgɒg] *n* demagogo *m*.

demand [dɪ'mɑ:nd] **1** *n* **a)** (request) pedido *m*; **there have been many** ~**s for him to resign/ for his resignation** muitas pessoas pediram já a sua demissão; **on** ~ a pedido; **b)** (pressure) exigência *f*; **I have many** ~**s on my time** o meu tempo está todo tomado; **c)** Econ procura *f*; **d)** (favour) **to be in** ~ ser muito requisitado. **2** *vtr* **a)** (request) procurar; (very forcefully) exigir; **I** ~ **to know the truth** eu desejo saber a verdade; (stronger) eu exijo saber a verdade; **to** ~ **sth from sb** exigir algo de alguém; **we** ~ **that we be included** pedimos para ser incluídos; **b)** (require) [*work, situation*] pedir [*patience, skill, forme*]; (stronger) reclamar; [*person*] exigir.

demanding [dɪ'mɑ:ndɪŋ] *adj* **a)** [*person*] exigente; **b)** [*work, course*] árduo; [*schedule*] sobrecarregado.

demanning [di:mænɪŋ] *n* redução *f* de mão-de--obra.

demarcate ['di:mɒ:keɪt] *vtr* delimitar [*space, scope*]; demarcar [*boundary*].

demarcation [di:mɒ:'keɪʃn] *n* (gen) limite *m*; demarcação *f* (**between** entre).

demeanour GB, **demeanor** US [dɪ'mi:nə(r)] *n* (lit) (bearing) comportamento *m*; (behaviour) atitude *f*.

demented ['dɪmentɪd] *adj* demente, louco; **to drive sb** ~ (coll) pôr alg louco.

demerara (sugar) [demə'reərə] *n* (in gb) açúcar *m* mascavado Po/mascavo Br.

demigod ['demɪgɒd] *n* semi-deus *m*.

demilitarize [di:'mɪlɪtəraɪz] *vtr* desmilitarizar.

demise [dɪ'maɪz] *n* **a)** (formal) (of institution, system, movement) desaparecimento *m*; morte *f*; (of hopes, aspirations) morte; **b)** (formal) (hum) (death) desaparecimento *m*; morte *f*; **c)** Jur (by lease) (by inheritance) legado *m*; transferência *f* de propriedade.

demister [di:'mɪstə(r)] *n* dispositivo *m* desembaciador.

demo ['deməʊ] (coll) *n* (*pl* **-mos**) abrev = **demonstration**; **a)** Pol manif (fam); **b)** ~ **tape** Comput, Mus, Video cassete *f* de demonstracção.

demob [di:'mɒb] **1** *n* abrev = **demobilization** desmobilização *f*; ~ **suit** roupa *f* civil. **2** *vtr* (*past, pp* **-bb-**) abrev = **demobilize** desmobilizar.

demobilize [di:'məʊbɪlaɪz] *vtr* desmobilizar.

democracy [dɪ'mokrəsɪ] *n* democracia *f*.

democrat ['deməkræt] *n* democrata *m/f*.

democratic [demə'krætɪk] *adj* democrático.

democratically [demə'krætɪcəlɪ] *adv* democraticamente.

demolish [dɪ'mɒlɪʃ] *vtr* **a)** demolir [*building, argument*]; **b)** (hum) devorar, tragar [*food*].

demolition [demə'lɪʃn, dɪu:mə'lɪʃn] *n* (lit, fig) demolição *f*.

demon ['di:mən] *n* (devil) (fig, lit) demónio *m*.

demonstrable ['demənstrəbl, dɪ'mɒnstrəbl] *adj* (obvious) manifesto; (provable) demonstrável; **the candidate will have** ~ **organizing skills** o candidato fará provas da sua capacidade de organização.

demonstrably ['demənstrəblɪ, dɪ'mɒnstrəblɪ] *adv* (obviously) manifestamente.

demonstrate ['demənstreɪt] **1** *vtr* **a)** (illustrate, prove) demonstrar [*theory, principle, truth*]; **to** ~ **that...** demonstrar que...; **b)** (show, reveal) manifestar, mostrar [*emotion, skill*]; **to** ~ **one's concern for sth** manifestar interesse por qq coisa; **c)** fazer a demonstração de [*machine, gadget product*]; **to** ~ **how to do sth** mostrar como fazer algo. **2** *vi* Pol manifestar (**for** a favor de; **against** contra).

demonstration [demən'streɪʃn] *n* **a)** Pol manifestação *f* (**against** contra; **for** a favor de); **b)** (display) (of emotion, loyalty, support) manifestação; **c)** (of machine, gadget, etc) demonstração *f*; **to give a** ~ fazer uma demonstração (**of** de); **d)** (of theory, principle) demonstração *f*.

demonstrative [dɪ'mɒnstrətɪv] **1** *n* Ling demonstrativo *m*. **2** *adj* **a)** [*person, behaviour*] demonstrativo; **b)** (formal) **to be** ~ **of** [*belief, attitude, state of mind*] ser demonstrativo de; **c)** Ling demonstrativo.

demonstrator ['demənstreɪtə(r)] *n* **a)** Pol manifestamente *m/f*; **b)** Comm demonstrador *m*.

demoralize [dɪ'mɒrəlaɪz] *vtr* desmoralizar.

demote [di:'məʊt] *vtr* degradar.

demotion [di:'məʊʃn] *n* degradação *f*.

demur [dɪ'mɜ:(r)] (lit) **1** *n* **without** ~ sem objecção. **2** *vi* (*past, pp* **-rr-**) levantar objecções, pôr objecções.

demure [dɪ'mjʊə(r)] *adj* discreto; [*girl*] prudente e discreto.

demystify [di:'mɪstɪfaɪ] *vtr* demistificar.

den [den] *n* **a)** (lion's) antro *m*; (fox's) toca *f*; **b)** (fig) (of thieves) antro *m*; ~ **of vice** *or* **iniquity** antro de vícios; **c)** (coll) (study) recanto, pequeno gabinete de trabalho.

denationalize [di:'næʃnəlaɪz] *vtr* desnacionalizar.

denial [dɪ'naɪəl] *n* (of charge, accusation, rumour) desmentido *m*; (of guilt) negação *f*; (of doctrine, rights, freedom) negação *f*; **despite her** ~ **that she had met him** apesar dela negar tê-lo encontrado.

denigrate ['denɪgreɪt] *vtr* denegrir, difamar, caluniar.

denim ['denɪm] **1** *n* (material) ganga *f*. **2** *modif* (jacket, shirt) de ganga; ~ **jeans** calças *f* de ganga, jeans. **3 denims** *npl* (trousers) calças *f* de ganga, jeans.

Denmark ['denmɒ:k] *n* Dinamarca *f*.

denominate [dɪ'nomɪneɪt] *vtr* **a)** (gen) denominar; **b)** Fin converter.

denomination ['dɪnɒmɪ'neɪʃn] *n* **a**) (gen) RELIG denominação *f*; seita *f*; **b**) FIN valor *m* nominal; **high/ low ~coin** moeda de forte ou fraco valor nominal.

denominator [dɪ'nɒmɪneɪtə(r)] *n* denominador *m*.

denote [dɪ'nəʊt] *vtr* **a**) (indicate with symbol) indicar MATH designar; **b**) (stand for) significar; **c**) (be a sign of) denotar.

denounce [dɪ'naʊns] *vt* **a**) (inform on) denunciar **(to** a); **b**) (criticise) condenar, censurar; **c**) (acuse) acusar publicamente.

dense [dens] *adj* **a**) (gen) PHYS denso; (fig) [*style*] denso; **b**) (coll) (stupid) tapado (fam).

densely ['denslɪ] *adv* **a ~ populated district** um distrito muito povoado; **a ~ wooded landscape** uma paisagem densamente arborizada.

density ['densɪtɪ] *n* **a**) PHYS, COMPUT, ELECTRON densidade *f*; **b**) (of housing, population) densidade *f*; concentração; **high/ low ~ housing** alta/ baixa concentração habitacional.

dent [dent] **1** *n* (in wood) entalhe *m*; (in metal) mossa *f*; **to make a ~ in** fazer um entalhe em [*furniture*]; amolgar, amassar [*car*]; (fig) (coll) fazer um rombo em qq coisa. **2** *vt* fazer um entalhe em [*furniture*]; amolgar, amassar [*car*]; ferir [*pride*].

dental surgery ['dentl 'sɜːdʒərɪ] *n* **a**) GB (premises) consultório *m* dentário; **b**) (treatment) cirurgia *f* dentária.

dentist ['dentɪst] *n* dentista *m/f*; **to go to the ~** ir ao dentista.

dentistry ['dentɪstrɪ] *n* odontologia *f*; cirurgia *f* dental.

denture ['dentʃə(r)] *n* dentadura *f*.

denunciation [dɪnʌnsɪ'eɪʃn] *n* denúncia *f* **(of** de).

deny [dɪ'naɪ] *vt* **a**) desmentir [*rumour, report*]; negar [*charge, accusation*]; **to ~ having done sth** negar ter feito qq coisa; **she denies that this is true** ela nega que isto seja verdadeiro; **b**) (refuse) **to ~ sb sth** recusar qq coisa a alg; **to ~ oneself sth** privar-se de qq coisa; **to ~ sb admittance to a building/ club** recusar a admissão de alg num edifício/ clube; **he was denied bail** JUR foi-lhe negada a saída sob caução; **c**) (renounce) renunciar [*God, religion*].

deodorant [di:'əʊdərənt] **1** *n* (personal, for room) desodorizante *m*. **2** *adj* desodorizante.

depart [dɪ'pɑːt] **1** *vtr* (emph, lit) **to ~ this life** deixar este mundo. **2** *vi* **a**) (person, train, bus, etc) partir **(from** de; **for** para); **the train now ~ing from platform one** o comboio Po/trem BR que vai partir do cais número um; **b**) (deviate) **to ~ from** [*attitude, position*] desistir de, afastar-se de, distanciar-se de; (truth, princiole, practice) afastar-se de, desviar-se de.

departed [dɪ'pɑːtɪd] *adj* **a**) (dead) defunto, falecido; **b**) (lit) (vanished) [*glory, youth*] passada.

department [dɪ'pɑːtmənt] *n* **a**) (section) (of business) secção *f*; serviço *m*; departamento *m*; **b**) ADMIN, POL (governamental) ministério *m*; **c**) (in university) departamento *m*; **Portuguese ~** departamento de Português; **d**) (coll) (area) domínio *m*; área *f*.

departmental [di:pɑːt'mentl] *adj* **a**) POL (ministerial) [*colleague, committee, meeting*] ministe-

rial; **b**) ADMIN (of organization, business) [*chief, head, meeting*] de serviço ou de departamento.

departure [dɪ'pɑːtʃə(r)] *n* **a**) (of person, bus, train, etc) partida *f* **(from** de; **for** para); (from job, office) saída; **b**) (from policy, tradition, etc) ruptura *f* **(from** com); **this technique is a total ~ from the traditional methods** esta técnica representa uma ruptura total com os métodos tradicionais; **in a ~ from standard practice** contrariamente aos usos tradicionais; **this marks a new ~ in physics** isto marca uma nova etapa para a física.

depend [dɪ'pend] *vi* **a**) (rely) **to ~ on sb/sth** depender de alg/algo **(for** para); **b**) (count on) **to ~ on sb/sth** contar com [*person, help, support*]; **you can ~ on it!** podes contar com isso!; **c**) (be contingent on) **that ~s!** isso depende!; **d**) **to ~ on sb** FIN estar a cargo de alg.

dependable [dɪ'pendəbl] *adj* [*person*] digno de confiança; **she's very ~** ela é uma pessoa digna de confiança ou em quem se pode confiar; [*news, source*] fidedigno; [*forecast*] seguro.

dependant [dɪ'pendənt] *n* JUR, SOC, ADMIN dependente *m/f*; pessoa *f* a cargo.

dependence GB, **dependance** US [dɪ'pendəns] *n* **a**) (reliance) dependência *f* **(on** em relação a); **b**) (addiction) dependência *f* **(on** de).

dependency [dɪ'pendənsɪ] *n* **a**) POL território *m* dependente; possessão *f*; **b**) (reliance) dependência *f*.

dependent [dɪ'pendənt] *adj* **a**) JUR, SOC ADMIN [*relative*] a cargo; **b**) (reliant) [*patient, person*] **to be ~ on** *or* **upon sb/sth** depender de alg/ algo; **an insulin ~ patient** um doente sujeito a tratamento constante de insulina; **c**) LING [*clause*] subordinada.

depict [dɪ'pɪkt] *vtr* (visually) representar, retratar; (in writing) descrever **(as** como).

depilatory [dɪ'pɪlətərɪ] **1** *n* depilatório *m*. **2** *adj* depilatório.

deplete [dɪ'pli:t] *vtr* reduzir, esgotar [*reserves, resources, funds*]; **population ~d by war** redução demográfica causada pela guerra.

depletion [dɪ'pli:ʃn] *n* (of resources, funds, stock) diminuição *f*; redução *f*; baixa *f*.

deplorable [dɪ'plɔ:rəbl] *adj* deplorável.

deplore [dɪ'plɔ:(r)] *vtr* deplorar; **to ~ the fact that...** deplorar o facto de....

deploy [dɪ'plɔɪ] *vtr* (gen) MIL desenvolver, estender.

deployment [dɪ'plɔɪmənt] *n* ADMIN, MIL desenvolvimento *m*.

deport [dɪ'pɔ:t] *vtr* JUR expulsar [*immigrant, criminal*] **(to** para); HIST deportar [*slaves*].

deportation [di:pɔ:'teɪʃn] *n* JUR (of immigrant, criminal) expulsão *f*; HIST (of slaves) deportação *f*; **~ order** ordem *f* de expulsão.

depose [dɪ'pəʊz] *vtr* POL depor [*king, dictator*].

deposit [dɪ'pɒzɪt] **1** *n* **a**) FIN depósito *m*; **on ~** em depósito; **b**) (part payment) (on house) sinal *m*; **c**) (payment against damage) caução *f*; **d**) (on bottle) depósito *m*; **e**) GEOL, GEOG (layer) (of silt, mud, etc) depósito *m*; camada *f*; (of coal, tin) jazigo *m*; **f**) (sediment) CHEM, WINE depósito *m*; sedimento *m*. **2** *vtr* **a**) (put down) depositar [*object*]; **b**) (entrust) depositar [*money, valuables*]; **to ~ sth with sb** confiar algo a alg.

deposit account [dɪ'pɒzɪtəkaʊnt] *n* FIN conta *f* de depósito a prazo.

depositor [dɪ'pɒzɪtə(r)] *n* FIN depositante *m/f.*

depository [dɪ'pɒzɪtərɪ] *n* depositário *m.*

depot ['depəʊ] *n* **a)** COMM, MIL (for storage) depósito *m*; **b)** (transp, rail) **bus/railway** ~ estação de autocarro PO, ônibus BR ou ferroviária.

depreciate [dɪ'priː.ʃɪeɪt, dɪ'priːsɪeɪt] *vi* depreciar-se, desvalorizar-se (**against** em relação a).

depress [dɪ'pres] *vtr* **a)** deprimir, humilhar [*person*]; **b)** COMM, FIN fazer baixar [*profits, investments, prices, currency*]; decrescer, enfraquecer [*trading, stock, market*].

depressant [dɪ'presənt] *n* calmante *m.*

depressed [dɪ'prest] *adj* **a)** [*person, mood*] deprimido; **I got very ~ about it** eu fiquei muito deprimido com isso; **b)** ECON, COMM [*region, district, trade, industry, sector*] muito baixos.

depressing [dɪ'presɪŋ] *adj* deprimente.

depression [dɪ'preʃn] *n* **a)** MED depressão; **to suffeer from** ~ sofrer de depressão; **b)** ECON (slump) recessão *f*; crise *f* (**in sth** em qq coisa); **the (Great) D~** HIST a grande depressão; **c)** GEOL (hollow) depressão *f*; (on surface) concavidade *f*; (on seat) marca *f* côncava; **d)** METEOROL depressão *f.*

depressive [dɪ'presɪv] **1** *n* depressor *m.* **2** *adj* MED depressivo.

depressurize [diː'preʃəraɪz] *vi* [*aircraft, machine*] depressurizar.

deprivation [deprɪ'veɪ/n, diːpraɪ'veɪ/n] *n* **a)** (poverty) (of person) privações *fpl*; (of society) carência *f*; falta *f*; pobreza *f*; **b)** PSYCH carência *f* afectiva; **c)** (removal) (of right, privilege) privação *f*; perda *f.*

deprive [dɪ'praɪv] **1** *vtr* (often in passive) privar (**sb of sth** alg de qq coisa). **2** *derived pp, adj* SOCIOL [*area, child, family*] carenciado.

deprived [dɪ'praɪvd] *adj* [*area, family*] destituído,-a; [*childhood*] infeliz.

dept see **department**.

depth [depθ] **1** *n* **a)** (measurement) (of hole, box, water) profundidade *f*; (of layer) espessura *f*; **to dive to a ~ of 10 m** mergulhar a uma profundidade de 10 m; **12 m in** ~ 12 m de profundidade; **to be out of one's** ~ não ter pé; (fig) estar completamente perdido; **b)** (degree of intensity) (of colour, emotion) intensidade *f*; (of crisis, recession) gravidade *f*; **to be in the ~s of despair** estar profundamente desesperado; **c)** (complexity) (of knowwledge) vastidão *f*; (of analysis, hero, novel, work) profundidade *f*; **to examine/study sth in** ~ examinar/estudar qq coisa em pormenor. **2 depths** *npl* (remote part) **the ~s of the sea** as profundezas do mar.

depth charge ['depθtʃaːdʒ] *n* granada *f* submarina.

deputation [depjʊ'teɪ/n] *n* delegação *f.*

depute [dɪ'pjuːt] *vtr* **to ~ sb to do/for sth** [*select*] encarregar alg de fazer qq coisa.

deputize ['depjʊtaɪz] *vi* **to ~ for sb** substituir alg.

deputy ['depjʊtɪ] **1** *n* **a)** (aide) adjunto *m* (**to sb** de alg); (remplacement) representante *m*; **to act as (a)** ~ **for sb** representar alg; **b)** POL (politician) deputado *m*; **c)** US (~ sherif) adjunto *m* do xerife; xerife *m* adjunto. **2** *modif* (chief, executive

director, editor, head manager, mayor) adjunto; ~ **chairman** vice-presidente *m*; ~ **chief constable** GB (police) oficial de polícia adjunto; ~ **judge** JUR juíz *m* suplente; ~ **leader** POL vice-president *m*; ~ **premier,** ~ **prime minister** POL vice-primeiro ministro *m.*

derail [dɪ'reɪl, diː'reɪl] *vtr* descarrilar; **the train has been ~ed** (unintentionally) o comboio PO/trem BR descarrilou.

derailment [dɪ'reɪlmənt, diː'reɪlmənt] *n* descarrilamento *m.*

derange [dɪ'reɪndʒ] *vtr* perturbar, atrapalhar.

derelict ['derəlɪkt, 'derɪlɪkt] **1** *n* **a)** (tramp) vagabundo *m*; pária *m*; **b)** NAUT navio *m* naufragado. **2** *adj* (abandoned) abandonado; (ruined) em ruínas.

dereliction [derɪ'lɪkʃn] *n* **a)** (gen) abandono *m*; **b)** ~ **of duty** JUR negligência *f* no cumprimento do dever.

deride [dɪ'raɪd] *vtr* (liter) ridicularizar.

derision [dɪ'rɪʒn] *n* troça *f*; escárnio *m.*

derisive [dɪ'raɪsɪv] *adj* ridículo.

derisory [dɪ'raɪsərɪ, dɪ'raɪzərɪ] *adj* ridículo.

derivative [dɪ'rɪvətɪv] **1** *n* CHEM, LING derivado *m*; MATH derivada *f.* **2** *adj* **a)** CHEM, LING, MATH derivado; **b)** (pej) ART pouco original.

derive [dɪ'raɪv] **1** *vt* **to ~ sth from sth** (benefict, income, amount) tirar algo de qq coisa; (satisfaction, pleasure) tirar de qq coisa; **to be ~d from sth** [*name, word*] derivar ou ser derivado de qq coisa; (enzyme, vitamin) ser um derivado de qq coisa; (rock, data) provir de qq coisa. **2** *vi* **to ~ from sth** [*value, right, power*] resultar de qq coisa; (idea, custom) provir de qq coisa.

dermatitis [dɜːmə'taɪtɪs] *n* dermatite *f.*

derogatory [dɪ'rɒgətərɪ] *adj* [*remark, review, person*] depreciativo (**about** acerca de, em relação a); [*term*] pejorativo.

derrick ['derɪk] *n* (crane) grua *f*; guindaste *m*; (on oil-well) torre *f* de perfuração.

dervish ['dɜːvɪʃ] *n* derviche *m.*

descant ['deskænt] *n* descante *m*; canção *f*; melodia *f.*

descant recorder *n* flauta *f* soprano.

descend [dɪ'send] (formal) **1** *vtr* descer [*steps, slope, path*]. **2** *vi* **a)** [*person, path, plane*] descer (**from** de); [*darkness, rain, mist*] cair (**on, over** sobre); **b)** [*gloom, chill, exhaustion*] abater-se (**on** sobre); [*calm, peace*] espalhar-se (**on** sobre); **c)** [*tourists, family*] chegar, desembarcar; **d)** [*person, family*] **to ~ from, to be ~ed from** descender de.

descendant [dɪ'sendənt] *n* descendente *m/f* (**of sb** de alg).

descent [dɪ'sent] *n* **a)** (descending) descida *f* (**on, upon** sobre); **b) a Portuguese citizen by** ~ um cidadão português por filiação.

describe [dɪ'skraɪb] *vtr* **a)** (give details) descrever [*person, event, object*]; **b)** (charaterize) **to ~ sb as an idiot** qualificar alg de idiota; **he's ~d as generous** dizem que ele é generoso; **it could be ~d as pretty** poder-se-ia dizer que é bonito.

description [dɪ'skrɪpʃn] *n* **a)** (of person, event, object) descrição *f* (**of de; as** como sendo); (of idea, theory) apresentação *f*; **to be beyond** ~ ser indescritível; **b)** (type, kind) género *m*; **of every** ~ **or all** ~s de todas as espécies, de todo o tipo.

descriptive [dɪ'skrɪptɪv] *adj* (gen) descritivo.
desecrate ['desɪkreɪt] *vtr* **a)** (gen) desfigurar, alterar [*area, landscape*]; **b)** RELIG profanar.
desert ['dezət] **1** *n* deserto *m*. **2** *modif* [*region*] desértico; [*flora, fauna*] do deserto.
desert ['dezət] **1** *vt* abandonar [*person, group, place*] (**for** por); desertar [*cause*]; MIL abandonar [*post*]. **2** *vi* (soldier) desertar; (politician) abandonar.
deserted [dɪ'zɜ:tɪd] *adj* **a)** (empty) deserto; **b)** SOC, ADMIN [*person*] abandonado.
deserter [dɪ'zɜ:tə(r)] *n* desertor *m* (**from** de).
desertion [dɪ'zɜ:ʃn] *n* **a)** (gen) MIL deserção *f*; **b)** JUR abandono *m* do domicílio conjugal.
desert island *n* ilha *f* deserta.
deserts [dɪ'zɜ:ts] *npl* **to get one's (just)** ~ ter o que se merece.
deserve [dɪ'zɜ:v] *vtr* merecer (**to do** fazer); **she ~s to be remembered as...** ela mereceu ser lembrada como...; **what did we do to ~ this?** o que fizemos nós para merecer isto?.
deservedly [dɪ'zɜ:vɪdlɪ] *adv* merecidamente.
deserving [dɪ'zɜ:vɪŋ] *adj* **a)** [*winner*] digno; [*cause, charity*] louvável, meritória; **b)** (worthy) **to be ~ of sth** ser digno de [*respect, consideration*].
design [dɪ'zaɪn] **1** *n* **a)** (model, completed object) modelo *m*; **b)** (decorative pattern) desenho *m*; motivo *m*; **c)** (drawing, plan for object, building) (detailed) plano *m*; projecto *m* (**for** de); (sketch) esboço *m* (**for** de); (for dress) modelo *m*; **d)** (idea, conception) design *m*; **e)** (intention) intenção *f*; desígnio *m* (**to do** de fazer); **by ~** de propósito; **to have ~s on sth** ter qq coisa debaixo de olho ou ter intenção sobre qq coisa. **2** *vtr* **a)** (conceive, plan out) conceber [*object, appliance, building, garment, etc*]; **well/badly ~ed** bem/mal concebido; **b) to be ~ed for sth/to do** (destined for) estar destinado para qq coisa/para fazer; (made for) ser concebido para qq coisa/para fazer; **c)** (draw plan for) projectar [*building, bridge, object, appliance*].
designate 1 ['dezɪgnət] *adj* [*president, director, chairperson*] designado, nomeado. **2** ['dezɪgneɪt] *vtr* [*word*] designar; **to ~ sth (as) sth** considerar qq coisa como qq coisa; **they ~d the area (as) a nature reserve** a região foi considerada reserva natural; **to ~ sb to do** designar alg para fazer; **to ~ sth for sth** destinar qq coisa para qq coisa.
designation [dezɪg'neɪʃn] *n* nomeação *f*; designação *f*; **the ~ of the area as a national park** a classificação da região como parque nacional; **his ~ as vice-chanceller** a sua nomeação como vice-chanceler.
designer [dɪ'zaɪnə(r)] **1** *n* (gen) autor *m*; criador *m*; (fashion) estilista *m/f*. **2** *modif* [*drink, cocktail, hi-fi, sunglasses*] de última moda; **~ clothes, ~ labels** alta costura *f*.
desirable [dɪ'zaɪrəbl] *adj* **a)** [*area, property*] atraente; [*job, gift*] apetecível, tentador; [*outcome, course of action, solution*] conveniente; **it is ~ that** é conveniente que; **a most ~ residence** uma residência maravilhosa; **b)** [*sexually*] desejável, sedutor.
desire [dɪ'zaɪə(r)] **1** *n* desejo *m*; ânsia *f* (**for, to** de); (sexual) desejo *m*; **it's my earnest ~ that...**

desejo sinceramente que.... **2** *vt* desejar, querer [*object, reward*]; (sexually) desejar; **to ~ to do sth** desejar fazer qq coisa; **it leaves a lot to be ~d** isso deixa muito a desejar.
desirous [dɪ'zaɪrəs] *adj* desejoso (**of** de).
desist [dɪ'zɪst, dɪ'sɪst] (formal) *vi* cessar (**from doing** de fazer); desistir.
desk [desk] *n* **a)** (priece of furniture) secretária *f*; (in classroom) (pupil's) mesa *f*; (old-fashioned) carteira *f*; (teacher's) secretária; **writing ~** escrivaninha *f*; **b)** (in hotel, airport, public building) **reception ~** recepção *f*; **information ~** balcão de informações; **c)** (in newspaper office) secção *f*; serviço *m*; (in foreign office, government department) departamento *m*; (in organization) secção *f*; **the ~** JOUR a redacção.
desktop *n* (computer) de escritório, de secretária; **~ publishing** micro-edição *f*.
desolate ['desələt] **1** *adj* (deserted) [*place, landscape*] desolado, deserto; [*house*] abandonado; (devastated) [*building, city*] devastado; (forlorn) [*person, life*] triste; [*cry*] desolado, aflito. **2** *vtr* (passive) devastar, assolar [*town, country*]; afligir, desolar [*person*].
desolation [desə'leɪʃn] *n* (loneliness) (of place, landscape) aspecto desolado ou desértico; (of person, life) desolação *f*; (grief, misery) aflição *f*; tristeza *f*; (devastation) (of city, country) devastação *f*.
despair [dɪ'speə(r)] **1** *n* (emotion) desespero *m*; **to be in ~ about** *or* **over sth** estar desesperado por alguma coisa; **to do sth in** *or* **out of ~** fazer qq coisa por desespero; **to be in the depths of ~** estar no cume do desespero. **2** *vi* desesperar(-se), perder a esperança; **to ~ of (doing) sth** desesperar de (fazer) qq coisa.
desperate ['despərət] *adj* **a)** [*act, attempt, plea, situation, person*] desesperado; [*criminal*] muito perigoso; **to be ~ to do sth** estar ansioso por fazer qq coisa; **they are ~ for news** eles estão ávidos de notícias; **to do something ~** cometer um acto de desespero; **b)** (coll) (terrible) terrível, violento.
desperately ['despərətlɪ] *adv* **a)** [*plead, struggle, fight*] desesperadamente; [*look*] com um ar desesperado, desesperadamente; **b)** (as intensifier) [*poor, hungry*] terrivelmente; [*ill*] gravemente; **~ in love** perdidamente apaixonado Po/gamado BR.
desperation [despə'reɪʃn] *n* desespero *m*; **"let's get out" he said in ~** "saíamos daqui" disse ele, desesperado; **to act out of ~** agir por desespero; **her ~ to win/ for another victory** o seu desejo ardente de ganhar/ de obter uma nova victória.
despicable ['despɪkəbl] *adj* desprezível.
despise [dɪ'spaɪz] *vt* desprezar (**for sth** por qq coisa; **for doing sth** por ter feito qq coisa).
despite [dɪ'spaɪt] *prep* apesar de, a despeito de; **the fact that we had no money** apesar de não termos dinheiro.
despondency [dɪ'pɒndənsɪ] *n* abatimento *m*; desânimo *m*.
despondent [dɪ'spɒndənt] *adj* abatido, desencorajado.
despot ['despət] *n* déspota *m*.
despotic [dɪ'spɒtɪk] *adj* despótico.
despotism ['despətɪzm] *n* despotismo *m*.

dessert [dɪ'zɜ:t] **1** *n* sobremesa *f.* **2** *modif* (fork, plate) de sobremesa.

destination [destɪ'neɪʃn] *n* destino *m.*

destine ['destɪn] *vt* destinar (**for** a).

destined ['destɪnd] *adj* **a)** (preordained) destinado (**for, to** a; **to do** a fazer); **it was ~ that** estava escrito que; **b)** Post, Rail ~ **for Paris** para Paris.

destiny ['destɪnɪ] *n* destino *m*; **d~** o destino; **a man of ~** um predestinado.

destitute ['destɪtjʊ:t] **1** *n* (+ *v pl*) **the ~** os pobres *m/pl* os indigentes *mpl.* **2** *adj* **a)** [*person, family, community*] sem recursos; **he left them ~** ele deixou-os na miséria; **b) to be ~ of** [*feelings, funds, commonsense*] ser destituído de.

destitution [destɪ'tju:sn] *n* miséria *f*; penúria *f.*

destroy [dɪ'strɔɪ] *vtr* **a)** destruir [*building, town, landscape, letter, evidence*]; destruir, pôr fim a [*hopes, happiness, reputation, career*]; **b)** (emph) (kill) abater [*animal*]; destruir, aniquilar [*population, enemy*].

destroyer [dɪ'strɔɪə(r)] *n* Naut contra-torpedeiro *m.*

destruct [dɪ'strʌkt] **1** *n* autodestruição *f.* **2** *vi* autodestruir-se.

destructible [dɪ'strʌktəbl] *adj* destruível.

destruction [dɪ'strʌkʃn] *n* (of building, town, landscape, letter, evidence) destruição *f*; (of hopes, happiness, reputation, career) ruína *f*; aniquilamento *m.*

destructive [dɪ'strʌktɪv] *adj* (causing destruction) [*force, behaviour*] destruidor; [*storm, fire*] destruidor devastador; (having power to destroy) destrutivo; (negative) [*urge, emotion, criticism*] destrutivo; **to be ~ of** *or* **to sth** ser nocivo a qq coisa.

detach [dɪ'tætʃ] *vtr* (gen) Mil destacar (**from** de).

detachable [dɪ'tætʃəbl] *adj* [*coupon, position of bill, section of form, strap*] destacável; [*handle, lever, collar, suff, lining*] amovível.

detached [dɪ'tætʃt] *adj* **a)** (separate) destacado, separado; ~ **house** casa *f* individual; ~ **garage** garagem *f* independente; ~ **retina** Med retina *f* descolada; **b)** (emottionally, intellectually) [*person, view*] desprendido, desinteressado; [*attitude, manner*] desprendido, imparcial; [*observer*] independente.

detachment [dɪ'tætʃmənt] *n* **a)** (separation) separação *f* (**from** de); **b)** (emotional, intellectual) distânciamento *m*; **c)** Mil destacamento *m.*

detail ['di:teɪl] **1** *n* **a)** (of story, account, etc) pormenor *m*; minúcia *f*; (decorative) pormenor, detalhe *m*; **in (some)** ~ em pormenor, pormenorizadamente; **in great** *or* **minute** ~ nos mínimos detalhes; **to go into ~(s)** entrar em pormenores (**about** acerca de); **b)** Art detalhe *m*; **c)** Mil destacamento *m.* **2 details** *npl* (information) esclarecimentos *mpl*; informações *fpl*; **for further ~s** para mais informações. **3** *vtr* **a)** (list) expor em pormenor [*plans, changes*]; **b) to ~ sb to sth/to do** Mil designar alg para (fazer)qq coisa.

detain [dɪ'teɪn] *vtr* **a)** reter, demorar; **b)** (keep in custody) deter, prender [*prisioner*]; (in hospital) reter [*patient*]; **to be ~ed for questioning** ser detido para interrogatório.

detect [dɪ'tekt] *vtr* **a)** (find, locate) descobrir, encontrar [*error*]; revelar, desmascarar, denunciar [*traces, evidence*]; detectar [*enemy, plane*]; **b)** (sense) detectar [*sound, smell*]; sentir, perceber [*mood*].

detectable [dɪ'tektəbl] *adj* detectável.

detection [dɪ'tekʃn] **1** *n* detecção *f.* **2** *modif* **(crime)** ~ **rate** índice *m* de detenções (criminais).

detective [dɪ'tektɪv] *n* detective *m.*

detector [dɪ'tektə(r)] *n* detector *m.*

detention [dɪ'tenʃn] *n* **a)** (imprisonment) detenção *f*; prisão *f*; **b)** Sch castigo *m.*

detention centre *n* gb centro *m* de detenção de menores.

deter [dɪ'tɜ:(r)] *vt* (*pres p etc* **-rr-**) (dissuade) dissuadir (**from doing** de fazer); (prevent) impedir (**from doing** de fazer); **a scheme to ~ burlars** um projecto para desencorajar o roubo.

detergent [dɪ'tɜ:dʒənt] *n, adj* detergente *m.*

deteriorate [dɪ'tɪərɪəreɪt] *vi* (weather) agravar; (health, relationship, situation) deteriorar-se, piorar; (economy, market, sales) decair; (work, building, area) degradar-se; **to ~ into sth** [*discussion, debate, etc*] degenerar em qq coisa.

deterioration [dɪtɪɔrɪə'reɪʃn] *n* (in weather) agravamento *m*; (in health, situation, relationship) deterioração *f*; (in work, perfomance) quebra *f* de qualidade; (of building, area) degradação.

determination [dɪtɜ:mɪ'neɪʃn] *n* **a)** (quality) determinação *f*; firmeza *f* (**to do** para fazer); **b)** (of amount, date, etc) determinação *f*; fixação *f*; **c)** (ruling) Jur, Admin decisão *f.*

determine [dɪ'tɜ:mɪn] (formal) *vtr* **a)** (find out) determinar, descobrir [*cause, fact*]; **to ~ how/ when** estabelecer como/quando; **b)** (decide) **to ~ to do** decidir fazer; **c)** (control) [*factor*] determinar, definir [*outcome, progress*].

determined [dɪ'tɜ:mɪnd] *adj* [*person*] determinado, decidido (**to do** a fazer); [*air, expression*] resoluto; [*attempt, approach*] firme; **to be ~ that...** estar decidido que... (+ *conj*).

deterrent [dɪ'terənt] **1** *n* meio *m* de disuassão Mil força *f* de disuassão; **to be a ~ to sb** dissuadir alg. **2** *adj* [*effect*] dissuasivo; [*measure*] de dissuasão.

detest [dɪ'test] *vt* detestar.

detonate ['detəneɪt] **1** *vtr* fazer explodir. **2** *vi* detonar, explodir.

detonation [detə'neɪʃn] *n* detonação *f*; explosão *f.*

detonator ['detəneɪtə(r)] *n* deetonador *m.*

detour ['di:tʊə(r), 'deɪtʊə(r)] *n* desvio *m.*

detract [dɪ'trækt] *vtr* **to ~ from** [*worth, value*] diminuir; (reputation) caluniar; (performance) prejudicar.

detraction [dɪ'trækʃn] *n* difamação *f.*

detriment ['detrɪmənt] *n* **to the ~ of sth/sb** em detrimento de qq coisa/alg; **without ~ to sth/sb** sem detrimento de algo/alg.

detrimental [detrɪ'mentl] *adj* prejudicial (**to** a).

detritus [dɪ'traɪtəs] *n* (gen) (lit, fig) detritos *mpl.*

deuce [dju:s] *n* **a)** Sport empate *m*; **b)** (in cards) dois *m.*

devaluation [di:vælju:'eɪʃn] *n* Econ, Fin (of currency) desvalorização *f.*

devalue [di:'vælju:] **1** *vtr* **a)** Econ, Fin desvalorizar (**against** em relação a); **the dollar has been**

~**d by 6%** o dólar foi desvalorizado em 6%; **b)** (gen) (underestimate) desvalorizar. **2** *vi* Econ, Fin [*currency*] ser desvalorizado (**against** em relação a); [*property*] baixar; [*shares*] desvalorizar.

devastate ['devəsteɪt] *vtr* **a)** (lit) devastar [*land, town*]; **b)** (fig) aniquilar [*person*].

devastating ['devəsteɪtɪŋ] *adj* **a)** (lit) [*attack, power, effect, storm*] devastador; **b)** [*news, loss, grief*] aniquilador; [*comment, criticism, reply*] contundente; [*argument*] esmagador.

devastation [devə'steɪ/n] *n* **a)** (of land, town) devastação *f*; **b)** (of person) aniquilamento *m*.

develop [dɪ'veləp] **1** *vtr* **a)** (acquire) adquirir [*skill, knowledge*]; apanhar [*illness*]; criar [*habit*]; ter [*symptom*]; **to ~ an awareness of sth** tomar consciência de qq coisa; **b)** (evolve) elaborar, estabelecer [*plan, project*]; expor [*theory, idea*]; desenvolver [*argument*]; **c)** (create) Comm, Ind fomentar [*product, invention*]; criar [*new market*]; estabelecer [*close ties, links*]; **d)** (expand, build up) desenvolver [*mind, physique*]; expandir [*existing business, market*]; **e)** (improve) melhorar; incrementar [*land, site, etc*]; **f)** Phot revelar. **2** *vi* **a)** (evolve) [*child, seed, embryo, etc*] crescer, desenvolver-se; [*intelligence*] desabrochar; **to ~ into** tornar-se; **b)** (come into being) [*friendship, trouble*] nascer; [*crack, hole*] formar-se; [*illness, symptom*] declarar-se; **c)** (progress, advance) [*war, game, illness*] desenrolar-se, desenvolver-se; **d)** (in size, extent) [*town, business*] expandir-se, crescer, desenvolver-se.

developer [dɪ'veləpə(r)] *n* **a)** (property ~) promotor *m* (do desenvolvimento de); **b)** Chem, Photo revelador *m*.

development [dɪ'veləpmənt] *n* **a)** (creation) (of commercial product) lançamento *m*; (of new housing, industry) criação *f*; **b)** (evolution, growth) (human, economic, industrial, etc) desenvolvimento *m*; **c)** (fostering) (of links, ties) desenvolvimento *m*; crescimento *m*; (of arts, sports, industry) desenvolvimento *m*; expansão *f*; **d)** (of land) valorização *f*; (of site, city center, etc) arranjo *m*; melhoramento *m*; **housing ~** complexo *m* habitacional; **e)** (innovation) progresso *m*; **f)** (event) acontecimento *m*; **recent ~s in Europe** os últimos acontecimentos ocorridos na Europa; **to await ~s** aguardar o desenrolar dos acontecimentos; **g)** (of idea, theme, etc) desenvolvimento *m*.

development area *n* região *f* com prioridade na urbanização e industrialização.

deviant ['di:vɪənt] **1** *n* anormal *m/f*. **2** *adj* que se afasta da norma.

deviate ['di:vɪeɪt] *vi* **to ~ from sth** desviar-se, afastar-se de qq coisa.

deviation [di:vɪ'eɪ/n] *n* **a)** (from course, route, norm, etc) desvio *m*; afastamento *m* (**from** de); Pol desvio *m* (**from** de, em relação a); **b)** (digression) digressão *f*; divagação *f*.

device [dɪ'vɑɪs] *n* **a)** (household) aparelho *m*; **labour-saving ~** (aparelho) electrodoméstico *m*; **b)** Tech dispositivo *m*; **a ~ for measuring/to measure...** um dispositivo para medir...; **c)** (system) sistema *m*; **security ~** sistema de segurança; **d)** Comput periférico *m*; **e)** (*also* **explosive ~**

or **incendiary ~**) (bomb) engenho *m* explosivo; **f)** (fig) (means) (gen) meio *m* (**for doing, to do** de fazer); Econ plano *m*; medida *f* (**for doing, to do** para fazer); **g)** Literat processo *m*; **h)** Herald emblema *m*. IDIOMAS **to be left to one's own ~** estar entregue a si próprio.

devil ['devl] **1** *n* **a)** (*also* **Devil**) **the ~** Relig (satan) o Diabo *m*; **b)** (evil spirit) demónio *m*; **c)** (for emphasis) **who/where/what the ~** quem/onde/que diabo; **we'll have a ~ of a job cleaning the house** vai ser um trabalho dos diabos limpar a casa; **d)** (coll) (expressing affection, sympathy) **the poor ~** o pobre diabo; **e)** GB Jur (trainee) advogado *m* estagiário não remunerado. **2** *vi* (*pp etc* **-ll-**) GB. IDIOMAS (coll) (caught) **between the ~ and the deep blue sea** estar entre a espada e a parede; (coll) **like the ~** [*fight, scream, run*] como um louco; **speak of the ~...** falai no mau...

devilish ['devlɪ/] *adj* (heinous) [*crime, act, weapon, plan*] diabólico.

devil-may-care ['devlmeɪkeə(r)] *adj* despreocupado.

devilment ['devlmənt] *n* GB malícia *f*.

devil's advocate [devls 'ædvəkət] *n* advogado *m* do diabo.

devious ['di:vɪəs] *adj* **a)** (pej) (sly) [*person, mind, plan*] astuto; [*method*] sinuoso; **b)** (winding) [*road, path*] tortuoso.

devise [dɪ'vɑɪz] **1** *n* Jur legado *m*. **2** *vtr* (invent) conceber [*scheme, course*]; inventar [*product, machine*].

devitalize [di:'vaɪtəlaɪz] *vtr* desvitalizar.

devolution [di:və'lu:/n] *n* **a)** (transfer) transferência *f* (**from** de; **to** para); **b)** Jur devolução *f*; **c)** Biol degenerescência *f*.

devote [dɪ'vəʊt] *vtr* **to ~sth to sth/to doing** consagrar alguma coisa a outra/a fazer; **to ~ oneself to sb/sth/to doing** devotar-se a alg/a algo/a fazer.

devoted [dɪ'vəʊtɪd] *adj* [*person, animal*] devotado (**to** a); [*friendship, service*] leal, dedicado; [*fan*] ardente; **they are a ~ couple** são um casal unido.

devotee [devə'ti:] *n* (of music, sport, etc) entusiasta *m/f*; apaixonado *m* (**of** por); (of political cause) partidário *m* (**of** de); (of person) admirador *m* (**of** de).

devotion [dɪ'vəʊ/n] *n* (to person, work, homeland) dedicação *f* (**to** a); (to doctrine, cause) apego *m* (**to** a); (to God) devoção *f* (**to** a).

devour [dɪ'vɑʊə(r)] *vtr* **a)** (consume) (lit, fig) devorar [*food, book*]; **b)** (destroy) [*fire*] devorar, consumir [*house, forest*]; **c)** (use up) gastar, consumir [*petrol, resources*].

devout [dɪ'vɑʊt] *adj* **a)** Relig [*Catholic, prayer*] devoto, fervoroso; **b)** (sincere) **it's my ~ wish that...** desejo sinceramente que....

dew [dju:] *n* orvalho *m*.

dewy ['dju:ɪ] *adj* orvalhado.

dewy-eyed *adj* **a)** (emotional) comovido; **b)** (naive) ingénuo.

dexterity [dek'sterɪtɪ] *n* destreza *f* (**with** com; **at, in sth** para qq coisa; **at doing** para fazer).

dexterous ['dekstrəs] *adj* [*person, movement*] hábil; [*mind*] ágil.

diabetes [dɑɪə'bi:ti:z] *n* diabetes *f*.

diabetic [dɑːɪə'betɪk, dɑːɪə'biːtɪk] **1** *n* diabético *m*. **2** *adj* [*person, symptom*] de diabetes, diabético.

diabolic [dɑːɪə'bɒlɪk] *adj* diabólico.

diabolical [dɑːɪə'bɒlɪkl] *adj* **a)** (terrible) [*food, weather*] terrível; [*result, behaviour*] lamentável; **it is ~ that...** é lamentável que...; **b)** (evil) [*cruelty, crime, lie*] diabólico.

diagnose [dɑːɪəg'nəʊz] *vtr* **a)** MED diagnosticar [*illness*]; **the illness was ~d as cancer** foi diagnosticado um cancro Po/câncer BR; **b)** (gen) identificar, diagnosticar [*fault, problem*].

diagnosis [dɑːɪəg'nəʊsɪs] *n* (*pl* **-ses**) MED (gen) diagnóstico *m*.

diagnostic [dɑːɪə'gnɒstɪk] *adj* diagnóstico.

diagonal [dɑːɪ'ægənl] **1** *n* (gen) (also in chess) diagonal *f*. **2** *adj* [*line, stripe*] diagonal; **our street is ~ to the main road** a nossa rua é uma transversal à estrada principal.

diagonally [dɑːɪ'ægənəlɪ] *adv* em diagonal (**to** em relação a).

diagram ['dɑːɪəgræm] *n* (gen) diagrama *m*; gráfico *m*; esquema *m*.

dial ['dɑːɪəl] **1** *n* (on watch, meter, gauge) mostrador *m*; (on phone) disco *m*; (on radio set) quadrante *m*. **2** *vtr* (*pres p etc* **-ll-** GB **-l-** US) discar, marcar [*number*]; **I ~led 73-35-49** marquei o 733549.

dialect ['dɑːɪəlekt] *n* dialecto *m*; **to speak ~** falar em dialecto.

dialling GB, **dialing** US ['dɑːɪəlɪŋ] *n* acto *m* de discar o telefone.

dialling: ~ code *n* GB indicativo *m*; **~ tone** *n* GB sinal *m* para marcar o número (telefone).

dialogue ['dɑːɪəlɒg] *n* diálogo; m (**between** entre; **with** com).

dial tone *n* US see **dialling tone**.

dialysis [dɑːɪ'ælɪsɪs] *n* (*pl* **-lyses**) diálise *f*.

diameter [dɑːɪ'æmɪtə(r)] *n* MATH diâmetro *m*; **the circle is 2m in ~** o círculo tem 2m de diâmetro; **a circle with a ~ of 2m** um círculo com 2m de diâmetro.

diametrical [dɑːɪə'mətrɪkl] *adj* (gen) MATH diametral.

diametrically [dɑːɪə'metrɪkəlɪ] *adv* diametralmente.

diamond ['dɑːɪəmənd] **1** *n* **a)** (stone) diamante *m*; **b)** (shape) losango *m*; **c)** (cards) ouros *mpl*; **the five of ~s** o cinco de ouros; **d)** (in baseball) quadrado *m*. **2** *modif* [*ring, brooch*] de diamantes; [*dust, mine*] de diamante.

diamond: ~ jubilee *n* 60.º aniversário *m* (de um acontecimento); **~ wedding (anniversary)** *n* bodas *fpl* de diamante.

diaper ['dɑːɪəpə(r)] *n* US fralda *f* (para bebé).

diaphragm ['dɑːɪəfræm] *n* diafragma *m*.

diarrhoea GB, **diarrhea** [dɑːɪə'riːə] US *n* (condition, discharge) diarreia *f*; **to have ~** ter diarreia.

diary ['dɑːɪərɪ] *n* **a)** (for appointments) agenda *f*; **b)** (journal) diário *m* (íntimo); **c)** JOURN crónica *f* (jornalística).

dice [dɑːɪs] **1** *npl* GAMES (object) dado *m*; (game) dados *mpl*; **to throw/roll the ~** lançar os dados; (coll) **no ~!** (refusal) nem pensar!. **2** *vtr* CULIN cortar em cubos. **IDIOMAS to ~ with death** arriscar a vida; **the ~ are loaded** os dados estão viciados.

dicey ['dɑːɪsɪ] (coll) *adj* **a)** (risky) [*undertaking*] arriscado; **b)** (uncertain) [*outcome, future*] incerto; **c)** (unreliable) [*map, weather*] duvidoso.

dicky ['dɪkɪ] **1** *n* (false shirtfront) peitilho *m* falso de camisa. **2** *adj* (coll) [*heart*] abalado; [*condition*] precário.

dicky-bird (coll) *n* (baby talk) (bird) passarinho *m*.

dictate 1 ['dɪkteɪt] *n* (decree) ditar, ordenar, mandar; **to follow the ~s of one's conscience** seguir os ditames da consciência. **2** [dɪk'teɪt] *vtr* **a)** (out loud) ditar (**to** a); **b)** (prescribe) impor [*terms, choices*] (**to** a); dirigir, reger [*economy, policy, outcome*] (**to** a, para); **to ~ that...** impor que.... **3** [dɪk'teɪt] *vi* (out loud) **a)** **to ~ to one's secretary** ditar uma carta (um texto, etc) à secretária; **b)** **to ~ to sb** (boss sb around) impor a sua vontade a alg.

dictating machine [dɪk'teɪtɪŋ mə'ʃiːn] *n* máquina *f* de ditar.

dictation [dɪk'teɪʃn] *n* **a)** SCH, COMM ditado *m*; **b)** (formal) (authority) autoridade *f*.

dictator [dɪk'teɪtə(r)] *n* POL ditador *m*; (fig) tirano *m*.

dictatorial [dɪktə'tɔːrɪəl] *adj* [*person, regime*] ditatorial.

dictatorship [dɪk'teɪtəʃɪp] *n* POL ditadura *f*; (fig) tirania *f*.

diction ['dɪkʃn] *n* (articulation) dicção *f*.

dictionary ['dɪkʃənərɪ] *n* dicionário *m*.

did [dɪd] (*past*) see **do**.

didactic [dɑːɪ'dæktɪk, dɪ'dæktɪk] *adj* didáctico.

diddle ['dɪdl] (coll) *vtr* (*usu in passive*) burlar [*person, company*]; **to ~ sb out of sth/sth out of sb** extorquir qq coisa a alg.

didn't ['dɪd(ə)nt] see **did not**.

die [dɑːɪ] **1** *n* (dated) GAMES (*pl* **dice**) dado *m* (de jogar). **2** *vtr* (*pres p* **dying** *past, pp* **died**) **to ~ a horrible death** ter uma morte terrível. **3** *vi* (*pres p* **dying** *past, pp* **died**) **a)** (expire) [*person, animal*] morrer; **he knew he was dying** ele sabia que estava a morrer; **to be left to ~** ser abandonado à morte; **he'd sooner** *or* **rather ~ than admit it** ele preferia morrer a admitir isso; **I'd sooner ~!** antes morrer!; **b)** (sacrifice life) **to ~ for** [*beliefs, country, freedom*] morrer por; **they ~d for us** eles morreram por nós; **c)** (wither) [*plant, crop*] murchar, secar; **d)** (succumb) **to ~ of** *or* **from** [*starvation, grief, neglect, torture, disease*] morrer de; **e)** (end one's life) **to ~ a hero** morrer como um herói; **to ~ a pauper** morrer na miséria; **f)** (coll) (long) **to be dying to do** estar morto por fazer; **g)** (go out) [*light, flame, spark*] extinguir-se; **h)** (weaken) [*love, hatred, resentment, enthusiasm*] ir diminuindo, ir enfraquecendo; **i)** (become extinct) [*tradition, practice, skill*] perder-se; [*language*] desaparecer. **IDIOMAS to ~ hard** ter uma vida dura; **never say ~!** a esperança é a última a morrer. ■ **die down** (in intensity) [*emotion, row*] acalmar-se; [*scandal, rumours, opposition*] desaparecer; (in volume) [*noise, laughter, chatter*] diminuir. ■ **die out** (become extinct) [*family line, species*] desaparecer.

diehard ['dɑːɪhaːd] (sometimes pej) *n* **a)** POL (in party) reaccionário *m*; **b)** (conservative person) conservador *m*; **c)** (stubborn person) irredutível *m/f*.

diesel ['diːzl] *n* a) (*also* ~ **fuel** *or* ~ **oil**) gasóleo *m*; b) (*also* ~ **car**) óleo *m* diesel.

diet ['daɪət] 1 *n* a) (food habits) dieta *f* ou alimentação *f* (**of** à base de); b) (limiting food) regime *f*; dieta *f*; c) Hɪsт, Poʟ dieta *f*. 2 *vi* fazer dieta.

differ ['dɪfə(r)] *vi* a) (be different) diferir (**from** de; **in** em;); b) (disagree) discordar (**on sth** sobre qq coisa; **from sb** de alg); **I beg to** ~ permita-me discordar.

difference ['dɪfərəns] *n* a) (dissimilarity) diferença *f* (**between** entre; **in, of** em/de); **age** ~ diferença de idades; **what's the** ~ **between...?** qual é a diferença entre...?; **I can't tell** *or* **see the** ~ não vejo qual é a diferença; **to make a** ~ alterar as coisas; **it makes no** ~ **to me** é-me indiferente; b) (disagreement) (*often pl*) desacordo *m*; divergência *f* (**between** entre; **over** acerca de).

different ['dɪfərənt] *adj* a) (dissimilar) diferente (**from, to** GB, **than** US de); **they are** ~ **in their views** eles têm pontos de vista diferentes; b) (other) outro; **I wish I was in a** ~ **country** quem me dera estar noutro país.

differential [dɪfə'ren/l] 1 *n* a) (in price, rate, pay) diferença *f*; **pay** *or* **way** ~s GB diferenças salariais; b) Aut diferencial *m*. 2 *adj* diferencial.

differentiate [dɪfə'ren/ɪeɪt] 1 *vtr*; *vi* a) (tell the difference) distinguir (**from** de); b) (make the difference) diferenciar(-se) (**from** de); **to be** ~d **by sth** diferenciar-se por qq coisa; c) Matн calcular o diferencial de. 2 **differentiated** *pp adj* [*product*] distinto.

differently ['dɪfərəntlɪ] *adv* a) (in another way) de outra maneira; b) (in different ways) de forma diferente; **it affects men and women** ~ isso afecta homens e mulheres de forma diferente.

difficult ['dɪfɪkəlt] *adj* a) [*task, choice, decision*] difícil; **it will be** ~ **to find the answer** será difícil encontrar a resposta; **to prove** ~ mostrar-se difícil; **to find it** ~ **to do sth** achar difícil fazer algo; b) (hard to solve) [*question, puzzle*] difícil (**for sb** para alguém); (hard to perform) [*piece of music*] difícil; c) (complex) [*author, work, concept*] complexo; [*style*] complicado; d) [*period, life, position*] difícil (**for sb** para alguém); **to make life** ~ **for sb** fazer a vida difícil a alguém; e) [*personality, client, child*] difícil; [*behaviour, case*] difícil; ~ **to live with** difícil de viver com; ~ **to get on with** difícil de viver com.

difficulty ['dɪfɪkəltɪ] *n* a) (of task, activity, situation) dificuldade *f*; **the** ~ **of doing sth** a dificuldade de fazer algo; **to have** ~ (**in**) **doing sth** ter dificuldade em fazer algo; b) (of puzzle, author, style) dificuldade *f* (**of** de); c) (problem) the **difficulties of forming a new government/of living here** as dificuldades da formação de um novo governo/de viver aqui; d) (trouble) **a family/swimmer in** ~ uma família/um nadador em dificuldades.

diffident ['dɪfɪdənt] *adj* tímido, reservado; **to be** ~ **about doing** hesitar fazer.

diffuse [dɪ'fjuːz] 1 *adj* difuso. 2 *vtr*; *vi* difundir(-se) (**in, into** por). 3 **diffused** *pp adj* [*light, lighting*] difuso.

diffusion [dɪ'fjuːʒn] *n* difusão *f*.

dig [dɪg] 1 *n* a) (poke) (with elbow) cotovelada *f* (**in** em); b) (coll) (jibe) alfinetada (fam); **to take** *or* **get in a** ~ **at sb** dar uma alfinetada em alguém; c) (*pl* **digs**) ESP GB (lodgings) quarto *m* mobilado; d) (archeological) Archeol escavações *fpl*; **to take part in a** ~ tomar parte numas escavações. 2 *vtr* (*pres p* -**gg**- *pp* **dug**) a) (excavate, turn over) cavar [*ditch, well, tunnel etc*] (**in** em); **to** ~ (**over**) cavar [*garden, plot, flowerbed*]; ~ **sth into** Hort plantar em [*soil, garden*]; b) (extract) arrancar, apanhar [*potatoes, root crops*]; extrair [*coal, turf*] (**out of** de); c) (embed) **to** ~ **sth into** enterrar qq coisa em [*butter, cloth, back, arm*]; d) (coll, dated) ESP US (like) **she really** ~s **that music** ela gosta realmente dessa música. 3 *vi* a) (excavate) Archeol escavar, fazer escavações (**into** em); **to** ~ **for** escavar para encontrar [*ore, treasure, remains*]; b) (search) **to** ~ **into** vasculhar (fam) [*pockets, bag, records*]; c) (stick) **to** ~ **into** [*springs*] cravar-se em [*back, arm*]; d) (coll) (eat) **to** ~ **into** encetar [*meal, cake*]. ■ **dig in** (fig) Mɪʟ cavar trincheiras; (coll) (eat) atacar (fam). ■ **dig out**: ~ **out** (**sth**) *or* ~ (**sth**) **out** (lit) desenterrar [*animal, container*]; extirpar [*body, root, weed*]; **to** ~ **sb out of a** ~ (fig) tirar alguém dum aperto. ■ **dig up**: ~ (**sth**) **up,** ~ **up** (**sth**) (unearth) desenterrar [*body, treasure*]; arrancar [*roots, root crops, plant*]; (discover) pôr a nu [*information, facts*]; (turn over) resolver [*ground, soil*].

digest 1 ['daɪdʒest, dɪ'dʒest] *n* a) (periodical) publicação *f*; b) (summary) sumário *m*; resumo *m*. 2 [daɪ'dʒest] *vtr* digerir [*food*]; assimilar [*information*].

digestible [daɪdʒestɪbl, dɪ'dʒestɪbl] *adj* [*food*] digestível.

digestion [daɪ'dʒestʃn, dɪ'dʒestʃ] *n* Chem (gen) digestão *f*; (of information) assimilação *f*.

digestive [daɪ'dʒestɪv, dɪ'dʒestɪv] *n, adj* digestivo *m*.

digger ['dɪgə(r)] *n* a) (excavator) pesquisador *m*; b) (worker) cavador *m*; c) (coll) (*also* **Digger**) australiano *m*.

digit ['dɪdʒɪt] *n* a) (number) dígito *m*; algarismo *m*; b) (formal) Anat (finger) dedo *m*.

digital ['dɪdʒɪtl] *adj* Comput [*display, recording*] digital; [*clock, watch*] digital.

digital computer *n* calculadora *f*.

dignified ['dɪgnɪfaɪd] *adj* [*person, status*] digno.

dignify ['dɪgnɪfaɪ] *vtr* dignificar.

dignitary ['dɪgnɪtərɪ] *n* dignitário *m*.

dignity ['dɪgnɪtɪ] *n* a) (of person, occasion) dignidade *f*; b) (title) título *m* honorífico; **to stand on one's** ~ dar-se ares.

digress [daɪ'gres, dɪ'gres] *vi* fazer uma digressão; **to** ~ **from** afastar-se de.

digression [daɪ'gre/n, dɪ'gre/n] *n* digressão *f*.

dike [daɪk] *n* see **dyke**.

dilapidated [dɪ'læpɪdeɪtɪd] *adj* delapidado, dissipado, arruinado.

dilapidation [dɪlæpɪ'deɪʃn] *n* (gen) delapidação *f*; ruína *f*.

dilate [daɪ'leɪt, dɪ'leɪt] 1 *vtr* dilatar. 2 *vi* a) (widen) dilatar-se; b) (discuss at length) **to** ~ **on a subject** estender-se sobre um assunto.

dilation [daɪ'leɪ/n, dɪ'leɪ/n] *n* dilatação *f*.

dilatory ['dɪlətərɪ] *adj* **a)** (slow) lento, moroso, vagaroso; **b)** (time-wasting) dilatório.
dilemma [dɑɪ'lemə, dɪ'lemɑ] *n* dilema *m* (**about, over** acerca de); **in a** ~ num dilema.
diligent ['dɪlɪdʒənt] *adj* diligente, aplicado,-a; **to be** ~ **in doing sth** ser aplicado em algo.
dim [dɪm] **1** *adj* **a)** [*office, room, interior*] sombrio; **b)** [*light, lamp, flame*] fraco; **to grow** ~ enfraquecer; **c)** (hard to see) [*shape, figure*] indistinto, vago; **d)** [*recollection, appreciation*] vago; **to have a** ~ **memory of sth** ter uma vaga memória de algo; **e)** (coll) (stupid) [*person, remark*] estúpido, bronco (coll). **2** *vtr* (*pres p etc* **-mm-**) **a)** (turn down) baixar [*electric light*]; **b)** (cause to fade) desbotar [*beauty, colour*]; **c)** US (dip) baixar [*headlights*]. **3** *vi* (*pres p etc* **-mm-**) **a)** [*lights, lamp*] baixar; **b)** [*memory*] esbater-se; **c)** [*eyes, eyesight*] enevoar-se; **d)** [*colour, beauty, hope*] esbater-se. IDIOMAS **he takes a** ~ **view of people arriving late** ele não gosta nada que as pessoas cheguem tarde.
dimly ['dɪmlɪ] *adv* **a)** [*lit*] obscuramente; **b)** [*perceive, make out*] vagamente; ~ **visible** dificilmente visível; **c)** [*recall, register, sense*] vagamente.
dim: ~ **wit** (coll) *n* imbecil *m/f*; ~**-witted** (coll) *adj* obtuso.
din [dɪn] *n* (of machines) barulheira *f*; (of people) chinfrim *m*. IDIOMAS **to** ~ **sth into sb** (coll) meter algo na cabeça de alg (fam).
dine [daɪn] *vi* jantar. ■ **dine in** jantar em casa. ■ **dine off, dine on**: ~**off** [sth] jantar qq coisa. ■ **dine out** jantar fora.
diner ['daɪnə(r)] *n* **a)** (person) comensal *m/f*; **b)** US (restaurant) snack-bar *m*; **c)** (in train) vagão-restaurante *m*.
dinner table *n* **at the** ~ [*discuss, tell*] à mesa.
dinner ['dɪnə(r)] *n* **a)** (meal) (evening) jantar *m*; (midday) almoço *m*; **at** ~ ao jantar ou almoço; **to have friends to** ~ ter amigos para o jantar; **to go out to** ~ ir jantar fora; **to have** ~ jantar; **b)** (banquet) jantar *m* (**for** em honra de).
dinosaur ['daɪnəsɔː(r)] *n* (lit, fig) dinossauro *m*.
dip [dɪp] **1** *n* **a)** (bathe) mergulho *m*; **to have** *or* **go for a quick** ~ dar um mergulho rápido; **b)** (hollow) (in ground, road, etc) depressão *f*; cova *f*; **c)** (downward movement) (of head) inclinação *f*; (of plane) voo *m* picado; **d)** (fig) COMM (in prices, sales, exchange rate) baixa *f* (**in** em); **e)** CULIN molho *m* frio no qual se mergulhou biscoitos ou legumes; **f)** AGRIC (*also* **sheep** ~) banho *m* desinfectante; **g)** PHYS (*also* **angle of** ~, **magnetic** ~) inclinação *f* magnética; **h)** GEOL declive *m*. **2** *vtr* (*past, pp* **-pp-**) **a)** (put partially or immerse) mergulhar [*finger, toe, stick*] (**in, into** em); **b)** (lower) **to** ~ **one's knee** dobrar o joelho; GB **to** ~ **one's headlights** AUT baixar os faróis. **3** *vi* **a)** (move downwards) [*bird, plane*] fazer voo picado; **the sun** ~**ped below the horizon** o sol desapareceu no horizonte; **b)** (fig) (decrease) [*price, value, exchange rate*] baixar, descer; **c)** (put hand) **to** ~ **into one's bag for sth** procurar qq coisa na carteira; **d)** (slope downwards) [*land, field, road*] inclinar-se (para baixo).
diploma [dɪ'pləʊmə] *n* diploma *m* (**in** em).
diplomacy [dɪp'ləʊməsɪ] *n* (gen) POL diplomacia *f*.

diplomat ['dɪpləmət] *n* (gen) POL diplomata *mf*.
diplomatic [dɪplə'mætɪk] *adj* **a)** POL diplomático,-a; **b)** (astute) [*person*] diplomata; [*behaviour*] diplomático; **c)** (tactful) **to be** ~ ter tacto.
dipstick ['dɪpstɪk] *n* GB AUT vareta *f* para medir o óleo.
dire ['daɪə(r)] *adj* **a)** (terrible) [*consequence*] terrível; [*situation*] desesperada; **to be in** ~ **need of** ter necessidade urgente de; **in** ~ **straits** numa situação desesperada; **b)** (coll) (awful) horrível.
direct [daɪ'rekt, dɪ'rekt] **1** *adj* **a)** (lit) (without detour) (gen) ASTRON, COMPUT, TELECOM, TRANSP [*access, attack, communication, line, call, flight, train*] directo; **keep the box away from** ~ **heat** mantém a caixa afastada duma fonte directa de calor; **b)** (fig) (without intermediary) directo; [*cause, effect*] imediato; **the** ~ **opposite** exactamente o contrário; **c)** (frank) [*person, question, answer, manner, refusal*] franco, directo. **2** *adv* (without detour) [*come, go, deal, speak, send, write, etc*] directamente; **to fly** ~ tomar um voo directo. **3** *vtr* **a)** (fig) (address, aim) dirigir [*appeal, criticism, insult, mail, protest, remark*] (**at** a; **against** contra); concentrar [*attention*] (**to** em); atrair [*others' attention*] (**to** para); orientar [*efforts, resources*] (**to, towards** para); **b)** (fig) (control) dirigir [*business, company, project, workers*]; controlar [*traffic*]; **c)** (lit) (point, aim) dirigir [*attack, light, car, look, steps*] (**at** para); apontar [*gun*] (**at** para); **d)** CIN, RADIO, TV realizar [*film, play, programme*]; dirigir [*actor, camera crew*]; MUS dirigir [*musicians*]; THEAT encenar [*play*]; **e)** (formal) (instruct) **to** ~ **sb to do sth** (gen) mandar alg fazer qq coisa; **to be taken as** ~**ed** PHARM para ser tomado segundo a prescrição médica; **f)** (show route) indicar o caminho [*person*]. **4** *vi* CIN, RADIO, TV realizar.
direct: ~ **current** *n* (*also* **DC**) ELEC corrente *f* contínua; ~ **hit** *n* (gen) MIL objectivo *m* atingido; **to make a** ~ **hit** MIL atingir o seu objectivo.
direction [daɪ'rek/n, dɪ'rek/n] **1** *n* **a)** (gen) (lit, fig) direcção *f*; **in this** *or* **that** ~ nesta ou naquela direcção; **in the right/wrong** ~ (lit) na direcção certa/errada; (fig) no bom/mau caminho; **from all** ~**s** de todos os lados; **lack of** ~ (fig) falta de determinação; **b)** CIN, RADIO, TV realização *f*; THEAT encenação *f*; MUS direcção *f*; **c)** (guidance) conselhos *mpl*; (control) direcção *f*. **2 directions** *npl* **a)** (for route) indicações *fpl*; **to ask for** ~ perguntar o caminho; **b)** (for use) instruções *fpl* (**as to, about** acerca de, sobre); ~ **for use** modo de emprego ou de utilização.
directional [daɪ'rek/ənl, dɪ-] *adj* direccional.
directive [daɪ'rektɪv, dɪ'rektɪv] **1** *n* **a)** ADMIN directiva *f* (**on sth** sobre qq coisa); **b)** COMPUT pseudo-instrução *f*. **2** *adj* PSYCH directivo.
directly [daɪ'rektlɪ, dɪ'rektlɪ] **1** *adj* **a)** (without a detour) (lit, fig) [*communicate, connect, contact, come, go, affect, negotiate, etc*] directamente; [*aim, point*] a direito; [*descended*] em linha directa; **he was looking** ~ **at her** ele olhava-a directamente nos olhos; **b)** (exactly) [*above, below, behind, opposite, contrary*] exactamente; **c)** (at once) imediatamente; ~ **after/before** imediatamente depois/antes; **d)** (frankly) [*speak*] francamente; [*refuse, deny*] categoricamente. **2** *conj* (as soon as) logo que, assim que.

directness [daɪ'rektnɪs, dɪ'rektnɪs] *n* (of person, attitude) franqueza *f*.

director [daɪ'rektə(r), dɪ'rektə(r)] *n* **a**) ADMIN, COMM [*of business, company, institution, organization, programme*] (solely in control) director *m*; (one of several) administrador *m*; **b**) (gen) (of project, investigation) responsável *m/f*; **c**) CIN, RADIO, TV realizador *m*; THEAT encenador *m*; MUS (of orchestra) chefe *m/f* de orquestra; ~ **of programmes** TV director de programas.

directorship [daɪ'rektə/ɪp, dɪ'rektə/ɪp] *n* (in organization, institution) direcção *f*.

directory [daɪ'rektərɪ, dɪ'rektərɪ] *n* **a**) TELECOM lista *f* telefónica; **b**) (gen) ADMIN, COMM lista *f* de moradas; **street** ~ roteiro *m*; **c**) COMPUT lista.

directory enquiries *npl* GB serviço *m* informativo; informações *fpl*.

direct speech *n* discurso *m* directo.

dirt [dɜːt] *n* **a**) (lit) (on clothing, in room, etc) sujidade *f*; (mud) lama *f*; **b**) (coll, pej) (gossip) mexeriquice *f*; **c**) (obscenity) obscenidades *fpl*; (excrement) excrementos *mpl*.

dirt-cheap (coll) *adj* muito barato.

dirty ['dɜːtɪ] **1** *adj* **a**) (lit) [*part of body, clothes, dishes, street, town, beach, water, etc*] sujo; **to get** ~ sujar-se; **to get** *or* **make sth** ~ sujar algo; **b**) MED (not sterile) [*needle*] não esterilizado; [*wound*] infectado; **c**) (fig) (obscene) [*bit, book, joke, idea, word, phone call*] obsceno, indecente; **d**) (unhygenic, disgusting) [*habit, child*] porco; **e**) (coll) (dishonest) [*contest, election, fighter, player*] desleal; [*lie*] grosseiro; **f**) [*colour*] sujo; ~ **white** branco sujo; **g**) (stormy) [*weather, night*] terrível. **2** (coll) *adv* **a**) (dishonestly) **to play** *or* **fight** ~ jogar ou lutar de forma desonesta; **b**) (obscenely) **to talk** ~ falar de forma indecente. **3** *vtr* (lit, fig) sujar. **4** *vi* sujar-se. IDIOMAS **to do the** ~ **on sb** (coll) GB fazer uma patifaria a alg.

disable [dɪs'eɪbl] *vtr* **a**) [*accident*] incapacitar; **b**) (render useless) inutilizar [*machine, ship*]; **c**) COMPUT desactivar.

disabled [dɪs'eɪbld] **1** *n* **the** ~ (+ *v pl*) os inválidos *mpl*, os deficientes *mpl*. **2** *adj* deficiente; **to be mentally** ~ ser deficiente mental.

disadvantage [dɪsəd'vɑːntɪdʒ], US [-'vɜn-] **1** *n* **a**) (drawback) inconveniência *f*; **the** ~ **is that** o inconveniente é que; **b**) (position of weakness) **to be at a** ~ estar em desvantagem; **to get sb at a** ~ ter vantagem sobre alg; **to my** ~ para minha inconveniência; **c**) (discrimination) discriminação *f*. **2** *vtr* discriminar.

disadvantaged [dɪsəd'vɑːntɪdʒd], US [-'vɜn-] *adj* desfavorecido,-a.

disaffected [dɪsə'fektɪd] *adj* descontente (**with** com).

disagree [dɪsə'griː] *vi* **a**) (differ) **to** ~ **on sth** não estar de acordo com qq coisa; **b**) (oppose) **to** ~ **with a plan** opor-se a um projecto.

disagreeable [dɪsə'grɪəbəl] *adj* [*person, reaction*] desagradável.

disagreement [dɪsə'griːmənt] *n* **a**) (in opinion) desacordo *m*; **there was a** ~ **about the method** havia um desacordo quanto ao método; **b**) (inconsistency) divergência *f* (**between** entre).

disappear [dɪsə'pɪə(r)] **1** *vtr* POL fazer desaparecer. **2** *vi* (all contexts) desaparecer; **to** ~ **without**

trace desaparecer sem deixar rasto; **to be fast ~ing** estar em vias de extinção.

disappointed [dɪsə'pɔɪntɪd] *adj* **a**) (let down) decepcionado,-a (**about, at, by, with sth** por algo); **to be** ~ **that/to see that** estar decepcionado por; **I am** ~ **in you** estou decepcionado contigo; **b**) (unfulfilled) decepcionado.

disappointing [dɪsə'pɔɪntɪŋ] *adj* decepcionante; **it is** ~ **that** é decepcionante que (+ *subj*).

disappointment [dɪsə'pɔɪntmənt] *n* **a**) (feeling) decepção *f*; **b**) (source of upset) **to be a** ~ **to sb** desapontar alg

disapproval [dɪsə'pruːvl] *n* desaprovação *f*.

disapprove [dɪsə'pruːv] *vi* desaprovar; **to** ~ **of** desaprovar [*person, behaviour, lifestyle*]; ser contra [*smoking, hunting*]; **to** ~ **of sb doing** desaprovar ou não estar de acordo que alg faça.

disapproving [dɪsə'pruːvɪŋ] *adj* [*look, gesture*] desaprovador, a; **to be** ~ ser contra.

disarm [dɪs'ɑːm] **1** *vtr* [*criminal*] desarmar. **2** *vi* [*country*] proceder a um desarmamento.

disarmament [dɪs'ɑːməmənt] *n* desarmamento *m*.

disarming [dɪs'ɑːmɪŋ] *adj* [*smile, frankness*] desarmante.

disarrange [dɪsə'reɪndʒ] *vtr* pôr em desordem [*objects*]; desfazer [*clothing*].

disarray [dɪsə'reɪ] *n* **a**) (confusion) confusão *f*; **in complete** ~ em completa confusão; **b**) (disorder) desordem *f* PO, bagunça *f* BR.

disaster [dɪ'zɑːstə(r)] *n* (gen) (also fig) desastre *m*; catástrofe *f*; **environmental** ~ catástrofe ecológica; **to be heading for** ~ procurar a desgraça; ~ **struck when...** a desgraça bateu à porta quando....

disaster area *n* zona *f* sinistrada.

disastrous [dɪ'zɑːstrəs] *adj* desastroso, calamitoso, catastrófico.

disavow [dɪsə'vaʊ] (formal) *vtr* [*commitment, person*] renegar, repudiar.

disband [dɪs'bænd] **1** *vtr* (gen) [*society, squad, band*] dissolver; MIL [*regiment, unit*] licenciar, dispersar. **2** *vi* dispersar-se.

disbelief [dɪsbɪ'liːf] *n* incredulidade *f*; **in** ~ com incredulidade.

disc [dɪsk] *n* **a**) (gen) MUS disco *m*; **on** ~ em disco; **b**) ANAT disco *m*; **c**) (gen) **identity** ~ MIL placa *f* de identidade; **d**) **tax** ~ AUT selo *m* (imposto *m* sobre veículos).

discard [dɪs'kɑːd] **1** *n* **a**) (in cards) descarte *m*; **b**) (cast-off garment, item) refugo *m*. **2** *vtr* **a**) (get rid of) desembaraçar-se de, ver-se livre de [*unwanted clothes, possessions*]; (throw away) deitar fora [*rubbish, old clothes, etc*]; (drop) abandonar [*idea, plan*]; deixar cair [*person*]; (divest oneself of) tirar [*packet, shirt, etc*]; **b**) (in cards) descartar-se de. **3** *vi* (in cards) descartar.

discern [dɪ'sɜːn] *vtr* (liter) discernir, distinguir [*object*]; (a)perceber [*meaning, truth, intention*].

discernible [dɪ'sɜːnɪbl] *adj* perceptível, discernível.

discerning [dɪ'sɜːnɪŋ] *adj* perspicaz, penetrante.

discharge ['dɪstʃɑːdʒ, dɪs'tʃɑːdʒ] **1** *n* **a**) (release) (of soldiers) licenciamento *m*; **to get one's** ~ passar à disponibilidade; (of patient) alta *f*; **b**) (pouring out) (of gas, liquid) escoamento *m*; (of waste) descarga *f*; **c**) (repayment) pagamento

(de dívida); **d**) ELECT descarga *f*; **e**) MED supuração *f*; **f**) (performance) exercício *m*; **the ~ of his duties as manager** no exercício das suas funções como gerente; **g**) (firing) disparo *m*; **h**) (unloading) descarregamento *m*. **2** *vtr* **a**) (release) dar alta a [*patient*]; licenciar [*soldier*]; absolver, libertar [*accused*]; **to be ~d from hospital** ter alta do hospital; **to be ~d from the army** sair do exército; **b**) (dismiss) despedir [*employee*]; **to ~ sb from duties** demitir alg da suas funções; **c**) (give off) emitir, expelir [*gas, smoke*]; escoar, descarregar [*sewage, water*]; **d**) **to ~ pus** *or* **fluid** MED supurar; **to ~ blood** sangrar; **e**) FIN liquidar [*debt*]; **f**) (perform) desempenhar [*duty, obligation*]; **g**) (unload) descarregar [*cargo*]; desembarcar [*passengers*]; **h**) (fire) disparar [*rifle*].
disciple [dɪ'saɪpl] *n* (gen) BIBLE discípulo *m*.
disciplinarian [dɪsɪplɪ'neərɪən] *n* disciplinador *m*; **to be a ~** ser partidário duma disciplina severa.
disciplinary ['dɪsɪplɪnərɪ, dɪsɪ'plɪnərɪ] *adj* **a**) (punitive) disciplinar; **b**) (to do with discipline) que tem a ver com disciplina.
discipline ['dɪsɪplɪn] **1** *n* **a**) (controlled behaviour) disciplina *f*; **b**) (punishment) castigo *m*; **c**) (academic subject) disciplina *f*. **2** *vtr* (control) disciplinar; (punish) castigar.
disclaim [dɪs'kleɪm] *vtr* renunciar a, rejeitar, negar.
disclaimer [dɪs'kleɪmə(r)] *n* desmentido *m*; **to issue a ~** publicar um desmentido.
disclose [dɪs'kləʊz] *vtr* descobrir, expor à vista, deixar ver [*sight, scene*]; revelar [*information, secret*].
disclosure [dɪs'kləʊʒə(r)] *n* revelação *f* (**of** de).
disco ['dɪskəʊ] *n* (club) discoteca *f*.
discomfit [dɪs'kʌmfɪt] *vtr* (liter) (*usu in passive*) desconcertar, confundir (**by** por).
discomfort [dɪs'kʌmfət] *n* **a**) (physical) desconforto *m*; mau estar *m*; **b**) (embarassment) desconforto *m*; embaraço *m*; inquietação *f*.
disconcert [dɪskən'sɜːt] *vtr* (*usu in passive*) desconcertar, confundir, perturbar.
disconnect [dɪskə'nekt] *vtr* desligar, separar [*pipe, appliance*]; cortar, desligar [*telephone, gas, electricity*]; **operator? I've been ~ed** menina Po/senhorita BR, cortaram-me a ligação.
disconnected [dɪskə'nektɪd] *adj* [*remarks*] incoerente, sem nexo.
disconsolate [dɪs'kɒnsələt] *adj* (depressed) desanimado, desesperado.
discontent [dɪskən'tent] *n* descontentamento *m*.
discontented [dɪskən'tentɪd] *adj* descontente (**with** com).
discontinue [dɪskən'tɪnjuː] (formal) *vtr* suspender, interromper [*service*]; parar, cessar [*production*]; **"~ line"** COMM fim *m* de colecção ou de série.
discord ['dɪskɔːd] *n* **a**) (gen) desacordo *m*; desavença *f*; dissenção *f* (*often pl*) **a note of ~** uma nota de discórdia; **b**) MUS dissonância *f*.
discordant [dɪ'skɔːdənt] *adj* (gen) discordante MUS dissonante; **to strike a ~ note** produzir uma nota dissonante.
discount 1 ['dɪskaʊnt] *n* COMM desconto *m* (**on** em); **to give a ~ to sb** fazer desconto a alg; **~**

for cash desconto por pronto pagamento; **to be sold at a ~** FIN (shares) ser vendido com prejuízo. **2** ['dɪskaʊnt] *modif* [*flight*] a preço reduzido. **3** [dɪ'skaʊnt] *vtr* **a**) (reject) afastar, rejeitar [*idea, theory, claim, etc*]; não fazer caso de [*advice, report*]; **b**) COMM saldar [*goods*]; descontar [*sum of money*].
discourage [dɪ'skʌrɪdʒ] *vtr* **a**) (dishearten) desencorajar; **don't be ~d!** não te deixes abater!; **b**) (deter) dissuadir (**from** de); **to ~ sb from sth/from doing sth** dissuadir alg de algo/de fazer algo.
discouragement [dɪ'skʌrɪdʒmənt] *n* **a**) (despondency) desencorajamento *m*; desânimo *m*; **b**) (disincentive) **it's more of a ~ than an incentive** desmotiva mais do que incentiva; **c**) (act) desaprovação *f*.
discourse ['dɪskɔːs] (formal) *n* (speech) discurso *m* ALSO LING; (conversation) conversação *f*.
discourteous [dɪs'kɜːtɪəs] *adj* descortês, indelicado.
discover [dɪ'skʌvə(r)] *vtr* (all uses) descobrir.
discoverer [dɪ'skʌvərə(r)] *n* (of process, phenomenon) **the ~ of sth** o investigador que descobriu; (of new land) descobridor *m*; explorador *m*.
discovery [dɪ'skʌvərɪ] *n* (gen) descoberta *f*; **a voyage of ~** uma viagem de exploração.
discredit [dɪs'kredɪt] **1** *n* descrédito *m*; **to his ~** para seu descrédito; **to bring ~ on sb** lançar o descrédito em alg. **2** *vtr* desacreditar [*person, organization*]; duvidar de, pôr em dúvida [*idea, theory*].
discreet [dɪ'skriːt] *adj* (gen) discreto; [*colour, elegance*] discreto, sóbrio.
discrepancy [dɪs'krepənsɪ] *n* discrepância *f*; divergência *f* (**in** em; **between** entre).
discrete [dɪ'skriːt] (formal) *adj* (gen) distinto, separado, individualizado.
discretion [dɪ'skreʃn] (formal) *n* **a**) (power) arbítrio *m*; critério *m*; individual, discrição *f*; **I have ~ over that decision** essa decisão depende de mim; **the age of ~** a idade da razão; **b**) (tact) discrição *f*; **the soul of ~** a discrição em pessoa.
discriminate [dɪ'skrɪmɪneɪt] *vi* **a**) discriminar, distinguir, mostrar parcialidade (**against** contra; **in favour of** a favor de); **b**) **to ~ between sth and sth** discriminar/estabelecer a diferença entre uma coisa e outra.
discriminating [dɪ'skrɪmɪneɪtɪŋ] *adj* perspicaz, com discernimento.
discrimination [dɪskrɪmɪ'neɪʃn] *n* **a**) (often pej) (prejudice) discriminação *f*; **b**) (taste) discernimento *m*; **c**) (ability to differentiate) capacidade *f* para discriminar ou diferenciar.
discus ['dɪskəs] *n* (object) disco *m*; (event) lançamento *m* do disco.
discuss [dɪ'skʌs] *vtr* (talk about) discutir, debater; (in book, article, lecture) examinar, investigar, pesquisar.
discussion [dɪ'skʌʃn] *n* (gen) discussão *f*; (in public) debate *m* (**on, about** sobre; **of** de); **to be under ~** estar em discussão; **to be open to ~** estar aberto à discussão.
disdain [dɪs'deɪn] **1** *n* (liter) desdém *m* (**for** por). **2** *vtr* desdenhar. **3** *vi* **to ~ to do sth** não se dignar a fazer qq coisa.

disdainful [dɪs'deɪnfl] *adj* desdenhoso, arrogante (**to** para com; **of** de).

disease [dɪ'ziːz] *n* HORT, MED doença *f*; **to spread** ~ espalhar a doença.

diseased [dɪ'ziːzd] *adj* (lit, fig) doente.

disembark [dɪsɪm'baːk] *vtr, vi* desembarcar.

disembodied [dɪsɪm'bɒdɪd] *adj* desencarnado.

disengage [dɪsɪn'geɪdʒ] **1** *vtr* AUT, TECH desengatar [*clutch, gear*]; (gen) soltar. **2** *vi* MIL retirar (**from** de).

disentangle [dɪsɪn'tæŋgl] *vtr* (lit, fig) desembaraçar, desenredar (**sth from sth** uma coisa de outra).

disfavour GB, **disfavor** US [dɪs'feɪvə(r)] (formal) *n* **a**) (disapproval) desaprovação *f*; **b**) **to fall into** ~ cair em desgraça.

disfigure [dɪs'fɪɡə(r)] *vtr* (lit, fig) desfigurar.

disgorge [dɪs'ɡɔːdʒ] *vtr* escoar [*crowd, liquid*]; MED desobstruir [*obstruction*].

disgrace [dɪs'ɡreɪs] **1** *n* **a**) (shame) vergonha *f*; **to bring** ~ **on sb** desonrar o nome de alg; **to be in** ~ (officially) estar em desgraça; não estar bem visto; **b**) (scandal) vergonha *f*; **it's a** ~ **that** é uma vergonha que (+ *subj*); **he's a** ~ **to the school** ele é umavergonha para escola; **it's an absolute** ~! é um escândalo! **2** *vtr* desonrar [*team, family*]; **he** ~**d himself** ele desgraçou-se. **3 disgraced** *pp adj* [*leader, player*] caído em desgraça.

disgraceful [dɪs'ɡreɪsfl] *adj* [*conduct, situation*] vergonhoso,-a; **it's** ~ (shameful) é uma vergonha; (intolerable) é escandaloso.

disgruntled [dɪs'ɡrʌntld] *adj* descontente.

disguise [dɪs'ɡaɪz] **1** *n* (costume) disfarce *m*; (**to be) in** ~ (lit, fig) estar disfarçado. **2** *vtr* disfarçar [*person, voice*] (**as** de); disfarçar, dissimular [*blemish*]; esconder [*fact, emotion*]; **there's no** ~**sing the fact that...** não se pode esconder que.... IDIOMAS **it was a blessing in** ~ **for her** no meio de tanto azar, ela teve sorte.

disgust [dɪs'ɡʌst] **1** *n* (physical) nojo *m*; repulsa *f*; aversão *f*; (moral) desgosto *m* (**at** perante); **in** ~ agoniado ou desgostoso; **to his** ~ para seu desgosto. **2** *vtr* (physically) repugnar, agoniar; (morally) desgostar. **3 disgusted** *pp, adj* (physically) enjoado; (morally) desgostoso; **I am** ~ **with him for cheating** estou desgostoso com ele por ter feito batota.

disgusting [dɪs'ɡʌstɪŋ] *adj* (morally) chocante, desagradável; (physically) repugnante.

dish [dɪʃ] **1** *n* **a**) CULIN (container) prato *m*; **b**) CULIN (food) prato *m*; **fish** ~ prato de peixe; **c**) TV (*also* **satellite** ~) antena *f* parabólica; **d**) (coll) (sb handsome) pessoa *f* atraente. **2 dishes** *npl* **to do the** ~ lavar a loiça. **3** (coll) *vtr* (ruin) frustrar. ■ **dish out**: ~ **out (sth)** distribuir [*advice, money, compliments, etc*]; servir [*food*]. ■ **dish up**: ~ **up (sth)** servir [*meal*]; apresentar [*ideas*].

dishcloth *n* pano *m* da loiça.

dishearten [dɪs'haːtn] *vtr* desencorajar, desmoralizar.

dishevelled [dɪ'ʃevld] *adj* [*person*] desmazelado, amarrotado, em desalinho; [*hair*] desgrenhado, despenteado.

dishonest [dɪs'ɒnɪst] *adj* desonesto.

dishonesty [dɪ'ɒnɪstɪ] *n* (financial) desonestidade *f*; fraude *f*; (moral, intellectual) má-fé *f*.

dishonour GB, **dishonor** US [dɪ'ɒnə(r)] *n* desonra *f*; **to bring** ~ **on sb** desonrar alg.

dishonourable GB, **dishonorable** US [dɪ'ɒnərəbl] *adj* [*act, behaviour*] desonroso.

dish: ~**washer** *n* máquina *f* de lavar loiça; ~ **water** *n* água *f* de lavar pratos.

disillusion [dɪsɪ'ljuːʒn, dɪsɪ'luːʒn] **1** *n* desilusão *f* (**with** com). **2** *vtr* **to** ~ **sb** desenganar ou desiludir alg; **I hate to** ~ **you, but...** eu detesto desiludir-te, mas....

disillusioned [dɪsɪ'ljuːʒnd, dɪsɪ'luːʒnd] *adj* desenganado, desiludido; **to be** ~ **with sth/sb** estar desiludido com algo/alg.

disillusionment [dɪsɪ'ljuːʒnmənt, dɪsɪ'luːʒnmənt] *n* desilusão *f*.

disincentive [dɪsɪn'sentɪv] *n* falta *f* de incentivo; desmotivação *f*; **it acts as** *or* **is a** ~ **to investment** isso não incentiva o investimento.

disinfect [dɪsɪn'fekt] *vtr* desinfectar.

disinfectant [dɪsɪn'fektənt] *n* desinfectante *m*.

disingenuous [dɪsɪn'dʒenjʊəs] (formal) *adj* [*comment, reply*] pouco sincero; [*smile*] falso.

disintegrate [dɪs'ɪntɪɡreɪt] *vi* **a**) [*aircraft*] desintegrar-se; [*cloth, paper, wood*] desfazer-se; **b**) [*power, organization, relationship, mind*] desagregar-se, desfazer-se.

disjointed [dɪs'dʒɔɪntɪd] *adj* [*programme, speech, report*] desconexo; [*organization, effort*] incoerente.

disk [dɪsk] *n* **a**) COMPUT disco *m*; **on** ~ em disco; **b**) US see **disc**.

dislike [dɪs'laɪk] **1** *n* aversão *f*; antipatia *f*; **to take a** ~ **to sb/sth** antipatizar com alg/algo; **we all have our likes and** ~**s** todos temos as nossas preferências. **2** *vtr* não gostar de; **I have always** ~**d him** nunca gostei dele; **I don't** ~ **city life** não desgosto da vida citadina.

dislocate ['dɪsləkeɪt] *vtr* **a**) **to** ~ **one's shoulder** MED deslocar o ombro; **b**) (formal) (disrupt) perturbar, desorganizar [*transport, system*].

dislodge [dɪs'lɒdʒ] *vtr* deslocar, tirar do lugar [*rock, obstacle*] (**from** de); desalojar [*dictator, sniper*] (**from** de).

disloyal [dɪs'lɔɪəl] *adj* desleal (**to** para com).

disloyalty [dɪs'lɔɪəltɪ] *n* deslealdade *f* (**to** para com).

dismal ['dɪzməl] *adj* **a**) (bleak) lúgubre, sombrio; **b**) (coll) (emphatic) lamentável.

dismantle [dɪs'mæntl] *vtr* **a**) (take part) desmontar [*construction, machine, missile*]; **b**) (phase out) desmantelar [*structure, organization, service*].

dismay [dɪs'meɪ] **1** *n* consternação *f*; aflição *f*; susto *m* (**at sth** perante qq coisa). **2** *vtr* consternar.

dismiss [dɪs'mɪs] *vtr* **a**) (reject) afastar, rejeitar [*idea, suggestion*]; excluir [*posssibility*]; **b**) (sack) despedir [*employee, worker*]; demitir [*civil servant*]; **c**) JUR rejeitar [*appeal, claim*]; **the charges against him were** ~**ed** rejeitaram as acusações que existiam contra ele.

dismissal [dɪs'mɪsl] *n* **a**) (of employee, worker) despedimento *m*; demissão *f* (**of** de); (of civil servant) exoneração *f* (**of** de); (of manager, director, minister) destituição *f* (**of** de); **unfair** *or* **wrongful** ~ despedimento sem justa causa; **b**) (of idea, threat) abandono *m*; repúdio *m*; **c**) JUR (of appeal, claim) rejeição *f*.

dismissive [dɪs'mɪsɪv] *adj* [*person, attitude*] desdenhoso; **to be ~ of sb/sth** não ligar a alg/qq coisa ou fazer pouco caso de alg/algo.

dismount [dɪs'maʊnt] **1** *vtr* desmontar [*gun*]. **2** (formal) *vi* desmontar, apear-se; **to ~ from** [*horse, bicycle*] desmontar, descer de.

disobedient [dɪsə'biːdɪənt] *adj* [*child*] desobediente.

disobey [dɪsəbeɪ] **1** *vtr* desobedecer a [*person*]; infringir [*law, order, rule*]. **2** *vi* desobedecer.

disobliging [dɪsə'blaɪdʒɪŋ] *adj* descortês, desagradável, indelicado.

disorder [dɪs'ɔːdə(r)] *n* **a)** (lack of order) (in room, plans, etc) desordem *f* Po, bagunça *f* Br; **in ~** em desordem; **b)** (gen) Pol (disturbances) desordens *fpl*; **civil ~** motins *mpl*; **c)** Med, Psych indisposição *f*; doença *f*; **blood ~** doença no sangue.

disordered [dɪs'ɔːdəd] *adj* [*life*] desordenado; Med [*mind, brain*] desequilibrado.

disorderly [dɪs'ɔːdəlɪ] *adj* **a)** (untidy) [*room*] em desordem, desarrumado; (disorganized) [*person, arrangement*] desordenado, desorganizado; **b)** (unruly) [*crowd, meeting*] agitado.

disorderly conduct *n* Jur perturbação *f* da ordem pública.

disorganized [dɪs'ɔːgənaɪzd] *adj* desorganizado.

disorientate [dɪs'ɒrɪənteɪt, dɪs'ɔːrɪənteɪt] *vtr* desorientar.

disown [dɪs'əʊn] *vtr* renegar, repudiar [*person*].

disparage [dɪ'spærɪdʒ] (formal) *vtr* denegrir.

disparaging [dɪ'spærɪdʒɪŋ] (formal) *adj* depreciativo (**about** em relação a).

dispassionate [dɪ'spæʃənət] *adj* desapaixonado, calmo, objectivo (**about sth** acerca de qq coisa).

dispatch [dɪ'spætʃ] **1** *n* **a)** (report) comunicado *m*; comunicação *f*; **b)** (sending) expedição *f*; remessa *f*; **date of ~** data de expedição; **c)** (formal) (speed) prontidão *f*. **2** *vtr* **a)** (send) enviar [*person, troops*]; expedir [*letter, parcel*]; **b)** (consume) (hum) despachar [*plateful, drink*]; **c)** (complete) despachar, acabar [*work*]; **d)** (euph) (kill) despachar (fam); matar.

dispel [dɪ'spel] *vtr* (*pres p etc* -ll-) **a)** desvanecer, dissipar [*doubt, fear, illusion, notion*]; **b)** (formal) dissipar [*mist, cloud*].

dispensable [dɪ'spensəbl] *adj* [*person, thing*] dispensável.

dispensary [dɪ'spensərɪ] *n* GB (in hospital) farmácia *f*; (in chemist's) laboratório *m*.

dispense [dɪ'spens] *vtr* **a)** [*machine*] distribuir [*coffee, chocolate, etc*]; **b)** (formal) aplicar, administrar [*justice*]; fazer [*charity*]; atribuir [*funds*]; **c)** Pharm preparar [*medicine, prescription*]; **d)** (exempt) (gen) Relig dispensar (**from** de); **~ with** (manage without) passar sem [*services, formalities*]; (get rid of) abandonar [*policy, regulations*]; (make unnecessary) tornar desnecessário [*resource, facility*]; **this ~s with the need for a dictionary** isto faz com que não seja preciso o dicionário.

dispenser [dɪ'spensə(r)] *n* distribuidor *m*.

dispersal [dɪ'spɜːsl] *n* (scattering) (of people, birds, fumes) dispersão *f*; (of seeds) disseminação *f*.

disperse [dɪ'spɜːs] **1** *vtr* **a)** (scatter) dispersar, espalhar [*crowd, seeds, fumes*]; **b)** (distribute) distribuir [*agents, troops, factories*]; **c)** Chem decompor [*particle*]. **2** *vi* **a)** [*crowd*] dispersar-se; **b)** [*fumes, pollution, mist*] dissipar-se; **c)** Chem decompor-se.

dispersion [dɪ'spɜːʃn] *n* (of light) decomposição *f*.

dispirited [dɪ'spɪrɪtɪd] *adj* [*look, air*] desanimado; [*mood*] deprimido, abatido.

displace [dɪs'pleɪs] *vtr* **a)** (replace) substituir, suplantar [*competitor, leader*]; demitir, afastar [*worker*]; **b)** (expel) (*usu in passive*) desalojar [*person, population*]; **c)** Naut, Phys deslocar.

displaced person *n* refugiado *m*.

displacement [dɪs'pleɪsmənt] *n* deslocamento *m*; Psych "transfert" *m*; processo *m* de transferência.

display [dɪ'spleɪ] **1** *n* **a)** Comm (for sale) (of food, small objects, furniture, equipment, vehicles) exposição *f*; **window ~** vitrine *f*; **to be on ~** estar exposto; **to put sth on ~** expor qq coisa; **"for ~ purposes"** Comm (object) "mostruário"; **b)** (performance, demonstration) (of art, craft, skill) demonstração *f*; (of dance, sport) exibição *f*; **c)** (of emotion, quality, failing, etc) demonstração *f*; **in a ~ of solidarity** numa demonstração de solidariedade; **d) a full page ~** Print, Journ uma página inteira de publicidade. **2** *modif* Print [*type*] em letras gordas. **3** *vtr* **a)** (lit) (gen) Comm, Comput (set out) afixar [*information, notice, price, times*]; expor [*object for sale or in museum*]; **b)** (reveal) demonstrar [*enthusiasm, skill, interest, intelligence*]; revelar [*emotion, ignorance, vice, virtue*]; **c)** (pej) (flaunt) ostentar [*beauty, knowledge, wealth*]; exibir [*physical attribute*]. **4** *vi* [*peacock*] pavonear-se, abrir a cauda em leque.

display cabinet, display case *n* (in house, in museum) vitrine *f*.

displeased [dɪs'pliːzd] *adj* descontente (**with, at** com).

displeasure [dɪs'pleʒə(r)] *n* descontentamento *m*; desagrado *m*.

disposable [dɪ'spəʊzəbl] *adj* **a)** (throw away) descartável; **b)** (available) disponível.

disposal [dɪ'spəʊzl] *n* **a)** (removal) (of rubbish) remoção *f*; **waste ~** destruição *f* de lixo; **for ~** para deitar fora; **b)** (sale) (of company, property) venda *f*; **c)** (completion) execução *f*; **d)** (available) **to be at sb's ~** estar à disposição de alg; **all the means at my ~** todos os meios à minha disposição.

dispose [dɪ'spəʊz] **1** *vtr* **a)** (arrange) dispor [*furniture, ornaments, troops*]; **b)** (encourage) **to ~ sb to sth** predispor alg para algo. **2 disposed** *pp adj* **should you feel so ~d** se você quiser. ■ **dispose of: ~ of (sth) a)** (get rid of) desembaraçar-se de, livrar-se de [*body, rubbish, waste*]; destruir [*evidence*]; esgotar [*stock*]; **b)** (disarm) desarmadilhar [*bomb*]; **c)** (deal with speedily) despachar [*business, problem, theory*]; **d)** (sell) vender [*car, house, shares*].

disposition [dɪspə'zɪʃn] *n* **a)** (temperament) temperamento *m*; **to be of a nervous ~** ter um temperamento nervoso; **b)** (tendency) tendência *f*; **c)** (willingness) inclinação *f* (**to** para; **to do** para fazer); **d)** (arrangement) disposição *f*; arranjo *m*.

dispossess [dɪspə'zes] *vtr* **a**) **to ~ sb of** JUR [*land, property*] desapossar alg de; [*house*] expropriar alg de; **b**) (in football) **to ~ sb** tirar a bola a alg.

disprove [dɪs'pruːv] *vtr* refutar, contestar.

disputable [dɪ'spjuːtəbl, 'dɪspjʊtəbl] *adj* discutível.

dispute [dɪ'spjuːt] **1** *n* **a**) (quarrel) (between individuals) disputa *f*; discussão *f* (**between** entre; **with** com); (between groups) conflito *m* (**over, about** a propósito de; **between** entre; **with** com); **to be in ~ with sb** estar em conflito com alg; **b**) (controversy) controvérsia *f* (**over, about** sobre); **to be/not to be in ~** [*cause, facts, problem*] ser/não ser controverso; **beyond** *or* **without ~** incontestavelmente; **to be open to ~** ser matéria de discussão. **2** *vtr* **a**) (argue) discutir, debater; **b**) (question truth of) contestar [*statement, claim, decision, facts, figures, etc*]; **c**) (claim possession of) lutar por, disputar [*property, territory, title*]. **3 disputed** *pp adj* [*fact, theory, territory*] contestado JUR litigioso.

disqualification [dɪskwɒlɪfɪ'keɪʃn] *n* **a**) (gen) (from post, career) exclusão *f* (**from** de); **b**) SPORT desqualificação *f* (**for doing sth** por ter feito qq coisa; **from** de); **c**) AUT, JUR suspensão *f*; proibição *f* (de conduzir).

disregard [dɪsrɪ'gɑːd] **1** *n* (for problem, feeling, person) indiferença *f* (**for sth** por qq coisa; **for sb** em relação a alg); (for danger, human life, law, etc) desprezo *m* (**for** por). **2** *vtr* **a**) (discount) não fazer caso de [*problem, remark, irrelevance, etc*]; fechar os olhos a [*wrongdoing*]; desprezar [*danger*]; **b**) (disobey) desobedecer [*law, instruction*].

dissertation [dɪsə'teɪʃn] *n* **a**) GB UNIV dissertação *f* (**on** sobre); **b**) US UNIV tese *f* (**on** sobre); **c**) (formal) (treatise) tratado *m* (**on** sobre).

dissolute ['dɪsəluːt, 'dɪsəljuːt] (formal) *adj* [*lifestyle*] dissoluto; **a ~ man** um libertino.

dissolution [dɪsə'luːʃn, dɪsə'ljuːʃn] *n* (of Parliament, assembly, marriage) dissolução *f*.

dissolve [dɪ'zɒlv] **1** *vtr* **a**) (liquefy) [*acid, water*] dissolver [*solid, grease, powder, dirt*]; **b**) (melt) [*person*] dissolver [*tablet, sugar*] (**in sth** em qq coisa); **c**) (break up) dissolver, desfazer [*assembly, marriage, organization*]. **2** *vi* **a**) (liquefy) dissolver-se (**in sth, into sth** em qq coisa); **b**) (formal) (fade) [*hope, feeling, opposition*] desvanecer-se, extinguir-se; [*outline, image*] desaparecer; **c**) (collapse) **to ~ into tears** desfazer-se em lágrimas; **to ~ into giggles** *or* **laughter** ter um ataque de riso; **d**) (break up) [*assembly, party, organization*] ser dissolvido.

distance ['dɪstəns] **1** *n* (lit, fig) distância *f* (**between** entre; **from** de; **to** a/até); **at a ~ of 50 metres** a uma distância de 50 metros; **at/from this ~** a esta distância; **at an equal ~** a uma distância igual; **a short/long ~ away** a uma pequena/grande distância; **to keep sb at a ~** manter alguém à distância; **to keep one's ~** (lit, fig) guardar distância (**from** de); **to go the ~** SPORT (fig) manter a distância; **from a ~** de longe; **in the ~** ao longe; **it's no ~** é muito perto; **it's within walking ~** pode-se ir a pé; **"free delivery, ~ no object"** "entrega *f* gratuita, para qualquer parte". **2** *modif* [*runner, race*] de fundo. **3** *vtr* **a**)

criar uma distância entre [*two people, us*]; **to become ~d from sb** afastar-se de alguém; **b**) (outdistance) distanciar [*runner, rival, classmate*]. **4** *v refl* **to ~ oneself** (dissociate oneself) distanciar-se (**from** de); (emotionally) separar-se (**from** de).

distant ['dɪstənt] *adj* **a**) [*land, spire, hill, star*] distante, longínquo; [*cry, voice, gunfire, bell*] longínquo, de longe (**after** n); **the ~ shape of sth** a forma de algo ao longe; **~ from** longe de; **40 km ~ from** a uma distância de 40 km de; **b**) [*memory, prospect, hope, possibility*] longínquo, distante; **in the ~ past/future** num passado/futuro longínquo; **in the not too ~ future** num futuro próximo; **c**) (fig) (far removed) [*connection, concept, similarity*] longínquo, vago; **~ from** afastado de; **d**) [*relative, cousin, descendent*] afastado; **e**) [*person, manner, book*] distante.

distasteful [dɪs'teɪstfl] *adj* desagradável; (markedly) repugnante; **to be ~ to** [*idea, incident, sight*] deplorável; [*person*] desagradável; **I find the remark ~** acho o comentário de mau gosto.

distinct [dɪ'stɪŋkt] *adj* **a**) (lit) [*image, object*] (not blurred) nítido; (clearly visible) distinto; **b**) (definite) [*resemblance, preference, memory*] inconfundível, definido, claro; [*advantage, improvement*] inegável; **c**) (separable) distinto (**from** de); (different) diferente (**from** de); **x, as ~ from y** x, em oposição a y.

distinction [dɪ'stɪŋkʃn] *n* **a**) (differentiation) distinção *f*; **b**) (difference) diferença *f* (**between** entre); **to blur the ~ between...** esbater a diferença entre...; **c**) (pre-eminence) mérito *m*; distinção *f*; excelência *f*; **with ~** com distinção; **of ~ distinto, reputado; **to win ~** distinguir-se; **d**) **to have the ~ of doing sth** (to have the honour) ter a honra de fazer qq coisa; **e**) (elegance) distinção *f*.

distinctive [dɪ'stɪŋktɪv] *adj* (gen) característico (**of** de).

distinctly [dɪ'stɪŋktlɪ] *adv* [*speak, hear, see*] distintamente; [*remember*] nitidamente.

distinguish [dɪ'stɪŋgwɪʃ] **1** *vtr* **a**) (see, hear) distinguir, perceber; **b**) (mark out, separate) distinguir, diferenciar (**from** de;); **to be ~ed by sth** distinguir-se por qq coisa. **2 distinguishing** *pres p adj* [*factor, mark*] distintivo, característico; **~ing marks** (on passport) sinais *mpl* particulares.

distinguishable [dɪ'stɪŋgwɪʃəbl] *adj* **a**) (can be told apart) distinguível (**from** de); **b**) (visible) visível; (audible) perceptível.

distinguished [dɪ'stɪŋgwɪʃt] *adj* distinto; **~-looking** com um ar distinto.

distraction [dɪ'strækʃn] *n* **a**) (from concentration) distracção *f*; **I don't want any ~s** (environmental) não me quero distrair; (human) não quero que me distraiam; **a moment's ~** um momento de desatenção; **b**) (diversion) diversão *f*; **to be a ~ from** desviar a atenção de [*problem, priority*]; **c**) (entertainment) distracção *f*; **a welcome ~ from** uma agradável diversão a; **d**) (madness) **to drive sb to ~** levar alg à loucura.

distress [dɪ'stres] **1** *n* **a**) (mental) angústia *f* (**at** sth perante qq coisa); **to be in ~** estar angustiado; **b**) (physical) sofrimento *m*; **c**) (difficulty, poverty) miséria *f*; **in** ~ na miséria; **d**) **in** ~ NAUT em perigo. **2** *vtr* afligir. **3** *v refl* **to** ~ **oneself** afligir-se.

distressed [dɪ'strest] *adj* [*person*] aflito (**at, by** devido a).

distressing [dɪ'stresɪŋ] *adj* [*case, event, idea*] penoso (**for sb** para alg; **to sb** a alg); [*sight*] aflitivo; **it is** ~ **that he does not know** é triste que ele não saiba.

distress signal *n* sinal *m* de perigo; pedido *m* de socorro.

distribute [dɪ'strɪbjuːt] *vtr* **a**) (share out) distribuir [*information, documents, supplies, money*] (**to** a; **among** entre); **b**) COMM distribuir [*goods, books*]; **c**) CIN distribuir [*films*]; **d**) (spread out) repartir [*weight, load, tax burden*]; **e**) (disperse) **to be** ~**d** [*flora, fauna, mineral deposits*] estar repartido,-a; **f**) JOURN, PRINT distribuir [*type*].

distribution [dɪstrɪ'bjuːʃn] *n* **a**) (giving out) CIN, COMM distribuição *f*; **for** ~ **to schools** para ser distribuído pelas escolas; **b**) (how sth is spread) repartição *f*.

disturb [dɪ'stɜːb] **1** *vtr* **a**) (interrupt) perturbar, incomodar [*person, work, silence, sleep*]; **b**) (upset) perturbar, inquietar; **c**) (disarrange) desarrumar [*papers, bedclothes*]; **d**) abalar [*confidence*]; **e**) **to** ~ **the peace** JUR perturbar a ordem pública. **2** *v refl* **to** ~ **oneself a**) (be inconvenienced) incomodar-se; **b**) (worry) inquietar-se.

disturbance [dɪ'stɜːbəns] *n* **a**) (interruption, inconvenience) incómodo; (uproar) tumulto *m*; (riot) distúrbios *mpl*; **b**) PSYCH perturbação *f*.

disturbed [dɪ'stɜːbd] *adj* **a**) PSYCH perturbado; **mentally** ~ com perturbações mentais; **b**) (concerned) inquieto (**by** por, devido a); **c**) (restless) [*sleep, night*] agitado.

dive [daɪv] **1** *n* **a**) (into water) mergulho *m*; **b**) (through air) (of plane, bird) voo *m* picado; **c**) (coll) **to take a** ~ SPORT (in fixed fight) ir ao tapete; (in football) **that was a** ~! isso foi fita! (fam); **d**) (coll) (bar, club) espelunca *f*; **e**) (coll) (sudden fall) queda *f* súbita. **2** *vi* (*past* ~**d** *or* **dove**) US **a**) (into water) mergulhar (**off, from** de; **into** em; **down to** até); **b**) (through air) [*plane, bird*] descer em voo picado (**from** de); **c**) (go diving) (as hobby) fazer mergulho; (as job) ser mergulhador; **d**) (throw oneself) atirar-se; **to** ~ **under the bed** atirar-se para debaixo da cama. ■ **dive for: to** ~ **for (sth) a**) [*diver*] pescar [*pearls, coral*]; **b**) [*player*] atirar-se a [*ball*]; **c**) [*person*] dirigir-se rapidamente para [*exit, door*]. ■ **dive in** mergulhar.

dive-bomb *vtr* bombardear em voo picado.

diver ['daɪvə(r)] *n* **a**) mergulhador *m*; **b**) (species of bird) mergulhão *m*.

divest [daɪ'vest, dɪ'vest] (formal) *vtr* (dispossess) **to** ~ **sb of** [*power, authority, rights, property*] privar, desapossar, despojar alg de.

divide [dɪ'vaɪd] **1** *n* **a**) (split) divisão *f* (**between** entre); **the North-South** ~ a oposição Norte--Sul; **b**) (watershed) (fig) demarcação *f*; ponto *m* de viragem (**between** entre) (lit); GEOG linha *f* de separação das águas. **2** *vtr* **a**) (split up into parts) partilhar, dividir [*area, food, money, time, room, work*]; **to** ~ (**up**) **into sth** dividir em qq coisa; (one thing) repartir em qq coisa [*several things*]; **b**) (cause disagreement) dividir [*country,*

friends, nation, party]; ~ **and rule** dividir para reinar; **c**) **to** ~ **2 into 14** *or* **to** ~ **14 by 2** MATH dividir 14 por 2. **3** *vi* **a**) (lit) [*road, river*] bifucar-se; [*group, cell, organism*] dividir-se; [*crowd*] dispersar; **b**) GB POL [*House*] votar; **c**) MATH ser divisível. **4 divided** *pp adj* [*party, government, society*] dividido; [*interests, opinions*] divergente. ■ **divide out**: ~ (sth) **out**, ~ **out** (sth) distribuir. ■ **divide up**: ~ (sth) **up**, ~ **up** (sth) repartir (**among** entre).

dividend ['dɪvɪdend] *n* **a**) FIN (share) dividendo *m*; **b**) (fig) (bonus) vantagem *f*; **peace** ~ POL dividendos da paz. IDIOMAS **to pay** ~**s** render lucros.

divider [dɪ'vaɪdə(r)] *n* (*also* **room** ~) divisória *f*.

dividers [dɪ'vaɪdərs] *n* (*also* **pair of** ~) compasso *m* de pontas secas.

divine [dɪ'vaɪn] **1** *adj* [*inspiration, service, intervention*] divino. **2** *vtr* (intuit) (liter) adivinhar.

diving ['daɪvɪŋ] *n* **a**) (from a board) salto *m* (para a água); **b**) (swimming under the sea) mergulho *m*.

diving: ~ **board** *n* prancha *f* de saltos; ~ **suit** *n* escafandro *m*.

divisible [dɪ'vɪzɪbl] *adj* divisível (**by** por).

division [dɪ'vɪʒn] *n* **a**) (splitting) (gen) BIOL, BOT, MATH divisão *f* (**into** em); (sharing) repartição *f*; distribuição *f*; **b**) (section) MIL, NAUT divisão *f*; COMM departamento *m*; ADMIN circunscrição *f*; **c**) (in football) divisão *f*; **to be in** ~ **one** *or* **in the first** ~ estar na 1.ª divisão; **d**) (dissent) desacordo *m* (**between** entre); **e**) (in container) compartimento *m*; **f**) GB POL votação *f*.

division sign *n* sinal *m* de divisão.

divisive [dɪ'vaɪsɪv] *adj* que semeia a discórdia, que provoca a divisão.

divorce [dɪ'vɔːs] **1** *n* (lit, fig) divórcio *m* (**from** de; **between** entre); **she's asked me for a** ~ ela pediu-me o divórcio; **to file for** *or* **sue for** ~ JUR intentar uma acção de divórcio; **to grant a** ~ JUR decretar o divórcio. **2** *vtr* **a**) (lit) divorciar-se de; **she** ~**d him, she was** ~**d from him** ela divorciou-se dele; **b**) (fig) dissociar (**from** de).; ~ **from reality** desligado da realidade.

divot ['dɪvət] *n* montículo *m* de relva.

divulge [daɪ'vʌldʒ, dɪ'vʌldʒ] *vtr* divulgar.

dixie ['dɪksɪ] *n* GB MIL marmita *f*.

Dixie *n* (*also* ~**land**) estados *mpl* do sul dos EU.

DIY GB *n* abrev = **Do It Yourself** Faça Você Mesmo.

dizzy ['dɪzɪ] *adj* **a**) [*person*] (physically) com vertigens, tonto; **to suffer from** ~ **spells** ter vertigens; (mentally) **to be** ~ **with** inebriar-se com/ de [*delight, surprise*]; **to feel** ~ sentir-se tonto; **b**) [*heights*] vertiginoso.

DJ [diː'dʒeɪ] *n* **a**) abrev = **disc-jockey** DJ; **b**) abrev = **dinner jacket** smoking *m*.

do [duː] **1** *vtr* (*3rd pers sing pres* **does**, *past* **did**, *pp* **done**) **a**) (be busy) estar ocupado em [*washing, ironing etc*]; **to** ~ **sth again** fazer qq coisa outra vez; **she's been** ~**ing too much lately** ela tem tido muito que fazer ultimamente; **will you** ~ **something for me?** és capaz de me fazer um favor?; **b**) (make smart) **to** ~ **sb's hair** pentear alg; **to** ~ **one's teeth** lavar os dentes; **to** ~ **the living room in pink** pintar a sala de cor de rosa; **c**) (finish) acabar com; **have you done**

complaining? já acabaste de te queixar?; **tell him now and have done with it** diz-lhe agora e acaba com isso; **that's done it** (task successfully completed) está feito; (expressing dismay) não faltava mais nada; **d)** (complete through study) fazer [*subject, degree, homework*]; **e)** (write) fazer [*translation, critique*]; **f)** (effect change) fazer; **what have you done to your hair?** que é que fizeste ao cabelo?; **g)** (hurt) fazer mal, magoar; **to ~ sth to one's arm** magoar o braço; **h)** (deal with) lidar com; **they don't ~ theatre tickets** eles não vendem bilhetes de teatro; **to ~ breakfasts** servir pequenos almoços; **i)** (cook) fazer [*sausages, spaghetti etc*]; **well done** [*meat*] bem passado; **j)** (prepare) preparar [*vegetables*]; **k)** (produce) montar [*play*]; fazer [*film, programme*] (**on** sobre); **l)** (imitate) imitar [*celebrity, mannerism*]; **m)** (travel at) andar a; **to ~ 60** andar a 60 à hora; **n)** (cover distance of) fazer [*30 km, etc*]; **o)** (cheat) **we've been done** fomos enganados; **to ~ sb out of 5** enganar alg em 5 libras; **p)** (rob) limpar; **to ~ a bank** limpar um banco; **q)** (arrest, convict) **to get done for** fazer-se apanhar por [*illegal parking etc*]. **2** *vi* (*3rd pers sing pres* **does**, *past* **did**, *pp* **done**) **a)** (behave) fazer; **~ as you're told** (by me) faz como te digo; (by others) faz o que te dizem; **b)** (serve purpose) servir; **that box will ~** essa caixa serve; **c)** (be acceptable) **this really won't ~!** (as reprimand) isto não pode continuar!; **d)** (be sufficient) [*amount of money*] chegar; **e)** (finish) acabar; **f)** (get on) [*person*] sair-se bem; [*business*] prosperar; **g)** (in health) **mother and baby are both ~ing well** mãe e filho encontram-se bem. **3** *v. aux* (*3rd pers sing pres* **does**, *past* **did**, *pp* **done**) **a)** (with questions, negatives) **did you take my pen?** levaste a minha caneta?; **he didn't look well** ele não parecia estar bem; **b)** (for emphasis) **so you ~ want to go after all** então sempre queres ir afinal de contas; **c)** (referring back to another verb) **he said he'd tell her and he did** ele' disse que lhe ia contar e contou mesmo; **you draw better than I ~** desenhas melhor que eu; **d)** (in requests, imperatives) **~ sit down** por favor, sente-se; **don't you tell me what to ~!** não me digas o que devo fazer!; **e)** (in tag questions and responses) **he lives in Portugal, doesn't he?** ele vive em Portugal, não vive?; **"who wrote it?" - "I did"** "quem escreveu isto?" - "(fui) eu"; **"he knows the President" - "does he?"** "ele conhece o Presidente" - "a sério?"; **so, neither does he** ele também/também não. **4** *n* GB festa *f*; **his leaving ~** a sua festa de despedida. IDIOMAS **~ as you would be done by** não faças aos outros o que não gostarias que te fizessem a ti; **how ~ you ~** muito prazer; **it's a poor ~ if** é bastante grave se; **it was all I could ~ not to...** consegui controlar-me para não...; **nothing ~ing!** (no way) nem pensar! ou nada feito!; **well done!** bravo!; **what are you going to ~ for money?** onde vais arranjar dinheiro?; **all the ~s and don'ts** tudo o que se deve e não deve fazer. ■ **do away with**: **~ away with (sth)** desembaraçar-se de [*procedure, custom, rule, feature*]; suprimir [*bus service etc*]; demolir [*building*]; **~ away with (sb)** (kill) desembaraçar-se de, ver-se livre de

[*person*]. ■ **do in**: **~ (sb) in a)** (kill) matar; **b)** (exhaust) esgotar, fatigar, extenuar. ■ **do out**: **~ (sth) out, ~ out (sth)** limpar a fundo [*room*]. ■ **do up**: **~ up** [*dress, coat*] apertar, abotoar, fechar; **~ (sth) up, ~ up (sth) a)** (fasten) apertar [*laces*]; fechar [*zip*]; **~ up your buttons** aperta os botões; **b)** (wrap) fazer [*parcel*]; **c)** (renovate) renovar [*house, furniture*]; **~ oneself up** arranjar-se, melhorar a aparência. ■ **do with**: **~ with (sth/sb) a)** (involve) dizer respeito, ter a ver com; **it has something to ~ with** isso tem qq coisa a ver com; (concern) **it has nothing to ~ with you** isso não te diz respeito; **b)** (tolerate) suportar; **I can't ~ with all these changes** não suporto todas estas mudanças; **c)** (need) ter necessidade de; **I could ~ with a holiday** preciso de ter férias; **d)** (finish) **it's all over and done with** isso já acabou; **have you done with my pen?** já não precisas da minha caneta?. ■ **do without**: **~ without (sb/sth)** passar sem [*person, advice, etc*].

docile ['dəʊsaɪl] *adj* dócil.

dock [dɒk] **1** *n* **a)** NAUT, IND doca *f*; (for repairing ships) **(dry)** ~ doca seca; US (wharf) cais *m*; **to come into** ~ entrar na doca; **to be in** ~ (for repairs) estar em reparação; **b)** GB JUR banco *m* dos réus; **the prisoner in the** ~ o réu *m*; **c)** BOT azeda *f*. **2** *modif* (*also* ~s) NAUT, IND [*area*] das docas. **3** *vtr* **a)** NAUT pôr no estaleiro [*ship*]; **b)** VET cortar a cauda [*animal's tail*]; **c)** GB (reduce) reduzir [*wages*]. **4** *vi* NAUT (come into dock) entrar no cais.

dockyard ['dɒkjɑ:d] *n* estaleiro *m*.

doctor ['dɒktə(r)] **1** *n* **a)** MED médico *m*; doutor *m*; **to be under a** ~ GB estar a ser seguido pelo médico; **to play ~s and nurses** brincar aos médicos; **b)** UNIV doutor *m*. **2** *vtr* **a)** (tamper with) adulterar [*food, wine*]; falsificar [*accounts, figures*]; alterar [*document, text*]; **b)** GB VET castrar [*cat, dog, etc*]. IDIOMAS **that's just what the** ~ **ordered!** era só o que me faltava!.

doctorate ['dɒktərət] *n* doutoramento *m*; **~ in science** doutoramento *m* em Ciências.

doctrine ['dɒktrɪn] *n* doutrina *f*.

document ['dɒkjʊmənt] **1** *n* documento *m*; **to study all the ~s in a case** JUR estudar o dossier dum caso. **2** *vtr* **a)** (give account of, record) descrever; **b)** (support or prove with documents) documentar [*case, claim, etc*]; **well ~ed report** relatório *m* bem documentado; **c)** NAUT munir dos papéis necessários [*ship*].

documentary [dɒkjʊ'mentərɪ] **1** *n* documentário *m* (**about, on** sobre); **television/radio ~** documentário televisivo/radiofónico. **2** *adj* [*film, realism, technique, source*] documental.

documentation [dɒkjʊmen'teɪʃn] *n* (documents) documentação *f*; COMM documentos *mpl*.

dodder ['dɒdə(r)] **1** *n* BOT cuscuta *f*. **2** *vi* caminhar de forma vacilante, titubear.

doddering ['dɒdərɪŋ], **doddery** ['dɒdərɪ] *adj* [*person*] (unsteady) instável; (senile) senil, gágá (fam); [*movement*] vacilante, trôpego.

doddle ['dɒdl] (coll) *n* GB **it's a ~** é canja (fam).

dodge [dɒdʒ] **1** *n* **a)** (movement) movimento *m* lateral SPORT (in boxing) esquiva *f*; (in football) finta *f*; **b)** (coll) GB (trick) truque *m*; **to be up to all the ~s** conhecer todos os truques. **2** *vtr* esquivar-se a [*bullet, blow*]; escapar a [*pursuers*]; escamotear [*issue*]; não pagar [*tax*]; evitar [*person*]; **to ~ military service, to ~ the draft** US safar-se do serviço militar (fam).

dodgem (car) ['dɒdʒəm(ka:(r))] *n* GB carro *m* de choque.

dodgy ['dɒdʒɪ] (coll) *adj* GB (untrust worthy) [*person, business, method*] duvidoso; (risky, dangerous) [*decision, plan, investment*] arriscado; [*situation, moment*] delicado; [*finances*] precário; [*weather*] instável; **his health is a bit ~** a saúde dele é um pouco frágil.

dodo ['dəʊdəʊ] *n* ZOOL dodó *m*; droute *m*. IDIOMAS **to be as dead as a ~** cair no esquecimento.

doe [dəʊ] *n* **a)** (deer) corça *f*; **b)** (of rabbit) coelha *f*.

DOE [di:əʊ'i:] *abbrev* **a)** GB abrev = **Department of the Environment**; **b)** US abrev = **Department of Energy**.

does [dʌz] see **do**.

doesn't ['dʌznt] (does not) see **do**.

doff [dɒf] *vtr* (dated *or* hum) tirar [*hat, coat, etc*]; **to ~ one's hat to sb** cumprimentar alg (tirando o chapéu).

dog [dɒg] **1** *n* **a)** cão *m*; (female) cadela *f*; (coll) **the ~s** GB SPORT (greyhound racing) as corridas *fpl* de galgos; **b)** (male fox, wolf, etc) macho *m*; **c)** (coll) (person) **you lucky ~!** seu felizardo!; **d)** CONSTR (gen) gancho *m*. **2** *vtr* (*pres p etc* **-gg-**) **a)** (follow) seguir de perto [*person*]; **to ~ sb's footsteps** seguir os passos de alg; **b)** (*usu in passive*) (plague) **to be ~ged by misfortune** ser perseguido pela desgraça. IDIOMAS **it's ~ eat ~** cada um que se amanhe (fam); **every ~ has its day** todos têm o seu dia de sorte (Prov); **give a ~ a bad name (and hang him)** quem vê a sua honra difamada nunca mais ganha o respeito dos outros; **they don't have a ~'s chance** eles não têm a mínima hipótese; **it's a ~'s life** é uma vida de cão.

dog: ~ **collar** *n* coleira *f*; (hum) (clergyman's collar) gola *f* de padre; **~-eared** *adj* com os cantos dobrados; **~fight** *n* **a)** (lit) luta *f* de cães; (coll, fig) (between people) zaragata *f* PO, brigalhada *f* BR; **b)** MIL, AVIAT combate *m* aéreo.

dogged ['dɒgɪd] *adj* [*attempt*] obstinado; [*persistance, insistance*] tenaz; [*refusal*] teimoso; [*person*] teimoso, perseverante; **a ~ campaigner for human rights** um militante obstinado pelos direitos humanos.

doggerel ['dɒgərəl] *npl* verso *m* de pé quebrado.

doggo ['dɒgəʊ] (coll) *adv* GB **to lie ~** fazer de morto.

doggy ['dɒgɪ] (coll) *n* (childish talk) béu-béu *m*; cãozinho *m*.

doggy bag *n* saco *m* para levar restos de comida.

dog: ~**house** *n* canil *m*; ~**leg** *n* AUT viragem *f* brusca.

dogma ['dɒgmə] *n* dogma *m*.

dogmatic [dɒg'mætɪk] *adj* dogmático.

do-gooder [du:'gʊdə(r)] (coll) *n* (pej) bom samaritano *m*.

dog: ~**rose** *n* (flower) rosa *f* brava; (bush) roseira *f* brava; ~**sbody** (coll) *n* GB burro *m* de carga (fam); pau *m* para toda a colher (fam); ~**tired**

(coll) *adj* estafado, exausto; ~**watch** *n* quarto *m* de duas horas; meio quarto *m*.

doily ['dɔɪlɪ] *n* (underneath plate) naperão *m*.

doing ['du:ɪŋ] **1** *n* this is her ~ isto é obra dela; **it's none of my** ~ não fui eu que fiz isso; **it takes some ~!** isso não é fácil!. **2 doings** *npl* **a)** (actions) acções *fpl*; actos *mpl*; (events) acontecimentos *mpl*; **b)** (coll) **the ~s** GB os apetrechos *mpl*.

do-it-yourself, DIY [du:ɪtjə'self] *n* sistema *m* de faça-você-mesmo.

doldrums ['dɒldrəmz] *npl* (area) zona *f* das calmas equatoriais. IDIOMAS **to be in the ~** [*person*] estar deprimido; [*economy, company*] estar parado ou estagnado.

dole [dəʊl] *n* GB subsídio *m* de desemprego; **to be/go on the ~** estar no/ir para o desemprego. ■ **dole out:** ~ **out (sth)**, ~ **(sth) out** distribuir, repartir.

doleful ['dəʊfl] *adj* triste, sombrio, lúgubre.

doll ['dɒl] *n* **a)** boneca *f*; **to play with a ~** *or* **with one's ~s** brincar com bonecas; **b)** (coll) (pretty girl) rapariga *f* PO/moça *f* BR ou mulher *f* bonita; **c)** (helpful person) **you were a ~ to come with me!** eras um amor, se viesses comigo. ■ **doll up** (coll) ~ **up (sb/sth)**, ~ **(sb/sth) up** embonecar [*person, room, house*].

dollar ['dɒlə(r)] *n* FIN, COMM (bill, monetary unit) dólar *m*; **the 64 thousand ~ question** a questão crucial.

dollar: ~ **bill** *n* nota *f* de dólar; ~ **sign** *n* símbolo do dólar.

dollop ['dɒləp] *n* **a)** (lit) colherada *f* (**of** de); **b)** (coll, fig) dose *f* (**of** de).

dolly ['dɒlɪ] **1** *n* **a)** (coll) (childish talk) (doll) boneca *f*; **b)** (mobile platform) plataforma *f* móvel; **c)** (for washing clothes) batedor *m* de roupa; **d)** TECH bigorna *f* portátil. **2** *vi* **to ~ in/out** CIN, TV fazer um travelling para a frente/para trás.

Dolomites ['dɒləmaɪts] *pr n* **the ~** GEOG os Dolomitas.

dolphin ['dɒlfɪn] *n* golfinho *m*.

dolt [dəʊlt] *n* (pej) estúpido *m*.

domain [də'meɪn] *n* domínio *m* (**of** de).

dome [dəʊm] *n* ARCHIT cúpula *f*; zimbório *m*.

domestic [də'mestɪk] **1** *n* (dated) (servant) criado *m*. **2** *adj* **a)** POL (home) [*market, affairs, policy, demand*] interno; [*flight*] doméstico; **b)** (housework-related) [*activity*] doméstico; ~ **chores** tarefas *fpl* domésticas; **c)** (family) [*situation, life*] familiar; [*dispute*] conjugal; ~ **bliss** a felicidade *f* familiar; **d)** (in the home) [*consumption, consumer*] doméstico; **e)** [*animal*] doméstico.

domestic science *n* GB economia *f* doméstica.

dominance ['dɒmɪnəns] *n* **a)** (fact of dominating group or individual) domínio *m* (**of** de); **b)** (overwhelming presence, numerical strength) predomínio *m*; preponderância *f* (**of** de).

dominant ['dɒmɪnənt] *n* **a)** MUS (fifth note) dominante *m*; **b)** BIOL genes *m* dominantes.

dominate ['dɒmɪneɪt] **1** *vtr* dominar [*region, spouse, town*]. **2** *vi* **a)** (control others) [*person*] dominar; **b)** (predominate) [*issue, topic, question*] predominar.

dominion [də'mɪnjən] *n* **a)** (authority) domínio *m*; autoridade *f* (**over** sobre); **b)** (territorial possession) domínios *mpl*.

domino ['dɒmɪnəʊ] *n* **a)** GAMES (piece) peça *f* de dominó; **b)** FASH, HIST (cloak) dominó *m*.
don [dɒn] **1** *n* GB UNIV professor *m* universitário de Oxford ou Cambridge. **2** *vtr* vestir [*gloves*]; pôr [*hat*].
donate [dǝ'neɪt] *vtr* doar qq coisa [*money, kidney, body*] (**to** a).
donation [dǝ'neɪʃn] *n* donativo *m* (**of** de; **to** a).
done [dʌn] *pp* see **do**.
donkey ['dɒŋkɪ] *n* ZOOL burro *m*. IDIOMAS **"when was that?" "~'s years ago"** "quando é que isso foi?" "há séculos"; **she could talk the hind legs off a ~!** ela fala que nem uma gralha!.
donkey work *n* trabalho *m* insano.
donor ['dǝʊnǝ(r)] *n* **a)** MED (of organ) dador *m*; **b)** FIN, SOCIOL (of money) doador *m*.
don't [dǝʊnt] = **do not**.
donut *n* US see **doughnut**.
doodle ['du:dl] *n* rabisco *m*; gatafunho *m*.
doom [du:m] **1** *n* (death) morte *f*; (unhappy destiny) fado *m*; **to have a sense of impending ~** ter maus pressentimentos; **it's not all ~ and gloom!** ainda há esperança!. **2** *vtr* condenar [*person, object*] (**to** a); **to be ~ed to failure** ser votado ao fracasso.
doomsday ['du:mzdeɪ] *n* fim *m* do mundo; juízo *m* final.
door [dɔ:(r)] *n* **a)** (gen) porta *f* (**to** de; **in** em); **behind closed ~s** à porta fechada; **b)** AUT, RAIL porta *f*; **"mind the ~s, please"** "atenção às portas automáticas"; **c)** (entrance) entrada *f*; **to be on the ~** estar à ou na entrada. IDIOMAS **to be at death's ~** estar às portas da morte; **to get a foot in the ~** (fig) ter um pé dentro de qq coisa (organização, grupo, etc); **to lay sth at sb's ~** (fig) imputar qq coisa a alg; **to slam the ~ in sb's face** (lit) bater com a porta no nariz de alg; (fig) mandar passear alg (fam); **to show sb the ~** (fig) pôr alg na rua.
door: ~**keeper** *n* porteiro *m*; ~**man** *n* (at hotel) porteiro *m*; ~**mat** *n* (lit, fig) capacho *m*; ~**post** *n* ombreira *f* da porta.
doorstep ['dɔ:step] **1** *n* **a)** (step) degrau *m*; **b)** (threshold) soleira *f* da porta. **2** *adv phr* **a)** (very near) muito perto; **b)** (unpleasantly close) mesmo ao lado.
door: ~**stop** *n* mecanismo *m* para manter uma porta aberta ou para a impedir de bater na parede; ~**-to-~** **1** *adj* [*canvassing, car service, salesman*] ao domicílio. **2** **to** ~ *adv phr* **to sell sth** ~ **to** ~ vender qq coisa porta-a-porta ou ao domicílio.
doorway ['dɔ:weɪ] *n* entrada *f*.
dope [dǝʊp] **1** *n* **a)** (coll) (illegal drugs) droga *f*; **b)** (medicine, drug inducing sleep) sonífero *m*; **c)** (coll) (information) dica *f*; informação *f* secreta (**on** sobre); **d)** (coll) (fool) imbecil *m/f*. **2** *vtr* **a)** SPORT (to improve performance) dopar [*horse, athlete*]; **b)** (to make unconscious) drogar [*person*].
dopey ['dǝʊpɪ] *adj* **a)** (silly) embrutecido; **b)** (not fully awake) zonzo.
dormant ['dɔ:mǝnt] *adj* **a)** GEOL [*volcano*] inactivo; **b)** (fig) [*emotion, sensuality, talent*] latente; **to lie** ~ estar latente.
dormer ['dɔ:mǝ(r)] *n* águas-furtadas *fpl*.
dormitory ['dɔ:mɪtǝrɪ], **dorm** [dɔ:rm] (coll) *n* GB dormitório *m*.

dormouse ['dɔ:maʊs] *n* (*pl* **dormice**) ZOOL rato *m* (do campo).
dosage ['dǝʊsɪdʒ] *n* dosagem *f*; (on label) posologia *f*.
dose [dǝʊs] **1** *n* **a)** MED dose *f* (**of** de); **b)** (fig) MED (bout) **a** ~ **of flu** uma boa gripe *f* ou um ataque *m* de gripe. **2** *vtr* **to** ~ **sb with medicine** empanturrar-se de medicamentos. IDIOMAS **like a** ~ **of salts** a toda a velocidade.
dot [dɒt] **1** *n* **a)** (gen) ponto *m*; **b)** ~, ~, ~ PRINT reticências *fpl*. **2** *adv phr* **on the** ~ em ponto; **at two o'clock on the** ~, **on the** ~ **of two o'clock** às duas horas em ponto. **3** *vtr* **a)** (in writing) pôr os pontos em [*i, j*]; **b)** CULIN salpicar [*chicken, joint*] (**with** de); **c)** (be scattered along) **fishing villages** ~ **the coast** aldeias piscatórias estavam espalhadas ao longo da costa. IDIOMAS **since the year** ~ (coll) há séculos.
dotage ['dǝʊtɪdʒ] *n* **to be in one's** ~ estar na segunda infância.
dote [dǝʊt] *vi* **to** ~ **on sb/sth** adorar alg/algo.
doting ['dǝʊtɪŋ] *adj* **his** ~ **parents** os pais que o adoram.
dotted ['dɒtɪd] *adj* **a)** FASHN (spotted) com pintas; **b)** MUS [*note*] em crescendo ou em staccato.
dotty ['dɒtɪ] (coll) *adj* GB [*person*] tolo.
double ['dʌbl] **1** *n* **a)** **a** ~ **please** (drink) um duplo, por favor; **b)** (of person) sósia *m*; CIN, THEAT duplo *m*; **he's your** ~! é o teu sósia!; **c)** GAMES (in bridge) dobro *m*; (in dominoes) doble *m*; **to throw a** ~ (in darts, game) dobrar. **2** **doubles** *npl* (in tennis) pares *mpl*; **ladies'/mixed** ~**s** pares senhoras/mistos; **to play a game of** ~**s** fazer um jogo de pares. **3** *adj* **a)** (twice as much) [*portion, dose*] duplo,-a (*before n*); **a** ~ **helping** uma dose dupla; **a** ~ **vodka** um vodka duplo; **b)** (when spelling, giving number) **Anne is spelt** GB *or* **spelled** US **with a** ~ **"n"** Anne escreve-se com dois "n"; **two** ~ **four (244)** duzentos e quarenta e quatro; **c)** (dual, twofold) duplo,-a; **to serve a** ~ **purpose** ter função dupla; **with a** ~ **meaning** com dois sentidos; ~**-page advertisement** anúncio de duas páginas; **d)** (intended for two people or things) [*sheet, blanket etc*] de casal; [*ticket, invitation*] para dois. **4** *adv* **a)** (twice) duas vezes; **she earns** ~ **what I earn** ela ganha duas vezes mais do que eu; **I need** ~ **this amount** preciso do dobro; **to take** ~ **the time** levar duas vezes mais tempo; ~ **three is six** duas vezes três são seis; **b)** [*fold, bend*] em dois/duas; **bent** ~ **with pain** dobrado,-a de dores; **to see** ~ a ver a dobrar. **5** *vtr* **a)** (increase twofold) dobrar [*amount, rent, dose etc*]; multiplicar (algo) por dois [*number*]; **b)** (*also* ~ **over**) (fold) dobrar em dois [*blanket etc*]; dobrar [*thread*]; **c)** (in spelling) dobrar [*letter*]; **d)** (in cards) (in bridge) dobrar; **to** ~ **the stakes** dobrar a aposta; **e)** MUS repetir [*part*]. **6** *vi* **a)** [*sales, prices, salaries etc*] dobrar; **to** ~ **in value** dobrar em valor; **b)** **to** ~ **for sb** CIN, THEAT dobrar alg; **c)** (serve dual purpose) **the sofa** ~**s as a bed** o sofá serve de cama. IDIOMAS **on** *or* **at the** ~ (fig) rápido; MIL em passo de corrida; ~ **or quits!** (in gambling) dobra ou perde! ▪ **double back** [*person, animal*] arrepiar caminho; [*road etc*] dar meia volta. ▪ **double up a)** (bend one's body) dobrar-se em dois; **to** ~ **up with laughter** dobrar-

-se de riso; **b)** (share sleeping accommodation) partilhar o mesmo quarto; **c)** GB (in betting) apostar em dois cavalos (em duas corridas consecutivas).

doubly ['dʌblɪ] *adv* [*punished, deprived, disappointed*] duplamente; **I made ~ sure that...** eu verifiquei duas vezes que...; **to be ~ careful** redobrar de cuidados.

doubt [daʊt] **1** *n* dúvida *f*; **there is no ~ (that)...** não há dúvida que...; **there is no ~ about sth** não há dúvida acerca de qq coisa.; **to have no ~ (that)...** não duvidar que...; **I have my ~s about whether he's telling the truth** duvido que ele esteja a dizer a verdade; **to have one's ~s about doing** ter dúvidas em fazer; **no ~** sem dúvida; **to be in ~** [*outcome, project, future*] ser incerto; [*person*] estar na dúvida, não ter a certêza; [*honesty, innocence, guilt*] ser posto em dúvida; **if/ when in ~** na dúvida, em caso de dúvida; **to be open to ~** [*evidence, testimony*] estar sujeito a dúvida; **to cast** *or* **throw ~ on sth** [*person*] pôr qq coisa em dúvida; [*book, evidence*] lançar dúvidas sobre qq coisa; **she was beyond (all) ~** *or* **without (a) ~ the finest singer of her day** ela foi sem dúvida alguma a melhor cantora do seu tempo; **there is no room for ~** não há motivo para dúvidas. **2** *vtr* duvidar de [*fact, evidence, value, ability, honesty, person*]; **I ~ it (very much)!** duvido (muito)!; **to ~ (if** *or* **that** *or* **whether)...** duvidar que... (+ *v. subj.*) **I ~ed whether** *or* **that she would come** duvidava que ela viesse. **3** *vi* duvidar.

doubtful ['daʊtfl] **1** *n* POL indeciso *m*. **2** *adj* **a)** (unsure) [*person, expression*] céptico; [*future, weather, evidence, result*] incerto; [*benefit*] duvidoso; **to be ~** [*person*] ter dúvidas; **it is ~ if** *or* **that** *or* **whether** é duvidoso que... (+ *v subj*) **to be ~ about doing** ter dúvidas em fazer ou hesitar fazer; **I am ~ as to his suitability for the job** duvido que ele convenha para o trabalho; **b)** (questionable) [*character, past, activity, taste*] discutível.

doubtfully ['daʊtfəlɪ] *adv* (hesitantly) [*speak, say*] de forma hesitante ou duvidosa; (with disbelief) [*speak, say*] com um ar céptico.

doubtless ['daʊtlɪs] *adv* sem dúvida.

dough [dəʊ] *n* **a)** CULIN massa *f*; **bread/pizza ~** massa de pão/de pizza; **b)** (coll) (money) massa *f* (cal).

doughnut, donut US ['dəʊnʌt] *n* donut *m*; **jam/ cream ~** donut de geleia/creme.

dour [dʊə(r)] *adj* [*person, expression*] carrancudo; [*mood, indifference*] aborrecido; [*building*] austero.

douse, dowse [daʊs] *vtr* apagar [*flame, fire*]; mergulhar [*person, room*]; **to ~ sb/sth with water** encharcar de água alg/algo.

dove [dʌv] **1** *n* ZOOL pombo *m*. US **2** *past see* **dive**.

dovecot(e) ['dʌvkɒt] *n* pombal *m*.

dovetail ['dʌvteɪl] **1** *n* CONSTR (joint) encaixe *m* em forma de cauda de andorinha. **2** *vtr* **a)** (fig) fazer concordar [*plans, policies, research, arguments*]; **b)** CONSTR encaixar [*pieces*].

dowager ['daʊədʒə(r)] *n* viúva *f* (hum).

dowdy ['daʊdɪ] *adj* [*woman*] deselegante; [*clothes*] fora de moda; [*image*] desalinhado; (coll) **I**

look so ~! pareço mesmo um saco de batatas! (fam).

dowel ['da wəl] **1** *n* cavilha *f*. **2** *vtr* (*pres p etc* **-ll-** GB, **-l-** US) unir com cavilhas.

down[1] [daʊn] **1** *adv* **a)** (from higher to lower level) para baixo; **to go/come ~** descer; **to fall ~** cair; **to sit ~ on the floor** sentar-se no chão; **to pull ~ a blind** baixar um estore; **"~"** (in crossword) verticais *fpl*; **read ~ to the end of paragraph** ler por aí abaixo até ao fim do parágrafo; **b)** (indicating position at lower level) em baixo; **two floors ~** dois andares abaixo; **it's on the second shelf ~** está na segunda prateleira a partir de cima; **the telephone lines are ~** as linhas telefónicas foram abaixo; **c)** (from upstairs) **is Tim ~ yet?** o Tim já desceu?; **d)** (indicating direction) **to go ~ to Lisbon** ir até Lisboa; **they moved ~ here from Braga** eles mudaram-se de Braga para cá; **they live ~ south** eles vivem lá para o Sul; **e)** (in a range, scale, hierarchy) **children from the age of 10 ~** crianças menores de 10 anos ou com menos de 10 anos; **everybody from the Prime Minister ~** todos, do Primeiro Ministro para baixo; **f)** (indicating loss of money, etc) **bookings are ~ by a half** as marcações baixaram para metade; **I'm £10 ~** faltam-me 10 libras; **g)** (indicating reduction) **to get one's weight ~** emagrecer; **to get the price ~** fazer baixar o preço; **I'm ~ to my last cigarette** só tenho um cigarro; **that's seven ~ three to go** e vão sete, só faltam três; **h)** (on list, schedule) **you're ~ to speak next** és tu o próximo a falar; **I've got you ~ for next Thursday** (in appointment book) marquei para a próxima Quinta-Feira; **i)** (incapacitated) **to be ~ with the flu** ter gripe; **j)** SPORT (behind) **to be two sets ~** [*tennis player*] ter dois setes de atraso; **k)** (as deposit) **to pay £40 ~** pagar 40 libras a pronto; **l)** (downwards) **face ~** (of person) cabisbaixo. **2** *prep* **a)** (from higher to lower point) **to run ~ the hill** descer o monte a correr; **~ town** no centro (da cidade); **b)** (at lower part of) **they live ~ the road** eles moram ali em baixo; **c)** (along) **to go ~ the street** descer a rua; **with buttons all ~ the front** todo abotoado à frente; **d)** (throughout) **~ the ages** *or* **centuries** através dos tempos ou dos séculos. **3** *adj* **a)** **to feel ~** sentir-se/estar deprimido,-a; **b)** [*escalator*] que desce; **c)** COMPUT avariado,-a. **4** *vtr* **a)** derrubar [*person*]; descer [*plane*]; **b)** emborcar [*drink*]. **IDIOMAS to have a ~ on sb** querer mal a alg; **it's ~ to you to do it** és tu que o deves fazer; **~ with tyrants!** abaixo os tiranos!.

down[2] [daʊn] *n* (feathers) (all contexts) penugem *f*.

down-and-out [daʊnən'aʊt] *n* sem abrigo *m*.

down-in-the-mouth [] *adj* abatido,-a, desanimado,-a.

download [] *vtr* COMPUT transferir.

down market [] *adj* [*products, hotel, restaurant*] de baixa qualidade; [*newspaper*] popular; [*programme*] de grande audiência.

down payment [] *n* entrada *f* (inicial).

down pipe [] *n* GB goteira *f*; algeroz *m*.

down-to-earth ['daʊntə'3:θ] *adj* [*person, approach*] prático, terra a terra; **she's very ~** (practical) ela é uma pessoa prática; (unpretentious) ela é uma pessoa simples.

downtrodden [] *adj* [*person, country*] tiranizado, subjugado.

down turn [] *n* (in economy, career) declínio *m* (**in** de); (in demand, profits, spending) queda *f* (**in** de).

down under [] *adv* na Austrália.

dowry ['da ʊrɪ] *n* (bride) dote *m*.

dowse *vtr* see **douse**.

doz *abrev* = **dozen**.

doze [dəʊz] **1** *n* soneca *f*; **to have a ~** fazer uma soneca. **2** *vi* (person, cat) dormitar. ∎ **doze off**: **to ~ off** adormecer.

dozen ['dʌzn] *n* a) Meas (twelve) dúzia *f*; **two ~ eggs** duas dúzias de ovos; **a ~people** uma dúzia de pessoas; **"£1 a ~"** 1 libra a dúzia; (to sell, buy) **by the ~** à dúzia; **b)** (several) **I've told you a ~ times!** já te disse mais de cem vezes!; **~s of** [*people, things, times*] dúzias de.

dr *abrev* = **doctor**.

drab [dræb] *adj* (colour, decor, lifestyle) monótono, apagado; (day, district) cinzento; (building, suburb) triste.

draft [drɑːft] **1** *n* a) (of letter, article, speech) rascunho *m*; borrão *m*; (of novel, play) manuscrito *m*; (of contract, law, plan) anteprojecto *m*; **b)** Fin letra *f* (**on sth** sobre qq coisa); **c)** (conscription) recrutamento *m*; **d)** (intake) Mil contingente *m*; (gen) selecção *f*; **e)** us see **draught**. **2** *modif* (agreement, resolution, version) preliminar; **~ legislation/report** anteprojecto *m* de lei/de relatório. **3** *vt* a) redigir [*letter, proposal, contract, law*]; traçar, delinear [*plan*]; **b)** Mil (conscript) incorporar (**into sth** em qq coisa); **c)** (transfer) destacar [*personnel*] (**to sth** para qq coisa; **from sth** de qq coisa); Sport seleccionar.

drafty us see **draughty**.

drag [dræg] **1** *n* a) Aviat, Phys resistência *f*; **b)** (bore) (person) chato *m* (fam); **the lecture was a ~** a conferência foi uma chatice (fam); **c)** (hindrance) (fig) estorvo *m*; entrave *m* (**to** a); **d)** (sledge) trenó *m*; **e)** (coll) us (influence) cunha *f* (fam); **f)** (coll) (puff) fumaça *f*; **g)** (women's clothes worn by men) **to dress up in ~** travestir-se. **2** *modif* Theat [*act, artist, show*] de travesti. **3** *vtr* (*pres p etc* **-gg-**) a) (pull) arrastar [*boat, leg, sledge*] (**to, up to** até; **towards** em direcção a); **to ~ sb to sth** levar alguém a ou arrastar para [*football match*]; **don't ~ me into your argument** não me metas na discussão; **b)** (search) dragar [*river, pond*]; **c)** Comput [*mouse*] deslocar [*icon*]. **4** *vi* (*pres p etc* **-gg-**) a) (go slowly) [*hours, days, story*] arrastar-se; **to ~ in sth** [*hem, belt*] arrastar-se em [*mud*]; **c)** (inhale) **to ~ on sth** dar uma fumaça em [*cigarette*]. ∎ **drag along**: **~ (sth/sb) along** arrastar (alguma coisa/alguém); **~ away ~ (sb) away from** arrancar alguém a [*TV, party*]. ∎ **drag down**: **~ (sth) down** baixar [*level, standard*]. ∎ **drag in**: **~ (sth) in** mencionar [*name, story*]. ∎ **drag on** [*conflict, speech*] arrastar-se. ∎ **drag out**: **~ (sth) out** deixar arrastar [*speech, meeting*]; **~ (sth) out of sb** arrancar qq coisa a alguém [*apology, truth*]. ∎ **drag up**: **~ (sth) up** desenterrar [*secret, past*].

dragon ['drægn] *n* (pej, hum) (woman) megera *f*; dragão *m*. IDIOMAS **to chase the ~** Mythol (drug user's slang) fumar (heroína, ópio).

dragon-fly *n* Zool libélula *f*.

drain [dreɪn] **1** *n* a) (in street) (*usu pl*) sarjeta; **b)** (in building) (sewer) cano *m* de esgoto; **c)** (ditch) fossa *f*; **d)** (fig) (of people, skills, brains) hemorragia *f* (**of** de); **e)** Med dreno *m*. **2** *vtr* a) drenar [*land, marsh, lake, wound*]; **b)** Culin escorrer [*paste, tinned food*]; **c)** (fig) esgotar [*strength, energy, funds, resources*]; **to ~ sb of energy** esgotar a energia de alguém; **d)** (drink) esvaziar [*glass*]; beber até à última gota [*drink*]. **3** *vi* a) (water, liquid) **to ~ from** *or* **out of** escoar-se; **the blood** *or* **colour ~ed from his face** o sangue desapareceu-lhe do rosto; **to ~ into** escorrer para [*sea, river, gutter*]; infiltrar-se em [*soil, rock*]; **b)** [*dishes, food*] escorrer, secar. ∎ **drain away** a) [*water, liquid*] escorrer; **b)** [*courage, hope, funds*] esgotar-se. ∎ **drain off** [*water, liquid*] escorrer.

drainage ['dreɪnɪdʒ] *n* a) (of land, marsh, wound) drenagem *f*; **b)** (system of pipes) sistema *m* de esgotos.

drainpipe ['dreɪnpaɪp] *n* (up wall of house) goteira *f*.

drake [dreɪk] *n* pato *m* (macho).

dram [dræm] *n* Pharm dracma (peso).

drama ['drɑːmə] **1** *n* a) (as art) teatro *m*; **b)** (as subject) arte *f* dramática; **c)** (play) drama *m*; peça *f* de teatro; **d)** Journ (hum) (dramatic event) drama *m*; **to make a ~ out of sth** fazer um drama de qq coisa; **e)** (excitement) euforia *f*. **2** *modif* (school, course, student) de arte dramática; **~ critic** crítica *f* de teatro.

dramatic [drə'mætɪk] *adj* a) (literature, art, irony, effect) dramático; (gesture, entrance, exit) comovente; **for ~ effect** para produzir um efeito dramático; **b)** (tense, exciting) (situation, event) dramático; **c)** (sudden, radical) (change, impact, goal, landscape) espectacular.

dramatist ['dræmətɪst] *n* autor *m* dramático; dramaturgo *m*.

dramatize ['dræmətaɪz] **1** *vtr* a) (adapt) Theat pôr em cena Cin, TV, Radio adaptar ao cinema, TV, rádio; **b)** (enact, depict) descrever; **c)** (make dramatic) dar um carácter dramático a; (pej) dramatizar [*event, problem*]. **2** *vi* dramatizar. **3** **dramatized** *pp adj* (account, series, version) dramático.

drank *pp* see **drink**.

drape [dreɪp] **1** *n* a) us (curtain) cortina *f*; **b)** (of fabric) cortinado *m*. **2** *vtr* **to ~ sth with sth, to ~ sth over sth** cobrir qq coisa com algo; **~d in a sheet** [*person, statue*] envolto num pano.

drastic ['dræstɪk, 'drɑːstɪk] *adj* a) (severe) (policy, step, measure) draconiano; (reduction, remedy) drástico; (effect) catastrófico; **b)** (dramatic) (change, effect) radical.

drastically ['dræstɪkəlɪ] *adv* a) (profoundly) (to change, reduce) radicalmente; **b)** (severely) (to reduce, limit) severamente.

draught GB, **draft** us [drɑːft] **1** *n* a) (cold air) corrente *f* de ar; **b)** (in fireplace) tiragem *f*; **c)** (beer, cider) **on ~** à pressão; **d)** (of liquid, air) trago *m*; gole *m*; **e)** GB (games) pedra *f* do jogo de damas. **2** *modif* a) (beer, cider) à pressão; **b)** (animal, horse) de tracção. IDIOMAS **if prices rise, we'll feel the ~** (coll) se os preços subirem sentir-lhe-emos os efeitos.

draughty GB, **drafty** us ['drɑːftɪ] *adj* cheio de

correntes de ar; **it's very ~ here** há muitas correntes de ar aqui.
draw [drɔ:] **1** *n* **a)** (raffle) sorteio *m*; **b)** (gen) SPORT (tie) (in match) empate *m*; **"who won?"** - **"it was a ~"** "quem ganhou?" - "empataram"; **c)** (attraction) (person, film, event, place) atracção *f*. **2** *vtr* (*past* **drew** *pp* **drawn**) **a)** (lit) desenhar [*plan, sketch, picture, cartoon, person, object*]; traçar [*line, circle, square*]; fazer [*analogy, comparison, parallel, distinction*]; **to ~ a picture** (lit) fazer um desenho, desenhar; **b)** (pull) [*animal, car, engine*] puxar [*object, cart, rope, plough*]; [*machine, suction*] aspirar [*gas, liquid*]; **to ~ water from a well** tirar água dum poço; **to ~ a pint of beer** tirar uma imperial; **to ~ blood** fazer correr sangue; **c)** (derive) tirar [*conclusion*] (**from** de); **to ~ comfort from sb** procurar conforto junto de alg; **d)** (*usu in passive*) (cause to talk) fazer falar [*person*] (**about, on** sobre); **I'd hoped she'd tell me, but she wouldn't be ~n** *or* **she refused to be ~** eu esperava que ela falasse, mas ela recusou fazê-lo; **to ~ sth from** *or* **out of sb** obter qq coisa de alg [*information*]; arrancar qq coisa de alg [*truth*]; **I managed to ~ a smile from him** consegui arrancar-lhe um sorriso; **e)** (attract) [*person, event, film*] atrair [*crowd, person*] (**to** para, em direcção a); suscitar [*reaction, criticism, interest*]; **to ~ sb's attention to sth** atrair a atenção de alg sobre qq coisa; **to ~ sb to sb/sth** atirar ou empurrar alg para alg/qq coisa [*person, religion, profession*]; **to ~ sb into sth** introduzir alg em qq coisa [*conversation*]; **they were drawn together by sth** eles aproximaram-se devido a qq coisa; **to ~ sb to do** levar alg a fazer; **f)** FIN (take out) retirar, levantar [*money*] (**from** de); passar [*cheque, bill of exchange, promissory*] (**on** sobre); (receive) receber [*salary, wages, pension*]; **g)** GAMES (choose at random) tirar à sorte [*name, ticket, winner*]; **h) to ~ a match** SPORT empatar um jogo; **i)** (remove, pull to) extrair [*tooth*]; tirar [*thorn, splinter, sting*] (**from** de); desembainhar [*sword, dagger*]; **to ~ a gun on sb** puxar pela arma e apontá-la a alg; **j)** CULIN (disembowel) tirar as vísceras a [*chicken, turkey, goose*]; **k)** TECH esticar [*wire*]. **3** *vi* (*pret* **drew** *pp* **draw**) **a)** (make picture) desenhar; **b)** (move) **to ~ ahead (of sth/sb)** (lit, fig) [*vehicle, person*] ganhar terreno (a qq coisa/alg); **the car drew alongside the lorry** o carro colocou-se ao lado do camião Po/caminhão BR; **to ~ closer** *or* **nearer** [*time, date, ordeal*] aproximar-se; **to ~ into sth** [*train, bus*] chegar a [*station*]; **to ~ level** encontrar-se ao mesmo nível; **to ~ over** [*vehicle*] desviar-se; **to ~ round** [*people*] juntar-se em volta de; **to ~ to a halt** parar; **to ~ to a close** *or* **an end** [*day, event, life*] aproximar-se do fim; **c)** (gen) SPORT (in match) empatar; (finish at same time in race) chegar ao mesmo tempo; **d)** (choose at random) **to ~ for sth** tirar qq coisa à sorte; **e)** [*chimney, pipe*] tirar; [*pump, vacuum cleaner*] aspirar; **f)** [*tea*] abrir (quando está em infusão). **IDIOMAS to be quick/slow on the ~** (coll) (in understanding) ser de compreensão rápida/lenta; (in replying) ter/não ter a resposta pronta; **to ~ the line** fixar o limite; **to ~ the line at doing** recusar-se a fazer. ■ **draw apart**: ~

(sth) apart separar algo [*pieces*]. ■ **draw aside**: ~ **aside** [*person*] afastar-se; ~ **(sb) aside** chamar alg de parte; ~ **(sth) aside, ~ aside (sth)** correr [*curtain*]; afastar [*screen, object*]. ■ **draw away**: ~ **away** [*vehicle, train, person*] (move off) afastar-se (**from** de); (move ahead) ganhar terreno (**from** sobre); ~ **(sth) away ~ away (sth/sb)** afastar qq coisa/alg. ■ **draw back**: ~ **back** (move back, recoil) recuar; (refrain) abster-se; ~ **(sth) back, ~ back (sth)** abrir [*curtains*]; retirar [*hand, foot*]; (fig) fazer voltar [*person*]. ■ **draw down**: ~ **(sth) down, ~ down (sth)** baixar [*blind, screen, veil*]. ■ **draw in a)** [*days*] diminuir; **b)** (arrive) [*train, bus*] chegar. ■ **draw off**: ~ **off** [*vehicle, train*] partir; [*enemy, army*] bater em retirada; ~ **(sth) off, ~ off (sth)** tirar [*beer, water*]; tirar, despir [*gloves, shoes, garment*]. ■ **draw on: ~ on** (approach) [*time, date, season*] aproximar-se; (pass) [*time*] passar; [*evening, day, season*] avançar; ~ **on (sth)** (*also ~ upon sth*) extrair, explorar [*skills, strength, reserves, savings*]; **the report ~s on information from...** o relatório retira informações de...; ~ **on (sth), ~ (sth) on** enfiar, calçar [*gloves, shoes*]; vestir [*garment*]. ■ **draw out a)** [*train, bus*] sair, partir; **b)** [*day, night*] tornar-se maior; ~ **(sth) out, ~ out (sth) a)** (gen) tirar [*handkerchief, purse, cigarette, knife*]; retirar [*cork, nail, splinter*]; extrair [*tooth*]; aspirar [*liquid, air*]; **b)** FIN sacar [*cash, money*]; **c)** (cause to last longer) fazer durar, arrastar [*meeting, speech, meal, interview*]; **d)** (extract) arrancar [*information, truth, secret, confession*]; **e)** TECH (stretch) esticar [*wire, thred, metal*]; ~ **(sb) out** (make less shy) desinibir alg. ■ **draw up: ~ up** [*vehicle*] parar; [*boat*] acostar; ~ **up (sth), ~ (sth) up a)** estabelecer [*contract, criteria, costings, proposals, etc*]; redigir [*report*]; **b)** (pull upwards) içar [*bucket, box, bridge*]; ~ **(sb/sth) up, ~ up (sb/sth)**.
drawback [ˈdrɔ:bæk] *n* (gen) inconveniente *m*; desvantagem *f*.
drawbridge [ˈdrɔ:brɪdʒ] *n* ponte *f* levadiça.
drawer [ˈdrɔ:ə(r), drɔ:(r)] *n* **a)** (in chest, cabinet, table, etc) gaveta *f*; **b)** FIN sacador *m*.
drawing [ˈdrɔ:ɪŋ] **1** *n* (picture) desenho *m*. **2** *modif* [*course, class, teacher, tools*]; de desenho.
drawing: ~ board *n* **a)** (fig) **we'll have to go back to the ~ board** é preciso recomeçar tudo; **the project never got off the ~ board** o projecto nunca ultrapassou a fase inicial; **b)** (lit) prancheta *f*; ~ **office** *n* gabinete *m* de desenho; ~ **pin** *n* pionés *m*; ~ **room** *n* sala *f* de visitas.
drawl [drɔ:l] **1** *n* fala *f* arrastada. **2** *vtr* **"how about that!"** **she ~ed** "é esta!" disse ela com uma voz arrastada. **3** *vi* falar com uma voz arrastada.
drawn [drɔ:n] **1** *pp* see **draw**. **2** *adj* **a)** [*face, look*] contraída, crispada; **b)** SPORT [*game, match*] nulo.
drawstring [ˈdrɔ:strɪŋ] **1** *n* cordão *m*. **2** *modif* [*bag*] que fecha com um cordão.
dread [dred] **1** *n* terror *m*; **to have a ~ of sth** (real fear) estar aterrorizado com qq coisa; (weaker) ter horror de qq coisa; **to live in ~ of sth/sb** viver aterrorizado com qq coisa/alg; (apprehension) temer algo. **2** *vtr* **a)** (not look for-

ward to) recear (**doing sth** fazer algo); **what would she say?** — **I** ~ **to think** que diria ela? — eu prefiro não pensar; **b**) (stronger: fear) temer. **3 dreaded** *pp adj* (hum) (thing) horrível.

dreadful ['dredfl] *adj* **a**) (unpleasant) (weather, person) horroroso; (day) mau; (emphatic) **what a** ~ **nuisance** (coll) que azar!; **a** ~ **mess** uma trapalhada!; **I had a** ~ **time trying to convince him** eu perdi imenso tempo a tentar convencê-lo; **b**) (poor quality) (film, book, meal) lamentável; (horrifying) (accident, injury, crime) atroz; **c**) (ill) **to feel/look** ~ sentir-se/estar com um ar terrível.

dreadfully ['dredfəlɪ] *adv* **a**) (emphatic) (disappointed, cross, short of money) muito; (sorry, wrong) verdadeiramente; **I miss her** ~ sinto muito a sua falta; **b**) (horribly) (suffer, treat) horrivelmente.

dream [driːm] **1** *n* **a**) (while asleep) sonho *m*; "**sweet** *or* **pleasant** ~**s**" sonhos cor-de-rosa; **b**) (while awake) devaneio *m*; **to be in a** ~ estar nas nuvens ou na lua; **it is** (**like**) **a** ~ **come true** é como se fosse um sonho; **the car of my** ~**s** o carro dos meus sonhos; **c**) (wonderful person or thing) **the house is** ~ a casa é um sonho; **it worked like a** ~ isso funcionou às mil maravilhas. **2** *modif* [*house, kitchen, car, holiday*] de sonho. **3** *vtr* (*past, pp* ~**t**, ~**ed**) **a**) (while asleep) sonhar (**that** que); **b**) (imagine) **I never** ~**t** (**that**)... nunca pensei que.... **4** *vi* **a**) (while asleep) sonhar; **he** ~**t about** *or* **of sth/doing** ele sonhou com qq coisa/que fazia; **b**) (while awake) sonhar acordado, estar nas nuvens ou na lua; **you're** ~**ing if you think I'm going to change my mind** estás a sonhar, se pensas que vou mudar de opinião; **c**) (be presumptuous enough) **I wouldn't** ~ **of doing that** nunca me passaria pela cabeça fazer uma coisa dessas. ▪ **dream away**: ~ **away the afternoon** passar a tarde a sonhar. ▪ **dream up**: ~ (**sth**) **up,** ~ **up** (**sth**) inventar [*plan, excuse, idea, theory*]; [*writer*] imaginar [*character, plot*].

dreamer ['driːmə(r)] *n* **a**) (person who doesn't pay attention) sonhador *m*; distraído *m*; **b**) (idealist) idealista *m/f*.

dreamless ['driːmlɪs] *adj* [*sleep*] sem sonhos.

dreamt [dremt] *past, pp* see **dream 3, 4**.

dreary ['drɪərɪ] *adj* (weather, landscape) triste; (person, life, routine) monótono.

dredge [dredʒ] *vt* **a**) dragar [*mud, river, channel*]; **b**) CULIN salpicar, polvilhar (**with sth** de qq coisa). ▪ **dredge up**: **to** ~ **up** (**sth**), ~ (**sth**) **up** rebuscar qq coisa bem no fundo da memória.

dredger ['dredʒə(r)] *n* **a**) (boat) draga *f*; **b**) CULIN objecto com furos para polvilhar.

dregs [dregz] *npl* **a**) (lit) (of wine) borras *fpl*; (of coffee) borra *f*; **b**) (fig) **the** ~ **of society/humanity** (pej) a ralé da sociedade/humanidade.

drench [drenʃ] **1** *vt* (in rain, sweat) encharcar [*person, clothes*] (**in** em); (in perfume) ensopar (**in** em). **2 drenched** *pp adj* encharcado.

dress [dres] **1** *n* **a**) (piece of women's clothing) vestido *m*; **b**) (clothing) vestuário *m*; trajo *m*; **his style of** ~ o seu modo de vestir. **2** *modif* SEWING [*material, pattern, design*] para vestido. **3** *vtr* **a**) (put clothes on) vestir [*person*]; **to get** ~**ed** vestir-se; **b**) (decorate) decorar [*Christmas

tree]; **c**) CULIN temperar [*salad*]; preparar [*crab, chicken*]; **d**) MED tratar de, fazer o penso de [*wound*]. **4** *vi* **a**) (put on clothes) vestir-se; **to** ~ **in a uniform** vestir uma farda; **b**) MIL [*troops*] formar em linha. **5** *v refl* **to** ~ **oneself** vestir-se. **6 dressed** *pp adj* vestido (**in** de). IDIOMAS ~**ed to kill** vestido(a) de forma irresistível. ▪ **dress down**: ~ (**down**) [*person*] vestir-se de forma descontraída; ~ (**sb**) **down,** ~ **down** (**sb**) repreender alg. ▪ **dress up**: ~ **up a**) (wear smart clothes) vestir-se de cerimónia; **b**) (wear fancy dress) fantasiar-se, mascarar-se.

dress circle *n* THEAT primeiro balcão *m*.

dresser ['dresə(r)] *n* **a**) (person who dresses in a certain way) **he's a sloppy/stylish** ~ ele veste-se mal/com elegância; **b**) (piece of furniture) (for dishes) aparador *m*; US (for clothes) cómoda *f* com espelho.

dressing ['dresɪŋ] *n* **a**) MED penso *m*; **b**) CULIN (sauce) molho *m*; **c**) US CULIN (stuffing) recheio *m*.

dressing: ~**-gown** *n* robe *m*; roupão *m*; ~ **room** *n* THEAT camarim *m*; (in house) quarto *m* de vestir; ~**table** *n* toucador *m*.

dress: ~ **maker** *n* modista *f*; costureira *f*; ~ **making** *n* costura *f*; ~ **rehearsal** *n* THEAT (fig) ensaio *m* geral; ~ **shirt** *n* camisa *f* de cerimónia; ~ **suit** *n* fato *m* de cerimónia.

drew *past* see **draw**.

dribble ['drɪbl] **1** *n* **a**) (of liquid) fiozinho *m*; **b**) (saliva) baba *f*; saliva *f*; **c**) SPORT drible *m*. **2** *vt* **a**) (spill) pingar [*paint*] (**on, onto sth** sobre qq coisa); **b**) SPORT (idiom) **he** ~**d the ball past two defenders** ele driblou a bola a dois defesas. **3** *vi* **a**) (liquid) pingar (**on, onto sth** sobre qq coisa); **b**) (baby, old person) babar-se; **c**) SPORT driblar.

dried [draɪd] **1** *past, pp* see **dry**. **2** *adj* [*fruit, herb, bean*] seco; [*milk, egg*] em pó.

drier ['draɪə(r)] *n* (for clothes, hair) secador *m*.

drift [drɪft] **1** *n* **a**) (current) corrente *f*; correnteza *f*; **b**) (deviation) (of plane, ship) deriva *f*; (of projectile) desvio *m*; **c**) (movement) **a** ~ **back to sth** um retorno progressivo a [*area, method, ideology*]; **the** ~ **of events** o curso dos acontecimentos; **d**) (heap) **a** ~ **of snow** um monte *m* de neve; **e**) (meaning) **to catch the** ~ **of sb's argument** compreender o sentido do argumento de alguém; **I don't follow** *or* **catch your** ~ não percebo onde queres chegar; **f**) (glacial deposit) sedimentos *mpl*; glaciares. **2** *vi* **a**) (be carried by wind, tide) [*boat*] ser arrastado pelo vento ou pela corrente; [*balloon*] voar à deriva; **b**) (pile up) [*snow*] amontoar-se; **c**) (move slowly) **to** ~ **along** (lit) (person) vaguear, andar sem destino; (fig) (person) deixar-se andar; **to** ~ **from job to job** saltar dum emprego para outro; **d**) (fig) (story) **to** ~ **into teaching** acabar por ir para o casino Po/cassino Br; **to** ~ **away from sth** [*person*] afastar-se progressivamente de qq coisa [*religion, politics*]. ▪ **drift away** [*crowd, spectators*] afastar-se (**from** de). ▪ **drift-apart** [*friends, couple, lovers*] separar-se ou afastar-se progressivamente.

drill [drɪl] **1** *n* **a**) (tool) (for wood, metal) broca *f*; (for oil) perfuração *f*; (for mining) perfuradora *f*; (dent) broca *f*; fresa *f*; **hand/power** ~ broca manual/eléctrica; **b)** (military) exercício *m*. **2** *modif* ~ **bit** (for wood, metal, masonry) verruma *f*; (for oil) perfurador *m*. **3** *vtr* **a)** furar [*wood, metal, masonry*]; perfurar [*shaft, well, tunnel*]; Dent brocar [*tooth*]; **b)** Mil treinar [*troops*]; **c)** **to ~ sb in sth** Sch [*grammar, phonetics*] fazer exercícios de qq coisa a alg. **4** *vi* **a)** (in wood, metal) fazer um buraco (**into sth** em qq coisa); Dent brocar (**into sth** em); **to ~ for** (water, oil, rock samples) fazer escavações para encontrar; **b)** Mil fazer exercícios de treino. ▪ **drill into**: ~ (**sth**) **into** (**sb**) [*grammar, dates*] meter algo na cabeça de alg.

drink [drɪŋk] **1** *n* **a)** bebida *f* Po, drinque *m* Br; **to have a ~** beber um copo, tomar uma bebida Po/um drinque *f* Br; **b)** (sip, mouthful, swip) **here, have a ~ of this!** (inviting sb to try) vá, prova!; (administering brandy to victim) beba um pouco (disto)!; **c) food and ~** comidas e bebidas; **d)** (addiction) alcoolismo *m*. **2** *vtr* (*past* **drank** *pp* **drunk**) **a)** beber [*milk, beer, pint, glass*]; **there's nothing to ~ in the fridze** não há nada para beber no frigorífico; (waiter in a restaurant) **"... and what would you like to ~?"** "... e para beber?"; **b)** engolir [*poison, paraffin, harmful substance*]. **3** *vi* (*past* **drank** *pp* **drunk**) **a)** (consume liquid) beber (**from, out of** de, por); **to ~ (straight) from the bottle** beber (directamente) da garrafa; **b)** (consume alcohol in excess, be a drinker) beber; **don't ~ and drive** se beber, não conduza; **c)** (ceremoniously) **to ~ to the bride** beber à saúde da noiva, brindar à noiva. IDIOMAS **to drive sb to ~** levar alg a bebr; **I'll ~ to that!** excelente ideia!. ▪ **drink in**: ~ **in** (**sth**), ~ (**sth**) **in** (person) respirar (qq coisa) [*air*]; embeber-se de (qq coisa) [*atmosphere*]; beber [*words*]; [*plant, roots*] absorver [*water*]. ▪ **drink up**: ~ **up** (**sth**), ~ (**sth**) **up** acabar (de beber) [*milk, beer, champagne*]; "**~ up!**" "acaba a tua bebida! Po/o teu drinque!" Br.

drinkable ['drɪŋkəbl] *adj* **a)** (safe to drink) potável; **b)** (only just acceptable) bebível.

drinker ['drɪŋkə(r)] *n* **a)** (gen) bebedor *m*; **b)** (habitual consumer of alchol) **to be a ~** beber.

drinking [drɪŋkɪŋ] **1** *n* (the consumption of any alchol) consumo *m* de álcool. **2** *modif* [*laws*] sobre o álcool; [*companion*] de copos.

drinking: ~ **fountain** *n* bebedouro *m*; fonte *f* de água potável; fontanário *m*; ~ **water** *n* água *f* potável.

drip [drɪp] **1** *n* **a)** (of liquid) gota *f*; pingo *m*; **b)** (sound) pingue-pingue *m* (fam); **the constant ~ of rain** o barulho contínuo da chuva a cair; **c)** Med (device) conta-gotas *m*; **to be on a ~** estar a soro. **2** *vtr* (*pres p etc* **-pp-**) **a)** [*leak, roof, brush*] pingar [*rain, water, paint*]; **b)** (fig) (ooze) **he ~ped charm** todo ele se desfazia em simpatia. **3** *vi* (*pres p etc* **-pp-**) **a)** [*water, blood, oil, rain*] pingar; **to ~ from, off** escorrer; **b)** [*tap, branches*] pingar; [*engine*] largar.

drip-dry ['drɪpdraɪ] **1** *adj* que se lava e se veste sem passar a ferro. **2** *vtr* **"wash and ~"** "lavar e secar".

dripping ['drɪpɪŋ] **1** *n* Culin gordura *f* do assado. **2** *adj* [*tap*] que pinga; [*washing, clothes*] molhado.

dripping wet *adj* [*cloth, person*] encharcado.

drive [draɪv] **1** *n* **a)** (car journey) **to go for a ~** dar um passeio (de carro); **to take sb for a ~** levar alg a passear (de carro); **it's only five minutes' ~ from here** são só 5 minutos de carro; **b)** (campaign, effort) campanha *f* (**against** contra; **for, towards** a favor de; **to do** para fazer); (military) ofensiva *f*; **a sales ~** uma campanha de vendas; **c)** (motivation, energy) dinamismo *m*; energia *f*; **the ~ to win** a vontade de vencer; **d)** Comput (*also* **disk ~**) unidade *f* de disco; **e)** (mechanism to transmit power) transmissão *f*; **f)** (of house) entrada *f*; **g)** Sport (in tennis, golf) drive *m*. **2** *modif* [*mechanism, system*] de transmissão. **3** *vtr* (*past* **drove** *pp* **driven**) **a)** [*driver*] conduzir, guiar [*car, bus, train, passenger, etc*]; pilotar [*racing car*]; transportar [*cargo, load*]; percorrer de carro [*distance*]; **to ~ sth into** arrumar qq coisa em [*garage, carpark, space*]; **b)** (force, compel) [*poverty, greed, urge*] forçar, impelir [*person*] (**to do** a fazer); **c)** (chase or herd) conduzir [*herd, cattle*]; **to ~ sb out of home** expulsar alg de casa; **d)** (power, propel) accionar [*engine, pump, fan*]; **what ~s you?** o que te faz correr?; **the generator is ~n by steam** o gerador funciona a vapor; **e)** (push) [*tide, wind*] empurrar [*boat, snow, rain, clouds, person*]; **f)** (force to work hard) puxar por [*pupil, recruit*]. **4** *vi* (*past* **drove** *pp* **driven**) **a)** [*driver*] conduzir, guiar; **to ~ into** entrar em [*garage, carpark, space*]; entrar por qq coisa dentro [*tree, lamp post*]; **to ~ to work** ir para o trabalho de carro; **b)** [*vehicle*]; **to ~ along** rolar; **to ~ past** passar; **to ~ at sb** dirigir-se para cima de alg. **5** *v refl* **to ~ oneself** (push oneself) **to ~ oneself to do** forçar-se a fazer; **to ~ oneself too hard** trabalhar demasiado. ▪ **drive away**: **to ~ away** arrancar; **to ~ away** (**sth**), **to ~** (**sth**) **away a)** [*driver*] fazer andar [*vehicle*]; **b)** (get rid of) afugentar, enxotar [*wolves, insects*]; dissipar [*doubt, suspicion*]; afastar [*fear, cares*]. ▪ **drive at**: **to be driving at** (**sth**) querer dizer; **what are you driving at?** onde queres chegar?, que queres dizer?. ▪ **drive back**: **to ~ back** voltar; **to ~ there and back in one day** ir e vir no mesmo dia; **to ~ back** (**sth/sb**), **to ~** (**sth/ sb**) **back a)** repelir [*crowd, enemy, animals*]; **b)** trazer de volta [*car, passenger*]. ▪ **drive on**: **to ~ on** (continue) continuar a guiar; (set off again) partir outra vez; **to ~ sb on to do sth** levar alg a fazer qq coisa. ▪ **drive out**: **to ~ out** (**sth/sb**), **to ~** (**sth/sb**) **out** afastar [*people, invader, spirits, thought*] (**of** de).

drive-in *n* **a)** (cinema) drive-in *m*; cinema *m* ao ar livre; **b)** (restaurant) restaurante *m* drive-in.

drivel ['drɪvl] **1** *n* parvoíces *fpl*. **2** *vi* ~ (**on**) dizer parvoíces (**about sth** sobre qq coisa).

driven ['drɪvn] **1** *pp see* **drive**. **2** *adj* [*person*] motivado. **3** **-driven** *in compounds* **petrol-/-motor-/steam-~** a gasolina/a motor/a vapor.

driver ['draɪvə(r)] *n* **a)** Transp (gen) motorista *m/f*; (of car) automobilista *m/f*; **b)** (mechanical component) mecanismo *m* propulsor; **c)** (golf club) taco *m* com que se joga o golfe.

driveway *n* entrada *f*.

driving ['draɪvɪŋ] **1** *n* condução *f*. **2** *modif* [*skills, habits, offence, position*] de condução. **3** *adj* [*rain*] torrencial.

driving: ~ **instructor** *n* instrutor *m* de condução; ~ **lesson** *n* aula *f* de condução; ~ **licence** GB ~**'s license** US carta *f* de condução; ~ **mirror** *n* espelho *m* retrovisor; ~ **school** *n* escola *f* de condução; ~ **seat** *n* lugar *m* do condutor; ~ **test** *n* exame *m* de condução.

drizzle ['drɪzl] **1** *n* METEOROL chuvisco *m*. **2** *vi* METEOROL chuviscar.

dromedary ['drɒmɪdərɪ, 'drʌmɪdərɪ] *n* dromedário *m*.

drone [drəʊn] **1** *n* (of engine) ronco *m*; (of insects) zumbido *m*. **2** *vi* (engine) roncar; (loudly) bramir; (insect) zumbir.

drool [druːl] *vi* **a)** (lit) babar-se; **b)** (coll) (with lust, desire) babar-se de inveja, de desejo; **to** ~ **over sth/sb** babar-se ao ver qq coisa/alg.

droop [druːp] **1** *n* prostração *f*; abatimento *m*. **2** *vi* [*eyelids*] tombar, cair; [*head, shoulders, wings, branch*] baixar; [*moustache*] descair.

drop [drɒp] **1** *n* **a)** (drip, globule) (gen) MED gota *f*; ~ **by** ~ gota a gota; **he's definitely had a** ~ **too much!** (euph) ele bebeu demais; **b)** (decrease) [*in prices, inflation, numbers, exports, etc*] baixa *f*; diminuição *f* (**in** em, de); **a 5%** ~ **in sth, a** ~ **of 5% in sth** uma queda de 5% em qq coisa; **c)** (vertical distance, slope) **there's a** ~ **of 100 m from the top to the water below** há uma altura de 100 m do cimo até à água lá em baixo; **don't lean out — it's a big** ~ não te debruces — é alto; **d)** (delivery of supplies, equipment) (from aircraft) lançamento *m*; (from lorry, van) entrega *f*; (parachute jump) salto *m* de paraquedas; **to make a** ~ (from aircraft) efectuar um lançamento; (from lorry, van: also of drugs, stolen foods, etc) fazer uma entrega; [*parachutist*] dar um salto; **e)** (on necklace, earring) conta *f*; **f)** **pear/lemon** ~ CULIN pastilha *f* ou rebuçado *m* de pêra/limão; **g)** (fig) (advantage) vantagem *f*; **to get/have the** ~ **on sb** adquirir/ter vantagem sobre alg. **2** *vtr* (*pp, pres p etc* **-pp-**) **a)** (allow to fall) (especially by accident) deixar cair; ~ **it!** deixa isso!; **b)** [*aircraft*] largar [*supplies, equipment, bomb, shell*]; **c)** (*also* ~ **off**) deixar (ficar) [*person, object*]; **d)** (lower) baixar [*curtain, sail, hem, neckline, price*]; **to** ~ **one's eyes** baixar os olhos; **e)** (implying casualness) **to** ~ **a hint about sth** fazer alusão a qq coisa; **to** ~ **sb a card** enviar um cartão a alg; **f)** (omit, exclude) (deliberately) suprimir [*article, scene from play, word*]; afastar [*team member, player*]; (by mistake) omitir [*figure, letter, digit*]; não pronunciar [*sound, syllable*]; (give up, abandon) abandonar, desistir de [*school subject, work*]; renunciar a [*idea, plan, habit, custom*]; **can we** ~ **that subject, please?** podemos falar de outra coisa, por favor?; **g)** (gen) SPORT (lose) perder [*money, point, game, serve*]; **h)** ZOOL (give birth to) dar à luz [*calf, foal, young*]. **3** *vi* **a)** (fall, descend) [*object, liquid, curtain*] cair; [*person*] (deliberately) deixar-se cair; (by accident) cair; **his mouth** ~**ped open** (from surprise) ele ficou boquiaberto; (from sleep) ele ficou de boca aberta; **the sun** ~**ped below the horizon** o sol desapareceu no horizonte; **the plane** ~**ped to an altitude of 1000 m** o avião desceu até a uma altitude de 1000 m; **b)** (fall away) **the cliff** ~**s into the sea** a falésia desce até ao mar;

c) (decrease, lower) [*prices, inflation, noise, wind, speed, etc*] baixar, diminuir. IDIOMAS **to** ~ **a brick** *or* **clanger** (coll) ter um deslize, pôr o pé na argola (fam); **a** ~ **in the bucket** *or* **ocean** uma gota de água no oceano; **to** ~ **sb in it** (coll) meter alg em sarilhos. ▪ **drop away a)** (diminish) [*attendance, numbers, support, interest*] diminuir; **b)** [*path, road*] (fall steeply) descer bruscamente; (end) parar bruscamente. ▪ **drop back** ficar para trás, atrasar-se. ▪ **drop behind a)** see ~ **back**; **b)** (fig) (in school, at work) ficar para trás. ▪ **drop by, drop in:** ~ **in and have a cup of tea** venha tomar chá cá à casa. ▪ **drop off a)** [*handle, leaf, label, hat*] cair; **b)** (*also* ~ **off to sleep**) adormecer; **c)** (become weaker, fewer, etc) [*attendance, numbers, demand, interest*] diminuir. ▪ **drop out a)** (fall out) [*object, handkerchief, contact lens*] cair (**of** de); **b)** (withdraw) (from contest, race) desistir; (from project) retirar-se; (from school, university) abandonar os estudos; (from society) marginalizar-se; **the coins will gradually** ~ **out of circulation** as moedas vão ser progressivamente retiradas de circulação. ▪ **drop over** see ~ **round**. ▪ **drop round** see ~ **by**; ~ **(sth) round I'll** ~ **your books round after school** vou-te entregar os livros depois das aulas.

drop-out *n* **a)** (from society) marginal *m/f*; (from school) aluno *m* que abandona os estudos; **b)** SPORT (in rugby) reposição *f* da bola em jogo.

droppings ['drɒpɪŋz] *npl* (of animals) excrementos *mpl*.

drop shot *n* SPORT amorti *m*; **to play a** ~ fazer um amorti.

dross [drɒs] *n* (rubbish) lixo *m*; **it's** ~ não vale nada.

drought [draʊt] *n* seca *f*.

drove [drəʊv] **1** *past* see **drive**. **2** *n* (of people) (*usu pl*) multidão *f*; **in** ~**s** em massa.

drown [draʊn] **1** *vtr* **a)** (kill by immersion) afogar [*person, animal*]; **b)** (make inaudible) abafar [*song, sound, voice*]; **c)** (flood) inundar, submergir [*land, village, valley*]. **2** *vi* [*person, animal*] afogar-se. IDIOMAS **to** ~ **one's sorrows** afogar as mágoas.

drowse [draʊz] *vi* (sleep lightly) dormitar; (be half asleep) estar meio a dormir.

drowsy ['draʊzɪ] *adj* (sleepy) meio adormecido; **to feel/grow** ~ ter vontade de dormir.

drudgery ['drʌdʒərɪ] *n* trabalho *m*; servil.

drug [drʌg] **1** *n* **a)** MED medicamento *m*; **to be on/off** ~**s** tomar/não tomar medicamentos; **b)** (narcotic) (lit, fig) droga *f*; **hard/soft** ~**s** drogas duras/leves; **to be on** *or* **to take** ~**s** (gen) drogar-se; SPORT dopar-se. **2** *modif* [*culture*] da droga; [*problem, shipment, smuggler*] de droga; [*company, industry*] farmacêutica. **3** *vtr* (*pres p* **-gg-**) (sedate, dope) drogar.

drug: ~ **addict** *n* toxicómano *m*; ~ **addiction** *n* toxicomania *f*.

druggist ['drʌgɪst] *n* US farmacêutico *m*.

drugstore *n* US drugstore *m*.

drum [drʌm] **1** *n* **a)** MUS, MIL tambor *m*; **b)** IND, COMM bidão *m*; (larger) barril *m*; **c)** TECH, AUT tambor *m*. **2 drums** *npl* (set) **the** ~**s** a bateria *f*. **3** *vtr* **to** ~ **one's fingers** tamborilar com os dedos (**on** sobre); **to** ~ **sth into sb** (fig) enfiar qq

coisa à força na cabeça de alg. **4** *vi* (beat drum) tocar tambor; (make drumming sound) tamborilar. ■ **drum home**: ~ **(sth) home** conseguir fazer compreender qq coisa [*lesson, message, point*]. ■ **drum out**: ~ **(sth) out** expulsar (alg) a toque de caixa [*person*] (fam). ■ **drum up**: ~ **up (sth)** angariar (qq coisa) [*support*].
drum: ~ **major** *n* tambor-mor *m*; ~ **majorette** *n* majorete *f*.
drummer ['drʌmə(r)] *n* **a)** (in military band) tambor *m* (a pessoa que toca); **b)** (jazz or pop musician) baterista *m/f*.
drumstick *n* **a)** Mus baqueta *f*; **b)** Culin (of chicken) perna *f*.
drunk [drʌŋk] **1** *pp* see **drink**. **2** *n* ébrio *m*; bêbedo *m*. **3** *adj* bêbedo, embriagado; **to get** ~ embriagar-se; **to get sb** ~ embriagar alg.
drunkard ['drʌŋkəd] *n* bêbedo *m*; ébrio *m*.
drunken ['drʌŋkn] *adj* [*person*] embriagado; [*state*] de embriaguez.
dry [draɪ] **1** *adj* **a)** [*clothing, ground, hair, ink, etc*] seco; **to get** ~ secar-se; **to get sth** ~ secar qq coisa; **to wipe sth** ~ enxugar qq coisa; **b)** [*weather, climate, season, month*] seco; [*day*] **it will be** ~ **tomorrow** amanhã não vai chover; **c)** [*wine sherry, etc*] seco; **d)** [*book, reading, subject matter*] árido; **e)** [*wit, person, aside*] irónico. **2** *adv* **to run** ~ [*river, stream*] secar; [*funds,supplies*] esgotar-se; **the kettle has boiled** ~ evaporou-se a água da chaleira. **3** *vtr* secar [*clothes, washing, fruit, flowers*]; **to** ~ **the dishes** limpar a loiça; **to** ~ **one's eyes** limpar as lágrimas; **to** ~ **one's hair** secar o cabelo. **4** *vi* [*sheet, clothes, hair, etc*] secar. IDIOMAS **(as)** ~ **as dust** chato como a potassa (fam). ■ **dry off** [*material, object*] secar; [*person*] secar-se. ■ **dry out a)** [*wood, walls, day, soil*] secar; **don't let the plant** ~ **out** não deixes a planta secar; **b)** (coll) [*alcoholic*] desintoxicar-se. ■ **dry out a)** [*stream, river, well, spring*] secar; **b)** [*supply, source, funds, money*] esgotar-se; **c)** (wipe crockery etc) [*person*] limpar a loiça.
dry-clean [draɪ'kli:n] *vtr* limpar a seco.
dry: ~**-cleaner's** *n* lavandaria *f*; tinturaria *f*; ~**-cleaning** *n* limpeza *f* a seco; ~ **dock** *n* doca *f* seca.
dryer ['draɪə(r)] *n* see **drier**.
drying-up [draɪɪŋ'ʌp] *n* **to do the** ~ limpar a loiça.
dryness ['draɪnɪs] *n* (of skin, weather) secura *f*; (of soil) aridez *f*.
dry run *n* ensaio *m*.
dual ['dju:əl] **1** *n* Ling dual. **2** *adj* duplo.
dual: ~ **carriage way** *n* faixa *f* dupla; ~**-purpose** *n* de ou para uso *m* duplo.
dub [dʌb] **1** *vt* (into foreign language) dobrar [*film*] (**into sth** em qq coisa); misturar [*sound effect*] (**onto sth** a qq coisa). **2 dubbed** *pp adj* (film) dobrado.
dubious ['dju:bɪəs] *adj* **a)** (showing doubt) (response, look) dúbio, indeciso; (person) **to be** ~ **(about sth)** ter dúvidas (sobre qq coisa); **b)** (arguable) (translation, answer) duvidoso; **c)** (suspect) (motive, çlaim) suspeito; (reputation, person) duvidoso; **d)** (distinction) discutível.
dubiously ['dju:bɪəslɪ] *adv* (expressing doubt) (say) duvidosamente, dubiamente; (look at) com um ar inseguro.

duchess ['dʌtʃɪs] *n* duquesa *f*.
duck [dʌk] **1** *n* Zool, Culin (*pl* ~**s** *or collect* ~) pato *m*. **2** *vtr* **a)** (lower) **to** ~ **one's head** baixar a cabeça; **b)** (avoid being hit by) desviar rapidamente [*punch, ball*]; **c)** (fig) (avoid) evitar [*issue, question*]; esquivar-se a [*responsibility*]; **d)** (push under water) meter debaixo da água, mergulhar [*person*]. **3** *vi* [*person*] baixar a cabeça; [*boxer*] evitar um golpe. IDIOMAS **he took to it like a** ~ **to water** ele estava como um peixe dentro d'água; **(there's no point in telling him off) it's like water off a** ~**'s back** (é inútil dizer-lhe alguma coisa) isso não o afecta.
duck-egg blue *n, adj* azul turquesa *m*.
ducking ['dʌkɪŋ] *n* **to get a** ~ apanhar um banho forçado.
duckling ['dʌklɪŋ] *n* patinho *m*.
duck pond *n* lago *m* de patos.
duct [dʌkt] *n* **a)** Tech (for air, water) conduto *m*; **b)** Anat via *f*; canal *m*.
dud [dʌd] (coll) **1** *n* (defective object) **the television is a** ~ o televisor está escangalhado. **2** *npl* (dated, coll) ~**s** roupas *fpl*. **3** *adj* **a)** (defective) [*engine, radio, etc*] escangalhado; [*battery*] em baixo; [*firework, shell*] defeituoso; **b)** (fake) [*coin, banknote*] falso.
dude [dju:d, du:d] (coll) *n* (gen) (man) tipo *m* (fam).
dudgeon ['dʌdʒn] *n* irritação *f*; ressentimento *m*. IDIOMAS **in high** ~ (hum) bastante ofendido.
duel ['dju:əl] *n* (lit, fig) duelo *m*.
duet [dju:'et] *n* (composition) dueto *m*.
duffle: ~ **bag** *n* saco *m* de marinheiro; ~ **coat** *n* canadiana *m*; (casaco *m* comprido com capuz).
dug [dʌg] *past, pp* see **dig**.
duke [dju:k] *n* duque *m*.
dull [dʌl] **1** *adj* **a)** (boring, uninteresting) aborrecido; **b)** (not bright) [*complexion, glow*] baço; [*colour, eyes*] apagado; **c)** [*weather, outlook, sky*] nublado, carregado; **d)** [*explosion, rumble, thud*] surdo; **e)** [*blade, knife*] embotado; **f)** Fin [*market, business*] calmo; **g)** [*ache*] surdo. **2** *vtr* embaciar [*shine, finish*]; (fig) embotar [*senses, appetite, pain*].
dullness ['dʌlnɪs] *n* (of life) marasmo *m*; (of routine) monotonia *f*; (of company, conversation) falta *f* de interesse; (of complexion) falta *f* de brilho.
duly ['dju:lɪ] *adv* **a)** (correctly) (gen) devidamente; **b)** (as expected) como se esperava; **c)** (as arranged) como previsto.
dumb [dʌm] *adj* **a)** (unable to speak) mudo; **to be struck** ~ emudecer; **b)** (coll) (stupid) [*person*] estúpido; [*question, idea*] idiota.
dumbfounded *adj* pasmado.
dummy ['dʌmɪ] **1** *n* **a)** (model) manequim *m/f*; (of ventriloquist) boneco *m*; **b)** GB (for baby) chucha *f*; **c)** Games (in bridge) (cards) morto *m*. **2** *modif* [*fruit, furniture*] de imitação; [*passport, document*] falso; [*shell, bomb*] de exercício.
dummy run *n* Mil ataque *m* simulado.
dumpy ['dʌmpɪ] *adj* rechonchudo, gorducho, atarracado.
dunce [dʌns] *n* ignorante *m/f*.
dune [dju:n] *n* duna *f*.
dung [dʌŋ] *n* (- c) (gen) excremento *m*; (for manure) estrume *m*.

dungarees [dʌŋgə'riːz] *npl* **a)** (fashionwear) jardineiras *fpl*; **b)** (workwear) fato *m* de macaco.
dungeon ['dʌndʒn] *n* masmorra *f*; calabouço *m*.
dunk [dʌŋk] *vtr* [*food, object*] molhar (**in** em).
duo ['djuːəʊ] *n* (*pl* ~s) **a)** THEAT (double act) dupla *f*; duo *m*; **b)** MUS (duet) dueto *m*.
dupe [djuːp] **1** *n* pateta *m/f*. **2** *vtr* enganar PO, embromar BR [*victim, investor*]; **to** ~ **sb into doing sth** ludibriar alg levando-o a fazer qq coisa.
duplex ['djuːpleks] *n* US (apartment) duplex *m*; (house) casa *f* geminada.
duplicate 1 ['djuːplɪkət] *n* **a)** (copy) duplicado *m*; **in** ~ em duplicado; (of painting, cassette, video) cópia *f*; **b)** (photocopy) fotocópia *f*. **2** ['djuː-plɪkət] *adj* (copied) [*cheque, receipt*] em duplicado. **3** ['djuːplɪkeɪt] *vtr* **a)** (copy) fazer uma cópia de [*document, painting, cassette, film*]; **b)** (photocopy) fotocopiar. **4** ['djuːplɪkeɪt] *vi* BIOL reproduzir-se.
duplication [djuːplɪ'keɪʃn] *n* **a)** (copy) (of cassette, video, etc) cópia *f*; **b)** (copying) reprodução *f*; **c)** (repeating) (of effort, work) repetição *f* inútil.
duplicator ['djuːplɪkeɪtə(r)] *n* duplicador *m*.
duplicity [djuː'plɪsɪtɪ] *n* (character trait) duplicidade *f*.
durability [djʊərə'bɪlɪtɪ] *n* durabilidade *f*.
durable ['djʊərəbl] **1 durables** *npl* bens *mpl* duradouros. **2** *adj* [*material, plastic, metal*] resistente; [*equipment*] sólido; [*friendship*] duradouro.
duration [djʊə'reɪʃn] *n* duração *f*; **for the** ~ **of the meeting** durante toda a reunião. IDIOMAS **for the** ~ (coll) (for ages) para sempre.
duress [djʊə'res, 'djʊərəs] *n* (gen) JUR coacção *f*; **to do sth under** ~ fazer qq coisa sob coacção.
during ['djʊərɪŋ] *prep* durante.
dusk [dʌsk] *n* (twilight) anoitecer *m*; crepúsculo *m*; (liter) (semi-darkness) lusco-fusco *m*; **at** ~ ao anoitecer.
dusky ['dʌskɪ] *adj* [*complexion*] mate; [*person, limbs, cheeks*] de cor baça.
dust [dʌst] **1** *n* (grime, ground, fine grit) pó *m*; poeira *f*; **to allow the** ~ **to settle** (lit) deixar assentar o pó; **to throw** ~ **in sb's eyes** (fig) deitar poeira aos olhos de alguém. **2** *vtr* **a)** (clean) limpar o pó a [*furniture, house*]; **b)** (coat lightly) polvilhar [*cake*] (**with** de); empoar [*face*]. **3** *vi* limpar o pó; ~**bin** *n* GB caixote *m* do lixo. ■ **dust off: to** ~ (**sth**) **off a)** (clean) limpar o pó de [*surface, table*]; **b)** (brush off) escovar, espanejar [*crumbs, powder*].
dust cover *n* (on book) sobrecapa *f*; (on furniture) capa *f* protectora.
duster ['dʌstə(r)] *n* (cloth) pano *m* do pó.
dusting ['dʌstɪŋ] *n* **a)** (cleaning) limpeza *f* (do pó); **to do the** ~ limpar o pó; **b)** (layer) camada *f*; **a fine** ~ **of snow** uma fina camada de neve.
dustman *n* GB homem *m* do lixo; almeida *m*.
dustpan ['dʌstpæn] *n* pá *f* do lixo; **a** ~ **and brush** uma pá e uma vassoura.
dust sheet *n* lençol *m* protector contra a poeira.
dust-up ['dʌstʌp] (coll) *n* **a)** (quarrel) discussão *f*; **to get into** *or* **have a** ~ **with sb** ter uma discussão com alguém; **b)** (fight) sova *f*; **to get into** *or* **have a** ~ **with sb** envolver-se à pancada com alguém.

dusty ['dʌstɪ] *adj* **a)** (grimy) [*house, table, road*] poeirento; **furniture gets** ~ **quickly** os móveis enchem-se de poeira facilmente; **b)** (terse) [*answer*] seco; **to give sb a** ~ **answer** responder secamente a alguém.
Dutch [dʌtʃ] **1** *n* **a)** LING holandês *m*; **b)** **the** ~ os Holandeses *mpl*. **2** *adj* [*culture, food, football, politics*] holandês; [*teacher, lesson, dictionary*] de holandês. IDIOMAS (coll) **to go** ~ **with sb** pagar cada um a sua parte, fazer contas à moda do Porto (fam).
Dutch barn *n* telheiro *m* para proteger cereais.
Dutch courage [dʌtʃ'kʌriːdʒ] *n* coragem *f* provocada pelas bebidas alcoólicas.
Dutchman ['dʌtʃmən] *n* (*pl* **Dutchmen**) holandês *m*.
Dutchwoman ['dʌtʃwʊmən] *n* (*pl* **Dutchwomen**) holandesa *f*.
dutiable ['djuːtɪəbl] *adj* TEX sujeito a imposto (aduaneiro).
dutiful ['djuːtɪfl] *adj* **a)** (obedient) [*person, behaviour*] obediente; [*act*] respeitoso; [*smile*] delicado; **b)** (conscientious) [*person*] consciencioso.
duty ['djuːtɪ] *n* **a)** (obligation) dever *m* (**to sb** para com); **to have a** ~ **to do** ter o dever de fazer; **it's my** ~ **to...** é meu dever...; **to do one's** ~ cumprir o seu dever; **in the course of** ~ MIL em serviço; (gen) no exercício das suas funções; **to feel** ~ **bound to do** sentir-se no dever de fazer; **moral/legal** *or* **statutory** ~ obrigação *f* moral/legal; **b)** (task) (*gen pl*) função *f*; **to take up one's duties** cumprir as suas funções; **c)** (work) **to be on/off** ~ MIL, MED estar/não estar de serviço; **to go on/off** ~ começar/acabar o seu serviço; **to do** ~ **for sth** (substitute) servir de algo; **d)** TAX imposto *m* (aduaneiro); **customs duties** direitos *mpl* de alfândega; **to pay** ~ **on sth** pagar direitos sobre qq coisa.
duty-free *adj, adv* isento de direitos aduaneiros; ~ **allowance** quantidade *f* de mercadorias isentas.
duty: ~**-frees** *npl* mercadorias *fpl* isentas; ~**-free shop** *n* loja *f* que vende produtos isentos de impostos.
duvet ['duːveɪ] *n* edredão *m*.
dwarf [dwɔːf] **1** *n* anão/anã *m/f*. **2** *vtr* (render small) (lit) tornar mais pequeno.
dwell [dwel] *vi* (*past, pp* **dwelt**) (liter) **a)** (live) habitar, morar (**in** em); **b)** (talk about at length) alongar-se sobre; **c)** MUS prolongar [*note*]. ■ **dwell (up) on** (think about) [*person, mind*] insistir.
dwelling ['dwelɪŋ] (formal) *n* domicílio *m*.
dwelt [dwelt] *past, pp* see **dwell**.
dwindle ['dwɪndl] *vi* (*also* ~ **away**) [*numbers, resources, strength*] diminuir; [*interest, enthusiasm*] decrescer; [*health*] declinar.
dye [daɪ] **1** *n* **a)** (product) tinta *f*; **hair** ~ tinta *f* para o cabelo; **b)** (substance) corante *m*. **2** *vtr* tingir [*material, dress, etc*]; **to** ~ **sth red** tingir qq coisa de vermelho; ~**-in-the-wool** inveterado; **to** ~ **one's hair** pintar o cabelo.
dying ['daɪɪŋ] **1** (*pres p*) see **die**. **2** *n* **a)** *pl* (people) **the** ~ os moribundos *mpl*; **b)** (death) morte *f*. **3** *adj* **a)** (about to die) [*person, animal, forest, plant*] agonizante, moribundo; **b)** (disappearing)

[*art, game, practice, tradition, industry*] a desaparecer; **c**) (final) [*minutes, stages, moments*] último (*before n*) **to my ~ day** até ao dia da minha morte.
dyke [daɪk] *n* **a**) (embankment) (to prevent flooding) dique *m*; **b**) (ditch) fosso *m*; vala *f*; **c**) GEOL filão *m*.
dynamic [daɪˈnæmɪk] *adj* dinâmico.
dynamism [ˈdaɪnəmɪzm] *n* dinamismo *m*.

dynamite [ˈdaɪnəmaɪt] *n* (lit) dinamite *f*.
dynamo [ˈdaɪnəməʊ] *n* **a**) ELEC dínamo *m*; **b**) (coll) (fig) (person) **he's a real ~** ele tem muita energia.
dynasty [ˈdɪnəstɪ] *n* dinastia *f*.
dysentery [ˈdɪsəntərɪ] *n* disenteria *f*.
dyslexia [dɪsˈleksɪə] *n* dislexia *f*.
dyslexic [dɪsˈleksɪk] *n, adj* disléxico *m*.

Ee

e, E [i:] *n* **a)** (letter) e, E *m*; **b)** Mus Mi *m*; **c)** Geog abrev = **east** E.

each [i:tʃ] **1** *det* [*person, group, object*] cada, todos/as (*mpl/fpl*) ~ **time I do** todas as vezes que eu faço; ~ **morning** cada manhã, todas as manhãs; ~ **and every day** todos os dias sem excepção. **2** *pron* cada um/uma *m/f*; ~ **will receive** cada um receberá; **we ~ want something different** cada um de nós quer uma coisa diferente; ~ **of you** cada um de vocês; **oranges at 30 p** ~ laranjas a 30 pences cada.

each other [i:tʃˈʌðə(r)] *pron* (also one another) um/a ao outro/a; **they know ~** eles conhecem--se; **to help ~** ajudar-se um ao outro; **they wear ~'s clothes** elas usam a roupa uma da outra; **kept apart from ~** separados um do outro.

eager [ˈi:gə(r)] *adj* [*person, acceptance*] ansioso,-a; [*anticipation*] impaciente; [*student*] entusiástico; **to be ~ to do** (keen) estar desejoso de fazer; (impatient) estar impaciente por fazer; **to be ~ for sth** estar ávido de algo; **to be ~ to please** procurar agradar.

eagle [ˈi:gl] *n* Zool águia *f*.

eagle eyed *adj* (sharp eyed) com olho *m* de lince; (vigilant) vigilante.

ear [ɪə(r)] **1** *n* **a)** Anat, Zool (external) orelha *f*; (inner) ouvido *m*; **inner/middle/outer ~** ouvido interno/médio/externo; **b)** (hearing, perception) **to have good ~s** ouvir bem ou ter um bom ouvido; **to play (music) by ~** tocar (música) de ouvido; **c)** Bot (of wheat, corn) espiga *f*. **2** *modif* [*infection*] no(s) ouvido(s); [*operation*] ao(s) ouvido(s). IDIOMAS **about** *or* **around one's ~s** à sua volta; **to be all ~s** (coll) ser todo ouvidos; **it has come to my ~s that...** chegou-me aos ouvidos que...; **to have** *or* **keep one's ~ to the ground** prestar atenção à opinião pública; **my ~s are burning** tenho as orelhas a arder; **to be out on one's ~** (coll) (from job) ter sido despedido; (from home) ter sido posto na rua; **to be up to one's ~s in debt/work** estar enterrado em dívidas/trabalho até ao pescoço; **(to have) a word in sb's ~** falar com alg em privado.

ear: ~**ache** *n* **to have** ~**ache** GB *or* **an** ~**ache** US ter dor de ouvidos; ~**drum** *m* tímpano *m*.

earl [ɜ:l] *n* conde *m*.

early [ˈɜ:lɪ] **1** *adj* **a)** [*death*] prematuro; **b)** [*delivery, settlement*] rápido; **c)** Bot [*vegetable, fruit*] temporão; **d)** **to be in one's ~ 30s** ter pouco mais que 30 anos; **to have an ~ lunch** almoçar cedo; **to take the ~ train** apanhar o primeiro comboio PO/trem BR; ~ **man** o homem primitivo; **at an ~ age** em novo; **at an ~ hour** muito cedo; **in ~ childhood** na primeira infância; **in the ~ hours** de manhã cedo; **at your earliest convenience** assim que lhe for possível; **the earliest days of the cinema** os primórdios do cinema. **2** *adv* **a)** (relatively early, near start of sth) [*leave, book, start, get up, go to bed*] cedo; ~ **in the afternoon** no princípio da tarde; **(very) ~ on** desde o princípio; **I realized ~ on that...** compreendi rapidamente que...; **can you make it earlier?** (arranging date) pode ser mais cedo?; **as I said earlier** como já disse antes; **b)** (before expected or arranged time, too soon) [*arrive, leave, come, go, ripen*] com antecedência; **I'm sorry to arrive a bit ~** *or* **I'm sorry I'm a bit ~** peço desculpa por ter chegado antes da hora; **to retire ~** reformar-se cedo. IDIOMAS (Prov) **it's the ~ bird that gets the worm!** o mundo pertence a quem se levanta cedo.

early: ~ **bird** *n* (in character) madrugador *m*; ~ **closing day** *n* GB **Thursday is ~ closing day** a 5.ª Feira, é o dia em que as lojas fecham mais cedo; ~ **warning 1** *n* **to be** *or* **come as an ~ warning of sth** ser um aviso prévio de qq coisa. **2** *modif* [*sign*] precursor; [*symptom*] primeiro, prévio.

earmark 1 *n* (fig) marca *f*. **2** *vtr* (fig) destinar [*money, person, site*] (**for** para).

earn [ɜ:n] *vtr* (lit) ganhar [*money, salary, etc*] (**by doing** por fazer); (fig) merecer [*respect, reward*]; Fin [*shares, etc*] render [*interest, profit*]; **to ~ a** *or* **one's living** ganhar a vida.

earner [ˈɜ:nə(r)] *n* **a)** (person) assalariado *m*; **b)** (coll) (source of money) **a nice little ~** uma bela fonte de receitas, a árvore das patacas (fam).

earnest [ˈɜ:nɪst] **1** *n* (seriousness) **to be in ~** não estar a brincar (fam); **to begin** *or* **start (to do sth) in ~** começar (a fazer qq coisa) a sério. **2** *adj* **a)** (serious) [*person*] sério; **b)** (sincere) [*intention*] firme; [*desire*] profundo; [*promise, wish*] sincero; **c)** (fervent) [*plea, prayer*] ardente.

earnestly [ˈɜ:nɪstlɪ] *adv* **a)** (seriously) [*speak, discuss, ask*] seriamente; **b)** (sincerely) [*hope, wish*] sinceramente.

earnings [ˈɜ:nɪŋz] *npl* (of person) salário *m*; (of company) lucros *mpl*; Fin (from shares) (taxa *f* de); rendimento *m*.

ear: ~**phones** *npl* auscultadores *mpl*; ~**plug** *n* tampão *m* para os ouvidos; ~**ring** *n* brinco *m*; ~**-splitting** *adj* [*scream, shout, yell*] estridente; ~**shot** *n* **to be out of/in** *or* **within ~shot (of sb)** estar fora do alcance/ao alcance da voz de alg.

earth [ɜ:θ] **1** *n* **a)** (planet) (*also* E~) terra *f*; Terra *f*; **life on ~** a vida na terra; **to the ends of the ~** até ao fim do mundo; **b)** (coll) **nothing on ~** nada no mundo; **to feel like nothing on ~** sentir-se muito mal; **what on ~!** que diabo!; **to charge/cost the ~** cobrar/custar os olhos da cara (fam); **c)** (soil) terra *f*; **d)** (foxhole) toca *f*; covil *m*; **to go to ~** meter-se na toca; **e)** Elec GB terra *f*. **2** *vtr* Elec GB ligar PO/conectar BR (qq coisa) à terra. IDIOMAS **to expect the ~** querer a lua.

earthenware [ˈɜ:θnweə(r)] **1** *n* loiça *f* de barro. **2** *modif* [*crockery*] de barro.

earthly [ˈɜːθlɪ] *adj* **a**) (terrestrial) terrestre; **b**) (coll) **it's no ~ use** isso não presta para nada; **there's no ~ reason** não há nenhuma razão.

earthquake [ˈɜːθkweɪk] *n* tremor *m* de terra; terramoto *m*.

earth-shaking, earth-shattering (coll) *adj* espantoso, extraordinário.

earthworm [ˈɜːθwɜːm] *n* minhoca *f*.

earthy [ˈɜːθɪ] *adj* **a**) (natural) [*person*] terra a terra; **b**) (rude) [*joke, story*] rude; **c**) (covered in soil) cheio de terra; **d**) [*taste, smell*] a terra.

ease [iːz] **1** *n* **a**) (lack of difficulty) facilidade *f*; **for ~ of sth** para facilitar qq coisa; **with ~** facilmente ou com facilidade; **b**) (freedom from anxiety) **at ~** à vontade; **to put sb's mind at ~ (about sth)** tranquilizar alguém (a propósito de alguma coisa; **c**) (affluence) (affluence) bem estar *m*; conforto *m*. **2** *vtr* **a**) (lessen) atenuar, diminuir [*pain, worry, tension, problem*]; reduzir [*congestion, speed, restrictions*]; **b**) (make easier) acalmar [*situation*]; facilitar [*communication, development, task*]; **c**) (more carefully) **to ~ sth into sth** introduzir qq coisa delicadamente em qq coisa. **3** *vi* **a**) (lessen) [*tension, pain, pressure*] atenuar-se; [*congestion, overcrowding*] reduzir-se; [*rain, snow, interest rate*] diminuir; [*fog*] dissipar-se; FIN [*prize*] estar em ligeira baixa; **b**) (become less difficult) [*situation*] acalmar. **4** *v refl* **to ~ oneself into sth** instalar-se delicadamente em [*seat*]. ■ **ease back**: ~ **sth back, ~ back (sth)** retirar delicadamente (qq coisa). ■ **ease off**: ~ **off** (lessen) ECON (demand) reduzir-se; [*traffic, rain, snow*] diminui; [*fog*] dissipar-se; [*person*] (work less hard) deixar de trabalhar tanto. ■ **ease up** (relax) descontrair-se; **to ~ up on sb/sth** ser menos severo para com alguém/alguma coisa.

easel [ˈiːzl] *n* cavalete *m*.

easily [ˈiːzɪlɪ] *adv* **a**) (with no difficulty) [*move, win, understand, open*] facilmente; **it is ~ forgotten** esquece-se facilmente; **b**) (comfortably) [*sleep, breathe*] bem; [*talk, smile*] à vontade; **c**) (unquestionably) de longe, indiscutivelmente; **it's ~ the funniest film I've ever seen** é, de longe, o filme mais engraçado que eu já vi.

easiness [ˈiːzɪnɪs] *n* (lack of difficulty) (of question, problem, exam) simplicidade *f*; (of task, job, walk) facilidade *f*.

east [iːst] **1** *n* **a**) (gen) este *m*; leste *m*; **b**) (*also* E~) **the ~** (Orient) o Oriente *m*; POL, HIST (in Europe) os países *mpl* de Leste. **2** *adj* [*side, face, coast*] este. **3** *adv* [*be, live, lie, build*] a leste (**of** de); [*go, move, travel*] para leste.

East: ~ **Africa** *pr n* África *f* Oriental; **e~-bound** *adj* em direcção a leste; ~ **End** *pr n* bairros *mpl* pobres de Londres (situados a leste da cidade).

Easter [ˈiːstə(r)] **1** *n* Páscoa *f*; **at ~** na Páscoa; **Happy ~** Páscoa Feliz. **2** *modif* [*Sunday, bunny, egg*] de Páscoa.

easterly [ˈiːstəlɪ] **1** *n* (wind) vento *m* de leste. **2** *adj* [*wind*] de leste.

eastern [ˈiːstən] *adj* **a**) [*coast, side, border, window*] este; **a town in ~ France** uma cidade do leste da França; **b**) (*also* E~) (oriental) oriental.

easy [ˈiːzɪ] **1** *adj* **a**) (not difficult) [*job, question, victory, life*] fácil; **at an ~ pace** num passo tranquilo; **to make it** *or* **things easier (for sb)** faci-

litar as coisas (para alguém); **b**) (untroubled) [*smile, grace, elegance*] descontraído; [*style, manner*] desenvolto; **to feel ~ (in one's mind) about sth** não se preocupar com alguma coisa; **c**) (coll) (injur) (promiscuous) [*person*] fácil (fam); **d**) (coll) (having no preference) **"shall we go to the beach?" "I'm ~"** "vamos à praia?" "como quiseres". **2** *adv* **a**) (in a relaxed way) **to take it** *or* **things ~** levar as coisas com calma; **"stand ~!"** MIL "descansar!" ou "à vontade!"; **b**) (coll) (in a careful way) **to go ~ on** *or* **with sb** ir com calma em relação a alguém. IDIOMAS **to be ~ on the eye** ser agradável à volta.

easy: ~ **chair** *n* poltrona *f*; ~**-going** *adj* [*person*] indolente; [*manner, attitude*] descontraído.

eat [iːt] **1** *vtr* (*past* **ate** *pp* **eaten**) (consume) [*person, animal*] comer [*food*]; **to ~ one's way through a whole cake** devorar um bolo inteiro; **I was ~en alive by mosquitoes** (fig) fui pasto dos mosquitos; (of seductress) (coll); **to ~ one's words** (fig) desdizer-se. **2** *vi* comer; **I'll soon have him ~ing out of my hand** em breve ele virá comer à minha mão (fam). ■ **eat away:** ~ **(sth) away** [*water, wind*] desgastar [*cliff, stone*]; [*acid, rust, termites*] corroer. ■ **eat into:** ~ **into (sth) a**) (encroach on) [*duties, interruptions*] ocupar [*working day, leisure time*]; **b**) (use up) [*bills, fees*] consumir [*profits, savings*]. ■ **eat out** comer fora. ■ **eat up** acabar de comer, comer tudo; ~ **(sth) up, ~ up (sth) a**) (consume food) comer tudo [*meal, vegetables*]; **b**) (guzzle) [*car*] devorar [*miles*]; **to be ~en up with** estar cheio de [*curiosity, desire, envy*]; ser consumido por [*guilt*].

eatable [ˈiːtəbl] *adj* comestível.

eaten [ˈiːtn] (*pp*) see **eat**.

eater [ˈiːtə(r)] *n* (consumer of food) comedor *m*; **she's a fussy ~** ela é esquisita (no comer).

eating [ˈiːtɪŋ] *n* comer *f*; **for me ~ is a pleasure** para mim, comer é um prazer.

eating apple *n* maçã *f* para comer crua.

eavesdrop [ˈiːvzdrɒp] *vi* escutar às portas.

ebb [eb] **1** *n* (lit) refluxo *m*; **the ~ and flow** (lit, fig) fluxo e refluxo. **2** *vi* [*tide*] descer; **to ~ and flow** subir e descer. IDIOMAS **to be at a low ~** estar no ponto mais baixo.

ebony [ˈebənɪ] *n* (wood) ébano *m*.

ebullient [ɪˈbʌlɪənt, ɪˈbʊlɪənt] *adj* exuberante.

EC [iːˈsiː] *n* abrev = **European Community** CE *f*.

eccentric [ɪkˈsentrɪk] **1** *n* (person) excêntrico *m*. **2** *adj* excêntrico.

eccentricity [eksenˈtrɪsɪtɪ] *n* excentricidade *f*.

echo [ˈekəʊ] **1** *n* (*pl* **-oes**) (lit) eco *m*. **2** *vtr, vi* ecoar, ressoar.

eclipse [ɪˈklɪps] **1** *n* ASTRON eclipse *m* (**of** de). **2** *vtr* eclipsar.

ecological [iːkəˈlɒdʒɪkl] *adj* ecológico.

ecologist [iːˈkɒlədʒɪst] *n, adj* ecologista (*mf*).

ecology [ɪˈkɒlədʒɪ] **1** *n* (gen) POL ecologia *f*. **2** *modif* POL [*movement, issue*] ecológico.

economic [iːkəˈnɒmɪk, ekəˈnɒmɪk] *adj* **a**) [*change, crisis, policy, performance*] económico; **to make ~ sense** ser interessante do ponto de vista económico; **b**) (profitable) [*proposition, business*] rentável.

economical [i:kə'nɒmɪkl, ekə'nɒmɪkl] *adj* a) [*car, machine, method*] económico; **to be ~ to run** ser económico (na sua utilização); b) (fig) [*style, writer*] conciso; **to be ~ with the truth** (euph *or* hum) não dizer toda a verdade.

economically [i:kə'nɒmɪkəlɪ, ekə'nɒmɪkəlɪ] *adv* a) [*strong, weak, viable, united*] economicamente; b) [*write, constructed, expressed*]; de forma concisa.

economics [i:kə'nɒmɪks, ekə'nɒmɪks] **1** *n* a) SCIENCE (+ *v sg*) economia *f*; b) (financial aspects) (+ *v pl*) aspectos *mpl* económicos. **2** *modif* [*faculty, textbook*] de economia; [*editor, expert, correspondent*] em economia.

economist [ɪ'kɒnəmɪst] *n* economista *m/f*.

economize [ɪ'kɒnəmaɪz] *vtr, vi* economizar (**on** em).

economy [ɪ'kɒnəmɪ] *n* economia *f*; **to make economies** fazer economias.

economy: ~ **class** *n* AVIAT classe *f* turística; ~ **size** *n* embalagem *f* económica.

ecstasy ['ekstəsɪ] *n* êxtase *m*.

ecstatic [ɪk'stætɪk] *adj* a) (happy) [*person*] extasiado; **to be ~ about** *or* **over sth** extasiar-se com ou perante qq coisa; b) [*state, smile*] extático.

Ecuador [ekwɑ'dɔ:(r)] *pr n* Equador *m*.

ecumenical [i:kju:'menɪkl, ekjʊ'menɪkl] *adj* ecuménico.

eczema ['eksɪmə] *n* eczema *m*.

eddy ['edɪ] **1** *n* turbilhão *m*; redemoinho *m*. **2** *vi* [*tide, liquid*] redemoinhar; [*smoke, crowd*] rodopiar.

edge [edʒ] **1** *n* a) (sharp side) fio *m*; gume *m*; **a blade with a sharp ~** uma lâmina bem afiada; b) (outer limit) (of table, road, field) bordo *m*; (of lake) margem; (of wood clearing) orla *f*; **I live on the ~ of the city** eu vivo nos limites da cidade; **the film had us on the ~ of our seats** (fig) o filme deixou-nos em suspense; c) (keenness) **to give an ~ to sth** aguçar [*appetite*]; **to take the ~ off sth** acalmar [*anger, appetite*]; atenuar [*pain*]; estragar [*pleasure*]; d) (incisiveness) **to lose one's ~** perder a vivacidade [*comment, style*]; perder o vigor [*person*]; e) (advantage) vantagem *f*; **to have the ~ on** *or* **over sb** ter vantagem sobre alguém; f) (touchy) **to be on ~** estar enervado; **that sound sets my teeth on ~** este som dá-me arrepios. **2** *vtr* a) (move slowly) **to ~ one's chair towards the table** aproximar a cadeira da mesa; b) (trim) debruar [*collar, handkerchief*]. **3** *vi* (advance) **to ~ forward** avançar devagar; **to ~ towards sth** (lit) aproximar-se de [*door*]; (fig) aproximar-se de [*victory*]. IDIOMAS **to live on the ~** viver perigosamente, viver no fio da navalha. ■ **edge out** afastar-se devagar (**of** de); **I ~d out of the room** afastei-me devagar da sala. ■ **edge up:** ~ **up** [*figure, prices*] aumentar pouco a pouco; ~ **up to sb/sth** aproximar-se lentamente de alguém/algo.

edgeways, edgewise ['edʒweɪz, 'edʒwaɪz] *adv* (with the side forwards) de través; (along its side) [*lay, put*] de lado. IDIOMAS **I can't get a word in** ~ eu não consegui meter a colherada na conversa (fam).

edging ['edʒɪŋ] *n* (border) (all contexts) borda *f*; orla *f*.

edgy ['edʒɪ] *adj* nervoso, impaciente.

edible ['edɪbl] *adj* [*fruit, plant, mushroom, meal*] comestível.

edict ['i:dɪkt] *n* HIST edito *m*; POL, JUR decreto *m*.

edifice ['edɪfɪs] *n* edifício *m* (also fig).

edit ['edɪt] **1** *n* (*also* **final ~**) **to do the (final) ~** fazer a montagem final de [*film, video*]; fazer a última revisão de [*book, novel*]. **2** *vtr* a) (check for publishing) preparar para publicação [*text, novel*]; b) (annotate, select) seleccionar [*essays, letter, anthology, works*]; c) (cut down) cortar [*version, reader's letter*]; d) JOURN ser o chefe de redacção [*newspaper*]; e) TV, CIN realizar a montagem de [*film*]; f) COMPUT editar [*data*].

edition [ɪ'dɪ/n] *n* a) PUBLG, JOURN edição *f*; b) (of news) edição *f*; (generally) emissão *f*.

editor ['edɪtə(r)] *n* a) (of newspaper) redactor *m* chefe (**of** de); b) (at publisher's) revisor *m*; c) (of papers, writer, anthology) editor *m*.

editorial [edɪ'tɔ:rɪəl] **1** *n* editorial *m* (**on** sobre). **2** *adj* JOURN [*policy, office, freedom, independence*] da redacção; **to have ~ control** ter o controlo da redacção.

educate ['edjʊkeɪt] **1** *vtr* a) (instruct, teach) [*teacher, tutor*] educar, ensinar [*pupil, student*]; b) (inform, enlighten) [*campaign, person, organization, book*] informar [*the public, smokers, drivers*] (**about, in** sobre); **to ~ sb to do sth** ensinar alg a fazer qq coisa; c) (train, refine) educar [*palate, tastes, mind*]. **2** *v refl* **to ~ oneself** ser autodidacta.

educated ['edjʊkeɪtɪd] **1** *npl* **the ~** (with basic knowledge) os que sabem ler e escrever; (knowledgeable) as pessoas *fpl* instruídas; os letrados *mpl*. **2** *adj* [*person*] (with basic knowledge) que fez a escolaridade mínima; (knowledgeable) instruído; [*mind, palate, taste*] refinado; [*accent*] elegante.

education [edjʊ'keɪ/n] **1** *n* (gen) (including upbringing, general development) educação *f*; formação *f*; (provision of tuition) ensino *m*; (studies) estudos *mpl*; (national system) (gen) ensino *m*; (theory and practice of teaching) pedagogia *f*; (knowledge acquired) instrução *f*; (about health issues, road safety, etc) informação *f*; **don't neglect his musical/political ~** não descures a sua formação musical/política; **primary/secondary ~** ensino *m* primário/secundário. **2** *modif* [*budget, spending*] para a educação; [*crisis*] do ensino; ADMIN [*Minister, Ministry, Secretary*] da educação; [*method*] da Educação; [*method*] de ensino, pedagógico; **the ~ system in Portugal** o sistema educativo português.

educational [edjʊ'keɪ/ənl] *adj* a) [*establishment, system*] de ensino; [*policy*] em matéria de educação ou de ensino; [*method, qualification*] pedagógico; [*standards, equipment, supplies*] SCH escolar; UNIV universitário; b) [*toy, game, programme*] educativo; [*value, role*] pedagógico, educativo; c) (instructive) [*event, experience, speech*] educativo, instrutivo.

educator [edjʊ'keɪtə(r)] *n* educador *m*.

Edwardian [ed'wɔ:dɪən] *adj* eduardino.

eel [i:l] *n* enguia *f*.

eerie ['ɪərɪ] *adj* [*scream, silence*] inquietante, medonho; [*place, feeling*] estranho, misterioso.

efface [ɪ'feɪs] *vtr* apagar (also fig).

effect [ɪ'fekt] **1** *n* **a**) (result) efeito *m*; **to use sth to good** ~ utilizar qq coisa com sucesso; **to feel the ~(s) of sth** sentir o(s) efeito(s) de qq coisa; **b**) (power, efficacy) eficácia *f*; **my advice was of no** ~ os meus conselhos não fizeram efeito; **to take** ~ (price increases, pills) fazer efeito; (law, ruling) entrar em vigor; **to come into** ~ Jur, Admin entrar em vigor; **c**) (theme) **she left a note to the** ~ **that** ela deixou uma palavra para dizer que...; **rumours to this** ~ rumores nesse sentido; **d**) (impression) efeito *m*; **the overall** ~ **of the painting** o efeito geral do quadro; **he paused for** ~ ele fez uma pausa teatral. **2 in** ~ *adv phr* com efeito, efectivamente, na realidade. **3** (formal) *vtr* efectuar [*reduction, repair, sale, reform, transformation*]; **to** ~ **a reconciliation** chegar a uma reconciliação.

effective [ɪ'fektɪv] *adj* **a**) [*deterrent, protest, device*] eficaz; **to be** ~ **in doing sth** ser eficaz para fazer qq coisa; **b**) (operational) [*legislation, regulation*] em vigor; **c**) (striking, impressive) [*speech, contrast, demonstration*] impressionante; **d**) (actual) [*exchange rate, value, income*] Fin real; [*control*] efectivo.

effectively [ɪ'fektɪvlɪ] *adv* **a**) (efficiently) [*work, solve, cure*] eficazmente; **b**) (in effect) na realidade, efectivamente; **c**) (impressively) **the design works very** ~ a concepção resultou muito bem.

effectiveness [ɪ'fektɪvnɪs] *n* **a**) (efficiency) eficácia *f* (**of** de); **b**) (impressiveness) **the** ~ **of the lecture** o efeito impressionante da conferência.

effeminate [ɪ'femɪnət] *adj* efeminado. Po, fresco, bicha Br

effervesce [efə'ves] *vi* [*liquid*] estar em efervescência; [*drink*] a fazer espuma; [*gas*] libertar-se (por efervescência).

effervescent [efə'vesənt] *adj* (lit) efervescente; (fig) [*person, personality*] agitado.

effete [e'fi:t] *adj* (pej) [*person*] (exhausted) exausto, gasto.

efficiency [ɪ'fɪʃənsɪ] *n* **a**) (of person, staff, method, organization) eficiência *f* (**in doing** a fazer); **b**) (of machine, engine) rendimento *m*; **to produce electricity at 50%** ~ produzir electricidade com um rendimento de 50%.

efficient [ɪ'fɪʃənt] *adj* **a**) [*person, employee*] eficiente (**at doing** a fazer); **b**) [*machine, engine*] rentável; **to be 40%** ~ ter um rendimento de 40%; **to make** ~ **use of energy** fazer uma utilização racional de energia.

efficiently [ɪ'fɪʃəntlɪ] *adv* [*work, deal with, carry out*] de forma eficiente.

effigy ['efɪdʒɪ] *n* efígie *f*.

effluent ['efluənt] *n* efluente *m*.

effort ['efət] *n* **a**) (energy) (- *c*) esforço *m*; **to put** ~ **into sth/doing sth** esforçar-se por algo/ fazer algo; **all our** ~ **is going into doing** consagramos todos os nossos esforços em fazer; **it's a waste of** ~ é uma perda de trabalho; **it's not worth the** ~ não vale a pena; **b**) (difficulty) (- *c*) esforço *m*; **with/without** ~ com/sem esforço; **c**) (attempt) esforço *m*; **to make an** ~ **(to do)** fazer um esforço (por fazer); **his** ~**s at doing** as suas tentativas para fazer; **to make no** ~ **to do** não fazer nenhum esforço por fazer; **to make the** ~ tentar; **to make every** ~ fazer todos os

possíveis; **to be worth the** ~ valer a pena; **in an** ~ **to do** para tentar fazer; **joint** ~ esforço comum; **d**) (initiative) iniciativa *f*; **e**) (fig) (exercise) esforço *m*; empenho *m*; **an** ~ **of will** uma força *f* de vontade.

effortless ['efətlɪs] *adj* **a**) (easy) fácil; **b**) (innate) [*grace, skill, superiority*] natural.

effusive [ɪ'fju:sɪv] (formal) *adj* [*person*] efusivo.

eg [i:'dʒi:] abrev = **exempli gratia** por ex.

egg [eg] **1** *n* Culin, Zool, Biol ovo *m*. **2** *modif* [*sandwich*] de ovo. IDIOMAS **as sure as** ~**s is** ~**s** tão certo como dois e dois serem quatro; **to have** ~ **on one's face** ficar com cara de parvo.

egg: ~ **cup** *n* copo *m* para ovos; oveiro *m*. (coll) ~ **head** *n* intelectual *m/f*; ~**-plant** *n* us Bot, Culin beringela *f*; ~ **on** ~ **(sb) on** incitar alg; ~**-shaped** *adj* oval.

eggshell ['egʃel] *n* Biol (colour) casca *f* de ovo.

egg: ~ **timer** *n* relógio *m* para cozinhar um ovo no ponto; ~ **whisk** *n* batedor *m* de ovos; ~ **white** *n* clara *f* de ovo; ~ **yolk** *n* gema *f* de ovo.

ego ['i:gəʊ] *n* **a**) (self-esteem) amor *m* próprio; **to be on an** ~**-trip** adoptar uma atitude narcisista; **b**) Psych ego *m*; eu *m*.

egocentric [i:gəʊ'sentrɪk] *adj* egocêntrico.

egoism ['i:gəʊɪzm] *n* egoísmo *m*.

egoist ['i:gəʊɪst] *n* egoísta *m/f*.

egotism ['i:gətɪzm] *n* egotismo *m*.

egotist ['i:gətɪst] *n* egotista *m/f*.

Egypt ['i:dʒɪpt] *pr n* Egipto *m*.

Egyptian [ɪ'dʒɪpʃn] *n, adj* egípcio *m*.

eiderdown *n* edredão *m*.

eight [eɪt] **1** *n* oito *m*. **2** *adj* oito; ~**-hour day** jornada *f* de oito horas. IDIOMAS **to have one over the** ~ ter bebido demais.

eighteen [eɪ'ti:n] *n* dezoito *m*.

eighteenth [eɪ'ti:nθ] **1** *n* **a**) (in order) décimo oitavo *m*; **b**) Math (fraction) dezoito avos *mpl*. **2** *adj* décimo oitavo. **3** *adv* **to finish** ~ acabar em décima oitava posição ou acabar em décimo oitavo.

eighth [eɪtθ] *n, adj* oitavo *m*.

eighth note *n* us Mus colcheia *f*.

eightieth [eɪtɪɪθ] **1** *n* **a**) (in order) octogésimo *m*; **b**) Math (fraction) oitenta avos *mpl*. **2** *adj* octogésimo.

eighty ['eɪtɪ] **1** *n* oitenta *m*. **2** *adj* oitenta.

Eire ['eərə] *pr n* República *f* da Irlanda.

either ['aɪðər] **1** *pron* **a**) (one or other) um de dois; **without** ~ **(of them)** sem qualquer um, sem nenhum; **there was no sound from** ~ **of the rooms** não havia nenhum som nem dum quarto nem do outro; **b**) (both) os dois; ~ **of the two is possible** ambos são possíveis; **"which book do you want" - "~"** "que livro queres?" - "tanto faz" ou "qualquer". **2** *det* **a**) (one or the other) (in the negative) **I can't see** ~ **child** não vejo nenhuma das duas crianças; **b**) (both) ambos, os dois; ~ **one of the solutions is acceptable** as duas ou ambas as soluções são aceitáveis; **in** ~ **case** nos dois casos ou em ambos os casos. **3** *adv* também não; **I can't do it** ~ eu também não posso fazer isso. **4** *conj* **a**) (as alternatives) ou...ou, quer...quer; **I was expecting him** ~ **Tuesday or Wednesday** eu estava à espera dele quer na terça, quer na quarta-feira; **it's** ~ **him or me** é ele ou eu; **b**) (in the negative) nem...nem;

you're not being ~ truthful or fair tu não estás a ser nem honesto nem justo; **c)** (as an ultimatum) ou...ou; **~ you finish your work or you will be punished** ou acabas o trabalho ou vais ser castigado.

ejaculate [ɪ'dʒækjʊleɪt] **1** vtr (exclaim) exclamar. **2** vi ejacular.

ejaculation [ɪdʒækjʊ'leɪ/n] n **a)** (verbal) exclamação f; **b)** PHYSIOL ejaculação f.

eject [ɪ'dʒekt] **1** vtr **a)** [machine, system] lançar [gases, waste] (**from** de); [volcano] expelir [lava, rocks]; [hi-fi] fazer sair [cassette]; **b)** [landlord, manager, army] expulsar [troublemaker, intruder, enemy] (**from** de). **2** vi [pilot] ejectar-se.

ejection [ɪ'dʒek/n] n **a)** (of gases, waste) expulsão f; (of lava) erupção f; **b)** (of troublemaker, enemy) expulsão f (**from** de); **c)** (of pilot) ejecção f.

eke [iːk] vtr **~ out sth, ~ sth out** (by saving) fazer durar [income, supplies] (**by** à força de; **by doing** fazendo algo); (by supplementing) aumentar um pouco [income, supplies] (**with** com; **by doing** fazendo algo); **to ~ out a living** manter-se a custo, ganhar o pão nosso de cada dia.

elaborate 1 [ɪ'læbərət] adj **a)** [system, scheme, plan] complexo, elaborado; [solution, attempt, meal] complicado; **b)** [architecture, design] elaborado, trabalhado; **c)** [joke, excuse, explanation, etc] complicado; [preparation] minucioso. **2** [ɪ'læbəreɪt] vtr elaborar [theory, hypothesis, scheme]; desenvolver [point, statement, idea]. **3** [ɪ'læbəreɪt] vi entrar em pormenores; **to ~ on** estender-se sobre; desenvolver [plan, offer, etc]. **4 elaborated** pp adj [theory, idea, plan, etc] desenvolvido, elaborado.

elapse [ɪ'læps] vi escoar-se, decorrer.

elastic [ɪ'læstɪk, ɪ'laːstɪk] n, adj elástico m.

elastic band [ɪlæstɪk'bænd] n elástico m.

elasticity [iːlæs'tɪsɪtɪ, elæs'tɪsɪtɪ] n elasticidade f.

elated [ɪ'leɪtɪd] adj eufórico (**by** devido a); **I was ~ at having won** não cabia em mim de contente por ter ganho.

elation [ɪ'leɪ/n] (formal) n júbilo m; euforia f.

elbow ['elbəʊ] **1** n cotovelo m; **at sb's ~** à mão; **to wear sth through at the ~(s)** usar qq coisa até romper nos cotovelos. **2** vtr **to ~ sb in the face** dar uma cotovelada no rosto de alg; **to ~ sb aside, out of the way** afastar alg à cotovelada. IDIOMAS **more power to his/her, etc ~** boa sorte!; **to be up to the ~s in sth** (lit) ter demasiado trabalho; (fig) (in situation) estar metido em qq coisa até ao pescoço; (coll) **to give sb the ~** desembaraçar-se de alg.

elbow: **~ grease** (coll) n suor m; esforço m; trabalho m aturado; **~room** ['elbəʊrʊm] n **a)** (room to move, work) espaço m vital; **there isn't much ~room in this office** não há muito espaço neste escritório; **b)** (fig) (room for manoeuvre) margem f de manobra.

elder ['eldə(r)] **1** n **a)** (older person) o mais velho m; **b)** (in tribe, etc) ancião/-ã m/f; **c)** BOT sabugueiro m. **2** adj [brother, sister, girl, boy, etc] mais velho; **the ~ girl** a mais velha f.

elderberry n baga f de sabugueiro.

elderly ['eldəlɪ] **1** n (+ v pl) **the ~** os mais velhos mpl. **2** adj **a)** [person, population] de idade; **b)** [vehicle, machinery] velho.

eldest ['eldɪst] **1** n o mais velho m; **my ~** o meu filho mais velho. **2** adj [boy, girl, brother, sister, etc] mais velho.

elect [ɪ'lekt] **1** n **the ~** (+ v pl) os eleitos. **2** vtr **a)** (by vote) eleger (**from, from among** no seio de); **to be ~ed to a post** ser eleito para um posto; **to ~ sb (as) president** eleger alg presidente; **b)** (choose) escolher; **to ~ to do** escolher fazer. **3** adj (after n) futuro; **the president ~** o presidente eleito (que ainda não tomou posse).

election [ɪ'lek/n] **1** n **a)** (gen) POL (ballot) eleição f; **in** or **at the ~** nas eleições; **to win/lose an ~** ganhar/perder as eleições; **b)** (appointment) eleição f (**to para**); **to stand for ~** candidatar-se às eleições. **2** modif (agent, campaign, manifesto, address) eleitoral; (day, results) do escrutínio; (night) das eleições.

electioneering [ɪlek/ə'nɪərɪŋ] n campanha f eleitoral; (pej) eleitoralismo m.

elector [ɪ'lektə(r)] n (gen) (voter) eleitor m; US POL membro m do colégio eleitoral.

electoral [ɪ'lektərl] adj eleitoral.

electorate [ɪ'lektərət] n eleitorado m; eleitores mpl.

electric [ɪ'letrɪk] **1** (coll) npl ~s GB AUT circuitos mpl eléctricos (dum veículo). **2** adj (lit) eléctrico.

electrical [ɪ'lektrɪkl] adj eléctrico.

electrically [ɪ'lektrɪkəlɪ] adv electricamente.

electric: **~ blanket** n cobertor m eléctrico; **~ chair** n cadeira f eléctrica; **~ eel** n enguia f eléctrica; gimnoto m; **~ eye** n célula f fotoeléctrica.

electrician [ɪlek'trɪ/n, elek'trɪ/n] n (self-employed) electricista m.

electricity [ɪlek'trɪsɪtɪ, elek'trɪsɪtɪ] **1** n (lit, fig) electricidade f; **to switch off/on the ~** desligar/ligar a corrente (eléctrica). **2** modif (generator, cable) eléctrico; (bill, charges) da electricidade; (worker) da electricidade.

electric shock n choque m eléctrico.

electrify [ɪ'lektrɪfaɪ] vtr RAIL electrificar PHYS electrizar.

electrocute [ɪ'letrəkjuːt] vtr electrocutar; **to be ~d** (accidentally) ser electrocutado.

electrocution [ɪlektrə'kjuː/n] n electrocução f.

electrode [ɪ'lektrəʊd] n eléctrodo m.

electrolysis [ɪlek'trɒlɪsɪs, elek'trɒlɪsɪs] n **a)** CHEM electrólise f; **b)** (cosmetics) depilação f eléctrica.

electron [ɪ'lektrɒn] n electrão m PO, elétron BR m.

electronic [ɪlek'trɒnɪk, elek'trɒnɪk] adj electrónico.

electronics [ɪlek'trɒnɪks, elek'trɒnɪks] n (subject) (+ v sg) electrónica f.

elegance ['elɪgəns] n elegância f.

elegant ['elɪgənt] adj (person, gesture) elegante; (manners) distinto; (clothes) elegante, chique; (restaurant, circle) chique, selecto.

elegantly ['elɪgəntlɪ] adv (dress) com elegância, com muito chique; (write) com elegância; **to be ~ dressed/furnished** estar elegantemente vestido/mobilado.

elegy ['elɪdʒɪ] n elegia f (**for** a).

element ['elɪmənt] n **a)** (constituent) elemento

m; **a key ~ in her philosophy** um elemento essencial da sua filosofia; **the key ~ in his success** o elemento chave do seu sucesso; **b**) (factor) factor *m*; **the time ~** o factor tempo; **c**) (small part) parte *f*; **an ~ of luck/risk** uma pequena parte de sorte/risco; **d**) (rudiment) (of courtesy, diplomacy) elemento *m*; (of grammar, mathematics etc) base *f*; **e**) (constituent group) elemento *m*; **the violent ~ in the audience** o elemento violento do público; **f**) (air, water etc) elemento *m*; **the ~s** (weather) os elementos; **exposed to the ~s** exposto às intempéries; **g**) CHEM, MATH, RADIO elemento *m*; **h**) ELEC resistência *f*. IDIOMAS **to be in/out of one's ~** estar/não estar no seu meio ambiente.

elementary [elɪ'mentrɪ] *adj* **a**) (basic, simple) elementar; **b**) [*school*] primária; [*teacher*] da escola primária.

elephant ['elɪfənt] *n* elefante *m*. IDIOMAS **to have a memory like an ~** ter memória de elefante.

elevate ['elɪveɪt] (formal) *vtr* (in rank, status) elevar, ascender [*person, quality*] (**to** a).

elevated ['elɪveɪtɪd] (formal) *adj* **a**) (tone, language, rank) elevado; **b**) (railway, canal, building) elevado, aumentado.

elevation [elɪ'veɪ/n] *n* **a**) (in rank, status) ascensão *f* (**to** à categoria de); **b**) ARCHIT (drawing) fachada *f*; desenho técnico *m* em projecção frontal; **front/side ~** fachada/fachada lateral; **c**) (height) altitude *f*.

elevator ['elɪveɪtə(r)] *n* **a**) US (lift) ascensor *m*; elevador *m*; **b**) (hoist) elevador *m*; **c**) US (for grain) silo *m*.

eleven [ɪ'levn] **1** *n* **a**) onze *m*; **b**) SPORT **the football ~** o onze; **a football ~** uma equipa de futebol. **2** *adj* onze (*inv*).

elevenses [ɪ'levənzɪz] (coll) *n* ≈ intervalo *m* para café (de manhã).

eleventh [ɪ'levnθ] **1** *n* décimo primeiro *m*; undécimo *m*; (fraction) onze ovos. **2** *adj* undécimo. **3** *adv* undécimo.

eleventh hour *n* **at the ~ hour** no último momento.

elf [elf] *n* (*pl* elves) (lit, fig) duende *m*; anão *m*; gnomo *m*.

eligibility [elɪdʒɪ'bɪlɪtɪ] *n* (to sit exam, for pension, award) direito *m* (**for** a; **to do** a fazer).

eliminate [ɪ'lɪmɪneɪt] *vtr* (omit from consideration) eliminar [*candidate, competition, team*].

elimination [ɪlɪmɪ'neɪ/n] *n* eliminação *f*; **by a process of ~** (procedendo) por eliminação.

elite [eɪ'liːt] **1** *n* (group) élite *f*. **2** *adj* [*group, minority*] elitista; [*restaurant, club*] de élite.

élitism [eɪ'liːtɪzm] *n* elitismo *m*.

elliptical [ɪ'lɪptɪkl] *adj* GEOM, MATH, LING elíptico.

elm [elm] *n* **a**) **~ tree** ulmeiro *m*; **b**) (wood) olmo *m*.

elocution [elə'kjuː/n] *n* elocução *f*; dicção *f*.

elongate ['iːlɒŋgeɪt] **1** *vtr* (lengthen) alongar; (stretch) estender. **2** *vi* alongar-se.

elope [ɪ'ləʊp] *vi* [*couple*] fugir; [*man, woman*] fugir (**with** com).

elopement [ɪ'ləʊpmənt] *n* ≈ fuga *f* amorosa.

eloquence [e'eləkwəns] *n* eloquência *f*.

eloquent ['eləkwənt] *adj* **a**) (expressive) [*gesture, look, smile*] eloquente, expressivo; **her silence was ~** o silêncio dela significava muito; **b**) [*orator, speech, praise*] eloquente.

else [els] **1** *adv* **somebody/nothing ~** alg mais/nada mais; **something ~** outra coisa; **somewhere** *or* **someplace** US **~** noutro sítio; **what ~ would you like?** que queres mais?; **there's not much ~ to do** não há muito mais a fazer; **he talks of little ~** ele não fala de outra coisa; **everyone ~ but me went to the football match** toda a gente menos eu foi ver o jogo de futebol; **anywhere ~ it wouldn't matter** em qualquer outro lado isso não teria importância; **he didn't see anybody ~** ele não viu mais ninguém; **she's something ~!** (very nice) ela é porreira; (unusual) ela é fora do vulgar; **"is that you, David?" - "who ~?"** "és tu, David?" - "quem querias que fosse?" ou "quem havia de ser?". **2 or else** *conj phr* ou então, senão; **eat this or ~ you'll be hungry** come isto, senão ficas com fome; **stop that now, or ~...!** pára imediatamente, senão....

elsewhere [els'weə(r)] *adv* algures, em qualquer parte; **from ~** vindo não se sabe donde ou vindo de qualquer parte.

elucidate [ɪ'ljuːsɪdeɪt, ɪ'luːsɪdeɪt] **1** *vtr* elucidar, esclarecer [*mystery, problem*]. **2** *vi* explicar [*text, concept*].

elude [ɪ'ljuːd, ɪ'luːd] *vtr* (escape) fugir à [*police*]; escapar a [*pursuer, attacker, observer, attention*]; esquivar, evitar [*blow*].

elusive [ɪ'ljuːsɪv, ɪ'luːsɪv] *adj* [*fugitive, animal, happiness, concept, thought*] inapreensível, inacessível; [*goal, prize, victory*] inatingível; [*word*] que escapa; [*scent, dream*] fugaz.

emaciated [ɪ'meɪsɪeɪtɪd] *adj* [*limb, body*] descarnado, esquelético; [*person*] emagrecido, macilento; [*face, features*] macilento, encovado, magro.

emanate ['eməneɪt] **1** (formal) *vtr* emanar [*feeling, atmosphere*]. **2** *vi* [*light, gaz, heat*] emanar, desprender-se (**from** de).

emancipate [ɪ'mænsɪpeɪt] *vtr* libertar, alforriar [*slave, self*]; emancipar [*women, working class, ethnic, minority*]; **to become ~d** emancipar-se.

emancipation [ɪmænsɪ'peɪ/n] *n* emancipação *f*.

embalm [ɪm'bɑːm] *vtr* (lit, fig) embalsamar.

embarrassing [ɪm'bærəsɪŋ] *adj* [*situation, experience, confession, question*] embaraçoso; [*person*] incómodo, embaraçoso; [*performance, attempt*] embaraçoso, incómodo; **to put sb in an ~ position** pôr alg numa situação embaraçosa.

embarrassment [ɪm'bærəsmənt] *n* **a**) (feeling) embaraço *m*; confusão *f* (**about, at** perante); **to my (great) ~** para grande embaraço meu; **she left the room in ~** confusa, ela saiu da sala; **b**) (person, action, event, etc) **he's an ~ to his family** ele é uma vergonha para a família; **c**) (superfluity) abundância *f*; **an ~ of riches** o embaraço da escolha; **d**) (financial) dificuldades *fpl* financeiras.

embassy ['embəsɪ] *n* embaixada *f*; **the Italian ~** a embaixada italiana.

embed [ɪm'bed] *vtr* (*past, pp* **-dd-**) **to be ~ded in** [*cement, mud*] estar enterrado em; [*wall, matrix*] estar encastrado em; [*soil*] estar incrustado em; [*mind, memory*] estar gravado em.

embellish [ɪm'belɪʃ] *vtr* (lit,); (fig) embelezar.
embellishment [ɪm'belɪ/mənt] *n* (to story, truth) embelezamento *m*.
ember ['embə(r)] *n* (*usu pl*) borralho *m*; cinzas *fpl* quentes.
embezzle [ɪm'bezl] *vtr* desviar [*funds*] (**from** de).
embezzlement [ɪm'bezlmənt] *n* (of money) desvio *m* de fundos.
embitter [ɪm'bɪtə(r)] *vtr* irritar, amargurar [*person*].
emblem ['embləm] *n* emblema *m*.
embodiment [ɪm'bɒdɪmənt] *n* (of quality, idea) encarnação *f*.
embody [ɪm'bɒdɪ] *vtr* **a**) (express) [*person, constitution, institution*] encarnar, ser a encarnação de [*virtue, principle, ideal*]; [*artist, inventor, writings*] dar corpo a, concretizar [*idea, thought, theory*]; **to be embodied in sth/sb** encarnar em qq coisa/alg; **b**) (incorporate) [*person*] incorporar, incluir [*ideas, proposals*].
emboss [ɪm'bɒs] *vtr* modelar, trabalhar em relevo [*leather, metal*]; estampar [*fabric, paper*].
embrace [ɪm'breɪs] **1** *n* abraçar *f*; **to hold sb in a warm/fond** ~ abraçar alg calorosamente/afeituosamente. **2** *vtr* **a**) (hug) abraçar; **b**) (adopt) abraçar [*religion, ideology*]; adoptar [*cause*]; ingressar em [*policy*]; adoptar [*principle, technology, method*]; **c**) (include) abranger [*subject areas*]; englobar [*cultures, beliefs*]. **3** *vi* abraçar--se.
embroider [ɪm'brɔɪdə(r)] **1** *vtr* **a**) (lit) bordar (**with** com); **b**) (fig) embelezar [*story*]; alindar [*fact, truth*]. **2** *vi* (lit) bordar; (fig).
embroidery [ɪm'brɔɪdərɪ] **1** *n* bordado *m*. **2** *modif* [*frame, silk, thread*] de bordar.
embroil [ɪm'brɔɪl] *vtr* meter (**in** em); arrastar (**in** para).
embryo ['embrɪəʊ] *n* BIOL embrião *m*; (fig) embrião, germe *m*.
emerge [ɪ'mɜːdʒ] **1** *vi* **a**) [*person, animal*] sair (**from** de); **b**) [*issue, news, problem, result*] surgir; [*trend, pattern, truth, talent*] revelar-se; [*evidence, message*] aparecer; [*new nation, ideology*] nascer; **a picture is beginning to** ~ (fig) começa-se a ver a situação com mais clareza; **to** ~ **victorious** sair vencedor. **2 emerging** *pres p adj* [*market*] em desenvolvimento; [*democracy*] que emerge; [*opportunity*] que aparece; [*writer, artist*] que se descobre.
emergence [ɪ'mɜːdʒəns] *n* (of truth, ideas, problem) aparecimento *m*.
emergency [ɪ'mɜːdʒənsɪ] **1** *n* **a**) (crisis) emergência *f*; **in an** ~ numa emergência; **in times of** ~ em tempos de crise; **state of** ~ POL estado *m* de emergência; **b**) MED (hospital case) urgência *f*. **2** *modif* [*plan, measures, situation, etc*] de emergência.
emergency ward *n* sala *f* de urgências.
emergent [ɪ'mɜːdʒənt] *adj* [*industry*] novo; [*social group, literary genre*] nascente, emergente; [*nation*] em vias de desenvolvimento.
emery ['emərɪ] *n* esmeril *m*.
emetic [ɪ'metɪk] *n, adj* emético *m*.
emigrant ['emɪgrənt] **1** *n* (about to leave) emigrante *m/f*; (settled elsewhere) emigrado *m*. **2** *modif* [*worker, family*] emigrado.

emigrate ['emɪgreɪt] *vi* emigrar.
emigration [emɪ'greɪ/n] *n* emigração *f*.
eminent ['emɪnənt] *adj* [*person, career*] eminente, notável.
eminently ['emɪnəntlɪ] *adv* eminentemente; ~ **respectable** dos mais respeitáveis.
emissary ['emɪsərɪ] *n* emissário *m* (**to** junto de).
emission [ɪ'mɪ/n] *n* emissão *f* (**from** de).
emit [ɪ'mɪt] *vtr* **a**) (discharge) emitir [*heat, radiation, signal*]; emanar, espalhar [*smell, gas, vapour*]; lançar, cuspir [*lava*]; **b**) deixar escapar [*cry*].
emotion [ɪ'məʊ/n] *n* emoção *f*; **he didn't show any** ~ ele não manifestou nenhuma emoção.
emotional [ɪ'məʊ/ənl] *adj* [*development, impact, need, problem*] emotivo; [*content, power, reaction, state*] emocional; [*tie, response*] afectivo,-a; [*film*] comovente; [*campaign, speech*] apaixonado,-a; [*atmosphere, occasion*] carregada de emoção; **to feel** ~ sentir-se comovido (**about** por); **she's rather** ~ ela comove-se facilmente; ~ **health** equilíbrio *m* mental.
emotionally [ɪ'məʊ/ənəlɪ] *adv* [*say, react*] emotivamente, com emoção; ~ **charged** [*relationship, atmosphere*] intenso; [*language*] vibrante de emoção; ~ **deprived** carente de afeição.
emotive [ɪ'məʊtɪv] *adj* [*issue, word*] ardente.
empathy ['empəθɪ] *n* empatia *f*; compreensão *f*.
emperor ['empərə(r)] *n* imperador *m*.
emphasize ['emfəsaɪz] *vtr* enfatizar [*policy, need*]; sobrevalorizar [*eyes*]; **to** ~ **that** insistir em que; **to** ~ **the importance of sth** sublinhar a importância de algo.
emphatic [ɪm'fætɪk] *adj* [*statement, refusal, denial*] categórico; [*voice, manner*] enérgico; [*tone, style*] vigoroso; **to be** ~ **about sth** insistir em qq coisa.
emphatically [ɪm'fætɪkəlɪ] *adv* **a**) (vehemently) [*speak*] energicamente; [*insist*] com veemência; **b**) (undeniably) **he is most** ~ **not a genius** ele não é de maneira nenhuma um génio.
empire ['empaɪə(r)] *n* (lit, fig) império *m*.
empirical [ɪm'pɪrɪkl] *adj* empírico.
employ [ɪm'plɔɪ] **1** *n* (formal) **in his** ~ ao seu serviço. **2** *vtr* **a**) empregar [*person, company*] (**as** na qualidade de); **b**) (use) utilizar [*machine, tool*]; empregar [*method, tactics, technique, expression*]; recorrer a [*measures*]; **to be** ~**ed in doing** (busy) estar ocupado a fazer.
employable [ɪm'plɔɪəbl] *adj* [*person*] capacitada para um trabalho.
employed [ɪm'plɔɪd] **1** *n* **the** ~ (**+ v pl**) os empregados *mpl*. **2** *adj* (in work) empregado; (an employee) empregado.
employee GB, **employe** US [emplɔɪ'iː, emplɔɪiː] *n* empregado *m*.
employer [ɪm'plɔɪə(r)] *n* (gen) patrão *m*; ADMIN empregador, chefe; ~' **organizations** associações *fpl* patronais.
employment [ɪm'plɔɪmənt] *n* trabalho *m*, emprego *m*; **to take up** ~ começar a trabalhar; **to seek/find** ~ procurar/encontrar emprego; **to be in** ~ estar empregado; **without** ~ desempregado.
empower [ɪm'paʊə(r)] *vtr* habilitar, dar poderes (**to do** para fazer); **to be** ~**ed to do sth** ter plenos poderes para fazer qq coisa.

empress ['emprɪs] *n* imperatriz *f.*

emptiness ['emptɪnɪs] *n* (of ideas, hopes, space, house) vazio *m.*

empty ['emptɪ] **1** (coll) **the empties** *npl* GB [*bottles*] tara *f;* (glasses) os copos *mpl* vazios. **2** *adj* **a)** (lit) [*room, building, beach, street, container*] vazio; [*desk, table*] (unoccupied) livre; [*page*] em branco; [*stomach*] vazio; **b)** (fig) (unfulfilled) [*promise, threat*] vago, vão; [*gesture*] sem sentido. **3** *vtr* (of objects, substance, people) esvaziar (**of** de; **into** para dentro de; **on(to)** para cima de). **4** *vi* [*building, container, public place, vehicle*] esvaziar-se; [*contents*] entornar-se (**into** para dentro de; **onto** para cima de).

empty: ~-**handed** *adv* (lit) de mãos vazias; ~-**headed** *adj* de cabeça oca.

emulate ['emjʊleɪt] *vtr* **a)** (try to imitate) imitar, rivalizar, competir com; **b)** COMPUT copiar.

emulsion [ɪ'mʌl/n] *n* CHEM, PHOT emulsão *f.*

enable [ɪ'neɪbl] *vtr* **to** ~ **sb to do sth** (make physically able) capacitar/habilitar alg para fazer algo; (give opportunity) dar a oportunidade a alg de fazer algo; (give right) autorizar alg para fazer algo.

enact [ɪ'nækt] *vtr* **a)** (perform) interpretar, representar [*role*]; **b)** JUR, PARL (pass) sancionar, aprovar; (bring into effect) promulgar.

enamel [ɪ'næml] *n* **a)** (coating) ALSO DENT esmalte *m;* ~ **pan** tacho esmaltado; **b)** ART (object) esmalte *m;* ~ **ring** anel de esmalte.

encase [ɪn'keɪs] *vtr* **to be** ~**d in** (leather, metal) estar envolvido ou recoberto de [*armour*]; estar revestido de [*concrete*]; estar encaixado em; MED (plaster) estar metido em.

enchant [ɪn't/ɑːnt] *vtr* (delight) encantar, agradar; (cast spell as) enfeitiçar, encantar; ~**ed garden/ring** jardim encantado; anel *m* mágico.

enchanting [ɪn't/ɑːntɪŋ] *adj* [*vision, place*] encantador.

enchantment [ɪn't/ɑːntmənt] *n* (delight) encanto *m.*

encircle [ɪn'sɜːkl] *vtr* [*troops, police*] cercar; [*fence, wall*] rodear, circundar.

encl *abrev* = **enclosed, enclosure(s)** junto(s), anexo(s), apenso(s).

enclose [ɪn'kləʊz] *vtr* **a)** rodear (**with, by** de); (fence in) cercar (**with, in** de); (in outer casing) encerrar (**in** em); (within brackets) conter (**in** em); **b)** (in letter) incluir (**with, in** em); **a cheque for £10 is** ~**d** um cheque de 10 libras segue junto; **a letter** ~**ing a cheque** uma carta com um cheque incluso.

enclosed [ɪn'kləʊzd] *adj* [*garden, space*] fechado; [*sea, harbour*] fechado; [*letter*] junta.

enclosure [ɪn'kləʊʒə(r)] *n* (for animals) recinto cercado; (for officials) recinto *m;* (fence) cerca *f.*

encode [ɪn'kəʊd] *v* codificar, cifrar.

encore [ɒŋ'kɔː(r), 'ɒŋkɔː(r)] **1** *n* bis *m;* repetição *f;* **to give** *or* **play an** ~ bisar, dar bis. **2** *interj* ~! bis!.

encounter [ɪn'kaʊntə(r)] **1** *vtr* encontrar, enfrentar [*resistance*]; sofrer [*setback*]; enfrentar [*problem, difficulties, situation*]; conhecer [*adventure*]; deparar com, encontrar [*person*]. **2** *n* recontro *m;* encontro *m;* combate *m;* **his frequent** ~**s with the law** as suas frequentes questões com a polícia.

encourage [ɪn'kʌrɪdʒ] *vtr* **a)** [*boost, support*] encorajar; [*parents, government*] animar, incitar, estimular; **to** ~ **sb to do sth** encorajar ou incitar alg a fazer algo; **b)** (foster) estimular; favorecer [*rise, growth*].

encouragement [ɪn'kʌrɪdʒmənt] *n* (support) encorajamento *m* (**to** a); (inducement) incitação *f* (**to** a); **she needs no** ~ **to do sth** ela não precisa de se fazer rogada para fazer algo; **to give** ~ **to sb** *or* **to be an** ~ **to sb** encorajar alg; **without** ~ **from me** sem o meu apoio.

encouraging [ɪn'kʌrɪdʒɪŋ] *adj* encorajador, animador.

encroach [ɪn'krəʊt/] *vi* **to** ~ **on sth** (vegetation) ganhar (terreno) a; invadir; [*sea*] ganhar (terreno) a, avançar sobre; [*enemy*] invadir, usurpar a; **to** ~ **on sb's privacy** imiscuir-se na intimidade de alg.

encrust [ɪn'krʌst] *vtr* (usu in passive) **to be** ~**ed with** estar encrostado de, ter crostas de [*blood, mind*]; estar coberto de [*moss, ice*]; estar incrustado de [*jewels*].

encumber [ɪn'kʌmbə(r)] *vtr* estorvar, embaraçar, obstruir [*person, traffic, room, street*] (**with** com).

encumbrance [ɪn'kʌmbrəns] *n* (hindering movement) estorvo *m;* entrave *m;* (to family, society) encargo *m;* peso *m.*

encyclop(a)edia [ensaɪklə'piːdɪə, ɪnsaɪklə'piː:dɪə] *n* enciclopédia *f.*

encyclop(a)edic [ensaɪklə'piːdɪk, ɪnsaɪklə'piː:dɪk] *adj* enciclopédico.

end [end] **1** *n* **a)** (final part) (of week, holiday, journey, game, story, sentence) fim *m;* **at the** ~ **of the year** no fim do ano; **by the** ~ **of the week** perto do fim da semana; **to put an** ~ **to sth** pôr fim a algo; **there is no** ~ **to his talent** o seu talento não tem limites; **to get to the** ~ **of sth** chegar ao fim de algo [*story, holiday, work*]; **'the End'** (of film, book, etc) 'Fim'; **in the** ~ **they went home** finalmente eles foram para casa; **for days on** ~ durante dias e dias; **to bring sth to an** ~ pôr fim a algo; **to come to an** ~ terminar; **to be at an** ~ estar no fim; **it's the** ~ **of the line/road for our relationship** (fig) a nossa relação chegou ao fim; **I'm not going and that's the** ~ **of that!** não vou, acabou-se!; **you really are the** ~! (coll) tu és mesmo uma praga! (fam); **that (really) is the** ~! (coll) é o cúmulo! (fam); **b)** (extremity) (of nose, tail, branch, string, queue, bed, road) ponta *f;* extremidade *f;* **at the** ~ **of the garden** ao fundo do jardim; **on the** ~ **of the street/his nose** na extremidade da rua/do nariz; **from one** ~ **of sth to another** de uma ponta à outra; **from** ~ **to** ~ **de** ponta a ponta; **the northern** ~ **of the town** a parte norte da cidade; **the third from the** ~ (of the row) a terceira a contar do fim; **the front/back** ~ **of the car** a parte da frente/de trás do carro; **c)** SPORT lado *m;* campo *m;* **to change** ~**s** mudar de campo; **d)** (destination) (of phone line) fim *m* (da linha); **e)** (of scale, spectrum) extremidade *f;* **at the lower** ~ **of the salary scale** na extremidade mais baixa da escala salarial; **this suit is from the cheaper** ~ **of the range** este fato é dos mais baratos da gama; **f)** (aim) finalidade *f;* objectivo *m;* **to this** ~ com esta finalidade; **an ~ in itself** um fim em si mesmo; **a means to an ~** um meio para alcançar um fim; **g)** (scrap) (*gen pl*) (of rope, string) bocado *m*; resto *m*; (of loaf, joint of meat) sobra *f*; **h)** (death) (liter) morte *f*; **to meet one's ~** encontrar a morte (lit); **to be nearing one's ~** sentir a proximidade do seu fim; **to come to a bad/sticky ~** acabar mal; **i)** COMM (aspect) (of business, job) parte *f*; lado *m*. **2** *modif* **the ~ house** a última casa; **the ~ carriage** (on train) a última carruagem. **3** *vtr* pôr fim a [*strike, war, evening, friendship, rumour, search*]; pôr fim a, acabar [*meeting, debate, programme, book*]; romper [*marriage*]; finalizar [*match*]; **to ~ sth with sth** terminar algo com algo; **to ~ sth by doing** terminar algo fazendo; **to ~ one's life** acabar com a vida; **he ~ed his days in hospital** ele acabou os seus dias no hospital; **they ~ed the day in a restaurant** eles terminaram o dia no restaurante; **the sale to ~ all sales** COMM o melhor dos saldos. **4** *vi* **a)** (finish) (in time) [*day, meeting, career, relationship, book, war*] acabar, terminar; COMM [*contract, agreement*] expirar; **to ~ with sth** acabar com algo; **where will it all ~?!** como é que isto irá acabar?!; **b)** (finish) (in space) [*path, line, queue, river*] terminar. IDIOMAS **to ~ it all** acabar com a vida; **to keep one's ~ up** não desistir. ∎ **end up**: **~ up (as)** acabar (como); **~ up (by) doing** acabar por fazer; **to ~ up in hospital** ir parar ao hospital; **~ up bored/rich etc** acabar por ficar aborrecido/rico etc.

endanger [ɪn'deɪndʒə(r)] *vtr* pôr em perigo [*health, life*]; ameaçar, constituir uma ameaça para [*environment, species*]; comprometer [*reputation, career, prospects*]; **~ed species** (lit) espécie *f* em vias de extinção.

endear [ɪn'dɪə(r)] *vtr* **to ~ sb to sb** grangear a estima de alg; **to ~ oneself to sb** fazer-se estimar por alg.

endearing [ɪn'dɪərɪŋ] *adj* [*child, personality, habit*] atraente, cativante; [*quality, remark*] atraente, tocante; [*smile*] sedutor, atraente.

endearment [ɪn'dɪəmənt] *n* **~s** (words) palavras carinhosas; (acts, gestures) mostras *fpl* de afecto.

endeavourGB, **endeavor** US [ɪn'devə(r)] (liter) **1** *vi* esforçar-se (**to** por); (desperately) fazer (todos) os possíveis (**to** por). **2** *n* (effort) esforço *m*; tentativa *f*; (aspiration) ambição *f*; **to make an ~ to do sth** esforçar-se por fazer algo; **to make every ~** fazer todos os possíveis.

endemic [en'demɪk] **1** *adj* endémico (**in, to** em). **2** *n* endemia *f*.

ending ['endɪŋ] *n* **a)** (of book, play, film, etc) fim *m*; conclusão *f*; **b)** LING terminação *f*.

endive ['endɪv] *n* endívia *f*; chicória *f*.

endless ['endlɪs] *adj* [*patience, energy, enthusiasm*] infinito, sem fim; [*supply, resources*] inesgotável; [*meetings, hours, search, journey*] interminável; **~ cars/letters/trouble** carros/cartas/problemas imensos.

endlessly ['endlɪslɪ] *adv* **a)** (unlimitedly) **~ patient/tolerant** de uma paciência/tolerância ilimitada; **b)** (without stopping) [*talk, cry, argue*] continuamente, sem parar; [*work, search, drive, play, try*] sem descanso, continuamente; **c)** (to infinity) [*stretch out*] a perder de vista.

endorse [ɪn'dɔːs] *vtr* apoiar, dar o seu aval a; (view, policy, principle) apoiar; (candidate, decision, value) aprovar; (candidate, product) COMM endossar; (cheque, bill) aceitar; (claim) (in writing) assinar.

endorsement [ɪn'dɔːsmənt] *n* (of opinion) aprovação *f* (**of** de); (of candidate) apoio *m* (**of** a); (of decision) sanção *f* (**of** a); (of cheque) endosso *m*.

endow [ɪn'daʊ] *vtr* (with money) dotar [*hospital, charity*]; fundar, financiar [*hospital bed, ward*].

endowment [ɪn'daʊmənt] *n* **a)** (action) (of hospital, school) doação *f*; (prize, academic post) criação *f*; instituição *f*; **b)** (money given) dotação *f*; (fig) (talent, ability) dom *m*; talento *m*.

endowment assurance [ɪn'daʊmənt ə'ʃwərəns] *n* seguro *m* misto.

end product *n* COMM produto *m* final.

endurable [ɪn'djʊərəbl] *adj* suportável, tolerável.

endurance [ɪn'djʊərəns] *n* coragem *f* (**of** para); (of cold) resistência *f* (**of** a); (physically) fazer prova de resistência; **past** *or* **beyond (all) ~** (after noun) intolerável; **to provoke sb beyond ~** levar alg ao extremo.

endurance test *n* SPORT, MIL prova *f* de resistência.

endure [ɪn'djʊə(r)] **1** *vtr* (undergo) suportar, sofrer [*criticism, insult, cruelty*]; (tolerate) suportar, aguentar [*extreme pain*]. **2** *vi* (last) durar.

enema ['enɪmə] *n* (act) lavagem *f*.

enemy ['enəmɪ] *n* (*pl* **-mies**) inimigo *m*; (fig) adversário *m*; MIL (*sem pl*) (+ *v sg*) **to go over to the ~** passar-se para o inimigo; **to be one's own worst ~** ser o seu pior inimigo; **to make enemies** fazer inimigos; **killed by ~ action** morto sob o fogo inimigo; **~ alien** estrangeiro *m* em país inimigo.

energy ['enədʒɪ] *n* **a)** (vitality) energia *f*; **it would be a waste of ~** não serviria para nada; **b)** (power, fuel) energia *f*; **nuclear ~** energia *f* nuclear.

enervate ['enəveɪt] *vtr* enervar, enfraquecer, prostrar.

enfeeble [ɪn'fiːbl] *vtr* enfraquecer, debilitar.

enforce [ɪn'fɔːs] *vtr* **a)** (impose) pôr em vigor, aplicar [*rule, policy, decision*]; fazer respeitar ou obedecer [*law, court, order*]; fazer valer [*legal rights*]; impor [*discipline, silence*]; **b)** (strengthen) reforçar [*opinion, hypothesis*]; apoiar Po, dar uma força Br [*argument, theory*].

enforceable [ɪn'fɔːsəbl] *adj* que pode ser imposto.

enforcement [ɪn'fɔːsmənt] *n* (of policy, decision) aplicação *f*; (of discipline) imposição *f*.

engage [ɪn'geɪdʒ] **1** *vtr* (formal) **a)** (interest, attract) atrair [*person*]; **to ~ sb in conversation** entabular conversa com alg; **b)** (employ) contratar [*lawyer, cleaner, secretary*]; **c)** MECH engrenar [*gears*]; engatar [*clutch*]; **d)** MIL travar combate com [*enemy*]. **2** *vi* (formal) (be involved) **to ~ in an activity** dedicar-se a uma actividade; **to ~ in a discussion** tomar parte numa discussão.

engaged [ɪn'geɪdʒd] *adj* **a)** (before marriage) **to be ~ to sb** ficar noivo de alg; **b)** GB [*toilet*] ocupado; [*phone line*] impedido.

engagement [ɪn'geɪdʒmənt] *n* **a)** (formal) (ap-

pointment) encontro *m*; **official** *or* **public** ~ compromisso *m* oficial; **I have a dinner** ~ **tomorrow evening** tenho um jantar amanhã à noite; **b)** (before marriage) noivado *m*.
engagement ring *n* anel *m* de noivado.
engaging [ɪnˈɡeɪdʒɪŋ] *adj* [*shyness, character*] cativante; [*laugh, smile*] atraente.
engender [ɪnˈdʒendə(r)] *vtr* engendrar, produzir.
engine [ˈendʒɪn] *n* (in car) motor *m*; (in aeroplane) reactor *m*; (in train) motor *m*; (locomotive) locomotiva *f*; (in ship) máquinas *fpl*; **steam** ~ máquina a vapor; **diesel** ~ RAIL locomotiva diesel; **jet** ~ motor de reacção; **to sit facing/with one's back to the** ~ sentar-se a favor/contra o sentido de marcha.
engine driver *n* maquinista.
engineer [endʒɪˈnɪə(r)] **1** *n* (designer) engenheiro *m*; (in factory) técnico *m*; (repairer) reparador *m*; (on ship) mecânico *m* naval; US RAIL mecânico *m*; **heating** ~ técnico de aquecimento; **telephone** ~ técnico de telefone. **2** *vtr* maquinar [*revolt, fall, success*]; urdir [*plot*].
engineering [endʒɪˈnɪərɪŋ] *n* (studies) curso *m* de engenharia; (industry) indústria *f* mecânica; **light/heavy** ~ indústria leve/pesada; **civil/electrical/chemical/industrial/genetic** ~ engenharia civil/eléctrica/química/industrial/genética.
engine room *n* casa *f* das máquinas.
English [ˈɪŋɡlɪʃ] **1** *n* **a)** LING inglês *m*; **the King's** *or* **Queen's** ~ o inglês padrão; **b)** (+ *v pl*) **the** ~ os Ingleses *mpl*. **2** *adj* [*custom, people, literature*] inglês; [*king, embassy*] de Inglaterra.
engrave [ɪnˈɡreɪv] *vtr* PRINT gravar.
engraving [ɪnˈɡreɪvɪŋ] *n* gravura *f*.
engross [ɪnˈɡrəʊs] *vtr* cativar [*audience*]; **to be** ~**ed in** [*book, spectacle, work*] estar absorvido em.
engrossing [ɪnˈɡrəʊsɪŋ] *adj* [*book, programme*] absorvente, cativante.
engulf [ɪnˈɡʌlf] *vtr* (sea, waves, fire) tragar; (silence) envolver; (panic) apoderar-se de.
enhance [ɪnˈhɑːns] *vtr* (improve) aumentar [*reputation*]; melhorar [*prospects, status*]; intensificar [*rights, privileges, authority*]; realçar, pôr em evidência [*appearance, beauty, qualities*]; aumentar [*power*].
enigma [ɪˈnɪɡmə] *n* enigma *m*.
enigmatic [enɪɡˈmætɪk] *adj* enigmático.
enjoin [ɪnˈdʒɔɪn] *vtr* (impose, urge) impor [*silence, obedience, discipline*] (**on** a); recomendar [*discretion, caution*] (**on** a); **to** ~ **sb to do sth** recomendar ou ordenar a alg para fazer algo.
enjoy [ɪnˈdʒɔɪ] **1** *vtr* **a)** (get pleasure from) gostar de [*crosswords, golf, sailing*]; apreciar [*art, music, wine*]; **b)** (have a good time at) ~ **your meal!** bom apetite!; ~**!** US diverte-te!; **c)** (benefit from) gozar de [*position, privilege, right*]; beneficiar [*advantage*]. **2** *v refl* **to** ~ **oneself** divertir--se.
enjoyable [ɪnˈdʒɔɪəbl] *adj* agradável.
enjoyment [ɪnˈdʒɔɪmənt] *n* (pleasure) prazer *m*; **to get** ~ **from doing** ter prazer em fazer; **he reads for** ~ ele lê por prazer.
enlarge [ɪnˈlɑːdʒ] **1** *vtr* ampliar [*space, hole, opening, document, photograph*]; alargar [*empire*]; desenvolver [*business*]; aumentar [*capacity*]. **2** *vi* **a)** aumentar-se, alargar-se; [*influence, majority,*

population] aumentar-se; MED (pupil, spleen) dilatar-se; (tonsils, joints) inchar; **b)** (fig) **to** ~ **on** estender-se sobre [*subject*]; desenvolver [*theory, idea*].
enlargement [ɪnˈlɑːdʒmənt] *n* aumento *m*; engrandecimento *m*; (of territory) alargamento *m*; (of business) expansão *f*; (of index) aumento *m*; (of photograph, document) ampliação *f*; MED, OPT (of pupil, spleen) dilatação *f*; (of organ, tumour) hipertrofia *f*.
enlighten [ɪnˈlaɪtn] *vtr* iluminar, esclarecer; (fig).
enlightened [ɪnˈlaɪtnd] *adj* [*person, wind, opinions*] esclarecido.
enlightening [ɪnˈlaɪtnɪŋ] *adj* instrutivo,-a.
enlightenment [ɪnˈlaɪtnmənt] *n* (edification) instrução *f*; edificação *f*; (clarification) esclarecimento *m*; **the age of** ~ o século das luzes.
enlist [ɪnˈlɪst] **1** *vtr* MIL alistar, recrutar; **to** ~ **sb's help** assegurar-se da ajuda de alg. **2** *vi* MIL alistar-se.
enliven [ɪnˈlaɪvn] *vtr* animar [*conversation, meal*].
enmity [ˈenmɪtɪ] *n* inimizade *f*; (**toward** para com; **for** por).
enormity [ɪˈnɔːmɪtɪ] *n* (of crime, problem, task) enormidade *f*.
enormous [ɪˈnɔːməs] *adj* [*house, animal, change, problem, difference*] enorme; [*effort*] prodigioso; **an** ~ **amount of** uma quantidade enorme de.
enormously [ɪˈnɔːməslɪ] *adv* (with verb) enormemente; (with adjective) extremamente.
enough [ɪˈnʌf] *adv, det, pron* bastante; **big** ~ **for us** bastante grande para nós; **to eat** ~ comer bastante; ~ **money/seats** bastante dinheiro/bastantes lugares; **is he old** ~ **to vote?** ele já tem idade suficiente para votar?; **curiously** ~, **I like her** por (bastante) estranho que pareça, gosto dela; **I've had** ~ **of him** já estou farto dele; **I've had** ~ **of working for one day** já trabalhei bastante por hoje; **once was** ~ **for me!** uma vez chegou-me!; ~**'s** ~ chega! basta!. IDIOMAS ~ **is as good as a feast** (Prov) o que é demais, faz mal (Prov).
enquire *v* see **inquire**.
enrage [ɪnˈreɪdʒ] *vtr* enfurecer, enraivecer, irritar.
enrapture [ɪnˈræptʃə(r)] *vtr* encantar, maravilhar, extasiar.
enrich [ɪnˈrɪtʃ] *vtr* (lit, fig) ALSO PHYS enriquecer.
enrol GB, **enroll** US [ɪnˈrəʊl] **1** *vi* (*past, pp* **-ll-**) inscrever-se. **2** *vtr* inscrever; admitir [*worker*]; recrutar [*recruit*]; **to** ~ **sb in** *or* **for** *or* **at sth** inscrever alg em algo.
enrolment GB, **enrollment** US [ɪnˈrəʊlmənt] *n* inscrição *f* (**in** *or* **for** *or* **at** em); MIL recrutamento *m*.
ensign [ˈensaɪn, ˈensn] *n* (flag) bandeira *f*; NAUT, MIL, HIST BRIT (officer) alferes *m*; (emblem) (dated) emblema *m*.
enslave [ɪnˈsleɪv] *vtr* (lit) escravizar.
ensnare [ɪnˈsneə(r)] *vtr* (lit, fig) apanhar num laço ou armadilha, iludir, enganar.
ensue [ɪnˈsjuː] *vi* seguir-se, suceder, resultar (**from** de).

ensuing [ɪn'sjuːɪŋ] *adj* que segue, seguinte.
ensure [ɪn'ʃʊə(r)] *vtr* assegurar, garantir; **to ~ that...** assegurar-se que....
entail [ɪn'teɪl] *vtr* implicar; (travel, action, work) exigir. Po, forçar a barra Br; (patience, sacrifice, discretion) acarretar; (expense, sacrifice, responsibility) **to ~ sb doing sth** implicar que alg faça algo.
entangle [ɪn'tæŋgl] *vtr* a) (catch) enredar, emaranhar, enlear; **to be** *or* **became** *or* **get ~d** *or* **with sth** envolver-se, enredar-se, embaraçar-se com algo; **b)** (fig) (involve) envolver; **to be ~d in sth** estar envolvido em algo.
entanglement [ɪn'tæŋglmənt] *n* (fig) (complication) complicação *f*; (involvement) envolvimento *m*.
enter ['entə(r)] **1** *vtr* a) (go into) entrar em [*room, building, etc*]; **b)** (join, become involved with) entrar para [*army, profession, political party*]; inscrever-se em, entrar para [*school, university*]; participar em, tomar parte em [*race, competition, debate*]; **to ~ the church** tomar ordens; **c)** (register as candidate, competitor, etc) inscrever [*person, horse*] (**in** em); **d)** (record) (in form, list, ledger) anotar [*details, facts, figures*] (**in** em); Comput entrar com [*data*] (**on** em). **2** *vi* a) [*person, animal*] entrar; **b)** **to ~ for an exam** inscrever-se para um exame; **to ~ for a race** inscrever-se para uma corrida. ■ **enter into** a) (embank on) entrar em [*conversation, correspondence, negotiations, debate*]; concluir [*deal, alliance*]; lançar-se em [*explanations, apologies*]; **to ~ into details** entrar em pormenores; **b)** (be part of) fazer parte de [*plans, calculations*]. ■ **enter on** see **~ upon.** ■ **enter upon** (embank on) iniciar [*career, phase*]; encetar [*negotiations*]; abordar [*subject, problem*].
enterprise ['entəpraɪz] *n* a) (undertaking) empreendimento *m*; (venture) aventura *f*; **business ~** empresa comercial; **b)** (initiative) espírito *m* de iniciativa; **c)** Econ empresa *f*; **private ~** empresa privada.
enterprising ['entəpraɪzɪŋ] *adj* [*person*] empreendedor, activo, dinâmico; [*plan*] audacioso; **it was very ~ of you** foi muito arrojado de sua parte.
entertain [entə'teɪn] **1** *vtr* a) divertir, distrair; (make laugh) divertir; (keep occupied) distrair, ocupar; **b)** (play host to) receber; **c)** (nurture) acalentar [*idea*]; acolher [*suggestion*]; alimentar [*doubt, hope, ambition, passion, illusion*]. **2** *vi* receber.
entertainer [entə'teɪnə(r)] *n* (comic) cómico *m*; (performer, raconteur) animador *m*.
entertaining [entə'teɪnɪŋ] **1** *adj* divertido; [*idea*] original. **2** *n* (art) arte *f* de receber; **they do a lot of ~** eles recebem muito em casa.
entertainment [entə'teɪnmənt] *n* a) divertimento *m*; distracção *f*; **for sb's ~** para divertimento de alg; **for her own ~** por prazer dela mesmo; **the world of ~** *or* **the world** o mundo do espectáculo; **b)** (performance, event) espectáculo *m*.
enthral [ɪn'θrɔːl] *vtr* (*past, pp* **-ll-**) (captivate) (performance, novel, scenery) cativar, apaixonar, fascinar [*beauty, charm*].
enthrone [ɪn'θrəʊn] *vtr* entronizar, pôr no trono [*monarch*].

enthuse [ɪn'θjuːz, ɪn'θuːz] **1** *vi* entusiasmar-se, extasiar-se; (iron) inflamar-se; **"it's superb"** he **~d** "é magnífico" disse ele extasiado; **~ about** entusiasmar-se por; **~ over** extasiar-se com. **2** *vtr* entusiasmar.
enthusiasm [ɪn'θjuːzɪæzəm, ɪn'θuːzɪæzəm] *n* a) entusiasmo *m*; **to show ~ for** *or* **about doing sth** mostrar entusiasmo por fazer qq coisa; **to feel ~ for sth** estar todo entusiasmado com qq coisa; **b)** (hobby) paixão *f*.
enthusiast [ɪn'θjuːzɪæst, ɪn'θuːzɪæst] *n* entusiasta *m/f*; apaixonado *m*.
enthusiastic [ɪnθjuːzɪ'æstɪk, ɪnθuːzɪ'æstɪk] *adj* entusiástico; [*singing, discussion*] exaltado; [*worker, gardener*] apaixonado; [*member*] muito interessado; **to be ~ about sth** estar entusiasmado por qq coisa; **he's not very ~ about his work** ele não se mostra muito interessado pelo seu trabalho.
enthusiastically [ɪnθjuːzɪ'æstɪkəlɪ, ɪnθuːzɪ'æstɪkəlɪ] *adv* entusiasticamente.
entice [ɪn'taɪs] *vtr* (with offer, charms, prospect) atrair, tentar; (with food, money) engodar, atrair; **to ~ sb to do sth** levar alg a fazer algo (por promessas ou bajulação); **he ~d her away from her home** ele persuadiu-a a deixar a casa (através de promessas ou bajulação).
enticement [ɪn'taɪsmənt] *n* (offer, prospect) atracção *f*.
enticing [ɪn'taɪsɪŋ] *adj* [*prospect, offer*] atraente, tentador; [*person, look*] sedutor; [*food, smell*] apetitoso.
entire [ɪn'taɪə(r)] *adj* todo; (stronger) total; (uncastrated) inteiro; **~ support** apoio total; **the ~ family was there** a família completa estava lá; **we are in ~ agreement with you** estamos em total acordo convosco.
entirely [ɪn'taɪəlɪ] *adv* inteiramente; [*innocent, different, unnecessary*] completamente; [*reject*] totalmente; **that changes things ~** isso muda totalmente tudo.
entirety [ɪn'taɪərətɪ] *n* conjunto *m*; totalidade *f*; **in its ~** no seu conjunto.
entitle [ɪn'taɪtl] *vtr* a) (authorise) dar direito; (officially) autorizar; **to be ~d to** ter direito a [*money*]; ter o direito de [*right*]; **you're ~d to your own opinion** cada um tem direito às suas opiniões; **b)** (coll) intitular [*written material, music*]; dar um titulo a [*work of art*]; **the poem is ~d "love"** o poema intitula-se "O Amor".
entitlement [ɪn'taɪtlmənt] *n* direito *m* (**to** a); **~ to do sth** direito a fazer qq coisa.
entity ['entɪtɪ] *n* entidade *f*.
entomology [entə'mɒlədʒɪ] *n* entomologia *f*; estudo dos insectos.
entrance ['entrəns] *n* a) (door, gate, passage, etc) entrada *f*; (hallway) vestíbulo *m*; **b)** (act of entering) entrada *f*; **to make an ~** (gen) Theat fazer a sua entrada (em cena); **c)** (right of way) admissão *f*; **to gain ~ to a club** ser admitido num clube.
entrance: **~ examination** *n* (gen) Sch, Univ exame *m* de admissão; (for civil service) concurso *m* de admissão; **~ fee** *n* (in museum, cinema) preço *m* do impresso; (to join club, association) jóia *f*; **~ hall** *n* (in house) vestíbulo *m*; (in public building, mansion) hall *m*.

entrancing [ɪn'trɑːnsɪŋ] *adj* encantador, fascinante, maravilhoso.

entrant ['entrənt] *n* (in race, competition) participante *m/f*; (in exam) concorrente *m/f*; candidato *m*.

entrap [ɪn'træp] *vtr* apanhar numa armadilha, atrair.

entreat [ɪn'triːt] *vtr* implorar, suplicar, rogar; **to ~ sb to do sth** suplicar a alg por fazer algo.

entreaty [ɪn'triːtɪ] *n* prece *f*; súplica *f*.

entrench [ɪn'trenʃ] *vtr* (*usu in passive*) MIL entrincheirar.

entrepreneur [ɔntrəprə'nɜː(r)] *n* COMM empresário *m*.

entrust [ɪn'trʌst] *vtr* confiar; **~ sb with sth** *or* **sth to sb** confiar qq coisa a alg.

entry ['entrɪ] *n* **a)** (act of entering) entrada *f* (**to** em); **b)** (right to enter) (to club, institution) admissão *f*; (to country, territory) entrada *f*; **"no entry"** (on door, gate) "é proibida a entrada"; (in one-way street) "sentido proibido"; **c)** (recorded item) (in dictionary) (article, headword) entrada *f*; (in encyclopaedia) artigo *m*; (in diary) nota *f*; ACCTS (in ledger, accounts book) lançamento *m*; (in register) registo *m*; **there is no ~ in his diary for July 13th** ele não escreveu nada no diário a 13 de Julho; **d)** (in competition, race) (person) concorrente *m/f*; (for exam) candidato *m*; **e)** (entrants collectively) **there is quite a large ~ for this year's contest** este ano, a participação no concurso é bastante elevada; **f)** (act of registering) (on list) anotação *f*; (in ledger) lançamento *m*; COMPUT entrada *f* (de dados).

entry: ~ fee *n* jóia *f*; **~ form** *n* ficha *f* de inscrição; **~ permit** *n* visto *m* de entrada.

entwine [ɪn'twaɪn] **1** *vtr* (*usual in passive*) entrelaçar, entrecruzar [*ribbon, thread*]. **2** *vi* entrelaçar-se.

enumerate [ɪ'njuːməreɪt] *vtr* (list) enumerar; (count) contar.

enumeration [ɪnjuːmə'reɪʃn] *n* enumeração *f*; contagem *f*.

enunciate [ɪ'nʌnsɪeɪt] *vtr* articular, pronunciar [*words, lines*]; enunciar [*idea*].

enunciation [ɪnʌns'eɪʃn] *n* (of sound, word) articulação *f*; pronúncia *f*; (of facts) enunciação *f*; (of ideas) expressão *f*.

envelop [ɪn'veləp] *vtr* (lit, fig) envolver.

envelope ['envələʊp, 'ɔnvələʊp] *n* (gen) AVIAT, MATH envelope *m*; sobrescrito *m*; **to put a letter in an ~** pôr uma carta no envelope.

enviable ['envɪəbl] *adj* [*position, situation*] invejável.

envious ['envɪəs] *adj* [*person*] invejoso, ciumento; [*look, remark*] de inveja, invejoso, despeitado; **to be ~ of sb** ter ciúmes de alg, invejar alg; **to be ~ of sth** ser invejoso de algo; **to make sb ~** fazer inveja a alg.

environment [ɪn'vaɪərənmənt] *n* (gen) meio *m*; ambiente *m*; (cultural, social, moral) meio *m*; ambiente *m*; (physical) meio *m*; **friendly ~** ambiente amigável; **working ~** condições *m* de trabalho.

environmental [ɪnvaɪərən'mentl] *adj* **a)** (gen) do meio, ambiental; **b)** ECOL (concern, issue) ligado ao ambiente, ecológico; (damage, protection, pollution) do ambiente; **~ effect** efeitos sobre o ambiente; **~ group** grupo ecologista; **~ disaster** catástrofe ecológica.

environmentalist [ɪnvaɪərən'mentəlɪst] *n* POL, ECOL ecologista *m/f*.

envisage [ɪn'vɪzɪdʒ] *vtr* (foresee) prever, antecipar; (visualize) fitar, encarar.

envoy ['envɔɪ] *n* enviado *m*; emissário *m*.

envy ['envɪ] **1** *n* inveja *f*; ciúme *f*; **out of ~** por inveja. **2** *vtr* invejar; **to ~ sb sth** invejar algo a alg.

enzyme ['enzaɪm] *n* enzima *f*.

ephemeral [ɪ'fiːmərl, ɪ'fəmərl] *adj* (lit, fig) efémero.

epic ['epɪk] **1** *n* LITERAT epopeia *f*; poema *f* épico; (film) filme *m* épico; (novel) romance *m* épico. **2** *adj* LITERAT épico.

epicentre ['epɪsəntə(r)] *n* epicentro *m*.

epidemic [epɪdemɪk] **1** *n* (lit, fig) epidemia *f*. **2** *adj* epidémico.

epigram ['epɪgræm] *n* epigrama *m*.

epilepsy ['epɪlepsɪ] *n* epilepsia *f*.

epileptic [epɪ'leptɪk] **1** *n* epiléptico. **2** *adj* epiléptico.

epiphany [ɪ'pɪfənɪ] *n* Epifania *f*; dia *m* de Reis.

episode ['epɪsəʊd] *n* episódio *m*.

epistle [ɪ'pɪsl] *n* (formal, hum) epístola *f*.

epitaph ['epɪtɑːf] *n* (lit, fig) epitáfio *m*.

epithet ['epɪθet] *n* epíteto *m*.

epitome [ɪ'pɪtəmɪ] *n* **the ~ of kindness** a encarnação da bondade.

epitomize [ɪ'pɪtəmaɪz] *vtr* (embody) personificar, encarnar.

epoch ['iːpɒk, 'epɒk] *n* (gen) GEOL época *f*; era *f*.

epoch-making ['iːpɒk'meɪkɪŋ] *adj* [*invention, event*] que marca época.

equable ['ekwəbl] *adj* [*climate*] temperado; [*temperament*] equilibrado.

equal ['iːkwl] **1** *n* igual *m/f*. **2** *adj* **a)** [*number*] igual (**to** a); **b)** [*pleasure, facility, enthusiasm*] igual, equivalente; **with ~ pleasure** com o mesmo prazer, com um prazer igual; **c)** [*relationship*] de igual para igual. **3** *adv* **to come ~ third with sb** chegar em 3.º lugar ao mesmo tempo que alg. **4** *vtr* **a)** MATH ser igual a; (fig) **health plus money ~s happiness** a saúde e o dinheiro fazem a felicidade; **b)** SPORT igualar [*record, time*]. IDIOMAS **all things being ~** se tudo correr como até aqui.

equality [ɪ'kwɒlɪtɪ] *n* igualdade *f*.

equalize ['iːkwəlaɪz] *vtr* igualar [*prospects*].

equalizer ['iːkwəlaɪzə(r)] *n* SPORT golo *m* Po/gol *m* BR de empate.

equally ['iːkwelɪ] *adv* **a)** [*divide, share*] igualmente, em partes iguais; **b)** (by the same token) do mesmo; **c)** **~ concerned/difficult** da mesma forma preocupado/difícil.

equal opportunity *n* (*also* **equal opportunities**) igualdade *f* de oportunidades, não-discriminação *f*.

equals sign *n* MATH sinal *m* de igual.

equanimity [ekwə'nɪmɪtɪ, iːkwə'nɪmɪtɪ] (formal) *n* tranquilidade *f*; equanimidade *f* (liter).

equate [ɪ'kweɪt] *vtr* (identify) igualar (**with** a); (compare) comparar (**with** a).

equation [ɪ'kweɪʒn] *n* MATH equação *f*.

equator [ɪ'kweɪtə(r)] *n* equador *m*.

equestrian [ɪˈkwestrɪən] *adj* [*statue, portrait*] equestre; [*dress, gloves*] de equitação.

equidistant [iːkwɪˈdɪstənt] *adj* equidistante, a igual distância.

equilateral [iːkwɪˈlætərl] *adj* equilateral.

equilibrium [ˈiːkwɪˈlɪbrɪəm] *n* (*all uses*) equilíbrio *m*; **in** ~ em equilíbrio.

equinox [ˈiːkwɪnɒks, ˈekwɪnɒks] *n* equinócio *m*.

equip [ɪˈkwɪp] *vtr* (*past, pp* **-pp-**) equipar (**for** para); dotar [*factory*]; ~ **sb with sth** munir alg com qq coisa; ~ **a room as sth** preparar uma sala para algo; **to be properly** *or* **poorly** ~**ped** estar bem ou mal equipado; **fully** ~**ped kitchen** cozinha totalmente equipada.

equipment [ɪˈkwɪpmənt] *n* (gen) equipamento *m*; (office, electrical, photographic) material *m*; **a piece** *or* **item of** ~ um artigo.

equitable [ˈekwɪtəbl] *adj* equitativo, justo.

equity [ˈekwɪtɪ] **1** *n* **a)** (fairness) equidade *f*; justiça *f*; ALSO JUR **b)** **E~ IN** GB sindicato *m* dos actores. **2 equities** *npl* acções *fpl* ordinárias.

equivalent [ɪˈkwɪvələnt] **1** *n* equivalente *m*. **2** *adj* equivalente; **to be** ~ **to sth** ser equivalente a qq coisa, equivaler a qq coisa.

equivocal [ɪˈkwɪvəkl] *adj* **a)** (ambiguous) [*words, reply*] equívoco, ambíguo; [*result, conclusion*] ambíguo; (attitude) equívoco; **b)** (dubious) [*behaviour, circumstances*] suspeito, dúbio.

equivocate [ɪˈkwɪvəkeɪt] *vi* usar palavras ambíguas, equivocar (liter).

era [ˈɪərə] *n* GEOL, HIST era *f*; (in politics, fashion, etc) época *f*.

eradicate [ɪˈrædɪkeɪt] *vtr* erradicar; (disease, poverty) exterminar, extirpar [*weeds, crime, superstition*].

erase [ɪˈreɪz], US [ɪˈreɪs] *vtr* **a)** (lit) AUDIO, COMPUT apagar; **b)** (fig) eliminar [*hunger, poverty*]; apagar [*memory*].

eraser [ɪˈreɪzə(r)], US [-sər] *n* (for paper) borracha *f*; (for blackboard) apagador *m*.

erect [ɪˈrekt] **1** *adj* (posture) (straight) direito; (standing) vertical, em pé; [*tail*] alçado; [*ears*] levantado; [*construction*] erguido; [*penis*] em erecção; **with head** ~ com a cabeça levantada; **to hold oneself** ~ manter-se direito. **2** *vtr* erigir, edificar [*monument, building*]; montar; (scaffolding, tent) instalar [*sign, screen*]; (fig, lit) erigir [*system*].

erection [ɪˈrekʃn] *n* **a)** (putting up) (of monument) erecção *f*; (of building, bridge) construção *f*; (of tent) instalação *f*; (of sign) colocação *f*; **b)** (edifice) edifício *m*; **c)** PHYSIOL (of penis) erecção *f*.

ergonomics [ɜːgəˈnɒmɪks] *n* ergonomia *f* (+ *v sg*).

ermine [ˈɜːmɪn] *n* (animal, fur) arminho *m*.

erode [ɪˈrəʊd] *vtr* desgastar, sofrer erosão; (fig) minar, abalar [*authority*].

erosion [ɪˈrəʊʒn] *n* (of coastline) erosão *f*.

erotic [ɪˈrɒtɪk] *adj* erótico.

err [ɜː(r)] *vi* (make mistake) errar, enganar-se; **to** ~ **in one's judgement** fazer um julgamento errado; **to** ~ **on the side of generosity** pecar por excesso de generosidade; **to** ~ **is human** PRON errar é humano.

errand [ˈerənd] *n* recado *m*; pequena missão *f*;

to go on *or* **to run an** ~ **for sb** ir fazer um recado a alg; **to send sb on an** ~ mandar alg fazer um recado; ~ **of mercy** missão *f* de caridade.

erratic [ɪˈrætɪk] *adj* [*behaviour*] esquisito, excêntrico; [*performance*] irregular; [*person*] extravagante; [*moods*] caprichoso, instável; [*movements, attempts*] desordenado; [*timetable*] irregular; [*deliveries*] irregular.

erroneous [ɪˈrəʊnɪəs] *adj* erróneo, falso.

erroneously [ɪˈrəʊnɪəslɪ] *adv* erroneamente, erradamente, falsamente.

error [ˈerə(r)] *n* (in spelling, grammar, typing) erro *m*; (in arithmetic) erro *m*; (of judgement) cometer um erro grave; **an** ~ **of/in sth** um erro de/em qq coisa; **by** *or* **in** ~ por erro; ~ **of 10%** *or* **10%** ~ erro de 10%; **degree** *or* **margin of** ~ margem de erro. IDIOMAS **to see the** ~ **of one's ways** aperceber-se dos seus erros.

erudite [ˈerʊdaɪt] *adj* [*person, word*] erudito; [*book, discussion*] douto, erudito.

erudition [erʊˈdɪʃn] *n* erudição *f*.

erupt [ɪˈrʌpt] *vi* **a)** (volcano) entrar em erupção, expelir; **b)** (fig) (war) eclodir, rebentar, estalar; MED (rash) aparecer.

eruption [ɪˈrʌpʃn] *n* (of vulcano) erupção *f*; (of violence, laughter) acesso *m*; explosão *f*; ataque *m*; (of political movement) aparecimento *m*.

escalate [ˈeskəleɪt] **1** *vtr* intensificar; (war, problem, efforts) agravar [*inflation*]. **2** *vi* (conflict, violence) intensificar-se; (prices, inflation) subir em flecha; (unemployment) aumentar rapidamente.

escalator [ˈeskəleɪtə(r)] *n* escada *f* rolante.

escapade [eskəˈpeɪd] *n* (adventure) escapadela *f*; aventura *f*.

escape [ɪˈskeɪp] **1** *n* **a)** (getting out) fuga *f* (**from** de; **to** a); **to make good one's** ~ ser bem sucedido na fuga; **to make an/one's** ~ evadir-se; **to have a narrow** *or* **lucky** ~ escapar por pouco; **b)** (accidental emission) (of water, gas) fuga *f* (**from** de). **2** *vtr* **a)** (avoid) **to** ~ **death** escapar à morte; **to** ~ **responsibility** fugir à responsabilidade; **to** ~ **detection** escapar à busca (da polícia); **we cannot** ~ **the fact that...** não podemos ignorar o facto de...; **b)** (elude) [*name, fact*] escapar a [*person*]. **3** *vi* **a)** (get away) [*person, animal*] fugir (**from** de); **to** ~ **into/to somewhere** refugiar-se algures; **to** ~ **unharmed/without a scratch/by the skin of one's teeth** escapar por pouco; **to (manage to)** ~ **with one's life** conseguir sair vivo de; **b)** (come out accidentally) [*water, gas*] sair, fugir. **4 escaped** *pp adj* [*prisoner, convict*] evadido; [*animal*] em fuga.

escape: ~ **route** *n* (in case of fire, etc) saída *f* de emergência; (for fugitives) caminho *m* de evasão; ~ **valve** *n* TECH válvula *f* de escape.

escapism [ɪˈskeɪpɪzm] *n* (tendency: in literature, cinema, etc) evasão *f* (do real); (of person) fuga *f* à realidade.

escort [ˈeskɔːt] **1** *n* **a)** MIL (gen) escolta *f*; **armed** ~ escolta de soldados; **to put under** ~ pôr sob escolta; **b)** (companion) (male) companheiro *m*; (female) companheira *f*; (female) dama *f*; (in an agency) hospedeira *f*. **2** *modif* ~ **agency** agência de hospedeiras. **3** *vtr* MIL escoltar, fazer escolta a; (gen) (to a function) acompanhar; (home, to the door) acompanhar; **to** ~ **sb in/out** MIL escoltar alg à entrada ou à saída.

eskimo ['eskɪməʊ] **1** *n* **a)** esquimó *m/f*; **b)** LING esquimó *m*. **2** *adj* esquimó.

esoteric [esə'terɪk, i:sə'terɪk] *adj* [*language, knowledge, practices*] esotérico.

ESP *n* **a)** abrev = **Extrasensory Perception**; **b)** abrev = **English for Special Purposes**.

especial [ɪ'speʃl] (formal) *adj* exceptional, especial; [*benefit*] particular.

especially [ɪ'speʃəlɪ] *adv* (above all) especialmente, sobretudo; (on purpose) expressamente; (unusually) particularmente; ~ **as itś so hot** tanto mais que está tão quente.

espionage ['esɔɪənɪdʒ, 'espɪɑɔ:ʒ] *n* espionagem *f*.

espouse [ɪ'spəʊz] *vtr* (formal) abraçar, aderir, apoiar [*cause*].

espresso [e'spresəʊ] *n* café *m* expresso.

esq (formal) abrev = **esquire**.

essay ['eseɪ] *n* SCH redacção *f*; composição *f* (**on** sobre); (extended) dissertação *f* (**on** sobre); LITERAT ensaio *m* (**on** sobre).

essence ['esəns] *n* (soul, kernel) PHIL, THEOL essência *f*; **they are, in ~, the same** eles são, essencialmente, os mesmos; **time is of the ~** (one must hurry) o tempo urge.

essential [ɪ'senʃl] **1** *n* **a)** (basic necessity) **a car is not an ~** o carro não é um artigo de primeira necessidade; **b)** (*often pl*) (important issue) **the ~s** o essencial. **2** *adj* **a)** (vital) [*services*] primário; [*ingredient*] indispensável; **it is ~ that...** é indispensável que... (+ *subj*) ~ **goods** produtos de primeira necessidade; **b)** (basic) [*feature, element*] essencial; [*difference*] fundamental.

essentially [ɪ'senʃəlɪ] *adv* **a)** (basically) **it's ~ peasant cooking** é basicamente cozinha tradicional; **b)** (emphatic) (really) sobretudo; **our role is ~ supervisory** o nosso papel é sobretudo de fiscalização; **c)** (more or less) [*correct, true*] no geral.

establish [ɪ'stæblɪʃ] *vtr* **a)** (set up) estabelecer [*firm, tribunal, state, guidelines, relations*]; **b)** (gain acceptance for) estabelecer [*principle, theory, authority, supremacy*]; **c)** (determine, prove) provar, demonstrar [*guilt, innocence, ownership, facts, paternity*]; **to ~ that** demonstrar que.

established [ɪ'stæblɪʃt] *adj* [*institution, artist, procedure, view*] estabelecido; **it's a well ~ fact that...** é um dado estabelecido que....

established church [ɪ'stæblɪʃtʃɜ:tʃ] *n* (*also* E~ C~) **the ~** a Igreja *f* Oficial.

establishment [ɪ'stæblɪʃmənt] **1** *n* **a)** (setting up) estabelecimento *m* (**of** de); **b)** (institution, organization) instituição *f*; **c)** (*also* E~) classe *f* dominante ou classe *f* dirigente; **d)** (staff) pessoal *m* (**of** de). **2** *modif* [*values, artist, figure, views*] das instituições vigentes.

estate [ɪ'steɪt] *n* **a)** GB (stately home + park) propriedade *f*; (housing estate) conjunto *m* habitacional; **b)** (assets) bens *mpl*; **a large ~** uma grande fortuna.

estate agent *n* GB agente *m/f* imobiliário.

esteem [ɪ'sti:m] (formal) **1** *n* estima *f*; **to go up/down in sb's ~** subir ou baixar na estima de alg. **2** *vtr* (admire) ter estima por alg [*person*].

estetic *adj* US see **aesthetic**.

esthetics *n* US see **aesthetics**.

estimate 1 ['estɪmət] *n* **a)** (assessment of size, quantity, etc) estimativa *f*; **to make an ~** fazer uma estimativa; **rough ~** orçamento aproximado; **b)** COMM (quote) orçamento *m*; **to give (sb) an ~ for sth, to put in an ~ for sth** fazer um orçamento para qq coisa; **c)** (estimation) opinião *f* (**of sb** acerca de alg). **2** ['estɪmeɪt] *vtr* (reckon, guess) calcular [*price, value, distance, etc*]. **3 estimated** *pp adj* [*cost, figure*] aproximado; **an ~ 25 %/300 people** mais ou menos 25 %/300 pessoas.

Estonia [e'stəʊnɪə] *pr n* Estónia *f*.

estrange [ɪ'streɪndʒ] **1** *vtr* (*usu in passive*) separar, afastar (**from** de); indispor (**from** com). **2 estranged** *pp adj* (husband, wife) de que se está separado.

estuary [ɪestjʊərɪ] *n* estuário *m*.

et cetera [et'setərə, ɪt'setərə] *adv* é assim por diante.

etch [etʃ] *vtr* ART, PRINT gravar com água-forte; **~ed on her memory** (fig) gravado na sua memória.

etching [ɪetʃɪŋ] *n* (picture) gravura a água-forte *f*.

eternal [ɪ'tɜ:nl, i:t'ɜ:nl] *adj* (gen) PHILOS, RELIG eterno; (chatter) eterno, constante (*before n*); (complaints) constantes, sempre eterno.

eternity ['ɪtɜ:nɪtɪ, i:'tɜ:nɪtɪ] *n* RELIG eternidade *f*; **it seemed an ~ before he finally answered** ele demorou uma eternidade a responder-me.

ethic ['eθɪk] *n* (set of values) moral *f*; ética *f*.

ethical ['eθɪkl] *adj* (problem, objection, principle) moral; (theory) ético; ~ **code** MED código *m* deontológico.

ethics [ɪeθɪks] *n* **a)** (+ *v sg*) (study) ética *f*; moral *f*; **b)** (+ *v pl*) (moral code) moral *f*; (of group, profession) princípios *mpl* morais; sentido *m* moral; **professional ~** código *m* deontológico; **medical ~** ética *f* médica.

Ethiopia [i:θɪ'əʊpɪə] *pr n* Etiópia *f*.

ethnic ['eθnɪk] *adj* [*group, minority*] étnico; [*food, music*] exótico; CLOTHES inspirados no folclore (índio, africano, etc).

Ethos ['i:θɒs] *n* mentalidade *f*; **the company ~** a filosofia da companhia.

etiquette ['etɪket] *n* (social) conveniência *f*; (professional, diplomatic) protocolo *m*; (ceremonial) etiqueta *f*.

etymology [etɪ'mɒlədʒɪ] *n* etimologia *f*.

Eulogy ['ju:lədʒɪ] *n* panegírico *m*; elogio *m*.

eunuch ['ju:nək] *n* eunuco *m*.

euphemism ['ju:fəmɪzm] *n* eufemismo *m*.

euphemistic [ju:fə'mɪstɪk] *adj* eufemístico.

euphoria [ju:'fɔ:rɪə] *n* euforia *f*.

euphoric [ju:'fɔ:rɪk] *adj* eufórico.

eureka [jʊə'ri:kə] *excl* eureka !.

euro- ['jʊərəʊ] *prefix* euro-.

eurodollar *n* eurodólar *m*.

Europe ['jʊərəp] *n* Europa *f*.

European [jʊərə'pi:ən] *n, adj* europeu *m*; ~ **Currency Unit, ECU** unidade *f* de moeda europeia, ECU *m*; ~ **Economic Community, EEC, EC** comunidade económica europeia, CEE; ~ **Free Trade Association, EFTA** associação *f* europeia de mercado comum; ~ **Monetary Union** união *f* monetária europeia; ~ **Parliament** parlamento *m* europeu; ~ **standard** COMM normas *fpl* europeias.

euthanasia [ju:θə'neɪzɪə] *n* eutanásia *f*.

evacuate [ɪ'vækjʊeɪt] *vtr* (gen) PHYSIOL evacuar.
evacuation [ɪvækjʊ'eɪ/n] *n* evacuação *f*.
evade [ɪ'veɪd] *vtr* evitar [*look, blow*]; evitar, fugir a [*question, problem*]; fugir a [*responsibility*]; escapar a [*pursuer, tax*].
evaluate [ɪ'væljʊeɪt] *vtr* avaliar [*situation, results, ability*]; avaliar, apreciar [*progress*].
evaluation [ɪvæljʊeɪ/n] *n* avaliação *f*; apreciação *f*.
evangelical [i:væn'dʒelɪk] *adj* evangélico.
evangelist [ɪ'vændʒəlɪst] *n* a) evangelista *m*; b) (preacher, missionary) evangelizador *m*.
evaporate [ɪ'væpəreɪt] 1 *vtr* fazer evaporar [*liquid*]. 2 *vi* a) (liquid) evaporar-se; b) (hopes, enthusiasm) dissipar-se, desaparecer; (fears) dissipar-se.
evasion [ɪ'veɪʒn] *n* a) (of responsibility) fuga *f* (of a); tax ~ fraude fiscal; b) (excuse) subterfúgio *m*; evasiva *f*.
evasive [ɪ'veɪsɪv] *adj* evasivo; (look) ambíguo; to take ~ action NAUT, AVIAT fazer uma acção de diversão; AUT mudar de direcção (repentinamente) para evitar o acidente.
eve [i:v] *n* véspera *f*; on the ~ of na véspera de.
even[1] ['i:vn] 1 *adv* a) (showing surprise) nem sequer, mesmo; he didn't ~ try ele nem sequer tentou; without ~ apologizing sem mesmo pedir desculpa; b) (emphasizing point) nem sequer, mesmo; I can't ~ swim, never mind dive eu nem sequer sei nadar, quanto mais mergulhar; don't tell anyone, not ~ Bob não contes a ninguém, nem mesmo ao Bob; c) (*with comparative*) ainda; ~ colder ainda mais frio. 2 even so *adv phr* mesmo assim; it was interesting ~ so mesmo assim foi interessante. 3 even then *adv phr* (at that time) mesmo nessa altura; (all the same) de qualquer maneira. 4 even though *conj phr* mesmo que, embora (+ *conj*).
even[2] ['i:vn] *adj* [*surface, voice, temper, contest*] igual; [*teeth, hemline*] regular; [*temperature*] constante; [*number*] par; [*distribution*] equitativo; we're ~ estamos quites; to get ~ with sb pagar na mesma moeda; to be ~ [*competitors*] estar empatado,-a; I'll give you ~ odds *or* money that há uma hipótese em duas de. ■ even out: ~ out [*differences*] atenuar-se; ~ (sth) out, ~ out (sth) repartir [*distribution*]; reduzir [*inequalities*]. ■ even up: ~ (sth) up, ~ up (sth) equilibrar [*contest*]; it will ~ things up as coisas ficarão mais equilibradas; even-handed *adj* imparcial.
evening ['i:vnɪŋ] *n* a) entardecer *m*; anoitecer *m*; in the ~ ao fim da tarde; during the (whole) ~ durante (todo) o serão; this ~ esta noite; tomorrow/yesterday ~ amanhã/ontem à noite; what do you do in the ~s? o que fazes à noite?; b) (entertainment, outing, etc) serão *m*; musical ~ serão musical.
evening: ~ class *n* curso *m* nocturno; ~ dress *n* trajo *m* de cerimónia (smoking ou vestido de noite).
evenly ['i:vnlɪ] *adv* a) [*spread, apply*] uniformemente; [*breathe*] regularmente; [*distribute, divide*] igualmente; to be ~ matched ser equivalente; b) (placidly) [*say*] calmamente.
event [ɪ'vent] *n* a) (incident) acontecimento *m*; the police were unable to control ~s a polícia

foi incapaz de controlar a situação; b) (eventuality) in the ~ of fire em caso de incêndio; in that ~ nesse caso; in either ~ em qualquer caso; c) (occasion) social ~ acontecimento social; d) SPORT prova *f*; field ~ prova de atletismo.
eventful [ɪ'ventfl] *adj* cheio de acontecimentos, movimentado.
eventual [ɪ'ventjʊəl] *adj* it led to the ~ collapse of the talks isso levou ao fracasso final das negociações.
eventuality [ɪventjʊ'ælɪtɪ] *n* eventualidade *f*.
eventually [ɪ'ventjʊəlɪ] *adv* (at last) finalmente; (after series of events) a final de contas.
ever ['evə(r)] 1 *adv* a) (at any time) alguma vez, jamais; nothing was ~ said nunca foi dito nada; rarely, if ~ raramente ou mesmo nunca; hardly ~ raramente, quase nunca; something I would never ~ do uma coisa que nunca na vida faria; has he ~ lived abroad? ele viveu alguma vez no estrangeiro?; b) (when making comparisons) nunca; more beautiful than ~ mais belo que nunca; he's happier than he's ~ been ele nunca foi tão feliz; more than ~ before mais do que nunca; c) (at all times, always) sempre; as cheerful as ~ alegre como sempre; the same as ~ o mesmo de sempre; ~ the diplomat o eterno diplomata; yours ~ (in letter) sempre teu; d) (expressing anger, irritation) alguma vez; don't (you) ~ do that again! nunca mais faças isso outra vez!; if you ~ speak to me like that again se tu alguma vez falares comigo nesse tom outra vez; that's all he ~ does! é tudo o que ele sabe fazer!; e) (expressing surprise) why ~ not GB porque não?; f) GB (very) ~ so tão; ~ so glad tão feliz; thanks ~ so much muitíssimo obrigado; g) (in exclamations) am I ~ glad to see you! como estou contente de te ver!. 2 ever--combining form ~-growing *or* ~-increasing sempre crescente; ~-present sempre presente; ~-changing em constante evolução. 3 as ever *adv phr* como sempre. 4 ever more *adv phr* cada vez mais. 5 ever since *adv phr, conj phr* desde (então); ~ since we arrived desde que chegámos.
every ['evrɪ] 1 *det* a) (each) todos/as; ~ house in the street todas as casas da rua; ~ time I go there todas as vezes que lá vou; that goes for ~ one of you! isso vale para todos vocês!; ~ second day de dois em dois dias, dia sim dia não; from ~ side de todos os lados; in ~ way (from every point of view) sob todos os pontos de vista; (using every method) por todos os meios; b) (emphatic) there is ~ chance that há toda a hipóteses de que; I wish you ~ success desejo-te muito sucesso; c) (indicating frequency) ~ day todos os dias; ~ Thursday todas as Quintas-Feiras; ~ 20 kilometres de 20 em 20 km. 2 every other *adj phr* (alternate) ~ other day de dois em dois dias, dia sim, dia não; ~ other Sunday Domingo sim, Domingo não. IDIOMAS ~ now and then, ~ now and again, ~ so often, ~ once in a while de vez em quando, de tempos a tempos; ~ man for himself! (on fight to succeed) cada um por si!; (abandoning ship) salve-se quem puder!; ~ which way em todos os sentidos, para todos os lados.
everybody ['evrɪbɒdɪ] *pron* todos, toda a gente;

~ **else** todos os outros; ~ **knows that** toda a gente sabe que; ~ **who is anybody** todas as pessoas importantes.

everyday ['evrɪdeɪ] *adj* [*activity, routine*] diário,-a; [*clothes*] de todos os dias; **in** ~ **use** de uso corrente.

everyone ['evrɪwʌn] *pron* see **everybody**.

everyplace ['evrɪpleɪs] *adv* US see **everywhere**.

everything ['evrɪθɪŋ] *pron* tudo; **is** ~ **all right?** está tudo bem?; ~ **else** tudo o resto; **money isn't** ~ o dinheiro não é tudo.

everywhere ['evrɪweə(r)] *adv* em toda a parte; ~ **I go** onde quer que eu vá; **she's been** ~ ela viajou por todo o lado; ~ **else** em qualquer outro lugar.

evict [ɪ'vɪkt] *vtr* expulsar (**from** de).

eviction [evɪsəreɪt] *n* expulsão *f* (**from** de).

eviction [ɪ'vɪkʃn] *n* expulsão *f* (**from** de).

evidence ['evɪdəns] **1** *n* a) JUR (physical, forensic data) prova *f* (**that** que; **of** de; **against** contra); **a piece of** ~ uma prova; **there is** ~ **to suggest** há razões para supor que; b) JUR (testimony) testemunho *m*; depoimento *m* (**that** que; **from** de); **to give** ~ depor, testemunhar (**for sb** a favor de alg; **against sb** contra alg); c) (trace) evidência *f*; rasto *m* (**of** de); **to bear** ~ **of** mostrar sinais de; **to be (much) in** ~ ser (bem) visível ou estar (bem) em evidência. **2** (formal) *vtr* atestar; **(as)** ~**d by...** como o atesta....

evident ['evɪdənt] *adj* [*anger, concern, relief*] evidente, patente; **to be** ~ **from sth that** ser evidente a partir de qq coisa que; **this reaction is most** ~ **in men** esta reacção manifesta-se mais particularmente nos homens.

evidently ['evɪdəntlɪ] *adv* evidentemente.

evil ['i:vɪl, 'i:vl] **1** *n* a) (wickedness) mal *m*; b) (war, disease, social problem) flagelo *m*. **2** *adj* [*person*] mau; [*act, destiny, genius, smell, temper*] mau; [*plan, spirit*] maléfico; **to give sb/ have the** ~ **eye** deitar mau olhado a alg/estar com mau olhado. IDIOMAS **to fall on** ~ **times/ days** conhecer maus dias; **the lesser of two** ~**s** o menor dos males; **money is the root of all** ~ o dinheiro é a origem de todos os males.

evil-smelling *adj* malcheiroso.

evince [ɪ'vɪns] (formal) *vtr* demonstrar, manifestar, evidenciar [*intelligence, talent*].

evocative [ɪ'vɒkətɪv] *adj* evocativo.

evoke [ɪ'vəʊk] *vtr* evocar [*memory, feeling*]; suscitar [*response, interest, admiration*].

evolution [i:və'lu:ʃn, evə'lu:ʃn] *n* (gen) BIOL, ZOOL, ANTHROP evolução *f* (**from** a partir de).

evolutionary [i:və'lu:ʃənərɪ, evə'lu:ʃənərɪ] *adj* evolutivo, evolucionário.

evolve [ɪ'vɒlv] **1** *vtr* elaborar, criar [*theory, system, policy*]. **2** *vi* BIOL (theory, situation) evoluir; **to** ~ **from sth** desenvolver-se a partir de qq coisa.

ewe [ju:] *n* ovelha *f*; ~ **lamb** cordeira *f*.

ex [eks] **1** *n* (former partner) ex *m/f* (fam). **2** *prep* COMM (of price) ~ **works** *or* **factory** a preço de fábrica. **3** ex- *prefix* antigo.

exacerbate [ek'sæsəbeɪt] *vtr* exacerbar [*pain, disease*]; agravar [*situation*].

exact [ɪg'zækt] **1** *adj* [*amount, calculation, copy, number, etc*] exacto; [*moment, instant*] preciso; **it's the** ~ **opposite** é exactamente o contrário;

"her ~ **words were..."** "o que ela disse exactamente foi..."; **to be (more)** ~ para ser (mais) exacto. **2** *vtr* exigir [*price, payment, obedience*] (**from** de); **to** ~ **revenge** reclamar vingança.

exacting [ɪg'zæktɪŋ] *adj* exigente.

exactly [ɪg'zæktlɪ] *adv* (just, precisely) exactamente; ~ **the same/what I want** exactamente o mesmo/o que eu quero; **she wasn't** ~ **surprised** (iron) ela não ficou propriamente surpreendida.

exaggerate [ɪg'zædʒəreɪt] *vtr, vi* exagerar; (in one's own mind) agravar-se [*problem, risk*]; (highlight) exagerar [*effect, size, movement, expression*].

exaggerated [ɪg'zædʒəreɪtɪd] *adj* exagerado; **he has an** ~ **sense of his own importance** ele acha-se muito importante.

exaggeration [ɪgzædʒə'reɪʃn] *n* exagero *m*; ... **and that's no** ~ ...e não é exagero nenhum.

exalt [ɪg'zɔ:lt] *vtr* (glorify) exaltar, glorificar.

exalted [ɪg'zɔ:ltɪd] *adj* a) (elevated) [*rank, position*] elevado, alto; [*person*] altamente colocada; b) (jubilant) [*person, mood*] exaltado.

exam [ɪg'zæm] *n* abrev = **examination** exame *m*.

examination [ɪgzæmɪ'neɪʃn] *n* a) (gen) MED, SCH, UNIV exame *m* (**in** de); **to sit/take an** ~ apresentar-se a/fazer um exame; **to pass/fail an** ~ passar/chumbar num exame; b) (of accounts) verificação *f*; **on** ~ após exame; **under** ~ sob investigação; c) JUR (of accused, witness) interrogatório *m*.

examination paper *n* prova *f* de exame.

examine [ɪg'zæmɪn] *vtr* a) examinar [*evidence*]; estudar [*problem, question, theory*]; revistar [*luggage*]; verificar [*accounts*]; b) SCH, UNIV examinar [*candidate, pupil*] (**in** em; **on** sobre); **they are** ~**ed in maths every year** eles fazem exame de matemática todos os anos; c) JUR interrogar [*person*. IDIOMAS (coll) **you need your head** ~**!** devias tratar-te! (fam).

examinee [ɪgzæmɪ'ni:] *n* examinando *m*.

examiner [ɪg'zæmɪnə(r)] *n* examinador *m*.

example [ɪg'zɑ:pl] *n* exemplo *m*; **for** ~ por exemplo; **children learn by** ~ as crianças aprendem imitando os adultos; **to set a good** ~ dar um bom exemplo; **he's an** ~ **to us** ele é o modelo para nós; **you're setting a bad** ~ **for the others** estás a dar um mau exemplo aos outros.

exasperate [ɪg'zæspəreɪt, ɪg'zɔ:pɑ.reɪt] *vtr* exasperar.

exasperating [ɪg'zæspəreɪtɪŋ, ɪg'zɑ.:spəreɪtɪŋ] *adj* exasperante.

exasperation [ɪgzæspə'reɪʃn] *n* exasperação *f*.

excavator ['ekskəveɪtə(r)] *n* (machine) escavadora *f*; draga *f*; (person) ARCHEOL escavador *m*.

exceed [ɪk'si:d] *vtr* (in quantity, price, temperature) exceder, ultrapassar (**by** por); **the result** ~**ed all expectations** o resultado excedeu todas as expectativas; **arrested for** ~**ing the speed limit** preso por excesso de velocidade.

exceedingly [ɪk'si:dɪŋlɪ] (formal) *adv* extremamente.

excel [ɪk'sel] **1** *vtr* ultrapassar, exceder (**in** em); **to** ~ **oneself** (iron) exceder-se. **2** *vi* sobressair, distinguir-se (**at, in** em).

excellence ['eksələns] *n* excelência *f*.

excellency ['eksələnsɪ] *n* Excelência *f*.

excellent ['eksələnt] *adj* excelente; ~! óptimo!.
except [ɪk'sept] **1** *prep* **everybody** ~ **Lisa** todos excepto ou à excepção de ou menos Lisa; **nothing** ~ nada para além de; **nobody** ~ ninguém para além de; ~ **if/when** salvo se/quando; ~ **that** salvo que/mas; **who could have done it** ~ **him?** quem poderia ter feito se não ele? **2 except for** *prep phr* à excepção de. **3** *vtr* exceptuar; ~**ing** à excepção de; **present company** ~**ed** excepção feita às pessoas presentes.
exception [ɪk'sep/n] *n* excepção *f* (**for sb** para alg); **with the (possible)** ~ **of** (talvez) com excepção de; **with some** ~**s** com algumas excepções; **to make an** ~ fazer uma excepção; **there can be no** ~**s** não pode haver excepções. IDIOMAS **the** ~ **proves the rule** a excepção faz a regra; **to take** ~ **to sth** melindrar-se com algo.
exceptional [ɪk'sep/ənl] *adj* (gen) excepcional.
exceptionally [ɪk'sep/ənəlɪ] *adv* excepcionalmente.
excerpt ['eksɜːpt] *n* LITERAT, CIN excerto *m*; extracto *m*.
excess [ɪk'ses, 'ekses] *n* excesso *m* (**of** de); **to eat to** ~ comer em excesso; **carried to** ~ levado ao exagero; **to be in** ~ **of** exceder, ultrapassar.
excess baggage/luggage *n* excesso *m* de bagagem.
excessive [ɪk'sesɪv] *adj* [*cost, speed, heat*] excessivo.
excessively [ɪk'sesɪvlɪ] *adv* (too) [*harsh, long, expensive*] excessivamente, demasiado.
exchange [ɪks't/eɪndʒ] **1** *n* **a**) (swap) troca *f*; **in** ~ **(for sth)** em troca (de qq coisa); **b**) COMM, FIN câmbio *m*; **the rate of** ~ a taxa de câmbio; (place of business) Bolsa *f*; **c**) (discussion) discussão *f*; (in parliament) debate *m*; **a heated** *or* **angry** ~ um debate aceso; **d**) TELECOM (*also* **telephone** ~) central *f* (telefónica). **2** *vtr* trocar; **they** ~**d hostages** eles fizeram uma troca de reféns.
exchequer [ɪks't/ekə(r)] *n* GB **the E**~ ADMIN o Tesouro Público; o Ministro das Finanças.
excise[1] ['eksaɪz] *n* ~ **(tax)** taxa *f* (imposto de consumo) (**on** sobre).
excise[2] [ɪk'saɪz] *vtr* MED excisar, amputar; (from book, etc) suprimir.
excitable [ɪk'saɪtəbl] *adj* [*person, animal*] nervoso.
excite [ɪk'saɪt] *vtr* **a**) MED, PHYS excitar; (fire with enthusiasm) entusiasmar; (sexually) excitar; **b**) excitar; excitar [*imagination*]; suscitar [*interest, controversy, admiration, anger*]; despertar [*desire, envy*].
excited [ɪk'saɪtɪd] *adj* [*sexually*] PHYS excitado; [*person, crowd, animal*] excitado; [*voice, look*] animado; [*imagination*] exaltado; **they're** ~ **about the discovery** eles estão todos entusiasmados com a descoberta; **to get** ~ [*person, crowd*] excitar-se; **don't get so** ~ ! não te enerves!.
excitement [ɪk'saɪtmənt] *n* excitação *f*; **the news caused great** ~ a notícia fez grande sensação; **I want some** ~ **out of life** eu quero ter uma vida palpitante; **he was in a state of great** ~ ele estava todo excitado.
exciting [ɪk'saɪtɪŋ] *adj* [*idea, event, experience, film*] emocionante, apaixonante; **an** ~ **new**

talent on the screen um actor que promete; **that's not a very** ~ **prospect** isso não é lá muito excitante!.
exclaim [ɪk'skleɪm] *vtr* exclamar (**that** que); **what? he** ~**ed** - o quê? exclamou ele.
exclamation [eksklə'meɪ/n] *n* exclamação *f*.
exclamation mark, exclamation point US ponto *m* de exclamação.
exclude [ɪk'skluːd] *vtr* (keep out) excluir [*person, group*] (**from sth** de qq coisa); (leave out) rejeitar [*name*]; eliminar, excluir [*issue, possibility*]; **they are** ~**d from (applying for) these jobs** eles não podem candidatar-se a estes empregos.
excluding [ɪk'skluːdɪŋ] *prep* excepto; **it costs £10** ~ **breakfast** custa 10 libras, pequeno-almoço não incluído.
exclusion [ɪk'skluːʒn] *n* **to the** ~ **of** à exclusão de.
exclusive [ɪk'skluːsɪv] **1** *n* exclusividade *f*. **2** *adj* **a**) [*gathering*] escolhido; [*club, social circle*] fechado; [*hotel, goods*] de luxo; [*school, district, friendship*] exclusivo; **b**) COMM, JOURN, TV [*story, report*] exclusivo; ~ **interview with sb** ter a exclusividade de uma entrevista; **to have** ~ **use of sth** (facility) ser o único a utilizar algo, ter o uso exclusivo de algo; **to be mutually** ~ (incompatible) excluir-se mutuamente; ~ **of meals costs** sem direito a subsídio de refeições.
exclusively [ɪk'skluːsɪvlɪ] *adv* exclusivamente.
excommunicate [ekskə'mjuːnɪkeɪt] *vtr* excomungar.
excrement [ekskrɪmənt] *n* excremento *m*.
excruciating [ɪk'skruː/ɪetɪŋ] *adj* **a**) (pain, misery) atroz; **b**) (coll) (bad) (concert, performance) execrável.
excursion [ɪk'skɜː/n] *n* (organized) excursão *f*; (casual) passeio *m*.
excuse 1 [ɪk'skjuːs] *n* **a**) (reason) desculpa *f* Po, escusa *f* Br; (pretext) pretexto *m*; **to make an** ~ **for sth/for doing sth** arranjar uma desculpa para qq coisa/para fazer qq coisa; **any** ~ **for a day off work!** todos os pretextos são bons para não se trabalhar; **he's a poor** ~ **for a man!** ele é um desgraçado!; **b**) (justification) desculpa *f*; justificação *f*; **there's no** ~ **for such behaviour** nada justifica um comportamento desses ou não há desculpa para um comportamento desses; **without** ~ sem justificação, sem desculpa. **2** [ɪk'skjuːz] *vtr* **a**) (forgive) desculpar [*person, error*]; **to** ~ **sb for sth/for doing sth** desculpar alg por qq coisa/por ter feito qq coisa; ~ **me!** desculpe! perdão!; **may I be** ~**d?** GB (requesting permission from teacher) posso sair?, posso ir lá fora?; **b**) (exempt) dispensar; **to** ~ **sb from sth** dispensar alg de qq coisa. **3** [ɪk'skjuːz] *v refl* **to** ~ **oneself** (from table, gathering) pedir desculpa por ter de sair.
ex-directory *adj* GB; ter um número de telefone secreto.
execute ['eksɪkjuːt] *vtr* (kill) executar.
execution [eksɪ'kjuː/n] *n* **a**) (killing) execução *f* (**by sth** por qq coisa); **b**) (of plan, task, artistic concept) execução *f*; (by musician) interpretação *f*; **in the** ~ **of his duty** no exercício das suas funções; **c**) COMPUT, JUR execução *f*.
executioner [eksɪ'kjuː/ənə(r)] *n* carrasco *m*.

executive [ɪg'zekjʊtɪv] **1** *n* (administrator) COMM executivo *m*; **senior** ~ quadro *m* superior; **chief** ~ director-geral *m*. **2** *adj* **a)** (administrative) [*power, section*] executivo; **b)** (luxury) de luxo.

executive committee *n* comissão *f* executiva PO, comité *m* BR executivo.

executor [ɪg'zekjʊtə(r)] *n* JUR executor *m* testamentário.

exemplary [ɪg'zemplərɪ] *adj* (behaviour, virtue, life) exemplar; **student** modelo.

exemplify [ɪg'zemplɪfaɪ] *vtr* (typify) exemplificar; (art, work) ser representativo ou típico de.

exempt [ɪg'zempt] **1** *adj* isento (**from** de). **2** *vtr* isentar (**from sth** de qq coisa).

exemption [ɪg'zempʃn] *n* isenção *f*; dispensa *f* (**from** de); SCH dispensa *f*; **tax** ~ isenção de impostos.

exercise ['eksəsaɪz] **1** *n* **a)** (operation) (gen) ADMIN, COMM, POL prática *f*; (long-term or large-scale) estratégia *f*; **public relations** ~ campanha *f* de relações públicas; **b)** (exertion) exercício *m*; **c)** (training task) (gen) MUS, SCH, SPORT exercício *m*; treino *m*; **maths** ~ exercício de Matemática; **d)** MIL manobras *fpl*; **to go on (an)** ~ partir em manobras. **2** *vtr* **a)** (apply) exercer [*authority, care, caution, power, tolerance, right*]; fazer valer [*rights*]; **b)** (exert physically) exercitar [*body, mind*]; fazer trabalhar [*limb, muscles*]; levar o cão a passear [*dog*]; **c)** (worry) preocupar. **3** *vi* fazer exercício.

exercise-book *n* caderno *m*.

exert [ɪg'zɜːt] **1** *vtr* exercer [*pressure, influence*] (**on sb/sth** sobre alg/algo); empregar [*force*]. **2** *v refl* **to** ~ **oneself** esforçar-se, empenhar-se.

exertion [ɪg'zɜːʃn] *n* esforço *m*.

exhale [eks'heɪl] **1** *vtr* [*person*] expirar [*air*]; [*person*] exalar [*smoke*]. **2** *vi* [*person*] expirar.

exhaust [ɪg'zɔːst] **1** *n* AUT panela *f* (de escape). **2** *vtr* esgotar [*option, person, topic*]. **3** *v refl* **to** ~ **oneself** esgotar-se. **4 exhausted** *pp adj* esgotado.

exhausting [ɪg'zɔːstɪŋ] *adj* esgotante.

exhaustion [ɪg'zɔːstʃn] *n* (of person) exaustão *f*; esgotamento *m*.

exhaustive [ɪg'zɔːstɪv] *adj* [*inquiry, study, report*] exaustivo; [*list*] completo; [*analysis, description, survey*] detalhado; [*inspection, research, investigation*] profundo, aprofundado.

exhaust pipe *n* tubo *m* de escape.

exhibit [ɪg'zɪbɪt] **1** *n* **a)** (item on display) objecto *m* exposto; **b)** US (exhibition) exposição *f*; **c)** JUR instrumento *m* de prova. **2** *vtr* (display) expor [*artefact, goods*]; manifestar [*curiosity, preference, sign*]. **3** *vi* expor.

exhibition [eksɪ'bɪʃn] **1** *n* **a)** (of act, goods) exposição *f*; **art** ~ exposição de arte; **to be on** ~ estar exposto; (fig) **to make an** ~ **of oneself** dar nas vistas (fam); **b)** (of skill, technique) demonstração *f*; **c)** (of film) apresentação *f*; **d)** GB UNIV bolsa *f* de estudos (concedida pelo próprio colégio). **2** *modif* [*catalogue, gallery, stand*] de exposição.

exhibitionist [eksɪ'bɪʃənɪst] *n, adj* (gen) PSYCH exibicionista *m/f*.

exhibitor [ɪg'zɪbɪtə(r)] *n* (of art, goods) expositor *m*.

exhilarate [ɪg'zɪləreɪt] *vtr* (*usu in passive*) [*breeze*] tonificar; [*atmosphere, music, speed*] estimular, animar.

exhilarating [ɪg'zɪləreɪtɪŋ] *adj* [*breeze*] tonificante; [*experience, ride, run*] estimulante; [*speed*] inebriante.

exhilaration [ɪgzɪlə'reɪʃn] *n* regozijo *m*; hilaridade *f*.

exhume [ɪg'zjuːm] *vtr* exumar.

exile ['eksaɪl, 'egzaɪl] **1** *n* **a)** (person) exilado *m*; **b)** (expulsion) exílio *m* (**from** de); **in** ~ no exílio; **to live in/go into** ~ viver no/partir para o exílio. **2** E~ *pr n* the E~ RELIG o Cativeiro da Babilónia. **3** *vtr* exilar; **to** ~ **for life** condenar ao exílio perpétuo.

exist [ɪg'zɪst] *vi* **a)** (be) existir; **b)** (survive) sobreviver; **they can do no more than** ~ **on that wage** eles apenas conseguem sobreviver com um salário daqueles; **c)** (live) viver.

existence [ɪg'zɪstəns] *n* (being) existência *f* (**of** de); **it's the largest plane in** ~ o maior avião ao cimo da terra; **to come into/pass out of** ~ nascer/morrer.

existential [egzɪ'stenʃl] *adj* existencial.

existentialism [egzɪ'stenʃəlɪzm] *n* existencialismo *m*.

existing [egzɪ'stɪŋ] *adj* [*aircraft, laws, institution*] existente; [*policy, management, leadership*] actual.

exit ['eksɪt] **1** *n* (gen) THEAT, TRANSP saída *f*; "**No** ~" sem saída; **to make an** ~ sair. **2** *vi* COMPUT, THEAT (gen) sair.

exit visa *n* visto *m* de saída.

exodus ['eksədəs] *n* êxodo *m*.

exonerate [ɪg'zɒnəreɪt] *vtr* exonerar, dispensar.

exorbitant [ɪg'zɔːbɪtənt] *adj* [*price, rent, increase*] exorbitante.

exorcism ['eksɔːsɪzm] *n* exorcismo *m*.

exorcist ['eksɔːsɪst] *n* exorcista *m/f*.

exorcize ['eksɔːsaɪz] *vtr* exorcizar [*demon, memory, past*].

exotic [ɪg'zɒtɪk] *adj* (foreign) exótico.

expand [ɪk'spænd] **1** *vtr* **a)** COMM, FIN (gen) desenvolver [*activity, business, market, etc*]; alargar [*concept, horizon, knowledge*]; expandir [*influence, sales, empire*]; aumentar [*building, institution*]; dilatar [*lungs*]; **b)** MATH desenvolver [*expression*]. **2** *vi* **a)** [*activity, business, provision, skill, town*] desenvolver-se; [*capacity, population, production, sales*] aumentar; [*gas, metal*] dilatar-se; **b)** (relax) [*person*] descontrair-se. ■ **expand (up) on:** ~ **(up) on (sth)** estender-se sobre [*argument, aspect, theory*].

expanse [ɪk'spæns] *n* (of land, water) extensão *f*.

expansion [ɪk'spænʃn] *n* **a)** (gen) FIN, COMM (of business, production, range, trade) desenvolvimento *m* (**in** de; **into** em); (of economy) expansão *f* (**in** em); (of population, membership) crescimento *m*; **rate of** ~ taxa *f* de crescimento; **b)** PHYS (of gas, metal) dilatação *f*.

expansive [ɪk'spænsɪv] *adj* **a)** (effusive) [*person, mood*] expansivo; [*gesture*] largo; **b)** (grand) [*theme, vision*] amplo.

expatriate [eks'pætrɪət, eks'peɪtrɪət] **1** *n* expatriado *m*. **2** *adj* expatriado *m*.

expect [ɪk'spekt] **1** *vtr* **a)** (anticipate) **what did you** ~ ? o que é que esperavas? ou o que é que estavas à espera?; **to ~ the worst** esperar o pior; **the plane is ~ed to arrive at six** a chegada do avião está prevista para as seis horas; **b)** (rely on) **to ~ sth from sb** contar com algo da parte de alguém; **don't ~ any sympathy from me!** não contes com a minha compaixão!; **c)** (hope for) **I ~ed that I would win** (eu) esperava ganhar; **d)** (require) **we ~ our employees to arrive punctually** pedimos aos nossos empregados para serem pontuais; **I can't be ~ed to know everything** eu não posso saber tudo; **e)** GB (suppose) **I ~ so/I don't ~ so** eu penso que sim/que não; (in polite questions) **I ~ you're tired** deves estar cansado; **f)** (await) **to ~ a child** esperar um filho. **2 expected** *pp, adj* [*guest, letter*] esperado; [*attack, reaction, income, price rise, sales*] previsto. **3** *vi* **a)** (hope) **to ~ to do sth** contar fazer qq coisa; **I was ~ing to do better** eu contava ou esperava fazer melhor; **b)** (await child) **she's ~ing** ela está à espera de um bebé.

expectancy [ɪk'spektənsɪ] *n* **with an air of ~** na expectativa.

expectant [ɪk'spektant] *n* [*silence, look, faces*] expectante; **an ~ mother/father** uma futura mãe/um futuro pai.

expectantly [ɪk'spektəntlɪ] *adv* [*queue, wait*] na expectativa; [*look, watch*] cheio de expectativa.

expectation [ekspek'teɪʃn] *n* (hope) esperança *f*; (aspiration) aspiração *f*; **sales have risen beyond ~(s)** as vendas subiram acima das expectativas.

expediency [ɪk'spi:dɪənsɪ] *n* **a)** (appropriateness) oportunidade *f*; **b)** (self-interest) oportunismo *m*.

expedient [ɪk'spi:dɪənt] **1** *n* expediente *m*; recurso *m*. **2** *adj* (appropriate) conveniente, adequado.

expedite ['ekspɪdɑːɪt] *vtr* (speed up) apressar, acelerar [*operation, process*]; facilitar [*task, work*].

expedition [ekspɪ'dɪʃn] *n* **a)** (exploratory) expedição *f*; **to go on an ~** ir numa expedição; **b)** (leisure) **hunting ~** caçada *f*; **to go on a shopping ~** correr as lojas.

expel [ɪk'spel] *vtr* (*pres p etc* -**ll**-) expulsar [*alien, diplomat, tenant*]; excluir [*member, player, pupil*]; expelir [*air, gas, water*].

expend [ɪk'spend] *vtr* (devote) consagrar, devotar [*effort, time*].

expendable [ɪk'spendəbl] *adj* **a)** MIL [*troops, equipment*] de sacrifício; **b)** [*materials, stores*] não recuperável; **unskilled workers are ~** os operários não especializados são dispensáveis.

expenditure [ɪk'spendɪtʃə(r)] *n* **a)** (amount spent) despesa *f*; gasto *m*; **b)** (in book-keeping) saída *f*; (of resources) consumo *m*.

expense [ɪk'spens] **1** *n* **a)** despesa *f*; **travel is a big ~ for students** viajar representa uma grande despesa para os estudantes; **b)** (cost) **~ is not a problem** o preço não interessa; **to spare no ~** não olhar a despesas; **to put sb to ~** obrigar alg a fazer despesas; **at the ~ of** à custa de. **2 expenses** *npl* **a)** FIN, COMM despesas *fpl*; encargos *mpl*; **all ~ paid** todas as despesas incluídas; **b)** (gen) despesas *fpl*; gastos *mpl*.

expense account *n* relatório *m* de despesas.

expensive [ɪk'spensɪv] *adj* [*area, car, clothes,*

house] caro; [*tastes*] de luxo; **it's getting ~ to eat out** está cada vez mais caro comer fora.

experience [ɪk'spɪərɪəns] **1** *n* **a)** (expertise) experiência *f*; **driving/management ~** experiência de condução/gestão; **from my own ~** segundo a minha experiência; **in my ~** de acordo com a minha experiência; **to have ~ of sth/in sth** ter experiência de algo/em algo; **to have ~ in working with computers** ter experiência de informática; **to know from/learn by ~** saber/aprender por experiência; **b)** (incident) experiência *f*; **to have/go through a pleasant ~** ter uma experiência agradável; **a world tour: the ~ of a lifetime!** a volta ao mundo: a aventura de uma vida!; **that was quite an ~ !** isso é que foi uma experiência memorável!. **2** *vtr* conhecer [*change, difficulty, defeat, ill-treatment, problem, misfortune*]; experimentar [*emotion, sensation*]; sentir [*physical pleasure*]; **to ~ sth personally/at first hand** fazer uma experiência pessoal/experimentar pela 1.ª vez.

experienced [ɪk'spɪərɪənst] *adj* [*worker, professional, eye*] experimentado, experiente (**in sth** em algo).

experiment [ɪk'sperɪmənt] **1** *n* (gen) SCI experiência *f* (**in** em; **on** sobre); **to conduct** *or* **carry out an ~** conduzir ou efectuar uma experiência; **as** *or* **by way of an ~** a título de experiência. **2** *vi* experimentar, fazer experiências (**on** sobre).

experimental [ɪksperɪ'mentl] *adj* [*design, method, music, theatre*] experimental; [*machine*] protótipo; **on an ~ basis** a título de experiência.

experimentation [ɪksperɪmen'teɪʃn] *n* **a)** (use of experiments) experimentação *f*; **b)** (experiment) experiência *f*; **recent ~** experiências *fpl* recentes.

expert ['ekspɜ:t] **1** *n* perito *m* (**in sth** em qq coisa); especialista *m/f* (**in sth** em qq coisa). **2** *adj* [*knowledge*] especializado; [*opinion, advice*] autorizado; **an ~ eye** um olho de perito; **to be ~ at doing sth** ser perito ou especialista em fazer qq coisa.

expertise [ekspɜ:'ti:z] *n* competência *f*; **to have/lack the ~ to do sth** ter/não ter competência para fazer qq coisa.

expertly ['ekspɜ:tlɪ] *adv* [*constructed, cooked, presented*] de forma competente.

expire [ɪk'spɑɪə(r)] *vi* ADMIN, COMM **a)** (end) [*document, contract, deadline, offer*] expirar; **an ~d passport** um passaporte caducado; **b)** (exhale) expirar; **c)** (die) (often hum) [*person*] morrer, apagar-se (fam).

expiry [ɪk'spɑɪərɪ] *n* (of contract, document, time period) expiração *f*; (of deadline, mandate) termo *m*.

explain [ɪk'spleɪn] **1** *vtr* explicar (**that** que; **to** a); **I can't ~** eu não consigo explicar; **that ~s it!** isso explica tudo!. **2** *vi* **to ~ oneself** (refl) explicar-se; **~ yourself!** explique-se!. ▪ **explain away: to ~ away (sth), to ~ (sth) away** encontrar justificações para [*problem, change*].

explanation [eksplə'neɪʃn] *n* explicação *f* (**of** de; **for** para); **by way of ~, in ~** à laia de explicação.

explanatory [ɪk'splænətərɪ] *adj* [*notes, leaflet, film*] explicativo.

expletive [ɪk'spli:tɪv, ek'spli:tɪv] *f*; (swearword) imprecação.

explicit [ɪk'splɪsɪt] *adj* (precise) [*instructions, directions, reasons*] explícito, preciso; (frank, unreserved) [*declaration, denial, command*] formal, categórico; **the film contains sexually ~ scenes** o filme contém cenas explícitas de sexo.

explicitly [ɪk'splɪsɪtlɪ] *adv* [*mention, forbid, show*] explicitamente.

explode [ɪk'spləʊd] **1** *vtr* fazer explodir [*bomb*]; (fig) demolir, arrasar, destruir [*theory, argument, myth*]. **2** *vi* [*bomb, firework, gunpowder, etc*] explodir; [*person*] (with anger) explodir, rebentar; **to ~ with rage** explodir de raiva; **to ~ with laughter** rebentar a rir; (coll) **they ~d onto the rock music scene in 1977** eles fizeram a sua aparição na cena da música rock em 1977.

exploit ['eksplɔɪt] *vtr* (pej) (use unjustly) explorar [*people, labour, sb's weaknesses, etc*].

exploitation [eksplɔɪ'teɪʃn] *n* exploração *f*.

exploration [eksplə'reɪʃn] *n* (gen) *f*; (fig) (of theory, proposal, solution, relationship) exploração *f*; estudo *m* aprofundado; **oil ~** prospecção *f* petrolífera.

exploratory [ɪk'splɒrətərɪ] *adj* (investigative) [*expedition, journey, mission*] de exploração, exploratório.

explore [ɪk'splɔ:(r)] *vtr* (gen) AEROSP, MED explorar; (fig) examinar, estudar [*theory, idea, proposal, etc*]; **to ~ every avenue/path** *or* **possibility** examinar todas as possibilidades; **to ~ for oil** procurar petróleo.

explorer [ɪk'splɔ:rə(r)] *n* (person) explorador *m*.

explosion [ɪk'spləʊʒn] *n* (of bomb, grenade, gas, ship, etc) explosão *f*; (fig) (of mirth, rage, unrest, activity) explosão *f*; **population ~** explosão demográfica.

explosive [ɪk'spləʊsɪv, ɪk'spləʊzɪv] *n, adj* explosivo *m*.

exponent [ɪk'spəʊnənt] *n* **a)** (of idea, method, policy) defensor *m*; representante *m/f*; **b)** (of instrument, artform) intérprete.

exponential [ekspə'nenʃl] *adj* exponencial (also fig).

export **1** ['ekspɔ:t] *n* exportação *f* (**of** de); **to produce sth for ~ only** produzir qq coisa só para exportação. **2** [ek'spɔ:t] *vtr* exportar (**from** de); **to ~ sth to Portugal** exportar qq coisa para Portugal. **3** [ek'spɔ:t] *vi* exportar.

exporter ['ekspɔ:tə(r)] *n* exportador *m* (**of** de).

exposé [ek'spəʊzeɪ] *n* **a)** (public) revelações *fpl* comprometedoras (**of sth** de qq coisa); **b)** (study) exposição *f*.

expose [ɪk'spəʊz] **1** *vtr* **a)** (display) (gen) expor [*body, skin*]; mostrar; **to ~ one's ignorance** mostrar a sua ignorância; **b)** (make public) revelar [*fact, identity, secret*]; denunciar [*injustice, person, scandal*]; **c)** (uncover) expor [*contents, inside, dirt*]; [*low tide*] pôr a descoberto [*rocks*]; **d)** (introduce) **to ~ sb to sth** iniciar alg em [*opera, politics*]; expor alg a [*effect, influence, reality*]. **2 exposed** *pp adj* [*area, chest, film*] exposto. **3** *v refl* **to ~ oneself a)** (exhibit one's body) exibir-se (**to** a); **b)** (make oneself vulnerable) expor-se (**to** a).

exposition [ekspə'zɪʃn] *n* (of facts, theory) apresentação *f*.

expostulate [ɪk'spɒstjʊleɪt] (formal) *vi* (remonstrate) protestar.

exposure [ɪk'spəʊʒə(r)] *n* **a)** (disclosure) (of secret, crime) revelação *f*; **to threaten sb with ~** ameaçar alg de denúncia; (**to** a); **~ to sunlight** exposição ao sol; **b)** (introduction) contacto *m* (**to** com); **c)** JOURN, TV, RADIO cobertura *f* jornalística, televisiva ou radiofónica; **d)** MED coma *m* devido ao frio; **to die of ~** morrer de frio; **e)** FIN, INSUR risco *m*; **f)** PHOT (of a film) exposição *f*.

exposure metre *n* PHOT fotómetro *m*.

expound [ɪk'spaʊnd] (formal) **1** *vtr* expor, explicar. **2** *vi* dissertar (**on** sobre).

express [ɪk'spres] **1** *n* TRANSP (comboio *m* PO, trem *m* BR); expresso *m*. **2** *adj* **a)** (rapid) [*letter, parcel*] por correio expresso; [*delivery, train, coach*] rápido; **b)** (explicit) [*instruction, order*] formal, expresso; **c)** (deliberate) [*aim, intention, purpose*] deliberado; **with the ~ intention** *or* **aim of doing** com a intenção deliberada de fazer. **3** *vtr* **a)** (declare) exprimir [*desire, doubt, opinion, wish*]; **b)** (convey) transmitir, exprimir [*anxiety, fear, feeling, gratitude, thanks*]; apresentar [*condolences*]; **I can hardly ~ my gratitude** eu não sei como exprimir a minha gratidão; **c)** MATH exprimir [*number, quantity*]; **to ~ sth as a percentage** exprimir qq coisa em percentagem; **d)** (squeeze out) extrair [*fluid*]; **e)** US COMM expedir (qq coisa) por via rápida. **4** *v refl* **to ~ oneself** exprimir-se; **to ~ oneself through music** exprimir-se através da música.

expression [ɪk'spreʃn] *n* **a)** (phrase) expressão *f*; **b)** (look) expressão *f*; **c)** (utterance) expressão *f*; **freedom of ~** liberdade de expressão; **d)** (manifestation) manifestação *f*; **to give ~ to sth** exprimir [*anger, fear, unease*]; **e)** (feeling) expressão *f*; **f)** MATH expressão *f*.

expressionism [ɪk'spreʃənɪzm] *n* expressionismo *m*.

expressive [ɪk'spresɪv] *adj* [*eyes, face, function, language*] expressivo.

expressively [ɪk'spresɪvlɪ] *adv* expressivamente, com expressão.

expressly [ɪk'spreslɪ] *adv* **a)** (explicitly) [*ask, authorize, request, tell*] expressamente; **b)** (specifically) [*designed, intended*] especificamente.

expulsion [ɪk'spʌlʃn] *n* **a)** (of pupil) expulsão *f*; **b)** (of diplomat, alien, dissident) expulsão *f*; **c)** (of member, player) exclusão *f*.

expurgate ['ekspəgeɪt] *vtr* expurgar.

exquisite ['ekskwɪzɪt, ɪk'skwɪzɪt] *adj* **a)** (lovely, perfect) [*face, features, manners*] belo, fino, delicado; [*setting*] encantador; [*tact, precision*] perfeito; **she has ~ taste** ela tem um gosto requintado; **b)** (intense) [*pleasure, pain, relief*] intenso, vivo.

exquisitely ['ekskwɪzɪtlɪ, ɪk'skwɪzɪtlɪ] *adv* (perfectly) [*dress, carved, written*] de forma primorosa.

ex-serviceman *n* ex-combatente *m/f*.

extend [ɪk'stend] **1** *vtr* **a)** (enlarge) ampliar [*house, factory*]; prolongar [*road, runaway*]; alargar [*knowledge, vocabulary*]; **b)** (prolong) prolongar [*visit, visa*]; prorrogar [*loan*]; **the deadline was ~ed by six months** foi prorrogado o prazo por mais seis meses; **c)** (broaden) alargar, estender; **d)** (stretch) estender [*arm, leg, wing, neck*]; **e)** (offer) apresentar [*congratula-*

tions]; conceder [*credit, loan*]; fazer [*invitation*]; oferecer [*help*]. **2** *vi* (stretch) [*beach, carpet, damage, forest, lake, weather*] estender-se (**beyond** para lá de). **3 extended** *pp, adj* [*stay, visit*] prolongado; [*bulletin*] pormenorizado; [*credit*] a longo prazo; [*area*] extenso, vasto.

extension [ɪk'stenʃn] *n* **a)** (extra section) (of cable, table) extensão *f*; (of road, track) prolongamento *m*; **b)** TELECOM (number) extensão *f*; **c)** (growth) (of business) desenvolvimento *m*; dimensão *f*; (of demand) aumento *m*; **d)** (prolongation) prorrogação *f*; **e)** (widening) (of powers, rights, scheme) extensão *f*; (of knowledge) alargamento *m*; (of meaning) extensão *f*; (of idea, theory) desenvolvimento *m*.

extension lead *n* ELEC extensão *f*.

extensive [ɪk'stensɪv] *adj* **a)** (wide-ranging) [*network, range*] vasto (*before n*) [*list*] longo; [*investigation, study*] aprofundado; [*operations*] de grande envergadura; [*programme, training*] extenso; **b)** (substantial) [*garden, forest*] vasto; [*investment*] considerável; **c)** (severe) [*damage, loss*] grave, considerável; **d)** AGRIC, PHYS extensivo.

extensively [ɪk'stensɪvlɪ] *adv* [*read, travel*] consideravelmente; [*discuss, quote, write*] bastante; [*burned, damaged*] gravemente, consideravelmente.

extent [ɪk'stent] *n* **a)** (size) (of park, garden) extensão *f*; (of universe, empire) tamanho *m*; **the parachute opened to its full** ~ o pára-quedas abriu-se completamente; **b)** (amount) (of damage) amplitude *f*; (of knowledge, power, influence) alcance *m*; (of commitment, involvement) importância *f*; **c)** (degree) **to what ~...?** em que medida...?; **to a certain** *or* **to some** ~ em certa medida; **to do sth to such an** ~ **that...** fazer qq coisa a tal ponto que....

exterior [ɪk'stɪərɪə(r)] **1** *n* (of building, vehicle) exterior *m*; **on the** ~ no exterior. **2** *adj* exterior (**to** a); ~ **decorating** pintura *f* exterior; **for** ~ **use** CONSTR para exteriores.

exterminate [ɪk'stɜːmɪneɪt] *vtr* eliminar, exterminar [*vermin, people, race*]; destruir [*beliefs*].

extermination [ɪkstɜːmɪ'neɪʃn] *n* (of vermin, people, race) extermínio *m*; (of beliefs) destruição *f*.

external [ɪk'stɜːnl] *adj* **a)** (outer) [*appearance, world, reality*] exterior (**to** a); [*surface, injury*] externo; **"for** ~ **use only"** "para uso externo"; **b)** (from outside) [*auditor, examiner*] externo; [*source, force, call*] exterior; **c)** (foreign) [*affairs, trade, debt*] exterior; **d)** COMPUT [*clock, memory, drive*] externo.

externally [ɪk'stɜːnəlɪ] *adv* (on the outside) [*calm, healthy*] aparentemente; [*in good condition*] externamente.

extinct [ɪk'stɪŋkt] *adj* [*species, animal, plant, volcano, passion, etc*] extinto.

extinction [ɪk'stɪŋkʃn] *n* (of species, fire) extinção *f*; (of hopes) destruição *f*.

extinguish [ɪk'stɪŋgwɪʃ] *vtr* extinguir [*fire, light, passion*]; destruir [*hope*].

extinguisher [ɪk'stɪŋgwɪʃə(r)] *n* (fire ~) extintor *m*.

extol GB, **extoll** US [ɪk'stəʊl, ɪk'stɒl] *vtr* louvar, exaltar [*person, deity, merits*]; elogiar [*idea, sys-*

tem]; **to** ~ **the virtues of sth** gabar as virtudes de algo.

extort [ɪk'stɔːt] *vtr* extorquir [*money, promise*] (**from** a); arrancar [*confession*] (**from** a).

extortion [ɪk'stɔːʃn] *n* (gen) JUR extorsão *f*.

extortionate [ɪk'stɔːʃənət] *adj* [*price, fee, tax*] excessivo, exorbitante.

extra ['ekstrə] **1** *n* **a)** (additional charge) extra *m*; **room service is an** ~ o serviço de quartos é um extra; **b)** (additional feature) opção *f*; extra *m*; **a sunroof is an** ~ o tecto de abrir é um extra; **c)** CIN, THEAT figurante *m/f*; **d)** JOURN edição *f* especial. **2** *adj* [*hour, staff, expense, etc*] suplementar; **it will cost an** ~ **£1000** isso custará mais 1000 libras. **3** *adv* (exceptionally) **to be** ~ **careful** ser super cuidadoso.

extract 1 ['ekstrækt] *n* extracto *m* (**from** de); **meat** ~ extracto de carne. **2** [ɪk'strækt] *vtr* **a)** (pull out) extrair [*tooth, bullet, splinter*] (**from** de); (from pile, drawer, pocket) tirar [*wallet, paper object*] (**from** de); **b)** (fig) (obtain) arrancar, obter [*confession, commitment, secret*] (**from** a, de); retirar [*money, high price, heat, energy, pleasure*] (**from** de); **c)** CHEM extrair [*mineral, oil, essence*] (**from** de).

extraction [ɪk'strækʃn] *n* **a)** (of mineral, bullet, tooth) extracção *f* (**of** de); **b)** (origin) **of Portuguese** ~ de origem portuguesa.

extractor fan [ɪk'stræktə(r) fæn] *n* ventoinha *f* de extracção de ar (que se coloca nas janelas).

extra-mural [ekstrə'mjʊərl] *adj* **a)** GB UNIV [*lecture*] público; **b)** (located outside city) extra--muros.

extraneous [ɪk'streɪnɪəs] *adj* (of external origin) [*element*] exterior, estranho, extrínseco; (not essential) [*issue, point, detail*] supérfluo; [*considerations*] alheio (à questão).

extraordinarily [ɪk'strɔːdɪnərɪlɪ, ekstrə'ɔːdɪnəlɪ] *adv* (exceptionally) [*able, gifted, difficult*] extraordinariamente.

extraordinary [ɪk'strɔːdɪnərɪ, ekstrə'ɔːdɪnərɪ] *adj* **a)** (exceptional) [*person, ability, career*] extraordinário; **b)** (remarkable, peculiar) **there's nothing** ~ **about her playing** não há nada de especial na maneira como ela joga.

extrasensory [ekstrə'sensərɪ] *adj* extrasensorial; ~ **perception** percepção *f* extrasensorial.

extravagance [ɪk'strævəgəns] *n* **a)** (prodigality) (pej) esbanjamento *m*; **b)** (luxury) luxo *m*; **c)** (of behaviour, claim) extravagância *f*.

extravagant [ɪk'strævəgənt] *adj* **a)** [*person*] esbanjador, gastador; [*taste*] dispendioso; **b)** (luxurious) [*meal, dish*] sumptuoso; **c)** [*praise, claim, idea, etc*] extravagante.

extravagantly [ɪk'strævəgəntlɪ] *adv* [*furnished, decorated*] luxuosamente.

extreme [ɪk'striːm] **1** *n* (all contexts) extremo *m*; **to go from one** ~ **to the other** passar dum extremo ao outro; **to take/carry sth to** ~**s** levar qq coisa até aos extremos; **to be driven to** ~**s** ser levado aos extremos; **in the** ~ ao extremo. **2** *adj* **a)** (as intensifier) extremo; **b)** (outside normal range) [*example, case, weather, situation*] extremo; [*view, idea, measure, reaction, nationalist*] extremista; **to be on the** ~ **right/left** ser da extrema-direita /-esquerda; **to go to** ~ **lengths to do sth** não recuar perante nada para fazer qq coisa.

extremely [ɪk'striːmlɪ] *adv* **to do ~ well/badly** fazer extremamente bem/mal.

extremist [ɪk'striːmɪst] *n, adj* extremista *m/f.*

extremity [ɪk'stremɪtɪ] *n* **a)** (furthest point) (lit, fig) extremidade *f*; **(of** de); **b)** (extremeness) excesso *m* **(of** de); **c)** (extreme situation) situação *f* desesperada; **to be reduced to extremities** estar reduzido à miséria.

extricate ['ekstrɪkeɪt] *vtr* (from trap, net) desembaraçar, soltar **(from** de); (from situation) sair **(from** de); **to ~ oneself from** libertar-se de, sair-se de.

extrovert ['ekstrəvɜːt] *n, adj* extrovertido *m.*

exuberance [ɪg'zjuːbərəns] *n* exuberância *f.*

exuberant [ɪg'zjuːbərənt] *adj* exuberante.

exude [ɪg'zjuːd] *vtr* **a)** (radiate) irradiar [*charm*]; **b)** exsudar [*sap*]; exalar [*smell*].

exult [ɪg'zʌlt] *vi* exultar **(in doing sth** por ter feito qq coisa); **to ~ at** *or* **in sth** regozijar-se com qq coisa.

exultant [ɪg'zʌltənt] *adj* [*tone, mood, look*] exultante; [*cry*] de triunfo; **to be ~** exultar.

exultation [ɪgzʌl'teɪʃn] *n* regozijo *m*; exultação *f.*

eye [aɪ] **1** *n* **a)** ANAT olho *m*; **with blue ~s** de olhos azuis; **to raise/lower one's ~s** levantar/baixar os olhos; **to keep an ~ on sth/sb** vigiar qq coisa/alg, ter qq coisa/alg debaixo de olho; **to have one's ~ on sth** (desire) querer, desejar [*dress, car, house*]; (aim for) ter em vista [*job*]; **I've never clapped** *or* **laid** *or* **set ~s on him before in my life** nunca o vi mais gordo (fam); **all ~s were on him** todos os olhos estavam postos nele; **to open sb's ~s to sth** (fig) abrir os olhos de alg em relação a qq coisa; **to close** *or* **shut one's ~s to sth** (fig) recusar-se a ver qq coisa; **to go around with one's ~s shut** viver sem ver o que se passa à volta; **to cast** *or* **run one's ~ over sth** percorrer qq coisa com os olhos; **to keep one's ~s peeled** *or* **skinned** manter-se atento; **to have an ~ for sth** ter olho para qq coisa; **as far as the ~ can see** a perder de vista; **she couldn't take her ~s off him** ela não conseguia tirar os olhos de cima dele; **"~s right/left"** MIL olhar à direita/esquerda; **b)** (opi-

nion) **in the ~s of the law** aos olhos da lei; **c)** SEWING (hole in needle) buraco *m* da agulha; (to attach hook to) ilhó *f*; aselha *f*; **d)** (on potato) olho *m*. **2** *modif* [*disease, disorder*] ocular; [*operation*] ao olho; [*ointment, lotion*] para os olhos; **~ specialist** oftalmologista *m/f.* **3 -eyed** *in compounds* **blue-/brown-, etc ~d** de olhos azuis/castanhos. **4** *vtr* **a)** (look at) olhar **[***person, object***]**; **to ~ sth/sb with suspicion** olhar algo/alg com suspeita; **b)** (coll) (ogle at) see **~ up.** IDIOMAS **an ~ for an ~, (a tooth for a tooth)** olho por olho, dente por dente; **to see ~ to ~ with sb (about sth)** partilhar o ponto de vista de alg (acerca de qq coisa); **what the ~ doesn't see (, the heart doesn't grieve over)** olhos que não vêem, coração que não sente (Prov). ■ **eye up** (coll) **~ (sb) up, ~ up (sb)** fazer olhinhos a [*person*] (fam).

eye: **~ball** *n* ANAT globo *m* ocular; **to be ~ball to ~ball with sb** fazer frente a alg; **~brow** *n* sobrancelha *f*; **to raise one's** *or* **an ~brow** (in surprise) abrir os olhos; (in disapproval) franzir o sobrolho; **~-catching** *adj* [*colour, pattern, design, poster*] atraente; [*dress, hat, etc*] fora do vulgar; **~drops** *npl* gotas *fpl* ou pingos *mpl* para os olhos.

eyeful ['aɪfʊl] *n* **a)** (amount) (of dirt, sand, water) **to get an ~ of sth** levar qq coisa em cheio nos olhos; **b)** (coll) (good look) **to get an ~ (of sth)** ser um regalo para os olhos.

eyelash *n* pestana *f.*

eyelet ['aɪlɪt] *n* ilhós *f.*

eye: **~ level 1** *n* nível *m* dos olhos; **at ~ level** ao nível dos olhos, à altura dos olhos. **2 ~-level** *adj* [*grill, display, shelf*] à altura dos olhos; **~lid** *n* pálpebra *f*; **~piece** *n* ocular *m*; **~shade** *n* viseira *f*; **~shadow** *n* COSMET sombra *f* para os olhos; **~sight** *n* vista *f*; **to have good/poor ~sight** ter boa/má vista; **~sore** *n* **to be an ~sore** chocar a vista, ser feio ou desagradável à vista; **~strain** *n* fadiga *f* ocular; **~ tooth** *n* DENT canino *m* superior; **~wash** *n* **a)** MED colírio *m*; **b)** (fig) (nonsense) disparates *mpl*; **~ witness** *n* testemunha *f* ocular.

eyrie ['ɪərɪ] *n* ninho *m* de águia.

f, F [ef] *n* **a**) (letter) f, F *m*; **b**) F Mus (note, key) fá *m*.

fable ['feɪbl] *n* Literat (moral tale) fábula *f*.

fabled ['feɪbld] *adj* (of legend) lendário.

fabric ['fæbrɪk] *n* **a**) (cloth) tecido *m*; **b**) (fig) (basis) fundamentos *mpl*; **the ~ of society** a base da sociedade; **c**) (of building) construção *f*; estrutura *f*.

fabricate ['fæbrɪkeɪt] *vtr* inventar, forjar [*story, excuse, evidence*]; fabricar [*goods, model*].

fabrication [fæbrɪ'keɪʃn] *n* **a**) (lie) mentira *f*; **b**) (invention) invenção *f*; **that's pure** *or* **complete ~** isso é pura invenção; **c**) (of model) construção *f*; fabricação *f*.

fabulous ['fæbjʊləs] **1** *adj* **a**) (wonderful) sensacional; **b**) [*price, income*] fabuloso. **2** *excl* bestial! (fam).

façade [fə'sɑːd] *n* (lit, fig) fachada *f* (**of** de).

face [feɪs] **1** *n* **a**) Anat (gen) cara *f*; face *f*; rosto *m*; **I know that ~, it's Ian Thompson!** conheço aquela cara, é Ian Thompson!; **to look sb in the ~** (lit) olhar alg de frente; **to slam the door in sb's ~** bater com a porta na cara de alg; **to laugh in sb's ~** desatar a rir à frente de alg; **I told him to his ~ that he was lazy** disse-lhe na cara que ele era um preguiçoso; **to be ~ up/down** estar virado para cima/para baixo; **b**) (expression) ar *m*; **she looked at me with a puzzled ~** ela olhou-me com um ar perplexo; **a long ~** um ar triste; **to pull/make a ~** fazer uma careta; **you should have seen their ~s!** havias de ver a cara que eles fizeram! (fam); **c**) (dignity) **to lose ~** desprestigiar-se; **to save one's ~** salvar as aparências; **d**) (coll) (nerve) audácia *f*; descaramento *m* (fam); **e**) (outward appearance) aspecto *m*; aparência *f*; **to change the ~ of sth** mudar o aspecto de algo [*industry, countryside*]; **f**) (dial) (of clock, watch) mostrador *m*; **g**) (surface) (of gem, dice) face *f*; (of coin) lado *m*; (of earth, planet) superfície *f*; **to disappear/vanish off the ~ of the earth** (coll) (person, keys) desaparecer de circulação; **h**) Geol (of cliff, mountain) encosta *f*; **i**) (printed surface) (of playing card) frente *f*; (of document) rosto *m*; **place the cards ~ up/down** pôr as cartas viradas para cima/para baixo; **j**) Print olho *m* (de letra). **2 in the ~ of** *prep phr* **a**) (despite) apesar de, a despeito de [*danger, threat*]; **b**) (in confrontation with) face a, diante de [*opposition, enemy*]. **3** *vtr* **a**) (look towards) [*person*] encarar [*person, audience*]; **she stood facing the class** ela estava de pé em frente da turma; **b**) Print, Publ [*photo, page*] estar em [*page two*]; **c**) (confront) [*government, industry, person*] encontrar-se face a [*challenge, crisis, problem*]; ver-se forçado a pagar [*fine*]; encontrar-se perante [*defect, redundancy, ruin*]; ser obrigado a fazer [*choice*]; ser obrigado a tomar [*decision*];

enfrentar [*attacker, rival, team*]; **to be ~d with sth** confrontar-se com algo [*problem, decision*]; **~d with having to resign he agreed** perante a perspectiva de ter de se demitir, ele concordou; **to ~ sb with sth** confrontar alg com [*truth, evidence*]; **d**) (cope with) (*usually in negative*) suportar [*person*]; **e**) (run the risk) arriscar [*fine, suspension*]; **f**) (acknowledge) encarar, admitir; **g**) Sewing (reinforce) fazer orla em [*armhole*]; (trim) forrar [*cuff, jacket*]; **h**) Constr revestir [*façade, wall*] (**with** de); **i**) (*always imperatif*) **about ~!** meia-volta volver!; **left ~!** à esquerda volver!. **4 ~ forward** estar de frente para; **to ~ backwards** [*person*] estar de costas para; **to be facing forwards/backwards** estar de frente/de costas; **to be facing towards sth** [*person*] olhar [*camera, audience*]; (chair) estar voltado para [*fire*]; (window, house) dar para algo. ■ **face up**: **~ up to (sth)** fazer face a [*problem, responsibilities, fears*]; **~ up to (sb)** enfrentar alg.

faceless ['feɪslɪs] *adj* (fig) anónimo.

face-lift *n* **a**) Cosmet lifting *m* (operação plástica); **b**) (fig) renovação *f*; remodelação *f*; **to give sth a ~** renovar algo [*cathedral, theatre*]; reordenar [*town-centre*]; renovar [*political party*].

face-saving *adj* [*plan, solution*] que permite salvar as aparências.

facet ['fæsɪt] *n* (of gemstone, of personality) faceta *f*; (of question, problem) aspecto *m*.

facetious [fə'siːʃəs] *adj* [*remark*] jocoso, brincalhão.

facetiousness [fə'siːʃəsnɪs] *n* brincadeira *f*; facécia *f*.

face-to-face 1 *adj* **a ~ discussion** um frente a frente. **2 face to face** *adv* **to meet sb ~** dar de caras com alg; **to talk to sb ~** falar pessoalmente com alg; **to come ~ with sb** encontrar-se perante [*death*].

face value *n* **a**) Fin valor *m* nominal; **b**) (fig) **to take sth at ~** (fig) tomar algo à letra [*claim, figures*]; **to take sb at (his/her/etc) ~** julgar alg pelas aparências.

facial ['feɪʃl] **1** *n* tratamento *m* facial. **2** *adj* [*muscle*] da cara; [*angle, hair, massage, nerve*] facial; **~ expression** expressão *f* do rosto.

facile ['fæsaɪl, 'fæsɪl] *adj* (superficial) [*argument, pun, remark, style*] fácil.

facilitate [fə'sɪlɪteɪt] *vtr* facilitar [*change, choice, progress, sales*]; favorecer [*development, growth*].

facility [fə'sɪlɪtɪ] **1** *n* **a**) (feature) função *f*; **all videos have a pause ~** todos os vídeos têm uma função "pause"; **b**) (building) instalação *m*; complexo *m*; **computer ~** instalação informática; **manufacturing ~** complexo industrial; **c**) (ease) facilidade *f*; **with ~** com facilidade; **d**) (ability) talento *m*; jeito *m*; **to have a ~ for lang-**

uages ter jeito para as línguas; **e)** ADMIN, COMM (*often pl*) facilidades *fpl*; **"fax facilities available here"** "estamos equipados com sistema de telefax"; **f)** (department) serviço *m*; departamento *m*. **2 facilities** *npl* **a)** (equipment) **medical** ~ equipamento *m* médico; ~ **for the disabled** instalações para deficientes; **the building has cooking and washing** ~ o edifício está equipado com cozinha e lavandaria; **b)** (infrastructure) **postal** ~ serviço *m* postal; **sporting** ~ instalações desportivas.

facing ['feɪsɪŋ] *n* **a)** ARCHIT, CONSTR revestimento *m*; **b)** SEWING debrum *m*; guarnição *f*.

facsimile [fæk'sɪmɪlɪ] *n* (gen) fac-símile *m*; (sculpture) reprodução *f*.

fact [fəkt] *n* facto *m*; **it is a** ~ **that** é um facto que; **to know for a** ~ **that** saber de fonte segura que; **in** ~**, as a matter of** ~ de facto, na realidade; **the story was presented as** ~ a história foi apresentada como verídica; **space travel is now a** ~ as viagens especiais são actualmente uma realidade. IDIOMAS **to know the** ~**s of life** (sex) conhecer os factos da vida; **the** ~**s of life** (unpalatable truths) as realidades da vida.

fact-finding ['fəktfaɪndɪŋ] *adj* [*mission, trip, tour*] de obtenção de informação.

faction ['fækʃn] *n* **a)** (group) facção *f*; **b)** (discord) dissensão *f*.

factor ['fæktə(r)] *n* (gen) MATH factor *m*; **common** ~ (gen) ponto *m* comum; MATH factor comum; **plus** ~ trunfo *m*; (*also* **protection** ~) (of suntan lotion) índice *m* (de protecção).

factory ['fæktərɪ] *n* (gen) fábrica *f* Po, usina *f* BR.

factory worker *n* operário *m*.

factual ['fæktʃʊəl] *adj* [*information, evidence*] factual; [*account, description*] baseado em factos; ~ **programme** TV, RADIO reportagem *f*.

faculty ['fækəltɪ] *n* (*pl* **-ties**) faculdade *f*; **to be in possession** *or* **command of (all) one's faculties** estar na posse de todas as suas faculdades; **critical faculties** espírito *m* crítico.

fad [fæd] *n* **a)** (craze) mania *f*; **b)** (whim) capricho *m*; (**about** por).

fade [feɪd] **1** *vtr* [*light, age, wear and tear*] desbotar [*colour, curtains, clothes, complexion*]. **2** *vi* **a)** [*fabric*] desbotar; **to** ~ **in the wash** desbotar na lavagem; **b)** [*lettering, typescript*] apagar-se; **c)** [*flowers*] murchar; [*looks*] decair; **d)** [*person*] (grow, wear, age) definhar; (disappear) **to** ~ **into the crowd** desaparecer na multidão; **e)** [*hearing, light, sight*] diminuir; [*sound*] enfraquecer; **f)** [*smile, memory*] apagar-se; **g)** [*ghost, image, drawing*] esfumar-se, esbater-se; **h)** [*interest, excitement, hope*] desvanecer-se. ■ **fade away** [*sound*] apagar-se; [*person*] definhar; (fig) (fail to succeed) desaparecer da circulação. ■ **fade in** subir, aumentar [*sound, voice*]; fazer aparecer progressivamente [*image*]. ■ **fade out** [*speaker, scene*] desaparecer progressivamente; (fizzle out) desaparecer da circulação.

faded ['feɪdɪd] *adj* [*clothing, carpet, decor*] desbotado; [*drawing, picture*] esbatido; [*photo, wall-paper*] amarelecido; [*complexion, flower, beauty*] murcho; [*writing, lettering*] semi--apagado; [*aristocrat*] decadente.

faeces ['fi:si:z] *npl* fezes *fpl*.

fag [fæg] *n* **a)** (coll) (cigarette) cigarro *m*; **b)** (coll) (nuisance) canseira *f*; trabalho *m* penoso.

fag end *n* **a)** (coll) (cigarette) beata *f*; **b)** resto *m*; sobra *f*.

faggot ['fægət] *n* **a)** (meatball) almôndega *f*; **b)** (firewood) feixe *m*; molho *m*.

fail [feɪl] **1** *n* **a)** SCH, UNIV chumbo *m* (fam); reprovação *f*; **b)** **without** ~ [*arrive, do*] sem falta. **2** *vtr* **a)** SCH, UNIV reprovar, chumbar (fam) [*exam, test*]; **b)** (omit) negligenciar; **to** ~ **to do sth** deixar de fazer qq coisa; **to** ~ **to keep one's word** faltar à palavra (dada); **she** ~**ed to mention that...** ela não mencionou que...; **c)** (let down) abandonar [*friend*]; faltar aos seus compromissos para com [*dependant, supporter*]; **words** ~ **me!** faltam-me as palavras!. **3** *vi* **a)** (be unsuccessful) [*exam candidate*] reprovar; [*attempt, technique, plan*] falhar, fracassar; **if all else** ~**s** em último recurso; **b)** (weaken) [*eyesight, hearing, voice*] enfraquecer; [*health*] deteriorar-se; [*light*] enfraquecer, diminuir; **c)** (not function) [*brakes, engine*] falhar; [*power, electricity, water supply, etc*] ser cortado; [*food supply*] faltar; AGRIC [*crop*] ser mau; (go bankrupt) [*business, company*] falir.

failing ['feɪlɪŋ] **1** *n* defeito *m*. **2** *prep* ~ **that, I don't know what to suggest** se isso não resultar, não sei que outra coisa sugerir.

fail-safe *adj* [*device, machine, system*] com sistema de segurança integrado.

failure ['feɪljə(r)] *n* **a)** (lack of success) (of person, attempt, treatment, method, policy) fracasso *m*; FIN (of bank, company) falência *f*; **his** ~ **to understand the problem** a sua incapacidade para compreender o problema; **b)** (unsuccessful person) falhado *m*; **he was a** ~ **as a doctor** como médico, ele não prestava; **c)** (break down) (of engine machine, electricity) falha *f*; **due to a mechanical** ~ devido a deficiência mecânica; **crop** ~**,** ~ **of the crops** perda *f* de colheita; **power** ~ falha de corrente; **d)** (omission) ~ **to keep a promise** falta *f* de cumprimento da palavra dada; ~ **to appear (in court)** JUR falta de comparência (em tribunal); ~ **to pay** falta de pagamento.

faint [feɪnt] **1** *n* desmaio *m*; desfalecimento *m*; **to fall into a** ~ desmaiar. **2** *adj* **a)** [*smell, trace, breeze, sound*] ligeiro, fraco; [*markings, streak*] ténue; **b)** [*recollection, suspicion*] vago; [*chance*] mínimo; **I haven't the** ~**est idea** não tenho a mínima ideia; **to give a** ~ **smile** esboçar um sorriso; **c)** (weak) [*voice, breathing*] fraco; (dizzy) **to feel** ~ sentir-se tonto. **3** *vi* desmaiar, desfalecer.

fainthearted ['feɪnthɑ:tɪd] *adj* tímido, cobarde.

faintly ['feɪntlɪ] *adv* (slightly) [*to glisten, shine*] debilmente; [*coloured, tinged*] desbotadamente, desmaiadamente; [*disappointed*] ligeiramente.

faintness ['feɪntnɪs] *n* (of sound, cry, breathing) debilidade *f*.

fair [feə(r)] **1** *n* (funfair, market) feira *f*; (for charity) quermesse *f*; (exhibition) COMM salão *m*; **craft** ~ feira de artesanato. **2** *adj* **a)** (just, reasonable) [*arrangement, person, ruling, share, trial, etc*] justo (**to** para com ou em relação a); **to give sb a** ~ **deal** *or* **shake** US fazer jogo limpo com alguém; **I give you** ~ **warning** previno-

-te com toda a honestidade; **that's a ~ question** é uma pergunta razoável; **~'s ~** lei é lei; **it (just) isn't ~!** não é justo!; **~ enough!** de acordo!; **b)** (quite large) [*amount, number, size*] importante, considerável; **I've travelled around a ~ amount** viajei bastante; **c)** METEOR (fine) (weather) bom; (wind) favorável; **d)** (light-coloured) [*hair*] louro; [*complexion, skin*] claro; **e)** (dated) (beautiful) [*lady, maid, city, words, etc*] belo; **with her own ~ hands** com as suas belas mãos. **3** *adv* [*play*] honestamente. **IDIOMAS to be in a ~ way to do sth** ter boas probabilidades de fazer qq coisa.

fair: **~ ground** *n* terreno *m* da feira; **~-haired** *adj* louro.

fairly ['feǝlɪ] *adv* **a)** (quite, rather) bastante; [*sure*] praticamente; **the hours ~ flew past** as horas pareciam mesmo voar; **b)** (justly) [*describe, obtain, win*] honestamente.

fair-minded ['feǝ'maɪndɪd] *adj* imparcial.

fair-sized *adj* bastante grande.

fairway ['feǝweɪ] *n* **a)** (in golf) percurso *m* normal (parte plana do campo entre os buracos); **b)** parte *f* navegável.

fairy ['feǝrɪ] *n* [*magical being*] fada *f*.

fairy: **~ godmother** *n* fada *f* madrinha; **~ lights** *npl* GB luzes *fpl* decorativas; **~ story** *n* conto *m* de fadas; **~ tale 1** *n* **a)** conto *m* de fadas; **b)** (lie) patranha *f*. **2** *modif* [*wedding, romance, princess*] de conto de fadas.

faith [feɪθ] *n* **a)** (trust) confiança *f* (**in** em); (absolute) fé *f* (**in** em); **to accept a cheque in good ~** aceitar um cheque de boa fé; **to act in bad ~** agir de má fé; **b)** (belief) crença *f*; fé *f* (**in** em); **the Christian ~** a fé cristã; **people of all ~s** gente de todas as religiões.

faithful ['feɪθfl] **1** *npl* **the ~** (lit, fig) os fiéis *mpl*. **2** *adj* (loyal) fiel (**to** a).

faithfully ['feɪθfǝlɪ] *adv* **a)** [*follow, serve*] fielmente; **b)** (accurately) [*reproduced, adapted*] fielmente, com exactidão; **c)** (in letter writing) **yours ~** sinceramente, sem outro assunto.

faith healer *n* curandeiro *m*.

fake [feɪk] **1** (coll) *n* (impostor) impostor *m*. **2** *adj* (artificial) [*fur, gem*] falso, de imitação; [*flower*] artificial. **3** *vtr* **a)** (to counterfeit) falsificar, forjar [*signature, passport*]; **b)** fingir [*emotion, illness*].

falcon ['fɔːlkn, 'fɔːkn] *n* falcão *m*.

fall [fɔːl] **1** *n* **a)** (lit) (of person, horse, rocks, curtain, snow) queda *f* (**from** de); (of earth, soot) desabamento *m*; (of axe, hammer) golpe *m*; pancada *f*; **a heavy ~ of rain** uma grande chuvada; **to have a ~** dar uma queda, cair; **b)** (in temperature, shares, production, demand, quality, popularity) diminuição *f* (**in** de); (more drastic) queda *f* (**in** de); **the pound has suffered a sharp ~/a slight ~** a libra sofreu uma forte queda/uma ligeira queda; **a ~ in value** uma depreciação; **c)** (of leader, regime, empire, fortress, town) queda *f*; (of seat) perda *f*; **the government's ~ from power** a queda do governo; **d)** (from grace, innocence) perda *f*; **The F~** RELIG o pecado original; **e)** US Outono *m*; **f)** (in pitch, intonation) descida *f*; **g)** SPORT queda *f*. **2 falls** *npl* cataratas *fpl*. **3** *vi* (*past* **fell** *pp* **fallen**) **a)** [*person, horse, bomb, axe, tree, leaf, curtain,*

rain, tears] cair; **to ~ 10 metres** cair de 10 metros; **to ~ from/out of** cair de [*boat, bird, nest, bay, hands*]; **to ~ off/from** cair de [*chair, table, roof, bike, wall*]; **to ~ on** cair sobre [*person, town*]; **to ~ on the floor** cair por terra; **to ~ in/into** cair em [*bath, river, sink*]; **to ~ down** cair em [*hole, shaft, stairs*]; **to ~ under** cair por debaixo [*table*]; **to ~ through** passar através de [*hole*]; cair em [*sky, air*]; **b)** [*temperature, price, inflation, wages, production number, attendance, morale*] baixar; (more dramatically) cair; [*speed, volume, quality, standard, level*] diminuir; **to ~ (by)** baixar de [*amount, percentage*]; **to ~ to** descer a/até [*amount, place*]; **to ~ from** descer de; **to ~ below** descer para debaixo de; **c)** [*government, regime, leader, fortress, town*] cair; **to ~ from power** cair; **to ~ on the battlefield** cair no campo de batalha; **to ~ to** cair nas mãos de [*enemy, allies*]; **d)** (fig) [*darkness, night, beam, silence, hush*] descer (**on** sobre); **suspicion fell on her husband** as suspeitas recaíram sobre o marido dela; **Christmas ~s on a Monday** o Natal calha a uma segunda-feira; **to ~ into/outside a category** entrar/não entrar numa categoria; **to ~ under the heading of...** encontrar-se sob a rubrica de...; **it ~s to sb to do** cabe a alg fazer; **e)** (throw oneself) cair, lançar-se; **to ~ to/on one's knees** cair de joelhos; **to ~ at sb's feet** lançar-se aos pés de alg; **to ~ into sb's/each other's arms** cair nos braços de alg/um do outro; **to ~ on each other** abraçar-se, cair nos braços um do outro; **to ~ on sb's neck** abraçar alg; **to ~ into bed/into a chair** deixar-se cair sobre a cama/numa cadeira; **f)** see **~ away**; **g)** RELIG cair em pecado; **h)** GB (dial) (get pregnant) ficar grávida. **IDIOMAS the bigger you are** *or* **the higher you climb the harder you ~** quanto maior é a subida maior é a queda. ■ **fall about** (coll) GB **to ~ about** (laughing/with laughter) partir-se a rir, torcer-se a rir. ■ **fall apart a)** [*bike, shoes, table*] estar a desfazer-se; [*house, hotel*] estar em ruínas; **b)** [*marriage, country*] desagregar-se; **c)** [*person*] estar a suas capacidades. ■ **fall away a)** [*paint, plaster*] soltar-se (**from** de); **b)** [*ground*] descair abruptamente (**to** para); **c)** [*demand, support, numbers*] diminuir. ■ **fall back** (gen) recuar MIL retirar-se (**to** para). ■ **fall back on**: ~ **back on (sth)** recorrer a [*savings, parents, old method*]. ■ **fall behind**: ~ **behind** [*runner, country, student*] deixar-se ficar para trás; [*work, studies*] ficar atrasado; **to ~ behind with (sth)** ficar para trás em [*work, project*]; ficar atrasado em [*payments, rent, correspondence*]; ~ **behind (sth/sb)** deixar-se ultrapassar por [*runners, horses, classmates, competitor*]. ■ **fall down**: ~ **down a)** (lit) [*person, child, tree*] cair; [*tent, wall, house*] desmoronar-se; **b)** (fig) [*argument, comparison, plan*] falhar; **where he ~s down is...** onde ele falha, é...; ~ **down on (sth)** esbarrar em [*detail, question, obstacle*]; **to ~ down on a promise/on the job** não ser capaz de manter a sua promessa/de fazer o seu trabalho. ■ **fall for**: ~ **for (sth)** deixar-se prender por [*trick, story*]; **to ~ for (sb)** ficar enamorado de [*person*]. ■ **fall in a)** [*sides, walls, roof*] ruir, abater-se; **b)** MIL [*soldier*] entrar na

forma; ~ **in!** em forma!. ■ **fall in with**: ~ **in with (sth/sb) a)** (get involved with) envolver-se com [*group, crowd*]; **b)** (go along with) sujeitar-se a, resignar-se a [*timetable, plans, action*]; **c)** (be consistent with) estar de acordo com, coincidir com [*expectations, concerns*]. ■ **fall off a)** [*person, leaf, hat, label*] cair; **b)** [*attendance, takings, sales, output*] diminuir; [*enthusiasm, standard, quality*] baixar; [*support, interest*] cair; [*curve on graph*] descair. ■ **fall on**: ~ **on (sth)** lançar-se sobre, assaltar [*food, treasure*]; ~ **on (sb)** atacar, cair sobre [*person*]. ■ **fall open** [*book*] abrir-se; [*robe*] entreabrir-se. ■ **fall out**: ~ **out a)** [*tooth, contact lens, page, person*] cair; **his hair is ~ing out** o cabelo está-lhe a cair; **b)** [*soldiers*] sair da forma; ~ **out!** destroçar!; **c)** (coll) [*friends, neighbours*] zangar-se (**over** por causa de); **d)** (turn out) acontecer, resultar; **it fell out that...** (formal) aconteceu que...; ~ **out with (sb)** (coll) (have row) zangar-se com; **I've ~en out with him** zanguei-me com ele. ■ **fall over**: ~ **over** [*person*] cair por terra; [*wardrobe*] tombar; ~ **over (sth)** tropeçar em [*object*]; ~ **over oneself to do** (coll) andar numa roda viva (fam); **people were ~ing over themselves to buy shares** as pessoas andavam numa roda viva para comprar acções. ■ **fall through** [*plans, deal*] falhar, fracassar Po, dar uma bobeada *f* Br. ■ **fall to**: ~ **to** empenhar-se, caber a; ~ **to doing** pôr-se a fazer. ■ **fall upon** see ~ **on**.
fallacious [fəˈleɪʃəs] *adj* enganador, ilusório.
fallacy [ˈfæləsɪ] *n* (belief) erro *m*; engano *m*; (argument) falácia *f*.
fallen [ˈfɔːlən] **1** *pp* see **fall**. **2** *n* **the** ~ os mortos *mpl* no campo de batalha. **3** *pp adj* [*leaf, tree, soldier*] caído; ~ **woman** (dated) mulher perdida.
fallibility [fælɪˈbɪlɪtɪ] *n* falibilidade *f*.
fallible [ˈfælɪbl] *adj* falível.
Fallopian tube [fəˈləʊpɪənˈtjuːb] *n* trompa *f* de Falópio.
fallow [ˈfæləʊ] *adj* [*land*] de pousio; **to lie** ~ [*land*] estar de pousio.
fallow deer *n* gamo *m*.
false [fɒls, fɔːls] *adj* **a)** (mistaken) [*impression, idea, information*] infundado (*after n*) (proved wrong) [*allegations, rumour, statement*] falso (*before n*) **their fears may well prove** ~ os seus receios podem revelar-se sem fundamento; **a** ~ **sense of security** um falso sentimento de segurança; **b)** (fraudulent) [*banknotes, passport, name*] falso.
false: ~ **alarm** *n* (lit, fig) falso alarme *m*; ~ **bottom** *n* (in bag, box) fundo *m* falso.
falsehood [ˈfɒlshʊd, ˈfɔːlshʊd] *n* **a)** (untruth) **to tell truth from** ~ distinguir a verdade da mentira Po/da potoca Br; **b)** (formal) (lie) mentira *f* Po, potoca, peta *f* Br.
falsely [ˈfɒlslɪ, ˈfɔːlslɪ] *adv* **a)** (wrongly) [*represent, state*] de forma errada; **b)** (mistakenly) [*assume, believe*] injustamente; **c)** [*smile, laugh*] perfidamente.
falseness [ˈfɒlsnɪs, ˈfɔːlsnɪs] *n* falsidade *f*.
false: ~ **start** *n* (lit, fig) falsa partida *f*; ~ **teeth** *npl* dentes *mpl* postiços; dentadura *f* postiça.
falsetto [fɒlˈsetəʊ, fɔːlˈsetəʊ] **1** *n* (voice) voz *f* de falsete. **2** *adj* [*voice, whine*] de falsete.

falsify [ˈfælsɪfɑɪ, ˈfɔːlsɪfɑɪ] *vtr* **a)** (alter) falsificar [*documents, results, accounts*]; **b)** (distort) distorcer, deturpar [*facts, story*].
falsity [ˈfɒlsɪtɪ, ˈfɔːlsɪtɪ] (formal) *n* (of beliefs) falsidade.
falter [ˈfɒltə(r), ˈfɔːltə(r)] **1** *vtr* (*also* ~ **out**) balbuciar [*word, phrase*]. **2** *vi* **a)** [*demand, economy*] ceder, flectir; **b)** [*person, team*] enfraquecer; **c)** (when speaking) [*person*] gaguejar; [*voice*] titubear, tremelicar; **to speak without ~ing** falar sem hesitação; **d)** (when walking) [*person*] vacilar; [*footstep*] tropeçar; **to walk without** ~ caminhar com passo seguro.
fame [feɪm] *n* fama *f*; ~ **and fortune** fama e dinheiro.
famed [feɪmd] *adj* famoso, célebre (**for** por; **as** como, enquanto).
familiar [fəˈmɪljə(r)] **1** *n* (friend) íntimo *m*. **2** *adj* **a)** (well-known) [*landmark, phrase, sight, sound, etc*] familiar (**to** a); **to sound** ~ parecer familiar; **to be on** ~ **ground** (fig) pisar terreno conhecido; **b)** (customary) [*argument, complaint, excuse*] habitual; **c)** (acquainted) **to be** ~ **with sb/sth** estar familiarizado com alg/algo; **to make oneself** ~ **with sth** familiarizar-se com algo; **d)** (intimate) [*language, manner, tone*] familiar; **to be on** ~ **terms with sb** ser íntimo de alg.
familiarity [fəmɪlɪˈærɪtɪ] *n* **a)** (acquaintance) conhecimento *m* (**with** de); **b)** (informality) familiaridade *f*.
familiarize [fəˈmɪljərɑɪz] **1** *vtr* **to** ~ **sb with sth** familiarizar alg com algo [*area, fact, job, etc*]. **2** *v refl* **to** ~ **oneself with sth** familiarizar-se com algo [*facts, system, work*].
family [ˈfæməlɪ] **1** *n* (gen) Ling, Zool família *f*; (children) filhos *mpl*; **to be one of the** ~ fazer parte da família; **to be trying for** *or* **to start a** ~ tentar ter uma criança; **for** ~ **reasons** por razões familiares. **2** *modif* [*affair, circle, home*] de família; [*member, friend*] da família.
family: F~ **Allowance** *n* abono *m* de família; ~ **man** *n* pai *m* de família; ~ **name** *n* apelido *m* Po, sobrenome *m* Br; ~ **planning** *n* planeamento *m* familiar; ~ **tree** *n* árvore *f* genealógica.
famine [ˈfæmɪn] *n* fome *f*.
famished [ˈfæmɪʃt] (coll) *adj* faminto, esfomeado.
famous [ˈfeɪməs] *adj* (gen) famoso, célebre (**for** por); [*school, university*] de renome, ilustre; **a** ~ **victory** uma excelente vitória; ~ **last words!** (iron) isso é o que tu pensas!.
fan [fæn] **1** *n* **a)** (enthusiast or admirer) (of football, actor, etc) fã *m/f* (fam); **football** ~ adepto *m* de futebol; **b)** (electric) ventoinha *f*; (manual) leque *m*. **2** *vtr* (*pres p etc* **-nn-**) **a)** (stimulate) (*usu passive*) atiçar [*fire, passion*]; avivar [*spark*]; reanimar [*hopes*]; **b)** (cool) [*breeze*] refrescar [*face, head*]; **to** ~ **oneself** abanar-se. ■ **fan out** [*lines, railway lines*] espalhar-se em todas as direcções; **the police ~ned out in all directions** a polícia partiu em todas as direcções.
fanatic [fəˈnætɪk] *n* fanático *m*.
fanatic(al) [fəˈnætɪkl] *adj* fanático.
fanaticism [fəˈnætɪsɪzm] *n* fanatismo *m*.
fan: ~ **belt** *n* Aut correia *f* de ventoinha; ~ **heater** *n* termo-ventilador *m*.

fancier ['fænsɪə(r)] *n* (breeder) criador *m*; (lover) amante *m/f.*
fanciful ['fænsɪfl] *adj* [*person*] cheio de fantasias; [*idea, plan, name*] extravagante; [*explanation*] fantasista.
fancy ['fænsɪ] **1** *n* **a**) (liking) **to catch** *or* **take sb's** ~ [*object, person*] atrair alg; **to take a** ~ **to doing sth** desejar fazer qq coisa; **to have a** ~ **for sth** (long term) estar apaixonado Po/gamado Br por qq coisa; **b**) (whim) capricho *m*; **c**) (fantasy) imaginação *f*; **d**) (vague idea) **to have a** ~ **(that) sth is true** ter a ideia de que qq coisa possa ser verdade; **e**) (cake) variedade de bolo *m* de creme. **2** *adj* **a**) (decorative) ornamental; (grand, elaborate) sofisticado; **"what's for lunch?" "nothing** ~" "que é o almoço?" "nada de especial"; **b**) (coll, pej) (pretentious) [*house*] pretensioso; [*food*] complicado; [*price*] exorbitante; [*idea, project*] fantasista; **c**) Comm [*food*] de luxo. **3** *vtr* **a**) (feel sexually attracted to) **I** ~ **her** ela atrai-me; **b**) (want) desejar, querer [*food, drink, object, plan*]; **to** ~ **doing** ter desejo de fazer; **what do you** ~ **for lunch?** que te apetece para o almoço?; **c**) (dated) (believe) ter a impressão, acreditar; (imagine) imaginar; **d**) (coll) (expressing surprise) ~ **her remembering my name!** imagina que ela se lembrava de um nome!; ~ **seeing you here!** mas que surpresa, ver--te aqui!. **4** *v refl* **a**) (coll, pej); **he really fancies himself** ele na verdade julga-se o supra-sumo; **b**) (coll) (wrongly imagine) **to** ~ **oneself as** *or* **to be** tomar-se por; **he fancies himself as James Bond** ele julga-se o James Bond. **5 fancied** *pp adj* Sport, Turf [*contender*] favorito.
fancy: ~ **dress 1** *n* fato *m* de fantasia; máscara *f*; **in** ~ **dress** mascarado. **2** *modif* [*ball, party*] de máscaras; ~ **goods** *npl* artigos *mpl* de fantasia.
fanfare ['fænfeə(r)] *n* (lit) fanfarra *f*; (fig) **in** *or* **with a** ~ **of publicity** com ostentação.
fang [fæŋ] *n* (of dog, wolf) presa *f*; dente *m* canino.
fan mail ['fænmeɪl] *n* **to get a lot of** ~ receber muitas cartas dos admiradores.
fantastic [fæn'tæstɪk] *adj* **a**) (wonderful) [*holiday, news*] estupendo, maravilhoso; [*view, weather*] magnífico; **b**) (unrealistic) inacreditável; **c**) (huge) [*profit*] fabuloso; [*speed, increase*] vertiginoso; **d**) (magical) fabuloso, fantástico.
fantastically [fæn'tæstɪkəlɪ] *adv* **a**) (wealthy) imensamente; [*expensive*] tremendamente, terrivelmente; [*increase*] vertiginosamente; **b**) [*perform*] fantasticamente.
fantasy ['fæntəzɪ] *n* **a**) (desired situation) fantasia *f*; sonho *m*; Psychol fantasma *m*; **b**) (imagination) imaginação *f*; **c**) (untruth) ideia *f*; fantasista.
far [fɑː(r)] **1** *adv* **a**) (in space) longe; **have you come** ~? vem de longe?; ~ **off,** ~ **away** ao longe; **to be** ~ **from home** estar longe de casa; **how** ~ **is it to Beja?** a que distância estamos de Beja? ou quanto é daqui a Beja?; **as** ~ **as** até; **b**) (in time) **as** ~ **back as 1965** já em 1965; **the holidays are not** ~ **off** as férias já estão perto; **he's not** ~ **off 70** ele tem quase 70 anos ou ele não está longe dos 70 anos; **he worked** ~ **into the night** ele trabalhou pela noite dentro; **c**) (to

a great degree, very much) muito; ~ **better** muito melhor; ~ **too fast** demasiado rápido; ~ **above the average** bem acima da média; ~ **more** bem mais; **d**) (to what extent, to the extent that) **how** ~ **is it possible to...?** em que medida é possível (que)...?; **as** *or* **so** ~ **as we can, as** *or* **so** ~ **as possible** tanto quanto possível, na medida do possível; **as** *or* **so** ~ **as I am concerned** quanto a mim, no que me diz respeito; **e**) (to extreme degree) longe; **to go too** ~ ir demasiado longe. **2** *adj* **a**) (remote) **the F~ East** o Extremo Oriente; **b**) (further away, other) **at the** ~ **side of the wall** ao fundo da sala; **on the** ~ **side of the wall** do outro lado da parede; **c**) Pol **the** ~ **right/left** a extrema direita/extrema esquerda. **3 by far** *adv phr* de longe. **4 far and away** *adv phr* de longe. **5 far from** *prep phr* longe de; ~ **from satisfied** longe de estar satisfeito. **6 so far** *adv phr* **a**) (up till now) até agora; **so** ~, **so good** até agora, tudo bem; **b**) (up to a point) **you can only trust him so** ~ só podes confiar nele até certo ponto. IDIOMAS ~ **and wide,** ~ **and near** por todo o lado; ~ **be it from me to do** longe de mim pensar fazer; **to be a** ~ **cry from** estar bem longe de; **she will go** ~ ela vai longe; **this wine won't go very** ~ não vamos longe com este vinho.
faraway [fɑːrəweɪ] *adj* (fig, lit) longínquo.
farce [fɑːs] *n* Theat farsa *f.*
farcical ['fɑːsɪkl] *adj* ridículo, cómico Po, desfrutável *m/f* Br
far-distant [fɑː'dɪstənt] *adj* longínquo.
fare [feə(r)] **1** *n* **a**) (cost of travelling) (gen) tarifa *f*; (on bus, underground, train etc) preço *m* do bilhete Po/tíquete Br; **half/full** ~ meio bilhete/ bilhete inteiro; **return** ~ preço de ida e volta; **b**) (taxi passenger) cliente *m/f* (de um táxi); **c**) (dated) (food) comida *f*; **plain** ~ comida simples. **2** *vi* **a**) (get on) **how did you** ~? como é que isso aconteceu?; **the team** ~**d well in the final** a equipa portou-se bem na final; **b**) (progress) [*economy, industry, political party*] portar-se; **industry is faring well despite the recession** a indústria está a sair-se bem apesar da recessão.
farewell [feə'wel] **1** *n* adeus *m*; **to say one's** ~ despedir-se. **2** *modif* [*party, gift, speech*] de despedida.
far-fetched [fɑː'fetʃt] *adj* forçado; (unconvincing) pouco plausível.
far-flung [fɑː'flʌŋ] *adj* **a**) (remote) [*country*] longínquo; **b**) (widely distributed) [*towns*] afastados uns dos outros.
farm [fɑːm] **1** *n* quinta *f*; **chicken** ~ aviário *m*. **2** *vtr* cultivar, explorar, fazer criação. **3** *vi* dirigir uma quinta. **4 farmed** *pp adj* [*fish*] criado em viveiro. ■ **farm out:** ~ **out (sth)** arrendar, contratar [*work*].
farmer ['fɑːmə(r)] *n* (in general) agricultor *m*; **chicken** ~ criador *m* de aves de capoeira.
farm: ~ **hand** *n* see ~ **worker;** ~**house** ['fɑːmhaʊs] *n* casa *f* da quinta; casa *f* rústica.
farming ['fɑːmɪŋ] **1** *n* (profession) agricultura *f*; (of area, land) exploração *f*; **pig/sheep** ~ criação *f* de porcos/de ovelhas. **2** *modif* [*community*] rural; [*subsidy*] à agricultura.
farm worker *n* trabalhador *m* agrícola.
farmyard ['fɑːmjɑːd] *n* pátio *m*; terreiro *m* da quinta.

Faroes ['feərəʊz] (*also* **Faroe Islands**) *pr n* ilhas *fpl* Faroe.

far-off [fɑ:'rɒf] *adj* longínquo.

far-reaching [fɑ:'ri:tʃɪŋ] *adj* [*effect, implication*] considerável; [*change, reform*] radical; [*programme, plan, proposal*] de grande alcance.

far-sighted [fɑ:'saɪtɪd] *adj* (prudent) [*person, policy*] previdente.

farther ['fɑ:ðə(r)] *adv, adj* (*comparative of* **far**) see **further**.

farthest ['fɑ:ðɪst] *adj, adv* (*superlative of* **far**) see **furthest**.

fascinate ['fæsɪneɪt] *vtr* (interest) cativar, encantar; (stronger) fascinar.

fascinated ['fæsɪneɪtɪd] *adj* encantado, fascinado.

fascinating ['fæsɪneɪtɪŋ] *adj* [*book, discussion*] apaixonante; [*person*] fascinante.

fascination [fæsɪ'neɪʃn] *n* **a)** (interest) paixão, encanto Po, gamação *f* BR (**with, for** por); **in ~** fascinado; **b)** (power) sedução *f*; fascinação *f*; **this subject has** *or* **holds a great ~ for me** este assunto apaixona-me.

fascism ['fæʃɪzm] *n* fascismo *m*.

fascist ['fæʃɪst] *n, adj* fascista *m/f*.

fashion ['fæʃn] **1** *n* **a)** (manner) maneira *f*; **in my own ~** à minha maneira; **in the Chinese ~** à chinesa; **b)** (trend) moda *f*; **in ~** à moda; **out of ~** fora de moda; **to come into ~** tornar-se moda. **2 fashions** *npl* vestuário *m*; **ladies' ~s** fatos *mpl* de senhora. **3** *modif* [*jewellery, tights*] de fantasia. **4** *vtr* **a)** (mould) moldar [*clay*] (**into** em); **b)** (make) fabricar [*ashtray, canoe*] (**out of, from** a partir de).

fashionable ['fæʃənəbl] *adj* [*colour, hat, name, style*] na moda; [*area, resort, restaurant*] chique (**among, with** entre); [*opinion, pastime, topic*] na moda, em voga.

fashionably ['fæʃənəblɪ] *adv* [*dress*] à moda.

fashion show *n* passagem *f* de modelos.

fast [fɑ:st] **1** *n* RELIG jejum *m*. **2** *adj* **a)** (speedy) rápido; **a ~ train** um comboio Po/trem BR rápido; **a ~ time** SPORT um bom tempo; **he's a ~ reader** ele lê com rapidez; **b)** SPORT [*court, pitch, track*] rápido; **c)** (ahead of time) **my watch is ~** o meu relógio está adiantado; **d)** (immoral) (pej) [*woman*] de vida fácil; **to lead a ~ life** levar uma vida irregular; **e)** PHOT [*film, exposure*] de alta sensibilidade; **f)** (firm) (of door, lid) bem fechado; (of rope) bem seguro; **g)** (loyal) [*friend*] fiel; [*friendship*] sólido; **h)** (permanent) **~ dye** de cor firme, que não desbota. **3** *adv* **a)** (rapidly) [*move, speak, write*] rapidamente; **not so ~!** mais devagar!; **b)** (firmly) [*hold*] firmemente; [*stock, shut*] bem; **c)** (deeply) **to be ~ asleep** dormir profundamente; **to stand ~** manter-se firme. **4 fast by** *adv phr* (liter) mesmo ao pé. **5** *vi* RELIG jejuar. **IDIOMAS to play ~ and loose (with sb)** fazer jogo duplo (com alguém); **to pull a ~ one on sb** enrolar alguém (fam); enganar Po/embromar *f* BR alguém.

fasten ['fɑ:sn] **1** *vtr* (*also* **~ up**) **a)** (close) fechar [*bolt, lid, case*]; apertar [*belt, sandals, necklace*]; abotoar [*coat*]; **b)** (attach) afixar [*notice*]; prender [*shelf*] (**to** a; **onto** em cima de); **to ~ onto sb** agarrar-se a alguém; **c)** (fig) (fix) **his eyes ~ed on me** ele olhou-me fixamente. **2** *vi*

[*box*] fechar(-se); [*seat belt, skirt*] apertar; **the skirt ~ at the back** a saia aperta atrás. ■ **fasten down**: **~ down (sth)**, **~ (sth) down** fechar [*hatch, lid*]. ■ **fasten on**: **~ on (sth)** (fig) adaptar [*method*]; optar por [*plan*].

fastener ['fɑ:snə(r)] *n* **a)** (sewing) presilha *f*; **b)** (clasp) fecho *m*; **snap ~** mola *f* de pressão.

fast food ['fɑ:st fu:d] **1** *n* comida *f* rápida. **2** *modif* [*chain*] de comida rápida; **a ~ restaurant** um restaurante de comida rápida.

fastidious [fæs'tɪdɪəs] *adj* (in work, personal habits) miudinho, meticuloso (**about** acerca de).

fast lane ['fɑ:stleɪn] *n* AUT via *f* rápida; **to enjoy life in the ~** gozar a vida a 100 à hora.

fat [fæt] **1** *n* **a)** (food substance, element in diet) gordura *f*; **b)** (substance in body) gordura *f*. **2** *adj* **a)** [*person, body*] gordo; [*thigh, arm, finger*] rechonchudo; **to get ~** engordar; **b)** [*wallet, envelope*] volumoso; [*volume, file, novel, magazine*] espesso; **c)** [*profit, cheque, fee, salary*] grosso. **IDIOMAS the ~'s in the fire** (coll) agora é que vão ser elas (fam); **to live off the ~ of the land** viver à grande.

fatal ['feɪtl] *adj* **a)** (lethal) [*accident, injury, etc*] mortal (**to** a); [*delay*] fatal (**to** a, para); **b)** (disastrous) [*day, hour*] fatídico; [*decision*] funesto.

fatalism ['feɪtəlɪzm] *n* fatalismo *m*.

fatalist ['feɪtəlɪst] *n* fatalista *m/f*.

fatalistic [feɪtə'lɪstɪk] *adj* fatalista.

fatality [fə'tælɪtɪ] *n* **a)** (death) morte *f*; **road fatalities** vítimas *fpl* mortais de acidentes de viação; **b)** (fate) fatalidade *f*.

fatally ['feɪtəlɪ] *adv* **a)** [*injured, wounded*] mortalmente; **to be ~ ill** estar condenado; **b)** (fig) [*weakened, compromised, etc*] irremediavelmente, fatalmente.

fate [feɪt] *n* **a)** (*also* **the ~s**) sorte *f*; **a (cruel) twist of ~** um (cruel) capricho do destino; **b)** (destiny) sorte *f*; destino *m*; fado *m*; **c) the F~s** MYTHOL as Parcas *fpl*.

fated ['feɪtɪd] *adj* **a)** (destined) **to be ~ to do sth** estar destinado a fazer qq coisa; **b)** (doomed) condenado.

fateful ['feɪtfl] *adj* [*decision, event, words*] fatal; [*day*] fatídico.

fat: (coll) **~-head** *n* estúpido *m*. (coll) **~-headed** *adj* estúpido.

Father ['fɑ:ðə(r)] *n* **a)** RELIG (God) Pai *m*; **Our ~** Pai Nosso; **b)** (title for priest) padre *m*; **~ Smith** o Padre Smith.

father ['fɑ:ðə(r)] **1** *n* **a)** (parent) pai *m*; **to be like a ~ to sb** ser como um pai para alg; **b)** (ancestor) antepassado *m*; **land of our ~s** a pátria dos nossos antepassados. **2** *vtr* conceber [*child*]. **IDIOMAS like ~, like son** tal pai, tal filho.

father: **F~ Christmas** *n* Pai *m* Natal; **~ figure** *n* figura *f* paternal.

fatherhood ['fɑ:ðəhʊd] *n* paternidade *f*.

father: **~-in-law** *n* (*pl* **~s-in-law**) sogro *m*; **~land** *n* pátria *f*.

fatherly ['fɑ:ðəlɪ] *adj* paternal.

fathom ['fæðəm] **1** *n* MEAS, NAUT braça *f* (medida de profundidade igual a 1,83 m). **2** *vtr* **a)** MEAS, NAUT sondar; **b)** (*also* **~ out**) (understand) compreender.

fatigue [fə'ti:g] **1** *n* (of person) fadiga *f*; cansaço *m.* **2 fatigues** *npl* MIL **a)** (uniform) farda *f* de trabalho; **b)** (duties) faxina *f*; **camouflage ~s** camuflado *m.* **3** *modif* MIL [*duty, detail*] de faxina.

fatten [fætn] *vi* [*animal*] engordar, cevar.

fattening ['fætnɪŋ] *adj* que faz engordar (*never predic, after n*).

fatty ['fætɪ] *adj* **a)** [*tissue, deposit*] de gordura; **b)** [*food, cooking, meat*] gordo.

fatuous ['fætjʊəs] *adj* [*attempt, comment, decision, smile*] pateta, estúpido; [*exercise, activity*] fútil.

fault [fɒlt, fɔːlt] **1** *n* **a)** (flaw in system, wiring, machine, person) defeito *m* (**in** em); (electrical failure, breakdown) falha *f*; **structural ~** defeito de estrutura; **for all his ~s** apesar de todos os seus defeitos; **to be generous to a ~** ser generoso em extremo; **b)** (responsibility, guilt) culpa *f*; **erro** *m*; **to be sb's ~** ser culpa de alguém; **it's not my ~** não é culpa minha; **whose ~ was it?** quem foi o culpado? ou de quem foi a culpa?; **c)** SPORT (call) falta *f*; **to serve a ~** marcar uma falta; **d)** GEOL falha *f.* **2** *vtr* apanhar (alguém) em falta; **it cannot be ~ed** é irrepreensível.

fault-finding ['fɒltfaɪndɪŋ] *n* TECH **a)** (locating built-in flaw) localização *f* da falha ou do defeito; **b)** (of person) tendência *f* para a crítica.

faultless ['fɒltlɪs, 'fɔːltlɪs] *adj* [*performance, taste, manners*] impecável.

faulty ['fɒltɪ, 'fɔːltɪ] *adj* **a)** [*wiring, car part, machine, product*] defeituoso; **b)** [*logic, policy, philosophy, argument*] deficiente, erróneo.

fauna ['fɔːnə] *n* (*pl* **-s, -ae**) fauna *f.*

faux pas [fəʊ'pɑː] (formal) *n* (*pl* **~**) passo *m* em falso.

favour GB, **favor** US ['feɪvə(r)] **1** *n* **a)** (approval) aprovação *f*; **to come out in ~ of sth** declarar-se a favor de algo; **to win/lose ~ with sb** *or* **sb's ~** conquistar/perder as boas graças de alg; **to be out of ~ with sb** [*person*] já não estar nas boas graças de alg; [*idea, fashion, method*] já não estar na moda; **to go out of ~** passar de moda; **b)** (kindness) favor *m*; **to do sb a ~** prestar um favor a alg; **to ask a ~ of sb, ask sb a ~** pedir um favor a alg; **to return a ~** pagar um favor; **to owe sb a ~** dever um favor a alg; **c)** (favouritism) favoritismo *m*; **d)** (advantage) **to be sb's ~, in ~ of sb** [*situation*] ser vantajoso para alg. **2 favours** *npl* (gen) (pej) (sexual) favores *mpl.* **3** *vtr* **a)** (prefer) ser a favor de [*choice, method, solution*]; preferir [*clothing, colour, date*]; ser partidário de [*political party*]; mostrar preferência por [*person*]; **b)** (approve of) aprovar [*proposal*]; **c)** (honour) (often iron) **to ~ sb with sth** fazer a alg o favor de qq coisa; **d)** (dated) (resemble) parecer-se com [*relative*]. **4 favoured** *pp adj* **a)** (most likely) [*choice, course of action, date, plan, view*] privilegiado; [*candidate*] favorito; **b)** (favourite) favorito.

favourable GB, **favorable** US ['feɪvərəbl] *adj* **a)** (good) [*circumstances, conditions, impression, reply, weather, time, etc*] favorável; **to have a ~ reception** ser bem recebido; **b)** (in agreement) de acordo (**to sth** com algo); **my father is not ~ to my going alone** o meu pai não está de acordo em que eu vá sozinha.

favourably GB, **favorably** US ['feɪvərəblɪ] *adv* [*speak, look on, consider, impress*] favoravelmente.

favourite GB, **favorite** US ['feɪvərɪt] **1** *n* **a)** [*man, boy, thing, activity*] favorito *m*; preferido *m*; (book, play) clássico *m*; **it's always a ~ with children** é sempre o preferido das crianças; **b)** SPORT, TURF favorito *m.* **2** *adj* preferido; (stronger, less rational) favorito.

favouritism GB, **favoritism** US ['feɪvərɪtɪzm] *n* favoritismo *m.*

fawn [fɔːn] **1** *n* **a)** ZOOL cria *f* de corça; **b)** (colour) castanho *m* claro. **2** *adj* fulvo *m.* **3** *vi* **to ~ on sb** (of dog) fazer festas a alg; (of person) (pej) bajular alg.

fax [fæks] **1** *n* (*pl* **~es**) fax *m.* **2** *vtr* **to ~ sb** enviar um fax a alg.

fax machine *n* fax *m.*

fear [fɪə(r)] **1** *n* **a)** (dread, fright) medo *m*; **he accepted out of ~!** ele aceitou apenas por medo; **have no ~ !** não tenhas medo!; **to live** *or* **go in ~ of one's life** temer pela vida de alg; **~ of God** temor *m* a Deus; **the news struck ~ into his heart** a notícia encheu-o de medo; **b)** (often *pl*) (worry, apprehension) receio *m*; **my ~s proved groundless** os meus receios revelaram-se infundados; **c)** (possibility) **there's no ~ of that happening** não há perigo que isso aconteça; **no ~!** claro que não!. **2** *vtr* **a)** temer [*death, illness, suffering, God*] (**to do** fazer); **to ~ (that)** recear que... (+ *v subj*); **it is ~ed (that)** receia-se que (+ *v subj*); **to ~ the worst** recear o esperar o pior; **b)** (in phrases) **I ~ not** receio que não; **I ~ so** (to positive question) receio que sim; **I ~ it's raining** receio que esteja a chover; **never ~!** não há perigo!. **3** *vi* **to ~ for sth/sb** recear por algo/ alg. IDIOMAS **without ~ or favour** de forma imparcial; **in ~ and trembling** a tremer de medo.

fearful ['fɪəfl] *adj* **a)** (afraid) medroso; **to be ~ ter medo**; **b)** (dreadful) [*noise, sight, heat, etc*] terrível.

fearless ['fɪəlɪs] *adj* destemido, corajoso.

fearsome ['fɪəsəm] *adj* (frightening) assustador; (formidable) espantoso, formidável.

feasibility [fiːzɪ'bɪlɪtɪ] *n* (of idea, plan, proposal) exequibilidade; (of claim, story) verosimilhança, fiabilidade; **the ~ of doing sth** a possibilidade de fazer qq coisa.

feasible ['fiːzɪbl] *adj* realizável, exequível; **to be ~ to do sth** ser possível fazer qq coisa.

feast [fiːst] **1** *n* **a)** (sumptuous meal) festim *m*; (formal, celebratory) banquete *m*; **wedding ~** banquete de casamento; **b)** (fig) (for eyes, senses) festa *f*; regalo *m* (**to, for** para); **c)** RELIG festa *f*; festividade *f.* **2** *vtr* **a)** (fig) **to ~ one's eyes on sth** deleitar-se a ver qq coisa; **b)** (lit) deleitar [*person*] (**on, with** com). **3** *vi* **to ~ on sth** regalar-se com qq coisa.

feat [fiːt] *n* (achievement) feito *m*; façanha *f*; **a ~ of engineering** uma proeza da técnica; (coll) **it was no mean ~ to beat the record** não foi (tarefa) fácil bater o recorde.

feather ['feðə(r)] **1** *n* pena *f.* **2** *modif* [*boa, cushion, mattress*] de penas. **3** *vtr* (in rowing) fazer o remo deslizar à tona de água. **4 feathered** *pp adj* [*garment*] enfeitado com plumas; **our ~ friends** as aves nossas amigas. IDIOMAS **birds of a ~ flock together** (Prov) diz-me com quem andas, dir-te-ei quem és (Prov); **that'll make**

the ~s fly isso vai mandar as pessoas ao ar (fam); **that's a ~ in his cap** isso é mais um louro para o seu palmarés ou é mais um penacho com que ele fica; **you could have knocked me down with a ~** fiquei boquiaberto (de surpresa).
feather: ~ **bed 1** n colchão m de penas. **2** vtr (feather-bed) **a)** COMM reduzir a produtividade (duma empresa) para evitar o desemprego; **b)** proteger excessivamente [child]; ~**-brained** adj tolo, imbecil; ~ **duster** n espanador m; ~**weight** n peso m pluma.
feature ['fi:tʃə(r)] **1** n **a)** (typical or distinguishing characteristic) característica f; **it was a ~ of those times** era uma característica desses tempos; **to make a ~ of sth** valorizar qq coisa; **b)** (aspect) aspecto m; **to have no redeeming ~s** não ter nenhum lado bom; **c)** (of car, computer, product) acessório m; **built-in safety ~s** equipamento m de segurança integrado; **d)** (of face) (often pl) traço m; **with coarse ~s** de traços grosseiros; **e)** (film) longa metragem f; **a double ~** uma sessão dupla; **f)** JOURN artigo m de fundo (on sobre); **she does a ~ in the Times** ela é articulista do Times; **g)** TV, RADIO reportagem f (on sobre). **2** ~**d** (in compounds) **sharp-/fine ~d** de traços angulosos/finos. **3** vtr [film, edition, magazine, concert, exhibition, event] apresentar [story, photo, actor, star, work]; [advert, poster] representar, mostrar [person, scene]; **to be ~d in sth** figurar em qq coisa. **4** vi **a)** [theme, name, person, artist, work]; **to ~ in** figurar em [article, report, concert, plans]; **b)** [actor, actress, singer] representar (in, on em).
featureless ['fi:tʃəlɪs] adj incaracterístico.
Feb abrev = **February** Fev.
February ['februərɪ] n Fevereiro m.
feckless ['feklɪs] adj **a)** (improvident) irresponsável; **b)** (helpless) incapaz; **c)** (inept) ineficaz, inepto.
fecund ['fi:kənd, 'fekənd] adj (liter) [soil, animal, imagination] fecundo.
fed [fed] (coll) n US **a)** abrev = **FBI agent** agente m da polícia federal; **b)** (government office) funcionário m federal.
federal ['fedərl] **1** n US (soldier) federalista m; federal m. **2** adj [court, judge, police] federal; **the ~ government** US o governo m federal.
federation [fedə'reɪʃn] n federação f.
fee [fi:] n **a)** (for professional service) honorários mpl; **school ~s** propinas fpl; **arrangement/service ~** comissão f; **he charged us a ~ of £200** ele levou-nos 200 libras; **b)** (for admission, right etc) admission or entry ~ entrada f.
feeble ['fi:bl] adj **a)** (weak) [person, animal, institution] fraco; **b)** (unconvincing) [argument, excuse] pouco convincente; **c)** (ineffectual) [joke, attempt, performance] medíocre, fraco.
feeble-minded adj **a)** (stupid) estúpido; **b)** (simple) (euph) fraco de espírito.
feed [fi:d] **1** n **a)** (meal) (for animal) ração f; (for baby) (bottle) biberão m PO, mamadeira f BR; (breast) mamada f; **b)** (food) alimentos mpl; comida f; **c)** IND, TECH (material) alimentação f; (mechanism) mecanismo m alimentador; **d)** THEAT (actor) actor m que dá as deixas. **2** vtr (past, pp **fed**) **a)** (supply with food) (breast-feed) amamentar; (bottle feed) dar o biberão

Po/mamadeira BR a [baby]; alimentar [animal, family, months] (on de); reabastecer [army]; cozinhar para [guests]; **b)** (give food) **to ~ sth to sb** or **to ~ sb sth** dar de comer a alg; **she was ~ing bread to the ducks** ela estava a dar pão aos patos; **c)** (supply) (gen) IND, TECH alimentar [river, lake, fire, machine]; fornecer [facts, information, secrets]; **d)** (insert) **to ~ into sth** (lit) meter em qq coisa [coins]; introduzir em qq coisa [paper, ticket, tape]; IND, TECH alimentar qq coisa de [raw materials]; **e)** SPORT fazer um passe de [ball]; **f)** THEAT dar a deixa a [comic]. **3** vi (lit, fig) alimentar-se (on de); [baby] comer. **4** v refl **to ~ oneself** [child, invalid] comer sozinho.
feedback ['fi:dbæk] n **a)** (gen) (from people) reacção f (**on** a; **from** da parte de; **about** a propósito de); (from test, experiment) repercussão f (**about** a propósito de; **from** de; **on** sobre); **b)** COMPUT feed-back m; TECH (on hi-fi) reacção f parasita.
feeding ['fi:dɪŋ] n alimentação f.
feeding: ~**-bottle** n biberão m PO, mamadeira f BR; ~**-time** n (for animals) hora f de comer.
feel [fi:l] **1** n **a)** (atmosphere, impression created) atmosfera f; **it has the ~ of a country cottage** tem a atmosfera de uma casa de campo; **b)** (sensation to the touch) toque m; sensação f; **the ~ of leather** o toque de couro; **c)** (act of touching, feeling) **to have a ~ of sth, to give sth a ~** tactear algo; **let me have a ~, give me a ~** (touch) deixa-me tocar; (hold, weigh) deixa-me tomar o peso; **d)** (familiarity, notion of how sth works) **to get the ~ of** familiarizar-se com [controls, system]; **to get the ~ of doing sth** habituar-se a fazer algo; **e)** (flair) dom m; jeito m (for para); **to have a ~ for languages** ter jeito para línguas. **2** vtr (pp, past **felt**) **a)** (experience) experimentar, sentir [affection, desire, envy, pride, unease]; sentir [bond, hostility, obligation, effects]; **to ~ a sense of loss** experimentar um sentimento de perda; **I no longer ~ anything for her** eu já não sinto nada por ela; **to make one's displeasure felt** fazer sentir o seu descontentamento; **to ~ sb's loss very deeply** sentir profundamente a perda de alg; **b)** (believe, think) **to ~ (that)** pensar, achar que; **I ~ he's hiding something** tenho a impressão que ele está a esconder algo; **I ~ deeply/strongly that they are wrong** eu estou profundamente convencida que eles estão enganados; **to ~ sth to be** pensar que qq coisa é; **I felt it best to refuse** eu pensei que era melhor recusar; **c)** (physically) sentir [touch, blow, pressure, heat, object, ache, effects]; **she ~s the cold** ela é friorenta; **I felt the house shake** eu senti a casa a tremer; **d)** (touch deliberately) apalpar, tocar [carving, texture, washing, cloth]; palpar [patient, body part, parcel]; **to ~ the weight of sth** tomar o peso de algo; **to ~ one's breasts for lumps** palpar os seios à procura de caroços; **to ~ one's way** (lit) avançar tacteando o caminho; (fig) apalpar o terreno; **e)** (sense, be aware of) sentir, ter consciência de [presence, tension, resentment]; ter consciência de [importance, seriousness, justice, irony]; **I could ~ her frustration** eu sentia a sua frustração. **3** vi (pp, past **felt**) **a)** (emotionally) sentir-se [sad, happy, stupid, nervous, safe]; estar

[sure, angry, surprised]; ter a impressão de ser *[trapped, betrayed, cheated]*; **to ~ afraid/ashamed** ter medo/vergonha; **to ~ as if/though** ter a impressão que; **how do you ~?** o que sentes?; **how does it/what does it ~ like to be a dad?** qual será a sensação de ser pai?; see **~ for**; **b)** (physically) sentir-se *[ill, better, tired, fat, young]*; **to ~ hot/hungry** ter calor/fome; **how do you ~?, how are you ~ing?** como te sentes?; **it felt as if I was floating** tinha a impressão de flutuar; **you're as young as you ~** cada um tem a idade com que se sente; **c)** (create certain sensation) ser *[soft, slimy, smooth]*; ter um ar *[eerie, empty]*; **it ~s strange living alone** é um pouco estranho viver sozinho; **it ~s like leather** parece couro; **the bone ~s as if it's broken** o osso parece partido; **it ~s as if it's going to rain, it ~s like rain** parece que vai chover; **d) to ~ like sth/doing sth** desejar algo/ fazer algo; **I ~ like a drink** apetece-me uma bebida Po/um drinque Br; **e)** (touch, grope) **to ~ in** remexer em *[bag, pocket, drawer]*; **to ~ along** tactear ao longo de *[edge, wall]*; see **~ around, ~ for.** ■ **feel around, feel about** GB **~ around** tactear; **~ around in (sth)** remexer em *[bag, drawer]*; **~ around for (sth)** procurar algo tacteando. ■ **feel for: ~ for (sth)** procurar (algo); **to ~ for broken bones** palpar à procura de ossos fracturados; **~ for (sb)** ter pena de (alg). ■ **feel out** us **~ out (sb), ~ (sb) out** investigar (alg). ■ **feel up: ~ up (sb/sth), ~ (sb/ sth) up** apalpar *[person, body part]*; **to be felt up** ser apalpado (fam). ■ **feel up to: ~ up to (sth)** sentir-se preparado para (algo); **~ up to doing** estar preparado para fazer.

feeler ['fiːlə(r)] *n* (gen) antena *f*; tentáculo *m*. IDIOMAS **to put out ~s** apalpar o terreno, sondar.

feeling ['fiːlɪŋ] **1** *n* **a)** (emotion) sentimento *m*; **it is a strange ~ to be...** é uma sensação estranha ser/estar...; **to put one's ~s into words** exprimir por palavras o que se sente; **to spare sb's ~s** poupar os sentimentos de alg; **to hurt sb's ~s** magoar alg; **I know the ~!** eu conheço isso!; **b)** (opinion, belief) opinião *f*; crença *f*; sentimento *m*; **to have strong ~s about** ter ideias bem definidas sobre; **c)** (sensitivity) sensibilidade *f*; **a person of ~** uma pessoa sensível; **have you no ~?** não tens coração?; **to speak with great ~** falar com paixão; **to have no ~ for nature** ser insensível à natureza; **d)** (impression) impressão *f*; **I had a ~ you'd say that** (hum) eu sentia que ias dizer isso; **I've got a bad ~ about this** tenho um mau pressentimento acerca disto; **I've got a bad ~ about her** eu desconfio dela; **e)** (physical) sensação *f*; **a dizzy ~** uma sensação de vertigem; **f)** (atmosphere) ambiente *m*; **an eerie ~** um ambiente sinistro; **there was a general ~ of tension** o ambiente que nos rodeava estava tenso; **g)** (instinct) dom *m*; jeito *m* **(for para)**. **2** *adj [person]* sensível; *[gesture, remark]* simpático.

feet [fʊt] *n* (*pl* **feet**) see **foot**.

feign [feɪn] *vtr* fingir *[innocence, surprise]*; simular *[illness]*.

feint [feɪnt] **1** *n* **a)** Sport, Mil finta *f*; simulação *f*; **b)** Print risco *m* fino. **2** *vi* Sport, Mil fintar, simular um ataque.

feline ['fiːlaɪn] **1** *n* felino *m*. **2** *adj* (lit, fig) felino.

fell [fel] **1** (*past*) see **fall**. **2** *n* serra *f* (no norte de Inglaterra). **3** *vtr* abater *[tree]*; matar *[person]*. IDIOMAS **in one ~ swoop** de um só golpe; **with one ~ blow** de um só golpe.

fellow ['feləʊ] **1** *n* **a)** (coll) (man) tipo *m* (fam); camarada *m*; **poor old ~** pobre tipo; **b)** (member) (also in titles) membro *m* (**of** de); **c)** Univ (lecturer) GB membro *m* do corpo docente duma faculdade; (governor) GB membro *m* do conselho directivo duma faculdade; (researcher) bolseiro *m*; **d)** (coll, dated) (boyfriend) namorado *m*. **2** *adj [lawyer, politician, teacher, writer]* colega.

fellow countryman *n* compatriota *m*.

fellow feeling [feləʊ'fiːlɪŋ] *n* **a)** (understanding) compreensão *f*; **b)** (solidarity) solidariedade *f*.

fellow man ['feləʊmæn] *n* semelhante *m*.

fellowship ['feləʊʃɪp] *n* **a)** (companionship) (social) camaradagem *f*; (religious) fraternidade *f*; **b)** Univ (*also* **research ~**) bolsa *f* de estudo; **c)** (association) (social) associação *f*.

fellow traveller [feləʊ'trævlə(r)] *n* Tourism companheiro *m* de viagem.

felony ['feləni] *n* Hist, Jur crime *m*.

felt ['felt] **1** *past, pp* see **feel**. **2** *n* (cloth) (thick) feltro *m*; artigo *m* de feltro. **3** *modif [thick]* de feltro; **a ~ hat** um chapéu de feltro.

felt-tip (pen) [felt tɪp] *n* caneta *f* de feltro.

female ['fiːmeɪl] **1** *n* **a)** (animal, plant) fêmea *f*; **b)** (coll, pej) (woman) gaja *f* (cal). **2** *adj* **a)** *[flower, animal]* fêmea; **~ cat** gata *f*; **b)** (relating to women) *[population, sex]* feminino,-a; **~ employees/students** as empregadas *fpl*; as estudantes *fpl*; **c)** Elec, Mech Eng *[plug, connector]* fêmea.

feminine ['femɪnɪn] **1** *n* Gram feminino *m*; **in the ~** no feminino. **2** *adj [clothes, colours]* feminino.

feminism ['femɪnɪzm] *n* feminismo *m*.

feminist ['femɪnɪst] *n* feminista *m/f*.

femur ['fiːmə(r)] *n* fémur *m*.

fen [fen] *n* charco *m*; pântano *m*.

fence [fens] **1** *n* **a)** (barrier) cerca *f*; **b)** (in showjumping) barreira *f*; obstáculo *m*; **c)** (coll) (receiver of stolen goods) receptador *m*; **d)** Tech (on saw) protecção *f*. **2** *vtr* cercar *[area, garden]*. **3** *vi* **a)** Sport praticar esgrima; **b)** (fig) (be evasive) ser evasivo, esquivar-se; **c)** (coll) (receive stolen goods) ser receptador. IDIOMAS **to mend ~s (with sb)** reconciliar-se (com alg); **to sit on the ~** não tomar posição. ■ **fence in: ~ (sth) in, ~ in (sth)** cercar *[area, garden]*; encerrar *[animals]*; **~ (sb) in** (fig) abafar (alg) (fig). ■ **fence off: ~ (sth) off, ~ off (sth)** vedar (qq coisa).

fencing ['fensɪŋ] *n* **a)** Sport esgrima *f*; **b)** (fences) vedação *f*.

fend [fend] *v* ■ **fend for: ~ for oneself** arranjar-se sozinho. ■ **fend off: to ~ off (sb/sth), to ~ (sb/sth) off** repelir *[attacker, blow]*; desviar *[question]*.

fender ['fendə(r)] *n* (for fire) guarda-fogo *m* de lareira; us Aut guarda-lama *m* de automóvel.

fennel ['fen(ə)l] *n* funcho *m*; erva-doce *f*.

ferment 1 ['fɜːment] *n* (unrest) efervescência *f*.

2 [fə'ment] *vtr* fermentar [*beer, wine*]; (fig) fomentar [*trouble*]. **3** [fə'ment] *vi* [*wine, beer, yeast, fruit, etc*] fermentar, levedar.
fermentation [fə:men'teɪʃ(ə)n] *n* fermentação *f*.
fern [fɜ:n] *n* Bot feto *m*.
ferocious [fə'rəʊʃəs] *adj* [*animal*] feroz; [*attack, violence*] selvagem.
ferocity [fə'rɒsɪtɪ] *n* ferocidade *f*.
ferret ['ferɪt] *n* (lit, fig) furão *m*. ■ **ferret out** (coll) **to ~ (sb/sth) out, ~ (sb/sth)** descobrir [*bargain*]; seguir a pista de [*agent, thief*]; descobrir, investigar [*truth, information*].
ferry ['ferɪ] **1** *n* (short distance) barco *m* de travessia; (long distance) batelão *m* de travessia que transporta automóveis. **2** *vt* (transport) transportar; (by lorry) transportar de camião Po/ caminhão Br.
fertile ['fɜ:taɪl] *adj* [*land, valley, soil*] fértil; [*person, animal, egg*] fecundo; [*imagination, mind*] fértil; (fig) (favourable) [*ground, environment*] fértil.
fertility [fɜ:'tɪlɪtɪ] **1** *n* (of land, human, animal) fertilidade *f*; fecundidade *f*; (fig) (of mind, imagination) fertilidade *f*. **2** *modif* (symbol, rite) de fertilidade.
fertility drug *n* medicamento *m* contra a esterilidade.
fertilization [fɜ:tɪlaɪ'zeɪʃn] *n* (of land) fertilização *f*; (of human, animal, plant, egg) fecundação *f*.
fertilize ['fɜ:tɪlaɪz] *vtr* fertilizar [*land*]; fecundar [*human, animal, plant, egg*].
fertilizer ['fɜ:tɪlaɪzə(r)] *n* fertilizante *m*.
fervent ['fɜ:vənt] *adj* [*admirer*] fervoroso; [*support*] incondicional.
fervour GB, **fervor** US ['fɜ:və(r)] *n* fervor *m*.
fester ['festə(r)] *vi* [*wound, sore*] ulcerar, supurar.
festival ['festɪvl] *n* (gen) festa *f*; (arts event) festival *m*.
festive ['festɪv] *adj* [*occasion, person*] alegre, festivo.
festivity [fe'stɪvɪtɪ] *n* (merriment) júbilo *m*.
festoon [fe'stu:n] *vtr* ornar (**with** com); festão.
fetch [fetʃ] *vtr* **a)** (bring) **to ~ sth for sb** ir buscar qq coisa para alg; **~ him a chair please** traz-lhe uma cadeira, se faz favor; **b)** [*goods*] render; **to ~ a good price** render bastante. IDIOMAS **to ~ and carry for sb** ser moço de recados de alg.
fetching ['fetʃɪŋ] *adj* [*child, habit, photo, dress*] atraente, encantador.
fete [feɪt] **1** *n* (church, village) quermesse *f*; **charity ~** festa *f* de caridade. **2** *vtr* festejar [*celebrity, hero*].
fetid, foetid ['fetɪd, 'fi:tɪd] *adj* fétido, nauseabundo.
fetish ['fetɪʃ] *n* **a)** (object) fetiche *m*; talismã *m*; **b)** (obsessive interest) mania *f*.
fetishism ['fetɪʃɪzm] *n* fetichismo *m*.
fetlock ['fetlɒk] *n* **a)** (joint) boleto *m*; **b)** (tuft of hair) penacho *m*.
fetter ['fetə(r)] **1 fetters** *npl* **a)** (lit) (shackles) grilhões *mpl*; grilhetas *fpl*; **in ~s** a ferros; **b)** (fig) (restrictive effects) obstáculo *m*. **2** *vtr* limitar a influência de [*union, party*].
fettle ['fetl] IDIOMAS **in fine** *or* **good ~** em óptimas condições, em excelente forma.

fetus GB, **foetus** US ['fi:təs] *n* feto.
feud [fju:d] *n* briga *f* Po, rolo *m* Br; contenda *f*; querela *f* (**with** com; **between** entre).
feudalism ['fju:dəlɪzm] *n* feudalismo *m*.
fever ['fi:və(r)] *n* **a)** (temperature) febre *f*; **b)** (craze) febre *f*; **gold/rock-and-roll ~** a febre do ouro/do rock.
feverish ['fi:vərɪʃ] *adj* [*person, eyes*] febril; [*dreams*] delirante; [*excitement*] febril.
fever pitch [fiv:ə(r) pɪtʃ] *n* **the music brought the crowd to ~ pitch** a música levou a multidão a um estado de excitação intenso; **our excitement had reached ~ pitch** a nossa excitação estava no auge.
few [fju:] **1** *quantif* (*comparative* **fewer**, *superlative* **fewest**) **a)** (not many) poucos; **~ visitors/ letters** poucos visitantes/cartas; **one of my ~ pleasures** um dos meus raros prazeres; **to be ~ in number** ser pouco numeroso; **b)** (some, several) **every ~ days** com intervalos de poucos dias; **these past ~ days** nestes últimos dias. **2 a few** *quantif, pron* alguns; **a ~ people/houses** algumas pessoas/casas; **a good ~ years** um bom par de anos; **a ~ of us** alguns de nós; **quite a ~ of the tourists come from Germany** um bom número de turistas vêm da Alemanha. **3** *pron* (not many) poucos; **~ of us succeeded** poucos de nós fomos bem sucedidos; **there are four too ~** faltam quatro. IDIOMAS **they are ~ and far between** são muito raros; **to have had a ~ (too many)** ter bebido demais.
fewer ['fju:ə(r)] **1** *adj* (*comparative of* **few**) menos; **~ and ~ pupils** cada vez menos alunos. **2** *pron* menos; **~ than 50 people** menos de 50 pessoas.
fewest ['fju:ɪst] **1** *adj* (*superlative of* **few**) o menos numeroso. **2** *pron* o menor número.
fiancé [fɪ'ɒseɪ] *n* noivo *m*.
fiancée [fɪ'ɒseɪ] *n* noiva *f*.
fiasco [fɪ'æskəʊ] *n* fiasco *m*; **to turn into a ~** tornar-se num fiasco.
fib [fɪb] **1** (coll) *n* peta *f* (fam); mentira *f* Po, potoca, peta *f* Br. **2** *vi* (*pres p etc* **-bb-**) mentir, contar petas (fam).
fibber ['fɪbə(r)] (coll) *n* mentiroso; **you ~!** seu mentiroso!.
fibre GB, **fiber** US ['faɪbə(r)] *n* **a)** (of thread, wood) fibra *f*; (fabric) **nylon is a synthetic ~** o nylon é uma fibra sintética; **it's an artificial ~** é sintético; **b)** (in diet) fibras *fpl*; **a high ~ diet** uma alimentação rica em fibras; **c)** Bot (coll) fibra *f*; Physiol (of muscle, nerve) fibra *f*.
fibre: fiberglass US see **~glass**; **~glass** *n* fibra de vidro; **~optics** *n* (+ *v sg*) fibras *fpl* ópticas.
fibrous ['faɪbrəs] *adj* fibroso.
fickle ['fɪkl] *adj* [*lover*] inconstante, volúvel; [*fate, follower, public opinion, weather*] instável.
fiction ['fɪkʃn] *n* **a)** (type of literature) ficção *f*; literatura de ficção; (books) romance *m* de leitura fácil; **in ~** nos romances; **b)** (delusion) **liberty is a ~** a liberdade é uma ilusão; **c)** (untruth) história *f*; **d)** (pretence) **they keep up the ~ that...** eles fazem crer a toda a gente que....
fictional ['fɪkʃənl] *adj* [*character, event*] imaginário.
fictitious [fɪk'tɪʃəs] *adj* **a)** (false) [*name, address*] fictício; [*justification, report*] falacioso; **b)** (imaginary) imaginário.

fiddle ['fɪdl] **1** *n* **a)** (coll) (dishonest scheme) fraude *f*; intrujice *f*; **tax ~** fraude fiscal; **b)** (violin) violino *m*. **2** *vtr* (coll) (illegally) defraudar; falsificar [*figures*]. **3** *vi* **a)** (fidget) estar desassossegado; **to ~ with sth** brincar com qq coisa; **b)** (to adjust sth) **to ~ with sth** (knob, controls) mexer em qq coisa. **IDIOMAS to ~ while Rome burns** não se importar com o que está a acontecer; **to play second ~ to sb** estar em segundo plano em relação a alg; **to be as fit as a ~** estar são como um pêro.

fiddly ['fɪdlɪ] *adj* difícil; **this box is very ~ to open** esta caixa é difícil de abrir.

fidelity [fɪ'delɪtɪ] *n* (gen) ELECTRON, TELECOM fidelidade *f* (**of** de; **to** a).

fidget ['fɪdʒɪt] **1** *n* mexilhão *m* (fam); **they're real ~s** (can't sit still) eles parecem que têm bichos-carpinteiros (fam). **2** *vi* **he's always ~ing** ele não pára quieto. ▪ **fidget about** estrebuchar, agitar.

fidgety ['fɪdʒɪtɪ] *adj* (physically) [*child*] irrequieto; [*adult*] agitado.

field [fiːld] **1** *n* **a)** AGRIC, GEOG (gen) campo *m* (**of** de); **wheat ~** campo *m* de trigo; **b)** SPORT (ground) campo *m*; **football/sports ~** campo de futebol/de desporto Po/esporte BR; **c)** SPORT (competitors) (athletes) concorrentes *mpl*; HUNT caçadores *mpl*; **d)** (area of knowledge) (gen) domínio *m* (**of** de); LING campo *m* semântico; **e)** (real environment) **to work sth in the ~** trabalhar algo no terreno; **f)** MIL **the ~ of battle** o campo *m* de batalha; **to die in the ~** morrer no campo de batalha; **to take the ~** pôr-se em campanha; **to hold the ~** manter as suas posições; (fig) [*theory*] dominar; **g)** (range) campo *m*; **~ of force** ELEC campo de força; **~ of vision/view** campo visual; **h)** COMPUT, PHYS campo *m*; **i)** ART espaço *m*; **j)** HERALD campo *m*. **2** *vtr* **a)** SPORT [*ball*] apanhar a bola; **b)** SPORT (gen) (select) fazer jogar [*team, player*]; **c)** (put at disposal) pôr (alg/algo) em acção [*equipment, nurses, soldiers*]; **d)** (respond to) responder a [*questions*]. **IDIOMAS to play the ~** tirar partido de tudo.

field day *n* **a)** SCH, UNIV saída *f* (para estudo); **b)** MIL dia *m* de manobras. **IDIOMAS to have a ~** ter um dia em cheio.

fielder GB ['fiːldə(r)], **fieldsman** US ['fiːldzmən] *n* SPORT (cricket, baseball) jogador *m* que apanha a bola lançada pelo batedor.

field: **~ event** *n* SPORT encontro *m* desportivo; **~ glasses** *npl* binóculos *mpl*; **~ mouse** *n* ZOOL arganaz *m*; rato *m* dos pomares; **~ sports** *npl* SPORT desportos *mpl* Po/esportes *mpl* BR de ar livre; **~ trip** *n* SCH, UNIV (one day) saída *f* em estudo; (longer) viagem *f* de estudo; **~ work** *n* trabalho *m* científico de campo; **~ worker** *n* SCI cientista *m/f* que trabalha sobre o terreno; (for social organization) pessoa *f* que trabalha sobre o terreno.

fiend [fiːnd] *n* **a)** (evil spirit) demónio *m*; diabo *m*; **b)** (cruel person) monstro *m*; **a cruel ~** um monstro de crueldade; **c)** (coll) (fanatic) **he's a football ~** ele é um doido por futebol (fam).

fiendish ['fiːndɪʃ] *adj* **a)** (cruel) [*tyrant, cruelty*] monstruoso; [*expression*] diabólico; **b)** (ingenious) [*plan*] diabólico.

fiendishly ['fiːndɪʃlɪ] *adv* **a)** [*smile, scheme, plot*] diabolicamente; **b)** [*difficult, ambitious*] extremamente.

fierce [fɪəs] *adj* [*animal, expression, person*] feroz; [*battle, storm, anger*] violento; [*competition*] encarniçado; [*flames, heat*] intenso; [*criticism, speech*] virulento; **he has a ~ temper** ele tem um temperamento violento.

fiercely ['fɪəslɪ] *adv* [*compete, defend, fight, stare, etc*] ferozmente; [*shout, speak*] violentamente; [*burn, blaze*] com intensidade; [*hot, jealous, critical*] extremamente.

fiery ['faɪərɪ] *adj* [*person, orator, wound*] inflamado; [*speech, performance*] apaixonado; [*eyes*] faiscante; [*heat*] escaldante; [*sunset, sky*] avermelhado, cor de fogo; **~ red** vermelho-fogo.

fiesta [fɪ'estə] *n* festa *f*.

fife [faɪf] *n* pífaro *m*.

fifteen [fɪf'tiːn] **1** *n* quinze *m inv*. **2** *adj* quinze *inv*.

fifth [f, fθ] *adv* em quinto lugar.

fiftieth ['fɪftɪɪθ] **1** *n* **a)** (in sequence) quinquagésimo *m*; **b)** (fraction) quinquagésima parte *f*. **2** *adj* [*person, birthday*] quinquagésimo.

fifty ['fɪftɪ] *n, adj* cinquenta *m* (*inv*).

fifty-fifty ['fɪftɪ fɪftɪ] *adj, adv* **her changes of success are only ~~** ela tem 50% de hipóteses de sucesso; **to split sth ~~** dividir algo a meias; **to go ~~** dividir em duas partes iguais.

fig [fɪg] **1** *n* **a)** (fruit) figo *m*; **dried/fresh ~s** figos secos/frescos; **b)** abrev = **figure** figura *f*. **2** *adj* abrev = **figurative**; **a)** figurado; **b)** figurativo.

fight [faɪt] **1** *n* **a)** (fig) (against disease, evil, problem) (for beliefs, right, rights) luta *f* (**against** contra; **for** por; **to do** para fazer); **to put up a (good) ~** lutar com coragem; **b)** (lit) (between civilians) zaragata *f* Po, brigalhada *f* BR; briga *f* (**between** entre; **over** por); (boxing) combate *m* (**between** entre); MIL batalha *f* (**between** entre); **to have** *or* **get into a ~ with sb** brigar com alg; (boxing) ganhar/perder um combate; **c)** (verbal dispute) discussão *f* (**over** sobre; **with** com); **to have a ~ with sb** discutir com alg; **d)** (combative spirit) espírito *m* combativo. **2** *vtr* (*past, pp* **fought**) **a)** (gen) (fig) lutar contra [*disease, emotion, evil, problem, tendency*]; combater [*fire*]; **to ~ one's way through/to** (lit) abrir caminho através de [*crowd, objective*]; (fig) negociar [*difficulties, obstacles*]; **b)** POL disputar [*seat, election*]; **c)** JUR defender [*case, cause*]. **3** *vi* **a)** (fig) (campaign) lutar (**for** por; **against** contra; **to do** para fazer); **b)** (lit) MIL bater-se (**against** contra; **with** com); **to stand and ~** resistir; **to go down ~ing** (lit) morrer em combate; (fig) lutar até à morte; **to ~ for breath** estar a ficar sufocado. ▪ **fight off: ~ off (sth), ~ (sth) off a)** (lit) libertar-se de [*attacker, thug*]; vencer [*troops*]; repelir [*attack*]; **b)** (fig) lutar contra [*a cold, despair, depression*]; rejeitar [*challenge, criticism, proposal*]. ▪ **fight on** continuar a lutar. ▪ **fight out: ~ out (sth), ~ (sth) out** resolver qq coisa à pancada.

fighter ['faɪtə(r)] *n* **a)** (gen) (determined person) lutador *m*; **b)** AVIAT caça *m*; **~ pilot** piloto *m* de avião de caça.

fighting ['faɪtɪŋ] **1** *n* **a)** MIL combate *m* (**bet-**

ween entre); **b)** (between children, civilians, demonstrators) briga *f*; zaragata *f* Po, brigalhada *f* Br; tumulto *m*. **2** *adj* **a)** Mil [*unit, force*] de combate; ~ **strength** efectivos *mpl* militares; **b)** (aggressive) ~ **words** palavras *fpl* agressivas; **to have a** ~ **spirit** ter espírito combativo.

fig leaf [fɪg liːf] *n* Bot folha *f* de figueira; (in painting) folha *f* de videira.

figment ['fɪgmənt] *n* **a** ~ **of the/of your imagination** um produto da/da tua imaginação.

figurative ['fɪgjʊrətɪv, 'fɪgərətɪv] *adj* **a)** Ling figurado; **b)** Art figurativo.

figure ['fɪgə(r)] **1** *n* **a)** (number, amount) número *m*; **a six-~ sum** uma quantia com seis algarismos; **to be good with ~s** ter queda para os números; **b)** (known or important person) personalidade *f*; **c)** (person, human form) figura *f*; **to cut a sorry/fine** ~ fazer uma triste/boa figura; **d)** Art (in painting, sculpture) figura *f*; **reclining** ~ figura reclinada; **e)** (representative or symbol) **mother/father** ~ a imagem materna/paterna; **authority** ~ símbolo *m* da autoridade; **f)** (body shape) figura *f*; linha *f*; **g)** (geometric or other shape) figura *f*; **h)** (in dance, skating) figura *f* (de estilo). **2** *vtr* **a)** (coll) (suppose) **to** ~ **(that)** pensar (que); **b)** (liter) simbolizar. **3** *vi* **a)** (feature, appear) figurar; **to** ~ **in** *or* **on a list** figurar numa lista; **b)** (coll) (make sense) fazer sentido. ■ **figure on**: ~ **on doing** contar fazer; ~ **on sb doing** esperar que alg faça. ■ **figure out**: ~ **out (sth)**, ~ **(sth) out** encontrar [*answer, reason, best way*]; **I can't** ~ **it out** eu não percebo nada.

figure: **~head** *n* **a)** (symbolic leader) personalidade *f* de prestígio; **b)** (of ship) carranca *f* ou figura *f* de proa; ~ **skating** *n* patinagem *f* Po/patinação *f* Br artística.

Fiji ['fiːdʒiː] *pr n* **the** ~ **Islands** as ilhas Fiji.

filament ['fɪləmənt] *n* **a)** Elect, Electron filamento *m*; **b)** (of fibre) fio *m*.

filch [fɪltʃ] (coll) *vtr* fanar (fam); roubar Po, garfar Br (**from** de, a).

file[1] [faɪl] **1** *n* (tool) lima *f*; (line) fila *f*; **to walk in single** ~ caminhar em fila indiana/coluna. **2** *vt* limar [*wood, metal*]; **to** ~ **one's nails** limar as unhas. **3** *vi* caminhar em fila; **they ~d into/out of the classroom** eles entraram/saíram da sala um atrás do outro; **we ~d past the coffin** nós desfilámos diante do caixão.

file[2] [faɪl] **1** *n* **a)** (folder) (cardboard) pasta *f*; (ring binder) dossier *m*; (card tray) ficheiro *m* Po, fichário *m* Br; **b)** (record) dossier *m* (**on** sobre); **she's on** ~ temos a ficha dela; **c)** Comput arquivo *m*. **2** *vtr* **a)** Admin classificar [*invoice, letter, record*]; **b)** Jur apresentar [*application, complaint, request*] (**with** junto de); **to** ~ **a lawsuit** (against sb) intentar um processo contra alg. **3** *vi* **to** ~ **for (a) divorce** pedir o divórcio.

filibuster ['fɪlɪbʌstə(r)] *n* obstrução *f* à actividade parlamentar.

filigree ['fɪlɪgriː] *n* filigrana *f*.

filing ['faɪlɪŋ] *n* classificação *f*; registo *m*.

filing: **~cabinet** *n* arquivo *m*; ~ **clerk** *n* arquivista *m/f*.

filings [faɪlɪŋs] *npl* limalha *f*.

Filipino [fɪlɪ'piːnəʊ] **1** *n* filipino *m*. **2** *adj* [*art, culture, food*] filipino; [*capital, embassy, population*] das Filipinas.

fill [fɪl] **1** *n* **to eat/drink one's** ~ comer/beber à farta (fam). **2** ~**ed** (*in compounds*) cheio de; **smoke~ed room** sala cheia de fumo. **3** *vtr* **a)** [*person, water, rain, soil*] encher [*container, bag, bottle*] (**with** de); **tears ~ed his eyes** os olhos dele encheram-se de lágrimas; **b)** [*crowd, audience, sound, laughter*] encher [*building, room, street, train*]; [*smoke, gas, protesters*] invadir [*building, room, etc*]; **c)** (plug, block or make smooth) tapar [*crack, hole, hollow*] (**with** com); **d)** (fig) (move into void or gap) preencher [*vacuum, gap, void*] (**with** com); responder a [*need*]; **e)** (occupy, take up) ocupar [*time, day, hours*]; encher [*page, chapter, etc*] (**with** de); **f)** [*company, university, civil service*] preencher [*post, vacancy, job, place, chair*]; **g)** [*dentist*] chumbar, obturar [*tooth, cavity*]; **h)** [*wind*] enfunar [*sail*]; **i)** (carry out) executar [*order*]. **4** *vi* **a)** [*bath, bucket, theatre, hall, streets, etc*] encher-se (**with** de); **to** ~ **with light** encher-se de luz; **b)** [*sail*] enfunar-se. ■ **fill in**: **to** ~ **in** [*person*] fazer uma substituição; **to** ~ **in for sb** substituir alg; **to** ~ **in (sth)** passar [*time, hour, day*]; **to** ~ **in (sth)**, **to** ~ **(sth) in a)** (complete) completar, preencher [*form*]; **b)** (stop) tapar [*hole*]; **c)** (supply) dar, providenciar [*detail, information, date*]; **to** ~ **in (sb)**, **to** ~ **(sb) in** (inform) pôr (alg) ao corrente. ■ **fill out**: **to** ~ **out** [*person*] ganhar peso; [*face, cheeks*] tornar-se redondo. ■ **fill up**: **to** ~ **up** [*bath, theatre, bus*] encher-se (**with** de).

filler ['fɪlə(r)] *n* (for wood) massa *f* para tapar buracos; betume *m*.

fillet ['fɪlɪt] **1** *n* filete *m*; escalope *m*. **2** *vt* tirar as espinhas de Culin cortar em filetes [*fish*].

filling ['fɪlɪŋ] **1** *n* **a)** Culin (of sandwich, roll of stuffed vegetable or meat, pancake) recheio *m*; **b)** (for tooth) chumbo *m*; **c)** (of quilt, pillow, cushion) enchimento *m*. **2** *adj* [*food, dish*] que enche, que satisfaz.

filling station ['fɪlɪŋsteɪ/n] *n* estação *f* de serviço.

fillip ['fɪlɪp] *n* piparote *m*.

filly ['fɪlɪ] *n* potra *f*.

film [fɪlm] **1** *n* **a)** Cin (movie) filme *m*; (art form) cinema *m*; **to be/work in ~s** trabalhar no cinema; **short** ~ curta metragem *f*; **b)** Phot (for snapshots) película *f*; (for movies) filme *m*; **c)** (layer) película *f*; **d)** Culin, Tech película *f* plastificada/aderente. **2** *vtr* [*person*] filmar [*event, programme*]; [*person*] adaptar (algo) ao cinema [*novel, play*]; [*camera*] captar, filmar [*action, scene*]. **3** *vi* [*camera, camera man, crew*] filmar.

film: ~ **director** *n* realizador *m* Po/diretor *m* Br de cinema; ~ **goer** *n* cinéfilo *m*; ~ **industry** *n* indústria *f* cinematográfica; ~ **maker** *n* cineasta *m*.

filmset ['fɪlmset] *n* Cin cenário.

film: ~ **show** *n* projecção *f* de filme; ~ **star** *n* estrela *f* de cinema~ **studio** *n* estúdio *m* de cinema.

filter ['fɪltə(r)] **1** *n* **a)** Sci, Tech filtro *m*; **air/oil/water** ~ filtro de ar/água/óleo; **b)** Audio, Phot, Telecom filtro *m*; **c)** GB Transp (lane) *via f* (reservada aos veículos que viram à direita ou esquerda*); via *f* de abastecimento; (arrow) seta *f* (de direcção); **d)** COSMET filtro *m*; **sun** ~ filtro *m* solar. **2** *vtr* filtrar [*liquid, gas*]. **3** *vi* **a)** GB TRANSP (*also* ~ **off) to** ~ **off to the left** passar na via da esquerda para virar; **b)** (trickle) **to** ~ **into** sth [*light, sound, water*] penetrar em [*room*]. ■ **filter in** [*light, sound*] filtrar; [*details, news*] passar para o interior. ■ **filter out:** ~ **out** [*details, news*] passar para o exterior; [*light, noise*] filtrar para o exterior; ~ **out (sth),** ~ **(sth) out** eliminar [*applicants, impurities, light, noise*]. ■ **filter through:** ~ **through** [*details, news*] passar (**to** para); [*light, sound*] filtrar. ■ **filter tip** *n* filtro *m*.

filth [fɪlθ] *n* **a)** (dirt) sujidade *f*; imundície *f*; **b)** (vulgarity) obscenidades *fpl*; (swearing) blasfémias *fpl*.

filthy [ˈfɪlθɪ] *adj* **a)** (dirty) sujo, imundo; (stronger) repugnante; **that's a** ~ **habit** isso é chocante; **b)** (fig) [*language*] obsceno; [*mind*] mal formado, sujo; [*weather*] terrível; **he's in a** ~ **temper** ele está de péssimo humor.

fin [fɪn] *n* **a)** ZOOL (of fish, seal) barbatana *f*; **b)** AEROSP estabilizador *m* vertical; **c)** TECH, AUT aleta *f*; grelha *f*; **d)** NAUT quilha *f* de deriva.

final [ˈfaɪnl] **1** *n* **a)** SPORT final *f*; **b)** JOURN (edition) última edição *f*. **2** *adj* **a)** (last) último [*day, question, etc*]; ~ **examinations** UNIV exames *mpl* finais; **b)** (definitive) [*decision, answer*] final, definitivo; **that's** ~! é tudo!; **to have the** ~ **word** ter a última palavra; **the referee's decision is** ~ a decisão do árbitro é soberana.

finale [fɪˈnɑːlɪ] *n* MUS, THEAT (gen) final *m*.

finalist [ˈfaɪnəlɪst] *n* finalista *m/f*.

finality [faɪˈnælɪtɪ] *n* determinação *f*; **with** ~ com determinação.

finalize [ˈfaɪnəlaɪz] *vtr* finalizar, concluir [*letter, purchase, deal*]; estabelecer [*timetable, route*]; declarar [*divorce*].

finally [ˈfaɪnəlɪ] *adv* **a)** (eventually) [*decide, accept, arrive, happen*] finalmente, enfim; **b)** (lastly) finalmente, por fim; **c)** (definitively) [*settle, resolve, decide*] definitivamente.

finance [ˈfaɪnæns, fɪˈnæns, ˈfaɪnæns] **1** *n* **a)** (banking, money systems) finança *f*; **b)** (funds) fundos *mpl*; **c)** (credit interest) juro *m*. **2 finances** *npl* (financial situation) finanças *fpl*. **3** *modif* [*minister, ministry*] das Finanças; [*director, page, etc*] financeiro. **4** *vtr* financiar [*project*].

financial [faɪˈnænʃl, fɪˈnænʃl] *adj* [*adviser, institution, etc*] financeiro.

financier [faɪˈnænsɪə(r), fɪˈnænsɪə(r)] *n* financeiro *m* PO, financista *m* BR.

finch [fɪntʃ] *n* tentilhão *m*.

find [faɪnd] **1** *n* (archaeological, etc, discovery) descoberta *f*; (lucky purchase) achado *m*; **she's a real** ~ ela é um verdadeiro achado. **2** *vtr* (*past, pp* **found) a)** (encounter by chance) encontrar [*thing, person*]; **to** ~ **sb doing** encontrar alg a fazer; **to** ~ **sth locked/sb dead** encontrar algo fechado/alg morto; **to** ~ **that** constatar que, aperceber-se de que; **b)** (discover lost thing by looking) encontrar [*thing, person*]; **to** ~ **one's way out of** encontrar a saída de [*building, city*]; **c)** (discover, obtain needed thing) encontrar [*job, work, flat, solution, cure*]; **to** ~ **sth for sb, to** ~ **sb sth** encontrar qq coisa para alg; **d)** (encounter, come across) (*often in passive*) encon-

trar [*word, term, species*]; **it is not found in Europe** não se encontra na Europa; **e)** (regard, consider) achar (**that** que); **to** ~ **sb/sth to be** achar que alg/algo é; **how did you** ~ **her?** como é que a achaste?; **to** ~ **sth easy/hard to do** achar qq coisa fácil/difícil de fazer; **f)** (experience) encontrar, descobrir [*pleasure, satisfaction*] (**in** em); **g)** (reach) **to** ~ **its mark/target** atingir o seu objectivo; **to** ~ **its way to/into** encontrar-se em [*bin, pocket, area*]; **h)** **to** ~ **sb guilty/not guilty** JUR declarar alg culpado/inocente; **to** ~ **that** concluir que; **i)** [*letter, card, day*] encontrar [*person*]; **the next day found him feeling ill** no dia seguinte ele sentia-se doente. **3** *vi* **to** ~ **for/ against sb** JUR pronunciar-se a favor/contra alg. **4** *v refl* **to** ~ **oneself a)** (discover one's vocation, etc) descobrir-se; **b)** (discover one's location, state) encontrar-se; **to** ~ **oneself unable to do sth** encontrar-se incapaz de fazer qq coisa. IDIOMAS **all found** cama e mesa; **to** ~ **one's feet** recompor-se, ganhar confiança; **to take sb's as one** ~s **him/her/etc** tomar uma pessoa pelo que ela é. ■ **find out** descobrir; **to** ~ **out about a)** (discover, learn by chance) descobrir [*plan, affair, breakage*]; **b)** (research, investigate) fazer descobertas sobre [*subject, topic*].

finder [ˈfaɪndə(r)] *n* (of treasure, lost thing) aquele *m* que encontra ou descobre. IDIOMAS ~**s keepers (losers weepers)** quem acha, guarda.

finding [ˈfaɪndɪŋ] *n* (*often pl*) (of court, committee, survey, research) conclusões *fpl*.

fine [faɪn] **1** *n* (gen) multa *f*; (for traffic offence) multa *f* (**for** por); (of de; **for** por); **to impose/ levy a** ~ **of £ 50 on sb** condenar alg a pagar uma multa de 50 libras. **2** *adj* **a)** (very good) [*performance, writer, example, specimen quality*] excelente PO, supimpa BR; **b)** (satisfactory) [*holiday, meal, arrangement*] óptimo; **that's** ~ está óptimo; "~**, thanks**" "bem, obrigado"; **"we'll go now, OK?" - "**~**"** "agora vamos embora?" - "de acordo"; **that's** ~ **by/with me** para mim está óptimo; **c)** (coll, iron) **a** ~ **friend you are!** que rico amigo PO, cupincha BR me saíste! (iron); **you picked a** ~ **time to tell me!** escolheste mesmo o momento para me dizer isso! (iron); **you're a** ~ **one to talk!** tens mesmo razão para falar! (iron); **d)** [*weather, morning, day*] bom, bonito; **it's/the weather is** ~ está bom tempo; **e)** [*hair, thread, line, feature, comb, fabric, powder, soil, spray, mist, layer*] fino; [*sieve, net, mesh*] de malhas finas; **f)** (subtle) [*adjustment, detail, distinction, judgement*] subtil PO, sutil BR; **g)** (delicate and high quality) [*china, crystal, lace, linen, wine*] fino, delicado; **h)** (refined, grand) [*lady, gentleman, clothes, manners*] fino, elegante; **sb's** ~**r feelings** a delicadeza de alg; **i)** (pure) [*gold, silver*] puro. **3** *adv* **a)** [*get along, come along, do*] bem; **that suits me** ~ isso convém-me; **b)** [*cut, chop, slice*] fino. **4** *vtr* (gen) matar (alg), condenar (alg) a pagar uma multa (**for sth** por algo; **for doing** por fazer); (for traffic offence) passar uma multa a. IDIOMAS **chance would be a** ~ **thing!** (coll) isso seria bom demais!; **not to put too** ~ **a point on it** em suma, para falar francamente.

fine art *n* belas-artes *fpl*; **to study** ~ estudar belas-artes; **the** ~**s** as belas-artes.

finely ['faɪnlɪ] *adv* **a)** [*chopped, grated, ground, minced, shredded*] finamente; **b)** [*attuned, balanced, controlled, judged, poised*] cuidadosamente; **c)** [*carved, wrought*] delicadamente; **d)** [*written, painted, executed*] esplendidamente; **e)** (sumptuously) [*dressed, furnished*] esplendidamente.

finery ['faɪnərɪ] *n* enfeites *mpl*; **in all her ~** com os seus mais belos adornos.

finesse [fɪ'nes] **1** *n* (gen) delicadeza *f*. **2** *vtr* (manage or evade adroitly) manipular [*situation, person*]; contornar [*objections*].

fine-tooth(ed) comb *n* pente *m* fino. IDIOMAS **to go over/through sth with a ~** passar algo a pente fino (fam).

finger ['fɪŋgə(r)] **1** *n* **a)** ANAT dedo *m*; **to run one's ~s over sth** passar os dedos sobre [*silk, surface*]; **to point the ~ at sb** (fig) acusar alg; **he didn't lay a ~ on her** ele não lhe tocou; **to slip through sb's ~s** (fig) (opportunity, wanted man) escapar por entre os dedos de alg; **to give sb the ~** fazer a alg um gesto feio (com os dedos); **b)** (of glove) dedo *m*; **c)** (small amount) dedo *m* (fam). **2** *vtr* tocar, mexer em [*fruit, goods, fabric*]. IDIOMAS **to twist** *or* **wrap sb around one's little ~** manobrar alg a seu bel-prazer; **to keep one's ~s crossed** cruzar os dedos; (coll) **to put the ~ on sb** denunciar alg; (coll) **to pull one's ~ out** pôr-se a trabalhar com afinco.

finger: **~board** *n* MUS braço *m* (de instrumento de cordas); **~ bowl** *n* taça *f* para lavar a ponta dos dedos no final das refeições; **~ mark** *n* dedada *f*; **~nail** *n* unha *f*.

finger print ['fɪŋgəprɪnt] *n* impressão *f* digital.

fingertip ['fɪŋgətɪp] *n* ponta *f* do dedo; **to have sth at one's ~s** (lit) ter qq coisa à mão; (fig) conhecer qq coisa na ponta da língua.

finicky ['fɪnɪkɪ] *adj* [*person*] meticuloso, miudinho (**about** acerca de); [*job, task*] minucioso.

finish [fɪnɪʃ] **1** *n* (*pl* **~es**) **a)** (end) fim *m*; **from start to ~** do princípio ao fim; **b)** SPORT ponta *f* final; **an athlete with a good ~** um atleta com uma boa ponta final; **c)** (surface, appearance) (of clothing, wood, car) acabamento *m*. **2** *vtr* **a)** (complete) acabar [*chapter, sentence, task, building, etc*]; **b)** (leave) **she ~es university next year** ela acaba o curso (universitário) para o ano; **c)** (consume) acabar [*cigarette, drink, sandwich*]; **d)** (put an end to) acabar com, pôr fim a [*career*]; **e)** (demoralize) acabar com [*person*]. **3** *vi* **a)** (end) [*conference, programme, term*] acabar, terminar; [*holidays*] chegar ao fim; **b)** (reach the end of a race) **my horse ~ed first** o meu cavalo chegou em primeiro lugar; **c)** (conclude) **he won't let me ~** ele não me deixa acabar (de falar); **d)** (leave) **I ~ed at Dixon's bakery yesterday** ontem deixei o meu trabalho na padaria Dixon. ■ **finish off:** **~ (sth) off, ~ off (sth)** (complete) acabar, terminar [*letter, task, ironing*]; **~ (sb) off a)** (exhaust) acabar com, estafar [*person*]; **b)** (kill) liquidar [*adversary*]. ■ **finish up:** **~ up** [*person*] acabar em, ir parar a; **they ~ed up in prison** eles foram parar à prisão; **to ~ up doing** acabar por fazer; **~ (sth) up, ~ up (sth)** acabar [*milk, paint, cake*]. ■ **finish with:** **~ with (sth)**; **~ with (sb) a)** (split

up) romper com [*girlfriend, boyfriend*]; **b)** (stop punishing) **I haven't ~ed with you yet!** não penses que o teu castigo já acabou!.

finishing touch *n* (*pl* **~es**) toque *m* final.

finite ['faɪnaɪt] *adj* MATH, PHILOS, LING finito; (gen) [*resources*] limitado.

Finland ['fɪnlənd] *pr n* Finlândia *f*.

Finn [fɪn] *n* (citizen, speaker) finlandês *m*.

Finnish ['fɪnɪʃ] **1** *n* LING finlandês *m*. **2** *adj* finlandês.

fir cone *n* pinha *f*.

fire ['faɪə(r)] **1** *n* **a)** (the element) fogo *m*; (lit, fig) **to be on ~** estar em chamas; **b)** (damaging outbreak) incêndio *m*; **to start/fight/put out a ~** provocar/combater/extinguir um incêndio; **c)** (built for warmth) fogueira *f*; lareira *f*; **d)** (device which heats) calorífero *m*; **e)** MIL (shots) tiros *mpl*; **to be** *or* **come under ~** ser atacado; (fig) (be criticized) ser vivamente criticado (**from** por); **to open ~ on sb** abrir fogo sobre alg; **to hold one's ~** (refraining) não disparar; (stopping) parar de disparar; **f)** (of person, speech, delivery) ardor *m*; entusiasmo *m*. **2** *excl* **a)** (raising alarm) **~! ~!** Fogo! Fogo; **b)** MIL (order to shoot) **~! ~!** Fogo!. **3** *vtr* **a)** MIL (gen) disparar [*gun, weapon*]; dar [*shot*]; lançar [*arrow, missile*]; **b)** (fig) (shot) **to ~ questions at sb** bombardear alg com perguntas; **c)** (fig) (inspire) **to be ~d with enthusiasm (for sth)** entusiasmar-se (com qq coisa); **to ~ sb's imagination** inflamar a imaginação de alg; **d)** (dismiss) despedir [*person*]; **e)** TECH (bake) cozer [*pots*]. **4** *vi* **a)** MIL (gen) atirar, disparar; **to ~ on the crowd/at sb** disparar sobre a multidão/sobre alg; **b)** MECH [*engine*] arrancar, começar a trabalhar. IDIOMAS **he's a nice chap but he'll never set the world on ~** (coll) ele é boa pessoa, mas nunca fará nada que se veja.

fire: **~ alarm** *n* alarme *m* contra incêndios; **~arm** *n* arma *f* de fogo; **~ball** *n* a) (lit) bola *f* de fogo; **b)** (fig) pessoa *f* dinâmica; **~ brigade** *n* corporação *f* de bombeiros; **~ department** *n* US corporação *f* de bombeiros; **~ drill** *n* exercício *m* de salvamento em caso de incêndio; **~ eater** *n* artista *m/f* que engole fogo; **~ engine** *n* carro *m* dos bombeiros; **~ escape** *n* escada *f* de salvação; **~ extinguisher** *n* extintor *m* de incêndio; **~-fly** *n* (*pl* **~ies**) pirilampo *m*; **~guard** *n* guarda-fogo *m*; **~ hazard** *n* risco *m* de incêndio; **~ insurance** *n* seguro *m* contra incêndios; **~ lighter** *n* acendalha *f*; **~man** *n* bombeiro *m*; **~place** *n* lareira *f*; fogão *m* de sala; **~proof** *adj* [*door, clothing*] à prova de fogo; **~ service** *n* serviço *m* de incêndios; bombeiros *mpl*; **~side 1** *n* lugar *m* junto à lareira; **to sit by the ~side** sentar-se junto à lareira. **2** *modif* [*chat*] íntimo; **~station** *n* quartel *m* dos bombeiros; **~wood** *n* lenha *f*; **~work 1** *n* fogo *m* de artifício. **2** **~works** *npl* **a)** (lit) fogos *mpl* de artifício. **b)** (fig) (trouble) **there'll be ~works!** vai haver bronca! (cal).

firing ['faɪərɪŋ] *n* **a)** (of guns) tiros *mpl*; tiroteio *m*; **b)** (of pots) cozedura *f*.

firing: (coll) **~ line** *n* (fig) **to be in the ~ line** estar na linha da frente; **~ squad** *n* pelotão *m* de fuzilamento; **to face the ~ squad** ser fuzilado.

firm [fɜːm] **1** *n* (business) firma *f*; empresa *f*. **2** *adj* **a)** [*mattress, fruit, handshake*] firme; [*table,* *ladder*] seguro; **b)** (fig) (strong) [*foundation, base, basis, grasp, friend*] sólido; **it's my ~ belief** acredito firmemente; **c)** (fig) (definite) [*offer, commitment, intention, refusal*] firme; [*date*] definitivo; [*evidence*] concreto; [*person, voice, stand, leadership, etc*] firme (**with sb** com alg); **he needs a ~ hand** ele precisa duma mão firme; **to stand ~** aguentar-se, manter-se firme (**against** contra).

firmly ['fɜːmlɪ] *adv* [*believe, answer, state, etc*] firmemente; **tell him ~ but politely...** diz-lhe firme mas delicadamente...; **to deal ~ with sb/ sth** tratar alg/algo com firmeza; **~ held beliefs** de convicções seguras; **to be ~ rooted in sth** (fig) estar firmemente enraizado.

firmness ['fɜːmnɪs] *n* **a)** (gen) firmeza *f*; **b)** FIN (of price, pound, share) estabilidade *f*.

first [fɜːst] **1** *n* **a)** (thing, person) primeiro *m*; **the ~ (of May) was a Thursday** o 1.º (de Maio) foi numa Quinta-Feira; **the ~ I knew about his death was a letter from his wife** fiquei a saber da morte dele por uma carta da mulher; **b)** (beginning) princípio *m*; **at ~** ao princípio; **from the (very) ~** desde o princípio; **from ~ to last** do princípio ao fim; **c)** (new experience) **a ~ for sb/sth** uma primeira vez para alg/algo; **d) to be in ~** AUT estar em primeira; **e)** GB UNIV (degree) louvor *m*. **2** *adj* primeiro (*before n*) **the ~ three pages** as primeiras três páginas; **at ~ glance** *or* **sight** à primeira vista; **to make the ~ move** (fig) dar o primeiro passo; **for the ~ and last time** de uma vez por todas; **I'll do it ~ thing** farei isso logo que seja possível; **~ things ~: who's paying?** antes de mais nada: quem paga?; **I don't know the ~ thing about him** não sei absolutamente nada sobre ele. **3** *adv* **a)** (before others) primeiro, antes; **you go ~!** vá primeiro!; **b)** (to begin with) em primeiro lugar; **~ we must decide** em primeiro lugar, devemos decidir; **~ of all** em primeiro lugar; **at ~** a princípio; **c)** (for the first time) pela primeira vez; **I ~ met him in Paris** eu encontrei-o pela primeira vez em Paris; **d)** (top) **to come ~** GAMES, SPORT chegar em primeiro lugar; (fig) vir em primeiro lugar; **to put sb/sth ~** (fig) pôr alg/ algo em primeiro lugar; **he was a gentleman ~ and last** antes de mais, ele era um cavalheiro; **e)** (rather) antes; **Move to the country? I'd die ~!** Mudar-me para o campo? Antes morrer!. IDIOMAS **~ come ~ served** quem chega primeiro, serve-se em primeiro lugar.

first: ~ aid 1 *n* primeiros socorros *mpl*. **2** *modif* [*training*] de socorrismo; **~ aid officer** socorrista *m/f*; **~ born** *n* primogénito *m*; **~ class 1** *n* **a)** TRANSP primeira *f* (classe); **b)** POST ≈ correio *m* azul. **2** *adj* **a)** TOURISM, TRANSP [*accommodation, compartment, hotel, seat, ticket*] de 1.ª classe; **b)** POST ≈ de correio azul; **c)** GB UNIV [*degree*] com louvor; **d)** (gen) (excellent) excelente. **3** *adv* **a)** TRANSP [*travel*] em 1.ª classe; **b)** POST [*cost, send*] em tarifa *f* especial; **~ cousin** *n* primo *m* em 1.º grau; **~ edition** *n* primeira *f* edição; **~ hand 1** *n* **at ~ hand** em primeira mão. **2** *adj* (*also* **~-hand**) de primeira-mão; **~ light** *n* primeiros alvores *mpl* do dia; **at ~ light** ao nascer do dia.

firstly ['fɜːstlɪ] *adv* primeiramente, em primeiro lugar.

first: ~ name *n* primeiro nome, nome *m* de baptismo; **~ night** *n* THEAT noite *f* de estreia; **~-officer** *n* NAUT imediato *m*; **~ rate** *adj* excelente, de primeira categoria.

first school *n* GB SCH escola *f* primária.

fiscal ['fɪskl] *adj* fiscal.

fish [fɪʃ] **1** *n* (*pl* **fish**, *less usual* **fishes**) **a)** ZOOL peixe *m*; **to catch a ~** apanhar ou pescar um peixe; **freshwater/saltwater** *or* **sea ~** peixe de água doce/água salgada; **b)** CULIN peixe *m*; **to cook ~** cozinhar peixe; **wet ~** peixe fresco; **~ and chips** filetes *mpl* de peixe frito com batatas fritas; **c)** (fig) (person) **he's a queer, an odd ~** ser uma pessoa esquisita. **2** *modif* [*course, bone, glue*] de peixe; [*knife, fork*] para ou de peixe. **3** *vtr* pescar em [*waters, river*]. **4** *vi* **a)** (lit) pescar; **to ~ for trout** pescar trutas; **b)** (fig) (test for response) procurar saber; **why did he ask? he was just ~ing!** porque é que ele perguntou? ele está só a ver se pesca algo (fam); **to ~ for information** tentar sacar informações (fam). IDIOMAS **to be neither ~ nor fowl nor good red herring** não ser nem carne, nem peixe; **to be like a ~ out of water** sentir-se como um peixe fora de água; **to drink like a ~** beber como uma esponja; **to have other ~ to fry** ter mais que fazer; **there are plenty more ~ in the sea** esse/essa não é o(a) único(a) ao cimo da terra ou há mais donde esse/essa veio. ■ **fish around**: **to ~ around (in one's bag) for sth** remexer (uma carteira) à procura de qq coisa. ■ **fish out**: **~ out (sth), ~ (sth) out to ~ sth out of one's pocket** tirar qq coisa do bolso.

fish: ~ and chips *n* (filetes de) peixe *m* frito com batatas fritas **~ cake** *n* pastel *m* ou bolinho *m* de peixe.

fisherman ['fɪʃəmən] *n* pescador *m*.

fishery ['fɪʃərɪ] *n* pescaria *f*.

fish hook *n* anzol *m*.

fishing ['fɪʃɪŋ] **1** *n* pesca *f*; **deep-sea ~** pesca em alto mar; **to go ~** ir à pesca. **2** *modif* [*boat, fleet, port, line, net*] de pesca.

fishing rod *n* cana *f* de pesca.

fish: ~monger *n* GB peixeiro *m*; **to go to the ~monger's** ir à peixaria; **~net** *adj* [*tights, stockings*] de rede; **~ shop** GB **~ store** US *n* peixaria *f*.

fishy ['fɪʃɪ] *adj* **a)** [*smell, taste*] a peixe; **b)** (coll, fig) (suspect) esquisito, suspeito, duvidoso.

fission ['fɪʃn] *n* **a)** PHYS (*also* **nuclear ~**) cisão *f*; **b)** BIOL fissiparidade *f*.

fissure ['fɪʃə(r)] *n* **a)** (in ground) fenda *f*; (in wall) fissura *f*; **b)** ANAT fissura *f*.

fist [fɪst] *n* punho *m*; **to shake one's ~ at sb** ameaçar dar um soco a alg. IDIOMAS **to make money hand over ~** ganhar mundos e fundos; **to make a good ~ of doing sth** fazer bem qq coisa.

fistful ['fɪstfʊl] *n* punhado (**of** de).

fit [fɪt] **1** *n* **a)** MED crise *f*; ataque *m*; **to have/ throw a ~** ter uma crise ou um ataque; **fainting ~** desmaio *m*; **b)** (gen) (of rage, passion, jealousy, panic) acesso *m*; ataque *m*; **~ of coughing** um acesso de tosse; **to have sb in ~s (of laughter)** provocar um ataque de riso a alg; **c)** (of garment, etc) **to be a good/poor ~** ter um bom/ mau corte; **these trousers are a tight ~** estas calças estão apertadas. **2** *adj* **a)** [*person*] (in trim) em (plena) forma; (not ill) de boa saúde; **to keep (oneself)/feel ~** manter-se/sentir-se em forma; **b)** (suitable, appropriate) **to be ~ company for sb** ser uma boa companhia para alg; **it's not a ~ time to do** não é o momento adequado para fazer; **to be ~ for sth/sb** (worthy of) [*place, meal, food*] ser adequado para algo/alg [*person, hero, king*]; (capable of) [*person*] ser capaz de fazer [*job*]; ser capaz de realizar; **(not) ~ for human consumption** impróprio para consumo; **to be ~ to do** (worthy of) ser digno de fazer; (in a condition to) estar em condições de fazer; (qualified to) estar apto a fazer; (formal) **it isn't ~ that he (should) be allowed to leave** não é conveniente que o deixem partir; **c)** (coll) **to laugh ~ to burst** rir às gargalhadas; **to cry ~ to burst** chorar como uma madalena. **3** *vtr* (*past* **fitted** US (*also* **fit**) *pp* **fitted**) **a)** (be the right size) [*garment, shoes*] servir a [*person*]; [*object*] caber em [*envelope, small space*]; adaptar-se a [*top, surface, etc*]; **that dress doesn't ~ me** aquele vestido não me serve; **"one size ~s all"** (on garment) "tamanho único"; **b)** (make or find room for) colocar, pôr [*objects, furniture, people*] (in, into em); **can you ~ another person in(to) the room?** podes pôr mais uma pessoa na sala?; **c)** (install) pôr (qq coisa) no lugar, instalar [*lock, door, window, kitchen, shower*]; **to ~ a lock** pôr uma fechadura; **the car is ~ted with a radio** o carro está equipado com rádio; **d)** **to ~ sb for (sth)** tomar as medidas de alg para [*garment*]; **to ~ sb with (sth)** colocar (algo) em alg [*hearing aid, artificial limb, pacemaker*]; **e)** (be compatible with) [*person, object, system*] adaptar-se a [*description, requirements*]; [*furniture, carpet*] dar com [*decor, colour scheme*]; **f)** (formal) (qualify, make suitable) **to ~ sb for sth/to do** [*experience, qualifications*] tornar alg apto para algo/para fazer. **4** *vi* (*past* **fitted** US (*also* **fit**) *pp* **fitted**) **a)** (be the right size) [*garment, shoes*] servir; [*object, lid, sheet*] adaptar-se, servir; **the lid doesn't ~ (on this box)** a tampa não serve (nesta caixa); **b)** (have enough room) caber; **they won't all ~ into that car** eles não cabem naquele carro; **c)** (go into designated place) **something doesn't quite ~ here** há qq coisa aqui que não está bem; **it all ~s (into place) now!** agora, tudo está claro!. **IDIOMAS by/in ~s and starts** aos solavancos. **■ fit in a)** (lit) **it's a small car — will you all ~ in?** é um carro pequeno — será que todos cabem?; **b)** (fig) (get on, be in harmony) integrar-se; **he doesn't ~ in (with the other employees)** ele não se mistura (com os outros empregados); **~ (sth) in, ~ in (sth)** (find room for) arrumar [*books, objects*]; fazer entrar [*key*]. **■ fit out**: **~ (sth) out** *or* **up** equipar (qq coisa) (**with** com).

fitful ['fɪtfl] *adj* [*sleep, night*] agitado; [*wind, breeze*] caprichoso; [*showers, sunlight*] intermitente.

fitness ['fɪtnɪs] **1** *n* **a)** (physical condition) forma *f*; **b)** (aptness) (of person) aptidão *f*; (of remark, comment) oportunidade *f*; **~ for** *or* **to do a job** aptidão para fazer um trabalho. **2** *modif* [*club, centre, room*] de cultura física; [*consultant*] em condição física; [*test*] de condição física.

fitted ['fɪtɪd] *adj* **a)** [*clothes*] justo; **b)** [*shelves, furniture, units*] embutido; [*kitchen*] integrado; **~ carpet** alcatifa.

fitter ['fɪtə(r)] *n* (of machines, electrical equipment) montador *m*; mecânico *m*; serralheiro *m*.

fitting ['fɪtɪŋ] **1** *n* **a)** (*usu pl*) (accessories on furniture, equipment) acessório *m*; **electrical ~s** instalação *f* eléctrica; **kitchen ~s** elementos *mpl* de cozinha; **b)** (for clothes, hearing aid, glasses) prova *f*. **2** *adj* (apt) [*remark, speech*] oportuno, pertinente; (seemly) [*remark, speech, behaviour*] adequado, conveniente.

five [faɪv] **1** *n* cinco *m*. **2 fives** *npl* GB SPORT variante do "squash".

fiver ['faɪvə(r)] *n* GB nota *f* de cinco libras.

fix [fɪks] **1** *n* **a)** (coll) (quandary) dificuldades *fpl*; **to be in a (real) ~** estar em apuros; **b)** (coll) (regular dose) (of drugs) dose *f*; chuto *m* (cal); (of entertainment) sessão *f*; **c)** (means of identification) (coll) **to get a ~ on sth** (fig) identificar qq coisa; **to take a ~ on sth** AVIAT, NAUT determinar a posição de qq coisa; **d)** (coll) (rigged arrangement) combinação *f*; **it was a ~** isso foi um arranjinho (fam). **2** *vtr* **a)** (establish, set) fixar, estabelecer [*date, time, amount, price, limit*]; determinar [*chronology, position on map*]; **on the date ~ed** na data combinada; **b)** (organize) organizar, combinar, arranjar [*meeting, trip, visit*]; preparar [*drink, meal, snack*]; **to ~ one's hair** dar uma penteadela; **c)** (mend) arranjar, reparar [*broken article, equipment*]; (sort out) resolver [*problem*]; **d)** (attach, insert) fixar, colocar [*curtain, handle, shelf*] (**on** em; **to** a); **to ~ sth into place** prender qq coisa no sítio; **e)** (in mind) gravar (qq coisa) no espírito [*detail, fact, memory, name, sight*]; **her name was firmly ~ed in my mind** o nome dela estava gravado na minha memória; **f)** (concentrate) fixar [*attention, eyes, gaze*] (**on** em); depositar [*hopes*] (**on** em); **g)** (coll) (interfere with corruptly) (pej) fazer um arranjinho em (fam) [*contest, election, match*]; subornar [*judge, jury, witness*]; **h)** (coll) (drugs slang) injectar-se [*heroin*]. **3 fixed** *pp adj* [*address, gaze, holiday, idea, price, rate*] fixo; [*intervals*] regular; [*behaviour, method*] constante; [*determination*] firme; [*smile, expression*] parado, fixo; [*menu*] a preço fixo. **IDIOMAS** (coll) **how are you ~ed for dinner tonight?** quais são os teus planos para o jantar?. **■ fix on, fix upon**: **~ on (sth)** escolher [*person, place, food, object*]; fixar [*date, time, venue, amount*]; **~ on (sth), ~ (sth) on** (attach) prender [*object*]. **■ fix up**: **~ up (sth), ~ (sth) up a)** (organize) arranjar, organizar; **it's all ~ed up** está tudo arranjado; **b)** (repair) reparar; (decorate) transformar; **c)** (construct, put up) prender [*shelf*]; **~ sb up with sth** arranjar qq coisa para alguém [*accommodation, drink, etc*].

fixation [fɪk'seɪʃn] *n* **a)** (gen) obsessão *f*; **to have a ~ about sth** ter a obsessão de qq coisa ou estar obcecado por qq coisa; **b)** PSYCH fixação *f*.

fixture ['fɪkstʃə(r)] *n* **a)** CONSTR, TECH instalação *f*; **~ and fittings** equipamentos *mpl*; **b)** SPORT encontro *m*; desafio *m*.

fizz [fɪz] **1** *n* **a)** (of drink) efervescência *f*; gaseificado *m*; **b)** (of match) crepitação *f*; **c)** (coll) (drink: champagne) espumante *m*. **2** *vi* **a)**

[*drink*] estar efervescente; **b)** [*match, firework*] crepitar.

fizzle ['fɪzl] *vi* ~ **out** [*romance*] extinguir-se, desaparecer; [*campaign, project*] ser mal sucedido.

fizzy ['fɪzɪ] *adj* gaseificado, gasoso.

flab [flæb] (coll) *n* flacidez *f.*

flabbergast ['flæbəgɑːst] *vtr* espantar, siderar.

flabby ['flæbɪ] *adj* **a)** [*skin, muscle*] flácido; **b)** (fig) [*person, temperament*] mole.

flag [flæg] **1** *n* **a)** (national symbol) bandeira *f;* **to hoist** *or* **run up a** ~ hastear ou içar uma bandeira; **b)** (as signal) NAUT, RAIL bandeirola *f;* **c)** BOT lírio *m* roxo; **d)** (stone) see ~**stone**; **e)** COMPUT bandeira *f.* **2** *vi* (*pres p etc* **-gg-**) [*athlete, interest*] enfraquecer; [*morale, strength*] diminuir; **he's** ~**ging** (campaigner) ele já não tem energia. ■ **flag down**: **to** ~ (**sth**) **down,** ~ **down** (**sth**) fazer sinal para parar [*driver, taxi*].

flagon ['flægən] *n* (bottle) garrafa *f* bojuda para vinho; (jug) jarro *m* para vinho.

flagpole *n* mastro *m* de bandeira.

flagrant ['fleɪgrənt] *adj* flagrante.

flag: ~**ship** *n* NAUT navio *m* almirante; ~**stone** *n* laje *f.*

flail [fleɪl] **1** *n* malho *m;* mangual *m.* **2** *vtr* **a)** AGRIC malhar [*corn*]; **b)** (gen) (*also* ~ **about,** ~ **around**) agitar [*legs, arms*]. **3** *vi* (*also* ~ **about,** ~ **around**) [*person*] debater-se; [*arms, legs*] agitar-se.

flair ['fleə(r)] *n* **a)** (talent) talento *m;* dom *m;* **b)** (style) estilo *m;* gosto *m;* inclinação *f.*

flak [flæk] *n* MIL artilharia *f* anti-aérea.

flake [fleɪk] **1** *n* **a)** (of snow, cereal) flocos *mpl;* **b)** (of paint) lasca *f;* (of metal) apara *f.* **2** *vtr* escamar [*fish*]; ~**d almonds** amêndoas cortadas em lâminas ou falhas. **3** *vi* (*also* ~ **off**) [*paint, varnish*] descamar-se; [*skin*] esfoliar-se.

flaky ['fleɪkɪ] *adj* **a)** [*paint*] descascado; [*skin*] escamado; **b)** [*snow*] em flocos.

flaky pastry *n* massa *f* folhada.

flamboyant [flæm'bɔɪənt] *adj* **a)** [*person*] vistoso; [*lifestyle, image*] exuberante, de ostentação; **b)** ARCHIT flamejante.

flame [fleɪm] **1** *n* **a)** (lit) chama *f;* **to be in** ~**s** estar em chamas; **b)** (fig) fogo *m;* **c)** (colour) vermelho *m* fogo. **2** *vi* **a)** [*fire, torch*] queimar, flamejar; **b)** [*sunset, autumn tree*] resplandecer; [*cheek, face*] ruborizar-se (**with** com); **c)** [*passion, desire, anger*] inflamar-se.

flamenco [flə'menkəʊ] **1** *n* flamenco *m.* **2** *modif* [*dancer, music*]; ~ **dancing** flamenco *m.*

flaming ['fleɪmɪŋ] *adj* **a)** [*garment, vehicle, building*] em chamas; **b)** [*row*] violento.

flamingo [flə'mɪŋgəʊ] *n* flamingo *m.*

flan [flæn] *n* tarte *f;* **cheese** ~ tarte de queijo.

Flanders ['flɑːndəz] *n* Flandres *f.*

flange [flændʒ] *n* (on wheel) verdugo *m;* (on pipe) manilha *f;* (on beam) rebordo *m.*

flank [flæŋk] **1** *n* **a)** (of animal, mountain) flanco *m;* **b)** CULIN alcatra *f.* **2** *vtr* (*usu in passive*) flanquear [*person, door*].

flannel ['flænl] *n* **a)** TEX flanela *f;* **b)** (*also* **face** ~) GB luva *f* de banho; **c)** (coll) GB (drivel) lábia *f* (fam).

flap [flæp] **1** *n* **a)** (cover) (of pocket, envelope, hat, tent) aba *f;* **b)** (made of wood) (on table) aba *f;* **c)** (action of flapping) (of wings) bater *m*

(of de); **d)** (coll) (panic) **to get into a** ~ entrar em pânico. **2** *vtr* [*wind*] fazer ondular [*sail, cloth*]; [*person*] sacudir [*sheet, cloth, etc*]; agitar [*paper, letter*]; **the bird was** ~**ping its wings** o pássaro batia as asas. **3** *vi* **a)** (move up and down) [*wing*] bater; [*sail, flag*] ondular; **b)** (coll) (panic) ficar perturbado.

flare [fleə(r)] **1** *n* **a)** (light signal) (on runway) sinal *m* luminoso; **distress** ~ foguete *m* luminoso (para pedir socorro); **b)** (burst of light) (of match) chama *f;* **c)** FASHN, SEWING roda *f* (de saia); **d)** ASTRON (*also* **solar** ~) erupção *f* solar. **2 flares** *npl* calças *fpl* à boca de sino. **3** *vi* **a)** (burn briefly) [*firework, match, torch*] deitar uma chama fugaz; **b)** (erupt) [*violence*] desencadear-se, irromper; **c)** (widen) [*skirt*] alargar-se em evasê; [*nostrils*] dilatar-se. ■ **flare up a)** (burn brightly) [*fire*] inflamar-se; **b)** (fig) (erupt) [*trouble, violence*] desencadear-se; [*person*] exaltar-se; **c)** (recur) [*illness, symptoms*] tornar a aparecer, reaparecer; [*epidemic*] declarar-se.

flash [flæʃ] **1** *n* **a)** (bright light) (of torch, headlights) clarão *m;* **a** ~ **of lightning** um clarão de luz; **quick as a** ~ (fig) rápido como um relâmpago; **it was all over in** *or* **like a** ~ tudo acabou de repente; **b)** (sudden occurrence) **a** ~ **of inspiration** um lampejo de inspiração; **a** ~ **of intuition** uma intuição repentina; **c)** PHOT flash *m.* **2** (coll) *adj* (often pej) [*hotel*] luxuoso; [*car, suit*] vistoso, espalhafatoso. **3** *vtr* **a)** (communicate using lights) ~ **your torch three times** acende (e apaga) a tua lanterna três vezes; **to** ~ **a signal to sb with a lamp** fazer sinal a alguém com um candeeiro; **b)** (send) [*TV station*] transmitir [*pictures, news*] (**to** a); **c)** (display briefly) [*person*] mostrar (qq coisa) rapidamente [*identity card, money*] (**to** a). **4** *vi* **a)** (shine brightly) [*lighthouse, warning light*] piscar; [*jewels*] faiscar, cintilar; **to** ~ **on and off** piscar; **b)** (move fast) ~ **past** *or* **by** [*person, bird*] passar de repente; **to** ~ **through sth** [*thought*] atravessar [*mind*]; **c)** (coll) (expose oneself) [*man*] exibir os órgãos sexuais (**to** a). ■ **flash up**: **to** ~ (**sth**) **up** afixar [*message, results*] (**on** em).

flashback ['flæʃbæk] *n* **a)** CIN flash-back *m* (**to** a); **b)** (memory) recordação *f.*

flash: ~**gun** *n* PHOT flash *m;* ~ **light** *n* US lanterna *f* de algibeira/bolso.

flashpoint ['flæʃpɔɪnt] *n* **a)** CHEM ponto *m* de inflamação; **b)** (fig) (trouble spot) ponto *m* quente; **c)** (fig) (explosion) ponto *m* crítico.

flashy ['flæʃɪ] *adj* (pej) [*driver, player*] vaidoso, espalhafatoso; [*car, dress, tie*] vistoso; [*colour*] gritante.

flask [flɑːsk] *n* **a)** CHEM (large) frasco *m;* (small) balão *m* de vidro; **b)** (gen) (large) garrafão *m;* (small) garrafa *f;* (vacuum) termos *m.*

flat [flæt] **1** *n* **a)** GB (apartment) apartamento *m;* **one-bedroom** ~ estúdio *m;* **b)** (level surface) **the** ~ **of a** palma da [*hand*]; **c)** (coll) US (on car, bike) pneu *m* furado; **d)** GEOG (marshland) (*usu pl*) pântano *f;* **e)** MUS (note, sign) bemol *m;* **f)** (coll) (*pl* **flats**) US (shoes) sapatos *mpl* rasos. **2** *adj* **a)** (level) [*surface, road, roof, etc*] plano; **b)** (smooth) [*surface*] lixo; **c)** (not round) [*stone, top, bottom*] chato; **d)** (deflated) [*tyre, ball*] furado, vazio; **to go** ~ esvaziar-se; **e)** (pressed close) my nose was ~ **against the windowpane** o meu nariz estava colado à vidraça; **f)** (absolute) [*refusal, rejection, denial*] categórico; **g)** (emotionless) [*tone, reply, statement*] neutro; **h)** (unexciting) [*voice, performance, story, etc*] monótono; **i)** Mus (of key) **to sound** ~ [*singer*] cantar muito baixo; **j)** (standard) [*fase, fee*] normalizado; [*charge*] fixo; **k)** (of drinks) [*beer, champagne, lemonade*] sem gaseificado; morto (fam); **l)** (dead) Elec [*battery*] descarregado; **m)** (depressed) **to feel** ~ sentir-se deprimido; **n)** Comm, Fin (slow) [*spending, profits*] estacionário. **3** *adv* **a)** (horizontally) [*lay, lie*] em posição horizontal; **to knock sb** ~ deitar alguém por terra; **to lie** ~ [*person*] deitar-se; [*pleat*] ser vincado; **b)** (exactly) **in 10 minutes** ~ exactamente em 10 minutos; **c)** (coll) (absolutely) **to turn (sth) down** ~ recusar completamente [*offer, proposal*]; **d)** Mus [*sing, play*] demasiado baixo. IDIOMAS (coll); **to fall** ~ [*joke, plan*] ser um falhanço.

flat-footed *adj* **a)** Med [*person*] de pés chatos; **b)** (coll) (tactless) [*attempt, manner, remark*] desajeitado.

flat out [flæt'aʊt] **1** (coll) *adj* GB esgotado. **2** *adv* [*drive, go, ride*] a toda a velocidade; **it only does 75 mph** ~ não dá mais que 120 Km/h no máximo. IDIOMAS **to go** ~ **for sth** dar o máximo para fazer qq coisa.

flatten ['flætn] **1** *n* **a)** (level) **he** ~**ed him with a single punch** ele derrubou-o com um único soco; **b)** (smooth out) **to** ~ **(out)** alisar [*surface, ground, road*] (**with** com); **c)** (crush) esmagar [*animal, fruit, hat, ball*]; **d)** Mus baixar (o tom de) [*note*]. **2** *vi* see ~ **out**. **3 flattened** *pp, adj* (shape, nose, head) achatado; (building, site, district) demolido, arrasado; (box, can) esmagado; (grass, weeds) arrasado. ■ **flatten out** (slope, road, ground) aplanar; (growth, exports, decline) estabilizar Aviat (plane) endireitar-se.

flatter ['flætə(r)] *vtr* **a)** (compliment) lisonjear (**on** acerca de, por); **to** ~ **oneself** acreditar (*reflex*) (**on being** ser); **b)** (enhance) [*light, dress, portrait*] favorecer.

flatterer ['flætərə(r)] *n* adulador *m*; lisonjeador *m*.

flattering ['flætərɪŋ] *adj* lisonjeiro; **she was wearing a** ~ **dress** ela usava um vestido que a favorecia.

flattery ['flætərɪ] *n* lisonja *f*. IDIOMAS ~ **will get you nowhere** não é pela lisonja que lá chegas.

flaunt [flɔːnt] *vtr* (pej) ostentar [*wealth*]; alardear [*knowledge, superiority, charms, etc*]; exibir [*quality, lover, possession*].

flautist ['flɔːtɪst] *n* GB flautista *m/f*.

flavour GB, **flavor** US ['fleɪvə(r)] **1** *n* **a)** Culin sabor *m*; **with a coffee** ~ com sabor a café; **b)** (atmosphere) (of period, place) atmosfera *f*; (hint) ideia *f*; **the** ~ **of life in 1900** o cheirinho da vida em 1900 (fam). **2** *vtr* **a)** Culin (improve taste) dar sabor a; (add specific taste) aromatizar (**with** a); **b)** (fig) temperado. IDIOMAS **to be** ~ **of the month** (coll) (thing) estar na moda; (person) ser a coqueluche do momento.

flavouring GB, **flavoring** US ['fleɪvərɪŋ] *n* (for sweet taste) aroma *m*; (for meat, fish) tempero *m*; **natural/artificial** ~ aroma natural/artificial.

flaw [flɔː] *n* (in object, suggestion, character) defeito *m* (**in** em); (in reasoning, theory) falha *f* (**in** em); (in contract) Jur vício *m* de forma.

flaxen ['flæksn] *adj* de linho; **a** ~**-haired child** uma criança de cabelos louros.

flay [fleɪ] *vtr* (remove skin) tirar a pele a, esfolar; (criticize) criticar severamente.

flea [fliː] *n* pulga *f*. IDIOMAS (coll) **to send sb with a** ~ **in their ear** mandar alg pentear macacos (fam). ·

fleck [flek] **1** *n* (of colour, light) mancha *f*; (of foam) floco *m*; (of blood, paint) pinta *f*. **2** *vtr* (*usu in passive*) **to be** ~**ed with sth** ser manchado de [*colour*]; ser salpicado de [*blood, paint, light*]; **her hair was** ~**ed with grey** os cabelos delas começavam a ficar grisalhos.

fled [fled] *past, pp* see **flee**.

fledg(e)ling ['fledʒlɪŋ] **1** *n* Zool avezinha *f*. **2** *modif* (fig) (newly qualified) novato; [*party, group*] nascente, emergente; [*democracy, enterprise*] jovem.

flee [fliː] **1** *vtr* (*past, pp* **fled**) (*never in passive*) fugir. **2** *vi* [*person, animal*] fugir; **to** ~ **from sth** fugir de qq coisa.

fleece [fliːs] **1** *n* (on animal) velo *m*; tosão *m*; Tex lã *f* obtida em cada tosquia; ~**-lined** acolchoado. **2** (coll) *vtr* GB (overcharge) roubar (fam); depenar (fam); (swindle) vigarizar, burlar.

fleecy ['fliːsɪ] *adj* [*fabric*] lanudo, lanoso; [*clouds*] aos flocos.

fleet [fliːt] *n* **a)** (of ships) frota *f*; (of small vessels) flotilha *f*; **b)** (of vehicles) (in reserve) parque *m*; (on road) comboio *m* (de carros, camionetas).

fleeting ['fliːtɪŋ] *adj* [*memory, pleasure*] fugaz; [*visit, moment*] breve; [*glance*] rápido.

Flemish ['flemɪʃ] **1** *n* (language) flamengo *m*. **2** *npl* **the** ~ os Flamengos. **3** *adj* flamengo.

flesh [fleʃ] *n* (of human, animal) carne *f*; (of fruit) polpa *f*; (fig) **I'm only** ~ **and blood** sou apenas um ser humano; **one's own** ~ **and blood** a carne da sua carne; **in the** ~ na carne; **it makes my** ~ **creep** isso faz-me pele de galinha. IDIOMAS **to go the way of all** ~ (liter, euph) morrer. ■ **flesh out**: ~ **(sth) out**, ~ **out (sth)** tornar substancial [*speech, article, report*].

flesh wound *n* ferida *f* superficial.

fleshy ['fleʃɪ] *adj* [*arm, leg, lip, fruit*] carnudo.

flew [fluː] (*past*) see **fly**.

flex [fleks] **1** *n* GB (for electrical appliance) fio *m* eléctrico. **2** *vtr* **a)** (contract) contrair [*muscle*]; **to** ~ **one's muscles** (fig) testar as suas capacidades (num trabalho mais fácil, tendo em vista outro mais difícil; **b)** (bend and stretch) flectir [*limb*]; dobrar [*finger, toe*].

flexibility [fleksɪ'bɪlɪtɪ] *n* flexibilidade *f*; maleabilidade *f*.

flexible ['fleksɪbl] *adj* **a)** [*working hours, arrangement, tube, wire, etc*] flexível; [*plan, agenda*] maleável, flexível; **b)** [*person*] flexível, dócil (**over, about sth** em relação a qq coisa).

flexitime ['fleksɪtɑːɪm] *n* horário *m* flexível.

flick [flɪk] **1** *n* **a)** (hit) (with finger) piparote *m*; (with cloth) pancada *f* leve; (with whip) chicotada *f*; **b)** (movement) **to have a** ~ **through a book** folhear um livro. **2 flicks** (dated, coll) *npl* cinema *m*. **3** *vtr* **a)** (strike) (with finger) dar um piparote a; **he ~ed a duster over the living-room** ele passou um pano do pó pela sala de estar; **b)** (cause to move) **he ~ed his ash into the ashtray** ele fez cair a cinza no cinzeiro; **to ~ sth open** abrir qq coisa dum golpe seco; **c)** (press) premir, carregar em [*switch*]; **to ~ the television on/off** acender/apagar a televisão Po/ tevê Br; **d)** Sport dar um pequeno pontapé Po/ chute Br em [*ball*]. ■ **flick through**: **~ through (sth)** folhear, examinar rapidamente [*book, report*].

flicker ['flɪkə(r)] **1** *n* **a)** (unsteady light) (of light, flame, candle) vacilação *f*; tremelicar *m*; (of image) cintilação *f*; **b)** (fig) (of interest, surprise, anger, guilt) manifestação *f* passageira (**of** de); **the (faintest) ~ of a smile** a sombra (ténue) de um sorriso; **c)** (movement) (of eye, eyelid) piscadela *f*; (of indicator) agitação *f*; oscilação *f*. **2** *vi* **a)** (shine unsteadily) [*fire, light, flame*] vacilar, tremeluzir; [*image*] tremer, cintilar; **b)** (move) [*eye, eyelid, gaze*] pestanejar.

flick knife ['flɪknaɪf] *n* GB canivete *m* de ponta e mola.

flier ['flaɪə(r)] *n* **a)** (pilot) aviador *m*; **b)** (handbill) prospecto *m*.

flight [flɑːt] **1** *n* **a)** Aerosp, Aviat, Transp (journey) voo *m* (**to** para; **from** de); **a scheduled/ charter ~** um voo regular/fretado; **we hope you enjoyed your ~** esperamos que tenha feito uma boa viagem; **b)** Aviat, Tourism (plane) voo *m*; **the ~ to/from Lisbon** o voo com destino a Lisboa/proveniente de Lisboa; **c)** (course) (of bird, insect) voo *m*; (of missile, bullet) trajectória *f*; **d)** (group) **a ~ of** [*bird*] um bando de; [*aircraft*] uma esquadrilha de; **e)** (departure) fuga *f* (**from** de; **to** para); **~ from** [*enemy, poverty, war, starvation*] fuga perante; **to take ~** fugir, pôr-se em fuga; **a ~ of capital** Econ uma fuga de capitais; **f)** Constr (set) **a ~ of steps** *or* **stairs** um lance *m* de escadas; **we live four ~s up** moramos no 4.º andar; **a ~ of hurdles** Sport uma série de barreiras; **g)** (display) (*usu pl*) **~s of imagination** arroubos *mpl* de imaginação; **a ~ of fancy** uma invenção. **2** *modif* [*delay, information schedule, time*] de voo. IDIOMAS **he's in the top ~ of goalkeepers** ele é um dos melhores guarda-redes.

flight: ~ deck *n* **a)** Aviat cabine *f* de pilotagem; **b)** Navy (on ship) convés *m* de voo; **~ path** *n* trajectória *f*; rota *f*.

flimsy ['flɪmzɪ] *adj* [*clothes, fabric*] ligeiro; [*structure, appliance*] pouco sólido; [*argument, excuse*] fraco.

flinch [flɪntʃ] *vi* vacilar, hesitar; **without ~ing** sem hesitar; **to ~ from** esquivar-se a [*course of action*]; **to ~ at** estremecer perante [*bad language*].

fling [flɪŋ] **1** *n* **a)** (coll) (spree) pândega *f*; estroinice *f*; **b)** (coll) (affair) (sexual) aventura *f*; caso *m*; **to have a ~ with sb** ter uma aventura com alguém; **to have a brief ~ with Marxism** ter uma simpatia passageira pelo Marxismo; **c)** (coll) (attempt) **to have a ~** experimentar; **d)** (dance) dança *f* escocesa. **2** *vtr* (*past, pp* **flung**) **a)** (throw) lançar, atirar [*ball, grenade, stone*] (**onto, into** para); lançar [*insult, accusation*] (**at**

a); **b)** (throw bodily) **to ~ sb on** *or* **to the ground** [*blast, person*] atirar alguém por terra. **3** *v refl* **to ~ oneself** atirar-se (**across** através de; **into, onto** para; **under** para debaixo de; **over** por cima de); **to ~ oneself off sth** atirar-se de [*bridge, cliff*]; **he flung himself at her feet** ele lançou-se aos pés dela. ■ **fling away** deitar fora. ■ **fling down** deitar para o chão [*coat, newspaper*]. ■ **fling on** vestir rapidamente [*clothes, coat*]. ■ **fling open** abrir bruscamente [*door*]; abrir de par em par [*window*].

flint [flɪnt] **1** *n* **a)** Geol sílex *m*; **b)** (in lighter) pedra *f* de isqueiro. **2** *modif* [*axe*] de sílex.

flip [flɪp] **1** *n* **a)** (of finger) piparote *m*; **to decide sth by the ~ of a coin** decidir qq coisa cara ou coroa; **b)** Aviat, Sport (somersault) cambalhota *f*. **2** *vtr* (*pres p etc* **-pp-**) **a)** (toss) lançar, atirar [*coin*]; virar [*pancake*]; **let's ~ a coin to decide** vamos tirar cara ou coroa para decidir; **b)** (flick) mover de um lado para o outro rapidamente [*switch*]; **to ~ sth open/shut** abrir/fechar qq coisa com um movimento rápido. **3** (coll) *vi* **a)** (get angry) zangar-se; **b)** (go mad) perder a cabeça; **c)** (get excited) ficar excitado (**over** por causa de). IDIOMAS (coll) **to ~ one's lid** *or* US **top** *or* **wig** perder as estribeiras (fam). ■ **flip through**: **~ through (sth)** folhear [*book, magazine, index*].

flippant ['flɪpənt] *adj* (not serious) [*remark, person*] desenvolto; (lacking respect) [*tone, attitude, behaviour*] irreverente; **don't be ~** não sejas petulante!.

flipper ['flɪpə(r)] *n* **a)** Zool barbatana *f*; **b)** (for swimmer) barbatana *f*.

flipping ['flɪpɪŋ] (coll) GB (euph) **1** *adj* tremendo, terrível. **2** *adv* [*stupid, rude, painful*] tremendamente, muito; **that tastes ~ horrible** isso tem um gosto terrível.

flip side *n* **a)** Mus (on record) lado *m* B; **b)** (fig) (other side) **the ~ of** *or* **to** [*development, fact, attitude*] o reverso *m* de.

flirt [flɜːt] **1** *n* (person) namorador *m*. **2** *vi* namoriscar.

flirtatious [flɜːˈteɪʃəs] *adj* [*person, glance, wink*] sedutor, encantador.

flit [flɪt] **1** *n* (move) (coll) **to do a ~** (move house) mudar de casa; (leave) partir à francesa (fam). **2** *vi* (*pres p etc* **-tt-**) **a)** (fly) [*bird, bat, moth*] esvoaçar, voar; **b)** (more quickly and highly) [*person*] andar num passo rápido; **c)** (flash) **a look of recognition ~ted across his face** por um instante, ele pareceu reconhecer-me/-te, etc; **d)** (restlessly) **to ~ from one thing to another** passar rapidamente duma coisa a outra.

float [fləʊt] **1** *n* **a)** Fishg (on net) flutuador *m*; (on line) bóia *f*; **b)** Transp carro *m*; **c)** Comm, Fin (in till) fundo *m* de maneio. **2** *vtr* **a)** (launch) [*person*] fazer flutuar [*boat*]; [*tide*] pôr a flutuar [*ship*]; **b)** Fin emitir [*shares*]; lançar na Bolsa [*company*]; **c)** (propose) lançar [*idea, suggestion*]. **3** *vi* (stay above worker) flutuar; **to ~ down the river** descer o rio flutuando; **to ~ back up to surface** voltar à superfície. ■ **float about, float around a)** (circulate) [*idea, rumour*] circular; **b)** (be nearby) **your glasses are ~ing around somewhere** os teus óculos estão

por aí; **c)** (walk aimlessly) [*person*] deambular.
■ **float away, float off** [*boat*] estar à deriva;
[*balloon, feather*] voar; [*person*] partir com passo ligeiro.
floating ['fləʊtɪŋ] *adj* **a)** (on the water) [*bridge, debris, hotel, restaurant*] flutuante; **b)** (unstable) [*population*] flutuante.
floating voter *n* POL (eleitor *m*) indeciso.
flock [flɒk] **1** *n* **a)** (of sheep, goats) rebanho *m*; **b)** (of birds) bando *m*; **c)** (of people) multidão *f*; **d)** (fleecy tuft) floco *m*; **a wool ~ mattress** um colchão feito de desperdício de lã. **2** *vi* [*animals, people*] afluir (em massa) (**around** à volta de; **into** em); **to ~ together** [*people*] juntar-se em grupos.
floe [fləʊ] *n* (*also* **ice ~**) massa *f* de gelo flutuante.
flog [flɒg] *vtr* **a)** (beat) flagelar, fustigar; **b)** (coll) GB (sell) vender.
flood [flʌd] **1** *n* **a)** (lit) inundação *f*; **destroyed by ~** destruído por uma inundação; **the F~** BIBLE o Dilúvio *m*; **to be in ~s of tears** chorar desalmadamente; **b)** (fig) (of people, visitors, light, memories) torrente *f*; enchente *f*; **c)** THEAT see **~light**. **2** *vtr* **a)** (lit) inundar [*field, plain, street, house*]; fazer transbordar [*river*]; **b)** (fig) [*light, tears, mail*] inundar; **memories ~ed her mind** as recordações afluíam-lhe à memória; **c)** COMM inundar [*shops, market*] (**with** de); **d)** afogar [*engine, carburettor*]. **3** *vi* **a)** [*meadow, street, cellar*] ser inundado; [*river*] transbordar; **b)** (fig) **to ~ into sth** [*light*] inundar qq coisa; [*people*] invadir qq coisa. ■ **flood back** [*memories*] vir à superfície. ■ **flood in** [*light, water*] inundar; [*refugees, contributions*] afluir. ■ **flood out** [*water, liquid*] inundar.
flood: **~gate** *n* comporta *f*; **to open the ~gates for people to do** deixar que as pessoas façam; **~light 1** *n* holofote *m*; projector *m*. 2 *vtr* (*past, pp* **floodlit**) iluminar [*monument, building, match, stage*]; **~water** *n* enchente *f*.
floor [flɔː(r)] **1** *n* **a)** (of room) (wooden) chão *m*; **b)** (of sea, valley) fundo *m*; **c)** (special area) (of debating chamber) hemiciclo *m*; **d)** (storey) andar *m*; **on the first ~** GB no primeiro andar; US no rés-do-chão; **the ground** *or* **bottom ~** GB o rés-do-chão. **2** *vtr* **a)** pavimentar, assoalhar [*room*]; **an oak-~ed room** uma sala com soalho de carvalho; **b)** (knock over) deitar por terra [*attacker, boxer*]; **c)** (silence) silenciar [*person, critic*]; **d)** US AUT carregar a fundo em [*accelerator*]. **IDIOMAS to wipe the ~ with sb** derrotar alg; **to take the ~** começar a dançar numa pista de dança.
floorboard *n* prancha *f* de soalho.
floor: **~cloth** *n* tapete *m* de oleado; **~ polish** *n* cera *f*; **~ polisher** *n* enceradora *f*; **~ show** *n* espectáculo *m*.
floosie, floozi ['fluːzɪ] (slang) *n* (pej) puta *f* (cal).
flop [flɒp] **1** *n* (coll) (failure) fiasco *m* (fam). **2** *vi* (*pres p etc* **-pp-**) **a)** (move heavily) **he ~ped down on the bed** ele caiu pesadamente na cama; **b)** (hang loosely) [*hair, ear, head*] cair, tombar; **c)** (coll) (fail) [*play, film*] ser um fracasso; **~ out** (coll) US descansar. ■ **flop over** (coll) US mudar de opinião.

floppy ['flɒpɪ] *adj* [*ears, hair*] pendente, caído; [*hat*] de abas caídas; [*clothes*] largo; [*flesh, body*] mole, molengão.
floppy disk ['flɒpɪ dɪsk] *n* COMPUT disquete *f*.
flora ['flɔːrə] *npl* (+ *v sg*) BIOL, BOT flora *f*; **the ~ & fauna** a fauna e a flora.
floral ['flɔːrl] *adj* [*design, dress, fabric*] às flores; [*art, display*] floral.
Florence ['flɒrəns] *pr n* Florença.
florid ['flɒrɪd] *adj* **a)** (ornate) florido; **b)** (ruddy) corado.
florist ['flɒrɪst] *n* florista *m/f*; **I bought flowers at the ~'s (shop)** comprei flores na florista.
flotilla [flə'tɪlə] *n* flotilha *f*.
flotsam ['flɒtsəm] *n* destroços *mpl* flutuantes de um naufrágio; **~ and jetsam** (odds and ends) bugigangas *fpl*; (people) os deserdados *mpl* da sociedade.
flounce [flaʊns] **1** *n* **a)** (movement) movimento *m* repentino (**of** de); **b)** (frill) folho *m*. **2** *vi* **a)** **to ~ in/out/off** (indignantly) entrar/sair/partir com um ar indignado; **b)** (show off) (*also* **~ around, ~ about**) debater-se.
flounder ['flaʊndə(r)] **1** *n* GB CULIN, ZOOL linguado *m*. **2** *vi* **a)** (to be in difficulty) [*animal, person*] debater-se (**in** em); **b)** (fig) (falter) [*speaker*] gaguejar; [*economy*] estagnar. ■ **flounder about** *or* **around** debater-se (**in** em).
flour ['flaʊə(r)] **1** *n* farinha *f*. **2** *vtr* polvilhar com farinha [*cake tin, board*].
flourish ['flʌrɪʃ] **1** *n* **a)** (gesture) gesto *m* teatral; floreado *m*; **he presented the cake with a ~** ele apresentou o bolo com um floreado; **b)** (detail, touch) **with a rhetorical/an emphatic ~** com ênfase. **2** *vtr* brandir, agitar [*ticket, document*]. **3** *vi* [*tree, plant, bacteria, etc*] prosperar, desenvolver-se; **the family is ~ing** a família está em grande forma.
flout [flaʊt] (formal) *vtr* desprezar, rir-se de [*convention, rules*].
flow [fləʊ] **1** *n* **a)** (movement) (of liquid) fluxo *m*; (fig) (of time, a game) curso *m*; decurso *m*; (of refugees, applications) vaga *f*; **b)** (movement within a system) (blood, water, electricity) circulação *f*; **c)** GEOG (of tide) fluxo *m*. **2** *vi* **a)** (move continuously) [*liquid, gas*] correr (**into** em); **to ~ from** (lit) correr, escorrer de; (fig) resultar de; **to ~ in/back** afluir/refluir; **the river ~s into the sea** o rio desagua no mar; **b)** (fig) [*conversation, words*] escorrer; **c)** (move within a system) [*blood, water, electricity*] circular (**through, round** em, dentro de); **d)** GEOG [*tide*] subir; **e)** (move gracefully) [*hair, dress*] ondular.
flowchart, flow sheet *n* COMPUT, IND organigrama *f*.
flower ['flaʊə(r)] **1** *n* **a)** (bloom, plant) flor *f*; **to be in ~** estar em flor; **b)** (fig) (best part) **in the ~ of her youth** na flor da idade. **2** *vi* (lit) [*flower, tree*] florir; [*idea, love, person, talent*] desabrochar.
flower: **~ arrangement** *n* composição *f* floral; **~ garden** *n* jardim *m*; **~ shop** *n* loja *f* de flores; **at the ~ shop** na florista; **~ show** *n* exposição *f* de flores.
flowery ['flaʊərɪ] *adj* (lit) [*hillside, field*] florido; [*dress fabric*] às flores; [*wine*] perfumado;

[*scent*] floral; (fig) [*language, speech, style*] com floreados.
flowing ['fləʊɪŋ] *adj* [*style, movement, handwriting*] fluente; [*line*] harmonioso; [*hair, clothes*] solto.
flown [fləʊn] (*pp*) see **fly**.
flu [flu:] **1** *n* abrev = **influenza** gripe *f*. **2** *modif* [*virus*] da gripe; [*attack*] de gripe; [*vaccine, injection*] contra a gripe.
fluctuate ['flʌktjʊeɪt] *vi* (gen) FIN [*rate, temperature, mood*] flutuar, variar (**between** entre).
flue [flu:] *n* (of chimney) cano *m*.
fluency ['flu:ənsɪ] *n* (of speech, writing, action) fluência *f*.
fluent ['flu:ənt] *adj* **a**) (in a language) ~ **Portuguese** português fluente; **to be ~ in English** falar fluentemente inglês; **b**) (eloquent) [*account, speech*] eloquente; [*writer*] que escreve com facilidade.
fluff [flʌf] **1** *n* **a**) (down) (on clothes, under furniture) cotão *m*; (on animal) penugem *f*; **b**) (coll) (mistake) fifia *f*. **2** *vtr* **a**) (puff up) [*bird, cat*] eriçar [*feathers, tail*]; tufar [*hair*]; **b**) (coll) (get wrong) errar, falhar Po, dar uma bobeada BR [*cue, exam, line, note, shot*]; **I ~ed it!** falhei!.
fluffy ['flʌfɪ] *adj* [*animal, down*] felpudo; [*hair*] tufado; [*toy*] de peluche; [*rug, sweater*] fofo.
fluid ['flu:ɪd] **1** *n* fluido *m*. **2** *adj* **a**) (gen) líquido; **b**) CHEM, TECH fluido.
fluke [flu:k] *n* **a**) (lucky chance) feliz acaso *m*; **by a (sheer)** ~ por uma (pura) questão de sorte; **b**) (of anchor) unha *f* de âncora; (of arrow) farpa *f* (de seta); **c**) ZOOL solha *f*.
fluky ['flu:kɪ] *adj* [*coincidence*] feliz; [*circumstances, goal, shot*] casual.
flung [flʌŋ] (*past, pp*) see **fling**.
flunk [flʌŋk] (coll) *vtr* US SCH, UNIV [*student*] chumbar [*exam*]; [*teacher*] reprovar [*class, pupil*].
flunkey ['flʌŋkɪ] *n* (dated) GB (*pl* ~**s**) lacaio *m*.
fluorescent [flu:ə'resənt] *adj* [*light, lighting, jacket*] fluorescente.
fluoride ['flʊəraɪd] *n* fluoreto *m*.
flurry ['flʌrɪ] *n* **a**) (gust) rajada *f*; **b**) (bustle) agitação *f*; azáfama *f*; **a ~ of activity** uma lufa-lufa *f*; **c**) FIN oscilação *f* (**on** em).
flush [flʌʃ] **1** *n* **a**) (blush) (on cheeks, skin) rubor *m*; (in sky) clarão *m* vermelho; **b**) (surge) **a ~ of** [*anger, shame*] um acesso de; **c**) (toilet) **with every** ~ toda as vezes que se descarrega o autoclismo; **d**) (cards) (set) série *f* de cartas do mesmo naipe. **2** *adj* **a**) CONSTR (level) **to be ~ with** [*wall, work surface*] estar no mesmo alinhamento; **b**) (coll) (rich) **to be/feel ~** estar/sentir-se endinheirado. **3** *vtr* **a**) (activate) **to ~ the toilet** puxar ou descarregar o autoclismo; **b**) (remove) **to ~ sth down the toilet** ir pela sanita Po/privada BR abaixo com a descarga do autoclismo; **c**) (clean) **to ~ (out) a pipe with water** limpar um cano com água sob pressão; **d**) (colour) **to ~ sb's cheeks/face** ruborizar alg; **e**) (hunt) **to ~ sb/sth from** or **out of** [*shelter, hiding place*] fazer sair alg/algo de. **4** *vi* **a**) (redden) ruborizar (**with sth** com qq coisa); **b**) (operate) **the toilet doesn't ~** o autoclismo não funciona.

flushed [flʌʃt] *adj* **a**) (reddened) [*face, cheeks*] corado, vermelho; **b**) (glowing) ~ **with** [*happiness, pleasure, pride*] radiante de.
flush out ~ **out (sb/sth)**, ~ **(sb/sth) out** fazer sair do esconderijo [*sniper, rebel, spy*]; desalojar [*rodent, pest*].
fluster [flʌstə(r)] **1** *n* agitação *f*; **(to be) in a ~** (estar) perturbado. **2** *vtr* perturbar, desorientar, enervar; **to get** or **become** or **grow ~ed** ficar enervado.
flute [flu:t] *n* **a**) MUS flauta *f*; **b**) (glass) copo *m* estreito e alto; **c**) ARCHIT caneladura *f*.
flutter ['flʌtə(r)] **1** *n* **a**) (rapid movement) (of wings, lashes) batidela *f*; batimento *m*; (of leaves, papers) rodopio *m*; (of flags, bunting) movimento *m*; **b**) (nervous) **a ~ of excitement/panic** um alvoroço de excitação/pânico; **to be all in** or **of a ~** GB estar numa agitação; **c**) (public excitement) (*usu sg*) **to cause a ~** causar sensação; **d**) (coll) GB (bet) **to have a ~ on the horses/on the pools** apostar nos cavalos/na lotaria; **he had a ~ on the Stock Exchange** ele especulou na Bolsa; **e**) MED (of heart) **heart ~** palpitações *fpl*; **f**) AVIAT (fault) vibração *f*. **2** *vtr* **a**) (beat) **the bird ~ed its wings** o pássaro bateu as asas; **b**) (move) agitar, abanar [*fan, handkerchief*]; **to ~ one's eyelashes** bater as pestanas. **3** *vi* **a**) (beat) **the bird's wings still ~ed** o pássaro batia ainda as asas; **b**) (fly rapidly) esvoaçar; **c**) (flap) [*flag, bunting, ribbons*] flutuar; [*clothes, curtains, fans*] agitar-se; **d**) (spiral) **to ~ down** cair sobre; **e**) (irregularly) [*heart*] palpitar (**with sth** de qq coisa); [*pulse*] bater fracamente.
fly [flaɪ] **1** *n* **a**) ZOOL, FISH mosca *f*; **b**) (of trousers) braguilha *f*; **your ~ is** or **flies are undone** tens a braguilha aberta; **c**) (of flag) (outer edge) bordo *m*; exterior da bandeira. **2 flies** *npl* THEAT bambolinas *fpl*. **3** (coll) *adj* GB (clever) esperto. **4** *vtr* (*past* **flew** *pp* **flown**) **a**) (operate) pilotar [*aircraft, balloon, spacecraft*]; lançar [*kite*]; **the pilot flew the plane to...** o piloto levou o avião até...; **b**) (transport by air) transportar de avião [*animal, food, goods, wounded*]; **c**) (cover by air) [*bird, aircraft, space-craft*] percorrer [*distance, mile*]; **I ~ over 10000 Km a year** eu voo mais de 10000 Km por ano; **d**) (display) [*ship*] hastear [*flag*]; [*person*] agitar [*flag*]; **the embassy was ~ing the British flag** a embaixada hasteava a bandeira britânica. **5** *vi* (*past* **flew** *pp* **flown**) **a**) [*bird, insect, aircraft, rocket, balloon, kite*] voar (**from** de; **to** a); **to ~ over** or **across sth** sobrevoar qq coisa; **a swan flew past the window** um cisne passou pela janela a voar; **to ~ into Gatwick** aterrar em Gatwick; **to ~ away** or **off** ir-se embora, desaparecer; **to ~ open** abrir-se bruscamente; **b**) [*passenger*] viajar de avião, apanhar o avião; [*pilot*] pilotar; **to ~ from Lisbon** partir de Lisboa de avião; **c**) (rush, hurry) **I must ~!** tenho de me apressar!; **d**) (*also* ~ **past** or **by**) [*time, hours, morning, holidays*] passar depressa; **e**) (flutter, wave) [*flag, scarf, hair*] flutuar; **to ~ in the wind** flutuar ao vento. IDIOMAS **he wouldn't hurt** or **harm a ~** ele não faz mal a uma mosca; **to ~ in the face of** (defy) desafiar [*danger, tradition, authority*]; (contradict) estar em contradição com [*evidence, proof*]; **to let ~ at sb** perder a cabeça com alguém.

fly-by-night ['flaɪbaɪnaɪt] *adj* **a)** [*person*] irresponsável; **b)** [*company, operation*] duvidoso.

flyer ['flaɪə(r)] *n* see **flier**.

flying ['flaɪɪŋ] **1** *n* **a)** (in plane) **to be afraid of** ~ ter medo de andar de avião; **to take up** ~ aprender a pilotar; **b)** (by bird, animal) voo *m*. **2** *modif* [*course, lesson, school*] de pilotagem. **3** *adj* [*animal, insect, machine*] voador. **IDIOMAS with** ~ **colours** [*emerge, pass, come through*] com sucesso.

flying start *n* Sport excelente partida *f*; **to get off to a** ~ **start** (fig) ter uma excelente partida, começar muito bem.

fly leaf *n* guarda *f* (*num livro*).

flyover ['flaɪəʊvə(r)] *n* **a)** GB Transp viaduto *m*; **b)** US Mil desfile *m* aéreo.

fly: ~ **past** *n* GB desfile *m* aéreo; ~ **spray** *n* bomba *f* insecticida; ~ **swatter** *n* mata-moscas *m*.

flyweight ['flaɪweɪt] *n* peso *m* mosca.

FM [ef'em] *n* **a)** Mil abrev = **Field Marshal** marechal *m*; **b)** Radio abrev = **frequency modulation** FM.

foal [fəʊl] *n* potro *m*; **to be in** ~ estar prenhe.

foam [fəʊm] **1** *n* **a)** (on sea, drinks, bath) espuma *f*; **b)** (on animal) suor *m*; (from mouth) espuma *f*; baba *f*. **2** *vi* **a)** [*beer, water*] fazer espuma; **b)** [*horse*] suar; **to** ~ **at the mouth** (lit) espumar; (fig) espumar de raiva.

fob [fɒb] *n* **a)** (pocket) bolso *m* pequeno; **b)** (watchchain) corrente *f*; **c)** (ornament) berloque *m*. ■ **fob off** (*pres p etc* **-bb-**) ~ (sb) off (satisfy dishonestly) desembaraçar-se de [*enquirer, customer*]; **I** ~ **bed him off with an excuse** dei-lhe uma desculpa Po/escusa Br para ele se ir embora.

focal ['fəʊkl] *adj* focal.

focus ['fəʊkəs] **1** *n* (*pl* ~**es, foci**) **a)** **to be in** ~ estar focado; **to go out of** ~ (microscope, camera) desregular; (photograph, image) ficar desfocado; **to come into** ~ (planet, object of study) entrar em campo de observação; **to get the** ~ **right** regular a focagem; **b)** (device on lens) regulador *m* do foco; **c)** (centre of interest) **she became a** ~ **for the press** ela tornou-se o centro de interesse da imprensa; **d)** (emphasis) atenção *f*; **the** ~ **will be on health and nutrition** a ênfase será posta na saúde e na dietética. **2** *vtr* (*pres p etc* **-s-**) **a)** (direct) **to** ~ **rays on sth** dirigir os raios sobre algo; **to** ~ **one's eyes on sb/sth** fixar os olhos sobre alguém/algo; **b)** (adjust) regular [*lens, microscope, camera*]; **c)** (concentrate) **to** ~ **one's attention on sth** concentrar a atenção em algo. **3** *vi* **a)** (home in) **to** ~ **on sth** [*rays*] convergir sobre algo; [*astronomer, photographer*] focar algo; **to** ~ **on sth/sb** [*eyes, gaze, attention*] fixar-se ou concentrar-se sobre algo/alguém; **b)** (concentrate) **to** ~ **on sth** [*person, survey, study*] concentrar-se sobre algo. **4** **focused** *pp, adj* [*telescope, image*] focado; [*person*] determinado.

fodder ['fɒdə(r)] *n* **a)** (for animals) forragem *f*; **b)** (fig) (raw material) matéria *f* prima.

foe [fəʊ] *n* (liter) inimigo *m* (also fig).

foetid *adj* see **fetid**.

foetus GB, **fetus** US ['fiːtəs] *n* feto *m*.

fog [fɒg] **1** *n* **a)** Meteorol nevoeiro *m*; **a blanket of** ~ um manto de nevoeiro; **a** ~ **of cigarette smoke** uma nuvem de fumo de cigarro; **b)**

Phot mancha *f*. **2** *vtr* (*pres p etc* **-gg-**) **a)** (lit) (*also* ~ **up**) [*steam*] embaciar [*glasses, window*]; [*light*] manchar [*film*]; **b)** (fig) (confuse) baralhar, confundir [*issue, matter*].

foggy ['fɒgɪ] *adj* **a)** Meteorol [*day, landscape, weather*] com nevoeiro; **it will be** ~ **tomorrow** amanhã vai haver nevoeiro; **b)** (fig) [*idea, notion*] confuso; (coll) **I haven't the foggiest idea** não tenho a menor ideia.

fog: ~**horn** *n* Naut sirene *f* de nevoeiro; ~**lamp,** ~**light** *n* Aut farol *m* de nevoeiro.

foible ['fɔɪbl] *n* fraco *m*; ponto *m* fraco.

foil [fɔɪl] **1** *n* **a)** (for wrapping) papel *m* de alumínio; **silver/gold** ~ papel prateado/dourado; **b)** Sport florete *m*; **c)** (contrast) contraste *m*; realce *m*; **to act as a** ~ **to** *or* **for** servir de contraste a. **2** *modif* [*container, wrapper*] em papel de alumínio. **3** *vtr* frustrar [*attempt, hope, plot*]; contrariar [*person*].

foist [fɔɪst] *vtr* (off-load) **to** ~ **sth on sb** impingir algo a alg.

fold [fəʊld] **1** *n* **a)** (crease) (in fabric, paper) prega *f*; dobra *f*; (in skin) ruga *f*; **the skirt hung in soft** ~**s** a saia caía em pregas suaves; **b)** Agric redil *m*; curral *m*; **c)** Geol acidente *m* de terreno. **2** *vtr* **a)** (crease) dobrar [*paper, towel*]; **b)** (intertwine) cruzar [*arms*]; **to** ~ **sb into one's arms** apertar alg nos braços; **she sat with her legs** ~**ed under her** ela cruzou as pernas e sentou-se; **c)** (add) juntar. **3** *vi* (collapse) [*company*] fechar, abrir falência; [*project*] fracassar. ■ **fold away:** **to** ~ **(sth) away** dobrar e arrumar [*clothes, linen*]; fechar [*chair*]. ■ **fold back** [*door, shutters*] fechar (**against** contra). ■ **fold in** incorporar [*sugar, flour*]. ■ **fold up:** **to** ~ **(sth) up** dobrar qq coisa.

folder ['fəʊldə(r)] *n* **a)** (for papers) dossier *m*; pasta *f*; **cardboard** ~ pasta ou dossier de cartão; **b)** (brochure) folheto *m*; **c)** Tech máquina *f* de dobrar.

folding ['fəʊldɪŋ] *adj* [*bed, bicycle, table*] articulado; [*camera*] de fole.

foliage ['fəʊlɪɪdʒ] *n* folhagem *f*.

folk [fəʊk] **1** *n* **a)** (*also* ~**s**) (people) gente *f*; **city** ~ a gente da cidade; **old** ~ os velhos; **b)** Mus abrev = ~ **music** folclore *m*. **2 folks** *npl* **a)** (coll) (parents) pais *mpl*; velhos *mpl* (fam); **b)** (when addressing people) (coll) **that's all,** ~**s!** é tudo, minha gente! (fam). **3** *modif* **a)** (traditional) [*dance, music, song, etc*] folclórico; [*art, culture, tradition*] popular, folclórico; **b)** (modern) [*concert, song, singer, group*] de música folk.

folklore *n* folclore *m*.

follow ['fɒləʊ] **1** *vtr* **a)** (move after) seguir [*person, car*]; **to** ~ **sb in/out** entrar/sair atrás de alg; **she** ~**d her father into politics** ela entrou na política, seguindo as pisadas do pai; **b)** (come after in time) vir a seguir [*event, period, incident, item, on list*]; ~**d by** seguido de [*dessert, thunder, index*]; **c)** (go along, be guided by) seguir [*path, river, map, line of inquiry, fashion, etc*]; **if you** ~ **this argument to its logical conclusion...** se seguirem o raciocínio até ao fim...; **d)** (support, be led by) seguir [*teachings, example*]; praticar [*religion*]; aderir a [*faith, ideas*]; ser discípulo de [*person, leader*]; **e)** (understand) perceber [*explanation, reasoning*]; **do you**

~ **me?** estás a perceber?; **f)** (practise) exercer [*trade, profession*]; levar [*way of life*]; prosseguir [*career*]. **2** *vi* **a)** (move after) seguir; **to ~ in sb's footsteps** seguir as pegadas de alg; **b)** (come after in time) seguir; **in the days that ~ed** nos dias que se seguem; **the sum is calculated as ~s** a soma é calculada da seguinte maneira; **c)** (be logical consequence) seguir-se; **it ~s that** segue-se que; **d)** (understand) perceber; **I don't ~** não estou a perceber. ▪ **follow around, follow about** GB **to ~ (sb)** around seguir (alg) por todo o lado. ▪ **follow on** US **to ~ on** [*person*] seguir; **to ~ on from** ser a continuação de. ▪ **follow out** seguir [*orders, instructions, advice*]. ▪ **follow through**: **to ~ through** SPORT acompanhar; **to ~ through (sth), to ~ (sth) through** levar a cabo [*project, scheme, experiment*]; executar [*threat, promise*]; ir até ao fim de [*idea, theory, argument*]. ▪ **follow up (on)**: **to ~ up (on) (sth), to ~ (sth) up a)** (reinforce, confirm) confirmar [*victory, success*] (**with** com); consolidar [*good start*] (**with** com); dar continuidade a [*letter, visit, threat*]; **b)** (act upon, pursue) seguir [*story, lead*]; examinar [*suggestion*]; utilizar [*tip, hint*]; **c)** (maintain contact with) seguir [*case, patient, person*].

follower ['fɒləʊə(r)] *n* **a)** (of religious leader, philosopher, thinker, artist) discípulo *m*; (of political or military leader) partidário *m*; (of teachings, theory, tradition) adepto *m*; **dedicated ~s of fashion** os incondicionais da moda; **b)** (not a leader) seguidor.

following ['fɒləʊɪŋ] **1** *n* **a)** (of theorist, religion, cult) adeptos *mpl*; (of party, political figure) partidários *mpl*; (of soap opera, show) público *m*; (of sports team) adeptos *mpl*; **b)** **you will need the ~...** terás necessidade de seguinte...; **the ~ is a guide to...** o que se segue é um guia para.... **2** *adj* [*day, year, article, chapter, remark*] seguinte (*after n*). **3** *prep* depois de [*incident, allegation, publication*].

follow-up ['fɒləʊʌp] **1** *n* **a)** (film, record, single, programme) continuação (**to** de); **as a ~ to the programme on AIDS** como continuação do programa sobre a SIDA; **b)** (of patient, social work case) assistência *f*; acompanhamento *m*. **2** *modif* [*study, survey, work*] de acompanhamento; [*interview, check, inspection*] de controlo; [*discussion, programme, article*] complementar; **~ care for ex-prisoners** assistência social para a reinserção de ex-prisioneiros.

foment [fə'ment, fəʊ'ment] *vtr* fomentar.

fond [fɒnd] *adj* **a)** (loving) [*embrace, farewell, gesture*] afectuoso; [*eyes, heart*] terno; **~ memories** boas recordações *fpl*; (in letter writing) **"with ~est love, Julie"** "com todo o meu afecto, Júlia"; **b)** (naive) [*belief, imagination*] ingénuo; **c) I'm ~ of him** gosto muito dele; **to be ~ of music** gostar muito de música.

fondle ['fɒndl] *vtr* acariciar, afagar.

fondness ['fɒndnɪs] *n* **a)** (love) ternura *f*; carinho *m* (**for** por); **b)** (liking) paixão *f*; **c)** (penchant) tendência *f*.

font [fɒnt] *n* **a)** RELIG pia *f* baptismal; **b)** PRINT colecção *f* de tipos do mesmo tamanho.

food [fu:d] **1** *n* **a)** (sustenance) alimentação *f*; **~ is short** há falta de comida; **b)** (foodstuffs) ali-

mentos *mpl*; **frozen ~** alimentos congelados ou comida congelada; **c)** (provisions) provisões *fpl*; mantimentos *mpl*; **we have no ~ in the house** não temos nada que comer em casa; **d)** (cuisine, cooking) cozinha *f*; **Chinese ~** cozinha chinesa ou comida chinesa; **to be a lover of good ~** ser um apreciador da boa cozinha ou da boa comida. **2** *modif* [*additive, industry, sales, product*] alimentar; [*shop, counter*] de alimentação. IDIOMAS **to like one's ~** gostar de comer; **that is ~ for thought** (fig) isso dá que pensar, isso é assunto para meditar.

food: **~ poisoning** *n* intoxicação *f* alimentar; **~ processor** *n* máquina *f* de picar, bater, contar, etc; **~ stuff** *n* (*usu pl*) géneros *mpl* alimentares.

fool [fu:l] **1** *n* **a)** (silly person) tolo *m*; idiota *m/f*; **you stupid ~!** (coll) seu parvo! (fam); **he was ~ enough to agree** ele foi suficientemente estúpido para aceitar; **she's no ~, she's nobody's ~** ela não é nenhuma idiota; **to make oneself look a ~, to make a ~ of sb** ridicularizar alg; **to act/play the ~** fazer de parvo; **b)** HIST (jester) bobo *m*; **c)** GB CULIN creme de frutos; **rhubarb ~** creme de ruibarbo. **2** (coll) *modif* ESPECIALLY US [*thing to do or to say, politician, lawyer*] idiota. **3** *vtr* enganar PO, embromar BR; **you don't ~ me for a minute** tu não me enganas nem um bocadinho; **who are you trying to ~?** a quem pretendes enganar?; **to ~ sb into doing** levar alg a fazer algo (enganando-o); **he ~ed me into thinking that...** ele levou-me a pensar que...; **to ~ oneself out of £ 10** vigarizar alg em 10 libras; **to be ~ed** deixar-se intrujar (**by** por); **you really had me ~ed!** tu levaste-me à certa! (fam). **4** *vi* (joke, tease) brincar, gracejar; **no ~ing!** sem brincadeiras!. IDIOMAS **a ~ and his money are soon parted** (Prov) quem não tem cabeça não tem dinheiro. ▪ **fool around, fool about** (coll) GB **a)** (waste time) vadiar (fam); **b)** (act stupidly) disparatar (**with sth** com algo).

foolhardy ['fu:lhɑ:dɪ] *adj* temerário.

foolish ['fu:lɪʃ] *adj* **a)** [*person*] tolo, parvo (**to do** para fazer); **b)** [*grin, look, smile*] ridículo; **to look/feel ~** ter um ar/sentir-se ridículo; **to make sb look ~** fazer alg parecer ridículo; **c)** [*decision, question, remark*] idiota; **that was a ~ thing to do** foi estúpido fazer aquilo.

foolproof ['fu:lpru:f] *adj* **a)** [*method, way, plan*] infalível, perfeitamente seguro; **b)** [*camera, machine*] de utilização fácil.

foolscap ['fu:lskæp] *n* GB (paper) papel *m* almaço.

foot [fʊt] **1** *n* (*pl* **feet**) **a)** (gen) ANAT (of person) pé *m*; (of rabbit, cat, dog, cow) pata *f*; **on ~** a pé; **from head to ~** da cabeça aos pés; **to help sb to their feet** ajudar alguém a levantar-se; **to be on one's feet again** (fig) estar restabelecido; **to put one's ~ down** (accelerate) pôr o pé no acelerador; (act firmly) protestar, bater o pé (fam); **b)** MEAS (gen) pé *m*; **c)** (bottom) (of mountain) sopé *m* (**of** de); **at the ~ of** aos pés de [*bed*]; no fim de [*list, letter*]; **d)** MIL infantaria *f*; **e)** (poetry) pé *m*. **2** *vtr* **to ~ the bill (for sth)** pagar a factura (de qq coisa). IDIOMAS **to catch somebody on the wrong ~** apanhar alguém desprevenido; **to have/keep both** *or* **one's feet on the ground** ter os pés assentes na

terra; **to have two left feet** ser desajeitado; **not to put a ~ wrong** não cometer o mínimo erro; **to put one's best ~ forward** (hurry) despachar- -se; (do one's best) fazer o melhor possível.
foot and mouth (disease) *n* VET febre *f* afto- sa.
football ['fʊtbɔːl] *n* **a)** (game) futebol *m*; **b)** (ball) bola *f* de futebol Po, pelota *f* BR.
footballer ['fʊtbɔːlə(r)] *n* futebolista *m/f*.
football pools *npl* GB totobola *m*.
foot: ~ **brake** *n* AUT travão *m* Po, breque, freio *m* BR (de pé); ~**bridge** *n* passagem *f* aérea para peões; ~**hill** *n* (*usu pl*) contraforte *m*.
foothold ['fʊthəʊld] *n* (lit) apoio *m* para o pé; **to gain a ~** (lit) conseguir um ponto de apoio; **to lose one's ~** desequilibrar-se.
footing ['fʊtɪŋ] *n* **a)** (basis) pé *m*; base *f*; **on a firm ~** numa base sólida; **to place** *or* **put sth on a legal ~** legalizar qq coisa; **to be on an equal** *or* **even ~ with sb** estar em pé de igual- dade com alguém; **b)** (grip for feet) **to lose one's ~** perder o equilíbrio.
footlights ['fʊtlaɪts] *npl* THEAT ribalta *f*.
foot: ~**loose** *n*, *adj* livre; ~**man** *n* (arch) HIST sol- dado *m* de infantaria.
footnote ['fʊtnəʊt] *n* **a)** (note at foot of page) nota *f* de rodapé; **b)** (additional comment) post- -scriptum *m*.
foot: ~**path** *m* (in countryside) caminho *m*; (in town) passeio *m* pedonal; ~**print** *n* pegada *f*; ~**rest** *n* descanso *m* para os pés.
footstep ['fʊtstep] *n* passo *m*; **to follow in sb's** ~**s** (fig) seguir as pegadas de alguém.
foot: ~**stool** *n* banquinho *m* para os pés; ~**wear** *n* calçado *m*.
for [fə(r)] **1** *prep* **a)** (intended to be used or be- long to) para; **who are the flowers** ~**?** para quem são as flores?; **to buy sth ~ sb** comprar algo para alg; **b)** (intended to help or benefit) por; **to do sth ~ sb** fazer algo por alg; **c)** (in- dicating purpose) para; **what's it** ~**?** para que é isto?; **it's ~ removing stains** é para tirar nódoas; **"I need it" - "what for?"** "preciso disso" - "para quê?"; **to go ~ a swim** ir nadar; **the idea was ~ you to work it out yourself** a ideia era que tu te desenvencilhasses sozinho; **d)** (as member, employee of) [*work, play*] para; **e)** (in- dicating reason or cause) por, por causa de; ~ **this reason, I'd rather...** por esta razão, eu pre- firo; **grounds ~ divorce** motivos de divórcio; **I was unable to sleep ~ the noise** fui incapaz de dormir por causa do barulho; **to jump ~ joy** sal- tar de alegria; **f)** (indicating person's attitude) para; **to be easy ~ sb to do** ser fácil para alg fa- zer; **living in London is not ~ me** viver em Londres não é para mim; **g)** (considering) para; **to be mature ~ one's age** ter maturidade para a idade; **h)** (towards) por; **to have respect ~ sb** ter respeito por alg; **to feel contempt ~ sb** sen- tir desprezo por alg; **i)** (on behalf of) **say hello to him ~ me** dá-lhe os meus cumprimentos, cumprimenta-o da minha parte; **I can't do it ~ you** não posso fazê-lo na tua vez; **I speak ~ everyone here** falo em nome de todos os pre- sentes; **j)** (taking account of past events) há, du- rante, por; **this is the best show I've seen ~ years** há anos que não via um espectáculo tão

bom; **we've been together for 2 years** estamos juntos há dois anos; **to stay ~ a year** ficar por um ano; **to be away ~ a year** estar ausente du- rante um ano; **to last ~ hours** durar horas; **I was in Paris ~ two weeks** estive duas semanas em Paris; **k)** (indicating a deadline) em; (in neg- ative constructions) antes de; **it will be ready ~ Saturday** estará pronto no Sábado; **the car won't be ready ~ another 6 weeks** o carro não estará pronto antes de mês e meio; **l)** (indicating scheduled time) para; **I have an appointment ~ 4 pm** tenho um encontro para as 4 da tarde; **m)** (indicating destination) para; **to leave ~ work** partir para o trabalho; **a ticket ~ Oporto** um bi- lhete para o Porto; **n)** (indicating cost, value) por, de; **it was sold ~ £100** foi rendido por 100 libras; **a cheque ~ £20** um cheque de 20 libras; **o)** (in favour of) a favor (de), por; **to be ~** [*peace, divorce, abortion*] ser a favor de; **to be all ~ it** ser completamente a favor; **p)** (stressing appro- priateness) **she's the person ~ the job** ela é a pessoa indicada para o cargo; **that's ~ us to de- cide** é a nós que cabe decidir; **q)** (indicating availability) ~ **sale** para venda, vende-se, à ven- da; **r)** (as part of ratio) para; **one teacher ~ 25 pupils** um professor para 25 alunos; **s)** (equiva- lent to) **A ~ Ann** A de Ana; **what's the Portu- guese ~ "boot?"** como se diz "boot" em portu- guês?; **t)** (in explanations) ~ **one thing... and ~ another** em primeiro lugar... e em segundo lu- gar...; **u)** (when introducing clauses) **it would be unwise ~ us to generalize** seria imprudente da nossa parte generalizar; **the best thing would be ~ them to leave** seria melhor para eles irem-se embora. **2** *conj* porque. IDIOMAS **oh ~ a nice hot bath!** o que eu mais queria era um bom banho quente, quem me dera um bom banho quente; **I'll be (in) ~ it if...** GB vai ser o bom e o bonito se....
forage ['fɒrɪdʒ] **1** *n* **a)** (animal feed) forragem *f*; **b)** (search) **to go on a ~ for** [*food, wood*] ir em busca de provisões. **2** *vtr* forragear [*animals*]. **3** *vi* **to ~** (about *or* around) **for sth** (lit, fig) es- quadrilhar em busca de qq coisa.
foray ['fɒreɪ] *n* **a)** (first venture) incursão *f*; **to make a ~ into** [*politics, sport, acting*] fazer uma incursão em; **b)** MIL (raid) incursão *f* (**into** em).
forbad(e) [fə'bæd] *past see* **forbid**.
forbear [fɔː'beə(r)] *vi* (*past* -**bore**, *pp* -**borne**) (formal) abster-se (**from** de; **from doing, to do** de fazer).
forbearance [fɔː'beərəns] (formal) *n* indulgên- cia *f*.
forbid [fə'bɪd] *vtr* (*pres p* -**dd-** *past* -**bad(e)** *pp* -**bidden**) [fə'bæd, fə'beɪd] **forbad)** **a)** (disallow) proibir; ~ **sb to do sth** proibir alg de fazer algo; ~ **sb sth** proibir algo a alg; **b)** (prevent, preclu- de) impedir; **his health ~s it** a sua saúde não lhe permite isso; **God/heaven/the Lord ~!** Deus me livre!.
forbidden [fə'bɪdn] *adj* proibido (**to do** fazer); **smoking is ~** é proibido fumar.
forbidding [fə'bɪdɪŋ] *adj* [*building, wall*] amea- çador; [*terrain, region*] hostil; [*expression, look*] desagradável.
forbore [fɔː'bɔː(r)] (formal) *past see* **forbear**.

forborne [fɔ:'bɔ:n] (formal) *pp* see **forbear**.

force [fɔ:s] **1** *n* **a)** (physical strength, impact) (of explosion, collision, earthquake) força *f*; **b)** (gen) MIL (physical means) força *f*; **by ~ of arms** pela força das armas; **by ~ à** força; **c)** (of intellect, memory, enthusiasm, logic) força *f*; **by** *or* **out of** *or* **from ~ of habit/of circumstance** pela força do hábito/das circunstâncias; **d)** (strong influence) força *f*; **e)** (*also* **F~**) **the ~ a** polícia. **2 forces** *npl* **a)** (*also* **the armed ~s**) as forças *fpl* armadas; **b)** (lit, fig) forças *fpl*; **the ~s of law and order** as forças da ordem. **3 in ~** *adv phr* **a)** (in large numbers, strength) em força; **b)** (gen) JUR [*law, act, prices, ban, curfew*] em vigor; **to come into ~** entrar em vigor. **4** *vtr* **a)** (compel, oblige) forçar; **to ~ sb/sth to do** (gen) forçar alg/algo a fazer; **to be ~d to do** (gen) ser forçado a fazer; **b)** (push, thrust) **to ~ one's way through** (sth) abrir caminho através de [*crowd, jungle*]; **she ~d him to his knees** ele obrigou-o a ajoelhar-se; **c)** (apply great pressure to) forçar [*door, window, lock, safe*]. **5** *v refl* **to ~ oneself** forçar-se; **to ~ oneself to do** obrigar--se ou forçar-se a fazer. IDIOMAS **to ~ sb's hand** obrigar alg a fazer o que não quer ou não pode. ■ **force back**: **~ back ~ (sth) back, ~ back (sth) a)** (lit) repelir, obrigar a recuar [*crowd, army*]; **b)** (fig) reprimir [*emotion, tears, anger*]. ■ **force down**: **~ (sth) down, ~ down (sth) a)** forçar (qq coisa) a pousar [*aircraft*]; **b)** forçar-se a engolir [*food*]; **c)** (gen) FIN forçar a baixar [*prices, wages*] forçar a reduzir [*currency value, demand, profits, inflation*]. ■ **force from** see **~ out**. ■ **force in**: **~ (sth) in, ~ in (sth)** fazer entrar (qq coisa) à força. ■ **force into**: **~ (sb/sth) into sth/doing a)** (compel) forçar (alg/algo) a fazer; **she ~d him into (making) a decision** ela forçou-o a tomar uma decisão; **b)** (push, thrust) **she ~d him into the car** ela fê-lo entrar no carro à força. ■ **force up (on)**: **~ (sth) (up)on sb** impor (qq coisa) a alg, forçar alg a aceitar (qq coisa). ■ **force open**: **~ (sth) open, ~ open (sth)** forçar [*door, window, box, safe*]; **~ out ~ (sth) out, ~ out (sth)** (by physical means) fazer sair (qq coisa) pela força [*enemy, invader, object*]; **~ (sth) out of sth I couldn't ~ a smile out of him** não consegui arrancar--lhe um sorriso; **(also ~ from) ~ sth out of** *or* **from sb** arrancar (qq coisa) a alg [*information, confession*]. ■ **force through**: **~ (sth) through, ~ through (sth)** fazer adoptar [*legislation, measures*]. ■ **force up**: **~ (sth) up, ~ up (sth)** [*inflation, crisis, situation*] obrigar a aumentar [*prices, costs, demand, unemployment*].

forced [fɔ:st] *adj* [*laugh, smile, interpretation, etc*] forçado.

force feed *vtr* (*past, pp* **-fed**) alimentar à força [*animal, bird, person*] **(on, with** com).

forceful ['fɔ:sfl] *adj* [*person, character, behaviour*] enérgico; [*attack, defence, speech*] vigoroso.

forcibly ['fɔ:sɪblɪ] *adv* [*restrain, remove, repatriate*] à força.

ford [fɔ:d] **1** *n* vau *m*. **2** *vtr* **to ~ a river** atravessar um rio a vau.

fore [fɔ:(r)] **1** *n* **to the ~** à vista, em evidência; **to be/come to the ~** [*person*] salientar-se; [*is-*

sue] chamar a atenção; [*team, competitor*] começar a dominar. **2** *excl* (golf) grito que assinala que a bola vai cair perto de outros jogadores — Cuidado!.

forearm ['fɔ:rɑ:m] *n* antebraço *m*.

foreboding [fɔ:'bəʊdɪŋ] *n* pressentimento *m*; **to have ~s about** ter pressentimentos quanto a ou acerca de.

forecast ['fɔ:kɑ:st] **1** *n* **a) the (weather) ~** METEOROL o boletim meteorológico; **b)** COMM, ECON, FIN previsão *f* (**about sth** sobre qq coisa); **c)** (gen) prognóstico *m*. **2** *vtr* (*past, pp* **-cast**) prever (**that** que); **sunshine is ~ for tomorrow** para amanhã, prevê-se um dia de sol. **3** *pp adj* [*growth, demand, deficit, fall*] previsto.

foreclose [fɔ:'kləʊz] *vtr* (formal) **a)** FIN, JUR executar [*mortgage, loan*]; **b)** (remove) excluir [*possibility, chance*].

forecourt ['fɔ:kɔ:t] *n* **a)** COMM (garage) área *f* de estacionamento; **b)** RAIL (station) gare *f*; **c)** (castle) pátio *m* anterior.

forefathers ['fɔ:fɑ:ðəz] *n* antepassados *mpl*.

forefinger ['fɔ:fɪŋgə(r)] *n* dedo *m* indicador.

forefront 'fɔ:frʌnt] *n* **at** *or* **in the ~ of** [*change, research, debate*] à frente de; [*campaign, struggle*] na primeira linha de; **it's in the ~ of my mind** é a minha principal preocupação.

forego [fɔ:'gəʊ] *vtr* see **forgo**.

foregone ['fɔ:gɔn] *pp* see **forego**.

foreground ['fɔ:graʊnd] **1** *n* primeiro plano *m*; **in the ~** em primeiro plano. **2·** *vtr* pôr em relevo, destacar.

forehand ['fɔ:hænd] *n* TENNIS golpe *m* de direita.

forehead ['fɒrɪd, 'fɔ:hed] *n* testa *f*; fronte *f*.

foreign ['fɒrɪn] *adj* **a)** [*country, imports, company, investment*] estrangeiro; (external) [*trade, policy, market*] externo; **in ~ parts** no estrangeiro; **b)** (formal) (alien, unknown) desconhecido (**to sth/sb** a algo/alguém).

foreign correspondent *n* correspondente *m* estrangeiro.

foreigner ['fɒrənə(r)] *n* estrangeiro,-a *m/f*.

foreign: **~ exchange** *n* divisas *fpl* de outros países; câmbio *m* exterior; **F~ Legion** *n* legião *f* estrangeira; **F~ Minister** *n* ministro *m* dos negócios estrangeiros; **F~ Office** *n* ministério *m* dos negócios estrangeiros.

Foreign Service *n* **the ~** o serviço diplomático (do Reino Unido).

foreleg ['fɔ:leg] *n* perna *f* dianteira.

foreman ['fɔ:mən] *n* (*pl* **-men**) **a)** (supervisor) capataz *m*; **b)** JUR presidente *m/f* (dum júri).

foremost ['fɔ:məʊst] **1** *adj* **Portugal's ~ novelist** o maior romancista português; **we have many problems ~ among these are...** temos muitos problemas, mas os principais são.... **2** *adv* **first and ~** antes de mais, em primeiro lugar.

forename ['fɔ:neɪm] (formal) *n* nome *m* de baptismo.

forensic [fə'rensɪk] **1** *n* (*pl* **~s**) US (public speaking) eloquência *f*. **2** *adj* **a)** (in crime detection) **~ tests** testes *mpl* médico-legais; **b)** (formal) (in debate) [*skill, eloquence*] perfeito; [*attack*] devastador.

forerunner ['fɔ:rʌnə(r)] *n* **a)** (forebear) (person) precursor *m*; (institution, invention, model) antigo *m*; **b**) (sign) (person) precursor *m*; (thing) sinal *m*; indício *m*; precursor *m*.

foreseeable [fɔː'siːəbl] *adj* previsível (**that** que); **for the ~ future** de imediato; **in the ~ future** num futuro próximo.

foresee [fɔː'siː] *vtr* (*past* **foresaw** *pp* **foreseen**) prever.

foreshadow [fɔː'ʃædəʊ] *vtr* anunciar.

foresight ['fɔːsaɪt] *n* clarividência *f*; perspicácia.

foreskin ['fɔːskɪn] *n* ANAT prepúcio *m*.

forest ['fɒrɪst] *n* floresta *f*; **(tropical) rain ~** floresta *f* tropical.

forestall [fɔː'stɔːl] *vtr* **to ~ sth** prevenir qq coisa.

forester ['fɒrɪstə(r)] *n* guarda florestal *m*.

forestry ['fɒrɪstrɪ] *n* (science) silvicultura *f*; (industry) exploração *f* florestal.

foretaste ['fɔːteɪst] *n* antegosto *m* (**of** de).

foretell [fɔː'tel] *vtr* (*past, pp* **foretold**) predizer (**that** que).

forethought ['fɔːθɔːt] *n* previdência *f*.

forever [fə'revə(r)] *adv* **a**) (also **for ever**) para sempre; **it can't go on** *or* **last ~** [*situation, trend, success*] isso não pode durar sempre; **~ after(wards)** para sempre; **b**) (persistently) **to be ~ doing sth** fazer qq coisa sem parar; **c**) (also **for ever**) (ages) **to take ~** [*task*] levar muito tempo (**to do** a fazer); **to go on ~** [*pain, noise*] durar uma eternidade; **d**) (always) sempre; **~ on the brink of doing** sempre prestes a fazer.

forevermore [fərevə'mɔː(r)] *adv* para sempre.

forewarn [fɔː'wɔːn] *vtr* prevenir (**of**; **that** que). IDIOMAS **~ed is forearmed** homem prevenido vale por dois.

foreword ['fɔːwɜːd] *n* prefácio *m*; introdução *f*.

forfeit ['fɔːfɪt] **1** *n* **a**) (property, money) **her property was (subject to) ~** JUR os seus bens foram confiscados; **b**) (sum, price) (fine) multa *f*; (for breach of contract) multa *f*; penalidade *f*. **2** *vtr* (formal) (lose) perder [*public support, right, deposit*]; (voluntarily) renunciar a.

forgave [fə'geɪv] *past see* **forgive**.

forge [fɔːdʒ] **1** *n* forja *f*. **2** *vtr* **a**) (weld) forjar [*metal*]; **b**) (fake) forjar, falsificar [*banknotes, signature, etc*]; **a ~d passport** um passaporte falso; **c**) (establish) estabelecer [*link, identity*]; maquinar, elaborar [*plan*]. **3** *vi* **to ~ ahead** *or* **forward with** [*plan*] tomar a dianteira em qq coisa.

forger ['fɔːdʒə(r)] *n* **a**) (of documents, artefacts) falsificador *m*; **b**) (of money) falsário *m*.

forgery ['fɔːdʒərɪ] *n* (counterfeiting) falsificação *f*.

forget [fə'get] **1** *vtr* (*pres p* **-tt-** *past* **forgot** *pp* **forgotten**) (be unable to recall) não se lembrar [*date, face, number, poem*]. **2** *vi* **a**) (fail to recall) não se lembrar; **how many? 20, 30, I ~** quantos? 20, 30, não me lembro; **b**) (overlook) esquecer-se. IDIOMAS **~ it!** (no way) nem pensar! ou nem penses!; (drop the subject) deixa lá!; (think nothing of it) não é nada!. ■ **forget about**: **to ~ about (sth)** (overlook) esquecer-se de [*appointment, birthday*]; **to ~ about sb** esquecer [*person*].

forgetful [fə'getfl] *adj* **a**) (absent-minded) [*person*] distraído; **to become** *or* **grow ~** ir perdendo a memória; **b**) (negligent) **to be ~ of one's duties** negligenciar os seus deveres.

forgetfulness [fə'getflnɪs] *n* **a**) (absent--mindedness) distracção *f*; esquecimento *m*; **b**) (carelessness) negligência *f*.

forget-me-not [fə'getmiːnɒt] *n* miosótis *m*.

forgettable [fə'getəbl] *adj* [*day, fact, film*] que se esquece com facilidade; [*actor, writer*] para esquecer.

forgive [fə'gɪv] **1** *vtr* (*past* **-gave** *pp* **-given**) perdoar [*act, crime, etc*]; anular [*debt*]; **to ~ sb sth** perdoar qq coisa a alg; **to ~ sb for doing sth** perdoar a alg por ter feito qq coisa. **2** *v refl* **to ~ oneself** desculpar-se PO/escusar-se BR.

forgiveness [fə'gɪvnɪs] *n* (for action, crime) perdão *m*.

forgiving [fə'gɪvɪŋ] *adj* [*attitude, person*] indulgente; [*climate*] clemente.

forgo [fɔː'gəʊ] (formal) *vtr* (*past* **-went** *pp* **-gone**) renunciar a [*opportunity, pleasure*].

forgot [fə'gɒt] (*past*) see **forget**.

forgotten [fə'gɒtn] (*pp*) see **forget**.

fork [fɔːk] **1** *n* **a**) (for eating) garfo *m*; **b**) (for gardening) forquilha *f*; **c**) (in road) bifurcação *f*; (in river) confluência *f*; (in railway) ramal *m*; **d**) (in chess) xeque *m* duplo. **2** *vtr* **a**) (lift with fork) deslocar com uma forquilha [*hay, manure, earth*];. **b**) (in chess) fazer xeque duplo. **3** *vi* [*road, river, railway line*] bifurcar. ■ **fork out**: **it's always me who has to ~ out** sou sempre eu que tenho de puxar os cordões à bolsa (fam); **~ over** revolver com a forquilha [*hay, manure, garden*].

forked [fɔːkt] *adj* [*twig, branch*] bifurcado.

fork-lift truck *n* empilhadora *f*.

forlorn ['fɔː'lɔːn] *adj* **a**) [*child, appearance*] infeliz; **b**) (desolate) [*place, landscape*] abandonado, sombrio; [*sight, scene*] triste; **c**) (desperate) [*attempt*] desesperado; **in the ~ hope of finding sth/sb** na última esperança de encontrar algo/alg.

form [fɔːm] **1** *n* **a**) (kind, manifestation) (of activity, energy, exercise, transport, etc) forma *f*; (of cancer, entertainment) tipo *m*; **b**) (document to fill in) formulário *m*; impresso *m*; **blank ~** impresso em branco; **c**) (of athlete, horse, performer) forma *f*; **in good ~** em boa forma; **on ~** em forma; **true to ~, she was late** fiel a si mesma, ela estava atrasada; **d**) LITER, ART (structure) forma *f*; **~ and content** forma e fundo ou forma e conteúdo; **a literary ~** um género literário; **e**) (etiquette) **it is bad ~** isso não se faz; **f**) GB SCH ano *m*; **in the first ~** no primeiro ano; **g**) (prescribed set of word) formulação *f*; **they object to the ~ words used** eles não estão de acordo com a formulação utilizada; **h**) LING forma *f*; **in question ~** na forma interrogativa; **i**) (bench) banco *m* comprido sem costas; **j**) ZOOL (hare's nest) toca *f* (de lebre). **2** *modif* GB SCH [*captain, room*] de ano. **3** *vtr* **a**) (organize or create) formar [*queue, circle, barrier, club, government, alliance, etc*] (**from** com); **to ~ part of sth** fazer parte de qq coisa; **b**) (conceive) idealizar [*image, picture, idea, opinion*]; ter [*admiration*]; **to ~ the habit of doing** adquirir o hábito de fazer; **c**) (mould) educar [*child, pupil, personality, taste, ideas, attitudes*]; **tastes ~ed by television** gostos educados pela televisão. **4** *vi* [*puddle, scum, scab, cloud, queue, idea, etc*] formar-se, surgir. **5 ~ed** (*in compounds*) **perfectly~** perfeitamente formado. ■ **form into**: ~ **into (sth)** formar [*group, classes, teams*]; **to ~ (sth) into (sth)** incluir (qq coisa) em [*sentence, paragraphs, circle*]; separar (qq coisa) em [*groups, teams, classes*].

formal ['fɔːml] *adj* **a)** (official) [*agreement, announcement, enquiry, invitation, etc*] oficial; **b)** (not casual) [*language, register, style, occasion, person, etc*] cerimonioso, formal; [*clothing, outfit, jacket*] de cerimónia; ~ **teaching methods** métodos tradicionais de ensino; **c)** [*logic, proof, reasoning, grammar*] formal.

formality [fɔː'mælɪtɪ] *n* **a)** (legal or social convention) formalidade *f*; **to dispense with** *or* **(coll) skip the formalities** dispensar formalidades; **b)** (formal nature) (of occasion, manner) solenidade *f*; (of room, layout, table setting) requinte *m*; (of language, register, style) formalismo *m*.

formalize ['fɔːməlaɪz] *vtr* **a)** (make official) oficializar [*arrangement, agreement, relations*]; **b)** (in logic, computing) formalizar.

format ['fɔːmæt] **1** *n* **a)** (general formulation, make-up of product, publication, etc) formato *m*; apresentação *f*; (of band, musical group) formação *f*; **the standard VHS ~** o formato standard VHS; **b)** PUBLIG (size, style of book or magazine) formato *m*; **c)** TV, RADIO (style, formulation of programme) fórmula *f*; estilo *m*; **d)** COMPUT (of document, data) formato *m*. **2** *vtr* (*pres p etc* **-tt-**) COMPUT formatar [*disk, data, document*].

formation [fɔː'meɪʃn] *n* **a)** (creation) (of government, committee, alliance, company, new word, idea, etc) formação *f*; (of friendship, relationship) criação *f*; nascimento *m*; **b)** (shape, arrangement) (of troops, defenders, aircraft, dancers, rock) formação *f*; **to fly in ~** voar em formação.

formative ['fɔːmətɪv] *adj* **a)** [*years, period, time, experience*] formativo, de formação; **b)** LING [*element, affix*] de formação.

former ['fɔːmə(r)] **1** *adj* **a)** (earlier) [*era, life*] anterior; [*size, state*] antigo; **of ~ days** *or* **time** de antigamente; **in ~ times** antigamente; **b)** (no longer) [*leader, employer, husband, champion*] ex; **c)** (first of two) [*proposal, course, method*] primeiro. **2 ~** (*in compounds*) GB **fourth~** SCH aluno do quarto ano.

formerly ['fɔːməlɪ] *adv* **a)** (in earlier times) primitivamente, a princípio; **b)** (no longer) antigamente; **Mr. Green, ~ with Grunard's** o Sr. Green, antigamente a trabalhar na casa Grunard.

formidable ['fɔːmɪdəbl] *adj* **a)** (intimidating) [*personality, task, problem*] temível; **b)** (awe-inspiring) [*achievement, intellect*] impressionante.

formula ['fɔːmjʊlə] **1** *n* (*pl* **-lae** *or* **~s**) **a)** (gen) SCI fórmula *f* (**for** de); **b)** US (for babies) (powder) leite *m* em pó. **2 F~** *adj* (in car racing) ~ **One** Fórmula Um.

formulate ['fɔːmjʊleɪt] *vtr* [*rules, plan, principles*] elaborar; [*idea, design, reply*] formular.

forsake [fə'seɪk] (formal) *vtr* (*past* **forsook** *pp* **forsaken**) abandonar [*person, home*].

forsook [fə'sʊk] *past see* **forsake**.

fort [fɔːt] *n* forte *m*. IDIOMAS **to hold the ~** tomar conta de tudo durante algum tempo.

forte ['fɔːteɪ, 'fɔːtɪ] *n* **a)** (strong point) **to be sb's ~** ser o forte de alg; **b)** MUS forte *m*.

forth [fɔːθ] *adv* (onwards) **from this day ~** a partir de hoje; **from that day ~** a partir desse dia.

forthcoming [fɔːθ'kʌmɪŋ, 'fɔːθkʌmɪŋ] *adj* **a)** (happening soon) [*book, event, election, season*] próximo; **b)** (available) disponível; **no information was ~ from the government** não houve nenhuma informação disponível da parte do governo; **c)** (communicative) [*person*] comunicativo, afável; **he wasn't very ~ about it** ele não estava muito disposto a falar disso.

forthright ['fɔːθraɪt] *adj* [*person, manner*] directo; [*reply, statement*] decisivo; **to be ~ in condemning** condenar sem contemplações.

forthwith [fɔːθ'wɪð, fɔːθ'wɪθ] (formal) *adv* em seguida, imediatamente.

fortieth ['fɔːtɪɪθ] **1** *n* **a)** (in order) quadragésimo *m*; **b)** MATH (fraction) quarenta *m* anos. **2** *adj* quadragésimo.

fortification [fɔːtɪfɪ'keɪʃn] *n* fortificação *f* (**of** de).

fortify ['fɔːtɪfaɪ] **1** *vtr* **a)** fortificar [*place*]; fortalecer [*person*] (**against** contra); **b)** reforçar [*food*]; elevar a graduação [*wine*]. **2** *v refl* **to ~ oneself** arranjar coragem.

fortitude ['fɔːtɪtjuːd] *n* determinação *f*; força *f* moral.

fortnight ['fɔːtnaɪt] *n* GB quinzena *f*; duas semanas *fpl*.

fortnightly ['fɔːtnaɪtlɪ] **1** *adj* [*meeting, visit, magazine*] quinzenal. **2** *adv* [*publish, meet*] quinzenalmente.

fortress ['fɔːtrɪs] *n* fortaleza *f*.

fortuitous [fɔː'tjuːɪtəs] (formal) *adj* fortuito.

fortunate ['fɔːtʃʊnət, 'fɔːtʃənət] *adj* [*person, coincidence, event*] feliz; **to be ~ in sb/sth** ter sorte com alg/algo.

fortunately ['fɔːtʃʊnətlɪ, 'fɔːtʃənətlɪ] *adv* felizmente (**for sb** para alg).

fortune ['fɔːtʃuːn, 'fɔːtʃən] **1** *n* **a)** (wealth) fortuna *f*; **to make a ~** fazer fortuna; **b)** (luck) sorte *f*; **to have the good ~ to do** ter a sorte de fazer; **by good ~** por um feliz acaso, por sorte; **ill ~** azar *m* PO, urucubaca *f* BR; **to tell sb's ~** ler a sina a alg. **2 fortunes** *npl* (of team, party, country) destinos *mpl*. IDIOMAS **to seek fame and ~** *or* **one's ~** procurar a fama e a riqueza; ~ **favours the brave** a sorte sorri aos audazes.

fortune-teller *n* adivinho *m*; quiromante *m/f*.

forty ['fɔːtɪ] **1** *n* quarenta *m*. **2** *adj* quarenta. IDIOMAS **to have a ~ winks** dormitar um pouco.

forum ['fɔːrəm] *n* (*pl* **~s** *or* **fora**) (gen) HIST fórum *m* (**for** de); **in an open ~** num debate aberto.

forward ['fɔːwəd] **1** *n* SPORT avançado *m*. **2** *adj* **a)** (bold) atrevido,-a, descarado,-a; **b)** (towards the front) [*roll, gears*] para a frente; **to be too far ~** [*seat*] estar muito para a frente; **c)** (advanced) [*season*] precoce, adiantado,-a; [*plant*] prematuro,-a. **3** *adv* **a)** (ahead) **to step ~** dar um passo em frente; **to go** *or* **walk ~** avançar; **a seat facing ~** um lugar virado para a frente; **a**

way ~ uma solução; **b)** (towards the future) em direcção ao futuro; **from this day** ~ a partir de hoje; **c)** AUDIO, VIDEO **to wind sth** ~ bobinar qq coisa para a frente. **4** *vtr* **a)** (dispatch) expedir [*goods*]; enviar [*catalogue, parcel*]; **b)** (send on) fazer seguir.
forwards ['fɔːwədz] *adv* see **forward**.
fossil ['fɒsɪl] *n* **a)** GEOL fóssil *m*; **b)** (pej) (person) fóssil *m*.
foster ['fɒstə(r)] **1** *adj* [*parent, brother, child, etc*] adoptivo. **2** *vtr* **a)** (encourage) encorajar [*attitude, spirit*]; promover [*activity, image*]; **b)** (cherish) acalentar, nutrir [*hope, thought*]; **c)** (act as parent to) adoptar [*child*]; **d)** (place in care of) **to** ~ **sb with** [*Social Service*] dar para adopção a [*family*].
fought [fɔːt] *past, pp* see **fight**.
foul [faʊl] **1** *n* falta *f* (**on** sobre, contra). **2** *adj* **a)** (putrid) [*place, slum, conditions*] repugnante; [*air, breath, smell*] fétido; [*water*] pútrido; **b)** (grim) [*weather, day*] tremendo, horrível; **to be in a** ~ **humour** *or* **mood** estar de péssimo humor; **c)** (evil) [*person, act, crime, deed, treachery, creature*] odioso; **d)** (offensive) linguagem *f* obscena; **to have a** ~ **tongue** ser ordinário; **e)** SPORT (unsporting) desleal. **3** *vtr* **a)** (pollute) poluir [*atmosphere, environment, sea*]; sujar [*pavement, play area*]; **b)** (become tangled) [*weeds, nets, ropes*] enredar-se em [*engine, propeller*]; **the engine was** ~**ed by nets** as redes enredaram-se no motor; **c)** (clog) bloquear [*mechanism, device*]; obstruir [*pipe, channel*]; **d)** SPORT (obstruct) cometer uma falta contra [*player*]; **e)** NAUT (collide) abalroar [*vessel*]. **4** *vi* **a)** SPORT cometer faltas; **b) to** ~ **on** NAUT enredar-se em [*pulley, rocks*]. IDIOMAS **to fall** ~ **of the law** cair sob a alçada da lei. ▪ **foul out**: ~ **out** ser expulso por faltas. ▪ **foul up** (coll) cometer faltas; ~ **up (sth),** ~ **(sth) up** (bungle) estragar [*plan, opportunity*]; (pollute) poluir [*air, soil*].
foul-smelling *adj* nauseabundo.
found [faʊnd] **1** *past, pp* see **find 1, 2. 2** *vtr* **a)** (establish) fundar [*school, town, organization*]; "~**ed 1875**" "fundado em 1875"; **b)** (base) **to be** ~**ed on** [*society, opinion, philosophy, suspicion*] ser baseada ou fundamentada em; **to be** ~**ed on facts** basear-se em factos; **c)** TECH fundir [*metal, glass*].
foundation [faʊn'deɪʃn] *n* **a)** (base) (*usu pl*) (man-made) fundações *fpl*; (natural) base *f*; (fig) fundamentos *mpl* (**of, for** de); **to lay the** ~**s for sth** (lit) lançar os alicerces de qq coisa; (fig) estabelecer os fundamentos de qq coisa; **to rock** *or* **shake sth to its** ~**s** (lit) fazer tremer qq coisa até aos alicerces; (fig) abalar qq coisa nos seus fundamentos; **without** ~ sem fundamento; **b)** (founding) (of school, town, organization) fundação *f* (**of** de); **c)** FIN (*also* **F~**) (trust) fundação *f*.
founder ['faʊndə(r)] **1** *n* fundador *m*. **2** *vi* **a)** (sink) [*ship*] naufragar, afundar-se; [*car, person*] atolar-se; **b)** (fail) [*marriage, career, plan, talks*] desmoronar-se, ruir, malograr-se.
foundry ['faʊndrɪ] *n* fundição *f*.
fount [faʊnt] *n* **a)** (liter) fonte *f*; origem *f*; **b)** PRINT see **font**.
fountain ['faʊntɪn] *n* **a)** (structure) fonte *f*; **b)** (of water) repuxo *m*.

fountain pen *n* caneta *f* de tinta permanente.
four [fɔː(r)] **1** *n* quatro *m*. **2** *adj* quatro; **on all** ~**s** de gatas; **to the** ~ **winds** aos quatro ventos.
four: ~**-door** *adj* AUT [*car, model*] de quatro portas; ~**-leaf clover** *n* trevo *m* de quatro folhas; ~**-letter word** *n* palavra *f* obscena; ~ **poster** *n* cama *f* com quatro colunas; ~**-stroke** *adj* AUT [*engine*] a quatro tempos.
fourteen [fɔː'tiːn] *n, adj* catorze *m* PO, quatorze *m* BR.
fourteenth [fɔː'tiːnθ] **1** *n* **a)** (in order) décimo quarto *m*; **b)** MATH (fraction) catorze PO/quatorze BR avos *mpl*. **2** *adj* décimo quarto. **3** *adv* **to come** *or* **finish** ~ SPORT chegar ou acabar na décima quarta posição ou em décimo quarto.
fourth [fɔːθ] **1** *n* **a)** (in order) quarto *m*; **b)** MATH (fraction) quarto *m*; **c)** MUS quarta *f*. **2** *adj* quarto. **3** *adv* **to come** *or* **finish** ~ SPORT chegar ou acabar em quarta posição ou em quarto.
fourthly ['fɔːθlɪ] *adv* em quarto lugar.
four-wheel *adj* AUT [*brakes*] às quatro rodas.
fowl [faʊl] *n* (gen) CULIN (one bird) frango *m*; galinha *f*; (group) criação *f*. IDIOMAS **neither fish nor** ~ nem carne nem peixe.
fox [fɒks] **1** *n* (animal) raposa *f*. **2** *vtr* confundir, desconcertar; **that's got me** ~**ed** isso deixou-me perplexo.
fox: ~ **cub** *n* raposinho *m*; filhote *m* de raposa; ~ **glove** *n* BOT dedaleira *f*; ~ **hunt** *n* caça *f* à raposa; ~ **terrier** *n* fox terrier *m*.
foxtrot ['fɒkstrɒt] *n* foxtrote *m*.
foyer ['fɔɪeɪ, 'fwajeɪ] *n* ARCHIT vestíbulo *m*.
fraction ['frækʃn] *n* **a)** (gen) MATH (portion) fracção *f* (**of** de); **b)** (tiny amount) quantidade *f* mínima.
fractional ['frækʃənl] *adj* **a)** [*rise, decline, difference*] ínfimo; **b)** MATH [*equation*] fraccionário.
fractionally ['frækʃənəlɪ] *adv* ligeiramente, um pouco.
fractious ['frækʃəs] *adj* [*person, personality*] irascível; [*situation, confrontation*] tenso.
fracture ['fræktʃə(r)] **1** *n* (gen) MED fractura *f*. **2** *vtr* fracturar [*bone, rock*]. **3** *vi* [*bone*] fracturar--se.
fragile ['frædʒaɪl] *adj* **a)** (delicate) [*glass, structure, system, state*] frágil; **to feel** ~ [*person*] sentir-se fraco; **b)** (tenuous) [*link, hold*] ténue.
fragment ['frægmənt] **1** *n* (of rock, shell, music, manuscript) fragmento *m*; (of food) migalha *f*; (of china, glass) bocado *m*; ~**s of conversation** frases *fpl* soltas. **2** *vi* [*party, system*] fragmentar--se (**into** em).
fragmentary ['frægməntərɪ] *adj* **a)** (gen) (fig) [*evidence, recollection, nature*] fragmentário; **b)** GEOL [*material*] clástico.
fragmentation [frəgmən'teɪʃn] *n* fragmentação *f*.
fragmented [fræg'mentɪd] *pp adj* [*account, argument*] desconexo; [*group, civilization*] disperso; [*system, world, rhythm*] fragmentado.
fragrance ['freɪgrəns] *n* perfume *m*.
fragrant ['freɪgrənt] *adj* perfumado.
frail [freɪl] *adj* (in delicate health) [*person*] delicado, débil.
frailty ['freɪltɪ] *n* (of person, human nature) fragilidade *f*; (of structure, health, state) debilidade *f*.

frame [freɪm] **1** *n* **a)** (structure) (of building, boat, roof) estrutura *f*; (of car) chassis *m*; (of tent) armação *f*; (of bicycle) quadro *m*; **b)** (border) (of door, window) caixilho *m*; (of picture) moldura *f*; (of spectacles) armação *f*; (fig) quadro *m*; **c)** ANAT esqueleto *m*; **d)** (picture) CIN fotograma *m*; TV, PHOT imagem *f*; **e)** TEX, TECH (for weaving) bastidor *m*; **f)** COMPUT (of transmitted data) bloco *m*. **2** *vtr* **a)** (enclose) (lit, fig) enquadrar [*picture, photograph, face, view*]; **b)** (formulate in words) formular [*question, reply, offer, proposal*]; **c)** (devise) elaborar [*plan, policy*]; **d)** (mouth) articular [*words*]; **e)** (coll) (set up) [*police*] montar uma armadilha PO/armação BR a alg, tramar PO/aprontar BR qq coisa contra alg.
frame-up (coll) *n* conspiração *f*; maquinação *f*.
framework ['freɪmwɜ:k] *n* **a)** (lit) estrutura *f*; **b)** (fig) (basis) (of society, system) organização *f*; (of agreement, theory) base *f*; (of novel, play) estrutura *f*; **legal** ~ quadro *m* jurídico.
franc [fræŋk] *n* franco *m*.
France [frɑːns] *pr n* França *f*.
franchise ['fræntʃaɪz] **1** *n* **a)** POL direito *m* de voto; **universal** ~ sufrágio *m* universal; **b)** COMM concessão *f*. **2** *modif* COMM [*business, chain*] concessionado. **3** *vtr* US (subcontract) concessionar [*product, service*].
frank [fræŋk] **1** *adj* [*person, manner, account, curiosity*] franco; **to be** ~ **about** [*person*] ser franco acerca de. **2** *vtr* POST franquear [*letter, parcel*].
frankfurter ['fræŋkfɜ:tə(r)] *n* salsicha *f* alemã; salsicha *f* de Frankfurt.
frankincense ['fræŋkɪnsens] *n* (*also* **frankincense resin**) incenso *m*.
frankly ['fræŋklɪ] *adv* francamente.
frankness ['fræŋknɪs] *n* franqueza *f*.
frantic ['fræntɪk] *adj* **a)** (wild) [*activity, excitement, applause, rate*] frenético; **b)** (desperate) [*effort, struggle, search*] desesperado; [*shout, tone*] desvairado; [*person*] fora de si; **to drive sb** ~ pôr alg louco.
fraternal [frə'tɜ:nl] *adj* fraterno.
fraternity [frə'tɜ:nɪtɪ] *n* **a)** (brotherhood) fraternidade *f*; **b)** (of those sharing profession) confraria *f*; **c)** US UNIV associação *f* de estudantes.
fraud [frɔːd] *n* fraude *f*; **computer** ~ fraude informática.
fraudulent ['frɔ:djʊlənt] [*system, practice, dealing, use*] fraudulento; [*signature, cheque*] falsificado; [*statement*] falso; [*gain, earnings*] ilícito.
fraught [frɔ:t] *adj* [*meeting, situation, atmosphere, relationship*] tenso; [*person*] acabrunhado (**with com**); **to be** ~ **with** [*situation*] estar cheio de [*danger, difficulty*].
fray [freɪ] **1** *n* (formal) **the** ~ a batalha, a luta. **2** *vi* [*material, carpet, rope*] desfiar-se, esfiapar-se; [*temper, nerves*] ficar em frangalhos (fam).
freak [fri:k] **1** *n* **a)** (deformed person) (lit, fig, injur) anormal *m/f*; **b)** (strange person) extravagante *m/f*; **c)** (unusual occurrence) aberração *f*; **a** ~ **of nature** um aborto *m* da natureza; **d)** (coll) (enthusiast) **a jazz** ~ um maníaco *m* do jazz. **2** *modif* [*accident, occurrence, weather, storm*] fora do vulgar. **3** (coll) *vi* (get upset) (*also* ~ **out**)

ficar fora de si. ■ **freak out** (coll) **a)** (get angry) zangar-se; **b)** (get excited) ficar alucinado; (on drugs) ~ **(sb) out**, ~ **out (sb)** (upset) chatear (alg) (fam).
freckle ['frekl] **1** *n* sarda *f*. **2** *vi* [*person*] ficar com sardas.
free [fri:] **1** *n* SCH (*also* ~ **period**) hora *f* livre. **2** *adj* **a)** (unhindered, unrestricted) [*person, country, election, press, translation*] livre; **to be** ~ **to do** ser livre de fazer; **to feel** ~ **to do** não hesitar em fazer; **feel** ~ **to make yourself a coffee** esteja à vontade se quiser fazer um café; **to break** ~ **of** *or* **from (sth)** libertar-se de [*influence, restriction*]; **to set sb** ~ **from sth** libertar alg de (qq coisa) [*situation, task*]; **b)** (not captive or tied) [*person, limb*] livre; [*animal, bird*] em liberdade; **to set (sb/sth)** ~ libertar (alg/algo) [*prisoner, hostage*]; pôr em liberdade [*bird, animal*]; **the boat broke** ~ **from** *or* **of its moorings** o barco quebrou as amarras; **c)** **to be** ~ **from** *or* **of sth: a day** ~ **from** *or* **of interruptions** um dia sem interrupções; **she was** ~ **from** *or* **of any bitterness** ela não experimentou nenhuma amargura; ~ **of** *or* **from tax** FIN isento de taxas ou impostos; **d)** (for nothing) [*ticket, meal, delivery, sample*] gratuito; **"admission ~"** "entrada livre"; **e)** (not occupied) [*person, time, morning, chair, room*] livre; **are you** ~ **for lunch on Monday?** estás livre na 2.ª feira para ir almoçar?; **f)** (generous, lavish) **to be** ~ **with (sth)** ser generoso com [*food, drink*]; ser pródigo em [*compliments, advice*]; **they've always been very** ~ **with money** eles sempre gastaram muito dinheiro; **to make** ~ **with sth** servir-se generosamente de qq coisa; **g)** (familiar) familiar; **to make** ~ **with sb** permitir-se familiaridades com alg. **3** *adv* **a)** (at liberty) [*run, roam*] livremente, em liberdade; **to go** ~ [*hostage*] ser libertado; [*murderer, criminal*] andar em liberdade; **b)** [*give, mend, repair, travel*] gratuitamente. **4 for** ~ *adv phr* [*give, mend, repair, work*] gratuitamente. **5** *vtr* **a)** (set at liberty) (from prison, captivity, slavery, chains, trap) libertar [*person, animal*]; **to** ~ **sb from (sth)** libertar alg de [*prison*]; desembaraçar alg de [*burden, prejudice*]; isentar alg de [*blame, responsibility*]; aliviar alg de [*suffering, disease*]; **b)** (make available) desbloquear [*money, capital, resources*]; libertar [*person, hands*]; **early retirement ~d him to pursue his hobby** a reforma PO/aposentadoria BR antecipada deu-lhe liberdade para se consagrar ao seu passatempo favorito. **6** *v refl* **to** ~ **oneself** (from chains, wreckage) livrar-se; **to** ~ **oneself from (sth)** livrar-se de qq coisa; libertar-se de [*control, restriction, influence*]. **7 ~** (*in compounds*) additive~ sem aditivos. IDIOMAS **to have a** ~ **hand** ter carta branca (**in doing** para fazer); ~ **as a bird** *or* **as the air** livre como um passarinho.
freebie, freebee ['fri:bɪ] (coll) **1** *n* (free gift) brinde *m*; (newspaper) jornal *m* grátis. **2** *modif* [*object, meal, trip*] grátis, gratuito.
freedom ['fri:dəm] *n* **a)** (liberty) liberdade *f* (**to do** para fazer); ~ **of press** liberdade de imprensa; **to give sb his/her** ~ devolver a liberdade a alg ou pôr alg em liberdade; **b)** (entitlement to use freely) **to give sb/receive the** ~ **of a city**

nomear alg/tornar-se cidadão honorário de uma cidade; **c)** ~ **from (sth)** (lack of) ausência *f* de [*fear, hunger, influence*]; (immunity towards) imunidade *f* contra [*fear, disease*]; **to have** *or* **enjoy** ~ **from (sth)** (gen) estar ao abrigo de [*war, famine, fear, hunger*]; **d)** liberdade *f*; **e)** (ease of manner) à vontade *m*.
freedom fighter *n* combatente *m/f* da liberdade.
free: ~ **enterprise 1** *n* livre iniciativa *f*. **2** *modif* [*economy*] de mercado; ~**fall 1** *n* queda *f* livre. **2** ~-**fall** *modif* [*bomb, racket*] desgovernado; ~-**for-all** *n* desordem *f* Po, bagunça *f* Br generalizada.
freehold ['fri:həʊld] **1** *n* propriedade *f* livre e alodial. **2** *modif* [*property, tenancy, tenant, land*] em plena propriedade.
freehouse *n* GB bar *m* que pode vender qq tipo de bebida.
freelance ['fri:la:ns] **1** *n* trabalhador *m* independente. **2** *adj* [*writer, work, basis*] independente, autónomo. **3** *adv* [*work*] por conta própria.
freeloader (coll) *n* US parasita *m*.
freely ['fri:lɪ] *adv* **a)** (without restriction) [*act, travel, sell*] livremente; [*breathe*]; (lit) à vontade; (abundantly) [*spend, give*] sem olhar a despesas; [*perspire*] abundantemente; **to be** ~ **available** (easy to find) [*commodity, drug, advice, help, information*] fácil de encontrar; (accessible) [*information, education*] acessível a todos; **b)** (willingly) [*admit, confess*] voluntariamente; **c)** (not strictly) [*translate, adapt*] livremente.
free market [fri:'ma:kɪt] **1** *n* (*also* ~ **economy**) economia *f* de mercado. **2** *modif* [*economy, policy, forces*] de mercado.
free-range *adj* [*hen, chicken*] caseiro.
free trade [fri:'treɪd] *n* comércio *m* livre.
free-way *n* US auto-estrada *f*.
freewheel [fri:'wi:l] *vi* (lit) (in car) rodar em ponto morto.
freeze [fri:z] **1** *n* **a)** METEOROL gelo *m*; **b)** ECON congelamento *m* (**on** de); **wage** ~ congelamento de salários. **2** *vtr* (*past* **froze** *pp* **frozen**) **a)** (change into a solid) congelar [*food*]; [*cold (weather)*] gelar [*liquid*]; **b)** ECON, COM congelar [*price, benefits, wages*]; bloquear [*loan, assets*]; **c)** CIN parar, imobilizar [*frame, picture*]; **d)** (anaesthetize) insensibilizar, anestesiar [*gum, hand, foot, etc*]. **3** *vi* **a)** (gen) (become solid) [*water, river, pipe*] gelar; [*food*] ficar congelado; **to** ~ **to sth** ficar colado a qq coisa devido ao gelo; **b)** (feel cold) [*person, room*] gelar; **to** ~ **to death** morrer de frio; **c)** METEOROL gelar; **it's freezing hard** está muito frio; **d)** (fig) (become motionless) [*person, animal*] ficar paralisado; **e)** (become haughty) [*person*] tornar-se frio ou distante. ■ **freeze out:** ~ **(sb/sth) out,** ~ **out (sb/sth)** (gen) [*person*] voltar as costas a (qq coisa); COMM suplantar [*competitor, company*]; eliminar (qq coisa) do mercado [*goods*]. ■ **freeze over** [*lake, river*] gelar; [*window, windscreen*] cobrir--se de geada.
freeze-dry *vtr* liofilizar.
freezer ['fri:zə(r)] *n* (for food storage) congelador *m* Po, frizer *m* Br
freezer compartment *n* congelador *m* Po, frizer *m* Br

freezing ['fri:zɪŋ] **1** *n* METEOROL zero *m* graus; **below** ~ abaixo de zero. **2** *adj* [*person, room, weather*] gelado.
freezing point *n* ponto *m* de congelação.
freight [freɪt] **1** *n* COMM **a)** (goods) carga *f*; mercadorias *fpl*; **b)** (transport system) transporte *m*; **c)** (cost) frete *m*. **2** *modif* COMM [*company, handling, route, service*] de transporte; [*transport, wagon, train*] de mercadorias.
freighter ['freɪtə(r)] *n* **a)** NAUT cargueiro *m*; **b)** AVIAT avião *m* de transporte de mercadorias.
French beans [frent∫'bi:n] *npl* (pods) vagens *fpl*; feijão *m* verde.
French: ~ **Canadian 1** *n* **a)** (person) canadiano *m* de língua francesa, franco-canadiano *m*; **b)** LING francês *m* do Canadá. **2** *adj* [*person*] canadiano francófono; [*accent*] franco-canadiano; ~ **fries** *npl* batatas *fpl* fritas; ~ **horn** *n* trompa *f*.
Frenchify ['frent∫ɪfaɪ] *vtr* (pejor *or* hum) afrancesar.
French: ~**man** *n* francês *m*; ~ **polish** *n* verniz *m* para madeira; ~ **window** *n* porta-janela *f*; ~ **woman** *n* francesa *f*.
frenetic [frɪ'netɪk] *adj* [*activity*] frenético, febril; [*life, life-style*] trepidante.
frenzied ['frenzɪd] *adj* [*activity*] frenético; [*passion*] louco, desenfreado; [*mob*] (happy) em delírio; (angry) enlouquecido.
frenzy ['frenzɪ] *n* **a)** frenesim *m*; delírio *m*; **to be in a state of** ~ estar numa exaltação; **b)** **there is/was a** ~ **of activity** há/havia um fervilhar de actividade.
frequency ['fri:kwənsɪ] *n* (gen) RADIO, MUSIC, ELEC frequência *f* (**of** de); **these incidents have been occurring with increasing** ~ estes incidentes são cada vez mais frequentes.
frequent 1 ['fri:kwənt] *adj* **a)** (common, usual) comum, corrente; **it's quite** ~ é bastante comum ou é muito frequente; **b)** (happening often) [*attempt, change, departure, discussion, visit*] frequente; **to make** ~ **use of sth** usar frequentemente qq coisa; **c)** (regular) [*person*] **to be a** ~ **visitor to our house** ele é uma visita frequente da nossa casa. **2** [frɪ'kwent] *vtr* frequentar [*place, circle*].
frequently ['fri:kwəntlɪ] *adv* frequentemente.
fresco ['freskəʊ] *n* (*pl* -oes) fresco *m*.
fresh [fre∫] *adj* **a)** [*bread, fruit, meat*] fresco; **to look** ~ ter um ar fresco; **bread** ~ **from the oven** pão fresco, acabado de sair do forno; **b)** CULIN [*pasta, coffee*] fresco, acabado de fazer; **c)** (new) [*clothes*] limpo; [*cigarette, information, evidence, supplies*] novo (*before n*); **to make a** ~ **start** começar de novo; **d)** (recent) [*cut, fingerprint, blood, news*] fresco, recente; **the accident is still** ~ **in her memory** o acidente ainda está fresco na sua memória; **e)** (recently returned) **young people** ~ **from** *or* **out of school** jovens *m/f pl* recém-saídos da escola; **f)** (energetic, alert) **to feel/be** ~ sentir-se/estar cheio de energia; **g)** (cool, refreshing) [*air, day, water*] fresco; **h)** (coll) US (over-familiar) **to be** ~ **with sb** ser atrevido para com alg.
freshen ['fre∫n] *v* ■ **freshen up** refrescar-se.
freshly ['fre∫lɪ] *adv* [*cut, cooked, picked*] recentemente; ~ **baked bread** pão fresco; ~ **ironed sheets** lençóis acabados de passar a ferro.

freshman ['freʃmən] *n* UNIV caloiro *m*.
freshness ['freʃnɪs] *n* (of produce, linen, paint-work) frescura *f*.
fresh water [freʃ'wɔtə(r)] *n* água *f* doce.
fret [fret] **1** *n* MUS trasto *m*. **2** *vtr* (*pres p* **-tting** *past pp* **-tted**) trabalhar em relevo [*wood, ceiling, screen*]. **3** *vi* (*pres p* **-tting** *past, pp* **-tted**) **a)** (be anxious) inquietar-se, afligir-se; **b)** (cry) [*baby*] chorar; **c)** (pine) [*child, animal*] **he's ~ting for his mother** ele sente a falta da mãe.
fretful ['fretfl] *adj* [*baby, young child*] rabugento; [*adult*] mal disposto, irritado.
Freudian ['frɔɪdɪən] *n, adj* freudiano *m*.
Freudian slip *n* lapso *m*; **to make a ~** ter um lapso.
friar ['fraɪə(r)] *n* frade *m*.
friction ['frɪkʃn] *n* **a)** PHYS fricção *f*; **b)** (gen) (rubbing) atrito *m*; **c)** (fig) (conflict) conflito *m* (**between** entre); **there is growing ~ between management and workforce** há um conflito cada vez maior entre a administração e os empregados.
Friday ['fraɪdeɪ, 'fraɪdɪ] *pr n* sexta-feira *f*.
fridge [frɪdʒ] *n* GB frigorífico *m*.
fried [fraɪd] *pp* see **fry.**
friend [frend] *n* **a)** (person one likes) amigo *m* Po, cupincha *m* BR; **he's a ~ of my father's** ele é um amigo do meu pai; **to make ~s with sb** tornar-se amigo de alg; **to be ~s with sb** ser amigo de alg; **b)** (fig) (supporter, fellow-member, ally) amigo *m*. IDIOMAS (Prov) **a ~ in need is a ~ indeed** os verdadeiros amigos conhecem-se na desgraça.
friendless ['frendlɪs] *adj* sem amigos.
friendliness ['frendlɪnɪs] *n* gentileza *f*.
friendly ['frendlɪ] **1** *n* SPORT jogo *m* amigável. **2** *adj* [*person*] simpático; [*animal*] afectuoso; [*behaviour, attitude, argument*] amigável; [*hotel, shop*] acolhedor; **to be ~ with sb** estar de boas relações com alg; **to be ~ to new ideas** ser receptivo a novas ideias; **to get** *or* **become ~ with sb** tornar-se amigo de alg.
friendship ['frendʃɪp] *n* amizade *f*; **to form ~s** fazer amigos.
Friesian ['fri:ʒən, 'fri:zɪən] *adj* frísio, frisão.
frigate ['frɪgət] *n* fragata *f*.
fright [fraɪt] *n* **a)** (feeling) medo *m*; (lit, fig) **to take ~** ter medo, assustar-se; **b)** (experience) medo *m*; **to have, get a ~** ter medo; **it gave me such a ~** isso provocou-me um tal susto; **c)** (coll, fig) (person) susto *m*; **I look a ~!** meto medo!.
frighten ['fraɪtn] **1** *vtr* [*person, situation*] meter medo a; assustar [*person, animal*]. **2 frightened** *pp adj* amedrontado, assustado; **to be ~ of the dark** ter medo do escuro. ■ **frighten off: ~ off (sb), ~ (sb) off** (fig) espantar [*rival, buyer, bidder*].
frightening ['fraɪtnɪŋ] *adj* **a)** (lit) (inducing fear) [*monster, children's story, experience, accident*] assustador; **b)** (fig) (alarming, disturbing) [*rate, speed, statistics, results*] assustador.
frightful ['fraɪtfl] *adj* **a)** (inducing horror) [*scene, sight*] terrível, medonho; **b)** (coll) (terrible, bad) [*prospect*] terrível, assustador; [*possibility*] horrível; [*mistake*] tremendo; **c)** (coll) (expressing antipathy, disgust) [*person, child*] detestável.

frightfully ['fraɪtfəlɪ] *adv* terrivelmente; **it's ~ kind of you** é muito amável da sua parte.
frigid ['frɪdʒɪd] *adj* **a)** MED [*woman*] frígido; **b)** (fig) GEOG [*climate, air, zone, glance, atmosphere*] glacial.
frill [frɪl] **1** *n* **a)** FASHN (on dress) folho *m*; **b)** CULIN (on chop) papelote *m*. **2** (fig) **~s** *npl* (lit) (on clothes, furniture) floreados *mpl*; **this is the basic model, with no ~s** este é o modelo simples, sem floreados.
frilly ['frɪlɪ] *adj* [*blouse, nightdress*] com folhos.
fringe [frɪndʒ] **1** *n* **a)** (of hair) franja *f*; **b)** (decorative trim) guarnição *f*; **c)** (edge) (of wood) orla *f* (**of** de); (of trees) limite *m* (**of** de); (of town) periferia *f* (**of** de); **d)** POL, SOCIOL (group) franja *f*. **2 fringes** *npl* **on the (outer) ~s of the town** nas redondezas da cidade; **on the ~ of society** à margem da sociedade. **3** *modif* **a)** THEAT [*theatre, actor*] de vanguarda; **b)** POL, SOCIOL [*group, activity*] marginal. **4** *vtr* **a)** (put trim on) ornar (qq coisa) de franjas [*curtains, cloth*]; **b)** (form border) [*trees*] orlar [*field*]. **5 fringed** *pp adj* **a)** (with a fringe) [*jacket, bolero, shawl*] com franjas; **b)** (edged) orlado, rodeado (**with, by** de).
fringe benefits *npl* **a)** (background security, pensions, life cover) vantagens *fpl* sociais; **b)** (day to day perk, company car) vantagens *fpl* adicionais.
frisk [frɪsk] **1** *vtr* (in security check) revistar [*person*]. **2** *vi* (frolic) [*lamb, puppy*] saltar, pular.
frisky ['frɪskɪ] *adj* **a)** (playful, high-spirited) [*puppy*] brincalhão,-ona; **b)** (skittish) [*horse*] nervoso, fogoso.
fritter ['frɪtə(r)] *n* frito *m*. ■ **fritter away: ~ away (sth), ~ (sth) away** esbanjar [*money, resources, opportunities, time*].
frivolity [frɪ'vɒlɪtɪ] *n* (gaiety) frivolidade *f*.
frivolous ['frɪvələs] *adj* (light-hearted, not serious) [*person, attitude, activity*] frívolo.
frock [frɒk] *n* **a)** FASHN vestido *m*; **b)** (of monk) hábito *m*.
frog [frɒg] *n* ZOOL rã *f*. IDIOMAS **to have a ~ in one's throat** ter pigarro.
frog: ~man *n* homem-rã *m*; **~-march** *vtr* arrastar (alg) à força [*person*]; **~'s legs** *npl* pernas *fpl* de rã; **~-spawn** *n* ZOOL ovos *mpl* de rã.
frolic ['frɒlɪk] **1** *n* (bit of fun) brincadeira *f*; divertimento *m*. **2** *vi* (lit) divertir-se, brincar.
from [frəm] *prep* **a)** (indicating place of origin) de; **a flight ~ Funchal** um voo do Funchal; **people ~ Spain** os espanhóis; **where is he ~?** de onde é ele?; **she comes ~ Oxford** ela vem de Oxford; **~ under the table** de debaixo da mesa; **b)** (expressing distance) de; **10 km ~ the sea** a 10 km do mar; **it's not far ~ here** não é longe daqui; **c)** (expressing time span) de, desde; **~ June to August** de Junho a Agosto; **15 years ~ now** daqui a 15 anos; **~ today** a partir de hoje, de hoje em diante; **deaf ~ birth** surdo de nascença; **~ the age of 8** desde os 8 anos (de idade); **~ day to day** dia a dia; **d)** (using as a basis) **~ a short story by Maupassant** tirado de um conto de Maupassant; **to speak ~ experience** falar por experiência própria; **e)** (working for) **a man ~ the council** um representante da Câmara Municipal; **f)** (among) entre; **to select/**

choose/pick ~ escolher entre; **g)** (indicating a source) de; **a card ~ Pauline** um postal da Pauline; **where did it come ~?** de onde é que isso veio?; **a quote ~ sb** uma citação de alg; **h)** (in subtraction) menos; **10 ~ 27 leaves 17** 27 menos 10 são 17; **i)** (because of, due to) **he knows her ~ work** ele conhece-a do local de trabalho; **j)** (judging by) por; ~ **the way he talks you'd think he was an expert** pela maneira como ele fala, pensar-se-ia que era um perito.

front [frʌnt] **1** *n* **a)** (forward facing area) (of house) fachada *f*; (of cupboard, box) frente *f*; (of book, folder) capa *f*; (of fabric) direito *m*; **the dress buttons at the ~** o vestido abotoa à frente; **b)** (furthest forward part) **face the ~!** olha para a frente!; **c)** MIL (fig) frente *f*; **at the ~** na frente; **d)** (stomach) barriga *f*; **to sleep on one's ~** dormir de barriga para baixo; **e)** GB (promenade) orla *f* marítima; beira-mar *f*; **f)** METEOROL frente *f*; **g)** (coll) (cover) cobertura *f*. **2** *adj* **a)** (facing the street) [*bedroom, entrance, garden, window*] da frente; **b)** (furthest from the rear) [*seat, tyre, wheel, leg, paw*] dianteiro; **in the ~ row** na primeira fila ou na fila da frente; **c)** (first) [*page*] primeiro. **3 in ~** *adv phr* (ahead) **who's in ~?** quem está à frente?; **I'm 30 points in ~** tenho 30 pontos de vantagem. **4 in ~ of** *prep phr* (before, in presence of) em frente de. **5** *vtr* **a)** (face) [*house*] dar para [*river, sea*]; **b)** (coll) (lead) estar à frente de [*band, company, party*]; **c)** TV apresentar [*TV show*]. **6** *vi* **a)** (face) **to ~ onto sth** [*house, shop*] dar para [*sea, main road*]; **b)** (serve as a cover) **to ~ for sth** [*person, organization*] servir de cobertura a [*Mafia, terrorist group*].

frontage ['frʌntɪdʒ] *n* ARCHIT (of house) fachada *f*; frontaria *f*.

frontal ['frʌntl] *adj* **a)** MED, METEOROL frontal; **b)** (head-on) [*assault, attack*] pela frente.

front: ~ **bench** *n* (*pl* ~**es**) GB POL **a)** (seat) lugares *mpl* reservados ao governo; **the opposition ~ bench** os lugares reservados à oposição; **b)** (members) ministros *mpl*; ~ **door** *n* porta *f* de entrada.

frontier ['frʌntɪə(r)] **1** *n* (lit, fig) fronteira *f*; **the ~ between France and Spain** a fronteira franco-espanhola. **2** *modif* [*town, zone*] fronteiriço.

front: ~ **line**; ~**-line** *modif* **a)** MIL [*troops, units*] da linha da frente; **b)** POL [*country, state*] que faz fronteira com um país em guerra; ~ **page** *n* (of newspaper, book) primeira página *f*; ~ **runner** *n* **a)** POL (gen) (favourite) favorito *m* (**for** para; **in** de); **b)** SPORT corredor *m* que se coloca à cabeça da corrida.

frost [frɒst] **1** *n* **a)** (weather condition) gelo *m*; **10 of ~** 10 negativos; **there's a touch of ~ in the air** o ar está glacial; **b)** (white crystals) geada *f* (**on** sobre). **2** *vtr* **a)** (damage by cold) queimar [*plants, vegetables*]; **b)** CULIN cobrir com glacê [*cake*]. **3 frosted** *pp adj* **a)** [*plant*] queimado pelo frio; **b)** [*nail varnish, eye shadow*] nacarado; **c)** [*cake*] coberto de glacê; **d)** [*glass*] fosco; **e)** (liter) [*grass, hedge*] coberto de geada; **f)** [*drinking glass*] embaciado de gelo. ■ **frost over, frost up** [*window, windscreen*] cobrir-se de geada.

frost: ~**bite** *n* ulceração *f* produzida pelo frio; ~**bitten** *adj* gelado.

frosting ['frɒstɪŋ] *n* glacê *m*.

frosty ['frɒstɪ] *adj* **a)** [*night, day*] **it was a ~ night** estava uma noite muito fria; **tomorrow will start ~** amanhã, vai haver geada; **b)** [*windscreen, windowpane*] coberto de geada; **c)** (fig) [*smile, atmosphere, reception*] glacial.

froth [frɒθ] **1** *n* **a)** (gen) (foam) (on beer, champagne, sea surface) espuma *f*; **b)** MED, ZOOL [*at mouth of sick person, racehorse*] espuma *f*; **c)** (fig) (trivia, ephemera) futilidades *fpl*; banalidades *fpl*. **2** *vi* **a)** (gen) [*water, liquid*] espumar; **b)** MED, ZOOL (lit) **to ~ at the mouth** espumar; (fig) espumar de raiva.

frothy ['frɒθɪ] *adj* **a)** [*beer, liquid, surface of sea, etc*] com espuma; **b)** [*lingerie*] vaporoso; **c)** (fig, liter) [*romance, fantasy*] fútil.

frown [fraʊn] **1** *n* olhar *m* carrancudo; **to reply/say with a ~** responder/dizer franzindo o sobrolho. **2** *vi* franzir as sobrancelhas; **to ~ at sb** olhar para alg franzindo as sobrancelhas. ■ **frown on, frown upon**: ~ **on** *or* **upon sth** criticar [*behaviour, activity, attitude*]; **liberal views are ~ ~ed on** as ideias liberais são mal vistas.

froze [frəʊz] *past* see **freeze**.

frozen ['frəʊzn] **1** *pp* see **freeze**. **2** *adj* **a)** [*lake, ice, ground, person, etc*] gelado; **I'm ~** estou gelado; **to be ~ stiff** *or* **to the bone** estar transido de frio; **b)** (fig) **to be ~ with fear** estar paralisado de medo; **to be ~ to the spot** ficar pregado ao chão; **c)** CULIN [*peas, chicken, etc*] (bought, home-prepared) congelado; **d)** FIN, ECON [*prices, assets, capital*] bloqueado, congelado.

frugal ['fruːgl] *adj* [*person, meal*] frugal [*life, lifestyle*] simples.

fruit [fruːt] **1** *n* (*pl usu* **fruit**) **a)** (edible) fruta *f*; (lit) **to bear ~** dar frutos *mpl*; **a piece of ~** uma peça de fruta; **b)** BOT (inedible, of bush, tree) fruto *m*; **c)** (*pl* **fruit, fruits**) fruto *m*; proveito *m*; resultado *m* (**of** de); **to enjoy the ~(s) of one's labour** gozar os frutos do seu trabalho. **2** *vi* dar frutos.

fruitful ['fruːtfl] *adj* **a)** (liter) [*earth*] fértil, fecundo; **b)** (fig) [*partnership, relationship, discussion, years*] produtivo, fecundo, frutuoso.

fruition [fruːˈɪʃn] *n* **to bring sth to ~** realizar ou concretizar qq coisa.

fruitless ['fruːtlɪs] *adj* [*attempt, search, trip*] vão; [*discussion*] estéril.

fruit: ~ **machine** *n* slot-machine *f*; ~ **salad** *n* salada *f* de frutas; ~ **tree** *n* árvore *f* de frutos.

fruity ['fruːtɪ] *adj* [*wine, fragrance, olive oil*] frutado; [*voice, tone*] com timbre; [*joke*] picante.

frump [frʌmp] *n* (pej) mulher *f* desmazelada e antiquada.

frustrate [frʌˈstreɪt, ˈfrʌstreɪt] *vtr* **a)** (coll) (irk, annoy) irritar, enervar [*person*]; **b)** (thwart) frustrar [*plan, move, attempt*].

frustrated [frʌˈstreɪtɪd, ˈfrʌstreɪtɪd] *adj* **a)** (coll) (irritated, miserable) irritado, enervado; **to become ~ at sth** irritar-se com qq coisa; **b)** (unfulfilled in aspirations) **a ~ diplomat** um diplomata frustrado; **c)** (thwarted) malogrado, frustrado, contrariado (**by** por).

frustrating [frʌˈstreɪtɪŋ, ˈfrʌstreɪtɪŋ] *adj* **a)**

(coll) (irritating) irritante, enervante; **b)** (unsatisfactory, thwarting) [*morning, situation*] frustrante.

frustration [frʌ'streɪ/n] *n* **a)** (feeling one is thwarted) decepção *f*; frustração *f* (**at, with** com, em relação a); **to do sth in** ~ fazer qq coisa por frustração; **b)** (irritation, impatience) enervamento *m*; irritação *f* (**at** perante); **there are signs of** ~ **at the delay** há sinais de irritação devido ao atraso; **c)** (annoying aspect, difficulty) **one** ~ **of watching sport on television is that...** o que é frustrante quando se vê desportos na televisão é que...; **d)** (end, ruination) malogro *m*; **e)** (sexual) frustração *f*.

fry [fraɪ] **1** *n* ZOOL (+ *v pl*) peixe *m* miúdo; (fig) (unimportant people) pessoas *fpl* pouco importantes; **small** ~ (children) criançada *f*. **2** *vtr* CULIN fritar [*bacon, potatoes*]. **3** *vi* CULIN fritar. **4 fried** *pp adj* frito; ~ **fish** peixe *m* frito; ~ **eggs** ovos *mpl* estrelados.

frying pan GB, **fry pan** US ['fraɪ(ɪŋ)pæn] *n* frigideira *f*. IDIOMAS **to jump out of the fry(ing) pan into the fire** ir de mal a pior.

fry-up *n* GB fritada *f*; fritos *mpl*.

ft abrev = **foot** *or* **feet**.

fuchsia ['fjuː/ə] *n* fúcsia *f*.

fuddle ['fʌdl] **1** *vtr* [*drugs*] perturbar, entontecer [*brain*]. **2 fuddled** *pp adj* (confused) [*idea, brain*] confuso; [*state*] de confusão; [*person*] desorientado.

fuddy-duddy ['fʌdɪdʌdɪ] *n* bota-de-elástico *m/f*.

fudge [fʌdʒ] **1** *n* **a)** GB (soft sweet) caramelo *m* mole; **b)** US (sauce for ice-cream) molho *m* de chocolate. **2** *vtr* **a)** (fail to get to grips with sth) disfarçar, iludir [*issue, problem*]; **b)** (falsify) falsificar [*figures, accounts*].

fuel ['fjuːəl] **1** *n* **a)** (in general) combustível *m*; **b)** (for car, plane, power-driven machinery) carburante *m*; combustível *m*; **c)** (fig) **this could provide** ~ **for claims that...** isto podia dar azo a reclamações segundo as quais.... **2** *vtr* (*pres p* ~**ling** *past, pp* ~**led**) **a)** (make sth run) [*gas supply, oil supply*] alimentar [*furnace, engine*]; **to be** ~**led by gas** trabalhar a gás; **b)** (put fuel into sth) [*person*] meter combustível em; abastecer [*plane, vehicle*]; **c)** (fig) (spur, encourage) atiçar, encorajar, estimular [*fears, tension, racial hatred*]. IDIOMAS **to add** ~ **to the flames** *or* **fire** deitar lenha ou achas na fogueira.

fuel: ~ **consumption** *n* **a)** (of plane, car) consumo *m* de carburante ou combustível; **b)** (in industry) consumo *m* de combustível; ~ **pump** *n* bomba *f* de gasolina; ~ **tank** *n* (of car) depósito *m*; (of plane, ship) reservatório *m*.

fugitive ['fjuːdʒɪtɪv] **1** *n* fugitivo *m*; **to be a** ~ **from justice** fugir à justiça. **2** *adj* (liter) (fleeting) [*happiness*] efémero, fugaz; [*impression, sensation*] fugidio. **3** *modif* [*leader, criminal*] fugitivo, em fuga.

fugue [fjuːg] *n* **a)** MUS fuga *f*; **b)** PSYCH fuga *f*.

fulfil(l) GB, **fulfill** US [fʊl'fɪl] *vtr* (*pres p* **fulfilling** *past, pp* **fulfilled**) **a)** (realize, carry out) realizar [*ambition, dream, prophecy*]; cumprir [*promise*]; satisfazer [*hope, desire, need*]; **to** ~ **one's potential** realizar-se; **b)** (satisfy) [*job, life, role*] satisfazer [*person*]; **to be/feel** ~**led** estar/sentir-se satisfeito; **c)** (perform, satisfy specific requirements of sth) satisfazer, preencher [*role, duty, conditions, contract*].

fulfilling [fʊl'fɪlɪŋ] *adj* [*job, marriage*] satisfatório; [*experience*] enriquecedora.

fulfil(l)ment GB, **fulfillment** US [fʊl'fɪlmənt] *n* **a)** (realization) (of ambition, desires, hopes, dreams, needs) **the** ~ a realização *f* (**of** de); (of prophecy, promise) cumprimento *m* (**of** de); **b)** (satisfaction) satisfação *f*; **c)** (carrying-out) (of role, function, duty, obligation) desempenho *m*; execução *f*; **d)** (meeting specific requirements) **the** ~ **of the contract will entail...** para satisfazer o contrato, será preciso....

full [fʊl] **1** *adj* **a)** (completely filled) [*box, glass, room, cupboard*] cheio; [*hotel, flight, car park*] completo; [*room, lift*] cheio; **the hotel is** ~ **of tourists** o hotel está cheio de turistas; ~ **to the brim** cheio até à borda; ~ **to overflowing** [*bucket*] cheio a transbordar; [*room, suitcase*] a rebentar de cheio; **I've got my hands** ~ (lit) tenho as mãos cheias; (fig) estou cheio de trabalho; **don't speak with your mouth** ~ não fales com a boca cheia; **b)** (brimming) ~ **of** cheio de [*good ideas, confidence, life, mischief, energy, surprises*]; **c)** (obsessed) **he's** ~ **of his holiday plans** ele só fala dos seus projectos de férias; **to be** ~ **of oneself** estar cheio de si, ser presunçoso; **d)** (coll) (satiated) (*also* ~ **up**) [*stomach*] cheio; **to swim on a** ~ **stomach** tomar banho com o estômago cheio; **I'm** ~ estou cheio; **e)** (busy) [*day, week*] ocupado; **my diary is** ~ **for this week** a minha agenda está completa para esta semana; **she leads a very** ~ **life** ela tem uma vida muito preenchida; **f)** (complete) [*pack of cards, set of teeth*] completo; [*name, breakfast, story, details range*] completo; [*price, control*] total; [*responsibility*] inteiro; [*support*] incondicional; [*understanding, awareness*] total; [*extent, impact, implications, horror*] todo (*before n*) **he has a** ~ **head of hair** ele tem o seu cabelo todo; **to be in** ~ **view** ser perfeitamente visível; **in** ~ **view of sb** à vista de alg; **g)** (extensive) [*inquiry, investigation*] minucioso; **h)** (officially recognized) [*member, partner*] de pleno direito; [*right*] pleno (*before n*) **i)** (maximum) [*employment, bloom, power*] pleno (*before n*) **he has the radio at** ~ **volume** ele tem o rádio no máximo; **to drive at** ~ **speed/tilt** conduzir à velocidade máxima; **to make** ~ **use of sth/to use sth to** ~ **advantage** tirar o máximo proveito de algo [*opportunity, situation*]; **to get** ~ **marks** ter a nota máxima; **j)** (for emphasis) [*hour, kilo, month*] bom/boa (*before n*) **it took them three** ~ **weeks to reply** levou-lhes umas boas três semanas a responder; **k)** (euph) (rounded) [*cheeks, face*] redondo; [*lips*] carnudo; [*figure*] forte; **l)** FASHN [*skirt, sleeve*] amplo; **m)** ASTRON [*moon*] cheio; **there's a** ~ **moon** é lua cheia; **n)** (rich) [*flavour, tone*] rico; **o)** (bright) [*sunshine, sunlight*] pleno (*before n*) **in** ~ **sunlight** em pleno sol. **2** *adv* **a)** (directly) ~ **in the face** em cheio na cara (fam); **to look sb** ~ **in the face** olhar alg bem nos olhos; **b)** (very well) **to know** ~ **well that...** saber muito bem que...; **c)** (to the maximum) **with the fire up** ~ **it's warm** está quente com o aquecimento no máximo. **3 in** ~ *adv phr* **to write sth in** ~ escrever algo por extenso. IDIOMAS **to enjoy/live life to the** ~ viver a vida à grande.

full: ~**-blooded** *adj* **a**) (racially pure) [*person*] de raça pura; [*horse*] puro sangue (*after n*) **b**) (vigorous) [*argument, condemnation*] forte; **c**) (committed) [*socialism, monetarism*] puro e firme *inv*; ~**-blown** *adj* **a**) MED [*disease*] declarado; **to have** ~**-blown Aids** ter Sida já declarada; **b**) (qualified) [*doctor, lawyer*] diplomado; **c**) (large-scale) [*recession, revival, takeover battle, war*] em larga escala; **d**) BOT [*rose*] completamente desabrochado; ~ **board** *n* TOURISM pensão *f* completa; ~**-bodied** *adj* (wine) encorpado; ~**-cream milk** *n* leite *m* completo; ~**-grown** *n* adulto; ~ **house** *n* **a**) **to have a** ~ **house** THEAT ter sala cheia; **b**) GAMES (in poker) full house *m* (ter três cartas iguais e um par); ~**-length 1** *adj* **a**) **a** ~**-length film** CIN um filme de longa metragem; **b**) (head to toe) [*portrait, photo*] de corpo inteiro; [*mirror*] grande, de corpo interior; **c**) (long) [*coat, curtain, sleeve*] comprido; [*novel, opera*] grande (*before n*). **2** *adv* [*lie*] ao comprido.

fullness ['fʊlnɪs] *n* **a**) (width) (of sleeve, dress) largura *f*; **b**) (size) (of breasts) tamanho *m*; (of lips) grossura *f*; **c**) (richness) (of flavour) riqueza *f*. IDIOMAS **in the** ~ **of time he realized his mistakes** com o passar do tempo ele deu conta dos seus erros.

full-page *adj* ADVERT, PRINT de página inteira (*after n*).

full-scale *adj* **a**) (in proportion) [*drawing, plan*] de tamanho natural; **b**) (extensive) [*rescue, search, investigation*] minucioso (*after n*) [*study*] exaustivo; **c**) (total) [*panic, word, alert, crisis*] total; **d**) (complete) [*performance*] grande (*before n*).

full stop *n* **a**) (in punctuation) ponto *m* final; **I'm not leaving,** ~**!** eu não me vou embora, ponto final!; **b**) (impasse) **negotiations have come to a** ~ as negociações chegaram a um impasse; **c**) (halt) **work has come to a** ~ os trabalhos foram completamente interrompidos.

full time 1 *n* SPORT final *m* do jogo. **2 full-time** *modif* **a**) SPORT [*score, whistle*] final; **b**) (permanent) [*job, worker, student*] a tempo inteiro. **3** *adv* [*study, teach, work*] a tempo inteiro.

fully ['fʊlɪ] *adv* **a**) (completely) [*understand, realize, succeed, appreciate*] plenamente; [*expect, intend, recover*] completamente; [*aware, equipped, satisfied*] inteiramente; [*automatic, furnished, guaranteed, dressed, illustrated*] totalmente; [*informed*] perfeitamente; ~ **qualified** diplomado; **b**) (to the maximum) [*open, closed, stretched*] completamente; **all the flights are** ~ **booked** todos os voos estão completos; **c**) (comprehensively) [*examiner, study*] a fundo; [*explain, describe*] precisamente.

fully-fledged *adj* **a**) ZOOL [*bird*] emplumado, adulto; **b**) (established) [*member, officer*] estabelecido; [*accountant, lawyer*] diplomado.

fulsome ['fʊlsəm] *adj* [*praise, compliments*] excessivo, exagerado; [*manner*] obsequioso; **to be** ~ **in one's praise of sth** elogiar qq coisa exageradamente.

fumble ['fʌmbl] **1** *vtr* **a**) SPORT apanhar mal [*ball*]; **b**) (fluff, bungle) falhar [*entrance, attempt*]. **2** *vi* **a**) (lit) tactear (**to find** para encontrar); **to** ~ **in one's bag** remexer na mala; **to** ~

with the buttons of sth atrapalhar-se com os botões de qq coisa; **b**) (fig) **to** ~ **for words** andar à procura das palavras.

fume [fju:m] *vi* **a**) [*person*] estar furioso; **he was fuming at the delay** ele estava furioso com o atraso; **b**) [*mixture, chemical*] deitar fumo PO/ fumaça BR

fumigate ['fju:mɪɡeɪt] *vtr* fumigar, desinfectar (qq coisa) por fumigação [*room, ward*].

fun [fʌn] **1** *n* divertimento *m*; **to have** ~ divertir-se (**doing** a fazer; **with** com); **have** ~**!** diverte-te!; **to do sth for** ~**, to do sth for the** ~ **of it** fazer qq coisa por brincadeira; **to have a sense of** ~ ter sentido de humor. **2** *adj* US [*person, thing to do*] divertido. IDIOMAS **to make** ~ **of** *or* **poke** ~ **at sb/sth** troçar de PO/mexer com BR alg/algo; **to have** ~ **and games** divertir-se como um louco; **half the** ~ **of sth is...** o melhor de qq coisa é....

function ['fʌŋkʃn] **1** *n* **a**) (role, factor) função *f*; (office) cargo *m*; ocupação *f*; **to fulfil a** ~ [*person*] preencher um cargo; **to be a** ~ **of** (to depend on) existir em função de; **to perform a** ~ **as** [*person, object*] desempenhar a função de; **in her** ~ **as...** na sua qualidade de...; **b**) (way of operating) funcionamento *m*; **c**) (ceremony) cerimónia *f* (oficial); **d**) COMPUT, MATH função *f*. **2** *vi* **a**) (work properly) funcionar; **b**) (operate as) **to** ~ **as** [*object*] servir de; [*person*] fazer o papel de, actuar como; **she** ~**s as a supervisor** ela trabalha como supervisora.

functional ['fʌŋkʃənl] *adj* [*design, furniture*] funcional; (in working order) operacional.

fund [fʌnd] **1** *n* **a**) (cash reserve) fundo *m*; **emergency** ~ fundo de emergência; **b**) (fig) (store) **she's a** ~ **of wisdom** ela é um poço de sabedoria. **2 funds** *npl* **a**) (capital) fundos *mpl*; **to be in** ~ ter dinheiro; **b**) (credit balance) (of individual) dinheiro *m*; (of company) capitais *mpl*; **c**) (on cheque) **"No** ~**"** "sem provisão". **3 F~s** *pr n* (*pl*) GB **the F~s** títulos *mpl* de dívida pública. **4** *vtr* **a**) (finance) financiar [*company, project*]; **b**) (discharge) saldar [*debt*].

fundamental [fʌndə'mentl] **1** *npl* **the** ~**s** (of abstract ideas) os princípios *mpl* fundamentais; os fundamentos *mpl*; (of skill, technique) as regras *fpl* básicas. **2** *adj* fundamental (**to** para); [*error, question, issue*] fundamental, capital; [*concern*] principal.

fundamentally [fʌndə'mentəlɪ] *adv* (change) radicalmente; (flawed) fundamentalmente.

funeral ['fju:nərl] **1** *n* (gen) funeral *m*; (official, in announcement) exéquias *fpl*. **2** *modif* [*march, oration, service*] fúnebre. IDIOMAS (coll) **that's** *or* **it's your** ~ isso é contigo.

funeral director *n* agente *m/f* funerário.

funereal [fju:'nɪərɪəl] *adj* lúgubre, tétrico.

funfair *n* feira *f* popular; parque *m* de diversões.

funnily ['fʌnɪlɪ] *adv* (oddly) curiosamente; ~ **enough, I was there too** curiosamente, eu também lá estava.

funny ['fʌnɪ] *adj* **a**) (amusing) engraçado, cómico; **are you trying to be** ~ **or something?** estás a tentar ser engraçado ou quê?; **b**) (odd) [*hat, smell, noise*] esquisito; **c**) (coll) (unwell) GB **to feel** ~ sentir-se esquisito/indisposto.

fur [fɜ:(r)] **1** *n* (on animal) pêlo *m*; (for garment) peles *fpl*; (in kettle, pipes) sarro *m*; depósito *m*. **2** *modif* [*collar, jacket*] de peles; ~ **coat** casaco *m* de peles. **IDIOMAS that'll make the ~ fly!** isto vai aquecer Po/esquentar! BR (fam); vai haver sarilho.

furiously [ˈfjʊərɪəslɪ] *adv* furiosamente; [*struggle*] encarniçadamente; **he was ~ angry** ele estava fora de si.

furniture [ˈfɜːnɪtʃə(r)] **1** *n* (- *c*) mobiliário *m*; móveis *mpl*; **door ~** acessórios *mpl* para portas; **mental ~** universo *m* intelectual; **a piece of ~** um móvel. **2** *modif* [*shop, business, maker, restorer*] de móveis; [*industry*] do móvel. **IDIOMAS to be part of the ~** (coll) fazer parte da mobília (fam).

furniture polish *n* polimento *m*.

furry [ˈfɜːrɪ] *adj* [*toy*] de peluche; [*kitten*] felpudo.

further [ˈfɜːðə(r)] **1** *adv* (*comparative of* **far**) **a)** (a greater distance) (also farther) (lit, fig) mais longe; **to get ~ and ~ away** afastar-se cada vez mais; **~ back/forward** mais para trás/para a frente; **~ away** *or* **off** mais longe; **~ on** ainda mais longe; **I'll go so far but no ~** irei até aí, mas não mais longe; **b)** (in time) (also farther) **~ back than 1964** antes de 1964; **a year ~ on** um ano mais tarde; **we must look ~ ahead** nós devemos olhar para o futuro; **c)** (to a greater extent) **prices fell (even) ~** os preços baixaram ainda mais; **d)** (furthermore) além disso. **2** *adj* (*comparative of* **far**) **a)** (additional) mais; **a ~ 500 people** mais 500 pessoas; **without ~ delay** sem mais demoras; **there's nothing ~ to discuss** não há mais nada a discutir; **b)** (more distant) (also farther) mais longe. **3** *vtr* aumentar [*chances*]; fazer avançar [*career, plan*]; servir [*cause*]. **4 further to** *prep phr* (formal) em referência a.

further education *n* GB UNIV ensino *m* politécnico.

furthermore *adv* além disso.

furthermost *adj* o mais distante.

furthest **1** *adj* (*superlative of* **far**) o mais afastado, o mais distante. **2** *adv* **a)** (in space) (also the ~) o mais distante; **this plan goes ~ towards**

solving the problem (fig) este projecto é o que mais se aproxima da solução do problema; **b)** (in time) **the ~ back I can remember is 1970** não me lembro de nada anteriormente a 1970.

fury [ˈfjʊərɪ] *n* **a)** fúria *f*; **to be in a ~** estar numa fúria; **b)** **the Furies** MYTHOL as Fúrias. **IDIOMAS** (coll) **to do sth like ~** fazer qq coisa como um louco (fam).

fuse [fjuːz] **1** *n* **a)** ELEC fusível *m*; **a ~ has blown** fundiu-se um fusível; **b)** (cord) (for explosive device) mecha *f*; **c)** (US **fuze**) detonador *m*. **2** *vtr* **a) to ~ the lights** ELEC fundiram-se os fusíveis; **b)** (equip with fuse) munir (qq coisa) com um fusível [*plug*]; **c)** TECH (unite) soldar [*wire*]; fundir [*metals*]; **d)** (fig) associar [*ideas, images*]. **3 fused** *pp adj* ELEC [*plug*] com fusível incorporado.

fuse box *n* ELEC caixa *f* de fusíveis.

fuss [fʌs] **1** *n* **a)** (agitation) rebuliço *m*; **to make a ~ about sth** fazer uma confusão acerca de qq coisa; **what's all the ~ about?** mas que confusão vem a ser esta?; **b)** (angry scene) escândalo *m*; **c)** (attention) **to make a ~ of sb** mimar alg; **they love to be made a ~ of** eles adoram ser apaparicados (fam). **2** *vtr* US arreliar. **3** *vi* **a)** (worry) preocupar-se; **to ~ about sth/sb** preocupar-se com qq coisa/alg; **b)** (show attention) (coll) **to ~ over sb** estragar alg com mimos.

fussy [ˈfʌsɪ] *adj* **a)** (difficult to please) **to be ~ about one's food** ser esquisito com a comida; **When do you want to leave? — I'm not ~** Quando é que te queres ir embora? — Tanto me faz; **b)** (over-elaborate) [*clothes, furniture, decoration*] espalhafatoso; [*prose style*] rebuscado.

future [ˈfjuːtʃə(r)] **1** *n* **a)** (on time scale) futuro *m*; **in the ~** no futuro; **in the near** *or* **not too distant ~** num futuro próximo; **in ~** de futuro, futuramente; **b)** (coming developments) **the ~** o futuro *m*; **c)** (prospects) (of person) futuro *m*; **d)** LING (*also* **~ tense**) Futuro *m*; **in the ~** no Futuro. **2 futures** *npl* FIN (in Stock Exchange) operações *fpl* a termo. **3** *adj* **a)** (later) [*generation, developments, investment, earnings*] futuro, posterior; **at some ~ date** numa data posterior; **b)** (in line for post) futuro (*before n*).

Gg

g, G [dʒi:] *n* **a)** (letter) g, G *m*; **b)** Mus sol *m*; **c)** (coll) see **grand**.

gabble ['gæbl] **1** *n* tagarelice *f.* **2** *vtr* engolir [*words*]. **3** *vi* gaguejar.

gag [gæg] **1** *n* **a)** (piece of cloth) mordaça *f*; **to put a ~ on the press** amordaçar a imprensa; **b)** (joke) piada *f* (fam). **2** *vtr* (*pres p etc* **-gg-**) amordaçar [*hostage*]; Journ amordaçar, censurar [*media*]. **3** *vi* (*pres p etc* **-gg-**) (choke) engasgar--se; **he ~ged on his soup** ele engasgou-se com a sopa.

gain [geɪn] **1** *n* **a)** (increase) aumento *m*; **material/financial ~** ganho material/financeiro; **to do sth for material ~** fazer algo para obter lucro; **losses and ~s** Fin prejuízos e lucros *mpl*; **b)** (advantage, improvement) **to make ~s** [*political party*] fortalecer-se; **c)** (St Exchange) **to make ~s** estar em alta. **2** *vtr* **a)** (acquire) adquirir [*experience*]; ganhar [*respect, support*]; receber [*approval*]; conquistar [*freedom*]; **we have nothing to ~ from this investment** não temos nada a ganhar com este investimento; **to ~ the impression that...** ficar com a impressão que...; **to ~ control of sth** obter o controlo de algo; **b)** (increase) (in speed, height, etc) **to ~ speed** [*driver, vehicle, plane*] aumentar de velocidade; **to ~ weight** aumentar de peso; **to ~ 3 minutes** (watch, clock, competitor) ter 3 minutos de avanço; **c)** (win) **to ~ points** ganhar pontos; **the Republicans ~ed four seats** os republicanos ganharam quatro lugares aos democratas. **3** *vi* **a)** (improve) **to ~ in popularity** aumentar a popularidade; **b)** (profit) **she's not ~ed by it** ela não tirou nenhum proveito disso; **do you think we'll ~ by adopting this strategy?** achas que ganhamos em adoptar esta estratégia?; **c)** (catch up) **to ~ on sb** alcançar, apanhar; **the opposition are ~ing on the government** a oposição está a levar a melhor sobre o governo.

gainful ['geɪnfʊl] *adj* [*occupation, employment*] lucrativo, vantajoso.

gale [geɪl] *n* vento *m* forte; ventania *f*; (fig) **~s of laughter** gargalhadas *fpl*.

gallant 1 ['gælənt, gə'lænt] (arch) *n* galã *m*. **2** ['gælənt] *adj* **a)** (courageous) (also iron) [*soldier*] bravo; [*struggle*] heróico; **b)** (dated) (courteous) galante.

gallantry ['gæləntrɪ] *n* **a)** (courage) bravura *f*; **b)** (dated) (courtesy) galanteria *f.*

gallery ['gælərɪ] *n* **a)** (for art) (public) museu *m*; (private) galeria *f*; **b)** Archit galeria *f*; **c)** Theat geral *f.* IDIOMAS **to play to the ~** representar para a plateia.

gallop ['gæləp] **1** *n* Equit (fig) galope *m*; **to go for a ~** passear a galope; **at a ~** a galope (also fig). **2** *vtr* fazer galopar [*horse*]. **3** *vi* **a)** Equit galopar; **to ~ away/back** partir/regressar a galope; **b)** (fig) **to ~ through sth** expedir qq coisa a toda a velocidade; **Japan is ~ing ahead in this field** o Japão ultrapassa todos os países nesse domínio.

gamble ['gæmbl] **1** *n* **a)** (bet) aposta *f*; **to have a ~ on sth** fazer uma aposta sobre qq coisa; **b)** (fig) (risk) risco *m*; **to take a ~** correr o risco; **that's a bit of a ~** é um pouco arriscado. **2** *vtr* jogar [*money*]; (fig) apostar (**on** em). **3** *vi* (at cards, etc) jogar; (fig) apostar (**on** em). ■ **gamble away**: **~ sth (away), ~ (away) sth** espatifar [*money, etc*].

gambler ['gæmblə(r)] *n* jogador *m.*

gambling ['gæmblɪn] **1** *n* jogo *m* (de azar). **2** *modif* [*syndicate, table, house, debt*] de jogo.

game [geɪm] **1** *n* **a)** (activity) jogo *m*; **to play a ~** jogar um jogo; **to play the ~** fazer jogo franco; **don't play ~s with me!** (tell me the truth) deixa-te de jogos! (fam); **b)** (instance of playing) (of chess, cards, poker, darts) partida *f*; (of football, hockey, cricket) desafio *m*; **let's have a ~ of cowboys** vamos brincar aos cowboys?; **c)** us (professional sporting event) desafio *m*; **d)** (section of tournament) (in tennis) jogo *m*; (in bridge) partida *f*; **e)** (skill at playing) jogo *m*; **how to improve your ~** como melhorar o seu jogo; **grass suits my ~** gosto de jogar sobre a relva; **to put sb off his/her ~** incomodar alg; **f)** (coll) (trick, scheme) jogo *m*; esquema *m*; manobra *f*; **what's your ~?** qual é o teu jogo?; **so that's his ~!** então é isso que ele pretende!; **g)** (coll) (activity, occupation) (pej *or* hum) **the insurance ~** o campo dos seguros; **I've been in this ~ 10 years** estou nesta actividade há 10 anos; **he's new to this ~** ele é novo neste domínio; **h)** Hunt, Culin caça *f.* **2 games** *npl* **a)** GB Sch desporto *m* Po, esporte *m* Br; **b)** (sporting event) Games Jogos *mpl*. **3** *modif* **a)** [*pâté, dish, stew*] de caça; **b)** ~**s** GB [*teacher, lesson, master, mistress*] de educação física. **4** *adj* **a)** (willing to try) participativo, disposto; **he's ~ for anything** ele está pronto para tudo; **she's always ~ for an adventure** ela está sempre pronta para uma aventura; **b)** (resolute, plucky) corajoso; **c)** [*leg*] aleijado, coxo. IDIOMAS **that's the name of the ~** é isso mesmo; **the ~'s up** está tudo terminado; **to beat sb at his own ~** bater alg no seu próprio campo; **to be/go on the ~** (coll) GB andar na prostituição; **to give the ~ away** revelar o segredo.

game keeper *n* couteiro *m.*

gamely ['geɪmlɪ] *adv* corajosamente.

game park, ~ reserve *n* coutada *f.*

gamesmanship ['geɪmzmənʃɪp] *n* (pej) estratagemas *mpl*; **that's mere ~** isso é apenas jogo psicológico (para ganhar).

game warden *n* guarda-florestal *m.*

gang [gæŋ] *n* (group) (of criminals) gangue *m*; (of youths) bando *m.* ■ **gang up** aliar-se (**on, against** contra; **to do** para fazer).

gangster ['gæŋstə(r)] **1** *n* gangster *m*. **2** *noun modifier* [*film, story, tactics*] de gangsters; [*boss*] de gangsters.

gangway ['gæŋweɪ] *n* **a)** (passage) passagem *f*; "G~!" Deixem passar!; **b)** NAUT portaló *m*.

gap [gæp] **a)** (interval of time) intervalo *m*; **b)** (empty space) (between planks, curtains) intervalo *m*; abertura *f* (**in** entre); (in text) espaço *m* em branco (**in** em); (in fence, wall) buraco *m*; abertura *f*; fenda *f* (**in** em); (between buildings, furniture) espaço *m* (**in** em); **his death left a ~ in my life** a sua morte deixou um vazio na minha vida; **c)** (difference) (in age) diferença *f*; (between opinions) divergência *f*; **a 15 year age ~** uma diferença de 15 anos de idade; **d)** (deficiency) (in knowledge, education) lacuna *f* (**in** em); **e)** **to fill a ~ in the market** ADVERTG, COMM responder a uma necessidade real do mercado; **f)** FIN défice *m*; **trade ~** défice comercial; (break in continuity) (in conversation) silêncio *m*; (of time) intervalo *m*; (in event, performance) interrupção *f*.

gape [geɪp] *vi* **a)** (stare) **to ~** (**at sth/sb**) olhar embasbacado (para algo/alg); **b)** (open wide) [*chasm, hole*] escancarar-se.

garbage ['gɑ:bɪdʒ] *n* **a)** lixo *m*; **b)** (fig) asneiras *fpl*; disparates *mpl*.

garbage: ~ can *n* caixote *m* do lixo; **~ disposal unit** *n* máquina *f* trituradora do lixo.

garden [gɑ:dn] **1** *n* **a)** (private) jardim *m*; (fig) **front/back** *or* **rear ~** jardim *m* na frente/atrás da casa; **b)** **~s** (*npl*) (municipal) jardim *m* público. **2** *modif* [*plant, furniture*] de jardim; [*wall, fence, shed*] do jardim. **3** *vi* jardinar, fazer jardinagem. IDIOMAS **to lead sb up the ~ path** (coll) levar alg à certa (fam).

garden: ~ centre *n* horto *m*; centro de floricultura; **~ city** *n* GB cidade-jardim *f*.

gardener ['gɑ:dnə(r)] *n* jardineiro *m*; **to be a keen ~** (**amateur**) ser um apaixonado de jardinagem.

gardening ['gɑ:dnɪŋ] *n* jardinagem *f*.

gargle ['gɑ:gl] *vi* gargarejar (**with sth** com qq coisa).

gargoyle ['gɑ:gɔɪl] *n* ARCHIT gárgula *f*.

garish ['geərɪ] *adj* [*colour, garment*] berrante, extravagante; [*light, lightning*] brilhante, deslumbrante.

garishly ['geərɪ/lɪ] *adj* **~ dressed** vestido de maneira extravagante; **~ lit** com uma luz deslumbrante.

garland ['gɑ:lənd] *n* grinalda *f*.

garlic ['gɑ:lɪk] **1** *n* alho *m*. **2** *modif* [*sausage, mushroom*] com alho; [*crouton, sauce, salt*] de alho; **~ bread** pão de alho; **~ butter** manteiga de alho.

garment ['gɑ:mənt] *n* vestuário *m*.

garnish ['gɑ:nɪ/] **1** *n* guarnição *f*; enfeite *m* (**of** de). **2** *vtr* (*use in passive*) **a)** **~ with** [*parsley*] enfeitar com; **b)** (formal) (broach) **~ed with rubies** ornado de rubis.

garret ['gærɪt] *n* sótão *m*.

garrison ['gærɪsn] **1** *n* guarnição *f*. **2** *modif* [*town, troops, life*] de guarnição. **3** *vtr* (*use in passive*) **to ~ sth** (**with troops**) colocar forças militares em [*town, zone*].

garrulous ['gærʊləs] (formal) *adj* (by nature) loquaz (formal).

garter ['gɑ:tə(r)] *n* (for stocking, sock) liga *f*; jarreteira *f*.

gas [gæs] **1** *n* (*pl* **gases**) **a)** (fuel) CHEM gás *m*; **to cook with ~** cozinhar a gás; **to turn up/turn down the ~** aumentar/baixar o gás; **on a low/ medium ~** a fogo brando/médio; **b)** MIL gás *m* (de combate); **c)** US AUT gasolina *f*. **2** *modif* [*board, industry, company*] do gás; [*explosion, pipe*] de gás. **3** *vtr* (*past pp* **gassed**) (gen) MIL (use gas on, kill by gassing) gasear [*soldier, villager, badger*]. **4** *vi* (coll) (chatter) tagarelar. **5** *v refl* (commit suicide by gassing) suicidar-se com gás. ■ **gas up** US meter gasolina.

gas: ~ fire *n* GB aquecedor *m* a gás; **~-fired** *adj* [*boiler, water heater*] a gás.

gash [gæ/] **1** *n* entalhe *m*; corte *m* (**in, on sth** em qq coisa). **2** *vtr* **to ~ one's leg** fazer um corte na perna (**on sth** em algo).

gas holder *n* gasómetro *m*.

gasket ['gæskɪt] *n* TECH (in piston) guarnição *f* de pistão; (in joint) vedação *f* de junta.

gas: ~light *n* **a)** (lamp) candeeiro *m* a gás; **b)** **by ~light** à luz dum candeeiro a gás; **~lighter** *m* (for cooker) acendedor *m*; **~ main** *n* canalização *f* de gás; **~ mask** *n* máscara *f* antigás; **~ meter** *n* contador *m* de gás.

gasoline US *n* gasolina *f*.

gas oven *n* forno *m* a gás.

gasp [gɑ:sp] **1** *n* **to give** *or* **let out a ~** suspirar, dar um suspiro; **he gave a ~ of horror** com o medo ele ficou sem respiração; **at the last ~** (fig) no último momento. **2** *vtr* **help! he ~ed** socorro! disse ele arquejante; **she ~ed (out) a few words** ela balbuciou algumas palavras de forma arquejante. **3** *vi* **a)** (for breath air) arquejar; **b)** (show surprise) respirar de forma ofegante; **to ~ in** *or* **with amazement** respirar de forma entrecortada pelo espanto; **c)** (coll) (badly need) **I'm ~ing for a drink/a cigarette** estou a morrer de sede/por um cigarro.

gas: ~ ring *n* boca *f* de gás; **~ station** *n* US estação *f* de serviço; **~ stove** *n* fogão *m* a gás.

gassy ['gæsɪ] *adj* [*beer*] gasoso.

gas: ~ tank *n* US depósito *m* (de gasolina); **~ tap** *n* torneira *f* do gás.

gastric ['gæstrɪk] *adj* [*juices, ulcer, pain*] gástrico; **~ flu** febre intestinal.

gastronomic [gæstrə'nɒmɪk] *adj* gastronómico.

gate [geɪt] *n* **a)** (of field, level crossing) cancela *f*; (in underground railway) barreira *f* ou porta *f* automática; (of town) porta *f*; (of prison) portão *m*; (of garden, courtyard) portão *m*; portal *m*; **b)** (at airport) porta *f*; **c)** SPORT; **there was a ~ of 29000** houve 29000 espectadores; **d)** COMPUT porta *f*.

gatecrash ['geɪtkræ/] (coll) **1** *vtr* **he ~d our party** ele entrou na nossa festa sem ser convidado. **2** *vi* (at party) ir a uma festa sem convite.

gatecrasher ['geɪtkræ/ə(r)] (coll) *n* (at party) penetra *m/f*; (at concert, play, etc) borlista *m/f*.

gate money *n* SPORT receita *f*.

gatepost ['geɪtpəʊst] *n* coiceira *f*.

gateway ['geɪtweɪ] *n* entrada *f*; passagem *f*.

gather ['gæðə(r)] **1** *n* SEWING franzido *m*. **2** *vtr* **a)** see **~ together**; **b)** (collect) (lit) (pick) colher [*fruit, nuts, mushrooms, flowers*]; (pick up) apanhar [*wood, fallen fruit*]; recolher [*data, facts,*

information, evidence]; cobrar [*taxes*]; (fig) recuperar [*strength, energies, courage*]; **to ~ dust** (lit) encher-se de pó; (fig) cair no esquecimento; **to ~ momentum** (lit) [*vehicle*] ganhar velocidade; (fig) [*political party, movement, idea*] ganhar terreno; **c)** (deduce, conclude) **I ~ (that) this decision is irrevocable** pelo que compreendi, esta decisão é irrevogável; **what do you ~ from that?** o que é que concluis disso?; **as far as I can ~** tanto quanto sei; **d)** SEWING franzir; **a dress ~ed at the waist** um vestido franzido na cintura; **e)** PRINT juntar, reunir [*sections of book*]. **3** *vi* **a)** [*people, crowd*] (deliberately) juntar-se; [*crowd*] (after accident, etc) formar-se; [*family*] reunir-se; [*clouds*] acumular-se, juntar-se; [*darkness*] adensar-se; **b)** MED [*boil, abscess*] inchar. **4** *v refl* **to ~ oneself to ~ oneself together** [*after shock, illness*] recuperar, recobrar forças. ■ **gather in**: **~ (sth) in, ~ in (sth)** juntar [*essays, exam papers, harvest, crop*]; recolher [*money, contributions*]; cobrar [*taxes*]. ■ **gather round** reagrupar-se; **~ round (sth/sb)** [*children, family*] juntar-se em volta de [*teacher, object*]. ■ **gather together** reunir-se; **~ (sth) together, ~ together (sth)** juntar [*belongings, notes, followers*]; recolher [*data, facts, information, evidence*]. ■ **gather up**: **~ (sth) up, ~ up (sth)** juntar [*objects, belongings, rubbish, skirts*].
gathering ['gæðərɪŋ] **1** *n* **a)** (meeting) reunião *f*; **a social/family ~** uma reunião social/de família; **b)** SEWING franzido *m*. **2** *adj* [*speed, force, momentum*] crescente.
gauche [gəʊʃ] *adj* (awkward) [*person, attitude*] desajeitado; [*remark*] sem tacto.
gaudy ['gɔːdɪ] *adj* berrante, espalhafatoso.
gauge [geɪdʒ] **1** *n* **a)** (standard measure) (for gun, screw) calibre *m*; (of metal, plastic sheet) espessura *f*; **b)** RAIL bitola *f*; **standard/narrow ~ via** *f* normal/estreita; **c)** (measuring instrument) medidor *m*; **fuel ~** AUT, AVIAT indicador *m* de combustível. **2** *vtr* **a)** (measure accurately) medir [*diameter, distance*]; calibrar [*screw, shotgun*]; **b)** (estimate) avaliar, calcular [*mood, reaction*].
gaunt [gɔːnt] *adj* [*person, face, figure*] esquelético, descarnado.
gauntlet ['gɔːntlɪt] *n* (protective glove) luva *f* forte com punho comprido. IDIOMAS **to throw down the ~** (fig) desafiar; **to pick** *or* **take up the ~** (fig) aceitar o desafio; **to run the ~ of criticism/danger** expor-se à crítica/ao perigo.
gauze [gɔːz] **1** *n* (fabric) gaze *f*. **2** *modif* [*curtain, scarf, bandage*] de gaze.
gave [gɪv] *past* see **give**.
gawky ['gɔːkɪ] *adj* desengonçado, desajeitado.
gay [geɪ] **1** *n* homossexual *m/f*. **2** *adj* **a)** [*person, centre, culture*] homossexual; [*couple, community, club, magazine, area*] de homossexuais; **~ rights** os direitos dos homossexuais; **b)** (lively, bright) [*person, atmosphere, colour, music*] alegre; [*laughter, laugh*] divertido; [*street, café*] animado; **c)** (carefree) feliz.
gaze [geɪz] **1** *n* olhar *m* fixo; **to hold sb's ~** suster o olhar de alg. **2** *vi* **to ~ (at sb/sth)** olhar fixamente alg/algo; (in wonder) contemplar alg/algo. ■ **gaze about** *or* **around**: **to ~ about** *or* **around** olhar à sua volta.

gazette [gə'zet] *n* **a)** JOURN (newspaper title) **G~** gazeta *f*; **b)** (official journal) **the university ~ o** jornal oficial da universidade.
gazetteer [gæzɪ'tɪə(r)] *n* dicionário *m* de termos geográficos.
gazump [gə'zʌmp] (coll) (pej) GB *vtr* chegar a acordo de venda pela maior oferta.
gb *n* abrev = **Great Britain** gb.
GCSE *n* (*pl* ~s) abrev = **General Certificate of Secondary Education**.
GDP abrev = **gross domestic product** produto interno bruto, PIB.
gear [gɪə(r)] **1** *n* **a)** (equipment) equipamento *m*; material *m*; **climbing ~** material de alpinismo; **b)** (coll) (personal possessions, stuff) coisas *fpl*; pertences *mpl*; **c)** (clothing for an activity) equipamento *m*; fato *m*; **tennis/football ~** equipamento de ténis/futebol; **d)** AUT (range of speed) velocidade *f*; **bottom** *or* **first ~** primeira velocidade; **top ~** quarta ou quinta velocidade; **you're not in ~** estás em ponto morto; **to put a car in ~** engrenar o carro numa velocidade; **e)** TECH (toothed wheel) roda *f* dentada. **2 gears** *npl* **the ~s** a engrenagem. **3** *vtr* (tailor) conceber; **to be ~ed to meet the needs of customers** ser ou estar concebido para responder às necessidades dos clientes. ■ **gear up**: **~ up** preparar-se; **to be ~ed up to do sth** estar preparado para fazer qq coisa.
gear shift *n* **a)** alavanca *f* de mudanças; **b)** (process) mudança *f* de velocidade.
gee [dʒiː] *excl* (coll) US **~ (whiz)!** meu Deus!.
geese [giːs] *npl* see **goose**.
Geiger counter ['gaɪgə kaʊntə(r)] *n* PHYS contador *m* Geiger.
gel [dʒel] **1** *n* **a)** (for bath, hair) gel *m*; **b)** CHEM colóide *m*. **2** *vi* see **jell**.
gelatin(e) ['dʒelətɪn, dʒelətiːn] *n* gelatina *f*.
gelding ['geldɪŋ] *n* **a)** (horse) (cavalo) castrado *m*; capão *m*; **b)** (castration) castração *f*.
gelignite ['dʒəlɪgnaɪt] *n* gelignite *f*.
gem [dʒem] *n* **a)** (stone) pedra *f* preciosa; gema *f*; **b)** (appreciative term) jóia *f*; **this book is a real ~** este livro é uma verdadeira jóia.
Gemini ['dʒemɪnaɪ, 'dʒemɪnɪ] *n* ASTROL gémeos *mpl*.
Gen abrev = **General**.
gen [dʒen] (coll) GB *n* **what's the ~ on this?** (coll) o que é que há de novo?. ■ **gen up** (coll) **to ~ up on sth** informar-se sobre algo; **to be ~ned up on/about sth** ser informado sobre algo.
gender ['dʒendə(r)] *n* **a)** LING género *m*; **b)** (of person, animal) sexo *m*; **the ~ gap** a guerra dos sexos.
gene [dʒiːn] *n* **a)** BIOL gene *m*; **b)** (coll) (*pl*) hereditariedade *f*; **it's in his ~s** é hereditário.
genealogy [dʒiːnɪ'æləd ʒ', dʒenɪ'æləd ʒ ɪ] *n* genealogia *f*.
genera ['dʒenərə] *npl* see **genus**.
general ['dʒenrl] **1** *n* **a)** MIL general *m*; **b)** **the ~ and the particular** o geral e o particular. **2** *adj* **a)** (widespread, affecting or involving most parts or people) [*interest, concern, approval, feeling, opinion, chaos, paralysis*] geral; **to be a ~ favourite** ser apreciado por todos; **in ~ use** de uso corrente; **b)** (overall) [*condition, appearance,*

standard, rise, decline, impression] geral; **to improve one's ~ fitness** melhorar a sua forma geral; **do you get the ~ idea?** estás a compreender?; **that's the ~ idea** essa é a ideia; **c)** (rough, usually applying) [*rule, principle, conclusion*] geral; **as a ~ rule** em geral; **d)** (not detailed, precise or specific) [*description, statement, information*] geral; [*promise, assurance*] vago; **to talk in ~ terms** falar em termos gerais; **a ~ discussion about** uma discussão de conjunto sobre; **to give sb a ~ idea of** dar a alg uma ideia geral de; **e)** (not specialized) [*medicine, linguistics*] geral; [*programme, magazine*] de interesse geral; [*user, reader*] médio; [*store, shop, dealer*] que vende de tudo; **~ office duties** trabalho de escritório (não especializado); **~ assistant** empregado de escritório; **f)** (miscellaneous) [*category, index, enquiry, expenses*] geral; **we sell ~ antiques** vendemos toda a espécie de antiguidades; **g)** (usual, normal) [*practice, method, routine*] geral; **in the ~ way of things** em regra geral; **the ~ run of people** o grande público. **3 in ~** *adv phr* **a)** (usually or non-specifically) em geral; **b)** (overall, mostly) no conjunto; **in ~ it seems quite simple** no conjunto parece muito simples.

general election *n* (*often pl*) eleições *fpl* gerais.
generality [dʒenəˈrælɪtɪ] *n* **a)** (general remark) (*often pl*) generalidade *f*; **b)** (majority) (+ *usg or pl*) **the ~ of people is** a maioria das pessoas é.
generalization [dʒenrəlaɪˈzeɪʃn] *n* generalização *f* (**about** sobre).
generalize [ˈdʒenrə laɪz] *vtr, vi* generalizar (**about** acerca de).
general knowledge *n* cultura *f* geral.
generally [ˈdʒenrəlɪ] *adv* **a)** (widely, by most people) [*accepted, agreed, believed, recognised, welcomed*] largamente, em geral; **a ~ accepted definition** uma definição geralmente aceite; **~ available** disponível para o público em geral; **b)** (usually) geralmente, em geral; **it's ~ best to...** em geral é melhor...; **~ (speaking)...** em regra geral...; **c)** (overall or non-specifically) **the industry ~ will be affected** a indústria no seu todo será afectada; **he's ~ unwell at the moment** neste momento ele não está em boa forma; **d)** (vaguely, in an unspecified way) [*talk, discuss, refer*] vagamente, de uma maneira geral.
general: **~ manager** *n* director *m* geral; **~ practice** *n* **a)** (field of doctor's work) clínica *f* geral; **b)** (place, health centre) consultório *m* de clínica geral; **~ practitioner** *n* médico *m* de clínica geral; **~ staff** *n* estado *m* maior; **~ strike** *n* greve *f* geral.
generate [ˈdʒenəreɪt] *vtr* **a)** produzir [*income, sales, data, documents, graphics, noise, waste*]; criar [*employment*]; suscitar [*interest, debate, tension, ideas*]; causar [*traffic, loss, profit, publicity*]; **b)** ELEC produzir [*electricity, power heat*].
generating station [ˈdʒenəreɪtɪŋsteɪʃn] *n* central *f* eléctrica.
generation [dʒenəˈreɪʃn] *n* **a)** (in family, in society) geração *f*; **the younger/older ~** a nova/velha geração; **~ gap** conflito *m* de gerações; **b)** (period of time) geração *f*; **it's been like this for ~s** há séculos que é assim; **c)** (in product de-

velopment) produção *f*; **second ~ robots** robots da segunda produção; **d)** (of electricity income, traffic, data) produção *f*; (of employment) criação *f*.
generator [ˈdʒenəreɪtə(r)] *n* ELEC gerador *m*; dínamo *m*; (in hospital) grupo *m* electrógeno.
generic [dʒɪˈnerɪk] *adj* genérico.
generosity [dʒenəˈrɒsɪtɪ] *n* generosidade *f* (**to, towards** para com); **~ of mind** *or* **spirit** espírito generoso.
generous [ˈdʒenərəs] *adj* **a)** [*person*] generoso; (to opponent) magnânimo; **to be ~ with one's time** ser liberal com o seu tempo; **the most ~ interpretation is that...** pode-se dizer que...; **b)** (large) [*quantity, measure, supply, funding*] liberal, amplo, generoso, abundante; [*size, hem*] grande.
generously [ˈdʒenərəslɪ] *adv* generosamente; **~ cut** amplo; CULIN [*sprinkle, grease*] abundantemente.
genesis [ˈdʒenɪsɪs] *n* (*pl* **-eses**) génese *f*; **G~ BIBLE** a Génesis *f*.
genetic [dʒɪˈnetɪk] *adj* genético.
genetically [dʒɪˈnetɪkəlɪ] *adv* geneticamente; **~ engineered** obtido por manipulação genética.
genetics [dʒɪˈnetɪks] *n* (+ *v sg*) genética *f*.
Geneva [dʒɪˈnʲːvə] *pr n* Genebra; **lake ~** o lago de Genebra ou o lago de Leman.
genial [ˈdʒiːnɪəl] *adj* (cheerful) cordial.
geniality [dʒiːnɪˈælɪtɪ] *n* cordialidade *f*.
genital [ˈdʒenɪtl] *adj* genital; **in the ~ area** na zona genital.
genitive [ˈdʒenɪtɪv] **1** *n* genitivo *m*; **in the ~ (case)** no genitivo. **2** *adj* genitivo.
genius [ˈdʒiːnɪəs] *n* **a)** (prodigy, brilliance) génio *m*; **a mathematical ~** um matemático de génio; **a mechanical ~** (non-intellectual) um génio de mecânico; **b)** (gift) **to have a ~ for doing sth** ser muito dotado para fazer algo; **to have a ~ for saying the wrong thing** (iron) ter um jeito especial para dizer disparates.
Genoa [ˈdʒenəʊə] *pr n* Génova.
genocide [ˈdʒenəsaɪd] *n* genocídio *m*.
genteel [dʒenˈtiːl] *adj* (iron) [*person*] fino, amaneirado; [*behaviour*] polido, afectado.
Gentile [ˈdʒentaɪl] **1** *n* gentio *m*. **2** *adj* gentílico, pagão.
gentility [dʒenˈtɪlɪtɪ] *n* **a)** (liter, dated) distinção *f*; **b)** (iron *or* pej) afectação *f*.
gentle [ˈdʒentl] *adj* **a)** (kind) [*person, animal, expression, rebuke*] delicado, dócil, amável; [*dentist, nurse*] delicado, atencioso; [*hint, reminder*] discreto; [*teasing, parody*] leve; [*fun*] inocente; **be ~ with her, she's upset** sê simpático com ela, ela está aborrecida; **the ~ sex** (dated *or* iron) o sexo fraco; **b)** (quiet) [*voice, music*] suave; [*noises*] ligeiro; **c)** (gradual) [*slop, curve*] suave; [*stop*] lento; [*transition*] gradual, moderado; **d)** (non-violent) [*pressure, touch, push, breeze*] suave; [*exercise*] moderado; [*massage*] leve; [*stroll*] pequeno.
gentleman [ˈdʒentlmən] *n* (*pl* **-men**) **a)** (man) homem *m*; senhor *m*; **a ~ of leisure** (hum) um capitalista; **b)** (well-bred) cavalheiro *m*.
gentlemanly [ˈdʒentlmənlɪ] *adj* [*behaviour*] polido, bem-educado; [*person, manner*] cortês, fino; [*appearance*] distinto.

gentlemen *npl* see **gentleman**.
gentleness ['dʒentlnɪs] *n* bondade *f*; doçura *f*.
gently ['dʒentlɪ] *adv* docemente; [*speak, look, rebuke*] gentilmente; [*comb, cleanse*] suavemente; [*exercise*] calmamente; [*cook*] em fogo moderado; **"squeeze ~"** (washing instruction) "espremer sem torcer"; **he kissed her ~ on the cheek** ele beijou-a docemente na face; **to break the news ~** dar a notícia com cautela; **to slope ~ up/down** subir/descer ligeiramente; **~ does it!** (coll) com calma!.
gentry ['dʒentrɪ] *n* (dated *or* **hum**) pequena nobreza *f*.
genuine ['dʒenjʊɪn] *adj* **a)** verdadeiro; [*work of art*] autêntico, genuíno; [*jewel, substance*] verdadeiro; **it's the ~ article** (coll) é mesmo original; **b)** (sincere) [*person, emotion, effort, interest*] sincero; [*simplicity*] verdadeiro; [*inability*] real; [*buyer*] sério.
genuinely ['dʒenjʊɪnlɪ] *adv* verdadeiramente, realmente; [*feel, want, be anxious, upset*] verdadeiramente.
genus ['dʒiːnəs, 'dʒenəs] *n* (*pl* **-nera**) BIOL género *m*.
geographer [dʒɪˈɒgrəfə(r)] *n* geógrafo *m*.
geographic(al) [dʒiːəˈgræfɪkl] *adj* geográfico.
geographically [dʒiːəˈgræfɪləlɪ] *adv* geograficamente; **~ seen** *or* **speaking** do ponto de vista geográfico.
geography [dʒɪˈɒgrəfɪ] **1** *n* (study) geografia *f*; (lay-out) topografia *f*. **2** *modif* (student, teacher, person, book) de geografia.
geological [dʒiːəˈlɒdʒɪkl] *adj* geológico.
geologist [dʒiːˈɒlədʒɪst] *n* geólogo *m*.
geology [dʒɪˈɒlədʒɪ] **1** *n* geologia *f*. **2** *modif* [*course, department*] de geologia.
geometry [dʒɪˈɒmɪtrɪ] **1** *n* geometria *f*. **2** *modif* [*lesson, book*] de geometria; **a ~ set** estojo de geometria.
gerbil ['dʒɜːbɪl] *n* ZOOL rato do deserto.
geriatric [dʒerɪˈætrɪk] **1** *n* **a)** MED doença *f* geriátrica; **b)** (coll) (pej, hum) velho (caquéctico). **2** *adj* **a)** MED [*hospital, ward*] geriátrico; **~ care** cuidados aos idosos; **~ medicine** geriatria *f*; **b)** (coll) (pej, hum) velho caquéctico (fam).
germ [dʒɜːm] *n* **a)** (microbe) micróbio *m*; **b)** (seed) (lit, fig) **the ~ of an idea** o gérmen de uma ideia.
German ['dʒɜːmən] **1** *n* (person, language) alemão *m*. **2** *adj* [*town, custom, etc*] alemão; [*ambassador, embassy, emperor*] da Alemanha; [*teacher, exam, course*] de alemão.
German: ~ measles *n* rubéola *f*; **~ sheepdog, ~ shepherd** *n* pastor *m* alemão.
Germany ['dʒɜːmənɪ] *pr n* Alemanha *f*.
germinate ['dʒɜːmɪneɪt] **1** *vtr* (lit, fig) fazer germinar. **2** *vi* (lit, fig) germinar.
germination [dʒɜːmɪˈneɪʃn] *n* germinação *f*.
gerund ['dʒerənd] *n* gerúndio *m*.
gestation [dʒeˈsteɪʃn] *n* gestação *f*.
gesticulate [dʒeˈstɪkjʊleɪt] *vi* gesticular.
gesticulation [dʒestɪkjʊˈleɪʃn] *n* gesticulação *f*.
gesture ['dʒestʃ/ə(r)] **1** *n* (lit, fig) gesto *m* (**of** de); **a nice ~** um bonito gesto; **an empty ~** um gesto sem significado. **2** *vi* fazer um gesto, gesticular; **to ~ at/towards sth** designar qq coisa com um gesto; **to ~ to sb (to do sth)** fazer sinal a alg (para que faça qq coisa).

get [get] **1** *vtr* (*pres p* **-tt-**; *past* **got**; *pp* **got, gotten** US) **a)** (receive) receber [*letter, grant, salary, etc*]; TV, RADIO captar [*channel*]; **did you ~ much for your car?** deram-te bastante dinheiro pelo teu carro?; **our garden ~s a lot of sun** o nosso jardim recebe muito sol; **we ~ a lot of tourists** temos muitos turistas; **b)** (inherit) herdar; **to ~ sth from sb** (lit) herdar qq coisa de alg [*article, money*]; **c)** (obtain) (by applying) obter [*permission, divorce, licence*]; encontrar [*job*]; (by contacting) encontrar [*plumber*]; chamar [*taxi*]; (by buying) comprar [*item*] (**from** em); **to ~ something for nothing/at a discount** ter qq coisa de graça/com desconto; **to ~ (sb/sth), to ~ sth for sb** (by buying) comprar qq coisa a alg; **I'll ~ sth to eat at the airport** como qq coisa no aeroporto; **d)** (subscribe to) assinar [*newspaper*]; **e)** (acquire) adquirir [*reputation*]; **f)** (achieve) obter [*grade, mark, answer*]; **he got it right** (of calculation) ele obteve o resultado certo; (of answer) ele respondeu certo; **g)** (fetch) buscar [*object, person, help*]; **go and ~ a chair** vai buscar uma cadeira; **to ~ (sb/sth), to ~ sth for sb** ir buscar qq coisa para alg; **h)** (manoeuvre, move) **to ~ sb/sth upstairs/downstairs** fazer subir/descer alg/algo; **can you ~ between the truck and the wall?** consegues passar entre o camião e a parede?; **i)** (help progress) **is this discussion ~ting us anywhere?** será que esta discussão nos leva a algum lado?; **j)** (contact) **did you ~ Harry on the phone?** conseguiste falar com o Harry (ao telefone)?; **k)** (deal with) **I'll ~ it** (of phone) eu atendo; (of doorbell) vou ver quem é; **l)** (prepare) preparar [*breakfast, lunch, etc*]; **m)** (take hold of) segurar [*person*] (**by** for); **to ~ sth from** *or* **off** pegar qq coisa de cima de [*shelf, table*]; **to ~ sth from** *or* **out of** pegar qq coisa que estava dentro de [*drawer, cupboard*]; **n)** (oblige to give) **to ~ sth from** *or* **out of sb** extorquir qq coisa a alg [*money*]; **o)** (catch) (gen) apanhar [*escapee*]; **got you!** (gen) apanhei-te!; **p)** MET apanhar [*disease*]; **he got measles from his sister** a irmã pegou-lhe o sarampo; **q)** (use as transport) apanhar [*bus, train*]; **r)** (have) **to have got** ter [*object, money, friend, etc*]; **I've got a headache** tenho dores de cabeça; **s)** (start to have) **to ~ (hold of) the idea** *or* **impression that** meter na cabeça que; **t)** (suffer) **to ~ a surprise** ter uma surpresa; **to ~ a shock** sofrer um choque; **u)** (be given as punishment) apanhar [*five years, fine, etc*]; **v)** (hit) **to ~ sb/sth** acertar em alg/algo com [*stone, arrow*]; **got it!** (of target) acertei!; **w)** (understand, hear) compreender; **now let me ~ this right...** bem, deixa-me ver se percebo...; **~ this! he was arrested this morning** ouve isto: ele foi preso esta manhã!; **x)** (annoy, affect) **what ~s me is...** o que me chateia é...; **y)** (learn, learn of) **how did you ~ to know** *or* **hear of our organization?** como (é que) soubeste da nossa organização?; **to ~ to like sb** acabar por gostar de alg; **z)** (have opportunity) **to ~ to do** ter oportunidade de fazer; **z1)** (start) **then I got to thinking that...** então, comecei a pensar que...; **z2)** (must) ter de; **to have got to do** ter de fazer [*homework, chore*]; **it's got to be done** é preciso fazer isso; **you've got to realize**

that... tens de compreender que...; **z3**) (persuade) **to ~ sb to do** pedir alg que faça; **I got her to talk** consegui convencê-la a falar; **z4**) (have somebody do) **to ~ sth done** mandar fazer qq coisa; **to ~ the car repaired** mandar arranjar o carro; **z5**) (cause) **as hot as you can ~** it tão quente quanto possível; **to ~ one's socks wet** molhas as meias. **2** *vi* (*pres p* **-tt-**; *past* **got**; *pp* **got, gotten** US) **a**) (become) tornar-se [*suspicious, old*]; **it's ~ting late** está a fazer-se tarde!; **how did he ~ like that?** como é que ele chegou a este estado?; **b**) (*forming passive*) **to ~ hurt** magoar-se; **c**) (become involved in) **to ~ into** (as hobby) meter-se a; (as job) começar a; (fig) **to ~ into a fight** andar à pancada; **d**) (arrive) chegar; **to ~ there** chegar lá; **to ~ to the airport** chegar ao aeroporto; **we've got to page 5** estamos na página 5; **e**) (progress) **it got to 7 o'clock** eram 7 horas; **I'm ~ting nowhere with this essay** não consigo avançar nesta dissertação; **now we're ~ting somewhere** agora estamos a fazer progressos; **f**) (put on) **to ~ into** enfiar [*pyjamas, overalls*]. **IDIOMAS ~ along with you!** não sejas ridículo!; **~ away with you!** não digas disparates!; **~ him in that hat!** olha para ele`com aquele chapéu!; **I'll ~ you for that!** vais-mas pagar!; **I've got it** já percebi; **to ~ it together** organizar-se. ■ **get about a**) (manage to move) deslocar-se; **b**) (travel) viajar; **he ~s about a bit** (travels) ele viaja bastante; (knows people)` ele conhece bastante gente. ■ **get across**; **~ across a**) (pass to other side) atravessar; **b**) [*message*] passar, transmitir; **~ across (sth)** atravessar [*river, road, etc*]; **~ (sth) across a**) (transport) **how will we ~ it across?** como vamos levar isto para o outro lado?; **b**) (communicate) fazer passar [*message*] (**to** a). ■ **get ahead a**) (make progress) progredir, fazer progressos; **to ~ ahead of** tomar avanço sobre [*competitor*]; **b**) (go too fast) **let's not ~ ahead of ourselves** não nos antecipamos. ■ **get along a**) (progress) **how's the project ~ting along?** como é que vai o projecto?; **how are you ~ting along?** (in job, school) como é que vai as coisas?; (to sick or old person) como tem passado?; **b**) (be suited as friends) dar-se bem (**with** com); **c**) (go) **I must be ~ting along** tenho de ir andando. ■ **get around: ~ around a**) (move, spread) see **get about; b**) **to ~ around to doing: she'll ~ around to visiting us eventually** ela vai acabar por nos vir ver; **I haven't got around to it yet** ainda não tive tempo para me ocupar disso; **~ around (sth)** (circumvent) contornar [*problem, law*]; **there's no ~ting around** não há nada a fazer. ■ **get at: ~ at (sb/sth) a**) (reach) chegar a [*object, person*]; (fig) descobrir [*truth*]; **b**) (spoil) **the ants have got at the sugar** as formigas atacaram o açúcar; **c**) (criticize) estar em cima de [*person*]; **d**) (insinuate) **what are you ~ting at?** aonde queres chegar? ou o que queres dizer com isso?. ■ **get away: ~ away a**) (leave) partir; **b**) (escape) escapar-se; **c**) (fig) (escape unpunished) **to ~ away with a crime** escapar-se à justiça; **she can ~ away with bright colours** ela até se pode permitir usar cores berrantes. ■ **get away from: ~ away from (sth) a**) (leave) partir, ir-se embora;

I must ~ away from here tenho de me ir embora daqui; **b**) (fig) (deny) negar; **there's no ~ting away from it** não se pode negar isso; **c**) (fig) abandonar [*practice*]; **~ away from (sb)** (lit, fig) escapar de ou a. ■ **get back: ~ back a**) (return) (gen) voltar; **when we ~ back** quando voltarmos; **b**) (move backwards) recuar; **c**) (take revenge) **to ~ back at** vingar-se de; **~ back to (sth) a**) (return to) regressar a [*house, city*]; voltar a [*office, point*]; **when we ~ back to London** quando regressarmos a Londres; **b**) (return to former condition) voltar a [*job*]; **to ~ back to sleep** readormecer; **to ~ back to normal** voltar ao normal; **c**) (return to earlier stage) voltar a [*main topic, former point*]; **~ back to (sb)** (return to) voltar a; (on telephone) **I'll ~ right back to you** já lhe torno a telefonar; **~ (sth) back a**) (return) (personally) levar; (by post, etc) enviar; **b**) (regain) recuperar [*lost object, learned item*]; (fig) recobrar [*strength*]; **she got her money back** ela recuperou o dinheiro. ■ **get behind: ~ behind** (delayed) atrasar-se. ■ **get by a**) (pass) passar; **b**) (survive) sobreviver, conseguir viver (**on, with** com). ■ **get down: ~ down a**) (descend) descer (**from, out of** de); **b**) (leave table) sair da mesa; **c**) (lower oneself) (to floor) deitar-se; (crouch) baixar-se; **to ~ down to** chegar a, atingir [*lower level, etc*]; pôr-se a [*work*]; **to ~ down to sb's level** (fig) descer ao nível de alg; **let's ~ down to business** vamos ao que interessa; **to ~ down to doing** pôr-se a fazer; **~ down (sth)** descer [*slope*]; **~ (sth) down, ~ down (sth) a**) (from height) descer; **b**) (swallow) engolir; **c**) (record) tomar nota; **~ (sb) down a**) (from height) fazer descer; **b**) (depress) deprimir. ■ **get in: ~ in a**) (lit) (to building) entrar; (to vehicle) entrar (para), subir (para); **b**) (fig) **to ~ in on** conseguir meter-se em [*project, scheme*]; **c**) (return home) regressar, chegar; **d**) (arrive at destination) chegar; **e**) (penetrate) penetrar; **f**) POL [*party, candidate*] ganhar uma eleição; **g**) SCH, UNIV [*applicant*] ser admitido; **h**) (associate) **to ~ in with** associar-se a [*person*]; **~ (sth) in, ~ in (sth) a**) (buy) comprar; **b**) (fit into space) **I can't ~ the drawer in** não consigo pôr a gaveta no sítio; **c**) (plant) plantar; **d**) (hand in) entregar [*essay*]; **~ (sb) in** mandar entrar. ■ **get into: ~ into (sth) a**) (enter) entrar em [*building*]; entrar para, subir para [*vehicle*]; **b**) (be admitted) (as member) tornar-se membro de; (as student) ser admitido em; **I didn't know what I was ~ting into** (fig) eu não sabia em que é que me estava a meter; **c**) (squeeze into) enfiar-se em [*garment, size*]; **~ (sb/sth) into** fazer entrar (alg/algo) em. ■ **get off: ~ off a**) (from bus, etc) descer (**at** em); **b**) (start on journey) partir; **c**) (escape punishment) safar-se (**with** com); **d**) **to ~ off to sleep** adormecer; **~ off (sth) a**) (descend from) descer de [*wall, bus, etc*]; **b**) (fig) afastar-se de [*subject*]; **~ off (sb)** (leave hold) **~ off me!** larga-me!; **~ (sb/sth) off a**) (lift down) fazer descer [*object, person*]; **b**) (dispatch) enviar [*letter, person*]; **c**) (remove) tirar [*stain*]; **d**) adormecer [*baby*]. ■ **get on: ~ on a**) (climb aboard) subir ou entrar para; **b**) (work) **~ on a bit faster!** vamos lá trabalhar mais depressa!; **let's ~ on!** continuemos!; **c)** GB (like each other) dar-se bem; **d)** (fare) **how did you ~ on?** como é que te arranjaste?; **e)** (cope) **how are you ~ting on?** como é que te tens aguentado?; **f)** GB (approach) aproximar-se; **he's ~ting on for 40** ele tem quase 40 anos; **g)** (grow late) **time's ~ting on** o tempo passa; **h)** (grow old) **to be ~ting on a bit** ir envelhecendo; **~ on (sth)** [*board*] subir para [*vehicle*]; **~ (sth) on, ~ on (sth)** (gen) pôr. ■ **get onto**: **~ onto (sth) a)** (board) subir para [*vehicle*]; **b)** (be appointed to) ser nomeado para [*committee*]; **c)** (start to discuss) começar a falar de [*subject*]; **d)** GB (contact) contactar. ■ **get on with**: **~ on with (sth)** (continue to do) **to ~ on with one's work** continuar a trabalhar; **let's ~ on with the job!** ao trabalho!; **~ on with (sb)** GB dar-se bem com [*person*]. ■ **get out**: **~ out a)** (exit) sair **(through, by** por); **~ out and don't come back** vai e não voltes; **b)** (make social outing) sair; **c)** (alight) descer; **d)** (be let out) [*prisoner*] ser libertado; **e)** (leak) ser revelado; **~ (sth) out, ~ out (sth) a)** (bring out) (fazer) sair; **I couldn't ~ the words out** não conseguia que as palavras me saíssem ou eu não conseguia pronunciar uma palavra; **b)** (extract) tirar [*cork*]; **c)** tirar [*stain*]; **d)** pedir emprestado [*library book*]; **~ (sb) out** (release) libertar [*prisoner*]; **to ~ sth out of sth** (bring out) tirar qq coisa de qq coisa; **I can't ~ it out of my mind** não consigo afastar isso do meu espírito. ■ **to get out of**: **~ out of (sth) a)** sair de [*building, bed, meeting*]; descer de [*vehicle*]; sair de [*prison*]; deixar [*profession, organization*]; escapar a [*responsibilities*]; **b)** (avoid doing) perder [*habit*]; faltar a [*appointment, meeting*]; **I'll try to ~ out of it** vou-me tentar escapar disso; **c)** (no longer do) perder [*habit*]; **d)** (gain from) **what do you ~ out of your job?** o que é que tu tiras do teu trabalho?; **what will you ~ out of it?** o que é que ganhas com isso?. ■ **get over**: **~ over** (cross) atravessar; **~ over (sth) a)** (cross) atravessar; **b)** restabelecer-se de [*illness, shock*]; **I can't ~ over it** (in amazement) eu nem consigo falar!; **she never got over him** ela nunca o esqueceu; **c)** ultrapassar [*problem*]; **to ~ sth over with** acabar com qq coisa; **~ (sb/sth) over** fazer passar (alg/algo) por cima de [*bridge, wall, etc*]; **~ the plumber over here** traz o canalizador aqui. ■ **get round** GB **~ round** see **get around**; **~ round (sth)** see **get around (sth)**; **~ round (sb)** persuadir (alg). ■ **get through**: **~ through a)** (squeeze through) passar; **b)** (on phone) **to ~ through to sb** ter alg ao telefone; **I couldn't ~ through** não consegui que me passassem a ligação; **c)** (communicate with) **to ~ through to** comunicar com [*person*]; **d)** [*news, supplies*] chegar; **e)** [*examinee*] ser bem sucedido, passar; **~ through (sth) a)** atravessar [*checkpoint, mud*]; terminar [*book, revision*]; acabar [*meal, task*]; passar em [*exam, qualifying round*]; **I though I'd never ~ through the week** pensei que não conseguia chegar ao fim de semana; **b)** (use) comer [*food*]; beber [*drink*]; gastar [*money*]; **I ~ through two notebooks a week** gasto dois blocos de apontamentos por semana; **~ (sb/sth) through a)** (lit) fazer passar; (fig) (help to endure) ajudar alg a

aguentar; **b)** SCH, UNIV (help to pass) ajudar (alg) a passar; **c)** POL fazer passar [*bill*]. ■ **get together**: **~ together** (assemble) reunir-se **(about, over** para falar sobre); **~ (sb/sth) together, ~ together (sb/sth)** (gen) reunir, formar [*company, action group*]. ■ **get under**: **~ under** passar por baixo de. ■ **get up**: **~ up a)** (from bed, chair, etc) levantar-se **(from** de); **b)** (on ledge etc) subir; **c)** METEOROL [*storm*] preparar-se; [*wind*] levantar-se; **d) to ~ up to** (reach) chegar a; **what did you ~ up to?** (fig) que andas a magicar?; **~ up (sth) a)** chegar ao cimo [*hill, ladder*]; **b)** (increase) aumentar [*speed*]; **c)** (muster) formar [*group*]; fazer [*petition*]; obter [*support*]; **~ (sth) up** organizar.

Ghana ['gɑːnə] *pr n* Gana *m*.

ghastly ['gɑːstlɪ] *adj* [*accident, scene, sight*] horrível.

gherkin ['gɜːkɪn] *n* pepino *m* de conserva.

ghetto ['getəʊ] *n* (*pl* **-os** *or* **-oes**) gueto *m*.

ghost [gəʊst] *n* (spectre) fantasma *m*; **you look as if you've seen a ~!** parece que viste um fantasma!; **the ~ of a smile** a sombra de um sorriso; **they haven't the ~ of a chance of winning!** eles não têm a menor hipótese de ganhar!. **IDIOMAS to give up the ~** (hum) morrer.

ghostly ['gəʊstlɪ] *adj* fantasmagórico.

ghost: **~ town** *n* cidade *f* fantasma; **~ train** *n* comboio *m* PO, trem *m* BR fantasma; **~ writer** *n* escritor *m* mercenário (que escreve por conta de outrém que assina a obra).

ghoulish [guːlɪʃ] *adj* macabro.

GI [dʒiːˈaɪ] *n* (*pl* **GIs**) soldado *m* americano.

giant ['dʒaɪənt] *n* gigante *m*.

gibber ['dʒɪbə(r)] *vi* **a)** (with fear, rage) gaguejar (de medo ou raiva); **b)** [*monkey*] algaraviar, imitar sons humanos.

gibberish ['dʒɪbərɪʃ] *n* algaraviada *f*.

giblets ['dʒɪblɪts] *npl* miúdos *mpl* (de aves).

giddiness ['gɪdɪnɪs] *n* **a)** (dizziness) vertigem *f*; **b)** (frivolity) frivolidade *f*.

giddy ['gɪdɪ] *adj* **a)** (dizzy) **to feel ~** sentir a cabeça andar à roda; **b)** [*height, speed*] vertiginoso; **c)** [*success, social whirl*] inebriante; **d)** (frivolous) [*person*] estouvado, leviano; [*behaviour*] irreflectido.

gift [gɪft] **1** *n* **a)** (present) presente *m* **(from** de; **to** para); **to give a ~ to sb, to give sb a ~** dar um presente a alg; **the ~ of life** o dom da vida; **b)** (donation) doação *f*; donativo *m* **(from** de; **to** para); **to make a ~ of sth to sb** fazer uma doação de algo a alg; **c)** (talent) dom *m*; dote *m* **(for sth** para qq coisa). **2** *vtr* GB **to ~ sb (with) sth** JOURN dar ou oferecer qq coisa a alg.

gift: **~ horse** *n* **don't look a ~ horse in the mouth** (Prov) a cavalo dado não se olha o dente; **~ shop** *n* loja *f* de prendas; **~ token, ~ voucher** *n* GB vale *m* para presente; **~ wrap 1** *n* papel *m* bonito para embrulhar presentes. **2 ~-wrap** *vtr* (*pres p etc* **-pp-**) **would you like it ~-wrapped, Madam?** a Senhora quer que embrulhe para presente?.

gigantic [dʒaɪˈgæntɪk] *adj* gigantesco.

giggle ['gɪgl] **1** *n* **a)** (silly) risada *f*; risota *f*; **b)** (coll) GB (joke) **to do sth for a ~** fazer tudo para provocar a galhofa. **2** *vi* galhofar, dar risadas; (nervously) rir descontroladamente; **"I don't**

know!", she ~d "Não sei", disse ela perdida de riso.

gild [gɪld] *vtr* dourar [*frame, ornament*].

gill [gɪl] *n* **a**) (of fish) brânquia *f*; **b**) [dʒɪl] (measure) pequena medida *f* de capacidade para líquidos igual a um quarto de "pint" (= 0,142 gb, 0,118 us). IDIOMAS (coll) **green about the ~** branco como a cal.

gilt [gɪlt] **1** (arch) *pp* see **gild**. **2** *n* (gilding) douradura *f*. **3** *adj* [*frame, paint*] dourado.

gilt-edged *adj* **a**) [*page*] de cercadura dourada; **b**) FIN (government) do Tesouro.

gimmick ['gɪmɪk] *n* (pej) (stratagem, device to attract attention) astúcia *f*; truque *m*.

gimmicky ['gɪmɪkɪ] *adj* (pej) [*production*] astucioso; [*clothes, jewellery*] fantasista.

gin [dʒɪn] *n* (drink) gim *m*; ~ **and tonic** gim *m* tónico.

ginger ['dʒɪndʒə(r)] **1** *n* **a**) BOT, CULIN gengibre *m*; **root/fresh ~** gengibre fresco; **b**) (colour) (of hair) ruivo *m*. **2** *modif* **a**) CULIN [*cake, pudding, biscuit, flavour*] de gengibre; **b**) ' [*hair, beard*] ruivo; [*cat*] de pêlo ruço.

ginger: ~ **ale** *n* ginger ale *m* (bebida gaseificada feita com gengibre); ~ **beer** *n* bebida *f* ligeiramente alcoólica, feita à base de gengibre; ~**bread** *n* pão *m* de especiarias.

gingerly ['dʒɪndʒəlɪ] *adv* com cuidado, com precaução.

gipsy, gypsy ['dʒɪpsɪ] **1** *n* (gen) boémio *m*; (Hungarian) cigano *m*. **2** *modif* [*camp, site*] de boémios; [*music*] cigano.

giraffe [dʒɪˈrɑːf, dʒɪˈræf] *n* girafa *f*.

gird [gɜːd] (formal, dated) **1** *vtr* (surround) [*park*] rodear. **2** *v refl* **to ~ oneself** preparar-se (**for** para). IDIOMAS **to ~ (up) one's loins** (fig, hum) preparar-se para entrar em acção.

girder ['gɜːdə(r)] *n* viga *f*; trave *f*.

girdle ['gɜːdl] *n* **a**) (dated) (corset) cinta *f*; **b**) (belt) cinto *m*.

girl [gɜːl] *n* **a**) (baby, daughter) filha *f*; (teenager, adult) jovem *f*; rapariga *f* Po, moça *f* Br; **teenage ~** adolescente *f*; **b**) (servant) criada *f*; **factory ~** operária *f*; **office ~** empregada *f* de escritório; **sales** *or* **shop ~** vendedora *f*.

girl: ~ **Friday** *n* ajudante *f* de escritório; ~**friend** *n* (of man) namorada *f*; (of woman) amiga *f*; ~ **guide** *n* guia *f*.

girlish ['gɜːlɪʃ] *adj* [*woman's behaviour*] feminino.

giro ['dʒɑɪərəʊ] *n* GB FIN (system) (bank, postal) sistema *f* de transferência bancária através de bancos, dos serviços postais, etc.

girth [gɜːθ] *n* (of person) medida *f* da cintura; (of tree, pillar) perímetro *m*.

gist [dʒɪst] *n* essência *f* (**of** de); o essencial *m*.

give [gɪv] **1** *n* elasticidade *f*. **2** *vtr* (*past* **gave** *pp* **given**) **a**) [*person*] dar [*object, change, money, salary, share, title, punishment, advice, hand, appointment, etc*] (**to** a); oferecer [*present, drink, sandwich*] (**to** a); **to ~ sb sth** dar ou oferecer qq coisa a alg; **to ~ sb sth as** oferecer qq coisa a alg como [*present, token, symbol*]; **b**) (cause to have) **to ~ sb sth, to ~ sth to sb** dar, causar [*headache, indigestion, vertigo, nightmares*]; transmitir, pegar, contagiar [*flu, measles, virus, infection*]; **to ~ sb pleasure** dar prazer a

alg; **c**) (provide, produce) dar [*milk, flavour, result, answer, sum*]; fornecer [*heat, light, vitamin, nutrient*]; **d**) (allow) **to ~ sb sth** dar ou conceder qq coisa a alg [*time, week*] (**to do** para fazer); **she can sing, I'll ~ her that** ela sabe cantar, tenho de lhe reconhecer isso; **e**) **to ~ sb sth, to ~ sth to sb** MED dar qq coisa a alg [*treatment, medicine*]; fazer qq coisa a alg [*facelift, massage*]; pôr qq coisa a alg [*artificial limb, pacemaker*]; **f**) **to ~ sb sth** TELECOM passar qq coisa a alg [*extension, number, department*]; ~ **me the sales manager, please** passe-me ao director comercial, por favor. **3** *vi* (*past* **gave** *pp* **given**) **a**) (contribute) dar, contribuir; **b**) (bend, flex) [*mattress, sofa*] ceder, dar de si (**under** sob); [*shelf, bridge, floorboard*] vergar (**under** sob); [*leather, fabric*] possuir elasticidade; **c**) (yield, break) see ~ **away**; **d**) (concede, yield) [*person, side*] ceder; **something has to ~** algo vai acabar por ceder. **4** *v refl* **to ~ oneself** (sexually) entregar-se (**to** a). IDIOMAS **don't ~ me that!** (coll) não me venhas com histórias!; ~ **or take an inch (or two)** excepto alguns centímetros; **to ~ and take** fazer concessões; **to ~ as good as one gets** responder ou pagar na mesma moeda; **what ~s?** (coll) que se passa?. ▪ **give away: to ~ away (sth), to ~ (sth) away a**) (as gift, offer, charity) dar [*item, sample, ticket*] (**to** a); distribuir [*sweets, samples, tickets*]; **we're practically giving them away** a este preço, é dado; **b**) (reveal) revelar [*secret, answer, story, plot, ending*] (**to** a); **c**) (waste, lose carelessly) deixar escapar [*match, goal, advantage*] (**to** em benefício de); **to ~ away (sb), to ~ (sb) away a**) (betray) trair; **to ~ sb away to sb** denunciar alg a alg; **b**) (in marriage) conduzir ao altar. ▪ **give back: to ~ back (sth), to ~ (sth) back a**) (restore, return) restituir, devolver [*possession, appetite, sight, freedom*] (**to** a); ~ **it back!** dá cá isso!; **b**) (reflect) repercutir [*echo, sound*]; reflectir [*light*]. ▪ **give forth** (liter *or* hum) **to ~ forth (sth)** exalar [*smell*]; produzir, emitir [*sound*]. ▪ **give in: to ~ in a**) (to temptation, threat, person) ceder (**to** a); **b**) (stop trying) desistir; **to ~ in (sth), ~ to (sth) in** entregar [*homework, essay, paper*]. ▪ **give onto: to ~ onto (sth)** dar para [*street, yard*]. ▪ **give off: to ~ off (sth), to ~ (sth) off** emitir [*signal, scent, radiation, X-rays, light*]; libertar [*heat, smoke, fumes, oxygen*]. ▪ **give over** (coll) parar; ~ **over!** pára!; (coll) **to ~ over doing** parar de fazer; **to ~ over (sth), to ~ (sth) over a**) (of a place, room) reservar (qq coisa) a ou para; **b**) (of time, life) consagrar (qq coisa) a; **c**) (hand over) entregar (qq coisa) a [*person*]; **to ~ oneself over to** consagrar-se a [*goodworks, writing*]; abandonar-se a [*job, despair*]. ▪ **give up: to ~ up** abandonar, desistir; **do you ~ up?** desistes?; **to ~ up (sth), to ~ (sth) up a**) (renounce or sacrifice) renunciar a [*vice, habit, social life, title, claim*]; sacrificar [*free time, Saturdays*] deixar [*job, work*]; **to ~ up smoking** deixar de fumar; **b**) (abandon, drop) abandonar [*search, hope, struggle, school subject*]; renunciar a [*idea, thought*]; **c**) (surrender) ceder [*seat, place, territory*]; entregar [*passport, key*]; abandonar [*treasure*]; **to ~ up (sb), to ~ (sb) up a**) (hand over) entregar, abandonar (**to** a); **b)** (stop expecting to arrive) deixar de esperar; **c)** (stop expecting to recover) considerar (alg) (como) perdido; **d)** (discontinue relations with) acabar com [*lover*]; abandonar [*friend*]. ■ **give way a)** (collapse) [*bridge, table, chair, wall, ceiling*] dar de si (**under** sob); [*fence, cable, rope*] ceder (**under** sob); **b)** GB (when driving) dar prioridade (**to** a); **to ~ way to (sth) a)** (yield to) ceder a [*pressure, demands, person, fear, etc*]; abandonar-se a [*despair, base instincts*]; **b)** (be replaced by) dar lugar a [*sunshine, relief, new methods*].

giveaway ['gɪvəweɪ] *n* (revealing thing) **to be a ~** ser um traidor.

given ['gɪvn] **1** *pp* see **give**. **2** *adj* **a)** (certain, specified) dado; **at any ~ moment** a um determinado momento; **b)** (prone) **to be ~ to/to doing** ter tendência para/para fazer; **I am not ~ to losing my temper** não tenho tendência para perder a cabeça. **3** *prep* **a)** (in view as) sendo dado [*fact*]; **~ that** (seeing as) dado que; (assuming that) supondo que; **b)** (with) com [*opportunity, training, imagination*]; **she could have been a writer, ~ the chance** com um pouco de sorte, ela poderia ter sido escritora.

giver ['gɪvə(r)] *n* (donor to charity, etc) doador *m*.

gizzard ['gɪzəd] *n* moela *f*.

glacier ['glæsɪə(r)] *n* glaciar *m*.

glad [glæd] *adj* (pleased) contente (**about** por; **that** que); (happy) feliz; **he was only too ~ to help me** ele estava desejoso de me ajudar. IDIOMAS **to give sb the ~ eye** fazer olhinhos a alg; **to give sb the ~ hand** acolher alg com entusiasmo, por vezes interesseiro; (coll) **in one's ~ rags** com o seu melhor fato; (coll) **I'll be ~ to see the back** *or* **last of them** ficarei feliz quando os vir pelas costas (fam).

gladden ['glædn] *vtr, vi* alegrar(-se), regozijar(-se).

glade [gleɪd] *n* clareira *f*.

gladiator ['glædɪeɪtə(r)] *n* gladiador *m*.

gladiolus [glædɪ'əʊləs] *n* (*pl* **-li**) gladíolo *m*.

gladly ['glædlɪ] *adv* (willingly) de boa vontade; (with pleasure) com (todo o) prazer. IDIOMAS **he doesn't suffer fools ~** ele não é muito tolerante.

gambler ['gæmblə(r)] *n* jogador *m*.

glamorous ['glæmərəs] *adj* [*person, image, look*] sedutor; [*occasion*] brilhante; [*dress*] fascinante.

glamour GB, **glamor** US ['glæmə(r)] *n* (of person) sedução *f*; (of job) prestígio *m*; **to lend ~ to sth** dar brilho a qq coisa.

glance [glɑːns] **1** *n* olhar *m*; olhadela *f*; **to have a ~ at sth** dar uma olhadela a algo; **to be able to tell sth at a ~** ser capaz de dizer algo pelo aspecto; **without a backward ~** sem olhar para trás. **2** *vi* **to ~ at sb/sth** dar uma olhadela a alg/algo; **she ~d around the room** ela percorreu a sala com um olhar; **to ~ out of the window** olhar pela janela. ■ **glance off**: **to ~ off sth** [*bullet, stone*] fazer ricochete em algo; [*ball*] ressaltar contra algo; [*ray of light*] reflectir-se sobre algo.

gland [glænd] *n* **a)** ANAT, ZOOL glândula *f*; **to have swollen ~s** MED ter gânglios; **b)** MECH bucim *m*.

glare [gleə(r)] **1** *n* **a)** (angry look) olhar *m* furioso; **b)** (from light) fulgor *m*; clarão *m*; (of sun) resplendor *m*; **in the ~ of publicity** aos olhos do público. **2** *vi* [*person*] lançar um olhar furioso (**at** a).

glaring ['gleərɪŋ] *adj* **a)** [*contradiction, example, error, injustice*] flagrante, crasso; **b)** [*light*] resplandecente, fulgurante; [*look*] furioso.

glass [glɑːs] **1** *n* **a)** (substance) vidro *m*; (tiny) pedaço *m* de vidro; **b)** (drinking vessel) copo *m*; **wine ~** copo de vinho; **a ~ of wine** um copo de vinho; **c)** (dated) (mirror) espelho *m*; **d)** (barometer) barómetro *m*; **e)** (**~ware**) objectos *mpl* de vidro. **2** *modif* [*bottle, door, vase, etc*] de vidro. **3 glasses** *npl* óculos; **a pair of ~es** um par de óculos. ■ **glass in, glass over**: **~ (sth) in, ~ in (sth)** envidraçar [*shelves, courtyard*].

glass: **~ blowing** *n* acção de soprar o vidro a quente para o modelar; **~ fibre** *n* fibra *f* de vidro.

glassful [glɑːsfʊl] *n* copo *m* cheio.

glasshouse ['glɑːshaʊs] *n* GB (greenhouse) estufa *f*.

glassy ['glɑːsɪ] *adj* **a)** (shiny) [*albumen, lava*] vítreo; **b)** (slippery) [*surface, rock, road*] escorregadio; **c)** [*waters*] (calm) liso, sereno; (clear) transparente, límpido; **d)** [*eyes*] (from illness) vítreo; (from indifference) frio.

glaucoma [glɔːˈkəʊmə] *n* glaucoma *m*.

glaze [gleɪz] **1** *n* (on pottery, bricks, tiles) vidrado *m*; (on cotton, chintz, fur) lustro *m*; CULIN geleia *f* que cobre a carne. **2** *vtr* **a)** GB envidraçar [*door*]; encaixilhar em vidro [*picture*]; **b)** (apply glazing to) vitrificar [*pottery*]; envernizar [*tiles, ceramics*]; CULIN cobrir de geleia. **3** *vi* (*also* **~ over**) [*eyes*] embaciar-se, tornar-se vítreo.

glazed [gleɪzd] *adj* **a)** GB (fitted with glass) [*door*] envidraçado; **b)** [*pottery*] vidrado; [*tiles, ceramics*] envernizado, vidrado; CULIN coberto com uma camada de geleia; **to have a ~ look in one's eyes** ter os olhos embaciados.

glazier ['gleɪzjə(r), 'gleɪzɪə(r)] *n* vidraceiro *m*.

gleam [gliːm] **1** *n* (of candle, lamp, moonlight) brilho *m*; (of sunshine) raio *m*; (of gold, polished surface) reflexo *m*; (of water) reverberação *f*. **2** *vi* [*candle, lamp, moon*] brilhar; [*gold, polished surface*] reluzir, cintilar; [*water*] reverberar.

gleaming ['gliːmɪŋ] *adj* [*candle, lamp, star, moonlight*] brilhante; [*brass, polished surface*] reluzente; [*kitchen, bathroom, etc*] reluzente (de limpeza).

glean [gliːn] *vtr, vi* (lit, fig) colher [*information, corn*].

glee [gliː] *n* **a)** (jubilation) júbilo *m*; regozijo *m*; **b)** (song) canto *m* para três ou mais solistas sem acompanhamento.

glib [glɪb] *adj* (pej) desenvolto.

glide [glaɪd] **1** *n* **a)** (in skating, dancing) passo *m* deslizado; **b)** (in air) voo *m* planado. **2** *vi* **a)** (move smoothly) [*skater, car, boat*] deslizar; **b)** (in air) [*bird, plane*] planar.

glider ['glaɪdə(r)] *n* planador *m*.

gliding ['glaɪdɪŋ] *n* SPORT asa *f* delta.

glimmer ['glɪmə(r)] **1** *n* (faint light) luz *f* fraca (**of** de); (trace) vislumbre *m*. **2** *vi* bruxulear.

glimpse [glɪmps] **1** *n* (sighting) relance *m*; vislumbre *m* **(of** de); **to catch a ~ of sth** entrever ou vislumbrar qq coisa. **2** *vtr* entrever, vislumbrar [*person, sight, meaning*].

glint [glɪnt] *n* (gen) reflexo *m* **(of** de); (in eye(s)) lampejo *m*; cintilação *f* **(of** de).

glisten ['glɪsn] *vi* [*eyes, fur, wet, surface*] brilhar; [*water*] cintilar.

glitter ['glɪtə(r)] **1** *n* **a)** (decorative material) lantejoulas *fpl*; **b)** (of diamonds, performance, occasion) brilho *m*. **2** *vi* [*star, diamond*] brilhar, cintilar. **IDIOMAS** (Prov) **all that ~s is not gold** nem tudo o que brilha é ouro (Prov).

glittering ['glɪtərɪŋ] *adj* (lit) cintilante; (fig) brilhante.

gloat [gləʊt] *vi* exultar **(at sth, over sth** com qq coisa).

global ['gləʊbl] *adj* **a)** (world wide) [*environment, market, problem*] mundial; **b)** (comprehensive) [*analysis, view*] global.

globally ['gləʊbəlɪ] *adv* [*compete, produce*] à escala mundial; [*famous, influential*] no mundo inteiro; [*sold, produced*] em todo o mundo.

globe [gləʊb] *n* **a)** (world) **the ~** o globo *m*; **b)** (model) globo *m* terrestre.

globetrotter *n* andarilho *m*; pessoa *f* que corre mundo.

globule ['glɒbjuːl] *n* glóbulo *m* **(of** de).

gloom [gluːm] *n* (darkness) obscuridade *f*; **(about, over** em relação a); **to cast a ~ over sb** entristecer alg.

gloomy ['gluːmɪ] *adj* **a)** (dark) sombrio, escuro; **b)** (sad) [*expression, person, voice*] lúgubre; [*weather*] sombrio; [*news, outlook*] deprimente; **to be ~ about sth** estar pessimista acerca de qq coisa.

glorify ['glɔːrɪfaɪ] *vtr* (praise) glorificar [*God*]; exaltar [*person, event, tradition*].

glorious ['glɔːrɪəs] *adj* **a)** (marvellous) [*cathedral, goal, view, weather*] magnífico; **b)** (enjoyable) [*fun, holiday, outing*] maravilhoso, óptimo; **c)** (illustrious) [*exploit, reign, revolution, victory*] glorioso.

glory ['glɔːrɪ] **1** *n* **a)** (praise) glória *f*; **b)** (splendour) (gen) esplendor *m*; RELIG glória *f*; **c)** (source of pride) motivo *m* de orgulho. **2** *vi* **to ~ in** [*status, strength, tradition*] orgulhar-se de.

gloss [glɒs] **1** *n* **a)** (lustre) (of wood, metal, leather, hair, etc) brilho *m*; lustro *m*; **to lose its ~** (lit, fig) perder o brilho; **to take the ~ off** [*wood, metal*] tirar o brilho; (fig) [*ceremony*] estragar; **b)** (fig) (outer appearance, veneer) verniz *m*; **c)** (in text) (annotation) nota *f* explicativa; **d)** (paint) pintura *f* brilhante. **2** *vtr* (explain, clarify) explicar [*word, text*]. ∎ **gloss over** (smooth over) passar sobre; (hide) encobrir, disfarçar.

glossary ['glɒsərɪ] *n* glossário *m*.

glossy ['glɒsɪ] *adj* [*hair, fur, material*] lustroso; [*metal, photograph*] brilhante; [*brochure, catalogue*] luxuoso.

glottal stop *n* LING oclusão *f* glotal.

glove [glʌv] **1** *n* luva *f*. **2** *vtr* enluvar; **her ~d hands** as suas mãos enluvadas. **IDIOMAS it fits like a ~** assenta como uma luva; **to be hand in ~** ser unha com carne (fam).

glove: ~ box *n* caixa *f* para luvas; **~ compartment** *n* porta-luvas *m*.

glow [gləʊ] **1** *n* **a)** (of coal, furnace) clarão *m*;

(of candle) luz *f*; **b)** (colour) brilho *m*; cor *f* viva; **after the exercise there was a ~ in her cheeks** ela ficou com o rosto corado depois do exercício; **c)** (feeling) sensação *f* agradável. **2** *vi* **a)** [*coal, metal, furnace*] ficar incandescente; [*lamp*] luzir; **b)** [*colour*] ser brilhante; **her skin ~ed** a pele dela estava deslumbrante; **to ~ with heath** [*person*] respirar saúde por todos os poros; **c)** (emotionally) **to ~ with pride** estar cheio de orgulho.

glower ['glaʊə(r)] *vi* olhar ameaçadoramente **(at** para).

glowing ['gləʊɪŋ] *adj* **a)** [*ember, clouds*] avermelhado; [*lava*] incandescente; [*face, cheeks*] (from exercise) corado; (from pleasure) radioso; [*colour*] quente; **b)** (complimentary) [*account, description*] elogioso, entusiástico.

glowworm *n* pirilampo *m*.

glucose ['gluːkəʊs, 'gluːkəʊz] *n* glucose *f*.

glue [gluː] **1** *n* cola *f*; **to sniff ~** inalar cola. **2** *vtr* colar; **to ~ sth on, down** colar qq coisa. **3 glued** *pp adj* **to have one's eyes ~ to sb/sth** ter os olhos fixos em qq coisa.

glum [glʌm] *adj* soturno, mal humorado.

glut [glʌt] **1** *n* excesso *m* **(of** de). **2** *vtr* (*pres p etc* **-tt-**) inundar, saturar [*market, economy*]. **3 glutted** *pp adj* (lit, fig) saciado **(with** de).

glutinous ['gluːtɪnəs] *adj* glutinoso, pegajoso.

glutton ['glʌtən] *n* **a)** (greedy person) glutão/-ona *m/f*; comilão/-ona *m/f*; **b)** (fig) **a ~ for punishment** um masoquista.

gluttony ['glʌtənɪ] *n* gula *f*; voracidade *f*.

glycerin(e) ['glɪsərɪn] *n* glicerina *f*.

gm *n* abrev = **gram g**.

GMT [dʒiːemˈtiː] *n* abrev = **Greenwich Mean Time** TMG.

gnarled [nɑːld] *adj* nodoso.

gnash [næʃ] *vtr* (lit, fig) **to ~ one's teeth** ranger os dentes.

gnat [næt] *n* mosquito *m*.

gnaw [nɔː] **1** *vtr* **a)** (chew) roer [*bone*]; **b)** (fig) (torment) [*hunger, pain, remorse*] atormentar. **2** *vi* roer; **to ~ at** *or* **on sth** roer qq coisa.

gnawing ['nɔːɪŋ] **1** *n* acto *m* de roer. **2** *adj* [*hunger, guilt, pain*] lancinante.

gnome [nəʊm] *n* (goblin) gnomo *m*.

GNP [dʒiːenˈpiː] *n* abrev = **gross national product** PNB.

gnu [nuː, njuː] *n* (*pl* **~** *or* **-s**) gnu *m*.

go [gəʊ] **1** *vi* (*3rd pers sing present simple* **goes**, *past* **went**, *pp* **gone**) **a)** (move, travel) ir **(from** de; **to** a, para); **to ~ to Lisbon** ir a Lisboa; **they went home** eles foram para casa; **to ~ up/down/across** subir descer/atravessar; **I went into the room** entrei na sala; **to ~ by bus/train** viajar de autocarro/comboio; **to ~ by** *or* **past** [*person, vehicle*] ultrapassar, passar por; **there he goes again** (that's him again) ei-lo outra vez; (fig) (he's starting again) lá começa ele outra vez; **to ~ for a walk** ir dar um passeio, ir passear; **b)** (on specific errand, activity) **to ~ shopping** ir às compras; **to ~ on a journey/on holiday** ir de viagem/de férias; **to ~ for a drink** ir beber ou tomar um copo; **c)** (attend) ir; **to ~ to school/work** ir para a escola/ir trabalhar; **d)** (*used as auxiliary with present participle*) **she went running up the stairs** ela subiu as escadas a correr; **e)** (depart) partir, ir embora; **f)** EUPH (die) morrer; **when I am gone** quando eu morrer, quando eu me for desta vida; **g)** (disappear) desaparecer; **the money goes on school fees** o dinheiro vai todo para as propinas; **I left my bike outside and now it's gone** deixei a bicicleta lá fora e agora desapareceu; **there goes my chance of winning!** lá se vai a minha oportunidade de ganhar; **h)** (be sent, transmitted) **it can't ~ by post** não pode ser enviado pelo correio; **these proposals will ~ before Parliament** estas propostas serão apresentadas no Parlamento; **i)** (become) **to ~ red** corar; **to ~ white** [*face*] empalidecer; **to ~ mad** enlouquecer; **j)** (change over to new system) **to ~ Labour** POL [*country, constituency*] votar no Partido Trabalhista; **k)** (be, remain) ficar; **we went for two days without food** passámos/ficámos dois dias sem comida; **to ~ unnoticed** passar despercebido; **the question went unanswered** a pergunta ficou sem resposta; **l)** (weaken) **his memory is going** a memória dele está mais fraca; **my voice is going** estou a ficar sem voz; **m)** (of time) **there are only three days to ~ before Christmas** estamos a apenas a três dias do Natal; **it's just gone seven o'clock** acabaram de dar as sete (horas); **n)** (be got rid of) **the car will have to ~** temos de nos ver livres do carro; **either she goes or I do!** ou ela, ou eu!; **o)** (operate, function) [*vehicle, machine, clock*] funcionar; **to set (sth) going** pôr qq coisa a funcionar; **to keep going** [*person, machine*] continuar a trabalhar; [*business*] manter-se em funcionamento; **we have several projects going at the moment** temos vários projectos em marcha neste momento; **p)** (extend in depth or scope) **these habits ~ very deep** estes hábitos encontram-se muito enraizados; **a hundred pounds doesn't ~ far these days** cem libras não dão para muito hoje em dia ou hoje em dia, não se vai longe com cem libras; **q)** (fit) **five into four won't ~** quanto não é divisível por cinco; **r)** (be expressed in particular way) **how does the song goes?** como é a melodia?; **as the saying goes** como diz o ditado; **s)** (be accepted) **anything goes** vale tudo, tudo é permitido; **what he says goes** fazem o que ele diz; **t)** (be about to) **to be going to do** ir fazer; **it's going to rain** vai chover; **u)** (happen) **the way things are going** o modo como correm as coisas; **how's it going?, how are things going?** como vão as coisas?; **v)** (be on average) **it's old, as Australian towns ~** é uma cidade demasiado antiga para as cidades australianas; **w)** (be on offer) **it's the best machine going** é a melhor máquina no mercado; **I'll have some coffee, if there's any going** tomo um café, se houver; **x)** (contribute) **the money will ~ towards a new roof** o dinheiro vai ser para um novo telhado; **y)** (emphatic use) **why did he ~ and spoil it?** porque é que ele foi estragar tudo?; **then he had to ~ and lose his wallet** para cúmulo, ele perdeu a carteira; **z)** (make sound, perform action or movement) (gen) fazer; **the cat went "miaow"** o gato fez "miau"; **wait until the bell goes** espera até o sino tocar; **z1)** (resort to, have recourse to) **to ~ to war** [*country*] estar em guerra; [*soldier*] partir para a guerra; **to**

~ to law GB/**to the law** US recorrer à justiça; **z2)** (take one's turn) **you ~ next** a seguir, és tu; **z3)** (be in harmony) **those two colours don't ~ together** essas duas cores não dão uma com a outra ou não ficam bem juntas; **z4)** (in take away) **to ~** para levar. **2** *vtr* (*3rd pers sing simple present* goes, *past* went, *pp* gone) ir; **are you going my away?** vais para os meus lados?. **3** *n* (*pl* goes) **a)** GB (turn) vez *f*; (try) tentativa *f*; **whose ~ is it?** (gen) é a vez de quem?; (in game) quem é a jogar?; **I had to have several goes before passing** tive de tentar várias vezes antes de passar; **b)** (energy) **to be full of ~, to be all ~** ser muito dinâmico. IDIOMAS she's always on the **~** ela nunca pára; **he's all ~!** ele não pára!; **(it's) no ~!** nem pensar!; **in one ~** duma só vez; **that how it goes!, that's the way it goes!** é a vida!; **to make a ~ of sth** ter sucesso em qq coisa; **to have a ~ at sb** ter uma discussão com alg. ■ **go about**: **~ about a)** see go **around**; **b)** NAUT mudar de rumo; **~ about (sth) a)** (undertake) empreender, levar a cabo [*task*]; **he knows how to ~ about it** ele sabe que fazer a esse respeito; **b)** (be busy with) **to ~ about one's business** tratar dos negócios. ■ **go after**: **~ after (sth/sb) a)** (chase) perseguir; **b)** (fig) (try hard to get) **he really went after that job** ele fez todos os possíveis para ter aquele emprego. ■ **go against**: **~ against (sb/sth) a)** (prove unfavourable to) **the vote/decision went against them** o voto/a decisão não lhes foi favorável; **b)** (conflict with) ser contrário a [*rules, principles*]; **to ~ against the trend** ir contra a corrente; **c)** (resist, oppose) opor-se a. ■ **go ahead** a) (go in front) **~ ahead, I'll follow you** vai à frente, que vou atrás (de ti); **b)** (fig) (proceed) [*event*] realizar-se; **they are going ahead with the project** eles decidiram levar a cabo o projecto; **~ ahead and shoot** vá! atira!. ■ **go along** (move along) [*person, vehicle*] avançar; **to make sth up as one goes along** (fig) inventar qq coisa à medida que se for avançando. ■ **go along with**: **~ along with (sb/sth)** acompanhar alg/estar de acordo com qq coisa. ■ **go around**: **~ around a)** (move, travel about) circular, passear; **they ~ everywhere together** eles vão juntos para todo o lado; **b)** (circulate) [*rumour*] correr; **there isn't enough money to ~ around** não há dinheiro suficiente em circulação; **~ around (sth)** dar a volta a [*house, shops*]. ■ **go at**: **~ at (sb)** (attack) atacar; **~ at (sth)** atirar-se a. ■ **go away** [*person*] partir, ir-se embora; **~ away and leave me alone!** vai-te embora e deixa-me em paz!. ■ **go back a)** (return) voltar a/para, regressar; (resume work, classes) retomar; **let's go back to Portugal** regressemos a Portugal; **to ~ back to the beginning** voltar ao princípio, recomeçar; **b)** (in time) remontar a; **this tradition goes back a century** esta tradição remonta ao século passado. ■ **go back on**: **~ back on (sth)** voltar atrás [*promise, decision*]. ■ **go before**: **~ before** (go in front) ir à frente; (fig) (in time) passar à frente; **~ before (sb/sth)** comparecer perante [*court, judge*]; **the bill went before parliament** o projecto lei desceu ao parlamento. ■ **go below** GEN, NAUT descer. ■ **go by**: **~ by** passar; **as**

time goes by com o decorrer do tempo; **a)** (judge by) julgar de acordo com; **you mustn't ~ by what you read in the papers** não deves acreditar em tudo o que dizem os jornais; **b)** (proceed by) **to ~ by the rules** cumprir as regras. ■ **go down**: ~ **down a)** (descend) (gen) descer; [*sun*] pôr; **b)** (fall) cair; (sink) afundar; **c)** (be received) **to ~ down well/badly** ser bem/mal recebido; **d)** (become lower) [*water level, price, temperature*] baixar; [*tide*] descer; (abate) [*storm, wind*] acalmar; [*price*] cair, descer; **e)** GB UNIV (for holiday) acabar as aulas; (permanently) deixar a universidade; **f)** GEN, SPORT (be defeated) perder; (be downgraded) descer de divisão; **g)** (be remembered) **he will ~ down as a great statesman** será lembrado como um grande homem de estado; **h)** (be stricken) **to ~ down with flu** apanhar gripe; **i)** GB (go to prison) ser preso; **j)** COMPUT avariar, ir abaixo; ~ **down (sth)** descer [*hill*]. ■ **go for**: ~ **for (sb/sth) a)** (favour, have liking for) ter um fraquinho por [*person*]; gostar de [*style of music, literature, etc*]; **b)** (apply to) aplicar-se a; ~ **for (sb) a)** (attack) atacar; **b)** **he has a lot going for him** ele tem muito a seu favor; ~ **for (sth) a)** (attempt to achieve) tentar obter [*honour, victory*]; **she's going for the world record** ela aposta na obtenção do record do mundo; ~ **for it!** vamos! em frente!; **b)** (choose) escolher. ■ **go forward(s)** avançar. ■ **go in a)** (enter) entrar; (go back in) retomar; **b)** MIN [*troops*] atacar; **c)** (disappear) [*sun*] esconder-se, desaparecer. ■ **go in for**: ~ **in for (sth) a)** (be keen on) gostar de; **b)** (take up) **to ~ in for politics** lançar-se para o ensino; **to ~ in for politics** lançar-se na política; **c)** (take part in) inscrever-se em [*exam, competition*]. ■ **go into**: ~ **into (sth) a)** (enter) entrar em; (fig) (take up) lançar-se em [*business, profession*]; **b)** (examine) estudar [*question*]; **c)** (explain) explicar; **I won't ~ into why I did it** não vou explicar por que o fiz; **d)** (be expended) **a lot of work went into this project** foi investido muito trabalho neste projecto; **e)** (hit) [*car, driver*] bater em. ■ **go off**: ~ **off a)** (explode, fire) [*bomb*] explodir; **b)** (alarm clock) tocar; (fire alarm) soar; **c)** (depart) partir, ir-se embora; **he went off to work** ele partiu para o trabalho; **d)** GB (go bad) [*milk, cream*] talhar; [*meat*] estragar-se; [*butter*] rançar; (deteriorate) [*work*] degradar-se; [*performer, athlete, etc*] deixar de estar em *ou* perder a forma; **e)** (fall asleep) adormecer; **f)** (cease to operate) [*lights, heating*] apagar-se; **g)** (happen, take place) [*evening, organized event*] realizar, acontecer; **h)** THEAT sair de cena; ~ **off (sb/sth)** GB **I've gone off whisky** já não gosto tanto de whisky. ■ **go off with**: ~ **off with (sb/sth)** partir com. ■ **go on**: ~ **on a)** (happen, take place) acontecer; **how long has this been going on?** há quanto tempo é que isto está a acontecer?; **b)** (continue on one's way) prosseguir o caminho; **c)** (continue) continuar; **the meeting went on into the afternoon** a reunião prolongou-se pela tarde fora; **the list goes on and on** a lista é interminável; **d)** (of time) (elapse) **as time went on, they...** à medida que o tempo passava, eles...; **e)** (keep talking) **to ~ on about sth** não parar de falar sobre qq coisa; **f)** (proceed) pas-

sar; **let's ~ on to the next item** passemos ao ponto seguinte; **g)** (go into operation) [*lights, heating*] acender; **h)** (approach) aproximar-se; **it's going on three o'clock** são quase três horas; **she's four going on five** ela está quase a fazer cinco anos; **i)** (fit) **these gloves won't ~ on** estas luvas não me servem; **j)** THEAT entrar em cena; ~ **on (sth)** fundar-se em [*piece of evidence, information*]; **that's all we've got to ~ on** é tudo o que sabemos de fonte segura. ■ **go on at**: ~ **on at (sb)** agarrar-se a, não largar. ■ **go out a)** (leave, depart) sair, partir; **to ~ out for a drink** sair para beber um copo; **she's gone out to Australia** ela partiu para a Austrália; **b)** (have relationship) **to ~ out with sb** sair com alg; **c)** [*tide*] descer; **d)** (become unfashionable) passar de moda; (no longer be used) já não ser usado; **e)** (be extinguished) [*fire, light*] apagar-se; **f)** [*invitation, summons*] ser enviado; RADIO, TV (be broadcast) ser transmitido; **g)** (be eliminated) GEN, SPORT ser eliminado; **h)** (expressing sympathy) **my heart goes out to them** estou completamente solidário com eles; **i)** (disappear) **all the spirit seemed to have gone out of her** parece que ela perdeu toda a sua força interior. ■ **go over**: ~ **over a)** (cross over) passar **(to** a/para); **we are now going over to Washington** RADIO, TV passamos agora a emissão para Washington; **b)** (be received) ser recebido; **c)** (switch to other side or alternative) passar **(to** a); ~ **over (sth) a)** (review, inspect) passar em revista [*facts, details*]; verificar [*accounts, figures*]; reler [*article*]; **b)** (clean) **he went over the room with a duster** ele limpou o quarto com o pano do pó; **c)** (exceed) ultrapassar. ■ **go round** GB ~ **round a)** (turn) voltar; **b)** (call round) **to ~ round to see sb** ir ver alg; **c)** (suffice) **there isn't enough food to ~ round** não há comida para toda a gente; **d)** (make detour) fazer um desvio; ~ **round (sth)** (visit) dar a volta a. ■ **go through**: ~ **through a)** (come in) entrar; **b)** (be approved) [*law, agreement*] passar, ser aprovado; [*divorce*] ser declarado; [*business, deal*] ser concluído; ~ **through (sth) a)** sofrer [*experience, ordeal*]; passar por [*stage, phase*]; **to ~ through a crisis** atravessar uma crise; **the country has gone through two civil wars** o país sofreu duas guerras civis; **b)** (check, inspect) examinar; (rapidly) percorrer [*documents, files, list*]; **c)** (search) esquadrinhar, explorar; **d)** (perform, rehearse) repetir [*scene*]; explicar [*procedure*]; preencher [*formalities*]; **e)** (consume, use up) gastar [*money*]; **we went through three bottles of wine** bebemos três garrafas de vinho. ■ **go through with**: ~ **through with (sth)** realizar, escutar [*plan*]; **I can't ~ through with it** não posso fazer isso. ■ **go together** (harmonize) condizer, harmonizar-se. ■ **go under** (sink) afundar; (fig) [*person*] sucumbir; [*business, company*] ir à falência. ■ **go up**: ~ **up a)** (ascend, rise) subir; **b)** (rise) [*price, temperature*] subir; [*figures*] aumentar; THEAT [*curtain*] subir **(on** sobre); **petrol has gone up (in price)** (o preço d)a gasolina aumentou; **c)** (be erected) [*building*] ser construído; [*poster*] ser afixado; **d)** (blown up) explodir; **e)** GB UNIV (start university) entrar para a universidade;

(start term) recomeçar as aulas; **f)** (be upgraded) **the team has gone up to the first division** a equipa subiu à primeira divisão; **g)** (continue) **the book goes up to 1990** o livro vai até 1990; **~ up (sth) a)** (mount) subir, escalar [*hill, mountain*]; **b) to ~ up a class** SCH passar para uma turma mais adiantada. ▪ **go with: ~ with (sth) a)** (match, suit) dar com; **b)** (accompany) acompanhar, ir a par com. ▪ **go without: ~ without** passar sem; **~ without (sth)** passar sem qq coisa.

goad [gəʊd] **1** *n* aguilhão *m*. **2** *vtr* **a)** (prod) aguilhoar [*ox*]; **b)** (fig) (provoke) provocar [*person*]; **to ~ sb into doing sth** incitar alg a fazer algo.

goal [gəʊl] *n* SPORT golo *m* Po, gol *m* BR; **to keep ~** *or* **to play in ~** ser guarda-redes; **to score a ~** marcar um golo. IDIOMAS **to score an own ~** (lit, fig) marcar um golo na própria baliza ou a favor do adversário.

goat [gəʊt] **1** *n* **a)** ZOOL, CULIN cabra *f*; **b)** (coll) (lecher) sátiro *m*. **2** *modif* [*cheese, milk*] de cabra. IDIOMAS (coll) **he really gets my ~** ele irrita-me.

gobble ['gɒbl] **1** *n* (cry of turkey) gluglu *m*. **2** (coll) *vtr* (*also* **~ down**) atafulhar-se de [*food*] (fam). **3** *vi* **a)** (cry) [*turkey*] fazer gluglu; **b)** (coll) (eat) [*person*] comer avidamente. ▪ **gobble up** (coll) (lit, fig) **to ~ (sth) up, to ~ up (sth)** devorar qq coisa.

gobbledygook ['gɒbldɪgʊk, 'gɒbldɪguːk] *n* palavreado *m*; algaraviada *f*.

goblet ['gɒblɪt] *n* taça *f*; copo *m* com pé.

goblin ['gɒblɪn] *n* duende *m*.

god [gɒd] **1** *n* (lit) deus *m*; (fig) ídolo *m*. **2 G~** *pr n* Deus *m*; **my G~!** meu Deus!; **G~ forbid!** Deus me livre!. **3 Gods** *npl* THEAT **the Gods** galeria *f*; galinheiro *m/f*.

god: (slang) **-awful** *adj* execrável; **~child** *n* afilhado *m*; afilhada *f*. (slang) **~dam** *adj* maldito.

goddess ['gɒdɪs] *n* deusa *f*.

god: ~father *n* padrinho *m*; **~forsaken** *adj* [*country, place*] nos confins, abandonado.

godless ['gɒdlɪs] *adj* ímpio,-a.

godly ['gɒdlɪ] *adj* piedoso, religioso.

god: ~parent *n* padrinho *m*; madrinha *f*; **~send** *n* dádiva *f* do céu; graça *f* divina; **~son** *n* afilhado *m*.

goes [gəʊz] see **go**.

going ['gəʊɪŋ] **1** *n* **a)** (departure) partida *f*; **b)** (progress) **that's not bad ~!, that's good ~!** é rápido!; **it was slow ~, the ~ was slow** (on journey) foi demorado; (at work) avançou-se devagar; **c)** (condition of ground) estado *m* do solo; **the ~ was hard** o terreno estava pesado; **d)** (fig) (conditions) **when the ~ gets tough** quando as coisas vão mal; **she finds her new job hard ~** ela acha o novo trabalho difícil. **2** *adj* **a)** (current) [*price*] actual; **the ~ rate** a tarifa em vigor; **b)** (operating) em funcionamento; **they bought the business as a ~ concern** eles compraram a empresa já em laboração; **c)** (existing) **it's the best model ~** é o melhor modelo no mercado. **3 -going** (*combining form*) **theatre~** a frequência das salas de teatro; **the theatre~ public** público *m* frequentador de teatro.

going-over [gəʊɪŋ'əʊvə(r)] *n* (*pl* **goings-over**) **a)** (examination) (of vehicle, machine) revisão *f*; (of document) verificação *f*; (cleaning) (of room, house) limpeza *f*; **the doctor gave me a through ~** o médico fez-me um exame total; **b) to give sb a ~** (beat up) moer alg de pancada.

goings-on [gəʊɪŋz'ɒn] *npl* (events) acontecimentos *mpl*; (pej) (activities) actividades *fpl*; (behaviour) conduta *f*.

gold [gəʊld] **1** *n* **a)** ouro *m*; **b)** see **~ medal**. **2** *modif* (made of **~**) [*jewellery, cutlery, tooth*] de ouro ou em ouro; [*ore, deposit, alloy*] em ouro ou de ouro; (**~ coloured**) dourado. IDIOMAS **to be as good as ~** ser um santinho, ser bem comportado; **to strike ~** (become rich) encontrar a árvore das patacas; [*athlete*] ser medalha de ouro; **to be worth one's weight in ~** valer o seu peso em ouro.

golden ['gəʊldn] *adj* (made of gold) de ouro ou em ouro; (gold coloured) dourado *f*; (fig) (idyllic) [*summer, dream*] idílico.

golden: ~ age *n* idade *f* de ouro; **~ eagle** *n* águia *f* real; **~ handshake** *n* GB indemnização por despedimento ou reforma Po/aposentadoria BR antecipada; **~ jubilee** *n* (wedding anniversary) bodas *fpl* de ouro; (other) jubileu *m*; **~ mean** *n* (happy medium) o justo meio termo *m*; **~ rule** *n* regra *f* de ouro; **~ wedding** *n* bodas *fpl* de ouro.

gold: ~fish *n* (*pl* **-fish** *or* **-fishes**) peixinho *m* de aquário; **~ foil** *n* folha *f* de ouro; **~ leaf** *n* folha *f* de ouro (mais fina do que a anterior); **~ medal** *n* medalha *f* de ouro; **~ plate** *n* (coating) fina camada *f* de ouro; (dishes) baixela *f* de ouro; **~smith** *n* ourives *m*.

golf [gɒlf] **1** *n* golfe *m*. **2** *modif* [*game, tournament, umbrella, shoes*] de golfe.

golf: ~ ball *n* **a)** SPORT bola *f* de golfe; **b)** (on typewriter) esfera *f*; **~ club** *n* **a)** (place) clube *m* de golfe; **b)** (stick) taco *m* de golfe; **~ course** *n* campo *m* de golfe.

golfer ['gɒlfə(r)] *n* jogador *m* de golfe.

gondola ['gɒndələ] *n* **a)** (boat) gôndola *f*; **b)** (under airship, balloon) barquinha *f*; (cable car) cabina *f* (de teleférico); **c)** US RAIL (*also* **~ car**) vagão *m* aberto; **d)** US (barge) barcaça *f*.

gone [gɒn] **1** *pp* see **go**. **2** *adj* **a)** [*person*] (departed) que partiu; (dead) desaparecido,-a, falecido,-a; **to be far ~** (ill) estar muito doente; (with drink) estar embriagado,-a; (with drugs) estar com uma pedrada; **~ with the wind** levado pelo vento, "E tudo o vento levou"; **b)** GB (pregnant) grávida; **c)** GB (past) **it's ~ six o'clock** já passa das 6 horas; **she's ~ eighty** ela tem mais de 80 anos.

gong [gɒŋ] *n* gongo *m*; **dinner ~** campainha *f* do jantar.

gonorrh(o)ea [gɒnə'rɪə] *n* blenorragia *f*.

good [gʊd] **1** *n* **a)** (virtue) bem *m*; **to do ~** fazer o bem; (coll) **to be up to no ~** preparar-se para fazer alguma (fam); **b)** (benefit) bem *m*; **do you think I'm doing this for the ~ of my health?** (iron) tu julgas que faço isto para me divertir?; **the aspirin didn't do my migraine any ~** a minha enxaqueca não melhorou com a aspirina; **no ~ can** *or* **will come of it** não deve sair dali nada de bom; **to be all to the ~** ser pelo melhor; **c)** (use) **it's no ~ crying** não vale a pena chorar; **d)** (profit) **to be £ 20 to the ~** ter 20 libras de

lucro. **2** *adj* (*comp* **better**, *superl* **best**) **a**) (enjoyable) [*book, holiday, joke, news*] bem/boa; **the ~ weather** o bom tempo; **to have a ~ time** divertir-se; **the ~ things in life** os pequenos prazeres da vida; **it's ~ to see you again** é bom voltar a ver-te; **b**) (happy) **to feel ~ about sth/doing** estar contente por qq coisa/por fazer; **c**) (healthy) [*ear, eye, leg, memory, etc*] bom/boa; **you don't look too ~** tens má cara; **I don't feel too ~** não me sinto lá muito bem; **d**) (high quality) [*book, condition, make, hotel, photo, score, etc*] bom/boa; **I'm not ~ enough for her** eu não sou digno dela; **e**) (prestigious) [*address, family, marriage*] bom/boa (*before n*) **f**) (obedient) [*child, dog*] obediente; **there's a ~ boy** *or* **girl!** muito bem!; **g**) (attractive) [*legs, teeth, handwriting*] belo, bonito; **she looks ~ in blue** fica-lhe bem o azul; **h**) (tasty) [*meal*] bom/boa; **to look ~** ter bom aspecto; **to taste ~** saber bem; **i**) (virtuous) [*man, life*] virtuoso; [*Christian*] bom/boa (*before n*) **the ~ guys** (in films) os bons *mpl*; **j**) (kind) [*person*] bom/boa, gentil, simpático; **a ~ deed** uma boa acção; **to do a ~ turn** prestar um serviço a alg; **would you be ~ enough to do** *or* **would you be so ~ as to do** quererá ter a bondade de fazer; **k**) (pleasant) [*humour, mood*] bom/boa (*before n*) **to be in a ~ mood** *or* **temper** estar de bom humor; **l**) (competent) [*accountant, hairdresser, teacher*] bom/boa; **she's a ~ swimmer** ela nada bem; **to be ~ at sth** ser bom/boa em qq coisa [*Latin, Maths, chess, etc*]; **she's ~ at drawing** ela desenha bem; **to be no ~ at tennis** ser uma nulidade no ténis; **to be ~ with sb** saber lidar com alg [*old people, children*]; **to be ~ with one's hands** ser hábil de mãos; **m**) (beneficial) **to be ~ for sb** [*fruit, fresh air*] fazer bem a alg [*children*]; **to be ~ for sth** ser bom para qq coisa [*health, skin*]; [*rain*] fazer bem a [*plants*]; **exercise is ~ for you** o exercício faz-te bem; **n**) (fluent) **he speaks ~ Portuguese** ele fala bem Português; **o**) (fortunate) (coll) **we've never had it so ~** os negócios nunca correram tão bem; **it's too ~ to be true** é demasiado bom para ser verdade; **p**) (serviceable) **this season ticket is ~ for two more months** este passe é válido para mais dois meses; **the car is ~ for another 10,000 km** o carro ainda está bom para mais 10.000 Km; **it's as ~ an excuse as any** é uma desculpa Po/escusa Br tão boa como qualquer outra; **q**) (hard) [*kick, punch*] valente (*before n*) **give it a ~ shake** dá-lhe uma valente sacudidela; **we had a ~ laugh** rimo-nos bastante. **3 as ~ as** *adv phr* **a**) (virtually) quase; **the report is as ~ as finished** o relatório está quase pronto; **to be as ~ as new** ser como novo; **b**) (tantamount to) **it's as ~ as saying yes** é como se dissesses que sim. **4** *excl* (expressing pleasure, satisfaction) óptimo!; (with relief) bom!, tanto melhor!; (to encourage, approve) muito bem!; (in assent) muito bem!. IDIOMAS **~ for you!** (approvingly) bravo!; (sarcastically) tanto melhor para ti!; **that's a ~ one!** (iron) (joke, excuse) essa é boa!; **~ on you!** bravo!; **~ thinking!** bem visto! ou bem pensado!.
good: ~**bye** *n, excl* adeus Po, tchau Br; ~**-for--nothing** *n, adj* inútil *m/f*; ~**-humoured** *adj*

[*person, child*] de bom humor; [*competitor, rivalry*] amigável; [*meeting, discussion*] descontraído; [*remark, smile, wink*] alegre, bem disposto; [*banter, joke, criticism*] sem malícia, inocente; ~**-looking** *adj* [*actor, man, woman*] bonito, belo, com bom aspecto; ~**-natured** *adj* [*person*] agradável, com bom feitio; [*banter, joke, remark*] cordial; [*criticism*] bem intencionado.
goodness ['gʊdnɪs] **1** *n* **a**) (virtue) bondade *f*; **b**) (kindness) amabilidade *f*; **c**) (nutritive value) **don't overcook the carrots, they lose all their ~** não cozas demais as cenouras porque, senão, elas perdem as suas propriedades. **2** *excl* (*also* ~ **gracious**) Deus do céu! ou meu Deus!. IDIOMAS **I hope to ~ (that) he isn't guilty** Deus queira que ele não seja culpado; ~ **only knows!** só Deus sabe!; **for ~' sake!** por amor de deus!.
goods [gʊds] **1** *npl* **a**) (for sale) artigos *mpl*; (electrical) materiais *mpl*; ~**s services** bens de consumo e serviços; **b**) (property) haveres *mpl*; ~ **and chattels** (hum) JUR posses pessoais *fpl*; **c**) (coll); **to deliver** *or* **come up with the ~** corresponder às expectativas. **2** *modif* RAIL [*depot, station, train, wagon*] de mercadorias.
good-tempered *adj* [*person*] bem-disposto.
goodwill [gʊd'wɪl] **1** *n* **a**) (helpful attitude) boa vontade *f*; **b**) (kindness) **to show ~ to** *or* **towards sb** mostrar benevolência em relação a alg; **in a spirit of ~** num espírito de tolerância; **the season of ~** a quadra natalícia; COMM (customers) clientela *f*; (reputation) reputação *f*. **2** *modif* [*gesture*] de boa vontade; **a ~ visit** uma visita de boa vontade.
goof ['guːf] (coll) **1** *n* (idiot) pateta *m/f*; (blunder) asneira *f* Po, bobagem *f* Br. **2** *vi* **I** ~**ed** fiz asneira Po/bobagem Br. ■ **goof around** (coll) (fool around) vadiar; (laze about) vadiar (fam).
goose [guːs] **1** *n* (*pl* **geese**) ZOOL, CULIN ganso *m*; **you silly ~!** (coll) idiota!. **2** (slang) *vtr* beliscar as nádegas (duma rapariga Po, moça Br). IDIOMAS **all his geese are swans** ele tem a mania das grandezas, de exagerar; **to cook sb's ~** tratar da saúde de alg (fam); liquidar alg.
gooseberry ['gʊzbərɪ] *n* **a**) (fruit) groselha *f* espinhosa; ~ **(bush)** groselheira *f*; **b**) (coll) **to be a** *or* **play ~** fazer de pau de cabeleira.
gooseflesh [guːsfleʃ] *n* GB pele *f*; de galinha.
goose: ~ **pimples** *npl* GB see ~**flesh**; ~**-step 1** *n* passo *m* de ganso. **2** *vi* desfilar em passo de ganso.
gore [gɔː(r)] **1** *n* **a**) (blood) sangue *m* coagulado; **b**) (in fabric) pedaço de pano triangular; nesga *f*. **2** *vtr* [*bull*] espetar os chifres; **to ~ sb to death** matar alg com uma cornada.
gorge ['gɔːdʒ] **1** *n* **a**) (valley) vale *m* estreito; desfiladeiro *m*; **the Rhine ~** o vale do Reno; **b**) **to make sb's ~ rise** fazer revoltar o estômago de alg, causar repugnância a alg. **2** *vi* see **to ~ oneself**. **3** *v* **to ~ oneself** fartar-se (*refl*) (**on** de).
gorgeous ['gɔːdʒəs] *adj* **a**) (coll) (terrific) formidável; [*weather*] esplêndido; **b**) [*color, fabric*] sumptuoso.
gorilla [gə'rɪlə] *n* ZOOL gorila *m*.
gorse ['gɔːs] *n* (*NC*) tojo *m*.
gory ['gɔːrɪ] *adj* [*film, battle*] sangrento.
gosh ['gɒʃ] (coll) *interj* meu Deus! Caramba! (fam).

gosling ['gɒzlɪŋ] *n* ganso *m* pequeno.

gospel ['gɒspl] **1** *n* **a)** RELIG, BIBLE evangelho *m*; **b)** (truth) **to take sth as absolute** ~ *or* ~ **(truth)** tomar algo como palavra do evangelho. **2** *modif* ~ **music** espiritual *m*; ~ **singer** cantor *m* de espirituais; ~ **song** espiritual *m*.

gossamer ['gɒsəmə(r)] (liter) *n* **a)** (cobweb) fios *mpl* da teia de aranha; **b)** (fabric) tecido *m* muito leve.

gossip ['gɒsɪp] **1** *n* **a)** (new) (malicious) bisbilhotice *f*; mexerico *m* (**about** acerca de); (not malicious) tagarelice *f*; novidade *f*; **b)** (chat) **do come for coffee and a** ~ venha tomar café e conversar um bocado; **c)** (person) (man) compadre *m*; (woman) comadre *f*. **2** *vi* (*pres p etc* **-pp--**) tagarelar; (pej) bisbilhotar (**about** acerca de).

got [gɒt] *past, pp* see **get**.

gothic, Gothic ['gɒθɪk] **1** *n* ARCHIT, PRINT gótico *m*. **2** *adj* ARCHIT, PRINT gótico; (liter, fig) negro.

gotten ['gɒtn] US *pp* see **get**.

gourd [gʊəd] *n* **a)** (container) cabaço *m*; cantil *m*; **b)** (fruit) cabaça *f*.

gout [gaʊt] *n* MED gota *f*.

govern ['gʌvn] **1** *vtr* **a)** (rule) governar [*country, people, state, etc*]; administrar [*colony, province*]; **b)** (control) [*law, person*] dirigir, controlar [*manufacture, treatment, use*]; determinar [*conduct*]; dominar, refrear [*feelings, temper*]; **c)** LING reger; **d)** ELEC, ENG, TECH regular, controlar [*flow, input, speed*]. **2** *vi* [*parliament president*] governar; [*administrator, governor*] administrar.

governess ['gʌvənɪs] *n* (*pl* ~**es**) governanta *f*.

governing [p'gʌvənɪŋ] *adj* [*party*] no poder; [*factor*] decisivo; [*class*] dirigente.

governing body *n* **a)** GB (of school) conselho *m* directivo; **b)** (of sport) corpo *m* directivo; direcção *f*; **c)** GB (of hospital, prison) administração *f*; direcção *f*.

government ['gʌvnmənt] **1** *n* (exercise of authority) (political) governo *m*; **parliamentary** ~ regime *m* parlamentar; (administrative) administração *f*. **2** *modif* [*intervention, minister, plan*] do governo; [*decree, department, policy*] governamental.

governor ['gʌvənə(r)] *n* **a)** (of stateprovince, colony, bank) governador *m*; **b)** GB (of prison, hospital) director *m*; **c)** (of school) membro *m* do conselho directivo.

Govt *n* see **government**.

gown [gaʊn] *n* **a)** (of woman) vestido *m*; **b)** (academic, legal) toga *f*; (of surgeon) bata *f*.

GP [dʒiːˈpiː] *n* MED abrev = **general practitioner** médico *m* de clínica geral.

GPO *n* GB abrev = **General Post Office** PTT.

grab [græb] **1** *n* (snatch) gesto *m* súbito e violento para agarrar qq coisa; **to make a** ~ **at** *or* **for sth** tentar agarrar qq coisa. **2** *vtr* (*pres p etc* **-bb-**) **a)** (take hold of) apoderar-se de [*money, toy*]; agarrar [*arm, person*]; (fig) agarrar [*opportunity, chance*]; **to** ~ **sth from sb** arrancar qq coisa a alg; **b)** (illegally) apoderar-se indevidamente de [*land, resources*]; **c)** (snatch) **to** ~ **some sleep** dormitar um pouco; **d)** (coll) (impress) **how does the idea** ~ **you?** que é que tu achas da ideia?.

grace [greɪs] **1** *n* **a)** (of body, movement) graça *f*; graciosidade *f*; **to do sth with the** ~ **of a natural athlete** fazer qq coisa com a graça natural dum atleta; **b)** (of place) elegância *f*; **c)** (spiritual) graça; **d)** (allowance of time) **a period of** ~ um prazo *m*; **e)** (prayer) oração *f* de graças (antes ou depois das refeições). **2** *vtr* **a)** (decorate) embelezar; **b)** (honour) honrar. IDIOMAS **there, but for the** ~ **of God, go I** isso também me podia ter acontecido, se eu não tivesse tanta sorte.

graceful ['greɪsfl] *adj* **a)** [*dancer, movement, style*] gracioso; **b)** [*person, building*] elegante.

gracefully ['greɪsfəlɪ] *adv* [*move, slide, dive*] com graça; [*give in, concede defeat*] com elegância.

gracious ['greɪʃəs] *adj* **a)** [*person*] cortês, amável; **to be** ~ ser amável; (condescending) condescendente; **b)** GB (in royal title) gracioso; **by** ~ **permission of Her Majesty** por graça de Sua Majestade.

graciously ['greɪʃəslɪ] *adv* (politely) delicadamente, amavelmente.

grade [greɪd] **1** *n* **a)** COMM (of produce, article, goods) qualidade *f*; (of egg) calibre *m*; **high-/low-~** de superior/inferior qualidade; **b)** SCH, UNIV (mark) nota *f* (**in** em); **to get good ~s** ter boas notas; **c)** (in power structure) ADMIN, MGNT escalão *m*; MIL patente *f*; posto *m*; **d)** US SCH (class) classe *f*; ano *m*; **e)** (level of difficulty) nível *m*; **f)** US (gradient) declive *m*; **g)** (in breeding) (cow) vaca *f* de cruzamento. **2** *vtr* **a)** (categorize) (by quality) classificar [*produce, accommodation, amenities, results*] (**according to** de acordo com); (by size) calibrar [*eggs, fruit, potatoes*] (**according to** de acordo com); **b)** SCH (in level of difficulty) graduar [*exercises, tasks, questions*] (**according to** de acordo com); **c)** ESP US (mark) avaliar, classificar [*work, assignment*] (**from** de; **to** a); **d)** ART (blend) esbater [*colours, tunes*]; **e)** CIV ENG nivelar [*ground*]. **3** graded *pp adj* **a)** (by category) [*tests, exercises*] graduado; **b)** (gradual) **a ~ed slope** inclinação gradual. IDIOMAS **to make the** ~ mostrar-se à altura, atingir o nível desejado.

grade school *n* US escola *f* primária.

gradient ['greɪdɪənt] *n* **a)** (slope) declive *m*; **to be on a** ~ estar em declive; **b)** (degree of slope) inclinação *f*; **a** ~ **of one in twelve** uma inclinação de 8%; **c)** PHYS gradiente *m*.

gradual ['grædjʊəl] **1** *n* REL gradual *m*. **2** *adj* **a)** (slow) [*change, increase, decline, progress*] gradual, progressivo; **b)** (gentle) [*slope, incline*] suave.

gradually ['grædjʊəlɪ] *adv* progressivamente, pouco a pouco.

graduate 1 ['grædjʊət] *n* (from university) licenciado *m*; (from other institution) diplomado *m* (**in sth** em qq coisa; **of** *or* **from** de); **arts/sciences** ~ licenciado em letras/ciências. **2** ['grædjʊəɪt] *vtr* TECH graduar [*container, scale*]. **3** ['grædjʊəɪt] *vi* **a)** (from university) obter uma licenciatura; (from other institution) obter um diploma (**at** *or* **from** em, de); US SCH terminar os seus estudos; **b)** (progress) **to** ~ **(from sth) to sth** passar (de qq coisa) a qq coisa. **4 grad-**

uated ['grædjʊəɪtɪd] *pp adj* Soc Admin [*contribution, scale, system, tax*] proporcional.

graduation [grædjʊ'eɪʃn] *n* **a)** Univ (ceremony) entrega *f* de diplomas; (end of course) formação *f*; licenciatura *f*; obtenção *f* dum diploma; **b)** (calibration) graduação *f*.

graffiti [grə'fi:ti:] *n* (*pl* ~) (+ *v sg or pl*) graffiti *mpl*; pinturas *fpl* murais.

graft [grɑ:ft] **1** *n* **a)** Hort, Med enxerto *m*; **skin** ~ enxerto de pele; **b)** (coll) (hard work) labuta *f*; **hard** ~ trabalho *m* duro. **2** *vtr* Hort, Med (fig) enxertar (**onto** em).

grain [greɪn] *n* **a)** (crop) cereais *mpl*; **b)** (seed) grão *m*; **c)** (small piece) (of sand) grão *m*; **d)** (fig) parcela *f* mínima; **e)** (pattern) (in wood) fibra *f*; veio *m*; (in stone) veios *mpl*; (in leather, paper, metal) grão *m*; granulação *f*; **to cut along/across the** ~ cortar a favor/contra o fio, do pêlo ou do veio. **IDIOMAS it goes against the** ~ é contra-natura.

grainy ['greɪnɪ] *adj* **a)** Phot [*photograph, picture*] com grão; **b)** (resembling wood) que se assemelha aos veios da madeira; **c)** (granular) [*substance*] granuloso.

gram [græm] *n* grama *m*.

grammar ['græmə(r)] **1** *n* **a)** gramática *f*; **that's bad** ~ é gramaticalmente incorrecto; **b)** (book) gramática *f*. **2** *modif* [*book, lesson, exercise*] de gramática.

grammar school *n* GB ≈ liceu, escola secundária.

grammatical [grə'mætɪkl] *adj* **a)** [*error*] de gramática; [*meaning, gender, analysis*] gramatical; **b)** (correct) gramaticalmente correcto.

grammatically [grə'mætɪkəlɪ] *adv* gramaticalmente.

gramophone ['græməfəʊn] GB *n* (dated) fonógrafo *m*; gramofone *m*.

granary ['grænərɪ] **1** *n* (grain store) celeiro *m*. **2** *modif* GB (bread, loaf) [*bread, loaf*] integral.

grand [grænd] **1** *n* **a)** (coll) (sum of money) ≈ milena *f* (fam) (mil libras); GB (mil dólares); us; **b)** (coll) Mus (piano) piano *m* de cauda. **2** *adj* **a)** [*building*] grandioso; [*park*] magnífico; [*staircase*] imponente; **in** ~ **style** em grande estilo; **he's the** ~ **old man of theatre** ele é o grande senhor do teatro; **b)** (self-important) **she's very** ~ ela tem a mania (fam, pej); **c)** (coll) (fine, excellent) **to have a** ~ **time** divertir-se à grande (fam); **"is everything alright?"** **"it's** ~ **thanks"** "está tudo bem?" "está tudo óptimo, obrigado".

grand: ~**child** *n* (*pl* **grandchildren**) (girl) neta *f*; (boy) neto *m*; (grandchildren) netos *mpl*; ~**dad** (coll) *n* vovô *m*; avôzinho *m*; ~**daddy** (coll) *n* **a)** vovô *m*; avôzinho *m*; **b)** (fig) (precursor) precursor *m*; ~**daughter** *n* neta *f*.

grandeur ['grændjə(r), 'grændʒə(r)] *n* **a)** (of scenery, building) grandiosidade *f*; **b)** (of character) nobreza *f*; (power, status) pompa *f*.

grandfather *n* avô *m* Po, vovô *m* Br; ~**father clock** relógio *m* de sala antigo.

grandiose ['grændɪəʊs] *adj* grandioso.

grand: ~**ma** (coll) *n* vovó *f*; avozinha *f*; ~**mother** *n* avó *f* Po, vovó *f* Br; ~**pa** (coll) *n* vovô *m*; avôzinho *m*; ~**parent** *n* (male) avô *m* Po, vovô *m* Br; (female) avó *f* Po, vovó *f* Br; **my**

~**parents** os meus avós; ~ **piano** *n* piano *m* de cauda; ~ **prix** *n* (*pl* ~) Grande Prémio *m*; ~ **piano** *n* piano *m* de cauda; ~**son** *n* neto *m*.

grandstand ['grænstænd] *n* **a)** (at stadium) tribuna *f*; **to have a** ~ **view of sth** estar nas primeiras filas ou ter uma boa vista de qq coisa; **b)** (audience) público *m*.

granite ['grænɪt] *n* (rock) granito *m*; **heart of** ~ (fig) coração de granito.

granny ['grænɪ] (coll) *n* (grandmother) vovó *f*; (fusspot) bisbilhoteira *f*; mexeriqueira *f*.

grant [grɑ:nt] **1** *n* (from government, local authority) subsídio *m* (**for sth** para qq coisa); (for study) Sch, Univ bolsa *f*; **to apply for a** ~ pedir um subsídio ou uma bolsa. **2** *vtr* **a)** (formal) (allow) dar, conceder [*permission*]; aceder a [*request*]; **God** ~ **that...** queira Deus que... (+ *subj*) **b)** (formal) (give) **to** ~ **sb sth** *or* **to** ~ **sth to sb** conceder qq coisa a alg [*asylum, privilege, citizenship, exit visa, licence*]; **c)** (formal) reconhecer; **to** ~ **that...** reconhecer que...; ~**ed** *or* ~**ing that...** admitindo que.... **IDIOMAS to take sth for** ~**ed** dar qq coisa como certa.

granular ['grænjʊlə(r)] *adj* [*surface, texture, etc*] granuloso.

granule ['grænju:l] *n* (*usu in pl*) (of sugar, salt) grão *m*; grânulo *m*.

grape ['greɪp] *n* uva *f*; **a bunch of** ~**s** um cacho de uvas; **to harvest** *or* **bring in the** ~ vindimar. **IDIOMAS sour** ~**s!** não é para a tua boca!; isso é difícil!.

grape: ~**fruit** *n* (*pl* -**fruit(s)**) toranja *f*; ~**shot** *n* Mil metralha *f*; ~**vine** *n* (in vineyard) pé *m* de videira; (in greenhouse, garden) videira *f*; vinha *f*.

graph [græf, grɑ:f] **1** *n* Comput, Math gráfico *m*; **a rising/falling** ~ uma curva ascendente/descendente. **2** *vtr* fazer o gráfico de.

graphic ['græfɪk] *adj* **a)** Art, Comput gráfico; **b)** [*account, description*] (of sth pleasant) vivo, pitoresco.

graphite ['græfaɪt] **1** *n* (min) grafita *f*. **2** *modif* (tennis racquet, fishing rod) em fibra de carbono.

grapple ['græpl] **1** *vtr* Naut prender com uma fateixa. **2** *vi* **to** ~ **with sth/sb** (lit, fig) engalfinhar-se com qq coisa/alg (fam).

grasp [grɑ:sp] **1** *n* **a)** (hold, grip) acção *f* de agarrar; **to hold sth in one's** ~ agarrar bem qq coisa; **success is within their** ~ o sucesso está ao alcance deles; **b)** (understanding) compreensão *f*; domínio *m*; **to have a good** ~ **of a subject** ter um bom domínio dum assunto. **2** *vtr* **a)** segurar [*rope, hand*]; **b)** (comprehend) compreender, apreender [*concept, subject*]; seguir [*argument*]; dar-se conta de [*situation*]; **to** ~ **that...** compreender que.... **3** *vi* **to** ~ **at sth** esforçar-se por compreender [*idea, meaning*]; tentar segurar [*truth, hope*].

grasping ['grɑ:spɪŋ] *adj* (greedy) ávido.

grass [grɑ:s] **1** *n* **a)** (wild) erva *f*; **b)** (lawn) relva *f*; relvado *m*; **keep off the** ~! é proibido pisar a relva!; **c)** (coll) (marijuana) erva *f* (fam); **d)** Bot gramínea *f*. **2** *vtr* **a)** cobrir de relva [*field*]; **b)** us Agric apascentar [*cattle*]. **IDIOMAS the** ~ **is greener on the other side of the fence** a galinha da vizinha é mais gorda do que a minha

(Prov); **he doesn't let ~ grow under his feet** ele não perde tempo.
grass [graːs] *n* **a)** (wild) erva *f*; **b)** (lawn) erva *f*; relvado *m*; **on the ~** na relva; **keep off the ~!** é proibido pisar a relva; **c)** (coll) (marijuana) erva *f* (fam); **d)** Bor gramínea *f*. IDIOMAS **the ~ is greener on the other side of the fence** a galinha da vizinha é mais gorda do que a minha; **he doesn't let ~ grow under his feet** ele não perde tempo.
grassland ['graːslənd] *n* pradaria *f*.
grassroots [graːsˈruːts] **1** *npl* o povo. **2** *modif* [*movement*] popular; [*opinion, support*] de base.
grass: ~ skirt *n* saia *f* feita de folhas e ramos; **~ snake** *n* cobra *f* (comum).
grassy ['graːsɪ] *adj* coberto de erva ou relva.
grate [greɪt] **1** *n* (fire-basket) grelha *f*; (hearth) lareira *f*. **2** *vtr* CULIN ralar; **to ~ cheese over sth** polvilhar algo com queijo ralado. **3** *vi* (metal object) ranger (**on** em); (be annoying) irritar; **to ~ on sb** *or* **on sb's nerves** irritar os nervos de alg; **her voice ~s on my ears** irrita-me ouvir a voz dela.
grateful ['greɪtfl] *adj* (thankful) [*person*] agradecido (**to sb for sth** a alg por algo); [*letter, kiss*] de agradecimento; **to be ~ that sth is the case** estar feliz por ser assim; (iron) dar-se por feliz por ser assim; **I should be ~ if you could reply** agradecia que me respondesse...; **with ~ thanks** com os meus/nossos sinceros agradecimentos.
gratefully ['greɪtfəlɪ] *adv* agradecidamente, reconhecidamente.
grater ['greɪtə(r)] *n* ralador *m*.
gratify ['grætɪfaɪ] **1** *vtr* (*usu in passive*) agradar a; (person) satisfazer [*desire*]. **2 gratified** *pp adj* satisfeito. **3 gratified** *pres p adj* gratificante (**to do** fazer; **that** que).
grating ['greɪtɪŋ] **1** *n* **a)** (bars) grade *f*; **b)** (noise) ruído *m*. **2** *adj* [*noise*] desagradável; [*voice*] dissonante, áspero.
gratitude ['grætɪtjuːd] *n* gratidão *f* (**to, towards** para com; **for** por).
gratuitous [grəˈtjuːɪtəs] *adj* gratuito.
gratuity [grəˈtjuːɪtɪ] *n* **a)** (formal) (tip) gratificação *f*; **b)** GB (pension) prémio *m* em dinheiro dado a veteranos de guerra ou a militares desmobilizados ou na reforma Po/aposentadoria Br.
grave [greɪv] **1** *n* **a)** (burial place) sepultura *f*; **b)** (death) **beyond the ~** depois da morte; **he went to his ~ believing that...** ele foi para o túmulo convencido que...; **to go to an early ~** ter um fim prematuro. **2** *adj* **a)** (dangerous) grave; [*risk*] sério; [*danger*] grande; **b)** (solemn) sério. IDIOMAS **to dig one's own ~** cavar a sua própria sepultura; **to have one foot in the ~** estar com os pés para a cova; **to turn in one's ~** dar voltas no túmulo/levantar-se do túmulo (horrorizado com algo).
grave (accent) [graːv, greɪv] *n* acento *m* grave; **a grave** a com acento grave.
gravedigger ['greɪvdɪgə(r)] *n* coveiro *m*.
gravelly ['grævəlɪ] *adj* [*path*] empedrado; [*voice*] áspero.
gravel pit *n* saibreira (donde se extrai areia grossa).
gravely ['greɪvlɪ] *adv* (dangerously) seriamente;

(displeased) extremamente; (ill) gravemente; (solemnly) gravemente.
gravestone ['greɪvstən] *n* pedra *f* tumular.
graveyard ['greɪvɑːd] *n* cemitério *m*.
gravitate ['grævɪteɪt] *vi* **to ~ to(wards) sth/sb** gravitar à volta de algo/alg.
gravitation [grævɪˈteɪʃn] *n* gravitação *f*.
gravity ['grævɪtɪ] *n* **a)** PHYS gravidade *f*; **the pull of the earth's** a atracção da terra; **b)** (of offence, situation) gravidade *f*; **c)** (of demeanour) seriedade *f*.
gravy ['greɪvɪ] *n* CULIN molho *m* ou suco *m* de carne. IDIOMAS **he is on the ~ train** ele encontrou a árvore das patacas.
gray US [greɪ] see **grey**.
graze [greɪz] **1** *n* arranhadura *f*; esfoladela *f*. **2** *vtr* (scratch) esfolar; (lightly) arranhar; AGRIC apascentar [*animal*]; utilizar como pastagem [*land*]. **3** *vi* AGRIC [*sheep, cows*] pastar.
grease ['griːs] **1** *n* **a)** (lubricant) gordura *f*; (black) óleo *m* sujo das máquinas; **b)** (from hair, skin) sebo *m*. **2** *vtr* MECH lubrificar.
grease: ~ gun *n* pistola *f* de lubrificação; **~paint** *n* maquilhagem *f* de teatro; **~proof paper** *n* papel *m* impermeável.
greasy ['griːsɪ,-zɪ] *adj* [*hair, skin*] gorduroso, gordurento; [*overalls*] engordurado; [*food*] gordo.
great [greɪt] **1** *n* **a)** (remarkable person or thing) grande *m*; **b)** (*collective n*) **the ~** os grandes *mpl*. **2 G~s** *npl* GB UNIV (at Oxford University) exames *mpl* finais, especialmente em Filologia Clássica e em Filosofia. **3** *adj* **a)** (large) [*height, width, distance, speed, etc*] grande (*before n*) [*improvement, difference*] considerável; **b)** (as intensifier) [*excitement, surprise, success, tragedy, etc*] grande, enorme (*before n*) [*heat, pain*] forte; **a ~ deal (of)** uma grande quantidade (de); **a ~ many people** um grande número de pessoas; **the map was a ~ help** o mapa foi muito útil; **c)** (remarkable) [*person, writer, name, discovery*] notável (*before n*) **d)** (coll) (excellent) [*book, film, party, holiday, weather*] formidável, excelente Po, supimpa Br; **to feel ~** sentir-se em plena forma; **you look ~!** (healthy) tu estás com um óptimo aspecto!; **to have a ~ time** divertir-se bastante; **X is the ~est!** X é o máximo! (fam); **e)** (coll) (talented) [*teacher, singer, team*] excelente, formidável; **to be ~ with children** ser muito bom a lidar com crianças; **f)** (coll) (enthusiastic) [*admirer, friend, fan*] grande (*before n*). **4** (coll) *adv* **everything's going ~** tudo corre às mil maravilhas. **5 great-** (*in compounds*) bis- [*grandchild, granddaughter, grandfather, grandmother, etc*]. **6 great-great-** (*in compounds*) tri- [*grandchild, granddaughter, etc*]; tris- [*grandfather, grandmother, etc*].
Great: ~ Britain *n* Grã-Bretanha *f*; **~ Dane** *n* ZOOL danois *m*.
greatly ['greɪtlɪ] *adv* [*admire, regret, influence, impress, etc*] muito, extremamente; [*improved, changed, increased, reduced*] consideravelmente.
Great War *n* HIST a Grande Guerra.
Grecian ['griːʃn] *adj* grego.
Greece [griːs] *n* Grécia *f*.
greed [griːd] *n* **a)** (for money, power) avidez *f*;

cobiça, ganância *f* (**for** de/por); **b)** (*also* ~**iness**) (for food) gula *f*.

greedy ['gri:dɪ] *adj* **a)** [*for food*] guloso; [*look*] ávido; (coll) **he's a ~ guts** *or* **pig** ele é um comilão (fam); **b)** [*for money, power, information*] ganancioso, ávido (**for** de/por).

Greek [gri:k] **1** *n* (person) grego *m*; (language) grego *m*. **2** *adj* grego; [*teacher, dictionary, lesson*] de grego. IDIOMAS **beware of ~s bearing gifts** nunca confies num inimigo; **it's all ~ to me** é tudo chinês para mim.

green [gri:n] **1** *n* **a)** (colour) verde *m*; **dressed in** ~ vestido de verde; **b)** (grassy area) relvado *m*; **c)** POL ecologista *m/f*; **the G~s** os Verdes; **d)** (in golf) relvado *m* de golfe; green *m*. **2** *adj* **a)** (in colour) verde; **to go** *or* **turn ~** [*traffic lights*] passar a verde; [*walls*] ficar esverdeado; **b)** (with vegetation) [*countryside, valley*] verdejante; **c)** (not ready) [*fruit, firewood, tobacco*] verde; [*bacon*] não fumado; [*meat*] verde; **d)** (naive) ingénuo; (inexperienced) inexperiente, verde (fam); **e)** POL [*policies, issues*] ecologista; (ecologically sound) [*marketing, washing-powder*] ecológico.

green: ~ **belt** *n* zona *f* verde protegida em volta das cidades; ~ **card** *n* **a)** (driving insurance) carta *f* verde (internacional); **b)** US carta *f* verde (certificado de residência que permite trabalhar nos Estados Unidos).

greenery ['gri:nərɪ] *n* verdura *f*.

green: ~**fly** *n* pulgão *m* das roseiras; ~**gage** *n* rainha-cláudia *f*; ~**grocer** ['gri:ngrəʊsə(r)] *n* GB (trader) vendedor *m* de frutas e legumes; ~**house** *n* estufa *f*; ~**house effects/gases** efeito/gases causadores do efeito de estufa; ~ **paper** *n* livro *m* branco.

greenish ['gri:nɪʃ] *adj* esverdeado.

Greenland ['gri:nlaənd] *pr n* Gronelândia *f*.

Greenwich Mean Time ['grɪnɪdʒ ˌmi:n taɪm] *n* a hora pelo meridiano de Greenwich.

greet [gri:t] *vtr* **a)** (welcome) receber, acolher; **b)** (salute) saudar, cumprimentar; **he ~ed me in the street** ele cumprimentou-me na rua; **c)** (in a particular way) **the verdict was ~ed by** *or* **with dismay** a sentença foi acolhida com consternação; **d)** (hit) **an amazing sight ~ed our eyes** deparou-se-nos uma cena espantosa.

greeting ['gri:tɪŋ] **1** *n* (salutation) cumprimento *m*; saudação *f*; **to exchange ~s** cumprimentar-se. **2 greetings** *npl* (on cards, etc) **Christmas ~** votos *mpl* de Feliz Natal; **seasons ~s** Boas Festas.

gregarious [grɪgeərɪəs] *adj* [*person*] sociável; [*animal, instinct*] gregário.

gremlin ['gremlɪn] *n* (hum) diabrete *m*; gnomo *m*.

grenade [grɪ'neɪd] *n* granada *f*.

grew [gru:] *past see* **grow**.

grey GB, **gray** US [greɪ] **1** *n* **a)** cinzento *m*; **b)** (horse) cavalo *m* cinzento. **2** *adj* **a)** [*paint, suit, shoe, eye, etc*] cinzento; **light/dark ~** cinzento claro/escuro; **to go** *or* **turn ~** tornar-se ou ficar cinzento; **b)** (with grey hair) grisalho; **c)** [*existence, life, day*] monótono. **3** *vi* ficar grisalho; **the population is ~ing** a população está a envelhecer.

greyhound *n* galgo *m*.

greyish GB, **grayish** US ['greɪɪʃ] *adj* grisalho, acinzentado.

grey matter *n* (lit, fig) massa *f* cinzenta; cérebro *m*.

grid [grɪd] *n* **a)** (grating) grade *f*; rede *f*; **b)** (pattern) quadriculado *m*; quadrícula *f*; **c)** GB (network) **the national ~** a rede eléctrica nacional.

gridiron ['grɪdaɪən] *n* **a)** CULIN grelha *f*; **b)** US campo de futebol (americano).

grief [gri:f] *n* desgosto *m*; **his ~ at the news** a dor que ele sentiu ao saber a notícia; **to come to ~** (firm, business) malogrou-se, fracassar; (in sport, competition) (have an accident) ter um acidente.

grievance ['gri:vəns] *n* (complaint, feeling of injustice) ressentimento *m*; queixa *f* (**against** contra).

grieve [gri:v] **1** *vi* infligir-se, sofrer; **to ~ for sb** chorar alg. **2** (formal) *vt* (liter) (distress) **it ~s me to hear the bad news** aflige-me ouvir essa má notícia.

grievous ['gri:vəs] (formal) *adj* **a)** [*loss, disappointment*] doloroso; [*mistake*] grave, sério; **b)** [*damage, wound*] grave, profundo.

grill [grɪl] **1** *n* **a)** GB (on cooker, barbecue) grelha *f*; grelhador *m*; **cook it in the ~** faça-o grelhado; **b)** (dish) grelhado *m*; **c)** (restaurant) restaurante *m* especializado em grelhados. **2** *vtr* **a)** GB CULIN grelhar [*meat, fish*]; **b)** (coll) (integrate) submeter a interrogatório (**about** acerca de).

grille [grɪl] *n* (usu) grade *f*.

grim [grɪm] *adj* **a)** (depressing) [*news, town, prison*] sinistro, terrível; [*living conditions*] assustador; ~ **future** futuro *m* sombrio; **b)** (unrelenting) [*struggle*] feroz; [*resolve*] terrível; **c)** (unsmiling) [*expression*] severo; **to be ~-faced** ter um ar sério; **d)** (coll) (*after v*) [*accommodation, food*] muito mau; **I'm feeling pretty ~** (ill) sinto-me em baixo (fam).

grimace [grɪ'meɪs] **1** *n* careta *f* (**of** de). **2** *vi* (involuntary) fazer uma careta (**with, in** de); (pull a face) mostrar má cara.

grime [grɑɪm] *n* (of city) sujidade *f*; (an object, person) sujidade *f*.

grimly ['grɪmlɪ] *adv* **a)** [*look, speak*] com ar sério; **b)** [*pursue, continue*] obstinadamente.

grimy ['graɪmɪ] *adj* [*city, façade*] sujo; [*hands, sheet*] encardido.

grin [grɪn] **1** *n* sorriso *m*; **her face broke into a ~** o rosto dela abriu-se num sorriso. **2** *vi* (*pres p etc* -**nn**-) sorrir (**at sb** a alg; **with sth** de qq coisa). IDIOMAS **to ~ and bear it** suportar estoicamente (a dor, etc).

grind [grɑɪnd] **1** *n* **a)** (coll) (dreary work) trabalho *m* monótono; **the daily ~** a labuta *f* diária; **b)** (coll) US (pej) (hardworking student) marrão,-ona *m/f* (fam); **c)** (of coffee beans) moagem *f*. **2** *vtr* (*past, pp* **ground**) **a)** (crush) moer [*corn, coffee beans, pepper*]; esmagar, pisar [*seeds, grain, etc*]; triturar, britar [*pebbles, stone*]; US picar [*meat*]; (fig) (tyrannize) esmagar; **to ~ sth to dust/to a powder** reduzir qq coisa a pó; **to ~ one's teeth** ranger os dentes; **to ~ corn into flour** moer o grão para fazer farinha; **b)** (sharpen) afiar, amolar [*knife, blade, scissors*]; (polish) polir [*lenses*]; lapidar [*gems*]; **c)** (turn) girar [*handle*]; dar à manivela [*machine*]; MUS tocar [*barrel organ*]. **3** *vi* (make harsh sound) [*machine, engine, vehicle, etc*] ranger; **to ~ to a**

halt [*vehicle, train*] parar com um ranger de travões. ■ **grind down**: ~ **down (sth)**, ~ **(sth) down** (crush) esmagar, triturar; (pulverize) pulverizar [*substance*]. ■ **grind on** [*speaker*] prosseguir inexoravelmente. ■ **grind out**: ~ **out (sth)**, ~ **(sth) out** (lit) esmagar [*cigarette, embers*].

grinder ['graɪndə(r)] *n* **a)** (device, machine) (for crushing) (industrial) britadeira *f*; (domestic) trituradora *f*; **b)** (person) moleiro *m*; **c)** us (sandwich) sandes *f* mista grande.

grindstone ['graɪndstəʊn] *n* mó *f*; pedra *f* de amolar. **IDIOMAS to keep** or **have one's nose to the** ~ trabalhar sem descanso.

grip [grɪp] **1** *n* **a)** (firm hold) acto *m* de agarrar ou pegar; **to come** or **get to** ~**s with sth/sb** desentender-se com algo/alg; **to lose one's** ~ (fig) perder o controlo da situação; **b)** (holding device) gancho *m*; pinça *f*; **c)** (way of holding) cabo *m*; pega *f*; alça *f*; **d)** (bag) mala *f* de viagem. **2** *vtr* **a)** (hold) agarrar, prender, segurar firmemente; **b)** (fear, etc) apoderar-se; **c)** (attention) prender. **3** *vi* agarrar-se, segurar-se.

gripe [graɪp] **1** *n* MED **to have the** ~**s** ter cólicas. **2** *vi* (complain) afligir-se, irritar-se, queixar-se (**about sth** com qq coisa; **that** que).

griping ['graɪpɪŋ] *adj* MED **to have** ~ **pains** ter cólicas.

gripping ['grɪpɪŋ] *adj* que atrai a atenção, cativante.

grisly ['grzlɪ] *adj* [*story, sight*] horrível, terrível, medonho; [*remains*] macabro.

grist [grɪst] *n* grão *m* para moer. **IDIOMAS it's all** ~ **to his mill** ele sabe tirar proveito de tudo.

gristle ['grɪsl] *n* (in meat) cartilagem *f*.

grit [grɪt] **1** *n* **a)** (in carpet, on lens) grãos *mpl* de poeira; (sandy dirt) areia *f*; **b)** GB (for roads) saibro *m*; **c)** (coll) (courage) coragem *f*; **she has** ~ **and determination** ela é corajosa e determinada. **2** *vtr* GB cobrir ou encher com areia ou saibro [*road*]; "**~ting in progress**" "obras no pavimento" ou "estrada Po/rodovia BR em reparação". **IDIOMAS to** ~ **one's teeth** ranger os dentes.

grizzled ['grɪzld] *adj* [*hair, beard*] grisalho.

grizzly ['grɪzlɪ] *n* (bear) urso *m* pardo.

groan [grəʊn] **1** *n* (of pain, despair) gemido *m*; (of disgust, protest) resmungo *m*; **to give a** ~ (in pain) soltar um gemido. **2** *vi* **a)** (in pain) gemer; (in disgust, protest) resmungar; **to** ~ **in** or **with the pain** gemer de dor; **he always** ~**s at my jokes** ele suspira sempre com as minhas anedotas; **b)** (creak) (timbers) ranger.

grocer ['grəʊsə(r)] *n* merceeiro; **at** or **to the** ~**'s** na mercearia.

grocery ['grəʊsərɪ] *n* (trade, shop) mercearia *f*.

groggy ['grogɪ] (coll) *adj* grogue (fam); tocado (fam); **I feel a bit** ~ sinto as pernas bambas (fam).

groin [grɔɪn] *n* **a)** ANAT virilha *f*; **b)** ARCHIT aresta *f*; nervura *f* (de abóbada).

groom [gru:m, grʊm] **1** *n* **a)** (bridge groom) **the** ~ o noivo; **b)** EQUIT palafreneiro *m*. **2** *vtr* **a)** (clean) tratar de [*dog, cat*]; (professionally) arranjar, enfeitar; **to** ~ **oneself carefully** vestir-se e pentear-se com cuidado; **b)** (prepare) **to** ~ **sb for an examination** preparar alg para exame;

(train) **to** ~ **sb for a diplomatic career** treinar/preparar alg para a carreira diplomática.

groove [gru:v] *n* **a)** (on record) estria *f*; (for sliding door) calha *f*; (on head of screw) ranhura *f*; **b)** (routine) **to be stuck in a** ~ cair na rotina; **c)** Mus ritmo *m*.

grope [grəʊp] **1** *vtr* **he** ~**d his way down the dark staircase** ele desceu as escadas tacteando no escuro. **2** *vi* **to** ~ **for sth** tactear à procura de qq coisa; (fig) **to** ~ **in the dark** andar às apalpadelas (fig).

gross [grəʊs] **1** *n* (twelve dozen) grosa *f*; **by the** ~ à grosa. **2** *adj* **a)** (before deductions) [*cost, income, margin, salary*] bruto; **b)** (coll) (obese) obeso; **c)** (coarse) [*behaviour, manner*] vulgar, ordinário; **d)** (serious) ALSO JUR [*error*] grosseiro; [*exaggeration*] enorme; [*ignorance*] crasso; [*injustice*] flagrante. **3** *vtr* **to** ~ **two million dollars** fazer uma receita bruta de dois milhões de dólares.

grossly ['grəʊslɪ] *adv* [*exaggerate*] enormemente; [*speak*] de forma grosseira; [*underpaid*] escandalosamente; ~ **overweight** obeso.

gross national product *n* ECON produto *m* nacional bruto.

grotesque [grəʊ'tesk] *n, adj* ART grotesco.

grotto ['grotəʊ] *n* gruta *f*.

grotty ['grotɪ] (slang) *adj* **a)** (squalid) cadavérico, esquálido; **b)** (ill) **to feel/look** ~ sentir-se/-parecer miserável.

grouch [graʊtʃ] (coll) *vi* resmungar (**about** acerca de).

grounchy ['graʊtʃɪ] (coll) *adj* rabugento, resmungão.

ground [graʊnd] **1** *past, pp* see **grind**. **2** *n* **a)** (surface underfoot) **to put/lay/throw sth on the** ~ pôr/deitar/lançar qq coisa no ou ao chão; **to fall to the** ~ cair no chão; **get up off the** ~ levanta-te do chão; **to get off the** ~ AVIAT descolar, levantar voo; **to get sth off the** ~ arrancar com [*plan, undertaking, campaign*]; **to burn to the** ~ queimar completamente; **b)** (gen) AGRIC, CONSTR (earth) **the** ~ o solo *m*; a terra *f*; **to prepare the** ~ (lit) preparar o solo; (fig) abrir caminho (**for sth** para qq coisa); **c)** (gen) SPORT, TURF (surface type) terreno *m*; **to cover a lot of** ~ (lit) andar bastante; **d)** (gen) SPORT (for specific activity) campo *m*; **e)** (fig) (in discussion, negotiation) terreno *m*; (fig) **on neutral** ~ em terreno neutro; **to be sure of one's** ~ estar seguro do terreno que se pisa; **f)** (fig) (area of interest, expertise) **to break fresh** or **new** ~ inovar; **g)** (*also* ~**s**) *pl* (gen) JUR (reason) motivo *m*; razão *f*; ~(**s) for** motivo(s) *mpl* para [*divorce, appeal, arrest, opposition*]; **to have** ~**s for complaint** ter motivos de queixa; **on (the)** ~**s of** por razões de [*cost, poor English, public interest*]; devido a [*adultery, negligence, insufficient, evidence*]; **on (the)** ~**s of ill-health** por razões de saúde; **h)** (lit, fig) (in contest) **to gain** ~ ganhar terreno (**on, over sb** a alg); **to give** or **yield** ~ ceder terreno (**to sb** para ou a alg); **i)** (*pl* **grounds**) (of castle, hotel, institution) terrenos *mpl*; jardins *mpl* (**of** de); **private** ~**s** propriedade *f* privada; **j)** US ELECT (ligação *f* à) terra *f*. **3** *adj* CULIN [*coffee, pepper*] moído. **4** *vtr* **a)** AVIAT (*usu in passive*) impedir de levantar voo [*air-*

craft]; reter em terra [*crew, pilot*]; **b)** NAUT encalhar [*vessel*] (**on** em); **to be** ~**ed** ficar encalhado; **c)** (base) (*usu in passive*); **well-~ed theory** teoria bem fundamentada; **d)** US ELECT ligar Po/ conectar BR à terra; **e)** ~ **arms!** descansar armas!. **5** *vi* NAUT tocar o fundo. **IDIOMAS to be thick/thin on the** ~ haver muito/pouco; **to go to** ~ esconder-se.

ground: ~ **control** *n* controlo *m* de terra; ~ **floor** ESP GB *n* rés-do-chão *m*; **on the** ~ **floor** no rés-do-chão; (coll); ~ **frost** *n* geada *f.*

grounding ['graʊndɪŋ] *n* **a)** (preparation) bases *fpl* (**in sth** de qq coisa); **to have a good** *or* **thorough** ~ **in sth** ter sólidas bases de qq coisa; **b)** AVIAT (of plane, crew) interdição *f* de voo; **c)** US ELEC ligação *f* à terra.

groundless ['graʊndlɪs] *adj* [*fear, rumour, allegation, objection*] sem fundamento.

group [gru:p] **1** *n* grupo *m*; **in** ~**s** em grupos. **2** *vtr* (*also* ~ **together**) agrupar [*people, objects*] (**around** à volta de; **according to** de acordo com). **3** *vi* (*also* ~ **together**) agrupar-se.

ground: ~ **level** *n* **a)** CONSTR rés-do-chão *m*; **b)** (of land) nível *m* do chão; ~ **rice** *n* sêmola *f*; ~ **rules** *npl* princípios *mpl* gerais; **to change the** ~ **rules** modificar as regras do jogo; ~**sheet** *n* capa *f* impermeável para cobrir o chão; ~**staff** *n* **a)** (for maintenance) pessoal *m* encarregado da manutenção dum terreno desportivo; **b)** AVIAT pessoal *m* de terra; ~**work** *n* trabalho *m* preparatório (**for sth** para qq coisa).

group practice *n* MED consultório *m* com vários médicos associados.

grouse [graʊs] **1** *n* (*pl* ~) (bird, meat) galo *m* silvestre. **2** (coll) *vi* (complain) queixar-se (**about** de).

grout [graʊt] *n* gesso *m* (para rebocar paredes).

grove [grəʊv] *n* bosque *m*; arvoredo *m*; **lemon** ~ plantação *f* de limoeiros.

grovel ['grɒvl] *vi* (*pres p etc* **-ll-** GB **-l-** US) (humbly) humilhar-se, prostrar-se (**to, before sb** perante alg).

grow [grəʊ] **1** *vtr* (*past* **grew** *pp* **grown**) cultivar [*plant, crop*]; deixar crescer [*hair, beard*]; **to** ~ **5 cm** [*person*] crescer 5 cm. **2** *vi* **a)** (increase in size, strength, etc) [*plant, hair, nails, person*] crescer; (gen) FIN [*earnings, deficit, productivity, spending*] aumentar; [*company*] prosperar; [*economy*] expandir-se; [*poverty*] agravar-se; [*pressure, influence*] tornar-se mais forte; [*tension, chances*] aumentar; [*crisis, opinion*] desenvolver-se; [*queue, waiting list*] alongar-se; [*mystery*] adensar-se; MED [*tumour, cancer*] desenvolver-se; **fears are** ~**ing that...** receia-se cada vez mais que... (+ *v subj*); **to** ~ **from** (sth) [*plant, tree*] crescer a partir de [*seed, bulb*]; **to** ~ **in authority** adquirir mais autoridade; **to** ~ **to** (sth) [*savings, deficit*] atingir [*figure, level*]; **b)** (become) **to** ~ **old** envelhecer; **c)** **to** ~ **to do I soon grew to like him** acabei por gostar dele rapidamente. ■ **grow apart** afastarem-se (progressivamente) um do outro. ■ **grow into:** ~ **into (sth) a)** (become) tornar-se, transformar-se; **b)** (fit into) (fig) acostumar-se a [*role, position*]. ■ **grow on: it's a habit that** ~**s on you** é um hábito que vai tomando conta de ti. ■ **grow out:** ~ (sth) out, ~ out (sth); ~ out of (sth) **a)**

(lit) **he's** ~**n out of his suit** o fato já não lhe serve; (fig) **she's** ~**n out of discos** ela já não tem idade para discotecas; **b)** (come from) [*interest, idea, habit, institution*] nascer de. ■ **grow together** (fig) (become close) [*people*] aproximar-se. ■ **grow up** [*small child*] crescer; [*teenager*] tornar-se adulto; [*idea, political movement*] (come into being) nascer; (develop) desenvolver-se.

grower ['grəʊə(r)] *n* (person) (of fruit, cereal) produtor *m*; (of flowers) horticultor *m*.

growing ['grəʊɪŋ] **1** *n* AGRIC, HORT cultura *f.* **2** *adj* [*child, animal*] em pleno crescimento; [*business*] em pleno desenvolvimento; [*number, amount, total, competition, authority*] crescente.

growing pains *npl* (lit) dores *fpl* de crescimento.

growl [graʊl] **1** *n* (of dog, lion) rosnadela *f*; rugido *m*; (of man) resmungo *m*. **2** *vtr* rosnar (fam). **3** *vi* (dog, lion) rosnar, rugir; (man) resmungar (**at** a).

grown [grəʊn] **1** *pp see* **grow**. **2** *adj* **a** ~ **man/ woman** um/uma adulto(a).

grown-up 1 *n* adulto *m*. **2** *adj* adulto; **what do you want to do when you're** ~? o que é que queres ser quando fores grande?.

growth [grəʊθ] *n* **a)** (of person, plant) crescimento *m*; (of person: intellectual, emotional) desenvolvimento *m*; (of numbers, amount, productivity, earnings) aumento *m* (**in** de); (of economy) expansão *f* (**in, of** de); (of population, movement, idea, feeling) crescimento *m*; **b)** MED tumor *m*.

growth industry *n* indústria *f* em expansão.

grub [grʌb] **1** *n* **a)** ZOOL larva *f*; **b)** (coll) (food) comida *f.* **2** *vi* **to** ~ (**about** *or* **around) for sth** esgravatar para encontrar qq coisa.

grubby ['grʌbɪ] *adj* (lit) sujo.

grudge [grʌdʒ] **1** *n* **to bear sb a** ~ ter rancor por alg. **2** *vtr* **to** ~ **sb their success** invejar o sucesso de alg; **to** ~ **doing sth** fazer qq coisa de má vontade.

grudging ['grʌdʒɪŋ] *adj* [*acceptance, admiration*] reticente; **to be** ~ **in one's praise/thanks** ser avaro em elogios/agradecimentos.

grudgingly ['grʌdʒɪŋlɪ] *adv* [*admit, concede, tolerate*] de má vontade.

gruel ['gru:əl] *n* papas *fpl* de aveia.

gruelling GB, **grueling** US ['gru:əlɪŋ] *adj* extenuante, estafante.

gruesome ['gru:səm] *adj* (gory) horrível (also hum); (horrifying) horrendo, hediondo.

gruff [grʌf] *adj* ríspido, mal humorado, carrancudo.

grumble ['grʌmbl] **1** *n* **a)** (complaint) resmungo *m*; queixa *f*; **to have a** ~ **about sb/sth** ter uma queixa sobre alg/algo; **b)** (of thunder, stomach) ronco *m*. **2** *vi* **a)** [*person*] resmungar (**at, about** acerca de; **to** junto de); **to** ~ **about sb/sth** queixar-se de alg/algo; **b)** [*thunder, stomach*] roncar.

grumpily ['grʌmpɪlɪ] *adv* [*speak, act*] de forma mal humorada.

grumpy ['grʌmpɪ] *adj* mal humorado, irritadiço; [*child*] rabugento.

grunt [grʌnt] **1** *n* (of person, animal) grunhido *m*. **2** *vi* **a)** [*pig*] grunhir; **b)** [*person*] resmungar.

guarantee [gærən'ti:] **1** *n* **a)** (gen) COMM (assurance) garantia *f* (**against** contra); **b**) Jur (of financial liability, sb's debts) fiança *f*; **c**) (security) (cash) caução *f*; **to give sth as a** ~ [*money*] dar qq coisa como caução. **2** *vtr* **a**) Comm garantir [*product, goods*] (**against** contra); **to be ~d against defective workmanship** estar garantido contra defeitos de fabrico; **b**) (assure) garantir; **to** ~ **sb's safety** garantir a segurança de alg; **I can** ~ **that they will come** posso garantir que eles vêm; **c**) Jur **to** ~ **a loan** ser fiador de um empréstimo; **to** ~ **a bill** avalizar uma letra.

guaranty ['g...ǝntɪ] *n* (all contexts) garantia *f*.

guard [ga:d] **1** *n* **a**) (minder) (for person, place) guarda *m/f*; segurança *m/f*; **b**) (at prison) guarda *m/f*; **c**) (watchfulness) **to be on** ~ estar de vigia; **to come off** ~ acabar o seu turno de vigia; **to be on one's** ~ **against sth** estar desconfiado de qq coisa; **d**) (group of soldiers, police, etc) **to transport sth under an armed** ~ transportar qq coisa sob escolta armada; **the changing of the** ~ GB o render da guarda; **e**) (on train) GB chefe *m*; **f**) (in Eire) (policeman) polícia *m*; **the ~s** a polícia *f*. **2** *vtr* **a**) (protect) vigiar, aguardar [*place, object*]; proteger [*person, reputation*]; **a dog ~s the house** um cão guarda a casa; **b**) (prevent from escaping) guardar, vigiar [*prisoner*]; **c**) (from discovery) guardar [*secret*]. ■ **guard against**: ~ **against sth** precaver-se contra qq coisa [*abuses, cheating, failure*]; **to** ~ **against doing sth** evitar fazer qq coisa.

guarded ['ga:dɪd] *adj* cauteloso (**about sth** acerca de qq coisa).

guardian ['ga:dɪǝn] *n* **a**) Jur tutor *m*; **b**) (defender) protector.

guard rail *n* Aut barreira *f* protectora.

guerrilla [gǝ'rɪlǝ] *n* guerrilheiro *m*; ~ **war** guerra *f* de guerrilha; **urban** ~s guerrilha *f* urbana.

guess [ges] **1** *n* suposição *f*; conjectura *f*; **to have** *or* **make** *or* us **take a** ~ **at sth** tentar adivinhar qq coisa; **my** ~ **is that they will lose** quanto a mim, eles vão perder; **that was a good ~!** acertaste em cheio!; **what will happen now is anybody's** ~ só Deus sabe o que vai acontecer agora. **2** *vtr* **a**) (intuitively) adivinhar [*answer, reason, sb's age, name, identity*]; (conjecture) conjecturar, supor (**that** que); ~ **who!** adivinha quem é!; **b**) us (suppose) supor; (believe, think) pensar, achar; **"He's right, you know" -"I** ~ **so"** "Ele tem razão, tu bem sabes" -"Acho que sim". **3** *vi* **a**) adivinhar; **to** ~ **right/wrong** acertar/errar; **to keep sb ~ing** deixar alg na dúvida; **b**) **to** ~ **at sth** fazer suposições ou conjecturas em relação a qq coisa.

guesswork *n* conjectura.

guest [gest] **1** *n* **a**) (in house, at table, at conference) convidado *m*; (of hotel, boarding house) hóspede *m/f*; ~ **of honour** convidado de honra; **be my ~!** por favor, esteja à vontade!; **b**) Biol parasita *m*. **2** *modif* [*singer, speaker, etc*] convidado; ~ **book** livro *m* de honra.

guest: ~ **house** *n* casa *f* de hóspedes; ~ **room** *n* quarto *m* de hóspedes.

guffaw [gʌ'fɔ:, 'gʌfɔ:] *n* gargalhada *f*.

guidance ['ga:idǝns] *n* (advice) conselhos *mpl*; orientação *f*; ~ **on how to do sth** orientação para fazer qq coisa; **to give sb** ~ dar conselhos a alg; **this leaflet is for your** ~ este folheto é para sua informação.

guide [ga:id] **1** *n* **a**) (person) guia *m/f*; **tour** ~ guia turístico; **to act as a** ~ servir de guia; **b**) (estimate, idea) indicação *f*; **a** ~ **as to the cost** uma indicação quanto ao preço; **a rough** ~ uma indicação aproximada; **c**) (book) guia *m* (**to sth** de qq coisa); **d**) = **Girl G~**; escuteira *f*. **2** *vtr* **a**) (steer) guiar, conduzir [*person*] (**to sth** para qq coisa; **through sth** através de qq coisa); **b**) (influence) orientar; [*reason*] ditar; **c**) Astronaut, Mil (tele)guiar [*rocket, missile*].

guidebook *n* guia *m*; roteiro *m*.

guide dog *n* cão *m* que guia cegos.

guided tour *n* visita *f* guiada.

guideline ['ga:idla:in] *n* (linha *f*) directriz *f*; ~**s on sth** directrizes de qq coisa; **pay ~s** base *f* das negociações salariais; **to draw up ~s** definir directrizes.

guild [gɪld] *n* (medieval) guilda *f*; (modern) associação *f*.

guile [ga:il] *n* astúcia *f*; manha *f*; **full of** ~ cheio de manhas; **without** ~ ingénuo.

guillotine ['gɪlǝti:n, gɪlǝ'ti:n] *n* **a**) (for people) guilhotina *f*; **b**) (for paper) guilhotina *f*; **c**) GB Pol sistema *f* de limitação dos debates parlamentares.

guilt [gɪlt] *n* **a**) Jur culpa *f*; **b**) (feeling) sentimento *m* de culpa (**about sb** para com alg; **about** *or* **over sth** acerca de qq coisa).

guiltless ['gɪltlɪs] *adj* inocente.

guilty ['gɪltɪ] *adj* **a**) Jur culpado; **to be found ~/not** ~ **of sth** ser considerado culpado/inocente de qq coisa; **b**) [*expression, feeling*] de culpa; **to feel** ~ **about sb/sth** sentir-se culpado em relação a alg/algo.

Guinea ['gɪnɪ] *pr n* Guiné.

guinea-pig *n* **a**) Zool porquinho-da-índia *m*; **b**) (fig) (in experiment) cobaia *f*.

guise [ga:iz] *n* (liter) **sth/sb in** *or* **under the** ~ **of** qq coisa/alg disfarçado de; **in various** *or* **different ~s** sob vários/diferentes aspectos.

guitar [gɪ'ta:(r)] **1** *n* guitarra *f*; **on the** ~ à guitarra. **2** *modif* [*lesson, player, etc*] de guitarra; ~ **concert** concerto *m* para guitarra.

guitarist [gɪ'ta:rɪst] *n* guitarrista *m/f*.

gulch [gʌltʃ] *n* us ravina *f*.

gulf [gʌlf] *n* **a**) (fig) fosso *m*; **b**) Geog golfo *m*.

Gulf: ~ *pr n* **the** ~ a região do Golfo; ~ **States** *pr npl* **the** ~ **States** GB os Estados *mpl* do Golfo; us os estados que rodeiam o golfo do México.

gull [gʌl] *n* Zool gaivota *f*.

gullet ['gʌlɪt] *n* (throat) garganta *f*; goela *f*; (oesophagus) esófago *m*; **the words stuck in my** ~ (fig) as palavras não me saíram da boca.

gullible ['gʌlɪbl] *adj* crédulo, ingénuo.

gully ['gʌlɪ] *n* (on mountain) ravina *f*.

gulp [gʌlp] **1** *n* **a**) (mouthful) (of liquid) gole *m*; trago *m*; (of food) bocado *m*; **b**) (noise) (nervous or tearful) soluço *m*. **2** *vtr* **a**) (swallow) engolir [*food, drink*]; **b**) (gasp) **to** ~ **air** aspirar ar. **3** *vi* ter a garganta apertada. ■ **gulp down**: ~ **down (sth),** ~ **(sth) down** engolir [*food, drink*].

gum [gʌm] **1** *n* **a**) Anat (*usu in pl*) gengiva *f*; **b**) (*also* **chewing ~**) pastilha *f* elástica; **c**) (adhesive) cola *f*; **d**) (resin) resina *f*. **2** *vtr* (*pres p etc* -mm-) (join with glue) colar (**to** a; **on to** em).

gum: ~ **boil** *n* abcesso *m* na gengiva; ~**boot** *n* bota *f* de borracha.

gumption ['gʌmpʃn] (coll) *n* (common sense) senso *m* comum; (courage) espírito *m* de iniciativa, decisão *f*.

gum tree *n* árvore *f* da borracha.

gun [gʌn] **1** *n* **a**) (weapon) arma *f* de fogo; **to fire a ~** atirar; **watch out! he's got a ~!** cuidado! ele está armado!; **b**) (starting pistol, tool) pistola *f*; **c**) (coll) US (gunman) pistoleiro *m*; **a hired ~** um pistoleiro contratado. **2** *vtr* (*pres p etc* **-nn-**) **to ~ an engine** aumentar a velocidade, acelerar. IDIOMAS (coll) **to go great ~s** (business) caminhar bem, ter sucesso; (coll) **to jump the ~** precipitar-se, agir demasiado cedo; (coll) **to stick to one's ~s** não dar o braço a torcer. ▪ **gun down**: **~ (sb) down, ~ down (sb)** atirar sobre alg.

gunboat *n* canhoneira *f*.

gunfire ['gʌnfaɪə(r)] *n* tiroteio *m*; **under ~** debaixo de fogo.

gun: ~man *n* pistoleiro *m*; gangster *m*.

gunner [gʌnə(r)] *n* GB artilheiro *m*.

gunpoint ['gʌnpɔɪnt] *n* **to hold sb up at ~** ter alg sob a ameaça de uma arma.

gunpowder ['gʌnpaʊdə(r)] *n* pólvora *f*.

gunshot ['gʌnʃɒt] *n* tiro *m* (de arma de fogo).

gunsmith *n* armeiro *m*.

gunwale ['gʌnl] *n* (*usu in pl*) amurada *f* de navio ou barco pequeno.

gurgle ['gɜːgl] **1** *n* (of water) gorgolejo *m*; (of baby) gorjeio *m*. **2** *vi* [*water*] gorgolejar; [*baby*] gorjear, chilrear.

guru ['gʊruː] *n* guru *m*.

gush [gʌʃ] **1** *n* (of water, oil, blood) jorro *m*; golfada *f*; (of enthusiasm, pleasure) manifestação *f*. **2** *vi* [*water, oil, blood*] brotar, jorrar; **tears ~ed down her cheeks** as lágrimas inundavam-lhe o rosto. ▪ **gush in** [*water, oil, etc*] derramar-se.

gushing, gushy ['gʌʃɪŋ, 'gʌʃɪ] *adj* [*person*] arrebatado, exuberante, entusiasta.

gusset ['gʌsɪt] *n* SEWING entretela *f*.

gust [gʌst] *n* **a**) (of wind, rain, snow) rajada *f*; **a ~ of hot air** um bafo de ar quente; **b**) (of anger) assomo *m*.

gusto ['gʌstəʊ] *n* **with ~** com prazer.

gusty ['gʌstɪ] *adj* **a ~ day** um dia ventoso.

gut [gʌt] **1** *n* **a**) (coll) **~s** (*pl*) (insides) (of human) intestinos *mpl*; tripas *fpl*; (of animal) vísceras *fpl*; (of building) entranhas *fpl*; **b**) (coll) **~s** (*pl*) (courage) coragem *f*; **to have the ~s to do sth** ter coragem de fazer qq coisa. **2** *modif* (instinctive, basic) [*anger, feeling, instinct, nationalism, reaction*] visceral. **3** *vtr* (*pres p etc* **-tt-**) **a**) CULIN limpar, tirar as vísceras a [*fish, animal*]; **b**) (destroy) [*fire*] destruir.

gutter ['gʌtə(r)] **1** *n* **a**) (on roof) goteira *f*; **b**) (in street) sarjeta *f*; **the language of the ~** a linguagem das barracas. **2** *vi* (flame) vacilar.

gutter: ~ press *n* **the ~ press** a imprensa de escândalos; **~snipe** *n* gaiato *m*; garoto *m*; miúdo *m* (da rua).

guttural ['gʌtərl] *adj* gutural.

guy [gaɪ] (coll) *n* **a**) (man) tipo (fam); **a good/bad ~** (in films, etc) o herói/o vilão; **b**) (form of address) **hey, you ~s!** eh, vocês aí!; **c**) GB espantalho *m* de Guy Fawkes que se queima a 5 de Novembro; **d**) (rope) see **~rope**.

guyrope *n* (on tent) espia *f*.

guzzle ['gʌzl] *vtr* comer e beber vorazmente.

gym [dʒɪm] *n* (place) ginásio *m* PO, academia de ginástica *f* BR; SPORT ginástica *f*.

gymkhana [dʒɪm'kɑːnə] *n* gincana *f*.

gymnast ['dʒɪmnæst] *n* ginasta *m/f*.

gymnastic [dʒɪm'næstɪk] *adj* ginástico, atlético, de ginástica.

gymnastics [dʒɪm'næstɪks] *npl* ginástica *f*.

gynaecologist GB, **gynecologist** US [gaɪnɪ'kɒlədʒɪst] *n* ginecologista *m/f*.

gynaecology GB, **gynecology** [gaɪnɪ'kɒlədʒɪ] US *n* ginecologia *f*.

gypsy ['dʒɪpsɪ] *n* US see **gipsy**.

gyrate [dʒaɪə'reɪt] *vi* (dancer, kite) girar.

gyroscope ['dʒaɪərəskəʊp] *n* PHYS giroscópio *m*.

Hh

h, H [eɪtʃ] (letter) h, H.

habeas corpus [heɪbɪəs 'kɔːpəs] *n* (right) habeas corpus *m*.

haberdashery ['hæbədæʃərɪ] *n* **a)** GB (in department store) secção *f* de linhas, botões, etc, secção de retrosaria; **b)** GB (goods) capelista *f*; retrosaria *f* Po, armarinho *m* BR; **c)** US loja de artigos para homem.

habit ['hæbɪt] *n* **a)** (gen) hábito *m*; SOCIOL costume *m*; **to get into the/out of the ~ of doing sth** adquirir/perder o hábito de fazer qq coisa; **b)** (addiction) **drug ~** habituação *f* à droga; **c)** (of religious) hábito *m*; **d)** (riding) fato *m* de amazona.

habitable ['hæbɪtəbl] *adj* habitável.

habitat ['hæbɪtæt] *n* habitat.

habitation [hæbɪ'teɪʃn] (formal) *n* (house) habitação *f*; **to show signs of ~** parecer habitado; **unfit for human ~** SOC ADMIN impróprio para habitação.

habitual [hə'bɪtjʊəl] *adj* **a)** [*behaviour, reaction*] habitual; **b)** [*drinker, smoker, liar*] inveterado.

habitually [hə'bɪtjʊəlɪ] *adv* **to be ~ late** chegar habitualmente atrasado.

hack [hæk] **1** *n* **a)** (blow) golpe *m*; **b)** (coll) (writer) escrevinhador *m*; **c)** SPORT (kick) pontapé *m* Po, chute *m* BR; **d)** (coll) COMPUT see **~er**. **2** *vtr* **a)** (strike, chop) golpear [*branch, object*] (with com); **to ~ sb to death** espancar alg até à morte; **b)** (clear, cut) cortar, abrir [*undergrowth, bushes*] (with a golpes de); **to ~ a path through sth** abrir caminho através de qq coisa; **c) to ~ sb** SPORT (kick) dar uma canelada em alg; **d)** (coll) COMPUT introduzir-se ilegalmente em [*system, database*]. **3** *vi* (chop) golpear (with com). ▪ **hack down: ~ down (sth), ~ (sth) down** derrubar, deitar abaixo, abater [*grass, bush, enemy*]. ▪ **hack off: ~ off (sth), ~ (sth) off** cortar [*piece, branch*]; decepar [*hand, head*].

hacker ['hækə(r)] (coll) *n* COMPUT pirata *m/f* informático.

hacking jacket ['hækɪndʒækɪt] *n* casaco *m* de montar.

hackle ['hækl] **1** *n* ZOOL pena *f* do pescoço do galo e de outras aves. **2 hackles** *npl* (on animal) **the dogs ~ began to rise** o cão ficou com o pêlo eriçado.

hackney cab ['hæknɪ kæb] *n* fiacre *m*.

hackneyed ['hæknɪd] *adj* **~ phrase** *or* **expression** expressão *f* corriqueira.

hack saw *n* serra *f* de arco.

had [hæd] *past, pp* see **have**.

haddock ['hædək] *n* ZOOL (*pl* **~**) eglefim *m*.

hadn't ['hædnt] = **had not**.

haematoma GB, **hematoma** US [hiːmə'təʊmə] *n* (*pl* **~s** *or* **-mata**) hematoma *m*.

haemoglobin [hiːmə'gləʊbɪn] *n* hemoglobina *f*.

haemophilia [hiːmə'fɪlɪə] *n* hemofilia *f*.

haemorrhage ['hemərɪdʒ] **1** *n* (lit, fig) hemorragia *f*. **2** *vi* estar com uma hemorragia, sangrar.

hag [hæg] *n* **old ~** (old woman) velha *f*; (ugly) bruxa *f*.

haggard ['hægəd] *adj* [*appearance, person*] fatigado, extenuado; [*face, expression*] perturbado, desfigurado; **to look ~ (and down)** ter um ar muito cansado.

haggle ['hægl] *vi* regatear; **to ~ over sth** discutir o preço de qq coisa.

Hague [heɪg] *pr n* **the ~** Haia.

hail [heɪl] **1** *n* **a)** (lit) granizo *m*; **b)** (fig) (of bullets, insults) saraivada *f* (of sth de qq coisa). **2** *vtr* **a)** (call, signal to) chamar [*person, taxi*]; **b)** (praise) **the book has been ~ed as a masterpiece** o livro foi saudado como uma obra de arte. **3** *vi* cair granizo. **4** *excl* **H~!** Avé!. IDIOMAS **come rain, ~ or shine** quer chova, quer faça sol.

hail: ~stone *n* pedra *f* de granizo; **~storm** *n* tempestade *f* de granizo.

hair [heə(r)] *n* (human) (on head) cabelo *m*; (on body) pêlo *m*; (animal) pêlo *m*; **a fine head of ~** uma bela cabeleira; **to have one's ~ done** arranjar o cabelo, ir ao cabeleireiro. IDIOMAS **I won't let them touch** *or* **harm a ~ of your head** não permitirei que te toquem num só cabelo; **to let one's ~ down** (coll) relaxar, descansar; **you need a ~ of the dog (that bit you)** precisas de mais um copo para te curar da ressaca; **he didn't turn a ~** ele estava impassível; **it made my ~ stand on end** isso pôs-me os cabelos em pé.

hair: ~brush *n* escova *f* de cabelo; **~cut** *n* corte *m* de cabelo; **~do** (coll) *n* penteado *m*; **~dresser** *n* cabeleireiro *m*; **~drier** *n* secador *m* de cabelo; **~grip** gancho *m* de cabelo; **~line** *n* linha *f* do nascimento do cabelo; **~net** *n* rede *f* de cabelo; **~piece** *n* postiço *m*; **~pin** *n* gancho *m* de cabelo; **~ bend** *n* curva *f* apertada; **~-raising** *adj* [*story, adventure, escape*] de pôr os cabelos em pé; **~-splitting** *n* sofisma *m*; bizantinismo *m*; **~style** *n* (arrangement) penteado *m*; (cut) corte *m* de cabelo.

hairy ['heərɪ] *adj* **a)** [*coat, blanket, dog*] peludo; [*arms, legs, chest*] cabeludo, peludo; **b)** (coll) [*adventure, moment*] terrível.

hake [heɪk] *n* **a)** (*pl* **~**) ZOOL merlúcio *m*; **b)** CULIN abrótea *f*.

halcyon days ['hælsɪən deɪz] IDIOMAS **those were ~** tempos esses em que os dias eram calmos e tranquilos.

hale [heɪl] *adj* **he's ~ and hearty** ele está em plena forma.

half [hɑːf] **1** *n* (*pl* **halves**) **a)** (one of two parts, 50%) metade *f*; **to cut sth in ~** cortar qq coisa ao meio; **four and a ~** quatro e meio; **b)** SPORT (of game) parte *f*; tempo *m*; **c**) (coll) GB (half pint) meio quartilho *m*; imperial *f*; **d**) GB (half fare) meio bilhete Po/tíquete BR *m*. **2** *adj* **a** ~ **circle** um semi-círculo; ~ **a litre, a** ~**litre** meio litro. **3** *pr n* **a**) metade *f*; **only** ~ **passed** só passou metade; **b**) (in time) ~ **past two** duas e meia; **the buses run at** ~ **past the hour** os autocarros passam às meias horas. **4** *adv* **a**) [*full, over, asleep, drunk, etc*] semi, meio; **to** ~ **close one's eyes** semicerrar os olhos; **he's** ~ **Portuguese** ~ **English** ele é meio português, meio inglês; **I was** ~ **hoping that...** eu quase esperava que...; ~ **as much money** metade do dinheiro; **b**) (coll) (in phrases) **not** ~ **bad** menos mal; **not** ~**!** de que maneira!; **not** ~ **cold!** um frio de rachar (fam). IDIOMAS ~ **a minute** *or* **second** *or* (coll) **tick** *or* (coll) **mo** um minutinho; **how the other** ~ **lives** como vivem os outros; **I have got** ~ **a mind to do** não sei o que me impede de fazer; **one's better** *or* **other** ~ a cara metade; **let's go halves** vamos dividir a despesa ao meio.

half-and-half *adj, adv* em partes iguais.

half: ~**-baked** (coll) mal planeado; ~**-breed** *n, adj* (injur) mestiço *m*; ~**-brother** *n* meio-irmão *m*; ~**-caste** *n* mestiço *m*; ~**-crown, ~-a-crown** *n* HIST meia coroa *f*; ~**-hearted** *adj* indiferente, sem convicção; ~**-heartedly** *adv* com indiferença, sem convicção; ~ **hour 1** *n* meia hora *f*; **on the** ~ **hour** às meias horas. **2** *modif* [*delay, lesson, session*] de meia hora; ~**-hourly** *adj, adv* todas as meias horas; ~**-life** *n* PHYS período *m* em que uma substância radioactiva cai para metade do seu valor original; ~**-light** *n* meia-luz *f*; penumbra *f*; ~**-mast** *n* **at** ~**-mast** (of flag) a meia haste; ~**-note** *n* MUS mínima *f*; ~**-pay** *n* meio salário *m*; ~ **penny** *n* **a**) (lit) HIST meio peni *m*; **b**) (fig) (small amount) centavo *m*; ~**-pint** *n* **a**) MEAS meio quartilho *m*; GB = 0,28l; US = 0,24l; **a** ~**-pint of milk,** ~ **a pint of milk** dois decilitros e meio de leite; **b**) GB (of beer) imperial *f*; ~ **price** *n* metade *f* do preço; **at** ~ **price, for** ~ **price** a metade do preço; ~**-sister** *n* meia-irmã *f*; ~**-term** GB *n* **a**) (holiday) férias *fpl* a meio do trimestre; **b**) (period) meio trimestre *m*; ~**-timbered** *adj* com armação de madeira; ~**-time 1** *n* SPORT intervalo *m*; **at** ~**-time** ao intervalo. **2** *modif* **a**) SPORT [*whistle, break*] para o intervalo; [*score*] ao intervalo; **b**) (part time) [*past, worker*] em part-time, a meio tempo; ~**tone** *n* **a**) PHOT (technique) autotipia *f*; similigravura *f*; **b**) ART meias-tintas *fpl*; **c**) MUS meio-tom *m*; ~**-truth** *n* meia-verdade *f*; ~**-volley** *n* batida *f* da bola imediatamente depois de ela ter tocado no solo.

halfway [haː'fweɪ] **1** *adj* **to reach the** ~ **mark** *or* **point (of sth)** chegar a meio de qq coisa. **2** *adv* **a**) (at the mid-point) a meio caminho; ~ **to** a meio caminho de; **to travel** ~ **across** *or* **round the world for sth** correr seca e meca por qq coisa (fam); ~ **up** *or* **down** a meia altura de [*stairs, tree*]; ~ **through the film** a meio do filme; **b**) (fig) **to go** ~ **to(wards) sth/doing sth** estar a meio caminho de qq coisa/de fazer qq coisa; **to meet sb** ~ entrar em acordo com alg; **c**) (in the least) [*decent, convincing, competent*] razoavelmente.

half: ~**-wit** *n* (pej) atrasado *m* mental; idiota *m/f*;

~**-witted** *adj* (pej) idiota, pateta; ~**-yearly 1** *adj* [*service, meeting, statement, payment*] semestral. **2** *adv* [*meet, pay*] de seis em seis meses, semestralmente.

halibut ['hælɪbət] *n* (*pl* ~) hipogrossa *f*.

halitosis [hælɪ'təʊsɪs] *n* mau hálito *f*.

hall [hɔːl] *n* **a**) ESP GB (in house) entrada *f*; vestíbulo *m*; (in hotel, airport, station) átrio *m*; **b**) (for public events) sala *f*; (school) sala *f* de reuniões; **c**) GB UNIV **to live in** ~ estar alojado numa residência universitária; **d**) GB (country house) mansão *f*.

hallmark ['hɔːlmɑːk] **1** *n* **a**) (typical feature) marca *f* (**of** d); **b**) (on metal) contraste *m* (**on sth** em qq coisa). **2** *vtr* contrastar; **the ring is** ~**ed** o anel tem contraste.

hallo [hə'ləʊ] *excl* GB see also **hello**; olá.

hallow ['hæləʊ] **1** *vtr* consagrar, santificar. **2** **hallowed** *pp adj* **a**) (venerated) [*tradition*] venerado,-a; **b**) (sanctified) [*ground*] santificado; **in these** ~**ed precincts** (lit), (fig) neste chão sagrado.

hall stand *n* bengaleiro *m*.

hallucinate [hə'luːsɪneɪt] *vi* ter alucinações *fpl*.

hallucination [həluːsɪ'neɪʃn] *n* alucinação *f*.

hallucinogenic [həluːsɪnə'dʒenɪk] *adj* alucinogéneo.

halo ['heɪləʊ] *n* (*pl* **halos, haloes**) **a**) (around head) auréola *f*; **b**) ASTRON (of stars, around moon) halo *m*.

halt [hɒlt, hɔːlt] **1** *n* **a**) (stop) paragem *f*; **to call a** ~ **in sth** pôr fim a qq coisa [*fighting, dispute*]; **b**) (temporary) interrupção *f*; **c**) MIL (rest) paragem *f* para descanso. **2** *excl* H~! Alto!. **3** *vtr* (formal) **a**) (stop temporarily) deter [*car, train*]; interromper [*match, game*]; **b**) (block) pôr fim a, acabar com [*arms sales, experiments*]; FIN suster [*inflation*]; MIL deter, mandar parar [*offensive*]. **4** *vi* [*bus, car*] parar; [*army*] parar para descanso.

halter ['hɒltə(r), 'hɔːltə(r)] *n* **a**) cabresto *m*; **b**) (for hanging) nó *m* corredio; laço *m*.

halter neck *adj* [*dress, swimsuit*] apertado no pescoço, deixando as costas nuas.

halting ['hɒltɪŋ, 'hɔːltɪŋ] *adj* [*steps*] vacilante, hesitante.

halve [hɑːv] **1** *vtr* (reduce by half) reduzir para metade [*number, production, rate*]. **2** *vi* [*number, rate, time*] diminuir para metade.

halves [hɑːvz] *npl* see **half**.

ham [hæm] *n* **a**) CULIN presunto *m*; ~ **and eggs** ovos *mpl* com presunto; **b**) (radio) (**radio**) ~ radioamador *m*. IDIOMAS **they really** ~**med it up** eles representavam de forma muito exagerada.

hamburger ['hæmbɜːgə(r)] *n* hamburguer *m*; bife de carne picada.

ham-fisted (coll) *adj* (pej) desajeitado, maljeitoso.

hamlet ['hæmlɪt] *n* aldeola *f*; povoação *f*.

hammer ['hæmə(r)] **1** *n* **a**) (tool) martelo *m*; **b**) (gavel) martelo *m*; **to come** *or* **go under the** ~ ser vendido em leilão; **c**) SPORT (ball) martelo *m*; **to throw the** ~ lançar o martelo. **2** *vtr* **a**) (lit) (beat) martelar [*metal sheet, door, table, piano keys*]; **to** ~ **sth flat** achatar qq coisa à martelada; **b**) (fig) (insist forcefully) **to** ~ **sth into** fazer entrar qq coisa na cabeça de [*pupils, recruits*]; **they had grammar ~ed into them** eles tinham a gramática enfiada na cabeça (fam); **c)** (attack) criticar [*government, policy, proposal*]; **d)** (coll) Sport (defeat) derrotar. **3** *vi* **a)** (use hammer) martelar; **b)** (pound) **to ~ on** *or* **at** tamborilar contra [*door, window*]; **c)** (thump) [*heart*] bater com força; **d)** (insist on) **to ~ at** atacar [*point, problem, issue*]. ▪ **hammer in ~ in (sth), ~ (sth) in** enterrar ou enfiar (qq coisa) à martelada. ▪ **hammer out: ~ out (sth), ~ (sth) out** (negotiate) negociar [*compromise, agreement, policy, formula*].

hammock ['hæmǝk] *n* rede *f* (de dormir); cama *f* de rede.

hamper ['hæmpǝ(r)] **1** *n* **picnic ~** cesto *m* (rectangular e com tampa usado para piqueniques); **(food) ~** cesta com produtos alimentares de luxo. **2** *vtr* estorvar, dificultar, impedir [*movement, progress*].

hamster ['hæmstǝ(r)] *n* "hamster" *m* .

hamstring ['hæmstrɪŋ] *n* ANAT (of human) tendão *m* da curva do joelho.

hand [hænd] **1** *n* **a)** ANAT mão *f*; **he had a book in his ~** ele tinha um livro na mão; **to get one's ~s on sth** deitar a mão a [*money, information, key*]; **to keep one's ~s off sth** não tocar em [*computer, money*]; **to keep one's ~s off sb** deixar alg em paz; **to hold sb's ~** (lit) segurar alg pela mão; (fig) (give support) [*person*] estender a mão a [*person*]; [*government*] sustentar [*person*]; **the letter was delivered by ~** a carta foi entregue em mão; **"by ~"** (on envelope) "por mão própria"; **to seize an opportunity with both ~s** agarrar uma oportunidade com as duas mãos; **~s up, or I shoot!** mãos ao ar ou atiro!; **to be on one's ~s and knees** estar de gatas; **b)** (assistance) ajuda *f*; **to give** *or* **lend sb a (helping) ~** dar uma ajuda ou uma mãozinha a alg; **c)** (round of applause) **to give sb a big ~** aplaudir muito alg; **d)** (consent to marriage) **to ask for sb's ~** (in marriage) pedir a mão de alg (em casamento); **e)** (possession) **in sb's ~s** nas mãos de alg; **to fall** *or* **get into the wrong ~s** [*documents, weapons*] cair nas mãos erradas; **f)** (control) **to place sth in sb's ~s** confiar (qq coisa) a alg [*department, office*]; **to play into sb's ~** fazer o jogo de alg; **to get out of ~** [*expenditure, inflation*] sair fora do controlo; **to take sth in ~** tomar (qq coisa) em mãos [*situation*]; ocupar-se de [*problem*]; **g)** GAMES (cards dealt) jogo *m*; (game) partida *f*; **to show one's ~** (lit, fig) mostrar o jogo; **to throw in one's ~** (lit, fig) abandonar o jogo; **h)** (work) AGRIC trabalhador *m* agrícola; IND operário *m*; NAUT membro *m* da tripulação; **i)** (available) **to keep sth to ~** guardar qq coisa à mão [*passport, pen, telephone number*]; **to have sth to ~** ter qq coisa à mão [*information, fax, key*]; **to be on ~** [*person*] estar disponível; **j)** (skill) **to try one's ~ at sth** experimentar [*photography, marketing*]; **k)** (pointer) (on clock, dial) ponteiro *g*; **l)** EQUIT, MEAS ≈ 10, 16 cm, palmo *m*; **m)** (dated) (signature) **to set one's ~ to sth** apor a sua assinatura a qq coisa [*document*]; **n)** (source) **I got the information first ~** obtive a informação em primeira mão; **o)** (aspect, side) **on the one ~..., on**

the other ~... por um lado..., por outro lado...; **on the other ~...** pelo contrário...; **on every ~** por todo o lado. **2 in ~** *adj phr* **a)** (current) em curso; **a matter in ~** um assunto em curso; **b)** **she finished the exam with 20 minutes in ~** ela terminou o exame com 20 minutos de avanço. **3 out of ~** *adv phr* [*reject, condemn, dismiss*] peremptoriamente. **4** *vtr* (give) **to ~ sb sth** *or* **to ~ sth to sb** dar qq coisa a alg [*form, letter, ticket*]. IDIOMAS **to know sth like the back of one's ~** conhecer qq coisa como a palma da mão; **many ~s make light work** (Prov) o difícil torna-se fácil quando são muitos a ajudar; **I could do that with one ~ tied behind my back!** podia fazer isso com uma perna às costas; **to win ~s down** ganhar facilmente. ▪ **hand back: ~ (sth) back, ~ back (sth)** devolver [*book, colony, glass, essay*] (**to sb** a alg). ▪ **hand down: ~ (sth) down** (transmit) transmitir [*heirloom, property, tradition, skill, story*] (**from** de; **to** a); **~ (sth) down to sb a)** (pass) passar (qq coisa) a alg [*boxes, books*]; **b)** (pass on after use) deixar (qq coisa) para alg [*old clothes*]. ▪ **hand in: ~ (sth) in, ~ in (sth)** entregar [*homework, keys*]. ▪ **hand over: ~ over (sth), ~ (sth) over** entregar [*weapon*]; ceder [*collection, savings, title, territory*]; transmitir [*power, problem*]; **~ (sb) over, ~ over (sb)** entregar [*prisoner, terrorist*] (**to** a); **~ over to sb a)** TV, RADIO [*presenter*] passar a emissão para [*reporter, presenter*]; **b)** (transfer power) transmitir o poder para [*deputy, successor*]; **c)** (on telephone) **I'll just ~ you over to Susan** vou-te passar a Susana. ▪ **hand round** fazer circular [*leaflets, drinks, sandwiches*]. ▪ **hand up: ~ (sth) up to sb** passar (qq coisa) a alg [*hammer, box*].

hand: ~ bag mala *f* (de mão); **~ baggage, ~ luggage** *n* bagagem *f* de mão; **~bill** *n* prospecto *m*; **~book** *n* **a)** (textbook, guide) manual *m*; **b)** (technical manual) livro *m* técnico; **~brake** *n* AUT travão *m* Po/breque, freio *m* BR de mão; **~cart** *n* carrinho *m* de mão; **~ cream** *n* creme *m* para as mãos.

handcuff ['hɔndkʌf] **1 handcuffs** *npl* algemas *fpl*. **2** *vtr* algemar [*person*]; **to ~ sb to sth** algemar alg a algo.

hand: ~ful *n* **a)** (fistful) mão *f* cheia; **b)** (small number) (of people) punhado *m*; **c)** (coll) (troublesome person, animal) difícil de lidar; **~ grenade** *n* granada *f* de mão; **~ gun** *n* arma *f* portátil; **~hold** *n* apoio *m* para as mãos.

handicap ['hædɪkæp] **1** *n* (disability) incapacidade *f*. **2** *vtr* (*pres p etc* **-pp-**) (fig) embaraçar, dificultar [*person*].

handicapped ['hændɪkæpt] *n* **the ~** os deficientes *mpl*.

handicraft ['hændɪkrɑːft] **1** *n* **sale of ~s** venda de artesanato. **2** *modif* [*exhibition, shop*] de artesanato; [*class*] de trabalhos manuais.

handily ['hændɪlɪ] *adv* [*located, positioned*] bem.

handiwork ['hændɪwɜːk] *n* (gen) obra *f*.

handkerchief ['hæŋkǝtʃɪf, 'hæŋkǝt/iːf] *n* lenço *m* de assoar.

handle ['hændl] **1** *n* **a)** (round) (on door, drawer) puxador *m*; (curve) (on bucket, cup, basket) asa *f*; (on bag, suitcase) pega *f*; (long) (on piece of cutlery, hammer, broom, frying pan) cabo *m*; **b)** (hold) **to get a ~ on sb** agarrar alg; **c)** (title) título *m*. **2** *vtr* **a)** (touch) manipular [*explosives, samples, raw food*]; **to ~ sb gently** tratar alg com delicadeza; **to ~ stolen goods** negociar mercadorias roubadas; **"~ with care"** "frágil"; **to ~ the ball** (in football) fazer falta com a mão; **b)** (manage) manobrar [*car*]; **to know how to ~ children** saber como lidar com crianças; **c)** (deal with) tratar de [*case, negotiations*]; suportar [*stress*]; **d)** (artistically) tratar [*theme, narrative, rhythms*]. **3** *vi* **the car ~s well** AUT o carro porta-se bem (fam). IDIOMAS (coll) **to fly off the ~** perder as estribeiras; **to be too hot to ~** ser demasiado arriscado.

handle: ~bar moustache *n* bigode *m* revirado; **~bars** *npl* guiador *m*.

handler ['hændlə(r)] *n* (for dog) treinador *m*.

handling ['hændlıŋ] *n* **a)** (touching) **old books require careful ~** os livros antigos devem ser manuseados com cuidado; **b)** (way of dealing) **her ~ of the theme** a sua maneira de tratar o tema; **the ~ of the case** JUR o tratamento do caso; **c)** COMM (storage, shipping) manutenção *f*; **~ facilities** serviço *m* de manutenção; **d)** (processing) **speedier ~ of traffic** uma gestão mais rápida do tráfego aéreo; **e)** (training) **dog ~** treino de cães.

hand: ~made *adj* feito à mão. (coll) **~-me-down** *n* roupa *f* usada; **~-painted** *adj* pintado à mão; **~rail** (on stairs) corrimão *m*; (on balcony, pier) parapeito *m*; **~set** *n* TELECOM combinado *m* portátil; **~shake** *n* aperto *m* de mão.

handsome ['hænsəm] *adj* **a)** [*man*] belo, bonito; [*woman*] bem feita, elegante; [*town, bag*] bonito; [*building*] imponente; **b)** (formal) (dividendo) considerável.

handsomely ['hænfəmlɪ] *adv* (amply) **an investment that pays off ~** um investimento de lucros garantidos; **he was rewarded ~** ele foi generosamente recompensado.

hand: ~spring *n* salto *m* mortal dado com o impulso da(s) mão(s) no chão; **~-to-~** *adj* [*combat, fighting*] corpo a corpo; **~-to-mouth** *adj* **a ~-to--mouth existence** *or* **life** uma vida ao deus--dará; **~ towel** *n* toalha *f* de mãos; **~writing** *n* letra *f*; caligrafia *f*; **~written** *adj* manuscrito.

handy ['hændɪ] *adj* **a)** (useful) [*book, index*] útil; [*bag, tool, pocket*] prático; **an ability to speak Portuguese could come in ~** saber falar português podia vir a ser útil; **b)** (convenient) [*format, shape, size*] prático; [*location*] bom; [*shop*] bem situado; **to keep sth ~** guardar (qq coisa) à mão [*keys, passport*]; **c)** (coll) (skilful) [*player, footballer*] habilidoso, dotado (**at doing** para fazer); **to be ~ with a needle** ser habilidoso com a agulha.

handyman ['hændɪmæn] *n* pessoa *f* que faz biscates em vários ramos.

hang [hæŋ] **1** *n* **a)** SEWING (of curtain, garment) **the ~** o cair *m*; **b)** (coll) **to get the ~ of sth/of doing sth** apanhar o jeito de qq coisa/de fazer qq coisa. **2** *vtr* **a)** (*past, pp* **hung**) (suspend) (from projection, hook, coat-hanger) pendurar (**from, on** em; **by** por); (peg up) estender [*washing*]; **b)** (let dangle) suspender [*rope, line, etc*];

baixar [*head*]; deixar pender [*arm, leg*]; **c)** (decorate with) **the walls were hung with portraits** as paredes estavam cheias de retratos; **d)** (interior decorating) colocar [*wallpaper*]; **e)** CULIN macerar [*game*]; **f)** (*past, pp* **hanged**) enforcar [*criminal, victim*]. **3** *vi* (*past, pp* **hung**) **a)** (be suspended) (on hook) estar pendurado; (from height) estar suspenso; (on washing line) estar estendido; **the bed is too short: my feet ~ over the end** a cama é muito pequena: fico com os pés de fora; **the children were ~ing out of the window** as crianças estavam penduradas na janela; **b)** (float) [*fog, cloud, smoke, smell*] pairar; **c)** SEWING (drape) [*curtain, garment*] cair; **d)** (die) (*past, pp* **hanged**) ser enforcado (**for sth** por qq coisa). **4** *v refl* (*past, pp* **hanged**) **to ~ oneself** enforcar-se. ■ **hang about, hang around** (coll): (waiting for sth) esperar; (aimlessly) vadiar, vaguear. ■ **hang around** (coll) **~ around (sb)** (inflict oneself one) rondar alg; (associate with) (*also* **~ around with**) passar o seu tempo com alg. ■ **hang back** (in fear) ficar para trás; (waiting) ficar; (reluctant) (fig) vacilar. ■ **hang on a)** (coll) (wait) esperar; **b)** (coll) (survive) aguentar (fam); **~ on (sth) a)** (depend on) depender de; **b)** (listen attentively) **to ~ on sb's lips** *or* **words** *or* **every word** estar suspenso dos lábios de alg. ■ **hang on to: ~ on to (sth) a)** (lit) (hold tight) (to object) agarrar-se a; (to person) agarrar; **b)** (coll, fig) (retain) manter [*possession, power, title, tradition, values*]. ■ **hang out a)** (protrude) [*shirt, handkerchief*] aparecer, sair para fora; **b)** (coll) (live) viver; (frequent) frequentar; **~ out (sth), ~ (sth) out** estender [*washing*]; arvorar [*flag*]. ■ **hang over: ~ over (sth)** [*threat, danger, suspicion*] pairar sobre. ■ **hang together a)** (be consistent) ser coerente; **b)** (cooperate) serrar fileiras, manter-se unido. ■ **hang up** (on phone) desligar; **to ~ up on sb** desligar na cara de alg; **~ up (sth), ~ (sth) up a)** (lit) (on hook) pendurar; (on hanger, string) suspender; **b)** desligar [*phone*].

hangar ['hæŋə(r)] *n* hangar *m*.

hangdog ['hæŋdɒg] *adj* envergonhado.

hanger ['hæŋə(r)] *n* (coathanger) cabide *m*; (loop) gancho *m*.

hang-glider ['hæŋglɑɪdə(r)] *n* (craft) asa delta *f*; (pilot) piloto *m/f* de asa delta.

hanging ['hæŋıŋ] **1** *n* **a)** (death) enforcamento; *m*; **b)** (curtain) cortinado *m*; **c)** (of picture, decoration) acção *f* de pendurar; (of door, wallpaper) colocação *f*. **2** *adj* JUR [*offence*] passível de enforcamento.

hanging basket *n* HORT vaso *m* para plantas que se suspende do tecto.

hangman ['hæŋmən] *n* **a)** (at gallows) carrasco; **b)** (game) forca *f*.

hangover ['hæŋəʊvə(r)] *n* **a)** (from drink) ressaca *f* (fam); **b)** (fig) (legacy) herança *f*; legado *m*.

hang-up ['hæŋʌp] (coll) *n* (obsession) mania *f*; problema *m*.

hank [hæŋk] *n* novelo *m*; meada *f*.

hanker ['hæŋkə(r)] *vi* **to ~ after** *or* **for sth** (with desire) ansiar por/desejar ardentemente qq coisa.

hankering ['hæŋkərıŋ] *n* **a ~ for sth/to do sth** um grande desejo de qq coisa/de fazer qq coisa.

hanky, hankie ['hæŋkɪ] *n* abrev = **handkerchief**.

hanky-panky [hæŋkɪˈpæŋkɪ] (coll) *n* (hum) velhacaria *f*; traquinice *f*.

haphazard [hæpˈhæzəd] *adj* (unorganized) desorganizado.

haphazardly [hæpˈhæzədlɪ] *adv* ao acaso, de qualquer maneira.

happen [ˈhæpn] *vi* **a)** (of occurrence) acontecer, suceder; **what's ~ing?** o que é que está a acontecer?; **whatever ~s, don't get out of the car** aconteça o que acontecer, não saias do carro; **anything might ~!** tudo podia acontecer!; **b)** (befall) acontecer a, suceder a; **c)** (of uncertain situations, accidental happenings) **there ~s to be a free parking space** acontece por acaso haver um lugar vago; **d)** (ensue, follow) acontecer; **e)** (go wrong, cause harm to sb) acontecer. IDIOMAS GB **it was bound to ~** US **it had to ~** tinha de acontecer. ■ **happen on** encontrar (qq coisa) por acaso.

happening [ˈhæpnɪŋ] *n* ocorrência *f*; acontecimento *m*.

happily [ˈhæpɪlɪ] *adv* **a)** (cheerfully) [*laugh, chat, play, say*] alegremente; **to be ~ married** ser feliz no casamento; **they all lived ~ ever after** viveram felizes para sempre; **b)** (luckily) felizmente; **c)** (willingly) [*accept, give up, etc*] de boa vontade.

happiness [ˈhæpɪnɪs] *n* felicidade *f*.

happy [ˈhæpɪ] *adj* **a)** [*person, home, life, etc*] feliz (**about** por; **with sb** com alg; **for sb** por alg); **b)** (satisfied) contente (**about, with sth** com qq coisa); **he's not ~ about it** [*arrangement*] ele não está contente com isso; **to keep sb ~** dar prazer a alg; **c)** (willing) **to be ~ to do sth** ter prazer em fazer qq coisa; **d)** (in greetings) **H~ birthday!** Feliz Aniversário!; **H~ New Year!** Feliz Ano Novo!. IDIOMAS **to be as ~ as Larry** *or* **as a sandboy** estar feliz como um peixinho na água.

happy: **~ ending** *n* final *m* feliz; **~-go-lucky** *adj* [*person, attitude*] não te rales (fam).

harangue [həˈræŋ] **1** *n* arenga *f*; discurso *m*. **2** *vtr* (*pres p*) **haranguing** (politically) arengar; (morally) pregar um sermão.

harass [ˈhærəs, həˈræs] **1** *vtr* [*photographer, police, etc*] importunar Po, azucrinar Br. **2 harassed** *pp adj* incomodado.

harassment [ˈhærəsmənt] *n* aborrecimento *m* Po, aporrinhação *f* Br; chatice *f* (fam); **racial ~** perseguição *f* racista.

harbour GB, **harbor** US [ˈhɑːbə(r)] **1** *n* (lit) porto *m* de abrigo. **2** *vtr* **a)** acalentar, nutrir, alimentar [*emotion, suspicion, illusion*]; **b)** (shelter illegally) abrigar, esconder [*criminal*].

hard [hɑːd] **1** *adj* **a)** duro; **to go** *or* **grow** *or* **become ~** endurecer, ficar duro; **b)** (difficult, complex) [*problem, question, puzzle, choice, decision*] difícil; (arduous, demanding) [*task, study, training*] árduo, difícil; [*fight*] duro; [*negotiations*] difícil; **I've had a ~ day** tive um dia difícil; **to be ~ to please** ser exigente; **it was ~ for us to understand his decision** foi-nos difícil compreender a decisão dele; **to find sth ~ to do** achar qq coisa dura ou difícil de fazer; **I'm not afraid of ~ work** não me assusta o trabalho duro; **I found the article rather ~ going** achei o artigo bastante difícil; **~ work never hurt** *or*

killed anybody! o trabalho nunca fez mal a ninguém; **it's too much like ~ work** é muito cansativo; **to be a ~ worker** [*student, pupil*] ser trabalhador; [*manual worker*] ser um bom trabalhador; **to find sth out** *or* **learn sth the ~ way** aprender qq coisa à sua custa; **c)** (harsh, unpleasant) [*life, youth, year*] difícil; [*blow, knock*] (fig) tremendo, terrível; [*climate, winter*] mau; **to be ~ on sb** [*person, court, disciplinarian*] ser duro para com; **~ luck** *or* (coll) **lines!** (sympathetic) pouca sorte!, azar!; **(to take a) ~ line on sth/with sb** (adoptar uma) atitude firme em relação a qq coisa/para com alg; **it's a ~ life** (gen) a vida é dura; **no ~ feelings!** sem ressentimentos!; **to fall on ~ times** conhecer os revezes da fortuna; **he's having a ~ time (of it)** ele atravessa um período difícil; **to give sb a ~ time** fazer a vida negra a alg; **d)** (stern, cold) [*person, voice, look, words*] duro, severo; **e)** (forceful) [*shore, push, knock*] forte; **f)** (concrete) [*evidence, proof*] sólido; [*facts*] concreto, sólido; [*news*] sério; **g)** (stark) [*sound*] violento; [*colour, light, outline*] forte; **h)** [*drink, liquor*] forte; [*drug*] duro; **i) the ~ left/right** POL a esquerda/direita pura e dura; **j)** [*water*] calcário, duro; **k)** LING [*consonant*] surdo. **2** *adv* **a)** [*dry, set*] completamente; **b)** (strongly, energetically) [*push, pull, press*] energicamente, fortemente; [*laugh, cry*] com violência; [*study, think*] seriamente; [*rain*] fortemente, com força; [*look, listen*] atentamente; [*snow*] abundantemente; **to hit sb/sth ~** bater em alg/algo com força; **to try ~** (intellectually, physically) fazer todos os esforços; **c)** (with directions) **turn ~ left at the traffic lights** voltar completamente à esquerda nos semáforos; **d)** (indicating proximity) **~ behind** mesmo atrás; **~ (up)on sth** mesmo em cima de qq coisa.

hard: **~ and fast** *adj* [*rule, distinction, category*] firme, absoluto, rígido; **~back, ~cover 1** *n* livro *m* de capa dura. **2** *modif* [*book*] encadernado; **~bitten** *adj* duro, tenaz; **~board** *n* aglomerado *m*; **~-boiled** *adj* (lit) [*egg*] muito cozido; (fig) [*person*] duro, insensível; **~ cash** *n* dinheiro *m* vivo; **~ core 1** *n* **a)** (of group, demonstrators, strikers, resistance) núcleo *m* duro; **b)** CONSTR material *m* pesado utilizado na fundação de estradas. **2 ~-core** *adj* **a)** [*Tory, Marxist, supporter, opponent*] irredutível; **b)** [*pornography, video*] obsceno, pornográfico; **~ court** *n* SPORT court *m* de cimento Po/concreto Br; **~-earned** *adj* [*cash, money*] arduamente ganho.

harden [ˈhɑːdn] **1** *vtr* **a)** (lit) endurecer [*paint, glue, butter, wax*]; IND temperar [*steel*]; **b)** (fig) [*time, experience*] endurecer [*person, attitude*]; reforçar [*opposition*]; **his behaviour had ~ed her heart to** *or* **against him** o seu comportamento tornou-a insensível para com ele. **2** *vi* **a)** (lit) [*paint, glue, butter, wax*] ficar duro; **b)** (fig) [*face, voice, eyes*] tornar-se duro; [*opposition, attitude*] endurecer-se.

hardened [ˈhɑːdnd] *adj* **a)** (fig) [*criminal, terrorist, miser*] endurecido, calejado; [*drinker, addict, drug dealer*] inveterado; **to become ~ to sth** acostumar-se a qq coisa [*pain, climate*]; tornar-se indiferente a [*insults*]; **b)** (lit) [*paint, wax, glue, clay*] duro; IND [*steel*] temperado.

hardening ['hɑːdnɪŋ] *n* (fig) (of attitude, stance, resolve, opposition) endurecimento *m*; (lit) (gen) endurecimento *m*; IND (of steel) têmpera *f*.
hard: ~-**headed** *adj* [*person, approach*] realista, prático; ~-**hearted** *adj* insensível; ~-**hitting** *adj* [*report, speech, criticism*] sem concessões, duro; ~ **labour** GB ~ **labor** US *n* trabalhos *mpl* forçados; ~ **line** *adj* [*approach, measure, policy*] firme; [*communist, conservative*] intransigente; ~**liner** *n* (gen) intransigente *m/f*; POL partidário *m* da linha dura.
hardly ['hɑːdlɪ] *adv* **a**) (only just, barely) [*begin, know, hear, see, be able*] apenas, mal; ~ **had they set off than/when...** mal eles tinham partido quando...; **b**) (not really) [*expect, hope, believe*] dificilmente; **it's** ~ **a secret!** está longe de ser um segredo!; **it's** ~ **likely!** é pouco provável!; ~! de maneira nenhuma!, nem por isso!; **I need** ~ **remind you that...** é inútil lembrar-te que...; **I can** ~ **wait!** (gen) mal posso esperar, estou ansioso; **c**) (almost not) ~ **any/ever/anybody, etc** quase nenhum/nunca/ninguém, etc; **he** ~ **ever writes** ele quase nunca escreve.
hardness ['hɑːdnɪs] *n* (gen) (of substance, object, voice) dureza *f*.
hard: ~-**nosed** (coll) *adj* [*person*] resoluto; ~-**pressed** *adj* **a**) (gen) em dificuldade; (for time) pressionado; (under pressure) sob pressão; **b**) (*also* ~ **pushed**) **to be** ~-**pressed to do ter** dificuldades em fazer; ~ **sell 1** *n* venda *f* agressiva; **to give sb the** ~ **sell, to do a** ~ **sell on sb** tentar obrigar alg a comprar. **2 hard-sell** *modif* [*tactic, technique, approach*] de venda agressiva.
hardship ['hɑːdʃɪp] *n* (gen) infortúnio *m*; sofrimento *m*; (poverty) privações *fpl*.
hard: ~ **shoulder** *n* GB berma *f*; ~**ware 1** *n* COMPUT material *m* informático; hardware *m*; MIL equipamento *m*; COMM (household goods) artigos *mpl* e utensílios *mpl* que se vendem em lojas de ferragens (cadeados, cutelaria, etc). **2 modif** COMPUT [*company, efficiency, design*] de material informático; ~**ware store** *or* **shop** COMM loja *f* de ferragens; ~-**wearing** *adj* resistente; ~**wood** *n* madeira *f* dura; ~-**working** *adj* [*person*] diligente, trabalhador.
hardy ['hɑːdɪ] *adj* (strong) [*person, animal, constitution*] robusto; HORT [*plant*] resistente.
hare [heə(r)] *n* ZOOL, CULIN lebre *f*. **IDIOMAS to be as mad as a March** ~ ser doido varrido (fam).
hare: ~**brained** *adj* [*person*] leviano, volúvel; ~**lip** *n* lábio *m* leporino.
harem ['hɑːrɪm, hɑːˈrɪm] *n* harém *m*.
hark [hɑːk] *excl* (arch) oiça!. ■ **hark back to: to** ~ **back to** (sth) (recall) [*person, plan*] relembrar; (evoke) [*style, song*] evocar.
harlot ['hɑːlət] *n* (dated *or* liter) cortesã *f*; prostituta *f*.
harm [hɑːm] **1** *n* mal *m*; **to do** ~ **to sb, to do sb** ~ fazer mal a alg; **to do** ~ **to sth** danificar algo; **I meant no** ~ **by/in writing that letter** eu não pensei em fazer mal ao escrever aquela carta; **it would do no** ~ **to ask** (you have nothing to lose) não faria mal nenhum perguntares; **you'll come to no** ~ não te acontecerá nada; **no** ~ **done!** não houve mal nenhum!; **where's the** ~ **in**

it? onde é que está o mal?; **out of** ~'s **way** (in a safe place) em segurança. **2** *vtr* **a**) (damage) prejudicar [*crops, organisms*]; **b**) (affect adversely) afectar, causar dano a [*population, economy, landscape*].
harmful ['hɑːmfl] *adj* **a**) (physically) [*bacteria, chemicals, rays*] nocivo; **b**) [*behaviour, consequences, allegation*] prejudicial (**to sth/sb** para algo/alg).
harmless ['hɑːmlɪs] *adj* **a**) [*drug, chemical, virus*] inofensivo (**to** para); [*growth, cyst*] benigno; [*rash, insect bite*] sem perigo; **b**) (inoffensive) [*person*] inofensivo; [*fun, joke, eccentricity*] inocente; **he's** ~ ! (hum) ele não é perigoso!.
harmonica [hɑːˈmɒnɪkə] *n* harmónica *f*.
harmonious [hɑːˈməʊnɪəs] *adj* [*sounds, style, relationship*] harmonioso.
harmonium [hɑːˈməʊnɪəm] *n* MUS harmónio *m*.
harmonize ['hɑːmənaɪz] **1** *vtr* harmonizar. **2** *vi* **a**) [*law, practice*] concordar (**with** com); **b**) [*colour, feature*] combinar (**with** com); **c**) [*player, instrument*] harmonizar-se (**with** com); [*note, sound*] estar em harmonia (**with** com).
harmony ['hɑːmənɪ] *n* harmonia *f*.
harness ['hɑːnɪs] **1** *n* (for horse, dog, person) arnês *m*; arreios *mpl*. **2** *vtr* **a**) (channel, use) explorar, utilizar [*power, potential*]; **b**) (attach) aparelhar, arrear [*dog, horse, ox*] (**to** a).
harp [hɑːp] *n* harpa *f*. ■ **harp on: to** ~ **on** (sth), **to** ~ **on about** (sth) repisar o mesmo assunto.
harpoon [hɑːˈpuːn] **1** *n* arpão *m*. **2** *vtr* arpoar.
harpsichord ['hɑːpsɪkɔːd] *n* MUS cravo *m*.
harrow ['hærəʊ] **1** *n* AGRIC grade *f*. **2** *vtr* AGRIC gradar.
harrowing ['hærəʊɪŋ] *adj* [*experience, ordeal*] atroz; [*film, story, image*] angustiante, doloroso, pungente.
harry ['hærɪ] *vtr* **a**) (pursue, harass) perseguição, apoquentar, atormentar; **b**) MIL (destroy) devastar, saquear.
harsh [hɑːʃ] *adj* **a**) (severe, cruel) [*punishment, measures*] severo; [*regime, person*] duro, cruel; **to have** ~ **words for sb/sth** ter palavras duras para alg/algo; **b**) [*climate, winter*] rigoroso; [*conditions*] difícil; **c**) [*light, lighting*] cru; **d**) [*voice, sound*] áspero, rude; **e**) [*chemical, cleaner*] corrosivo; **f**) [*cloth, fabric*] áspero.
harvester ['hɑːvɪstə(r)] *n* **a**) (machine) segadeira *f*; **b**) (person) ceifeiro *m*.
has [hæz] see **have**.
has-been ['hæzbiːn] (coll) *n* (pej) ruína *f*; pessoa *f* acabada.
hash [hæʃ] *n* CULIN picadinho *m*. **IDIOMAS** (slang) **to make a** ~ **of sth** estragar/complicar qq coisa.
hashish ['hæʃɪʃ] *n* haxixe *m*.
hasn't ['hæznt] see **have**.
hassle ['hæsl] (coll) **1** *n* **a**) (inconvenience, effort) complicações *fpl*; **to cause** (sb) ~ criar complicações (a alg); **b**) (harassment, pestering) **to give sb** ~ (**about sth**) aborrecer alg (acerca de qq coisa). **2** *vtr* (harass, pester) aborrecer, importunar PO, azucrinar BR (**about** acerca de). **3 hassled** *pp adj* pressionado, sob tensão.
hassock ['hæsək] *n* **a**) (cushion) almofada *f*; **b**) US (seat) banqueta *f*.

haste [heɪst] *n* pressa *f*; **to act in** ~ agir à pressa; **with undue** *or* **unseemly** ~ com precipitação. IDIOMAS **more** ~, **less speed** quanto mais depressa, mais devagar.

hastily [ˈheɪstɪlɪ] *adv* apressadamente, à pressa; **too** ~ com demasiada precipitação.

hasty [ˈheɪstɪ] *adj* **a**) [*retreat, departure*] precipitado; [*meal*] rápido; [*note, sketch*] feito à pressa; **b**) (rash) [*decision*] impetuoso; [*judgement, conclusion*] apressado.

hat [hæt] *n* chapéu *m*; **we will draw the winners out of a** ~ tirar-se à sorte quem ganha. IDIOMASat **the drop of a** ~ pelo sim, pelo não; **I'll eat my** ~ **if...** macacos me mordam se...; **to keep sth under one's** ~ guardar segredo; **to put** *or* **throw one's** ~ **into the ring** entrar na disputa (esp. candidato político); **to take one's** ~ **off to sb** tirar o chapéu a alg; **to talk through one's** ~ dizer qq coisa que venha à cabeça.

hatch [hætʃ] **1** *n* **a**) AVIAT, ASTRONAUT painel *m* móvel; NAUT escotilha *f*; AUT porta *f*; **b**) (in dining room) (service) ~ postigo de serviço. **2** *vtr* **a**) (incubate) chocar [*eggs*]; **b**) (plan secretly) tramar PO, transar BR [*something bad*]. **3** *vi* [*chicks, fish eggs*] nascer. IDIOMAS **down the** ~! à nossa saúde.

hatchback [ˈhætʃbæk] *n* (door) porta *m* traseira.

hatchet [ˈhætʃɪt] *n* machadinha *f*. IDIOMAS **to bury the** ~ pôr fim às hostilidades, fazer as pazes.

hate [heɪt] **1** *n* ódio *m*. **2** *vtr* **a**) (detest) detestar; (violently) odiar; **b**) (emphatic) ter aversão a [*food, sport, activity*]; **I** ~ **it when...** não suporto quando...; **c**) (regret) (in apology) **I** ~ **to interrupt you, but...** desculpe interrompê-lo, mas....

hateful [ˈheɪtfl] *adj* [*person, action, regime*] odioso (**to sb** para com alg).

hatred [ˈheɪtrɪd] *n* (of person, group, system, war) ódio *m* (**of** de, a; **for** por); (strong dislike) aversão *f* PO, ojeriza *f* BR (**of** por).

hat trick *n* SPORT tripla vitória *f*.

haughty [ˈhɔːtɪ] *adj* [*person, contempt*] soberbo, arrogante; [*manner*] altivo.

haul [hɔːl] **1** *n* **a**) (stolen) saque *m*; pilhagem *f*; (of trophies, medals) arrebanhamento *m*; **a 3 million pound** ~ um roubo estimado em três milhões de libras; **b**) FISH redada *f*; **c**) (journey) **it will be a long** ~ (lit, fig) a jornada será longa; **the long** ~ **to recovery** MED o longo caminho da cura; ECON a longa recuperação. **2** *vtr* **a**) (drag) puxar [*load, wagon, person*]; **he** ~**ed himself up on the roof** ele içou-se sobre o telhado; **b**) TRANSP transportar. IDIOMAS **to** ~ **sb over the coals** repreender alg.

haulage [ˈhɔːlɪdʒ] *n* (transport) transporte *m*; (cost) despesa *f* de transporte.

haunch [hɔːntʃ] *n* (usu pl) (of human) anca *f*.

haunt [hɔːnt] **1** *n* (of thieves, spies) antro *m*; **the usual tourist** ~**s** os lugares *mpl* frequentados pelos turistas. **2** *vtr* (lit, fig) assombrar, perseguir; **he is** ~**ed by the fear of dying** ele está obcecado pelo medo de morrer.

haunted [ˈhɔːntɪd] *adj* [*house, castle*] assombrado; [*face, expression*] atormentado.

haunting [ˈhɔːntɪŋ] *adj* [*memory*] obcecante; [*doubt*] lancinante.

have [həv] **1** *vtr* **a**) (possess) ter; **she has (got) a**

dog ela tem um cão; **b**) (consume) tomar, comer; **to** ~ **a drink** tomar uma bebida; **to** ~ **a sandwich** comer uma sanduíche; **to** ~ **breakfast** tomar o pequeno-almoço; **to** ~ **lunch/dinner** almoçar/jantar; **c**) (want) querer; **she won't** ~ **him back** ela não o quer de volta; **d**) (receiver, get) ter [*information*]; receber [*letter*]; **I've had no news from him** não tenho tido notícias dele; **I must** ~ **the information soon** eu preciso da informação brevemente; **she had a letter from him** ela recebeu uma carta dele; **e**) (spend) passar; **to** ~ **a nice day** passar um belo dia; **to** ~ **a good time** divertir-se; **to** ~ **a hard/bad time** passar um mau bocado; **f**) (be provided with) (*also* ~ **got**) **to** ~ **sth to do** ter qq coisa que fazer; **I've got letters to write** tenho cartas para escrever; **g**) (undergo) ter, estar com; **to** ~ **(the) flu** ter/estar com gripe; **to** ~ **a heart attack** ter um ataque cardíaco; **he had his car stolen** roubaram-lhe o carro; **h**) (cause to be done) **to** ~ **sth done** mandar fazer qq coisa; **to** ~ **the house painted** mandar pintar a casa; **to** ~ **an injection** levar/apanhar uma injecção; **she had him close the door** ela pediu-lhe que fechasse a porta; **to** ~ **one's hair cut** cortar o cabelo; **I would** ~ **you know that...** queria que soubesses que...; **he had them laughing** ele fê-los rir; **i**) (cause to become) **we'll soon** ~ **everything ready/clean** em breve teremos tudo pronto/limpo; **you're not careful you'll** ~ **that glass over** se não tiveres cuidado, vais entornar o copo; **j**) (allow) tolerar, permitir; **I won't** ~ **this kind of behaviour** não vou permitir esse tipo de comportamento; **I won't** ~ **him hurt** não vou deixar que ninguém o magoe; **k**) (give birth to) [*woman*] dar à luz, ter [*child*]; **has she had it yet?** ela já deu à luz?; **she's having a baby in May** ela vai ter uma criança em Maio; (as impersonal verb) **over here, we** ~ **a painting by Picasso** aqui, temos um quadro de Picasso; **l**) (have at one's mercy) (*also* ~ **got**) apanhar; **I've got you now** agora apanhei-te. **2** *modal aux* **a**) (must) ter de; **I** ~ **(got) to leave now** agora tenho de me ir embora; **b**) (need to) precisar; **you don't** ~ **to/you haven't got to leave so early** não precisas de te ir já embora; **something has (got) to be done** algo precisa de ser feita, é preciso fazer algo; **c**) (for emphasis) **this has (got) to be the most difficult decision I've ever made** esta foi sem dúvida a decisão mais difícil que alguma vez tive de tomar. **3** *v aux* **a**) **she has lost her bag** ela perdeu a carteira; **he has hurt himself** ele magoou-se; **b**) (in tag questions) **you've seen the film, haven't you?** viste o filme, não viste?; **you haven't seen the film,** ~ **you?** não viste o filme, pois não?; **"he's already left" - "has he indeed!"** "ele já se foi embora" - "a sério?"; **"you've never met him" - "yes, I** ~**!"** "tu nunca o conheceste" - "conheci-o, sim, ai isso é que o conheci!". **4 having** *v. aux* **a**) (in time clauses) ~ **finished his breakfast, he went out** depois de ter tomado o pequeno almoço, ele saiu; **b**) (because, since) ~ **already won twice** tendo já ganhado/ganho duas vezes. IDIOMAS **to** ~ **done with sth** acabar com qq coisa; **this car/TV has had it** este carro/televisor foi ao ar; (in trouble) **when your father finds out, you've had it!**

quando o teu pai descobrir, vai ser o bom e o bonito!; **I can't do any more, I've had it!** (tired) não posso mais, estou exausta!; **I've had it (up to here) with...** estou por aqui com...; **to ~ it in for sb** ter qq coisa contra alg; **to ~ it out with sb** pedir explicações a alg (sobre um assunto desagradável); **I've got it!** já percebi!; **the ~s and the ~-nots** os ricos e os pobres. ■ **have around** us see **have over, have round.** ■ **have back**: ~ **(sth) back** (have returned) **when can I ~ my car back?** quando é que eu tenho o carro de volta? *ou* quando é que me devolvem o carro?. ■ **have in**: ~ **(sb) in** mandar chamar [*doctor, priest*]. ■ **have on**: ~ **(sth) on,** ~ **on (sth)** (be wearing) usar, vestir [*coat, skirt, etc*]; **to ~ (got) nothing on** estar nu; ~ **(sth) on** (be busy) ter que fazer; ~ **(sb) on** (tease) gozar alg; ~ **sth on sb** (have evidence about) ter provas contra alg. ■ **have over, have round**: ~ **(sb) over** convidar [*person*]. ■ **have up: to be had up** ser julgado (**for** por).

haven ['heɪvn] *n* **a**) (safe place) refúgio *m*; abrigo *m* (**for** para); **b**) (fig) posto *m*; **c**) (harbour) ancoradouro *m*.

haven't ['hævnt] = **have not.**

haversack ['hævəsæk] *n* mochila *f*.

havoc ['hævək] *n* (destruction) devastação *f*; destruição *f*; **to wreak ~ on** [*building, landscape*] devastar; destruir.

Hawaii [hə'wɑːɪɪ] *pr n* Havai *m*.

Hawaiian [hə'waɪən] **1** *n* **a**) (person) havaiano *m*; **b**) (language) havaiano *m*. **2** *adj* [*culture, landscape*] havaiano.

hawk [hɔːk] **1** *n* falcão *m*. **2** *vtr* (door-to-door) andar a vender de porta em porta; (in street) andar na venda ambulante. **IDIOMAS to have eyes like a ~** ter olhos de lince.

hawker ['hɔːkə(r)] *n* vendedor *m* ambulante.

hawthorn ['hɔːθɔːn] *n* (tree, flower) pilriteiro *m*; espinheiro-alvar *m*.

hay [heɪ] *n* feno *m*; **to make ~** pôr em confusão. **IDIOMAS to make ~ while the sun shines** agarrar a oportunidade pelos cabelos.

hay: ~ **fever** *n* febre *f* dos fenos; ~**making** *n* ceifa *f*; ~**stack** *n* meda *f* de feno.

haywire ['haɪwɑɪə(r)] (coll) *adj* (crazy) doido; **to go ~** [*plan, scheme*] descontrolar-se, ir por água abaixo (fam).

hazard ['hæzəd] **1** *n* **a**) (risk) risco *m*; (more serious) perigo *m* (**to** para); **traffic ~** perigo para a circulação rodoviária; **b**) (chance) acaso *m*. **2** *vtr* (venture) arriscar [*opinion, replay*]; **I can only ~ a guess** eu só posso fazer conjecturas.

hazardous ['hæzədəs] *adj* [*job, weather conditions*] perigoso.

haze [heɪz] *n* (mist) bruma *f*; (of smoke, dust, blossom) nuvem *f* (**of** de).

hazel ['heɪzl] **1** *n* (tree) avelaneira *f*. **2** *adj* [*eyes*] cor de avelã.

hazelnut ['heɪzlnʌt] *n* avelã *f*.

hazy ['heɪzɪ] *adj* [*weather, morning*] enevoado, nebuloso; [*sunshine*] toldado; [*image, outline*] vago, indistinto, impreciso; (fig) [*recollection, idea*] vago; **to be ~ about** ser vago em relação a qq coisa.

he [hiː] **1** *pron* ele; **he's seen us** ele viu-nos; **here ~ is** ei-lo; ~ **who** aquele que; ~ **and I** ele e

eu. **2** *n* **it's a ~** (of baby) é um rapaz; (of animal) é macho.

head [hed] **1** *n* **a**) ANAT, CULIN, ZOOL (of person, animal) cabeça *f*; **he had a beret on his ~** ele tinha uma boina na cabeça; **my ~ aches** dói-me a cabeça; **to get/keep one's ~ down** (lit) manter a cabeça baixa; (fig) (be inconspicuous) não se fazer notar; (fig) (work hard) estar mergulhado no trabalho; **with one's ~ in one's hands** com a cabeça entre as mãos; **from ~ to foot/toe** da cabeça aos pés; **the decision was made over the ~s of the members** a decisão foi tomada sem se consultar os membros; ~**s turned at the sight of...** de cabeça perdida perante...; **to hold a gun/pistol to sb's ~** (lit) apontar uma arma à cabeça de alg; (fig) encostar a faca à garganta de alg; **b**) (mind) cabeça *f*; crânio *m*; **I can't get it into her ~ that...** não lhe consigo meter na cabeça que...; **what (ever) put that idea into her ~?** quem lhe terá metido essa ideia na cabeça?; **the name has gone right out of my ~** o nome varreu-se da minha cabeça; **I can't add them up in my ~** não consigo fazer a adição de cabeça; **to be/go above/over sb's ~** (too difficult) estar para além da cabeça de alg/ultrapassar alg; **don't worry/bother your (pretty little) ~!** não rales a tua cabecinha com isso!; **use your ~!** (coll) usa a cabeça! (fam); **her success has turned her ~** o sucesso deu-lhe volta à cabeça; **to have a (good) ~ for figures** ter jeito para a matemática; **to have a good/no ~ for heights** ter/não ter medo das alturas; **c**) (leader, director) (of family, church, agency, section) chefe *m/f*; (of social service, organization) responsável *m/f*; director *m*; **at the ~ of sth** à cabeça de algo; ~ **of government** o chefe do governo; ~ **of department** ADMIN chefe de serviço; **d**) (person) ADMIN, COMM pessoa *f*; **e**) SPORT, TECH (of pin, nail, etc, hammer, golf club) cabeça *f*; (of axe, spear, arrow) ferro *m*; (of tennis racquet) rede *f*; **f**) (front or top end) (of bed) cabeceira *f*; (of table) cabeceira *f*; topo *m*; (of pier, river, valley, lake) extremidade *f*; **at the ~ of stairs/page/list** no cimo da escada/da página/da lista; **at the ~ of the queue** no princípio da fila; **g**) MED (on boil, spot) cabeça *f*; **to come to a ~** (lit) MED amadurecer; (fig) [*crisis, trouble, unrest*] chegar ao ponto crítico; **h**) GEOG cabo *m*. **2 heads** *npl* (tossing coin) cara *f*; **"~s or tails?" "~s!" "~s it is!"** "cara ou coroa?" "cara!" "é cara!". **3** *modif* **a**) ANAT, ZOOL [*movement*] de cabeça; [*injury*] na cabeça; [*covering, bandage*] na cabeça; [*markings, feathers*] ZOOL da cabeça; **b**) (gen) (chief) [*cashier, cook, gardener*] chefe. **4** *vtr* **a**) (lit) (be at the top of) estar à cabeça de [*column, list, procession*]; estar à frente de [*queue*]; **b**) (be in charge of) estar à cabeça de [*business, firm, organization, team*]; conduzir [*expedition, inquiry, investigation, revolt*]; **c**) (entitle) intitular [*article, chapter, essay*]; **d**) (steer) dirigir [*vehicle*] (**towards** em direcção a); **e**) **to ~ the ball** SPORT dar uma cabeçada; **he ~ed the ball into the net** ele fez um golo Po/gol Br com a cabeça. **5** *vi* (go towards) [*person, weather*] dirigir-se; **where was the train ~ed/~ing?** para onde se dirigia o comboio Po/trem Br?. **6 + headed** *pp adj* (in compounds) **black-~ed bird**

pássaro de cabeça preta; **two-~ed monster** monstro de duas cabeças; **red-~ed boy** rapaz ruivo. IDIOMAS **two ~s are better than one** duas cabeças pensam melhor que uma só. ■ **head for**: ~ **for (sth) a)** (lit) (gen) dirigir-se para; **b)** (fig) ir de encontro a [*defeat, financial problems, trouble*]. ■ **head off** dirigir-se (**for, in the direction of, towards** para); ~ **off (sth),** ~ **(sth) off a)** (lit) (intercept) interceptar, barrar o caminho a; **b)** (fig) (forestall) iludir, fugir a [*question*]; evitar [*complaint, quarrel, unrest*].

headache ['hedeɪk] *n* **a)** MED (lit) dor *f* de cabeça; **to have a** ~ ter dor de cabeça; **to give sb a** ~ dar uma dor de cabeça a alg; **b)** (fig) **to be a** ~ **(to sb)** ser uma dor de cabeça (para alg).

headboard *n* cabeceira *f* de cama.

head-dress ['heddres] *n* (feather) ornamento *m* para a cabeça; (lace, fabric) touca *f*.

header ['hedə(r)] *n* **a) to take a** ~ dar um mergulho; **b)** SPORT cabeçada *f*.

headgear *n* (*without pl*) chapéu *m*; boné *m* Po, quepe *m* BR

head-hunter *n* GB, US (lit, fig) caçador *m* de cabeças.

heading ['hedɪŋ] *n* (gen) LITERAT (of article, essay, column) título *m*; (of subject, area, topic) rubrica *f*.

headlamp ['hedlæmp] *n* AUT farol *m*.

headland ['hedlænd, 'hedlənd] *n* (high) promontório *m*; (flat) cabo *m*.

headlight *n* farol *m*.

headline ['hedlaɪn] *n* **a)** JOURN título *m*; **the ~s were full of the crash/the crash was in all the ~s** o acidente era o título principal de todos os jornais; **the front-page** ~ o título de primeira página, a manchete; **b)** RADIO, TV título *m* principal; **here are the (news) ~s again** e agora os principais títulos da actualidade.

headlong ['hedlɒŋ] **1** *adj* [*fall*] de cabeça; **a** ~ **drive/ride** uma corrida desenfreada. **2** *adv* **a)** (lit) [*fall*] de cabeça; [*run, ride, rush, dash*] com toda a rapidez; **b)** (fig) **to rush** ~ **into sth** atirar-se de cabeça a algo.

head: ~ **master** *n* director *m*; ~ **mistress** *n* directora *f*.

headphones ['hedfəʊnz] *npl* auscultadores *mpl*; **a pair of** ~ uns auscultadores.

headquarters [hed'kwɑːtəz] *npl* MIL quartel *m* general; (gen) COMM, ADMIN sede *f*.

head rest *n* (gen) apoio *m* de cabeça.

headroom ['hedruːm, -rʊm] *n* **a)** (gen) espaço *m* para a cabeça; **we haven't got enough** ~ (in boat, vehicle) nós somos demasiado altos para a altura do veículo; **b)** TRANSP altura *f* máxima; "**max** ~ **4 metres**" "altura máxima 4 metros".

head: ~ **scarf** *n* (*pl* **-scarves**) lenço *m* para a cabeça; ~ **set** *n* auscultadores *mpl*.

head start *n* vantagem *f* de avanço; **to give sb a** ~ **on/over sb** dar a alg uma vantagem de avanço sobre alg; **to have a** ~ ter um avanço sobre alg.

headstrong ['hedstrɒŋ] *adj* [*person*] teimoso; [*attitude, behaviour*] obstinado; [*decision*] impetuoso.

head teacher *n* director *m*.

headway ['hedweɪ] *n* progresso *m*; (lit, fig) **to make** ~ (lit, fig) fazer progressos, progredir.

headwind *n* (gen) vento *m* contrário.

heady ['hedɪ] *adj* **a)** (lit) [*wine, mixture*] que sobe à cabeça; [*perfume*] forte; **b)** (fig) [*experience, success, pleasure*] excitante.

heal [hiːl] **1** *vtr* curar [*person, wound, injury*]. **2** *vi* [*wound, cut*] cicatrizar.

healing ['hiːlɪŋ] **1** *n* (of person) cura *f*. **2** *adj* [*power, property*] curativo; [*lotion, ointment*] (for wounds) cicatrizante.

health [helθ] **1** *n* **a)** MED saúde *f*; (of environment) qualidade *f*; **mental** ~ saúde mental; **in good** ~ de boa saúde; **Department of H~** GB Ministério da Saúde; **b)** (in toasts) **to drink (to) sb's** ~ beber à saúde de alg; **here's (to your) ~!, good ~!** à vossa saúde!. **2** *modif* [*problems, issues, needs*] de saúde.

health: ~ **centre** *n* GB centro *m* de saúde; posto *m* médico; ~ **insurance** *n* seguro *m* de doença; ~ **resort** *n* (spa town) termas *fpl* PO, estância hidromineral *f* BR; **H~ Service** *n* GB **the H~ Service** a Segurança Social; **I got my glasses on the H~ Service** a Segurança Social comparticipou na aquisição dos meus óculos; ~ **visitor** *n* GB inspector *m* dos serviços de saúde.

healthy ['helθɪ] *adj* **a)** [*person, plant, hair, diet, etc*] saudável, são; [*appetite*] bom; [*crop*] abundante; [*economy, finances*] forte, próspero; **b)** (justifiable) [*scepticism, doubts*] legítimo; **to have a** ~ **respect for sth/sb** ter um respeito salutar por algo/alg.

heap [hiːp] **1** *n* **a)** (of rubble, leaves, letters, books) montão *m*; monte *m*; pilha *f*; **to pile sth up in a ~/ in ~s** pôr qq coisa em monte; **b)** (coll) (lot) (*usually pl*); **we've ~s of time** temos muito tempo; **c)** (coll, pej) (car) carripana *f*; calhambeque *m* (fam). **2 heaps** (coll) *adv* GB muito, cem vezes; **there's ~s more room here** há muito mais espaço aqui. **3** *vtr* (pile) **to ~ (up) food on a plate/a trolley** encher de comida um prato/um carro de compras.

hear [hɪə(r)] **1** *vtr* (*past, pp* **heard**) **a)** (perceive with ears) ouvir [*sound, thud, voice, car, radio*]; **I can't** ~ **anything** não consigo ouvir nada; **to** ~ **her talk, you'd think...** quem a ouvir, há-de pensar...; **to make oneself** *or* **one's voice ~d** fazer-se ouvir; **b)** (learn, find out about) saber, ouvir dizer [*news, story, joke, rumour*]; **I've ~d so much about you** falaram-me tanto de ti; **I've ~d it all before** já ouvi isso em qq lado; **have you ~d the one about...?** conheces aquela de...?; **have you ~d?** já sabes?; **so I** ~ foi o que ouvi dizer; **c)** (listen to) escutar, ouvir, assistir a [*lecture, speech, concert, record*]; **do you** ~ **(me)?** estás-me a ouvir?; **to** ~ **mass** assistir à missa; **d)** [*judge, court, jury*] ouvir [*testimony, witness*]; **the court ~d that...** foi declarado em tribunal que.... **2** *vi* ouvir; **to** ~ **about** ouvir falar de. IDIOMAS ~! ~! bravo! muito bem!. ■ **hear out:** ~ **out (sb),** ~ **(sb) out** ouvir (alg) até ao fim.

heard [hɜːd] *past, pp* see **hear**.

hearing ['hɪərɪŋ] **1** *n* **a)** (sense, faculty) ouvido *m*; audição *f*; **his** ~ **is not very good** ele não tem muito bom ouvido; **there was no-one within** ~ não havia ninguém ao alcance da voz; **in** *or* **within my** ~ na minha presença; **b)** (before court, magistrate, committee, congress, board, etc) audiência *f*; **closed** *or* **private** ~ audiência

privada; **c)** (chance to be heard) **to get a** ~ conseguir ser ouvido; **to give sb a** ~ ouvir alg. **2** *modif* [*damage, test*] de audição.
hearing aid *n* prótese *f* auditiva.
hearsay ['hɪəseɪ] *n* ouvir-dizer *m*; boato *m*; **based on** ~ baseado no ouvir-dizer.
hearse [hɜ:s] *n* carro *m* funerário.
heart [ha:t] **1** *n* **a)** ANAT (of human, animal) coração *m*; **to clasp sb/sth to one's** ~ apertar alg/ algo contra o coração; **b)** (site of emotion, love, sorrow, etc) coração *m*; **with a heavy/light** ~ com o coração pesado/com alegria; **my** ~ **goes out to you** estou contigo de todo o meu coração; **c)** (innermost feelings, nature) **to open one's** ~ **to sb** abrir o seu coração a alg; **from the** ~ do fundo do coração; **he's a child at** ~ no fundo, ele é uma criança; **d)** (capacity for pity, love, etc) **to have no** ~ não ter coração; **to be all** ~ ter muito bom coração; **I didn't have the** ~ **to refuse** eu não tive coragem de recusar; **e)** (courage) coragem *f*; **to take/lose** ~ ganhar/perder a coragem; **f)** (middle, centre) (of district) coração *m*; **right in the** ~ **of London** em pleno coração de Londres; **the** ~ **of the matter** o fundo da questão; **g) by** ~ de cor. **2** *modif* [*patient, specialist, operation*] do coração; [*trouble, muscle, valve, wall, lining*] cardíaco; **to have a** ~ **condition** ser um doente cardíaco. IDIOMAS **don't set your** ~ **on it** não contes muito com isso; **a man/woman after my own** ~ um homem/ uma mulher como eu gosto; **cross my** ~ **(and hope to die)** juro que estou a dizer a verdade *ou* prometo guardar segredo.
heartache ['ha:teɪk] *n* dor *f*; angústia *f*.
heartbeat ['ha:bi:t] *n* (single pulse) pulsação *f*.
heartbreaking ['ha:tbreɪkɪŋ] *adj* [*story, sight, news*] pungente; [*cry*] dilacerante.
heartbroken ['ha:tbrəʊkn] *adj* **to be** ~ estar inconsolável.
heartburn *n* azia *f*.
hearten ['ha:tn] *vtr* encorajar.
heartening ['ha:tənɪŋ] *adj* animador, reconfortante.
heart failure ['ha:tfeɪljə(r)] *n* paragem *f* cardíaca.
heartfelt ['ha:tfelt] *adj* [*condolence, gratitude, passion, wish*] sincero.
hearth [ha.:θ] *n* lar *m*.
hearth rug *n* zona *f* em frente da lareira.
heartily ['ha:tɪlɪ] *adv* **a)** [*welcome, greet*] calorosamente, cordialmente; **b)** [*agree, support, approve, disapprove, disagree*] com vigor; **c)** [*sing, say, eat*] com vontade; [*laugh*] às gargalhadas; **d)** [*glad, relieved*] verdadeiramente; (coll) **I'm** ~ **sick of it** estou farto disto.
heartless ['ha:tlɪs] *adj* [*person*] sem coração; [*attitude, behaviour*] duro, sem piedade; ~ **treatment** tratamento *m* cruel.
heartlessly ['ha:tlɪslɪ] *adv* [*treat, say, act*] sem piedade.
heartrending ['ha:trendɪŋ] *adj* [*cry, sob, appeal, plea*] dilacerante; [*story, sight*] pungente.
heart-searching ['ha:tsɜ:tʃɪŋ] *n* exame *m* de consciência; **after much** ~ depois de um profundo exame de consciência.
heart: ~**throb** (coll) ídolo *m*; ~~**warming** *adj* (encouraging) reconfortante.

hearty ['ha:tɪ] **1** *n* (sporty person) desportista *m/f*. **2** *adj* **a)** (jolly and vigorous) [*person, voice, manner*] jovial; [*laugh*] franco; [*slap, pat*] vigoroso; **b)** [*appetite, meal, breakfast*] sólido; **c)** (whole-hearted) [*approval, congratulation, admiration*] caloroso.
heat [hi:t] **1** *n* **a)** (lit) (gen) PHYS, METEOROL calor *m*; **in this** ~ **nobody feels hungry** com este calor, ninguém tem fome; **b)** CULIN (of oven) temperatura *f*; (of rings) fogo *m*; **cook at low** ~ (in oven) cozinhar a baixa temperatura; **c)** (heating) aquecimento *m*; **d)** SPORT prova *f* eliminatória; **e) to be on** *or* **in** ~ ZOOL estar com o cio; **f)** (fig) (of argument, discussion) veemência *f*; **in the** ~ **of sth** no calor de qq coisa; **that's taken the** ~ **off us** isso sossegou-nos. **2** *vtr* (gen) CULIN aquecer PO, esquentar BR [*room, house, food, oven*]. **3** *vi* aquecer. PO, esquentar BR ■ **heat up** [*food, drink*] aquecer PO, esquentar BR.
heated ['hi:tɪd] *adj* **a)** (lit) [*brush, windscreen*] aquecido; **b)** (fig) [*person, debate, argument*] inflamado, acalorado, veemente.
heatedly ['hi:tɪdlɪ] *adv* com veemência.
heater ['hi:tə(r)] *n* (gen) aquecedor *m*.
heath [hi:θ] *n* (moor) charneca *f*; (heather) urze *f*.
heathen ['hi:ðn] *adj* (irreligious) pagão; (uncivilized) bárbaro.
heather ['heðə(r)] *n* urze *f*.
heating ['hi:tɪŋ] *n* aquecimento *m*.
heat: ~ **resistant** *adj* [*mat, tile, dish*] resistente ao calor; [*clothing*] isolante, isolador; ~ **stroke** *n* golpe *m* de calor; ~ **wave** *n* vaga *f* de calor.
heave [hi:v] **1** *n* **a)** (effort to move) esforço *m*; impulso *m*; **b)** (swell) (of sea) ondulação *f*; (of breast) arquejo *m*; **his stomach grave a** ~ **ele** sentiu uma náusea. **2** *vtr* **a)** (lift) erguer, levantar; **b)** (throw) atirar (**at** para). **3** *vi* **a)** [*sea*] agitar-se; [*ground*] elevar-se; **b)** (pull) puxar com toda a força; **c)** (retch) fazer esforço para vomitar; (vomit) vomitar. IDIOMAS **to** ~ **into sight** *or* **view** ser bem parecido.
heaven ['hevn] *n* **a)** RELIG (*also* H~) céu *m*; **to go to/be in** ~ ir para/estar no céu; ~ **and hell** o céu e o inferno; **the kingdom of** ~ o reino dos céus; **b)** (in exclamations) ~**s (above)** ! céus!; ~ **help us!** que Deus nos ajude!; **good** ~**s!** *or* **great** ~**s!** (dated) Santo Deus!; **thank** ~**(s)!** graças a Deus!; **c)** (bliss) [*state, place*] paraíso *m*; (wonderful) [*person, food*] divino, celestial; **d)** (sky) céu *m*; firmamento *m*. IDIOMAS **to be in seventh** ~ estar no sétimo céu; **to move** ~ **and earth** mover céus e terra (**to do** para (fazer)).
heavenly ['hevnlɪ] *adj* **a)** (of heaven) [*choir, vision*] celeste, celestial; (of God) [*peace, justice*] divino; **b)** (coll) (wonderful) divino, óptimo, maravilhoso.
heavenly body *n* corpo *m* celeste.
heavily ['hevɪlɪ] *adv* [*lean, press, fall, move, sleep, sigh, walk*] pesadamente; [*breathe*] (noisily) ruidosamente; (with difficulty) com dificuldade; [*rain, snow*] abundantemente, muito; [*spend, smoke, drink, invest*] excessivamente, muito; **to be** ~ **built** ser solidamente construído; **to lose** ~ (in money) perder muito; (in match, game, battle) ter uma derrota esmagadora.

heaviness ['hevɪnɪs] *n* (of object, person, fabric, garment) peso *m*; (of losses, casualties) importância *f*.

heavy ['hevɪ] **1** *n* (coll) (*esp pl*) **a)** (person) gorila *m* (fam); **b)** (newspaper) jornal *m* sério. **2** *adj* **a)** (gen) Phy [*weight, person, load, bag, etc*] pesado; **he's 5 Kg heavier than me** ele pesa mais 5 Kg do que eu; **to make sth ~/heavier** tornar qq coisa mais pesada; **b)** (lit) (thick) [*fabric, coat*] pesado; [*line, feature, face*] grosseiro; **a man of ~ build** um homem de forte constituição; **c)** Mil, Ind [*machinery, artillery*] pesado; **d)** (fig) (weighty) [*movement, footstep*] pesado; (abundant) [*traffic, gunfire*] intenso; (strong) [*perfume, scent*] forte; [*accent*] carregado; (severe) [*defeat, loss*] pesado; [*attack, bombing*] intenso; Med [*period*] abundante; (large) (gen) Fin [*expenses, charges, investments*] importante; [*investor*] grande, importante (*before n*); **with a ~ heart** (fig) com tristeza; **to be a ~ drinker/ smoker** beber/fumar muito; **e)** (gen) Meteorol [*weather*] pesado; [*rain, frost*] forte; [*fog, mist*] denso; [*sky*] carregado; **f)** Culin [*meal, food, pastry*] pesado; [*wine*] encorpado; **g)** (busy, packed) [*day, month, timetable, programme*] carregado, sobrecarregado; **h)** (serious, difficult, intellectual) [*book, paper, film, lecture*] difícil; **this article is** *or* **makes ~ reading** este artigo não é de leitura fácil. **3** *adv* **time hung ~ on her hands** o tempo custava-lhe a passar.

heavy: ~ duty *adj* (very strong) [*plastic, rubber, lock*] muito resistente; (for industrial use) [*machine, equipment*] para uso industrial; **~ good vehicle** *n* veículo *m* pesado; **~-handed** *adj* (clumsy) [*person, remark, compliment, approach*] desajeitado; **~weight 1** *n* **a)** Sport (boxer) peso-pesado *m*; **b)** (coll, fig) (in industry, commerce, etc) pessoa *f* importante; (in intellectual circles) grande cabeça *f* (fam). **2** *modif* **a)** Sport [*boxer, title, competition*] de pesos--pesados; **b)** [*fabric*] pesado.

Hebrew ['hi:bru:] **1** *adj* hebreu, hebraico, judaico; **the ~ calendar** o calendário hebraico. **2** *n* (person) hebreu *m*; israelita *m/f*; (language) hebreu *m*.

heckle ['hekl] **1** *vtr* interpelar/interrogar persistentemente. **2** *vi* fazer zaragata Po/brigalhada Br.

heckler ['heklə(r)] *n* aquele que interrompe alg com perguntas embaraçosas ou difíceis, provocador *m*.

hectare ['hektɑ:(r), 'hekteə(r)] *n* hectare *m*.

hectic ['hektɪk] *adj* [*activity*] intenso; [*period*] movimentado, agitado.

hedge [hedʒ] **1** *n* **a)** Bot sebe *f*; cerca *f*; **b)** Fin protecção (**against** contra). **2** *vi* (equivocate) usar de evasivas, escapar-se. **3 hedged** *pp adj* **a)** [*field, paddock*] cercado, fechado; **~ with** rodeado de; **b)** (restricted) **~ (about** *or* **around** *or* **in)** cheio de [*problems, restrictions*]. **IDIOMAS to ~ one's bets** apostar nos dois lados.

hedge: ~hog *n* ouriço *m* cacheiro; **~row** *n* sebe *f*.

heed [hi:d] **1** *n* atenção *f*; consideração *f*; reparo *m*; **to pay ~ to sb/sth, to take ~ of sb/sth** prestar atenção a alg/algo. **2** *vtr* prestar atenção, ter em conta, seguir [*advice*].

heedless ['hi:dlɪs] *adj* desatento, distraído; (carefree) descuidado, negligente, imprudente; **~ of** indiferente a.

heel¹ [hi:l] **1** *n* **a)** Anat (of foot, sock) calcanhar *m*; **to turn on one's ~** dar meia volta; **b)** (of shoe) salto *m*; **c)** (*pl* **heels**) **(high) ~s** sapatos *mpl* de salto alto. **2** *vtr* **a)** (repair) pôr saltos em [*shoe*]; **b)** Sport (tactic) passar (a bola) com o calcanhar [*ball*]. **IDIOMAS to bring (sb) up to ~** (fig) pôr nos eixos (fam) [*dissident, child, employee*]; **to come to ~** (fig) submeter-se; **to cool** *or* **kick one's ~s** esperar de pé; **to dig in one's ~s** ser perseverante, mostrar determinação; **to fall/be head over ~s in love with sb** estar perdidamente apaixonado Po/gamado, vidrado Br por alg; **to take to one's ~s** (hum) fugir.

heel² [hi:l] *vi* [*ship*] adernar; [*large objects*] inclinar-se; **to ~ over** tombar; **to ~ over into sth** cair sobre qq coisa.

heel over [*ship, motorcyclist*] inclinar-se para o lado.

hefty ['heftɪ] *adj* [*person*] corpulento, entroncado Po, troncudo Br; [*blow*] violento; [*bill, profit, sum*] considerável.

heifer ['hefə(r)] *n* bezerra *f*; novilha *f*.

height [haɪt] **1** *n* **a)** (tallness) (of person) estatura *f*; (of table, tower, tree, etc) altura *f*; **a woman of average** *or* **medium ~** uma mulher de estatura média; **what is your ~?** quanto medes?; **I am 1 metre 60 cm in ~** meço 1,60 m; **b)** (distance from the ground) (gen) altura *f*; (of mountain, plane) altitude *f*; **at a ~ of 2000 metres** a uma altitude de 2000 metros *ou* a 2000 metros de altitude; **c)** (fig) (peak) **at the ~ of the season** em plena estação; **at the ~ of the crisis** no auge da crise. **2 heights** *npl* (high place) (lit) alturas *fpl*; **I'm scared of ~s** tenho medo das alturas.

heighten ['haɪtn] **1** *vtr* (*often in passive*) intensificar [*emotion*]; reforçar [*desire*]; aumentar [*malaise, fear, anxiety*]; acentuar [*effect*]; **to ~ sb's awareness of sth** tornar alg mais consciente de qq coisa. **2** *vi* [*fear*] aumentar; [*tension*] subir.

heinous ['heɪnəs] *adj* (liter) abominável, nefando; **a ~ crime** um crime hediondo.

heir [eə(r)] *n* herdeiro *m* (**to** de); **~ presumptive** herdeiro presuntivo (salvo alteração na ordem de sucessão); **to fall ~ to** ser o herdeiro de.

heiress ['eərɪs] *n* herdeira *f*.

heirloom ['eəlu:m] *n* herança *f*; bens *mpl* móveis herdados de geração em geração; **a family ~** uma herança de família.

heist [haɪst] (slang) *n* roubo *m*; assalto *m*.

held [held] *see* **hold** (*pp*).

helices ['helɪsi:z] *pl see* **helix**.

helicopter ['helɪkoptə(r)] **1** *n* helicóptero *m*. **2** *vtr* helitransportar.

heliport ['helɪpɔ:t] *n* heliporto *m*.

helium ['hi:lɪəm] *n* hélio *m*.

helix ['hi:lɪks] *n* (*pl* **-lices** *or* **-lixes**) hélice *f*.

hell [hel] *n* **a)** Relig (*also* H~) inferno *m*; **b)** (coll) (unpleasant place, experience) **life was ~ (on earth)** a vida era um inferno; **c)** (coll) (as intensifier) **a ~ of a shock** um choque terrível; **we had a ~ of a time** (bad) não nos divertimos nada; (good) divertimo-nos bastante; **it sure as ~ wasn't me** uma coisa é certa, não fui eu; **oh,**

what the ~! (too bad, who cares) oh, que interessa?. IDIOMAS **come ~** *or* **high water** custe o que custar; **there will be ~ to pay** vai pagar caro; **to give sb ~** (coll) (cause to suffer) fazer a vida negra a alg.

hell: **~-bent** *adj* **to be ~-bent on doing sth** querer fazer qq coisa a todo o custo; **~fire 1** *n* fogo *m* do inferno. **2** *modif* [*preacher, sermon*] apocalíptico.

hellish ['helɪ∫] *adj* a) (hell-like, infernal) [*sight, vision*] do inferno; **b)** (coll) (awful) [*motorway, traffic*] infernal, terrível.

hello [hə'ləʊ, he'ləʊ] see **hallo.**

Hell's angel *n* membro *m* dum grupo de motoqueiros que pratica actos violentos.

helm [helm] *n* leme *m*; (fig) rédeas *fpl*; **he stood at the ~** ele ficou ao leme.

helmet ['helmɪt] *n* capacete *m*; HIST elmo *m*.

help [help] **1** *n* **a)** ajuda *f*; (in emergency situation) socorro *m*; **can I be of ~ (to you)?** posso ajudá-lo?; **to come to sb's ~** vir em socorro de alg, vir ajudar alg; **to cry** *or* **shout for ~** gritar por socorro; **he is beyond ~, he is past (all) ~** ele está perdido; **b)** (domestic servant) empregada *f* doméstica; (cleaning woman) **(daily) ~** mulher *f* a dias. **2** *excl* **~!** socorro!. **3** *vtr* **a)** ajudar; (more urgently) socorrer; **we must all ~ each other** devemo-nos ajudar uns aos outros; **can I ~ you?** (in a shop) que deseja?; (on phone) em que posso ser útil?; **I ~ed him to his feet** ajudei-o a levantar-se; **b)** (iron) (improve) melhorar [*situation, problem*]; **he didn't ~ matters by writing that letter** ele não melhorou as coisas por ter escrito aquela carta; **c)** (contribute) **this policy ~s (to) keep prices down** esta política favorece a baixa de preços; **d)** (serve) **to ~ sb to sth** servir qq coisa a alg; **e)** (*usu negat*) (prevent) **I can't be ~ed!** não se pode fazer nada para isso!; **not if I can ~ it!** não, se estiver na minha mão evitá-lo!. **4** *vi* ajudar; **he never ~s with the housework** ele nunca dá uma ajuda nas lides domésticas. **5** *v refl* **to ~ oneself** servir-se (**to** de); **~ yourselves!** sirvam-se!. IDIOMAS **every little ~s** (when donating money) todas a dádivas são benvindas; (when saving) grão a grão enche a galinha o papo (Prov). ▪ **help out** ajudar; (in crisis, emergency) tirar alg de uma dificuldade.

helper [helpə(r)] *n* ajudante *m/f*.

helpful ['helpfl] *adj* [*tool, machine, gadget*] útil; [*remedy, tablets, etc*] eficaz; **I was only trying to be ~** só estava a tentar ser útil!.

helping ['helpɪŋ] *n* dose *f*; **I took a second ~ of potatoes** servi-me outra vez de batatas.

helpless ['helplɪs] *adj* (powerless) [*person*] incapaz; (defenceless) [*person*] indefeso.

helter-skelter ['heltəskeltə(r)] **1** *adv* desordenadamente, a trouxe-mouxe (fam). **2** *adj* desordenado, confuso. **3** *n* (in a funfair) tobogã *m*.

hem [hem] **1** *n* orla *f*; bainha *f*; **to take up/let down the ~ on sth** subir/baixar a bainha. **2** *vtr* (*pres p etc* **-mm-**) fazer uma bainha em [*garment*]; embainhar [*linen*]. ▪ **hem in ~ (sb/sth) in** (enemy) cercar.

hematoma *n* US see **haematoma.**

hemisphere ['hemɪsfɪə(r)] *n* MED, GEOG hemisfério *m*; **the western ~** JOURN o mundo ocidental.

hemp [hemp] *n* **a)** (fibre) cânhamo *m*; **b)** (drug) haxixe *m*.

hen [hen] **1** *n* galinha *f*. **2** *modif* (pheasant, lobster) fêmea.

hence [hens] *adv* (from now) a partir de agora/deste momento; (from here) daqui; (therefore) por isso, portanto; **I'll see you three days ~** ver-te-ei daqui a três dias.

henchman ['hent∫mən] *n* (pej) acólito *m*.

henna ['henə] *n* "henné" *m*.

hen: **~ party** *n* reunião *f* de mulheres; **~-pecked** *adj* (marido) dominado pela mulher.

hepatitis [hepə'taɪtɪs] *n* hepatite *f*.

her [hɜ:(r)] **1** *pron* (direct object) a, ela (*usual after prep*); (indirect object) lhe; **it's ~** é ela; **I did it for ~** fi-lo por ela. **2** *det* seu, sua, seus, suas, dela.

herald ['herald] **1** *n* arauto *m*; mensageiro *m*; precursor *m*. **2** *vtr* (*also* **to ~ in**) anunciar, proclamar, trazer notícias de.

heraldic [he'rældɪk] *adj* heráldico; **~ device** emblema *m*; brasão *m*.

heraldry ['herəldrɪ] *n* heráldica *f*.

herb [hɜ:b] *n* erva *f*; **dried mixed ~** CULIN mistura de ervas aromáticas secas.

herbaceous [hɜ:'beɪ∫əs] *adj* herbáceo; **~ border** canteiro.

herbal ['hɜ:bl] *adj* **~ remedy** medicamento *m* natural (à base de plantas).

herbivorous [hɜ:'bɪvərəs] *adj* herbívoro.

herd [hɜ:d] **1** *n* **a)** rebanho *m*; (of horses) manada *f*; **b)** multidão *f*; populaça *f*. **2** *vtr* (watch over) guardar, arrebanhar (pej) [*people*]. **3** *vi* **~ into** juntar-se em; **~ together** reunir-se; (closely) amontoar-se.

here [hɪə(r)] **1** *adv* **a)** aqui; **far from/near ~** longe daqui/aqui perto; **come over ~** vem por aqui; **up to ~, down to ~** até aqui; **~ lies** (on tombstone) aqui jaz; **~ and there** em vários lugares, aqui e ali; **~ they are** aqui estão eles, ei-los; **~ you are** (offering sth) toma, aqui tens; **b)** (indicating presence, arrival) **she's not ~ right now** de momento, ela não está; **"John?" - "~ Sir"** (revealing whereabouts) "João?" - "estou aqui"; (during roll call) "João?" - "presente!"; **c)** (emphatic) **look** *or* **see ~, you!** olha lá, tu aí!. **2** *excl* eh!. IDIOMAS **~ goes!** cá vai!; **~'s hoping** espero; **~'s to our success/to you!** ao nosso sucesso! à tua saúde!; **~ there and everywhere** por todo o lado; **it's neither ~ nor there** (unimportant) isso não tem importância; (irrelevant) isso não aquece nem arrefece, isso não vem ao caso.

here and now 1 *n* **the ~** (present) o presente. **2** *adv* imediatamente.

hereditary [hɪ'redɪtərɪ] *adj* hereditário.

heredity [hɪ'redɪtɪ] *n* hereditariedade *f*.

heresy ['herɪsɪ] *n* heresia *f*.

heretic ['herɪtɪk] *n* herege *m*.

heretical [hɪ'retɪkl] *adj* herético.

heritage ['herɪtɪdʒ] *n* herança *f*; (cultural) património *m*.

hermetic [hɜ:'metɪk] *adj* hermético.

hermetically [hɜ:'metɪkəlɪ] *adv* hermeticamente; **~ sealed** selado *ou* fechado hermeticamente.

hermit ['hɜ:mɪt] *n* eremita *m/f*.

hernia ['hɜ:nɪə] *n* hérnia *f*.

hero ['hɪərəʊ] *n* herói *m*; **a ~s welcome** um acolhimento triunfal.

heron ['hern] *n* garça-real *f.*
herpes ['hɜ:piːz] *n* herpes *m.*
herring ['herɪŋ] *n* arenque *m.*
herringbone *n* (fabric) tecido *m* espinhado.
hers [hɜːz] *pron* (o/a/os/as) dela, seu/sua/seus/ suas (dela); **my car is red but ~ is blue** o meu carro é vermelho mas o dela é azul; **I'm a friend of ~** sou amigo dela; **it's not ~** não é dela.
herself [hə'self] *pron* ela própria, ela mesma; **she's hurt ~** ela magoou-se; **for ~** para ela mesma; **(all) by ~** sozinha; **she's not ~ today** ela hoje não está nos seus dias.
he's [hiːz] see **he is**, **he has**.
hesitant ['hezɪtənt] *adj* [*person, reply*] hesitante, indeciso; **to be ~ about doing** hesitar em fazer.
hesitate ['hezɪteɪt] *vi* (pause, be reluctant) hesitar (**over** em; **to do** em fazer); **he who ~s is lost** quem não arrisca, não petisca (Prov).
hesitation [hezɪ'teɪʃn] *n* hesitação *f.*
hessian ['hesɪən] *n* juta *f.*
heterodoxy ['hetərədoksɪ] *n* heterodoxia *f.*
heterogeneous [hetərə'dʒiːnɪəs, hetərə'dʒenɪəs] *adj* heterogéneo.
heterosexual [hetərə'seksjʊəl] *n, adj* heterossexual *m/f.*
het up [het ʌp] (slang) *adj* **to get ~ about** *or* **ever sth** estar em palpos de aranha acerca de qq coisa (fam).
hew [hjuː] *vtr* (*pp* **hewn**) cortar, rachar [*wood, coal*]; talhar, esculpir [*store, branch*] (**out of** em).
hexagon ['heksəgən] *n* hexágono *m.*
hey [heɪ] (coll) *excl* (call for attention) ei! pst!; (protest) eh lá!.
heyday ['heɪdeɪ] *n* apogeu *m*; (of person) a flor da idade.
hi [haɪ] (coll) *excl* (greeting) olá!.
hiatus [haɪ'eɪtəs] *n* hiato *m*; intervalo *m.*
hibernate ['haɪbəneɪt] *vi* hibernar.
hibernation [haɪbə'neɪʃn] *n* hibernação.
hiccup, hiccough ['hɪkəp] **1** *n* soluço *m*; (setback) revés *m*; **to have ~s** ter soluços. **2** *vi* ter soluços.
hid [hɪd] *past* see **hide**.
hidden ['hɪdn] **1** *pp* see **hide**. **2** *adj* [*cause, danger, talent, treasure*] escondido; **to be ~ from view** estar fora das vistas.
hide¹ [haɪd] **1** *vtr* (*past* **hid** *pp* **hidden**) esconder [*person, eyesore, emotion*] (**from** de); dissimular [*emotion*]; **to ~ sb/sth away** esconder alg/ algo. **2** *vi* (*past* **hid** *pp* **hidden**) esconder-se (**in** em; **behind** atrás de). IDIOMAS **to ~ one's light under a bushel** ser demasiado modesto, esconder os seus talentos. ■ **hide away:** **~ (sth) away**, **~ way (sth)** esconder. ■ **hide out** GB, **hide up** US esconder-se.
hide² [haɪd] *n* (skin) pele *f*; (leather) couro *m.*
hide: **~-and-go-seek** US **~-and-seek** GB jogo *m* das escondidas; **~-away** *n* esconderijo *m.*
hidebound ['haɪdbaʊnd] *adj* [*opinion*] tacanho, limitado.
hideous ['hɪdɪəs] *adj* [*clothing*] pavoroso, horrível; [*object, creature, monster*] horrendo; [*noise*] terrível; [*conditions, violence, murder*] atroz.
hide out *n* esconderijo *m.*
hiding ['haɪdɪŋ] *n* **to go into ~** esconder-se; **to**

be in ~ estar escondido; **to emerge from** *or* **come out of ~** sair do esconderijo; (beating) sova *f*; **to give sb a (good) ~** dar uma (boa) sova em alg; (slang) **to be on a ~ to nothing** estar destinado ao fracasso.
hierarchic(al) [haɪə'raːkɪk(l)] *adj* (of a hierarchy) hierárquico.
hierarchy ['haɪəraːkɪ] *n* hierarquia *f.*
hieroglyph ['haɪərəglɪf] *n* (lit, fig) hieróglifo *m.*
hi-fi ['haɪ-faɪ] *n* **a)** hi-fi *f*; alta fidelidade *f*; **b)** (set of equipment) aparelhagem *f* de alta fidelidade.
higgledy-piggledy [hɪgldɪ pɪgldɪ] **1** *adv* em confusão, em desordem. **2** *adj* desordenado Po, bagunçado Br.
high [haɪ] **1** *n* **a) to hit** *or* **reach** *or* **rise to a new ~** atingir um novo recorde; **b)** (coll) (euphoric feeling) **to give sb a ~** [*drug*] provocar alucinações; [*success, compliment*] subir à cabeça de alg; **to be on a ~** estar em plena euforia. **2** *adj* **a)** (tall) [*building, wall, cliff, hill, pile*] alto; **~ cheekbone** maçã *f* do rosto saliente; **how ~ is the cliff?** de que altura é o rochedo?; **it is 50 cm ~** tem 50 cm de altura; **I've known him since he was so ~** conheci-o desde pequeno; **b)** (far from the ground) [*shelf, window, ceiling*] alto; [*tier, level, floor*] superior; [*cloud*] de altitude; **at ~ tide** na maré alta; **dress with a ~ neck (line)** vestido com o decote subido; **how ~ (up) are we?** (on top of building) a que altura é que nós estamos?; (on plane, mountain) a que altitude estamos?; **c)** (numerically large) [*number, ratio, price, volume, frequency*] elevado; **at ~ speed** a grande velocidade; **to have a ~ temperature** ter febre; **~ in** rico em [*fat, iron*]; **d) cook on ~ heat** cozinhar em lume forte; **a moment of ~ drama** um momento muito dramático; **to run ~** [*feelings, passion*] estar excitado; **in ~ summer** no pino do Verão; **e)** [*quality, status, standard, rank, class, caste, authority*] superior; **to have friends in ~ places** ter amigos altamente colocados; **to go onto ~er things** fazer carreira; **f)** (noble) [*ideal, principle, character*] nobre; **g)** [*pitch, sound, voice*] agudo; [*note*] alto; **h)** [*fish, cheese, butter*] quase estragado; **i)** (coll) (on drug) eufórico; (happy) muito alegre. **3** *adv* **a)** [*build, pile, climb, jump, fly, rise*] alto; **to climb ~er and ~er** (lit) [*person, animal*] subir cada vez mais alto; (fig) [*figures, rate, unemployment*] aumentar cada vez mais; **b)** [*set, turn on*] alto; **don't turn it up too ~** não ponhas muito alto. IDIOMAS **it's ~ time that sb did sth** já é tempo de alg fazer qq coisa; **to hold one's head (up)** ~ caminhar de cabeça erguida; **to search** *or* **hunt ~ and low for sth** remover céus e terra para encontrar qq coisa.
high: **~brow** *n* altar-mor *m*; **~ chair** *n* cadeira *f* alta (para crianças); **~-class** *adj* [*restaurant, cook, hotel, shop*] de primeira categoria; [*goods, product*] de primeira qualidade; **H~ Court (of Justice)** *n* Supremo Tribunal *m* de Justiça; **~-flown** *adj* empolado, bombástico; **~-flyer** *n* pessoa *f* ambiciosa; **~-flying** *adj* **a)** [*person*] ambicioso; **b)** [*aircraft*] que voa a grande altitude; **~-frequency** *adj* de alta frequência; **~-grade** *adj* [*substance, mineral, paper, etc*] de grande qualidade; **~-handed** *adj* déspotico; **~-heeled** *adj*

[*shoe*] de salto alto. (coll) ~ **jinks** *npl* folia *f*; ~ **jump** *n* salto *m* em altura.

Highland ['haɪlənd] *n* **a**) (in Scotland) **the ~s** a Alta Escócia, os Highlands *mpl* (as terras altas da Escócia); **b**) **h~s** região *f* montanhosa.

high: ~ **level** *adj* [*contracts, meeting, language, talks, etc*] de alto nível; ~ **life** *n* vida *f* de luxo; ~**light 1** *n* ART realce *m*; (in hair) (natural) reflexo *m*; (artificial) madeira *f*; (best part) (gen) momento *m* alto. **2** *vtr* (*past, pp* **highlighted**) **a**) [*artist*] salientar, realçar; [*photographer*] pôr em relevo; [*sum, hight*] iluminar, destacar; **b**) (fig) acentuar; **c**) (with fluorescent pen) sublinhar, destacar; **d**) (hairdressing) aclarar.

highly ['haɪlɪ] *adv* **a**) (very, to a large extent) [*complex, dangerous, educated, motivated, intelligent, sensitive, etc*] extremamente; [*toxic, unlikely*] altamente; [*spiced, flavoured, seasoned*] muito; **b**) (enthusiastically) **to think ~ of sb** pensar bem de alg; **to praise sb ~** elogiar muito alg; **c**) [*paid, remunerated, rewarded*] muito bem.

highly-strung *adj* tenso, nervoso.

highness ['haɪnɪs] *n* **His** *or* **Her/Your (Royal) H~** Sua Alteza (Real).

high: ~**-pitched** *adj* [*voice, sound*] agudo; ~ **point** *n* ponto *m* culminante; ~**-powered** *adj* **a**) [*car, engine*] muito potente; **b**) [*person, executive, business, sector*] dinâmico; [*job*] de alta responsabilidade; ~ **pressure 1** *n* METEOROL alta pressão *f*. **2** *modif* [*life, job, work, area*] sob pressão; ~ **priest** *n* **a**) RELIG sumo-sacerdote *m*; **b**) (fig) papa *m* (**of** de); ~**-ranking** *adj* de alta posição;·~ **rise** *n* torre *f* (de habitação); ~ **road** *n* estrada *f* Po/rodovia *f* BR nacional; ~ **school** *n* **a**) US ≈ liceu *m*; **b**) GB escola *f* secundária; ~ **sea** *n* (*often pl*) alto mar *m*; **on the ~ seas** no alto mar; ~ **season** *n* estação *f* alta; ~**-speed** *adj* **a**) [*train, car, chase, crash*] a grande velocidade; [*coach, jet, boat, vehicle*] rápido; **b**) [*film*] ultra--rápido; ~**-spirited** *adj* cheio de alegria, muito alegre; ~ **spirits** *npl* alegria *f*; **to be in ~ spirits** estar muito alegre; ~ **street** GB (*also* **H~ Street**) *n* (in town, village) rua *f* principal; ~ **tea** *n* GB lanche *m* ajantarado; ~**-tech** (coll) **1** *adj* **a**) [*industry, company*] de ponta; [*hospital, office, equipment, car*] ultramoderno; **b**) [*style, decor, furniture, room*] high-tech. **2** ~ **tech** *n* (interior design) estilo *m* high tech; ~ **technology** *n* tecnologia *f* de ponta; ~ **treason** *n* alta traição *f*; ~**-water mark** *n* **a**) (lit) nível *m* a que chegou a maré cheia; **b**) (fig) apogeu *m*; ponto *m* culminante; ~**way** *n* estrada *f* Po/rodovia *f* BR nacional; US (motorway) auto-estrada *f*; ~**ways and byways** caminhos e atalhos; ~**way man** *n* salteador *m* da estrada.

hijack ['haɪdʒæk] **1** *vtr* desviar [*plane*]; assaltar [*lorry, car*]. **2** *n* assalto *m* e desvio *m* de avião.

hijacker ['haɪdʒækə(r)] *n* (plane) pirata *m* do ar; (bus, truck) assaltante *m/f*.

hike [haɪk] **1** *n* **a**) (walk) passeio *m*; (hum) caminhada *f*; **to go on/for a ~** dar um passeio; **b**) FIN (rise) alta *f*; subida *f* (**in** de). **2** *vi* andar a pé, passear. **3** *vtr* (*also* ~ **up**) subir [*garment*].

hiker ['haɪkə(r)] *n* andarilho *m*; pessoa *f* que viaja a pé.

hilarious [hɪ'leərɪəs] *adj* hilariante, alegre.

hilarity [hɪ'lærɪtɪ] *n* hilaridade *f*.

hill [hɪl] *n* colina *f*; (hillside) vertente *f*; (incline) encosta *f*; (liter) **over ~ and dale** por montes e vales. IDIOMAS **as old as the ~s** velho como Matusalém; **to be over the ~** já não ser jovem.

hillbilly ['hɪlbɪlɪ] *n* (pej) saloio *m*.

hillock ['hɪlək] *n* outeiro *m*; pequena colina *f*.

hill: ~**side** *n* vertente *f*; encosta *f*; ~**top** *n* topo *m* da colina.

hilly ['hɪlɪ] *adj* [*landscape, region*] montanhoso, escarpado.

hilt [hɪlt] *n* (of sword) punho *m*; (knife) cabo *m*; **(up) to the ~** (lit) inteiramente, completamente; **to back sb up to the ~** apoiar Po/dar uma força a BR alg aconteça o que acontecer.

him [hɪm] *pron* **a**) (direct object) o, ele (*usual after prep*) **I like ~** eu gosto dele; **catch ~!** apanha-o!; **b**) (indirect object, after prep) lhe, a/ para/com ele.

Himalayas [hɪmə'leɪəz] *npl* **the ~** os Himalaias *mpl*.

himself [hɪm'self] *pron* ele próprio, ele mesmo; **he's hurt ~** ele magoou-se; **for ~** para ele; **(all) by ~** sozinho; **he's not ~ today** ele não está nos seus dias hoje.

hind[1] [haɪnd] *n* ZOOL corça *f*.

hind[2] [haɪnd] *adj* [*legs*] traseiro, posterior.

hinder ['hɪndə(r)] *vtr* (hamper) estorvar; (oppose) pôr obstáculos [*proposals, reform*]; (delay) travar [*progress*]; retardar [*plan*]; (prevent) impedir [*action, person*]; **to ~ sb in their efforts to do sth** dificultar os esforços de alg para fazer qq coisa.

Hindi ['hɪndɪ] *n* hindu *m*.

hindquarters [hɪndə'kwɔ:təz] *npl* quartos *mpl* traseiros (de animal).

hindrance ['hɪndrəns] *n* obstáculo *m*; estorvo *m*; empecilho *m*; **to be a ~ to sb/sth** ser um estorvo para alg/algo.

hindsight ['haɪndsaɪt] *n* **with (the benefit of) ~** retrospectivamente.

Hindu ['hɪndu:, hɪn'du:] *n, adj* hindu *m*; indiano *m*.

Hinduism ['hɪndu:ɪzm] *n* hinduísmo *m*.

Hindustani [hɪndəs'ta:nɪ] *n, adj* hindustani *m/f*.

hinge [hɪndʒ] **1** *n* (gen) dobradiça *f*. **2** *vi* **to ~ on sth/sb** depender de qq coisa/alg; TECH articular--se sobre qq coisa.

hint [hɪnt] **1** *n* **a**) (insinuation) alusão *f*; **broad ~** alusão clara; **to drop a ~** dar a entender (**that** que); **b**) (little bit) (lit) (of spice, flavouring) pitada *f*; (of colour) pincelada *f*; (of smile, fear) vestígio *m*; (of attitude, belief) sinal *m*; **c**) (clue) indicação *f*; pista *f*; **I've no idea, give me a ~** não tenho nenhuma ideia, dá-me uma pista; **d**) (helpful tip) sugestão *f* (**for, on** sobre). **2** *vi* dar a entender (**that** que; **to sb** a alg).

hip[1] [hɪp] *n* anca *f*.

hip[2] [hɪp] *n* BOT baga *f* da roseira brava.

hip[3] *excl* ~ ~ **hurrah!** hip hip hurra!.

hip[4] (slang) *adj* [*person*] bem informada, a par; [*habits, style*] à moda.

hip: ~ **bone** *n* osso *m* ilíaco; ~ **flask** *n* frasco *m*; ~ **measurement,** ~ **size** *n* medida *f* de anca; ~ **pocket** *n* bolso *m* de trás.

hippie, hippy ['hɪpɪ] *n, adj* hippy *m/f*.

hippo ['hɪpəʊ] (coll) *n* abrev = **hippopotamus** hipopótamo *m*.

hippopotamus [hɪpə'pɒtəməs] *n* (*pl* ~**es** *or* **hippopotami**) hipopótamo *m*.
hippy *n* see **hippie**.
hire ['haɪə(r)] **1** *n* aluguer *m* Po, aluguel *m* Br; **car** ~ aluguer Po/aluguel *m* Br *m* de carros; **for** ~ para alugar; (taxi) livre. **2** *vtr* alugar [*equipment, services, vehicle*] (**from** de; **to** a); contratar [*person*].
hire: ~ **car** *n* carro *m* de aluguer Po/aluguel Br; ~ **purchase** *n* compra *f* a crédito; **on** ~ **purchase** a prestações.
hirsute ['hɜːsjuːt] *adj* **a**) (person) (hairy) cabeludo, peludo; (unkempt) hirsuto; **b**) Bot felpudo, peludo.
his [hɪz] **1** *det.* seu, sua, seus, suas, dele. **2** *pron* (o/a/os/as) dele; **the blue car is** ~ o carro azul é dele; **I'm a colleague of** ~ sou colega dele; **all the drawings were good but** ~ **was the best** todos os desenhos eram bons, mas o dele era o melhor.
hiss [hɪs] **1** *vi* [*person, wind, locomotive*] assobiar; [*steam, gas*] chiar. **2** *vtr* assobiar, vaiar [*actor, performance*]. **3** *n* (of gas, steam) chiar *m*.
historian [hɪ'stɔːrɪən] *n* historiador *m*; **ancient** ~ especialista *m/f* em história da antiguidade; **art** ~ historiador *m* de arte.
historic [hɪ'stɒrɪk] *adj* **a**) (gen) [*event, site, moment*] histórico; **b**) **past** ~ Ling pretérito perfeito; ~ **present** presente de narração.
historical [hɪ'stɒrɪkl] *adj* histórico.
history ['hɪstərɪ] **1** *n* **a**) Literat, Sch, Univ (study of past, story, textbook) história *f*; **ancient/ modern** ~ história *f* antiga/contemporânea; **English 18th century** ~ história de Inglaterra do século XVIII; **in all the firm's 50-year** ~ nos 50 anos de história da companhia; **a place in** ~ um lugar na história; **the rest is** ~ o resto pertence à história; **to make** ~ entrar na história; **to go down in** ~ **as...** entrar na história como...; **b**) (gen) Jur, Med (record) antecedentes *mpl*; **he has a** ~ **of heart trouble/violence** ele tem antecedentes cardíacos/um passado violento; **the company has a** ~ **of success** a companhia tem um passado cheio de sucesso. **2** *modif* [*book, course, degree, student*] de história.
hit [hɪt] **1** *n* **a**) (blow, stroke in sport) golpe *m*; pancada *f*; **b**) (successful shot, strike on target) tiro *m* no alvo; **to score 4** ~**s** acertar 4 vezes no alvo; **c**) (success) sucesso *m*; **to be a big** *or* **smash** ~ (show, film) ser um enorme sucesso. **2** *modif* [*song, play, musical, record*] de sucesso. **3** *vtr* (*pres p* **hitting** *past, pp* **hit**) **a**) (strike) bater em [*person, ball*]; **to** ~ **one's knee on sth** bater com o joelho em qq coisa; **b**) (strike as target) [*bullet, assassin, torpedo*] atingir [*victim, target, ship, enemy*]; **c**) (collide violently) chocar com; **d**) (affect adversely) afectar [*the poor, incomes, travellers, industry*]; **e**) (coll) (occur, come home) **it suddenly** ~ **me that I'd forgotten the keys** de repente dei-me conta de que me tinha esquecido das chaves; **f**) (reach) chegar (a qq coisa) [*motorway, main road*]; **g**) (fig) (reach) [*figures, weight*] atingir [*level*]; **h**) (fig) (run into) encontrar, dar com [*traffic, problem, bad weather*]. **IDIOMAS** (coll) **to** ~ **the ceiling** *or* **roof** ir aos arames (fam); **to** ~ **it off with sb** dar-se bem com alg; **a colour which** ~**s**

you between the eyes uma cor que dá nas vistas. ■ **hit back** ripostar. ■ **hit out** (lit) tentar atingir alg/algo com violência; (fig) **to** ~ **out at sth** atacar, criticar [*complacency*]. ■ **hit upon, hit on**: ~ **upon (sth)**, ~ **on (sth)** ter [*idea*]; descobrir [*piece of evidence, way of doing sth*]; encontrar [*ideal present*].
hit: ~**-and-miss** *adj* [*method*] aproximado; [*affair, undertaking*] ao acaso; ~**-and-run** *adj* [*raid, attack*] rápido; ~**-and-run driver** motorista que foge depois de ter provocado um acidente.
hitch [hɪtʃ] **1** *n* **a**) (problem) problema *f*; dificuldade *f*; **a slight** ~ um probleminha *m*; **b**) (knit) nó *m*. **2** *vtr* **a**) (fasten) atar [*rope, veins*] (**to** a); **b**) (harness) atrelar [*horse*] (**to** a); **c**) **to** ~ **up** Rail prender, engatar [*wagons*]; **d**) (thumb) (coll) **to** ~ **a ride** *or* **lift** pedir boleia Po/carona Br. **3** *vi* (coll) (hitchhike) pedir boleia Po/carona Br.
hitch: ~**-hike** *vi* pedir boleia Po/carona Br, andar à boleia; ~**-hiker** *n* pessoa *f* que pede boleia; ~**-hiking** *n* boleia *f* Po, carona *f* Br; autostop *m*.
hither ['hɪðə(r)] *adv* (arch) cá; (arch *or* hum); ~ **and thither** de um lado para o outro.
hitherto ['hɪðəθʊ, hɪðə'tuː] *adv* (present) até agora, até aqui; (past) até então.
hit: ~ **man** *n* (gangster) assassino *m* contratado; ~ **parade** *n* lista *f* de êxitos; hit parade *m*.
hive [haɪv] **1** *n* (beehive) colmeia *f*; (swarm) enxame *m*; **a** ~ **of activity** *or* **industry** um verdadeiro cortiço. **2** *vtr* meter numa colmeia [*bees*]. ■ **hive off** (coll): ~ **off** raspar-se (fam); ~ **off (sth)** Comm, Admin **a**) (subcontract) subcontratar; **b**) (separate off) separar [*part of company*]; **c**) (sell off) ceder.
HMG [eɪtʃ em dʒi:] *n* GB abrev = **His** *or* **Her Majesty's Government** o governo de Sua Majestade.
HMS [eɪtʃ em es] *n* abrev = **His** *or* **Her Majesty's Ship** navio *m* de Sua Majestade; ~ **Victory** o navio real Vitória.
hoard [hɔːd] **1** *n* (of treasure) tesouro *m*; (of provisions) provisões *fpl*. **2** *vtr* (build up reserves of) aprovisionar [*supplies*] (also pej); [*animal*] armazenar Po, estocar Br [*food*]; **to** ~ **money** (pej) amealhar.
hoarding ['hɔːdɪŋ] *n* GB (for advertisements) painel *m* publicitário; (fence) tapume *m*.
hoarfrost ['hɔːfrɒst] *n* geada *f*.
hoarse [hɔːs] *adj* (voice) rouco, roufenho; **to be** ~ estar rouco; **to shout oneself** ~ enrouquecer de tanto gritar.
hoarsely ['hɔːslɪ] *adv* roucamente, com voz rouca.
hoary ['hɔːrɪ] *adj* **a**) [*hair*] grisalho; [*person*] de cabelos brancos; **b**) Bot coberto de pêlos ou penugem branca.
hoax [həʊks] **1** *n* (practical joke) partida *f*. **2** *vtr* burlar, defraudar.
hob [hɒb] *n* (beside fire) suporte *m* junto de uma lareira ou fogão para conservar quente panelas, tachos, etc; (on modern cooker or work surface) bico *m* *ou* placa *f* do fogão.
hobble ['hɒbl] *vi* (limp) coxear, manquejar; **to** ~ **in/out/along** entrar/sair/avançar coxeando.

hobby ['hɒbɪ] *n* (*pl* -**bies**) passatempo *m* favorito; (on c.v.) **hobbies and interests** actividades *fpl* em que ocupa os tempos livres.
hobby horse *n* **a**) cavalinho *m* de pau; **b**) (obsession) mania *f*; cavalo *m* de batalha.
hobgoblin ['hɒbgɒblɪn] *n* (in folklore) gnomo *m*; (fig) (morbid, obsession) espectro *m*; papão *m*.
hobnail ['hɒbneɪl] *n* ~(**ed**) **boots** botas *fpl* ferradas ou cardadas.
hobo ['həʊbəʊ] *n* US (vagrant) vagabundo *m*.
hock[1] [hɒk] *n* (of horse, etc) jarrete *m*.
hock[2] *n* vinho *m* branco do Reno.
hock[3] (coll) *n* **to be in** ~ [*object*] estar empenhado, estar no prego (fam); [*person*] estar endividado.
hockey ['hɒkɪ] *n* **a**) GBus **field** ~ hóquei *m* (em campo); **b**) US, GB**ice** ~ hóquei *m* sobre o gelo.
hockey stick *n* taco *m* de hóquei.
hocus-pocus [həʊkəs'pəʊkəs] **1** *n* (fig, pej) (trickery) patranha *f*. **2** *excl* ~! abracadabra!.
hod [hɒd] *n* (for coal) balde *m* para carvão; (for bricks) côcho *m* de pedreiro.
hoe [həʊ] **1** *n* enxada *f*; sachola *f*. **2** *vtr* sachar, cavar com a enxada [*ground*].
hog [hɒg] **1** *n* (animal) porco *m*; suíno *m*; (person) (coll) pessoa *m* porca/suja; **to go the whole** ~ (coll) (be extravagant) fazer as coisas à grande; (go to extremes) ir até ao fim. **2** (coll) *vtr* (*past, pp* -**gg**-) (monopolize) monopolizar.
Hogmanay ['hɒgməneɪ] *n* SCOT a noite de São Silvestre, a noite de fim de ano.
hoist [hɔɪst] **1** *vtr* içar [*flag, sail, heavy object*]. **2** *n* guindaste *m*; **to give sb a** ~ (**up**) ajudar alg a subir.
hoity-toity [hɔɪtɪ'tɔɪtɪ] *adj* (pej) pretensioso.
hold [həʊld] **1** *n* **a**) (act of holding) apreensão *f*; **to get** ~ **of** (grasp) agarrar [*handle, rope*]; (acquire) obter [*book, ticket, document, story*]; (contact) (by phone) apanhar (fam) [*person*]; (by other means) encontrar [*person*]; **to keep** (**a**) ~ **of** *or* **on** segurar [*ball, rail, hand*]; **b**) (control) domínio *m*; influência *f* (**on, over** sobre); **to have a** ~ **on** *or* **over sb** ter influência sobre alg; **to get a** ~ **of oneself** controlar-se; **c**) (storage area) AVIAT, NAUT porão *m*; **d**) COSMET (of hairspray, gel, etc) fixação *f*; **extra** ~ fixação extra-forte. **2** *vtr* (*past, pp* **held**) **a**) (clasp) segurar [*hand, object, person*] (**above, over** por cima de; **against** contra); **to** ~ **sth/sb by sth** segurar algo/alg por qq coisa [*handle, stem, sleeve, leg*]; **to** ~ **sb** (**in one's arms**) apertar alg nos braços; **b**) (maintain) **to** ~ **one's head still** manter a cabeça quieta; **to** ~ **sth in place** *or* **position** manter qq coisa no lugar; **c**) (arrange) organizar [*meeting, talks, party, competition, demonstration, etc*]; montar [*exhibition, show*]; conduzir [*enquiry, conversation*]; celebrar [*church service*]; **to be held** realizar-se; **d**) (have capacity for) [*box, case, tank, theatre*] ter capacidade para [*objects, amount, people*]; **the bus** ~**s ten** (**people**) o autocarro Po/ônibus BR tem 10 lugares; **e**) (contain) [*drawer, cupboard, box, case*] conter [*objects, possessions*]; **f**) (support) [*shelf, branch, roof*] suportar, aguentar [*weight, load*]; **g**) (restrain) [*dawn, wall*] conter, suster [*water, flood waters*]; [*person*] deter

[*thief, dog*]; **h**) (keep against will) [*police, kidnappers*] deter [*person*]; **to** ~ **sb prisoner/hostage** manter alg prisioneiro/como refém; **i**) (possess) ter, possuir [*shares, power, record*]; ser titular de [*degree, (sporting) title, cup*]; ocupar [*job, position*]; estar na posse de ADMIN [*ticket, passport, licence*]; JUR (gen) [*bank, computer, police, solicitor*] conservar [*document, information, money*]; **j**) (keep back) guardar, reter [*place, seat, ticket*]; fazer esperar, atrasar [*train, flight*]; (coll) ~ **it!** um momento!; **k**) (believe) ter [*opinion, belief*]; **to** ~ **sb/sth to be** considerar alg/algo como; (formal) **to** ~ **that...** [*person*] sustentar que...; [*law, theory*] dizer que...; **l**) (defend successfully) MIL defender [*city, bridge, territory*]; POL, SPORT conservar [*title, seat, bad, position*]; **m**) (captivate) cativar [*person, audience, class*]; captar [*attention, interest*]; **n**) **to** ~ **the line** TELECOM esperar, ficar em linha. **3** *vi* **a**) (remain intact) [*rope, shelf, bridge, glue*] aguentar; (fig) (*also* ~ **good**) [*theory, offer, law*] ser válido; **b**) (continue) [*weather*] manter-se; [*luck*] durar, continuar. **4** *v refl* **to** ~ **oneself upright** manter-se direito. **5** **on** ~ *adv phr* TELECOM à espera; **to put sb on** ~ TELECOM deixar alg à espera; **to put a project on** ~ (gen) deixar um projecto em suspenso. ■ **hold against** ~ **sth against sb** ter qq coisa contra alg; **to be held against sb** jogar em desfavor de alg. ■ **hold back** refrear-se; **to** ~ **back from doing** impedir-se de fazer; **to** ~ **back one's laughter** conter o riso; ~ (**sb/sth**) **back,** ~ **back** (**sb/sth**) **a**) (restrain) suster, deter [*water, tide, crowd, animals*]; engolir [*tears*]; recalcar [*feelings*]; conter [*anger*]; **b**) (prevent progress of) [*person*] reter, retardar [*person, group*]; entravar [*production, development, progress*]; **c**) (with hold) [*person, government, organization*] esconder [*information, result*]; (to protect privacy) não divulgar [*name, identity, information*]. ■ **hold down**: ~ (**sb/sth**) **down,** ~ **down** (**sb/sth**) **a**) (prevent from moving) manter no lugar [*tent, carpet, piece of paper*]; segurar [*person*]; **b**) (keep at certain level) limitar [*number, rate, expenditure, costs, inflation*]; **c**) (keep) manter [*job*]. ■ **hold forth** discursar (**about, on** sobre). ■ **hold in**: ~ (**sth**) **in,** ~ **in** (**sth**) **a**) (restrain) reprimir [*feeling, anger, disappointment*]; **b**) (pull in) encolher [*stomach, chest*]. ■ **hold on a**) (gen) esperar; "~ **on, I'll just get him**" "não desligue, que vou ver onde ele está"; **b**) (grip) agarrar; "~ **on** (**tight**)!" "agarra-te (bem)!"; **c**) (endure) [*person, company*] aguentar. ■ **hold on to**: ~ **on to** (**sb/sth**) **a**) (grip) agarrar-se a [*branch, rope*]; segurar [*object, purse*]; **b**) (retain) conservar, manter [*power, title, lead*]; **c**) (look after) guardar [*object*] (**for sb** para alg). ■ **hold out a**) (endure) resistir; **b**) (remain available) [*supplies, food, stocks*] durar; ~ (**sth**) **out,** ~ **out** (**sth**) estender [*glass, money, ticket*] (**to sb** a alg); **to** ~ **out one's hand** estender a mão; ~ **out for sth** insistir para obter qq coisa; (coll) ~ **out on sb** esconder qq coisa a alg. ■ **hold over**: ~ (**sth**) **over,** ~ **over** (**sth**) **a**) (postpone) adiar [*question, programme*]; **b**) (continue to show) prolongar [*show, exhibition*]; manter em cartaz [*film*]. ■ **hold to**: **to** ~ **to**

sth agarrar-se a qq coisa [*belief, opinion, decision*]; ~ **sb to sth** amarrar alg a algo [*promise*]. ■ **hold together** (remain united) [*family, party*] permanecer unido; [*alliance*] permanecer intacto; ~ **(sth) together a)** (keep intact) manter intacto [*car, machine, chair*]; manter junto [*paper, pieces*]; **b)** (unite) assegurar a coesão de [*company, party, government*]. ■ **hold up a)** (remain intact) resistir; **b)** (remain valid) [*theory, argument*] continuar válido; ~ **(sb/sth) up,** ~ **up (sb/sth) a)** (support) apoiar [*shelf, picture*]; **b)** (raise) levantar [*object*]; **to** ~ **one's hand up** levantar a mão; **c)** (delay) atrasar [*person, flight, production, traffic*]; **d)** (rob) atacar, assaltar [*train, bank, person*]; ~ **(sb/sth) up as an example** *or* **model of...** (present) apresentar alg/ algo como um exemplo de.... ■ **hold with: (not to)** ~ **with sth/doing** (não) estar de acordo com qq coisa/que se faça.
holdall ['həʊlɔ:l] *n* pequena mala *f* de viagem.
holder ['həʊldə(r)] *n* **a)** (person who possesses something) (of passport, degree, post) titular *m/f*; (of cup, record, title) detentor *m*; (of shares, ticket) portador *m*; **account** ~ titular de uma conta; **b)** (container) recipiente *m*; contentor *m*.
hold-up ['həʊlʌp] *n* **a)** (delay) (gen) atraso *m*; demora *f*; (on motorway) engarrafamento *m*; **b)** (robbery) assalto *m*.
hole [həʊl] **1** *n* **a)** (in clothing, ground, hedge, pocket) buraco *m* (**in** em); **to dig a** ~ cavar um buraco; **this sweater is full of ~s** esta camisola está toda esburacada; **b)** (in wall) brecha *f*; fenda *f*; **c)** (fig) (flaw) defeito *m*; falha *f*; **d)** FIN, SPORT, ECOL buraco *m*. **2** *vtr* **a)** [*shell*] esburacar [*building*]; **b)** NAUT [*iceberg, reef*] abrir um rombo em [*ship*]. **3** *vi* SPORT (golf) meter a bola no buraco; (get ball in hole) terminar o percurso. IDIOMAS **to get sb out of a** ~ tirar alg de apuros (fam). ■ **hole up** esconder-se.
holiday ['hɒlɪdeɪ, 'hɒlɪdɪ] **1** *n* **a)** (*usu in pl*) férias *fpl*; **the school ~s** as férias escolares; **the summer ~s** as férias grandes; **b)** (time off) licença *f*; **to take ten days'** ~ tirar dez dias de licença; **c)** (public, bank) feriado *m*. **2** *vi* fazer férias.
holiday: ~ **job** *n* emprego *m* de verão; ~ **maker** *n* veraneante *m/f*; ~ **resort** *n* estância *f* de férias.
holiness ['həʊlɪnɪs] *n* santidade *f*.
Holland ['hɒlənd] *pr n* Holanda *f*; **in** ~ na Holanda.
hollow ['hɒləʊ] **1** *n* **a)** (in tree) buraco *m*; (of hand) côncavo *m*; **b)** (small valley) vale *m*. **2** *adj* **a)** [*space, cube*] oco; **the wall sounds** ~ a parede soa a oco; **b)** (sunken) [*cheeks, eyes*] encovado; **c)** (booming) [*voice, cough*] cavernoso; **d)** (insincere) [*words*] falso; [*promise*] vão; **to give a** ~ **laugh** ter um riso forçado. IDIOMAS **to beat sb** ~ derrotar completamente alg. ■ **hollow out**: ~ **(sth) out,** ~ **out (sth)** escavar [*hole, pond*].
holly ['hɒlɪ] *n* (tree, wood) azevinho *m*.
hollyhock ['hɒlɪhɒk] *n* malva-rosa *f*; alteia *f*.
holm oak [həʊm əʊk] *n* (tree, wood) azinheira *f*; carvalho *m* verde.
holocaust ['hɒləkɔ:st] *n* **a)** holocausto *m*; **b) the H~** HIST o holocausto.
hologram ['hɒləgræm] *n* holograma *m*.

holster ['həʊlstə(r)] *n* coldre *m*.
holy ['həʊlɪ] *adj* [*writings, book, place, person*] santo; [*well, water*] bento; [*picture*] pio, piedoso; **on** ~ **ground** em lugar santo.
Holy: ~ **Bible** *n* **the** ~ **Bible** a Bíblia *f* Sagrada; ~ **Communion** *n* a sagrada comunhão *f*; ~ **Ghost** *n* see ~ **Spirit**; ~ **Grail** *n* **the** ~ **Grail** o Santo Graal; ~ **Land** *n* **the** ~ **Land** a Terra *f* Santa; ~ **Spirit** *n* **the** ~ **Spirit** o Espírito *m* Santo; ~ **Week** *n* a Semana *f* Santa.
homage ['hɒmɪdʒ] *n* homenagem *f*; **to pay** ~ **to sb** render homenagem a alg.
home [həʊm] **1** *n* **a)** (dwelling) (gen) lar *m*; (house) casa *f*; **he doesn't have a** ~ ele não tem casa; **to be far from** ~ estar longe de casa; **to work from** ~ trabalhar a partir do domicílio; **to set up** ~ **in Madrid** instalar-se em Madrid; **I've made my** ~ **in France** instalei-me *ou* vivo em France; **it's** ~ **to me now** já me sinto em casa; **b)** (for residential care) lar *m*; **retirement** ~ lar da terceira idade; **to put sb in a** ~ meter alg num lar; **c)** (family base) lar *m*; **broken** ~ lar desfeito; **to leave** ~ deixar a casa; **d)** (country) país *m*; **to consider Portugal (as)** ~ considerar Portugal como a sua pátria; **e)** (source) ~ **of** [*country, area*] país *m* de [*speciality*]. **2** *noun modifier* **a)** (family) [*life*] de família; [*background*] familiar; [*comforts*] do lar; **b)** (national) [*market, affairs*] interno; [*news*] nacional; **c)** SPORT [*match, win*] em casa; [*team*] de casa. **3** *adv* **a)** [*come, go, arrive*] (to house) a casa; (to country) ao seu país; **on the way** ~ a caminho de casa; (by boat, plane) no regresso; **to take sb** ~ (accompany) acompanhar alg a casa; (to meet family) apresentar alg à família; **to be** ~ (around) estar em casa; (from work) estar em casa; **b)** (to required effect) **to push one's point** ~ insistir no seu ponto de vista (fig); **to bring sth** ~ **to** (fig) fazer ver algo a; **to strike** ~ (fig) acertar. **4 at home** *adv phr* **a)** (in house) em casa; **to live at** ~ morar em casa dos pais; **b)** SPORT (on own ground) [*play*] em casa; **c)** (fig) (comfortable) à vontade (**with** com); **make yourself at** ~ fica à vontade. IDIOMAS **it's nothing to write** ~ **about** não é nada de extraordinário; **it's** ~ **from** ~ GB, **it's** ~ **away from** ~ US é uma segunda casa; **to be** ~ **and dry** estar salvo.
homeless ['həʊmlɪs] **1** *npl* **the** ~ os sem-abrigo *mpl*. **2** *adj* [*person, family*] sem casa; (after earthquake, flood, etc) sinistrado.
homely ['həʊmlɪ] *adj* (*also* **hom(e)y**) (cosy, welcoming) [*room, hotel, atmosphere*] acolhedor; (unpretentious) [*room, hotel, furniture, cooking*] despretensioso, simples.
homeopathic [həʊmɪə'pæθɪk, hɒmɪə'pæθɪk] *adj* [*medicine, clinic*] homeopático; [*doctor*] homeopata.
homeopathy [həʊmɪ'ɒpəθɪ, hɒmɪ'ɒpəθɪ] *n* homeopatia *f*.
homicide ['hɒmɪsaɪd] *n* **a)** (murder) homicídio *m*; **culpable/justifiable** ~ JUR homicídio voluntário/involuntário; **b)** (person) homicida *m/f*.
homily ['hɒmɪlɪ] *n* homilia *f*.
homing ['həʊmɪŋ] *adj* TECH, MIL (missile, weapon, rocket) de correcção de rumo.
homing pigeon *n* pombo-correio *m*.

homicidal [hɒmɪˈsaɪdl] *adj* homicida; **to feel ~** sentir desejo de matar alg.

homogeneity [hɒmədʒɪˈniːɪtɪ, həʊmədʒɪˈniːɪtɪ] *n* homogeneidade *f*.

homogeneous [hɒməˈdʒiːnɪəs, həʊməˈdʒɪ.nɪəs] *adj* homogéneo.

homogenize [həˈmɒdʒɪnaɪz] *vtr* homogenizar.

homonym [ˈhɒmənɪm] *n* homónimo *m*; GRAM palavra *f* homónima.

homosexual [həʊməʊˈseksjʊəl, hɒməʊˈseksjʊəl] **1** *n* homossexual *m/f*. **2** *adj* homossexual.

Honduras [hɒnˈdjʊərəs] *pr n* Honduras *fpl*.

hone [həʊn] **1** *n* pedra *f* de amolar. **2** *vtr* **a)** (perfect) afinar, aperfeiçoar [*technique, skill, strategy*]; **b)** (sharpen) afiar, amolar [*axe, blade, knife*].

honest [ˈɒnɪst] **1** *adj* **a)** (truthful) sincero, honesto, íntegro; **to be ~ about sth** ser honesto acerca de qq coisa; **it's the ~ truth** é a pura verdade; **b)** (sincere) [*face*] franco; **to be ~ with sb** ser franco para com alg; **be ~!** sê franco!; **to be ~,...** para dizer a verdade,...; **c)** (legal) [*profit, money*] ganho honestamente. **2** *excl* **it wasn't me, ~!** *or* **~ to God!** não fui eu, juro! *ou* palavra de honra!.

honestly [ˈɒnɪstlɪ] *adv* **a)** (truthfully) [*answer, behave*] honestamente; **b)** (sincerely) [*believe*] francamente, sinceramente; **c)** (sentence adv) na verdade; **~, there's no problem** a sério, não há nenhum problema.

honesty [ˈɒnɪstɪ] *n* **a)** (truthfulness, integrity) honestidade *f*; **b)** (sincerity) (of person) sinceridade *f*. IDIOMAS **~ is the best policy** a honestidade vale sempre a pena.

honey [ˈhʌnɪ] *n* **a)** (food) mel *m*; **b)** (coll) US (addressing partner) querido *m*.

honey: ~bee *n* abelha *f*; **~-coloured** *adj* cor de mel; **~comb** *n* **a)** (in hive) alvéolo *m*; favo *m* de mel; **b)** (for sale) bolinho *m* de mel; **~combed** *pp adj* **~combed with** [*holes*] esburacado; [*passages, tunnels*] escavado; **~dew** *n* substância *f* açucarada das folhas de certas plantas; **~ed** *adj* melífluo, meloso, doce; **~moon** *n* (of couple) lua *f* de mel; **~pot** *n* pote *m* de mel; **~suckle** *n* madressilva *f*.

honk [hɒŋk] **1** *n* (of horn) toque *m* de buzina; buzinadela *f*; (of geese) grasnido *m*. **2** *vi* [*geese*] grasnar; [*driver*] buzinar.

honor [ˈɒnə(r)] *n, vtr* US see **honour**.

honorable [ˈɒnərəbl] *adj* US see **honourable**.

honorary [ˈɒnərərɪ] *adj* **a)** [*doctorate, degree*] honorífico, honoris causa; [*member, fellowship, membership*] honorário; **b)** (voluntary) [*post, position*] honorário.

honour GB, **honor** US [ˈɒnə(r)] **1** *n* **a)** (privilege, source of pride) honra *f*; **place of ~** lugar de honra; **to have the ~ to do/of doing** ter a honra de fazer; **to give sb/do sb the ~ of doing** conceder a alg a honra de fazer; **in ~ of sb/sth** em honra de alg/algo; **to what do I owe this ~?** (formal *or* iron) a que devo eu esta honra? (formal, iron); **b)** (high principles) honra *f*; princípios *mpl*; **a man of ~** um homem de palavra; **to impugn sb's ~** pôr em dúvida a honra de alg; **to give one's word of ~** dar a sua palavra de honra; **to be on one's ~ to do** ser uma questão de honra fazer; **c)** (in titles) **Your H~** Vossa Exce-

lência. **2 honours** *npl* **a)** **first/second class ~s** " diploma com menção de muito bom/bom; **b)** (in cards) figura *f* (ás, rei, rainha ou valete). **3** *vtr* **a)** (show respect, esteem for) honrar [*parents, spouse, dead, hero, artist, flag*]; **to feel/be ~ed** sentir-se honrado (**by** para); **b)** (fulfil, be bound by) honrar [*promise, pledge, commitment*]; respeitar [*agreement, accord, arrangement*]. IDIOMAS **to do the ~s** (serve food, drinks) fazer as honras da casa; (introduce guests) fazer as apresentações.

honourable GB, **honorable** US [ˈɒnərəbl] *adj* **a)** (principled) [*man, woman, intention*] honesto; **to do the ~ thing** fazer a única coisa correcta; **b)** (deserving esteem, worthy) [*calling, profession, tradition*] honroso, nobre; **c)** (consistent with honour, self-respect) [*defeat, victory, war, performance*] honroso; **d)** (in titles) **the H~ Gentleman** Vossa Excelência.

hood [hʊd] *n* **a)** (head gear) (attached) capuz *m*; (detached) touca *f*; (on falcon) caparão *m*; **b)** (cover) (on store, cooker) tampa *f*; **c)** GB (on car, pram) capota *f*; **d)** US AUT (bonnet) "capot" *m*.

hoodlum [ˈhuːdləm] (coll) *n* **a)** US malandro *m*; **b)** (hooligan) vândalo *m*; arruaceiro *m*.

hoodwink [ˈhʊdwɪŋk] *vtr* enganar PO, embromar BR.

hoof [huːf] **1** *n* (*pl* **~s** *or* **hooves**) **a)** (of horse, cow) casco *m*; **b)** (live) **cattle bought on the ~** gado comprado vivo. **2** (coll) *vi* agitar-se. IDIOMAS (coll) **to ~ it** andar a pé, ir à pata (fam).

hook [hʊk] **1** *n* **a)** (of clothing) cabide *m*; (for picture) gancho *m*; FISHG anzol *m*; AGRIC, HORT foice *f* pequena; SEWING colchete *m*; **~s and eyes** SEWING colchetes *mpl*; **to take the phone off the ~** tirar o telefone do descanso; **b)** (boxing) gancho *m*. **2** *vtr* **a)** (hang) pendurar (**on(to)** em; **round** em volta de); (pull through) fazer passar [*string, loop*] (**through** através de); passar [*limb, finger, stick*] (**through** através de); **b)** FISHG apanhar, pescar [*fish*]. IDIOMAS **to get sb off the ~** tirar alg de sarilhos. ■ **hook on** agarrar-se (**to** a). ■ **hook up a)** [*garment*] apertar com colchete; **b)** RADIO, TV fazer uma emissão em cadeia (entre) [*stations*].

hooked [hʊkt] *adj* **a)** (coll) (obsessed) obcecado; **b)** [*nose, claw, beak*] curvo, adunco; **c)** (coll) (on drugs) **to be ~ on sth** estar viciado em qq coisa.

hook: ~ nose *n* nariz *m* adunco; **~-up** *n* RADIO, TV cadeia *f* de estações que transmitem em simultâneo.

hooligan [ˈhuːlɪgən] *n* vândalo *m*; rufião *m*; arruaceiro *m*.

hooliganism [ˈhuːlɪgənɪzm] *n* vandalismo *m*.

hoop [huːp] *n* (of metal, wood, bone) aro *m*; anel *m*; argola *f*; arco *m*. IDIOMAS **to put sb through the ~s** pôr alg na berlinda (fam).

hooray [hʊˈreɪ] *excl* **~!** hurra!.

hoot [huːt] **1** *n* **a)** (of owl) piar *m*; (of train) apito *m*; (of ship or factory siren) toque *m*; (of car) buzinadela *f*; (derisive shout) apupo *m*; vaia *f*. **2** *vi* [*owl*] piar; [*train*] apitar; [*siren*] tocar; [*car*] buzinar; [*person, crowd*] (derisively) apupar; **to ~ with laughter** rir às gargalhadas. **3** *vtr* vaiar, apupar [*speaker, actor, etc*]. IDIOMAS (coll) **I don't give a ~** *or* **two ~s** quero lá saber (fam).

hooter ['huːtə(r)] *n* a) (siren) sirene *f*; GB AUT (dated) buzina *f*; b) (coll) GB (nose) narigueta *f* (fam).

hoover ['huːvə(r)] H~ **1** *n* GB aspirador *m*. **2** *vtr* GB **to ~ a carpet** aspirar a carpete.

hop [hɒp] **1** *n* a) (movement) (of frog, rabbit, child) pulo *m*; (of bird) (pequeno) salto *m*; **with a ~** de um salto; b) (coll) (short journey) **a short ~** um saltinho (fig); c) (coll) (dance) baile *m* (popular); d) AGRIC, BOT (crop) (*usually pl*) lúpulo *m*. **2** *vtr* (*pres p etc* **-pp-**) a) (jump over) saltar por cima de qq coisa [*fence*]; b) (coll) US (board) subir para [*plane, train, bus*]. **3** *vi* a) (jump) [*person*] saltar; **he was ~ping up and down with rage/delight** ele saltava de fúria/ alegria; **to ~ over** [*fence, ditch, puddle*] saltar sobre; **to ~ off a wall** saltar de um muro; b) (on one leg) saltar ao pé coxinho; **she ~s up/down the path** ela sobe/desce o caminho ao pé-coxinho; c) [*animal*] saltar; [*bird*] saltitar; **a rabbit ~ped across the road** um coelho atravessou a rua aos saltinhos; d) (speedily) **he ~ped into bed/into the lift** ele saltou para a cama/o elevador; e) (board) **I'll give you a lift — ~ in!** eu dou-lhe uma boleia PO/carona BR, entre/suba. IDIOMAS **to be ~ping mad** (coll) estar louco de fúria; **to catch sb on the ~** (coll) GB apanhar alg desprevenido; **to ~ it!** (coll) GB desaparecer, pisgar-se (fam); **to keep sb on the ~** (coll) GB manter alg sob pressão.

hope [həʊp] **1** *n* a) (optimism) esperança *f* (**of** de); **in the ~ of sth/doing sth** na esperança de qq coisa/de fazer qq coisa; **to set one's ~s on sth/on doing sth** colocar todas as esperanças em qq coisa/esperar de todo o coração fazer qq coisa; b) (chance) esperança *f*; hipótese *f*; **our only ~ is to fight on** a nossa única esperança é continuar a lutar. **2** *vtr* esperar (**that** que); **to ~ to do sth** esperar fazer qq coisa; **it is to be ~d that they will agree** espera-se que eles estejam de acordo; **I ~ so/not** espero que sim/que não. **3** *vi* esperar; **to ~ for sth** esperar qq coisa; **all we can do is ~** só nos resta esperar; **to ~ for the best** esperar que as coisas corram pelo melhor.

hopeful ['həʊpfl] **1** *n* (showing promise) esperança *f*; **young ~** jovem esperança. **2** *adj* a) (filled with hope) [*person, expression*] cheio de esperança; [*attitude, mood, period*] optimista; **to be ~ about sth** ter esperança acerca de qq coisa; **to be ~ that** esperar que; **he is ~ that he will win** ele espera ganhar; b) (encouraging) [*letter, news, result, sign, situation*] encorajador; [*development, period*] prometedor, promissor.

hopefully ['həʊpfəlɪ] *adv* a) (I hope that) com certeza; **~, he'll pay** com certeza, ele vai pagar; b) (with hope) com esperança.

hopeless ['həʊplɪs] *adj* a) (desperate) [*attempt, case, grief, struggle*] desesperado,-a; [*muddle*] inextricável; **it was ~ trying to convince her** foi impossível convencê-la; **it's ~!** é inútil!; b) (coll) (incompetent) nulo,-a (fam) (**as** como; **with** com); **to be ~ at sth** ser uma nulidade em algo (fam); **to be ~ at doing** ser incapaz de fazer.

hopelessly ['həʊplɪslɪ] *adv* a) (irretrievably) [*drunk, inadequate, lost, out of date*] completamente; [*in love*] perdidamente; b) (despairingly)

[*long for, speak, weep*] desesperadamente, com desespero.

hopscotch ['hɒpskɒtʃ] *n* jogo *m* da macaca.

horde [hɔːd] *n* a) (mass) (of people) multidão *f* (**of** de); (of insects) nuvem *f* (**of** de); (of animals) horda *f* (**of** de); b) (Mongol) (*usu in pl*) horda *f*.

horizon [hə'raɪzn] *n* a) (skyline) horizonte *m*; **on the ~** na linha do horizonte; b) (of ideas, interests) (*usu in pl*) horizonte *m*; **to open up new ~s** abrir novos horizontes.

horizontal [hɒrɪ'zɒntl] *n, adj* horizontal *f*.

hormone ['hɔːməʊn] **1** *n* BIOL hormona *f*; **growth ~s** hormonas do crescimento. **2** *modif* [*change, deficiency, imbalance*] hormonal.

horn [hɔːn] *n* a) ZOOL (of bull, ram, rhino) chifre *m*; (of devil) corno *m*; b) MUS trompa *f*; **to play the ~** tocar trompa; c) (of car) buzina *f*; (of ship) sirene *f*; **to sound one's ~** (car) buzinar; (ship) tocar a sirene. IDIOMAS **to draw** *or* **pull in one's ~s** (feeling hurt) fechar-se na sua concha; (financially) conter-se, moderar-se; **to lock ~s with sb** entrar em disputa com alg.

horned [hɔːnd] *adj* [*animals*] (cattle, sheep) cornudo.

hornet ['hɔːnɪt] *n* vespão *m*; zangão *m*. IDIOMAS **to stir up a ~'s nest** mexer num ninho de vespas, provocar a indignação geral.

hornpipe *n* dança *f* inglesa individual, muito viva e muito apreciada pelos marinheiros.

horn-rimmed *adj* [*spectacles, frames*] de tartaruga.

horny ['hɔːnɪ] *adj* a) [*claws, carapace*] córneo; b) [*hand, skin, finger*] calejado.

horoscope ['hɒrəskəʊp] *n* horóscopo *m*.

horrendous [hə'rendəs] *adj* a) (horrific) [*crime, conditions, accident*] horrível, terrível; b) (emphatic) [*problem, mistake, noise*] tremendo.

horrible ['hɒrɪbl] *adj* a) (emphatic) [*plan, clothes, smell, thought*] horrível; [*weather, holiday, food*] terrível; **to be ~ to sb** ser terrível para alg; b) (shocking) [*crime, death, scene*] horroroso.

horribly ['hɒrɪblɪ] *adv* horrivelmente.

horrid ['hɒrɪd] *adj* [*place, smell, experience*] desagradável.

horrific [hə'rɪfɪk] *adj* horrível.

horrify ['hɒrɪfaɪ] *vtr* [*disaster, tragedy, crime*] horrorizar.

horrifying ['hɒrɪfaɪɪŋ] *adj* [*accident, event, idea, sight*] horroroso, horripilante.

horror ['hɒrə(r)] **1** *n* horror (**at** perante); **to have a ~ of (doing) sth** ter horror de (fazer) qq coisa; **he's a little ~** (coll) ele é um terror (fam). **2** *modif* [*film, story*] de horror.

horror-stricken, horror-struck ADJ horrorizado.

horse [hɔːs] *n* a) cavalo *m*; (coll) **the ~s** (fig) (horseracing) as corridas *fpl* de cavalos; b) (in gym) (**vaulting**) ~ cavalo *m* (com arções); c) MIL cavalaria *f*. IDIOMAS **(straight) from the ~'s mouth** de fonte segura; **hold your ~s!** calma!; aguenta os cavalos! (fam).

horse: ~back 1 *n* **on ~back** a cavalo. **2** *adv* US **to ride ~back** andar a cavalo; **~box** *n* reboque *m* para transporte de cavalos; **~ chestnut** *n* (tree) castanheiro-da-Índia *m*; **~-drawn** *adj* [*carriage, vehicle*] puxado a cavalos; **~ hair** *n* crina *f*; **~man** *n* (*pl* **horsemen**) cavaleiro *m*.

horsemanship *n* (activity) equitação *f*.
horse: ~**play** *n* brincadeiras *fpl* violentas; ~**power** *n* potência *f* em cavalos; (unit of power) cavalo-vapor *m*; **a 90** ~**power engine** um motor de 90 cavalos; ~-**racing** *n* corridas *fpl* de cavalos; ~**radish** *n* rábano *m* bravo; ~**shoe 1** *n* ferradura *f*. **2** *modif* [*shape, bend*] em ferradura; ~**whip 1** *n* chicote *m*. **2** *vtr* chicotear; ~**woman** *n* cavaleira *f*; amazona *f*.
hors(e)y ['hɔːsɪ] *adj* **a)** (pej) (like a horse) [*face, appearance*] de cavalo, cavalar; **b)** (interested in horses) amante de cavalos.
horticultural [hɔːtɪ'kʌltʃərl] *adj* hortícola.
horticulture ['hɔːtɪkʌltʃə(r)] *n* horticultura *f*.
hose [həʊz] *n* **a)** (*also* ~ **pipe**) (garden, fire) mangueira *f*; **b)** Aut (in engine) tubo *m*; **c)** Hist (garment) calções *mpl*.
hosepipe *n* mangueira *f*.
hosiery ['həʊzɪərɪ, 'həʊʒərɪ] *n* meias *fpl* e artigos *mpl* de malha.
hospice ['hɒspɪs] *n* (for old people) asilo *m*.
hospitable ['hɒspɪtəbl, hɒ'spɪtəbl] *adj* [*person, family, country*] hospitaleiro (**to** para com); (fig) [*climate, conditions, terrain*] favorável.
hospital ['hɒspɪtl] **1** *n* hospital *m*; **to/from** ~ GB *or* **the** ~ us para o/do hospital; **to be taken to** ~ **with...** ser hospitalizado devido a... *ou* para.... **2** *modif* [*facilities, rules, staff, ward, etc*] hospitalar; [*food, administration*] dos hospitais; ~ **beds** camas *fpl* de hospital.
hospitality [hɒspɪ'tælɪtɪ] *n* hospitalidade *f*.
hospitalize ['hɒspɪtəlaɪz] *vtr* (*usu in passive*) hospitalizar.
hospital: ~ **porter** *n* maqueiro *m*; ~ **ship** *n* navio-hospital *m*.
host [həʊst] **1** *n* **a)** (to guests, visitors) (lit, fig) anfitrião *m*; **to play** ~ **to sb** (lit, fig) receber alg; **b)** Bot, Zool hospedeiro *m*; **c)** Rad, TV apresentador *m*; **d)** (multitude) multidão *f* (**of** de); (arch) (army) hoste *f*; exército *m*; **e)** Relig hóstia *f*. **2** *vtr* **a)** [*city, country, institution, etc*] acolher, receber; **b)** Rad, TV apresentar.
hostage ['hɒstɪdʒ] *n* refém *m*; **to take/hold sb** ~ tomar alg como refém.
hostel ['hɒstl] *n* (residence) (for students, workers, refugees, etc) abrigo *m*; albergue *m*; **(youth)** ~ pousada *f* de juventude.
hostess ['həʊstɪs] *n* **a)** (to guests, visitors) anfitriã *f*; dona *f* de casa; (on plane, train, coach) hospedeira *f* Po, aeromoça *f* Br; **b)** Rad, TV apresentadora *f*.
hostile ['hɒstaɪl] *adj* hostil (**to** a).
hostility [hɒ'stɪlɪtɪ] *n* hostilidade *f*; **to show** ~ **to** *or* **towards sb/sth** ser hostil em relação a alg/ algo.
hot [hɒt] *adj* **a)** (not cold) [*season, country, bath, hands, feet, etc*] quente; **it was a** ~ **day** estava um dia quente; **to be** *or* **feel** ~ [*person*] ter calor; **to get** ~ [*weather, parked car*] começar a aquecer Po/esquentar Br; [*person*] começar a ter calor; **how** ~ **should I have the oven?** a que temperatura devo pôr o forno?; **b)** Culin [*mustard, spice, chilli powder*] picante; **c)** (new fresh) [*trail, news*] fresco, recente; **d)** (fierce, keen) [*competition*] renhido; [*pace*] rápido; **e)** (short) [*temper*]; **to have a** ~ **temper** exaltar-se com facilidade; **f)** (coll) (good) [*person*]; **to be** ~ **on sth** (knowledgeable about it) ser forte em qq coisa; (keen, insistent) estar entusiasmado com qq coisa; **g)** (coll) (stolen) roubado; **h)** (bright) [*colour*] vivo, quente; **i)** Nucl (radioactive) radioactivo. **IDIOMAS to be in/get into** ~ **water** estar metido/meter-se em sarilhos; **to blow** ~ **and cold** ser de humor variável. ■ **hot up a)** (become exciting) aquecer Po, esquentar Br; **things are** ~**ting up** isto começa a aquecer; **b)** (get faster) **the pace is** ~**ting up** estamos a acelerar o passo.
hot: ~ **air** (coll) *n* basófia; ~**bed** *n* viveiro *m* de plantas.
hotchpotch ['hɒtʃpɒtʃ] *n* mistura *f*; miscelânea *f*.
hot: ~ **cross bun** *n* pãozinho *m* doce que se come tradicionalmente na Quaresma; ~ **dog** *n* cachorro *m* quente.
hotel [həʊ'tel] **1** *n* hotel *m*. **2** *modif* [*room, lobby, receptionist*] de hotel; ~ **manager** gerente *m/f* de hotel.
hotelier [həʊ'telɪə(r)] *n* hoteleiro *m*.
hot: ~**foot** *adv* (hum, iron) [*go*] a toda a velocidade; ~ **head** *n* (pej) pessoa *f* impetuosa; ~ **house 1** *n* Hort estufa *f*. **2** *adj* [*atmosphere*] de estufa; ~-**line** *n* **a)** linha *f* directa; **b)** (between heads of state) telefone *m* vermelho.
hotly ['hɒtlɪ] *adv* [*say, retort, exclaim*] apaixonadamente; [*disputed, denied*] violentamente.
hot: ~-**plate** *n* chapa *f* eléctrica; ~ **rod** *n* veículo *m* cujo motor foi modificado para ter maior potência e andar mais; ~ **seat** (coll) *n* **to be in the** ~ **seat** estar numa situação delicada; ~ **shot 1** (coll) *n* craque *m/f* (fam). **2** *adj* [*executive*] notável; ~ **spot** *n* (coll) **a)** Journ, Pol ponto *m* quente *ou* ponto crítico; **b)** Tourism país *m* quente; **c)** (nightclub) discoteca *f*; ~ **stuff** (coll) *n* (sth great, good) (coll) **to be** ~ **stuff** (person who is good at sth) ser um craque em qq coisa (fam); (style, pop group) ser excelente; ~-**tempered** *adj* [*person*] colérico; ~**water bottle** *n* botija *f ou* saco *m* de água quente.
hound [haʊnd] **1** *n* **a)** Hunt cão *m* de caça; sabujo *m*; **b)** (coll) (enthusiast) esp us **autograph** ~ caçador *m* de autógrafos. **2** *vtr* [*boss, fan, journalist*] assediar, perseguir [*person*]. **3** *vi* **a)** (track down) **to** ~ **sb down** *or* **to** ~ **down sb** perseguir alg e capturá-lo; **b)** (chase off) **to** ~ **sb out** expulsar.
hour [aʊə(r)] **1** *n* **a)** (60 minutes) hora *f*; **after an** ~ passada uma hora *ou* uma hora depois; **for** ~**s** durante horas; **he'll be here within** *or* **inside an** ~ ele estará cá dentro de uma hora; **b)** (every 60 minutes) **twice an** ~ duas vezes por hora; **to be paid by the** ~ ser pago à hora; **c)** (time of day) hora *f*; **at an early** ~ cedo; **d)** (point in time) hora *f*; **your** ~ **has come** a tua hora chegou. **2** hours *npl* **a)** horas *fpl*; **business** *or* **opening** ~**s** horas de expediente; **to keep early/late** ~**s** deitar-se cedo/tarde; **b)** Relig horas *fpl*.
hour: ~**glass** *n* ampulheta *f*; ~-**hand** *n* ponteiro *m* das horas.
hourly ['aʊəlɪ] **1** *adj* **a)** (even hour) [*bulletin*] de hora a hora; **the buses are** ~ os autocarros Po/ ônibus Br partem de hora a hora; **b)** (per hour) [*pay, rate*] à hora; **on an** ~ **basis** à hora, por hora; **c)** (continual) [*expectation, fear*] perpétuo,

contínuo. **2** *adv* **a)** (even hour) [*arrive, chime, depart, phone*] a todas as horas; **b)** (per hour) **to pay sb** ~ pagar alg à hora.
house 1 [haʊs, *pl* haʊzɪz] *n* **a)** (gen) casa *f*; **at my** ~ em minha casa; **b)** (*also* **H~**) Pol Câmara *f*; **c)** Comm casa *f*; **on the** ~ por conta da casa; **d)** Theat (audience) público *m*; audiência *f*; (auditorium) sala *f*; (performance) sessão *f*; "~ **full**" (on notice) "esgotado". **2** [hauz] *vtr* (lodge temporarily) albergar [*homeless, refugees*]; [*building, room, library*] abrigar [*books, collection, refugees*]; **to be badly** *or* **poorly ~ed** estar mal alojado. IDIOMAS **to bring the** ~ **down** deitar a casa abaixo (com aplausos); **to put** *or* **set one's** ~ **in order** pôr a casa em ordem; (coll) **to get on like a** ~ **on fire** entender-se às mil maravilhas.
house: ~ **arrest** *n* prisão *f* domiciliária; ~**boat** *n* casa *f* flutuante; ~**breaking** *n* assalto *m*; violação *f* de domicílio; ~**coat** *n* roupão *m*; ~**guest** *n* amigo *m* de passagem.
household ['haʊshəʊld] **1** *n* (gen) casa *f*; Econ, Admin governo *m* da casa; **the head of the** ~ o chefe *m* da família. **2** *modif* [*accounts, expenses, bill*] da casa; [*chore, goods, waste*] doméstico; [*insurance*] da habitação; ~ **appliance** aparelho *m* electrodoméstico.
householder ['haʊshəʊldə(r)] *n* (gen) habitante *m/f*; (owner) dono *m* da casa; (tenant) inquilino *m*.
household name *n* he's a ~ toda a gente o conhece.
house: ~-**hunting** *n* **to go** ~-**hunting** ir à procura de casa; ~**keeper** *n* (employee of house) governanta *f*; (of theatre, hospital, institution) responsável *m/f* pelo pessoal; ~**keeping** *n* (gen) governo *m* de casa; (managing of money) economia *f* doméstica; ~**maid** *n* empregada *f* doméstica; criada *f* de fora; ~**painter** *n* pintor *m* da construção civil; ~ **plant** *n* planta *f* de interior; ~-**proud** *adj* meticuloso como o aspecto da casa; ~-**to**~ *adj* [*search, enquiries, canvass*] porta-a-porta; ~-**trained** *adj* GB [*dog, cat*] asseado; ~-**warming (party)** *n* festa *f* de inauguração de uma nova casa.
housewife *n* (*pl* **-wives**) (as distinct from working woman) dona *f* de casa.
housework *n* (gen) trabalhos *mpl* domésticos; **to do the** ~ limpar a casa.
housing ['haʊzɪŋ] **1** *n* (houses, flats) residência *f*; habitação *f*. **2** *modif* [*crisis, problem*] habitacional; [*shortage, condition*] de habitação.
housing: ~ **association** *n* organização *f* beneficente que vende ou aluga casas; ~ **benefit** *n* GB subsídio *m* para a habitação; ~ **estate** *n* GB bairro *m* residencial.
hove [həʊv] *past, pp* Naut see **heave.**
hovel ['hɒvl] *n* casebre *m*; barraca *f*.
hover ['hɒvə(r)] *vi* **a)** [*small, bird, insect*] pairar (**over, above** sobre); [*helicopter*] planar, sobrevoar; **b)** (vacillate) vacilar (**between** entre).
hovercraft *n* (*pl inv*) hidroplanador.
how [haʊ] **1** *adv, conj* **a)** (in what way, by what means) como; **to know** ~ **to do** saber fazer; ~ **do you feel about it?** qual é a tua opinião?; **b)** (when enquiring) como; ~ **are you?** como estás?; ~'s **your brother?** como está o teu ir-

mão?; ~ **do you do!** (greeting) muito prazer; **c)** (in number, quantity etc questions) ~ **much is this?,** ~ **much does it cost?** quanto custa?; ~ **many people?** quantas pessoas?; ~ **long will it take?** quanto tempo demora?; ~ **long is the rope?** qual é o comprimento da corda?; ~ **tall is the tree?** quanto mede a árvore?; ~ **big is the garden?** de que tamanho é o jardim?; ~ **far is it?** a que distância fica?; ~ **old is she?** que idade é que ela tem? *ou* quantos anos é que ela tem?; **d)** (in exclamations) ~ **wonderful!** que maravilha!; ~ **clever of you!** como és inteligente!; ~ **wrong I was!** como eu estava enganado!; **e)** (in whichever way) como; **you can decorate it** ~ **you like** podes decorar como quiseres; **f)** (why) ~ **could you?** como pudeste fazer isso?; **g)** (that) que; **you know** ~ **he always arrives late** tu bem sabes que ele chega sempre atrasado. **2 how come** *adv phr* "~ **come?"** "porquê?"; "~ **come you always win?"** "como é que consegues ganhar sempre?". **3 how's that** *adv phr* **I'll take you home,** ~'s **that?** levo-te a casa, que tal?.
however [haʊ'evə(r)] **1** *conj* contudo, todavia, no entanto; ~, **the recession is not over yet** contudo, a recessão ainda não acabou. **2** *adv* **a)** (no matter how) ~ **hard I try, I can't** por muito que tente, não consigo; **everyone,** ~ **poor** todos, por muito pobres que sejam; ~ **much it costs** qualquer que seja o preço; **b)** (in what ever way) ~ **you like** como quiseres; **c)** (how) como; ~ **did you guess?** como é que adivinhaste?.
howitzer ['haʊɪtsə(r)] *n* obus *m*.
howl [haʊl] **1** *n* **a)** (wail) grito *m*; uivo *m*; **a** ~ **of pain** um grito de dor; **b)** (shout) (*often pl*) **a** ~ **of laughter** uma gargalhada estrondosa. **2** *vtr* gritar [*insult, slogan*] (**at** para). **3** *vi* **a)** (wail) [*child*] berrar; [*dog*] uivar; **b)** (shout) gritar.
HP [eɪtʃ'pi:] *n* GB abrev = **hire purchase.**
hub [hʌb] *n* Tech eixo *m*; (fig) centro *m*.
hubbub ['hʌbʌb] *n* (noise) algazarra *f*; (turmoil) tumulto *m*.
hubcap ['hʌbkæp] *n* tampão *m* (da roda).
huddle ['hʌdl] **1** *n* **a)** (cluster) (of people) grupo *m*; (of buildings) amontoado *m*; (of objects) desordem *f*; confusão *f* Po, bagunça *f* Br; **b)** US Sport (of footballers) reagrupamento *m*. **2** *vtr* **a)** (for warmth, security) **she ~d under the bushes** ela encolhia-se sob os arbustos; **b)** (cluster) agrupar-se; **to** ~ **around** [*fire, radio, speaker*] juntar-se à volta de.
hue [hju:] **1** *n* **a)** (liter) (shade) matiz *m*; (colour) cor *f*; tinta *f*; **b)** (fig) (political) tendência *f*. **2** ~**d** (in compounds) **rose** ~ pintado de cor de rosa.
hue and cry *n* GB clamor *m*.
huff [hʌf] **1** (coll) *n* **to be in a** ~ estar amuado; **to go** *or* **get into a** ~ ficar com a mosca (fam) ficar zangado. **2** *vi* soprar; **to** ~ **and puff** (lit) bufar de irritação (fam).
hug [hʌg] **1** *n* abraço *m*; **to give sb a** ~ abraçar alg. **2** *vtr* **a)** (embrace) [*person*] abraçar; **b)** (keep close to) [*boat, vehicle*] roçar, andar perto de; [*road, path*] seguir ao longo de; **to** ~ **the coast** Naut seguir ao longo da costa.
huge [hju:dʒ] *adj* enorme, imenso.
hugely ['hju:dʒlɪ] *adv* **a)** (emphatic) [*successful,*

enjoyable, etc] extremamente; **b)** (a great deal) [*increase, vary, etc*] muito consideravelmente.

hulk [hʌlk] *n* **a)** (of abandoned ship) carcaça *f*; casco *m*; HIST (prison ship) navio-prisão *m*; **b)** (fig) (of building, mountain) massa *f* imensa.

hulking ['hʌlkɪŋ] *adj* enorme, imenso.

hull [hʌl] **1** *n* **a)** (of ship) casco *m*; (of plane) carcaça *f*; **b)** (of peas, beans) vagem *f*. **2** *vtr* descascar [*peas, beans, nuts*]; debulhar [*rice, grain*].

hullabaloo [hʌləbə'lu:] (coll) *n* **a)** (fuss) celeuma *f*; **b)** (noise) alarido *m*; clamor *m*.

hum [hʌm] **1** *n* (sound) (of aircraft, insect, traffic) zumbido *m*; (of voices) murmúrios *mpl*. **2** *vtr* (*pres p etc* **-mm-**) [*person*] trautear [*tune*]. **3** *vi* (*pres p etc* **-mm-**) **a)** (make a low sound) [*person*] sussurrar; [*aircraft, insect*] zumbir; [*machine*] fazer um ruído surdo; **b)** (bustle) [*factory, floor, office*] desenvolver grande actividade.

human ['hju:mən] **1** *n* humano *m*; **fellow ~** semelhante *m*. **2** *adj* **a)** (not animal) [*behaviour, body, population, etc*] humano; [*characteristic, rights*] do homem; **it's only ~ to forget** é humano esquecer; **b)** (sympathetic) humano.

human being *n* ser *m* humano.

humane [hju:'meɪn] *adj* **a)** [*person, régime*] humano; [*act*] humanitário; **b)** [*slaughter, culling*] sem crueldade.

humanism ['hju:mənɪzm] *n* humanismo *m*.

humanist ['hju:mənɪst] *n* humanista *m/f*.

humanitarian [hju:mænɪ'teərɪən] *n, adj* humanitário, humanista *m/f*.

humanity [hju:'mænɪtɪ] **1** *n* (the human race, kindness) humanidade *f*. **2 the humanities** *npl* UNIV estudos *mpl* humanísticos.

humanize ['hju:mənaɪz] **1** *vtr* (gen) humanizar. **2 humanizing** *pres p adj* [*influence*] humanizante.

humble ['hʌmbl] **1** *adj* **a)** [*origin, position*] modesto, humilde; **b)** (unpretentious) (also hum) [*dwelling, gift*] humilde, despretensioso; **c)** (deferential) humilde; (formal) **please accept my ~ apologies** aceite, por favor, as minhas humildes desculpas; **d)** (showing humility) [*person, gratitude*] humilde. **2** *vtr* humilhar [*person, opponent*]. **3** *v refl* **to ~ oneself** humilhar-se (**before** perante). IDIOMAS **to eat ~ pie** submeter-se à humilhação, humilhar-se.

humbly ['hʌmblɪ] *adv* **a)** [*reply, ask, pray*] humildemente; **b)** [*live*] modestamente, humildemente; **~ born** de origem humilde.

humbug ['hʌmbʌg] *n* **a)** (dishonesty) fraude *f*; mentira *f*; **b)** (person) impostor *m*; charlatão *m*; **c)** GB (mint) ~ bombom *m* de hortelã-pimenta.

humdrum ['hʌmdrʌm] *adj* monótono, enfadonho.

humid ['hju:mɪd] *adj* húmido.

humidity [hju:'mɪdɪtɪ] *n* humidade *f*; **relative ~** humidade relativa.

humiliate [hju:'mɪlɪeɪt] *vtr* humilhar.

humiliation [hju:mɪlɪ'eɪʃn] *n* (feeling, act) humilhação *f*.

humility [hju:'mɪlɪtɪ] *n* humildade *f*.

humming bird *n* colibri *m*.

hummock ['hʌmək] *n* **a)** (of earth) montículo *m* de terra; **b)** (of ice) elevação.

humor ['hju:mə(r)] *n* US see **humour**.

humorist ['hju:mərɪst] *n* humorista *m/f*.

humorous ['hju:mərəs] *adj* **a)** (amusing) [*book, incident, remark*] engraçado; **b)** (full of amusement) [*look, person, smile*] cheio de humor.

humour GB, **humor** US ['hju:mə(r)] **1** *n* **a)** (wit) humor *m*; **to have a/no sense of ~** ter/não ter sentido de humor; **b)** (mood) humor *m*; **to be in good ~** estar de bom humor; **to be in no ~ for arguing** não estar para discussões; **a good-~ed person** uma pessoa bem disposta. **2** *vtr* fazer a vontade a [*boss, child, etc*]; ceder a [*request, wish*].

humourless ['hju:məlɪs] *adj* [*person*] com falta de humor (*after n*).

hump [hʌmp] **1** *n* (lit) bossa *f*; corcova *f*; **road or speed ~** banda *f* sonora. **2** *vtr* (coll) **a)** (lift, carry) transportar, carregar; **b)** (bend) arquear [*back*]. IDIOMAS (coll) **to have (got) the ~** ficar irritado.

humus ['hju:məs] *n* húmus *m*.

hunch [hʌntʃ] **1** *n* intuição *f*; palpite *m*; **to have a ~ that...** ter o pressentimento que.... **2** *vtr* **to ~ one's shoulders** encolher os ombros. **3** *vi* **to ~ over one's desk** inclinar-se sobre a secretária.

hunchback *n* (injur) marreco *m* (fam).

hundred ['hʌndrəd] **1** *n* **a)** cem; **two ~** duzentos; **two ~ and one** duzentos e um; **a ~ to one** cem contra um; **sold in ~s** *or* **by the ~** vendido às centenas; **in nineteen ~** em mil e novecentos; **in nineteen ~ and three** em mil novecentos e três; **b)** (coll) (a lot) **~s of times** montes de vezes (fam). **2** *adj* cem; **about a ~ people** cerca de uma centena de pessoas; **to be a ~ (years old)** ser centenário.

hundredth ['hʌndrədθ] **1** *n* centésimo *m*. **2** *adj* centésimo.

hung [hʌŋ] **1** *past, pp* see **hang**. **2** *adj* [*jury, parliament*] em suspenso.

Hungarian [hʌŋ'geərɪən] *n, adj* (person, language) húngaro *m*.

hunger ['hʌŋə(r)] **1** *n* fome *f*; (fig) sede *f*; grande desejo *m* (**for** de). **2** *vi* ter fome; **to ~ for** *or* **after** (fig, liter) desejar muito.

hunger strike *n* greve *f* de fome.

hung-over [hʌŋ'əʊvə(r)] *adj* **to be** *or* **feel ~** estar de ressaca.

hungrily ['hʌŋgrɪlɪ] *adv* (lit) vorazmente, com avidez.

hungry ['hʌŋgrɪ] **1** *adj* **a)** **to be ~** ter fome; (be starving) estar esfomeado; **to go ~** (from necessity) passar fome; (by choice) não comer o suficiente; **b)** (fig) [*look, eye*] ávido; **to be ~ for sth** estar ávido de qq coisa, desejar muito qq coisa. **2 ~** (in compounds) **power-/sex-~** sequioso *ou* ávido de poder/de sexo.

hunk [hʌŋk] *n* naco *m*.

hunt [hʌnt] **1** *n* **a)** (search) procura *f*; busca *f* (**for** de); **to join the ~ for sb/sth** participar na busca de alg/algo; **b)** HUNT (activity) caçada *f*; **a lion ~** uma caçada ao leão. **2** *vtr* **a)** (seek, pursue) [*police, authorities*] procurar, perseguir [*murderer, prisoner, suspect*]; **to ~ sb out of** *or* **off sth** fazer alg sair de algo; **b)** HUNT (pursue) caçar [*game, fox, bear*]; (pursue over) bater [*area, estate*]. **3** *vi* **a)** (search) **to ~ for** andar à procura de [*coins, object, person, address,* *truth*]; **b)** [*gauge, indicator*] oscilar (**around** à volta de). ■ **hunt down**: ~ **down** (**sb**), ~ (**sb**) **down** perseguir [*victim, minority, war criminal*]. ■ **hunt up**: ~ **up** (**sth**), ~ (**sth**) **up** acabar por encontrar [*lost object*].

hunted ['hʌntɪd] *adj* [*animal, killer*] perseguido.

hunter ['hʌntə(r)] **a)** (person who hunts) caçador *m*; **b)** (animal that hunts) predador *m*; **c)** (horse) cavalo *m* de caça; **d)** (dog) cão *m* de caça.

hunting ['hʌntɪŋ] *n* montaria *f*; **to go** ~ ir à caça.

huntsman ['hʌntsmən] *n* **a)** (hunter) caçador *m* a cavalo que utiliza galgos; **b)** (trainer of hounds) monteiro *m*.

hurdle ['hɜːdl] **1** *n* **a)** SPORT, TURF barreira *f*; **the 100 m** ~**s** os 100 m barreiras; **b)** (fig) obstáculo *m*; **c)** AGRIC sebe *f*. **2** *vi* SPORT, TURF tomar parte em corridas de barreiras.

hurdle ['hɜːdlə(r)] *n* barreirista *m/f*.

hurl [hɜːl] *vtr* lançar [*projectile*] (**at** sobre); **to be ~d** ser projectado; **to ~ insults** insultar violentamente; **to ~ oneself** (lit) precipitar-se (*reflex*); (fig) lançar-se (**into** em).

hurly-burly ['hɜːlɪbɜːlɪ] *n* tumulto *m*; barafunda *f*.

hurrah, hurray [hə'rɑː hʊ'rɑː, hə'reɪ hʊ'reɪ] *n, excl* viva *m*; ~ **for Paul!** viva o Paulo!.

hurricane ['hʌrɪkən, 'hʌrɪkeɪn] *n* furacão *m*.

hurried ['hʌrɪd] *adj* [*note, call, visit*] rápido, curto; [*lunch, meal*] comido à pressa; [*job, work*] feito à pressa; [*departure, exit*] precipitado.

hurry ['hʌrɪ] **1** *n* pressa *f*; precipitação *f*; **there's no** ~ não há pressa, não é nada de urgente; **what's (all) the** ~? qual é a pressa?; **to do sth in a** ~ fazer algo à pressa; **to be in a** ~ estar cheio de pressa (**to do para fazer**); **I'm not in any** ~ **to have children** não estou com pressa de ter filhos; **I won't forget that in a** ~! tão cedo não esqueço isso!. **2** *vtr* **a)** (do hastily) fazer à pressa [*meal, task, performance, speech*]; **b)** (rush, bustle) apressar [*person*]; **to ~ sb in/out** fazer entrar/sair alg a toda a pressa. **3** *vi* [*person*] despachar-se, apressar-se; **to ~ over doing sth** despachar-se a fazer algo; **to ~ in/out/past/ etc** entrar/sair/passar/etc precipitadamente; **to ~ home** apressar-se a entrar em casa. ■ **hurry along**: **to ~ along** apressar-se, despachar-se; **to ~ along** (**sth**), **to ~ (sth) along** fazer acelerar/ activar [*process*]. ■ **hurry back** (to any place) regressar rapidamente (**to** a); ~ **back!** regressa depressa!. ■ **hurry up**: **to ~ up** despachar-se; ~ **up!** despacha-te!; **to ~ (sb) up, to ~ up (sb)** apressar, pressionar [*person*].

hurt [hɜːt] **1** *n* ferida *f*; dor *f*; **his sense of ~ and betrayal** a sua sensação de mágoa e traição. **2** *adj* [*feelings, look*] ferido, magoado; **I was more angry than** ~ fiquei mais zangado do que ferido; **he was ~ not to have been invited** ele ficou magoado por não ter sido convidado; **to sound/look** ~ ter um ar magoado; **to feel** ~ sentir-se desgostoso. **3** *vtr* (*past, pp* hurt) **a)** (injure) **to ~ one's hand** magoar-se na mão; **to ~ oneself** magoar-se; **the dog** ~ **its paw** o cão magoou-se na pata; **she** ~ **her shoulder when she fell** ela magoou-se no ombro quando caiu; **was anybody** ~? houve feridos?; **it wouldn't** ~ **her to apologize** não lhe faria nada mal pedir des-

culpas; **b)** (cause pain to) **you're** ~**ing my arm** estás-me a magoar o braço; **c)** (emotionally) magoar; **to ~ sb's feelings** magoar alg; **to ~ sb's pride** ferir o amor próprio de alg; **she's afraid of getting** ~ ela tem medo de sofrer. **4** *vi* (*past, pp* hurt) **a)** (be painful, cause pain) doer; **this small print makes my eyes** ~ estas letras pequeninas fazem-me doer os olhos; **where does it** ~? onde é que te dói?; **my shoes** ~ os meus sapatos magoam-me; **b)** (take effect) **the new taxes are beginning to** ~ os novos impostos começam a fazer-se sentir; **c)** (emotionally) **what really** ~ **was knowing that she had lied** o que me magoou mesmo foi saber que ela mentiu; **the truth often** ~**s** a verdade muitas vezes é cruel.

hurtful ['hɜːtfl] *adj* (unkind) [*accusation, rumour, remark, words*] cruel, duro.

hurtle ['hɜːtl] *vi* **to ~ down sth** descer rapidamente; **to ~ along a road** passar a toda a velocidade; **a stone** ~**d through the window** uma pedra voou através da janela.

husband ['hʌzbənd] **1** *n* marido *m*; **ex-~** ex--marido *m*; **to live as a** ~ **and wife** viver maritalmente. **2** *vtr* (manage prudently) administrar bem; (economize) economizar.

husbandry ['hʌzbəndrɪ] *n* AGRIC agricultura *f*; lavoura *f*; **animal** ~ criação *f* de gado.

hush [hʌʃ] **1** *n* silêncio *m*. **2** *excl* (quiet) shiu!. **3** *vtr* **a)** (silence) calar [*person*]; acabar com [*noise*]; **b)** (pacify) acalmar [*baby*]. ■ **hush up** ~ **up** calar-se; ~ **up** (**sth**), ~ (**sth**) **up** abafar [*scandal, affair*]; ~ **up** (**sb**), ~ (**sb**) **up** calar [*person*].

hushed [hʌʃt] *adj* **a)** [*room, conversation, whisper*] abafado, em tom muito baixo; **b)** [*person, audience*] calado.

hush-hush (coll) *adj* altamente confidencial.

husk [hʌsk] **1** *n* (of grains) casca *f* (also fig). **2** *vtr* descascar.

husky ['hʌskɪ] *adj* **a)** [*voice*] rouco; [*cough*] seco; **b)** (burly) forte *m*.

hussar [hʊ'zɑː(r)] *n* hussardo *m*.

hustings ['hʌstɪŋz] *npl* tribuna *f* para eleições; (fig) **at/on the** ~ durante a campanha eleitoral.

hustle ['hʌsl] **1** *n* **a)** (lively activity) (*also* ~ **and bustle**) azáfama *f*; **b)** (coll) US (illegal activity) actividade *f* ilegal. **2** *vtr* **a)** (push) empurrar [*person*]; **he** ~**d her through the crowd** ele abriu caminho empurrando-a através da multidão; **b)** (urge) forçar [*person*]; **to ~ sb into doing sth** forçar alg a fazer qq coisa; **c)** (coll) US (sell illegally) vender ilegalmente; **d)** (hurry) precipitar [*negotiations*]; apressar [*person*]. **3** *vi* **a)** (hurry) [*person*] despachar-se; **b)** (coll) US (be a prostitute) bater a zona (cal).

hut [hʌt] *n* (in garden) cabana *f*; (on building site) barraca *f* das obras; (temporary classroom) pavilhão *m* pré-fabricado; (for climbers, shepherds) refúgio *m*.

hutch [hʌtʃ] *n* **a)** arca *f*; caixa *f* para guardar mantimentos; (for rabbits) coelheira *f*; **b)** US guarda-loiça *f*; aparador *m*.

hyacinth ['haɪəsɪnθ] *n* jacinto *m*.

hy(a)ena [haɪ'iːnə] *n* hiena *f*.

hybrid ['haɪbrɪd] **1** *n* (plant, animal) híbrido *m*. **2** *adj* híbrido.

hydrangea [haɪ'dreɪndʒə] *n* hortênsia *f*.

hydrant ['haɪdrənt] *n* boca *f* de incêndio.
hydraulic [haɪ'drɔ:lɪk, haɪ'drɒlɪk] *adj* [*brakes, cement, power, suspension*] hidráulico.
hydrocarbon [haɪdrə'kɑ:bən] *n* hidrocarboneto *m.*
hydroelectric [haɪdəʊɪ'lektrɪk] *adj* [*power, dam*] hidroeléctrico.
hydrofoil ['haɪdrəfɔɪl] *n* (craft) hidrofoil *m.*
hydrogen ['haɪdrədʒən] *n* hidrogénio *m.*
hydrogen bomb *n* bomba *f* de hidrogénio.
hydrometer [haɪ'drɒmɪtə(r)] *n* hidrómetro *m*; densímetro *m.*
hydroxide [haɪ'drɒksaɪd] *n* hidróxido *m.*
hygiene ['haɪdʒi:n] *n* higiene *f*; **in the interests of** ~ por razões de higiene; **food** ~ higiene alimentar.
hygienic [haɪ'dʒi:nɪk] *adj* higiénico.
hymn [hɪm] *n* (song) cântico *m*; (fig) (expression of praise) hino *m* (**to** a).
hymnbook ['hɪmbuk] *n* livro *m* de cânticos.
hype [haɪp] (coll) **1** *n* (publicity) propaganda *f* publicitária. **2** *vtr* **a**) (promote) fazer propaganda a [*film, book, star*]; **b**) (blow up) empolar [*issue,*

news, story, case]; **c**) (stimulate) estimular, fazer subir [*sales, economy, market*].
hyperactive [haɪpə'ræktɪv] *adj* (gen) MED hiperactivo.
hyperbola [haɪ'pɜ:bələ] *n* hipérbole *f.*
hypercritical [haɪpə'krɪtɪkl] *adj* hipercrítico, excessivamente crítico.
hypermarket ['haɪpəmɑ:kɪt] *n* hipermercado *m.*
hypersensitive [haɪpə'sensɪtɪv] *adj* hipersensível (**to** a).
hyphen ['haɪfn] *n* hífen *m*; traço *m* de união.
hyphenate ['haɪfəneɪt] *vtr* unir com hífen [*word*]; **their name is** ~**d** o nome deles escreve-se com um hífen.
hypnosis [hɪp'nəʊsɪs] *n* hipnose *f*; **under** ~ sob hipnose.
hypnotic [hɪp'nɒtɪk] **1** *n* hipnótico *m.* **2** *adj* hipnótico.
hypnotism ['hɪpnətɪzm] *n* hipnotismo *m.*
hypnotist ['hɪpnətɪst] *n* hipnotizador.
hypnotize ['hɪpnətaɪz] *vtr* hipnotizar.

i, I [aɪ] *n* (letter) i, I.
I [aɪ] *pron* eu; **he's a student but I'm not** ele estuda, mas eu não; **he and I went to the cinema** eu e ele fomos ao cinema.
Iberian Peninsula *pr n* Península *f* Ibérica.
ice [aɪs] **1** *n* **a)** gelo *m*; **to put sth on** ~ (lit) pôr (qq coisa) a refrescar; (fig) deixar qq coisa à espera de melhor oportunidade; **b)** (portion of ice-cream) gelado *m*; **c)** (coll) (diamonds) diamantes *mpl*. **2** *vtr* CULIN cobrir de açúcar [*cake*]. **3** **iced** *pp adj* [*water*] gelado,-a.
ice age *n* **the** ~ o período *m* glaciar.
iceberg ['aɪsbɜːg] *n* (lit) iceberg *m*; **the tip of the** ~ (fig) a ponta do iceberg.
icebox ['aɪsbɒks] *n* **a)** GB (freezer compartment) congelador *m* Po, frizer *m* BR; **b)** (dated) US (fridge) frigorífico *m*.
icebreaker ['aɪsbreɪkə(r)] *n* NAUT navio *m* quebra-gelo.
ice: ~**-cold** *adj* [*hand, water*] gelado,-a; [*beer*] bem fresco; ~ **cream** *n* CULIN gelado *m*; ~**-cube** *n* cubo *m* ou pedra *f* de gelo; ~ **floe** *n* gelo *m* flutuante; ~ **hockey** *n* hóquei *m* sobre o gelo.
Iceland ['aɪslənd] *pr n* Islândia *f*.
ice: ~ **pack** *n* botija *f* ou saco *m* de gelo; ~ **rink** *n* pista *f* de gelo; ~**skate 1** *n* patim *m* (para o gelo). **2** *vi* (gen) patinar (sobre o gelo); ~**-skating** *n* patinagem *f* Po/patinação *f* BR sobre o gelo.
icicle ['aɪsɪkl] *n* pingente *m* de gelo.
icily ['aɪsɪlɪ] *adv* [*stare*] de forma gelada ou glacial; [*say*] num tom glacial.
icing ['aɪsɪŋ] *n* **a)** CULIN glacê *m*; cobertura *f* de açúcar; **b)** AVIAT gelo *m* acumulado nas asas dos aviões.
icing sugar *n* açúcar *m* glacê.
icon ['aɪkɒn, 'aɪkən] *n* (Art, Christianity) ícone *m*; (fig) (person) ídolo *m*; (object) símbolo *m*.
iconoclastic [aɪkɒnə'klæstɪk] *adj* iconoclasta.
icy ['aɪsɪ] *adj* **a)** [*road*] coberto,-a de gelo; **b)** (cold) [*wind*] glacial; [*hands*] gelado,-a; **c)** [*look*] glacial.
I'd [aɪd] = **I had**; see **I would**.
idea [aɪ'dɪə] *n* **a)** (thought) ideia *f* (**about, on** sobre); **b)** (suggestion) ideia *f*; **c)** (aim) fim *m*; objectivo *m*; **d)** (knowledge) **I have no** ~ **where the key is** não tenho ideia nenhuma onde possa estar a chave; **he's 55! I had no** ~! ele tem 55 anos! não fazia ideia nenhuma!; **e)** (gist) **now I get the** ~ agora percebo!; **do you get the** ~? estás a perceber?.
ideal [aɪ'diːəl] **1** ideal *m*. **2** *adj* ideal (**for** para; **to do** para fazer).
idealism [aɪ'dɪəlɪzm] *n* idealismo *m*; PHILOS idealismo *m*.
idealist [aɪ'dɪəlɪst] *n* idealista *m/f*.
idealistic [aɪdɪə'lɪstɪk] *adj* idealista.
idealize [aɪ'dɪəlaɪz] *vtr* idealizar.

ideally [aɪ'dɪəlɪ] *adv* **a)** (preferably) ~, **the tests should be free** o ideal seria que os exames fossem gratuitos; **what would you like,** ~? o que é que tu gostarias mais?; **b)** (perfectly) ~ **located** *or* **situated** situado no melhor sítio; **to be** ~ **suited** [*couple, colours*] combinar perfeitamente; **to be** ~ **suited for** [*job, role*] ser perfeito para.
identical [aɪ'dentɪkl] *adj* idêntico,-a (**to, with** a).
identifiable [aɪ'dentɪfaɪəbl] *adj* identificável; ~ **by sth** identificável por qq coisa.
identification [aɪdentɪfɪ'keɪʃn] *n* **a)** (of body, person) identificação *f* (**from** a partir de); **b)** (empathy) identificação (**with** com).
identification parade *n* GB sessão *f* de identificação.
identify [aɪ'dentɪfaɪ] **1** *vtr* **a)** (establish identity of) identificar [*person, body*] (**as** como); **b)** (pick out) distinguir. **2** *vi* (emphatize) **to** ~ **with** identificar-se com.
identikit [aɪ'dentɪkɪt] *n* retrato *m* falado.
identity [aɪ'dentɪtɪ] *n* identidade *f*; **have you any proof of** ~? tem algo que prove a sua identidade?; **mistaken** ~ erro de identidade.
identity parade *n* GB see **identification parade**.
ideological [(ə)ɪdɪə'lɒdʒɪkl] *adj* ideológico,-a.
ideology [(ə)ɪdɪ'ɒlədʒɪ] *n* ideologia *f*.
idiocy ['ɪdɪəsɪ] *n* (stupidity) estupidez *f*; (stupid remark) idiotice *f*.
idiom ['ɪdɪəm] *n* **a)** (phrase) frase *f* idiomática; **b)** (language) (of speakers) língua *f*; (of theatre, sport) linguagem *f*; **c)** (of music) estilo *m*.
idiomatic [ɪdɪə'mætɪk] *adj* idiomático,-a.
idiosyncrasy [ɪdɪəʊ'sɪŋkrəsɪ] *n* particularidade *f*.
idiosyncratic [ɪdɪəʊsɪŋ'krætɪk] *adj* particular.
idiot ['ɪdɪət] *n* idiota *m/f*; **to talk like an** ~ dizer idiotices.
idiotic [ɪdɪ'ɒtɪk] *adj* idiota.
idle ['aɪdl] **1** *adj* **a)** (lazy) preguiçoso,-a; **b)** (worthless) inútil; **c)** (not needing to work, not having work) inactivo,-a, ocioso,-a; **d)** [*hour, moment*] de lazer; **e)** (not functioning) [*machine*] parado,-a; **to lie** *or* **stand** ~ estar parado, estar sem trabalhar; **f)** (out of work) desempregado,-a; **100 men made** ~ 100 homens postos no desemprego; **g)** (uninformed) [*speculation*] vão; [*curiosity*] puro,-a. **2** *vi* [*engine*] funcionar lentamente. **IDIOMAS the devil makes work for** ~ **hands** (Prov) a preguiça é a mãe de todos os vícios (Prov).
idleness ['aɪdlnɪs] *n* (inaction) inactividade *f*; (laziness) preguiça *f*.
idler ['aɪdlə(r)] *n* preguiçoso,-a *m,f*.
idly ['aɪdlɪ] *adv* [*wonder*] vagamente; [*gaze, sit*] preguiçosamente; (fig) **to sit** *or* **stand** ~ **by** (person) ficar de braços cruzados; (country) não fazer nada.

idol ['aɪdl] *n* ídolo *m*.
idolatry [aɪ'dɒlətrɪ] *n* idolatria *f*.
idyll ['ɪdɪl] *n* idílio *m*.
idyllic [(a)ɪ'dɪlɪk] *adj* idílico,-a.
ie [aɪ'i:] *abrev* = **that is** isto é, i.e.
if [ɪf] **1** *conj* **a**) (in the event that, supposing that) se; ~ **asked, I would say that** se me perguntassem, eu diria que; ~ **I were you, I...** se (eu) fosse a ti, eu...; ~ **you like** se quiseres; ~ **he dies** *or* **he should die** se ele morrer; ~ **if were to snow** se nevasse; ~ **so** se for o caso; **b**) (whenever) se; ~ **you mention his name, she cries** basta pronunciares o nome dele, para ela chorar; **c**) (whether) se; **I wonder** ~ **they will come** pergunto-me a mim mesmo se eles vêm; **d**) (functioning as that) **do you mind** ~ **I smoke?** importa-se que eu fume?; **I don't care** ~ **he is married** não me interessa se ele é casado ou que ele seja casado; **e**) (although) se bem que; **we'll go even** ~ **it's dangerous** vamos, mesmo que seja perigoso; **it's a good shop,** ~ **a little expensive** é uma boa loja, se bem que um pouco cara; **f**) (as polite formula) ~ **you would follow me please** se fizer o favor de me acompanhar; **g**) (expressing surprise, dismay, etc) ~ **it isn't our old friend Mr. Pivachon** olha se não é o nosso velho amigo, o sr. Pivachon; **h**) (*used with what*) **what** ~ **he died?** e se ele morresse?. **2 if only** *conj phr* ~ **only because (of)** quanto mais não seja porque; ~ **only for a moment** quanto mais não seja senão por um instante; ~ **only I had known!** se ao menos eu tivesse sabido. **IDIOMAS it's a very big** ~ é uma incógnita.
igloo ['ɪglu:] *n* iglu *m*.
ignite [ɪg'naɪt] **1** *vtr* inflamar [*inflammable material*]. **2** *vi* [*petrol, gas*] inflamar-se; [*rubbish, timber*] incendiar-se.
ignition [ɪg'nɪʃn] *n* AUT ignição *f*; **electronic** ~ ignição electrónica.
ignition key *n* chave *f* de ignição.
ignoble [ɪg'nəʊbl] (formal) *adj* ignóbil, infame.
ignominious [ɪgnə'mɪnɪəs] (formal) *adj* ignominioso,-a, vergonhoso,-a.
ignoramus [ɪgnə'reɪməs] *n* (*pl* -muses) ignaro *m*.
ignorance ['ɪgnərəns] *n* ignorância *f*; **to keep sb in** ~ **of sth** manter alg na ignorância de qq coisa; ~ **of law is no excuse** a ignorância da lei não serve de atenuante; ~ **is bliss** a ignorância impera.
ignorant ['ɪgnərənt] *adj* (person) ignorante; (uneducated) inculto,-a; (remark) incerto,-a; **pig** ~ burro como uma porta.
ignorantly [ɪgnərəntlɪ] *adv* de forma ignorante.
ignore [ɪg'nɔ:(r)] *vtr* ignorar [*person*]; não fazer caso de [*request, remark, criticism*]; desrespeitar [*instructions, rules*]; desinteressar-se por [*issue, problem*]; **to** ~ **sb's very existence** fazer de conta que alg não existe.
ilk [ɪlk] espécie *f*.
I'll [aɪl] = **I shall, I will**.
ill [ɪl] **1** *n* mal *m*; **to wish sb** ~ desejar mal a alg. **2** *adj* doente; **to be** ~ **with sth** estar doente com qq coisa, sofrer de qq coisa; **to be taken** ~ ficar doente, adoecer. **3** *adv* (formal) **a**) (badly) **to bode** *or* **augur** ~ **for sth** (liter) ser de mau augúrio para qq coisa; **b**) (scarcely) **he** ~ **deserves**

your praise ele nem merece os teus elogios. **IDIOMAS it's an** ~ **wind (that blows nobody any good)** (Prov) há males que vêm por bem (Prov).
illegal [ɪ'li:gl] *adj* (against law) ilegal; (parking) proibido; ~ **immigrant** imigrante *m/f* ilegal.
illegality [ɪlɪ'gælɪtɪ] *n* ilegalidade *f*.
illegally [ɪ'li:gəlɪ] *adv* ilegalmente; [*park*] mal (estacionado).
illegible [ɪ'ledʒɪbl] *adj* ilegível.
illegitimacy [ɪlɪ'dʒɪtɪməsɪ] *n* ilegitimidade *f*.
illegitimate [ɪlɪ'dʒɪtɪmət] *adj* ilegítimo,-a.
ill: ~**-fated** *adj* [*expedition, enterprise, day, person*] malfadado, infeliz; ~ **feeling** *n* rancor *m*; ressentimento *m*; ~**-gotten** *adj* mal adquirido,-a; ~ **health** *n* falta *f* de saúde.
illicit [ɪ'lɪsɪt] *adj* ilícito,-a.
illicitly [ɪ'lɪsɪtlɪ] *adv* (illegally) de forma ilícita; (secretly) clandestinamente.
ill-informed *adj* mal informado,-a.
illiteracy [ɪ'lɪtərəsɪ] *n* analfabetismo *m*.
illiterate [ɪ'lɪtərət] **1** *n* analfabeto *m*. **2** *adj* analfabeto,-a.
ill: ~**-judged** *adj* pouco judicioso,-a; ~**-mannered** (formal) *adj* grosseiro,-a, mal educado,-a.
illness ['ɪlnɪs] *n* doença *f*.
illogical [ɪ'lɒdʒɪkl] *adj* ilógico,-a.
ill: ~**-timed** *adj* [*arrival*] inoportuno,-a; ~**-treat** *vtr* maltratar.
illuminate [ɪ'lju:mɪneɪt, ɪlu:mɪneɪt] *vtr* **a**) (light) iluminar, alumiar; **b**) (enlighten) aclarar, esclarecer; ART ilustrar com iluminuras.
illuminating [ɪ'lju:mɪneɪtɪŋ, ɪ'lu:mɪneɪtɪŋ] *adj* (fig) esclarecedor, a.
illumination [ɪlju:mɪ'neɪʃn, ɪlumɪ'neɪʃn] *n* **a**) (lighting) (of building, sign) iluminação *f*; **b**) (enlightenment) esclarecimento *m*; **c**) (of bible, book) iluminura *f*.
illumine [ɪ'lju:mɪn, ɪ'lu:mɪn] *vtr* (lit) see **illuminate**.
illusion [ɪ'lju:ʒn, ɪ'lu:ʒn] *n* ilusão *f*; **to be** *or* **to labour under the** ~ **that** estar persuadido de que; **it's an** ~ **to think that** é uma ilusão acreditar-se que.
illusive, illusory [ɪ'lju:sɪv, ɪ'lu:sɪv, ɪ'lju:sərɪ, ɪ'lu:sərɪ] *adj* (misleading) enganador, a; (apparent) ilusório,-a.
illustrate [ɪ'lʌstreɪt] **1** *vtr* ilustrar. **2 illustrated** *pp adj* [*book, poem*] ilustrado,-a; **an** ~ **talk** uma conferência com apoio visual.
illustration [ɪlə'streɪʃn] *n* ilustração *f*.
illustrative ['ɪləstrətɪv] *adj* ~ **material** ilustrações *fpl*; **it is** ~ **of...** é elucidativo de....
illustrious [ɪ'lʌstrɪəs] *adj* [*person*] ilustre, famoso,-a; [*career*] brilhante.
ill will (formal) *n* animosidade *f*.
I'm [aɪm] = **I am**.
image ['ɪmɪdʒ] *n* (gen) imagem *f*; **the popular** ~ **of life in the north** a ideia que as pessoas fazem da vida no norte; TV, PHOT, CIN (picture) imagem *f*; **visual** ~ imagem real; **he is the (spitting)** ~ **of you** (fig) ele é a tua própria imagem.
imagery ['ɪmɪdʒərɪ] *n* imagística *f*.
imaginable [ɪ'mædʒɪnəbl] *adj* imaginável; **the most horrible thing** ~ a coisa mais horrível que se pode imaginar.
imaginary [ɪ'mædʒɪnərɪ] *adj* imaginário,-a.

imagination [ɪmædʒɪ'neɪ/n] *n* imaginação *f*; **to show** ~ ser imaginativo; **it's all in your** ~! está tudo na tua imaginação!; **not by any stretch of the** ~ **could you say...** nem por um esforço de imaginação se poderia dizer....

imaginative [ɪ'mædʒɪnətɪv] *adj* [*person*] cheio de imaginação; [*mind*] imaginativo,-a.

imagine [ɪ'mædʒɪn] *vtr* **a)** (visualize) imaginar [*object, scene*]; **to** ~ **that** imaginar que; **I can't** ~ **her liking that, I can't** ~ **(that) she liked that** não acredito que ela gostasse disso; **just** ~! imagina só!; **b)** (suppose) pensar, supor (**that** que).

imbalance [ɪm'bæləns] *n* desequilíbrio *m* (**between** entre); **trade** ~ desequilíbrio na balança comercial.

imbecile [ɪmbɪsi:l, 'ɪmbɪsaɪl] *n, adj* imbecil *m/f*.

imbibe [ɪm'baɪb] (formal *or* hum) **a)** (drink) beber; **b)** (take in) absorver, assimilar [*knowledge*].

imbue [ɪm'bju:] *vtr* impregnar (**with** de).

imitate ['ɪmɪteɪt] *vtr* **a)** imitar; **art** ~**s life** a arte é uma imitação da vida; **b)** (copy) copiar [*handwriting*].

imitation [ɪmɪ'teɪ/n] **1** *n* imitação *f*; **in** ~ **of** à maneira de; **beware of** ~**s!** cuidado com as imitações!. **2** *modif* ~ **fur** imitação de pele; ~ **gold** metal *m* dourado; ~ **jewel** jóia *f* falsa; ~ **leather** imitação de couro. **IDIOMAS** ~ **is the sincerest form of flattery** a imitação é o melhor elogio.

imitative ['ɪmɪtətɪv, 'ɪmɪteɪtɪv] *adj* imitativo,-a.

imitator ['ɪmɪteɪtə(r)] *n* imitador, a *m,f*.

immaculate [ɪ'mækjʊlət] *adj* (dress, manners) impecável; (performance) perfeito,-a; **the I**~ **Conception** a Imaculada Conceição.

immaculately [ɪ'mækjʊlətlɪ] *adv* impecavelmente, imaculadamente.

immaterial [ɪmə'tɪərɪəl] *adj* **a)** sem importância, insignificante; **it's** ~ **(to me) whether you like it or not** tanto se me dá que tu gostes ou não; **b)** (intangible) imaterial.

immature [ɪmə'tjʊə(r)] *adj* **a)** (not grown) [*animal, plant*] imaturo,-a; [*fruit*] verde; **b)** (childish) imaturo,-a; **don't be so** ~! não sejas criança!.

immaturity [ɪmə'tjʊərɪtɪ] *n* imaturidade *f*.

immeasurable [ɪ'meʒərəbl] *adj* [*difference, damage*] incomensurável; [*depth*] imenso,-a.

immediate [ɪ'mi:djət] *adj* **a)** [*effect, reaction*] imediato,-a; **my** ~ **thought was of revenge** o meu primeiro pensamento foi de vingança; **b)** (urgent, current) [*concern, responsibility*] primeiro,-a; [*problem, crisis*] urgente; **the patient is not in** ~ **danger** o doente não se encontra em perigo iminente; **c)** (near) [*prospects*] próximo,-a; **in the** ~ **future** no futuro próximo.

immediately [ɪ'mi:djətlɪ] **1** *adv* **a)** (at once) [*depart, reply*] imediatamente; ~ **at** *or* **to hand** à mão; **b)** (directly) [*threatened, affected*] directamente; **c)** (near) ~ **next door** na porta mesmo ao lado. **2** *conj* assim que, logo que.

immemorial [ɪmɪ'mɔ:rɪəl] *adj* imemorial.

immense [ɪ'mens] *adj* imenso,-a.

immensely [ɪ'menslɪ] *adv* [*enjoy, help*] muito, imensamente; [*complicated, popular*] extremamente.

immensity [ɪ'mensɪtɪ] *n* imensidade *f*.

immerse [ɪ'mɜ:s] **1** *vtr* mergulhar (**in** em). **2** *v* **to** ~ **oneself** mergulhar.

immersion [ɪ'mɜ:/n] *n* imersão *f* (**in** em).

immersion heater *n* aparelho *m* eléctrico que se mergulha no líquido que se quer aquecer Po/ esquentar Br.

immigrant ['ɪmɪgrənt] **1** *n* imigrante *m/f*. **2** *adj* imigrante, imigrado; (tribe) imigrante; (species) migratório,-a.

immigrate ['ɪmɪgreɪt] *vi* imigrar (**to** para).

immigration [ɪmɪ'greɪ/n] *n* imigração *f*.

imminent ['ɪmɪnənt] *adj* iminente; **rain is** ~ está quase a chover.

immobile [ɪ'məʊbaɪl] *adj* imóvel.

immobility [ɪmə'bɪlɪtɪ] *n* imobilidade *f*.

immobilize [ɪ'məʊbɪlaɪz] *vtr* paralisar [*traffic, organization*]; imobilizar [*car, engine, patient*].

immoderate [ɪ'mɒdərət] (formal) *adj* imoderado,-a.

immodest [ɪ'mɒdɪst] *adj* **a)** (boastful) presunçoso,-a; **b)** (improper) indecente.

immoral [ɪ'mɒrəl] *adj* imoral.

immorality [ɪmə'rælɪtɪ] *n* imoralidade *f*.

immortal [ɪ'mɔ:tl] *n, adj* (*also* **I**~) imortal *m/f*.

immortality [ɪmɔ:'tælɪtɪ] *n* imortalidade *f*.

immortalize [ɪ'mɔ:tələɪz] *vtr* imortalizar.

immovable [ɪ'mu:vəbl] *adj* **a)** (immobile) fixo,-a; **b)** (unchanging) [*position, opinion*] inabalável; [*person*] imutável; **c)** JUR [*goods, property*] imóvel.

immune [ɪ'mju:n] *adj* **a)** MED [*person*] imunizado,-a, imune (**to** contra); [*reaction*] imunitário,-a; ~ **deficiency** imunodeficiência; **b)** (oblivious) ~ **to** [*flattery, criticism*] imune a; **c)** (exempt) **to be** ~ **from** [*attack, arrest*] estar ao abrigo de; (tax) estar isento de.

immunity [ɪ'mju:nɪtɪ] *n* MED, ADMIN imunidade *f*; **tax** ~ isenção *f* fiscal.

immunization [ɪmjʊnaɪ'zeɪ/n] *n* imunização *f*; **mass** ~ imunização geral.

immunize ['ɪmjʊnaɪz] *vtr* imunizar (**against** contra).

immunology [ɪmjʊ'nɒlədʒɪ] *n* imunologia *f*.

impact 1 ['ɪmpækt] *n* **a)** (effect) impacto *m* (**on** sobre); **b)** (violent contact) (of vehicle) choque *m*; (of bomb, bullet) impacto *m* (**against** contra); **on** ~ no momento do impacto. **2** [ɪm'pækt] *vtr* (affect) ter impacto sobre; (hit) percutir. **3** [ɪm'pækt] *vi* ter impacto (**on** sobre).

impatience [ɪm'peɪ/əns] *n* **a)** (irritation) irritação *f* (**with** sb/sth com alg/algo); **my worst fault is** ~ o meu maior defeito é a falta de paciência; **b)** (eargerness) impaciência *f*; ânsia *f* (**to do sth** de fazer qq coisa).

impatient [ɪm'peɪ/ənt] *adj* **a)** (irritable) irritado,-a (**at sth** por qq coisa); **to be/get** ~ **with sb** irritar-se com alg; **b)** (eager) [*person*] impaciente (**to do sth** por fazer qq coisa).

impatiently [ɪm'peɪ/əntlɪ] *adv* (wait) impacientemente; (fidget) com impaciência; (speak) com irritação.

impeach [ɪm'pi:t/] *vtr* JUR, POL acusar, denunciar.

impeccable [ɪm'pekbl] *adj* (behaviour) irrepreensível; (appearance) impecável.

impeccably [ɪm'pekəblɪ] *adv* [*dressed*] impecavelmente; [*behave*] irrepreensivelmente.

impecunious [ɪmpɪ'kjʊːnɪəs] *adj* (liter *or* **hum**) sem dinheiro, pobre.

impede [ɪm'piːd] *vtr* impedir [*progress, career*]; (obstacle) estorvar [*traffic, movement*].

impediment [ɪm'pedɪmənt] *n* **a**) (hindrance) obstáculo *m* (**to** a); **b**) (to marriage) impedimento *m*.

impel [ɪm'pel] *vtr* (*pres p etc* **-ll-**) (drive) [*emotion, idea*] impelir, empurrar [*person*]; (urge) [*person, speech*] incitar [*person*] (**to do sth** a fazer qq coisa); **to feel** ~**led to do sth** sentir-se obrigado a fazer algo.

impenetrable [ɪm'penɪtrəbl] *adj* impenetrável.

impenitent [ɪm'penɪtənt] *adj* impenitente.

imperative [ɪm'perətɪv] **1** *n* imperativo *m*. **2** *adj* (need) urgente; (tone) imperioso,-a; **it is** ~ **that she writes** é primordial que ela escreva.

imperceptible [ɪmpə'septɪbl] *adj* imperceptível.

imperfect [ɪm'pɜːfɪkt] **1** *n* imperfeito. **2** *adj* **a**) (incomplete) incompleto,-a; **b**) (defective) [*goods*] com defeito; [*logic*] imperfeito,-a; **c**) **the** ~ **tense** LING o imperfeito.

imperfection [ɪmpə'fekʃn] *n* (defect) (in object) defeito *m*; (in person) defeito *m*; (state) imperfeição *f*.

imperial [ɪm'pɪərɪəl] *adj* imperial; GB [*weight, measures*] pesos e medidas adoptados no Reino Unido.

imperialism [ɪm'pɪərɪəlɪzm] *n* imperialismo *m*.

imperialist [ɪm'pɪərɪəlɪst] *n, adj* imperialista *m/f*.

imperil [ɪm'perl] *vtr* (*pres p etc* **-ll-** GB **-l-** US) arriscar, pôr em perigo [*existence, security*].

imperious [ɪm'pɪərɪəs] *adj* imperioso,-a.

imperishable [ɪm'perɪʃəbl] *adj* [*material*] indestrutível; [*food*] imperecível.

impermanent [ɪm'pɜːmənənt] *adj* provisório,-a.

impermeable [ɪm'pɜːmɪəbl] *adj* impermeável.

impermissible [ɪmpə'mɪsɪbl] *adj* inadmissível (**for sb to do sth** que alg faça qq coisa).

impersonal [ɪm'pɜːsənl] *adj* impessoal.

impersonate [ɪm'pɜːsəneɪt] *vtr* (imitate) imitar; (pretend to be) fazer-se passar por.

impersonation [ɪmpɜːsə'neɪʃn] *n* imitação *f*.

impersonator [ɪm'pɜːsəneɪtə(r)] *n* imitador *m*.

impertinence [ɪm'pɜːtɪnəns] *n* impertinência *f*.

impertinent [ɪm'pɜːtɪnənt] *adj* impertinente; **to be** ~ (**to sb**) ser impertinente (para com alg).

impertinently [ɪm'pɜːtɪnəntlɪ] *adv* [*act, say, reply*] com impertinência.

imperturbable [ɪmpə'tɜːbəl] *adj* imperturbável.

impervious [ɪm'pɜːvɪəs] *adj* (to water, gas) impermeável; (building) impenetrável; ~ **to heat** resistente ao calor; (of person) ~ **to threats/ pain** indiferente às ameaças/à dor.

impetigo [ɪmpɪ'taɪgəʊ] *n* impetigo *m*.

impetuosity [ɪmpetjʊ'ɒsɪtɪ] *n* (of person) impetuosidade *f*; (of action) impulsividade *f*.

impetuous [ɪm'petjʊəs] *adj* [*person*] impetuoso,-a; [*action*] impulsivo,-a.

impetuousness [ɪm'petjʊəsnɪs] *see* **impetuosity**.

impetus ['ɪmpɪtəs] *n* (trigger) ímpeto *m*; (momentum) impulso *m*; PHYS impulsão *f*.

impiety [ɪm'paɪətɪ] (formal) RELIG impiedade *f*; (gen) irreverência *f*.

impinge [ɪm'pɪndʒ] *vi* ~ **on** colidir com; [*policy*] afectar.

impish ['ɪmpɪʃ] *adj* malicioso,-a, travesso,-a.

implacable [ɪm'plækəbl] *adj* implacável.

implacably [ɪm'plækəblɪ] *adv* implacavelmente.

implant 1 ['ɪmplaːnt] *n* MED implante *m*. **2** [ɪm-'plaːnt] *vtr* MED (fig) implantar (**in** em).

implausible [ɪm'plɔːzbl] *adj* improvável.

implement 1 ['ɪmplɪmənt] *n* instrumento *m*; utensílio *m*; ferramenta *f*; **garden** ~ utensílio de jardinagem. **2** ['ɪmplɪment] *vtr* executar, aplicar; (law) implementar.

implementation [ɪmplɪmen'teɪʃn] execução *f*; (of contract, idea) (of law policy) implementação *f*.

implicate ['ɪmplɪkeɪt] *vtr* implicar; **to** ~ **sb in sth** implicar alg em algo.

implication [ɪmplɪ'keɪʃn] *n* **a**) implicação *f* (**that** de que; **of** de); **b**) (suggestion) insinuação *f* (**that** de que).

implicit [ɪm'plɪsɪt] *adj* **a**) (implied) implícito,-a (**in** em); **b**) (absolute) [*faith, trust*] absoluto,-a.

implode [ɪm'pləʊd] **1** *vtr* fazer implodir [*vessel, flask*]. **2** *vi* implodir.

implore [ɪm'plɔː(r)] *vtr* implorar, suplicar [*person*] (**to do sth** que faça qq coisa).

imploring [ɪm'plɔːrɪŋ] *adj* suplicante.

imply [ɪm'plaɪ] *vtr* **a**) [*person*] (insinuate) insinuar (**that** que); (make known) deixar entender (**that** que); **b**) [*argument*] (logically) implicar (**that** que); **c**) [*term, word*] (mean) sugerir (**that** que).

impolite [ɪmpə'laɪt] *adj* indelicado,-a (**to sb** para com alg).

impoliteness [ɪmpə'laɪtnɪs] *n* indelicadeza *f*.

import 1 ['ɪmpɔːt] *n* **a**) COMM, ECON importação *f* (**of, from** de); **foreign** ~**s** produtos *mpl* importados; **b**) (formal) (meaning) sentido *m*; significado *m*; **c**) (cultural borrowing) contribuição *f* (**from** de); **d**) (coll) (importance) importância *f*; **of no** (**great**) ~ sem (grande) importância. **2** [ɪm'pɔːt] *vtr* COMM, ECON importar (**from** de).

importance [ɪm'pɔːtəns] *n* importância *f*; **it is a matter of the utmost** ~ é um assunto da maior importância.

important [ɪm'pɔːtənt] *adj* importante; **it is** ~ **that...** é importante que... (+ *subj*); **someone** *or* **somebody** ~ alg importante.

importantly [ɪm'pɔːtəntlɪ] *adv* **a**) (significantly) de forma relevante; **and, more** ~**...** e, mais importante ainda...; **most** ~, **it means...** essencialmente, isso significa...; **b**) (pompously) [*announce*] cheio de importância, com um ar importante.

importer [ɪm'pɔːtə(r)] *n* importador *m*.

importunate [ɪm'pɔːtjʊnət] *adj* inoportuno.

importune [ɪmpɔː'tjuːn] *vtr* importunar PO, azucrinar BR [*person*] (**for sth** para qq coisa; **with sth** com qq coisa).

importunity [ɪmpɔː'tjuːnɪtɪ] (formal) *n* **a**) (request) inoportunidade *f*; **b**) (instance) solicitação *f*.

impose [ɪm'pəʊz] **1** *vtr* impor [*embargo, condition*] (**on sb** a alg; **on sth** sobre qq coisa); infligir [*sanction*] (**on** a); lançar, cobrar [*tax, fine*]; **to** ~ **oneself** *or* **one's presence on sb** impor a sua presença a alg. **2** *vi* **to** ~ **on** (exploit) abusar de [*kindness*]; (intrude on privacy) importunar PO, azucrinar BR [*person*].

imposing [ɪm'pəʊzɪŋ] *adj* imponente, majestoso,-a; [*sight*] impressionante.
imposition [ɪmpə'zɪ/n] *n* **a)** ~ **of** (enforcement) imposição *f*; **b)** ~ **on** (exploitation) abuso *m*.
impossibility [ɪmpɒsɪ'bɪlɪtɪ] *n* impossibilidade *f*; **the** ~ **of doing sth** a impossibilidade de fazer qq coisa.
impossible [ɪm'pɒsɪbl] **1** *n* **the** ~ o impossível. **2** *adj* impossível; **it's almost** ~ **for me to help** é-me praticamente impossível dar-lhe uma ajuda.
impossibly [ɪm'pɒsɪblɪ] *adv* (appallingly) terrivelmente; (amazingly) incrivelmente.
impostor [ɪm'pɒstə(r)] *n* impostor *m*.
imposture [ɪm'pɒst/ə(r)] *n* embuste *m*.
impotence ['ɪmpətəns] *n* impotência *f*.
impotent ['ɪmpətənt] *adj* impotente Po, broxa Br.
impound [ɪm'paʊnd] *vtr* confiscar [*goods*]; apreender [*passport, papers*].
impoverish [ɪm'pɒvərɪ/] *vtr* empobrecer.
impoverishment [ɪm'pɒvərɪ/mənt] *n* empobrecimento *m*.
impracticable [ɪm'præktɪkəbl] *adj* impraticável.
imprecise [ɪmprɪ'saɪs] *adj* impreciso,-a.
imprecision [ɪmprɪ'sɪʒn] *n* imprecisão.
impregnable [ɪm'pregnəbl] *adj* inexpugnável.
impregnate ['ɪmpregneɪt, ɪm'pregneɪt] *vtr* **a)** (pervade) impregnar (**with sth** de qq coisa); **b)** (fertilize) fecundar [*woman, animal, egg*].
impresario [ɪmpre'sɑ:rɪəʊ] *n* empresário *m*.
impress 1 ['ɪmpres] (formal) *n* marca *f*. **2** [ɪm-'pres] *vtr* **a)** (arouse respect) impressionar (**with sth** por qq coisa); **to be easily ~ed** ser facilmente impressionável; **to** ~ **sb by doing** impressionar alg ao fazer ou por ter feito; **b)** (emphasize) **to** ~ **sth on** *or* **upon sb** convencer alg de algo; **c)** (imprint) **to** ~ **sth on** [*surface, material*] imprimir qq coisa em. **3** [ɪm'pres] *vi* causar boa impressão.
impression [ɪm'pre/n] *n* **a)** (idea) impressão *f*; **to have the** ~ **(that)** ter a impressão de que; **b)** (impact) impressão *f*; **to make a good/bad** ~ **(on sb)** causar boa/má impressão (em alg); **to make an** ~ causar ou fazer impressão; **c)** (sense, reaction) impressão *f*; **an artist's** ~ **of the building** a visão do artista sobre o edifício; **first ~s count** o que conta são as primeiras impressões ou as primeiras impressões é que contam; **d)** (imitation) imitação *f*; **e)** (imprint) (of weight, hand) impressão *f*; (from teeth) marca *f*.
impressionable [ɪm'pre/ənəbl] *adj* [*child*] impressionável; [*mind*] sensível.
Impressionism, impressionism [ɪm'pre/ənɪzm] *n* impressionismo *m*.
Impressionist [ɪm'pre/ənɪst] *n, adj* ART, MUS impressionista *m/f*; (mimic) imitador *m*.
impressive [ɪm'presɪv] *adj* [*achievement, cast, collection, result*] impressionante; [*building, sight*] imponente; **it sounds** ~ isso parece surpreendente.
imprimatur [ɪmprɪ'mɑ:tə(r)] *n* sanção *f*; aprovação *f*.
imprint 1 ['ɪmprɪnt] *vtr* imprimir, deixar marca (**on** em); (fig) gravar, fixar (**on** em). **2** [ɪm'prɪnt] *n* impressão *f*; marca *f*.
imprison [ɪm'prɪzn] *vtr* prender, encarcerar.

imprisonment [ɪm'prɪznmənt] *n* prisão *f*.
improbability [ɪmprɒbə'bɪlɪtɪ] *n* (of something happening) improbabilidade *f*; (of something being true) inverosimilhança *f*.
improbable [ɪm'prɒbəbl] *adj* **a)** (unlikely to happen) improvável; **b)** (unlikely to be true) inverosímil.
impromptu [ɪm'prɒmptju:] **1** *n* improviso *m*. **2** *adj* de improviso, improvisado.
improper [ɪm'prɒpə(r)] *adj* **a)** (unsuitable) inadequado,-a, impróprio,-a; **b)** (indecent) indecente, inconveniente; **c)** (dishonest) incorrecto,-a, desonesto,-a; **d)** (incorrect) inexacto,-a, incorrecto,-a, abusivo,-a.
improperly [ɪm'prɒpəlɪ] *adv* **a)** (unsuitably) impropriamente; (indecently) indecentemente; **to be** ~ **dressed for sth** não estar convenientemente vestido para qq coisa; **b)** (dishonestly) de forma irregular ou desonesta; **c)** (incorrectly) incorrectamente.
impropriety [ɪmprə'praɪətɪ] *n* (unseemliness) inconveniência *f*; (indecency) indecência *f*; (irregularity) irregularidade *f*.
improve [ɪm'pru:v] **1** *vtr* **a)** (in quality) melhorar; ~ **your German** melhore o seu alemão; **to** ~ **one's mind** cultivar-se; **b)** (in quantity) subir [*wages*]; aumentar [*wages*]; aumentar [*productivity, output, profits*]. **2** *vi* **a)** melhorar-se, aperfeiçoar-se; **b)** (better) **she has ~d on last year's result** ela obteve melhores resultados que no ano anterior; **c)** (increase) [*productivity*] aumentar.
improvement [ɪm'pru:vmənt] *n* **a)** (change for the better) melhoramento *m*; **the new edition is an** ~ **on the old one** a nova edição é bem melhor que a anterior; **b)** (progress) **there is room for** ~ **in the industry** pode-se ainda progredir na indústria; **c)** (alteration) alteração *f*; melhoramento *m*; **home ~s** obras *fpl* de melhoramento da casa.
improvident [ɪm'prɒvɪdənt] *adj* (heedless of the future) imprevidente; (extravagant) pródigo,-a, gastador, a.
improvise ['ɪmprəvaɪz] *vtr, vi* improvisar; **an ~d table** uma mesa improvisada.
imprudent [ɪm'pru:dənt] *adj* imprudente.
impudence ['ɪmpjʊdəns] *n* descaramento *m*; insolência *f*.
impudent ['ɪmpjʊdənt] *adj* descarado,-a, insolente.
impudently ['ɪmpjʊdəntlɪ] *adv* descaradamente, insolentemente.
impugn [ɪm'pju:n] *vtr* impugnar, contestar.
impulse ['ɪmpʌls] **1** *n* **an** ~ um impulso; **to act on (an)** ~ (rashly) agir sem pensar; (spontaneously) agir por um impulso momentâneo. **2** *modif* ~ **buy** *or* **purchase** compra *f* imprevista.
impulsive [ɪm'pʌlsɪv] *adj* [*person, gesture*] impulsivo,-a; (remark, reaction) irreflectido,-a; (spontaneous) espontâneo,-a.
impulsively [ɪm'pʌlsɪvlɪ] *adv* (speak, behave, act) impulsivamente; (rashly) [*decide, act*] irreflectidamente.
impulsiveness [ɪm'pʌlsɪvnɪs] *n* impulsividade *f*.
impunity [ɪm'pju:nɪtɪ] *n* impunidade *f*.
impure [ɪm'pjʊə(r)] *adj* [*water, thoughts*] impuro,-a; [*drug*] adulterado,-a, falsificado,-a.

impurity [ɪmpjʊərɪtɪ] *n* impureza *f*; **tested for impurities** sob controlo de qualidade.
imputation [ɪmpjʊ'teɪ/n] *n* atribuição *f* (**of sth to sb/sth** de qq coisa a alguém/algo).
impute [ɪm'pju:t] *vtr* imputar, atribuir (**to** a).
in [ɪn] **1** *prep* **a)** (location, position) em; ~ **Lisbon** em Lisboa; ~ **town** na cidade; ~ **the newspaper** no jornal; ~ **here** aqui; **b)** (inside, within) em, dentro de; ~ **the box** na caixa; **c)** (included, involved) em, dentro de; **to be** ~ **politics** estar na política; **to be** ~ **the team** fazer parte da equipa; **to be** ~ **on the secret** estar dentro do segredo; **d)** (in expressions of time) em; ~ **April** em Abril; ~ **1997** em 1997; ~ **the night** durante a noite; ~ **the fifties** nos anos 50; **at four** ~ **the morning** às 4 da manhã; ~ **winter** no Inverno; **day** ~ **and day out** todos os dias; **e)** (within the space of) em; **to do sth** ~ **10 minutes** fazer qq coisa em 10 minutos; **f)** (expressing the future) dentro de; **I'll be back** ~ **half an hour** estarei de volta dentro de/daqui a meia hora; **g)** (for) há; **it hasn't rained** ~ **weeks** há semanas que não chove; **h)** (during, because of) com, por causa de; ~ **his hurry he forget his keys** com a pressa, esqueceu-se das chaves; **i)** (with reflexive pronouns) **it's no bad thing** ~ **itself** não é uma coisa má em si mesmo; **j)** (dressed in) de; **dressed** ~ **black** vestido de preto; **k)** (manner or medium) em, a; ~ **Portuguese** em português; **chicken** ~ **a white wine sauce** frango em molho de vinho branco; ~ **pencil**/~ **ink** a lápis/a tinta; **l)** (as regards) em, de; **rich/poor** ~ **minerals** rico/pobre em minerais; **10 cm** ~ **length** 10 cm de comprimento; **m)** (by) ao; ~ **accepting** ao aceitar; **n)** (*in superlatives*) em; **the tallest tower** ~ **the world** a torre mais alta do mundo; **o)** (in measurements) em; **there are 100 centimetres** ~ **a metre** há 100 centímetros num metro; ~ **a smaller size** num tamanho mais pequeno; **p)** (in ratios) por, em; **a tax of 20 pence** ~ **a pound** uma taxa de 20 pence por libra; **to have a one** ~ **five chance** ter uma hipótese em cinco; **q)** (expressing age) **she's** ~ **her twenties** ela está na casa dos vinte. **2** *adv* **a)** (indoors) **to come** ~ entrar; **to ask/invite sb** ~ convidar alg a entrar; **b)** (at home/work) **to be** ~ estar (em casa); **I'm usually** ~ **by 9 am** chego normalmente por volta das 9 da manhã; **c)** (in prison/hospital) **he's** ~ **for murder** ele está preso por homicídio; **she's** ~ **for a biopsy** ela está internada para fazer uma biopsia; **d)** (arrived) **the train is** ~ o comboio acaba de entrar na estação; **e)** (in supply) **to get some beer** ~ ir buscar cervejas; **f)** (submitted) **applications must be** ~ **by the 23rd** as candidaturas devem dar entrada até ao dia 23. **3** *adj* **to be** ~, **to be the** ~ **thing** estar à/na moda. IDIOMAS **to know the** ~**s and outs of an affair** conhecer todos os pormenores de um assunto; **he's** ~ **for a shock/surprise** ele vai ter um choque/uma surpresa; **you don't know what you are** ~ **for!** não sabes o que te espera!.
in [ai: en] abrev = **inch**.
inability [ɪnə'bɪlɪtɪ] *n* incapacidade *f* (**to do** para fazer); inaptidão *f* (**to do** para fazer).
inaccessible [ɪnək'sesɪbl] *adj* inacessível.
inaccuracy [ɪn'ækjʊrəsɪ] *n* **a)** (of report, estimate) inexactidão *f*; incorrecção *f*; (of person) falta *f* de precisão; **b)** erro *m*; engano *m*.

inaccurate [ɪn'ækjʊrət] *adj* incorrecto,-a.
inaccurately [ɪn'ækjʊrətlɪ] *adv* incorrectamente; ~ **described/translated as...** erradamente descrito/traduzido como/por....
inaction [ɪn'æk/n] *n* inactividade *f*; inacção *f*.
inactive [ɪn'æktɪv] *adj* inactivo,-a.
inactivity [ɪnæk'tɪvɪtɪ] *n* inactividade *f*; inércia *f*.
inadequacy [ɪn'ædɪkwəsɪ] *n* insuficiência *f*; **she is very conscious of her own inadequacies** ela está bastante consciente das suas limitações.
inadequate [ɪn'ædɪkwət] *adj* [*funds, income, facilities, resources*] insuficiente; [*planning, housing, legislation*] inadequado,-a; **she makes me feel** ~ ela faz-me sentir pouco à vontade.
inadequately [ɪn'ædɪkwətlɪ] *adv* insuficientemente.
inadmissible [ɪnəd'mɪsɪbl] *adj* inadmissível.
inadvertent [ɪnəd'vɜːtənt] *adj* (inattentive) desatento,-a, distraído,-a; (inconsiderate) negligente.
inadvertently [ɪnəd'vɜːtəntlɪ] *adv* por descuido, inadvertidamente.
inadvisable [ɪnəd'vaɪzəbl] *adj* inoportuno,-a, desaconselhável.
inane [ɪ'neɪn] *adj* [*person, conversation*] tolo,-a, idiota.
inanimate [ɪn'ænɪmət] *adj* inanimado,-a.
inapplicable [ɪn'æplɪkəbl] *adj* inaplicável (**to** a).
inappropriate [ɪnəprəʊprɪət] *adj* [*remark*] inadequado,-a, inoportuno,-a; [*behaviour*] inconveniente; [*expression, word*] impróprio,-a.
inappropriately [ɪnə'prəʊprɪətlɪ] *adv* incorrectamente.
inapt [ɪn'æpt] *adj* inadequado,-a.
inarticulate [ɪna:'tɪkjʊlət] *adj* **a)** (unable to express oneself) **he's totally** ~ ele não consegue exprimir-se de forma nenhuma; **b)** (indistinct) [*mumble*] inarticulado,-a; **c)** (defying expression) [*rage, despair*] inexprimível.
inasmuch [ɪnəz'mʌt/] ~ **as** *adv* (insofar as) na medida em que.
inattention [ɪnə'ten/n] *n* distracção *f*.
inattentive [ɪnə'tentɪv] *adj* [*pupil*] desatento,-a, distraído,-a.
inaudible [ɪn'ɔ:dɪbl] *adj* [*sound*] inaudível; **the old lady was almost** ~ mal se ouvia aquela senhora de idade.
inaugural [ɪ'nɔ:gjʊrl] *adj* [*meeting, session*] inaugural.
inaugurate [ɪ'nɔ:gjʊreɪt] *vtr* **a)** inaugurar [*exhibition*]; **b)** (induct) investir, empossar [*president, official*].
inauguration [ɪnɔ:gjʊ'reɪ/n] *n* (of president) investidura *f*; (of exhibition, building) inauguração *f*.
inboard ['ɪnbɔ:d] *adj* NAUT de bordo, interior.
inborn ['ɪnbɔ:n] *adj* (innate) inato,-a, natural; (inherited) congénito,-a.
inbred [ɪn'bred] *adj* **a)** (innate) inato,-a, natural; **b)** (produced by inbreeding) [*animal*] produzido por cruzamento consanguíneo; [*family, tribe*] que é caracterizado por um elevado grau de consanguinidade.
inbreeding [ɪn'bri:dɪŋ] *n* [*animals*] cruzamento *m* consanguíneo; [*humans*] endogamia *f*; união *f* consanguínea.

inbuilt ['ɪnbɪlt] *adj* intrínseco,-a.
incalculable [ɪn'kælkjʊləbl] *adj* **a)** [*harm, loss*] incalculável; **b)** [*person, mood*] imprevisível.
incapable [ɪn'keɪpəbl] *adj* incapaz (**of doing sth** de fazer qq coisa).
incapacitate [ɪnkə'pæsɪteɪt] *vtr* (disable) incapacitar (**from** de); **to ~ sb for work** *or* **from working** incapacitar alg de trabalhar.
incapacity [ɪnkə'pæsɪti] *n* incapacidade *f* (**to do** de/para fazer).
incarcerate [ɪn'kɑ:səreɪt] *vtr* encarcerar.
incarnate [ɪn'kɑ:nət] **1** *adj* encarnado,-a. **2** *vtr* encarnar.
incarnation [ɪnkɑ:'neɪʃn] *n* RELIG (fig) encarnação *f*.
incautious [ɪn'kɔ:ʃəs] *adj* imprudente, irreflectido,-a.
incendiary [ɪn'sendɪəri] **1** *adj* incendiário,-a. **2** *n* (bomb) bomba *f* incendiária.
incense ['ɪnsens] **1** *n* incenso *m*. **2** *vtr* exasperar, enfurecer.
incentive [ɪn'sentɪv] *n* **a)** (motivation) **to give sb the ~ to do sth** estimular alg para fazer algo; **b)** FIN, COMM vantagem *f*; (economic) **~s offered to industry** incentivos *mpl* oferecidos à indústria.
inception [ɪn'sepʃn] *n* começo *m*; **from its ~ in 1962** desde o seu início em 1962.
incessant [ɪn'sesənt] *adj* incessante.
incessantly [ɪn'sesəntli] *adv* continuamente.
incest ['ɪnsest] *n* incesto *m*.
incestuous [ɪn'sestjʊəs] *adj* incestuoso,-a.
inch [ɪntʃ] **1** *n* (*pl* ~es) **a)** MEAS polegada *f* (= 2,54 cm); **b)** (small amount) **~ by ~** pouco a pouco; **to come within an ~ of succeeding** passar a dois passos do sucesso. **2** *vtr* **to ~ sth forward** fazer avançar (qq coisa) pouco a pouco. **3** *vi* **to ~ across sth** atravessar (qq coisa) aos poucos. IDIOMAS **give her an ~ and she'll take a mile** *or* **yard** dá-lhe o dedo e ela toma-te logo a mão; **I don't trust him an ~** não confio nele nem um bocadinho ou não tenho a menor confiança nele.
inchoate ['ɪnkəʊət] *adj* [*idea, plan*] incipiente, rudimentar; [*desire, wish*] vago,-a.
incidence ['ɪnsɪdəns] *n* (occurrence) **the ~ of a** frequência *f* de [*thefts, attacks, illnesses, deaths*]; **a high ~ of crime** uma elevada taxa de criminalidade.
incident ['ɪnsɪdənt] **1** *n* incidente *m*. **2** *adj* (formal) (related) **~ to** próprio de [*membership, ownership role*].
incidental [ɪnsɪ'dentl] **1** *n* imprevisto *m*; **~s** (expenses) despesas *fpl* adicionais. **2** *adj* (minor) [*detail, remark*] acessório,-a, secundário,-a; **to be ~ to** [*activity, job*] acompanhar.
incidentally [ɪnsɪ'dentəli] *adv* a propósito.
incidental music *n* CIN, THEATRE banda *f* sonora.
incident room *n* local *m* onde se desenrola um inquérito.
incinerate [ɪn'sɪnəreɪt] *vtr* incinerar.
incinerator [ɪn'sɪnəreɪtə(r)] *n* [*industrial, domestic*] incinerador *m*; (in crematorium) forno *m* crematório.
incipient [ɪn'sɪpɪənt] (formal) *adj* [*baldness*] nascente, incipiente; [*disease, crisis*] no seu início.

incise [ɪn'saɪz] *vtr* **a)** (cut) cortar, fazer uma incisão em; **b)** (engrave) talhar, gravar.
incision [ɪn'sɪʒn] *n* **a)** MED incisão *f*; **b)** BOT corte *m*.
incisive [ɪn'saɪsɪv] *adj* [*remark*] perspicaz; [*mind*] penetrante, vivo,-a; [*style, criticism*] incisivo,-a.
incisively [ɪn'saɪsɪvli] *adv* [*argue*] de forma precisa.
incisor [ɪn'saɪzə(r)] *n* incisivo *m*.
incite [ɪn'saɪt] *vtr* **to ~ sb to do** instigar alg a fazer; **to ~ violence** incitar à violência.
incitement [ɪn'saɪtmənt] *n* incitamento *m*; (**to a/** para).
inclement [ɪn'klemənt] *adj* [*weather, winter, judge*] inclemente; [*climate*] rigoroso,-a.
inclination [ɪnklɪ'neɪʃn] *n* **a)** (liking) gosto *m* (**for** por); **b)** (tendency) tendência *f* (**to, towards** para); **to follow one's own ~s** seguir as suas inclinações naturais; **c)** (desire) desejo *m*.
incline [ɪn'klaɪn] **1** *n* (slope) declive *m*. **2** *vtr* **a)** (bend) inclinar; **b)** (persuade) **to ~ sb to do** levar alg a fazer; **c)** inclinar. **3** *vi* **a)** (tend) **to ~ to** *or* **towards sth** [*ideas, politics*] tender para; **b)** (lean) [*person, tower, tree*] inclinar-se.
include [ɪn'klu:d] *vtr* incluir; **does that ~ me?** isso também é comigo?; **your duties ~ answering the phone** atender o telefone faz parte das suas funções.
including [ɪn'klu:dɪŋ] *prep* inclusivé; **~ July** Julho inclusivé; **not ~ July** sem contar com Julho; **~ service** serviço *m* incluído.
inclusive [ɪn'klu:sɪv] *adj* [*charge*] incluído,-a; **the price ~ of delivery** o preço incluindo a entrega; **from the 15th to the 21st ~** de 15 a 21 inclusivé.
incognito [ɪn'kɒgnɪtəʊ, ɪnkɒg'ni:təʊ] **1** *adj* incógnito,-a; **to remain ~** manter-se incógnito. **2** *adv* incógnito.
incoherence [ɪŋkəʊ'hɪərəns] *n* incoerência *f*.
incoherent [ɪnkəʊ'hɪərənt] *adj* incoerente.
income ['ɪnkəm] *n* rendimento *m*; receitas *fpl*; **average ~** rendimento médio; **private ~** rendas *fpl*.
income: ~ policy *n* política *f* de rendimentos; **~ tax 1** *n* imposto *m* de rendimento. **2** *modif* **~ tax form** impresso *m* (para o imposto); **~ tax return** declaração *f* de rendimentos.
incoming ['ɪnkʌmɪŋ] *adj* [*crowd*] que chega; [*traffic*] em direcção ao centro urbano; [*phone call*] (que vem) do exterior; [*tenant, government*] novo,-a; [*tide*] cheia.
incommensurable [ɪnkə'emenʃərəbl] (formal) *adj* incomensurável (**with** com) (formal).
incommensurate [ɪnkə'menʃərət] (formal) *adj* **a) to be ~ with** *or* **to sth** (out of proportion) ser desproporcionado em relação a qq coisa; (inadequate) ser insuficiente para qq coisa; **b)** see **incommensurable**.
incommode [ɪnkə'məʊd] *vtr* (lit) incomodar, importunar PO, azucrinar BR.
incommunicado [ɪnkəmju:nɪ'kɑ:dəʊ] *adj* incomunicável.
incomparable [ɪn'kɒmpərəbl] *adj* incomparável.
incomparably [ɪn'kɒmpərəbli] *adv* incomparavelmente; **~ beautiful** de uma beleza extraordinária.

incompatibility [ɪnkəmpætɪ'bɪlɪtɪ] *n* incompatibilidade *f.*

incompatible [ɪnkəm'pætɪbl] *adj* incompatível, inconciliável (**with** com).

incompetence, incompetency [ɪn'kɒmpɪtəns, ɪn'kɒmpɪtənsɪ] *n* incompetência *f.*

incompetent [ɪn'kɒmpɪtənt] **1** *n* incompetente *m/f.* **2** *adj* incompetente, incapaz.

incomplete [ɪnkəm'pliːt] *adj* **a**) (unfinished) incompleto,-a, inacabado,-a; **b**) (lacking parts) [*set*] incompleto,-a; **c**) (imperfect) [*success*] parcial, incompleto,-a.

incompletely [ɪnkəm'pliːtlɪ] *adv* incompletamente.

incomprehensible [ɪnkɒmprɪ'hensɪbl] *adj* [*reason*] incompreensível; [*speech*] ininteligível.

incomprehension [ɪnkɒmprɪ'henʃn] *n* incompreensão *f.*

inconceivable [ɪnkən'siːvəbl] *adj* inconcebível.

inconceivably [ɪnkən'siːvəblɪ] *adv* inconcebivelmente.

inconclusive [ɪnkən'kluːsɪv] *adj* [*discussion*] inconclusivo,-a; [*evidence*] pouco convincente.

incongruity [ɪnkɒn'gruːɪtɪ] *n* **a**) (of appearance) inconveniência *f;* (of situation) incongruência *f;* **b**) (act, event) incongruência *f.*

incongruous [ɪn'kɒŋgrʊəs] *adj* [*remark, question*] incongruente; [*sight*] inesperado,-a, esquisito,-a.

inconsequential [ɪnkɒnsɪ'kwenʃl] *adj* **a**) (unimportant) insignificante, sem importância; **b**) (illogical) ilógico,-a.

inconsiderable [ɪnkən'sɪdərəbl] *adj* insignificante, trivial.

inconsiderate [ɪnkən'sɪdərət] *adj* **she' s** ~ ela não se preocupa muito com os outros; **to be** ~ **towards sb** não ter consideração para com alg.

inconsistency [ɪnkən'sɪstənsɪ] *n* incoerência *f.*

inconsistent [ɪnkən'sɪstənt] *adj* [*work, performance*] irregular, desigual; [*behaviour*] volúvel; [*argument, beliefs*] incoerente; **to be** ~ **with sth** ser incompatível com.

inconsolable [ɪnkən'səʊləbl] *adj* inconsolável.

inconspicuous [ɪnkən'spɪkjʊəs] *adj* [*person*] insignificante, que passa despercebido,-a; **to try to make oneself as** ~ **as possible** tentar passar o mais despercebido possível.

inconspicuously [ɪnkən'spɪkjʊəslɪ] *adv* discretamente, sem chamar a atenção.

inconstant [ɪn'kɒnstənt] *adj* [*lover*] inconstante; [*conditions*] instável.

incontinence [ɪn'kɒntɪnəns] *n* MED, (fig) incontinência *f.*

incontinent [ɪn'kɒntɪnənt] *adj* MED, (fig) incontinente.

inconvenience [ɪnkən'viːnɪəns] **1** *n* **a**) (trouble) inconveniente *m;* incómodo *m;* **to put sb to great** ~ causar problemas a alg; **b**) (disadvantage) inconveniente *m;* desvantagem *f;* **the** ~**s of having no car** as desvantagens de não ter carro. **2** *vtr* incomodar, prejudicar.

inconvenient [ɪnkən'viːnɪənt] *adj* **a**) [*location, arrangement, device*] pouco prático, incómodo,-a; [*time*] inoportuno,-a; **if it's not** ~ se não o incomoda; **b**) (embarrassing) embaraçoso,-a.

inconvertible [ɪŋkən'vɜːtəbl] *adj* FIN inconvertível, não convertível.

incorporate [ɪn'kɔːpəreɪt] **1** *vtr* **a**) (make part of sth) ~ **into sth** incorporar uma coisa noutra; **b**) comportar, compreender; **the society** ~**s many new features** a sociedade compreende muitos factores novos; **c**) COMM, JUR constituir uma sociedade (comercial). **2 incorporated** *pp adj* constituído em sociedade anónima; **Smith and Brown I~d** *or* **Inc** Smith e Brown SA.

incorporation [ɪnkɔːpə'reɪʃn] *n* **a**) (gen) incorporação *f* (**into** em); **b**) JUR constituição *f* em sociedade.

incorrect [ɪnkə'rekt] *adj* incorrecto,-a.

incorrectly [ɪnkə'rektlɪ] *adv* incorrectamente.

incorrigible [ɪn'kɒrɪdʒəbl], US [-'kɔːr-] *adj* incorrigível.

incorruptible [ɪŋkə'rʌptəbl] *adj* incorruptível.

increase 1 ['ɪnkriːs] *n* **a**) (in amount) aumento *m;* **price/pay** ~ aumento de preço/de salário; **b**) (in degree) crescimento *m;* aumento *m.* **2** [ɪn'kriːs] *vtr* **a**) aumentar [*sales, salaries, grant*]; **we** ~**d our offer to $100,000** nós subimos a nossa oferta para 100.000 dólares; **b**) (in knitting) **to** ~ **one stitch** aumentar uma malha; ~**d** *pp adj* [*demand, availability*] maior; [*attacks*] mais frequente; [*inequality*] mais marcante. **3** [ɪn'kriːs] *vi* **a**) [*output, sales, volume*] aumentar; [*workload*] avolumar-se; **to** ~ **by 25%** aumentar 25%; **b**) (in knitting) aumentar.

increasingly [ɪn'kriːsɪŋlɪ] *adv* ~ **popular** cada vez mais popular.

incredible [ɪn'kredəbl] *adj* **a**) (unbelievable) incrível; **b**) (coll) (wonderful) fantástico.

incredibly [ɪn'kredəblɪ] *adv* (astonishingly) incrivelmente; (extremely) extremamente.

incredulity [ɪŋkrɪ'djuːlətɪ], US [-duː-] *n* incredulidade *f.*

incredulous [ɪn'kredjʊləs], US [-dʒə-] *adj* incrédulo.

increment ['ɪŋkrəmənt] **1** *n* **a**) (on salary) aumento *m* (automático); **b**) COMPUT, MATH incremento *m.* **2** *vtr* **a**) FIN aumentar (automaticamente); **b**) COMPUT, MATH incrementar.

incriminate [ɪn'krɪmɪneɪt] *vtr* incriminar; **to** ~ **sb in** [*crime, activity*] incriminar alg em.

incriminating [ɪn'krɪmɪneɪtɪŋ] *adj* [*statement, document*] comprometedor; [*evidence*] incriminatório.

incrimination [ɪnkrɪmɪ'neɪʃn] *n* incriminação *f.*

incubate ['ɪnkjʊbeɪt] **1** *vtr* [*hen*] chocar; fazer incubar [*culture*]. **2** *vi* [*eggs, bacteria*] estar em incubação.

incubation [ɪnkjʊ'beɪʃn] *n* incubação *f.*

incubator ['ɪnkjʊbeɪtə(r)] *n* **a**) (for child) incubadora *f;* **b**) (for eggs) incubadora *f;* (bacteria) estufa *f.*

inculcate ['ɪnkʌlkeɪt], US [ɪn'kʌl-] *vtr* **to** ~ **sth in sb**, ~ **sb with sth** inculcar algo a alg.

incur [ɪn'kɜː(r)] *vtr* contrair [*debts*]; sofrer [*loss*]; incorrer em [*expense, charge, risk*]; suscitar [*wrath, displeasure*].

incurable [ɪn'kjʊərəbl] **1** *n* incurável *m/f.* **2** *adj* [*disease*] incurável; [*optimism*] incorrigível.

incursion [ɪn'kɜːʃn] *n* MIL incursão *f;* (intrusion) intrusão *f.*

indebted [ɪn'detɪd] *adj* **a**) (grateful) **to be** ~ **to sb for sth** estar em dívida para com alg; **b**) ECON, FIN endividado,-a.

indecency [ɪn'diːsənsɪ] *n* **a)** (lack of decency) indecência *f*; **b)** JUR (offence) atentado *m* ao pudor.

indecent [ɪn'diːsənt] *adj* **a)** (sexually) indecente, obsceno,-a; **b)** (unseemly) inconveniente, impróprio,-a.

indecently [ɪn'diːsntlɪ] *adv* [*behave, dress*] de uma maneira indecente; ~ **soon** com uma rapidez indecente; ~ **early** mais cedo do que necessário.

indecipherable [ɪndɪ'saɪfərəbl] *adj* indecifrável.

indecision [ɪndɪ'sɪʒn] *n* indecisão *f* (**about sth** em relação a qq coisa).

indecisive [ɪndɪ'saɪsɪv] *adj* **a)** indeciso,-a (**about sth** em relação a qq coisa); **b)** [*battle, election*] inconcludente, inconclusivo,-a.

indecorous [ɪn'dekərəs] *adj* inconveniente.

indeed [ɪn'diːd] *adv* **a)** (certainly) sem dúvida, na verdade; **"it's unfair" - "~!"** "é injusto" - "sem dúvida!"; **b)** (in fact) de facto; **if ~ that is what consumers want** se, de facto, é o que os consumidores desejam; **c)** (for emphasis) **thank you very much** ~ muitíssimo obrigado; **d)** (iron) (expressing surprise) **"does he ~?"** "ah, sim?"; **"why did she do it?" - "why ~?"** "porque é que ela fez isso?" "boa pergunta".

indefatigable [ɪndɪ'fætɪgəbl] *adj* incansável.

indefensible [ɪndɪ'fensɪbl] *adj* **a)** (morally) [*crime, behaviour*] indesculpável; [*penalty*] injustificável; **b)** (logically) indefensável.

indefinable [ɪndɪ'faɪnəbl] *adj* indefinível.

indefinite [ɪn'defɪnɪt] *adj* **a)** (vague) [*idea, plan, answer*] vago,-a, indefinido,-a; [*duties*] impreciso,-a; **b)** (without limits) [*period, delay*] ilimitado,-a; ~ **ban** interdição por tempo indefinido; [*number*] indeterminado,-a; **c)** **the ~ article** LING o artigo indefinido.

indefinitely [ɪn'defɪnɪtlɪ] *adv* [*last, stay, postpone, ban, cancel*] indefinidamente, por tempo indeterminado.

indelible [ɪn'delɪbl] *adj* **a)** [*ink, mark*] indelével; **b)** [*impression*] inesquecível.

indelicate [ɪn'delɪkət] *adj* (tactless) indelicado,-a; (coarse) grosseiro,-a.

indemnify [ɪn'demnɪfaɪ] *vtr* **a)** (protect) proteger, garantir (**against, from sth** contra qq coisa); **b)** (compensate) indemnizar (**for sth** por qq coisa).

indemnity [ɪn'demnɪtɪ] *n* **a)** (protection) protecção *f* (**against sth** contra qq coisa); **b)** (payment) indemnização *f*; **c)** (exemption) isenção *f*.

indent [ɪn'dent] **1** *n* **a)** COMM encomenda *f*; **b)** (of first line) entrada *f*; **c)** (incision) entalhe *m*. **2** *vtr* fazer parágrafo [*line, text*]; **new paragraphs should be ~ed** os novos parágrafos deviam ser recuados. **3** *vi* COMM fazer uma encomenda. **4 indented** *pp adj* [*character, word, text*] recuado,-a; [*edge*] recortado,-a.

indentation [ɪnden'teɪʃn] *n* **a)** (depression) depressão *f*; **b)** (in coastline) recorte *m*; reentrância *f*.

independence [ɪndɪ'pendəns] *n* independência *f* (**from** em relação a).

independent [ɪndɪ'pendənt] **1 I~** *n* POL (candidato,-a) *m/f* independente *m/f*. **2** *adj* **a)** (self--reliant) [*person, attitude*] independente; **to** **have ~ means** *or* **an ~ income** ter fortuna pessoal; **b)** POL independente (**of** de); **c)** (impartial) [*authority, expert, observer*] independente, imparcial; **d)** GB (not government financed) [*school, hospital*] privado,-a; **e)** LING, MATH independente.

independently [ɪndɪ'pendəntlɪ] *adv* **a)** (without help) com independência; **b)** (separately) individualmente; ~ **of** independentemente de; **c)** (impartially) [*monitured*] por autoridade independente.

indescribable [ɪndɪ'skraɪbəbl] *adj* [*chaos, noise*] indescritível; [*pleasure, beauty*] extraordinário,-a.

indestructible [ɪndɪ'strʌktɪbl] *adj* indestrutível.

indeterminate [ɪndɪ'tɜːmɪnət] *adj* impreciso,-a, indeterminado,-a.

index ['ɪndeks] **1** *n* (*pl* **~es** *or* **-ices**) **a)** PRINT índice *m*; **b)** (catalogue) catálogo *m*; **card** ~ ficheiro *m* PO, fichário *m* BR; **c)** MATH (of power) expoente *m*; **d)** ECON, FIN índice *m*; **cost-of--living** ~ GB **consumer price** ~ US índice dos preços ao consumidor ou índice do custo de vida. **2** *modif* [*file*] de arquivo. **3** *vtr* **a)** PRINT prover de um índice [*book*]; **this book is badly ~ed** o índice deste livro está mal feito; **b)** (catalogue) classificar, catalogar [*article, book, data, subject*] (**under** sob); **c) to ~ sth to sth** ECON, FIN indexar qq coisa a qq coisa. **4** *vi* fazer um índice.

index: ~ **finger** *n* (dedo) indicador *m*; ~**-linked** *adj* ECON, FIN indexado,-a.

India ['ɪndɪə] *pr n* Índia *f*.

Indian ['ɪndɪən] **1** *n* **a)** (from India) indiano *m*; **b)** (American) índio *m*; **c)** (language) hindú *m*; índio *m*. **2** *adj* **a)** (of India) [*people, culture*] indiano; [*embassy, ambassador*] da Índia; **b)** (American) [*tribe, village, culture*] índio, ameríndio.

Indian: I~ ink *n* GB tinta *f* da China; **I~ Ocean** *n* **the I~ Ocean** o Oceano Índico; **I~ summer** *n* Verão *m* de S. Martinho.

indicate ['ɪndɪkeɪt] **1** *vtr* **a)** (designate) indicar; **b)** (show) mostrar; **c)** (recommend) aconselhar, indicar; **surgery is usually ~d in such cases** uma operação é normalmente aconselhada nesses casos; **d)** (make known) fazer saber, tornar conhecido [*intentions, feelings*] (**to** a). **2** *vi* AUT fazer pisca-pisca.

indication [ɪndɪ'keɪʃn] *n* indicação *f*; sinal *m*.

indicator ['ɪndɪkeɪtə(r)] *n* **a)** (pointer) agulha *f*; **b)** ~ **(board)** RAIL quadro *m*; **c)** GB AUT pisca--pisca *m*.

indifference [ɪn'dɪfərəns] *n* indiferença *f* (**to, towards** para com); **it is a matter of ~ to him** isso é-lhe indiferente.

indifferent [ɪn'dɪfərənt] *adj* **a)** (uninterested) indiferente (**to, as to** a, por); (to charms) insensível (**to** a); **b)** (mediocre) medíocre.

indigenous [ɪn'dɪdʒɪnəs] *adj* indígena, nativo, natural (**to** de).

indigestible [ɪndɪ'dʒestɪbl] *adj* indigesto,-a.

indigestion [ɪndɪ'dʒestʃn] *n* indigestão *f*; **to cause ~** causar (uma) indigestão.

indignant [ɪn'dɪgnənt] *adj* indignado,-a (**at** perante; **about, over** por).

indignation [ɪndɪg'neɪʃn] *n* indignação *f* (**at sth**

perante qq coisa; **over, about sth** acerca de qq coisa).

indignity [ɪn'dɪgnɪtɪ] *n* indignidade *f* (**of being** de ser).

indigo ['ɪndɪgəʊ] *n* ART, BOT, TEX índigo *m*; anil *m*.

indirect ['ɪnd(a)ɪ'rekt] *adj* indirecto,-a.

indirectly [ɪnd(a)ɪ'rektlɪ] *adv* indirectamente.

indiscreet [ɪndɪ'skriːt] *adj* indiscreto,-a.

indiscretion [ɪndɪ'skreʃn] *n* **a)** imprudência *f*; **b)** (lack of tact) indiscrição *f*.

indiscriminate [ɪndɪ'skrɪmɪnət] *adj* **a)** (generalized) indiscriminado,-a; **b)** (not fussy) confuso,-a, sem discernimento; **to be ~ in sth** ser confuso em qq coisa.

indispensable [ɪndɪ'spensəbl] *adj* indispensável (**to** a).

indisposed [ɪndɪ'spəʊzd] *adj* **a)** (unwilling) **to be ~ to do** não estar disponível para fazer; **b)** (ill) indisposto,-a, mal disposto,-a.

indisputable [ɪndɪ'spjuːtəbl] *adj* [*champion*] indiscutível, incontestável.

indisputably [ɪndɪ'spjuːtəblɪ] *adv* indiscutivelmente.

indistinct [ɪndɪ'stɪŋkt] *adj* (gen) indistinto,-a; [*memory*] confuso,-a; [*photograph*] tremido,-a.

indistinguishable [ɪndɪ'stɪŋgwɪʃəbl] *adj* **a)** (indescernible) imperceptível; **b)** (identical) impossível de distinguir, idêntico,-a.

individual [ɪndɪ'vɪdjʊəl] **1** *n* indivíduo *m*. **2** *adj* **a)** (for or from one person) [*contribution, effort*] individual; [*comfort, convenience*] pessoal; [*tuition*] particular, individual; **b)** (separate) cada, isolado, à parte; **each ~ person** cada pessoa individualmente; **c)** (idiosyncratic) particular.

individualist [ɪndɪ'vɪdjʊəlɪst] *n* (idiosyncratic) individualista *m/f*.

individuality [ɪndɪvɪdjʊ'ælɪtɪ] *n* individualidade *f*.

individually [ɪndɪ'vɪdjʊəlɪ] *adv* **a)** (separately) (gen) individualmente; [*choose, attend to, interview*] pessoalmente; **b)** (idiosyncratically) duma forma pessoal.

indivisible [ɪndɪ'vɪzɪbl] *adj* indivisível; **to be ~ from sth** ser inseparável de qq coisa.

indoctrinate [ɪn'dɒktrɪneɪt] *vtr* doutrinar.

indolence ['ɪndələns] *n* indolência *f*.

indolent ['ɪndələnt] *adj* indolente.

Indonesia [ɪndə'niːʃə] *pr n* Indonésia *f*.

Indonesian [ɪndə'niːʃn] **1** *n* (person, language) indonésio *m*. **2** *adj* indonésio,-a.

indoor ['ɪndɔː(r)] *adj* [*sport*] em recinto fechado; [*pool, court*] coberto,-a; [*lavatory*] no interior.

indoors [ɪn'dɔːz] *adv* (in the main house) no interior; (at home) dentro de casa; **~ and outdoors** dentro e fora de casa.

induce [ɪn'djuːs] *vtr* **a)** (persuade) persuadir (**to** a); (stronger) incitar (**to** a); **to ~ sb to do sth** levar alg a fazer qq coisa; **b)** (bring about) provocar, despoletar, acusar [*emotion, response*]; **this drug ~s sleep** esta droga faz dormir; **to ~ labour** MED provocar o parto.

inducement [ɪn'djuːsmənt] *n* **a)** (reward) recompensa *f*; **financial ~** prémio pecuniário; **b)** (incentive) incentivo *m* (**to do** para fazer); **to be an ~ to sth** servir de incentivo para qq coisa.

induction [ɪn'dʌkʃn] *n* **a)** ELEC, MATH,' PHILOS, TECH indução *f*; **b)** (inauguration) instalação *f*; **c)** US MIL incorporação *f*.

indulge [ɪn'dʌldʒ] **1** *vtr* **a)** (satisfy) ceder a; satisfazer [*passion, whim, desire*]; **b)** (humour) estragar com mimos [*child*]. **2** *vi* **to ~ (drink)** beber (bebidas alcoólicas); (smoke) fumar; **to ~ in** entregar-se a.

indulgence [ɪn'dʌldʒəns] *n* **a)** (luxury) pecadilho *m*; **b)** (tolerance) indulgência *f* (**towards, for sb** para com, por alg); **c)** (enjoyment) prazer *m*.

indulgent [ɪn'dʌldʒənt] *adj* indulgente (**to, towards sb** para com alg).

industrial [ɪn'dʌstrɪəl] *adj* [*area, development*] industrial; [*accident, safety*] do trabalho.

industrial: ~ action *n* (gen) acção *f* reivindicativa; (strike) greve *f*; **~ dispute** *n* conflito *m* laboral.

industrialist [ɪn'dʌstrɪəlɪst] *n* industrial *m/f*.

industrialization [ɪndʌstrɪəlaɪ'zeɪʃn] *n* industrialização *f*.

industrialize [ɪn'dʌstrɪəlaɪz] *vtr* industrializar.

industrial: ~ relations *npl* relações *fpl* laborais; **~ unrest** *n* agitação *f* operária.

industrious [ɪn'dʌstrɪəs] *adj* diligente.

industry ['ɪndəstrɪ] *n* **a)** indústria *f*; **b)** (sector) indústria *f*; **the oil ~** a indústria do petróleo; **c)** diligência *f*.

inebriate [ɪ'niːbrɪeɪt,]. *vtr* inebriar, embriagar.

inedible [ɪn'edɪbl] *adj* [*meal*] intragável; [*plant*] não comestível.

ineffective [ɪnɪ'fektɪv] *adj* ineficaz, ineficiente.

inefficiency [ɪnɪ'fɪʃənsɪ] *n* **a)** (lack of organization) falta *f* de organização; **b)** (incompetence) incompetência *f*; ineficácia *f*.

inefficient [ɪnɪ'fɪʃənt] *adj* [*person, organization, government*] incompetente; [*machine, method, system*] ineficaz.

inelegant [ɪn'elɪgənt] *adv* deselegante.

ineligible [ɪn'elɪdʒɪbl] *adj* **to be ~** (for job, competition) não ser qualificado (**for** para); (for election) não ser elegível; (for grant, pension, benefit, award) não ter direito (**for** a).

inept [ɪ'nept] *adj* (tactless) desajeitado,-a, inapto,-a; (incompetent) incompetente.

ineptitude, ineptness [ɪ'neptɪtjuːd, ɪ'neptnɪs] *n* (tactlessness) inépcia *f*; inaptidão *f*; (inefficiency) incompetência *f*.

inequality [ɪnɪ'kwɒlɪtɪ] *n* desigualdade *f*.

inert [ɪ'nɜːt] *adj* (gen) CHEM, PHYS inerte; **~ gas** gás *m* inerte.

inertia [ɪ'nɜːʃə, ɪ'nɜːʃjə] *n* inércia *f*.

inertia reel seatbelt *n* cinto *m* de segurança.

inescapable [ɪnɪ'skeɪpəbl] *adj* inevitável.

inevitability [ɪnevɪtə'bɪlɪtɪ] *n* inevitabilidade *f*.

inevitable [ɪn'evɪtəbl] **1** *n* **the ~** o inevitável. **2** *adj* inevitável; **it is/was ~ that he should come** era inevitável que ele viesse.

inevitably [ɪn'evɪtəblɪ] *adv* inevitavelmente.

inexact [ɪnɪg'zækt] *adj* inexacto,-a.

inexcusable [ɪnɪk'skjuːzəbl] *adj* indesculpável (**that** que + conj); **it is ~ of her/them** é imperdoável da sua parte (**to do** fazer).

inexhaustible [ɪnɪg'zɔːstɪbl] *adj* inesgotável.

inexorable [ɪn'eksərəbl] *adj* [*logic, progress*] inexorável; [*person*] implacável.

inexpensive [ɪnɪk'spensɪv] *adj* barato,-a, económico,-a.
inexperience [ɪnɪk'spɪərɪəns] *n* inexperiência *f* (of de).
inexperienced [ɪnɪk'spɪərɪənst] *adj* inexperiente (**in** em).
inexpert [ɪn'ekspɜ:t] *adj* [*sailor*] inábil, pouco experiente; [*repair*] desajeitado,-a, mal feito,-a.
inexplicable [ɪnek'splɪkəbl] *adj* inexplicável.
inexpressible [ɪnɪk'spresɪbl] *adj* indescritível, indizível.
inextricable [ɪn'ekstrɪkəbl] *adj* insolúvel, inextricável.
infallibility [ɪnfælɪ'bɪlɪtɪ] *n* infalibilidade *f*.
infallible [ɪn'fælɪbl] *adj* infalível.
infamous ['ɪnfəməs] *adj* [*person, conduct*] infame.
infancy ['ɪnfənsɪ] *n* infância *f*; **in (one's)** ~ na infância.
infant ['ɪnfənt] *n* **a)** (baby) bebé *m*; (young child) criança *f*; **b)** GB SCH criança *f*.
infantile ['ɪnfəntaɪl] *adj* MED infantil; (fig, pej) infantil, pueril.
infantry ['ɪnfəntrɪ] *n* infantaria *f*.
infatuation [ɪnfætjʊ'eɪ∫n] *n* fascinação *f* (**with** por); **to develop an** ~ **for sb** enfeitiçar-se por alg; **a passing** ~ uma paixão passageira.
infect [ɪn'fekt] *vtr* **a)** MED contaminar, infectar [*person, wound, place*]; **to** ~ **sb/sth with sth** infectar alg/algo com qq coisa; **to become** ~**ed** [*wound*] ficar infectado; [*person*] apanhar uma infecção; **b)** (influence) (negatively) corromper, infectar [*person, society*].
infection [ɪn'fek∫n] *n* **a)** MED infecção *f*; contaminação *f*; **to be exposed to** ~ estar exposto ao contágio; **b)** (disease) infecção *f*.
infectious [ɪn'fek∫əs] *adj* **a)** [*disease*] infeccioso,-a, contagioso,-a; **b)** (fig) [*enthusiasm, laughter*] contagioso,-a.
infer [ɪn'fɜ:(r)] *vtr* inferir, deduzir, concluir (**from** a partir de).
inference ['ɪnfərəns] *n* **a)** (act, process) inferência *f*; dedução *f*; **by** ~ por dedução; **b)** (conclusion) conclusão *f*; **the** ~ **is that...** conclui-se que...; **to draw an** ~ **from sth** tirar uma conclusão de algo.
inferior [ɪn'fɪərɪə(r)] **1** *n* inferior *m/f*; MIL subalterno *m*. **2** *adj* inferior; BOT ínfero; **to make sb feel** ~ fazer alg sentir-se inferior.
inferiority [ɪnfɪərɪ'ɒrɪtɪ] *n* inferioridade *f* (**to** em relação a).
inferiority complex *n* complexo *m* de inferioridade.
infernal [ɪn'fɜ:nl] *adj* (annoying, infuriating) [*noise, row, temper*] diabólico,-a; **that** ~ **phone!** aquele maldito telefone!.
inferno [ɪn'fɜ:nəʊ] *n* (hell) inferno *m*.
infertile [ɪn'fɜ:taɪl] *adj* [*land, person*] estéril.
infertility [ɪnfɜ:'tɪlɪtɪ] *n* (of land, person) esterilidade *f*.
infest [ɪn'fest] *vtr* infestar; ~**ed with rats** infestado de ratos.
infestation [ɪnfes'teɪ∫n] *n* praga *f*; infestação *f*.
infidelity [ɪnfɪ'delɪtɪ] *n* infidelidade *f*.
in-fighting ['ɪnfaɪtɪŋ] *n* lutas *fpl* ou conflitos *mpl* internos.
infiltrate ['ɪnfɪltreɪt] *vtr* infiltrar.

infiltration [ɪnfɪl'treɪ∫n] *n* infiltração *f*.
infinite ['ɪnfɪnɪt] **1** *adj* MATH, PHILOS, RELIG infinito [*patience, devotion*]; sem limites [*wealth*]; ilimitado,-a. **2** *n* infinito *m*.
infinitely ['ɪnfɪnɪtlɪ] *adv* infinitamente.
infinitesimal [ɪnfɪnɪ'tesɪml] *adj* infinitesimal.
infinity [ɪn'fɪnɪtɪ] *n* **a)** infinito *m*; **to gaze into** ~ (fig) fixar o vazio; **b)** (incalculable number) **an** ~ **of...** uma quantidade imensa de...; **c)** MATH infinito *m*; **to** ~ para o infinito.
infirm [ɪn'fɜ:m] **1** *npl* **the** ~ os doentes *mpl*; os inválidos *mpl*. **2** *adj* (weak) [*person*] enfermo, inválido.
infirmary [ɪn'fɜ:mərɪ] *n* (in school, prison) enfermaria *f*.
infirmity [ɪn'fɜ:mɪtɪ] *n* enfermidade *f*.
inflame [ɪn'fleɪm] *vtr* inflamar, excitar [*crowd, audience*]; MED inflamar.
inflammable [ɪn'flæməbl] *adj* inflamável.
inflammation [ɪnflə'meɪ∫n] *n* inflamação *f*.
inflammatory [ɪn'flæmətərɪ] *adj* **a)** [*remarks*] incendiário,-a, provocador, a; **b)** MED inflamatório,-a.
inflatable [ɪn'fleɪtəbl] **1** *n* (gen) insuflável *m*. **2** *adj* [*mattress, dinghy*] pneumático,-a; [*toy, balloon*] insuflável.
inflate [ɪn'fleɪt] **1** *vtr* **a)** insuflar, encher de ar [*tyre, toy*]; **b)** (fig) inflacionar [*price*]; inchar [*ego*]. **2** *vi* [*tyre, toy*] encher-se de ar, insuflar-se.
inflated [ɪn'fleɪtɪd] *adj* **a)** [*tyre*] insuflado,-a, cheio,-a de ar; **b)** (fig) [*price*] exagerado,-a, inflacionado,-a; [*language, style*] empolado,-a, bombástico,-a; **he has a very** ~ **ego** ele tem-se em alta conta; **c)** ECON [*economy, currency*] inflacionado,-a.
inflation [ɪn'fleɪ∫n] *n* **a)** ECON inflação *f*; **b)** (of dinghy, tyre) enchimento *m*.
inflationary [ɪn'fleɪ∫ənərɪ] *adj* ECON inflacionário,-a, inflacionista.
inflectional [ɪn'flek∫ənl] *adj* flexional; **an** ~ **language** uma língua flexiva.
inflexibility [ɪnfleksɪ'bɪlɪtɪ] *n* **a)** (of material, structure) rigidez *f*; **b)** (of attitude, will, rule) inflexibilidade *f*; (of system) rigidez *f*.
inflexible [ɪn'fleksɪbl] *adj* **a)** [*material*] rígido,-a; **b)** (fig) [*person, attitude, will*] flexível; [*system*] rígido,-a.
inflict [ɪn'flɪkt] *vtr* infligir, fazer sofrer [*pain, suffering*] (**on** a); **to** ~ **a severe wound on sb** ferir gravemente alg; **to** ~ **oneself** *or* **one's presence on sb** impor a sua presença a alg.
in-flight ['ɪnflaɪt] *adj* durante o voo.
inflow ['ɪnfləʊ] *n* **a)** (into tank) afluxo *m*; **b)** (of people) afluência *f*; (of goods) afluxo *m*.
influence ['ɪnfluəns] **1** *n* **a)** (force, factor affecting sth) influência *f* (**on** sobre ou em); **to be under the** ~ **of sth** estar sob a influência de qq coisa; **b)** (power, capacity to affect sth) influência *f*; ascendência *f* (**with sb** junto de alguém; **over sb/sth** sobre alguém/algo); **to have** ~ ter influência. **2** *vtr* influenciar [*child, voter, thinker, artist, jury*]; influir sobre [*decision, choice, result*]; **don't let him** ~ **you!** não te deixes influenciar por ele ou não deixes que ele te influencie.
influential [ɪnflʊ'en∫l] **1** *n* **the** ~ os influentes

mpl. **2** *adj* **a)** (respected) [*theory, artist*] respeitado,-a, seguido,-a; **b)** (key) [*factor, event, fact*] determinante; **c)** (powerful) [*person, businessman, banker*] influente; **to have ~ friends** ter amigos influentes.

influenza [ɪnflʊ'enzə] *n* gripe *f.*

influx ['ɪnflʌks] *n* **a)** (of people) afluência *f*; (of money) entrada *f*; **b)** (mouth of river) foz *f.*

inform [ɪn'fɔ:m] **1** *vtr* **a)** (notify, tell) informar (**of, about** de, acerca de; **that** que); **to keep sb ~ed** manter alg informado (**of, as to** de); **b)** (pervade) inspirar. **2** *vi* **a)** (denounce) **to ~ on** *or* **against** denunciar; **b)** (give information) informar.

informal [ɪn'fɔ:ml] *adj* **a)** (unaffected) [*person, manner, style, tone*] simples; **b)** [*language*] familiar; **~ clothes** vestuário *m* informal; **c)** (relaxed) [*atmosphere, mood*] à vontade; [*club, group*] informal; [*meal*] sem cerimónias; **d)** (unofficial) [*announcement, visit, request, invitation, arrangement*] oficioso,-a; [*discussion, interview*] informal; **on an ~ basis** informalmente.

informality [ɪnfɔ:'mælɪtɪ] *n* (of person, event) simplicidade *f*; (of meeting, arrangement) carácter *m* informal.

informant [ɪn'fɔ:mənt] *n* **a)** (source of information) fonte *f* de inspiração; **b)** (informer) informador *m* Po, informante *m/f* Br.

information [ɪnfə'meɪʃn] *n* **a)** informação *f*; informações *fpl* (**on, about** sobre, acerca de); **a piece** *or* **bit** *or* **item of ~** uma informação; **b)** us Telecom (serviço *m* de) informações *fpl.*

information: ~ bureau *n* balcão *m* de informações; **~ technology** *n* informática *f.*

informative [ɪn'fɔ:mətɪv] *adj* [*lecture, talk, leaflet, book*] informativo,-a; [*trip, day*] instrutivo,-a, educativo,-a.

informed [ɪn'fɔ:md] *adj* **a)** [*debate, choice, decision, judgement*] fundamentado,-a; **b)** [*person, critic, public, consumer, source*] informado,-a; **he is very well -/ill — ~** ele está bem/mal informado.

informer [ɪn'fɔ:mə(r)] *n* informador, a *m, f* Po, informante *m/f* Br; **to turn ~** tornar-se informador.

infrastructure ['ɪnfrəstrʌktʃə(r)] *n* infraestrutura *f.*

infrequent [ɪn'fri:kwənt] *adj* raro,-a, invulgar.

infrequently [ɪn'fri:kwəntlɪ] *adv* raramente.

infringe [ɪn'frɪndʒ] **1** *vtr* infringir, transgredir, violar [*rule, law, regulation, treaty*]; desrespeitar [*rights*]. **2** *vi* **to ~ on** *or* **upon sth** usurpar, invadir qq coisa.

infringement [ɪn'frɪndʒmənt] *n* infracção *f* (**of** a); violação *f* (**of** de).

infuriate [ɪn'fjʊərɪeɪt] *vtr* enfurecer, exasperar.

infuriating [ɪn'fjʊərɪeɪtɪŋ] *adj* exasperante.

infuriatingly [ɪn'fjʊərɪeɪtɪŋlɪ] *adv* de forma exasperante.

infuse [ɪn'fju:z] *vtr* **a)** **to ~ sb/sth with sth, to ~ sth into sb/sth** incutir ou insuflar qq coisa a alg/algo; **b)** Culin pôr de infusão [*tea, herbs*].

infusion [ɪn'fju:ʒn] *n* infusão *f.*

ingenious [ɪn'dʒi:nɪəs] *adj* engenhoso,-a, astucioso,-a.

ingeniously [ɪn'dʒi:nɪəslɪ] *adv* de forma engenhosa ou hábil.

ingenuity [ɪndʒɪ'nju:ɪtɪ] *n* ingenuidade *f.*

ingot ['ɪŋgət] *n* lingote *m.*

ingrained ['ɪngreɪnd, ɪn'greɪnd] *adj* **a)** [*dirt*] entranhado,-a; **b)** [*habit, tendency*] inveterado,-a, enraizado,-a; **deeply ~** profundamente enraizado ou arraigado.

ingratiate [ɪn'greɪʃɪeɪt] *v refl* **to ~ oneself** insinuar-se, cair nas boas graças (**with sb** de alg).

ingratiating [ɪn'greɪʃɪeɪtɪŋ] *adj* insinuante.

ingratitude [ɪn'grætɪtju:d] *n* ingratidão *f.*

ingredient [ɪn'gri:dɪənt] *n* Culin ingrediente *m*; (fig) constituinte *m.*

ingrowing nail ['ɪngrəʊɪŋ] *adj* unha *f* encravada.

inhabit [ɪn'hæbɪt] *vtr* habitar.

inhabitable [ɪn'hæbɪtəbl] *adj* habitável.

inhabitant [ɪn'hæbɪtənt] *n* habitante *m/f.*

inhalation [ɪnhə'leɪʃn] *n* inalação *f.*

inhale [ɪn'heɪl] *vi, vtr* aspirar, inalar [*vapour, fumes*]; tragar [*smoke*].

inherent [ɪn'hɪərənt, ɪn'herənt] *adj* inerente, natural, próprio (**in, to** a, de); **with all its ~ disadvantages** com todas as desvantagens inerentes.

inherently [ɪn'hɪərəntlɪ, ɪn'herəntlɪ] *adv* inerentemente.

inherit [ɪn'herɪt] *vtr* herdar [*money, property*]; herdar, suceder a [*title*]; **to ~ sth from sb** herdar qq coisa de alg.

inheritance [ɪn'herɪtəns] *n* **a)** (thing inherited) herança *f*; **to come into an ~** entrar na posse duma herança; **b)** sucessão *f*; **c)** (genetic) ~ Med herança *f* genética.

inhibit [ɪn'hɪbɪt] *vtr* **a)** inibir [*person, behaviour*]; estorvar [*situation, activity*]; travar [*progress*]; **to ~ sb from doing** (prevent) impedir alg de fazer; (discourage) desencorajar alg de fazer; **he was greatly ~ed by his lack of experience** ele ficava bastante constrangido com a sua falta de experiência; **b)** Jur interditar, proibir.

inhibited [ɪn'hɪbɪtɪd] *adj* inibido,-a.

inhibition [ɪnhɪ'bɪʃn] *n* inibição *f*; **to get rid of one's ~s** libertar-se das suas inibições, descomplexar-se.

inhospitable [ɪnhɒs'pɪtəbl] *adj* [*person*] inospitaleiro,-a; [*behaviour*] inamistável; [*country, climate*] inóspito,-a.

inhuman [ɪn'hju:mən] *adj* inumano,-a.

inimical [ɪ'nɪmɪkl] *adj* hostil, adverso,-a.

inimitable [ɪ'nɪmɪtəbl] *adj* inimitável.

iniquitous [ɪ'nɪkwɪtəs] *adj* iníquo,-a, injusto,-a.

iniquity [ɪ'nɪkwɪtɪ] *n* iniquidade *f*; injustiça *f.*

initial [ɪ'nɪ/l] **1** *n* inicial *f*; **to sign one's ~s** assinar com as iniciais, rubricar. **2** *adj* [*symptoms, reaction*] inicial; **~ letter** Print inicial *f*; **in the ~ stages** no início. **3** *vtr* rubricar [*letter, page*].

initially [ɪ'nɪ/əllɪ] *adv* inicialmente.

initiate [ɪ'nɪʃɪeɪt] **1** *n* iniciado,-a *m, f.* **2** *vtr* **a)** iniciar, dar começo a [*plan, project*]; levar a cabo [*reform*]; encetar [*talks*]; empreender [*improvements, programme*]; **to ~ proceedings against sb** Jur encetar um processo contra alg; **b)** **to ~ sb into** [*secret society, club*] admitir alg no seio de; **c)** Comput lançar [*programme*]; estabelecer, iniciar [*communication*].

initiation [ɪnɪ/ɪ'eɪʃn] *n* **a)** (of negotiations) início *m*; (of scheme) iniciação *f*; inauguração *f*;

(of process) lançamento *m*; **b)** (into society) admissão *f* (**into** em); (into knowledge) iniciação *f* (**into** em); **c)** (ceremony) cerimónia *f* de iniciação.

initiative [ɪ'nɪʃətɪv, ɪ'nɪʃɪətɪv] *n* **a)** (quality) iniciativa *f*; **on one's own** ~ de sua iniciativa própria; **to have/show** ~ ter/mostrar iniciativa ou espírito de iniciativa; **b)** (attempt) **peace** ~ tentativa *f* de paz; **c) to take/lose the** ~ tomar/perder a iniciativa.

initiator [ɪ'nɪʃɪeɪtə(r)] *n* (of conspiracy, idea) promotor, a *m, f*; (of reform, revolt) instigador, a *m, f*.

inject [ɪn'dʒekt] *vtr* injectar [*liquid, drug*] (**into** em); (fig) introduzir [*new ideas, feelings*] (**into** em); insuflar [*hope, life*]; injectar [*cash, capital*]; **to** ~ **sb against** vacinar alg contra qq coisa.

injection [ɪn'dʒekʃn] *n* MED injecção *f*.

injudicious [ɪndʒu:'dɪʃəs] *adj* pouco judicioso,-a, insensato,-a.

injunction [ɪn'dʒʌŋkʃn] *n* exortação *f*; injunção *f*.

injure ['ɪndʒə(r)] *vtr* **a)** MED ferir, magoar [*person*]; **to** ~ **oneself** ferir-se, magoar-se; **b)** (damage) prejudicar [*health*]; manchar [*reputation*]; lesar [*sb's interests*]; (hurt) fazer mal a, magoar [*self--esteem*]; **to** ~ **sb's feelings** ferir os sentimentos de alg, ofender PO/xingar BR alg.

injured ['ɪndʒəd] **1** *adj* MED [*person*] ferido,-a; [*tone, look*] ofendido,-a; (fig) [*pride, feelings*] ferido,-a; [*wife, husband*] enganado,-a; **the** ~ **party** JUR a parte lesada. **2** *n* **the** ~ os feridos *mpl*.

injurious [ɪn'dʒʊərɪəs] (formal) *adj* **a)** (harmful) prejudicial (**to** a); **b)** (abusive) [*remark*] ofensivo,-a, injurioso,-a.

injury ['ɪndʒərɪ] *n* **a)** MED ferida *f*; lesão *f*; **to do oneself an** ~ ferir-se, magoar-se; **b)** (to reputation) golpe *m*; **c)** JUR dano *m*.

injustice [ɪn'dʒʌstɪs] *n* injustiça *f*; **to do sb an** ~ fazer uma injustiça a alg, ser injusto para com alg.

ink [ɪŋk] *n* tinta *f*; **in** ~ [*write, draw*] a tinta.

ink in *n* ~ (sth) **in**, ~ **in** (sth) passar (qq coisa) a tinta [*form, drawing*].

inkling ['ɪŋklɪŋ] *n* insinuação *f*; ideia *f* vaga; **that was the first** ~ **I had that all was not well** essa foi a primeira suspeita que tive de que nem tudo estava bem.

inky ['ɪŋkɪ] *adj* (lit) sujo,-a de tinta; (fig) [*sky*] negro,-a, escuro,-a.

inland ['ɪnlənd, 'ɪnlænd] **1** *adj* **a)** (not coastal) interior; **b)** BRIT (domestic) [*mail, trade*] interno,-a. **2** *adv* no interior.

inlay 1 ['ɪnleɪ] *n* (of gold, ivory) incrustação *f*; (on box, furniture) embutido *m*. **2** [ɪn'leɪ] *vtr* incrustar, embutir [*furniture, box*].

inlet ['ɪnlet, 'ɪnlɪt] *n* **a)** (sea) braço *m* de mar; **b)** TECH entrada *f*; admissão *f*.

inmate ['ɪnmeɪt] *n* (of house) morador, a *m, f*; habitante *m/f*; (of hospital) doente *m/f*; (of mental hospital) internado,-a *m, f*; (of prison) detido,-a *m, f*.

inn [ɪn] *n* (small) estalagem *f*; (larger) pousada *f*; hospedaria *f*; (public house) taberna *f*.

innards ['ɪnədz] *npl* (lit, fig) entranhas *fpl*.

innate [ɪ'neɪt, 'ɪneɪt] *adj* inato,-a, natural.

innately [ɪ'neɪtlɪ, 'ɪneɪtlɪ] *adv* naturalmente, por natureza.

inner ['ɪnə(r)] **1** *n* primeiro círculo *m* que rodeia o alvo. **2** *adj* **a)** (lit) interior; **b)** (fig) íntimo,-a.

inner ear ['ɪnə(r)'ɪə(r)] *n* ouvido *m* interno.

inner: ['ɪnəməʊst] ~**most** *adj* sb's ~**most feelings** os sentimentos *mpl* mais íntimos de alg; ~ **city 1** *n* **the** ~ **city** a cidade *f* antiga. **2 inner--city** *modif* [*problems, crime, unemployment, regeneration*] degradados; ~ **tube** *n* câmara *f* de ar.

innings ['ɪnɪŋz] *n* (in cricket) (+ *v sg*) turno *m*; **to have had a good** ~ [*old person*] ter tirado o máximo proveito da vida; [*person leaving job*] ter tido uma longa carreira.

innkeeper ['ɪnki:pə(r)] *n* estalajadeiro *m* (dated).

innocence ['ɪnəsəns] *n* inocência *f*; **an air of** ~ um ar de inocência.

innocent ['ɪnəsənt] **1** *n* inocente *m/f*. **2** *adj* **a)** (not guilty) inocente (**of sth** de qq coisa); **b)** (unaware) inconsciente; ~ **of** [*reaction, effect*] inconsciente de; **c)** (naive) inocente, ingénuo,-a; **d)** (innocuous) [*fun*] inofensivo,-a, inocente; [*error*] menor.

innocuous [ɪ'nɒkjʊəs] *adj* [*substance*] inócuo,-a; [*remark, statement*] inofensivo,-a.

innovate ['ɪnəveɪt] *vi* inovar.

innovation [ɪnə'veɪʃn] *n* inovação *f* (**in** em); **to make** *or* **introduce** ~**s in sth** introduzir inovações em qq coisa.

innovator ['ɪnəveɪtə(r)] *n* inovador, a *m, f*.

innuendo [ɪnju'endəʊ] *n* insinuação *f*.

innumerable [ɪ'nju:mərəbl] *adj* inúmero,-a, inumerável.

inoculate [ɪ'nɒkjʊleɪt] *vtr* vacinar (**against** contra); **to** ~ **sb with sth** inocular algo a alg.

inoculation [ɪnɒkjʊ'leɪʃn] *n* vacinação *f*; inoculação *f*.

inoffensive [ɪnə'fensɪv] *adj* inofensivo,-a.

inoperable [ɪn'ɒpərəbl] *adj* MED inoperável; [*scheme, solution*] irrealizável.

inoperative [ɪn'ɒpərətɪv] *adj* inoperante, ineficaz.

inopportune [ɪn'ɒpətju:n] *adj* inoportuno,-a.

inordinate [ɪ'nɔ:dɪnət] *adj* [*appetite, size*] excessivo,-a; [*desire, passion*] imoderado,-a; **an** ~ **amount of time** imenso tempo.

inorganic [ɪnɔ:'gænɪk] *adj* inorgânico,-a.

in-patient ['ɪnpeɪʃənt] *n* doente *m/f* internado.

input ['ɪnpʊt] **1** *n* **a)** (of money) entrada *f*; **electrical** ~ entrada de corrente eléctrica; **her work** ~ **was minimal** o esforço que ela dispendeu foi mínimo; **b)** COMPUT (action) entrada *f* (de dados); (part of computer) bloco *m* de entrada. **2** *vtr* COMPUT introduzir (**into** em).

inquest ['ɪnkwest, 'ɪŋkwest] *n* (gen) inquérito *m*; JUR inquérito judicial (**on, into** a, sobre); **to hold an** ~ realizar um inquérito (**into** sobre).

inquire [ɪn'kwaɪə(r), ɪŋ'kwaɪə(r)] **1** *vtr* inquirir, perguntar; **to** ~ **sth of** *or* **from sb** perguntar algo a alg; "~ **at the information desk**" "para informações é favor dirigir-se ao respectivo balcão". **2** *vi* informar-se (**about** sobre, acerca de); (formal) **to** ~ **after sb** perguntar notícias de alg; **to** ~ **into** (ask for information about) pedir informações sobre; (research) fazer investigações sobre; ADMIN, JUR fazer um inquérito sobre.

inquiring [ɪn'kwaɪərɪŋ, ɪŋ'kwaɪərɪŋ] *adj* [*look, voice*] interrogador, a; [*mind*] curioso,-a.

inquiry [ɪn'kwaɪərɪ, ɪŋ'kwaɪərɪ] **1** *n* **a**) (request for information) pedido *m* de informação; **to make an ~** pedir informações *fpl* (**about, into** sobre, acerca de); **on ~, it was discovered that...** após investigação, descobriu-se que...; **"all inquiries to..."** "para mais informações, é favor dirigir-se a..."; **b**) (interrogation) **a look of ~** um olhar interrogador; **c**) ADMIN, JUR inquérito *m*; investigação *f* (**into** sobre); **to hold/conduct an ~** conduzir/realizar um inquérito; **to set up** *or* **open** *or* **launch an ~** abrir um inquérito; **line of ~** pista *f*. **2 inquiries** *npl* (serviço *m* de) informações *fpl*.

inquisition [ɪnkwɪ'zɪʃn, ɪŋkwɪ'zɪʃn] *n* **the I~** a Inquisição *f*; (investigation) inquérito *m*.

inquisitive [ɪn'kwɪzɪtɪv, ɪŋ'kwɪzɪtɪv] *adj* curioso,-a, indiscreto,-a.

inquisitively [ɪn'kwɪzɪtɪvlɪ, ɪŋ'kwɪzɪtɪvlɪ] *adv* indiscretamente, com curiosidade.

inquisitiveness [ɪn'kwɪzɪtɪvnɪs, ɪŋ'kwɪzɪtɪvnɪs] *n* curiosidade *f*.

inroad ['ɪnrəʊd] *n* **to make ~s into** [*time, rights*] infringir, atacar; [*food, supplies*] gastar; [*savings, fortune*] desfalcar.

inrush ['ɪnrʌʃ] *n* irrupção *f*.

insane [ɪn'seɪn] *adj* [*person*] louco,-a; MED alienado,-a, demente; **to go** *or* **become ~** enlouquecer; **to drive sb ~** enlouquecer alg.

insanely [ɪn'seɪnlɪ] *adv* [*act, behave*] de forma insensata; **to be ~ jealous** estar louco de inveja.

insanitary [ɪn'sænɪtərɪ] *adj* insalubre.

insanity [ɪn'sænɪtɪ] *n* demência *f*; insanidade *f* mental.

insatiable [ɪn'seɪʃəbl] *adj* insaciável.

inscribe [ɪn'skrɑɪb] *vtr* **a**) (write) (in book) inscrever, escrever (**in** em); (engrave) (on tombstone, monument) gravar (**on** em); **the book was ~d "To Helen"** o livro era dedicado "A Helena"; **b**) (sign) assinar, dedicar; **~d copy** edição assinada pelo autor.

inscription [ɪn'skrɪpʃn] *n* (gen) inscrição *f*; (in book) dedicatória *f*.

inscrutable [ɪn'skruːtəbl] *adj* enigmático,-a.

insect ['ɪnsekt] **1** *n* insecto *m*. **2** *modif* **~ bite** picada *f* de insecto.

insecticide [ɪn'sektɪsaɪd] **1** *n* insecticida *m*. **2** *modif* **~ powder** pó *m* insecticida.

insecure [ɪnsɪ'kjʊə(r)] *adj* **a**) (lacking confidence) inseguro,-a; **I feel very ~ about the future** sinto-me muito inseguro em relação ao futuro; **b**) (not reliable) [*job*] precário,-a; [*investment*] inseguro,-a; **c**) (unsafe, loose) [*screw*] solto,-a; [*lock*] pouco seguro,-a; [*structure*] instável; [*door, window*] que fecha mal.

insecurity [ɪnsɪ'kjʊərɪtɪ] *n* **a**) (psychological) insegurança *f*; **to suffer from feelings of ~** sofrer de insegurança; **b**) (of position, situation) insegurança *f*.

inseminate [ɪn'semɪneɪt] *vtr* inseminar.

insensibility [ɪnsensɪ'bɪlɪtɪ] *n* **a**) (indifference) insensibilidade *f*; (**to** a); **b**) (unconsciousness) inconsciência *f*.

insensible [ɪn'sensɪbl] *adj* **a**) (to pain, cold) insensível·(**to** a); (to emotion, criticism) indiferente (**to** a); **b**) (unaware) inconsciente (**of** de); **c**)

(unconscious) inconsciente, inanimado,-a; **d**) (imperceptible) imperceptível.

insensitive [ɪn'sensɪtɪv] *adj* [*person*] (tactless) sem tacto; (unfeeling) insensível (**to** a); [*attitude, policy*] desprovido,-a de compaixão.

insensitivity [ɪnsensɪ'tɪvɪtɪ] *n* insensibilidade (**to** a).

inseparable [ɪn'sepərəbl] *adj* inseparável (**from** de).

inseparably [ɪn'sepərəblɪ] *adv* indissociavelmente, inseparavelmente.

insert [ɪn'sɜːt] **1** *vtr* colocar, inserir [*word, clause*] (**in** em); intercalar (**between** entre); introduzir, meter [*knife, finger*] (**in** em); inserir, publicar [*advertisement*]. **2** *n* see **~ion**.

insertion [ɪn'sɜːʃn] *n* **a**) inserção *f*; **b**) (enclosed page, leaflet) folha *f* solta inserida entre as páginas dum jornal ou revista; (advertisement, amendment) publicação *f*.

inset ['ɪnset] **1** *n* **a**) (picture) ilustração *f*; **b**) (sewing) entremeio *m*. **2** *vtr* (*pres p* **-tt-** *past, pp* **inset**); inserir [*extra pages*]; (into text) inserir no texto [*map, illustration*].

inshore ['ɪnʃɔː(r)] **1** *adj* costeiro,-a. **2** *adv* [*swim, drift*] em direcção à costa; [*fish, anchor*] perto da costa.

inside ['ɪnsaɪd] **1** *n* **a**) (inner area or surface) interior *m*; **to be on the ~** [*runner*] correr junto à corda; **to overtake on the ~** (in Europe, us, etc) ultrapassar pela direita; (in gb, Australia, etc) ultrapassar pela esquerda; **b**) (position of trust) **sb on the ~** alg que está por dentro, alg de confiança; **c**) (prison) **on the ~** de cana. **2 insides** *npl* (intestines) (of animal) entranhas *fpl*; (of human) intestinos *mpl*; estômago *m*. **3** *prep* (*also* US ~ **of**) **a**) (in the interior) no interior de, dentro de; **~ the box** dentro da caixa; **to be ~ (the house)** estar em casa ou estar dentro de casa; **b**) (within an area, organization) no interior de, no seio de; **c**) (under) **~ (of) an hour** em menos de uma hora; **to be ~ the world record** bater o recorde mundial. **4** *adj* **a**) (interior) [*cover, pocket, surface*] interior; [*toilet*] no interior; **b**) (first-hand) [*information*] em primeira mão; **the ~ story** a história verdadeira; **c**) (within an organization) **an ~ source** uma fonte confidencial; **d**) **the ~ lane** (of road) (in Europe, us, etc) a via da direita; (in gb, Australia, etc) a via da esquerda; (of athletics track) a pista junto à corda. **5** *adv* **a**) (indoors) dentro, no interior; **she's ~** ela está lá dentro; **to look ~** olhar para dentro; **to bring sth ~** trazer qq coisa para dentro [*chairs*]; **b**) GB (in prison) de cana. **6 inside out** *adv phr* do avesso; **to turn sth ~ out** virar qq coisa do avesso [*bag*]; **to know sth ~ out** conhecer qq coisa a fundo.

inside: ~ leg *n* entrepernas *m*; **~ leg measurement** *n* altura *f* entrepernas, altura do gancho.

insider [ɪn'saɪdə(r)] *n* membro *m*; associado *m*.

insidious [ɪn'sɪdɪəs] *adj* insidioso,-a.

insight ['ɪnsaɪt] *n* **a**) (into oneself, others) discernimento *m*; (into unknown subject) intuição *f* (**into** sobre); **to give sb** *or* **provide better ~(s) into sth** permitir a alg que aprenda mais facilmente qq coisa; **b**) (revealing glimpse) vislumbre *m* (**into** de).

insignificance [ɪnsɪg'nɪfɪkəns] *n* insignificância *f*.

insignificant [ɪnsɪg'nɪfɪkənt] *adj* [*cost, difference*] sem importância; [*person, detail*] insignificante.
insincere [ɪnsɪn'sɪə(r)] *adj* [*smile*] hipócrita; [*promise*] falso,-a; **he's** ~ ele não é sincero.
insincerity [ɪnsɪn'serɪtɪ] *n* falta *f* de sinceridade; falsidade *f*; (of smile) hipocrisia *f*.
insinuate [ɪn'sɪnjʊeɪt] *vt* a) insinuar (**that** que); **b) to** ~ **oneself into sth** insinuar-se em algo.
insinuation [ɪnsɪnjʊ'eɪʃn] *n* insinuação *f*; **he made all sorts of** ~**s about me** ele fez toda a espécie de insinuações a meu respeito.
insipid [ɪn'sɪpɪd] *adj* insípido,-a.
insist [ɪn'sɪst] *vtr, vi* a) (demand) insistir; (authoritatively) exigir Po, forçar a barra Br; **b)** (maintain forcefully) sustentar, insistir; **if you don't agree, I won't** ~ se não estás de acordo, eu não insisto; **please, don't** ~ por favor, não insista.
insistence [ɪn'sɪstəns] *n* insistência *f*; **to do sth at** *or* **on sb's** ~ fazer qq coisa perante a insistência de alg.
insistent [ɪn'sɪstənt] *adj* [*person, demand*] insistente.
in situ [ɪn'sɪtjuː] *adv* no local.
insole ['ɪnsəʊl] *n* palmilha *f* (de calçado).
insolence ['ɪnsələns] *n* insolência *f*.
insolent ['ɪnsələnt] *adj* insolente.
insolently ['ɪnsələntlɪ] *adv* com insolência.
insoluble [ɪn'sɒljʊbl] *adj* insolúvel.
insolvency [ɪn'sɒlvənsɪ] *n* insolvência *f*.
insolvent [ɪn'sɒlvənt] *adj* insolvente; **to become** ~ (firm, individual) tornar-se insolvente.
insomnia [ɪn'sɒmnɪə] *n* insónia *f*.
inspect [ɪn'spekt] *vtr* a) examinar [*document, product*]; inspeccionar, fiscalizar [*school, factory, machinery*]; controlar [*passport, ticket*]; **to** ~ **sth for defects** examinar qq coisa para garantir a ausência de defeitos; **b)** MIL (routinely) inspeccionar; (at ceremony) passar em revista.
inspection [ɪn'spekʃn] *n* a) (of document, picture) exame *m*; inspecção *f*; (of school, factory, machinery) inspecção *f*; fiscalização *f*; (of passport, ticket) controlo *m*; **to make** *or* **carry out an** ~ proceder a uma inspecção; **on closer** ~ num exame mais atento; **b)** MIL (routine) inspecção *f*; (at ceremony) revista *f*.
inspector [ɪn'spektə(r)] *n* a) (gen) inspector *m*; **b)** GB (police) ~ inspector (da polícia); **c)** GB SCH inspector; **d)** GB TRANSP revisor *m*.
inspiration [ɪnspə'reɪʃn] *n* a) inspiração *f* (**for** sth para algo); **to draw one's** ~ **from sth** inspirar-se em algo; **b)** (person, thing that inspires) (fonte *f* de); inspiração; **she is an** ~ **to us all!** ela é um exemplo para todos nós!; **c)** (sudden idea) inspiração *f*.
inspire [ɪn'spaɪə(r)] *vtr* a) (give rise to) inspirar [*person, work of art, idea*]; motivar, provocar [*decision, gesture*]; **b)** (arouse) **to** ~ **love/respect in sb** inspirar amor/respeito em alg; **to** ~ **sb with hope/courage** infundir esperança/coragem em alg; **he doesn't** ~ **much confidence** ele não inspira muita confiança; **c)** (incite) incitar, encorajar (**to do** a fazer).
inspiring [ɪn'spaɪərɪŋ] *adj* [*leader, speech*] inspirador, a; (stronger) exaltante.
instability [ɪnstə'bɪlɪtɪ] *n* instabilidade *f*.

install [ɪn'stɔːl] *vtr* a) instalar [*computer system, new equipment*] (**in** em); colocar [*windows*]; **b)** (in official post) **to** ~ **sb in office** instalar alg (num cargo).
installation [ɪnstə'leɪʃn] *n* instalação *f*.
instalment GB, **installment** US [ɪn'stɔːlmənt] *n* a) COMM, FIN (partial payment) prestação *f*; **monthly** ~ mensalidade *f*; **to pay an** ~ pagar uma prestação; **b)** (of story, serial) episódio *m*; (of novel) folhetim *m*.
instance ['ɪnstəns] **1** *n* a) (case) caso *m*; (example) exemplo *m*; **for** ~ por exemplo; **in the first** ~ em primeiro lugar; **b)** (request) **at the** ~ **of sb** a pedido de alg, por sugestão de alg. **2** *vtr* a) (cite) citar um exemplo; **b)** (illustrate) ilustrar.
instant ['ɪnstənt] **1** *n* (moment) instante *m*; **at that (very)** ~ neste momento. **2** *adj* a) [*access, act, effect, rapport, success*] instantâneo,-a, imediato,-a; ~ **camera** polaróide *f*; **b)** CULIN [*coffee, soup*] instantâneo,-a.
instantaneous [ɪnstən'teɪnɪəs] *adj* instantâneo,-a.
instantly ['ɪnstəntlɪ] *adv* imediatamente.
instead [ɪn'sted] **1** *adv* em vez disso; **it will take too long by car, let's fly** ~ de carro é muito demorado, vamos antes de avião; **his brother came** ~ o irmão veio em vez dele. **2 instead of** *prep* em vez de; ~ **of sb** em vez de alg; ~ **of sth/of doing sth** em vez de qq coisa/de fazer qq coisa.
instep ['ɪnstep] *n* peito do pé; **to have a high** ~ ter um peito do pé alto.
instigate ['ɪnstɪgeɪt] *vtr* incitar [*attack*]; estimular, fomentar [*proceedings*].
instigation [ɪnstɪ'geɪʃn] *n* **at the** ~ **of sb** sob a instigação de alg; **he stole the car at her** ~ ela incitou-o a roubar o carro.
instigator ['ɪnstɪgeɪtə(r)] *n* instigador, a *m, f*.
instil [ɪn'stɪl] *vtr* (*pres p, past, pp* **-ll-**) inculcar, instilar [*pride, belief*] (**into sb** em alguém); incutir [*fear*] (**into sb** em alguém).
instinct ['ɪnstɪŋkt] *n* instinto *m*; **her** ~ **is to fight back** (lit, fig) ela defende-se instintivamente; **follow your** ~(**s**) deixa-te guiar pela intuição.
instinctive [ɪn'stɪŋktɪv] *adj* instintivo/-a.
instinctively [ɪn'stɪŋktɪvlɪ] *adv* instintivamente.
institute ['ɪnstɪtjuːt] **1** *n* a) (organization) instituto *m*; **b)** US (course) estágio *m*. **2** *vtr* (initiate) instituir, criar [*custom, rule, prize*]; estabelecer, organizar [*scheme*]; abrir [*inquiry*]; (**into** a); (found) fundar, constituir [*society*]; JUR intentar [*action*].
institution [ɪnstɪ'tjuːʃn] *n* a) POL, ADMIN instituição *f* (also fig); **b)** (hospital, college, prison) estabelecimento *m* hospitalar, de ensino, prisional; (old people's home) asilo *m*; (mental hospital) hospital *m* psiquiátrico; **financial** ~ organismo *m* financeiro; **c)** (of custom, rule, prize) instituição *f*.
institutional [ɪnstɪ'tjuːʃənl] *adj* a) [*structure, reform*] institucional; [*food, meals*] (in school) de internato; (in hospital) de hospital; **to be put in** ~ **care** [*child*] ser internado num asilo; **b)** COMM institucional.
instruct [ɪn'strʌkt] *vtr* a) (direct) instruir, dar instruções; **to** ~ **sb to do** [*superior, boss*] ordenar que alg faça; [*judge*] aconselhar alg a fazer;

b) (teach) ensinar; **to ~ sb in** [*subject, discipline, craft*] ensinar (qq coisa) a alg; **to ~ sb how to do** ensinar alg como se faz; **c)** GB JUR **to ~ a solicitor** contratar os serviços dum advogado.

instruction [ɪn'strʌk/n] *n* **a)** (directive) instrução *f* (**to** a); **to receive ~s** receber instruções; **b)** (teaching) ensino *m*; instrução *f*; **~ in** [*subject, discipline, skill*] formação em; **to give sb ~ in sth** ensinar algo a alg; **c)** (*pl* **instructions**); **~s for use** modo de utilização.

instruction manual *n* manual *m* de instruções.

instructive [ɪn'strʌktɪv] *adj* instrutivo,-a, educativo,-a.

instructor [ɪn'strʌktə(r)] *n* **a)** (trainer) (sports, driving, flying) monitor *m*; (military) instrutor *m*; [*craft*] um professor de; **b)** US (lecturer) ≈ assistente *m*.

instrument ['ɪnstrʊmənt] **1** *n* **a)** (tool, implement) instrumento *m*; **b)** MUS instrumento *m*; **to play an ~** tocar um instrumento; **c)** AVIAT, AUT instrumento *m*; **to fly on ~s** pilotar com o auxílio dos instrumentos/efectuar um voo cego. **2** *vtr* **a)** MUS orquestrar; **b)** IND equipar [*factory, machine*].

instrumental [ɪnstrʊ'mentl] **1** *n* GRAM caso *m* instrumental. **2 instrumentals** *npl* parte *f* instrumental. **3** *adj* **a)** **to be ~ in (doing) sth** contribuir para (fazer) qq coisa; **b)** [*work, music, version*] instrumental.

instrumentalist [ɪnstrʊ'mentəlɪst] *n* instrumentista *m/f*.

instrumentation [ɪnstrʊmen'teɪ/n] *n* instrumentação *f*.

insubordination [ɪnsəbɔːdɪ'neɪ/n] *n* insubordinação *f*.

insubstantial [ɪnsəb'stæn/l] *adj* [*helping, meal*] inconsistente, pouco substancial; (flimsy) [*building*] frágil, pouco sólido,-a; (unreal) irreal, imaterial [*evidence*]; insuficiente.

insufferable [ɪn'sʌfərəbl] *adj* [*heat, conditions*] insuportável; [*rudeness*] intolerável; **he is an ~ bore** ele é tremendamente chato (fam).

insufferably [ɪn'sʌfərəblɪ] *adv* **he's ~ rude** ele é extremamente indelicado.

insufficient [ɪnsə'fɪ/ənt] *adj* insuficiente.

insufficiently [ɪnsə'fɪ/əntlɪ] *adv* insuficientemente.

insular ['ɪnsjʊlə(r)] *adj* **a)** (pej) [*outlook, lifestyle*] estreito,-a, mesquinho,-a; **b)** GEOG insular.

insularity [ɪnsjʊ'lærɪtɪ] *n* estreiteza *f* de espírito; mesquinhez *f*.

insulate ['ɪnsjʊleɪt] **1** *vtr* **a)** (against cold, heat) isolar [*roof, room*] (**against** contra); (against noise) insonorizar; ELEC isolar; **b)** (fig) (protect) proteger (**from** de; **against** contra); (segregate) isolar, separar (**from, against** de). **2 insulating** *pres p adj* **~ tape** fita *f* isoladora.

insulation [ɪnsjʊ'leɪ/n] *n* **a)** (thermal) [*of house, room*] isolamento *m*; ELECT isolamento *m*; **b)** (material) isolante *m*.

insulator ['ɪnsjʊleɪtə(r)] *n* (gen) (substance, material) isolante *m*; ELECT isolador *m*.

insulin ['ɪnsjʊlɪn] *n* insulina *f*; **~ level** taxa *f* de insulina.

insult 1 ['ɪnsʌlt] *n* (remark) insulto *m*; injúria *f*; (action) afronta *f*; **to add ~ to injury** e para cúmulo do insulto. **2** [ɪn'sʌlt] *vtr* (verbally) insultar, injuriar; (by one's behaviour) insultar.

insulting [ɪn'sʌltɪŋ] *adj* insultuoso,-a, ofensivo,-a.

insuperable [ɪn'suːpərəbl] *adj* insuperável.

insurance [ɪn'ʃʊərəns] *n* **a)** (contract) seguro *m* (**against sth** contra qq coisa); **to take out ~ against sth** fazer seguro contra qq coisa; **the ~ runs out soon** a apólice de seguros expira brevemente; **fire ~** seguro contra incêndios; **b)** (sum for which sth is insured) **the ~ on the painting is £2000** o quadro está seguro em 2000 libras; **c)** (profession) **he works in ~** ele trabalha em seguros.

insurance: ~ agent *n* agente *m/f* de seguros; **~ company** *n* companhia *f* de seguros; seguradora *f*; **~ policy** *n* apólice *f* de seguros.

insure [ɪn'ʃʊə(r)] *vtr* **a)** fazer um seguro de [*baggage, person, property*]; **to ~ oneself** or **one's life** fazer um seguro de vida; **b)** (take precautions) **to ~ against disappointment, please book early** para evitar surpresas desagradáveis, é melhor marcar com antecedência; **c)** US see **ensure**.

insurgent [ɪn'sɜːdʒənt] *n, adj* insurrecto,-a.

insurmountable [ɪnsə'maʊntəbl] *adj* intransponível.

insurrection [ɪnsə'rek/n] *n* insurreição *f*.

intact [ɪn'tækt] *adj* intacto,-a; **to survive ~** sair ileso.

intake ['ɪnteɪk] *n* **a)** (of air, gas) entrada *f*; admissão *f* (**into** em); (of water) tomada *f* (**into** em); (of nutrients) (process) absorção *f*; ingestão *f* (**into** em); **there was a sharp ~ of breath** todo o mundo reteve subitamente a respiração; **b)** TECH (inlet) **air/fuel ~** admissão de ar/carburante; **c)** ADMIN, SCH (numbers enrolled) número *m* de inscrições; (recruits) ALSO MIL contingente *m*; **the new ~** SCH os novos alunos *mpl*.

intangible [ɪn'tændʒɪbl] **1** *n* imponderável *m*. **2** *adj* **a)** (undefinable) intangível; **b)** COMM incorpóreo,-a, imaterial.

integer ['ɪntɪdʒə(r)] *n* número *m* inteiro.

integral ['ɪntɪgrl] **1** *n* MATH integral *m*. **2** *adj* **a)** (intrinsic) [*part, feature*] integrante; **b)** MATH [*number*] integral.

integrate ['ɪntɪgreɪt] **1** *vtr* **a)** (absorb) integrar [*minority*] (**into sth** em qq coisa); incorporar [*individual, school, organization, region*] (**into sth** em qq coisa); **b)** (combine) integrar, incorporar [*companies, unions, system, theme*] (**with sth** a qq coisa); **c)** MATH integrar. **2** *vi* (mix) [*minority*] integrar-se (**with sth, into sth** em qq coisa).

integration [ɪntɪ'greɪ/n] *n* integração *f* (**into sth** em qq coisa; **with sth** a qq coisa).

integrity [ɪn'tegrɪtɪ] *n* integridade *f* (**of** de); **a man of ~** um homem íntegro.

intellect ['ɪntəlekt] *n* (intelligence) inteligência *f*; intelecto *m*.

intellectual [ɪntə'lektjʊəl] **1** *n* intelectual *m/f*. **2** *adj* intelectual.

intelligence [ɪn'telɪdʒəns] *n* **a)** inteligência *f*; **to be of low ~** ser pouco inteligente; **use your ~!** usa a inteligência!; **b)** (information) (gen) MIL informações *fpl*; (secret service) serviço *m* de informações.

intelligence ~ quotient *n* quociente *m* de inteligência; **~ test** *n* teste *m* de inteligência.

intelligent [ɪn'telɪdʒənt] *adj* inteligente.
intelligible [ɪn'telɪdʒɪbl] *n* inteligível (**to sb** para alg).
intemperate [ɪn'tempərət] *adj* **a)** [*remark, attack, language*] incontrolado,-a; **b)** [*weather*] rigoroso,-a.
intend [ɪn'tend] **1** *vtr* **a)** (have in mind) tencionar, planear [*outcome, result, marriage*]; **as I** ~**ed** como eu tencionava; **to fully** ~ **to do** ter a firme intenção de fazer; **b) to** ~ **sth to do sth: I never** ~**ed it to be a serious analysis** eu nunca pretendi que isso fosse uma análise séria; **to** ~ **sth for sb** (*often in passive*) destinar qq coisa a alg; **c) to** ~ **sb to do sth** pretender que alg faça qq coisa. **2 intending** *pres p adj* [*applicant, traveller*] potencial.
intended [ɪn'tendɪd] **1** *n* (dated *or* hum) her/his ~ o/a seu/sua prometido,-a. **2** *adj* **a)** (meant, desired) [*meaning, result, effect, insult*] desejado,-a, pretendido,-a; **b)** (planned) [*visit, purchase*] planeado,-a; [*output, conditions of use*] previsto,-a; **the** ~ **victim** a pessoa visada.
intense [ɪn'tens] *adj* **a)** [*activity, emotion, pain*] intenso,-a; [*satisfaction*] vivo,-a; **b)** (pej) [*person*] exaltado,-a, emotivo,-a.
intensely [ɪn'tenslɪ] *adv* [*curious, problematic*] extremamente; [*dislike, hate*] profundamente, intensamente.
intensify [ɪn'tensɪfaɪ] **1** *vtr* intensificar. **2** *vi* intensificar-se.
intensity [ɪn'tensɪtɪ] *n* intensidade *f* (**of** de).
intensive [ɪn'tensɪv] **1** *adj* intensivo,-a. **2** ~ (in compounds) com enorme intensidade de.
intensive care 1 *n* **to be in** ~ estar no serviço de cuidados intensivos. **2** *modif* ~ **unit** (emergencies) serviço *m* de reanimação; (for the seriously ill) serviço *m* de cuidados intensivos.
intent [ɪn'tent] **1** *n* **a)** (intention) intenção *f* (**to do** de fazer); **with** ~ [*act, say*] com intenção, intencionalmente; **b)** JUR (pertaining to crime) **with (criminal)** ~ [*act*] com intenção criminosa. **2** *adj* **a) to be** ~ **on doing** estar resolvido ou decidido a fazer; **b)** (absorbed) absorto,-a; **to be** ~ **on** [*work, activity*] estar absorvido por. IDIOMAS **to all** ~**s and purposes** para todos os efeitos.
intention [ɪn'tenʃn] *n* intenção *f* (**to do, of doing** de fazer); **it is our** ~ **to...**, **our** ~ **is to...** é nossa intenção... ou nós temos a intenção de...; **with good** ~**s** [*act*] com boas intenções.
intentional [ɪn'tenʃənl] *adj* [*action, insult*] intencional.
intentionally [ɪn'tenʃənəlɪ] *adv* [*act*] intencionalmente, de propósito; [*ambiguous*] deliberadamente.
intently [ɪn'tentlɪ] *adv* atentamente.
interact [ɪntər'ækt] *vi* **a)** [*phenomena*] interagir; **b) to** ~ **with sb** comunicar com alg; **c)** COMPUT dialogar.
interactive [ɪntər'æktɪv] *adj* (gen) COMPUT interactivo.
intercede [ɪntə'siːd] *vi* **a)** (plead) interceder (**with sb** junto de alg); **on sb's behalf** a/em favor de alg; **b)** (mediate) mediar, intervir como mediador (**between** entre).
intercept [ɪntə'sept] **1** *n* TELECOM, MATH US SPORT intercepção *f*. **2** *vtr* interceptar.

interceptor [ɪntə'septə(r)] *n* AVIAT interceptor *m*.
interchange 1 ['ɪntətʃeɪndʒ] *n* **a)** AUT nó *m* rodoviário em que os carros podem entrar ou sair da auto-estrada sem perturbar o fluxo de trânsito; **b)** (exchange) troca *f*. **2** [ɪntə'tʃeɪndʒ] *vtr* (exchange) trocar PO, transar BR; (change places of) substituir.
inter-city [ɪntə'sɪtɪ] **1** *n* TRANSP GB [*train*] intercidades *m*. **2** *adj* interurbano,-a.
intercom ['ɪntəkɒm] *n* telefone *m* interno; **over the** ~ pelo telefone interno.
interconnect [ɪntəkə'nekt] **1** *vtr* interligar [*parts*]. **2** *vi* [*component*] ligar-se, unir-se; [*room*] comunicar; COMPUT estar interligado.
intercourse ['ɪntəkɔːs] *n* (social) relações *fpl*; (sexual) relações *f* sexuais.
interest [ɪntrəst, ɪntrɪst] **1** *n* **a)** interesse *m* (**in** por); **to be of great/little/ no** ~ **to sb** ser de muito/pouco/nenhum interesse para alguém; **to hold no** ~ **for sb** apresentar pouco interesse por alguém; **we've had a lot of** ~ **from Europe** a Europa tem mostrado muito interesse por nós; **just for** ~ por prazer; **as a matter of** ~,... só por curiosidade...; **b)** (hobby, passion) centro *m* de interesse; **he has wide/limited** ~**s** ele interessa-se por muitas/por poucas coisas; **c)** (benefit) interesse *m*; **to look after one's own** ~**s** cuidar dos seus próprios interesses; **in the** ~**(s) of** (to promote) no interesse de [*peace, freedom*]; (out of concern for) no cuidado pela [*hygiene, justice*]; **it is in my (own)** ~ **to do** é do meu (próprio) interesse fazer; **I have an** ~ **in doing** é meu interesse fazer; **to have sb's best** ~ **at heart** querer o bem de alguém; **d)** (concern) interesse *m*; **e)** FIN, COMM (share) interesses *mpl*; participação *f* (**in** em); **business** ~**s** interesses comerciais; **majority/minority** ~ FIN participação maioritária/minoritária; **f)** (accrued monies) interesses *mpl*; juros *mpl*; **account paying/not paying** ~ conta remunerada/não remunerada. **2** *vtr* **a)** (provoke curiosity, enthusiasm) interessar (**in** em/por); **it may** ~ **you to know** pode-te interessar saber; **can I** ~ **you in buying some insurance for us?** posso aconselhá-lo a subscrever um seguro para nós?; **b)** (concern) preocupar.
interested ['ɪntrəstɪd, 'ɪntrɪstɪd] *adj* [*expression, onlooker*] interessado,-a; **to be** ~ **in** interessar-se por [*subject, activity*]; **I am** ~ **in doing** estou interessado em fazer; **we're just not** ~ isso não nos interessa; **to get sb** ~ **in** interessar alguém por [*chess, gardening*]; **the** ~ **parties** os interessados.
interesting ['ɪntrəstɪŋ, 'ɪntrɪstɪŋ] *adj* interessante.
interestingly ['ɪntrəstɪŋlɪ, 'ɪntrɪstɪŋlɪ] *adv* **a)** (worthy of note) de maneira interessante; (iron) curiosamente; ~ **enough...** o que é muito interessante,...; **b)** [*speak, write*] de maneira interessante.
interface ['ɪntəfeɪs] **1** *n* **a)** COMPUT interface *f*; **b)** TECH junção *f*. **2** *vtr* ligar PO, conectar BR (**to, with** a, com).
interfere [ɪntə'fɪə(r)] *vi* **a)** (in situation, relationship, sb's affairs) interferir, imiscuir-se, intrometer-se (**in** em); **he never** ~**s** ele nunca se

intromete; **b)** (hinder) **to** ~ **with sth** embaraçar, estorvar; **c)** PHYS interferir.

interference [ɪntə'fɪərəns] *n* **a)** (in situation, relationship) ingerência *f*; intromissão *f* **(in, with** em); **b)** PHYS interferência *f*; RADIO interferência *f*.

interfering [ɪntə'fɪərɪŋ] *adj* [*person, family*] intrometido,-a.

interim ['ɪntərɪm] **1** *n* interim *m*; **in the** ~ entrementes, nesse interim. **2** *adj* [*arrangement, measure, government*] provisório,-a; [*payment, loan*] intermédio,-a; [*post, employee*] interino,-a.

interior [ɪn'tɪərɪə(r)] **1** *n* **a)** (inside) interior *m*; **a Vermeer** ~ ART uma cena de interior de Vermeer; **b)** (of country, continent) interior *m*; **the Minister of the I~** o Ministro do Interior, o Ministro da Administração Interna. **2** *modif* **a)** [*wall, paintwork*] interior; CIN, TV [*shot*] em estúdio; **b)** [*motive, impulse*] íntimo,-a, interior.

interject [ɪntə'dʒekt] *vtr* lançar, meter de permeio [*word, comment*]; introduzir [*warning*].

interjection [ɪntə'dʒekʃn] *n* **a)** LING interjeição *f*; **b)** (interruption) interrupção *f*.

interlace [ɪntə'leɪs] *vtr* entrecruzar, entrelaçar.

interleave [ɪntə'li:v] *vtr* PRINT intercalar.

interlock [ɪntə'lɒk] **1** *n* TEX entrelaçamento *m*. **2** *vi* [*pipes, tiles*] encaixar-se; [*mechanisms*] engrenar-se; [*fingers*] entrelaçar-se.

interlude ['ɪntəlu:d, 'ɪntəlju:d] *n* **a)** THEAT entreacto *m*; **b)** MUS interlúdio *m*; **c)** (interval) intervalo *m*.

intermediary [ɪntə'mi:dɪərɪ] **1** *n* intermediário *m*. **2** *adj* intermediário,-a, intermédio,-a.

intermediate [ɪntə'mi:dʒət] **1** *n* (mediator) medianeiro *m*; mediador *m*. **2** *adj* **a)** [*stage*] intermédio,-a; **b)** SCH [*exam*] de dificuldade média; [*course*] de nível médio; **the** ~ **level** o segundo nível.

intermingle [ɪntə'mɪŋgl] *vi* [*people, themes, colours*] misturar-se **(with** com).

intermission [ɪntə'mɪʃn] *n* CIN, THEAT intervalo *m*.

intermittent [ɪntə'mɪtənt] *adj* [*noise, activity*] intermitente; [*use*] ocasional.

intern **1** ['ɪntɜ:n] *n* **a)** MED interno *m*; **b)** (gen) estagiário *m*. **2** [ɪn'tɜ:n] *vtr* MIL, POL internar.

internal [ɪn'tɜ:nl] *adj* **a)** [*mechanism*] interno,-a; [*pipe*] interior; **b)** ~ **bleeding** MED hemorragia *f* interna; ~ **examination** MED toque *m* rectal; **c)** (within organization) [*problem, dispute*] interno,-a; **d)** (within country) [*security*] interno,-a, nacional; [*flight*] doméstico; ~ **fighting** lutas *fpl* intestinas.

internally [ɪn'tɜ:nəlɪ] *adv* **a)** (on the inside) no interior; **"not to be taken ~"** MED "medicamento para uso externo"; **b)** (within organization) **we will recruit** ~ vamos fazer um recrutamento interno.

international [ɪntə'næʃənl] **1** *n* SPORT (fixture) competição *f* internacional; (player) internacional *m/f*. **2** *adj* internacional; ~ **waters** águas *fpl* internacionais.

internment ['ɪntɜ:nmənt] *n* MIL, POL internamento *m*.

interplay ['ɪntəpleɪ] *n* interacção *f* **(between** entre; **of** de).

interpose [ɪntə'pəʊz] *vtr* **a)** (insert) inserir, in-

terpor **(between** entre); **b)** (introduce) introduzir [*comment, remark*].

interpret [ɪn'tɜ:prɪt] *vtr* interpretar **(as** como; **to** para).

interpretation [ɪntɜ:prɪ'teɪʃn] *n* interpretação *f* **(by** por; **of** de); **open to** ~ sujeito a interpretação; **to place an** ~ **on sth** dar uma interpretação a qq coisa.

interpreter [ɪn'tɜ:prɪtə(r)] *n* **a)** intérprete *m/f*; **b)** COMPUT (machine) máquina *f* tradutora.

interrelate [ɪntərɪ'leɪt] **1** *vtr* pôr em correlação. **2** *vi* [*events, ideas*] estar interligado.

interrogate [ɪn'terəgeɪt] *vtr* interrogar.

interrogation [ɪntərə'geɪʃn] **1** *n* interrogatório *m* **under** ~ durante o interrogatório. **2** *modif* [*procedure, room*] de interrogatório.

interrogative [ɪntə'rɒgətɪv] **1** *n* LING interrogativo *m*; **in the** ~ na interrogativa. **2** *adj* **a)** LING interrogativo,-a; **b)** (gen) [*look, remark, tone*] interrogador.

interrupt [ɪntə'rʌpt] **1** *n* COMPUT interrupção *f*. **2** *vtr* **a)** (gen) interromper; **stop** ~**ing!** pára de interromper!; **b)** estorvar [*view*].

interruption [ɪntə'rʌpʃn] *n* interrupção *f*; **there are constant** ~**s** há interrupções constantes.

intersect [ɪntə'sekt] **1** *vtr* **a)** (gen) cruzar, atravessar; **b)** MATH interceptar. **2** *vi* **a)** [*roads, wires, ideas*] cruzar-se; **b)** MATH interceptar-se.

intersection [ɪntə'sekʃn] *n* (gen) MATH intersecção *f*.

intersperse [ɪntə'spɜ:s] *vtr* semear, entremear; ~**d with** entremeado de [*jokes, music*]; semeado de [*colour, flowers, trees*].

intertwine [ɪntə'twɑ.ɪn] **1** *vtr* entrelaçar [*fingers, threads*]. **2** *vi* [*bodies, fingers, threads*] entrelaçar-se; [*lives, destinies, themes*] entrecruzar-se; **intertwining branches** ramos entrelaçados.

interval ['ɪntəvl] *n* **a)** (period of time) intervalo *m*; **at regular** ~**s** a intervalos regulares; **they were positioned at** ~**s of 100 metres** *or* **at 100** ~**s** eles foram colocados a intervalos de 100 metros; **bright** ~**s** METEO períodos de boas abertas; **b)** MUS intervalo *m*.

intervene [ɪntə'vi:n] *vi* **a)** (take action) intervir; **to** ~ **on sb's behalf** intervir em favor de alg; **b)** (happen) **if nothing** ~**s** se nada acontecer entretanto; **10 years had** ~**d** passaram-se 10 anos.

intervention [ɪntə'venʃn] *n* intervenção *f*.

interview ['ɪntəvju:] **1** *n* **a)** (for job) entrevista *f* **(with** com); **b)** JOURN entrevista *f*. **2** *vtr* **a)** entrevistar [*candidate, celebrity*]; **b)** [*Police*] interrogar [*suspect*].

interviewer ['ɪntəvju:ə(r)] *n* entrevistador *m*.

intestate [ɪn'testət] *adj* JUR intestado.

intestinal [ɪn'testɪnl] *adj* intestinal.

intestine [ɪn'testɪn] *n* (often pl) intestino *m*.

intimacy ['ɪntɪməsɪ] **1** *n* **a)** (closeness) intimidade *f*; **b)** (euph) (sexual relations) relações *fpl* (sexuais). **2 intimacies** *npl* (words) familiaridades *fpl*.

intimate ['ɪntɪmət] **1** *n* amigo *m* íntimo Po, cupincha *m* BR. **2** *adj* **a)** (personal) [*biography, detail, diary, friend, secret, style*] íntimo,-a; [*belief, friendship*] profundo,-a; [*life*] privado,-a; **to be on** ~ **terms with sb** ser íntimo de alguém; **b)** [*relationship*] íntimo,-a; **to be** ~ **with sb** ter relações sexuais com alg; **c)** (cosy) [*atmosphere,* *restaurant*] íntimo,-a, aconchegado,-a; **d**) (close) [*bond, connection*] íntimo,-a, chegado,-a. **3** *vtr* **a**) (hint) dar a entender [*desires, wishes*]; **to ~ that...** dar a entender que...; **b**) (announce) anunciar [*content, composition, refusal*]; **to ~ that...** fazer saber que....

intimately ['ɪntɪmətlɪ] *adv* **a**) [*know*] intimamente; [*greet, speak, write*] de maneira familiar; **b**) (deeply) **to be ~ aware of sth** estar profundamente consciente de algo; **c**) [*connected, related*] intimamente; **to be ~ involved in/with sth** estar profundamente implicado em algo.

intimation [ɪntɪ'meɪ/n] *n* (hint) indicação *f*; indício *m*; **she gave me no ~ that she was leaving** ela não me deu o mínimo indício de que ia partir.

intimidate [ɪn'tɪmɪdeɪt] *vtr* intimidar; **to ~ sb doing sth** intimidar alg para que faça qq coisa.

intimidation [ɪntɪmɪ'deɪ/n] *n* intimidação *f* (**by** por; **of** de).

into ['ɪntə] *prep* **a**) (indicating change of location) [*put*] em; [*go*] para, a [*place*]; **to move sth ~ the shade** mudar algo para a sombra; **to go ~ town/~ the office** ir à cidade/ao escritório; **to go ~ bed** meter-se na cama; **b**) (indicating change of form) para ou em [*new shape, foreign currency, different language*]; **c**) (indicating duration) **~ the 18th century** até ao séc. XVIII; **well ~ the afternoon** pela tarde dentro; **d**) (indicating a point in a process) **we were well ~ 1988 when...** decorria o ano de 1988 quando...; **e**) (indicating direction) para; **to speak ~ the microphone** falar para o microfone; **f**) (keen on) fã *m*; **to be ~** ser fã de [*jazz, etc*]; **to be ~ drugs** drogar-se; **g**) (indicating impact) de encontro a, contra; **to run ~ sth** ir contra qq coisa; **h**) MATH **8 ~ 24 goes 3 times** *or* **is 3** 24 a dividir por 8 dá 3.

intolerable [ɪn'tɒlərəbl] *adj* [*behaviour, state*] intolerável; [*position, situation*] insuportável.

intolerance [ɪn'tɒlərəns] *n* (gen) MED intolerância *f* (**of, towards** para com; **to** a).

intolerant [ɪn'tɒlərənt] *adj* intolerante (**of, towards, with** para com).

intoxicate [ɪn'tɒksɪkeɪt] *vtr* **a**) (inebriate) embriagar, inebriar (**with** com); **b**) (poison) intoxicar (**with** com); **c**) (fig) excitar, exaltar.

intoxicating [ɪn'tɒksɪkeɪtɪŋ] *adj* **a**) (lit) [*drink*] alcoólico,-a; [*effect, substance*] tóxico,-a; [*perfume, smell*] inebriante; **b**) (fig) [*experience, sensation*] excitante.

intoxication [ɪntɒksɪ'keɪ/n] *n* **a**) (lit) embriaguez; **b**) MED intoxicação *f*.

intractable [ɪn'træktəbl] *adj* [*person, personality*] intratável; [*opinion*] inflexível; [*substance*] difícil de trabalhar; [*illness*] rebelde.

intransigence [ɪn'trænsɪdʒəns, ɪn'trænzɪdʒəns] *n* intransigência *f* (**about, over** sobre; **towards** para com).

intrepid [ɪn'trepɪd] *adj* intrépido,-a.

intricacy ['ɪntrɪkəsɪ] **1** *n* complexidade *f*. **2 intricacies** *npl* **a**) (of story) subtilezas *fpl*; **b**) (of law) meandros *mpl*.

intricate ['ɪntrɪkət] *adj* [*mechanism, pattern, task*] intricado,-a; [*problem, relationship, solution*] complexo,-a.

intrigue [ɪn'tri:g] **1** *n* (plotting) intriga *f*; **politi-**

cal **~** as intrigas políticas. **2** *vtr* (fascinate) intrigar.

intriguing [ɪn'tri:gɪŋ] *adj* [*person, smile*] fascinante; [*person, story*] intrigante.

intriguingly [ɪn'tri:gɪŋlɪ] *adv* **~ worded** formulado,-a de forma intrigante; **~, she said nothing** curiosamente, ela não disse nada.

intrinsic [ɪn'trɪnzɪk, ɪn'trɪnsɪk] *adj* intrínseco,-a (**to** a).

introduce [ɪntrə'dju:s] *vtr* **a**) (make known) apresentar [*person*] (**as** como); **he ~d me to Mozart** ele fez-me conhecer a obra de Mozart; **this book ~s to the subject** este livro apresenta--nos o assunto; **introducing Abigail Bond** CIN pela primeira vez no écran, Abigail Bond; **b**) (cause to enter) introduzir [*liquid, tube, needle*] (**into** em); introduzir [*character, theme*] (**into** em); **she tried to ~ the subject into the conversation** ela tentou abordar o assunto; **c**) (establish) estabelecer [*law, system, examination, reform*] (**into** em); **d**) (preface) introduzir [*talk, article, chapter*] (**with** com); **e**) (present for debate) apresentar [*bill, proposal*]; **f**) TV, RADIO apresentar [*programme*].

introduction [ɪntrə'dʌk/n] *n* **a**) (making known) apresentação *f*; **a letter of ~** uma carta de recomendação; **b**) (insertion) introdução *f* (**into** em); **c**) (establishing) (of system, reform) introdução *f* (**into** em); **this system is a recent ~** este sistema foi introduzido recentemente; **d**) (initiation) (to art, drugs) iniciação *f* (**to** em); **e**) (preface) (to speech, article, book) introdução *f* (**to** de); MUS prólogo *m*; **f**) (book) iniciação *f*; **"An I~ to English"** "Iniciação ao inglês"; **g**) (of bill, proposal) apresentação *f*.

introductory [ɪntrə'dʌktərɪ] *adj* **a**) [*speech, paragraph*] preliminar; **b**) COMM [*offer*] de lançamento.

introspective [ɪntrə'spektɪv] *adj* [*person*] introspectivo,-a; [*tendency*] para a/à introspecção.

introvert ['ɪntrəvɜ:t] *n* introvertido,-a *m, f*.

introverted [ɪntrə'vɜ:tɪd] *adj* introvertido,-a.

intrude [ɪn'tru:d] **1** *vtr* impor [*opinions*]. **2** *vi* **a**) (meddle, interfere) **to ~ into sb's affairs** imiscuir-se nos assuntos de alg; **b**) (encroach) **to ~ upon sb's privacy** intrometer-se na vida de alg.

intruder [ɪn'tru:də(r)] *n* (person, animal) intruso,-a *m, f*; **we were made to feel like ~s** fizeram-nos sentir que estávamos a mais.

intrusion [ɪn'tru:ʒn] *n* intrusão *f* (**into** em).

intrusive [ɪn'tru:sɪv] *adj* (indiscreet) indiscreto,-a; [*phone call, presence*] inoportuno,-a.

intuition [ɪntju:'ɪ/n] *n* intuição *f* (**about** acerca de); **to have an ~ that** ter a intuição que.

intuitive [ɪn'tju:ɪtɪv] *adj* intuitivo,-a.

inundate ['ɪnəndeɪt] *vtr* (lit) inundar; (fig) submergir.

inure [ɪ'njʊə(r)] *vtr* **to ~ sb to sth** habituar, acostumar alg a algo.

invade [ɪn'veɪd] *vtr* (lit, fig) invadir; **to ~ sb's privacy** invadir a privacidade de alg.

invalid[1] ['ɪnvəlɪd] **1** *n* enfermo *m*; ADMIN inválido *m*. **2** *modif* [*parent, relative*] doente, enfermo. **3** *vtr* **~ed out of the forces** aposentado ou reformado (por invalidez).

invalid[2] [ɪn'vælɪd] *adj* **a**) [*argument, claim, conclusion*] sem fundamento (válido); **b**) ADMIN,

JUR [*contract, marriage, will*] nulo,-a; [*passport, ticket*] caducado,-a.
invalidate [ɪn'vælɪdeɪt] *vtr* invalidar [*argument*]; anular [*claim*].
invaluable [ɪn'væljʊəbl] *adj* a) (useful) [*assistance, advice, experience*] inestimável; [*person, service*] precioso,-a; b) (priceless) [*jewel, painting*] incalculável.
invariable [ɪn'veərɪəbl] *adj* invariável.
invasion [ɪn'veɪʒn] *n* invasão *f*; ~ of (sb's) privacy invasão da privacidade (alheia).
invent [ɪn'vent] *vtr* inventar.
invention [ɪn'venʃn] *n* invenção *f*.
inventive [ɪn'ventɪv] *adj* inventivo,-a.
inventor [ɪn'ventə(r)] *n* inventor, a *m, f*.
inventory ['ɪnvəntərɪ] *n* (list) inventário *m*; MAINLY US (goods) "stock" *m* PO, estoque *m* BR; bens *mpl* inventariados.
inverse [ɪn'vɜːs, 'ɪnvɜːs] 1 *n* inverso *m*; contrário *m*. 2 *adj* inverso.
inversion [ɪn'vɜːʃn] *n* LING, MED, MUS inversão *f*.
invert [ɪn'vɜːt] *vtr* (reveres) inverter [*word order*].
invertebrate [ɪn'vɜːtɪbrət, ɪn'vɜːtɪbreɪt] *n, adj* invertebrado *m*.
inverted commas *npl* aspas *fpl*; **in** ~ entre aspas.
invest [ɪn'vest] 1 *vtr* a) investir (**in sth** em qq coisa); b) (commit) consagrar, empregar [*time, energy, resources*] (**in sth** em qq coisa); c) investir, empossar [*president*]; d) **to ~ sb with** investir alg de [*authority, rights*]. 2 *vi* a) FIN investir; **to ~ in shares** aplicar dinheiro em acções; b) **to ~ in** investir em, gastar dinheiro em [*equipment*].
investigate [ɪn'vestɪgeɪt] *vtr* a) (officially) investigar [*crime, case*]; instaurar um inquérito a [*person*]; b) (try out) experimentar [*restaurant*]; **it's worth investigating whether...** mais vale informarmo-nos se...; c) (study) examinar, estudar [*question, report*]; verificar [*allegation*]; sondar [*market*].
investigation [ɪnvestɪ'geɪʃn] *n* POLICE, SOCIOL (of person) investigação *f*; inquérito *m*; (**of, into sth** sobre qq coisa); COMM, MED, SCI estudo *m* (**of sth** de qq coisa); **the crime is still under** ~ o crime está ainda sob investigação; **he is under** ~ ele é objecto de inquérito; **on (further)** ~... depois de investigações mais detalhadas....
investigative [ɪn'vestɪgətɪv] *adj* [*method, journalism, reporting*] de investigação.
investigator [ɪn'vestɪgeɪtə(r)] *n* POLICE, JUR investigador *m*.
investiture [ɪn'vestɪtʃə(r)] *n* investidura *f*; posse *f*.
investment [ɪn'vestmənt] *n* a) FIN (gen) investimento *m*; b) (commitment) **a better** ~ **of one's time** uma melhor utilização do tempo; c) MIL cerco *m*.
investment trust *n* sociedade *f* de investimentos.
investor [ɪn'vestə(r)] *n* investidor *m* (**in sth** em qq coisa); (in shares) accionista *m/f*; **big/small** ~**s** grandes/pequenos investidores ou accionistas.

inveterate [ɪn'vetərət] *adj* inveterado,-a.
invidious [ɪn'vɪdɪəs] *adj* [*position*] desagradável; [*choice*] injusto,-a.
invigorate [ɪn'vɪgəreɪt] *vtr* revigorar.
invincible [ɪn'vɪnsɪbl] *adj* [*person, power*] invencível; (will) insuperável.
inviolate [ɪn'vɑɪələt] (formal) *adj* [*law*] inviolável; [*group, institution*] intocável.
invisible [ɪn'vɪzɪbl] *adj* invisível.
invitation [ɪnvɪ'teɪʃn] *n* a) (request, card) convite *m*; **send/accept/decline an** ~ enviar/aceitar/recusar um convite; b) (act of inviting) convite *m*; **by** ~ **only** entrada só por convite; **at sb's** ~ a convite de alg; c) **an** ~ **to tender** FIN uma adjudicação.
invite 1 ['ɪnvaɪt] *n* (coll) convite *m*. **2** [ɪn'vaɪt] *vtr* a) convidar [*person*]; **to** ~ **sb to a party/for a drink** convidar alg para uma festa/para tomar uma bebida PO/um drinque BR; **to** ~ **sb in/out** convidar alg para entrar/sair; **to** ~ **sb over** *or* **round (to one's house)** convidar alg para sua casa; **to be** ~**d back** (a second time) ser convidado de novo; (repaying hospitality) ser convidado por sua vez; b) (ask for) solicitar [*comments*]; **he** ~**d questions from the audience** ele convidou o público a fazer perguntas; c) procurar [*trouble*]; d) **to** ~ **a bid** FIN abrir concurso.
inviting [ɪn'vaɪtɪŋ] *adj* [*room*] acolhedor, a; [*smile*] atraente; [*meal*] convidativo,-a; [*prospect*] tentador, a.
invoice ['ɪnvɔɪs] **1** *n* factura *f*. **2** *vtr* enviar uma factura a [*person, company*]; **to** ~ **sb for sth** facturar algo a alg.
invoke [ɪn'vəʊk] *vtr* invocar [*God, law, right*]; esconjurar [*spirit, demon*].
involuntary [ɪn'vɒləntərɪ] *adj* involuntário,-a.
involve [ɪn'vɒlv] **1** *vtr* a) (entail) implicar, necessitar [*effort, travel*]; acarretar [*problems*]; **there is a lot of work** ~**d** há muito trabalho implicado; b) (cause to participate) (positive) implicar, participar [*person, group*]; (negative) implicar, envolver (**in** em); **to** ~ **sb in the** implicar alguém em algo; **to be** ~**d in sth** (positive) estar comprometido em algo, participar em algo [*business, project*]; (negative) estar metido em [*scandal, robbery, fight*]; **to be** ~**d in doing** estar ocupado em fazer; **to get** ~**d in/with sth** (positive) encontrar-se ocupado em algo; (negative) estar metido em algo; **it will** ~ **them in heavy expenditure** isso acarretar-lhes-á grandes despesas; c) (affect) envolver, implicar [*person, animal, vehicle*]; **our future is** ~**d** o nosso futuro está em jogo; d) (engross) [*film, play, book*] absorver, prender a atenção [*person, audience*]; **to be/get** ~**d in** estar/ficar absorvido em/por [*film, play, book, work*]; e) (get emotionally attached) **to be/get** ~**d with** estar/tornar-se muito ligado a [*patient, client*]; **you're too** ~**d to make a judgement** estás demasiado envolvido para poderes fazer um julgamento; f) (have relationship) **to get** ~**d with sb** comprometer-se com alguém. **2** *v refl* **to** ~ **oneself in/with sth** (participate) participar em [*project, task*].
involved [ɪn'vɒlvd] *adj* a) (complicated) [*explanation, problem*] complicado,-a; b) (affected) (depois de n) [*person, group*] afectado,-a; c) (implicated) (depois de n) [*person, group*] en-

volvido,-a; **d**) (necessary) (depois de n) [*expense, effort, problems*] inerente.

involvement [ɪn'vɒlvmənt] *n* **a**) (participation) (in activity, campaign, task) participação *f* (**in** em); (commitment) (in enterprise, politics) comprometimento *m* (**in** em); **b**) (connections) (with group, organization) ligações *fpl* (**with** com); (with person) relações *fpl*; privadas (**with** com); (sexual or romantic) relações *fpl* (**with** com); **c**) (relationship) relação *f*; compromisso *m*; **d**) (engrossment) (in film, book) grande interesse *m* (**in** em).

inward ['ɪnwəd] *adj* (inner) [*satisfaction*] pessoal; [*relief, calm*] interior.

iota [aɪ'əʊtə] *n* **a**) (lit) iota *m*; **b**) (fig) **not an** *or* **one ~ truth** nem uma ponta de verdade.

IOU [aɪəʊ'juː] *n* abrev = **I owe you** reconhecimento *m* de dívida; **an ~ for £500** um vale de 500 libras.

IQ [aɪ'kjuː] *n* abrev = **intelligence quotient** QI *m*.

IRA [aɪɑː'reɪ] *n* **a**) abrev = **Irish Republic Army** IRA *m* (Exército *m* Republicano da Irlanda); **b**) us abrev = **Individual Retirement Account** plano de reforma PO, aposentadoria BR individual.

Iran [ɪ'rɑːn] *pr n* Irão *m*.

Iranian [ɪ'reɪnɪən] *n, adj* iraniano,-a *m, f.*

Iraq [ɪ'rɑːk] *pr n* Iraque *m.*

irate [aɪ'reɪt] *adj* irado,-a (**about** em relação a).

Ireland ['aɪələnd] *pr n* Irlanda *f*; **the Republic of ~** a República da Irlanda.

Irish ['aɪrɪʃ] **1** *n* Ling irlandês *m*; **the ~** (people) os Irlandeses *mpl*. **2** *adj* irlandês,-esa.

Irishman ['aɪrɪʃmən] *n* irlandês *m.*

irish: I~ Republic *n* the **I~ Republic** a República da Irlanda; **I~ sea** *n* the **I~ sea** o mar da Irlanda.

Irishwoman ['aɪrɪʃwʊmən] *n* irlandesa *f.*

irksome ['ɜːksəm] *adj* enfadonho,-a.

iron ['aɪən] **1** *n* **a**) (metal) ferro *m*; **old** *or* **scrap ~** sucata *f*; **a will of ~** (fig) uma vontade de ferro; **b**) (for clothes) ferro *m* de engomar; **to run the ~ over sth** *or* **to give sth an ~** dar uma engomadela a qq coisa; **c**) (golf) ferro *m*; **d**) (splint) tala *f*. **2 irons** *npl* (*also* **leg-~s**) grilhões *mpl*; grilhetas *fpl*; **to put sb in ~s** pôr alg a ferros. **3** *modif* **a**) (lit) [*bar, railing*] em ferro; **b**) (fig) [*constitution, grip, will*] de ferro. **4** *vtr* passar a ferro, engomar [*clothes*]. IDIOMAS **to have a lot of/too many ~s in the fire** ter muitos/demasiados assuntos entre mãos; **to strike while the ~ is hot** malhar o ferro enquanto está quente.

Iron Curtain *n* the **~** Hist, Pol a Cortina *f* de Ferro.

ironic(al) [aɪ'rɒnɪk(l)] *adj* irónico,-a.

ironically [aɪ'rɒnɪklɪ] *adv* ironicamente; **~, she...** a ironia foi que ela...

ironing ['aɪənɪŋ] *n* passagem *f* da roupa a ferro.

ironing board *n* tábua *f* de engomar.

ironmonger ['aɪənmʌŋgə(r)] *n* comerciante *m/f* de ferragens e ferramentas; **~'s (shop)** loja *f* de ferragens.

iron ore *n* minério *m* de ferro.

irony ['aɪrənɪ] *n* ironia *f.*

irradiate [ɪ'reɪdɪeɪt] *vtr* **a**) Med, Nucl irradiar;

b) (liter) (*usu in passive*) (with light) iluminar; (with emotion) inundar.

irradiation [ɪreɪdɪ'eɪʃn] *n* Nucl, Med irradiação *f*; radiação *f.*

irrational [ɪ'ræʃnl] *adj* irracional; **she has become quite ~** ela perdeu o sentido das proporções.

irrationally [ɪ'ræʃənəlɪ] *adv* [*act*] irracionalmente; [*angry, happy*] de forma absurda.

irreconcilable [ɪ'rekənsaɪləbl] *adj* [*opponents*] irreconciliável (**with** com); [*ideas*] incompatível (**with** com); [*conflict*] inconciliável.

irrecoverable [ɪrɪ'kʌvərəbl] *adj* [*object*] irrecuperável; [*loss*] irreparável; Fin [*debt*] irrecuperável.

irregular [ɪ'regjʊlə(r)] **1** *n* irregular *m*. **2** *adj* **a**) (gen) Ling irregular; **to keep ~ hours** ter um horário irregular; **to lead an ~ life** levar uma vida desregrada; **b**) (merchandise) com pequeno defeito.

irregularity [ɪregjʊ'lærɪtɪ] *n* irregularidade *f.*

irrelevance [ɪ'reləvəns], **irrelevancy** [ɪ'reləvənsɪ] *n* **a**) (of fact, remark, question) irrelevância *f*; **b**) (unimportant thing) **to be an ~** ser irrelevante.

irrelevant [ɪ'relɪvənt] *adj* **a**) (unconnected) [*remark*] despropositado,-a; [*facts*] alheio,-a, estranho,-a; **to be ~ to sth** não ter nada a ver com qq coisa; **b**) (unimportant) **the money's ~** o dinheiro é irrelevante.

irremediable [ɪrɪ'miːdɪəbl] (formal) *adj* [*harm, loss*] irremediável; [*fault*] incorrigível.

irreparable [ɪ'repərəbl] *adj* irreparável.

irreplaceable [ɪrɪ'pleɪsəbl] *adj* insubstituível.

irrepressible [ɪrɪ'presɪbl] *adj* [*high spirits*] irreprimível; **he's (absolutely) ~!** ele está (absolutamente) incontrolável!

irreproachable [ɪrɪ'prəʊtʃəbl] *adj* irrepreensível.

irresistible [ɪrɪ'zɪstɪbl] *adj* irresistível.

irresolute [ɪ'rezəluːt, ɪ'rezəljuːt] *adj* irresoluto,-a, indeciso,-a.

irresponsible [ɪrɪ'spɒnsɪbl] *adj* [*behaviour, remark*] irresponsável.

irresponsibly [ɪrɪ'spɒnsɪblɪ] *adv* irresponsavelmente.

irretrievable [ɪrɪ'triːvəbl] *adj* [*loss, harm*] irremediável, irreparável.

irreverent [ɪ'revərənt] *adj* irreverente.

irreversible [ɪrɪ'vɜːsɪbl] *adj* irreversível [*disease*]; incurável.

irrevocable [ɪ'revəkəbl] *adj* irrevogável.

irrigation [ɪrɪ'geɪʃn] *n* Agric, Med irrigação *f*; **to be under ~** ser irrigado.

irritability [ɪrɪtə'bɪlɪtɪ] *n* irritabilidade *f.*

irritable ['ɪrɪtəbl] *adj* irritável.

irritant ['ɪrɪtənt] *n, adj* irritante.

irritate ['ɪrɪteɪt] *vtr* (gen) Med irritar.

irritating ['ɪrɪteɪtɪŋ] *adj* (gen) Med irritante.

is [ɪz] see **be**.

Islam ['ɪzlɑːm, 'ɪzlæm, ɪz'lɑːm] *n* **a**) (religion) islamismo *m*; **b**) (Muslims) Islão *m.*

Islamic [ɪz'læmɪk] *adj* islâmico,-a.

island ['aɪlənd] **1** *n* **a**) ilha *f*; (small) ilhota *f*; **no man is an ~** ninguém vive isolado; **b**) **traffic ~** Transp refúgio *m* para peões (no meio de uma rua). **2** *modif* (of particular island) da ilha; (of

islands generally) das ilhas; **an ~ community** uma comunidade insular; **the ~ community** os ilhéus.
islander ['ɑɪləndə(r)] *n* ilhéu *m*.
isle [ɑɪl] *n* **a)** (liter) ilha *f*; **b) I~ of Man** GEOG ilha de Man.
islet ['ɑɪlɪt] *n* (lit) ilhota *f*.
ism [ɪzm] *n* (pej) doutrina *f*.
isn't ['ɪznt] = **is not.**
isobar ['ɑɪsəbɑ:(r)] *n* linha *f* isobárica.
isolate ['ɑɪsəleɪt] *vtr* isolar (**from** de).
isolation [ɑɪsə'leɪʃn] *n* isolamento *m*; **in ~** isolado, em reclusão.
isomorphic [ɑɪsə'mɔ:fɪk] *adj* CHEM, MATH, BIOL isomórfico,-a, isomorfo,-a.
isosceles [ɑɪ'ɒsəli:z] *adj* isósceles.
Israel ['ɪzreɪl] *pr n* Israel; (never with article) **in ~** em Israel.
Israeli [ɪz'reɪlɪ] *n, adj* israelita *m/f*.
Israelite ['ɪzrɪəlɑɪt] *n* israelita *m/f*.
issue ['ɪʃu:, 'ɪsju:] **1** *n* **a)** (topic for discussion) questão *f*; problema *m* (**of** de); **to make an ~ (out) of sth** fazer uma questão de qq coisa; **the point at sth** o que está em causa; **to take ~ with sb (about** *or* **over sth)** não concordar com alg (sobre qq coisa); **b)** (allocation) (of supplies) distribuição *f*; (of document) emissão *f*; (official release) (of stamps, shares) emissão *f*; (of book) publicação *f*; **d)** (of newspaper, magazine, journal) número *m*; **back ~** número atrasado; **e)** (flowing out) (of liquid) fluxo *m*; **f)** (outcome) resultado *m*; **g)** JUR (offspring) descendência *f*; **without ~** sem deixar descendência. **2** *vtr* **a)** (allocate) distribuir [*book, food, arms*]; **to ~ sb with sth** fornecer qq coisa a alg; **to be ~d with sth** receber qq coisa; **b)** (make public) tornar público [*declaration, order, warning, statement*]; **c)** (release officially) emitir [*stamps, shares*]; **d)** (publish) publicar. **3** *vi* (flow out) **to ~ from sth** [*liquid*] correr de qq coisa; [*gas*] emanar de qq coisa; [*shouts, laughter, insults*] provir de qq coisa, brotar de qq coisa.
isthmus ['ɪsməs, 'ɪsθməs] *n* istmo *m*.
it [ɪt] *pron* **a)** (in questions) **who is ~?** quem é?; **~'s me** sou eu; **where is ~?** (of object) onde está?; (of place) onde é?; **what is ~?** (of object, noise etc) o que é?; (what's happening) que se passa? que é que aconteceu?; **b)** GAMES **you're ~!** és tu a apanhar!. **IDIOMAS I didn't have ~ in me to refuse** não· tive lata para recusar; **the worst of ~ is that** o pior de tudo é que; **that's ~!** (in triumph) é isso mesmo!; (in anger) basta! chega!.
Italian [ɪ'tæljən] **1** *n* **a)** (person) italiano,-a *m, f*; **b)** (Ling) italiano *m*. **2** *adj* italiano,-a.

italic [ɪ'tælɪk] **1** *adj* itálico,-a. **2 italics** *npl* itálico *m*; **in ~s** em itálico.
italicize [ɪ'tælɪsɑɪz] *vtr* PRINT imprimir em itálico; **this word is ~d** esta palavra está em itálico.
Italy ['ɪtəlɪ] *pr n* Itália *f*.
itch [ɪtʃ] **1** *n* **a)** (physical) comichão *f*; **to relieve an ~** aliviar a comichão; MED **the ~** a sarna; **b)** (coll) (hankering) ânsia *f* **I had an ~ to travel** eu tinha um enorme desejo de viajar. **2** *vtr* (coll) coçar. **3** *vi* **a)** (physically) sentir comichão; **my back is ~ing** tenho comichão nas costas; **b)** (coll) **he was ~ing for a fighting** ele estava desejoso de molhar a sopa (fam).
itchy ['ɪtʃɪ] (coll) *adj* **I feel ~ all over** estou cheio de comichão. **IDIOMAS** (coll) **to have ~ feet** ter bicho carpinteiro (fam).
item ['ɑɪtəm] **1** *n* **a)** (gen) COMPUT artigo *m*; **luxury ~** artigo de luxo; **an ~ of furniture** uma peça *f* de mobiliário; **~s of clothing** peças *fpl* de vestuário; **b)** ADMIN, POL ponto *m*; **an ~ on the agenda** um ponto da ordem do dia; **I~ 9** ponto 9; **c)** JOURN, TV artigo *m* (**about** sobre); **news ~** artigo *m*; **the main ~** TV o título principal, a manchete; **d)** MUS peça *f*; (in show) número *m*; **e)** LING item *m*. **2** (formal) *adv* (when listing) idem, da mesma forma.
itinerant [ɪ'tɪnərənt, ɑɪ'tɪnərənt] *adj* [*life, preacher, worker*] itinerante; [*tribe*] nómada PO, nômade BR.
itinerary [ɑɪ'tɪnərɑrɪ, ɪ'tɪnərərɪ] *n* itinerário *m*.
its [ɪts] **1** *poss adj* seu *m*; sua *f*; seus *mpl*; suas *fpl*. **2** *poss pron* o seu, a sua, os seus, as suas.
it's [ɪts] = **it is**; = **it has.**
itself [ɪt'self] *pron* **a)** (refl) se; **b)** (emphatic) ele mesmo, ela mesma; **the house ~ was pretty** a própria casa era bonita; **he was kindness ~** ele era a bondade personificada; **c)** (after prepositions) **the library is a fine building in ~** a biblioteca é em si mesma um belo edifício; **the heating comes on by ~** o aquecimento põe-se a funcionar sozinho.
ITV [ɑɪti:vi:] *n* IN GB abrev = **Independent Television** canal privado de televisão.
I've [ɑɪv] = **I have.**
ivory ['ɑɪvərɪ] **1** *n* marfim *m*; (slang) (piano keys) teclas *fpl* de piano; **to tickle the ivories** tocar piano. **2** *adj* [*skin, complexion*] ebúrneo,-a.
ivory: I~ Coast *n* **the I~ Coast** a Costa do Marfim; **~ tower** *n* torre *f* de marfim.
ivy ['ɑɪvɪ] *n* hera *f*.

Jj

j, J [dʒeɪ] *n* j, J *m*.
jab [dʒæb] **1** *n* MED picadela *f*; BOX soco *m*; murro *m*. **2** *vtr* (poke) espetar (**into sth** em qq coisa). **3** *vi* BOX socar (**at sb** alg); **to ~ at sth** espetar o dedo sobre qq coisa [*map, page*]; matraquear freneticamente sobre qq coisa [*keyboard*] (fam).
jabber [dʒæbə(r)] **1** *vtr* taramelar [*words*]; gaguejar, tartamudear [*excuse*]. **2** *vi* (chatter) tagarelar; (in foreign language) arranhar (fam).
jack [dʒæk] *n* **a)** (crank for car, etc) macaco *m*; **b)** (in cards) valete *m* (**of** de); **c)** (in bowls) bola *f* branca. IDIOMAS **an "I'm all right, J~"** attitude uma atitude egoísta; **every man ~ (of them)** todos (sem excepção); **to be (a) ~ of all trades (master of none)** ser um homem dos sete ofícios.
jack: **~ass** *n* (lit, fig) burro *m*; **~daw** *n* gralha *f*.
jacket [dʒækɪt] **1** *n* **a)** (garment) casaco *m* curto; blusão *m*; (short) jaqueta *f*; **b)** US (of record) invólucro *m*; capa *f*. **2** *modif* **a)** [*sleeve, pocket*] de blusão; **b)** [*illustration, design*] de sobrecapa.
jack: **J~ Frost** *n* o Sr. Inverno *m*; **~-in-the-box** *n* caixinha *f* de surpresas; **~knife 1** *n* (knife) navalha *f*. **2** *vi* [*lorry*] dobrar-se ao meio; **~pot** *n* jackpot *m*; sorte *f* grande. IDIOMAS **to hit the ~pot** (win prize) ganhar a sorte grande; (have great success) ter um grande sucesso.
Jacobean [dʒækə'biːən] *adj* relativo ao reinado de Jaime I de Inglaterra.
jade [dʒeɪd] *n* **a)** (stone) jade *m*; **b)** (~-green) cor *f* de jade.
jagged [dʒægɪd] *adj* recortado,-a, denteado,-a; **a ~ tear** um rasgão em ziguezague.
jail [dʒeɪl] **1** *n* prisão *f*; **to be in/go to ~** estar na/ ir para a prisão; **sentenced to 14 days in ~** condenado a 14 dias de prisão. **2** *modif* **~ sentence** pena *f* de prisão. **3** *vtr* (*usu in passive*) encarcerar; **~ed for life** condenado a prisão perpétua.
jail: **~bird** (coll) *n* presidiário *m*; **~break** *n* evasão *f*; **~er** (dated) *n* carcereiro *m*.
jam [dʒæm] **1** *n* **a)** CULIN compota *f*; **b)** (congestion) (of people) aperto *m*; (of traffic) engarrafamento *m*; **c)** (failure, blockage of machine, system) bloqueio *m*; **d)** (coll) (difficult situation) apuro *m*. **2** *modif* CULIN [*tart, puff, roll*] de compota. **3** *vtr* (*pres p etc* **-mm-**) **a)** (stuff, pile) **to ~ things into (sth)** acumular coisas em [*small space, suitcase, box*]; **to ~ one's hat on** enterrar o chapéu na cabeça; **b)** (fix firmly, wedge) apertar; **I was ~med between the wall and the door** eu estava entalado entre a porta e a parede; **c)** (*also ~ up*) (crowd, fill up) **to be ~med (solid) with sth, to be ~med full of sth** (room, entrance, shelf) estar atravancado com qq coisa [*people, books, objects*]; **d)** (*also ~ up*) (block) [*dirt, malfunction, person*] emperrar [*mechanism*]; encravar [*lock, door, window, system*]; **e)**

RADIO, TELECOM fazer interferências em [*frequency, transmission*]. **4** *vi* (*pres p etc* **-mm-**) **a)** (be tightly packed) comprimir-se; **b)** (become stuck) [*mechanism, switch, lever*] ficar preso; [*lock, door, window*] encravar-se; **c)** MUS fazer improvisações, improvisar. IDIOMAS (coll) (coll) **you want ~ on it!** GB que mais queres?.
Jamaica [dʒə'meɪkə] *pr n* Jamaica *f*.
jamb [dʒæm] *n* (of doorway, window) ombreira *f*.
jam jar, jam pot *n* frasco *m* de compota.
jammy [dʒæmɪ] *adj* **a)** (coll) [*person*] felizardo,-a; **b)** (lit) [*fingers, face*] cheio de compota.
jam-packed, jam-full *adj* a abarrotar; **to be jam-full of** *or* **jam-packed with sth** estar a abarrotar de qq coisa.
Jan abrev = **January**.
jangle [dʒæŋgl] **1** *n* (of bell, pots) ruído *m*; (of alarm) barulho *m* estridente; (of keys) tilintar *m*. **2** *vtr* fazer tocar de forma estridente [*bell*]; fazer tilintar [*keys*]. **3** *vi* [*bell, pots*] tocar de forma estridente; [*keys*] tilintar.
janitor [dʒænɪtə(r)] *n* **a)** (caretaker) SCOT, US encarregado *m*; guarda *m*; **b)** (poster) US porteiro *m*.
January [dʒænjʊərɪ] *n* Janeiro *m*.
Japan [dʒə'pæn] *pr n* Japão *m*; **in ~** no Japão.
Japanese [dʒæpə'niːz] **1** *n* **a)** (native) japonês *m*; **b)** (language) japonês *m*. **2** *adj* [*culture, industry*] japonês,-esa, nipónico,-a; [*embassy*] do Japão.
jar [dʒɑ(r)] **1** *n* **a)** (gen) frasco *m*; (earthenware) jarro *m*; **b)** (jolt) (lit, fig) choque *m*. **2** *vtr* (give shock to) (lit, fig) abalar, sacudir [*person, structure, building*]. **3** *vi* **a)** (make discordant noise) [*instrument, music, voice*] fazer um som estridente; (rattle) [*windows*] tremer; **b)** (clash) [*colours, note*] destoar; [*ideas, opinions*] entrechocar-se; [*comments, criticism*] ser deslocado.
jargon [dʒɑːgən] *n* calão *m*.
jasmine [dʒæsmɪn, dʒæzmɪn] *n* jasmim *m*.
jaundice [dʒɔːdɪs] **1** *n* ictericía *f*. **2** **jaundiced** *adj* [*attitude, opinion, remark*] negativo; **to look on sth with a ~ eye** olhar as coisas pelo lado negativo.
jaunt [dʒɔːnt] *n* passeio *m*; **to go for a ~** dar um passeio.
jaunty [dʒɔːntɪ] *adj* [*person, appearance*] jovial, vivo.
Java [dʒɑːvə] *pr n* Java *f*.
javelin [dʒævəlɪn, dʒævlɪn] *n* dardo *m*; **the ~** o lançamento do dardo.
jaw [dʒɔː] **1** *n* (~ bone) maxilar *m*. **2 jaws** *npl* (mouth) mandíbulas *fpl*; maxilares *mpl*; (of tool) pinças *fpl*; tenazes *fpl*; **the ~s of death** (lit) as garras da morte.
jay [dʒeɪ] *n* gaio *m*.
jaywalker [dʒeɪwɔːkə(r)] *n* pessoa que atravessa a rua em qq sítio.

jazz [dʒæz] *n* Mus jazz *m*; (coll) **and all that ~** (stuff) e toda essa tralha (fam). ■ **jazz up** (coll) **to ~ up (sth), to ~ (sth) up** (liven up) renovar [*dress, outfit*]; tornar mais alegre [*room, decor*]; reanimar [*party, atmosphere*]; fazer uma versão moderna de [*classics, old tune*].

jealous ['dʒeləs] *adj* invejoso,-a, ciumento,-a (**of** de); **to feel ~** ter ou sentir inveja/ciúme.

jealously ['dʒeləslɪ] *adv* com inveja ou ciúmes.

jealousy ['dʒeləsɪ] *n* inveja *f*; ciúme *m*; **his petty jealousies** os seus ciúmes tolos (fam).

jean [dʒiːn] *n* cotim *m*; ganga *f*.

jeans *npl* **blue ~** calças *fpl* de ganga azul.

jeer [dʒɪə(r)] **1** *n* (*usu in pl*) (from crowd) apupos *mpl*; (from person) chacota *f*. **2** *vtr* vaiar, apupar. **3** *vi* ridicularizar, fazer chacota.

Jehovah [dʒiːˈhəʊvə] *pr n* Jeová *m*.

jelly ['dʒelɪ] **1** *n* Culin geleia *f* doce ou salgada. **2** *modif* **~ baby** bombom *m* gelatinoso; **~ bean** bombom *m* com recheio de gelatina. **IDIOMAS to shake like a ~** tremer que nem uma gelatina.

jellyfish *n* alforreca *f*.

jemmy ['dʒemɪ] *n* GB pé-de-cabra *m*.

jeopardize ['dʒepədɑ.ɪz] *vtr* arriscar, pôr em perigo, comprometer.

jeopardy ['dʒepədɪ] (formal) *n* **to be/put in ~** estar/pôr em perigo.

jerk [dʒɜːk] **1** *n* **a)** (pull, jolt) (gen) solavanco *m*; sacudidela *f* Po, sacudida *f* Br; (twitch) (of muscle, limb) movimento *m* brusco; **b)** (slang) US (pej) (stupid person) cretino *m*; idiota *m/f*. **2** *vtr* fazer um movimento brusco. **3** *vi* **a)** (*also ~* **along**) [*vehicle*] dar um solavanco; **b)** (twitch) [*person, limb, muscle*] estremecer. ■ **jerk away** [*person*] afastar-se bruscamente. ■ **jerk out: to ~ out (sth), to ~ (sth) out a)** (stammer) gaguejar [*reply, excuse, apology*]; **b)** (pull out) tirar bruscamente [*gun, knife, etc*].

jerky ['dʒɜːkɪ] *adj* [*movement*] brusco,-a, sacudido,-a.

jerry-built *adj* construído à pressa.

jersey ['dʒɜːzɪ] *n* **a)** (sweater) camisola *f* de malha; **b)** (fabric) jersey.

jest [dʒest] **1** (arch, lit or hum) *n* brincadeira *f*; gracejo *m*; **in ~** de brincadeira. **2** *vi* gracejar, brincar. **IDIOMAS many a true word is spoken in ~** (Prov) a brincar se dizem as verdades.

jester ['dʒestə(r)] *n* bobo *m*; palhaço *m*; brincalhão *m*.

Jesuit ['dʒezjʊɪt] *n, adj* jesuíta *m*.

Jesus ['dʒiːzəs] *pr n* Jesus *m*; **~ Christ** Jesus Cristo.

jet [dʒet] **1** *n* **a)** (~ plane) jacto *m*; **b)** (of stream, water, plane) jacto *m*; jorro *m*; esguicho *m*; **c)** (on gas ring) queimador *m*; **d)** (stone) azeviche *m*. **2** *vi* **to ~ off to the United States** ir de avião para os Estados Unidos.

jet: ~-black *adj* [*hair, eyes*] negro de azeviche; **~ engine** *n* reactor *m*; **~-fighter** *n* avião *m* de caça a jacto; **~lag** *n* cansaço *m* provocado por um desfasamento horário; **~-propelled** *adj* de propulsão a jacto.

jetsam ['dʒetsəm] *n* see **flotsam**.

jettison ['dʒetɪsən] *vtr* **a)** (from ship) deitar pela borda fora; (from plane) alijar; **b)** (discard, reject) desembaraçar-se de [*old clothes, etc*]; **c)** (fig) rejeitar [*idea, theory*]; abandonar [*hopes, principles*].

jetty ['dʒetɪ] *n* molhe *m*; desembarcadouro *m*.

Jew [dʒuː] *n* judeu *m*.

jewel ['dʒuːəl] *n* **a)** (gen) pedra *f* preciosa; (piece of jewellery) jóia *f*; (in watch) rubi *m*; **b)** (fig) (person) jóia *f*.

jeweller GB, **jeweler** US ['dʒuːələ(r)] *n* joalheiro *m*; **~'s (shop)** joalharia *f*.

jewellery GB, **jewelry** US ['dʒuːəlrɪ] *n* jóias *fpl*.

Jewess ['dʒuːɪs] *n* judia *f*.

Jewish ['dʒuːɪʃ] *adj* judeu.

jib [dʒɪb] **1** *n* Naut bujarrona *f*; (of crane) lança *f* de guindaste. **2** *vi* [*person*] mostrar relutância (**at sth** em relação a qq coisa; **at doing** em fazer); [*horse*] recuar, recusar-se a andar.

jiff(y) ['dʒɪfɪ] (coll) *n* segundo *m*; **I'll be with you in (half a) ~** estarei contigo num instante.

jig [dʒɪg] **1** *n* Mus jiga *f*; **to dance** *or* **do a ~** dançar uma jiga; (coll). **2** *vi* **to ~ (about** *or* **around)** agitar-se. **3** *vtr* sacudir, agitar [*feet*].

jiggle ['dʒɪgl] **1** *vtr* agitar, sacudir. **2** *vi* (*also ~* **about, ~ around**) agitar-se, bambolear-se.

jigsaw ['dʒɪgsɔː] *n* **a)** serra *f* de vaivém; **b)** **~ (puzzle)** puzzle *m*; quebra-cabeças *m*.

jilt [dʒɪlt] *vtr* abandonar, deixar.

jingle ['dʒɪŋgl] **1** *n* **a)** (of bells, coins) tilintar *m*; **b)** (verse) aliteração *f*; **c)** (*also* **advertising ~**) jingle *m*. **2** *vtr* fazer tilintar. **3** *vi* [*bells*] tocar, tinir; [*keys, coins*] tilintar.

jingoism [dʒɪŋgəʊɪzm] *n* (pej) chauvinismo *m*; xenofobia *f*.

jinx [dʒɪŋks] **1** *n* **a)** (curse) praga *f*; **there's a ~ on this house** esta casa tem mau olhado; **to put a ~ on sb/sth** rogar uma praga a alg/algo; **b)** (person, object) pessoa *f* ou coisa *f* que traz azar Po/que seca Br. **2** *vtr* dar azar a [*person*]; deitar mau olhado a [*house, place*].

jitter ['dʒɪtə(r)] **~s** *npl* Econ, Pol grande agitação *f*; **to have the ~** (gen) estar nervoso; **to give sb the ~** enervar alg.

jittery ['dʒɪtərɪ] *adj* nervoso,-a.

Job [dʒəʊb] *pr n* Bible Job. **IDIOMAS to have the patience of ~** ter paciência de Job.

job [dʒɒb] **1** *n* **a)** (post, position) emprego *m*; trabalho *m*; **a ~ in an office** emprego num escritório; **what's her ~?** em que é que ela trabalha? ou o que é que ela faz?; **to have a ~ as a secretary** trabalhar como secretária; **to be out of a ~** estar sem emprego ou estar desempregado; **b)** (duty, responsibility) função *f*; dever *m*; **she's only doing her ~** ela não faz mais que a sua obrigação; **c)** (project, assignment for team, company) projecto *m*; **the next ~ is to convince him** a próxima tarefa é convencê-lo; **d)** (result of work) **a good/poor ~** um bom/mau trabalho; **to do a lovely ~** fazer um excelente trabalho; **e)** (coll) (difficult activity) **a real ~, quite a ~** um trabalho dos diabos (fam); um bico de obra (fam) (**to do, doing** para fazer); **f)** (coll) (crime, theft) trabalho *m* (fam); golpe *m*. **2** *modif* [*advert, offer, title, search*] de emprego ou de trabalho. **IDIOMAS it's good ~ that...** ainda bem que...; **~s for the boys** cunhas para os amigos; **just the ~** mesmo o que faltava; **on the ~** (working) a trabalhar; **to lie down** *or* **fall asleep on the ~** dormir em serviço; **to make the best of a bad ~** tirar o melhor partido da situação.

job: ~ lot *n* **a)** (at auction) lote *m*; **b)** (fig) (collection) colecção *f*; ~ **satisfaction** *n* satisfação *f* profissional; ~ **sharing** *n* partilha *f* de trabalho.

jockey [ˈdʒɒkɪ] **1** *n* jóquei *m*. **2** *vtr* to ~ **sb into doing sth** conseguir ardilosamente que alg faça qq coisa. **3** *vi* to ~ **for position** fazer tudo para obter vantagem; **politicians ~ing for power** os políticos empenhados na luta pelo poder.

jock-strap [ˈdʒɒkstræp] (coll) *n* suspensório *m*.

jocular [ˈdʒɒkjʊlə(r)] *adj* jocoso,-a, divertido,-a, alegre.

jodhpurs [ˈdʒɒdpəz] *npl* Sport, Fashn calças *fpl* de montar.

jog [dʒɒg] **1** *n* **a)** (with elbow) cotovelada *f*; **b)** (trot) trote *m* lento; **to set off at a** ~ partir a meio trote; **c) to go for a** ~ Sport ir correr. **2** *vtr* empurrar [*sb's elbow*]; bater em [*table*]; **to ~ sb's memory** refrescar a memória de alg. **3** *vi* Sport correr, fazer jogging. ■ **jog along; jog on** (lit) [*person, business*] ir andando, andar lentamente.

jogger [ˈdʒɒgə(r)] *n* praticante *m/f* de jogging.

jogging [ˈdʒɒgɪŋ] *n* jogging *m*.

join [dʒɔɪn] **1** *n* junção *f*. **2** *vtr* **a)** (meet, go to be with) [*person*] juntar-se a [*wife, associate*]; **b)** (for meal, drink, social gathering) **to ~ sb for a drink** ir tomar um copo com alg; **may I ~ you?** (to friends at table) posso-me sentar?; **c)** (go at end of) colocar-se no fim de [*queue, row, list*]; **d)** (be physically part of) juntar-se a [*crowd, throng, exodus*]; tornar-se membro de [*organization*]; **e)** (become member of) entrar em [*institution, EEC, team*]; inscrever em [*party, club*]; alistar-se em [*army*]; **f)** (become employee of) entrar para [*company*]; **she ~ed Lloyds last year** ela entrou para o Lloyds no ano passado; **g)** (participate in) participar em [*talks*]; **to ~ the fun** juntar-se à festa; **h)** (associate supportively) [*person*] juntar-se a [*person*]; **to ~ sb in doing sth** juntar-se a alg para fazer qq coisa; **i)** Rail (get on) subir para [*train*]; **j)** (attach, fasten) reunir [*halves, ends, pieces*]; **to ~ one thing to another** juntar uma coisa a outra; **k)** (link) ligar [*points, towns*]; **l)** (meet with) [*road, river*] ir dar a [*motorway, sea*]; **m)** Relig [*priest*] unir [*bride and groom*]. **3** *vi* [*person*] aderir, inscrever-se; [*edges*] juntar-se. **IDIOMAS to ~ hands** dar as mãos; ~ **the club!** não és o único!; **to ~ battle** entrar na luta. ■ **join in** participar (em) [*campaign*]; tomar parte (em) [*singing, conversation*]. ■ **join up a)** Mil (enlist) alistar-se; **b)** (meet up) [*people*] encontrar-se; **c)** (run together) [*roads, tracks*] juntar-se.

joiner [ˈdʒɔɪnə(r)] *n* Constr marceneiro *m*.

joint [dʒɔɪnt] **1** *n* **a)** Anat (gen) articulação *f*; **elbow** ~ articulação do cotovelo; **b)** Tech, Constr (carpentry) junta *f*; encaixe *m*; (of pipes, tubes) ligação *f*; **c)** Culin pedaço *m* de carne; **d)** (coll, pej) (nightclub, office, workplace) espelunca *f*; **e)** (coll) (drug-users' slang) (slang) charro *m* (cal). **2** *adj* [*programme, working party, session, company*] misto,-a; [*measures, procedure*] comum; [*winner, third*] ex-aequo.

jointly [ˈdʒɔɪntlɪ] *adv* [*manage*] em conjunto; ~ **owned** em co-propriedade.

joint-stock company *n* sociedade *f* por acções.

joist [dʒɔɪst] *n* Constr barrote *m*.

joke [dʒəʊk] **1** *n* **a)** (amusing story, anecdote)

brincadeira *f*; anedota *f*; piada *f*; **to have a** ~ **with sb** brincar com alg (**about** acerca de); **this is getting beyond a** ~ isto já não tem piada nenhuma; **she can't take a** ~ ela não é para brincadeiras; **it's no** ~! isto é a sério!; **b)** (prank) (**practical**) ~ partida *f*; **to play a** ~ **on sb** pregar uma partida a alg. **2** *vi* brincar; **you must be joking!** deves estar a brincar!.

joker [ˈdʒəʊkə(r)] *n* **a)** (person who tells jokes) brincalhão,-ona *m/f*; **b)** (coll) (person) tipo *m* (fam); **c)** (in cards) joker *m*.

jolly [ˈdʒɒlɪ] **1** *adj* (cheerful) [*person*] alegre, bem disposto; [*tune*] alegre; **what a** ~ **time we had!** como nos divertimos!. **2** *adv* (coll) GB (emphatic) bastante; **"I'm not going"- you** ~ **well are!** to ~ **sb along** lisonjear alg.

jolt [dʒəʊlt] **1** *n* **a)** (jerk) solavanco *m*; **b)** (shock) choque *m*. **2** *vtr* sacudir, balançar. **3** *vi* [*vehicle*] andar aos solavancos.

Jordan [ˈdʒɔːdn] *pr n* Jordânia *f*; **the River** ~ o rio Jordão.

jostle [ˈdʒɒsl] **1** *vtr* dar encontrões [*fellow-passenger*]. **2** *vi* (gen) empurrar-se, acotovelar-se (**for** para; **to do** para fazer).

jot [dʒɒt] *n* **he doesn't care one** *or* **a** ~ ele está-se nas tintas (fam); **it doesn't matter a** *or* **one** ~ isso não tem a mínima importância. ■ **jot down** anotar [*ideas, names*]; **he ~ted down some notes** ele rabiscou umas notas.

jotter [ˈdʒɒtə(r)] *n* GB; (pad) bloco-notas *m*.

jotting [ˈdʒɒtɪŋ] *n* (usu in pl) apontamentos *m*.

journal [ˈdʒɜːnl] *n* (diary) diário *m*; (periodical) revista *f*; periódico *m*; (newspaper) jornal *m*.

journalism [ˈdʒɜːnəlɪzm] *n* jornalismo *m*.

journalist [ˈdʒɜːnəlɪst] *n* jornalista *m/f*.

journalistic [dʒɜːnəˈlɪstɪk] *adj* [*career, skill*] de jornalista; [*ethics*] jornalísticas.

journey [ˈdʒɜːnɪ] **1** *n* **a)** (long) viagem *f*; (short or habitual) trajecto *m*; **bus** ~ trajecto de autocarro Po/ônibus Br; **to go on a** ~ ir ou partir de viagem; **b)** (distance covered) trajecto *m*. **2** *vi* viajar (**from** de; **to** para); **to** ~ **on** continuar a viagem.

journeyman [ˈdʒɜːnɪmən] *n* (pl **-men**) Hist jornaleiro *m* oficial *m*.

jovial [ˈdʒəʊvɪəl] *adj* jovial.

jowl [dʒaʊl] *n* (usu in pl) maxila *f*; maxilar *m*.

joy [dʒɔɪ] *n* **a)** (delight) alegria *f* (**at** perante); **b)** (pleasure) prazer *m*; **the** ~ **of doing sth** o prazer de fazer qq coisa; **c)** (coll) GB (success) **I got no** ~ **out of the bank manager** a minha conversa com o gerente do banco não resultou. **IDIOMAS to be full of the ~s of spring** sentir-se tomado pelo espírito da Primavera.

joyful [ˈdʒɔːfl] *adj* alegre, satisfeito.

joyless [ˈdʒɔɪlɪs] *adj* [*marriage*] infeliz; [*occasion*] triste; [*existence*] insípido,-a.

joyous [ˈdʒɔɪəs] *adj* (liter) [*heart, song*] alegre, feliz.

joy: ~rider *n* pessoa *f* que pega num carro, sem o consentimento do dono, para dar uma volta; **~stick** *n* Aviat alavanca *f* de controlo; Comput "joystick" *m*.

Jr *adj* abrev = **junior**.

jubilant [ˈdʒuːbɪlənt] *adj* [*person*] exultante; **to be** ~ exultar (**about, at, over** por, perante).

jubilation [dʒuːbɪˈleɪ∫n] *n* júbilo *m* (**about, at, over** por).

jubilee ['dʒu:bɪli:] *n* jubileu *m*.

judge [dʒʌdʒ] **1** *n* **a)** JUR juiz/juíza *m/f*; **b)** (adjudicator: at competition, show) membro *m/f* do júri SPORT juiz *m*. **2** *vtr* **a)** (gen) JUR julgar [*person*]; **b)** (adjudicate) fazer parte do júri de [*show, competition*]; **c)** (evaluate) avaliar, estimar [*distance, age*]. **3** *vi* julgar; **to ~ by** *or* **from...**, **judging by** *or* **from...** a julgar por.... IDIOMAS **to be as sober as a ~** (not drunk) estar sóbrio; (solemn) muito calmo e sério.

judgement GB, **judgment** US ['dʒʌdʒmənt] *n* **a)** (gen) JUR julgamento *m*; **to make ~s about** sth fazer juízos sobre qq coisa; **b)** (opinion) opinião *f*; **in my ~** na minha opinião; **c)** (discernment) perspicácia *f*; discernimento *m*; **use your own ~** faça como lhe parecer melhor; **d)** (punishment) castigo *m*.

judicial [dʒu:'dɪʃl] *adj* **a)** [*inquiry, process*] judicial; **b)** (wise) [*mind*] judicioso,-a, ponderado,-a; (impartial) [*silence*] reflectido,-a, imparcial.

judiciary [dʒu:'dɪʃərɪ] **1** *n* JUR **a)** (system of courts) sistema *m* judiciário; **b)** (judges) magistratura *f*; **c)** poder *m* judiciário. **2** *modif* [*system, reforms*] judicial, judiciário.

judicious [dʒu:'dɪʃəs] *adj* judicioso,-a, sensato,-a.

judiciously [dʒu:'dɪʃəslɪ] *adv* judiciosamente.

judo ['dʒu:dəʊ] *n* judo *m*.

jug [dʒʌg] **1** *n* **a)** GB (glass) jarro *m*; (earthenware) caneca *f*; (pot-bellied) bilha *f*; **b)** US (earthenware) bilha *f*. **2** *vtr* (*pres p, past, pp* **-gg-**) CULIN estufar; **~ged hare** lebre *f* estufada.

juggle ['dʒʌgl] *vi, vtr* (gen) (lit, fig) fazer malabarismos; manipular [*figures, statistics*].

juggler ['dʒʌglə(r)] *n* malabarista *m/f*; prestidigitador *m*.

jugular ['dʒʌgjʊlə(r)] *n, adj* jugular *f*. IDIOMAS **to go (straight) for the ~** tocar no ponto fraco.

juice [dʒu:s] *n* **a)** CULIN sumo *m*; suco *m*; **b)** BOT, PHYSIOL suco *m*.

juicy ['dʒu:sɪ] *adj* **a)** CULIN sumarento,-a; **b)** (coll) (racy) [*story*] vivo, colorido, interessante; [*blonde*] apetitoso (fam).

jujitsu [dʒu:'dʒɪtsu:] *n* jiu-jitsu *m*.

jukebox ['dʒu:kbɒks] *n* jukebox *f*.

July [dʒu:la.ɪ] *n* Julho *m*.

jumble ['dʒʌmbl] **1** *n* **a)** (without pl) (of papers, toys) confusão *f* Po, bagunça *f* BR; (of ideas) desordem *f*; confusão *f* (**of** de); **her clothes were in a ~** as roupas dela estavam numa desordem; **b)** GB (items for sale) tralha *f*; quinquilharia *f*. **2** *vtr* confundir [*ideas*]; misturar confusamente [*words, letters*]. ■ **jumble together**: **the toys/ clothes were ~d together** os brinquedos/as roupas juntavam-se em confusão. ■ **jumble up**: **~ (sth) up, ~ up (sth)** misturar [*letters*].

jumble sale *n* GB venda *f* de caridade.

jumbo ['dʒʌmbəʊ] **1** *n* (childish talk) elefante *m*. **2** *modif* (*also* **~-sized**) [*packet, size*] gigante.

jumbo jet *n* jumbo *m*.

jump [dʒʌmp] **1** *n* **a)** (leap) salto *m*; **b)** EQUIT obstáculo *m*; **c)** (sudden increase) salto (**in** em); **it's a big ~ from school to university** é um grande salto da escola para a universidade. **2** *vtr* **a)** (leap over) saltar [*obstacle, ditch*]; **b)** (anticipate) **to ~ the lights** [*motorist*] passar com o si-

nal vermelho; **to ~ the queue** passar à frente das pessoas numa bicha; **c)** (slang) (escape) **to ~ bail** não comparecer em tribunal; **d)** (miss) [*stylus*] saltar [*groove*]; **e)** (coll) (attack) saltar sobre [*victim*]. **3** *vi* **a)** (leap) saltar; **to ~ up and down** [*gymnast*] saltitar; **b)** (start) [*person*] sobressaltar-se; **c)** (rise) [*prices, profits, birthrate*] subir em flecha; **d)** (welcome) **to ~ at sth** agarrar [*opportunity*]; aceitar [*offer, suggestion*]. IDIOMAS **~ to it!** vamos a isso!. ■ **jump about, jump around** saltar. ■ **jump back a)** (person) saltar para trás; **b)** (resume its position) [*lever, spring*] retomar o seu lugar inicial. ■ **jump down** saltar para baixo. ■ **jump in** [*person*] subir. ■ **jump on: ~ on (sth)** (mount) subir para [*bus, train*]; **"~ on!"** suba; **~ on (sb)** (lit, fig) saltar para cima de alg. ■ **jump out** [*person*] saltar; **~ out of (sth)** saltar de [*bed, chair, train*]; saltar por [*window*]. ■ **jump up** [*person*] levantar-se dum salto.

jumped-up ['dʒʌmptʌp] *adj* (pej) [*clerk, waiter*] pretensioso,-a.

jumper [dʒʌmpə(r)] *n* **a)** (sweater) camisola *f*; **b)** US (pinafore) avental *m*.

jump: **~-jet** *n* avião *m* a jacto que levanta voo e aterra na vertical; **~ leads** *npl* cabos *mpl* para ligar a bateria; **~ suit** *n* FASHN peça *f* de vestuário de uma só peça, originalmente usada pelos pára-quedistas.

junction ['dʒʌŋkʃn] *n* **a)** (two roads) cruzamento *m*; (on motorway) nó *m* (rodoviário); **b)** RAIL nó *m* (ferroviário); entroncamento *m*.

juncture ['dʒʌŋktʃə(r)] *n* (gen) conjuntura.

June [dʒu:n] *n* Junho *m*.

jungle ['dʒʌŋgl] *n* (lit, fig) selva *f*.

junior ['dʒu:nɪə(r)] **1** *n* **a)** (younger person) júnior *m*; o mais novo; **b)** (low-ranking worker) subalterno *m*; **c)** GB SCH aluno *m* da primária; **d)** SPORT (young player) júnior *m*. **2** *adj* **a)** (low--ranking) [*worker, colleague*] subalterno; **b)** (young) [*person*] jovem; [*fashion, activity, wing of organization*] para jovens; **c)** SPORT [*championship, race, league, team*] de júniores; **d)** (the younger) (*also* **J~**) **Bob Mortimer, ~** Bob Mortimer Filho.

junior: ~ minister *n* ministro-adjunto *m*; **she is the ~ health minister** ela é a ministra-adjunta para a Saúde; **~ partner** *n* sócio *m* minoritário; **~ school** *n* escola *f* primária.

juniper ['dʒu:nɪpə(r)] *n* junípero *m*; zimbro *m*.

junk [dʒʌŋk] *n* **a)** (coll) (poor quality) (furniture, merchandise) ferro *m* velho; sucata *f*; **clear your ~ off the table!** tira o teu lixo de cima da mesa! (fam); **how can you read that ~?** (pej) como podes ler esses disparates? (fam); **b)** (second-hand) velharias *fpl*; **c)** (boat) junco *m*.

junket ['dʒʌŋkɪt] *vi* fazer uma festa.

junket(t)ing ['dʒʌŋkɪtɪŋ] *n* (celebrating) festa *f*.

junkie ['dʒʌŋkɪ] (coll) *n* drogado,-a *m*.

junk shop *n* loja *f* de velharias, de artigos em 2.ª mão.

junta ['dʒʌntə] *n* junta *f*.

Jupiter ['dʒu:pɪtə(r)] *pr n* (planet, god) Júpiter *m*.

Jura ['dʒʊərə] *n* **the ~** o Jura *f*.

jurisdiction [dʒʊərɪs'dɪkʃn] *n* **a)** JUR alçada *f*; (**over** sobre); **b)** (gen) jurisdição *f*.

jury ['dʒʊərɪ] *n* JUR júri *m*; **the ~ is still out** o júri ainda está reunido (para deliberar).
jury box *n* bancada *f* do júri.
just¹ [dʒʌst] **1** *adv* **a)** (very recently) **to have ~ done** ter acabado de fazer; **b)** (immediately) imediatamente; **~ before** imediatamente antes; **it's after 10 am** passa pouco das 10 da manhã; **c)** (slightly) (with quantities) um pouco; (indicating location or position) logo; **~ over/under 20 kg** um pouco mais/menos que 20 kg; **~ after the station** logo a seguir à estação; **d)** (only, merely) apenas, só; **~ a cup of tea** só uma chávena de chá; **~ last week** apenas na semana passada; **e)** (purposely) apenas, só; **he did it ~ to annoy us** ele fez isso só para nos aborrecer; **f)** (barely) mal, apenas; **~ on time** mesmo na hora; **he's ~ 20** ele tem apenas 20 anos; **g)** (simply) simplesmente; **she ~ won't listen** ela simplesmente não vai ouvir; **h)** (exactly, precisely) exactamente, precisamente; **that's ~ what I suggested** é precisamente o que sugeri; **it's ~ right** está perfeito; **she looks ~ like her father** ela parece-se exactamente com o pai; **i)** (possibly, conceivably) **it might** *or* **could ~ be true** podia bem ser verdade; **j)** (at this or that very moment) **he was ~ leaving** ele ia-se embora agora mesmo; **k)** (positively, totally) verdadeiramente; **that was ~ ridiculous** isso era verdadeiramente ridículo; **l)** (easily) **I can ~ imagine her as a president** posso já imaginá-la como presidente; **m)** (with imperatives) **~ keep quiet!** está calado!; **~ look at the time!** já reparaste que horas são?; **n)** (in requests) **if I could ~ interrupt you** dá-me licença que interrompa; **o)** (for emphasis in responses) **"that film was dreadful" - "wasn't it ~!"** "aquele filme era terrível" - "se era!"; **p)** (equally) **~ as big/well as...** tão grande/bem como.... **2 just about** *adv phr* quase; **~ about finished** quase pronto; **~ about everything** quase tudo; **I've had ~ about enough** estou farto!. **3 just now** *adv phr* (at the moment)) neste momento, agora; (a short time ago) **I saw him ~ now** acabei de o ver. **4 just**

as *conj* assim que. **IDIOMAS ~ as well!** tanto melhor!; **take your raincoat ~ in case it rains** leva a gabardina para o caso de chover.
just² [dʒʌst] **1** *npl* **the ~** os justos *mpl*; **to sleep the sleep of the ~** dormir o sono dos justos. **2** *adj* **a)** (fair) [*person, society, cause*] justo,-a (**to** para com); [*action, complaint*] justificado,-a; [*anger, criticism, claim*] legítimo,-a; **without ~ cause** sem justa causa; **b)** (exact) [*account, calculation*] exacto,-a.
justice ['dʒʌstɪs] *n* **a)** (fairness) justiça *f*; **to do sb ~, to do ~ to sb** fazer justiça a alg; (refusing food) **I couldn't do ~ to it** já não consigo apreciá-lo devidamente; **b)** (the law) justiça *f*; **c)** (judge) juiz *m*.
justifiable [dʒʌstɪ'faɪəbl] *adj* (that is justified) legítimo,-a; (that can be justified) justificável.
justifiably [dʒʌstɪ'faɪəblɪ] *adv* justificadamente.
justification [dʒʌstɪfɪ'keɪʃn] *n* **a)** (reason) justificação *f*; **in ~ of sth** em justificação de qq coisa; **with some ~** com alguma razão; **b)** COMPUT, PRINT (of margins) justificação *f*; COMPUT (moving of data) enquadramento *m*.
justified ['dʒʌstɪfaɪd] *adj* **a)** (gen) justificado,-a; **to be ~ in doing** ter razão em fazer; **to feel ~ in doing** sentir-se no seu direito em fazer; **b)** [*margin*] justificado,-a; **c)** COMPUT [*text, data*] justificado.
justify ['dʒʌstɪfaɪ] *vtr* **a)** justificar [*cost, theft*]; **b)** COMPUT, PRINT justificar [*margins*]; enquadrar, centrar [*text, data*].
jut [dʒʌt] *vi* (*pres p etc* **-tt-**) (*also* **~ out**) [*natural feature*] (horizontally) avançar (**into** em; **over** sobre); (vertically) salientar-se (**over** sobre); [*brow, chin*] sair, sobressair.
jute [dʒuːt] *n* juta *f*.
juvenile ['dʒuːvənaɪl] **1** *n* (young person) jovem *m/f*; JUR menor *m/f*. **2** *adj* [*joke, behaviour*] juvenil, pueril.
juvenile: ~ court *n* tribunal *m* de menores; **~ deliquency** *n* deliquência *f* juvenil; **~ delinquent** *n* jovem *m/f* delinquente.
juxtapose [dʒʌkstə'pəʊz] *vtr* justapor (**with** a).
juxtaposition [dʒʌkstəpə'zɪʃn] *n* justaposição *f*.

k, K [keɪ] *n* **a)** (letter) k, K *m*; **b)** K abrev = **kilo**; **c)** K Comput abrev = **kilobyte** Kb m*m*; **d)** K abrev = **thousand** mil; **he earns £50 K** ele ganha 50.000 libras.

kale [keɪl] *n* Agric couve *f*.

kaleidoscope [kəˈlaɪdəskəʊp] *n* (lit, fig) caleidoscópio *m*.

Kampuchea [kæmpʊˈtʃiːə] *pr n* Camboja *m*.

kangaroo [kæŋgəˈruː] *n* canguru *m*.

kangaroo court *n* (pej) tribunal *m* improvisado, tribunal popular.

kaput [kæˈpʊt] (coll) *adj* arruinado,-a, perdido,-a, liquidado,-a (fam).

karate [kəˈrɑːtɪ] *n* karaté *m*.

kayak [ˈkaɪæk] *n* caiaque *m*.

kebab [kɪˈbæb] *n* (*also* **shish** ~) espetada *f*.

keel [kiːl] *n* Naut quilha *f*. IDIOMAS **he's on a more even ~ now** ele está mais equilibrado que antes; **my finances are back on an even ~** equilibrei as minhas finanças. ■ **keel over** [*boat*] virar de pernas para o ar; [*person*] ir-se abaixo; [*tree*] desabar, cair.

keen [kiːn] *adj* **a)** (eager) entusiasmado,-a, desejoso,-a, interessado,-a; **to be ~ on doing** *or* **to do** ter muita vontade de fazer; **to look ~** ter um ar interessado; **b)** (enthusiastic) (coll) **mad ~** fanático; **to be ~ on cats** ter uma paixão Po/gamação Br por gatos; **c)** (intense) [*appetite, desire, interest etc*] vivo,-a; [*sense of sth*] agudo; [*admiration, sense of loss*] intenso; **d)** (acute) [*eye, intelligence*] vivo, perspicaz; [*sight*] penetrante; [*hearing, sense of smell*] fino; **to have a ~ eye for sth** ter olho para qq coisa; **e)** (sharp) (lit) [*blade*] afiado,-a; (fig) [*wit*] mordaz; [*wind*] penetrante; **f)** (competitive) [*competition*] intenso,-a; [*debate*] animado,-a.

keenly [ˈkiːnlɪ] *adv* [*interested*] vivamente; [*awaited*] ardentemente; [*aware*] perfeitamente; [*feel, suffer*] intensamente.

keenness [ˈkiːnnɪs] *n* (enthusiasm) entusiasmo *m*; (perceptiveness) acuidade *f*; perspicácia *f*.

keep [kiːp] **1** *n* **a)** (money for food, rent, etc) sustento *m*; **to pay for one's ~** pagar uma pensão; **to earn one's ~** [*person*] ganhar a vida; **b)** Archit torre *f* de menagem. **2** *vtr* (*past, pp* **kept**) **a)** (cause to remain) **to ~ sb in hospital** manter alg no hospital; **to be kept clean/locked** ser mantido limpo/fechado à chave; **to ~ sb waiting** fazer esperar alg; **to ~ sth going** manter [*conversation, fire, tradition*]; **I'll make you a sandwich to ~ you going (until dinner)** vou-te fazer uma sanduíche para te aguentares até ao jantar; **I won't ~ you a minute** não te vou demorar muito; **b)** (retain) guardar; **c)** (have and look after) ter [*shop, restaurant, dog, cat, etc*]; criar [*sheep, cows, chickens, etc*]; **d)** (store) **I ~ my money in a safe** guardo o dinheiro num cofre; **e)** (have in stock) vender, ter; **f)** (support financially) sustentar, manter [*wife, husband, family*]; ter [*servant*]; **g)** (observe) manter [*promise*]; celebrar [*birthday, anniversary, Christmas, etc*]; observar [*Sabbath*]; vir a [*appointment, date*]; **h) to ~ time** *or* **the beat** Mus manter o ritmo. **3** *vi* **a)** (continue) **to ~ doing** continuar a fazer; **to ~ going** continuar; **~ at it !** não desanimes!; **b)** (remain) **to ~ indoors** ficar dentro de casa; **to ~ calm** ter calma; **to ~ silent** estar calado; **c)** (stay in good condition) [*food*] conservar-se; **d)** (wait) [*news, business, work*] esperar; **e)** (in health) **"how are you ~ing?"** "como vais?"; **she's ~ing well** ela vai bem. **4** *v refl* **to ~ oneself** manter-se, sustentar-se; **to ~ oneself healthy** manter-se em forma. **5 for ~s** *adv phr* para sempre. ■ **keep after**: **~ after sb** (pursue) perseguir [*person*]; (bother) incomodar [*person*]. ■ **keep away** manter-se afastado (**from** de); **~ (sth/sb) away**, **~ away (sth/sb)** manter (algo/alg) à distância; **to ~ sb away from his work** impedir alg de trabalhar. ■ **keep back** manter-se afastado; **~ back!** nem mais um passo! ou para trás!; **~ (sth/sb) back**, **~ back (sth/sb) a)** (prevent from advancing) impedir (alg) de se aproximar [*person, crowd*] (**from** de); [*barrier, dam*] conter [*water*]; **b)** (retain) guardar [*money*]; conservar [*food, objects*]; **c)** (conceal) esconder [*information, fact, detail*] (**from sb** de alg); **d)** (prevent from doing) impedir. ■ **keep down** (if lying) ficar deitado; (if sitting) ficar sentado; **~ down!** não te levantes!; **~ (sb/sth) down**, **~ down (sb/sth) a)** (cause to remain at a low level) limitar [*number, speed, costs, expenditure, inflation*]; controlar [*inflation*]; **"~ your voice down!"** "fala baixo!"; **b)** (retain in stomach) reter, guardar, manter [*food*]. ■ **keep in** [*car, cyclist, driver, etc*] (in gb) circular pela esquerda; (elsewhere) circular pela direita; **~ (sb/sth) in a)** (cause to remain inside) impedir (alg/algo) de sair [*person, animal*]; **b)** (restrain) encolher [*stomach, elbows*]; reter [*emotions, anger, impatience*]; **c)** Sch reter [*pupil*]. ■ **keep off** (stay at a distance) **"~ off!"** "Pare!" ou "Atenção!"; **~ off sth a)** (stay away from) afastar-se de qq coisa; **"please, ~ off the grass"** (on notice) "proibido pisar a relva"; **b)** (refrain from) abster-se de, evitar [*fatty food, alcohol, cigarettes*]; abster-se de falar em [*subject*]. ■ **keep out**: **"~ out!"** (on notice) "entrada proibida!"; **~ out of sth a)** (not enter) não entrar em [*area, house*]; **b)** (avoid being exposed to) ficar protegido de [*sun, rain, danger*]; **c)** (avoid getting involved in) não se envolver em [*argument*]; **~ (sb/sth) out**, **~ out (sb/sth)** (not allow to enter) não deixar entrar [*person, animal*]. ■ **keep to**: **~ to sth** (stick to) (lit) não se afastar de [*road, track, path*]; (fig) respeitar [*timetable, facts, plan*]; **to ~ to one's home** ficar em casa; **to ~ sth to oneself** guardar qq coisa para si. ■ **keep under**: **~ (sb) under a)** (dominate) submeter; **b)** (cause to remain unconscious) manter alg inconsciente. ■ **keep up a)** (progress at same speed) *[person]* manter-se à altura; **b)** (continue) *[price, weather, rain]* manter-se, continuar; **to ~ up with (sb/sth) a)** (progress at same speed as) acompanhar *[group, person]*; seguir *[class, work, lecture]*; *[company, country]* rivalizar com *[competitors]*; Econ *[wages, pensions]* acompanhar *[inflation]*; **b)** (be informed about) seguir *[fashion, developments]*; **c)** (remain in contact with) manter-se em contacto com *[schoolfriends, colleagues]*.

keeper ['ki:pə(r)] *n* **a)** (*also* zoo ~) guarda *m/f*; **b)** Sport (in football) guarda-redes *m*; **c)** (person in charge of someone else) guardião,-ã *m/f*.

keep fit *n* ginástica *f* de manutenção.

keeping ['ki:pɪŋ] **1** *n* (custody) **in sb's ~, in the ~ of sb** à guarda de alg; **to put sb/sth in sb's ~** confiar alg/algo aos cuidados de alg. **2 in ~ with** *prep phr* conforme, de acordo com *[status, law, rules, image, tradition]*; **to be in ~ with sth** estar de acordo com *[law, rules, policy, image, character]*; harmonizar-se com *[surroundings, area, village]*. **3 out of ~ with** *prep phr* **to be out of ~ with sth** não estar de acordo com qq coisa *[character, image, style]*; não convir a *[occasion]*.

keepsake *n* lembrança *f*; recordação *f*.

keg [keg] *n* barril *m* pequeno.

kennel ['kenl] *n* (shelter) casota *f*; (for several dogs) canil *m*.

Kenya ['kenjə, 'ki:njə] *pr n* Quénia *m*.

Kenyan ['kenjən, 'ki:njən] *n, adj* queniano,-a *m,f*.

kept [kept] **1** *past, pp* see **keep**. **2** *adj [man, woman]* mantido,-a.

kerb GB, **curb** US [kɜːb] *n* (edge of pavement) berma *f* do passeio; **stop at the ~** pára na berma do passeio.

kernel ['kɜːnl] *n* (of nut, fruitstone) caroço *m*; (whole seed) grão *m*; **a ~ of truth** um fundo de verdade.

kestrel ['kestrəl] *n* Zool francelho *m*.

ketchup ['ketʃʌp] *n* ketchup *m*; molho *m* de tomate condimentado.

kettle ['ketl] *n* chaleira *f*; **did you put the ~ on?** puseste a chaleira ao lume?; **the ~'s boiling** a água está a ferver. IDIOMAS **a different ~ of fish** uma outra história.

kettledrum ['ketldrʌm] *n* tímbalo *m*.

key [ki:] **1** *n* **a)** (locking device) chave *f*; **under lock and ~** a sete chaves; **b)** (winding device) corda *f* (**for** de); **c)** (control) (on typewriter, computer, piano, phone) tecla *f*; **d)** (best way) segredo *m*; chave *f*; **exercise is the ~ to health** o exercício é o segredo para ter uma boa saúde; **e)** (vital clue) chave *f* (**to** de); **his diary holds the ~ to the mystery** o diário dele encerra a chave do mistério; **f)** (explanatory list) (on map) legenda *f*; **g)** (answers) soluções *fpl*; **h)** Mus clave *f*; **i)** Geog recife *m*. **2** *adj [industry, work, element, document, figure, role]* chave (*after n*) *[difference, point]* capital. **3** *vtr* (type) digitar *[data, information]*.

key: ~board ['ki:bɔːd] **1** *n* Comput, Mus teclado

m. **2 ~boards** *npl* Mus sintetizador *m*; **~boarder** [ki:'bɔːdə(r)] *n* Comput, Publg operador *m* de dados.

keyed-up ['ki:dʌp] *adj* **a)** (excited) *[person, team]* excitado,-a; **b)** (tense) tenso,-a; **to get ~** (excited) ficar excitado; (nervous) ficar nervoso.

key: ~hole ['ki:həʊl] *n* **the ~hole** o buraco *m* da fechadura; **~ note** *n* **a)** Mus tónica *f* dominante; **b)** (main theme) tema *f* principal; **~note speech** *n* (gen) Pol discurso *m* programático; **~~ring** *n* porta-chaves *m*; **~~signature** *n* Mus armadura *f* da clave; **~ word** *n* palavra *f* chave.

kg *n* abrev = **kilogram** kg.

khaki ['kɑːkɪ] *n* caqui *m*; **in ~** em caqui.

kibbutz [kɪ'bʊts] *n* kibutz *m*.

kick [kɪk] **1** *n* **a)** (lit) (gen) (of person) pontapé *m*; (of horse, donkey) coice *m*; (of swimmer) batimento *m* dos pés; **to give sb a ~** dar um pontapé a alg; **b)** (coll, fig) **she gets her ~s from driving too fast** o que mais a excita é guiar muito depressa; **c)** (of firearm) coice *m*; **d)** (coll) (strength, zest) dinamismo *m*. **2** *vtr* (gen) *[person]* dar um pontapé a *[ball, person, tin can]*; *[horse, donkey]* dar um coice a *[person]*; **to ~ sb in the stomach** dar pontapés ou coices no estômago de alg; **to ~ sth under the bed** pontapear qq coisa para debaixo da cama; **to ~ sth away** afastar qq coisa a pontapé; **to ~ one's legs (in the air)** *[baby]* pedalar. **3** *vi* **a)** (gen) *[person]* dar pontapé(s); *[horse]* dar coices; **to ~ at sb/sth** dar um pontapé em ou a alg/algo; **b)** *[gun]* dar coice, recuar ao disparar. **4** *v refl* **to ~ oneself I (could have) ~ed myself** (for doing) eu devia bater-me por ter feito. IDIOMAS **to ~ over the traces** lutar contra o que nos limita. ■ **kick around, kick about** *[objects, clothes]* andar por aí, estar desarrumado; **~ (sth) around** *or* **about a)** (lit) dar pontapés a *[ball, object]*; **b)** (coll) discutir, explorar *[idea]*; **c)** (coll) **he's ~ing around Europe for a year** ele anda a vaguear pela Europa há um ano; **~ (sb/sth) around** *or* **about** (treat badly) maltratar *[person, objects]*. ■ **kick against**: **~ against sth** resistir a *[idea]*; lutar contra *[system]*. ■ **kick in**: **~ (sth) in, ~ in (sth)** meter dentro a pontapé *[door, window]*; (slang) **to ~ sb's teeth** *or* **face in** partir as ventas a alg (cal). ■ **kick off a)** Sport dar o pontapé de saída; **b)** (coll) *[person, meeting, tour, concert]* começar, arrancar com. ■ **kick out** *[animal]* dar coices; *[person]* dar pontapés; (coll) **~ (sb) out, ~ out (sb)** expulsar alg *[troublemaker, intruder]*. ■ **kick up**: **~ (sth) up, ~ up (sth)** levantar *[sand, dust]*; (coll) **to ~ up a fuss** *or* **row** *or* **rumpys** *or* **stink (about sth)** fazer um escarcéu (acerca de qq coisa) (fam).

kid [kɪd] **1** *n* **a)** (coll) (child) criança *f*; miúdo *m*; garoto *m* Po, guri *m* Br; **b)** (young goat) cabrito *m*; **c)** (goatskin) pelica *f*. **2** *vtr* (coll) (*pres p etc* **-dd-**) **a)** (tease) arreliar, chatear (fam); **to ~ sb about sth** arreliar alg acerca de qq coisa; **b)** (fool) enganar, levar Po, embromar Br (fam) *[person]*; **to ~ sb into believing that** fazer crer a alg que; **you can't ~ me** não me consegues levar (fam). **3** *vi* (coll) (*pres p etc* **-dd-**) (tease) brincar, gracejar; **you're ~ding!** estás a brincar!; **no ~ding!** a sério!.

kid glove *n* luva *f* de pelica.
kidnap ['kɪdnæp] **1** *n* rapto *m*. **2** *vtr* (*pres p etc* **-pp-**) raptar.
kidnapper ['kɪdnæpə(r)] *n* raptor *m*.
kidney ['kɪdnɪ] *n* **a)** (of person) rim *m*; **artificial** ~ rim artificial; **b)** (of animal) rim *m*; **sheep's** ~**s** CULIN rins de carneiro.
kidney: ~ **bean** *n* feijão *m* vermelho; ~ **machine** *n* rim *m* artificial; **to be on a** ~ **machine** fazer hemodiálise; ~ **shaped** *adj* [*table, swimming-pool*] em forma de rim; ~ **stone** *n* cálculo *m* renal.
kill [kɪl] **1** *n* **a)** (in bullfighting, hunting) matança *f*; acto *m* de matar; **to be in at the** ~ (lit) assistir à matança; (fig) **I wanted to be in at the** ~ eu não queria perder isso; **b)** (prey) presa *f*. **2** *vtr* **a)** (cause to die) matar [*person, animal*]; **they** ~**ed one another/each other** eles mataram-se um ao outro; ~**ed in action/battle** morto no campo de batalha; **b)** (make effort) **it wouldn't** ~ **to turn up on time** não te faria mal nenhum chegares a horas; **c)** (coll) (hurt) **her legs are** ~**ing her** as pernas causam-lhe muito sofrimento; **d)** (end, stop) acabar com [*rumour*]; suprimir [*paragraph, story*]; JOURN fazer malograr [*idea, proposal*]; **that remark** ~**ed the conversation dead** aquele comentário bloqueou completamente a conversa; **e)** (deaden) enfraquecer [*smell, flavour*]; **to** ~ **the pain** fazer desaparecer a dor; **f)** (coll) (turn off) interromper (ligação) [*engine, machine*]; apagar [*television, radio, light*]; **g)** (spend) **to** ~ **time** matar/ocupar o tempo; **I have two hours to** ~ tenho de esperar duas horas; **h)** (coll) (amuse) **what** ~**s me is that he knew all along** o mais engraçado, é que ele já sabia de tudo. **3** *vi* matar. IDIOMAS **to** ~ **oneself laughing** morrer a rir; **he was laughing fit to** ~ **himself** ele não podia mais de tanto rir. ■ **kill off:** ~ **off (sth),** ~ **(sth) off** destruir, eliminar [*weeds, crops*]; eliminar [*pests, opponents*].
killer ['kɪlə(r)] *n* **a)** (illness, poison) **cold/heroin/cancer is a** ~ o frio/a heroína/o cancro Po/câncer BR mata; **cancer is a major** ~ o cancro é uma das principais causas de morte; **b)** (murderous animal, person) assassino *m*.
killer whale *n* ZOOL orca *f*.
killing ['kɪlɪŋ] *n* (of individual) (person) assassínio *m* (**of** de); (animal) matança *f*; caça *f* (**of** de); **the** ~ **of civilians/elephants** o massacre de civis/elefantes; **the** ~ **must stop** é preciso parar com o massacre. IDIOMAS **to make a** ~ (coll) fazer um bom negócio.
killjoy *n* desmancha-prazeres *m/f inv*.
kiln [kɪln] *n* forno *m*.
kilo ['ki:ləʊ] *n abrev* = **kilogram(me)** quilo *m*.
kilogram(me) ['ki:ləʊgræm] *n* quilograma *m*.
kilohertz ['kɪləʊhɜ:ts] *n* quilohertz *m*.
kilometre ['kɪləmi:tə(r)] *n* quilómetro *m*.
kilowatt ['kɪləʊwɒt] *n* quilovátio *m* Po, quilovate *m* BR; quilowatt *m*.
kilt [kɪlt] *n* saiote *m* escocês.
kilter ['kɪltə(r)] *n* **out of** ~ estragado,-a, fora de serviço.
kin [kɪn] (dated, formal) *n* família *f*; parentes *mpl*.
kind [kaɪnd] **1** *n* **a)** (sort, type) espécie *f*, tipo *m*,

género *m*; **this** ~ **of book/person** este tipo de livro/pessoa; **what** ~ **of dog is it?** que espécie de cão é?; **all** ~**s of people, people of all** ~**s** toda a espécie de pessoas; **what** ~ **of talk is that?** que conversa é essa?; **a criminal of the worst** ~ um criminoso da pior espécie; **this is the only one of its** ~, **this is one of a** ~ é único no género; **books, toys, that** ~ **of things** livros, brinquedos, esse tipo de coisas; **what** ~ **of thing(s) does he like?** do que é que ele gosta?; **that's the** ~ **of person she is** ela é assim; **I'm not that** ~ **of person** não sou desse género ou desse tipo; **I don't believe anything of the** ~ não acredito em nada disso; **they found a solution of a** ~ eles descobriram uma espécie de solução; **b)** (expressing vague classification) **a** ~ **of** uma espécie de; **c)** (classified type) género *m*; laia *f*; **I know his** ~ eu conheço a laia dele. **2 in kind** *adv phr* **a)** (in goods) em espécie, em géneros; **to pay in** ~ pagar em espécie ou em géneros; **b)** (in same way) **to repay sb in** ~ pagar na mesma moeda. **3 kind of** *adv phr* **he's** ~ **of cute** ele é mais ou menos giro; **they were** ~ **of frightened** eles estavam de certo modo assustados; **"is it interesting?" - "** ~ **of"** é interessante?" - "de certo modo" ou "mais ou menos". **4** *adj* (caring) [*person, gesture, words*] simpático,-a, amável; [*act*] bom, bondoso; **to be** ~ **to sb** ser amável para (com) alg; **"Sudso is** ~ **to your skin"** "Sudso respeita a natureza da sua pele"; **life has not been** ~ **to him** a vida não o tem poupado; **that's very** ~ **of you** é muito amável da sua parte; **"would you be** ~ **enough to pass me the salt?"** "era capaz de ter a amabilidade de me passar o sal?".
kindergarten ['kɪndəgɑ:tn] *n* jardim *m* infantil.
kind: ~**-hearted** *adj* [*person*] bondoso, com bom coração; ~**-heartedly** *adv* amavelmente; ~**-heartedness** *n* bondade *f*.
kindle ['kɪndl] **1** *vtr* acender [*fire*]; incendiar, pegar fogo a [*wood*]; (fig) atiçar [*desire, passion, jealousy*]; provocar [*enthusiasm, interest*]; reavivar [*memories*]. **2** *vi* [*wood*] incendiar-se, arder; [*fire*] pegar.
kindling ['kɪndlɪŋ] *n* gravetos *mpl*; cavacos *mpl*.
kindly ['kaɪndlɪ] **1** *adj* [*smile, nature, interest, person*] afável, simpático,-a; [*voice*] gentil. **2** *adv* **a)** (in a kindly manner) [*speak, say, look at sb*] com gentileza, com amabilidade; **b)** (obligingly) **she** ~ **put me up for the night** ela foi simpática e albergou-me por aquela noite; **c)** (on notices) **"** ~ **shut the door"** é favor fechar a porta; **"picnickers are** ~ **requested to take their litter home with them"** pede-se aos utentes que tenham a bondade de não fazer lixo neste local. IDIOMAS **to take** ~ **to a suggestion** apreciar uma sugestão; **to think** ~ **of sb** ter uma boa opinião de alg.
kindness ['kaɪndnɪs] *n* **a)** (quality) amabilidade *f* (**to, towards** para com); **b)** (instance) gentileza *f*; **to do sb a** ~ fazer um favor a alg. IDIOMAS **to be full of the milk of human** ~ transbordar de bondade.
kindred ['kɪndrɪd] **1** (dated) *n* **a)** (family) (+ *v pl or v sg*) família *f*; parentes *mpl*; **b)** (blood relationship) parentesco *m*. **2** *adj* **a)** [*family, tribe, language*] aparentado; **b)** (similar) semelhante.

kindred spirit *n* alma *f* gémea.
kinetic [kɪ'netɪk, kɑɪ'netɪk] *adj* cinético.
kinetics [kɪ'netɪks, kɑɪ'netɪks] *n* (+ *v sg*) cinética *f*.
king [kɪŋ] *n* **a**) (monarch) (lit, fig) rei *m*; **K~ Charles** o rei Carlos; **b**) GAMES (in chess) rei *m*; (in draughts) dama *f*. IDIOMAS **to live like a ~** viver como um rei.
kingdom ['kɪŋdəm] *n* **a**) (monarchy) (lit, fig) reino *m*; **b**) BOT, ZOOL reino *m*; **the plant/animal ~** o reino vegetal/animal. IDIOMAS **until ~ come** quando as galinhas tiverem dentes (fam); **to send sb to ~ come** mandar alg para os anjinhos (fam).
kingly ['kɪŋlɪ] *adj* (lit, fig) real, próprio ou digno de rei.
king: ~ maker *n* POL personagem *f* influente; **~ pin** *n* TECH perno *m* central; pino *m* mestre; **~-size(d)** *adj* [*cigarette*] extra-longo; [*packet*] gigante; (fig) [*portion, garden*] muito grande, enorme.
kink [kɪŋk] **1** *n* (in wire, rope, tube, pipe) nó *m*; defeito *m*; dobra *f*; (fig) (psychological, sexual) aberração *f*; **the hosepipe has a ~ in it** a mangueira está torcida. **2** *vi* [*rope, cable*] enrodilhar-se.
kinky ['kɪŋkɪ] *adj* **a**) (coll) [*person, behaviour*] perverso,-a, bizarro,-a; **b**) [*hair*] encaracolado,-a.
kinship ['kɪnʃɪp] *n* **a**) (blood relationship) parentesco *m*; **b**) (fig) (empathy) afinidade *f* (**with** com).
kiosk ['ki:ɒsk] *n* **a**) (shop) quiosque *m*; **b**) GB TELEC cabine *f* telefónica.
kip [kɪp] (coll) GB **1** *n* (sleep) soneca *f* (fam); **to have a ~, get some ~** bater uma sorna (fam). **2** *vi* **~ down** dormitar.
kipper ['kɪpə(r)] GB *n* arenque *m* fumado.
kiss [kɪs] **1** *n* beijo *m*; **to give sb a ~** beijar alg, dar um beijo a alg; **love and ~es** (at end of letter) (muitos) beijos. **2** *vtr* beijar, dar um beijo a [*person*]; **to ~ sb on the cheek** beijar alg na cara; **to ~ sb goodnight** dar um beijo de boas noites; (fig) **you can ~ your promotion goodbye** podes dizer adeus Po/tchau BR à tua promoção; **let me ~ it better!** (to hurt child) deixa-me dar-te um beijinho que isso passa. **3** *vi* beijar-se; **to ~ and make up** fazer as pazes.
kit [kɪt] *n* **a**) (implements) estojo *m*; caixa *f* de ferramentas; **b**) GB (set of equipment) (gen) SPORT equipamento *m*; material *m*; **football ~** equipamento de futebol; **c**) (parts for assembly) kit *m*; **the desk comes in ~ form** a secretária vem em peças soltas. ■ **kit out: to ~ out (sb/sth), ~ (sb/sth) out** equipar [*person, interior*] (**with** com).
kitbag *n* (for sports) saco *m* de desporto Po/esporte BR; (for travel) saco *m* de viagem; (sailor's) saco *m* de marinheiro.
kitchen ['kɪtʃɪn] *n* cozinha *f*. IDIOMAS **if you can't stand the heat get out of the ~** quem não está bem, muda-se; **they stole everything but ~ sink** roubaram tudo, menos as paredes.
kitchenette [kɪtʃɪ'net] *n* kitchenette *f*.
kitchen: ~ garden *n* quintal *m*; horta *f*; **~ sink** *n* lava-loiças *m*; **~ unit** *n* módulo *m*; elemento *m* (de cozinha); **~ware** *n* (implements) utensílios *mpl* de cozinha; (crockery) trem *m* de cozinha.

kite [kɑɪt] *n* **a**) (toy) papagaio *m* de papel; **to fly a ~** (lit) lançar um papagaio; (fig) auscultar a opinião pública; **b**) ORNITH milhano *m*.
kith [kɪθ] *n* **~ and kin** amigos *mpl* e parentes *mpl*.
kitten ['kɪtn] *n* gatinho *m*. IDIOMAS (fig, coll) **to have ~s** entrar em pânico.
kitty ['kɪtɪ] *n* **a**) (coll) (cat) gatinho *m*; bichano *m*; **b**) (pool of money) fundo *m* comum; vaquinha *f* (fam).
kiwi fruit ['ki:wi:fru:t] *n* kiwi *m*.
kleptomania [kleptə'meɪnɪə] *n* cleptomania *f*.
knack [næk] *n* (dexterity) destreza *f*; jeito *m* (**of doing** para fazer); **to get the ~** apanhar o jeito.
knacker ['nækə(r)] *n* **a**) (horse butcher) pessoa *f* que compra cavalos para os abater e esquartejar; **b**) (salvage man) pessoa *f* que compra navios e casas velhas para aproveitar material.
knapsack ['næpsæk] *n* mochila *f*.
knead [ni:d] *vtr* [*baker, cook*] amassar [*dough*]; [*masseur*] dar massagens a [*person*].
knee [ni:] **1** *n* ANAT joelho *m*; (lit, fig) **to be on/fall to one's ~s** estar/cair de joelhos; **to be up to one's ~s in water** ter água até aos joelhos; **(to crawl along) on (one's) hands and ~s** (andar) de gatas. **2** *vtr* dar uma joelhada a ou tocar com o joelho em [*person*] (**in** em). IDIOMAS (fig) **to bring** *or* **force sb to their ~s, sth to its ~s** subjugar alg/algo; **to go weak at the ~s** ter as pernas bambas (fam).
knee: ~cap *n* rótula *f*; **~-deep** *adj* **the water was ~-deep** a água chegava aos joelhos; (fig) **to be ~-deep in problems** estar cheio de problemas; **~-high** *adj* [*grass, corn*] à altura dos joelhos; [*person*] pequeno; **~-jerk reaction** *n* reacção *f* instintiva.
kneel [ni:l] *vi* (*pp* **kneeled, knelt**) ajoelhar-se, pôr-se de joelhos.
knell [nel] *n* (liter, lit, fig) dobre *m* de finados. IDIOMAS **to sound the death ~ for sth** dobrar a finados por qq coisa.
knelt [nelt] *pp* see **kneel**.
knew [nju:] *past* see **know**.
knickerbockers ['nɪkəbɒkəz] *n* calças *fpl* à golfe.
knickers ['nɪkəz] *npl* (ladies' underwear) cuecas *fpl*.
knick-knack ['nɪknæk] *n* ninharia *f* PO, mixaria *f* BR; bagatela *f*.
knife [nɑɪf] **1** *n* (*pl* **knives**) (gen) faca *f*. **2** *vtr* esfaquear [*person*] (**in** em); **to be ~d** ser esfaqueado. IDIOMAS **to twist the ~ in the wound** remexer num assunto desagradável; **the knives are out** (fig) é a guerra!.
knife-edge *n* **to be on a ~** estar no fio da navalha; **to be living on a ~** estar à beira do abismo.
knight [nɑɪt] **1** *n* **a**) (gen) HIST cavaleiro *m*; **b**) GAMES (in chess) cavalo *m*. **2** *vtr* armar alg cavaleiro [*person*].
knighthood ['nɑɪthʊd] *n* **a**) (the title) título *m* de cavaleiro; **b**) (chivalry) cavalaria *f*.
knit [nɪt] **1** *n* (garment) peça *f* de malha. **2** *vtr* tricotar [*sweater*] (**for** para); **to ~ sb a sweater** tricotar uma camisola para alg; **~ one, purl one** uma malha pelo direito, outra pelo avesso; (fig). **3** *vi* **a**) [*person*] tricotar, fazer malha; **b**) [*broken bones*] soldar-se, consolidar-se. **4 knitted** *pp adj*

[*garment*] de malha. IDIOMAS **to ~ one's brows** franzir o sobrolho. ■ **knit together a)** [*bones*] consolidar-se; **b)** [*community*] unir-se; **~ (sth) together, ~ together (sth) a)** tricotar ao mesmo tempo [*colours, strands*]; **b)** interligar [*themes, ideas*]; **c)** unir [*community, group*]. ■ **knit up:** **~ (sth) up, ~ up (sth)** [*person*] tricotar [*wool, garment*].

knitting ['nɪtɪŋ] **1** *n* tricô *m*; **pass me my ~** passa-me o tricô. **2** *modif* [*bag*] de tricô; [*machine, needle*] de tricotar.

knives [nɑɪvz] *pl* see **knife**.

knob [nɒb] *n* **a)** (of drawer) puxador *m*; (of door) maçaneta *f*; (of cane) castão *m*; **b)** (on bannister, balustrade, furniture) maçaneta *f*; **c)** (control button) botão *m*; **d)** (small piece) (of butter) noz *f*; (of coal) pedaço *m*.

knobbly GB, **knobby** US ['nɒb(l)ɪ] *adj* [*tree bark*] nodoso,-a; [*knees*] ossudo,-a.

knock [nɒk] **1** *n* **a)** (blow) golpe *m*; pancada *f*; **~ on the head** uma pancada na cabeça; **b)** (sound) batimento *m*; pancada *f*; **~ at the door** pancada na porta; **c)** (fig) (setback) revés *m*; golpe *m*; **d)** (fig) (criticism) crítica *f* dura; **you must learn to take the ~s** tens de aprender a encaixar (as críticas). **2** *vtr* **a)** (strike) bater em [*object*]; **to ~ one's arm/head** bater com o braço/a cabeça em ou contra; **to ~ sb on the arm/ head with** bater no braço/na cabeça de alg com; **b)** (cause to move) bater em, chocar com; **to ~ sth along** *or* **across** projectar qq coisa através de; **to ~ sb/sth to the ground** fazer alg/algo cair por terra; **to ~ sb off balance** fazer alg perder o equilíbrio; **to ~ sb flat** estender alg por terra; **c)** (coll) (criticize) criticar [*method, achievement*]; denegrir [*person*]. **3** *vi* **a)** (make sound) [*object*] bater (**on, against** contra); [*person*] bater (**on** a); **b)** (collide) **to ~ into** *or* **against** colidir, esbarrar-se contra; **to ~ into each other** chocar um contra o outro. IDIOMAS **his knees were ~ing** os joelhos tremiam-lhe de medo. ■ **knock about, knock around** (coll) **~ about (sth)** [*object*] arrastar por [*house, area*]; (coll) **~ about with** andar com [*person*]; (coll) **~ (sb) about** maltratar. ■ **knock back:** **~ back (sth), ~ (sth) back a)** (return) [*player*] devolver [*ball*]; **b)** (affect adversely) enfraquecer; **c)** (coll) (drink) beber com sofreguidão [*drink*]. ■ **knock down, ~ (sb/sth) down, ~ down (sb/ sth) a)** (cause to fall) [*aggressor*] deitar por terra [*victim, opponent*]; [*police*] derrubar [*door*]; [*builder*] deitar abaixo [*building*]; [*person, wind*] derrubar [*person, object, fence*]; [*vehicle*] atropelar [*person*]; **b)** (cause to reduce) [*buyer*] fazer baixar [*price*]; [*seller*] baixar [*price*]; **c)** (allocate) [*auctioneer*] atribuir (qq coisa) como vendida [*lot*]. ■ **knock off** (coll) **~ off** [*worker*] parar de trabalhar; **~ (sb/sth) off, ~ off (sb/sth) a)** (cause to fall) [*person, blow, force*] fazer cair [*person, object*]; **b)** (reduce) [*person*] fazer um desconto de [*amount, percentage*]; **c)** (coll) (steal) fanar (cal); **d)** (coll) (stop) **~ it off!** basta!. ■ **knock out:** **~ (sb/sth) out, ~ out (sb/ sth) a)** (dislodge) [*person, blow*] partir [*tooth*]; [*person, blow*] arrancar [*nail, support*]; **b)** (empty) [*person*] esvaziar [*pipe*]; **c)** SPORT (eliminate) eliminar [*opponent, team*]; **d)** (coll) (make un-

conscious) [*boxer*] mandar ao tapete [*opponent*]; [*drug*] adormecer; [*person, blow*] aturdir; **e)** (destroy) destruir [*tank, factory*]; **f)** (coll) (overwhelm) maravilhar [*observer, recipient*]. ■ **knock over:** **~ (sb/sth) over, ~ over (sb/sth)** derrubar [*person, animal, object*]. ■ **knock together:** **~ (knees, objects)** entrechocar-se; (coll) **~ (sth) together, ~ together (sth) a)** (create) fazer [*furniture, shelter*]; cozinhar [*meal*]; organizar [*show, reception*]; **b)** (bang together) chocar um contra o outro. ■ **knock up** SPORT fazer o aquecimento, batendo bolas; **~ (sth) up, ~ up (sth) a)** (coll) (make) fazer [*furniture, shelter*]; **b)** SPORT [*competitor, player*] totalizar [*points*]; **~ (sb) up, ~ up (sb)** (awaken) acordar.

knockdown *adj* [*price*] de liquidação.

knocker ['nɒkə(r)] *n* (on door) batente *m*; aldraba *f*.

knock: **~-kneed** *adj* [*person*] de pernas tortas; **~ knees** *npl* joelhos *mpl* metidos para dentro; **~-out 1** *n* **a)** (in boxing) knock-out *m*; **to win by a ~-out** ganhar por knock-out; **b)** (coll) (sensational) sucesso *m*; **to be a ~-out** [*show*] ser um sucesso; **to look a ~-out** parecer um espanto (fam). **2** *modif* **a)** SPORT [*competition*] com eliminatórias; **b)** (incapacitating) [*pill, injection*] calmante, sedativo; **~-out blow** golpe *m* fatal; **c)** (brilliant) [*idea*] brilhante.

knoll [nəʊl] *n* outeiro *m*.

knot [nɒt] **1** *n* **a)** (tied part) nó *m*; **to tie sth in a ~** dar um nó em qq coisa; **b) to comb the ~s out of one's hair** desembaraçar o cabelo com um pente; **c)** (fig) (group) pequeno grupo *m* (**of** de); **d)** (fig) (tense feeling) **to have a ~ in one's stomach** ter um nó no estômago; **e)** NAUT nó *m*; **to travel at 15 ~s** navegar à velocidade de 15 nós. **2** *vtr* (*past, pp* **knotted**) dar nó em [*strings, ends, handkerchief*]; **to ~ one's tie** fazer um nó na gravata. IDIOMAS **to do sth at a rate of ~s** fazer qq coisa a toda a pressa; (fig) **to get tied up in ~s** ficar embaraçado.

knotty ['nɒtɪ] *adj* **a)** (fig) [*problem*] difícil, complicado,-a; **b)** [*wood, pine*] com nós, nodoso,-a.

know [nəʊ] **1** *vtr* (*past* **knew** *pp* **known**) **a)** (have knowledge of) conhecer [*person, place, characteristics, name, taste, opinion, etc*]; saber [*answer, language, reason, truth, words*]; **he ~s everything/nothing** ele sabe tudo/ele não sabe nada; **to ~ sb by sight/name** conhecer alg de vista/nome; **to ~ sth by heart** saber ou conhecer qq coisa de cor; **to ~ how to** [*swim, drive, read*]; (stressing method) saber como [*improve, solve, use*]; **to ~ for certain** *or* **for sure that** saber de certeza que; (coll) **you ~ what children are** tu sabes como são as crianças; **to ~ sb/sth as** conhecer alg/algo sob o nome de; **Edward, better ~n as Ted** Edward, mais conhecido como Ted; (formal) **to ~ sb for** *or* **to be** saber que alg é; (formal) **I ~ him for** *or* **to be a liar** eu sei que ele é um mentiroso; **to let it be** *or* **make ~n that...** fazer saber que...; **he is ~n to the police** ele é conhecido da polícia; **as you well ~** como sabe(m); **as well she ~s** ela sabe-o perfeitamente; (fig, coll) **to ~ one's way around** saber desenvencilhar-se; **I ~ that for a fact** tenho a certeza absoluta; **I ~ what! you could...** tenho uma ideia! tu podias...; **b)** (feel certain) estar certo de, ter a certeza de; **I knew it!** eu sabia!; **I don't ~ that I want to go really** não tenho a certeza absoluta de querer ir; **c)** (realize) aperceber-se de; **do you ~ how expensive that is?** já pensaste como isso é caro?; **she doesn't ~ just how lucky she's been** ela não se apercebe da sorte que tem tido; **d)** (recognize) reconhecer (**by** por); **to ~ sb/sth from sb/sth** saber distinguir alg/qq coisa de outra pessoa/outra coisa; **e)** (acknowledge) **to be ~n for sth/for doing** ser conhecido por qq coisa/por fazer. **2** *vi* (*past knew pp* **known**) **a)** (have knowledge) saber; **to ~ about** (have information) estar ao corrente de [*event*]; (have skill) ser perito em [*computing, engines*]; **to ~ of** (from experience) conhecer; (from information) ter ouvido falar de; **not that I ~ of** não, que eu saiba; (formal) **to let sb ~ of** *or* **about** ter alg ao corrente de [*plans, arrangement, job*]; **we'll let you ~** nós mantemo-lo informado ou ao corrente; (coll) **how should I ~!** como queres que eu saiba!; **you ~ better than to argue with him** seria melhor não discutires com ele; **b)** (feel certain) **"he won't win"-"oh, I don't ~"** "ele não vai ganhar"-"olha que não sei"; **I don't ~ about you but...** não sei o que pensas mas.... IDIOMAS **not to ~ which way to look** (fig) não saber onde se meter; **not to ~ whether one is coming or going** não saber o que se está a fazer, estar confuso; (coll) **to be in the ~** estar bem informado; **well what do you ~!** (iron) mas que surpresa!.

know: (coll) **~-all** *n* sabichão,-ona *m/f*; **~-how** *n* experiência *f*.

knowing ['nəʊɪŋ] *adj* [*look, smile*] conhecedor, a, entendido,-a.

knowingly ['nəʊɪŋlɪ] *adv* **a)** (intentionally) [*offend, mislead*] deliberadamente; **b)** (with understanding) [*smile, look*] com um ar entendido.

knowledge ['nɒlɪdʒ] *n* **a)** (awareness) conhecimento *m*; (formal) **to bring sth to sb's ~** levar qq coisa ao conhecimento de alg; **without sb's**

~ sem o conhecimento de alg; with the full ~ of com o conhecimento de; **b)** (factual wisdom) (gen) conhecimentos *mpl*; saberes *mpl*; **all branches of ~** todos os ramos do saber.

knowledgeable ['nɒlɪdʒəbl] *adj* [*person*] entendido, versado; [*article*] bem documentado (**about** sobre); **to be ~ about** [*person*] conhecer bem [*subject*].

known [nəʊn] **1** *pp* see know. **2** *pp adj* **a)** [*authority, danger, source*] reconhecido,-a; **b)** [*celebrity, cure*] conhecido,-a; **the most dangerous substance ~ to man** a substância mais perigosa conhecida do homem ou que o homem conhece.

knuckle ['nʌkl] *n* **a)** (of person) articulação *f*; nó *m* (dos dedos); **to crack one's ~s** fazer estalar os dedos; **to get a rap over the ~s** (fig) ser repreendido; **b)** (on animal) junta *f*; (as joint of meat) (of lamb, mutton, pork) pernil *m*. ■ **knuckle down** (coll) dispor-se a. ■ **knuckle under** ceder, submeter-se.

knuckle-duster *n* instrumento *m* de metal que protege os nós dos dedos e intensifica a força dos socos.

koala (bear) [kəʊˈɑːlə(beə(r))] *n* coala *m*.

Koran [kɔːˈrɑːn, kəˈrɑːn] *n* **the ~** o Corão *m*.

Korea [kəˈrɪə] *pr n* Coreia *f*.

Korean [kəˈriːən] **1** *n* **a)** (person) coreano,-a *m,f*; **b)** LING coreano *m*. **2** *adj* coreano,-a; **the ~ War** a Guerra da Coreia.

kosher ['kəʊʃə(r), 'kɒʃə(ʀ)] *adj* **a)** RELIG [*meat, food, restaurant*] kosher; **b)** (coll) (fig) **it's ~** está impecável; **there's something not quite ~ about it** isso não é lá muito católico.

kowtow [kaʊˈtaʊ] *vi* (pej) curvar a espinha; **to ~ to sb** adular alg (pej).

Kremlin ['kremlɪn] *pr n* **the ~** o Kremlin *m*.

kudos ['kjuːdɒs] (coll) *n* glória *f*; fama *f*.

kW abrev = **kilowatt** kW.

l, L [el] *n* **a)** (letter) l, L *m*; **b) L** abrev = **litre(s)**
GB, **liter(s)** US l; **c)** L; GB AUT abrev = **Learner**
aluno *m* de escola de condução; **d)** L abrev =
Lake; **e)** L abrev = **left**; **f)** l abrev = **line** (in
poetry) v; (in prose) l; **g)** L abrev = **large** L.
lab [læb] *n* see **laboratory**.
label ['leɪbl] **1** *n* **a)** (on clothing, jar) etiqueta *f*;
b) (fig) rótulo *m*; **to hang** *or* **stick** *or* **(coll) slap**
a ~ on sb/sth rotular alg/algo; **c)** LING etiqueta
f; **d)** (*also* **record ~**) etiqueta *f*; **on the Bluenote**
~ produzido pelo Bluenote. **2** *vtr* (*pres p etc* **-ll-**)
a) (lit) (stick label on) etiquetar [*clothing, jar,*
bottle, luggage]; **b)** (fig) classificar, rotular (pej)
[*person, work*] (**as** de, como).
labor *n* US see **labour**.
laboratory [ləˈbɒrətəry] *n* laboratório *m*.
laborious [ləˈbɔːrɪəs] *adj* laborioso,-a.
labour GB, **labor** US ['leɪbə(r)] **1** *n* **a)** (gen)
(work) trabalho *m*; labor *m*; **b)** IND (workforce)
mão-de-obra *f*; **to withdraw one's ~** fazer greve; **c)** MED trabalho *m* de parto; **to go into** *or*
begin ~ começar a ter contracções ou entrar em
trabalho de parto. **2** *modif* IND [*costs*] de mão-
-de-obra; **~ dispute** conflito *m* entre o patronato
e os trabalhadores; **~ leaders** responsáveis *mpl*
sindicais; **~ shortage** falta de mão-de-obra. **3** *vi*
a) (work, try hard) trabalhar duramente (**at** em;
on em); **b)** (have difficulties) ter dificuldade em
(**to do** fazer); **c) to ~ under sth** ser vítima de
[*delusion, illusion, misapprehension*]. **IDIOMAS**
a ~ of love um trabalho feito por gosto.
labour: ~ camp *n* campo *m* de trabalhos forçados; **L~ Day** US *n* Dia *m* do Trabalhador (1.º de
Maio).
laboured GB, **labored** US ['leɪbəd] *adj* [*breath-*
ing] difícil; [*movement*] penoso,-a; [*joke,*
humour, speech] pesado,-a.
labourer GB, **laborer** US ['leɪbərə(r)] *n* operário
m.
labour: L~ Exchange *n* GB Bolsa *f* de Emprego;
~ force *n* mão-de-obra *f*; **~-saving** *adj* [*equip-*
ment, feature, system] que facilita ou poupa trabalho; **~-saving device** electrodoméstico *m*.
labyrinth ['ləbərɪnθ] *n* MYTHOL, (fig) labirinto
m.
lace [leɪs] **1** *n* **a)** (fabric) renda *f*; **b)** (on shoe,
boot) atacador *m* PO, cadarço *m* BR; (on tent)
cordão *m*. **2** *modif* [*curtain, dress, handkerchief*]
em ou de renda. **3** *vtr* **a)** (tie) atar [*shoes, cor-*
set]; prender [*tent flap*]; **b)** (add substance to) **to**
~ a drink (with alcohol) misturar bebidas; (with
poison) juntar veneno a uma bebida. **4** *vi* (*also* ~
up) [*shoes, corset, dress*] apertar.
lacerate ['læsəreɪt] *vtr* lacerar.
laceration [læsəˈreɪ/n] *n* (gen) laceração *f*.
lack [læk] **1** *n* falta *f*; **~ of food** falta de comida;
for *or* **through ~ of** por falta de. **2** *vtr* faltar
[*confidence, humour, funds*]. **3** *vi* **to be ~ing** faltar; **to be ~ing in** ter falta de.

lackey ['lækɪ] *n* lacaio *m* (also fig, pej).
lacklustre GB, **lackluster** US ['læklʌstə(r)] *adj*
[*person, performance, style*] sem brilho, sem
graça.
laconic [ləˈkɒnɪk] *adj* lacónico,-a.
lacquer ['lækə(r)] **1** *n* **a)** (varnish) laca *f*; **b)** ART
(ware) artigos *mpl* lacados. **2** *vtr* lacar [*surface*];
pôr laca PO, laquê BR em [*hair*].
lacy ['leɪsɪ] *adj* em ou de renda.
lad [læd] (coll) *n* (boy) rapazito *m*; moço *m*; rapaz *m*.
ladder ['lædə(r)] **1** *n* **a)** (for climbing) escadote
m; **social ~** escada *f* social; **b)** (in stockings)
malha *f* caída. **2** *vtr, vi* (of stockings) cair ou
deixar cair malhas.
laddie ['lædɪ] (coll) *n* SCOT rapazote *m*; garoto *m*
PO, guri *m* BR.
laden ['leɪdn] *pp adj* [*lorry, hold*] carregado,-a;
~ with carregado de [*supplies, fruit*]; (fig, liter)
subjugado,-a por [*remorse, guilt*].
ladle ['leɪdl] **1** *n* **a)** CULIN concha *f* (de sopa); **b)**
IND colher *f* de fundição. **2** *vtr* servir (qq coisa)
com uma concha [*soup, sauce*]. ■ **ladle out**: **~**
(sth) out, ~ out (sth) a) servir com uma concha; **b)** (fig) desfazer-se em [*compliments*]; prodigalizar [*money, information, advice*].
lady ['leɪdɪ] **1** *n* (*pl* **ladies**) **a)** (woman) senhora
f; **my dear ~** minha cara senhora; **ladies and**
gentlemen minhas senhoras e meus senhores;
b) (aristocrat) aristocrata *f*; (fig) (with good
manners) dama *f*; senhora *f*; **she's a real ~** ela é
uma verdadeira senhora; **c)** (mistress) **the ~ of**
the house a dona de casa. **2 Ladies** *npl* (as
sign) casa *f* de banho das senhoras PO, banheiro
m BR das senhoras; **where's the Ladies?** onde é
a casa de banho PO/o banheiro BR das senhoras?.
lady: ~bird *n* joaninha *f*. (coll) **~-killer** *n* mulherengo *m*.
ladylike ['leɪdɪlɑɪk] *adj* [*person, behaviour*]
distinto,-a; **it is not ~ to do** uma senhora não
faz isso.
lady's finger *n* CULIN vulnerária *f*.
Ladyship ['leɪdɪʃɪp] *n* **her/your ~** Sua/Vossa
Senhoria.
lady's maid *n* criada *f* de quarto.
lag [læg] **1** *n* **a)** (time period) (lapse) lapso *m*;
(delay) atraso *m*; **b)** (criminal) **old ~** cadastrado
m. **2** *vtr* (*pres p etc* **-gg-**) revestir com isolante
térmico [*pipe, tank*]; isolar [*roof*]. **3** *vi* [*person,*
prices] não acompanhar; **~ behind (sb/sth)** arrastar atrás [*person*]; (fig) estar atrasado em relação a [*rival, product*].
lager [lɑːgə(r)] *n* cerveja *f* branca.
lagging ['lægɪŋ] *n* (material) revestimento *m*
isolante.
lagoon [ləˈguːn] *n* lagoa *f*.
laid [leɪd] *past, pp* see **lay**.

laidback ['leɪdbæk] (coll) *adj* descontraído,-a.
lain [leɪn] *pp* see **lie**.
lair [leə(r)] *n* toca *f*; covil *m*.
laird ['leəd] *n* SCOT proprietário *m* rural.
lake [leɪk] *n* lago *m*. IDIOMAS (coll) **go and jump in the** ~ vai ver se chove (fam).
lakeside ['leɪksɑɪd] **1** *n* **by the** ~ à beira do lago. **2** *modif* [*cafe, scenery*] à beira do lago.
lama ['lɑːmə] *n* RELIG lama *m*.
lamb [læm] **1** *n* **a)** (animal) cordeiro *m*; **b)** CULIN borrego *m*; **leg of** ~ perna *f* de borrego; **c)** (term of endearment) cordeirinho *m*; anjinho *m*. **2** *modif* CULIN [*chops, stew*] de borrego. **3** *vi* [*ewe*] parir.
lambast(e) [læm'bæst, læm'beɪst] *vtr* **a)** (beat) bater em; **b)** (censure) criticar severamente [*person, organization*].
lamb: ~**skin** *n* pele *f* de borrego; carneira *f*; ~**'s wool** *n* lã *f* de ovelha.
lame [leɪm] **1** *adj* **a)** [*person, animal*] coxo,-a; **b)** (fig) [*excuse, argument*] pouco convincente, fraco,-a. **2** *vtr* aleijar, estropiar [*person, animal*].
lame duck 1 *n* deficiente *m/f*. **2** *modif* [*government, company, leader*] incapaz.
lament [lə'ment] **1** *n* **a)** (expression of grief) lamentação *f*; lamento *m* (**for** por); (fig) (complaint) queixa *f*; **b)** (poem) elegia *f* (**to sb** a alg). **2** *vtr* (grieve over) chorar [*wife, loss, death*]; (fig) (complain about) queixar-se de [*lack, weakness*]; **to** ~ **one's fate** queixar-se da sua sorte.
lamentable ['læməntəbl] *adj* lamentável.
lamentably [læməntəblɪ] *adv* lamentavelmente.
lamentation [læmən'teɪʃn] *n* lamentação *f*; "**L~s**" BIBLE o livro das Lamentações.
laminated ['læmɪneɪtɪd] *adj* [*plastic*] estratificado,-a; [*metal*] laminado,-a; [*wood*] contraplacado,-a; [*card, book, jacket*] plastificado,-a.
lamp [læmp] *n* lâmpada *f*; (with a lampshade) candeeiro *m*.
lampoon [læm'puːn] **1** *n* sátira *f*. **2** *vtr* satirizar [*person, institution*]; ~ **standard** *n* candeeiro *m* de iluminação pública.
lamp: ~**post** *n* candeeiro *m* de iluminação pública; ~**shade** *n* abat-jour *m*; quebra-luz *m*.
land [lænd] **1** *n* **a)** (terrain, property) terreno *m*; (very large) terras *fpl*; **the lie** GB *or* **lay** US **of the** ~ (fig) o estado em que estão as coisas; **b)** AGRIC (farmland, countryside) campo *m*; **c)** (country, nation) país *m*; **dry** ~ terra firme; ~ **ahoy!** NAUT terra à vista!; **by** ~ por terra. **2** *modif* **a)** [*clearance, drainage, development, use*] do terreno; [*worker*] agrícola; **b)** [*purchase, sale*] de terras; [*law*] agrário,-a; **c)** [*battle, defences, forces*] terrestre. **3** *vtr* **a)** AEROSP, AVIAT [*pilot*] aterrar [*aircraft*]; **b)** NAUT desembarcar [*person*] (**on** em); descarregar [*cargo, luggage, supplies*] (**on** em); **c)** FISHG apanhar, pescar [*fish*]; **d)** (coll, fig) conseguir [*job, contract, prize*]; **e)** (coll) **this is a fine mess you've ~ed me in!** meteste-me numa bela embrulhada! (fam); **f)** (coll) (deliver) dar [*blow, punch*]; **she ~ed him one (in the eye)** ela deu-lhe um soco (no olho). **4** *vi* **a)** AEROSP, AVIAT [*aircraft, balloon*] aterrar; [*passengers, crew*] desembarcar; **as the plane came in to** ~ assim que o avião se preparava para aterrar; **b)** NAUT [*passenger*] desembarcar;

[*ship*] acostar; **c)** SPORT (gen) [*gymnast, acrobat, person falling or jumping, hanglider*] tocar o solo. IDIOMAS **how the** ~ **lies** como param as coisas, em que estado é que as coisas estão. ■ **land up** ir parar a; **we ~ed up in Berlin** acabámos por ir parar a Berlim; **he ~ed up with the bill** a conta acabou por ir parar às mãos dele; **the stolen goods ~ed up in the river** a mercadoria roubada acabou por ir parar ao rio.
land agent *n* (on estate) feitor *m*; (broker) agente *m/f* imobiliário (de propriedades rústicas).
landed ['lændɪd] *adj* [*class*] rural.
landing ['lændɪŋ] *n* **a)** (at turn of stairs) patamar *m*; (storey) andar *m*; **b)** (from boat) (of people) desembarque *m*; (of cargo) descarga *f*; (from plane) (by parachute) aterragem *f*; **c)** AVIAT aterragem *f* (**on** em); **d)** SPORT (gen) (of falling person, athlete, hanglider) recepção *f*.
landing: ~ **card** *n* AVIAT, NAUT cartão *m* de desembarque; ~ **craft** *n* lancha *f* de desembarque; ~ **gear** *n* trem *m* de aterragem; ~ **stage** *n* cais *m* de desembarque.
landlady ['lændleɪdɪ] *n* (of lodgings) senhoria *f*; (of guesthouse) dona *f* de pensão.
land-locked *adj* (completely) fechado,-a; (almost) rodeado,-a de terras; **Switzerland is** ~ a Suíça é um país sem fronteiras marítimas.
landlord ['lændlɔːd] *n* (owner of property) proprietário *m*; (living in) senhorio *m*.
landmark ['lændmaːk] **1** *n* **a)** ponto *m* de referência; **b)** (fig) etapa *f* importante. **2** *modif* [*reform, speech, victory*] decisivo,-a.
land: ~ **mass** *n* massa *f* terrestre; ~ **mine** *n* MIL mina *f* terrestre; ~**owner** *n* proprietário *m* rural; latifundiário *m*.
landscape ['lændskeɪp, 'lænskeɪp] **1** *n* **a)** paisagem *f*. **2** *modif* **a)** ART, PHOT [*artist, painter, photographer*] paisagista; [*art of painting, photography*] paisagístico,-a; **b)** [*architecture, design, gardening*] paisagístico,-a. **3** *vtr* arranjar [*grounds*].
landslide ['lændslaɪd] **1** *n* **a)** (lit) desabamento *m* de terras; **b)** (fig) POL vitória *f* esmagadora. **2** *modif* POL [*victory, majority*] esmagador, a.
landslip *n* desabamento *m* de terras.
lane [leɪn] *n* **a)** (narrow road) (in country) caminho *m*; vereda *f*; (in town) ruela *f*; **b)** (of road) via *f*; AVIAT corredor *m*; NAUT rota *f*; **a three-~ road** uma estrada Po/rodovia BR com três vias.
language ['læŋgwɪdʒ] *n* **a)** (system) língua *f*; **b)** (of a particular nation) língua *f*; **c)** (words used by a particular group) linguagem *f*; **scientific** ~ ALSO COMPUT linguagem científica; **bad** *or* **strong** *or* **foul** ~ linguagem grosseira, palavrões *mpl*; "**watch your** ~! "não sejas malcriado!".
language laboratory, language lab *n* laboratório *m* de línguas.
languid ['læŋgwɪd] *adj* lânguido,-a.
languish ['læŋgwɪʃ] *vi* **a)** (remain neglected) **to** ~ **in jail** [*person*] apodrecer na prisão (fig); **b)** (lose strength) debilitar-se, enfraquecer; **c)** **to** ~ **for sb** ansiar por alg.
languor ['læŋgə(r)] *n* langor *m*.
languorous ['læŋgərəs] *adj* langoroso,-a.
lank [læŋk] *adj* [*hair*] liso,-a e fino,-a.
lanky ['læŋkɪ] *adj* alto,-a e magro,-a.
lantern ['læntən] *n* lanterna *f*.
lap [læp] **1** *n* **a)** (area of body) colo *m*; **in one's**

~ no colo de alg; **b)** SPORT (of track, racetrack) volta *f*; **a ten-~ race** uma corrida em 10 voltas; **c)** (part of journey) etapa *f*. **2** *vtr* **a)** SPORT ter uma volta de avanço sobre [*person*]; **b)** (drink) lamber [*water*]. **3** *vi* (splash) [*water*] marulhar (**against,** at contra; **on** sobre, em). IDIOMAS **to drop** *or* **fall into sb's** ~ cair no regaço como por milagre; **in the** ~ **of gods** na mão dos deuses; **in the** ~ **of luxury** no seio da riqueza. ■ **lap up**: ~ (**sth) up,** ~ **up (sth)** (lit) lamber [*milk, water*]; (fig) receber com sofreguidão [*compliment, flattery*].
lapel [lə'pel] *n* lapela *f*.
Lapland ['læplænd] *pr n* Lapónia *f*.
Lapp [læp] **1** *n* (person, language) lapão *m*. **2** *adj* lapão.
lapse [læps] **1** *n* **a)** (slip) lapso *m*; falha *f*; **a** ~ **of memory** uma falha ou um lapso de memória; **b)** (moral error) deslize *m*; **c)** (interval) intervalo *m*; lapso *m*. **2** *vi* **a)** (drift) **to** ~ **into silence** calar-se; **to** ~ **into a coma** entrar em coma; **to** ~ **into bad habits** adquirir maus hábitos; **b)** [*right, patent, act, law*] prescrever; [*contract*] expirar, caducar; **~d** *pp adj* **a)** [*patent*] caducado,-a; **b) a ~d Catholic** um católico não praticante.
larceny ['lɑ:sənɪ] *n* roubo *m*; furto *m*.
larch [lɑ:t∫] *n* BOT larício *m*.
lard [lɑ:d] **1** *n* banha *f* (de porco). **2** *vtr* **a)** CULIN lardear [*meat*]; **b)** (fig) (embellish) **to** ~ **a speech with quotations** rechear um discurso com citações.
larder ['lɑ:də(r)] *n* despensa *f*.
large [lɑ:dʒ] **1** *adj* **a)** (big) [*area, car, city, feet, house*] grande; [*bowel, intestine*] grosso; **b)** (substantial) [*amount, fortune, sum*] grande, importante; [*crowd, family*] numeroso,-a; [*number, quantity, proportion, percentage*] grande; **c)** (fat) gordo,-a. **2 at** ~ *adj phr* **a)** (free) **the prisoner is still at** ~ o prisioneiro encontra-se ainda em liberdade; **b)** (in general) **society at** ~ a sociedade em geral. IDIOMAS **by and** ~ em geral; **to have a ~r than life personality** ter uma personalidade exuberante.
largely ['lɑ:dʒlɪ] *adv* [*ignored, obsolete, responsible*] em grande parte.
large-scale *adj* **a)** (detailed) em escala grande; **b)** (extensive) em grande escala.
largish ['lɑ:dʒɪ∫] *adj* [*amount, sum*] bastante grande; [*person*] bastante gordo,-a.
lark [lɑ:k] *n* **a)** ZOOL cotovia *f*; **he's always up with the** ~ ele levanta-se com o cantar do galo; **b)** (fun) brincadeira *f*. IDIOMAS **to sing like a** ~ cantar como um rouxinol. ■ **lark about, lark around** (coll) divertir-se.
larva ['lɑ:və] *n* (*pl* **-ae**) larva *f*.
laryngitis [lærɪn'dʒaɪtɪs] *n* laringite *f*.
larynx ['lærɪŋks] *n* laringe *f*.
lascivious [lə'sɪvɪəs] *adj* lascivo,-a.
laser ['leɪzə(r)] **1** *n* laser *m*. **2** *modif* [*beam, disc, show*] laser [*surgery, treatment*] feito com ou através dos raios laser.
lash [læ∫] **1** *n* **a)** ANAT pestana *f*; cílio *m*; **b)** (whipstroke) chicotada *f*. **2** *vtr* **a)** (whip) (lit) chicotear [*animal, person*]; (fig) [*rain*] bater com força em [*windows*]; [*storm*] varrer [*region*]; [*waves*] fustigar [*shore*]; **b)** (criticize)

(*so* ~ **into**) censurar [*person*]; **c)** (secure) amarrar (**to** a). ■ **lash out a)** (hit out) [*person*] tornar-se violento; **to** ~ **out at sb** [*person*] bater em alg; **b)** (spend freely) esbanjar; **to** ~ **out on (sth)** fazer uma loucura e comprar [*new coat, car*]; ~ **out at** *or* **against (sb/sth)** atacar alg violentamente.
lass [læs] *n* SCOT rapariga *f* PO, moça *f* BR.
lassie ['læsɪ] *n* SCOT rapariga *f* PO, moça *f* BR.
lasso [læ'səʊ, lə'su:] **1** *n* (*pl* **-oes**) laço *m*. **2** *vtr* laçar (qq coisa).
last [lɑ:st] **1** *n* **a)** (shoemaker's) forma *f*; **b)** (of people, occasions, sightings, tidings) **the** ~ o/a último/-a; **that was the** ~ **I ever saw of her** essa foi a última vez que a vi; **you haven't heard the** ~ **of this!** o assunto não fica assim!; **the** ~ **but one** o penúltimo,-a; **c)** (all that remains) **the** ~ o último. **2** *adj* **a)** (final, latest, remaining, last-mentioned) último,-a (*antes de n*); **for the** ~ **time, will you shut the door?** pela última vez, és capaz de fechar a porta?!; **they're dead, every** ~ **one of them** estão todos mortos; **his name is** ~ **but two on the list** o nome dele é o terceiro da lista a contar do fim ou é o antepenúltimo; **b)** (describing past time) último,-a ~ **week/year/month** (n)a semana passada/(n)o ano/mês passado; ~ **Christmas** (n)o último Natal; **in the** ~ **ten years** nos últimos dez anos; **Anne has been in Cambridge for the** ~ **8 months** a Ana está em Cambridge há 8 meses; ~ **night** (evening) ontem à noite; ~ **night** (night-time) esta noite ou na noite passada; **c)** (fig) (most unlikely) último,-a; **I'd be the** ~ **person to suggest that...** seria o último ou a última pessoa a sugerir que.... **3** *adv* **a)** (in final position) por último, em último lugar; **the Lotus came in** ~ o Lotus chegou em último lugar; **to leave** ~ ser o(s) último(s) a partir; **b)** (most recently) **I was** ~ **in Canada in 1976** a última vez que estive no Canadá foi em 1976. **4** *adv phr* **two tablets** ~ **thing at night** dois comprimidos antes de deitar; ~ **thing at Monday** na Segunda-Feira, ao fim do dia; **at** ~! até que enfim!; **at long** ~**, I've passed my driving test** finalmente, acabei por passar no exame de condução. **5** *vtr* **a loaf ~s me 2 days** um pão dá-me para 2 dias; **there's enough to** ~ **you a lifetime!** tens o suficiente até ao fim dos teus dias. **6** *vi* **a)** (extend in time) durar; **it won't** ~! isso não dura muito tempo!; **b)** (maintain condition) [*building, machine, fabric*] durar; [*perishables*] conservar-se. IDIOMAS **to leave sth till** ~ deixar qq coisa para a última. ■ **last out a)** (not run out) [*money*] chegar; [*supplies*] durar; **b)** (persist) [*person*] aguentar; **c)** (endure siege) [*inhabitants, town*] aguentar, resistir.
last-ditch *adj* [*attempt*] derradeiro,-a, desesperado,-a.
last: ~**-minute** *adj* [*change, cancellation*] de última hora; **L~ Supper** *n* Última Ceia *f*.
latch [læt∫] *n* (fastening) trinco *m*; fecho *m*. ■ **latch on** (coll) **to** ~ **on** (understand) compreender; **to** ~ **on to (sth) a)** (seize on) (lit) agarrar-se a [*handle, object*]; (exploit) explorar [*idea, trend*]; **b)** (realize) dar-se conta de [*truth, secret, tact*].
latchkey *n* chave *f* da porta da rua.

late [leɪt] **1** *adj* **a)** his ~ **arrival** a sua chegada tardia; **to take a ~ holiday** ir de férias no fim do Verão; **b)** (towards the end of a period of time) **to have a ~ night** deitar-se tarde; **at this ~ stage** nesta fase avançada, nesta altura do campeonato (fam); **in ~ January** nos finais de Janeiro; **in a ~r novel...** num romance posterior...; **have you heard the ~st news?** ouviram as últimas notícias?; (coll) **have you heard the ~st?** já sabem a última? (fam); **what's the ~st on her condition?** o que há de novo em relação ao estado de saúde dela?; **c)** (last minute) [*booking, cancellation, swing*] de última hora; **d)** (with reference to human life) **a ~ marriage** um casamento tardio; **to be a ~ starter** começou tarde; **she must be in her ~ fifties** ela deve estar perto dos 60; **e) in the ~ Middle Ages** HIST, ART na baixa Idade Média; **f)** (deceased) defunto, falecido; **my ~ husband** o meu falecido marido; **Miss Steward, ~ of 48 Temple Road...** ADMIN Miss Steward, que anteriormente morava em Temple Road, n.º 48. **2** *adv* **a)** (after the expected time) [*arrive, start, finish*] atrasado; **the train are running ~** os comboios andam atrasados; **I'm sorry I'm ~!** desculpe chegar atrasado; **b)** (towards end of time period) [*get up, open, close, end*] tarde; **to marry ~** casar-se tarde; **too ~!** demasiado tarde!; **~r on (in the interview)** mais tarde, ao longo da entrevista; **see you ~r!** até logo!. **3 of ~** *adv phr* ultimamente, recentemente.

latecomer [ˈleɪtkʌmə(r)] *n* retardatário *m*; (fig).
lately [ˈleɪtlɪ] *adv* recentemente, ultimamente.
lateness [ˈleɪtnɪs] *n* **a)** (being behind schedule) atraso *m*; **b)** hora *f* tardia; **because of the ~ of the hour** devido ao adiantado da hora.
latent [ˈleɪtənt] *adj* latente.
lateral [ˈlætərəl] *adj* lateral; **~ thinking** pensamento *m* lateral.
laterally [ˈlætərəlɪ] *adv* lateralmente.
latex [ˈleɪteks] *n* látex *m*.
lath [lɑ:θ] *n* ripa *f*; fasquia *f*.
lathe [leɪð] *n* torno *m* mecânico.
lather [ˈlɑ:ðə(r), ˈlæðə(r)] *n* **a)** (of soap) espuma *f*; **b)** (frothy sweat) espuma *f*; (coll) **he was in a real ~** ele estava muito excitado.
Latin [ˈlætɪn] **1** *n* **a)** LING latim *m*; **b)** (person) latino *m*. **2** *adj* **a)** LING de latim; **b)** [*person, culture, country, temperament*] latino,-a.
Latin: ~ America *n* América *f* latina; **~ American** *n, adj* latino-americano *m*.
latitude [ˈlætɪtjuːd] *n* latitude *f*.
latrine [ləˈtriːn] *n* latrina *f*.
latter [ˈlætə(r)] **1** *n* **the ~** o *m* último. **2** *adj* (second) último,-a; **the former or the ~ explanation** a primeira ou a segunda explicação; **in the ~ part of the century** na segunda metade do século.
latterly [ˈlætəlɪ] *adv* **a)** (recently) ultimamente; **b)** (in later times) nos últimos anos.
Latvia [ˈlætvɪə] *pr n* Letónia *f*.
Latvian [ˈlætvɪən] *n, adj* letão.
laudable [ˈlɔːdəbl] *adj* louvável.
laugh [lɑːf] **1** *n* riso *m*; **with a ~** rindo, a rir; **she gave a loud ~** ela deu uma gargalhada; **to do sth for a ~** *or* **for ~s** fazer qq coisa para rir; **their brother is a real ~** o irmão deles é bas-

tante engraçado. **2** *vi* rir (**about, over** acerca de, sobre); **to ~ at sb** (derisively) troçar de alg, rir-se de alg; **to ~ out loud** rir às gargalhadas; **to ~ to oneself** rir-se baixinho; **don't make me ~!** (iron) não me faças rir!; **to be able to ~ at oneself** ser capaz de se rir de si próprio. IDIOMAS **~ and the world with you, (weep and you weep alone)** (Prov) aquele que ri, está rodeado de amigos (o que chora, fá-los fugir); **he who ~s last ~s longest** (Prov) ri melhor quem ri por último (Prov); **to ~ in sb's face** rir nas barbas de alg. ■ **laugh off: to ~ off (sth), ~ (sth) off** desdramatizar (qq coisa) com brincadeiras [*mistake, defeat*]; rir de [*criticism, insult*]; **she ~ed the matter off** ela disfarçou o assunto rindo.
laughable [ˈlɑːfəbl] *adj* ridículo,-a.
laughing [ˈlɑːfɪŋ] *adj* [*person, eyes, face*] risonho,-a, alegre; **it's no ~ matter** isto não é para rir.
laughing gas *n* gás *m* hilariante.
laughingly [ˈlɑːfɪŋlɪ] *adv* [*say, explain*] a rir, rindo; **it is ~ called a hotel** chamam-lhe, na brincadeira, um hotel.
laughing stock *n* **he'll be the ~ stock of the neighbourhood** ele vai ser o motivo de chacota da vizinhança.
laughter [ˈlɑːftə(r)] *n* riso *m*; risada *f*; **to roar** *or* **howl with ~** rir às gargalhadas; **a fit of ~** um ataque de riso.
launch [lɔːntʃ] **1** *n* **a)** NAUT (*also* **motor ~**) (for patrolling) vedeta *f*; (for pleasure) barco *m* de recreio; **b)** (setting in motion) (of new boat, rocket) lançamento *m*. **2** *vtr* **a)** NAUT lançar à água [*dinghy, lifeboat, new ship*]; **b)** (fire) lançar [*missile, rocket*]; **c)** (start) lançar [*campaign, company, project*]; abrir [*investigation*]; pôr em acção [*plan*]. **3** *vi* **to ~ (forth) into sth** lançar-se em [*description, story*]. **4** *v refl* **to ~ oneself at sb/sth** lançar-se sobre alg/qq coisa.
launching pad *n* AEROSP rampa *f* de lançamento.
launder [ˈlɔːndə(r)] *vtr* **a)** lavar [*clothes, linen*]; **b)** branquear [*money, profits*].
launderette GB [lɔːndəˈret], **laundromat** US [ˈlɔːndrəmæt] *n* lavandaria *f* automática.
laundrette [lʌnˈdret] *n* GB see **launderette**.
laundromat [ˈlɔːndrəmæt] *n* US see **launderette**.
laundry [ˈlɔːndrɪ] *n* **a)** (place) lavandaria *f*; **b)** (linen) roupa *f* suja; **to do the ~** lavar a roupa.
laurel [ˈlɒrl] *n* louro *m*. IDIOMAS **to look to one's ~s** não deixar os seus créditos por mãos alheias; **to rest on one's ~s** não adormecer à sombra dos louros conquistados.
lav [læv] (coll) *n* GB abrev = **lavatory** casa *f* de banho.
lava [ˈlɑːvə] *n* lava *f*.
lavatory [ˈlævətərɪ] *n* casa *f* de banho.
lavatory paper *n* papel *m* higiénico.
lavender [ˈlævɪndə(r)] *n* lavanda *f*; alfazema *f*.
lavish [ˈlævɪʃ] **1** *adj* [*party, home, lifestyle*] sumptuoso,-a; [*hospitality*] generoso,-a; **to be ~ with sth** ser pródigo em qq coisa. **2** *vtr* esbanjar [*money*] (**on** em); **to ~ praise on sth/sb** ser pródigo em elogios a qq coisa/alg.
lavishly [ˈlævɪʃlɪ] *adv* [*decorated, furnished*] luxuosamente; [*spend*] à grande; [*entertain, give*] generosamente.

law [lɔ:] *n* **a**) (rule) JUR lei *f*; **b**) (body of rules) lei *f*; regulamento *m*; **it's against the** ~ é contra a lei; **under Italian** ~ segundo a lei Italiana; **by** ~ de acordo com a lei ou por lei; **c**) (justice) justiça *f*; **court of** ~ tribunal *m* de justiça; **to go to** ~ **(about** *or* **over sth)** recorrer à justiça (por qq coisa); **to take the** ~ **into one's own hands** fazer justiça por suas próprias mãos; **d**) (coll) (police) polícia *f*; **I'll have the** ~ **on you!** vou chamar a polícia!; **e**) (academic discipline) direito *m*; **to study** ~ estudar direito.

law: ~**-abiding** *adj* respeitador, a da lei; ~**-breaker** *n* infractor *m*; transgressor *m*; ~ **court** *n* tribunal *m*.

lawful ['lɔ:fl] *adj* [*custody, owner, strike*] legal; [*conduct*] lícito,-a; [*wife, husband*] legítimo,-a.

lawfully ['lɔ:fəlɪ] *adv* legalmente.

lawless ['lɔ:lɪs] *adj* **a**) [*streets, district, period*] sem lei; **b**) [*person*] rebelde.

lawn [lɔ:n] *n* relvado *m*.

lawn: ~**mower** *n* máquina *f* de cortar relva; ~ **tennis** *n* ténis *m*.

law suit *n* processo *m* PO, transcurso *m* BR; acção *f* judicial; **to bring a** ~ **against** intentar um processo contra alg.

lawyer ['lɔ:jə(r), 'lɔɪə(r)] *n* advogado *m*; **to hire a** ~ contratar um advogado; **defence/prosecution** ~ advogado de defesa/de acusação.

lax [læks] *adj* [*law, regulation, government*] brando,-a; [*security*] negligente.

laxative ['læksətɪv] *n, adj* laxante *m*.

laxity ['læksɪtɪ], **laxness** ['læksnɪs] *n* frouxidão *f*; relaxamento *m*.

lay [leɪ] **1** (*past*) see **lie**. **2** *adj* **a**) (gen) [*helper, worker*] não iniciado,-a, leigo,-a; ~ **person** leigo,-a; **b**) RELIG [*preacher, member, reader*] laico,-a; ~ **brother/sister** irmão *m*/irmã *f* laico/a. **3** *vtr* (*past, pp* **laid**) **a**) (lit) (place) pôr, colocar; (spread out) estender [*rug, blanket, covering*]; (arrange) dispor; (ceremonially, as offering) depor; deitar [*baby, patient*]; **he laid his cheek against hers** ele encostou a cara dele à dela; **to** ~ **hands on sth** (fig) (find) achar algo; **to** ~ **hands on sb** RELIG colocar as mãos sobre alg; **to** ~ **a finger on sb** (beat) bater em alg; **b**) (lit) (set for meal) pôr [*table, cutlery, crockery*]; ~ **an extra place!** põe mais um lugar na mesa!; **c**) (prepare) (lit, fig) preparar [*fire, plan trail*]; lançar [*basis, foundation*]; preparar [*trap*]; **d**) CONSTR, HORT, MIL colocar [*carpet, bricks, ruin, drain*]; construir [*railway, road, sewer*]; **e**) ZOOL pôr [*egg*]; **f**) (fig) (attribute) impor [*burden*] (**on** a); atribuir [*charge, accusation*]; apresentar [*complaint*]; lançar [*curse, spell*] (**on** sobre); **to** ~ **stress/emphasis on sth** pôr ênfase em algo; **g**) (bet) apostar [*money, odds, stake*]. **4** *vi* AGRIC, ZOOL pôr ovos. ■ **lay about:** ~ **about (sb)** encher (alg) de pancada. ■ **lay aside:** ~ **aside (sth),** ~ **(sth) aside a**) (lit) (for another activity) pousar [*book, sewing, toy*]; (after one stage in process) pôr de lado (algo) [*part-finished dish, model*]; **b**) (fig) (relinquish) abandonar [*studies, cares*]; pôr de parte [*responsibility, principlefeeling, suspicion, doubt*]. ■ **lay before:** ~ **(sth) before** submeter a [*law, bill*]; expor a [*case, facts, evidence*]. ■ **lay by** NAUT ser posto em doca seca; ~ **by (sth),** ~ **(sth) by** pôr

(algo) de lado. ■ **lay down:** ~ **down (sth),** ~ **(sth) down a**) (lit) deitar [*object, baby, patient*]; estender [*rug, blanket*]; **b**) (lit) (put down) pousar [*reading, matter, burden, suitcase*]; depor [*weapon, arms*]; **c**) (fig) (relinquish) demitir-se de [*office*]; renunciar a [*rank, title, ideas*]; **d**) (fig) (establish) estabelecer [*rule, procedure, plan*]; pôr [*condition*]; dar [*order*]; fixar [*price, charge, wage*]; **it is laid down that** ADMIN fica estipulado que. ■ **lay in:** ~ **in (sth),** ~ **(sth) in** armazenar PO, estocar BR [*supplies*]. ■ **lay into:** ~ **into (sb) a**) (lit) bater em (alg); **she laid into me** ela bateu-me; **b**) (fig) (abuse) cair em cima (fam). ■ **lay off** (stop) (coll) parar; ~ **off! it hurts!** pára! isso magoa!; ~ **off (sb),** ~ **(sb) off** (sack) despedir (alg); ~ **off (sb)** (leave alone) (coll) deixar (alg) em paz (fam). ■ **lay on:** ~ **on (sth),** ~ **(sth) on a**) (lit) (apply) aplicar [*paint, plaster*]; **b**) GB (lit) (install) instalar [*electricity, water*]; [*owner*] mandar instalar [*electricity, water*]; **c**) (supply) fornecer [*meal, food, service, transport*]; **d**) (organize) organizar [*excursion*]. ■ **lay open:** ~ **(sth) open** expor (**to** a); **to** ~ **oneself open to** expor-se a [*accusations, criticism, ridicule, exploitation*]. ■ **lay out:** ~ **(sth) out,** ~ **out (sth) a**) (lit) (spread out, display) expor [*goods, cards, food*]; (unfold) abrir [*map, fabric*]; **b**) (design) conceber [*house, shop, flat, book, magazine, advertisement*]; montar [*page*]; desenhar [*town, village, garden*]; **c**) (explain) expor [*reasons*]; **d**) (spend) esbanjar [*sum of money*]; **e**) (prepare for burial) arranjar para o funeral; **f**) (coll) (knock unconscious) pôr (alg) KO (fam). ■ **lay up:** ~ **up (sth),** ~ **(sth) up a**) (store away) (lit) armazenar PO, estocar BR [*food, supplies*]; (fig) acumular [*wealth*]; preparar-se [*trouble, problems*]; **b**) (confine to bed) obrigar a ficar de cama (fam); **to be laid up with** estar de cama com.

layabout ['leɪəbaʊt] *n* (pej, coll) mandrião *m*.

lay-by *n* GB TRANSP área de repouso.

layer ['leɪə(r)] **1** *n* (gen) (lit) camada *f*; ~ **of clothing** espessura *f* de roupa. **2** *vtr* **a**) HORT reproduzir por meio de rebentos; **b**) (hairdressing) fazer um corte escalado; **c**) (arrange in layers) dispor (algo) em camadas.

layer cake *n* bolo *m* recheado.

layman ['leɪmən] *n* (gen) leigo *m*; RELIG laico *m*.

lay-off [leɪɔf] *n* (permanent) afastamento *m* de serviço; (temporary) dispensa *f* temporária (de empregados).

layout ['leɪaʊt] *n* (of page, book, computer screen) paginação *f*; (of advertisement, article, building, premises) composição *f*; (of flat, rooms, playing cards) disposição *f*; (of town, estate, engine, machine) plano *m*; (of garden, park) desenho *m*; **road** ~ localização *f* da estrada PO/rodovia BR.

laze [leɪz] *vi* (*also* ~ **about,** ~ **around**) mandriar, descansar; **I like to** ~ **in bed at weekends** eu gosto de ficar na cama ao fim de semana.

lazily ['leɪzɪlɪ] *adv* [*move, walk*] com preguiça, com indolência.

laziness ['leɪzɪnɪs] *n* preguiça *f*; mandriice *f* (fam).

lazy ['leɪzɪ] *adj* [*person*] preguiçoso,-a, man-

drião,-ona (fam); [*smile, yawn*] indolente; [*movement, pace*] lento,-a.
lazybones *n* mandrião,-ona *m/f* (fam).
lb abrev = **pound** libra *f.*
lead[1] [led] *n* **a)** (metal) chumbo *m*; (coll, fig) (bullets) ameixa *f* (cal); chumbo *m*; **b)** (graphite) (in pencil) mina *f*. IDIOMAS (coll) **to fill** *or* **pump sb full of** ~ crivar alg de balas.
lead[2] [li:d] **1** *n* **a)** (winning position) **to be in the** ~, **to have the** ~ estar na frente; **to go into** *or* **move into** *or* **take the** ~ tomar a dianteira; **b)** (amount of time, distance, points) vantagem *f*; **to increase/hold one's** ~ aumentar/manter a vantagem; **to have the** ~ **in medical research** estar à frente no que respeita à investigação médica; **c)** (fig) (initiative) **to take the** ~ **in doing sth** tomar a iniciativa de fazer qq coisa; **d)** (fig) (example) exemplo *m*; **to follow sb's** ~ seguir o exemplo de alg; **e)** (clue) pista *f*; **f)** THEAT, CIN (role) **the** ~ o papel principal; **g) the** ~ JOURN o parágrafo-guia; **h)** GB (for dog) trela *f*; **on a** ~ pela trela; **i)** ELEC (wire) fio *m* eléctrico. **2** *modif* [*guitarist*] primeiro; [*role, singer*] principal. **3** *vtr* (*past, pp* led) **a)** (guide, escort) levar, conduzir, guiar [*person*]; levar [*animal*]; **to** ~ **sb into the garden** levar alg ao jardim; **to** ~ **the way** (going first) tomar a dianteira; (guiding) mostrar o caminho; **b)** (be at front of moving group) estar à cabeça de qq coisa [*procession, parade*]; **c)** (act as a leader) conduzir, comandar [*army, expedition, attack*]; dirigir [*orchestra, sports team*]; encabeçar [*strike, demonstration, rebellion*]; **to** ~ **the dancing** abrir o baile; **d)** SPORT (be ahead of opponent) **he is** ~**ing his closest rival by 15 m** ele tem um avanço de 15 m sobre o seu mais próximo adversário; **e)** COMM, IND, TECH (be advanced, successful) **to** ~ **the market** liderar o mercado. **4** *vi* **a)** (go first, ahead of others) ir ou passar à frente; **b)** (dance) conduzir; **c)** (take the initiative) tomar a iniciativa; **d) to** ~ **for the defence** JUR ser o advogado principal de defesa; **e)** (go) [*road, route*] ir dar (**to a**); **this road** ~**s back to the square** esta rua vai dar outra vez à praça; **f)** (give access) dar para, dar acesso a; **this door** ~**s to the hall** esta porta dá para o vestíbulo; **g)** (fig) (result in) **it was bound to** ~ **to trouble!** isso tinha de acabar mal!; **h) to** ~ **with a story** JOURN publicar um artigo na 1.ª página; **i)** GAMES (in cards) jogar em primeiro lugar. ■ **lead on**: ~ (**sb**) **on a)** (with false hopes) levar (alg) ao engano [*client, investor*]; **b)** (sexually) provocar (alg); **c)** (influencing behaviour) influenciar- (alg). ■ **lead up to**: ~ **up to** (**sth**) **a)** (precede) preceder, anteceder; **b)** (introduce) chegar a [*topic*].
leaden ['ledn] *adj* (made of lead) de chumbo; (lead coloured) [*sky, clouds*] plúmbeo,-a; (fig) [*silence*] opressivo,-a; [*footsteps, pace*] pesado,-a.
leader ['li:də(r)] *n* **a)** (chief, head) (of gang, group) chefe *m/f*; líder *m/f*; (of council, club, association) presidente *m/f*; (of team) capitão *m*; (of country, nation, party, opposition) dirigente *m/f*; (of army, troops) comandante *m*; **b)** (of expedition) responsável *m/f*; (of strike, rebellion) cabecilha *m/f*; (of project, operation) director *m*; **c)** SPORT (person, animal, in race or competition) primeiro *m*; líder *m*; **d)** JOURN editorial *m*.

leadership ['li:dəʃɪp] **1** *n* **a) the** ~ POL (people in control) os dirigentes *mpl*; (position of leader) direcção *f*; **b)** POL (time in power) **during her** ~ durante o seu mandato; **c)** (methods, style) liderança *f*; **to have** ~ **potential** ter qualidades de liderança. **2** *modif* [*struggle*] pelo poder; [*qualities*] de chefia.
lead-free *adj* sem chumbo.
leading ['li:dɪŋ] *adj* **a)** (top) [*lawyer, politician, academic, churchman*] eminente; [*brand*] dominante; [*position*] de primeiro plano; **b)** (at the front) [*division, aircraft*] da frente; **c)** SPORT (at top of league table, ranking top) no topo da classificação; **d)** THEAT, CIN (main) [*role*] principal.
leading: ~ **article** *n* editorial *m*; ~ **lady** *n* actriz *f* principal; ~ **light** *n* **a)** (in position of real power) pessoa *f* de destaque (**in em**); **b)** (in small local club, theatre) **he's one of the** ~ **lights of the Music Society** ele é um dos membros mais importantes da Sociedade Musical; ~ **man** *n* actor *m* principal; ~ **question** *n* questão *f* capciosa.
lead: ~ **pencil** *n* lápis *m* de grafite; ~ **poisoning** *n* saturnismo *m*.
leaf [li:f] *n* (*pl* **leaves**) **a)** (of plant) folha *f*; **lettuce** ~ folha *f* de alface; **to come into** ~ cobrir-se de folhas; **b)** (of paper, of gold, silver) folha *f*; (of book) página *f*; **c)** (of table) tábua *f* para alongamento. ■ **leaf through**: **to** ~ **through** (**sth**) folhear [*pages, papers, book*]. IDIOMAS **to shake like a** ~ tremer que nem varas verdes; **to take a** ~ **out of sb's book** inspirar-se em alg; **to turn over a new** ~ virar uma página; (fig) começar uma vida nova.
leaflet ['li:flɪt] **1** *n* (gen) folheto *m*; (**on, about** acerca de). **2** *vtr* **to** ~ **a town** [*political group*] cobrir uma cidade de propaganda.
leafy ['li:fɪ] *adj* **a)** [*tree, wood*] luxuriante, cheio,-a de folhas; **b)** [*suburb, area*] cheio,-a de árvores.
league [li:g] *n* **a)** (alliance) (gen) POL liga *f*; aliança *f*; **to be in** ~ **with** estar aliado a; **b)** SPORT GB (football) (competition) campeonato *m*; (association of clubs) liga *f*; (fig) nível *m*; **they're not in the same** ~ eles não são do mesmo nível; **to be in the big** ~ pertencer ao grupo da frente.
leak [i:k] **1** *n* **a)** (crack) (in container, roof) fenda *f*; (in vessel) rombo *m*; **to spring a** ~ [*pipe, tank*] haver uma fuga de água; **b)** JOURN (disclosure) fuga *f* (**about sth** sobre qq coisa); **a press/ newspaper** ~ uma fuga jornalística. **2** *vtr* **a)** (disclose) divulgar [*information, report, document, letter*]; **b)** (expel) vazar [*oil, solvent, effluent*] (**into** para dentro de). **3** *vi* **a)** [*container, tank, pipe, roof*] escoar; [*vessel*] meter água; **b)** (seep) [*chemical, liquid, gas*] escapar (**from/out of sth** de qq coisa); **to** ~ **into** [*sea, soil*] derramar-se para; **to** ~ **away** derramar-se. IDIOMAS **to take a** ~ (cold) ir urinar, aliviar-se. ■ **leak out** [*information, news, secret*] ser divulgado; [*water, chemicals gas*] derramar-se.
leakage ['li:kɪdʒ] *n* **a)** (leaking) fuga *f*; **b)** (of information, secrets) fuga *f*; **c)** COMM, MEAS (natural loss) perda *f*.
leaky ['li:kɪ] *adj* [*container, tap, pipe*] com fuga; [*vessel*] que mete água.

lean [liːn] **1** *adj* [*person, body, face*] magro,-a; (fig) (difficult) [*year, times*] das vacas magras, difícil. **2** *vtr* (*past, pp* **leaned** *or* **leant**); **to ~ one's head out of the window** debruçar-se da janela. **3** *vi* (*past, pp* **leaned** *or* **leant**) [*wall, building*] inclinar-se; **to ~ across the desk** debruçar-se por cima da secretária; **to ~ against a wall** (for support) apoiar-se na parede; (with one's back) encostar-se à parede; **to ~ back (in one's armchair)** recostar-se (no sofá); **to ~ on a stick** apoiar-se numa bengala; **to ~ over** debruçar-se sobre.

leaning ['liːnɪŋ] *n* (gift, predisposition) predisposição *f*; (tendency) tendência *f*; (inclination) inclinação *f*; **to have artistic ~s** ter inclinação para as artes. *adj* **the ~ tower of Pisa** a torre inclinada de Pisa.

leant [lent] *past, pp* see **lean**.

leap [liːp] **1** *n* (lit) (gen) salto *m*; pulo *m*; **in** *or* **at one ~** num salto ou num pulo; **a great ~ forward in sth** um grande salto em frente em relação a qq coisa; **"a giant ~ for mankind"** um passo gigante para a humanidade. **2** *vtr* (*pp, past* **leapt**) [lept] (USU GB **leaped**) [liːpt, lept] US **a)** saltar [*hedge, chasm*]; **b) to ~ 3 metres** dar um salto de três metros. **3** *vi* (*pp past* **leapt** [lept] GB **leaped** [liːpt, lept] USU US) **a)** [*person, animal*] saltar; **to ~ across** *or* **over sth** saltar por cima de qq coisa; **to ~ out of bed** saltar da cama; **b)** (fig) [*heart*] dar um salto (**with** de); **the words ~ed off the page at him** as palavras saltaram-lhe aos olhos; **c)** [*price, profit, charge, stock market*] trepar (**from** de; **to** até). IDIOMAS **look before you ~** (Prov) pensa antes de agir.

leapfrog ['liːpfrɒg] **1** *n* jogo *m* do eixo. **2** *vtr* (*pres p etc* **-gg-**) saltar por cima de [*obstacle*].

leapt [lept] GB *pp, past* see **leap**.

leap year *n* ano *m* bissexto.

learn [lɜːn] **1** *vtr* (*past, pp* **learned, learnt**) **a)** (through study, practice) aprender [*language, facts, trade*]; adquirir [*skills*]; **to ~ (how) to do sth** aprender a fazer qq coisa; **b)** (discover) **to ~ that** saber que. **2** *vi* aprender; **to ~ about sth** aprender qq coisa; **to ~ from** *or* **by experience** aprender através da experiência; **you'll ~!** um dia compreenderás!.

learned *adj* **a)** [lɜːnɪd] [*person, book, article*] erudito,-a; [*remark, speech*] sábio,-a; [*journal*] especializado,-a; **my ~ friend** JUR o meu douto colega; **b)** [lɜːnd] [*behaviour, response*] adquirido,-a.

learner ['lɜːnə(r)] *n* principiante *m/f*; aluno *m*; aprendiz *m*; **he's only a ~**; **she's a quick ~** ela aprende depressa.

learner driver *n* aquele *m* que está a aprender a conduzir.

learning ['lɜːnɪŋ] *n* **a)** (erudition) erudição *f*; **b)** (process) aprendizagem *f*.

learnt [lɜːnt] *past, pp* GB see **learn**.

lease [liːs] **1** *n* arrendamento *m*. **2** *vtr* alugar, arrendar [*house, premises, etc*]; alugar [*car*]. IDIOMAS **to give sb a new ~ of life** GB **a new ~ on life** US [*operation, new drug*] dar uma nova vida a alg; [*news, experience, holiday*] reanimar ou dar forças a alg.

lease: **~holder** *n* arrendatário *m*; **~ hold 1** *n* (tenure) arrendamento *m*. **2** *adj* [*property*] arrendado,-a.

leash [liːʃ] *n* (for dog) trela *f*; **on a ~** pela trela. IDIOMAS **to keep sb on a short** *or* **tight ~** ter alg sob rédea curta.

least [liːst] **1** *quantif* **(the) ~** (o) menos; (in negative constructions) (o) menor; **the ~ thing annoys him** ele aborrece-se com a mais pequena coisa; **I haven't the ~ idea** não tenho a menor ideia. **2** *pron* o menor, mínimo; **we have the ~** somos nós que temos menos; **it was the ~ I could do** foi o mínimo que pude fazer; **that's the ~ of our problems** esse é o menor dos nossos problemas. **3** *adv* **a)** (with adjective or noun) **the ~** (o) menos; **the ~ wealthy families** as famílias menos ricas; **b)** (with verbs) menos; **I like that one (the) ~** gosto menos desse; **nobody liked it, John ~ of all** *or* **~ of all John** ninguém gostava disso, o João ainda menos do que os outros. **4 at least** *adv phr* (at the minimum) pelo menos; **at ~ 50 people** pelo menos 50 pessoas. **5 in the least** *adv phr* **I'm not worried in the ~, I'm not in the ~ (bit) worried** não estou nada preocupado. IDIOMAS **last but not ~, last but by no means ~** e por último, embora não menos importante.

leather ['leðə(r)] **1** *n* **a)** TEX couro *m*; **b)** (also **wash ~**) camurça *f*. **2** *modif* [*bag, belt, jacket, shoes, sofa*] de ou em couro. IDIOMAS (coll) **to go/ride hell for ~** (gen) [*person, vehicle*] ir muito depressa, ir apanhar o comboio PO/trem BR (fam).

leathery ['leðərɪ] *adj* [*skin*] curtido,-a.

leave [liːv] **1** *n* **a)** (time off) (gen) MIL licença *f*; **to take ~** ir de licença; **b)** (permission) autorização *f*; **to give sb ~ to do** dar a alg autorização para fazer; **c)** (departure) **to take (one's) ~ (of sb)** despedir-se (de alg). **2** *vtr* (*past, pp* **left**) **a)** (go away from) deixar [*country, town, station, harbour*]; sair de [*room, house, office, school*]; levantar-se de [*table*]; abandonar [*animal, car, child*]; **to ~ sb for sb** deixar alg por alg; **to ~ sb to do** deixar alg fazer; **to ~ one's seat** levantar-se; **to ~ the ground** [*plane*] descolar, levantar voo; **b)** (let remain) sobrar [*food, wine, gap*] (**for** para); **there are three tickets left** restam três bilhetes; **we have 5 minutes left** temos ainda 5 minutos; **to be left paralysed** ficar paralisado; **to ~ it that...** convir que...; **to ~ it at that** deixar as coisas nesse ponto; **c)** (result in) [*oil, wine, tea*] deixar, fazer [*stain*]; [*cup, heel, chair*] fazer [*hole, dent*]; **d)** (put) deixar [*key, umbrella, name, message*]; (forget) esquecer [*key, umbrella, purse*]; **~ sth with sb** deixar algo com alg; **to ~ sth for sb** deixar qq coisa para alg; **to ~ sb sth** deixar algo a alg; **e)** (allow to be or do) **to ~ sb to do** deixar alg fazer; **to ~ sb to himself** deixar alg em paz; **~ it to** *or* **with me!** deixa isso comigo!; **to ~ sb to it** (to do something) deixar alg desenvencilhar-se; (to be alone) deixar alg em paz; **~ me alone!** deixa-me em paz!; **f)** (bequeath) deixar, legar JUR [*money, property*]. **3** *vi* (*past, pp* **left**) partir. **4** *v refl* **to ~ oneself (with) sth** deixar qq coisa para si; **to ~ oneself short of money** não ter deixado bastante dinheiro para si. ■ **leave about, leave around: ~ (sth) around** (carelessly) deixar em qq lado [*books, toys*]; (deliberately) dispor [*cushions, books*]. ■ **leave aside: ~ (sth) aside, ~**

aside (sth) deixar (qq coisa) de lado; **leaving aside the question of...** sem falar no problema de.... ■ **leave behind**: ~ **(sb/sth) behind a)** (go faster than) distanciar-se de [*person, competitor*]; (fig) deixar para trás [*person, competitor*]; **b)** (move away from) [*boat, plane*] afastar-se de [*coast, country*]; [*person*] deixar [*town, country, family, etc*]; (fig) cortar com [*past, relationship*]; **c)** (fail to bring) (accidentally) esquecer [*object, child, animal*]; (deliberately) deixar [*object, child, animal*]; **to be** *or* **get left behind a)** (not keep up) (physically) ficar para trás; (intellectually) não conseguir acompanhar; **b)** (not be taken) (accidentally) ser esquecido. ■ **leave go, leave hold**: ~ **go** *or* **hold of sth/sb** largar qq coisa/alg. ■ **leave off**: ~ **off** [*rain*] parar; [*person*] interromper-se; ~ **off doing** (stop) parar de fazer; ~ **(sth) off,** ~ **off (sth) a)** (not put on) não pôr [*coat, lid, blanket*]; **b)** (not switch on) (leave switched off) deixar apagado [*light, central heating, TV*]; (not switch on) não ligar [*light, TV, iron*]; **c)** (omit) omitir [*name, item, letter*]; (by mistake) esquecer [*name, item, letter*]. ■ **leave on**: ~ **(sth) on a)** (not remove) não tirar, deixar ficar [*coat, hat*]; **b)** (not switch off) deixar ligado [*light, TV, central heating*]; deixar aberto [*gas, tap*]. ■ **leave out**: ~ **(sb/sth) out,** ~ **out (sb/sth) a)** (fail to include) omitir, esquecer [*word, line, name, fact, person*]; não incluir [*ingredient, object*]; (from social group, activity) manter (alg) à parte; ~ **me out of it** não me metas nisso!; **b)** (let remain outdoors) deixar lá fora. ■ **leave over**: ~ **(sth) over,** ~ **over (sth) a)** (cause to remain) sobrar [*food, drink*]; **there was sth left over** sobrou qq coisa; **b)** (postpone) adiar.

leaven ['levn] **1** *n* levedura *f.* **2** *vtr* CULIN fazer levedar; (fig) enriquecer.

Lebanon ['lebənən] *pr n* **(the)** ~ **(o)** Líbano.

lecherous ['letʃərəs] *adj* libidinoso,-a, lúbrico,-a.

lectern ['lektən] *n* (in church) estante *f* de coro.

lecture ['lektʃə(r)] **1** *n* **a)** (public talk) conferência *f*; palestra *f* **(on sth** sobre qq coisa); GB UNIV aula *f*; curso *m*; **to give a** ~ (public talk) dar uma conferência; GB UNIV dar uma aula ou um curso; **b)** (scolding) **he gave me a** ~ ele pregou-me um sermão. **2** *vtr* **a)** GB UNIV dar um curso; **she ~s new students on computing** ela dá um curso de informática aos novos alunos; **b)** (scold) pregar um sermão. **3** *vi* **a)** GB UNIV dar um curso **(on sth** sobre qq coisa); **b)** (give public talk) dar uma conferência **(on sth** sobre qq coisa).

lecturer ['lektʃərə(r)] *n* **a)** (speaker) conferencista *m/f*; **b)** GB UNIV leitor *m*; **junior** ~ assistente *m/f*; **senior** ~ lente *m/f*.

lecture: ~ **room** *n* GB UNIV sala *f* de conferências; ~ **theatre** GB UNIV anfiteatro *m*.

led [led] *past, pp* lead1.

ledge [ledʒ] *n* **a)** (on mountain, cliff) saliência *f*; ressalto *m*; (reef) recife *m*; **b)** (on wall) rebordo *m*; **(window)** ~ peitoril *m.*

ledger ['ledʒə(r)] *n* ACCTS livro *m* de caixa.

lee [liː] **1** *n* sotavento *m*; **in** *or* **under the** ~ **of** ao abrigo de. **2** *adj* a sotavento, abrigado,-a do vento.

leech [liːtʃ] *n* sanguessuga *f*; **she clung to me like a** ~ ela colou-se a mim como uma sanguessuga.

leek [liːk] *n* alho-porro *m.*

leer [lɪə(r)] (pej) **1** *n* (cunning) olhar *m* irónico; (lustful) olhar *m* lúbrico. **2** *vi* (lustfully, covetously) olhar lubricamente; (slyly) olhar ironicamente.

lees [liːz] *npl* (wine sediment) borra *f.*

leeway ['liːweɪ] *n* NAUT, AVIAT deriva *f*; **this allows** *or* **gives you some** ~ (fig) isto dá-lhe uma certa capacidade de manobra **(to** para).

left [left] **1** *past, pp* see **leave. 2** *n* **a)** (side or direction) **the** ~ a esquerda; **on the** ~ à esquerda; **to the** ~ para a esquerda; **keep (to the)** ~ AUT circule pela esquerda; **b)** POL (*also* **the L~**) **the** ~ a esquerda. **3** *adj* [*go, look*] para a esquerda; [*turn*] à esquerda. **IDIOMAS** ~, **right and centre** (everywhere) por todo o lado.

left: ~**-hand** *adj* [*page, door*] esquerda; [*side*] esquerdo; ~**-handed** *adj* [*person*] canhoto,-a; [*scissors, pen*] para canhotos; ~**-over** *adj* restante; ~**-overs** *npl* restos *mpl*; ~**-wing 1** *n* **the** ~**-wing** POL a esquerda. **2** *adj* POL de esquerda; ~**-winger** *n* POL membro *m* de um partido de esquerda.

leg [leg] **1** *n* **a)** ANAT (of person, animal) perna *f*; **b)** (of furniture) perna *f*; **c)** CULIN (of lamb, pork, veal) perna *f*; pernil *m*; (of poultry) coxa *f*; **d)** (of trousers) perna *f*; **these trousers are too long in the** ~ estas calças têm as pernas muito compridas; **e)** (of journey, race) etapa *f.* **2** (coll) *vtr* **to** ~ **it** (walk) andar; (walk fast) andar depressa. **3** + *legged* (in compounds) **three-~ed** [*furniture*] com três pernas; **bare-~ged** de pernas nuas. **IDIOMAS** (coll) **break a** ~! THEAT merda! (cal); **to pull sb's** ~ provocar alg, fazer alg de tolo; **she doesn't have a** ~ **to stand on** ela não tem argumentos em que se baseie.

legacy ['legəsɪ] *n* JUR legado *m*; (fig) (of era, movement, artist) legado *m*; herança *f*; (bequest) contribuição *f* **(to** a); (of war, illness) sequela *f.*

legal ['liːgl] *adj* **a)** (relating to the law) [*advisor, assistance, argument, battle, system, representative*] jurídico,-a; [*mistake*] judiciário,-a; [*medicine, process, status*] legal; **to take** ~ **advice** consultar um advogado; **b)** [*abortion, act, age, import, obligation*] legal; [*owner*] legítimo,-a.

legal: ~ **action** *n* acção *f* legal; **to bring a** *or* **take** ~ **action against sb** instaurar um processo contra alg; ~ **aid** *n* GB JUR assistência *f* jurídica.

legality [lɪ'gælɪtɪ] *n* legalidade *f.*

legalize ['liːgəlaɪz] *vtr* legalizar.

legally ['liːgəlɪ] *adv* **a)** [*liable, valid, void*] juridicamente; **to be** ~ **responsible for sth** ter a responsabilidade legal de qq coisa; **b)** [*act*] legalmente; **to be** ~ **represented** ser representado por um advogado.

legend ['ledʒənd] *n* lenda *f*; ~ **has it that...** segundo a lenda...; **to be a living** ~ ser uma lenda viva.

legendary ['ledʒəndərɪ] *adj* lendário,-a.

leggy ['legɪ] *adj* [*person*] pernalta.

legibility [ledʒɪ'bɪlɪtɪ] *n* legibilidade *f.*

legible ['ledʒɪbl] *adj* legível.

legion ['liːdʒ(ə)n] *n* (lit) legião *f*; (fig) multidão *f.*

legionary ['li:dʒənərɪ] *n* legionário *m*.
legionnaire [li:ʒə'neə(r)] *n* MIL legionário *m*.
legislate ['ledʒɪsleɪt] *vi* legislar; **to ~ against** legislar contra.
legislation [ledʒɪs'leɪʃn] *n* legislação *f* (**against** contra; **on** sobre; **about, relating to** respeitante a); **to propose ~** [*government*] apresentar um projecto-lei; **a piece of ~** uma lei.
legislative ['ledʒɪslətɪv] *adj* legislativo,-a.
legislator ['ledʒɪsleɪtə(r)] *n* JUR, POL legislador, a.
legislature ['ledʒɪsleɪtʃə(r)] *n* **the ~** JUR, POL a legislatura *f*.
legitimacy [lɪ'dʒɪtɪməsɪ] *n* legitimidade *f*.
legitimate [lɪ'dʒɪtɪmət] *adj* a) (justifiable) [*action, claim, question, request, user*] legítimo,-a; [*conclusion, excuse*] válido,-a; b) (lawful) [*business, organization*] legal; **for a ~ purpose** para fins legais; [*child, claim, government, heir, right*] legítimo,-a.
legitimize [lɪ'dʒɪtɪmɑɪz] *vtr* a) (legalize) legalizar; b) (justify) justificar.
leg-room *n* espaço *m* para as pernas.
leisure ['leʒə(r)] **1** *n* (spare time) lazer *m*; tempo *m* livre; (activities) ocupação *f* de tempos livres; **to do sth at (one's) ~** (unhurriedly) fazer qq coisa sem pressa; (if thought required) fazer qq coisa quando houver disponibilidade; **gentleman/lady ~** (hum) pessoa que vive dos rendimentos. **2** *modif* [*centre, company, facilities*] de tempos livres; **~ industry** indústria *f* de actividades de lazer.
leisurely ['leʒəli:] *adj* [*person*] calmo,-a; [*walk*] tranquilo,-a; [*breakfast, holiday*] sossegado,-a; **at a ~ pace/in a ~ way** sem pressas.
lemming ['lemɪŋ] *n* lemo *m*.
lemon ['lemən] **1** *n* a) (fruit) limão *m*; (colour) cor *f* de limão; b) (coll, hum) (idiot) **to feel/look like a ~** sentir-se um idiota; c) (coll) (dud) coisa *f* sem valor; **this car is a ~** este carro é uma sucata (fam). **2** *adj* (colour) cor do limão.
lemonade [lemə'neɪd] *n* limonada *f*.
lemon: ~ cheese, ~ curd *n* creme *m* de limão; **~ juice** *n* sumo *m* de limão; **~ sole** *n* azevia *f*; **~ squash** *n* limonada *f* gaseificada; **~ tree** *n* limoeiro *m*; **~ yellow** *n, adj* cor *f* de limão.
lemur ['li:mə(r)] *n* lémure *m*.
lend [lend] **1** *vtr* (*past, pp* **lent**) a) emprestar [*object, money*]; b) garantir, atribuir [*quality, character, credibility*] (**to** a); **to ~ support to sth** apoiar qq coisa, dar apoio a qq coisa; **to ~ an ear** prestar atenção; **to ~ a hand** dar uma ajuda. **2** *vi* FIN emprestar, conceder um empréstimo (**to** a); **to ~ at 15%** conceder um empréstimo ao juro de 15%.
lender ['lendə(r)] *n* aquele *m* que empresta.
length [leŋθ, leŋkθ] **1** *n* a) (gen) MATH comprimento *m*; **she ran the (whole) ~ of the beach** correu a todo o comprimento da praia; b) (duration) (of book, film, article, list) extensão *f*; comprimento *m*; (of event, activity, situation) duração *f*; **~ of service** COMM, IND antiguidade *f*; **a film three hours in ~** um filme com 3 horas de duração; c) (piece, section) (of string, carpet, wood) pedaço *m*; **dress/skirt ~** altura *f* do vestido/da saia; d) SPORT comprimento *m*; **to swim 20 ~s** fazer 20 piscinas. **2 lengths** *npl* **to go to**

great ~s to do sth fazer todos os possíveis por qq coisa; **to be willing to go to any ~s (to do)** estar disposto a tudo (para fazer). **3 at length** *adv phr* a) (for a long time) minuciosamente; **the problem has been examined at (great) ~** o problema foi examinado minuciosamente; b) (at last) finalmente; **~** (in compounds) **shoulder-~ hair** cabelo até aos ombros.
lengthen ['leŋθən, 'leŋkθən] **1** *vtr* a) alongar, aumentar [*garment*] (**by** de); prolongar [*wall, shelf*] (**by** de); b) prolongar [*stay, visit*]; c) LING alongar [*vowel, syllable*]. **2** *vi* a) [*queue, list, shadow, bone*] alongar-se; b) [*days, nights*] prolongar.
lengthways ['leŋθweɪz, 'leŋkθeɪz] GB, **lengthwise** ['leŋθwaɪz, 'leŋkθwaɪz] US *adv* [*cut, fold, place*] longitudinalmente.
lengthy ['leŋθɪ, 'leŋkθɪ] *adj* (bastante) longo,-a.
lenience, leniency ['li:nɪəns(ɪ)] *n* (of person) indulgência *f*; (**with, towards** para com); (of punishment) brandura *f*.
lenient ['li:nɪənt] *adj* [*person, institution*] SCH indulgente, tolerante (**with, towards** para com); [*punhisment, fine*] ligeiro,-a.
lens [lenz] *n* a) lente *f*; (in camera) lente *f*; objectiva *f*; (contact) (*usu in pl*) lente *f* de contacto; **hard/soft ~es** OPT lentes *fpl* de contacto rígidas/moles; b) ANAT cristalino *m*.
Lent [lent] *n* Quaresma *f*.
lent [lent] *past, pp* see **lend**.
lentil ['lentɪl] **1** *n* BOT, CULIN lentilha *f*. **2** *modif* [*soup*] de lentilhas.
Leo ['li:əʊ] *n* ASTROL, ASTRON Leão *m*.
leopard ['lepəd] *n* leopardo *m*. **IDIOMAS** (Prov) **a ~ cannot change his spots** quem nasce torto, tarde ou nunca se endireita (Prov).
leotard ['li:ətɑ:d] *n* fato *m* de ballet justo ao corpo.
leper ['lepə(r)] *n* MED (fig) leproso,-a.
leprosy ['leprəsɪ] *n* lepra *f*.
leprous ['leprəs] *adj* [*person*] leproso,-a.
lesbian ['lezbɪən] **1** *n* lésbica *f*. **2** *adj* lésbico,-a.
lesion ['li:ʒ(ə)n] *n* lesão *f*.
less [les] **1** *quantif* (*comparative of* **little**) menos; **~ beer** menos cerveja; **of ~ importance** de menor importância; **to grow ~** diminuir. **2** *pron* menos; **I have ~ than you** tenho menos que tu; **~ than half** menos de metade; **he was ~ than helpful** ele estava longe de ser prestável; **it's nothing ~ than a scandal!** é um verdadeiro escândalo!; **he's ~ of a fool than you think** ele não é tão tolo como pensas; **the ~ said about it the better** quanto menos se disser sobre isso, melhor. **3** *adv* menos; **I like it ~ than you did** gostei disso menos do que tu; **the more I see him, the ~ I like him** quanto mais o vejo, menos gosto dele; **no ~ than 85%** pelo menos 85%; **they live in Kensington, no ~!** eles moram em Kensington, nem mais!; **no ~ a person than the emperor** o imperador em pessoa; **he was ~ offended than shocked** ele estava mais chocado que ofendido. **4** *prep* menos; **~ 15% discount** menos 15% de desconto. **5 less and less** *adv phr* cada vez menos.
lessee [le'si:] *n* JUR arrendatário,-a.
lesser ['lesə(r)] **1** *adj* GEN menor; [*life form*] pouco evoluído,-a; **to a ~ degree** *or* **extent** em

menor grau; ~ **being** *or* **mortal** ser inferior; **the ~ works of an artist** as obras menores de um artista. **2** *adv* menos.

lesson ['lesn] *n* **a**) (gen) lição *f*; Sch aula *f*; **Portuguese ~** aula *ou* lição de Português; **to give ~s** dar aulas (**in** de); **to take** *or* **have ~s** ter lições (**in** de); **we have ~s from 9 to 12 every day** temos aulas todos os dias das 9 às 12; **b**) (fig) lição *f*; **let that be a ~ to you!** que isso te sirva de lição!.

lest [lest] *conj* (formal *or* dated) (for fear that) com medo ou receio de; (in case that) no caso de; **"~ we forget"** ≈ recordação eterna.

let¹ [let] **1** *vtr* (*pres p* **-tt-**; *past, pp* **let**) **a**) (when making suggestion, expressing command) **~'s go** vamos!; **~'s get out of here** vamo-nos embora daqui; **~'s not** *or* **don't ~'s** GB **talk about that!** não falemos disso!; **~'s see if...** vejamos se...; **~'s pretend that...** façamos de conta que...; **~ me see**, **~'s see** deixa-me ver ou vejamos; **~ me think about it** deixa-me pensar (nisso); **it's more complex than, ~'s say, a computer** digamos que é mais complexo do que um computador; **~ there be no doubt about it!** que não haja nenhuma dúvida acerca disso!; **never ~ it be said that** que nunca se diga que; **~ me tell you...** podes crer...; **b**) (allow) deixar; **to ~ sb do sth** deixar alg fazer algo; **~ me explain** deixa-me explicar; **don't ~ it get you down** não te deixes ficar abatido; **~ me see, ~ me have a look** deixa-me ver; **~ me introduce you to...** deixa-me apresentar-te a...; **to ~ sth fall** deixar cair qq coisa; **to ~ sb through** deixar passar alg; **I won't ~ them talk to me like that** não permito que eles me falem dessa maneira; **to ~ the air out of** esvaziar [*tyre, balloon*]. **2 let alone** *conj phr* para não falar em. ■ **let down**: ~ (**sb**) **down a**) (disappoint) desiludir; **it has never let me down** [*technique, machine*] nunca me deixou mal; **b**) (embarrass) envergonhar; ~ (**sth**) **down, ~ down (sth) a**) GB (deflate) esvaziar [*tyre*]; **b**) (lower) fazer descer [*bucket*]; baixar [*window*]; **c**) (lengthen) deitar abaixo (a bainha); **d**) soltar [*hair*]. ■ **let go** (lit) soltar-se de; **to ~ go of sb/sth** (lit) largar alg/algo; (fig) esquecer alg/algo; ~ (**sb**) **go, ~ go (sb) a**) (free) libertar [*prisoner*]; **b**) largar [*person, arm*]; **c**) Euph despedir [*employee*]; **d**) **to ~ oneself go** deixar-se ir; ~ (**sth**) **go, ~ go (sth) a**) largar [*rope, bar*]; **b**) (fig) **to ~ it go** (not to react) deixar passar; (stop fretting about) deixar de pensar em. ■ **let in**: ~ **in (sth), ~ (sth) in** [*roof, window*] deixar entrar [*rain*]; [*curtains*] deixar passar [*light*]; [*shoes*] deixar entrar [*water*]; ~ (**sb**) **in, ~ in (sb) a**) (show in) mandar entrar; (admit) deixar entrar; **I let myself in** entrei com a minha chave; **b**) **to ~ oneself in for** ir à procura de [*trouble, disappointment*]; **I had no idea what I was ~ting myself in for** não tinha a menor ideia no que é que eu me estava a meter; **c**) **to ~ sb in on, to ~ sb into** pôr alg ao corrente de [*secret, joke*]. ■ **let off**: ~ **off sth** lançar [*fireworks*]; fazer explodir [*bomb*]; disparar [*gun*]; ~ (**sb**) **off a**) GB Sch deixar sair [*pupils*]; **b**) (excuse) **to ~ sb off** dispensar alg de [*homework*]. ■ **let on a**) (reveal) dizer, contar (**to sb** a alg); **don't ~ on that you speak German** não digas

que falas alemão; **b**) GB (pretend) **to ~ on that** fazer crer que. ■ **let out**: ~ **out** US [*movie, school*] acabar (**at** a); ~ **out (sth) a**) deixar escapar [*cry, sigh*]; **b**) GB (reveal) revelar (**that** que); ~ (**sth**) **out, ~ out (sth) a**) (release) libertar [*animal*]; (fig) dar livre curso a [*grief, anger*]; **b**) alargar [*skirt, jacket*]; ~ (**sb**) **out a**) (release) libertar [*prisoner*] (**of** de); fazer sair [*pupils, employees*] (**of** de); **b**) (show out) acompanhar alg (até) à porta; **I'll ~ myself out** não se incomode, que não precisa de me acompanhar até à porta. ■ **let through**: ~ (**sb**) **through, ~ through (sb)** (in crowd) deixar passar; ~ (**sth**) **through, ~ through (sth)** deixar passar [*error, faulty product*]. ■ **let up** [*rain, wind*] acalmar; [*pressure*] parar; [*heat*] diminuir; **the rain never once let up** choveu sem parar; **he never ~s up** (works hard) ele não pára de trabalhar; (talks) ele não pára de falar.

let² [let] **1** *n* **a**) GB (lease) aluguer *m*; **b**) Sport let *m*. **2** *vtr* (*pres p* **-tt-**; *past, pp* **let**) (also gb ~ **out**) (lease) alugar (**to** a); **"to ~"** "aluga-se".

lethal ['li:θ(ə)l] *adj* [*substance, gas*] letal, mortal, fatal; [*weapon*] mortífero,-a; [*toy, machine*] (muito) perigoso,-a.

lethargic [lɪ'θɑ:dʒɪk] *adj* (lit) letárgico,-a; (fig) (lazy) apático,-a; **to feel ~** sentir-se entorpecido.

lethargy ['leθədʒɪ] *n* letargia *f*.

let's [lets] see **let** US.

letter ['letə(r)] *n* **a**) carta *f* (**to sb** para alg; **from sb** de alg); ~**s to the editor** Journ cartas dos leitores; **b**) (of alphabet) letra *f*; (character) caracter *m*; **c**) ~**s** Literat letras *fpl*. **IDIOMAS they respect the ~, if not the spirit, of the law** se não respeitarem o espírito, pelo menos respeitam o significado exacto da lei; **to follow instructions to the ~** seguir instruções à letra.

letter: ~**bomb** *n* carta *f* armadilhada; ~**box** *n* GB caixa *f* do correio; ~**head** *n* cabeçalho *m*; ~**ing** *n* letras *fpl*; rótulo *m*.

lettuce ['letɪs] *n* alface *f*.

leukemia [lu:'ki:mɪə] *n* leucemia *f*; **to have ~** sofrer de leucemia.

level ['levl] **1** *n* **a**) (flat area) terreno *m* plano; (lit) **on the ~** em terreno plano; (fig) **to be on the ~** ser honesto; **b**) (place, part of house, carpark, mine) andar *m*; **c**) (relative height) (of liquid, sea) nível *m* (**of** de); (of piece of furniture, part of body, window) altura *f* (**of** de); **our first floor is on a ~ with the ground-floor of the next house** o nosso primeiro andar está ao nível ou à altura de rés-do-chão da casa vizinha; **at knee~** à altura dos joelhos; **at street ~** ao nível da rua; **d**) (relative degree) (of noise, intelligence, understanding) nível (**of** de); (of alcohol, sugar, cholesterol, unemployment, illiteracy) taxa *f* (**of** de); (of spending, investment) montante *m* (**of** de); (of satisfaction, anxiety) grau *m* (**of** de); **an intermediate ~ textbook** um livro de textos para o nível intermédio; (fig) **to talk to sb on their own ~** falar a alg de igual para igual; **e**) (position in hierarchy) nível *m*; **at local/national ~** a nível local/nacional; **at all ~s** a todos os níveis; **f**) (fig) (plane) plano *m*; **on a purely practical ~** num plano estritamente prático; **on a musical ~** dum ponto de vista musical; **g**) (fig) (standard) **the ~** a qualidade *f* (**of** de); **the**

~ **of service** a qualidade do serviço; **h**) (tool) nível *m*. **2 levels** *npl* **the Somerset** ~**s** a planície de Somerset. **3** *adj* **a**) (not at an angle) [*floor, curtain-rail*] direito,-a; [*surface*] plano,-a; [*worktop, table, desk*] horizontal; **b**) (not bumpy) [*ground, surface, land*] plano,-a, liso,-a; **c**) CULIN [*teaspoonful*] raso,-a; **d**) (equally high) à mesma altura; (floor, building) ao mesmo nível; **e**) (gen) (fig) SPORT (equal as regards, competitive position, quality, rank) [*competitors*] empatado; [*colleagues*] no mesmo nível; **to draw** ~ **with sb, sth** estar empatado com alg/algo; (in terms of status, rank, salary) estar ao mesmo nível de alg/algo; **to remain** ~ ficar no mesmo nível; (of population growth, crime statistics) estabilizar; **f**) [*look*] fixo; **g**) [*tone, voice*] uniforme. **4** *vtr* (*pres p* **levelling** (GB) **leveling** (US); *past, pp* **levelled** (GB) **leveled** (US)) **a**) arrasar [*village, area*]; **b**) (fig) (aim) lançar [*accusation*] (**at** contra); dirigir [*criticism*] (**at** a). IDIOMAS **to** ~ **with sb** ser honesto para com alg; **to keep a** ~ **head** manter o sangue frio. ■ **level off** [*prices, curve*] estabilizar-se. ■ **level out** estabilizar-se; [*land, terrain*] tornar-se plano.
level: ~ **crossing** *n* passagem *f* de nível; ~**-headed** *adj* ponderado,-a, sensato,-a.
lever ['liːvə(r)] **1** *n* AUT, TECH alavanca *f*. **2** *vtr* **to** ~ **sth open** abrir qq coisa com ajuda duma alavanca; **to** ~ **up (sth), to** ~ **(sth) up** levantar qq coisa (por meio duma alavanca).
leverage ['liːvərɪdʒ] *n* **a**) ECON, POL poder *m*; influência *f* (**on, over** sobre); **b**) (lit) PHYS força *f* de alavanca.
levity ['levɪtɪ] *n* leviandade *f*.
levy ['levɪ] **1** *n* TAX imposto *m*. **2** *vtr* cobrar [*amount, duty, tax*]; aplicar [*fine*].
lewd [ljuːd] *adj* obsceno,-a, licencioso,-a.
lexicography [leksɪ'kɒɡrəfɪ] *n* lexicografia *f*.
lexicon ['leksɪkən] *n* (gen) LING léxico *m*.
liability [laɪə'bɪlɪtɪ] **1** *n* **a**) JUR responsabilidade *f*; **b**) (drawback) desvantagem *f*. **2 liabilities** *npl* passivo *m*; dívidas *fpl*; **assets and** ~ activo e passivo.
liable ['laɪəbl] *adj* **a**) (likely) **to be** ~ **to do sth** (gen) ser capaz de fazer qq coisa; **it's** ~ **to rain** é provável que chova; **b**) (prone) **to be** ~ **to** [*person*] estar sujeito a; [*thing*] ser susceptível de; **she is** ~ **to colds** ela é atreita a constipações; **c**) (legally subject) **to be** ~ **to a fine** ser passível de apanhar uma multa; **to be** ~ **for** *or* **to duty** [*goods*] estar sujeito a impostos; ~ **for damages** responsável por danos.
liaise [lɪ'eɪz] *vi* trabalhar em ligação (**with** com).
liaison [lɪ'eɪzɒn] *n* ligação *f* (**with** com; **between** entre).
liar ['laɪə(r)] *n* mentiroso,-a *m, f*.
Lib [lɪb] *n* GB POL abrev = **Liberal**.
libel ['laɪbl] **1** *n* **a**) (crime) difamação *f*; **to bring an action for** ~ **against sb** *or* **to sue for** ~ intentar uma acção de difamação contra alg; **b**) (article, statement) libelo *m* difamatório; **c**) (coll) (slander) calúnia *f*. **2** *modif* [*action, case, suit*] de difamação; [*damages*] por difamação. **3** *vtr* (*pres p etc* **-ll-** GB **-l-** US) difamar.
liberal ['lɪbərl] **1** *n* (gen) POL liberal *m/f*. **2** *adj* **a**) [*person, institution*] (gen) liberal; POL, RELIG liberal; **b**) (generous) [*amount, offer*] genero-

so,-a; [*person*] pródigo,-a (**with** em); **to make** ~ **use of sth** utilizar amplamente qq coisa; **c**) [*translation*] livre.
liberality [lɪbə'rælɪtɪ] *n* **a**) (generosity) liberalidade *f*; **b**) (open-mindedness) liberalismo *m*.
liberally ['lɪbərəlɪ] *adv* **a**) (generously) generosamente; **b**) (tolerantly) de forma liberal; [*interpret, translate*] livremente.
liberate ['lɪbəreɪt] **1** *vtr* libertar (**from** de). **2 liberated** *pp adj* [*attitude, lifestyle, woman*] liberado,-a. **3 liberating** *pres p adj* libertador, a.
liberation [lɪbə'reɪʃn] *n* (gen) POL libertação *f* (**from** de); **black** ~ libertação dos negros.
liberator ['lɪbəreɪtə(r)] *n* libertador, a *m, f*.
liberty ['lɪbətɪ] *n* **a**) (gen) PHILOS, POL liberdade *f*; **to be at** ~ **to do sth** ser livre de fazer qq coisa; **b**) **to take the** ~ **of doing sth** tomar a liberdade de fazer qq coisa; **to take liberties with sth/sb** tomar liberdades com qq coisa/alg.
libido [lɪ'biːdəʊ] *n* (*pl* **-os**) libido *f*.
Libra ['liːbrə, 'laɪbrə] *n* Balança *f*.
librarian [laɪ'breərɪən] *n* bibliotecário,-a *m, f*.
library ['laɪbrərɪ] **1** *n* biblioteca *f*; **public** ~ biblioteca pública. **2** *modif* [*book, card, ticket*] de biblioteca.
libretto [lɪ'bretəʊ] *n* (*pl* **-tti** *or* **-ttos**) libreto *m*.
Libya ['lɪbɪə] *pr n* Líbia *f*.
Libyan ['lɪbɪən, 'lɪbjən] *n, adj* líbio,-a *m*.
lice [laɪs] *pl* see **louse**.
licence GB, **license** US ['laɪsəns] *n* **a**) (for trading) licença *f* (**to do** para fazer; **for** para); **b**) (freedom) (pej) libertinagem *f*.
license ['laɪsəns] **1** *n* US see **licence**. **2** *vtr* **a**) (authorize) autorizar (**to do** a fazer); **b**) obter licença para [*gun*]; registar [*vehicle*].
licensee [laɪsən'siː] *n* (of pub) titular *m/f* duma licença de venda de bebidas alcoólicas.
licentious [laɪ'senʃəs] *adj* licencioso,-a.
lichen ['laɪkn, 'lɪtʃn] *n* líquen *m*.
lick [lɪk] **1** *n* lambidela *f*; **a** ~ **of paint** (fig) uma mão de tinta. **2** *vtr* **a**) (lit) lamber; (fig) [*flames, waves*] lamber; **the cat was ~ing its paws** o gato lambia as patas; **he ~ed his fingers clean** ele limpou os dedos, lambendo-os; (coll) **to** ~ **one's chops** *or* **lips** lamber-se todo (fam); (coll) **to** ~ **sb's boots** (fig, pej) lamber as botas a alg (fam); **b**) (coll) (thrash) esmagar, vencer, triunfar sobre [*team, opponent*]; (beat physically) bater em [*person*]; (overcome) ultrapassar [*difficulty*]; (coll) **I think we've got the problem ~ed** creio que temos o problema resolvido. IDIOMAS (coll) **at a fair** *or* **good ~, at full** ~ GB a toda a velocidade; **to** ~ **one's wounds** lamber as feridas (fig).
lid [lɪd] *n* **a**) (cover) tampa *f*; **b**) (eyelid) pálpebra *f*. IDIOMAS **to blow the** ~ **off sth** (coll) levantar o véu sobre qq coisa; **to flip one's** ~ (coll) explodir, perder as estribeiras (fam); **to keep the** ~ **onto sth** controlar qq coisa; **to put the** ~ **on sth** (finish) acabar com qq coisa; **that really puts** ~ **on it!** (coll) isso é o cúmulo!.
lie [laɪ] **1** *n* mentira *f* PO, potoca *f* BR; **to tell a** ~ dizer uma mentira, mentir; **to give the** ~ **to sb** desmentir alg. **2** *vtr* (*pres p* **lying** *past, pp* **lied**) **he ~d his way into the job** ele obteve o emprego à custa de mentiras. **3** *vi* **a**) (*pres p* **lying** *past, pp* **lied**) (tell falsehood) mentir (**about sb/**

sth acerca de alg/algo); **don't ~ to me!** não me mintas!; **he ~d about his age** ele mentiu acerca da idade; **b)** (*pres p* **lying** *past* **lay** *pp* **lain**) (in horizontal position) [*person, animal*] estar deitado, jazer; **don't ~ in bed all morning** não fiques na cama toda a manhã; **don't ~ in the sun too long** não fiques muito tempo deitado ao sol; **~ still** não te mexas; **he lay dead** ele jazia morto; (formal) **here ~s John Brown** aqui jaz John Brown; **c)** (be situated) (gen) estar; [*team, competitor*] ocupar [*position*]; **to ~ before sb** [*life, career*] abrir-se para alg; [*unknown*] esperar alg; **danger ~s all around us** o perigo espreita-nos de todos os lados; **d)** (remain) ficar; **his clothes lay where he'd left them** as roupas deles ficaram onde ele as deixou; **e)** (can be found) encontrar-se, estar; **their interests ~ elsewhere** os seus interesses encontram-se noutro lado; **to ~ in** [*cause, secret, talent*] estar ou encontrar-se em; [*solution, cure*] consistir em; [*fault, popularityp., strength*] vir de; **to ~ in doing** [*solution, cure*] consistir em fazer; **to ~ behind** (be hidden) esconder-se atrás de; (instigate) estar na origem de; **the responsibility ~s with them** a responsabilidade é deles; **f)** (as covering) **to ~ over** (fig) [*atmosphere*] envolver [*place, gathering*]. **IDIOMAS to ~ low** mostrar-se discreto; **to live a ~** viver na mentira. ■ **lie about, lie around** [*person, object*] estar espalhado. ■ **lie back** recostar-se, reclinar-se; **don't just ~ back and do nothing** (fig) não fiques para aí sem fazer nada. ■ **lie down** deitar-se. ■ **lie in** ficar de manhã na cama. ■ **lie up a)** (stay in bed) estar de cama; **b)** (hide) esconder-se.

lie detector *n* detector *m* de mentiras.

lie-in *n* **to have a ~** ficar de manhã na cama.

lieu [lju:] *n* **in ~** em lugar (**of** de).

lieutenant [lef'tenənt] *n* **a)** MIL GB (army) tenente *m*; GB, US (navy) tenente *m* da armada; **b)** US (police) tenente *m*.

life [lɑɪf] (*pl* **lives**) **1** *n* **a)** (as opposed to death) vida *f*; **to take one's own ~** suicidar-se; (formal) **to take sb's ~** matar alg; **run for your ~!** salve-se quem puder!; **b)** (period from birth to death) vida *f*; **throughout one's ~** durante toda a vida; **the first time in my ~** a primeira vez na minha vida; **friend for ~** amigo para sempre; **to depart this ~** (liter) deixar este mundo; **the ~ and times of...** a vida e a época de...; **c)** (animation) vida *f*; vigor *m*; **full of ~** cheio de vida; **to come to ~** [*person*] sair da sua reserva; [*fictional character*] animar-se; **to bring a character to ~** dar vida a uma personagem; **d)** (social activity, lifestyle) vida *f*; **private/family** *or* **home ~** vida privada/familiar; **a way of ~** um estilo ou modo de vida; **what a ~!** mas que vida!; **e)** (human being(s)) **without loss of ~** sem perda de vidas humanas; **f)** (useful duration) duração *f*; **g)** (coll) **to sentence sb to ~** JUR condenar alg a prisão perpétua; (coll) **to get ~** ser condenado a prisão perpétua; **h)** **to draw/paint from ~** ART desenhar/pintar de acordo com o original. **2** *modif* [*member, president*] vitalício,-a. **IDIOMAS for dear ~** com todas as forças; **not for the ~ of me** de maneira nenhuma; **not on your ~** nunca na vida; **to frighten the ~ out of sb** assustar alg de morte; **to have the time of one's ~** divertir-se à grande.

life: **~-and-death** *adj* [*decision, issue*] crucial; **~ belt** *n* cinto *m* de salvação; **~ blood** *n* (fig) força *f* vital; **~ boat** *n* barco *m* salva-vidas; **~ buoy** *n* bóia *f* de salvação; **~ cycle** *n* ciclo *m* vital; **~ guard** *n* nadador-salvador *m*; **~ insurance** *n* seguro *m* de vida; **~ jacket** *n* colete *m* de salvação.

lifeless ['lɑɪflɪs] *adj* inanimado,-a; (fig) [*performance, voice*] apagado,-a, pouco vivo.

life: **~-like** *adj* natural, real; **~-line** *n* **a)** (safety line) (gen) corda *f* de salvação; **b)** (in palmistry) linha *f* da vida; **~-long** *adj* [*friendship, fear*] eterno,-a, perpétuo,-a; **~-saving 1** *n* salvamento *m*; MED socorrismo *m*. **2** *modif* [*course*] (swimming) de nadador-salvador MED de socorrismo; **~ sentence** *n* JUR condenação *f* à prisão perpétua; **~-size** *adj* (em) tamanho natural; **~ span** *n* esperança *f* de vida; **~ story** *n* biografia *f*; **~-style** *n* estilo *m* de vida; **~time** *n* (from birth to death) vida *f*; **the work of a ~time** a obra duma vida; **the chance of a ~time** uma oportunidade única.

lift [lɪft] **1** *n* **a)** GB (elevator) (for people) elevador *m*; (for goods) monta-cargas; **b)** (ride) **she asked me for a ~** ela pediu-me uma boleia Po/ carona BR; **c)** (coll) (boost) estímulo *m*; **to give sb a ~** levantar o moral a alg; **d)** SPORT (in weightlifting) ensaio *m*. **2** *vtr* **a)** levantar [*object, person*]; **she ~ed the spoon to her lips** ela levou a colher à boca; **b)** (raise) levantar [*arm, head*]; **c)** (boost) **to ~ sb's spirits** levantar o moral a alg; **d)** (coll) (steal) roubar, apropriar-se de [*file, keys, ideas*]; copiar, plagiar [*article, passage*]; **e)** (coll) (arrest) prender. **3** *vi* **a)** [*bad mood, headache*] desaparecer; **b)** [*fog, mist*] dissipar-se. ■ **lift off** [*rocket*] descolar; **~ (sth) off, ~ off (sth)** levantar [*cover, lid*]. ■ **lift up: ~ (sth) up, ~ up (sth)** levantar [*book, lid, head, eyes*].

lift-off ['lɪftɒf] *n* AEROSP lançamento *m*; descolagem *f*.

ligament ['lɪgəmənt] *n* ligamento *m*.

ligature ['lɪgətʃə(r)] *n* ligadura *f* PO, atadura *f* BR.

light [lɑɪt] **1** *n* **a)** (brightness) luz *f*; **in the ~ of the day** (lit, fig) à luz do dia; **to cast** *or* **throw** *or* **shed ~ on sth** (lit) lançar luz sobre qq coisa; (fig) esclarecer qq coisa; **with the ~ behind her** de costas para a luz; **b)** (in building, machine, oven) candeeiro *m*; **to put** *or* **switch** *or* **turn a ~ off** apagar uma luz; **c)** AUT (headlight) farol *m*; (rearlight) luz *f* traseira; (inside car) luz *f* interior; **to put one's ~s on/off** acender/apagar os faróis; **d)** (flame) **to put a ~ to** acender [*fire, gas*]; **to set ~ to sth** incendiar qq coisa; **e)** (fig) (aspect) aspecto *m*; **to see sth in a new ~** ver qq coisa sob um aspecto novo; **looking at it in that ~...** vendo as coisas sob esse ângulo...; **in the ~ of sth** à luz de qq coisa; **f)** (fig) **to bring to ~** descobrir, trazer para a luz do dia [*facts, evidence, truth*]; **to come to ~** ser descoberto, ser trazido para a luz do dia. **2** *npl* **a)** **the ~s** TRANSP os semáforos *mpl*; **cross at the ~s** atravesse nos semáforos; **b)** (decorative display) iluminações *fpl*. **3** *adj* **a)** (bright) [*evening, room, house*] claro,-a; **b)** [*colour, skin, fabric*] claro,-a; [*hair*] louro,-a; **~ blue/grey** azul/cinzento claro;

c) (not heavy) [*material, substance, snow, clothing, sleep*] leve; [*wind, shower, traffic*] fraco,-a; [*rain*] fino,-a; [*drinker*] moderado,-a; **I am a ~ sleeper** tenho o sono leve; **she is now 2 Kg ~er** ela agora tem menos 2 Kg; **d)** (delicate) [*knock, tap, sound, movement*] fraco,-a, leve; **e)** (not tiring) [*work, exercise, training*] leve; **to make ~ work of sth** fazer qq coisa sem esforço; **f)** [*drama, entertainment, music*] ligeiro,-a; [*article, reading matter*] leve, fácil de ler; **g) to make ~ of** tratar (qq coisa) com ligeireza [*accusation, rumour, problem*]; não ligar importância a. **4** *vtr* (*past, pp* lit *or* lighted) **a)** acender [*candle, gas, cigarette, cigar*]; incendiar [*wood, paper*]; **to ~ a fire** fazer lume; **to ~ the fire** acender o lume; **b)** (illuminate) iluminar. **5** *vi* (*past, pp* lit) [*fire*] pegar; [*gas, wood, match*] acender-se. IDIOMAS **the ~ of sb's life** o raio de sol da vida de alg; **many hands make ~ work** (Prov) o trabalho torna-se mais fácil quando todos ajudam; **to go out like a ~** ficar inconsciente de repente. ■ **light on, light upon**: **~ (up)on** (sth) [*eyes, person*] cair em cima de. ■ **light up a)** [*smoker*] acender um cigarro/cachimbo/charuto; **b)** [*lamp*] acender-se; **c)** (fig) [*face*] iluminar-se; [*eyes*] brilhar; **~ up** (sth), **~** (sth) **up a)** acender [*cigarette, pipe*]; **b)** iluminar [*scene, surroundings*]; acender [*electric lights, sign*].

light-bulb *n* lâmpada *f*.

lighten ['laɪtn] **1** *vtr* **a)** (lit) iluminar [*room, surroundings*]; clarear [*colour, hair, wood, fabric*]; **b)** (fig) iluminar [*face, expression*]; descontrair [*atmosphere*]; aleijar [*mood*]; **c)** aliviar, tornar mais leve [*burden, load, task, pressure*]. **2** *vi* **a)** (lit, fig) [*sky, colour, hair, fabric, wood, skin*] tornar-se mais claro; [*expression, face*] iluminar-se; **b)** [*burden, pressure, workload*] tornar-se mais leve.

lighter ['laɪtə(r)] *n* **a)** (for smokers) isqueiro *m*; (for gas cooker) acendedor *m*; **b)** NAUT barcaça *f*.

light: **~-fingered** *adj* [*person*] gatuno,-a; [*thief*] ágil, hábil; **~-headed** *adj* [*person*] tonto,-a; **~-hearted** *adj* (happy) alegre; (not serious) despreocupado,-a; **~house** *n* farol *m*; **~house keeper** *n* faroleiro *m*; **~ industry** indústria *f* ligeira.

lighting ['laɪtɪŋ] *n* **a)** (gen) THEAT iluminação *f*; **b)** (act of switching on) acto *m* de acender.

lighting-up time *n* **it's ~** TRANSP está na altura de acender os faróis.

lightly ['laɪtlɪ] *adv* **a)** (delicately) ligeiramente; [*move, run, walk*] com delicadeza, com leveza; **b)** (frivolously) [*take decision*] com ligeireza; **to sleep ~** ter o sono leve; **c) to get off ~** conseguir safar-se (fam).

lightness ['laɪtnɪs] *n* (brightness) claridade *f*; (in weight) leveza *f*.

lightning ['laɪtnɪŋ] *n* relâmpago *m*; raio *m*; **a bolt** *or* **flash** *or* **stroke of ~** um clarão de relâmpago. IDIOMAS **as fast** *or* **quick as a ~** rápido como um relâmpago.

lightning conductor GB, **lightning rod** *n* pára-raios *m*.

lightweight ['laɪtweɪt] **1** *n* **a)** SPORT peso-pluma *m*; **b)** (fig) pessoa *f* medíocre ou insignificante. **2** *adj* (gen) leve; SPORT [*fight*] de pesos-pluma; (fig) medíocre, insignificante.

light-year *n* ASTRON ano-luz *m*; **~-years ago** há imenso tempo.

like[1] [laɪk] **1** *prep* **a)** (in the same manner as) como; **to act ~ a professional** agir como um profissional; **b)** (similar to, resembling) como; **to be ~ sb/sth** ser como alg/algo; **you know what she's ~!** sabes como ela é!; **what's it ~?** como é? ou é como?; **it was just ~ a fairy-tale** parecia um conto de fadas; **I've never seen anything ~ it** nunca vi nada assim; **what was the weather ~?** como é que estava o tempo?; **c)** (typical of) **it's not ~ her to be late** nem parece dela este atraso; **just ~ a man!** (é) tipicamente masculino!; **d)** (expressing probability) **it looks ~ rain** parece que vai chover; **you seem ~ an intelligent man** pareces ser inteligente; **e)** (close to) **it cost something ~ £20** custou qq coisa como 20 libras. **2** *adj* (formal) parecido, semelhante. **3** *conj* **a)** (in the same way as) como; **~ I said, I wasn't there** como já disse, eu não estava lá; **b)** (as if) como se; **he acts ~ he owns the place** ele comporta-se como se estivesse em casa. **4** *adv* (akin to, near) **it's nothing ~ as nice as...** está longe de ser tão simpático como.... **5** *n* **fires, floods and the ~** incêndios, inundações e outras catástrofes do género; **I've never seen the ~ (of it)** nunca vi nada parecido; **she won't even speak to the ~s of us!** ela nem sequer fala a pessoas como nós!. **6 -like**: *combining form* **bird-~** semelhante a um pássaro; **child-~** infantil; **king-~** real. IDIOMAS **~ enough, (as) ~ as not** provavelmente; **~ father, ~ son** (Prov) tal pai, tal filho (Prov).

like[2] [laɪk] *vtr* **a)** gostar de [*person, artist, food, music, etc*]; **to ~ A better than B** gostar mais de A do que de B; **to ~ A best** preferir A; **to be well ~d** ser apreciado; **to want to be ~d** querer agradar; **b) how do you ~ your tea?** como gostas de beber o teu chá?; **if you ~ that sort of thing** se gostas desse tipo de coisas; **I ~ cheese but it doesn't ~ me** gosto de queijo, mas não me cai bem; **I ~ doing, I ~ to do** gosto de fazer; **I ~ to see people doing** gosto de ver as pessoas fazerem; **I ~ it!** gosto (disso)!; **~ it or not we all pay tax** quer se goste quer não, todos pagamos impostos; **c)** (wish) desejar, querer; **I would** *or* **should like a ticket** desejava ou queria um bilhete; **would you ~ me to come?** queres que eu venha?; **if you ~** se quiseres; **d)** (think important) **to ~ to do** gostar de fazer (por achar que deve).

likeable ['laɪkəbl] *adj* [*person*] agradável, simpático,-a; [*novel, music*] agradável.

likelihood ['laɪklɪhʊd] *n* probabilidade *f*; hipótese *f*; **in all ~** com toda a probabilidade; **there is no ~ of peace** não há nenhuma hipótese de paz.

likely ['laɪklɪ] **1** *adj* **a)** (probable) provável; [*explanation*] plausível; [*excuse, story*] (iron) plausível; **it seems ~ that...** parece provável que...; **b)** (potential) [*client, candidate*] potencial. **2** *adv* **a) ~ as not** provavelmente; **b)** (coll) GB **not ~!** não é possível!.

liken ['laɪkn] *vtr* comparar, equiparar.

likeness ['laɪknɪs] *n* **a)** (similarity) semelhança *f*; parecença *f* (**between** entre); **a (strong) family ~** um ar de família (bastante acentuado); **b)** **it's a very good ~** ART é muito parecido; **c) to**

assume *or* **take on the ~ of sb/sth** metamorfosear-se em alg/algo.

likewise [ˈlaɪkwaɪz] *adv* do mesmo modo, igualmente; **I'm leaving and I suggest you to do ~** vou partir e aconselho-te a fazer o mesmo.

liking [ˈlaɪkɪŋ] *n* **to have/develop a ~ for sth** ter ou desenvolver o gosto por qq coisa; **he's taken a ~ to you** [*person, animal*] ele tem simpatia por ti; **it's too warm for my ~** está demasiado calor para o meu gosto.

lilac [ˈlaɪlək] **1** *n* (shrub, flower, colour) lilás *m*. **2** *adj* (colour) lilás.

lilt [lɪlt] *n* (of tune) cadência *f*; ritmo *m*; (of accent) entoação *f*.

lily [ˈlɪlɪ] *n* lírio *m*.

limb [lɪm] *n* **a)** ANAT membro *m*; **b)** (of tree) ramo *m* principal. IDIOMAS **to be out on a ~** encontrar-se numa posição vulnerável, isolado dos outros; **to go out on a ~** comprometer-se; **to risk life and ~** arriscar a vida; **to tear sb ~ from ~** desfazer alg.

limber [ˈlɪmbə(r)] *adj* (liter) flexível. ▪ **limber up** tornar-se ágil; **to do ~ing up exercises** fazer exercícios de flexibilidade.

limbo [ˈlɪmbəʊ] *n* (gen) RELIG limbo *m*.

lime [laɪm] *n* **a)** (calcium) cal *f*; **b)** (fruit) lima *f*; **c)** (tree) tília *f*.

lime: **~ green** *n, adj* verde limão; **~ juice** sumo *m* de lima-limão.

limelight [ˈlaɪmlaɪt] *n* THEAT luz *f* da ribalta; **to be in the ~** ser uma vedeta Po/vedete BR, estar na berra (fam).

limerick [ˈlɪmərɪk] *n* poema *m* humorístico de cinco versos.

limestone *n* calcário *m*.

limit [ˈlɪmɪt] **1** *n* **a)** (boundary) limite *m*; **to be off ~s** MIL encontrar-se em zona interdita; **to push sb to the ~** levar alg até ao limite; **it's the ~!** isso ultrapassa as marcas; **b)** (legal restriction) **~s on exports** limitação *f* das exportações; **public spending ~s** *or* **~s on public spending** limitação das despesas públicas. **2** *vtr* limitar; **spending is ~ed to a budget of 2 million** as despesas estão limitadas a um orçamento de 2 milhões; **to ~ oneself** limitar-se; **he ~s himself to one glass of wine per day** ele limita-se a um copo de vinho por dia.

limitation [lɪmɪˈteɪʃn] *n* **a)** (restriction) restrição *f*; **b)** (shortcoming) limite *m*; **to know one's own ~s** conhecer os seus próprios limites.

limited [ˈlɪmɪtɪd] *adj* **a)** [*resources, ambition, market, vocabulary, imagination*] limitado,-a; **b)** (restricted) [*imagination*] restrito,-a, limitado,-a; **c)** **~ company** COMM sociedade *f* anónima.

limitless [ˈlɪmɪtlɪs] *adj* ilimitado,-a.

limousine [ˈlɪmʊziːn] *n* limusina *f*.

limp [lɪmp] **1** *n* **to walk with** *or* **have a ~** coxear. **2** *adj* [*material, gesture, style*] mole, fraco, vacilante; **I feel tired and ~ in this weather** sinto-me cansado e sem energia com este tempo. **3** *vtr* **to ~ (along)** coxear; **to ~ in/away** entrar/ir-se embora coxeando.

limpet [ˈlɪmpɪt] *n* lapa *f*.

limpid [ˈlɪmpɪd] *adj* límpido,-a.

linchpin [ˈlɪntʃpɪn] *n* (fig) **he is the ~ of the whole operation** ele é o cerne de toda a operação.

linctus [ˈlɪŋtəs] *n* (*pl* **-tuses**) xarope *m* contra a tosse.

line [laɪn] **1** *n* **a)** linha *f*; (shorter, thicker) traço *m*; **a straight/curved ~** uma linha recta/curva; **to draw a ~ down the middle of the page** traçar uma linha vertical a meio da página; **b)** (of people, cars) fila *f*; (**of** de); **to stand in ~** (one behind the other) fazer bicha; (one beside the other) estar em fila; **to put the desks in ~** alinhar as secretárias; **she is fifth in ~** ela é a 5.ª da fila; **to be next in ~ for promotion** ser o próximo a ser promovido; **c)** US (queue) bicha *f*; fila *f*; **d)** (on face) ruga *f*; **e)** (outline shape) linha *f* (**of** de); **the classical ~s of the building** as linhas clássicas do edifício; **f)** (boundary) **the ~ between Botswana and Namibia** a fronteira entre o Botswana e a Namíbia; **g)** (rope) corda *f*; FISHG linha *f*; ELECT fio *m* eléctrico; **to put the washing on the ~** pôr a roupa a secar ou estender a roupa; **h)** TELECOM linha *f*; **to be on the ~ to sb** estar a falar ao telefone com alg; (coll) **I'm waiting for her to get off the ~** estou à espera que ela desligue; **the ~ is dead** o telefone não dá sinal; **the ~ went dead** a linha foi cortada; **i)** RAIL linha *f*; (rails) via *f*; (shipping, air transport) companhia *f*; **j)** (in genealogy) linhagem *f*; descendência *f*; **a long ~ of scientists** uma geração de cientistas; **the Tudor ~** a casa dos Tudor; **she is second in ~ to the throne** ela é a segunda na linha de sucessão ao trono; **k)** (in prose) linha *f*; (in poetry) verso *m*; **just a ~ to say thank you** só uma palavra para dizer obrigado; **to learn/forget one's ~s** THEAT aprender/esquecer o texto; **l)** (conformity) **to bring imports into ~ with exports** equilibrar as importações com as exportações; **his statement is out of ~ with the witness's account** o seu depoimento está em contradição com a declaração da testemunha; **her objections were way out of ~** as suas objecções foram completamente deslocadas; **m)** (coll) (piece of information) **to have a ~ on sb/sth** ter informações sobre alg/algo; **n)** **I don't know what ~ to take** não sei que partido tomar; **to take a firm ~ with sb** manter-se firme com alg; **o)** (type of product) linha *f* de produtos; **p)** MIL (fortifications) linha *f*; (position held) posição *f*; **they held their ~** eles mantiveram as suas posições; **q)** (equator) **the ~** a linha do Equador. **2** *vtr* **a)** forrar [*jacket, skirt, box*]; **to ~ a nest with moss** atapetar um ninho com musgo; **b)** (stand along) **crowds ~d the route of the procession** a multidão alinhava-se ao longo do percurso por onde devia passar a procissão; **to be ~d with trees** estar ladeado de árvores; **c)** (mark) **his face was ~d with worry** o seu rosto estava marcado pela preocupação. ▪ **line up a)** (side by side) pôr-se em linha; (one behind the other) pôr-se em bicha; **to ~ up in rows** fazer filas; **b)** (take sides) **to ~ up with sb/sth** pôr-se do lado de alg/algo; **~ up (sth), ~ (sth) up a)** (put in queue) fazer bicha; (put in line) pôr-se em linha; **b)** (align) alinhar; **c)** (organize) **have you any work ~d up for next year?** tens algum trabalho em vista para o próximo ano?; **they have ~d up a good team** eles organizaram uma boa equipa.

lineage [ˈlɪnɪɪdʒ] *n* **to trace one's ~** traçar a genealogia; **he can trace his ~ to William I** a família dele remonta a Guilherme I.

linear ['lɪnɪə(r)] *adj* linear.

linen ['lɪnɪn] **1** *n* **a)** linho *m*; **b)** (household) roupa *f* branca; (underwear) roupa *f* interior. **2** *modif* [*jacket, sheet, napkin*] de linho. IDIOMAS **to wash one's dirty ~ in public** lavar a roupa suja em público.

linen basket *n* cesto *m* da roupa suja.

liner ['laɪnə(r)] *n* NAUT paquete *m*; navio *m* de carreira; transatlântico *m*.

linesman ['laɪnzmən] *n* GB (in tennis, football) juiz *m* de linha.

line-up *n* **a)** SPORT equipa *f*; (pop group) grupo *m*; **a ~ cabaret acts** uma série de números de cabaré; **b)** US (identification parade) sessão *f* de identificação de suspeitos.

ling [lɪŋ] *n* BOT urze *f*.

linger ['lɪŋgə(r)] *vi* **a)** [*person, gaze*] demorar--se, deixar-se ficar; **he ~ed (on) for another few weeks (before dying)** ele viveu ainda algumas semanas antes de morrer; **b)** [*memory, smell*] persistir; **c)** [*doubt, suspicion*] subsistir. ■ **linger on** [*memory*] persistir. ■ **linger over**: **to ~ over** [*meal, drink*] saborear [*meal, drink*].

lingerie ['læʒəri:] *n* lingerie *f*, roupa *f* interior de senhora.

lingering ['lɪŋgərɪŋ] *adj* **a)** [*look*] demorado,-a; [*smell, taste, pain, mist*] persistente; **b)** [*doubt, regret*] remanescente; **c)** [*death*] lento,-a.

lingo ['lɪŋgəʊ] (coll) *n* (*pl* **-goes**) algaravia *f*.

linguist ['lɪŋgwɪst] *n* LING linguista *m/f*; poliglota *m/f*; **I'm no (great) ~** não tenho muito jeito para as línguas.

linguistic [lɪŋ'gwɪstɪk] *adj* linguístico,-a.

linguistics [lɪŋ'gwɪstɪks] *n* (+ *v sg*) linguística *f*.

liniment ['lɪnɪmənt] *n* (ointment) pomada *f*.

lining ['laɪnɪŋ] *n* forro *m*.

link [lɪŋk] **1** *n* **a)** (in chain) elo *m*; **the weak ~** o ponto fraco; **b)** TRANSP ligação *f* (**between** entre); **c)** (connection) relação *f*; ligação *f* (**between** entre); laço *m* (**with** com); **d)** (tie) laço *m* (**with** com; **between** entre); **trading ~s between the two companies** as relações comerciais entre as duas companhias; **e)** TELECOM, RADIO ligação *f* PO, conexão *f* BR. **2** *vtr* **a)** TRANSP ligar, fazer a ligação; **the air route will ~ Lisbon to Frankfurt** *or* **will ~ Lisbon to Frankfurt** a linha aérea ligará Lisboa a Francoforte; **b)** COMPUT ligar (**to** a); **c)** (relate) relacionar (**to** com); **d)** (join) **they walked along ~ing arms** *or* **with arms ~ed** eles caminhavam de braço dado. ■ **link up** [*firm, branch*] associar-se.

linkage ['lɪŋkɪdʒ] *n* **a)** (connection) (in ideas) ligação *f* (**between** entre); (in phenomena) relação *f* (**between** entre); **b)** (in diplomacy) associação *f* (**between** entre).

linkman *n* locutor *m* de continuidade.

links [lɪŋks] *n* (+ *v sg or pl*) campo *m* de golfe.

lino ['laɪnəʊ] *n* linóleo *m*.

linseed oil *n* óleo *m* de linhaça.

lint [lɪnt] *n* **a)** MED linho para fazer pensos; **b)** (fluff) pelúcia *f*.

lintel ['lɪntl] *n* lintel *m*.

lion ['laɪən] **1** *n* leão *m*; **a literary ~** uma celebridade no ramo das letras; **the ~'s den** (lit, fig) o antro do leão. **2** *modif* [*hunter*] de leões; ~

cub filhote *m* do leão. IDIOMAS **to take the ~'s share** ficar com a parte de ·leão.

lioness ['laɪənɪs] *n* leoa *f*.

lionize ['laɪənaɪz] *vtr* adular.

lip [lɪp] **1** *n* (of person) lábio *m*; (of dog, ape) beiço *m*; (of cup, crater) borda *f*; (of jug) bico *m*; **my ~s are sealed** a minha boca não se abre; (coll) **don't give me any ~!** (cheek) não sejas atrevido. **2** *modif* [*brush, gloss, pencil*] para os lábios; [*movement*] dos lábios. **3 lipped** *suffix* **thin-/thick-~** de lábios finos/carnudos. IDIOMAS **one must keep a stilt upper ~** é preciso manter a calma.

lip: **~-read** *vi, vtr* fazer leitura labial; **~-reading** *n* leitura *f* labial; **~-service** *n* (pej) **a regime which pays ~-service to human rights** um regime que se diz a favor dos direitos humanos; **he pays ~-service to feminism (but expects his wife to stay at home)** ele diz-se feminista (mas espera que a mulher fique em casa); **~stick** *n* baton *m*.

liquefy ['lɪkwɪfaɪ] **1** *vtr* liquefazer. **2** *vi* liquefazer-se.

liqueur [lɪ'kjʊə(r)] *n* licor *m*.

liquid ['lɪkwɪd] **1** *n* líquido *m*; **drink plenty of ~s** beba muitos líquidos. **2** *adj* [*gaze*] claro,-a.

liquidate ['lɪkwɪdeɪt] *vtr* **a)** JUR liquidar; **b)** ACCTS,FIN liquidar [*assets, share, company*]; regularizar [*debt*].

liquidation [lɪkwɪ'deɪʃn] *n* liquidação *f*.

liquidity [lɪ'kwɪdɪty] *n* liquidez *f*.

liquidize ['lɪkwɪdaɪz] *vtr* **to ~ sth** liquidificar qq coisa.

liquidizer ['lɪkwɪdaɪzə(r)] *n* GB liquidificador *m*.

liquor ['lɪkə(r)] *n* (alcohol) US bebida *f* alcoólica; **he can't hold his ~** ele não aguenta o álcool.

liquorice ['lɪkərɪs] **1** *n* BOT alcaçuz *m*. **2** *modif* [*root, stick*] de alcaçuz.

Lisbon ['lɪzbən] *pr n* Lisboa *f*.

lisle [laɪl] **1** *n* fio *m* da Escócia. **2** *modif* ~ **stockings** meias de fio da Escócia.

lisp [lɪsp] **1** *n* balbuceio *m*. **2** *vi* balbuciar.

lissom ['lɪsəm] *adj* ágil, flexível.

list [lɪst] **1** *n* **a)** (catalogue) lista *f* (**of** de); **to be on a ~** estar numa lista; **to be at the head** *or* **top of the ~** (lit) estar à cabeça da lista; (fig) ser a primeira prioridade; NAUT inclinação *f*. **2 lists** *npl* HIST liça *f*. **3** *vtr* **a)** (gen) fazer a lista de [*objects, people*]; **to be ~ed under** ser classificado como; **to be ~ed among** figurar entre; **b)** COMPUT listar; **c) to be ~ed in the Stock Exchange** FIN estar cotado na Bolsa. **4** *vi* NAUT inclinar-se. **5 listed** *pp adj* [*building*] classificado.

listen ['lɪsən] **1** *n* **have a ~ to this!** escuta isto!. **2** *vi* **a)** (to words, music, sounds) escutar, ouvir; **sorry, I wasn't ~ing** desculpe, eu não estava a escutar; **you were ~ing at the door!** tu estavas a escutar atrás da porta!; **b)** (wait) **to ~ for** [*voice, sound, signal, conversation*] esperar; **I ~ed for sounds of crying** eu esperava o som de choro; **c)** (requesting attention) l~, **can you come tomorrow?** oiça, pode vir amanhã?; **d)** (pay heed) escutar, prestar atenção; ~ **carefully?** escute com atenção!; **you just never ~, do you?** tu nunca ouves nada, pois não?; **to ~ to sb/sth** escutar alg/algo; **to ~ to advice/reason** escutar um conselho/a voz da razão. ■ **listen in** escutar (indiscretamente).

listener ['lɪsənər] *n* **a**) (personal) **she is a good/ bad** ~ ela sabe/não sabe escutar; **I found a ready** ~ **in my aunt** eu encontrei na minha tia alg que sabe escutar; **b**) (radio) ouvinte *m/f*; **the ~s were spellbound** (at lecture) o auditório estava fascinado.

listless ['lɪstlɪs] *adj* [*person, manner*] apático,-a.

list price *n* preço *m* de catálogo.

lit [lɪt] **1** *pp* see **light**. **2** (coll) see **literature** literatura.

litany ['lɪtənɪ] *n* **a**) RELIG litania *f*; **b**) (of complaints) ladainha *f*.

liter *n* US see **litre**.

literacy ['lɪtərəsɪ] **1** *n* **adult** ~ taxa *f* de alfabetização (nos adultos). **2** *modif* [*campaign, level*] de alfabetização.

literal ['lɪtərl] *adj* **a**) [*meaning*] literal; **b**) [*translation, rendering*] à letra.

literally ['lɪtərəlɪ] *adv* [*mean*] literalmente; [*translate*] à letra; **to take sth** ~ tomar qq coisa à letra.

literary ['lɪtərərɪ] *adj* literário,-a; **a** ~ **man** um homem de letras.

literate ['lɪtərət] *adj* **he's barely** ~ ele mal sabe ler e escrever; **she is highly** ~ (well-read) ela é muito culta.

literature ['lɪtərətʃə(r), 'lɪtrətʃə(r)] **1** *n* (gen) literatura *f*; (pamphlets) documentação *f*; informação *f*; publicidade *f*; **Portuguese** ~ a literatura portuguesa; **a work of** ~ uma obra literária. **2** *modif* [*student, course*] de literatura.

lithe [laɪð] *adj* esbelto,-a, ágil.

lithograph ['lɪθəgrɑːf] **1** *n* litografia *f*. **2** *vtr* litografar.

litigation [lɪtɪ'geɪʃn] *n* litígio *m*; **has the case come to** ~? o caso foi levado a tribunal?.

litmus ['lɪtməs] *n* tornassol *m*.

litre GB, **liter** US ['liːtə(r)] **1** *n* litro *m*. **2** *modif* [*jug, measure*] de litro; **a** ~ **bottle of wine** uma garrafa de vinho de litro.

litter ['lɪtə(r)] **1** *n* **a**) (rubbish) lixo *m*; **b**) (random collection) desordem *f* Po, bagunça *f* BR; confusão *f* (**of** de); **c**) ZOOL ninhada *f*; **to have a** ~ parir; **d**) (for farm stock, cat) cama *f* feita de palha ou feno; **e**) (stretcher) maca *f*; (for dignitary) liteira *f*. **2** *vtr* [*leaves, books*] juncar [*ground*]; **to** ~ **a house with sth** semear qq coisa pela casa; **to be ~ed with papers** estar juncado de papéis; (fig) **to be ~ed with allusions** estar recheado de alusões.

litter bin *n* caixote *m* do lixo.

little¹ ['lɪtl] **1** *quantif* (*comparative* **less**; *superlative* **least**) pouco; **there's so** ~ **time** há tão pouco tempo; ~ **or no influence** pouca ou nenhuma influência. **2** *pron* pouco; **I only ate a** ~ só comi um pouco; **there's** ~ **I can do** pouco posso fazer; **to do as** ~ **as possible** fazer o menos possível; ~ **of note** nada de importante; ~ **or nothing** pouco ou nada, quase nada. **3** *adv* **a**) (not much) pouco; **I go there very** ~ vou lá muito pouco; **it's** ~ **short of madness** isso roça a loucura; **a** ~**-known novel** um romance pouco conhecido; **b**) (not at all) ~ **did they know that** eles estavam bem longe de saber que; ~ **did she realize** ela mal se deu conta. **4 a little (bit)** *adv phr* (slightly) um pouco; **a** ~ **(bit) anxious** um pouco ansioso; **a** ~ **less/more** um pouco menos/ mais. **5 as little as** *adv phr* **for as** ~ **as 10 dollars a day** por apenas 10 dólares por dia.

little² ['lɪtl] *adj* **a**) (small) [*house, smile*] pequeno,-a (*before n*); **poor** ~ **thing** coitadinho,-a; **she's a nice** ~ **thing** ela é (uma coisa) amorosa; **b**) (young) [*sister, boy*] novo (*before n*); **when I was** ~ quando era novo, quando era pequeno; **c**) (in a small way) [*farmer, businessman*] pequeno (*before n*); **d**) (expressing scorn) **a nasty** ~ **boy** um rapazinho desagradável; **e**) (short) [*snooze*] curto,-a, pequeno,-a (*before n*) **a~ holiday** umas curtas férias; **a** ~ **break** um curto ou pequeno intervalo.

little finger *n* dedo *m* mindinho. **IDIOMAS to wrap** *or* **twist sb around one's** ~ manobrar completamente alg.

liturgy ['lɪtədʒɪ] *n* liturgia *f*.

live¹ [lɪv] **1** *vtr* (conduct) viver; **to** ~ **one's life** viver a sua vida; **to** ~ **a life of luxury** levar uma vida de luxo; **if I could** ~ **my life over again** se eu pudesse recomeçar a minha vida. **2** *vi* **a**) (dwell) [*animal*] viver; [*person*] (gen) viver, habitar (**with** com); **they** ~ **at number 7** eles vivem no n.º 7; **to** ~ **in** viver em [*house, apartment*]; **it isn't fit to** ~ **in** não serve para habitação; **b**) (lead one's life) **we** ~ **in the computer age** vivemos na era do computador; **to** ~ **by** viver de acordo com ou segundo [*principles, standards*]; **to** ~ **for sb/sth** não viver senão para [*sport, work, family*]; **to** ~ **through sth** viver [*experience, period*]; **they** ~**d happily ever after** LITERAT eles foram muito felizes para sempre; **c**) (remain alive) (gen) (fig) viver; (survive) sobreviver; **as long as I** ~ **I'll...** enquanto viver, eu...; **to** ~ **to be 80** viver até aos 80 (anos); **I don't think he'll** ~ não penso que ele sobreviva; **to** ~ **through** (gen) sobreviver a, conseguir aguentar; **I've got nothing left to** ~ **for** já não tenho razão para viver; **long** ~ **democracy/the King** viva a democracia/o Rei!; **d**) (subsist) viver; **to** ~ **by one's pen** viver da escrita; **to** ~ **on** *or* **off** viver de [*fruit, profits, charity, promises, interest*]; **enough food to** ~ **on for a week** bastante comida para uma semana; **e**) (put up with) **to** ~ **with** aceitar viver com [*illness, situation, consequences*]; suportar [*noise*]; **to** ~ **with the fact that...** admitir que...; **f**) (experience life) viver; **come on!** ~ **a little!** anda! vem divertir-te um pouco!. **IDIOMAS** ~ **and let** ~ vive e deixa viver; **to** ~ **it up** divertir-se; **you** ~ **and learn** aprende-se, vivendo. ■ **live down**: ~ **(sth) down,** ~ **down (sth)** fazer esquecer. ■ **live in** [*pupil*] ser interno; [*nanny, maid*] residir no local de trabalho. ■ **live on** [*reputation, tradition*] perpetuar-se. ■ **live out** [*cook, nanny, care assistant, teacher*] residir fora do local de emprego; [*pupil*] ser externo; ~ **(sth) out,** ~ **out (sth) a**) (survive) sobreviver, conseguir aguentar [*winter, day*]; **b**) (spend) ~ **out the rest of one's days** acabar os seus dias; **c**) (enact) viver [*fantasies*]. ■ **live up to** [*person*] responder a [*expectations*]; [*person*] estar à altura de [*reputation*]; [*product*] não desmentir [*advertising*].

live² [laɪv] **1** *adj* **a**) (not dead) [*person, animal*] vivo,-a; **real** ~ em carne e osso; **b**) RADIO, TV [*band, broadcast, orchestra*] em directo; [*concert, performance, show, recording*] ao vivo; **before a** ~ **audience** em público; **c**) (burning) [*coal*] ardente. **2** *adv* RADIO, TV [*appearance, broadcast*] em directo.

livelihood ['laɪvlɪhʊd] *n* subsistência *f*; ganha--pão *m*; **to earn** *or* **gain a** ~ ganhar a vida.
liveliness ['laɪvlɪnɪs] *n* (of place, person) alegria *f*; vivacidade; f.
lively ['laɪvlɪ] *adj* **a)** (vivacious) [*person*] cheio,-a de vida; [*place, scene, atmosphere, music, evening*] animado,-a; [*account, style*] vivo,-a; **b)** (fast) [*pace*] rápido,-á. IDIOMAS (coll) **look ~!** acorda! ou anima-te!.
liven [laɪvn] ■ **liven up** animar-se; ~ **up (sth)**, ~ **(sth) up** dar vida a [*décor*]; animar [*event, evening*].
liver ['lɪvə(r)] *n* CULIN, MED fígado *m*.
liverish ['lɪvərɪʃ] *adj* (gen) MED bilioso,-a.
liver salts *npl* sais *mpl* de fruto.
livery ['lɪvərɪ] *n* **a)** (uniform) libré *f*; **b)** EQUIT estrebaria *f*.
live: ~**stock** *n* gado *m*; ~ **wire** *n* (fig) **he/she is a** ~ **wire** ele/ela é muito dinâmico(a).
livid ['lɪvɪd] *adj* **a)** (furious) furioso,-a (**with** com); **b)** (liter) (pale) lívido,-a; ~ **with rage** lívido de cólera.
living ['lɪvɪŋ] **1** *n* **a)** (livelihood) vida *f*; **to earn** *or* **make a** ~ ganhar a vida; **to work for a** ~ trabalhar para ganhar a vida; **what do you do for a** ~? que é que você faz na vida?; **b)** (lifestyle) vida *f*; **easy** ~ vida fácil; **c)** (live people) (+ *v pl*) **the** ~ os vivos *mpl*. **2** *adj* [*person, organism, symbol, language, legend*] vivo,-a; **he is** ~ **proof of** ele é a prova viva de; **a** ~ **hell** um verdadeiro inferno; **within** ~ **memory** na memória do Homem; **there wasn't a** ~ **soul** não havia vivalma.
living-room *n* sala *f* de estar.
lizard ['lɪzəd] *n* lagarto *m*.
llama ['lɑːmə] *n* lhama *m*.
load [ləʊd] **1** *n* **a)** (sth carried) carga *f*; (on vehicle, ship, plane) carregamento *m*; **b)** TECH, MECH (weight) peso *m*; carga *f* (**on** sobre); **c)** (batch) **I've done four ~s of washing this morning** fiz quatro máquinas de roupa esta manhã; **d)** ELEC, COMPUT carga *f*; **e)** (fig) (amount of work) trabalho *m*; **we must lighten the** ~ **of young doctors** devemos aliviar o trabalho dos jovens médicos; (fig) **let's try and spread the** ~ vamos tentar repartir o trabalho a realizar; **f)** (coll) (*also* ~**s**) (a lot) montes *mpl* (fam) (**of** de). **2** *vtr* **a)** (gen) carregar [*vehicle, ship, donkey, camera, gun, washing machine*]; **to** ~ **the luggage into the car** carregar as bagagens no carro; **b)** COMPUT carregar [*program*]; **c)** (fig) (inundate) **to** ~ **sb with presents** cumular alg de presentes. **3** *vi* carregar. IDIOMAS **to** ~ **the dice (against sb)** ter a sorte contra si; **get a** ~ **of this!** (listen) escuta aqui!; **get a** ~ **of that!** (look) olha para aquilo!. ■ **load down**: ~ **(sb) down with sth** fazer curvar alg sob o peso de qq coisa. ■ **load up**: ~, **(sth) up** carregar.
loaded ['ləʊdɪd] *adj* **a)** [*tray, lorry, gun*] carregado,-a (**with** de); **b)** (weighed down) [*person*] carregado,-a (**with** de); (fig) (showered) **to be** ~ **with medals** estar coberto de medalhas; **c)** (leading) [*question*] tendencioso,-a.
loading bay ['ləʊdɪŋbeɪ] *n* zona *f* ou local *m* de carga.
loaf [ləʊf] *n* um pão *m*; **a** ~ **of bread** uma carcaça. IDIOMAS **half a** ~ **is better than no bread**

(Prov) **mais vale póuco que nada** (Prov); **use your ~!** usa a massa cinzenta! (fam). ■ **loaf around** vadiar.
loam [ləʊm] *n* marga *f*.
loan [ləʊn] **1** *n* **a)** FIN empréstimo *m*; **to get** *or* **raise a** ~ receber um empréstimo; **to call in a** ~ pedir a devolução dum empréstimo; **b)** (gen) **to have the** ~ **of sth** fazer um empréstimo de qq coisa; **to be on** ~ [*book, museum, object*] estar emprestado; [*person*] estar destacado em. **2** *vtr* (*also* ~ **out**) emprestar (**to** a).
loan shark *n* usurário.
loath [ləʊθ] (formal) **to be** ~ **to do sth** relutar em fazer qq coisa.
loathe [ləʊð] *vtr* detestar (**doing** fazer).
loathing ['ləʊðɪŋ] *n* repugnância *f*; (**for sth/sb**) por qq coisa/alg.
loathsome ['ləʊðsəm] *adj* repugnante.
loaves [ləʊvz] *npl* see **loaf**.
lob [lɒb] **1** *n* SPORT bola *f* alta; "lob" *m*. **2** *vtr* (*pres p etc* -**bb**-) **a)** (gen) lançar; **b)** SPORT jogar uma bola alta.
lobby [Ilɒbɪ] **1** *n* **a)** (hall) (of house) entrada *f*; (of hotel) átrio *m*; **b)** GB POL hall da câmara dos comuns onde o público contacta com os deputados; **c)** (pressure group) lobby *m*. **2** *vtr* fazer pressão sobre [*person, group*] (**about** acerca de). **3** *vi* fazer pressão.
lobe [ləʊb] *n* lóbulo *m*; **ear** ~ lóbulo da orelha.
lobster ['lɒbstə(r)] **1** *n* CULIN, ZOOL lagosta *f*. **2** *modif* [*salad, soup*] de lagosta.
lobster pot *n* covo *m*; para apanhar lagostas.
local ['ləʊkl] **1** *n* **a)** habitante *m/f*; **the ~s** os moradores *mpl* locais; **b)** (newspaper) jornal *m* da região. **2** *adj* **a)** (neighbourhood) [*library, shop*] do bairro; **b)** (of the town) [*newspaper*] local; **c)** (regional) [*newspaper, television, radio*] regional; [*shower, storm*] localizado,-a; **d)** MED [*pain, swelling*] localizado,-a.
local: ~ **authority** *n* GB ADMIN autoridades *fpl* locais; ~ **(area) call** *n* TELECOM telefonema *m* local.
locality [lə'kælɪtɪ] *n* (neighbourhood) região *f*; (place) localidade *f*.
localize ['ləʊkəlaɪz] **1** *vtr* localizar [*problem*]; concentrar, restringir [*damage*]. **2** **localized** *pp adj* localizado,-a.
locate [lə'keɪt] *vtr* **a)** (find) encontrar [*object*]; localizar [*fault, problem*]; **b)** (position) situar [*site*]; **the building is centrally ~d** o edifício tem uma localização central.
location [lə'keɪʃn] *n* **a)** (gen) local *m*; **central** ~ localização *f* central; **to know the** ~ **of sth** saber onde se encontra algo; **b)** CIN; **on** ~ no exterior.
loch [lɒk, lɒx] *n* SCOT lago *m*.
lock [lɒk] **1** *n* **a)** (with key) fechadura *f*; (with bolt) fecho *m*; **under** ~ **and key** preso a sete chaves; **b)** (of hair) mecha *f* de cabelos; **long/curly ~s** cabelos *mpl* compridos/encaracolados; **c)** NAUT comporta *f*; **d)** (in wrestling) prisão *f*; **arm/leg** ~ prisão *f* de braço/perna; **e)** AUT ângulo *m* de viragem; **f)** COMPUT fecho *m*; **g)** (on firearm) fecho *m*; travão *m*. **2** *vtr* **a)** (close securely) (with key) fechar (algo) à chave; (with bolt) aferrolhar, trancar; **b)** COMPUT fechar [*file*]; **c)** (clash) **to** ~ **horns** (lit) (rams) lutar cornos contra cornos; (fig) [*people*] lutar violentamente. **3**

vi **a)** (close securely) [*door, drawer*] fechar à chave; **b)** (seize up) [*wheels*] bloquear. ■ **lock away**: ~ **(sth) away,** ~ **away (sth)** guardar (algo) fechado à chave. ■ **lock in**: ~ **(sb) in** prender alg; ~ **(oneself) in** fechar-se. ■ **lock out**: ~ **(sb) out** trancar do lado de fora; ~ **(oneself) out** fechar-se do lado de fora; **I've ~ed myself out of my car** fechei o carro e deixei as chaves lá dentro. ■ **lock together** [*components, pieces*] ajustar. ■ **lock up**: ~ **(sth) up, lock up (sth)** fechar (algo) à chave; imobilizar [*capital*]; ~ **(sb) up, ~up (sb)** fechar [*hostage*]; pôr (alg) na prisão [*killer*]; **he should be ~d up!** (coll) ele devia ser preso! (fam).
locker ['lɒkə(r)] *n* cacifo *m* Po, escaninho *m* Br.
locket ['lɒkɪt] *n* medalhão *m*.
lock: ~ **gate** *n* porta *f* de eclusa *f*; ~ **jaw** *n* trismo *m* (contracção dos músculos do queixo causada por tétano); ~**-out** *n* lock-out *m inv* (fecho de fábrica Po/usina Br pelo patrão para impedir o trabalho dos operários); ~ **smith** *n* serralheiro *m*; ~ **up** *n* (garage) garagem *f* separada do domicílio.
locomotive [ləʊkə'məʊtɪv] *n* locomotiva *f*.
locust ['ləʊkəst] *n* gafanhoto *m*; **swarm of ~s** praga *f* de gafanhotos.
lodge [lɒdʒ] **1** *n* **a)** (small house) pavilhão *m*; (for gatekeeper) casa *f* do guarda; **hunting ~** pavilhão de caça; **porter's ~** UNIV portaria *f*; **b)** (Masonic) loja *f*. **2** *vtr* **a)** (accommodate) alojar [*person*]; **b)** apresentar [*appeal, protest*] (**with sb** junto de). **3** *vi* **a)** (reside) viver, hospedar-se (**with** em casa de); **b)** (stick) [*bullet*] alojar-se; **it ~d in her memory** isso ficou gravado na sua memória.
lodger ['lɒdʒə(r)] *n* (room only) hóspede *m/f*; (with meals) pensionista *m/f*.
lodging ['lɒdʒɪŋ] **1** *n* alojamento *m*; **board and ~** quarto com pensão. **2 lodgings** *npl* (gen) alojamento *m*; **to take a ~** alugar um quarto (**with** em casa de).
loft [lɒft] *n* **a)** (gen) celeiro *m*; **hay ~** celeiro de feno; **b)** US estúdio *m* num sótão; **c)** ARCHIT galeria *f* elevada; tribuna *f*.
lofty ['lɒftɪ] *adj* [*building*] alto,-a, elevado,-a; [*ideals*] nobre; [*manner*] altivo,-a.
log [lɒg] **1** *n* **a)** MATH abrev = **logarithm** logaritmo *m*; **b)** AGRIC (of wood) toro *m*; cepo *m*; **c)** COMPUT diário *m*; **d)** TRANSP (of plane, ship) diário *m* de bordo; **e)** (written record) registo *m*. **2** *vtr* **a)** AGRIC cortar em toros; **to go ~ging** ir cortar lenha; **b)** (record) registar; **c)** (*also* ~ **up**) (clock up) ter no activo [*miles*]. IDIOMAS **to sleep like a ~** dormir como uma pedra.
logarithm, log ['lɒgərɪðm, lɒg] *n* logaritmo *m*.
log: ~**book** *n* **a)** (of car) documentação *f*; **b)** (of plane, ship) diário *m* de bordo; **c)** (written record) (livro *m* de) registo *m*; ~ **fire** *n* fogueira *f*.
loggerheads ['lɒgəhedz] *npl* **to be at ~ with sb** estar em desacordo com alg.
logic ['lɒdʒɪk] *n* (gen) PHILOS, COMPUT lógica *f*; **I can see the ~** parece-me lógico.
logical ['lɒdʒɪkl] *adj* lógico,-a; ~ **positivism** positivismo *m* lógico.
logically ['lɒdʒɪkəlɪ] *adv* logicamente; ~ **speaking** falando de forma lógica.
logistic [lə'dʒɪstɪk] *adj* logístico,-a.

log jam *n* (lit) engarrafamento *m* de troncos de madeira (num rio); (fig) impasse *m*.
logo ['ləʊgəʊ, 'lɒgəʊ] *n* logo *m*; logotipo *m*.
loin [lɔɪn] **1** *n* CULIN lombo *m*. **2 loins** *npl* ANAT rins *mpl*. IDIOMAS **to gird up one's ~s** preparar-se para um empreendimento.
loiter ['lɔɪtə(r)] *vi* **a)** (idly) vaguear; (pleasurably) vadiar; **b)** (suspiciously) andar às voltas.
loll [lɒl] *vi* [*person*] recostar-se indolentemente; [*part of body*] tombar, cair; [*tongue*] pender.
lollipop ['lɒlɪpɒp] *n* chupa-chupa *m*.
lollipop lady, lollipop man (*pl* **lollipop ladies, lollipop men**) GB homem ou mulher que, junto das escolas, ajuda os alunos a atravessar a rua.
lolly ['lɒlɪ] *n* **a)** (slang) (money) bago *m*; massa *f* (fam); **b)** (sweet) chupa-chupa *f*; **ice ~** gelado *m* de gelo.
London ['lʌndən] **1** *pr n* Londres; **outer ~** os arredores *mpl* de Londres; **inner ~** o coração *m* de Londres; **in ~** em Londres. **2** *modif* [*accent, flight, bus, road*] de Londres.
Londoner ['lʌndənə(r)] *n* londrino,-a, habitante *m/f* de Londres.
lone [ləʊn] *adj* (liter) (lonely) solitário,-a; (only one) só.
loneliness ['ləʊnlɪnɪs] *n* (of person) solidão *f*; (of position) isolamento *m*.
lonely ['ləʊnlɪ] *adj* [*person*] solitário,-a; [*place*] isolado,-a; **I am ~ for my family** sinto-me só, longe da família ou sinto saudades da família.
loner ['ləʊnə(r)] *n* solitário,-a.
lonesome ['ləʊnsəm] *adj* solitário,-a.
long [lɒŋ] **1** *n* (syllable) sílaba *f* longa. **2** *adj* **a)** (lengthy) [*event, interval, period, wait, book, vowel*] longo,-a; **how ~ is the interval?** quanto tempo dura o intervalo?; **it's been a ~ day** tem sido um dia comprido; **to get** *or* **grow** *or* **become ~er** alongar-se; **the days are getting ~er** os dias estão a tornar-se maiores; **to take a ~ hard look at sth** (lit, fig) examinar qq coisa com atenção; **a friend of ~ standing** um amigo de longa data; **b)** **a ~ time she's been away a ~ time** ela tem estado ausente há muito tempo; **for a ~ time I've been a teacher for a ~ time** sou professor há muito tempo; **for a ~ time I didn't believe her** durante muito tempo não acreditei nela; **a ~ time ago** há muito tempo; **to take a ~ time** levar (muito) tempo; **c)** (in measuring) [*object, distance*] longo,-a, comprido,-a; **20 m ~** 20 m de comprimento; **to get** *or* **grow ~** crescer; **she's growing her hair ~** ela está a deixar crescer o cabelo; **to get** *or* **grow ~er** alongar-se; **can you make the sleeves ~er?** podes fazer as mangas mais compridas?; **d)** **a ~ way is it a ~ way to the station?** a estação é longe?; **January is a ~ way off** Janeiro ainda está longe; **a ~ way down a ~ way down the road** lá no fim da rua; **a ~ way down they saw the sea** eles viram o mar lá em baixo; **you are ~ way out in your calculations** enganaste-te bastante nos teus cálculos; **we've come a ~ way** fartámo-nos de andar; **to go a ~ way** [*person*] (be successful) ir longe; [*provision, supply*] (last long) durar muito tempo; **to go a ~ way towards doing** contribuir bastante para que se faça; **to have a ~ way to go** (lit) [*traveller*] ter muito caminho a

percorrer; (fig) [*worker, planner*] ter ainda muito que fazer; **to take the ~ way round** fazer um grande desvio. **3** *adv* **a**) (a long time) muito tempo; **how ~ will you be?** quanto tempo te demoras?; **not very ~** não muito (tempo); **don't be ~** não te demores ou despacha-te; **it won't be ~ before you're home again** não vai demorar muito até regressares a casa; **I can't stand it a day ~er** não suporto isto nem mais um dia; **it's been so ~ since we last met** faz tanto tempo que nos encontrámos pela última vez; **it wasn't ~ before** não foi preciso muito tempo para que; **I haven't got ~** não tenho muito tempo; **he paused only** *or* **just ~ enough to...** ele interrompeu-se apenas o necessário para...; **this won't take ~** isto não vai levar muito tempo; **how ~ did it take him to find out?** quanto tempo precisou ele para descobrir?; **three days at the ~est** três dias no máximo; **before ~** (in past) pouco depois; (in future) dentro de pouco tempo; **for ~** por muito tempo; **not for ~** não por muito tempo; **~ after** muito (tempo) depois; **not ~ after** pouco depois; **it's ~ after** *or* **past your bedtime** já devias estar na cama há muito tempo; **~ ago** há muito tempo (atrás); **~ before** muito (tempo) antes; **~ before we were married** muito antes de nos casarmos; **~ since** (desde) há muito (tempo); **he's no ~er head** ele já não é chefe; **five minutes, no ~er!** cinco minutos, não mais!; **b**) (liter) (for a long time) (always before*p*) há muito tempo; **those days are ~ gone** esse tempo já acabou há muito; **c**) (throughout) (always after*n*) **all day ~** todo o dia. **4** *as or so ~ as conj phr* **a**) (in time) tanto (tempo) quanto; **as ~ as possible** tanto quanto possível; **as ~ as I live** enquanto eu for vivo; **b**) (provided that) desde que. **5** *vi* **to ~ for sth** ansiar por qq coisa; **to ~ for sb** ter saudades de alg; **to ~ to do** ((be impatient)) estar impaciente por fazer; (desire sth elusive) sonhar fazer. IDIOMAS **~ time no see** (hum) há que tempos que não nos vemos; (coll) **she's not ~ for this world** ela não vai durar muito; (coll) **so ~!** adeus! Po/tchau! Br; **to make a ~ face** fazer uma cara triste.

long: **~-distance** *adj* [*runner*] de fundo; [*lorry driver*] de longo curso; **~-distance telephone call** telefonema interurbano; **~-drawn-out** *adj* interminável.

longevity [lɒn'dʒevɪtɪ] *n* (of person) longevidade *f*.

long: **~-haired** *adj* [*person*] de cabelos compridos; [*animal*] de pêlo comprido; **~hand** *n* **in ~hand** escrito à mão.

longing ['lɒŋɪŋ] **1** *n* anseio *m*; grande desejo *m* (**for** por); (stronger) cobiça *f*; (nostalgic) nostalgia *f*; (**for** de). **2** *adj* [*look*] (greedy) cheio de cobiça.

longingly ['lɒŋɪŋlɪ] *adv* (greedily) cobiçosamente; (nostalgically) com saudade.

longitude ['lɒŋgɪtjuːd, 'lɒndʒɪtjuːd] *n* longitude *f*; **at a ~ of 52.º, at ~ 52.º** a 52.º de longitude.

long: **~jump** *n* GB salto *m* em comprimento; **~-lived** *adj* [*tradition*] persistente; **~-range** *adj* [*missile*] de longo alcance; [*plan*] a longo prazo; **~-range aircraft**; MIL avião *m* com grande raio de acção; **~-running** *adj* [*play, dispute*] que du-

ra há muito tempo; **~shot** *n* (risky attempt, guess) palpite *m*; **~-sighted** *adj* MED presbita; **~-sleeved** *adj* de mangas compridas; **~-suffering** *adj* paciente, resignado,-a; **~(-)term 1** *n* **in the ~(-)term** a longo prazo. **2** *adj, adv* a longo prazo; **~-time** *adj* de longa data; **~-wave** *n* onda *f* longa.

longways ['lɒŋweɪz] *adv* no sentido do comprimento.

long-winded *adj* prolixo,-a.

loo [luː] (coll) *n* GB casa *f* de banho.

look [lʊk] **1** *n* **a**) (glance) olhadela *f*; vista *f* de olhos; **to have** *or* **take a ~ at sth** (briefly) deitar uma vista de olhos a qq coisa; (closely) examinar qq coisa; **I didn't get a good ~** eu não vi bem; **to have** *or* **take a ~ round** (in a town) dar uma volta; (in a shop) dar uma vista de olhos; **to have a ~ through sth**; (scan) procurar em [*archives, files*]; percorrer com os olhos [*essay, report*]; **b**) (search) **to have a ~ for sth** qq coisa; **c**) (expression) olhar *m*; **a ~ of incredulity** um olhar de incredulidade; **from the ~ on his face** pelo ar dele; **d**) (appearance) (of person) ar *m*; **~ of** (of building, scenery) aspecto *m*; **to have a ~ of sadness about one** ter um ar triste; **she has a ~ of his father about her** ela tem qq coisa do pai; **I like the ~(s) of the new car** gosto do aspecto do novo carro; **I don't like the ~(s) of him** ele não me inspira confiança ou não gosto do ar dele; **e**) (style) estilo *m*. **2** **looks** *npl* **~s aren't everything** a beleza não é tudo. **3** *vtr* **a**) (gaze, stare) olhar; **to ~ sb up and down** (critically) olhar alg de alto a baixo; (appraisingly) admirar alg dos pés à cabeça; **b**) (appear) **to ~ one's age** parecer a idade que se tem; **she still ~s the same** ela não mudou nada; **to ~ an idiot** *or* **a fool** ter um ar ridículo; **c**) (face) **to ~ North/East** [*house*] estar virado a Norte/Este. **4** *vi* **a**) olhar (**into** para dentro de; **over** por cima de); **to ~ and see what's on TV** ir ver o que está a dar na TV; **to ~ away** desviar os olhos ou o olhar; **to ~ out of** *or* **through the window** olhar pela janela; **~ the other way** (lit) olha para o outro lado; **b**) (search) procurar; **to ~ down sth** percorrer com os olhos [*list*]; **c**) (resemble) **to ~ like sb/sth** parecer-se com alg/algo; **what does she ~ like?** como é que ela é?; **it ~s like being interesting** promete ser interessante; **it ~s like rain** parece que vai chover; **"are you having trouble?" "what does it ~ like?"** "estás com problemas?" "que é que te parece?"; (appear) parecer, ter o ar de (ser); **you ~ hot/cold** pareces ter calor/frio; **he ~s about 50** ele deve ter uns 50 anos; **how do I ~?** que tal estou?; **you ~ well** tens bom aspecto; **she's 40 but she doesn't ~ it** ela tem 40 anos, mas não parece; **that dress makes you ~ younger** esse vestido faz-te (parecer) mais nova; **you ~ good in that hat** esse chapéu fica-te bem. ■ **look after**: **~ after (sb/sth) a**) (care for) cuidar de [*patient*]; tomar conta de [*child*]; ocupar-se de, atender [*customer, guest*]; **b**) (be responsible for) ocupar-se de, ser responsável por [*finances, administration*]; **to ~ after (oneself) a**) (cope) **I'm old enough to ~ after myself** já tenho idade (suficiente) para tomar conta de mim; **b**) (be careful) **"safe journey, and ~ after yourself"** "boa viagem e toma

cuidado". ■ **look ahead** olhar em frente. ■
look at: ~ **at (sth) a)** (gen) olhar para qq coisa;
b) (examine) verificar [*equipment*]; [*doctor*]
examinar [*patient*]; [*workman*] reparar [*car,
plumbing*]; estudar [*issue, problem, methods,
solutions*]; **c)** (see, view) **to** ~ **at sth** ver [*life,
situation*]; encarar [*problem*]; **to** ~ **at sth sb's
way** ver as coisas do ponto de vista de alg; **d)**
(face) **to be ~ing at sth** estar à beira de [*bankruptcy, collapse*]. ■ **look back a)** (turn around)
voltar-se, olhar para trás; **b)** (reminisce) **to** ~
back on sth debruçar-se sobre [*past*]; fazer o
balanço de [*career, marriage*]. ■ **look down**: ~
down on sb/sth a) (despise) desprezar alg/algo;
b) (dominate) [*fortress, tower*] dominar [*town*].
■ **look for**: ~ **for (sb/sth) a)** (hunt) procurar
alg/algo; **b)** (expect) esperar [*commitment, result, reward*] (**from** de).
look-alike n sósia m/f.
looker-on [lʊkər'ɒn] n (pl **lookers-on**) (gen) espectador, a m, f.
look-in n oportunidade f; **we don't intend to
give our competitors a** ~ não pretendemos deixar
a mínima oportunidade aos nossos concorrentes.
looking-glass ['lʊkɪŋglaːs] n (liter) espelho m.
look-out 1 n **a)** (surveillance) **to be on** ~
[*sailor*] estar de vigia; [*soldier*] estar de sentinela;
to be on the ~ estar de sentinela; **to be on the** ~
for sth [*police, public*] procurar [*stolen vehicle,
escaped prisoner*]; [*person*] estar à procura de
[*bargain, rare books*]; **b)** (sentry) (on ship) vigia m; (in army) sentinela m; **c)** (surveillance
post) posto m de observação; **d)** (coll) GB (private
concern) **that's his** ~ é assunto dele ou só a
ele diz respeito. **2** modif [*platform, post*] de observação.
loom [luːm] **1** n tear m. **2** vi **a)** (also ~ **up**) [*shape,
figure, building*] surgir, assomar, aparecer (**out
of** de; **over** para cima de); **b)** [*war, crisis*] ameaçar; **to** ~ **large** [*exam, issue*] ser uma preocupação. **3 looming** pres p adj (lit, fig) [*crisis,
threat, shortage, cliff, tower*] ameaçador, a.
loony ['luːnɪ] (coll) n **a)** (crazy) tolo m; desaparafusado m (fam); **b)** (mentally ill) (injur) atrasado m mental.
loop [luːp] **1** n **a)** (gen) COMPUT círculo m; **b)**
ELEC circuito m fechado; **c)** MED sterilet m (aparelho anti-concepcional). **2** vtr (gen) ligar, enla-
çar. **3** vi fazer um arco; **the river ~s back on itself** o rio descreve um círculo. **IDIOMAS to** ~
the ~ AVIAT fazer círculos acrobáticos.
loophole ['luːphəʊl] n **a)** (fig) lacuna f; **b)** AR-
CHIT seteira f.
loose [luːs] **1** n **on the** ~ livre; **there's a killer/
lion on the** ~ há um assassino/leão à solta. **2**
adj **a)** (lit) (not firm or tight) [*knot, lace*] frouxo,-a, desatado,-a; [*screw*] desaparafusado,-a;
[*nail, handle*] mal seguro,-a; [*component, section*] mal fixado,-a, solto,-a; [*button*] mal pregado,-a; [*thread*] descosido,-a; [*muscle*] distendi-
do,-a; **to come/get/work** ~ [*knot*] destacar-se;
[*screw*] desaparafusar-se, soltar-se; [*handle*]
abanar; **to hang** ~ [*hair*] estar solto; [*rope*] pender; **b)** (free) [*animal*] evadido,-a, solto,-a; **to
let/set/turn** ~ libertar [*animal, prisoner*]; **to cut
sb** ~ (lit) libertar alg; **to break** ~ (lit) libertar-
-se; **c)** COMM (not packed) [*tea, sweets*] a granel;

we sell envelopes ~ nós vendemos envelopes
avulso; **just put the apples in the bag** ~ ponha
as maçãs directamente no saco; **d)** (that has
come apart) [*page*] solto,-a; [*fragment*] destacado,-a; **"~ chippings"** (road sign) "atenção gravi-
lha"; **e)** (baggy) [*dress, jacket*] amplo,-a; [*animal's collar*] folgado,-a; **f)** (not compacted)
[*soil*] movediço,-a; [*link, weave*] lasso,-a; ~
bowels MED a diarreia; **I've been a bit** ~ MED tenho tido um pouco de diarreia; **g)** (not strict or
exact) [*translation, version*] livre; (pej) aproximada; [*wording*] impreciso,-a; [*interpretation*]
incorrecto,-a; **h)** (dissolute) [*woman*] fácil;
[*morals*] dissoluto,-a; ~ **living** vida dissoluta. **3**
vtr (lit) (release) libertar. **IDIOMAS to be at a** ~
end GB **to be at ~ends** US não saber o que fazer.
loose: ~ **cover** n SEWING cobertura f; **~-fitting**
adj amplo,-a.
loose-leaf adj com folhas removíveis; ~ **binder/
folder/file** ficheiro m; arquivo m.
loose-limbed ['luːslɪmd] adj flexível, elástico,-a.
loosely ['luːslɪ] adv **a)** (lit) (not tightly) [*fasten,
wrap*] frouxo,-a; [*fit*] aproximadamente; (not
firmly) [*fix*] frouxamente; **b)** (fig) [*connected*]
de modo flexível; [*structured*] livremente; **c)**
(fig) (imprecisely) [*interpret, translate*] livremente; pej; de modo aproximado.
loosen ['luːsn] **1** vtr (make less tight) desapertar,
aliviar; [*belt, strap, collar*]; afrouxar [*rope, control*]; ~ **all tight clothing** MED desaperte todo o
vestuário apertado; **to** ~ **one's grip/hold on sth**
(lit) relaxar o seu domínio sobre algo; MED soltar [*bowels*]. **2** vi (become less tight) [*fastening,
grip*] desatar-se, soltar-se.
loot [luːt] **1** n (stolen goods) saque m. **2** vtr pilhar, saquear.
looter ['luːtə(r)] n gatuno m; ladrão/-a m/f.
lop [lɒp] vtr (pres p etc **-pp-**) podar [*tree,
branch*]. ■ **lop off**: **to** ~ **(sth) off, to** ~ **off (sth)**
podar [*branch*]; cortar; **she ~ped 10% off the
price** ela baixou 10% o preço.
lope [ləʊp] vi **to** ~ **off/in/out** partir/entrar/sair rapidamente a passos largos.
loquacious [lə'kweɪ∫əs] (formal) adj loquaz.
lord [lɔːd] n **a)** (ruler) senhor m (**of** de); **b)** GB
lorde m; **the (House of) L~s** a Câmara dos Lor-
des; **my** ~ **marquis is here** o Senhor Marquês
está aqui; **c)** L~ RELIG Senhor m; **d)** (coll) (in
exclamations) Cristo!; **good** ~! Meu Deus!; ~
(only) knows! só Deus sabe!. **IDIOMAS to** ~ **it
over sb** (coll) olhar alg de alto.
lordship ['lɔːd∫ɪp] n (also **Lordship**) (title)
your/his ~ Sua Senhoria.
lore [lɔː(r)] n (of a people) tradições fpl.
Lorraine [lɒ'reɪn] pr n Lorena f.
lorry ['lɒrɪ] n (pl **-ies**) GB camião m PO, caminhão m BR; camioneta f PO/caminhonete f BR de
carga. **IDIOMAS** (coll) **it fell off the back of a**
~ (euph) caiu do céu aos trambolhões (fam).
lorry driver n (gen) motorista m/f de camião
PO/caminhão m BR.
lose [luːz] **1** vtr (past, pp **lost**) **a)** (mislay) perder
[*object, person*]; **to** ~ **one's way** (fig, lit) perder-se; **to** ~ **interest in sth** perder o interesse
em qq coisa; **to** ~ **touch** (with person, reality)
perder (o) contacto (**with** com); **to** ~ **one's life**

morrer; **to ~ sth/sb to sth/sb** perder qq coisa/alg em favor de algo/alg; **we are losing a lot of business to our competitors** estamos a perder bastante negócio em favor dos nossos concorrentes; (coll) **to have nothing to ~** não ter nada a perder; **b)** (miss, waste) perder [*chance, time*]; **there's no time/not a moment to ~** não há tempo/um instante a perder; **c)** (be defeated in) (gen) JUR, POL, SPORT perder [*battle, fight, war, match, game, race, election*]; rejeitar [*motion*]; ser derrotado em [*argument, debate*]; **d)** (not see) perder de vista [*moving object*]; **e)** (shake off, get rid of) desembaraçar-se de, libertar-se de [*habit*]; suprimir, acabar com [*job*]; **f)** (go slow) [*clock, watch*] atrasar-se [*minutes, seconds*]; **g)** (cause to forfeit) **to ~ sb sth** fazer perder qq coisa a alg. **2** *vi* **a)** (be defeated) perder (**to sb** para alg); **b)** (be worse off, deteriorate) perder; **the novel ~s in translation** o romance perde ao ser traduzido; **c)** [*clock, watch*] atrasar-se. **3** *v refl* **to ~ oneself in** mergulhar em [*book*]; perder-se em [*contemplation*]. **IDIOMAS** **to ~ heart** ficar desencorajado; **to ~ one's head** perder a cabeça. ■ **lose out: to ~ out on sth** perder em [*deal*].
loser ['luːzə(r)] *n* (gen) GAMES, SPORT vencido,-a *m, f*; perdedor, a *m, f*; **to be a good/bad ~** ser bom/mau perdedor; **a born ~** um perdedor nato.
loss [lɒs] *n* **a)** (gen) COMM, POL perda *f* (**of** de); **without ~ of time** sem perda de tempo; **to suffer ~es** COMM, MIL sofrer prejuízos; **b) to be at a ~** (puzzled) estar perplexo; (helpless) estar perdido; **to be at a ~ as to what to do** não saber que fazer; **I am at a ~ for words** faltam-me as palavras.
lost [lɒst] **1** *past, pp* see **lose**. **2** *adj* **a)** [*object, child, animal*] perdido,-a; **to get ~** perder-se; **b)** (wasted, vanished) [*opportunity, chance*] desperdiçado,-a; [*cause, happiness, innocence*] perdido,-a; [*civilization*] desaparecido,-a; **to give sb/sth up for ~** dar alg/algo como desaparecido ou perdido; **to be ~ to sth** estar perdido para qq coisa; **c)** (absorbed) **to be ~ in** estar mergulhado em [*book, thought*]. **IDIOMAS** (coll) **get ~!** vai ver se chove! (fam).
lot[1] [lɒt] **1** *pron* **a)** (great deal) **a ~** muito; **he spent a ~** ele gastou muito dinheiro; **I'd give a ~ to...** dava tudo para...; **that has a ~ to do with it** tem muito a ver com uma coisa com a outra; **quite a ~** bastante; **b)** (entire amount or selection) lote *m*; **the ~** totalidade, o total; **the nicest dress of the ~** o vestido mais bonito de todos; **c)** (specific group of people) **that ~** (pej) essa gentinha (pej); **they're not a bad ~** eles não são más pessoas; **the best of a bad ~** o menos mau. **2** *quantif* **a)** (great deal) **a ~ of** muito; **a ~ of money** muito dinheiro; **not a ~ of people know that** não há muitas pessoas que saibam que; **I see a ~ of him** vejo-o muito; **an awful ~ of** montes de; **quite a ~ of our support...** uma boa parte do nosso apoio...; **what a ~ of people!** ena tanta gente!; **b)** (entire group) todos; **I'd sack the ~ of them!** ponho-os a todos na rua. **3 lots** *quantif, pron* **~s (and ~s) of** uma grande quantidade de, montes de; **~s of things** montes de coisas, muitas coisas; **...and ~s more** ... e muitas outras coisas. **4 lots** *adv* **~s better** muito me-

lhor. **5 a lot** *adv phr* muito; **a ~ better** muito ou bem melhor; **a ~ worse** muito ou bem pior; **the situation has improved a ~** a situação melhorou muito; **an awful ~ cheaper** terrivelmente mais barato; **they talk a ~ about justice** falam muito de justiça.
lot[2] [lɒt] *n* **a)** (destiny) sorte *f*, destino *m*; **to throw in one's ~ with sb** compartilhar a sorte de alg; **to be the ~ of many** ser o destino de muitos; **b)** US lote *m* de terreno; **vacant ~** lote vago; **used car ~** local *m* de venda de carros de ocasião; **c)** (at auction) lote *m*; **d)** (decision-making process) sorteio *m*; **to draw** *or* **cast ~s** tirar à sorte; **e)** (batch) (of students, tourists) fornada *f*, leva *f*.
lotion ['ləʊʃn] *n* loção *f*.
lottery ['lɒtərɪ] *n* (lit, fig) lotaria *f*.
loud [laʊd] **1** *adj* **a)** (noisy) [*bang, music, radio, TV*] alto,-a; [*noise, scream*] forte; [*applause*] vivo,-a; [*whisper*] audível; **b)** (emphatic) [*protest, objection*] veemente; **c)** (vulgar) [*colour*] berrante; [*person, behaviour*] exuberante. **2** *adv* ruidosamente; **out ~** em voz alta; **~ and clear** (lit) (gen) com clareza, em alto e bom som.
loudhailer *n* GB megafone *m*.
loudly ['laʊdlɪ] *adv* [*bang, knock, talk*] ruidosamente; [*protest, condemn*] veementemente.
loudmouthed *adj* ruidoso, barulhento.
loudness ['laʊdnɪs] *n* intensidade *f* (de som).
loudspeaker *n* alto-falante *m*.
lounge [laʊndʒ] **1** *n* **a)** (in house, hotel) sala *f*; salão *m*; **b)** (in airport) sala *f* de espera; **departure ~** sala *f* de embarque. **2** *vi* (sprawl) espreguiçar-se. ■ **lounge about, lounge around** vaguear indolentemente.
lounge bar *n* GB bar *m*.
louse [laʊs] *n* **a)** (*pl* **lice**) (insect) piolho *m*; **b)** (coll) (*pl* **louses**) (pej) patife *m*.
lousy ['laʊzɪ] *adj* (coll) [*book, film, holiday*] mau, má, péssimo,-a.
lout [laʊt] *n* (rude-mannered) labrego,-a, rústico,-a.
louvre GB, **louver** US ['luːvə(r)] *n* lâmina *f* (de persiana).
lovable ['lʌvəbl] *adj* [*person*] simpático,-a; [*child*] adorável.
love [lʌv] **1** *n* **a)** (affection, devotion) amor *m* (**for** por); **to do sth for ~** fazer algo por amor (**of sb** de alg); **to do sth for the ~ of it** fazer algo por gosto; **for the ~ of God!** (coll, dated) por amor de Deus!; **to be/fall in ~** estar/ficar apaixonado,-a Po/gamado,-a BR (**with sb/sth** por alg/algo); **he's in ~ with the sound of his own voice** ele adora ouvir-se falar; **to make ~** (have sex) fazer amor (**with** com; **to** com); **b)** (in polite formulas) **give my ~ to Jo** transmite a minha amizade à Jo; **~ to Don and the kids** (coll) beijinhos ao Don e aos miúdos; **Andy sends his ~** o Andy manda-te beijinhos; **with ~ from Bob, ~ Bob** afectuosamente, Bob; **c)** (object of affection) amor *m*; **be a ~ and make some tea** (coll) GB sê simpática e faz uma chávena Po/xícara BR de chá; **d)** GB (term of address) (to lover, spouse) meu amor *m*; querido *m*; (to child) meu querido *m*; **e)** (in tennis) zero *m*. **2** *modif* [*letter, song, story*] de amor. **3** *vtr* **a)** (feel affection for) amar; **to ~ sb much/madly** gostar

muito/loucamente de alg; **to ~ each other** amar-se; **b)** (appreciate) gostar [*activity, place, thing*]; (stronger) adorar; **I ~d the way you said that** gostei da maneira como disseste isso; **I ~ it when...** adoro quando...; **to ~ doing, to do** gostar de fazer; **she'll ~ that!** (iron) ela vai adorar! (iron). **IDIOMAS ~ at first sight** amor à primeira vista.

love affair *n* **a)** (with person) ligação *f*; amorosa (**with** com; **between** entre); **b)** (with place, car, era) história *f* de amor (**with** com).

love life *n* vida *f* amorosa.

lovely ['lʌvlɪ] *adj* **a)** (beautiful) [*church, garden, hair, person, poem*] belo,-a (*before n*) [*weather*] magnífico,-a; **b)** (pleasant) [*letter, person*] encantador, a; [*meal, smell*] delicioso,-a; [*idea, surprise*] bom, boa; [*evening, weekend*] excelente; **it's ~ to do** é agradável fazer; **to smell ~** cheirar bem; **c)** (emphatic) **~ and hot** bem quente.

lovemaking ['lʌvmeɪkɪŋ] *n* (sex) relações (sexuais).

lover ['lʌvə(r)] *n* **a)** (illicit) amante *m/f*; **a good ~** um bom amante; **b)** (person in love) apaixonado,-a *m, f*; namorado,-a *m, f*; **young ~s** jovens namorados; **c)** (enthusiast) apreciador, a *m, f*; apaixonado,-a *m, f* Po, gamado,-a *m, f* Br (**of** de); **jazz ~** apreciador de jazz.

love sick *adj* apaixonado,-a Po, gamado,-a Br.

lovey-dovey [lʌvɪ'dʌvɪ] (coll) *adj* **to get all ~** ficar todo pinga amor (fam).

loving ['lʌvɪŋ] **1** *adj* [*mother, husband, look, smile*] terno,-a; [*kiss*] amoroso,-a; [*care*] afectuoso,-a; **a ~ family** uma família unida; **from your ~ son, Fred** do teu querido filho, Fred. **2 ~** (in compounds) **football-~** amante de futebol.

lovingly *adv* (all contexts) com amor, carinhosamente.

low [ləʊ] **1** *n* **a)** METEOROL depressão *f*; zona *f* de baixas pressões; **b)** (fig) (low point) **his popularity has hit a ~** a sua popularidade atingiu o seu nível mais baixo. **2** *adj* **a)** (close to the ground) [*branch, building, chair, cloud*] baixo,-a; **b)** (nearly depleted) [*reservoir, level*] baixo,-a; [*battery*] fraco,-a; **I'm getting ~ on petrol** quase que não tenho gasolina; **these products are ~ in sugar** estes produtos contêm pouco açúcar; **c)** (minimal) [*price, wage, pressure, temperature*] baixo,-a; [*capacity, speed*] reduzido,-a; **the temperature was in the ~ twenties** a temperatura andava à roda dos vinte graus; **d)** (inferior) [*mark, standard*] mau, fraco,-a; **e)** (deep) [*tone, voice*] baixo,-a; **f) ~ tide** NAUT maré *f* baixa. **3** *adv* **a)** (near the ground) [*aim, fly*] baixo,-a; **I wouldn't sink** *or* **stoop so ~ as to ask him for money** nunca me rebaixaria para lhe pedir dinheiro; **b)** (near the bottom) **look ~er down the page** olha para a página mais abaixo Po/embaixo Br; **c)** (at a reduced level) [*buy*] a baixo preço; [*play*] pouco; [*speak*] baixo; **to turn sth down ~** baixar [*heating, light, radio*]; **I rate him pretty ~** não o tenho em grande conta. **4** *vi* [*cow*] mugir. **IDIOMAS he's the ~est of the ~** é o último dos últimos.

low: ~brow *adj* (pej) inculto,-a, popular; **L~ Countries** *pr n pl* HIST Países *mpl* Baixos;

~-cut *adj* decotado,-a; **~-down** (coll) *n* dica *f* (fam); **to get the ~-down on sb/sth** obter informações sobre alg/algo.

lower[1] ['ləʊə(r)] **1** *vi* (liter); (frown) mostrar má cara (**at** a). **2 lowering** *pres p adj* [*look, sky*] ameaçador, a.

lower[2] ['ləʊə(r)] **1** *comp adj* inferior; **a pain in the ~ back** uma dor na parte inferior das costas. **2** *vtr* **a)** (bring down) baixar [*blind, curtain, flag*]; rebaixar [*ceiling*]; **to ~ sth/sb into sth** descer qq coisa/alg para dentro de [*hole, pit*]; **to ~ sth/sb onto sth** descer qq coisa/alg sobre [*roof, boat*]; **to ~ sth/sb to the ground** pousar qq coisa/alg no chão [*basket, child*]; **b)** (drop) baixar [*barrier, rifle*]; **to ~ one's arms/voice** baixar os braços/a voz; **c)** (reduce) baixar [*prices, tariff, light, volume*]; diminuir [*pressure, temperature*]; **to ~ one's guard** baixar a guarda; **d)** (abolish) abolir [*trade barrier*]; **e)** NAUT arriar [*sail*]; deitar à água [*lifeboat*]. **3** *v refl* **to ~ oneself a)** (demean oneself) humilhar-se; **b)** (sit carefully) **to ~ oneself into sth** entrar lentamente em [*bath*]; sentar-se cuidadosamente em [*chair*].

lower case *n* **in ~** PRINT em minúsculas.

low: ~-fat *adj* [*cheese*] magro,-a; [*milk*] desnatado,-a; **~-flying** *adj* voando a baixa altitude; **~-grade** *adj* (poor quality) de má qualidade; **~-key** *adj* [*approach*] discreto,-a; [*meeting, talks*] informal; **~-land 1 ~lands** *npl* GEOG terras *fpl* baixas; planícies *fpl*. **2** *modif* [*farmer, farming*] das terras baixas, das planícies; **~-lying** *adj* baixo,-a; **~ season** *n* TOURISM época *f* baixa.

loyal ['lɔɪəl] *adj* [*friend*] leal (**to** a).

loyalty ['lɔɪəltɪ] *n* lealdade *f* (**to, towards** a/para com).

lozenge ['lɒzɪndʒ] *n* pastilha *f*.

LP *n* abrev = **long-playing record** LP *m*.

L-plate *n* GB placa com um L, que nos automóveis indica tratar-se de um condutor com pouca experiência (um 90).

Ltd GB abrev = **limited (liability)** SARL.

lubricant ['lu:brɪkənt] *n* lubrificante *m*.

lubricate ['lu:brɪkeɪt] *vtr* (gen) lubrificar.

lucerne [lu:'sɜ:n] *n* GB luzerna *f*.

lucid ['lu:sɪd] *adj* **a)** (clear) claro,-a; **b)** (sane) [*person, mind*] lúcido,-a; **to have ~ moments** ter momentos de lucidez.

luck [lʌk] *n* **good ~** sorte *f*; **bad ~** azar *m*; **to bring (sb) good/bad ~** dar sorte/azar (a alg); **as ~ would have it, we arrived at the same time** o acaso quis que chegássemos ao mesmo tempo; **just my ~!** que sorte a minha!; **good ~!** boa sorte!; **to be down on one's ~** estar em maré de azar; **to run out of ~** (fig) estar com pouca sorte; **I'll wear this ring for ~** usarei este anel como talismã ou para dar sorte; **by an amazing stroke of ~ we found it** por um extraordinário golpe de sorte, encontrámo-lo. **IDIOMAS it's the ~ of the draw** é uma questão de sorte; **I don't know what's on at the cinema, but I'll take pot ~** não sei o que vai no cinema, mas vou arriscar na mesma.

luckily ['lʌkɪlɪ] *adv* felizmente; **~ for him** felizmente para ele.

lucky ['lʌkɪ] *adj* **a)** (fortunate) **to be ~ to do/be** ter a sorte de fazer/de ser; **you're ~ to be able**

to **work** at **home** tens sorte de poder trabalhar em casa; **I'm ~ that I've had to start again** tive a sorte de poder recomeçar; **I'm not a ~ person** nunca tive sorte, nunca fui um sortudo (fam); (coll) **~ you!** felizardo!, sortudo! (fam); (coll) **you ~ dog** *or* **devil!** felizardo!, sortudo! (fam); **b)** (bringing good luck) [*charm, colour, number*] propício,-a, que dá sorte; **it's my ~ day!** é o meu dia de sorte!. IDIOMAS **to strike it ~** ganhar a sorte grande; **to thank one's ~ stars** agradecer aos céus.

lucrative ['lu:krətɪv] *adj* lucrativo,-a.
ludicrous ['lu:dɪkrəs] *adj* ridículo,-a, grotesco,-a.
ludo ['lu:dəʊ] *n* GB jogo *m* com dados; (jogo da glória).
lug [lʌg] *vtr* arrastar, puxar.
luggage ['lʌgɪdʒ] *n* bagagem *f*.
luggage: **~ rack** *n* rede *f* bagageira; **~ van** *n* furgão *m* de bagagem.
lugubrious [lu:'gu:brɪəs, lʊ'gu:brɪəs] *adj* lúgubre.
lukewarm ['lu:kwɔ:m, lu...k'wɔ:m] *adj* morno,-a, tépido,-a.
lull [lʌl] **1** *n* (in storm, battle, fighting) acalmia *f*; (in conversation) pausa *f*; (in trading) afrouxamento *m*. **2** *vtr* acalmar [*person*]; **he ~ed them into thinking they were safe** ele fê-los crer que estavam em segurança.
lullaby ['lʌləbaɪ] *n* canção *f* de embalar.
lumber ['lʌmbə(r)] **1** *n* US (wood) madeira *f* (para construção). **2** (coll) GB *vtr* **to be ~ed with sb/sth** ser sobrecarregado com alg/algo. **3** *vi* (*also ~ along*) avançar com dificuldade; **to ~ away** *or* **off** [*person*] afastar-se pesadamente.
luminous ['lu:mɪnəs] *adj* luminoso,-a.
lump [lʌmp] **1** *n* **a)** pedaço *m*; (of ice, sugar) cubo *m*; (in sauce) grumo *m*; **in one** *or* **a ~** (fig) em bloco; **b)** (on body) (from fall) alto *m* (**on** em); (tumour) caroço *m*; **c)** (coll) (idle person) mastronço *m* (cal). **2** *vtr* **to ~ X and Y together** *or* **to X in with Y** juntar; (pej) pôr tudo no mesmo saco. IDIOMAS **to have a ~ in one's throat** ter um nó na garganta; (coll) **I'll have to ~ it** tenho de gramar isso (cal).
lumpy ['lʌmpɪ] *adj* [*sauce*] granuloso,-a, com grumos; [*mattress, pillow, soil*] cheio,-a de covas.
lunacy ['lu:nəsɪ] *n* loucura *f*; demência *f*.
lunar ['lu:nə(r)] *adj* lunar; [*eclipse*] da lua; (fig) [*landscape*] lunar; **~ landing** aterragem *f* na lua.
lunatic ['lu:nətɪk] **1** *n* demente *m/f*; alienado *m*. **2** *adj* (fig) [*person*] louco,-a, demente; [*plan, idea*] excêntrico,-a.
lunatic asylum *n* manicómio *m*.
lunch [lʌntʃ] **1** *n* almoço *m*; **to have ~** almoçar; **~!** *or* **time for ~!** o almoço está na mesa!. **2** *vi* almoçar. IDIOMAS **there's no such thing as a free ~** não há borlas (fam).
lunchbreak *n* intervalo *m* para almoço.
luncheon ['lʌntʃn] (formal *or* dated) *n* almoço *m*.
luncheon: **~ meat** *n* carne *f* em forma de pão ou

bolo já pronto a consumir; **~ voucher** *n* vale *m* de refeição; ticket *m* restaurante.
lunch: **~ hour** *n* hora *f* de almoço.
lunchtime ['lʌntʃtaɪm] *n* hora *f* de almoço.
lung [lʌŋ] **1** *n* pulmão *m*. **2** *modif* [*disease*] pulmonar; [*transplant*] de pulmão.
lung cancer *n* cancro *m* Po/câncer *m* Br do pulmão.
lunge [lʌndʒ] **1** *n* arremetida *f*; salto *m* brusco em frente; **he made a desperate ~ for the ball** ele lançou-se à bola com toda a força. **2** *vi* saltar (**for** sobre; **at/towards** em direcção a; **forward** para a frente).
lurch [lɜ:tʃ] **1** *n* **to give a ~** dar uma guinada. **2** *vi* (lit) [*person, vehicle*] andar dum lado para o outro; **to ~ forward** *or* **along** avançar aos ziguezagues. IDIOMAS **to leave sb in the ~** abandonar alg numa situação difícil.
lure [ljʊə(r), lʊə(r)] **1** *n* **a)** (attraction) atracção *f*; atractivo *m* (**of** de); **b)** HUNTG chamariz *m*; FISHG isco *m*. **2** *vtr* atrair (**with** com); **to ~ sb away from her/his studies** desviar alg dos estudos.
lurid ['ljʊərɪd, 'lʊərɪd] *adj* **a)** [*colour*] gritante; **b)** [*description, detail, past*] horrível.
lurk [lɜ:k] **1** *vi* (lit, fig) estar escondido, estar à espreita. **2 lurking** *pres p adj* [*doubt, fear, suspicion*] latente.
luscious ['lʌʃəs] *adj* [*food*] suculento,-a; [*woman*] voluptuoso,-a.
lush [lʌʃ] **1** (slang) bêbado *m*. **2** *adj* [*vegetation*] luxuriante; [*surroundings*] luxuoso,-a.
lust [lʌst] **1** *n* (gen) desejo *m* (**for** de); (deadly sin) luxúria *f*; **the ~ for power** a ânsia de poder. **2** *vi* **to ~ for** *or* **after sb/sth** cobiçar alg/algo.
lustre ['lʌstə(r)] *n* brilho *m*.
lusty ['lʌstɪ] *adj* vigoroso,-a, robusto,-a.
lute [lu:t, lju:t] *n* alaúde *m*.
Luxembourg ['lʌksəmbɜ:g] *pr n* Luxemburgo *m*.
luxuriate [lʌg'zjʊərɪeɪt, lʌk'sjʊərɪeɪt] *vi* **to ~ in** regalar-se com [*warmth, bath*]; saborear [*freedom*].
luxurious [lʌg'zjʊərɪəs, lʌk'sjʊərɪəs] *adj* (gen) luxuoso,-a, de luxo; **his flat is ~** o seu apartamento é luxuoso.
luxury ['lʌkʃərɪ] **1** *n* luxo *m*; **in (the lap of) ~** no luxo. **2** *modif* [*product, accommodation*] de luxo; **~ goods** artigos *mpl* de luxo.
LW *n* RADIO abrev = **long wave** OL *f*.
lymph [lɪmf] *n* linfa *f*.
lynch [lɪntʃ] *vtr* linchar.
lynx [lɪŋks] *n* (*pl* **-xes**) lince *m*.
lyric ['lɪrɪk] **1** *n* **a)** LITERAT poema *m* lírico; lírica *f*; **b)** **~s** (of a song) letra *f* (de uma canção). **2** *adj* lírico,-a.
lyrical ['lɪrɪkl] *adj* lírico,-a; **to wax ~ (about** *or* **over sth)** falar (de qq coisa) com lirismo.
lyricism ['lɪrɪsɪzm] *n* lirismo *m*.

Mm

m, M [em] **a)** (letter) m, M; **b)** abrev = **metre (s)**; **c)** abrev = **mile(s)**; **d)** abrev = **minute(s)**.
MA *n* **a)** abrev = **Master of Arts** ≈ licenciado em letras; **b)** us abrev = **Massachusetts**.
mac [mæk] (coll) GB *n* abrev = **mackintosh** impermeável *m*; capa *f* de borracha.
macabre [mə'kɑ:br] *adj* macabro,-a.
macaroni [mækə'rəʊnɪ] *n* macarrão *m*.
macaroni cheese *n* macarrão *m* gratinado.
macaroon [mækə'ru:n] *n* maçapão *m* (bolinho de amêndoa).
mace [meɪs] *n* **a)** (spice) macis *m* (arilo da noz--moscada); **b)** (ceremonial staff) bastão *m*.
Mace *n* gás lacrimogéneo.
machete [mə't∫eti, mə't∫eɪtɪ] *n* faca *f* de mato.
Machiavellian [mækɪə'velɪən] *adj* maquiavélico,-a.
machination [mækɪ'neɪ∫n, mæ∫ɪ'neɪ∫n] *n* maquinação *f*.
machine [mə'∫i:n] **1** *n* **a)** [*piece of equipment*] máquina *f*; **sewing/washing** ~ máquina de costura/de lavar; **to operate a** ~ pôr uma máquina a trabalhar; **by** ~ à máquina; **b)** (fig) (apparatus) máquina *f*; **electoral** ~ máquina eleitoral. **2** *vtr* fabricar [*part, edge, disc*].
machine gun [mə'∫i:ngʌn] *n* metralhadora *f*.
machine-readable [mə'∫i:n-ri:dəbl] *adj* [*data, text*] legível por máquina; **in** ~ **form** legível por máquina.
machinery [mə'∫i:nərɪ] *n* **a)** (equipment) maquinaria *f*; **a piece of** ~ uma máquina; **heavy** ~ maquinaria pesada; **b)** (fig) (apparatus) mecanismo *m*; **the** ~ **to deal with pollution** o mecanismo de luta contra a poluição; **the** ~ **of justice** o mecanismo (ou a máquina administrativa) da justiça.
machinist [mə'∫i:nɪst] *n* maquinista *m/f*.
machismo [mə't∫ɪzməʊ, mə'kɪzməʊ] *n* machismo *m*.
macho ['mæt∫əʊ] *adj* (pej) see **macho**; (manly) viril; **he's a real** ~ **man** (pej) ele é mesmo um machão (fam).
mackerel ['mækərl] *n* ZOOL cavala *f*.
mac(k)intosh ['mækɪntɒ∫] *n* impermeável *m*.
macro [mækrəʊ] **1** *n* COMPUT macro. **2 macro** + (*in compounds*) macro-.
macroscopic [mækrəʊ'skɒpɪk] *adj* macroscópico,-a.
mad [mæd] *adj* **a)** MED (deranged) (injur) louco,-a *m*; **to go** ~ enlouquecer; **to be** ~ **with** estar louco de [*joy, pain, grief*]; **b)** (enraged) [*dog, bull*] enraivecido,-a; **c)** (hum) (foolish) [*idea, hope, feeling, theory, etc*] tolo,-a, insensato,-a, louco,-a; **they were** ~ **to invade the country** eles foram loucos em invadir o país; **d)** (angry) **to be** ~ **at** *or* **with sb** estar furioso,-a com alg; **to get** ~ **at sb** enfurecer-se contra alg; **to make sb** ~ exasperar alg; **it makes me** ~ **to think of**

it! fico doido,-a só de pensar nisso!; **to drive sb** ~ pôr alg louco de raiva; **e)** (coll) (enthusiastic) ~ **about** *or* **on** louco,-a por [*person, hobby, sport, music*]; **I'm not** ~ **about the idea** a ideia não me atrai lá muito (fam); **to be football-**~ ser um, a apaixonado,-a PO/gamado,-a BR pelo futebol; **f)** (frantic) [*dash, panic, race, traffic*] infernal, louco,-a; **we made a** ~ **dash for the bus** corremos como loucos para apanhar o autocarro PO, o ônibus BR. **IDIOMAS it's nationalism gone** ~ é nacionalismo exacerbado; **we're saving like** ~ (coll) estamos a economizar muitíssimo.
madam ['mædəm] **a)** (formal) (*also* **M~**) (form of address) senhora *f*; (in titles) Senhora *f*; **M~ Chairman** Senhora Presidente; **Dear** ~ cara senhora; **b)** (coll) GB (young woman) (stuck up) mulher pretensiosa, fedúncia *f*; sabichona *f*.
madden ['mædn] *vtr* [*attitude, nuisance, situation*] exasperar; [*pain, heat, insects*] enlouquecer; **that really** ~**s me!** isso põe-me doido!.
maddening ['mædnɪŋ] *adj* [*person, characteristic*] enervante; [*delay, noise, situation, behaviour*] exasperante; **it's** ~ **to...** é exasperante....
Madeira [mə'dɪərə] *n* **a)** GEOG Madeira *f*; **b)** (wine) madeira *m*; vinho *m* da Madeira.
made: ~**-to-measure** *adj* sob medida; ~ **up** *adj* sob medida; ~**-up** *adj* **a)** (wearing make-up) maquilhado,-a; **heavily** ~~**up** muito maquilhado,-a; **b)** (invented) [*story*] inventado,-a; **c)** [*road*] alcatroado,-a; **d)** [*garment*] pronto-a-vestir.
madhouse ['mædhaʊs] (coll) *n* **a)** (bedlam) confusão *f*; **it was (like) a** ~ **at the office** o escritório parecia uma casa de loucos; **b)** (dated) (asylum) manicómio *m*.
madly ['mædlɪ] *adv* **a)** (frantically) [*scribble, sped, gesticulate, rush around*] freneticamente; **b)** (extremely) [*amusing, exciting, jealous*] extremamente, muito; **to fall** ~ **in love (with sb)** apaixonar-se perdidamente (por alg).
madman ['mædmən] (coll) *n* (pej) (emphatic) louco *m*; **he's a** ~! ele é louco!.
madness ['mædnɪs] *n* **a)** (lit) (insanity) loucura *f*; **b)** (fig) (of action, situation) loucura *f*; **it is** ~ **to do** é loucura fazer.
Madonna [mə'dɒnə] *n* Madona *f*.
madrigal ['mædrɪgl] *n* LITERAT, MUS madrigal *m*.
madwoman ['mædwʊmən] (coll) *n* (pej) (emphatic) louca *f*.
mafia, Mafia ['mæfɪə] **1** *n* **the** ~ **a** Mafia. **2** *modif* [*activity, boss, gangster, killing*] da Mafia.
magazine [mægə'zi:n] *n* **a)** JOURN revista *f*; (mainly photos) magazine *m*; **computer** ~ revista de informática; **monthly** ~ revista mensal; **women's** ~ revista feminina; **b)** (on radio, TV) magazine *m*; **c)** (of gun, camera) depósito *m* (de cartuchos em arma de fogo).

maggot ['mægət] *n* (in fruit) bicho *m*; verme *m*; (for fishing) isca *f* (de larva).

magic ['mædʒɪk] **1** *n* **a**) (supernatural power) magia *f* Po, mágica *f* Br; **to believe in** ~ acreditar no sobrenatural; **as if by** ~ como que por encanto; **it works like** ~! é fantástico!, parece magia! Po/mágica! Br; **to work** ~ fazer milagres; **b**) (enchantment) magia *f* Po, mágica *f* Br; encanto *m*; **the** ~ **of Italy** a magia da Itália. **2** *modif* [*carpet*] mágico,-a, voador, a; [*lantern, potion, spell, potion*] mágico,-a. **3** *adj* (*after v*) (coll) **it's** ~! é bestial! (fam).

magical ['mædʒɪkl] *adj* **a**) (supernatural) [*properties, transformation*] mágico,-a; **b**) (enchanting) [*moment*] mágico,-a; [*week, stay*] maravilhoso,-a.

magician [mə'dʒɪʃn] *n* (wizard) mago *m*; feiticeiro *m*; (entertainer) ilusionista *m/f*.

magistrate ['mædʒɪstreɪt] *n* magistrado *m*; **to appear before (the)** ~**s** comparecer diante dos magistrados.

magnanimous [mæg'nænɪməs] *adj* magnânimo,-a; **that's very** ~ **of you!** (iron) é muito generoso da tua parte! (iron).

magnate ['mægneɪt] *n* magnate *m*; **oil** ~ magnate do petróleo.

magnesium [mæg'niːzɪəm] *n* magnésio *m*.

magnet ['mægnɪt] *n* **a**) (lit) magnete *m*; íman *m*; **b**) (fig) pólo *m* de atracção (**for** para).

magnetic [mæg'netɪk] *adj* **a**) [*block, rod*] magnético,-a; [*force, properties*] magnético,-a; **b**) [*appeal, smile*] sedutor, a.

magnetic: ~ **field** *n* campo *m* magnético; ~ **tape** *n* fita *f* magnética.

magnetism ['mægnɪtɪzm] *n* (lit, fig) magnetismo *m*.

magnetize ['mægnɪtaɪz] *vtr* (lit, fig) magnetizar.

magnification [mægnɪfɪ'keɪʃn] *n* aumento *m*; ampliação *f*.

magnificence [mæg'nɪfɪsəns] *n* (of parade, clothes, building) magnificência *f*; (of landscape, natural feature) esplendor *m*.

magnificent [mæg'nɪfɪsənt] *adj* magnífico,-.

magnify ['mægnɪfaɪ] *vtr* **a**) [*microscope, lens*] aumentar, ampliar; **b**) (exaggerate) exagerar.

magnifying glass *n* lupa *f*.

magnitude ['mægnɪtjuːd] *n* **a**) (of problem, disaster) extensão *f*; amplitude *f*; **of the first** ~ de primeira importância; **b**) Astron magnitude *f*.

magpie ['mægpaɪ] *n* **a**) Zool piega *f*; **b**) (person) coleccionador *m* de objectos diversos.

mahogany [mə'hɒgənɪ] **1** *n* (wood, tree, colour) mogno *m*. **2** *modif* [*chair, table, chest*] de mogno.

maid [meɪd] *n* **a**) (in house) criada *f*; (in hotel) criada *f* de quarto; **b**) (dated) (virgin) donzela *f*; virgem *f*.

maiden ['meɪdn] **1** *n* **a**) (dated, liter) donzela *f*; **b**) (horse) cavalo que nunca ganhou uma corrida; **c**) ~ (**over**) GB (cricket) partida de um jogo de cricket durante a qual não se marcou nenhum ponto. **2** *adj* [*century, flight, voyage*] primeiro,-a; ~ **speech** discurso *m* inaugural.

maiden: ~**head** (dated) *n* **a**) (virginity) inocência *f*; virgindade *f*; **b**) (hymen) hímen *m*; ~ **name** *n* nome *m* de solteira.

maid of honour *n* dama *f* de honor.

mail [meɪl] **1** *n* **a**) (postal service) correio *m*; **by** ~ por correio; **b**) (correspondence) correspondência *f* postal; **c**) **a coat/gloves of** ~ Mil, Hist cota/luvas de malha. **2** *vtr* enviar, expedir [*letter, parcel*]; **to** ~ **a letter to sb, to** ~ **sb a letter** enviar uma carta a alg.

mail: ~**bag** *n* **a**) (for transport) mala *f* postal; **b**) (of postman) saco *m* (do carteiro); **c**) (correspondence) **the TV debate generated a huge** ~**bag** o debate televisivo originou um grande envio de cartas; ~ **box** *n* US **a**) (in street) marco *m* do correio; **b**) (at home) caixa *f* de correio; ~**man** *n* US (*pl* -**men**) carteiro *m*; ~ **order 1** *n* encomenda *f* por correspondência; **to buy/sell (by)** ~ **order** comprar/vender por correspondência; **available by** ~ **order** disponível por encomenda postal. **2** *modif* [*business, catalogue, goods, service*] de venda *f* por correspondência; ~ **shot** *n* publicidade *f* postal; **to do a** ~ **shot** fazer publicidade postal; ~ **train** *n* comboio *m* PO, trem *m* BR correio; ~ **van** *n* **a**) (in train) carruagem *f* de transporte de correio; **b**) (delivery vehicle) camião *m* Po/caminhão *m* Br do correio.

maim [meɪm] *vtr* estropiar.

main [meɪn] **1** *n* **a**) (pipe, conduct) (for water, gas) cano *m*; canalização *f*; (for electricity) cabo *m*; (for sewage) esgoto *m*; **b**) (main network) (of water, gas, electricity) rede *f* de distribuição; **gas from the** ~**s** gás canalizado; **c**) (dated, liter) (sea) oceano *m*; alto mar *m*; **on the** ~ ao largo; **d**) (arch) see ~**land**. **2 mains** *modif* [*gas*] canalizado; [*electricity*] da rede; [*water*] corrente, canalizada. **3** *adj* [*aim, airport, character, problem, meal, etc*] principal; **the** ~ **thing is to...** o principal é...; **that's the** ~ **thing!** isso é o mais importante!. IDIOMAS **in the** ~ na maior parte, dum modo geral.

mainstream ~ **1** *n* (*always sing*) corrente *f* dominante; **to be in the** ~ estar na corrente dominante. **2** *adj* **a**) (conventional) tradicional; **b**) (main) principal; **c**) Scol [*curriculum, education, school*] clássico,-a; **d**) Mus ~**jazz** jazz mainstream. **3** *vtr* US Schol integrar no ciclo escolar normal.

mainland ['meɪnlænd] *n* continente *m*; **the Chinese** ~, **the** ~ **of China** a China continental.

main line 1 *n* linha *f* ferroviária principal; **on the** ~ **line** na linha principal (**between** entre; **from** de; **to** a). **2** *modif* [*station, train*] da linha principal.

mainly ['meɪnlɪ] *adv* principalmente, sobretudo; **I read novels** ~ eu leio sobretudo romances.

main road *n* (through country, region, estate) estrada *f* principal.

mainspring ['meɪnsprɪŋ] *n* **a**) (fig) (of action, plot) motivo *m* impulsionador (**of** de); (of life) razão *f* de ser (**of** de); **b**) (of watch) mola *f* principal.

mainstay ['meɪnsteɪ] *n* **a**) (fig) (person) esteio *m* (**of** de); (thing) base *f* (**of** de); **b**) Naut estai *m* do mastro grande.

main street *n* rua *f* principal.

maintain [meɪn'teɪn] *vtr* **a**) (keep steady) manter [*temperature, confidence, services*]; **to** ~ **hopes that...** continuar com esperança de que...; **b**) (support) (financially) manter, sustentar [*child-*

ren, husband]; **c)** (look after) manter, preservar [*machine, road*]; **d)** (assert) (continuar a) afirmar, manter [*innocence*]; **to ~ that...** reafirmar que....

maintenance ['meɪntənəns] *n* **a)** (upkeep) (of machine, road, building) manutenção *f* (**of** de); **b)** (of morales, standards, etc) defesa *f* (**of** de); **c)** JUR GB (alimony) pensão *f* de alimentos; **to pay sb ~** *or* **to pay ~ to sb** pagar pensão de alimentos a alg.

maisonette [meɪzə'net] *n* duplex *m*.

maize [meɪz] *n* milho *m*.

majestic [mə'dʒestɪk] *adj* majestoso,-a.

majesty ['mædʒɪstɪ] **1** *n* **a)** (of building, ceremony) majestade *f*; imponência *f*; (of scenery) grandiosidade *f*; **b)** (royal authority) majestade *f*. **2** *n* **Majesty** (in titles) **Her/His ~** sua Majestade *m/f*; **yes, your ~** sim, Majestade; **Her/His ~'s government** o governo britânico.

major ['meɪdʒə(r)] **1** *n* **a)** MIL major *m*; **b)** US UNIV (subject) disciplina *f* principal; (student) **I'm a physics ~** a minha disciplina nuclear é a física. **2** *adj* **a)** (important) [*city, client, decision, event, etc*] importante; [*significance*] capital; **he's had a ~ operation** ele fez uma operação complicada; **b)** (main) principal; **c)** MUS maior. **3** *vi* US **to ~ in sth** UNIV especializar-se em qq coisa.

majority [mə'dʒɒrɪtɪ] **1** *n* **a)** **greater part** (+ *v sg or pl*) maioria *f* (**of** de); **the vast ~** a grande maioria; **to be in a/the ~** estar em maioria; **b)** POL maioria *f*; **to increase one's ~** aumentar a sua maioria; **by a ~ of 50** por uma maioria de 50; **a three to one/a two-thirds ~** uma maioria de três para um/de dois terços; **a working ~** uma maioria suficiente; **c)** JUR maioria *f*. **2** *modif* [*government, rule, shareholder*] maioritário,-a; [*support, view, opinion*] da maioria; [*verdict*] pronunciado,-a pela maioria; [*decision*] tomado,-a pela maioria.

make [meɪk] **1** *n* (brand) marca *f*; **what ~ is your car?** de que marca é o teu carro ou qual é a marca do teu carro?. **2** *vtr* (*past, pp* **made**) **a)** (create) fazer [*dress, cake, coffee, hole, will, film, noise*]; **to ~ the bed** fazer a cama; **to ~ sth from sth** fazer qq coisa a partir de qq coisa; **to be made for each other** ser feito um para o outro; **to ~ room/the time for sth** encontrar espaço/tempo para qq coisa; **to ~ sth out of/sth** fazer qq coisa de qq coisa; **what is it made (out) of?** de que é que é feito?; **it's made (out) of gold** é feito de ouro; **to ~ a house into apartments** transformar uma casa em apartamentos; **made in Portugal/by Macron** fabricado em Portugal/pela Macron; **God made man** Deus criou o homem; **b)** (cause to be or become, render) **to ~ sb happy/sad** tornar ou fazer alg feliz/infeliz; **to ~ sb hungry/thirsty** fazer fome/sede a alg; **to ~ oneself heard/understood** fazer-se ouvir/compreender; **to ~ sth bigger/smaller** tornar alg coisa maior/mais pequena; **to ~ it easy/possible to do** tornar fácil/possível de fazer; **c)** (cause to do) **to ~ sb cry/laugh** fazer alg chorar/rir; **to ~ sb do sth** fazer com que alg faça qq coisa; **it ~s me look fat** isso faz-me parecer gordo; **to ~ sth work** [*person*] conseguir que qq coisa funcione; **d)** (force, compel) **to be made**

to do ser forçado a fazer; **he must be made to cooperate** é preciso que ele colabore; **to ~ sb wait** fazer esperar alg; **e)** (turn into) **to ~ sb sth, to ~ sth of sb** fazer qq coisa de alg; **to ~ sb a star** fazer de alg uma estrela; **she's ~s a good politician** ela vai tornar-se uma boa política; **f)** (add up to, amout to) dar, perfazer; **three and three ~ six** três e três são seis; **that ~s ten altogether** isso dá dez no total; **g)** (earn) ganhar [*salary, amount*]; **to ~ £300 a week** ganhar 300 libras por semana; **to ~ a living** ganhar a vida; **to ~ a loss** sofrer prejuízos; **h)** (reach, achieve) atingir, chegar a [*place, position, ranking, level*]; **to ~ the six o'clock train** apanhar o comboio PO/trem BR das 6 horas; **we'll never ~ it** nós nunca conseguiremos lá chegar; **to ~ the first team** entrar na 1.ª equipa; **to ~ the charts** estar no tops; **i)** (estimate, say) **I ~ it about 30 kilometres** eu diria cerca de 30 Km; **what time do you ~ it?** que horas tens?; **let's ~ it five dollars** digamos cinco dólares; **I don't know what to ~ it** não sei que pensar a esse respeito; **I can't ~ anything of it** não percebo nada disso; **j)** (cause success of) fazer o sucesso de [*holiday, day*]; **it really made my day** isso fez-me ganhar o dia; **a good wine can ~ a meal** um bom vinho faz o sucesso de qualquer refeição; **k)** (eat) tomar [*breakfast, meal*]; **l)** ELEC fechar [*circuit*]; **m)** (shuffle) baralhar [*cards*]. **3** *vi* (*past, pp* **made**) **a)** (act) **to ~ as if to do** fazer de conta; **b)** (move) see **~ after, ~ for, ~ towards**; **c)** (shuffle cards) baralhar. **IDIOMAS** (coll) **to be on the ~** (for profit) andar na mira do lucro; (for sex) andar no engate (cal); (coll) **to ~ it** (in career, life) conseguir; (to party, meeting) ir, chegar a; (be on time for train) tenho medo de não chegar a tempo. ■ **make after**: **~ after (sb)** seguir (alg). ■ **make at**: **~ at (sb)** atacar. ■ **make away with** see **~ off with**. ■ **make do**: **~ do with** contentar-se com; **~ (sth) do** utilizar (qq coisa) como substituto de outra. ■ **make for**: **~ for (sth) a)** (head for) dirigir-se para; **b)** (help create) assegurar [*easy life, happy marriage*]; **~ ~ for (sb) a)** (attack) lançar-se sobre; **b)** (approach) dirigir-se para. ■ **make good** ter sucesso, ser bem sucedido; **~ good (sth) a)** (make up for) reparar [*damage, omission, loss*]; recuperar [*lost time*]; acumular [*deficit, shortfall*]; **b)** (keep) manter [*promise*]. ■ **make off** fugir, pisgar-se (cal); **~ off with (sth/sb)** fugir com (alg coisa/alg). ■ **make out** (manage) ir andando, sair-se (bem ou mal); **~ out that** fazer de conta que, pretender ou fingir que; **~ out (sth), ~ (sth) out a)** (see, distinguish) distinguir [*shape, writing*]; **b)** (understand, work out) compreender [*puzzle, mystery, character*]; **c)** (write out) preencher [*cheque*]; fazer [*will, list*]; **~ oneself out to be** pretender ser [*rich, brilliant*]; dar a impressão de ser [*stupid, incompetent*]; ■ **make over**: **~ over (sth), ~ (sth) over a)** (transform) transformar [*building, appearance*] (**into** em); **b)** (transfer) mudar, transferir [*property*] (**to** para); ■ **make towards**: **~ towards (sth/sb)** dirigir-se para (alg coisa/alg). ■ **make up a)** (put make-up on) maquilhar-se, pintar-se; **b)** (make friends) reconciliar-se (**with** com); **~ up for (sth)** recuperar [*lost time, lost* *sleep, delay*]; acumular [*financial loss, deficit*]; compensar [*personal loss, bereavement*]; (coll) ~ **up to (sb)** lamber as botas a (alg) (fam) [*boss, person*]; ~ **up (sth),** ~ **(sth) up a)** (invent) inventar [*excuse, story*]; **b)** (prepare) fazer [*parcel, bundle, garment*]; preparar [*road, surface, bed, prescription*]; **c)** (constitute) constituir [*society*]; fazer [*whole, personallity*]; **to be made up** ser feito ou composto de; ~ **oneself up** maquilhar-se, pintar-se.

make-believe ['meɪkbɪliːv] **1** *n* fantasia *f*; ilusão *f*; **it's pure** ~ é pura fantasia; **the land of** ~ o país do faz-de-conta. **2** *modif* [*world, house, friend*] imaginário,-a. **3 make believe** *vtr* **to** ~ **that** imaginar que, fazer de conta de que.

makeshift ['meɪkʃɪft] *adj* provisório,-a, improvisado,-a.

maker ['meɪkə(r)] **1** *n* **a)** (manufacturer) (of clothes, wine, food etc) fabricante *m/f*; (of cars, aircraft) construtor *m*; **the ~'s label** (on clothes, food) a etiqueta; **b)** (device for making) see **coffee** ~. **2 M**~ *n* RELIG Criador *m*; **to (go to) meet one's M**~ entregar a alma ao Criador.

make-up ['meɪkʌp] *n* **a)** (gen) THEAT maquilhagem *f*; **to wear** ~ usar maquilhagem; **to put on one's** ~ maquilhar-se; **b)** (character) carácter *m*; **to be part of sb's** ~ fazer parte do carácter de alg; **c)** (of whole, committee) composição *f*; **d)** PRINT composição *f* de página.

making ['meɪkɪŋ] *n* **a)** (creation, manufacture) (of film, programme) realização *f*; (of industrial product) fabrico *m*; manufactura *f*; (of clothes) confecção *f*; (of meal, cake) preparação *f*; **to see a product in the** ~ ver fabricar um produto; **the film was two years in the** ~ o filme demorou dois anos a ser realizado; **history in the** ~ a História em marcha; **a disaster is in the** ~ um desastre está iminente; **b)** (of person, personality) **to be the** ~ **of sb** ser o resultado da acção de alg; **"The** ~ **of a president"** (title) "Como nasce um presidente". IDIOMAS **to have all the ~s of sth** ter tudo para fazer qq coisa.

maladjusted [mæləd'dʒʌstɪd] *adj* PSYCH desajustado,-a, inadaptado,-a.

malady ['mælədɪ] *n* (liter) (illness) doença *f*.

malaise [mæ'leɪz] (formal) *n* mal-estar *m*.

malaria [mə'leərɪə] *n* malária *f*; paludismo *m*.

Malay [mə'leɪ], **Malayan** [mə'leɪən] *n, adj* malaio,-a *m*.

Malaya [mə'leɪə] *pr n* Malásia *f*.

Malayan [mə'leɪən] *n, adj* see **Malay**.

Malaysia [mə'leɪzɪə] *pr n* Malásia *f*.

Malaysian [mə'leɪzɪən] *n, adj* malaio *m*.

male [meɪl] **1** *n* **a)** BIOL, ZOOL macho *m*; **b)** (man) homem *m*; (hum) macho *m*. **2** *adj* **a)** BIOL, ELECTRON, ZOOL macho; **b)** [*adult, adolescent, child*] do sexo masculino; **c)** [*body, characteristic*] masculino,-a.

malevolent [mə'levələnt] *adj* malevolente.

malformed [mæl'fɔːmd] *adj* [*limb, nose*] disforme; [*heart, kidney, leaf*] malformado,-a.

malfunction [mæl'fʌŋkʃn] **1** *n* **a)** (poor operation) mau funcionamento *m*; **b)** (breakdown) falha *f*; **an equipment** ~ uma falha técnica; **c)** MED disfunção *f*. **2** *vi* funcionar mal.

malice ['mælɪs] *n* **a)** (spite) despeito *m*; rancor *m*; **there's no** ~ **in him** não há malícia nele; **b)**

JUR premeditação *f*; **with** ~ **aforethought** com premeditação.

malicious [mə'lɪʃəs] *adj* **a)** (spiteful) [*comment, person, smile*] malicioso,-a; [*act*] rancoroso,-a; **b)** **with** ~ **intent** JUR com má intenção.

malign [mə'laɪn] **1** *adj* [*effect, influence, intention*] maligno,-a. **2** *vtr* caluniar [*person, group, etc*].

malignant [mə'lɪgnənt] *adj* **a)** (cruel) [*criticism, look, thought*] mau, malevolente; [*person, power*] perverso,-a; [*nature*] cruel; **b)** MED maligno,-a.

malinger [mə'lɪŋgə(r)] *vi* (pej) fingir que se está doente.

mall [mɔːl, mæl] *n* centro *m* comercial.

malleable ['mælɪəbl] *adj* [*substance, person*] maleável.

mallet ['mælɪt] *n* TECH maço *m*; malho *m*.

malnutrition [mælnjuː'trɪʃn] *n* desnutrição *f*; subnutrição *f*.

malpractice [mæl'præktɪs] *n* incompetência *f*; **electoral** ~ fraude *f* eleitoral; **professional** ~ incompetência *f* profissional.

malt [mɔːlt, mɒlt] **1** *n* malte *m*. **2** *vtr* converter em malte.

Malta ['mɔːltə, 'mɒltə] *pr n* Malta; **in** ~ em Malta.

Maltese [mɔːl'tiːz, mɒl'tiːz] *n, adj* maltês,-a; (habitante *m/f* ou língua *f* de Malta).

maltreat [mæl'triːt] *vtr* maltratar.

maltreatment [mæl'triːtmənt] *n* mau tratamento *m*.

mamma ['mæmə] *n* (mummy) (childish language) mamã *f*.

mammal ['mæml] *n* mamífero *m*.

mammoth ['mæməθ] **1** *n* ZOOL mamute *m*. **2** *adj* [*project, task*] gigantesco,-a.

man [mæn] **1** *n* (*pl* **men**) **a)** (adult male) homem *m*; **middle-aged/married** ~ homem de meia idade/casado; **as one** ~ como um só homem; **as one** ~ **to another** entre homens; ~ **to** ~ de homem para homem; **a single** ~ um homem solteiro; **he has worked for the party,** ~ **and boy** ele trabalhou toda a vida para o partido; **b)** (sometimes hum) (husband, partner) homem *m*; **her** ~ o homem dela; **he is the right** ~ **for her** ele é o homem certo para ela; ~ **and wife** marido e esposa; **to live as** ~ **and wife** viver maritalmente; **c)** (gen) (person) homem *m*; pessoa *f*; **d)** (person of courage) homem *m*; **be a** ~ sê um homem; **to make a** ~ **of sb** fazer de alg um homem; **he took it like a** ~ ele encarou isso como um homem; **to be** ~ **enough to do** ser suficientemente homem para fazer; **twice the** ~ **he is** duas vezes mais forte que ele; **e)** (of certain type) homem *m*; **a** ~ **of the people** um homem do povo; **a** ~ **of the world/of many parts** um homem experiente/de múltiplos talentos; **a** ~ **of his word** um homem de palavra; **a** ~ **of God** um homem de Deus; **a** ~ **of iron/steel** um homem certo para o trabalho; **the** ~ **in the street** o homem da rua; **he's your** ~ é o homem que te falta; **the common** ~ (liter) o homem comum; **he is not a** ~ **to do** ele não é homem para fazer; ~ **of the match** o herói do jogo; **a beer** ~ um bebedor de cerveja; **to be a leg** (coll) **tit** (slang) ~ ser um apreciador de pernas/de peitos; **f)** SPORT (team member) jogador *m*; **eleven men in the team** onze jogadores na equipa; **g**) GAMES (piece) (in chess) peão *m*; **h**) (dated *or* **hum**) (servant) criado *m*; **my ~ will take your coat** o meu criado leva-lhe o casaco. **2 M~** *n* **a**) (liter) o Homem (*-c*) **M~ is mortal** o Homem é um ser mortal; **primitive ~** o homem primitivo; **b**) US (coll) **the M~** (white man) o branco; (the boss) o patrão; (police) os polícias *mpl*. **3 men** *npl* MIL (subordinates) homens *mpl*; **to address the men** dirigir-se aos homens/soldados; **now men...** soldados...; **officers and men** MIL oficiais e soldados; (in Navy) oficiais e marinheiros. **4** *modif* **she has many men friends** muitos dos seus amigos são homens. **5 -man** (*in compounds*) **a Yorkshire/business ~** um homem de Yorkshire/de negócios; **the gas ~** o empregado do gás. **6** *excl* (coll) **a**) US **hey ~!** eh pá! (fam); IN GB **good ~!** (dated *or* **formal**) bravo!; **b**) IN GB (form of address) **my good ~** (formal) meu caro; **young ~** meu jovem; **old ~** (pej) meu velho. **7** *vtr* (*pres p etc* **-nn-**) **a**) (gen) ter/pôr gente em [*switchboard, desk*]; **will the telephone be ~ned?** haverá alg para responder ao telefone?; **b**) MIL guarnecer de homens [*ship*]; ocupar-se de [*barricade, gun*]; **who ~ning the barricades?** quem é que se ocupa das barricadas?; **fully ~ned** (on ship) com a tripulação completa; **to ~ the pumps** pôr homens nas bombas. IDIOMAS **every ~ for himself (and the devil take the hindmost)** cada um por si (e Deus por todos); **M~ proposes, God disposes** o homem põe e Deus dispõe; **to a ~** sem excepção; **to be a ~'s ~** gostar de estar entre homens; **to be one's own ~** ser dono de si próprio; **to be the ~ of the moment** ser o homem do dia; **a ~ after my own heart** é o meu outro ego.

manage [ˈmænɪdʒ] **1** *vtr* **a**) (succeed) **to ~ to do** conseguir fazer; **how does he ~ to save so much money?** como é que ele consegue economizar tanto dinheiro?; **b**) (administer) dirigir, administrar [*project, finances, bank, school, company*]; gerir [*business, hotel, estate, etc*]; **he ~s his time very badly** ele gere muito mal o seu tempo; **c**) (handle) manejar [*tools, boat, cars, etc*]; tratar com, lidar com [*person, animal*]; **he knows how to ~ her** ele sabe como há-de lidar com ela; **d**) (cope with) **she ~d a smile** ela conseguiu sorrir; **can you ~ 7 o'clock tomorrow?** podes vir amanhã às 7 da manhã?; **I can't ~ more than £30** só tenho 30 libras disponíveis ou não posso exceder as 30 libras. **2** *vi* (cope) arranjar-se; **they have to ~ on one salary between them** eles têm de se arranjar só com um salário; **thank you, I can ~** obrigado, mas cá me arranjo sozinho (fam).

manageable [ˈmænɪdʒəbl] *adj* [*car*] fácil de conduzir; [*size, proportions, quantity*] manejável; [*problem, issue*] exequível; [*person, animal*] dócil; **~ hair** cabelos fáceis de pentear.

management [ˈmænɪdʒmənt] **1** *n* **a**) (of business, company, hotel) gestão *f*; administração *f*; [*of bank, hospital*] gerência *f*; **the business failed due to bad ~** o negócio foi à falência devido a má gestão; **b**) (managers collectively) (in business, company, hotel, prison, etc) direcção *f*; **top ~** os quadros *mpl* superiores; **middle ~** os

quadros *mpl* médios; **"under new ~"** "sob nova gerência". **2** *modif* [*career*] administrativo,-a; [*problem*] de administração; **the ~ team** a equipa *f* administrativa.

manager [ˈmænɪdʒə(r)] *n* (of business, company, bank, theatre, cinema) administrador *m*; (of hotel, shop, restaurant) gerente *m/f*; (in show-business) director *m* artístico SPORT técnico *m*; **to be a good ~** (gen) ser um bom administrador.

manageress [mænɪdʒəˈres] *n* (of hotel, restaurant, shop) gerente *f*; (of company) directora *f*; administradora *f*.

managerial [mænəˈdʒɪərɪəl] *adj* [*experience*] administrativo,-a; **~ staff** quadros *mpl* administrativos.

managing director [ˈmænɪdʒɪŋdɪˈrektə(r)/ dɑɪˈrektə(r)] *n* director-geral *m*.

mandarin [ˈmændərɪn] *n* **a**) (fruit) tangerina *f*; (tree) tangerineira *f*; **b**) (person) HIST mandarim *m*; GB (fig, pej) alto funcionário.

mandate [ˈmændeɪt] *n* **a**) (authority) (gen) autoridade *f*; POL mandato *m*; **under British ~** sob mandato britânico; **to have a ~ to do sth** POL ter recebido mandato para fazer algo; **this gives us a clear ~ to proceed** isto dá-nos total autorização para prosseguir; **b**) HIST (territory) território *m* sob mandato; **c**) FIN, JUR (document) procuração *f*; mandato *m*.

mandatory [ˈmændətərɪ] *adj* obrigatório,-a.

mandolin [mændəˈlɪn] *n* MUS bandolim *m*.

mane [meɪn] *n* (lit, fig) crina *f*; juba *f*.

man: **~-eating** *adj* [*animal*] comedor, a de homens; **~ful** (formal) *adj* valente; **~fully** (formal) *adv* valentemente.

manganese [ˈmæŋgəniːz, mæŋgəˈniːz] *n* manganês *m*.

manger [ˈmeɪndʒə(r)] *n* manjedoura *f*.

mangle [ˈmæŋgl] **1** *n* calandra *f* para roupa. **2** *vtr* mutilar [*body*]; esmagar [*vehicle*]; (fig) deturpar [*translation, piece of music*]; estropiar [*message*].

mango [ˈmæŋgəʊ] **1** *n* (fruit) manga *f*; (tree) mangueira *f*. **2** *modif* [*juice*] de manga; [*grove*] de mangueiras.

mangy [ˈmeɪndʒɪ] *adj* [*animal*] sarnento,-a, ronhoso,-a; (fig) [*rug, curtains, coat*] esfarrapado,-a; [*room, hotel*] miserável.

manhandle [ˈmænˈhænd(ə)l] *vtr* **a**) (treat roughly) maltratar; **b**) GB (move by manpower) mover pela força humana, manipular [*goods, baggage*].

man hole *n* abertura *f* (coberta que permite a entrada de um homem para vigilância ou limpeza).

manhood [ˈmænhʊd] *n* **a**) (adult state) idade *f* adulta; **to reach ~** atingir a idade adulta; **b**) (masculinity) masculinidade *f*; virilidade *f*.

man: **~-hour** *n* IND hora *f* de mão d'obra; **~ hunt** *n* caça *f* ao homem.

mania [ˈmeɪnɪə] *n* PSYCH mania *f*; (fig) (obsession) paixão *f* (**for** por).

maniac [ˈmeɪnɪæk] *n* PSYCH maníaco *m*; (coll) (fig) (reckless person) louco *m*; **he's a car ~** ele é um maluco pelos carros; **she's a complete ~!** ela é doida varrida! (fam).

manicure [ˈmænɪkjʊə(r)] **1** *n* manicura *f*. **2** *vtr* fazer uma manicura a, tratar das unhas de [*person*]; **to ~ one's nails** tratar das unhas; **a ~d lawn** um relvado tratado.

manifest ['mænɪfest] **1** *n* NAUT, AVIAT manifesto *m* (de carga). **2** *adj* manifesto,-a, evidente. **3** *vtr* manifestar; **this ~s itself in...** isto manifesta-se em....

manifestation [mænɪfe'steɪ/n] *n* manifestação *f* (**of** de).

manifestly ['mænɪfestlɪ] *adv* manifestamente.

manifesto [mænɪ'festəʊ] *n* manifesto *m*; programa *m*.

manifold ['mænɪfəʊld] **1** *n* AUT colector *m*; tubo *m*; **inlet** *or* **intake/exhaust ~** tubo de admissão/de escape. **2** *adj* (liter) múltiplo,-a, numeroso,-a; **~ wisdom** sabedoria *f* infinita.

manipulate [mə'nɪpjʊleɪt] *vtr* **a)** (handle control) manipular, manobrar [*gears, tool, machine*]; (pej) manipular, manobrar [*person, situation, public opinion*]; manipular [*market*]; **she ~d him into accepting the offer** ela manipulou-o de maneira a ele aceitar a oferta; **to ~ sb's emotions** brincar com os sentimentos de alg; **b)** (pej) (falsify) falsificar; adulterar [*figures, facts, data*]; **c)** MED (in physiotherapy) manipular.

manipulation [mənɪpjʊ'leɪ/n] *n* **a)** (of gears, tool, machine) manipulação *f*; manejo *m*; (pej) (of person, situation, public opinion) manipulação *f*; **b)** (pej) (falsification) (of figures, facts) falsificação *f*; **c)** MED manipulação *f*.

mankind [mæn'kaɪnd] *n* humanidade *f*.

manly ['mænlɪ] *adj* [*bearing*] viril.

mannequin ['mænɪkɪn] *n* (dummy, person) manequim *m/f*.

manner ['mænə(r)] **1** *n* **a)** (formal) (way, method) maneira *f*; forma *f*; modo *m*; **the ~ in which they were treated** a maneira como foram tratados; **to do sth in such a ~ that...** fazer qq coisa de tal forma que...; **in this ~** desta maneira ou desta forma ou deste modo; **in the same ~** da mesma maneira ou da mesma forma ou do mesmo modo; **in a ~ of speaking** por assim dizer; **b)** (way of behaving) atitude *f*; comportamento *m*; **she has a bad ~** ela tem maus modos; **c)** (dated, liter) (sort, kind) espécie *f*; género *m*; **d)** (formal) ART (style) estilo *m*; maneira *f*; **in** *or* **after the ~ of Rubens** no estilo de Rubens ou à maneira de Rubens. **2 manners** *npl* **a)** (social behaviour) maneiras *fpl*; **to have good/bad ~s** ter boas/más maneiras; **he has no ~s** ele é mal educado; **where are your ~s?** isso são maneiras?; **she didn't even have the ~s to reply** ela não teve sequer a delicadeza de responder; **b)** (social habits, customs) costumes *mpl*; **comedy of ~s** comédia *f* de costumes. **3 ~ed** (*in compounds*) **ill-/ well-~** mal/bem educado.

mannered ['mænəd] *adj* (pej) amaneirado,-a, afectado,-a (pej).

mannerism ['mænərɪzm] *n* (personal habit) particularidade *f*; (pej) (quirk) mania *f*.

manoeuvre [mə'nu:və(r)] **1** *n* (lit, fig) manobra *f*; **political/military ~** manobra política/militar; **to be on ~s** MIL estar em manobras; **there is some/no room for ~** (fig) há/não há margem de manobra. **2** *vtr, vi* **a)** (lit) manobrar [*vehicle, object*]; **to ~ sth into/out of/towards/through** manobrar qq coisa para a fazer entrar/sair/avançar/ passar através de; **b)** (fig) manobrar [*person*] (**to** para); fazer desviar [*discussion*] (**to** para).

manor ['mænə(r)] *n* (*also* **~ house**) solar *m*; casa

f senhorial HIST (estate) domínio *m* senhorial; **Lord/Lady of the ~** castelão *m*; castelã *f*.

mansion ['mæn/n] *n* (in countryside) mansão *f*; solar *m*; (in town) palacete *m*.

man-sized *adj* **a)** (in advertising) tamanho grande *inv*; **~ tissue** lenço *m* de papel de tamanho grande; **b)** (hum) [*meal, portion*] de homem.

manslaughter *n* JUR homicídio *m* involuntário.

mantelpiece ['mænt(ə)lpi:s] *n* **a)** (shelf) parapeito *m* de lareira; **b)** (frame around fireplace) guarnição *f* de lareira.

mantle ['mæntl] *n* **a)** (fig, liter) (of snow, darkness) manto *m*; **to assume the ~ of power** assumir a responsabilidade do poder; **b)** (of gas lamp) manga *f* de incandescência.

manual ['mænjʊəl] **1** *n* **a)** (book) manual *m*; **b)** MUS teclado *m* de piano. **2** *adj* [*labour, task, work*] manual; [*typewriter*] mecânico,-a; **~ worker** trabalhador *m* manual; **~ gearbox** AUT caixa *f* mecânica.

manually ['mænjʊəlɪ] *adv* à mão, manualmente.

manufacture [mænjʊ'fækt/ə(r)] **1** *n* fabricação *f*; manufactura *f*. **2 manufactures** *npl* produtos *mpl* manufacturados. **3** *vtr* fabricar; (fig) inventar, forjar [*story, excuse, evidence*].

manufacturer [mænjʊ'fækt/ərə(r)] *n* fabricante *m* (**of** de).

manure [mə'njʊə(r)] **1** *n* **animal/farmyard ~** estrume *m*; adubo *m*; **liquid ~** líquido que escorre de estrume; **horse ~** estrume *m* de cavalo. **2** *vtr* estrumar, adubar.

manuscript ['mænjʊskrɪpt] *n* manuscrito *m*; **in ~** (not yet printed) em manuscrito.

many ['menɪ] **1** *quantif* (*comparative* **more**; *superlative* **most**) muitos, um grande número de; **~ times** muitas vezes; **in ~ ways** de muitas maneiras; **how ~ people/times?** quantas pessoas/ vezes?; **there are too ~ people** há demasiadas pessoas; **for a great ~ years** durante inúmeros anos; **like so ~ other women** como tantas outras mulheres; **five exams in as ~ days** cinco exames em outros tantos dias. **2** *pron* muitos; **not ~** não muitos; **too ~** demasiados; **how ~?** quantos?; **as ~ as you like** tantos quantos quiseres; **~ of them were killed** muitos deles foram mortos; **one too ~** um a mais.

many: ~-coloured LITER *adj* multicor(ido); **~-sided** *adj* [*personality, phenomenon*] de múltiplas facetas.

Maori ['maʊrɪ] **1** *n* **a)** (person) maori *m/f*; **b)** LING maori *m*. **2** *adj* maori.

map [mæp] *n* (of region, country) mapa *m* (**of** de); (of town) planta *f* (**of** de); **road ~** mapa das estradas; **on the ~** (lit) no mapa; **a ~ of the world** um mapa-múndi; **to draw a ~** desenhar um mapa; **the political ~ has been redrawn** o panorama político foi alterado. **IDIOMAS to put a place/person/company on the ~** pôr um local/uma pessoa/uma companhia na ordem do dia; **to wipe a place off the ~** riscar um local do mapa.

maple ['meɪpl] *n* **a)** (tree) ácer *m*; bordo *m*; **b)** (*also* **~ wood**) madeira *f* de bordo.

map maker *n* cartógrafo *m*.

Mar *abrev* = **March**.

marathon ['mærəθən] **1** *n* **a)** (sport) maratona *f*; **to run (in) a ~** fazer uma maratona; **b)** (fig) maratona *f*. **2** *modif* **a**) (sport) ~ **runner** maratonista *m/f*; **b**) (massive) **a** ~ **session** uma sessão maratona.

marauder [mə'rɔːdə(r)] *n* saqueador *m*; ladrão *m*.

marble ['mɑːbl] **1** *n* **a**) (rock) mármore *m*; **in/made of** ~ em mármore; **b**) (glass) berlinde *m*; **c**) (*pl* ~**s**) GAMES (+ *v sg*) berlinde *mpl*; **to play** ~ jogar ao berlinde; **d**) ART (sculpture) (*usual pl*) mármores *mpl*. **2** *modif* [*statue, slab, pillar, fireplace*] de mármore. IDIOMAS **to lose one's** ~**s** (coll) perder a cabeça (fam); **she still has all her** ~**s** (coll) ela ainda tem a cabeça no lugar (fam).

marbled ['mɑːbld] *adj* **a**) [*surface, appearance, paper*] marmóreo,-a; **red** ~ **with white** vermelho matizado de branco (como o mármore); **b**) CULIN [*meat*].

March [mɑːtʃ] *n* Março *m*. IDIOMAS **to be as mad as a** ~ **hare** ficar completamente louco.

march [mɑːtʃ] **1** *n* **a**) MIL (foot journey) marcha *f*; **on the** ~ em marcha; **by forced** ~ em marcha forçada; **b**) (demonstration) manifestação *f* (**against** contra; **for** a favor de); **protest** ~ manifestação de protesto; **a** ~ **on the White House** uma manifestação em direcção à Casa Branca; **c**) MUS marcha *f*; **wedding** ~ marcha nupcial; **d**) (progress) curso *m*; progresso *m* (**of sth de** qq coisa). **2** *vi* **a**) [*soldiers, band, prisoners*] marchar; **to** ~ **on Rome** marchar sobre Roma; **forward** ~! em frente, marche!; **b**) (in protest) manifestar-se, desfilar (**against** contra; **for** a favor de); **they** ~**ed to Brussels in protest** eles organizaram uma marcha de protesto até Bruxelas; **c**) (walk briskly) marchar em passo acelerado; (angrily) **he** ~**ed into/out of the room** ele entrou/saiu furiosamente da sala. IDIOMAS **to give sb their** ~**ing orders** despedir alg, mandar alg embora.

marchioness [mɑːʃəˈnes] *n* marquesa *f*.

mare [meə(r)] *n* (horse) égua *f*; (donkey) burra *f*.

margarine [mɑːdʒəˈriːn, mɑːɡəˈriːn] *n* margarina *f*.

margin ['mɑːdʒɪn] *n* **a**) (on paper) margem *f*; **in the** ~ na margem; **left** ~ margem esquerda; **b**) (of wood, field) orla *f*; (of river) borda *f*; margem *f*; **c**) (*also* **winning** ~) avanço *m*; margem *f* (**of** de); **by a wide/narrow** ~ por uma margem grande/pequena; **to lose by a small** ~ perder por pouco; **d**) (fig) (fringe) (*often pl*) margem *f*; **at/on the** ~(**s**) **of** na margem de; **e**) (allowance) margem *f* (**for** para); ~ **of/for error** margem de erro; **safety** ~ margem de segurança; **f**) COMM (*also* **profit** ~) margem *f* de lucro.

marginal ['mɑːdʒɪnl] **1** *n* GB POL assento *m* parlamentar disputado em eleição. **2** *adj* **a**) (minor or peripheral) marginal, secundário,-a; **b**) POL [*seat, ward*] disputado,-a (em eleição); **c**) [*teacher's remark*] na margem; [*author's note*] à margem.

marginally ['mɑːdʒɪnəlɪ] *adv* [*more, less, better, etc*] (muito) ligeiramente.

marigold ['mærɪɡəʊld] *n* malmequer *m*; calêndula *f*.

marijuana [mærɪˈhwɑːnə] *n* marijuana *f*.

marinade [mærɪˈneɪd] **1** *n* CULIN marinada *f*; vinha-d'alhos *f*. **2** *vtr* pôr a marinar [*meat, fish*] (**in sth** em algo). **3** *vi* marinar.

marine [məˈriːn] **1** *n* **a**) (soldier) fuzileiro *m* naval; **The M**~**s** IN US os fuzileiros; **b**) (navy) **the mercantile/merchant** ~ a marinha *f* mercante. **2** *modif* **a**) [*mammal, ecosystem, biology*] marinho,-a; [*archeology, explorer, life*] marinho,-a; **b**) [*insurance, law, equipment, transport, industry*] marítimo,-a. IDIOMAS **tell it to the** ~**s!** vai contar essa a outro!.

marital ['mærɪtl] *adj* conjugal, matrimonial; ~ **status** estado *m* civil.

maritime ['mærɪtaɪm] *adj* marítimo,-a.

marjoram ['mɑːdʒərəm] *n* BOT, CULIN manjerona *f*.

mark [mɑːk] **1** *n* **a**) (stain, animal marking) mancha *f*; (from injury) marca *f*; **to make one's** ~ (lit) assinar com uma cruz; (fig) distinguir-se; **b**) (lasting impression) **to bear the** ~ **of** [*person*] ter a marca de [*genius*]; [*face*] ter marcas de [*pain*]; **to leave one's** ~ **on sth** deixar a sua marca em algo; **c**) (symbol) **as a** ~ **of** em sinal de [*esteem*]; **d**) SCH, UNIV nota *f*; **what** ~ **has she given you?** que nota é que ela te deu?; **he gets no** ~**s for effort** (fig) ele merece zero pelo esforço; **e**) (number on scale) **the 3-mile** ~ a marca das três milhas; **unemployment has reached the two million** ~ o desemprego chegou aos dois milhões; **the high-tide** ~ o nível máximo da maré cheia; **f**) SPORT (starting line) partida *f*; **on your** ~**s!** aos seus lugares!; **to get off the** ~ partir; **we haven't even got off the** ~ **yet** (fig) ainda nem começámos; **he's a bit slow off the** ~ (fig) ele é de compreensão lenta; **he's very quick off the** ~ (fig) ele é um vivaço; **you were a bit quick off the** ~ (**in**) **blaming her** (fig) não perdeste tempo em censurá-la; **you were quick off the** ~! (fig) não perdeste tempo!; **g**) (target) (in archery etc) alvo *m*; **to find its** ~ [*arrow*] atingir o alvo; (fig) [*remark*] tocar no ponto certo; **to be (way) off the** ~, **to be wide off the** ~ (fig) estar longe da verdade (fam); **h**) SPORT (in rugby) linha *m* de ensaio; **i**) (*also* **Deutschmark**) marco *m* (alemão). **2** *vtr* **a**) (make visible impression on) (stain) manchar [*clothes*]; [*bruise, scar*] marcar [*skin*]; (with pen) marcar [*map, belongings*]; **to** ~ **sb for life** (physically) desfigurar alg para sempre; (mentally) marcar alg para sempre; **b**) (indicate, label) [*person*] marcar [*name, price*] (**on** em); [*arrow, sign, label*] indicar [*position, road*]; (fig) [*event*] marcar [*end, change*]; **to be** ~**ed as** ser considerado,-a [*future champion, criminal*]; **to** ~ **the occasion with** marcar a ocasião com [*firework display, party*]; **X** ~**s the spot** o local está marcado com uma cruz; **to** ~ **one's place** (in book) marcar a página; **c**) (characterize) caracterizar; **d**) SCH, UNIV corrigir; **to** ~ **sb absent** marcar falta a alg; **to** ~ **sth right/wrong** indicar que algo está certo/errado; **e**) (pay attention to) **he'll not live long,** ~ **my words!** ele não vai viver muito tempo, vais ver!; **f**) SPORT marcar. **3** *vi* **a**) SCH, UNIV corrigir; **b**) (stain) manchar; **c**) SPORT marcar. **4** **mark you** *conj phr* não digas (+ *indic*). IDIOMAS **to be an easy** ~ ser canja (fam); **to** ~ **time** MIL marcar o passo; **I'm** ~**ing time working as a waitress until I go to France** (fig) trabalho como empregada de mesa enquanto não vou para França. ■ **mark down**: ~ [*sth*]

down, ~ **down** [sth] marcar algo com preços mais baixos [*product*]; ~ [sb] **down** baixar as notas de [*person*]; **to** ~ **sb down as (being)** considerar alg como [*troublemaker, asset*]. ■ **mark off**: ~ [sth] **off**, ~ **off** [sth] **a)** (separate off) delimitar [*area*]; **b)** (tick off) apontar [*items, names*]. ■ **mark out**: ~ [sb] **out**, ~ **out** [sb] **a)** (distinguish) distinguir (**from** de); **b)** (select) designar (**for** para). ■ **mark up**: ~ [sth] **up**, ~ **up** [sth] aumentar o preço de algo (**by** de); ~ [sb] **up** Sch, Univ levantar as notas de [*person*].

market ['mɑ:kɪt] **1** *n* **a)** Comm, Fin (stock market) bolsa *f*; Bolsa *f*; (trading structure) mercado *m*; **art** ~ mercado *m* de arte; **closed** ~ mercado exclusivo; **domestic** ~ mercado interno; **firm** ~ mercado estável; **foods** ~ mercado de produtos alimentares; **main** ~ mercado oficial; **mortgage** ~ mercado hipotecário; **open** ~ mercado livre; **to be/come/put sth on the** ~ estar/aparecer/pôr algo no mercado; **to be in the** ~ **for sth** ser comprador de algo; **to go to** ~ entrar na bolsa; **the** ~ **in tea** *or* **the tea** ~ o mercado do chá; **to play the** ~ especular; **at** ~ **(price)** ao preço corrente; **b)** Fin, Comm (demand, potential customers) mercado *m* (**for** para); **domestic/foreign** ~ mercado inetrno/externo; **Single European** ~, SEM mercado único europeu; **to put sth on the** ~ lançar algo no mercado; **a good/poor/steady** ~ **for...** uma procura forte/fraca/estável de...; **it sells well to the teenage** ~ vende-se bem aos adolescentes; **a gap in the** ~ uma necessidade do mercado; **c)** Comm (stalls) mercado *m*; **antiques** ~ mercado de antiguidades; **covered/open** ~ mercado coberto/ao ar livre; **to go to** ~ ir ao mercado; **to buy sth at** ~ comprar algo no mercado. **2** *vtr* (large scale) lançar (algo) no mercado; (small scale) vender. **3** *vi* **to go** ~**ing** fazer compras. **4** *v refl* **to** ~ **oneself** vender-se.

market: ~ **forces** *npl* forças *fpl* do mercado; ~ **garden** *n* horta *f*; ~ **gardener** *n* hortelão *m*.

marketing ['mɑ:kɪtɪŋ] *n* (process, theory) marketing *m*; (department) serviço *m* de marketing; **product/service** ~ comercialização *f* de um produto/serviço.

market place *n* **a)** (gen) (market square) praça *f* do mercado; **b)** (fig) Econ, Fin mercado *m*; **in the** ~ no mercado.

market research 1 *n* pesquisa *f* de mercado. **2** *vtr* fazer pesquisa de mercado.

marmalade [mɑ:məleɪd] **1** *n* doce *m* de laranja amarga. **2** *modif* ~ **orange** laranja *f* amarga.

maroon [məˈruːn] **1** *n* **a)** (colour) castanho *m* avermelhado; **b)** GB (rocket) foguete *m*. **2** *adj* acastanhado,-a. **3** *vtr* (strand) (*usu in passive*) ~**ed on a island** abandonado numa ilha.

marquee [mɑ:ˈkiː] *n* tenda *f* grande; (of circus) cobertura *f*.

marquess ['mɑ:kwɪs] *n* marquês *m*.

marquis ['mɑ:kwɪs] *n* marquês *m*.

marriage ['mærɪdʒ] *n* **a)** (ceremony, contract) casamento *m* (**to sb** com alg); **broken** ~ casamento desfeito; ~ **proposal** *or* **proposal of** ~ proposta *f* de casamento; **by** ~ por afinidade; **my uncle by** ~ o meu tio Po/titio Br por afinidade; **b)** (fig) (alliance) união *f* (**between sth and sth** entre duas coisas); **the** ~ **of art and science** a união entre a arte e a ciência; **c)** Games (in cards) par *m*.

marriage: ~ **bureau** *n* agência *f* matrimonial; ~ **certificate** *n* certidão *f* de casamento; ~ **guidance counsellor** *n* conselheiro *m* matrimonial; ~ **vows** *npl* votos *mpl* de casamento.

married ['mærɪd] *adj* **a)** [*person*] casado,-a (**to sb** com alg); **the** ~ **couple** o casal *m*; **b)** [*state, life, love*] conjugal, de casado.

marrow ['mærəʊ] *n* **a)** Anat medula *f*; (fig, liter) essência *f*; **b)** GB Bot abóbora *f*.

marry ['mæri] **1** (arch) *excl* ~! apre!. **2** *vtr* **to** ~ **sb** casar-se com alg; **they married their daughter to a businessman** eles casaram a filha com um homem de negócios; **will you** ~ **me?** queres casar comigo?. **3** *vi* casar-se; **to get married (to sb)** casar-se (com alg); **to** ~ **into a family** fazer parte duma família através do casamento; **to** ~ **for love** casar por amor; **he's not the** ~**ing kind** ele não é do tipo de se casar; **to** ~ **into money** casar-se com um homem/uma mulher rica.

marsh [mɑ:ʃ] **1** *n* (terrain) pântano *m*; charco *m*. **2** *modif* ~ **gas** metano *m*.

marshal ['mɑ:ʃl] **1** *n* **a)** Mil marechal *m*; **M~ Ney** o marechal Ney; **b)** GB Jur oficial *m* de justiça; **c)** (at rally, event) mestre *m* de cerimónias; membro *m* do serviço de ordem; **d)** US Jur xerife *m*; (in police, fire service) chefe *m*. **2** (*pres p, past, pp* **-ll-** GB **-l-** US) **a)** ordenar [*ideas, facts*]; classificar [*data, statistics*]; **b)** reunir [*troops, vehicles, ships*]; regularizar [*traffic*]; dirigir [*crowd*]; seleccionar [*railway wagons*].

marshalling yard ['mɑ:ʃəlɪŋˈjɑ:d] *n* GB Rail gare *f* de triagem.

marshland ['mɑ:ʃlænd] *n* (terrain) pântano *m*; (region) região *f* pantanosa.

marshmallow [mɑ:ʃˈmæləʊ] *n* Bot alteia *f*; malvaísco *m*; Culin pasta *f* de alteia.

marshy ['mɑ:ʃɪ] *adj* pantanoso,-a.

martial ['mɑ:ʃl] *adj* [*music*] marcial; [*spirit*] guerreiro,-a.

martyr ['mɑ:tə(r)] **1** *n* Relig (fig) mártir *m/f*; **a** ~ **to the cause** um mártir pela causa; (pej) **he likes playing the** ~ ele gosta de se fazer de vítima; **she's a** ~ **to her rheumatism** (fig) ela sofre muito de reumatismo. **2** *vtr* (*usu in passive*) (lit, fig) martirizar. **3 martyred** *pp adj* [*sigh, look*] torturado,-a, aflitivo,-a.

martyrdom ['mɑ:tədəm] *n* martírio *m*.

marvel ['mɑ:vl] **1** *n* **a)** (wonderful thing) maravilha *f*; **it was a** ~ **to behold** era uma maravilha digna de se contemplar; **it's a** ~ **that he can still dance** é um espanto que ele consiga ainda dançar; **he's a** ~ **with children** ele é maravilhoso com as crianças; **b)** (wonderful example) **she's a** ~ **of patience** ela é um exemplo de paciência. **2** *vtr* (*pres p, past, pp* **-ll-** GB **-l-** US) **to** ~ **that** admirar-se que (+ *conj*). **3** *vi* admirar-se (**at** com); **we** ~**led at his strength** nós admirámo-nos com a sua força.

marvellous GB, **marvelous** US ['mɑ:vələs] *adj* [*weather, holiday, etc*] maravilhoso,-a; **but that's** ~! mas isso é maravilhoso!; **it's** ~ **to see you again!** é óptimo ver-te de novo!.

marvellously GB, **marvelously** US ['mɑ:vələslɪ] *adv* [*sing, get on*] maravilhosamente; **she played** ~ **well** ela tocou maravilhosamente.

marvelous US ['mɑ:vələs] see **marvellous**.

marvelously US ['mɑːvələslɪ] see **marvellously**.

Marxist ['mɑːksɪst] *n, adj* marxista *m/f*.

marzipan ['mɑːzɪpæn] *n* maçapão *m*.

mascot ['mæskɒt] *n* mascote *f*; **lucky** ~ amuleto *m*.

masculine ['mæskjʊlɪn] **1** *n* género *m* masculino. **2** *adj* (gen) LING masculino,-a.

masculinity [mæskjʊ'lɪnɪtɪ] *n* masculinidade *f*; virilidade *f*.

mash [mæʃ] **1** *n* **a)** AGRIC (for dogs, poultry, horses) mistura *f* para animais; **bran** ~ mistura de farelo; **b)** (in brewing) mosto *m*; **c)** GB puré *m*. **2** *vtr* **a)** esmagar [*fruit*]; ~**ed potatoes** puré de batata; **to** ~ **potatoes** fazer puré de batata; **b)** (in brewing) preparar a cerveja.

mask [mɑːsk] **1** *n* **a)** (for disguise, protection) máscara *f*; (at masked ball) mascarilha *f*; (sculpture) carranca *f*; (cosmetic) **face** ~ máscara *f*; (fig) **a** ~ **of indifference** uma máscara de indiferença; **b)** ELECTRON, COMPUT máscara *f*. **2** *vt* mascarar [*face*]; dissimular [*truth, emotions*]; FIN encobrir, ocultar [*losses*].

masochist ['mæsəkɪst] *n, adj* masoquista *m/f*.

mason ['meɪsn] *n* **a)** CONSTR pedreiro *m*; **b)** **M**~ **(Free ~)** pedreiro-livre *m*; maçon *m*.

masonry ['meɪsnrɪ] *n* **a)** CONSTR alvenaria *f*; trabalho *m* de pedreiro; **b)** **(Free ~) M**~ maçonaria *f*.

masquerade [mæskə'reɪd, mɑːskə'reɪd] **1** *n* baile *m* de máscaras; (pretence) disfarce *m*; embuste *m*. **2** *vi* **to** ~ **as a priest** disfarçar-se de padre.

mass [mæs] **1** *n* **a)** (vast body) massa *f* **(of** de); (cluster) amontoado *m* **(of** de); **the tree was just a** ~ **of flowers** a árvore estava coberta de flores; **b)** (amount) (of people) multidão *f* **(of** de); (of details) montão *m* **(of** de); **c)** RELIG missa *f*; **d)** PHYS, ART massa *f*. **2 masses** *npl* **a)** (the people) **the** ~**es** (gen) a multidão; (working class) **as massas** *fpl*; **b)** (coll) GB (lots) ~**es of work** montes de trabalho; ~**es of people** montes de gente; **to have** ~**es of time** ter montes de tempo. **3** *noun modifier* **a)** (large scale) [*audience*] de massa; [*destruction, exodus, protest, unemployment*] massivo,-a; [*sackings*] em massa; ~ **meeting** ajuntamento *m* de massas; **b)** (of the people) [*movement, tourism*] de massas; **to have** ~ **appeal** ter sucesso com as massas. **4** *vi* [*troops*] concentrar-se; [*bees*] juntar-se; [*clouds*] amontoar-se.

massacre ['mæsəkə(r)] **1** *n* (liter) massacre *m*. **2** *vtr* (liter) massacrar; (coll) (fig) derrotar, cilindrar (fam) [*team*]; maltratar [*language*].

massage ['mæsɑːʒ] **1** *n* massagem *f*; **to have a** ~ levar massagens. **2** *vtr* massajar, fazer massagens.

massive ['mæsɪv] *adj* [*building, statue, tree, animal*] enorme; [*volume, amount, error, fraud*] enorme; [*explosion, scandal*] grande; [*majority, victory*] esmagador, a; [*campaign, task, research programme*] de grande envergadura; [*increase, cut, raid, attack*] maciço,-a; [*heart attack, haemorrhage*] violento,-a; [*bill*] enorme, pesado,-a (coll).

mast [mɑːst] **1** *n* **a)** NAUT (also flagpole) mastro *m*; RAD, TV (aerial) antena *f*; **the** ~**s of a ship** a mastreação dum navio; **b)** AGRIC bolota *f*. **2** *vtr* mastrear. IDIOMAS **to nail one's colours to**

the ~ dizer as suas opiniões de forma clara e definitiva.

master ['mɑːstə(r)] **1** *n* **a)** (man in charge) dono *m*; **the** ~ **of the house** o dono da casa; **to be** ~ **in one's own house** ser senhor em sua própria casa; **b)** (person in control) **to be one's own** ~ ser independente; **her appetite is her** ~ ela é dominada pela sua vontade de comer; **c)** (person who excels) mestre *m*; **a** ~ **of the violin** um mestre do violino; **to be a** ~ **at doing** ser mestre em fazer; **d)** (*also* **M**~) ART mestre *m*; **the Dutch** ~**s** os mestres holandeses; **e)** SCH (primary or secondary teacher) professor *m*; **f)** (original copy) original *m*; **g)** UNIV (graduate) ≈ titular *m* duma licenciatura ou dum mestrado; ~**'s (degree)** mestrado *m* **(in** em); **h)** NAUT capitão *m* (de navio mercante); **i)** (in chess, bridge, etc) mestre *m*; **the M**~**s** (in golf, badminton, table tennis, etc) o campeonato (+ *v sg*) **j)** (title of young man) menino *m*; jovem *m*. **2** *modif* [*architect, baker, butcher, mason, etc*] mestre (*before n*) [*smuggler, terrorist, thief*] profissional. **3** *vtr* **a)** (learn, become proficient in or with) dominar [*subject, language, computers, theory, etc*]; possuir [*art, skill, technique*]; **b)** (control) dominar [*feelings, situation, person*]; ultrapassar, superar [*fear, phobia*].

masterful ['mɑːstəfl] *adj* **a)** (dominating) dominador, a; **b)** (skilled, masterly) [*person*] perito,-a; [*technique*] de mestre.

master key *n* chave *f* mestra.

masterly ['mɑːstəlɪ] *adj* [*technique, writing*] magistral.

master: ~ **mind 1** *n* cérebro *m* **(of, behind** de). **2** *vtr* arquitectar [*crime, swindle, plot, conspiracy*]; organizar [*event, concert*]; ~**piece** *n* obra-prima *f* **(of** de).

mastery ['mɑːstərɪ] *n* **a)** (skill, knowledge) domínio *m* **(of** de); **to have complete** ~ **of one's subject** dominar completamente o assunto; **b)** (control, dominance) domínio *m*; controlo *m*; **to have** ~ **over sb/sth** dominar alg/algo.

masticate ['mæstɪkeɪt] *vtr* mastigar, mascar.

mat [mæt] **1** *n* **a)** (on floor) tapete *m*; (for wiping feet) capacho *m*; **b)** (on table) (heat-proof) base *f* (para travessas), etc; (ornamental) (cloth) naperão *m*; **place** ~ individual *m* (de mesa); **c)** (for pictures) moldura *f*. **2** *adj* see **matt**. **3** *vi* **if you don't comb your hair, it will** ~ se não te penteares, vais ficar com o cabelo todo emaranhado.

match [mætʃ] **1** *n* **a)** SPORT jogo *m*; encontro *m* **(against** contra; **between** entre); **b)** (for lighting fire) fósforo *m*; **a box/book of** ~**es** uma caixa/carteira de fósforos; **to put/set a** ~ **to sth** lançar fogo a algo; **(have you) got a** ~**?** (coll) tens lume?; **c)** (equal, challenger) **a** ~**/no** ~ **for sb** um adversário à medida de/demasiado fraco para alguém; **to meet one's** ~ encontrar alguém à sua altura; **he's met his** ~ **in her** ele encontrou nela alguém à sua altura; **to be more than a** ~ **for sb** ultrapassar alguém; **d)** (thing that harmonizes or corresponds) **to be a good** ~ **for sth** [*shoes, curtains, colour*] ir bem com algo; **those two cushions are a good** ~ aquelas duas almofadas condizem bem; **I couldn't find an exact** ~ **for the broken cup** não consegui encontrar um par para a chávena Po/xícara Br partida; **e)** (dated) (marriage) união *f*; casamento *m*; **to make a good ~** fazer um bom casamento; **to be a good ~ for sb** ser um bom partido para alguém; **f)** (wick on explosive) mecha *f*. **2** *vtr* **a)** (correspond to, harmonize with) [*colour, bag, socks*] combinar com; [*blood type, sample, bone marrow*] ser idêntico; corresponder a [*definition, demand, expectactions*]; **her talent did not ~ her mother's ambitions** o seu talento não correspondia às expectactivas da mãe; **b)** (compete with or equal) igualar [*record, achievements*]; **we will ~ our competitors' prices** nós tornaremos competitivos os nossos preços com os dos nossos concorrentes; **his wit cannot be ~ed** ele tem uma inteligência sem par; **she more than ~ed him in agression** ela suplantava-o em agressividade; **he is to be ~ed against the world champion** ele vai ter um encontro com o campeão do mundo; **c)** (find a match for) **to ~ sb with compatible people** encontrar pessoas com as quais alguém se possa entender; **to ~ trainees with companies** pôr em contacto os estagiários com as sociedades; **to ~ a wire to the correct terminal** ligar um fio ao terminal certo. **3** *vi* [*colours, clothes, curtains*] combinar; [*bits of kit, machine, device*] combinar-se; **that button doesn't ~** aquele botão é diferente dos outros; **a set of ~ing luggage** um conjunto de malas; **with gloves to ~** com luvas a condizer. ▪ **match up: to ~ up** [*pieces, bits*] combinar; **to ~ up (sth), to ~ (sth) up** ajustar [*pieces, sides, bits*]; **to ~ up to** estar à altura de [*expectation, hopes, reputation*].

matchbox *n* caixa *f* de fósforos.

matchmaker ['mætʃ/meɪkə(r)] *n* **a)** (for couples) casamenteiro,-a *m,f*; alcoviteiro,-a *m,f* (pej); **b)** (for business etc) intermediário,-a *m,f*.

match point *n* ponto *m* decisivo (para ganhar); **at ~** em match point.

matchstick ['mætʃstɪk] **1** *n* fósforo *m*. **2** *modif* [*man, figure*] estilizado,-a.

matchwood ['mætʃwʊd] *n* madeira *f* própria para fósforos; lascas *fpl*.

mate [meɪt] **1** *n* **a)** Gb (friend) companheiro *m*; camarada *m/f*; (at work, school) colega *m/f*; **hello ~!** olá, pá! (fam); **b)** (sexual posture) Zool (male) macho *m*; (female) fêmea *f*; parceiro *m*; cônjuge *m/f*; **c)** (assistant) ajudante *m/f*; **builder's ~** servente *m* de pedreiro; **d)** Naut Gb (in merchant navy) imediato *m*; **e)** (chess) mate *m*. **2** *vt* **a)** acasalar [*animal*] (**with** com); **b)** (chess) dar xeque-mate. **3** *vi* [*animal*] acasalar-se (**with** com).

material [mə'tɪərɪəl] **1** *n* **a)** (fig) Cin, Literat, Theat material *m* (**for** para); **archive ~** material de arquivo; **to collect ~ on** *or* **about sth** recolher material ou dados sobre qq coisa; **to draw on ~ from** basear-se em material proveniente de; **b)** (lit) (substance) matéria *f*; substância *f*; Constr, Tech material *m*; **explosive ~** matéria explosiva; **raw ~** (lit, fig) matéria prima; **waste ~** resíduos *mpl*; **c)** (fabric) tecido *m*; **cotton ~** tecido de algodão; **furnishing ~** tecido para decoração; **d)** (personal potential) estofo *m*; **she is star ~** ela tem estofo de vedeta Po/vedete Br. **2 materials** *npl* (equipment) material *m*; (natural

substances) materiais *mpl*; **building ~s** materiais de construção. **3** *adj* **a)** (significant, relevant) [*assistance, benefit, change, damage, effect*] material; [*anxiety, question*] importante; [*fact*] pertinente; [*witness, evidence*] determinante; **b)** (physical, concrete) [*cause, need, success, possessions, etc*] material; **in ~ terms, we are better off** do ponto de vista material, estamos mais à vontade.

materialist [mə'tɪərɪəlɪst] *n, adj* materialista *m/f*.

materialize [mə'tɪərɪəlɑɪz] *vi* **a)** [*hope, offer, plan, threat*] concretizar-se; [*event, situation*] realizar-se; [*idea*] tomar forma; **the threat failed to ~** a ameaça não se concretizou; **b)** (often hum) [*person, object*] surgir; [*spirit*] materializar-se.

maternal [mə'tɜ:nl] *adj* maternal, materno,-a (**towards** para com).

maternity [mə'tɜ:nɪtɪ] **1** *n* maternidade *f*. **2** *modif* [*clothes*] de grávida.

maternity hospital *n* maternidade *f*.

matey ['meɪtɪ] (coll) *adj* Gb amigo,-a; **they are very ~** eles são muito amigos.

mathematical [mæθɪ'mætɪkl] *adj* matemático,-a; **to be a ~ impossibility** ser matematicamente impossível.

mathematician [mæθɪmə'tɪʃn] *n* matemático *m*.

mathematics [mæθɪ'mætɪks] *n* **a)** (+ *v sg*) (subject) matemática *f*; **b)** (+ *v pl*) (mathematical operations) **I think I've got the ~ of it right** penso que o meu raciocínio está certo.

maths Gb, **math** us [mæθ(s)] (coll) see **mathematics**.

matrices ['meɪtrɪsi:z, 'mætrɪsi:z] *pl* see **matrix**.

matriculate [mə'trɪkjʊleɪt] **1** *vi* (enrol) inscrever-se, matricular-se; (dated) Gb ser aceite para exame de admissão à universidade. **2** *vtr* inscrever, matricular.

matrimonial [mætrɪ'məʊnɪəl] *adj* [*problems, home, state*] matrimonial, conjugal.

matrimony ['mætrɪmənɪ] *n* casamento *m*; matrimónio *m*; **united in holy ~** unidos pelo sacramento do matrimónio.

matrix ['meɪtrɪks, 'mætrɪks] *n* Math, Ling, Tech, Anat matriz *f*; Miner ganga *f*.

matron ['meɪtrən] *n* **a)** (in hospital) enfermeira--chefe *f*; (of orphanage, nursing home) directora *f*; us (in prison) guarda *f*; **b)** (esp. hum) matrona *f*.

matt [mæt] *adj* mate; [*photograph*] em papel mate.

matter ['mætə(r)] **1** *n* **a)** (affair) assunto *m*; (problem) problema *m*; **business ~** negócios *mpl*; **private ~** assunto de natureza particular; **I know nothing of the ~** não sei nada a esse respeito; **the main ~ on the agenda** o ponto principal da ordem do dia; **the ~ is closed** o assunto está encerrado; **to take the ~ further** levar as coisas para diante; **b)** (question) questão *f*; **a ~ of opinion/principle** uma questão de opinião/de princípio; **will he recover? it's a ~ of time** ele recuperará? é uma questão de tempo; **c)** (something wrong) problema *m* (**with** com); **what's the ~?** qual é o problema? que é que se passa?; **there's nothing the ~ with me** não tenho nada;

there's nothing the ~ não há problema nenhum; **d)** (stuff, substance) (lit, fig) BIOL, CHEM, PHYS substância *f*; matéria *f*; **advertising** ~ publicidade; **colouring** ~ corante *m*; **printed** ~ material *m* impresso; **e)** (content of article, book, speech, etc) conteúdo *m*; ~ **and style** o fundo e a forma; **f)** MED (discharge) substância *f*; (pus) pus *m*. **2** *vi* importar; **children** ~ as crianças são importantes; **does it (really) ~?** e isso tem (realmente) importância?; **it (really) doesn't** ~ **(at all)** isso (realmente) não importa ou não tem importância; **to** ~ **to sb** ter importância para alg; **it ~s to me!** isso é importante para mim!. IDIOMAS **a** ~ **of life and death, a life and death** ~ uma questão de vida ou de morte; **as a** ~ **of fact** de facto; **for that** ~ aliás; **no ~!** pouco importa!, tanto faz!; **to take ~s into one's own hands** tomar as coisas em mão.
mattress ['mætrɪs] *n* colchão *m*.
mature [mə'tjʊə(r)] **1** *adj* **a)** [*plant, animal*] adulto,-a; ~ **garden** jardim *m* bem conservado e cuidado há bastante tempo; **b)** (psychologically) amadurecido,-a, maduro,-a; [*attitude, reader*] adulto,-a; **her most** ~ **novel** o seu romance mais conseguido; **after** ~ **consideration** depois de uma reflexão amadurecida; **c)** ~ **whiskey** whisky velho; ~ **wine** vinho; **d)** FIN [*bill*] vencido,-a. **2** *vtr* deixar envelhecer [*wine, whiskey*]; deixar maturar [*cheese*]; **Oport wine ~ed in the cask** vinho do Porto envelhecido no casco. **3** *vi* **a)** (physically) [*person, animal*] tornar-se adulto; [*plant*] desenvolver-se; (psychologically) [*person, attitude*] amadurecer; **b)** [*wine, whiskey*] envelhecer; [*cheese*] maturar; **c)** FIN [*bill*] vencer-se.
mature student *n* GB pessoa *f* que retoma os estudos em adulto.
maturity [mə'tjʊərɪtɪ] *n* maturidade *f*; FIN data *f* de vencimento (de letra); **he lacks** ~ ele tem falta de maturidade ou ele é (ainda) imaturo; **to reach** ~ [*person*] atingir a maioridade.
maudlin ['mɔːdlɪn] *adj* [*song, story, tune*] sentimental; [*person*] melancólico,-a; **he gets** ~ **when he drinks** ele torna-se piegas quando bebe (fam).
maul [mɔːl] **1** *n* (hammer) malho *m*; maço *m*; marreta *f*. **2** *vtr* (manhandle) maltratar; (attack) [*lion, etc*] mutilar; (fig) [*critics*] dizer mal, deitar abaixo.
mausoleum [mɔːsə'liːəm] *n* (tomb) mausoléu *m*; US jazigo *m*.
maverick ['mævərɪk] **1** *n* **a)** (calf) animal *m* sem marca do proprietário; **b)** (person) não conformista *m/f*; vagabundo *m*. **2** *adj* não conformista.
max (coll) see **maximum**.
maxim ['mæksɪm] *n* máxima *f*; axioma *m*; aforismo *m*.
maximize ['mæksɪmɑɪz] *vtr* maximizar [*profit, sales*]; **to** ~ **one's potential** utilizar ao máximo as suas potencialidades.
maximum ['mæksɪmən] **1** *n* (*pl* **-imums, -ima**) máximo *m*; **to set a** ~ **of £200** estabelecer um máximo de 200 libras; **to do sth to the** ~ fazer qq coisa a fundo, dar o máximo em qq coisa. **2** *adj* máximo,-a. **3** *adv* ao máximo, no limite máximo.
maximum security prison *n* prisão *m* de alta segurança.

may[1] [meɪ] *modal aux* **a)** (possibility) poder; **he** ~ **come** pode ser que ele venha; **they're afraid she** ~ **die** eles têm medo de que ela morra ou possa morrer; **come what** ~ aconteça o que acontecer; **be that as it** ~ seja o que for; **"are you going to accept?" - "I ~"** "vais aceitar?" - "talvez"; **b)** (permission) poder; ~ **I come in?** posso entrar?; **if I** ~ **say** se me é permitido dizer.
may[2] [meɪ] *n* (hawthorn) espinheiro-alvar *m*, pilriteiro *m*.
May [meɪ] *n* (month) Maio *m*; ~ **Day** o 1.º de Maio.
maybe ['meɪbiː] **1** *adv* talvez; ~ **three weeks ago** talvez há três semanas. **2** *n* **"is that a yes?"** - **"it's a ~"** "isso quer dizer sim?" - "não, é talvez".
mayhem ['meɪhem] *n* **a)** (chaos) caos *m*; desordem *f* Po, bagunça *f* BR; (violence) zaragata *f* Po, brigalhada *f* BR; **to create** ~ semear o caos; **b)** US JUR (dated) GB JUR (crime *m* de); mutilação *f*.
mayonnaise [meɪə'neɪz] *n* maionese *f*.
mayor [meə(r)] *n* presidente *m/f* da câmara (municipal).
mayoress ['meərɪs] *n* (wife of mayor) mulher *f* do presidente da câmara.
Maypole *n* mastro *m* engalanado em volta do qual se dança na festa do 1.º de Maio.
maze [meɪz] *n* **a)** (garden) labirinto *m*; **b)** (network) (of streets) dédalo *m*; (of pipes) confusão *m*; **c)** (fig) (organizational) labirinto *m*.
MC *n* **a)** abrev = **Master**; (in cabaret) animador *m*; (at banquet) mestre *m* de cerimónia; **b)** US POL abrev = **Member of Congress**; **c)** GB MIL abrev = **Military**; **d)** AUT abrev = **Monaco**.
McCoy [mə'kɔɪ] *n* IDIOMAS **the real** ~ (coll) o verdadeiro; (coll) **it's the real** ~ é o autêntico.
MD *n* **a)** MED, UNIV abrev = **Doctor of Medicine** médico *m*; **b)** US POST abrev = **Maryland**; **c)** MGMT abrev = **Managing**; **d)** MED abrev = **muscular**.
me[1] [miː] *pron* me, mim; **it's for** ~ é para mim; **poor little** ~ pobrezinha de mim; **if you were** ~ se estivesses no meu lugar.
me[2] [miː] *n* MUS mi *m*.
mead [miːd] *n* hidromel *m*.
meadow ['medəʊ] *n* **a)** (field) prado *m*; **b)** (also ~ **land**) prados *mpl*; pradaria(s) *f(pl)*; **c)** (also **water** ~) campina *f*.
meager *adj* US see **meagre**.
meagre GB, **meager** US ['miːgə(r)] *adj* [*income, sum, meal, fire, crop*] magro,-a (*before n*) [*living, existence*] mísero,-a; [*response, returns*] mesquinho,-a (*before n*) **a** ~ **diet of rice** uma insuficiente refeição de arroz.
meal [miːl] *n* **a)** (food) refeição *f*; **main** ~ refeição principal; **they had a** ~ **in the canteen** eles comeram na cantina; **let's go out for a** ~ **tonight!** vamos jantar fora hoje!; **b)** (from grain) farinha *f*; **c)** US (maize flour) farinha *f* de milho. IDIOMAS **don't make a** ~ **of it!** (coll) isto não merece tanto escarcéu!.
meal ticket *n* **a)** (voucher) vale *m* de refeição; **b)** (coll, fig) (quality, qualification) ganha-pão *m*; (person) **I'm just a** ~ **for you!** para ti, sou apenas um poço de dinheiro!.

mealy-mouthed ['miːlɪmaʊ̌ðd] *adj* (pej) indeciso,-a, dissimulado,-a.

mean [miːn] **1** *n* **a)** MATH (gen) média *f*; **above/below the** ~ acima/abaixo da média; **b)** (fig) (middle point) meio *m*; meio-termo *m*. **2** *adj* **a)** (average) [*weight, temperature*] médio,-a; **b)** (ungenerous) [*person*] avarento,-a, sovina; [*attitude, nature*] mesquinho,-a; **he's ~ with his money** ele é sovina; **c)** (lowly) (liter) [*dwelling*] miserável; [*birth*] humilde; [*origin*] modesto,-a; **d)** (coll) (cruel) [*person*] cruel; [*trick*] sujo,-a (before*n*) **to be ~ to sb** ser cruel com alg; **that was ~ of you** foi mesquinho da tua parte; **to be ~ about sth** fazer observações maldosas sobre [*appearance, performance*]; **it was ~ of them to say that** foi mesquinho da parte deles dizerem isso; **I feel ~ for/about not thanking them** sinto-me um pouco envergonhado por não lhes agradecer; **e)** (vicious) [*animal, person, expression*] mau; **that dog/man has got a ~ streak** aquele cão/homem tem algo de malévolo; **he's a ~ character** ele é um tipo perverso (fam); **f)** (tough) [*city, street*] perigoso,-a; **g)** (coll) (skilful) [*footballer, pianist, service*] formidável, digno,-a de nota; **you're no ~ poker player!** tu és um bom jogador de póquer; **h)** (coll) (small) **to have no ~ opinion of oneself** ter uma boa opinião de si mesmo; **that's no ~ feat!** isso não é uma façanha qualquer!; **i)** (coll) US (off colour) **to feel ~** não estar nos seus dias (fam), sentir-se indisposto. **3** *vtr* (*past, pp* **meant**) **a)** (signify) [*word, symbol, phrase*] significar, querer dizer; **what does this word ~?** o que é que esta palavra significa?; **this ~s that...** isto significa que... (+ *v indic*) **the name ~s nothing to me** esse nome não me diz nada; **b)** (intend) **to ~ to do** tencionar fazer; **to ~ sb to do** GB US **for sb to do** US querer que alg faça; **I ~t it as a joke** eu pretendia que fosse apenas uma piada; **he doesn't ~ you any harm** ele não te quer fazer mal nenhum; **that question was ~t for you** essa questão era destinada a ti; **what do you ~ by opening my letters?** o que é que tu pretendes ao abrir o meu correio?; **I didn't ~ to do it** eu não fiz de propósito; **he ~s what he says** (he is sincere) ele diz o que pensa; (he is menacing) ele não está a brincar; **she ~t no offence** ela não pretendia ofender; **I didn't ~ anything by it** eu não pretendia nada especial com isso; **without ~ing to** sem querer, por inadvertência; **to ~ well** ter boas intenções (**by sb** para com alg); **my remark offended you? it was ~t to!** o meu comentário ofendeu-te? foi mesmo para isso!; **he ~s trouble/mischief** ele é mal intencionado; **she ~s business** ela é séria; **c)** (entail) [*strike*] implicar [*shortages*]; [*budget*] significar [*tax cuts*]; [*new law*] levar a [*changes*]; **his death will ~ finding a new head** a morte dele implicará encontrar um novo director; **d)** (intend to say) **do you ~ me?** estás a falar de mim?; **e)** (be of value) **a promise ~s nothing** uma promessa não vale grande coisa; **she ~s everything to me** ela é tudo para mim; **money ~s everyting/nothing to them** o dinheiro é tudo/não é nada para eles; **f)** (be destined) (*always in passive*) **she was ~t to be/become a doctor** ela estava destinada a ser médica; **it was ~t to be/happen** isso devia

acontecer; **they were ~t for each other** eles foram feitos um para o outro; **g)** (be supposed to be) (*always in passive*) **you're ~t to be my friend** era suposto seres meu amigo.

meander [mɪˈændə(r)] **1** *n* meandro *m*. **2** *vi* **a)** [*river, road*] serpentear (**through** através de); [*thoughts*] vaguear; **to ~ (along)** [*person*] vaguear ao acaso; **b)** (pej) [*conversation, play, contest*] arrastar-se, levar muito tempo.

meaning ['miːnɪŋ] *n* **a)** (sense) (of word, phrase, remark) sentido *m*; significado *m*; (of symbol, gesture) significado *m*; **what is the ~ of this word?** o que é que essa palavra quer dizer?; **a word with two ~s** uma palavra com duplo sentido; **b)** (message) (of film, dream) significado *m*; mensagem *f*; **c)** (purpose) sentido *m*; **my life no longer has any ~** a minha vida já não tem sentido nenhum; **to give new ~ to** dar um sentido novo a [*life, work*]; **d)** (eloquence) **a look heavy with/full of ~** um olhar carregado de sentido; **e)** (drift) **yes, I get your ~** sim, estou a perceber o que queres dizer; **he likes a little drink, if you get my ~** ele gosta de beber um pouco, estás a perceber o que eu quero dizer; **f)** JUR termos *mpl*; **within the ~ of article 15/the act** segundo os termos do artigo 15/da lei.

meaningful ['miːnɪŋfʊl] *adj* **a)** (significant) [*word, term, statement*] significativo,-a; **b)** (valid) [*concept, definition, result*] significativo,-a; **explain it in a way that is ~ to children** explica isso de maneira que as crianças compreendam; **c)** (profound) [*relationship, comment, lyric*] sério,-a, profundo,-a; [*experience*] rico,-a; **d)** (eloquent) [*laugh, look, smile*] expressivo,-a; **e)** (constructive) [*discussion, talk*] construtivo,-a; [*act, work*] útil; [*process, input*] positivo,-a.

meanness *n* **a)** (stinginess) mesquinhez *f*; **b)** (nastiness) maldade *f*; malvadez *f* (**to** para; **towards** para com); **c)** (smallness) (of portion) insignificância *f*; pequenez *f*; (of intellect) mediocridade *f*; **d)** (viciousness) ESPECIALLY US malvadez *f*; **e)** (humbleness) (liter) humildade *f*.

means [miːnz] *n* **a)** (way) meio *m*; **by illegal ~** por meios ilegais; **a ~ of** [*communication, transport, storage*] um meio de; **a ~ of doing** um meio de fazer; **b)** (pl) (financial) recursos *mpl*; **of moderate ~** [*person, family*] de recursos modestos; **to live beyond/within one's ~** viver acima dos seus recursos/de acordo com os seus recursos; **a man of ~** um homem rico/de recursos; **c)** (formal) (for emphasis) **yes, by all ~** sim, certamente; **if you wish to leave, then by all ~ do** se deseja ir embora, faça o favor; **it is by no ~ complete** está longe de estar completo. IDIOMAS **by fair ~ or foul** por todos os meios; **for him, it's just a ~ to an end** para ele, é apenas um meio de atingir os fins.

means test 1 *n* inquérito *m* sobre os recursos. **2** *vtr* (*usu in passive*) **to be means-tested** (**claimant**) ser submetido a um exame de recursos. **3 means-tested** *pp adj* [*benefit, grant, fine*] dependente dos recursos.

meant [ment] *past, pp* see **mean**.

meantime ['miːntaɪm] *adv* **for the ~** por enquanto; (**in the) ~** entretanto.

meanwhile ['miːnwaɪl] **1** *adv* **a)** (during this

time) entretanto; **b**) (until then) até então; **c**) (since then) desde então. **2 in the meanwhile** *adv phr* see **meanwhile a**).

measles [ˈmiːz(e)lz] *n* sarampo *m*; **to have** ~ ter sarampo.

measly [ˈmiːzlɪ] (coll) *adj* [*amount, quality*] miserável; [*gift, result*] mesquinho,-a.

measure [ˈmeʒə(r)] **1** *n* **a**) (way of quantifying) medida *f*; indicação *f*; **this cannot be used as a** ~ **of living standards** isto não pode ser usado como indicação do nível de vida; **his resignation is a** ~ **of how angry he is** a sua demissão mostra a que ponto ele está zangado; **b**) (action, step taken) medida *f*; **security** ~ medida de segurança; **to take** ~**s against sth** tomar medidas contra qq coisa; **c**) (plan for legislation) projecto *m* de lei; **the** ~ **was not adopted as policy** o projecto de lei não foi posto em prática; **d**) (amount) **they have a certain** ~ **of respect for their opponents** eles têm um certo respeito pelos seus adversários; **a** ~ **of success** um certo sucesso; **there is only a small** ~ **of support for the proposal** a proposta recebeu um apoio limitado; **e**) (degree, extent) **his failure is in large** ~ **due to inexperience** o seu fracasso é devido em larga medida à sua inexperiência; **to get the** ~ **of a person** aprender a conhecer uma pessoa; **f**) (standard amount) medida *f*; **half-**~ (lit, fig) meia-medida *f*; **to give sb short** ~ enganar alg em relação à quantidade certa; **g**) **to make sth to** ~ SEWING fazer qq coisa sob medida. **2** *vtr* **a**) (by a standard system) medir [*length, rate, depth, person, waist*]; **to** ~ **sth in metres** medir qq coisa em metros; **I got myself** ~**d for a suit** fui tirar as medidas para um fato; **inflation, as** ~**d by the consumer price index** a inflação, medida segundo o índice de preços ao consumidor; **b**) (assess) medir, avaliar [*ability, success, popularity*]; **c**) (consider carefully) **to** ~ **one's words** medir as palavras; **d**) (confront, compare) **when you** ~ **your talent against his success** quando comparas o teu talento ao sucesso dele; **to** ~ **one's strength against sb else's** medir forças com alg; **e**) [*thermometer, barometer, etc*] medir [*heat, pressure*]. **3** *vi* **a**) [*person, ruler, thermometer*] medir; **this ruler doesn't** ~ **properly** esta régua não está certa; **b**) (have a measurement of) medir; **earthquake measuring six degrees on the Richter scale** um tremor de terra de grau seis na escala de Richter. ■ **measure up**: **to** ~ **up to (sth)** estar à altura de (qq coisa).

measured [ˈmeʒəd] *adj* **a**) (calm) [*tone, response*] ponderado,-a; **b**) (steady, regular) [*steps, pace*] regular, cadenciado,-a.

measurement [ˈmeʒəmənt] *n* **a**) (of room, piece of furniture) medidas *fpl*; dimensão *f*; **b**) (process, action) **to carry out the** ~ **of the staircase** medir a escada; **c**) (*npl*) SEWING (size) medidas *fpl*; **to take sb's** ~**s** tirar as medidas de alg; **waist** ~**s** medida de cintura; **arm** ~**s** comprimento do braço.

measuring jug [ˈmeʒərɪŋdʒʌg] *n* jarro *m* graduado.

meat [miːt] **1** *n* **a**) (for cooking) carne *f*; **red/white** ~ carne *f* vermelha/branca; **b**) (fig) **the** ~ **of** [*speech, play, plan*] o essencial de; **c**) (dated)

(food) alimento *m*. **2** *modif* [*dish, extract, industry*] de carne; ~ **products** produtos *mpl* à base de carne; ~ **trade** talho *m* Po, açougue *m* Br. IDIOMAS **political scandals are** ~ **and drink to them** eles adoram os escândalos políticos; **one man's** ~ **is another man's poison** (Prov) a felicidade de uns é a infelicidade de outros.

meatball [ˈmiːtbɔːl] *n* **a**) CULIN (*usu in pl*) almôndega *f*; **b**) (coll) US (person) palerma *m/f*.

meat: ~ **loaf** *n* rolo *m* de carne; ~ **pie** *n* empada *f* de carne; ~ **safe** *n* GB armário para guardar comida.

meaty [ˈmiːtɪ] *adj* **a**) (with meat) [*stew, sauce, pie, chop*] rico,-a em carne; [*flavour, smell*] de carne; **b**) (interesting) [*role, story, subject*] rico,-a, com interesse.

mechanic [mɪˈkænɪk] *n* mecânico *m*.

mechanical [mɪˈkænɪk(ə)l] *adj* **a**) (machine-operated) mecânico,-a; **by** ~ **means** por meios mecânicos; **b**) (in, with machines) [*fault, problem*] mecânico,-a; [*aptitude, skill*] para a mecânica; **c**) (automatic) (gen) (pej) [*gesture, reaction, performance*] mecânico,-a.

mechanics [mɪˈkænɪks] *n* **a**) (subject) (+ *v sg*) mecânica *f*; **to study motor** ~ estudar a mecânica automóvel; **b**) (technical aspects) (+ *v pl*) **the** ~ **of humour/the law** os mecanismos do humor/da lei; **the** ~ **of doing** o método para fazer; **c**) (workings) (+ *v pl*) **the** ~ **of** [*engine, pump*] o mecanismo de.

mechanism [mekəˌnɪz(ə)m] *n* **a**) (of machine, device) mecanismo *m*; **winding** ~ (of camera) o mecanismo de avanço do filme; **safety** ~ dispositivo *m* de segurança; **b**) (procedure) mecanismo *m* (**of** de); **legal** ~**s** procedimentos legais; **a** ~ **to do** um meio de fazer.

mechanize [mekəˌnaɪz] **1** *vtr* (*usu in passive*) mecanizar. **2** *vi* mecanizar-se.

medal [ˈmed(ə)l] *n* medalha *f*; **gold** ~ medalha de ouro.

medallion [mɪˈdæljən] *n* medalhão *m*.

medallist GB, **medalist** US [medəlɪst] *n* medalhado,-a *m,f*; **gold** ~ pessoa agraciada com uma medalha de ouro.

meddle [ˈmed(ə)l] *vi* (pej) **stop meddling!** deixa de te meteres no que não te diz respeito; **to** ~ **in** [*private affairs, political affairs*] imiscuir-se em; **to** ~ **with** [*property*] tocar em.

media [ˈmiːdɪə] **1** *npl, nsing* **the** ~ PRESS, RADIO, TV os meios *mpl* de comunicação, os media *mpl*; **mass** ~ os meios de comunicação de massas, os mass-media; **in the** ~ nos meios de comunicação. **2** *npl* see **medium**. **3** *modif* [*advertising*] nos meios de comunicação; [*industry, interest, influence, power, etc*] dos meios de comunicação; [*coverage, image, event*] mediático,-a.

mediaeval [medɪˈiːvl] *adj* GB see **medieval**.

mediate [miːdɪˌeɪt] **1** *vtr* **a**) (as negotiator) negociar [*peace, settlement*]; **to** ~ **a conflict** ser medianeiro num conflito; **b**) (formal) (affect) (*usu in passive*) influenciar; **c**) (formal) (transmit) (*usu in passive*) fornecer [*services*]; difundir [*idea, cult*] (**through** através de). **2** *vi* arbitrar; **to** ~ **in/between** servir de mediador em/entre. **3 mediating** *adj* (*pres p*) [*role, nation*] mediador, a.

medical ['medɪkl] **1** *n* (in school, army) inspecção *f* médica; (private) exame *m* médico. **2** *adj* médico,-a, medicinal, clínico,-a.
medical: ~ **board** *n* MIL junta *f* médica; ~ **school** *n* faculdade *f* de medicina; ~ **student** *n* estudante *m/f* de medicina.
medicated ['medɪkeɪtɪd] *adj* [*bandage, powder, soap, sweet, shampoo*] medicinal.
medication [medɪ'keɪʃn] *n* **a)** (drug treatment) (- *c*) medicação *f* (- *c*); **to be on** ~ **(for sth)** tomar medicamentos (para algo); **to put sb on/ take sb off** ~ receitar/retirar medicamentos a alg; **b)** (medicine) (+ *c*) medicamento *m*.
medicinal [mɪ'dɪsɪnl] *adj* [*property, quality, use*] terapêutico,-a; [*herb, plant*] medicinal; ~ **drugs** medicamentos *mpl*; **I drink brandy for** ~ **purposes** (hum) eu bebo brandy como remédio.
medicine ['medsən, 'medɪsɪn] *n* **a)** (discipline) (- *c*) medicina *f*; **to study** ~ estudar medicina; **a doctor of** ~ um doutor em medicina; **b)** (drug) (- *c*) medicamento *m* (**for** para); **the best** ~ (lit, fig) o melhor remédio. IDIOMAS **I gave him a taste of his own** ~ eu paguei-lhe na mesma moeda; **to take one's** ~ **like a man** engolir a pílula.
medicine: ~ **chest** *n* armário *m* de medicamentos; ~ **man** *n* ANTHROP curandeiro *m*; feiticeiro *m*.
medieval [medɪ'iːv(ə)l] *adj* **a)** (in history) [*city, period, art, knight*] medieval, da Idade Média; **b)** (pej) (primitive) medievo,-a.
mediocre [miːdɪ'əʊkə(r)] *adj* medíocre.
meditate ['medɪteɪt] **1** (formal) *vtr* pensar (**doing** fazer). **2** *vi* **a)** (reflect) reflectir (**on/upon sth** sobre algo); **b)** (spiritually) meditar.
Mediterranean [medɪtə'reɪnɪən] **1** *pr n* **a)** (sea) **the** ~ **(Sea)** o mar Mediterrâneo *m*; **in the** ~ no Mediterrâneo; **b)** (region) **the** ~ os países *mpl* mediterrânicos; **c)** (native) mediterrânico *m*; mediterrâneo *m*. **2** *adj* **a)** [*resort, coast*] mediterrâneo,-a, mediterrânico,-a; [*cruise*] no Mediterrâneo; **b)** [*looks, type*] mediterrânico,-a; **c)** [*climate*] mediterrâneo,-a.
medium ['miːdɪəm] **1** *n* **a)** (*pl* **-iums** *or* **-ia**) CIN, RADIO, THEAT, TV meio *m* de expressão; **advertising** ~ suporte *m* publicitário; **through the** ~ **of sth** por intermédio de qq coisa; **b)** (mid-point) meio *m*; **c)** BIOL, BOT, HORT (*pl* **-iums**) meio *m*; **d)** (spiritualist) (*pl* **-iums**) médium *m*. **2** *adj* **a)** [*size, temperature*] médio,-a; **in the** ~ **term** no meio termo; **b)** RADIO [*wave*] média; **on** ~ **wave** em onda média.
medium-sized *adj* de tamanho médio.
medley ['medlɪ] *n* **a)** (musical) miscelânea *f* (**of** de); **b)** (swimming) ~ **(relay)** prova *f* de estafetas; **individual** ~ prova individual de quatro estilos; **c)** (athletics) corrida *f* de estafetas; **d)** (of people, groups) mistura *f*.
meek [miːk] *adj* meigo,-a, dócil.
meet [miːt] **1** *n* **a)** (sport) encontro *m* desportivo; **b)** GB HUNT reunião *f* de caçadores. **2** (arch) *adj* conveniente. **3** *vtr* (*past, pp* **met**) **a)** (come together with) encontrar [*person*]; defrontar [*team, opponent, enemy*]; **to** ~ **one's death** (fig) encontrar a morte; **b)** (make acquaintance of) conhecer, travar conhecimento com [*person*]; **"pleas-**

ed to ~ **you!"** "muito prazer em conhecê-lo!"; (as introduction) **"Paul,** ~ **my wife, Janet"** Paulo, apresento-te a minha mulher, Janet; **c)** (await arrival of) ir buscar, encontrar-se com [*person*]; **I'll** ~ **you off the plane** encontrar-me-ei contigo no aeroporto ou vou-te buscar ao aeroporto; **d)** (come into contact with) [*hand*] tocar [*hand*]; [*line*] cruzar com [*line*]; **his eye met hers** os olhos dele encontraram os dela; **e)** (satisfy) satisfazer, responder a [*demands, needs*]; preencher [*conditions*]; mostrar-se à altura de [*challenge*]; **f)** COMM, FIN fazer face a [*demand, order*]; jogar [*bills, costs*]; cobrir [*debts, overheads*]; pensar [*loss*]. **4** *vi* (*past, pp* **met**) **a)** (come together) [*people*] encontrar-se; [*teams, armies*] defrontar-se; [*committee, club, group, parliament*] (for discussion) reunir-se (**to do** para fazer); [*cars*] cruzar-se; **goodbye, till we** ~ **again!** adeus! Até à vista!; **b)** (make acquaintance) [*people*] conhecer-se; **c)** (come into contact) [*hands, lips*] tocar-se, encontrar-se; [*roads, lines*] cruzar-se. IDIOMAS **to make ends** ~ viver dentro do seu orçamento. ■ **meet up** encontrar-se; ~ **up/with sb** encontar-se com alg. ■ **meet with:** ~ **with (sb/sth) a)** (have meeting with) [*person*] encontrar [*person, delegation*]; **b)** (encounter) encontrar [*difficulties, opposition, success, criticism, suspicion*].
meeting ['miːtɪŋ] *n* **a)** (assembly: for specific purpose) reunião *f*; **to call a** ~ convocar uma reunião; **b)** (coming together) (between individuals, groups) encontro *m*; **a** ~ **of minds** (fig) um profundo entendimento; **c)** SPORT encontro *m* desportivo; **athletics** ~ encontro de atletismo.
meeting: ~**-place** *n* lugar *m* de encontro; ~ **point** *n* ponto *m* de encontro.
mega ['megə] **1** **mega+** (*in compounds*) mega-. **2** (coll) *excl* GB ~**!** é colossal!.
megalomania [megələ'meɪnɪə] *n* megalomania *f*.
megaphone ['megəfəʊn] *n* megafone *m*.
megastar ['megəstɑː(r)] *n* super estrela *m/f*.
melancholy ['melənkəlɪ] **1** (formal) *n* melancolia *f*. **2** *adj* **a)** (in mood) melancólico,-a; **b)** (in effect) triste.
mellow ['meləʊ] **1** *adj* 'a) (smooth) [*wine*] macio,-a; [*flavour, taste*] suave; [*tone, voice*] melodioso,-a; **b)** (soft) [*colour, light, sound*] suave; **c)** (juicy) [*fruit*] sumarento,-a; **d)** (weathered) [*stone house*] envelhecido,-a pelo tempo; **e)** (calm) [*atmosphere, behaviour, person*] calmo,-a, sereno,-a; **to get** *or* **grow** ~ **with age** acalmar com a idade; **f)** (relaxed) [*person*] descontraído,-a; **to be in a** ~ **mood** estar descontraído. **2** *vtr* **a)** (calm) [*experience, time*] acalmar; **b)** (relax) descontrair [*person*]; **c)** (ripen) amadurecer [*fruit*]. **3** *vi* **a)** (calm down) [*behaviour, person*] tornar-se sensato; **b)** (tone down) [*attitude*] moderar.
mellow out (coll) estar descontraído.
melodic [mɪ'lɒdɪk] *adj* (gen) melodioso,-a; MUS melódica.
melodious [mɪ'ləʊdɪəs] *adj* melodioso,-a.
melodrama ['melədrɑːmə] *n* melodrama *m* (also fig).
melodramatic [melədrə'mætɪk] *adj* melodramático,-a; **you're being** ~**!** estás a dramatizar as coisas!.

melody ['melədɪ] *n* **a)** (tune) melodia *f*; **b)** MUS (theme, tunefulness) melodia *f*.

melon ['melən] *n* (fruit) melão *m*.

melt [melt] **1** *n* (thaw) degelo *m*. **2** *vtr* **a)** [*heat, sun, person*] derreter [*snow, ice, plastic, chocolate*]; fundir [*metal*]; ~ **the butter in a pan** derreter a manteiga num tacho; **b)** [*pity, plea, person*] enternecer [*heart, person*]. **3** *vi* **a)** [*snow, ice, butter, plastic, chocolate*] derreter-se; [*metal*] fundir-se; **to** ~ **in your mouth** derreter na boca; **b)** [*heart, person*] enternecer-se (**with** com). ■ **melt away a)** [*snow, ice*] derreter totalmente; **b)** [*crowd, people*] dispersar-se; [*fear, confidence*] dissipar-se; [*money*] desaparecer. ■ **melt down**: ~ **down (sth),** ~ **(sth) down** fundir [*metal, object*]; derreter [*wax*] (**into** em). ■ **melt into**: ~ **into (sth)** fundir-se com [*crowd, background, forest, colour*].

meltdown ['meltdaʊn] *n* **a)** NUCL fusão *f*; **in** ~ em fusão; **b)** (coll) FIN queda *f* vertiginosa de acções.

melting: ~ **point** *n* ponto *m* de fusão; ~ **pot** *n* (mixed area) cadinho *m*. IDIOMAS **to be in the** ~ **pot** estar em discussão.

member ['membə(r)] **1** *n* **a)** (gen) (of society, group, club, staff, family) membro *m*; ~ **of the audience** (listening) ouvinte *m/f*; (watching) espectador, a *m*; **b)** POL (of parliament GB of Congress US, EC) membro *m*; **the M~ of the European Parliament** o deputado do Parlamento Europeu; **c)** MATH (of set) elemento *m*. **2** *modif* [*nation, state*] membro.

membership ['membəʃɪp] **1** *n* **a)** adesão *f* (**of** a); EC ~ adesão à CE; **to apply for** ~ fazer-se sócio; **to let one's** ~ **lapse** não pagar as quotas; **b)** (fee) quotização *f*; **c)** (people belonging) (+ *v sg or v pl*) membros *mpl*; sócios *mpl*; associados *mpl*; **it has a** ~ **of 200** tem 200 sócios. **2** *modif* [*application*] de adesão; [*committee, qualifications*] de admissão.

membrane ['membreɪn] *n* **a)** ANAT (tissue) membrana *f*; **b)** CONSTR (water-resistant) película *f* (de isolamento).

memento [mɪ'mentəʊ] *n* (*pl* ~**s** *or* ~**es**) lembrança *f* (**of sth** de algo); **as a** ~ [*keep, buy, offer*] como recordação.

memo ['meməʊ] *n* abrev = **memorandum.**

memoirs ['memwɑː(r)s] *npl* **a)** (autobiography) Memórias *fpl*; **b)** (of learned society) memórias *fpl*.

memorable ['memərəbl] *adj* [*event, day, victory*] memorável; [*person, quality, voice, book*] notável.

memorandum [memə'rædəm] *n* (*pl* **memoranda**) **a)** (gen) (note, reminder) nota *f* (**on, about** sobre, a respeito de); **b)** COMM (in office, organization) comunicação *f* (de serviço) (**to** à atenção de; **from** da parte de); **c)** POL memorando *m*.

memorial [mɪ'mɔːrɪəl] **1** *n* **a)** (monument) memorial *m* (**to** a); **b)** (reminder) (**as) a** ~ **to** à memória de; **c)** ADMIN memória *f*; petição *f*. **2** *adj* comemorativo,-a.

memorize ['meməraɪz] *vtr* memorizar, decorar (algo).

memory ['memərɪ] *n* **a)** (ability) memória *f*; **to have a** ~/**an excellent** ~ **for** ter boa memória

para; **from** ~ de cor; **to remain in the** ~ ficar gravado na memória; **if my** ~ **serves me right** se a memória não me engana; **to have a long** ~ não se esquecer facilmente de algo; **b)** (recollection) (*usu pl*) recordação *f*; **c)** (period of time) **in living/recent** ~ da nossa época; **d)** (posthumous fame) recordação *f*; **their** ~ **lives on** a sua lembrança está sempre presente; **e)** (commemoration) **in (loving)** ~ **of** à memória de *f*; COMPUT (*also* ~ **bank**) memória *f*.

men [men] *pl* see **man.**

menace ['menɪs] **1** *n* **a)** (threat) ameaça *f*; **b)** (danger) perigo *m*; **he is a** ~ **to other motorists** ele é um perigo na estrada; **c)** (coll) (nuisance) **he's a real** ~ ele é uma verdadeira praga. **2** *vtr* ameaçar (**with** de, com).

mend [mend] **1** *n* **a)** (in garment, fabric) (stitched) costura *f*; (darn) passagem *f* (de tecido); cerzidura *f*; (patch added) remendo *m*; **b) to be on the** ~ [*person*] estar em vias de restabelecimento; [*company, sales, economy*] estar em vias de renovação; [*weather, situation*] melhorar. **2** *vtr* **a)** reparar [*car, furniture, toy, road*]; (sew edges together) compor, arranjar [*garment, fabric*]; (darn) passajar [*garment, fabric*]; (add patch) remendar [*garment, fabric*]; **b)** (fig) sarar [*feelings, broken heart*]. **3** *vi* **a)** [*injury*] sarar; [*person*] restabelecer-se; **b)** (fig) [*feelings, broken heart*] sarar.

mendacious [men'deɪʃəs] *adj* (formal) embusteiro,-a, mentiroso,-a.

menfolk ['menfəʊk] *npl* **the** ~ (hum) os homens *mpl*.

menial ['miːnɪəl] **1** *n* criado *m*; (pej) lacaio *m*. **2** *adj* **a)** [*task, job*] doméstico,-a; (pej) inferior; **b)** [*attitude*] servil.

meningitis [menɪn'dʒaɪtɪs] **1** *n* meningite *f*. **2** *modif* [*outbreak*] de meningite.

menopause ['menəpɔːz] *n* menopausa *f*.

menstruate ['menstrʊeɪt] *vi* menstruar, ter o período.

menswear ['menzweə(r)] *n* pronto-a-vestir *m* para homens.

mental ['mentl] *adj* **a)** MED [*handicap, illness, patient*] mental; [*hospital, institution*] psiquiátrico,-a; [*ward*] de psiquiatria; **b)** (of the mind) [*ability, effort, energy*] intelectual; [*process*] mental; **c)** (in one's head) [*calculation, arithmetic, picture*] mental; **to make a** ~ **note of sth** tomar nota de algo (mentalmente); **to make a** ~ **note to do sth** fazer esforço para não se esquecer de fazer algo; **d)** (coll) (mad) louco,-a, doente.

mental: ~ **block** *n* bloqueio *m* psicológico; ~ **health** *n* **a)** MED (of person) saúde *f* mental; **b)** MED, ADMIN psiquiatria *f*.

mental home *n* clínica *f* psiquiátrica.

mentality [men'tælɪtɪ] *n* mentalidade *f*.

mentally ['mentəlɪ] *adv* **a)** ~ **handicapped/disabled** MED deficiente mental; ~ **retarded** atrasado mental; ~ **ill** doente mental; **to be** ~ **deranged** ser mentalmente desequilibrado; **b)** (regarding the mind) ~ **exhausted** esgotado (mentalmente); ~ **alert** de espírito vivo; ~ **slow** de pensamento lento; **c)** (inwardly) [*resolve*] interiormente; [*calculate*] mentalmente.

menthol ['menθɒl] *n* mentol *m*.

mention ['men/n] **1** *n* **a**) (gen) ADVERTG (reference) menção *f* (**of** de); **he winces at the mere ~ of my name** ele sente-se mal só em dizer o meu nome; **there was no ~ of the hostages** não houve nenhuma menção aos reféns; **the report makes no ~ of/no ~ is made in the report of the objection** o relatório não faz menção à objecção; **the book got a ~ on the radio** o livro foi mencionado na rádio; **b**) (acknowledgement) citação *f*; **an honourable ~** uma citação honorífica. **2** *vtr* **a**) (bring up) fazer menção de [*person, name, topic, event, fact*]; **he didn't ~ money** ele não falou em dinheiro; **she never ~s her work** ela nunca fala do seu trabalho; **please don't ~ my name** não mencione o meu nome, por favor; **to ~ sb/sth to sb** falar de alg/algo a alg; **to ~ that...** dizer que...; **not to ~** sem falar de; **without ~ing/I won't ~ any names** sem nomear ninguém; **I hardly need to ~ that...** é inútil dizer que...; **too numerous to ~** demasiado numerosos para serem citados; **to be ~ed in a will** JUR ser incluído num testamento; **don't ~ it!** não tem de quê!; **just ~ my name** diz que vais da minha parte; **b**) (formal) (acknowledge) citar [*name, person*]; mencionar [*quality, service*].

mentor ['mentɔ:(r)] *n* mentor *m*.

menu ['menju:] *n* menu *m*.

mercenary ['mɜ:sɪnərɪ] **1** *n* mercenário *m*. **2** *adj* [*action, person*] interesseiro,-a; [*business interest*] mercantil.

merchandise ['mɜ:tʃəndaɪz] **1** *n* mercadoria *f*. **2** *vtr* (*also* **merchandize**) (buy and sell) negociar; (promote) fazer a promoção de.

merchant ['mɜ:tʃənt] **1** *n* **a**) COMM (gen) (selling in bulk) negociante *m/f*; (selling in small quantities) comerciante *m/f*; **b**) (coll) **speed ~** maluco *m* do volante. **2** *modif* [*ship, vessel, fleet, shipping*] mercante; [*sailor, seaman*] da marinha mercante.

merchant: ~ bank *n* GB banco *m* do comércio; **~ navy** GB **~ marine** US *n* marinha *f* mercante.

merciful ['mɜ:sɪfl] *adj* **a**) (kind) [*person, sentence*] clemente (**to, towards** para com); [*act*] caridoso,-a; [*God*] misericordioso,-a; **b**) (fortunate) [*occurrence*] feliz; **death was a ~ release** a morte foi uma bênção.

mercifully ['mɜ:sɪfəlɪ] *adv* **a**) (compassionately) com clemência; **b**) (fortunately) felizmente, por acaso (feliz).

merciless ['mɜ:sɪlɪs] *adj* [*ruler, behaviour, attitude, criticism*] impiedoso,-a (**to, towards** em relação a); [*heat, rain, cold*] implacável.

mercury ['mɜ:kjʊrɪ] *n* mercúrio *m*.

mercy ['mɜ:sɪ] *n* **a**) (clemency) clemência *f*; **to show ~ to/towards sb** mostrar clemência em relação a alg; **to have ~ on sb** ter piedade de alg; **to beg for ~** pedir clemência; **for ~'s sake!** (coll) por piedade!; **b**) (power) mercê *f*; **to be at the ~ of** estar à mercê de; **to throw oneself on sb's ~** pôr-se nas mãos de alg; **c**) (fortunate event) **it's a ~ that** é uma sorte que. IDIOMAS **let's be grateful/thankful for small mercies** não sejamos exigentes demais.

mercy killing *n* **a**) (euthanasia) (- *c*) eutanásia *f*; **b**) (act) (+ *c*) acto *m* de eutanásia.

mere [mɪə(r)] *adj* **a**) (common, simple) [*coincid-*

ence, propaganda, nonsense] puro,-a; [*convention, fiction, inconvenience*] mero,-a, simples; **he's a ~ child** ele é apenas uma criança; **he's a ~ clerk** ele é um simples empregado; **a ~ nothing** um zero à esquerda; **b**) (least, even) [*sight, thought, idea*] simples, só; **the ~ idea of speaking in public scares me** a simples ideia de falar em público assusta-me; **the ~ mention of her name upsets him** só o facto de mencionar o nome dela aborrece-o; **c**) (bare) somente, não mais que; **the beach is a ~ 2 Km from here** a praia fica somente a 2 Km daqui; **the interview lasted a ~ 20 minutes** a entrevista não durou mais que 20 minutos.

merely ['mɪəlɪ] *adv* simplesmente, somente, apenas; **his accusations ~ damaged his own reputation** as acusações dele atingiram somente a sua própria reputação; **~ to think about it scares me** o simples facto de pensar nisso assusta-me.

merge [mɜ:dʒ] **1** *vtr* **a**) (join) fundir, associar [*company, department, road, state*] (**into** em); **to ~ sth with sth** fundir qq coisa com algo; **b**) (blend) misturar [*colour, sound, design*]. **2** *vi* **a**) (join) (*also* ~ **together**) [*companies, departments, states*] fundir-se, associar-se; [*roads, rivers*] unir-se; **to ~ with sth** [*company, etc*] associar-se com qq coisa; [*road, etc*] unir qq coisa; **to ~ into sth** [*company, etc*] dissolver-se para criar/formar qq coisa; **b**) (blend) (*also* ~ **together**) misturar-se.

merger ['mɜ:dʒə(r)] *n* (company) fusão *f*; (process of merging) reunião *f*.

meridian [mə'rɪdɪən] **1** *n* **a**) GEOG, ASTRON, MATH meridiano *m*; **b**) (fig) (peak) apogeu *m*. **2** *modif* [*time*] meridiano.

meringue [mə'ræŋ] *n* merengue *m*.

merit ['merɪt] **1** *n* (of idea, philosophy, plan, behaviour) valor *m*; (of person) mérito *m*; **to have ~** ter valor; **to judge sb on their own ~s** julgar alg pelos seus méritos próprios; **there's some/little ~ in his work** a sua obra tem algum/pouco valor; **certificate of ~** ≈ distinção *f* (grau universitário). **2** *vtr* merecer; **her bravery ~s a reward** a sua coragem merece uma recompensa.

meritocracy [merɪ'tɒkrəsɪ] *n* meritocracia *f*.

mermaid ['mɜ:meɪd] *n* sereia *f*.

merriment ['merɪmənt] *n* (fun) alegria *f*; (laughter) **his impersonation provoked an outburst of ~** a sua imitação suscitou a hilaridade *f* geral.

merry ['merɪ] *adj* **a**) (happy) feliz, alegre; **~ Christmas!** Feliz Natal!; **b**) (dated) (tipsy) levemente embriagado; **c**) (dated) (pleasant, delightful) (*also* **merrie**) **~ England** a Inglaterra de outrora; **the ~ month of May** o lindo mês de Maio. IDIOMAS **the more the merrier!** muito riso pouco siso! (Prov).

merry-go-round ['merɪgəʊraʊnd] *n* (lit) carrocel *m*; (fig) turbilhão *m*; agitação *f*.

mesh [meʃ] **1** *n* **a**) (material) (of nylon, string) malha *f*; (of metal) rede *f*; **b**) (space in net) malha *f*; **c**) TECH engrenamento *m*; **in ~** engrenado. **2** *vtr* (*also* ~ **together**) harmonizar [*ideas, policies*]. **3** *vi* **a**) (*also* ~ **together**) [*leaves, branches*] entrelaçar-se; **b**) (fig) (*also* ~ **together**) [*ideas, policies, tendencies*] harmonizar-se, ser

compatível; **to ~ with sth** estar de acordo com algo; **c)** TECH [*cogs, teeth*] engrenar-se; **to ~ with sth** encaixar-se em algo.
mesmerize ['mezməraɪz] **1** *vtr* (dated) hipnotizar. **2** *pp adj* fascinado, magnetizado (**by** por).
mess [mes] **1** *n* (*pl* ~**es**) **a)** (untidy state) desordem *f* Po, bagunça *f* BR; confusão *f*; **what a ~!** que confusão!, que trapalhada!; **this report is a ~** este relatório foi feito de qualquer maneira; **b)** (coll) (muddle) **my life is a ~** a minha vida é uma desgraça; **to let things get into a ~** deixar andar as coisas; **this is a fine ~ you've got us into!** meteste-nos numa boa alhada! (fam); **c)** (dirty deposit) porcaria *f*; **to make a ~ of** *or* **on the carpet** sujar a alcatifa; **d)** MIL cantina *f*; messe *f*; **officer's ~** messe dos oficiais. **2** (coll) *vi* (meddle) **to ~ with sb** meter-se com alg; **don't ~ with him, he's dangerous** não te metas com ele, é perigoso; **to ~ with (sth)** ESP US tocar em [*drugs*]; **I don't ~ with drugs** eu não toco em drogas. IDIOMAS (coll) **no ~ing?** a sério?.
■ **mess about, mess around** (coll) **a)** (spend time) passar tempo; **to ~ around with friends** divertir-se com os amigos; **b)** (act the fool) fazer-se de imbecil; **~ around with (sth)** mexer em [*chemicals, matches*]; tocar em [*drugs*]; **~ around with (sb)** dormir com [*wife, boyfriend*].
■ **mess up**: **~ (sth) up** (muddle) desarrumar [*papers, kitchen*]; sujar [*napkin, sheets*]; [*do badly*] deitar a perder [*exam, work*]; **~ (sb) up** [*drugs, alcohol*] destruir [*person*].
message ['mesɪdʒ] *n* **a)** (communication) mensagem *f* (**about** acerca de); **a telephone/taped ~** uma mensagem telefónica/gravada; **to take a ~** (on telephone) receber uma mensagem; **to give/ leave sb a ~ that...** transmitir/deixar uma mensagem a alg dizendo que...; **b)** (idea, meaning) (gen) RELIG, POL mensagem *f*; **a film with a ~** um filme com uma mensagem; **to get one's ~ across** (be understood) fazer-se compreender; (convince people) fazer passar a sua mensagem; **to get the ~** (coll) compreender; **his ~ isn't getting through** a mensagem dele não está a ser compreendida; **c)** (errand) recado *m*; **to go on a ~ for sb** ir fazer um recado a alg.
messenger ['mesɪndʒə(r)] *n* (gen) mensageiro *m*; (for hotel, company) moço *m* de recados.
messenger boy *n* moço *m* de recados, estafeta *m*.
messiah [mɪ'saɪə] *n* messias *m* (also fig); **The M~** o Messias.
Messrs ['mesəz] *n abrev* = **messieurs**.
messy ['mesɪ] *adj* **a)** (dirty) [*activity, work*] sujo,-a; **he's a ~ eater** ele suja tudo quando come; **b)** (untidy) [*house, room*] desarrumado,-a; [*hair, appearance, handwriting*] pouco cuidado,-a, descuidado,-a; **c)** (confused) [*divorce, lawsuit*] difícil.
met [met] *past, pp* see **meet**.
metabolism [mɪ'tæbəlɪzm] *n* metabolismo *m*.
metal ['metl] *n* **a)** MINER metal *m*; **b)** GB (also **road ~**) empedrado *m*; cascalho *m*; **c)** MUS (also **heavy ~**) hard rock *m*; **d)** (in printing) caracter *m*; **e)** (in glassmaking) vidro *m* fundido.
metal detector *n* detector *m* de metais.
metallic [mɪ'tælɪk] *adj* **a)** CHEM [*substance*] metálico,-a; [*state*] de metal; [*paint, finish*] metali-

zado,-a; **b)** [*sound, appearance*] metálico,-a; [*taste*] de metal.
metallic: **~ polish** *n* limpa-metais *m*; **~ work** *n* trabalho *m* em metal.
metallurgist [mɪ'tælədʒɪst, 'metələ:dʒɪst] *n* metalurgista *m/f*; metalúrgico *m*.
metallurgy [mɪ'tælədʒɪ, 'metələ:dʒɪ] *n* metalurgia *f*.
metamorphic [metə'mɔ:fɪk] *adj* **a)** GEOL metamórfico,-a, metamorfósico,-a; **b)** (gen) [*quality, technique*] de metamorfose.
metamorphose [metə'mɔ:fəʊz] **1** *vtr* metamorfosear (**into** em). **2** *vi* **a)** BIOL metamorfosear-se (**into** em); **b)** GEOL transformar-se por metamorfismo; **c)** (fig) transformar-se (**into** em).
metaphor ['metəfɔ:(r)] *n* metáfora *f*; **mixed ~** justaposição *f* de metáforas.
metaphoric(al) [metə'fɒrɪkl] *adj* metafórico,-a; **I must put my ~ skates on** eu tenho que me despachar.
metaphorically [metə'fɒrɪkəlɪ] *adv* metaforicamente; **~ speaking** falando por metáforas.
metaphysical [metə'fɪzɪkl] *adj* **a)** PHILOS metafísico,-a; **the M~ poets** os poetas metafísicos; **b)** (abstract) abstracto,-a.
mete [mi:t] *vt* **~ (sth) out, ~ out (sth)** infligir [*punishment, ill treatment*]; conferir [*reward, favour*]; fazer [*justice*].
meteor ['mi:tɪə(r)] *n* **a)** (fragment) meteoro *m*; **b)** (light) estrela *f* cadente.
meteoric [mi:tɪ'ɒrɪk] *adj* **a)** [*dust, impact*] meteórico,-a; **b)** (fig) [*rise, progress*] rápido,-a, fulgurante.
meteorite ['mi:tɪəraɪt] *n* meteorito *m*.
meteorological [mi:tɪərə'lɒdʒɪkl] *adj* meteorológico,-a.
Meteorological Office *n* GB Serviço *m* Nacional de Meteorologia.
meteorologist [mi:tɪə'rɒlədʒɪst] *n* meteorologista *m/f*; meteorólogo *m*.
meteorology [mi:tɪə'rɒlədʒɪ] *n* meteorologia *f*.
meter ['mi:tə(r)] **1** *n* **a)** (measuring instrument) contador *m*; medidor *m*; **electricity/water ~** contador *m* de electricidade/água; **to read the ~** anotar a contagem; **b)** (also **parking ~**) parcómetro *m*; **c)** US see **metre**. **2** *vtr* **a)** contar, medir [*electricity, gas, water, pressure*]; **to have one's water supply ~ed** ter um contador para a água; **b)** POST franquiar [*qq coisa*] à máquina.
meter maid *n* empregada *f* contratada para multar as transgressões de parqueamento.
methane ['meθeɪn, 'mi:θeɪn] *n* CHEM metano *m*.
method ['meθəd] *n* **a)** (+ *c*) (of teaching, contraception, training) método *m* (**for doing** para fazer); (of payment, treatment) modo *m*; (of transport) meio *m* de transporte; **production ~s** modos de produção; **production ~s** modos de produção; **b)** (-*c*) (orderliness) método *m*; **scientific ~** método científico; **a man of ~** um homem metódico; **c)** CIN, THEAT **~ acting** sistema *m* Stanislavski.
methodical [mɪ'θɒdɪkl] *adj* metódico,-a.
Methodist ['meθədɪst] *n, adj* metodista *m/f*.
methodology [meθə'dɒlədʒɪ] *n* metodologia *f*.
methylated spirit(s) *n* (+ *v sg*) álcool *m* desnaturado/metilado.
meticulous [mɪ'tɪkjʊləs] *adj* meticuloso,-a; **to**

be ~ about one's work, etc ser meticuloso no seu trabalho, etc.
metre GB, **meter** US ['mi:tə] *n* **a)** MEAS metro *m*; **b)** (in prosody) metro *m*; MUS compasso *m*.
metric ['metri:k] *adj* métrico,-a.
metronome ['metrənəʊm] *n* metrónomo *m*.
metropolis [mɪ'trɒpəlɪs] *n* metrópole *f*; capital *f*.
metropolitan [metrə'pɒlɪtən] *adj* **a)** [*area, park, population, organization*] urbano,-a; [*building, traffic, values*] das grandes cidades; **b)** [*country, state*] metropolitano,-a; **c)** RELIG metropolitano,-a.
metropolitan police *n* polícia *f* metropolitana.
mettle ['metl] *n* coragem *f*; vigor *m* (**to do** para fazer); **to put sb on his ~** levar alg a mostrar de que é capaz.
mew [mju:] **1** *n* **a)** (of cat) miado *m*; **b)** (seagull) gaivota *f*. **2** *vi* miar.
Mexican ['meksɪkən] **1** *n* mexicano,-a *m*. **2** *adj* mexicano,-a.
Mexico ['meksɪkəʊ] *pr n* México *m*.
mi [mi:] *n* MUS mi *m*.
miaow [mɪ'aʊ] **1** *n* miau *m*. **2** *vi* miar.
mice [maɪs] *pl* see **mouse.**
mickey ['mɪkɪ] *n* IDIOMAS **are you taking the ~ out of me?** estás a fazer pouco de mim?.
micro ['maɪkrəʊ] **1** *n* COMPUT micro *m*. **2 micro+** (*in compounds*) micro-.
microbe ['maɪkrəʊb] *n* micróbio *m*.
microbiology [maɪkrəʊbaɪ'ɒlədʒɪ] *n* microbiologia *f*.
microchip ['maɪkrəʊtʃɪp] **1** *n* circuito *m* integrado. **2** *modif* [*industry, technology*] do circuito integrado; [*factory*] de circuitos integrados.
microcomputer ['maɪkrəʊkəmpju:tə(r)] **1** *n* micro-computador *m*. **2** *modif* [*company, network*] de micro-computadores; [*software*] para micro-computador.
microfilm ['maɪkrəʊfɪlm] **1** *n* microfilme *m*. **2** *vtr* microfilmar.
microlight ['maɪkrəʊlaɪt] *n* ULM *m*; ultra ligeiro motorizado *m*.
micro-organism *n* microrganismo *m*.
microphone ['maɪkrəfəʊn] *n* microfone *m*.
microprocessor [maɪkrəʊ'prəʊsesə(r)] *n* microprocessador *m*.
microscope ['maɪkrəskəʊp] *n* microscópio *m*; **under the ~** (lit, fig) ao microscópio.
microscopic [maɪkrə'skɒpɪk] *adj* **a)** (minute) microscópico,-a; **b)** (using a microscope) ao microscópio.
microwave ['maɪkrəʊweɪv] **1** *n* **a)** (wave) micro-onda *f*; **b)** (cooker) forno *m* micro-ondas. **2** *modif* [*transmitter*] a micro-ondas; [*cookery*] em forno micro-ondas. **3** *vtr* cozinhar algo em forno micro-ondas.
mid [mɪd] **mid-** *prefix* **in the ~-1990's/-twentieth century** em meados dos anos 90/do séc. XX; **~-afternoon** a meio da tarde; **he's in his ~-forties** ele tem mais ou menos 45 anos.
midday ['mɪddeɪ, mɪd'deɪ] **1** *n* meio-dia *m*. **2** *modif* [*sun, meal*] do meio-dia.
middle ['mɪdl] **1** *n* **a)** meio *m*; **in the ~ of the room** no meio da sala; **to be in the ~ of doing** estar a fazer; **(right) in the ~ of a heated debate** (precisamente) no meio dum debate acalorado; **to split (sth) down the ~** dividir qq coisa

em dois [*bill, work*]; **b)** (coll) (waist) cintura *f*. **2** *adj* (gen) [*door, shelf, bell, house*] do meio; [*price, size, difficulty, height*] médio,-a; **she's in her ~ thirties** ela tem cerca de 35 anos; **there must be a ~ way** deve haver um meio termo ou uma solução intermédia. IDIOMAS **in the ~ of nowhere** no fim do mundo.
middle: **~ age** *n* meia idade *f*; **~-aged** *adj* de meia idade; **M~ Ages** *n* **the M~ Ages** a Idade Média; **the early/late ~ M~ Ages** a baixa/alta Idade Média; **~brow 1** *n* (person) pessoa *f* sem pretensões intelectuais. **2** *adj* [*book, writer, actor, music, tastes*] sem pretensões; **~ class 1** *n* classe *f* média; burguesia *f*. **2** *adj* da classe média (*after n*); **M~ East 1** *pr n* o Médio Oriente *m*. **2** *modif* [*affairs*] do Médio Oriente; **~-eastern** *adj* [*nation, politics*] do Médio Oriente; [*peace*] no Médio Oriente; **~ finger** *n* dedo *m* médio; **~man** *n* (*pl* **middlemen**) (gen) COMM intermediário *m*; **~ name** *n* (lit) segundo nome *m*; **~-of-the-road** *adj* (lacking interest, conventional) vulgar, sem interesse; (with wide popular appeal) popular; [*policy*] (gen) moderado,-a; **~ school** *n* escola *f* para alunos dos 8 aos 12 anos; **~-size(d)** *adj* [*object, person, company, town*] de tamanho médio; **M~ West** *pr n* região *f* dos Estados Unidos junto do norte do Mississipi.
middling ['mɪdlɪŋ] *adj* mediano,-a.
midget ['mɪdʒɪt] **1** *n* (injur) anão *m*. **2** *adj* miniatura.
Midland ['mɪdlənd] *adj* [*region, industry, accent*] dos "Midland".
midnight [mɪdnaɪt] **1** *n* meia-noite *f*; **at ~** à meia-noite. **2** *modif* [*celebration, deadline, shift*] da meia-noite. IDIOMAS **to burn the ~ oil** trabalhar até ao romper da aurora.
midriff ['mɪdrɪf] *n* (gen) ventre *m*.
midst [mɪdst] *n* **in the ~ of** [*group, place*] no meio de; **in our ~** entre nós; **in the ~ of change/war** em plena mudança/plena guerra.
midsummer ['mɪdsʌmə(r)] **1** *n* **a)** (high summer) meio *m* do Verão; **b)** (solstice) solstício *m* de Verão. **2** *modif* [*heat, days*] de pleno Verão.
midway ['mɪdweɪ] **1** *n* US rua *f* principal onde se localizam os divertimentos (numa feira popular). **2** *adj* [*post, position*] de meia carreira; [*stage, point*] de meio percurso. **3** *adv* **~ between/along** a meio caminho entre/ao longo de; **~ through** [*process, period, contest*] no meio de.
midwife ['mɪdwaɪf] *n* (*pl* **-wives**) MED parteira *f*; **male ~** enfermeiro parteiro.
midwinter [mɪd'wɪntə(r)] **1** *n* **a)** (season) o meio *m* do inverno; **b)** solstício *m* de Inverno. **2** *modif* [*day, cold, sunshine*] de pleno inverno.
might[1] [maɪt] *modal aux* (*neg* **might not, mightn't**) **a)** (indicating possibility) poder; **she ~ be right** ela pode ter razão; **they ~ have got lost** talvez eles se tenham perdido; **you ~ have guessed that...** podias ter adivinhado que...; **try as I ~, I can't do it** por mais que tente, não consigo fazer isso; **however unlikely that ~ be** por mais improvável que possa parecer; **b)** (indicating unrealized possibility) **I ~ have been killed** poderia ter sido morto; **if they had acted quickly he ~ well be alive** se eles tivessem agido rapidamente, ele bem poderia estar vivo ou ele talvez pudesse estar vivo; **c)** (*past of* **may**)

(in sequence of tenses, in reported speech) **I said I ~ go into town** eu disse que talvez fosse à cidade; **I thought it ~ rain** pensei que pudesse chover; **d)** (formal) (when making requests) **~ I make a suggestion?** será que posso fazer uma sugestão? ou é-me permitido fazer uma sugestão?; **e)** (when making suggestions) **it ~ be a good idea to do** talvez fosse uma boa ideia fazer; **you ~ like to drop in later** talvez queiras passar por cá mais tarde; **f)** (where making statement, argument) **one ~ argue** *or* **it ~ be argue that** poder-se-ia argumentar que; **as you ~ imagine** como talvez pudesses imaginar; **g)** (expressing reproach, irritation) **I ~ have known** *or* **guessed!** eu devia ter adivinhado!; **he ~ at least apologize!** ele podia ao menos, ter pedido desculpa!; **h)** (in concessives) **they ~ not be fast but they're reliable** eles talvez não sejam rápidos, mas são de confiança.

might[2] [maɪt] *n* **a)** (power) poder *m*; **b)** (physical strength) força *f*; **with all his ~** com todas as suas forças.

mightily ['maɪtɪlɪ] *adv* **a)** (coll) (emphatic) [*relieved, depressed, impressive, pleased*] imensamente; **b)** (dated) (powerfully) vigorosamente.

mightn't ['maɪtnt] = **might not**; see **might**.

mighty ['maɪtɪ] **1** *n* (+ *v pl*) **the ~** os poderosos. **2** *adj* **a)** (formal) [*empire, nation, leader, force*] poderoso,-a; **b)** (formal) [*river, peak, tree, building, engine*] imponente; **the ~ ocean** o vasto oceano; **c)** (coll) (emphatic) **a ~ task** uma enorme tarefa. **3** (coll, dated) *adv* US, CANADA (emphatic) muito, grandemente. IDIOMAS **how are the ~ fallen!** (liter) quanto mais alto se sobe maior é a queda! (Prov).

migrant ['maɪgrənt] **1** *n* **a)** (person) migrante *m/f*; **b)** ZOOL (bird) ave *f* de arribação; (animal) animal *m* migratório. **2** *adj* **a)** SOCIOL [*labour, labourer*] sazonal; **b)** ZOOL [*bird, animal, species*] migratório,-a.

migrate [maɪ'greɪt] *vi* **a)** **to ~ to Canada/the coast** emigrar para o Canadá/para o litoral; **b)** [*bird, animal*] emigrar; **c)** [*parasite, chemical*] deslocar-se.

migration [maɪ'greɪ∫n] *n* (gen) migração *f*.

migratory ['maɪgrətərɪ, maɪ'greɪtərɪ] *adj* [*animal, bird, fish*] migrador; [*journey, instinct, behaviour*] migratório,-a.

mike [maɪk] (coll) *n* micro *m* (fam).

Milan [mɪ'læn] *pr n* Milão.

mild [maɪld] **1** *n* (*also* ~**ale**) cerveja *f* branca ligeira. **2** *adj* **a)** (moderate) [*amusement, protest, surprise*] suave, ligeiro,-a; [*exercise, interest*] moderado,-a; **b)** (not cold) [*weather, winter*] ameno,-a; [*climate*] temperado,-a; **c)** CULIN [*beer, taste, tobacco*] ligeiro,-a; [*curry*] pouco puxado; **d)** COSMET [*soap, detergent, cream*] suave; **e)** MED [*case, symptom, infection*] benigno,-a; **a ~ heart attack** um ligeiro ataque cardíaco.

mildew ['mɪldju:] *n* **a)** HORT (disease) míldio *m*; oídio *m*; **b)** (mould) mofo *m*; bolor *m*.

mildly ['maɪldlɪ] *adv* **a)** (moderately) ligeiramente; **to put it ~** para falar com calma; **b)** (gently) [*speak*] com suavidade.

mile [maɪl] **1** *n* **a)** MEAS milha *f* (= 1609 metros); **it's 50 ~s away** ≈ é a 80 km daqui; ~**s per**

hour ≈ kms/hora; **b)** (fig) **to walk for ~s** andar quilómetros; ~**s from anywhere** longe de tudo; **not a million ~s from here** não muito longe daqui; **to stand** *or* **stick out a ~** saltar aos olhos; **to be ~s away** (daydreaming) estar a milhas (fam). **2 miles** *npl* (as intensifier) [*bigger, more important, etc*] muito; **~ better** muito melhor. IDIOMAS **a miss is as good as a ~** (of failure) perdido por cem, perdido por mil (Prov).

mileage ['maɪlɪdʒ] *n* **a)** número *m* de milhas; **b)** (done by car) ≈ quilometragem *f*; **c)** (miles per gallon) ≈ consumo *m* (aos cem); **d)** (fig) (use) **he's had plenty of ~ out of that coat** ele usou bastante esse casaco; **to get political ~ out of sth** tirar um benefício político de qq coisa.

milestone ['maɪlstəʊn] *n* **a)** (lit) marco *m* miliário; **b)** (fig) etapa *f* importante.

militant ['mɪlɪtənt] (often pej) **1** *n* (activist) militante *m/f*; (armed) guerrilheiro *m*. **2** *adj* militante.

militarism ['mɪlɪtərɪzəm] *n* (pej) militarismo *m*.

militarize ['mɪlɪtəraɪz] *vtr* (*usu in passive*) militarizar.

military ['mɪlɪtərɪ] **1** *n* **a)** (army) **the ~** o exército *m*; **b)** (soldiers) (+ *v pl*) **the ~** os soldados *mpl*. **2** *adj* [*action, resources, manoeuvres, display, tribunal*] militar.

militate ['mɪlɪteɪt] *vi* **to ~ against sth** lutar contra; **to ~ for** [*reform, improvement*] militar por/a favor de.

militia [mɪ'lɪ∫ə] *n* **a)** (citizen army) milícia *f*; exército *m*; **b)** (formal) US (liable for draft) **the ~** a reserva.

milk [mɪlk] **1** *n* **a)** CULIN leite *m*; **condensed ~** leite condensado; **dried/powdered ~** leite em pó; **full cream ~** leite gordo; **low fat ~** leite magro; **semi-skimmed ~** leite meio gordo; **skimmed ~** leite desnatado; **b)** MED, VET leite *m*; **breast ~** leite materno; **c)** COSMET, PHARM leite *m*; **cleansing ~** leite de limpeza. **2** *vtr* **a)** AGRIC, VET ordenhar, mungir; **b)** (fig) (exploit) (for money) chupar (fam) [*company, state*] (for de); **c)** extrair [*sap, juice*]. **3** *vi* [*cow, goat, etc*] dar leite; [*dairyman, farmer*] fazer a ordenha. IDIOMAS **to come home with the ~** entrar em casa de manhã; **it's no good crying over spilt ~** (Prov) não serve de nada chorar sobre o leite derramado (Prov).

milk: **~ jug** *n* caneca *f* de leite; ~**maid** *n* mulher *f* que está encarregada de fazer a ordenha; ~**man** *n* (delivering) leiteiro *m*; (on farm) homem que está encarregado de fazer a ordenha; **~ powder** *n* leite *m* em pó. (coll) **~ run** *n* AVIAT voo *m* de rotina.

milky ['mɪlkɪ] *adj* **a)** (containing milk) [*drink*] de leite; [*diet*] lácteo,-a; **she likes her tea very ~** ela gosta do chá com muito leite; **b)** [*skin, liquid, colour*] leitoso,-a.

Milky Way *n* Via *f* Láctea.

mill [mɪl] **1** *n* **a)** AGRIC, CULIN moinho *m*; **b)** IND, TECH fábrica *f* Po, usina *f* BR; (for tooling metal) fresadora *f*; **c)** (coll) rotina *f* árdua. **2** *vtr* moer [*flour, pepper*]; fiar [*cotton*]; tecer [*textiles*]; fresar [*nut, bolt*]; serrilhar [*coin*]. IDIOMAS **to go through the ~** sofrer as passas do Algarve, aprender à sua custa. ■ **mill around** *or* **about** redemoinhar, agitar-se.

millennium [mɪ'leniəm] *n* (*pl* -niums *or* -nia)
a) (cycle) milénio *m*; **b)** (anniversary) milésimo aniversário *m*.

miller ['mɪlə(r)] *n* **a)** (person) AGRIC moleiro *m*; IND fresador *m*; **b)** (machine) fresadora *f*.

millet ['mɪlɪt] *n* **a)** (grass) paínço *m*; **b)** (seed) milho miúdo *m*.

millilitre GB, **milliliter** US *n* mililitro *m*.

millimetre GB, **millimeter** US *n* milímetro *m*.

milliner ['mɪlɪnə(r)] *n* chapeleira *f*; modista *f* que faz chapéus de senhora.

millinery ['mɪlɪnərɪ] *n* **a)** (hats) (-*c*) chapéus e acessórios para enfeite do cabelo das senhoras; **b)** COMM (business) chapelaria *f*; confecção *f* de chapéus.

million ['mɪljən] **1** *n* (figure) milhão *m*; **thanks a ~!** (coll) mil vezes obrigado! (iron); obrigadinho! (iron); (coll) (*pl* ~s) **~s of people** milhões de pessoas; **the starving ~s** as massas *fpl* esfomeadas. **2** *adj* **a ~ people/pounds** um milhão de pessoas/de libras. IDIOMAS **to feel like a ~ dollars** US sentir-se o máximo!; **to be one in a ~** ser único; **he's one in a ~** ele é uma raridade; **a chance in a ~** (exceptional) uma oportunidade única; (slim) ter uma oportunidade num milhão.

millionth ['mɪljənθ] **1** *n* milionésimo *m* (**of** de). **2** *adj* milionésimo,-a.

millipede ['mɪlɪpi:d] *n* centopeia *f*.

mill: **~ owner** *n* dono *m* de uma fábrica Po/usina BR; **~ pond** *n* reservatório *m* de água da azenha; **to be like a** *or* **as smooth as a ~ pond** estar calmo como um lago; **~stone** *n* mó *f* (de moinho); **to have a ~stone round one's neck** ter uma carga de trabalhos às costas; **~wheel** *n* roda *f* de azenha.

milometer [mɑɪ'lɒmɪtə(r)] *n* ≈ conta-quilómetros *m*.

mime [maɪm] **1** *n* **a)** (art) mimo *m*; **b)** (performance) pantomima *f*; **c)** (performer) actor *m* de pantomima; **d)** THEAT (classical) momo *m*. **2** *vtr* mimar [*person, words, scene*]. **3** *vi* mimar.

mimic ['mɪmɪk] **1** *n* (person, bird) imitador *m*. **2** *vtr* (*pres p etc* -ck-) **a)** (to amuse) imitar; (to ridicule) parodiar; **b)** (simulate) simular [*ability, condition, surroundings*]; ZOOL imitar [*colouring*]; **c)** (pej) (copy) troçar, macaquear (pej).

mimicry ['mɪmɪkrɪ] *n* **a)** (mimicking) imitação *f*; **b)** (animal) mimetismo *m*.

Min GB abrev = **Ministry**.

mince [mɪns] **1** *n* GB CULIN carne *f* picada. **2** *vtr* picar [*meat, herb, vegetable*]. **3** *vi* (pej) (walk) ser afectado a andar. IDIOMAS **not to ~ matters** *or* **one's words** não ter papas na língua (fam).

mincemeat ['mɪnsmi:t] *n* GB CULIN recheio *m* de frutos secos e especiarias. IDIOMAS **to make ~ of sb/sth** dar cabo de alg/algo.

mince pie *n* GB CULIN tarte *f* com recheio de "mincemeat".

mincer ['mɪnsə(r)] *n* máquina *f* de picar; **to put sth through the ~** picar qq coisa na máquina.

mind [maɪnd] **1** *n* **a)** (centre of thought, feelings) espírito *m*; mente *f*; **peace of ~** paz de espírito; **it's all in the ~** está tudo na cabeça (fam); **to cross sb's ~** passar pela cabeça de alg; **to be clear in one's ~ about/that...** estar seguro

de/que...; **that's a load/weight off my ~** isso é um peso que me sai de cima; **to build up an image in one's ~ of sb/sth** imaginar alg/algo; **to feel easy in one's ~ about sth** sentir-se tranquilo quanto a qq coisa; **to have sth on one's ~** estar preocupado; **to set one's ~ on doing sth** decidir fazer qq coisa; **to set sb's ~ at rest** tranquilizar alg; **b)** (brain) inteligência *f*; **with the ~ of a two-year old** com a inteligência de uma criança de dois anos; **a fine legal ~** a finura de espírito de um advogado; **c)** (way of thinking) espírito *m*; raciocínio *m*; **to read sb's ~** ler os pensamentos de alg; **d)** (opinion) opinião *f*; **to be of one ~** ser da mesma opinião; **to my ~** (coll) de acordo com a minha opinião; **to make up one's ~ about/to do** decidir-se sobre/a fazer; **my ~'s made up** estou decidido; **to keep an open ~** não ter preconceitos; **to know his own ~** ter ideias próprias; **to speak one's ~** dizer o que se tem a dizer; **e)** (attention) espírito *m*; atenção *f*; **to concentrate/keep one's ~ on sth** concentrar-se em qq coisa; **to give/put one's ~ to sth** prestar atenção a/dedicar-se a; **to take sb's ~ off sth** distrair alg de algo; **f)** (memory) memória *f*; lembrança *f*; **I can't get him out of my ~** eu não consigo esquecê-lo; **my ~'s a blank** ter uma falha de memória; **it's gone completely out of my ~** esqueci-me completamente; **to bring sb/sth to ~** recordar alg/algo; **g)** (sanity) razão *f*; faculdades *fpl* mentais, juízo *m*; **her ~ is going** ela está a perder a razão; **are you out of your ~?** (coll) tu estás louco?; **I was going out of my ~ with worry** eu estava louca de aflição; **nobody in their right ~ would do such a thing** ninguém em seu perfeito juízo faria uma coisa destas; **h)** (person as intellectual) espírito *m*; cabeça *f*. **2** **in ~** *prep phr* **I bought it with you in ~** comprei-o a pensar em ti; **I have sth in ~ for this evening** tenho uma ideia para esta noite; **with the future in ~** a pensar no futuro; **to have it in ~ to do sth** ter a intenção de fazer qq coisa; **to put sb in ~ of sb/sth** lembrar alg/algo a alg. **3** *vtr* **a)** (pay attention to) (*often in imperative*) prestar atenção a [*advice, possible danger*]; ter cuidado com [*manners, language*]; **carry on, don't ~ me** continua, não te importes comigo; (iron) vá, não se prenda comigo!; **it's a secret, ~** (coll) é um segredo, não te esqueças; **~ you** (coll) **it won't be easy** nota bem que não vai ser fácil; **b)** (object to) **I don't ~ the cold** o frio não me incomoda; **I don't ~ having a go** não me importava de tentar; **"do you ~ if I bring him?" - "no, I don't ~"** "importa-se que eu o leve comigo?" - "certamente que não"; **I don't ~ who comes** venha quem vier; **would you ~ accompanying me to the station?** [*policeman*] importa-se de me seguir?; **if you don't ~ my saying so...** eu gostaria de dizer que...; **"like a cigarette?" - "don't ~ if I do"** (coll) "quer um cigarro?" - "aceito"; **if you don't ~** se não se importa (also iron); **c)** (care) preocupar-se com, importar-se com; **he ~s what you think of him** ele importa-se com o que tu pensas dele; **never ~** (don't worry) não te preocupes; **never you ~!** (coll) isso não te diz respeito! (fam); **never ~ all that now, let's...** deixemos tudo isso de lado...; **never ~ complain-**

ing,... não vale a pena queixares-te,...; **he can't afford a flat never ~ a big house** ele não se pode dar ao luxo de ter um apartamento quanto mais uma casa grande; **d)** (look after) cuidar de [*animal, children*]; ter [*shop*]. IDIOMAS **great ~s think alike** os grandes espíritos sempre se encontram; **in my ~'s eye I can picture the future** eu já estou a imaginar o que se vai seguir; **~ your own business!** (coll) mete-te na tua vida/não te metas onde não és chamado; **to have a good ~ to do sth** estar resolvido a fazer qq coisa; **to have a ~ of one's own** saber o que se quer; **to have no ~ to do sth** não tencionar fazer qq coisa. ∎ **mind out** prestar atenção; **~ out or you'll fall** cuidado senão cais; **~ out of the way** (coll) desaparece do caminho (fam).

mind-boggling (coll) ['maɪndbɒglɪŋ] *adj* assustador, a, alarmante.

minded ['maɪndɪd] **1** *adj* **to be ~ to do** estar disposto a fazer. **2 -~** (*in compounds*) **a)** (with certain talent) **to be mechanically-/business-~** ter inclinação para a mecânica/o negócio; **b)** (with certain attitude) **to be small-/open-~** ter um espírito tacanho/aberto; **c)** (with certain trait) **to be feeble-~** ser um simplório.

mindful ['maɪndfl] *adj* **~ of** obediente a, atento,-a a, cioso,-a de.

mindless ['maɪndlɪs] *adj* [*task*] mecânico,-a; [*pollution, vandalism*] cego,-a, descuidado,-a; [*programme, show*] estúpido,-a.

mindreader *n* telepata *m/f*; **you must be a ~** (hum) mas tu lês os meus pensamentos.

mine[1] [maɪn] *pron* o meu, a minha, os meus, as minhas; **his car is red but ~ is blue** o carro dele é vermelho, mas o meu é azul; **she's a friend of ~** ela é uma amiga minha; **~'s a whiskey** um whisky para mim; **that brother of ~** GEN o meu irmão; (pej) o imbecil do meu irmão.

mine[2] [maɪn] **1** *n* **a)** (lit, fig) mina *f*; **to work in** *or* **down the ~s** trabalhar nas minas; **a ~ of information** um poço de sabedoria; **b)** (explosive) mina *f*; **to lay a ~** (on land) colocar uma mina. **2** *vtr* **a)** extrair [*gems, mineral*]; explorar [*area*]; **b)** MIL minar [*area*]. **3** *vi* explorar uma jazida; **to ~ for** extrair [*gems, mineral*].

minefield ['maɪnfiːld] *n* **a)** (lit) campo *m* de minas; **b)** (fig) terreno *m* minado; **a political ~** um terreno minado politicamente.

miner ['maɪnə(r)] *n* mineiro *m*.

mineral ['mɪnərl] **1** *n* **a)** MINER (substance, class) mineral *m*; **b)** MINING (for extraction) minério *m*; **c)** GB (drink) água *f* gasosa. **2** *adj* [*content, crystals, deposits, kingdom, resources*] mineral; **~ ore** minério *m*.

mineralogy [mɪnə'rælədʒɪ] *n* GEOL mineralogia *f*.

mineral: ~ oil *n* **a)** GB MINER petróleo *m*; **b)** US (paraffin) óleo *m* de parafina; **~ water** *n* água *f* mineral.

mine: ~ sweeper *n* draga-minas *m*; **~ worker** *n* mineiro *m*.

mingle ['mɪŋgl] **1** *vtr* misturar [*quality, feeling, colour, taste*] (**with sth** com algo). **2** *vi* **a)** **to ~ with** [*locals, celebrities, professionals*] andar em companhia de; **b)** (mix) **he doesn't ~** ele não se mistura com outras pessoas; **c)** (combine) [*sounds*] confundir-se (**with sth** com algo);

[*smells, colours, tastes, feelings*] misturar-se (**with sth** com algo).

mini ['mɪnɪ] **1** *n* mini-saia *f*. **2 mini+** (*in compounds*) mini-.

miniature ['mɪnɪtʃə(r)] **1** *n* miniatura *f*. **2** *adj* **a)** [*bottle, camera, TV, world*] miniatura; **b)** [*breed, dog, horse*] anão.

miniature: ~ golf *n* mini-golfe *m*; **~ railway** *n* comboio *m* PO, trem *m* BR miniatura.

miniaturist ['mɪnɪtʃərɪst] *n* miniaturista *m/f*.

miniaturize ['mɪnɪtʃəraɪz] *vtr* reduzir, miniaturizar.

mini: ~bus *n* GB miniautocarro *m* PO/condução *f* BR; **~cab** ['mɪnɪkæb] *n* ≈ rádio táxi *m*; **~computer** [mɪnɪkəmpju:tə(r)] *n* minicomputador *m*.

minim ['mɪnɪm] *n* **a)** MUS GB mínima *f*; **b)** MEAS gota *f*.

minimal ['mɪnɪml] *adj* **a)** (very small) pequeníssimo,-a; **b)** (minimum) mínimo,-a.

minimally [mɪnɪməlɪ] *adv* minimamente.

minimize ['mɪnɪmaɪz] *vtr* **a)** reduzir o mais possível; **b)** (play down) minimizar.

minimum ['mɪnɪməm] **1** *n* mínimo *m* (**of** de); **to keep to a/the ~** manter no/ao mínimo; **to reduce to a/to the ~** reduzir ao máximo; **the bare/absolute/very ~** o mínimo absoluto. **2** *adj* mínimo,-a, o/a menor.

minimum lending rate, MLR *n* taxa *f* de juro mínimo.

mining ['maɪnɪŋ] **1** *n* **a)** MINING exploração *f* mineira; **b)** MIL (minelaying) (on land, sea) colocação *f* de minas. **2** *modif* [*area, company, disaster, industry, etc*] mineiro,-a; [*family, union*] de mineiros.

mining engineer *n* engenheiro *m* de minas.

minister ['mɪnɪstə(r)] **1** *n* **a)** POL GB ministro *m*; **~ for Defence/Defence ~** ministro da defesa; **b)** RELIG ministro *m*; sacerdote *m*. **2** *vi* **a)** (formal) (care for) **~ to sb** prestar ajuda/serviço a alg; **b)** **~ to** RELIG oficiar [*parish, village*]. IDIOMAS **~ing angel** anjo bom.

ministerial [mɪnɪ'stɪərɪəl] *adj* GB POL ministerial.

minister of state *n* ≈ secretário *m* de estado; **M~ of State for Education** Secretário *m* de Estado da Educação.

ministration [mɪnɪ'streɪʃn] *n* (*often pl*) auxílio *m*; serviço *m*.

ministry ['mɪnɪstrɪ] *n* **a)** POL IN GB (department, building) ministério *m*; **M~ of Health** Ministério *m* da Saúde; **b)** RELIG ministério *m*; sacerdócio *m*; **to join the ~** tornar-se pastor; **c)** POL (tenure) mandato *m* ministerial; **d)** (*also* **M~**) governo *m*.

mink [mɪŋk] **1** *n* (animal, fur, coat) vison *m*. **2** *modif* [*garment*] de vison.

minnow ['mɪnəʊ] *n* **a)** (lit) vairão *m*; **b)** (fig) ninharia *f* PO, mixaria *f* BR.

minor ['maɪnə(r)] **1** *n* JUR menor *m/f*. **2** *adj* **a)** menor; **~ road** estrada secundária; **they're ~ royalty** eles são membros pouco importantes da família real; **b)** (not serious) [*injury, burn, fracture*] ligeiro,-a; **c)** MUS [*scale, chord, interval*] menor; **C ~** dó menor.

minority [maɪ'nɒrɪtɪ, mɪ'nɒrɪtɪ] **1** *n* minoria *f* (**of** de); **to be in ~** estar em minoria; **vocal ~** minoria activa; **to be in a ~ of one** ser o único a

pensar isso. **2** *modif* [*community, government, group, interests, party, shareholder*] minoritário,-a.
minster ['mɪnstə(r)] *n* (with cathedral status) catedral *f*; (without) igreja *f* de mosteiro.
minstrel ['mɪnstrl] *n* menestrel *m*.
mint [mɪnt] **1** *n* **a**) Bot, Culin hortelã *f*; **b**) (sweet) bombom *m* de menta; **afterdinner** ~ chocolate *m* de menta; **c**) (for coins) casa *f* da moeda; **d**) (coll) (vast sum) fortuna *f*. **2** *modif* [*jelly, sauce, tea, toothpaste*] de menta; [*essence, flower, leaf*] de hortelã-pimenta. **3** *adj* (new) completamente novo,-a; **in** ~ **condition** em estado completamente novo. **4** *vtr* **a**) (lit) cunhar [*coin*]; **b**) (fig) inventar, forjar [*word, expression*].
minuet [mɪnjʊ'et] *n* Mus minuete *m*.
minus ['maɪnəs] **1** *n* **a**) Math menos *m*; **two ~es make a plus** menos por menos dá mais; **b**) (drawback) inconveniente *m*. **2** *adj* **a**) Math [*sign, symbol, button*] menos; [*number, quantity, value*] negativo,-a; **b**) [*factor, point*] negativo,-a; **on the** ~ **side...** quanto aos aspectos negativos.... **3** *prep* **a**) Math menos; **what is 20 ~ 8?** quantos são 20 menos 8?; **it is** ~ **15** (**degrees**) estão 15 negativos; **b**) (without) sem; **he woke up** ~ **his passport** ele acordou sem o passaporte.
minuscule ['mɪnəskju:l] **1** *n* (letter) minúscula *f*. **2** *adj* minúsculo,-a.
minute[1] ['mɪnɪt] **1** *n* **a**) (unit of time) minuto *m*; **at exactly five ~s past ten** às dez e cinco precisas; **it's five ~s' walk away** é a cinco minutos daqui a pé; **we arrived without a** ~ **to spare** chegámos no último minuto; **b**) (short moment) minuto *m*; **just a** ~ **please** só um minuto, por favor; **c**) (exact instant) **the** ~ **I heard the news, I telephoned** logo que eu ouvi a notícia, telefonei; **they're due to arrive any** ~ **now** eles devem chegar a qq momento; **stop talking this** ~ pára de falar imediatamente; **he's always up to the** ~ **in his clothes** ele está sempre ao corrente da última moda; **d**) Admin (short note) memorando *m*. **2** *vtr* **to** ~ **sth** [*decision, objection*] fazer a acta de.
minute[2] [maɪ'nju:t] *adj* [*particle, lettering*] minúsculo,-a; [*quantity*] ínfimo,-a; [*risk, variation*] mínimo,-a.
minute hand *n* ponteiro *m* dos minutos.
minutely [maɪ'nju:tlɪ] *adv* [*describe, examine*] minuciosamente; [*vary, differ*] minimamente.
miracle ['mɪrəkl] **1** *n* milagre *m*; **it's a** ~ **that...** é um milagre que.... **2** *modif* [*cure, drug, recovery*] milagre.
miraculous [mɪ'rækjʊləs] *adj* [*cure, escape, recovery*] milagroso,-a, miraculoso,-a; (great, amazing) prodigioso,-a.
mire [maɪə(r)] *n* lodaçal *m*; lamaçal *m*.
mirror ['mɪrə(r)] **1** *n* **a**) (looking glass) espelho *m*; **b**) (reflecting surface) espelho *m*; **c**) (fig) reflexo *m*. **2** *vtr* (lit, fig) reflectir. **3 mirrored** *pp adj* [*ceiling, wall*] coberto,-a de espelhos, espelhado,-a.
mirror image *n* (fig) imagem *f*; cópia *f*.
mirth [mɜː θ] *n* **a**) (laughter) hilaridade *f*; **b**) (joy) alegria *f*.
misadventure [mɪsəd'ventʃə(r)] *n* desventura *f*; **verdict of death by** ~ GB veredicto de morte acidental.

misapprehension [mɪsæprɪ'henʃn] *n* mal-entendido *m*; equívoco *m*; **to be (labouring) under a** ~ andar enganado.
misappropriate [mɪsə'prəʊprɪeɪt] *vtr* subtrair, apropriar-se indevidamente de.
misbehave [mɪsbɪ'heɪv] *vi* [*child*] portar-se mal; [*adult*] comportar-se mal; **stop misbehaving!** põe-te quieto!.
misbehaviour GB, **misbehavior** US [mɪsbɪ'heɪvɪə(r)] *n* mau comportamento *m*.
miscalculate [mɪs'kælkjʊleɪt] **1** *vtr* **a**) (misjudge) avaliar mal [*response, risk*]; **b**) calcular mal [*amount, distance*]. **2** *vi* (lit, fig) fazer um erro de cálculo.
miscalculation [mɪskælkjʊ'leɪʃn] *n* (in judging a situation) avaliação *f* errada; (in amount, distance) erro *m* de cálculo.
miscarriage [mɪs'kærɪdʒ] *n* **a**) Med aborto *m*; **b**) **a** ~ **of justice** Jur um erro judiciário.
miscarry [mɪs'kærɪ] *vi* **a**) Med, Vet abortar; **b**) [*plan*] Also Mil fracassar, ser mal sucedido, falhar.
miscellaneous [mɪsə'leɪnɪəs] *adj* heterogéneo,-a, variado,-a, diverso,-a.
miscellany [mɪ'selənɪ] (formal) *n* **a**) (variety) miscelânea *f*; variedade *f*; **a** ~ **of** [*people, cases*] uma selecção de; **b**) Literat (anthology) colectânea *f*.
mischance [mɪs'tʃɑːns] (formal) *n* contratempo *m*; infortúnio *m*; revés *m*.
mischief ['mɪstʃɪf] *n* (playfulness) brincadeira *f*; travessura *f*; (witty) malícia *f*; (done by children) asneira *f*; **to get into** ~ fazer asneira.
mischievous ['mɪstʃɪvəs] *adj* (playful) [*child, comedy, humour*] brincalhão,-ona; [*smile, eyes*] malicioso,-a.
misconceive [mɪskən'siːv] **1** (formal) *vt* interpretar mal [*remark, meaning*]; equivocar-se sobre [*role, duty*]. **2 misconceived** *pp adj* [*idea, argument*] mal fundamentado; [*agreement, project*] mal concebido.
misconception [mɪskən'sepʃn] *n* equívoco *m*; ideia *f* errada; **it is a popular** ~ **that...** acredita-se erradamente que....
misconduct [mɪs'kɒndʌkt] *n* (moral) má conduta *f*; **he is guilty of professional** ~ acusaram-no de má conduta profissional.
miscount [mɪs'kaʊnt] **1** *n* **to make a** ~ fazer um erro na contagem dos votos expressos. **2** *vtr, vi* contar mal [*money, people*].
misdeed [mɪs'diːd] (formal) *n* dano *m*; crime *m*; delito *m*; **to rectify a** ~ reparar um dano.
misdemeanour GB, **misdemeanor** US [mɪsdɪ'miːnə(r)] *n* Jur delito *m*.
misdirect [mɪsdɪ'rekt, mɪsdɑɪ'rekt] *vtr* **a**) orientar mal [*person*]; **b**) (misuse) dirigir mal, utilizar mal [*talents, efforts*]; **c**) (address wrongly) endereçar mal [*letter, parcel*].
miser ['maɪzə(r)] *n* miserável *m/f*; avarento *m*.
miserable ['mɪzərəbl] *adj* **a**) (unhappy) [*person, expression*] infeliz, deprimido,-a; [*thoughts*] negro; [*weather*] terrível; **b**) (coll) (small, pathetic) [*helping, quantity*] miserável; [*salary, wage*] de miséria; [*attempt, failure, result*] lamentável.
miserably ['mɪzərəblɪ] *adv* **a**) (unhappily) lamentavelmente; **he was** ~ **cold** ele tinha muito frio; **b**) (poorly) [*fail, perform*] miseravelmente; **a** ~ **low wage** um salário extremamente baixo.

miserly ['maɪzəlɪ] *adj* (avarious) [*person*] avarento,-a; [*habits, ways*] mesquinho,-a; [*allowance, amount*] magro,-a.

misery ['mɪzərɪ] *n* a) (unhappiness) infelicidade *f*; (gloom) depressão *f*; **to make sb's life a** ~ fazer a vida de alg num inferno; **to put sb out of their** ~ (kill) abreviar o sofrimento de alg (matando-o); b) (poverty) miséria *f*.

misfire [mɪs'faɪə(r)] *vi* a) [*plan, joke*] falhar o objectivo; b) [*gun, rocket*] falhar o disparo; [*engine*] falhar a ignição.

misfit ['mɪsfɪt] *n* (at work, in a group) marginal *m/f*; **social** ~ inadaptado social.

misfortune [mɪs'fɔːtʃən, mɪs'fɔːʃuːn] *n* (serious) desgraça *f*; infortúnio *m* Po, urucubaca *f* Br; (bad luck) má sorte *f*; azar *m*; **to have the** ~ **to do sth** ter o azar de fazer qq coisa.

misgiving [mɪs'ɡɪvɪŋ] *n* (often pl) receio *m*; apreensão *f*; **to have** ~**s about sth** ter receio em relação a qq coisa; **not without** ~ com apreensão.

misguided [mɪs'ɡaɪdɪd] *adj* [*strategy, attempt*] insensato,-a; [*politicians, teacher*] equivocado,-a, mal orientado,-a, mal aconselhado,-a.

mishandle [mɪs'hændl] *vtr* conduzir mal [*operation, meeting*].

mishap ['mɪshæp, mɪs'hæp] *n* (minor, serious) incidente *m*; infortúnio *m*; **a health-care** ~ (euph) um erro médico.

mishear [mɪs'hɪə(r)] *vtr* (*past, pp* **misheard**) [mɪs'hɜːd] ouvir mal; **I** ~**d** percebi mal; **"sea" as "tea"** percebi "tea" em vez de "sea".

misinform [mɪsɪn'fɔːm] *vtr* (*usu in passive*) informar mal.

misinterpret [mɪsɪn'tɜːprɪt] *vtr* interpretar mal.

misinterpretation [mɪsɪntəːprɪ'teɪ/n] *n* má interpretação *f*.

misjudge [mɪs'dʒʌdʒ] *vtr* a) avaliar mal [*speed, distance*]; calcular mal [*shot*]; b) julgar mal [*person, character*].

misjudgement [mɪs'dʒʌdʒmənt] *n* a) (wrong judgement) **to make a** ~ (of speed, distance) fazer um erro de cálculo; b) (wrong opinion) **a serious** ~ **of his motives** um tremendo equívoco acerca dos seus motivos.

mislay [mɪs'leɪ] *vtr* (*past, pp* **mislaid**) [mɪs'leɪd] perder, extrair, não saber onde se pôs qq coisa.

mislead [mɪs'liːd] (*past, pp* **misled**) [mɪs'led] a) **we were misled as to your intentions** fomos enganados quanto às vossas verdadeiras intenções; b) (unintentionally) induzir em erro.

misleading [mɪs'liːdɪŋ] *adj* a) [*claim*] falso,-a; b) [*impression*] enganador, a.

mismanage [mɪs'mænɪdʒ] *vtr* (administratively, financially) administrar mal.

mismanagement [mɪs'mænɪdʒmənt] *n* (of economy, funds) má gestão *f*; (of project) má condução *f*.

misnomer [mɪs'nəʊmə(r)] *n* designação *f* incorrecta.

misplace [mɪs'pleɪs] 1 *vtr* (mislay) não saber onde se pôs, perder, extraviar; (put in wrong place) arrumar mal [*library book*]; colocar mal [*chess piece, punctuation marks*]. 2 **misplaced** *pp adj* a) [*fears, criticisms*] deslocado,-a, fora de propósito; b) [*money, passport*] extraviado,-a, perdido,-a.

misprint 1 ['mɪsprɪnt] *n* erro *m* tipográfico; erro *m* de impressão; gralha *f* (fam). 2 [mɪs'prɪnt] *vtr* imprimir mal ou com erros.

mispronounce [mɪsprə'naʊns] *vtr* pronunciar mal; **to** ~ **"ship" as "sheep"** pronunciar "sheep" em vez de "ship".

misquote [mɪs'kwəʊt] *vtr* deturpar a intenção de [*person*]; citar erradamente [*price, figure*].

misread [mɪs'riːd] *vtr* (*past, pp* **misread**) a) (read wrongly) ler mal [*sentence, map, thermometer*]; b) (misinterpret) interpretar mal [*actions, conduct*].

misrepresent [mɪsreprɪ'zent] *vtr* apresentar sob um falso aspecto [*person*]; deturpar [*opinions, intentions*].

miss [mɪs] 1 *n* a) (woman's title) **M~** menina *f* Po, senhorita *f* Br; b) (mode of address) menina *f* Po, senhorita *f* Br; c) GAMES, SPORT falhanço *m*; d) (coll) **to give (sth) a** ~ faltar a [*activity, lecture, meeting, work*]; abster-se, passar sem [*drink, dish, meal*]; e) (failure) (film, record etc) insucesso *m*; falhanço *m*. 2 *vtr* a) (fail to hit) (gen) GAMES, SPORT falhar, não acertar em; **he just** ~**ed the pedestrian** ele quase que bateu no peão; b) (fail to take or catch) não (conseguir) apanhar, perder [*bus, train, plane, event, etc*]; deixar passar [*chance, opportunity*]; **I** ~**ed the train by five minutes** eu perdi o comboio por cinco minutos; **it's wonderful, don't** ~ **it!** é óptimo, não percas!; c) (fail to see, hear or understand) **you can't** ~ **it, it's the only one** não o podes deixar de a ver, é a única!; **he does't** ~ **a thing, does he?** nada lhe escapa, pois não?; **you've** ~**ed the whole point** não percebeste nada; d) (omit, fail to attend) saltar [*line, page, meal, class*]; faltar a [*school*]; e) (escape, avoid) escapar a [*death, injury*]; evitar [*traffic, bad weather, rush hour*]; f) (notice absence of) dar pela falta de; **she didn't** ~ **her purse till she got back** ela só deu pela falta do porta-moedas no regresso; g) (regret absence of) **I** ~ **Richard** sinto a falta do Ricardo; **he won't be** ~**ed!** não vão sentir a falta dele!; **to** ~ **doing sth** ter pena de já não fazer qq coisa. 3 *vi* a) GAMES, MIL, SPORT errar, falhar; **you can't** ~! não podes falhar!; b) AUT [*engine*] falhar a ignição. IDIOMAS (coll) **to** ~ **the boat** *or* **bus** deixar passar uma oportunidade única. ■ **miss out**: ~ **out (sth),** ~ **(sth) out** (accidentally) esquecer; (on purpose) omitir [*line, section, fact, point, person*].

misshapen [mɪs'ʃeɪpn] *adj* disforme.

missile ['mɪsaɪl] 1 *n* a) MIL míssil *m*; b) (gen) projéctil *m*. 2 *modif* [*attack, base, site*] de mísseis; ~ **launcher** lança-mísseis *m*.

missing ['mɪsɪŋ] *adj* [*thing*] que falta; [*person*] desaparecido,-a; **to be** ~ faltar; **to go** ~ [*person, object*] desaparecer; ~ **in action** MIL desaparecido em combate.

mission ['mɪ/n] 1 *n* (gen) missão *f*; **our** ~ **was to...** a nossa missão era...; **to be sent on a** ~ ser enviado em missão. 2 *modif* **a** ~ **school** uma escola missionária.

missionary ['mɪ/ənərɪ] 1 *n* RELIG missionário *m*. 2 *modif* RELIG [*role, vocation*] missionário,-a; [*sect, settlement*] de missionário.

misspell [mɪs'spel] *vtr* (*past, pp* **missepelled** *or*

misspelt) dar erros a escrever; **to ~ sb's name** escrever mal o nome de alg.

misspend [mɪs'spend] *vtr (past, pp* **misspent)** desperdiçar, dissipar **(on** em); **misspent youth** juventude *f* transviada.

misstatement [mɪs'steɪtmənt] *n* afirmação *f* errónea; inexactidão *f* **(of** de); (untruth) desvirtuamento *f* da verdade.

mist [mɪst] **1** *n* **a)** (thin fog) neblina *f*; **b)** (of perfume, spray) nuvem *f*; (from breath on window) humidade *f* (que embacia o vidro); **c)** (fig) (of tears) véu *m*; **lost in the ~ of time** perdido na bruma do tempo. **2** *vtr* vaporizar *[flowers, plant]*. ■ **mist over** *[lens, mirror]* embaciar-se; *[landscape]* enevoar-se. ■ **mist up** *[lens, window]* embaciar-se.

mistake [mɪ'steɪk] **1** *n* **a)** (in text, spelling, typing) erro *m*; **b)** (in sum, in date, calculation, interpretation, judgement, procedure) erro *m*; engano *m*; **to make a fatal ~** cometer um erro fatal; **to make a ~ about sb/sth** enganar-se a respeito de alg/algo; **it was a ~ to leave my umbrella at home** fiz mal ter deixado o meu guarda-chuva em casa; **~s were made** houve erros. **2** *vtr (past* **mistook** *pp* **mistaken)** (misinterpret) compreender/interpretar mal (qq coisa) *[meaning]*; (take) **to ~ sth for sth else** tomar qq coisa por outra; (object) **to ~ sb for sb else** confundir alg com outra pessoa qq; **there's no mistaking him!** ele é inconfundível!; **there's no mistaking that voice** aquela voz é inconfundível; **there's no mistaking his intentions** não há dúvidas quanto às suas intenções. IDIOMAS **make no ~ about it/that!** não te enganes nisso!; **there must be some ~** deve haver algum erro; **my ~!** fui eu que me enganei!; **to learn by one's ~** aprender com os próprios erros.

mistaken [mɪ'steɪkn] **1** *pp* see **mistake**. **2** *adj* **a)** *[person]* **to be ~** estar enganado; **he was ~ in thinking it was over** ele enganou-se ao pensar que estava acabado; **unless I'm very much ~** a menos que esteja muito enganado; **to do sth in the ~ belief that...** fazer qq coisa acreditando erradamente que...; **it's a case of ~ identity** foi um erro de identidade; **b)** *[enthusiasm, generosity]* mal compreendido,-a.

mistakenly [mɪ'steɪknlɪ] *adv [think, fear, believe]* erradamente.

mister ['mɪstə(r)] *n* **a)** (oral form of Mr) senhor; **b)** (slang) (used by children) **please, ~, have you got the time?** o senhor tem horas, por favor?; (used by adults) **now listen here ~!** tu aí, escuta-me bem!.

mistime [mɪs'taɪm] *vtr* calcular mal; **to ~ one's resignation** escolher mal o momento para pedir a demissão.

mistletoe ['mɪsltəʊ] *n* visco *m*; azevinho *m*; **to kiss sb under the ~** beijar alg debaixo dum ramo de azevinho desejando um Bom Ano.

mistook *past* see **mistake**.

mistranslate [mɪstræns'leɪt] *vtr* traduzir mal.

mistranslation [mɪstræns'leɪʃn] *n* erro *m* de tradução; **so as to avoid ~** (act) para evitar erros de tradução.

mistreat [mɪs'triːt] *vtr* maltratar.

mistreatment [mɪs'triːtmənt] *n* maus tratos *mpl*.

mistress ['mɪstrɪs] *n* **a)** (sexual partner) amante

f; **b)** (woman in charge) (of servant, animal) patroa *f*; dona *f*; GB SCH directora *f*; **c)** GB (teacher) **ballet ~** professora *f* de ballet.

mistrust [mɪs'trʌst] **1** *n* desconfiança *f* **(of, towards** em relação a). **2** *vtr* duvidar de.

mistrustful [mɪs'trʌstfl] *adj* desconfiado,-a **(of** de, em relação a).

misty ['mɪstɪ] **1** *adj [conditions, morning]* enevoado,-a. **2** *(after v) [lens, window]* embaciado,-a.

misunderstand [mɪsʌndə'stænd] **1** *vtr (past, pp* **-stood)** interpretar mal; (completely) não compreender; **don't ~ me** (to clarify oneself) não me interprete mal. **2 misunderstood** *pp adj* **to feel ~** sentir-se incompreendido.

misunderstanding [mɪsʌndə'stændɪŋ] *n* malentendido *m*.

misuse 1 [mɪs'juːs] *n* (of equipment) mau uso *m*; má utilização *f*; (of word, expression) uso *m* errado ou impróprio; (of talents) mau emprego *m*; **~ of funds** desvio *m* de fundos. **2** [mɪs'juːz] *vtr* **a)** fazer mau uso de *[equipment]*; empregar mal ou erradamente *[word, expression]*; abusar de *[drugs, authority]*; empregar mal *[talents, resources]*; **b)** maltratar *[equipment]*; não ter ou não tomar cuidado com *[property]*.

miter ['maɪtə(r)] US see **mitre**.

mitigate ['mɪtɪgeɪt] (formal) *vtr* atenuar *[effects, distress]*; reduzir *[risks]*; minimizar *[loss]*.

mitigation [mɪtɪ'geɪʃn] (formal) *n* **a)** (of effects, distress) atenuação *f*; abrandamento *m*; (of loss) minimização *f*; **b)** JUR redução *f*.

mitre GB, **miter** US ['maɪtə(r)] *n* **a)** (of bishop) mitra *f*; **b)** (~ joint) junta *f* de meia esquadria.

mitten ['mɪtn] *n* mitene *f*.

mix [mɪks] **1** *n* **a)** (combination) (of people, colours, objects, styles) mistura *f*; CULIN (for cake, bread, etc) mistura *f*; **b)** MUS mistura *f*. **2** *vtr* **a)** (combine) misturar *[ingredients, colours, objects]*; combinar *[styles, types, methods, systems]*; **to ~ sth into sth** (add to) incorporar qq coisa em qq coisa; **b)** (make) preparar *[drink, cocktail]*; misturar *[concrete, cement, paste]*; **c)** MUS misturar *[record, track]*. **3** *vi* **a)** (be combined) (also ~ **together)** *[liquids, colours, ingredients]* misturar-se **(with** com, a); **b)** (socialize) sociabilizar-se, conviver com; **to ~ with** frequentar. IDIOMAS (coll) **to ~ it** semear a discórdia. ■ **mix in: ~ (sth) in, ~ in (sth)** incorporar *[ingredient, substance]* **(with** em). ■ **mix up: ~ (sth) up, ~ up (sth) a)** (get confused over) confundir *[dates, names, tickets]*; **b)** (confuse) *(usu in passive)* baralhar, desorientar *[person]* **(about, over** acerca de); **c)** (jumble up) misturar *[photos, papers, clothes]*; **d)** (involve) *(usu in passive)* **to ~ sb up in sth** envolver alg em qq coisa; **to be ~ed up with sb** conviver com alg; (having affair with) ter uma ligação com alg.

mixed [mɪkst] *adj* **a)** (varied) *[collection, programme, diet]* variado,-a; *[nuts, sweets, biscuits]* sortido,-a; *[salad]* misto,-a; *[group, community]* (socially, by age) heterogéneo,-a; (racially) de origens diversas; **~ marriage** casamento *m* misto; **b)** (for both sexes) *[school, team, sauna]* misto,-a; **in ~ company** em companhia dos dois sexos; **c)** (contrasting) *[reaction, reception]* confuso,-a.

mixed: ~ **bag** *n* (fig) miscelânea *f*; mistura *f*; ~ **blessing** *n* presente *m* envenenado, qq coisa com um lado bom e outro mau; ~ **grill** *n* CULIN grelhado *m* misto; ~-**up** (coll) *adj* **a)** (emotionally confused) [*person*] perturbado,-a; **b)** (jumbled up) [*thoughts, memories emotions*] confuso,-a.

mixer ['mɪksə(r)] *n* **a)** CULIN, TECH batedeira *f* eléctrica; **b)** (drink) bebida *f* não-alcoólica; **c)** (for cement) betoneira *f*; **d)** MUS (engineer) engenheiro *m* de som; (device) misturador *m* de som; **e)** (sociable person) **he's a good/bad** ~ ele é muito/pouco sociável.

mixture ['mɪkstʃə(r)] *n* mistura *f* (**of** de).

mix-up ['mɪksʌp] *n* confusão *f* (**over sth** sobre qq coisa).

mm abrev = **millimetre(s)**.

moan [məʊn] **1** *n* **a)** (of person, wind) gemido *m*; lamento *m*; queixume *m*; **b)** (coll) (grouse) queixa *f*; protesto *m* (**about** acerca de). **2** *vtr* **to ~ that...** queixar-se que...; **"she's dead", he ~ed** "ela morreu", disse ele, num queixume. **3** *vi* **a)** (with pain, etc) gemer (**with sth** de qq coisa); **b)** (coll) (grouse) **to ~ (away** *or* **on) about sb/sth** resmungar contra alg/algo. **4** **moaning** *pres p adj* **a)** (lit, fig) gemebundo *m*; que geme; **b)** [*child, customer*] resmungão, que protesta ou reclama.

moat [məʊt] *n* fosso *m*.

mob [mɒb] **1** *n* (+ *v sg or pl*) **a)** (crowd) multidão *f* (**of** de); **b)** (gang) gangue *m*; **the M~** a Máfia; **c)** (coll) (group) (also pej) grupelho *m*; seita *f*; **Byron, Keats and all that** ~ Byron, Keats e toda a seita; **d)** (masses) (often pej) **the** ~ a populaça (pej). **2** *modif* **a)** (Mafia) [*boss, leader*] da Máfia; **b)** (crowd) [*violence, hysteria*] da multidão. **3** *vtr* (*pres p etc* -**bb**-) assaltar [*star, leader, suspect*].

mobile ['məʊbaɪl] **1** *n* ART mobile *m*. **2** *adj* **a)** [*bed, telephone*] móvel; ~ **library** biblioteca *f* itinerante; **b)** (able to get around) **he's not as** ~ **as he was** (on journeys) ele não se desloca tão facilmente como antes; (at home) ele anda com mais dificuldade do que antigamente; (coll) **are you** ~ **tonight?** estás de carro esta noite? (fam); **c)** [*features*] expressivo.

mobile home *n* grande "roulotte", normalmente colocada num determinado sítio, mas que se pode deslocar para outro qualquer.

mobility [mə'bɪlɪtɪ] *n* **a)** (ability to move) mobilidade *f*; (agility) agilidade *f*; **b)** **social ~** SOCIOL mobilidade (social).

mobilization [məʊbɪlaɪ'zeɪʃn] *n* mobilização *f*.

mobilize ['məʊbɪlaɪz] **1** *vtr* MIL mobilizar (**against** contra); **to ~ support** (fig) mobilizar apoios. **2** *vi* MIL mobilizar (**against** contra).

mock [mɒk] **1** *n* GB SCHOL prova *f* simulada. **2** *adj* (*before n*) **a)** (imitation) [*suede, ivory*] falso,-a (*before n*) ~ **leather** imitação *f* de couro; **b)** (feigned) [*innocence, horror, humility*] fingido,-a, simulado,-a; **in** ~ **terror** fingindo terror. **3** *vtr* rir-se de, zombar de. **4** *vi* zombar, troçar.

mockery ['mɒkərɪ] *n* **a)** (ridicule) zombaria *f*; escárnio *m*; **to make a** ~ **of** fazer chacota de [*person, group*]; ridicularizar [*law, principle, rule*]; meter (algo) a ridículo [*claim, process, report, work*]; **b)** (travesty) (of art, activity, justice) paródia *f*; imitação *f*.

mocking ['mɒkɪŋ] **1** *n* (- *c*) tolices *fpl*. **2** *adj* trocista.

mock-up *n* PRINT, TECH maqueta *f*.

mod con *n* **mod cons** abrev = **modern conveniences** conforto *m* moderno; **with all ~s** [*house, flat*] com todo o conforto.

mode [məʊd] *n* **a)** (way) modo *m*; **b)** (on electronic watch, calculator) COMPUT "mode"; **I'm in work** ~ (fig) apetece-me mesmo trabalhar; **c)** MUS modo *m*.

model ['mɒdl] **1** *n* **a)** (scale representation) (for planning, engineering) maqueta *f* (**of** de); (toy, hobby) modelo *m* (**of** de); **b)** (version of car, appliance, garment) modelo *m*; **c)** (posing for artist, photographer) modelo *m*; (showing clothes) manequim *m*; **d)** (example, thing to be copied) modelo *m*; **to be a** *or* **serve as a ~ for sth** servir de modelo para qq coisa; **a ~ of** um modelo de [*tact, fairness, good government*]. **2** *adj* **a)** [*railway, train, soldier, village*] miniatura; [*aeroplane, boat, car*] à escala; **b)** (new and exemplary) [*farm, hospital, prison*] modelo, piloto; **c)** (perfect) [*spouse, student, conduct*] modelo, exemplar. **3** *vtr* (*pres p etc* -**ll**- -**l**- US) **a)** **to ~ sth on sth** fazer qq coisa à semelhança de qq coisa; **b)** [*fashion model*] apresentar [*knitwear, suit*]; **c)** (shape) modelar [*clay, wax, figure, head*] (**in** em). **4** *vi* (*pres p etc* -**ll**- GB -**l**- US) **a)** [*artist's model*] posar, servir de modelo (**for** para); **b)** [*fashion model*] passar modelos (**for** para); **c)** [*sculptor, artist*] **to ~ in** modelar em [*clay, wax*]. **5** **modelled** GB **modeled** US *pp adj* **a)** [*clothes*] apresentado (**by** por); **b)** ~**led on sth** feito à semelhança de qq coisa.

modelling ['mɒdəlɪŋ] *n* GB **a)** (of clothes) **to take up** ~ tornar-se manequim ou modelo; **b)** (for photographer, artist) **to do some** ~ posar como modelo (**for** para); **c)** (with clay, etc) modelação *f*; modelagem *f*.

moderate 1 ['mɒdərət] *n* moderado *m*. **2** ['mɒdərət] *adj* **a)** (not extreme) ALSO POL [*person, opinion, demand, party, price*] moderado,-a (**in** em); **b)** (of average extent) [*grain, income, success*] limitado,-a, médio,-a. **3** ['mɒdəreɪt] *vtr* (gen) POL moderar [*person, opinion*]. **4** ['mɒdəreɪt] *vi* **a)** (become less extreme) moderar-se; **b)** METEOROL acalmar-se.

moderately ['mɒdəreɪtlɪ] *adv* **a)** (averagely) moderadamente; ~ **priced** a preço médio; ~ **sized** de tamanho médio; **b)** (restrainedly) ALSO POL com moderação.

moderation [mɒdə'reɪʃn] *n* moderação *f* (**in** em); **in** ~ com moderação.

modern ['mɒdn] **1** *n* moderno,-a *mf*. **2** *adj* (gen) moderno,-a; **all ~ conveniences** todo o conforto (moderno); [*world*] contemporâneo; ~ **China** a China de hoje.

modest ['mɒdɪst] *adj* **a)** (not boastful) modesto,-a (**about** acerca de); **he's just being ~!** ele está a ser modesto!; **b)** [*sum*] módico,-a; **c)** (demure) [*dress*] decente; [*person*] púdico,-a.

modestly ['mɒdɪstlɪ] *adj* (unassumingly) modestamente; (demurely) pudicamente; **he has been ~ successful** ele tem tido um sucesso relativamente pequeno.

modesty ['mɒdɪstɪ] *n* **a)** (humility) modéstia *f*; **b)** (demureness) (of person) pudor *m*; recato *m*;

(of dress) decência *f*; **c**) (smallness) (of sum) insignificância *f*.

modification [mɒdɪfɪ'keɪʃn] *n* modificação *f*; **to make ~s to** *or* **in sth** fazer modificações em qq coisa.

modifier ['mɒdɪfɑɪə(r)] *n* LING modificador *m*.

modify ['mɒdɪfɑɪ] **1** *vtr* **a**) (alter) modificar, transformar [*engine, weapon*]; (moderate) moderar [*demand, statement, policy*]; atenuar, abrandar [*punishment*] (**to** para); **b**) LING modificar. **2 modifying** *pres p adj* modificador, a.

moist [mɔɪst] *adj* [*cloth, weather, soil, stone*] húmido,-a; [*cake, meat*] macio,-a; [*hands*] (with sweat) suadas; [*skin*] hidratada.

mold *n, vtr* US see **mould**.

molt *n, vi* US see **moult**.

moment ['məʊmənt] *n* **a**) (instant) instante *m*; momento *m*; **just for a ~ I thought you were Paul** apenas por um momento pensei que eras o Paulo; **just a ~, that's not what you said yesterday** um momento, isso não foi o que disseste ontem; **b**) (specific point in time) momento *m*; **at the right ~** na altura certa; **c**) (good patch) **the film had its ~s** o filme tinha bons momentos; **d**) (liter) (importance) importância *f*.

momentarily ['məʊməntərɪlɪ] *adv* **a**) (for an instant) [*glance, hesitate, forget*] momentaneamente; **b**) (very soon) US num instante; **c**) (at any moment) US dum momento para o outro.

momentary ['məʊməntərɪ] *adj* **a**) (temporary) [*aberration, delay, lapse*] momentâneo,-a; **a ~ silence** um momento de silêncio; **b**) (fleeting) [*impulse, indecision, whim*] passageiro,-a; [*glimpse*] rápido,-a.

momentous [mə'mentəs] *adj* capital, muito importante.

momentum [mə'mentəm] *n* **a**) PHYS velocidade *f*; **b**) (pace) ímpeto *m*; energia *f*; **to gain/lose ~** ganhar/perder energia.

monetarism ['mʌnɪtərɪzm] *n* monetarismo *m*.

monetarist ['mʌnɪtərɪst] **1** *n* monetarista *m/f*. **2** *adj* [*policy, reform*] monetarista.

monetary ['mʌnɪtərɪ] *adj* [*base, reserves, standard, unit*] monetário,-a.

money ['mʌnɪ] **1** *n* **a**) (coins, notes, sum, funds) dinheiro *m*; **to make ~** (person) ganhar dinheiro; (business, project) dar lucro; **to get one's ~ back** (in shop) ser reembolsado,-a; (after risky venture, with difficulty) recuperar o seu dinheiro; (coll) **there's big ~ involved** há grandes quantias em jogo; **there's no ~ in it** isso não dá dinheiro; **b**) (in banking, on stock exchange) moeda *f*; capitais *mpl*; **to raise ~** encontrar capitais; **to put up ~ for a project** investir dinheiro num projecto; **c**) (salary) salário *m*; **the job is boring, but the ~ is good** o trabalho é chato, mas é bem pago (fam); **d**) (price) preço *m*; **e**) (wealth) riqueza *f*; fortuna *f*; **to make one's ~ in business** fazer fortuna com os negócios. **2 monies** *npl* (funds) fundos *mpl*; (sums) somas *fpl*. **3** *modif* [*matters, problems, worries*] de dinheiro. IDIOMAS **to be in the ~** ser rico; **to be made of ~** nadar em dinheiro; **to have ~ to burn** ter dinheiro para dar e vender; **for my ~...** na minha opinião...; **it's ~ for jam/old rope** é dinheiro fácil; **~ talks** com dinheiro tudo se consegue; **your ~ or your life!** a bolsa ou a vida!; **~ burns a hole in her pocket/runs through her hands like water** o dinheiro voa nas mão dela.

money: **~ box** *n* mealheiro *m*; **~-grubbing** *adj* (pej) ganancioso,-a; **~lender** *n* **a**) FIN, COMM prestamista *m/f*; **b**) (dated) (usurer) agiota *m/f*; **~maker** *n* produto *m* que dá dinheiro; **~making** *adj* lucrativo,-a; **~ market** *n* mercado *m* financeiro; **~ order, M.O.** *n* vale *m* (postal); **~ spinner** *n* GB mina *f*.

monitor ['mɒnɪtə(r)] **1** *n* **a**) TECH dispositivo *m* de vigilância e controlo MED, SECURITY TV, COMPUT monitor *m*; **b**) SCH (dated) responsável *m/f*; chefe *m/f* de turma; **c**) ZOOL monitor *m*. **2** *vtr* controlar, vigiar, fiscalizar [*rate*]; seguir, acompanhar [*student*]; MED vigiar [*breathing, patient*]; RAD, JOURN estar à escuta de [*broadcast*].

monkey ['mʌŋkɪ] *n* **a**) ZOOL macaco *m*; **b**) (coll) (rascal) malandro *m* (cal); **c**) (coll) GB 500 libras. IDIOMAS **I don't give a ~'s about it** (coll) estou-me nas tintas para isso (fam); **to make a ~ out of sb** (coll) fazer pouco de alguém. ■ **monkey around** (coll) fazer macaquices; **~ around with** (coll) **~ around with (sth)** andar a fazer disparates com algo.

monkey: **~ business** (coll) *n* (fooling) tolices *fpl*; (cheating) trapaça *f*; **~ wrench** *n* MEC chave *f* inglesa.

monster ['mɒnstə(r)] **1** *n* (lit, fig) monstro *m*; **sea ~** monstro marinho. **2** *noun modifier* gigante.

month [mʌnθ] *n* mês *m*; **every ~** todos os meses; **the ~ before last** o penúltimo mês; **every other ~** de dois em dois meses; **at the end of the ~** no fim do mês; ADMIN, COMM no fim do corrente mês; **what day of the ~ is today?** a que dia do mês estamos?; **six ~s' pay** seis meses de salário; **a ~'s rent** um mês de renda. IDIOMAS **it's her time of the ~** (euph) ela está com o período.

monthly ['mʌnθlɪ] **1** *n* (journal) mensário *m*. **2** *adj* mensal; **~ instalment** mensalidade *f*. **3** *adv* [*pay, earn*] ao mês; [*happen, visit, publish*] mensalmente, todos os meses, uma vez por mês.

monument ['mɒnjʊmənt] *n* (lit, fig) monumento *m*; **the building is a ~ to his art** este edifício é um monumento à sua arte.

mood [mu:d] *n* **a**) (frame of mind) humor *m*; **to be in the ~ for doing/to do** ter vontade de fazer; **when he's in the ~** quando lhe apetece; **when/as the ~ takes him** conforme o seu humor; **I'm not in the ~** não estou com disposição; **b**) (bad temper) mau humor *m*; **to be in a ~** estar de mau humor; **c**) (atmosphere) (in a room, meeting) ambiente *m*; (of a place, era, artwork) atmosfera *f*; (of a group) estado *m* de espírito; **d**) LING modo *m*; **in the subjunctive ~** no conjuntivo.

moon [mu:n] **1** *n* ASTRON lua *f*; **there will be no ~ tonight** esta noite, não há luar. **2** *vi* (daydream) andar na lua, devanear ■ **over sth/sb** sobre qq coisa/alg. IDIOMAS **to be over the ~ about sth** estar nas nuvens por qq coisa; **once in a blue ~** quase nunca.

moon: **~beam** *n* raio *m* de lua; **~light** *n* **in the** *or* **by the ~light** ao luar; **~lit** *adj* [*sky, evening*] iluminado,-a pelo luar; **a ~lit night** uma noite de luar.

mop [mɒp] **1** *n* **a**) (for floor) esfregona *f*; (for dishes) esfregão *m*; **b)** (hair) grenha *f*; (pej) juba *f* (fam). **2** *vtr* (*pres p etc* **-pp-**) **a)** (wash) lavar (qq coisa) com uma esfregona [*floor, deck*]; **b)** (wipe) **to ~ one's face** (with sth) limpar a cara (com um pano). **3** *vi* limpar. ■ **mop down**: ~ (**sth) down, ~ down (sth)** esfregar ou lavar (qq coisa) com uma esfregona [*floor, deck*]. ■ **mop up**: ~ **up (sth), ~ (sth) up a)** (lit) limpar [*mess, liquid*]; **b)** (get rid of) liquidar, acabar com [*resistance, rebels, enemy soldiers*].

moral ['mɒrl] **1** *n* moral *f*; **to draw a ~ from sth** tirar uma lição (de moral) de qq coisa. **2 morals** *npl* **a)** (habits) hábitos *mpl*; costumes *mpl*; **b)** (morality) moralidade *f*; **to have no ~** não ter moral. **3** *adj* moral.

morale [mə'rɑːl] *n* moral *m*.

morality [mə'rælɪtɪ] *n* moralidade *f*.

moralize ['mɒrəlaɪz] *vi* moralizar (**about** sobre).

morally ['mɒrəlɪ] *adv* moralmente; ~ **wrong** contrário à moral.

more [mɔː(r)] **1** *adv* **a)** (comparative) mais; **it's ~ serious than we thought** é mais sério do que pensávamos; **the ~ intelligent (child) of the two** (a criança) mais inteligente das duas; **b)** (to a greater extent) mais; **you must work/rest** deves trabalhar/descansar mais; **the ~ you think about it, the harder it will seem** quanto mais pensares nisso, mais difícil se parece tornar; **c)** (longer) **I don't work there any ~** já não trabalho lá; **d)** (again) **once ~** uma vez mais; **e)** (rather) ~ **surprised than angry** mais surpreendido que zangado. **2** *quantif* ~ **cars than people** mais carros que pessoas; **some ~ books** alguns livros mais; **a little/lot ~ wine** um pouco mais de vinho/muito mais vinho; **there's no ~ bread** não há mais pão; **have some ~ beer!** beba um pouco mais de cerveja!; **have you any ~ questions?** tens/têm mais algumas perguntas?; **nothing more** nada mais; **something more** alg ou algo mais, outra coisa. **3** *pron* **a)** (larger amount or number) mais; **he eats ~ than you** ele come mais do que tu; **we'd like to see ~ of you** gostávamos de te ver mais vezes; **b)** (additional amount or number) mais; **I have nothing ~ to say** não tenho mais nada a dizer; **in Mexico, of which ~ later...** no México, de que tornaremos a falar mais tarde.... **4 more and more** *det phr* cada vez mais; ~ **and ~ work** cada vez mais trabalho; **to sleep ~ and ~** dormir cada vez mais. **5 more or less** *adv phr* mais ou menos. **6 more so** *adv phr* ainda mais; **in York, and even ~ so in Oxford** em York e, ainda mais, em Oxford; **they are all disappointed, none ~ so than Mr. Lowe** todos estão desiludidos, em particular ou especialmente o sr. Lowe; **no ~ so than usual** não mais do que o costume. **7 more than** *adv phr, prep phr* **a)** (greater amount or number) mais de; ~ **than 20 people** mais de 20 pessoas; **b)** (extremely) mais do que; ~ **than generous** mais do que generoso. IDIOMAS **she's nothing ~ (nor less) than a thief, she's a thief, neither ~ nor less** ela não é mais do que uma ladra; **he's nothing** *or* **no** *or* **not much ~ than a servant** ele não é mais do que um criado; **and what is ~...** e ainda por cima...; **there's ~ where that came from** e isto é apenas o princípio.

moreover [mɔː'rəʊvə(r)] *adv* além disso, de mais a mais, ainda por cima.

morning ['mɔːnɪŋ] **1** *n* (from dawn till noon) manhã *f*; **at 3 in the ~** às 3 da manhã; **the following ~** *or* **the ~ after** *or* **the next ~** a manhã seguinte; **the previous ~** a manhã anterior; **I'm on ~s this week** esta semana, estou de manhã; **good ~!** bom dia!. **2** *modif* [*air, bus, flight, train, paper, news, star*] da manhã, matinal.

morning: ~**-after pill** *n* pílula *f* do dia seguinte; ~ **sickness** *n* náuseas *fpl* matinais.

mortal ['mɔːtl] **1** *n* mortal *mf*. **2** *adj* [*enemy, danger, sin*] mortal; [*injury, blow*] fatal.

mortgage ['mɔːgɪdʒ] **1** *n* hipoteca *f* (**on** sobre; **of** de); **raise/apply for a ~** obter/pedir um empréstimo; **to take out a ~** contrair um empréstimo; **pay off** *or* **clear a ~** pagar ou liquidar uma hipoteca. **2** *modif* ~ **agreement** contrato *m* de hipoteca; ~ **(interest) rate** taxa *f* de juro (do empréstimo). **3** *vtr* hipotecar (**for** para).

Moslem ['mɒzləm] **1** *n* muçulmano *m*; maometano *m*. **2** *adj* muçulmano,-a, maometano,-a.

mosque [mɒsk] *n* mesquita *f*.

mosquito [mɒs'kiːtəʊ] *n* mosquito *m*.

mosquito: ~ **bite** *n* picada *f* de mosquito; ~ **net** *n* mosquiteiro *m*.

moss [mɒs] *n* BOT musgo *m*. IDIOMAS **a rolling stone gathers no ~** (Prov) quem não aquece lugar, ao sucesso não consegue chegar.

mossy ['mɒsɪ] *adj* [*stone*] com musgo.

most [məʊst] **1** *det.* **a)** (the majority of, nearly all) a maior parte de; ~ **people** a maior parte das pessoas; **b)** (*superlative: more than all the others*) a maioria; **she got the ~ votes/money** ela obteve a maioria dos votos/do dinheiro. **2** *pron* **a)** (the greatest number, the largest part) a maior parte, a maioria (**of** de); ~ **of the time** a maior parte do tempo; ~ **of us** quase todos nós; ~ **agreed** a maioria concordou; **b)** (the maximum) (o) máximo; **the ~ you can expect is...** o máximo que ou tudo o que tu podes esperar é.... **3** *adv* **a)** (*used to form superlative*) **the ~ beautiful monument in Portugal** o mais belo monumento de Portugal; **b)** (very) muito; ~ **encouraging** muito encorajador; **c)** (more than all the rest) mais; **those who will suffer ~** aqueles que irão sofrer mais; **d)** US (almost) quase; ~ **everyone** quase toda a gente. **4 at (the) most** *adv phr* no máximo, quando muito. **5 for the most part** *adv phr* (most of them) na grande maioria; (most of the time) na maior parte do tempo; (basically) essencialmente, sobretudo; **for the ~ part he works in his office** na maior parte do tempo, ele trabalha no escritório; **his experience is, for the ~ part, in publishing** a sua experiência reside essencialmente na edição. **6 most of all** *adv phr* acima de tudo. IDIOMAS **to make the ~ of** aproveitar ao máximo [*situation, resources, looks, etc*]; tirar o melhor partido de, aproveitar [*holiday, opportunity, good weather*].

mostly ['məʊstlɪ] *adv* **a)** (chiefly) sobretudo; (most of them) na sua maioria; **he composes ~ for the piano** ele compõe sobretudo para piano; **200 people, ~ Belgians** 200 pessoas, na sua maioria belgas; **b)** (most of the time) na maior parte do tempo; ~ **we travelled by train** na maior parte do tempo, viajámos de comboio.

MOT [eməʊ'tiː] **1** *n* controlo *m* técnico obrigatório (dos veículos motorizados); **to take one's**

car in for its ~ levar o carro ao controlo técnico obrigatório. **2** *vtr* efectuar o controlo obrigatório de [*car*].

moth [mɒθ] *n* **a)** (gen) borboleta *f* nocturna; **b)** (*also* **clothes** ~) traça *f*.

mothball ['mɒθbɔ:l] **1** *n* bola *f* de naftalina. **2** *vtr* colocar no estaleiro [*ship*].

moth-eaten *adj* **a)** (shabby) gasto,-a; **b)** (damaged by moths) roído,-a pelas traças.

mother ['mʌðə(r)] **1** *n* **a)** (parent) mãe *f*; **b)** RE-LIG (*also* **M~**) Madre *f*; **Reverend M~** Madre Superiora. **2** *modif* ~ **duck/bear/hen** mãe pata *f* /ursa *f* /galinha *f*. **3** *vtr* **a)** (lit) tratar como uma mãe; **b)** (also pej) acarinhar, mimar. IDIOMAS **every ~'s son (of them)** todos sem excepção; **to learn sth at one's ~'s knee** *or* **to take sth in with one's ~'s milk** aprender qq coisa desde o berço.

mother country *n* mãe *f* pátria.

motherhood ['mʌðəhʊd] *n* maternidade *f*; **the responsibilities of** ~ as responsabilidades próprias da maternidade.

Mothering Sunday ['mʌðərɪŋ sʌndeɪ] *n* GB o Dia da Mãe.

mother: ~**-in-law** *n* (*pl* **mothers-in-law**) sogra *f*; ~**land** *n* pátria *f*.

motherly ['mʌðəlɪ] *adj* materno,-a, maternal.

mother: ~**-of-pearl** *n* madrepérola *f*; **M~'s Day** *n* Dia *f* da Mãe; ~ **tongue** *n* língua *f* materna.

motif [məʊ'ti:f] *f* (in art, music) motivo *m*; (in literature) tema *f*.

motion ['məʊ/n] **1** *n* **a)** (*-c*) (gen) PHYS (movement) movimento *m*; **to set sth in** ~ (lit) pôr qq coisa em movimento [*pendulum*]; (fig) pôr qq coisa em funcionamento [*wheels, plan, chain of events*]; **b)** (+ *c*) (gesture) (of hands) gesto *m*; (of head) movimento *m*; **c)** (+ *c*) ADMIN moção *f*; proposta *f*; **to table/second the** ~ apresentar/ apoiar a moção; **to carry/defeat the** ~ **by 10 votes to 8** vencer/derrotar a proposta por dez votos contra oito; **d)** (+ *c*) MED evacuação *f* dos intestinos; fezes *fpl*. **2** *vtr* **to** ~ **sb away/back** fazer sinal a alg para se afastar/recuar; **to** ~ **sb to approach** fazer sinal a alg para se aproximar. **3** *vi* fazer sinal (**to** a). IDIOMAS (act mechanically) **to go through the** ~s fazer qq coisa maquinalmente; (make a show of doing sth) **to go through the** ~s **of doing sth** fingir fazer qq coisa.

motionless ['məʊ/nlɪs] *adj* [*sit, stand*] imóvel, sem se mexer.

motion picture 1 *n* filme *m*. **2** *modif* [*industry*] do cinema.

motivate ['məʊtɪveɪt] **1** *vtr* motivar. **2 motivating** *pres p adj* [*force, factor*] motivador, a.

motivation [məʊtɪ'veɪ/n] *n* motivação *f* (**for** sth para qq coisa; **for doing, to do** para fazer).

motive ['məʊtɪv] **1** *n* **a)** (reason) JUR móbil *m* (**for sth** para qq coisa); (gen) motivo *m* (**for, behind** de, para qq coisa); **sb's** ~ **in doing sth** o motivo que leva alg a fazer qq coisa; **b)** see **motif**. **2** *adj* [*force, power*] (lit) motriz.

motor ['məʊtə(r)] **1** *n* **a)** ELEC, MECH motor *m*; **b)** (coll) GB carripana *f* (fam); calhambeque *m* (fam). **2** *modif* **a)** GB [*industry, insurance, manufacturer, mechanic, racing, trade, vehicle*] automóvel; [*exhibition, show*] de automóveis; **b)**

MED [*activity, area of brain, function, nerve*] motor. **3** *vi* GB **a)** (travel by car) viajar de carro; **b)** (coll) (go fast) andar depressa.

motor: ~**bike** *n* moto *f*; motorizada *f*; ~ **boat** *n* barco *m* a motor; ~ **car** (dated) *n* GB automóvel *m*; ~**cycle** *n* motocicleta *f*; ~**cyclist** *n* motociclista *m/f*; ~**home** *n* US auto-caravana *f*.

motoring ['məʊtərɪŋ] GB **1** *n* automobilismo *m*. **2** *modif* [*organization, correspondent, magazine*] de automobilismo; [*accident*] rodoviário,-a; [*holiday*] de carro.

motorist ['məʊtərɪst] *n* motorista *m/f*; automobilista *m/f*.

motorize ['məʊtəraɪz] **1** *vtr* **a)** motorizar [*vehicle, troops, police*]; **b)** equipar com motor [*system, camera, device*]. **2 motorized** *pp adj* [*transport, vehicle, regiment*] motorizado,-a; [*camera, device*] com motor.

motor scooter *n* motoreta *f*; lambreta *f*.

motorway ['məʊtəweɪ] GB **1** *n* auto-estrada *f*. **2** *modif* [*markings, police, service station, telephone*] de auto-estrada.

mottled ['mɒtld] *adj* [*skin, paper*] sarapintado,-a, pintalgado,-a (**with** de); [*surface*] mosqueado,-a; [*fabric*] de cores suaves.

motto ['mɒtəʊ] *n* **a)** (of person, institution) divisa *f*; **"that's my ~"** é o meu lema; **b)** GB (in cracker) (joke) historieta *f*; (riddle) adivinha *f*.

mould GB, **mold** US [məʊld] **1** *n* **a)** (shape) molde *m*; **b)** (fig) modelo *m*; **c)** (pudding, jelly) **rice** ~ arroz *m* enformado; **d)** (fungi) mofo *m*; bolor *m*; **e)** (soil) húmus *m*; terriço *m*. **2** *vtr* **a)** (lit) modelar [*plastic, clay, shape*]; **b)** (fig) moldar, formar [*opinion, society, character*]. **3** *vi* **to** ~ **to, round sth** moldar qq coisa. **4 moulded** *pp adj* [*plastic, chair, frame, corner*] moldado,-a.

moulder GB, **molder** US ['məʊldə(r)] *vi* (*also* ~ **away**) (lit) [*building, ruins*] cair em ruínas; [*corpse, refuse*] apodrecer.

moulding GB, **molding** US ['məʊldɪŋ] *n* **a)** (of clay, model) moldagem *f*; modelação *f*; **b)** (of opinion, character) formação *f*; **c)** (trim on wall, frame) moldura *f*.

mouldy GB, **moldy** US ['məʊldɪ] *adj* [*bread, food*] bolorento,-a, com bolor; **to go** ~ ficar com bolor.

moult GB, **molt** US [məʊlt] **1** *n* muda *f*. **2** *vtr* perder [*feathers, fur*]. **3** *vi* [*cat, dog*] cair o pêlo; [*bird*] mudar as penas.

mound [maʊnd] *n* **a)** (hillock) montículo *m* de terra; **b)** (heap) amontoado *m*; pilha *f* (**of** de).

mount [maʊnt] **1** *n* **a)** (liter) (mountain) monte *m*; **b)** (horse) montaria *f*; **c)** (support, surround) (for jewel) engaste *m*; (for lens) armação *f*; (for picture) caixilho *m*. **2** *vtr* **a)** (ascend) subir [*stairs*]; subir para [*platform, stage, scaffold*]; montar [*horse, bicycle*]; **b)** (fix into place) montar (**on** em); engastar [*jewel*] (**on** em); colocar [*picture, photography*] (**on** em); colar [*stamps*] (**in** em); colocar em posição, assestar [*gyn*]; AUT, TECH instalar [*engine, device*]; **c)** (set up, hold) montar [*exhibition, display, campaign, production, play*]; organizar [*demonstration*]; FIN lançar [*raid*]. **3** *vi* **a)** [*climber, staircase*] subir (**to** até a); **b)** (increase) [*temperature, debts, prices*] subir, aumentar; **c)** EQUIT montar.

mountain ['maʊntɪn] **1** *n* montanha *f*; serra *f*;

monte *m* (**of** de); **meat** ~ Econ excedentes *mpl* de carne. **2** *modif* [*road, stream, refuge, scenery*] de montanha; [*air*] da serra; [*tribe*] das montanhas.

mountaineer [maʊntɪ'nɪə(r)] *n* alpinista *m/f*.

mountaineering [nəʊntɪ'nɪərɪŋ] *n* alpinismo *m*.

mountainous [maʊntɪnəs] *adj* montanhoso,-a; (fig) (huge) [*wave, heap*] enorme, gigantesco,-a; ~ **seas** um mar encapelado.

mountain: ~ **range** *n* cordilheira *f*; ~ **side** *n* encosta *f*; ~ **top** *n* cume *m* da montanha.

Mountie ['maʊntɪ] *n* membro *m* da polícia montada (canadiana).

mourn [mɔːn] **1** *vtr* chorar [*person, death*]. **2** *vi* estar de luto; **to** ~ **for sth/sb** chorar qq coisa/a morte de alg.

mourner ['mɔːnə(r)] *n* (relation) parente *m/f* do defunto; (other) pessoa *f* que está de luto; **the** ~**s** os que assistem a um funeral.

mournful ['mɔːnfl] *adj* triste, melancólico,-a.

mourning ['mɔːnɪŋ] *n* **a**) (state, clothes) luto *m*; **to be in** ~ estar de luto (**for** por); **to be in deep** ~ estar de luto carregado; **b**) (wailing) pranto *m*; mágoa *f*; pesar *m*.

mouse [maʊs] **1** **mice** *npl* (lit, fig) Comput rato *m*. **2** *vi* [*cat*] caçar ratos.

mousehole *n* buraco *m* de rato.

mousetrap ['maʊstræp] *n* (trap) ratoeira *f*.

mousey ['maʊsɪ] *adj* **a**) (pej) [*hair, colour*] cor *f* de rato *inv*; **b**) (pej) (timid) tímido,-a; **c**) [*odour*] de rato.

moustache GB, **mustache** US [mə'stɑːʃ] *n* bigode *m*.

mousy ['maʊsɪ] *adj* see **mousey**.

mouth [maʊθ] **1** *n* **a**) (of human) boca *f*; (of animal) goela *f*; **why did you have to open your (big)** ~? (coll) porque é que tinhas de dar com a língua nos dentes? (fam); **to be down in the** ~ estar triste; **b**) (of cave, tunnel) entrada *f*; (of river) desembocadura *f*; (of bag, sack) abertura *f*; (of jar, bottle) bocal *m*. **2** *vtr* **a**) articular silenciosamente [*word, lyrics, answer*]; **b**) (pej) (repeat, say insincerely) debitar, declamar [*platitudes, rhetoric*]. **3** *vi* (mime) mimar. IDIOMAS **by word of** ~ oralmente; **his heart was in his** ~ estar com o coração nas mãos; **I'll wash your** ~ **out with soap** vou-te castigar para não dizeres asneiras.

mouthful ['maʊθfʊl] *n* **a**) (of food) bocado *m*; (of liquid) trago *m*; **b**) (coll) (long, hard word) palavra *f* difícil de dizer; **to give sb/get a** ~ insultar alg/ser insultado.

mouth organ *n* harmónica *f*; gaita *f* de beiços.

mouthpiece ['maʊθpiːs] *n* **a**) (of musical instrument, telephone) bocal *m*; **b**) (of snorkel, respirator) embocadura *f*; **c**) (person) porta-voz *m/f* (**of, for** de).

mouth: ~**-to-**~ **resuscitation** *n* respiração *f* boca a boca; ~ **wash** *n* elixir *m*.

mouth-watering ['maʊθwɔːtərɪŋ] *adj* que faz vir água à boca.

movable ['muːvəbl] *adj* (gen) móvel.

move [muːv] **1** *n* **a**) (movement) gesto *m*; **to watch sb's every** ~ observar todos os gestos de alg; (coll) **it's time I made a** ~ é tempo de partir; **b**) (change) (of residence, job) mudança *f*; **our friends helped with the** ~ os amigos ajuda-

ram-nos na mudança; **to make the** ~ **to London** [*family*] instalar-se em Londres; (firm) ser transferido para Londres; **c**) (in games) jogada *f*; **white has the first** ~ as brancas jogam em primeiro lugar; **it's your** ~ é a tua vez; **d**) (step, act) manobra *f*; passo *m*; **to make the first** ~ dar o primeiro passo; **e**) **on the** ~ [*army, train*] em movimento; **to be always on the** ~ [*diplomat, family*] andar sempre dum lado para o outro. **2** *vtr* **a**) (change position of) deslocar [*furniture, chess piece, cursor, etc*]; transportar [*army, injured, patient*]; **to** ~ **sth into** levar qq coisa para dentro de [*room, garden*]; **to** ~ **sth closer/ further away** aproximar/afastar qq coisa; **b**) (set in motion) [*person*] mexer, movimentar [*limb, finger, head*]; [*wind, water, mechanism*] fazer mexer [*leaf, branch, wheel*]; **c**) (to new location or job) mudar [*staff, employee*]; transferir [*office, headquarters*] (**to** para); **d**) (to new house, site) mudar [*furniture, belongings, equipment*]; **e**) (affect) comover [*person*]; **f**) (prompt, motivate) **to** ~ **sb to/to do** [*circumstance*] levar alg a/a fazer; **he was** ~**d to act by the letter** a carta levou-o a agir; **g**) (propose) propor [*amendment, adjournment*]; **to** ~ **that the matter (should) be put to the vote** propor que a questão seja submetida a votação; **h**) (sell, shift) vender [*goods, stock*]. **3** *vi* **a**) (stir, not stay still) [*person, branch, earth*] mexer-se, mover-se; **b**) (proceed, travel) [*vehicle*] circular; [*person*] andar; [*army*] estar em marcha; **go on, getting moving!** vamos embora, toca a circular! (fam); **to** ~ **along/across** avançar ao longo de/através de; **to** ~ **back** recuar; **to** ~ **forward/away** avançar/afastar-se; **to** ~ **up/down** subir/descer; **to** ~ **into/out of** entrar para/sair de; **c**) (change home, location) [*person, family, firm, shop*] mudar-se; **to** ~ **to** mudar-se para [*Bristol, Oxford Street, the countryside*]; instalar-se em [*Scotland, Portugal*]; **d**) (change job) ser transferido; **e**) (act) agir; **f**) (in games) [*player*] jogar; [*piece, pawn, king*] ser movimentado; **g**) (sell, be sold) ser vendido. **4** *v refl* (coll) **to** ~ **oneself** mexer-se; ~ **yourself!** (get out of the way) sai da frente!; (hurry up) mexe-te!. IDIOMAS (coll) **to get a** ~ **on** despachar-se. ■ **move around, move about** GB **a**) [*person, object*] mexer-se; **b**) (from house to house) mudar-se. ■ **move in a**) (to house) mudar-se; **b**) (advance, attack) [*troops, police, bulldozers*] avançar, seguir em frente; **c**) (intervene) [*company, government*] intervir. ■ **move in on a**) [*police, attackers, demolition men*] avançar sobre [*person, site, area*]; **b**) [*racketeers, corporate raiders*] lançar uma operação sobre [*market, company*]. ■ **move in with** instalar-se com [*friend, relative*]; ir viver com [*lover*]. ■ **move off** [*procession, parade*] partir; [*troops*] pôr-se em marcha. ■ **move on a**) [*person, traveller*] pôr-se a caminho; [*time*] passar; **let's** ~ **on** (in discussion, meeting) passemos ao ponto seguinte; **b**) (move along) circular; **to** ~ **on to something better** mudar para uma situação melhor; ~ **on (sth),** ~ **(sth) on** fazer avançar [*discussion, work*]; adiantar [*clock hands*]. ■ **move out** mudar-se; ~ **out of** deixar [*house, office*]; ~ **out (sb),** ~ **(sb) out** evacuar [*residents, family*]. ■ **move over a**) (lit) mexer-se, afastar-se; **b)** (fig) (for younger genera-tion, etc) ceder o lugar (**for sb** a alg). ▪ **move up a)** (make room) arranjar lugar para; **b)** (be promoted) [*employee*] ser promovido.

movement ['muːvmənt] *n* **a)** (of person, dancer, head, wave, train, hoops) movimento *m*; **an up-ward/downward** ~ um movimento ascendente/descendente; **b)** (fig) (in prices, market, situa-tion) movimento *m*; **an upward/downward** ~ **in prices** uma subida/descida de preços; **c)** (or-ganization, group) movimento *m* (**for** a favor de); **mass** ~ movimento de massas; **d)** Mus an-damento *m*; **e)** (transportation) transporte *m* (**of** de; **by** por); **the free** ~ **of goods** a livre circula-ção de mercadorias.

movie ['muːvɪ] **1** *n* US filme *m*; **to go to a** ~ ir ao cinema. **2 movies** *npl* **the** ~**s** o cinema; **to be in** ~**s** fazer cinema.

moviegoer *n* espectador *m* (de cinema); cinéfilo *m*.

moving ['muːvɪŋ] *adj* **a)** [*vehicle, train*] em an-damento; [*parts, target*] móvel; [*staircase, walkway*] rolante; **b)** [*story, scene, speech*] co-movedor; **a; c) to be the ~ force/spirit behind sth** ser a alma de qq coisa.

mow [məʊ] **1** *n* **to give the lawn a** ~ cortar ou aparar a relva. **2** *vtr* aparar [*grass, lawn*]; cortar [*hay*]. ▪ **mow down**: ~ **down (sb),** ~ **(sb) down** matar, chacinar [*person*].

mower ['məʊə(r)] *n* **a)** (machine) segadeira *f*; **b)** (person) ceifeiro *m*.

Mozambique [məʊzəm'biːk] *pr n* Moçambique.

mpg [empiː'dʒiː] *n* abrev = **miles per gallon**.

Mr ['mɪstə(r)] *n* (*pl* **Messrs**) **a)** (title for man) Sr *m*; Senhor *m*; **b)** (title for position) ~ **President** Senhor Presidente.

Mrs ['mɪsɪz] *n* Sra *f*; Senhora *f*.

MS [em'es] *n* **a)** abrev = **manuscript**; **b)** abrev = **multiple sclerosis**; **c)** US Post abrev = **Missis-sippi**.

Ms [mɪz] *n* (as title) ≈ Senhora Dona (título da-do a uma mulher, casada ou não).

MSc *n* Univ abrev = **Master of Science** grau *m* universitário.

much [mʌtʃ] **1** *adv* **a)** (to a considerable degree) muito; ~ **smaller** muito mais pequeno; **she doesn't worry** ~ **about it** ela não se preocupa muito acerca disso; **does it hurt** ~? dói muito?; **she's** ~ **the best teacher here** ela é de longe a melhor professora daqui; ~ **to my surprise** para minha grande surpresa; **b)** (often) muitas vezes, muito; **do you go to concerts** ~? vais muito a concertos?; **c)** (nearly) mais ou menos, pratica-mente; **it's** ~ **the same** é praticamente o mesmo (**as** que); **d)** (specifying degree to which somet-hing is true) **too** ~ demasiado; **very** ~ (a lot) muito; (absolutely) completamente; **he misses you very** ~ ele sente muito a tua falta; **I feel very** ~ **the foreigner** sinto-me completamente um estrangeiro; **so** ~ tanto; **as** ~ tanto (**as** como); **I like them as** ~ **as you (do)** gosto tanto deles como tu; **I thought as** ~ não me espanta, já ti-nha pensado nisso; **however** ~ mesmo que; **you'll have to accept the decision however** ~ **you disagree** terás de aceitar a decisão mesmo que discordes; **e)** (emphatic: setting up a con-trast) **the discovery wasn't so** ~ **shocking as**

depressing a descoberta era menos chocante que deprimente. **2** *pron* **a)** (a great deal) muito; **we didn't eat** ~ não comemos muito; ~ **of** uma grande parte de; ~ **of the difficulty lies in...** uma grande parte da dificuldade reside em...; **to make** ~ **of sth** (focus on) insistir em qq coisa; (understand) compreender qq coisa; **b)** (expres-sing a relative amount, degree) **so** ~ tanto; **we'd eaten so** ~ **that** comemos tanto que; **so** ~ **of her work is gloomy** uma grande parte da sua obra é sombria; **too** ~ demasiado; **it costs too** ~ é mui-to caro; **it's too** ~! (lit) é demais!; **the heat was too** ~ **for them** o calor era demasiado para eles; **this** ~ **is certain, well have no choice** uma coi-sa é certa, não temos alternativa; **twice as** ~ duas vezes mais; **if we had half as** ~ **as you** se tivéssemos metade do que tens; **as** ~ **as possible** tanto quanto possível; **as** ~ **as to say...** como se dissesse...; **it was as** ~ **as I could do not to laugh** tive de me controlar para não rir; **how** ~? quanto?; **tell them how** ~ **you won** diz-lhes quanto ganhaste; **c)** (focusing on limitations, inadequacy) **it's not** *or* **nothing** ~ não é muito, não é grande coisa; **it's not up to** ~ GB não vale grande coisa; **I'm not** ~ **of a reader** a leitura não é o meu forte. **3** *quantif* muito; **I haven't got (very)** ~ **time** não tenho muito tempo; **to spend too** ~ **money** gastar demasiado dinheiro; **how** ~ **time have we got left?** quanto tempo ainda temos?. **4 much-** *combining form* ~ **-loved/-respected** muito amado/respeitado; ~ **-needed** indispensável, muito necessário. **5 much as** *conj phr* embora (+ *subj*) apesar de; ~ **as we regret our decision we have no choice** em-bora lamentemos a nossa decisão, ou apesar de la-mentarmos a nossa decisão, não temos alternati-va. **6 much less** *conj phr* ainda menos, nem sequer; **I've never seen him** ~ **less spoken to him** nunca o vi e ainda menos falei com ele ou nem sequer falei com ele. **7 so much as** *adv phr* **without so** ~ **as saying goodbye** sem mesmo dizer adeus; **if you so** ~ **as move** se fizeres o mínimo movimento. IDIOMAS **there isn't** ~ **in** GB *or* **to** US **it** (in contest, competition) eles es-tão perto um do outro; **there isn't** ~ **in it for us** (to our advantage) não ganhamos grande coisa com isso; **she's late again? that's a bit** ~! ela está atrasada outra vez? é demais!; **they're** ~ **of a muchness** não há grande diferença entre eles.

muck [mʌk] *n* (mud) lama *f*; (dirt) sujidade *f*; (excrement) esterco *m*; (manure) estrume *m*; (fig, pej) (obscenity) porcarias *fpl*. IDIOMAS (coll) **to make a** ~ **of sth** GB estragar qq coisa; (coll) **to be in a** ~ [*room*] estar numa barafunda. ▪ **muck about a)** (waste time) perder tempo; **b)** (meddle) **to** ~ **about with** mexer em [*object, device*]; **to** ~ **(sb/sth) about** criar complicações a [*person*]. ▪ **muck in** (share task) dar uma ajuda; (share accomodation) partilhar o aloja-mento (**with** com); (share expenses) dividir as despesas. ▪ **muck up**: **to** ~ **up (sth),** ~ **(sth) up a)** (spoil) estragar [*plans*]; **b)** (make dirty) sujar [*clothes, carpet*]; (make untidy) desarru-mar [*room, house*].

mucky ['mʌkɪ] *adj* (muddy) lamacento,-a; (dirty) sujo,-a.

mucus ['mjuːkəs] *n* muco *m*; mucosidade *f*.

mud [mʌd] *n* lama *f*. IDIOMAS **it's as clear as ~!** (coll) não é nada claro!; **to drag sb's name in/through the ~** pôr o nome de alg pelas ruas da amargura, difamar alg; **his name is ~** o nome dele está completamente queimado (fam).

muddle ['mʌdl] **1** *n* **a)** (mess) (of papers) desordem *f* Po, bagunça *f* Br; (fig) (in administration) confusão *f*; **b)** (mix-up) confusão *f*; **c)** (mental confusion) **to be in a ~ over** *or* **about** estar confuso sobre; **to get into a ~** fazer confusão. **2** *vtr* **a)** (disorder) see **~ up**; **b)** (confuse) see **~ up**. ▪ **muddle along** viver sem rumo, ir andando. ▪ **muddle through** desenvencilhar-se. ▪ **muddle up**: **to ~ (sth) up, ~ up (sth)** (disorder) semear a confusão em [*papers*]; embaraçar [*string*]; **to get (sth) ~d up** baralhar [*dates, names*]; **I got you ~d up with Martin** confundi-te com o Martin.

muddled ['mʌdld] *adj* (confused) confuso,-a.

muddle-headed *adj* [*person*] desnorteado,-a, confuso,-a (*after n*) [*attempt, idea, plan*] confuso,-a.

muddy ['mʌdɪ] **1** *adj* [*hands*] coberto,-a de lama; [*shoe, clothes*] enlameado,-a; [*water*] barrento,-a; [*lane*] lamacento,-a; [*pink*] sujo,-a; [*colour*] baço,-a; [*complexion*] cor de terra. **2** *vtr* cobrir (qq coisa) de lama [*hands*]; enlamear [*shoes, clothes*]; tornar (qq coisa) lamacento [*lane*]; turvar [*water*]; confundir [*issues*. IDIOMAS (fig) **to ~ the waters** lançar a confusão.

mud: **~ flat** *n* Geog aluvião *m*; **~ guard** *n* guarda-lama *m*; **~ pack** *n* máscara *f* de beleza.

muff [mʌf] **1** *n* regalo *m*. **2** (coll) *vtr* **a)** deixar escapar [*shot, catch, chance*]; **b)** Theat enganar-se em [*lines*].

muffle ['mʌfl] *vtr* **a)** (wrap up) agasalhar [*child*] (in com); **b)** (mute) amortecer o som [*bell, drum*]; abafar [*voice, laughter*].

muffler ['mʌflə(r)] *n* **a)** Fashn cachecol *m*; xaile *m* Po, xale *m* Br; manta *f*; **b)** us Aut silencioso *m*; silenciador *m* (do motor).

mug [mʌg] **1** *n* **a)** (for tea, coffee) caneca *f*; (for beer) caneca *f*; **b)** (*also* **~ful**) (contents) chávena Po/xícara Br grande, caneca (**of** de); **c)** (coll) (face) focinho *m* (fam); **d)** (fool) simplório *m*; **it's a ~'s game** é uma parvoíce. **2** *vtr* assaltar [*passer-by*]; **to be ~ged** ser assaltado. ▪ **mug up** (coll) **~ up** estudar com afinco [*subject*].

mugger ['mʌgə(r)] *n* assaltante *m/f*.

mugging ['mʌgɪŋ] *n* **a)** (+ *c*) assalto *m*; **b)** (-*c*) assaltos *mpl*.

muggy ['mʌgɪ] *adj* [*weather*] pesado,-a; [*room, day*] abafado,-a.

mulberry ['mʌlbərɪ] *n* **a)** (tree) amoreira *f*; **b)** (fruit) amora *f*.

mulch [mʌltʃ] **1** *n* palha *f*. **2** *vtr* cobrir de palha.

mule [mju:l] *n* **a)** (animal) macho *m*; mula *f*; **b)** (coll) (obstinate person) cabeçudo *m*; teimoso *m*; **c)** (slipper) chinelo *m* sem contraforte.

mull [mʌl] **1** *vtr* aquecer Po/esquentar Br e condimentar com especiarias [*wine*]. **2** *pp adj* [*cider, wine*] quente. ▪ **mull over**: **~ (sth) over, ~ over (sth)** revolver (qq coisa) na cabeça.

multi- ['mʌltɪ] (*in compounds*) multi-.

multifarious (formal) [mʌltɪ'feərɪəs] *adj* multiforme, variado,-a.

multilateral ['mʌltɪ'lætərl] *adj* [*talks, agreement*] multilateral; [*cube, shape*] multilátero,-a.

multinational [mʌltɪ'næʃənl] **1** *n* multinacional *f*. **2** *modif* [*employee*] de multinacional. **3** *adj* [*force, agreement*] multinacional.

multiple ['mʌltɪpl] **1** *n* **a)** Math múltiplo *m* (**of** de); **b)** Comm (chain of shops) cadeia *f* de lojas; **c)** Fin (share) acção *f* múltipla. **2** *adj* múltiplo,-a.

multiple: **~ centre** *n* GB sistema *m* compacto de alta fidelidade; **~ choice** *adj* [*test, question*] de escolha múltipla; **~ stand** *n* estante *f* de música; **~ stool** *n* tamborete *m* de piano; **~ store** *n* armazém *m* com várias filiais.

multiplication [mʌltɪplɪ'keɪʃn] *n* (gen) Math multiplicação *f*; **to do ~** fazer multiplicações.

multiplication table *n* tabela *f* da multiplicação.

multiplicity [mʌltɪ'plɪsɪtɪ] *n* **a)** (wide variety) multiplicidade *f*; **b)** (numerousness) grande quantidade *f*.

multiply ['mʌltɪplaɪ] *vtr* **a)** Math multiplicar (**by** por); **b)** (increase) aumentar [*chances*]; **c)** Biol reproduzir-se, proliferar.

multipurpose [mʌltɪ'pɜ:pəs] *adj* [*tool, gadget*] para usos múltiplos; [*area, organization*] polivalente.

multiracial [mʌltɪ'reɪʃ(ə)l] *adj* multiracial.

multi-storey [mʌltɪ'stɔːrɪ] *adj* [*car park, apartment block*] de vários andares.

multitude (formal) ['mʌltɪju:d] *n* (crowd) multidão *f*; (great number) multiplicidade *f*. IDIOMAS **to hide a ~ of sins** (hum) dissimular a dura realidade.

mum (coll) [mʌm] *n* (*also* **Mum, Mom**) mamã *f*. IDIOMAS **~'s the word** bico calado (fam); **to keep ~** não abrir o bico (fam).

mumble ['mʌmbl] **1** *n* murmúrio *m*; resmungo *m*. **2** *vtr* **a)** murmurar, mastigar [*apology, reply*]; **b)** [*as speech verb*] murmurar, resmungar. **3** *vi* **he sits at the corner mumbling to himself** ele senta-se numa esquina da rua a falar sozinho.

mumbo jumbo (coll) [mʌmbəʊ'dʒʌmbəʊ] *n* (pej) **a)** (speech, writing) algaraviada *f* (pej); **b)** (ritual) cerimonial *m*.

mummy ['mʌmɪ] *n* **a)** (*also* **M~**) (children's talk) mamã *f*; **b)** (embalmed) múmia *f*.

mumps [mʌmps] *npl* (+ *v sg*) papeira *f*.

munch [mʌnʃ] *vtr* **a)** [*person*] mastigar, mascar ruidosamente; [*animal*] mascar, remoer; **to ~ one's way through** [*person, animal*] engolir, devorar; **b)** (hum) [*machine*] engolir. ▪ **munch away** mastigar ruidosamente. ▪ **munch on** trincar (com estalido).

mundane [mʌn'deɪn] *adj* [*person*] terra-a-terra, banal.

municipal [mju:'nɪsɪpl] *adj* municipal.

municipality [mju:nɪsɪ'pælɪtɪ] *n* municipalidade *f*; município *m*.

munitions [mju:'nɪʃnʒ] **1** *npl* Mil munições *fpl*. **2** *modif* [*factory, industry*] de munições.

mural ['mjʊərl] **1** *n* (gen) pintura *f* mural; (in cave) pintura *f* rupestre. **2** *modif* [*art, decoration*] mural.

murder ['mɜ:də(r)] **1** *n* **a)** Jur assassínio *m*; homicídio *m*; **attempted ~** tentativa de assassinato; **b)** (hell) (coll) **it's ~ in town today!** a cidade hoje está um inferno!; **to be ~ on** [*feet, nerves*] ser um castigo para. **2** *modif* **a)** Jur [*inquiry, investigation*] de um homicídio; [*scene,* *weapon*] do crime; [*squad, trial*] criminal; ~ **hunt** caça *f* ao assassino; ~ **suspect** presumido assassino; ~ **victim** vítima *f* de assassinato; **b**) (gen) [*story, mystery*] policial. **3** *vtr* **a**) JUR (kill) assassinar (**with sth** com algo); **b**) (coll, fig) matar (fam); **I could** ~ **that woman!** eu era capaz de matar aquela mulher!; **c**) (coll) (ruin) maltratar [*language, piece of music*]; **d**) (coll) (defeat) derrotar [*team, opponents*]. **4 murdered** *pp adj* **the** ~ **man/woman** a vítima *f*. IDIOMAS **to get away with** ~ [*dishonest people*] sair impune; **to scream/yell blue** GB *or* **bloody** US ~ (coll) [*child*] gritar como um louco; [*public figure, press*] indignar-se.

murderer ['mɜ:dərə(r)] *n* assassino *m*; homicida *m/f*.

murderous ['mɜ:dərəs] *adj* **a**) (deadly) [*person, regime, expression, look*] assassino,-a; [*attack, emotion, tendencies, thoughts*] sanguinário,-a; [*interiors, intent*] de assassino,-a; **b**) (coll) [*heat, conditions, tension, pressure*] infernal, bárbaro,-a; **c**) (dangerous) [*route, conditions*] mortífero,-a.

murky ['mɜ:kɪ] *adj* **a**) [*light, water, colour, hour*] sombrio,-a, obscuro,-a; [*past, secret*] impenetrável; **b**) (fig) (water, depths) turvo,-a, obscuro,-a.

murmur ['mɜ:mə(r)] **1** *n* **a**) (of traffic) barulho *m* surdo e contínuo (**of** de); (of voices, stream) murmúrio *m* (**of** de); **b**) (expressing reaction) murmúrio *m*; sussurro *m*. **2** *vtr* murmurar. **3** *vi* murmurar, sussurrar.

muscle ['mʌsl] **1** *n* **a**) AVIAT (in arm, leg etc) músculo *m*; **without moving a** ~ sem se mexer; **don't move a** ~**!** não te mexas!; **b**) ANAT (tissue) (- *c*) músculos *mpl*; tecido *m* muscular; **c**) (clout) poder *m*; **we have the** ~ **to compete with these firms** nós temos recursos para competir com essas firmas; **to give** ~ **to** dar impacto a. **2** *modif* [*exercise, relaxant*] para os músculos; [*fatigue, fibre, injury, strain, tissue*] muscular. **3** *vtr* **to** ~ **one's way into a discussion** tentar impor-se numa discussão; (coll) imiscuir-se (**on sth** em algo).

muscular ['mʌskjʊlə(r)] *adj* **a**) ANAT [*ailment, condition, disease, tissue*] muscular; **b**) (gen) [*person, body, limbs*] musculado,-a, musculoso,-a; **to have a** ~ **build** ser todo músculos.

muscular distrophy *n* distrofia *f*; muscular.

muse [mju:z] **1** *n* Musa *f*. **2** *vi* (in silence) meditar, reflectir (**on, over, about** em); (aloud) meditar em voz alta.

museum [mju:'zi:əm] **1** *n* museu *m*. **2** *modif* [*curator, display, collection*] de museu.

mush [mʌʃ] *n* **a**) (of vegetables) puré *m*; **b**) US (corn porridge) papa *f* de farinha de milho.

mushroom ['mʌʃrʊm, 'mʌʃru:m] **1** *n* **a**) BOT, CULIN (food) cogumelo *m*; **b**) (colour) bege *m* rosado. **2** *modif* CULIN [*sauce, soup, omelette, pizza, quiche*] de cogumelos. **3** *vi* proliferar; [*demand, profits*] crescer rapidamente.

mushroom cloud *n* nuvem *f* atómica em forma de cogumelo.

mushy (coll) ['mʌʃɪ] *adj* **a**) (pulpy) [*mixture, texture*] pastoso,-a, massudo,-a; [*vegetables*] em puré; **b**) (pej) [*film, story*] sentimental; [*person*] piegas.

music ['mju:zɪk] **1** *n* **a**) (art, composition) música *f*; **b**) (street music, printed notation) partitura *f*. **2** *modif* [*exam, lesson, festival*] de música; [*critic, practice*] musical. IDIOMAS **to face the** ~ enfrentar as dificuldades; **to be** ~ **to sb's ears** ser música para os ouvidos de alg.

musical ['mju:zɪkl] **1** *n* (*also* ~ **comedy**) comédia *f* musical. **2** *adj* **a**) [*person*] musical; (interested) melómano,-a; **b**) [*voice, laughter*] melodioso,-a; **c**) [*accompaniment, director, score*] musical.

musical box *n* GB caixa *f* de música.

musically ['mju:zɪkəlɪ] *adv* **a**) (in a musical way) musicalmente; **b**) (making a pleasant sound) melodiosamente.

musician [mju:'zɪ/n] *n* músico *m*.

Muslim ['mʊzlɪm, 'mʌzlɪm] **1** *n* muçulmano *m*; maometano *m*. **2** *adj* muçulmano,-a, maometano,-a.

muslin ['mʌzlɪn] **1** *n* (cloth) musselina *f*; CULIN (for staining) pano *m* fino (de filtro). **2** *modif* [*apron, curtain*] em musselina.

muss (coll) [mʌs] *vtr* see ~ **up**. ■ **muss up** (coll) **to** ~ (**sth**) **up, to** ~ **up** (**sth**) despentear [*hair*]; amarrotar [*clothing*]; pôr em desordem Po, bagunçar BR [*papers, belongings*].

mussel ['mʌsl] *n* mexilhão *m*.

must [mʌst, məst] **1** *modal aux* (*nég* **must not, mustn't**) **a**) (indicating obligation, prohibition) **you** ~ **check your rearview mirror** deves olhar pelo retrovisor; **the feeding bottles** ~ **be sterilized** os biberões têm que ser esterilizados; ~ **we really be up by 7 am?** temos mesmo que nos levantar às 7 horas?; **you mustn't mention this to anyone** não se pode dizer a ninguém/não deves dizer a ninguém; **the loan** ~ **be repaid in one year** o empréstimo deve ser pago num ano; **withdrawals** ~ **not exceed £200** os levantamentos não podem ultrapassar as 200 libras; **they found, as all parents** ~**, that...** como todos os pais, eles aperceberam-se que...; **b**) (indicating requirement, condition) **candidates** ~ **be EC nationals** os candidatos devem pertencer a um país da CE; **to gain a licence you** ~ **spend 40 hours in the air** para obter o brevet tens que ter 40 horas de voo; **c**) (stressing importance, necessity) **children** ~ **be alerted to the dangers** as crianças devem ser avisadas dos perigos; **you** ~ **be patient** tens que ter paciência; **tell her she mustn't worry** diz-lhe para não se inquietar; **we** ~ **never forget** nunca devemos esquecer; **I** ~ **ask you not to smoke** devo pedir-lhe para não fumar; **I feel I** ~ **tell you that** sinto que te devo dizer que; **it** ~ **be said that** tem que ser dito que; **I** ~ **apologize for being late** devo pedir desculpa pelo meu atraso; **I** ~ **say I was impressed** devo dizer que fiquei impressionado; **very nice, I** ~ **say!** (iron) muito lindo, não haja dúvida! (iron); **d**) (expressing intention) **we** ~ **ask them about it soon** temos que lhes perguntar em breve; **I** ~ **check the reference** tenho que verificar a referência; **e**) (indicating irritation) **well, come in if you** ~ bem, entra se tem mesmo de ser; **why** ~ **she always be so cynical?** porque é que ela tem sempre de ser tão cínica?; **he's ill, if you** ~ **know** ele está doente, se tens mesmo que saber; ~ **you make such a**

mess? tens que ser sempre tão desordeiro?; **f)** (in invitations, suggestions) **you ~ come and visit us!** têm mesmo que nos vir visitar!; **we really ~ get together soon** temos mesmo que nos encontrar em breve; **you ~ meet Flora Brown** tens que conhecer a Flora Brown; **g)** (expressing assumption, probability) **it ~ be difficult living there** deve ser difícil viver lá; **it ~ have been very interesting for you to do** deve ter sido bastante interessante para ti fazer; **there ~ be some mistake!** deve haver algum engano!; **what ~ people think?** que devem as pessoas pensar?; **viewers ~ have been surprised** os telespectadores devem ter ficado surpreendidos; **because he said nothing people thought he ~ be shy** como não dizia nada, as pessoas tomaram-no por tímido; **they ~ really detest each other** eles devem-se detestar; **"he said so""oh well it ~ be right, mustn't it?"** (iron) "foi o que ele disse""então deve estar correcto!"; **you ~ be out of your mind!** deves estar doido!; **h)** (expressing strong interest, desire) **this I ~ see!** isso eu tenho que ver!; **we simply ~ get away from this town!** temos que deixar esta cidade! **2** *n* **it's a ~** é indispensável (**for** para); **the book is a ~ for all gardeners** este livro é indispensável ou é um must (fam) para todos os jardineiros amadores; **this film is a ~** este filme é obrigatório ver; **a visit to the Louvre is a ~** impõe-se uma visita ao Louvre.

mustache *n* US see **moustache.**

mustard ['mʌstəd] **1** *n* **a)** (plant, condiment) mostarda *f*; **b)** (colour) amarelo *m* mostarda *inv.* **2** *modif* [*powder, seed*] de mostarda; [*pot, spoon*] com/de mostarda. IDIOMAS **to be as keen as ~** ser esperto como um alho.

muster ['mʌstə(r)] **1** *n* MIL reunião *f*; chamada *f*; formatura *f*; revista *f*. **2** *vtr* (summon) criar [*courage, strength, energy, enthusiasm*]; juntar [*support, opposition, majority*]; preparar [*argument*]. **3** *vi* (gen) MIL reunir-se. IDIOMAS **to pass ~** estar à altura das exigências.

mustiness ['mʌstɪnɪs] *n* (of room) cheiro *m* a bafio; (of book, clothing) cheiro a bolor.

mustn't ['mʌsnt] *abrev* = **must not.**

musty ['mʌstɪ] *adj* [*room, area*] que cheira a bafio; [*book, clothing*] que cheira a bolor; **to smell ~** cheirar a mofo/bafio.

mutant ['mju:tənt] *n, adj* mutante *m/f.*

mutate [mju:'teɪt] **1** *vtr* produzir mutação em. **2** *vi* [*cell, organism*] sofrer uma mutação; [*alien, monster*] metamorfosear-se (**into** em).

mutation [mju:'teɪʃn] *n* **a)** (gen) BIOL mutação *f*; **b)** PHON alteração *f.*

mute [mju:t] **1** *n* surdina *f.* **2** *adj* **a)** (dumb) mudo,-a; **b)** (gen) LING (silent) mudo. **3** *vtr* **a)** MUS colocar a surdina em [*instrument*]; **b)** moderar [*enthusiasm, resistance*].

muted ['mju:tɪd] *adj* **a)** (subdued) [*response*] frouxo,-a; [*celebration, pleasure*] contido,-a; [*criticism*] velado,-a; **b)** [*colour*] morto,-a; **c)** [*sound*] abafado,-a; **d)** MUS [*trumpet*] tapado.

mutilate ['mju:tɪleɪt] *vtr* mutilar.

mutilation [mju:tɪ'leɪʃn] *n* **a)** (of body, property) mutilação *f*; **b)** (injury) golpe *m.*

mutinous ['mju:tɪnəs] *adj* [*soldier, sailor*] amotinado,-a; [*pupil, behaviour, look*] insubordinado,-a, rebelde.

mutiny ['mju:tɪnɪ] *n* insubordinação *f*; sublevação *f*; revolta *f.*

mutter ['mʌtə(r)] **1** *n* murmúrio *m.* **2** *vtr* **a)** (as speech verb) murmurar; **b)** murmurar, dizer em voz baixa [*prayer, reply*]; (disagreeably) dizer entre dentes [*curse, insult*]. **3** *vi* murmurar (**that** que); **to ~ about doing sth** (coll) falar de fazer qq coisa; **to ~ to oneself** resmungar para si próprio.

muttering ['mʌtərɪŋ] *n* (usually pl) murmúrios *mpl* (**about** contra).

mutton ['mʌtn] **1** *n* carneiro *m.* **2** *modif* [*stew, pie*] de carneiro. IDIOMAS **~ dressed as lamb** pessoa mais velha que quer passar por jovem.

mutual ['mju:tjʊəl] *adj* **a)** (reciprocal) mútuo,-a, recíproco,-a; **b)** (common) comum; **by ~ agreement** de comum acordo; **it is to their ~ advantage** é do interesse de ambos.

mutually ['mju:tjʊəlɪ] *adv* mutuamente; **~ acceptable** aceitável para ambas as partes; **~ agreed** fixado de comum acordo.

muzzle ['mʌzl] **1** *n* **a)** (snout) focinho *m*; **b)** (worn by animal) açaimo *m*; focinheira *f*; **c)** (of gun) cano *m*; (of canon) boca *f.* **2** *vtr* (lit, fig) açaimar, amordaçar.

muzzy ['mʌzɪ] (coll) *adj* **a)** [*head*] confuso,-a; **b)** [*recollection*] distorcido,-a; [*picture*] pouco nítido,-a.

MW *n* abrev = **medium wave** RADIO.

my [maɪ] **1** *det.* GEN meu/minha/meus/minhas. **2** *excl* **~ ~!** essa agora!

myopia [maɪ'əʊpɪə] *n* MED miopia *f* (also fig).

myopic [maɪ'əʊpɪk] *adj* **a)** MED [*vision*] míope; **b)** (fig) [*attitude, policy*] de vistas curtas; [*view*] estreita.

myriad ['mɪrɪəd] **1** *n* (liter) miríade *f* (**of** de). **2** *adj* inumerável, inúmero,-a.

myself [maɪ'self] *pron* **a)** (refl) me; **b)** (emphatic) eu mesmo; **I saw it ~** eu mesmo o vi; **for ~** para mim mesmo ou para mim próprio; **(all) by ~** sozinho; **I'm not ~ today** hoje, não estou nos meus dias; **I'm not much of a dog lover ~** pessoalmente, não gosto muito de cães.

mysterious [mɪ'stɪərɪəs] *adj* misterioso,-a; **to be ~ about** fazer grande mistério de.

mysteriously [mɪ'stɪərɪəslɪ] *adv* [*die, disappear, appear*] misteriosamente; [*say, smile, signal*] com um ar misterioso.

mystery ['mɪstərɪ] **1** *n* **a)** (puzzle) mistério *m*; **to be/remain a ~ to sb** ser/permanecer um mistério para alg; **it's a ~ to me/how/why...** eu não compreendo como/porquê...; **there is no ~ about her success/about why she is successful** o seu sucesso não tem nada de misterioso; **b)** (tale, book) romance *m* policial; (film) filme *m* policial; **c)** RELIG (belief) mistério *m.* **2** *modif* [*death, illness, voice*] misterioso,-a; [*guest, visitor*] mistério; [*prize, tour, trip*] surpresa; **the ~ man/woman** o/a desconhecido,-a.

mystic ['mɪstɪk] **1** *n* RELIG místico *m.* **2** *adj* (gen) místico,-a; [*power*] oculto,-a.

mystical ['mɪstɪkl] *adj* místico,-a.

mysticism ['mɪstɪsɪzm] *n* misticismo *m.*

mystify ['mɪstɪfaɪ] *vtr* deixar (alg) perplexo; **I am completely mystified** eu estou completamente perplexo.

mystique [mɪ'sti:k] *n* mística *f.*

myth [mɪθ] *n* (+ c) (story, fallacy) mito *m.*

mythic(al) ['mɪθɪkl] *adj* mítico,-a.

mythological [mɪθə'lɒdʒɪkl] *adj* mitológico,-a.

mythology [mɪ'θɒlədʒɪ] *n* mitologia *f.*

Nn

n, N [en] *n* **a)** (letter) n, N *m*; **for the nth time** pela enésima vez; **b)** N GEOG abrev = **north** N.

Naafi ['næfɪ] *n* GB abrev = **Navy, Army and Air Force Institutes** armazém *m* militar.

nab (coll) [næb] **1** *n* abrev = **no alcohol beer** cerveja *f* sem álcool. **2** *vtr* **a)** (catch) apanhar em flagrante [*wrongdoer*]; agarrar, prender [*passer--by*]; **b)** (appropriate) deitar a mão a.

nadir ['neɪdɪə(r)] *n* nadir *m*; (fig) ponto *m* mais baixo.

nag [næg] **1** *n* (pej) **a)** (coll) (horse) pileca *f* (fam, pej); **b)** (coll) (woman) megera *f* (pej). **2** *vtr* (*pres p etc* **-gg-**) **a)** (pej) (persuade) ralar (fam) [*person*]; **he's been ~ging me for a new bike** ele anda atrás de mim para lhe comprar uma bicicleta nova; **b)** (niggle) apoquentar. **3** *vi* **a)** (pej) (moan) estar sempre a resmungar; **to ~ at sb** arreliar alg; **b)** (niggle) **to ~ (away) at sb** [*pain*] atormentar alg; [*problem, worry, feeling, suspicion*] atormentar alg. **4 nagging** *pres p adj* **a)** (pej) (complaining) **his ~ wife** a sua velha resmungona (pej); **b)** (niggling) [*ache, injury, pain, doubt, suspicion, worry*] aborrecida.

nail [neɪl] **1** *n* **a)** ANAT unha *f*; **he bites his ~s** ele rói as unhas; **b)** (for hammering) prego *m*. **2** *vtr* **a)** (attach with nails) pregar; **b)** (coll) (trap, catch) apanhar, agarrar [*criminal, thief, etc*]; desmascarar [*liar*]; **c)** (coll) (expose) desmentir [*rumour*]; demolir [*myth*]. IDIOMAS **to hit the ~ on the head** acertar em cheio; **I want cash on the ~** quero dinheiro e já; **to be hard/tough as ~s** não ter coração. ■ **nail down**: **~ down (sth), ~ (sth) down a)** pregar, fixar (qq coisa) com [*carpet, lid, boards, etc*]; **b)** (fig) (define) definir [*agreement, policy*]; **c)** **to ~ sb down to sth: to ~ sb down to a specific date** prender alg numa data precisa. ■ **nail up: ~ up (sth), ~ (sth) up a)** pregar [*picture, sign*]; **b)** (board up) fechar (qq coisa) (com tábuas) [*doors, windows*].

nail: **~-biting 1** *n* hábito *m* de roer as unhas. **2** *adj* [*match, finish*] palpitante; [*wait*] angustiante; **~ brush** *n* escova *f* para unhas; **~ clippers** *npl* corta-unhas *m, inv*; **~ file** *n* lima *f* para unhas; **~ polish** *n* see **~ varnish**; **~ scissors** *npl* tesouras *fpl* de unhas; **~ varnish** *n* GB verniz *m* das unhas.

naive [nɑː'iːv, naɪ'iːv] *adj* naif, simples, ingénuo,-a.

naively [nɑː'iːvlɪ, naɪ'iːvlɪ] *adv* [*believe, say, behave*] de maneira ingénua, simples; [*draw, write*] em estilo naif.

naivety, naiveté [nɑː'iːvtɪ, naɪ'iːvtɪ] *n* ingenuidade *f*; simplicidade *f*; **in my ~** com toda a minha ingenuidade.

naked ['neɪkɪd] *adj* **a)** nu, a; **you can't go around stark ~!** tu não podes andar por aí completamente nu/em pêlo! (fam); **~ to the**

waist (man) de tronco nu; (woman) nua até à cintura; **visible/invisible to the ~ eye** visível/invisível a olho nu/à vista desarmada; **b)** [*flame, light bulb, sword, fist, tree*] nu, a; **c)** [*truth*] nu, a; [*facts*] puro,-a; [*emotion*] não disfarçado,-a.

name [neɪm] **1** *n* **a)** (title) GEN nome *m*; (of book, film) título *m*; **first ~** nome próprio; **my ~ is Ann** chamo-me Ana ou o meu nome é Ana; **what ~ shall I say?** (on phone) é da parte de quem?; (in person) quem devo anunciar?; **I only know the company by ~** eu só conheço a companhia de nome; **he's president in ~ only** ele só é presidente de nome; **to take** *or* **get one's ~ from** ter o nome de; **to put one's ~ down for** inscrever-se em; **b)** (reputation) reputação *f*; **c)** (insult) **to call sb ~s** chamar nomes a alg ou insultar alg. **2** *vtr* **a)** (call) chamar [*person, area*]; baptizar [*boat*]; **they named her after** GB *or* **for** US **her mother** deram-lhe o nome da mãe; **a boy ~d Joe** um rapaz chamado Joe; **b)** (cite) citar, nomear; **~ three Portuguese towns** nomeia três cidades portuguesas; **illnesses? you ~ it, I've had it!** doenças? tive-as todas!; **c)** (reveal identity of) citar [*names*]; revelar [*sources*]; revelar a identidade de [*suspect*]; **to ~ ~s** revelar nomes; **naming no ~s** sem citar nomes; **d)** (appoint) nomear [*captain, successor*]; dar a composição de [*team*]; designar [*heir*]; **e)** (state) indicar [*place, time*]; fixar [*price, terms*]. IDIOMAS **that's the ~ of the game** são as regras do jogo; **to see one's ~ in lights** tornar-se célebre.

nanny ['nænɪ] *n* **a)** GB (nurse) ama *f* Po, babá *f* Br; **b)** (coll) (grandmother) vovó *f*.

nanny-goat (coll) *n* cabra *f*.

nap [næp] **1** *n* **a)** (snooze) soneca *f*; **afternoon ~** sesta *f*; **b)** TEX (pile) pêlo *m*; felpa *f*; **with/against the ~** no sentido do correr do pêlo/contra o correr (do pêlo). **2** *vi* fazer uma sesta, dormitar. IDIOMAS (coll) **to catch sb ~ping** (off guard) apanhar alg de surpresa; (in error, etc) apanhar alg com a boca na botija (fam).

napalm ['neɪpɑːm] *n* "napalm" *m*.

nape [neɪp] *n* nuca *f*; **on the ~ of the neck** na nuca, no cachaço.

napkin ['næpkɪn] *n* **a)** (table) **~** guardanapo *m*; **~ ring** argola *f* de guardanapo; **b)** (dated, formal) GB fralda *f* de bebé.

nappy ['næpɪ] *n* GB fralda*m*.

narcissus [nɑː'sɪsəs] *n* (*pl* **narcissi**) BOT, HORT narciso *m*.

narcotic [nɑː'kɒtɪk] **1** *n* (soporific) (lit, fig) narcótico *m*; US (drug) estupefaciente *m*; **to be arrested on a ~s charge** ser preso por tráfico de droga. **2** *adj* (lit, fig) narcótico.

narrate [nə'reɪt] *vtr* narrar, contar.

narration [nə'reɪʃn] *n* narração *f*; narrativa *f*.

narrative ['nærətɪv] **1** *n* **a)** (account) narrativa *f*;

b) US (storytelling) narração *f.* **2** *modif* [*prose, poem*] narrativo,-a; [*skill, talent*] de contador de histórias.

narrator [nə'reɪtə(r)] *n* LITERAT narrador, a *m, f.*

narrow ['nærəʊ] **1 narrows** *npl* estreito *m.* **2** *adj* **a)** (in breadth) [*street, stream, valley, container, room, bridge*] estreito,-a; [*eyes*] pequeno,-a (*before n*); **to grow/become** ~ [*road, river*] estreitar-se; **he is** ~ **across the shoulders, his shoulders are** ~ ele é estreito de ombros; **b)** (in scope) [*range, choice*] limitado,-a; [*issue, field, confines, group*] reduzido,-a; [*sense, interpretation, definition*] restrito,-a; [*vision, life*] limitado,-a; **c)** (gen) (pej) (in outlook) [*views, version*] acanhado,-a; (pej) [*interests, understanding*] limitado,-a; **d)** (in degree) [*majority, margin of error*] fraco,-a (*before n*); **to win a** ~ **victory (over sb)** ganhar por pouco (sobre alg); **they won by the ~est of margins** eles ganharam à justa; **to have a** ~ **escape** escapar por um triz; **e)** (in size, shape) [*shoes, jacket, dress*] estreito,-a, apertado,-a. **3** *vtr* **a)** (limit) limitar [*choice, role, range, field, options*] (**to** a); restringir [*sense, definition, interpretation*] (**to** a); **b)** (reduce) reduzir [*gap, deficit, margin*] (**from** de; **to** a); **c)** (half-close) **to** ~ **one's eyes** franzir os olhos; **d)** CIV ENG estreitar [*road, path*]; **e)** MED estreitar [*arteries*]. **4** *vi* **a)** (in breadth) [*street, lake, corridor*] estreitar-se; **b)** (fall off) [*gap, deficit, margin, lead*] reduzir-se (**to** a); **c)** (squint) **his eyes ~ed** os olhos semicerraram-se; **d)** (in scope) [*choice*] limitar-se (**to** a); **e)** MED [*arteries*] estreitar-se. **5 narrowing** *pres p adj* [*street, channel, passage*] que se estreita; [*gap, deficit, field*] que se reduz. IDIOMAS **the straight and** ~ o caminho da honestidade. ∎ **narrow down** [*investigation, search*] limitar-se (**to** a); [*field of contestants, suspects*] reduzir-se (**to** a); **to** ~ **(sth) down,** ~ **down (sth)** reduzir [*numbers, list, choice*] (**to** a); limitar [*investigation, research*] (**to** a).

narrow boat *n* GB barco *m* estreito.

narrow gauge 1 *n* via *f* estreita. **2 narrow- -gauge** *modif* ~ **railway** caminho Po/estrada BR de ferro de via estreita.

narrowly ['nærəʊlɪ] *adv* **a)** (barely) por um triz, por pouco; **b)** (strictly) estritamente.

narrow-minded [nærəʊ'maɪndɪd] *adj* (pej) tacanho (pej); **to be** ~ **about/with regard to sth** ter vistas estreitas sobre qq coisa.

NASA ['næsə] US *abrev* = **National Aeronautics and Space Administration** NASA *f.*

nasal ['neɪzl] **1** *n* LING nasal *f.* **2** *adj* LING nasal; [*voice, accent*] anasalado,-a.

nastily ['nɑ:stɪlɪ] *adv* **a)** (unkindly) [*behave, speak*] de forma desagradável; **b)** (sarcastically) [*speak*] sarcasticamente.

nasturtium [nə'stɜ:ʃəm] *n* BOT nastúrcio *m*; capuchinha *f.*

nasty ['nɑ:stɪ] (coll) **1** *n* **this water contains lots of nasties** esta água contém muitas impurezas. **2** *adj* **a)** (unpleasant) [*crime*] horrível; [*feeling, task*] desagradável; [*habit*] mau; [*expression, look*] maldoso,-a; [*rumour*] inquietante; [*affair, business*] sujo,-a; **I got a** ~ **fight when...** tive um choque tremendo quando...; **to turn** ~ [*person*] exaltar-se; [*weather*] estragar-se; **b)**

(unkind) [*person*] desagradável; [*trick*] sujo,-a (*before n*) [*gossip, letter*] maldoso,-a; **you've got a** ~ **mind** tu só vês o mal em todo o lado; **to be** ~ **to sb** ser desagradável para com alg; **c)** (serious) [*cut, bruise*] feio,-a, sério,-a; [*bump, crack, fall, accident*] grave; **d)** (ugly) horroroso,-a, muito feio,-a; **e)** (tricky) [*problem, question*] difícil; [*bend*] perigoso,-a. IDIOMAS **he is a** ~ **piece of work** ele é um tipo desagradável.

nation ['neɪʃn] *n* **a)** POL (entity) nação *f*; país *m*; **b)** (people) povo *m.*

national ['næʃənl] **1** *n* **a)** ADMIN (citizen) cidadão,-ã *m,f*; **b)** (coll) GB (newspaper) **the ~s** os compatriotas *mpl.* **2** *adj* [*campaign, event, news, security, TV channel*] nacional; ~ **affairs** os assuntos nacionais.

national: ~ **anthem** *n* hino *m* nacional; ~ **debt** *n* dívida *f* pública; N~ **Health (Service), NHS** *n* GB ≈ Serviço Nacional de Saúde; **to get treatment on the N~ Health** tratar-se através do Serviço Nacional de Saúde; N~ **Insurance** *n* GB ≈ Segurança Social.

nationalism ['næʃənəlɪzm] *n* nacionalismo *m.*

nationality [næʃə'nælɪtɪ] *n* (citizenship) nacionalidade *f.*

nationalization [næʃənəlaɪ'zeɪʃn] *n* nacionalização *f.*

nationalize ['næʃənəlaɪz] *vtr* nacionalizar [*industry, mine*].

nationally ['næʃənəlɪ] *adv* **a)** (at national level) [*develop, institute, negotiate*] a nível nacional; **b)** (nationwide) [*broadcast, enforce, employ, distribute*] a nível nacional; [*known, respected, available*] em todo o país.

national: ~ **service** *n* HIST GB serviço *m* militar; N~ **Trust, NT** *n* GB ≈ comissão nacional da preservação do património.

nationwide ['neɪʃnwaɪd] **1** *adj* [*appeal, coverage, scheme, search, strike*] nacional. **2** *adv* [*distribute, broadcast, travel, compete*] em todo o país.

native ['neɪtɪv] **1** *n* (gen) BOT, ZOOL (from a particular place) **to be a** ~ **of** ser originário de. **2** *adj* **a)** [*land*] natal; **his** ~ **Austria/Belfast** a Áustria, seu país natal/Belfast, sua terra natal; **b)** [*tongue*] materna; **c)** ANTHROP, BOT, ZOOL [*peoples, species*] indígena; ~ **to Northern Europe** originário da Europa do Norte; **d)** [*cunning*] inato, natural. IDIOMAS **to speak a language like a** ~ falar uma língua como se fosse a sua língua materna.

nativity [nə'tɪvɪtɪ] *n* N~ RELIG, ART Natividade *f*; N~ **play** LITERAT mistério *m* da Natividade.

NATO ['neɪtəʊ] *abrev* = **North Atlantic Treaty Organization** OTAN- Organização *f* do Tratado do Atlântico Norte.

natter ['nætə(r)] **1** (coll) *n* cavaqueira *f* (**about** sobre). **2** *vi* tagarelar (**to** *or* **with** com); **she ~ed on about her work** ela fartou-se de tagarelar sobre o seu trabalho.

natty ['nætɪ] (coll) *adj* **a)** (smart) elegante, chique; **b)** (clever) engenhoso,-a.

natural ['nætʃərl] **1** *n* **a)** (coll) (person) **as an actress, she's a** ~ ela é uma actriz nata; **b)** MUS (sign) bequadro *m*; (note) nota *f* natural. **2** *adj* **a)** (not artificial or man-made) natural; **b)** (usual, normal) natural, normal; **it's** ~ **for babies to**

cry é normal os bebés chorarem; **it's only ~** é muito natural; **it's not ~!** não é normal!; **to die of ~ causes** morrer de morte natural; **death from ~ causes** JUR morte natural; **for the rest of one's ~ life** JUR para toda a vida; **c)** (innate) [*gift, talent*] inato,-a; **d)** (unaffected) simples, natural; **e)** (actual, real) [*mother, father*] natural; **~ child** (arch) (euph) filho *m* ilegítimo; **f)** MUS [*note, scale, trumpet*] natural.

natural childbirth *n* parto *m* natural.

naturalist ['næt∫rəlɪst] *n, adj* naturalista *m/f.*

naturalization ['næt∫rəlaɪ'zeɪ∫n] *n* **a)** ADMIN naturalização *f;* **~ papers** documentos *mpl* de naturalização; **b)** BOT, ZOOL aclimatação *f.*

naturalize ['næt∫rəlaɪz] **1** *vtr* **a)** ADMIN naturalizar [*person*]; **to be ~d** naturalizar-se; **b)** BOT, ZOOL aclimatar LING naturalizar. **2** *vi* **a)** BOT, ZOOL aclimatar-se; **b)** ADMIN [*person*] naturalizar-se.

naturally ['næt∫:rəlɪ] *adv* **a)** (obviously, of course) naturalmente, evidentemente; **~ enough,** **she refused** evidentemente, ela recusou; **b)** (as a logical consequence) naturalmente; **c)** (by nature) por natureza; **her hair is ~ blonde** o cabelo dela é loiro natural; **a ~ talented musician** um músico dotado por natureza; **d)** (unaffectedly, unselfconsciously) com naturalidade; **just try and act ~** tenta simplesmente ser natural; **e)** (as a result of natural process) naturalmente.

nature ['neɪt∫ə(r)] **1** *n* **a)** (*also* N~) (the natural world) natureza *f;* **in ~** na natureza; **~ versus nurture** o inato e o adquirido, a natureza em oposição à cultura; **to obey a call of ~** obedecer ao apelo da natureza; **to paint from ~** pintar a partir da natureza; **he is one of ~'s gentlemen** ele é um cavalheiro nato; **b)** (character, temperament) natureza *f;* temperamento *m;* **by ~** por natureza; **it's not in his ~ to be aggressive** ele não é agressivo por natureza; **c)** (kind, sort) natureza *f;* espécie *f;* **her letter was something in the ~ of a confession** a carta dela era uma espécie de confissão; **d)** (essential character) natureza *f;* essência *f;* carácter *m;* **it is in the ~ of things** é a ordem natural das coisas. **2 ~d** (in compounds) **sweet-~** naturalmente doce.

nature: **~ cure** *n* cura *f* natural; **~ reserve** *n* reserva *f* natural; **~ trail** *n* itinerário *m* de interesse ecológico.

naturism ['neɪt∫ərɪzm] *n* naturismo *m.*

naturist ['neɪt∫ərɪst] *n, adj* naturista *m/f.*

naught [nɔːt] *n* (arch *or* liter) (nothing) nada *m.*

naughtiness ['nɔːtɪnɪs] *n* **a)** (of child, pet, etc) travessura *f;* **b)** (of joke, story, picture, etc) descaramento *m;* malandrice *f.*

naughty ['nɔːtɪ] *adj* **a)** [*child*] mal comportado,-a; **b)** [*joke, picture, story*] descarado,-a, indecente; **the N~ Nineties** os loucos anos 20.

nausea ['nɔːsɪə, 'nɔːzɪə] *n* MED náusea *f;* (fig) nojo *m;* **a wave of ~** um enjoo.

nauseate ['nɔːsɪeɪt, 'nɔːzɪeɪt] *vtr* (liter, fig) enjoar, repugnar.

nauseating ['nɔːsɪeɪtɪŋ, 'nɔːzɪeɪtɪŋ] *adj* (liter, fig) nauseabundo,-a, repugnante.

nauseous ['nɔːsɪəs, 'nɔːzɪəs] *adj* [*taste, smell*] (also fig) enjoativo,-a, que provoca náuseas; **to feel ~** (gen) estar enjoado.

nautical ['nɔːtɪkl] *adj* [*instrument, term*] náuti-

co,-a; [*rules*] de navegação; [*theme*] náutico,-a, marinho,-a; [*career*] na marinha.

naval ['neɪvl] *adj* naval [*officer, recruit, uniform, affairs*]; da marinha [*traditions, strength, building*]; marítimo,-a; **~ air force** força aeronaval; **~ base** *or* **station** base naval; **~ dockyard** arsenal da marinha; **~ stores** (depot) aprovisionamento naval; (supplies) abastecimento marítimo.

nave [neɪv] *n* ARCHIT nave *f.*

navel ['neɪvl] *n* umbigo *m.*

navigable ['nævɪgəbl] *adj* [*river*] navegável; [*balloon*] dirigível.

navigate ['nævɪgeɪt] **1** *vtr* viajar, navegar [*sea*]; (guide) pilotar [*plane, ship*]; (steer) pilotar [*plane*]; governar [*ship*]; **~ by remote control** controlar à distância; (fig) **~ one's way through difficulties** abrir caminho pelo meio das dificuldades. **2** *vi* NAUT, AVIAT navegar; (in a car) fazer de copiloto [*birds, people*]; (without a map) encontrar o seu caminho; **~ by the stars** orientar-se pelas estrelas.

navigation [nævɪ'geɪ∫n] *n* AUT, AVIAT navegação *f;* **~ laws** código marítimo; **~ lights** sinais luminosos de navegação; **~ channel** via de navegação.

navigator ['nævɪgeɪtə(r)] *n* navegador *m;* (in a car) copiloto *m/f.*

navy ['neɪvɪ] **1** *n* frota *f;* armada *f;* **the Royal/ Merchant N~** a marinha Britânica/mercante. **2** *adj* (*also* **~ blue**) azul marinho.

Nazi ['nɑːtsɪ] *n, adj* nazi *m/f.*

NB [en'biː] abrev = **nota bene** NB, note bem.

NCO [en'siː əʊ] MIL abrev = **noncommissioned officer.**

NE [en iː] **a)** abrev = **north-east** NE; **b)** US POST abrev = **Nebraska.**

near [nɪə(r)] **1** *adv* **a)** (nearby) perto; **to live quite ~** morar muito perto; **to bring sth ~er** aproximar qq coisa; **b)** (close in time) próximo, perto; **how ~ are they in age?** qual é a diferença de idades entre eles?; **c)** (nearly) **as ~ perfect as it could be** tão perto da perfeição quanto possível; **nowhere ~ finished** longe de estar acabado. **2 near enough** *adv phr* **a)** (approximately) aproximadamente; **b)** (sufficiently close) **that's ~ enough** (not any closer) está quase. **3** *prep* **a)** (in space) perto de; **b)** (in time) perto *ou* próximo de; **it's getting ~ Christmas** estamos perto do Natal; **on** *or* **~ the 12th** por volta do dia 12; **c)** (in degree) próximo de; **~ the beginning of the article** quase no início do artigo; **nobody comes anywhere ~ her** (fig) ninguém lhe chega aos calcanhares. **4 near to** *prep phr* **a)** (in space) perto de; **how ~ are we to Porto?** a que distância estamos do Porto?; **b)** (on point of) à beira de [*tears, hysteria, collapse*]; **to be ~ to doing** estar prestes a fazer; **c)** (in degree) **to come ~est to** aproximar-se o mais possível de. **5** *adj* **a)** (close in distance, time) próximo; **b)** (in degree) **it's the ~est thing** (to article, colour required) é o mais próximo ou é o mais parecido; **c)** (short) **the ~est route** o caminho mais curto. **6 near-** (combining from) quase; **a ~catastrophic blunder** uma gafe quase catastrófica. **7** *vtr* (lit, fig) (draw close to) aproximar-se de; **to ~ retirement** estar quase na reforma.

nearby [nɪə'baɪ] **1** *adj* [*person*] vizinho,-a, próximo,-a; **they drove to a ~ garage** eles guiaram até à garagem mais próxima. **2** *adv* na proximidade; **~, there's a village** próximo, existe uma aldeia.

Near East ['nɪəlɪ] *n* Próximo Oriente *m*.

nearly ['nɪənɪs] *adv* **a)** (almost) quase; **have you ~ finished?** estás quase a acabar; **he ~ laughed** ele quase que riu; **b)** (*used with negatives*) **not ~** longe de ser.

nearly new *adj* [*clothes*] de ocasião, praticamente novo,-a.

neat [ni:t] **1** *adj* **a)** (tidy) [*person*] (in habits) arranjado,-a, arrumado,-a; (in appearance) asseado,-a, cuidado,-a; [*room, house, cupboard, desk*] bem arrumado,-a, bem arranjado,-a; [*garden*] cuidado,-a; [*village*] agradável; [*handwriting, copybook*] cuidado,-a, limpo,-a; **b)** (adroit) [*theory, explanation, solution*] hábil, astucioso,-a; [*formula*] perfeito,-a; [*phrase, slogan*] bem imaginado,-a, feliz; [*summary*] conciso,-a; **c)** (trim) [*figure, legs*] bem feito,-a; [*waist*] fino,-a; [*features*] regular, perfeito,-a; **d)** (coll) ESPECIALLY US (very good) [*plan, suggestion, party, car, film*] óptimo, formidável; [*profit, sum of money*] bom, lindo (*before n*); **e)** GB [*alcohol, spirits*] puro, sem água. **2** *adv* GB simples, puro, sem água. **IDIOMAS to be as ~ as a new pin** [*person, room, house*] estar como novo.

neatly ['ni:tlɪ] *adv* **a)** (tidily, smartly) cuidadosamente, impecavelmente; **his hair was ~ combed** os cabelos dele estavam impecavelmente penteados; **b)** (adroitly) [*link, match, contrast*] habilmente; **the facts fit together ~** os factos ajustam-se perfeitamente; **~ put!** bem dito!; **the case is designed to fit ~ into your pocket** o estojo está concebido para caber facilmente em qq bolso.

neatness ['ni:tnɪs] *n* **a)** (tidiness, orderliness) (of person, of garden) aspecto *m* cuidado; (in habits) meticulosidade *f*; (of handwriting, copy book) cuidado *m*; **extra marks are given for ~** a apresentação também conta para a classificação; **b)** (trimness) (of figure, features) elegância *f*; finura *f*; **c)** (adroitness) (of explanation, solution, formula) habilidade *f*; destreza *f*.

nebulous ['nebjʊləs] *adj* nebuloso,-a.

necessarily [nesɪ'sərɪlɪ] *adv* **a)** (definitely) forçosamente, obrigatoriamente; **b)** (of necessity) necessariamente.

necessary ['nesɪsərɪ] **1** *n* **a)** (coll) (money) massa *f*; **b)** (needed thing) **to do the ~** fazer o que é preciso. **2** *adj* **a)** (required) [*arrangement, decision, information, skill*] necessário,-a; [*qualification*] requerido,-a; **if ~** se houver necessidade ou se for necessário; **b)** (essential) indispensável.

necessitate [nɪ'sesɪteɪt] *vtr* necessitar, precisar de [*cutbacks, operation, hard work*]; **the job would ~ your moving to Paris** o emprego necessita que vás viver para Paris.

necessity [nɪ'sesɪtɪ] *n* **a)** (need) necessidade *f*; **from** *or* **out of ~** por necessidade; **the ~ of doing** a necessidade de fazer; **there is a ~ for** há uma necessidade de; **of ~** necessariamente; **b)** (essential item) produto *m* de primeira necessidade; **to be a ~** ser indispensável; **the bare necessities** as necessidades básicas; **c)** (essential

measure) imperativo *m*; **stability is a political ~** a estabilidade é um imperativo político; **d)** (poverty) necessidade *f*; **to live in ~** viver com dificuldades.

neck [nek] **1** *n* **a)** ANAT (of person) pescoço *m*; **to fling one's arms around sb's ~** lançar-se ao pescoço de alg; **b)** ZOOL (of horse, donkey) pescoço *m*; **c)** FASHN (collar) colarinho *m*; gola *f*; (neckline) decote *m*; **with a high ~** com uma gola alta; **with a low ~** decotado,-a; **d)** CULIN (of lamb) pescoço *m*; (of beef) cachaço *m*; **e)** (of bottle, flask) gargalo *m*; **f)** MUS braço *m*; **g)** **the ~ of the womb** MED o colo do útero. **2** *vi* andar aos beijinhos, beijocar (fam). IDIOMAS **to be a pain in the ~** ser uma autêntica carraça (fam); (lit, fig) **to be ~ and ~** estar lado a lado, estar empatado; **he's up to his ~ in it** estar metido nisso até ao pescoço; **he's up to his ~ in debt** ele está totalmente endividado; **to get/catch it in the ~** (coll) ser castigado; **to risk one's ~** (coll) arriscar a sua pele (fam); **to stick one's ~ out** (give opinion, risk criticism) arriscar-se; **in this ~ of the woods** por aqui, por estas paragens.

necklace ['neklɪs] *n* colar *m*; (longer) cordão *m*.

neckline ['neklaɪn] *n* decote *m*.

neck tie *n* US gravata *f*.

nectar ['nektə(r)] *n* néctar *m*.

nectarine ['nektərɪn, 'nektəri:n] *n* (fruit) nectarina *f*; pêssego-careca *m*; (tree) (variedade de) pessegueiro *m*.

need [ni:d] **1** *modal aux* **a)** (must, have to) **he didn't ~ to ask permission** ele não precisava de pedir autorização; **"I waited""you needn't have"** "esperei""não precisavas"; **you needn't shout!** não é preciso gritar!; **~ he reply?** ele tem que responder?; **~ we discuss it now?** temos mesmo que falar disso agora?; **why do you always ~ to complain?** porque tens que estar sempre a queixar-te?; **~ I say more?** vês o que quero dizer?; **I hardly ~ say that...** é inútil dizer que...; **I ~ hardly remind you that** é inútil lembrar-te que; **did you ~ to be so unpleasant to him?** necessitavas ter sido tão desagradável com ele?; **"previous applicants ~ not apply"** "candidatos que já tenham respondido a este anúncio não devem recandidatar-se"; **b)** (be logically inevitable) **~ that be true?** isto tem que forçosamente ser verdade?; **it needn't cost a fortune** não precisa de custar uma fortuna; **they needn't have died** a sua morte podia ter sido evitada. **2** *vtr* **a)** (require) **to ~ sth** precisar de algo; **to ~ to do** precisar de fazer; **my shoes ~ to be polished, my shoes ~ polishing** os meus sapatos precisam de ser engraxados/precisam de graxa; **I ~ you to hold the ladder** preciso que me segures na escada; **more money is ~ed** precisamos de mais dinheiro; **everything you ~** tudo o que precisares; **I gave it a much~ed clean** fiz uma limpeza, que já precisava; **to raise the money ~ed for the deposit** reunir o dinheiro necessário para a caução; **they ~ to have things explained to them** é preciso que lhes expliquem as coisas; **you don't ~ me to tell you that...** não precisas que te diga que...; **everything you ~ to know about computers** tudo o que precisa saber sobre computadores; **parents-**

who ~s them! (coll) pais quem precisa deles?; **b)** (have to) **you'll ~ to work hard** vais ter que trabalhar muito; **it ~ only be said that** é suficiente dizer que; **you only ~ed to ask** apenas tinhas que perguntar; **nobody ~ know** ninguém precisa de saber; **nobody ~ know that I did it** ninguém precisa de saber que fui eu; **c)** (want) precisar de, ter necessidade de; **I ~ a whisky** preciso de um whisky; **she ~s to feel loved** ela precisa de se sentir amada; **that's all I ~!** era só o que me faltava!. **3** n **a)** (necessity) necessidade f **(for** de); **the ~ for closer co-operation** a necessidade de uma maior colaboração; **I can't see the ~ for it** não vejo a necessidade disso; **without the ~ for an inquiry** sem que um inquérito seja necessário; **to feel the ~ to do** sentir a necessidade de fazer; **there's no ~ to wait** é inútil esperar; **there's no ~ to worry** não é preciso preocuparem-se; **if ~ be** se for necessário; **if the ~ arises** se chegar a ser necessário; **b)** (want, requirement) necessidade f **(for** de); **to satisfy a ~** satisfazer uma necessidade; **to meet sb's ~s** satisfazer as necessidades de alg; **my ~s are few** tenho poucas necessidades; **energy ~s** necessidades pl energéticas; **c)** (adversity, distress) **to help sb in times of ~** ajudar alg a enfrentar a adversidade; **she was there in my hour of ~** ela estava lá quando precisei dela; **your ~ is greater than mine** tu precisas mais do que eu; **d)** (poverty) necessidade f; **to be in ~** estar a sofrer necessidades.
needle ['ni:dl] **1** n (lit) agulha f; (fig). **2** vtr (annoy) importunar [person]. IDIOMAS **as sharp as a ~** perspicaz; **to have pins and ~s** sentir formigueiros.
needless ['ni:dlɪs] adj **a)** [anxiety, delay, suffering] desnecessário,-a, inútil; **b)** [intrusion, intervention] escusado,-a; **~ to say** é escusado dizer que....
needlessly ['ni:dlɪslɪ] adv por nada.
needlework n trabalho m de costura.
needy ['ni:dɪ] **1** n **the ~** os necessitados mpl (+ v pl). **2** adj [child, student] pobre, carenciado,-a; [sector, area] carenciado,-a.
negation [nɪ'geɪʃn] n **a)** LING, PHILOS, LOGIC negação f; **b)** (contradiction) negação f; **c)** (denial) rejeição f.
negative ['negətɪv] **1** n **a)** (refusal) resposta f negativa; **answer/reply in the ~** responder na negativa; **b)** LING negação f; **in the ~** na forma f negativa; **c)** PHOT negativo m. **2** adj **a)** (saying no) [answer, decision, statement] negativo,-a; **b)** LING negativo; **c)** (pessimistic) [attitude, response, approach] negativo,-a, pessimista; **d)** (harmful) [effect, influence] nefasto,-a; **e)** (unpleasant) [association, experience, feeling] negativo,-a, desagradável; **f)** PHOT em negativo. **3** excl MIL, RADIO negativo.
negatively ['negətɪvlɪ] adv **a)** [react, respond] negativamente; **b)** [affect, influence] de maneira f nefasta.
neglect [nɪ'glekt] **1** n **a)** (lack of care) (of person) negligência f; (of building, garden) desleixo m; (of health, appearance) falta f de cuidado; **to fall into ~** ser deixado ao abandono; **b)** (lack of interest) indiferença f **(of** para com). **2** vtr **a)** (fail to care for) não tratar de [person, dog,

plant]; não cuidar de [health, garden, house]; negligenciar [appearance]; **b)** (ignore) descurar, negligenciar [problem, friend, work]; [government, official] desinteressar-se de [industry, economy, sector]; **c)** (fail) **to ~ to do** deixar de fazer; **d)** (overlook) ignorar [offer, opportunity]; omitir [mention]. **3** v refl **to ~ oneself** deixar-se andar, desleixar-se.
neglectful [nɪ'glektfl] adj negligente; **to be ~ of one's appearance** não cuidar do seu aspecto; **to be ~ of sb** negligenciar alg.
negligee, négligée ['neglɪʒeɪ] n negligé m (robe de seda ou de cetim).
negligence ['neglɪdʒəns] (formal) n negligência f; **gross ~** JUR erro m de carácter delituoso.
negligent ['neglɪdʒənt] adj JUR [person, procedure] negligente; [air, manner] desleixado,-a.
negligible ['neglɪdʒɪbl] adj insignificante, desprezível.
negotiable [nɪ'gəʊʃəbl] adj **a)** [rate, terms, figure] negociável; **b)** COMM negociável; **c)** [road, pass] transitável; [obstacle] transponível.
negotiate [nɪ'gəʊʃɪeɪt] **1** vtr **a)** (discuss) negociar (**with** com); **"to be ~d"** "a negociar"; **b)** (manoeuvre around) negociar [bend, turn]; transpor, vencer [obstacle, rapids]; **c)** (deal with) resolver [problem]; ultrapassar [difficulty]; **d)** FIN transferir, negociar, descontar [cheque, bond, asset]. **2** vi negociar (**with** com; **for** para, com a finalidade de). **3** negotiated pp adj [settlement, peace, solution] negociado.
negotiation [nɪ'gəʊʃɪeɪʃn] n negociação f (**between** entre; **with** com); **by ~** por negociação; **to be under ~** estar sob negociações; **to be open to/up for ~** estar pronto a negociar.
negotiator [nɪ'gəʊʃɪeɪtə(r)] n negociador m.
Negress ['ni:grɪs] n (injur) preta f.
Negro ['ni:grəʊ] **1** n (pl **-es**) (injur) preto m. **2** adj [descent, race] negro.
neigh [neɪ] **1** n relincho m. **2** vi relinchar.
neighbour GB, **neighbor** US ['neɪbə(r)] **1** n **a)** vizinho,-a m; **next-door-~** vizinho do lado; **Portugal's nearest ~ is Spain** o país mais próximo de Portugal é a Espanha; **b)** RELIG próximo m. **2** vi **to ~ on sth** [building, site] ser vizinho de qq coisa; [country] confinar com.
neighbourhood GB, **neighborhood** US ['neɪbəhʊd] **1** n (district) bairro m; **in the ~** na vizinhança. **2** modif [shop, facility, office] no ou do bairro.
neighbouring GB, **neighboring** US ['neɪbərɪŋ] adj vizinho,-a.
neighbourly GB, **neighborly** US ['neɪbəlɪ] adj [person, act] simpático,-a; [relations] de boa vizinhança.
neither ['naɪðə(r)] **1** conj **a)** (not either) nem... nem; **I have ~ the time nor the money** não tenho nem tempo, nem dinheiro; **b)** (nor) nem; **he doesn't have the time, ~ does he have the money** ele não tem tempo, nem dinheiro. **2** det nenhum de dois; **~ girl replied** nenhuma das duas raparigas respondeu. **3** pron nem um, nem outro; **~ of them came** não veio nem um, nem outro.
neo+ [ni:əʊ] (in compounds) neo-.
Neolithic [ni:ə'lɪθɪk] **1** n **the ~** o neolítico. **2** adj neolítico.

neologism [nɪ'ɒlədʒɪzm] *n* neologismo *m*.

neon ['niːɒn] **1** *n* **a)** CHEM néon *m*; **b)** (lighting) néon *m*. **2** *modif* [*light, lighting, sign, atom*] de néon.

nephew ['nevjuː, 'nefjuː] *n* sobrinho *m*.

nepotism ['nepətɪzm] *n* nepotismo *m*.

Neptune ['neptjuːn] *pr n* **a)** ASTRON Neptuno *m*; **b)** MYTHOL Neptuno *m*.

nerve [nɜːv] **1** *n* **a)** ANAT nervo *m*; BOT nervura *f*; **b)** (courage) coragem *f*; (confidence) confiança *f*; **to have the ~ to do sth** ter coragem para fazer qq coisa; **to keep one's ~** manter o sangue frio; **to lose one's ~** perder a coragem; **c)** (coll) (impudence, cheek) audácia *f*; ousadia *f*; **he's got a ~!** ele tem cá uma coragem!/ele tem cá uma lata! (fam). **2 nerves** *npl* nervos *mpl*; **to have an attack of ~s** ter um ataque de nervos; **she suffers from (her) ~s** ela é muito nervosa; **to be in a state of ~s** estar com os nervos em franja; **it's only ~s!** é tudo nervos!; **his ~s were on edge** ele estava com os nervos à flor da pele; **to calm sb's ~s** acalmar alg. **3** *vtr* **to ~ oneself to do sth** armar-se de coragem para fazer algo. IDIOMAS **to touch,/hit a raw ~** tocar no ponto sensível; **to strain every ~ to do sth** empenhar-se muito em fazer algo.

nerve: **~ centre** *n* ANAT centro *m* nervoso; (fig) centro *m* nevrálgico; **~ gas** *n* gás *m* neurotóxico.

nervous ['nɜːvəs] *adj* **a)** [*person*] (timid, fearful) tímido,-a; (anxious) ansioso,-a; (highly strung) nervoso,-a, tenso,-a; [*smile, laugh*] nervoso,-a, crispado,-a; [*habit*] nervoso,-a; **to feel ~** (apprehensive) (gen) sentir-se angustiado; (before performance) estar ansioso; (afraid) ter medo; (ill at ease) sentir-se mal; **I feel ~ in big crowds** as multidões assustam-me; **she makes me feel ~** (intimidates me) ela me intimida-me; (puts my nerves on edge) ela põe-me nervoso; **all this talk of war makes me ~** estas conversas de guerra põem-se nervosa; **this film is not suitable for persons of a ~ disposition** este filme não é aconselhável a pessoas sensíveis; **b)** ANAT, MED nervoso,-a.

nervously ['nɜːvəslɪ] *adv* nervosamente.

nervy (coll) ['nɜːvɪ] *adj* **a)** GB (anxious) nervoso,-a, agitado,-a; **b)** US (impudent) descarado,-a.

nest [nest] **1** *n* **a)** (of animal) ninho *m*; **b)** (group of baby birds, mice) ninhada *f* (**of** de); **c)** (of criminals, traitors) covil *m*; **d)** (of boxes, bowls) série *f*; conjunto *m*; **~ of tables** jogo de mesas *fpl* de encaixar (umas nas outras). **2** *vi* **a)** [*bird*] fazer o ninho; **b)** [*tables*] inserir-se; [*boxes, pans*] encaixar-se. IDIOMAS **to flee/fly/leave the ~** (fig) fugir/sair de casa; **to feather one's (own) ~** encher os bolsos.

nest egg *n* pé-de-meia *m*.

nestle ['nesl] **1** *vtr* **to ~ one's head** apoiar a cabeça (**on** em; **against** contra); **to ~ a baby in one's arms** estreitar um bebé nos braços. **2** *vi* **a)** [*person, animal*] encolher-se, abrigar-se (**against** contra; **under** sob); **b)** [*village, house, object*] estar instalado/encaixado. ■ **nestle down** instalar-se confortavelmente. ■ **nestle up** abrigar-se (**against, to** contra).

nestling ['neslɪŋ, nestlɪŋ] *n* passarinho *m*.

net [net] **1** *n* **a)** FISHG, HORT, HUNT rede *f*; **b)** SPORT (in tennis) rede *f*; **to come (up) to the ~**

bater na rede; (in football) baliza *f*; **c)** (fig) (trap) armadilha *f* PO, arapuca *f* BR; **the ~ is closing** a teia vai-se apertando; **to slip (through) the ~** passar através das malhas (da rede). **2** *adj* FIN, COMM [*profit, income, price*] líquido,-a; **~ of tax** livre de descontos. **3** *vtr* **a)** FISHG, HUNT apanhar na rede [*fish, butterfly*]; **b)** COMM, FIN [*person*] facturar; [*sale, export, deal*] render; **to ~ sb sth** render qq coisa a alg; **c)** SPORT (in football) marcar [*goal*]; **d)** (fig) (catch) [*police*] apanhar [*criminal*]; (win) [*sportsman, team*] ganhar [*prize, trophy*].

netball ['netbɔːl] *n* netbol *m*.

net curtain *n* cortina *f* de tule.

Netherlands ['neðələndz] **1** *pr n* **the ~**; a Holanda *f* (+ *v sg*) **in the ~** na Holanda. **2** *adj* [*tradition, climate*] holandês,-esa.

nett [net] *adj* see **net** (*adj*).

netting ['netɪŋ] *n* **a)** (of rope, metal, plastic) rede *f*; **b)** TEX (fabric) tule *m*.

nettle ['netl] **1** *n* BOT urtiga *f*; **stinging ~** urtiga. **2** *vtr* irritar. IDIOMAS **to grasp** *or* **seize the ~** agarrar *o* touro pelos cornos.

network ['netwɜːk] **1** *n* rede *f* (**of** de). **2** *vtr* TV, RADIO difundir, transmitir [*programme*]. **3 networked** *pp adj* [*computer, workstation*] em cadeia, interligado.

neuralgia [njʊə'rældʒə] *n* neuralgia *f*.

neurosis [njʊə'rəʊsɪs] *n* (*pl* **neuroses**) neurose *f*; **to have a ~ about sth** ter uma ideia fixa em relação a qq coisa.

neurotic [njʊə'rɒtɪk] **1** *n* PSYCH neurótico *m*. **2** *adj* **a)** PSYCH neurótico; **b)** (gen) ansioso, nervoso; **to be ~ about doing sth** ter a mania de fazer algo.

neuter ['njuːtə(r)] **1** *n* LING neutro *m*; **in the ~** no neutro. **2** *adj* BOT, LING, ZOOL neutro. **3** *vtr* VET capar, castrar.

neutral ['njuːtrl] **1** *n* **a)** MIL, POL neutro *m*; **b)** AUT ponto *m* morto; **in/into ~** em ponto morto. **2** *adj* (gen) CHEM, ELEC, MIL, PHYS, POL neutro, neutral (**about** em relação a); [*policy*] de neutralidade; **to have a ~ effort on sth** não ter efeito sobre algo.

neutrality [njuː'trælɪtɪ] *n* **a)** CHEM, POL (status) neutralidade *f*; **armed ~** neutralidade armada; **b)** (attitude) atitude *f* de neutralidade (**towards** para ra com).

neutralize ['njuːtrəlaɪz] *vtr* CHEM, MIL, POL (also euph) neutralizar.

neutron ['njuːtrɒn] **1** *n* neutrão *m* PO, nêutron *f* BR. **2** *modif* [*bomb, star*] de neutrões.

never ['nevə(r)] *adv* **a)** (not ever) nunca; **I ~ go to London** nunca vou a Londres; **it's now or ~** é agora ou nunca; **he ~ ever drinks alcohol** ele nunca na vida bebe álcool; **~ a day passes but he phones me** não passa um dia sem ele me telefonar; **b)** (as an emphatic negative) nunca; **I ~ knew that** nunca soube que; **c)** (expressing surprise, shock) **you're ~ 40!** GB não é possível, (ainda) não tens 40 anos!; **~!** parece impossível!; **well I ~ (did)** pode lá ser!.

never-ending [nevər'endɪŋ] *adj* interminável.

nevermore [nevə'mɔː(r)] *adv* nunca mais.

new [njuː] *adj* **a)** (not known, seen, owned etc before) novo,-a (*before n*) **the area is ~ to me** esta região é-me desconhecida; **as good as ~**

(lit, fig) como novo; **"as ~"** (in advertisement) "estado novo"; **that's nothing** ~ isso não é nenhuma novidade; **I feel like a ~ man** sinto-me um homem novo (transformado); **'what's ~?'** "o que há de novo?"; **that's a ~ one on me** aprende-se todos os dias; **b)** (different) [*boyfriend, life, era, approach, design*] novo,-a; **someone/something** ~ alguém/algo de novo; **Could I have a ~ plate? This one is dirty** Pode-me dar outro prato? Este está sujo; **c)** (recently arrived) [*recruit, arrival*] novo; (before n) **to be ~ to sth** não estar habituado a algo [*job, way of life*]; **we're ~ to the area** nós somos novos nesta área; **d)** (harvested early) [*carrots, potatoes*] novo.

newborn [nju:'bɔ:n] *adj* recém-nascido,-a; ~ **baby** recém-nascido *m*.

newcomer ['nju:kʌmə(r)] *n* (in place, job, club) recém-chegado,-a *m*; (in sport, theatre, cinema) novo,-a *m*.

newly ['nju:lɪ] *adv* **a)** (recently) recentemente; **b)** (differently) de novo.

newly-weds *npl* recém-casados *mpl*.

news *n* **a)** (new information) notícia *f*; **a bit** *or* **piece** *or* **item of** ~ (gen) uma notícia; **a sad piece of** ~ uma má notícia; **have you heard the ~?** já sabes a novidade?; **b)** RADIO, TV (programme) **the** ~ o noticiário *m*; **c)** JOURN; **"Home/World N~"** "notícias nacionais/internacionais".

news: ~**agent** *n* GB vendedor *m* de jornais; ~ **bulletin** *n* GB noticiário *m*; ~**caster** *n* US apresentador *m*; locutor *m*; ~ **flash** *n* flash *m* informativo; notícia *f* de última hora; ~ **headlines** *npl* títulos *mpl* da actualidade; ~**letter** *n* boletim *m* informativo; ~**paper 1** *n* jornal *m*; **daily/weekly** ~**paper** diário *m*; semanário *m*. **2** *modif* [*article, photograph*] de jornal; ~**paper cuttings** *or* **clippings** recortes *mpl* de jornais; ~**paperman** *n* (*pl* ~pa~ ~p~permen) jornalista *m/f*; ~**print** *n* (paper) papel *m* de jornal; (ink) tinta *f* de impressão; ~ **reader** *n* GB apresentador *m*; ~**reel** *n* actualidades *fpl* (no cinema); ~**room** *n* (sala *f* da) redacção *f*; ~ **sheet** *n* jornal *m* (de uma ou duas folhas); ~**stand** *n* quiosque *m* de jornais; ~**worthy** *adj* mediático,-a.

newsy ['nju:zɪ] *adj* [*letter*] cheio de notícias ou de novidades.

newt [nju:t] *n* tritão *m*.

New: ~ **Year** *n* **a)** (January 1st) Ano Novo *m*; **closed for** ~ COMM fechado no Ano Novo; **to see in/bring in the** ~ festejar a passagem do ano; **Happy** ~ **Year!** Feliz Ano Novo; **b)** (next year) (whole) o próximo ano *m*; (the beginning) o novo ano; **early in the** ~ **Year** no princípio do ano novo; ~ **Year's day** *n* o dia *m* de Ano Novo; ~ **Year's Eve** *n* véspera *g* de Ano Novo.

New Zealand [nju:'zi:lənd] **1** *pr n* Nova Zelândia *f*. **2** *adj* neozelandês,-esa.

New Zealander [nju:'zi:ləndə(r)] *n* neozelandês,-esa *m*.

next [nekst] **1** *pron* o próximo, o seguinte; **after this train the** ~ **is at noon** o próximo comboio a seguir a este é ao meio-dia; **from one minute to the** ~ dum momento para o outro; **to survive from one day to the** ~ sobreviver ao dia a dia; **the** ~ **to speak was Emily** a oradora seguinte foi a Emília; **the week/month after** ~ daqui a

duas semanas/dois meses. **2** *adj* **a)** (in list, order or series) (following) seguinte; (still to come) próximo,-a; **get the** ~ **train** apanhe o próximo comboio; **"~!"** "a seguir!"; **"who's ~?"** "quem se segue?" ou "quem está a seguir?"; ~ **to last** penúltimo; **the** ~ **size (up)** o tamanho a seguir; **b)** (in expressions of time) (in the future) próximo; (in the past) seguinte; ~ **Thursday, Thursday** ~ na próxima quinta-feira; **I'll phone in the** ~ **few days** telefonarei nos próximos dias; **this time** ~ **week** daqui a uma semana; **the** ~ **day** no dia seguinte; **c)** (adjacent) [*building, house, room*] ao lado. **3** *adv* **a)** (afterwards) depois, em seguida, a seguir; **what happened ~?** que aconteceu depois?; **b)** (now) a seguir, agora; ~, **I'd like to say...** queria dizer agora...; **what shall we do ~?** que fazemos agora ou que fazemos a seguir?; **c)** (on a future occasion) **when I ~ go there** quando eu lá for proximamente; **d)** (nearest in order) a seguir; **the** ~ **tallest is Patrick** o mais alto a seguir é o Patrick. **4 next to** *adv phr* quase; ~ **to impossible** praticamente impossível; **to get sth for** ~ **to nothing** ter qq coisa por quase nada. **5 next to** *prep phr* ao lado de, junto de; **two seats** ~ **to each other** dois lugares um ao lado do outro; **to wear silk** ~ **to the skin** usar seda em contacto com a pele. **IDIOMAS he's as honest as the** ~ **man** *or* **person** ele é tão honesto como qualquer um.

next door 1 *n* (building) a casa do/ao lado; (people) as pessoas do lado; ~**'s garden** o jardim do lado. **2** *adj* (also **next-door**) [*garden, building*] do lado; [*person*] do lado, vizinho do lado; **the girl** ~ (lit) a rapariga PO/moça BR do lado, a vizinha do lado; (fig) uma rapariga PO/moça BR muito simples. **3** *adv* ao lado.

NI *n* GB **a)** SOC, ADMIN abrev = **National Insurance**; **b)** GEOG abrev = **Northern Ireland** Irlanda do Norte.

nib [nɪb] **1** *n* bico *m* de pena de ave usado para escrever. **2** ~**bed** (*in compounds*) **fine-~bed** de penas finas.

nibble ['nɪb(ə)l] **1** *n* **a)** (small meal) merenda *f*; **b)** (snack food) (*usu in pl*) petisco *m*; **c)** (action) mordidela *f* PO, mordida *f* BR; **to have/take a** ~ dar uma dentada; **to fancy/feel like a** ~ apetecer-lhe dar uma dentada em algo. **2** *vtr* [*mouse, rabbit, sheep*] roer, pastar; [*person*] roer [*food*]; (playfully) [*person, animal*] mordiscar [*ear, neck*]. **3** *vi* **a)** (lit) [*animal, person*] roer, morder; **to** ~ **at** [*mouse*] roer; [*sheep*] pastar; [*fish*] morder em [*bait*]; **b)** (fig) **to** ~ **at** considerar [*idea, proposal*]; **to** ~ **at doing sth** encarar a possibilidade de fazer algo.

Nicaragua [nɪkə'rægjʊə] *pr n* Nicarágua *f*.

nice [naɪs] *adj* **a)** (enjoyable) agradável; **did you have a** ~ **time?** divertiste-te?; ~ **weather, isn't it?** bom tempo, não é verdade?; **have a** ~ **day!** tenha um bom dia!; **b)** (attractive) GEN bonito; [*place*] agradável; **you look very** ~ estás muito bem; **c)** (tasty) bom; **to taste** ~ saber bem; **d)** (kind) simpático; **to be** ~ **to sb** ser simpático com alguém; **e)** [*behaviour, neighbourhood, school*] como deve ser; **it is not** ~ **to do** não é bonito fazer; **that's not very ~!** isso não se faz!; **f)** (used ironically) ~ **friends you've got!** belos amigos que tu tens!; **g)** (formal) (subtle) subtil. **IDIOMAS**

one! (in admiration) bravo!; (iron) só faltava essa!.

nice-looking [naɪs'lʊkɪŋ] *adj* bonito,-a.

niche [nɪtʃ, niːʃ] *n* **a)** lugar *m*; **b)** (recess) nicho *m*; **c)** Ecol nicho *m* ecológico.

nick [nɪk] **1** *n* **a)** (notch) entalhe *m*; (in em); **to take a ~ out of sth** fazer um entalhe em qq coisa; **b)** (coll) (conditions) **that car is in good/bad ~** este carro está em bom/mau estado; **Paul is in good/bad ~** o Paulo está em boa/má forma; **c)** (coll) GB (jail) prisa *f* (fam); **he's in the ~** ele está no xadrez (fam). **2** *vtr* **a)** (cut) fazer um entalhe em [*stick, surface*]; **b)** (coll) GB (steal) fanar (cal); **c)** (coll) GB (arrest) prender. **3** *v refl* **to ~ oneself** cortar-se. IDIOMAS **just in the ~ of time** mesmo a tempo.

nickel ['nɪk(ə)l] **1** *n* **a)** US (coin) moeda *f* de cinco "cents"; **b)** (metal) níquel *m*. **2** *modif* [*coin, knife*] em níquel. **3** *vtr* niquelar.

nickname ['nɪkneɪm] **1** *n* apelido *m*. **2** *vtr* apelidar.

nicotine ['nɪkətiːn] **1** *n* nicotina *f*. **2** *modif* [*addiction, poisoning, chewing-gun*] com nicotina; [*stain*] de nicotina; **~ content** teor *m* em nicotina; **~-stained** manchado de nicotina.

niece [niːs] *n* sobrinha *f*.

nifty (coll) ['nɪftɪ] *adj* (skilful) hábil; (attractive) giro (fam).

Nigeria [naɪ'dʒɪərɪə] *pr n* Nigéria *f*.

niggardly ['nɪgədlɪ] *adj* **a)** (mean) avarento,-a; **b)** (meagre) mesquinho.

niggle ['nɪg(ə)l] (coll) **1** *n* (complaint) queixa *f*; (worry) preocupação *f* (**of** de). **2** *vtr* (irritate) apoquentar. **3** *vi* (complain) queixar-se constantemente (**about, over** de; **that** que).

niggling ['nɪglɪŋ] **1** *n* ninharia *f* Po, mixaria *f* Br. **2** *adj* **a)** (fussy) miudinho (fam) [*person*]; **b)** (irritating) irritante.

nigh [naɪ] **1** (dated) *adj, adv* perto; **to draw ~** aproximar-se. **2 well ~** *adv phr* quase.

night [naɪt] *n* **a)** (period of darkness) noite *f*; **at ~** à noite; **all ~ long** toda a noite; **Lisbon by ~** Lisboa à noite; **eight o'clock at ~** oito da noite; **to sit up all ~ reading** passar a noite toda a ler; **to have a good/bad ~** dormir bem/mal; **to have a late ~** deitar-se tarde; **to get an early ~** deitar-se cedo; **b)** (evening) noite *f*; (evening as a whole) serão *m*; **it's my ~ out** é a minha noite de farra; **to make a ~ of it** divertir-se pela noite fora; **~ life** vida *f* nocturna.

nightingale ['naɪtɪŋgeɪl] *n* rouxinol *m*.

nightmare ['naɪtmeə(r)] *n* pesadelo *m*

night shift *n* **a)** (period) turno *m* da noite; **to be/work on the ~** estar/trabalhar no turno da noite; **b)** (works) turno *m* da noite.

nihilism ['naɪɪlɪzm, 'nɪhɪlɪzm] *n* niilismo *m*.

nil [nɪl] *n* (of enthusiasm, importance, progress) nenhum *m*; GB Sport zero *m*; (on forms) nada *m*.

Nile [naɪl] *pr n* Nilo *m*.

nimble ['nɪmb(ə)l] *adj* [*person, body, movement*] ágil (**at doing** para fazer; **with** com); [*fingers*] hábil; [*mind, wits*] vivo,-a; **to be ~ on one's legs** ser ligeiro a andar.

nimbly ['nɪmblɪ] *adv* agilmente.

nine [naɪn] **1** *n* nove *m*. **2** *adj* nove. IDIOMAS **a ~ day wonder** sensação do momento; **to be**

dressed up to the ~s (coll) estar vestido na perfeição.

nineteen [naɪn'tiːn] *n, adj* dezanove *m inv*. IDIOMAS **to talk ~ to the dozen** falar sem parar.

ninetieth ['naɪntɪɪθ] *n, adj, adv* nonagésimo *m*.

ninety ['naɪntɪ] *n, adj* noventa *m inv*.

ninny ['nɪnɪ] (coll) *n* parvo *m*.

nip [nɪp] **1** *n* (pinch) beliscadura *f*; beliscão *m*; (bite) mordidela *f* Po, mordida *f* Br; **the dog gave him a ~ on the ankle** o cão mordeu-o no tornozelo; **there was a ~ in the air** o ar frio cortava; **the cold ~ of winter** o frio cortante de inverno. **2** *vtr* **a)** (pinch) beliscar; (bite) morder (ligeiramente); (playfully) mordiscar; **b)** (frost) queimar [*seedlings*]. **3** *vi* **a)** (bite) morder; (nibble) mordiscar; [*bird*] dar uma bicada em qq coisa; **b)** (coll) GB (go) **she ~ped into a shop** ela entrou rapidamente numa loja; **she's just ~ped out to the shops** ela foi dar um saltinho aos armazéns. IDIOMAS **to ~ sth in the bud** cortar algo pela raiz, destruir algo à nascença; **~ and tuck** (coll, dated) ombro a ombro, par a par, renhidamente. ■ **nip along** [*person, vehicle, train*] apressar-se, ir a boa velocidade. ■ **nip off**: **~ off** [*person*] afastar-se rapidamente; **~ off (sth), ~ (sth) off** cortar [*withered flower*]; arrancar [*bud*].

nipple ['nɪp(ə)l] *n* **a)** Anat mamilo *m*; **b)** Tech (*also* **grease ~**) bocal *m* roscado; lubrificador *m*.

nippy (col) ['nɪpɪ] *adj* **a)** (cold) [*air*] cortante; [*wind*] frio e cortante; **it's a bit ~ today** está frio hoje; **b)** GB (quick) [*person*] ágil, rápido; **be ~ about it!** despacha-te! (fam).

nit [nɪt] *n* Zool (egg) lêndea *f*.

nit-pick *vi* GB ser picuinhas.

nit-picking ['nɪtpɪkɪŋ] **1** *n* picuíce *f* (fam). **2** *adj* picuinhas (fam).

nitrogen ['naɪtrədʒən] *n* azoto *m*.

nitroglycerin(e) [naɪtrəʊ'glɪsəriːn] *n* nitroglicerina *f*.

nitty-gritty [nɪtɪ'grɪtɪ] *n* **the ~** a realidade *f* nua e crua.

nitwit ['nɪtwɪt] (coll) *n* GB imbecil *m/f*.

no [nəʊ] **1** *particle* não. **2** *det.* **a)** (none, not any) nenhum; **to have ~ money** não ter dinheiro; **of ~ interest** sem interesse; **~ two people would agree on this** não há duas pessoas que estejam de acordo acerca disto; **b)** (with gerund) **there's ~ knowing what will happen** é impossível saber o que vai acontecer; **c)** (prohibiting) **~ smoking** proibido fumar; **~ parking** estacionamento proibido; **~ talking!** silêncio!; **d)** (for emphasis) **this is ~ time to cry** não é altura de chorar; **he's ~ expert** ele não é nenhum perito; **e)** (hardly any) **in ~ time** em menos de um fósforo; **it was ~ distance** não era longe. **3** *n* Gen não *m*. **4** *adv* **it's ~ further/easier than** não é mais longe/fácil do que; **I ~ longer work there** já não trabalho lá; **~ later than Wednesday** antes de quarta-feira; **they need ~ less than three weeks** eles precisam de pelo menos, três semanas.

no., No. abrev = **number** n.º.

Noah's Ark [nəʊəz 'aːk] *n* a Arca *f* de Noé.

nobility [nə'bɪlɪtɪ] *n* nobreza *f*.

noble ['nəʊbl] **1** *n* nobre *m/f*. **2** *adj* nobre; **that was very ~ of you** isso foi muito nobre da tua parte.

nobleman (*pl* -**men**) aristocrata *m*; nobre *m*.

nobly ['nəʊblɪ] *adv* [*behave, serve, strive*] no-bremente; [*give, donate, allow*] generosamente; **to be ~ born** ser de nascimento nobre.

nobody ['nəʊbədɪ] **1** *pron* (also no-one) nin-guém; ~ **saw her** ninguém a viu. **2** *n* **to be a ~** ser um zé-ninguém; **I knew her when she was still a ~** conheci-a quando ainda era uma desco-nhecida. IDIOMAS **to work like ~'s business** GB trabalhar como um louco; **he's ~'s fool** ele não nasceu ontem.

nocturnal [nɒk'tɜːnl] *adj* nocturno,-a.

nod [nɒd] **1** *n* aceno *m* de cabeça; **she gave him a ~** ela acenou-lhe com a cabeça; (as greeting) ela cumprimentou-o inclinando a cabeça. **2** *vtr* **to ~ one's head** (gen) acenar com a cabeça; **he ~ded his approval** ele inclinou a cabeça em si-nal de aprovação. **3** *vi* **a)** (gen) inclinar a cabe-ça; **to ~ to sb** (in greeting) cumprimentar com a cabeça; **b)** (sway) [*flowers, treetops, feathers*] inclinar-se, oscilar; **c)** (be drowsy) dormitar. IDIOMAS (coll) **to get the ~** GB [*proposal, pro-ject*] ser aprovado; (coll) **on the ~** GB (accept, approve) de comum acordo; **a ~ is as good as a wink (to a blind man)** para bom entendedor, meia palavra basta. ■ **nod off** dormitar.

node [nəʊd] *n* **a)** (gen) MED, COMPUT nó *m*; **b)** ANAT nódulo *m*.

noise [nɔɪz] **1** *n* **a)** barulho *m*; **background ~** barulho *m* de fundo; **to make a ~** [*machine, car, object*] fazer barulho; **b)** (racket) algazarra *f*; (shouting) gritaria *f*; **c)** ELEC, TELEC interferên-cias *fpl*; **d)** (coll) (comment, reaction) falatório *m* (**about** acerca de). **2 noises** *npl* **to make ~s about sth** fazer alarido acerca de algo; **to make the right ~** dizer as palavras certas.

noiseless ['nɔɪzlɪs] *adj* silencioso,-a.

noisily ['nɔɪzɪlɪ] *adv* alto, com muito barulho.

noisy ['nɔɪzɪ] *adj* [*person, activity, machine, place, talk*] barulhento,-a; [*argument*] tumultuo-so,-a.

nomad ['nəʊmæd] *n, adj* nómada *m/f*.

nomadic [nə'mædɪk] *adj* nómada.

nominal ['nɒmɪnl] *adj* nominal; [*fee, sum*] míni-mo,-a; [*fine, penalty*] simbólico,-a.

nominally ['nɒmɪnəlɪ] *adv* (in name) nominal-mente; (in theory) teoricamente.

nominate ['nɒmɪneɪt] *vtr* **a)** (propose) propor; **to ~ sb for a prize** propor alg para um prémio; **b)** (appoint) nomear; **to ~ sb (as) chairman** no-mear alg presidente; **to ~ sb to do sth** designar alg para fazer qq coisa.

nomination [nɒmɪ'neɪʃn] *n* **a)** proposta *f* de candidato; **b)** (appointment) nomeação *f* (**to** pa-ra, como); **c)** CIN, THEAT (for award) selecção *f*.

nominative ['nɒmɪnətɪv] *n, adj* nominativo *m*.

nominee [nɒmɪ'niː] *n* seleccionado,-a *m*.

non + [nɒn] *pref* (in compounds) (+ *n*) não-; (+ *adj*) não.

nonalcoholic *adj* não alcoólico,-a.

nonaligned *adj* POL não alinhado,-a.

nonchalant ['nɒnʃələnt] *adj* despreocupado,-a.

noncommissioned officer *n* MIL oficial *m* su-balterno.

noncommittal [nɒnkə'mɪt(ə)l] *adj* descompro-metido,-a, reservado,-a (**about** em relação a).

nonconformist [nɒnkən'fɔːmɪst] **1** *n* não-

-conformista *m/f*; dissidente *m/f*. **2** *adj* não con-formista.

nonconformity [nɒnkən'fɔːmɪtɪ] *n* (gen) não--conformismo *m*; inconformismo *m*.

noncooperation *n* não cooperação *f*.

nondenominational *adj* (church) ecuméni-co,-a; (school) laico,-a.

nondescript ['nɒndɪskrɪpt] *adj* [*person, clothes*] indefinível; [*building*] insignificante; [*perform-ance*] sem interesse.

none [nʌn] **1** *pron* **a)** (not any) nenhum; ~ **of them** nenhum deles; ~ **of the bread** nem uma migalha de pão; **there's ~ left** não restou ne-nhum; **b)** (nobody, not one person) ninguém; **there's ~ better than** não há ninguém melhor do que; **c)** (on form, questionnaire) nada. **2** *adv* (not, at all) **it was ~ too easy** estava longe de ser fácil; **I was ~ too sure** não estava muito se-guro.

nonentity [nɒ'nentɪtɪ] *n* (pej) (individual) nuli-dade *f* (pej); **a complete/total ~** uma verdadeira nulidade.

nonevent *n* acontecimento *m* sem importância.

nonexistent *adj* inexistente.

nonfiction *n* não-ficção *f*.

noniron *adj* não necessita ser passado a ferro.

nonparty *adj* [*issue, decision*] não partidário; [*person*] não filiado em partido.

non-profitmaking *adj* [*organization*] sem fins lucrativos; **on a ~ basis** sem fins lucrativos.

nonresident [nɒn'rezɪdənt] **1** *n* não-residente *m/f*. **2** *adj* **a)** [*guest*] temporário,-a; [*student*] ex-terno,-a; **b)** (*also* **non-residential**) [*job, course*] sem alojamento.

nonreturnable *adj* [*bottle*] sem retorno, sem depósito.

nonsense ['nɒns(ə)ns] *n* (silly talk) tolices *fpl*; **it's a ~ that...** é absurdo que... (+ *subj*); **a no-~ person** uma pessoa terra a terra. IDIOMAS **to make a ~ of sth** transformar algo numa coisa sem pés nem cabeça (fam).

nonsensical [nɒn'sensɪkl] *adj* (stupid) disparata-do,-a; (meaningless) absurdo,-a.

non sequitur [nɒn'sekwɪtə(r)] *n* **a)** (gen) **that's a complete ~** isso é completamente ilógico; **b)** PHILOS ilogismo *m*.

nonskid, nonslip *n* antiderrapante *m*.

nonstarter *n* (fig) **to be a ~** [*person*] ser não participante; [*plan, idea*] ser votado ao insuces-so.

nonstick *adj* [*coating, pan*] não aderente.

nonstop 1 *adj* [*flight*] sem escala; [*coach, jour-ney, train*] directo,-a; [*talk, work, noise, show*] permanente. **2** *adv* [*work, talk, drive, argue*] contínuo, ininterrupto; [*fly*] sem escala.

non-white, non-White *n* pessoa *f* de cor.

noodle ['nuːdl] *n* (pasta) (*usu pl*) talharim *m*; **egg ~s** talharim *m* com ovos.

nook [nʊk] *n* retiro *m*; recanto *m*. IDIOMAS **every ~ and cranny** todos os cantos e recantos.

noon [nuːn] *n* meio-dia *m*; **at (12) ~** ao meio-dia. IDIOMAS **morning, ~ and night** de manhã à noite.

noose [nuːs] *n* (loop) nó *m* corrediço; (for hang-ing) corda *f*; **the (hangman's) ~** o laço da forca. IDIOMAS **to put one's head in the ~** meter-se na boca do lobo.

nor [nɔː(r)] *conj* nem; **you don't have to tell him, ~ should you** não tens de lhe contar, nem devias; **he was not a cruel man, ~ a mean one** ele nem era (um homem) cruel, nem mesquinho.

norm [nɔːm] *n* (gen) FIN, GEOL, IND, MATH norma *f* (**for** para).

normal ['nɔːml] **1** *n* (gen) MATH normal *m*; **to get back** *or* **return to ~** voltar ao normal. **2** *adj* (gen) [*place, time*] habitual [*amount, method, position, size, temperature*] normal; **as ~** como de costume; **in the ~ course of events** se tudo correr bem.

normality [nɔː'mælɪtɪ] *n* normalidade *f*.

normally ['nɔːməlɪ] *adv* normalmente.

Norman ['nɔːmn] **1** *n* **a)** HIST Normando *m*; **b)** LING (*also* **~ French**) normando *m*. **2** *adj* **a)** HIST normando,-a; **b)** ARCHIT românico,-a; **c)** (gen) [*landscape, village, produce*] da Normandia, normando,-a.

Norse [nɔːs] **1** *n* **a)** (language) escandinavo *m*; **b)** (*also* **~ men**) (+ *v pl*) **the ~** os Escandinavos. **2** *adj* [*mythology, saga*] nórdico,-a.

north [nɔːθ] **1** *n* (compass direction) norte *m*; **true ~** norte geográfico. **2 North** *pr. n* POL, GEOG (part of world, country) **the North** o Norte. **3** *adj* (gen) north; [*wind*] do norte; **in/from ~ London** no/do norte de Londres. **4** *adv* [*move*] para o *ou* em direcção ao norte; [*lie, live*] a norte (**of** de); **to go ~ of sth** passar a norte de qq coisa.

North: ~ Africa *n* Norte *m* de África; **~ America** *n* América *f* do Norte.

Norwegian [nɔː'wiːdʒn] **1** *pr n* **a)** (person) norueguês *m*; **b)** (language) norueguês *m*. **2** *adj* norueguês,-esa.

nose [nəʊz] **1** *n* **a)** ANAT nariz *m*; **to speak through one's ~** falar pelo nariz; **b)** (of plane) focinho *m* (fam); (of boat) proa *f*; **c)** (sense of smell) (of person) olfacto *m*; (of dog) faro *m*; **d)** (smell of wine) bouquet *m*; **e)** (fig) (instinct) **to have a ~ for sth** ter um sexto sentido para qq coisa; **to follow one's ~** seguir o seu instinto. **2** *vtr* (manoeuvre) **to ~ into/out of sth** fazer entrar/sair com precaução [*boat, vehicle*]; **the captain ~d the boat out of the harbour** o capitão manobrou com cuidado o barco para fora do porto. **3** *vi* **to ~ into/out of sth** [*boat, vehicle*] entrar/sair com precaução. IDIOMAS (coll) **to lead sb by the ~** fazer gato sapato de alg; **to look down one's ~ at sb/sth** olhar alg/algo com desprezo; (coll) **to poke** *or* **stick one's ~ into sth** meter o nariz em qq coisa; **with one's ~ in the air** com um ar superior. ■ **nose about, nose around** vasculhar (**in** em). ■ **nose out** [*vehicle, boat*] sair com cuidado; **~ out (sth), ~ (sth) out a)** (lit) despistar [*animal, scent*]; **b)** (fig, pej) desvendar [*facts, truth, secret*].

nose: ~ bag *n* cevadeira *f*; **~bleed** *n* hemorragia *f* nasal; **~~dive 1** *n* **a)** AVIAT voo *m* picado; **to go into a ~~dive** descer em voo picado; **b)** (fig) **to go into** *or* **take a ~~dive** cair vertiginosamente. **2** *vi* [*plane*] descer em voo picado; [*demand, prices, sales*] cair vertiginosamente.

nosey ['nəʊzɪ] (coll) *adj* see **nosy**.

nostalgia [nɒ'stældʒə] *n* nostalgia *f*.

nostalgic [nɒ'stældʒɪk] *adj* nostálgico,-a; **to feel ~ for** [*era, place*] sentir saudades de.

nostril ['nɒstrɪl] *n* (of person) narina *f*; (of horse) venta *f*.

nosy, nosey ['nəʊzɪ] (coll) *adj* bisbilhoteiro,-a, intrometido,-a.

not [nɒt] **1** *adv* não; **she isn't at home** ela não está em casa; **I hope not** espero que não; **certainly ~** claro que não; **~ only** *or* **just** não só; **whether it rains** *or* **~** quer chova quer não; **why ~?** porque não?; **they live in caves, ~ in houses** eles vivem em cavernas, não em casas; **~ everyone likes it** nem toda a gente gosta disso. **2 not at all** *adv phr* (gen) de maneira nenhuma; (responding to thanks) de nada. **3 not that** *conj phr* **~ that I know of** não que eu saiba.

notable ['nəʊtəbl] **1** *n* (formal) notável *m/f*. **2** *adj* [*person, event, difference*] importante, notável; **to be ~ for** [*clarity, appearance, quality*] ser notável por.

notably ['nəʊtəblɪ] *adv* **a)** (in particular) particularmente; **most ~** muito particularmente; **b)** (markedly) notavelmente.

notary public *n* (*pl* **~ies public**) notário *m*.

notation [nəʊ'teɪʃn] *n* **a)** (musical, algebraic) notação *f*; **b)** (system) (sistema de) notação *f*; **c)** (formal) (record) US nota *f*; anotação *f*.

notch [nɒtʃ] **1** *n* **a)** (in plank) entalhe *m*; (in fabric) corte *m*; (in lid) mossa *f*; **b)** (as record) corte *m*; entalhe *m*; **c)** (coll) (degree) grau *m*; **to go up a ~** [*opinion*] subir um ponto; **to be several ~es above sb** estar nitidamente acima de alg. **2** *vtr* (mark) entalhar, fazer corte [*stick, surface, edge*]; cortar [*fabric*]. ■ **notch up** (coll) obter [*win, point, prize*].

note [nəʊt] **1** *n* **a)** (record) nota *f*; **to make a ~** tomar nota, anotar; **b)** (short letter, message) palavra *f*; mensagem *f*; **a ~ of thanks** uma palavra de agradecimento; **a ~ of panic** um tom de pânico; **c)** COMM, FIN (banknote) nota *f*; **d)** MUS (printed symbol, sound) nota *f*; (key of instrument) tecla *f*; **e)** (fig) (tone) tom *m*; (fig) **to hit the right ~** encontrar o tom adequado. **2 notes** *npl* **a)** SCHOL, UNIV (written record, papers) apontamentos *mpl*; **b)** LITERAT (on author, work) comentário *m*. **3 of note** *adj phr* [*person*] reputado, eminente; [*development, contribution*] importante, digno de nota. **4** *vtr* **a)** (observe, register) constatar [*importance, emergence, difference*]; **b)** (notice) reparar em [*appearance, mood*]; **c)** (record) anotar, tomar nota de [*date, symptom, criticism*]; **d)** (allude to, mention) indicar, mencionar; **the report ~d that...** o relatório sublinhou que.... IDIOMAS **to compare ~s with sb** trocar impressões com alg. ■ **note down: ~ down (sth), ~ (sth) down** anotar, tomar nota de [*idea, observation*].

notebook *n* (gen) agenda *f*; caderno *m* de apontamentos.

noted ['nəʊtɪd] *adj* célebre, conhecido.

note: ~pad *n* bloco *m* de apontamentos; **~paper** *n* papel *m* de carta. (formal) **~worthy** *adj* notável.

nothing ['nʌθɪŋ] **1** *pron* nada; **I know ~ about it** eu não sabia nada acerca disso; **next to ~** quase nada; **~ much** pouca coisa; **~ more** nada mais *ou* mais nada; **I had ~ to do with it** não tive nada a ver com isso; **it's ~ to do with us**

isso não tem nada a ver connosco ou isso não nos diz respeito; **you've got ~ on me!** (to incriminate) não tens/têm nada contra mim; **the names meant ~ to him** os nomes não lhe diziam nada; **he means** *or* **is ~ to me** ele é-me indiferente; **to think ~ of doing** (consider normal) considerar normal fazer; (not baulk at) não hesitar em fazer; **for ~** (for free) de graça; (pointlessly) para nada; **you'll do ~ of the sort!** não vais fazer nada disso!; **there's ~ like it!** não há nada aparecido!; **there's ~ in it** (in gossip, rumour) não há uma ponta de verdade nisso; (in magazine, booklet) não tem interesse; **to come to ~** não levar a nada; **to stop at ~** não recuar perante nada (**to do** para fazer); **to have ~ on** (no clothes) estar nu; (no engagements, plans) não ter nada previsto. **2** *adv* **it is ~ like as difficult as** está longe de ser tão difícil como; **she is** *or* **looks ~ like her sister** ela não se parece nada com a irmã; **~ short of a miracle can save them** só um milagre os pode salvar; **I'm ~ if not stubborn** o mínimo que posso dizer é que sou teimoso. **3** *adj* **to be ~ without sb/sth** não ser ninguém sem alg/algo. **4** *n* nada *m*; **it's a mere ~ compared to** não é nada comparado a. **5 nothing but** *adv phr* **he's ~ but a coward** ele não é senão um cobarde; **she has ~ but praise for them** ela não lhes poupa elogios; **it's caused me ~ but trouble** só me causou chatices. **6 nothing less than** *adv phr* **it's ~ less than a betrayal** é uma verdadeira traição. **7 nothing more than** *adv phr* nada mais do que; **it's ~ more than a strategy to do** não é mais do que um estratagema para fazer.

notice ['nəʊtɪs] **1** *n* **a)** (written sign) aviso *m*; cartaz *m*; letreiro *m*; **b)** (in newspaper) (advertisement) anúncio *m*; (announcing birth, marriage, death) participação *f*; **c)** (attention) atenção *f*; **to take ~** prestar atenção (**of** a); **it was beneath her ~** aquilo não merecia a sua atenção; (formal) **it has come to my ~ that...** fizeram-me notar que...; **d)** THEAT, JOURN (review) crítica *f*; **e)** (advance warning) pré-aviso *m*; **without ~** sem aviso prévio; **until further ~** até nova ordem; **f) to give (sb) ~ that, serve ~ (on sb) that** ADMIN avisar (alg) de que; **g)** (of resignation, dismissal) **to give in** *or* **hand in one's ~** pedir a sua demissão; **to give sb ~** *or* **their ~** despedir alg. **2** *vtr* notar, aperceber-se de qq coisa [*absence, mark, stain*]; **to ~ that sth is happening** notar que se está a passar qq coisa; **to do sth to get oneself ~d** fazer qq coisa para chamar a atenção; **I ~ that...** vejo que....

noticeable ['nəʊtɪsəbl] *adj* [*flaw, spot, scar, improvement, coolness*] visível, evidente.

noticeably ['nəʊtɪsəblɪ] *adv* **a)** [*increase, improve*] sensivelmente; **b)** [*different, better, colder*] nitidamente.

noticeboard *n* placard *m* de informações.

notification [nəʊtɪfɪ'keɪʃn] *n* **a)** notificação *f*; **to receive (written) ~ of sth** receber notificação (escrita) de algo; **b)** PRESS (of birth, marriage, death) comunicação *f*.

notify ['nəʊtɪfaɪ] *vtr* **a)** (inform) notificar; **to ~ sb of/about** [*decision, result, incident, theft*] avisar alg de; **b)** (announce formally) **to ~ sb of** [*birth, engagement, death*] participar algo a alg.

notion [nəʊ∫n] *n* **a)** (idea) ideia *f*; **I had a ~ that he was married** eu tinha a ideia de que ele era casado; **I never had any ~ of asking her** nunca me veio à ideia perguntar-lhe; **b)** (vague understanding) ideia *f*; noção *f*; **she has some ~ of chemistry** ela tem algumas noções de química; **c)** (whim, desire) ideia *f*; desejo *m*; **he had/took a sudden ~ to go for a swim** ele teve um desejo súbito de ir nadar.

notoriety [nəʊtə'raɪətɪ] *n* notoriedade *f* (**for sth** por algo); **the ~ surrounding sth** a publicidade que envolve algo.

notorious [nə'tɔːrɪəs] *adj* [*criminal, prison, organization*] conhecido,-a [*district, venue*] mal afamado,-a; [*case*] famoso,-a; **~ for/as sth** [*person, place*] conhecido por/como algo; **the ~ Mr. Brown** o famigerado Mr. Brown.

notoriously [nə'tɔːrɪəslɪ] *adv* notoriamente; **a ~ difficult country to govern** um país notoriamente difícil de governar.

notwithstanding [nɒtwɪθ'stændɪŋ] (formal) **1** (dated) *adv* não obstante, todavia. **2** *prep* **~ the legal difficulties, the legal difficulties ~** a despeito de/apesar das dificuldades legais.

nought [nɔːt] *n* zero *m*.

noughts and crosses *n* (+ *v sg*) jogo *m* do galo.

noun [naʊn] *n* substantivo *m*; nome *m*.

nourish ['nʌrɪʃ] *vtr* alimentar [*person, animal, plant, skin*] (**with** com); enriquecer [*soil*] (**with** com).

nourishing ['nʌrɪʃɪŋ] *adj* nutritivo,-a.

nourishment ['nʌrɪʃmənt] *n* (nutrition) alimentação *f*; **there is no ~ in that** isso não tem valor nutritivo.

nous [naʊs] (coll) *n* GB bom senso *m*; **political ~** sentido político.

Nov abrev = **November**.

Nova Scotia [nəʊvə'skəʊʃə] *pr n* Nova-Escócia *f*.

novel ['nɒvl] **1** *n* (work) romance *m*. **2** *adj* original, novo.

novelette [nɒvə'let] *n* **a)** GB (novel, gen) (pej) romance *m* de cordel (pej); **b)** LITERAT (novella) novela *f*.

novelist ['nɒvəlɪst] *n* romancista *m/f*.

novella [nə'velə] *n* LITERAT novela *f*.

novelty ['nɒvltɪ] **1** *n* **a)** (quality) novidade *f* (**of** sth de algo; **of doing** de fazer); **the ~ soon wore off** a novidade depressa passou; **b)** (trinket) (usu pl) bugiganga *f*. **2** *modif* [*key, ring, mug, stationary*] fantasia.

November [nə'vembə(r)] *n* novembro *m*.

novice ['nɒvɪs] *n* (gen) (beginner) principiante *m/f* (**in sth** em algo); RELIG noviço *m*.

now [naʊ] **1** *conj* **~ (that)** agora que. **2** *adv* **a)** (at the present moment) agora; **~ is the best time to do** agora é a melhor altura para fazer; **right ~** agora mesmo; **it's a week ~ since she left** faz agora uma semana que ela se foi embora; **any time** *or* **moment ~** a qualquer momento; **~ fast, ~ slowly** ora depressa, ora devagar; **(every) ~ and then** *or* **again** de tempos a tempos, de vez em quando; **b)** (with preposition) **you should have phoned him before ~** devias ter-lhe telefonado antes; **before** *or* **until ~** até agora; **he should be finished by ~** ele já deve ter acabado; **from** ~ **on(wards)** de agora em diante; **good-bye for** ~ até breve, até à vista; **c)** (in the past) **it was** ~ **4 pm** eram então 4 da tarde; **by** ~ **it was too late** nessa altura era demasiado tarde; **d)** (without temporal force) ~ **there's a man I can trust** ora cá está um homem em que posso confiar; ~ **let's see** ora vejamos; ~**! ~!, come** ~**!** ora vamos lá!; ~ **then, let's get down to work** ora bem, voltemos ao trabalho.

nowadays ['naʊədeɪz] *adv* (these days) hoje em dia; (at present, now) actualmente.

nowhere ['nəʊweə(r)] **1** *adv* em parte nenhuma; **I've got** ~ **else to go** não tenho mais sítio nenhum para onde ir; **all this talk is getting us** ~ toda esta conversa não nos leva a lado nenhum; **there's** ~ **to sit down** não há lugar para sentar. **2 nowhere near** *adv phr, prep phr* longe de; ~ **near sufficient** longe de ser suficiente.

noxious ['nɒkʃəs] *adj* [*gas*] tóxico,-a; [*chemical*] nocivo,-a.

nozzle ['nɒzl] *n* (of hose, pipe) bocal *m*; (of bellows) bico *m*; (of hoover) boca *f*.

nth [enθ] *adj* MATH (fig) **to the** ~ **power, to the** ~ **degree** à enésima potência.

nuance ['njuːɑ̃s] *n* matiz *m*.

nub [nʌb] *n* **a) the** ~ **of the problem** o fulcro do problema; **the** ~ **of the matter** o essencial do assunto; **b)** (knob, lump) protuberância *f*.

nubile ['njuːbaɪl] *adj* **a)** (hum) (attractive) desejável; **b)** (formal) (marriageable) núbil, casadouro,-a.

nuclear ['njuːklɪə(r)] *adj* [*element, fuel, charge, reaction*] nuclear; [*energy, power, bomb, war, weapon*] nuclear, atómico,-a.

nuclear: ~ **deterrent** *n* força *f* de dissuasão nuclear; ~ **physics** *n* física *f* nuclear; ~ **powers** *npl* forças *fpl* nucleares ou atómicas; ~ **power station** *n* central *f* nuclear.

nuclei (*pl*) see **nucleus**.

nucleus ['njuːklɪəs] *n* (*pl* ei) (also fig) núcleo *m*; **atomic** ~ núcleo atómico.

nude [njuːd] **1** *n* **a)** ART nu *m*; nudez *f*; **b) in the** ~ (todo) nu. **2** *adj* [*person*] nu, a; [*beach*] nudista; **to do** ~ **scenes** CINE, THEAT representar despido.

nudge ['nʌdʒ] **1** *n* cotovelada *f*; empurrão *m*. **2** *vtr* (push, touch) dar com o cotovelo (para chamar a atenção); (accidentally) chocar; (brush against) roçar; **he** ~**d his way through the crowd** ele abriu o seu caminho através da multidão.

nudist ['njuːdɪst] **1** *n* nudista *m/f*. **2** *modif* [*camp, colony*] de nudistas [*beach*]; nudista.

nugget ['nʌgɪt] *n* pepita *f*.

nuisance ['njuːsəns] *n* **a)** (annoyance) aborrecimento *m*; **b)** (annoying person) chato *m* (fam); **to be a** ~ **to sb** [*person*] aborrecer alg; [*action, noise, smell*] incomodar alg; **c)** (inconvenience) embaraçoso; **it's a** ~ **for me to do** chateia-me ter de fazer (fam); **it's a** ~ **having to do** é uma chatice ter de fazer (fam); **what a** ~**!** que maçada!, que chatice! (fam).

null [nʌl] *adj* JUR [*contract*] nulo,-a, inválido,-a; [*legacy*] caduco,-a; ~ **and void** sem validade; **to render** ~ anular, invalidar.

nullify ['nʌlɪfaɪ] *vtr* JUR invalidar, anular.

numb [nʌm] **1** *adj* entorpecido,-a; (fig) paralisa-

do,-a; **to go** ~ ficar entorpecido; ~ **with cold** entorpecido pelo frio; ~ **with shock** paralisado pelo choque; ~ **with fear** transido de medo. **2** *vtr* **a)** [*cold*] entorpecer; [*fear*] transir, gelar; **I was** ~**ed by the shock** fiquei como que paralisado pelo choque; **to** ~ **the pain** adormecer a dor; **b)** MED insensibilizar.

number ['nʌmbə(r)] **1** *n* **a)** (gen) número *m*; (written figure) algarismo *m*; **a three-figure** ~ um número de três algarismos; **b)** (of bus, house, page, passport, etc) número *m*; **the** ~ **7 bus** o autocarro Po, o ônibus BR 7; **there's no reply at that** ~ TELEC não respondeu desse número; **c)** (amount, quantity) número *m*; quantidade *f*; **for a** ~ **of reasons** por várias razões; **in a equal** ~**s** em número igual; **d)** (formal) (group, company) **one of our** ~ um dos nossos; **e)** (issue) (of magazine, periodical, etc) número *m*; **the July** ~ o número de Julho; **f)** MUS, THEAT número *m*; **g)** (coll) (object of admiration) **she was wearing a smart little black** ~ (dress) ela vestia um giríssimo mini-vestido preto (fam); **she is a cute little** ~ ela é uma coisinha fofa (fam). **2** *vtr* **a)** (allocate number to) numerar; **b)** (amount to) contar com; **the regiment** ~**ed 1000 men** o regimento contava com 1000 homens; **c)** (include) contar; **d)** (be limited in number) **to be** ~**ed** [*options, opportunities*] estar contado; **his days are** ~**ed** os dias dele estão contados. **3** *vi* (comprise in number) **a crowd** ~**ing in the thousands** uma multidão de vários milhares de pessoas; **he** ~**s among the great musicians** ele faz parte dos grandes músicos. IDIOMAS **your** ~**'s up!** estás feito! (cal); estás lixado!; **to do sth by** ~**s** *or* US **by the** ~**s** fazer qq coisa mecanicamente.

number one *n* **a)** (most important) número um *m* (in em, de); **b)** (oneself) **to look after** *or* **look out for** *or* **take care of** ~ pensar em si próprio em primeiro lugar.

numberplate *n* GB placa *f* de matrícula.

numbness ['nʌmnɪs] *n* (physical) entorpecimento *m*; (emotional, mental) torpor *m*; dormência *f*.

numeracy ['njuːmərəsɪ] *n* aptidão *f* para o cálculo; **they need to improve pupil's standards of** ~ a necessidade de melhorar o nível dos alunos em matéria de cálculo.

numeral ['njuːmərəl], US ['nuː-] *n* algarismo *m*.

numerate ['njuːmərət] *adj* bom em cálculo.

numerical [njuːˈmerɪkl] *adj* numérico,-a.

numerous ['njuːmərəs] *adj* numeroso,-a.

numismatics [njuːmɪzˈmætɪks] *n* numismática *f*.

nun [nʌn] *n* religiosa *f*; freira *f*; **to become a** ~ tornar-se freira.

nuptial ['nʌpʃl] *adj* (liter *or* hum) nupcial.

nurse [nɜːs] **1** *n* **a)** MED enfermeiro *m*; **male** ~ enfermeiro *m*; **b)** (also ~**maid**) ama *f* Po, babá *f* BR. **2** *vtr* **a)** MED cuidar de, tratar [*person*]; **b)** (clasp) apertar, abraçar [*baby, object*]; **c)** (suckle) aleitar, amamentar; **d)** (fig) (cultivate) tratar de [*plant, constituency*]. **3** *vi* **a)** (be a nurse) actuar como enfermeiro; **b)** (feed) [*baby*] amamentar, alimentar.

nursery ['nɜːsərɪ] *n* **a)** (*also* day ~) creche *f*; infantário *m*; **b)** HORT viveiro *m*; **c)** (room) quarto *m* de crianças.

nursery: ~ **rhyme** *n* poesia *f* infantil; ~ **school** *n* escola *f* infantil.

nursing ['nɜ:sɪŋ] **1** *n* **a)** (profession) enfermagem *f;* **b)** (care) assistência *f;* cuidado *m;* **he needs round-the-clock** ~ ele precisa de assistência as 24 h do dia. **2** *adj* **a)** [*mother*] que amamenta; **b)** [*staff, methods, practice*] de enfermagem.

nursing home *n* **a)** (residence) casa *f* de saúde; **b)** GB (small private hospital) clínica *f;* (maternity) maternidade *f.*

nurture ['nɜ:tʃə(r)] **1** *n* cuidados *mpl.* **2** *vtr* educar [*child*]; cuidar [*plant*]; (fig) alimentar [*hope, feeling*]; alimentar, cultivar [*talent*]; olhar pelo desenvolvimento de [*project*].

nut [nʌt] *n* **a)** CULIN noz *f;* **b)** TECH porca *f;* **c)** (stubborn) **he's a tough** *or* **hard** ~ **to crack** ele é um osso duro de roer.; **the ~s and bolts** os pormenores práticos essenciais. IDIOMAS (coll) **~s to you!** vai à fava!; **I can't cook for ~s** GB sou um zero na cozinha.

nut: ~**cracker** *n* quebra-nozes *m;* ~**meg** *n* (fruit) noz *f* moscada. (coll).

nutrient ['nju:trɪənt] **1** *n* substância *f* nutritiva, nutriente *m.* **2** *adj* nutritivo,-a, nutriente.

nutriment ['nju:trɪmənt] (formal) *n* alimento *m;* nutrição *f.*

nutrition [nju:trɪʃn] *n* **a)** (act, process) nutrição *f;* alimentação *f;* **b)** (science) dietética *f.*

nutritional [nju:trɪʃənl] *adj* nutricional, alimentar.

nutritious [nju:'trɪʃəs] *adj* nutritivo,-a, alimentício,-a.

nutshell *n* **a)** (lit) casca *f* de noz; **b)** (fig) **that, in a** ~**, is my plan** em resumo, é este o meu plano.

nuzzle ['nʌzl] *vtr* [*horse, dog*] esfregar o nariz ou focinho em; [*pig*] fossar.

nylon ['naɪlɒn] **1** *n* nylon *m.* **2** *modif* de/em nylon; ~ **stockings** see ~s; ~**s 3** (dated) *npl* **(a pair of)** ~ (um par de) meias de nylon.

nymph [nɪmf] *n* ALSO ZOOL ninfa *f.*

nymphomania [nɪmfə'meɪnɪə] *n* ninfomania *f.*

nymphomaniac [nɪmfə'meɪnɪæk] *n, adj* (often offensive) ninfómana *f;* ninfomaníaca *f.*

NZ abrev = **New Zealand**.

Oo

o, O [əʊ] *n* **a)** (letter) o, O *m*; **b)** (number) zero
m.

oaf [əʊf] *n* (clumsy) parvo,-a *m*; imbecil *m/f*;
(loutish) grosseiro,-a *m, f*.

oak [əʊk] **1** *n* carvalho *m*. **2** *modif* **made of** ~ de/
em (madeira de) carvalho. IDIOMAS **big** *or*
great ~s from little acorns grow (Prov) de pequenos riachos se fazem os grandes rios.

OAP *n* GB **a)** abrev = **old age pensioner** reformado,-a *m*; **b)** abrev = **old age pension** reforma
f PO, aposentadoria *f* BR de Segurança Social.

oar [ɔ:(r)] *n* **a)** remo *m*; **b)** (person) remador *m*.

oasis [əʊ'eɪsɪs] *n* (*pl* **-ses**) oásis *m*; (fig) (of civilization, etc) oásis.

oat [əʊt] *n* **~s** aveia *f*. IDIOMAS **to be off one's
~s** (coll) ter falta de apetite; **to feel one's ~s**
(coll) (feel exuberant) US estar em plena forma;
(be self-important) fazer-se importante; **to sow
one's wild ~s** andar a divertir-se à grande.

oatcake [əʊtkeɪk] *n* bolo *m* de aveia.

oath [əʊθ] *n* **a)** JUR juramento *m*; **on** *or* **under** ~
sob juramento; **to take the** ~ *or* **swear an** ~
prestar juramento; **b)** (swearword) praga *f*.

oatmeal [əʊtmi:l] *n* (cereal) flocos *fpl* de aveia;
US (porridge) papa *f* de aveia; (colour) cru.

obduracy ['ɒbdjʊərəsɪ] (formal) *n* (stubborness)
obstinação *f*; teimosia *f*; (hardness) endurecimento *m* (de coração).

obdurate [ɒb'djʊərət] *adj* (stubborn) obstinado,-a, teimoso,-a; (hard) endurecido,-a.

obedience [ə'bi:dɪəns] *n* obediência *f*; submissão *f* (**to** a); **in ~ to sbś wishes/orders** em obediência aos desejos/às ordens de alg.

obedient [ə'bi:dɪənt] *adj* [*child, pupil, dog*] obediente; **to be ~ to sb/sth** obedecer a alg/algo.

obediently [ə'bi:dɪəntlɪ] *adv* docilmente, obe-
dientemente, submissamente.

obelisk ['ɒbəlɪsk, 'ɒbɪlɪsk] *n* **a)** ARCHIT obelisco
m; **b)** PRINT óbelo *m*; cruz *f*.

obese [əʊ'bi:s] *adj* obeso,-a.

obesity [əʊ'bi:sɪtɪ] *n* obesidade *f*.

obey [əʊ'beɪ] **1** *vtr* obedecer a [*person, order,
conscience*]; obedecer a, estar conforme com
[*law*]; obedecer, estar de acordo com [*instructions*]; JUR cumprir, acatar [*summons, order*]. **2**
vi obedecer.

obituary [ə'bɪtjʊərɪ] **1** *n* ~ **(notice)**; necrologia
f. **2** *adj* [*notice*] necrológico,-a.

object 1 ['ɒbdʒɪkt] *n* **a)** (item) objecto *m*; **b)**
(goal) objectivo *m*; fim *m* (**of sth** de qq coisa);
with the (sole) ~ of doing com o (único) objectivo de fazer; **c)** (focus) (**to be) the ~ of sth**
(ser) o objecto de qq coisa; **d)** LING complemento *m*; **direct/indirect ~** complemento *m* directo/
indirecto. **2** [əb'dʒekt] *vtr* **to ~ that...** objectar
que.... **3** [əb'dʒekt] *vi* levantar objecções; "**I ~!**"
"eu protesto!"; **if you don't ~...** se não vê objecção nisso...; **to ~ to** opor-se a [*plan, law*];

queixar-se de [*noise*]; **to ~ strongly (to sth)**
opor-se categoricamente a qq coisa; **to ~ to sb's
doing...** opor-se a que alg faça; **do you ~ to my
smoking?** importa-se que eu fume?; **to ~ to sb
on grounds of sex/age** estar contra alg por razões de sexo/idade. IDIOMAS **money is/was no**
~ o dinheiro não é/não era problema.

objectionable [əb'dʒekʃənəbl] *adj* [*remark*]
contestável, condenável; [*behaviour, language*]
inadmissível; [*person*] insuportável.

objective [əb'dʒektɪv] **1** *n* **a)** (gen) MIL, OPT,
PHOT objectivo *m*; **b)** LING acusativo *m*. **2** *adj* **a)**
(unbiased) objectivo,-a, imparcial (**about** em relação a); **b)** LING; ~ **case** caso *m* acusativo.

objectively [əb'dʒektɪvlɪ] *adv* objectivamente,
com imparcialidade.

objectivity [əb'dʒektɪvɪtɪ] *n* objectividade *f*; imparcialidade *f*.

object lesson *n* demonstração *f*; **an ~ in doing**
uma demonstração sobre a maneira de fazer; **it
was an ~ in how to score a goal** foi uma demonstração de como marcar um golo/objectivo.

objector [əb'dʒektə(r)] *n* opositor *m*.

obligation [ɒblɪ'geɪʃn] *n* **a)** (duty) dever *m* (**towards, to** para com); **out of a sense of** ~ por
sentido do dever; **b)** (commitment) (contractual)
obrigação *f* (**to** para com); (personal) compromisso *m*; **to have an ~ to do** ter a obrigação de
fazer; "**no ~ to buy**" "não é obrigado a comprar"; (debt) (financial) dívida *f*; (of gratitude)
dívida de gratidão.

obligatory [ə'blɪgətərɪ] *adj* (compulsory) obrigatório,-a.

oblige [ə'blaɪdʒ] *vtr* **a)** (compel) obrigar; **to be/
feel ~d to do** ser/sentir-se obrigado a fazer; **b)**
(be helpful) prestar um serviço a, fazer um favor a [*person*]; **anything to ~!** ao seu dispor!;
c) (be grateful) **to be ~d to sb (for sth/doing
sth)** estar reconhecido a alg (por qq coisa/por
ter feito qq coisa); **much ~d!** muito obrigado!.

obliging [ə'blaɪdʒɪŋ] *adj* prestável; **it is ~ of
them** é amável da parte deles.

oblique [ə'bli:k] **1** *n* PRINT traço *m* oblíquo. **2**
adj oblíquo,-a; [*reference, compliment*] indirecto,-a, dissimulado,-a.

obliquely [ə'bli:klɪ] *adv* obliquamente, de esguelha; (fig) indirectamente.

obliterate [ə'blɪtəreɪt] *vtr* **a)** (remove) apagar,
remover; **b)** (destroy) destruir completamente
[*city, building*].

obliteration [əblɪtə'reɪʃn] *n* (of mark, memory)
apagamento *m*; (of city) destruição *f* total.

oblivion [ə'blɪvɪən] *n* esquecimento *m*; **to sink
into** ~ (lit) cair no esquecimento; (fig) cair em
esquecimento.

oblivious [ə'blɪvɪəs] *adj* (unaware) inconsciente
(**of, to** de); (forgetful) esquecido,-a (**of, to** de).

oblong ['ɒblɒŋ] **1** *n* rectângulo *m*. **2** *adj* [*table,* *building, etc*] oblongo,-a, rectangular; [*fruit*] de forma alongada.

obnoxious [əb'nɒkʃəs] *adj* [*person, behaviour*] odioso, execrável; [*smell*] execrável.

oboe ['əʊbəʊ] *n* oboé *m.*

obscene [əb'si:n] *adj* obsceno,-a; (fig) [*wealth*] imoral; [*war*] monstruoso,-a.

obscenity [əb'senɪtɪ] *n* obscenidade *f.*

obscure [əb'skjʊə(r)] 1 *adj* a) obscuro,-a; b) (indistinct) indistinto,-a; [*feeling*] vago,-a. 2 *vtr* a) ocultar [*truth, meaning*]; **to ~ the issue** confundir a questão; b) (hide) esconder [*moon, view*].

obscurity [əb'skjʊərɪtɪ] *n* obscuridade *f.*

obsequious [əb'si:kwɪəs] *adj* obsequioso,-a, servil (**to, towards** para com).

observance [əb'zɜ:vəns] *n* (of law, right) observância *f*; cumprimento *m* (**of** de).

observant [əb'zɜ:vənt] *adj* a) [*person, eye, mind, etc*] observador,-a; b) (of law) cumpridor,-a, respeitador,-a (**of** de).

observation [ɒbzə'veɪʃn] *n* a) SCI, MED (gen) observação *f* (**of** de); **to be under ~** (in hospital) estar em observação; **to keep sb/sth under ~** (gen) ter alg/algo sob observação; b) (remark) reparo *m*; comentário *m* (**about, on** sobre); **to make an ~** fazer um comentário.

observatory [əb'zɜ:vətərɪ] *n* observatório *m.*

observe [əb'zɜ:v] *vtr* a) (see, notice) observar, reparar em (**that** que); b) (watch) [*doctor, police*] vigiar; [*scientist, researcher*] observar; c) (remark) comentar (**that** que); d) (adhere to) observar, respeitar [*law, custom, condition, silence*].

observer [əb'zɜ:və(r)] *n* a) observador *m* (**of** de); b) (commentator) comentador *m.*

obsess [əb'ses] *vtr* obcecar; **~ed by** *or* **with** obcecado por/com.

obsession [əb'seʃn] *n* obsessão *f*; mania *f*; **she has an ~ about hygiene** ela tem a mania da limpeza; **sailing is an ~ with him** ele tem uma obsessão pela vela; **to have an ~ with death** estar obcecado pela ideia da morte.

obsessional [əb'seʃənl] *adj* obsessivo.

obsessive [əb'sesɪv] *adj* [*person*] maníaco,-a; [*neurosis*] obsessivo,-a; [*thought, memory*] fixo,-a; **his ~ fear of illness** a sua obsessão pela doença.

obsessively [əb'sesɪvlɪ] *adv* **~ clean** de uma limpeza obsessiva; **to be ~ interested in sth** interessar-se por algo de forma obsessiva.

obsolescence [ɒbsə'lesəns] *n* tendência *f* para cair em desuso; **built in** *or* **planned ~** obsolência *f* planeada.

obsolescent [ɒbsə'lesənt] *adj* que está a tornar--se obsoleto.

obsolete ['ɒbsəli:t] *adj* [*technology*] ultrapassado,-a; [*custom, idea*] antiquado,-a; [*word*] obsoleto,-a.

obstacle ['ɒbstəkl] *n* (lit, fig) obstáculo *m*; **to be an ~ to sth** ser um obstáculo a qq coisa; **to put an ~ in the way of sth/in sb's way** pôr obstáculos a algo.

obstacle race *n* corrida *f* de obstáculos.

obstetric [ɒ'bstetrɪk] *adj* [*service, technique*] obstétrico,-a; **~ medicine** a obstetrícia *f.*

obstinate ['ɒbstɪnət] *adj* [*person*] obstinado,-a, teimoso,-a (**about** em, no que respeita a); [*behav-*

iour, silence, effort] obstinado,-a; [*resistance*] renhido,-a; [*illness, cough*] persistente; [*fever, stain*] rebelde; **she's being most ~ about it** ela não dá o braço a torcer.

obstruct [əb'strʌkt] *vtr* a) (block) obstruir, impedir [*view*]; bloquear, obstruir [*road*]; MED obstruir (**with** com); b) (impede) bloquear, impedir [*traffic*]; fazer obstáculo a [*plan*]; entravar [*progress*]; estorvar [*person*]; fazer obstrução a [*player*]; entravar o curso de [*justice*]; **to ~ the police** prejudicar a polícia (no exercício das suas funções).

obstruction [əb'strʌkʃn] *n* a) (act, state) (of road) impedimento *m*; (of pipe, artery) entupimento *m*; POL obstrução *f*; b) (to traffic, progress) obstáculo *m*; MED obstrução *f*; **to cause an ~ to traffic** provocar congestionamento de trânsito; c) SPORT obstrução *f.*

obstructive [əb'strʌktɪv] *adj* a) [*policy, tactics*] que causa obstrução; [*person*] que cria obstáculos; [*behaviour*] recalcitrante; b) MED que obstrui, obstrutivo.

obtain [əb'teɪn] 1 *vtr* obter [*information, permission, degree, visa*]; conseguir, arranjar [*money, goods*] (**for sb** para alg); adquirir [*experience*]; obter, alcançar [*prize*]; **this chemical is ~ed from zinc** este produto químico obtém-se a partir do zinco; **our product may be ~ed at any chemists** o nosso produto pode ser encontrado/ adquirido em qualquer farmácia. 2 *vi* (formal) [*practice, situation*] ser costume, estar em uso; [*rule*] ser obrigatório.

obtrude [əb'tru:d] *vi* a) [*person, law*] impor-se; [*opinion*] transparecer; b) (stick out) (lit) ressaltar.

obtrusive [əb'tru:sɪv] *adj* (visually) [*object, decor*] chocante; (indiscreet) [*person, behaviour*] importuno,-a.

obtrusiveness [əb'tru:sɪvnɪs] *n* indiscrição *f.*

obtuse [əb'tju:s] *adj* a) [*person*] obtuso,-a; [*remark*] estúpido,-a; **he's being deliberately ~** ele está a fazer-se de estúpido; b) [*angle*] obtuso.

obverse ['ɒbvɜ:s] *adj* a) [*argument*] contrário; b) (of coin) **the ~ side/face** o anverso *m.*

obviate ['ɒbvɪeɪt] (formal) *vtr* obviar, evitar [*delay, requirement*]; escapar [*danger*].

obvious ['ɒbvɪəs] 1 *n* **statement of the ~** afirmação *f* evidente. 2 *adj* a) (evident) evidente, claro,-a; **it's ~ that...** é evidente que...; **her anxiety was ~** a ansiedade dela era bem visível; **she is the ~ choice for the job** ela é sem dúvida a melhor para aquele emprego; **it was the ~ solution to choose** era a solução que se impunha escolher; **it was the ~ thing to do** era o que se impunha fazer; **for ~ reasons, I do not wish to discuss this** por razões óbvias, eu não quero falar disto; b) (pej) (unsubtle) [*lie*] flagrante; [*joke, symbolism*] grosseiro,-a; **she was too ~ about it** percebeu-se bem as intenções dela.

obviously ['ɒbvɪəslɪ] *adv* obviamente, evidentemente; **she ~ needs help** é bem evidente que ela precisa de ajuda; **he's ~ lying** vê-se mesmo que ele está a mentir; **he was ~ in pain** via-se que ele estava a sofrer; **~!** (indicating assent) claro!, evidentemente!; **hasn't he heard of them? ~ not** (iron) será que ele não ouviu falar deles? parece que não.

occasion [ə'keɪʒn] **1** *n* **a**) (particular time) ocasião *f*; **on that** ~ nessa ocasião; **on one** ~ uma vez; **on several** ~s várias vezes; **on a previous** ~ antes; **on rare** ~s raramente, em raras ocasiões; **on** ~, **on** ~s de tempos em tempos, ocasionalmente; **when the** ~ **demands it, he can be assertive** quando as circunstâncias o exigem, ele sabe afirmar-se; **to rise to the** ~ mostrar-se à altura das circunstâncias; **b**) (opportunity) ocasião *f*; oportunidade *f*; **to have** ~ **to do sth** ter a oportunidade de fazer algo; **it's no** ~ **for laughter** não é momento de rir; **if the** ~ **arises, should the** ~ **arise** se se proporcionar; **c**) (event, function) ocasião *f*; acontecimento *m*; **on special** ~s em grandes ocasiões; **the wedding was quite an** ~ o casamento foi um acontecimento importante; **ceremonial** *or* **state** ~ cerimónia *f* oficial; **d**) (formal) (cause) razão *f*; **there was no** ~ **to be so rude** não havia razão nenhuma para ser tão mal educado; **there is no** ~ **for alarm/to be alarmed** não há motivo para alarme. **2** *vtr* (formal) ocasionar, provocar.

occasional [ə'keɪʒənl] *adj* **a**) [*event*] ocasional, casual, eventual; **b**) (formal) [*poem, music*] de circunstância.

occasionally [ə'keɪʒənəlɪ] *adv* de vez em quando; **only very** ~ muito raramente, quase nunca.

occidental [ɒksɪ'dentl] (formal) *adj* ocidental.

occlude [ə'kluːd] *vtr* fechar, obstruir; **~d front** METEOROL frente *f* oclusa.

occlusion [ə'kluːʒn] *n* oclusão *f*.

occult [ɒ'kʌlt, ə'kʌlt] **1** *n* **the** ~ as ciências *fpl* ocultas. **2** *adj* [*powers, arts, literature*] oculto,-a.

occupant ['ɒkjʊpənt] *n* **a**) (of building, bed) ocupante *m/f*; **b**) (of vehicle) passageiro *m*; **c**) (of post) titular *m/f*.

occupation [ɒkjʊ'peɪʃn] *n* **a**) (of house) **to be in** ~ estar instalado; **ready for** ~ pronto a ser habitado; **b**) MIL, POL ocupação *f* (**of** de); **to be/come under** ~ estar sob ocupação/ser invadido; **c**) (job) (trade) trabalho *m*; (profession) profissão *f*; (activity) ocupação *f*.

occupational [ɒkjʊ'peɪʃnl] *adj* [*accident*] de trabalho; [*activity*] profissional; [*safety*] no trabalho.

occupational therapy *n* terapia *f* ocupacional.

occupier ['ɒkjʊpaɪə(r)] *n* ocupante *m/f*.

occupy ['ɒkjʊpaɪ] **1** *vtr* **a**) (inhabit) ocupar [*premises*]; **b**) (fill) ocupar [*bed, seat, room*]; **c**) (take over) ocupar [*country, building*]; **an occupied territory** um território ocupado; **d**) (take up) tomar [*time*]; [*activity*] durar [*afternoon*]; **the lecture occupies a whole day** a conferência dura o dia inteiro; **e**) (keep busy) ocupar [*person*]; captar [*attention*]; **to be occupied in doing** estar ocupado em fazer. **2** *v refl* **to** ~ **oneself** ocupar-se; **to keep oneself occupied (by doing)** manter-se ocupado (a fazer).

occur [ə'kɜː(r)] *vi* (*pres p etc* **-rr-**) **a**) (happen) [*change, delay, mistake, event*] ocorrer; [*outbreak, epidemy*] declarar-se; [*opportunity*] apresentar-se; [*sale, visit*] efectuar-se; **b**) (be present) [*disease, infection*] produzir-se; [*species, toxin*] encontrar-se; **c**) (suggest itself) **the idea ~red to me that...** ocorreu-me que...; **it ~s to me that she's wrong** parece-me que ela não tem razão.

occurence [ə'kʌrəns] *n* **a**) (event) ocorrência *f*; **to be a rare** ~ acontecer raramente; **b**) (presence) (of disease, phenomenon) caso *m*; (of species) aparecimento *m*.

ocean ['əʊʃn] **1** *n* **a**) (lit) oceano *m*; **b**) (coll) (lots) ~s **of food** montes *mpl* de comida. **2** *modif* [*voyage, wave*] oceânico,-a.

ocean-going *adj* [*vessel, ship*] de alto mar.

ocelot ['ɒsɪlɒt] *n* ZOOL ocelote *m*.

ochre GB, **ocher** US ['əʊkə(r)] **1** *n* (earth, colour) ocre, ocra *f*. **2** *adj* (colour) ocre.

o'clock [ə'klɒk] *adv* **at one** ~ à uma hora; **its two** ~ são duas horas; **12** ~ (**midday/midnight**) meio-dia, meia-noite; **the 10** ~ **screening** a sessão das dez horas.

Oct abrev = **October**.

octagon ['ɒktəgən] *n* octógono *m*.

octane ['ɒkteɪn] *n* octana *f*.

octave ['ɒktɪv] *n* **a**) MUS oitava *f*; **b**) LITER oitava *f*.

octavo [ɒk'tɑːvəʊ] **1** *n* livro *m* em formato de oitava. **2** *modif* [*volume*] em oitava.

October [ɒk'təʊbə(r)] *n* Outubro *m*.

octogenarian [ɒktədʒɪ'neərɪən] **1** *n* octogenário *m*. **2** *adj* octogenário,-a.

octopus ['ɒktəpəs] *n* **a**) ZOOL octópode *m*; CULIN polvo *m*; **b**) GB (elastic straps) tira *f* elástica.

ocular ['ɒkjʊlə(r)] *adj* [*defect*] ocular; [*muscle*] do olho, ocular.

oculist ['ɒkjʊlɪst] *n* oculista *m/f*.

odd [ɒd] *adj* **a**) (strange, unusual) esquisito, estranho; **there's something** ~ **about it** há qq coisa de estranho nisso; **he's a bit** ~ (mentally) ele é um bocado pírulas (fam); **b**) (occasional) **I have the** ~ **drink** às vezes, tomo uma bebida PO, um drinque BR; **c**) (not matching) [*socks, gloves*] desirmanado,-a; **d**) (miscellaneous) **a few** ~ **coins** algumas moedas de sobra; **e**) MATH [*number*] ímpar; **f**) (different) **spot the** ~ **man out** descubra a figura diferente; **g**) (approximately) **he lost £1,000~** ele perdeu mil e tal libras; **twenty-~ years later** vinte e tal anos depois.

oddity ['ɒdɪtɪ] *n* excêntrico,-a *m*.

odd: ~ **job** *n* (part-time, low-paid) biscate *m*; ~**-jobman** *n* homem *m* que faz biscates.

odds [ɒdz] *npl* **a**) (in betting) pontos *mpl* de vantagem; probabilidades *fpl*; **the** ~ **are even (that he'll win)** há uma hipótese em duas (que ele ganhe); **b**) (chances) probabilidade *f*; hipótese *f*; **the** ~ **against/in favour of a successful campaign** as probabilidades contra/a favor do sucesso da campanha; **she was fighting against the** ~ ela lutou contra a adversidade; **the** ~ **were in their favour** a sorte estava do lado deles. IDIOMAS **it makes no** ~ GB não tem importância; **to be at** ~ **with sb/sth** (in dispute with) estar em conflito com alg/algo; **to be at** ~ **with sth** (contradict) estar em desacordo com qq coisa.

odds and ends (coll) *npl* sobras *fpl*; restos *mpl*; miudezas *fpl*.

odds-on *adj* **a**) (coll) (likely) **it's** ~ **that he'll be elected** há fortes probabilidades que ele seja eleito; **b**) (in betting) **he's the** ~ **favourite** ele é o grande favorito.

ode [əʊd] *n* ode *f*.

odious ['əʊdɪəs] (formal) *adj* odioso,-a.

odium ['əʊdɪəm] (formal) *n* ódio *m*.

odor see **odour**.

odorous ['əʊdərəs] *adj* (liter) odorífero,-a, fragrante.

odour GB, **odor** US ['əʊdə(r)] *n* odor *m*.

odourless GB, **odorless** US ['əʊdəlɪs] *adj* [*gas, chemical*] inodoro,-a; [*cosmetic*] sem perfume.

odyssey ['ɒdɪsɪ] *n* odisseia *f*; **the O~** a Odisseia *f*.

Oedipus complex ['i:dɪpəs kɒmpleks] *n* complexo *m* de Édipo.

of [ɒv] *prep* **a)** (in most uses) de; **the leg ~ the table** a perna da mesa; **b)** (made of) de, em; **a ring (made) ~ gold** um anel de ou em ouro; **a will ~ iron** (fig) uma vontade férrea; **c)** (indicating an agent) **that's kind ~ you** é simpático da tua parte; **d)** (indicating a proportion) de; **some ~ us** alguns de nós; **e)** GB (in expressions of time) **I like to play golf ~ an afternoon** gosto de jogar golfe à tarde.

off [ɒf] **1** *n* **(from) the ~** desde a partida; **just before the ~** (of race) mesmo antes da partida. **2** *adv* **a)** (leaving) **to be ~** estar de saída, partir, ir-se embora; **I'm ~** (gen) vou-me embora; (to avoid sb) não estou; **b)** (at a distance) **to be 30 metres ~** estar a 30 metros (de distância); **some way ~** bastante longe; **c)** (a head in time) **Easter is a month ~** a Páscoa é dentro de um mês; **the exam is still several months ~** ainda faltam alguns meses para o exame ou o exame é daqui a alguns meses. **3** *adj* **a)** (free) de folga, livre; **Tuesday's my day ~** a terça-feira é o meu dia de folga; **to have the morning ~** ter a manhã livre; **b)** (turned off) **to be ~** [*water, gas*] (at mains) estar cortado; [*tap*] estar fechado; [*light, TV*] estar apagado; **c)** (cancelled) **to be ~** [*match, party*] ser cancelado; **our engagement's ~** rompemos o noivado; **the "coq au vin" is ~** (from menu) o "coq au vin" está esgotado; **d)** (removed) **the lid is ~** sem tampa; **with her make-up ~** sem maquilhagem; **e)** (bad) **to be ~** [*food, milk*] estar estragado. **4 off and on** *adv phr* por períodos. **5** *prep* **a)** (away from in distance) **~ the west coast** ao largo da costa oeste; **three metres ~ the ground** a três metros do chão; **b)** (away from the time) **to be a long way ~ doing** estar ainda longe de fazer; **c)** (*also* **just ~**) mesmo ao lado de [*kitchen etc*]; **d)** (astray from) **it is ~ the point** está fora de questão; **to be ~ centre** estar mal centrado; **e)** (detached from) **there's a button ~** [*cuff etc*] falta um botão (em); **f)** (no longer interested in) **to be ~ one's food** não ter apetite; **g)** (*also* **~ of**) **to borrow sth ~ a neighbour** pedir emprestado qq coisa a um vizinho. **IDIOMAS how are we ~ for?...** o que é que ainda temos de?... [*flour, etc*]; **~ with her head!** cortem-lhe a cabeça!; **that's a bit ~** GB essa é um pouco forte; **to have an ~ day** não estar nos seus dias.

offbeat ['ɒfbi:t, ɒf'bi:t] *adj* **a)** MUS [*rhythm*] fora de tempo; **b)** (unusual) [*humour, approach*] excêntrico,-a.

offence GB, **offense** US [ə'fens] *n* **a)** JUR infracção *f*; transgressão *f*; **it is an ~ to do** é ilegal fazer; **b)** (insult) ofensa *f*; **to cause/give ~ to sb** ofender alg; **to take ~ (at)** ofender-se (de/com); **no ~ intended, but...** eu não queria ofender, mas...; **c)** (outrage) atentado *m*; afronta *f*

(against a); **d)** MIL ataque *m*; **e)** US SPORT (+ *v sg or* + *v pl*) **the ~** o ataque *m*; os atacantes *mpl*.

offend [ə'fend] **1** *vtr* **a)** (hurt) ofender, magoar, melindrar [*person*]; [*article, remark*] magoar, ofender [*person*]; **to be ~ed by sth** ficar magoado por [*behaviour, remark*]; **to get ~ed** ofender-se; **don't be ~ed** não fiques ofendido; **b)** (displease) desagradar, afrontar; **that building ~s the eye** aquele edifício é um insulto à vista. **2** *vi* JUR cometer uma infracção (**against** contra, à). **3 offending** *pres p adj* (responsible) [*component, object*] em causa; [*person*] responsável.

offender [ə'fendə(r)] *n* **a)** JUR (against the law) delinquente *m/f*; (against regulations) infractor *m* (**against** a); **b)** (culprit) culpado *m*; **the press is the worst ~** a imprensa é o maior culpado; **politicians are the worst ~** não há nada pior que os políticos.

offense *n* US see **offence**.

offensive [ə'fensɪv] **1** *n* **a)** MIL, POL, SPORT ofensiva *f*; ataque *m* (**against** contra); **to take/go on the ~** passar à ofensiva/ao ataque; **b)** ADVERTG, COMM campanha *f*. **2** *adj* **a)** (insulting) [*remark, suggestion*] ofensivo,-a, injurioso,-a (**to** para); [*behaviour*] insultuoso,-a; **b)** (vulgar) [*language*] grosseiro,-a; [*behaviour*] chocante; [*gesture*] ordinário,-a, chocante; **c)** (revolting) [*smell*] repulsivo,-a, nauseabundo,-a; [*behaviour, idea*] repugnante; **d)** MIL, SPORT ofensivo,-a.

offer ['ɒfə(r)] **1** *n* **a)** (proposition) oferta *f* (**to do** para fazer); **an ~ of work** uma oferta de trabalho; **to make sb an ~** fazer uma oferta a alg; **an ~ of marriage** uma proposta de casamento; **b)** FIN oferta *f*; **an ~ of 2,000 dollars** uma oferta de 2.000 dólares; **that's my final** *or* **best ~** esta é a minha última palavra; **c)** COMM promoção *f*; **to be on special ~** estar em promoção; **d)** (available) **there's a lot/nothing on ~** há muito/ pouco por onde escolher. **2** *vtr* **a)** (proffer) dar [*advice, explanation, information*]; oferecer [*cigarette, help, job, reward, suggestion, support*]; emitir [*opinion*]; propor [*service*]; **to ~ sb sth** *or* **to ~ sth to sb** oferecer qq coisa a alg; **b)** (volunteer) oferecer-se; **to ~ to do** oferecer-se para fazer; **c)** (possess) ter [*experience*]; saber [*languages*]; **candidates must ~ two foreign languages** os candidatos devem saber duas línguas estrangeiras; **d)** (provide) oferecer [*facilities, advantages, guarantee*]; dar [*insight*]; **the tree ~s protection from the rain** a árvore protege da chuva; **e)** (sell) vender [*goods*]; **to ~ sth for sale** pôr qq coisa à venda. **3** *vi* (volunteer) oferecer-se. **4** *v refl* **to ~ oneself** oferecer-se (**for** para); **to ~ itself** [*opportunity*] apresentar-se.

offering ['ɒfərɪŋ] *n* **a)** (act of giving) oferta *f*; **b)** (gift) presente *m*; prenda *f*; **c)** (available item) (often pej) **I heard the band's latest ~ yesterday** ouvi ontem o último álbum do grupo; **d)** RELIG colecta *f*; **e)** (sacrifice) oferenda *f*.

offertory ['ɒfətərɪ] *n* RELIG ofertório *m*.

offhand 1 *adj* (impolite) repentino,-a, brusco,-a. **2** *adv* de improviso, sem cerimónia; **~, I don't know...** assim de repente, não sei....

office ['ɒfɪs] **1** *n* **a)** (place) escritório *m*; **doctor's ~** US consultório *m* médico; **b)** (position) função *f*; cargo *m*; **public ~** funções oficiais; **to per-**

form the ~ **of secretary** desempenhar funções de secretária; **to be in** or **hold** ~ [*president, mayor*] estar em funções; [*political party*] estar no poder; [*minister*] ocupar uma pasta ministerial; **to take** ~ [*president, minister, mayor*] entrar em funções; [*political party*] chegar ao poder; **to go out of** ~ or **leave** ~ [*president, mayor*] deixar as suas funções; [*minister*] deixar o cargo; [*political party*] perder o poder; **to stand** GB or **run** US **for** ~ ser candidato às eleições; **to rise to high** ~ ser promovido a um alto cargo; **c)** RELIG ofício *m*. **2 offices** *npl* **a)** (formal) (services) ofícios *mpl*; ajuda *f*; **b)** GB (of property) **"the usual ~s"** "cozinha *f* e dependências" *fpl*; (in smaller house) "cozinha e casa *f* de banho".

office: ~ **block** *n* edifício *m* de escritórios; ~ **hours** *npl* horas *fpl* de expediente.

officer ['ɒfɪsə(r)] **1** *n* **a)** MIL, NAUT oficial *m/f*; **b)** **(police)** ~ agente *m/f* da polícia. **2** *vtr* (formal) MIL (command) comandar; (supply officers) prover de oficiais.

official [ə'fɪʃl] **1** *n* POL, ADMIN funcionário *m* público; (party, trade union) funcionário *m*; (police, customs) agente *m/f*. **2** *adj* oficial; [*biography*] autorizado,-a.

officialdom [ə'fɪʃldəm] *n* (usu pej) burocracia *f*.

officiate [ə'fɪʃɪeɪt] *vi* presidir **(at** a); [*priest*] oficiar **(at** a); ~ **as host** exercer as funções de anfitrião.

officious [ə'fɪʃəs] *adj* (pej) demasiado solícito, servil.

offing ['ɒfɪŋ] **in the** ~ *adv phr* [*catastrophe, storm, war*] iminente; [*deal, wedding*] em perspectiva.

off: ~**-peak 1** *adj* **in the** ~**-peak period** nas horas mortas; **at the** ~**-peak rate** (electricity) na tarifa de menor custo (noite); (telephone) na tarifa da noite. **2** *adv* em período de menor movimento; ~**set. 1** *modif* PRINT; ~**set printing** impressão *m* em "offset"; ~**set press** imprensa *f* em "offset". **2** *vtr* **a)** compensar, contrabalançar **(by** por, com); **to** ~**set sth against sth** contrabalançar algo com algo; **b)** PRINT imprimir em "offset"; ~**shore** *adj, adv* **a)** [*waters*] do largo; de alto-mar; [*fishing*] ao largo; **b)** FIN [*funds*] extra-territorial, "offshore"; **c)** [*drilling, oil-field*] em alto-mar; ~**side 1** *n* GB AUT lado *m* direito do condutor. **2** *adj, adv* **a)** GB AUT **the** ~**side window** a janela à direita do condutor; **b)** SPORT [*position*] fora-de-jogo; ~**spring** *n* (pl ~); (of human) (also hum) prole *f*; ~**stage** *adj, adv* THEAT nos bastidores *mpl*.

often ['ɒfn, 'ɒftən], US ['ɔːfn] *adv* muitas vezes, frequentemente; **as** ~ **as not, more** ~ **than not** muito frequentemente; **you'll** ~ **find that** verificarás frequentemente que; **how** ~ **do you meet?** quantas vezes se encontram?; **how** ~ **do the planes depart?** de quanto em quanto tempo partem os aviões?; **it cannot be said too** ~ **that** não é demais repetir que; **once too** ~ uma vez a mais; **every so** ~ (in time) de vez em quando; (in distance, space) cá e lá.

ogre ['əʊɡə(r)] *n* **a)** (giant) ogro *m*; **b)** (grim vision) espectro *m*; fantasma *m*.

oh [əʊ] *excl* oh; ~ **dear!** oh, céus!; ~ **really?** (interest) ah, sim?; ~ **really!** (fury) não é possível!;

~, **just a moment** ah, um momento; ~ **by the way** ah, a propósito; ~ **no, not again!** não e não!; **my mother is coming** — ~ **yes?** a minha mãe vem cá -; (pleased) ai sim?; (dismayed) ah?; (sceptical) ah, sim?; ~ **for some sun!** oh, se ao menos estivesse sol!.

ohm [əʊm] *n* ELECTRON ohm (unidade de resistência eléctrica).

OHMS abrev = **On Her/His Majesty's Service** ao serviço de sua majestade.

oil [ɔɪl] **1** *n* **a)** (for fuel) petróleo *m*; **crude** ~ petróleo bruto; **engine/lubricating** ~ óleo *m* de motor/de lubrificação; **heating** ~ óleo combustível; **to check the** ~ AUT verificar o nível de óleo; **to change the** ~ AUT mudar o óleo; **to strike** ~ (lit) descobrir petróleo; (fig) descobrir uma mina de ouro; **b)** (for cooking) óleo *m*; **corn** ~ óleo *m* de milho; **an** ~ **and vinegar dressing** um molho *m* de vinagre; **to cook with** ~ cozinhar com óleo; **c)** (medium) (usually pl) pintura *f* a óleo; **to work in** ~**s** pintar a óleo; **the portrait is (done) in** ~**s** o retrato está pintado a óleo; **d)** ART (picture) pintura *f* a óleo; **e)** (medicinal, beauty) óleo *m*; ~ **of lemon** óleo de limão; **essential** ~**s** óleos *mpl* essenciais. **2** *modif* [*deposits, exporter, find, producer*] de petróleo; [*company, crisis, industry, market, terminal*] petrolífero,-a; **an** ~ **magnate** um magnata do petróleo. **3** *vtr* **a)** (lubricate) olear, lubrificar [*mechanism, parts*]; untar [*frying pan*]; **b)** COSMET olear [*skin, hair*]. **4** *pp adj* [*hair, moustache*] oleoso [*pistons, mechanism*] oleado; [*cloth, paper, silk*] impregnado de óleo para ficar impermeabilizado, oleado; **to** ~ **the wheels** fazer com que as coisas rodem melhor; **to pour** ~ **on troubled waters** apaziguar os ânimos; ~ **and water do not mix** a água não se mistura com o óleo; o azeite vem sempre ao de cima.

oilcan ['ɔɪlkæn] *n* **a)** (dispenser) almotolia *f*; **b)** (container) bidão *m* (de óleo).

oil: ~ **colour** *n* pintura *f* a óleo; ~ **field** *n* campo *m* petrolífero; ~ **fired** *adj* [*kiln, furnace, heating*] a óleo; ~ **lamp** *n* candeeiro *m* de petróleo.

oil painting *n* **a)** (picture) quadro *m* a óleo; **she's no** ~! (hum) ela não é uma beleza; **b)** (activity) pintura *f* a óleo.

oil rig *n* (offshore) plataforma *f* petrolífera; (on land) torre *f* de perfuração.

oilskin ['ɔɪlskɪn] GB *n* **a)** (pl) ~**s** GB (clothing) impermeáveis *mpl*; **b)** (fabric) tela *f* oleada; oleado *m*.

oil: ~ **slick** *n* maré *f* negra; ~ **tanker** *n* petroleiro *m*; ~ **well** *n* poço *m* de petróleo.

oily ['ɔɪlɪ] *adj* **a)** (saturated) [*cloth, food, hair*] gorduroso,-a; **b)** (in consistency) [*substance, dressing*] oleoso,-a; [*lotion*] gorduroso,-a; **c)** (pej) [*person, manner*] untuoso,-a, bajulador,-a Po, puxa-saco BR.

ointment ['ɔɪntmənt] *n* pomada *f*; unguento *m*.

okay, ok [əʊ'keɪ] **1** *n* acordo *m*; **to give sth the** ~ dar luz verde a algo. **2** *adj* **a)** [*party, holiday, job*] razoável, mais ou menos; [*plumber, baby-sitter*] bom *inv*; **he's** ~ ele é simpático; **b)** (all right) **to feel** ~ sentir-se bem; **"how are you?"** **"~"** "como tens passado?" "bem"; **it's** ~ **to do** não há mal em fazer; **it's** ~ **by me** por mim está bem; **is it** ~ **if...?** há algum problema se...?; **to**

be ~ **for time/money** ter tempo/dinheiro suficiente; **c)** (acceptable) **that's** ~ **for men** isso é apropriado para os homens; **it's** ~ **to call him by his nickname** podes tratá-lo pelo apelido Po/ sobrenome BR; **d)** (in agreement, confirmation) de acordo, está bem; **e)** (to change the topic) bem, bom; ~, **now turn to page 26** bem, agora voltem para a página 26. **3** adv [cope, drive, ski, work out] bem. **4** excl certo, está bem. **5** vtr aprovar [change, plan].

old [əʊld] **1** n a) **the** ~ os idosos mpl; **b)** (**in days) of** ~ de outrora; **I know him of** ~ conheço-o há muito. **2** adj **a)** (not young) velho, idoso Po, coroa BR; **an** ~ **man** um velho Po/coroa BR; ~**er people** os idosos; **to get** or **grow** ~ envelhecer; **b)** (of a particular age) **how** ~ **are you?** que idade tens?, quantos anos tens?; **a six- -year-**~ **boy, a six-year-**~ um rapaz de seis anos; **I'm** ~**er than you** sou mais velho que tu; **my** ~**er brother** o meu irmão mais velho; **I'm the** ~**est** sou o mais velho; **you're** ~ **enough to know better** tens idade suficiente para teres juízo; **he's too** ~ **for you** ele é demasiado velho para ti; **c)** (not new) [coat, shoes, car, song, tradition] velho,-a; [story, excuse] clássico,-a; [joke] com barbas; **an** ~ **friend** um velho amigo; **d)** (former, previous) [address, school, job, admirer] antigo,-a, anterior (before n) **there's our** ~ **house** eis a nossa antiga casa; **in the** ~ **days** outrora, antigamente; **just like** ~ **times** tal como nos velhos tempos; **e)** (coll) (as term of affection) **dear** ~ **Max** meu velho Max; **f)** (coll) (as intensifier) **a right** ~ **battle** um raio duma batalha (fam).

old: ~ **age** n velhice f; **in (one's)** ~ **age** na velhice; ~-**age pensioner** n reformado,-a m, f Po, aposentado,-a m, f BR; ~-**boy** n a) (ex-pupil) antigo aluno m; **b)** (coll) (old man) velho m; ~-**established** adj antigo, estabelecido há muito tempo (always predic); ~-**fashioned** adj [person, dress, ways, manners, idea, etc] antiquado, fora de moda; ~ **girl** n a) (ex-pupil) antiga aluna f; **b)** (coll) (old lady) velhota f (fam); **c)** (coll, dated) (dear lady) (minha) cara senhora; ~ **maid** (dated) n (pej) solteirona f; ~ **man** [əʊld'mæn] n **a)** (elderly man) velho m; **b)** (coll) (husband or father) **my** ~ **man** o meu velho, o meu velhote (fam); **c)** (coll) (dear chap) meu velho; **d)** (coll) (boss) **the** ~ **man** o velho, o patrão; ~ **master** n **a)** (artist) velho mestre m; **b)** (work) quadro m célebre; ~ **people's home** n asilo m de velhos; lar m para pessoas idosas; **Old Testament** n o Velho Testamento m; ~ **timer** (coll) n veterano m; ~ **wives' tale** n (pej) história f da carochinha; ~ **woman** [əʊld'wʊmən] n **a)** (elderly woman) velha f; **b)** (coll) (wife or mother) a minha velha, a minha velhota (fam); ~-**world** adj [cottage, charm, courtesy] antigo, de antigamente.

oleander [əʊlɪ'ændə(r)] n BOT loendro m; loureiro-rosa m.

olive ['ɒlɪv] **1** n a) (fruit) azeitona f; **green/ black/stuffed** ~ azeitona/verde/preta/recheada; **b)** (tree) oliveira f; ~ **branch** ramo m de oliveira; **c)** (colour) (also ~ **green**) verde m azeitona. **2** adj (also ~ green) verde azeitona; [complexion] cor de azeitona, esverdeado,-a. **IDIOMAS to hold out** or **extend an** ~ **branch to sb** dar a mão a alg; **her offer is intended as an** ~ **branch** a oferta dela é como uma mão estendida.

Olympic [ə'lɪmpɪk] adj olímpico,-a.
Olympic Games npl Jogos Olímpicos.
ombudsman ['ɒmbʊdzmən] n GB ADMIN funcionário m governamental.
omelette ['ɒmlɪt] n omeleta f.
omen ['əʊmən] n presságio m; agouro m.
ominous ['ɒmɪnəs] adj **a)** [presence, cloud] ameaçador,-a; **b)** [development, news] inquietante; [sign] de mau agouro.
omission [ə'mɪ/n] n **a)** (gen) JUR omissão f; **b)** (from list, team) lacuna f; falta f.
omit [ə'mɪt] vtr omitir (**from** de; **to do** de fazer).
omnibus ['ɒmnɪbəs] **1** n **a)** (dated) (bus) autocarro m Po, ônibus m BR; **b)** (also ~ **edition**) (of TV programme) retransmissão dos episódios da semana; **c)** (also ~ **volume**) antologia f; compilação f. **2** adj US variado,-a, que abrange vários assuntos.
omnipotent [ɒm'nɪpətənt] **1** n **the O**~ o Todo- -Poderoso m. **2** adj [God, monarch] omnipotente; [person] todo-poderoso.
omniscient [ɒm'nɪsɪənt, ɒm'nɪ/jənt] adj omnisciente.
on [ɒn] **1** prep **a)** (position) em (cima de), sobre [table, coast, motorway, etc]; ~ **the floor** no chão; **the paintings** ~ **the wall** os quadros na parede; ~ **the table** em cima da mesa; **house** ~ **the main street** casa na rua principal; ~ **the Continent** no Continente; **b)** (on or about one's person) **a girl with sandals** ~ **her feet** uma rapariga de sandálias; **I've got no small change** ~ **me** não tenho troco (comigo); **c)** (about) acerca de, sobre; **a programme** ~ **Africa** um programa sobre África; **d)** (employed, active) **to be** ~ fazer parte de [team]; ser membro de [board, committee]; **a job** ~ **the railways** um emprego nos caminhos de ferro; **e)** (in expressions of time) ~ **22 February** a 22 de Fevereiro ou no dia 22 de Fevereiro; ~ **or about the 23 rd** por volta do dia 23; ~ **sunny days** em/nos dias de sol; **f)** (immediately after) ~ **hearing the truth, she...** ao ouvir a verdade, ela...; ~ **his arrival** assim que/quando ele chegou; **g)** (taking, using) **to be** ~ **drugs** drogar-se; **to be** ~ **40 (cigarettes) a day** fumar 40 cigarros por dia; **h)** (powered by) **to run** ~ **batteries** funcionar a pilhas; **i)** (indicating a medium) em; ~ **TV** na TV; **I heard it** ~ **the news** ouvi isso nas notícias; **j)** (income) **to be** ~ **a low income** ganhar um baixo salário; **k)** (at the expense of) **this round is** ~ **me** esta rodada é por minha conta; **l)** (in scoring) **to be** ~ **25 points** ter 25 pontos; **m)** (means of transport) em, a; ~ **the plane** no avião; ~ **foot** a pé. **2** adj **a)** (taking place) **while the meeting is** ~ durante a reunião; **I've got nothing** ~ **tonight** não tenho nada programado para esta noite; **I've got a lot** ~ estou muito ocupado; **b)** (being performed) **what's** ~? (on TV) qual é a programação da televisão?, o que é que há na TV?; (at the cinema, at the theatre) o que é que vai no cinema?/no teatro?; **c)** (functional, live) **to be** ~ [TV, oven, light] estar ligado ou aceso; [tap] estar aberto; **the power is back** ~ a corrente foi restabelecida; **d)** (attached, in place) **to be** ~ [lid] estar

posto (no lugar); **not properly** ~ mal posto; **e)** GB (permissible) **it's just** *or* **simply not** ~ (out of the question) está fora de questão, nem pensar; (not the done thing) isso não se faz; (unacceptable) é inadmissível. **3** *adv* **a)** (on or about one's person) **to have nothing** ~ estar nu; **with slippers** ~ de chinelos; **to have a hat** ~ ter o chapéu posto; **b)** (ahead in time) **from that day** ~ a partir desse dia, desse dia em diante; **a few years** ~ **from now** dentro de alguns anos; **to be well** ~ **in years** já não ser muito novo; **c)** (further) **to walk** ~ continuar a andar; **a little further** ~ um pouco mais longe. **4 on and off** *adv phr* (also off and on) **to see sb** ~ **and off** ver alg de tempos a tempos. **5 on and on** *adv phr* **to go** ~ **and** ~ [*speaker*] falar durante horas; [*speech*] durar horas; **the list goes** ~ **and** ~ a lista nunca mais acaba. IDIOMAS **to be always** ~ **at sb** estar sempre a chatear alg; **he's been** ~ **to me about the lost files** GB ele soube o que me aconteceu com os ficheiros perdidos.

once [wʌns] **1** *n* **I'll do it just this** ~ faço isto só por esta vez; **at** ~ (immediately) imediatamente; (simultaneously) ao mesmo tempo; **all at** ~ (suddenly) de repente; (simultaneously) ao mesmo tempo; **for** ~ por uma vez. **2** *adv* **a)** (one time) uma vez; ~ **or twice** uma ou duas vezes; ~ **is enough** uma vez chega; ~ **again** *or* **more** uma vez mais; ~ **and for all** de uma vez por todas; ~ **a day/week/year** uma vez por dia/semana/ano; **(every)** ~ **in a while** de tempos a tempos; ~ **in a lifetime** uma vez na vida; **it was a** ~**-in-a-lifetime experience** foi uma experiência única; **if** ~ **you forget the code** se alguma esqueceres o código; ~ **a thief, always a thief** quem rouba uma vez, roubará sempre; **b)** (formerly) outrora, antigamente; **she was** ~ **a very beautiful woman** antigamente ela era uma mulher muito bonita; ~ **upon a time there was a Queen** era uma vez uma rainha; **a** ~ **famous actor** um actor, outrora célebre. **3** *conj* desde que, uma vez que; ~ **he had eaten he felt better** depois de ter comido, ele sentiu-se melhor.

once-over (coll) *n* **a)** (quick look) **to give sth the** ~ dar uma vista de olhos a qq coisa; **to give sb the** ~ (gen) avaliar alg à primeira vista; MED (check-up) examinar alg rapidamente; **b)** (quick clean) **he gave the room a last** ~ **before his guests arrived** ele fez uma limpeza rápida ao quarto antes dos convidados chegarem.

oncoming [ˈɒnkʌmɪŋ] *adj* [*car, vehicle*] que vem em sentido inverso; **"beware of** ~ **traffic"** "circulação em dois sentidos".

one [wʌn] **1** *det.* **a)** (single) um/a; **to raise** ~ **hand** levantar uma mão; **b)** (unique, sole) único; **she's the** ~ **person who can help** ela é a única pessoa que pode ajudar; **the** ~ **and only Edith Piaf** a incomparável Edite Piaf; **c)** (same) mesmo; **at** ~ **and the same time** ao mesmo tempo; **to be of** ~ **mind** estar de acordo; **it's all** ~ **to me** é-me indiferente; **d)** (for emphasis) ~ **Simon Richard** um certo Simon Richard. **2** *pron* **a)** (indefinite) um/a *m/f*; **can you lend me** ~? podes me emprestar um/a?; **she's** ~ **of us** ela é (uma) das nossas; **every** ~ **of them** todos sem excepção; **b)** (impersonal) uma pessoa; ~ **would like to think that...** uma pessoa gostaria de

pensar que...; **c)** (referring to specific person) **the advice of** ~ **who knows** o conselho de alg que sabe; **I for** ~ **think that...** pela minha parte, julgo que; **she's a clever** ~ ela é inteligente; **d)** (demonstrative) **this** ~ este/esta; **which** ~? qual?; **that's the** ~ é esse/essa; **the grey** ~ o cinzento; **e)** (in knitting) **knit** ~, **purl** ~ uma malha de meia, outra de liga; **f)** (in currency) ~**-fifty** (in sterling) uma libra e cinquenta; (in dollars) um dólar e cinquenta; **g)** (drink) **he had** ~ **too many** ele bebeu um copo a mais; **h)** (joke) aquela *f*; **have you heard the** ~ **about...?** já ouviste aquela do/da...?; **i)** (question, problem) **that's a tricky** ~ é uma questão difícil. **3** *n* **a)** (number) um/a *m/f*; ~ **o'clock** uma hora; **to arrive in** ~s **and twos** chegar em pequenos grupos; **b)** (person) **her loved** ~s os que lhe são queridos; **the little** ~s os pequeninos. **4 as one** *adv phr* [*rise*] como um só; [*shout, reply*] a uma só voz. **5 one by one** *adv phr* [*pick up*] um a um, um por um. IDIOMAS **to down a drink in** ~ beber de um só golo; **to be** ~ **up on sb** ter uma vantagem sobre alg; **to go** ~ **better than sb** fazer melhor que alg; **to have a thousand** *or* **million and** ~ **things to do** ter mil e uma coisas para fazer.

one-off *adj* [*opportunity, item*] único,-a; [*incident*] isolado,-a.

onerous [ˈɒnərəs] *adj* [*task, workload, responsibility*] pesado,-a.

oneself [wʌnˈself] *pron* **a)** (*refl*) se; **to wash/cut** ~ lavar-se/cortar-se; **b)** (for emphasis) si mesmo, si próprio; **c)** (*after prep*) si; **sure of** ~ seguro de si; **to have the house all to** ~ ter a casa só para si; **(all) by** ~ sozinho.

ongoing [ˈɒngəʊɪŋ] *adj* [*process, battle, saga*] a decorrer; **research is** ~ a investigação está em curso.

onion [ˈʌnjən] *n* cebola *f*. IDIOMAS **to know one's** ~s (coll) conhecer as linhas com que se cose.

onlooker [ˈɒnlʊkə(r)] *n* (spectator) espectador,-a *m,f*.

only [ˈəʊnlɪ] **1** *conj* (but) mas; **I'd come** ~ **I'm working tonight** eu vinha, mas vou trabalhar esta noite; **it's like a mouse** ~ **bigger** é como um rato, mas só que maior. **2** *adj* **a)** (sole) único,-a; ~ **child** filho único; **the** ~ **one left** o único que resta; **b)** (best, preferred) **skiing is the** ~ **sport for me** para mim, o único desporto é o esqui. **3** *adv* **a)** (exclusively) só; ~ **in Italy can one...** só em Itália se pode...; **I'll go but** ~ **if you'll go too** vou, mas só se tu fores também; **"for external use** ~**"** "só para uso externo"; **b)** (nothing more than) **it's** ~ **fair to let him explain** é da mais elementar justiça deixá-lo explicar; **c)** (in expressions of time) **it seems like** ~ **yesterday** parece que foi ontem; **I saw him** ~ **recently** vi-o há muito pouco tempo; **d)** (merely) apenas, só; **you** ~ **had to ask** tu apenas tinhas de perguntar; ~ **twenty people turned up** só apareceram vinte pessoas; **e)** (just) só; **I** ~ **hope she'll realize** eu só espero que ela compreenda. **4 only just** *adv phr* **a)** (very recently) **to have** ~ **just done** ter acabado de fazer; **b)** (barely) **I caught the bus, but** ~ **just** apanhei o autocarro mesmo à justa. **5 only too** *adv phr* **I**

remember it ~ too well lembro-me disso muito bem. IDIOMAS **goodness** *or* **God** *or* **Heaven ~ knows!** só Deus sabe!.

onomatopoeia [ɒnəmætə'pi:ə] *n* onomatopeia *f*.

onset ['ɒnset] *n* início *m* (**of** de).

onshore ['ɒnʃɔ:(r)] *adj* **a**) [*work*] em terra, na costa; **b**) [*wind*] do largo, do mar.

onslaught ['ɒnslɔ:t] *n* ataque *m* (**on** contra).

onto ['ɒntu:] *prep* (*also* **on to**) em cima de. IDIOMAS **to be ~ something** estar atrás de uma pista; **the police are ~ him** a polícia está em cima dele.

onus ['əʊnəs] *n* obrigação *f*; **the ~ is on sb to do sth** incumbe a alg fazer algo; **to put the ~ on sb to do sth** obrigar alg a fazer algo.

onyx ['ɒnɪks] *n* ónix *m*.

ooze [u:z] **1** *n* lodo *m*. **2** *vtr* escorrer; **the wound ~d blood** escorria sangue da ferida. **3** *vi* transbordar; **~zing with butter/charm** cheio de manteiga/encanto; **~ out** espalhar-se.

opal ['əʊpl] *n* opala *f*.

opalescent [əʊpə'lesənt] *adj* opalescente, opalino,-a.

opaque [əʊ'peɪk] *adj* (lit, fig) opaco,-a.

Opec, OPEC ['əʊpek] *abrev* = **Organization of Petroleum Exporting Countries**. *n* OPEP *f*.

open [əʊpn] **1** *n* **a**) (outside) ar *m* livre; **in the ~** ao ar livre; **b**) (exposed position) terreno *m* descoberto; **in/into the ~** em terreno descoberto; **to bring sth out into the ~** trazer qq coisa à luz do dia; **c**) SPORT (*also* **Open**) torneio *m*; "open" *m*. **2** *adj* **a**) (not closed) [*door, box, parcel, book, eyes, flower*] aberto,-a; [*arms, legs*] afastado,-a, aberto,-a; **to get sth ~** abrir qq coisa; **to burst** *or* **fly ~** abrir com violência; **the door was partly** *or* **slightly** *or* **half ~** a porta estava entreaberta; **b**) (not obstructed) **to be ~** [*road*] estar aberto (à circulação); [*telephone, line*] estar livre; **the ~ air** o ar livre; **in the ~ air** ao ar livre; **~ country** em pleno campo; **~ ground** terreno *m* baldio; **the ~ sea** o mar *m* alto; **the (wide) ~ spaces** os (grandes) espaços livres; **c**) (not covered) [*car, carriage*] aberto,-a, descapotável; [*mine, sewer*] a céu aberto; **d**) (susceptible) **~ to the air** exposto ao ar; **to be ~ to suggestions** estar aberto às sugestões; **e**) (accessible) [*job, position*] livre, vago,-a; [*access, competition*] aberto,-a a todos; [*meeting, session*] público,-a; **there are several courses of action ~ to us** nós podemos escolher entre várias linhas de acção; **f**) (candid) [*person, discussion, statement*] aberto,-a, franco,-a; **g**) (blatant) [*hostility, attempt*] manifesto,-a, patente, evidente; **h**) (undecided) [*question*] por resolver; **to leave the date ~** deixar a data em suspenso; **~ ticket** TRANSP bilhete *m* Po, **~** Br sem data de reserva marcada; **i**) LING [*vowel, syllable*] aberto,-a. **3** *vtr* **a**) (cause not to be closed) abrir [*door, letter, box, umbrella*]; abrir, afastar [*legs, arms*]; dilatar [*pores*]; **to ~ a door slightly** *or* **a little** entreabrir uma porta; **to ~ one's mind (to sth)** abrir-se (a qq coisa); **b**) (begin) iniciar [*discussions, meeting*]; abrir [*account, enquiry*]; **to ~ fire** abrir fogo; **c**) (inaugurate) inaugurar [*shop, bridge*]. **4** *vi* **a**) (become open) [*door, window, flower*] abrir-se; **to ~ into** *or* **onto sth** [*door, room, window*] dar para qq coisa;

b) COMM (operate) [*shop, bar*] abrir; **c**) (begin) [*meeting, discussion, play*] começar; **to ~ with** **sth** [*person, play, meeting*] começar com qq coisa; **d**) ART, CIN, THEAT (have first performance) [*film*] ser estreado; [*exhibition*] abrir (ao público); **the play ~s in London on the 25th** a peça é estreada em Londres no dia 25; **e**) (be first speaker) [*person*] abrir o debate; **to ~ for the defence/prosecution** JUR tomar a palavra em nome da defesa/da acusação. ■ **open out** [*river, path, view*] alargar-se; [*flower*] abrir-se; [*countryside*] estender-se. ■ **open up a)** (unlock a building) abrir; **b**) (become wider) [*gap*] abrir-se; **c**) (speak more freely) abrir-se; **d**) MIL (start firing) abrir fogo; **e**) (develop) [*opportunities, market*] abrir-se; **f**) COMM (start up) [*shop, branch*] abrir.

open: ~-and-shut *adj* [*case*] simples, claro,-a, fácil; **~ day** *n* dia *f* de visita.

open-ended [əʊpən 'endɪd] *adj* [*strategy*] flexível; [*debate*] aberto,-a; [*period*] indeterminado,-a; [*wording*] com várias interpretações.

opener [əʊpnə(r)] **1** *n* **a**) TV, THEAT (first act) número *m* de abertura; (first episode) primeiro episódio *m*; **b**) GAMES (in bridge) (bid) abertura *f*; (player) aquele *m* que abre. **2** (coll) **for ~s** *adv phr* para começar.

open: ~-handed *adj* generoso,-a; **~-hearted** *adj* caloroso,-a, franco,-a.

opening ['əʊpnɪŋ] **1** *n* **a**) (start) (of book, piece of music) prólogo *m*; (of play, film) estreia *f*; (of shop, exhibition) abertura *f*; **b**) (inauguration) inauguração *f*; **c**) (gap) (in wall, fence, garment) abertura *f*; fenda *f*; **d**) (opportunity) (gen) ocasião *f* (**to do** de fazer); COMM (in market, etc) mercado *m* (**for** para); (for employment) (in company) lugar *m* vago; (in field) possibilidade *f* de trabalho; **e**) GAMES abertura *f*. **2** *adj* [*scene, line, chapter*] primeiro,-a (*before n*) [*remarks, speech, statement*] preliminar; FIN [*price, offer, bid*] inicial.

opening: ~ ceremony *n* cerimónia *f* de abertura; **~ hours** *npl* COMM horas *fpl* de expediente; **~ time** *n* COMM hora *f* de abertura.

openly ['əʊpnlɪ] *adv* abertamente.

open: ~ market *n* ECON mercado *m* livre; **~-minded** *adj* de espírito aberto, sem preconceitos; **~-mouthed** *adj* boquiaberto,-a; **~-necked** *n* [*shirt*] aberto no peito.

openness ['əʊpnnɪs] *n* **a**) (candour) (of person) franqueza *f*; (of government, atmosphere) transparência *f*; **b**) (receptiveness) compreensão *f* (**to** em relação a, para com).

open: ~-plan *adj* [*house, office*] sem divisórias; **~ season** *n* HUNT temporada *f* de caça.

opera ['ɒpərə] *n* ópera *f*.

opera: ~ glasses *n* binóculo *m* de teatro; **~ house** *n* ópera *f*; **~ singer** *n* cantor *m* de ópera.

operate ['ɒpəreɪt] **1** *vtr* **a**) pôr a funcionar [*appliance, vehicle*]; **b**) praticar [*policy, system*]; **c**) gerir, dirigir [*service, radio station*]; **d**) explorar [*mine, racket*]; **e**) ter [*pension plan, savings scheme*]. **2** *vi* **a**) (business) actuar, operar; **they ~ out of London** eles operam fora de Londres; **b**) (function) funcionar, actuar; **c**) (take effect) actuar; **d**) MIL operar; **e**) (fig) (work) [*factor, law*] jogar, produzir efeito (**in favour of** a favor de; **against** contra); **f)** (run) funcionar; **g)** MED operar; **to ~ on** operar [*person*]; **to ~ on sb's leg/on sb for appendicitis** operar alg à perna/ao apêndice.

operation [ˌɒpəˈreɪʃn] *n* **a)** (working) funcionamento *m*; **b)** MED operação *f*; **to have an ~** submeter-se a/fazer uma operação; **to have a major/minor ~** submeter-se a/fazer uma grande/pequena operação; **to have a heart ~** ser operado ao coração; **c)** (use) (of machinery) utilização *f*; (of plant, mine) exploração *f*; (of law, scheme) execução *f*; **to be in ~** (plan, scheme) estar em execução; (oil rig, mine) estar em exploração; **to come into ~** (law, scheme) entrar em vigor; **to put sth into ~** pôr (qq coisa) em vigor [*law, scheme*]; **to put sth out of ~** pôr (qq coisa) fora de funcionamento; **d)** (by police, army, navy) operação *f*; **e)** COMPUT, FIN operação *f*; **a big ~** uma grande operação; **their European ~ is expanding** eles estão a expandir a sua actividade na Europa.

operational [ˌɒpəˈreɪʃənl] *adj* **a)** (budget, costs) de exploração; **b)** (gen) MIL (ready to operate) operacional.

operative [ˈɒpərətɪv] **1** *n* (worker) empregado,-a *m, f*; trabalhador,-a *m, f*; (secret agent) agente *m/f*. **2** *adj* **a)** [*word*] mais significativo; **X being the ~ word** sendo X a palavra-chave; **b)** [*rule, law, system*] em vigor.

operator [ˈɒpəreɪtə(r)] *n* **a)** TELECOM telefonista *m/f*; **b)** COMPUT, RADIO, TECH operador *m*; **c)** TOURISM agente *m/f* de viagens; **d)** COMM (of business) empresário *m*.

ophthalmic [ɒfˈθælmɪk] *adj* oftálmico,-a.

ophthalmic optician *n* oculista *m/f*.

opinion [əˈpɪnjən] *n* **a)** (belief, view) opinião *f* (**about** acerca de); parecer *m*; **informed ~** opinião abalizada; **conflicting ~** opiniões *fpl* contraditórias; **in my ~** na minha opinião; **of the same ~** da mesma opinião; **what's your ~?** qual é a sua opinião?; **a matter of ~** uma questão de opinião; **b)** (*never in pl*) (range of views) opiniões *fpl*; **a range of ~** uma variedade de opiniões; **~ is divided** as opiniões estão divididas; **c)** (*also* **counsel's ~**) **to take counsel's ~** JUR consultar um advogado.

opinionated [əˈpɪnjəneɪtɪd] *adj* [*person*] opinioso,-a; [*idea*] fixo,-a.

opinion poll *n* sondagem *f* de opinião.

opium [ˈəʊpɪəm] *n* ópio *m*; **the ~ of the masses** o ópio do povo.

opponent [əˈpəʊnənt] *n* (gen) POL adversário *m*; opositor *m* (**of** de).

opportune [ˈɒpətjuːn] *adj* [*moment*] oportuno,-a.

opportunist [ɒpəˈtjuːnɪst] *n, adj* oportunista *m/f*.

opportunity [ɒpəˈtjuːnɪtɪ] *n* **a)** (occasion) ocasião *f*; oportunidade *f*; **to miss a golden ~** perder uma ocasião única; **at the earliest ~** à primeira oportunidade; **b)** (possibility) possibilidade *f*; **training opportunities** possibilidades de formação. **IDIOMAS ~ knocks!** a sorte bate à porta!.

oppose [əˈpəʊz] **1** *vtr* **a)** (gen) POL opor-se a; **b)** JUR fazer oposição a [*bail*]; estar contra [*regulation*]. **2 opposed** *pp adj* **to be ~d to sth** estar contra ou opor-se a qq coisa; **to be ~d to doing sth** estar contra a ideia de fazer qq coisa. **3 as**

~d to *prep phr* em oposição a. **4 opposing** *pres p adj* [*party, team*] contrário,-a, adversário,-a; [*army*] inimigo,-a; [*voice*] contra; [*view, style*] oposto,-a.

opposite [ˈɒpəzɪt] **1** *n* contrário *m*; oposto *m* (**to, of** a); **just the ~** exactamente o contrário; **it's the attraction of ~s** os opostos atraem-se. **2** *adj* **a)** (lit) (facing) [*direction, side, pole*] oposto,-a ALSO MATH; [*building*] em frente; **to live at ~ ends of the town** viver nos extremos opostos da cidade; **b)** (fig) (different) [*attitude, position, viewpoint*] oposto,-a; [*effect, approach*] inverso,-a. **3** *adv* em frente; **directly ~** mesmo em frente. **4** *prep* **to play ~ one another** SPORT jogar um contra o outro; CIN, THEAT contracenar com alg.

opposite number *n* (gen) homólogo.

opposition [ɒpəˈzɪʃn] **1** *n* **a)** POL oposição *f*; **b)** (gen) oposição *f* (**to** a); **to put up ~** fazer oposição a; **c) the ~** SPORT o adversário. **2** *modif* POL [*politician, debate, party*] da oposição.

oppress [əˈpres] *vtr* **a)** (subjugate) oprimir; **b)** [*weather*] atormentar; [*anxiety, responsibility*] acabrunhar, abater.

oppression [əˈpreʃn] *n* opressão *f*.

oppressive [əˈpresɪv] *adj* **a)** [*law*] opressivo,-a; **b)** [*heat, atmosphere*] sufocante.

oppressively [əˈpresɪvlɪ] *adv* [*govern, rule*] de maneira opressiva; **it's ~ hot** está um calor sufocante.

oppressor [əˈpresə(r)] *n* opressor *m*.

opt [ɒpt] *vi* **to ~ for sth** optar por algo; **to ~ to do sth/not to do sth** decidir fazer algo/não fazer algo; **~ out** decidir não participar; **to ~ out** [*person*] decidir não participar (**of sth** em algo); (school, hospital) renunciar ao controle do Estado.

optic [ˈɒptɪk] **1** *n* GB (*usu pl*) (in bar) medida *f*. **2** *adj* [*nerve, disc, fibre*] óptico,-a.

optical [ˈɒptɪkl] *adj* óptico,-a.

optician [ɒpˈtɪʃn] *n* (selling glasses) oculista *m/f*; óptico *m*; (eye specialist) oftalmologista *m/f*.

optics [ˈɒptɪks] *n* (+ *v sg*) óptica *f*.

optimism [ˈɒptɪmɪzm] *n* optimismo *m*.

optimist [ˈɒptɪmɪst] *n* optimista *m/f*.

optimistic [ɒptɪˈmɪstɪk] *adj* optimista (**about** quanto a); **wildly/cautiously ~** exageradamente/razoavelmente optimista; **to be ~ that sth will happen** ter grande esperança que algo aconteça.

optimize [ˈɒptɪmaɪz] *vtr* optimizar.

optimum [ˈɒptɪməm] **1** *n* óptimo *m*. **2** *adj* [*age, conditions, level, rate, speed, value*] óptimo,-a.

option [ˈɒpʃn] *n* **a)** opção *f* (**to do** de fazer); **easy/soft ~** solução *f* fácil; **to keep one's ~ open** não se comprometer; **b)** (possibility of choosing) escolha *f*; **I had no ~** eu não tive ou não tinha escolha; **I had little ~** tinha ou tive pouco por onde escolher; **c)** COMM, FIN opção *f* (**on** sobre; **to do** para fazer); **call/put ~** opção de compra/venda; **d)** GB SCH, UNIV (course of study) opção *f*.

optional [ˈɒpʃənl] *adj* [*activity, subject*] opcional, facultativo,-a; [*colour, size*] à escolha; **"evening dress ~"** "vestido de noite facultativo".

opulent [ˈɒpjulənt] *adj* (gen) opulento,-a; [*clothing, object*] sumptuoso,-a.

opus ['əʊpəs, 'ɒpəs] *n* (*pl* **opera** *or* **opuses**) opus *m*.

or [ɔ:(r)] *conj* **a**) (linking two or more alternatives) ou; **with ~ without sugar?** com ou sem açúcar?; **either here ~ at Dave's** ou aqui, ou em casa do Dave; **rain ~ no rain** quer chova, ou não; **car ~ no car, you've got to get to work** com (carro) ou sem carro, tens de ir trabalhar; **b**) (linking alternatives in the negative) **not today ~ tomorrow** nem hoje, nem amanhã; **c**) (indicating approximation, vagueness) ou; **once ~ twice a week** uma ou duas vezes por semana; **in a week ~ so** dentro de mais ou menos uma semana; **d**) (introducing qualification, correction, explanation) ou; **~ should I say** (eu) diria melhor; **~ rather** ou antes; **e**) (indicating consequence: otherwise) senão; **be careful ~ you'll cut yourself** toma cuidado, senão vais-te cortar.

oracle ['ɒrəkl] *n* (gen) HIST, RELIG oráculo *m*.

oral ['ɔ:rl] **1** *n* SCH, UNIV oral *f*; prova oral *f*. **2** *adj* (gen) oral; [*contraceptive, medicine*] por via oral; [*hygiene*] bucal; [*history*] transmitido oralmente; [*evidence*] verbal.

orally ['ɔ:rəlɪ] *adv* (verbally) oralmente; (by mouth) por via oral.

orange ['ɒrɪndʒ] **1** *n* **a**) (fruit) laranja *f*; **b**) (colour) laranja *m*; cor-de-laranja *f*. **2** *modif* [*drink, pudding, sauce*] de laranja.

orange: ~ juice *n* sumo *m* de laranja; **~ squash** *n* GB laranjada *f*.

oration [ə'reɪʃn] *n* discurso *m*.

orator ['ɒrətə(r)] *n* orador *m*.

oratory ['ɒrətərɪ] *n* (skill) oratória *f*; (what is said) eloquência *f*.

orbit ['ɔ:bɪt] **1** *n* órbita *f*; **to be in ~ round sth** pôr-se em órbita à volta de algo; **to go into ~** pôr-se em órbita; **to put into ~** pôr em órbita; **to make an ~** descrever uma órbita. **2** *vi* [*spacecraft*] girar em órbita.

orchard ['ɔ:tʃəd] *n* pomar *m*.

orchestra ['ɔ:kɪstrə] *n* orquestra *f*; **chamber ~** orquestra de câmara; **string/symphony ~** orquestra de cordas/sinfónica; **the full ~** a orquestra completa.

orchestral [ɔ:'kestrl] *adj* [*concert, music*] orquestral; [*instrument*] de orquestra.

orchestrate ['ɔ:kɪstreɪt] *vtr* (lit, fig) orquestrar (**for** para).

orchid ['ɔ:kɪd] *n* orquídea *f*.

ordain [ɔ:'deɪn] *vtr* **a**) (decree) decretar, estabelecer; **b**) RELIG ordenar; **he was ~ed priest** ele foi ordenado padre.

ordeal [ɔ:'di:l] *n* (gen) provação *f*; HIST, JUR; ordálio *m*.

orderly ['ɔ:dəlɪ] **1** *n* **a**) MIL ordenança *f*; **b**) MED servente *m/f*. **2** *adj* **a**) (well-regulated) [*queue, file, rank, row*] ordenado,-a; [*arrangement, pattern*] regular; [*mind, system*] metódico,-a (*after n*) **please leave the building in a ~ fashion** *or* **manner** por favor, deixem o edifício em ordem; **b**) (calm) [*crowd, demonstration, debate*] calmo,-a.

ordinal ['ɔ:dɪnl] **1** *n* ordinal *m*; número *m* ordinal. **2** *adj* ordinal.

ordinarily ['ɔ:dɪnərɪlɪ] *adv* geralmente, habitualmente; **more than ~ quiet** mais calmo que o habitual.

ordinary ['ɔ:dɪnərɪ] **1** *n* (normal) **out of the ~** fora do comum/normal; **it's nothing out of the ~** não é nada de extraordinário. **2** *adj* **a**) (normal) [*clothes*] de todos os dias, corrente; [*citizen, life, family*] comum, vulgar; **to seem quite ~** parecer muito comum; **this is no ~ case** isto não é um caso habitual; **in the ~ way** normalmente; **b**) (uninspiring) vulgar.

ordination [ɔ:dɪ'neɪʃn] *n* ordenação *f*.

Ordnance Survey map *n* GB **the ~ ≈** mapa *m* de estado-maior.

ore [ɔ:(r)] *n* minério *m*; **iron ~** minério de ferro.

oregano [ɒrɪ'gɑ:nəʊ, ə'regənəʊ] US *n* BOT orégão *m*.

organ ['ɔ:gən] **1** *n* **a**) BOT, PHYSIOL órgão *m*; (transplanted) transplante *m*; **b**) MUS (*also* **pipe ~**) órgão *m*; **chamber ~** órgão *m* de câmara; **on the ~** no órgão; **to play the ~** tocar órgão; **c**) (publication) órgão *m* (**of** de). **2** *modif* MUS [*composition*] para órgão.

organ grinder *n* tocador *m* de realejo.

organic [ɔ:'gænɪk] *adj* **a**) (not artificial) [*produce, restaurant*] biológico,-a; [*fertilizer*] natural; **b**) (of body or plant) orgânico,-a; **c**) (integrated) [*structure, system, unit*] integrado,-a.

organism ['ɔ:gənɪzm] *n* organismo *m*.

organist ['ɔ:gənɪst] *n* organista *m/f*.

organization [ɔ:gənaɪ'zeɪʃn] *n* **a**) (group) organização *f*; **b**) (arrangement) organização *f* (**of** de).

organize ['ɔ:gənaɪz] **1** *vtr* organizar [*event, day, time*]; arrumar [*books, papers*]; **I'll ~ the drinks** eu trato das bebidas Po, dos drinques BR. **2** *vi* (unionize) sindicalizar-se.

organized ['ɔ:gənaɪzd] *adj* **a**) organizado,-a; **well/badly ~** bem/mal organizado; **to get ~** organizar-se; **b**) [*books, objects*] arrumado.

organizer ['ɔ:gənaɪzə(r)] *n* **a**) (person) organizador *m* (**of** de); **union/labour ~** sindicalista *m/f* militante; **b**) (*also* **personal ~**) agenda *f*; filofax *m*.

orgasm ['ɔ:gæzəm] *n* orgasmo *m*.

orgy ['ɔ:dʒɪ] *n* orgia *f*.

orient ['ɔ:rɪənt] **1** *n* **the O~** o Oriente *m*; **in the ~** no Oriente. **2** *vtr* (fig) orientar [*person, society*] (**at** para; **towards** em direcção a). **3** *v refl* **to ~** **(at) oneself a**) (fig) sentir-se à vontade (**in, to** em); **b**) (lit) orientar-se.

oriental, Oriental [ɔ:rɪ'entl, ɒrɪ'entl] **1** *n* Oriental *m/f*. **2** *adj* (gen) oriental; [*appearance, eyes*] de oriental.

orientate ['ɔ:rɪənteɪt, 'ɒrɪənteɪt] *vtr, v refl* see **orient**.

orientation [ɔ:rɪən'teɪʃn, ɒrɪən'teɪʃn] **1** *n* **a**) (beginning of studies) (gen) UNIV curso *m* de introdução; **b**) (inclination) (political, intellectual) orientação *f*; (sexual) tendência *f*. **2** *modif* [*week*] de introdução.

orienteering [ɔ:rɪən'tɪərɪŋ, ɒrɪən'tɪərɪŋ] *n* orientação *f*.

origin ['ɒrɪdʒɪn] *n* (*often pl*) **a**) (gen) origem *f*; **b**) (of goods) proveniência *f*; **of unknown ~** de origem desconhecida; **country of ~** país de origem.

original [ə'rɪdʒɪnl] **1** *n* (genuine article) original *m*; **to read sth in the ~** ler qq coisa no original. **2** *adj* **a**) (initial) [*inhabitant, owner*] primeiro,-a;

[*comment, strategy*] original; **b)** (not copied) [*manuscript, painting*] original; [*invoice, receipt*] de origem; **c)** (creative) [*design, work, writer*] original.

originality [ərɪdʒɪ'nælɪtɪ] *n* originalidade *f*; **of great** ~ de uma grande originalidade.

originally [ə'rɪdʒɪnəlɪ] *adv* **a)** (initially) à partida; **b)** (in the first place) originalmente.

originate [ə'rɪdʒɪneɪt] *vi* [*custom, style, tradition*] surgir, começar; [*fire*] declarar-se; **to ~ from** *or* **with** [*goods*] provir de; **this custom ~d in Rome** esta tradição surgiu em Roma.

originator [ə'rɪdʒɪneɪtə(r)] *n* **a)** (idea, rumour) autor *m*; **b)** (of invention, system) criador *m*.

ornament ['ɔːnəmənt] *n* **a)** (trinket) enfeite *m*; "bibelot" *m*; **china** ~ "bibelot" em porcelana; **b)** (decoration) ornamento *m*.

ornamental [ɔːnə'mentl] *adj* [*plant*] ornamental; [*garden, lake*] de recreio; [*motif, artwork, button*] decorativo,-a.

ornamentation [ɔːnəmen'teɪ∫n] *n* ornamentação *f*.

ornate [ɔː'neɪt] *adj* (gen) ornado,-a, adornado,-a LITERAT [*style*] muito rebuscado.

ornithology [ɔːnɪ'θɒlədʒɪ] *n* ornitologia *f*.

orphan ['ɔːfn] **1** *n* órfão,-ã *m/f*. **2** *vtr* ficar órfão.

orthodox ['ɔːθədɒks] *adj* (gen) RELIG ortodoxo,-a; **Greek O~ church** igreja ortodoxa grega.

orthodoxy ['ɔːθədɒksɪ] *n* (gen) RELIG ortodoxia *f*.

orthopaedic GB, **orthopedic** US [ɔːθə'piːdɪk] *adj* ortopédico,-a; ~ **surgeon** cirurgião ortopedista.

oscillate ['ɒsɪleɪt] *vi* (gen) PHYS, TECH oscilar (**between** entre).

osmosis [ɒz'məʊsɪs] *n* BIOL, CHEM (fig) osmose *f*; **by** ~ por osmose.

ossify ['ɒsɪfaɪ] *vi* (fig) esclerosar-se.

ostensible [ɒ'stensɪbl] *adj* ostensivo,-a, aparente.

ostensibly [ɒ'stensɪblɪ] *adv* ostensivamente, aparentemente.

ostentatious [ɒsten'teɪ∫es] *adj* [*surroundings, house*] pretensioso,-a.

osteopath ['ɒstɪəpæθ] *n* osteopata *m/f*.

ostracism ['ɒstrəsɪzm] *n* ostracismo *m*.

ostracize ['ɒstrəsaɪz] *vtr* ostracizar.

ostrich ['ɒstrɪt∫] **1** *n* ZOOL (fig) avestruz *m/f*. **2** *modif* [*feather, egg*] de avestruz.

other ['ʌðə(r)] **1** *adj* **a)** (what is left, the rest) outro/a; **the ~ one** o outro/a; **b)** (alternative, additional) outro/a; **I only have one ~ shirt** eu só tenho mais outra camisa; **every ~ year** de dois em dois anos; **every ~ Saturday** sábado sim, sábado não; **d)** (different, not the same) outro; **some ~ time perhaps** noutra altura talvez; **e)** (opposite) outro; **he was going the ~ way** ele ia na direcção oposta; **f)** (recent) **the ~ day** noutro dia; **g)** (in lists) **she will visit Japan, among ~ places** ela visitará o Japão, entre outros lugares. **2 other than** *prep phr* **a)** (except) ~ **than that** à parte isso; **we can't get home ~ than by car** só podemos ir para casa de carro; **I have no choice ~ than to fire her** não tenho outra hipótese a não ser despedi-la; **b)** (anything but) **he could scarcely be ~ than relieved** ele só podia estar aliviado. **3** *pron* **the ~s** os outros; **one after the ~** um a seguir ao outro;

somehow or ~ duma maneira ou doutra; **somebody** *or* **someone or** ~ alg, qualquer pessoa. IDIOMAS **my** ~ **half** a minha cara metade.

otherwise ['ʌðəwaɪz] **1** *adv* **a)** (differently, in other ways) de outro modo; **to do** ~ fazer de outra maneira; **no woman, married or** ~ nenhuma mulher, casada ou não; **unless we are told** ~ a não ser que nos digam o contrário; **William ~ known as Bill** William, também conhecido por Bill; **b)** (in other respects) **less damage than might** ~, **have been the case** menos prejuízo do que se poderia imaginar. **2** *conj* (or else, in other circumstances) senão; **it's quite safe,** ~ **I wouldn't do it** é bastante seguro, senão não o faria.

otter ['ɒtə(r)] *n* lontra *f*; **sea** ~ lontra marinha.

ouch [aʊt∫] *excl* ai!.

ought [ɔːt] *modal aux* **a)** (expressing probability, expectation) dever; **that ~ to fix it** isto deve arranjar as coisas; **b)** (making polite but firm suggestion) dever; **oughtn't we to ask?** será que não deveríamos perguntar?; **c)** (indicating moral obligation) dever; **someone ~ to have accompanied her** alg devia tê-la acompanhado; **d)** (when prefacing important point) **you ~ to know that** seria conveniente que soubesses que.

ounce [aʊns] *n* **a)** (weight) onça *f*; (igual a) 28,35 gr; **b)** (fluid) GB (igual a) 0,028 l; US (igual a) 0,035 l; **c)** (fig) pitada *f*.

our ['aʊə(r)] *det.* nosso/a/os/as.

ours ['aʊəz] *pron.* o nosso, a nossa, os nossos/as nossas; **which tickets are ~?** quais são os nossos bilhetes?; **a friend of** ~ um amigo nosso; ~ **is not an easy task** (formal) a nossa tarefa não é fácil.

ourselves [aʊə'selvz] *pron* **a)** (*refl*) nos; **b)** (emphatic) nós mesmos, nós próprios; **c)** (*after prep*) **for** ~ para nós próprios; (**all**) **by** ~ sozinhos.

oust [aʊst] *vtr* desapossar, despojar [*person*] (**from** de; **as** como); destituir [*government*].

out [aʊt] **1** *vtr* revelar a homosexualidade de [*person*]. **2** *adv* **a)** (outside) lá fora; **to stand** ~ **in the rain** ficar (lá fora) à chuva; **to be** ~ **in the garden** estar no jardim; ~ **there** lá fora; ~ **here** aqui; **b)** (from within) **to go** *ou* **walk** ~ sair; **to pull/take sth** ~ tirar/retirar algo; **I couldn't find my way** ~ não encontrei a saída; **c)** (at a distance) ~ **in China** na China; **two days** ~ **from port** a dois dias do porto; **when the tide is** ~ na maré baixa; **further** ~ mais longe; **d)** (in the world at large) **there are a lot of people** ~ **there looking for work** anda muita gente por aí a procurar trabalho; **e)** (absent) **to be** ~ estar fora; [*strikers*] estar em greve; **while you were** ~ enquanto estavas fora; **f)** (in slogans) lá fora; **g)** (for social activity) **to invite sb** ~ **to dinner** convidar alg para jantar fora; **a day** ~ todo o dia fora; **h)** (published, now public) **to be** ~ [*book, exam results*] estar publicado; **my secret is** ~ o meu segredo foi revelado; **truth will** ~ a verdade virá ao de cima; **i)** (in bloom) **to be** ~ [*tree, shrub*] estar em flor; **to be fully** ~ [*flower*] estar aberta; **j)** (shining) **to be** ~ [*sun, moon , stars*] brilhar; **k)** (extinguished) **to be** ~ [*fire, light*] estar apagado,-a; **lights** ~ apagar as luzes; **l)** SPORT, GAMES **to be** ~ [*player*] ser eliminado; "~!" (of ball) "fora!"; **m)** (unconscious) **to be ~ (cold)** (coll) estar desmaiado,-a; [*boxer*] estar K.O.; **n)** (over, finished) **before the week is ~** antes do fim da semana; **o)** GB (incorrect) **to be ~ in one's calculations** enganar-se nos cálculos; **my watch is two minutes ~** (slow) o meu relógio atrasa-se dois minutos; (fast) o meu relógio adianta-se dois minutos; **p)** (coll) (not possible) excluído/de fora; **no, that option is ~** não, essa solução está excluída/de fora; **q)** (coll) (actively in search of) **to be ~ to do sth** estar firmemente decidido a fazer algo; **to be ~ for revenge** estar mesmo decidido a vingar-se de alg; **he's just ~ for what he can get** (pej) ele é movido pelo interesse; **he's ~ to get you** ele não pode contigo (fam); (killer) ele quer-te tirar a pele (fam); **r)** (coll) (not in fashion) fora de moda. **3 out of** *prep phr* **a)** (from) **to go** *ou* **walk** *ou* **come ~** sair; **get ~ of here!** sai daqui!; **to jump ~ of the window** saltar pela janela; **to tear a page ~** arrancar uma página; **to take sth ~ of a box/of a drawer** retirar algo de uma caixa/de uma gaveta; **to take sth ~ of one's bag** tirar algo do saco; **b)** (expressing ratio) em cada; **two ~ of every three** dois em (cada) três; **c)** (part of whole) **~ of a book** tirado de um livro; **like something ~ of a horror movie** como algo saído de um filme de terror; **d)** JUR **to be ~** [*jury*] estar a deliberar; **e)** (beyond defined limits) fara de [*reach, sight*]; de fora de [*city*]; **f)** (free from confinement) **~ of hospital** saído do hospital; **g)** (sheltered) abrigado de [*sun*]; **h)** (lacking) **to be (right) ~ of** não ter/ estar sem [*item*]; **i)** (made from) em [*wood, metal*]; **j)** (due to) por [*respect*]. IDIOMAS **I want ~!** (coll) já não quero alinhar (fam); **come on, ~ with it!** (coll) vá, diz o que tens a dizer!; **to be ~ and about** (after illness) estar novamente de pé; **to be ~ of it** (coll) estar nas nuvens (fam); **to feel ~ of it** sentir-se excluído; **you're well ~ of it** é melhor assim.

out: ~**back** *n* the ~**back** o interior *m* (australiano); ~**bid** *vtr* (*past, pp* **outbid** *pres p* **-dd-**) cobrir o lance de (em leilão); ~**board** *n* motor *m* fora de bordo; ~**break** *n* (of war, unrest) deflagração *f*; (of violence, spots) explosão *f*; (of disease) surto *m*; **at the ~break of war** quando a guerra eclodiu; ~**building** *n* anexo *m*; dependência *f*; ~**burst** *n* explosão *f*; ~**cast** *n* rejeitado *m*; ~**class** *vtr* superar, dominar; ~**come** *n* resultado *m*; ~**cry** *n* grito *m*; protesto *m* (*often pl*) (**about, against** contra); ~**dated** [aʊt'deɪtɪd] *adj* [*idea, theory, practice*] ultrapassado,-a; [*clothing*] fora de moda; ~**distance** [aʊt'dɪst(ə)ns] *vtr* (lit, fig) distanciar-se de; ~**do** [aʊt'du:] *vtr* (*past* **outdid** *pp* **outdone**) exceder; ~**door** ['aʊtdɔ:(r)] *adj* [*life, activity, sport*] ao ar livre; [*person*] desportivo,-a; [*shoes*] de marcha; ~**doors** [aʊt'dɔ:z] **1** *n* the great ~**doors** o campo *m*. **2** *adv* fora; [*live*] ao ar livre; **to come/go ~doors** sair.

outer ['aʊtə(r)] *adj* **a)** (outside) (gen) exterior; [*clothing*] de cima; **b)** (furthest) [*limit*] extremo.

outfit ['aʊtfɪt] *n* **a)** (set of clothes) fato *m*; roupa *f*; **b)** (coll) (company) firma *f*.

outfitter ['aʊtfɪtə(r)] *n* FASHN especialista *m/f* em confecção.

out: ~**going** ['aʊt,gəʊɪŋ] *adj* **a)** (sociable) aber-

to,-a; **b)** (departing) [*government*] cessante; [*mail*] expedido,-a; [*tide*] vazante; ~**going call** TELECOM chamada *f* telefónica; ~**grow** [aʊt-'grəʊ] *vtr* (*past* ~**grew** *pp* ~**grown**) **a)** (grow too big for) (gen) tornar-se grande demais para; **b)** (grow too old for) deixar-se de (com a idade); **don't worry, he'll ~grow it** não te preocupes, isso passa-lhe; **c)** (grow taller than) ficar maior que; ~**house** ['aʊthaʊs] *n* dependência *f*; anexo *m*; (adjoining) alpendre *m*; ~**landish** [aʊt'lændɪʃ] *adj* bizarro; ~**last** [aʊt'lɑ:st] *vtr* durar mais tempo que; ~**law** ['aʊtlɔ:] **1** *n* criminoso *m*. **2** *vtr* declarar ilegal [*practice, organization*]; ~**lay** ['aʊtleɪ] *n* despesas *fpl* (**on** em); **initial** ~**lay** capital *m* inicial; ~**let** ['aʊtlet, -lɪt] *n* **a)** (lit) (for gas, air, water) tubo *m* de saída; **b)** COMM (market) mercado *m*; (shop) ponto *m* de venda; **c)** (fig) (for emotion, talent) escape *m*; **d)** US ELEC tomada *f* (de corrente eléctrica).

outline ['aʊtlaɪn] **1** *n* **a)** (of object) contorno *m*; (of face) perfil *m*; **b)** (of plan, policy) linhas *fpl* gerais; ideia *f* geral; **she gave us a brief ~ of her plan** ela deu-nos uma ideia geral do seu plano. **2** *vtr* **a)** (give summary of) expor brevemente [*aims, motives, reasons*]; apresentar as linhas gerais de [*plan, solution*]; **b)** (delineate) delinear.

outlive [aʊt'lɪv] *vtr* **a)** viver mais que [*person*]; **she ~lived her husband by 10 years** ela viveu mais 10 anos do que o marido; **b)** sobreviver a [*person, era*]; ultrapassar [*term*].

outlook ['aʊtlʊk] *n* **a)** (attitude) concepção *f*; visão *f*; **b)** (prospects) perspectivas *fpl*; **the ~ for tomorrow is** METEOROL as previsões para amanhã são; **c)** (from window, house) vista *f* (**over, onto** sobre).

outlying ['aʊtlaɪŋ] *adj* (from city) fora do centro; (remote) distante.

outmanoeuvre *vtr* superar em estratégia, vencer em habilidade.

outmoded [aʊt'məʊdɪd] *adj* antiquado,-a.

outnumber [aʊt'nʌmbə(r)] *vtr* ser mais numeroso que; **they were ~numbered by two to one** eles eram duas vezes menos numerosos.

outpatient *n* doente *m/f* externo (não hospitalizado); ~**s' clinic/department** serviço *m* de consultas externas.

outplay [aʊt'pleɪ] *vtr* SPORT dominar.

outpost ['aʊtpəʊst] *n* MIL posto *m* avançado; **the last ~** o último bastião.

outpouring ['aʊtpɔ:rɪŋ] *n* derramamento *m*.

output ['aʊtpʊt] **1** *n* **a)** (yield) rendimento *m*; (of factory) produção *f*; **b)** COMPUT saída *f*. **2** *modif* [*data, device, power, message*] de saída. **3** *vtr* (*past, pp* **-put** *or* **-putted**) [*computer*] libertar [*data*]; **to ~ sth to a printer** imprimir qq coisa (na impressora).

outrage ['aʊtreɪdʒ] **1** *n* **a)** (anger) indignação *f* (**at** perante); **sense of ~** sentimento *m* de profunda indignação; **b)** (horrifying act) atentado *m* (**against** contra); **c)** (scandal) (against decency, morality) ultraje *m*; (**against, to** a, contra); **it is an ~ that** é um escândalo que. **2** *vtr* escandalizar [*person, public*]. **3 outraged** *pp adj* ultrajado (**by** por).

outrageous [aʊt'reɪdʒəs] *adj* **a)** (disgraceful) escandaloso,-a; **b)** (unconventional) [*person, out*-

fit] extravagante; [*remark*] imoderado,-a, excessivo,-a.

outrageously [aʊt'reɪdʒəslɪ] *adv* de uma forma ultrajante ou injuriosa.

outrider ['aʊtraɪdə(r)] *n* **motorcycle** ~ batedor *m* (de uma escolta).

outright [aʊt'raɪt] **1** *adj* **a)** [*control, defiance, lead, majority*] absoluto,-a; [*ban, rejection*] categórico,-a; **b)** (obvious) [*favourite, victory, winner*] incontestado,-a. **2** *adv* **a)** (completely) categoricamente; **b)** (openly) francamente; **to laugh** ~ **at sb** rir nas barbas de alg (fam).

outrun [aʊt'rʌn] *vtr* **a)** correr mais do que, escapar a; **b)** (fig) (exceed) ultrapassar.

outsell [aʊt'sel] *vtr* vender mais que.

outset [aʊt'set] **1 at the** ~ *adv phr* no princípio. **2 from the** ~ *adv phr* desde o começo.

outshine [aʊt'ʃaɪn] *vtr* (fig) ofuscar, eclipsar.

outside [aʊt'saɪd] **1** *n* **a)** exterior *m*; **on the** ~ no exterior; **on the** ~ **of** (on surface itself) na parte de fora de [*box, file*]; **b)** (maximum) **at the** ~ no máximo. **2** *adj* **a)** (outdoor) [*temperature*] exterior; [*broadcast*] no(s) exterior(es); **b)** (outer) [*edge, world, wall*] exterior; **c)** (leisure) ~ **interests** interesses *mpl* pessoais; **d)** (from elsewhere) [*help*] do exterior, de fora; **e)** ~ **lane** IN GB via *f* da direita; IN US, EUROPE via *f* da esquerda; (on athletics track) pista *f* exterior; **f)** (faint) **an** ~ **chance** uma mínima hipótese. **3** *adv* fora. **4** *prep* (*also* ~ **of**) **a)** (not within) fora de [*city*]; do outro lado de [*boundary*]; no exterior de [*prison*]; **b)** (in front of) em frente de [*house*]; **c)** (over) **to wear a shirt** ~ **one's trousers** usar uma camisa por fora das calças; **d)** (fig) (beyond) ~ **office hours** fora das horas de expediente.

outsider [aʊt'saɪdə(r)] *n* **a)** (in community) estranho *m*; (to organization, company) pessoa *f* do exterior; **b)** (person, horse) (unlikely to win) com poucas possibilidades de ganhar.

outsize ['aʊtsaɪz] **1** *n* tamanhos *mpl* grandes. **2** *adj* (gen) (*also* ~**d**) enorme.

outskirts ['aʊtskɜːts] *npl* (of town) periferia *f*; **on the** ~ na periferia.

outspoken [aʊt'spəʊkən] *adj* **to be** ~ **in one's remarks/criticism** falar/criticar sem rodeios.

outspread [aʊt'spred] *adj* [*arms, wings*] aberto,-a.

outstanding [aʊt'stændɪŋ] *adj* **a)** (praiseworthy) excepcional; **b)** (unresolved) [*problem, issue*] em suspenso; [*work*] inacabado,-a; ~ **debts** dívidas por liquidar.

outstandingly [aʊt'stændɪŋlɪ] *adv* excepcionalmente, extraordinariamente.

outstay [aʊt'steɪ] *vtr* IDIOMAS **to** ~ **one's welcome** tornar-se importuno pela demora.

outstretched ['aʊtstretʃd] *adj* [*hand, arm, fingers, legs*] estendido,-a; [*wings*] aberto,-a.

outstrip [aʊt'strɪp] *vtr* (*pres p etc* -**pp**-) [*person*] ultrapassar; [*production*] exceder; [*demand, supply*] ser superior a.

outvote [aʊt'vəʊt] *vtr* vencer em número de votos.

outweigh [aʊt'weɪ] *vtr* prevalecer sobre.

outwit [aʊt'wɪt] *vtr* ser mais esperto que.

oval ['əʊvl] **1** *n* oval *f*. **2** *adj* (*also* -**shaped**) oval.

ovary ['əʊvərɪ] *n* ANAT, BOT ovário *m*.

ovation [əʊ'veɪʃn] *n* ovação *f*; **to give sb a standing** ~ aplaudir alg de pé.

oven ['ʌvn] *n* forno *m*; **electric** ~ forno eléctrico; **this place is like an** ~! este lugar é como uma fornalha!.

oven: ~**proof** *adj* que vai ao forno; ~**-to-tableware**, ~**ware** *n* prato *m* para servir e ir ao forno.

over ['əʊvə(r)] **1** *prep* **a)** (across the top of) por cima de; **a bridge** ~ **the Thames** uma ponte por cima do Tamisa; **b)** (from or on the other side of) **it's just** ~ **the road** é mesmo do outro lado da estrada; ~ **here/there** aqui/ali, acolá; **come** ~ **here!** vem cá; **c)** (above) por cima de; **they live** ~ **the shop** eles moram por cima da loja; **d)** (covering, surrounding) (gen) sobre; **to wear a sweater** ~ **one's shirt** vestir uma camisola sobre ou por cima da camisa; **e)** (physically higher than) **the water came** ~ **my ankles** a água chegou-me acima dos tornozelos; **f)** (more than) mais de; **children** ~ **six** crianças com mais de seis anos; **temperatures** ~ **40 .°** temperaturas superiores a 40.°; **g)** (in the course of) ~ **the weekend** durante o fim de semana; ~ **the years** com o tempo, com o decorrer dos anos; **to stay with sb** ~ **Easter** passar a Páscoa em casa de alg; **h)** (recovered from) **to be** ~ ter recuperado de [*illness, operation*]; **to be** ~ **the worst** ter passado o pior; **i)** (by means of) através de; ~ **the phone** pelo telefone; ~ **the radio** na rádio; **j)** (everywhere) **all** ~ **the house** por toda a casa; **to show sb** ~ **a house** mostrar uma casa a alguém. **2 over and above** *prep. phr* ~ **and above** (para) além de; ~ **and above the minimum requirement** para além dos requisitos mínimos. **3** *adj, adv* **a)** (*use with verbs*) ~ **you go!** ora vamos lá!; **b)** (finished) acabado,-a; **to be** ~ [*term, meeting, war*] ter acabado; **to get sth** ~ **with** acabar com qq coisa; **c)** (more) mais; **children of six and** ~ crianças com mais de seis anos; **d)** (remaining) **there's one** ~ resta um; **there's nothing** ~ não resta nada; **e)** (to one's house, country) **to invite** *or* **ask sb** ~ convidar alg; **when you're next** ~ **this way** quando passares por cá da próxima vez; **f)** RADIO, TV **now** ~ **to Tim for the weather** agora com o Tim para o boletim meteorológico; **g)** (showing repetition) **five times** ~ cinco vezes consecutivas; **to start all** ~ **again** recomeçar do zero; **I've told you** ~ **and** ~ **again** disse-te milhares de vezes; **h)** GB (excessively) **I'm not** ~ **keen** não sou muito entusiasta.

overact [əʊvər'ækt] *vi* exagerar, caricaturar.

overall ['əʊvərɔːl] **1** *n* GB bata *f*. **2 overalls** *npl* GB fato *m* de macaco; US jardineiras *fpl*. **3** *adj* [*cost*] total; [*increase*] global; [*control, impression*] geral; [*majority*] POL relativo,-a. **4** *adv* **a)** (in total) no total; **b)** (in general) no geral.

overanxious ['əʊvəræŋkʃəs] *adj* (nervous) muito ansioso,-a.

overawe [əʊvər'ɔː] *vtr* intimidar.

overbalance [əʊvə'bæləns] **1** *vtr* desequilibrar. **2** *vi* [*person*] perder o equilíbrio; [*pile of objects*] desabar, desmoronar-se.

overbearing [əʊvə'beərɪŋ] *adj* dominador,-a.

overboard [əʊvəbɔːd] *adv* (lit) pela borda fora, à água; **to fall** ~ cair à água; **man** ~! homem ao mar!; (fig) **to go** ~ (coll) entusiasmar-se.

overbook [əʊvə'bʊk] *vtr, vi* reservar em excesso.

overburden [əʊvə'bɜ:d(ə)n] *vtr* (with work, debt, guilt) sobrecarregar.

overcast ['əʊvəkɑ:st] *adj* METEOROL nublado, encoberto; **to grow** ~ encobrir-se.

overcautious [əʊvə'kɔ:/əs] *adj* excessivamente prudente.

overcharge [əʊvə't/ɑ:dʒ] *vtr, vi* (in money) cobrar demais, carregar no preço; **they ~d him** eles fizeram-no pagar dinheiro a mais; **they ~d him by £10** eles fizeram-no pagar £10 a mais.

overcoat ['əʊvəkəʊt] *n* sobretudo *m*.

overcome [əʊvə'kʌm] **1** *vtr* (*past* -**came** *pp* -**come**) **a)** (defeat) bater [*opponent*]; dominar [*nerves*]; superar [*despair, obstacle*]; **b)** (overwhelm) (*usu in passive*) **to be** ~ **by smoke** ficar sufocado pelo fumo; **to be** ~ **by/with jealousy** morrer de ciúmes; ~ **by fear** transido de medo; **tiredness** ~ **them** a fadiga apoderou-se deles. **2** *vi* (*past* -**came** *pp* -**come**) triunfar.

overcook [əʊvə'kʊk] *vtr* cozer demais.

overcrowded [əʊvəkr'aʊdɪd] *adj* [*vehicle, room*] (with people) apinhado,-a (**with** de); [*institution, city*] superpovoado,-a (**with** de); [*class*] superlotado,-a; [*room*] (with furniture) atravancado,-a (**with** de); DENT.

overcrowding [əʊvəkr'aʊdɪŋ] *n* (in city, institution) superpovoamento *m*; (in transport) superlotação *f*; ~ **in classrooms** aulas com excesso de alunos.

overdo [əʊvə'du:] *vtr* (*past* **overdid** *pp* **overdone**) **a)** (exaggerate) exagerar; **to** ~ **it, to** ~ **things** (exaggerate) (gen) exagerar; (exercise, work too hard) exceder-se; **don't** ~ **the exercises** não exageres nos exercícios ou não faças exercício em demasia; **b)** CULIN cozer demais.

overdone [əʊvə'dʌn] *adj* (exaggerated) exagerado,-a; (overcooked) demasiado cozinhado,-a.

overdose ['əʊvədəʊs] **1** *n* **a)** (large dose) dose *f* excessiva; **b)** (lethal dose) (of medicine) dose *f* mortal; (of drugs) overdose *f*; **to take an** ~ tomar uma dose excessiva de medicamentos. **2** *vi* (on medicine) tomar uma dose mortal de medicamentos; (on drugs) tomar uma overdose.

overdraft ['əʊvədrɑ:ft] *n* saque *m* a descoberto; **to have an** ~ estar a descoberto.

overdraw [əʊvə'drɔ:] *vtr* (*past* **overdrew** *pp* **overdrawn**) sacar a descoberto; **I have ~n my account by £100** ter uma conta sem cobertura de £100; **your account is £100 ~n** a sua conta tem £100 a descoberto.

overdress [əʊvə'dres] *vt, vi* vestir-(se) com exagero.

overdrive ['əʊvədraɪv] *n* AUT velocidade *f* que ultrapassa a que é recomendada de fábrica para uma determinada mudança.

overdue [əʊvə'dju:] *adj* [*work*] em atraso (**by** de); [*bill*] não pago; [*cheque*] apresentado tardiamente; [*baby, pregnant woman*] com o tempo terminado; **this measure is long** ~ esta medida devia ter sido tomada há mais tempo.

overeat [əʊvər'i:t] *vi* comer em excesso.

overeating [əʊvər'i:tɪŋ] *n* facto *m* de comer em excesso.

overemphasize [əʊvəemfəsaɪz] *vtr* (gen) pôr demasiado ênfase em; exagerar [*importance*]; **I**

cannot ~ **how vital it is** não consigo demonstrar bem como isso é importante.

over: ~**exert** [,əʊvərɪg'zɜ:t] *v refl* **to ~exert oneself** estafar-se; ~**expose** [,əʊvərɪk'spəʊz] *vtr* PHOT expor demasiadamente; ~**feed** [,əʊvə'fi:d] *vtr* (*past, pp* -**fed**) sobrealimentar [*child, pet*]; dar demasiado adubo a [*plant*].

overflow 1 ['əʊvəfləʊ] *n* **a)** (surplus) **this school takes in the** ~ **from other local schools** esta escola aceita os alunos excedentes das outras escolas da região; **b)** (from bath, sink) tubo *m* de descarga; **c)** COMPUT esgotamento de memória. **2** [əʊvə'fləʊ] *vtr* [*river*] inundar [*banks*]. **3** [əʊvə'fləʊ] *vi* transbordar; **to be full to ~ing** [*room, theatre*] estar completamente cheio. **4 overflowing** [əʊvə'fləʊɪŋ] *pres p adj* [*school*] saturado,-a; [*prison*] superlotado,-a.

over: ~**fly** [,əʊvə'flaɪ] *vtr* (*past* -**flew pp** -**flown**) sobrevoar; ~**full** [,əʊvə'fʊl] *adj* demasiado cheio; ~**generous** [,əʊvə'dʒenərəs] *adj* muito generoso,-a (**with** com); [*amount, dose*] excessivo,-a; ~**grown** *adj* **a)** (garden) coberto por vegetação; **b)** (immature) [*adolescent, student*] crescido demais.

overhang [əʊvə'hæŋ] **1** *n* (gen) (of cliff) saliência *f*; (of roof) beiral *m*. **2** *vtr* sobressair, pender.

overhanging [əʊvə'hæŋɪŋ] *adj* [*ledge, cliff*] saliente; [*branch*] pendente.

overhaul [,əʊvə'hɔ:l] **1** *n* (of machine) revisão *f*; (fig) (of system) restruturação. **2** *vtr* **a)** fazer uma revisão [*car, machine*]; **b)** (fig) restruturar [*system*].

over: ~**hear** [,əʊvə'hɪə(r)] *vtr* (*past, pp* -**heard**) ouvir (por acaso); ~**heat** [,əʊvə'hi:t] **1** *vtr* ficar superaquecido [*room, economy*]; aquecer Po/esquentar BR demais [*sauce, oven*]. **2** *vi* [*car, equipment*] aquecer Po/esquentar BR demais; ~**indulge** [,əʊvərɪn'dʌldʒ] **1** *vtr* estragar com mimos [*child, pet*]. **2** *vi* cometer excessos; ~**indulgence** *n* **a)** (excess) abuso *m* (**in** em); **b)** (laxity) demasiada indulgência *f* (**of, towards** para com).

overjoyed [əʊvə'dʒɔɪd] *adj* louco de alegria (**at** perante); **I was** ~ **that she had returned** o regresso dela pôs-me louco de alegria.

over: ~**kill** ['əʊvəkɪl] *n* MIL destruição *f* massiva; ~**land** ['əʊvə,lænd] **1** *adj* [*route*] terrestre; [*journey*] por via terrestre. **2** *adv* por via terrestre.

overlap [əʊvə'læp] **1** *n* sobreposição *f* (**between** entre). **2** *vi* **a)** sobrepor-se; **b)** (lit) [*materials, edges*] sobrepor-se parcialmente; [*one edge*] ultrapassar.

overlay [əʊvə'leɪ] *vtr* (*past, pp* -**laid**) cobrir (**with** de, com).

over: ~**leaf** [,əʊvə'li:f] *adv* no verso; **see ~leaf** ver no verso; ~**load 1** *n* (also fig) sobrecarga *f*. **2** *vtr* sobrecarregar (**with** de).

overlook [əʊvə'lʊk] *vtr* **a)** (have a view of) [*building, window*] dar para; **b)** (miss) deixar passar [*detail, error*]; **to** ~ **the fact that...** negligenciar o facto de que...; **c)** (ignore) ignorar [*effect, fact, need, problem*].

overmuch [əʊvə'mʌt/]*adv* demais, em demasia.

overnight [əʊvə'nɑɪt] **1** *adj* **a)** (night-time) [*crossing, boat, bus*] nocturno,-a; [*stay*] por uma noite; [*party, rain*] durante toda a noite; **b)** (fig) (rapid) [*success*] imediato,-a. **2** *adv* **a**) (in the night) à noite; (for the night) durante a noite; **to stay ~** passar a noite; **b**) (fig) (rapidly) dum dia para o outro.

overnight bag *n* pequeno saco *m* de viagem.

over: ~**pass** ['əʊvə,pɑ:s] *n* (for cars) viaduto *m*; ~**pay** [,əʊvə'peɪ] *vtr* (*past, pp* **-paid**) pagar demais [*employee*]; **I was ~paid by £500** pagaram-me £500 a mais; ~**populated** [,əʊvə'pɒpju-,leɪtɪd] *adj* superpovoado,-a ~**populated population** população *f* excedentária.

overpower [əʊvə'paʊə(r)] *vtr* **a**) (lit) dominar [*thief*]; vencer [*army*]; **b**) (fig) [*smell, smoke*] espalhar-se.

over: ~**powering** *adj* [*person*] dominador,-a; [*personality*] dominante; [*desire, urge*] irresistível; [*heat*] sufocante; [*smell*] intenso,-a; ~**priced** *adj* (gen) demasiado caro,-a [*goods, holiday, services*]; ~**protective** *adj* [*attitude, feelings*] superprotector,-a; **an ~protective father** um pai superprotector; ~**qualified** [,əʊvə'kwɒlɪ,faɪd] *adj* superqualificado,-a; ~**rate** [,əʊvə'reɪt] *vtr* sobrestimar; ~**reach** [,əʊvə'ri:tʃ] *v refl* **to** ~**reach oneself** exceder-se, ir longe demais; ~**ride** [,əʊvə'raɪd] **1** *n* comando *m* manual; **on** ~**ride** em (comando) manual. **2** *modif* [*facility, mechanism*] manual. **3** *vtr* (*past* **-rode** *pp* **-ridden**); **a**) (disregard) não fazer caso de [*consideration*]; **b**) (take precedence) prevalecer [*decision*]; ~**riding** *adj* primordial; [*priority*] número um ~**ripe** [,əʊvə'raɪp] *adj* [*fruit*] muito maduro; [*cheese*] demasiado curado; ~**react** [,əʊvərɪ'ækt] *vi* reagir de maneira excessiva (**to** a); ~**rule** [əʊvə'ru:l] *vtr* JUR anular [*decision*]; levar a melhor sobre [*person, committee*].

overrun [əʊvə'rʌn] **1** *n* FIN excedente *m* (**of** de). **2** *vtr* (*past* **overran** *pp* **overrun**) **a**) (invade) invadir [*country, site*]; **to be ~ with sth** ser invadido por qq coisa; **b**) (exceed) ultrapassar, exceder [*time, budget*]. **3** *vi* **the lecturer overran his time by an hour** o conferencista falou durante uma hora a mais do que o previsto.

over: ~**see** [,əʊvə'si:] *vtr* (*past* **-saw** *pp* **-seen**) superintender; ~**sell** [,əʊvə'sel] *vtr* (exaggerate the merits) elogiar demasiado [*idea, plan*]; ~**sensitive** *adj* [*person*] hipersensível; [*attitude, approach*] muito delicado,-a; ~**shadow** [əʊvə'ʃædəʊ] *vtr* eclipsar [*achievement*]; ~**shoot** [,əʊvə'ʃu:t] *vtr* (*past, pp* **-shot**) passar rapidamente por [*junction, runway*]; **to** ~**shoot the mark** ir longe demais, exceder-se; ~**sight** ['əʊvə,saɪt] *n* lapso *m*; **due to/through/by an** ~**sight** por descuido; ~**simplify** [əʊvə'sɪmplɪfaɪ] *vtr, vi* simplificar demais; ~**sleep** [əʊvə'sli:p] *vi* dormir demais, acordar tarde; **sorry I'm late — I** ~**slept** desculpe o atraso — não acordei a horas; ~**spend** [əʊvə'spend] **1** *n* (in public spending) gasto *m* excessivo (para além do orçamento). **2** *vi* (*past, pp* **-spent**) gastar demais; **they've** ~**-spent by £500** eles gastaram £500 a mais; ~**spill** ['əʊvəspɪl] *n* excedente *m* demográfico; ~**state** [əʊvə'steɪt] *vtr* (gen) exagerar; **to** ~**state a case** dar demasiada importância a um caso; ~**stay** [əʊvə'steɪ] *vtr* prolongar demasiado, ficar tempo demais [*visit*]; **to** ~ **one's visa** permanecer para além dos limites de validade do seu visto.

overt ['əʊvət, əʊ'vɜ:t] *adj* declarado,-a.

over: ~**take** [əʊvə'teɪk] **1** *vtr* (*past* **-took** *pp* **-taken**) **a**) (lit) [*vehicle*] ultrapassar; [*person*] passar adiante; **b**) (fig) [*disaster*] abater-se sobre [*project, country*]; [*storm*] surpreender [*person*]; **he was ~taken by/with fear** ele ficou cheio de medo; **to be ~taken by events** ser surpreendido por algo. **2** *vi* ultrapassar; **"no ~taking"** proibida a ultrapassagem; ~**tax** [əʊvə'tæks] **1** *vtr* **a**) (stain) exigir demais de; **b**) FIN, ADMIN sobrecarregar de impostos. **2** *v refl* **to** ~**tax oneself** exceder-se, esgotar-se; ~**throw** [əʊvə'θrəʊ] **1** *n* POL derrota *f*. **2** *vtr* POL derrotar, derrubar [*government, system*]; ~**time** ['əʊvətaɪm] *n* (time, money) horas *fpl* extraordinárias; **to earn £50 in** ~**time** ganhar 50£ em horas extraordinárias. **2** *adv* **to work** ~**time** (lit) fazer horas extraordinárias; ~**tone** ['əʊvətəʊn] *n* **a**) (nuance) (*usu pl*) subentendido *m*; conotação *f*; ~ **of racism** conotações racistas; **b**) (influence) ar *m*; **the novel has ~tones of Proust** o romance tem uns ares de Proust.

overture ['əʊvə'tjʊə(r)] *n* **a**) MUS abertura *f*; (**to** de); **b**) (approach) (*usu in pl*) (business) propostas *fpl*; ofertas *fpl*; **to make peace ~s** fazer propostas de paz.

over: ~**turn** ['əʊvə'tɜ:n] **1** *vtr* **a**) (roll over) virar [*boat*]; **b**) (reject) anular [*decision, sentence*]; fazer oscilar, derrubar [*majority*]. **2** *vi* [*car, chair*] voltar-se; ~**use** [əʊvə'ju:s] *n* (of word, product) abuso *m*; ~**value** [əʊvə'vælju:] *vtr* ECON, FIN sobrevalorizar [*currency, property*].

overweening [əʊvə'wi:nɪŋ] *adj* desmesurado,-a.

overweight [əʊvə'weɪt] *adj* **a**) obeso,-a; **b**) [*suitcase*] demasiado pesado,-a; **to be ~** pesar demais; **my case is 10 kilos ~** tenho um excesso de bagagem de 10 quilos.

overwhelm [əʊvə'welm] **1** *vtr* **a**) (lit) [*wave, avalanche*] submergir; [*enemy*] esmagar; **b**) (fig); [*shame*] subjugar. **2** **overwhelmed** *pp adj* [*with letters, offers, phone calls, kindness*] submerso,-a (**with, by** com); [*with shame, unhappiness, work*] esmagado,-a (**with, by** com); (by sight, experience) fascinado,-a (**by** por).

overwhelming [əʊvə'welmɪŋ] *adj* [*defeat, victory, majority*] esmagador,-a; [*desire, beauty*] irresistível; [*concern, impression*] dominante; [*response, support*] entusiasta; [*conviction*] absoluto,-a.

over: ~**work** [əʊvə'wɜ:k] **1** *n* trabalho *m* excessivo. **2** *vtr* esgotar, fatigar [*employee, heart*]. **3** *vi* esgotar-se; ~**wrought** [əʊvə'rɔ:t] *adj* superexcitado; ~**zealous** [əʊvə'zeləs] *adj* [*person*] muito zeloso,-a; [*attitude*] excessivo,-a.

owe [əʊ] *vtr* **a**) (be indebted for) dever [*money, invention, life, success*]; **my mother, to whom I ~ so much** a minha mãe, a quem eu devo tanto; **b**) (be morally bound to give) [*duty, loyalty, explanation*] estar em obrigação para com; **you ~ it to your parents to work hard** tu tens obrigação de trabalhar bastante em atenção aos teus pais.

owing ['əʊɪŋ] **1** *adj* (*always after n*) devido (**for** por); **the amount** *or* **sum ~** a quantia a pagar. **2 owing to** *prep phr* por causa de; ~ **to the fact that...** devido ao facto de....

owl [aʊl] *n* mocho *m*; (with tufted ears) coruja *f*.

owlish ['aʊlɪʃ] *adj* solene.

own [əʊn] **1** *adj* próprio,-a; **her ~ car/house** o seu próprio carro/a sua própria casa; **he's very nice in his ~ way** ele é muito simpático à sua maneira; **the house has its ~ garage** a casa tem garagem privativa. **2** *pron* **my ~** o meu/a minha; **when you have children of your ~** quando tiveres os teus próprios filhos; **he has a room of his ~** ele tem um quarto só para si; **my time's not my ~** não tenho tempo para mim. **3** *vtr* **a)** (possess) ter [*car, house, dog*]; **she ~s three shops** ela tem três lojas; **who ~s that house?** de quem é aquela casa?; **he walks around as if he ~s the place** ele comporta-se como se fosse o dono da casa; **b)** (admit) reconhecer, admitir. **4** *vi* **to ~ to misgivings** confessar a sua apreensão. **IDIOMAS to come into one's ~** receber o merecido reconhecimento; **to do one's ~ thing** ser independente; **to get one's ~ back** vingar-se (**on sb** de alg); **to hold one's ~** aguentar-se; **on one's ~** sozinho; **to get sb on their ~** ver alg em privado. ■ **own up** confessar; **to ~ up to the murder** confessar ter cometido o assassínio.

owner ['əʊnə(r)] *n* proprietário *m*; **previous ~** antigo proprietário; **"one careful ~"** (car ad) "carro estimado por um só proprietário".

ownership ['əʊnə∫ɪp] *n* propriedade *f*; (of land) posse *f*; **joint ~** co-propriedade; **private/public ~** propriedade privada/ pública; **share ~** participação *f* no capital duma sociedade; **to take in public ~** nacionalizar; **to be under new ~** mudar de proprietário.

ox [ɒks] *n, pl* **oxen** ZOOL boi *m*; **as strong as an ~** forte como um touro.

Oxbridge ['ɒksbrɪdʒ] *n* universidades *fpl* de Oxford e de Cambridge.

oxidize ['ɒksɪdaɪz] **1** *vtr* oxidar. **2** *vi* oxidar-se.

oxygen ['ɒksɪdʒən] **1** *n* oxigénio *m*. **2** *modif* [*bottle, cylinder, tank, mask, tent*] de oxigénio.

oyster ['ɔɪstə(r)] **1** *n* **a)** (fish) ostra *f*; **b)** (colour) cinzento *m* pérola. **2** *modif* [*knife*] (faca) de ostras; CULIN [*sauce*] de ostras; [*shell*] de ostra. **IDIOMAS the worlds your ~** tens o mundo à tua frente.

oz [ɒz] abrev = **ounce(s)**.

ozone ['əʊzəʊn, əʊ'zəʊn] *n* **a)** CHEM, METEOR ozono *m*; **"~- friendly"** "protege a camada de ozono"; **b)** (coll) (sea air) ar (puro) marinho.

ozone layer ['əʊzəʊn'leɪə(r)] *n* camada *f* de ozono.

Pp

p, P [piː] *n* (letter) p, P *m*. IDIOMAS **you'd bet-ter mind** *or* **watch your p's and q's** vê lá se te portas como deve ser.
p [piː] *n* GB abrev = **penny, pence.**
p.a. abrev = **per annum** por ano.
PA a) abrev = **personal assistant** secretária *f* de direcção; **b)** US POST abrev = **Pennsylvania.**
pace¹ [peɪs] **1** *n* **a)** (step) passo *m*; **b)** (measure) passo *m*; **c)** (speed) **at a fast/slow ~** depressa/lentamente; **at walking ~** a passo; **to quicken one's ~** apressar o passo; **to keep up the ~ with sth** (lit, fig) conseguir acompanhar algo; **I can't stand the ~** não consigo seguir o ritmo; **to step up/slow down the ~** acelerar/abrandar o ritmo; **to set the ~** (lit) impor o ritmo; (fig) dar o tom; **d)** (test) **to put sb through his/her ~s** pôr alg à prova. **2** *vtr* percorrer passo a passo [*cage, room*]. **3** *vi* (*also* ~ **up and down**) (slowly) andar compassadamente; (impatiently) andar de um lado para o outro.
pace² [ˈpeɪsɪ, ˈpɑːtʃeɪ] (formal) *prep* com o devido respeito a.
pacemaker [ˈpeɪsmeɪkə(r)] *n* **a)** MED estimulador *m* cardíaco; **b)** SPORT lebre *f*.
pacific [pəˈsɪfɪk] **1** *adj* pacífico,-a; **P~ 2** *n* **the ~** o Pacífico.
pacifism [ˈpæsɪfɪzm] *n* pacifismo *m*.
pacifist [ˈpæsɪfɪst] *n, adj* pacifista *m/f*.
pacify [ˈpæsɪfaɪ] *vtr* acalmar [*person*].
pack [pæk] **1** *n* **a)** (container) (box) pacote *m*; (bag) saqueta *f*; saquinho *m*; **a cigarette ~** um maço *m* de cigarros; **b)** (group) (of wolves) alcateia *f*; (of people) grupo *m*; (of dogs) matilha *f*; **c)** SPORT (in a race) pelotão *m*; (in rugby) formação *f*; **d)** GAMES baralho *m*; **e)** (carrier) MIL (gen) mochila *f*; (carried by animal) carga *f*. **2** ~~ (*in compounds*) **a four-~~** (of cassettes) um lote de quatro (cassetes). **3** *vtr* **a)** (stow) (in suitcase) emalar [*clothes*]; (in box, crate) embalar, empacotar [*object, food*]; **b)** (put things into) embalar, empacotar [*box, crate*]; **to ~ one's suitcase** fazer a mala; **c)** (cram into) [*people, crowd*] encher completamente [*church, theatre, football ground*]; **to be ~ed with** estar cheio de [*people, ideas*]; **d)** (press firmly) comprimir [*earth, snow*]. **4** *vi* **a)** (get ready for departure) [*person*] fazer as malas; **b)** (crowd) **to ~ into** comprimir-se em [*place*]. ■ **pack in**: **~ (sth) in, ~ in (sth) a)** (cram in) encher de [*people*]; **b)** (coll) (give up) desistir de [*job, boyfriend*]; **~ it in!** pára com isso!. ■ **pack off**: **~ (sb) off, ~ off (sb) to school/bed** mandar alg para a escola/cama. ■ **pack up a)** (prepare to leave) [*person*] fazer as malas; **b)** (coll) (break down) [*TV, washing-machine*] avariar-se; **~ (sth) up, ~ up (sth) a)** (put away) arrumar [*books, clothes*]; (in boxes, crates) empacotar [*books, objects*]; **b)** (coll) (stop) **to ~ up doing** parar de fazer.

package [ˈpækɪdʒ] **1** *n* **a)** (parcel) embrulho *m*; pacote *m*; **b)** (collection) (of reforms, measures, proposals) conjunto *m*; pacote *m* (**of** de); **c)** COMPUT pacote *m*. **2** *vtr* **a)** (put into packaging) empacotar, embalar COMM acondicionar [*goods, object*]; **b)** COMM (design image for) conceber a embalagem para [*product*]; (fig) embelezar [*policy, proposal*]; fabricar a imagem de [*film, singer, band*].
package: **~ deal** *n* COMM pacote *m* de oferta; **~ holiday** *n* férias *fpl* organizadas.
packaging [ˈpækɪdʒɪŋ] *n* **a)** COMM (materials) embalagem *f*; **b)** COMM (design) embalagem *f*; (fig) (of company, film, singer, policy) (construção *f* da) imagem *f* pública.
packed [pækt] *adj* **a)** (crowded) apinhado,-a; **~ with** cheio,-a de; **the show is playing to ~ houses** THEAT o espectáculo tem enchido a casa; **b)** **I'm ~** vou-me embora, já fiz as malas.
packet [ˈpækɪt] *n* **a)** (container) (box) (of cigarettes) maço *m*; (of cornflakes) pacote *m*; (bag) (of sweets) saco *m*; **b)** (parcel) pacote *m*; embrulho *m*. IDIOMAS **to cost a ~** custar um dinheirão.
packing [ˈpækɪŋ] *n* **a)** COMM acondicionamento *m*; **to do one's ~** fazer as malas; **b)** TECH guarnição *f* de empanque.
packing case *n* caixote *m*; caixa *f* de embalagem.
pact [pækt] *n* (gen) POL pacto *m*; **to make a ~ with** POL concluir ou assinar um pacto com; [*person*] fazer um pacto com.
pad [pæd] **1** *n* **a)** (of paper) bloco *m*; **b)** (to prevent chafing) protecção *f*; **c)** (to absorb liquid) compressa *f*; tampão *m*; **d)** (to give shape) acolchoamento *m*; **e)** (sticky part on object, plant) base *f*; **f)** SPORT (in general) protecção *f*; (for leg) caneleira *f*; **g)** (of paw) almofadinha *f*; **h)** (launch pad) rampa *f* de lançamento; **i)** (small sanitary towel) pensinho *m* de protecção diária. **2** *vtr* (*pres p* **-dd-**) **a)** (put padding in, on) almofadar, acolchoar [*chair, shoulders, jacket*] (**with** com); forrar [*walls, floor, large surface*]; **to ~ a wound with cotton wool** pôr uma compressa de algodão numa ferida; **b)** (make longer) see **~ out**. **3** *vi* (*pres p etc* **-dd-**) **to ~ along/around** avançar/ir e vir sem ruído. ■ **pad out**: **~ out (sth), ~ (sth) out a)** (fig) encher (pej) [*essay, speech*] (**with** com ajuda de); alongar [*meal, dish*] (**with** com); **b)** (lit) enchumaçar [*garment*].
padded [ˈpædɪd] *adj* almofadado,-a (**with** com).
padding [ˈpædɪŋ] *n* **a)** (stuffing) enchimento *m*; (on large surface) estofamento *m*; **b)** (in speech, essay) palavreado *m* para encher.
paddle [ˈpædl] **1** *n* **a)** (oar) remo *m*; **b)** (on waterwheel) pá *f*; **c)** CUL espátula *f*; **d)** US raquete *f* de ping-pong. **2** *vtr* **a)** (row) **to ~ a canoe up**

the **river** subir o rio de canoa; **b**) (dip) chapinhar com [*feet, hands*] (**in** em); **c**) US dar uma palmada a [*child*]. **3** *vi* **a**) (row) remar; **b**) (wade) patinhar.

paddle: ~ **boat** *n* barco *m* movido a rodas; ~ **steamer** *n* vapor *m* movido a rodas.

paddock ['pædək] *n* (field) recinto *m* cercado; (Horse-racing) padoque *m*.

paddy ['pædɪ] *n* **a**) (rice) arroz *m* com casca; **b**) see ~**field**; **c**) (coll) GB explosão *f* de raiva.

paddyfield ['pædɪˌfiːld] *n* arrozal *m*.

padlock ['pædlɒk] **1** *n* cadeado *m*; (for bicycle) cadeado anti-roubo. **2** *vtr* fechar com cadeado [*door, gate*]; pôr um cadeado anti-roubo [*bicycle*].

padre ['pɑːdrɪ, 'pɑːdreɪ] *n* (priest) padre *m*; (chaplain) capelão *m* (de um regimento).

paediatric [piːdɪ'ætrɪk] *adj* see **pediatric**.

pagan ['peɪgən] *n, adj* pagão,-ã *m/f*.

page [peɪdʒ] **1** *n* **a**) (in book, newspaper) página *f*; **on** ~ **two** na página dois; **two** ~**s on fishing** duas páginas sobre pesca; **b**) COMPUT página, écran *f*; **c**) (attendant) paquete *m*; moço *m* de recados; (in us congress) moço *m* de recados HIST pajem *m*. **2** *vtr* (on pager) procurar; (over loudspeaker) chamar; **"paging Miss Jones"** "a menina Po/senhorita BR Jones por favor".

pageant ['pædʒənt] *n* (play) representação *f* teatral de fundo histórico (medieval); (carnival) cortejo *m* com tema histórico alegórico.

pageantry ['pædʒəntrɪ] *n* pompa *f*.

pageboy [peɪdʒ'bɔɪ] *n* (bride's attendant) pajem *m*.

page proofs [peɪdʒ'pruːfs] *npl* PRINT terceiras provas *f*.

pager ['peɪdʒə(r)] *n* TELECOM receptor *m* de chamadas.

pagination [pædʒɪ'neɪʃn] *n* paginação *f*.

paid [peɪd] **1** *past, pp* see **pay**. **2** *adj* [*job*] remunerado,-a; [*holiday*] pago,-a; [*assassin*] a soldo.

paid-up *adj* [*payment, instalment*] pago,-a; [*share, capital*] resgatado,-a.

pail [peɪl] *n* balde *m* (**of** de).

pain [peɪn] **1** *n* **a**) (gen) MED dor *f*; **to feel** ~, **to be in** ~ sofrer, ter dores; **he's caused me a lot of** ~ ele fez-me sofrer; **period** ~**s** dores *fpl* do período; **I have a** ~ **in my arm** tenho uma dor no braço; **where is the** ~? onde é que dói?; **b**) (coll) (annoying person, thing) **she can be a real** ~ ela pode ser chata (fam); **he's a** ~ **in the neck** (coll) ele é um chato (fam); **c**) **on** ~ **of death** sob pena de morte. **2 pains** *npl* **to be at** ~**s to do** sth ter muito cuidado ao fazer algo; **to take great** ~**s over** *or* **with sth** esforçar-se imenso para fazer algo. **3** *vtr* **a**) (hurt) **my leg** ~**s me a little** dói-me um pouco a perna; **b**) (formal) (grieve) dar um desgosto. **4 pained** *pp adj* **with a** ~**ed expression** com uma expressão de aflição.

painful ['peɪnfl] *adj* **a**) (injury, swelling etc) doloroso,-a; (fig) [*lesson, progress, memory, reminder, task*] penoso,-a; [*blow*] duro; **b**) (coll) (bad) lamentável.

paint [peɪnt] **1** *n* (gen) ART tinta *f*; **"wet** ~**"** "pintado de fresco". **2** *npl* ART ~**s** cores *fpl*. **3** *vtr* **a**) (lit) pintar [*wall, still-life, water-colours, person*]; **to** ~ **sth blue** pintar qq coisa de azul;

to ~ **sth on** aplicar qq coisa [*varnish, undercoat*]; **to** ~ **sth over/out** pintar qq coisa por cima [*face, figure, wallpaper*]; **to** ~ **one's nails** pintar as unhas; **b**) (fig) (depict) pintar, descrever; **to** ~ **a rather gloomy picture of sth** pintar um quadro muito sombrio de qq coisa; **c**) (swab) pincelar [*cut, wound*] (**with** de). **4** *vi* pintar; **to** ~ **from life/outdoors** pintar segundo a natureza/ao ar livre; **to** ~ **in oils** pintar a óleo. **IDIOMAS** (fig) **to** ~ **the town red** pintar a manta (fam).

paint: ~ **box** *n* caixa *f* de tintas; ~ **brush** *n* pincel *m*.

painter ['peɪntə(r)] *n* **a**) (artist, workman) pintor *m*; **b**) NAUT amarra *f*.

painting ['peɪntɪŋ] *n* **a**) (activity, art) pintura *f*; **b**) (work of art) quadro *m*; (unframed) tela *f*; (of person) retrato *m*; **c**) (decorating) pinturas *fpl*.

pair [peə(r)] **1** *n* **a**) (two matching items) par *m*; **we work in** ~**s** nós trabalhamos em grupos de dois; **a** ~ **of glasses/scissors** uns óculos/uma tesoura; **b**) (two people) (gen) casal *m*; (of competitors) par *m*. **2 pairs** *modif* SPORT [*competition, final*] de ou em pares. **3** *vtr* emparelhar [*gloves, socks*]; **to** ~ **Paul with Julie** juntar o Paulo com a Júlia; **to** ~ **each name with a photograph** ligar cada nome a uma fotografia. ■ **pair off**: **guests tend to** ~ **off** os convidados têm tendência a juntar-se aos pares.

pajamas [pə'dʒɑːməs] *npl* US see **pyjamas**.

Pakistan [pɑːkɪ'stɑːn] *pr n* Paquistão *m*.

Pakistani [pɑːkɪ'stɑːnɪ] **1** *n* paquistanês *m*. **2** *adj* paquistanês,-esa.

pal [pæl] (coll) *n* companheiro,-a *m, f*; camarada *m/f*.

palace ['pælɪs] *n* **a**) (of monarch) palácio *m*; **b**) (of bishop) paço *m* episcopal.

palatable ['pælətəbl] *n* [*food*] saboroso,-a; [*solution, law*] aceitável.

palatal ['pælətəl] **1** LING *n* fonema *m* palatal. **2** *adj* palatal.

palate ['pælət] *n* palato *m*; **too sweet for my** ~ demasiado doce para o meu gosto.

palaver [pə'lɑːvə(r)] (coll) *n* **a**) (bother) complicação *f*; **b**) (talks) palavreado *m*; bla bla *m*.

pale [peɪl] **1** *adj* [*complexion, colour*] pálido,-a; [*light, dawn*] esbranquiçado,-a, ténue; **to turn** *or* **go** ~ empalidecer. **2** *vi* empalidecer; (fig) (fade) **all other considerations** ~ **into insignificance** ao lado disso, tudo parece irrisório.

paleness ['peɪlnɪs] *n* (of skin) palidez *f*; **the** ~ **of the sky** a suave cor do céu (liter).

Palestine ['pælɪstaɪn] *pr n* Palestina *f*.

palette ['pælɪt] *n* (object, colours) paleta *f*.

palisade [pælɪ'seɪd] *n* **a**) (fence) paliçada *f*; **b**) (*pl* **palisades**) US (cliffs) penhascos *mpl*; falésias *fpl*.

pall [pɔːl] **1** *n* **a**) (coffin-cloth) pano *m* mortuário; (coffin) urna *f*; caixão *m*; **b**) (fig) (of smoke, dust) nuvem *f*; (of gloom, mystery, silence) manto *m*. **2** *vi* **it never** ~**s** nunca aborrece.

pallet ['pælɪt] *n* (for loading) pá *f*.

palliate ['pælɪeɪt] (formal) *vtr* paliar, atenuar.

palliative ['pælɪətɪv] **1** *n* (gen) MED paliativo *m*. **2** *adj* (gen) MED paliativo,-a.

pallid ['pælɪd] *adj* [*skin, light*] pálido,-a.

pallor ['pælə(r)] *n* palidez *f*.

palm [pɑ:m] **1** *n* **a**) (of hand) palma *f*; **he read my ~** ele leu-me as linhas da mão; **you have him in the ~ of your hand** tu tem-lo na palma da mão (podes fazer o que quiseres); **b**) Bot (plant) palmeira *f*; (branch) ramo *m* de palmeira; (leaf) folha *f* de palmeira; **~ tree** palmeira *f*; **c**) Relig ramo *m*. **2** *vtr* escamotear [*card, coin*]; subtrair [*money*]. ■ **palm off** (coll) **~ (sth) off** fazer passar qq coisa; **to ~ (sth) off on (sb)** impingir algo a alg; **to ~ (sb) off with (sth)** desembaraçar-se de alg contando-lhe qq coisa.
palmistry ['pɑ:mɪstrɪ] *n* quiromancia *f*.
Palm Sunday [pɑ:m'sʌndeɪ] *n* Domingo *m* de Ramos.
palpable ['pælpəbl] *adj* **a**) (fear, tension) palpável; **b**) [*lie, error*] manifesto,-a.
palpably ['pælpəblɪ] *adv* manifestamente.
palpitate ['pælpɪteɪt] *vi* palpitar (**with** com, de).
palsy ['pɔ:lzɪ, 'pɒlzɪ] *n* **Bell's** *or* **facial ~** paralisia *f* facial; **cerebral ~** paralisia cerebral.
paltry ['pɔ:ltrɪ] *adj* [*sum*] irrisório,-a; [*excuse*] miserável.
pampas grass ['pæmpəz'grɒs] capim *m* das pampas.
pamper ['pæmpə(r)] *vtr* amimalhar [*person, pet*]; cuidar [*skin*]; **to ~ oneself** abonecar-se.
pamphlet ['pæmflɪt] *n* (gen) brochura *f*; (political) folheto *m*.
pan [pæn] **1** *n* **a**) Culin (saucepan) panela *f*; **frying ~** frigideira *f*; **b**) (gen) (on scales) prato *m*. **2** *vtr* (*pres p etc* **-nn-**) **a**) (criticize) criticar violentamente, arrasar; **b**) Cin, Phot, TV fazer uma panorâmica de. **3** *vi* [*camera*] fazer uma panorâmica. ■ **pan out** (turn out) vir a ser, resultar; (turn out well) ser bem sucedido,-a.
pan-, Pan- [pæn] (*prefix* **pan-**) **the P~-American Highway** a estrada Pan-americana; **the P~-American Union** a União Panamericana.
panacea [pænə'si:ə] *n* panaceia *f*.
Panama [pænə'mɑ:] *pr n* Panamá *m*.
panama hat *n* panamá *m*.
pancake ['pænkeɪk] *n* **a**) Culin panqueca *f*; crepe *m*; **~ filling** recheio *m* para panqueca; **~ mix** preparo *m* para panquecas; **b**) Theat, Cosmetics base *f* de cor (para o rosto). **IDIOMAS as flat as a ~** (coll) totalmente achatado,-a.
pancake day ['pænkeɪk'deɪ] *n* terça-feira *f* gorda.
panda ['pændə] *n* panda *m*.
pandemonium [pændɪ'məʊnɪəm] *n* pandemónio *m*.
pander ['pændə(r)] *vi* **to ~ to** ceder às exigências de; [*person*] entregar-se a, ser escravo de [*whim, taste, market*].
pane [peɪn] *n* vidro *m*; vidraça *f*; **a ~ of glass** um vidro, uma vidraça.
panel ['pænl] **1** *n* **a**) (of experts, judges) comissão *f* Po/comité *m* Br; **to be on a ~** estar numa comissão Po/num comité Br; **b**) Archit, Aut, Constr, Tech painel *m*; **control ~** *or* **instrument ~** painel de instrumentos; **c**) Jur lista *f* (de jurados). **2** *vtr* (*pres p etc* **-ll-** GB) cobrir de painéis. **3 panelled** GB **paneled** US *pp adj* [*fencing*] apainelado,-a; [*door*] almofadado,-a; **oak-~led** com almofadas ou painéis de carvalho.
panel game *n* Radio concurso *m* radiofónico TV concurso *m* televisivo.

panelling GB, **paneling** US ['pænəlɪŋ] *n* lambris *mpl*.
panellist GB, **panelist** US ['pænəlɪst] *n* convidado,-a *m, f*.
pang [pæŋ] *n* angústia *f*; tormento *m*; **a ~ of jealousy** a dor do ciúme; **~s of hunger, hunger ~s** dores de barriga provocadas pela fome; **birth ~s** (lit, fig) dores *fpl* de parto.
panic ['pænɪk] **1** *n* pânico *m*; **to get into a ~** perder a cabeça, entrar em pânico (**about** por causa de); **the news threw the city into a ~** a notícia semeou o pânico na cidade. **2** *modif* [*decision, measures*] tomado,-a num momento de pânico; [*reaction*] de pânico. **3** *vtr* encher de pânico [*person, animal*]; semear o pânico entre [*crowd*]; **he was ~ked into making the wrong decision** perturbaram-no de tal forma que ele tomou a decisão errada. **4** *vi* entrar em pânico; **don't ~!** mantém a calma!.
panicky ['pænɪkɪ] *adj* apavorado,-a.
panic-stricken *adj* tomado,-a de pânico.
panorama [pænə'rɑ:mə] *n* panorama *m* (also fig).
pansy ['pænzɪ] *n* amor-perfeito *m*.
pant [pænt] **1** *n* arquejo *m*. **2** *vtr* see **~ out**. **3** *vi* arquejar; **he was ~ing for breath** ele estava sem fôlego.
panther ['pænθə(r)] *n* **a**) (leopard) pantera *f*; **b**) US (puma) puma *m*.
panties ['pæntɪz] *npl* calcinhas *fpl* de senhora.
pantomime ['pæntəmaɪm] *n* **a**) GB Theat espectáculo teatral para crianças (no Natal); **b**) (mime) pantomima *f*.
pant out to ~ out (sth), ~ (sth) out dizer numa voz ofegante.
pantry ['pæntrɪ] *n* **a**) (larder) despensa *f*; **b**) (for tableware, glasses) copa *f*.
pants [pænts] *npl* **a**) US (trousers) calças *fpl*; **b**) GB (underwear) cuecas *f*. **IDIOMAS to bore the ~ off sb** (coll) chagar a paciência de alg; **to catch sb with their ~ down** (coll) apanhar alg desprevenido; **the pilot had to fly by the seat of his ~** o piloto teve de navegar por instinto; **a kick in the ~** (lit, fig) um pontapé no rabo Po/ na bunda Br; **to scare the ~ off sb** (coll) meter medo a alg.
papacy ['peɪpəsɪ] *n* papado *m*.
papal ['peɪpl] *adj* papal.
paper ['peɪpə(r)] **1** *n* **a**) (substance) (for writing) papel *m*; (for walls) papel *m* de parede; **to get/ put sth down on ~** pôr qq coisa por escrito; **it's a good idea on ~** em teoria é uma boa ideia; **this contract isn't worth the ~ it's written on** esse contrato não vale absolutamente nada; **b**) (newspaper) jornal *m*; **c**) (scholarly article) artigo *m* (**on** sobre); **d**) (lecture) dissertação *f*; comunicação *f* (**on** sobre); **e**) (report) exposição *f* (**on** sobre); **f**) (examination) prova *f*; **g**) Fin letra *f* de câmbio, obrigação *f*; **financial ~** título *m*. **2 papers** *npl* Admin papéis *mpl*. **3** *modif* [*bag, hat, plate, napkin*] de papel; [*industry, manufacture*] do papel; [*loss, profit*] teórico,-a; [*promise, agreement*] sem valor. **4** *vtr* forrar [*room, wall*]. **5** *vi* **to ~ over the existing wallpaper** voltar a forrar de papel; **to ~ over the cracks in sth** (fig) atamancar qq coisa (fam) [*plan*]; tentar salvar de qq maneira [*marriage, relationship*].

paper: ~**back 1** *n* **in** ~**back** em livro de bolso. **2** *modif* [*edition, version*] de bolso; ~**boy** *n* rapaz *m* que entrega ou vende jornais; ~**chase** *n* jogo de corta-mato em que os participantes seguem uma pista marcada por pedaços de papel; ~ **clip** *n* clipe *m*; ~**girl** *n* rapariga *f* Po/moça *f* Br que vende ou entrega jornais; ~**knife** *n* corta-papel *m*; ~**mill** *n* fábrica *f* Po/usina *f* Br de papel; ~ **money** *n* papel-moeda *m*; ~ **round** *n* entrega *f* de jornais; ~**shop** *n* quiosque *m* de jornais; ~ **thin** *adj* fino como papel (de cigarros); ~ **towel** *n* toalha *f* de papel; ~**weight** *n* pisa-papéis *m inv*; ~**work** *n* **a**) (administrative work) trabalho *m* administrativo; **b**) (documentation) papelada *f*.

par [pɑ:(r)] **1** *n* **a**) Econ, Fin par *m*; **b**) **to be on a** ~ **with** [*performance*] estar ao mesmo nível de; [*person*] ser comparável a; **to be up to** ~ [*performance*] estar à altura de; **to be below/ under** ~ [*performance*] estar abaixo da média; [*person*] não estar em forma. **2** *adj* (fig) **to be** ~ **for the course** ser típico.

parable ['pærəbl] *n* parábola *f*.

parachute ['pærə'u:t] **1** *n* pára-quedas *m*. **2** *vtr* lançar em pára-quedas. **3** *vi* saltar com pára--quedas.

parachutist ['pærə'u:tɪst] *n* pára-quedista *m/f*.

parade [pə'reɪd] **1** *n* **a**) (procession) desfile *m*; **b**) Mil (march) desfile *m* militar; (review) revista *f* às tropas; **to be on** ~ estar em parada; **c**) (display) (of designs, models) apresentação *f*; exibição *f*; **to make a** ~ **of** (pej) fazer gala de [*grief, knowledge*]; **d**) GB (row) **a** ~ **of shops** uma fileira de lojas. **2** *vtr* **a**) (display) exibir, ostentar; **b**) (claim) **to** ~ **sth as sth** apresentar qq coisa como qq coisa. **3** *vi* (march) desfilar (**through** em, através de, por). ▪ **parade about/around** passar revista.

parade ground *n* parada *f*; praça *f* de armas.

paradise ['pærədɑ.ɪs] *n* paraíso *m*; **in** ~ no paraí-so.

paradox ['pærədɒks] *n* paradoxo *m*.

paradoxical [pærə'dɒksɪkl] *adj* paradoxal.

paraffin ['pærəfɪn] **1** *n* **a**) GB (fuel) petróleo *m*; **b**) (*also* ~ **wax**) parafina *f*. **2** *modif* GB [*lamp, heater*] a petróleo.

paragon ['pærəgən] *n* modelo *m* (**of** de).

paragraph ['pærəgrɑ.:f] **1** *n* **a**) (section) parágrafo *m*; **b**) (article) notícia *f* breve. **2** *vtr* dividir em parágrafos.

parakeet ['pærəki:t] *n* periquito *m*.

parallel ['pærəlel] **1** *n* **a**) Math (linha *f*) paralela; **b**) Geog paralelo *m*; **c**) (comparison) paralelo *m* (**between** entre; **to** com); **in** ~ em paralelo; **without** ~ sem paralelo. **2** *adj* **a**) Math paralelo (**to, with** a); **b**) (similar) análogo,-a (**to, with** a). **3** *adv* ~ **to** ou **with** paralelamente a. **4** *vtr* (*pres p* GB **-ll-** US **-l-**) **a**) (equal) igualar; **b**) (find a comparison) pôr em paralelo.

paralyse ['pærəlaɪz] *vtr* paralisar.

paralysis [pə'rælɪsɪs] *n* Med (fig) paralisia *f*.

paralytic [pærə'lɪtɪk] *adj* **a**) Med [*person*] para-lítico,-a; [*arm, leg*] paralisado,-a; **b**) (coll) GB (drunk) a cair de bêbedo (fam).

parameter [pə'ræmɪtə(r)] *n* Math, Comput (fig) parâmetro *m*; **within the** ~**s of** nos limites de.

paramilitary [pærə'mɪlɪtərɪ] **1** *n* membro *m* de uma organização paramilitar. **2** *adj* paramilitar.

paramount ['pærəmaʊnt] *adj* [*consideration, goal, leader*] supremo,-a; **to be of** ~ **importance** ser de importância capital.

paranoia [pærə'nɔɪə] *n* paranóia *f* (also fig).

parapet ['pærəpɪt, 'pærəpet] *n* **a**) (on roof) para-peito *m*; **b**) Mil baluarte *m*.

paraphernalia [pærəfə'neɪlɪə] *n* **a**) (of activity) equipamento *m*; acessórios *mpl*; **b**) GB (procedure) procedimento *m*.

paraphrase ['pærəfreɪz] **1** *n* paráfrase *f*. **2** *vtr* parafrasear.

paraplegic [pærə'pli:dʒɪk] **1** *n* paraplégico,-a *m, f*. **2** *adj* [*person*] paraplégico,-a; [*games*] para os paraplégicos.

parasite ['pærəsaɪt] *n* (lit, fig) parasita *m*.

paratrooper ['pærətru:pə(r)] *n* soldado *m* pára--quedista.

parboil ['pɑ.bɔɪl] *vtr* **to** ~ **potatoes** dar meia cozedura às batatas, cozer ligeiramente as batatas.

parcel [pɑ:sl] *n* **a**) encomenda *f*; pacote *m*; **b**) Fin (of shares) lote *m*. **IDIOMAS to be part and** ~ **of sth** ser parte integrante de qq coisa. ▪ **parcel out: to** ~ **out (sth),** ~ **(sth) out** repartir, partilhar (**among** entre). ▪ **parcel up: to** ~ **up (sth),** ~ **(sth) up** embalar, empacotar.

parcel bomb *n* encomenda *f* armadilhada.

parched [pɑ:t/t] *adj* **a**) [*earth, grass, lips*] res-sequido,-a; **b**) (coll) (thirsty) **to be** ~ estar mor-to,-a de sede.

parchment ['pɑ.t/mənt] *n* Hist (skin, document) pergaminho *m*; (paper) pergaminho *m*.

pardon ['pɑ:dn] **1** *n* **a**) perdão *m*; **to beg sb's** ~ pedir perdão a alg; **b**) Jur perdão *m*; indulto *m*. **2** *excl* **a**) (what?) o quê?; **b**) (sorry!) desculpe! perdão!. **3** *vtr* (forgive) perdoar; **to** ~ **sb for sth** perdoar algo a alg.

pare [peə(r)] *vtr* **a**) aparar, cortar [*nails*]; **b**) des-cascar [*apple*]; **c**) see ~ **down**. IDIOMAS **to** ~ **to the bone** reduzir ao mínimo. ▪ **pare down**: **to** ~ **(sth) down,** ~ **down (sth)** reduzir (**to sth** a algo).

parent ['peərənt] *n* (of child) pai *m* ou mãe *f*; progenitor *m*; **as a** ~,**...** na minha qualidade de pai,....

parentage ['peərəntɪdʒ] *n* ascendência *f*.

parental [pə'rentl] *adj* [*rights, authority, in-fluence, involvement*] paternal ou maternal, dos pais; **his** ~ **pride** o seu orgulho paternal ou ma-ternal.

parenthesis [pə'renθɪsɪs] *n* (*pl* **-ses**) parêntese (s) *m*.

parenthood ['peərənthʊd] *n* (fatherhood) pater-nidade *f*; (motherhood) maternidade *f*; **ready for** ~ preparado para ser pai de família.

Paris ['pærɪs] **1** *npr* Paris. **2** *modif* [*fashion, metro, restaurant*] parisiense, de Paris.

parish ['pærɪ/] **1** *n* **a**) Relig paróquia *f*; **b**) Ad-min freguesia *f*; município *m*. **2** *modif* [*church, hall, meeting, register*] paroquial.

parish council *n* Pol câmara *f* municipal Relig junta *f* paroquial.

parishioner [pə'rɪ/ənə(r)] *n* paroquiano,-a *m, f*.

parish priest *n* (Protestant) pastor *m*; (Catholic) cura *m*; padre *m*.

Parisian [pə'rɪzɪən] **1** *n* Parisiense *m/f*. **2** *adj* pa-risiense.

parity ['pærɪtɪ] *n* (equality) paridade *f* (**with** com).

park [pɑːk] **1** *n* **a**) (public garden) parque *m*; **b**) (estate) coutada *f*; tapada *f*; **c**) COMM, IND parque *m*; **d**) (pitch) terreno *m*. **2** *vtr* **a**) AUT estacionar; **b**) (coll) (deposit) deixar, largar. **3** *vi* [*driver*] estacionar. **4 parked** *pp adj* estacionado,-a; **badly ~ car** um carro mal estacionado. **5** (coll) *v refl* **to ~ oneself** instalar-se.

park: ~-and-ride *n* GB TRANSP parque *m* de estacionamento situado à entrada duma cidade com serviço de transportes para o centro; **~ bench** *n* banco *m* (público).

parking ['pɑːkɪŋ] **1** *n* **a**) (action) estacionamento *m*; **"no ~"** "estacionamento proibido"; **b**) (space for cars) lugar *m* para estacionar o carro. **2** *modif* [*area, charge, problem*] de estacionamento.

parking: ~ attendant *n* guarda *m* do parque de estacionamento; **~ lights** *npl* GB AUT mínimos *mpl*; luzes *fpl* de estacionamento; **~ lot** *n* US parque *m* de estacionamento; **~ meter** *n* parquímetro *m*; **~ ticket** *n* **a**) (from machine) senha *f* de estacionamento; **b**) (fine) multa *f* por estacionamento proibido.

parkland ['pɑːlənd] *n* parque *m* arborizado.

parlance *n* linguagem *f*.

parliament ['pɑːləmənt] **1** *n* POL parlamento *m*; **in ~** no parlamento. **2 P~** *pr n* GB POL **a**) (institution) Parlamento *m*; **to get into P~** ser eleito deputado; **b**) (parliamentary session) sessão *f* parlamentar.

parliamentary [pɑːlə'mentərɪ] *adj* parlamentar.

parlour GB, **parlor** US ['pɑːlə(r)] *n* **a**) (in house) sala *f* de visitas; **b**) (in convent) locutório *m*; palratório *m*.

parochial [pə'rəʊkɪəl] *adj* (pej) [*interest, view*] limitado,-a, provinciano,-a.

parody ['pærədɪ] **1** *n* (all contexts) paródia *f*. **2** *vtr* parodiar [*person, style*].

parole [pə'rəʊl] **1** *n* **a**) JUR liberdade *f* condicional; **to break ~** não respeitar as condições da liberdade condicional; **b**) palavra *f* de honra; MIL senha *f*. **2** *vtr* pôr em liberdade condicional.

paroxysm ['pærəksɪzm] *n* crise *f* (**of** de).

parquet ['pɑːkɪ, 'pɑːkeɪ] **1** *n* **a**) (floor) taco *m* de madeira; **b**) US THEAT plateia *f*. **2** *vtr* pavimentar com tacos de madeira.

parrot ['pærət] **1** *n* ZOOL (pej) papagaio *m*. **2** *vtr* (pej) papaguear. **IDIOMAS as sick as a ~** (coll) deprimido,-a.

parrot-fashion *adj* como um papagaio.

parry ['pærɪ] **1** *n* **a**) SPORT parada *f*; **b**) **verbal ~**; resposta *f* pronta. **2** *vtr* **a**) SPORT parar; **b**) iludir, desviar [*question*]. **3** *vi* (fencing, boxing) aparar, defender-se (de).

parsimonious [pɑːsɪ'məʊnɪəs] (formal) *adj* parcimonioso,-a.

parsley ['pɑːslɪ] *n* salsa *f*.

parsnip ['pɑːsnɪp] *n* pastinaga *f*; cenoura *f* branca.

parson ['pɑːsn] *n* pároco *m*; pastor *m*.

parsonage ['pɑːsənɪdʒ] *n* presbitério *m*.

part [pɑːt] **1** *n* **a**) (of whole, body, question, book, town, time) parte *f*; (of country) região *f*; **in** *or* **around these ~s** nesta região por aqui; **the early ~ of my life** a minha juventude; **that's the best/the hardest ~** essa parte é a melhor/mais dura; **to be (a) ~ of** fazer parte de; **in ~** em parte; **for the most ~** na maior parte; **b**)

(component) peça *f*; **~s and labour** peças e mão-de-obra; **c**) (of serial, programme) parte *f*; **d**) (share, role) papel *m* (**in** em); **to do one's ~** desempenhar o seu papel, fazer o que lhe compete; **to take ~** participar; **e**) THEAT, TV, CIN papel *m* (**of** de); **f**) (equal measure) medida *f*; **g**) MUS partitura *f*; **h**) (behalf) **on the ~ of** da parte de; **for my ~** pela minha parte; **to take sb's ~** tomar o partido de alg; **i**) US (in hair) risca *f*. **2** *adv* (partly) em parte; **it was ~ fear, ~ greed** foi em parte medo, em parte cobiça. **3** *vtr* **a**) (separate) separar [*couple, friends, boxers*]; afastar [*legs*]; entreabrir [*lips, curtains*]; **to be ~ed from** ser separado de; **b**) (to ~ one's hair) fazer uma risca. **4** *vi* **a**) (split up) separar-se; **we ~ed friends** separámo-nos como bons amigos; **to ~ from sb** deixar alg; **b**) (divide) abrir-se [*rope, cable*]. **IDIOMAS a man/woman of (many) ~s** um homem/uma mulher de (muitos) talentos; **to take sth in good ~** não se ofender com qq coisa, receber qq coisa com boa disposição; **to look the ~** parecer-se com determinado tipo de pessoa.

partake [pɑː'teɪk] *vi* **a**) (consume) comer; **do you ~?** é servido?; **b**) (take part) participar (**in** em).

part exchange *n* GB parte *f* de pagamento; **to take sth in ~** receber qq coisa como parte de pagamento.

partial ['pɑːʃl] *adj* **a**) (not complete) parcial; **b**) (biased) parcial; **c**) (fond) **to be ~ to** ter um fraquinho por (fam).

partiality [pɑːʃɪ'ælɪtɪ] *n* **a**) (bias) parcialidade *f*; **b**) **~ to** *or* **for** inclinação *f* por.

partially ['pɑːʃəlɪ] *adv* **a**) (incompletely) parcialmente; **b**) [*treat, judge, regard*] com parcialidade.

participant [pɑː'tɪsɪpənt] *n* participante *m/f* (**in** em).

participate [pɑː'tɪsɪpeɪt] *vi* participar (**in** em).

participation [pɑːtɪsɪ'peɪ/n] *n* participação *f* (**in** em).

participle ['pɑːtɪsɪpl] *n* particípio *m*.

particle ['pɑːtɪkl] *n* **a**) PHYS partícula *f*; **b**) (of truth) pequena parte *f*.

particular [pə'tɪkjʊlə(r)] **1** *n* pormenor *m*; **in every ~** com todos os pormenores; **in several ~s** com vários pormenores; **~s** (gen) (information) detalhes *mpl*; (description) (of person) dados *mpl*; ADMIN (of vehicle, stolen goods, etc) descrição *f*; **for further ~s please phone...** para mais informações é favor telefonar para.... **2** *adj* **a**) (specific) específico,-a, particular; **no ~ time has been arranged** não se fixou uma hora específica; **b**) (special, exceptional) particular, especial; **to take ~ care over sth** fazer qq coisa com um cuidado especial; **he is a ~ friend of mine** ele é um dos meus melhores amigos; **c**) (fussy) meticuloso,-a, exigente; **she is very ~ about punctuality** ela é muito exigente no que diz respeito a pontualidade; **to be very ~ about one's appearance** ter muito cuidado com a sua apresentação; **to be ~ about one's food** ser esquisito na comida; **any special time? — no, I'm not ~** alguma hora em especial? — não, não tenho preferência nenhuma.

particularly [pə'tɪkjʊləlɪ] *adv* (in particular) em

particular, particularmente; (especially) especialmente.

parting ['pɑ:tɪŋ] **1** *n* **a)** (separation) separação *f*; **the ~ of the ways** a encruzilhada dos caminhos; **b)** (in hair) risca *f*. **2** *adj* [*gift, words*] de adeus, de despedida; **~ shot** flecha de Parto.

partisan [pɑ:tɪ'zæn, 'pɑ:tɪzæn] **1** *n* MIL (gen) partidário,-a *m, f*. **2** *adj* **a)** (biased) partidário,-a; **b)** [*army, attack*] de guerrilheiros.

partition [pɑ:'tɪ/n] **1** *n* **a)** (in room, office, house) divisória *f*; **b)** POL (of country) divisão *f*; **c)** JUR (of property) parcelamento *m*. **2** *vtr* **a)** see ~ **off**; **b)** JUR dividir em parcelas [*property*]. ■ **partition off**: ~ **off (sth)**, ~ **(sth) off** dividir com tabique [*area, room*].

partner ['pɑ:tnə(r)] **1** *n* **a)** COMM, JUR sócio,-a *m, f* (**in** em); **b)** ECON, POL parceiro,-a *m, f*; **c)** DANCE par *m*; SPORT parceiro,-a *m, f*; **d)** (married) cônjuge *m/f*; (unmarried) companheiro,-a *m, f*; **e)** (workmate) colega *m/f*. **2** *vtr* ser o colega de [*workmate*]; ser o par de [*dancer*]; fazer equipa com [*player*]. IDIOMAS **to be ~s in crime** ser cúmplice.

partnership ['pɑ:tnə/ɪp] *n* **a)** JUR sociedade *f*; associação *f* (**between** entre; **with** com); **to be in ~ with sb** estar associado a alg; **to go into ~ with sb** associar-se a alg; **b)** (alliance) aliança *f* (**between** entre; **with** com).

part payment *n* prestação *f*.

partridge ['pɑ:trɪdʒ] *n* perdiz *f*.

part: ~-time 1 *n* tempo *m* parcial; **to be on ~-time** trabalhar a tempo parcial. **2** *adj, adv* [*work, worker*] a tempo parcial; **~way** *adv* **~way through the film** a determinado momento do filme; **to be ~way through doing sth** estar prestes a fazer qq coisa; **~way down the page** mais para o fim da página.

party ['pɑ:tɪ] **1** *n* **a)** (social event) festa *f*; (formal) recepção *f*; **birthday ~** aniversário *m*; **to give/have a ~ for sb** dar uma festa em honra de alg; **I'm having a ~** dou uma festa; **b)** (group) grupo *m*; MIL destacamento *m* militar; **c)** POL partido *m*; **d)** JUR (individual, group) parte *f*. **2** *modif* **a)** [*spirit*] de festa; [*game*] de sociedade; **b)** POL [*member, policy*] do partido. **3** *vi* (coll) **let's ~** vamos festejar.

party: ~ line *n* **a)** TELECOM linha *f* colectiva; **b)** **the ~ line** POL a linha do partido; **~ piece** *n* **to do one's ~ piece** (coll) fazer o seu número (fam); **~ wall** *n* parede *f* comum.

pass [pɑ:s] **1** *n* **a)** (to enter, leave) passe *m*; (for journalists) livre-trânsito *m*; (to be absent) licença *f*; ALSO MIL (of safe conduct) salvo-conduto *m*; **b)** (travel document) assinatura *f*; passe *m*; **c)** SCH, UNIV passagem *f*; aprovação *f* (**in** em); **to get a ~** ser aprovado; **d)** SPORT, GAMES passe *m*; **e)** GEOG (in mountains) desfiladeiro *m*; **f)** AVIAT; **to make a ~ over sth** sobrevoar qq coisa. **2** *vtr* **a)** (go past) (to far side) passar [*checkpoint, customs*]; [*vehicle*] ultrapassar [*vehicle*]; **to ~ sb in the street** cruzar-se com alg na rua; **b)** (hand over) (directly) passar; **c)** (move) passar; **d)** SPORT passar [*ball*]; **e)** (spend) passar [*time*] (**doing** a fazer); **f)** (succeed in) passar em [*test, exam*]; **g)** (declare satisfactory) admitir, aprovar [*candidate*]; aprovar [*invoice*]; **to ~ sth (as being) safe** considerar qq coisa (como sendo)

segura; **h)** aprovar, votar [*bill, motion, resolution*]; **i)** (pronounce) pronunciar; **j)** MED **to ~ blood** urinar sangue; **to ~ water** urinar. **3** *vi* **a)** (go past) passar; **b)** (formal) (move) passar; **to ~ through** atravessar; **~ down the bus, please** é favor passar à rectaguarda do autocarro PO/ônibus BR; **c)** (fig) (go by) [*time, crisis, feeling*] passar; **d)** (transfer) [*mood, exploit*] passar; [*letter, knowing look*] ser trocado; **e)** GAMES, SPORT passar; **f)** (formal) (happen) passar-se; **g)** (succeed) passar. IDIOMAS **in ~** de passagem; **to come to such a ~ that...** chegar a um tal ponto que...; **to make a ~ at sb** tomar liberdades com alg. ■ **pass along**: ~ **(sth) along**, ~ **along (sth)** passar, fazer passar (de mão em mão). ■ **pass away** morrer, falecer. ■ **pass by**: ~ **by** [*procession, person*] passar. ■ **pass down**: ~ **(sth) down**, ~ **down (sth)** transmitir (**from** de; **to** para). ■ **pass off a)** (take place) [*demonstration, party*] realizar-se; **b)** (disappear) desaparecer. ■ **pass on** prosseguir; ~ **on to** passar a; ~ **(sth) on**, ~ **on (sth)** transmitir [*good wishes, condolences, message, title*]; repercutir [*costs*]. ■ **pass out a)** (faint) desmaiar; **b)** MIL (complete training) terminar o curso; ~ **(sth) out**, ~ **out (sth)** distribuir [*leaflets*]. ■ **pass over**: ~ **(sb) over** preterir [*employee, candidate*]; **he was ~ed over in favour of another candidate** ele foi preterido em favor de um outro candidato; ~ **over (sth)** passar por cima de, ignorar. ■ **pass through** estar de passagem; ~ **through (sth)** atravessar. ■ **pass up** (coll) ~ **(sth) up**, ~ **up (sth)** deixar passar.

passable ['pɑ:səbl] *adj* **a)** (acceptable) [*English, quality, food, knowledge*] aceitável, razoável; **"how was the meal?" -"~"** "como estava a refeição?" -"razoável"; **b)** (traversable) [*road*] praticável, transitável.

passage ['pæsɪdʒ] *n* **a)** (*also* ~ **way**) (indoors) corredor *m*; (outdoors) passagem *f*; **b)** ANAT canal *m*; **ear ~** canal auditivo; **nasal ~s** fossas *fpl* nasais; **c)** MUS, LITERAT passagem *f*; **selected ~s** LITERAT trechos escolhidos ou seleccionados; **d)** (movement) passagem *f*; **the ~ of vehicles** a passagem de veículos; **e)** JUR (*also* **right of ~**) direito *m* de passagem (**over** sobre); **f)** (journey) travessia *f*.

pass: ~ book *n* FIN caderneta *f* bancária; **~ degree** *n* UNIV diploma *m* de passagem.

passenger ['pæsɪndʒə(r)] *n* **a)** (in car, boat, plane, ship) passageiro,-a *m, f*; (in train, bus, tube) viajante *m/f*; **b)** (pej) mandrião,-ona *m, f*; vadio,-a *m, f* (fam).

passenger: ~ list *n* lista *f* dos passageiros; **~ plane** *n* avião *m* comercial; **~ seat** *n* lugar *m* do passageiro; **~ train** *n* comboio *m* PO/trem *m* BR de passageiros.

passerby [pɑ:sə'baɪ] *n* (*pl* **passersby**) transeunte *m/f*.

passing ['pɑ:sɪŋ] **1** *n* **a)** (movement) passagem *f*; **with the ~ of time** com o (passar do) tempo; **b)** (end) fim *m*; **the ~ of traditional customs** o fim dos costumes tradicionais. **2** *adj* **a)** (going by) [*motorist, policeman*] que passa; **b)** [*whim*] passageiro,-a, ocasional; **c)** (cursory) [*reference*] de passagem; **d)** (vague) [*resemblance*] vago,-a.

passion ['pæʃ(ə)n] **1** *n* **a)** (love, enthusiasm) pai-

xão *f*; **b**) (anger) cólera *f*. **2 P~** *pr n* the **P~** RE-
LIG a Paixão.
passionate ['pæ∫ənət] *adj* [*kiss, person, speech*]
apaixonado,-a; [*advocate, belief, opponent*] entusiasta, exaltado,-a; [*relationship*] ardente, pas-
sional.
passion flower *n* flor-de-paixão *f*; passiflora *f*.
passive ['pæsɪv] **1** *n* the ~ – LING a passiva, a voz
passiva. **2** *adj* passivo,-a.
pass mark *n* SCH, UNIV nota *f* mínima para passar num exame.
passport [pɑ:spɔ:t] *n* passaporte *m*; **visitor's** ~
passaporte turístico.
password *n* senha *f*.
past [pɑ:st] **1** *n* **a**) (gen) passado *m*; **in the** ~ no
passado; **she has a** ~ ela tem um passado duvi-
doso; **b**) LING (*also* ~ **tense**) passado *m*; **in the**
~ no passado. **2** *adj* **a**) (preceding) último,-a; **b**)
(former) [*times, achievements, experience*] passado,-a; [*president, government*] anterior; **c**)
(finished) **Summer is** ~ o Verão acabou; **that's**
all ~ isso pertence ao passado. **3** *prep* **a**) (moving)
to walk *or* **go** ~ **sb/sth** passar à frente de alg/
algo; **to drive** ~ **sth** ultrapassar qq coisa; **b**) (in
time) **it's** ~ **6** já passa das 6; **twenty** ~ **two** duas
e vinte; **he is** ~ **70** ele tem mais de 70 anos; **c**)
(beyond in position) depois de; ~ **the church**
depois da igreja; **d**) (beyond a certain level) **he**
didn't get ~ **the first chapter** ele não passou
do primeiro capítulo; **e**) (beyond scope of) **to be**
~ **understanding** ser incompreensível; **he is** ~
playing football ele já não tem idade para jogar
futebol. **4** *adv* **a**) (onwards) **to go** *or* **walk** ~
passar; **b**) (ago) há; **two years** ~ há dois anos.
IDIOMAS **to be** ~ **it** já não ter idade para; **I**
wouldn't put it ~ **him to do** não penso que o
incomode fazer (isso).
pasta ['pæstə, 'pɑ:stə] *n* massas *fpl* (alimentares).
paste [peɪst] **1** *n* **a**) (glue) cola *f*; **b**) (mixture)
pasta *f*; **mix to a smooth** ~ misturar até formar
uma pasta macia; **c**) CULIN (fish, meat) "pâté"
m; (vegetable, fruit) puré *m*. **2** *vtr* **a**) (stick) colar [*label, paper*] (**onto** em; **into** em; **together**
conjuntamente); **b**) (coll) GB (defeat) derrotar.
■ **paste up**: ~ **(sth) up**, ~ **up (sth)** afixar [*notice,*
poster].
pasteboard *n* cartão *m*.
pastel ['pæstl] **1** *n* **a**) (medium, stick) pastel *m*;
to work in ~s desenhar a pastel; **b**) (drawing)
desenho *m* a pastel. **2** *modif* [*colour, green, pink,*
shade] pastel; [*drawing*] a pastel.
pasteurize ['pæst∫əraɪz, 'pɑ:st∫əraɪz] *vtr* pas-
teurizar.
pastime ['pɑ:staɪm] *n* passatempo *m*.
pastor ['pɑ:stə(r)] *n* pastor *m*.
pastoral ['pɑ:stərl] **1** *n* pastoral *f*. **2** *adj* **a**) [*life,*
idyll, scene, poem, society] pastoril, bucólico,-a;
b) GB SCH, UNIV [*role, work*] de conselheiro;
he's concerned with students' ~ **needs** ele
preocupa-se com o bem-estar dos estudantes.
pastry ['peɪstrɪ] *n* **a**) (mixture, substance) massa
f; **to roll out** ~ estender uma massa; **b**) (cake)
pastelaria *f*.
pasture ['pɑ:st∫ə(r)] **1** *n* **a**) (land) prado *m*; pastagem *f*; ~s **new** (fig) terras cobertas de erva
muito verde; **b**) (grass) erva *f*. **2** *vtr* apascentar
[*animal*]. **3** *vi* pastar.

pastureland ['pɑ:st∫ə(r)lænd] *n* pastagem *f*.
pasty ['pæstɪ] **1** *n* GB CULIN pastel *m* de carne e
batatas. **2** *adj* **a**) [*face, skin*] macilento,-a; **b**)
[*mixture*] pastoso,-a.
pat [pæt] **1** *n* **a**) (gentle tap) palmadinha *f*; **b**) (of
butter) pedaço *m*. **2** *adj* **a**) (apt) pertinente; **b**)
(glib) [*answer, explanation*] preparado,-a, pronto,-a. **3** *vtr* (*pres p etc* -**tt**-) **a**) bater de leve
[*ball, hand, car*]; **she** ~s **her hair into place** ela
arranjou o cabelo; **b**) acariciar [*dog*].
patch [pæt∫] **1** *n* (*pl* -es) **a**) (in clothes) remendo *m*; **b**) (protective cover) (on eye) compressa
f; (on wound) penso *m*; **c**) (small area) (of snow,
ice) pedaço *m*; (of colour, damp, rust) mancha *f*;
(of oil) poça *f*; **he's got a bald** ~ ele é um bocado careca; **in** ~**es** aos bocados; **d**) (area of
ground) (gen) lote *m*; (for planting) canteiro *m*;
e) (coll) GB (territory) (of gangster, salesman)
território *m*; (of policeman, official) zona *f*; **f**)
(coll) (period) período *m*; **g**) COMPUT correcção *f*
provisória. **2** *vtr* **a**) (repair) remendar [*hole,*
trousers]; reparar [*tyre*]; **b**) COMPUT corrigir.
■ **patch up**: ~ **(sth) up** cuidar ou tratar de
[*person*]; remendar [*hole, trousers*]; reparar
[*ceiling, tyre*]; ~ **up (sth)** resolver [*differences,*
quarrel].
patchwork ['pæt∫wɜ:k] **1** *n* **a**) "patchwork" *m*;
b) (fig); (of colours, fields) mosaico *m*. **2** *modif*
[*cover, quilt*] em "patchwork", feito de retalhos.
patchy ['pæt∫ɪ] *adj* [*colour, essay, quality*] desigual; ~ **cloud** nuvens *fpl* esparsas.
patent ['peɪtənt, pætənt] **1** *n* **a**) patente *f* (**for, on**
para, de); **to hold a** ~ ter uma patente; **to take**
out a ~ obter uma patente; **to come out of** ~ GB
off ~ US cair no domínio público; **b**) (invention)
invenção *f* registada. **2** *adj* **a**) (obvious) evidente; **b**) (licensed) registado,-a, patenteado,-a. **3**
vtr registar patente.
patent leather *n* couro *m* envernizado.
patently ['peɪtəntlɪ, 'pætəntlɪ] *adv* manifestamente.
paternal [pə'tɜ:nl] *adj* paternal.
paternity [pə'tɜ:nɪtɪ] *n* paternidade *f*.
paternity suit *n* processo *m* de paternidade.
path [pɑ:θ] **1** *n* **a**) (track) (*also* ~ **way**) caminho
m; (narrower) carreiro *m*; **b**) (in garden) passeio
m; **c**) (course) (of projectile) trajectória *f*; (of
planet, river, sun) curso *m*; (of hurricane, vehicle) passagem *f*; **he threw himself in the** ~ **of**
the train ele atirou-se para debaixo do comboio
PO/from BR; (lit, fig) **to stand in sb's** ~ barrar o
caminho a alg; **d**) (option) via *f*; **the** ~ **of least**
resistance a via da facilidade; **e**) (means) (difficult) caminho *m* (**to** de). **2** *n* abrev = **pathology**.
pathetic [pə'θetɪk] *adj* **a**) (full of pathos) patéti-
co,-a; **b**) (inadequate) miserável; **c**) (coll) (contemptible) lamentável.
pathetically [pə'θetɪkəlɪ] *adv* **a**) [*vulnerable*]
pateticamente; [*grateful*] perdidamente, tremendamente; ~ **thin** de uma magreza patética; **b**)
(coll) lamentavelmente.
pathological [pæθə'lɒdʒɪkl] *adj* **a**) [*fear, ha-*
tred, condition] patológico,-a; **he's a** ~ **liar**
(coll) ele mente constantemente; **b**) [*journal*]
médico,-a; [*research*] das causas patológicas.
pathologist [pə'θɒlədʒɪst] *n* (doing post-mortems)
médico *m* legista; (specialist in pathology) pato-
logista *m/f*.

pathology [pə'θɒlədʒɪ] *n* patologia *f*.

patience ['peɪʃəns] *n* **a)** paciência *f*; **to try/test sb's** ~ pôr a paciência de alg à prova; **b)** (game) paciência *f*.

patient ['peɪʃənt] **1** *n* paciente *m/f*; **heart** ~ doente cardíaco. **2** *adj* paciente (**with** com).

patiently ['peɪʃəntlɪ] *adv* pacientemente, com paciência.

patio ['pætɪəʊ] *n* **a)** (terrace) terraço *m*; **b)** (courtyard) pátio *m*.

patriarch ['peɪtrɪɑːk] *n* patriarca *m*.

patriot ['pætrɪət, 'peɪtrɪət] *n* patriota *m/f*.

patriotic [pætrɪ'ɒtɪk, peɪtrɪ'ɒtɪk] *adj* [*person*] patriota; [*mood, song*] patriótico,-a.

patriotism ['pætrɪətɪzm, 'peɪtrɪətɪzm] *n* patriotismo *m*.

patrol [pə'trəʊl] **1** *n* patrulha *f*. **2** *modif* [*helicopter, vehicle*] de patrulha. **3** *vtr, vi* (*pres p etc* **-l-** *or* **-ll-**) patrulhar.

patrol boat *n* barco *m* de patrulha.

patron ['peɪtrən] *n* **a)** (supporter) (of artist) mecenas *m/f*; (of person) protector,-a *m*; (of charity) benfeitor,-a *m, f*; **b)** (client) cliente *m/f* (**of** de).

patronage ['pætrənɪdʒ] *n* **a)** (support) patrocínio *m*; ~ **of the arts** mecenato *m*; **b)** POL (right to appoint) direito *m* de nomeação; **c)** (pej) condescendência *f*.

patronize ['pætrənaɪz] *vtr* **a)** (pej) tratar com condescendência; **don't** ~ **me!** não me trates com esse ar superior; **b)** (be a client of) frequentar [*restaurant, pub, cinema*]; abastecer-se em [*shop*]; **c)** (support) proteger [*charity, the arts*].

patronizing ['pætrənaɪzɪŋ] *adj* (pej) condescendente.

patter ['pætə(r)] **1** *n* **a)** (of rain) tamborilar *m*; **the** ~ **of footsteps** o ruído de passos rápidos e ligeiros; **we hope we will soon be hearing the** ~ **of tiny feet** (hum) esperamos em breve ouvir em casa o barulho de passinhos de criança; **b)** (of salesman, comedian) conversa *f* fiada PO, papo *m* furado BR; lábia *f* (fam). **2** *vi* [*child, mouse*] correr a passos miúdos; [*rain, hailstones*] bater (**on** em).

pattern ['pætən] **1** *n* **a)** (decorative design) desenho *m*; padrão *m*; **he drew a** ~ **in the sand** ele fez um desenho na areia; **b)** (regular or standard way of happening) ~ **of behaviour, behaviour** ~ tipo *m* ou modo *m* de comportamento; **working ~s in industry have changed** o modo de trabalhar na indústria mudou; **the current** ~ **of events** a situação actual; **a clear** ~ **emerges from these statistics** uma tendência nítida ressalta destas estatísticas; **he could detect a** ~ **in the plot** ele conseguiu descobrir uma lógica na conspiração; **to follow a set** ~ desenrolar-se sempre da mesma maneira; **traffic** ~ a distribuição *f* da circulação; **weather ~s** tendências climáticas; **c)** (model, example) modelo *m*; exemplo *m*; **d)** (in dress making) (**paper**) ~ molde *m*; (in knitting) modelo *m*; **e)** (style of manufacture) estilo *m*; modelo *m*; **f)** (sample) amostra *f*; **g)** LING modelo *m*. **2** *vtr* (model) modelar (**on** sobre).

paunch [pɔːntʃ] *n* (of person) pança *f*.

pauper ['pɔːpə(r)] *n* indigente *m/f*.

pause [pɔːz] **1** *n* **a)** (brief silence) silêncio *m*; **b)** (break) pausa *f*; (in em; for para); **c)** (stoppage) interrupção *f*; **d)** MUS pausa *f*. **2** *vi* **a)** (stop speaking) marcar uma pausa; **b)** (stop) parar; **to** ~ **in** interromper [*activity, work*]; **c)** (hesitate) hesitar.

pave [peɪv] *vtr* revestir (**with** de); **to** ~ **the way for/towards** abrir o caminho a.

pavement ['peɪvmənt] *n* **a)** GB (footpath) passeio *m*; **b)** US (roadway) estrada *f*; (road surface) pavimento *m*; **c)** (paved area) área *f* pavimentada; **d)** (material) lajedo *m*.

pavilion [pə'vɪljən] *n* pavilhão *m*.

paw [pɔː] **1** *n* (of animal) pata *f*; (coll, pej) (hand) pata *f* (cal). **2** *vtr* **a)** [*animal*] bater com as patas; **to** ~ **the ground** [*horse*] bater com as patas da frente; [*bull*] escarvar; **b)** (coll, pej) [*person*] apalpar.

pawn [pɔːn] **1** *n* **a)** (in chess) peão *m*; (fig) peão *m*; joguete *m*; **b)** COMM penhor *m*; **c) to be in** ~ COMM estar empenhado, estar no prego. **2** *vtr* empenhar, pôr no prego.

pawn: **~broker** *n* penhorista *m/f*; prestamista *m/f*; **~shop** *n* casa *f* de penhores; prego *m*.

pay [peɪ] **1** *n* (gen) pagamento *m*; (to white-collar worker) ordenado *m*; vencimento *m*; (to manual worker) salário *m*; (to soldier) soldo *m*; pré *m*; **back** ~ soldo já vencido; **to be in the** ~ **of sb** (pej) estar a soldo de alg; ~ **and allowances** remuneração e subsídios; **the** ~ **is good/ poor** é bem/mal pago. **2** *modif* [*claim, negotiations, deal*] salarial; [*rise, cut*] de salário; [*freeze, structure, policy*] de salários. **3** *vtr* (*past, pp* **paid**) **a)** (for goods, services) pagar (**for** por; **to do** para fazer); liquidar, saldar [*bill, debt, fees*]; **to** ~ **cash** pagar em dinheiro; **to** ~ **£100 on account** pagar uma prestação de 100 libras/pagar 100 libras por conta; **to** ~ **sth into** depositar qq coisa em [*account*]; **to** ~ **high/low wages** pagar bem/mal; **all expenses paid** todas as despesas pagas; **b)** (bring gainfully) [*account, bond*] valer a pena, compensar [*interest*]; **c)** (give) **to** ~ **attention** prestar atenção a; **to** ~ **a tribute to sb** render homenagem a alg; **to** ~ **sb a compliment** felicitar/elogiar alg; **to** ~ **sb a visit** fazer uma visita a alg. **4** *vi* (*past, pp* **paid**) **a)** pagar; **to** ~ **for sth** pagar (por) qq coisa (also fig); **you'll** ~ **for what you did** (fig) tu vais pagar pelo que fizeste; **they're ~ing for him to go to college** eles pagam-lhe os estudos; "~ **on entry**" "pagamento à entrada"; **you have to** ~ **to get in** a entrada é paga; "~ **and display**" (in carpark) "pague e mostre o bilhete PO/tíquete" BR; ~ **on demand** (on cheque) pagar no acto de entrega; **b)** (settle) pagar; **to** ~ **in cash/by cheque/in instalments** pagar em dinheiro/por cheque/a prestações; **c)** (reward employee) **the work doesn't** ~ **very well** o trabalho é mal pago; **d)** (bring gain) [*business*] dar lucro, render; [*activity, quality*] compensar; **to** ~ **handsomely** render bastante; **crime doesn't** ~ o crime não compensa; **to** ~ **for itself** [*business, purchase*] amortizar-se; **to make sth** ~ rentabilizar qq coisa. ■ **pay back:** ~ (**sb**) **back** reembolsar; ~ (**sb**) **back for sth** retribuir a alg (algo); **I'll** ~ **him back for the trick he played on me** eu vou-lhe retribuir a partida que ele me pregou; ~ (**sth**) **back,** ~

back (sth) restituir [*money*]. ■ **pay down**: ~ **(sth) down** pagar qq coisa, pagar à vista. ■ **pay in**: ~ **(sth) in**, ~ **in (sth)** depositar [*cheque*]. ■ **pay off**: ~ **off** (fig) ser recompensado; ~ **(sb) off**, ~ **off (sb) a)** (dismiss) (gen) despedir [*worker*]; **b)** (coll) (buy silence) comprar o silêncio de; ~ **(sth) off**, ~ **off (sth)** liquidar [*mortgage, debt*]. ■ **pay out**: ~ **(sth) out**, ~ **out (sth) a)** (hand over) desembolsar; **(in** em); **we've paid out a lot in publicity** nós despendemos muito dinheiro em publicidade; **b)** (release) soltar [*rope*]. ■ **pay up**: (coll) ~ **up (sth)** pagar; ~ **up the money you owe me!** paga-me o que me deves!.

payable ['peɪəbl] *adj* **a)** (which will be paid) a pagar; **to make a cheque** ~ **to** passar um cheque à ordem de; **b)** (requiring payment) **to be** ~ ser pagável, a pagar; ~ **when due** COMM, FIN, JUR com prazo de pagamento; **c)** (may be paid) pagável; **d)** (profitable) rentável, lucrativo,-a.

PAYE *n* GB abrev = **Pay AS You Earn** desconto *m* do imposto na fonte.

payee [peɪˈiː] *n* beneficiário *m*.

paying ['peɪɪŋ] *adj* [*proposition*] rentável.

paying guest *n* pensionista *m/f*; hóspede *m/f*.

payload ['peɪləʊd] *n* **a)** (of aircraft, ship) passageiros e frete *mpl*; **b)** (of bomb) carga *f* explosiva; **c)** (of spacecraft) carga *f* útil.

payment ['peɪmənt] *n* (gen) pagamento *m*; (in settlement) liquidação *f*; (to creditor) reembolso *m*; (for help) recompensa *f* (also iron); **cash** ~ (not credit, not cheque) pagamento a dinheiro; **in** ~ **for the books received** em pagamento da minha encomenda de livros; ~ **in full is now requested** agora é exigido um pagamento a pronto; ~ **on sth** (instalment) prestação de [*TV, washing machine*]; **Social Security** ~**s** prestações *fpl* para a Segurança Social.

payoff *n* (reward) recompensa *f*; (fig) desfecho *m*.

pay-packet *n* envelope *m* de pagamento.

payroll ['peɪrəʊl] *n* folha *f* de pagamento; **to be on the** ~ receber ordenado.

PC [piːˈsiː] *n* abrev = **personal computer** PC *m*.

PC *n* GB **a)** abrev = **Police Constable**; **b)** abrev = **Privy Council(lor)**.

PE *n* abrev = **physical education**.

pea [piː] *n* BOT, CULIN ervilha *f*. IDIOMAS **to be as like as two** ~**s in a pod** ser parecido como duas gotas de água.

peace [piːs] **1** *n* **a)** paz *f*; **to be at** ~ estar em paz; **to make** ~ fazer a paz **(with** com); **to bring** ~ **to a country** restabelecer a paz num país; **b)** (tranquillity) paz *f*; tranquilidade *f*; **I need a bit of** ~ **and quiet** (coll) tenho necessidade de paz e sossego; **to find** ~ **of mind** encontrar a paz de espírito; **to disturb sb's** ~ **of mind** tirar a paz de espírito a alg, incomodar alg. **2** *modif* [*campaign, march, moves*] para a paz; [*agreement, initiative, treaty*] de paz. IDIOMAS **to hold one's** ~ manter-se calmo; **to make one's** ~ **with sb** fazer as pazes com alg.

peaceable ['piːsəbl] *adj* [*person*] pacífico,-a.

peaceably ['piːsəblɪ] *adv* pacificamente.

peaceful ['piːsfl] *adj* [*place, holiday, scene*] tranquilo,-a, pacato,-a; [*person, co-existence, solution, protest, reign*] pacífico,-a.

peacefully ['piːsfəlɪ] *adv* [*die, sleep*] tranquilamente; [*demonstrate*] pacificamente.

peace: ~**keeping 1** *n* MIL, POL manutenção *f* da paz. **2** *modif* [*force, troops*] da paz; [*efforts*] para manter a paz; ~**-loving** *adj* pacífico,-a; ~**maker** *n* **a)** POL apaziguador,-a *m*; pacificador,-a *m, f*; **b)** (in family) conciliador,-a *m, f*; ~**time** ['piːstaɪm] **1** *n* tempo *m* de paz. **2** *modif* [*activity*] de tempo de paz; [*training*] em tempo de paz.

peach [piːtʃ] **1** *n* **a)** (fruit) pêssego *m*; (tree) pessegueiro *m*; **b)** (colour) cor-de-pêssego *f*; **c)** (coll); **it was a** ~ **of a game!** (coll) foi um desafio formidável!. **2** *modif* [*jam, yoghurt*] de pêssego.

peacock [piːkɒk] *n* pavão *m*.

peak [piːk] **1** *n* **a)** (mountain) pico *m*; cume *m* **(of** de); **b)** (of cap) pala *f*; **c)** (statistical) (of inflation, demand, price) ponto *m* culminante; máximo *m* **(in** em; **of** de); (on a graph) ponto *m* culminante; pico *m*; **to reach its** ~ atingir o seu máximo; **d)** (of career, achievement, creativity) apogeu *m* **(of** de); (of fitness, form) melhor *m* **(of** de); **at his** ~, **he could/he earned...** no apogeu da sua carreira, ele podia/ela ganhava...; **in the** ~ **of condition** de excelente saúde; **to be past its/one's** ~ ter passado o seu tempo; **e)** (busiest time) hora *f* de ponta; **to cost 40 p** ~ TELECOM custar 40 p em hora de ponta; **f)** (of roof) cimo *m*. **2** *modif* [*demand, figure, level, population, price, risk*] máximo,-a; [*fitness, form, performance*] melhor. **3** *vi* culminar (**at** em); **to** ~ **too early** [*runner*] lançar-se demasiado cedo; [*prodigy*] desenvolver-se cedo; [*career, performance, enthusiasm, interest*] culminar. ■ **peak out** (coll) [*athlete, prowess, skill, luck*] começar a declinar; [*inflation, rate*] começar a baixar.

peaked [piːkt] *adj* **a)** [*cap, hat*] de pala; **b)** (roof) pontiagudo,-a.

peak hour 1 *n* (on road, in ships) (often pl) hora *f* de ponta; **at/during** ~**s** nas horas de ponta. **2** *modif* [*delays, problems, traffic*] das horas de ponta.

peaky ['piːkɪ] *adj* adoentado,-a.

peal [piːl] **1** *n* (of bells) repique *m*; (of doorbell) toque *m*; (of thunder) estrondo *m*; ~ **of laughter** gargalhadas *fpl*. **2** *vtr* soar, tocar.

peanut ['piːnʌt] **1** *n* (nut) amendoim *m*; ~ **butter** manteiga *f* de amendoim. **2 peanuts** (coll) *npl* trocos *mpl*.

pear [peər] *n* (fruit) pêra *f*; ~ **tree** pereira *f*.

pearl [pɜːl] **1** *n* **a)** pérola *f*; **b)** (fig) (prized person, object, etc) **she's a real** ~ ela é uma jóia; **c)** (colour) cor *f* de pérola. **2** *modif* [*necklace, brooch, etc*] de pérolas. IDIOMAS ~**s of wisdom** pérolas *fpl* de sabedoria.

pearl: ~ **diver** *n* pescador *m* de pérolas; ~ **grey** *n, adj* cinzento *m* pérola.

pearly ['pɜːlɪ] *adj* nacarado,-a.

peasant ['pezənt] **1** *n* camponês,-esa *m, f*. **2** *modif* [*class, custom, cuisine, life*] camponês,-esa; [*costume*] de camponês.

peat [piːt] *n* (substance) turfa *f*.

pebble ['pebl] *n* **a)** pedra *f* pequena; (on beach) seixo *m*; **b)** TECH cristal *m* de rocha.

peck [pek] **1** *n* **a)** (from bird) bicada *f*; **b)** (coll) (kiss) beijoca *f*; **to give sb a** ~ **(on the cheek)**

dar uma beijoca (no rosto) a alg. **2** *vtr* **a)** [*bird*] debicar [*food*]; dar bicadas a [*person, animal, etc*]; **to ~ a hole in sth** dar bicadas em qq coisa até fazer um buraco; **b)** (coll) (kiss) dar uma beijoca a [*person*]. **3** *vi* **to ~ at a)** (with beak) debicar [*food*]; dar bicadas em [*person, animal, etc*]; dar bicadas contra [*window, tree*]; **b)** (coll) (fig) [*person*] debicar, comer pouco [*food*]. ■ **peck out**: **~ (sth) out, ~ out (sth)** arrancar (qq coisa) à bicada.

pecking order *n* (lit, fig) ordem *f* hierárquica.

peckish ['pekɪʃ] (coll) *adj* **to be** *or* **feel ~** estar com ou sentir fome.

pectin ['pektɪn] *n* pectina *f*.

peculiar [pɪ'kju:lɪə(r)] *adj* **a)** (odd) estranho,-a, esquisito,-a (**that** que); **to feel ~** sentir-se esquisito; **b)** (exceptional) [*situation, importance, circumstances*] particular, peculiar; **c)** (exclusive to) próprio,-a, característico,-a; **~ to** próprio de; **that species is ~ to Asia** essa espécie é típica da Ásia.

peculiarity [pɪkju:lɪ'ærɪtɪ] *n* particularidade *f*.

peculiarly [pɪ'kju:lɪəlɪ] *adv* **a)** (strangely) de forma estranha, estranhamente; **b)** (particularly) particularmente.

pedagogic(al) [pedə'gɒdʒɪk(l)] *adj* pedagógico,-a.

pedagogy ['pedəgɒdʒɪ] *n* pedagogia *f*.

pedal ['pedl] **1** *n* pedal *m*. **2** *vtr* (*pres p etc* **-ll-**) **to ~ a bicycle** pedalar. **3** *vi* **a)** (use pedal) carregar no pedal; **to ~ hard** *or* **furiously** carregar no pedal com fúria; **b)** (cycle) **to ~ down/up/through** descer/subir/atravessar de bicicleta.

pedal bin *n* GB caixote *m* do lixo com pedal.

pedant ['pedənt] *n* pedante *m/f*.

pedantic [pɪ'dæntɪk] *adj* pedante (**about** acerca de).

pedantry ['pedəntrɪ] *n* pedantismo *m*.

peddle ['pedl] *vtr* vender na rua [*wares, ideas*]; **he ~s drugs** ele vende droga.

peddler ['pedlə(r)] *n* vendedor *m* ambulante.

pederast ['pedəræst] *n* pederasta *m*.

pedestal ['pedɪstl] *n* pedestal *m*; peanha *f*. IDIOMAS **to put sb on a ~** pôr alg num pedestal.

pedestrian [pɪ'destrɪən] **1** *n* peão *m*. **2** *modif* [*street, area*] pietonal. **3** *adj* prosaico,-a.

pedestrian crossing *n* passadeira *f* para peões.

pediatric [pi:dɪ'ætrɪk] *adj* [*ward*] de pediatria; [*illness*] de criança; **~ nursing** puericultura *f*.

pedicure ['pedɪkjʊə(r)] *n* calista *m*; **to have a ~** ir ao calista.

pedigree ['pedɪgri:] **1** *n* **a)** (of animal) pedigree *m*; **b)** (of person, family) (line) ascendência *f*; (tree, chart) árvore *f* genealógica; (background) origens *fpl*; **c)** (fig) (of book, sportsman, artist) antecedentes *mpl*. **2** *modif* [*animal*] de raça pura.

pee [pi:] (coll) *n* chichi *m* (fam); **to have/do a ~** fazer chichi (fam).

peek [pi:k] **1** *n* espreitadela *f*; **to have/take a ~** dar uma espreitadela a. **2** *vi* dar uma espreitadela (**at** a); **she was ~ing out at me through the curtains** ela estava-me a espreitar atrás das cortinas.

peel [pi:l] **1** *n* (before peeling) casca *f*. **2** *vtr* descascar [*vegetable, fruit, shrimps*]. **3** *vi* [*paint*] escamar-se; [*sunburnt person, skin*] escamar;

[*fruit, vegetable*] pelar-se. ■ **peel off a)** (from formation) destacar-se (**from** de); **b)** (hum, coll) (undress) despir-se; **~ off (sth), ~ (sth) off** retirar [*clothing, label, leaves*].

peeler ['pi:lə(r)] *n* CULIN descascador *m*; **potato ~** descascador *m* de batatas.

peeling ['pi:lɪŋ] **1** *n* (skin of fruit, vegetable) casca *f*; **potato ~s** cascas *fpl* de batatas. **2** *adj* [*walls, paint, surface*] que se escama; [*skin*] que tira a pele.

peer [pɪə(r)] **1** *n* **a)** (equal) (in status) par *m*; (in profession) colega *m/f*; (in age) pessoa *f* da mesma geração; **to be tried by one's ~s** ser julgado pelos seus pares; **b)** GB POL (*also* **~ of the realm**) par *m*. **2** *vi* **to ~ at** olhar fixamente para; **to ~ shortsightedly** fitar com olhos de míope.

peerage ['pɪərɪdʒ] *n* **a)** GB POL pariato *m*; **to be given a ~** receber um título de nobreza; **b)** (book) nobiliário *m*.

peer group *n* (of same status) pares *mpl*; (of same age) pessoas *fpl* da mesma idade.

peeved [pi:vd] *adj* [*person, expression*] irritado,-a, aborrecido,-a.

peevish ['pi:vɪʃ] *adj* rabugento,-a.

peewit ['pi:wɪt] *n* ORNT abibe *m*; galispo *m*; pavoncinho *m*.

peg [peg] **1** *n* **a)** (to hang garment) cabide *m* de madeira; **b)** (*also* **clothes ~**) mola *f* para roupas; **c)** (to mark place) estaca *f*; **d)** (pin for wood) cavilha *f*; prego *m* de madeira; **e)** ECON índice *m*; **f)** (barrel stop) espicho *m*; **g)** (piton) pitão *m*. **2** *vtr* (*pres p etc* **-gg-**) **a)** (fasten cloth) **to ~ sth on/onto a line** prender qq coisa a uma corda por meio de molas; **to ~ sth down is place** fixar qq coisa com estacas [*fabric, tent*]; **b)** (fasten wood) **to ~ sth to sth** cavilhar qq coisa a qq coisa; **c)** ECON indexar (**to sth** a qq coisa); **to ~ sth at 10 %** at present levels indexar qq coisa a 10 % ao nível actual. IDIOMAS **to be a square ~ (in a round hole)** não estar no seu elemento; **to take/bring sb down a ~ (or two)** humilhar alg; **to use sth as a ~ (to hang a discussion/a theory etc on)** servir-se de qq coisa como pretexto (para iniciar uma discussão/expor uma teoria, etc). ■ **peg away** (coll) trabalhar diligentemente (**at** em).

pejorative [pɪ'dʒɒrətɪv] *adj* pejorativo,-a.

Pekin(g)ese [pi:kɪŋi:z] *n* pequinês *m*.

pelican ['pelɪkən] *n* pelicano *m*.

pelican crossing *n* GB passagem *f* de peões.

pellet ['pelɪt] *n* (gen) (of paper, wax, mud) bolinha *f*; (for gun) bago *m* de chumbo.

pelmet ['pelmɪt] *n* sanefa *f* (de cortina).

pelt [pelt] **1** *n* (fur) pele *f* de animal (não curtida). **2 (at) full ~** *adv phr* a todo o vapor (fam). **3** *vtr* bombardear (alg); **to ~ sb with sth** atirar qq coisa a alg. **4** *vi* **a)** (*also* **~ down**) [*rain*] cair com intensidade; **it's ~ing with rain** chove a cântaros; **b)** (coll) (run) correr como um louco (fam); **to ~ down/across the road** descer/atravessar a estrada a correr desalmadamente.

pelvic ['pelvɪk] *adj* pélvico,-a.

pelvis ['pelvɪs] *n* ANAT pélvis *f*.

pen [pen] **1** *n* **a)** (for writing) caneta *f*; **to put ~ to paper** (write) escrever, lançar no papel; (give signature) assinar; **b)** (for animals) curral *m*; (for child) parque *m*; **c)** ZOOL cisne *m* fêmea; **d)**

(coll) US abrev = **penitentiary** xadrez *m* (fam). **2** *vtr* **a)** (write) escrever; **b)** (*also* ~ **in**) fechar, encurralar.

penal ['pi:nl] *adj* [*reform, law, code, system*] penal; ~ **servitude** HIST trabalhos *mpl* forçados.

penalize ['pi:nəlaɪz] *vtr* penalizar; **to** ~ **sb for sth/for doing sth** penalizar alg por algo/por ter feito algo.

penalty ['penltɪ] *n* **a)** JUR (gen) (punishment) castigo *m*; pena *f*; (fine) multa *f*; **on** *or* **under** ~ **of** sob pena de; **b)** (fig) (unpleasant result) preço *m* (for por, de); **to pay the** ~ **for sth** pagar o preço por qq coisa; **c)** SPORT (in football) grande penalidade *f*; **to score (from) a** ~ (in football) marcar um golo Po/gol BR através de uma grande penalidade.

penalty: ~ **goal** *n* SPORT (in rugby) pontos *mpl* resultantes dum pontapé de penalidade; ~ **kick** *n* SPORT (in rugby) pontapé *m* de penalidade.

penance ['penəns] *n* (gen) RELIG penitência *f*; **to do** ~ fazer penitência.

pence [pens] *pl* see **penny**.

penchant ['pɑ.ʃɑ] *n* propensão *f* (for para); **a** ~ **for doing** uma tendência para fazer.

pencil ['pensɪl] **1** *n* lápis *m*; **in** ~ a lápis; **a** ~ **of light** (fig) um raio de luz. **2** *vtr* (*pres p etc* -**ll**-) escrever a lápis [*note*]. ■ **pencil in:** ~ **(sth) in**, ~ **in (sth)** (lit) escrever a lápis; (fig) encarar (qq coisa) como possibilidade; **let's** ~ **in the second of May** digamos a dois de Maio, para já.

pencil: ~ **case** *n* estojo *m* para lápis; ~ **sharpener** *n* apara-lápis *m*.

pendant ['pendənt] *n* (on necklace) medalhão *m*; (on earring) pingente *m*; (on chandelier) pendente *m*.

pending ['pendɪŋ] **1** *adj* **a)** JUR [*case, charge*] pendente; **b)** (imminent) iminente. **2** *prep* até, à espera de.

pending tray *n* cesta *f* dos assuntos pendentes.

pendulum ['pendjʊləm] *n* **a)** (in clock) pêndulo *m*; PHYS pêndulo *m*; **b)** (fig) **the swings of the** ~ mudança *f*; reviravolta *f*.

penetrate ['penɪtreɪt] **1** *vtr* **a)** (lit) penetrar [*protective layer, territory, surface*]; atravessar [*cloud, fog, defences*]; **b)** (fig); penetrar [*market, mind, ideas*]; [*spy*] infiltrar [*organization*]. **2** *vi* **a)** (lit) penetrar (**into** em; **as far as** até); **b)** [*sound*] chegar (**to** a); **nothing I say seems to** ~ tenho a impressão de falar para uma parede.

penetrating ['penɪtreɪtɪŋ] *adj* **a)** (lit) [*cold, eyes, wind*] penetrante; [*sound, voice*] agudo,-a; **b)** (fig) [*analysis, question*] perspicaz.

penetration [penɪ'treɪʃn] *n* **a)** penetração *f* (**into** em; **to** em); **b)** (insight) perspicácia *f*; **c)** (by spies) infiltração *f*.

pen friend *n* correspondente *m/f*.

penguin ['peŋgwɪn] *n* ZOOL pinguim *m*.

penicillin [penɪ'sɪlɪn] *n* MED penicilina *f*.

peninsula [pɪ'nɪnsjʊlə] *n* península *f*.

penis ['pi:nɪs] *n* ANAT pénis *m*.

penitence ['penɪtəns] *n* (gen) RELIG penitência *f*; arrependimento *m*.

penitent ['penɪtənt] *n, adj* (gen) RELIG penitente *m/f*.

penitentiary [penɪ'tenʃərɪ] *n* US (prison) penitenciária *f*; prisão *f*.

pen: ~**knife** *n* canivete *m*; ~**name** *n* pseudónimo *m* (de escritor).

pennant ['penənt] *n* (gen) NAUT flâmula *f*; bandeirola *f*; (in competition, procession, on car) galhardete *m*; estandarte *m*.

penniless ['penɪlɪs] *adj* sem dinheiro, sem recursos.

penny ['penɪ] *n* (*pl* **pennies** *or* **pence**) GB (decimal) "penny" *m*; **fifty pence/p** cinquenta "pence"; **a five pence piece** uma moeda de cinco "pence"; **two 25 pence stamps** dois selos de 25 "pence"; **it won't cost you a** ~! isso não lhe custa nem um centavo!. IDIOMAS **a** ~ **for your thoughts/for them** (coll) em que é que estás a pensar?; **a pretty** ~ (coll) uma boa maquia (fam); **in for a** ~ **in for a pound** quem começa vai até ao fim; **not to have a** ~ **to one's name/ two pennies to rub together** estar sem vintém; **take care of the pennies and the pounds will take care of themselves** (Prov) quem poupa no pouco ganha no muito; **the** ~ **dropped** (coll) ouvi tilintar (fam); **to earn/turn an honest** ~ ganhar a vida honestamente.

penny farthing *n* (bicycle) bicicleta *f* antiga com uma roda muito grande à frente e uma roda pequena atrás.

pen: ~**pal** *n* correspondente; ~**pusher** (coll) *n* plumitivo *m*.

pension ['penʃn] *n* (from state) pensão *f*; **to be** *or* **live on a** ~ ser pensionista; **(old age)** ~ pensão *f* de velhice; **retirement** ~ pensão *f* de reforma Po/aposentadoria BR.

pensioner ['penʃənə(r)] *n* pensionista *m/f*; reformado,-a *m, f* PO, aposentado,-a *m, f* BR.

pentagon ['pentəgən] **1** *n* **a)** MATH pentágono *m*; **b) P~ the** ~ o Pentágono. **2 P~** *modif* do Pentágono.

pentathlon [pen'tæθlən] *n* pentatlo *m*.

Pentecost ['pentɪkɒst] *n* Pentecostes *m*.

penthouse ['penthaʊs] **1** *n* **a)** (flat) apartamento *m* de luxo construído no topo de um edifício de muitos andares; **b)** (roof) telheiro *m*. **2** *modif* [*accommodation, suite*] de luxo.

penultimate [pɪ'nʌltɪmət] *adj* penúltimo,-a.

penury ['penjʊərɪ] *n* penúria *f*; miséria *f*.

peony ['pi:ən, pju:n] *n* BOT peónia *f*.

people ['pi:pl] **1** *n* (nation) povo *m*; comunidade *f*; **the English-speaking** ~**s** os anglófonos; **Stone Age** ~**s** os povos da Idade da Pedra; **the chosen** ~ os povos eleitos. **2** *npl* **a)** (in general) gente *f*; (individuals) pessoas *fpl*; **how many** ~ **were there?** quantas pessoas havia lá?; **several/some** ~ algumas pessoas; **what will** ~ **say ?** o que é que as pessoas vão dizer?; **most** ~ a maior parte das pessoas; **many** ~ muitas pessoas; **there were a lot of** ~ havia muita gente no combate; **what do you** ~ **think/want to do ?** (coll) que pensam/querem vocês fazer?; **b)** (inhabitants) (of town) habitantes *mpl*; (of a country) povo *m*; **the British** ~ o povo britânico; **c)** (citizens, subjects) **the** ~ o povo; **a man of the** ~ um homem do povo; **d)** (coll) (experts) pessoal *m*; perito *m*; **the tax** ~ o pessoal dos impostos; **e)** (coll) (relations) família *f*; (parents) pais *mpl*.

pep [pep] ■ **pep up:** ~ **up** reanimar-se; ~ **(sb/ sth) up**, ~ **up (sb/sth)** animar [*person, party, team*].

pepper ['pepə(r)] **1** *n* **a)** (spice) pimenta *f*; **black/white** ~ pimenta preta/branca; **b)** (vegetable) pimento *m*; **red/green** ~ pimento vermelho/ verde. **2** *vtr* **a**) (lit) apimentar [*food*]; **b**) (fig) **to be ~ed with** estar salpicado de [*swearwords, criticisms*]; **c**) (fire at) cobrir ou crivar (de) (**with** de).

pepper: ~**corn** *n* grão *m* de pimenta; ~ **mill** *n* moinho *m* de pimenta.

peppermint ['pepəmınt] **1** *n* **a**) (plant) hortelã--pimenta *f*; **b**) (sweet) pastilha *f* de hortelã--pimenta. **2** *modif* (*also* ~**-flavoured**) de hortelã--pimenta.

pepper pot, ~ **shaker** *n* pimenteiro *m*.

peppery ['pepərı] *adj* apimentado,-a.

pep talk (coll) *n* conversa *f* para levantar o moral.

per [pɜː(r)] *prep* **a**) (for each) por; ~ **head** por cabeça; ~ **annum** por ano; **80 km** ~ **hour** 80 km à hora; **revolutions** ~ **minute** rotações por minuto; (coll) **as** ~ **usual** como sempre; **b**) (by means of) ~ **post** pelos correios; **c**) **as** ~ **invoice** COMM de acordo com a factura.

perambulator [pə'ræmbjʊleɪtə(r)] *n* (dated) carrinho *m* de criança.

perceive [pə'siːv] **1** *vtr* perceber. **2 perceived** *pp adj* [*need, benefit, success, failure*] percebido,-a, sentido,-a.

per cent [pə'sent] **1** *adv* por cento. **2** *n* por cento *m*.

percentage [pə'sentɪdʒ] *n* percentagem *f*; **as a** ~ **of** numa percentagem de.

perch [pɜːtʃ] **1** *n* **a**) (for bird) poleiro *m*; **b**) (high position) poleiro *m*; **c**) (fish) perca *f*. **2** *vtr* empoleirar. **3** *vi* [*bird, person*] empoleirar-se (**on** em); **to be ~ed on** estar empoleirado/pousado em. **IDIOMAS to knock sb off their** ~ (coll) tirar alg do poleiro, destronar alg.

percolate ['pɜːkəleɪt] **1** *vtr* passar, coar [*coffee*]; ~**d coffee** café de saco. **2** *vi* [*coffee*] coar; [*water, rain*] filtrar; [*news, idea, information*] filtrar.

percolator ['pɜːkəleɪtə(r)] *n* cafeteira *f*.

percussion [pə'kʌʃn] *n* **a**) MUS percussão *f*; **b**) (sound) percussão *f*.

peregrine falcon *n* ORNITH falcão *m* peregrino.

peremptory [pə'remptərı, 'perım-] *adj* peremptório,-a.

perennial [pə'renjəl] **1** *n* planta *f* vivaz/perene; **hardy** ~ planta *f* vivaz/perene. **2** *adj* (recurring) perpétuo,-a, perene.

perfect 1 ['pɜːfıkt] *n* LING perfeito *m*; **in the** ~ no perfeito. **2** ['pɜːfıkt] *adj* **a**) (flawless) [*arrangement, behaviour, condition, crime, example, shape, weather*] perfeito,-a (**for** para); [*choice, holiday, name, moment, solution*] ideal (**for** para); **she is** ~ **for the job** ela é a pessoa indicada para o trabalho; **b**) (total) [*stranger, fool*] perfeito,-a, completo,-a; [*pest*] verdadeiro,-a; **c**) **the** ~ **tense** LING o perfeito. **3** [pə'fekt] *vtr* aperfeiçoar.

perfection [pə'fekʃn] *n* perfeição (**of** de); **to** ~ na perfeição; **his singing was** ~ (**itself**) ele canta na perfeição.

perfectionist [pə'fekʃənıst] *n* perfeccionista *m/f*.

perfectly ['pɜːfıktlı] *adv* **a**) (totally) completamente, perfeitamente; **b**) (very well) perfeitamente; **to be** ~ **entitled to do** ter perfeitamente o direito de fazer.

perfidious ['pə:fıdıəs] *adj* pérfido,-a; ~ **Albion** a pérfida Albion.

perforate ['pɜːfəreɪt] *vtr* perfurar.

perform [pə'fɔːm] **1** *vtr* **a**) (carry out) executar [*task*]; cumprir [*duties*]; **to** ~ **an operation on sb** MED operar alg; **b**) (for entertainment) tocar [*piece of music*]; cantar [*song*]; executar [*acrobatics, tricks, dance*]; **c**) (enact) celebrar [*rite, ceremony*]. **2** *vi* **a**) [*actor, musician*] interpretar; **she ~ed on the violin** ela tocou violino; **b**) (conduct oneself) **our team ~ed well/badly** a nossa equipa jogou bem/mal; **the students ~ed better than last year** os estudantes tiveram melhores resultados do que no ano passado; **c**) COMM, FIN [*company, department*] ter bons resultados; **the pound sterling ~ed badly** a libra esterlina baixou.

performance [pə'fɔːməns] *n* **a**) (rendition) interpretação *f* (**of** de); **her** ~ **of Lady Macbeth** a sua interpretação no papel de Lady Macbeth; **b**) (concert, show, play) representação *f* (**of** de); **to put on a** ~ montar um espectáculo; **c**) (in competition) desempenho *m* (**in sth** em qq coisa); **d**) (of duties) exercício *m* (**of** de); (of rite) celebração (**of** de); (of task) execução *f* (**of** de); **e**) **the car's/the engine's** ~ AUT a prestação *f* do carro/ do motor; **f**) (coll) (outburst) cena *f* (fam).

performer [pə'fɔːmə(r)] *n* **a**) (artist) artista *m/f*; **b**) (achiever) **the car is a good** ~ **on hilly terrain** o carro tem uma boa prestação em terreno acidentado.

perfume ['pɜːfjuːm] **1** *n* perfume *m*. **2** *vtr* perfumar.

perfunctory (formal) [pə'fʌŋktərı] *adj* [*search, bow, greeting*] superficial, maquinal; [*kiss, nod, shrug*] rápido,-a, sem convicção; [*investigation*] sumário,-a.

perhaps [pə'hæps] *adv* talvez; ~ **she's forgotten** talvez ela se tenha esquecido.

peril (formal) ['perıl] *n* perigo *m*; risco *m*; **in** ~ (**of**) em perigo (de); **at my** ~ por minha conta e risco.

perilous ['perələs] *adj* perigoso,-a, arriscado,-a.

perilously (formal) ['perələslı] *adv* perigosamente; **to come** ~ **close to** estar a dois passos de.

perimeter [pə'rımıtə(r)] *n* perímetro *m*; **on the** ~ **of** na orla de [*park, site*]; **to go round the** ~ **of** dar a volta a.

period ['pıərıəd] **1** *n* **a**) (gen) GEOL, ASTRON, HIST (shorter) período *m*; (longer) época *f*; **sunny/ cloudy ~s** METEOROL períodos de sol/nublados; **over a** ~ **of three months** no espaço de três meses; **b**) US (full stop) (lit, fig) ponto *m* final; **c**) ANAT (menstruation) período *m*; menstruação *f*; SCH (lesson) aula *f*; lição *f*. **2** *modif* HIST (authentic) [*costume, furniture, instrument*] da época; [*furniture*] de estilo.

periodic [pıərı'ɒdık] *adj* periódico,-a.

periodical [pıərı'ɒdıkl] **1** *n* JOURN periódico *m*. **2** *adj* periódico,-a.

periodically [pıərı'ɒdıkəlı] *adv* periodicamente.

peripheral [pə'rıfərl] *adj* [*equipment, suburb*] periférico,-a; [*issue, business, investment*] secundário,-a; **to be** ~ **to** ser secundário em relação a.

periphery [pə'rıfərı] *n* **a**) (edge) periferia *f*; **b**) (fig) (fringes) **to be on the** ~ **of** estar nas franjas de [*party, cubism*].

periscope ['pərɪskəʊp] *n* periscópio *m*.

perish ['perɪʃ] *vi* **a**) (liter) (die) perecer, morrer (**from** de); **to do sth or ~ in the attempt** (hum) fazer qq coisa custe o que custar; **~ the thought** que Deus nos guarde; **b**) (rot) [*food*] estragar-se; [*rubber*] deteriorar-se.

perishable ['perɪʃəbl] **1 perishables** *npl* géneros *mpl* deterioráveis. **2** *adj* perecível.

perishing (coll) ['perɪʃɪŋ] *adj* **to be ~** [*weather*] fazer um frio de morrer (fam).

perjure ['pɜːdʒə(r)] *v refl* **to ~ oneself** JUR prestar falso testemunho; (morally) cometer perjúrio.

perjury ['pɜːdʒərɪ] *n* JUR falso testemunho *m*.

perk (coll) [pɜːk] *n* (gen) vantagem *f*; (benefit in kind) superioridade *f*. ■ **perk up**: **~ up** [*person*] embelezar-se, animar-se; [*business, life, plant*] restabelecer-se; [*weather*] melhorar; **~ (sth) up, ~ up (sth)** revigorar [*person, plant, business*] alegrar, enfeitar [*dress*].

perky ['pɜːkɪ] *adj* empertigado, atrevido, vivo.

perm [pɜːm] **1** *n* ondulação *f*; permanente *f*; **to have a ~** fazer uma permanente. **2** *vtr* **to ~ sb's hair** fazer uma permanente a alg.

permanence ['pɜːmənəns] *n* permanência *f*.

permanent ['pɜːmənənt] **1** *n* US permanente *f*. **2** *adj* [*situation, address, friendship*] permanente; [*building, career, premises, closure*] definitivo,-a; **~ damage** (to property, object) desgaste *m* permanente.

permanently ['pɜːmənəntlɪ] *adv* (constantly) [*angry, happy, tired*] permanentemente; [*appointed*] a título definitivo; [*close, emigrate, leave*] definitivamente.

permeable ['pɜːmɪəbl] *adj* permeável.

permeate ['pɜːmɪeɪt] **1** *vtr* **a**) [*liquid, gas*] infiltrar-se em; [*odour*] penetrar em; **b**) (fig) [*ideas*] difundir. **2 permeated** *pp adj* **to be ~d with** estar impregnado de (also fig).

permissible [pə'mɪsɪbl] *adj* [*level, limit*] permissível, admissível; [*conduct*] admissível; **it is morally/legally ~ to do sth** é moralmente/legalmente admissível fazer qq coisa.

permission [pə'mɪʃn] *n* permissão *f*; licença *f*; (more officially) autorização *f*; **you will never get ~** jamais obterá autorização; **to get ~ to marry** obter autorização para se casar; **he will not give ~ for any player to miss training** ele não autorizará nenhum jogador a faltar ao treino; **to have written ~ to do sth** ter autorização escrita para fazer qq coisa; **by kind ~ of** com a amável autorização de.

permissive [pə'mɪsɪv] *adj* **a**) (morally lax) permissivo,-a; **during the ~ 1960s** durante o período permissivo dos anos sessenta; **b**) (liberal) liberal.

permit [pə'mɪt] **1** *n* permissão *m*; licença *f*; (official permission) autorização *f*; **to apply for a ~** pedir uma licença. **2** *vtr* (*past, pp* **permitted**) **a**) (allow) permitir [*action, measure*]; **smoking is not ~ted** não é permitido fumar; **to ~ sb to do sth** permitir a alg fazer qq coisa; **~ me, Madam, to assist you** permita-me, minha senhora, que a ajude; **b**) (allow formally, officially) autorizar. **3** *vi* permitir; **weather ~ting** se o tempo o permitir; **time ~ting** se houver tempo.

permutation ['pɜːmjʊ'teɪʃn] *n* permutação *f*.

pernicious [pə'nɪʃəs] *adj* pernicioso,-a.

pernickety (coll) [pə'nɪkɪtɪ] *adj* **a**) (detail-conscious) meticuloso,-a (**about** em relação a); **b**) (pej) (choosy) miudinho,-a (**about** em relação a).

peroxide [pə'rɒksaɪd] *n* **a**) CHEM peróxido *m*; **b**) (*also* **hydrogen ~**) água *f* oxigenada.

peroxide blonde *n* (pej) loira *f* oxigenada.

perpendicular [pɜːpən'dɪkjʊlə(r)] **1** *n* (gen) MATH vertical *f* (**to** a). **2** *adj* [*line*] perpendicular; **~ cliff face** a pique.

perpetrate (formal) [pɜːpɪtreɪt] *vtr* perpetrar, cometer [*deed, fraud*].

perpetrator (formal) ['pɜːpɪtreɪtə(r)] *n* autor *m*.

perpetual [pə'petjʊəl] *adj* [*meetings, longing, disloyalty, turmoil*] perpétuo,-a; [*darkness, stench, state*] permanente; [*game, banter*] eterno,-a.

perpetually [pə'petjʊəlɪ] *adv* perpetuamente.

perpetuate [pə'petjʊeɪt] *vtr* perpetuar.

perpetuity [pɜːpɪ'tjuːɪtɪ] *n* **in ~** para a perpetuidade.

perplexed [pə'plekst] *adj* perplexo,-a (**by** por).

perplexity [pə'pleksɪtɪ] *n* perplexidade *f*.

persecute ['pɜːsɪkjuːt] *vtr* perseguir (**for** por; **for doing** por ter feito); **he was ~d for being a member** ele foi perseguido por ser membro.

persecution [pɜːsɪ'kjuːʃn] *n* perseguição *f* (**of** de; **by** por).

perseverance [pɜːsɪ'vɪərəns] *n* perseverança *f*.

persevere [pɜːsɪ'vɪə(r)] *vi* perseverar (**with, at** em; **in doing** em fazer).

Persia ['pɜːʃə] *pr n* HIST Pérsia *f*.

Persian ['pɜːʃn] **1** *pr n* **a**) (person) persa *m/f*; **b**) LING persa *m*. **2** *adj* [*state, carpet, cat*] persa, pérsico,-a.

persist [pə'sɪst] *vi* persistir (**in** em; **in doing** em fazer).

persistence, persistency [pə'sɪstəns, pə'sɪstənsɪ] *n* perseverança *f*; (pej) persistência *f* (**in** em; **in doing** a fazer).

persistent [pə'sɪstənt] *adj* **a**) (persevering) perseverante; (obstinate) obstinado,-a (pej) (**in** em); **b**) (continual) [*rain, denial, unemployment, nuisance*] persistente; [*inquiries, noise, pressure*] contínuo,-a; [*illness*] duradouro,-a; [*idea*] tenaz, obstinado,-a.

person ['pɜːsn] *n* **a**) (human being) (*pl* **people, persons** (formal)) pessoa *f*; **there's room for one more ~** há lugar para mais uma pessoa; **the average ~ cannot afford** uma pessoa normal não se pode dar ao luxo de; **the English drink 4 cup of tea per ~ per day** os ingleses bebem por pessoa quatro chávenas de chá por dia; **to do sth in ~** fazer qq coisa em pessoa; **he's not the kind of ~ who would do such a thing** ele não é o género de pessoa para fazer tal coisa; (meeting sb) **aha! the very ~ I was looking for!** aha! é mesmo a pessoa que eu procurava!; **b**) (type) **I don't know you were a horsey ~!** (coll) eu não sabia que você era um apaixonado pelos cavalos!; **c**) (personality) **what's she like as a ~?** como é ela como pessoa?; **he is a very private ~** ele é uma pessoa muito reservada; **d**) (body) pessoa *f*; presença *f*; **with drugs concealed about his ~** com a droga escondida no seu corpo; **e**) LING pessoa *f*; **the first ~ singular** a primeira pessoa do singular.

personable ['pɜ:sənəbl] *adj* [*man, woman*] apresentável, bem-parecido,-a.

personage (formal) ['pɜ:sənɪdʒ] *n* personalidade *f.*

personal ['pɜ:sənl] *adj* (gen) [*opinion, life, problem, remark, etc*] pessoal; [*freedom, choice, income, profit*] individual; [*service*] personalizado,-a; [*discussion*] particular; **don't be so ~!** escusas de ofender!; **for ~ reasons** por razões particulares; **to make a ~ appearance (at sth)** aparecer pessoalmente (em qq lugar); **~ hygiene** higiene *f* íntima; **~ effects** *or* **belongings** objectos *mpl* de uso pessoal.

personal: ~ assistant *n* secretário *m* particular; **~ column** *n* anúncios *mpl* pessoais.

personality [pɜ:sə'nælɪtɪ] *n* **a)** (character) personalidade *f*; **to have an attractive ~** ter uma personalidade atraente; **b)** (person) pessoa *f*; personalidade *f*; **a television ~** uma vedeta Po/ vedete Br da televisão.

personalize ['pɜ:sənəlaɪz] *vtr* **a)** personalizar [*stationary, number-plate, car, letter, clothing*]; **b)** personalizar [*issue, discussion, dispute*].

personally ['pɜ:sənəlɪ] *adv* pessoalmente; **to take sth ~** sentir-se pessoalmente atingido.

personal organizer *n* agenda *f.*

personification [pəsɒnɪfɪ'keɪʃn] *n* **a)** (embodiment) encarnação *f*; **b)** LITERAT personificação *f.*

personify [pə'sɒnɪfaɪ] *vtr* **a)** encarnar [*ideal, attitude*]; **b)** LITERAT personificar.

personnel [pɜ:sə'nel] *n* **a)** (gen) MIL (staff, troops) pessoal *m*; **b)** [*name of department*] secção *f*; serviço *m* de pessoal.

personnel: ~ manager *n* director *m* do pessoal; **~ officer** *n* responsável *m* do pessoal.

person-to-person *adj* (gen) TELECOM [*call*] com pre-aviso.

perspective [pə'spektɪv] *n* (gen) ART perspectiva *f*; **from one's (own) ~** do seu ponto de vista; **to keep things in ~** manter o sentido da proporção; **to let things get out of ~** perder o sentido da proporção das coisas.

perspex ® ['pɜ:speks] *n* plexiglas ® *m.*

perspicacious [pə:spɪ'keɪʃəs] (formal) *adj* perspicaz.

perspiration [pɜ:spɪ'reɪʃn] (formal) *n* (sweat) suor *m*; (sweating) transpiração *f.*

perspire (formal) [pə'spaɪə(r)] *vi* transpirar.

persuade [pə'sweɪd] *vtr* **a)** (influence) persuadir, convencer [*person*]; **to ~ sb to do** convencer alg a fazer; **b)** (convince intellectually) convencer, persuadir; **to ~ sb that** convencer alg de; **to ~ oneself** convencer-se a si próprio.

persuasion [pə'sweɪʒn] *n* **a)** (-c) (persuading, persuasiveness) persuasão *f*; **b)** (religious) crença *f*; credo *m*; religião *f*; **c)** (political) convicção *f*; **people of very different political ~s** pessoas das mais variadas convicções políticas; **d)** (+ c) (kind, sort) espécie *f.*

persuasive [pə'sweɪsɪv] *adj* [*person*] persuasivo,-a, convincente; [*argument, evidence*] convincente; **he can be very ~** ele consegue ser muito persuasivo.

persuasively [pə'sweɪsɪvlɪ] *adv* [*speak*] de modo persuasivo; [*demonstrate*] de maneira convincente.

persuasiveness [pə'sweɪsɪvnɪs] *n* poder *m* de persuasão.

pert [pɜ:t] *adj* [*person, manner*] ousado,-a, atrevido,-a; [*hat, nose*] petulante.

pertain (dated) [pə'teɪn] *vi* **to ~ to** JUR pertencer a; (gen) dizer respeito a.

pertinent ['pɜ:tɪnənt] *adj* [*question, point*] pertinente, relevante; **to be ~ to** dizer respeito a; **to be ~ to do** ser apropriado fazer.

perturb [pə'tɜ:b] *vtr* [*news, rumour*] perturbar; **to be ~ed by** [*person*] ser/estar perturbado,-a por; (more deeply) estar transtornado,-a por.

Peru [pə'ru:] *pr n* Perú *m.*

peruse [pə'ru:z] (formal) *vtr* passar em revista.

Peruvian [pə'ru:vɪən] *n, adj* peruano,-a *(m, f).*

pervade [pə'veɪd] *vtr* impregnar; **to be ~d by** estar impregnado de.

pervasive ['pə'veɪsɪv] *adj* [*smell*] penetrante; [*idea, feeling*] difundido,-a.

perverse [pə'vɜ:s] *adj* [*person, delight, desire*] perverso,-a; [*refusal, attempt*] vicioso,-a.

perversely [pə'vɜ:slɪ] *adv* de uma forma perversa, perversamente.

perversion [pə'vɜ:ʃn] *n* perversão *f* (**of** de).

perversity [pə'vɜ:sɪtɪ] *n* (of person, action) perversidade *f*; maldade *f.*

pervert [pə'vɜ:t] **1** *n* pervertido,-a *m, f.* **2** *vtr* **a)** perverter, corromper [*person, mind, behaviour*]; **b)** deturpar, desvirtuar [*truth, facts, meaning*]; falsear [*values*]; **to ~ the course of justice** entravar a acção da justiça.

perverted [pə'vɜ:tɪd] *adj* **a)** (sexually deviant) [*person*] pervertido,-a; **b)** (distorted) [*idea*] deturpado,-a.

pesky ['peskɪ] (coll) *adj* US desagradável.

pessimism ['pesɪmɪzm] *n* pessimismo *m.*

pessimist ['pesɪmɪst] *n* pessimista *m/f.*

pessimistic [pesɪ'mɪstɪk] *adj* pessimista.

pest [pest] *n* **a)** AGRIC (animal) praga *f*; animal *m* nocivo; **b)** (person) aborrecido,-a *m, f*; praga *m*; (fig) (boy) patife *m*; (girl) maçadora *f.*

pester ['pestə(r)] *vtr* **a)** (annoy) aborrecer [*person, people*] (**with** de; **for** para obter); **stop ~ing me** pára de massacrar (fam); **b)** (harass sexually) assediar.

pesticide ['pestɪsaɪd] *n* pesticida *m*; **crops treated with ~** culturas tratadas com pesticidas.

pestilential [pestɪ'lenʃl] *adj* **a)** (hum) (annoying) insuportável; **b)** (unhealthy) pestilento,-a.

pestle ['pesl] *n* pilão *m*; mão *f* de almofariz.

pet [pet] **1** *n* **a)** (animal) animal *m* de estimação; **"no ~s"** não são permitidos animais domésticos; **b)** (favourite) queridinho,-a (fam); **teacher's ~** o queridinho *m* do professor (fam); **c)** (sweet person) querido,-a *m*; amor *m* (fam). **2** *adj* (favourite) [*charity, theory*] favorito,-a. **3** *vtr* (spoil) estragar com mimos; (caress) acariciar. IDIOMAS **to be in a ~** (coll) estar de mau humor.

petal ['petl] *n* pétala *f.*

peter ['pi:tə(r)] ■ **peter out** [*conversation, creativity*] acabar; [*flame*] morrer, extinguir-se; [*supplies*] esgotar-se.

pet food *n* alimentos *mpl* para cães e gatos.

petite [pə'ti:t] *adj* [*woman*] pequena.

petition [pə'tɪʃn] **1** *n* **a)** (document) petição *f*; **a ~ signed by 10,000 people** uma petição levando a assinatura de 10 000 pessoas; **b)** (formal request) requerimento *m*; **c)** JUR requerimento *m*;

a ~ for divorce um pedido de divórcio; **to file one's ~** abrir falência. **2** *vtr* dirigir uma petição a [*government, sovereign*]; **to ~ the court for sth** JUR requerer qq coisa em tribunal.

petrel ['petrl] *n* ZOOL petrel *m*.

petrify ['petrɪfaɪ] *vi* [*substance*] petrificar-se, converter-se em pedra; [*civilisation, system*] fossilizar-se.

petrochemical [petrəʊ'kemɪkl] **1** *n* produto *m* petroquímico. **2** *adj* [*industry, plant*] petroquímico,-a.

petrol ['petrl] **1** *n* gasolina *f*; **to run on ~** funcionar a gasolina; **to run out of ~** [*car*] ficar sem gasolina. **2** *modif* [*prices, coupon, rationing*] de gasolina.

petrol: ~ bomb *n* cocktail *m* Molotov; **~ can** *n* lata *f* de gasolina; **~ cap** *n* tampão *m* do depósito (da gasolina).

petroleum [pɪ'trəʊlɪəm] **1** *n* petróleo *m*. **2** *modif* [*product, industry*] petrolífero,-a.

petroleum jelly *n* vaselina *f*.

petrol: ~ gauge *n* indicador *m* do nível de gasolina; **~ pump** *n* (at garage, in engine) bomba *f* de gasolina; **~ station** *n* estação *f* de serviço; **~ tank** *n* depósito *m* de gasolina; **~ tanker** *n* (ship) petroleiro *m*; (lorry) camião Po/caminhão BR -cisterna *m*.

petticoat ['petɪkəʊt] *n* (full slip) combinação *f*; (half slip) saiote *m*.

petty ['petɪ] *adj* [*person, squabble*] mesquinho,-a; [*detail*] insignificante; [*regulation*] maçador, a; [*snobbery*] fútil.

petty: ~ cash *n* fundo *m* para pequenos gastos; **~ officer** *n* ≈ oficial subalterno.

petulant ['petjʊlənt] *adj* impertinente, irascível.

petunia [pɪ'tjuːnɪə] *n* petúnia *f*.

pew [pjuː] *n* banco *m* (de igreja); (coll) **have** *or* **take a ~!** (hum) sente-se!.

pewter ['pjuːtə(r)] **1** *n* estanho *m*. **2** *adj* (liter) (colour) **~ sky** céu cor de chumbo.

PG [piː'dʒiː] *n* CIN abrev = **Parental Guidance** classificação *f* de filmes para menores.

phantom ['fæntəm] *n* (ghost) fantasma *m*.

pharaoh, Pharaoh ['feərəʊ] *n* faraó *m*.

pharmaceutical [faːmə'sjuːtɪkl] *adj* farmacêutico,-a.

pharmacist ['faːməsɪst] *n* farmacêutico *m*.

pharmacology [faːmə'kɒlədʒɪ] *n* farmacologia *f*.

pharmacy ['faːməsɪ] *n* **a)** (shop) farmácia *f*; **b)** (*also* **pharmaceutics**) ciência *f* farmacêutica.

phase [feɪz] **1** *n* **a)** (gen) fase *f*; **she's going through a difficult ~ at the moment** ela está atravessar uma fase difícil neste momento; **it's just a ~ (she's going through)** é apenas uma fase; **the first ~ of the work** CONSTR a primeira fase do trabalho; **b) to be in ~** ELEC estar em fase; (fig) estar em harmonia; **to be out of ~** ELEC estar desfasado; (fig) não estar em harmonia. **2** *vtr* escalonar [*changes*] (over em, por). ▪ **phase out: ~ out (sth), ~ (sth) out** eliminar ou suprimir (algo) pouco a pouco.

PhD [piːeɪtʃ'diː] *n* abrev = **Doctor of Philosophy** doutorado *m* (em).

pheasant ['fezənt] **1** *n* faisão *m*. **2** *modif* [*shooting*] ao faisão.

phenomenal [fɪ'nɒmɪnl] *adj* fenomenal.

phenomenon [fɪ'nɒmɪnən] *n* (*pl* **-na**) fenómeno *m*.

phew [fjuː] *excl* (relief) uf!; (surprise) oh!; (too hot) pff!.

phial ['faɪəl] *n* frasco *m* pequeno.

philanderer [fɪ'lændərə(r)] *n* mulherengo *m*.

philanthropist [fɪlænθrəpɪst] *n* filantropo *m*.

philanthropy [fɪ'lænθrəpɪ] *n* filantropia *f*.

philately [fɪ'lætəlɪ] *n* filatelia *f*.

philharmonic [fɪlhaː'mɒnɪk, fɪlaː'mɒnɪk] *adj* [*hall, orchestra*] filarmónico,-a.

Philippines ['fɪlɪpiːnz] *pr n* **the ~** as Filipinas *fpl*.

philistine ['fɪlɪstaɪn] **1** *n* filisteu,-eia *m, f*. **2** *adj* [*attitude, article*] filistino,-a.

philology [fɪ'lɒlədʒɪ] *n* filologia *f*.

philosopher [fɪ'lɒsəfə(r)] *n* (lit, fig) filósofo *m*.

philosophic(al) [fɪ'lɒsəfɪk(l)] *adj* **a)** [*knowledge, question, treatise*] filosófico,-a; **b)** (fig) [*calm, stoical*] filósofo,-a; **to be ~ about sth** ser filósofo acerca de qq coisa.

philosophize [fɪ'lɒsəfɑɪz] *vi* filosofar (**about** acerca de).

philosophy [fɪ'lɒsəfɪ] *n* filosofia *f*.

phlegm [flem] *n* **a)** MED mucosidade *f*; **b)** (calm) fleuma *f*.

phlegmatic [fleg'mætɪk] *adj* fleumático,-a (**about** acerca de).

phobia ['fəʊbɪə] *n* fobia *f*; **he's got a ~ about rats** ele tem a fobia dos ratos.

phoenix ['fiːnɪks] *n* fénix *f*.

phone [fəʊn] **1** *n* telefone *m*; **to be on the ~** (be talking) estar ao telefone; (be subscriber) ter telefone; **he told me on** *or* **over the ~ that...** ele disse-me ao telefone que.... **2** *vtr* telefonar a [*person, organization*]. **3** *vi* telefonar; **he ~d for a doctor** ele telefonou a chamar um médico. ▪ **phone in: ~ in** (sth) comunicar (qq coisa) pelo telefone; **she ~d in sick** ela telefonou a comunicar que estava doente. ▪ **phone up: ~ up** (sb), **~** (sb) **up** telefonar a [*person, organization*].

phone: ~ book *n* lista *f* telefónica; **~ booth, ~ box** *n* cabina *f* telefónica; **~ call** *n* telefonema *m*; **~ card** *n* credifone *m*; **~-in** *n* programa *m* radiofónico ou televisivo com a participação dos ouvintes ou telespectadores; **~ number** *n* número *m* de telefone; **~ tapping** *n* escutas *fpl* telefónicas.

phonetic [fə'netɪk] *adj* fonético,-a.

phonetics [fə'netɪks] *n* fonética *f*.

phoney ['fəʊnɪ] (coll, pej) **1** *n* (person) impostor, a *m, f*. **2** *adj* [*name, address, accent*] falso,-a; [*story, excuse*] inventado,-a; [*emotion*] simulado,-a; [*person*] fingido,-a.

phonograph ['fəʊnəgrɑːf] *n* fonógrafo *m*.

phosphate ['fɒsfeɪt] *n* CHEM fosfato *m*.

phosphorescence [fɒsfə'resəns] *n* fosforescência *f*.

phosphorescent [fɒsfə'resənt] *adj* fosforescente.

phosphorus ['fɒsfərəs] *n* fósforo *m*.

photo ['fəʊtəʊ] **1** *n* foto *f*; see **photograph**. **2** **photo-** *prep* foto-.

photo album *n* álbum *m* de fotografias.

photocopier ['fəʊtəʊkɒpɪer] *n* fotocopiadora *f*.

photocopy ['fəʊtəʊkɒpɪ] **1** *n* fotocópia *f*. **2** *vtr* fotocopiar.

Photofit ® ['fəʊtəʊfɪt] *n* GB retrato-robot *m*.
photogenic [fəʊtə'dʒenɪk, fəʊtə'dʒiːnɪk] *adj* fotogénico,-a.
photograph ['fəʊtəgrɑːf] **1** *n* fotografia *f*; **in the** ~ na fotografia; **to take a** ~ **of sb/sth** tirar uma fotografia de alg/algo; **he takes a good** ~ (is photogenic) ele fica bem nas fotografias; (takes good photos) ele tira boas fotografias. **2** *vtr* fotografar, tirar fotografias. **3** *vi* **to** ~ **well** [*person*] ser fotogénico,-a, ficar bem nas fotografias.
photograph album *n* álbum *m* de fotografias.
photographer [fə'tɒgrəfə(r)] *n* fotógrafo,-a *m, f*.
photographic [fəʊtə'græfɪk] *adj* [*method, image, reproduction, equipment, studio*] fotográfico,-a; [*shop, agency*] de fotografias; [*exhibition*] de fotografia; **to have a** ~ **memory** ter uma memória visual extraordinária.
photography [fə'tɒgrəfɪ] *n* fotografia *f*.
photosensitive [fəʊtəʊ'sensɪtɪv] *adj* fotossensível.
photosynthesis [fəʊtəʊ'sɪnθɪsɪs] *n* fotossíntese *f*.
phrase [freɪz] **1** *n* **a)** (expression) (gen) expressão *f*; **b)** LING (part of clause) sintagma *m*; **noun/verb** ~ sintagma nominal/verbal; **c)** MUS frase *f*. **2** *vtr* **a)** (formulate) exprimir [*idea, notion*]; formular [*question, sentence, speech*]; **b)** MUS frasear.
phrasebook *n* manual *m* de conversação (para estrangeiros).
physical ['fɪzɪkl] **1** *n* exame *m* médico, check-up *m*; **to have a** ~ fazer um check-up. **2** *adj* **a)** (of the body) físico,-a; **a** ~ **strength/pain/violence** força/dor/violência física; ~ **abuse** sevícias *fpl*; **b)** [*chemistry, science*] físico,-a.
physical education *f* educação *f* física.
physically ['fɪzɪkəlɪ] *adv* fisicamente.
physician [fɪ'zɪʃn] *n* médico *m*; clínico *m* (formal).
physicist ['fɪzɪsɪst] *n* físico *m*.
physics ['fɪzɪks] *n* (+ *v sg*) física *f*.
piano [pɪ'ənəʊ] **1** *n* piano *m*. **2** *noun modifier* [*lesson, teacher*] de piano; [*concerto, music*] para piano.
pick [pɪk] **1** *n* **a)** (tool) (gen) picareta *f*; **to dig with a** ~ cavar com uma picareta; **b)** (choice) escolha *f*; **to have/take one's** ~ **(of sth)** fazer a sua escolha, escolher qq coisa; **c)** (best) o melhor *m*; **the** ~ **of the bunch** (ser(em) o(s) melhor(es) do grupo. **2** *vtr* **a)** (choose, select) (gen) escolher SPORT seleccionar [*player*]; formar [*team*]; **he (certainly) knows how to** ~ **them!** (lit, iron) ele (na verdade) sabe escolhê-los a dedo!; **to** ~ **a fight** (physically) envolver-se numa luta com alg; **to** ~ **a fight** *or* **a quarrel with sb** envolver-se numa discussão com alg; **b)** **to** ~ **one's way through** ter de avançar com cuidado por entre [*rubble, litter*]; **c)** (pluck, gather) colher, apanhar [*fruit, flowers*]; **d)** (poke at) arranhar, coçar [*spot, scab, dry skin*]; **to** ~ **one's nose** pôr o dedo no nariz; **to** ~ **one's teeth** palitar os dentes; **to** ~ **sb's pocket(s)** roubar Po/garfar BR a carteira de alg; **to** ~ **a lock** forçar uma fechadura. **3** *vi* escolher; **to** ~ **and choose** escolher a dedo, seleccionar com cuidado. ▪ **pick at** US see ~ **on**; ~ **at (sth)** [*person*] trincar sem vontade [*food*]; arranhar [*spot, scab*]; [*bird*] de-

bicar [*crumbs*]. ▪ **pick off**: ~ **(sb) off**, ~ **off (sb) he** ~**ed them off one by one** ele abatia-os um a um com um tiro certeiro; ~ **(sth) off**, ~ **off (sth)** tirar, arrancar (qq coisa); **to** ~ **a apples off a tree** colher maçãs duma árvore. ▪ **pick on**: ~ **on (sb)** chatear (alg) (fam); **stop** ~**ing on me!** pára de me chatear! (fam). ▪ **pick out**: ~ **(sb/ sth) out**, ~ **out (sb/sth) a)** (select) (gen) escolher, seleccionar; **b)** (make out, distinguish) distinguir [*landmark*]; compreender, apreender [*words*]; reconhecer [*on photo, person, suspect*]; localizar, assinalar [*person in crowd*]; **c)** (highlight) [*torch, beam*] revelar. ▪ **pick over**: ~ **over (sth)**, ~ **(sth) over** seleccionar o melhor. ▪ **pick up a)** (improve) [*trade, market business, weather, health*] melhor; [*ill person*] começar a restabelecer-se; **b)** (resume) retomar; **to** ~ **up (from) where one left off** retomar qq coisa no sítio onde se parou; ~ **(sb/sth) up**, ~ **up (sb/sth) a)** (lift, take hold of) (gen) apanhar; (after fall) levantar; (for cuddle) tomar (alg) nos braços; **to** ~ **up the telephone** atender o telefone; **b)** (collect) apanhar [*passenger, cargo*]; ir buscar [*ticket, keys*]; ~ **(sth) up**, ~ **up (sth) a)** (buy) comprar, trazer; desencantar (fam), descobrir [*bargain*]; **b)** (learn, acquire) aprender [*language*]; adquirir [*habit, accent*]; desenvolver [*skill*]; **c)** (catch) apanhar [*illness*]; **d)** (notice, register) [*person*] notar, assinalar, detectar [*mistake, error, defect*]; [*person, animal*] encontrar [*tail, track, scent*]; **e)** (detect) detectar a presença de [*aircraft, person, object*]; RADIO, TELECOM captar, apanhar [*signal*]; **f)** (gain, earn) ganhar [*points, size*]; adquirir [*reputation*]; **to** ~ **up speed** acelerar, ganhar velocidade; **g)** (resume) retomar [*conversation, career*]; ~ **(sb) up**, ~ **up (sb) a)** (rescue) recolher [*person*]; **b)** [*police*] prender, deter [*suspect*]; **c)** (find fault with) censurar, repreender; ~ **oneself up** (lit) levantar-se; (fig) recuperar-se.
pickaxe GB, **pickax** US ['pɪkæks] picareta *f*.
pick: ~**-me-up** *n* (drink, medicine) estimulante *m*; fortificante *m*; **the holiday was a great** ~**-me-up** as férias fizeram-me recuperar as forças; ~**pocket** *n* carteirista *m/f*.
picture ['pɪktʃə(r)] **1** *n* **a)** (visual depiction) (painting) quadro *m*; (drawing) desenho *m*; (in book) (gen) ilustração *f*; (in mind) imagem *f*; **to draw a** ~ **of** fazer um desenho de; **to paint a** ~ **of sb/sth** pintar alg/algo; **to paint sb's** ~ pintar o retrato de alg; **b)** (fig) (description) descrição *f*; **to paint a** ~ **of sb/sth** fazer uma descrição de alg/algo; **c)** PHOT fotografia *f*; **to take a** ~ **(of)** tirar uma fotografia (de); **d)** (fig) (overview) situação *f*; **to get the** ~ compreender a situação; **to put sb in the** ~ pôr alg a par da situação; **to be in the** ~ estar a par da situação; **e)** CIN (film) filme *m*; **to make a** ~ fazer um filme; **f)** TV imagem *f*. **2 pictures** (coll) *npl* **the** ~**s** o cinema; **to go to the** ~**s** ir ao cinema. **3** *vtr* **a)** (form mental image of) imaginar; **b)** (show in picture form) **to be** ~**d** ser retratado; **the vase (**~**d above) is...** a jarra (ver gravura acima) é.... IDIOMAS **to be the** ~ **of health** respirar saúde; **to look a** ~ estar deslumbrante; **her face was a** ~**!** a expressão dela dizia tudo!.
pie [paɪ] *n* **a)** (savoury) (gen) empadão *m*; **meat**

~ empada de carne; **b)** (sweet) tarte *f*; **apple** ~ tarte de maçã. IDIOMAS **it's all ~ in the sky** é uma utopia; **as easy as ~** fácil como saltar à corda; **to have a finger in every ~** estar metido em tudo; **as nice as ~** (gen) gentil como tudo, (pej) delicodoce (fam).

piece [pi:s] *n* **a)** (gen) bocado *m*; **b)** (unit) **a ~ of furniture** um móvel; **a ~ of luggage** uma mala; **a ~ of advice** um conselho; **a ~ of information** uma informação; **a ~ of legislation** uma lei; **a ~ of work** (gen) um trabalho; (referring to book etc) uma obra; **a ~ of luck** um golpe de sorte; **to be paid by the ~** ser pago à peça; **they cost £20 a ~** custam 20 libras a peça; **c)** (of jigsaw, machine, model) peça *f*; **~ by ~** peça a peça; **to come in ~s** [*furniture*] ser entregue desmontado; **to take sth to ~s** desmontar algo; **d)** (broken fragment) bocado *m*; **in ~s** em bocados; **to fall to ~s** [*object*] cair aos bocados; (fig) [*argument*] ruir; **to go to ~s** (fig) (from shock) ficar abalado; (emotionally) desfazer-se (fam); (in interview) entrar em pânico; **e)** (artistic work) (of music) trecho *m*; (sculpture) escultura *f*; (painting) pintura *f*; (article) artigo *m* (**on** sobre); (play) peça *f*; (in book) passagem *f*; **f)** (instance) **a ~ of** um exemplo de [*propaganda*]; **a wonderful ~ of running/acting** uma belíssima corrida/interpretação; **g)** (coin) moeda *f*; **a 50p ~** uma moeda de 50 pence; **h)** GAMES (in chess, draughts) peça *f*; **i)** MIL (gun) fusil *m*; (cannon) peça *f* (de artilharia); **j)** (coll) (gun) fusca *f* (fam), pistola *f*. IDIOMAS **to be (all) of a ~ with** concordar inteiramente com; **to be still in one ~** (lit) estar inteiro; (fig) estar são e salvo; **to give sb a ~ of one's mind** dizer umas verdades a alg; **to pick up the ~s** apanhar os bocados. ■ **piece together**: **~ [sth] together**, **~ together [sth]** reconstituir [*vase, garment, letter*]; montar [*puzzle*]; (fig) reconstituir [*facts, evidence*].

pig [pɪg] *n* **a)** (animal) porco *m*; **b)** (coll) (fig, pej) (greedy) glutão *m* (fam); (dirty) porco,-a *m/f* (fam); (nasty) porco,-a *m/f* (fam); **to make a ~ of oneself** comer que nem um porco (fam); **you ~!** (greedy person) grande porco! (fam); (dirty person) és um javardo! (fam); **c)** (coll) (pej) **the ~s** os chuis *mpl* (fam). IDIOMAS **to buy a ~ in a poke** comprar às escuras; **~s might fly!** quando as galinhas tiverem dentes!; **in a ~'s eye!** (coll) US uma ova! (fam); **to make a ~'s ear of sth** fazer algo mal e porcamente (fam).

pigeon [ˈpɪdʒɪn] *n* pombo *m*. IDIOMAS **to put** *or* **set the cat among the ~s** lançar achas na fogueira.

pile [paɪl] **1** *n* **a)** (untidy heap) monte *m* (**of** de); (stack) pilha *f* (**of** de); **to be in a ~** estar em monte; **b)** (of fabric, carpet) pêlo *m*; **deep-~ carpet** tapete *m* de pêlo alto; **c)** (coll) (lots) **a ~** *or* **~ of sth** montes de qq coisa (fam); **he's got ~s of money** ele tem montes de dinheiro; **d)** CONSTR pilar *m*; **e)** ELEC, NUCL pilha *f*; **f)** (house) (liter *or* hum) edifício *m*. **2 piles** *npl* MED hemorróidas *fpl*. **3** *vtr* (gen) (in a heap) amontoar; (in a stack) empilhar; **the room was ~d (high) the boxes** havia montes de caixas empilhadas na sala até ao tecto. IDIOMAS **to make**

one's ~ (coll) enriquecer. ■ **pile in** (coll); **the bus came and we all ~ in** o autocarro Po/a condução BR chegou e nós entrámos apertando-nos como sardinhas em lata (fam). ■ **pile up** [*leaves, snow, rubbish*] amontoar-se; [*debts, evidence, problems, work*] acumular-se.

pile: **~-driver** *n* bate-estacas *m*; **~-up** *n* colisão *f* em cadeia.

pilfer [ˈpɪlfə(r)] *vtr, vi* furtar (**from** de).

pilgrim [ˈpɪlgrɪm] *n* peregrino *m* (**to** a).

pilgrimage [ˈpɪlgrɪmɪdʒ] *n* RELIG (fig) peregrinação *f*; **to go on** *or* **make a ~** ir numa ou fazer uma peregrinação.

pill [pɪl] *n* MED, PHARM pílula *f*; (tablet) comprimido *m*; **contraceptive ~** pílula contraceptiva; **to be on the ~** tomar ou usar a pílula. IDIOMAS **a bitter ~ to swallow** uma pílula amarga de engolir; **to sugar** *or* **sweeten** *or* **gild the ~** dourar a pílula.

pillage [ˈpɪlɪdʒ] **1** *n* pilhagem *f*. **2** *vtr, vi* pilhar.

pillar [ˈpɪlə(r)] *n* **a)** (lit) ARCHIT pilar *m*; **b)** (of smoke, fire) coluna *f*; (of salt) BIBLE estátua *f*; **c)** (fig) (of church, establishment, society) pilar *m*; **to be a ~ of strength to sb** ser um forte apoio para alg. IDIOMAS **to go from ~ to post** (coll) andar de Pôncio para Pilatos.

pillar-box *n* GB marco *m* do correio.

pillion [ˈpɪljən] **1** *n* (*also* **~ seat**) assento *m* traseiro da motorizada. **2** *modif* [*passenger*] traseiro. **3** *adv* **to ride ~** andar na garupa, andar no assento de trás.

pillory [ˈpɪlərɪ] **1** *n* pelourinho *m*. **2** *vtr* (lit, fig) colocar (alg) no pelourinho (**for** devido a).

pillow [ˈpɪləʊ] *n* almofada *f*.

pillow-case *n* fronha *f*.

pilot [ˈpaɪlət] **1** *n* **a)** AEROSP, AVIAT piloto *m*; **b)** RADIO, TV (programme) emissão *f* experimental (**for sth** de algo); **c)** (*also* **~ light**) (gas) chama *f* piloto; (electric) lâmpada *f* piloto; **d)** NAUT (navigator) piloto *m*. **2** *modif* **a)** COMM, IND [*edition, course, project, study, survey*] piloto; **b)** AVIAT [*instruction, training*] de pilotagem; [*error*] de pilotagem; **c)** RADIO, TV [*film, programme, series*] experimental. **3** *vtr* **a)** AVIAT, NAUT (navigate) pilotar; **to ~ sb towards/through sth** levar/guiar algo para/através de algo; **b)** (steer) **to ~ sth through** [*Parliament, Congress*] assegurar a passagem de algo em; **he ~ed the party to victory** ele conduziu o partido à vitória; **c)** (test) testar algo [*course, system*].

pilot boat *n* barco-piloto *m*.

pimp [pɪmp] **1** *n* proxeneta *m*; chulo *m* (cal). **2** *vi* exercer o ofício de proxeneta.

pimple [ˈpɪmpl] *n* borbulha *f*.

pimply [ˈpɪmplɪ] *adj* (lit, fig, pejor) cheio,-a de borbulhas.

pin [pɪn] **1** *n* **a)** (for sewing, fastening cloth or paper) alfinete *m*; **b)** (of plug) pino *m*; **c)** TECH (to attach wood or metal) cavilha *f*; **d)** (brooch) broche *m*; **e)** (in bowling) pino *m*; **f)** (in golf) bandeirinha *f* (que indica o buraco). **2** (coll) **~s** *npl* pernas *fpl*; gâmbias *fpl* (fam). **3** *vtr* (*pres p etc* **-nn-**) **a)** (attach with pin(s)) prender com alfinetes [*dress, hem, curtain*]; **to ~ sth to** pregar ou prender com alfinetes a; (with drawing pin) fixar qq coisa com um "punaise" em; **to ~ sth with** prender qq coisa com [*brooch, grip, pin*];

b) (trap, press) imobilizar [*person, part of the body*]; **to ~ sb against** *or* **to** encostar alg contra [*wall, sofa*]; **to be ~ned under** estar preso sob [*fallen tree, wreckage*]; **c)** (attribute, attach) **to ~ sth on sb** atribuir qq coisa a alg [*blame, crime*]; **d)** MIL, SPORT bloquear; **e)** (in chess) imobilizar [*piece*]. IDIOMAS **for two ~s I would do...** pouco faltou para eu fazer...; **you could have heard a ~ drop** podia-se ouvir uma mosca. ■ **pin down**: **~ down (sb), ~ (sb) down a)** (physically) imobilizar (**to** contra); **b)** (fig) obrigar alg a tomar uma atitude; **~ down (sth), ~ (sth) down a)** (fig) especificar [*concept, feeling*]; **b)** (lit) prender [*piece of paper, cloth, map*]. ■ **pin up**: **~ up (sth), ~ (sth) up a)** afixar [*poster, notice, map*] (**on** em); **b)** apanhar em cima [*hair*].
pinafore ['pɪnəfɔː(r)] *n* (apron) avental *m*; (overall) bata *f*.
pinball *n* fliper *m*.
pincer ['pɪnsə(r)] **1** *n* (of crab, lobster) pinça *f*. **2 pincers** *npl* tenazes *fpl*; **a pair of ~** um par de tenazes.
pinch [pɪnʃ] **1** *n* **a)** beliscão *m*; **to give sb a ~ on the cheek** beliscar alg na cara; **b)** (gen) CULIN pitada *f*; **a ~ of snuff** uma pitada de rapé. **2** *vtr* **a)** (with fingers) beliscar; **to ~ sb's arm** beliscar o braço de alg; **b)** [*shoe*] apertar [*foot*]; **c)** (coll) (steal) roubar Po, garfar BR (**from** a); **d)** **to ~ out/off** HORT arrancar [*bud, tip*]. **3** *vi* [*shoe*] apertar. IDIOMAS **at a ~** em caso de emergência; **to feel the ~** sentir as dificuldades financeiras.
pin-cushion *n* almofada *f* para alfinetes.
pine [paɪn] **1** *n* **a)** (tree) (*also* **~ tree**) pinheiro *m*; **b)** (timber) pinho *m*. **2** *modif* [*branch, log*] de pinheiro; [*furniture*] em ou de pinho. **3** *vi* ansiar (**for** por; **to do** fazer). ■ **pine away** enfraquecer, definhar.
pineapple ['paɪnæpl] **1** *n* BOT, CULIN (fruit, plant) ananás *m*. **2** *modif* [*flavour*] a ananás; [*dish*] de ananás.
pine: **~-cone** *n* pinha *f*; **~-needle** *n* agulha *f* de pinheiro.
ping-pong ['pɪŋpɒŋ] *n* pingue-pongue *m*.
pinion ['pɪnjən] **1** *n* TECH carreto *m*. **2** *vtr* **to ~ sb against sth** amarrar alg contra qq coisa; **to ~ sb's arms** prender os braços de alg.
pink [pɪŋk] **1** *n* **a)** (colour) cor *f* de rosa; **b)** BOT cravo *m*; (smaller) cravina *f*. **2** *adj* **a)** (cor de) rosa; **to go** *or* **turn ~** tornar-se cor de rosa; **b)** (blush) corar; **c)** (leftwing) com tendências de esquerda. IDIOMAS **to be in the ~** estar em plena forma.
pinking shears, pinking scissors ['pɪŋkɪn-'ʃɪəz, ~'sɪzəz] *npl* tesoura *f* de serrilha.
pin money *n* dinheiro *m* para os alfinetes (fam).
pinnacle ['pɪnəkl] *n* **a)** ARCHIT pináculo *m*; **b)** (fig) auge *m*; apogeu *m* (**of** de).
PIN (number) [pɪn] *n* abrev = **personal identification number** número *m* de identificação pessoal.
pin: **~point 1** *n* cabeça *f* de alfinete; **~point of light** ponto *m* luminoso. **2** *vtr* **a)** (identify, pick out) indicar [*problem, risk, causes*]; **b)** (place exactly) localizar exactamente [*location, position, site*]; determinar [*time, exact moment*]; **~prick n a)** (lit) alfinetada *f*; **b)** (of jealousy, re-

morse) ponta *f*; **~stripe n a)** (stripe) risca *f* fina; **b)** (suit) (*often pl*) fato *m* de risca fina.
pint [paɪnt] *n* **a)** MEAS quartilho *m*; GB 0,57 l; US 0,47 l; **a ~ of milk** meio litro de leite; **b)** (coll) GB (of beer) ≈ caneca *f*; **to go for a ~** ir beber uma cerveja.
pinup *n* **a)** (woman) "pin-up" *f*; mulher *f* bonita; **b)** (poster) cartaz *m* de uma "pin-up".
pioneer [paɪə'nɪə(r)] **1** *n* precursor *m*; pioneiro *m* (**of** de). **2** *modif* [*research, work*] inovador,a; [*life*] de pioneiro; **a ~ astronaut** um dos primeiros astronautas. **3** *vtr* **to ~ the use** ser o primeiro a utilizar. **4 pioneering** *pres p adj* [*scientist*] inovador,a; [*film-maker, work, study*] original; [*surgery*] pioneiro,-a.
pious ['paɪəs] *adj* piedoso,-a.
pip [pɪp] *n* **a)** (seed) pevide *f*; caroço *m*; **b)** (on card, dice, domino) ponto *m*; pinta *f*; **c)** GB **the ~s** TELECOM sinal *m* que indica que é necessário introduzir mais moedas; RADIO sinal *m* horário. IDIOMAS **to be ~ped at** *or* **to the post** vencer no último momento.
pipe [paɪp] **1** *n* **a)** (conduit) (in building) cano *m*; (underground) conduta *f*; **b)** (for smoker) cachimbo *m*; **c)** (flute) MUS flauta *f*; **d)** (on an organ) tubo *m*. **2 pipes** *npl* MUS gaita-de-foles *f*. **3** *vtr* **a)** (carry) **to ~ water/gas into a house** canalizar água/gás para uma casa; **b)** (transmit) transmitir [*music*] (**to** em); **c)** SEWING debruar [*cushion, collar*]; **d)** CULIN **to ~ icing onto a cake** decorar um bolo; **e)** NAUT apitar [*order*]. **4** *vi* apitar. ■ **pipe down a)** (quieten town) fazer menos barulho; **b)** (shut up) calar-se. ■ **pipe up** [*voice*] fazer-se ouvir.
pipe: **~-cleaner** *n* limpa-cachimbos *m*; **~-dream** *n* sonho *m* impossível; **~-line** *n* **a)** TECH oleoduto *m*; **b)** (fig) **there are changes in the ~-line** há mudanças em curso.
piper ['paɪpə(r)] *n* **a)** (bag-pipe player) tocador *m* de gaita-de-foles; **b)** (flute-player) flautista *m/f*. IDIOMAS **he who pays the ~ calls the tune** (Prov) quem paga, manda.
piping ['paɪpɪŋ] **1** *n* **a)** (conduit) cano *m*; conduta *f*; **b)** (system of conduits) canalização *f*; **c)** SEWING debrum *m*; **d)** CULIN decoração *f* de açúcar. **2** *adj* [*voice, tone*] aflautado,-a.
piping hot *adj* a escaldar.
piquancy ['pi:kənsɪ] *n* **a)** (of situation) picante *m*; **b)** (of food) gosto *m* picante.
piquant ['pi:kənt, 'pi:ka:nt] *adj* picante.
pique [pi:k] **1** *n* despeito *m*; **in a fit of ~** num acesso de despeito. **2** *vtr* **a)** (hurt) magoar, melindrar; **b)** (arouse) espicaçar [*curiosity, interest*].
piracy ['paɪrəsɪ] *n* **a)** NAUT pirataria *f*; **b)** (of tapes, software) reprodução *f* pirata (**of** de).
piranha (fish) [pɪ'ra:nə, pɪ'ra:njə] *n* piranha *f*.
pirate ['paɪrət] **1** *n* **a)** NAUT pirata *m/f*; **b)** (copy of tape, etc) versão *f* pirata. **2** *modif* [*video, tape, operator*] pirata; [*ship, vessel*] de piratas.
pirate: **~ radio** *n* rádio *f* pirata; **~ radio station** *n* estação *f* de rádio pirata.
pirouette [pɪrʊ'et] **1** *n* pirueta *f*. **2** *vi* fazer piruetas.
Pisces ['paɪsi:z, 'paɪski:z] *n* Peixes *mpl*.
pistachio [pɪ'sta:ʃɪəʊ] *n* (*pl* **~s**) (nut, flavour) pistácio *m*.

pistol ['pɪstl] *n* pistola *f*.

piston ['pɪstn] *n* pistão *m*.

pit [pɪt] **1** *n* **a)** (for storage, weapons) ALSO AUT fosso *m*; (for bodies) vala *f*; (trap) armadilha *f*; (at racetrack) box *f*; **gravel ~** pedreira *f*; **the ~ of the stomach** a boca do estômago; **b)** (mine) mina *f*; **to go down the ~** ir trabalhar na mina; **c)** THEAT fosso *m*; **orchestra ~** fosso *m* da orquestra; **d)** US (in peach, olive) caroço *m*. **2** *vtr* (*p prés etc* **-tt-**) **a)** (in struggle) **to ~ sb against** opor alg a [*opponent*]; **b)** (mark) marcar [*surface, stone*]; **her skin was ~ted by smallpox** tinha a pele marcada pelas bexigas; **c)** US descaroçar [*peach, olive*]. **3** *v refl* **to ~ oneself against sb** medir-se com alg. IDIOMAS **it's the ~s!** (coll) é o inferno!

pitch [pɪtʃ] **1** *n* **a)** SPORT campo *m*; **football ~** campo de futebol; **b)** (sound level) MUS (gen) (of note, voice) altura *f*; (of other sound) tom *m*; **to give the ~** MUS dar o tom; **c)** (degree) grau *m*; (level) nível *m*; (highest point) auge *m*; **excitement was at its (highest) ~** a excitação estava no auge; **d)** (gen) COMM conversa *f* fiada; **e)** CONSTR, NAUT (tar) pez *m*; piche *m*; **f)** (for street trader) local *m* destinado a vendedor ou artista ambulante. **2** *vtr* **a)** (throw) lançar (**into** em); **the carriage turned over and she was ~ed out** a carruagem voltou-se e ela foi projectada para fora; **b)** (aim at, adjust, set) adaptar, ajustar [*campaign, publicity, sales, prices*]; **a newspaper ~ed at an educated readership** um jornal que visa um público culto; **c)** MUS [*player*] dar [*note*]; **her voice was ~ed at the right level** MUS (gen) a voz dela estava colocada no tom exacto; **d)** (erect) armar [*tent*]; **to ~ camp** armar a tenda, acampar. **3** *vi* **a)** (gen) (be thrown) **the rider ~ed over the fence** o cavaleiro foi projectado sobre o obstáculo; **b)** NAUT [*boat*] balançar; **c)** US SPORT [*pitcher*] lançar a bola. ■ **pitch in** (coll) **a)** (set to work) deitar mãos à obra; (join in) contribuir; (help) dar uma ajuda; **b)** (coll) (start to eat) começar a comer, atacar (fam). ■ **pitch into:** ~ **into** (sth) (attack) (lit, fig) atacar, cair sobre [*attacker, opponent, speaker, politician*]; atacar [*work, meal*] (fam); ~ **(sb) into** (situation) atirar alg para. ■ **pitch out** (coll) ~ **out (sth),** ~ **(sth) out** desembaraçar-se de, livrar-se de.

pitch: ~ **dark** *adj* escuro como (o) breu; **~-black** *adj* negro como (o) breu.

pitcher ['pɪtʃə(r)] *n* **a)** (jug) jarro *m*; **b)** US SPORT lançador *m*.

pitchfork ['pɪtʃfɔːk] **1** *n* forquilha *f*. **2** *vtr* AGRIC tirar, deslocar com uma forquilha.

piteous ['pɪtɪəs] *adj* [*cry, sigh, story*] triste; [*condition, state*] lamentável.

pitfall ['pɪtfɔːl] *n* **a)** (of action) perigo *m* ou obstáculo *m* imprevisto; **b)** (lit) (trap) armadilha *f* PO, arapuca *f* BR.

pith [pɪθ] *n* **a)** (of fruit) pele *f* branca (da laranja, etc); **b)** (fig) essência *f* (**of** de).

pithy ['pɪθɪ] *adj* [*remark, saying*] conciso,-a; [*style, writing*] denso,-a.

pitiable ['pɪtɪəbl] *adj* [*appearance, existence*] digno,-a de dó; [*salary*] miserável; [*attempt, excuse*] lamentável; [*state*] deplorável.

pitiful ['pɪtɪfl] *adj* [*appearance, cry, sight*] digno,-a de dó; [*income*] miserável; [*condition, state*] lamentável, comovente; [*attempt, excuse, speech, state*] lamentável; [*amount*] ridículo,-a.

pitifully ['pɪtɪfəlɪ] *adv* [*thin*] terrivelmente; [*cry, look, suffer*] lastimosamente; [*perform, sing*] lamentavelmente.

pitiless ['pɪtɪlɪs] *adj* (cruel) impiedoso,-a, cruel; (harsh) [*sun, wind, winter*] implacável.

pitilessly ['pɪtɪlɪslɪ] *adv* implacavelmente.

pittance ['pɪtəns] *n* **to pay/earn/live on a ~** pagar/ganhar uma ninharia PO/mixaria BR/viver com uma ninharia PO/mixaria BR.

pity ['pɪtɪ] **1** *n* **a)** (compassion) piedade *f* (**for** por); **out of ~** por piedade; **to feel ~** ter piedade; **b)** (shame) pena *f*; **what a ~!** que pena!; **it's a ~ that...** é pena que... (+ *v subj*) **I'm not rich, more's the ~** não sou rico, o que é uma pena. **2** *vtr* (feel compassion) ter piedade de [*animal, person*]; **he's to be pitied** ele é digno de dó.

pitying ['pɪtɪɪŋ] *adj* cheio,-a de pena.

pivot ['pɪvət] **1** *n* MECH, MIL (fig) espigão *m*; eixo *m*; articulação *f*; (fig) eixo *m*; centro *m*. **2** *vtr* (turn) girar, rodar em torno de eixo [*lever*]; orientar [*lamp*]. **3** *vi* [*lamp, mechanism, device*] rodar (**on** sobre); (fig) [*outcome, success, discussion*] residir (**on** em); **to ~ on one's heels** rodar sobre os calcanhares.

pivotal ['pɪvətl] *adj* [*factor, role, decision*] essencial, capital; [*moment*] crucial.

pixie ['pɪksɪ] *n* duende *m*.

pizza ['piːtsə] **1** *n* pizza *f*. **2** *modif* [*base, oven, pan*] para pizza.

placard ['plækɑːd] *n* (at protest march) cartaz *m*; (on wall) anúncio *m*; placar *m*.

placate [plə'keɪt] *vtr* aplacar, acalmar.

place [pleɪs] **1** *n* **a)** (location) lugar *m*; sítio *m*; **to move from ~ to ~** deslocar-se dum lugar para outro; **I hope this is the right ~** espero que este seja o sítio certo; **this is no ~ for a child!** isto não é lugar para crianças; **to be in the right ~ at the right time** estar no lugar certo na altura certa; **b)** (town, village, country) **in a ~ like Kent** numa região como Kent; **c)** (home) **David's ~** em casa do David; **your ~ or mine?** na tua casa ou na minha?; **d)** (seat, space) lugar *m*; (setting) talher *m*; **to keep a ~ (for sb)** guardar um lugar (para alg); **to lay** *or* **set a ~ for sb** pôr um talher (na mesa) para alg; **e)** (at college, on team, with firm, as servant) lugar *m*; **a ~ on a board** um lugar na direcção; **f)** (in competition, race) lugar *m*; **to finish in first ~** acabar em primeiro lugar; **in the first ~** para começar; **out of ~** (remark, behaviour) deslocado; **to feel out of ~** não se sentir à vontade; **g)** (correct position) **return the book to its ~** põe o livro no seu lugar; **h)** (rank) lugar *m*; posição *f*; (in society) **he should know his ~** ele devia saber o seu lugar; (role) **it's not my ~ to tell them what to do** não me cabe a mim dizer-lhes o que têm de fazer; **to take sb's** *or* **to take the ~ of sb** tomar o lugar de alg; **i)** (moment) momento *m*; altura *f*. **2** *vtr* **a)** (put carefully) colocar, pôr; **b)** (locate) colocar; **to be strategically ~d** estar bem colocado; **c)** (insert) **to ~ an advertisement in the paper** pôr um anúncio no jornal; **d)** (formal) (put) **to ~ one's trust in sb/sth** depositar confiança em alg/alg coisa; **to ~ sb in a dilemma**

colocar ou pôr alg num dilema; **e)** (rank) colocar, situar; **she has been ~d among the top scientists of her generation** ela foi colocada entre os maiores cientistas da sua geração; **f)** (identify) situar; **I'm afraid II can't ~ him** lamento, mas não o consigo situar; **g)** (in exam, competition) classificar; **my horse was ~d third** o meu cavalo ficou classificado em terceiro lugar; **h)** (formal) (send, appoint) **she had been ~d in charge of ten workers** confiaram-lhe a chefia de 10 trabalhadores. **3 placed** *pp adj* (situated) **to be well ~d** estar bem situado; **to be well ~d to judge** estar bem colocado para julgar. **IDIOMAS to take** ~ realizar-se; **all over the** ~ (everywhere) por todo o lado; (coll) **that young man is really going ~s** aquele jovem irá longe; **to have friends in high ~s** ter amigos altamente colocados; **to fall** *or* **clock** *or* **fit into** ~ tornar-se claro.

placebo [plə'si:bəʊ] *n* MED medicamento *m* para tranquilizar o paciente; (fig, pej) osso *m* duro de roer.

place mat *n* jogo à americana.

placement ['pleɪsmənt] *n* **a)** (trainee post) colocação *f*; **to get a** ~ encontrar/ter colocação; **b)** (in accommodation, employment) (of child, unemployed person, delinquent) lugar *m* (**in** em); **c)** FIN colocação *f*.

place-name *n* nome *m* de localidade; topónimo *m*.

placenta [plə'sentə] *n* placenta *f*.

placid ['plæsɪd] *adj* [*person, animal, temperament, smile*] plácido,-a.

placidity [plə'sɪdɪtɪ] *n* placidez *f*.

placidly ['plæsɪdlɪ] *adv* placidamente, com calma.

plagiarism ['pleɪdʒərɪzm] *n* plágio *m*.

plagiarist ['pleɪdʒərɪst] *n* plagiador,a *m, f*.

plagiarize ['pleɪdʒəraɪz] **1** *vtr* plagiar. **2** *vi* plagiar; **to ~ from sb/sth** plagiar alg/algo.

plague [pleɪg] **1** *n* **a)** MED (**bubonic ~**) peste *f*; (epidemic) epidemia *f*; (fig) (nuisance) flagelo *m*; calamidade *f*; **the ~ a peste**; **what a ~ that boy is!** que praga que ele é!; **b)** (of ants, rats, locusts, etc) invasão *f*. **2** *vtr* **a)** (beset) **to be ~d by** *or* **with** estar atormentado por, ser assaltado por [*doubts, remorse, difficulties*]; **to be ~d by ill health** estar sujeito a problemas de saúde; **b)** (harass) incomodar (**sb for sth** alg por algo); **to ~ sb with questions** importunar alg com perguntas. **IDIOMAS to avoid sb/sth like the ~** fugir de alg/algo como da peste.

plaice [pleɪs] *n* (*pl* **plaice**) solha *f*; linguado *m*.

plaid [plæd] **1** *n* (fabric) tecido *m*; escocês *m*; (pattern) escocês. **2** *modif* [*scarf, shirt, design*] escocês.

plain [pleɪn] **1** *n* GEOG planície *f*. **2** *adj* **a)** (simple) [*dress, cooking, decor, living, ring*] simples; [*building, furniture*] sóbrio,-a; **b)** [*background, fabric*] liso,-a; **a sheet of ~ paper** uma folha de papel branco; **c)** (unattractive) [*girl, woman*] sem atractivos; **d)** (obvious) evidente, claro, óbvio; **it's ~ that...** é evidente que...; **to make it ~ to sb that...** tornar claro para alg que...; **e)** (direct) [*answer, language*] franco,-a; **to speak in ~ language** falar francamente; **f)** (downright) [*ignorance, laziness*] puro e simples (*after n*) **g)**

(unflavoured) [*yoghurt*] simples; [*rice*] branco; **h)** (in knitting) [*stitch, row*] em ponto de meia. **3** *adv* [*stupid, wrong*] completamente; ~ **lazy** completamente preguiçoso. **IDIOMAS the rest of the project should be ~ sailing** o resto do projecto devia rolar sobre rodas.

plain: ~ **chocolate** *n* chocolate *m* amargo; ~ **clothes 1** *npl* **to wear ~ clothes** *ot* **to be in ~ clothes** vestir à civil. **2** ~**-clothes** *adj* [*policeman, customs officer*] à civil.

plainly ['pleɪnlɪ] *adv* **a)** (obviously) obviamente, manifestamente; **b)** (distinctly) [*visible*] claramente; [*audible*] distintamente; [*smell, remember*] perfeitamente; **c)** (frankly) [*speak*] francamente; **d)** [*dress, eat*] de forma simples; [*decorated, furnished*] sobriamente.

plainness ['pleɪnnɪs] *n* **a)** (of decor, dress) sobriedade *f*; (of food) simplicidade *f*; **b)** (unattractiveness) ausência *f* de beleza.

plain-spoken *adj* directo,-a, franco,-a.

plaintiff ['pleɪntɪf] *n* JUR queixoso,-a *m, f*; litigante *mf*.

plaintive ['pleɪntɪv] *adj* queixoso,-a.

plait [plæt] **1** *n* trança *f*; **to wear one's hair in ~s** usar tranças. **2** *vtr* entrançar [*hair, rope*]; **to ~ one's hair** fazer tranças, entrançar o cabelo.

plan [plæn] **1** *n* **a)** (method of achieving sth) plano *m*; **b)** (with definite view in end) projecto *m* (**for** para; **to do** para fazer); **c)** (of essay, book) plano *m*; **d)** (map) planta *f*; **e)** ARCHIT, CONSTR, TECH planta *f* (**of** de). **2 plans** *npl* **a)** (known, existing) programa *m*; **b)** (potential) planos *mpl*; projectos *mpl*; **what are your ~s for the future?** quais são os teus planos para o futuro?; **to make ~s for sth** (organize arrangements) organizar qq coisa; (envisage) projectar qq coisa; **c)** **the ~s** ARCHIT, CONSTR os projectos *mpl*. **3** *vtr* (*past, pp* **planned**) **a)** (prepare, organize) planear [*future, traffic system, economy, production*]; organizar [*timetable, meeting, operation, expedition*]; preparar [*retirement*]; **b)** (intend, propose) prever [*new development, factory*]; projectar [*visit, trip*]; **to ~ to do sth** projectar fazer qq coisa; **c)** (premeditate) premeditar [*crime*]; **d)** ARCHIT, CONSTR (design) projectar, planear [*kitchen, garden, city centre, building*]. **4** *vi* prever; **to ~ on sth/on doing sth** (expect) esperar qq coisa/fazer qq coisa; (intend) contar com qq coisa/fazer qq coisa.

plane [pleɪn] **1** *n* **a)** AVIAT abrev = **aeroplane, airplane** avião *m*; **b)** GEOM plano *m*; (fig) nível *m*; plano *m*; **c)** (face of cube, pyramid) face *f*; **d)** TECH (tool) plaina *f*; **e)** ~ (**tree**) plátano *m*. **2** *adj* plano liso GEOM plano. **3** *vi* [*bird, aircraft, glider*] planar; [*boat, hovercraft*] deslizar. **4** *vtr* aplainar [*piece of wood, edges*]; **to ~ sth smooth** alisar algo com a plaina.

planet ['plænɪt] *n* planeta *m*; **P~ Earth** o planeta Terra.

planetarium [plænɪ'teərɪəm] *n* (*pl* **planetariums** *or* **planetaria**) planetário *m*.

plank [plæŋk] *n* prancha *f*; (fig) (of policy, argument) cavalo *m* de batalha; **to walk the ~** NAUT, HIST ser executado por afogamento. **IDIOMAS he's as thick as two (short) ~s** (coll) ele é burro como uma porta (fam).

plankton ['plæŋktn] *n* plâncton *m*.

planner ['plænə(r)] *n* **a**) (gen) planificador *m*; **b**) (in town planning) urbanista *m/f*.

planning ['plænɪŋ] **1** *n* **a**) (of industry, economy) planificação *f*; **b**) TRANSP, CONSTR, ARCHIT (town planning) urbanismo *m*; (out of town) reordenamento *m* do território; **c**) (of holiday, party, meeting) organização *f*. **2** *modif* TRANSP, CONSTR, ARCHIT [*committee, department, authorities*] de urbanismo.

planning permission *n* licença *f* de construção.

plant [plɑːnt] **1** *n* **a**) BOT planta *f*; **b**) IND (building, machinery and fixtures) instalações *fpl* industriais e comerciais; (fixed machinery) maquinaria *f*; (movable machinery) material *m*. **2** *vtr* **a**) plantar [*seed, bulb, tree, crop*]; plantar [*field, garden*] (**with** com); **b**) (place) fixar, colocar [*stick*]; dar [*kick, blow*]; assentar [*kiss*]; **to ~ an idea in sb's mind** meter uma ideia na cabeça de alg. **3** *v refl* **to ~ oneself** colocar-se. ▪ **plant out**: ~ (sth) out, ~ out (sth) transplantar [*seedlings*].

plantation [plæn'teɪʃn, plɑːn'teɪʃn] *n* (all contexts) plantação *f*.

planter ['plɑːntər] *n* (person) plantador,a *m, f*; cultivador,a *m, f*; (machine) máquina *f* de plantar.

plaque [plɑːk, plæk] *n* **a**) (on wall, monument) placa *f*; **b**) DENT placa *f* dentária.

plasma ['plæzmə] *n* PHYSIOL, MED, PHYS plasma *m*.

plaster ['plɑːstə(r)] **1** *n* **a**) CONSTR gesso *m*; estuque *m*; **b**) **to have an arm in** ~ ter um braço em gesso; **c**) GB **sticking** ~ MED emplastro *m*; **a (piece of)** ~ um penso. **2** *vtr* **a**) CONSTR **to ~ the walls of a house** estucar as paredes de uma casa; **b**) (cover) (with posters, pictures) cobrir, atapetar (**with** de, com); **the rain had ~ed his clothes to his body** a chuva colou-lhe as roupas ao corpo; **c**) MED engessar.

plasterboard ['plɑːstə(r)bɔːd] *n* gesso *m* em folha com papel.

plaster cast ['plɑːstə(r) kɑːst] *n* MED gesso *m*; ART (mould) moldagem *f*; (sculpture) escultura *f* em gesso.

plastered ['plɑːstəd] (coll) *adj* barrado,-a, pintado,-a; **to get** ~ apanhar uma carraspana (pop).

plastic ['plæstɪk] **1** *n* plástico *m*. **2** *npl* (matérias *fpl*) plásticas; plásticos *mpl*. **3** *adj* **a**) ~ **bag** saco *m* plástico; **b**) ART, TECH, BIOL plástica; (fig) (mind, personality) maleável; **the ~ arts** as artes *fpl* plásticas.

plasticine ['plæstɪsiːn] **1** *n* plasticina *f*. **2** *modif* [*model, shape*] em plasticina.

plastic: ~ **surgeon** ['plæstɪk'sɜːdʒən] *n* cirurgião plástico; ~ **surgery** ['plæstɪk'sɜːdʒerɪ] *n* COSMET, MED cirurgia *f* plástica.

plate [pleɪt] **1** *n* **a**) (dish) (for eating) prato *m*; (for serving) travessa *f*; **a china** ~ um prato de loiça; **b**) (dishful) prato *m*; **a** ~ **of spinach** um prato de espinafres; **c**) (sheet of metal) placa *f*; chapa *f*; **d**) (metal coating) casquinha *f*; **e**) (illustration) gravura *f*; **f**) (silverware) baixela *f* de prata; **g**) DENT dentadura *f*; **h**) SPORT (trophy) taça *f*. **2** *vtr* revestir a prata, ouro, ou outro metal [*bracelet, candlestick*]; **a gold-~d chain** uma corrente com banho de ouro.

plateau ['plætəʊ] *n* (*pl* **plateaus** *or* **plateaux**) GEOG planalto *m*; **to reach a** ~ (fig) atingir um patamar.

plate glass *n* vidro *m* laminado.

platelet ['pleɪtlət] *n* plaqueta *f*.

plate-rack *n* (for draining) escorredor *m* de pratos.

platform ['plætfɔːm] *n* **a**) (stage) (for performance) estrado *m*; (at public meeting) tribuna *f*; **to share a** ~ **with sb** partilhar com alg o lugar na tribuna; **b**) (on oil-rig, in scaffolding, on loading vehicle) GB (bus) MIL plataforma *f*; (on weighing machine) prato *m*; **c**) POL plataforma *f* eleitoral; **d**) GB RAIL cais *m*.

platform ticket ['plætfɔːm'tɪkɪt] *n* GB RAIL bilhete *m* Po/tíquete *m* BR de cais.

platinum ['plætɪnəm] **1** *n* platina *f*. **2** *modif* [*ring, jewellery*] de ouro ou em platina; ~ **disc** *or* **record** disco *m* de platina.

platinum blonde ['plætɪnəm'blɒnd] *n* loira *f*; platinada.

platitude ['plætɪtjuːd] *n* (pej) chavão *m*; lugar--comum *m*.

Plato ['pleɪtəʊ] *pr n* Platão.

platonic [plə'tɒnɪk] *adj* [*love, friendship*] platónico,-a.

platoon [plə'tuːn] *n* MIL (gen) secção *f*; (in cavalry, armoured corps) pelotão *m*; (of policemen, firemen) regimento *m*.

plausibility [plɔːzɪ'bɪlɪtɪ] *n* (of account, argument, plot, alibi) plausibilidade *f*; (of witness, salesman, liar) credibilidade *f*.

plausible ['plɔːzɪbl] *adj* [*account, argument, plot, alibi*] plausível, aceitável; [*person*] convincente.

plausibly ['plɔːzɪblɪ] *adv* plausivelmente, de modo convincente.

play [pleɪ] **1** *n* **a**) THEAT peça *f*; **b**) (amusement, recreation) **the sound of children at** ~ o barulho das crianças a brincar; **to learn through** ~ aprender pelo jogo; **c**) (game) ~ **starts at 11** SPORT, GAMES a partida começa às 11; **the ball is out of/in** ~ a bola está fora de/em jogo; **d**) (movement, interaction) jogo *m*; **to come into** ~ entrar em jogo; **it has brought new factors into** ~ isso introduziu novos dados; **the ~ of light on the water** o jogo de luzes sobre a água; **a ~ on words** um jogo de palavras, um trocadilho *m*. **2** *vtr* **a**) (for amusement) **to** ~ **football/ cards/a computer game** jogar futebol/cartas/um jogo de computador; **to ~ sb at tennis** desafiar alg para jogar ténis; **to ~ a game of tennis with sb** jogar uma partida de ténis com alg; **b**) MUS tocar [*symphony, chord*]; **to ~ the guitar** tocar viola; **c**) THEAT representar [*role*]; **to ~ (the part of) Cleopatra** fazer o papel de Cleópatra; **to ~ a leading role in** desempenhar um papel determinante em; **d**) pôr [*tape, video, CD*]; ~ **me the record** põe-me o disco. **3** *vi* **a**) [*children*] brincar (**with** com); **b**) (in sport, cards) jogar; **Portugal is ~ing (against) Italy** Portugal joga contra a Itália; **to ~ fair** fazer jogo franco; **c**) [*musician, band, orchestra*] tocar (**for sb** para alg); **to ~ to small groups** tocar para pequenos grupos; **d**) THEAT [*play*] estar em cena; [*actor*] representar; **she's ~ing opposite him in "Macbeth"** ela contracena com ele no "Macbeth"; **e**) [*tape, record, music*] **I could hear music ~ing in the next room** eu ouvia música a tocar na sala ao lado; **f) a smile ~ed around** *or* **on her lips** um sorriso brincava nos lábios dela. IDIOMAS **to ~ for time** tentar ganhar tempo; **all work and no ~ makes Jack a dull boy** (Prov) a vida não é só trabalho; **to make great ~ of sth** dar muita importância a qq coisa. ■ **play along: to ~ along with sb** Mus acompanhar alg; (fig) fazer o jogo de alg. ■ **play around**: **~ around with a)** (rearrange, juggle) **I ~ed around with the furniture** mudei os móveis de lugar; **b)** (fiddle) **stop ~ing around with that pen!** pára de brincar com a caneta!; **c)** (toy) **to ~ around with the idea of doing sth** acalentar vagamente a ideia de fazer qq coisa; **d)** (use, manipulate) **how much time do we have to ~ around with?** de quanto tempo dispomos?. ■ **play back: ~ (sth) back, ~ back (sth)**; (song, film, video) repetir. ■ **play down: ~ down (sth)** minimizar (qq coisa). ■ **play off: they can ~ the companies off against each other** eles podem criar uma concorrência entre as duas sociedades. ■ **play on** [*musicians*] continuar a tocar; [*footballers*] continuar a jogar. ■ **play out: ~ out (sth), ~ (sth) out** viver (qq coisa). ■ **play up** (coll) começar a fazer das suas; **the children are ~ing up again** as crianças estão outra vez a fazer asneiras; **~ (sth) up, ~ up (sth)** pôr a tónica em qq coisa. ■ **play upon** see **~ on**. ■ **play with: ~ with (sth) a)** (fiddle) **to ~ with one's food** brincar com a comida; **b)** (toy) **to ~ with words** jogar com as palavras; **c)** (be insincere) **to ~ with sb** brincar com alg.

play: ~-acting *n* **stop your ~-acting!** pára de fingir!; **~boy** *n* playboy *m*.

player ['pleɪə(r)] *n* Sport jogador,a *m, f*; Mus músico *m*; Theat actor/actriz *m/f*; (fig) (in market, negotiations, crisis) protagonista *m/f*; **tennis ~** jogador de ténis; **piano ~** pianista *m/f*.

playful ['pleɪfl] *adj* [*remark, action*] divertido,-a; [*mood, person*] alegre; [*child, kitten*] brincalhão,-ona.

playfully ['pleɪfəlɪ] *adv* [*remark, say*] para agradar, para divertir; [*tease, push, pinch*] maliciosamente.

play: ~ground *n* (in school) recreio *m*; (in park, city) parque *m* de jogos; **~group** *n* creche *f*; **~house** *n* teatro *m*.

playing ['pleɪɪŋ] *n* Mus, Theat interpretação *f*; **there was some excellent guitar ~** houve excelentes interpretações de guitarra.

playing: ~ card ['pleɪɪŋˈkɑːd] *n* carta *f* de jogar; **~ field** ['pleɪɪŋˈfiːld] *n* campo *m* de jogos.

play: ~mate *n* companheiro *m* de brincadeiras; **~-off** **a)** (at end of match) prolongamento *m*; **b)** us (contest) jogo *m* decisivo; **~pen** *n* parque *m* (para crianças); **~school** *n* creche *f*; jardim *m* de infância; **~thing** *n* brinquedo *m*; **~wright** *n* dramaturgo *m*.

plc, PLC abrev = **public limited company**; **Burnham & Timms plc** Burnham & Timms SA.

plea [pliː] *n* **a)** (for tolerance, mercy, etc) apelo *m* (**for** a); (for money, food) pedido *m* (**for** de); **to make a ~ for aid** lançar um apelo à ajuda; **b)** Jur **to make** *or* **enter a ~ of guilty/not guilty**

fazer uma alegação de culpa/inocência; **c)** (excuse) desculpa Po, escusa Br; **on the ~ that** sob o pretexto de.

plead [pliːd] **1** *vtr* **a)** (beg) suplicar; **b)** (argue) advogar, defender; **to ~ sb's case** Jur (fig) defender a causa de alg; **to ~ insanity** Jur alegar irresponsabilidade; **c)** (give as excuse) **to ~ ignorance** argumentar ignorância. **2** *vi* **a)** (beg) suplicar; (more fervently) implorar; **to ~ with sb (to do sth)** suplicar, implorar a alg (para fazer algo); **to ~ with sb for mercy** implorar a clemência de alg; **b)** Jur advogar, defender uma causa, pleitear.

pleading ['pliːdɪŋ] **1** *n* **a)** (requests) súplica *f*; **b)** Jur (presentation of a case) defesa *f* de uma causa. **2** *adj* [*voice, look*] suplicante.

pleadingly ['pliːdɪŋlɪ] *adv* [*look*] com um ar suplicante; [*say*] com um tom suplicante.

pleasant ['plezənt] *adj* [*taste, smell, voice, place, etc*] agradável; [*person, manner*] amável; **it's ~ here** (nice weather) aqui está bom tempo; (nice surroundings) está-se bem aqui.

pleasantry ['plezəntrɪ] **1** *n* (formal) (joke) brincadeira *f*. **2** **pleasantries** *npl* (polite remarks) cumprimentos *mpl* de circunstância; **to exchange pleasantries** trocar amabilidades.

please [pliːz] **1** *adv* (gen) se faz favor, por favor; **~, come in** entre, por favor; **"~ do not smoke"** "é favor não fumar"; **"may I?" - " ~ do"** "posso?" - "por favor"; **he married a countess, if you ~!** ele casou com uma condessa, nem mais!. **2** *vtr* agradar a, contentar, satisfazer [*person*]; **she is hard to ~** ela é difícil de contentar; **there's no pleasing him** ele nunca está satisfeito. **3** *vi* agradar; **do as you ~** faz como quiseres. **4** *vref.* **to ~ oneself** fazer o que se quer.

pleased [pliːzd] *adj* contente (**with sth/sb** com qq coisa/alg); (**for sb** por alg); **to look** *or* **seem ~** ter um ar contente *ou* parecer satisfeito; **I am ~ to announce that...** tenho o prazer de anunciar que...; **~ to meet you** prazer em conhecer.

pleasing ['pliːzɪŋ] *adj* [*appearance, shape, colour, voice, personality*] agradável, afável; [*effect, result*] feliz; **~ to the ear** agradável ao ouvido.

pleasurable ['pleʒərəbl] *adj* agradável.

pleasure ['pleʒə(r)] *n* **a)** (enjoyment) prazer *m* (**of** de; **of doing** de fazer); **to watch with ~** ver com prazer; **to take all the ~ out of sth** tirar todo o prazer de algo; **to take ~ in sth/in doing** ter prazer em qq coisa/em fazer; **to do sth for ~** fazer algo por prazer; **it gives me ~ to say this** agrada-me dizer isto; **b)** (enjoyable activity, experience) prazer *m* (**of** de); **he has few ~s in life** ele tem poucos prazeres na vida; **reading is my only/greatest ~** ler é o meu único/maior prazer; **it was a ~ to do sth** era agradável fazer algo; **business and ~ don't mix** não se mistura o negócio e o prazer; **are you in Paris for business or ~?** está em Paris em trabalho ou a fazer turismo?; **c)** (in polite formulae) **it gives me great ~ to...** é com muito prazer que eu...; **I look forward to the ~ of meeting you** espero ter o prazer de o ver em breve; **my ~** (replying to request for help) com prazer; (replying to thanks) não tem de quê; **what an unexpected ~!** (gen) que bela surpresa!; **"Mr. and Mrs Moore re-**

quest the ~ of your company at their daughter's wedding" "o sr. e a sra. Moore convidam-vos a assistir ao casamento da sua filha"; **d)** (formal) (will, desire) **what is your Majesty's ~?** que deseja Vossa Majestade?; **at (sb's) ~** à vontade (de alg).

pleasure: ~ **boat** *n* barco *m* de recreio; ~ **cruise** *n* cruzeiro *m*.

pleat 1 [pli:t] *n* prega *f.* **2** *vtr* preguear. **3 pleated** ['pli:tɪd] *pp adj* [*skirt*] pregueado,-a; [*trousers*] com pregas.

plebeian [plɪ'bi:ən] **1** *n* HIST (pej) plebeu,-eia *m/f.* **2** *adj* plebeu,-eia.

plebiscite ['plebɪsɪt, 'plebɪsaɪt] *n* plebiscito *m.*

pled [pled] *pp* see **plead**.

pledge [pledʒ] **1** *n* **a)** (promise) promessa *f;* **to give a ~ to sb** fazer uma promessa a alg; **to be under a ~ of secrecy** estar sob sigilo; **b)** (deposited as security) (to creditor, pawnbroker) penhor *m;* **as a ~ of her friendship** como testemunho da sua amizade. **2** *vtr* **a)** (promise) prometer [*allegiance, support*] (**to** a); **to ~ (oneself) to do sth, to ~ that one will do sth** comprometer-se a fazer qq coisa; **to ~ one's word to sb** dar a sua palavra (de honra) a alg; **b)** (to creditor, pawnbroker) empenhar.

plenary ['pli:nərɪ] *adj* [*meeting, discussions*] ALSO RELIG plenário; [*powers*] pleno,-a; [*authority*] absoluto,-a; ~ **session** sessão *f* plenária.

plenipotentiary [plenɪpə'tenʃərɪ] **1** *n* plenipotenciário *m.* **2** *adj* [*powers*] pleno,-a; [*authority*] plenipotenciário,-a.

plentiful ['plentɪfl] *adj* [*food, harvest*] abundante; **the champagne came in ~ supply** serviram champanhe em abundância.

plenty ['plentɪ] **1** *quantif* **a)** (a lot, quite enough) **to have ~ of** ter muito [*time, money, friends*]; **there is ~ of time/money** há muito tempo/dinheiro; **£10 will be ~** 10 libras chegam perfeitamente; **b)** (uncountable) (abundance) **a time of ~** uma época de prosperidade; **in ~** em abundância. **2** *adv* **that's ~** big enough! é muito grande!; **he cried ~** US ele chorou muito.

pleurisy ['plʊərɪsɪ] *n* MED pleurisia *f.*

pliable ['plaɪəbl] *adj* [*twig, plastic*] flexível; [*person*] maleável.

pliers ['plaɪəz] *npl* alicate *m;* **a pair of ~** um alicate.

plight [plaɪt] *n* situação *f* crítica; **the ~ of the unemployed** a situação dos desempregados; **to ease sb's ~** suavizar a desgraça de alg.

plimsoll ['plɪmsl] *n* GB (sapatos *m* de) ténis.

plinth [plɪnθ] *n* ARCHIT plinto *m;* (of statue) pedestal *m.*

plod [plɒd] *vi* (walk) caminhar pesadamente. ■ **plod through**: ~ **through (sth)** (fig) fazer (qq coisa) com afinco.

plodder ['plɒdə(r)] *n* estudante *m/f* aplicado,-a; marrão,-ona *m/f* (cal).

plonk [plɒŋk] **1** *n* **a)** (sound) som *m* oco; **b)** (coll) vinho *m* ordinário. **2** *vtr* atirar [*plate, bottle*]. ■ **plonk down**: **to ~ sth down** atirar qq coisa ao chão; **she ~ed herself down on the sofa** ela atirou-se para o meio do sofá; **to ~ oneself down in front of sb/sth** lançar-se à frente de alg/de algo.

plop [plɒp] **1** *n* chape *m.* **2** *vi* (*pres p etc* -**pp-**) cair de chapa.

plot [plɒt] **1** *n* **a)** (conspiracy) conspiração *f* (**against** contra; **to do** para fazer); **an assassination ~** a conspiração de um assassínio; **b)** CIN, LITERAT (of novel, film, play) intriga *f;* **the ~ thickens** a história adensa-se; **c)** AGRIC, HORT (allotment) ~ **of land** parcela *f* de terra; **a vegetable ~** um canteiro *m* de legumes; **d)** CONSTR (site) lote *m* de terreno. **2** *vtr* (*pres p etc* -**tt-**) **a)** (plan) planear, tramar PO, aprontar BR [*murder, attack, overthrow, return, change*]; conspirar [*revolution*]; **to ~ to do** conspirar fazer; **b)** (chart) assinalar (algo) num mapa [*course, position*]; traçar (algo) num mapa [*progress*]; **to ~ sth on a map** marcar algo num mapa; **c)** MATH, STAT (on graph) marcar (algo) ponto por ponto [*curve, graph*]; representar graficamente [*figures, points*]; **to ~ the progress/decline of sth** traçar a curva de progressão/declínio de algo; **d)** LITERAT (invent) inventar [*episode, story, destiny*]; **a carefully ~ted play** uma peça com uma intriga bem construída. **3** *vi* conspirar (**against** contra).

plotter ['plɒtə(r)] *n* **a)** (schemer) conspirador,a *m, f;* **b)** COMPUT marcador *m* (de curvas).

plough GB, **plow** US [plaʊ] **1** *n* **a)** AGRIC arado *m;* charrua *f;* **b)** **P~ the ~** ASTRON a Ursa *f* Maior. **2** *vtr* **a)** AGRIC arar, lavrar [*land, field*]; cavar [*furrow*]; **b)** (invest) **to ~ sth into sth** investir qq coisa em qq coisa. **3** *vi* AGRIC lavrar. ■ **plough back**: ~ **back (sth)**, ~ **(sth) back** reinvestir [*profits, money*] (**into** em). ■ **plough through**: ~ **through sth** ~ **one's way through sth** [*person*] abrir caminho através de [*mud, snow*]. ■ **plough up**: ~ **up (sth)**, ~ **(sth) up** AGRIC revolver com o arado [*field*].

ploughman *n* lavrador *m.*

ploughman's lunch *n* GB prato *m* tradicional servido nos pubs composto de queijo, presunto, pão e salada.

plow [plaʊ] *n* US see **plough**.

ploy [plɔɪ] *n* estratagema *m.*

pluck [plʌk] **1** *n* coragem *f.* **2** *vtr* colher [*flower, fruit*] (**from** de); CULIN depenar [*chicken*]; MUS dedilhar [*guitar*]; **to ~ one's eyebrows** depilar as sobrancelhas. ■ **pluck at**: **to ~ at sb's arm** puxar alg pelo braço. ■ **pluck off**: **to ~ off (sth)**, ~ **(sth) off** arrancar [*feathers, hair*]. ■ **pluck out**: **to ~ out (sth)**, ~ **(sth) out** arrancar.

pluckily ['plʌkɪlɪ] *adv* com coragem.

plug [plʌg] **1** *n* **a)** (on appliance) ficha *f;* **to pull out the ~** desligar a ficha; **to pull the ~ on sb** (coll) (lit) cortar o sistema de sobrevivência de alg; US (fig) trair alg; **b)** (in bath, sink) tampão *m;* **to put in/pull out the ~** pôr/tirar o tampão; **c)** CONSTR (for screw) bucha *f;* **d)** (stopper) (in barrel) batoque *m;* (for leak) rolha *f;* (for medical purposes) tapulho *m;* tampão *m;* **e)** AUT (in engine) (spark) ~ vela *f* de ignição; **f)** (for chewing) **a ~ of tobacco** um pedaço de tabaco de mascar; **g)** ADVERTG, RADIO, TV (mention) publicidade *f* (**for** para); **to give sb/sth a ~, to put in a ~ for sb/sth** fazer publicidade a alg/algo. **2** *vtr* (*past, etc* -**gg-**) **a)** (block) **to ~ (up)** bloquear [*leak*] (**with** com); **to ~ a gap (in)** (lit) tapar um buraco (em); (fig) colmatar uma lacuna (em); **to ~ one's ears** pôr tampões nos ouvidos; **b)** (coll) ADVERTG, RADIO, TV (promote) publicitar [*book,* *show, product*]; **c)** ELEC **to ~ sth into** introduzir qq coisa em [*socket*]; ligar Po/conectar BR qq coisa a [*amplifier, computer*]. **3** *vi* **to ~ into sth** fazer ligação a [*TV, computer*]; **they have ~ged into the national mood** (coll) (fig) JOURN eles puseram-se ao par do estado de espírito geral. **4 plugged (up)** *pp adj* [*ears, nose*] tapado,-a. ■ **plug away** (coll) trabalhar com afinco (**at** em); **he's ~ging away at his Latin** ele está a esforçar-se no Latim. ■ **plug in** ligar-se; **~ (sth) in, ~ in (sth)** ligar [*appliance*].

plughole *n* GB esgoto *m*; sarjeta *f*; **to go down the ~** (lit) [*water*] ir pela sarjeta abaixo; [*ring*] cair na sarjeta.

plum [plʌm] **1** *n* BOT (fruit) ameixa *f*; (tree) ameixeira *f*. **2** *adj* **a)** (colour) ameixa *inv*; **b)** (coll) **to get a ~ job** arranjar um trabalho magnífico.

plumage ['plu:mɪdʒ] *n* plumagem *f*.

plumb [plʌm] **1** *n* **a)** (lead weight) CONSTR fio *m* de prumo NAUT chumbo *m* de sonda náutica; chumbo de linha de pescar; **b) to be out of ~/off ~** não estar a prumo. **2** *adv* **a)** (coll) US [*crazy, wrong*] completamente; **b)** (coll) (precisely) **~ in/down/through the middle** mesmo no meio. **3** *vtr* **a)** sondar [*depths, sea*]; **b)** (fig) **to ~ the depths of despair** sentir o desespero profundo.

plumber ['plʌmə(r)] *n* canalizador *m* Po, encanador, gasista *m* BR.

plumb line *n* CONSTR fio *m* de prumo NAUT sonda *f*.

plume [plu:m] *n* **a)** (feather) pluma *f*; (group of feathers) plumagem *f*; **b)** (ornament) penacho *m*.

plummet ['plʌmɪt] *vi* **a)** [*bird, aircraft*] cair a pique; **b)** [*share prices, birthrate, temperature, popularity*] descer verticalmente, diminuir bruscamente.

plump [plʌmp] *adj* [*person, chicken*] gordo,-a; [*face*] cheio,-a; [*cheek*] rechonchudo,-a; [*arm, leg*] roliço,-a. ■ **plump down**: **~ down** [*person*] sentar-se pesadamente (**into** em; **onto** sobre). ■ **plump for** decidir-se por [*candidate, purchase, food*]. ■ **plump up** dar volume a [*cushion, pillow*].

plunder ['plʌndə(r)] **1** *n* (act of stealing) pilhagem *f*; (booty) saque *m*; presa *f*. **2** *vtr* pilhar. **3** *vi* entregar-se à pilhagem.

plural ['plʊərl] **1** *n* plural *m*; **in the ~** no plural. **2** *adj* LING [*noun, adjective*] no plural; [*form, ending*] do plural.

pluralist ['plʊərəlɪst] *adj* [*society, policy, values*] pluralista.

plurality [plʊə'rælɪti] *n* pluralidade *f*.

plus [plʌs] **1** *n* MATH mais *m*; (fig) (advantage) (gen) vantagem *f*. **2** *adj* **a)** MATH, ELEC positivo,-a; **b)** (advantageous) **it's a ~ factor** *or* **point** é uma vantagem; **c)** (in expressions of age, quantity) **we've lived here 20 years ~** nós vivemos aqui durante mais de 20 anos.

plush [plʌʃ] **1** *n* peluche *f*; pelúcia *f*. **2** *adj* **a)** (luxurious) luxuoso,-a; **b)** TEX em/de pelúcia.

ply [plaɪ] **1** *n* **a)** (*also* **~ wood**) contraplacado *m*; **b)** (gen) (thickness) espessura *f*; **two ~ wool** lã de dois fios; **three ~ wood** contraplacado com três camadas. **2** *vtr* **a)** vender [*wares*]; **b)** (perform) exercer [*trade, craft*]; **c)** manejar [*pen,*

oars]; **d)** [*boat*] navegar em [*sea*]; **e) to ~ sb with** oferecer constantemente a alg [*drink, food*]; assaltar alg com [*questions*]. **3** *vi* [*boat, bus*] fazer o trajecto (**between** entre).

pm [pi:'em] *adv* abrev = **post meridiem**; **two p.m./nine p.m.** 2 horas da tarde/9 horas da noite.

PM (coll) *n* GB abrev = **Prime Minister** Primeiro Ministro *m*.

pneumatic [nju:'mætɪk] *adj* [*brakes, system, hammer*] pneumático,-a.

pneumatic drill *n* broca *f* pneumática.

pneumonia [nju:'məʊnɪə] *n* pneumonia *f*.

PO abrev = **Post Office**.

poach ['pəʊtʃ] **1** *vtr* **a)** caçar ilegalmente [*game*]; pescar ilegalmente [*salmon*]; **b)** (steal) roubar Po, garfar BR [*staff, players*] (**from** de); apropriar-se [*idea, information*] (**from** de); **c)** CULIN escaldar, ferver [*fish, eggs*]. **2** *vi* (hunt) caçar sem licença; **to ~ on sb's territory** (fig) invadir o território de alg.

poacher ['pəʊtʃə(r)] *n* **a)** (hunter) caçador *m* furtivo; **b)** CULIN (pan) escalfador *m*.

pocket ['pɒkɪt] **1** *n* **a)** bolso *m*; **to put one's hands in one's ~** meter a mão no bolso; **to go through sb's ~s** ir ao bolso de alg; **he paid for it out of his own ~** ele pagou-o do seu próprio bolso; **prices to suit every ~** (fig) preços ao alcance de todos; **~ of resistance** foco *m* de resistência; **b)** (in billiards) ventanilha *f*. **2** *modif* [*calculator, flask, diary, dictionary, edition*] de bolso. **3** *vtr* (lit, fig) embolsar, meter (algo) ao bolso. **IDIOMAS to be in ~** GB ter capital, estar endinheirado; **to be out of ~** GB estar sem dinheiro; **to have sb in one's ~** dominar alg; **to line one's ~s** encher os bolsos; **to put one's pride in one's ~**, **to ~ one's pride** meter o orgulho no bolso, rebaixar-se.

pocketbook ['pɒkɪtbʊk] *n* **a)** (purse) porta-moedas *m inv*; (wallet) carteira *f*; **b)** (notebook) agenda *f*; bloco *m* de notas; **c)** US (book) livro *m* de bolso.

pocket-handkerchief 1 *n* lencinho *m* de pôr no bolso do peito. **2** *modif* [*garden, plot*] pequeno,-a, minúsculo,-a.

pocket: **~ knife** *n* canivete *m*; **~ money** *n* dinheiro *m* de bolso; **~-size(d)** *adj* [*book, map, edition, etc*] de bolso; (fig) (tiny) muito pequeno.

pockmarked *adj* [*skin, face*] cheio,-a de marcas, picado,-a (das bexigas, do acne).

pod [pɒd] *n* BOT (pea, bean) (intact) vagem *f*; (empty) vagem *f*; casca *f* de legume; (vanilla) vagem *f*.

podgy ['pɒdʒɪ] (coll) *adj* atarracado,-a, rechonchudo,-a.

podium ['pəʊdɪəm] *n* (*pl* **-iums, -ia**) (for speaker, conductor) estrado *m*; (for winner) pódio *m*.

poem ['pəʊm] *n* poema *m*.

poet ['pəʊt] *n* poeta *m*.

poetic [pəʊ'etɪk] *adj* poético,-a.

poetically [pəʊ'etɪkəlɪ] *adv* poeticamente.

poetry ['pəʊɪtrɪ] *n* poesia *f*; **to write ~** escrever poemas; **a collection of ~** uma compilação de poemas; **the ~ of Pope** a poesia de Pope.

poignancy ['pɔɪnjənsɪ] (formal) *n* (of situation, poem, play) pungência *f*.

poignant ['pɔɪnjənt] (formal) *adj* pungente, co-movente.

point [pɔɪnt] **1** *n* **a)** (of knife, needle, pencil) ponta *f*; (of tooth) ponta *f*; **b)** (position) (on scale) ponto *m*; (location) (precise) ponto *m*; (less specific) local *m*; **compass** ~ ponto *m* da bússola; **the road swings north at this** ~ neste lugar a estrada dirige-se para norte; ~ **of entry** (into country) ponto *m* de chegada; (of bullet into body) ponto de impacto; **c)** (extent, degree) **I've got to the** ~ **where I can't take any more** cheguei a um ponto em que já não aguento mais; **to push sth to the** ~ **of absurdity** levar qq coisa até ao absurdo; **up to a** ~ até um certo ponto; **d)** (moment) (precise) momento *m*; (stage) fase *f*; período *m*; **at this** ~ **in her career** nessa fase da sua carreira; **at some** ~ **in the future** mais tarde; **at one** ~ em dado momento; **it is at this** ~ **in the story that...** é neste momento da história que...; **when it came to the** ~ **of deciding** quando foi preciso decidir; **at this** ~ **in time** no estado actual das coisas; **e)** (question, matter, idea) ponto *m*; assunto *m*; **to make a** ~ **(about sth)** fazer uma observação (sobre qq coisa); **to make the** ~ **that...** observar que...; **you've made your ~, please let the gentleman speak** você já expôs as suas ideias, deixe falar agora o cavalheiro; **to make a** ~ **of doing sth** esforçar-se por fazer qq coisa; **to raise a** ~ **about sth** levantar a questão de qq coisa; **my** ~ **was that...** o que eu queria dizer era que...; **to take up/return to sb's** ~ voltar a uma questão levantada por alg; **are we agreed on this** ~**?** estamos de acordo neste ponto?; ~ **by** ~ ponto por ponto; **that's a good** ~ é uma boa observação; **I take your** ~ (agreeing) eu estou de acordo consigo; **I take your** ~**, but...** eu vejo onde quer chegar, mas...; **all right,** ~ **taken!** muito bem, eu tomo nota!; **good** ~**!** muito bem!; **f)** (central idea) **the** ~ **is that...** o problema é que...; **I'll come straight to the** ~ eu vou direito ao assunto; **he never got to the** ~ ele nunca chegou a entrar no assunto; **to keep/stick to the** ~ não se desviar do assunto; **he missed the** ~ ele não compreendeu; **what she said was short and to the** ~ o que ela disse foi breve e pertinente; **that's beside the** ~ isso está fora de questão; **what you're saying is beside the** ~ o que estás a dizer está fora de questão; **to get the** ~ (coll) compreender; **that's not the** ~ não se trata disso; **g)** (purpose) objectivo *m*; fim *m*; **what was the** ~ **of her visit?** qual foi o objectivo da visita dela?; **what's the** ~**?** para que serve?; **I don't see the** ~ **of starting again** eu não compreendo o interesse em recomeçar; **h)** (feature, characteristic) característica *f*; lado *m*; **his good/bad** ~**s** as suas características boas/más; **punctuality is one of her strong** ~**s** a pontualidade é um dos seus pontos fortes; **the** ~**s of similarity/difference between the two films** os pontos comuns/diversos entre os dois filmes; **it's a** ~ **in their favour** é um ponto em seu favor; **i)** SPORT, FIN (in scoring) ponto *m*; **to win/to be beaten by 4** ~**s** ganhar/ser batido por 4 pontos; **j)** (dot) ponto *m*; (decimal point) vírgula *f*; **a** ~ **of light** um ponto luminoso; **k)** GEOM ponto *m*; **l)** GEOG (headland) promontório *m*; cabo *m*. **2** *vtr* **a)** (aim, direct) **to** ~ **a gun/**

camera at sb/sth apontar uma arma/máquina fotográfica para alg/algo; **to** ~ **one's finger at sb** apontar alg com o dedo; **to** ~ **one's boat towards the sea** dirigir o barco para o mar; **b)** (show) **to** ~ **the way to sth** (lit) (person, signpost) indicar a direcção de algo; **c)** (in ballet, gym) **to** ~ **one's toes** fazer pontas; **d)** CONSTR rebocar [*wall*]. **3** *vi* **a)** (indicate) **don't** ~**!** não apontes!; **she** ~**ed in the direction of the church** ela apontou na direcção da igreja; **to** ~ **at sb/sth** apontar para alg/algo; **b)** [*signpost, arrow*] indicar; **the needle always** ~**s north** a agulha indica sempre o norte; **the gun was** ~**ing straight at my chest** a arma estava voltada para o meu peito; **the camera is** ~**ing in our direction** a máquina fotográfica está voltada na nossa direcção; **all the evidence** ~**s to its being murder** as provas parecem mostrar tratar-se de um assassínio; **to** ~ **to sth** citar qq coisa. ▪ **point out:** ~ **(sth) out,** ~ **out (sth) can you** ~ **him out to me?** podes-mo mostrar?; ~ **out (sth) to (sb),** ~ **(sth) out to sb** mostrar qq coisa a alg; **to** ~ **out that...** fazer notar que...; ~ **up** ~ **(sth) up,** ~ **up (sth)** [*contrast, similarity*] acentuar; [*lack of warmth, ability*] fazer realçar.

point-blank [pɔɪnt'blæŋk] *adv* **a)** [*shoot*] à queima-roupa; **b)** [*refuse, deny*] categoricamente.

pointed ['pɔɪntɪd] *adj* **a)** (sharp) [*hat, stick, chin*] bicudo,-a, pontiagudo,-a; [*arch*] em ogiva; **b)** [*remark, reference, question*] agudo,-a, penetrante.

pointer ['pɔɪntə(r)] *n* **a)** (piece of information) indicação *f*; **a** ~ **to sth** uma indicação a respeito de qq coisa; **b)** (dog) pointer *m*; perdigueiro *m*; **c)** (for teaching) ponteiro *m*; **d)** (on projector screen) seta *f*.

pointless ['pɔɪntlɪs] *adj* [*request, demand, activity*] absurdo,-a; [*attempt, gesture*] inútil; **it's** ~ **for us to try to save money** não nos vale a pena tentar poupar dinheiro.

poise [pɔɪz] **1** *n* (aplomb) sangue-frio *m*; (confidence) segurança *f*; (physical elegance) porte *m*. **2** *vtr* segurar (algo) [*javelin, spade*].

poised [pɔɪzd] *adj* **a)** (self-possessed) [*person*] auto-confiante; [*manner*] seguro,-a de si; **b)** (elegant) cheio,-a de porte; **c)** (suspended) [*pen, knife, hand*] suspenso,-a; ~ **in mid-air** suspenso,-a no ar; **d)** (balanced) **an actor** ~ **on a platform above the stage** um actor colocado numa plataforma por cima do palco; (fig) ~ **on the brink of a great discovery** à beira de uma grande descoberta; **e)** **to be** ~ **to do sth/for sth** estar pronto a fazer algo.

poison ['pɔɪzn] **1** *n* **a)** veneno *m*; **b)** (fig) (of racism, propaganda) veneno *m*. **2** *vtr* **a)** (harm) [*person*] envenenar [*person, animal*] **(with** com); [*lead, chemical fumes*] intoxicar; **b)** (make noxious) envenenar [*dart, arrowtip*]; pôr veneno em [*foodstuffs, water*]; **c)** ECOL (contaminate) contaminar [*environment, air, rivers, wells*] **(with** com); **d)** (fig) (damage) envenenar [*relations, friendship, life*]; **e)** (fig) (influence negatively) **to** ~ **sb's mind** corromper o espírito de alg; **they've** ~**ed his mind against his family** eles viraram-no contra a família.

poison gas *n* gás *m* tóxico.

poisoning ['pɔɪzənɪŋ] *n* envenenamento *m*.

poisonous ['pɔɪzənəs] *adj* **a**) (noxious) [*chemicals, fumes, gas*] tóxico,-a; [*plant, mushroom, seed, berry*] venenoso,-a; **b**) ZOOL [*snake, insect, bite, sting*] venenoso,-a; **c**) (fig) (vicious) [*rumour, slander, propaganda, ideology*] pernicioso,-a; [*person*] malévolo,-a.

poke [pəʊk] **1** *n* (prod) pancada *f*; **a ~ in the eye** (lit) uma pancada no olho; (fig) uma afronta *f*. **2** *vtr* **a**) (jab, prod) empurrar, acotovelar [*person*]; atiçar [*fire*]; remexer [*pile, substance*]; **to ~ sb in the ribs** dar uma pancada nas costelas de alg; **he ~d his food with his fork** ele remexia a comida com o garfo; **b**) (push, put) **to ~ sth into** empurrar algo para dentro de [*hole, pot*]; **to ~ one's finger into a hole** meter o dedo num buraco; **to ~ one's head round the door/out of the window/above sth** meter a cabeça por entre a porta/pela janela/por cima de algo; **c**) (pierce) **to ~ a hole in sth** fazer um buraco em algo (**with** com). ■ **poke around, poke about** GB bisbilhotar, remexer (**in** em; **for** para encontrar). ■ **poke at**: **to ~ at sth** debicar [*food, plate*]; espicaçar [*person*]; **to ~ (sb) with sb** ficar alg com algo. ■ **poke out**: **to ~ out** [*elbow, toe, blade, spring*] espetar; [*flower*] despontar; **to ~ out through** sair para fora de, furar [*hole, old mattress*]; **to ~ out (sth), to ~ (sth) out** de fora [*head, nose, tongue*]; **to ~ sb's eye out** arrancar os olhos a alg.

poker ['pəʊkə(r)] *n* **a**) (for fire) atiçador *m*; **b**) (cardgame) póquer *m*. IDIOMAS **(as) stiff as a ~** teso como um pau.

poker-faced *adj* [*person*] com cara de pau (fam); [*look*] impenetrável.

poky ['pəʊkɪ] *adj* [*room*] minúsculo,-a.

Poland ['pəʊlənd] *n* Polónia *f*.

polar ['pəʊlə(r)] *adj* **a**) GEOG, ELEC [*icecap, lights, region*] polar; **b**) (fig) **to be ~ opposites** ser pólos opostos.

polar bear *n* urso *m* polar.

polarity [pə'lærɪtɪ] *n* **a**) ELEC, PHYS polaridade *f*; **b**) (fig) oposição *f*.

polarization [pəʊlæraɪ'zeɪ/n] *n* **a**) ELEC, PHYS polarização *f*; **b**) (fig) (split) divergência *f* (**of** de).

polarize ['pəʊləraɪz] **1** *vtr* **a**) ELEC, PHYS polarizar; **b**) (fig) (divide) dividir [*opinion*]; **2** *vi* (divide) divergir, desviar-se de.

Polaroid ® ['pəʊlərɔɪd] **1** *modif* [*camera, film, glass, photograph*] polaróide ®. **2 Polaroids** *npl* óculos *mpl* polaróide.

pole [pəʊl] *n* **a**) (stick) vara *f*; (for tent) estaca *f*; (for flag) mastro, pau da *m*; poste *m*; **b**) GEOG, PHYS pólo *m*. IDIOMAS (coll) **to be up the ~** (wrong) enganar-se; (mad) ser um pouco maluco; **to be ~s apart** ser pólos opostos.

Pole [pəʊl] *n* polaco,-a *m, f*; **the ~s** os polacos *mpl*.

polecat ['pəʊlkæt] *n* (ferret) furão *m* bravo Po/ brabo Br; (skunk) US gambá *m* Br.

polemic [pə'lemɪk] *n* polémica *f*; **a ~ about feminism** uma polémica a respeito do feminismo.

pole star ['pəʊlsta:(r)] *n* Estrela *f* Polar.

pole vault ['pəʊlvɔ:lt] **1** *n* salto *m* à vara. **2** *vi* saltar à vara.

pole vaulter *n* saltador *m* à vara.

police [pə'li:s] **1** *n* **a**) (+ *v pl*) (official body) **the ~** a polícia; **b**) (men and women) os polícias *mpl*. **2** *vtr* **a**) (keep order) **the army is policing the streets tonight** esta noite, o exército patrulha as ruas; **b**) (patrol) **UN troops will ~ the frontier** as tropas da ONU vigiarão a fronteira; **c**) (staff with police) **to ~ a demonstration** organizar o serviço de ordem para uma manifestação; **d**) (monitor) **to ~ the new regulations** controlar a aplicação dos novos regulamentos.

police: **~ force** *n* **the ~ force** a polícia; **as forças** *fpl* da ordem; **~man** *n* (*pl* **policemen**) agente *m* da polícia; polícia *m*; **~ officer** *n* polícia *m*; **~ station** *n* esquadra *f* da polícia; **~woman** *n* (*pl* **policewomen**) mulher-polícia *f*.

policy ['pɒlɪsɪ] **1** *n* **a**) (plan, rule) política *f* (**on** sobre); **economic ~** política económica; **it is our ~ to do** é nossa política fazer; **b**) INSUR (type of cover) contrato; (document) apólice *f*. **2** *modif* [*decision, statement*] de princípio; [*paper, discussion, matter, meeting*] de política geral.

polio ['pəʊlɪəʊ] *n* abrev = **poliomyelitis** polio *f*.

Polish ['pəʊlɪ/] **1** *n* **a**) **the ~** os polacos *mpl*; **b**) (language) polaco *m*. **2** *adj* polaco,-a.

polish ['pɒlɪ/] **1** *n* **a**) (substance) (for wood, floor, furniture) cera *f*; (for shoes) graxa *f*; (for brass, silver) creme *m* de polir; (for car) polimento *m*; lustro *m*; **b**) (shiny surface) brilho *m*; **c**) (fig) (of manner, performance) brio *m*; (of person) distinção *f*. **2** *vtr* **a**) (lit) encerar [*wood, floor, furniture*]; engraxar [*shoes*]; polir, limpar [*car, glass, silver, brass*]; polir [*stone, jet, marble*]; **b**) (fig) cuidar [*performance, act, image*]; refinar [*manner, style*]. **3** *vi* encerar. ■ **polish off** (coll) **to ~ off (sth), to ~ (sth) off** (eat, finish) terminar rapidamente [*food, meal, job, task*]. ■ **polish up**: **to ~ up (sth), to ~ (sth) up a)** limpar, dar brilho a [*glass, car, cutlery, silver*]; encerar [*wood, floor, table*]; **b**) (coll) (perfect) aperfeiçoar [*Spanish, piano playing, sporting skill*]; **to ~ up one's act** melhorar o seu número.

polite [pə'laɪt] *adj* educado,-a, atencioso,-a, polido,-a (**to sb** com, para com alg; **to do** fazer); **to be ~ about sth** ser complacente com algo; **to make ~ conversation** trocar delicadezas; **in ~ company** *or* **society** em convivência social; **to keep a ~ distance** manter uma distância conveniente.

politely [pə'laɪtlɪ] *adv* educadamente, cortesmente.

politeness [pə'laɪtnɪs] *n* delicadeza *f*; cortesia *f*; **out of ~** por delicadeza.

politic ['pɒlɪtɪk] *adj* (gen) político,-a; **the body ~** o corpo político.

political [pə'lɪtɪkl] *adj* político,-a; **~ analyst** *or* **commentator** analista *m/f* político; **~ science** ciências *fpl* políticas.

politically [pə'lɪtɪkəlɪ] *adv* [*motivated, biased*] politicamente; **~ sensitive** delicado,-a no plano político.

politician [pɒlɪ'tɪ/n] *n* político,-a *m, f*.

politicize [pə'lɪtɪsaɪz] *vtr* politizar.

politics ['pɒlɪtɪks] *n* **a**) (+ *v sg*) (political life, affairs) política *f*; **to talk ~** falar de política; **b**) (+ *v sg*) (study) ciências *fpl* políticas; **c**) (+ *v pl*) (political views) opiniões *fpl* políticas.

polka ['pɒlkə, 'pəʊlkə] *n* polca *f*.

polka dot ['pɒlkə dɒt] *n* tecidos *mpl* às bolinhas.
poll [pəʊl] **1** *n* **a)** (vote casting) escrutínio *m*; votação *f*; (election) eleição *f*; eleições *fpl*; (number of votes cast) número *m* de votos; **to go to the ~s** ir votar; **the party sustained a heavy defeat at the ~s** o partido sofreu uma grande derrota nas urnas; **b)** (list of voters) lista *f* eleitoral; (list of taxpayers) lista *f* de contribuintes; **c)** (survey) **(opinion)** ~ sondagem *f* (de opinião) **(on** sobre); **a ~ of teachers** uma sondagem efectuada junto dos professores. **2** *vtr* **a)** (obtain in election) obter [*votes*]; **b)** (canvass) sondar, interrogar [*group*]; **c)** COMPUT interrogar. **3** *vi* (obtain votes) **to ~ badly/well** obter uma má/boa votação.
pollen ['pɒlən] *n* pólen *m*.
pollen count ['pɒlən kɑʊnt] *n* quantidade *f* de pólen na atmosfera.
pollinate ['pɒlɪneɪt] *vtr* polinizar.
pollination [pɒlɪ'neɪ/n] *n* polinização *f*.
polling ['pəʊlɪŋ] *n* (voting) votação *f*; (election) eleição *f*; eleições *fpl*; (turnout) participação *f* eleitoral.
pooling: ~ **booth** *n* cabina *f* de votação; ~ **station** *n* assembleia *f* de voto.
pollster ['pəʊlstə(r)] *n* perito *m* de sondagem.
poll tax *n* "poll tax" *f* imposto *m* de habitação.
pollutant [pə'luːtənt] *n* poluente *m*.
pollute [pə'luːt] *vtr* **a)** ECOL poluir **(with** com); **b)** (fig) (morally) corromper; (physically) sujar, contaminar.
pollution [pə'luː/n] *n* **a)** ECOL poluição *f* **(of** de); **b)** (fig) (moral) corrupção *f*.
polo ['pəʊləʊ] *n* **a)** ÉQUIT, SPORT pólo *m*; **b)** (sweater) GB camisola *f*; polo.
polo neck *n* GB (collar, sweater) colarinho *m* das camisas.
poltergeist ['pɒltəgaɪst] *n* duende *m*.
poly ['pɒlɪ] *n* GB abrev = **polytechnic**.
polychromatic [pɒlɪkrə'mætɪk] *adj* policromático,-a.
polyester [pɒlɪ'estə(r)] *n* poliéster *m*.
polygamous [pə'lɪgəməs] *adj* polígamo,-a.
polygamy [pə'lɪgəmɪ] *n* poligamia *f*.
polyglot ['pɒlɪglɒt] **1** *n* poliglota *m/f.* **2** *adj* poliglota.
polygon ['pɒlɪgən] *n* polígono *m*.
polymer ['pɒlɪmə(r)] *n* polímero.
Polynesia [pɒlɪ'niːʒə] *pr n* Polinésia *f*.
Polynesian ['pɒlɪ'nɪʒən] **1** *n* (person) polinésio,-a *m*, *f*; (language) polinésio *m*. **2** *adj* polinésio,-a.
polyp ['pɒlɪp] *n* MED, ZOOL pólipo *m*.
polystyrene [pɒlɪ'staɪriːn] *n* polistireno *m*.
polytechnic [pɒlɪ'teknɪk] *n* Escola Politécnica.
polythene ['pɒlɪθiːn] *n* polietileno *m*.
polyunsaturated [pɒlɪʌn'sæt/əreɪtɪd] *adj* polinsaturado.
pomegranate ['pɒmɪgrænɪt] *n* romã *f*; (tree) romãzeira *f*.
pomp [pɒmp] *n* pompa *f*; **with great** ~ em grande pompa; ~ **and circumstance** grande aparato.
pompom, pompon ['pɒmpɒm] *n* pompom *m*.
pomposity [pɒm'pɒsɪtɪ] *n* (of manner) ar *m* pomposo; (of voice) tom *m* pomposo.
pompous ['pɒmpəs] *adj* [*person*] pretensioso,-a; [*air, speech, style*] pomposo,-a.
pompously ['pɒmpəslɪ] *adv* pomposamente.
poncho ['pɒnt/əʊ] *n* poncho *m*.

pond [pɒnd] *n* lago *m*; (in garden) tanque *m*; lago *m*; (stagnant, for ducks) charco *m*.
ponder ['pɒndə(r)] **1** *vtr* ponderar [*options, chances, action*]; reflectir em [*past events*]. **2** *vi* reflectir; (deeply) meditar; **to ~ on sth** meditar sobre algo.
ponderous ['pɒndərəs] *adj* pesado,-a; [*tone*] enfadonho,-a.
ponderously ['pɒndərəslɪ] *adv* [*move*] pesadamente; [*speak*] com voz enfadonha; [*write*] de forma complicada, com falta de graça.
pontiff ['pɒntɪf] *n* pontífice *m*.
pontificate[1] [pɒn'tɪkeɪt] *n* pontificado *m*.
pontificate[2] [pɒn'tɪfɪkeɪt] *vi* pontificar **(about, on** sobre).
pontoon [pɒn'tuːn] *n* **a)** (pier) pontão *m*; **b)** AVIAT (float) flutuador *m* (de avião); **c)** GB GAMES vinte-e-um *m*.
pony ['pəʊnɪ] *n* pónei *m*.
ponytail *n* rabo *m* de cavalo.
poodle ['puːdl] *n* cão d'água *m*.
pooh [puː] **1** *n* GB (baby talk) tata *m*. **2** *excl* (expressing disgust) oh!, ora!; (expressing scorn) tolice!, essa é boa!.
pooh-pooh [puː puː] (coll) *vtr* rir (de), fazer pouco (de) [*idea, anxiety*].
pool [puːl] **1** *n* **a)** (of water) (puddle) poça *f*; (small lake) lago *m* artificial; tanque *m*; (for swimming) piscina *f*; (watering-hole) poço *m*; **b)** (of other liquids) poça *f*; lago *m*; (of blood) poça; **a ~ of light/shadow** uma zona de luz/de sombra; **c)** (common supply) (of money, resources) fundo *m*; (of experts) equipa *f* de especialistas; (of ideas, experience) reservatório *m*; (of labour) reserva *f*; **d)** (billiards) bilhar *m* americano, "snooker" PO, sinuca *f* BR. **2 the football ~s** *npl* GB totobola *m*. **3** *vtr* **to ~ sth** pôr algo em comum.
poor [pʊə(r)] *adj* **a)** (not wealthy) [*person, country*] pobre **(in** em); **to become ~er** ficar mais pobre; **b)** (inferior) [*quality, start, result, record*] mau, má; [*work*] (of student, pupil) fraco,-a; (of worker, factory) mau, má; [*soil*] estéril; [*appetite*] pouco,-a; [*income, pay*] escasso,-a; (lacking quality) mau, má; **to be ~ at sth/at doing** [*person, machine*] ser fraco em/em fazer; **I'm a ~ traveller** suporto mal as viagens; **c)** (deserving pity) pobre, desgraçado,-a **the ~ little boy** o pobre rapazinho; ~ **you!** pobre de ti! ou coitado de ti!; **d)** (sorry, pathetic) [*effort, attempt, creature*] fraco,-a. IDIOMAS **as ~ as a church mouse** pobre como Job.
poorly ['pʊəlɪ] **1** *adj* adoentado,-a, mal-disposto,-a. **2** *adv* **a)** (not richly) [*live, dressed*] pobremente; **b)** (badly) [*written, understood, served, argued*] mal.
pop [pɒp] **1** *n* **a)** (sound) estouro *m*; **to go ~** (explode) estourar; **b)** (coll) (drink) bebida *f* gaseificada; **c)** (popular music) música *f* pop; **d)** (coll) (dad) (*also* ~s) papá *m*. **2** *modif* [*concert, group, music, song, video*] pop. **3** *vtr* (*pres p etc* **-pp-**) **a)** (coll) (burst) rebentar [*balloon, bubble*]; **b)** (remove) fazer saltar [*cork*]; **c)** (coll) (take) tomar [*pills*]; **d)** (coll) (put) **to ~ sth in(to) the oven** pôr qq coisa no forno; **to ~ one's**

head round the door espreitar pela porta. **4** *vi* (*pres p etc* **-pp-**) **a**) (go bang) [*balloon*] rebentar; [*cork*] saltar; **b**) (bulge) **her eyes were ~ping out of her head** os olhos saltavam-lhe das órbitas; **c**) (coll) (go) **to ~ across** *or* **over to the shops** dar um salto às lojas (fam); **to ~ home** dar um salto a casa. **IDIOMAS to ~ the question** fazer um pedido de casamento. ■ **pop off a**) (leave) partir rapidamente; **b**) (die) morrer. ■ **pop out** sair. ■ **pop up** (coll) [*head*] surgir; [*missing person*] reaparecer.

popcorn *n* pipocas *fpl*.

pope [pəʊp] *n* papa *m*; **P~ Paul VI** o Papa Paulo VI.

poplar ['pɒplə(r)] *n* choupo *m*; álamo *m*.

poplin ['pɒplɪn] *n* popelina *f*.

poppy ['pɒpɪ] *n* BOT dormideira *f*; **wild ~** papoila *f*.

Poppy Day ['pɒpɪ'deɪ] (coll) *n* GB aniversário *m* do armistício.

populace ['pɒpjʊləs] *n* (lit) população *f*.

popular ['pɒpjʊlə(r)] *adj* **a**) (generally liked) [*person, activity, product*] apreciado,-a (**with** por); (in fashion) em voga (**with** entre, junto de); **Brown is a ~ choice as chairman** a escolha de Brown para presidente é muito apreciada; **she's ~ with the boys** ela tem sucesso junto dos rapazes; **b**) (non-intellectual) [*music, classic, etymology*] popular; [*science*] ao alcance do público; **the ~ press** a imprensa de grande tiragem; **c**) (of the people) [*feeling, vote, support, image*] popular; [*concern*] geral; [*misconception*] divulgado,-a; [*remedy*] tradicional, natural; **by ~ demand** *or* **request** por exigência geral; **contrary to ~ belief** contrariamente ao que geralmente se pensa.

popularity [pɒpjʊ'lærɪtɪ] *n* popularidade *f* (**of** de; **with** junto de).

popularize [pɒpjʊləraɪz] *vtr* (make fashionable) generalizar; (make accessible) vulgarizar, popularizar.

popularly ['pɒpjʊləlɪ] *adv* geralmente.

populate ['pɒpjʊleɪt] *vtr* povoar.

population [pɒpjʊ'leɪ/n] **1** *n* população *f*. **2** *modif* demográfico,-a.

populist ['pɒpjʊlɪst] *n, adj* populista.

populous ['pɒpjʊləs] *adj* populoso,-a.

porcelain ['pɔːslɪn] *n* porcelana *f*.

porch [pɔːt/] *n* **a**) (of house, church) entrada *f*; alpendre *m*; **b**) US (veranda) varanda *f*.

porcupine ['pɔːkjʊpaɪn] *n* porco-espinho *m*.

pore [pɔː(r)] *n* poro *m*.

pore over *vi* **to ~ over** [*book, map, printout*] ler/estudar atentamente.

pork [pɔːk] *n* (carne *f* de) porco; **a leg of ~** um presunto.

pork: ~ butcher *n* salsicheiro *m*; **~ pie** *n* empada *f* de porco; **~ pie hat** *n* chapéu redondo *m* de feltro; **~ sausage** *n* salsicha *f*.

porn [pɔːn] (coll) see **pornography**. *n* porno *m* (fam).

pornographic [pɔːnə'græfɪk] *adj* pornográfico,-a.

pornography [pɔː'nɒgrəfɪ] *n* pornografia *f*.

porous ['pɔːrəs] *adj* [*rock, wood, substance*] poroso,-a.

porpoise ['pɔːpəs] *n* ZOOL toninha *f*.

porridge ['pɒrɪdʒ] *n* (food) papa *f* (de flocos de aveia).

port [pɔːt] **1** *n* **a**) (harbour) porto *m*; **in ~** no porto; **the ship left ~** o barco partiu; **a ~ of call** uma escala; (fig) (stop) paragem *f*; **b**) (wine) Porto *m*; vinho do Porto; **c**) AVIAT, NAUT (window) (*also* **~hole**) postigo *m*; vigia *f*; MIL, NAUT (gunport) escotilha *f*; **d**) AVIAT, NAUT (left) bombordo *m*; **e**) TECH (in engine) orifício *m*; **f**) COMPUT porte *m*. **2** *modif* (harbour) [*area, authorities, facilities, security*] portuário,-a. **IDIOMAS any ~ in a storm** a necessidade assim o obriga.

portable ['pɔːtəbl] **1** *n* portátil. **2** *adj* (gen) COMPUT portátil.

porter ['pɔːtə(r)] *n* **a**) (in station, airport, hotel) carregador *m*; (hospital) maqueiro *m*; (market) descarregador *m*; **b**) GB (at entrance) (of hotel) (**hall**) ~ porteiro *m*; (of apartment block, school, college) porteiro *m*; **c**) US RAIL (steward) camareiro *m* do vagão-cama; **d**) cerveja *f* preta, muito forte.

portfolio [pɔːt'fəʊlɪəʊ] *n* **a**) (case) porta-documentos *m*; (for drawings) pasta *f* (para desenhos); **b**) (sample) mostruário *m*; **c**) POL (post) pasta *f* ministerial; **d**) FIN (of investments) carteira *f* de investimentos.

portion ['pɔː/n] *n* **a**) (of house, machine, document, country) parte *f* (**of sth** de qq coisa); **b**) (segment of group) parte *f*; parcela *f* (**of** de); **c**) (of money, food item) porção *f* (**of sth** de qq coisa); (of responsibility, blame) parte *f*; quinhão *m* (**of sth** de algo); **d**) (at meal) ração *f*; **e**) (liter) (fate) destino *m*.

portly ['pɔːtlɪ] *adj* corpulento,-a, imponente.

portmanteau [pɔːt'mæntəʊ] *n* (*pl* **-teaus** *or* **-teaux**) mala *f*.

portrait ['pɔːtrɪt] *n* **a**) ART retrato *m* (**of sb** de alg); **b**) COMPUT retrato *f*.

portray [pɔː'treɪ] *vtr* **a**) (depict) retratar [*person, place, era, event*] (**as sb/sth** como alg/algo); **b**) (with a bias) apresentar [*person, group, country, situation*] (**as sb/sth** como alg/algo); **c**) (actor) interpretar [*character*]; **d**) [*artist*] pintar [*person*]; [*picture, artist*] representar [*scene*].

Portugal ['pɔːtjʊgl] *npr* GEOG Portugal *m*.

Portuguese [pɔːtjʊ'giːz] **1** *n* **a**) (native) Português *m*; **the ~** os Portugueses; **b**) LING português. **2** *adj* português,-esa.

pose [pəʊz] **1** *n* **a**) (for portrait, photo) pose *f*; **b**) (pej) (posture) pose *f*; **to strike a ~** adoptar uma atitude teatral. **2** *vtr* pôr [*problem*] (**for** para); apresentar [*challenge*] (**to** a); representar [*threat, risk*] (**to** para); levantar [*question*] (**about** de). **3** *vi* **a**) (for artist) posar (**for** para; **with** com); **b**) (masquerade) **to ~ as** [*nurse, salesman*] passar por; **c**) (pej) (posture) fazer (**as sb** de alg).

poser ['pəʊzə(r)] *n* (pej) (person) presumido,-a *m, f*; afectado,-a *m,-a*.

posh [pɒ/] (coll) *adj* **a**) (high-class) [*person*] influente, poderoso,-a; [*house, resort, clothes, car*] chique; [*voice, accent*] distinto,-a; [*wedding, party*] mundano,-a; **b**) (pej); [*school, district*] de ricos, de gente fina; **to talk ~** falar como gente da alta (fam).

position [pə'zɪ/n] **1** *n* **a**) (situation, state) situação *f*; **you're in an awkward ~** estás numa posição delicada; **to be in a good ~ to decide** estás numa boa posição para poder decidir; **if I were in your ~** se eu estivesse no teu lugar; **b)** (attitude, stance) posição *f*; **c)** (place, location) lugar *m*; **d)** (posture) posição *f*; **she was in a kneeling ~** ela estava ajoelhada; **e)** (of lever, switch) posição *f*; **f)** (ranking) lugar *m*; posição *f*; **to be in third ~** estar no terceiro lugar; **g)** (gen) (job) lugar *m*; posto *m*; **a ~ of responsibility** um lugar de responsabilidade; **h)** (place in society) posição *f* social; estatuto *m*; **i)** MIL posição *f*; **j)** (counter) balcão *m*; **~ closed** (balcão) fechado. **2** *vtr* **a)** (station) postar [*policeman, soldiers*]; **b)** (situate) situar [*flowerbed, house extension*]; **c)** (get correct angle) orientar [*telescope, lamp, aerial*].

positive ['pozItIv] **1** *n* **a)** LING positivo *m*; **b)** PHOT positivo *m*; **c)** ELECTRON pólo *m* positivo. **2** *adj* **a)** (affirmative) [*answer*] afirmativo,-a; **b)** (optimistic) [*message, response, attitude, mood, person*] positivo,-a; **to think ~** pensar de forma positiva; **c)** (sure) [*identification*] seguro,-a; **~ proof** *or* **proof ~** prova indiscutível; [*fact*] inegável; **to be ~** ter a certeza; **~!** de certeza!; **d)** (forceful) [*action, measure*] categórico,-a; **e)** MED, SCI [*reaction, result, test*] positivo,-a; **f)** CHEM, ELECTRON, MATH, PHOT, PHYS positivo,-a; **g)** (extreme) [*pleasure*] puro,-a, extremo,-a (*before n*) [*disgrace, outrage*] verdadeiro,-a (*before n*).

positively ['pozItIvlI] *adv* **a)** (constructively) [*contribute, criticize*] de forma positiva; **b)** (favourably) [*react, refer, speak*] favoravelmente; **c)** (actively) [*participate, prepare, promote*] activamente; **d)** (definitely) [*identify, prove*] categoricamente; **e)** (absolutely) [*beautiful, dangerous, miraculous*] realmente; [*disgraceful, idiotic*] absolutamente; **f)** (for emphasis) realmente, mesmo; **she ~ enjoyed the dangerous journey** ela gostou mesmo da viagem perigosa.

posse ['posI] *n* destacamento *m*.

possess [pə'zes] **1** *vtr* **a)** (have) ter [*property, weapon, proof*]; (illegally) deter [*firearms, drugs*]; **b)** (be endowed with) [*person, group*] ser dotado de [*quality, skill*]; ter [*power, advantage*]; [*place*] possuir [*facilities, charm*]; **c)** (take control of) **a sudden fury ~ed her** uma fúria repentina apoderou-se dela; **what ~ed him to do that?** o que é que o levou a fazer isso?; **to be ~ed by the devil** estar possuído pelo demónio. **2 possessed** *pp adj* (by demon) possuído,-a, possesso,-a.

possession [pə'ze∫n] *n* **a)** (state of having) posse *f* (**of sth** de algo); **to be in ~ of** (formal) estar de posse de [*passport, degree, evidence*]; **to have ~ of sth** (formal) estar de posse de; **b)** JUR (illegal) detenção (**of sth** de qq coisa); **c)** (Jur) (of property) usufruto *m* (**of sth** de algo); **to take ~ of** tomar posse de [*premises, property*]; **d)** (Sport) **to be in/have ~** estar de posse da bola; **e)** (by demon) possessão *f* (**by sth** por algo); **f)** (*pl* **possessions**) (belongings) bens *mpl*; **g)** (colonial) possessão *f*; colónia *f*. IDIOMAS **~ is nine-tenths** *or* **nine points of the law** (Prov) a posse é 9/10 da lei.

possessive [pə'zesIv] **1** *n* LING possessivo *m*. **2** *adj* [*person, behaviour*] possessivo,-a (**towards sb** em relação a alg; **with sb** com alg).

possessor [pə'zesə(r)] *n* possuidor *m*; proprietário *m*.

possibility [posə'bIlItI] **1** *n* **a)** (chance, prospect) possibilidade *f*; **there is no ~ of changing the text** não há possibilidade de modificar o texto; **within the bounds of ~** nos limites do possível; **b)** (eventuality) eventualidade *f*; **the ~ of a refusal** a eventualidade de uma recusa. **2 possibilities** *npl* (potential) **the idea has possibilities** a ideia tem francas possibilidades.

possible ['posəbl] **1** *n* **a)** (possibility) possível *m*; **b)** (potential candidate) (for job) potencial candidato *m*; (for team) potencial jogador *m*. **2** *adj* possível; **he did as much as ~** ele fez o possível; **as far as ~** na medida do possível; **as quickly as ~** o mais depressa possível.

possibly ['posəblI] *adv* **a)** (maybe) talvez; **b)** (for emphasis) possivelmente; **what can he ~ do to you?** o que é que tu queres que ele possivelmente faça?; **how could they ~ understand?** como é que eles poderiam possivelmente compreender?.

post [pəust] **1** *n* **a)** ADMIN (job) posto *m*; cargo *m* (**of** de; **as** como); **to hold a ~** ocupar um cargo; **b)** POST GB (letters, collection, delivery) correio *m*; **first/second class ~** tarifa *f* normal/reduzida; **to send sth by ~** enviar qq coisa pelo correio; **by return of ~** na volta do correio; **c)** (duty, station) (gen) MIL posto *m*; **at one's ~** no seu posto; **d)** (pole) poste *m*; **starting/finishing ~** poste de partida/chegada. **2 post-** (*in compounds*) post-; **~-1992** a partir de 1992. **3** *vtr* **a)** (send by post) expedir ou enviar pelo correio; (put in letterbox) pôr na caixa do correio; **b)** (stick up) afixar [*notice, poster, rules, results*]; **c)** (gen) MIL (send abroad) ser enviado para fora; **to be ~ed overseas** ser colocado no ultramar; **d)** (station) (gen) MIL postar, colocar [*guard, sentry*]. IDIOMAS **to keep sb ~ed (about sth)** manter alg ao corrente (de qq coisa).

postage ['pəustIdʒ] *n* franquia *f*; porte *m*; **including ~ and packing** porte e embalagem incluídos.

postage stamp *n* selo *m* de correio.

postal ['pəustl] *adj* [*charges, district*] postal.

postal: ~ order *n* vale *m* postal; **~ vote** *n* votação *f* por correspondência.

post: ~bag *n* GB mala *f* do correio; **~box** *n* caixa *f* do correio; **~card** *n* (*also* **picture ~card**) postal *m*; **~ code** *n* GB código *m* postal.

postdate [pəust'deIt] *vtr* pós-datar.

poster ['pəustə(r)] *n* (for information) cartaz *m*; anúncio *m*; (decorative) cartaz *m*; poster *m*.

posterior [po'stIərIə(r)] **1** *n* (hum) (buttocks) traseiro *m*. **2** *adj* (formal) posterior (**to** a).

posterity [po'sterItI] *n* posteridade *f*.

postgraduate 1 *n* ≈ bacharel ou licenciado que tira um curso de aperfeiçoamento. **2** *adj* ≈ de pós-graduação.

post haste *adv* (liter *or* hum) prontamente, a toda a pressa.

posthumous ['postjuməs] *adj* póstumo,-a.

post: ~man *n* carteiro *m*; **~mark 1** *n* carimbo *m* do correio. **2** *vtr* carimbar; **~master** *n* chefe *m/f* dos correios.

post-mortem [pəust'mɔːtəm] *n* MED autópsia *f*; (fig) análise *f* retrospectiva.

post-natal [pəʊst'neɪt(ə)] *adj* pós-natal.
post: ~ **office 1** *n* **a)** (building) estação *f* dos correios; **b)** GB (institution) (*also* **P~ Office**) **the P~ Office** os Correios *mpl*. **2 P~ Office Box** *n* (*also* **PO Box**) caixa *f* postal, apartado *m*.
postpone [pəʊst'pəʊn] *vtr* adiar, transferir (**until** até; **for** para).
postponement [pəʊst'pəʊnmənt] *n* adiamento *m* (**of** de; **until** até); transferência *f* (**of** de).
postpositive [pəʊst'pɒzɪtɪv] *adj* pospositivo,-a.
postscript ['pəʊstskrɪpt] *n* (at end of letter) post-scriptum *m* (*inv*) (**to** para); (to book, document) posfácio *m* (**to** a); (fig) sequência *f*; (**to** a).
postulate ['pɒstjʊleɪt] **1** *n* postulado *m*. **2** *vtr* pôr como princípio, postulado; **to ~ that...** pressupor que.
posture ['pɒstʃ/ə(r)] **1** *n* (pose) postura *f*; atitude *f*; (bearing) presença *f*; figura *f*; (fig) posição *f*; **to have good ~** ter uma boa postura. **2** *vi* (pej) posar, tomar atitudes.
postwar *adj* pós-guerra *m*.
posy ['pəʊzɪ] *n* raminho *m* de flores.
pot [pɒt] **1** *n* **a)** (large) (saucepan) panela *f*; (for tea) chaleira *f*; (for coffee) cafeteira *f*; (for jam, yoghurt) boião *m*; **I'll make a ~ of coffee** vou fazer café; **a ~ of tea for two** chá para dois; **~s and pans** tachos *mpl* e panelas *fpl*; **b)** (piece of pottery) pote *m*; **c)** (coll) (drug) marijuana *f*. **2** *vtr* (*pres p etc* **-tt-**) (in billiards) **to ~ the red** atira a bola vermelha para o buraco. **3 potted** *pp adj* **a)** **~ted meat** GB CULIN carne de conserva; **b)** **~ted plant** HORT planta em vaso; **c)** (condensed) **a ~ted history of Portugal** um resumo da história de Portugal. IDIOMAS (coll) **to go to ~** estar arruinado; (coll) **to have/make ~s of money** ter/fazer uma quantidade de dinheiro.
potash ['pɒtæ/] *n* potassa *f*.
potassium [pə'tæsɪəm] *n* potássio *m*.
potato [pə'teɪtəʊ] *n* (*pl* **~es**) BOT, CULIN batata *f*.
pot belly *n* (from overeating) grande barriga *f*; pança *f* (fam); (from malnutrition) ventre *m* inchado.
potency ['pəʊtənsɪ] *n* (of drug, remedy, image, voice) potência *f*; (of drink) força *f*; (sexual ability) virilidade *f*.
potent ['pəʊtənt] *adj* [*argument, factor, force, weapon, image, symbol, drug, remedy*] potente; [*drink, mixture*] forte; [*man*] viril.
potential [pə'ten/l] **1** *n* (gen) potencial *m* (**as no que respeita a**; **for** de); **the ~ to do** as qualidades necessárias para fazer; **to fulfil one's ~** concretizar as suas capacidades. **2** *adj* [*buyer, danger, disaster, target, victim*] potencial; [*champion, rival*] em potência; [*investor*] eventual; **the play is a ~ success** a peça tem todas as qualidades para ser um sucesso.
pot: **~hole** *n* (in road) buraco *m*; (in rock) gruta *f*; **~holer** *n* espeleólogo; **~holing** *n* espeleologia.
potion ['pəʊ/n] *n* poção *f*.
potpourri [pəʊpʊə'riː, pəʊ'pʊərɪ] *n* (flowers) flores *fpl* secas; (fig) (selection) miscelânea.
pot: **~ roast** *n* assado *m* feito na panela; **~shot** *n* **to take a ~shot at sth** atirar a qq coisa de qq maneira.
potter ['pɒtə(r)] *n* oleiro *m*. ■ **potter around** GB (do little job) fazer pequenos trabalhos.

potter's wheel *n* roda *f* ou torno *m* de oleiro.
pottery ['pɒtərɪ] *n* (craft, subject) olaria *f*; cerâmica *f*.
potty ['pɒtɪ] (coll) **1** *n* (childish talk) bacio *m*. **2** *adj* GB **a)** (crazy) maluco,-a; **b)** (enthusiastic) **to be ~ about sb/sth** estar louco por alg/algo.
pouch [paut/] *n* **a)** bolsa *f*; (for tobacco) bolsa *f* (de tabaco Po/fumo BR); (for ammunition) estojo *m* (de munições); (for cartridges) cartucheira *f*; (for mail) saco *m* postal; (for money) bolsa *f*; (of clothes, skin) saco *m*; **b)** ZOOL (of marsupials) saco *m* marsupial; (of rodents) bolsa *f* interior da bochecha (de animais).
pouf(fe) [puːf] *n* (cushion) pufe *m*.
pounce [paʊns] **1** *n* salto *m*. **2** *vi* saltar; **to ~ on** [*animal*] saltar sobre [*prey, victim, object*]; [*person*] lançar-se a [*remark, mistake, problem*].
pound [paʊnd] **1** *n* **a)** GB MEAS libra *f* (= 453,6gr); **two ~s of apples** ≈ um quilo de maçãs; **b)** (unit of currency) libra *f*; **c)** (*compound*) depósito *m*; **dog ~** canil *m*; **car ~** depósito de carros. **2** *modif* [*weight*] de uma libra; [*coin, note*] de uma libra; **~ for ~ chicken is better value than pork** comparativamente, o frango é mais barato que a carne de porco. **3** *vtr* **a)** (crush) moer [*spices, grain, salt*]; **to ~ sth to a powder** reduzir qq coisa a pó; **b)** (beat) [*waves*] bater [*shore*]; **to ~ one's chest** bater no peito; **to ~ the table with one's fists** dar um murro na mesa; **c)** (bombard) [*artillery*] bombardear [*city*]; **d)** (tread heavily) **to ~ the streets** andar pesadamente pelas ruas. **4** *vi* **a)** (knock loudly) **to ~ on the door** bater à porta com força; **b)** (beat) [*heart*] bater; **to ~ on sth** [*surf, waves*] bater contra [*beach, rocks*]; **c)** (run noisily) **to ~ up/down the stairs** subir/descer ruidosamente as escadas; **d)** (throb) **my head is ~ing** tenho a cabeça a latejar.
pounding ['paʊndɪŋ] *n* (sound) (of waves, drums, heart) batidela *f*; batida *f*; (of guns) bombardeamento *m*.
pour [pɔː(r)] **1** *vtr* **a)** **to ~ sth into/on/over/from** deitar/despejar qq coisa para dentro de/em/por cima de/de; **to ~ metal/wax into a mould** deitar metal/cera num molde; **she looks as if she's been ~ed into that tree!** (coll) ela parece ter sido feita para aquele vestido!; **b)** (serve) **to ~ (out)** servir [*drink*]; **can I ~ you some more coffee?** posso servir-lhe um pouco mais de café?; **to ~ oneself a drink** servir-se de uma bebida; **c)** (supply freely) **to ~ sth into** investir qq coisa em [*production, infrastructure, education, undertaking, country*]; **they're still ~ing troops into the region** eles continuam a enviar tropas para a região. **2** *vi* **a)** (flow) **to ~ into** [*water, liquid, sunlight*] cair em; [*smoke, fumes*] espalhar-se em; **to ~ out of/from** [*smoke, fumes*] escapar-se de; [*water, light*] escorrer de; **tears ~ed down her face** as lágrimas escorriam-lhe pela face; **water ~ed down the walls** a água escorria pelas paredes; **water/light ~ed through the window** a água/a luz entrava em torrente pela janela; **relief ~ed over me** eu fui invadido por uma sensação de alívio; **b)** (fig) **to ~ into** afluir a; **to ~ from/out of** [*people, cars*] sair em grande número de; [*supplies, money*] sair em massa de; **to ~ across/over** atravessar (qq coisa) em

grande número [*border, bridge*]; **c**) (serve tea, coffee) **shall I ~?** sirvo eu?. **3 pouring** *pres p adj* **in the ~ rain** sob uma chuva torrencial. **4** *v impers* chover torrencialmente; **it's ~ing (with rain)** chove torrencialmente. IDIOMAS **to ~ cold water on sth** deitar água fria sobre qq coisa (fig). ■ **pour away**: **~ away (sth), ~ (sth) away** esvaziar [*surplus, dregs*]. ■ **pour down** chover torrencialmente. ■ **pour forth** (liter) see **~ out**. ■ **pour in** [*people*] afluir; [*letters, requests*] chover; [*money, job, offers*] chegar em massa; [*water*] entrar em torrente. ■ **pour off**: **~ off (sth), ~ (sth) off** decantar [*excess, fat, cream*]. ■ **pour out** [*liquid, smoke*] escoar-se; [*people*] sair em grande número; **~ out (sth), ~ (sth) out** dar livre curso a [*ideas, feelings, anger, troubles*] (**to sb** perante alg); deitar fora [*fumes, sewage*]; **to ~ out one's troubles/heart to sb** abrir-se perante alg.

pout [paʊt] **1** *n* beicinho *m*. **2** *vi* fazer beicinho.

poverty ['pɒvətɪ] *n* **a**) (lack of money) pobreza *f*; **b**) (of imagination, resources) pobreza *f* (**of** de).

poverty: **~ level ~ line** *n* limiar *m* de pobreza; **~-stricken** *adj* miserável, pobre.

POW *n* abrev = **prisoner of war** prisioneiro,-a *m/f* de guerra.

powder ['paʊdə(r)] **1** *n* (gen) COSMET pó *m*; **in ~ form** em pó. **2** *vtr* **to ~ one's nose** (lit) pôr um pouco de pó-de-arroz no nariz. **3 powdered** *pp adj* [*egg, milk, coffee*] em pó. IDIOMAS **to keep one's ~ dry** estar preparado.

powder keg *n* MIL barril *m* de pólvora; (fig) paiol *m*.

powdery ['paʊdərɪ] *adj* (in consistency) poeirento,-a; [*stone*] friável; (covered with powder) empoado,-a.

power ['paʊə(r)] **1** *n* **a**) (control over others) poder *m*; **b**) (strength) força *f*; poder *m*; **c**) (influence) influência *f* (**over** sobre); **d**) (capability) **it is in your ~** *or* **you have it in your ~ to change things** está ao teu alcance mudar as coisas *ou* tens a possibilidade de mudar as coisas; **e**) (authority) direito *m*; **the police have the ~ to do sth** a polícia tem o direito de fazer qq coisa; **f**) (physical force) (of person, explosion) força *f*; (of storm) violência *f*; **g**) PHYS, TECH energia *f*; **h**) ELEC (electricity) energia *f* eléctrica; (current) corrente *f*; **to switch on the ~** ligar a electricidade; **i**) MECH (vehicle, plane) potência *f*; **j**) MATH **to the nth ~** à potência n; **k**) (country) **the big ~s** as grandes potências. **2** *modif* [*drill, lathe, circuit, cable*] eléctrico,-a; [*shovel*] mecânico,-a; [*steering, brakes*] assistido,-a. **3** *vtr* accionar [*engine*]; **a boat ~ed by a new engine** um barco accionado por um novo motor. IDIOMAS **the ~s that be** as autoridades.

power: **~boat** *n* barco *m* a motor; **~ cut** *n* corte *m* de energia.

powerful ['paʊəfl] *adj* [*person, government, voice, light*] forte, poderoso,-a; [*argument, evidence*] sólido,-a, forte; [*performance*] magistral.

powerhouse ['paʊəhaʊs] (coll) *n* (fig) (person) poço *m* de energia.

powerless ['paʊəlɪs] *adj* impotente (**against** face a).

power: **~ point** tomada *f*; **~ station** *n* GB central *f* eléctrica.

PR *n* **a**) abrev = **public relations**; **b**) abrev = **proportional representation**; **c**) US POST abrev = **Puerto Rico**.

practicable ['præktɪkəbl] *adj* **a**) (passable) [*road*] praticável; **b**) (feasible) [*scheme, proposal, idea*] viável.

practical ['præktɪkl] **1** *n* prova *f* prática. **2** *adj* **a**) (concrete, not theoretical) prático,-a; **b**) [*person*] (sensible, businesslike) realista, prático,-a; (handy) hábil; **c**) (functional) [*clothes, equipment, furniture*] prático,-a, funcional; **d**) (viable) [*plan, scheme, proposal*] viável.

practical joke *n* partida *f*; brincadeira *f*.

practical joker *n* galhofeiro,-a *m, f*; farsante *m/f*.

practically [præktɪ'kəlɪ] *adv* **a**) (almost, virtually) praticamente, quase; **b**) (in a practical way) de uma maneira realista.

practice ['præktɪs] **1** *n* **a**) (exercises) exercícios *mpl*; (experience) treino *m*; experiência *f*; **to do one's piano ~** fazer os seus exercícios de piano; **to have had ~ in/at sth** *or* **in/at doing** ter experiência em algo/em fazer; **to be in ~** (for sport) estar bem treinado, estar em forma; (for music) estar bem exercitado; **to be out of ~** estar destreinado, estar fora de forma; **b**) (meeting) (for sport) treino *m*; (for music) prática *f*; **c**) (procedure) prática *f*; **it's normal/standard ~ to...** é prática corrente (que)...; **it's normal medical ~ to...** é corrente em medicina...; **d**) (habit) hábito *m*; **my usual ~ is to collect the newspaper every morning** tenho o hábito de ir buscar o jornal todas as manhãs; **as is my usual ~** como é meu hábito; **e**) (custom) costume *m*; **f**) (business of doctor, lawyer) consultório *m*; **to be in ~ in Oxford** ela exerce em Oxford; **to set up in/go into ~** (as doctor) exercer clínica; (in law) exercer advocacia; **g**) (as opposed to theory) prática *f*; **in ~ na prática. 2** *vtr, vi* US see **practise**. IDIOMAS **~ makes perfect** a prática faz o mestre.

practise GB, **practice** US ['præktɪs] **1** *vtr* **a**) (work at) praticar [*song, speech, piano, French*]; treinar, exercitar-se em [*movement, shot*]; trabalhar [*technique*]; estudar, ensaiar [*show, play, performance*]; **to ~ the piano** praticar piano; **to ~ doing/how to do** treinar a fazer; **b**) (observe) praticar [*custom, religion, kindness, economy*]; (use) utilizar [*method*]; empregar [*torture*]; **c**) (follow a profession) exercer. **2** *vi* **a**) (train) (at piano, violin) (for sports) treinar; (for play, concert) ensaiar; estudar, ensaiar [*play, speech*]; **b**) (follow a profession) exercer; **to ~ as a doctor/lawyer** exercer a profissão de médico/advogado. IDIOMAS **to ~ what one preaches** praticar o que anda a pregar.

practised GB, **practiced** US ['præktɪst] *adj* [*player, lawyer, cheat*] experiente; [*movement, performance*] hábil; [*eye, ear*] entendido,-a; **to be (well) ~ in sth/doing** ter muita prática em qq coisa/fazer.

practising GB, **practicing** US ['præktɪsɪŋ] *adj* [*Christian, Muslim*] praticante; [*doctor, lawyer*] em exercício; [*homosexual*] activo,-a.

practitioner [præk'tɪʃənə(r)] *n* (of medicine) médico *m*; **dental ~** dentista *m/f*.

pragmatic [præg'mætɪk] *adj* (gen) PHILOS pragmático,-a.

prairie ['preərɪ] *n* pradaria *f*; campina *f*.

praise [preɪz] **1** *n* (gen) louvor *m*; elogio *m* (**for sb/sth** de alg/algo; **for doing** por ter feito); **in ~ of sth/sb** em louvor de algo/alg; **to be highly ~ed** ser muito elogiado. **2** *vtr* **a**) (gen) fazer o elogio de [*person, book, achievement*]; **to ~ sb for sth/for doing sth** louvar alg por algo/por fazer algo; **b**) RELIG louvar [*God*] (**for** por). IDIOMAS **to ~ sb/sth to the skies** pôr alg nos píncaros (fam); **to sing sb's/sth's ~es** entoar cânticos de louvor a alg/algo.

praiseworthy ['preɪzwɜːðɪ] *adj* digno,-a de louvor, meritório,-a.

pram [præm] *n* GB carrinho *m* de bebé.

prance [prɑːns] *vi* [*horse*] saracotear, dançar; [*person*] (gaily) saltitar; **to ~ in** [*person*] entrar alegremente.

prank [præŋk] *n* partida *f*; travessura *f*.

prattle ['prætl] **1** *n* tagarelice *f*. **2** *vi* tagarelar; [*children*] balbuciar; **to ~ on about sth** tagarelar sobre algo (durante muito tempo).

prawn [prɔːn] **1** *n* camarão *m*. **2** *modif* [*salad, sandwich*] de camarão; **~ cocktail** cocktail *m* de camarão.

pray [preɪ] **1** (arch) *adv* (also iron) por favor. **2** *vtr* rezar (**that** para que (+ *subj*). **3** *vi* (gen) RELIG rezar (**for** por).

prayer ['preə(r)] **1** *n* RELIG oração *f*; (fig) (hope) desejo *m*; **in ~** em oração; **to be at ~/at one's ~s** estar a rezar; **to say one's ~s** fazer as suas orações; **his ~s were answered** (lit, fig) as preces dele foram ouvidas; **you are in my ~s** eu peço por ti nas minhas orações. **2 prayers** *npl* (informal) orações *fpl*; (formal) serviço *m* religioso. IDIOMAS **not to have a ~** (coll) US não ter a menor hipótese.

prayer book *n* (gen) livro *m* de orações.

preach [priːtʃ] **1** *vi* RELIG pregar (**to** a); (fig, pej) fazer sermão. **2** *vtr* RELIG pregar (**to** a); (fig) pregar [*tolerance, virtue*]; **to ~ a sermon** fazer um sermão.

preacher ['priːtʃə(r)] *n* pastor *m*.

preamble [priːˈæmbl] *n* preâmbulo *m*; prefácio *m* (**to** a).

prearrange [priːəˈreɪndʒ] *vtr* combinar previamente.

precarious [prɪˈkeərɪəs] *adj* precário,-a.

precaution [prɪˈkɔːʃn] *n* precaução *f* (**against** contra).

precautionary [prɪˈkɔːʃənərɪ] *adj* preventivo,-a.

precede [prɪˈsiːd] *vtr* preceder.

precedence ['presɪdəns] *n* **a**) (in importance) prioridade *f*; **b**) (in rank) precedência *f*; **to have ~ over sb** ter primazia sobre alg.

precedent ['presɪdənt] *n* precedente *m*.

precept ['priːsept] *n* preceito *m*.

precinct ['priːsɪŋkt] *n* **a**) GB (*also* **shopping ~**) zona *f* comercial; **b**) US ADMIN circunscrição *f*.

precious ['preʃəs] **1** *n* (as endearment) tesouro *m*. **2** *adj* **a**) (valuable) precioso,-a; **b**) (held dear) querido,-a (**to** a); **c**) (pej) (affected) afectado,-a, amaneirado,-a. **3** *adv* **~ few answers** pouquíssimas respostas.

precipice ['presɪpɪs] *n* (lit, fig) precipício *m*.

precipitate 1 [prɪˈsɪpɪteɪt] *n* CHEM precipitado *m*. **2** [prɪˈsɪpɪtət] *adj* (hasty) [*action, decision,*

departure] precipitado,-a. **3** [prɪˈsɪpɪteɪt] *vtr* CHEM, METEOROL (gen) precipitar.

precipitation [prɪsɪpɪˈteɪʃn] *n* CHEM, METEOROL precipitação *f*.

precipitous [prɪˈsɪpɪtəs] *adj* **a**) (steep) [*cliff*] íngreme, a pique; [*road*] escarpado,-a; **b**) (hasty) see **precipitate 2**.

précis ['preɪsiː] **1** *n* resumo *m*. **2** *vtr* fazer um resumo *m* de [*article, speech*].

precise [prɪˈsaɪs] *adj* [*idea, moment, sum*] preciso,-a, exacto,-a; [*person*] (particular) meticuloso,-a, rigoroso,-a; (specific) preciso,-a, específico,-a.

precisely [prɪˈsaɪslɪ] *adv* [*describe, record*] com precisão; (exactly) exactamente; **this is ~ the problem...** este é precisamente o problema....

precision [prɪˈsɪʒn] *n* precisão *f*.

preclude [prɪˈkluːd] *vtr* excluir [*choice, possibility, sincerity*]; impedir [*action, involvement*]; **to ~ sb/sth (from) doing** impedir que alg/algo faça.

precocious [prɪˈkəʊʃəs] *adj* (gen) precoce.

preconceived [priːkənˈsiːvd] *adj* preconcebido,-a.

preconception [priːkənˈsepʃn] *n* preconceito *m* (**about** acerca de).

precondition [priːkənˈdɪʃn] **1** *n* condição *f* prévia. **2** *vtr* condicionar previamente.

precook [priːˈkʊk] *vtr* cozer previamente.

precursor [priːˈkɜːsə(r)] *n* (person) precursor *m*.

predate [priːˈdeɪt] *vtr* **a**) (put earlier date) antedatar, predatar [*cheque, document*]; **b**) (exist before) [*event, discovery, building*] ser anterior a.

predator ['predətə(r)] *n* predador *m*.

predatory ['predətərɪ] *adj* predatório,-a, voraz.

predecessor ['priːdɪsesə(r)] *n* antecessor *m*; predecessor *m*.

predestination [priːdestɪˈneɪʃn] *n* predestinação *f*.

predestine [prɪˈdestɪn] *vtr* predestinar (**to** para; **to do** para fazer).

predetermine [priːdɪˈtɜːmɪn] *vtr* **a**) (fix beforehand) predeterminar, predispor; **b**) RELIG, PHILOS predeterminar, predestinar.

predicament [prɪˈdɪkəmənt] *n* apuro *m*; situação *f* difícil.

predicate 1 ['predɪkət] *n* LING, PHILOS predicado *m*. **2** ['predɪkət] *adj* LING, PHILOS predicativo,-a. **3** ['predɪkeɪt] *vtr* **a**) (assert) afirmar como verdadeiro, defender [*theory*]; **to ~ that** defender que; **b**) PHILOS (affirm) **to ~ sth of sth** atribuir algo a qq coisa; **c**) (base) **to ~ sth on sth** basear algo em qq coisa.

predicative [prɪˈdɪkətɪv] *adj* LING predicativo,-a.

predict [prɪˈdɪkt] *vtr* predizer; **to ~ that** prever que; **to ~ what/when/how, etc** predizer o que/quando/como/etc.

predictable [prɪˈdɪktəbl] *adj* previsível.

predictably [prɪˈdɪktəblɪ] *adv* **~ boring** maçador como era previsto; **~,...** como era de esperar,....

prediction [prɪˈdɪkʃn] *n* previsão *f*; (**about** sobre; **of** de); **~ that** predição segundo a qual.

predilection [priːdɪˈlekʃn] *n* predilecção *f*.

predispose [priːdɪˈspəʊz] *vtr* predispor (**to** a; **to do** a fazer).

predisposition [pri:dɪspə'zɪ∫n] *n* predisposição *f*.

predominance [prɪ'dɒmɪnəns] *n* predominância *f* (**of** de; **over** sobre).

predominant [prɪ'dɒmɪnənt] *adj* predominante.

predominantly [prɪ'dɒmɪnəntlɪ] *adv* [*represent, feature*] principalmente, preponderantemente; [*Muslim, female*] predominantemente; **the flowers were ~ pink** as flores eram predominantemente cor-de-rosa.

predominate [prɪ'dɒmɪneɪt] *vi* predominar (**over** sobre).

pre-eminence [pri:'emɪnəns] *n* (gen) supremacia *f*; SPORT superioridade *f*.

pre-eminent [pri:'emɪnənt] (formal) *adj* **a**) (distinguished) [*celebrity, scientist*] eminente; **b**) (leading) [*nation, cult, company*] dominante.

pre-eminently [pri:'emɪnəntlɪ] *adv* **a**) (highly) [*successful, distinguished*] altamente; **b**) (above all) acima de tudo.

pre-empt [pri:'empt] *vtr* **a**) (anticipate) [*question, decision, move*] antecipar; **b**) (thwart) frustrar, impedir [*action, plan*].

pre-emptive [pri:'emptɪv] *adj* [*strike, attack*] preventivo,-a.

preen [pri:n] **1** *vi* [*bird*] alisar as penas com o bico. **2** *v refl* **to ~ oneself** [*person*] enfeitar-se.

prefab ['pri:fæb] *n* abrev = construção *f* pre-fabricada.

prefabricate [pri:'fæbrɪkeɪt] *vtr* pre-fabricar.

preface ['prefəs] **1** *n* prefácio *m* (**to** a). **2** *vtr* prefaciar [*book*]; **she ~d the lecture with a warning** ela começou a conferência com um aviso.

prefect ['pri:fekt] *n* **a**) GB SCH monitor *m*; **b**) presidente *m* da Câmara Municipal.

prefer [prɪ'fɜ:(r)] **1** *vtr* **a**) (like better) preferir, gostar mais; **to ~ sth to sth** preferir qq coisa a qq coisa; **to ~ to do sth (rather than to do sth)** preferir fazer qq coisa (a fazer qq coisa); **to ~ that...** preferir que... (+ *subj*) **b**) **to ~ charges against sb** JUR apresentar queixas contra alg; **c**) (promote) promover a, elevar a [*clergyman*]. **2** **preferred** *pp adj* [*term, method, route, option*] preferido,-a.

preferable ['prefərəbl] *adj* preferível (**to sth** a qq coisa).

preferably ['prefərəblɪ] *adv* de preferência.

preference ['prefərəns] *n* preferência *f* (**for** por); **in ~ to sth** de preferência a qq coisa.

preferential [prefə'ren∫l] *adj* preferencial.

prefigure [pri:'fɪgə(r)] *vtr* [*event*] prefigurar; [*person*] ser o precursor de.

prefix ['pri:fɪks] **1** *n* (*pl* -es) LING prefixo *m*. **2** *vtr* acrescentar introdução [*word, title*].

pregnancy ['pregnənsɪ] *n* (of woman) gravidez *f*; (of animal) gestação *f*.

pregnant ['pregnənt] *n* **a**) MED [*woman*] grávida; **~ mothers** mulheres grávidas; [*animal*] prenhe; **to get ~ by sb** ficar grávida de alg; **b**) (fig) [*pause*] eloquente, significativo,-a; **~ with meaning** cheio,-a de significado.

preheat [pri:'hɪt] *vtr* pre-aquecer Po/esquentar Br [*oven*].

prehistoric [pri:hɪ'stɒrɪk] *adj* ARCHEOL (fig) pre-histórico,-a.

prehistory [pri:'hɪstərɪ] *n* **a**) HIST pre-história *f*; **b**) (fig) (beginnings) começo *m*.

prejudice ['predʒʊdɪs] **1** *n* **a**) preconceito *m*; **to have a ~ against/in favour of** ter um preconceito contra/a favor de; **b**) (harm) (gen) JUR prejuízo *m*; dano *m*. **2** *vtr* **a**) (bias) influenciar; **to ~ against/in favour of** prevenir alg contra/a favor de; **b**) (harm, jeopardize) lesar [*person*]; comprometer [*chances*].

prejudiced ['predʒʊdɪst] *adj* [*person, jury*] com preconceitos; [*opinion*] preconcebido,-a; [*judgement, account*] tendencioso,-a.

prejudicial [predʒʊ'dɪ∫l] *adj* prejudicial.

prelate ['prelət] *n* prelado *m*.

prelim ['pri:lɪm, prɪ'lɪm] *n* (*usu pl*) **a**) GB UNIV exame *m* de passagem para o segundo ano; **b**) GB SCH ≈ exame *m* de saída dos liceus.

preliminary [prɪ'lɪmɪnərɪ] **1** *n* **a**) (gen) preliminares *mpl* (**to** a); **~ inquiry/investigation** GB JUR inquérito *m* preliminar; **as a ~ to sth** como prelúdio a algo; **b**) SPORT prova *f* eliminatória. **2** *adj* [*comment, data, test*] preliminar; [*heat, round*] eliminatório,-a; **~ to** prévio a.

prelude ['prelju:d] **1** *n* (gen) MUS prelúdio *m* (**to** a). **2** (formal) *vtr* preludiar a, anunciar.

premarital [pri:'mærɪt(ə)l] *adj* [*sex, relations*] pre-matrimonial.

premature ['premətjʊə(r)] *adj* (gen) prematuro,-a; **to be born two weeks ~** nascer duas semanas antes do tempo; [*ejaculation, menopause*] precoce.

prematurely ['premətjʊəlɪ] *adv* prematuramente.

premier ['premɪə(r)] **1** *n* **a**) (prime minister) primeiro ministro *m*; **b**) (head of government) chefe *m/f* do governo. **2** *adj* primeiro,-a.

première ['premjeə(r)] **1** *n* estreia *f*. **2** *vtr* estrear [*film, play*].

premise ['premɪs] **1** *n* (*also* **premiss**) premissa *f*; **on the ~ that...** na suposição de que.... **2** **premises** *npl* local *m*; **on the ~s** no local; **off the ~s** no exterior; **she asked me to leave the ~s** ela pediu-me para deixar o local.

premium ['pri:mɪəm] *n* **a**) (gen) (extra payment) prémio *m*; **b**) INSUR prémio *m* (de seguro); **c**) (fig) **to be at a ~** valer ouro.

premonition [pri:mə'nɪ∫n] *n* premonição *f*.

preoccupation [pri:ɒkjʊ'peɪ∫n] *n* preocupação *f*; **to have a ~ with sth** preocupar-se com qq coisa.

preoccupied [prɪ'ɒkjʊpaɪd] *adj* preocupado,-a (**with, by** com).

preoccupy [prɪ'ɒkjʊpaɪ] *vtr* (*past, pp* -**pied**) preocupar.

prep [prep] **1** *n* (coll) **a**) GB SCH (homework) deveres *mpl*; **b**) GB SCH (study period) período *m* de estudo; **c**) US SCH (student) aluno *m* de uma escola secundária privada. **2** *vi* (*pres p etc* -**pp**-) US **to ~ for** preparar-se para [*exam, studies*].

prepaid [pri:'peɪd] *adj* (gen) pago adiantadamente; **carriage ~** porte *m* pago.

preparation [prepə'reɪ∫n] *n* **a**) (of event, document, report, meal) preparação *f*; **in ~ for** com vista a; **b**) (physical, psychological) preparação *f* (**for sth** para algo); (sporting) treino *m* (**for sth** para algo); **c**) (substance) preparação *f*; **d**) GB (homework) (- *c*) deveres *mpl*.

preparatory [prɪ'pærətərɪ] *adj* [*training, course, studies, workshop*] preparatório,-a; [*meeting,*

report, research, steps, investigations] preliminar; [*drawing, painting*] prévio,-a; ~ **to sth** antes de algo; ~ **to doing** antes de fazer.
preparatory school *n* **a)** GB escola *f* preparatória privada; **b)** US escola *f* secundária privada.
prepare [prɪ'peə(r)] **1** *vtr* (plan) preparar [*class, speech, report, plan*] (**for** para); preparar [*surprise*] (**for sb** para alg); preparar [*bed, room, equipment*] (**for** para); **to** ~ **the ground/way for sth** preparar o terreno/caminho para algo; **to** ~ **sb for** preparar alg para [*shock, new situation, experience*]; **to** ~ **sb for** [*exam, career, combat*] preparar alg para; **to** ~ **sb to do** preparar alg para fazer. **2** *vi* **a) to** ~ **for** preparar-se/aprontar-se para [*trip, event*]; **b)** (plan) **to** ~ **for** preparar-se para algo [*conflict, storm, talks, exam, election*].
prepay [pri:'peɪ] *vtr* pagar adiantadamente.
preponderance [prɪ'pɒndərəns] *n* preponderância *f.*
preposition [prepə'zɪʃ(ə)n] *n* preposição *f.*
prepositional ['prepə'zɪʃənl] *adj* preposicional; ~ **phrase** (used as preposition) locução *f* preposicional; (introduced by preposition) sintagma *f* preposicional.
preposterous [prɪ'pɒstərəs] *adj* ridículo,-a.
prep school *n* **a)** GB escola *f* preparatória privada; **b)** US escola *f* secundária privada.
prerequisite [pri:'rekwɪzɪt] **1** *n* pre-requisito *m* (**of** de; **for** para). **2** *adj* [*condition*] prévio,-a, preliminar.
prerogative [prɪ'rɒgətɪv] *n* prerrogativa *f.*
Presbyterian [prezbɪ'tɪərɪən] **1** *n* presbiteriano *m.* **2** *adj* presbiteriano,-a.
preschool ['pri:sku:l] *adj* [*child*] de idade pre--escolar; [*years*] pre-escolar.
prescribe [prɪ'skraɪb] **1** *vtr* **a)** MED (fig) prescrever, receitar (**for sb** a alg; **for sth** para algo); **b)** (lay down) fixar [*rule*]. **2 prescribed** *pp adj* MED (fig) prescrito SCH [*book*] recomendado; (laid down) fixado.
prescription [prɪ'skrɪpʃ(ə)n] *n* **a)** MED receita *f* (**for** para); **b)** MED prescrição *f* (**of** de); **c)** (fig) (formula) receita *f* (**for** para); (set of rules) prescrição *f.*
prescription charges *npl* MED custos *mpl* de prescrição médica; ≈ taxa *f* moderadora.
prescriptive [prɪ'skrɪptɪv] *adj* (gen) LING normativo.
presence ['prezəns] *n* **a)** presença *f;* **in sb's ~, in the ~ of sb** na presença de alg; **in my ~** na minha presença; **signed in the ~ of X** JUR assinar diante de X; **your ~ is requested at** exigem a sua presença em; **b)** presença *f;* porte *m;* **c)** (of troops, representatives) presença *f;* **a heavy police ~** uma forte presença policial. IDIOMAS **to make one's ~ felt** não passar despercebido.
presence of mind *n* presença *f* de espírito.
present 1 ['prezənt, 'preznt] *n* **a)** (gift) presente *m;* **to give sb a ~** dar um presente a alg; **to give sb sth as a ~** oferecer algo a alg; **b)** (now) presente *m;* **for the ~** por agora; **c)** LING (*also* ~ **tense**) presente *m;* **in the ~** no presente. **2** ['preznt] *adj* **a)** (attending) presente; **to be ~ at** assistir a; ~ **company excepted** à excepção das pessoas aqui presentes; **b)** (current) actual; **at the ~ time/moment** actualmente; **c)** LING presente. **3 at present** *adv phr* (at this moment)

neste momento; (nowadays) actualmente. **4** [prɪ'zent] *vtr* **a)** (raise) apresentar [*problem, difficulty, challenge, obstacle, danger, risk*]; oferecer [*chance, opportunity*]; **b)** (proffer, show) apresentar; **to be ~ed with a huge bill** apresentar uma grande conta a alg; **c)** (submit for consideration) apresentar [*plan, report, figures, views, bill, case*]; apresentar [*petition*]; fornecer [*evidence*]; **d)** (formally give) entregar [*bouquet, prize, cup, award, certificate, cheque*]; apresentar [*apologies, respects, compliments*]; **to ~ sth to sb, to ~ sb with sth** entregar algo a alg; **e)** (portray) apresentar, representar; **to ~ sb/sth as sth** apresentar alg/algo como algo; **f)** TV, RADIO apresentar [*programme, broadcast, show*]; **~ed by** apresentado por; **g)** (put on, produce) dar [*production, play, concert*]; apresentar [*exhibition, actor, star*]; **h)** MIL apresentar [*arms*]. **5** *vi* MED [*baby, patient*] apresentar-se; [*symptom, humour, condition*] aparecer. IDIOMAS **there is no time like the ~** não deixes para amanhã o que podes fazer hoje.
presentable [prɪ'zentəbl] *adj* apresentável.
presentation [prezən'teɪʃn] *n* **a)** (by salesman, colleague, executive, etc) exposição *f;* **b)** (of gift, cheque, award) entrega *f* (**of** de); **the chairman of the judges will make the ~** o presidente do júri entregará o prémio; **there will be a ~ at 5.30** haverá uma cerimónia às 17.30 h.; **c)** (portrayal) representação *f;* **d)** (stage production) representação *f;* **e)** MED (of baby) posição *f.*
present-day *adj* actual.
presenter [prɪ'zentə(r)] *n* TV, RADIO apresentador,a *m, f;* locutor,a *m, f.*
presentiment [prɪ'zentɪmənt] *n* pressentimento *m.*
presently ['prezntlɪ] *adv* **a)** (currently) presentemente; **b)** (soon afterwards, then) pouco depois.
preservation [prezə'veɪʃn] *n* **a)** (of building, wildlife, tradition, peace, dignity) preservação *f* (**of** de); **b)** (of food) conservação *f* (**of** de); **c)** (of life) protecção *f* (**of** de).
preservative [prɪ'zɜ:vətɪv] **1** *n* (for food) conservante *m;* (for wood) revestimento *m* protector. **2** *adj* [*mixture, product, effect*] de conservação.
preserve [prɪ'zɜ:v] **1** *n* **a)** CULIN compota *f;* (pickle) conserva *f;* **b)** (territory) (lit, fig) território *m;* lugar reservado *m* (**of** de). **2** *vtr* **a)** (save from destruction) preservar [*forest, land, building, memory, tradition, language*] (**for** para); conservar [*wood, leather, painting*]; **b)** (maintain) manter [*peace, harmony, standards, rights*]; **c)** (keep, hold onto) guardar, manter [*sense of humour, dignity, beauty, health*]; **d)** CULIN (prevent from rotting) conservar [*food*]; (make into jam) fazer compota de. **3 preserved** *pp adj* [*food*] em conserva; [*site, castle*] protegido; ~ **on film** guardado em filme.
preset [pri:'set] *vtr* pre-regular [*timer, cooker, video*] (**to do** para fazer).
preshrunk [pri:'ʃrʌŋk] *adj* TEX pre-lavado.
preside [prɪ'zaɪd] *vi* presidir; **to ~ at a meeting** presidir a uma reunião. ▪ **preside over** presidir [*conference, agency*]; dirigir [*changes, subordinates*].

presidency ['prezɪdənsɪ] *n* presidência *f.*
president ['prezɪd(ə)nt] *n* **a**) (gen) POL presidente *m/f*; **to run for** ~ ser candidato à presidência; **b**) US COMM presidente-director *m* geral.
presidential [prezɪden*ʃ*(ə)l] *adj* [*election, government*] presidencial; [*race, candidate*] à presidência; [*advisor, office, policy*] do presidente.
press [pres] **1** *n* **a**) **the ~, the P~** a imprensa *f*; **to get a good/bad** ~ (lit, fig) ser bem/mal recebido pela imprensa; **to come off the** ~ sair do prelo; **to go to** ~ ir para a tipografia; **at/in (the)** ~ no prelo, em impressão; **b**) (device for flattening) prensa *f*; **c**) (act of pushing) pressão *f*; **to give sth a** ~ comprimir qq coisa; **d**) (with iron) passagem *f* a ferro; **to give sth a** ~ dar uma passagem a ferro em qq coisa; **e**) (crowd) multidão *f* (**of** de); **f**) (cupboard) GB (dial) armário *m*. **2** *modif* [*acclaim, criticism*] da imprensa; [*campaign, photo, photographer*] de imprensa; [*announcement, advertising*] por meio da imprensa; ~ **story/report** reportagem *f*. **3** *vtr* **a**) (push) premir [*button, switch*]; calcar [*accelerator, pedal*]; **to** ~ **sth in** comprimir qq coisa; ~ **the pedal right down** carrega bem no pedal; ~ **the switch down** carrega no interruptor para baixo; **to** ~ **sth into** meter qq coisa em [*clay, mind, ground*]; **b**) (apply) **to** ~ **one's nose against sth** apertar o nariz contra qq coisa; **to** ~ **a cloth onto sth** aplicar um pano em qq coisa; **to** ~ **one's hands to one's ears** tapar os ouvidos com as mãos; **to** ~ **one's knees together** apertar os joelhos; **to** ~ **two objects together** pressionar dois objectos um contra o outro; **c**) (squeeze) espremer [*fruit, olive, flower*]; **to** ~ **sb to one** apertar alg contra si; **d**) (iron) passar a ferro [*clothes*]; **e**) (urge) pressionar alg [*person*]; insistir em [*point*]; dar prioridade a [*matter, issue*]; defender com insistência [*case*]; **to** ~ **sb to do** insistir com alg para fazer; **I must** ~ **you for an answer** eu tenho que te exigir uma resposta; **when ~ed, he admitted that...** pressionado, ele reconheceu que...; **f**) TECH prensar [*shape, object*]; imprimir [*record, CD*]. **4** *vi* **a**) (push with hand, foot, object) **to** ~ **down** empurrar, pressionar; **to** ~ **(down) on, to** ~ **against** exercer pressão em [*pedal, surface*]; **the blankets are ~ing (down) on my leg** os cobertores estão a fazer pressão na minha perna; **b**) [*crowd, person*] empurrar-se, fazer pressão (**against** contra; **around** à volta de; **forward** para a frente). **5** *v refl* **to** ~ **oneself against** encostar-se contra [*wall*]; apertar-se contra [*person*]. ■ **press ahead**: **to** ~ **ahead** avançar; **to** ~ **ahead with (sth)** avançar com [*reform, plan, negotiations*]. ■ **press for**: **to** ~ **for (sth)** insistir para obter [*change, support, release*]. ■ **press on**: **to** ~ **on a**) (on journey) continuar; **to** ~ **on regardless** eles continuaram apesar de tudo; **b**) (move on) (fig) passar ao seguinte; **let's** ~ **on to the next item** passemos ao ponto seguinte; **to** ~ **on with (sth)** prosseguir com [*reform, plan, negotiation, agenda*]; passar a [*next item*]; **to** ~ **(sth) on (sb)** forçar (alg) a aceitar.
press: ~ **conference** *n* conferência *f* de imprensa; ~ **gallery** *n* tribuna *f* da imprensa; ~**-gang** *vtr* HIST recrutar; **to** ~**-gang sb into doing sth** (fig) forçar alg a fazer qq coisa.

pressing ['presɪŋ] **1** *n* **a**) (of records) impressão *f*; **b**) (of olives) prensagem *f.* **2** *adj* **a**) (urgent) urgente, premente; **b**) (insistent) [*invitation*] insistente; [*anxiety*] opressivo,-a.
press: ~ **release** *n* comunicado *f* de imprensa; ~**-stud** *n* GB botão *m* de pressão; ~**-up** *n* flexão *f* com apoio nos braços.
pressure ['pre*ʃ*ə(r)] **1** *n* **a**) (gen) TECH, METEOROL pressão *f*; **to put** ~ **on sth** exercer/fazer pressão sobre qq coisa; **b**) (fig) (on person) pressão *f*; **to put** ~ **on sb** fazer pressão sobre alg (**to do** para fazer); **to do sth under** ~ fazer qq coisa sob pressão; **she has come under a lot of** ~ **to do** ela tem estado sujeita a grande pressão para fazer; **due to** ~ **of work** por causa de excesso de trabalho; **financial** ~**s** dificuldades *fpl* financeiras; **the ~s of modern life** o "stress" da vida moderna; **c**) (volume) (of traffic, tourists, visitors) fluxo *m*; volume *m*. **2** *vtr* see **pressurize**.
pressure: ~ **cooker** *n* panela *f* de pressão; ~ **gauge** *n* manómetro *m*; ~ **group** *n* grupo *m* de pressão.
pressurize ['pre*ʃ*əraɪz] *vtr* **a**) (lit) pressurizar; **b**) (fig) fazer pressão sobre [*person*]; **to be ~d into doing** ser forçado a fazer.
prestige [pre'sti:ʒ] **1** *n* prestígio *m*. **2** *modif* [*car, site*] de prestígio; [*housing, hotel*] de renome.
prestigious [pre'stɪdʒəs] *adj* prestigioso,-a.
presumably [prɪ'zju:məblɪ] *adv* presumivelmente.
presume [prɪ'zju:m] **1** *vtr* **a**) (suppose) supor (**that** que); presumir (**that** que); **I** ~ **it was him** eu suponho que era ele; **"does he know?" "I** ~ **so/I** ~ **not"** "ele sabe?" "suponho que sim/não"; **b**) (presuppose) pressupor (**that** que). **2** *vi* **to** ~ **upon** abusar de [*person, kindness*]; **I hope I'm not presuming** espero não estar a ser muito ousado.
presumption [prɪ'zʌmp*ʃ*n] *n* **a**) (supposition) suposição *f* (**that** que); JUR suspeita *f* (**of** de); **on the** ~ **that** supondo que; **to make a** ~ fazer uma suposição; **b**) (basis) argumentos *mpl* (**against** contra); **in favour of** a favor de; **c**) (impudence) audácia *f.*
presumptuous [prɪ'zʌmptjʊəs] *adj* audacioso,-a, presunçoso,-a.
presuppose [pri:sə'pəʊz] *vtr* pressupor (**that** que).
pretence GB, **pretense** US [prɪ'tens] *n* **a**) (false claim) pretensão *f* (**that** que); **to make a** ~ **of sth/of doing sth** pretender algo/fazer algo; **to make no** ~ **of sth/of doing sth** não ter pretensões a algo/a fazer algo; **on/under the** ~ **of doing sth** sob o pretexto de fazer algo; **to keep up the of doing sth** manter a pretensão de fazer algo; **b**) (sham) simulacro *m*; (**at, of** de); (of illness) simulação *f* (**at, of** de); **a** ~ **of love** um amor falso.
pretend [prɪ'tend] **1** (coll) *adj inv* para rir; **it's only ~!** é só para rir!. **2** *vtr* **a**) (feign) fingir; **to** ~ **that** fingir que, fazer como se; **to** ~ **to do** fingir fazer; **let's** ~ **(that) it never happened** vamos fazer de conta que isso nunca aconteceu (fam); **a thief** ~ **to be a policeman** um ladrão a fazer-se passar por polícia; **b**) (claim) **to** ~ **to** ter a pretensão de [*know, understand*]. **3 pretended**

pp adj [*emotion, ignorance, illness*] fingido, simulado.
pretense *n* US see **pretence**.
pretension [prɪ'ten∫n] *n* pretensão *f*; **to have ~s to sth** pretender qq coisa; **to have ~s to doing sth** ter pretensões a (fazer) qq coisa.
pretentious [prɪ'ten∫əs] *adj* pretensioso.
pretext ['pri:tekst] *n* pretexto *m* (**for sth** para qq coisa; **for doing** para fazer); **under** *or* **on the ~ of sth/doing sth** sob pretexto de qq coisa/de fazer qq coisa.
prettily ['prɪtɪlɪ] *adv* [*arrange, dress, decorate, perform*] lindamente; [*blush, smile*] de maneira encantadora; [*apologize, thank*] gentilmente.
pretty ['prɪtɪ] **1** *adj* **a)** (to look at) bonito,-a; **it was not a ~ sight** não era bonito de se ver; **b)** (to listen to) (pej) [*speech, music*] lindo,-a. **2** (coll) *adv* (very) verdadeiramente; (fairly) bastante; (almost) praticamente; **~ good** razoável; **~ well all** praticamente tudo; **"how are you?" "~ well"** "como tens passado?" "bastante bem". IDIOMAS **~ as a picture** lindo como o sol; **I'm not just a ~ face** (coll, hum) eu também tenho cabeça; **a ~ state of affairs** (iron) um belo trabalho; **to be sitting ~** (coll) ter uma boa situação, ter um bom pé de meia (fam); **things have come to a ~ pass** as coisas começam a não andar bem.
prevail [prɪ'veɪl] *vi* **a)** (win) prevalecer, triunfar; **b)** (be usual) predominar. ■ **prevail upon**: **~ upon (sb)** persuadir (**to do** a fazer).
prevailing [prɪ'veɪlɪŋ] *adj* **a)** (gen) [*custom, attitude, idea, style*] que prevalece, prevalecente; **b)** [*rate*] em vigor; **c)** [*wind*] dominante.
prevalence ['prevələns] *n* (widespread nature) propagação *f*; (superior position) preponderância *f*; predomínio *m*.
prevalent ['prevələnt] *adj* (widespread) espalhado,-a, propagado,-a; (predominant) predominante.
prevaricate [prɪ'værɪkeɪt] *vi* esquivar-se, usar de evasivas.
prevent [prɪ'vent] *vtr* prevenir, evitar [*fire, illness, violence*]; **to ~ the outbreak of war** evitar o eclodir duma guerra; **to ~ sb/sth from doing sth** impedir alg/algo de fazer algo.
prevention [prɪ'ven∫n] *n* prevenção *f*; **accident ~** (gen) prevenção de acidentes. IDIOMAS (Prov) **~ is better than cure** mais vale prevenir que remediar (Prov).
preventive [prɪ'ventɪv] *adj* preventivo,-a.
preview ['pri:vju:] **1** *n* **a)** (of film, play) ante-estreia *f*; **b)** (report) (of match, programme) apresentação *f* (**of** de). **2** *vtr* apresentar [*match, programme*].
previous ['pri:vɪəs] *adj* **a)** (before) [*day, meeting, manager, chapter*] anterior; **on a ~ occasion** já, antes; **on ~ occasions** anteriormente; **he has no ~ convictions** JUR não tem antecedentes criminais; **to have a ~ engagement** ter um compromisso anterior; **"~ experience essential"** COMM "exigida experiência anterior"; **b)** (hasty) [*decision*] apressado,-a; [*action*] prematuro,-a; **c) ~ to** (*prep phr*) antes de.
previously ['pri:vɪəslɪ] *adv* **a)** (before) anteriormente; **b)** (already) já.
prewar ['pri:wɔ:(r)] *adj* de antes da guerra.

prey [preɪ] **1** *n* (lit, fig) presa *f*. **2** *vi* **to ~ on** [*animal*] cair sobre; [*person*] escolher as suas vítimas; **the accident was ~ing on his mind** o acidente atormentava-o.
price [praɪs] **1** *n* **a)** (gen) COMM (lit, fig) (cost) preço *m*; **the ~ per ticket** o preço do bilhete Po/ tíquete BR; **to pay a high** *or* **heavy ~ for sth** (fig) pagar caro qq coisa; **that's the ~ one pays** *or* **has to pay for being famous** é o preço da fama; **peace at any ~** a paz a todo o custo; **b)** (gen) COMM (lit, fig) (value) **of great ~** de grande valor; **beyond** *or* **above** *or* **without ~** dum valor incalculável; **to put a ~ on sth** (lit) avaliar qq coisa [*object, antique*]; **she puts** *or* **sets a high ~ on loyalty** ela dá muito valor à lealdade; **what ~ all his good intentions now!** de que valem as suas boas intenções agora?. **2** *vtr* (fix, determine the price of) fixar o preço de (**at** em); (estimate, evaluate the worth of) avaliar, estimar o valor de (**at** em). IDIOMAS **every man** *or* **everyone has his ~** todos têm um preço; **to put a ~ on sb's head** pôr a cabeça de alg a prémio. ■ **price out**: **~ oneself** *or* **one's goods out of the market** perder um mercado praticando preços muito elevados.
price cut *n* baixa *f* de preço.
priceless ['praɪslɪs] *adj* **a)** (extremely valuable) de preço incalculável; **b)** (amusing) impagável.
price: ~ list *n* (in shop, catalogue) lista *f*; tabela *f* de preços; **~ range, ~ bracket** *n* gama *f* de preços; **that's out of my ~ range** isso está fora do meu orçamento; **~ tag** *n* etiqueta *f*.
prick [prɪk] **1** *n* (of needle etc) (feeling) picada *f*; (hole) alfinetada *f*; **to give sth a ~** picar qq coisa; **a ~ of conscience** um morder de consciência. **2** *vtr* **a)** (cause pain) picar (**with** com); **to ~ one's finger** picar o dedo; **his conscience ~ed him** a consciência pesava-lhe; **b)** (pierce) perfurar [*paper, plastic*] (**with** com); furar [*bubble, balloon*] (**with** com); **c)** CULIN picar; **d)** see **~ up**. **3** *vi* **a)** [*eyes*] picar, arder; **b)** [*thorn*] picar. ■ **prick out**: **to ~ out (sth)**, **to ~ (sth) out a)** transplantar [*seedlings*]; **b)** ART apontar [*design, outline*]. ■ **prick up**: **to ~ up** [*dog's ears*] levantar-se; **at that, my ears ~ed up** aquilo fez-me levantar as orelhas/prestar atenção.
prickle ['prɪkl] **1** *n* **a)** (of hedgehog, tristle, holly) espinho *m*; **b)** (feeling) arrepio *m*; estremecimento *m*. **2** *vtr* [*clothes, jumper*] arranhar. **3** *vi* [*hairs*] eriçar-se (**with** de).
prickly ['prɪklɪ] *adj* **a)** [*bush, rose, leaf*] espinhoso,-a; [*animal*] com espinhos; [*thorn*] picante; **b)** [*jumper, beard*] que arranha/pica; **c)** (coll) (touchy) irritável, irritadiço,-a (**about** com, por causa de).
pride [praɪd] **1** *n* **a)** (satisfaction) orgulho *m* (**in sb/sth** por alg/algo); **to take ~ in sth** ter orgulho em algo; **to take ~ in one's appearance** cuidar bem da sua aparência; **family ~** honra *f* familiar; **national ~** orgulho *m* nacional; **b)** (self-respect) amor próprio *m* (also pej); presunção *f*; **to hurt/wound sb's ~** ferir o amor próprio de alg; **c)** (source of satisfaction) orgulho *m*; satisfação *f*; **to be sb's ~ and joy** ser o grande orgulho de alg; **d)** (group of lions) bando *m* (**of** de). **2** *v refl* **to ~ oneself on sth/on doing** orgulhar-se de algo/de fazer. IDIOMAS **~ comes**

before a fall (Prov) quem mais alto sobe mais abaixo vem cair.

priest [priːst] *n* padre *m*; sacerdote *m*.

priesthood ['priːsthʊd] *n* (job) sacerdócio *m*; (group) clero *m*; **to enter the** ~ ordenar-se padre.

prig [prig] *n* pedante *m/f*.

prim [prim] *adj* (*also* ~ **and proper**) [*person, manner, appearance*] afectado,-a.

prima facie [praɪməˈfeɪʃiː] **1** *adj* Jur (gen) legítimo,-a (à primeira vista). **2** *adv* Jur (gen) à primeira vista.

primarily [praɪmərɪlɪ] *adv* **a**) (chiefly) essencialmente, principalmente; **b**) (originally) em primeiro lugar.

primary ['praɪmərɪ] **1** *n* us Pol (*also* ~ **election**) primárias *fpl*. **2** *adj* **a**) (main) principal; [*sense, meaning*] original, primitivo,-a (*after n*) **an issue of** ~ **importance** uma questão de primordial importância; **b**) GB Sch [*teaching, education*] primário,-a; **c**) [*stage*] primitivo,-a (*before n*); **d**) Econ [*industry, products*] de base.

primary: ~ **colour** *n* cor *f* primária; ~ **school 1** *n* GB escola *f* primária. **2** *modif* ~ **school children** alunos *mpl* do ensino primário.

primate ['praɪmeɪt, 'praɪmət] *n* **a**) Zool (mammal) primata *m*; **b**) (*also* **P~**) Relig primaz *m* (**of** de).

prime ['praɪm] **1** *n* **a**) (peak period) **in one's** ~ (politically, professionally) no seu apogeu; (physically) na flor da idade; **to be past its** ~ ter conhecido melhores dias; **in the** ~ **of life** na Primavera da vida; **b**) Math (*also* ~ **number**) número *m* primo. **2** *adj* **a**) (chief) [*aim, candidate, factor, suspect*] principal; **(to be) of** ~ **importance** (ser) de importância primordial; **b**) Comm (choice) [*site, location, land, meat*] de primeira; **in** ~ **condition** [*machine*] em perfeito estado; [*foodstuffs*] fresco,-a; **of** ~ **quality** de primeira qualidade; **c**) (classic) [*example, instance*] excelente, clássico,-a. **3** *vtr* **a**) (with information) instruir, preparar [*witness, interview*]; **to** ~ **sb about** pôr alg ao corrente de; **to be** ~**d for sth** estar preparado para qq coisa; **b**) Constr (apply primer to) aplicar aparelho em [*wood, metal*]; **c**) Mil escorvar.

prime minister *n* primeiro-ministro *m*.

primer ['praɪmə(r)] *n* **a**) (first coat) aparelho *m*; **b**) (for detonating) escorva *f*.

primeval [praɪˈmiːvl] *adj* primitivo,-a; **the** ~ **forest** a floresta *f* virgem.

primitive ['primitiv] **1** *n* Anthrop homem *m* primitivo. **2** *adj* primitivo,-a.

primrose ['primrəʊz] *n* primavera *f*; Bot prímula. **IDIOMAS the** ~ **path** o caminho da facilidade.

prince [prins] *n* príncipe *m* (also fig).

princely ['prinslɪ] *adj* [*amount, salary*] magnífico,-a; [*court, style*] principesco,-a; [*life, role*] de príncipe.

princess [prinˈses] *n* princesa *f*.

principal ['prinsɪpl] **1** *n* **a**) (headteacher) director *m*; **b**) Theat actor *m* principal; **c**) Mus um dos registos mais elevados do órgão; **d**) (client) cliente *m/f*; **e**) Fin capital *m*; (debt before interest) dinheiro *m* investido ou emprestado. **2** *adj* **a**) (main) principal; **b**) [*violin, clarinet*] primeiro

(*before n*) [*dancer*] estrela; **c**) [*clause*] **the** ~ **parts of a verb** Ling os tempos primitivos de um verbo.

principality [prinsɪˈpælɪtɪ] *n* principado *m*.

principally ['prinsɪpəlɪ] *adv* principalmente.

principle ['prinsɪpl] *n* princípio *m*; **to be against sb's** ~**s** ser contra os princípios de alg; **to have high** ~**s** ter bons princípios; **on** ~ por princípio; **it's a matter of** ~ **with her** para ela é uma questão de princípios; **to make it a** ~ **to do** ter por princípio fazer; **in** ~ em princípio.

print [print] **1** *n* **a**) (typeface) tipo *m*; caracter *m*; **the** ~ **is very small** está escrito em letra miudinha; **the small/fine** ~ Insur, Jur os detalhes; **don't forget to read the small** ~ não se esqueça de ler todos os detalhes; **b**) (written form) **(to be) in** ~ estar impresso/à venda/publicado; **out of** ~ esgotado,-a; **to go into** ~ ser publicado; **to put/get sth into** ~ publicar qq coisa; **to see sth in** ~ ver qq coisa preto no branco; **c**) Art (etching) estampa *f*; (engraving) gravura *f*; **d**) Phot prova *f*; **to make a** ~ **from a negative** tirar uma prova de um negativo; **e**) Cin cópia *f*; **f**) (impression) impressão *f*; marca *f*; **g**) Tex tecido *m* estampado; **h**) (handwriting) caligrafia *f*. **2** *modif* Tex [*blouse, curtains, dress*] em tecido estampado. **3** *vtr* **a**) Print (technically) imprimir (**on** sobre); **b**) Journ (publish) publicar; **the article was** ~**ed in the local press** o artigo foi publicado na imprensa local; **c**) Phot tirar [*copy*]; mandar revelar [*photos*]; **d**) (write) escrever (qq coisa) em letra de imprensa (**on** sobre). **4** *vi* **a**) (write) escrever em letra de imprensa; **b**) Print imprimir. **5** **printed** *pp adj* impresso; "~**ed matter**" Post "impressos" *mpl*. ■ **print off**: ~ **off (sth),** ~ **(sth) off** tirar [*copies*]. ■ **print out**: ~ **out (sth),** ~ **(sth) out** (gen) Comput imprimir.

printable ['printəbl] *adj* **a**) (publishable) publicável; **b**) Print que se pode imprimir.

printer ['printə(r)] *n* **a**) Print (person) tipógrafo *m*; **b**) Print (firm) tipografia *f*; **c**) (machine) impressora *f*.

printing ['printɪŋ] **1** *n* **a**) (technique) impressão *f*; **b**) (result) impressão *f*; **c**) (print run) tiragem *f*. **2** *modif* ~ **business/industry** impressão *f*.

printing press *n* máquina *f* impressora; prelo *m*.

printout ['printaʊt] *n* (**computer**) ~ dados *mpl* impressos pelo computador.

prior ['praɪə(r)] **1** *n* Relig prior *m*. **2** *adj* **a**) (previous) prévio,-a; ~ **notice** pre-aviso; **b**) (more important) prioritário,-a. **3** *adv phr* ~ **to sth** antes de qq coisa; ~ **to doing** antes de fazer.

priority [praɪˈɒrɪtɪ] **1** *n* prioridade *f*; **the main/highest** ~ a prioridade absoluta; **to get one's priorities right** definir correctamente as suas prioridades; **to get one's priorities wrong** definir mal as suas prioridades; **to have/take** ~ **over sth** ter prioridade sobre qq coisa; ~ **to the right** prioridade à direita. **2** *adj* [*case, debt, expanse, mail*] prioritário,-a; [*call*] de prioridade; [*appointment*] Admin em prioridade.

priory ['praɪərɪ] *n* priorado *m*.

prise [praɪz] ■ **prise apart**: ~ **(sth) apart** (lit, fig) separar [*layers, planks, people*]; abrir (qq coisa) à força [*lips, teeth*]. ■ **prise away**: ~ **(sb) away from sth** (fig) arrancar alg a [*TV,* *work*]. ■ **prise off**: ~ (sth) off levantar (qq coisa) forçando [*lid*]. ■ **prise open**: ~ (sth) open abrir (qq coisa) à força. ■ **prise out**: ~ (sth) out (lit) retirar (**of, from** de); ~ (sth) out of sb arrancar (qq coisa) a alg; ~ sb out of (sth) arrancar alg de. ■ **prise up**: ~ (sth) up levantar (qq coisa) à força [*floorboard*].

prism ['prɪzm] *n* prisma *m*.

prison ['prɪzn] **1** *n* prisão *f*; **he sent them to ~ for 12 years** ele condenou-os a 12 anos de prisão; **to put sb in ~** prender alg. **2** *modif* [*death, life, suicide*] na prisão; [*administration, regulation*] penitenciário,-a; [*population, reform*] penal; **a ~ cell/governor/yard** uma cela/um director/um pátio de prisão; [*conditions*] de detenção.

prison camp *n* campo *m* de prisioneiros.

prisoner ['prɪznə(r)] *n* (gen) prisioneiro,-a *m, f*; (in jail) detido,-a *m, f*; **they took me ~** eles fizeram-me prisioneiro; ~ **of war** prisioneiro *m* de guerra.

pristine ['prɪstaɪn, 'prɪstiːn] (formal) *adj* imaculado,-a; **in ~ condition** em estado novo, impecável.

privacy ['prɪvəsɪ, 'praɪvəsɪ] *n* **a)** (private life) vida *f* privada; privacidade *f*; **the right to ~** o direito à privacidade; **b)** (solitude) intimidade *f*.

private ['praɪvət, 'praɪvɪt] **1** *n* soldado *m* raso. **2** *adj* **a)** (not for general public) privado,-a; **room with ~ bath** quarto com casa de banho privativa Po/banheiro privativo Br; **b)** (personal, not associated with one's job or firm) [*letter, phone call*] particular; [*buyer, investor*] privado,-a; [*income, means*] pessoal; **to act in a ~ capacity** *or* **as a ~ person** agir a título pessoal; **c)** (not public, not state-run) privado,-a; [*housing, accommodation*] particular; **~ lessons** explicações *fpl*; aulas *fpl* particulares; **d)** [*talk, conversation, meeting, matter*] privado,-a; [*reason, opinion, thought*] pessoal; **a ~ joke** uma piada particular; **e)** [*place*] tranquilo,-a; **f)** [*individual, person*] reservado,-a. **3 in ~** *adv phr* em privado.

private: ~ **detective** *n* detective *m* privado; ~ **enterprise** *n* iniciativa *g* privada; ~ **eye** (coll) *n* detective *m* privado.

privately ['praɪvətlɪ] *adv* **a)** (in private) em privado; **b)** (out of public sector) no particular; ~ **funded** *or* **financed** com financiamento privado; **c)** (in one's heart) [*believe, doubt*] intimamente.

private: ~ **parts** *npl* (euph) órgãos *mpl* genitais; ~ **practice** *n* GB consultório *m* particular; **to work** *or* **be in ~ practice** ter um consultório particular.

privatization [praɪvətaɪˈzeɪʃn] *n* privatização *f*.

privatize ['praɪvətaɪz] *vtr* privatizar.

privilege ['prɪvɪlɪdʒ] *n* privilégio *m*; **tax ~s** vantagens *fpl* fiscais.

privileged ['prɪvɪlɪdʒd] *adj* [*minority, life, position*] privilegiado,-a; [*information*] confidencial; **to be ~ to meet sb** ter o privilégio de se encontrar com alg; **the ~ few** os poucos privilegiados.

Privy Council *n* GB Conselho *m* Privado (do rei ou da rainha).

pro [prəʊ] **1** *n* **a)** (coll) (professional) profissional *m/f*; **b)** (advantage) **the ~s and cons** os prós e os contras. **2** *prep* **are you ~ or anti war?** és a favor ou contra a guerra?.

pro- (*in compounds*) **a)** pró-; **to be ~ American** ser pró-Americano; **b)** **to be ~ nuclear** ser a favor da energia nuclear; **he is a ~ abortionist** ele é um defensor do aborto.

probability [prɒbəˈbɪlɪtɪ] *n* **a)** (likelihood) (- *c*) (of positive event) probabilidades *fpl*; (of unwelcome event) os riscos *mpl*; **the ~ of an accident is remote** é pouco provável que haja um acidente; **b)** (likely result) probabilidade *f*; **war/an election is a ~** é provável que haja uma guerra/uma eleição; **c)** MATH, STAT probabilidade *f*.

probable ['prɒbəbl] *adj* provável; **to be/seem ~ that** ser/parecer provável que (+ *subj*).

probably ['prɒbəblɪ] *adv* provavelmente; **very ~** muito provavelmente.

probate ['prəʊbeɪt, 'prəʊbət] *n* JUR (process) homologação *f*; **to grant ~ of a will** homologar um testamento.

probation [prəˈbeɪʃn] *n* **a)** JUR; suspensão *f* condicional da pena; **b)** (trial period) **to be on three months ~** estar à experiência durante três meses.

probationary [prəˈbeɪʃənərɪ] *adj* (trial) [*period, year*] probatório,-a; [*month, period*] probatório,-a, experimental.

probation officer *n* JUR funcionário *m* encarregado de fiscalizar os réus em liberdade condicional.

probe [prəʊb] **1** *n* **a)** (investigation) inquérito *m*; investigação *f* (**into** sobre); **b)** (instrument) sonda *f*; **c)** AEROSP sonda *f*; **space ~** sonda espacial. **2** *vtr* **a)** JOURN investigar [*affair, causes, mystery, scandal*]; **b)** DENT examinar com uma sonda [*tooth*]; **c)** AEROSP explorar [*space*]; **d)** explorar com cuidado [*hole, surface*]. **3** *vi* fazer investigações; **"do you still love her?", he ~d** ainda a amas?, quis saber ele. ■ **probe into**: ~ **into (sth)** investigar sobre [*suspicious activity*]; (pej) vasculhar [*private, affairs*]; sondar [*mind*]; perscrutar [*thoughts*].

probing ['prəʊbɪŋ] **1** *n* inquérito *m*. **2** *adj* [*look*] inquiridor,a; [*study, examination*] profundo,-a.

problem ['prɒbləm] **1** *n* **a)** problema *m*; **to have ~s** ter problemas/aborrecimentos (**with** com); **to have a drink/weight ~** ter problemas de alcoolismo/peso; **to present a ~** pôr um problema; **to be a ~ to sb** ser um problema para alg; **b)** MATH problema *m*. **2** *modif* **a)** PSYCHOL, SCH, SOCIOL [*child*] difícil; **it's a ~ family/group** é uma família/um grupo que constitui problema; **b)** LITERAT [*play, novel*] de tese.

problematic [prɒbləˈmætɪk] *adj* problemático,-a.

problematical [prɒbləˈmætɪkl] *adj* problemático,-a.

procedure [prəˈsiːdjə(r)] *n* (gen) procedimento *m*.

proceed [prəˈsiːd] **1** *vtr* **to ~ to do** começar a fazer; **"in that case", she ~ed** "nesse caso", continuou ela. **2** *vi* **a)** (set about) proceder; (continue) prosseguir; (be in progress) [*plan, project, work*] avançar; (take place) [*work, interview, negotiations*] desenrolar-se; **before we ~ any further...** (at beginning of meeting) antes de irmos mais longe...; (in middle of speech) antes de prosseguirmos...; **let us ~** (begin) comecemos;

(continue) continuemos; **b) to ~ with** avançar [*idea, plan, sale*]; proceder a [*ballot, election*]; **c) to ~ to** passar a [*item, question, problem*]; seguir [*higher education*]; **to ~ to the next item on the agenda** passar ao ponto seguinte na ordem do dia; **everything is ~ing according to plan** tudo se passa como estava previsto; **d)** [*person*] continuar; [*vehicle*] avançar; [*road*] dirigir-se, continuar; **e) to ~ from** (formal) (issue from) provir de; **f)** JUR **to ~ against sb** instaurar processo contra alg.

proceeding [prə'si:dɪŋ] **1** *n* (procedure) actuação *f*; procedimento *m*. **2 proceedings** *npl* **a)** (gen) (meeting) reunião *f*; (ceremony) cerimónia *f*; (discussion) debates *mpl*; **to direct ~s** dirigir as operações; **b)** JUR processo *m*; acção *f* judicial; **extradition ~s** processo *m* de extradição; **to take/start/institute ~s** instaurar processo (**against** contra); **to start divorce ~s** intentar uma acção de divórcio; **to commence criminal ~s (against sb)** instaurar um processo de acção penal (contra alg); **c)** (report) (gen) registo *m*; (of conference, society) actas *fpl*.

proceeds ['prəʊsi:dz] *npl* (of deal) produto *m* (**from** de); (of event) lucro *m*; rendimento *m* (**from** de).

process ['prəʊses] **1** *n* **a)** (gen) processo *m*; **the ~ of doing** o processo de baixar a inflação; **to begin the ~ of doing** iniciar o processo de fazer; **in the ~ of doing this, he...** enquanto ele fazia isto, ele...; **in the ~ ao fazer; it's a long/slow ~** é um longo/lento processo, isso leva o seu tempo; **b)** (method) método *m*; processo *m* (**for** para; **for doing** para fazer); **manufacturing ~** processo *m* de fabricação; **c)** JUR (lawsuit) processo *m*; (summons) citação *f*. **2** *vtr* **a)** (gen) ADMIN, COMPUT tratar; **b)** IND transformar [*raw materials, food product*]; tratar [*chemicals, waste*]; PHOT revelar [*film*]; CULIN (mix) misturar; (chop) picar. **3** *vi* GB (move in procession) **to ~ down/along the road** desfilar em/ao longo da rua.

procession [prə'se∫n] *n* (of demonstration, carnival) desfile *m*; (for formal occasion) cortejo *m*; RELIG procissão *f*.

processor ['prəʊsesər] *n* **a)** COMPUT unidade *f* central; **b)** see **food ~**.

proclaim [prə'kleɪm] *vtr* proclamar (**that** que); **to ~ oneself a Christian** proclamar-se cristão.

proclamation [prɒklə'meɪ∫n] *n* proclamação *f* (**of** de).

proclivity [prə'klɪvɪtɪ] *n* propensão *f* (**for, to, towards** a, para); **sexual proclivities** tendências *fpl* sexuais.

procrastinate [prəʊ'kræstɪneɪt] *vi* protelar.

procrastination [prəʊkræstɪ'neɪ∫(ə)n] *n* (-*c*) protelação *f*.

procure [prə'kjʊə(r)] **1** *vtr* (formal) obter, arranjar; **to ~ sth for sb** (directly) adquirir algo para alg; (indirectly) arranjar algo para alg. **2** *vi* exercer o lenocínio.

procurement [prə'kjʊəmənt] *n* (gen) obtenção *f*; MIL, COMM aquisição *f*.

prod [prɒd] **1** *n* **a)** (lit) (poke) golpe *m*; pancada *f* pequena; **to give sth/sb a ~** dar uma pequena pancada a algo/alg; **b)** (coll, fig) (encouragement, reminder) incitamento *m*; **to give sb a ~**

incitar alg; **he needs a gentle ~ to do sth** ele precisa de um empurrãozinho para fazer algo (fam); **c)** AGRIC aguilhão *m*; **cattle ~** aguilhão *m* para o gado. **2** *vtr* (*pres p etc* **-dd-**) (*also* **~ at**) **a)** (lit) (with foot, instrument, stick) empurrar ligeiramente, dar pequenas pancadas em; **stop ~ding me!** não me empurres!; **b)** (coll) (remind, encourage) incitar; **to ~ sb into doing sth** incitar alg a fazer qq coisa; **c)** (fig) (interrogate) interrogar.

prodigal ['prɒdɪg(ə)l] *adj* (liter) [*expenditure, generosity*] generoso,-a; [*government, body*] pródigo,-a; **to be ~ with/of** ser pródigo de.

prodigious [prə'dɪdʒəs] *adj* prodigioso,-a.

prodigy ['prɒdɪdʒɪ] *n* prodígio *m*.

produce 1 ['prɒdju:s] *n* (- *c*) produtos *mpl*. **2** [prə'dju:s] *vtr* **a)** (cause) provocar [*emotional reaction, change*]; produzir [*effect, opportunity, result, success*]; **b)** AGRIC, IND [*region, industry, farmer*] produzir; [*worker, machine*] fabricar (**from** a partir de); **c)** (generate) produzir [*heat, electricity, fumes*]; dar [*gains, profits, returns*]; **d)** (present) apresentar [*passport, voucher, documentation*]; fornecer [*evidence, argument, examples*]; **to ~ sth from** tirar qq coisa de [*pocket, bag*]; **e)** (artistically) realizar; **well-~d** [*film, programme*] bem realizado,-a; [*book, leaflet*] bem concebido,-a; **f)** (put together) preparar [*meal*]; arranjar [*argument, timetable, package, solution*].

producer [prə'dju:sə(r)] *n* **a)** (supplier) (of produce, food) produtos *m*; (of machinery, goods) fabricante *m*; **b)** CIN, RADIO, TV realizador,a *m, f*; THEAT encenador,a *m, f*.

product ['prɒdʌkt] **1** *n* **a)** produto *m*; **consumer ~s** produtos *mpl* de consumo; **b)** (result) **a/the ~ of** um/o produto de; **the end ~** o resultado final. **2** *modif* [*advertising, design, development, range, testing*] de produto.

production [prə'dʌk∫n] **1** *n* **a)** AGRIC, IND (of crop, produce, foodstuffs, metal) produção *f* (**of** de); (of machinery, furniture, cars) fabrico *m* (**of** de); **to go into/be in ~** estar a ser fabricado; **the computers have gone/are out of ~** deixou de se fabricar computadores; **to be in full ~** estar em plena produção; **to take land out of ~** deixar de explorar uma terra; **b)** (output) produção *f*; **crop ~** produção agrícola; **c)** (presentation) (of document, ticket, report) apresentação *f*; (of evidence) apresentação *f*; **d)** CIN, RADIO, TV realização *f*; THEAT encenação *f*; **to work in radio/TV ~** ser realizador de rádio/televisão; **e)** (spectacle) produção *f* (**of** de); **X's ~ of "Le Lid"** "Le Lid" produzido por X; **to put on a ~ of sth** THEAT pôr em cena qq coisa. **2** *modif* [*costs, difficulties, methods, unit*] de produção; **~ control** controlo *m* de produção.

production line *n* linha *f* de fabrico.

productive [prə'dʌktɪv] *adj* **a)** (efficient) [*factory, industry, land, worker*] produtivo,-a; [*system, method, use*] eficaz; **b)** (constructive) [*discussion, collaboration, experience*] fértil; [*day, phase, period*] produtivo,-a; **c)** ECON produtivo,-a; **d)** (resulting in) **to be ~ of** ser gerador, a de [*knowledge, tyranny, health*].

productivity [prɒdʌk'tɪvɪtɪ] **1** *n* produtividade *f*. **2** *modif* [*agreement, bonus, drive, gains, growth*] de produtividade.

Prof abrev = **Professor**.
profane [prə'feɪn] **1** adj **a**) (blasphemous) ímpio,-a; **b**) (secular) profano,-a. **2** vtr profanar [shrine, tradition, honour].
profanity [prə'fænɪtɪ] (formal) n (behaviour) sacrilégio m; (oath) blasfémia f.
profess [prə'fes] vtr (claim) professar, afirmar, declarar (**that** que); (state openly) professar, fazer profissão de [opinion, faith].
professed [prə'fest] adj (genuine) confesso,-a, declarado,-a; (pretended) pretenso,-a; RELIG professo,-a.
profession [prə'feʃn] n **a**) (occupation) profissão f; **by** ~ de profissão; **the ~s** as profissões liberais; **to enter a** ~ abraçar uma profissão; **b**) (group) profissão f; **the legal** ~ a classe judicial; **c**) (statement) declaração f (**of** de).
professional [prə'feʃənl] **1** n professional m/f. **2** adj **a**) [duty, experience incompetence, qualification, status] profissional; ~ **career** carreira f; **they are** ~ **people** eles são especialistas; **b**) (not amateur) [footballer, dancer] profissional; **c**) (of high standard) profissional.
professionalism [prə'feʃənəlɪzm] n (of person, organization) profissionalismo m; (of performance, piece of work) alta qualidade f.
professionally [prə'feʃənəlɪ] adv **a**) (by a professional) por um profissional; ~ **qualified** diplomado; **he is** ~ **trained** ele recebeu formação profissional; **b**) (as point of view) de um ponto de vista profissional, profissionalmente; **c**) (in work situation) numa situação puramente profissional; **he is known** ~ **as Tim Jones** na sua profissão ele é conhecido pelo nome de Tim Jones; **d**) [play sport] como profissional; **he sings** ~ ele é um cantor profissional; **e**) (to a high standard) de maneira profissional.
professor [prə'fesə(r)] n UNIV GB professor m universitário; US professor m.
proffer ['prɒfə(r)] (formal) vtr **a**) (hold out) estender; **b**) (offer) oferecer.
proficiency [prə'fɪʃənsɪ] n (practical) competência f (**in, at sth** em algo); nível m académico (**in sth** em algo).
proficient [prə'fɪʃ(ə)nt] adj competente (**at sth** em algo); **to be** ~ **at doing sth** ser competente em algo; **she is a highly** ~ **swimmer** ela é uma óptima nadadora.
profile ['prəʊfaɪl] **1** n **a**) (of face) perfil m; **in** ~ de perfil; **to have a low** ~ [person] passar despercebido; [product] ter uma má imagem de marca; **to raise one's** ~ tornar-se mais conhecido; **b**) (of body, mountain) silhueta f; **c**) JOURN (of personality) retrato m (**of** de). **2** vtr JOURN traçar o retrato de [person]. **3 profiled** pp adj (silhouetted) **to be** ~**d** projectar-se de perfil (**against** sobre, contra).
profit ['prɒfɪt] **1** n COMM ganho m; lucro m; proveito m; vantagem f; **gross/net** ~ lucro bruto/líquido; ~ **and loss** perdas e ganhos; **to make/turn a** ~ tirar lucro/proveito (**on** em); **they're only interested in making quick** ~**s** eles só estão interessados em fazer dinheiro fácil; **to operate at a** ~ ser rentável; **there isn't much** ~ **in that line of business** esse negócio não rende muito; **to turn sth to** ~ (fig) tirar proveito de qq coisa. **2** vtr (liter) lucrar/ganhar em. **3** vi **to** ~ **by/from sth** tirar proveito de qq coisa.

profitability [prɒfɪtə'bɪlɪtɪ] n rentabilidade f.
profitable ['prɒfɪtəbll] adj COMM rentável, lucrativo; (fig) frutuoso,-a; **to make** ~ **use of sth** aproveitar/tirar lucro de algo.
profiteer [prɒfɪ'tɪə(r)] n (pej) especulador,a m, f; explorador,a m, f.
profiteering [prɒfɪ'tɪərɪŋ] n (pej) **to engage in** ~ tirar lucro à custa dos outros/de uma situação.
profit: ~**-making organization** n organização f para fins lucrativos; ~ **margin** n margem f de lucro; ~ **sharing** n participação dos trabalhadores nos lucros.
profligate ['prɒflɪgət] (formal) adj [government, body] extremamente pródigo,-a; [spending] excessivo,-a; ~ **use of taxpayers' money** o esbanjamento do dinheiro dos contribuintes.
profound [prə'faʊnd] adj profundo,-a.
profoundly [prə'faʊndlɪ] adv **a**) (emphatic) profundamente; **b**) (wisely) com profundidade.
profuse [prə'fju:s] adj [growth, bleeding] abundante; [apologies, thanks] profuso,-a.
profusely [prə'fju:slɪ] adv [sweat, bleed] abundantemente; [bloom] profusamente; [thank] efusivamente; **to apologize** ~ desfazer-se em desculpas.
prognosis [prɒg'nəʊsɪs] n **a**) MED prognóstico m; **a** ~ **on/about sb/sth** um prognóstico sobre alg/algo; **b**) (prediction) **the** ~ **for sth** os prognósticos para algo.
program ['prəʊgrəm], US [-grəm] **1** n **a**) COMPUT programa m; **to run a** ~ correr um programa; **b**) US RADIO, TV programa m. **2** vtr (p prés etc -mm- GB, -m- US) (gen) COMPUT programar (**to do** para fazer). **3** vi (p prés etc -mm- GB, -m- US) COMPUT programar (**in** em).
programme GB, **program** US ['prəʊgrəm], US [-grəm] **1** n **a**) TV, RADIO (single broadcast) programa m (**about** sobre); (schedule of broadcasting) programação f; **to do a** ~ difundir ou fazer uma emissão (**on** sobre); **b**) (schedule) programa m (**of** de); **c**) MUS, THEAT programa m. **2** vtr (set) programar [machine] (**to do** para fazer).
progress 1 ['prəʊgres] n **a**) (advance) progresso m; **she's making** ~ **in her work** ela está a fazer progressos no trabalho; **b**) (course, evolution) (of person, vehicle) progressão f; (of talks, dispute, disease) evolução f; **to make (slow/steady)** ~ progredir (lentamente/com firmeza); **work is in** ~ os trabalhos estão a decorrer. **2** [prə'gres] vi **a**) (develop, improve) [work, research, studies, society] progredir; [person] fazer progressos; **to** ~ **towards democracy** encaminhar-se para a democracia; **b**) (follow course) [person, vehicle, storm] avançar; **as the day** ~**ed** à medida que o dia decorria ou avançava.
progression [prə'greʃn] n **a**) (development, advancement) (gen) evolução f; (improvement) progressão f; **b**) (series) sucessão f; **c**) MUS, MATH progressão f.
progressive [prə'gresɪv] **1** n POL progressista m/f. **2** adj **a**) (gradual) [increase, change, illness] progressivo,-a; **b**) (radical) [person, idea, policy] progressista.
progressively [prə'gresɪvlɪ] adv progressivamente.
progress report n (on construction work) rela-

tório *m* sobre a evolução dos trabalhos; (on patient) boletim *m* médico; (on pupil) boletim *m* escolar.
prohibit [prə'hɪbɪt] *vtr* proibir (**sb from doing sth** alg de fazer algo).
prohibition [prəʊhɪ'bɪʃn] **1** *n* **a)** (forbidding) proibição *f* (**of** de); **b)** (customs, import ban) proibição *f* (**on sth** de qq coisa); **c)** US (*also* **P~**) proibição *f*. **2** *modif* [*law, party*] proibicionista; [*America, days, years*] da proibição.
prohibitive [prə'hɪbɪtɪv] *adj* [*cost, price*] proibitivo,-a.
prohibitively [prə'hɪbɪtɪvlɪ] *adv* ~ **expensive** excessivamente caro.
project 1 ['prɒdʒekt] *n* **a)** (plan, scheme) projecto *m* (**to do** para fazer); **b)** SCH projecto *m*; trabalho *m*; **research** ~ programa *m* de pesquisa. **2** ['prɒdʒekt] *modif* [*budget, funds*] de um projecto; ~ **manager** (gen) director *m* de projecto. **3** [prə'dʒekt] *vtr* **a)** (throw, send) projectar, lançar [*objects*]; enviar [*missile*]; fazer ressaltar [*voice*]; **b)** (put across) dar [*image*]; **c)** (transfer) lançar [*guilt, doubts, anxiety*] (**onto** sobre); **d)** (estimate) prever; **e)** CIN, PHYS projectar (**onto** sobre); **f)** GEOG fazer a projecção de; MATH projectar. **4** [prə'dʒekt] *vi* **a)** (stick out) fazer sobressair (**from** de); **to** ~ **over sth** incidir sobre qq coisa; **b)** [*actor*] passar à ribalta. **5** [prə'dʒekt] *v refl* **a)** **to** ~ **oneself as (being) sth** dar a impressão de ser algo; **b)** **to** ~ **oneself into the future** imaginar-se no futuro.
projectile [prə'dʒektaɪl] *n* projéctil *m*.
projection [prə'dʒekʃn] *n* **a)** (of object, thoughts, emotions) projecção *f*; **b)** (estimate) previsão *f*; **c)** CIN, MATH, GEOG projecção *f*.
projection room *n* cabine *f* de projecção.
projector [prə'dʒektə(r)] *n* projector *m*.
proletarian [prəʊlɪ'teərɪən] **1** *n* proletário,-a *m, f*. **2** *adj* POL, ECON proletário,-a.
proliferate [prə'lɪfəreɪt] *vi* proliferar.
prolific [prə'lɪfɪk] *adj* (productive) [*writer*] prolífero,-a; [*plant*] abundante; [*decade*] fértil; [*growth*] rápido,-a; ~ **scorer** excelente goleador.
prologue ['prəʊlɒg] *n* **a)** LITERAT prólogo *m*; prefácio *m*; **b)** preâmbulo *m* (**to sth** a algo).
prolong [prə'lɒŋ] *vtr* prolongar.
prolongation [prəʊlɒŋ'geɪʃ(ə)n] *n* (in time, in space) prolongamento *m*.
prolonged [prə'lɒŋd] *adj* prolongado,-a.
promenade [prɒmə'nɑːd] **1** *n* (path) passeio *m*. **2** *vi* passear-se.
promenade: ~ **concerts** *npl* concertos *mpl* (em que a assistência pode circular à vontade); ~ **deck** *n* convés *m* superior.
prominence ['prɒmɪnəns] *n* **a)** (of person, issue) importância *f*; **to rise to** ~ tornar-se conhecido; **b)** (of feature, object, building) proeminência *f*; saliência *f*.
prominent ['prɒmɪnənt] *adj* **a)** [*person, figure, activist*] de relevo; [*artist, intellectual, industrialist*] eminente; **to play a** ~ **part** or **role in sth** desempenhar um papel importante em qq coisa; **b)** [*position, place, feature*] proeminente; [*peak, ridge*] saliente; [*marking*] bem visível; notório,-a; [*nose*] proeminente; [*eye, cheekbone, collarbone*] saliente; [*tooth*] saído; **leave the key in a** ~ **place** deixa a chave num lugar que se veja.

prominently ['prɒmɪnəntlɪ] *adv* em evidência; **to feature** or **figure** ~ **in sth** desempenhar um papel importante em qq coisa.
promiscuity [prɒmɪ'skjuːɪtɪ] *n* (sexual) (*-c*) promiscuidade *f* sexual.
promiscuous [prə'mɪskjʊəs] *adj* (pej) [*person*] promíscuo,-a; [*behaviour*] descuidado,-a, confuso,-a.
promise ['prɒmɪs] **1** *n* **a)** (vow) promessa *f*; **to break/keep** or **fulfil one's** ~ faltar à/manter ou cumprir a promessa; **b)** (hope, prospect) esperança *f*; **there seems little** ~ **of peace** parece haver pouca esperança de paz; **c)** (likelihood of success) **he is a young writer of** ~ ele é um jovem escritor com um futuro promissor. **2** *vtr* **a)** (pledge) prometer; **to** ~ **sth to sb** prometer qq coisa a alg; **as** ~**d** conforme o prometido; **b)** (give prospect of) anunciar, prometer; **c)** (assure) assegurar, garantir; **it won't be easy, I** ~ **you** não vai ser fácil, garanto-te. **3** *vi* **a)** (give pledge) prometer; **do you** ~? prometes?; **b)** (fig) **to** ~ **well** [*young, talent, candidate*] ser promissor; [*result, situation, event*] ser prometedor; **this doesn't** ~ **well for the future** isso não pressagia nada de bom para o futuro.
promising ['prɒmɪsɪŋ] *adj* [*situation, sign, career, future*] prometedor,a; [*artist, candidate*] promissor,a; **I've been shortlisted for the job — that's** ~ eu fui incluído na lista dos candidatos escolhidos para o emprego — é bom sinal.
promontory ['prɒməntərɪ] *n* promontório *m*.
promote [prə'məʊt] *vtr* **a)** (encourage) desenvolver, fomentar; **b)** (advertise) promover [*product*]; **to** ~ **a candidate** promover um candidato; **to** ~ **a bill** POL apresentar um projecto de lei; **c)** (in rank) **to be** ~**d from secretary to administrator** ser promovido de secretário a administrador; **d)** (in football) **to be** ~**d from fourth to second division** passar da quarta para a segunda divisão.
promoter [prə'məʊtə(r)] *n* **a)** (organizer) organizador,a *m, f*; (in charge of product) promotor,a *m, f* de vendas; **b)** (activist) militante *m/f* (**of** de).
promotion [prə'məʊʃn] *n* **a)** (of employee) promoção *f*; **to gain** ~ ser promovido; **to apply for** ~ candidatar-se a uma promoção; **b)** COMM promoção *f* (**of** de); **sales** ~ promoção de vendas; **c)** (encouragement) estímulo *m*.
promotional [prə'məʊʃənl] *adj* COMM promocional.
prompt [prɒmpt] **1** *n* COMPUT, COMM prompt. **2** *adj* rápido,-a; **to be** ~ **to do** ser rápido a fazer. **3** *adv* em ponto; **at six o'clock** ~ às 6 horas em ponto. **4** *vtr* **a)** (cause) provocar [*reaction, decision, anger, action*]; suscitar [*concern, accusation, comment, warning*]; **to** ~ **sb to do sth** incitar alg a fazer qq coisa; **b)** (encourage to talk) **"and then what?" she** ~**ed** "e depois o quê?" inquiriu ela; **c)** THEAT (gen) (remind) soprar a, servir de ponto [*person*]; **d)** (*vi*) THEAT (gen) dar a deixa, soprar, servir de ponto.
prompter ['prɒmptə(r)] *n* THEAT ponto *m*.
prompting ['prɒmptɪŋ] *n* instigação *f*; incitação *f*; **without any** ~ de sua livre vontade.
promptly ['prɒmptlɪ] *adv* **a)** (thereupon) prontamente, imediatamente; **he lifted it up and** ~

dropped it ele pegou nele e deixou-o cair imediatamente; **b)** (without delay) rapidamente; **c)** (punctually) **they arrived** ~ eles chegaram à hora; ~ **at 6 o'clock** às 6 horas em ponto.

promulgate ['prɒmǝlgeɪt] *vtr* **a)** (disseminate) disseminar, espalhar; **b)** (announce) promulgar, proclamar.

prone [prǝʊn] **1** *adj* **a)** (liable, given) **to be** ~ **to do sth/to doing sth** ser inclinado a fazer algo; **to be** ~ **to migraine** estar muito sujeito a dores de cabeça; **b)** (position) **to lie in a** ~ **position** [*sunbather*] estar deitado com a barriga para baixo; [*injured*] estar deitado de borco. **2** ~ (*in compounds*) **accident** ~ propenso,-a a acidentes.

prong [prɒŋ] *n* dente *m* (de garfo ou de forcado).

pronged [prɒŋd] *adj* (*in compounds*) **a) a two** ~ **attack** um ataque em duas frentes; **b)** [*fork, spear*]; **three** ~ com três dentes.

pronoun ['prǝʊnaʊn] *n* pronome *m*.

pronounce [prǝ'naʊns] **1** *vtr* LING pronunciar [*letter, word*]; pronunciar [*judgement, sentence*]; anunciar [*verdict*]; emitir [*opinion*]; **to** ~ **sb dead/guilty** declarar alg morto/culpado. **2** *vi* JUR pronunciar, proferir; **to** ~ **for/against sb** proferir sentença a favor/contra alg. **3** *v refl* **to** ~ **oneself satisfied** declarar-se satisfeito. ▪ **pronounce on**: ~ **on (sth)** pronunciar-se sobre [*case, matter*]; afirmar [*existence, truth*].

pronounced [prǝ'naʊnst] *adj* **a)** (noticeable) [*accent, limp, tendency*] acentuado,-a, pronunciado,-a; [*stammer*] forte; [*change, difference, increase*] marcado,-a; **b)** (strongly felt) [*idea, opinion, view*] decisivo,-a, marcante.

pronouncement [prǝ'naʊnsmǝnt] *n* **a)** (statement) declaração *f* (**on** sobre, a propósito de); **b)** (verdict) veredicto *m* (**on** sobre).

proof [pru:f] **1** *n* **a)** (evidence) prova *f* (**of** de; **that** que); **to have** ~ **that** poder provar que; **there is no** ~ **that** nada prova que; **the** ~ **is...** a prova é que...; **to produce sth as a** ~ fazer qq coisa a título de prova; **to be** ~ **of sb's worth/age** provar o valor/a idade de alg; ~ **of identity** prova de identidade; **b)** PRINT prova *f* tipográfica; **to correct the** ~**s** corrigir provas; **c)** PHOT prova *f*; **d)** (of alcohol) teor *m* alcoólico; **to be 70.° or 70%** ~ ter uma graduação alcoólica de 70.°. **2** *adj* **to be** ~ **against** ser à prova de [*wind, infection, heat, time*]; estar ao abrigo de [*temptation, charms*]. **3** ~ (*in compounds*) (resistant to) **vandal**~ antivandalismo; **earthquake**~ antisísmico. **4** *vtr* **a)** impermeabilizar [*fabric*]; insonorizar [*room, house*]; **b)** see ~**read**.

proofread ['pru:fri:d] *vtr, vi* **a)** (check copy) corrigir; **b)** (check proofs) corrigir as provas.

proof: ~ **reader** *n* revisor,a *m, f*; ~ **reading** *n* revisão *f* de provas.

prop [prɒp] **1** *n* **a)** CONSTR, TECH estaca *f*; escora *f*; **b)** (supportive person) apoio *m* (**for** para); **c)** THEAT abrev = **property** adereço *m*; **d)** SPORT (in rugby) poste *m*; **e)** AGRIC (for plant) estaca *f*; (for crop) esteio *m*. **2** *vtr* (*pres p etc* -**pp**-) **a)** (support) escorar; **to** ~ **sth on sth** apoiar qq coisa em algo; **I** ~**ed his head on a pillow** eu apoiei-lhe a cabeça num travesseiro; **b)** (lean) **to** ~ **sb/sth against sth** apoiar alg/algo contra qq coisa. **3** *v refl* (*pres p etc* -**pp**-) **to** ~ **oneself**

against sth apoiar-se a. ▪ **prop up**: ~ (**sth**) **up,** ~ **up (sth)** sustentar.

propaganda [prɒpǝ'gændǝ] **1** *n* propaganda *f* (**against** contra; **in favour of** a favor de). **2** *modif* [*campaign, exercise, film, war*] de propaganda.

propagate ['prɒpǝgeɪt] **1** *vtr* (spread) propagar. **2** *vi* reproduzir-se, multiplicar-se.

propagator ['prɒpǝgeɪtǝ(r)] *n* (box for plants) germinadouro *m*.

propel [prǝ'pel] *vtr* (*pres p etc* -**ll**-) propulsionar [*vehicle, ship*]; impelir [*person*]; (more violently) impulsionar [*person*].

propeller [prǝ'pelǝ(r)] *n* AVIAT, NAUT hélice *f*.

propensity [prǝ'pensɪtɪ] *n* propensão *f*.

proper ['prɒpǝ(r)] *adj* **a)** (fitting) conveniente, adequado,-a; **b)** (real) [*doctor, holiday, job*] verdadeiro,-a (*before n*) [*opportunity*] bom; **c)** (correct) [*term, spelling*] correcto,-a; [*order, manner, tool, choice, response*] bom; [*sense*] próprio,-a; **everything is the** ~ **place** tudo está no seu lugar; **d)** (coll) (complete) **I felt a** ~ **fool!** senti-me um perfeito idiota!; **e)** (actual) (*never before n*) **in the village** ~ na própria aldeia; **the show** ~ o espectáculo propriamente dito; **f)** (respectable) [*person*] correcto,-a; [*upbringing*] conveniente; **to do the** ~ **thing by a girl** (euph) casar para regularizar uma situação.

properly ['prɒpǝlɪ] *adv* **a)** (correctly) correctamente; ~ **speaking** falando bem; **b)** (fully) completamente; **c)** (adequately) adequadamente; **d)** (suitably) [*dressed*] convenientemente.

proper name, proper noun *n* LING nome *m* próprio.

property ['prɒpǝtɪ] **1** *n* **a)** (belongings) propriedade *f*; **government** ~ propriedade do estado; **that is not your** ~ isso não lhe pertence; **b)** (real estate) COMM, FIN bens *mpl* imobiliários; **to invest in** ~ investir em imobiliário; **c)** (house) propriedade *f*; **the** ~ **is detached** é uma casa independente; **d)** CHEM, PHYS propriedade *f*. **2 properties** *npl* **a)** FIN o imobiliário *m*; **b)** THEAT acessórios *mpl*; adereços *mpl*. **3** *modif* [*company, development, group, law, speculator*] imobiliário,-a; **hot** ~ JOURN colaborador *m* de talento.

prophecy ['prɒfɪsɪ] *n* profecia *f*; **to make a** ~ **that...** profetizar que....

prophesy ['prɒfɪsaɪ] **1** *vtr* profetizar (**that** que). **2** *vi* fazer profecias (**about** sobre).

prophet ['prɒfɪt] *n* profeta *m*.

prophetic [prǝ'fetɪk] *adj* profético,-a.

propitious [prǝ'pɪʃǝs] (formal) *adj* propício,-a (**for sth** a algo).

proponent [prǝ'pǝʊnǝnt] *n* proponente *m/f* (**of** de).

proportional [prǝ'pɔ:ʃǝnl] *adj* proporcional (**to** a).

proportionally [prǝ'pɔ:ʃǝnǝlɪ] *adv* proporcionalmente.

proposal [prǝ'pǝʊzl] *n* **a)** (suggestion) proposta *f*; **a** ~ **for doing** uma proposta para fazer; **a** ~ **to do** uma proposta para fazer; **b)** (offer of marriage) pedido *m* de casamento; **c)** INSUR (*also* ~ **form**) formulário *m* de proposta.

propose [prǝ'pǝʊz] **1** *vtr* (intend, nominate, suggest) propor [*change, rule, solution*]; apresentar [*motion*]; **to** ~ **doing** propor fazer. **2** *vi* fazer um pedido de casamento (**to** a). **3 proposed** *pp adj* proposto.

proposition [propə'zɪʃn] **1** *n* **a**) (suggestion) proposta *f*; **a ~ to do** uma proposta para fazer; **b**) (assertion) asserção *f*; **the ~ that** a asserção segundo a qual; **c**) (enterprise) negócio *m*. **2** *vtr* fazer uma proposta a [*person*].

propound [prə'paʊnd] *vtr* propor, apresentar.

proprietary [prə'praɪətərɪ] *adj* **a**) [*rights, duties, interest*] do proprietário; [*manner, attitude*] de proprietário; **b**) COMM [*system*] patenteado,-a, registado,-a.

proprietary medicine *n* especialidade *f* farmacêutica.

proprietor [prə'praɪətə(r)] *n* proprietário,-a *m, f* (**of** de).

propriety [prə'praɪətɪ] *n* (politeness) correcção *f*; (morality) decência *f*; decoro *m*.

propulsion [prə'pʌlʃ(ə)n] *n* propulsão *f*.

prosaic [prə'zeɪɪk, prəʊ'zeɪɪk] *adj* [*style, description, existence*] prosaico,-a.

proscribe [prə'skraɪb] *vtr* proscrever.

prose [prəʊz] (not verse) prosa *f*.

prosecute ['prosɪkjuːt] **1** *vtr* **a**) **to ~ sb** JUR processar alg judicialmente; **b**) (pursue) prosseguir. **2** *vi* **they have decided to ~** eles decidiram mover uma acção judicial.

prosecution [prosɪ'kjuːʃn] *n* **a**) JUR (institution of charge) acção *f* judicial; **liable to ~** passível de acção judicial; **b**) JUR (party) **the ~** a acusação *f*; **c**) (of war, research) prossecução *f* (**of** de).

prosecutor ['prosɪkjuːtə(r)] *n* JUR (instituting prosecution) **to be the ~** ser o promotor de justiça.

prospect 1 ['prospekt] *n* **a**) (hope) (of change, improvement, promotion) esperança *f*; (of success) probabilidade *f*; (**of doing** de fazer); **to rule out the ~ of sth** afastar a esperança de qq coisa; **b**) (for job) candidato *m* potencial; (for sports team) esperança *f*; **c**) COMM (likely client) cliente *m/f* potencial; **d**) (formal) (view) perspectiva *f*. **2 prospects** *npl* perspectivas *fpl*; **to have no ~s** (person, job) não ter perspectivas. **3** [prə'spekt] *vtr* explorar [*land, region*]. **4** [prə'spekt] *vi* explorar; **to ~ for** pesquisar.

prospector [prə'spektə(r)] *n* prospector *m*; **gold ~** pesquisador de ouro.

prospectus [prə'spektəs] *n* (booklet) prospecto *m*; (small leaflet) folheto *m*.

prosper ['prospə(r)] *vi* prosperar.

prosperity [pro'sperɪtɪ] *n* prosperidade *f*.

prosperous ['prospərəs] *adj* [*person, farm, country*] próspero,-a.

prostate ['prosteɪt] *n* próstata *f*.

prostitute ['prostɪtjuːt] **1** *n* (woman) prostituta *f*; **male ~** prostituto *m*. **2** *v refl* **to ~ oneself** (lit, fig) prostituir-se.

prostitution [prostɪ'tjuːʃn] *n* prostituição *f*.

prostrate 1 ['prostreɪt] *adj* **a**) [*body, figure*] deitado por terra (de barriga para baixo); **b**) (fig) [*nation, country*] subjugado,-a. **2** [pro'streɪt, prə'streɪt] *vtr* **to be ~d by an illness** estar abatido por uma doença. **3** [pro'streɪt, prə'streɪt] *v refl* **to ~ oneself** prostrar-se (**before sb/sth** perante alg/algo).

protagonist [prəʊtægənɪst] *n* **a**) LITERAT, CIN

protagonista *m*; **the main ~** o protagonista ou a personagem principal; **b**) (advocate) defensor,a *m, f* (**of sth** de qq coisa).

protect [prə'tekt] **1** *vtr* **a**) (keep safe) proteger (**against** contra; **from** de); **b**) (defend) defender [*consumer, interests, privilege*] (**against** contra); preservar [*privacy*]; proteger [*investment, standards*] (**against** contra; **from** de). **2** *v refl* **to ~ oneself** (against threat) proteger-se (**against** contra; **from** de); (against attack) defender-se (**against, from** contra, de).

protection [prə'tekʃn] *n* **a**) (safeguard) (lit, fig) protecção *f* (**against** contra; **for** para; **from** de); **to give/offer sb ~ against sth** proteger alg contra qq coisa; **head ~** capacete *m*; **eye ~** óculos *mpl*; **for his own ~** (moral) para seu próprio bem; (physical) para se proteger; **b**) (*also* **trade ~**) proteccionismo *m*; **c**) (extortion) **to pay sb ~** (iron) pagar um imposto a alg para assegurar a sua protecção; **to buy ~** (iron) comprar a sua tranquilidade (a bando que extorque dinheiro a comerciantes); **d**) COMPUT protecção *f*; **data/file ~** protecção *f* de dados/ficheiros.

protection: ~ money *n* (euph) dinheiro *m* entregue a um "racketeer"; **~ racket** *n* sistema *m* de exploração aos comerciantes por bando de malfeitores mediante ameaças de violência.

protective [~prə'tektɪv] **1** *n* US preservativo *m*. **2** *adj* **a**) (providing security) [*clothing, cover, gear, layer*] protector,a; [*measure*] de protecção; **b**) (caring) protector,a; **to be ~ of** velar cuidadosamente por [*car, possessions*]; proteger [*discovery, research*]; **c**) ECON [*tarif, system*] proteccionista.

protective custody *n* JUR prisão *f* preventiva; **to place sb in ~** colocar alg sob prisão preventiva.

protector [prə'tektə(r)] *n* **a**) (defender) (gen) protector,a *m, f*; (of rights) defensor,a *m, f*; **b**) (protective clothing) **ear ~s** tampões *mpl* antiruído.

protein ['prəʊtiːn] *n* proteína *f*; **high-~/ low-~** rico/pobre em proteínas.

protest 1 ['prəʊtest] *n* **a**) (complaint) protesto *m*; reclamação *f* (**about, at, over** acerca de; **from** da parte de); **to lodge/register a ~** fazer uma reclamação; **b**) (demonstration) manifestação *f* (**against, at** contra); **c**) (disapproval) protesto *m*; **in ~** em sinal de protesto; **as a ~ against/at sth** como protesto contra algo; **I followed/paid him under ~** eu segui-o/paguei-lhe contra vontade. **2** ['prəʊtest] *modif* [*march, movement, song, vote*] de protesto. **3** [prə'test] *vtr* **a**) (declare) afirmar [*truth*]; **to ~ one's innocence** declarar a sua inocência; **b**) (complain) **"that's unfair!" they ~ed** "é injusto!" queixaram-se eles; **c**) US (complain about) protestar contra (**to** junto de). **4** [prə'test] *vi* **a**) (complain) protestar, queixar-se (**about, at, over** acerca de; **to** junto de); **to ~ at being chosen** queixar-se por ter sido escolhido; **b**) (demonstrate) manifestar-se (**against** contra).

Protestant ['protɪstənt] **1** *n* protestante *m/f*. **2** *adj* protestante; **the ~ Church** (not catholic) a Igreja Protestante.

protestation [protɪ'steɪʃn] *n* protesto *m*; **in ~** para protestar.

protester [prə'testə(r)] *n* manifestante *m/f*.

protocol [prəʊtə'kɒl] *n* a) protocolo *m*; b) COM-PUT protocolo *m*.
prototype ['prəʊtətaɪp] *n* protótipo *m* (of de); **the ~ vehicle** o protótipo.
protract [prə'trækt] *vtr* prolongar.
protrude [prə'tru:d] *vi* sobressair, tornar saliente, ultrapassar (**from sth** (de) qq coisa).
protrusion [prə'tru:ʒn] *n* (on rocks) saliência *f*; (on skin) protuberância *f*.
proud [praʊd] *adj* a) (satisfied) satisfeito,-a, orgulhoso,-a, vaidoso,-a (**of** de; **of doing** de fazer); [*owner*] feliz; [*parent, winner*] orgulhoso,-a, vaidoso,-a; b) (great) [*day, moment*] grande, glorioso,-a; c) (protruding) protuberante; **fill the hole** ~ encher o orifício deixando-lhe uma protuberância. IDIOMAS **to do sb** ~ (entertain) tratar magnificamente alg; (praise) honrar alg.
proudly ['praʊdlɪ] *adv* [*display show*] com orgulho; [*sit, speak, stand, fly, walk*] altivamente; **Disney Studios** ~ **present** CIN os estúdios Disney têm o prazer de apresentar.
prove [pru:v] 1 *vtr* a) (show) (gen) provar; (by demonstration) demonstrar; **to** ~ **a point** demonstrar o (seu) ponto de vista; b) JUR comprovar a autenticidade [*will*]. 2 *vi* (turn out) vir a ser; **it ~d otherwise** mostrou ser outra coisa; **if I ~ to be mistaken** se acontecer eu estar errado. 3 *vref* **to** ~ **oneself** (**to be**) revelar-se.
Provence [prɒ'vɑ̃s] *n* Provença.
proverb ['prɒvɜ:b] *n* provérbio *m*.
proverbial [prə'vɜ:bɪəl] *adj* a) [*wisdom, saying*] proverbial; b) (widely known) lendário,-a.
proverbially [prə'vɜ:bɪəlɪ] *adv* **he is** ~ **stupid** ele é notoriamente estúpido.
provide [prə'vaɪd] 1 *vtr* a) fornecer [*opportunity, evidence*] (**for** a); trazer, dar [*answer*] (**for** a); dar [*satisfaction*] (**for** a); [*parent, charity*] assegurar [*food, shelter*] (**for** a); [*bank, company, train*] assegurar [*service*] (**for** a); **to** ~ **access** [*path*] assegurar o acesso; [*parent, charity, company*] assegurar algo a alg [*food, service, shelter*]; [*friend, parent*] proporcionar algo a alg [*support, understanding*]; **the course** ~ **d them with a chance to learn English** o curso deu-lhes a oportunidade de aprender Inglês; **please put litter in the bin** ~**d** por favor deite o lixo no caixote à sua disposição; b) JUR, ADMIN (stipulate) prever (**that** que); **except as** ~**d** salvo indicação em contrário. 2 *vi* providenciar as necessidades. ■ **provide against**: ~ **against** (**sth**) prevenir-se contra. ■ **provide for**: ~ **for** (**sb, sth**) a) [*person, will*] prover às necessidades de (alg/algo); **to be well** ~**d for** não ter necessidades; b) JUR prever.
provided [prə'vaɪdɪd], **providing** [prə'vaɪdɪŋ] *conj* (*also* ~ **that**) desde que, contanto que (+ *subj*).
providence ['prɒvɪdəns] *n* (fate) providência *f*.
providential [prɒvɪ'denʃl] (formal) *adj* providencial.
provider [prə'vaɪdə(r)] *n* (gen) provedor *m*; sustento *m*; **she's the sole** ~ **for the family** ela é o único sustento da família.
province ['prɒvɪns] *n* a) (region) província *f*; **in the** ~**s** na província; b) (fig) (field, area) domínio *m*; campo *m*.

provincial [prə'vɪnʃl] 1 *n* (from provinces) (also pej) provinciano,-a *m, f.* 2 *adj* a) [*doctor, newspaper, capital*] de província; [*life*] na província; b) (pej) (narrow) provinciano,-a.
provision [prə'vɪʒn] 1 *n* a) (of housing, food, information, equipment) abastecimento *m*; provisão *f* (**to** a); (of service) prestação *f* (**to** a); **there is no health care** ~ **for workers** os trabalhadores não dispõem de serviços de saúde; b) (for future, old age) precauções *fpl*; disposições *fpl* (**for** para; **against** contra); c) JUR, ADMIN (of agreement, treaty) cláusula *f*; (of bill, act) disposição *f*; **to make** ~ **for sth** prever qq coisa; **under the** ~ **of sth** nos termos de qq coisa; **with the** ~ **that...** na condição de...; **within the** ~**s of the law** de acordo com a lei. 2 **provisions** *npl* providências *fpl*.
provisional [prə'vɪʒɪən] *adj* provisório,-a.
provisional *pr n* membro da facção dura do IRA ou do Sinn Fein.
provisionally [prə'vɪʒənəlɪ] *adv* provisoriamente, a título provisório.
proviso [prə'vaɪzəʊ] *n* condição *f*; JUR cláusula *f*.
provocation [prɒvə'keɪʃn] *n* provocação *f*.
provocative [prə'vɒkətɪv] *adj* (causing anger, controversy) provocador,a; **to be** ~ ser provocador.
provoke [prə'vəʊk] *vtr* a) (annoy) provocar; **to** ~ **sb to do/into doing sth** levar alg a fazer qq coisa; b) (cause, arouse) causar, suscitar [*anger, complaints*]; provocar [*laughter, reaction, crisis*].
prow [praʊ] *n* proa *f*.
prowess ['praʊɪs] *n* a) SPORT proeza *f*; b) (bravery) coragem *f*; bravura *f*.
prowl [praʊl] 1 *n* **to be/to go on the** ~ (**for sth**) andar à cata ou em busca (de qq coisa). 2 *vtr* **to** ~ **the streets at night** vaguear de noite pelas ruas. 3 *vi* [*animal, person*] vaguear, errar, deambular.
proximity ['prɒk'sɪmɪtɪ] *n* proximidade *f* (**of** de); **in the** ~ **of sth** na proximidade de qq coisa.
proxy ['prɒksɪ] *n* a) (person) mandatário,-a *m, f*; procurador,a *m, f*; b) (authority) procuração *f*.
prude [pru:d] *n* beata *f* (falsa).
prudent ['pru:d(ə)nt] (formal) *adj* prudente.
prudish ['pru:dɪʃ] *adj* pudico,-a.
prune [pru:n] 1 *n* CULIN ameixa *f* seca. 2 *vtr* a) (cut back) podar; ~ **back** HORT podar; (thin out) desbastar; b) (fig) cortar [*essay, article*]; reduzir [*budget, expenditure*].
pry [praɪ] 1 *n* US alavanca *f*; pé-de-cabra *f*. 2 *vtr* US **to** ~ **sth open** abrir qq coisa por meio de alavanca; **to** ~ **the lid off a jar** forçar o tampo de um pote. 3 *vi* **to** ~ **into sb's life** intrometer-se na vida de alg.
PS *abrev* = **postscriptum** P.S..
psalm [sɑ:m] *n* salmo *m*.
pseudo+ ['sju:dəʊ] (*in compounds*) pseudo-.
pseudonym ['sju:dənɪm] *n* pseudónimo *m* (**of** de).
psychiatric [saɪkɪ'ætrɪk] *adj* [*hospital, care*] psiquiátrico,-a; [*illness, disorder*] mental.
psychiatrist [saɪ'kaɪətrɪst] *n* psiquiatra *m/f*.
psychiatry [saɪ'kaɪətrɪ] *n* psiquiatria *f*.
psychic ['saɪkɪk] 1 *n* médium *m/f*; vidente *m/f*. 2

adj **a)** (paranormal) parapsicológico,-a; (telepathic) telepático,-a; **to have ~ powers** ter poderes parapsicológicos; **you must be ~!** deves ser bruxo!; **b)** (psychological) psicológico,-a.
psych(o)- [ˈsaɪkəʊ] *prep* psico-.
psychological [saɪkəˈlɒdʒɪkl] *adj* psicológico,-a.
psychological warfare *n* guerra *f* psicológica.
psychologist [saɪˈkɒlədʒɪst] *n* psicólogo,-a *m, f*.
psychology [saɪˈkɒlədʒɪ] *n* psicologia *f* (**of** de).
psychosis [saɪˈkəʊsɪs] *n* psicose *f*.
psychotherapy [saɪkəʊˈθerəpɪ] *n* psicoterapia *f*.
PTO *abrev* = **please turn over** V.S.F.F.
pub [pʌb] (coll) *n* see **public house**; bar *m*.
pub crawl *n* **to go on a ~** correr todos os bares.
puberty [ˈpjuːbətɪ] *n* puberdade *f*.
public [ˈpʌblɪk] **1** *n* **the ~** o público *m*; **the theatre-going/racing ~** as pessoas que vão com regularidade ao teatro/às corridas. **2** *adj* [*health, property, park, debt, admission, image*] público,-a; [*appearance*] em público; [*enthusiasm, indifference, support*] geral; [*library, amenity*] municipal; [*duty, spirit*] cívico,-a; **to be in ~ life** participar da vida pública; **to be in the ~ eye** estar exposto à opinião pública; **she has decided to go ~ (with her story)** ela decidiu tornar pública a sua história; **the company is going ~** a companhia vai ser cotada na Bolsa; **it is ~ knowledge that** é do conhecimento público que; **let's go somewhere less ~** vamos a um lugar mais discreto. **3 in ~** *adv phr* em público.
public address (system) *n* (sistema *m* de) sonorização *f*.
publican [ˈpʌblɪkən] *n* GB dono,-a *m, f* de bar.
publication [pʌblɪˈkeɪʃn] *n* publicação *f*; **they have accepted her novel for ~** eles aceitaram publicar o seu romance; **on the day of ~** no dia da publicação; **this report is not for ~** este relatório é confidencial; **"~s"** (on curriculum vitae) "artigos publicados".
public: **~ company** *n* sociedade *f* anónima; **~ holiday** *n* feriado *m* nacional; **~ house** *n* **a)** (formal) GB pub *m*; **b)** US albergue *m*; hospedaria *f*.
publicity [pʌbˈlɪsɪtɪ] **1** *n* **a)** (public attention) **to attract ~** atrair a atenção dos meios de comunicação social; **the marriage took place in a blaze of ~** o casamento foi muito badalado (fam); **the company has received a lot of bad/adverse ~** a empresa recebeu muito más críticas nos meios de comunicação social; **b)** (advertising material) (brochures) brochuras *fpl* publicitárias; prospectos *mpl*; (posters) cartazes *mpl* publicitários; (films) filmes *mpl* publicitários. **2** *modif* [*bureau, launch*] de publicidade, publicitário,-a.
publicity: **~ agent** *n* agente *m/f* de publicidade; **~ campaign** *n* (advertising campaign) COMM campanha *f* publicitária/de publicidade; (to raise social issue) campanha *f* de sensibilização.
publicize [ˈpʌblɪsaɪz] *vtr* **a)** (bring to public attention) dar publicidade a, sensibilizar a opinião pública para; **well-/much-~d** [*event, scandal*] muito falado; **b)** (make public) tornar (algo) público; **c)** (advertise) fazer propaganda de, anunciar; **well-/much-~d** muito anunciado,-a.
publicly [ˈpʌblɪklɪ] *adv* publicamente; **~ owned** (state-owned) público,-a.
public: **~ nuisance** *n* JUR atentado *m* aos direitos

públicos; **~ opinion** *n* opinião *f* pública; **~ ownership** *n* **to be in/be taken into ~ ownership** ser nacionalizado; **~ prosecutor** *n* delegado *m* do Ministério Público; **~ relations 1** *n* relações *fpl* públicas. **2** *modif* [*officer, manager, department*] de relações públicas; [*consultant, expert*] em relações públicas; [*firm*] especializada em relações públicas; **~ school** *n* **a)** GB colégio *m*; **b)** US escola *f* pública; **~-spirited** *adj* com espírito cívico; **it was ~-spirited of you to do** foi uma demonstração de civismo da tua parte fazer; **~ transport** *n* transportes *mpl* públicos; **~ utility** *n* serviço *m* público.
publish [ˈpʌblɪʃ] *vtr* **a)** publicar [*book, article, letter*]; editar [*author, newspaper, magazine*]; **to be ~ed weekly** ser publicado semanalmente; **b)** (announce officially) publicar.
publisher [ˈpʌblɪʃə(r)] *n* editor *m*; **newspaper ~** (person) director *m* de jornal; (company) editora *f*.
publishing [ˈpʌblɪʃɪŋ] **1** *n* edição *f*. **2** *modif* [*group, empire*] de edição.
publishing house *n* casa *f* editora.
puce [pjuːs] *adj* castanho-avermelhado *inv*; (curtains, silk) carmesim.
puck [pʌk] *n* **a)** (in ice-hockey) disco *m* de borracha usado no jogo de hóquei sobre o gelo; **b)** (sprite) duende *m*.
pucker [ˈpʌkə(r)] **1** *vi* **a)** [*face, mouth*] franzir-se; **b)** [*fabric*] enrugar-se; [*skirt*] preguear; [*seam, cloth*] enfolar. **2 puckered** *pp adj* [*brow, mouth*] franzido,-a.
pudding [ˈpʊdɪŋ] *n* **a)** (cooked dish) pudim *m*; **steamed ~** pudim cozido a vapor; **b)** GB (dessert) sobremesa *f*; **c)** (sausage) chouriço *m*; morcela *f*; **d)** (pej) (fat person) (gen) gorducho,-a *m, f*. IDIOMAS **the proof of the ~ is in the eating** (Prov) o comer e o coçar o mal é começar (Prov).
pudding basin, pudding bowl 1 *n* tigela *f*. **2** *modif* **a ~ basin/bowl haircut** um corte *m* de cabelo à tigela.
puddle [ˈpʌd(ə)l] *n* charco *m*; poça *f*.
Puerto Rico [pwɜːtəʊˈriːkəʊ] *n* Porto Rico *m*.
puff [pʌf] **1** *n* **a)** (of air, smoke, steam) baforada *f*; (of breath) sopro *m*; **to vanish** *or* **disappear in a ~ of smoke** desaparecer numa nuvem de fumo Po/fumaça BR; **b)** (coll) GB (breath) respiração *f*; (coll) **to be out of ~** estar sem fôlego; **c)** CULIN folhado *m*; **d)** (coll) (favourable review) crítica *f* elogiosa; **to give a ~ to a play/ film** fazer propaganda a uma peça/um filme. **2** *vtr* **a) to ~ smoke** lançar baforadas de fumo Po/fumaça BR; **he ~ed (on) his cigarette/pipe** ele fumava o seu cigarro/cachimbo; **b)** (coll) (praise) elogiar. **3** *vi* **a)** soprar; **smoke ~ed from the chimney** rolos de fumo Po/fumaça BR saíam pela chaminé; **b)** (pant) arquejar; **he was ~ing hard** ele estava completamente sem fôlego. ■ **puff out** [*sails*] enfunar; [*sleeve, skirt*] tufar; **to ~ out one's cheeks** encher as bochechas. ■ **puff up** [*feathers*] eriçar-se; [*eyes*] inchar; **to be ~ed up with pride** estar inchado de orgulho.
puff pastry *n* massa *f* folhada.
puffy [ˈpʌfɪ] *adj* inchado,-a.
pug [pʌg] *n* (dog) dogue *m*.
pugnacious [pʌgˈneɪʃəs] *adj* combativo,-a.

pug-nosed *adj* com o nariz achatado.
pull [pʊl] **1** *n* **a)** (tug) puxão *m*; safanão *m*; **to give sth a ~** puxar qq coisa; **b)** (attraction) (lit) força *f*; atracção *f*; **c)** (coll) (influence) influência *f*; **to have the ~ to do sth** ter influência/ poder suficiente para fazer qq coisa; **d)** (coll) (swig) gole *m*; trago *m*; **e)** (inhalation) sorvo *m*; **f)** SPORT (in rowing) remada *f*; (in golf) tacada *f*; **g)** (coll) (snag) (in sweater) **there's a ~ in my sweater** tenho uma malha puxada na minha camisola; **h)** (prolonged effort) esforço *m* prolongado; **it was a hard ~ to the summit** foi uma subida difícil. **2** *vtr* **a)** (tug) puxar [*chain, cracker, curtain, hair, tail*]; puxar por [*cord, rope*]; **to ~ the door open/shut** abrir/fechar a porta; **to ~ the sheets over one's head** meter a cabeça debaixo dos lençóis; **to ~ a sweater over one's head** (put on) enfiar uma camisola; (take off) tirar uma camisola; **b)** (drag) **to ~ sb by the arm** puxar alg pelo braço; **to ~ sth/sb towards one** puxar qq coisa/alg para si; **c)** (draw) [*vehicle*] rebocar; [*horse*] puxar [*cart, plough*]; [*person*] puxar [*handcart*]; **d)** (remove) extrair [*tooth*]; colher [*peas, beans, flowers*]; **to ~ sth out of a pocket** tirar qq coisa dum bolso; **to ~ sb out of sth** retirar alg de [*wreckage*]; tirar alg de [*river*]; **e)** brandir, puxar de [*gun, knife*]; **to ~ a gun on sb** puxar de uma pistola para alg; **f)** fazer uma distensão de [*muscle*]; **a ~ed muscle** uma distensão; **g)** (operate) carregar em [*trigger*]; puxar [*lever*]; **h)** (coll) GB tirar [*beer*]; **i)** (coll) (attract) atrair; **j)** (hold back) [*rider*] refrear [*horse*]; **to ~ one's punches** (lit) [*boxer*] conter os seus golpes; (fig) [*person*] conter-se; **k)** (steer, guide) **to ~ a boat into the bank** conduzir um barco até à margem; **l)** (make) **to ~ a face** fazer uma careta. **3** *vi* **a)** (tug) puxar (**at, on** em); **to ~ at sb's sleeve** puxar pela manga de alg; **b)** (move) mover; **to ~ ahead of sb** [*athlete, rally driver*] ganhar avanço sobre alg; [*company*] estar à frente de [*competitor*]; **c)** (smoke) **to ~ at sth** tirar baforadas de/fumar [*cigarette*]; **d)** SPORT [*golfer, batsman*] bater; **e)** (row) remar. ∎ **pull apart**: **~ apart** separar-se; **~ (sth) apart a)** (dismantle) desmontar; **b)** (destroy) (lit) [*child*] destruir [*toy*]; [*dog*] desfazer [*cushion*]; [*animal*] retalhar [*prey*]; **c)** (separate) separar. ∎ **pull away**: **~ away a)** (move away) [*car*] arrancar; [*person*] afastar-se; **to ~ away from sb/sth** [*car, person*] afastar-se de alg/qq coisa; **b)** (become detached) separar-se. ∎ **pull back**: **~ back a)** (withdraw) [*troops*] retirar-se (**from** de); **b)** (move backwards) [*car, person*] recuar. ∎ **pull down**: **~ (sth) down, ~ down (sth) a)** (demolish) demolir; **b)** (lower) baixar [*curtain, blind*]; **c)** (reduce) baixar [*prices*]; reduzir [*inflation*]. ∎ **pull in**: **~ in** [*car, bus, driver*] parar; **~ (sb) in, ~ in (sb) a)** [*police*] deter alg; **b)** [*exhibition, show*] atrair; **~ in (sth)** (coll) (earn) render [*money*]. ∎ **pull off**: **~ off** [*lid*] tirar; **~ off (sth)** (leave) deixar [*road*]; **~ off (sth), ~ (sth) off a)** (remove) despir [*coat, sweater*]; tirar [*lid, wrapping*]; descalçar [*shoes, socks*]; **b)** (coll) (clinch) executar [*raid, robbery*]; concluir [*deal*]; realizar [*coup, feat*]; conseguir [*win, victory*]. ∎ **pull through** sair-se bem, livrar-se de. ∎ **pull together**: **~ together** fazer um esforço, colaborar;

~ (oneself) together dominar-se. ∎ **pull out**: **~ out a)** (emerge) [*car, lorry*] arrancar, sair; **just as the train was ~ing out** no momento em que o comboio PO/trem BR estava a partir; **to ~ out of (sth)** [*car*] deixar [*drive, parking space, station*]; **b)** (withdraw) [*army, troops*] retirar-se (**of** de); [*candidate, competitor*] retirar-se (**of** de); **~ (sth) out, ~ out (sth) a)** extrair [*tooth*]; arrancar [*weeds*]; **b)** (withdraw) retirar [*troops, army*]. ∎ **pull over**: **~ over** [*motorist, car*] encostar (ao lado da estrada); **~ (sth) over** [*police*] forçar qq coisa a encostar. ∎ **pull up**: **~ up a)** (stop) parar; **b)** (regain lost ground) recuperar o atraso; **~ (sth) up, ~ up (sth) a)** (uproot) arrancar; **b)** (lift) levantar; **to ~ up one's socks** puxar as meias; **to ~ up a chair** puxar uma cadeira; **~ (sb) up a)** (lift) içar; **b)** (reprimand) repreender alg.
pulley ['pʊlɪ] *n* roldana *f*.
Pullman ['pʊlmən] *n* (train, carriage) comboio PO/trem BR ou autocarro PO/ônibus BR muito cómodo.
pull-out 1 *n* **a)** PRINT suplemento *m* destacável; **b)** (withdrawal) retirada *f*. **2** *adj* [*supplement*] destacável; [*map, diagram*] em folheto, em destacável.
pullover ['pʊləʊvə(r)] *n* pulôver *m*.
pulp [pʌlp] **1** *n* **a)** (of fruit, vegetable) polpa *f*; **to reduce** *or* **crush to a ~** [*fruit, vegetable*] reduzir (algo) a polpa/a puré; [*wood, cloth*] reduzir (algo) a pasta; **to beat sb to a ~** fazer alg em picado; **b)** (coll, pej) (trashy books) revista *f* sensacionalista (pej). **2** *modif* [*novel, literature, magazine*] barato,-a, sensacionalista. **3** *vtr* reduzir a polpa *or* puré [*fruit, vegetables*]; reduzir (algo) a pasta [*wood, cloth*]; (coll) (in fight, accident) esmagar.
pulpit ['pʊlpɪt] *n* (in church) púlpito *m*.
pulsate [pʌl'seɪt] **1** *vi* [*vein, artery, heart*] palpitar, pulsar; [*blood*] circular. **2 pulsating** *pres p adj* [*heart, artery*] que palpita; [*beat, rhythm*] vibrante; (fig) (exciting) palpitante.
pulse [pʌls] **1** *n* **a)** ANAT, MED pulso *m*; pulsação *f*; **to take/feel sb's ~** tirar a pulsação a alg; **to keep one's finger on the ~ of sth** (fig) seguir algo de perto; **b)** (beat, vibration) (of music) ritmo *m*; (of drums) batimento *m* (rítmico) ACOUST, ELEC, PHYS impulso *m*; **c)** BOT, CULIN grãos *mpl* de leguminosas. **2** *vi* [*blood*] circular; [*heart*] bater forte, pulsar.
pulverize ['pʌlvəraɪz] **1** *vtr* (lit, fig) pulverizar. **2** *vi* pulverizar-se.
pumice ['pʌmɪs] *n* pedra-pomes *f*.
pumice stone *n* pedra-pomes *f*.
pummel ['pʌm(ə)l] *vtr* (GB **-ll-** US **-l-**) espancar, surrar.
pump [pʌmp] **1** *n* **a)** TECH bomba *f*; **bicycle ~** bomba de bicicleta; **b)** (squeeze) **to give sb's hand a ~** apertar vigorosamente a mão de alg; **c)** (plimsoll) sapato *m* de desporto PO/esporte BR; **d)** (dated) (dancing shoe) sapato *m* de dança (para homem); **e)** (flat shoe) sabrina *f*. **2** *vtr* **a)** (push) bombear [*air, gas, water*] (**out of** de); [*boiler*] distribuir [*water*]; [*heart*] bombear [*blood*]; **~ some air into the tyre** encher um pneu de ar; **b)** accionar [*handle, lever*]; **c)** (shake) **to ~ sb's hand** apertar vigorosamente a mão

de alg; **d**) (coll) (question) trabalhar (cal) (**about** acerca de). **3** *vi* **a**) (function) [*machine, piston*] funcionar; **b**) (flow) jorrar (**from, out of** de); **c**) (beat) bater violentamente. ■ **pump up**: ~ **up (sth)**, ~ **(sth) up a**) (inflate) encher [*tyre, air bed*]; **b**) (coll) aumentar [*volume*].

pumpkin ['pʌmpkɪn] *n* abóbora *f*.

pun [pʌn] **1** *n* trocadilho *m* (**on sth** sobre qq coisa). **2** *vi* (*pres p etc* **-nn-**) fazer trocadilho(s).

punch [pBntʃ] **1** *n* **a**) (blow) soco *m*; murro *m*; **b**) (tool) (for leather) sovela *f*; (for metal) furador *m*; COMPUT perfurador; **ticket** ~ alicate *m*; **c**) (drink) ponche *m*. **2** *vtr* **a**) (hit) **to ~ sb in the face** esmurrar alg na cara; **b**) COMPUT, TELECOM perfurar [*cards, tape*]; **c**) (make hole in) furar [*ticket*]; **to ~ holes in sth** (in paper, leather) furar qq coisa ou fazer furos em qq coisa.

Punch [pʌntʃ] *n* Polichinelo *m*. **IDIOMAS to be as pleased as** ~ estar encantado.

punch: ~ **ball** *n* bola *f* para treino dos pugilistas; ~ **bowl** *n* poncheira *f*; ~ **card** *n* cartão *m* perfurado; ~**-drunks** *adj* (in boxing) aturdido,-a; (fig) (from tiredness) entorpecido,-a pelo cansaço.

punched tape *n* fita *f* perfurada.

punching bag *n* US saco *m* de areia para treino dos pugilistas.

punch: ~ **line** *n* remate *m* de anedota; ~**-up** (coll) *n* briga *f*.

punctilious [pʌŋk'tɪlɪəs] (formal) *adj* escrupuloso,-a; **to be ~ about (one's) work** ser meticuloso,-a no seu trabalho.

punctual ['pʌŋktjʊəl] *adj* [*person, delivery*] pontual; **to be ~ for sth** ser pontual para algo; **to be ~ in doing sth** ser pontual a fazer algo.

punctuality [pʌŋktʃjʊ'ælɪtɪ] *n* pontualidade *f*.

punctuate ['pʌŋktʃʊeɪt] **1** *vtr* pontuar [*text, letter*]; (**with/by sth** com qq coisa). **2** *vi* pontuar.

punctuation [pʌŋktʃʊ'eɪʃ(ə)n] *n* pontuação *f*.

punctuation mark *n* sinal *m* de pontuação.

puncture ['pʌŋktʃə(r)] **1** *n* (in tyre, balloon, airbed) furo *m*; (in skin) picada *f*; picadela *f*; **we had a ~ on the way** AUT tivemos um furo no caminho. **2** *vtr* furar [*tyre, balloon, airbed*]; MED puncionar, fazer uma punção (em) [*organ*]; (fig) destruir [*myth*]; **to ~ sb's pride/ego** rebaixar alg. **3** *vi* [*tyre, balloon*] furar.

pundit ['pʌndɪt] *n* (expert) perito,-a *m, f*.

pungent ['pʌndʒ(ə)nt] *adj* **a**) [*flavour*] apurado,-a, picante; [*smell*] forte; [*gas, smoke*] penetrante; **b**) [*speech, satire*] mordaz.

punish ['pʌnɪʃ] *vtr* **a**) punir; **to ~ sb for sth/for doing sth** castigar alg por algo/por ter feito algo; **b**) (coll) (treat roughly) maltratar [*opponent*]; cansar, tratar mal [*car, horse*].

punishable ['pʌnɪʃəbl] *adj* [*offence*] punível, passível de pena; ~ **by a fine** passível de multa.

punishing ['pʌnɪʃɪŋ] **1** *n* punição *f*; **to take a ~** (coll) [*opponent, team*] apanhar uma surra (fam). **2** *adj* [*schedule, routine, pace*] extenuante; [*defeat*] esmagador,a.

punishment ['pʌnɪʃmənt] *n* **a**) punição *f*; castigo *m*; JUR pena *f*; **as ~ for sth** como punição por algo; **b**) (coll, fig) (rough treatment) **to take a lot of ~** (coll) ser muito maltratado,-a.

punitive ['pju:nɪtɪv] *n* [*measure, expedition*] punitivo,-a; [*taxation*] muito severo,-a.

punnet ['pʌnɪt] *n* GB cestinho *m* redondo feito com tiras de madeira.

punt [pʌnt] **1** *n* **a**) (boat) barco *m* (de fundo chato impelido com vara); **b**) (Irish pound) libra *f* irlandesa. **2** *vi* **a**) (travel by punt) **to go ~ing** andar de barco; **b**) (bet) apostar.

punter ['pʌntə(r)] (coll) *n* GB **a**) (at horse races) apostador *m*; (at casino) jogador *m*; **b**) (average person) cliente *m/f*.

puny ['pju:nɪ] *adj* [*person, body*] débil; [*effort*] insignificante.

pup [pʌp] **1** *n* **a**) ZOOL cachorrinho *m*; (seal, otter, etc) filhote *m*; **b**) (coll) pej; **a cheeky young** ~ um rapazola (malcriado). **2** *vi* (*pres p etc* **-pp**) [*bitch, seal*] parir. **IDIOMAS you were sold a** ~ (coll) foste vigarizado (fam).

pupil ['pju:pɪl] *n* **a**) SCOL, ART aluno,-a *m, f*; **b**) ANAT pupila *f*.

puppet ['pʌpɪt] *n* marionete *f*; fantoche *m*; (lit, fig); **a** ~ **government** um governo fantoche.

puppet show *n* espectáculo *m* de marionetes.

puppy ['pʌpɪ] *n* cachorrinho *m*.

puppy fat *n* gordura *f* de bebé.

purchase ['pɜ:tʃəs] **1** *n* **a**) COMM compra *f*; **b**) (grip) ponto *m* de apoio; **to get/gain a ~ on sth** [*climber*] encontrar um ponto de apoio em algo; [*vehicle*] aderir a algo. **2** *vtr* COMM comprar (**from** a, de; **for** para, por); ganhar [*victory, liberty*].

purchaser ['pɜ:tʃəsə(r)] *n* comprador,a *m, f*.

purchasing power *n* poder *m* de compra.

pure [pjʊə(r)] *adj* **a**) [*gold, silk, cotton, oxygen, air, water*] puro,-a; ~ **wool** pura lã *f*; lã *f* virgem; **to be ~ in mind and body** ser puro de corpo e alma; **by ~ accident** por simples acidente; **by ~ chance** por mero acaso; **b**) ~ **vowel** LING vogal simples.

purebred 1 *n* (horse) puro-sangue *m (inv)*. **2** *adj* de raça; puro sangue.

puree ['pjʊəreɪ] **1** *n* puré *m*. **2** *vtr* esmagar; ~**d vegetables** puré de legumes.

purely ['pjʊəlɪ] *adv* puramente; ~ **as an investment** unicamente como investimento.

purgatory ['pɜ:gətərɪ] *n* (lit, fig) purgatório *m*.

purge [pɜ:dʒ] **1** *n* (gen) purga *f*. **2** *vtr* (gen) MED purgar (**of** de); POL depurar [*country, party*] (**of** de); eliminar [*extremists, traitors, dissidents, etc*] (**from** de); RELIG expiar [*sin*]; (fig) libertar, limpar [*mind, heart*] (**of** de).

purification [pjʊərɪfɪ'keɪʃn] *n* **a**) (of water, air, chemicals) purificação *f*; **b**) RELIG (of person, soul) purificação *f*.

purifier ['pjʊərɪfaɪə(r)] *n* (for water) depurador *m*; (for air) purificador *m*.

purify ['pjʊərɪfaɪ] *vtr* (gen) TECH purificar, depurar; RELIG purificar [*person, soul*].

purist ['pjʊərɪst] *n, adj* purista *m/f*.

puritan ['pjʊərɪt(ə)n] **1** *n* (gen) puritano,-a *m, f*. **2** *adj* puritano,-a.

purity ['pjʊərɪtɪ] *n* pureza *f*.

purl [pɜ:l] **1** *n* ponto *m* reverso. **2** *vtr* fazer malha ao invés [*row, stitch*].

purple ['pɜ:p(ə)l] **1** *n* **a**) (colour) púrpura *f*; **b**) **the** ~ (rank of cardinal, nobility) a púrpura. **2** *adj* (bluish) purpúreo,-a; **to turn ~** ficar carmesim.

purport [pə'pɔ:t] **1** (formal) *n* sentido *m*. **2** *vi* **to ~ to be/to do sth** pretender ser/fazer algo.

purpose ['pɜ:pəs] *n* **a**) (aim) objectivo *m*; **for**

the ~ of doing para fazer, com o objectivo de fazer; **b**) (intended use) utilidade *f* (**to do** para fazer); **put it in the bin provided for the** ~ coloca-o no recipiente previsto para esse efeito; **to no** ~ para nada, em vão; **c**) (sense of commitment) intenção *f*; **to have a sense of** ~ ter dinamismo; **lack of** ~ indecisão *f*.

purpose-built *adj* construído,-a especialmente.

purposeful [ˈpɜ:pəsfl] *adj* resoluto,-a.

purposely [ˈpɜ:pəslɪ] *adv* intencionalmente.

purr [pɜ:(r)] **1** *n* ronrom *m*. **2** *vtr* arrulhar [*endearments*]. **3** *vi* ronronar.

purse [pɜ:s] *n* **a**) (for money) porta-moedas *m inv*; US (handbag) bolsa *f*; carteira *f*; **b**) (fig) (resources) meios *mpl*; **c**) SPORT prémio *m*. IDIOMAS **to** ~ **one's lips** franzir os lábios em sinal de desaprovação; **to hold the ~-strings** apertar os cordões à bolsa.

purser [ˈpɜ:sə(r)] *n* comissário *m* de bordo.

pursue [pəˈsju:] *vtr* perseguir; **to** ~ **an inquiry** realizar um inquérito.

pursuer [pəˈsju:ə(r)] *n* perseguidor,a *m*, *f*.

pursuit [pəˈsju:t, pəˈsu:t] (formal) *n* **a**) (following) perseguição *f*; **in** ~ **of sth** em perseguição de qq coisa ou em busca de qq coisa; **in hot** ~ no encalço de; **b**) (hobby, interest) passatempo *m*; **scientific** ~**s** investigações *fpl* científicas.

push [pʊʃ] **1** *n* **a**) (lit) (shore, press) empurrão *m*; **to give sb/sth a** ~ empurrar alg/algo; **b**) (campaign, drive) campanha *f*; **c**) (fig) (stimulus) impulso *m*, estímulo *m*; **to give sb/sth a** ~ encorajar alg/algo; **this gave me the** ~ **I needed** isto deu-me o estímulo de que precisava; **d**) MIN assalto *m*; **the big** ~ a grande ofensiva; **e**) (spirit drive) dinamismo *m*. **2** *vtr* **a**) (move, shove, press) (gen) empurrar, carregar em [*button, switch, bell*]; **to** ~ **sb/sth away** afastar alg/algo; **she ~ed him down the stairs** ela empurrou-o pelas escadas abaixo; **to** ~ **one's way through sth** abrir caminho através de qq coisa; **to** ~ **sth off the road** empurrar algo para fora da estrada; **to be ~ed** (under pressure) estar a ser pressionado; **to be ~ed for sth** (short of) ter pouco, estar com falta de; **to** ~ **one's finger into** enfiar o dedo em; **b**) (promote) fazer a promoção de [*product*]; promover [*policy, theory*]; **c**) (sell) vender, traficar [*drugs*]. **3** *vi* empurrar; **to** ~ **against** apoiar-se contra. **4** *v refl* **to** ~ **oneself upright** recompor-se; **to** ~ **oneself through a gap** passar por uma abertura. IDIOMAS **at a** ~ GB se nada correr mal; **if it comes to the** ~ se for necessário; **to give sb the** ~ GB (fire) despedir alg; **to** ~ **one's luck, to** ~ **it** abusar da sorte; **that's ~ing it a bit!** (cutting it fine) é um pouco arriscado!. ■ **push ahead** (with plans) levar por diante; (on journey) continuar. ■ **push around** ~ **(sb) around** (fig) pressionar alg de forma ameaçadora. ■ **push back**: ~ **(sth) back,** ~ **back (sth)** afastar [*forest, frontier, enemy*]; arrastar [*object, furniture*]. ■ **push down**: ~ **(sth/sb) down,** ~ **down (sth/sb)** fazer cair (algo/alg). ■ **push for**: ~ **for (sth)** fazer pressão a favor de (qq coisa). ■ **push forward** ~ *forward* (with plans, on journey) continuar com, levar por diante; ~ **(sth) forward,** ~ **forward (sth)** fazer valer; **to** ~ **oneself forward** lançar-se na vida. ■ **push in**: ~ **in** entrar à força; ~ **(sth) in,** ~ **in**

(sth) enfiar [*button*]. ■ **push off a**) GB partir; **b**) NAUT fazer-se ao largo. ■ **push on** see **push ahead**. ■ **push over**: ~ **over** (move over) deslocar; ~ **over (sth/sb),** ~ **(sth/sb) over** fazer cair [*person, table*]; fazer virar [*car*]. ■ **push through**: ~ **(sth) through,** ~ **through (sth)** fazer votar [*bill, legislation*]. ■ **push up**: ~ **up (sth),** ~ **(sth) up** fazer subir.

puss [pʊs] (coll) *n* **a**) (cat) gatinho *m* (fam); **b**) (girl) (coll) borrachinho *m* (fam).

pussy: ~ **cat** *n* (baby talk) gatinho *m*; miau *m*; ~ **foot** (coll) [ˈpʊsɪ,fʊt] *vi* (*also* ~ **foot around,** ~ **foot about**) andar com pezinhos de lã (fam).

put [pʊt] *vtr* (*pres p etc* -**tt**- *past* **put**) **a**) (place) **to** ~ **sth in/on/under** pôr qq coisa dentro de/em cima de/debaixo de; **to** ~ **sugar in one's tea** pôr açúcar no chá; **b**) (cause to be) **to** ~ **sb on a diet** pôr alg a dieta; **to** ~ **sb in a bad mood** pôr alg de mau humor; **c**) (write) escrever, pôr (fam); ~ **your name here** põe (fam) ou escreve aqui o teu nome; **what did you** ~ **for question two?** o que é que puseste na pergunta dois?; **d**) (express) apresentar [*argument, point of view, proposal*]; **how can I** ~ **it?** como devo dizer isto?; **to** ~ **it bluntly** para falar francamente; **to** ~ **in writing** pôr por escrito; **how would you** ~ **that in Portuguese?** como se diria isto em Português?; **e**) (rate, rank) **to** ~ **sth among/before** colocar qq coisa entre/antes; **to** ~ **sb in the top rank** pôr alg nos píncaros; **to** ~ **one's family before everything** colocar a família à frente de tudo. IDIOMAS **I wouldn't** ~ **it past him!** não me admiraria nada que ele a fizesse! ou considero-o bem capaz de fazer isso!. ■ **put about** NAUT virar de bordo; ~ **about (sth),** ~ **(sth) about a**) (spread) fazer circular; **b**) NAUT fazer virar de bordo. ■ **put across**: ~ **across (sth),** ~ **(sth) across** comunicar [*idea, message, point of view*]; valorizar [*personality*]. ■ **put aside**: ~ **aside (sth),** ~ **(sth) aside** pôr de lado. ■ **put away**: ~ **away (sth),** ~ **(sth) away a**) (tidy away) arrumar; **b**) (save) pôr de lado, poupar; **c**) (coll) engolir [*food, drink*]; (coll) ~ **away (sb),** ~ **(sb) away a**) (in mental hospital) internar; **b**) (in prison) prender. ■ **put back**: ~ **back (sth),** ~ **(sth) back a**) (return, restore) repor (**on** sobre; **in** em; **under** sob); **b**) (postpone) adiar [*meeting, departure*] (**to** para; **until** até); **c**) atrasar [*clock, watch*]; **d**) (delay) atrasar [*project, production, deliveries*] (**by** de). ■ **put by:** ~ **by (sth),** ~ **(sth) by** pôr de lado, poupar. ■ **put down** (land) aterrar (**on** sobre, em); ~ **down (sth),** ~ **(sth) down a**) pousar [*pen, object, bag, plane*] (**on** sobre, em); **b**) (suppress) reprimir; **c**) (write down) escrever; **d**) (advance, deposit) **to** ~ **down a deposit** depositar um sinal; ~ **down (sb),** ~ **(sb) down a**) deixar [*passenger*]; **b**) (coll) (humiliate) humilhar, deitar abaixo; **c**) (into lower group) colocar num grupo de nível inferior [*pupil*]; fazer descer de categoria [*team*] (**from** de; **to, into** para); ~ **(sth/sb) down as** considerar (qq coisa/alg) como [*possibility, candidate, fool*]. ■ **put down for**: ~ **(sb) down for sth a**) (note as wanting or offering) contar com qq coisa para; **b**) (put on waiting list) pôr (alg) na lista de espera para. ■ **put down to**: ~ **(sth) down to** (ascribe to) atribuir (qq coisa) a.

■ **put forth** (liter) ~ **forth (sth),** ~ **(sth) forth**
a) apresentar; **b)** emitir. ■ **put forward:** ~ **forward (sth),** ~ **(sth) forward a)** (propose) propor [*idea, theory, name*]; expor [*plan, proposal,
suggestion*]; emitir [*opinion*]; **b)** (in time) adiantar; ~ **forward (sb),** ~ **(sb) forward** apresentar
a candidatura de (**for** para). ■ **put in** [*ship*] fazer escala (**at** em); ~ **in (sth),** ~ **(sth) in a)** (fit,
install) instalar; **b)** (make) fazer [*offer, bid, request, claim*]; **c)** [*contribute*] passar [*time,
hours, days*]; contribuir para [*sum, amount*]; **d)**
(insert) incluir; **e)** (elect) eleger. ■ **put in for:**
~ **(sb) in for** apresentar (alg) para [*exam, scholarship*]; recomendar (alg) para [*prize, award, promotion, job*]; ~ **oneself in for** candidatar-se a
[*job, promotion*]. ■ **put off** NAUT partir; **to** ~
from afastar-se de [*quay, jetty*]; ~ **off (sth),** ~
(sth) off a) (delay, defer) adiar; **b)** (switch off)
apagar [*light, radio*]; desligar [*radiator, heating*]; ~ **off (sb),** ~ **(sb) off a)** (fob off, postpone
seeing) desembaraçar-se de [*guest, person*]; **b)**
(repel) [*appearance, smell, colour*] afastar, repelir; **c)** GB (distract) distrair; **d)** (drop off) deixar
[*passenger*]. ■ **put on:** ~ **on (sth),** ~ **(sth) on
a)** vestir [*garment, hat*]; pôr [*cream, lipstick*]; **b)**
(switch on, operate) acender [*light, gas, radio*];
ligar [*heating*]; pôr [*record, tape, music*]; **c)**
(produce) montar [*play, exhibition*]; **d)** (assume,
adopt) tomar, adoptar [*air, accent, look, expression*]; **e)** (put forward) adiantar [*clock*]; ~ **it on**
fingir; ~ **(sb) on** (connect) passar (a ligação).
■ **put out** NAUT partir (**from** de); ~ **out (sth),** ~
(sth) out a) (extend) estender; **to** ~ **out one's
tongue** pôr a língua de fora; **b)** (extinguish)
apagar; **c)** deitar fora [*bin, garbage*]; levar à rua
[*cat*]; **d)** (issue) difundir [*description, report,
warning*]; fazer [*statement*]; **e)** (sprout) apresentar, ostentar; **f)** (make available) pôr à disposição [*ashtray, clean towels, peanuts*]; **g)** (disло-
cate) deslocar. ■ **put over** see ~ **across.** ■ **put
through:** ~ **(sth through,** ~ **through (sth) a)**
(implement) fazer passar; **b)** (transfer) passar
[*call*] (**to** para ou a). ■ **put together:** ~ **(sth)
together,** ~ **together (sth) a)** (assemble) juntar,
montar; **b)** (form) formar; **c)** (edit, make) redigir
[*newsletter, leaflet*]; fazer [*film, programme,
video*]; organizar [*list, file, portfolio*]. ■ **put
up:** ~ **up (sth)** opor [*resistance*]; **to** ~ **up a
fight/struggle** combater; ~ **(sth) up,** ~ **up (sth) a)**

içar [*flag, sail*]; levantar [*hair*]; ~ **your hands
up!** (in class) levantem o braço!; **b)** (post
up) pôr [*sign, poster, decorations*]; afixar [*list,
notice*]; **c)** (erect) construir [*building, memorial*];
montar [*barrier, prices*]; **d)** (increase) aumentar
[*temperature, pressure*]; **e)** (provide) dar (**for**
para; **to do** para fazer); **f)** (present) apresentar
[*proposal, argument*]; **g)** colocar (qq coisa) em
órbita [*satellite*]; ~ **(sb) up,** ~ **up (sb) a)** (lodge)
alojar; **b)** (as candidate) apresentar como candidato; **c)** (promote) fazer passar (alg) para um nível superior [*pupil*]; promover [*team*]. ■ **put
upon:** ~ **upon (sb)** abusar de [*person*].
put-down *n* humilhação *f*; observação *f* humi-
lhante.
putt [pʌt] **1** *n* (in golf) tacada *f* leve. **2** *vtr, vi* dar
uma tacada (para meter a bola no buraco no jo-
go de golfe).
putter [ˈpʌtə(r)] *n* jogador *m* de golfe.
putty [ˈpʌti] **1** *n* betume *m*; massa *f* de vidraceiro. **2** *vtr* pôr betume/massa de vidraceiro. **IDIO-
MAS he's like** ~ **in my hands** faço o que quero
dele.
put-up-job *n* (coll) embuste *m*.
puzzle [ˈpʌzl] **1** *n* **a)** (mystery) mistério *m*; **b)**
GAMES quebra-cabeças *m*; **jigsaw** ~ "puzzle". **2**
vtr [*question, attitude*] desconcertar. **3** *vi* **to** ~
over sth quebrar a cabeça para resolver algo.
■ **puzzle out:** ~ **out** adivinhar [*identity, meaning*].
puzzled [ˈpʌzld] *adj* [*person, smile*] perplexo,-a;
to be ~ **as to how to do sth** perguntar a si mesmo como fazer algo.
puzzling [ˈpʌzlɪŋ] *adj* [*aspect, feature*] enigmático,-a.
PVC *n* abrev = **polyvinyl chloride** PVC *m*.
pygmy [ˈpɪɡmɪ] *n* **a)** ANTHROP (*also* **P**~) pigmeu
m, f; **b)** (pej) pigmeu *m*.
pyjama GB, **pajama** [pɪˈdʒɑːmə] US **1** *modif*
[*cord, jacket, trousers*] de pijama. **2 pyjamas**
npl pijama *m*; **a pair of** ~**s** um pijama.
pylon [ˈpaɪlən] *n* ELEC, AVIAT, ANTIQ pilar *m*.
pyramid [ˈpɪrəmɪd] **1** *n* pirâmide *f*. **2** *vi* FIN especular reinvestindo lucros fictícios.
pyre [ˈpaɪə(r)] *n* pira *f* (funerária).
Pyrenees [pɪrəˈniːz] *npl* **the** ~ os Pirinéus *mpl*.

Qq

q, Q [kju:] *n* q, Q.
quack [kwæk] **1** *n* **a)** (impostor) impostor *m*;
charlatão *m*; (doctor) (coll) GB charlatão *m*; **b)**
(onomat) quá-quá *m inv*. **2** *vi* grasnar.
quad [kwɒd] **1** *n* (quadruplet) quarteto *m*. **2** *adj*
[*sound, recording*] quadrifónico,-a.
quadrangle ['kwɒdræŋg(ə)l] *n* **a)** MATH quadri-
látero *m*; **b)** (courtyard) pátio *m* (quadrangular).
quadraphonic [kwɒdrə'fɒnɪk] *adj* quadrifónico,-a.
quadratic [kwə'drætɪk] *adj* quadrado,-a.
quadrilateral [kwɒdrɪ'lætər(ə)l] **1** *n* quadriláte-
ro *m*. **2** *adj* quadrilateral, quadrangular.
quadruplet ['kwɒdrʊplɪt, -'dru:plɪt] *n* grupo *m*
de quatro; **a set of ~s** quadrigémeos.
quagmire ['kwɒgmaɪə(r), 'kwæg-] *n* (lit, fig)
embaraço *m*.
quail [kweɪl] **1** *n* (bird) codorniz *f*. **2** *vi* **he ~ed**
before her/at the thought of all that work ele
desanimou perante ela/ao pensar em todo aquele
trabalho.
quaint [kweɪnt] *adj* **a)** (pretty) pitoresco,-a; **b)**
(old-world) antiquado,-a; **c)** (odd) bizarro,-a;
(unusual) original.
quake [kweɪk] **1** *n* (earthquake) terramoto *m*. **2**
vi [*earth, person*] tremer; **to ~ with fear** estremecer de medo.
qualification [kwɒlɪfɪ'keɪʃn] *n* **a)** (certificate,
diploma, degree, etc) diploma *m*; certificado *m*
(**in** em); (experience, skills) qualificação *f*; (attribute) qualidade *f*; **to have the (necessary or**
right) ~s for the job/for doing sth *or* **to do sth**
(on paper) ter as habilitações requeridas para o
cargo/para fazer qq coisa; (in experience, skills)
ter as qualificações requeridas ou os requisitos
necessários para o cargo/para fazer qq coisa; **b)**
(restriction) restrição *f*; **my only ~ is**
(that)... a minha única reserva é (que)...; **c)**
(graduation) **my first job after ~** o meu primeiro trabalho depois de formado; **d)** LING qualificação *f*.
qualified ['kwɒlɪfaɪd] *adj* **a)** (for job) (having
certificate, diploma) diplomado,-a; (having experience, skills) qualificado,-a; **to be ~ for sth/**
to do sth (on paper) ter as habilitações necessárias para qq coisa/para fazer qq coisa; **b)**
(having authority) qualificado,-a, habilitado,-a
(**to do** para fazer).
qualifier ['kʊɒlɪfaɪə(r)] *n* **a)** SPORT (contestant)
qualificado,-a *m, f*; (match) eliminatória *f*; **b)**
LING qualificativo *m*.
qualify ['kʊɒlɪfaɪ] **1** *vtr* **a)** **to ~ sb for a job/to**
do [*certificate, degree, diploma*] dar as habilitações necessárias para exercer um cargo/para fazer; **b)** ADMIN **to ~ sb for (sth)** dar a alg o direito a (qq coisa); **c) to ~ sb to do** autorizar alg a
fazer; **d)** (modify) precisar [*statement, remark*];
fazer modificações em [*acceptance, approval,*

opinion]; **e)** LING qualificar. **2** *vi* **a)** (have certificate, diploma, degree) estar habilitado (**for** para;
to do para fazer); (have experience, skill) ter os
conhecimentos necessários (**for** para; **to do** para
fazer); **while she was ~ing as teacher** enquanto
ela estudava para professora; **b)** ADMIN preencher as condições necessárias; **to ~ for** ter direito a; **c) he hardly qualifies as a poet** ele não é
o que se possa verdadeiramente chamar de poeta; **d)** SPORT qualificar-se (**for** para).
qualifying ['kɒlɪfaɪɪŋ] *adj* **a)** [*match, exam*] de
qualificação; **~ period** (in training) estágio *m*;
b) LING qualificativo.
qualitative ['kwɒlɪtətɪv] *adj* qualitativo,-a.
quality ['kwɒlɪtɪ] **1** *n* qualidade *f*. **2** *modif* [*car,*
jacket, food, workmanship, press] de qualidade.
qualm [kwɑ:m, kwɔ:m] *n* escrúpulo *m*.
quandary ['kwɒndərɪ] *n* dúvida *f*; (serious) dilema *f*.
quantify ['kwɒntɪfaɪ] *vtr* (gen) medir a quantidade de PHILOS, PHYS quantificar.
quantitative ['kwɒntɪtətɪv] *adj* (gen) quantitati-
vo,-a.
quantity ['kwɒntɪtɪ] **1** *n* (gen) LITERAT quantidade *f*; **in ~** em quantidade. **2** *modif* [*purchase,*
sale] em grande quantidade; [*production*] em
série.
quantity surveyor *n* medidor *m* orçamentista.
quantum ['kwɒntəm] **1** *n* quantum *m*. **2** *modif*
[*mechanics, number, optics*] quântico,-a.
quarantine ['kwɒrənti:n] **1** *n* quarentena *f*. **2**
modif [*hospital, kennels, period, laws*] de quarentena. **3** *vtr* pôr em quarentena.
quarrel ['kwɒrl] **1** *n* **a)** (argument) disputa *f*;
discussão *f* (**between** entre; **over** a respeito de);
to have a ~ ter uma disputa; **b)** (feud) briga *f*;
zangā *f* (**about, over** a respeito de); **to have a ~**
with sb estar zangado com alg; **c)** (difference of
opinion) diferendo *m*; **to have no ~ with sb** não
ter qualquer discordância com alg; **to have no ~**
with sth não ter nada que dizer em relação a al-
go. **2** *vi* GB (*pres p etc* **-ll-**) US (*pres p* **-l-**) **a)** (argue) discutir; **b)** (sever relations) zangar-se; **c)**
(dispute) **to ~ with** contestar [*claim, idea, statis-*
tics]; queixar-se de [*price, verdict*].
quarrelsome ['kwɒrlsəm] *adj* [*person, nature*]
briguento,-a; [*comment, remark*] agressivo,-a.
quarry ['kwɒrɪ] **1** *n* **a)** GEOL pedreira *f*; **slate ~**
pedreira de ardósia; **b)** (prey) presa *f*; (in hunting) (also fig) caça *f*. **2** *vtr* **to ~ out** extrair
[*stone*]. **3** *vi* explorar uma pedreira (**for sth** de
algo; **into** em).
quart [kwɔ:t] *n* ≈ litro *m* (gb 1.136 l, us 0.946
l).
quarter ['kwɔ:tə(r)] **1** *n* **a)** (one fourth) quarto
m; **b) ~ of an hour** um quarto de hora; **c)** (three
months) trimestre *m*; **d)** (district) quarteirão *m*;
bairro *m*; **e)** (group) **don't expect help from**

that ~ não esperes ajuda desse lado; **there was criticism in some** or **certain** ~**s** houve críticas em certos meios; **f)** US (25 cents) vinte e cinco cêntimos mpl; **g)** GB MEAS 113,4 gr; US MEAS 12,7 Kg; **h)** (gen) NAUT quadrante m; **from all** ~**s of the globe** (fig) de todos os cantos do mundo; **i)** (mercy) (liter) piedade f; misericórdia f; **to get no** ~ **from sb** não obter nenhuma misericórdia da parte de alg. **2 quarters** npl MIL quartel m; (gen) aposentos mpl; **single/married** ~**s** apartamentos mpl para solteiros/para famílias; **servant's** ~**s** aposentos dos empregados. **3** adj **she has a** ~ **share in the company** ela tem 25 % das acções da empresa; **a** ~ **century** um quarto de século. **4 at close** ~**s** adv phr **to fight at close** ~**s** andar à pancada. **5** vtr **a)** (divide into four) dividir por quatro [cake]; cortar em quatro [apple]; **b)** (accommodate) acantonar [troops]; alojar [people, livestock].

quarter: ~ **deck** n **a)** NAUT (on ship) tombadilho m superior; **b)** (officers) os oficiais mpl; ~**final** n quarto m de final.

quarterly ['kwɔːtəlɪ] **1** adj trimestral. **2** adv trimestralmente.

quarter: ~**master** n (in army) intendente m; (in navy) contramestre m; ~**-note** n US MUS semínima f.

quartet [kwɔː'tet] n (gen) MUS quarteto m; **string** ~ quarteto de cordas.

quarto ['kwɔːtəʊ] n, modif in-quarto m.

quartz [kwɔːts] **1** n quartzo m. **2** modif [crystal, clock] de quartzo.

quash [kwɒʃ] vtr (gen) rejeitar [decision, proposal]; reprimir [rebellion].

quasi+ ['kweɪzaɪ, 'kwɑːzɪ] (in compounds) quase-.

quaver ['kweɪvə(r)] **1** n **a)** MUS GB colcheia f; **b)** (trembling) tremor m (**in** em). **2** vi dizer em voz trémula.

quay [kiː] n cais m; **at/alongside the** ~ no cais; **on the** ~ no cais.

queasy ['kwiːzɪ] adj **a)** (lit) **to be/feel** ~ estar enjoado,-a, sentir náuseas; **b)** (fig) [conscience] demasiado escrupuloso,-a.

queen [kwiːn] **1** n **a)** (lit, fig) rainha f; **Q~ Anne** a Rainha Ana; **b)** ZOOL rainha f; **c)** (in chess) rainha f; (in cards) dama f. **2** vtr GAMES (in chess) fazer dama [pawn].

queen bee n **a)** ZOOL abelha rainha f; **b)** (fig) **she thinks she's (the)** ~ **bee** ela pensa que é uma rainha.

queen mother n rainha f mãe.

queer [kwɪər] adj **a)** (strange) estranho,-a, bizarro,-a; **b)** (suspicious) suspeito,-a, duvidoso,-a; **c)** (dated) (ill) indisposto,-a; **d)** (coll) (homosexual) maricas, homossexual Po/bicha BR. IDIOMAS **to** ~ **sb's pitch** estragar os planos a alg.

quell [kwel] vtr acalmar [anger, anxiety, revolt]; **to** ~ **sb with a look** fulminar alg com um olhar.

quench [kwentʃ] vtr **a)** (liter); saciar [thirst]; acalmar [desire, enthusiasm]; **b)** TECH temperar [metal].

querulous ['kwerʊləs] adj rabugento,-a.

query ['kwuərɪ] **1** n **a)** (request for information) pergunta f (**about** acerca de); **b)** (expression of doubt) dúvida f (**about** acerca de); **c) to formulate/process a** ~ COMPUT introduzir/tratar os da-

dos dum problema; **d)** (question mark) ponto m de interrogação. **2** vtr pôr em dúvida; **to** ~ **whether** perguntar se...; **to** ~ **sb's ability** pôr em dúvida as capacidades de alg.

quest [kwest] n procura f; **the** ~ **for sb/sth** a busca de alg/algo.

question ['kwestʃn] **1** n **a)** (request for information) pergunta f (**about** acerca de); (in exam) pergunta f; questão f; **to ask sb a** ~ fazer uma pergunta a alg; **to reply to** or **to answer a** ~ responder a uma pergunta; **what a** ~! mas que pergunta!; **a** ~ **from the floor** (in parliament) uma pergunta proveniente da assembleia; **to put down a** ~ **for sb** GB POL fazer uma interpelação a alg; **b)** (practical issue) problema m; (ethical issue) questão f; **the** ~ **of pollution** o problema da poluição; **the Palestinian** ~ a questão palestiniana; **the person in** ~ a pessoa em questão; **it's out of the** ~ **for him to leave** está fora de questão que ele se vá embora; **c)** (uncertainty) dúvida f; **to call** or **bring sth into** ~ pôr qq coisa em dúvida; **to prove beyond** ~ **that...** provar sem dúvida que.... **2** vtr **a)** (interrogate) interrogar [suspect, politician]; **b)** (cast doubt upon) (on one occasion) pôr em dúvida [tactics, methods]; (over longer period) duvidar de [tactics, methods]; **to** ~ **whether...** duvidar que (+ subj).

question: ~ **mark** n **a)** (in punctuation) ponto m de interrogação; **b)** (doubt) **there is a** ~ **mark about his honesty** há uma dúvida acerca da sua honestidade; ~ **master** n apresentador, a m, f de concurso televisivo.

questionnaire [kwestʃə'neə(r)] n questionário m (**on** sobre).

queue [kjuː] **1** n GB (of people) fila f; bicha f; **to stand in a** ~ fazer bicha; **to join the** ~ [person] pôr-se na bicha; (coll) **to jump the** ~ passar à frente numa bicha. **2** vi see ~ **up**.

queue up [people] fazer bicha (**for** para).

quibble ['kwɪbl] **1** n jogo m de palavras; trocadilho (**about, over** sobre). **2** vi tergiversar, usar de subterfúgios (**about, over** sobre).

quick [kwɪk] **1** n ANAT, MED carne f viva; **to bite one's nails to the** ~ roer as unhas até fazer sangue ou até ao sabugo m. **2** adj **a)** (speedy) [pace, train, heartbeat] rápido,-a; [storm, shower] breve; **I made a** ~ **phone call** fiz um telefonema rápido; **to make a** ~ **recovery** restabelecer-se depressa; **be** ~ (**about it**)! despacha-te!; **b)** (clever) [child, student] vivo,-a; **to be** ~ **at arithmetic** ser rápido em aritmética; **to be** ~ **to learn** aprender depressa; **she was** ~ **to see the advantages** ela viu logo as vantagens. **3** adv **(come)** ~! (vem) depressa!; **(as)** ~ **as a flash** or **as lightning** com a rapidez do relâmpago. IDIOMAS **to cut** or **sting sb to the** ~ ferir alg em carne viva.

quicken ['kwɪkn] **1** vtr (lit) acelerar [pace]; (fig) estimular [interest]. **2** vi (lit) [anger, jealousy] intensificar-se.

quickie ['kwɪkɪ] (coll) n (film) filme m feito à pressa; (question) pergunta f rápida.

quicklime n cal f viva.

quickly ['kwɪklɪ] adv (rapidly) rapidamente; (without delay) sem demora; **as** ~ **as possible** tão depressa quanto possível.

quickness ['kwɪknɪs] n **a)** (speed) (of person,

movement) rapidez *f*; **b)** (nimbleness) (of person, movements) ligeireza *f*; agilidade *f*; (liveliness of mind) vivacidade *f* de espírito; ~ **to respond** prontidão *f* na resposta.
quick: ~**sand** *n* areia *f* movediça; ~**silver** *n* CHEM mercúrio *m*; ~~**tempered** *adj* irascível, colérico,-a; ~~**witted** *adj* [*person*] perspicaz; [*reaction*] vivo,-a.
quid [kwɪd] *n* **a)** (coll) GB (*pl inv*) libra *f* esterlina; **b)** (tobacco) tabaco *m* de mascar.
quiet ['kwaɪət] **1** *n* **a)** (silence) silêncio *m*; ~ **please!** silêncio, por favor!; **b)** (peace) calma *f*; **c)** (secret) **to do sth on the** ~ fazer qq coisa em segredo. **2** *adj* **a)** (silent) [*church, room*] calmo,-a, silencioso,-a; [*person*] calado,-a; **to keep/stay** ~ ficar calado; **to go** ~ [*person*] calar-se; **to keep sth** ~ impedir qq coisa de fazer barulho [*bells, machinery*]; fazer calar [*dog, child*]; **be** ~! cala-te!; **b)** (not noisy) [*voice*] suave; [*car, engine*] silencioso,-a; [*music*] suave; [*cough, laugh*] discreto,-a; **in a** ~ **voice** em voz baixa; **c)** (discreet) [*diplomacy, confidence, chat*] discreto,-a; [*deal*] privado,-a; [*despair, rancour*] velado,-a; [*colour, stripe*] sóbrio,-a; **to have a** ~ **word with sb** falar particularmente com alg; **d)** (calm) [*village, holiday, night*] calmo,-a; **I lead a** ~ **life** eu levo uma vida tranquila; **e)** (informal) [*dinner, meal*] íntimo,-a; [*wedding, funeral*] celebrado na intimidade (aftern) **f)** (docile) [*child, pony*] dócil; **g)** (secret) **to keep sth** ~ manter/fazer segredo de [*engagement, plans*]. **3** *vtr* US **a)** (silence) calar [*person*]; **b)** (allay) apaziguar, dissipar [*fears, doubts*]; **c)** (calm) acalmar [*crowd, class*].
quieten ['kwaɪətn] *vtr* **a)** (calm) acalmar [*child, crowd, horse*]; **b)** (allay) apaziguar, aquietar [*fear, doubts*]; **c)** (silence) fazer silenciar [*critics, children*]. ■ **quieten down:** ~ **down a)** (become calm) [*person, queue, activity*] acalmar-se; **b)** (fall silent) calar-se; ~ (**sth/sb**) **down a)** (calm) acalmar; **b)** (silence) sossegar, fazer calar.
quietly ['kwaɪətlɪ] *adv* **a)** (not noisily) [*move*] sem fazer barulho; [*cough, speak, sing*] suavemente; [*play*] calmamente; **b)** (silently) [*play, read, sit*] em silêncio; **c)** (discreetly) [*pleased, optimistic, confident*] discretamente, moderadamente; **d)** (simply) [*live*] modestamente; [*get married*] sem cerimónia; **e)** (calmly) calmamente; **f)** (soberly) [*dress*] sobriamente; [*decorated, dressed*] discretamente.
quietness ['kwaɪətnɪs] *n* **a)** (silence) silêncio *m*; calma *f*; **b)** (lowness) (of voice) fraqueza *f*; **c)** (of village, street) quietude *f*; tranquilidade *f*.
quill [kwɪl] *n* **a)** (feather) pena *f*; (stem of feather) cálamo *m* de pena de ave; **b)** (on porcupine) espinho *m*; **c)** (for writing) (*also* ~ **pen**) pena *f* de ave para escrever.
quilt [kwɪlt] **1** *n* (duvet) (*also* **continental** ~) GB colcha *f* acolchoada; (eiderdown) edredão *m*. **2** *vtr* acolchoar.
quince [kwɪns] *n* (fruit) marmelo *m*; (tree) marmeleiro *m*.
quinine ['kwɪniːn] *n* quinina *f*.
quintessence [kwɪn'tesəns] *n* (perfect example) exemplo *m* perfeito; (essential part) quinta-essência *f*.

quintet [kwɪn'tet] *n* MUS quinteto *m*.
quintuplet ['kwɪntjʊplɪt, kwɪn'tjuːplɪt] *n* grupo *m* de cinco coisas iguais, quintupleta *f*.
quip [kwɪp] *n* sarcasmo *m*; dito *m* espirituoso.
quirk [kwɜːk] *n* (of person) excentricidade *f*; mania *f*; (of fate, nature) capricho *m*.
quit [kwɪt] **1** *vtr* (*past, pp* -tt- *or* **quit**) (leave) demitir-se de, renunciar, desistir de [*job, profession, school*]; deixar [*place, person*]. **2** *vi* (*past, pp* -tt- *or* **quit**) **a)** (stop, give up) parar, desistir (**doing sth** de fazer algo); **b)** (resign) (from job, profession, school) demitir-se; [*politician*].
quite [kwaɪt] *adv* **a)** (completely) [*new, ready, differently, understand*] completamente; [*alone, empty, exhausted, ridiculous*] absolutamente; [*impossible*] totalmente; [*justified*] inteiramente; [*extraordinary*] verdadeiramente; **I** ~ **agree** estou completamente de acordo; **you're** ~ **right** você está totalmente certo; **it's** ~ **all right** (in reply to apology) não tem importância; **it's** ~ **out of the question** está completamente fora de questão; **I can** ~ **believe it** pode crer que acredito; **are you** ~ **sure?** tem a certeza?; **to be** ~ **aware that** estar perfeitamente consciente de; ~ **frankly** muito francamente; ~ **clearly** [*see*] muito claramente; **it's** ~ **clear** é perfeitamente claro; **and** ~ **right too!** e com razão!; **that's** ~ **enough!** já chega!; **have you** ~ **finished?** (iron) é tudo?; **b)** (exactly) **not** ~ não propriamente; **not** ~ **so much** um pouco menos; **not** ~ **as many** nem tantos; **I don't** ~ **know** não faço a mínima ideia; **nobody knew** ~ **what he meant** ninguém sabia exactamente o que ele queria dizer; **it's not** ~ **that** não é bem isso; **that's not** ~ **all** (giving account of sth) e não é tudo; **c)** (definitely) **it was** ~ **the best answer** era de longe a melhor resposta; **he's** ~ **the stupidest man!** ele é mesmo estúpido!; ~ **simply** muito simplesmente; **d)** (rather) [*big, wide, easily, often*] bastante; **it's** ~ **small** não é muito grande; **it's** ~ **warm** está agradável; **it's** ~ **likely that** é muito provável que; **I** ~ **like Chinese food** não desgosto de comida chinesa; ~ **a few** um bom número de [*people, examples*]; ~ **a lot of money** bastante dinheiro; ~ **a lot of opposition** uma oposição bastante forte; **I've thought about it** ~ **a bit** tenho pensado bastante nisso; **e)** (as intensifier) ~ **a difference** uma diferença considerável; **that will be** ~ **a change for you** será uma grande mudança para ti; **she's** ~ **a woman!** que mulher!; **to be** ~ **something** [*house, car*] valer bem a pena (fam); **it was** ~ **a sight** (iron) foi lindo de se ver (fam); **f)** (expressing agreement) ~ (**so**) exactamente, isso mesmo.
quits [kwɪts] *adj* **to be** ~ estar quite/quites (**with sb** com alg); **to call it** ~ dar-se por satisfeito; **let's call it** ~! fiquemos por aqui!, deixemos as coisas como estão!.
quiver ['kwɪvə(r)] **1** *n* **a)** (trembling) (of voice, part of body) tremor *m*; (of leaves) estremecimento *m*; **a** ~ **of excitement** um estremecimento de excitação; **b)** (for arrows) aljava *f*; carcás *m*. **2** *vi* [*voice, lip, animal*] tremer (**with** de); [*leaves*] fremir, estremecer; [*wings, eyelids*] bater, agitar; [*flame*] oscilar.
quiz [kwɪz] **1** *n* **a)** (game) jogo *m* de perguntas e respostas; (written, in magazine) questionário *m*

(about sobre); **a sports/general knowledge** ~ um jogo de perguntas e respostas sobre desporto/cultura geral; **b)** US SCH teste *m*. **2** *vtr* (*past, pp* **-zz-**) interrogar (**about** sobre).
quiz game, **quiz show** *n* jogo *m* de perguntas e respostas.
quizzical [ˈkwɪzɪkl] *adj* trocista, irónico,-a.
quoit [kɔɪt] *n* malha *f*; disco *m*; **to play** ~ jogar à malha.
quorum [ˈkwɔːrəm] *n* quorum *m*; **the** ~ **is ten** o quorum está fixado em dez; **to have a** ~ ter quorum.
quota [ˈkwəʊtə] *n* **a)** COMM quota *f* (**of, for** de); **this year's** ~ a quota fixada para este ano; **b)** (gen) parte *f* (**of** de); (officially allocated) quota--parte *f.*
quotation *n* **a)** (phrase, passage cited) citação *f*; **b)** COMM preço *m* corrente ST EX cotação *f.*
quotation marks *npl* aspas *fpl*; **to put** ~ **around sth** pôr qq coisa entre aspas.

quote [kwəʊt] **1** *n* **a)** (quotation) citação *f* (**from** de); **b)** (statement to journalist) declaração *f*; **c)** COMM preço *m* corrente TEX cotação *f.* **2 quotes** *npl* see **quotation marks**. **3** *vtr* **a)** citar [*person, passage, phrase, proverb*]; referir [*words*]; COMM apresentar [*reference number*]; **you can** ~ **me if you like** podes referir-te a mim se quiseres; **don't** ~ **me on this, but...** não repitas o que eu digo, mas...; **she has been** ~ed **as saying that...** ela teria dito que...; **b)** COMM indicar [*price, sum, figure*]; (on stock exchange) cotar [*share, price*] (**at** a); ~d **company/share** companhia *f*/acção *f* cotada na Bolsa; **to be** ~d **6 to 1** (in betting) ser cotado entre 6 e um. **4** *vi* (from text, author) fazer citações; **to** ~ **from Keats/the classics** citar de Keats/dos clássicos. **5** *interj* ~... **un**~ (in dictation) abrir aspas... fechar aspas; (in lecture, speech) passo a citar... fim de citação.

r, R [ɑ:(r)] *n* **a)** (letter) r, R; **the three R's** a escrita, a leitura e o cálculo; **b) R** abrev = **right**; **c) R** GB abrev = **Regina**.
rabbi [ˈræbaɪ] *n* rabino *m*; **the Chief R~** o grão-rabino.
rabbit [ˈræbɪt] **1** *n* ZOOL coelho *m*; (fur, meat) coelho *m*; **wild ~** um coelho bravo. **2** *modif* (meat) [*stew, pie*] de coelho; [*garment, lining*] em pele de coelho. **IDIOMAS to pull a ~ out of a hat** (fig) fazer malabarismos. ■ **rabbit on** (coll) falar sem parar (**about** acerca de).
rabbit: ~ burrow *or* **hole** *n* toca *f* de coelho; **~ hutch** *n* coelheira *f*.
rabble [ˈræbl] *n* (pej) **a)** (crowd) bando *m*; **b)** (populace) **the ~** a ralé.
rabid [ˈræbɪd] *adj* **a)** (gen) (fanatical) fanático,-a; **b)** MED, VET raivoso,-a.
rabies [ˈreɪbi:z] **1** *n* raiva *f*. **2** *modif* [*controls, injection, legislation*] anti-rábico,-a; [*virus*] da raiva.
RAC [ɑ:(r) eɪ sɪ] *n* GB abrev = **Royal Automobile Club** ≈ Automóvel Clube de Portugal.
raccoon [rəˈku:n] *n* (*pl* **~s** *or* **inv**) coati-lavadeiro *m*.
race [reɪs] **1** *n* **a)** SPORT corrida *f*; **to run a ~** correr (**with** contra); **boat ~** corrida *f* de barco; **b)** (fig) corrida *f* (**for sth** a qq coisa; **to do sth** para fazer qq coisa); **the ~ to reach the moon** a corrida para a lua; **presidential ~** corrida para a presidência; **a ~ against time** uma corrida contra o tempo; **c)** ANTHROP, SOCIOL (+ *v sg/+pl*) raça *f*; **discrimination on the grounds of ~** discriminação com base em critérios raciais; **d)** BOT, ZOOL espécie *f*. **2** *modif* [*attack, equality, hatred, law*] racial. **3** *vtr* **a)** (compete with) competir com [*person, car, horse*]; **b)** (enter for race) entrar na corrida [*horse, dog*]; correr de [*car, bike, boat, yacht*]; correr em [*Formula One*]; **c)** (rev) fazer roncar [*engine*]. **4** *vi* **a)** (compete in race) correr (**against** contra; **with** com; **at** em; **to** para); **to ~ around the track** dar a volta à pista a correr; **b)** (rush, run) **to after sb/sth** correr atrás de alg/algo; **c)** [*heart, pulse*] bater muito; **my mind ~d** eu precipitei-me; **d)** (hurry) despachar-se, apressar-se (**to do** para fazer).
race: ~ horse *n* cavalo *m* de corrida; **~ relations** *npl* relações *fpl* inter-raciais.
racial [ˈreɪʃl] *adj* (all contexts) racial.
racialist [ˈreɪʃəlɪst] *n, adj* see **racist**.
racing [ˈreɪsɪŋ] **1** *n* **a)** EQUIT corrida *f* de cavalos; **did you see the ~?** viste as corridas de cavalos?; **b)** (with cars, bikes, boats, dogs) corrida *f*; **2** *modif* [*car, bike, boat*] de corrida; [*fan, commentator, journalist*] de corridas.
racing driver *n* corredor,a *m, f* de automóveis.
racist [ˈreɪsɪst] **1** *n* racista *m/f*. **2** *adj* racista.
rack [ræk] **1** *n* **a)** (for plates) suporte *m*; (in dish-

washer) tabuleiro *m*; (for clothes) suporte *m*; cabide *m*; (for cakes) grelha *f*; (for bottles) grade garrafeira; (for newspapers) porta-revistas *m*; (shelving) prateleira; **b)** (torture) **the ~** a roda/cavalete (instrumento de tortura); **c) ~ of lamb** CULIN costelas *fpl* de cordeiro. **2** *vtr* **a)** (fig) (torment) [*pain, guilt, fear*] torturar; **to be ~ed with guilt** estar atormentado pelos remorsos; **b)** (wine) transvazar com sifão. **IDIOMAS to ~ one's brains** matar a cabeça.
racket [ˈrækɪt] *n* **a)** SPORT raquete *f*; **b)** (coll) (noise) algazarra *f*; banzé *m* (fam); **to make a ~** fazer uma algazarra; **c)** (swindle) burla *f*; (illegal activity) tráfico *m*; **it's a ~!** é uma vigarice!; **he's in on the ~** (coll) ele está metido no golpe.
racketeer [rækɪˈtɪə(r)] *n* extorsionário,-a *m, f*; escroque *m*.
racking [ˈrækɪŋ] *adj* [*pain*] atroz; [*sobs*] aflitivo,-a.
raconteur [rækɒnˈtɜ:(r)] *n* narrador,a *m, f*; contador *m* de histórias.
racoon [rəˈku:n] *n* see **raccoon**.
racy [ˈreɪsɪ] *adj* **a)** [*account, style, book*] vivo,-a; **b)** (risqué) ousado,-a.
radar [ˈreɪdɑ:(r)] *modif* de radar.
radar trap *n* radar *m*; **to get caught in a ~** deixar-se apanhar por um radar; **to go through a ~** passar por um radar.
radial [ˈreɪdɪəl] **1** *n* (*also* **~ tyre**) pneu *m* radial. **2** *adj* [*lines, roads*] radial; [*engine, layout*] em estrela, radial.
radiance [ˈreɪdɪəns], **radiancy** [ˈreɪdɪənsɪ] *n* **a)** (lit) resplendor *m*; **b)** (fig) fulgor *m*.
radiant [ˈreɪdɪənt] **1** *n* **a)** (on electric fire) resistência *f* que emite calor; **b)** ASTRON (ponto *m*); radiante *m*. **2** *adj* **a)** (fig) [*person, beauty, smile*] radioso,-a; **to be ~ with joy** estar radiante (de felicidade); **b)** (shining) resplandecente; **c)** PHYS radiante.
radiate [ˈreɪdɪeɪt] **1** *vtr* **a)** irradiar [*health, happiness*]; transbordar [*confidence*]; **b)** PHYS emitir [*heat*]. **2** *vi* **a) to ~ from sb** [*confidence, health, happiness*] emanar de alg; **to ~ out from sth** [*roads, buildings, etc*] irradiar de qq coisa; **b)** PHYS [*heat*] emitir; [*light*] irradiar.
radiation [reɪdɪˈeɪʃn] **1** *n* **a)** MED, NUCL radiação *f*; **a low level of ~** um nível baixo de radiações; **b)** PHYS irradiação *f*. **2** *modif* [*levels*] de radiação; [*effects*] das radiações; [*leak*] de radiações.
radiator [ˈreɪdɪeɪtə(r)] **1** *n* **a)** (for heat) radiador *m*; **to turn up/down a ~** elevar/baixar o calorífero; **b)** AUT radiador *m*. **2** *modif* [*cap, shelf, thermostat, valve*] de radiador.
radical [ˈrædɪkl] **1** *n* radical *m/f*. **2** *adj* radical.
radio [ˈreɪdɪəʊ] **1** *n* rádio *f*; **to hear sth on the ~** ouvir qq coisa na rádio. **2** *modif* [*contact, engineer, equipment, receiver*] de rádio. **3** *vtr* **to ~**

sb that comunicar a alg através da rádio que. **4** *vi* **to ~ for sth** chamar pela rádio para qq coisa.
radio: ~active *adj* radioactivo,-a Po/radiativo,-a Br; **~-controlled** *adj* [*toy, boat*] telecomandado,-a; **~graphy** *n* radiografia *f*; **~carbon dating** *n* datação *f* com carbono catorze Po/quatorze Br.
radiology [reɪdɪˈɒlədʒɪ] *n* radiologia *f*.
radish [ˈrædɪʃ] *n* rabanete *m*.
radium [ˈreɪdɪəm] *n* rádio *m*.
RAF [ɑːreɪˈef, ræf] (coll) *n* GB MIL abrev = **Royal Air Force**.
raffle [ˈræfl] **1** *n* tômbola *f*; **in a ~** numa tômbola. **2** *vtr* **to ~ (off)** rifar.
raft [rɑːft] *n* **a)** (floating) jangada *f*; **b)** (coll) ESPECIALLY US **~s of** um montão de/montes de (fam).
rafter [ˈrɑːftə(r)] *n* viga *f*.
rag [ræg] **1** *n* **a)** (duster) pano *m*; **a bit of ~** um trapo; **b)** (*pl* **rags**) (old clothes) farrapos *mpl*; **c)** (coll) (newspaper) jornaleco *m*; (pej) (tabloid) jornal sensacionalista. **2** *vtr* (coll) **to ~ sb** GB **~ on sb** US implicar com alg (**about** sobre algo). IDIOMAS **to go from ~s to riches** enriquecer rapidamente; **to lose one's ~** (coll) perder as estribeiras.
ragamuffin [ˈrægəmʌfɪn] (dated) *n* maltrapilho *m*.
rag: ~-and-bone man *n* GB negociante *m/f* de coisas usadas; **~bag** *n* misturada *f*.
rage [reɪdʒ] **1** *n* **a)** (anger) cólera *f*; **purple with ~** vermelho de cólera; **b)** **sudden ~s** ataques de fúria súbitos; **to fly into a ~** ficar alg furioso; **c)** (fashion) **to be (all) the ~** fazer furor. **2** *vi* **a)** [*storm, fire, battle*] grassar, lavrar (**across/through** através de); [*controversy, debate*] desencadear-se (**over/about** a propósito de); **b)** [*angry person*] enfurecer-se, barafustar (**at/against** contra).
ragged [ˈrægɪd] *adj* **a)** [*garment, cloth*] esfarrapado,-a; [*cuff, collar*] puído,-a; [*person*] andrajoso,-a; **b)** (uneven) [*lawn, fringe*] irregular; [*outline, cloud*] recortado,-a; **c)** (motley) [*group, community*] variado,-a, heterogéneo,-a; **d)** (in quality) [*performance, race*] irregular, inconstante. IDIOMAS **to run sb ~** (coll) esgotar alg.
raid [reɪd] **1** *n* (attack) (military) ataque *m* (on sobre); (bank) assalto *m* (**on** de); (on home) roubo *m* (**on** de/em); (police, customs) rusga *f* (**on** em). **2** *vtr* **a)** (attack) [*military*] fazer uma incursão sobre; [*robbers*] assaltar [*bank*]; roubar [*house*]; [*police*] fazer uma rusga em; **b)** (fig, hum) quebrar [*piggybank*]; fazer uma incursão a [*fridge, orchard*]; **c)** (dip into) [*company*] gastar [*fund, reserves*].
raider [ˈreɪdə(r)] *n* **a)** (thief) assaltante *m/f*; **b)** (soldier) (membro *m* de um); comando *m*.
rail [reɪl] **1** *n* **a)** (in fence) grade *f*; (on balcony, veranda) balaustrada *f*; (on bridge, tower) parapeito *m*; (handrail) corrimão *m*; (on ship) amurada *f*; **b)** (in shop) varão *m*; **c)** (for tram, train) (*usu in pl*) carris, trilhos *mpl*. **2** *modif* [*network, traffic, transport*] ferroviário; [*journey, travel*] de comboio Po/trem Br; **~ strike** greve *f* de ferroviários.
railing [reɪlɪŋ] *n* (in street, park, stadium) grade *f*; rede *f*; (on tower) parapeito *m*; (on balcony) balaustrada *f*.

railroad [ˈreɪlrəʊd] **1** *n* US RAIL caminho *m* de ferro. **2** *vtr* **a)** (coll) (push) **to ~ sb into doing sth** forçar alg a fazer algo; **to ~ sth through** [*committee, parliament*] fazer passar algo em; **b)** US (send by rail) expedir por caminho-de-ferro.
railway [ˈreɪlweɪ] GB RAIL **1** *n* **a)** (network) caminho-de-ferro *m*; **to use the ~s** viajar de comboio Po/trem Br; **b)** **~ line** linha *f* (de caminho-de-ferro); **light ~** linha *f* local; **c)** **~ track** via *f* férrea; **d)** (company) companhia *f* dos caminhos-de-ferro. **2** *modif* **~ bridge** ponte *f* de caminho-de-ferro; **~ embankment** aterro *m*.
railway: ~ carriage *n* GB vagão *m*; **~ line** *n* GB **a)** (route) linha *f* de caminho-de-ferro; **b)** (tracks) via *f* férrea; **~man** GB [reɪlweɪmən] *n* ferroviário *m*; **~ station** *n* GB RAIL estação *f* ferroviária.
rain [reɪn] **1** *n* (lit) chuva *f*; **the ~ started/stopped** a chuva começou/parou; **steady/driving/pouring ~** chuva regular/forte/torrencial; **in the ~** debaixo de chuva; **come in out of the ~!** entra, não fiques à chuva!; **it looks like ~** está tempo de chuva. **2 rains** *npl* estação *f* das chuvas; **the ~ have failed** a estação das chuvas foi seca. **3** *vtr* **to ~ sth on/onto/over sb/sth** provocar uma chuva de qq coisa sobre alg/algo. **4** *vi* **a)** METEOROL chover; **it's ~ing** chove; **b)** (fig) **see ~ down**. IDIOMAS **come ~ or shine** faça chuva ou faça sol; **it never ~s but it pours** uma desgraça nunca vem só; **to be (as) right as ~** [*person*] gozar de excelente saúde/ter um óptimo aspecto; [*object*] estar em perfeito estado de utilização. ■ **rain down: ~ down** [*blows, bullets, ash, insults*] chover (**on, onto** sobre). ■ **rain off: to be ~ed off** (cancelled) ser anulado por causa da chuva; (stopped) ser interrompido por causa da chuva. ■ **rain out** US **see ~ off**.
rainbow [ˈreɪnbəʊ] *n* (lit, fig) arco-íris *m*. IDIOMAS **at the ~'s end** em sonhos.
rain: ~ check *n* US; SPORT bilhete *m* Po/ingresso *f* Br para um outro desafio se o primeiro for anulado por causa do tempo; **~ coat** *n* gabardina *f*; **~ drop** *n* gota *f* de chuva; **~fall** *n* chuva *f*; precipitação *f*; **heavy/low ~fall** forte/fraca precipitação; **~ forest** *n* floresta *f* tropical; **to save the ~ forests** salvar a floresta tropical.
rainy [ˈreɪnɪ] *adj* [*afternoon, climate, place*] chuvoso,-a; **~ season** estação *f* das chuvas. IDIOMAS **to keep/save something for a ~ day** pôr algum dinheiro de lado.
raise [reɪz] **1** *n* **a)** US (pay rise) aumento *m* (de salário); **b)** GAMES (in poker, bridge) oferta *f* superior. **2** *vtr* **a)** (lift) levantar [*baton, barrier, blind, curtain, flag*]; elevar [*level, standard*]; **to ~ one's hand** levantar a mão; **he ~ed the glass to his lips** ele levou o copo aos lábios; **to ~ a glass to sb** fazer um brinde à saúde de alg; **I've never ~ed a hand to my children** nunca levantei a mão para os meus filhos; **b)** (place upright) erguer [*mast, flagpole*]; pôr de pé [*patient*]; **c)** (increase) aumentar [*fees, price, offer, salary, volume*] (**from** de; **to** até, a); **to ~ sb's awareness** *or* **consciousness of sth** sensibilizar alg para qq coisa; **to ~ one's voice** levantar a voz; **d)** (cause) causar, provocar [*doubts, fears, suspicions*]; levantar [*dust*]; **to ~ a laugh** [*joke*] pro-

vocar uma gargalhada; **e)** (mention) levantar [*issue, objection, problem*]; **f)** (bring up) criar, educar [*child, family*]; **to be ~d (as) an atheist** ser educado como ateu; **g)** (breed) criar [*livestock, pigs*]; **h)** (find) arranjar, obter [*capital, money*]; **I need to ~ 3000 dollars** preciso de arranjar 3000 dólares; **i)** (form) formar [*team*]; recrutar [*army*]; **j)** (collect) obter [*support*]; angariar [*money*]; cobrar [*tax*]; **the money ~d from the concert** a receita do concerto; **k)** (erect) erguer [*monument, statue*] (**to sb** em honra de alg]; **l)** (end) levantar [*ban, siege*]; **m)** (contact) contactar [*person*]; **n)** (give) **to ~ the alarm** (fig) dar o alarme; (lit) fazer soar o alarme; **o)** (improve) **to ~ sb's spirits** levantar o moral de alg; **p) to ~ a number to the power (of) three** MATH elevar um número ao cubo. **3** *v refl* **to ~ oneself** endireitar-se. **4 raised** *pp adj* [*platform, jetty*] superior, elevado; **there were ~d eyebrows when I suggested it** a minha sugestão fez franzir o sobrolho de muita gente.

raisin ['reɪzn] *n* passa *f* de uva; **seedless ~** uva *f*/ passa sem grainhas.

rake [reɪk] **1** *n* **a)** ancinho *m*; **b)** (in casino) rodo *m* (de croupier); **c)** (dated, pej) (libertine) libertino,-a *m, f*; devasso,-a *m, f*. **2** *vtr* **a)** AGRIC, HORT limpar com ancinho; **b)** (scan) sondar [*enemy, ground, sky*]; **her eyes ~d the horizon** ela perscrutava o horizonte com o olhar. **3** *vi* **to ~ among/through** revolver, remexer [*possessions*]. ■ **rake in**: ~ **in (sth)** juntar [*money, profits*]; **he's raking it in!** (coll) ele está a ganhar dinheiro a todos! (fam). ■ **rake over**: ~ **over (sth)** (lit) limpar com ancinho [*soil*]. ■ **rake up**: ~ **up (sth), ~ (sth) up** (lit) limpar com ancinho [*leaves*]; (fig) reavivar [*grievance*]; revolver [*past*].

rake-off (coll) *n* comissão *f*.

rakish ['reɪkɪʃ] *adj* **a)** (dissolute) devasso,-a *m, f*; dissoluto,-a *m, f*; **b)** (jaunty) airoso,-a, vistoso,-a.

rally ['rælɪ] **1** *n* **a)** (meeting) comício *m*; **b)** (race) rali *m*; **c)** (in tennis) troca *f* de bolas; **d)** (recovery) (gen) melhoramento *m* (**in** em); recuperação *f*; FIN recrudescimento *m*. **2** *vtr* (gather) juntar [*support, troops*]. **3** *vi* **a)** (come together) [*people, troops*] reunir-se (**to** em); **to ~ to the defence of sb** juntar-se em defesa de alg; **b)** (recover) [*dollar, prices*] subir; [*patient*] restabelecer-se; [*sportsperson*] recobrar forças. ■ **rally round, rally around**: ~ **round** [*supporters*] juntar-se; ~ **round (sb)** apoiar alg.

ram [ræm] **1** *n* carneiro *m*. **2** *vtr* **a)** (crash into) ir contra [*car, boat, etc*]; **b)** (push) meter, empurrar [*fist, object*] (**into** em). **3** *vi* **to ~ into sth** ir de encontro a qq coisa.

ramble ['ræmbl] **1** *n* caminhada *f*. **2** *vi* (walk) passear. ■ **ramble on**: **to ~ on** discorrer.

rambler ['ræmblə(r)] *n* caminhante *m/f*.

rambling ['ræmblɪŋ] **1** *n* passeio *m*. **2** *adj* **a)** [*house*] cheio,-a de recantos; **b)** [*talk, article*] desconexo,-a; **c)** HORT trepador,a.

ramification [ræmɪfɪ'keɪʃn] *n* (gen) ANAT, BOT ramificação *f*.

ramp [ræmp] *n* (gen) rampa *f*; (in roadworks) desnível *m*; AUT, TECH ponte *f* de lubrificação.

rampage ['ræmpeɪdʒ] **1** *n* **to be/go on the ~** es-

tar/ficar furioso. **2** *vi* correr em alvoroço (**through** em/através de).

rampant ['ræmpənt] *adj* [*crime, disease, rumours*] generalizado,-a, desenfreado,-a; [*plant*] exuberante.

rampart ['ræmpɑːt] *n* baluarte *m*; muralha *f*.

ramrod ['ræmrɒd] *n* vareta *f*; (for cannon) calcador *m* de pólvora.

ramshackle ['ræmʃæk(ə)l] *adj* (lit, fig) deteriorado,-a.

ran [ræn] *past* see **run**.

ranch [rɑːntʃ] *n* rancho *m*.

rancher ['rɑːntʃə(r)] *n* US rancheiro *m*.

rancid ['rænsɪd] *adj* rançoso,-a; **to go ~** rançar.

rancour GB, **rancor** US ['ræŋkə(r)] *n* rancor *m* (**against** para com).

random ['rændəm] *adj* (feito) ao acaso; **on a ~ basis** aleatoriamente, ao acaso.

rang [ræŋ] *past* see **ring**.

range [reɪndʒ] **1** *n* **a)** (choice) (of prices, ability, options, colours, products) gama *f*; leque *m* (**of** de); **a wide ~ of activities** um vasto leque de actividades; **at the top of the ~** no topo da gama; **b)** (gen) TECH (of hearing, transmitter, radar, camera, gun) alcance *m*; **to be within/out of ~ of sb/sth** estar dentro do/fora do alcance de alg/algo; **c)** AUT, AVIAT, NAUT, AEROSP autonomia *f*; **d)** US (prairie) pastagem *f*; **on the ~** nas pastagens; **e)** (of mountains) cadeia *f*; **f)** (kitchen range) fogão *m*; **g)** FIN limites *mpl*; **h)** (firing range) campo *m* de tiro; **i)** MUSIC (of voice, instrument) registo *m*. **2** *vtr* **a)** (set) colocar [*person*] (**against** contra); **b)** (draw up) alinhar [*forces*]. **3** *vi* **a)** (run) ir (**from x to y** de x a y); (vary) variar (**between x and y** entre x e y); **his speech ~d over a wide ~ of subjects** o seu discurso cobriu um leque variado de assuntos; **b)** (roam, wander) vaguear, percorrer.

ranger ['reɪndʒə(r)] *n* **a)** ECOL, AGRIC guarda *m/f* florestal; **b)** US MIL soldado *m* das tropas especiais.

rank [ræŋk] **1** *n* **a)** (military, police) patente *f*; **to pull ~** abusar da patente; **b)** (social position) posição *f* ou estatuto *m* social; **to be of high/low ~** ser de alta/baixa condição; **c)** (line) (of people) fila *f*; (of objects) fila *f*; fileira *f*; **to break ~s** (lit) (soldiers) romper as fileiras; (fig); **to close ~s (against)** (lit) (soldiers) cerrar fileiras (contra); (fig) [*employees, shopkeepers*] solidarizar-se (contra); **d)** (for taxis) paragem *f*; **taxi ~** paragem de táxis. **2 ranks** *npl* MIL tropa *f*. **3** *adj* **a)** (absolute) (pej) [*outsider, beginner*] completo,-a; [*favouritism, injustice, stupidity*] flagrante; **b)** (foul) [*odour*] fétido,-a; **c)** (exuberant) [*ivy, weeds*] luxuriante, viçoso,-a. **4** *vtr* **a)** (classify) [*person*] classificar [*player, novel, restaurant*]; **b)** US (be senior) [*officer, colleague*] ter categoria superior em relação a [*person*]. **5** *vi* (rate) classificar-se, colocar-se; **to ~ as a great composer** ser considerado um grande compositor; **to ~ among** *or* **with the champions** figurar entre os campeões.

ranking ['ræŋkɪŋ] **1** *n* SPORT classificação *f*. **2** ~~ (in compounds) **a high-~ diplomat** um diplomata de alto nível.

rankle ['ræŋkl] *vi* ficar magoado (**with sb** com alg).

ransack ['rænsæk] *vtr* revistar (**for** para encontrar); **they ~ed the house** eles pilharam a casa.
ransom ['rænsəm] **1** *n* resgate *m*; **to hold sb to ~** (lit, fig) manter como refém à espera de resgate; **a king's ~** uma soma fabulosa. **2** *vtr* **to ~ sb** resgatar alg.
rant [rænt] *vi* **~ at (sb)** berrar com alg (**about** por causa de). IDIOMAS **to ~ and rave** barafustar (**at sb** com alg).
rap [ræp] **1** *n* **a)** (tap) pancada *f* seca; **b)** Mus rap *m*. **2** *modif* [*artist, album, group, poet, record, star*] rap. **3** *vtr* (*pres p etc* **-pp-**) (tap) bater em. **4** *vi* (*pres p etc* **-pp-**) **a)** (tap) dar pancadas secas (**with** com); **b)** Mus dançar rap; **c)** (coll, dated) us (talk) falar com rudeza (**about** de).
rapacious [rə'peɪʃəs] *adj* rapace, rapinante.
rape [reɪp] **1** *n* **a)** Jur (fig) violação *f*; estupro *m*; **b)** Agric, Bot colza *m*. **2** *modif* Jur [*case, charge*] de violação; **~ counselling** assistência às pessoas vítimas de violação; **~ victim** vítima de violação. **3** *vtr* violar.
rapid ['ræpɪd] *adj* (gen) rápido,-a; **~ fire** Mil (fig) de tiro *m* rápido; **~ eye movement, REM** Psych movimento rápido dos olhos durante determinados períodos de sonho; **~ transit** us Transp transporte *m* público (rápido); **in ~ succession** em sucessão rápida.
rapidity [rə'pɪdɪtɪ] *n* rapidez *f*.
rapier ['reɪpɪə(r)] *n* florete *m*.
rapist ['reɪpɪst] *n* violador *m*.
rapport [rə'pɔː(r)] *n* relação *f*; ligação *f*; **in ~ with** em harmonia com.
rapt [ræpt] *adj* (gen) absorto,-a, absorvido,-a; [*smile*] extasiado,-a; **~ with wonder** maravilhado.
rapture ['ræptʃə(r)] *n* êxtase *m*; **to go into ~s over/about sth** extasiar-se com algo.
rapturous ['ræptʃərəs] *adj* [*delight*] extasiado,-a; [*welcome*] entusiástico,-a; [*applause*] frenético,-a.
rare [reə(r)] *adj* **a)** (uncommon) raro,-a; **b)** [*steak*] mal passado; **c)** [*atmosphere, air*] rarefeito,-a.
rarebit ['reəbɪt] *n see* **Welsh ~**.
rarefied ['reərɪfaɪd] *adj* **a)** (fig) **the ~ atmosphere/circles of...** o universo fechado de...; **b)** (lit) (rare) [*gas, air, atmosphere*] rarefeito,-a.
rarely ['reəlɪ] *adv* raramente.
rareness ['reənɪs] *n* raridade.
raring ['reərɪŋ] *adj* **to be ~ to do sth** estar ansioso por fazer algo. IDIOMAS **to be ~ to go** estar louco de impaciência.
rarity ['reərɪtɪ] *n* **a)** (collector's item) peça *f* rara; **it's something of a ~ for them to...** é raro eles... (fazerem algo); **b)** (rareness) raridade *f*.
rascal ['rɑːskl] *n* (affectionate) (child, pet) maroto,-a *m, f*; (man) **he's an old ~** ele é mesmo um malandro.
rash [ræʃ] **1** *n* **a)** (skin) vermelhidão *f*; **b)** (spate) **a ~ of attacks/strikes** ataques/greves em série. **2** *adj* irreflectido,-a; **it would be ~ to** [*assume, sell, change*] seria precipitação...; **in a ~ moment** num momento de entusiasmo.
rasher ['ræʃə(r)] *n* **a ~ (of bacon)** uma fatia fina (de bacon).
rasp [rɑːsp] **1** *n* **a)** (of saw, voice) ruído *m* desagradável; **b)** (file) lixa *f*. **2** *vtr* **"No!", she ~ed**

"Não!", disse ela com uma voz áspera. **3** *vi* [*saw, file*] ranger. **4. rasping** *pres p adj* [*voice, sound, cough*] áspero,-a.
raspberry ['rɑːzbərɪ] **1** *n* **a)** (fruit) framboesa *f*; **b)** (noise) **to blow a ~** fazer um barulho insultuoso (fazendo vibrar a língua entre os lábios). **2** *modif* [*ice-cream, tart, jam*] de framboesa.
rat [ræt] **1** *n* Zool ratazana *f*; (pej, coll) (person) traidor *m*; canalha *m* (cal); (coll) **~s!** gb (expressing annoyance) bolas! (fam). **2** *vi* (coll) **to ~ on sb** denunciar alg. IDIOMAS **to look like a drowned ~** estar ensopado; **to smell a ~** cheirar a esturro (fam).
ratchet ['rætʃɪt] *n* (in wheel) roquete *m*; **~ wheel** roda *f* dentada.
rate [reɪt] **1** *n* **a)** (speed) velocidade *f*; ritmo *m*; **the ~ of production is very rapid** o ritmo de produção é muito rápido; **b)** (level) **the ~ of inflation** a taxa *f* de inflação; **c)** (charge) tarifa *f*; **student get a reduced ~** os estudantes beneficiam de uma tarifa reduzida. **2** *modif* gb Econ, Fin [*increase*] de imposto local. **3 rates** *npl* gb Econ, Fin impostos *mpl* locais. **4** *vtr* **a)** (classify) **how do you ~ the food in that restaurant?** o que é que acha da comida desse restaurante?; **to ~ sb as a great composer** considerar alg um grande compositor; **highly ~d** altamente cotado; **b)** (deserve) merecer [*medal, round of applause*]; **c)** (value) admirar [*honesty, friendship, person*]. **5** *vi* (rank) **she ~s among the best singers in Europe** ela encontra-se entre as melhores cantoras da Europa. **6** *v refl* **she doesn't ~ herself very highly** ela não se tem em muita boa conta. IDIOMAS **at any ~** em todo o caso, de qq modo.
rateable value ['reɪtəbl væljuː] *n* gb valor *m* tributável dum imóvel.
ratepayer *n* contribuinte *m/f* de imposto predial.
rather ['rɑːðə(r)] *adv* **a)** (somewhat) um pouco; **it's ~ like an apple** parece-se um pouco com uma maçã; **it's ~ too/more difficult** é um pouco/um pouco mais difícil; **b)** (preferably) antes; **I would (much) ~ do** eu preferia (de longe) fazer (**than do** do que fazer); **I'd ~ die!** antes morrer!; **I'd ~ not!** é melhor não!; **c)** (more exactly) **a tree, or ~ a bush** uma árvore, ou melhor, um arbusto; **practical ~ than decorative** mais prático do que decorativo.
ratify ['rætɪfaɪ] *vtr* ratificar.
rating ['reɪtɪŋ] **1** *n* **a)** Mil, Naut ≈ marinheiro *m*; **b)** (score) cotação *f*; **c)** gb Pol, Econ montante *m* dos impostos locais; **d)** (status) cotação *f*; **share ~** cotação na Bolsa. **2 ratings** *npl* TV, Radio índices *mpl* de audiência; **a series with audience ~s of 6 million** uma série vista por 6 milhões de espectadores.
ratio ['reɪʃɪəʊ] *n* razão *f*; proporção *f*; **the ~ of men to women is two to five** a proporção de homens e mulheres é de dois para cinco; **in/by a ~ of 60:40** numa razão de 60 para 40.
ration ['ræʃn] **1** *n* **a)** ração *f* (**of sth** de algo); **b)** (fig) (of problems, doubts) cômputo *m* (**of sth** de algo). **2** *vtr* **a)** racionar [*food, petrol*]; **b)** racionar [*consumers*] (**to sth** a algo).
rational ['ræʃənl] *adj* **a)** [*explanation, decision, behaviour*] racional; **to be ~ about** ser racional em relação a; **b)** Philos racional; **~ being** ser racional.

rationale [ræ∫ə'nɑ:l] *n* (*sem pl*) razões *fpl* (**for sth** para algo).

rationalization [ræ∫ənəlaɪ'zeɪ∫n] *n* **a)** (for conduct) justificação *f* (**for sth** de algo); **b)** (of company, industry) racionalização *f*.

rationalize ['ræ∫ənəlaɪz] *vtr* **a)** justificar [*action, conduct, emotion*]; **b)** FIN, IND racionalizar [*operation, company, industry*].

ration: ~ **book** *n* caderneta *f* de racionamento; ~ **card** *n* bilhete *m* Po/tíquete *m* BR de racionamento.

rationing ['ræ∫ənɪŋ] *n* racionamento *m*.

rat: ~ **poison** *n* veneno *m* para ratos; ~ **race** *n* luta *f* renhida por um lugar ao sol.

rattle ['rætl] **1** *n* **a)** (of bottle, cutlery, chains) chocalhar *m*; (of window, door) bater *m*; (of car bodywork) estrondo *m*; (of machine gun) matraquear *m*; **b)** (toy) (of baby) guizo *m*; (of sports fan) matraca *f*. **2** *vtr* **a)** [*person*] entrechocar, chocalhar [*bottles, cutlery, chains*]; [*wind*] fazer vibrar [*window*] fazer bater [*window, door*]; **b)** (annoy) enervar. **3** *vi* [*bottles, cutlery, chains*] chocar uns contra os outros, entrechocar-se; **the car ~d along** o carro andava com um barulho de chapa. ■ **rattle on, rattle away** falar sem parar (**about** acerca de).

rattlesnake *n* cascavel *f*.

ratty ['rætɪ] (coll) *adj* embirrento,-a.

raucous ['rɔ:kəs] *adj* [*laughter*] rouco,-a; [*person*] barulhento,-a.

raunchy ['rɔ:nt∫ɪ] (coll) *adj* [*performer, voice, song*] ardente; [*extract, story*] picante (fig).

ravage ['rævɪdʒ] **1 ravages** *npl* **the ~ of** [*time, weather, war, pollution*] os estragos *mpl* de. **2** *vtr* devastar, assolar.

rave [reɪv] **1** (coll) *n* GB pândega *f* (fam). **2** (coll) *adj* [*review, notice*] delirante. **3** *vi* **a)** (enthusiastically) entusiasmar-se (**about** com); **b)** (angrily) enfurecer-se (**at/against** contra); **c)** (deliriously) delirar.

raven ['reɪvn] *n* corvo *m*.

ravenous ['rævənəs] *adj* [*animal*] voraz, esfaimado,-a; [*appetite*] devorador; **to be ~** estar esfomeado, ter uma fome de lobo.

ravine [rə'vi:n] *n* ravina *f*.

raving ['reɪvɪŋ] **1 ravings** *npl* divagações *fpl*. **2** *adj* [*party, member*] entusiasta; **a ~ idiot** um louco furioso. **IDIOMAS to be (stark) ~ mad** (coll) ser doido varrido.

ravioli [rævɪ'əʊlɪ] *n* ravióli *m/f*.

ravishing ['rævɪ∫ɪŋ] *adj* encantador,-a.

raw [rɔ:] *adj* **a)** [*food*] cru,a; **b)** (lit, fig) [*alcohol, cotton, silk, rubber*] em rama, em estado natural; **c)** (without skin) [*part of body*] em carne viva; **d)** (coll) [*weather, day*] frio e húmido; **e)** (inexperienced) [*novice, recruit*] inexperiente; **f)** [*description, performance*] (realistic) cru,a; (unpolished) grosseiro,-a. **IDIOMAS** (coll) **in the ~** nu; **life in the ~** a vida ao natural; **to touch a ~ nerve** tocar num ponto sensível.

raw material *n* matéria-prima *f*.

ray [reɪ] *n* **a)** (beam) raio *m* (**of** de); **b)** (fig) **a ~ of hope** um laivo de esperança; **c)** (fish) raia *f*.

rayon ['reɪɒn] *n* TEXT rayon *m*.

raze [reɪz] *vtr* **to ~ sth** (to the ground) arrasar algo, destruir algo.

razor ['reɪzə(r)] *n* navalha *f* de barba. **IDIOMAS**

to live on a ~('s) edge viver com um pé no abismo.

razor: ~ **blade** *n* gilete *f*; lâmina *f* de barbear; ~ **sharp** *adj* **a)** (lit) cortante como uma lâmina; **b)** (fig) cáustico,-a.

razzle ['ræzl] (coll) *n* GB farra *f* (gir). **IDIOMAS to go on the ~** (coll) ir para a farra.

RC *n, adj* abrev = **Roman Catholic**.

Rd abrev = **road**.

re[1] [reɪ, ri:] *n* ré *m*.

re[2] [reɪ, ri:] *prep* abrev = **with reference to**; (in letter head) assunto; (about) a respeito de, com respeito a; **R~ your letter...** em referência à vossa carta....

reach [ri:t∫] **1** *n* **a)** (physical range) alcance *m*; capacidade *f*; **beyond/out of ~ of** fora do alcance de; **within (arm's) ~** ao alcance da mão; **within easy ~ of** na proximidade de [*shops, transport, facilities*]; **to be within easy ~** estar muito perto; **b)** (capability) alcance *m*; **beyond/out of ~ for sb** fora do alcance de alg; **within ~ for sb/within sb's ~** ao alcance de alg; **to be out of/beyond the ~ of the law** estar ao abrigo da lei; **c)** GEOG (of river) (*usually in pl*) **the upper/lower ~es of a river** a parte superior/inferior de um rio; **d)** ~**es** (*pl*) (fig) (sections) secções *fpl*. **2** *vtr* **a)** [*person, train, river*] atingir, alcançar [*place*]; [*sound, news, letter*] chegar a [*person, place*]; **to ~ land** chegar a terra; **the message took three days to ~ Paris** a mensagem levou três dias para chegar a Paris; **the product has yet to ~ Italy** o produto ainda não chegou a Itália; **easily ~ed by bus** facilmente acessível por autocarro Po/ônibus BR; **b)** atingir [*age, level, stage, target, position*]; **matters ~ed a stage/point where...** as coisas chegaram a um ponto em que...; **to ~ the finals** chegar ao final; **c)** (come to) chegar a [*decision, deal, conclusion*]; **to ~ a verdict** chegar a um veredicto; **d)** (by stretching) alcançar [*object, shelf, switch, medicine*]; **~ me down that box?** GB chegas-me aquela caixa, por favor?; **e)** (contact) contactar; **f)** (make impact on) tocar [*audience, public, market*] (**with** com); **g)** (in height, length) chegar a [*floor, ceiling, roof*]; **her feet don't ~ the pedals** os pés dela não chegam aos pedais. **3** *vi* **a)** (stretch) **to ~ up/down (to do...)** levantar/baixar o braço (para fazer...); **she ~ed for the guns** ela pegou nas armas; **b)** (extend) **to ~ (up/down) to** chegar até; **her hair ~ed down to her waist** o cabelo chegava-lhe até à cintura. ■ **reach out: to ~ out for** procurar [*affection, glory, success*]; **to ~ out to sb** (help) ajudar alg; (make contact) estabelecer contacto com alg.

react [rɪ'ækt] *vi* reagir (**to a**; **against** contra).

reaction [rɪ'æk∫n] *n* (gen) CHEM reacção *f*.

reactionary [rɪ'æk∫ənrɪ] *n, adj* (pej) reaccionário,-a *m, f*.

reactive [rɪ'æktɪv] *adj* **a)** CHEM reactivo,-a; **b)** PSYCH reactivo,-a.

reactor [rɪ'æktə(r)] *n* reactor *m*.

read [ri:d] **1** *n* (coll) **to have a ~ of sth** dar uma vista de olhos a [*article, magazine*]. **2** *vtr* (*past, pp* **read**) **a)** ler [*book, map, music, sign*] (**in** em); **to ~ sth to sb, to ~ sb sth** ler qq coisa a alg; **to ~ sth to oneself** ler qq coisa para si; **I can ~ German** eu sei ler alemão; **b)** (say) **the**

card ~s "**Happy Birthday Dad**" o cartão diz "Feliz Aniversário Papá"; **the thermometer** ~s **20 degrees** o termómetro indica 20 graus; **the sentence should** ~ **as follows** a frase correcta é; **c**) (decipher) ler [*braille, handwriting*]; **d**) (interpret) interpretar [*intentions, reactions, signs*]; **to** ~ **sb's mood** conhecer o humor de alg; **she** ~ **my remark as a criticism** ela considerou a minha observação como uma crítica; **e**) RADIO, TELECOM receber [*person, pilot*]; **I can** ~ **you loud and clear** recebo-te em perfeitas condições; **f**) COMPUT [*computer*] ler [*data, file*]. **3** *vi* (*past, pp* **read**) **a**) (look at or articulate text) ler; **to** ~ **about sth** ler qq coisa sobre; **b**) GB **to** ~ **for a degree** preparar uma licenciatura (**in** em); **c**) (create an impression) **the document** ~s **well/ badly** o documento lê-se bem/mal; **the translation** ~s **like the original** a tradução é tão boa como o original. ■ **read back**: ~ (**sth**) **back** reler [*message, sentence*] (**to** a). ■ **read on** continuar a ler. ■ **read out**: ~ (**sth**) **out**, ~ **out** (**sth**) ler (qq coisa) em voz alta. ■ **read over, read through**: ~ **over** (**sth**), ~ (**sth**) **over** (for the first time) ler [*article, essay*]; (look at again) reler [*notes, speech*]. ■ **read up**: ~ **up on** (**sth/ sb**) estudar (qq coisa) a fundo.
readable ['ri:dəbl] *adj* **a**) (legible) legível; **b**) (enjoyable) agradável de ler.
reader ['ri:də(r)] *n* **a**) leitor,a *m, f*; **he's a slow** ~ ele lê devagar; **b**) SCHOOL livro *m* de leitura; **c**) GB UNIV leitor *m*; **d**) (anthology) antologia *f*.
readily ['redɪlɪ] *adv* **a**) (willingly) [*accept, agree, reply, admit, give*] sem hesitar, de boa vontade; **b**) (easily) [*available, accessible, adaptable, comprehensible*] facilmente.
readiness ['redɪnɪs] *n* **a**) (preparedness) preparação *f*; **in** ~ **for sth** preparado ou pronto para qq coisa; **b**) (willingness) boa vontade *f* (**to do** de fazer).
reading ['ri:dɪŋ] *n* **a**) (skill, pastime) leitura *f*; **her novels make light/heavy** ~ os seus romances são fáceis/difíceis de ler; **b**) (interpretation) interpretação *f* (**of** de).
reading: ~-**glasses** *npl* óculos *mpl* para ler; ~-**lamp** *n* candeeiro *m* para leitura; ~-**list** *n* SCHOOL, UNIV lista *f* de obras de leitura recomendada; ~-**matter** *n* **the** ~-**matter available was boring** o material de leitura disponível era chato (fam); ~-**room** *n* sala *f* de leitura.
readjust [ri:ə'dʒʌst] **1** *vtr* consertar, reajustar [*hat*]; regular (novamente) [*television, lens*]; acertar [*watch*]; reajustar [*salary*]. **2** *vi* readaptar-se (**to** a).
ready ['redɪ] **1** (coll) **readies** *npl* dinheiro *m*; massa *f* (cal). **2** *adj* **a**) (prepared) pronto,-a (**for sth** para qq coisa); ~ **to do** pronto a fazer; **to get** ~ preparar-se; **to get sth** ~ preparar qq coisa; ~, **steady, go** SPORT aos vossos lugares, prontos?, partida!; **b**) (willing) disposto (**to do** a fazer); **to be** ~ **for a vacation** estar a precisar de férias; **c**) (quick) [*answer*] pronto,-a, fácil; [*wit*] vivo,-a; **to be** ~ **with one's criticism** estar pronto a ou para criticar; **d**) (available) [*market, supply, source*] acessível, disponível; [*access*] directo,-a. **3** *vtr* preparar [*ship, car*] (**for sth** para qq coisa).
ready: ~-**made** *adj* [*suit, jacket*] pronto-a-vestir;

[*curtains, furniture*] já feito; [*idea, phrase*] feito,-a; ~ **reckoner** *n* tabela *f* de cálculos já feitos; ~-**to-wear** *adj* pronto-a-vestir.
reaffirm [ri:ə'fə:m] *vtr* reafirmar.
real [rɪəl] **1** *n* **the** ~ o real. **2** *adj* **a**) (not imaginary) real, verdadeiro,-a; **in** ~ **life** na realidade; **the** ~ **world** o mundo real,-a realidade; **b**) (not artificial) [*champagne, diamond, flower, leather*] verdadeiro,-a, autêntico,-a; **the** ~ **thing, the** ~ **McCoy** (coll) o autêntico; **this time it's the** ~ **thing** desta vez é para valer; **c**) (true) [*Christian, altruism, holiday*] verdadeiro,-a, autêntico,-a; **he knows the** ~ **you** ele conhece a tua verdadeira personalidade; **d**) (for emphasis) [*idiot, charmer, stroke of luck, pleasure*] verdadeiro,-a; **it's a** ~ **shame** é mesmo uma pena; **e**) FIN, COMM [*cost, income, value*] real; **in** ~ **terms** em termos reais; **f**) MATH real. **IDIOMAS for** ~ (coll) a sério; **is he for** ~? US ele é sincero?
real estate *n* **a**) JUR, COMM (property) bens *mpl* imobiliários; **b**) US (selling land, houses) sector imobiliário *m*.
realism ['rɪəlɪzm] *n* realismo *m*.
realist ['rɪəlɪst] *n, modif* realista *m/f*.
realistic [rɪə'lɪstɪk] *adj* realista, prático,-a.
reality [rɪ'ælɪtɪ] *n* realidade *f* (**of** de); **to be out of touch with** ~ viver fora da realidade.
realization [rɪəlaɪ'zeɪʃn] *nf* **a**) (awareness) tomada *f* de consciência; (**of** de; **that** do facto que); **to come to the** ~ **that** dar-se conta que; **b**) (of dream, goal, fear, design, opera) realização *f* (**of** de).
realize ['rɪəlaɪz] *vtr* **a**) (know) dar-se conta de [*error, gravity, significance, fact, extent*]; **to** ~ **that** dar-se conta que, compreender que; **to** ~ **how/why/what** compreender como/porquê/o quê; **more/less than people** ~ mais/menos do que as pessoas têm consciência; **to come to** ~ **sth** tomar consciência de qq coisa; **to make sb** ~ **sth** fazer compreender qq coisa a alg; **I didn't** ~! eu não compreendia!; **I** ~ **that!** eu sei isso!; **I** ~ **you're busy, but...** eu sei que estás ocupado, mas...; **b**) (make real) realizar [*idea, dream, goal, design*]; **my worst fears were** ~**d** o que eu mais temia aconteceu; **to** ~ **one's potential** desenvolver as suas capacidades; **c**) FIN (liquidate) realizar, liquidar [*assets*]; **d**) COMM [*sale*] render [*sum*]; [*person, vendor*] fazer [*sum*] (**on sth** vendendo qq coisa).
really ['rɪəlɪ] **1** *adv* **a**) (for emphasis) verdadeiramente; **they** ~ **enjoyed the film** eles gostaram verdadeiramente do filme; **I don't believe it,** ~ **I don't** não acredito, na verdade que não; **you** ~ **must taste it** tens mesmo que provar; **b**) (very) [*cheap, hot, badly, well*] muito, verdadeiramente; **c**) (in actual fact) de facto, realmente; **what I** ~ **mean is that...** o que queria dizer de facto é que...; **he's a good teacher** ~ de facto, ele é um bom professor; **ghosts don't** ~ **exist** os fantasmas nãoexistem; **I'll tell you what** ~ **happened** vou dizer-te o que realmente aconteceu; **d**) (seriously) de verdade; **I** ~ **don't know** de verdade que não sei; **do you** ~ **think he'll apologize?** crês, de verdade, que ele vai pedir desculpa?; ~? (expressing disbelief) verdade?; **does she** ~? verdade? **2** *excl* (*also* **well** ~) (expressing annoyance) francamente!

realm ['relm] *n* (kingdom) (formal) reino *m*; (fig) domínio *m*.

reap [ri:p] *vtr, vi* colher, ceifar, segar; (fig) colher [*benefits, profits*]; **to ~ the rewards of one's efforts** colher o fruto do seu trabalho.

reaper ['ri:pə(r)] *n* (machine) ceifeira *f*; (person) ceifeiro,-a *m, f*.

reappear [ri:ə'pɪə(r)] *vi* reaparecer.

reappearance [ri:ə'pɪərəns] *n* reaparição *f*.

reappraise [ri:ə'preɪz] *vtr* reexaminar, reapreciar [*question, policy*]; reavaliar [*writer, work*].

rear [rɪə(r)] **1** *n* **a)** (of building, car, room, etc) traseira *f*; (euph *or* hum) (buttocks) traseiro *m*; **at the ~ of the house** atrás da casa ou nas traseiras da casa; **b)** (of procession, train) cauda *f*; MIL (of unit, convoy) rectaguarda *f*; **to bring up the ~** (gen) MIL fechar a marcha. **2** *adj* [*entrance, garden*] das traseiras; AUT [*light, seat, suspension*] traseiro,-a. **3** *vtr* GB criar [*child, family, animals*]; cultivar [*plants*]. **4** *vi* (*also ~* **up**) [*horse*] empinar-se; (fig) [*building, tree, etc*] elevar-se.

rearguard *n* MIL (fig) rectaguarda *f*.

rearm [rɪ'ɑ:m] *vtr, vi* rearmar.

rearmament [ri:'ɑ:məmənt] *n* rearmamento *m*.

rearrange [ri:ə'reɪndʒ] *vtr* rearranjar [*hair, hat*]; redistribuir [*furniture*]; rearrumar [*room*]; modificar [*plans*]; transferir [*engagement*].

rear-view mirror *n* espelho *m* retrovisor.

reason ['ri:zn] **1** *n* **a)** (cause) razão *f* (**for, behind** de); **for no (good) ~, without good ~** sem razão válida; **if you are late for any ~** se estás atrasado por alguma razão; **I have ~ to believe that...** tenho razões para crer que...; **by ~ of** (formal) por motivo de; **for that ~ I can't do it** por essa razão não o posso fazer; **the ~ why...** a razão pela qual; **there are several ~s why I have to go** há várias razões que me obrigam a partir; **I'll tell you the ~ why...** vou-te dizer porquê...; **give me one ~ why I should!** dá-me uma razão para o fazer; **what was his ~ for resigning?** por que razão se demitiu ele?; **the ~ is that...** a razão é que...; **the ~ given is that...** a razão invocada é que...; **to have every** *or* **good ~ for doing** *or* **to do** ter toda a razão em fazer; **there was no ~ for you to worry** não tinhas razão para te preocupares; **all the more ~ to insist on it** mais uma razão para insistir; **she was angry, and with good ~** ela estava zangada e com razão; **b)** (common sense) razão *f*; **the power/the voice of ~** o poder/a voz da razão; **to lose one's ~** perder a razão; **to listen to** *or* **see ~** dar ouvidos à razão; **it stands to ~ that** não é preciso dizer que; **within ~** dentro dos limites da razão. **2** *vtr* **a)** (argue) defender (**that** que); **b)** (conclude) deduzir (**that** que). **3** *vi* **to ~ with sb** chamar alg à razão. **4 reasoned** *pp adj* razoável.

reasonable ['ri:znəbl] *adj* **a)** (sensible) [*person, price*] razoável; **b)** (understanding) [*person*] compreensivo,-a (**about** à cerca de); **c)** (justified) legítimo; **it is ~ for sb to do** é legítimo que alg faça; **beyond ~ doubt** JUR sem qualquer dúvida; **d)** (moderately good) conveniente; **there is a ~ chance that** há uma forte possibilidade que.

reassurance [ri:ə'ʃʊərəns] *n* **a)** conforto *m*; **b)** (security) segurança *f*.

reassure [ri:ə'ʃʊə(r)] *vtr* certificar, assegurar (**about** sobre).

reassuring [ri:ə'ʃʊərɪŋ] *adj* tranquilizador,a.

rebate ['ri:beɪt] *n* **a)** (refund) reembolso *m*; **b)** COMM (on bill of exchange) remessa *f* (de dinheiro).

rebel ['rebl] **1** *n* rebelde *m/f*; revoltado,-a *m, f* (fig). **2** *modif* [*soldier, group*] rebelde. **3** *vi* (lit, fig) revoltar-se, rebelar-se (**against** contra).

rebellion [rɪ'beljən] *n* rebelião *f*; revolta *f*.

rebellious [rɪ'beljəs] *adj* [*nation, people, child*] rebelde, insubmisso,-a; [*class*] indisciplinado,-a.

rebirth [ri:bɜ:θ] *n* (lit, fig) renascimento; *m*; renascença *f*.

reborn [ri:bɔ:n] *adj* **to be ~** renascer, ressuscitar; **to be ~ as·sth** renascer sob a forma de qq coisa.

rebound [rɪ'baʊnd] **1** *n* SPORT recuo *m*; ressalto *m*; **to marry sb on the ~** casar com alg por despeito. **2** *vi* **a)** (lit) (bounce) ressaltar; **b)** (fig) (affect adversely) voltar-se (**on** contra).

rebuff [rɪ'bʌf] **1** *n* recusa *f*; resposta *f* torta. **2** *vtr* tratar mal [*person*]; repelir [*suggestion, advances*].

rebuild [ri:'bɪld] *vtr* (*past, pp* **rebuilt**) reconstruir, reedificar.

rebuke [rɪ'bju:k] **1** *n* repreensão *f* PO, esculhambação *f* BR; censura *f*. **2** *vtr* repreender; **to ~ sb for sth** censurar algo a alg; **to ~ sb for having done sth** censurar alg por ter feito algo.

rebut [rɪ'bʌt] *vtr* refutar.

rebuttal [rɪ'bʌtl] *n* refutação *f*.

recalcitrant [rɪ'kælsɪtrənt] (formal) *adj* recalcitrante.

recall [rɪ'kɔ:l] **1** *n* **a)** (memory) memória *f*; **to have total ~ of sth** lembrar-se de qq coisa com todos os pormenores; **b)** (summons) memória *f*. **2** *vtr* **a)** (remember) lembrar-se de; **I ~ seeing/ what happened** lembro-me de ter visto/do que aconteceu; **as I ~** se bem me lembro; **b)** (remind of) recordar; **c)** (summon back) (gen) MIL, COMPUT voltar a chamar; convocar [*parliament*].

recant [ri:'kænt] **1** *vtr* abjurar, renunciar [*heresy*]; repudiar [*opinion*]; retractar [*statement*]. **2** *vi* retractar-se RELIG abjurar.

recap [ri:'kæp] **1** *n* (coll) see **recapitulation**. **2** *vtr* (coll) see **recapitulate**.

recapitulate [ri:kə'pɪtjʊleɪt] *vtr, vi* recapitular.

recapitulation [ri:kəpɪtjʊ'leɪ/n] *n* recapitulação *f*.

recapture [ri:'kæptʃə(r)] **1** *n* (of prisoner, animal) captura *f*; MIL (of town, position) reconquista *f*. **2** *vtr* **a)** recapturar [*prisoner, animal*]; **b)** MIL retomar [*town, position*]; POL reconquistar [*seat*]; **c)** (fig) reencontrar [*feeling*]; recriar [*period, atmosphere*].

recede [rɪ'si:d] **1** *vi* **a)** (lit) afastar-se; [*tide*] descer; **b)** (fig) [*hope, memory, prospect*] esfumar; [*threat*] diminuir, retroceder, afastar; **c)** (go bald) [*person*] fazer-se calvo. **2 receding** *pres p adj* [*chin, forehead*] retraído (não saliente); **he has a ~ hairline** ele está a ficar com entradas (no cabelo).

receipt [rɪ'si:t] **1** *n* **a)** COMM (in writing) recibo *m* (**for sth** por algo); (from till) recibo de caixa; (for rent) recibo *m*; (for mail) aviso *m* de recepção; **b)** **~s** *pl* COMM (takings) receita(s) *fpl*

(from sth de algo); **c)** (formal) ADMIN, COMM (of goods, letters) recepção *f*; **to be in ~ of** [*income, benefits*] receber; **to acknowledge ~ of sth** acusar a recepção de algo. **2** *vtr* passar recibo de [*bill, invoice*].

receive [rɪ'siːv] **1** *vtr* **a)** (get) receber [*letter, money, award, call, response, advice, recognition, treatment*] **(from** de); **he ~d a 30-year sentence** JUR ele foi condenado a trinta anos de prisão; **"~d with thanks"** COMM "acusamos a recepção"; **b)** (meet) acolher, receber [*visitor, guest, refugee*]; **c)** (greet) receber [*play, article, proposal, reforms*] **(with** com); **to be well/positively ~d** ser bem recebido; **d)** (welcome) **to be ~d into** ser recebido, admitido em [*church, order*]; **e)** RADIO, TV receber, captar [*channel, radio message, programme, satellite signals*]. **2 received** *pp adj* [*ideas, opinions*] corrente.

receiver [rɪ'siːvə(r)] *n* **a)** (telephone) auscultador *m*; **b)** RADIO, TV (equipment) (posto *m)* receptor *m*; **c)** GB FIN, JUR (*also* **Official R~**) administrador *m* judicial.

recent ['riːsənt] *adj* recente; [*acquaintance, development*] novo,-a; **in ~ times** recentemente.

recently ['riːsəntlɪ] *adv* recentemente, ultimamente; **until (quite) ~** até há pouco tempo.

receptacle [rɪ'septəkl] *n* recipiente *m*.

reception [rɪ'sepʃn] *n* **a)** (*also* **~ desk**) recepção *f*; **b)** (gathering) recepção *f*; **a ~ for** [*visitors, guests, new staff*] uma recepção dada para; **c)** (public response) acolhimento *m* **(for** de); **they gave us a great ~** [*fans, audience, public*] fizeram-nos um bom acolhimento; **d)** (on radio, TV) recepção *f* **(on sth** sobre algo).

receptionist [rɪ'sepʃənɪst] *n* recepcionista *m/f*.

receptive [rɪ'septɪv] *adj* receptivo,-a.

recess [rɪ'ses, 'riːses] **1** *n* **a)** JUR, POL férias *fpl* parlamentares; (in courts) férias *fpl* judiciais; **b)** US (break) (in school) intervalo *m*; (during meeting) pausa *f*; **c)** CONSTR (door, window) vão *m*; (in room) alcova *f*; (in wall) nicho *m*; **d)** **~es** *pl* **the ~es of** os recantos *mpl* de. **2** *vtr* US (interrupt) suspender [*meeting, hearing*]. **3** *vi* US suspender as actividades.

recession [rɪ'seʃn] *n* **a)** ECON, FIN recessão *f*; **b)** (of flood waters) refluxo *m*.

recharge [riː't ɑːdʒ] *vtr* recarregar.

rechargeable [riː'tʃɑːdʒəbl] *adj* recarregável.

recipe ['resɪpɪ] **1** *n* **a)** CULIN receita *f* **(for** de); **b)** (fig) fórmula *f* **(for** para); **it's a ~ for disaster** isso leva direitinho à catástrofe. **2** *modif* **~ book** livro *m* de receitas.

recipient [rɪ'sɪpɪənt] *n* (receiver) (of mail) destinatário *m/f*; (of benefits, aid, cheque) beneficiário *m/f*; (of prize, award) premiado *m*.

reciprocal [rɪ'sɪprəkl] *adj* recíproco,-a.

reciprocate [rɪ'sɪprəkeɪt] **1** *vtr* retribuir [*compliment, kindness, affection, invitation*]. **2** *vi* pagar na mesma moeda.

recital [rɪ'saɪtl] *n* **a)** MUS recital *m*; **b)** (narration) narração *f*; relato *m*.

recitation [resɪ'teɪʃn] *n* recitação *f*.

recite [rɪ'saɪt] *vtr, vi* recitar.

reckless ['reklɪs] *adj* [*person*] temerário,-a; **~ driving** JUR condução imprudente.

reckon ['rekn] **1** *vtr* **a)** (judge, consider) considerar; **the region is ~ed to be unhabitable** con-

sidera-se a região desabitada; **b)** (coll) **to ~ (that)...** achar que...; **c)** (calculate accurately) calcular [*amount*]; **d)** (coll) (like) estimar [*person*]. **2** *vi* calcular. ▪ **reckon on**: **~ on (sth/sb)** contar com (algo/alg); **~ on doing** contar fazer. ▪ **reckon up** calcular. ▪ **reckon with**: **~ with (sth/sb)** contar com (algo/alg).

reckoning ['reknɪŋ] *n* (gen) (estimation) estimativa *f*; (accurate calculation) cálculo *m*. IDIOMAS **day of ~** RELIG o Dia do Juízo Final.

reclaim [rɪ'kleɪm] *vtr* **a)** ECOL secar [*marsh*]; desbravar [*forest*]; sanear, despoluir [*polluted land*]; irrigar [*desert*]; (recycle) recuperar [*glass, metal*]; **b)** (get back) reaver [*possessions, money*].

reclamation [reklə'meɪʃn] *n* ECOL **a)** (recycling) recuperação *f*; **b)** (of land) melhoramento *m*; (of marsh) secagem *f*; (of forest) desbravamento *m*; arroteamento *m*.

recline [rɪ'klaɪn] **1** *vtr* apoiar [*head*]. **2** *vi* [*person*] deitar(-se), repousar; [*seat*] reclinar-se.

recluse [rɪ'kluːs] *n* recluso,-a *m, f*.

recognition [rekəg'nɪʃn] *n* **a)** (identification) reconhecimento *m*; **b)** (realization) reconhecimento *m* **(of sth** de algo); **c)** (acknowledgement) reconhecimento *m*; **to win ~ for** [*talent, work, contribution*] ser reconhecido por; **in ~ of** em/como reconhecimento de; **d)** COMPUT (of data) reconhecimento *m*; **e)** AVIAT (identification) identificação *f*. IDIOMAS **they've changed the town beyond ~** eles tornaram a cidade irreconhecível.

recognizable ['rekəgnaɪzəbl] *adj* reconhecível.

recognize ['rekəgnaɪz] **1** *vtr* **a)** (identify) reconhecer [*person, voice, sound, place*]; **b)** (diagnose) reconhecer [*sign, symptom*]; **c)** (realize) reconhecer [*problem, fact, value, danger*]; **to ~ that...** reconhecer que...); **d)** (officially) reconhecer [*government, organization, sovereignty, qualification*]; **e)** US (in debate) dar a palavra a [*speaker, debater*]. **2 recognized** *pp adj* **a)** (acknowledged) [*expert, authority, organization, qualification, method*] reconhecido; **b)** COMM (with accredited status) [*firm, supplier*] credenciado.

recoil 1 [rɪ'kɔɪl] *n* (of gun) recuo *m*; (of spring) ressalto *m*. **2** [riːkɔɪl, rɪkɔɪl] *vi* **a)** (physically) recuar **(from/at** diante de); [*gun*] ressaltar; [*spring*] distender; **b)** (mentally) retroceder **(from** diante de).

recollect [rekə'lekt] *vtr* lembrar-se de; **to ~ oneself** recordar-se (*refl*) **as far as I ~** tanto quanto me lembro.

recollection [rekə'lekʃn] *n* lembrança *f*; **I have some ~ of it** lembro-me vagamente disso; **to the best of my ~** tanto quanto me recordo.

recommend [rekə'mend] *vtr* **a)** (commend) recomendar [*person, company, film, book*]; **b)** ADMIN, MED (suggest) aconselhar [*investigation, treatment, compensation, reform, policy, measure*]; **the judge ~ed the defendant serve a minimum of 20 years** JUR o juiz atribuiu uma pena mínima de 20 anos ao acusado; **c)** (favour) **the strategy has much to ~ it** a estratégia apresenta muitas vantagens a seu favor; **the hotel has plenty to ~ it** o hotel é muito recomendável.

recommendation [rekəmen'deɪʃn] *n* recomendação *f* (**to sb** a alg); **on the ~ of a friend** com a recomendação de um amigo; **to give sb a ~** fazer uma recomendação de alg; **to write sb a ~** dar uma carta de recomendação a alg; **the hotel's location is its only ~** a localização do hotel é a única vantagem que tem.

recompense ['rekəmpens] **1** (liter) *n* **a**) (gen) recompensa *f* (**for** por); **b**) Jur indemnização *f* (**for** por). **2** *vtr* (gen) Jur indemnizar, compensar (**for sth** por algo).

reconcile ['rekənsaɪl] *vtr* **a**) (after quarrel) **to be** *or* **become ~d** reconciliar-se (**with sb** com alg); **b**) (see as compatible) conciliar [*attitudes, views*] (**with** com); **c**) (persuade to accept) **to ~ sb to sth/to doing** convencer alg a aceitar algo/a fazer; **to ~ oneself to sth/to doing** conformar-se/resignar-se a algo/a fazer.

reconciliation [rekənsɪlɪ'eɪʃn] *n* (of people) reconciliação *f*; (of ideas) conciliação *f*.

recondition [riːkən'dɪʃn] *vtr* recondicionar, renovar.

reconnaissance [rɪ'kɒnɪsəns] *n* reconhecimento *m*.

reconnoitre GB, **reconnoiter** US [rekə'nɔɪtə(r)] **1** *vtr* reconhecer. **2** *vi* fazer um reconhecimento.

reconsider [riːkən'sɪdə(r)] **1** *vtr* reexaminar. **2** *vi* (think further) reconsiderar, reestudar.

reconstruct [riːkən'strʌkt] *vtr* **a**) (lit) reconstruir [*building*]; reconstituir [*text*]; (surgically) reconstituir; **b**) [*police*] fazer uma reconstituição de [*crime*].

reconstruction [riːkən'strʌkʃn] *n* **a**) (of building) reconstrução *f*; (of system) reedificação *f*; **b**) (of object, event, crime) reconstituição *f*; **c**) Med reconstituição *f*.

record 1 ['rekɔːd] *n* **a**) (written account) (of events) registo *m*; (of official proceedings) acta *f*; auto *m*; **we keep a ~ of all telephone calls** nós registamos todas as chamadas telefónicas; **I have no ~s of your application** não tenho anotação nenhuma do seu pedido; **the hottest summer on ~** o Verão mais quente jamais registado; **he's on ~ as saying that...** ele declarou oficialmente que...; **to say sth off the ~** dizer qq coisa em privado; **I'd like to set the ~ straight** eu queria pôr tudo bem claro; **b**) (history) (of individual) passado *m*; (of organization, group) reputação *f*; **we have a good ~ on retraining/ human rights** temos uma boa reputação no que diz respeito a reciclagem/direitos humanos; **c**) Audio disco *m* (**by, of** de); **d**) (best performance) recorde *m* (**for, in** de); **e**) Comput (collection of data) registo *m*; gravação *f*; **f**) (police file) (*also* **criminal ~**) cadastro *m*. **2** ['rekɔːd] *modif* **a**) Audio [*button*] de gravação; [*collection, company, label, producer, sales, shop*] de discos; [*industry*] do disco; **b**) (high) [*sales, results, time, speed, score*] recorde *inv* (*after n*); **car sales are at a ~ high/low** a venda de carros está ao nível mais alto/baixo. **3** [rɪ'kɔːd] *vtr* **a**) (note) assentar, anotar [*detail, idea, opinion*]; registar [*transaction*]; **b**) (on disc, tape) gravar (**on** sobre); **c**) (register) [*equipment, machine*] registar [*temperature, rainfall*]; [*dial, gauge*] indicar [*pressure, speed*]; **d**) (provide an account of) relatar [*event, conditions*]. **4** [rɪ'kɔːd] *vi* [*video, cassette player*] gravar.

record-breaking *adj* recorde *inv* (*after n*).

recorded [rɪ'kɔːdɪd] *adj* **a**) (on tape, record) [*image, interview, massage, music*] gravado; **b**) (documented) [*case, occurrence, sighting*] conhecido; [*fact*] reconhecido.

recorded delivery *n* GB Post correio *m* registado.

recorder [rɪ'kɔːdə(r)] *n* Mus flauta *f* de ponta.

record-holder *n* **the 100 m ~** o recordista dos 100 m.

recording [rɪ'kɔːdɪŋ] *n* gravação *f*; **to make a ~ of sth** gravar qq coisa.

record: ~ library *n* discoteca *f* (para empréstimo de discos); **~-player** *n* gira-discos *m* Po, toca-discos *m* Br; **~ token** *n* cheque-disco *m*.

recount [rɪ'kaʊnt] *vtr* recontar.

re-count [riː'kaʊnt] **1** *n* Pol segunda contagem *f* (dos votos). **2** *vtr* recontar.

recoup [rɪ'kuːp] *vtr* compensar [*losses*]; **to ~ one's costs** reembolsar as despesas.

recourse [rɪ'kɔːs] *n* recurso *m*; **to have ~ to** ter recurso a.

recover [rɪ'kʌvə(r)] **1** *vtr* **a**) (get back) reaver [*money, property, vehicle*]; recuperar [*territory*]; (from water) retirar, recolher [*body, wreck*]; **to ~ one's sight/health** recuperar a visão/a saúde; **to ~ one's strength/breath/confidence** recobrar as forças/o alento/a confiança; **b**) (recoup) obter, recobrar, recuperar [*loan, debt, taxes, costs*]; reparar [*losses*]. **2** *vi* **a**) (gen) Med [*person*] (from illness) restabelecer-se; (from defeat, mistake) recobrar as forças; **b**) [*economy, market*] restabelecer-se; [*shares, currency*] subir novamente.

re-cover [riː'kʌvə(r)] *vtr* recobrir.

recovery [rɪ'kʌvərɪ] *n* **a**) (getting well) restabelecimento *m*; convalescença *f*; (fig) (of team, player, performer) recuperação *f*; **to be on the road to ~** estar a caminho da cura; **to make a ~** (from illness) restabelecer-se; (from mistake, defeat) recuperar; **b**) Econ, Fin (of economy, country, company, market) recuperação *f*; retoma *f*; (of shares, prices, currency) subida *f*; **c**) (getting back) (of vehicle, property, money) recuperação *f* (**of** de); (of costs, debts) cobrança *f* (**of** de); (of losses) reparação *f* (**of** de).

recreate ['rekrɪeɪt, riːkrɪ'eɪt] *vtr* recriar.

recreation [rekrɪ'eɪʃn] **1** *n* **a**) (leisure) lazer *m*; **what do you do for ~?** que fazes para te distraires?; **b**) (pastime) passatempos *mpl*; **c**) Sch (break) recreio *m*. **2** *noun modifier* [*facilities, centre*] de lazer; **~ area** (indoor) sala *f* de recreio; (outdoor) terreno *m* de jogos; **~ ground** terreno *m* de jogos; **~ room** US sala *f* de jogos.

recriminate [rɪ'krɪmɪneɪt] *vi* recriminar alg (*vtr*).

recrimination [rɪkrɪmɪ'neɪʃn] *n* recriminação *f* (**against** contra).

rectangle ['rektəŋgl] *n* rectângulo *m*.

rectangular [rek'tæŋgjʊlə(r)] *adj* rectangular.

rectification [rektɪfɪ'keɪʃn] *n* (gen) Chem, Math rectificação *f*.

rectify ['rektɪfaɪ] *vtr* (gen) Math, Chem rectificar.

red [red] **1** *n* **a**) (colour) vermelho *m*; **in ~** a vermelho; **b**) (coll) (*also* **R~**) (often pej) vermelho *m*; comunista *m/f*; **c**) (deficit) **to be in the ~** estar a descoberto; **d**) (wine) tinto *m*; **e**) (billiard, snooker) (red ball) bola *f* vermelha. **2** *adj* **a)** [*person, face, cheek*] vermelho,-a (**with** de); **to go/turn** ~ corar; ~ **in the face** todo corado; **there'll be** ~ **faces when...** algumas pessoas vão ficar bastante incomodadas quando...; **b)** [*hair*] ruivo,-a. IDIOMAS **to be caught** ~-**handed** ser apanhado com a boca na botija; **to see** ~ enfurecer-se.

red: ~-**blooded** *adj* ardente; ~ **carpet** *n* passadeira *f* vermelha; **Red Cross** *n* Cruz Vermelha *f*; ~**currant** *n* groselha *f*; ~-**eyed** *adj* de olhos vermelhos; ~-**faced** *adj* (permanently) corado,-a; ~-**haired** *adj* ruivo,-a; ~-**head** *n* ruivo,-a *m, f*; ~-**headed** *adj* see ~-**haired**; ~ **herring** *n* (distraction) distracção *f*; ~-**hot 1** (coll) *n* us cachorro quente *m*. **2** *adj* **a)** [*metal, lava, coal, poker*] incandescente, em brasa; **b)** [*passion, enthusiasm, lover*] ardente; **c)** [*news, story*] fresco,-a, recente.

Red Indian *n* (injur) Pele-Vermelha *m/f*.

red: ~-**letter day** *n* dia *m* memorável; ~ **light** *n* luz *f* vermelha; ~ **light area,** ~ **light district** *n* zona *f* de prostituição.

red pepper *n* pimenta *f* vermelha.

Red Sea *n* mar *m* Vermelho.

red: ~**skin** *n* (injur) pele-vermelha *m/f*; ~ **squirrel** *n* esquilo *m*; ~ **tape** *n* burocracia *f*.

reel [riːl] **1** *n* **a)** (gen) bobine *f*; FISHG carreto *m*; **b)** DANCE dança *f* escocesa. **2** *vi* [*person*] cambalear; **the room** ~**ed around me** a sala rodopiava à minha volta. IDIOMAS **reel off the** ~ us sem interrupção. ■ **reel off:** ~ **off** (**sth**) desenrolar [*thread*]; recitar [*list, names*].

reflate [riːˈfleɪt] *vtr* ECON relançar.

reflation [riːˈfleɪʃn] *n* ECON relançamento *m*.

reflect [rɪˈflekt] **1** *vtr* **a)** (lit, fig) reflectir; **to be** ~**ed in sth** (lit, fig) reflectir-se em qq coisa; **b)** (throw back) (lit) reflectir [*light, head, sound*]; **c)** (think) pensar, reflectir; **to** ~ **that...** pensar que.... **2** *vi* **a)** (think) reflectir ((**up**) **on** em); **b)** **to** ~ (**badly**) **on sb** desacreditar alg, reflectir-se (negativamente) em alg; **her behaviour** ~**s well on her** o seu comportamento causa boa impressão.

reflection [rɪˈflekʃn] *n* **a)** (image) (lit, fig) reflexo *m* (**of** de); **b)** (thought) reflexão *f*; **on** ~ pensando bem; **c)** (idea) pensamento *m*; (**on** sobre); (remark) observação *f*; **d)** (criticism) crítica *f*; **no** ~ **on you, but...** não te critico, mas....

reflective [rɪˈflektɪv] *adj* **a)** [*mood*] pensativo,-a; [*person*] ponderado,-a; **b)** [*material, strip, surface*] reflector,-a.

reflector [rɪˈflektə(r)] *n* **a)** (on vehicle) reflector *m*; **b)** (of light, heat or sound) reflector *m*.

reflex [ˈriːfleks] **1** *n* (gen) PHYSIOL reflexo *m*. **2** *adj* (gen) PHYSIOL reflexo,-a MATH [*angle*] obtuso,-a; PHYS reflectido,-a; **a** ~ **action** PHYSIOL um reflexo.

refloat [riːˈfləʊt] *vtr* NAUT, ECON pôr a flutuar novamente.

refraction [rɪˈfrækʃn] *n* refracção *f*.

refractory [rɪˈfræktərɪ] *adj* refractário,-a.

refrain [rɪˈfreɪn] **1** *n* MUS, LITERAT, (fig) refrão *m*. **2** *vi* conter-se; **to** ~ **from doing** abster-se de fazer; **he could not** ~ **from saying** ele não pôde deixar de dizer; **please** ~ **from smoking** (formal) pede-se o favor de não fumar.

refresh [rɪˈfreʃ] *vtr* [*bath, cold drink*] arrefecer; [*holiday, rest*] repousar; [*hot drink*] revigorar; **let me** ~ **your memory!** (iron) eu vou reavivar-lhe a memória!.

refreshing [rɪˈfreʃɪŋ] *adj* [*drink, shower, breeze*] refrescante; [*sleep, rest*] reparador,a; [*humour, outlook, insight, theme*] original.

refreshment [rɪˈfreʃmənt] *n* **a)** (*pl* ~**s**) (food, drinks) refrescos *mpl*; **b)** (rest) repouso *m*; (food, drink) restabelecimento *m* de forças através de refeição ligeira.

refreshment bar, refreshment stall *n* bufete *m*.

refrigerate [rɪˈfrɪdʒəreɪt] **1** *vtr* refrigerar; **keep** ~**d** conservar no frigorífico. **2 refrigerated** *pp adj* [*product*] refrigerado; [*transport*] frigorífico.

refrigeration [rɪfrɪdʒəˈreɪʃn] *n* refrigeração *f*.

refrigerator [rɪˈfrɪdʒəreɪtə(r)] **1** *n* frigorífico *m*; refrigerador *m*; (room) câmara *f* frigorífica. **2** *modif* [*truck, wagon*] frigorífico,-a.

refuel [riːˈfjuːəl] **1** *vtr* (*past, pp* -**ll-** GB -**l-** US) **a)** (lit) reabastecer de combustível; **b)** (fig) renovar [*fears, speculation*]. **2** *vi* reabastecer-se de combustível.

refuge [ˈrefjuːdʒ] *n* **a)** (lit, fig) refúgio *m* (**from** contra); **to take** ~ **from** [*danger, people*] pôr-se ao abrigo de; [*weather*] abrigar-se de; **to take** ~ **in** [*shelter, drink, drugs*] refugiar-se em; **b)** (hostel) albergue *m*.

refugee [refjʊˈdʒiː] *n* refugiado,-a *m, f* (**from** de); ~ **camp** campo *m* de refugiados; ~ **status** estatuto *m* de refugiado.

refund [riːˈfʌnd] **1** *n* reembolso *m*. **2** *vtr* reembolsar; **your expenses will be** ~**ed** será reembolsado das suas despesas.

refurbish [riːˈfɜːbɪʃ] *vtr* renovar.

refusal [rɪˈfjuːzl] *n* recusa *f* (**to do** de fazer); **we got several** ~**s** (to application, invitation) nós tivemos várias respostas negativas; **his** ~ **of aid** a sua rejeição de ajuda; **to give sb first** ~ (**of**) [*goods, job*] dar a alg a primeira opção de.

refuse[1] [rɪˈfjuːz] **1** *vtr* recusar (**to do** fazer); ~ **to sb sth** recusar algo a alg. **2** *vi* recusar.

refuse[2] GB *n* (household) lixo *m*; (industrial) resíduo *m*; (garden) lixo *m* de jardinagem.

refuse collector *n* GB lixeiro *m*; apanhador *m* do lixo.

refuse disposal GB **1** *n* tratamento *m* do lixo. **2** *modif* ~ **service** serviço *m* de apanha do lixo; ~ **unit** triturador *m* do lixo.

refute [rɪˈfjuːt] *vtr* refutar.

regain [rɪˈgeɪn] *vtr* recuperar [*health, sight, freedom*]; POL reconquistar [*power, seat*]; reencontrar [*balance, composure*]; recuperar [*time*]; **to** ~ **possession of** retomar a posse de; **to** ~ **consciousness** voltar a si.

regal [ˈriːgl] *adj* real.

regale [rɪˈgeɪl] *vtr* regalar (**with** com).

regalia [rɪˈgeɪlɪə] *npl* insígnias *fpl*; **in full** ~ (lit, hum) em trajo de gala.

regard [rɪˈgɑːd] **1** *n* **a)** (matter) respeito *m*; **in this** ~ a este respeito; **b)** (formal) (respect) respeito *m*; consideração *f* (**for** para com); **c)** (formal) (attention) atenção *f*; consideração *f*; **to have/show little** ~ **for money** fazer pouco caso do dinheiro; **d)** (*npl*) (in letters) **kindest/warmest** ~**s** com os meus cumprimentos; **with** ~ **com**

consideração; **give them my ~s** dê-lhes os meus cumprimentos. **2** *vtr* **a)** (consider) considerar; **to ~ sb/sth with contempt** menosprezar alg/algo; **her work is very highly ~ed** o trabalho dela é muito apreciado; **to ~ sb with suspicion** mostrar suspeitas em relação a alg; **b)** (formal) (relate to) dizer respeito a.

regardless [rɪ'gɑːdlɪs] **1** *prep* **a)** **~ of cost** sem ter em conta os custos; **b)** **performances continue ~ of the weather** as representações continuam apesar do tempo. **2** *adv* apesar de tudo.

regatta [rɪ'gætə] *n* regata *f.*

regenerate [rɪ'dʒenəreɪt] **1** *vtr* regenerar. **2** *vi* regenerar-se.

regeneration [rɪdʒenə'reɪ∫n] *n* regeneração *f;* (urban) restauração *f.*

regent ['riːdʒənt] *n* Pol, Hist regente *m/f.*

reggae ['regeɪ] *n* Mus reggae *m.*

regime, régime, regimen [reɪ'ʒiːm] *n* regime *m.*

regiment ['redʒɪmənt, 'redʒmənt] *n* Mil (fig) regimento *m.*

regimental [redʒɪ'mentl] *adj* do regimento.

regimentation [redʒɪmən'teɪ∫n, redʒɪmen-'teɪ∫n] *n* disciplina *f* excessiva.

region ['riːdʒn] *n* região *f;* **in the ~ of £ 300** cerca de 300 libras.

regional ['riːdʒənl] *adj* regional; **~ development** Ind ordenamento *m* do território.

register ['redʒɪstə(r)] **1** *n* **a)** (gen) Admin, Comm registo *m;* Sch livro *m* de ponto; **~ of births, marriages and deaths** registo *m* civil; **b)** us caixa *f* registadora. **2** *vtr* **a)** [*member of the public*] inscrever, matricular [*student*]; declarar [*birth, death, marriage*] registar [*vehicle*]; registar [*trademark, patent, invention*]; declarar, registar [*firearm*]; **to be ~ed (as) disabled/unfit for work** ser oficialmente reconhecido como deficiente/incapaz para trabalhar; **b)** [*instrument*] indicar [*speed, temperature, pressure*]; **the earthquake ~ed six on the Richter scale** o tremor de terra atingiu a magnitude de 6 na escala de Richter; **c)** (notice) notar, reparar; (realize) dar-se conta; **I ~ed (the fact) that he was late** eu notei que ele estava atrasado; **d)** (record) alcançar, registar [*loss, gain*]; **e)** Post enviar (qq coisa) registado [*letter*]. **3** *vi* **a)** [*person*] (to vote, for course, school) inscrever-se; (at hotel) apresentar-se; (with police, for national services) recensear-se (**for** para); (for shares) subscrever (**for** para); **to ~ for a course** inscrever-se para um curso; **to ~ with a doctor** inscrever-se como doente de um médico; **b)** [*speed, temperature, earthquake*] ser registado; **his name didn't ~ with me** o nome dele não me dizia nada.

registered ['redʒɪstəd] *adj* **a)** [*voter*] inscrito,-a; [*vehicle*] registado,-a; [*charity*] reconhecido,-a de utilidade pública; [*student*] matriculado,-a; [*firearm*] declarado,-a; [*company*] com licença; [*shares, securities, debentures*] Fin nominativo,-a; **b)** Post [*letter*] registado,-a.

registered post *n* (service) correio *m* registado; **by ~** registado.

registered trademark *n* marca *f* registada.

registrar [redʒɪstrɑː(r), redʒɪ'strɑː(r)] *n* **a)** GB Admin oficial *m* de registo; **b)** GB Jur escrivão *m.*

registration [redʒɪ'streɪ∫n] *n* (of person) (for course, institution) inscrição *f;* (for taxes) declaração *f;* (for national service) recenseamento *m* militar; (of trademark, patent) registo *m;* (of firearm) declaração *f;* (of birth, death, marriage) registo *m.*

registration number *n* número *m* de inscrição.

registry ['redʒɪstrɪ] *n* sala *f* dos registos/dos arquivos.

regress ['riːgres] **1** *n* regressão *f.* **2** *vi* Biol, Psych regredir (**to** ao estado de); (fig) deteriorar-se, regredir; **to ~ to childhood** regressar à infância.

regret [rɪ'gret] **1** *n* pesar *m;* arrependimento *m;* (**about** em relação a); **my ~ at/for having done** o meu arrependimento por ter feito; **it is with ~ that I have to inform you...** é com pesar que o informo...; **to my great ~** com grande pena minha. **2** *vtr* (*pres p etc* **-tt-**) arrepender-se de; **to ~ doing** arrepender-se de ter feito; **I ~ to say that...** lamento dizer que...; **it is to be ~ted that...** é lamentável que... (+ *v subj*).

regretfully [rɪ'gretfəlɪ] *adv* **a)** (reluctantly) relutantemente; **b)** (unfortunately) lamentavelmente.

regrettable [rɪ'gretəbl] *adj* lamentável; **it is ~ that...** é lamentável que... (+ *v subj*).

regrettably [rɪ'gretəblɪ] *adv* **a)** (sadly) infelizmente; **b)** (very) [*low, slow, weak*] extremamente.

regroup [riː'gruːp] **1** *vtr* reagrupar. **2** *vi* reagrupar-se.

regular ['regjʊlə(r)] **1** *n* **a)** (gen) (habitué) cliente *m/f* habitual; **b)** Mil GB soldado *m* das tropas regulares; **c)** us (petrol) gasolina *f* normal. **2** *adj* **a)** regular; **at ~ intervals** a intervalos regulares; **on a ~ basis** de forma regular; **b)** (usual) [*activity, customer, dentist, doctor, partner, time, visitor*] habitual; **c)** Admin, Mil GB [*army, soldier*] regular; [*army, officer, policeman*] de carreira; [*staff*] permanente, efectivo.

regularity [regjʊ'lærɪtɪ] *n* regularidade *f.*

regularize ['regjʊlərɑɪz] *vtr* regularizar.

regularly ['regjʊləlɪ] *adv* regularmente.

regulate ['regjʊleɪt] **1** *vtr* regular [*behaviour, lifestyle, activity, traffic, tendency*]; regulamentar [*use*]. **2** **+regulated** *pp adj* (*in compounds*) **state~d** estático; **well~d** bem regulado.

regulation [regjʊ'leɪ∫n] **1** *n* **a)** (*usu in pl*) (rule) (for safety, fire) regras *fpl;* (for discipline) regulamento *m;* (legal requirements) norma *f* (**for** para); **army ~s** regulamento militar; **EC ~** normas *fpl* comunitárias; **under the (new) ~s** segundo a (nova) regulamentação; **b)** (act of controlling) regulamentação *f* (**of** de). **2** *modif* (legal) regulamentar.

regulator ['regjʊleɪtə(r)] *n* (person, device) regulador,a *m, f.*

rehabilitate [riːhə'bɪlɪteɪt] *vtr* **a)** (medically) reeducar; (to society) reinserir [*handicapped person, criminal*]; reabilitar [*addict*]; **b)** (gen) Pol reabilitar; **c)** (restore) restaurar [*area*]; sanear [*environment*].

rehabilitation [riːhəbɪlɪ'teɪ∫(ə)n] *n* **a)** (of person) (medical) reeducação *f;* (to society, working life) reinserção *f;* **b)** (gen) Pol restabelecimento *m* (em cargo); **c)** (of building, area) reabilitação *f.*

rehash ['riːhæʃ] **1** *n* material *m* refeito. **2** *vtr* refazer.

rehearsal [rɪ'hɜːs(ə)l] *n* THEAT ensaio *m* (**of** de); (fig) preparação *f* (**of** de); **in** ~ em ensaio.

rehearse [rɪ'hɜːs] **1** *vtr* THEAT ensaiar [*scene*]; (fig) preparar [*speech, excuse*]. **2** *vi* THEAT ensaiar (**for** para).

rehouse [riː'haʊz] *vtr* realojar.

reign [reɪn] **1** *n* (lit) reino *m*; (fig) (of peace, violence, consumerism) poder *m*. **2** *vi* (lit, fig) reinar (**over** sobre); **to** ~ **supreme** ser senhor absoluto.

reimburse [riːɪm'bɜːs] *vtr* reembolsar; **to** ~ **sb for sth** reembolsar alg por algo.

reimbursement [riːɪm'bɜːsmənt] *n* reembolso *m* (**of** de; **for** por).

rein [reɪn] *n* **a**) rédea *f*; **to hold the** ~**s** tomar as rédeas; **to keep a horse on a short** ~ manter um cavalo a rédea curta; **b**) (fig) (control) (*usu in pl*) rédeas *fpl* (**of** de); **to keep a** ~ **on sth** controlar qq coisa; **to give full** *or* **free** ~ **to** dar livre curso a. ■ **rein in:** ~ (**sth**) **in,** ~ **in** (**sth**) (lit) refrear (com as rédeas) [*horse*]; (fig) conter.

reincarnation [riːɪnkɑː'neɪʃ(ə)n] *n* reincarnação *f* (**of** de).

reindeer ['reɪndɪə(r)] *n* (*pl inv*) rena *f*.

reinforce [riːɪn'fɔːs] *vtr* (gen) MIL, CONSTR reforçar; (fig) reforçar [*feeling, opinion, fear*]; apoiar [*argument, theory*].

reinforcement [riːɪn'fɔːsmənt] *n* **a**) (action) reforço *m* (**of** de); **b**) reforço *m*; ~**s** MIL (fig) reforços *mpl*.

reinstate [riːɪn'steɪt] *vtr* reintegrar (nas suas funções) [*employee*]; restabelecer [*legislation, service*].

reissue [riː'ɪfuː, -sjuː] **1** *n* (of book, record) reedição *f*; (of film) reposição *f*. **2** *vtr* reeditar [*book, record*]; repor [*film*]; renovar [*invitation*]; emitir de novo [*share certificates*].

reiterate [riː'ɪtəreɪt] *vtr* reiterar, repetir.

reject 1 ['riːdʒekt] *n* COMM refugo *m*. **2** [rɪ'dʒekt] *vtr* (gen) rejeitar [*advice, decision*]; recusar [*request, invitation, candidate*]; repelir [*advances, suitor*].

rejection [rɪ'dʒekʃn] *n* rejeição *f*; **to meet with** ~ sofrer uma recusa.

rejoice [rɪ'dʒɔɪs] **1** *vtr* regozijar; **to** ~ **that...** regozijar-se com o facto de.... **2** *vi* regozijar-se (**at, over, to** de, com); **to** ~ **in** (be glad of) alegrar-se com [*good news, event*]; (enjoy) divertir-se com [*joke, story*]; gozar de [*freedom, independence*]; **he** ~**s in the name of Peregrine** (iron) ele tem a distinta honra de se denominar Peregrino.

rejoicing [rɪ'dʒɔɪsɪŋ] **1** *n* (jubilation) júbilo *m*. **2** (formal) ~**s** *npl* festejos *mpl* de regozijo.

rejoin [rɪ'dʒɔɪn] *vtr* **a**) reunir; reintegrar [*team, organization*]; **to** ~ **ship** NAUT regressar a bordo; **the road** ~**s the coast here** a estrada encontra a costa aqui; **b**) (reply) replicar, ripostar.

rejoinder [rɪ'dʒɔɪndə(r)] *n* (gen) réplica *f*.

rejuvenate [rɪ'dʒuːvɪneɪt] *vtr* (lit, fig) rejuvenescer.

rejuvenation [rɪ'dʒuːvɪneɪʃ(ə)n] *n* (lit, fig) rejuvenescimento *m*.

rekindle [riː'kɪnd(ə)l] *vtr* (lit, fig) reanimar, reavivar.

relapse 1 ['riːlæps] *n* MED (fig) recaída *f*. **2** [rɪ'læps] *vi* (gen) recair (**into** em).

relate [rɪ'leɪt] **1** *vtr* **a**) (connect) **to** ~ **sth and sth** relacionar uma coisa a outra; **to** ~ **sth to sth** relacionar uma coisa com outra; **b**) relatar, contar [*story*] (**to** a). **2** *vi* **a**) (refer) **to** ~ **to sth** relacionar-se com qq coisa; **b**) (like) **to** ~ **to** apreciar [*idea, music*]; **I can** ~ **to that!** de acordo!.

related [rɪ'leɪtɪd] *adj* **a**) (by kinship) aparentado,-a (**by, through** através de; **to** a); **we are** ~ **by marriage** nós somos parentes pelo casamento; **b**) (connected) [*subject*] interligado,-a; [*species*] similar, afim; **drug-**~ ligado à droga.

relation [rɪ'leɪʃn] **1** *n* **a**) (relative) parente *m/f*; **my** ~**s** a minha família; **b**) (connection) relação *f* (**between** entre; **of** de; **with** com); **to bear no** ~ **to reality** não ter relação nenhuma com a realidade; **c**) (comparison) **in** ~ **to** em relação a; **with** ~ **to** no que diz respeito. **2 relations** *npl* **a**) (dealings) relações *fpl* (**between** entre; **with** com); **b**) (euph) (intercourse) relações *fpl* sexuais.

relationship [rɪ'leɪʃnʃɪp] *n* **a**) (family bond) parentesco *m* (**between** entre; **to** com); **family** ~**s** laços *fpl* de parentesco; **b**) (connection) relação *f* (**between** entre; **to, with** com); **a working** ~ uma relação profissional; **to have a good** ~ **with sb** ter boas relações com alg; **c**) (liaison) relação *f* (**between** entre; **with** com); **sexual** ~ relação sexual; **we have a good** ~ nós damo-nos bem.

relative ['relətɪv] **1** *n* **a**) (relation) parente *m/f*; **my** ~**s** a minha família; **b**) LING relativo. **2** *adj* **a**) relativo,-a; **b**) (in proportion) ~ **to sth** em relação a qq coisa; **c**) MUS, LING, COMPUT relativo,-a.

relatively ['relətɪvlɪ] *adv* relativamente; ~ **speaking** isto é uma maneira de dizer.

relativity [relə'tɪvɪtɪ] *n* relatividade *f* (**of** de).

relax [rɪ'læks] **1** *vtr* afrouxar, soltar [*grip, grasp*]; descontrair [*jaw, muscle*]; afrouxar [*vigilance, attention, efforts*]; abrandar [*rules, restrictions*]; repousar [*body*]. **2** *vi* **a**) [*person*] acalmar-se; **b**) [*grip*] soltar-se; [*jaw, muscle*] relaxar-se; [*discipline, rules*] tornar-se flexível.

relaxation [riːlæk'seɪʃ(ə)n] *n* **a**) (recreation) descanso *m*; **what do you do for** ~? o que é que faz para se distrair?; **b**) (of grip) afrouxamento *m*; (of efforts, vigilance) diminuição *f*; (of rules, discipline) abrandamento *m*; (of body, mind) relaxamento *m*.

relaxed [rɪ'lækst] *adj* [*person, smile, attitude, atmosphere*] descontraído,-a; [*muscle*] relaxado,-a; **I feel quite** ~ **about it** (fig) sinto-me à vontade em relação a isso.

relaxing [rɪ'læksɪŋ] *adj* [*atmosphere, activity, evening*] relaxante; **this holiday has been very** ~ estas férias foram muito repousantes.

relay ['riːleɪ] **1** *n* **a**) (of workers) turno *m*; (of horses) parelha *f*; **b**) RADIO, TV transmissão *f*; **c**) see ~ **race**; **d**) ELEC relé *m*. **2** *vtr* (*past, pp* **relayed**) RADIO, TV retransmitir (**to** para); (fig) transmitir [*message, question*].

relay race *n* corrida *f* de estafetas.

release [rɪ'liːs] **1** *n* **a**) (liberation) libertação *f* (**of, from** de); **on his** ~ **from prison** na sua saída da prisão; **b**) (relief) alívio *m*; **a feeling of** ~

um sentimento de alívio; **c)** Mɪʟ (of missile) lançamento *m*; **d)** Jᴏᴜʀɴ (announcement) comunicado *m*; **e)** Cɪɴ, Vɪᴅᴇᴏ (coming out) saída *f*; **the film is now on general** ~ o filme exibe-se agora em todos os cinemas; **f)** Cɪɴ, Vɪᴅᴇᴏ novidade *f*; **g)** (from customs, warehouse) levantamento *m*. **2** *vtr* **a)** libertar [*prisoner*] (**from** de); **b)** (let go) soltar [*animal*]; **c)** libertar, soltar, tirar [*accident victim*] (**from** de); (to attend courses) dispensar (alg) para permitir a sua participação num curso; **d)** (promise, obligation) **to ~ sb from sth** isentar alg de qq coisa; **e)** desenganchar [*safety catch, clasp*]; **f)** Aᴜᴛ destravar [*handbrake*]; **to ~ the clutch** largar a embraiagem Po/embreagem Bʀ; **g)** Pʜᴏᴛ levantar [*shutter*]; **h)** Sᴘᴏʀᴛ, Hɪꜱᴛ atirar [*arrow*]; **i)** Mɪʟ largar [*bomb*]; lançar [*missile*]; **j)** soltar [*object, arm*]; **to ~ one's grip** deixar fugir, largar; **to ~ one's grip of sth** largar qq coisa; **k)** Jᴏᴜʀɴ; publicar [*photo, picture*]; **l)** Cɪɴ, Vɪᴅᴇᴏ, Mᴜꜱ fazer sair [*film, video, record*].

relegate ['relɪgeɪt] *vtr* relegar [*person, unwanted object*] (**to** para); GB Fᴛʙʟ descer (**to** a, para); **to be ~d** Fᴏᴏᴛ descer de divisão.

relegation [relɪ'geɪʃ(ə)n] *n* (of person, unwanted object) Fᴛʙʟ GB descida *f* (**to** a).

relent [rɪ'lent] *vi* [*person, government*] abrandar a sua posição; [*weather*] acalmar-se.

relentless [rɪ'lentlɪs] *adj* [*ambition*] implacável; [*noise, activity*] incessante; [*enemy*] impiedoso,-a; [*advance*] inexorável.

relevance *n* pertinência *f*; interesse *m*; **the ~ of politics to everyday life** a relação entre a política e a vida de todos os dias.

relevant ['relɪv(ə)nt] *adj* [*issue, theory, point, law*] relevante, pertinente (**to** para); [*fact*] significativo,-a; [*information, resource*] útil; [*time, period, year*] em questão; **to be ~ to** ter ligação com; **~ document** Jᴜʀ documento justificativo; **the ~ authorities** as autoridades competentes.

reliability [rɪlaɪə'bɪlɪtɪ] *n* (of friend, witness) honestidade *f*; (of employee, firm) seriedade *f*; (of car, machine) confiança *f*; (of information, memory, account) exactidão *f*.

reliable [rɪ'laɪəb(ə)l] *adj* [*friend, witness*] digno,-a de confiança; [*employee, firm*] sério,-a; [*car, machine*] de confiança; [*information*] seguro,-a; **a ~ source of information** uma fonte de informações digna de crédito.

reliably [rɪ'laɪəblɪ] *adv* [*work*] correctamente; **I am ~ informed that...** sei de fonte segura que....

reliance [rɪ'laɪəns] *n* dependência *f* (**on** sobre).

reliant [rɪ'laɪənt] *adj* **to be ~ on** estar dependente de.

relic ['relɪk] *n* Rᴇʟɪɢ relíquia *f*; (fig) (custom, tradition) vestígio *m*; (object) recordação *f* (**of** de).

relief [rɪ'liːf] **1** *n* **a)** (from pain, distress, anxiety) alívio *m*; **to my ~** para meu alívio; **it was a ~ to them that...** foi um alívio para eles que...; **that's a ~!** que alívio!; **tax/debt ~** diminuição dos impostos/das dívidas; **b)** (help) ajuda *f*; socorro *m*; **famine ~** ajuda *f* às vítimas da fome; **to come to the ~ of sb** vir em socorro de alg; **to send ~ to** enviar ajuda a/socorro a; **c)** ᴜꜱ ajuda *f* social; **to be on ~** ᴜꜱ Aᴅᴍɪɴ beneficiar de ajuda social; **d)** (diversion) **(light)** ~ diversão *f*; dis-

tracção *f*; **e)** Mɪʟ (of garrison, troops) reforço *m* (**of** de); **f)** Aʀᴛ, Aʀᴄʜɪᴛ, Gᴇᴏɢ relevo *m*; **to stand out in (sharp)** ~ **against** destacar-se nitidamente sobre. **2** *modif* **a)** [*organization, operation, project*] de socorro; [*programme*] de auxílio; **b)** [*driver, guard*] de substituição/revezamento; [*bus, train, flight, service*] suplementar.

relief: ~ **map** *n* mapa *m* em relevo; ~ **road** *n* estrada *f* de derivação.

relieve [rɪ'liːv] *vtr* **a)** aliviar [*pain, suffering, distress, anxiety*]; atenuar, diminuir [*boredom*]; remediar [*poverty, famine*]; alijar [*debt*]; **to ~ oneself** (euph) libertar-se; **to ~ congestion** Mᴇᴅ, Aᴜᴛ descongestionar; **a black dress ~d by a string of white pearls** um vestido negro alegrado por um colar de pérolas; **b) to ~ sb of** desembaraçar alg de [*plate, coat, bag*]; aliviar alg de [*burden*]; **to ~ sb of a post** retirar alg do seu posto; **a pickpocket ~d him of his wallet** (hum) um ladrão roubou-lhe a carteira; **c)** (help) socorrer [*population*]; **d)** render [*worker, sentry*]; **to ~ the guard** render a guarda; **e)** Mɪʟ libertar [*town*].

religion [rɪ'lɪdʒn] *n* religião *f*; **what ~ is he?** qual é a religião dele?; **to get ~** converter-se; **to lose one's ~** perder a fé.

religious [rɪ'lɪdʒəs] **1** *n* religioso,-a *m, f*. **2** *adj* **a)** [*belief, conversion, faith, practice*] religioso,-a; **b)** [*person*] crente.

religiously [rɪ'lɪdʒəslɪ] *adv* religiosamente.

relinquish [rɪ'lɪŋkwɪʃ] (formal) *vtr* **a)** renunciar a [*claim, right, title*] (**to** em favor de); ceder [*post, task, power*] (**to** a); **b)** abandonar [*responsibility*]; **to ~ one's hold/grip on sth** libertar algo.

relish ['relɪʃ] **1** *n* **a)** (for food) apetite *m* (**for** por); **b)** (for task, activity) gosto *m*; prazer *m*; **with ~** com gosto ou com prazer; **c)** (flavour) sabor *m*; **d)** Cᴜʟɪɴ condimento *m*. **2** *vtr* **a)** saborear [*food*]; **b)** agradar; **to not ~ the prospect of sth** não agradar a perspectiva de qq coisa.

relocate [riːləʊ'keɪt] **1** *vtr* mudar [*employee*] (**to** para); transferir [*company, business*] (**to** para). **2** *vi* [*company*] transferir-se; [*employee*] ser mudado.

relocation [riːləʊ'keɪʃən] *n* (of company, organization) reimplantação *f*; mudança *f* (**to** para); (of employee) mudança *f* (**to** para); (of refugees) deslocação *f* (**to** para).

reluctance [rɪ'lʌktəns] *n* relutância *f*; (stronger) repugnância *f*; **to show ~ to do sth** mostrar relutância em fazer algo.

reluctant [rɪ'lʌkt(ə)nt] *adj* relutante; **to be ~ to do sth** estar pouco disposto a fazer algo; [*consent, promise*] feito a contragosto.

rely [rɪ'laɪ] *vi* **to ~ on sb/sth**; (be dependent on) depender de alg/algo; **she cannot be relied upon to help** não se pode contar com ela para ajudar; **he relies on her for everything** ele está dependente dela em tudo.

remain [rɪ'meɪn] **1** *vi* **a)** (be left) restar, sobrar; **b)** (stay) (gen) ficar, permanecer; [*problem, doubt, etc*] subsistir; **to ~ standing/seated** ficar de pé/sentado; **to ~ silent** guardar silêncio; **we ~ hopeful that...** continuamos a esperar que...; **if the weather ~s fine** se o tempo se mantiver bom; "**I ~, yours faithfully**" ≈ com toda a amizade. **2 remaining** *pres p adj* restante, que resta; **for the ~ months of her life** durante os restantes meses da vida dela.

remainder [rɪ'meɪndə(r)] **1** *n* (remaining things, money) ALSO MATH resto *m*; (remaining people) outros *mpl*; restantes *mpl*; (remaining time) resto *m*. **2 remainders** *npl* COMM sobras *fpl*; saldo *m*.

remains [rɪ'meɪnz] *npl* **a)** (of meal, fortune) restos *mpl*; (of building) vestígios *mpl*; ruínas *fpl*; **b)** (formal) (corpse) restos *mpl* mortais.

remake 1 ['riːmeɪk] *n* CIN nova versão *f*. **2** [riː'meɪk] *vtr* (*past, pp* **remade**) refazer.

remand [rɪ'mɑːnd] **1** *n* adiamento *m*; **to be on ~** (in custody) manter sob prisão preventiva; (on bail) estar em liberdade sob caução. **2** *vtr* adiar [*accused person, case*]; **to be ~ed in custody** ser colocado em prisão preventiva; **to be ~ed on bail** ser posto em liberdade sob caução.

remand centre *n* GB centro *m* de detenção (preventiva).

remark [rɪ'mɑːk] **1** *n* comentário *m* (**about sb/ sth** acerca de alg/algo); **worthy of ~** notável. **2** *vtr* **a)** (comment) comentar; **to ~ that...** comentar que...; **b)** (notice) notar. ■ **remark on, remark upon**: **to ~ on** *or* **upon (sth)** fazer comentários sobre ou acerca de (**to** a).

remarkable [rɪ'mɑːkəbl] *adj* notável, extraordinário,-a; **it's ~ that** é extraordinário que (+ *v subj*).

remarkably [rɪ'mɑːkəblɪ] *adv* extraordinariamente.

remarry [riː'mærɪ] **1** *vtr* casar novamente. **2** *vi* casar-se de novo.

remedial [rɪ'miːdɪəl] *adj* [*measures*] de correcção, de remediação; MED terapêutico,-a; **to take ~ action** tomar medidas de correcção.

remedy ['remɪdɪ] (formal) **1** *n* MED (fig) remédio *m* (**for** para, contra). **2** *vtr* remediar; **the situation cannot be remedied** a situação não tem remédio.

remember [rɪ'membə(r)] **1** *vtr* **a)** (recall) recordar-se, lembrar-se de; **to ~ that** lembrar-se que; **it must be ~ed that...** é preciso recordar que...; **to ~ doing sth** lembrar-se de fazer qq coisa; **~ where you are!** lembra-te onde estás!; **to ~ sb in one's prayers** não se esquecer de alg nas suas preces; **b)** (euph); **she ~ed me in her will** ela não se esqueceu de mim no seu testamento; **c)** (commemorate) comemorar [*battle, war dead*]; **d)** (convey greetings) **she asks to be ~ed to you** ela mandou-lhe cumprimentos. **2** *vi* lembrar-se; **if I ~ correctly/rightly** se bem me lembro; **not as far as I ~** que eu saiba não.

remembrance (formal) [rɪ'membrəns] *n* lembrança *f*; (memory) memória *f*; **in ~ of** em memória de.

Remembrance Day *n* GB ≈ Dia do Armistício *m*.

remind [rɪ'maɪnd] *vtr* lembrar; **to ~ sb of sth/sb** lembrar algo/alg a alg; **to ~ sb to do/that** lembrar alg para fazer/que; **I forgot to ~ her about the meeting** esqueci-me de lhe lembrar da reunião; **that ~s me** isso faz-me lembrar.

reminder [rɪ'maɪndə(r)] *n* (note) lembrete *m*; **to be a ~ of sth** lembrar qq coisa; **~s of the past** lembranças *fpl* do passado.

remit 1 ['riːmɪt, rɪ'mɪt] *n* atribuições *fpl* (**for** para); **it's outside my ~** isso não está dentro das minhas atribuições. **2** [rɪ'mɪt] *vtr* **a)** (send back) remeter [*case, problem*] (**to** a); **b)** (reduce) comutar [*penalty, taxation*]; **c)** (send) enviar [*money*].

remittance [rɪ'mɪtəns] *n* **a)** (payment) remessa *f*; **b)** (allowance) renda *f*.

remote [rɪ'məʊt] *adj* **a)** (distant) [*era*] distante; [*antiquity*] alta; [*ancestor, country, planet*] distante; **in the ~ future/past** num futuro/passado distante; **b)** [*area, village*] isolada; **~ from society** isolada da sociedade; **c)** (fig) (aloof) [*person*] distante; **d)** (slight) [*chance, connection*] vago,-a, ínfimo,-a; **I haven't (got) the ~st idea** não faço a menor ideia.

removable [rɪ'muːvəbl] *adj* amovível, removível.

removal [rɪ'muːvl] **1** *n* **a)** (of tax, subsidy, injustice) supressão *f*; (of threat, doubts, suspicions) afastamento *m*; (of troops) retirada *f*; MED ablação *f*; **stain ~** limpeza *f* de nódoas; **b)** (of employee, official) exoneração *f*; (of leader) deposição *f*; **following his ~ from office...** em seguida à sua exoneração. **2** *modif* [*costs, firm*] de mudança/transporte.

remove [rɪ'muːv] **1** *n* **to be at one ~ from/at many ~s from** estar muito próximo de/muito longe de. **2** *vtr* **a)** retirar (**from** de); tirar, fazer desaparecer [*stain*]; suprimir, retirar [*paragraph, word*]; suprimir [*tax, subsidy*]; **over 30 bodies were ~d from the rubble** mais de 30 corpos foram retirados dos escombros; **to ~ goods from the market** tirar mercadorias do mercado; **to ~ sb's name from a list** riscar o nome de alg de uma lista; **to be ~d to hospital** ser levado para o hospital; **to ~ one's make-up** desmaquilhar-se; **to ~ hair from the legs** depilar as pernas; **b)** (oust) despedir, demitir [*employee*]; (euph) (kill) suprimir, liquidar; **to ~ sb from office** demitir alg das suas funções; dissipar [*suspicion, fears*]; afastar [*doubt*]; eliminar [*obstacle, difficulty*]; suprimir [*threat*]. **3** *vi* (formal) mudar de residência.

remover [rɪ'muːvə(r)] *n* (substance) **stain ~** tira nódoas *m*.

remuneration [rɪmjuːnə'reɪʃn] (formal) *n* remuneração *f*.

Renaissance [rə'neɪsəns, rɪ'neɪsəns, rə'neɪsɑ̃s] *pr n* **the ~** o Renascimento.

rename [riː'neɪm] *vtr* rebaptizar.

rend [rend] *vtr* (*past, pp* **rent**) (lit, fig) rasgar.

render ['rendə(r)] *vtr* **a)** **to ~ sth impossible** tornar qq coisa impossível; **to ~ sb unconscious** deixar alg inconsciente; **b)** (provide) prestar [*service*] (**to sb** a alg); dar, trazer [*assistance, aid*] (**to sb** a alg); "**for services ~ed**" "por serviços prestados"; **c)** (give) prestar [*homage, allegiance*] (**to** a); **d)** ART, LITERAT, MUS produzir [*painting, piece of music, novel*]; **e)** (translate) traduzir [*text, phrase, piece of music*] (**into** para); **f)** COMM entregar [*account*]; **g)** CONSTR rebocar [*wall, surface*].

rendering ['rendərɪŋ] *n* **a)** ART, LITERAT, MUS interpretação *f* (**of** de); **b)** (translation) tradução *f* (**of** de); **c)** CONSTR reboco *m*.

rendezvous ['rɒndɪvuː, 'rɒndeɪvuː] **1** *n* encontro

m; **to have a ~ with sb** ter um encontro com alg. **2** *vi* **to ~ with sb** encontrar-se com alg.
rendition [ren'dɪ/n] *n* interpretação *f.*
renegade ['renɪgeɪd] *n* **a)** (abandoning beliefs) renegado *m*; **b)** (rebel) rebelde *m/f.*
renew [rɪ'nju:] **1** *vtr* renovar [*efforts, passport, stock*]; reatar [*acquaintance*]; retomar [*negotiations*]. **2 renewed** *pp adj* [*interest, optimism*] renovado.
renewable [rɪ'nju:əbl] *adj* renovável.
renewal [rɪ'nju:əl] *n* (of passport) renovação *f*; (of hostilities, diplomatic relations) reatamento *m.*
renounce [rɪ'naʊns] *vtr* renunciar a [*claim, party, strategy*]; repudiar, renegar [*faith, friend*]; denunciar [*treaty, agreement*].
renovate ['renəveɪt] *vtr* renovar; restaurar [*statue, building*].
renovation [renə'veɪ/n] *n* renovação *f*; **"property in need of ~"** "casa a necessitar de obras"; **the ~s** as obras *fpl* de restauro.
renown [rɪ'naʊn] *n* renome *m.*
renowned [rɪ'naʊnd] *adj* famoso,-a, célebre (**for sth** por qq coisa).
rent [rent] **1** *past, pp* see **rend**. **2** *n* **a)** (for accommodation) aluguer *m* Po, aluguel *m* Br; (for tool, vehicle) aluguer *m* Po, aluguel *m* Br; (for TV, telephone) aluguer *m* Po, aluguel *m* Br; **for ~** para alugar; **b)** (tear) (lit, fig) rasgão *m.* **3** *vtr* (hire) alugar [*car, TV, villa*] (**from** a). **4** *vi* **this flat ~s for £600 a month** este andar está alugado por 600 libras por mês. **5 rented** *pp adj* [*room, villa*] alugado; [*car, phone, machine*] de aluguer Po, de aluguel Br. ■ **rent out**: **~ (sth) out, ~ out (sth)** alugar qq coisa (**to** a).
rental ['rentl] *n* (of car, flat, office, equipment) aluguer *m* Po, aluguel *m* Br; **car ~** aluguer Po, aluguel Br de viaturas; **line ~** aluguer Po, aluguel Br de telefone.
rent-free 1 *adj* [*flat*] isento de renda. **2** *adv* [*occupy, use*] sem pagar aluguer PO, aluguel BR.
renunciation [rɪnʌnsɪ'eɪ/n] *n* (of faith, family, friend) repúdio *m* (**of** de); (of pleasures) renúncia *f* (**of** de).
reopen [ri:'əʊpn] **1** *vtr* reabrir. **2** *vi* [*school, shop, trial*] reabrir.
reorder [ri:'ɔ:də(r)] *vtr* encomendar novamente, tornar a encomendar.
reorganization [ri:ɔ:gənaɪ'zeɪ/n] *n* reorganização *f.*
reorganize [ri:'ɔ:gənaɪz] **1** *vtr* reorganizar. **2** *vi* reorganizar-se.
rep [rep] *n* **a)** Comm, Ind abrev = **representative** representante *m/f* (do comércio ou da indústria); **b)** Theat abrev = **repertory**.
repaid [ri:'peɪd] *past, pp* see **repay**.
repaint [ri:'peɪnt] *vtr* pintar de novo.
repair [rɪ'peə(r)] **1** *n* **a)** (gen) reparação *f*; **to be under ~** [*building*] estar em reparação; **to be (damaged) beyond ~** ser irreparável; **b)** (formal) (condition) **to be in good/bad ~** estar em bom/mau estado. **2** *vtr* (gen) reparar; remendar [*clothes*]. **3** *vi* (arch *or* hum) (go) **to ~ to one's room** retirar-se para o quarto.
reparation [repə'reɪ/n] *n* **a)** reparação *f*; **b)** (money) indemnização *f.*
repartee [repɑ:'ti:] *n* **a)** (conversation) resposta *f* pronta e viva; **b)** (reply) réplica *f.*

repatriate [ri:'pætrɪeɪt] *vtr* repatriar.
repatriation [ri:pætrɪ'eɪ/n] *n* repatriamento *m.*
repay [ri:'peɪ] *vtr* **a)** restituir [*sum of money*]; reembolsar [*person, loan, debt*]; **b)** retribuir [*hospitality, favour*].
repayable [ri:'peɪəbl] *adj* reembolsável.
repayment [ri:'peɪmənt] *n* reembolso *m* (**on** de).
repeal [rɪ'pi:l] **1** *n* Jur revogação *f*; anulação *f.* **2** *vtr* revogar, anular.
repeat [rɪ'pi:t] **1** *n* **a)** (gen) repetição *f*; **b)** Mus refrão *m.* **2** *vtr* (gen) repetir; Sch repetir [*year*]; **to be ~ed** (gen) repetir-se. **3** *v refl* **to ~ oneself** repetir-se. IDIOMAS **history is ~ing itself** a história repete-se.
repel [rɪ'pel] *vtr* **a)** repelir; **b)** (disgust) ter repulsa por.
repellent [rɪ'pelənt] *adj* repelente, repugnante.
repent [rɪ'pent] **1** *vtr* **a)** arrepender-se (**of** de); **b)** (regret) lamentar. **2** *vi* arrepender-se.
repentance [rɪ'pentəns] *n* arrependimento *m.*
repentant [rɪ'pentənt] *adj* arrependido,-a.
repercussion [rɪ'pə'kʌ/n] *n* repercussão *f.*
repertory ['repətərɪ] *n* **to work in ~** trabalhar num grupo de teatro.
repetition [repɪ'tɪ/n] *n* repetição *f.*
repetitious [repɪ'tɪ/əs] *adj* repetitivo,-a.
repetitive [rɪ'petɪtɪv] *adj* repetitivo,-a.
rephrase [ri:'freɪz] *vtr* reformular [*remark*]; **perhaps I should ~ that** talvez eu deva dizer isso de outra maneira.
replace [rɪ'pleɪs] *vtr* **a)** (put back) repor [*lid, cork*]; **to ~ the receiver** desligar (o telefone); **b)** substituir [*goods*] (**with** por); **c)** (in job) substituir [*person*].
replacement [rɪ'pleɪsmənt] *n* **a)** (person) substituto,-a *m, f* (**for** de); **b)** (act) substituição *f*; **c)** (spare part) peça *f* sobresselente.
replay 1 ['ri:pleɪ] *n* Sport novo jogo *m*; (fig) repetição *f.* **2** [ri:'pleɪ] *vtr* Mus tornar a tocar [*piece*]; Sport jogar novamente.
replenish [rɪ'plenɪ/] *vtr* reabastecer [*stock*].
replete [rɪ'pli:t] *adj* (after eating) cheio,-a, saciado,-a (**with** de).
replica ['replɪkə] *n* réplica *f*; cópia *f* (**of** de).
reply [rɪ'plaɪ] **1** *n* (gen) Jur resposta *f*; **in ~ to** em resposta a. **2** *vi, vtr* responder (**to** a).
report [rɪ'pɔ:t] **1** *n* **a)** (written account) relatório *m* (**on** sobre); **b)** (notification) **have you had any ~s of lost dogs this evening?** alg se queixou de ter perdido o cão esta noite?; **c)** Journ, Radio, TV comunicado *m*; (longer) reportagem *f*; **d)** GB Schol boletim *m* ou caderneta *f* escolar; **e)** (noise) detonação *f.* **2 reports** *npl* (unsubstantiated news) **according to ~s, the divorce is imminent** segundo dizem, o divórcio está iminente. **3** *vtr* **a)** assinalar [*fact, occurrence*]; **b)** Journ, Radio, TV **the press ~ed that the tunnel was behind schedule** a imprensa anunciou que a construção do túnel está atrasada; **c)** (allege, spread rumour) **she is ~ed to have changed her mind** parece que ela mudou de opinião; **it is ~ed that...** parece que... ou corre o boato de que...; **d)** (make complaint) queixar-se de [*person*]; **I shall ~ you to your headmaster** vou fazer queixa de ti ao director. **4** *vi* **a)** (present findings) [*committee, group*] apresentar um relatório (**on** sobre); **b)** (present oneself) apre-

sentar-se; ~ **to reception** apresente-se na recepção; **to** ~ **for duty** apresentar-se ao serviço; **c)** (have as immediate superior) **all the sales reps** (coll) ~ **to the area manager** todos os representantes estão sob as ordens directas do director regional. ■ **report back a)** (after absence) apresentar-se; **b)** (present findings) apresentar um relatório.
reporter [rɪ'pɔːtə(r)] *n* repórter *m/f*; jornalista *m/f*.
repose [rɪ'pəʊz] (formal) **1** *n* repouso *m*; **in** ~ em repouso. **2** *vi* (lie buried) repousar; (hum) (be lying) (person) descansar.
reprehensible [reprɪ'hensɪbl] *adj* repreensível.
represent [reprɪ'zent] *vtr* **a)** (act on behalf of) (gen) JUR, POL representar; **to be under~ed** não estar suficientemente representado; **b)** (present) apresentar [*person, situation, event*]; **c)** (convey) expor [*facts, results, reasons, etc*]; **d)** (portray) representar; **e)** (constitute) representar, constituir; **that ~s an awful lot of work** isso constitui uma terrível acumulação de trabalho.
representation [reprɪzen'teɪʃn] **1** *n* (gen) POL representação *f*. **2 representations** *npl* **to make ~s to sb** [*requests*] fazer diligências junto de alg; (complain) apresentar queixa a alg.
representative [reprɪ'zentətɪv] **1** *n* (gen) COMM representante *m/f*; US POL deputado *m*. **2** *adj* representativo,-a, típico,-a (**of** de).
repress [rɪ'pres] *vtr* **a)** (gen) reprimir; **b)** PSYCH recalcar.
repression [rɪ'preʃn] *n* repressão *f*.
repressive [rɪ'presɪv] *adj* repressivo,-a.
reprieve [rɪ'priːv] **1** *n* JUR suspensão *f* temporária da pena; (delay) adiamento *m*. **2** *vtr* JUR comutar uma pena capital a [*prisoner*].
reprimand ['reprɪmɑːnd] **1** *n* ADMIN (gen) repreensão *f* Po, esculhambação *f* BR. **2** *vtr* ADMIN (gen) repreender.
reprint 1 ['riːprɪnt] *n* reimpressão *f*. **2** [riː'prɪnt] *vtr* reimprimir; **the book is being ~ed** o livro está a ser reimpresso.
reprisal [rɪ'praɪzl] *n* represália *f* (**for** por, contra); **in** ~ **for** *or* **against** em represália contra; **to take ~s** exercer represálias.
reproach [rɪ'prəʊtʃ] **1** *n* (rebuke) censura *f*; repreensão *f* Po, esculhambação *f* BR; **above** *or* **beyond** ~ irrepreensível. **2** *vtr* repreender, censurar [*person*]; **to** ~ **sb with** *or* **for sth** repreender alg por qq coisa; **to** ~ **sb for having done** repreender alg por ter feito.
reproachful [rɪ'prəʊtʃfl] *adj* [*person, remark, look, expression*] reprovador,a; [*letter, word*] de reprovação.
reprocess [riː'prəʊses] *vtr* reaproveitar materiais que sobraram para uso posterior.
reproduce [riːprə'djuːs] *vtr, vi* reproduzir(-se).
reproduction [riːprə'dʌkʃn] *n* reprodução *f*.
reproof [rɪ'pruːf] *n* reprovação *f*; censura *f*.
reprove [rɪ'pruːv] *vtr* reprovar, repreender, censurar (**for sth** por qq coisa; **for doing** por ter feito).
reptile ['reptaɪl] *n* ZOOL réptil *m* (also fig, pej).
reptilian [rep'tɪljən] *adj* relativo aos répteis.
republic [rɪ'pʌblɪk] *n* república *f*.
republican [rɪ'pʌblɪkən] **1** *n* **a)** republicano,-a *m, f*; **b)** POL US Republicano *m*. **2** *adj* republicano,-a.

repudiate [rɪ'pjuːdɪeɪt] *vtr* **a)** rejeitar, repudiar; **b)** abandonar [*action, violence*]; **c)** JUR denunciar [*treaty, contract*].
repudiation [rɪpjuːdɪ'eɪʃn] *n* repúdio *m*.
repugnance [rɪ'pʌgnəns] *n* repugnância *f* (**for sth/sb** por algo/alg).
repugnant [rɪ'pʌgnənt] *adj* repugnante; **to be** ~ **to sb** repugnar a alg ou ser repugnante para alg.
repulse [rɪ'pʌls] *vtr* MIL (gen) repelir.
repulsion [rɪ'pʌl/n] *n* repulsa *f*.
repulsive [rɪ'pʌlsɪv] *adj* repulsivo,-a.
reputable ['repjʊtəbl] *adj* [*accountant, form, shop*] conceituado,-a; [*profession*] respeitável.
reputation [repjʊ'teɪʃn] *n* reputação *f*; **she has a** ~ **as a good teacher** ela tem fama de ser uma boa professora; **to have the** ~ **of being** ter a reputação de ser.
repute [rɪ'pjuːt] *n* **of** ~ famoso; **a house of ill** ~ (euph) uma casa de má fama.
reputedly [rɪ'pjuːtɪdlɪ] *adv* ao que consta.
request [rɪ'kwest] **1** *n* **a)** pedido *m* (**for** de; **to** a); **on** ~ a pedido; **at your** ~ a seu pedido; **by popular** ~ a pedido da população em geral; **b)** **to play a** ~ **for sb** RADIO passar um disco a pedido de alg. **2** *vtr* pedir [*information, help, money*]; **to** ~ **sb's help** pedir ajuda a alg; **you are kindly ~ed not smoke** é favor não fumar; **as you ~ed** como você pediu.
request stop *n* paragem *f* não obrigatória (para autocarros Po/ônibus BR).
Requiem ['rekwɪem] *n* requiem *m*.
require [rɪ'kwaɪə(r)] **1** *vtr* **a)** (need) necessitar de [*help, money, staff*]; **b)** (demand) [*job, law, person, situation*] exigir [*explanation, funds, obedience*]; **this is ~d by law** isto é exigido por lei; **to** ~ **sth of** *or* **from sb** exigir qq coisa a alg. **2 required** *pp adj* [*amount, size, qualification*] exigido; **by the ~d date** a tempo.
requirement [rɪ'kwaɪəmənt] *n* **a)** (need) (*often pl*) necessidade *f* (**for** para); **to meet sb's ~s** satisfazer as necessidades de alg; **b)** (condition) (*often pl*) condições *fpl*; **university entrance ~s** as condições de acesso à universidade; **c)** (obligation) obrigação *f* (**to do** de fazer); **legal** ~ obrigação legal.
requisite ['rekwɪzɪt] **1** *n* condição *f*; requisito *m* (**for** para). **2 requisites** *npl* artigos *mpl*; **toilet ~s** artigos de higiene. **3** *adj* indispensável, necessário,-a.
requisition [rekwɪ'zɪʃn] **1** *n* MIL requisição *f*. **2** *vtr* MIL requisitar.
reroute [riː'ruːt] *vtr* desviar [*traffic, race*]; mudar o itinerário de [*flight*].
rerun ['riːrun] *n* (*also* **re-run**) CIN, THEAT reposição *f*; TV retransmissão *f*.
resat [riː'sæt] *past, pp* see **resit** (*vtr*).
reschedule [riː'ʃedjuːl] *vtr* **a)** (gen) (change time, date) mudar, alterar a hora ou a data de [*match, performance*]; **b)** FIN renegociar [*debt, payment*].
rescind [rɪ'sɪnd] *vtr* JUR revogar [*law*]; anular [*decision, order, treaty, judgement*]; rescindir [*contract, agreement*].
rescue ['reskjuː] **1** *n* (aid) ajuda *f*; auxílio *m*; (operation) salvamento *m*. **2** *modif* [*attempt, helicopter, mission*] de salvamento. **3** *vtr* **a)** (save) salvar (**from** de); (aid) socorrer; **b)** (release) libertar; **c)** (salvage) salvar, recuperar [*object*].

rescuer ['reskju:ə(r)] *n* salvador *m*; socorrista *m/f*.

research [rɪ'sɜːtʃ,'riːsɜːtʃ] **1** *n* investigação *f*; pesquisa *f* (**into, on** de, sobre); **animal** ~ experiências *fpl* sobre os animais. **2** *modif* [*department, grant, institute, programme*] de investigação; ~ **work** trabalho *m* de investigação; ~ **worker** investigador *m*. **3** *vtr* (as an academic) fazer investigação sobre; (for media) documentar-se sobre; **to** ~ **the market** fazer um estudo de mercado. **4** *vi* **to** ~ **into sth** fazer investigações sobre qq coisa.

researcher [rɪ'sɜːtʃə(r), 'riːsɜːtʃə(r)] *n* investigador *m*; **television** ~ documentalista *m/f*.

resemble [rɪ'zembl] *vtr* parecer-se com, assemelhar-se a; **to** ~ **each other** parecerem-se um com o outro.

resent [rɪ'zent] *vtr* ofender-se com, ficar ressentido com [*person*]; **he ~ed her being better paid** ele ficou ressentido por ela ganhar mais.

resentful [rɪ'zentfl] *adj* cheio de ressentimento (**at, of** em relação a).

resentment [rɪ'zentmənt] *n* ressentimento *m* (**about** acerca de; **against** contra; **at** em relação a).

reservation [rezə'veɪʃn] *n* **a**) (doubt, qualification) reserva *f*; **without** ~ sem reserva; **with some ~s** com certas reservas; **to have ~s about sth** ter reservas em relação a algo; **b**) (booking) reserva *f*; **do you have a** ~? (on train, flight) tem lugar reservado?; (in restaurant) tem mesa reservada?; (in hotel) tem quarto reservado?; **c**) US (**Indian**) ~ reserva *f* (índia).

reserve [rɪ'zɜːv] **1** *n* **a**) (resource, stock) reserva *f*; **oil ~s** reservas petrolíferas; **capital/currency ~s** reservas de capitais/de divisas; **to have ~s of energy** ter reservas de energia; **to keep/hold sth in** ~ manter algo de reserva; **b**) (reticence) reserva *f*; **to lose one's** ~ perder a sua reserva; **c**) (doubt, qualifications) reserva *f*; **without** ~ sem reserva; **d**) **the** ~ MIL a reserva; **the ~s** os militares na reserva; **e**) SPORT reserva *f*; **f**) (area of land) reserva *f*; **wildlife** ~ reserva *f* de vida selvagem. **2** *modif* [*currency, fund, supplies*] de reserva; SPORT [*team*] de reserva; [*player*] substituto, de reserva; MIL [*army, forces*] de reserva. **3** *vtr* **a**) (set aside) reservar; **she ~d her fiercest criticism for...** ela reservou as suas críticas mais ferozes para...; **to** ~ **one's strength** guardar as suas forças; **to** ~ **the right to do sth** reservar-se o direito de fazer algo; **b**) (book) reservar [*room, seat*].

reserved [rɪ'zɜːvd] *adj* **a**) [*person, manner*] reservado,-a; **b**) [*table, room, seat*] reservado,-a; **c**) COMM **all rights** ~ todos os direitos reservados.

reservist [rɪ'zɜːvɪst] *n* reservista *m*.

reservoir ['rezəvwa:(r)] *n* **a**) (lit) reservatório *m*; **b**) (fig) reserva *f*.

reset [rɪ'set] *vtr* (*pres p* -tt- *pp, past* reset); acertar [*clock*]; regular [*control, machine*].

resettle [ri:'setl] **1** *vtr* reinstalar [*person*]; repovoar [*area*]. **2** *vi* reinstalar-se.

reshuffle [ri:'ʃʌfl] **1** *n* POL remodelação *f*; **cabinet** ~ remodelação ministerial. **2** *vtr* **a**) remodelar [*cabinet*]; **b**) baralhar [*cards*].

reside [rɪ'zaɪd] (formal) *vi* ALSO JUR (live) residir ou morar em.

residence ['rezɪdəns] *n* **a**) (dwelling) residência *f*; domicílio *m*; **b**) ADMIN, JUR (in area, country) residência *f*; **place of** ~ lugar de residência; **to take up** ~ **in** [*town*] instalar-se em; **c**) US UNIV (*also* ~ **hall**) residência *f* universitária.

residence permit *n* licença *f* de residência.

resident ['rezɪdənt] **1** *n* (of city, region, suburbs) residente *m/f*; (of street) morador,a *m, f*; (of hostel, guest house) hóspede *m/f*. **2** *adj* [*population, species*] local; **to be** ~ **in** [*town, region*] residir em; [*staff, nurse, caretaker, specialist*] interno,-a; [*band, orchestra*] permanente.

residential [rezɪ'denʃl] *adj* **a**) (for housing) [*area, district, development*] residencial; **b**) (involving residence) [*staff*] interno; ~ **home** lar *m*.

residual [rɪ'zɪdjʊəl] *adj* **a**) (gen) restante; [*income*] líquido,-a; **b**) CHEM, PHYS residual.

residue ['rezɪdju:] *n* **a**) (gen) CHEM resíduo *m*; **b**) JUR restante *m*.

resign [rɪ'zaɪn] **1** *vtr* demitir-se de [*post, job, role*]; **to** ~ **one's commission** MIL demitir-se do exército. **2** *v refl* **to** ~ **oneself** resignar-se a qq coisa; **to** ~ **oneself to doing** resignar-se a fazer.

resignation [rezɪg'neɪʃn] *n* **a**) (from post) demissão *f* (**from** de; **as** do cargo de); **to offer one's** ~ apresentar ou pedir a sua demissão; **b**) (patience) resignação *f*.

resigned [rɪ'zaɪnd] *adj* resignado,-a (**to** a; **to doing** a fazer).

resilience [rɪ'zɪlɪəns] *n* **a**) (of person, group) resistência *f* (moral); (physical) resistência *f* física; **b**) (of industry, economy) resistência *f*; **c**) (of material) elasticidade *f*.

resilient [rɪ'zɪlɪənt] *adj* **a**) (physically, morally) resistente; **b**) [*material, substance*] elástico,-a.

resist [rɪ'zɪst] **1** *vtr* **a**) opor-se a [*reform, attempt*]; **b**) resistir a [*attack, shock, temptation*]; **to** ~ **doing sth** resistir a fazer qq coisa; **c**) resistir a [*rust, heat, damage*]. **2** *vi* resistir.

resistance [rɪ'zɪstəns] *n* resistência *f* (**to** a); **to put up** ~ resistir.

resistant [rɪ'zɪstənt] **1** *adj* **a**) [*wall, rock, virus*] resistente (**to** a); **b**) (opposed) ~ **to change** renitente à mudança. **2** -**resistant** *in compounds* **heat-/frost-/rust-**~ resistente ao calor/ao frio/à ferrugem; **water-**~ impermeável.

resit [ri:'sɪt] **1** *n* repetição *f* (de exame). **2** *vtr* fazer novamente [*exam*].

resolute ['rezəlu:t] *adj* [*approach, attitude*] resoluto,-a; [*person*] decidido,-a.

resolution [rezə'lu:ʃ(ə)n] *n* **a**) (determination) decisão *f*; **b**) (decree) resolução *f* (**against** contra); **to pass a** ~ aprovar uma resolução; **c**) (promise) propósito *m*; **a** ~ **to do sth** uma determinação de fazer algo; **d**) (solution) solução *f* (**of** de); **e**) CHEM, PHYS análise *f*; decomposição *f* (**into** em); **f**) MED desinflamação *f*.

resolve [rɪ'zɒlv] **1** *n* **a**) (determination) determinação *f*; **to weaken sb's** ~ tornar alg menos decidido; **b**) (decision) resolução *f*; decisão *f*. **2** *vtr* **a**) (solve) resolver [*dispute*]; dissipar [*doubts*]; **b**) (decide) **to** ~ **that...** decidir que...; **c**) (break down) **to** ~ **sth into sth** PHYS, CHEM decompor qq coisa em algo; **d**) MED curar [*inflammation*]. **3** *vi* (formal) [*person, government*] resolver; **to** ~ **to do sth** resolver fazer qq coisa.

resonance ['rezənəns] *n* ressonância *f*.

resonant ['rezənənt] *adj* **a**) [*voice, sound*] sonoro,-a; **b**) [*place, object*] ressonante.

resort [rɪ'zɔːt] **1** *n* **a**) (resource) recurso *m*; **as a last** ~ como último recurso; **b**) (holiday centre) estação *f* de veraneio; **seaside** ~ estação *f* balnear; **winter** ~ estação *f* (de desportos) de Inverno. **2** *vi* **to** ~ **to sth** recorrer a qq coisa.

resound [rɪ'zaʊnd] *vi* **a**) (echo) **to** ~ **with** [*applause, clamour*] ressoar de; **b**) (spread) **to** ~ **throughout** [*country*] ter repercussão em.

resounding [rɪ'zaʊndɪŋ] *adj* **a**) [*cheers*] retumbante; **b**) [*success*] brilhante; **the answer was a** ~ **"no"** a resposta foi um "não" retumbante.

resource [rɪ'sɔːs, rɪ'zɔːs] *n* (*usu in pl*) (gen) ECON, IND, COMPUT recurso *m*; **natural** ~**s** recursos naturais; **he has no inner** ~**s** (fig) ele nunca sabe o que há-de fazer.

resourceful [rɪ'sɔːsfl, rɪ'zɔːsfl] *adj* [*person*] cheio,-a de recursos, engenhoso,-a.

respect [rɪ'spekt] **1** *n* **a**) (admiration) respeito *m*; estima *f*; **I have the greatest** ~ **for him** tenho um enorme respeito por ele; **b**) (politeness, consideration) respeito *m*; (**for** para com); **out of** ~ (**for sb/sth**) por consideração (para com alg/algo); **with (all due** *or* **the utmost)** ~ salvo o devido respeito; **c**) (regard) (for human rights, privacy) respeito *m* (**for** por); **d**) (aspect) **in this** ~ a este respeito; **in what** ~? em que aspecto?. **2 respects** *npl* (to man) respeitos *mpl*; (to woman) homenagens *fpl*; **to give** *or* **offer** *or* **pay one's** ~**s to sb** fazer uma visita de cortesia a alg ou apresentar os seus respeitos a alg (formal); **to pay one's last** ~**s to sb** render a última homenagem a alg. **3** *vtr* respeitar; **to** ~ **sb/the law** respeitar alg/a lei. **4** *v refl* **to** ~ **oneself** respeitar-se.

respectability [rɪspektə'bɪlɪtɪ] *n* respeitabilidade *f*.

respectable [rɪ'spektəbl] *adj* **a**) (reputable) [*person, home, family*] respeitável; [*upbringing*] bom, boa; **b**) (adequate) [*size, number*] respeitável, razoável; **to finish a** ~ **4th** terminar num razoável 4.º lugar.

respectably [rɪ'spektəblɪ] *adv* **a**) (reputably) [*dress*] convenientemente, correctamente; **b**) (adequately) **a** ~ **large audience** uma assistência bastante considerável.

respectful [rɪ'spektfl] *adj* [*person, behaviour, distance, silence*] respeitoso,-a (**of** de; **to, towards** em relação a, para com).

respecting [rɪ'spektɪŋ] *prep* no que diz respeito a.

respective [rɪ'spektɪv] *adj* respectivo,-a.

respiration [respɪ'reɪʃn] *n* ALSO BOT respiração *f*; ~ **rate** ritmo *m* respiratório.

respirator ['respɪreɪtə(r)] *n* (artificial) respirador *m*; **to be on a** ~ estar dependente de um aparelho de respiração artificial.

respiratory ['respərətərɪ, rɪ'spɪrətərɪ] *adj* respiratório,-a; ~ **quotient** quociente *m* respiratório.

respite ['respaɪt] (formal) *n* **a**) (relief) pausa *f*; **a brief** ~ uma curta pausa; **b**) COMM, JUR (delay) adiamento *m*.

resplendent [rɪ'splendənt] (formal) *adj* resplandecente; **to look** ~ estar resplandecente.

respond [rɪ'spond] *vi* **a**) (answer) responder (**to sb/sth** a alg/algo); **b**) (react) reagir (**to sth** a qq coisa); [*engine, car*] responder; **c**) (listen, adapt)

adaptar-se; **d**) RELIG (by singing) cantar responsos; (by speaking) responsar.

response [rɪ'spons] *n* **a**) (answer) resposta *f* (**to** a); **in** ~ **to** em resposta a; **b**) (reaction) reacção *f* (**to** a; **from** de); **to meet with a favourable** ~ ser bem recebido; **c**) **the** ~**s** RELIG os responsos *mpl*.

responsibility [rɪsponsɪ'bɪlɪtɪ] *n* responsabilidade *f* (**for** de; **for doing** de fazer); **to take** ~ **for sth** tomar a responsabilidade de qq coisa; **a sense of** ~ um sentido da responsabilidade; **"we take no** ~ **for loss or damage to possessions"** "não nos responsabilizamos pela perda ou dano de objectos pessoais".

responsible [rɪ'sponsɪbl] *adj* **a**) (answerable) responsável (**for** por); **to be** ~ **to sb** ser responsável perante alg; **b**) (trustworthy) [*person*] responsável; **c**) [*job, task*] de responsabilidade.

responsive [rɪ'sponsɪv] *adj* (alert) [*class, audience*] que reage bem; [*pupil*] receptivo,-a; [*car, engine, horse*] que responde bem (**to sth** a algo).

rest [rest] **1** *n* **a**) (what remains) **the** ~ o resto, o restante; **I shall remember that day for the** ~ **of my life** lembrar-me-ei desse dia pelo resto da minha vida; **he is no different from the** ~ **of them** ele não é muito diferente dos outros; **b**) (repose, inactivity) descanso *m*; repouso *m*; **c**) (break) **to have/take a** ~ descansar; **let's have a little** ~! vamos fazer uma pequena pausa!; **d**) (support) apoio *m*; **e**) (immobility) **to come to** ~ parar. **2** *vtr* **a**) não utilizar [*injured limb*]; **b**) AGRIC deixar de pousio [*land*]; **c**) (allow to rest) deixar descansar [*horse*]; **d**) (lean) **he** ~**ed his camera on a rock** ele pousou a máquina fotográfica em cima duma rocha. **3** *vi* **a**) [*person*] descansar; **b**) (support one's weight) **to** ~ **on one's broom handle** apoiar-se no cabo da vassoura; **c**) (be supported) [*weight, shelf*] **the whole weight of the bridge is** ~**ing on those pillars** todo o peso da ponte está apoiado naqueles pilares; **d**) (alight) [*eyes, gaze*] **her eyes** ~**ed on me for a second** os olhos dela pousaram em mim num segundo; **e**) (fig) (reside) [*key, solution*] **the solution to the problem may** ~ **in...** a solução do problema está provavelmente em.... IDIOMAS **to set** *or* **put sb's mind at** ~ sossegar alg; **to** ~ **one's case** JUR (fig) concluir a defesa; **to** ~ **easy** estar tranquilo; (coll) **give it a** ~! deixa isso em paz!; **God** ~ **his soul** que Deus tenha a sua alma; **a change is as good as a** ~ PROV descansa-se mudando de actividade; **we'd better let the matter** ~ faríamos melhor deixar as coisas como estão. ■ **rest on** (depend) apoiar-se em qq coisa [*assumption, order, reasoning*]. ■ **rest up** descansar. ■ **rest with**: ~ **with sb** [*decision, choice*] estar nas mãos de, depender de.

restart [riː'stɑːt] **1** *n* SPORT (in football) reinício *m*; (in motor-racing) nova partida *f*. **2** *vtr* retomar [*talks*]; **to** ~ **the engine** ligar novamente o motor. **3** *vi* [*cycle, activity, person*] recomeçar; [*engine*] arrancar de novo.

restate [riː'steɪt] *vtr* reafirmar.

restaurant ['restərɑ̃ 'restərɒnt] *n* restaurante *m*.

restaurant car *n* vagão restaurante *m*.

rest cure *n* cura *f* de descanso.

restful ['restfl] adj [holiday, experience, hobby, music, colour] repousante; [spot, place] sossegado,-a.

rest home n casa f de repouso.

restive ['restɪv] adj [crowd] agitado,-a, enervado,-a; [animal] irrequieto,-a.

restless ['restlɪs] adj [baby, night, class, movement, horse] agitado,-a; **the audience grew** ~ o público começou a dar sinais de impaciência.

restock [ri:'stɒk] vtr a) reabastecer [shelf, shop] (**with** com); repovoar [river, forest] (**with** de); b) (re-order) reabastecer-se de [food].

restoration [restə'reɪʃn] n a) (of territory) restituição f (**to** a); b) (of custom, tradition, right) restauração f; (of law, order, democracy) restabelecimento m; (of monarch, dynasty) restauração f.

restorative [rɪ'stɒrətɪv] adj reconstituinte, fortificante; [sleep] reparador.

restore [rɪ'stɔ:(r)] vtr a) (return) restituir [property] (**to** a); b) (bring back) recuperar [health]; restituir [confidence, good humour] (**to** a); restaurar [right, custom, tradition]; **his health was ~d to him** ele recuperou a saúde; **to** ~ **sacked workers to their jobs** reintegrar trabalhadores despedidos; c) (repair) restaurar [painting, building].

restorer [rɪ'stɔ:rə(r)] n (person) restaurador,a m.

restrain [rɪ'streɪn] vtr a) (hold back) conter, reprimir [tears, laughter]; refrear [desires]; dominar [attacker, animal]; conter [crowd]; **to** ~ **sb from doing sth** impedir alg de fazer algo; b) (curb) limitar [spending, demand]; dominar [inflation].

restrained [rɪ'streɪnd] adj a) (sober) [style, music, colour] sóbrio,-a; [lifestyle] simples; [dress] discreto,-a; b) [emotion, hysteria] contido,-a.

restraint [rɪ'streɪnt] n a) (moderation) moderação f; b) (restriction) **pay/wage** ~s controlo m de salários.

restrict [rɪ'strɪkt] 1 vtr limitar [activity, growth] (**to** a); restringir [freedom]; reservar [access, membership] (**to** a); **visibility was ~ed** a visibilidade estava reduzida. 2 v refl **to** ~ **oneself to sth/to doing sth** limitar-se a qq coisa/a fazer qq coisa.

restricted [rɪ'strɪktɪd] adj [growth, movement] limitado,-a; [document] confidencial.

restriction [rɪ'strɪkʃn] n a) (rule) (usu pl) limitação f; ~**s on arms sales** limitações de venda de armamento; **currency** ~s controlo m de divisas; **parking** ~s regras fpl de estacionamento; **travel** ~s restrições fpl à livre circulação (dos cidadãos); (for vehicles) **weight** ~s limites mpl de peso; b) (-c) (limiting) (of amount) limitação f (**on** de); (of freedom) restrições fpl (**of** a).

restrictive [rɪ'strɪktɪv] adj (gen) [law, measure] restritivo,-a; [environment, routine] limitativo,-a, sufocante.

rest room n US casa f de banho.

restyle [ri:'staɪl] 1 n penteado m novo. 2 vtr **to** ~ **sb's hair** fazer um corte novo de cabelo a alg; mudar a linha de [car].

result [rɪ'zʌlt] 1 n a) (gen) (outcome) resultado m; (**of** de); **as a** ~ **of sth** como resultado de qq coisa; **as a** ~... como consequência...; b) (gen) (of exam, match, election) resultado m; c) (coll) (outcome) resultado m. 2 vi resultar; **to** ~ **in sth** resultar em qq coisa.

résumé ['rezjʊmeɪ] n a) (summary) resumo m; b) CV curriculum vitae m inv.

resume [rɪ'zju:m] 1 vtr reatar, recomeçar [talks]; reaver [seat]; renovar [relations]. 2 vi retomar.

resumption [rɪ'zʌmpʃn] n retomada f (**of** de).

resurface [ri:'sɜ:fɪs] 1 vtr pavimentar de novo [road, court]. 2 vi [submarine] voltar à superfície; [rumour] reaparecer.

resurrection [rezə'rekʃn] n ressurreição f; **the R~** RELIG a Ressurreição.

resuscitate [rɪ'sʌsɪteɪt] vtr reanimar.

resuscitation [rɪsʌsɪ'teɪʃn] n reanimação f.

retail ['ri:teɪl] 1 n venda f a retalho. 2 modif [business, sector, customer] de retalho. 3 adv a retalho. 4 vtr COMM vender a retalho. 5 vi **to** ~ **at** vender-se a retalho a.

retail price index n índice m dos preços de retalho.

retain [rɪ'teɪn] vtr a) manter [dignity, control, identity, support]; conservar [trophy, property]; b) PHYS conter [water]; conservar [heat]; c) JUR contratar [lawyer].

retainer [rɪ'teɪnə(r)] n a) (fee) sinal m (soma dada inicialmente para assegurar um determinado serviço); b) (arch) (servant) criado m.

retake 1 ['ri:teɪk] n CIN nova filmagem f (de cena). 2 [ri:'teɪk] vtr a) CIN filmar novamente [scene]; b) SCOL repetir [exam]; c) MIL tornar a ocupar, tomar de novo [town].

retaliate [rɪ'tælɪeɪt] vi retaliar.

retaliation [rɪtælɪ'eɪʃn] n represália f (**for** para; **against** contra); **in** ~ **for/against** em retaliação por/contra.

retard [rɪ'tɑːd] vtr retardar.

retarded [rɪ'tɑːdɪd] adj (gen) atrasado.

retch [retʃ, ri:tʃ] vi fazer esforço para vomitar.

retention [rɪ'tenʃn] n (of urine, faeces, water) retenção f.

retentive [rɪ'tentɪv] adj [memory] fiel.

rethink 1 ['ri:θɪŋk] n reconsideração f; **to have a** ~ repensar. 2 [ri:'θɪŋk] vtr repensar.

reticence ['retɪsəns] n reserva f (**on, about** em relação a).

reticent ['retɪsənt] adj reticente; **he is very** ~ **about his private life** ele é muito reservado em relação à sua vida privada.

retina ['retɪnə] n retina f.

retinue ['retɪnjuː] n comitiva f; escolta f.

retire [rɪ'taɪə(r)] 1 vi a) (from work) reformar-se, aposentar-se; **to** ~ **from sth** deixar qq coisa; b) (withdraw) [jury, person] retirar-se (**from** de); c) **to** ~ (**to bed**) ir deitar-se; d) SPORT abandonar; e) MIL bater em retirada. 2 **retired** pp adj reformado.

retirement [rɪ'taɪəmənt] n reforma f PO, aposentadoria f BR; **to take early** ~ reformar-se PO/aposentar-se BR antes de tempo.

retirement: ~ **age** n idade f da reforma PO/aposentadoria BR; ~ **pension** n pensão f de reforma.

retort [rɪ'tɔ:t] 1 n (reply) réplica f. 2 vtr replicar, retorquir (**that** que).

retrace [rɪ'treɪs] vtr **to** ~ **one's steps** voltar atrás, arrepender-se.

retract [rɪ'trækt] 1 vtr a) retratar [statement,

allegation]; retirar [*claim*]; **b)** recolher [*landing gear*]. **2** *vi* [*landing gear*] recolher-se.
retractable [rɪ'træktəbl] *adj* [*landing gear*] retráctil; [*pen*] lapiseira *f*.
retread 1 ['riːtred] *n* pneu *m* recauchutado. **2** [riː'tred] *vtr* recauchutar.
retreat [rɪ'triːt] **1** *n* **a)** (withdrawal) retirada *f* (**from** de; **into** em); **to beat** *or* **make a** ~ bater em retirada; **b)** (house) **mountain** ~ refúgio *m*; retiro *m*; **c)** RELIG retiro *m*; **to go into/go on a/ be in** ~ entrar em/fazer um/estar num retiro. **2** *vi* **a)** (lit) [*person*] retirar-se; **b)** (fig) refugiar-se (**to** em; **from** de); **to** ~ **into a dream world** refugiar-se num mundo de sonho; **c)** [*glacier, flood water, desert*] recuar.
retrench [rɪ'trentʃ] *vi* restringir-se.
retrial [riː'traɪəl] *n* JUR segundo julgamento *m*; revisão *m* de processo.
retribution [retrɪ'bjuːʃ(ə)n] *n* vingança *f* (**for, against** por, contra).
retrieval [rɪ'triːvl] *n* COMPUT extracção *f*.
retrieve [rɪ'triːv] **a)** recuperar [*object*]; **b)** HUNT ir buscar [*game*]; **c)** COMPUT extrair [*data*].
retriever [rɪ'triːvə(r)] *n* cão *m* de caça que traz a presa ao caçador.
retrograde ['retrəgreɪd] *adj* retrógrado,-a.
retrospect in ~ *adv phr* retrospectivamente.
retrospective [retrə'spektɪv] **1** *n* (*also* ~ **exhibition/**~ **show**) ART, CIN retrospectiva *f*. **2** *adj* **a)** (gen) retrospectivo,-a; **b)** JUR, ADMIN retroactivo,-a.
retrospectively [retrə'spektɪvlɪ] *adv* **a)** JUR, ADMIN retroactivamente; **b)** (gen) retrospectivamente.
retry [riː'traɪ] *vtr* **a)** JUR julgar de novo [*case, person*]; **b)** COMPUT tentar relançar [*operation*].
retune [riː'tjuːn] *vtr* **a)** MUS voltar a afinar; **b)** RADIO, TELECOM sintonizar outra vez.
return [rɪ'tɜːn] **1** *n* **a)** (lit, fig) (getting back, going back) regresso *m* (**to** a; **from** de); **b)** (recurrence) regresso *m* (**of** de); **c)** (restitution, bringing back) restituição *f* (**of** de); **on** ~ **of the vehicle** aquando da restituição da viatura; **d)** (sending back) devolução *f* (**of** de); **e)** (reward) recompensa *f*; **is this my** ~? é esta a minha compensação?; **f)** FIN (yield on investment) rendimento *m* (**on** sobre). **2 returns** *npl* POL resultados *mpl*. **3** *adv phr* **a) by** ~ POST na volta do correio; **b) in** ~ (**for sth**) em troca (de qq coisa). **4** *vtr* **a)** (give back) devolver, restituir [*book, video*]; reembolsar [*money*]; **b)** (put back) repor; **c)** (send back) devolver; **d)** (give, issue in return) retribuir [*greeting, invitation*]; **e)** (reciprocate) retribuir [*love, feelings*]; **f)** MIL ripostar a [*fire*]; **g)** SPORT devolver [*ball, shot*]; **h)** (rejoin) retorquir; **i) to** ~ **details of one's income** TAX declarar as receitas; **j)** JUR pronunciar [*verdict*]; **k)** FIN render [*profit*]; **l)** POL eleger [*candidate*]. **5** *vi* **a)** (come back) voltar, regressar; **b)** (get back home) vir para casa, regressar a casa; **c)** (resume) **if he ever** ~**s to power** se ele alguma vez voltar ao poder; **d)** (recur, come back) [*symptom, doubt*] reaparecer; [*days, times*] voltar. **IDIOMAS many happy** ~**s!** feliz aniversário!.
returnable [rɪ'tɜːnəbl] *adj* [*bottle*] restituível, devolutivo.

return: ~ **fare** *n* tarifa *f* de ida e volta; ~ **officer** *n* GB presidente *m/f* da mesa de escrutínio; ~ **ticket** *n* bilhete *m* PO, tíquete *m* BR de ida e volta.
reunification [riːjuːnɪfɪ'keɪ/n] *n* reunificação *f*.
reunion [riː'juːnjən, -nɪən] *n* reunião *f* social.
reunite [riːjʊ'naɪt] *vtr* (*usu in passive*) reunir [*family*]; **he was** ~**d with his family** ele reuniu-se com a família.
reuse [riː'juːz] *vtr* reutilizar.
rev [rev] (coll) **1** *n* AUT abrev = **revolution (per minute)** rotação *f* (por minuto). **2** *vtr* (*also* ~ **up**) aumentar a velocidade de [*engine*].
revaluation [riːvæljʊ'eɪ/n] *n* COMM, FIN reavaliação *f*.
revalue [riː'vælju:] *vtr* COMM, FIN reavaliar.
revamp [riː'væmp] *vtr* rejuvenescer [*image, company, play*]; consertar [*building, clothing*].
Rev(d) *n* abrev = **Reverend**.
reveal [rɪ'viːl] **1** *vtr* **a)** (make public) divulgar [*truth, plan, fault*] (**that** que); revelar [*secret*] (**that** que); **b)** (make visible) descobrir [*view, picture*]; **to** ~ **all** (divulge) dizer tudo; (undress) mostrar tudo. **2** *v refl* **to** ~ **oneself** [*person*] mostrar-se; [*God*] revelar-se.
revealing [rɪ'viːlɪŋ] *adj* **a)** [*remark*] revelador,a, esclarecedor,a; **b)** [*blouse*] decotado,-a.
reveille [rɪ'vælɪ, rɪ'velɪ] *n* MIL toque *m* de alvorada.
revel ['rev(ə)l] **1** *npl* ~**s** festas *fpl*. **2** *vi* **to** ~ **in sth/in doing sth** divertir-se com algo/a fazer algo.
revelation [revə'leɪ/(ə)n] *n* revelação *f*.
reveller ['revələ(r)] *n* (coll) farrista *m/f*.
revelry ['revəlrɪ] *n* (*also* **revelries**) festa *f*; patuscada *f* (fam).
revenge [rɪ'vendʒ] **1** *n* **a)** (punitive act) vingança *f*; **to take/get one's** ~ vingar-se (**for** de/por; **on** em); **b)** (getting even) desforra *f*. **2** *v refl* **to** ~ **oneself** vingar-se (**on** em; **for** de, por).
revenue ['revənjuː] **1** *n* receita *f*; rendimento *m*. **2 revenues** *npl* **oil** ~**s** receitas *fpl* do petróleo; **tax** ~**s** receitas *fpl* fiscais.
reverberate [rɪ'vɜːbəreɪt] *vi* [*hills, room*] ecoar, ressoar (**with** com); [*debate, shock wave*] propagar-se (**through** em); [*light, heat*] reverberar-se.
revere [rɪ'vɪə(r)] *vtr* venerar.
reverence ['revərəns] *n* reverência *f*.
reverend ['revərənd] *adj* venerável.
Reverend ['revərənd] *n* **a)** (person) (Roman Catholic) cura *m*; padre *m*; (Protestant) pastor *m*; (Anglican) reverendo *m*; **b)** (as title) **the** ~ **Jones** (Roman Catholic) o abade/padre Jones; (Protestant) o pastor Jones; (Anglican) o reverendo Jones.
reverent ['revərənt] *adj* [*hush*] religioso,-a; [*expression*] de respeito.
reverie ['revərɪ] *n* devaneio *m*.
reversal [rɪ'vɜːsl] *n* (of policy) viragem *f* (**of** de); (of order, method, trend) inversão *f* (**of** de).
reverse [rɪ'vɜːs] **1** *n* **a)** (opposite, contrary) **the** ~ o contrário (**of** de); **b)** (back) **the** ~ (of coin) o reverso *m*; (of banknote) o verso *m*; (of fabric) o avesso *m*; **c)** AUT (reverse gear) marcha *f* atrás. **2** *adj* **a)** (opposite) [*argument, effect, process*] contrário,-a; [*direction, trend*] oposto,-a; **b)** (back to front) [*order*] inverso,-a; **I'll answer your questions in** ~ **order** eu respondo às tuas

perguntas começando pela última; **c)** AUT ~ **gear** marcha *f* atrás; **d) the** ~ **side** (of coin, medal) o reverso; (of fabric) o avesso; **e)** [*somersault*] para trás. **3** *vtr* **a)** inverter [*trend, process*]; **to** ~ **the normal procedure** inverter o procedimento normal; **b)** (exchange, switch) trocar [*roles*]; **c)** AUT; **to** ~ **a car out of a garage** tirar um carro em marcha atrás de uma garagem; **d) to** ~ **the charges** fazer uma chamada a pagar no destinatário. **4** *vi* [*driver*] fazer marcha atrás; **he** ~**d into a tree** ele foi de encontro a uma árvore ao fazer marcha atrás; **to** ~ **down the lane** descer um caminho em marcha atrás.
reversible [rɪ'vɜːsɪbl] *adj* reversível.
reversing light *n* luzes *fpl* de marcha atrás.
revert [rɪ'vɜːt] *vi* **a)** (return) [*person*] voltar, regressar (**to** a); **to** ~ **to normal** regressar ao normal; (fig) **he** ~**ed to type** o natural veio ao de cima; **b)** BIOL, ZOOL **to** ~ **to type** voltar ao tipo primitivo; **c)** (return in speaking) voltar (**to** a); **to** ~ **to your first question** voltar à primeira questão; **d)** JUR reverter, voltar (**to** a).
review [rɪ'vjuː] **1** *n* **a)** (gen) ADMIN, POL (reconsideration) revisão *f* (**of** de); (report) estudo *m*; análise *f* (**of** sobre); **to be under** *or* **come under** ~ ser examinado; **subject to** ~ sujeito a revisão; **b)** JOURN, LITERAT (criticism) crítica *f* (**of** de); **music** ~ crítica musical; **to write a** ~ escrever uma crítica; **c)** JOURN (magazine) revista *f*; **d)** MIL revista *f*. **2** *vtr* **a)** (re-examine) reconsiderar [*situation*]; rever [*attitude, policy*]; passar em revista [*troops*]; **b)** LITERAT fazer a crítica de [*book, film, play, etc*]; **to be well/badly** ~**ed** ser bem/mal aceite pela crítica. **3** *vi* JOURN escrever críticas (**for sb** para alg; **in sth** para alg).
revise [rɪ'vaɪz] **1** *n* PRINT segunda prova *f*. **2** *vtr* **a)** (alter) rever, modificar [*proposal, figures*]; mudar [*attitude*]; **to** ~ **one's position** rever a sua posição; **b)** GB (for exam) rever [*subject*]; **c)** (correct) rever [*text*]; ~**d edition** edição *f* revista e corrigida. **3** *vi* GB fazer a revisão de, rever; **she's busy revising** ela está a fazer revisões (para exame).
revision [rɪ'vɪʒn] *n* revisão *f*.
revisit [riː'vɪzɪt] *vtr* revisitar [*famous place*]; voltar a ver [*person, childhood home*]; (fig) (look at again) rever.
revitalize [riː'vaɪtəlaɪz] *vtr* **a)** relançar [*economy*]; **b)** revitalizar [*complexion*].
revival [rɪ'vaɪvl] *n* **a)** (of economy, trade) recuperação *f*; **b)** (of custom, language) renascimento *m*; **c)** THEAT reposição *f* em cena.
revive [rɪ'vaɪv] **1** *vtr* **a)** (gen) (from coma, faint, etc) reanimar, fazer recuperar os sentidos [*person*]; **b)** restabelecer [*custom*]; reanimar, reavivar [*anger, fears, enthusiasm*]; restaurar [*memory*]; fazer renascer [*hopes*]; revigorar [*economy*]; pôr novamente em moda [*style, fashion*]; **to** ~ **sb's (flagging) spirits** levantar o moral a alg; **c)** THEAT repor em cena [*play*]. **2** *vi* [*person*] (from coma, faint) recuperar os sentidos; [*interest*] renascer; [*economy*] recuperar.
revoke [rɪ'vəʊk] *vtr* revogar [*will, edict*]; anular [*decision*].
revolt [rɪ'vəʊlt] **1** *n* (physical) revolta *f* (**against** contra); (verbal) indignação *f* (**over** contra); **they are in** ~ **over the bill** eles estão contra o

projecto de lei. **2** *vtr* indignar, revoltar. **3** *vi* (physically) revoltar-se (**against** contra); (verbally) rebelar-se (**over** contra).
revolting [rɪ'vəʊltɪŋ] *adj* **a)** [*cruelty, action*] revoltante; [*scene, sight*] repugnante; **b)** (coll) [*food*] horrível; [*place, people*] horroroso,-a.
revolution [revə'luːʃ(ə)n] *n* **a)** POL (fig) revolução *f* (**in** em); **b)** AUT, TECH rotação *f* (de motor); **c)** ASTRON; rotação *f* (**round** à volta de).
revolutionary [revə'luːʃənərɪ] *n, adj* revolucionário,-a *m*.
revolutionize [revə'luːʃənaɪz] *vtr* revolucionar.
revolve [rɪ'vɒlv] *vi* **a)** (lit) girar (**on** sobre; **around** à volta de); **b)** (fig) **to** ~ **around** ponderar maduramente.
revolving [rɪ'vɒlvɪŋ] *adj* [*chair*] giratório,-a; [*cylinder*] rotativo,-a; [*heavenly body*] em rotação.
revue [rɪ'vjuː] *n* THEAT revista *f*.
revulsion [rɪ'vʌlʃ(ə)n] *n* repugnância *f* (**against** sth por qq coisa); **to feel** ~ **at sth/at having to do sth** sentir aversão por algo/por ter de fazer algo.
reward [rɪ'wɔːd] **1** *n* **a)** (recompense) recompensa *f*; **a £50** ~ **will be offered on** dá-se 50 libras de recompensa; **b)** (fig) (satisfaction, pleasure) satisfação *f*. **2** *vtr* (gen) recompensar (**for** por/de). IDIOMAS **virtue is its own** ~ (Prov) a virtude não se paga.
rewarding [rɪ'wɔːdɪŋ] *adj* [*experience*] enriquecedor,-a; [*job*] gratificante; **financially** ~ financeiramente compensador.
rewind [riː'waɪnd] *vtr* rebobinar [*tape, film*].
rewire [riː'waɪə(r)] *vtr* **to** ~ **a house** substituir a instalação eléctrica duma casa (por outra nova).
reword [riː'wɜːd] *vtr* reformular.
rewound [riː'waʊnd] *past, pp* see **rewind**.
rewrite [riː'raɪt] *vtr* reescrever [*story, script*].
rhapsody ['ræpsədɪ] *n* MUS, LITERAT rapsódia *f*.
rhesus factor ['riːsəs'fæktə(r)] *n* factor *m* Rh.
rhesus monkey *n* macaco *m* usado em experiências biológicas.
rhetoric ['retərɪk] *n* retórica *f*; **the** ~ **of romanticism** a linguagem do romantismo; **empty** ~ palavras *fpl* ocas.
rhetorical [rɪ'tɒrɪkl] *adj* LITERAT retórico,-a; ~ **device** figura *f* de retórica.
rheumatic [ruː'mætɪk] *adj* [*points, person, pain*] reumático,-a.
rheumatism ['ruːmətɪzm] *n* reumatismo *m*.
rheumatoid arthritis [ruːmetɔɪd aː'θraɪtɪs] *n* artrite *f* reumatóide.
Rhine [raɪn] *n* Reno *m*.
rhino ['raɪnəʊ] *n* (*pl* ~**s** *or* ~) rinoceronte *m*.
rhinoceros [raɪ'nɒsərəs] (*pl* -**eroses, -eri** *or* ~) rinoceronte *m*.
rhododendron [rəʊdə'dendrən] *n* rododendro *m*.
rhubarb ['ruːbaːb] **1** *n* **a)** CULIN ruibarbo *m*; **b) to say "~, ~"** dizer "bla, bla, bla, bla". **2** *modif* [*pie, pudding, leaf, stem, jam*] de ruibarbo.
rhyme [raɪm] **1** *n* **a)** (verses) versos *mpl*; **b)** (fact of rhyming) rima *f*; **without** ~ **or reason** sem pés nem cabeça. **2** *vi* rimar (**with** com).
rhythm ['rɪðm] *n* ritmo *m*; **in iambic** ~ LITERAT em versos jâmbicos.
rhythmic(al) ['rɪðmɪk(l)] *adj* [*beat, music*] rit-

mado,-a; [*movement*] rítmico,-a; [*breathing*] regular.

rib [rɪb] **1** *n* **a**) ANAT, CULIN costela *f*; **b**) (fig) (in leaf) nervura *f*; (in umbrella) vareta *f*; (in boat, aircraft) armação *f*; **c**) (in knitting) (stitch) ponto *m* canelado. **2** *vtr* (coll) **-bb-** (tease) arreliar, chatear (fam).

ribald ['rɪbəld] *adj* irreverente.

ribbon ['rɪbn] *n* **a**) fita *f*; **b**) (fig) **a ~ of land** uma faixa de terra; **his clothes were in ~s** as roupas dele estavam em farrapos.

rice [raɪs] *n* arroz *m*.

rice: **~ paper** *n* papel *m* de arroz; **~ pudding** *n* pudim *m* de arroz.

rich [rɪtʃ] **1** *n* (+ *v pl*) **the ~** os ricos *mpl*. **2 riches** *npl* riquezas *fpl*. **3** *adj* [*person, family, country*] rico,-a; [*soil, land*] fértil; [*harvest*] abundante; **to grow** *or* **get ~** enriquecer; **to make sb ~** enriquecer alg. **4 ~** (*in compounds*) oil-/-protein-~ rico em petróleo/proteínas. IDIOMAS (coll) **that's a bit ~!** essa é um pouco forte! (fam).

richly ['rɪtʃlɪ] *adv* [*dressed, furnished*] ricamente, sumptuosamente; **a ~ deserved holiday** umas férias bem merecidas.

richness ['rɪtʃnɪs] *n* (of person, family, country) riqueza *f*; (of harvest) abundância *f*.

rickets ['rɪkɪts] *n* (+ *v sg*) raquitismo *m*.

rickety ['rɪkɪtɪ] *adj* **a**) (shaky) [*chair*] pouco seguro,-a, vacilante; [*coalition, government*]; (fig) periclitante; **b**) MED raquítico,-a.

rickshaw ['rɪkʃɔː] *n* riquexó *m*.

ricochet ['rɪkəʃeɪ] **1** *n* ricochete *m*. **2** *vi* (*past, pp* ~ed [-ʃeɪd] ~ted) [-ʃetɪd] fazer ricochete (**off sth** em qq coisa).

rid [rɪd] **1** *vtr* (*pres p* ridding *past, pp* rid) **to ~ the house of mice** livrar a casa de ratos. **2** *prep phr* **to get ~ of** livrar-se de [*waste, guests*]; acabar com [*pain, famine*].

riddance ['rɪdəns] *n* IDIOMAS **good ~ to bad rubbish!** quem é mau, parte sem deixar saudades!.

ridden ['rɪdn] *pp see* **ride.**

riddle ['rɪdl] **1** *n* **a**) (puzzle) adivinha *f*; **b**) (mystery) enigma *f*; **he's a ~** ele é um mistério. **2** *vtr* **a**) (perforate) **to ~ sth with holes** encher qq coisa de buracos; **b**) (undermine) (*usu in passive*) **to ~d with disease** estar minado pela doença.

ride [raɪd] **1** *n* **a**) (from A to B) trajecto *m* (**in, on** em); (for pleasure) passeio *m*; **it's a five-minute ~ by taxi** de táxi, faz-se em cinco minutos; **to go for a ~** ir dar uma volta; **b**) (in horse race) corrida *f*; (for pleasure) passeio *m* a cavalo; **c**) (fig) (path) percurso; **an easy ~** um percurso fácil. **2** *vtr* (*past* rode; *pp* ridden) **a**) (as rider) montar [*animal*]; andar de [*bike*]; **can you ~ a bike?** sabes andar de bicicleta?; **to ~ a good race** [*jockey*] fazer uma bela corrida; **b**) US (travel on) tomar [*subway*]; percorrer [*range*]; **c**) (float on) flutuar sobre, cavalgar (fig) [*wave*]. **3** *vi* (*past* rode; *pp* ridden) **a**) (sitting) **to ~ astride** escarranchar-se; (journeying) **she rode to London on her bike** ela foi até Londres de bicicleta; (being carried) **to ~ in** *or* **on** tomar [*bus*]; **b**) (horse-riding) andar a cavalo; **he ~s well** ele é um bom cavaleiro; (fig) (of tricky situation) **there's a lot of riding on this pro-**

ject neste projecto, muitas coisas estão em jogo. IDIOMAS **to be in for a rough** *or* **bumpy ~** ter de enfrentar tempos difíceis; **to give sb a rough ~** tratar mal uma pessoa; **to go along for the ~** ir apenas pela companhia; **to let sth** *or* **things ~** deixar correr as coisas; **to be riding high** (person) ter sucesso; **to take sb for a ~** (swindle) burlar alg. ■ **ride off** partir; **to ~ off to** dirigir-se para. ■ **ride out:** **~ out** ir (**to** até); **~ (sth) out, ~ out (sth)** ultrapassar [*crisis*]; **to ~ out the storm** (fig) ultrapassar a crise. ■ **ride up a**) (approach) [*rider*] aproximar-se (**to** de); **b**) (rise) [*skirt*] subir.

ridge [rɪdʒ] **1** *n* **a**) (along top of a line of hills or mountains) cume *m*; (in ocean) crista *f*; (mountain range) cumeeira *f*; **b**) (on rock, metal surface) estria *f*; (in ploughed land) sulco *m*; (in skin) ruga *f*; **c**) **~ of high pressure** METEOROL linha *f* de altas pressões. **2** *vtr* estriar, fazer estrias em [*rock, metal surface*]; AGRIC abrir sulcos em [*land*].

ridicule ['rɪdɪkjuːl] **1** *n* ridículo,-a *m, f*; **to hold sb/sth up to ~** ridicularizar alg/algo. **2** *vtr* meter a ridículo, ridicularizar [*idea, proposal*].

ridiculous [rɪ'dɪkjʊləs] *adj* ridículo,-a; **he's quite ~** ele é bastante ridículo.

riding ['raɪzɪŋ] **1** *n* equitação *f*; **to do some ~** fazer um pouco de equitação. **2** *modif* [*clothes, equipment, lesson*] de equitação.

rife [raɪf] (formal) *adj* **crime is ~ in the city** o crime impera ou reina na cidade.

riffraff ['rɪfræf] *n* **the ~** a populaça *f*; a ralé *f*.

rifle ['raɪfl] **1** *n* MIL, HUNT espingarda *f*. **2** *vtr* esvaziar [*house, drawer, safe*]. **3** *vi* **to ~ through sth** esquadrinhar, revistar qq coisa.

rifle: **~ range** *n* MIL carreira *f* de tiro; **~ shot** *n* tiro *m* de espingarda.

rift [rɪft] *n* **a**) (disagreement) desacordo *m* (**between** entre); (permanent) ruptura *f* (**between** entre); **b**) (split) (in rock) fissura *f*; (in clouds) aberta *f*.

rig [rɪg] **1** *n* **a**) (for drilling oil) torre *f* de perfuração; **floating ~** plataforma *f* petrolífera; **b**) (piece of equipment) acessório *m*; aparelho *m*; **lighting ~** sistema *m* de iluminação. **2** *vtr* (*pres p etc* **-gg-**) (control fraudulently) falsificar [*election, result competition, race*]; **to ~ the market** FIN manipular o mercado. ■ **rig out:** **~ (sth/sb) out, ~ out (sb/sth) a**) (equip) equipar [*person*] (**with** de); equipar [*car, house*] (**with** com); **b**) (coll) (dress) (*usu in passive*); **he was ~ged out in his best clothes** ele vestia o seu melhor fato. ■ **rig up:** **~ (sth) up, ~ up (sth)** instalar [*equipment, system*].

rigging ['rɪgɪŋ] *n* **a**) NAUT cordame *m*; **b**) (fraudulent control) (of election, result, competition) fraude *f*; (of shares prices) FIN manipulação *f* ilegal.

right [raɪt] **1** *n* **a**) (side, direction) direita *f*; **keep to the ~** AUT siga pela direita; **on** *or* **to your ~** à tua direita; **take the second ~** tome a segunda à direita; **b**) POL (*also* **Right**) **the ~** a direita; **c**) (morally) bem *m*; **to be in the ~** ter razão ou estar com a razão; **d**) (just claim) direito *m*; **to have a ~ to sth** ter direito a qq coisa; **the ~ to work/to strike** o direito ao trabalho/à greve; **she has no ~ to do it** ela não tem o direito de o fazer; **human ~s** direitos humanos; **to be within one's ~s** estar no seu direito; **the gardens are worth a visit in their own ~** os jardins por si mesmos, merecem uma visita; **e)** (in boxing) direita *f*. **2 rights** *npl* **a)** COMM, JUR direitos *mpl*; **film ~s** direitos de adaptação cinematográfica; **b)** (moral) **the ~s and wrongs of a matter** os aspectos *mpl* morais de uma questão. **3** *adj* **a)** (as opposed to left) direito,-a; **on my ~ hand** (position) à minha direita; **b)** (morally correct) certo,-a; (fair) justo,-a; **it's not ~ to steal** não está certo roubar; **to do the ~ thing** fazer o que é preciso; **I hope we're doing the ~ thing** espero que estejamos a agir correctamente; **to do the ~ thing by sb** fazer o seu dever para com alg; **c)** (correct, true) [*choice, direction, size*] bom/boa; [*word*] justo,-a; (accurate) [*time*] exacto,-a; **to be ~** [*person*] ter razão; [*answer*] ser correcto; **that's ~** é isso mesmo; **that can't be ~** isso não pode estar correcto; **what's the ~ time?** que horas são exactamente?; **it's not the ~ time** não é o momento oportuno; **is that ~?** (asking) isso é verdade?; (double-checking) está certo?; **is this the ~ train for Dublin?** é este o comboio para Dublin?; **the ~ side of a piece of material** o direito de um tecido; **time proved him ~** o tempo deu-lhe razão; **d)** (most suitable) conveniente, próprio,-a; **the ~ clothes for gardening** a roupa própria para a jardinagem; **the model that's ~ for you** o modelo que lhe convém; **the ~ person for the job** a pessoa certa para o lugar; **you need to have the ~ equipment** precisas de ter o equipamento apropriado; **to be in the ~ place at the ~ time** estar no lugar certo na altura certa; **e)** (in good order) [*machine, vehicle*] em bom estado, a funcionar; (healthy) [*person*] bem disposto,-a; **I don't feel quite ~ these days** não me sinto lá muito bem estes dias; **the engine isn't quite ~** o motor não está a funcionar lá muito bem; **f)** (in order) **to put** *or* **set ~** corrigir [*mistake*]; reparar [*injustice, machine*]; resolver [*situation*]; **they gave him a month to put things ~** deram-lhe um mês para resolver a situação; **to put** *or* **set one's watch ~** acertar o relógio; **g)** MATH [*angle*] recto; **at ~ angles to** perpendicular a; **h)** GB (emphatic) **he's a ~ idiot!** é um perfeito idiota!; **i)** GB (ready) pronto. **4** *adv* **a)** (of direction) à direita; **to turn/look right** voltar à/olhar para a direita; **they looked for him ~, left and centre** procuraram-no por todo o lado; **b)** (directly) directamente; **it's ~ in front of you** é precisamente à tua frente; **I'll be ~ back** venho já; **to walk ~ up to sb** ir direito a alg, dirigir-se directamente a alg; **~ before/after** mesmo antes/depois; **c)** (exactly) **~ in the middle of the room** mesmo no meio da sala; **~ now** (immediately) imediatamente; US (at this point in time) neste momento; **I'm staying ~ here** fico mesmo aqui; **d)** (correctly) correctamente; **you're not doing it ~** não estás a fazer isso como deve ser; **if I remember ~** se me lembro bem; **e)** (completely) **go ~ back a book to the beginning** voltar ao princípio; **to read a book ~ through** ler um livro até ao fim; **she looked ~ through me** (fig) parece que ela não me viu; **f)** GB (in titles) **the Right Honourable** Sua Excelência; **the Right Honourable Gentle-**

man (form of address in parliament) ≈ o nosso distinto colega; **g)** (very well) bem, bom; **~, let's have a look** bem ou bom, vamos ver isso. **5** *vtr* **a)** (restore to upright position) endireitar; **b)** (correct) reparar, corrigir, emendar; **to ~ a wrong** reparar um erro. **6** *v refl* **to ~ oneself** [*person*] endireitar-se; **to ~ itself** [*ship, situation*] endireitar-se. IDIOMAS **~ you are!** **~-oh!** GB certo!; **~ enough** efectivamente; **by ~s** acordo com a lei.

righteous ['raɪtʃəs] *adj* [*person, anger*] justo,-a.
rightful ['raɪtfl] *adj* legítimo,-a.
rightly ['raɪtlɪ] *adv* **a)** (accurately) correctamente; **b)** (justifiably) com razão; **~ or wrongly** com ou sem razão; **c)** (with certainty) precisamente, exactamente; **I can't ~ say** eu não posso dizer com exactidão.
rigid ['rɪdʒɪd] *adj* **a)** [*rules, system*] rígido,-a; **b)** [*outlook, attitude, person*] rígido,-a, inflexível; **to stand ~** estar hirto. IDIOMAS (coll) **to bore sb ~** aborrecer alg de morte (fam).
rigidity [rɪ'dʒɪdɪtɪ] *n* rigidez *f*.
rigidly ['rɪdʒɪdlɪ] *adv* [*oppose*] firmemente; [*control*] rigorosamente; [*act, behave*] inflexivelmente.
rigmarole ['rɪgmərəʊl] *n* **to go through a ~** desfiar uma ladainha sem nexo.
rigor *n* US see **rigour**.
rigor mortis [rɪgə'mɔːtɪs] *n* rigor *m* mortis, rigidez *f* cadavérica.
rigorous ['rɪgərəs] *adj* **a)** (strict) [*discipline*] rigoroso,-a; [*regime*] severo,-a; [*observance*] estrito,-a; **b)** (careful) rigoroso,-a.
rigour GB, **rigor** US ['rɪgə(r)] (formal) *n* (severity, scrupulousness) rigor *m*.
rile [raɪl] (coll) *vtr* enervar.
rim [rɪm] **1** *n* bordo *m*; **a cup with a gold ~** uma chávena Po/xícara BR com um rebordo dourado. **2 rimmed** *pp adj* **gold-~med spectacles** óculos *mpl* com aros dourados.
rimless ['rɪmlɪs] *adj* **~ glasses** *or* **spectacles** óculos *mpl* sem aros.
rind [raɪnd] **a)** (on cheese) casca *f*; (on bacon) pele *f*; **b)** (on fruit) casca *f*; **grated lemon ~** raspa *f* de limão.
ring [rɪŋ] **1** *n* **a)** anel *m*; (wedding ring) aliança *f*; **b)** (metal hoop) argola *f*; **c)** ASTRON (round sun, moon, Saturn) anel *m*; **d)** (on cooker) (electric) placa *f*; (gas) queimador *m*; **e)** (circle) círculo *m*; **f)** (under eyes) olheira(s) *f(pl)*; **g)** SPORT (for horses, circus) pista *f*; (for boxing) ringue *m*; **h)** (of dealers) coligação *f* de especuladores; **i)** (at door) toque *m*; **j)** (phone call) telefonadela *f*; (ringing sound) toque *m*; **that story has a familiar ~ to it** já ouvi isso em qq lado; **k)** (on birds' legs) anilha *f*. **2** *vtr* (past, pp **rang, rung**) **a)** (make sth ring) **to ~ the doorbell** *or* **bell** tocar à porta; **b)** TELECOM (call) ligar para [*number, person*]; **c)** (past, pp **ringed**) (encircle) rodear, cercar; **d)** AGRIC, ECOL anilhar [*swan, squirrel*]. **3** *vi* **a)** (sound) [*bell, church bell, telephone*] tocar; **the doorbell rang** tocaram à porta; **b)** (resonate) [*footsteps, laughter, words*] ressoar; **his words were still ~ing in my ears** as palavras dele ainda ressoavam nos meus ouvidos; (fig) **to ~ for a taxi** telefonar para chamar um táxi. IDIOMAS **to ~ down/up the curtain** THEAT baixar/levantar o pano; **to ~ in the**

New Year festejar o Ano Novo; **to run ~s round sb** eclipsar alg. ■ **ring around** (*also ~ round*) telefonar ao acaso. ■ **ring back** tornar a chamar. ■ **ring in** telefonar para o trabalho. ■ **ring off** desligar. ■ **ring out** [*voice, cry*] ressoar. ■ **ring up** telefonar; **~ up (sb), ~ (sb) up** telefonar a alg; **~ up (sth)** (on cash register) registar (qq coisa) [*figure, total*].
ring: **~-a-~-a-roses** *n* jogo *m* de roda; **~ binder** *n* dossier *m* de argolas.
ring finger *n* dedo *m* anelar.
ringing ['rɪŋɪŋ] **1** *n* **a)** (noise of bell, alarm) toque *m*; **b)** (in ears) zumbido *m*. **2** *adj* (lit, fig) vibrante.
ringleader ['rɪŋli:də(r)] *n* cérebro *m*; chefe *m/f*.
ringlet ['rɪŋlɪt] *n* caracol *m* (de cabelo).
ring: **~master** *n* director *m* de um espectáculo de circo; **~-pull** *n* jogo *m* com argolas; **~road** *n* circular, cintura *f*.
rink [rɪŋk] *n* ringue *m*; pista *f* de patinagem Po/ patinação Br.
rinse [rɪns] **1** *n* lavagem *f*; **to give sth a ~** enxaguar, passar por água [*clothes, dishes*]; **give your hands a ~** lave as mãos. **2** *vtr* lavar [*dishes, clothes, fruit*]; **to ~ one's hands** lavar as mãos. ■ **rinse out:** **~ (sth) out, ~ out (sth)** lavar [*glass*]; **~ (sth) out of (sth.**
riot ['raɪət] **1** *n* **a)** (gen) (disturbance) motim *m*; revolta *f*; **b)** **a ~ of colour** uma profusão de cores; **c)** (coll) **her sister/the play is a ~!** a irmã dela/a peça é engraçadíssima!. **2** *vi* provocar distúrbios; [*prisoner*] amotinar-se.
Riot: **~ Act** *n* HIST, JUR lei *f* contra qualquer perturbação da ordem pública.
rioter ['raɪətə(r)] *n* desordeiro *m*; arruaceiro *m*.
riotous ['raɪətəs] *adj* **a)** [*laughter*] exuberante; [*play, film*] hilariante; **b)** [*living, evening*] dissoluto,-a, libertino,-a.
riotously ['raɪətəslɪ] *adv* **~ funny** hilariante, engraçadíssimo.
riot: **~ police** *n* polícia *f* de choque; **~ shield** *n* escudo *m* utilizado pelas forças policiais nos distúrbios da ordem pública.
RIP abrev = **requiescat/requiescant in pace**; **Anne Smith, ~** aqui jaz Anne Smith.
rip [rɪp] **1** *n* (tear) rasgão *m* (**in** em). **2** *vtr* (*pres p etc* **-pp-**) **a)** (tear) rasgar; **to ~ a hole in sth** fazer um buraco em qq coisa; **to ~ sb/sth to pieces/shreds** (lit, fig) reduzir alg/algo a pedaços; **b)** (snatch, pull) **to ~ sth off/from sb/sth** arrancar qq coisa a alg/a algo; **to ~ sth out of sb's hand** arrancar qq coisa das mãos de alg. **3** *vi* (*pres p etc* **-pp-**) [*fabric*] rasgar-se. IDIOMAS **to let ~** (coll) enfurecer-se, barafustar (**against** contra, **about** acerca de); **to let ~ at sb** descompor alg. ■ **rip apart:** **to ~ apart (sth), to ~ (sth) apart a)** (lit) [*bomb blast*] destruir; **b)** (coll, fig) derrotar [*team, team's defences*]. ■ **rip down:** **to ~ down (sth), to ~ (sth) down** arrancar [*picture, notice*]. ■ **rip off:** **to ~ off (sth), to ~ (sth) off a)** (lit) arrancar [*garment, roof*]; **b)** (coll) (steal) arrebanhar (fam) [*idea, design goods*]; **to ~ off (sb), to ~ (sb) off** (coll) roubar alg. ■ **rip open:** **to ~ open (sth), to ~ (sth) open** rasgar [*envelope, parcel*]; romper [*bag*]. ■ **rip through:** **to ~ through (sth)** [*bomb blast*] destruir [*building*]. ■ **rip up:** **to ~**

up (sth), to ~ (sth) up rasgar [*paper, contract*]; arrancar [*floorboards*].
ripcord *n* cabo *m* de abertura.
ripe [rɑɪp] *adj* **a)** [*fruit*] maduro,-a; [*cheese*] curado; **b)** (ready) [*person*] pronto,-a (**for sth** para qq coisa); **the time is ~** é o momento adequado; **c)** [*language*] grosseiro,-a; **to smell ~** cheirar mal. IDIOMAS **to live to a ~ old age** viver até uma idade avançada.
ripen ['rɑɪpn] **1** *vtr* amadurecer [*fruit*]; curar [*cheese*]. **2** *vi* **a)** [*fruit*] amadurecer; [*cheese*] curar-se; **b)** **their relationship ~ed into love** a amizade deles transformou-se em amor.
rip-off (coll) *n* exploração *f*; **what a ~!** que exploração!.
riposte [rɪ'pɒst] *n* (liter) riposta *f*; réplica *f* pronta.
ripple ['rɪpl] **1** *n* **a)** (in water, corn, hair) ondulação *f*; **b)** (sound) **a ~ of applause** uma onda de aplauso; **c)** (repercussion) repercussão *f*; **d)** (ice-cream) gelado *m* variado. **2** *vtr* fazer ondular [*hair, water*]; **to ~ one's muscles** fazer ressaltar os músculos. **3** *vi* **a)** [*water*] encrespar; **the water ~d down the pane** a água corria pela vidraça; **b)** [*corn*] ondular; [*muscles*] fazer sair.
rip-roaring (coll) ['rɪprɔːrɪŋ] *adj* [*party, show*] esplêndido,-a; **a ~ success** um sucesso estrondoso.
rise [rɑɪz] **1** *n* **a)** (increase) (in amount, number, inflation) aumento *m* (**in** de); (in prices, pressure) subida *f* (**in** de); (in standards) melhoramento *m* (**in** de); **b)** GB (*also* **pay ~, wage ~**) aumento *m*; **c)** (progress) (of person) ascensão *f*; (of empire) progresso *m*; **d)** (slope) elevação *f*; **there's a slight ~ in the road** há uma ligeira lomba na estrada; **e)** (hill) outeiro *m*; **to give ~ to sth** (fig) dar lugar a [*rumours, speculation*]; suscitar [*resentment, frustration*]; causar [*problem, unemployment*]. **2** *vi* (*past* **rose** *pp* **risen**) **a)** [*number, price, rate, pressure, temperature*] aumentar, subir; [*wind*] levantar-se; [*hopes, anger, frustration*] crescer; **his voice rose to a shout** a voz dele foi subindo de tom até se transformar num grito; **b)** (ascend) [*sun, moon, star*] nascer; [*heat, smoke, steam, water (level)*] subir; [*bird, plane, balloon*] elevar-se no ar; (fig) (appear) [*building, mountain*] aparecer, erguer-se (**before sb** perante alg; **above** por cima de); **c)** (progress) [*person*] chegar a; **she has ~n to manager** ela chegou a directora; **to ~ to fame** atingir a fama; **she rose from nothing to become...** ela partiu do nada para se tornar...; **d)** (get up) [*person*] levantar-se; **"~ and shine!"** "de pé!"; **e)** (slope upwards) [*ground, road*] subir; [*cliff*] erguer-se, elevar-se; **f)** (rebel) (*also* **~ up**) [*people, region, nation*] revoltar-se, rebelar-se (**against** contra); **g)** (have source) **to ~ in sth** [*river*] nascer em qq coisa [*mountains, area*]; **h)** CULIN [*cake*] levedar; **i)** [*fish*] vir à superfície. IDIOMAS **to get** *or* **take a ~ out of sb** irritar alg; **to ~ to sth** reagir a qq coisa. ■ **rise up a)** (ascend) [*bird, plane*] elevar-se (**into** em); [*smoke, steam*] subir (**into** em); (fig) [*building, mountain*] erguer-se (**before sb** perante alg; **above, over** por cima de); **b)** (rebel) (liter) [*people, region, nation*] sublevar-se (**against** contra).
riser ['rɑɪzə(r)] *n* (person) **to be an early ~** ser madrugador.

risk [rɪsk] **1** *n* **a)** (gen) risco *m* (**of** de; **of doing** de fazer); **is there any ~ of him catching the illness?** será que ele corre o risco de apanhar a doença?; **there's a ~ that the operation will not succeed** a operação corre o risco de ser mal sucedida; **there is no ~ to consumers** não há qualquer perigo para o consumidor; **to run a ~** correr um risco (**of doing** de fazer); **to take ~s** correr riscos; **it's not worth the ~** o risco é demasiado grande; **at ~** ameaçado; **to put one's health at ~** comprometer a sua saúde; **at one's own ~** por sua conta e risco; **at the ~ of seeming ungrateful** correndo o risco de parecer ingrato; **b)** (in banking, insurance) **to be a good/ bad ~** ser um bom/mau investimento. **2** *vtr* **a)** (endanger) **to ~ one's life** arriscar a vida; **to ~ one's neck (doing)** arriscar a pele (a fazer); **b)** (venture) **to ~ doing** correr o risco de fazer; **to ~ death** correr risco de morte; **to ~ one's all** arriscar tudo/dar tudo por tudo; **we decided to ~ it** decidimos arriscar; **let's ~ it anyway** vamos arriscar.

risqué ['rɪskeɪ] *adj* ousado,-a.

rite [raɪt] *n* rito *m*; **to perform a ~** cumprir um rito; **initiation ~** rito *m* de iniciação.

ritual ['rɪtʃʊəl] **1** *n* ritual *m* (**of** de); **the court-ship ~** ZOOL o ritual de acasalamento. **2** *adj* [*dance, murder*] ritual; [*visit*] tradicional.

rival ['raɪvl] **1** *n* (person) rival *m*; (firm) concorrente. **2** *adj* [*supporter, suitor, team, business*] rival; [*claim*] oposto,-a. **3** *vtr* (*pres p etc* **-ll-** GB **-l-** US) igualar (**in sth** em qq coisa); **few can ~ his style** poucos podem igualar o seu estilo; **his ignorance is ~led only by his obstinacy** a sua ignorância é igual à sua teimosia.

rivalry ['raɪvlrɪ] *n* rivalidade *f* (**between** entre).

river ['rɪvə(r)] *n* **a)** (flowing into sea) rio *m*; (tributary) afluente *m*; **up ~/down ~** a montante/a jusante; **b)** (fig) (of lava, mud, oil) rio *m*; **~s of blood** rios de sangue. IDIOMAS **to sell sb down the ~** trair alg.

river police *n* polícia fluvial.

riverside ['rɪvəsaɪd] **1** *n* **the ~** a margem *f*. **2** *adj* [*pub, café*] na margem do rio.

rivet ['rɪvɪt] **1** *n* rebite *m*; cravo *m*. **2** *vtr* **a)** (captivate) **to be ~ed by sth** ser atraído por qq coisa; **b)** (fix) **to be ~ed to the spot** estar preso ao local.

riveting ['rɪvɪtɪŋ] *adj* fascinante.

RN *n abrev* = **Royal Navy**.

road [rəʊd] **1** *n* **a)** (between places) estrada *f* (**from** de; **to** para); **the ~ to Leeds** a estrada para Leeds; **the ~ home** o caminho para casa; **are we on the right ~ for Oxford?** estamos no caminho certo para Oxford?; **follow the ~ ahead** siga em frente; **three hours on the ~** três horas de caminho; **across the ~** do outro lado da estrada; **it's just along the ~** é um pouco mais abaixo; **down the ~** mais abaixo, mais longe; **by ~** pela estrada; **transported by ~** transportado por estrada; **to take (to) the ~** meter-se a caminho; **to be on the ~** [*car*] estar na estrada; [*driver*] estar em viagem; [*band, performers*] estar em tournée; **to get back on the ~** voltar à estrada; **I've been on the ~ all night** tenho viajado toda a noite; **to be off the ~** [*vehicle*] estar fora de uso; **b)** (in built-up area) rua *f*; **at the**

end of my ~ ao fundo da minha rua; **c)** (fig) (way) via *f*, caminho *m* (**to** de); **a difficult ~ to follow** uma via difícil de seguir; **to be on the ~ to success** estar no caminho do sucesso; **to be on the right ~** estar no bom caminho; **we don't want to go down that ~** não queremos seguir por esse caminho; **to reach the end of the ~** chegar a um impasse. **2** *noun modifier* de estrada. IDIOMAS **let's get this show on the ~!** vamos a isto!

roam [rəʊm] **1** *vtr* **to ~ streets** percorrer as ruas. **2** *vi* **to ~ through the house** andar pela casa. ■ **roam around** deambular, vaguear.

roar [rɔː(r)] **1** *n* **a)** (of lion) rugido *m*; **to give a ~** rugir; **b)** (of person) berro *m*; **to give a ~** dar um berro; **c)** (of engine, machine) ronco *m*; **d)** (of traffic, water) ruído *m* ensurdecedor; **e)** (of crowd) clamor *m*; **a ~ of laughter** uma gargalhada; **a ~ of applause** uma chuva de aplausos. **2** *vi* [*lion*] rugir; [*person*] vociferar; **to ~ with pain** gritar de dor; **to ~ out sth** bradar [*command*]; **to ~ with laughter** rir a bandeiras despregadas (fam); **to ~ past sth** passar por qq coisa a roncar.

roaring ['rɔːrɪŋ] **1** *n* **a)** (of lion, person) rugido *m*; **b)** (of storm, wind) bramido *m*; uivo *m*; **c)** (of thunder, guns) ribombar *m*; **d)** (of engine, traffic) ronco *m*; **e)** (of crowd) clamor *m*. **2** *adj* **a)** (loud) [*storm*] atroador, a; [*engine, traffic*] roncante; **b)** [*success*] louco,-a.

roast [rəʊst] **1** *n* CULIN assado *m*. **2** *adj* [*chicken, lamb, pork*] assado,-a; **~ beef** rosbife *m*. **3** *vtr* assar [*meat, potatoes*]; torrar [*coffee beans, chestnuts, peanuts*]. **4** *vi* [*meat*] assar; (coll) **I'm ~ing!** estou a assar! (fam).

rob [rɒb] *vtr* **a)** roubar Po, garfar Br [*person*]; assaltar [*bank, shop, train*]; **he was ~bed of his wallet** roubaram-lhe Po/garfaram-lhe Br o porta-moedas; **b)** (deprive) **to ~ sb of** privar alg de; **the noise ~bed me of my sleep** o barulho impediu-me de dormir.

robber ['rɒbə(r)] *n* ladrão,-a *m/f*; **bank ~** assaltante (de bancos).

robbery ['rɒbərɪ] *n* roubo *m*; **it's sheer ~!** isso é puro roubo! (fig).

robe [rəʊb] **1** *n* **a)** túnica *f*; manto *m*; **ceremonial ~s** manto *m* de cerimónia; **b)** US (bath robe) roupão *m*. **2** *vtr* **~d in white** vestido de branco.

robin ['rɒbɪn] *n* **a)** (*also* **~ redbreast**) ORNTH pintarroxo *m*; **b)** US tordo *m* migratório.

robot ['rəʊbɒt] *n* (in sci-fi, industry) (also pej) robô *m*.

robust [rəʊ'bʌst] *adj* **a)** [*health, person, toy*] robusto,-a; [*economy*] sólido,-a; **b)** [*humour*] grosseiro,-a; [*defence, reply, attitude, approach*] enérgico,-a; **c)** [*wine, flavour*] encorpado,-a.

robustly [rəʊ'bʌstlɪ] *adv* **a)** (lit) [*made*] solidamente; **b)** (fig) [*answer, defend*] fortemente; [*practical*] fundamentalmente.

rock [rɒk] **1** *n* **a)** (substance) rocha *f*; **solid/ molten ~** rocha dura/em fusão; **hewn out of solid ~** talhado na rocha; **b)** (boulder) rochedo *m*; recife *m*; rocha *f*; **on the ~s** LIT, NAUT nos rochedos; (fig) [*marriage, business*] com problemas; [*drink*] com gelo; **their marriage had been on the ~s for years** o casamento deles estava em perigo há anos; **as hard as a ~** duro como uma rocha; **c**) (stone) pedra *f*; **"falling ~s"** "queda de pedra"; **d**) (*also* ~ **music**) rock *m*; **e**) (sweet) caramelo *m*. **2** *modif* [*band, concert, group, musical*] rock; ~ **industry** a indústria *f* da música rock. **3** *vtr* **a**) (move gently) balançar, baloiçar [*cradle*]; embalar [*baby*]; **I ~ed the baby to sleep** eu adormeci o bebé embalando-o; **b**) (shake) [*tremor, bomb*] sacudir [*town*]; [*scandal, revelation*] abalar; [*waves*] agitar, baloiçar. **4** *vi* **a**) (sway) balançar-se, baloiçar-se; **to ~ back and forth** baloiçar-se para a frente e para trás; **to ~ with laughter** soluçar a rir; **b**) (shake) [*ground, building*] tremer; **c**) (dance) **by midnight, the place is ~ing** (coll) por volta da meia-noite a festa está no auge.

rock and roll 1 *n* "rock and roll" *m*. **2** *modif* [*band, singer*] de "rock'n'roll"; [*era, music*] do "rock'n'roll".

rock bottom *n* o ponto mais baixo; **to be at ~** estar no mínimo; **to hit ~** [*prices*] cair/chegar ao preço mínimo.

rock climbing *n* escalada *f*; **to go ~** fazer escaladas.

rocker ['rɒkə(r)] *n* **a**) US (chair) cadeira *f* de baloiço; **b**) (on cradle, chair) baloiço *m*; **c**) (*also* ~ **switch**) interruptor *m* basculante. **IDIOMAS to be/go off one's ~** (coll) estar, ficar louco.

rockery ['rɒkərɪ] *n* GB pedras de jardim.

rocket ['rɒkɪt] **1** *n* **a**) MIL foguete *m*; **b**) BOT, CULIN eruca *f*. **2** *modif* [*range, base*] de lançamento de foguetes; [*research, technology*] espacial. **3** *vi* **a**) [*price, profit, level, value*] subir em flecha; **to ~ from 10 to 100/by 400%** saltar de 10 para 100/de 400%; **b**) [*person, vehicle*] **to ~ past sth** passar rapidamente por algo.

rocket: ~ **engine** *n* motor a foguete; ~**-propelled** *adj* propulsionado a foguete.

rock: ~ **face** *n* parede *f* rochosa; ~ **fall** *n* queda *f* de pedras.

Rockies ['rɒkɪz] *npr* **the ~** as Montanhas Rochosas *fpl*.

rocking: ['rɒkɪŋ] ~ **chair** *n* cadeira *f* de baloiço; ~ **horse** *n* cavalo *m* de baloiço.

rocky [rɒkɪ] *adj* **a**) [*beach, path, soil, slope, cliff*] rochoso,-a; [*coast, headland, peninsula*] rochoso,-a; **a ~ road** (lit) uma estrada rochosa; (fig) um caminho difícil; **b**) (coll) [*relationship, period*] difícil; [*health, business*] precário,-a.

Rocky Mountains *npl* **the ~** as Montanhas *fpl* Rochosas.

rod [rɒd] *n* **a**) (stick) haste *f*; **curtain ~** varão *m* para cortinas ou cortinados; **b**) FISHG cana *f* de pesca. **IDIOMAS to make a ~ for one's own back** arranjar lenha para se queimar; **spare the ~ and spoil the child** (Prov) castigar também é educar.

rode [rəʊd] *pp* see **ride**.

rodent ['rəʊdənt] *n* roedor *m*.

rodeo ['rəʊdɪəʊ] *n* (*pl* ~s) rodeio *m* (de gado).

roe [rəʊ] *n* **a**) ovas *fpl* (de peixe); **b**) esperma *f* de peixe.

roe deer *n* corço *m*; cabrito-montês *m*.

roger ['rɒdʒə(r)] *excl* ~! TELECOM entendido!, mensagem recebida!; **"can you do it?** " — "~!" GB "podes fazer isso?" - "OK. tudo bem!".

rogue [rəʊg] **1** *n* **a**) (hum) patife *m*; **handsome ~** belo canalha; **b**) (pej) pulha *m*; ~**'s gallery**

(lit) colecção de fotografias de delinquentes em posse da polícia. **2** *modif* **a**) (maverick) solitário,-a; **b**) (pej) [*builder, landlord, trader*] falido,-a.

roguery ['rəʊgərɪ] *n* **a**) (pej) (dishonesty) desonestidade *f*; **b**) (mischief) patifaria *f*.

roguish ['rəʊgɪʃ] *adj* patife, velhaco,-a.

role [rəʊl] *n* THEAT (fig) papel *m* (**as** de); **leading ~** (lit, fig) papel principal (**in** em); **to take a ~** interpretar um papel.

role reversal *n* troca *f* de papéis.

roll [rəʊl] **1** *n* **a**) (of paper, cloth) rolo *m*; **a ~ of film** rolo de película (para fotografias); **b**) (of banknotes) maço *m*; (of flesh) pneu *m* (fam); **c**) CULIN (bread) pãozinho *m*; **cheese ~** pão com queijo; **d**) (of ship, train) balanço *m*; oscilação *f*; **e**) (in gymnastics) rotação *f*; **f**) GAMES (of dice) lançamento *m*; **g**) (of drums) rufar *m*; (of thunder) ribombar *m*; **h**) (register) lista *f*; **class ~** lista dos alunos; **electoral ~** lista eleitoral; **to call the ~** fazer a chamada. **2** *vtr* **a**) (push) fazer rolar [*ball, log*]; **to ~ sth forward/back** empurrar fazendo rolar qq coisa para a frente/para trás; **b**) (make) **to ~ sth into a ball** fazer um novelo de [*wool*]; fazer uma bola de [*paper, clay*]; **c**) (flatten) cortar [*lawn*]; estender [*dough*]; laminar [*metal*]; **d**) (turn) **to ~ one's eyes** virar os olhos; **~ the patient onto his back** virar o doente de costas; **e**) **to ~ one's "r"s** LING rolar os erres. **3** *vi* **a**) (move) [*ball, coin, rock*] rolar (**onto** sobre); [*person, animal*] rebolar-se; **to ~ into sth** entrar em [*station*]; **to ~ off sth** cair de; [*coin, dice*] rolar de qq coisa abaixo [*table*]; [*person*] cair de [*couch*]; **b**) (rotate) [*car, plane*] dar uma reviravolta; [*eyes*] revirar; **c**) (sway) [*ship*] balançar, oscilar; **d**) (reverberate) [*thunder*] ribombar; [*drum*] rufar. **4 rolling** *pres p adj* [*hills*] acidentado. **IDIOMAS ~ on the weekend!** viva o fim-de-semana!; (coll) **to be ~ing in it** ser rico; **she's a mother, writer and doctor all ~ed into one** ela é ao mesmo tempo mãe, escritora e médica; **heads will ~!** vão rolar cabeças!. ▪ **roll about, roll around** [*animal, person*] rebolar-se (**in** em; **on** sobre); [*marbles, tins*] rolar. ▪ **roll along** [*car*] ir rolando tranquilamente. ▪ **roll back:** ~ **(sth) back,** ~ **(back) sth** (push back) enrolar [*carpet*]; (fig) fazer recuar [*years*]. ▪ **roll down**: baixar. ▪ **roll in a**) [*tourists, money*] afluir; **b**) [*tanks, trucks*] avançar; **c**) (coll) (stroll in) chegar. ▪ **roll off** sair de [*production line, presses*]. ▪ **roll on** [*time*] passar. ▪ **roll out**: estender [*pastry*]; laminar [*metal*]; desenrolar [*rug*]. ▪ **roll over** [*car, boat, person*] virar-se; ~ **over on one's side** virar-se de lado. ▪ **roll up a**) (coll) (arrive) chegar; **b**) [*poster, mat*] enrolar-se; **to ~ up one's sleeves** arregaçar as mangas.

roll: ~ **bar** *n* AUT barra *f* de metal para reforçar o tecto do carro; ~**-call** *n* chamada *f*.

roller ['rəʊlə(r)] *n* **a**) IND, TECH cilindro *m*; **paint ~** rolo *m* de pintar; **b**) (curler) bigudi *m*; **c**) (wave) onda *f* grande.

roller: ~ **blind** *n* estore *m*; ~ **coaster** *n* montanha-russa *f*; ~**-skate 1** *n* patim *m*. **2** *vi* andar de patins, patinar; ~**-skating** *n* patinagem *f* Po, patinação *f* Br; **to go ~-skating** ir patinar; ~ **towel** *n* toalha *f* que se encontra enrolada numa máquina e que se vai desenrolando à medida que se utiliza.

rollicking ['rɒlɪkɪŋ] *adj* [*person*] folgazão,-ona, jovial; [*comedy*] cómico,-a.

rolling ['rəʊlɪŋ] *n* IND laminagem *f*.

rolling: ~ **mill** *n* laminador *m*; ~ **pin** *n* rolo *m* da massa; ~ **stock** *n* RAIL material *m* circulante; ~ **stone** *n* (fig) vagabundo,-a *m, f*.

ROM [rɒm] *n* abrev = **read-only-memory** memória *f* morta.

Roman ['rəʊmən] **1** *n* (person) Romano,-a *m, f*. **2** *adj* [*custom, empire, history, alphabet*] ALSO ARCHIT romano,-a; [*way of life*] dos Romanos.

Roman Catholic **1** *n* católico,-a *m, f*. **2** *adj* católico,-a.

romance [rə'mæns] **1** *n* **a)** (of era, place) romantismo *m*; prestígio *m*; **b)** (love affair) romance *m*; (love) amor *m*; **c)** (novel) romance *m* de amor; filme *m* cor-de-rosa; **d)** LITERAT (medieval) romance *m* da idade média. **2** *vi* idealizar; **to** ~ **about the past** idealizar o passado.

Romanesque [rəʊmə'nesk] *adj* românico,-a.

Romania [reʊ'meɪnɪə] *pr n* Roménia *f*.

Roman numerals *npl* números *mpl* romanos.

romantic [rəʊ'mæntɪk] **1** *n* romântico,-a *m, f*. **2** *adj* **a)** [*place, landscape, story, person, idea*] romântico,-a; **b)** (involving affair) sentimental; **c)** [*novel*] de amor.

Romanticism [reʊ'mæntɪsɪzm] *n* ART, LITERAT, MUS romantismo *m*.

romanticism [rəʊ'mæntɪsɪzm] *n* romantismo *m*.

romanticize [rəʊ'mæntɪsaɪz] *vtr* idealizar [*person, period*].

Romany ['rəʊmənɪ] *n* **a)** cigano,-a *m, f*; **b)** LING romani.

Rome [rəʊm] *pr n* Roma *f*. IDIOMAS ~ **wasn't built in a day** (Prov) Roma não se fez num só dia; **when in** ~ **do as the Romans do** (Prov) na terra onde fores ter, faz como vires fazer.

romp [rɒmp] **1** *n* **a)** (frolic) brincadeira *f*; (fig) (film, novel) filme *m*; romance *m* cheio de movimento; **b)** (easy victory) vitória *f* fácil. **2** *vi* traquinar; **to** ~ **home** ganhar facilmente.

roof [ru:f] **1** *n* (of building, room, cave) tecto *m*; (car) tejadilho *m*; **the** ~ **of one's mouth** ANAT o céu da boca; **a room under the** ~ um quarto nas águas-furtadas; **to be without a** ~ **over one's head** estar na rua (sem casa). **2** *vtr* pôr telhado em [*building*]; **slate-~ed houses** casas cobertas com telhas de ardósia. IDIOMAS **to go through/hit the** ~ (coll) [*person*] ir aos arames; (coll) [*prices*] bater todos os recordes; **to raise the** ~ (be angry) zangar-se, afinar (fam); (make noise) fazer um barulho dos diabos.

roof: ~**-rack** *n* AUT bagageiro *m*; ~**top** *n* tecto *m*; **to shout sth from the** ~**tops** apregoar aos quatro ventos, tornar público.

rook [rʊk] *n* **a)** ZOOL gralha *f*; **b)** (chess) torre *f*.

rookery ['rʊkərɪ] *n* (colony) (of rooks, seals, penguins) colónia *f*.

room [ru:m, rʊm] **1** *n* **a)** (for living) sala *f*; (for sleeping) quarto *m*; (for working) escritório *m*; (for meetings, teaching) sala *f*; ~ **159** o quarto 159; **in the next** ~ na sala ao lado; **"~s to let"** "quartos para alugar"; ~ **and board** quarto e alimentação; **he gets** ~ **and board** ele está hospedado com alimentação incluída; **b)** (space) lugar

m (**for** para; **to do** para fazer); **to make** ~ arranjar lugar; **we're short of** ~ temos falta de lugar; **c)** (opportunity) ~ **for improvement** possibilidade *f* de melhoramento; ~ **for manoeuvre** margem de manobra. **2** *vi* US morar/estar hospedado; **to** ~ **with sb** estar hospedado em casa de alg; **we** ~ **together** nós moramos juntos.

room: ~**mate** *n* SCHOOL, UNIV companheiro *m* de quarto; ~ **service** *n* serviço *m* de quarto; ~ **temperature** *n* temperatura *f* ambiente; **to serve a wine at** ~ **temperature** servir um vinho ao natural.

roomy ['ru:mɪ] *adj* [*car, house, bedroom*] espaçoso,-a; [*garment*] largo,-a; [*bag, cupboard*] grande.

roost [ru:st] **1** *n* poleiro *m*. **2** *vi* (in trees) empoleirar-se (para passar a noite); (in attic) fazer ninho. IDIOMAS **to rule the** ~ fazer a lei.

root [ru:t] **1** *n* **a)** (lit) BOT, MATH, LING raiz *f*; **to take** ~ ganhar raiz; **to pull sb's hair out by the** ~ tentar arrancar os cabelos a alg; **b)** (fig) (of problem) raiz *f*; (of evil) origem *f*; **to get at** *or* **to the** ~ **of the problem** ir até à raiz do problema. **2** *modif* (fig) [*cause*] profundo; [*problem*] de base; [*question, issue*] fundamental. **3** *vtr* (fig) **to be** ~**ed to the spot** *or* **the ground** ficar pregado ao chão. **4** *vi* **a)** BOT criar raiz; **b)** (search) [*person, animal*] remexer, vasculhar (fam). ■ **root for**: encorajar, torcer por (fam) [*team, contestant*]. ■ **root out**: erradicar, extirpar [*corruption, inefficient*]; apanhar [*person*].

root crop *n* plantas *fpl* de raiz comestível.

rootless ['ru:tlɪs] *adj* sem raízes.

rope [rəʊp] **1** *n* **a)** (hemp, nylon) (gen) corda *f*; **the** ~ (hanging) a forca; **to be on the** ~**s** (boxing) (lit) estar nas cordas; **b)** (of pearls) fiada *f*. **2** *vtr* atar [*victim, animal*] (**to** a); ligar com uma corda [*climber*]; AGRIC laçar [*cattle*]. IDIOMAS **to give sb plenty of** ~ dar toda a liberdade a alg. ■ **rope in** (coll); **I've been** ~**d in to help** fui caçado para ajudar (fam). ■ **rope off**: ~ **off (sth),** ~ **(sth) off** separar (qq coisa) com uma corda.

rope ladder *n* escada *f* de corda.

rop(e)y ['rəʊpɪ] (coll) *adj* GB; **I'm feeling a bit** ~ (coll) sinto-me como um cangalho (fam).

rosary ['rəʊzərɪ] *n* (prayer) rosário *m*; terço *m*.

rose [rəʊz] **1** *past* see **rise**. **2** *n* **a)** (shrub) roseira *f*; **b)** (bloom) rosa *f*; **c)** (colour) cor *f* de rosa; **d)** (nozzle) (on watering can) ralo *m*; **e)** ARCHIT rosácea *f*; **f)** GB HIST **the Wars of the Roses** a Guerra das Duas Rosas. IDIOMAS **life is not a bed of** ~**s** a vida não é um mar de rosas; **everything is coming up** ~**s** corre tudo às mil maravilhas.

rose: ~**-bed** *n* canteiro *m* de rosas; ~**-bud** *n* botão *m* de rosa.

rose-coloured, rose-tinted [rəʊz'kʌləd,rəʊz-'tɪntɪd] *adj* **a)** (red) vermelho,-a; **b)** (optimistic) [*idea, view*] cor-de-rosa. IDIOMAS **to see the world through** ~ **spectacles** ver o mundo cor de rosa.

rose-hip *n* roseira *f* brava.

rosemary ['rəʊzmərɪ] *n* BOT, CULIN alecrim *m*.

rose-tinted *adj* see **rose-coloured**.

rosette [rəʊ'zet] *n* **a)** (for winner) roseta *f*; **b)** ARCHIT rosácea *f*.

roster ['rɒstə(r)] *n* (**duty** ~) escala *f* de serviço.

rostrum ['rɒstrəm] *n* (*pl* **-trums** *or* **-tra**) tribuna *f*.

rosy ['rəʊzɪ] *adj* **a**) (pink) [*cheek, face, light*] rosado,-a; **b**) (favourable) promissor,a. IDIOMAS **everything in the garden is** ~ tudo corre às mil maravilhas.

rot [rɒt] **1** *n* podridão *f*; apodrecimento *m*; **the** ~ **set in when** as coisas começaram a estragar-se. **2** *vtr* apodrecer. **3** *vi* (lit) apodrecer; (fig) [*person*] decair. ■ **rot away**: **to** ~ **away** (lit) apodrecer.

rota ['rəʊtə] *n* GB; (**duty** ~) escala *f* de serviço; **on a** ~ **basis** em sistema de rotatividade.

rotary ['rəʊtərɪ] **1** *n* US AUT rotunda *f*. **2** *adj* rotativo,-a.

rotate [rəʊ'teɪt] **1** *vtr* **a**) fazer girar [*blade*]; fazer rodar [*mirror*]; **b**) (alternate) ocupar por rotação, revezar [*job*]; alternar [*roles*]. **2** *vi* [*blade, handle, wings*] rodar.

rotation [rəʊ'teɪʃn] *n* rotação *f*; **crop** ~ rotação *f* de culturas; **job** ~ ocupação *f* de um trabalho por turnos; **to work in** ~ trabalhar por turnos.

rote [rəʊt] *n* **by** ~ de cor.

rotisserie [rəʊ'tɪsərɪ] *n* rodízio *m*; espeto *m*.

rotor ['rəʊtə(r)] *n* (gen) ELEC, AVIAT rotor *m*.

rotten ['rɒtn] **1** *adj* **a**) [*eyes, fruit, wood, vegetation*] podre, estragado,-a; [*teeth*] cariado; [*smell*] a podridão; **b**) (corrupt) corrupto,-a; ~ **apple/ egg** (fig) (person) ovelha *f* ronhosa; (thing) ponto *m* fraco; **c**) (coll) (bad) [*weather*] desagradável; [*food*] pestilento,-a; [*cook, driver*] péssimo,-a; **to feel** ~ sentir-se como um cangalho; **that was a** ~ **thing to do!** foi mesmo um golpe sujo!. **2** *adv* **to spoil sb** ~ (coll) chatear alg (fam).

rotund [rəʊ'tʌnd] *adj* [*person*] gordo,-a, rechonchudo,-a; [*stomach*] cheio,-a; [*object, building*] arredondado,-a.

rouble ['ruːbl] *n* rublo *m*.

rouge [ruːʒ] *n* COSMET "rouge".

rough [rʌf] **1** *n* (unfinished copy) (draft) rascunho *m*; (sketch) (gen) esboço *m*; **to write sth out in** ~ rascunhar qq coisa. **2** *adj* **a**) [*hand, skin*] áspero,-a; [*surface, rock*] rugoso,-a; [*terrain*] acidentado,-a; [*landscape*] selvagem; **to smooth (off) the** ~ **edges** (lit) (of stone, glass) limar as arestas; **b**) (brutal) [*person, sport, behaviour*] brutal, violento,-a; [*area*] duro,-a, violento,-a; **to be** ~ **with sb/sth** tratar mal alg/algo; **to get** ~ tornar-se violento; **c**) (approximate) [*description, map, indication*] insuficiente; [*translation*] imperfeito,-a; [*figure, estimate*] aproximado,-a; ~ **justice** justiça *f* sumária; **d**) (difficult) difícil, duro; **to be** ~ **on sb** ser duro para com alg; **to give sb a** ~ **ride** tornar a vida difícil para alg; **e**) (crude) [*person, manner*] rude, grosseiro,-a; [*dwelling*] rudimentar; **f**) (harsh) [*voice, sound, taste, wine*] áspero,-a; **g**) (stormy) [*sea, crossing*] agitado,-a; [*weather*] tempestuoso,-a; **h**) (coll) **to feel/look** ~ sentir-se mal/ter mau aspecto. **3** *adv* **a**) (outdoors) **to sleep** ~ dormir na rua; **b**) (violently) violentamente. ■ **rough out**: ~ (**sth**) **out,** ~ **out** (**sth**) esboçar, delinear [*plan, drawing*]. ■ **rough up** (coll) **a**) (manhandle) maltratar (alg); **b**) (beat up) espancar (alg).

roughage ['rʌfɪdʒ] *n* fibras *fpl*.

rough: ~**-and-ready** *adj* **a**) [*person, manner*] simples; [*conditions*] rudimentar; **b**) [*method, system*] improvisado,-a; ~**-and-tumble** *n* **a**) zaragata *f* Po, brigalhada *f* Br; **b**) (fig) confusão *f* (**of** de); ~ **diamond** *n* **a**) (jewel) diamante *m* em bruto; **b**) (man) bronco *m* (pej).

roughen ['rʌfn] *vtr* tornar áspero [*skin, hand*].

roughly ['rʌflɪ] *adv* **a**) [*calculate, estimate, indicate*] aproximadamente; ~ **speaking** falando duma maneira geral; ~ **the same age** mais ou menos da mesma idade; **b**) [*push, treat, hit*] brutalmente, violentamente; **c**) [*make, chip, grate*] grosseiramente.

roughness ['rʌfnɪs] *n* **a**) (of skin, surface, material) aspereza *f*; rugosidade *f*; (of terrain) imperfeição *f*; desigualdade *f*; **b**) (violence) brutalidade *f*; **c**) (lack of sophistication) (of person) rudeza *f*; (of house) simplicidade *f*.

roughshod ['rʌfʃɒd] *adj* **to ride** ~ **over sb/sth** tratar alg/algo a pontapés.

roulette [ruː'let] *n* roleta *f*.

Roumania [ru'meɪnɪə] *pr n* see **Romania**.

round [raʊnd] **1** *adv* **a**) GB (on all sides) **all** ~ por todo o lado; **whisky all** ~! whisky para todos!; **b**) GB (in circles) **to go** ~ **and** ~ [*carousel*] andar à roda; [*person*] (fig) andar às voltas; (lit) ir e vir; **c**) GB (to specific place, home) **to go** ~ **to** passar a; **to invite sb** ~ **for lunch** convidar alg para almoçar (em sua casa); **I'll be** ~ **in a minute** volto já; **d**) GB **three metres** ~ três metros de circunferência; **e**) GB (as part of cycle) **all year** ~ todo o ano; **this time** ~ desta vez. **2** *prep* GB **a**) (expressing location) à volta de [*table, etc*]; **to sit** ~ **the fire** sentar-se à lareira; **what do you measure** ~ **the waist?** quanto medes de cintura?; **b**) (expressing direction) **to go** ~ **an obstacle** contornar um obstáculo; **to go** ~ **a bend** (in road) virar numa curva; **c**) (on visit) **her sister took us** ~ **Oxford** a irmã dela levou-nos a visitar Oxford. **3 round about** *adv phr* **a**) (approximately) cerca de, aproximadamente; **it happened** ~ **about here** isso aconteceu por aqui; **b**) (vicinity) **the people** ~ **about** as pessoas da vizinhança. **4** *n* **a**) (set, series) série *f* (**of** de); **the daily** ~ **of activities** a rotina diária; **b**) (in competition) encontro *m*, partida *f*; **qualifying** ~ jogo *m* de qualificação; **c**) (in golf, cards) partida *f*; (in boxing, wrestling) assalto *m*; **d**) (in showjumping) percurso *m*; **e**) (in election) volta *f*; **f**) (of drinks) rodada *f*; **g**) MIL (unit of ammunition) bala *f*; ~ **of ammunition** cartucho *m*; **h**) MIL (shot fired) salva *f*; **i**) (burst) ~ **of applause** salva *f* de palmas; **to get a** ~ **of applause** ser aplaudido; **j**) (of bread) **a** ~ **of toast** uma torrada; **k**) (route) volta *f*; **to do one's** ~**s** [*doctor*] visitar os doentes; [*postman*] fazer o giro; [*guard*] fazer a ronda; **to do** *or* **go the** ~**s** [*rumour, flu*] circular; **l**) (circular shape) rodela *f* (**of** de); **m**) MUS (canon) cânone *m*. **5** *adj* **a**) (circular, spherical, curved) redondo,-a; ~**-faced** de cara redonda; **b**) (complete) [*figure*] redondo,-a; **in** ~ **figures, that's £100** em números redondos, são 100 libras. **6** *vtr* contornar [*headland*]; **to** ~ **the corner** virar ou dobrar a esquina; **to** ~ **a bend** virar na curva. ■ **round down**: ~ (**sth**) **down,** ~ **down** (**sth**) arredondar (qq coisa) para o algarismo inferior. ■ **round**

off: ~ **off (sth)**, ~ **(sth) off a)** (finish off) acabar [*meal, evening*] (**with** com); concluir [*speech, education*]; **b)** (alter) arredondar [*corner, edge, figure*]. ■ **round on** GB ~ **on (sb)** atacar violentamente. ■ **round up**: ~ **up (sb/sth)**, ~ **(sb/sth) up a)** reagrupar [*people, livestock*]; **b)** arredondar (qq coisa) para o algarismo superior.

rounders ['raʊndəz] *n* SPORT IN GB variante de baseball.

roundly ['raʊndlɪ] *adv* [*condemn*] sem rodeios; [*defeat*] categoricamente, claramente.

roundness ['raʊdnɪs] *n* plenitude *f*; rotundidade *f*.

rouse [raʊz] *vtr* **a)** (formal) (wake) acordar; (fig) despertar [*person, nation*]; **to** ~ **sb from a deep sleep** tirar alg de um sono profundo; **b)** (stir) suscitar [*anger, interest*]; **to** ~ **sb to action** incitar alg à acção.

rousing ['raʊzɪŋ] *adj* [*reception, welcome*] entusiasta, caloroso,-a; [*speech, words*] vibrante; [*song*] exaltante.

rout [raʊt] **1** *n* derrota *f*. **2** *vtr* MIL pôr em debandada; (fig) destroçar, bater completamente. ■ **rout out**: **to** ~ **(sth) out**, ~ **out (sth)** descobrir, desencantar; desalojar [*person, animal*].

route [ru:t,:raʊt] **1** *n* **a)** (gen) TRANSP caminho *m*; itinerário *m*; (fig) (of communication, entry, success) (also climbing) via *f*; **R~ 86** US a auto--estrada *f* 86; **air/shipping/trade** ~ via aérea/marítima/comercial; **bus/rail** ~ linha *f* de autocarro/comboio; **b)** (of public procession, parade, race) percurso *m*; **c)** US [raʊt] **(newspaper)** ~ trajecto *m* de distribuição do jornal. **2** *vtr* expedir, enviar [*goods*] (**to** para); dirigir [*trains*] (**to** para); **this flight is ~d to Athens via Rome** este voo dirige-se a Atenas via Roma.

route march *n* MIL marcha *f* de treino; (fig) marcha forçada.

routine [ru:'ti:n] **1** *n* **a)** (regular procedure) rotina *f* (**of sth** de algo); **office** ~ trabalho *m* de rotina; **to establish a** ~ [*worker*] organizar-se; [*pensioner*] empregar habitualmente o tempo; **b)** (drudgery) rotina *f* (**of sth** de algo); **c)** (musical, dance, comedy) número *m*; SPORT exercício *m*; **d)** (coll) (pej) (obvious act) número *m* (habitual); **e)** COMPUT programa *m*. **2** *adj* **a)** (normal) [*enquiry, matter*] de rotina; **it's fairly** ~ é simples rotina; ~ **maintenance** manutenção habitual; **b)** (uninspiring) rotineiro,-a.

rove [raʊv] *vi* **to** ~ **(about/around)** [*person*] (wander) vaguear; (prowl) errar.

roving ['raʊvɪŋ] *adj* [*ambassador*] itinerante; **to have a** ~ **eye** estar sempre ansioso por uma aventura.

row[1] [rəʊ] **1** *n* **a)** (line) (of people, plants, stitches) fileira *f* (**of** de); (of houses, seats, books) carreira *f* (**of** de); **a** ~ **of cars** uma fila de carros; ~ **upon** ou **after** ~ **of sth** fila após fila de qq coisa; **in the front** ~ CIN, THEAT na primeira fila; **b)** (in succession) **six times in a** ~ seis vezes de seguida; **the third time in a** ~ a terceira vez consecutiva; **c)** (in boat) passeio *m* de barco; **to go for a** ~ ir dar um passeio de barco a remos. **2** *vtr* **a)** (for transport) **to** ~ **a boat across/up the river** atravessar/subir o rio a remo; **b)** **to** ~ **a race** SPORT entrar numa corrida de barco a remos. **3** *vi* remar (**for** a favor; **against** contra); **to** ~ **across a lake** atravessar um lago a remo.

row[2] [raʊ] **1** *n* **a)** (dispute) (public) desordem *f*; (**between** entre; **about, over** a propósito de; **with** com); (private) briga *f* (**between** entre; **about, over** a propósito de; **with** com); **a family** ~ uma contenda familiar; **to have a** ~ **with sb** ter uma questão com alg; **b)** (loud noise) algazarra *f*; alvoroço *m*; **to make a** ~ fazer uma algazarra, protestar. **2** *vi* discutir (**with** com; **about, over** a propósito de).

rowan ['rəʊən, 'raʊən] *n* ~ **(tree)** sorveira *f*; (berry) sorva *f*.

rowboat ['rəʊbəʊt] *n* barco *m* a remos.

rowdy ['raʊdɪ] *adj* [*youth, behaviour*] turbulento,-a.

rowing ['rəʊɪŋ] *n* remo *m*.

rowing boat ['rəʊɪŋ bəʊt] *n* GB barco *m* a remos.

royal ['rɔɪəl] **1** *n* (coll) (person) membro *m* da família real. **2** *adj* **a)** (*also* **R~**) [*couple, palace, visit, prerogative*] real; **the** ~ **"we"** o plural de majestade; **b)** (splendid) **to give sb a (right)** ~ **welcome** fazer um acolhimento majestoso a alg.

royal: R~ Air Force *n* GB Real Força Aérea; ~ **blue** *n, adj* azul *m* vivo e carregado; ~ **icing** *n* CULIN cobertura de açúcar; ~ **jelly** *n* geleia *f* real; **R~ Marines** *npl* GB fuzileiros da Marinha britânica; **R~ Navy** *n* GB Marinha *f* britânica.

royalty ['rɔɪəltɪ] *n* **a)** (person(s)) membro *m*; membros *mpl* de uma família real; **we were treated like** ~ trataram-nos como reis; **b)** (state of royal person) realeza *f*; **c)** (money) (*usu in pl*) (to author, musician) direitos *mpl* de autor (**on sth** sobre qq coisa); (to publisher) direitos *mpl* (**on sth** sobre qq coisa); (on patent, coal deposits) direitos *mpl* de exploração (**on sth** sobre algo).

rpm [ɑ:pi:'em] abrev = **revolutions per minute** rpm.

RSPCA GB abrev = **Royal Society for the Prevention of Cruelty to Animals** sociedade *f* protectora dos animais.

rub [rʌb] **1** *n* **a)** (massage) fricção *f*; **to give sth a** ~ friccionar [*back*]; tratar de [*horse*]; **b)** (polish) polimento *m*; **to give sth a** ~ polir [*spoon*]; dar lustro a [*table*]; esfregar [*stain*]. **2** *vtr* (*pres p etc* **-bb-**) **a)** (touch) esfregar [*chin, eyes*]; **to** ~ **one's hands (with glee)** esfregar as mãos (de contentamento); **b)** (polish) esfregar [*stain, glass, table-top*]; **to** ~ **sth dry** limpar qq coisa; **to** ~ **sth away** fazer desaparecer [*stain*]; **c)** (massage) friccionar; **she** ~ **bed my back** ela friccionou-me as costas; **d)** (apply) **to** ~ **sth on to the skin** aplicar qq coisa sobre a pele; **to** ~ **sth into the skin** fazer penetrar qq coisa na pele; **e)** (incorporate) **to** ~ **butter into the flour** incorporar a manteiga na farinha; **f)** (chafe) magoar [*heel*]; roçar contra [*mudguard*]. **3** *vi* (*pres p etc* **-bb-**) **a)** (scrub) esfregar; **b)** (chafe) **these shoes** ~ estes sapatos magoam-me. **4** *v refl* **to** ~ **oneself** esfregar-se (**against** contra; **with** com). IDIOMAS **to** ~ **salt into sb's wounds** reavivar o sofrimento de alg; **to** ~ **shoulders with sb** ser íntimo de; **to** ~ **sb up the wrong way** irritar alg. ■ **rub along** (coll) desembaraçar-se (fam); **to** ~ **along with sb** entender-se bem com alg. ■ **rub down**: ~ **(sb) down** friccionar [*athlete*]; ~ **(sth) down a)** (massage) escovar [*horse*]; **b)**

(smooth) amaciar, alisar [*plaster, wood*]. ■ **rub in**: incorporar [*butter*]; fazer penetrar [*lotion*]; **there's no need to** ~ **it in!** (coll) não é preciso estar a repisar (fam). ■ **rub off a**) [*dye, ink*] sair; **b**) (wipe off) **the chalk** ~**s off easily** o giz apaga-se facilmente; ~ **(sth) off** (lit) fazer desaparecer [*stain, pattern*]. ■ **rub out**: ~ **out** apagar-se; ~ **(sth) out,** ~ **out (sth)** apagar.

rubber ['rʌbə(r)] **1** *n* **a**) (substance) borracha *f*; **made of** ~ em borracha; **b**) GB (on pencil) borracha *f*; **c**) (for cleaning) esfregão *m*; trapo *m*; **d**) (coll) (condom) preservativo *m*; **e**) (*pl* **rubbers**) US (galoshes) galochas *fpl*. **2** *modif* [*ball, sole, hose, insulation*] de/em borracha.

rubber: ~ **band** *n* elástico *m*; ~**neck** (coll) *vi* **a**) (pej) [*onlooker*] olhar com curiosidade, mirar; **b**) US [*tourist*] olhar com um ar pasmado; ~ **plant** *n* árvore *f* produtora de borracha; ~ **stamp** *n* **a**) (mark) carimbo *m*; **b**) (pej) **to be a** ~ **stamp for sb's decisions** [*body, group*] aceitar sem discutir as decisões de alg.

rubbery ['rʌbərɪ] *adj* semelhante a borracha.

rubbish ['rʌbɪʃ] GB **1** *n* **a**) (refuse) detritos *mpl*; (domestic) lixo *m*; (garden) detritos *mpl*; (on site) entulho *m*; **b**) (pej) (goods) mercadoria *f* ordinária (fam); (discarded objects) porcarias *fpl* (fam); **c**) (coll) (nonsense) disparates *mpl*; **to talk** ~ dizer disparates; **this book is (just)** ~**!** este livro é uma porcaria!. **2** *vtr* (coll) GB **to** ~ **sb/sth** [*critic, article*] arrasar alg/algo.

rubbish: ~ **bin** *n* GB caixote *m* do lixo; ~ **chute** *n* GB triturador de lixo *m*; ~ **dump** *n* GB depósito *m* de lixo (público); ~ **heap** *n* GB (liter) monte *m* de lixo.

rubble ['rʌbl] *n* (after explosion) escombros *mpl*; (on site) entulho *m*.

ruby ['ru:bɪ] **1** *n* **a**) (gem) rubi *m*; **b**) (colour) vermelho *m* rubi. **2** *modif* [*bracelet, necklace*] de rubis; **a** ~ **ring** um anel de rubis. **3** *adj* [*liquid, lips*] vermelho,-a; ~ **port** porto *m* (rubi).

ruby: ~ **red 1** *n* vermelho *m*; rubi. **2** *adj* vermelho rubi *inv*; ~ **red lips** lábios cor de rubi; ~ **wedding** *n* bodas *fpl* de rubi.

RUC *n* GB abrev = **Royal Ulster Constabulary** polícia *f* da Irlanda do Norte.

ruck [rʌk] *n* **a**) (in rugby) formação *f*; **b**) (crease) prega *f* falsa.

rucksack ['rʌksæk, rʊksæk] *n* mochila *f*.

rudder ['rʌdə(r)] *n* (on boat) leme *m*; (on plane) leme de avião.

ruddy ['rʌdɪ] *adj* [*cheeks, complexion*] corado,-a, rosado,-a; [*sky, glow*] rubro,-a.

rude [ru:d] *adj* **a**) (impolite) [*comment, question, reply*] grosseiro,-a, indelicado,-a; [*person*] mal educado,-a; **to be** ~ **to sb** ser rude para com alg; **it is** ~ **to do sth** é indelicado fazer qq coisa; **it was very** ~ **of him to...** foi indelicado da parte dele...; **I don't mean to be** ~ **but** eu não quero ser indelicado mas; **b**) (indecent) [*joke, gesture*] grosseiro,-a; (euph *or* hum) [*book, film*] escabroso,-a; **a** ~ **word** uma palavra grosseira; **c**) (abrupt) brutal. **IDIOMAS to be in** ~ **health** (liter) ter uma saúde de ferro.

rudely ['ru:dlɪ] *adv* **a**) (impolitely) rudemente; **b**) (abruptly) violentamente, abruptamente.

rudeness ['ru:dnɪs] *n* má educação *f*; grosseria *f* **(to, towards sb** para com alg).

rudimentary [ru:dɪ'mentərɪ] *adj* rudimentar.

rudiments ['ru:dɪmənt] *npl* **a**) (basics) **the** ~ **of tennis/cooking** as bases do ténis/da culinária; **b**) (beginnings) **the** ~ **of a legal system** os rudimentos de um sistema judicial.

rueful ['ru:fl] *adj* (liter) [*smile, look*] pesaroso,-a, magoado,-a; [*thought*] triste.

ruff [rʌf] *n* **a**) (of lace) cordão *m*; **b**) (of fur, feathers) colar *m* de penas/pêlos.

ruffian ['rʌfɪən] (dated) *n* rufião *m*.

ruffle ['rʌfl] **1** *n* **a**) (at sleeve) punho *m*; (at neck) franzido *m*; folho *m*; (on shirt front) prega *f*; (on curtain) folho *m*; **b**) (on water, surface) ondulação *f*. **2** *vtr* **a**) eriçar, desgrenhar [*hair, fur*]; **b**) ~ **(up)** eriçar [*feathers*]; **c**) agitar [*cornfield, water surface*]; **d**) (disconcert) enervar, irritar; (upset) ofender, magoar.

rug [rʌg] *n* **a**) (mat) tapete *m*; capacho *m*; (by bed) tapete *m* de quarto; **b**) (blanket) cobertor *m*. **IDIOMAS (to be) as snug as a bug in a** ~ (coll) (estar) bem instalado/bem aconchegado.

rugby ['rʌgbɪ] *n* "rugby" *m*; futebol americano *m*.

rugby: ~ **league** *n* "rugby" *m* de 13; ~ **tackle** *n* placagem *f*; ~ **union** *n* "rugby" *m* de 15.

rugged ['rʌgɪd] *adj* **a**) (wild, rocky) [*terrain, landscape*] acidentado,-a, agreste; [*coastline, cliffs*] escarpado,-a; [*mountains, backdrop*] recortado,-a; **b**) [*man, features*] rude; **c**) (tough) [*character, personality*] severo,-a, inflexível; [*defence*] forte, vigoroso,-a, obstinado,-a; **d**) (durable) [*vehicle, equipment*] robusto,-a.

ruin ['ru:ɪn] **1** *n* **a**) (collapse) ruína *f*; **in a state of** ~ [*town, building*] em ruínas; **to fall into** *or* **go to** ~ cair em ruína; **b**) (financial) ruína *f*; (moral) degradação *f*; **c**) (old castle, fort) ruína *f*; **d**) (*pl* **ruins**) ruínas *fpl* (**of sth** de qq coisa); **to be in** ~ (lit, fig) estar em ruínas. **2** *vtr* **a**) (destroy) arruinar, destruir [*city, economy, career*]; **to** ~ **one's health** arruinar a saúde; **b**) (spoil) estragar [*place, holiday, meal, film*]; danificar [*shoes, clothes*]; estragar [*child, pet*]; **it's** ~**ing our lives** está-nos a estragar a vida. **IDIOMAS to go to rack and** ~ arruinar-se completamente.

ruined ['ru:ɪnd] *adj* **a**) [*abbey, street, city*] em ruína(s); **b**) [*life, holiday, meal*] estragado,-a; [*clothes, furniture*] danificado,-a; [*reputation, marriage*] arruinado,-a; **c**) (financially) arruinado,-a.

ruinous ['ru:ɪnəs] *adj* [*costs, lawsuit*] ruinoso,-a; [*prices*] exorbitante; [*course of action*] desastroso,-a, destrutivo,-a.

rule [ru:l] **1** *n* **a**) (regulation) GAMES, LING, RELIG, SPORT regra *f*; ~**s** ADMIN, POL regulamento *m*; **school** ~**s** regulamento *m* da escola; **it's against the** ~**s** é contrário ao regulamento/às regras; **to bend the** ~**s** contornar o regulamento; ~**s and regulations** regulamentação *f*; **b**) (usual practice) regra *f*; hábito *m*; **as a** ~ geralmente; **c**) POL (authority) domínio *m*; governo *m*; **majority** ~ governo *m* maioritário; **under the** ~ **of a tyrant** sob o domínio de um tirano; **d**) (for measuring) régua *f*. **2** *vtr* **a**) POL [*ruler, law*] governar; [*monarch*] reinar sobre; [*party*] dirigir; [*army*] comandar; **b**) (control) dominar [*life, character*]; orientar [*children, behaviour*]; ditar [*strategy*]; **c**) (draw) traçar [*line*]; ~**d paper** papel pautado; **d**) ADMIN, MGMT **to ~ that...** decretar que.... **3** *vi* **a**) [*monarch*] reinar sobre; [*nation*] governar; **anarchy ~s!** reina a anarquia!; **b**) [*court, umpire*] decretar (**against sb** contra alg). IDIOMAS **to let one's heart ~ one's head** deixar o coração dominar a razão. ▪ **rule out**: **~ out (sth), ~ (sth) out a**) (eliminate) excluir [*possibility, candidate*] (**of** de); **b**) (prevent) impedir [*activity*].

ruler ['ru:lə(r)] *n* **a**) (potentate) dirigente *m/f* (**of** de); **b**) (measure) régua *f* (graduada).

ruling ['ru:lɪŋ] **1** *n* decisão *f* (judicial); (**against** contra; **by** de; **on** sobre); **to give a ~** tomar uma decisão. **2** *adj* [*circle, class, body, group, party*] dirigente; [*idea, passion, principle*] dominante.

rum [rʌm] *n* (alcohol) rum; **white ~** rum branco.

rumble ['rʌmbl] **1** *n* **a**) (of thunder, artillery, trucks, machines) ronco *m*; (of stomach, pipes) gorgolejo *m*; **b**) (from unhappy crowd) barulho *m* surdo e prolongado. **2** *vtr* (coll) GB aperceber--se, pressentir; **we've been ~d!** fomos desmascarados!. **3** *vi* **a**) [*thunder, artillery, machines*] ribombar, roncar; [*stomach, pipes*] gorgolejar; **b**) (trundle) **to ~ by** [*truck, bus*] passar com estrondo.

ruminate ['ru:mɪneɪt] *vi* **a**) **to ~ on** *or* **about sth** [*event, decision*] ruminar, remoer algo; [*meaning of life*] ruminar sobre qq coisa; **b**) ZOOL ruminar.

rummage ['rʌmɪdʒ] **1** *n* **a**) (look) **to have a ~ in sth** revistar algo; **b**) US (jumble) bugigangas *fpl*. **2** *vi* revistar, investigar, revolver (**in, among, through** em; **for sth** à procura de algo).

rummy ['rʌmɪ] *n* jogo *m* de cartas.

rumour GB, **rumor** US ['ru:mə(r)] *n* rumor *m* (**about sb** sobre alg); **to deny a ~** desmentir um rumor; **to start a ~** fazer correr um rumor; **~s are circulating that he is terminally ill** diz-se que ele está perdido; **~ has it that...** corre por aí que...; **there is no truth in any of the ~s** os rumores que correm não têm qualquer fundamento.

rump [rʌmp] *n* **a**) (hum) (of person) traseiro *m*; nádega *f* (fam); **b**) (of animal) garupa *f*; (of bird) cauda *f*; **c**) (of party, group) (+ *v sg*) restos *mpl*.

rump steak *n* alcatra *f*.

rumpus ['rʌmpəs] (coll) *n* **a**) (noise) chinfrim *m*; algazarra *f* (pop); **b**) (protest) barulho *m* (**about, over** por causa de).

run [rʌn] **1** *n* **a**) (act or period of running) corrida *f*; **to go for a ~** ir correr; **to break into a ~** pôr-se a correr; **to give sb a clear ~** (fig) deixar o campo livre a alg (**at doing** para fazer); **b**) (flight) **on the ~** em fuga; **to be on the ~ from sb/sth** fugir de alg/algo; **to have sb on the ~** (lit) pôr alg em fuga; (fig) conseguir assustar alg; **to make a ~ for the door** precipitar-se para a porta; **c**) (series) série *f* (**of** de); **to have a ~ of fine weather** um período *m* de bom tempo; **d**) (in theatre) temporada *f*; **to have a long ~** estar bastante tempo em cena; **e**) (trend) (of events, market) tendência *f*; **the ~ of the cards/dice was against me** o jogo estava contra mim; **in the normal ~ of things** na ordem natural das coisas; **f**) (series of thing produced) (in printing) tiragem *f*; (in industry) série *f*; **g**) (trip, route)

rota *f*; trajecto *m*; **the ~ up to York/down to Devon** o percurso até York/Devon; **h**) (in cricket, baseball) ponto *m*; **i**) (for rabbit, chickens) capoeira *f*; **j**) (for skiing, etc) pista *f*; **k**) (in tights) malha *f* caída. **2** *vtr* (*past* **ran** *pp* **run**) **a**) (cover by running) correr [*distance, marathon*]; **I ran the rest of the way** corri o resto do caminho; **b**) (drive) **to ~ sb to the station** levar alg (de carro) à estação; **to ~ sth over to sb's house** levar qq coisa (de carro) a casa de alg; **to ~ the car into a tree** lançar o carro contra uma árvore; **c**) (pass, move) **to ~ one's hand over sth** passar a mão por qq coisa; **to ~ one's finger down the list** percorrer a lista com o dedo; **d**) (manage) dirigir; **who is ~ning things here?** quem é que manda aqui?; **stop trying to ~ my life** pára de querer mandar na minha vida; **e**) (operate) pôr a funcionar [*motor*]; executar [*program*]; **to ~ a tape** pôr uma cassete; **to ~ tests on sth** fazer testes a qq coisa; **to ~ a check on sb** [*police*] verificar os antecedentes de alg; (generally) pedir informações sobre alg; **f**) (organize, offer) organizar [*competition, course*]; **g**) (extend, pass) (of cable, wire, pipe) **to ~ sth between/from/around** fazer passar qq coisa entre/de/à volta de; **h**) (cause to flow) fazer correr [*bath*]; abrir [*tap*]; **i**) [*newspaper*] publicar [*story, article*]; **j**) (pass through) atravessar [*rapids*]; forçar [*blockade*]; passar [*red light*]; **k**) (smuggle) fazer contrabando de [*guns, drugs*]; **l**) (enter in contest) apresentar [*candidate*]; fazer correr [*horse*]. **3** *vi* (*past*, **ran** *pp* **run**) **a**) (move quickly) [*person, animal*] correr; **to ~ to catch the bus** correr para apanhar o autocarro Po/a condução Br; **to ~ for the train** correr para o comboio Po/trem Br; **to ~ for one's country** correr pelo seu país; **to ~ in the 100 meters** correr os 100 metros; **b**) (flee) fugir; **to ~ for one's life** fugir para salvar a vida; **~ for your life!**, (coll) **~ for it!** salve-se quem puder!; **to go ~ning to one's parents** refugiar-se em casa dos pais; **c**) (function) [*machine, generator, engine*] funcionar, trabalhar; **to ~ on** funcionar a [*diesel, unleaded*]; **to ~ off** funcionar a [*mains, battery*]; **the organization ~s very smoothly** a organização funciona perfeitamente; **d**) (continue, last) [*contract, lease*] durar; **to ~ from... to...** [*school year, season*] ir de... a...; **e**) [*play, musical*] estar em cena; **f**) [*frontier, path, line*] **to ~ past/ through sth** passar/atravessar qq coisa; **g**) (move) [*sledge, vehicle*] deslizar (**on** sobre; **forward** para a frente; **back** para trás); [*curtain*] correr (**on** sobre); **his eyes ran over the page** os olhos dele percorreram a página; **h**) (operate regularly) circular; **they don't ~ on Sundays** não circulam aos Domingos; **i**) (flow) correr; **the tap is ~ning** a torneira está a correr; **my body was ~ning with sweat** o suor escorria pelo meu corpo; **j**) POL (as candidate) candidatar-se; **to ~ for sb** ser candidato a [*mayor, governor, president*]; **k**) (be worded) **the telex ~s** o telex diz.... IDIOMAS **in the long ~** mais cedo ou mais tarde, com o decorrer do tempo; **in the short ~** a breve prazo; **to give sb the ~ of sth** pôr qq coisa à disposição de alg. ▪ **run about** see **~ around**. ▪ **run across**: **~ across (sth/sb)** encontrar por acaso, dar com. ▪ **run after**: **~**

after (sb) (lit, fig) correr atrás de. ■ **run along** ir-se embora. ■ **run around** correr por todo o lado; (coll) ~ **around with (sb)** sair com. ■ **run at**: ~ **at (sth) a)** (charge towards) precipitar-se sobre; **b)** atingir [*percentage, rate, figure*]. ■ **run away a)** (flee) fugir (**from sb** de alg; **to do** para fazer); **b)** (run off) [*liquid*] correr; ~ **away with (sth) a)** (flee) levar; **b)** (carry off easily) ganhar, arrebatar; **c)** (get into one's head) **to ~ away with the idea** *or* **notion that...** imaginar...; **to let one's emotions ~ away with one** deixar-se arrebatar pelas suas emoções. ■ **run down**: ~ **down** [*battery*] descarregar-se; [*watch*] atrasar-se; ~ **down (sth/sb)**, ~ **(sth/sb) down a)** (knock down) deitar abaixo; **b)** (allow to decline) reduzir [*production, operations, defences, etc*]; **c)** (disparage) denegrir. ■ **run in**: ~ **in (sth)**, ~ **(sth) in** rodar [*car, machine*]; "**~ning in ~ please pass**" "em rodagem". ■ **run into**: ~ **into sth a)** (collide with) [*car, person*] colidir com; **b)** (encounter) encontrar [*difficulty, opposition, bad weather*]; **to ~ into debt** endividar-se. ■ **run off a)** [*person, animal*] partir a correr; **b)** [*liquid, water*] correr. ■ **run on** [*meeting*] prolongar-se; ~ **on (sth)** [*mind*] estar preocupado com; [*thoughts*] recordar; [*conversation*] versar sobre; ~ **on (sth)**, ~ **(sth) on a)** PRINT continuar sem mudança de parágrafo; **b)** LITERAT juntar [*line*]. ■ **run out a)** (become exhausted) [*supplies, oil*] esgotar-se; **b)** (have no more) [*machine*] estar esgotado; **c)** (expire) expirar; ~ **out of** já não ter, estar sem [*petrol, time, money, ideas*]. ■ **run out on**: ~ **out on (sb)** abandonar [*family, lover, ally*]. ■ **run over a)** [*meeting, programme*] prolongar-se; **to ~ over by** ultrapassar o horário previsto em [*an hour*]; **b)** [*container*] deitar por fora; ~ **over (sth)** (run through) passar em revista, recapitular [*arrangements*]; ~ **over (sth/sb)**, ~ **(sth/sb) over** (drive over) atropelar [*person, animal*]. ■ **run through**: ~ **through (sth) a)** [*though, tune, murmur*] percorrer; **b)** (look through) examinar rapidamente [*list, article*]; (discuss briefly) recapitular; **c)** (use, get through) gastar [*money*]; ~ **through (sth)**, ~ **(sth) through** repetir, ensaiar [*scene, speech*]. ■ **run to**: ~ **to (sth) a)** (extend as far as) [*book, report*] atingir [*number of pages, words*]; **b)** (stretch to) **I don't think I can ~ to that** acho que não me posso dar a esse luxo (fam). ■ **run up**: ~ **up (sth)**, ~ **(sth) up a)** (accumulate) acumular [*debt*]; **b)** (make) fazer [*dress*]; **c)** (raise) içar [*flag*]. ■ **run up against**: ~ **up against (sth)** esbarrar contra ou em [*difficulty*].

run: ~**away**. *adj* **a)** [*person*] fugitivo,-a, em fuga; **b)** [*train, car, bus*] descontrolado,-a; [*inflation*] galopante; [*horse*] desembestado,-a; **c)** [*success, victory*] estrondoso,-a; ~**down 1** *n* **a)** (report) recapitulação (**on** de); **b)** (of industry, factory) redução *f* da actividade (**of** de). **2** *adj* **a)** [*person*] exausto,-a; **b)** [*house, area*] decadente.

rung [rʌŋ] **1** *pp* see **ring**. **2** *n* **a)** (of ladder) degrau *m*; **b)** (in hierarchy) escalão *m*.

runner ['rʌnə(r)] *n* **a)** (person, animal) corredor *m*; **she is a fast ~** ela é uma corredora muito rápida; **b)** (messenger) FIN (at bank) corretor *m* da banca; **c)** (for door, seat, drawer) calha *f*; (for

curtain) varão *m* de cortina; **d)** (on sled) patim *m*; **e)** BOT, HORT estolho *m*; **f)** (cloth) toalha *f* de centro; (carpet) (in hall, on stairs) passadeira *f*. IDIOMAS **to do a ~** (coll) (in restaurant, taxi) fugir sem pagar.

runner: ~ **bean** *n* GB feijão verde; ~ **up** *n* (*pl* ~**s up**) o segundo *m* (numa competição) (**to sb** em relação a alg).

running ['rʌnɪŋ] **1** *n* **a)** (sport, exercise) corrida *f*; **to take up ~** começar a correr; **b)** (management) administração *f*; direcção *f* (**of** de). **2** *adj* **a)** [*water*] corrente; [*tap*] aberto,-a; ~ **sore** ferida *f* supurante; **b)** [*knot*] corredio,-a. **3** *adv* (consecutively) consecutivamente; **five days ~** cinco dias seguidos. IDIOMAS **to be in the ~** estar na corrida (**for** para); **to be out of the ~** estar fora da corrida (**for** para); **to make the ~** (lit, fig) ser o líder, ir à frente.

running: ~ **commentary** *n* comentário *m* ininterrupto; ~ **costs** *npl* (of scheme) despesas *fpl* correntes.

runny ['rʌnɪ] *adj* **a)** [*jam, sauce*] líquido,-a; [*butter, chocolate*] derretido,-a, mole; **b)** [*nose, eye*] que escorre; **she had a ~ nose** ela tem o nariz sempre a pingar.

run: ~**-of-the-mill** *adj* comum, banal; ~**-through** *n* **a)** (practice) repetição *f*; ensaio *m*; **b)** (summary) apanhado *m*; resumo *m*; ~**-up** *n* **a)** SPORT preparação *f*; **b)** **to take a ~-up** preparar-se para saltar; **the ~-up to** as vésperas de [*election, Christmas*].

runway *n* AVIAT pista *f*.

rupture ['rʌptʃə(r)] **1** *n* **a)** (split) ruptura *f*; rompimento *m*; (**between** entre); **b)** MED (hernia) hérnia *f*; (of blood vessel, kidney) ruptura *f*; **c)** TECH (in tank, container) ruptura *f*. **2** *vtr* **a)** romper [*relations, unity*]; **b)** MED fazer uma perfuração [*kidney, appendix*]; **to ~ oneself** fazer uma hérnia. **3** *vi* **a)** MED [*kidney, appendix*] perfurar; **b)** TECH [*container*] rebentar.

rural ['rʊərl] *adj* **a)** [*life, community, industry, tradition*] rural; **b)** (pastoral) campestre.

ruse [ruːz] *n* estratagema *m*.

rush [rʌʃ] **1** *n* **a)** (of crowd) investida *f*; ímpeto *m*; **a ~ for the door** uma investida em direcção à porta; **to make a ~ at/for sth** precipitar-se para qq coisa; **b)** (hurry) **to be in a ~** estar com pressa (**to do** de fazer); **to do sth in a ~** fazer qq coisa num ápice; **is there any ~?** é urgente?; **there's no ~** não há pressa ou não é urgente; **c)** (peak time) **the morning/evening ~** a hora *f* de ponta da manhã/do fim da tarde; **beat the ~!** evite a hora de ponta!; **d)** (surge) (of liquid, adrenaline) aumento *m*; subida *f*; (of emotion) vaga *f*; (of air) rajada *f*; **a ~ of blood to one's cheeks** um afluxo de sangue ao rosto; **e)** BOT junco *m*. **2 rushes** *npl* CIN a primeira cópia *f* de um filme. **3** *vtr* **a)** (transport urgently) **to ~ sth to** enviar qq coisa de urgência para; **to be ~ed to hospital** ser enviado de urgência para o hospital; **b)** (do hastily) fazer apressadamente [*task, speech*]; **don't try to ~ things** não vás tão depressa ou não sejas tão apressado; **c)** (pressurize, hurry) apressar [*person*]; **d)** (charge at) saltar sobre [*guard, defender, player*]; tomar de assalto [*building, platform*]. **4** *vi* **a)** [*person*] despachar-se, apressar-se; **to ~ down the stairs**

descer as escadas a toda a velocidade; **b)** [*train, vehicle*]; **to ~ past** passar a toda a velocidade; **the sound of ~ing water** o barulho da água a correr. ■ **rush into**: **~ into (sth)** lançar-se em [*commitment, purchase, sale*]; **to ~ sb into doing** levar alg a fazer. ■ **rush out**: **~ out (sth), ~ (sth) out** publicar (qq coisa) à pressa. ■ **rush through**: **~ through (sth)** despachar [*task, agenda*]; percorrer à pressa [*book, article*]; **~ through (sth), ~ (sth) through** tratar com urgência [*order, application*]; adoptar à pressa [*legislation, bill, amendment*].

rush: **~ hour** *n* hora *f* de ponta; **~ job** *n* trabalho *m* urgente; **~ order** *n* encomenda *f* urgente.

rusk [rʌsk] *n* biscoito *m*.

russet ['rʌsɪt] **1** *n* castanho *m* avermelhado. **2** *adj* ruivo,-a, arruivado,-a.

Russia ['rʌʃə] *pr n* Rússia *f*.

Russian ['rʌʃn] **1** *n* **a)** (native) Russo,-a *m, f*; **b)** LING russo *m*. **2** *adj* russo,-a; **the ~ people** os Russos.

rust [rʌst] **1** *n* AGRIC, CHEM, HORT ferrugem *f*. **2** *vtr* (lit) enferrujar. **3** *vi* **a)** (lit) (*also* ~ **away**, ~ **in**) enferrujar, corroer-se; **b)** (fig) [*skill*] decair, enfraquecer-se.

rustic ['rʌstɪk] **1** *n* camponês,-esa *m, f*. **2** *adj* rústico,-a; [*peace*] campestre.

rustle ['rʌsl] **1** *n* (of papers, dry leaves) ruído *m*; sussurro *m*; (of leaves, silk) rugido *m*. **2** *vtr* fazer farfalhar [*papers, plastic bag*]; **stop rustling your newspaper!** pára de fazer barulho com o jornal!. ■ **rustle up**: **to ~ (sth) up, ~ up (sth)** preparar rapidamente [*supper, salad*].

rustler ['rʌslə(r)] *n* US ladrão *m* de gado; (horse thief) ladrão *m* de cavalos.

rust-proof *adj* (gen) inoxidável; [*paint, coating*] antiferrugem.

rusty ['rʌstɪ] *adj* (lit, fig) enferrujado,-a.

rut [rʌt] *n* **a)** (in ground) carreiro *m*; trilho *m*; **b)** (routine) **to get into/out of a ~** entrar/sair da rotina; **c)** ZOOL (mating) **the ~** o cio *m*.

ruthless ['ruːθlɪs] *adj* impiedoso,-a, cruel (**in sth** em algo; **towards** para com).

rye [raɪ] **1** *n* AGRIC, CULIN centeio *m*. **2** *modif* [*bread, flour*] de centeio.

rye whiskey *n* uísque *m* destilado do centeio.

Ss

s, S [es] *n* **a)** (letter) s, S; **b)** abrev = **South**; **c)** abrev = **Saint**; **d)** abrev = **small**.

sabbath ['sæbəθ] *n* (Jewish) sábado *m*; (Christian) dia *m* do Senhor (domingo).

sabbatical [sə'bætɪkl] **1** *n* licença *f* sabática; **to take a/to go on ~** tirar/ir em licença sabática; **to be on ~** estar em licença sabática. **2** *adj* [*leave, year*] sabático.

saber US ['seɪbə(r)] see **sabre**.

sable ['seɪbl] **1** *n* **a)** (fur, animal) zibelina *f*; **b)** HERALD sable *m* negro *m*. **2** *modif* [*hat, garment*] em zibelina; **a ~ coat** um casaco de pele de zibelina.

sabotage ['sæbətɑː.ʒ] **1** *n* sabotagem *f*. **2** *vtr* sabotar [*equipment, campaign, discussion*]; minar [*economy*].

saboteur [sæbə'tɜː(r)] *n* sabotador (de material, projecto).

sabre ['seɪbə(r)] *n* MIL, SPORT sabre *m*.

saccharin ['sækərɪn] *n* sacarina *f*.

sachet ['sæʃeɪ] *n* (packet, scented bag) saquinho *m* de cheiro.

sack [sæk] **1** *n* **a)** (bag) saco *m*; **potato ~** saco de batatas; **mail ~** saco postal; **b)** (coll) GB (dismissal) **to get the ~** ser despedido (fam); **to give sb the ~** despedir/demitir alg, pôr alg na rua (fam); **to be threatened with the ~** ser ameaçado de despedimento; **c)** (coll) (bed) **the ~** a cama; **to hit the ~** (coll) deitar-se, ir para a cama; **d)** (pillage) (liter) saque *m*; pilhagem *f*. **2** *vtr* **a)** (coll) GB (dismiss) pôr na rua (fam); despedir [*employee*] (**for sth** por algo; **for doing sth** por ter feito algo); **b)** (pillage) (liter) pôr a saque, pilhar.

sacking ['sækɪŋ] *n* **a)** TEX (for sacks) tecido *m* (grosseiro) para sacos; **b)** (coll) (dismissal) despedimento *m*.

sacrament ['sækrəmənt] *n* (religious ceremony) sacramento *m*.

Sacrament(s) *n* (communion bread) o Santíssimo sacramento *m*; a Eucaristia *f*; **to receive the ~(s)** comungar.

sacred ['seɪkrɪd] *adj* **a)** (holy) sagrado, divino (**to sb** para alg); **to hold sth ~** ter algo por sagrado; **b)** (revered) [*name*] sagrado, consagrado; [*tradition*] sacrossanto; **is nothing ~?** (hum) já não há nada de sagrado? (fam); **c)** (binding) [*duty, mission*] sagrado; [*trust*] inviolável. IDIOMAS **"~ to the memory of..."** "à memória de...".

sacred cow ['seɪkrɪd'kau] *n* (pej) vaca *f* sagrada.

sacrifice ['sækrɪfaɪs] **1** *n* (act) RELIG (fig) (chess) sacrifício *m* (**to sth/sb** para algo/alg); **of sth/sb** de algo/alg); **to make a ~/many ~s for one's friends** fazer um sacrifício/muitos sacrifícios pelos seus amigos. **2** *vtr* **a)** (fig) sacrificar (**sth to sb/sth** algo a alg/algo); **to ~ sth for one's principles** sacrificar algo pelos seus prin-

cípios; **to ~ oneself** sacrificar-se (**for** por); **principles ~d on the altar of profit** princípios sacrificados em favor do lucro; **b)** RELIG **to ~ sth (to sb/sth** oferecer algo em sacrifício (a alg/ algo).

sacrificial [sækrɪ'fɪʃl] *adj* [*victim*] oferecido em sacrifício, sacrificial; [*knife, robe*] do sacrifício.

sacrilege ['sækrɪlɪdʒ] *n* RELIG (fig, hum) sacrilégio *m*.

sacrilegious [sækrɪ'lɪdʒəs] *adj* RELIG (fig, hum) sacrílego.

sacrosanct ['sækrəsæŋkt] *adj* sacrossanto.

sad [sæd] *adj* **a)** [*person, face, voice*] triste; **it makes me ~** isso põe-me triste; **we are ~ about/at the accident** o acidente pôs-nos tristes; **b)** [*song, film*] triste; **it's ~ that...** é triste que...; **it was a ~ sight** foi triste de ver; **c)** (unfortunate) [*fact, truth*] triste (*before n*); **~ to say...** é triste dizer...; **d)** (deplorable) [*attitude, situation*] lamentável, deplorável; **a ~ change has come over society** a nossa sociedade sofreu uma mudança lamentável; **it's a ~ state of affairs when...** é lamentável quando se chega a...; **it's a ~ day for democracy** é um dia sombrio para a democracia. IDIOMAS **to be a ~der but wiser person** ter aprendido à sua própria custa.

sadden ['sædn] **1** *vtr* **it ~s me that.../to think that...** entristece-me que.../pensar que.... **2** **saddened** *pp adj* estar desolado por algo/de ouvir algo. **3** **saddening** *pres p adj* **it is ~ to hear/think that...** é doloroso ouvir/pensar que....

saddle ['sædl] **1** *n* **a)** EQUIT sela *f*; **to climb into the ~** subir para a sela; **b)** (of bike) selim *m*; assento *m*; **c)** GB **~ of lamb** CULIN lombo de cordeiro; **d)** GEOG (ridge) cume *m*. **2** *vtr* EQUIT selar. ■ **saddle up**: **to ~ up (sth)** selar [*horse, pony*]; **to ~ up** pôr a sela no cavalo.

saddlebag *n* alforge *m*; bolsa *f* de sela.

sadism ['seɪdɪzm] *n* sadismo *m*.

sadist ['seɪdɪst] *n* sadista *m/f*; sádico *m*.

sadistic [sə'dɪstɪk] *adj* sádico, sadista.

sadistically [sə'dɪstɪkəlɪ] *adv* [*laugh, say*] sadicamente; [*treated, tortured*] com sadismo.

sadly ['sædlɪ] *adv* **a)** [*sigh, say*] tristemente; **he will be ~ missed** ele far-nos-á muita falta; **b)** (unfortunately) infelizmente; **c)** (emphatic) **he is ~ lacking in sense** ele tem mesmo muita falta de senso; **you are ~ mistaken** está muito enganado.

sadness ['sædnɪs] *n* tristeza *f*.

sae [eseɪ'iː] *n* abrev = **stamped addressed envelope**.

safari [sə'fɑːrɪ] *n* safari *m*; **to go on (a) ~** ir fazer um safari.

safari park [sə'fɑːrɪpɑːk] *n* reserva *f*.

safe [seɪf] **1** *n* **a)** (for valuables) cofre *m*; caixa-forte *m*; **b)** (for meat) armário *m* guarda comida *f*. **2** *adj* **a)** (after ordeal, risk) (person) são e salvo; ileso; (formal) (possession) intacto; **we know they are** ~ sabemos que eles estão ilesos; **to hope for sb's** ~ **return** esperar que alg chegue sem problemas; ~ **and sound** (person) são e salvo; (possession) intacto; **(have a)** ~ **journey!** boa viagem!; **b)** (free from threat, harm) (attrib) sem segurança; **to feel** ~**(r)** sentir-se em segurança; **is the money** ~ **if we leave it here?** o dinheiro fica seguro se o deixarmos aqui?; **to be** ~ **from** estar ao abrigo de [*attack, public, curiosity*]; **to keep sb** ~ proteger alg (**from** contra/de); **to keep sth** ~ (protect) proteger algo (**from** de); (store) guardar algo em lugar seguro; **c)** (risk-free) [*product, toy, treatment, level, method*] sem perigo, seguro; [*place, harbour, vehicle, route*] seguro; [*structure, building*] sólido; [*animal*] inofensivo; [*speed, flying hours*] razoável; **it's the** ~**st way to travel** é a maneira mais segura de viajar; **to watch from a** ~ **distance** observar a uma distância segura; **let's go** — **it's** ~ vamos, não há perigo; **it's not** ~ é perigoso; **to be** ~ **for sb** ser seguro para alg; **it is** ~ **to do sth** pode-se fazer qq coisa sem perigo; **it would be** ~**r for you to...** seria mais prudente para ti...; **it is not** ~ **(for sb) to do** é perigoso fazer; **to keep sth** ~ manter algo em lugar seguro; **to make sth** ~ tornar qq coisa seguro [*machine, device, premises, beach*]; **d)** (prudent) [*investment*] seguro; [*estimate, choice, policy, tactic*] prudente, cauteloso; **it would be** ~**r not to do** seria melhor não fazer; **it is** ~ **to say that...** pode-se dizer que...; **e)** (reliable) (driver) prudente; [*companion, guide, confident*] de confiança; **to be in** ~ **hands** estar em boas mãos. IDIOMAS **as** ~ **as houses** (secure) [*person*] seguro; [*place*] seguro; (risk-free) sem risco; **better** ~ **than sorry!** mais vale prevenir que remediar!; **(just) to be on the** ~ **side** (simplesmente) por preocupação; **to play (it)** ~ ser prudente.

safe bet *n* **it's/he's a** ~ é algo/alg absolutamente certo; **it's a** ~ **that...** posso apostar que....

safe-breaker *n* arrombador *m* de cofres-fortes.

safe-conduct *n* **a)** (guarantee) **to demand/be offered** ~ **to/from** pedir/obter um salvo-conduto para/de; **b)** (document) salvo-conduto *m*.

safe-deposit box *n* ESPECIALLY US cofre *m* (no banco).

safeguard ['seɪfgɑːd] **1** *n* garantia *f* (**for** para; **against** contra; **to do** para fazer). **2** *vtr* proteger (**against/from** contra).

safekeeping *n* **in sb's** ~ à guarda de alg; **to entrust sth to sb's** ~, **to give sth to sb for** ~ confiar algo à guarda de alg.

safely ['seɪflɪ] *adv* **a)** (coming to no harm) **they came back** ~ **(people)** eles regressaram incólumes; [*parcel, goods*] eles vieram sem danos; **we arrived/got back** ~ nós regressamos bem; **you can walk around quite** ~ pode andar em segurança; **b)** (without risk) sem risco; (confidently) com toda a tranquilidade; **we can** ~ **conclude/say that...** podemos seguramente concluir/dizer que...; **c)** (causing no concern) ~ **stored/locked** bem arrumado/fechado; **he's** ~ **tucked up in bed** ele está bem aconchegado na cama; **he's** ~ **behind bars** felizmente que ele está atrás das grades; **d)** (carefully) prudentemente.

safety ['seɪftɪ] **1** *n* **a)** (freedom from harm) segu-

rança *f*; **passenger** ~ a segurança dos passageiros; **there are fears for her** ~ teme-se pela sua segurança; **in** ~ com (toda a) segurança; **to help/get sb to** ~ ajudar alg a pôr-se em segurança/pôr alg em segurança; **they fled to** ~ eles correram para se pôr em segurança; **to reach** ~ alcançar um lugar seguro; **in the** ~ **of one's home** na segurança do seu lar; **(to watch) from the** ~ **of the hills** (observar) em lugar seguro nas colinas; **b)** (as issue) segurança *f*; **crowd/road** ~ segurança *f* dos espectadores/rodoviária; ~ **in the home** a segurança doméstica; ~ **first** a segurança em primeiro lugar; **c)** (from hazards) segurança *f*. **2** *modif* [*check, code, level, regulations, measure, test*] de segurança; [*bolt, blade, strap*] de segurança. IDIOMAS **there's** ~ **in numbers** quanto em maior número formos, menos será o risco.

safety: ~ **belt** *n* cinto *m* de segurança/cinto *m* salva-vidas; ~ **catch** *n* (on rifle) fecho *m* de segurança; ~ **pin** *n* alfinete *m* de segurança; ~ **razor** *n* gilete *f*.

safety-valve *n* **a)** (lit) válvula *f* de segurança; **b)** (fig) meio *m* de desabafar; válvula *f* de escape (**for** para).

saffron ['sæfrən] **1** *n* **a)** BOT, CULIN açafrão *m*; **b)** (colour) cor *f* de açafrão; amarelo alaranjado. **2** *adj* [*robes, cloth*] amarelo alaranjado.

sag [sæg] **1** *n* **a)** (in ceiling, mattress) arqueamento *m*; descaimento *m*; abatimento *m*; **b)** (in value) baixa *f* de preço. **2** *vi* (*past, pp* **-gg-**) **a)** [*ceiling, mattress*] descair, dar de si; **b)** [*breasts*] descair; [*flesh*] ficar flácido; **c)** (weaken) **her spirits** ~**ged** a coragem dela esmoreceu; **d)** (fall) [*currency, export*] baixar.

saga ['sɑːgə] *n* **a)** (coll) (lengthy story) história *f* comprida; **a domestic** ~ uma longa história; **b)** LITERAT saga *f*; narrativa *f* épica.

sagacious [sə'geɪʃəs] (formal) *adj* [*person*] sagaz; [*advice, decision*] sabedor, inteligente (*before n*).

sage ['seɪdʒ] **1** *n* **a)** BOT salva *f*; **b)** (wise person) sábio *m*. **2** *adj* (wise) [*person, comment, air*] sábio, sensato (*after n*) **to give** ~ **advice** dar conselhos sensatos.

Sagittarius [sædʒɪ'teərɪəs] *n* **a)** (constellation, sign) Sagitário *m*; **b)** (person) sagitário *m*.

sago ['seɪgəʊ] *n* sagu *m*.

Sahara [sə'hɑːrə] *n* **the** ~ **(Desert)** o (deserto do) Sará *m*.

said [sed] **1** *past, pp* see **say. 2** *pp adj* (formal) JUR dito, citado; **the** ~ **Mr X** o referido Sr. X; **on the** ~ **day** no dia mencionado.

sail [seɪl] **1** *n* **a)** (on boat) vela *f*; **b)** (navigation) **to set** ~ fazer-se ao mar; **to set** ~ **for New York** partir de barco para Nova Iorque; **a ship in full** ~ um barco com todas as velas desfraldadas; **c)** (on windmill) vela *f*; **d)** (journey) **to go for a** ~ dar um passeio de barco (à vela). **2** *vtr* **a)** (steer) manobrar [*ship, yacht*]; (pilot, be in charge of) pilotar [*ship, yacht*]; **b)** (travel across) atravessar; **c)** (own) **I used to** ~**a catamaran** eu tinha um catamaran. **3** *vi* **a)** (travel by boat) viajar de barco; **b)** (move across water) **the ship** ~**ed into the harbour** o navio entrou no porto; **c)** (leave port, set sail) fazer-se ao mar, partir; **we** ~ **at 5 o'clock** partimos às 5 h; **d)** (as hobby) praticar vela; **to go ~ing** praticar vela; **e)** (move smoothly) **the ball ~ed over the goalpost** a bola passou por sobre a barra; **to ~ past sb** passar por alg sem reparar; **f)** (pass easily) passar facilmente; **he ~ed through the exam** ele passou no exame com toda a facilidade. IDIOMAS **to ~ close to the wind** brincar com o fogo; **to take the wind out of sb's ~s** baixar a crista a alg (fam).

sail: ~board *n* windsurf *m*; **~boat** *n* US veleiro *m*.

sailing ['seɪlɪŋ] **1** *n* **a)** SPORT vela *f*; **b)** (departure) **when is the next ~?** a que horas é o próximo barco?; **three ~s a day** três barcos por dia. **2** *modif* [*club, equipment, holiday, instructor*] de vela; [*boat, dinghy, vessel*] à vela; [*time, date, schedule*] de partida.

sailing ship *n* veleiro *m*.

sailor ['seɪlə(r)] *n* **a)** (seaman) marinheiro *m*; **b)** (sea traveller) **I'm not much of a ~** eu enjoo quando ando de barco.

saint [sənt] *n* RELIG santo *m*; **S~ Mark** São Marco.

saintly ['seɪntlɪ] *adj* [*person, manner, expression*] santo, piedoso, bondoso; [*virtue, quality*] de santo.

sake [seɪk] *n* **a)** (regarding purpose) **for the ~ of sth** [*principle, prestige, nation*] por algo; **for the ~ of clarity, for clarity's ~** pela claridade; **for the ~ of (the) argument** a título de exemplo; **to kill for the ~ of killing** matar por matar/pelo prazer de matar; **to do sth for its own ~** fazer algo por prazer; **for old times' ~** em recordação dos velhos tempos; **b)** (regarding people) **for the ~ of sb, for sb's ~** por atenção para com alg; **for all our ~s** no interesse de todos nós; **I'm telling you this for your own ~** é para teu próprio bem que te estou a dizer isto; **c)** (in anger, in plea) **for God's/heaven's/goodness' ~!** por amor de Deus!.

salacious [sə'leɪʃəs] *adj* salaz, obsceno.

salad ['sæləd] *n* salada *f*; **bean ~** salada de feijão; **green/mixed ~** salada verde/mista.

salad: ~ cream *n* molho *m* de maionese; **~ days** (dated) *npl* (liter) (youth) verdes anos *mpl*; **~ dressing** *n* molho *m* para salada; **~ servers** *npl* pratos *mpl* de salada.

salami [sə'lɑːmɪ] *n* salame *m*.

salaried ['sælərɪd] *adj* assalariado, remunerado.

salary ['sælərɪ] salário *m*.

sale [seɪl] **1** *n* **a)** (act of selling) venda *f* (**of sth** de qq coisa; **to sb** a alg); (**up**) **for ~/not for ~** para venda/não está à venda; **to put sth up/offer sth for ~** pôr qq coisa à venda; **on ~** à venda; **to go on ~** ser posto à venda; **to have/hold a ~** organizar uma venda; **to make a ~** realizar uma venda; (cut price) saldo *m*; **the ~s** os saldos; **in the ~(s)** nos saldos; **to have a ~** saldar; **the ~s are on** é a estação dos saldos; **the January/Summer ~s** os saldos de Janeiro/de Verão. **2 sales** *npl* **a)** (of product) vendas *fpl*; **arms ~** vendas *fpl* de armas; **b)** (career) comércio *m*; (department, service) secção *f* de vendas.

saleable ['seɪləbl] *adj* vendável, (muito) procurado.

sale room *n* sala *f* de leilões.

sale: ~s assistant *n* vendedor *m*; **~s clerk** *n* US

vendedor *m*; **~s department** *n* departamento *m* de vendas.

salesman ['seɪlzmən] *n* (*pl* **-men**) vendedor; **insurance ~** agente *m* de seguros; **used car ~** vendedor *m* de carros usados.

sale: ~s pitch *n* lábia *f* de vendedor (fam); **~s talk** *n* lábia *f* de vendedor (fam); **~swoman** *n* (*pl* **-men**) vendedora *f*.

salient ['seɪlɪənt] **1** *n* MIL saliência *f* (de fortaleza). **2** *adj* (important) saliente, proeminente.

saline ['seɪlaɪn] **1** *n* MED (*also* **~ solution**) soro *m* fisiológico; **~ drip** conta-gotas *m inv* de soro. **2** *adj* [*liquid, spring*] salgado; [*deposit*] salino.

saliva [sə'laɪvə] *n* saliva *f*.

salivate ['sælɪveɪt] *vi* salivar.

sallow ['sæləʊ] *adj* (pale) pálido, amarelado.

sally ['sælɪ] *n* **a)** (arch) MIL surtida *f*; **b)** (witty remark) chiste *m*; saída *f*; dito *m* espirituoso.

salmon ['sæmən] **1** *n* salmão *m*. **2** *modif* [*fillet, pâté*] de salmão.

salon ['sælɒn, -lɔ̃] *n* salão *m*; **hairdressing/beauty ~** salão *m* de cabeleireiro/de beleza.

saloon [sə'luːn] *n* **a)** GB AUT (*also* **~ car**) carrinha *f* fechada; **b)** (*also* **~ bar**) GB sala *f* confortável (de "pub"); US (in wild west) bar *m*; **c)** (large room) salão *m*.

salt [sɔːlt, sɒlt] **1** *n* **a)** CULIN sal *m*; **there's too much ~ in the rice** o arroz está muito salgado; **to put ~ on food** pôr sal na comida; **b)** (coll, dated) (sailor) **an old ~** um velho lobo do mar. **2** *modif* **a)** CHEM [*molecule, crystal, solution*] de sal; **b)** IND [*industry, refining*] do sal; [*production, factory*] de sal. **3** *vtr* **a)** CULIN temperar com sal [*meat, fish*]; **b)** (put salt on) pôr sal em [*road, path*]. IDIOMAS **they are the ~ of the earth** eles são o sal da terra, são a melhor coisa do mundo; **you should take his remarks with a grain/pinch of ~** não devias tomar à letra o que ele diz; **any teacher worth his ~ knows that** qualquer professor digno da sua profissão sabe isso. ■ **salt away: ~ away (sth), ~ (sth) away** pôr qq coisa de lado.

salt: ~ cellar *n* saleiro *m*; **~ water** *adj* [*fish*] de mar, de água salgada.

salty ['sɔːltɪ, 'sɒltɪ] *adj* [*water, food, flavour*] salgado.

salubrious [sə'luːbrɪəs] *adj* salubre.

salutary ['sæljʊtərɪ] *adj* salutar.

salute [sə'luːt, -'ljuːt] **1** *n* **a)** MIL (gen) (greeting) saudação *f*; cumprimento *m*; (of head of state) **to take the ~** passar em revista as tropas; **victory ~** V *m* de vitória; **b)** MIL (firing of guns) salva *f*; **a 21-gun ~** uma salva de 21 tiros de canhão; **c)** (tribute) homenagem *f* (**to** a). **2** *vtr* saudar. **3** *vi* saudar.

salvage ['sælvɪdʒ] **1** *n* **a)** (rescue) salvamento *m*; salvação *f* (**of sth** de algo); **b)** (goods rescued) bens *mpl* recuperados/salvos; **c)** (reward) prémio *m* de salvamento. **2** *modif* [*operation, team, equipment*] de salvação. **3** *vtr* **a)** (gen) NAUT salvar [*cargo, materials, belongings*] (**from sth** de qq coisa); **b)** (rescue) salvar [*plan, marriage, reputation*]; salvar [*point, game*]; obter [*draw*]; preservar [*pride, memories*]; **c)** NAUT efectuar o salvamento de [*ship, wreck*]; (for recycling) recuperar.

salvation [sæl'veɪʃn] *n* RELIG salvação *f*; redenção *f*.

Salvation Army [sæl'veɪʃn'ɑ:mɪ] *n* Exército *m* de Salvação.

salve [sælv, sɑ:v] **1** *n* **a)** (lit, fig) (balm) bálsamo *m*; **b)** (comfort) **as a ~ to one's/sb's conscience** para aliviar a sua consciência/a consciência de alg. **2** *vtr* **to ~ one's/sb's conscience** acalmar a sua consciência/a consciência de alg.

salvo ['sælvəʊ] *n* (*pl* **-os /-oes**) MIL (fig) salva *f*.

Samaritan [sə'mærɪt(ə)n] *n* **a)** GEOG, HIST Samaritano *m*; **the good ~** o bom Samaritano; **b)** (organisation) **the ~s** os Samaritanos.

same [seɪm] **1** *adj* **a)** (identical) mesmo; **to be the ~** ser o mesmo; **the result was the ~** o resultado foi o mesmo; **people are all the ~ everywhere** as pessoas são todas iguais; **it's the ~ everywhere** é a mesma coisa em todo o lado; **it is the ~ for sb** é a mesma coisa para alg; **it is the ~ with sb/sth** é o mesmo com alg/algo; **to look the ~** ser parecido; **they all look the ~ to him** para ele são todas iguais; **it was the ~ time last week** foi à mesma hora na semana passada; **~ time, ~ place** (cliché) à mesma hora, no mesmo local; **in the ~ way** (in a similar manner) da mesma maneira (**as que**); (likewise) na mesma; **to do sth (in) the ~ way** that sb else does fazer algo como qualquer outra pessoa faz; **we did it the ~ way as you** fizemos como tu; **to feel the ~ way about** ter os mesmos sentimentos em relação a; **to think the ~ way on sth** pensar da mesma maneira sobre algo; **to go the ~ way (as)...** (lit) seguir o mesmo caminho (que)...; (fig) ter a mesma sorte (que)...; **the ~ thing** a mesma coisa; **it's (all) the ~ thing** é tudo a mesma coisa; **it amounts/comes to the ~ thing** chega tudo ao mesmo; **it's all the ~ to me** é-me completamente indiferente; **if it's all the ~ to you** se te é indiferente; **b)** (as emphasis) mesmo (**as que**); **she works in the ~ firm as I do/as me** ela trabalha na mesma firma que eu; **the ~ one** o/a mesma/a; **on the ~ day** no mesmo dia; **"ready the ~ day"** "pronto no mesmo dia"; **that ~ week** na mesma semana; **later that ~ day** mais tarde nesse mesmo dia; **at the ~ time** (simultaneously) ao mesmo tempo; (as qualifier) ao mesmo tempo; **they are one and the ~ person** eles são iguaizinhos/eles são uma só pessoa; **the every ~** exactamente o mesmo; **the every ~ day that we left** mesmo no dia em que partimos; **c)** (unchanged) mesmo; **it's still the ~ town** é sempre a mesma cidade; **she's not the ~ person** ela não é a mesma pessoa; **she still the ~** ela continua a ser a mesma; **things are just the ~ (as before)** nada mudou; **he's the ~ as ever** ele é sempre o mesmo; **she's much the ~** ela não mudou muito; **to remain/stay the ~** não mudar; **things can't stay the ~ forever** (cliché) nada é imutável; **things were never the ~ again** nada voltou a ser como antes; **life wouldn't be the ~ without...** a vida não seria a mesma sem...; **(the) ~ old routine/excuse/clothes** (often pej) sempre a mesma rotina/as mesmas desculpas/roupas; **~ old John, always late!** é sempre o mesmo John, sempre atrasado!. **2** *adv* [*act, speak, dress*] da mesma maneira; **to feel the ~ (as sb)** pensar como alg; **to feel the ~ about** ter os mesmos sentimentos em relação a; **life goes on just the ~** a vida continua na mesma sempre; **I**

love you just the ~ (cliché) amo-te na mesma/ sempre. **3** *pron* **a)** (gen) (the identical thing) a mesma coisa (**as que**); **I'll have the ~ (as you)** eu tomo a mesma coisa (que tu); **I've found the ~** eu constatei a mesma coisa; **the ~ applies to/ goes for...** (coll) é o mesmo para...; **to do/say the ~** fazer/dizer o mesmo (**to** a); **to say the ~ about sb/sth** dizer o mesmo de alg/algo; **the ~ cannot be said of...** não se pode dizer o mesmo de...; **to do the ~ as sb** fazer como alg; **to do the ~ for sb** fazer o mesmo por alg; **the ~ to you!** (in greeting) para ti também!; **b)** **the ~** JUR aquele; **are you Joan X? — the ~** (formal *or* hum) é a Joan X? — eu mesma!/a própria; **c)** ACCTS, COMM o/a mesmo/a; **"to installing ~"** "instalação do mesmo". **4 the ~ as** *prep phr* **to be the ~ as sth** ser como algo; **to be the ~ as that/those which...** ser aquele/aqueles que...; **a bag, the ~ as the one I lost** um saco, como aquele que eu perdi; **she's wearing a ring — the ~ as yours** ela traz um anel — igual ao teu; **my views are the ~ as they always were** as minhas opiniões não mudaram; **it is the ~ as doing** é o mesmo que fazer; **one wine is the ~ as another to him** para ele as vinhas são todas iguais. **5 all the ~, just the ~** *adv phr* na mesma, do mesmo lado, mesmo assim, apesar de tudo; **all the ~...** apesar de tudo...; **thanks all the ~** obrigado na mesma.

sameness ['seɪmnɪs] *n* (pej) (lack of variety) monotonia *f*.

sample ['sɑ:mpl] **1** *n* **a)** (typical example) amostra *f*; modelo *m*; exemplo *m*; (of carpet, cloth) amostra *f*; **blood ~** amostra *f* de sangue; **soil ~** amostra de terra; **b)** (of population) amostra *f*; **limited/representative ~** grupo *m* restrito/representativo. **2** *modif* [*bottle, pack, tile*] amostra *inv*; (specimen) [*exam, questions, record, video*] modelo, tipo *inv*. **3** *vtr* **a)** (experience) provar [*food, dish*]; **to ~ the delights of Paris** provar os prazeres de Paris; **b)** testar [*products*]; sondar [*opinion, market*].

sanatorium [sænə'tɔ:rɪəm] *n* GB **a)** (clinic) sanatório *m*; **b)** (in boarding school) enfermaria *f*.

sanctify ['sæŋktɪfaɪ] *vtr* santificar.

sanctimonious [sæŋktɪ'məʊnɪəs] *adj* (pej) hipócrita.

sanctimoniously [sæŋktɪ'məʊnɪəslɪ] *adv* [*say*] hipocritamente.

sanction ['sæŋkʃn] **1** *n* **a)** (permission) autorização *f*; (approval) sanção *f*; **b)** JUR (deterrent) sanção *f* (**against** contra); **legal ~** sanção *f* penal. **2** *vtr* (give permission for) autorizar [*deal, factory closure*]; (approve) sancionar [*price increase, food aid*].

sanctity ['sæŋktɪtɪ] *n* **a)** (of life, law) inviolabilidade *f*; **b)** RELIG santidade *f*.

sanctuary ['sæŋktʃʊərɪ] *n* **a)** (safe place) refúgio *m*; **a place of ~** um refúgio; **to take ~** encontrar asilo; **b)** (holy place) santuário *m*; **c)** (for wildlife) reserva *f*; (for mistreated pets) refúgio *m*.

sanctum ['sæŋktəm] *n* **a)** (private place) refúgio *m*; retiro *m*; **his inner ~** o seu local de retiro; **b)** **the (inner) ~** RELIG (gen: holy place) o santuário.

sand [sænd] **1** *n* **a)** (fine grit) areia *f*; **fine/coarse**

~ areia fina/grossa; **b)** (coll) US (courage) coragem *f*. **2 sands** *npl* **a)** (beach) praia *f*; **b)** (desert) areias *fpl*. **3** *vtr* (smooth) (*also* ~ **down**) lixar [*woodwork*]. IDIOMAS **to stick** *or* **bury one's head in the** ~ enfiar a cabeça na areia; (fig) praticar a política da avestruz.
sandal ['sændl] *n* sandália *f*.
sandbag ['sændbæg] **1** *n* (lit) MIL saco *m* de areia. **2** *vtr* (*pres p etc* -**gg**-) **a)** (protect) (against gunfire or flood) proteger com sacos de areia [*position, doorway*]; **b)** (fig) (bully) persuadir por meios violentos [*person*]; **to** ~ **sb into doing** obrigar alguém a fazer.
sandbank *n* banco *m* de areia.
sandblast ['sændbla:st] *vtr* limpar qq coisa com jacto de areia.
sand dune *n* duna *f*.
sander ['sændə(r)] *n* lixadeira *f* mecânica.
sandpaper ['sændpeɪpə(r)] **1** *n* lixa *f*. **2** *vtr* lixar [*plaster, wood*]; polir [*glass, metal*].
sandpit ['sændpɪt] *n* (for children) caixa *f* de areia.
sandstone ['sændstəʊn] **1** *n* grés *f*. **2** *modif* [*building, façade*] de grés.
sandstorm *n* tempestade *f* de areia.
sandwich ['sændwɪdʒ, 'sændwɪtʃ] **1** *n* **a)** (bread with filling) sanduíche *f*; sande *f*; **cheese** ~ sanduíche *f* de queijo; **b)** GB (cake) massa *f* de bolos. **2** *vtr* (squeeze) **to be ~ed between** [*car, building, person*] ficar metido entre; (to be stuck) ficar preso entre; **her talk was ~ed between two meetings** o discurso dela foi inserido entre duas reuniões.
sandy ['sændɪ] *adj* **a)** GEOL [*beach*] de areia; [*path, soil*] arenoso; **b)** (yellowish) [*hair*] arruivado; [*colour*] cor de areia.
sane [seɪn] *adj* **a)** (not mad) [*person*] são do juízo, ajuizado; **it's the only thing that keeps me** ~ é a única coisa que me impede de enlouquecer; **b)** (reasonable) [*policy, judgement*] sensato.
sanely ['seɪnlɪ] *adv* **a)** (not madly) [*behave*] ajuizadamente, como uma pessoa sã de espírito; **b)** (wisely) [*judge, decide*] sensatamente.
sanguine ['sæŋgwɪn] (formal) *adj* (hopeful) [*person, remark*] optimista, confiante (**about** acerca de); **to take a** ~ **view** ver as coisas com optimismo.
sanitary ['sænɪtərɪ] *adj* **a)** (to do with toilets, hygiene) [*facilities, installations*] sanitário; **b)** (hygienic) higiénico; (clean) limpo.
sanitary towel GB, **sanitary napkin** US *n* penso *m* higiénico.
sanitation [sænɪ'teɪʃn] *n* (toilets) instalações *fpl* sanitárias.
sanity ['sænɪtɪ] *n* **a)** (mental health) equilíbrio *m* mental; **to keep/preserve one's** ~ manter a sanidade mental; **b)** (good sense) bom senso *m*; ~ **prevailed** o bom senso prevaleceu.
sank [sæŋk] *vi* (past) see **sink**.
Santa Claus, Santa ['sæntə'klɔːz] *n* Pai Natal *m*.
sap [sæp] **1** *n* seiva *f*; **in spring the** ~ **rises** (fig) a Primavera é a estação dos apaixonados. **2** *vtr* (weaken) enfraquecer [*strength, courage, confidence*].
sapling ['sæplɪŋ] *n* árvore *f* nova.
sapper ['sæpə(r)] *n* GB MIL sapador *m*.

sapphire ['sæfaɪə(r)] **1** *n* **a)** (stone) safira *f*; **b)** (colour) azul *m* safira. **2** *adj* (colour) azul safira.
sarcasm ['sɑ:kæzəm] *n* sarcasmo *m*.
sarcastic [sɑ:'kæstɪk] *adj* sarcástico.
sarcastically [sɑ:'kæstɪkəlɪ] *adv* [*say, comment*] sarcasticamente.
sardine [sɑ:'di:n] *n* ZOOL, CULIN sardinha *f*.
Sardinia [sɑ:'dɪnɪə] *npr* Sardenha *f*.
Sardinian [sɑ:'dɪnɪən] **1** *n* **a)** (person) sardo *m*; sardenho *m*; **b)** (language) sardo *m*. **2** *adj* sardo, sardenho.
sardonic [sɑ:'dɒnɪk] *adj* [*laugh, look*] sardónico; [*person, remark*] sarcástico, amargo.
sari ['sɑ:rɪ] *n* sari *m*.
sarong [sə'rɒŋ] *n* sarongue *m*.
sash [sæʃ] *n* **a)** (round waist) cinta *f* (em tecido); (ceremonial) faixa *f*; **b)** (window frame) caixilho *m* de janela de guilhotina *m*.
sash window *n* janela *f* de guilhotina.
sat [sæt] *past, pp* see **sit**.
Sat *abrev* = **Saturday**.
Satan ['seɪtən] *adj* [*rites, pride, smile*] satânico.
satchel ['sætʃ(ə)l] *n* mochila *f* escolar.
sate [seɪt] *vtr* satisfazer [*appetite*].
satellite ['sætəlaɪt] **1** *n* satélite *m*. **2** *modif* [*broadcasting, link, transmission*] por satélite; [*town, computer, terminal*] satélite.
satellite dish *n* antena *f* parabólica.
satiate ['seɪʃɪeɪt] **1** *vtr* saciar [*person*]; satisfazer [*appetite, desire*]. **2** *pp adj* [*person*] saciado, cheio; [*appetite*] satisfeito.
satiety [sə'taɪɪtɪ] *n* saciedade *f*.
satin ['sætɪn] **1** *n* cetim *m*. **2** *modif* [*blouse, shoe*] de cetim; (of paper, paint) **to have a** ~ **finish** ser acetinado.
satire ['sætaɪə(r)] *n* sátira *f* (**on** sobre).
satiric(al) [sə'tɪrɪkl] *adj* satírico.
satirise ['sætɪraɪz] *vtr* satirizar.
satirist ['sætərɪst] *n* satirista *m/f*.
satisfaction [sætɪs'fækʃn] *n* **a)** (pleasure) satisfação *f*; **they expressed** ~ **with their purchases** eles mostraram-se satisfeitos com as compras que fizeram; **to get/to derive** ~ **from sth/from doing sth** obter satisfação com algo/sentir satisfação em fazer algo; **if it gives you any** ~, **she has been fired** se te agrada saber, ela foi despedida; **he felt he had done the work to his own** ~ ele ficou satisfeito com o trabalho que fez; **the conclusions were to everybody's** ~ as conclusões agradaram a todos; **b)** (fulfilment) satisfação *f*; **the** ~ **of doing sth** a satisfação de fazer algo; **c)** (compensation) compensação *f*; (apology) reparação *f*; **to obtain** ~ **for sth** obter reparação por algo.
satisfactory [sætɪs'fæktərɪ] *adj* [*explanation, progress, arrangement*] satisfatório; **the solution is less than** ~ a solução está longe de ser satisfatória; **his work is not very/far from** ~ SCOL o trabalho dele não é/está longe de ser satisfatório; **her condition was (said to be)** ~ o estado dela foi considerado satisfatório.
satisfied ['sætɪsfaɪd] *adj* **a)** (pleased) satisfeito (**with sth** com qq coisa; **about sth** com qq coisa); **not** ~ **with winning the match, they went on to win the cup** não contentes por terem ganho o desafio, eles também levaram a taça; **now are you** ~? (said angrily) estás satisfeito, agora?; **b)** (convinced) convencido (**by** por).

satisfy ['sætɪsfaɪ] **1** *vtr* **a)** (fulfil) satisfazer [*need, wants, desires, curiosity*]; satisfazer [*customers*]; saciar [*hunger*]; (lit, fig) saciar [*burning desire, curiosity*]; dar satisfação a [*consumer demands*]; **b)** (persuade, convince) convencer [*critics, police, public opinion*]; **to ~ oneself that...** convencer-se que...; **c)** (meet) estar de acordo com [*criteria*]; estar conforme com [*definition*]. **2** *vi* **the food tastes good but it doesn't ~** a comida é boa mas não enche a barriga.

satisfying ['sætɪsfaɪŋ] *adj* **a)** [*diet*] nutritivo; [*meal*] substancial; **b)** (rewarding) [*job*] compensador; [*life*] preenchido; [*relationship*] feliz.

satsuma ['sætsʊmə] *n* satsuma *f*.

saturate ['sætʃəreɪt,-tjʊreɪt] *vtr* **a)** (gen) (soak) ensopar, encharcar (**with** de); (fig) saturar (**with** de); **b)** CHEM saturar.

saturated ['sætʃəreɪtɪd] *adj* **a)** (gen) [*person, clothes*] ensopado; [*soil, ground*] encharcado; (fig) cheio, saturado (**with** de); **b)** CHEM saturado.

saturation [sætʃəˈreɪʃ(ə)n, -tjʊˈreɪʃ(ə)n] **1** *n* saturação *f*. **2** *modif* **a)** ADVERTG [*campaign, coverage, marketing*] de saturação; **b)** ~ **bombing** MIL bombardeamento *m* intensivo.

saturation point *n* ponto *m* de saturação.

Saturday ['sætədeɪ, 'sætədɪ] *n* sábado *m*; **he has a ~ job** GB ele faz um biscate ao sábado (fam); ele tem um trabalho extra ao sábado.

Saturn ['sætən] *pr n* MYTHOL, ASTRON Saturno *m*.

saturnine ['sætənaɪn] *adj* [*person, voice*] sombrio, sinistro.

sauce [sɔːs] **1** *n* **a)** CULIN molho *m*; **pepper ~** molho *m* de pimenta; **b)** (coll, dated) (impudence) descaramento *m*; desaforo *m* (fam). **2** *vtr* ser insolente com. **IDIOMAS** (**what's**) **~ for the goose (is ~ for gander)** todos têm os mesmos direitos.

sauceboat *n* molheira *f*.

saucepan ['sɔːspən] *n* caçarola *f*.

saucer ['sɔːsə(r)] *n* pires *m*.

saucily ['sɔːsɪlɪ] *adv* insolentemente, com atrevimento.

saucy ['sɔːsɪ] (dated) *adj* **a)** [*person*] (impudent) atrevido; **b)** (sexually suggestive) malicioso; **c)** [*hat, dress, etc*] provocante.

Saudi ['saʊdɪ] **1** *n* saudita *m*. **2** *adj* saudita.

Saudi Arabia *pr n* Arábia *f* Saudita.

sauerkraut ['saʊəkraʊt] *n* chucrute *f*.

sauna ['sɔːnə] *n* sauna *f*.

saunter ['sɔːntə(r)] **1** *n* (stroll) passeio *m* pequeno; **to go for a ~** ir dar um pequeno passeio. **2** *vi* (*also* ~ **along**) andar vagarosamente; **to ~ off/in/out** afastar-se/entrar/sair com passo vagaroso.

sausage ['sɒsɪdʒ] *n* (small) salsicha *f*; (large) salsichão *m*.

sausage: ~ **meat** *n* recheio *m* de salsicha; ~ **roll** *n* folhado *m* de salsicha.

sauté ['səʊteɪ] CULIN **1** *adj* (*also* ~(e)d) salteado. **2** *vtr* saltear.

savage ['sævɪdʒ] **1** *n* (also pej) selvagem *m/f*. **2** *adj* [*kick, blow, beating*] violento; [*attack*] selvagem; [*gunfire, riots*] brutal; [*temper*] violento; [*mood*] furioso; [*criticism, book review*] virulento; [*satire, joke*] feroz. **3** *vtr* (attack physically)

[*dog*] atacar selvaticamente [*person, animal*]; [*lion*] despedaçar [*person, animal*].

savagery ['sævɪdʒrɪ] *n* (of war, primitive people) barbárie *f*; (of attack) (physical) selvajaria *f*; brutalidade *f*; (verbal) ferocidade *f*.

save [seɪv] **1** *n* **a)** SPORT defesa *f*; **b)** COMPUT .armazena.. **2** *vtr* **a)** (rescue) salvar [*person, building, environment, job, film, relationship*] (**from** de); **to ~ sb's sight/leg** salvar a visão/perna de alg; **to ~ sb/sth from doing** impedir alg/algo de fazer; **to ~ sb from himself** proteger alg contra si mesmo; **to ~ sb's life** (lit, fig) salvar a vida de alg; **he can't swim/speak German to ~ his life!** ele é absolutamente incapaz de nadar/falar alemão!; **to ~ the day/the situation** salvar a situação (**by doing** ao fazer); **b)** (put by) pôr (qq coisa) de lado [*money, food*] (**to do** para fazer); guardar [*goods, documents*] (**for** para); **to have money ~d** ter dinheiro de lado; **to ~ sth for sb, to ~ sb sth** guardar algo para alg; **to ~ a dance/an evening for sb** reservar uma dança/uma noite para alg; **to ~ oneself** (fig, also iron) guardar-se (**for** para); **c)** (avoid loss, waste effort) economizar [*money, fuel, energy, water*] (**by doing** ao fazer); ganhar [*time, space*] (**by doing** ao fazer); **to ~ one's energy/voice** poupar as suas forças/a sua voz; **to ~ sb sth** poupar algo a alg [*money, trouble, effort*]; fazer ganhar qq coisa a alg [*time*]; **to ~ oneself money** economizar dinheiro; **to ~ oneself time** poupar tempo; **to ~ oneself trouble/a journey** evitar problemas/uma viagem; **to ~ doing** não precisar de fazer; **d)** SPORT defender [*goal, penalty*]; **e)** RELIG salvar [*soul, mankind*] (**from** de); **f)** COMPUT salvaguardar [*file, data*] (**on/to** sobre); **g)** (collect) coleccionar. **3** *vi* **a)** (put by funds) **to ~ (up)** fazer economias (**to do** para fazer); **to ~ (up) for/towards sth** fazer economias para comprar coisas; **b)** (economize) economizar, fazer economias; **to ~ on** fazer economia de [*energy, petrol, paper, heating*]. **4** *prep* salvo, excepto; ~ **for** à excepção de (liter); ~ **that** a não ser que. IDIOMAS **to ~ face** salvar a casa. ■ **save up**: ~ (**sth**) **up,** ~ **up** (**sth**) pôr (qq coisa) de lado [*money*] (**to do** para fazer).

saver ['seɪvər] *n* economizador *m*.

saving ['seɪvɪŋ] **1** *n* **a)** (reduction) economia *f* (**in** de; **on** sobre, em); **to make ~s** fazer economias; **b)** (*pl* **savings**) FIN, POST economias *fpl*; **to lose one's life ~s** perder todas as suas economias; **to live off one's ~s** viver das suas economias; **c)** ECON, FIN (activity) poupança *f*; **d)** (conservation) economia *f*; **energy ~** economias *fpl* de energia. **2** ~ (*in compounds*) **energy-** que reduz o consumo de energia.

saving grace *n* lado bom *m*; **it's one of his ~s** é o que o salva/é o que ele tem de bom.

saviour GB, **savior** US ['seɪvjə(r)] *n* salvador *m*.

savoir-faire [sævwɑːˈfeə(r)] *n* "savoir-faire" *m*; habilidade *f*.

savor US see **savour.**

savory ['seɪvərɪ] **1** *n* **a)** (herb) segurelha *f*; **b)** US see **savoury. 2** *adj* US see **savoury.**

savour GB, **savor** US ['seɪvə(r)] **1** *n* **a)** (lit) sabor *m*; **b)** (fig) gosto *m*; **life has lost its ~ for her** ela perdeu o gosto pela vida. **2** *vtr* (lit, fig) saborear. **3** *vi* **to ~ of** cheirar a.

savoury GB, **savory** US ['seɪvərɪ] **1** *n* (pie, plan, stew) prato *m* salgado; (after dessert) canapé *m* (fatias de pão barradas). **2** *adj* **a**) CULIN (not sweet) salgado; (appetising) apetitoso; **b**) (pleasant) [*dish*] saboroso; [*person, district, club*] recomendável; **it's not a very ~ neighbourhood** não é um quarteirão muito bem afamado.

Savoy [sə'vɔːɪ] **1** *pr n* Sabóia *f*. **2** *modif* [*cuisine, wines*] de Sabóia.

savoy cabbage *n* couve *f* lombarda.

saw [sɔː] **1** *past* see **see**. **2** *n* **a**) (tool) serra *f*; serrote *m*; **electric ~** serra eléctrica; **power ~** serra mecânica; **b**) (arch) adágio *m*; **an old ~** um velho adágio. **3** *vtr* (*past* sawed) (*pp* sawn) **~ed** US serrar; **to ~ through** serrar [*bar, log*]; **to ~ sth in half** serrar algo em dois. ▪ **saw down: to ~ down (sth), to ~ (sth) down** serrar qq coisa. ▪ **saw off: to ~ off (sth), to ~ (sth) off** cortar qq coisa com serra. ▪ **saw up: to ~ up (sth), to ~ (sth) up** cortar em pedaços com serra.

saw: **~dust** *n* serradura *f*; **~fish** *n* peixe-serra *m*; **~mill** *n* serração *f*; **sawn-off** *adj* GB [*gun, shotgun*] de canos serrados.

sax [sæks] *n* (*pl* **-es**) abrev = **saxophone** saxofone *m*.

Saxon ['sæksn] **1** *pr n* **a**) (person) saxão *m*; **b**) (language) saxão *m*. **2** *adj* saxão, saxónio.

saxophone ['sæksəfəʊn] *n* saxofone *m*.

saxophonist [sæk'sɒfənɪst] *n* saxofonista *m/f*.

say [seɪ] **1** *n* **to have one's ~** ter uma palavra a dizer; **to have no ~ in sth** não ter nada a dizer sobre qq coisa. **2** *vtr* (*past, pp* said) **a**) [*person*] dizer [*words, line, prayer, goodbye, yes, no*] (**to sb** a alguém); **to ~ (that)** dizer que; **she ~s he's ill** ela diz que ele está doente; **so they ~** (agreeing) é o que dizem; **so to ~** por assim dizer; **as you ~...** como quiseres...; **as they ~** como dizem ou como se costuma dizer; **to ~ sth on a subject** dizer qq coisa sobre um assunto; **she'll have something to ~ about that!** ela terá uma palavra a dizer sobre isso!; **what would you ~ to a little walk?** que dirias a dar um passeio?; (coll) **what (do you) ~ we eat now?** e se comêssemos agora?; **that's for the committee to ~** cabe ao comité decidir; (coll) **you said it!** foste tu que disseste!; **well said** muito bem (dito)!; (coll) **~ no more!** não digas mais!; **there's no more to be said** não há mais nada a dizer; **it goes without ~ing that** nem é preciso dizer que; **don't ~ I didn't warn you!** não digas que não te avisei!; **that is to ~** isto é; **that's not to ~ that** isto não quer dizer que; **displeased, not to ~ furious** desagradado, para não dizer furioso; **it seems rather expensive, I must ~** isto parece-me bastante caro, devo dizer; (coll) **that isn't ~ing much** isto não quer dizer lá grande coisa (fam); **b**) [*writer, book, letter, map*] dizer; [*painter, painting, music*] exprimir; [*sign, poster, dial*] indicar; [*gesture, signal*] significar; **c**) (guess) dizer (**that** que); **that's impossible to ~** isso é impossível de dizer; **how high would you ~ it is?** na tua opinião, qual é a altura?; **d**) (assume) **to ~ (that)** supor que; **let's ~ there are 20** suponhamos que há 20. **3** *vi* **stop when I ~** pára quando eu disser; **you don't ~!** (also iron) não me digas!; (coll) **~s who?, who ~s?**

ai, sim? quem é que diz isso?. **4** *adv* suponhamos, digamos; **you'll need, ~, £ 50 for petrol** necessitarás de digamos 50 libras para gasolina. **5** *excl* US diz lá!. **IDIOMAS when all is said and done** no final; **there's a lot to be said for that method** há muito para dizer em favor desse método.

saying ['seɪɪŋ] *n* ditado *m*; provérbio *m*; **as the ~ goes** como diz o ditado.

say-so ['seɪsəʊ] (coll) *n* autorização *f*.

scab [skæb] *n* **a**) (crust) crosta *f*; **b**) BOT, VET sarna *f*; **c**) (coll) (strikebreaker) (pej) fura-greves *m/f*.

scabbard ['skæbəd] *n* bainha *f* (de espada), estojo *m*.

scabies ['skeɪbiːz] *n* sarna *f*.

scaffold ['skæfəʊld] **1** *n* **a**) (gallows) cadafalso *m*; **b**) CONSTR andaime *m*. **2** *vtr* pôr andaimes à volta de [*building*].

scaffolding ['skæfəʊldɪŋ] *n* andaime *m*.

scald [skɔːld, skɒld] **1** *n* queimadura *f*. **2** *vtr* **a**) (burn) queimar [*person*]; **b**) (heat) escaldar [*fruit, vegetable*]; **c**) (sterilize) esterilizar com água a ferver [*jar*]; **d**) (nearly boil) aquecer PO/ esquentar BR quase ao ponto de ebulição [*milk*]. **3** *v refl* **to ~ oneself** queimar-se. **IDIOMAS to run off like a ~ed cat** fugir como gato escaldado.

scale [skeɪl] **1** *n* **a**) (extent, scope) (of disaster) extensão *f*; (of production, immigration) nível *m*; (of problem) envergadura *f*; **the ~ of change** o grau de transformação; **on a large/small ~** em larga/pequena escala; **b**) (grading system) escala *f*; **pay/salary ~** escala *f* dos salários; **the pupils are graded on a ~ of 1 to 10** os alunos são classificados numa escala de 1 a 10; **c**) (for maps, models) escala *f*; **on a ~ of 2 km to 1 cm** numa escala de 1 cm para 2 km; **d**) (on thermometer, gauge, etc) graduação *f*; **e**) US (for weighing) see **~s**; **f**) MUS escala *f*; **g**) ZOOL (on fish, insect) escama *f*; **h**) (deposit) (in kettle, pipes) (depósito *m*) calcário *m*; (on teeth) tártaro *m*. **2 scales** *npl* balança *f*. **3** *vtr* escalar [*wall, peak, tower*]. ▪ **scale down: to ~ (sth) down, ~ down (sth)** reduzir a escala de [*drawing, map*]; diminuir [*production*]; reduzir [*expenditure*].

scallop, scollop ['skæləp, 'skɒləp] **1** *n* **a**) ZOOL vieira *f*; **b**) CULIN concha *f* de vieira; **c**) SEWING festão *m*. **2** *vtr* **a**) SEWING ornar com recorte [*border*]; **b**) CULIN servir em concha de vieira [*seafood*]; **~ed potatoes** puré apresentado com uma decoração em recortes.

scalp [skælp] **1** *n* **a**) BIOL couro *m* cabeludo; **b**) (fig) (trophy) escalpe *m*; **he's after my ~** (coll) ele quer a minha pele. **2** *vtr* **a**) MED escalpar; **b**) (coll) (defeat) derrotar; **c**) (coll) US (tout) vender no mercado negro [*tickets*].

scaly ['skeɪlɪ] *adj* [*wing, fish, skin, fruit*] escamoso, cheio de escamas; [*plaster, wall*] escamado.

scampi ['skæmpɪ] *npl* (fresh) lagostins *mpl*.

scan [sk'æn] **1** *n* **a**) MED (Cat scan) exame *m* minucioso para detectar uma doença; (ultra-sound scan) ecografia *f*; **b**) (radar, TV) passagem *f* rápida de instrumento para exploração de área. **2** *vtr* (*pres p etc* **-nn-**) **a**) (cast eyes over) correr os olhos por [*list, small ads*]; **b**) (examine) pers-

crutar [*face, horizon*]; **c**) [*beam of light, radar, etc*] sondar, explorar [*area*]; **d**) MED fazer um exame atento de [*organ*]; **e**) LITERAT escandir, medir versos. **3** *vi* LITERAT ter medida exacta.
scandal ['skændl] *n* **a**) (incident, outcry) escândalo *m*; **b**) (gossip) mexericos *mpl*; (shocking stories) histórias *fpl* escandalosas.
scandalize ['skændəlaɪz] *vtr* (shock) escandalizar (**by doing** por fazer).
scandalous ['skændələs] *adj* escandaloso.
Scandinavia [skændɪ'neɪvɪə] *pr n* Escandinávia *f.*
scanner ['skænə(r)] *n* **a**) MED (Cat scanner) máquina *f* usada num hospital para detectar doenças; **b**) (for bar codes, electronic data, etc) leitor óptico *m*.
scant [skænt] *adj* [*concern, coverage*] insuficiente; [*chair*] ralo, escasso; [*credit*] reduzido; **to show ~ regard for sth** mostrar pouca consideração por algo.
scantily ['skæntɪlɪ] *adv* insuficientemente; ~ **clad/dressed** semi nu.
scanty ['skæntɪ] *adj* [*meal, report, supply*] insuficiente; [*information*] sumário; [*knowledge*] rudimentar.
scapegoat ['skeɪpgəʊt] *n* bode *m* expiatório (**for** de).
scar [skɑː(r)] **1** *n* **a**) (lit, fig) cicatriz *f*; **b**) (crag) rochedo *m* escarpado. **2** *vtr* (physically, psychologically) marcar, deixar cicatrizes; (fig) desfigurar [*landscape*]; **the accident ~red him for life** o acidente marcou-o para sempre. **3** *vi* (*also* ~ **over**) cicatrizar.
scarce [skeəs] *adj* **a**) (rare) raro; **b**) (insufficient) [*funds, information, resources*] limitado; **to become ~** tornar-se raro. IDIOMAS **to make oneself ~** (coll) desaparecer, eclipsar-se.
scarcely ['skeəslɪ] *adv* **a**) (hardly) [*credible, noticeable*] dificilmente; [*bother, matter, move*] quase não; ~ **a week passes without...** não passa uma semana sem que...; ~ **anybody** quase ninguém; ~ **any** praticamente nenhuma; ~ **at all/ever** quase nada/nunca; **b**) (only just) apenas; **c**) (certainly not) (iron) certamente que não; **I can ~ accuse him** eu dificilmente o posso acusar.
scarcity ['skeəsɪtɪ] *n* **a**) (dearth) penúria *f* (**of** de); **b**) (rarity) escassez *f*; raridade *f* (**of** de); ~ **value** valor de raridade.
scare [skeə(r9] **1** *n* **a**) (fright) susto *m*; pânico *m*; **to give sb a ~** meter medo a alg; **b**) (alert) alerta *f*; **bomb/security ~** alerta *f* à bomba/à segurança; **c**) (alarmist rumour) alarmismo *m* (**surrounding** à volta de); **food ~** pânico *f* alimentar. **2** *vtr* fazer medo a, assustar [*animal, person*]; **to ~ sb into doing sth** forçar alg a fazer algo (por intimidação); **to ~ sb stiff/stupid** estarrecer alg de medo. **3** *vi* **he ~s easily** ele assusta-se facilmente. ■ **scare away, scare off**: ~ **away (sth/sb),** ~ **sth/sb away a**) (deter) afugentar [*burglars, investors, customers*]; **b**) (drive way) fazer fugir [*animal, attacker*].
scarecrow ['skeəkrəʊ] *n* (lit) espantalho *m*.
scared [skeəd] *adj* (frightened) [*animal, person*] assustado; [*look*] apavorado; **to be/feel ~** estar com medo/assustado; **to be ~ about sth** temer qq coisa; **to be ~ stiff/stupid sth/doing sth** ter um medo terrível de algo/de fazer algo.

scarf [skɑːf] *n* (*pl* **scarves**) **a**) (long) cachecol *m*; xaile *m* Po, xale *m* BR; **b**) (square) lenço *m* (para o pescoço).
scarlet ['skɑːlɪt] **1** *n* **a**) (colour) escarlate *m*; **b**) (cloth) RELIG púrpura *f.* **2** *adj* escarlate.
scarlet fever *n* escarlatina *f.*
scarp [skɑːp] *n* escarpa *f.*
scarper ['skɑːpə(r)] (coll) *vi* GB esgueirar-se, escapar, fugir.
scary (coll) ['skeərɪ] *adj* **a**) (inspiring fear) assustador (*after n*); **b**) (causing distress) [*experience, moment, situation*] angustiante.
scathing ['skeɪðɪŋ] *adj* [*remark, report, tone, wit*] severo; [*criticism*] virulento; [*look*] duro.
scatter ['skætə(r)] **1** *n* (of houses, papers) dispersão *f* (**of** de). **2** *vtr* **a**) (throw around) (*also* ~ **round,** ~ **about**) espalhar [*seeds, books, papers, etc*]; **to be ~ed around** *or* **about** [*people, islands, books, etc*] estar espalhado; **to be ~ed with sth** estar juncado de qq coisa; **b**) (cause to disperse) dispersar [*crowd, animals*]. **3** *vi* [*people, animals*] dispersar-se.
scatter-brained *n* [*person*] desmiolado.
scattered ['skætəd] *adj* **a**) (gen) [*houses, population, clouds*] disperso; [*books, litter*] espalhado; **b**) ~ **showers** METEOROL aguaceiros *mpl* dispersos.
scatty ['skætɪ] *adj* tolo, maluco PO, biruta, encucado BR.
scavenge ['skævɪndʒ] **1** *vtr* **a**) [*food, scrap metal*] procurar (no lixo para utilizar) (**from** em/de); **b**) (fig) solicitar [*funds, subsidies*]. **2** *vi* **to ~ in/through the dustbins for sth** [*person*] remexer os caixotes do lixo à procura de algo; [*dog*] rebuscar os caixotes do lixo à procura de algo.
scavenger ['skævɪndʒə(r)] *n* **a**) (for food) pessoa que procura comida nos caixotes do lixo; **b**) (animal) animal *m* necrófago.
scenario [sɪ'nɑːrɪəʊ, -'neərɪəʊ] *n* CIN (fig) cenário *m*.
scene [siːn] **a**) (in play, film) cena *f*; **the ~ is set in a Scottish town** a cena passa-se numa cidade escocesa; **b**) (sequence from film) cena *f*; **c**) (location) **these streets have been the ~ of violent fighting** estas ruas foram o cenário de lutas violentas; **to come on the ~** (police, ambulance) chegar ao local; (fig) chegar; **d**) (sphere, field) cena *f*; **the fashion ~** o mundo da moda; **it's not my ~** não é o meu género; **e**) (emotional incident) cena *f*; **there were chaotic ~s in parliament** houve cenas caóticas no parlamento; **f**) (image) imagem *f*; (happening) cena *f.*
scenery ['siːnərɪ] *n* **a**) (landscape) paisagem *f*; **b**) THEAT cenário *m*.
scenic ['siːnɪk] *adj* [*drive, route, walk*] panorâmico; [*location, countryside*] pitoresco.
scent [sent] **1** *n* **a**) (smell) odor *m*; perfume *m*; aroma *f*; **b**) (body smell) (of animal) HUNT pista *f*; rasto *m*; **to pick up the ~** (lit, fig) encontrar o rasto; **to be (hot) on the ~ of sth/sb** estar no encalço de algo/alg. **2** *vtr* **a**) (smell) (lit) farejar [*prey, animal*]; (fig) pressentir [*danger, trouble*]; **b**) (perfume) [*incense, flower*] perfumar [*air, room*]. ■ **scent out**: ~ **(sth) out,** ~ **out (sth)** (lit, fig) farejar (qq coisa).
scented ['sentɪd] *adj* [*soap, paper, flower, tree*] perfumado; ~ (*in compounds*) (with scent added) com perfume de.

sceptic GB, **skeptik** US ['skeptɪk] *n* céptico *m*.
sceptical GB, **skeptical** US ['skeptɪkl] *adj* céptico (**about, of** em relação a).
sceptically GB, **skeptically** US ['skeptɪkəlɪ] *adv* cepticamente, com cepticismo.
scepticism GB, **skepticism** US ['skeptɪsɪzm] *n* cepticismo *m* (**about** em relação a).
schedule ['ʃedjuːl, 'skedjuːl] **1** *n* **a)** ADMIN, COMM, CONSTR (projected plan) previsões *fpl*; programa *m*; **to be ahead of/behind** ~ estar adiantado/em atraso em relação às previsões; **to work to a tight** ~ trabalhar segundo um programa rígido; **do draw up/make out a** ~ estabelecer um programa; **a** ~ **of events** um calendário; **b)** (of appointments) agenda *f*; programa *m*; **to fit sb/sth into one's** ~ integrar alg/algo no seu programa; **c)** TV programação *f*; **d)** TRANSP (timetable) horário *m*; **to arrive on/ahead of/behind** ~ chegar à hora/antes da hora/atrasado; **e)** (list) COMM, JUR (of prices, charges) tabela *f*; (of repayments) relação *f*; (of contents, listed buildings) inventário *m*; (to a contract) anexo *m*; **as per the attached** ~ conforme lista anexa. **2** *vtr* **a)** (plan) prever (**for** para); (arrange) programar (**for** para); **the plane is ~d to arrive at 2,00** o avião é esperado às 2 horas; **the station is ~d for completion in 1997** a estação deve estar terminada em 1997; **b)** ARCHEOL, TOURISM (list) inventariar [*building, site*].
scheme [skiːm] **1** *n* **a)** (systematic plan) plano, sistema *m* (**to do** para fazer); ADMIN sistema *m*; **a** ~ **for sth** um plano para qq coisa; **a** ~ **for doing sth** um plano para fazer qq coisa; **employees under this** ~ **will earn more** os empregados envolvidos neste sistema ganharão mais; ~ **of work** plano *m* de trabalho; **b)** (often pej) (impractical idea) ideia *f*; plano *m*; **c)** (plot) plano *m* (**to do** para fazer); **d)** (décor) combinação *f*. **2** *vi* fazer planos, conspirar, tramar PO, aprontar BR (**to do** para fazer; **against sb** contra alg). IDIOMAS **in the** ~ **of things** no estado actual das coisa; **in this** ~ **of things** nesta óptica.
scheming ['skiːmɪŋ] **1** *n* maquinação *f* (*usually pl*). **2** *adj* intrigante.
schizophrenic [skɪtsəfrenɪk] **1** *n* esquizofrénico *m*. **2** *adj* MED [*behaviour, problems, patient*] esquizofrénico.
scholar ['skɒlə(r)] *n* **a)** (contemporary) intelectual *m/f*; erudito *m*; douto *m*; **b)** (historical or ecclesiastic) erudito *m*; letrado *m*; **c)** (student with scholarship) bolseiro *m*.
scholarly ['skɒlәlɪ] *adj* **a)** (erudite) [*essay, approach, perspective*] erudito; **b)** (academic) [*journal, periodical, circles*] intelectual; **c)** [*appearance*] de intelectual.
scholarship ['skɒlәʃɪp] *n* **a)** (award) bolsa *f* (de estudos) (**to** para); **b)** (of person, work) erudição *f*; **c)** (learning) saber *m*; conhecimentos *mpl*.
school [skuːl] **1** *n* **a)** SCH escola *f*; **to go to/start/leave** ~ ir para/começar/deixar a escola; **no** ~ **today** não há aulas hoje; **b)** UNIV (of music, art, business, education) escola *f*; **to go to medical/law** ~ fazer estudos de medicina/direito; **c)** (of whales, dolphins, porpoises) banco *m*. **2** *modif* **a)** (of schools in general) [*holiday, life, uniform, year*] escolar; **b)** (of a particular school) [*canteen, library, register, playground*] da escola. **3**

vtr **a)** (educate) **to** ~ **sb in sth** ensinar qq coisa a alg [*art, trick, ways*]; **b)** (train) treinar, adestrar [*horse*].
school: ~ **age** *n* idade *f* escolar; **~boy 1** *n* (generally) aluno *m*. **2** *modif* **a)** [*joke, prank, humour*] colegial; [*slang*] escolar; **b)** [*champion, footballer, championships*] escolar; **~child** *n* (*pl* **schoolchildren**) aluno *m*; **~days** *npl* anos *mpl* de escola; **~girl 1** *n* aluna *f*. **2** *modif* [*complexion, figure*] de rapariguinha.
schooling ['skuːlɪŋ] *n* **a)** (of child) ensino *m*; escolaridade *f*; **b)** (of horse) adestramento *m*.
school: **~-leaver** *n* GB jovem *m/f* que acabou a sua escolaridade; ~ **leaving age** *n* idade *f* do fim da escolaridade; **~master** *n* professor *m*; **~mistress** *n* professora *f*; **~-room** *n* sala *f* de aula; **~teacher** *n* professor, a *m, f*.
schooner ['skuːnə(r)] *n* **a)** (boat) escuna *f*; **b)** (glass) US copo *m* grande de cerveja; GB copo *m* grande de xerez.
sciatica [saɪ'ætɪkə] *n* ciática *f* (+ *c*) **to have/suffer from** ~ ter uma/sofrer de ciática.
science ['saɪəns] **1** *n* **a)** (- *c*) ciência *f*; **to study** ~ estudar ciências; **b)** (+ *c*) ciência *f*. **2** *modif* [*correspondent, exam, journal, subject*] científico; [*department, faculty*] de ciências. IDIOMAS **to blind sb with** ~ deslumbrar alg com a sua ciência.
science park *n* complexo *m* científico.
scientific [saɪən'tɪfɪk] *adj* científico; **that's not very ~!** isso não é muito científico!.
scientist ['saɪəntɪst] *n* cientista *m/f*.
Scillies, Scilly Isles ['sɪlɪz, 'sɪlɪ aɪlz] *pr n* ilhas *fpl* Scilly; **to/in/on the** ~ nas ilhas Scilly.
scintillate ['sɪntɪleɪt] *vi* (lit) cintilar; (fig) [*person*] brilhar.
scintillating ['sɪntɪleɪtɪŋ] *adj* (lit) cintilante; (fig) [*person, conversation*] brilhante; [*wit*] vivo; [*success*] formidável.
scissors ['sɪzəz] *npl* tesoura *f*; **a pair of** ~ uma tesoura *f*; **a ~-and-paste job** (lit) colagem *f*; montagem *f*.
scissors kick *n* tesoura *f* (em ginástica e luta romana).
sclerosis [sklɪə'rəʊsɪs] *n* MED (fig) esclerose *f*.
scoff [skɒf] **1** *vi* zombar; **the play was ~ed at by the critics** a peça foi ridicularizada pelos críticos; **"love!", she ~ed** "o amor!", disse ela com desdém. **2** (coll) *vtr* GB devorar [*food*].
scold [skəʊld] **1** *vtr* ralhar, repreender (**for doing** por ter feito). **2** *vi* queixar-se, regatear.
scolding ['skəʊldɪŋ] *n* (-*c*) repreensão *f* PO, esculhambação *f* BR; reprimenda *f*; **to give sb a** ~ dar uma reprimenda a alg.
scollop *n* see **scallop** .
scone [skɒn, skəʊn] *n* GB "scone" *m* (bolinho feito de farinha, gordura e leite, em forno quente).
scoop [skuːp] **1** *n* **a)** (for shovelling, ladling) pá *f*; (for measuring) medida *f*; **b)** (scoopful) (of coffee, flour) medida *f*; (of earth) pazada *f*; (of ice-cream) colher *f*; **c)** JOURN exclusividade *f*; **to get a** ~ obter uma exclusividade. **2** (coll) *vtr* (win, obtain) conseguir [*prize, sum, medal*]; JOURN conseguir [*story, interview*]. ■ **scoop out:** ~ **out (sth),** ~ **(sth) out** ~ **out the centre of the aubergines (with a teaspoon)** escavar o centro das beringelas (com uma colher de chá).

scooter ['skuːtə(r)] *n* **a)** (child's) trotineta *f*; **b)** (motor) motoreta *f*; lambreta *f*; **c)** US (boat) barco *m* à vela para andar na água e no gelo.

scope [skəʊp] *n* **a)** (opportunity) possibilidade *f*; ~ **for sb to do** possibilidades de alg fazer; **to give sb ~ to do** dar a possibilidade a alg de fazer; **b)** (range) (of plan) envergadura *f*; (of inquiry, report, study) alcance *m*; **c)** (of changes, experience, influence, knowledge power) extensão *f*; **d)** (of textbook) campo *m*; raio *m*; **the research is broad/narrow in** ~ o campo de pesquisa é amplo/limitado; **to be within/outside the ~ of the study** estar dentro/fora da área de estudo; **e)** (capacity) competências *fpl*; **to be within/ beyond the ~ of sb** estar dentro/ultrapassar as competências de alg.

scorch [skɔːtʃ] **1** *n* (*also* ~ **mark**) queimadura *f* superficial. **2** *vtr* queimar, ressecar [*grass, trees*]; crestar [*fabric*]; ~**ed earth policy** MIL política de terra queimada. **3** *vi* [*grass*] queimar, crestar.

scorcher ['skɔːtʃə(r)] (coll) *n* dia *f* de canícula; **yesterday was a real ~!** ontem estava um forno! (fam).

scorching ['skɔːtʃɪŋ] *adj* (coll) (*also* ~ **hot**) [*heat, weather, conditions*] abrasador, tórrido; [*sun, sand, coffee*] escaldante.

score [skɔː(r)] **1** *n* **a)** SPORT (number of points, goals, etc gained) resultado *m*; (in cards) pontuação *f*; **at half-time there was still no ~** ao intervalo estava zero a zero; **b)** (in exam, test, etc) (gen) US SCH nota *f*; resultado *m*; **c)** MUS (written music) partitura *f*; CIN banda *f* sonora; **full ~** partitura integral; **d)** (twenty) **a ~** vinte *m*; uma vintena *f*; **e)** (scratch) marca *f*; (on rock) estria *f*; (deeper) incisão *f*; **f)** (account) assunto *m*; **on this ~** a este respeito. **2** *vtr* **a)** SPORT marcar [*goal, point*]; **to ~ a hit** *or* **a big success** (fig) alcançar um grande sucesso; **b)** MUS (arrange) adaptar; (orchestra) orquestra (**for** para); CIN compor a música de [*film*]; ~**d for the piano** escrito para piano; **c)** (mark: with chalk, ink, etc) marcar, riscar; (cut) (accidentally) arranhar; (deliberately) fazer uma incisão; [*wood, metal, leather, etc*]. **3** *vi* **a)** SPORT (gain point) marcar pontos; **to ~ well/badly in a test** (gen) SCH obter um bom/mau resultado num teste; **b)** (coll) (be successful) ter sucesso; **c)** (coll) (drugs) (slang) conseguir droga. **IDIOMAS to settle a ~ with sb** ajustar contas com alg. ■ **score off**: ~ **off (sth),** ~ **(sth) off** riscar [*sb's name, figure*]; ~ **off (sb),** ~ **(sb) off** [*argument, conflict*] marcar pontos sobre [*person*]. ■ **score out** see ~ **off**.

score: ~**board** *n* marcador *m*; ~**card** *n* cartão *m* de marcação.

scorer ['skɔːrə(r)] *n* (person who scores goal) marcador *m*.

scorn [skɔːn] **1** *n* desdém *m*; desprezo *m* (**for** por); **to be held up to ~ by sb** ser o alvo da chacota de alg; **to pour/heap ~ on** ridicularizar [*person*]; denegrir [*attempt, argument, organization*]; **to laugh sb/sth to ~** ridicularizar alg/algo. **2** *vtr* **a)** (despise) desprezar [*person, action*]; desdenhar [*fashion, make-up*]; (reject) recusar, rejeitar [*advice, invitation*]; acolher com desprezo [*claim, suggestion*]; **b)** (formal) **to ~ to do**

sth, to ~ doing sth não se rebaixar a fazer algo. **IDIOMAS hell hath no fury like a woman ~ed** (Prov) ≈ uma mulher humilhada é capaz de tudo.

scornful ['skɔːnfʊl] *adj* desdenhoso, escarninho; **to be ~ of sb/sth** manifestar desdém por alg/ algo.

scornfully ['skɔːnfəlɪ] *adv* com desdém.

Scorpio ['skɔːpɪəʊ] *n* Escorpião *m*; ASTROL.

scorpion ['skɔːpɪən] *n* ZOOL escorpião *m*.

Scot [skɒt] *n* escocês *m*; **the ~s** os escoceses *mpl*.

scotch [skɒtʃ] *vtr* abafar [*rumour, revolt*]; contrariar [*plans*]; destruir [*hopes*].

Scotch [skɒtʃ] **1** *n* (*also* ~ **whisky**) uísque *m* escocês. **2** *adj* escocês *m*.

Scotch: ~ **egg** *n* GB ovo cozido envolvido em salsicha e frito; ~ **mist** *n* névoa *f* espessa própria das Highlands; ~ **tape** ® *n* us fita *f* adesiva.

Scot-free *adj* **to get off/go ~** (unpunished) sair impune; (unharmed) sair ileso.

Scotland ['skɒtlənd] *pr n* Escócia *f*.

Scotland Yard *n* Scotland Yard (polícia judiciária britânica).

Scots [skɒts] **1** *n* LING escocês *m*. **2** *adj* escocês.

Scots: ['skɒtsmən] ~**man** *n* (*pl* ~**men**) escocês *m*; ~**woman** *n* (*pl* ~**women**) escocesa *f*.

Scottish ['skɒtɪʃ] *adj* escocês.

scoundrel ['skaʊndrl] *n* (pej) patife *m*; (to child) maroto *m*.

scour ['skaʊə(r)] *vtr* **a)** (scrub) esfregar; **b)** (erode) [*river, wind*] desgastar; **c)** (search) esquadrinhar, percorrer [*area, book*] (**for** à procura de); **to ~ the shops for sth** andar de loja em loja à procura de qq coisa.

scourer ['skaʊərə(r)] *n* (pad) esfregão *m* de aço.

scourge [skɜːdʒ] **1** *n* (lit, fig) calamidade *f*. **2** *vtr* **a)** (lit) flagelar; **b)** (fig) [*ruler*] oprimir; [*famine, disease, war*] assolar.

scout [skaʊt] **1** *n* **a)** (*also* S~) escuteiro *m*; **b)** MIL batedor *m*; **to have a ~ around** MIL ir em missão de reconhecimento; (fig) explorar; **c)** (*also* **talent ~**) SPORT, CIN, THEAT caça *m* talentos; **d)** GB UNIV (cleaner) criado *m*. **2** *modif* (*also* S~) [*camp, leader, etc*] de escuteiros. **3** *vi* MIL ir em missão de reconhecimento.

scowl [skaʊl] **1** *n* ar *m* carrancudo; **with a ~** com um ar carrancudo. **2** *vi* franzir o sobrolho, fazer um ar carrancudo.

scrabble ['skræbl] *vi* **a)** (*also* ~ **around**) (searching) esgaravatar, revistar; **b)** (scrape) debater-se, lutar desordenadamente; **he ~d desperately for a hold** ele tentou desesperadamente agarrar-se a algo.

scram [skræm] *vi* (coll) safar-se, raspar-se (pop).

scramble ['skræmb] **1** *n* **a)** (rush) (lit, fig) corrida *f* (**for** para; **to do** para fazer); **b)** (climb) escalada *f*; **c)** GB SPORT motocross *f*; **d)** AVIAT, MIL descolagem *f* PO/decolagem *f* BR de emergência. **2** *vtr* **a)** (jumble) (*also* ~ **up**) pôr (qq coisa) em desordem [*papers*]; emaranhar [*string, wool*]; **b)** **to ~ eggs** CULIN fazer ovos mexidos; **c)** (code) RADIO, TELECOM codificar [*signal*]; **d)** MIL fazer descolar (qq coisa) de urgência [*aircraft, squadron*]. **3** *vi* **a)** (clamber) trepar; **to ~ up/down sth** escalar [*slope, wall*]; **to ~ over sth** escalar [*rocks, debris*]; **to ~ through sth** abrir passa-

gem através de [*bushes*]; **to ~ to sth** trepar a qq coisa [*summit*]; **to ~ to one's feet** levantar-se em sobressalto; **b**) (compete) **to ~ for sth** disputar qq coisa [*contracts, jobs, possessions, power, prizes*]; **c**) (rush) **to ~ to do** apressar-se a fazer.
scrambled egg [skræmbld'eg] *n* CULLIN (*often pl*) ovos *mpl* mexidos.
scrap [skræp] **1** *n* **a**) (fragment) (of paper, cloth) pedaço *m*; bocado *m*; (of news, information, writings, verse) fragmento *n*; (of conversation) fragmento *m*; pedaço *m*; (press cutting) recorte *m*; **b**) (food) (*usually pl*) (leftovers) **(food)** ~s restos *mpl*; (in butcher's) bocados *mpl*; (of bread) migalhas *fpl*; **c**) (iota) **there wasn't a ~ of evidence** não havia a mínima prova; **she never does a ~ of work** ela não mexe uma palha (fam); **d**) (coll) (fight) zaragata *f* Po, brigalhada *f* BR; briga *f*; **e**) (discarded goods) (metal) ferro *m* velho; sucata *f*; **to sell sth for ~** vender algo para a sucata. **2** *modif* ~ **trade** negócio *m* de ferro velho; ~ **value** valor *m* de material usado. **3** *vtr* (*pres p etc* **-pp-**) **a**) (coll) (do away with) abandonar, rejeitar [*system, policy, agreement, talks, tax*]; **b**) (dispose of) destruir, deitar fora [*aircraft, weaponry, equipment*]. **4** (coll) *vi* brigar (**with** com).
scrap: ~ **book** *n* álbum *m* (de recortes, de imagens, etc); ~ **(metal) dealer** *n* sucateiro *m*.
scraper ['skreɪpə(r)] *n* (for decorating, shoes) raspador *m*.
scrap heap *n* (fig) **the ~** a prateleira; **to be thrown on/consigned to the ~** ser posto de lado/na prateleira.
scrap: ~ **merchant** *n* sucateiro *m*; ~ **paper** *n* papel *m* de rascunho.
scrappy ['skræpɪ] *adj* **a**) (disorganized) [*play, programme, report, essay*] desconexo; [*game, playing*] confuso; [*meal*] de restos; **b**) (coll) US (pej) (pugnacious) [*person*] briguento.
scrap yard *n* depósito *m* de sucata/ferro velho.
scratch [skrætʃ] **1** *n* **a**) (on skin) arranhão *m*; **to have a ~** coçar-se; **b**) (on metal, china, furniture) risco *m*; arranhadela *f*; arranhadura *f*; **c**) (sound) **the ~ of a pen** o arranhar de uma caneta; **d**) (a satisfactory standard) **his work is not up to ~** o seu trabalho não é satisfatório; **to keep sth up to ~** manter qq coisa no nível desejado; **e**) (zero) **to start from ~** começar do zero ou do nada; **f**) (scrawl, scribble) garatujas *fpl*. **2** *adj* [*army, company, team*] improvisado. **3** *vtr* **a**) (cancel, scrub) suprimir, cancelar [*race, outing, meal*]; **b**) COMPUT (delete) apagar [*file*]; (convert to store miscellaneous items) reutilizar [*file*]; **c**) (indent) **to ~ one's initials on sth** gravar as suas iniciais em qq coisa; **d**) (cause skin wound) [*cat*] arranhar [*person*]; **to get ~ed** ser arranhado; **to ~ sb's back** (helpfully) coçar as costas a alg; **e**) (react to itch) **to ~ one's arm** coçar o braço; (fig) **to ~ one's head over** or **about sth** estar perplexo com qq coisa; **f**) (incur injury, scrape) **to ~ one's knuckles on a rough wall** roçar os nós dos dedos por uma parede áspera; **g**) (damage surface) esfolar [*furniture, paintwork*]; riscar [*record*]; **h**) SPORT (withdraw) retirar [*horse, competitor*]. **4** *vi* **a**) [*person*] coçar-se; **b**) [*hen*] esgaravatar; **c**) [*cat*]; **the cat was ~ing at the door** o gato arranhava a porta.

IDIOMAS to ~ sb's eyes out arrancar os olhos a alg; **you ~ my back and I'll ~ yours** amor com amor se paga. ■ **scratch around** (fig) **to ~ around to find the money** esgaravatar por todo o lado para encontrar o dinheiro necessário.
scratchy ['skrætʃɪ] *adj* [*fabric, wool, toilet paper*] áspero.
scrawl [skrɔːl] **1** *n* rabisco *m* (*often pl*). **2** *vtr, vi* rabiscar.
scrawny ['skrɔːnɪ] *adj* magricela, esquelético.
scream [skriːm] **1** *n* **a**) (sound) (of person, animal, bird) grito *m*; (stronger) (of person) barro *m*; (of animal) urro *m*; ~**s of laughter** gargalhadas *fpl*; **b**) (coll) (funny) **to be a ~** ser muito engraçado. **2** *vtr* (lit) gritar, berrar [*words, insult, order*]; (fig) JOURN [*headline*] anunciar (em título). **3** *vi* [*person, animal, bird*] gritar; (stronger) berrar; **to ~ at sb** gritar a alg; **to ~ with** gritar de [*fear, pain, rage*]; lançar ou soltar gritos de [*excitement, pleasure*]; **to ~ with laughter** rir às gargalhadas. **IDIOMAS to ~ the place down** deitar a casa abaixo (com gritos).
scree [skriː] *n* cascalho *m*; ladeira *f* cheia de cascalho.
screech [skriːtʃ] **1** *n* grito *m* estridente; (of tyres) guincho *m*. **2** *vtr* guinchar, gritar. **3** *vi* [*person, animal*] guinchar; [*tyres*] ranger.
screed [skriːd] *n* (pej) discurso *m* ou texto escrito longo e fastidioso, ladainha *f*; lenga-lenga *f*.
screen [skriːn] **1** *n* **a**) CIN, COMPUT, TV écran *m* Po, tela *f* BR; ~ **on** COMPUT, CIN, TV no écran; **he writes for the ~** CIN, TV ele escreve para o cinema/a televisão; **b**) (panel) (decorative or for getting changed) biombo *m*; (partition) tabique *m*; divisão *f*; (to protect) protecção *f*; **bullet-proof ~** protecção *f* à prova de bala; (fig) (pretence) cobertura *f*; **c**) MED consulta *f* de despistagem; **d**) MIL camuflagem *f*; **e**) CONSTR crivo *m*. **2** *modif* CIN [*actor, star*] de cinema; [*appearance, debut, performance*] cinematográfico, no cinema. **3** *vtr* **a**) (show on screen) CIN exibir, projectar [*film*]; TV transmitir [*programme, film, event*]; **b**) (shield: conceal) esconder, encobrir [*person, house*]; (protect) proteger; **c**) (subject to test) ADMIN examinar o caso de [*applicants, candidates*]; (at airport) controlar [*baggage*]; MED fazer testes de despistagem a [*person, patient*]; **to ~ sb for cancer** fazer a alg testes de despistagem de cancro Po/câncer BR; **d**) CONSTR joeirar, peneirar, crivar. ■ **screen off:** ~ **(sth) off,** ~ **off (sth)** isolar [*part of room, garden*].
screen: ~ **play** *n* CIN argumento *m*; ~ **printing** *n* serigrafia *f*.
screw [skruː] **1** *n* **a**) TECH parafuso *m*; rosca *f*; **b**) AVIAT, NAUT hélice *f*; **c**) (slang) (prison guard) carcereiro *m*; **d**) (coarse) (sexual partner) amante *m/f*; **e**) (coll) (wage) salário *m*; ordenado *m*; **to earn a fair ~** ganhar um bom ordenado. **2** *vtr* **a**) TECH aparafusar, atarraxar [*object*] (**into sth** em qq coisa); **to ~ sth onto a door** aparafusar qq coisa numa porta; **b**) (slang) (extort) **to ~ sth out of sb** extorquir algo a alg; **c**) (slang) (swindle) burlar, defraudar [*person*]. **3** *vi* **a**) TECH **to ~ onto/into sth** [*part, object*] atarraxar-se/-aparafusar-se em qq coisa; **b**) (slang) (have sex) ter acto sexual. **IDIOMAS to have one's head**

~ed on ter a cabeça bem assente. ■ **screw down**: ~ **down** [*screw*] fixar-se, aparafusar-se; ~ **(sth) down**, ~ **down (sth)** aparafusar, fixar (qq coisa) [*lid, screw*]. ■ **screw in**: ~ **in** [*object*] fixar-se, estar aparafusado; ~ **(sth) in**, ~ **in (sth)** aparafusar, fixar [*object*]. ■ **screw off**: ~ **off** [*cap, lid*] desenroscar-se; ~ **(sth) off**, ~ **off (sth)** desenroscar [*cap, lid*]. ■ **screw on** [*lid, cap, handle*] atarraxar-se; ~ **(sth) on**, ~ **on (sth)** enroscar (qq coisa) [*lid, cap, handle*]. ■ **screw round**: **to** ~ **one's head round** voltar a cabeça. ■ **screw together**: ~ **together** [*parts*] enroscar-se um no outro; ~ **(sth) together**, ~ **together (sth)** montar com parafusos [*table, model*]. ■ **screw up**: ~ **up** (coll) (mess up) [*person, company*] pôr em desordem; ~ **(sb/sth) up**, ~ **up (sb/sth) a)** (crumple) amarrotar [*piece of paper, material*]; **to** ~ **up one's eyes** franzir os olhos; **to** ~ **up one's face** franzir o rosto, mostrar má cara; **b)** (coll) (make a mess of) estragar [*plan, preparations, task*]; **c)** (coll) (make emotionally unstable) arrasar (fam) [*person*]; **d)** (summon) **to** ~ **up one's courage** encher-se de coragem.

screwball ['skru:bɔ:l] (coll) *n* excêntrico *m*; maluco Po, biruta, lelé da cuca BR *m*.

screw-cap *n* tampa *f* com rosca.

screwdriver ['skru:draɪvə(r)] *n* **a)** (tool) chave *f* de fendas; chave *f* de parafusos; **b)** (cocktail) vodka com laranja.

screw top 1 *n* **a)** (top) tampa *f*; rolha *f* com rosca; **b)** (bottle) garrafa *f* com rolha de enroscar. **2 screw-top** *modif* [*bottle*] com rolha de enroscar.

screwy ['skru:ɪ] (coll) *adj* maluco, excêntrico Po, biruta, lelé da cuca BR.

scribble ['skrɪbl] **1** *n* rabisco *m*; gatafunho *m* (fam). **2** *vtr, vi* rabiscar, garatujar. ■ **scribble down**: **to** ~ **down (sth)**, ~ **(sth) down** escrevinhar, garatujar [*message, note*]. ■ **scribble out**: **to** ~ **out (sth)**, ~ **(sth) out** rasurar [*sentence, word, etc*].

scrimmage ['skrɪmɪdʒ] *n* **a)** (in us football) formação em que os jogadores de ambas as linhas de ataque se aglomeram em torno da bola posta no chão; **b)** (struggle) escaramuça *f*; rixa *f*.

scrimp [skrɪmp] **1** *vtr* ser sovina (pej). **2** *vi* economizar; **to** ~ **on sth** ser sovina em algo (pej); **to** ~ **and save** ser avarento, privar-se de tudo.

script [skrɪpt] *n* **a)** (text) CIN, RADIO, TV texto *m*; roteiro *m*; THEAT texto *m*; **b)** (lettering) escrita *f*; letra *f*; caligrafia *f*; **c)** (written exam) conjunto *m* de respostas escritas (num exame).

scripture ['skrɪptʃ/ə(r)] *n* **a)** RELIG (*also* **(Holy) S~, The (Holy) S~s**) (Christian) Escrituras *fpl*; (other) textos *mpl* sagrados; **b)** (dated) SCH (*-c*) instrução *f* religiosa.

scroll [skrəʊl] **1** *n* **a)** (manuscript) rolo *m* (manuscrito) de papel ou pergaminho; **b)** ARCHIT, ART (on column, violin) voluta *f*. **2** COMPUT *vtr* **to** ~ **sth up/down** fazer desfilar algo para trás/para a frente.

scrooge [skru:dʒ] *n* avarento *m*.

scrounge [skraʊndʒ] (coll) **1** *n* **to be on the** ~ estar sempre a pedinchar. **2** *vtr* mendigar, pedir insistentemente; **to** ~ **sth off sb** surripiar algo a alg; (for money) cravar dinheiro a alg (cal). **3** *vi* **a) to** ~ **off sb** viver à custa de alg; **b) to** ~ **(around) for sth** procurar obter algo (a qq custo).

scrounger ['skraʊndʒə(r)] (coll) *n* parasita *m/f*.

scrub [skrʌb] **1** *n* **a)** (clean) lavagem *f* à escova; esfregadela *f*; **to give sth a (good)** ~ limpar bem qq coisa; **b)** BOT silvados *mpl*; mato *m*. **2** *vtr* (*pres p etc* **-bb-**) **a)** (clean) limpar, esfregar [*floor, step, table, back, face, child*]; lavar [*potato, mussels, vegetables*]; escovar [*one's nails, hands*]; **to** ~ **oneself** limpar-se; **b)** (coll) (scrap) abandonar [*meeting idea*]. **3** *vi* (*pres p etc* **-bb-**) limpar, esfregar. ■ **scrub down**: **to** ~ **down (sth/sb)**, **to** ~ **(sth/sb) down** limpar a fundo [*surface, table, person*]. ■ **scrub off**: **to** ~ **off (sth)**, **to** ~ **(sth) off** limpar, tirar [*stain, graffiti*]; ~ **out to** ~ **out (sth)**, **to** ~ **(sth) out a)** (clean inside) limpar bem, arear [*pan, oven, sink*]; **b)** (remove) fazer sair [*stain*]; **c)** (rub out) apagar [*mark, word, line*]. ■ **scrub up** [*surgeon*] esterilizar as mãos (antes de operação).

scrubber ['skrʌbə(r)] **a)** IND (gas purifier) depurador *m*; **b)** (scourer) esfregão *m*.

scrubbing brush ['skrʌbɪŋbrʌʃ] *n* escova *f*; esfregão *f*.

scrubby ['skrʌbɪ] *adj* [*land, will*] pobre, coberto de silvas.

scruff [skrʌf] *n* **a)** (nape) **by the** ~ **of the neck** pelo cachaço; **b)** (coll) (untidy person) **he's a bit of a** ~ ele é um porco (pop).

scruffy ['skrʌfɪ] *adj* [*clothes, person*] desmazelado; [*flat, town*] sujo; [*hair*] despenteado.

scrum [skrʌm] *n* (in rugby) formação *f*.

scrum down (*pres p etc* **-mm-**) fazer formação.

scrumptious ['skrʌmʃəs] (coll) *adj* delicioso, esplêndido.

scruple ['skru:pl] **1** *n* escrúpulo *m* (**about** em relação a). **2** *vi* **to not** ~ **to do sth** não ter nenhuns escrúpulos em fazer algo.

scrupulous ['skru:pjʊləs] *adj* [*attention, detail, person*] escrupuloso.

scrupulously ['skru:pjʊləslɪ] *adv* [*wash, prepare, avoid*] escrupulosamente.

scrutineer [skru:tɪ'nɪə(r)] *n* escrutinador *m*.

scrutinize ['skru:tɪnaɪz] *vtr* examinar minuciosamente [*document, motives, plan*]; verificar [*accounts, votes*]; fiscalizar, vigiar [*activity, election*].

scrutiny ['skru:tɪnɪ] *n* **a)** (investigation) exame *m*; **close** ~ exame minucioso; **to come under** ~ ser examinado; **to avoid** ~ escapar ao controlo; **b)** (surveillance) vigilância *f*; **c)** (look) olhar *m* inquiridor.

scuba ['sku:bə, 'skju:bə] *n* material *m* de mergulho.

scuba diving *n* mergulho *m* submarino.

scuff [skʌf] **1** *n* (*also* ~ **mark**) **a)** (on leather) esfoladela *f*; **b)** (on floor, furniture) risco *m*. **2** *vtr* esfolar [*shoes*]; riscar [*floor, furniture*]; **to** ~ **one's feet** raspar os pés. **3** *vi* [*shoes*] esfolar-se; [*floor*] riscar-se.

scuffle ['skʌfl] **1** *n* luta *f* confusa; zaragata *f* PO, brigalhada *f* BR. **2** *vi* envolver-se numa desordem PO, numa briga BR.

scuff up levantar [*dust*]; danificar [*lawn*].

scull [skʌl] **1** *n* **a)** (boat) barco *m* de regatas movido por um par de remos "outrigger"; **b)** (single oar) ginga *f*; **c)** (one of a pair of oars) remo *m*. **2** *vtr* **a)** (one oar) impelir (barco) com ginga; **b)** (two oars) remar com um par de remos. **3** *vi*

a) (with one oar) remar com ginga, gingar; **b)** (with two oars) **to ~ up the river** remar pelo rio acima.

sculpt [skʌlpt] **1** *vtr* esculpir [*bust, clay*]. **2** *vi* esculpir.

sculptor ['skʌlptə(r)] *n* escultor *m*.

sculptural ['skʌlptʃərl] *adj* escultural.

sculpture ['skʌlptʃə(r)] **1** *n* escultura *f*. **2** *modif* [*class, gallery*] de escultura *f*. **3** *vtr* esculpir.

scum [skʌm] *n* **a)** (on pond) camada *f* de impurezas e sujidade; **b)** (on liquid) espuma *f*; sujidade *f*; **c)** (coll, injur) (worthless person) escória *f*; escumalha *f*; (worthless group) ralé *f*; **they're the ~ of the earth** eles são os seres mais reles à face da terra.

scurf [skɜːf] *n* (-*c*) **a)** (dandruff) caspa *f*; **b)** (dead skin) descamação *f* da pele.

scurrilous ['skʌrɪləs] *adj* **a)** (defamatory) insultuoso; **b)** (vulgar) grosseiro.

scurry ['skʌrɪ] **1** *n* (*always sing*) **the ~ of feet** o barulho *m* de passos rápidos. **2** *vi* precipitar-se; **to ~ to and fro** correr de um lado para o outro; **to ~ away/off** fugir/escapulir-se.

scut [skʌt] *n* Zool cauda *f* curta; rabinho *m*.

scuttle ['skʌtl] **1** *n* (porthole) postigo *m*; vigia *f*; **coal ~** cesto *m*; balde *m* de carvão. **2** *vtr* (lit) afundar [*ship*]; (fig) estragar [*plan, project*]. **3** *vi* correr depressa; **to ~ across sth** atravessar qq coisa a toda a pressa; **to ~ away/off** escapulir--se.

scythe [saɪð] **1** *n* foice *f*; gadanha *f*. **2** *vtr* ceifar [*grass*].

SDI *n* US Mil abrev = **Strategic Defense Initiative**.

SDP *n* FORMELY GB Pol abrev = **Social Democratic Party**.

sea [siː] **1** *n* **a)** **the ~** o mar *m*; **beside/by the ~** à beira mar; **beyond the ~** para/no outro lado do mar, no ultramar; **to be at ~** andar no mar; (fig) estar completamente perdido; **to go to ~** (as career) tornar-se marinheiro; (boat) fazer-se ao mar; **to put out to ~** fazer-se ao mar; **to send sth by ~** enviar qq coisa por barco; **to travel by ~** viajar de barco; **b)** (sailor's life) **the ~** a vida de marinheiro; **c)** (fig) (of banners, faces) mar *m*; grande quantidade *f*. **2 seas** *npl* **to sink in heavy ~s** afundar-se numa tempestade. **3** *modif* [*air, breeze, mist*] marinho; [*bird, water*] do mar; [*crossing, journey, trip, voyage*] por mar; [*boot, chest*] do mar; [*battle*] naval; [*creature, nymph*] do mar; [*power*] marítimo. **IDIOMAS to get one's ~ legs** habituar-se ao balanço de um barco sem enjoar.

sea: **~ anemone** *n* anémona *f* do mar; **~bed** *n* **the ~bed** o fundo *m* do mar.

sea change *n* transformação *f* radical; **to suffer a ~** sofrer uma transformação radical.

sea: **~faring** *adj* [*nation*] de marinheiros; **my ~faring days** a minha vida de marinheiro; **~food 1** *n* frutos *mpl* do mar; peixe *m*. **2** *modif* [*kebab, platter*] de frutos do mar; [*sauce*] com frutos do mar; **~front** *n* beira-mar *f*; **~ going** *adj* [*vessel, ship*] para a navegação marítima; **~-green** *n, adj* ≈ verde-mar (*adj inv*); **~gull** *n* Zool gaivota *f*; **~horse** *n* cavalo-marinho *m*; Zool hipocampo *m*.

seal [siːl] **1** *n* **a)** Zool foca *f*; **b)** (insignia) selo

m; **to set one's ~ on sth** apor o seu sinete em [*document*]; **to set the ~ on sth** selar [*friendship*]; confirmar [*trend, regime*]; **c)** (integrity mechanism) (on container) chumbo *m*; (on package, letter) lacre *m*. **2** *vtr* **a)** (authenticate) autenticar [*document, letter*]; **b)** (close) fechar [*envelope, package*]; selar com chumbo [*container*]; **c)** (make airtight, watertight) fechar hermeticamente [*jar, tin*]; vedar [*roof, window frame*]; **d)** (stop up) tapar [*oil well, pipe*]; **e)** (settle definitively) selar [*alliance, friendship*]; concluir [*deal*]; **his fate is ~ed** o destino dele está traçado. **3 sealed** *pp, adj* [*envelope*] selado; [*jar*] fechado hermeticamente.

sealant ['siːlənt] *n* (coating) camada *f* isoladora.

sea level 1 *n* (- *c*) nível *m* do mar; **above/below ~** acima/abaixo do nível do mar; **to be 3'000 ft above ~** estar 1000 m acima do nível do mar. **2 sea levels** *npl* **rising ~s threaten the coastline** a subida do nível das águas do mar ameaça a costa.

seal in conservar [*flavour*]; **~ off to ~ (sth) off**, **to ~ off (sth) a)** (isolate) isolar [*corridor, wing*]; **b)** (cordon off) vedar ao público [*area, street*]; **~ up** fechar hermeticamente [*jar*].

sealing wax ['siːlɪŋwæks] *n* lacre *m*.

sea lion *n* leão *m* marinho.

seam [siːm] **1** *n* **a)** Sewing costura *f*; **b)** Ind, Tech junta *f*; soldadura *f*; **to be bursting at the ~s** [*building*] estar à cunha; [*suitcase*] estar quase a rebentar; **to come apart at the ~** [*marriage, plan*] estar a desmoronar-se; **c)** Geol veio *m*; **d)** (suture) cicatriz *f*; costura *f*. **2** *vtr* Sewing cozer.

seaman ['siːmən] *n* (*pl* **-men**) Mil, Naut marinheiro *m*; marujo *m*.

seamanlike ['siːmənlaɪk] *adj* **to look ~** ter um ar de marinheiro.

seamanship ['siːmənʃɪp] *n* navegação *f*; habilidade *f* náutica.

seamless ['siːmlɪs] *adj* [*garment, cloth*] sem costura(s); [*transition*] sem interrupções; [*process, whole*] contínuo.

seamstress ['semstrɪs] *n* (*pl* **-es**) costureira *f*.

seamy ['siːmɪ] *adj* [*intrigue, scandal*] desagradável; [*area*] com má fama.

seance ['seɪəns] *n* sessão *f* espírita.

sea: **~plane** *n* hidroavião *m*; **~port** *n* porto *m* de mar.

sear [sɪə(r)] *vtr* **a)** (scorch) queimar; **b)** (seal) cauterizar [*wound*]; cozer [*meat*]; **c)** (wither) secar, murchar.

search [sɜːtʃ] **1** *n* **a)** (seeking) buscas *fpl* (**for sb/sth** para encontrar alg/algo); **in ~ of** à procura de; **b)** (examination) (gen) (of house, area, bag, cupboard) revista *f* (**of** de); **c)** Comput pesquisa *f*. **2** *vtr* **a)** (examine) pesquisar [*area, countryside, woods*]; investigar [*house, office, premises*] Police [*police, customs*] revistar [*person, luggage*]; [*person*] rebuscar em [*memory, mind*]; examinar (atentamente) [*page, map, records*]; **~ me!** não faço a mínima ideia! (fam); **b)** Comput procurar em [*file*]. **3** *vi* **a)** (seek) procurar; **to ~ for/after sth/sb** procurar qq coisa/ alg; **b)** (examine) **to ~ through sth** revolver qq coisa [*cupboard, bag*]; examinar qq coisa [*records, file*]; **c)** Comput **to ~ for sth** procurar qq coisa. ■ **search about, search around** procurar (**in** em). ■ **search out**: ~ (**sb/sth**) **out**, ~ **out** (**sb/sth**) procurar alg/algo.

searching ['sɜːtʃɪŋ] *adj* [*look, question*] penetrante.

search: ~**light** *n* projector *m*; ~ **party** *n* equipa *f* de socorro; ~ **warrant** *n* JUR mandado *m* de busca.

searing ['sɪərɪŋ] *adj* [*heat*] incandescente; [*pace, pain*] fulgurante; [*criticism, indictment*] virulento.

sea: ~ **salt** *n* CULIN sal *m* marinho; ~**shell** *n* concha *f*; ~**shore** *n* **a**) (part of coast) litoral *m*; **b**) (beach) praia *f*; ~**sick** *adj* **to be/get/feel** ~**sick** sentir-se/ficar enjoado; ~**sickness** *n* enjoo *m*; ~**side** 1 *n* the ~**side** a beira mar, a praia *f*. 2 *modif* [*holiday*] na praia; [*hotel*] à beira mar; [*town*] litoral; ~**side resort** praia *f*; estância *f* balnear.

season ['siːzn] 1 *n* **a**) (time of the year) estação *f* (do ano); **b**) AGRIC, BOT, HORT, ZOOL época *f*; **strawberries are out of/in** ~ os morangos estão fora da/dentro da época; **when do melons come into** ~? quando é a época dos melões?; **c**) FASHN, TOURISM estação *f*; SPORT temporada *f*; **the holiday** ~ o período de férias; **d**) (feast, festive period) **the Christmas** ~ a época ou o período de Natal; (on Christmas cards) **S~'s greetings!** Festas Felizes!. 2 *vtr* **a**) CULIN (with condiments) temperar; ~ **with salt and pepper** tempere com sal e pimenta; **b**) (prepare) secar [*timber*].

seasonal ['siːzənl] *adj* [*change, unemployment, work, rainfall*] sazonal; [*fruit, produce*] da época.

seasoning ['siːzənɪŋ] *n* **a**) CULIN tempero *m*; **b**) (preparation) (of timber) secagem *f*; **c**) (wine) envelhecimento *m* em casco.

season ticket *n* **a**) TRANSP passa *m*; assinatura *f*; **b**) SPORT, THEAT assinatura *f*.

seat [siːt] 1 *n* **a**) (to sit on) assento *m*; (allocated place) lugar *m*; **has everybody got a** ~? está toda a gente sentada?; **take** *or* **have a** ~ sente-se; **keep your** ~**s, please** por favor não abandonem os vossos lugares; **b**) (in parliament, or committee) assento *m*; **to have a** ~ **on the council** ter assento no conselho; **c**) (of chair) assento *m*; (of trousers) fundilhos *mpl*; **d**) (formal) (location, centre) sede *f*; **e**) (residence) residência *f*; **f**) **to keep one's** ~ EQUIT manter-se na sela; **g**) (euph) (bottom) traseiro *m*. 2 *vtr* **a**) (assign place) sentar [*person*]; **to** ~ **sb next to sb** sentar alg ao lado de alg; **b**) (have seats for) **the car** ~**s five** o carro tem lugar para cinco pessoas; **the room** ~**s 30 people** a sala tem capacidade para 30 pessoas; **c**) (formal) (sit) **to** ~ **oneself at the piano** sentar-se ao piano. 3 **seated** *pp adj* sentado.

seatbelt *n* cinto *m* de segurança.

seater ['siːtə(r)] (*in compounds*) **a two-**~ **plane/ car** um avião *m* ou um automóvel *m* de dois lugares; **all** ~ **stadium** estádio sem lugares de pé.

seating ['siːtɪŋ] 1 *n* **a**) (places) lugares *mpl* sentados; **a stadium with** ~ **for 50.000** um estádio com capacidade para 50.000 lugares sentados; **b**) (arrangement) **I'll organize the** ~ eu farei a distribuição das pessoas, pelos lugares. 2 *modif* ~ **arrangements** distribuição *f* dos lugares sentados; ~ **capacity** número *m* de lugares sentados.

sea: ~ **urchin** *n* ZOOL ouriço *m* do mar; ~ **wall** *n* molhe *m*; paredão *m*; dique *m*.

seaward ['siːwəd] 1 *adj* [*side of building*] que dá para o mar; [*side of cape, isthmus*] (voltado) para o mar. 2 *adv* (*also* ~**s**) [*fly, move*] em direcção ao mar; [*gaze*] para o largo.

sea: ~**weed** *n* alga *f* marinha; ~**worthy** *adj* [*ship, vessel*] apto a navegar, em condições de navegabilidade.

sec [sek] *n* **a**) abrev = **second** seg; **b**) (coll) (short instant) instante *m*.

second ['sekənd] 1 *n* **a**) (unit of time) ALSO MATH, PHYS segundo *m*; (instant) instante *m*; **we arrived at six o'clock to the** ~ chegámos às seis horas em ponto; **b**) (in sequence) segundo *m*; **he came a poor** ~ ele chegou muito depois do primeiro; **c**) (date) **the** ~ **of May, May** ~ dois de Maio; **d**) AUT (*also* ~ **gear**) segunda *f*; **in** ~ em segunda; **e**) (defective article) artigo *m* com defeito; artigo *m* de segunda escolha; **f**) (in boxing, wrestling) massagista *m*; (in duel) testemunha *f*. 2 (coll) ~**s** *npl* repetição *f*. 3 *adj* segundo; **to ask for a** ~ **opinion** (from doctor, lawyer) pedir uma segunda opinião. 4 *adv* **a**) **to come** *or* **finish** ~ (in race, competition) chegar ou acabar em segundo lugar; **to travel** ~ viajar em segunda classe; **b**) (*also* ~**ly**) em segundo lugar. 5 *vtr* **a**) (help) (gen) ajudar, auxiliar [*person*]; SPORT ser o massagista de [*boxer*]; ser testemunha ou padrinho de [*duellist*]; (support) (gen) apoiar [*person, idea*]; (in debate, election) apoiar [*motion, resolution, vote of thanks*]; **b**) [sɪ'kɒnd] MIL, COMM destacar (**from** de; **to** para). **IDIOMAS it's** ~ **nature to him** é a sua segunda natureza; **to be** ~ **to none** não ter igual, ser o melhor; **on** ~ **thoughts** pensando melhor; **to have** ~ **thoughts** ter dúvidas; **to do sth without (giving it) a** ~ **thought** fazer qq coisa sem pensar.

secondary ['sekəndərɪ] *adj* **a**) (gen) [*consideration, importance, process, effect, cause*] secundário; ~ **to sth** menos importante do que outra coisa; **b**) SCH [*education, level*] secundário.

secondary: ~ **modern school** *n* escola *f* de ensino secundário; ~ **school** *n* escola *f* secundária.

second: ~ **best** 1 *n* **as a** ~ **best, I suppose it will do** à falta de melhor, suponho que isto serve. 2 *adj* [*performance, novel*] o segundo melhor. 3 *adv* **in the choice between quality and price, quality often comes off** ~ **best** quando é preciso escolher entre qualidade e preço, muitas vezes é a qualidade que vem em segundo lugar; ~ **class** 1 RAIL segunda classe *f*; POST correio *m* normal. 2 ~**-class** *adj* **a**) POST normal RAIL [*carriage, ticket*] de segunda classe; **b**) GB ~**-class degree** UNIV licenciatura *f* obtida com menção de Bom; **c**) (second rate) [*goods, product, treatment*] de inferior qualidade; ~**-class citizen** cidadão /-ã *m/f* de segunda. 3 *adv* [*travel*] em segunda classe; ~ **hand** 1 *n* (on watch, clock) ponteiro *m* dos segundos. 2 ~**-hand** *adj* (lit) [*clothes, car, goods*] em segunda mão; [*market*] de usados; ~**-hand car dealer** *or* **salesman** vendedor *m* de carros usados. ~ **name** *n* (surname) apelido *m* PO, sobrenome *m* BR (de família); (second Christian name)) segundo nome *m* próprio; **~-rate** *adj* [*actor, novel, etc*] de segunda categoria; ~ **sight** *n* previsão *f*; intuição *f*.

seconder ['sekəndə(r)] *n* apoiante *m/f*.

secondly, second ['sekəndlı, 'sekənd] *adv* em segundo lugar.

secondment [sɪ'kɒndmənt] *n* destacamento *m* (**from** de; **to** para).

secrecy ['si:krɪsɪ] *n* segredo *m*; **why all the ~?** porquê tantos segredos?; **she's been sworn to ~** fizeram-lhe jurar segredo; **there was an air of ~ about him** ele tinha um ar de mistério.

secret ['si:krɪt] **1** *n* (piece of information) segredo *m*; **to tell sb a ~** confiar um segredo a alg; **to let sb in on a ~** (coll) deixar alg compartilhar um segredo; **I make no ~ of my membership of the party** eu não faço segredo da minha filiação partidária; **it's no ~ that/it's an open ~ that...** não é segredo/toda a gente sabe que.... **2** *adj* [*passage, meeting, ingredient*] secreto; **to keep sth ~ from sb** esconder algo de alg; **he's a ~ drinker** ele bebe às escondidas.

secretive ['si:krɪtɪv] *adj* [*person, nature, organization*] secreto; [*expression, conduct*] misterioso; [*smile*] enigmático; **to be ~ about sth** fazer um mistério de qq coisa.

secretly ['si:krɪtlɪ] *adv* secretamente.

secret: ~ **police** *n* polícia *f* secreta; ~ **service** *n* serviços *mpl* secretos; ~ **society** *n* sociedade *f* secreta.

sectarian [sek'teərɪən] *n, adj* sectário *m*.

section ['sekʃn] **1** *n* **a)** (of train, aircraft, town, forest, area) parte *f*; (of pipe, tunnel, road, river) troço *m*; (of object, kit) elemento *m*; **b)** (of public, population, group) sector *m*; grupo *m*; **c)** (of company, office, department, government) serviço *m*; (of library, shop) secção *f*; **d)** (of act, bill, report) artigo *m*; **under ~ 24,...** nos termos do artigo 24...; **e)** (of newspaper) rubrica *f*; **f)** (of book) (few paragraphs, pages) passagem *f* (**on** sobre); (larger part of book) parte *f* (**on** que trata de); **there's an address ~/a ~ on verbs at the end** há uma lista de endereços/um capítulo sobre verbos no fim; **g)** MIL grupo *m*; **h)** BIOL, GEOLL (of tissue, mineral) lamela *f*; **i)** GEOM secção *f*; **j)** (in surgery) corte *m*; **k)** RAIL (part of network) secção *f* (de via férrea); **l)** US RAIL (of sleeping car) compartimento *m*. **2** *vtr* **a)** (divide) seccionar, dividir [*document, text*]; segmentar [*computer screen*]; **b)** (in surgery) seccionar. ∎ **section off**: **to ~ off (sth), to ~ (sth) off** separar [*part, area*].

sectional ['sekʃənl] *adj* **a)** [*interest*] local; [*hatred, discontent*] de grupo; **b)** (drawing, view) em corte.

secular ['sekjʊlə(r)] *adj* [*politics, law*] civil, laico; [*belief, music*] profano; [*priest*] secular.

secure [sɪ'kjʊə(r)] **1** *adj* **a)** (stable, not threatened) [*job, marriage, income, financial position*] estável; [*basis, base, foundation*] sólido; [*world record, sporting position*] seguro; [*investment*] seguro; **b)** (safe) [*hiding place, route, prison, hospital*] seguro; **to be ~ against sth** estar protegido contra algo; **c)** [*padlock, bolt, nail, knot*] sólido, firme; [*structure, ladder*] estável; [*foothold, handhold*] seguro; [*rope*] bem amarrado;

[*door, window*] bem fechado; **d)** PHYS [*feeling*] de segurança; **to be ~ in the knowledge that...** ter a certeza que.... **2** *vtr* **a)** (procure, obtain) obter; [*objective, end*]; **b)** (make firm, safe) amarrar bem [*rope*]; fechar bem [*door, window*]; fixar [*wheel*]; segurar bem [*ladder*]; **c)** (make safe) pôr em segurança, proteger [*house, camp, flank*]; assegurar [*position, future, job*]; **d)** FIN garantir [*loan, ·debt*] (**against, on** sobre).

securely [sɪ'kjʊəlɪ] *adv* **a)** [*fasten, fix, tie*] solidamente; [*wrap, tuck, pin*] cuidadosamente; **b)** (safely) [*lock up, hide, invest, store*] em segurança.

security [sɪ'kjʊərɪtɪ] **1** *n* **a)** (safe state or feeling) (of person, child, financial position, investment) segurança *f*; ~ **of employment, job** segurança de emprego; (of employee) efectivação *f* de emprego; **b)** (for site, prison, nation, VIP) segurança *f*; **c)** (guarantee) garantia *f* (**on** sobre); **to stand ~ for sb** ser fiador de alg; **d)** FIN (*often pl*) títulos *mpl* de crédito; obrigações *fpl*; acções *fpl* de bolsa; **trading in securities** negócio de títulos. **2** *modif* **a)** [*arrangements, badge, barrier, camera, check, code, door, measures, standards*] de segurança; [*firm, staff*] de segurança; **b)** FIN **securities** [*company, firm, house, industry, market, trading*] dos títulos.

security: S~ **Council** *n* Conselho de Segurança; ~ **forces** *n* forças *fpl* de segurança.

security guard *n* guarda *m* de segurança.

security officer *n* responsável *m* da segurança.

sedan [sɪ'dæn] *n* US limusina *f*.

sedan chair *n* liteira *f*.

sedate [sɪ'deɪt] **1** *adj* [*lifestyle, pace*] tranquilo. **2** *vtr* pôr sob o efeito de calmantes [*patient*].

sedation [sɪ'deɪʃ(ə)n] *n* sedação *f*; **to be under ~** estar sob o efeito de sedativos.

sedative ['sedətɪv] **1** *n* sedativo *m*. **2** *adj* [*effect, drug*] sedativo.

sedentary ['sedəntərɪ] *adj* [*job, lifestyle*] sedentário.

sediment ['sedɪmənt] *n* (gen) depósito *m*; GEOL sedimento *m*; (wine) borra *f*.

sedition [sɪ'dɪʃ(ə)n] *n* sedição *f*; revolta *f*.

seditious [sɪ'dɪʃəs] *adj* [*view, activity*] sedicioso, insubordinado.

seduce [sɪ'dju:s] *vtr* (lit, fig) seduzir [*person*]; **to be ~ed into doing sth** ser aliciado a fazer algo.

seducer [sɪ'dju:sə(r)] *n* sedutor *m*.

seduction [sɪ'dʌkʃn] *n* (sexual) sedução *f*; (allurement) atracção (**of** de).

seductive [sɪ'dʌktɪv] *adj* [*person*] sedutor; [*argument, case*] tentador; [*smile*] atraente.

see [si:] **1** *n* (for bishop) bispado; (for archbishop) arcebispado *m*. **2** *vtr* (*past* saw, *pp* seen) **a)** (perceive) ver (**that** que); **there's nothing to be ~n** não há nada para ver; **I must be ~ing things!** devo estar com visões! (iron); **to ~ one's way to doing sth** encontrar o meio de fazer qq coisa; **b)** (visit) visitar, ver [*person, country, building*]; (receive visit from) receber; (have appointment with) ver; **to ~ a doctor** ir ao médico; **what did you want to ~ me about?** para que é que me querias ver?; **to ~ the sights** fazer turismo; **c)** (understand) ver, compreender [*problem, advantage*]; **do you ~ what I mean?** compreendes o que eu quero dizer?; **d)** (interpret, consider) **they ~ her as their leader** eles vêem-na como a sua chefe; **e)** (note, observe) ver (**that** que); **as we have already ~n...** como já vimos...; **f)** (envisage, visualize) **I can't ~ the situation changing** não consigo imaginar que a situação possa mudar; **g)** (make sure) **to ~ (to it) that...** assegurar-se de que...; **~ (to it) that the children are in bed by nine** vê se as crianças estão na cama por volta das nove; **h)** (find out) ver; **i)** (witness) ver; (experience) conhecer; **j)** (accompany) **to ~ sb to the door** acompanhar alg até à porta. **3** *vi* (*past* **saw**, *pp* **seen**) **a)** (with eyes) ver; **I can't ~** não consigo ver; **so I ~** é o que eu estou a ver; **b)** (understand) compreender, perceber; **now ~** agora, percebo; **as far as I can ~** tanto quanto consigo compreender; **c)** (check, find out) **I'll go and ~** vou ver; **d)** (think, consider) **let me ~** vejamos ou deixa-me ver. ■ **see about**: **~ about sth** tratar de qq coisa; **to ~ about doing sth** pensar fazer qq coisa. ■ **see off**: **~ (sb) off, ~ off (sb)** despedir-se de alg. ■ **see out**: **~ (sth) out, ~ out (sth) we have enough coal to ~ the winter out** temos bastante carvão até ao fim do inverno; **to ~ (sb) out** acompanhar (alg) à porta. ■ **see through**: **~ through sb/sth** ver através de alg/algo; **~ (sth) through** levar (qq coisa) até ao fim. ■ **see to**: **~ to (sth)** providenciar, tratar de.

seed [siːd] **1** *n* **a)** Bot, Agric (gen) grão *m*; semente *f*; (of fruit) caroço *m*; pevide *f*; **b)** (- *c*) Agric (for sowing) sementes *fpl*; **to go/run to ~** (lit) (plant) produzir sementes; (fig) [*person*] estar a desleixar-se; [*organization*] estar em declínio; **c)** (fig) (beginning) germes *mpl*; **d)** Sport cabeça *f* de série; **the top ~** a primeira cabeça de série. **2** *vtr* **a)** (sow) semear [*field, lawn*] (**with** de); **b)** (*also* **deseed**) tirar a semente [*grape, raisin*]; **c)** Sport classificar (alg); **she's ~ed sixth/number six** ela foi classificada como cabeça de série número seis; **a ~ed player** um cabeça de série. **3** *vi* [*plant*] espigar, produzir semente.

seedbed *n* (lit) sementeira *f*; viveiro *m* de plantas.

seed: ~cake *n* bolo *m* com sementes aromáticas; **~ corn** *n* (lit) trigo *m*; milho *m* para semear; (fig) germes *mpl*.

seedless ['siːdlɪs] *adj* sem semente/caroço.

seedling ['siːdlɪŋ] *n* planta *f* nova.

seek [siːk] **1** *vtr* (*past, pp* **sought**) (formal *or* journ) **a)** (try to obtain, wish to have) procurar [*agreement, asylum, means, promotion, solution*]; procurar, pedir [*advice, help*]; pedir [*permission, public, inquiry, backing, redress*]; **to ~ revenge** procurar vingar-se; **b)** (look for) [*police, employer, person*] procurar [*person, object*]. **2 ~ing** (in compounds) à procura de. **3** *vi* (liter) **to ~ for/after sth** procurar algo. ■ **seek out**: **~ out (sth/sb) ~ (sth/sb) out** ir procurar, descobrir; **to ~ out and destroy** Mil localizar e destruir.

seem [siːm] *vi* **a)** (appear) parecer; **how does she ~ today?** como está ela hoje?; **I ~ to have offended him** tenho a impressão de que o ofendi; **b)** (when criticizing another) **what ~s to be the problem?** qual é o problema?; **c)** (with modal) **I just can't ~ to find the time** parece que nunca tenho tempo.

seeming ['siːmɪŋ] *adj* aparente.

seemingly ['siːmɪŋlɪ] *adv* [*unaware, oblivious*] aparentemente.

seen [siːn] *pp* see **see**.

seer ['siːə(r)] *n* vidente *m/f*.

see-through *adj* transparente.

seismic ['saɪzmɪk] *adj* Geol sísmico.

seize [siːz] **1** *vtr* **a)** (take hold of) (lit) agarrar, segurar [*person, object*]; (fig) agarrar [*opportunity, moment*]; tomar [*initiative*]; **to be ~d by/with** (fig) ser tomado de [*emotion, pain, fit of coughing*]; **b)** Mil, Pol (capture) apoderar-se de [*territory, hostage, prisoner, installation, power*]; tomar [*control*]; **c)** Jur apreender [*arms, drugs, goods, property*]; prender [*person*]. **2** *vi* [*engine, mechanism*] gripar. ■ **seize on, seize upon**: **~ (up) on (sth)** aproveitar [*idea, suggestion, offer, error*]. ■ **seize up** [*engine, mechanism*] gripar, emperrar por falta de lubrificação.

seizure ['siːʒə(r)] *n* **a)** (of territory, installation, power, control) tomada *f*; (of arms, drugs, goods, property) apreensão *f*; confisco *m*; (of person) (legal) prisão *f*; (illegal) captura *f*; **b)** Med (fig) ataque *m*.

seldom ['seldəm] *adv* raramente; **~, if ever** raramente, para não dizer nunca.

select [sɪˈlekt] **1** *adj* [*group, audience*] privilegiado; [*hotel, restaurant*] selecto, chique; **only a ~ few were invited** só alguns privilegiados foram convidados. **2** *vtr* seleccionar [*team, candidate*] (**from, among** entre); escolher [*item, gift, etc*].

select committee *n* GB comissão *f* Po, comité *m* Br especial de inquérito.

selection [sɪˈlekʃn] **1** *n* **a)** (act) (gen) selecção *f*; escolha *f* (**of** de); **to make a ~** fazer uma escolha ou uma selecção; **b)** (assortment) (of cheeses, wines, etc) sortido *m* (**of** de); (of books, records) colecção *f* (**of** de); **~s from the work of Mozart** uma selecção *f* da obra de Mozart. **2** *modif* [*committee, process*] de selecção.

selective [sɪˈlektɪv] *adj* (gen) selectivo; **she should be a bit more ~ about the friends she makes** ela devia escolher melhor os seus amigos.

selectively [sɪˈlektɪvlɪ] *adv* selectivamente, de forma selectiva.

selector [sɪˈlektə(r)] *n* **a)** GB Sport (person) seleccionador *m*; **b)** Tech (device) selector *m*.

self [self] *n* (*pl* **selves**) (gen) Psych eu *m*; (on memo etc) eu próprio; **tickets for ~ and secretary** (on memo) bilhetes para mim e para a secretária; **the conscious ~** o consciente; **he's back to his old ~ again** ele tornou-se ele próprio novamente.

self: ~-addressed *n* endereçado a si próprio; **~ adhesive** *adj* autocolante; **~-appointed** *adj* [*leader, guardian, detective*] auto designado (*after n*); **~-assurance** *n* confiança *f* em si mesmo; presunção *f*; **~-assured** *adj* [*person, performance*] cheio de confiança própria; **she is very ~-assured** ela está muito segura de si; **~-catering 1** *n* alojamento *m* com possibilidades de cozinhar. **2** *modif* [*apartment, accommodation*] com cozinha; **~-catering holiday!** férias *fpl* em apartamento; **~-confessed** *adj* declarado, reconhecido; **~-confidence** *n* autoconfiança *f*; **~-con-**

fident *adj* [*person*] seguro de si; [*attitude, performance*] cheio de segurança; **~-conscious** *adj* **a)** (shy) tímido, inseguro; **to be ~-conscious about sth/doing sth** estar inseguro em algo/ fazer algo; **b)** (deliberate) [*style, artistry*] consciente; **~-consciousness** *n* **a)** (timidity) acanhamento *m*; timidez *f*; **b)** (deliberate) consciência *f*; **~-contained** *adj* **a)** [*flat*] independente; [*project, unit*] autónomo; **b)** [*person*] reservado; **~ contradictory** *adj* [*statement, argument*] contraditório; [*person*] que se contradiz (*after n*); **~-control** *n* auto domínio *m*; **~-controlled** *adj* [*person*] senhor de si; [*behaviour, manner*] controlado; **~-critical** *adj* crítico de si mesmo, autocrítico; **~-deception** *n* ilusão *f*.
self-defeating [selfdɪˈfiːtɪŋ] *adj* inútil, absurdo (*after n*) **that would be ~** isso seria um absurdo.
self-defence GB, **self-defense** US [selfdɪˈfens] **1** *n* (gen) auto-defesa *f*; JUR legítima defesa *f*. **2** *modif* [*class, course, instructor*] de auto-defesa.
self: **~-destructive** *adj* autodestruidor; **~-discipline** *n* autodisciplina *f*; **~-drive** *adj* [*car, van*] de aluguer Po/aluguel BR sem condutor; **~-effacing** *adj* apagado, modesto.
self-employed [selfɪmˈplɔɪd] **1** *n* **the ~** os trabalhadores *mpl* independentes. **2** *adj* [*work, worker*] independente (*after n*) **to be ~** trabalhar por conta própria.
self: **~-esteem** *n* amor *m* próprio; autoestima *f*; **~-evident** *adj* evidente (*after n*).
self-explanatory *adj* explícito.
self-expression [selfɪkˈspreʃ(ə)n] *n* expressão *f* própria; **a means of ~** um meio de se exprimir.
self-help [selfˈhelp] **1** *n* **to learn ~** aprender a ser independente. **2** *modif* [*group, club, scheme, meeting*] de auxílio mútuo.
self: **~-important** *adj* (pej) [*person, manner*] presumido, presunçoso; **~-imposed** *adj* auto- -imposto; **~-indulgence** *n* complacência *f*; condescendência *f*; **~-indulgent** *adj* complacente, condescendente; **~-inflicted** *adj* auto-infligido; **~-interest** *n* (gen) (pej) interesse *m* pessoal.
selfish [ˈselfɪʃ] *adj* egoísta (**to do** fazer); **it was ~ of him to...** ele foi egoísta ao....
selfishness [ˈselfɪʃnɪs] *n* egoísmo *m*.
selfless [ˈselflɪs] *adj* [*person*] altruísta, generoso; [*action, devotion*] desinteressado.
self: **~-loading** *adj* [*gun, rifle*] automático; **~-locking** *adj* com fecho automático.
self-made [ˈselfmeɪd] *adj* que se fez por si mesmo (*after n*) **~ man** *m* self-made man *m* (que venceu pelos próprios esforços).
self: **~-opinionated** *adj* (pej) teimoso, obstinado; **~-pity** *n* auto-comiseração *f*; **~-portrait** *n* auto- -retrato *m*; **~-possessed** *adj* [*person*] senhor de si; [*performance, behaviour*] seguro.
self-preservation [self preʒəˈveɪʃ(ə)n] *n* auto- conservação *f*.
self: **~-raising (flour)** GB **~-rising (flour)** US *n* farinha com fermento; **~-reliant** *adj* autoconfiante; **~-restraint** *n* autodomínio *m*; **~-righteous** *adj* (pej) satisfeito consigo próprio; **~-righteousness** *n* autossatisfação *f*; **~-sacrifice** *n* abnegação *f*; **~-sacrificing** *adj* [*person*] cheio de abnegação; [*gesture, manner*] de abnegação; **~ same** *adj* mesmo (*after n*); **~-satisfied** *adj* (pej) satisfeito consigo mesmo; **~-seeking** *adj* (pej) egoísta.

self-service [selfˈsɜːvɪs] **1** *n* auto-serviço *m*. **2** *adj* de auto-serviço.
self: **~-styled** *adj* pretenso, autonomeado; **~-sufficiency** *n* autosuficiência *f*.
self-sufficient [selfsəˈfɪʃ(ə)nt] *adj* autosuficiente (**in** em).
self-supporting [selfsəˈpɔːtɪŋ] *adj* **a)** [*person, business*] financeiramente independente; **b)** [*structure, shelves*] independente.
self-taught [selfˈtɔːt] *adj* [*person*] autodidacta.
self: **~-will** *n* (pej) obstinação *f*; **~-willed** *adj* [*person*] obstinado; [*obstinacy*] tenaz.
sell [sel] **1** *n* (coll) (deception, disappointment) decepção *f*; desilusão *f*; desapontamento *m*; **it was a real ~!** fui levado! (fam). **2** *vtr* (*past, pp* **sold**) **a)** (gen) COMM [*person, shop, dealer, salesman, etc*] vender [*goods, article, house, car, etc*]; **"stamps sold here"** "vendem-se selos"; **to ~ sth to sb, to ~ sb sth** vender algo a alg; **to ~ sth for £3** vender algo por 3 libras; **to ~ sth back** revender qq coisa (**to** a); **b)** (promote the sale of) [*name, quality, scandal, reputation*] fazer vender [*product, book, film, newspaper*]; **her name will help to ~ the film** o nome dela (no genérico) vai promover a venda do filme; **c)** (put across, make attractive) [*person, campaign, government*] fazer passar, vender (pej) [*idea, change, policy, party*]; **d)** (surrender, betray) trair [*honour, integrity, reputation, country*]. **3** *vi* (*past, pp* **sold**) **a)** [*person, shopkeeper, dealer*] vender; **"by June 27"** "data limite de venda ao público: 27 de Junho"; **b)** [*goods, product, house, book*] vender-se; **the new moral is ~ing well** o novo modelo está-se a vender bem. ▪ **sell off:** **~ (sth) off, ~ off (sth)** (gen) liquidar [*goods, stock*]; (in sale) saldar [*goods, stock*]. ▪ **sell-out a)** [*play, film, show*] esgotar; **b)** (betray one's principles) virar a casaca (fam); **c)** COMM (of company, shares) vender a sua parte (num negócio). ▪ **sell up** vender tudo; **~ up (sth)** vender [*business, property*].
sell-by-date *n* data *f* limite de venda ao público.
seller [ˈselə(r)] *n* **a)** (person) vendedor *m*; **b)** (product, book, etc) **it's a good/poor ~** vende-se bem/mal.
selling [ˈselɪŋ] *n* venda *f*; **telephone ~** venda por telefone.
selling point *n* argumento *m* convicente para vender qq coisa.
Sellotape ® [ˈseləʊteɪp] *n* fita-cola *f*.
sell out *n* **a)** **the show was a ~** o espectáculo esgotou completamente; **the product has been a ~** o produto tem-se vendido muito bem; **b)** (coll) (betrayal) traição *f*.
selves [selvz] *pl* see **self**.
semantic [sɪˈmæntɪk] *adj* semântico.
semantics [sɪˈmæntɪks] *n* (subject) (+ *v sg*) semântica *f*.
semblance [ˈsembləns] *n* aparência *f*.
semi [ˈsemɪ] **1** (coll) *n* **a)** (house) casa *f* geminada; **b)** US AUT semi-reboque *m*. **2** *prep* **a)** semi-; **b)** (partly) mais ou menos.
semi: **~breve** *n* GB MUS semibreve *f*; **~circle** *n* semicírculo *m*; **~circular** *adj* semicircular; **~colon** *n* ponto-e-vírgula *m*; **~conscious** *adj* semiconsciente; **~-detached (house)** *n* casa *f* germinada; **~final** *n* meia final *f*; **~finalist** *n* (player)

semifinalista; ~**literate** *adj* quase analfabeto, meio analfabeto.

seminal ['semɪnl, 'siːmɪnl] *adj* **a)** [*book, thinker, influence*] determinante; **b)** PHYSIOL seminal; ~ **fluid** líquido *m* seminal.

seminar ['semɪnɑː(r)] *n* seminário *m* (**on** sobre).

semiprecious [semɪ'preʃəs] *adj* semiprecioso.

semiquaver *n* GB MUS semicolcheia *f*.

semiskilled *adj* [*work*] especializado; ~ **worker** (*n*) trabalhador *m* especializado.

semitone *n* GB meio-tom *m*; semitom *m*.

semolina [semə'liːnə] *n* sêmola *f*.

Sen a) abrev = **senator**; **b)** abrev = **senior**.

senate ['senət] *n* **a)** HIST, POL senado *m*; **the Roman S~** HIST o Senado Romano; **b)** UNIV senado *m* universitário.

senator ['senətə(r)] *n* senador *m* (**for** de).

send [send] *vtr* (*past, pp* **sent**) **a)** (dispatch) (gen) enviar, mandar [*letter, parcel, goods, message, person*]; **to ~ sth to sb, to ~ sb sth** enviar qq coisa a alg; **to ~ sb home** (from school, work) mandar alg para casa; **to ~ sb to prison/ boarding school** pôr alg na prisão/num colégio interno; ~ **her my love!** dá-lhe um beijo da minha parte; **to ~ word that...** mandar dizer que...; **b)** (cause to move) **the noise sent people running in all directions** o barulho fez as pessoas correrem em todas as direcções; **c)** (cause to become) pôr; **to ~ sb mad** pôr alg doido; **to ~ sb to sleep** adormecer alg; **to ~ sb into fits of laughter** fazer alg escangalhar-se a rir (fam); **d)** (coll) (excite) **this music really ~s me!** esta música faz-me vibrar!. ■ **send away**: ~ **away for sth** encomendar qq coisa por correspondência; ~ **(sb/sth) away** mandar embora (alg/algo). ■ **send down**: ~ **(sb) down a)** GB UNIV expulsar alg da universidade; **b)** (coll) (put in prison) meter na prisão. ■ **send for**: ~ **for sb/sth** mandar chamar [*doctor, taxi, plumber*]; pedir [*reinforcements*]. ■ **send in**: ~ **(sb/sth) in,** ~ **in (sb/sth)** entregar [*letter, form*]; enviar [*police, troops*]; mandar entrar [*visitor*]. ■ **send off**: ~ **off for sth** encomendar qq coisa por correspondência; ~ **(sb/sth) off,** ~ **off (sb/sth) a)** (post) expedir [*letter, parcel, form*]; **b)** SPORT expulsar [*player*] (**for sth** por qq coisa; **for doing** por ter feito). ■ **send on**: ~ **(sth) on,** ~ **on (sth) a)** (send in advance) expedir com antecedência [*luggage*]; **b)** (forward) fazer seguir [*letter, mail*]. ■ **send out**: ~ **out for sth** mandar buscar qq coisa; ~ **(sth) out,** ~ **out (sth) a)** (post) expedir [*letters*]; **b)** (emit) emitir [*light, heat, flames*]; (produce) [*tree, plant*] dar [*leaf, bud*]; ~ **(sb) out** mandar para a rua [*pupil*]. ■ **send round**: ~ **(sb/sth) round,** ~ **round (sb/sth) a)** (circulate) fazer chegar a [*letter, memo, etc*]; **b)** (cause to go) mandar [*person*]. ■ **send up** (coll): ~ **(sb/sth) up,** ~ **up (sb/sth) a)** GB (parody) parodiar [*person, institution*]; **b)** (coll) US (put in prison) pôr (alg) na prisão.

sender ['sendə(r)] *n* remetente *m/f*.

send: ~-**off** *n* adeus *m*; ~-**up** *n* paródia *f*.

senile ['siːnaɪl] *adj* senil (also pej).

senior ['siːnɪə(r)] **1** *n* **a)** (older person) o mais velho *m*; ~ **to be sb's** ~ **by ten years** ser dez anos mais velho do que alguém; **b)** (superior) superior *m/f*; **c)** GB SCHOL aluno *m* das classes mais adiantadas; **d)** SPORT sénior *m*. **2** *adj* **a)** (older) [*person*] mais velho; [*organization*] mais antiga; **to be** ~ **to sb** ser mais velho que alguém; **Mr. Becket** ~ o Sr. Becket pai; **b)** (superior) [*person*] de categoria superior; [*colleague*] mais antigo; [*figure, member*] predominante.

senior citizen *n* SOC ADMIN idoso *m*; ~ **officer** *n* **a)** (in gb police) oficial *m/f* superior da polícia; **b)** GB SOC ADMIN alto funcionário *m*; ~ **partner** *n* sócio *m* principal; ~ **school** *n* (secondary school) liceu *m*; escola *f* secundária.

seniority [siːnɪ'ɒrɪtɪ] *n* **a)** (in years) idade *f*; **in order of** ~ por ordem de idade; **b)** (in rank) estatuto *m* superior; **in order of** ~ por ordem hierárquica.

sensation [sen'seɪʃ(ə)n] *n* **a)** (capacity to feel) sensação *f*; **b)** (physical feeling) sensação *f* (**of** sth de algo); **c)** (impression) impressão *f* (**of doing** de fazer; **that** que); **d)** (stir) sensação *f*; **to cause/create a** ~ fazer sensação; **e)** (coll) (person) **on stage he's a** ~ em cena, ele é formidável.

sensational [sen'seɪʃənl] *adj* **a)** (dramatic) [*discovery, event, development*] sensacional; **b)** (sensationalist) (pej) [*allegation, news*] sensacionalista; ~ **story** história sensacionalista (pej); **c)** (coll) (emphatic) sensacional.

sense [sens] **1** *n* **a)** (faculty) sentido *m*; **to dull/ sharpen the ~s** embotar/apurar os sentidos; **the** ~ **of hearing/sight/smell/taste/touch** o sentido do ouvido/da vista/do olfacto/do gosto/do tacto; **b)** (fig) (ability to appreciate) sentido *m*; **a** ~ **of direction/rhythm** o sentido da orientação/do ritmo; **c)** (feeling) sensação *f*; **a** ~ **of failure** uma sensação de fracasso; **d)** (practical quality) bom senso *m*; **to have more** ~ **than to do** ter suficiente bom senso para não fazer; **e)** (reason) **there's no** ~ **in waiting** não faz sentido esperar; **what he said didn't make much** ~ **to me** o que ele disse não faz sentido para mim; **f)** (meaning) LING (gen) sentido *m*; **in the** ~ **that...** no sentido em que...; **they are in no** ~ **democratic** eles não são, de modo nenhum, democráticos; **g)** (opinion) opinião *f* geral. **2 senses** *npl* (normal state of mind) juízo *m*; **to bring sb to his ~s** chamar alg à razão. **3** *vtr* **a)** (be aware of) **to** ~ **(that)...** aperceber-se de que...; **to** ~ **danger/ hostility** sentir perigo/hostilidade; **b)** (detect) [*machine*] detectar [*heat, light*]; **c)** COMPUT (local position of) detectar [*piece of hardware*]; **d)** COMPUT (read) ler [*data*]. **IDIOMAS to talk** ~ falar seriamente, dizer coisas acertadas; **to see** ~ ver que qq coisa faz sentido, reconhecer a validade duma opinião.

senseless ['senslɪs] *adj* **a)** (pointless) [*violence, killing*] gratuito, sem sentido; [*idea, discussion*] absurdo; [*act, waste*] insensato; **b)** (unconscious) inconsciente.

sensible ['sensɪbl] *adj* **a)** (showing common sense) [*person, idea, attitude*] razoável, sensato; [*policy, solution, reform, investment*] judicioso; [*diet*] inteligente; **b)** (practical) [*shoes, coat, underwear*] prático; **c)** (perceptible) sensível, perceptível; **d)** (arch *or* liter) (aware) ~ **of sth** consciente de qq coisa, sensível a qq coisa.

sensibly ['sensɪblɪ] *adv* [*eat, dress, act, talk*] de forma razoável; [*dressed, equipped*] de maneira prática; [*chosen, managed, organised*] de forma sensata; ~ **priced** a um preço razoável.

sensitive ['sensɪtɪv] *adj* **a)** (easily affected) [*skin, instrument, nerve, plant, area*] sensível (**to** a); **b)** (delicate) [*situation*] delicado; [*discussions, issue, job*] difícil; **c)** (confidential) [*information, material*] confidencial.

sensitivity [sensɪ'tɪvɪtɪ] *n* sensibilidade *f* (**to** a).

sensitize ['sensɪtaɪz] *vtr* sensibilizar.

sensor ['sensə(r)] *n* detector *m*.

sensory ['sensərɪ] *adj* [*nerve, organ, impression*] sensorial.

sensual ['sensjʊəl] *adj* sensual.

sensuous ['sensjʊəs] *adj* sensual, voluptuoso.

sent [sent] *past, pp* see **send**.

sentence ['sentəns] **1** *n* **a)** JUR sentença *f*; pena *f*; **to pass ~ on sb** pronunciar uma sentença contra alg; **b)** LING frase *f*. **2** *vtr* condenar (**to** a; **to do** a fazer; **for** por).

sentiment ['sentɪmənt] *n* **a)** (feeling) sentimento *m*; **public ~** sentimento geral (**for, towards** para com); **b)** (opinion) opinião *f*; **c)** (sentimentality) sentimentalismo *m*.

sentimental [sentɪ'mentl] *adj* sentimental.

sentinel ['sentɪnl] *n* (guard) sentinela *f*; **to stand ~** estar de sentinela.

sentry ['sentrɪ] *n* sentinela *f*.

sentry box *n* guarita *f*.

separable ['sepərəbl] *adj* separável (**from** de).

separate 1 separates ['sepərəts] *npl* FASHN duas--peças *m* que se pode usar em conjunto ou separadamente. **2** ['sepərət] *adj* **a)** (+ *n sg*) [*piece, section, organization, occasion*] outro; [*problem*] separado; [*identity*] próprio (*before n*); **the flat is ~ from the rest of the house** o apartamento é independente do resto da casa; **b)** (+ *npl*) [*pieces, sections, issues, problems, etc*] diferente, separado; [*organizations, agreements, treaties*] distinto; **they have ~ rooms** eles têm quartos separados. **3** ['sepərət] *adv* **keep the knives ~ from the forks** guarde as facas separadas dos garfos; **keep the knives ~** guarde as facas separadamente. **4** ['sepəreɪt] *vtr* **a)** (divide) [*wall, river*] separar [*country, community*]; [*intolerance, belief*] dividir [*people*]; separar [*milk, egg*]; **to be ~d by sth** (by wall, river) estar separado por qq coisa; (by intolerance, belief) estar dividido por qq coisa; **to ~ sb from sb** [*belief, disapproval*] afastar alg de alg; **b)** (*also ~ out*) (sort out) separar [*people*]. **5** ['sepəreɪt] *vi* (all contexts) [*person, couple, object*] separar-se (**from** de). **6 separated** ['sepəreɪtɪd] *pp adj* [*person, couple*] separado.

separately ['sepərətlɪ] *adv* separadamente.

separation [sepə'reɪʃn] *n* separação *f* (**from** de).

separatist ['sepərətɪst] *n, adj* separatista *m/f*.

sepia ['siːpɪə] *n* **a)** (colour) sépia *f*; **b)** (cuttlefish) choco *m*.

Sept abrev = **September**.

September [sep'tembə(r)] *n* Setembro *m*.

septic ['septɪk] *adj* infectado, séptico; **to go** *or* **turn ~** infectar-se.

septic tank *n* fossa *f* séptica.

sepulchre (formal) GB, **sepulcher** US ['sepːlkə(r)] *n* túmulo *m*.

sequel ['siːkwl] *n* (film, book) continuação *f* (**to** sth a algo).

sequence ['siːkwəns] *n* **a)** (of events, problems) sucessão *f*; (photos, pictures) série *f*; **the ~ of events** a sequência dos acontecimentos; **b)** (order) ordem *f*; **c)** (in film) sequência *f*; **the dream ~** a cena do sonho; **d)** (dance) número *m* de dança; **e)** (of notes, chords) sequência *f*; **f)** COMPUT sequência *f*; **g)** (in card game) sequência *f*.

sequin ['siːkwɪn] *n* lantejoula *f*; lamela *f*.

serene [sɪ'riːn, sə'riːn] *adj* sereno.

serenity [sɪ'renɪtɪ, sə'renɪtɪ] *n* serenidade *f*.

sergeant ['sɑːdʒ(ə)nt] *n* MIL sargento *m*.

sergeant major *n* GB primeiro sargento *m*.

serial ['sɪərɪəl] **1** *n* **a)** TV, RADIO, PUBLG (story) folhetim *m*; novela *f*; série *f*; **TV ~** telenovela *f*; série *f*; **b)** PUBLG fascículo *m*. **2** *adj* COMPUT [*access, computer*] em série, sequencial; [*input/output, printer, transfer*] sequencial.

serial number *n* (of machine, car, etc) número *m* de série.

series ['sɪəriːz, 'sɪərɪz] *n* (*pl ~*) **a)** (gen) série *f* (**of** de); **b)** RADIO, TV, LITERAT série *f* (**about** sobre); **c)** ELEC, ELECTRON série *f*.

serious ['sɪərɪəs] *adj* **a)** (not frivolous or light) [*person, expression, discussion, issue, offer*] sério; [*work, literature, actor, scientist, survey*] importante, de qualidade; [*attempt, concern*] real; [*intention*] firme; **to be ~ about sth** levar qq coisa a sério; **to be ~ about doing sth** querer mesmo fazer qq coisa; **to be ~ about sb** ser sincero com alg; **to give ~ thought to sth** pensar seriamente em qq coisa; **there's no ~ case for arguing that** não há motivo verdadeiro para sustentar que; **you can't be ~** não estás a falar a sério; **to make/spend ~ money** (coll) ganhar/gastar muito dinheiro; **b)** (grave, giving cause for concern) [*accident, condition, illness allegation, crisis, error, problem*] grave; [*concern, doubt, misgiving*] sério; **nothing ~, I hope** nada e grave, espero; **this is a very ~ matter** este é um assunto muito grave.

seriously ['sɪərɪəslɪ] *adv* **a)** (earnestly, not in jest) [*speak, write, think, listen*] seriamente; **are you ~ suggesting that...** estás mesmo a sugerir que...; **but, ~** fora de brincadeira,... (fam); **to take sb/sth ~** levar alg/algo a sério; **he takes himself too ~** ele toma tudo muito a sério; **b)** (gravely) [*ill, injured, divided, at risk*] gravemente; [*mislead, underestimate*] verdadeiramente; **c)** (coll) (extremely) [*boring, funny*] extremamente.

seriousness ['sɪərɪəsnɪs] *n* **a)** (of person, film, treatment, study, approach) seriedade *f*; (of tone, air, occasion, reply) gravidade *f*; (of intention) sinceridade *f*; **in all ~** muito seriamente; **b)** (of illness, damage, allegation, problem, situation) gravidade *f*.

sermon ['sɜːmən] *n* sermão *m* (also fig).

serpent ['sɜːpənt] *n* (liter) serpente *f*.

serrated [se'reɪtɪd] *adj* serrilhado, dentado; **~ knife** faca *f* com serrilha.

serum ['sɪərəm] *n* soro *m*.

servant ['sɜːvənt] *n* **a)** (in house hold) criado *m*; empregado *m*; doméstico; **domestic ~** empregado *m* doméstico; **to keep a ~** ter empregado, doméstico; **b)** (fig) servo, criado.

servant girl *n* criada *f*.

serve [sɜ:v] **1** *n* SPORT serviço *m*; **it's my** ~ **sou**
eu a servir; **he has a good** ~ ele tem um bom
serviço. **2** *vtr* **a)** (work for) servir [*God, king,
country, community, cause, ideal, public, company*]; trabalhar para, estar ao serviço de [*employer, family*]; **to** ~ **sb/sth well** prestar bons
serviços a alg/algo; **b)** (attend to customers) servir, atender; **are you being** ~**ed?** está a ser servido/atendido?; **c)** CULIN, RELIG servir [*client,
guest, meal, dish, mass*]; **to** ~ **sb with sth** servir
algo a alg; **we can't** ~ **them chicken again!**
não lhes podemos servir frango outra vez!; ~**s
four** (recipe) para quatro pessoas; **d)** (provide
facility) [*public utility, power station, reservoir*]
alimentar; [*public transport*] servir; [*library,
sports facilities*] estar à disposição de; **e)** (satisfy) servir [*interests*]; satisfazer [*needs*]; **f)** (function) ser útil; **this old pen/my sense of direction has** ~**d me well** a minha velha caneta/o
meu sentido de orientação foi-me muito útil; **to**
~ **sb as sth** servir de algo a alg; **to** ~ **a purpose/
function** ser útil; **to** ~ **no (useful) purpose** não
servir para nada; **what purpose is** ~**d by separating them?** de que serve separá-los?; **to** ~
the/sb's purpose/turn bastar a alg; **g)** (spend
time) **to** ~ **a term** POL cumprir um mandato; **to**
~ **one's time** (in army) cumprir o seu tempo de
serviço; (in prison) cumprir a sua pena; **to** ~ **a
sentence/five years** cumprir uma pena/cinco
anos de prisão; **h)** JUR passar [*injunction*] (on sb
a alg); enviar [*writ*] (on sb a alg); entregar
[*summons*] (on sb a alg); **to** ~ **notice of sth on
sb/to** ~ **sb with sth** (also fig) notificar alg de algo; **i)** SPORT servir [*ball, ace*]; **j)** VET cobrir
[*cow, mare*]. **3** *vi* **a)** (in shop, church) servir; (at
table) servir, atender; **b)** (on committee, in government) exercer as suas funções (**as** de, como; **to** ~ **on** ser membro de [*committee, board,
jury*]; **c)** MIL servir, cumprir serviço militar (**in,
with sth** em qq coisa; **in** em; **as** como; **under**
sob; **with sb** com alg); **d)** (meet a need) servir,
convir; **to** ~ **as sth** servir como algo; **this
should** ~ **as a warning** isto deveria servir de
aviso; **it** ~**s to show...** isto serve para mostrar...;
e) SPORT servir (**for sth** para qq coisa); **Schaffer
to** ~ Schaeffer a servir. ■ **serve out**: ~ **out
(sth),** ~ **(sth) out a)** CULIN servir [*meal, food*]
(**to** a); distribuir [*rations, provisions*]; **b)** (finish)
terminar [*term of duty*]; cumprir [*prison sentence*].
■ **serve up** CULIN servir; ~ **up (sth),** ~ **(sth) up
a)** CULIN servir; **to** ~ **sth up again** voltar a servir qq coisa; **b)** (coll, fig, pej) passar [*fashion,
idea, programme, policy*]; dar [*excuse*].
service ['sɜ:vɪs] **1** *n* **a)** ADMIN (department) serviço *m*; **(accident and) emergency** ~ serviço *m*
de urgências; **b)** (gen) AMDIN, MIL (work, period
of work done) serviço (**in** em; **to** de); **I'm at
your** ~ estou ao seu serviço/à sua disposição; **to
put/place sth at sb's** ~ pôr alg ao serviço de
alg; **he gave his life in the** ~ **of his country** ele
deu a vida por servir o seu país; **to be in** ~ HIST
trabalhar como doméstico; **c)** COMM (customer
case) serviço *m* (**to** a); **to get good/bad** ~ ser
bem/mal servido; **we add on 15 % for** ~ nós
adicionamos 15 % para o serviço; **d)** (from
machine, vehicle, product) uso *m*; **to give good/**

long ~ **(machine)** funcionar bem/durante muito
tempo; [*vehicle, product, garment*] durar muito;
I've had years of ~ **from that car** aquele carro
durou-me anos; **it went out of** ~ **years ago** já
não está em serviço há anos *f*; (transport facility) serviço *m* (**to** para); **to run a regular** ~ assegurar um serviço regular; **an hourly bus** ~
um autocarro Po/ônibus BR de hora a hora; **the
no 28 bus** a linha 28 do autocarro; **e)** AUT, TECH
(overhaul) revisão *f*; **the photocopier is due
for/needs a** ~ a fotocopiadora necessita de uma
revisão; **f)** RELIG serviço *m*; culto *m*; oficio *m*;
marriage ~ cerimónia *f* de casamento; **g)** (crockery) serviço *m*; **h)** SPORT serviço *m*; **your** ~**!** o
serviço é teu!/estou a serviço; **i)** JUR notificação
f; intimação *f*. **2 services** *npl* **the** ~**s** MIL, NAUT
exército *m*; marinha *f*. **3** *modif* MIL [*gun*] de
guerra; [*pay, pension*] militar; [*personnel*] do
exército; [*life*] no exército; ~ **dress** farda *f*. **4** *vtr*
a) AUT, TECH (maintain, overhaul) fazer uma revisão de [*vehicle*]; assegurar a manutenção de
[*machine, boiler*]; **b)** FIN assegurar o serviço de
[*debt, loan*]; **c)** VET cobrir [*cow, mare*].
serviceable ['sɜːsɪsəbl] *adj* (usable) utilizável,
útil; (practical) prático.
service: ~ **area** *n* área *f* de serviço; ~ **charge** *n*
serviço *m*; ~ **industry** *n* COMM sector *m* terciário; ~**man** *n* (*pl* **-men**) militar *m*; ~ **station** *n* estação *f* de serviço; posto *m* de serviço.
serving ['sɜ:vɪŋ] **1** *n* CULIN (helping) porção *f*;
enough for four ~**s** suficiente para quatro pessoas. **2** *adj* [*officer*] MIL em actividade; [*official,
chairman etc*] ADMIN em exercício.
serving: ~ **dish** *n* prato *m* de serviço; ~ **hatch** *n*
postigo *m* para passar a comida; ~ **spoon** *n* colher *f* de serviço.
session ['seʃn] *n* **a)** POL, ADMIN, JUR (term or sitting) sessão *f*; **the court is in** ~ JUR o tribunal
encontra-se em sessão; **b)** (gen) (meeting) **we
had a** ~ **on fire safety at work** tivemos uma
reunião sobre a prevenção de incêndios no local
de trabalho; **c)** SCH (year) ano *m* lectivo; US
(term) período *m* (escolar); GB (period of
lessons) turno *m*; **d)** MUS, SPORT sessão *f*.
set [set] **1** *n* **a)** (collection) (of keys) jogo *m*; (of
coins, stamps, magazines) colecção *f*; (of cutlery)
talher *m*; **they're sold in** ~**s of 10/12** são
vendidos em conjuntos de 10/12; **b)** (kit, game)
a draughts ~ um jogo de damas; **c)** (pair) **a** ~
of sheets um jogo de lençóis; **one** ~ **of grand-
parents lives in Canada** dois dos meus avós
vivem no Canadá; **d)** SPORT (of tennis) set *m*;
partida *f*; **e)** (television) aparelho *m*; **TV** ~ aparelho de televisão; **f)** (group) grupo *m*; **the
smart** *or* **fashionable** ~ a alta roda; **he's not
part of our** ~ ele não faz parte do nosso grupo;
g) THEAT, CIN, TV cenário *m*; **on the** ~ THEAT no
palco; CIN, TV em cena; **h)** MATH conjunto *m*;
i) GB SCH grupo *m*; **j)** (hair-do) mise *f*; **k) to
have a shampoo and** ~ lavar a cabeça e fazer
uma mise; **l)** HORT enxerto *m*; **m)** (direction)
direcção *f*. **2** *adj* **a)** (fixed) [*pattern, procedure,
rule, task*] determinado; [*time, price*] fixo;
[*menu*] a preço fixo (*never pred*) [*formula*] feito; **I had no** ~ **purpose in arranging the meeting** não tinha um objectivo preciso quando organizei esta reunião; **a** ~ **phrase** *or* **expression**

uma frase feita; **to be ~ in one's ideas** *or* **opinions** ter ideias ou opiniões bem definidas; **b)** (stiff) *[expression, smile]* fixo, hirto; **c)** (prescribed) *[book, text]* programado; **there are five ~ topics on the history syllabus** há cinco temas obrigatórios no programa de história; **d)** (ready) pronto (**for** para); **to be (all) ~ to leave/start** estar pronto para partir/começar; **e)** (determined) **to be (dead) ~ against sth/doing sth** opor-se totalmente a qq coisa/à ideia de fazer qq coisa; **to be ~ on sth/doing sth** estar absolutamente decidido a qq coisa/a fazer qq coisa; **f)** (likely) **they're ~ to win/lose** parece que eles vão ganhar/perder; **g)** (firm) *[jam, jelly]* firme, consistente; *[cement]* duro; *[honey]* espesso. **3** *vtr* (*past, pp* **set** *pres p* **-tt-**) **a)** (place, position) colocar *[chair, ornament]* (**on** sobre, em cima de); postar *[guard, sentry]*; montar, encostar *[gem]* (**in** em); **to ~ sth against a wall** encostar qq coisa a uma parede *[bike, ladder]*; **to ~ sth before sb** (lit) pôr qq coisa em frente de alg *[food, plate]*; (fig) apresentar qq coisa a alg *[proposals, findings]*; **to ~ sth in the ground** espetar qq coisa no solo *[stake]*; **to ~ sth straight** (lit) (align) endireitar (qq coisa) *[painting]*; (fig) (tidy) arrumar *[papers, room]*; **to ~ matters** *or* **the record straight** pôr os assuntos em ordem; **a necklace ~ with rubies** um colar com rubis encastoados; **b)** (prepare) pôr *[table]*; armar *[trap]*; **to ~ the stage** *or* **scene for sth** (fig) preparar o lugar para qq coisa *[encounter, match]*; **to ~ one's mark** *or* **stamp on sth** deixar a sua marca em qq coisa; **c)** (establish) fixar, marcar *[date, deadline, place, price, target]*; lançar *[fashion, trend]*; estabelecer *[precedent, record]*; **~ a good/bad example to sb** constituir um bom/mau exemplo para alg; **d)** (adjust) acertar *[clock]*; pôr a funcionar *[video]*; **to ~ the oven to 180.°** pôr o forno a 180.°; **to ~ the alarm for 7 am** pôr o despertador para as 7 da manhã; **e)** (start) **to ~ sth going** pôr a funcionar *[machine, motor]*; **to ~ sb laughing** fazer rir alg; **f)** (direct) **to ~ sb on the right track** pôr alg no bom caminho; **g)** (impose, prescribe) dar, passar *[homework]*; pôr *[problem]*; **to ~ an exam** preparar as questões para um exame; **h)** CIN, LIT, THEAT, TV situar; **to ~ a book in 1960** situar um livro em 1960; **the film is ~ in Munich** o filme passa-se em Munique; **i)** **to ~ sth to music** MUS pôr em música *[lyrics, libretto]*; **j)** PRINT compor *[text, type]* (**in** em); **k)** MED imobilizar *[bone, broken leg]*; **l)** (style) **to ~ sb's hair** fazer uma mise a alg; **m)** (cause to harden) tornar firme *[jam, concrete]*; **n)** (esteem) **to ~ sb above/below sb** colocar alg acima/abaixo de outra pessoa; **o)** GB SCH agrupar por níveis *[pupils]*. **4** *vi* (*past, pp* **set** *pres p* **-tt-**) **a)** (go down) *[sun]* pôr-se; **b)** (harden) *[jam]* solidificar; *[concrete]* endurecer; *[glue]* secar; **c)** *[fracture, bone]* soldar-se. **5** *v refl* **to ~ oneself sth** fixar para si *[goal, target]*. IDIOMAS (coll) **to be well ~-up** (financially) ter dinheiro; (physically) *[woman]* ter um corpo bem proporcionado; (coll) **to make a (dead) ~ at sb** tentar atacar alg. ▪ **set about**: **~ about doing** começar a fazer; (coll) **~ about (sb)** atacar alg (**with** com); **~ (sth) about** fazer correr *[rumour, story]*. ▪ **set against**: **~**

sb against (sb/sth) pôr alg contra alg/algo; **~ oneself against sth** opor-se a qq coisa; **~ sth against sth** (compare) comparar uma coisa a outra. ▪ **set apart**: **~ (sb/sth) apart, ~ apart (sb/sth)** distinguir (alg/algo) de. ▪ **set aside**: **~ (sth) aside, ~ aside (sth) a)** (put down) pôr de lado *[book, knitting]*; **b)** (reserve) reservar *[area, day, hour, room]*; pôr de lado *[money, stock]*; **c)** (disregard) não considerar *[differences, prejudices]*; **d)** ADMIN, JUR rejeitar *[decision, request, verdict]*. ▪ **set back**: **~ (sth) back a)** (position towards the rear) recuar *[chair, table]*; **b)** (adjust) atrasar *[clock, watch]*; (delay) atrasar *[production, work, recovery]*; (coll) **~ sb back** custar os olhos da cara (fam). ▪ **set by**: **~ (sth) by, ~ by (sth)** pôr (qq coisa) de lado. ▪ **set down**: **~ (sb/sth) down** apear *[passenger]*; pousar *[suitcases, vase]*; **~ down (sth) a)** (establish) estabelecer *[code of practice, conditions, criteria]*; **b)** (record) registar *[event, fact]*; **to ~ down one's thoughts** escrever os seus pensamentos; **c)** (land) pousar *[helicopter]*. ▪ **set forth a)** (leave) *[explorer]* partir; **b)** (state) expor *[findings, facts]*; apresentar *[argument]*. ▪ **set in** (begin) *[infection, gangrene]* declarar-se; *[complications]* sobrevir; *[winter]* chegar; *[depression, resentment]* instalar-se. ▪ **set off** partir (**for** para); **~ (off) sth, ~ (sth) off a)** (trigger) accionar *[alarm]*; fazer explodir *[bomb]*; desencadear *[riot, row, panic]*; **b)** (enhance) salientar, realçar *[colour, dress, tan]*; **~ (sth) off against profits** deduzir (qq coisa) dos lucros. ▪ **set on**: **~ on (sb)** atacar alg; **~ (sb) onto sb** *or* **sb's track** pôr alg na pista de alg. ▪ **set out** fazer-se à estrada, partir (**for** para; **to do** para fazer); **~ out to do a)** (intend) *[book, report, speech]* ter por objectivo; *[person]* tencionar fazer; **b)** (start) começar por fazer; **~ (sth) out, ~ out (sth) a)** (spread out) dispor *[goods, food, books, chairs]*; preparar *[board game]*; organizar *[information]*; **b)** (state, explain) apresentar *[conclusions, ideas, proposals]*; formular *[objections]*. ▪ **set to** começar qq coisa com entusiasmo. ▪ **set up** (establish oneself) *[business person, trader]* estabelecer-se; **to ~ up on one's own** estabelecer-se por conta própria; **to ~ up home** *or* **house** instalar-se; **~ (sth) up, ~ up (sth) a)** (erect) montar *[exhibition stand, market stall]*; montar *[equipment, easel]*; erguer *[statue]*; **to ~ up a camp** instalar um acampamento; **b)** (prepare) preparar *[experiment, goal, try]*; formar *[support group]*; constituir *[committee, commission]*; abrir *[fund]*; lançar *[initiative, scheme]*; **d)** (start) provocar *[vibration, reaction]*; **e)** (organize) organizar *[conference, meeting]*; **f)** PRINT compor *[page]*; **~ (sb) up a)** (establish in business) estabelecer-se; **b)** (improve one's health, fortune) recompor-se; **c)** (coll) GB (trap) *[police]* montar uma armadilha Po/arapuca BR a *[criminal]*. ▪ **set upon**: **~ upon (sb)** atacar alg.

set: **~back** *n* **a)** (gen) MIL revés *m* (**for** para); **b)** FIN recuo *m*; **~ piece 1** *n* **a)** THEAT cenário *m* móvel; **b)** MUS estrutura *f* formal; tema *m* base; **c)** (firework display) espectáculo *m* de figo de artifício. **2 ~piece** *modif* *[manoeuvre, offensive]* preparado antecipadamente; **~ point** *n* bola *f* de set.

settee [se'ti:] *n* sofá *m*; canapé *m*.

setting ['setɪŋ] *n* **a**) (location) (for a building) local *m*; localização *f*; (for event) cenário *m*; **b**) CIN, LIT, THEAT, TV cenário *m*; **the ~ for the film is Rome** o filme passa-se em Roma; **c**) (in jewellery) engaste *m*; **d**) (position on a dial) posição *f*; **put the iron on the highest ~** põe o ferro de engomar no máximo; **e**) **the ~ of the sun** ASTRON, METEOROL pôr do sol; **f**) PRINT composição *f*.

settle ['setl] **1** *n* assento *m* de madeira de espaldar alto. **2** *vtr* **a**) (position comfortably) instalar [*rucksack, child*]; **to ~ a child on one's lap** pôr uma criança ao colo; **b**) (calm, relieve) acalmar [*stomach, nerves*]; dissipar [*qualms*]; **c**) (resolve) resolver [*matter, question, dispute, issue*]; parar, fazer parar [*strike*]; **~ it among yourselves** resolvam lá isso entre vocês; **that ~s it! I'm leaving tomorrow** (making decision) está decidido! parto amanhã; (reacting to "last straw" development) é demais! parto amanhã!; **nothing is ~d yet** nada está ainda decidido; **d**) (agree on) estabelecer [*arrangements, terms of payment*]; **e**) (put in order) pôr em ordem [*affairs, business*]; **he wants to ~ his affairs** (before dying) ele quer pôr os seus assuntos em ordem; **f**) COMM (pay) pagar [*bill, debt, claim*]; **g**) (install) [*man*] instalar [*mistress*] (**in** em); **h**) (colonize) colonizar [*country, island*]; **i**) (leave) **to ~ money on sb** legar dinheiro a alg. **3** *vi* **a**) (alight) [*bird, insect, eyes*] pousar (**on** em); **b**) (remain) [*snow*] manter-se; [*mist*] persistir; **c**) (come down) (fig) (descend) **a deep silence ~d over the valley** um silêncio profundo desceu sobre o vale; **d**) (sink, subside, fall to bottom) [*house, ground*] abater, ceder; [*contents of packet*] assentar; [*dregs, tea leaves*] depositar-se (**at the bottom** no fundo de); **e**) (go to sleep) [*baby, child*] adormecer; (lie calmly) acalmar-se; **f**) (be digested) **let your lunch ~!** espera até fazeres a digestão do almoço; **g**) (take up residence, go to live) estabelecer-se, fixar-se, instalar-se (**in, at** em); **h**) JUR (come to an accommodation) chegar a um acordo; **to ~ out of court** chegar a um acordo amigável. **4** *v refl* **to ~ oneself in a/on the arm of a chair** instalar-se num sofá/no braço de um sofá. IDIOMAS **to ~ old scores** ajustar contas; **to let the dust ~** (lit) deixar a poeira assentar; (fig) esperar que as coisas se acalmem. ■ **settle back** instalar-se confortavelmente. ■ **settle down a**) (get comfortable in a particular place) instalar-se (**on** sobre; **in** em); **b**) (calm down, be quiet) acalmar-se; **c**) (get in frame of mind for sth, prepare for sth) **to ~ down to work** começar a trabalhar; **to ~ down for supper** preparar-se para ir para a mesa; **d**) (adopt steadier life, marry) casar-se, assentar (fam). ■ **settle for: ~ for (sth)** contentar-se (com qq coisa) [*alternative, second-rate opinion*]. ■ **settle in a**) (get moved) instalar-se; **b**) (acclimatize to surroundings) adaptar-se. ■ **settle on: ~ on (sth)** escolher [*name, colour*]. ■ **settle to: ~ to (sth)** concentrar-se (sobre qq coisa) [*work*]; **I can't ~ to anything** não me consigo concentrar em nada. ■ **settle up a**) (pay) pagar, regular (contas); **b**) (sort out who owes what) fazer as contas.

settled ['setld] *adj* [*alliance*] estável, sólido.

settlement ['setlmənt] *n* **a**) (agreement) acordo *m* Po, convénio *m* BR; **b**) (process of settling) resolução *f*; **c**) SOCIOL (social work centre) centro *m* social; **d**) (new community) colónia *f*; **e**) FIN (of annuity, allowance, dowry) constituição *f* (**on a favor de**); **f**) CONSTR abatimento *m* (de terrenos, etc).

settler ['setlə(r)] *n* colono *m*.

set: ~-to (coll) *n* discussão *f*; **~-up** (coll) **1** *n* **a**) (system, organization) organização *f*; **b**) (trick, trap) armadilha *f* Po, arapuca *f* BR. **2** *modif* [*time*] de preparação.

seven ['sevn] *n, adj* sete *m* (*inv*).

seventeen [sevn'ti:n] *n, adj* dezassete *m* (*inv*).

seventy ['sevntɪ] *n, adj* setenta *m* (*inv*).

sever ['sevə(r)] *vtr* **a**) (lit) (cut) cortar [*rope, branch, nerve*]; decepar [*limb, head*]; **to ~ sth from sth** separar algo de algo; **b**) (fig) (break off) romper [*link, contact, relations*]; cortar [*communications*].

several ['sevrəl] **1** *pron* **~ of you/us** alguns de vocês/de nós; **~ of our group** vários membros do nosso grupo. **2** *quantif* **a**) (a few) vários; **~ books** vários livros; **b**) (formal) (respective) respectivo.

severance ['sevərəns] *n* ruptura *f*.

sew [səʊ] **1** *vtr* (*past* **sewed** *pp* **sewn, sewed**) coser; **to ~ a button onto sth** coser ou pregar um botão em qq coisa. **2** *vi* coser, costurar. ■ **sew up: to ~ up (sth), ~ (sth) up a**) coser [*hole, tear*]; fazer [*seam*]; suturar [*wound*]; **b**) (coll) (settle) concluir [*deal*]; concluir vitoriosamente [*game*]; (control) dominar [*market*]; **it's all sewn up!** está no papo! (fam).

sewage ['su:ɪdʒ, 'sju:ɪdʒ] *n* águas *fpl* residuais.

sewage: ~ disposal *n* esgoto *m* de águas residuais; **~ farm** *n* estação *f* de tratamento de águas residuais.

sewer ['sju:ə(r), 'su:ə(r)] *n* esgoto *m*.

sewing ['səʊɪŋ] **1** *n* (activity) costura *f*; (piece of work) trabalho *m* que está a ser costurado. **2** *modif* [*scissors, thread*] de costura.

sewing: ~ basket *n* caixa *f* ou cesto *m* da costura; **~ machine** *n* máquina *f* de costura.

sewn [səʊn] *pp* see **sew**.

sex [seks] **1** *n* **a**) (gender) sexo *m*; **b**) (coition) (one act) relação *f* sexual; (repeated) relações *fpl* sexuais. **2** *modif* [*chromosome, hormone, organ, education, hygiene*] sexual; [*ratio*] dois sexos. **3** *vt* determinar o sexo de [*animal*]. **4 sexed** *pp adj* BOT, ZOOL sexuado; **highly ~ (person)** hipersexuado.

sex: ~ act *n* acto *m* sexual; **~ discrimination** *n* discriminação *f* sexual.

sexism ['seksɪzm] *n* sexismo *m*.

sexist ['seksɪst] *n, adj* sexista *m/f*.

sex: ~ life *n* vida *f* sexual; **~ maniac** *n* tarado *m* sexual; **~ symbol** *n* símbolo *m* sexual.

sexual ['sekʃʊəl, 'sekʃʊəl] *adj* sexual; **~ abuse** violência *f* sexual; **~ intercourse** relação *f* sexual.

sexuality [seksjʊ'ælɪtɪ, seksʊ'ælɪtɪ] **a**) (sexual orientation) sexualidade *f*; **b**) (eroticism) erotismo *m*.

sexy (coll) ['seksɪ] *adj* **a**) (erotic) [*book, film, show*] erótica; [*person, clothing*] sexy *inv*; **b**) (exciting) excitante.

shabbily ['ʃæbɪlɪ] *adv* [*dressed*] miseravelmente; [*behave, treat*] de forma pouco elegante.
shack [ʃæk] *n* cabana *f.* ▪ **shack up** (coll) ~ **up with sb** coabitar.
shackle ['ʃækl] **1** *n* (*usu pl*) (chain) grilhetas *fpl.* **2** *vtr* algemar alg.
shade [ʃeɪd] **1** *n* **a**) (shadow) sombra *f;* **b**) (tint) (of colour) tom *m;* matiz *m;* gradação *f;* (fig) (of opinion, meaning) tom *m;* gradação *f;* **an attractive ~ of blue** um belo azul; **c**) (small amount, degree) **the music was a ~ too loud** a música estava alta demais; **d**) **lamp** ~ quebra--luz *m;* "abat-jour" *m;* US **window** ~ estore *m;* **e**) (dated) (liter) (ghost) sombra *f;* fantasma *f;* espírito *m;* (shadow) sombra *f.* **2 shades** (slang) *npl* US (sunglasses) óculos *mpl* de sol. **3** *vtr* **a**) (screen) [*tree, canopy, sunshade*] fazer sombra a, proteger (qq coisa) do sol; **the hat ~d her face** o chapéu fazia-lhe sombra na cara; **the garden was ~d by trees** o jardim estava ensombrado por árvores; **to ~ one's eyes (with one's hand)** proteger os olhos com as mãos; **b**) see ~ **in.** **4** *vi* (*also ~ off*) [*colour, tone*] fundir-se (**into em**); **the blue ~s off into green** o azul transforma-se gradualmente em verde; **right shading into wrong** (fig) o bem e o mal confundem-se. **5** *shaded pp adj* [*place*] coberto de sombra; [*light, lamp*] com "abat-jour"; ART (*also ~-in*) (area, background) (usually) sombrio; (produced by hatching) sombreado. **IDIOMAS to put sb in the ~** eclipsar alg, superar alg; **to put sth in the ~** superar qq coisa. ▪ **shade in: to ~ in (sth), ~ (sth) in** sombrear [*drawing*]; (by hatching) fazer tracejados.
shading [ʃeɪdɪŋ] *n* (in drawing, painting) sombras *fpl;* (hatching) tracejados *mpl.*
shadow ['ʃædəʊ] **1** *n* **a**) (shade) sombra *f;* **in the ~ of a tree** à sombra de uma árvore; **she was standing in the ~s** ela estava à sombra; **to cast a ~ over sth** (lit) projectar uma sombra sobre qq coisa; (fig) lançar uma sombra sobre qq coisa; **the remake is only a pale ~ of the original film** a reprodução é apenas uma pálida sombra do original; **to have ~s under one's eyes** ter olheiras *fpl;* **b**) (person who follows another) sombra *f;* (detective) detective *m* que segue alg; **to put a ~ on sb** mandar seguir alg; **to be sb's ~** seguir alg como a sua sombra/ser a sombra de alg; **c**) MED (in x ray) sombra *f.* **2 shadows** *npl* (liter) (darkness) **the ~s** as trevas *fpl.* **3** *vtr* **a**) (cast shadow on) projectar uma sombra sobre; **this tragedy ~ed him all his life** (fig) esta tragédia perseguiu-o toda a vida; **b**) (follow) seguir alg. **IDIOMAS she's a ~ of her former self** ela é uma sombra do que era/do passado; **without/ beyond a ~ of (a) doubt** sem sombra de dúvida; **not a ~ of suspicion** sem a mínima suspeita.
shadowy ['ʃædəʊɪ] *adj* **a**) [*path, corridor, woods*] sombrio; **b**) (fig) (indistinct) [*image, outline*] indistinto; [*form*] vago; (mysterious) [*group, world*] misterioso.
shady ['ʃeɪdɪ] *adj* **a**) [*place*] sombrio; **b**) (dubious) [*deal, business, businessman*] duvidoso, suspeito.
shaggy ['ʃægɪ] *adj* [*hair, beard*] desgrenhado, hirsuto; [*animal*] peludo; [*carpet*] de pêlo comprido.

shaggy dog story *n* história *f* pretensamente engraçada mas sem pés nem cabeça.
shake [ʃeɪk] **1** *n* (moment) **to give sb/sth a ~** sacudir [*person, pillow, dice, cloth, branch*]; agitar [*bottle, mixture*]. **2** (coll) **~s** *npl* **to have the ~s** (from fear, cold) ter arrepios; (from alcohol, fever, illness, old age) ter tremuras, tremer. **3** *vtr* (*past* **shook** *pp* **shaken**) **a**) (lit) [*person*] sacudir [*person, pillow, dice, cloth, branch*]; "**~ before use**" "agitar antes de usar"; **to ~ one's fist at sb** ameaçar alg com o punho; **to ~ hands** apertar a mão; **they shook hands on the deal** eles apertaram as mãos para selar o negócio; **b**) (fig) abalar [*belief, confidence faith, person, etc*]; **an event that shook the world** um acontecimento que abalou o mundo; **c**) US see ~ **off.** **4** *vi* (*past* **shook** *pp* **shaken**) [*person, hand, voice, leaf, grass*] tremer; [*building, windows, ground*] tremer, vibrar; **to ~ with emotion** [*person, voice*] tremer de emoção; **to ~ with laughter** torcer-se de riso; **they shook on it** (on deal, agreement) eles apertaram as mãos em sinal de acordo. **5** *v refl* **to ~ oneself** [*person, animal*] sacudir-se. **IDIOMAS** (coll) **in a ~** *or* **two ~s** *or* **a couple of ~s** num instante; (coll) **to be no great ~s** não valer grande coisa. ▪ **shake down a**) (settle down) [*contents*] assentar; (fig) adaptar-se; **b**) (coll) (to sleep) deitar-se; ~ (**sb/sth) down, ~ down (sb/sth) a**) (lit) **they shook the apples down (off the tree)** eles abanaram as árvores para as maçãs caírem no chão; **b**) (coll) US (search) revistar [*person, building, apartment*]; **c**) (coll) US extorquir dinheiro a [*person*]. ▪ **shake off: ~ (sb/sth) off, ~ off (sb/ sth)** (fig) (get rid off, escape from) desembaraçar-se de [*cough, cold, depression*]; despistar, livrar-se de [*pursuer*]. ▪ **shake out: ~ (sth) out, ~ out (sth)** sacudir [*tablecloth, sheet, rug*]; ~ (**sb) out of (sth)** sacudir (alg) para o fazer sair de [*bad mood, depression*]. ▪ **shake up: ~ up (sth), ~ (sth) up** sacudir [*cushion, pillow*]; agitar [*bottle, mixture*]; ~ (**sb/sth) up, ~ up (sb/ sth) a**) (lit) [*car ride, bumpy road*] sacudir, abanar [*person*]; **b**) (reorganize) COMM reorganizar radicalmente [*company, department, management*]; POL remodelar [*cabinet*].
shaken ['ʃeɪkn] **1** *pp* see **shake.** **2** *adj* (shocked) chocado; (upset) abalado.
shake-up *n* COMM reorganização *f* total; reestruturação *f;* POL remodelação *f.*
shaky ['ʃeɪkɪ] *adj* (lit) [*chair, ladder, structure*] pouco firme, pouco estável; [*writing*] trémulo; (fig) [*evidence, argument, grounds*] pouco sólido; [*knowledge, memory, projects*] inseguro, duvidoso; [*marriage, relationship, position*] instável; **I feel a bit ~** sinto-me um pouco inseguro ou hesitante.
shall [ʃəl] *modal aux* **a**) (in future tense) **I ~** *or* **I'll see you tomorrow** vejo-te ou ver-te-ei amanhã; **we ~ not** *or* **shan't have a reply before Friday** não teremos ou não vamos ter uma resposta antes de sexta-feira; **b**) (in suggestions) ~ **I set the table?** ponho a mesa?; ~ **we go to the cinema tonight?** vamos ao cinema esta noite?; **let's buy some peaches, ~ we?** e se comprássemos pêssegos?; **c**) (formal) (in commands, contracts, etc) **you ~ do as I say** vais fazer o que te digo; **thou shalt not steal** BIBLE não roubarás.

shallot [ʃə'lɒt] *n* chalota *f*; cebolinha *f*.

shallow ['ʃæləʊ] **1** *n* (*usu pl*) baixio *m*. **2** *adj* [*container, hollow, water, etc*] pouco profundo; [*breathing*] superficial; **the ~ end of the pool** a parte menos funda da piscina; (fig) [*character, response*] superficial.

sham [ʃæm] **1** *n* (person) impostor *m*; (democracy, election) farsa *f*; (ideas, views) mistificação *f*. **2** *adj* [*organization*] fantoche; [*object, idea, view*] falso, de imitação; [*emotion*] simulado; [*election, democracy*] pretenso (*before n*). **3** *vtr* **to ~ sleep/illness** fingir que está a dormir/doente.

shamble ['ʃæmbl] *vi* caminhar de forma trôpega.

shambles ['ʃæmblz] (coll) *n* (of administration, organization) desorganização *f*; (of room) confusão *f*.

shame [ʃeɪm] **1** *n* **a)** (embarrassment) vergonha *f*; **he has no (sense of) ~** ele não tem vergonha nenhuma; **to feel ~ at** [*behaviour, reaction, thought*] sentir vergonha de qq coisa; **b)** (disgrace) vergonha *f*; **to my eternal ~** para minha grande vergonha; **the ~ of it!** que vergonha!; **to bring ~ on sb/sth** ser/fazer a vergonha de alg/algo; **S~ on you!** tu devias ter vergonha!; **c)** (pity) **it's/it seems a ~ that...** é pena que... (+ *subj*) **it was a great/such a ~ (that) they lost** foi (uma) pena que eles tivessem perdido; **it's a ~ about your father dying** lamento que o teu pai tenha morrido; **what a ~!** que pena!; **isn't it a ~ (he won't be there)** é uma pena que ele não venha. **2** *vtr* **a)** (embarrass) **we were ~d by her words** as palavras dela envergonharam-nos; **to ~ sb into doing sth** obrigar alg a fazer algo (envergonhando-o); **he was ~d into an admission of guilt** a vergonha obrigou-o a reconhecer a sua culpa; **to ~ sb out of** [*habit, fault*] envergonhar alg por causa de (qq coisa); **b)** (disgrace) desonrar [*family, ally, country*] (**by doing** fazendo); **they ~d the nation** eles desonraram a nação. **IDIOMAS to put sb to ~** envergonhar alg; **your garden puts the others to ~** o teu jardim envergonha todos os outros.

shamefaced [ʃeɪm'feɪst] *adj* [*expression, child*] envergonhado.

shameful ['ʃeɪmfl] *adj* [*act, conduct, decision, silence, waste*] vergonhoso; **it is ~ that...** é uma vergonha que... (+ *subj*).

shameless ['ʃeɪmlɪs] *adj* [*person*] desavergonhado,-a; [*act, attitude, negligence, reply*] descarado,-a; **a ~ display of emotion/wealth** uma demonstração impúdica de emoção/uma ostentação despudorada de riqueza; **he's quite ~ about his behaviour** ele não tem vergonha nenhuma do seu comportamento.

shampoo [ʃæm'puː] **1** *n* champô *m*. **2** *vtr* lavar com champô [*hair, pet*].

shamrock ['ʃæmrɒk] trevo *m*.

shandy ['ʃændɪ] *n* GB mistura *f* de cerveja e gasosa.

shank [ʃæŋk] *n* **a)** ANAT, ZOOL perna *f*; **b)** (of door handle) cabo *m*; (of golf-club) haste *f*; cabo *m*; (of button) pé *m*. **IDIOMAS by ~'s pony** a pé.

shan't [ʃɑːnt] see **shall not**.

shanty ['ʃæntɪ] *n* **a)** (hut) cabana *f*; **b)** (song) canção *f* de marinheiros.

shanty town *n* bairro *m* da lata.

shape [ʃeɪp] **1** *n* **a)** (lit) (form, outline: of object, pattern, building) forma *f*; **a square ~** numa forma quadrada; **what ~ is it?** de que feitio é?; **to be round in ~** ser redondo; **it's like a leaf in ~** tem a forma de uma folha; **in the ~ of a star** em forma de estrela; **b)** (fig) (character, structure) (of report, treaty, essay) forma *f*; (development) evolução *f*; **this will determine the ~ of political developments over the next decade** isto determinará a evolução política da próxima década; **to take ~** [*plan, project, idea*] tomar forma; **tips in any or form are strictly forbidden** são expressamente proibidas as gorjetas de toda a espécie e feitio; **c)** (condition) forma *f*; **to be in/out of ~** estar/não estar em forma; **to get in ~** pôr-se em forma; **d)** (vague, indistinguishable form) silhueta *f*; **e)** CULIN (mould for jelly, pastry) fôrma *f*. **2** *vtr* **a)** (lit) [*person*] moldar; [*clay, dough*] esculpir [*wood, stone*]; **~ the dough into balls** fazer bolas com a massa; **b)** (fig) [*person, event*] influenciar; (stronger) determinar [*future, idea*]; modelar [*character*]; **c)** SEWING ajustar [*garment*]; **a jacket ~d at the waist** um casaco cintado. **■ shape up a)** (develop) **how are things shaping up at head office?** que caminho é que as coisas tomam na gerência?; **b)** (perform satisfactorily) [*person*] sair-se bem de; **c)** (improve one's figure) pôr-se em forma.

shaped [ʃeɪpt] **1** *adj* [*jacket*] cintado; **to be ~ like sth** ter a forma de qq coisa. **2 -shaped** *in compounds* **well-~** bem feito, bem proporcionado.

shapeless ['ʃeɪplɪs] *adj* informe, sem forma.

shapely ['ʃeɪplɪ] *adj* [*object, limb, ankle*] bem proporcionado; [*woman*] bem feita.

share [ʃeə(r)] **1** *n* **a)** (of money, food, profits, blame) parte *f* (**of** de); (of carts) quota-parte *f*; **to have a ~ in sth** contribuir para qq coisa [*success, result*]; **to have a ~ in a company** ter uma participação numa sociedade; **to own a half-~** possuir a metade; **b)** FIN acção *f*; **c)** AGRIC relha *f* de arado. **2** *modif* FIN [*allocation, certificate, flotation, issue, offer, portfolio, transfer*] de acções; [*price, value*] das acções. **3** *vtr* partilhar [*money, food, room, prize, responsibility, opinion, news*] (**with sb** com alg); [*one person*] participar em [*task, chore*]. **4** *vi* **to ~ in sth** tomar parte em, compartilhar [*success, happiness, benefits*]. **IDIOMAS ~ and ~ alike** em partes iguais, a cada um a sua parte. **■ share out: ~ (sth) out, ~ out (sth)** [*people, group*] distribuir [*food, profits, presents*]; [*person, organization*] repartir [*profits, supplies*] (**among** entre); **they ~d the cakes out between us** eles repartiram os bolos connosco.

share-out *n* partilha *f*; distribuição *f*.

shark [ʃɑːk] *n* tubarão *m* (also fig).

sharp [ʃɑːp] **1** *n* sustenido *m*; MUS. **2** *adj* **a)** (with a keen edge) [*knife, razor*] cortante; [*edge*] aguçado; [*blade*] afiado; [*scissors*] bem afiado; **b)** (pointed) [*tooth, fingernail, end, needle*] afiado; [*rock, peak*] pontiagudo; [*point*] fino, aguçado; (fig) (in road) [*bend, turning*] brusco, serrado; [*ample*] agudo; [*features*] anguloso; [*nose, chin*] pontiagudo; **c)** (abrupt) [*movement,* *reflex*] brusco; [*drop, incline*] forte; ECON [*fall, rise, change*] brusco, brutal; **d)** (acidic) [*taste, smell*] acre; [*fruit*] ácido; [*pain*] forte; [*cry*] agudo; [*blow*] severo; [*frost*] forte, intenso; [*cold, wind*] penetrante, cortante; (fig) [*tongue*] afiado; [*tone, reply, rebuke*] áspero, desabrido; [*disagreement*] completo; **e)** (alert) [*person*] vivo, perspicaz; [*mind, intelligence*] perspicaz; [*eyesight, eye*] penetrante; [*hearing, ear*] apurado; **he has a ~ wit** ele tem resposta pronta; **to keep a ~ look-out (for sth)** ficar de alerta (para algo); **to have a ~ eye for sth** (fig) ter olho para qq coisa (fig); **f)** (clever) (also pej) [*businessman, person*] esperto, manhoso; **g)** (clearly defined) [*image, outline, picture, sound*] nítido; [*contrast*] pronunciado; **to bring sth into ~ focus** (fig) trazer qq coisa para primeiro plano; **h)** (pej) [*suit*] berrante, vistoso; **i)** MUS sustenido; (too high) agudo. **3** *adv* **a)** (abruptly) [*stop, pull up*] bruscamente; **(to turn) ~ left** (voltar) bruscamente para a esquerda; **b)** (quickly) **at 9 o'clock ~** às 9 horas em ponto; **you'll have to look ~ if you're going to finish on time** tem de te despachar se queres acabar a tempo; **c)** MUS [*sing, play*] muito alto. IDIOMAS **to be at the ~ end** estar na primeira linha/na linha da frente.

sharpen ['ʃɑːpn] **1** *vtr* **a)** (lit) afiar [*blade, knife, razor*]; amolar [*scissors, shears*]; aguçar [*pencil*]; **to ~ its claws** afiar as garras; **b)** (accentuate) [*line, contrast*] acentuar; avivar [*image, picture*]; **c)** (make stronger) avivar [*anger, desire, fear, interest*]; intensificar, aumentar [*feeling, loneliness*]; **to ~ sb's wits** aguçar o espírito de alg; **d)** MUS elevar o tom [*note*]. **2** *vi* (become more aggressive) [*tone, voice, look*] endurecer-se; [*pain*] aumentar. ■ **sharpen up: ~ (sth) up, ~ up (sth)** avivar [*reflexes*].

sharpener ['ʃɑːpnə(r)] *n* (for pencil) apara-lápis *m*; afiador *m*; (for knife) afiador *m*; aguçador *m*.

sharp-eyed *adj* **a)** (observant) perspicaz; **b)** (with good eyesight) de olhar penetrante.

sharpish (coll) ['ʃɑːpɪʃ] *adv* [*do, move, leave*] rápido.

sharply ['ʃɑːplɪ] *adv* **a)** (abruptly) [*turn, change, rise, fall*] bruscamente; **b)** (harshly) [*say, speak, reply*] asperamente, rudemente; [*criticize, accuse*] severamente, vivamente; [*look, glare*] duramente; **c)** (distinctly) [*differ, contrast, stand out*] nitidamente; [*defined*] nitidamente; **to bring sth ~ into focus** (lit) pôr qq coisa nitidamente em evidência; (fig) fazer passar qq coisa claramente para primeiro plano; **d)** (perceptively) [*say*] muito justamente; [*observe*] com acuidade; [*characterised, drawn*] com acuidade; [*aware*] vivamente.

sharp: ~ shooter *n* atirador *m* especial; **~-witted** *adj* vivo, inteligente.

shave [ʃeɪv] **1** *n* **to have a ~** fazer a barba; **to give sb a ~** fazer a barba alg. **2** *vtr* (*pp* **~d** *or* **shaven**) **a)** (lit) [*barber*] fazer a barba a [*person*]; **to ~ sb's beard off** rapar a barba a alg; **to ~ one's legs** depilar-se; **b)** (plane) aplainar [*wood*]; **c)** (fig) reduzir [*prices, profits*]. **3** *vi* (*pp* **~d** *or* **shaven**) [*person*] barbear-se. IDIOMAS **that was a close ~!** foi por pouco!/escapei de boa!

shawl [ʃɔːl] *n* xaile *m* PO, xale *m* BR.

she [ʃiː] **1** *pron* ela; **~'s not at home** ela não está em casa; **here ~ is** ei-la, aqui está ela; **there ~ is** ali está ela; **~ and I** eu e ela. **2** *n* **it's a ~** (of baby) é uma rapariga; (of animal) é fêmea.

sheaf [ʃiːf] *n* (*pl* **sheaves**) (of corn) gavela *f*; molho *m*; (of papers) maço *m*.

shear [ʃɪə(r)] **1** *vtr* (*pp* **shorn**) cortar [*grass, hair*]; tosquiar [*sheep*]. **2 shorn** *pp adj* (fig) despojado (**of** de). ■ **shear off: to ~ off (sth), to ~ (sth) off** cortar [*hair*]; tosquiar [*fleece*]; [*accident, storm*] quebrar, deitar abaixo [*branch, part of building*].

shears *npl* **a)** HORT tesoura *f* de podar; **b)** (sheep) máquina *f* de tosquiar.

sheath [ʃiːθ] *n* **a)** (case) (of sword) bainha *f*; **b)** BOT vagem *f*.

sheaves [ʃiːvz] *npl* see **sheaf.**

shed [ʃed] **1** *n* (gen) abrigo *m*; (lean-to) alpendre *m*; (bigger) (at factory site, port, etc) hangar *m*. **2** *vtr* **a)** verter, derramar [*blood, tears*]; perder [*leaves, petals, blossoms*]; tirar [*clothes*]; desembaraçar-se de [*inhibitions, reputation, image*]; **to ~ skin** [*animal*] mudar a pele; **to ~ blood** [*person*] perder sangue; **to ~ jobs** *or* **staff** (euph) suprimir postos de trabalho; **b)** (transmit) difundir, espalhar, irradiar [*light, warmth, happiness*].

sheen [ʃiːn] *n* (of hair) brilho *m*; reflexo *m*; (of silk) lustro *m*.

sheep [ʃiːp] *n* (*pl* **~**) ZOOL carneiro *m*; ovelha *f*; (fig) **black ~** ovelha negra, ovelha ranhosa (fam); (fig) **lost ~** ovelha transviada. IDIOMAS **to make ~'s eyes** fazer olhos de carneiro mal morto; (pej) fazer olhinhos a; **may as well be hung for a ~ as for a lamb** perdido por cem, perdido por mil.

sheepdog *n* cão *m* de pastor.

sheepskin [ʃiːpskɪn] **1** *n* **a)** pele *f* de ovelha ou de carneiro; **b)** (coll) US UNIV diploma *m*. **2** *modif* [*gloves, jacket*] em pele de carneiro ou de ovelha.

sheer [ʃɪə(r)] **1** *adj* **a)** (of sentiment, motivation) [*boredom, desperation, hypocrisy, panic, stupidity*] puro; **to do sth out of ~ malice** fazer qq coisa por pura malícia; **b)** (of attribute) **by ~ accident** por mero acaso; **c)** (of magnitude) **the ~ immensity of it is incredible** a sua total enormidade é incrível; **d)** [*cliff, rockface*] a pique; **e)** [*fabric*] fino, transparente; [*stockings*] extra-fino. **2** *adv* [*rise, fall*] a pique. ■ **sheer away, sheer off** afastar-se, desviar-se; **to ~ away/off to the right/left** fazer uma viragem para a direita/esquerda.

sheet [ʃiːt] **1** *n* **a)** (for bed) lençol *m*; (shroud) mortalha *f*; (canvas, tarpaulin) cobertura *f*; oleado *m*; **b)** (of paper) folha *f*; **fact** *or* **information ~** folha de informações; **c)** (of plastic, rubber glass) placa *f*; (of metal) chapa *f*; **d)** (expanse) (of snow, water, etc) camada *f*; **a ~ of ice** uma placa ou uma camada de gelo; **a ~ of flame** uma cortina de chamas; **the rain was coming down in ~s** chovia torrencialmente; **e)** NAUT escota *f*. **2** *vtr* (*also* **~ over**) cobrir com lençol [*furniture*]. IDIOMAS **to be as white as a ~** estar branco como a cal.

sheet: ~ lightning *n* relâmpago *m* difuso; **~ music** *n* partitura *f*.

sheik [ʃeɪk, ʃiːk] *n* xeque *m*.

shelf [ʃelf] *n* (*pl* **shelves**) **a**) (at home, shop, library) prateleira *f*; **b**) GEOL (of rock, ice) saliência *f*. IDIOMAS **to be left on the ~** (remain single) ficar para tio/tia Po/titio/titia Br; (be abandoned) ser posto na prateleira (fam).

shelf-life [ʃelf laɪf] *n* **a**) (lit) (of product) validade *f*; **b**) (fig) (of pop music) período *m* em que está na moda; (of politician) período de glória.

shell [ʃel] **1** *n* **a**) MIL (bomb) obus *m*; (cartridge) cartucho *m*; **b**) BOT, ZOOL (of egg, nut) casca *f*; (of sea creature, snail) concha *f*; (of crustacean, tortoise) carapaça *f*; **sea ~** concha *f*; **c**) IND, TECH (of machine) armação *f*; (of building) estrutura *f*; **body ~** AUT carroçaria *f*; **d**) (remains) (of building) ruínas *fpl*; **e**) NAUT barco *m* leve para um só remador. **2** *vtr* **a**) MIL bombardear (com obus); **b**) CULIN descascar, debulhar [*peas*]; abrir a concha [*oyster*]; descascar [*prawn, nut*]. IDIOMAS **to come out of/go back into one's ~** sair da/meter-se na casca. ■ **shell out** (coll) pagar, puxar da carteira (fam); **~ out for sth** pagar qq coisa.

shellfish [ʃelfɪʃ] *npl* **a**) ZOOL (crustacean) crustáceos *mpl*; (mussels, oysters, etc) moluscos *mpl* de concha; **b**) CULIN marisco *m*; frutos *mpl* do mar.

shell shock *n* neurose *f* de guerra.

shell-shocked *adj* **a**) (lit) traumatizado (por um bombardeamento); **b**) (fig) em estado de choque.

shelve [ʃelv] **1** *vtr* **a**) (lit) colocar (qq coisa) na prateleira [*product, library book*]; **b**) (fig) deixar (qq coisa) em suspenso, pôr (qq coisa) de parte [*plan, project*]; **c**) (provide with shelves) prover de prateleiras. **2** *vi* [*beach, sea bottom, etc*] descer em declive.

shelves [ʃelvz] *pl* see **shelf**.

shepherd [ʃepəd] **1** *n* pastor *m*. **2** *vtr* **a**) [*host, guide, teacher*] acompanhar; [*group, guests, children*] guiar; **b**) [*herdsman*] conduzir [*animals*].

shepherdess [ʃepədɪs] *n* pastora *f*.

shepherd's pie empadão *f* de carne picada e puré.

shield [ʃiːld] **1** *n* **a**) MIL (of warrior, soldier, etc) escudo *m*; HERALD escudo *m*; brasão *m* de armas; **b**) TECH (on machine, also nuclear reactor) placa *f* de protecção; **c**) US (policeman's badge) insígnia *f*; **d**) ZOOL (shell of animal) carapaça *f*. **2** *vtr* (from sun, wind, elements) proteger, abrigar (**from** de); (from danger, discovery, truth) (gen) proteger (**from** de); **to ~ one's eyes from the sun** proteger os olhos do sol.

shift [ʃɪft] **1** *n* **a**) (alteration) alteração *f* (**in** em); modificação *f* (**in** em); mudança *f*; **the ~ from agriculture to industry** a passagem da agricultura para a indústria; **b**) IND (period of time) turno *m*; **to be on day/night ~** trabalhar no turno de dia/da noite; **c**) (dated) (trick) expediente *m*; **d**) (woman's dress) vestido *m* direito; **e**) GEOL (fault) falha *f*; (movement of rocks) deslocamento *m*. **2** *vtr* **a**) (move) deslocar, mudar (qq coisa) de lugar [*piece of furniture*]; mexer em [*lid, lock, etc*]; THEAT mudar de [*scenery*]; (remove) tirar [*stain*]; **to ~ one's position** (lit) mu-

dar de posição; (coll) **I can't ~ this cold!** (get rid of it) não consigo ver-me livre desta constipação Po/deste resfriado Br; **b**) (transfer) (to another department) transferir [*employee*] (**to** para); (fig) deitar, atirar [*blame, responsibility*] (**onto** para cima de); **to ~ attention away from a problem** desviar a atenção dum problema; **c**) US AUT **to ~ gear** mudar de velocidade. **3** *vi* **a**) (*also* **~ about**) (change position) (gen) mudar de posição; [*load, contents, etc*] deslocar-se; (change direction) [*wind*] mudar de direcção, virar; (fig) (change one's mind) mudar de opinião; **he ~ed uneasily in his chair** ele remexia-se na cadeira; **the scene ~s to Ireland** CIN, THEAT a cena situa-se agora na Irlanda; **this stain won't ~!** esta mancha não sai!; **b**) (coll) GB (hurry up) [*person*] despachar-se; (go quickly) [*vehicle*] esgalhar (cal); **c**) US AUT **to ~ into second gear** passar para segunda. IDIOMAS **to ~ for oneself** desenvencilhar-se sozinho.

shifty [ʃɪftɪ] *adj* [*person, manner*] esperto, astuto; **he gave me a ~ look** ele deitou-me um olhar furtivo.

shilly-shally [ʃɪlɪʃælɪ] *vi* hesitar, vacilar.

shimmer [ʃɪmə(r)] *vi* **a**) [*jewels, water*] cintilar; [*silk*] brilhar; **b**) (in heat) [*landscape*] vibrar.

shin [ʃɪn] *n* perna *f*; canela *f*.

shin: ~ down to ~ down (sth) descer agarrando-se a algo; **~ up to ~ up (sth)** trepar, marinhar por qq coisa; **~bone** *n* ANAT tíbia *f*.

shindig (coll) [ʃɪndɪg], **shindy** (coll) [ʃɪndɪ] *n* **a**) (disturbance) barulheira (fam); **to kick up a ~** fazer uma algazarra; **b**) (party) festa *f*.

shine [ʃaɪn] **1** *n* (of floor, hair, marble, metal, wood) brilho *m*; (of parquet) lustro *m*. **2** *vtr* (*past, pp* **shone**) assestar, apontar [*headlights, spotlight, torch*]; (*past, pp* **shined**) fazer brilhar, polir [*brass, silver*]; engraxar [*shoes*]. **3** *vi* (*past, pp* **shone**) **a**) (lit) [*hair, light, sun*] brilhar; [*brass, floor*] reduzir; **to ~ through sth** brilhar através de qq coisa [*mist, gloom*]; **b**) (fig) (be radiant) [*eyes*] brilhar; [*face*] resplandecer; (liter) **her courage shone forth** ela demonstrou uma coragem espantosa; **c**) (excel) brilhar; **d**) (be very clean) reluzir. IDIOMAS **to take a ~ to sb** afeiçoar-se a alg; (coll) (fig) **to take the ~ off sth** estragar qq coisa.

shingle [ʃɪngl] *n* **a**) (- *c*) calhau *m*; seixo *m*; **b**) (+ *c*) (tile) telha *f* (de ardósia); tabuinha *f* (para cobrir telhado).

shingles [ʃɪnglz] *npl* MED zona *f*.

shiny [ʃaɪnɪ] *adj* [*metal, coin, surface*] brilhante.

ship [ʃɪp] **1** *n* barco *m*; (large) navio *m*; **passenger ~** paquete *m*. **2** *vtr* **a**) (send) (by sea) transportar por via marítima; (by air) transportar por via aérea; **b**) (take on board) embarcar [*cargo, supplies*]. IDIOMAS **~s that pass in the night** amigos de passagem; **when my ~ comes in** quando fizer fortuna. ■ **ship off, ship out** expedir.

shipbuilding *n* construção *f* naval.

shipment [ʃɪpmənt] *n* **a**) (cargo) carga *f*; carregamento *m*; **b**) (sending) remessa *f*; expedição *f*.

ship owner *n* armador *m*.

shipper [ʃɪpə(r)] *n* expedidor *m*.

shipping [ʃɪpɪŋ] **1** *n* **a**) (boats) navegação *f*; **b**) (sending) expedição *f*; (as profession, industry) transporte *m* marítimo. **2** *modif* [*agent, charges, company, line, magnate*] de transporte marítimo; [*lane*] de navegação.

shipshape [ˈʃɪpʃeɪp] *adj* em ordem.

shipwreck [ˈʃɪprek] **1** *n* (event) naufrágio *m*; (ship) destroços *mpl*. **2** *vtr* **to be ~ed** naufragar.

shipyard [ˈʃɪpjɑːd] *n* estaleiro *m* naval.

shire [ˈʃaɪə(r)] *n* **a**) (dated) condado *m* (do centro de Inglaterra); **b**) **the ~s** POL as províncias.

shire horse *n* raça *f* de cavalos da Inglaterra Central.

shirk [ʃɜːk] **1** *vtr* esquivar-se a [*task, duty*]; fugir a [*responsibility*]; iludir [*problem*]; **to ~ doing sth** evitar fazer algo. **2** *vi* furtar-se.

shirker [ˈʃɜːkə(r)] *n* mandrião *m* (fam).

shirt [ʃɜːt] **1** *n* (man's) camisa *f*; (woman's) blusa *f*. **2** *modif* [*button, collar, cuff*] de camisa. **IDIOMAS keep your ~ on!** (coll) tem calma!; **to lose one's ~** (coll) perder tudo; **to put one's ~ on sth** (coll) apostar tudo em; **to sell the ~ off one's back** vender tudo até à sua última peça de roupa.

shirt-sleeve *n* manga *f* de camisa; **in one's ~s** em mangas de camisa; **to roll up one's ~** (also fig) arregaçar as mangas da camisa.

shit [ʃɪt] (slang) **1** *n* (excrement) merda *f*; bosta *f* (cal). **2** *excl* merda (cal); **tough ~!** que grande merda! (cal).

shiver [ˈʃɪvə(r)] **1** *n* (lit, fig) tremor *m*; arrepio *m*; **to give a ~** ter um arrepio. **2 shivers** *npl* **an attack of the ~** MED um ataque de arrepios. **3** *vtr* fazer em pedaços, despedaçar. **4** *vi* **a**) (with cold, fever) tiritar (**with** de); (with fear, excitement) tremer (**with** de); **b**) (shatter) despedaçar-se. **IDIOMAS to send a ~ down sb's spine** fazer arrepios a alg.

shivery [ˈʃɪvərɪ] *adj* (feverish) febril.

shoal [ʃəʊl] *n* **a**) (of fish) cardume *m*; **b**) (fig) (of visitors) multidão *f*; (of letters, complaints) quantidade *f*; montão *m* (fam); **c**) GEOG (of sand) banco *m* de areia; (shallows) baixio *m*.

shock [ʃɒk] **1** *n* **a**) (gen) (psychological, mental) choque *m* (**at sth** perante qq coisa; **of sth** de algo); **the ~ of seeing** o choque de ver; **to get/have a ~** ter um choque; **to give sb a ~** chocar alg; **to express one's ~ at sth** exprimir a sua indignação perante uma coisa; **I had/it came as a bit of a ~** isso foi um choque para mim; **her death came as a ~ to us** a morte dela foi um choque para nós; **to recover from/get over the ~** ultrapassar o choque; **a sense of ~** um choque; **he is in for a nasty ~ when he gets the bill** (coll) ele vai sofrer um choque quando receber a conta; **~! horror!** (journ *or* hum) grande escândalo!; **b**) MED (estado *m* de) choque *m*; **to be in (a state of) ~** estar em estado de choque; **to be suffering from ~** sofrer dum choque; **to treat sb for ~** tratar alg em estado de choque; **in deep ~** em coma; **c**) ELEC choque *m*; descarga *f* (eléctrica); **to get/receive a ~** apanhar um choque (eléctrico); **d**) (physical impact) (of bump, collision) choque *m*; (of earthquake) abalo *m*; **e**) (of corn) meda *f*; (fig) (of hair) guedelha *f*. **2** *vtr* (distress) consternar, magoar; (scandalize) chocar, horrorizar; **she's not easily ~ed** ela não se choca facilmente.

shock absorber *n* amortecedor *m*.

shocking [ˈʃɒkɪŋ] *adj* **a**) (upsetting) perturbador; (scandalous) chocante; **b**) (coll) (appalling) pavoroso.

shock: ~ proof *adj* antichoque *inv*; **~ theory** *n* terapia *f* de choque.

shock treatment *n* **a**) PSYCH tratamento *m* por electrochoques; **b**) (fig) tratamento *m* de choque.

shod [ʃɒd] *past, pp* see **shoe**.

shoddy [ˈʃɒdɪ] **1** *n* tecido *m* de qualidade inferior. **2** *adj* [*product*] refugo; [*work*] mal feito.

shoe [ʃuː] **1** *n* **a**) CLOTHG (footwear) sapato *m*; **b**) AGRIC, EQUIT (for horse) ferradura *f*; **c**) PHOT (for flash) encaixe *m*; **d**) AUT (for brakes) (**brake**) ~ calço *m* do travão Po/breque, freio BR. **2** *modif* [*box, brush, cleaner, cream*] para sapatos; [*factory, manufacturer, shop*] de sapatos. **3** *vtr* (*pres p* **shoeing** *pp* **shod**) ferrar [*horse*]; calçar [*person*]. **IDIOMAS it's a question of dead men's ~s** esperar por sapatos de defunto; **to step into/fill sb's ~s** ocupar o lugar de alg.

shoehorn *n* calçadeira *f*.

shoelace [ˈʃuːleɪs] *n* atacador *m* Po/cardaço *m* BR de sapato.

shoemaker *n* sapateiro *m*.

shoestring [ˈʃuːstrɪŋ] *n* US atacador *m* Po/cadarço *m* BR de sapato; atilho *m*. **IDIOMAS on a ~** (coll) com poucos meios.

shoestring budget *n* (coll) orçamento *m* de miséria.

shone [ʃɒn] *past* see **shine**.

shoo [ʃuː] **1** *vtr* (*also* ~ **away**) enxotar. **2** *excl* xô!.

shook [ʃʊk] *past* see **shake**.

shoot [ʃuːt] **1** *n* **a**) BOT (young growth) rebento *m* Po/broto *m* BR; **b**) GB HUNT (meeting) caçada *f*; (area of land) zona *f* de caça; **c**) CIN filmagem *f*; **d**) (rapid) rápido *m*. **2** *vtr* (*past, pp* **shot**) **a**) (fire) disparar [*bullet*]; lançar [*missile*]; atirar [*arrow*]; **to ~ sth at sb/sth** (with gun) disparar contra alguém/algo; (with missiles) lançar contra alguém/algo; **b**) (hit with gun) disparar sobre [*person, animal*]; (kill) abater [*person, animal*]; **she shot him in the leg** ela atingiu-o na perna; **to be ~ in the leg** ser baleado na perna; **to ~ sb dead** abater alguém; **the town was shot to pieces** a cidade foi totalmente destruída pelas balas; **c**) (direct at) **to ~ questions at sb** bombardear alguém com perguntas; **d**) CIN, PHOT (film) filmar [*film, scene*]; fotografar algo [*subject*]; **e**) (push) correr [*bolt*]; **f**) (in canoeing) **to ~ the rapids** atravessar os rápidos; **g**) (in golf) fazer uma pontuação de [*75, etc*]; **h**) SPORT, GAMES jogar a [*pool, craps*]; **i**) HUNT caçar [*pheasant, game*]; **j**) (coll) (inject) see ~ **up** (coll). **3** *vi* (*past, pp* **shot**) **a**) (fire a gun) disparar; **to ~ to kill** atirar para matar; **b**) (move suddenly) **to ~ forward/backwards** avançar/recuar rapidamente; **the pain shot down/along my arm** a dor percorreu-me o braço; **to ~ to fame** (fig) tornar-se célebre de um momento para o outro; **c**) BOT (grow) [*plant*] brotar; **d**) CIN rodar; **e**) SPORT (in football, hockey, etc) [*player*] chutar, lançar; **f**) HUNT [*person*] caçar. **4** *v refl* **to ~ oneself** suicidar-se com um tiro; **to ~ oneself in the head** dar um tiro na cabeça. **IDIOMAS ~!** (coll) US fala!; **to ~ oneself in the foot** (coll) agir contra o seu próprio interesse. ■ **shoot down**: ~ **down [sb/sth]**, ~ **[sb/sth] down** Aviat, Mil abater [*plane, pilot*]. ■ **shoot out**: ~ **out** [*flame*] irromper; [*water*] jorrar; [*car*] arrancar; ~ **out [sth]** [*snake*] dardejar [*tongue*]. ■ **shoot up**: ~ **up a)** [*flames*] irromper; [*spray*] sair; (fig) [*prices, profits*] subir em flecha; **b)** (grow rapidly) [*plant*] crescer depressa; **that boy has really shot up!** (fig) como aquele rapaz cresceu!; ~ **up [sth]**, ~ **[sth] up a)** (coll) (inject) chutar (fam) [*heroin*]; **b)** (with bullets) disparar sobre [*person*].

shooting [ˈʃuːtɪŋ] **1** *n* **a)** (act) (killing) assassinato *m* (com arma de fogo); **b)** (firing) tiroteio *m*; **c)** Hunt caça *f*; **d)** Sport (at target, etc) tiro *m*; **c)** Cin filmagem *f*. **2** *adj* (*pres p*) [*pain*] lancinante.

shop [ʃœp] **1** *n* **a)** (where goods are sold) loja *f*; **to go to the ~s** ir às compras; **to set up ~** (fig) abrir uma loja, estabelecer-se; **to shut ~** (lit, fig) fechar a loja, desistir de um empreendimento; **b)** us (in department store) departamento *m*; secção *f*; **c)** (workshop) oficina *f*; **d)** us Sch atelier *m*; **e)** (coll) GB (shopping) **to do the weekly ~** fazer as compras para a semana inteira. **2** *vtr* (*pres p etc* **-pp-**) (coll) GB (inform on) delatar, informar acerca de (criminoso). **3** *vi* (*pres p etc* **-pp-**) fazer as compras; **to go ~ping** ir às compras. IDIOMAS **to talk ~** falar em negócios. ■ **shop around** (lit) (compare prices) dar uma volta pelas lojas; (fig) (compare courses, services, etc) dar uma volta para ver os preços de qq coisa.

shopfloor *n* (work place) **problems on the ~** problemas no local de trabalho.

shopping [ˈʃɒpɪŋ] *n* (*-c*) (activity) compras *fpl*; **we are open for lunch-time ~** a loja está aberta à hora de almoço.

shopping: ~ **bag** *n* saco *m* de compras; ~ **basket** *n* cesto *m* de compras; (in supermarket) cesto *m*; ~ **centre** *n* centro *m* comercial; ~ **list** *n* lista *f* de compras; ~ **mall** *n* us centro comercial; ~ **trolley** *n* carro *m* de compras; ~ **soiled** *adj* GB manchado (por estar em exposição numa loja); ~ **steward** *n* delegado *m* sindical; ~ **window** *n* montra *f* Po, vitrina *f* Br.

shore [ʃɔː(r)] **1** *n* **a)** (coast, edge) (of sea) costa *f*; beira-mar *f*; (of lake) margem *f*; (of island) costa *f* marítima; **off the ~ of...** Naut ao largo de...; **b)** (dry land) (gen) Naut terra *f*; **on ~** em terra; **from ship to ~** em ligação com a costa; **c)** (beach) praia *f*; **fore~** terreno *m* descoberto pela maré. **2 shores** *npl* (fig, liter) margens *fpl*. ■ **shore up**: **to ~ up (sth)**, ~ **(sth) up** (lit) suster, segurar [*building, river bank*].

short [ʃɔːt] **1** *n* **a)** Cin curta metragem *f*; **b)** (drink) bebida *f* pura (sem adição de água); **c)** Elec curto-circuito *m*; **d)** Fin falta *f*; falha *f*; (sale on stock exchange) venda *f* a descoberto. **2 shorts** *npl* Fashn calções *mpl*. **3** *adj* **a)** (not long-lasting) [*time, stay, memory, period*] curto, pequeno; [*course*] de curta duração; [*conversation, speech*] breve; **a ~ time ago** há pouco tempo; **b)** (short-seeming) [*hour, month*] breve; **four ~ months!** quatro breves meses!; **c)** (abrupt) [*person, personality*] brusco; **d)** (not

tall) baixo; **e)** (not long in measurement) [*hair, dress, distance, stick*] curto; **the suit is too ~ in the arm** o fato tem as mangas curtas; **f)** (not enough, inadequate) [*rations*] insuficiente; **g)** (scarce on a wide scale) [*water, food*] escasso; **h)** (lacking, needing sth) [*person*]; **to be ~ of sth** ter falta de qq coisa; **i)** (in abbreviation) **Tom is ~ for Thomas** Tom é o diminutivo de Thomas; **j)** Ling [*vowel*] breve; **k)** Fin [*loan, credit*] a curto prazo; [*seller*] a descoberto; **l)** Culin [*pastry*] quebrada. **4** *adv* [*stop*] de repente. **5** *prep* um pouco antes. **6** *vtr* Elec [*workman*] provocar um curto-circuito. **7** *vi* Elec fazer curto-circuito. IDIOMAS **let's keep it ~ and sweet** sejamos breves; **the long and the ~ of it** em poucas palavras.

shortage [ˈʃɔːtɪdʒ] *n* falta *f*, carência *f*; escassez *f* (**of** de); **at a time of ~** em período de penúria (fam).

short: ~**bread** *n* bolacha *f* ou biscoito *m* de manteiga; ~**cake** *n* **a)** (shortbread) bolacha *f* ou biscoito *m* de manteiga; **b)** (type of dessert) tarte *f* de massa quebrada; ~~**change** *vtr* roubar no troco; ~**circuit 1** *n* curto-circuito *m*. **2** *vtr* provocar curto-circuito. **3** *vi* fazer curto-circuito; ~**comings** *npl* pontos *fpl* fracos; defeitos *mpl*; ~ **cut** *n* (lit) atalho *m*; ~ **division** *n* Math divisão *f* directa.

shorten [ˈʃɔːtn] **1** *vtr* abreviar [*stay, visit, life*]; encurtar [*dress, skirt*]; reduzir [*journey time*]; diminuir [*odds*]. **2** *vi* [*days, nights, period of time*] diminuir.

short: ~**fall** *n* **there is a ~fall of £10,000 in our budget** faltam 10.000 libras no nosso orçamento; ~**hand** *n* Comm estenografia *f*; ~**list 1** *n* lista *f* dos candidatos seleccionados. **2** *vtr* seleccionar [*applicant*] (**for** para); ~~**lived** *adj* [*triumph, success, happiness*] breve, de curta duração; [*effect, phenomenon*] passageiro; **to be ~** não durar muito.

shortly [ˈʃɔːtlɪ] *adv* **a)** (very soon now, in a moment) em breve, daqui a pouco; **b)** (in the next few weeks or months) proximamente; **c)** (a short time) ~ **after(wards)** pouco depois; ~ **before** pouco antes; **d)** (crossly) [*reply*] secamente, bruscamente.

short-range *adj* **a)** [*weather, forecast*] a curto prazo; **b)** Mil [*missile*] de curto alcance; **c)** Aviat [*aircraft*] de raio de acção limitado.

short: ~ **sight** *n* miopia *f*; ~~**sighted** *adj* **a)** (lit, fig) [*person*] míope; **b)** [*attitude*] tacanho; ~~**sleeved** *adj* de mangas curtas; ~~**staffed** *adj* **to be ~~staffed** ter falta de pessoal; ~**story** *n* conto *m*; ~~**tempered** *adj* irritadiço; ~ **term 1** *n* **in the ~ term** no imediato. **2** *adj* (gen) Fin [*cut, solution, profit, loan, repayment*] a curto prazo; ~ **wave** *n* ondas *fpl* curtas.

shot [ʃɒt] **1** (*past, pp*) see **shoot**. **2** *n* **a)** (from gun, etc) tiro *m*; **to fire** *or* **take a ~ at sb/sth** dar um tiro em alguém/algo; **b)** Sport (in tennis, golf, cricket) lance *m*; jogada *f*, (in football) chuto *m*; **to have/take a ~ at goal** (in football) meter um golo Po/gol Br; **'good ~!'** "boa jogada"; **c)** Phot fotografia *f* (**of** de); **d)** Cin plano *m* (**of** de); **action ~** cena *f* de acção; **to be in/out of ~** Cin estar em campo/fora de campo; **e)** (injection) injecção *f* (**of** de); **to give sb a ~** dar uma injecção a alguém; **to give sth a ~ in the arm** (fig) dar nova vida a algo; **f)** (attempt) **to have a ~ at doing** tentar fazer algo; **to give it ône's best** ~ dar o seu melhor; **g)** (in shotputting) peso *m*; **h)** (pellets) (*collective n*) chumbo *m*; **i)** (pellet) bago *m* de chùmbo; **j)** (person who shoots) **to be a good/poor** ~ ser bom/mau atirador; **k)** (coll) (dose) **a ~ of whisky** uma dose *f* de whisky; **l)** AEROSP (of rocket, etc) lançamento *m*. **3** *adj* **a)** (streaked) [*silk*] raiado; **~ with gold/ red** [*material*] raiado de ouro/vermelho; **b)** (coll) (destroyed) (*also* **~ away**) **he is ~ (away)** ele está completamente destruído. IDIOMAS **to call the ~s** ditar a lei; **to be ~ of sb/sth** estar livre de alguém/algo; **it was a ~ in the dark** foi um acaso.

shotgun ['ʃɒtgʌn] *adj* espingarda *f*.

shotgun wedding *n* casamento *m* forçado.

shoting: ~ **gallery** *n* SPORT galeria *f* de tiro ao alvo; ~ **range** *n* galeria *f* de tiro; ~ **star** *n* ASTRON estrela *f* cadente.

should [ʃʊd] *modal aux* (*conditional of* **shall**) **a)** (ought to) **you ~ have told me before** deverias ter-me dito antes; **how ~ I know?** como é que eu havia de saber?; **as it ~ be** (in order) como deve ser; **flowers! you shouldn't have!** flores! não te devias ter incomodado!; **b)** (in conditional sentences) **had he asked me, I ~ have accepted** se ele me tivesse perguntado, eu teria aceitado; ~ **the opportunity arise** se surgir a oportunidade; **c)** (expressing purpose) **in order that they ~ understand** para que eles compreendessem; **d)** (in polite formulas) **I ~ like a drink** apetecia-me uma bebida; **I ~ like to go there** gostaria de lá ir; **e)** (expressing opinion, surprise) **I ~ think so!** assim espero!; **I ~ think not!** espero bem que não!; **I ~ think she must be about 40** creio que ela deve ter à roda dos 40; **and then what ~ happen, but it began to rain** e imagina o que aconteceu: começou a chover.

shoulder ['ʃəʊldə(r)] **1** *n* **a)** ANAT, CULIN ombro *m*; espádua *f*; quarto *m* dianteiro de animal; **on/ across/over one's ~** no ombro; **this jacket is too tight across the ~s** este casaco é muito estreito de ombros; **to put one's ~s back/straighten one's ~** pôr os ombros para trás/endireitar os ombros; **to look (back) over one's ~** (lit, fig) olhar (para trás) por cima do ombro; **the burden/cost is/falls on my ~s** o peso/custo cai em cima de mim; **b)** (on mountain) planalto *m* PO, platô *m* BR; **c)** SEWING ombro *m*; **d)** (on road) berma *f*. **2** *vtr* **a)** (lit) pôr ao ombro [*bag, implement*]; **b)** (fig) encarregar-se de [*burden, expense, task*]; assumir [*responsibility*]; **c)** (push) **to ~ sb aside** empurrar alg com o ombro. **3** +**shouldered** *pp adj* (*in compounds*) **round-~** que tem os ombros redondos. IDIOMAS **to be/stand head and ~s above sb** ser melhor do que alg; **to have an old head on young ~s** estar muito maduro para a idade; **to put one's head and ~ to the wheel** esforçar-se; **to rub ~s with sb** fazer parte do mesmo grupo de pessoas; **straight from the ~** (coll) [*comment, criticism*] franco.

shoulder: ~ **bag** *n* saco *m* à tiracolo; ~ **blade** *n* omoplata *f*.

shoulder strap *n* (of garment) alça *f*; (of bag) correia *f*; tira *f*.

shouldn't ['ʃʊdnt] see **should not**.

shout [ʃaʊt] **1** *n* grito *m* (**of** de). **2** *vtr* gritar. **3** *vi* gritar; **to ~ at/to sb to do sth** gritar a alg para fazer qq coisa; **what are they ~ing about?** porque é que eles estão a gritar?; **to ~ for help** gritar para pedir ajuda. IDIOMAS **I'll give you a ~** eu faço-te sinal. ■ **shout down**: ~ **down (sb)**, ~ **(sb) down** fazer calar alg (gritando). ■ **shout out**: ~ **out** dar um grito; ~ **out (sth)**, ~ **(sth) out** bradar (qq coisa) em voz alta; **to ~ out the answers** dizer as respostas em voz alta.

shove [ʃʌv] **1** *n* **to give sth/sb a ~** empurrar alg/ algo. **2** *vtr* **a)** (vigorously) **to ~ sth through** empurrar qq coisa através de [*letterbox, gap*]; **to ~ sb/sth aside** *or* **out of the way** afastar alg/algo para o lado; **b)** (hurriedly, carelessly) **to ~ sth into** meter qq coisa dentro de [*container, pocket, room, gap*]; **c)** (aggressively) dar encontrões em [*person*]. **3** *vi* empurrar; **people were pushing and shoving** as pessoas empurravam e davam encontrões. ■ **shove off** (coll) GB (leave) pôr-se a mexer (fam); (from shore) zarpar. ■ **shove over** (coll) ~ **(sth) over**, ~ **over (sth)** passar [*object, foodstuff*].

show [ʃəʊ] **1** *n* **a)** (as entertainment) THEAT (gen) espectáculo *m*; (particular performance) representação *f*; CIN sessão *f*; RADIO, TV emissão *f*; (of slides) projecção *f*; **family ~** espectáculo para todos; **on with the ~** (as introduction) o espectáculo vai começar; (during performance) o espectáculo vai continuar; **b)** (as promotion, display) (of cars, boats, etc) salão *m*; (of fashion) desfile *m*; (of flowers, crafts) exposição *f*; **to be on ~** estar em exposição; **c)** (outward display) (of feelings) manifestação *f*; (of strength) demonstração *f*; (of wealth) ostentação *f*; **to make/put on a (great) ~ of doing** fingir fazer; **he made such a ~ of gratitude** ele fez um tal alarde de gratidão; **to be all ~** ser apenas aparência; **to be all for ~** ser apenas bazófia (fam); **the roses make a splendid ~** as rosas são um encanto para os olhos; **it was a poor ~ not to thank them** foi pouco correcto não lhes agradecer; **d)** (competitive performance) **he put up a good/poor ~** ele fez uma boa/má exibição; **good ~ old chap** (dated, formal) bravo, meu amigo; **e)** (coll) (business, undertaking) negócio *m*; **she runs the whole ~** é ela que manda em tudo; **f)** MED (at onset of labour) perda *f* de sangue como sinal de início de um parto. **2** *vtr* (*pp* **shown**) **a)** (present for viewing) [*person, film, photo*] mostrar (**to** a); [*person*] apresentar [*ticket, fashion collection*] (**to** a); **to ~ sb sth** mostrar qq coisa a alg; **b)** (display competitively) apresentar [*champion, animal*]; expor [*prize, flower*]; **c)** (reveal) mostrar [*feeling, principle, fact*]; [*clothing material*] deixar ver [*underclothes, mark*]; [*patient*] apresentar [*symptoms*]; **to ~ interest in** mostrar interesse em; **to ~ that** mostrar que; **d)** (indicate) indicar [*object, trend, loss, profit, difficulty*]; indicar [*time, direction, area*]; **e)** (demonstrate, express) [*person, action*] demonstrar [*skill, principle*] (**to** a); [*person*] revelar [*feelings, fault, quality, consideration*]; [*writing*] mostrar [*originality*]; [*reply*] salientar [*wit, intelligence*]; [*gesture, gift*] provar [*respect, gratitude*]; **to ~ sb that...** mostrar a alg que...; **f)** (make clear by proof) provar [*truth, validity, guilt*]; **to ~ that** [*document*] provar que; [*findings*] demonstrar que; [*facial expression*] mostrar que; **I'll ~ you** (coll) (as revenge) eu digo-te (fam); (when challenged) eu mostro-te; **g)** (conduct) **to ~ sb to one's seat** [*host, usher*] conduzir alg ao lugar; **to ~ sb to the door** acompanhar alg à porta. **3** *v refl* **to ~ oneself** [*person, animal*] mostrar-se. **4** *vi* **a)** (be noticeable) [*stain, label*] ver-se; [*fear, anger, distress*] (by actions, appearance) ver-se; (in eyes) ler-se; **b)** (be exhibited) [*artist*] expor; [*film*] passar; **to ~ to advantage** [*colour, object*] fazer um belo efeito; **c)** (coll) (turn up) aparecer; **d)** US EQUIT (be placed) ficar colocado; **to ~ ahead** estar em primeiro lugar. **IDIOMAS it just goes to ~** a vida é mesmo assim; **~ a leg!** (coll) de pé!; **to ~ one's face** (coll) aparecer (fam); **to ~ one's hand** pôr as cartas na mesa; **to steal the ~** ser o alvo das atenções. ■ **show in:** ~ **(sb) in,** ~ **in (sb)** mandar entrar (alg). ■ **show off:** ~ **off** (coll) exibir-se; ~ **off to/in front of (sb)** exibir-se em frente de (alg). ■ **show out:** ~ **(sb) out,** ~ **out (sb)** acompanhar (alg) à porta. ■ **show round:** ~ **(sb) round,** ~ **round (sb)** conduzir, guiar alg. ■ **show through** [*contents, underwear*] ver-se através de. ■ **show up:** ~ **up a)** (be visible) [*dust, mark*] ver-se; [*pollution, signs, symptoms*] manifestar-se; [*details, colour*] ressaltar; **b)** (coll) (arrive) aparecer; ~ **(sth) up,** ~ **up (sth)** aparecer, mostrar [*fault, mark*]; ~ **(sb) up,** ~ **up (sb) a)** (let down) envergonhar; **b)** (reveal truth about) **research has ~n him up for what he is** as investigações mostraram o que ele verdadeiramente é.

show: ~ **biz** *n* (coll) see ~ **business;** ~ **business 1** *n* indústria *f* do espectáculo. **2** *modif* [*personality*] do mundo do espectáculo; [*world*] do espectáculo.

showcase ['ʃəʊkeɪs] *n* vitrina *f*; montra *f*; armário *m* envidraçado.

show: ~ **down** *n* (between competitors) confrontação *f*.

shower ['ʃəʊə(r)] **1** *n* **a)** (for washing) chuveiro *m*; banho *m* de chuveiro; **b)** METEOROL aguaceiro *m*; chuvada *f*; **light/heavy ~** grande/pequeno aguaceiro; **c)** (of confetti, sparks, fragments) chuva *f* (**of** de); (of praise, blessings, gifts) avalanche *f* (**of** de); **d)** US festa *f* em que cada convidado leva um presente; **e)** GB (often pej) malta *f*. **2** *modif* [*cubicle, curtain, head, rail, spray*]. **3** *vtr* **a)** [*fire, explosion, volcano, tree*] **to ~ sth on/over sb/sth, to ~ sb/sth with sth** fazer chover qq coisa sobre alg/algo; **b)** (fig) **to ~ sb with sth, to ~ sth on sb** cobrir alg de [*gifts, blessings, compliments*]; **c)** (lit) dar um banho de chuveiro [*dog, child*]. **4** *vi* **a)** [*person*] tomar um banho de chuveiro; **b)** ash ~ed **down** caiu uma chuva de cinzas.

showery ['ʃaʊərɪ] *adj* [*day, weather*] chuvoso.

show: ~ **girl** *n* corista *f*; ~ **ground** *n* (gen) terreno *m* de feira EQUIT campo *m* de concurso; ~ **house** *n* casa *f* modelo.

showing ['ʃəʊɪŋ] *n* **a)** (display) (of work) apresentação *f*; **b)** CIN exibição *f*; projecção *f*; (individual) sessão *f*; **c)** (performance) (gen) exibição *f*.

show jumper *n* (person) cavaleiro *m* (de salto); (horse) cavalo *m* de salto.

showman ['ʃəʊmən] *n* empresário *m* de circo.

shown [ʃəʊn] *pp* see **show.**

show-off *n* (coll) exibição *f*.

showpiece *n* (exhibit) (gen) modelo *m*; **the ~** a jóia; **this hospital is a ~** este hospital é um modelo do género.

showplace 1 *n* US (for tourists) atracção *f* turística. **2** *modif* [*house, apartment*] de sonho.

showroom ['ʃəʊruːm] *n* sala *f* de exposição; **in ~ condition** [*furniture, car*] em estado impecável.

show trial *n* processo *m* exemplar.

shred [ʃred] **1** *n* **a)** (fig) (of evidence, emotion, sense, truth) parcela *f*; pedaço *m*; **b)** (of paper, fabric) tira *f*; bocado *m*. **2** *vtr* (*pres p etc* -**dd**-) rasgar [*documents, papers*]; raspar, ralar [*vegetables*]; ~ding **attachment** CULIN acessório *m* para ralar e cortar aos pedaços.

shrew [ʃruː] *n* **a)** ZOOL musaranho *m*; **b)** (woman) (pej) megera *f*.

shrewd [ʃruːd] *adj* [*person*] astuto,-a, perspicaz; [*face*] cheia de perspicácia; [*move, assessment, investment*] astucioso,-a; **to have a ~ idea that** ser levado a crer que; **to make a ~ guess** tentar adivinhar.

shriek [ʃriːk] **1** *n* (of pain, fear, delight) grito *m*; guincho *m*; (of bird) grito *m*; ~**s of laughter** grandes gargalhadas. **2** *vi* (with pain, fear) gritar, guinchar (**in, with** de). **3** *pres p adj* ~**ing** agudo, penetrante.

shrift [ʃrɪft] *n* **to give sb/sth short ~** condenar alg/algo sem perda de tempo.

shrill [ʃrɪl] **1** *adj* **a)** [*voice, cry, laugh*] penetrante; [*whistle, tone*] estridente; **b)** [*criticism, protest*] vigoroso. **2** *vi* [*bird*] dar um grito agudo; [*telephone*] retinir.

shrimp [ʃrɪmp] *n* **a)** ZOOL, CULIN camarão *m*; **b)** (coll) (small person) cinco-réis-de-gente *m* (fam).

shrine [ʃraɪn] *n* **a)** (place of worship) santuário *m*; lugar *m* santo (**to** consagrado a); (in catholicism: alcove) altar *m*; (building) capela *f*; **b)** (tomb) túmulo *m*.

shrink [ʃrɪŋk] **1** *n* (coll) (psychoanalyst) psicanalista *m/f*; (psychiatrist) psiquiatra *m/f*. **2** *vtr* (*past* **shrank** *pp* **shrunk**) fazer encolher [*garment, wool*]; contrair [*wood*]. **3** *vi* (*past* **shrank** *pp* **shrunk**) **a)** [*garment, wool, etc*] encolher; [*timber*] contrair-se; [*piece of dough, meat, etc*] reduzir; [*forest*] diminuir, recuar; [*resources, funds*] diminuir; **the staff has shrunk from 200 to 50** os efectivos caíram de 200 para 50; **to have shrunk to nothing** [*team, household, etc*] estar quase reduzido a nada; [*ill person*] ser só pele e osso; **b)** (recoil) (**from** perante); **to ~ from doing sth** hesitar em fazer qq coisa.

shrinkage ['ʃrɪŋkɪdʒ] *n* (of garment, fabric) encolhimento *m*; (of timber) contracção *f*; (of economy, trade) recuo *m*; (of resources, profits) diminuição *f*; (of forest) recuo *m*.

shrink-wrap ['ʃrɪŋkræp] *vtr* embalar no vácuo (com filme transparente).

shrivel ['ʃrɪvl] **1** *vtr* [*sun, heat*] enrugar [*skin*]; secar [*plant, leaf*]. **2** *vi* (*also* ~ **up**) [*fruit, vegetable*] murchar; [*skin*] enrugar; [*plant, leaf, meat*] ressequir-se.

shroud [ʃraʊd] **1** *n* **a)** (cloth) mortalha *f*; lençol *m*; **b)** (fig) (cover) (of fog, secrecy) véu *m* (**of** de); **c)** NAUT (rope) cabo *m*; ovém *m*. **2** *vtr* (fig) encobrir, disfarçar.

Shrove Tuesday [ʃrəʊv'tjuːzdeɪ] *n* RELIG Terça-feira *f* gorda.

shrub [ʃrʌb] *n* arbusto *m*.

shrubbery ['ʃrʌbərɪ] *n* maciço *m* de arbustos.

shrug [ʃrʌg] **1** *n* (*also* ~ **of shoulders**) encolher *m* de ombros *mpl*. **2** *vtr* (*pres p etc* **-gg-**) (*also* ~ **one's shoulders**) encolher os ombros. ■ **shrug off**: **to** ~ **off (sth)**, **to** ~ **(sth) off** (make light of) ignorar [*problem, rumour*].

shrunk [ʃrʌŋk] *pp* see **shrink**.

shrunken ['ʃrʌŋkn] **1** *pp* see **shrink**. **2** *adj* [*person, body*] mirrado; [*budget*] reduzido; [*apple*] encarquilhado.

shudder ['ʃʌdə(r)] **1** *n* **a)** (of person) arrepio *m*; estremecimento *m* (**of** de); **to give a** ~ estremecer; **the news sent a** ~ **of terror through them** eles estremeceram de terror perante a notícia; **with a** ~ com um arrepio; **b)** (of vehicle) sacudidela *f* PO, sacudida *f* BR; **to give a** ~ dar um impulso. **2** *vi* **a)** [*person*] tremer, estremecer; **to** ~ **with/from/in fear/pleasure/cold** tremer de medo/prazer/frio; **I** ~ **to think!** eu tremo só de pensar!; **b)** [*vehicle*] (once) dar uma sacudidela; **to** ~ **to a halt** dar várias sacudidelas e parar.

shuffle ['ʃʌfl] **1** *n* (way of walking) maneira *f* de andar arrastando os pés. **2** *vtr* **a)** (change of position) (*also* ~ **about**) deslocar [*furniture, objects, people*]; **b)** (mix together) misturar [*papers*]; **c)** GAMES baralhar [*cards*]. **3** *vi* arrastar os pés; **to** ~ **along/in/off** caminhar/entrar/sair arrastando os pés. ■ **shuffle off**: ~ **off (sth)** descartar-se de, livrar-se de [*responsibility, blame, guilt*].

shun [ʃʌn] *vtr* (*pres p etc* **-nn-**) **a)** (avoid) evitar [*contract, people, publicity, responsibility*]; fugir a [*work*]; **b)** (reject) rejeitar [*job, person, offer, suggestion*].

shunt [ʃʌnt] *vtr* **a)** (marginalize) (*usu in passive*) **to** ~ **sb into** [*post, department*] marginalizar, colocar na prateleira (fam); **b)** (send) (*usu in passive*) **to** ~ **sb (back and forth) between** [*countries, offices*] empurrar *sb* (dum lado para o outro); **c)** RAIL (move) manobrar [*wagon, engine*].

shush [ʃʊʃ] **1** *excl* shiu!, caluda!. **2** *vtr* mandar calar [*person*].

shut [ʃʌt] **1** *adj* (closed) (usually attribu) [*door, book, container, eyes, month*] fechado; **he slammed the door** ~ ela bateu com a porta (para a fechar bem); **to keep one's mouth** ~ calar-se. **2** *vtr* (*pres p etc* **-tt-**) (close) fechar [*door, book, contain, eyes, mouth*]; ~ **your mouth** *or* **trap** *or* **face** (coll) cala a boca! (fam). **3** *vi* **a)** [*door, book, container, eyes, mouth*] fechar-se; **b)** [*business, office, factory, amenity*] fechar. ■ **shut away**: ~ **(sb, sth) away** (lock up) fechar [*person*]; fechar (qq coisa) à chave [*valuables, medicines*]; (keep at bay) manter (alg) à distância [*person*]; afastar [*difficulties*]. ■ **shut down**: ~ **down** [*business*] fechar; [*plant, machinery*] parar; ~ **(sth) down**, ~ **down (sth)** fechar [*business, amenity, factory*]; parar [*rail service, TV service, reactor, machinery, power*]. ■ **shut in**:

~ **(sb, sth) in** fechar [*person, animal*]; ~ **(oneself)** ~ fechar-se; **to feel** ~ (fig) sentir-se fechado/abafado. ■ **shut off**: ~ **(sth) off**, ~ **off (sth)** cortar [*supply*]; desligar [*motor*]; desligar [*oven, heater, fan*]; fechar [*access, value*]; ~ **(sb, sth) off isolar (from** de); ~ **(oneself) off** isolar-se **(from** de). ■ **shut out**: ~ **out (sth, sb)**, ~ **(sth, sb) out a)** (keep out) deixar (alg, algo) de fora; eliminar [*noise, draught*]; **I was** ~ **out** eu fiquei lá fora; **b)** (keep at bay) afastar [*thought, memory, image, feeling*]; **c)** (reject) rejeitar [*person, friend, world*]; **to feel** ~ **out** sentir-se rejeitado/ excluído; **d)** (block) (lit) impedir (qq coisa) de entrar [*light, sun*]; tapar, ocultar [*view*]; US SPORT (fig) bloquear [*opponent*]. ■ **shut up**: ~ **up** (coll) calar-se (**about sth** sobre qq coisa); **I wish she'd** ~ **up!** (coll) era melhor ela estar calada! (fam); ~ **up!** (brisk) cala-te!; (aggressive) cala a boca! (fam); **look,** ~ **up and listen a minute!** vá, calem-se e escutem!; ~ **(sb) up,** ~ **up (sb) a)** (coll) (silence) fazer calar [*person, animal*]; **that soon** ~ **her up!** isso fê-la calar depressa!; **b)** (confine) fechar [*person, animal*] (**in** em); **to** ~ **oneself up** fechar-se; **c)** (close) fechar [*house, business*]; **to** ~ **up shop** (coll) (lit, fig) fechar loja.

shut-eye (coll) *n* **to get some** ~ passar pelo sono.

shutter ['ʃʌtə(r)] *n* **a)** (on window) (*usually pl*) **wooden, metal** persiana *f*; veneziana *f*; (on shopfront) estore *m* metálico; **to put up the** ~s (lit) fechar os estores; (fig) fechar loja; **b)** PHOT (camera) obturador *m*.

shutter speed *n* velocidade *f* de obturação.

shuttle ['ʃʌtl] **1** *n* **a)** TRANSP vaivém *m*; **b)** (in sewing machine, loom) lançadeira *f*; **c)** (in badminton) volante *m*. **2** *vi* **to** ~ **between** [*terminals*] fazer a ligação (de vaivém) entre. **3** *vtr* transportar.

shuttle: ~**cock** *n* volante *m*; ~ **service** *n* TRANSP serviço *m* de ligação.

shy [ʃaɪ] **1** *adj* **a)** (timid) (person) tímido (**of, with** com, para com); (animal) esquivo (**of, with** com, para com); **b)** (afraid) **to be** ~ **of sb/ doing** ter receio de alg/de fazer; **to make sb feel** ~ intimidar alg; **c)** (avoid) **to fight** ~ **of doing** fugir de fazer; **d)** US (lacking) (*after noun*); **I'm 10 cents** ~ **of a dollar** faltam-me 10 cêntimos para um dólar. **2** *vtr* **to** ~ **sth at** atirar uma coisa a algo. **3** *vi* [*horse*] fazer uma recusa (**at** perante).

shy away manter-se afastado (**from** de); **to** ~ **away from doing** evitar repugnar fazer algo.

shyness ['ʃaɪnɪs] *n* timidez *f*.

Siamese [saɪə'miːz] **1** *n* **a)** (person) siamês *m*; **b)** (language) siamês *m*; **c)** (cat) siamês *m*. **2** *adj* (gen) MED siamês.

Siberia [saɪ'bɪərɪə] *pr n* Sibéria *f*.

sibling ['sɪblɪŋ] *n* **a)** (male) irmão *m*; **b)** (female) irmã *f*.

sick [sɪk] **1** *n* **a)** (+ *pl*) **the** ~ os doentes *mpl*; **b)** (coll) (vomit) vómito *m*. **2** *adj* **a)** (ill) [*person*] doente; **to feel** ~ sentir-se doente; GB **take** ~ ficar doente; **to be off** ~ GB estar a faltar por doença, estar ausente por doença; **to go** ~ ficar doente; **b)** GB (nauseous) **to be/get** ~ vomitar; **to feel** ~ sentir náuseas, ter vontade de vomitar;

rhubarb makes him ~ o rubarbo fá-lo enjoar; you'll make yourself ~ if you eat all that chocolate vais ficar doente se comeres todo esse chocolate; to have a ~ feeling in one's stomach (from nerves) ter engulhos no estômago; (from something one has eaten) estar mal disposto; c) (tasteless) [*joke, story*] de mau gosto; (unhealthy) [*mind, imagination*] doentia; what a ~ thing to do! que coisa tão disparatada!; d) (disgusted) desgostoso, aborrecido; you make me ~! tu pões-me desgostoso!; it's enough to make you ~! é o suficiente para te pôr doente!; e) (coll) (fed-up) to be ~ of sth/sb (coll) estar farto de qq coisa/de alg; to be ~ and tired of sth/of sb (coll) estar farto de qq coisa/alg; to ~ of the sight of sth/sb (coll) já não suportar ver qq coisa/alg.

sick bay *n* enfermaria *f*.

sickbed ['sɪkbed] *n* cama *m* de doente.

sicken ['sɪkn] 1 *vtr* pôr (alg) doente; (fig) desgostar. 2 *vi* a) (dated, liter) [*person, animal*] adoecer; to be ~ing for sth chocar qq coisa, mostrar sintomas de qq coisa; b) (fig) to ~ of deixar-se de, estar farto de.

sickening ['sɪknɪŋ] *adj* a) (nauseating) enjoativo; [*sight*] revoltado; [*smell*] nauseabundo; (fig) [*cruelty, violence*] repugnante; b) (coll) (annoying) [*person, behaviour*] irritante.

sickle ['sɪkl] *n* foicinha *f*.

sick leave *n* licença *f* para tratamento de doença.

sickly ['sɪklɪ] *adj* a) (unhealthy) [*baby, person, pallor*] débil, fraco; [*plant*] definhado; [*complexion*] pálido; [*climate*] doentio; b) (nauseating) [*smell, taste*] enjoativo, repugnante; ~ sentimental (pej) piegas (fam); ~ sweet (pej) demasiado doce.

sickness ['sɪknɪs] *n* a) (illness) doença *f*; the ~ of the economy o mal da economia; in ~ and in health para o melhor e para o pior; b) (nausea) enjoo *m*; vómito *m*; to suffer bouts of ~ ter vómitos; c) (pej) (distasteful nature) (of joke, story) mau gosto *m*.

sick: ~ pay *n* subsídio *m* de doença; ~ room *n* (in school, institution) enfermaria *f*; gabinete *m* médico; (at home) quarto *m* de doente.

side [saɪd] 1 *n* a) (of body) (of person) lado *m*; (of animal) flanco *m*; ilharga *f*; ~ by ~ lado a lado; on my left ~ à minha esquerda; don't leave my ~ fica perto de mim; b) (of multi-surfaced object, place) (of box, shape, table, etc) lado *m*; (of boat, tyre) parte *f* lateral; (of hill) encosta *f*; vertente *f*; from every ~ de todos os lados; on its ~ de lado; c) (front/reverse) (gen) lado *m*; (of record) face *f*; on this ~ neste lado; d) (as contrast) (gen) lado *m*; (of problem, question) aspecto *m*; (of story, case) versão *f*; on my mother's ~ do lado da minha mãe; try to see it from my ~ tente compreender o meu ponto de vista; e) (opposing group) (gen) lado *m*; (in dispute) campo *m*; to take ~s with sb tomar o partido de alg; f) SPORT (team) equipa *f*; the best ~ a melhor equipa; g) (falseness) malícia *f*. 2 *modif* [*door, window, entrance*] lateral. 3 ~d (in compounds) six-~d figure figura de seis lados. 4 *vi* (of car, skier) derrapar. IDIOMAS he's like the ~ of a house ele é enorme; on the ~ (ille-

gally) ilegalmente; (sexually) time is on our ~ o tempo está do nosso lado; to be on the safe ~ estar em segurança; to be (a bit) on the big/small ~ ser dos grandes/pequenos; to get on the wrong ~ of sb ter más relações com alg; to have right on one's ~ estar no seu direito; to get/keep on the right ~ of sb ter boas relações com alg; to put sth to one ~ pôr (qq coisa) de lado [*object, task*]; to take sb to one ~ tomar alg à parte.

side: ~board *n* aparador *m*; ~boards GB ~burns US *npl* (on face) suíças *fpl*; ~car *n* sidecar *m* (carrinho *m* lateral de motorizada); ~ dish *n* CULIN prato *m* de acompanhamento; ~effect *n* (of drug) efeito *m* secundário; (of action) repercussão *f*; ~ kick (coll) *n* acólito *m*.

sidelight ['saɪdlaɪt] *n* a) AUT luz *f* lateral; b) NAUT (to port) luz *f* vermelha de bombordo; (to starboard) luz *f* verde de estibordo Po/boreste BR; c) (window) (in house) lucarna *f*; janela *f* lateral.

sideline ['saɪdlaɪn] *n* a) (extra) trabalho *m* secundário; he sells clothes as a ~ ele vende roupas como segunda ocupação; b) SPORT linha *f* lateral; to kick the ball over the ~ lançar a bola para fora; to be on the ~s (fig) estar lá como observador.

side-road *n* rua *f* pequena; rua *f* transversal.

side-saddle 1 *n* sela *f* de senhora. 2 *adv* to ride ~ montar à amazona.

sideshow *n* (at fair) atracção *f*.

side-splitting (coll) *adj* hilariante, impagável.

sidestep ['saɪdstep] 1 *n* passo *m* lateral. 2 *vtr* (*pres p etc* -pp-) evitar [*opponent, tackle*]; fugir a [*question, issue*].

side-street *n* rua *f* pequena; rua *f* lateral.

side-table *n* mesa *f* de apoio.

sidetrack ['saɪdtræk] *vtr* (fig) (*usu in passive*) desviar; we got ~ed (in discussion) puseram-nos de lado.

sidewalk *n* US passeio *m*.

sideways ['saɪdweɪz] 1 *adj* [*look, glance*] de lado; ~ move in his career desvio *m* na sua carreira. 2 *adv* [*move*] lateralmente; [*carry*] sobre o lado; [*park*] obliquamente; [*look at*] de esguelha. IDIOMAS to knock sb ~ (fig) siderar alg.

side: ~ with pôr-se do lado de [*person*]; ~-whiskers *npl* suíças *fpl*.

siding ['saɪdɪŋ] *n* a) RAIL via *f* de garagem; b) US (weatherproof coating) revestimento *m* exterior.

sidle ['saɪdl] *vi* to ~ into a room entrar furtivamente num quarto; to ~ up to/towards sb/sth avançar furtivamente para alg/algo.

siege [siːdʒ] *n* cerco *m*; to lay ~ to sth (lit, fig) cercar algo. IDIOMAS to suffer from a ~ mentality estar sempre na defensiva.

siesta [sɪˈestə] *n* sesta *f*; to have a ~ fazer uma sesta.

sieve [sɪv] 1 *n* a) (for draining) crivo *m*; b) (for sifting) peneira *f*; c) (for coal, stones) crivo *m*; d) (for wheat) joeira *f*. 2 *vtr* peneirar [*earth, flour, sugar*]; passar por crivo [*coal*]; joeirar [*wheat*]. IDIOMAS to leak like a ~ não guardar segredos, ser um saco roto.

sift [sɪft] 1 *vtr* a) (sieve) peneirar [*flour, soil*]; passar por crivo [*coal*]; joeirar [*wheat*]; b) (fig) (sort) passar por um crivo [*data, evidence, information*]. **2** *vi* **to ~ out a)** (dispose of) eliminar [*lumps, troublemakers*]; **b)** (extract) extrair; **to ~ through** examinar [*applications, ashes, rubble*].

sigh [saɪ] **1** *n* suspiro *m*; **to breathe/give/heave a ~** dar um suspiro. **2** *vi* **a)** (exhale) [*person*] suspirar; **to ~ with relief** suspirar de alívio; **b)** (pine) **to ~ for sth** ansiar por algo; **c)** (complain) **to ~ over sth** lamentar-se por algo; **d)** (whisper) [*trees, wind*] gemer, sussurrar.

sight [saɪt] **1** *n* **a)** (faculty) vista *f*; **to have good ~** ter boa vista; **b)** (act of seeing) vista *f*; **at first ~** à primeira vista; **c)** (range of vision) (fig); US (coll) **out of ~!** fantástico!; (thing seen) espectáculo *m*. **2 sights** *npl* **a)** (places worth seeing) atracções *fpl* turísticas (**of** de); vistas *fpl*; **b)** (on rifle, telescope) visor *m*; mira *f*; **to have sth in one's ~** ter qq coisa na mira. **3** *vtr* avistar [*land, plane, ship, etc*]. IDIOMAS **to know sth by ~** conhecer qq coisa de vista; **to catch ~ of sth** avistar qq coisa; **to lose ~ of sth/sb** perder qq coisa/alg de vista; **to take a dislike to sb on ~** detestar alg à primeira vista; **to raise/lower one's ~s** visar mais alto/mais baixo; **out of ~ mind** longe da vista, longe do coração.

sighted [ˈsaɪtɪd] *adj* que vê, com vista.

sight: **~-read** *vtr, vi* decifrar pela leitura (música, etc); **~seeing** *n* turismo *m*; **to go ~seeing** fazer turismo; **~seer** *n* **a)** turista *m/f*; **b)** (drawn to scene of disaster) curioso *m*.

sign [saɪn] **1** *n* **a)** (symbolic mark) símbolo *m*; **the pound/dollar ~** o símbolo da libra/do dólar; **b)** (object) (roadsign, any large board) letreiro *m*; tabuleta *f*; **c)** (gesture) sinal *m*; aceno *m*; **to make the ~ of the cross** fazer o sinal da cruz; **d)** (signal) sinal *m*; **I smile, that will be the ~ for us to leave** se eu sorrir, será o sinal para nos irmos embora; **e)** (indication, pointer) indício *m*; **there are no ~s of recovery in the economy** não há indícios de recuperação da economia; **f)** ASTROL signo *m*. **2** *vtr* **a)** (gen) assinar [*name, agreement, document*]; **b)** SPORT contratar [*player*]. **3** *vi* **a)** [*person*] assinar; **b)** SPORT [*player*] assinar um contrato (**with** com; **for** por); **c)** (signal) **to ~ to sb to do sth** fazer sinal a alg para fazer qq coisa. ■ **sign away**: **~ away /sth), ~ (sth) away** renunciar por escrito a qq coisa [*rights, inheritance*]. ■ **sign off a)** (take leave on radio or TV show) terminar; **b)** (end letter) terminar; **c)** (make one's farewells) despedir-se. ■ **sign on** GB SOCIOL, ADMIN inscrever-se num centro de desemprego. ■ **sign out** assinar o registo de saída. ■ **sign over**: **~ over (sth), ~ (sth) over** ceder (qq coisa) por escrito [*estate, property*]. ■ **sign up a)** (in forces, by contract) alistar-se; **b)** (for course) inscrever-se; **~ up (sb), ~ (sb) up** contratar alg [*player, film star*].

signal [ˈsɪgnl] **1** *n* **a)** (sign to act, cue) sinal *m* (**for** de); **to give the ~ to leave** dar o sinal de partida; **b)** (sign, indication) sinal *m*; indicação *f*; **to be a ~ that...** ser um sinal de que...; **to send a ~ to sb that...** indicar a alg que...; **c)** RAIL, RADIO, TV, ELECTRON, ASTRON sinal *m*; **d)** (message) mensagem *f*. **2** *adj* [*triumph, success*] notável; [*failure*] notório. **3** *vtr* (*past, pp* signal-

led) **a)** (lit) **I ~led John to fetch the car** fiz um sinal ao João para ir buscar o carro; **b)** (fig) (indicate, give sign of) mostrar indícios de [*shift, willingness, reluctance*]; **c)** (mark) marcar. **4** *vi* (*past, pp* **signalled**) (lit) (physically) **to ~ that one wants to leave** fazer sinal de que uma pessoa se quer ir embora.

signal: **~box** *n* cabine *f* de sinalização; **~man** *n* RAIL empregado *m* encarregado da sinalização.

signatory [ˈsɪgnətərɪ] *n* signatário *m*.

signature [ˈsɪgnətʃə(r)] *n* assinatura *f*; **to set one's ~ to sth** pôr a sua assinatura em qq coisa.

signature tune *n* indicativo *m* de programa.

signboard *n* letreiro *m*; tabuleta *f*.

signet ring [ˈsɪgnɪt rɪŋ] *n* anel *m* com sinete.

significance [sɪgˈnɪfɪkəns] *n* **a)** (importance) importância *f*; **not of any ~/of no ~** sem importância nenhuma; **your opinion is of no ~** a tua opinião não me interessa nada; **b)** (meaning) significado *m*.

significant [sɪgˈnɪfɪkənt] *adj* **a)** (substantial) [*amount, influence, impact, saving*] considerável; **b)** (important) [*event, aspect, role, victory*] importante; **c)** (meaningful) [*gesture*] eloquente; [*name, figure*] significativo; [*phrase*] cheio de sentido; **it is ~ that...** é significativo que....

significantly [sɪgˈnɪfɪkəntlɪ] *adv* **a)** (considerably) consideravelmente; **b)** (meaningfully) [*entitle, name*] de maneira significativa; [*smile, look, nod*] de modo significativo.

signify [ˈsɪgnɪfaɪ] **1** *vtr* **a)** (denote) [*symbol*] indicar; [*dream*] significar; **b)** (imply) [*fact, gesture, statement*] indicar; **c)** (display) exprimir [*affection, disapproval, joy*]. **2** *vi* (matter) (*usu neg or interrog*) importar, querer dizer.

sign: **~ language** *n* linguagem *f* gestual; **~post 1** *n* **a)** (object) (old free-standing-type) poste *m* indicador; **b)** (any direction sign) poste *m* de sinalização. **2** *vtr* indicar [*place, direction*]; **it's ~posted** está indicado; **~ writer** *n* pintor *m* de letreiros.

silence [ˈsaɪləns] **1** *n* **a)** (quietness) (- *c*) silêncio *m*; **in ~** em silêncio; **~ fell** fez-se silêncio; **b)** (pause) (+ *c*) silêncio *m*; **c)** (absence of communication) silêncio *m* (**about/on/over** sobre); **right of ~** JUR direito de um acusado de não falar antes ou durante um processo; **d)** (discretion) (- *c*) silêncio *m*; **to buy sb's ~** comprar o silêncio de alg. **2** *vtr* **a)** (quieten) reduzir ao silêncio, calar [*crowd, child*]; **b)** (gag) calar [*critic, press*].

silencer [ˈsaɪlənsə(r)] *n* GB AUT, MIL silenciador *m*.

silent [ˈsaɪlənt] *adj* **a)** (quiet) [*engine, majority, person, room*] silencioso; **to be ~** estar calado/ em silêncio; **to keep/stay ~** ficar silencioso; **to fall ~** calar-se, ficar em silêncio; **b)** (taciturn) taciturno; **c)** (uncommunicative) [*person, official, report*] reservado; **d)** (unexpressed) [*accusation, disapproval, oath, prayer*] silencioso; **e)** CIN [*film, movie*] mudo; **the ~ screen** o cinema mudo; **f)** LING mudo.

silently [ˈsaɪləntlɪ] *adv* **a)** (without a sound) [*appear, leave, move*] silenciosamente; **b)** (without speaking) [*listen, pray, stare, work*] em silêncio.

Silesia [saɪˈliːʃə] *pr n* Silésia *f*.

silhouette [sɪlʊˈet] **1** *n* silhueta *f*. **2** *vtr* **to be ~d against sth** destacar-se sobre algo.

silicon ['sɪlɪkən] *n* CHEM silício *m*.
silicon chip *n* COMPUT pastilha de silício.
silicone ['sɪlɪkəʊn] *n* CHEM silicone *m*.
silk [sɪlk] **1** *n* **a)** (fabric) seda *f*; **b)** (thread) fio *m* de seda; **c)** (clothing) (*usu pl*) artigos *mpl* de seda; **d)** (of spider) fio *m*; **e)** GB JUR advogado *m* da coroa. **2** *modif* [*dress, flower, sheets*] de seda; [*industry, production*] da seda. **IDIOMAS as soft as ~** macio como seda.
silken ['sɪlkn] *adj* **a)** (shiny) [*hair, sheen, skin*] sedoso; **b)** (of silk) de seda; **c)** (soft) [*voice*] (pleasant) doce, macio.
silk: **~-screen printing** *n* serigrafia *f*; **~worm** *n* bicho *m* da seda.
silky ['sɪlkɪ] *adj* [*fabric, hair, skin*] sedoso; [*tone, voice*] (pleasant) doce.
sill [sɪl] *n* **a)** (of door) soleira *f*; **b)** (of window) peitoril *m*.
silliness ['sɪlɪnɪs] *n* estupidez *f*; tolice *f*.
silly ['sɪlɪ] **1** *n* (coll) GB idiota *m/f*; imbecil *m/f*. **2** *adj* [*person*] idiota, imbecil; [*mistake, story, question*] estúpido; [*behaviour, clothes*] ridículo; **don't be ~!** não sejas idiota!; **to make sb look ~** fazer alg de parvo. **3** *adv* (coll) GB (senseless) **to drink oneself ~** beber até cair para o lado.
silly billy *n* (coll) GB (childish talk) idiota *m/f*; imbecil *m/f*.
silo ['saɪləʊ] *n* **a)** AGRIC silo *m*; **b)** MIL silo *m*.
silt [sɪlt] **1** *n* limo *m*; lodo *m*. **2** *vi* (*also* **~ up**) [*mud, sand*] depositar-se; [*river*] (with mud) encher de lodo; (with sand) assorear-se.
silver ['sɪlvə(r)] **1** *n* **a)** (metal) prata *f*; (silverware) baixela *f* de prata; (cutlery) talheres *mpl* de prata; (coins) moedas *fpl* de prata; **b)** (colour) (medal) medalha *f* prateada. **2** *adj* **a)** (metal) em prata; **b)** (colour) [*hair, decoration*] prateado; [*paint*] cinzento metalizado.
silver: **~ birch** *n* bétula *f* prateada; **~ paper** *n* papel *m* prateado; **~ plate** *n* baixela *f* de prata; **~ smith** *n* ourives *m* que trabalha em prata.
silverware ['sɪlvəweə(r)] *n* (solid) prata *f* maciça; (plate) baixela *f* de prata; artigos *mpl* de prata.
silver wedding *n* bodas *fpl* de prata.
silvery ['sɪlvərɪ] *adj* [*colour*] prateado; [*voice, sound*] argênteo.
similar ['sɪmɪlə(r)] *adj* **a)** [*object, number, taste, problem, situation*] similar, análogo; **something ~** algo de similar; **~10 ~ offences** dez delitos similares; **~ to** análogo a, parecido com; **it's ~ to riding a bike** é como andar de bicicleta; **it is ~ in appearance to** parece-se com; **~ in colour** nos mesmos tons; **b)** MATH [*triangle*] semelhante.
similarity [sɪmɪ'lærɪtɪ] *n* **a)** (- *c*) parecença *f*; semelhança *f* (**between** entre; **to, with** com; **in** em); **b)** (+ *c*) parecença *f*; semelhança *f* (**between** entre; **to/with** com; **in** em).
similarly ['sɪmɪləlɪ] *adv***a)** [*behave, react, dressed, arranged*] da mesma maneira, de maneira parecida, de igual modo; **b)** (likewise) **~,...** igualmente,....
simile ['sɪmɪlɪ] *n* comparação *f*; analogia *f*.
simmer ['sɪmə(r)] **1** *n* fervura *f* em lume brando. **2** *vtr* cozinhar a fogo lento [*stew, soup, etc*]; deixar levantar fervura [*water*]. **3** *vi* [*stew, soup, etc*] fervinhar; (fig) [*person*] (with discontent)

ferver (**with** de); [*quarrel, revolt, violence*] fermentar. ■ **simmer down** (coll) [*person*] acalmar-se; (coll) **~ down!** (tem) calma!.
simper ['sɪmpə(r)] *vi* sorrir de maneira afectada.
simple ['sɪmpl] *adj* **a)** (not complicated) [*task, method, instructions, solution, answer*] simples; (plain, not elaborate) [*dress, furniture, design, style*] sóbrio; [*food, lifestyle, tastes*] simples; **it's a ~ matter to change the tyre of a car** é muito simples mudar o pneu de um carro; **the ~ truth** a verdade pura e simples; **I can't make it any ~r** não posso simplificar mais; **what could be ~r?** nada mais fácil!; **computing made ~** a informática ao alcance de todos; **b)** (unsophisticated) [*life style, person, building*] simples; **her parents were ~ shopkeepers** os pais dela eram simples comerciantes; **c)** (dimwitted) simplório, simples de espírito; (naive) naíve, ingénuo; **d)** (basic, not complex) [*structure, substance*] simples; BIOL [*life-form*] simples; LING [*sentence*] simples.
simple-minded *adj* (pej) [*person*] simples de espírito, estúpido; [*view, attitude, solution*] naíve, ingénuo, simples.
simpleton ['sɪmpltən] *n* simplório *m*; pateta *m/f*; tolo *m*.
simplicity [sɪm'plɪsɪtɪ] *n* (of task, method, instructions, solution, answer) simplicidade *f*.
simplification [sɪmplɪfɪ'keɪ∫n] *n* simplificação *f* (**of** de).
simplify ['sɪmplɪfaɪ] *vtr* simplificar.
simplistic [sɪm'plɪstɪk] *adj* (pej) simplista (pej).
simply ['sɪmplɪ] *adv* **a)** [*explain, write, dress, live, eat*] simplesmente, com simplicidade; **to put it ~, the evidence shows that...** para simplificar, a evidência mostra que...; **b)** (just, merely) simplesmente; **it's ~ a question of concentrating** é simplesmente uma questão de concentração; **c)** (absolutely) absolutamente; **d)** **her latest novel is, quite ~ magnificent** o seu último romance foi simplesmente magnífico.
simulate ['sɪmjʊleɪt] *vtr* **a)** (feign) simular [*anger, death, illness, grief*]; fingir [*indifference, interest*]; **b)** (reproduce) simular [*behaviour, conditions, effect, flight*]; imitar [*blood, hair, sound*].
simulated ['sɪmjʊleɪtɪd] *adj* **a)** (fake) [*fur, pearls, snakeskin*] artificial; **b)** (feigned) [*anger, grief*] simulado, fingido.
simulator ['sɪmjʊleɪtə(r)] *n* simulador *m*.
simultaneous [sɪml'teɪnɪəs] *adj* simultâneo; **to be ~ with sth** ser em simultâneo com algo.
simultaneously [sɪml'teɪnɪəslɪ] *adv* (contemporaneously) simultaneamente.
sin [sɪn] **1** *n* **a)** RELIG pecado *m*; **to live in ~** (pej) viver maritalmente; **b)** (fault) crime *m*; **it's a ~ to waste food** é crime estragar comida. **2** *n* MATH abrev = **sine** seno *m*. **3** *vi* (*pres p etc* -nn--) pecar (**against** contra).
since [sɪns] **1** *prep* desde; **she'd been a teacher ~ 1971** ela é professora desde 1971; **he's been waiting ~ 10 am** ele tem estado à espera desde as 10 da manhã; **~ arriving** *or* **~ his arrival he...** desde que chegou, ele.... **2** *conj* **a)** (from the time when) desde que; **~ he's been away** desde que ele se foi embora; **it's 10 years ~ we last met** já passaram 10 anos, desde que nos en-

contrámos pela última vez; **b)** (because) visto que, dado que, já que; ~ **you're so clever, why don't you do it yourself?** já que és tão esperto, porque é que não fazes isso sozinho?. **3** *adv* desde então; **he hasn't been seen** ~ ele não foi visto desde então.

sincere [sɪn'sɪə(r)] *adj* [*person, apology, belief*] sincero; [*attempt*] real.

sincerely [sɪn'sɪəlɪ] *adv* sinceramente; (end of letter) **yours** ~ com os meus sinceros cumprimentos.

sincerity [sɪn'serɪtɪ] *n* sinceridade *f*; **with** ~ sinceramente.

sine [saɪn] *n* MATH seno *m*.

sinew ['sɪnju:] *n* ANAT tendão *m*.

sinewy ['sɪnju:ɪ] *adj* **a)** [*person, animal*] forte, musculoso; **b)** [*meat*] duro, fibroso, tendinoso.

sinful ['sɪnfʊl] *adj* [*behaviour, pleasure, thought, waste*] imoral; [*place*] de perdição; [*world*] pecaminoso; **a** ~ **woman** uma pecadora.

sing [sɪŋ] **1** *vtr* (*prét* sang; *pp* sung) cantar; **to** ~ **a role** representar um papel cantando-o; **to** ~ **the part of** cantar no papel de; **to** ~ **sth for sb** cantar algo para alg; ~ **him something** canta-lhe qq coisa; **to** ~ **sb to sleep** adormecer alg a cantar; **to** ~ **sb's praises** cantar loas a alg. **2** *vi* (*prét* sang; *pp* sung) **a)** [*person*] cantar (**in** em; **to sb** a alg; **for sb** para alg); **you can't** ~ tu não sabes cantar; **to** ~ **well** cantar bem; **to** ~ **in/out of tune** cantar afinado/desafinado; **to** ~ **in front of** *or* **for an audience** cantar para um público; **to** ~ **to an accompaniment** cantar com acompanhamento; **b)** [*bird, cricket, kettle*] cantar; [*wind*] assobiar; **to make sb's ears** ~ pôr as orelhas a ferver a alg; **c)** (coll) (confess) pôr tudo em pratos limpos (fam). **IDIOMAS to** ~ **a different** *or* **another song** mudar de opinião. ∎ **sing out**: ~ **out** (sing loud) trautear; (call out) chamar; ~ **out** [**sth**] (shout) gritar. ∎ **sing up** cantar mais alto.

singe [sɪndʒ] **1** *n* (*also* ~ **mark**) **a)** (gen) queimadura *f* leve; **b)** (from iron) cresta *f*. **2** *vtr* (*pres p* singeing) (by accident) (gen) queimar (algo) ligeiramente, chamuscar [*hair, clothes*]; (when ironing) crestar [*clothes*].

singer ['sɪŋə(r)] *n* cantor, a *m/f*; **he's a good** ~ ele é um bom cantor.

single ['sɪŋgl] **1** *n* **a)** TRANSP (*also* ~ **ticket**) bilhete *m* Po/tíquete *f* BR simples (de ida); **b)** (bedroom) quarto *m* para uma pessoa; **c)** MUS disco *m* de 45 rotações. **2** *adj* **a)** (solitary, only one) só; **a** ~ **rose** uma rosa só; **in a** ~ **day** num só dia; **b)** (not double) [*sink*] individual; [*unit*] simples; **c)** (for one) [*bed, tariff*] para uma pessoa; **d)** [*sheet, duvet*] para cama de solteiro; **e)** (unmarried) solteiro; **f)** FIN inferior a dez; **inflation is in** ~ **figures** a inflação é inferior a 10%; **g)** (used emphatically) **every** ~ **one of those people is important** cada uma dessas pessoas tem importância; **h)** (describing main course of sth) **heart disease is the** ~ **biggest killer in Britain today** hoje em dia as doenças cardíacas são a principal causa de morte na Grã-Bretanha. ∎ **single out**: ~ **out** (**sb/sth**), ~ (**sb/sth**) **out** distinguir alg/algo.

single cream *n* nata *f* fresca líquida.

single-decker *n* autocarro *m* Po/ônibus *f* BR de um só andar.

single-handed 1 *adj* **it was a** ~ **effort** foi o esforço de uma só pessoa. **2** *adv* [*do sth, cope*] sozinho; [*sail, fly*] solitário.

single-lens reflex *n* máquina fotográfica reflex de uma só lente.

single market *n* **the** ~ **market** o mercado único.

single-minded [sɪŋg(ə)l'maɪndɪd] *n* [*determination, pursuit*] feroz; [*person*] tenaz, determinado; **Anne is a** ~ **girl** a Anne é uma rapariga Po/moça BR determinada; **to be** ~ **about doing** estar resolvido a fazer.

singles bar *n* US bar *m* que facilita encontros (para celibatários).

singlet ['sɪŋglɪt] *n* VEST camisola *f* interior.

singly ['sɪŋglɪ] *n* **a)** (one by one) um a um; **b)** (not in a group) individualmente.

singular ['sɪŋgjʊlə(r)] **1** *n* LING singular *m*; **in the** ~ no singular. **2** *modif* [*form*] do singular; [*noun, verb*] no singular. **3** *adj* singular.

sinister ['sɪnɪstə(r)] *adj* [*person, place, plot, look*] sinistro.

sink [sɪŋk] **1** *n* **a)** (basin) (in kitchen) lava-loiças *m*; banca *f*; (in bathroom) lavatório *m*; **b)** (cesspit) fossa *f*. **2** *vtr* (*past* sank *pp* sunk) **a)** NAUT afundar [*ship*]; **b)** (bore) perfurar, furar [*oil well, shaft*]; escavar [*foundations*]; **c)** (embed) enterrar [*post, pillar*] (**into** em); **to** ~ **one's teeth into sth** enterrar os dentes em qq coisa [*sandwich*]; **d)** (coll) (drink) beber [*pint of beer*]; **e)** SPORT meter (qq coisa) no buraco [*billiard ball*]; **f)** FIN amortizar [*debt*]; **g)** (destroy) [*scandal*] acabar com, destruir [*party*]; **without a leader we're sunk** sem um chefe estamos perdidos; **h)** (invest heavily) **to** ~ **money into sth** investir dinheiro em (qq coisa) [*project, company*]. **3** *vi* (*past* sank *pp* sunk) **a)** (fail to float) [*ship, stone, person*] afundar-se; **b)** (drop) [*sun*] baixar; [*cake*] ir-se abaixo; **to** ~ **to the floor** desabar por terra; **to** ~ **to one's knees** cair de joelhos; **to** ~ **into a deep sleep** cair num sono profundo; **c)** (subside) [*building, wall*] desmoronar-se; **to** ~ **into sth** [*person, feet*] atolar-se em qq coisa [*mud*]; [*country, person*] mergulhar em [*anarchy*]; **to** ~ **under the weight of sth** [*shelf*] ceder sob o peso de [*boxes*]. ∎ **sink in** [*lotion, water*] penetrar (**into** em); [*news, announcement*] ser apreendido ou compreendido.

sinking ['sɪŋkɪŋ] **1** *n* **a)** NAUT naufrágio *m*; **b)** CONSTR, MINING perfuração *f*. **2** *adj* [*feeling*] angustiante.

sinner ['sɪnə(r)] *n* RELIG pecador *m*.

sinus ['saɪnəs] *n* ANAT seio *m*; cavidade *f*; bolsa *f*.

sip [sɪp] **1** *n* gole *m*; trago *m*. **2** *vtr* (*pres p etc* -pp-) (gen) beber a pequenos goles; (with pleasure) saborear.

siphon ['saɪfn] **1** *n* sifão *m*. **2** *vtr* **a)** transvazar, trasfegar [*petrol, water*] (**out of, from** de; **into** para); **b)** FIN desviar [*money*] (**out of, from** de; **into** para).

sir [sɜ:(r)] *n* **a)** (form of address) (in school, shop, restaurant) senhor; (to president) Senhor presidente; (to headmaster) Senhor director; **b)** (coll) (emphatic) US **yes/no** ~! sim/não senhor!; **c) Sir James** Sir James (título anteposto ao nome de barão e cavaleiro).

sire ['saɪə(r)] *vtr* procriar.
siren ['saɪrən] *n* **a)** (alarm) sirene *f*; **b)** MYTHOL sereia *f*; ninfa *f* (also fig).
sirloin ['sɜ:lɔɪn] *n* lombo *m* de vaca.
sisal ['saɪsl] *n* sisal *m*.
sissy ['sɪsɪ] (coll) **1** *n* (pej) (coward) cagarolas *m/f* (fam); **he's a real ~** (effeminate) ele é um maricas Po/fresco BR. **2** *adj* **that's a ~ game!** isso é um jogo de meninas!.
sister ['sɪstə(r)] **1** *n* **a)** (sibling) irmã *f*; **older** *or* **elder/young ~** irmã mais velha/nova; **she's like a ~ to me** ela é como uma irmã para mim; **b)** GB (nurse) enfermeira *f* chefe; **c)** (*also* **S~**) RELIG irmã *f* de ordem religiosa; freira *f*; **d)** (fellow woman) amiga *f*; companheira *f*; **e)** (coll) US minha cara (fam). **2** *modif* [*company, institution, organization*] irmã; [*newspaper, publication*] aparentado; **~ country** país *m* irmão.
sister-in-law *n* (*pl* **sisters-in-law**) cunhada *f*.
sisterly ['sɪstəlɪ] *adj* [*feeling, affection, kiss*] fraternal; **~ rivalry** rivalidade *f* entre irmãs; **~ solidarity** solidariedade *f* feminina.
sit [sɪt] **1** *vtr* (*pres p* **-tt-** *past, pp* **sat**) **a) to ~ sb in/on/near sb/sth** sentar alg em/em cima de/perto de alg/alg coisa; **b)** (take) [*candidate*] apresentar-se a [*exam*]. **2** *vi* (*pres p* **-tt-** *past, pp* **sat**) **a)** (take a seat) sentar-se (**at** a; **in** em; **on** em); **to ~ on the floor** sentar-se no chão; **b)** (be seated) **to be ~ting** estar sentado (**at** a; **in** em; **on** em); **to be ~ting reading** estar sentado a ler; **to ~ at home** ficar em casa; **c)** (meet) [*committee, court*] reunir-se; **d)** (hold office) **to ~ for sth** [*MP*] representar [*constituency*]; **to ~ as sth** fazer parte de [*jury, committee*]; **e)** (fit) **to ~ well/badly (on sb)** [*suit, jacket*] assentar ou cair bem/mal em alg; **power ~s lightly on her** o poder não lhe pesa; **f)** (remain untouched) **the books were still ~ting on the desk** os livros ainda estavam em cima da secretária; **the car is ~ting rusting in the garage** o carro está a apodrecer na garagem; **g) to ~ on sth** [*bird*] AGRIC, ZOOL chocar [*eggs*]. ■ **sit back a)** (lean back) recortar-se; **b)** (relax) relaxar-se, descontrair-se; **to ~ back on one's heels** sentar-se nos calcanhares. ■ **sit down** sentar-se (**at** a; **in** em; **on** em cima de); **to ~ down to dinner** *or* **a meal** sentar-se à mesa; **~ (sb) down** sentar alg. ■ **sit in** [*observer*] assistir. ■ **sit on**: (coll) **~ on (sth)** não tomar medidas imediatas acerca de [*application form, letter*]. ■ **sit out** sentar-se lá fora; **~ (sth) out a)** (stay to the end) ficar até ao fim de [*lecture*]; **b)** (not take part) não dançar [*tango*]; **c)** (wait) não jogar [*game*]; (for sth to pass) esperar o fim de [*crisis, war*]. ■ **sit through**: **~ through (sth)** ter de assistir a [*lecture, concert*]. ■ **sit up a)** endireitar-se; **~ up straight!** senta-te direito!; **b)** (stay up late) ficar acordado até tarde.
sitcom ['sɪtkɒm] (coll) *n* comédia *f* de situação.
sit-down *n* **to have a ~** sentar-se.
site [saɪt] **1** *n* **a)** CONSTR (work in progress) (*also* **building ~, construction ~**) edifício *m* em construção; **b)** (area for development) localização *f* (**for** de); **c)** (area of land) terreno *m*; **caravan ~** parque *m* de caravanismo; **d)** (of recent event, accident) local *m*. **2** *vtr* construir [*building*]; **to be ~d** estar situado.

sit-in *n* manifestação *f* pacífica com ocupação dum local.
siting ['saɪtɪŋ] *n* (of building) localização *f*; (of weaponry) instalação *f*.
sitter ['sɪtə(r)] *n* **a)** ART, PHOT modelo *m*; **b)** (baby-sitter) babysitter *m/f*.
sitting ['sɪtɪŋ] **1** *n* **a)** (session) sessão *f*; **an all--night ~** uma sessão nocturna; **b)** (period in which food is served) serviço *m*; **c)** (continuos burst of activity) **I read it at one ~** li-o de uma assentada; **d)** (incubation period) choco *m*. **2** *adj* (seated) **to be in a ~ position** estar sentado.
sitting: (coll) **~ duck** *n* vítima *f* ou alvo *m* fácil; **~-room** *n* sala *f* de estar; **~ target** *n* alvo *m* fácil; **~ tenant** *n* JUR inquilino *m*.
situate ['sɪtjʊeɪt] *vtr* **a)** (locale) situar [*building, town, etc*]; **to be well/badly ~d** estar bem/mal situado; **b)** (put into context) situar, recolocar [*idea, problem, event*].
situation [sɪtjʊ'eɪ/n] *n* **a)** (set of circumstances) situação *f*; **the housing ~ is worsening** a crise da habitação está-se a agravar; **b)** (location) (of house, town, etc) situação *f*; **c)** (dated *or* formal) (job) situação *f*; **"~s vacant/wanted"** "oferta/procura *f* de emprego".
situation comedy *n* comédia *f* de costumes.
six [sɪks] **1** *n* seis *m*. **2** *adj* seis *inv*. IDIOMAS **(all) at ~es and sevens** [*person*] toda confusa; [*thing, affairs*] de pernas para o ar (fam); **it's ~ of one and half a dozen of the other** tanto faz, dá o mesmo; **to hit/knock sb for ~** (coll) deixar/pôr alg K.O. (fam).
six: **~-pack** *n* pacote *m* de seis; **~ pence** *n* GB moeda *f* de seis "pence".
sixteen [sɪks'ti:n] *n, adj* dezasseis *m inv*.
sixteenth [sɪks'ti:nθ] **1** *n* **a)** (in sequence) décimo sexto *m*; (of month) dezasseis; **b)** (fraction) décimo sexto *m*. **2** *adj* [*birthday, person*] décimo sexto. **3** *adv* [*come, finish*] em décimo sexto.
sixth [sɪksθ] **1** *n* **a)** (in sequence) sexto *m*; (of month) seis *m*; **b)** (fraction) sexto *m*; **c)** MUS sexta *f*; **d)** GB see **~ form. 2** *adj* [*birthday, person*] sexto. **3** *adv* [*come, finish*] em sexto.
sixth form GB SCH **1** *n* ≈ o ano terminal do liceu; **to be in the ~** ≈ estar no último ano. **2** *modif* [*pupil, lesson*] ≈ do último ano do liceu.
sixtieth ['sɪkstɪɪθ] **1** *n* **a)** (in sequence) sexagésimo *m*; **b)** (fraction) sexagésimo *m*. **2** *adj* [*birthday, year, person*] sexagésimo. **3** *adv* [*come, finish*] em sexagésimo.
sixty ['sɪkstɪ] **1** *n* sessenta *m*. **2** *adj* sessenta *inv*.
size [saɪz] **1** *n* **a)** (of person, object, building, etc) tamanho *m*; (of apple, egg, bead) calibre *m*; (of carpet, bed, machine) dimensões *fpl*; (of country, island, estate) superfície *f*; (of population, audience) número *m*; **chairs of all ~s** cadeiras *fpl* de todos os tamanhos; **he's about your ~** ele é do teu tamanho; **to increase in ~** [*population*] aumentar; [*plant, tree*] crescer; **the glass can be cut to ~** o vidro pode ser cortado à medida; **b)** COMM (of jacket, coat, dress, etc) medida *f*; tamanho *m*; (of shoes) número *m*; **what ~ are you?, what ~ do you take?** (in jacket, trousers, dress, etc) qual é a sua medida ou o seu tamanho?; (in shoes) qual é o seu número?; **"one ~"** "tamanho único"; **c)** TECH (substance) (for paper, textiles) goma *f*; (for plaster)

cola *f.* **2** *vtr* **a)** classificar (qq coisa) segundo o seu tamanho, calibrar [*eggs, fruit, etc*]; **b)** TECH tratar com goma [*textile, paper*]; **c)** [*jeweller*] (make bigger) alargar; (make smaller) ajustar [*ring*]. IDIOMAS **that's about the ~ of it!** é mais ou menos isso!; **to cut sb down to ~** fazer baixar a crista a alg (fam). ▪ **size up**: **~ up (sb/ sth), ~ (sb/sth)** julgar [*person*]; avaliar [*situation*]; medir [*problem, difficulty*].

sizeable ['saɪzəbl] *adj* [*house, ship, town, animal*] bastante grande; [*amount, sum, inheritance, salary*] bastante considerável.

sizzle ['sɪzl] *vi* chiar, crepitar.

skate [skeɪt] **1** *n* **a)** SPORT (*usu pl*) (ice, roller) patim *m*; **b)** ZOOL (fish) raia *f.* **2** *vi* patinar (**on, along sth** sobre qq coisa). IDIOMAS **to be skating on thin ice** pisar terreno escorregadio; (coll) **get your ~s on!** despacha-te!.

skateboard *n* skate *m*.

skateboarding [skeɪt'bɔːdɪŋ] *n* skate *m*.

skater ['skeɪtə(r)] *n* patinador *m*.

skating ['skeɪtɪŋ] **1** *n* SPORT patinagem *f* Po, patinação *f* BR; **to go (ice)** ~ patinar sobre o gelo. **2** *modif* [*championship, club*] de patinagem Po, de patinação *f* BR.

skating rink *n* ringue *m* de patinagem Po, de patinação *f* BR.

skeleton ['skelɪtn] **1** *n* **a)** ANAT esqueleto *m*; CONSTR estrutura *f*; **b)** (fig) (of plan, novel) esquema *m*; linhas mestras *fpl.* **2** *modif* (fig) [*army, service, staff*] reduzido ao mínimo. IDIOMAS **to have a ~ in the cupboard** GB **closet** US ter um segredo de família (facto vergonhoso que se esconde aos estranhos).

skeleton key *n* chave *f* mestra.

skeptic ['skeptɪk] *n, adj* (arch) US see **sceptic**.

skeptical *adj* US see **sceptical**.

skeptically *adv* US see **sceptically**.

skepticism *n* US see **scepticism**.

sketch [sketʃ] **1** *n* **a)** (drawing, draft for painting) desenho *m* sumário; (hasty outline) esboço *m*; **rough** ~ rascunho *m*; **b)** (comic scene) pequena peça teatral cómica; **c)** (brief account) resumo *m*; apanhado *m*; **character** ~ **of sb** esboço *m* da personagem de alguém. **2** *vtr* **a)** (make a drawing of) fazer um desenho de; (hastily draw) fazer um esboço de; **b)** (describe briefly) resumir [*plans, story*]. **3** *vi* (as art, hobby) fazer desenhos/esboços. ▪ **sketch in**: **to ~ in (sth), to ~ (sth) in** (lit) desenhar qq coisa [*detail, background, trees*]; (fig) fazer um apanhado de [*detail, background, reasons*]. ▪ **sketch out**: **to ~ out (sth), to ~ (sth) out** (lit) esboçar [*layout, plan*].

sketchbook *n* (for sketching) caderno *m* de esboços.

sketch: ~ **map** *n* mapa *f* com contornos delineados mas sem pormenores; **~pad** *n* bloco *m* de desenho.

sketchy ['sketʃɪ] *adj* [*information, details, evidence, report*] insuficiente; [*memory*] vago; [*work*] rápido.

skew [skjuː] **1** *n* **on the** ~ de esguelha. **2** *adj* oblíquo. **3** *vtr* **a)** [*false data, bias*] falsear [*result, survey*]; (deliberately distort) distorcer [*result, report*]; **b)** (angle) inclinar [*object*]. **4** *vi* (*also* ~ **round**) [*vehicle, ship*] inclinar-se.

skewer ['skjuːə(r)] **1** *n* (for kebab) espeto *m*. **2** *vtr* espetar, fazer uma espetada [*joint, carcass*].

ski [skiː] **1** *n* SPORT (snow) esqui *m*; (water) es-

qui *m* aquático; **cross-country** ~ esqui *m* de fundo; **downhill** ~**s** esqui *m* alpino; **on** ~**s** em esqui. **2** *vi* (as hobby) fazer esqui; (describing motion) esquiar.

ski boot *n* bota *f* de esqui.

skid [skɪd] **1** *n* **a)** (of car etc) derrapagem *f*; resvalamento *m*; patinagem *f* Po, patinação *f* BR; **to correct a** ~ controlar uma derrapagem; **b)** [*log, plank to help move sth*] trilho *m* de madeira; plataforma *f* de arrasto; **c)** (brake on wheel) travão *m* Po breque, freio *m* BR. **2** *vi* (*pres p etc* **-dd-**) [*car, person, animal*] derrapar, escorregar (**on** em); **to** ~ **across the floor/all over the road** escorregar pelo chão/derrapar ao longo da estrada Po/rodovia BR; **to** ~ **to a halt** imobilizar-se numa derrapagem. IDIOMAS **to put the** ~**s under sb/sth** (wreck) fazer malograr alguém/algo.

skid mark *n* rasto *m*/traço *m* de pneus.

skid row (coll) *n* **to be/end up on** ~ estar/acabar na miséria.

skier ['skiːə(r)] *n* esquiador *m*.

skiing ['skiːɪŋ] *n* esqui *m*; **cross country** ~ esqui *m* de fundo; **downhill** ~ esqui *m* alpino.

ski jump 1 *n* (jump) salto *m* (em esqui); (ramp) competição de salto em esqui. **2** *vi* (once) fazer um salto em esqui; (regularly) praticar salto em esqui.

ski jumping *n* salto *m* em esqui.

skilful GB, **skillful** US ['skɪlfl] *adj* **a)** (clever) [*person, team*] hábil, habilidoso, esperto; [*performance, portrayal, speech*] excelente; [*leadership*] competente; ~ **at sth** habilidoso em algo; ~ **at doing** hábil a fazer; **b)** (requiring talent) [*operation, manoeuvre*] delicado.

skilfully GB, **skillfully** US ['skɪlfəlɪ] *adv* (with creative ability) [*play, rule, write*] habilmente, engenhosamente, com jeito; ~ **written** bem escrito; (with physical agility) habilidosamente.

ski lift *n* teleférico *m* para esquiadores.

skill [skɪl] **1** *n* **a)** (flair) (- *c*) (intellectual) talento *m*; aptidão *f*; (physical) destreza *f*; ~ **at sth** habilidade/destreza em algo; ~ **in/at doing** habilidade em fazer; **to have** ~ ser dotado; **with** ~ com talento; **b)** (special ability) (acquired) competência *f*; capacidade *f*; (innate) aptidão *f*; (practical) técnica *f*; (gift) talento *m*; **your** ~**(s) as a politician** o teu talento de político. **2 skills** *npl* (training) conhecimentos *mpl.*

skilled [skɪld] *adj* **a)** (trained) [*labour, worker*] qualificado; [*mechanic, job, work*] qualificado; **semi-~** especializado; **b)** (talented) [*angler, actress, cook, negotiator*] talentoso, perfeito; **to be ~ at doing** ser perito a fazer algo.

skillful ['skɪlfl] *adj* US see **skilful**.

skillfully *adv* US see **skilfully**.

skim [skɪm] **1** *vtr* (*pres p etc* **-mm-**) **a)** (remove cream) desnatar [*milk*]; (remove scum) tirar a gordura [*sauce, soup*]; **to** ~ **the fat from the surface of the soup, to** ~ **the soup to remove the fat** tirar a gordura à sopa; **b)** [*plane, bird*] rasar, passar ligeiramente sobre [*surface, treetops*]; **the article only** ~**s the surface of the problem** o artigo só aflora o problema; **c)** (read quickly) passar os olhos por [*letter, page*]; **d)** (on water) fazer ricochete com [*piece of glass, object*]; **to** ~ **stones** fazer ricochete com pedras.

2 *vi* **a) to ~ over, across, along sth** [*plane, bird*] rasar qq coisa; **b)** [*reader*] **to ~ through, over sth** ler por alto qq coisa, passar os olhos por qq coisa; **in his speech he ~med over the unpalatable facts** no seu discurso ele passou rapidamente pelos factos desagradáveis. ■ **skim off: to ~ off (sth), to ~ (sth) off** retirar, tirar [*cream, fat, scum, dross*].

skim(med) milk *n* leite *m* desnatado.

skimp [skɪmp] *vi* (*also* ~ **on**) ser sovina em [*expense, food*]; economizar [*effort, money*].

skimpy ['skɪmpɪ] *adj* **a)** [*clothes*] minúsculo, sumário; [*portion, allowance, income*] mínimo, muito pequeno; [*statement, excuse*] deficiente; **b)** [*work*] (badly done) atamancado.

skin [skɪn] **1** *n* **a)** (of person) pele *f*; **to have dry/greasy/sensitive ~** ter a pele seca/oleosa/sensível; **b)** (of animal) pele *f*; **leopard ~** pele *f* de leopardo; **c)** CULIN (of fruit, vegetable) pele *f*; casca *f*; **d)** (on milk, liquid) película *f*; **e)** (fabric of ship, plane) revestimento *m*. **2** *vtr* **a)** esfolar [*animal*]; **b) to ~ one's knee** esfolar o joelho. IDIOMAS **to have a thick/thin ~** ser pouco sensível/muito sensível; **to jump out of one's ~** exasperar-se; **to be/get soaked to the ~** estar/ficar molhado até aos ossos; **to keep one's eyes ~ned** manter os olhos bem abertos; **to escape/avoid disaster by the ~ of one's teeth** escapar por um triz.

skin-deep *adj* superficial.

skin: ~-diver *n* mergulhador *m*; **~-diving** *n* mergulho *m* submarino; **~-flint** *n* avarento *m*; sovina *m*.

skinful ['skɪnfʊl] (coll) *n* **he's had a ~** ele está completamente embriagado.

skin graft *n* **a)** (process) transplante *m* de pele; **b)** (grafted area) enxerto *m* de pele.

skin head *n* GB skinhead *m* (cabeça rapada).

skinny ['skɪnɪ] (formal) *adj* magro.

skint [skɪnt] (coll) *adj* GB teso, liso (cal).

skin-tight *adj* muito justo.

skip [skɪp] **1** *n* **a)** (jump) (pequeno) salto *m*; **b)** (rubbish container) GB contentor *m* Po/container *m* Br de lixo. **2** *vtr* (*pres p etc* **-pp-**) **a)** (not attend) faltara [*lunch, meeting, school*]; **b)** (leave out) saltar [*pages, chapter*]; **you can ~ the formalities** pode pôr de lado as formalidades. **3** *vi* (*pres p etc* **-pp-**) **a)** (jump) (once) saltar; (several times) saltitar; **to ~ out of the way of sth/out of sth's way** saltar para evitar qq coisa; **b)** (with rope) saltar à corda; **c)** (travel, move) **she ~ped from Paris to Lyons** ela foi de Paris para Lyon; **to ~ from one idea/chapter to another** mudar de ideias/de um capítulo para outro.

skipper ['skɪpə(r)] **1** *n* NAUT (of merchant ship) capitão *m*; (of fishing boat) patrão *m*; (of yacht) capitão *m*. **2** *vtr* comandar.

ski: ~ pole *n* see ~ **stick**; ~ **resort** *n* estação *f* de esqui.

skirmish ['skɜːmɪʃ] *n* **a)** (fight) (gen) escaramuça *f*; **b)** (argument) discussão *f*.

skirt [skɜːt] **1** *n* **a)** (garment) saia *f*; **full/long/straight ~** saia *f* rodada/comprida/direita; (of frock coat) abas *fpl*; **b)** (of vehicle, machine) saia *f*; **c)** (coll) (woman) mulher *f*; **d)** GB (of beef) peito *m*; aba *f*. **2** *vtr* contornar [*wood, village, city*]. IDIOMAS **to cling to one's mot-**

her's ~s agarrar-se às saias da mãe. ■ **skirt round, skirt around**: **to ~ round (sth)** contornar [*village, wood, difficulty, issue*].

skirting ['skɜːtɪŋ] *n* (border) rodapé *m*.

ski: ~ run *n* pista *f* de esqui; ~ **stick** *n* bastão *m* de esqui.

skit [skɪt] *n* (parody) paródia *f* (**on** a); (sketch) sátira *f* (**on, about** a, sobre).

skittish ['skɪtɪʃ] *adj* **a)** (difficult to handle) caprichoso; **b)** (playful) brincalhão,-ona *m/f*.

skittle ['skɪtl] **1** *n* paulito *m*; pino *m* (com que se joga a laranjinha). **2 skittles** *npl* jogo *m* da laranjinha.

skive [skaɪv] *vtr* (*also* ~ **off**) **a)** (shirk) esquivar-se a; **b)** (be absent) (from work, school) faltar, baldar-se (cal); **c)** (leave early) sair mais cedo.

skulk [skʌlk] *vi* estar à espreita; **to ~ in/out/off** entrar/sair/afastar-se furtivamente.

skull [skʌl] *n* **a)** ANAT crânio *m*; **b)** (coll) (brain) cabeça *f*.

skull and crossbones *n* (emblem) caveira *f*; (flag) bandeira *f* dos piratas.

skunk [skʌŋk] *n* **a)** ZOOL doninha *f* fedorenta; **b)** (coll, fig, pej) canalha *m/f* (cal).

sky [skaɪ] **1** *n* (*pl* **skies**) céu *m*; **clear ~** céu *m* limpo; **open ~** céu *m* aberto; **in(to) the ~** no céu; **the ~ over Paris** o céu de Paris; **a patch of blue ~** uma aberta; **blue ~/skies ahead** (fig) uma aberta no horizonte. **2 skies** *npl* METEOROL céu *m*; (fig, liter) céus *mpl*; ART céus *mpl*; **summer ~** céu *m* de verão; **a day of rain and cloudy ~** um dia chuvoso e encoberto; **to take to the ~** descolar. **3** *vtr* SPORT jogar ao alto [*ball*]. IDIOMAS **out of a clear blue ~** de maneira muito inesperada; **the ~'s the limit** tudo é possível; **reach for the ~!** (coll) mãos ao alto!.

sky: ~ blue *n, adj* azul-celeste *m inv*; ~ **diver** *n* pára-quedista *m/f*; ~ **diving** *n* pára-quedismo *m*.

sky-high 1 *adj* [*prices, rates*] exorbitante. **2** *adv* [*rise*] em flecha.

skylark ['skaɪlɑːk] **1** *n* cotovia *f*. **2** *vi* fazer travessuras, galhofar.

sky: ~ light *n* janela *f* no telhado; clarabóia *f*; ~ **line** *n* linha *f* do horizonte; ~ **scraper** *n* arranha-céus *m inv*.

slab [slæb] *n* **a)** (of wood) prancha *f*; tábua *f*; (of stone) laje *f*; (of concrete) placa *f*; (of chocolate) tablete *f*; (of meat, cheese, cake) fatia *f* grossa; **b)** (coll) (operating table) mesa *f* de operações; (mortuary table) mesa *f* da autópsia.

slack [slæk] **1** *n* **a)** (fig) afrouxamento *m*; acalmia *f*; **b)** (lit) (in rope, cable) parte bamba de uma corda; **to take up the ~ in a rope** esticar a corda; **c)** (coal) pó *m*. **2** (dated) **~s** *npl* calças *fpl* largas; **a pair of ~** umas calças. **3** *adj* **a)** (careless) [*worker*] pouco conscencioso; [*management*] negligente; [*student*] pouco aplicado; [*work*] desleixado; **to be ~ about sth/about doing sth** negligenciar qq coisa/fazer qq coisa; **to get/grow ~** relaxar-se; **b)** (not busy) [*period, season, time*] morto, baixo; [*business, demand, market, trade, sales*] fraco; **c)** (lit) [*cable, rope, body, mouth*] frouxo, bambo; **to go ~** distender-se. **4** *vi* afrouxar, relaxar-se, mandriar.

slacken ['slækn] **1** *vtr* **a)** (fig) (reduce) reduzir [*pace, speed*]; (loosen) abrandar [*control, rule*]; **b)** (lit) (release) afrouxar [*rope, cable*]; soltar [*reins*]; desprender [*grip, hold, pressure*]. **2** *vi* (fig) (ease off) [*activity, effort, momentum, pace, speed*] abrandar; [*business, sales, trade*] baixar; [*interest*] diminuir; [*rain, gale*] acalmar; **his grip on the rope ~ed** ele soltou um pouco a corda.

slacker ['slækə(r)] *n* indolente *m/f*; molengão *m* (fam).

slackness ['slæknɪs] *n* (by worker, student) desleixo *m*; (in trade, business, economy) estagnação *f*; (in discipline, security) relaxamento *m*.

slag [slæg] *n* **a)** (from metal) escória *f*; **b)** (coll, pej) (promiscuous) porco *m*; promíscuo *m*.

slag heap *n* monte *m* de entulho.

slain [sleɪn] *pp* see **slay**.

slake [sleɪk] *vtr* matar, mitigar [*thirst*]; (fig) satisfazer [*desire*].

slalom ['slɑːləm] *n* slalom *m*; **~ event** prova *f* de slalom.

slander ['slɑːndə(r)] **1** *n* (slanderous statement) calúnia *f*. **2** *vtr* (gen) caluniar JUR difamar.

slanderous ['slɑːndərəs] *adj* (gen) calunioso JUR difamatório.

slang [slæŋ] *n* calão *m*; gíria *f*.

slanging match *n* troca *f* de insultos.

slangy ['slæŋɪ] *adj* [*style*] em gíria.

slant [slɑːnt] **1** *n* **a)** (perspective) ponto *m* de vista (**on** sobre); **with a European ~** dum ponto de vista europeu; **to give a new ~ on sth** dar uma nova visão a algo; **b)** (bias) (pej) tendência; **c)** (slope) inclinação *f*; declive *m*; **the floor has a ~** o soalho tem uma inclinação; **d)** PRINT traço *m* oblíquo. **2** *vtr* **a)** (twist) apresentar (qq coisa) sob determinado ponto de vista [*story, facts*]; **b)** lean inclinar [*object*]. **3** *vi* [*floor, ground*] estar inclinado; [*handwriting*] inclinar (**to** para). **4** **slanting** *pres p adj* [*roof, floor*] inclinado; **~ing rain** chuva oblíqua; **~ing eyes** olhos rasgados.

slanted ['slɑːntɪd] *adj* **a)** (biased) inclinado (**to, towards** para); **b)** (sloping) em declive.

slap [slæp] **1** *n* **a)** (blow) (gen) palmada *f* (**on** em); (stronger) estalo *m* (**on** em); **a ~ on the face** uma bofetada; **it was a real ~ in the face for him** (fig) foi uma bofetada que ele recebeu (fig); **to give sb a ~ on the back** (friendly gesture) dar uma palmadinha nas costas a alg; (fig) (in congratulation) facilitar alg; **b)** (sound of blow) estalo *m*. **2** *adv* see **~ bang**. **3** *vtr* (*pres p etc* **-pp-**) **a)** (hit) dar uma palmada a [*person, horse*]; **to ~ sb for sth/doing** dar uma bofetada em alg por qq coisa/ por ter feito; **to ~ sb on the arm, to ~ sb's arm** dar uma palmada no braço a alg; **to ~ sb across the face** esbofetear alg; **to ~ sb on the back** (in friendly way) dar uma palmada nas costas a alg; (fig) felicitar alg; **to ~ sb in the face** (lit) esbofetear alg; (fig) dar uma bofetada a alg; **b)** (put) **he ~ped the book (down) on the table** ele atirou com o livro para cima da mesa; **she ~ped some make-up on her face** ela maquilhou-se rapidamente; **they ~ped 50 p on the price** (coll) eles aumentaram o preço em 50 p. ∎ **slap down**: **~ (sth) down, ~ down (sth)** (put) colocar qq coisa bruscamente [*book, money*]; **to ~ sth down on sth** atirar qq coisa sobre algo.

slap-bang (coll) *adv* [*run into, put*] em cheio; **~ in the middle (of)** bem no meio (de).

slapdash (coll) ['slæpdæʃ] *adj* [*person*] trapalhão (fam); [*work*] atamancado (fam); feito à pressa; **in a ~ way** à pressa.

slap-up (coll) *adj* [*meal*] suculento.

slash [slæʃ] **1** *n* (*pl* **~es**) **a)** (wound) ferida *f* (**on** em); **b)** (cut) (in fabric, seat, tyre) corte *m*; golpe *m*; (in painting, wood) entalhe *m*; **c)** PRINT traço *m* oblíquo; **d)** COMM, FIN redução *f*; **a 10 % ~ in prices** uma redução de 10% nos preços; **e)** FASHN (in skirt) racha *f*; (in sleeve) corte *m* feito na manga como feitio. **2** *vtr* **a)** (wound) ferir [*cheek*]; fazer um golpe a [*person*]; cortar [*throat, face*]; **he ~ed me across the face with a razor** ele golpeou-me a cara toda com uma lâmina; **to ~ one's wrists** cortar os pulsos; **b)** (cut) cortar, golpear [*painting, fabric, tyres*]; **to ~ one's way through sth** talhar o seu próprio caminho através de algo; **c)** (reduce) reduzir (algo) [*price, amount, bill, cost, size*]; **to ~ 40% off the price** reduzir o preço em 40%; **d)** FASHN fazer cortes em [*sleeve*]; fazer racha [*skirt*]; **e)** (coll) (criticize) criticar [*book, plan*]. **3** *vi* **to ~ at** [*person*] cortar [*grass*]; [*player*] bater (algo) com força [*ball*]; **to ~ at sb with a sword** ferir alg com uma espada; **to ~ through sth** cortar [*cord*]; talhar [*fabric*]. ∎ **slash open**: **~ (sth) open, ~ open (sth)** golpear [*face*]; rasgar [*packet, sack*].

slat [slæt] *n* (of shutter, blind) lâmina *f*; tabuinha *f*; (of table, bench, bed) ripa *f*.

slate [sleɪt] **1** *n* **a)** (rock) ardósia *f*; **made of ~** em ardósia; **b)** [*piece, tablet*] ardósia *f*; lousa *f*; **a roof ~** uma telha *f* de ardósia; **c)** POL lista *f* de candidatura. **2** *vtr* (coll) (planned) **to be ~d to do sth** [*person, meeting, project*] estar planeado fazer qq coisa.

slate: **~-coloured** *adj* (cor de) ardósia *inv*; **~ grey** *n, adj* cinzento *m* ardósia *inv*.

slaughter ['slɔːtə(r)] **1** *n* **a)** (massacre) (gen) massacre *m*; MIL chacina *f*; **b)** (in butchery) abate *m*; **to go to ~** ir para o matadouro. **2** *vtr* **a)** (massacre) massacrar; **b)** (in butchery) abater; **c)** (coll) SPORT, JOURN esmagar. **IDIOMAS like a lamb at the ~** como um cordeiro para ser sacrificado.

slaughterhouse *n* matadouro *m*.

Slav [slɑːv] **1** *n* eslavo *m*. **2** *adj* eslavo.

slave [sleɪv] **1** *n* (prisoner, victim) escravo *m*; **to be a ~ to** *or* **of** [*drink, fashion, habit*] ser escravo de. **2** *modif* **a)** [*colony, market, revolt*] de escravos; **b)** COMPUT [*computer, station*] dominado. **3** *vi* **to ~ (away)** trabalhar como um escravo. **IDIOMAS to work like a ~** trabalhar como um escravo.

slave: **~ driver** *n* condutor *m* de escravos; **~ labour** *n* trabalho *m* escravo.

slavery ['sleɪvərɪ] *n* **a)** (lit) (practice) escravatura *f*; **b)** (lit) (condition) escravidão *f*; **to be sold into ~** ser vendido como escravo; **c)** (fig) (victimization) submissão *f*; **~ to** [*passions, conventions, fashions*] submissão a.

slavish ['sleɪvɪʃ] *adj* [*devotion, person, imitation*] servil.

slay [sleɪ] *vtr* **a)** (formal, lit) (*past* **slew** *pp* **slain**) matar, assassinar; **b)** (coll, fig) (*past, pp* **slayed**) (amuse) divertir imenso.

sleazy (coll) ['sliːzɪ] *adj* (pej) [*club, area*] obscuro, suspeito; [*story, aspect*] escabroso; [*café, hotel*] mal afamado.

sled [sled] US **1** *n* trenó *m*. **2** *vi* andar de trenó.

sledge [sledʒ] **1** *n* **a)** trenó *m*; **b)** see ~**hammer**. **2** *vtr* transportar (algo) em trenó. **3** *vi* andar de trenó; **to go** ~**ging** andar de trenó.

sledgehammer ['sledʒhæmə(r)] **1** *n* marreta *f*. **2** *vtr* (fig) esmagar. **IDIOMAS to take a** ~ **to crack a nut** tanto trabalho para tão pouco.

sleek [sliːk] *adj* **a)** (glossy) [*hair*] liso e brilhante; [*animal*] com o pêlo lustroso; **b)** (smooth) [*elegance*] requintado; [*shape*] elegante; [*human body*] harmonioso; **c)** (prosperous-looking) [*person*] cheio de verniz.

sleep [sliːp] **1** *n* **a)** sono *m*; **to go to** ~ (ir) dormir; **I didn't get any** ~ *or* **a wink of** ~ **last night** não preguei olho na noite passada (fam); **I could do it in my** ~! podia fazer isso de olhos fechados; **she's losing** ~ **over it** isso não a deixa dormir; **b)** VET (euph) **to put an animal to** ~ matar um animal. **2** *vtr* **the house** ~**s six (people)** a casa pode albergar seis (fam). **3** *vi* **a)** dormir; **to** ~ **deeply** *or* **soundly** ter um sono profundo ou pesado; **to** ~ **on one's feet** dormir em pé; ~ **tight!** dorme bem!; **b)** (stay night) dormir, deitar-se; **to** ~ **with sb** (have sex) dormir com alg. **IDIOMAS the big** ~ o sono da morte; **to** ~ **like a log** *or* **top** dormir que nem uma pedra. ■ **sleep in a)** (stay in bed late) dormir até tarde; (oversleep) dormir demais; **b)** US (live in) [*maid, servant, etc*] dormir no local de trabalho. ■ **sleep on** dormir demais; ~ **on (sth) to** ~ **on a problem** esperar pela manhã seguinte para tomar uma decisão. ■ **sleep out a)** (sleep out) dormir ao relento; **b)** (live out) [*servant*] dormir fora do local de trabalho.

sleeper ['sliːpə(r)] *n* **a)** aquele *m* que dorme; **to be a light/heavy** *or* **sound** ~ pessoa *f* que tem um sono leve/pesado; **b)** RAIL (berth) couchette *f*; (sleeping car) carruagem-cama *f*; **c)** GB (on railway track) dormente *m*.

sleeping ['sliːpɪŋ] *adj* [*person, animal*] adormecido. **IDIOMAS let** ~ **dogs lie** não acordar o cão que dorme.

sleeping: ~ **bag** *n* saco-cama *m*; ~ **car** *n* carruagem-cama *f*; ~ **partner** *n* sócio *m* comanditário; ~ **pill** *n* sonífero *m*; ~ **tablet** *n* sonífero *m*.

sleepless ['sliːplɪs] *adj* [*person*] com insónia.

sleep: ~**walk** *vi* ser sonâmbulo; ~**walker** *n* sonâmbulo *m*.

sleepy ['sliːpɪ] *adj* [*person*] sonolento; **to feel** ~ ter sono.

sleet [sliːt] *n* neve *f* com chuva.

sleeve [sliːv] *n* **a)** FASHN manga *f*; **to pull/tug at sb's** ~ puxar alg pela manga; **to have something up one's** ~ (fig) ter algo na manga; **to have a few tricks up one's** ~ (fig) ter vários trunfos na manga; (cal); **b)** (of record) capa *f*; (of compact disc) caixa *f*; **c)** TECH (inner) forro *m*; (outer) casquilho *m*; (short outer) manga *f* de engate. **IDIOMAS to wear one's heart on one's** ~ ter o coração ao pé da boca.

sleeveless ['sliːvlɪs] *adj* sem mangas.

sleigh [sleɪ] *n* trenó *m*.

sleight of hand [slaɪtəv'hænd] *n* **a)** (-*c*) (ability) destreza *f*; (fig) agilidade *f*; **b)** (+ *c*) (trick) truque *m* de prestidigitação.

slender ['slendə(r)] *adj* **a)** [*person*] esbelto; [*waist*] fino; [*finger*] esguio; (thin) [*stem, arch*] bem lançado; **b)** (slight) [*majority, margin*] reduzido, pequeno; **to win by a** ~ **margin** ganhar à justa; **c)** (meagre) [*income, resources*] modesto, fraco.

slept [slept] *past, pp* see **sleep**.

sleuth [sluːθ] *n* detective *m/f*; bufo *m* (cal).

slew [sluː] **1** *pp* see **slay**. **2** (coll) *n* **a** ~ **of** um montão *m* de (fam). **3** *vtr* fazer derrapar [*vehicle*]; fazer girar [*chair, mast*]. **4** *vi* [*vehicle*] derrapar; [*mast*] voltar.

slice [slaɪs] **1** *n* **a)** (portion) (of bread, meat, cheese) fatia *f*; naco *f*; posta *f*; (fish) (of pie, quiche, tart) fatia *f*; porção *f*; (of lemon, cucumber, sausage) rodela *f*; [*cucumber, sausage*] cortar qq coisa em rodelas; **b)** (proportion) (of income, profits, market, revenue, aid) parte *f*; (of territory, population) porção *f*; **c)** CULIN (utensil) espátula *f*; **d)** SPORT (stroke, shut) golpe de bola enviesado. **2** *vtr* **a)** (section) cortar (qq coisa) em fatias [*loaf, roast onion*]; cortar (qq coisa) em rodelas [*lemon, sausage, cucumber*]; **b)** (crave) fender [*water, air*]; **to** ~ **sb's throat** cortar a garganta de alg; **c)** SPORT (as tactic) cortar, desviar [*ball*]. **3** *vi* [*knife, blade, fin, shape*] cortar, penetrar cortando; **to** ~ **through** [*water, air*] pender; [*timber, rope, meat*] cortar; **the metal** ~**d into her ankle** o metal penetrou-lhe até ao tornozelo.

sliced bread *n* pão *m* em fatias. **IDIOMAS it's the best/greatest thing since** ~! (coll) (hum) é a melhor coisa do mundo!; é o máximo! (fam).

slick [slɪk] **1** *n* **a)** (oil) (on water) mancha *f* de óleo; (on shore) maré *f* negra; **b)** US (magazine) revista *f* luxuosa. **2** *adj* **a)** (often pej) (superficial) [*film, music, style*] superficial; **b)** (smooth) [*play, performance, passes*] harmonioso; [*gearbox*] suave; [*operation, deal*] habilidoso; **c)** (pej) (insincere) [*person*] manhoso; [*answer*] astuto; **d)** ESP US (slippery) [*road, surface*] escorregadio; [*hair*] liso.

slide [slɒɪd] **1** *n* **a)** (in playground) escorrega *m*; (on ice) declive *m*; **b)** PHOT diapositivo *m*; **a lecture with** ~**s** uma conferência com diapositivos; **c)** (microscope plate) lâmina *f*; **d)** (hair clip) travessão *m*; **e)** MUS modulação *f*; **f)** (decline) (fig) queda *f* (**in** em). **2** *vtr* (*past, pp* **slid**) (move) fazer deslizar [*bolt, component*]; **to** ~ **sth back** fazer deslizar para trás, recuar [*car seat*]. **3** *vi* (past, pp **slid**) **a)** (slip) (*also* ~ **about,** ~ **around**) [*car, person*] deslizar (**into** em; **on** sobre); **to** ~ **off sth** [*tile*] escorregar de [*roof*]; [*car*] sair de [*road*]; **b)** (move) **to** ~ **down sth** descer [*slope*]; **to** ~ **up and down** [*window*] correr de alto a baixo; **c)** (decline) [*prices, share prices*] baixar, cair; **to let sth** ~ deixar qq coisa à deriva.

slide: ~ **projector** *n* projector *m* de diapositivos; ~ **rule** *n* régua *f* de cálculo.

sliding ['slɒɪdɪn] *adj* [*door, sunroof*] de correr. **sliding:** ~ **scale** *n* escala *f* móvel; ~ **seat** *n* (in car) assento *m* regulável.

slight [slaɪt] **1** *n* afronta *f* (**on** a; **from** da parte de). **2** *adj* **a)** [*change, delay, exaggeration, movement, rise*] ligeiro,-a (*before n*); [*risk, danger*] fraco,-a (*before n*); [*pause, hesitation*] pequeno,-a (*before n*); **the chances of it happening are** ~ as hipóteses de isso acontecer são fracas; **not to have the ~est difficulty** não ter a mínima dificuldade; **not in the ~est** nem por sombras; **b)** (in build) elegante; **to be ~ of build** ser elegante; **c)** (lightweight) [*article, film*] superficial, leve. **3** *vtr* **a)** (offend) humilhar [*person*]; **b)** US (underestimate) subestimar.

slim [slɪm] **1** *adj* **a)** [*person, waist, figure*] magro, elegante; [*ankle, wrist, leg, finger*] fino, esguio; **to get ~** emagrecer; **b)** [*book, volume, watch, calculator*] fino; **c)** [*chance, hope, margin, majority*] pequeno. **2** *vtr* GB reduzir [*budget, workforce*]. **3** *vi* GB (lose weight) emagrecer; **I'm ~ming** estou a fazer dieta para emagrecer. ■ **slim down**: ~ **down a)** [*person*] emagrecer; **b)** [*company, organization*] reduzir o pessoal.

slime [slaɪm] *n* (gen) substância *f* viscosa; (on river-bed, in tank) lodo *m*; lama *f*; (on beach) limos *mpl*; (of slug, snail) muco *m* viscoso.

slimline ['slɪmlaɪn] *adj* **a)** [*dress, garment*] que faz parecer mais magro; **b)** [*drink*] dietético.

slimmer [slɪmə(r)] *n* GB pessoa *f* que segue um regime de emagrecimento; (coll) **the ~s' disease** anorexia *f*.

slimy ['slaɪmɪ] *adj* **a)** [*weed, mould, monster*] viscoso; [*plate, fingers*] pegajoso; [*wall*] escorregadio; **b)** (pej) (underhand) bajulador Po, puxa saco Br; (obsequious) servil.

sling [slɪŋ] **1** *n* **a)** (weapon) funda *f*; (smaller) fisga *f*; **b)** (for support) MED faixa *f*; laço *m*; (for carrying baby) porta-bebé *m* Po, porta-nené *m* Br; (for carrying a load) linga *f*; **c)** SPORT (drink) (in mountaineering) laço *m* de segurança. **2** *vtr* (*past, pp* **slung**) **a)** (coll) (throw) (lit, fig) lançar [*object, insult*] (**at** a); **b)** (carry or hang loosely) levar [qq coisa] a tiracolo [*bag, rifle, coat*]; suspender [*hammock, rope*]; **to ~ sth from sth** suspender qq coisa de algo; **to be slung over/across/round sth** ser lançado sobre/através de/à volta de algo. IDIOMAS **to ~ one's hook** (coll) pôr-se ao fresco (fam). ■ **sling out** (coll) ~ **(sb/sth) out,** ~ **out (sb/sth)** atirar, desembaraçar-se de [*object*]; pôr (alg) pela porta fora [*person*].

slingshot *n* fisga *f*.

slink [slɪŋk] *vi* **to ~ in/out** entrar/sair furtivamente; **to ~ off** [*person*] escapulir-se; [*dog*] sair com o rabo entre as pernas.

slinky ['slɪŋkɪ] *adj* (coll) **a)** FASHN [*dress*] justo, provocante; **b)** [*version, vocals*] sexy.

slip [slɪp] **1** *n* **a)** (error) erro *m*; **to make a ~** fazer um erro, cometer um deslize; **a ~ of the tongue** um lapso; **b)** (piece of paper) pedaço *m* de papel; (receipt) recibo *m*; **c)** (act of slipping) escorregadela *f*; (stumble) tropeção *m*; **d)** (slender person) **a ~ of a child** uma criança frágil; **e)** FASHN (petticoat) combinação *f*; **f)** (clay) engobo *m*; **g)** HORT enxerto *m*; **h)** (landslide) desmoronamento *m*; desabamento *m*. **2** *vtr* (*pres p etc* **-pp-**) **a)** (slide) **to ~ a note into sth** introduzir uma nota em qq coisa; **she ~ped the shirt over her head** (put on) ela enfiou rapidamente a camisa; (take off) ela tirou a camisa rapidamente; **to ~ a shawl around one's shoulders** pôr um xaile Po/xale Br pelos ombros; **to ~ sth out of sth** fazer deslizar qq coisa para fora de qq coisa;

b) (give surreptitiously) **to ~ sb sth, to ~ sth to sb** fazer passar qq coisa para as mãos de alg. **3** *vi* (*pres p etc* **-pp-**) (slide accidentally) [*person, animal, vehicle*] deslizar, escorregar; **the glass ~ped out of his hand** o copo escapou-se-lhe das mãos; **to ~ through sb's fingers** (fig) escorregar por entre os dedos de alg. ■ **slip away a)** (leave unnoticed) partir discretamente; **b)** (die) (euph) **he's ~ping away** ele vai-se apagando lentamente (euph). ■ **slip back** [*person*] voltar discretamente (**to** a). ■ **slip by** [*life, weeks, months, time*] passar. ■ **slip in**: ~ **in** (enter quietly) [*person*] entrar discretamente. ■ **slip off** [*person*] partir discretamente; ~ **(sth) off,** ~ **off (sth)** tirar [*coat, gloves, ring, etc*]. ■ **slip on**: ~ **(sth) on,** ~ **on (sth)** enfiar, vestir [*coat*]; pôr, enfiar [*gloves, ring*]. ■ **slip out a)** (leave quietly) [*person*] sair discretamente; **b)** (come out accidentally) **the words just ~ped out before he could think about it** as palavras escaparam-se-lhe antes que ele tivesse tempo para pensar. ■ **slip up** (coll) (make mistake) fazer uma gaffe, cometer um deslize (**on** acerca de).

slip: ~ **case** *n* capa *f* para livros; ~ **cover** *n* capa *f*; cobertura *f* (para móveis); ~ **knot** *n* nó *m* corredio; ~**-on** *n* (*also* ~ **shoe**) mocassim *m*.

slipper ['slɪpə(r)] *n* (houseshoe) chinelo *m*.

slippery ['slɪpərɪ] *adj* **a)** (difficult to hold or move over) [*road, path, fish, material*] escorregadio; **b)** (difficult to handle) [*subject, situation*] delicado; **c)** (coll) (untrustworthy) [*person*] traiçoeiro, que não é de confiança.

slippy ['slɪpɪ] (coll) *adj* (slippery) escorregadio.

slip: ~ **road** *n* TRANSP acesso *m* à auto-estrada; ~**shod** *adj* [*person, worker*] negligente; [*appearance, workmanship, work*] desmazelado.

slipstream ['slɪpstriːm] *n* esteira *f*; rasto *m*.

slipway *n* NAUT estaleiro *m*.

slit [slɪt] **1** *n* fenda (**in** em); (in flesh) incisão *f* (**in** em); **to make a ~ in sth** fazer um corte em algo; **his eyes narrowed to ~s** ele franziu os olhos. **2** *modif* [*eyes*] rasgados e estreitos; [*skirt*] rachado. **3** *vtr* (*past, pp* **slit**) cortar, rachar; **to ~ sb's throat** degolar alg; **to ~ a letter open** abrir uma carta; **to ~ one's wrists** cortar os pulsos.

slither ['slɪðər] *vi* [*person, snake*] deslizar; **to ~ about on the icy pavement** escorregar no gelo.

sliver ['slɪvə(r)] *n* (of glass) estilhaço *m*; (of soap) resto *m*; (of meat) bocado *m* pequeno; (of light) raiozinho *m*; **just a ~!** só um bocadinho! (fam).

slob (coll) [slɒb] *n* molengão *m* (fam); **get up, fat ~!** levanta-te, mandrião! (fam).

slobber (coll) ['slɒbə(r)] *vi* babar-se. ■ **slobber over** (coll) **to ~ over (sb, sth)** babar-se todo diante de (alg/algo).

sloe ['sləʊ] *n* (fruit) abrunho *m*; (bush) abrunheiro *m*.

slog (coll) [slɒg] **1** *n* **a)** (hard work) **a hard ~** trabalho *m* duro; **it was a real ~** foi mesmo duro; **it's a long/hard ~ to the next village/to set right the economy** é preciso um grande esforço para chegar à próxima aldeia/para reerguer a economia; **b)** (coll) (hard stroke) pancada *f* forte. **2** *vtr* (*pres p etc* **-gg-**) **a)** (hit hard) dar um golpe violento em (alg/algo) [*ball, opponent*]; **to ~ it out** (lit, fig) bater sem piedade; **b)** (progress with difficulty) **to ~ one's way through/to-wards** abrir caminho através de/em direcção. **3** *vi* **a)** (work hard) trabalhar duramente, mourejar; **b)** (progress with difficulty) **we ~ged up/down the hill** nós subimos/descemos a colina com esforço. ■ **slog away** trabalhar duramente (**at sth** em qq coisa).

slop [slɒp] **1** *n* AGRIC (pigswill) lavagem *f*. **2 slops** *npl* (liquid food) alimento *m* líquido; (dirty water) águas *fpl* sujas. **3** *vtr* entornar [*liquid*] (**onto** sobre; **into** em). **4** *vi* (*also* **~ over**) transbordar (**into** para). ■ **slop around, slop about** vaguear.

slope [sləʊp] **1** *n* **a)** (slant) declive *m*; inclinação *f*; (of writing) inclinação *f*; **b)** (hillside) encosta *f*; **north/south ~(s)** a encosta norte/sul; **uphill/downhill ~** subida *f*; descida *f*; **upper/lower ~s** cume/sopé da montanha; **halfway up/down the ~** (road) a meia subida/descida; (mountain) a meia encosta. **2** *vtr* **~ arms!** MIL ombro armas!. **3** *vi* estar inclinado, inclinar-se (**to left, right** para a esquerda, direita; **towards** para); [*writing*] inclinar-se (**to** para).

sloppy ['slɒpɪ] *adj* **a)** (pej) (careless) [*personal appearance*] desleixado; [*language, workmanship*] pouco cuidado; [*discipline, procedure*] relaxado; SPORT [*defence*] fraco; **b)** (coll, pej) (sentimental) [*person*] sentimental; [*letter*] piegas; **c)** FASHN (baggy) [*sweater*] folgado.

slosh (coll) [slɒʃ] **1** *vtr* **a)** esparrinhar [*liquid*]; **b)** (hit) **to ~ sb** surrar alg (fam). **2** *vi* (*also* **~ about**) chapinhar. **3 sloshed** *pp adj* embriagado; **to get ~** apanhar uma bebedeira Po/um pileque BR.

slot [slɒt] **1** *n* **a)** (opening) (for coin, ticket) fenda *f*; ranhura *f*; (for letters) abertura *f*; **b)** (in TV, radio, airline, schedule, school-time-table) lugar *m* na grelha horária. **a time ~** uma hora de grande audiência. **2** *vtr* **to ~ sth into sth** inserir qq coisa em qq coisa; **I've decided to ~ her into the newly created position** decidi colocá-la no lugar recentemente criado. **3** *vi* **to ~ into sth** [*coin, piece, component*] ser inserido; **to ~ into place** *or* **position** encaixar-se. ■ **slot in** [*coin, piece, component*] ser colocado no lugar; [*person*] adaptar-se; **~ (sth) in, ~ in (sth)** inserir [*coin, piece, component*]; colocar [*person*]. ■ **slot together** encaixar-se.

sloth [sləʊθ] **a)** ZOOL preguiça *m*; **b)** (coll) (idleness) preguiça *f*.

slot machine *n* GAMES máquina *f* de moedas; slot machine *f*; (for vending) distribuidor *m* automático.

slouch [slaʊtʃ] **1** *n* **a)** (lit) **to walk/sit with a ~** andar ou estar curvado; **b)** (coll) (lazy person) mandrião *m* (fam). **2** *vi* (sit or stand badly) ter uma má postura; (shamble, hang around) (*also* **~ around**) vadiar.

slovenly ['slʌvnlɪ] *adj* **a)** (unkempt) [*person, dress, appearance*] desleixado; **b)** (sloppy) [*work*] sujo; [*speech, style*] descuidado.

slow [sləʊ] **1** *adj* **a)** [*runner, vehicle, gesture, movement, development*] lento, vagaroso; **to be ~ to do** demorar a fazer; **to be ~ in doing** ser lento a fazer; **b)** [*business, demand, trade, market*] estagnante; **c)** [*child, pupil, learner*] de raciocínio lento; **~ at sth** fraco em qq coisa; **d)**

[*clock, watch*] **to be ~** estar atrasado; **e)** [*oven, flame*] baixo. **2** *adv* [*go, dive, travel*] lentamente; **~-moving vehicle** veículo *m* lento; **~ acting poison** veneno de acção lenta. **3** *vtr, vi* see **~ down**. IDIOMAS **to go ~** [*workers*] travar a produção. ■ **slow down** [*train, runner, pulse, economy*] abrandar; **to ~ (down) to 20 Km/h** abrandar para 20 Km/h.

slow: ~coach *n* (coll) GB molengão,-ona *m/f*; **~down** *n* abrandamento *m*; **~down in demand** diminuição *f* da procura.

slowly ['sləʊlɪ] *adv* lentamente.

slow motion *n* **in ~ motion** em câmara lenta.

slowness ['sləʊnɪs] *n* (of motion, vehicle, progress, pace, plot, mind, intelligence) lentidão *f*.

slow: ~-witted *adj* obtuso; **~ worm** *n* ZOOL anguinha *f*.

sludge [slʌdʒ] *n* **a)** (sewage) (*also* **sewage ~**) águas *fpl* residuais; **b)** (mud) lama *f*.

slug [slʌg] **1** *n* **a)** HORT, ZOOL lesma *f*; **b)** (coll) (bullet) bala *f*; **c)** (of alcohol) trago *m*; gole *m*; **d)** (coll) (blow) murro *m*; pancada *f* forte. **2** (coll) *vtr* bater em. ■ **slug it out** bater-se (contra), resistir.

sluggish ['slʌgɪʃ] *adj* **a)** FIN [*demand, economy, market*] estacionário; **after a ~ start** depois de um começo difícil; **b)** MED (gen) [*person, animal*] letárgico; [*circulation, reaction*] lento; [*traffic*] vagaroso.

sluice [sluːs] *n* (*also* **~ way**) canal *m*. ■ **sluice down**: **to ~ down** escoar-se; **to ~ down (sth)**, **~ (sth) down** lavar com água abundante. ■ **sluice out**: **to ~ out** jorrar; **to ~ out (sth)**, **to ~ (sth) out** lavar algo com jorro de água.

slum [slʌm] **1** *n* **a)** (poor area) bairro *m* pobre; bairro *m* de lata; **the ~s** os bairros *mpl* pobres (**of** de); **b)** (coll) (messy house, room) casebre *m*; chiqueiro *m* (fam). **2** *vi* (coll) (*also* **~ it**) abandalhar-se (fam).

slumber ['slʌmbə(r)] **1** *n* sono *m*. **2** *vi* (lit, fig) dormir, dormitar.

slump [slʌmp] **1** *n* **a)** (fall in trade, price, profit, etc) queda *f*; baixa *f* (**in** de); **b)** (recession of economy, market, etc) crise *f*; **to experience a ~** estar em crise; **c)** (in popularity) queda *f* (**in** de); (in support) baixa *f* (**in** de). **2** *vi* **a)** [*demand, trade, value, price*] baixar, cair (**from** de; **to** para; **by** de); **b)** [*economy, market*] estar em colapso; **c)** [*support, popularity*] estar em baixa; **d)** [*person, body*] entender-se. **3 slumped** *pp adj* [*person, body*] entendido.

slung [slʌŋ] *past, pp* see **sling**.

slunk [slʌŋk] *past, pp* see **slink**.

slur [slɜː(r)] **1** *n* **a)** (aspersion) calúnia *f*; mancha *f*; **to be a ~ on sb/sth** ser uma mancha em alguém/algo; **to cast a ~ on sb/sth** lançar uma calúnia sobre alg/algo; **b)** MUS ligação *f*. **2** *vtr* (*pres p etc* **-rr-**) **a)** (slander) [*remark*]; **to ~ one's speech/words** comer as palavras; **b)** MUS ligar [*notes*]. **3 slurred** *pp adj* [*voice, words, speech*] indistinto, inarticulado. ■ **slur over**: **~ over (sth)** referir-se levemente a [*problem, question, fact*]; passar rapidamente sobre [*incident, error, discrepancy*].

slurp [slɜːp] *vtr* sorver ruidosamente.

slush [slʌʃ] *n* **a)** (melted snow) neve *f* semi-derretida; **b)** (coll) (sentimentality) sentimentalismo *m*; pieguice *f*.

slush fund *n* fundo *m* para compra de favores políticos.

slushy ['slʌ/ɪ] *n* **a)** (lit) [*snow*] semi-derretido; [*street*] coberta de neve semi-derretida; **b)** (coll, fig) [*novel, film, etc*] piegas, de cordel.

slut [slʌt] *n* **a)** (slang, injur) (promiscuous woman) porca *f*; devassa *f*; **b)** (coll) (dirty woman) badalhoca *f* (fam).

sly [slaɪ] *adj* **a)** (cunning) [*person, animal, trick, look*] ardiloso, astuto, manhoso; **b)** (secretive) [*smile, wink, look*] dissimulado, malicioso. IDIOMAS **on the ~** (coll) à socapa, sorrateiramente.

smack [smæk] **1** *n* **a)** (blow) (with hand) palmada *f*; (on face) bofetada *f*; (with bat) pancada *f*; **b)** (sound of a blow) barulho *m* seco; **c)** (loud kiss) beijoca *f*; **d)** NAUT barco *m* de pesca; **e)** (slang) (heroin) heroína *f*. **2** *adv* (coll) (*also ~ bang*) em cheio; **~ in the middle of...** mesmo no meio de.... **3** *vtr* **a)** bater [*object*] (**on** em; **against** contra); **b)** (have suggestion of) **to ~ of racism** fazer lembrar o racismo. **4** *vi* (lit) **to ~ into** *or* **against sth** bater contra qq coisa. IDIOMAS **to ~ one's lips (at sth)** lamber os beiços (à ideia de qq coisa).

small [smɔːl] **1** *n* **the ~ of the back** as cruzes *fpl*; os rins *mpl*; **in the ~ of her back** nas cruzes. **2 smalls** *npl* (coll, euph) GB roupa *f* de baixo. **3** *adj* **a)** (not big) pequeno; **the ~ matter of the £1,000 you owe me** (iron) a bagatela de 1000 libras que me deves (iron); **in her own ~ way** à medida dos seus meios (modestos); **the ~est room** (coll, euph) um cantinho (fam, euph); **b)** (petty) [*person, act*] mesquinho; **c)** (formal) (not much) **to have ~ cause/reason for worrying/to worry** ter poucas razões para se inquietar; **it is ~ comfort/consolation to sb** é uma pequena consolação para alg; **it is of ~ consequence** tem pouca importância; **~ wonder he left!** não admira que ele tenha partido!; **d)** (quiet) [*noise*] leve; [*voice*] brando; [*sound*] fraco; **e)** (humiliated) **to feel/look ~** sentir-se diminuído/humilhado; **to make sb feel/look ~** humilhar alg; **"I did it" she said in a ~ voice** "fui eu que fiz" disse ela numa voz baixa.

small: **~ ad** *n* pequeno anúncio *m*; **~ change** *n* (*without pl*) troco *m* miúdo; trocos *mpl* PO, trocados *mpl* BR; **~ holder** *n* GB pequeno proprietário *m*; agricultor *m*; **~ holding** *n* GB pequena exploração *f* agrícola; **~-minded** *adj* mesquinho; **~ pox** *n* varíola *f*.

small print *n* **a)** PRINT letras *fpl* pequenas; **b)** (fig) **to read the ~** ler até ao mais pequeno pormenor, ler nas entrelinhas (fig); **to read the ~ of a contract** examinar minuciosamente um contrato.

small-scale *adj* de pequena envergadura.

small talk *n* banalidades *fpl*; **to make ~** falar de banalidades.

small-time *adj* insignificante.

smart [smɑːt] **1** *adj* **a)** [*clothes, person, furniture*] elegante; [*appearance*] distinto; **b)** (intelligent) [*child, decision*] inteligente; (shrewd) [*politician, journalist*] hábil; **it was definitely the ~ choice** foi certamente a escolha inteligente; **he thinks he's so ~** ele acha-se muito esperto; **c)** [*restaurant, hotel, street*] chique; **the ~ set** a al-

ta sociedade; **d)** (stinging) [*blow*] violento; [*rebuke, retort*] severo; **e)** (brisk) **to set off/walk at a ~ pace** partir/andar em passo rápido; **~ work!** foi um trabalho rápido!; **f)** COMPUT [*system, terminal*] inteligente. **2** *vi* **a)** [*graze, cut, cheeks*] arder; **b)** (emotionally) estar irritado/aborrecido; **they are ~ing over/from their defeat** eles estão aborrecidos com a sua derrota.

smart alec(k) (coll) [smɑːˈtælɪk] *n* sabichão *m*; convencido *m* (fam).

smarten ['smɑːtn] *v* **~ up he's really ~ed (himself) up** arranjar-se, pôr-se mais bonito; **~ (sth) up, ~ up (sth)** embelezar [*premises, room*].

smartly ['smɑːtlɪ] *adv* **a)** [*dressed*] (neatly) cuidadosamente; (elegantly) elegantemente; **b)** (quickly) [*retort, rebuke*] secamente; **she tapped him ~ on the head** ela deu-lhe uma pancadinha seca na cabeça; **c)** (briskly) [*step, turn, walk*] rapidamente; **d)** (cleverly) [*answer, notice*] inteligentemente.

smash [smæ/] **1** *n* **a)** (crash) (of glass, China) barulho *m* de coisa que se despedaça; (of vehicles) estrondo *m*; **~! there goes another plate!** trás! lá vai outro prato!; **b)** (coll) (journ) (*also ~-up*) colisão *f*; **c)** (coll) (journ) (*also ~ hit*) MUS êxito *m*; CIN filme *m* de sucesso; **d)** SPORT (tennis) golpe *m*; pancada *f*. **2** *adv* **to go/fall ~** esbarrar-se; **the motorbike ran ~ into a wall** a motocicleta foi abater contra um muro. **3** *vtr* **a)** (shatter) partir, quebrar [*glass*]; destruir [*telephone, car, alarm*] (**with** com); **thieves ~ed their way into the shop** os ladrões penetraram na loja por arrombamento; **he ~ed the car into a tree trunk** ele bateu violentamente com o carro contra uma árvore; **b)** (end) esmagar [*enemy, opponent*] desmantelar [*drug ring, gang*]; combater [*inflation*]; **c)** SPORT (break) bater [*record*]; **d)** **to ~ the ball** SPORT dar um golpe fortíssimo. **4** *vi* **a)** (disintegrate) despedaçar-se (**on, against** contra); **b)** (crash) **to ~ into** [*vehicle, aircraft*] ir esbarrar-se contra [*wall, pylon, vehicle*]. ■ **smash down:** **~ (sth) down, ~ down (sth)** rebentar [*door, fence, wall*]. ■ **smash in:** **~ (sth) in** abrir violentamente [*door, skill*]. ■ **smash open:** **~ (sth) open, ~ open (sth)** abrir violentamente [*container*]. ■ **smash up:** **~ (sth) up, ~ up (sth)** demolir [*building*]; destruir [*vehicle, sign, furniture*]; **they'll ~ the place up!** eles vão partir tudo!; **the car got ~ed up** o carro ficou completamente destruída.

smash-and-grab GB **1** (coll) *n* (journ) assalto *m* por arrombamento da montra PO/vitrina BR. **2** *adj* **~ raid/rubbery** assalto *m* por arrombamento da montra.

smashing (coll) ['smæ/ɪŋ] *adj* GB espantoso, formidável.

smear [smɪə(r)] **1** *n* **a)** (mark) (spot) nódoa *f*; (streak) traço *m*; **b)** (defamation) mancha *f*; (fig) **a ~ on sb's character** uma mancha na reputação de alg; **c)** MED (*also ~ test*) esfregaço *m*. **2** *vtr* **a)** (dirty) besuntar, pôr manchas em [*glass, window*]; **b)** (slander) difamar [*person*]; sujar, manchar [*reputation*]; **c)** (spread) barrar [*butter*]; aplicar [*sunoil, lotion*] (**to** sobre). **3** *vi* [*ink, paint*] espalhar-se; [*lipstick, make-up*] pintar.

smear: **~ tactics** *npl* manobras *fpl* difamatórias; **~ test** *n* MED esfregaço *m*.

smell [smel] **1** *n* **a)** (odour) (gen) odor *m*; cheiro *m*; (unpleasant) mau cheiro; **what a ~!** que cheirete! (pej); **b)** (sense) olfacto *m*; **sense of ~** olfacto *m*; **c)** (action) **have a ~ of this perfume** cheira este perfume. **2** *vtr* (*past, pp* **smelled, smelt** GB) **a)** (lit) (notice, detect) sentir o cheiro; **b)** (fig) (detect) pressentir [*danger, problem, success, change, good worker*]; detectar [*liar, cheat*]. **3** *vi* (*past, pp* **smelled, smelt** GB) (have odour) (gen) cheirar; (unpleasantly) cheirar mal, feder; **this flower doesn't ~** esta não tem perfume; **to ~ of racism/corruption** cheirar a racismo/corrupção. ■ **smell out**: ~ (sth) out, ~ out (sth) **a)** (sniff out, discover) (lit) [*dog*] farejar; detectar [*spy, traitor*]; **b)** (cause to stink) empestar [*room, house*].
smelling salts *npl* MED sais *mpl*.
smelly ['smelɪ] *adj* (lit) [*socks, animal, person*] mal cheiroso; [*breath*] fétido.
smelt [smelt] **1** *past, pp* see **smell**. **2** *vtr* IND extrair (algo) por fusão [*metal*]; fundir [*ore*].
smile [smaɪl] **1** *n* sorriso *m*; **to give a ~** sorrir; **to give sb a ~** dirigir um sorriso a alg; **with a ~** com um sorriso; **take that ~ off your face** não há razão para sorrires. **2** *vtr* **to ~ one's consent/thanks** aquiscer/agradecer com um sorriso; "**Of course,** " **he ~d** "claro, " disse ele sorrindo. **3** *vi* sorrir (**at sb** a alg; **with** de); **we ~d at the idea/his confusion** esta ideia/a sua confusão fez-nos sorrir; **to ~ to oneself** sorrir interiormente; **keep smiling!** continua a sorrir!
smirk [smɜ:k] **1** *n* (self-satisfied) sorriso *m* de satisfação; (knowing) sorriso *m* malicioso. **2** *vi* (in a self-satisfied way) sorrir de satisfação; (knowingly) sorrir maliciosamente.
smith [smɪθ] *n* ferreiro *m*.
smithy ['smɪðɪ] *n* forja *f*; oficina *f* de ferreiro.
smitten ['smɪt(ə)n] *adj* **a)** (afflicted) (by guilt, regret) ferido; (by pain, illness) consumido; **b)** (in love) louco.
smock [smɒk] **1** *n* avental *m*; blusa *f* larga com franzidos do tipo favo-de-mel. **2** *vi* enfeitar um tecido com franzidos do tipo favo-de-mel.
smog [smɒg] *n* "smog" *m*; nevoeiro *m* misturado com o fumo próprio das cidades.
smoke [sməʊk] **1** *n* **a)** (vapour) fumo *m* Po, fumaça *f* Br; **to go up in ~** (coll, lit) arder, ser destruído pelo fogo; (fig) dar/ficar em nada; **b)** (of tobacco) **to have a ~** fumar; **c)** (coll) (cigarette) cigarro *m*. **2** *vtr* **a)** (use) fumar [*cigarette, pipe, marijuana*]; **b)** CULIN (for flavour) defumar, curar ao fumo [*fish, ham, sausage*]; **c)** (*usually in passif*) fumar [*glass*]. **3** *vi* **a)** (use tobacco, substances) fumar; **b)** (be smoky) [*fire, lamp, fuel*] fumegar, lançar, fumaça. **4** **smoked** *pp adj* CULIN fumado, defumado, curado ao fumo. ■ **smoke out**: ~ (sth) out, ~ out (sth) afugentar pela fumaça [*animal*]; **to ~ sb out** fazer sair alguém de esconderijo [*fugitive, sniper*]; ~ (sth) out encher de fumo [*room, house*].
smoke: ~ **bomb** *n* bomba *f* de fumo; ~ **detector** *n* detector *m* de fumo.
smokeless ['sməʊklɪs] *adj* **a)** (clean) [*fuel*] não poluente; **b)** (by law) ~ **zone** zona onde é proibido o uso de combustíveis poluentes.
smoker ['sməʊkə(r)] *n* **a)** (person) fumador *m*; **a light/social ~** uma pessoa que fuma pouco/que

fuma apenas em sociedade; **b)** (on train) compartimento *m* de fumadores.
smokescreen *n* **a)** (fig) pretexto *m*; **to create/throw up a ~** criar um pretexto; **b)** (lit) cortina *f* de fumo.
smoking ['sməʊkɪŋ] **1** *n* MED tabaco *m* Po, fumo *f* Br; fumar *m*; **to give up/like ~** deixar/gostar de fumar; **to cut down on one's ~** fumar menos. **2** *adj* **a)** (emitting smoke) **a ~ cigarette** um cigarro aceso; **b)** (for smokers) [*compartment, section*] fumadores Po, fumantes Br (*after n*).
smoke compartment GB compartimento *m* de fumadores Po/fumantes Br.
smoky ['sməʊkɪ] *adj* **a)** (stuffy) fumarento, cheio de fumo; **b)** CULIN [*cheese, ham, bacon*] fumado.
smolder *vi* US see **smoulder**.
smooth [smu:d] **1** *adj* **a)** (lit) (even, without bumps) [*stone, sea, surface, skin, hair, fabric*] liso; [*road*] plano; [*curve, line, breathing*] regular; [*sauce, gravy, paste*] homogéneo; [*crossing, flight*] calmo; [*movement*] suave, fácil; [*music, rhythm, playing*] suave; **these pebbles/tyres are worn ~** estes calhaus/pneus estão lisos; **bring the car to a ~ stop** fazer parar o carro lentamente; **the engine is very ~** o motor trabalha regularmente; **b)** (fig) (problem-free) [*journey, flight, crossing*] calmo; [*life, existence*] calmo agradável; **such a change is rarely ~** uma mudança destas raramente se faz com suavidade; **the bill had a ~ passage through Parliament** a lei passou no Parlamento sem dificuldades; **c)** (pleasant, mellow) [*taste, wine, whisky*] macio, brando; **d)** (suave) (gen) (pej) [*person*] afectado; [*manners, appearance*] insinuante, diplomático; **to be a ~ talker** ser lisonjeiro/adulador. **2** *vtr* **a)** (lit) alisar [*clothes, paper, hair, surface*]; (to get creases out) desamarrotar [*fabric, paper*]; **to ~ the creases from sth** desamarrotar qq coisa; **b)** (fig) facilitar [*process, transition, path*]. IDIOMAS **to take the rough with the ~** aceitar as coisas tal qual elas são; **the course of true love never did run ~** o amor verdadeiro nunca foi fácil de viver. ■ **smooth away**: ~ (sth) away, ~ away (sth) (lit, fig) fazer desaparecer [*wrinkles, creases, problems*]. ■ **smooth down**: ~ (sth) down, ~ down (sth) alisar [*clothes, hair, fabric*]; (to get creases out) desamarrotar [*clothes, fabric*]; polir [*wood, rough surface*]. ■ **smooth out**: ~ (sth) out, ~ out (sth) **a)** (lit) (lay out) estender; (remove creases) alisar; **b)** (fig) aplanar [*difficulties*]; fazer desaparecer [*imperfections*]. ■ **smooth over**: ~ (sth) over, ~ over (sth) (fig) atenuar [*differences, awkwardness*]; aplanar [*difficulties, problems*]; acalmar [*bad feelings*]; melhorar [*relationship*]; **to ~ things over** arranjar as coisas.
smoothly ['smu:ðlɪ] *adv* **a)** (lit) [*move, flow, glide*] docemente; [*start, stop, brake, land*] suavemente; [*write, spread*] de maneira uniforme; **the key turned ~ in the lock** a chave voltou facilmente na fechadura; **to run ~** [*engine, machinery*] girar bem; **b)** (fig) (without difficulties) sem problemas; **things are going very ~ for me** as coisas estão-me a correr bem; **c)** (suavely) [*speak, say, persuade, lie*] (gen) calmamente; (pej) hipocritamente.

smoothness ['smu:ðnɪs] *n* **a)** (lit) (of surface, skin, hair) aspecto *m* liso; (of crossing, flight) tranquilidade *f*; (of car, machine, engine) regularidade *f*; (of music, rhythm, playing) fluidez *f*; **b)** (fig) (absence of problems) (of operation, process, transition, journey) harmonia *f*; **c)** (of wine, whisky, taste) doçura *f*; suavidade *f*; **d)** (of person, manner, speech) brandura *f*.

smother ['smʌðə(r)] *vtr* (cover) cobrir (**with** de).

smoulder ['sməʊldə(r)] *vi* **a)** (lit) [*fire, cigarette, ruins*] consumir-se; **b)** (fig) [*hatred, resentment, jealousy*] arder, queimar; **to** ~ **with** mortificar-se com [*resentment, jealousy*].

smudge [smʌdʒ] **1** *n* mancha *f*; marca *f* de sujidade. **2** *vi* [*paint, ink, make-up*] sujar-se, borrar-se. **3** *vtr* borratar [*make up, print*]; sujar [*paint, paper, cloth*]. **4** *pp adj* ~**d** [*paint, make-up*] borrado (*after n*) [*writing, letter*] borratado; [*paper, cloth*] manchado.

smug [smʌg] *adj* presunçoso, convencido; **to be** ~ **about sth** ser convencido em relação a algo.

smuggle ['smʌgl] *vtr* (gen) passar clandestinamente [*drugs, message, food*] (**into** para); fazer entrar (alg) clandestinamente [*person*] (**into** em); (to evade customs) fazer contrabando [*watches, cigarettes, alcohol*]; **to** ~ **sth/sb in** fazer entrar algo/alg clandestinamente; **to** ~ **sth/sb out** (**of**) fazer sair algo/alg clandestinamente (de); **to** ~ **sth through/past customs** fazer contrabando de algo.

smuggler ['smʌglə(r)] *n* contrabandista *m/f*; **drug/arms** ~ traficante *m/f* de droga/armas.

smuggling ['smʌglɪŋ] *n* (gen) contrabando *m*; **drug/arms** ~ tráfico *m* de droga/armas.

smut [smʌt] *n* **a)** (-*c*) (vulgarity) obscenidades *fpl*; **b)** (stain) mancha *f* (de sujidade).

smutty ['smʌtɪ] *adj* **a)** (crude) obsceno; **b)** (dirty) [*face, cloth, object*] mascarrado.

snack [snæk] **1** *n* **a)** (small meal) merenda *f*; refeição *f* ligeira; **b)** (*usu pl*) (chips, peanuts, etc) aperitivos *mpl*. **2** *vi* petiscar.

snag [snæg] **1** *n* **a)** (hitch) inconveniente *m* (**in sth** de algo); **there's a** ~, **there's just one** ~ há só um problema; **b)** (tear) rasgão *m* (**in sth** em qq coisa); **c)** (projection) protuberância *f* (**in** de). **2** *vtr* (*pp, etc* -**gg**-) **a)** (tear) rasgar [*tights, stocking, garment*] (**on** em); partir-se [*fingernail*] (**on** em); ferir [*hand, finger*] (**on** em); **b)** (become tangled) **to** ~ **on** [*rope, nut*] prender-se em; [*propeller, blade*] bater em.

snail [sneɪl] *n* caracol *m*.

snake [sneɪk] **1** *n* **a)** ZOOL serpente *f*; cobra *f*; **b)** (devious person) traidor *m*; **a** ~ **in the grass** um traidor *m*. **2** *vi* [*rood*] serpentear (**through** através de).

snake-bite *n* mordedura *f* de serpente; **to get/ receive a** ~ ser mordido por uma serpente.

snake charmer *n* encantador *m* de serpente.

snap [snæp] **1** *n* **a)** (coll) PHOT fotografia *f* instantânea; **b)** (cracking sound) (of branch, fingers, lid, elastic) estalido *m*; **c)** (bite) **to make a** ~ **at sth** tentar morder algo; **d)** GAMES jogo *m* de cartas de crianças. **2** *modif* [*decision, judgement, vote*] rápido. **3** *vtr* (*pres p etc* -**pp**-) **a)** (click) fazer estalar [*fingers, jaws, elastic*]; **she** ~**ped her bag shut** ela fechou a mala com um barulho seco; **b)** (break) rachar algo; **c)** (say

crossly) falar com brusquidão; **d)** (coll) (photograph) tirar uma fotografia a alguém. **4** *adv* **to go** ~ partir com um barulho seco. **5** *excl* **a)** GAMES exclamação que se utiliza no jogo do mesmo nome quando duas cartas iguais são mostradas; **b)** (coll) ~**!** **we're wearing the same tie!** coincidência! trazemos uma gravata igual!. **6** *vi* **a)** (lit) (break) [*branch, bone, pole*] quebrar-se; [*elastic, taut rope, wire*] partir-se; **b)** (fig) (lose control) [*person*] perder as estribeiras (fam); **c)** (click) **to** ~ **open/shut** abrir-se/fechar-se com um estalo; **d)** (speak sharply) falar com brusquidão. **IDIOMAS** ~ **out of it!** (coll) sai dessa! (fam); ~ **to it!** (coll) despacha-te!. ■ **snap at**: ~ **at (sth) a)** (speak sharply) falar asperamente; **b)** (bite) tentar morder; **c)** (fig) (jump of) agarrar [*chance, opportunity*]. ■ **snap off** [*branch, knob, protrusion*] quebrar com ruído; ~ **off (sth)**, ~ **(sth) off** quebrar (algo) com ruído. ■ **snap out**: ~ **out (sth)**, ~ **(sth) out** gritar [*order, reply*]. ■ **snap up**: ~ **up (sth)**, ~ **(sth) up** agarrar [*bargain, opportunity*]; aproveitar [*desirable partner*].

snappy ['snæpɪ] *adj* **a)** (cross) [*person, animal*] pouco amigável; **b)** (lively) [*rhythm, reply, item*] vivo; (punchy) [*advertisement, feature*] atraente; **look** *or* **make it** ~**!** (coll) põe-te atraente!; **c)** (coll) (smart) [*clothing*] elegante; **he's a** ~ **dresser** ele veste-se bem.

snapshot *n* fotografia *f* instantânea.

snare [sneə(r)] **1** *n* armadilha *f* PO, arapuca *f* BR (also fig). **2** *vtr* apanhar em armadilha [*animal, person*].

snarl [snɑ:l] **1** *n* **a)** (growl) (of animal) rugido *m*; rosnar *m*; (of traffic) zumbido *m*; ruído *m*; **"you'd better watch out!" he said with a** ~ "era melhor prestares atenção" resmungou ele; **b)** (grimace) careta *f*; **c)** (tangle) (in a single rope, flex) nó *m*; (of several ropes, flexes) emaranhamento *m*. **2** *vtr* (growl) resmungar [*order, insult, threat*]; **"don't be so stupid", he** ~**ed** "não sejas estúpido", resmungou ele. **3** *vi* (growl) [*animal*] rosnar ferozmente; [*person*] resmungar; **the dog** ~**ed at me** o cão rosnou-me. ■ **snarl up**: ~ **up** [*rope, wool*] emaranhar-se; **I got** ~**ed up in the traffic** eu fiquei preso no trânsito; **the hook got** ~**ed up in the net** o anzol ficou preso na rede.

snarl-up *n* (in traffic) engarrafamento *m*; (in distribution, network) interrupção *f*.

snatch [snætʃ] **1** *n* (*pl* ~**es**) **a)** (fragment) (of conversation) pedaço *m*; (of poem, poet) alguns versos *fpl*; **b)** (grab) **to make a** ~ **at sth** deitar a mão a qq coisa; **c)** (theft) roubo *m*; **bag** ~ roubo *m* por esticão; **d)** SPORT (in weightlifting) levantamento *m*. **2** *vtr* **a)** (grab) agarrar prontamente [*book, key*]; agarrar [*opportunity*]; arrebatar [*victory*]; tomar [*lead*]; **to** ~ **sth from sb** arrebatar qq coisa a alg; **b)** (coll) (steal) roubar PO, garfar BR [*handbag, jewellery*]; raptar [*baby*]; roubar [*kiss*]; **c)** (take hurriedly) **try to** ~ **a few hours' sleep** tentar aproveitar algumas horas de sono; **have we got time to** ~ **a meal?** teremos tempo de comer qq coisa rapidamente?. **3** *VI* **to** ~ **at sth** lançar rapidamente a mão a [*rope, letter*]. ■ **snatch away**: ~ **(sth) away from sb** arrancar qq coisa a alg. ■ **snatch up**: ~ **(sth) up**,

~ up (sth) apanhar rapidamente [*clothes, papers*]; pegar em [*child*]; fazer [*bargain*].
sneak [sniːk] **1** (coll, pej) mexeriqueiro *m*. **2** *adj* [*attack, raid*] à traição (*after n*). **3** *vtr* **a)** (coll) (have secretly) comer (qq coisa) às escondidas [*chocolate*]; fumar (qq coisa) às escondidas [*cigarette*]; **b)** (coll) (steal) roubar, surripiar Po, garfar Br (fam) (**out of, from** de); **to ~ a look at sth** lançar um olhar furtivo a qq coisa. **4** *vi* **a)** (move furtively) **to ~ away** escapar-se, sair furtivamente; **to ~ around** andar às voltas (furtivamente); **to ~ in/out** entrar/sair furtivamente; **to ~ into sth** introduzir-se furtivamente [*room, bed*]; **to ~ up (on sb/sth)** aproximar-se sem barulho (de alg/algo); **he ~ed up behind me** ele apaixonou-se de mim por trás (sem ser notado); **b)** (coll) (tell tales) mexericar (fam); **to ~ on sb** denunciar alg.
sneaking [ˈsniːkɪŋ] *adj* **she has a ~ suspicion that he's lying** ela desconfia vagamente que ele está a mentir; **I have a ~ admiration for her** eu não posso deixar de a admirar.
sneak thief *n* gatuno *m*; ladrão *m* furtivo.
sneaky [ˈsniːkɪ] *adj* **a)** (cunning) [*method, plan*] vil; **b)** (furtive) **to have a ~ look at sth** lançar um olhar furtivo a qq coisa.
sneer [snɪə(r)] **1** *n* (action) chacota *f*; (remark) gracejo. **2** *vi* troçar (**at** de).
sneeze [sniːz] **1** *n* espirro *m*. **2** *vi* espirrar. **IDIOMAS it is not to be ~d at** não é de desdenhar.
snide [snaɪd] *adj* falso, insidioso.
sniff [snɪf] **1** *n* **a)** (snorting sound) (of a person with a cold) fungadela *f*; fungar *m*; (of person crying) fungadela *f*; fungar *m*; **b)** (inhalation) inalação *f*; **to take a ~ of sth** cheirar [*perfume, cheese*]; **let me a have a ~** deixa-me cheirar; **c)** (fig) (slight scent) **there was a ~ of corruption/danger in the air** sentia-se a corrupção/perigo no ar; **there has never been a ~ scandal/drug taking** nunca houve a mínima suspeita de escândalo/de droga. **2** *vtr* aspirar [*air*]; [*dog*] farejar [*trail, lamppost*]; cheirar [*perfume, food, rose*]; inalar, "snifar" (fam) [*glue, cocaine*]; respirar [*smelling, salt*]. **3** *vi* (lit) [*person*] fungar; [*dog*] farejar; (fig) [*person*] torcer o nariz a [*suggestion, idea*]; **a free car/10% pay rise is not to be ~ed** uma oferta de um carro/de um aumento de 10% nunca se recusa.
snigger [ˈsnɪgə(r)] **1** *n* riso *m* abafado; **with a ~** com um risinho de troça. **2** *vi* rir de escárnio. ■ **snigger at**: **~ at (sb/sth)** rir-se de [*person, remark*].
snip [snɪp] **1** *n* **a)** (action) corte *m* (de tesouras, etc); **b)** (onomat) estalido *m*; **c)** (of fabric) retalho *m*; **d)** (coll) (bargain) bom negócio *m*. **2** *vtr* (*pres p etc* **-pp-**) cortar (em pedacinhos) [*fabric, paper*]; cortar [*hedge*]. ■ **snip off**: **~ (sth) off, ~ off (sth)** cortar [*nail, twig, corner*].
snipe [snaɪp] **1** *n* narceja *f*. **2** *vi* **to ~ at to ~ at (sb/sth) a)** (shoot) atirar sobre, disparar sobre (coll) [*person, vehicle*]; **b)** (criticize) dizer piadas a.
sniper [ˈsnaɪpə(r)] *n* Mil atirador *m* emboscado.
snippet [ˈsnɪpɪt] *n* (of conversation) frases *fpl* soltas; (of text, fabric, music) fragmento *m*.
snivel [ˈsnɪv] *vi* (*pres p etc* **-ll-**) choramingar.
snob [snɒb] **1** *n* snob *m/f*. **2** *modif* [*value, appeal*] snob.

snobbery [ˈsnɒbərɪ] *n* snobismo *m*.
snobbish [ˈsnɒbɪʃ] *adj inv* snob.
snooker [ˈsnuːkə(r)] Gb **1** *n* **a)** (game) snooker (espécie *f* de jogo de bilhar) Po, sinuca *f* Br; **b)** (shot) posição *f* no jogo em que é impossível um golpe directo na bola. **2** *vtr* **a)** [*player*] entalar [*ball*]; **b)** us (deceive) enganar [*person*].
snoop [snuːp] (coll) *vi* espiolhar (fam); bisbilhotar; **to ~ into sth** meter o nariz em qq coisa (fam); (coll) **~ around** bisbilhotar.
snooze [snuːz] (coll) **1** *n* sesta *f*; soneca *f*. **2** *vi* dormitar.
snore [snɔː(r)] **1** *n* ronco *m* de quem ressona. **2** *vi* ressonar.
snorkel [ˈsnɔːkl] **1** *n* (us **schnorkel**) **a)** (for swimmer) tubo *m* respiratório; **b)** (on submarine) dispositivo *m* que permite aos submarinos ter ar quando estão debaixo de água. **2** *vi* (*pres p etc* **-ll-**) nadar com o tubo respiratório.
snort [snɔːt] **1** *n* (of animal) (horse, bull) resfolego *m*; (pig) grunhido *m*. **2** *vtr* **a)** **"hooligans!" he ~ed** "rufias!" grunhiu ele; **b)** snifar [*drug*]. **3** *vi* **a)** [*person*] grunhir, bufar; **b)** [*horse, bull*] resfolegar.
snot [snɒt] (coll) *n* (mucus) ranho *m*.
snotty [ˈsnɒtɪ] *adj* **a)** [*nose*] ranhoso; **b)** (of person) pretensioso, arrogante.
snout [snaʊt] *n* **a)** (of animal) focinho *m*; **b)** (fig, hum) (of person) focinho *m*.
snow [snəʊ] **1** *n* Meteorol (substance) neve *f*. **2** *v impers* nevar; **it's ~ing** está a nevar. ■ **snow in**: (*also ~ up*) (*always in passive*) **to be ~ed in** estar bloqueado pela neve. ■ **snow under** (*always in passive*) **to be ~ed under** (lit) [*car, house*] estar coberto de neve; (fig) (with work) estar submerso.
snowball [ˈsnəʊbɔːl] **1** *n* (lump of ice) bola *f* de neve. **2** *vtr* atirar bolas de neve. **3** *vi* (fig) [*profits, problem, plan, support*] formar uma bola de neve, aumentar progressivamente.
snowbound [ˈsnəʊbaʊnd] *adj* [*house, person, vehicle, village*] bloqueado pela neve; [*region*] paralisado pela neve.
snow: ~ drift *n* neve *f* acumulada pelo vento; **~ drop** *n* Bot fura-neve *m* (*inv*).
snowfall [ˈsnəʊfɔːl] *n* queda *f* de neve.
snow: ~ flake *n* floco *m* de neve; **~ plough** *n* Aut, Sport limpa-neve *m* (*inv*); **~ storm** *n* tempestade *f* de neve; **S~ White** *pr n* Branca de Neve *f*.
snowy [ˈsnəʊɪ] *adj* **a)** Meteorol (after a snowfall) [*landscape, peak, slope*] coberto de neve; (usually under snow) [*region, range*] nevado; **it will be ~ tomorrow** amanhã vai nevar; **b)** (white) [*beard, cloth*] branco (como a neve).
snub [snʌb] **1** *n* repulsa *f*; recusa *f*; mau acolhimento *m*. **2** *vtr* (*pres p etc* **-bb-**) repelir; **to be ~bed** sofrer uma recusa (**by** por parte de).
snub: ~ nose *n* nariz *m* arrebitado; **~-nosed** *adj* de nariz arrebitado.
snuff [snʌf] **1** *n* rapé *m*. **2** *vtr* **a)** (put out) apagar [*candle*]; **b)** (sniff) farejar [*air*. **IDIOMAS** (coll) **to ~ it** partir desta para melhor (fam); esticar o pernil (fam). ■ **snuff out**: **~ (sth) out, ~ out (sth) a)** apagar [*candle*]; **b)** (fig) extinguir [*hope, interest*]; sufocar [*rebellion, enthusiasm*]; **c)** (euph) (kill) mandar (alg) desta para melhor [*person*].

snuffle ['snʌfl] **1** *n* (of animal, person) fungadela *f*; **to have the ~s** fungar por causa da constipação Po/do resfriado BR. **2** *vi* [*animal, person*] fungar.

snug [snʌg] **1** *n* GB pequena sala traseira de bar. **2** *adj* [*bed, room*] aconchegado, abrigado; [*coat*] quente.

so [səʊ] **1** *adv* **a)** (so very) tão, tanto; **I'm not feeling ~ good** não me sinto lá muito bem; **b)** (to limited extent) **we can only work ~ fast and no faster** não podemos realmente trabalhar mais depressa; **c)** (in such a way) assim, deste modo; **~ arranged that** organizado duma tal maneira que; **walk ~** anda assim; **and ~ on, and ~ forth** e assim por diante; **~ be it!** assim seja!; **d)** (for that reason) por isso, assim; **~ it was that** é assim que; **she was young and ~ lacked experience** ela era jovem e, por isso, tinha falta de experiência; **e)** (true) **is that ~?** é verdade?; **if (that's) ~** se for verdade; **f)** (also) também; **if they accept ~ do I** (se eles aceitam, eu também); **g)** (thereabouts) mais ou menos; **20 or ~** mais ou menos 20; **h)** (as introductory remark) **~ there you are** ah, estás aí?; **~ that's the reason** então é essa a razão; **i)** (avoiding repetition) **he's the owner or ~ he claims** ele é o proprietário ou pelo menos, assim o afirma; **he dived and as he did ~...** ele mergulhou e ao fazê-lo...; **perhaps ~** é possível; **~ I believe** é o que eu penso; **I believe ~** creio que sim; **I'm afraid ~** receio que sim; **~ to speak** por assim dizer; **I told you ~** bem te avisei; **~ I see** bem vejo; **who says ~?** quem diz isso?; **j)** (formal) (referring forward or back) **if you ~ wish you may...** se desejar, pode...; **k)** (reinforcing a statement) **"it's broken" - "~ it is"** "está partido" - "pois está"; **"I'm sorry" - "~ you should be"** "desculpa" - "bem podes pedir desculpa"; **"I thought you liked it" - "~ I do"** "pensava que gostavas disso" - "claro que gosto"; **l)** (refuting a statement) **"he didn't hit you" - "he did ~!"** "ele não te bateu" - "ah isso é que bateu"; **m)** (as casual response) e então; **"I'm leaving" - "~?"** "vou-me embora" - "e então?". **2 so (that)** *conj phr* **a)** (in such a way that) de maneira a que; **she wrote the instructions ~ that they'd be easily understood** ela escreveu as instruções facilmente compreendidas; **b)** (in order that) para que. **3 so as** *conj phr* para. **4 so much** *adv phr, pron phr* **a)** (*also ~* **many)** (such large quantity) uma grande parte; **~ much of her life** uma grande parte da sua vida; **~ many of her friends** muitos dos seus amigos; **b)** (*also ~* **many)** (limited amount) **there's only ~ much you can take** há limites para o que se pode suportar; **c)** (to such an extent) tão; **~ much worse** tão pior; **~ much ~ that** a tal ponto que; **thank you ~ much** muito obrigado; **d)** (in contrasts) **not ~ much X as Y** menos X que Y. **5 so much as** *adv phr* (even) mesmo; **he never ~ much as apologized** ele nem sequer pediu desculpa. **6 so much for** *prep phr* **a)** (having finished with) **~ much for that problem, now for...** falemos agora de; **b)** (used disparagingly) **~ much for equality** chega de igualdade. **7 so long as** *conj phr* see **long**. IDIOMAS **~ long!** adeus! até breve!; **~ much the better** tanto melhor; **~ ~** assim, assim.

soak [səʊk] **1** *n* **a)** (prolonged immersion) **to give sth a ~** pôr/deixar de molho qq coisa [*sheets, socks*]; **to have a ~** tomar um bom banho; **b)** (drunk) (coll) bebedeira *f* Po, pileque *m* BR. **2** *vtr* **a)** (wet) encharcar [*person, clothes*]; **b)** (immerse) deixar/pôr de molho [*clothes, dried fruit*]. **3** *vi* **a)** (be immersed) embeber; **to leave sth to ~** deixar qq coisa de molho [*clothes*]; **b)** (be absorbed) **to ~ into (sth)** [*water*] ser absorvido por [*earth, paper, fabric*]; **to ~ through sth**. **4** *v refl* **to ~ oneself** (get wet) encharcar-se; (bathe) tomar um bom banho. **5 soaked** *pp adj* [*person, clothes, shoes*] encharcado; **I'm ~ed through** estou molhado até aos ossos; **blood- ~ed bandages** ligaduras embebidas em sangue; **a sweat-~ed T-shirt** uma camisola toda encharcada de suor. ■ **soak away** [*water*] ser absorvido. ■ **soak in** [*water, ink*] penetrar. ■ **soak off: ~ off** [*label, stamp*] descolar-se. ■ **soak out: ~ out** [*dirt, stain*] tirar; **~ (sth) out** tirar (qq coisa) embebendo-a [*stain*]. ■ **soak up: ~ (sth) up, ~ up (sth)** [*earth, sponge*] absorver [*water*]; **~ up (sth)** [*person*] impregnar-se de [*atmosphere*]; [*person*] encher-se de [*sun*].

soaking ['səʊkɪŋ] **1** *n* banho *m* de chuveiro. **2** *adj* encharcado; **I'm ~ wet** estou encharcado até aos ossos.

soap [səʊp] **1** *n* **a)** (for washing) sabão *m*; sabonete *m*; **a bar of ~** uma barra de sabão ou um sabonete; **b)** (coll) (*also* **soft ~**) adulação *f*; lisonja *f*; **c)** see **~ opera**. **2** *vtr* ensaboar. **3** *v refl* **to ~ oneself** ensaboar-se.

soap: ~box *n* (fig) tribuna *f* improvisada (com caixas de sabão); **~dish** *n* saboneteira *f*; **~flakes** *npl* flocos *mpl* de sabão; **~ opera** *n* RADIO folhetim *m*; TV telenovela *f*; série *f*; **~ powder** *n* sabão *m* em pó; **~suds** *npl* (fam) espuma *f* de sabão; (water) água *f* de sabão.

soapy ['səʊpɪ] *adj* **a)** (lit) [*water*] com sabão; [*hands, face*] ensaboado; **b)** (cajoling) [*compliment, voice, tone*] melífluo; [*manner*] untuoso, adulador.

soar [sɔː(r)] *vi* **a)** (glide) [*bird, plane*] planar; **b)** (rise sharply) [*popularity, price, costs, temperature*] subir em flecha; [*hopes, spirits, morale*] renascer; **c)** (gen) FIN (rise) **to ~ beyond/above/through** ultrapassar; **to ~ to** [*figures, shares, popularity*] atingir; **d)** (liter) [*flames, sound*] elevar-se; [*tower, cliffs*] levantar-se.

soaring ['sɔːrɪŋ] *adj* [*inflation, hopes, popularity, demand*] crescente.

sob [sɒb] **1** *n* soluço *m*. **2** *vtr* (pres p etc -bb-) **"it hurts", he ~bed** "dói", disse ele soluçando; **to ~ oneself to sleep** adormecer à força de tanto soluçar. **3** *vi* (pres p etc -bb-) soluçar; **to ~ one's heart out** chorar lágrimas de sangue. ■ **sob out: ~ (sth) out, ~ out (sth)** contar (qq coisa) soluçando [*story*].

sober ['səʊbə(r)] **1** *adj* **a)** (not drunk) **I'm ~** estou sóbrio (não ingeri álcool); **b)** (serious) [*person*] sério; [*mood*] grave, solene; **c)** (realistic) [*estimate, judgement, statement*] sensato, equilibrado; [*reminder*] realista; **d)** (discrete) [*colour, decor, style*] discreto, sóbrio. **2** *vtr* (make serious) [*news, reprimand*] acalmar [*person*]. ■ **sober up: ~ up** desembriagar, ficar sóbrio; **~ (sb) up**.

sobering ['səʊbərɪŋ] *adj* it was a ~ thought era um pensamento que fazia reflectir.

sobriety [sə'braɪətɪ] *n* a) (moderation) sobriedade *f*; b) (seriousness) seriedade *f*.

soccer ['sɒkə(r)] 1 *n* futebol *m*. 2 *modif* [*player, team, club*] de futebol.

sociable ['səʊʃəbl] *adj* [*person*] sociável; [*village*] acolhedora.

social [səʊʃl] 1 *n* a) (party) festa *f*; b) (gathering) reunião *f* social. 2 *adj* a) (relating to human society) [*background, class, mobility, system*] social; b) (recreational) [*activity*] de grupos; [*drinking, smoking*] em sociedade; [*call, visit*] social; he's a ~ drinker ele bebe álcool em sociedade; he's a ~ smoker ele é um fumador Po/ fumante Br ocasional; c) (gregarious) [*animal*] social, sociável.

social climber *n* pessoa *f* que subiu socialmente; novo rico *m* (pej).

social: ~ club *n* clube *m*; ~ democrat *n* social--democrata *m/f*.

socialism ['səʊʃəlɪzm] *n* socialismo *m*.

socialist ['səʊʃʊlɪst] *n*, *adj* (*also* S~) socialista *m/f*.

socialize ['səʊʃəlaɪz] 1 *vtr* (adapt for society) socializar [*child*]. 2 *vi* (mix socially) conviver; to ~ with sb conviver com alg.

social life *n* (of person) vida *f* social; (of a town) vida *f* cultural.

socially ['səʊʃəlɪ] *adv* [*meet, mix*] em sociedade; [*acceptable*] em sociedade; [*inferior, superior*] do ponto de vista social; [*oriented*] para o social; I know him ~, not professionally eu conheço-o pessoalmente, não do ponto de vista profissional.

social science *n* ciência *f* social; the social sciences as ciências sociais.

social security *n* Soc Admin (benefit scheme) segurança *f* social; to be on ~ receber subsídio da segurança social.

social: ~ studies *n* (+ *v sg*) ciências *fpl* humanas; ~ work *n* serviço *m* social; ~ worker *n* assistente *m/f* social.

society [sə'saɪətɪ] 1 *n* a) (the human race) (- *c*) sociedade *f*; b) (group) (for social contact) associação *f*; (for mutual hobbies) clube *m*; (for intellectual, business, religions, contact) sociedade *f*; a drama ~ uma sociedade de texto; c) (upper class) alta sociedade *f*; high ~ alta sociedade *f*; d) (company) companhia *f*. 2 *modif* [*artist, photographer, columnist*] mundano; [*hostess*] das reuniões mundanas.

sociologist [səʊsɪ'ɒlədʒɪst] *n* sociólogo *m*.

sociology [səʊsɪ'ɒlədʒɪ] *n* sociologia *f*.

sock [sɒk] 1 *n* (*pl* ~s *or* sox US) a) (gen) peúga *f*; b) (insole) palmilha *f*; c) (coll) (punch) soco *m*; murro *m*. 2 *vtr* (coll) dar um murro em [*person*]. IDIOMAS to put a ~ in it calar-se, deixar-se de disparates (fam).

socket ['sɒkɪt] *n* a) Elec (for plug) tomada *f*; (for bulb) casquilho *m*; b) Anat (of joint) cavidade *f* articular; (of eye) órbita *f*; (of tooth) alvéolo *m*; he nearly pulled my arm out of its ~ ele quase que me arrancou o braço.

sod [sɒd] (slang) (person) sacana *m* (cal).

soda ['səʊdə] *n* Chem soda ® *f*.

sodden ['sɒdn] *adj* a) (wet through) [*towel, cloth-* *ing*] encharcado; b) (coll, fig) ~ with drink embrutecido pelo álcool.

sodium ['səʊdɪəm] *n* sódio *m*.

sofa ['səʊfə] *n* sofá *m*.

soft [sɒft] 1 *adj* a) (yielding, not rigid or firm) [*ground, soil*] movediço; Sport, Turf não violento; [*rock, metal*] mole; [*snow*] leve; [*bed, cushion, pillow*] fofo; [*fabric, fur, skin, hand, cheek*] suave; [*brush, hair, leather*] macio; [*muscle*] flácido; [*mixture, dough, butter*] Culin mole; [*pencil*] Art mole; to get ~ [*soil, ground, butter, mixture*] amolecer; [*mattress*] tornar mole; [*muscle*] tornar-se flácido; to make ~ amolecer [*ground*]; amaciar [*hard water, skin, fabric*]; ~ to the touch agradável ao toque; ~ ice cream gelado semi-frio; b) (muted) [*colour, glow, light, sound, laugh, note, voice*] brando; [*step, knock*] abafado; c) (gentle, mild) [*air, climate, rain, breeze, look, words*] leve, suave; [*reply*] calma; [*impact, pressure, touch*] ligeiro; [*person, eyes, head*] delicado; [*approach*] agradável; Pol moderado; the ~ left a esquerda moderada; to take a ~ line with sb adoptar um comportamento moderado com alguém; d) (not sharp) [*outline, shape*] suave; e) Econ [*market, prices*] instável; f) to be ~ on sb/sth (lenient) ser muito indulgente para com alguém/algo; g) [*drink*] sem álcool; [*water*] mole, sem sais; h) (idle, agreeable) [*life, job*] tranquilo, fácil; i) (coll) (cowardly) frouxo, fraco; j) (coll) (silly, mad) simplório; to be ~ in the head ser mentecapto. 2 *adv* see ~ly.

soft: ~-boiled *adj* [*egg*] pouco cozido, ainda mole; ~-centred *adj* Culin [*chocolate*] recheado; ~ currency *n* moeda *f* fraca.

soft drink *n* bebida *f* sem álcool.

soft drug *n* droga *f* leve.

soften ['sɒfn] 1 *vtr* a) (fig) atenuar [*blow, impact, image, impression, pain*]; amaciar [*personality, refusal*]; suavizar [*approach, attitude, position, rule, view*]; minimizar [*fact*]; enfraquecer [*physique*]; b) (lit) (make less firm or rough) amolecer [*ground, metal, butter*]; suavizar [*skin, hard water*]; amaciar [*fabric*]; c) (make quieter) abrandar [*sound, voice*]; baixar [*music*]; d) (make less sharp) suavizar [*contour, form, outline, light*]. 2 *vi* a) (lit) [*light, outline, music, colour*] tornar-se mais suave; [*skin*] tornar-se mais macio; [*substance, ground*] amolecer-se; [*consonant*] tornar-se fraca; b) (fig) [*person, character, approach, attitude, view*] tornar-se flexível (towards sb em relação a alguém); c) Econ [*currency, economy, market*] enfraquecer. ■ soften up amolecer [*butter, malleable substance*]; ~ up (sth), ~ (sth) up (fig) enfraquecer [*enemy, opponent*]; convencer [*potential purchaser*].

softener ['sɒftnə] *n* produto *m* amaciador; water ~ amaciador *m*.

soft fruit *n* fruto *m* carnudo.

soft-hearted *adj* demasiado generoso (with, to com).

softly ['sɒftlɪ] *adv* [*speak, touch, play, tread, laugh, shine, shut*] docemente; [*fall*] suavemente.

softness ['sɒftnɪs] *n* (of texture, surface, skin, colour, light, outline, character, sound) suavidade *f*; (of substance) consistência *f* "mole; (of attitude, approach, view) moderação *f*.

soft option *n* facilidade *f*; **to take the** ~ escolher a facilidade.

soft pedal 1 *n* MUS pedal *m* abafador. **2** *vtr* (*pres p etc* -**ll**-) (fig) atenuar, suavizar. **3** *vi* **a**) (fig) fazer marcha atrás; **b**) MUS tocar em surdina (ao piano).

soft: ~ **porn** (coll) soft (fam); ~ **sell** *n* (método *m*) de venda *f* persuasiva.

soft soap 1 *n* (lit) sabão *m* em creme feito com potassa. **2** *vtr* (fig) dar graxa a (fam).

soft-spoken *adj* **a**) (lit) com voz doce; **to be** ~ ter uma voz doce; **b**) (fig) (glib) bem falante.

software ['sɒftweə(r)] **1** *n* software *m*. **2** *modif* [*development, engineering, protection*] informático; [*company, firm, house, project, publishing*] de software; ~ **product** produto *m* de software.

softwood ['sɒftwʊd] *n* (timber) madeira *f* macia; (tree) conífera *f*.

softy ['sɒftɪ] *n* **a**) (pej) (weak) maricas *m* PO, fresco *m* BR (fam); **b**) (indulgent) bonacheirão *m* PO, bonachão *f* BR.

soggy ['sɒgɪ] *adj* (lit) [*ground*] molhado; [*food*] empapado.

soil [sɔɪl] **1** *n* solo *m*; terra *f*; **on British** ~ em território britânico. **2** *vtr* (lit, fig) sujar.

soiled [sɔɪld] *adj* **a**) (lit, fig) sujo; **b**) COMM (*also* **shop-**~) [*clothing*] manchado, usado.

solace ['sɒləs] **1** *n* **a**) (feeling of comfort) consolação *f*; **b**) (source of comfort) conforto *m*. **2** *vtr* consolar (**for** por).

solar ['səʊlə(r)] *adj* [*battery, energy, house, ray, year*] solar; [*warmth*] do sol.

solar: ~ **cell** *n* pilha *f* solar; ~ **eclipse** *n* eclipse *m* do sol; ~ **powered** *adj* que funciona a energia solar (*after n*).

sold [səʊld] *past, pp* see **sell**.

solder ['səʊldə(r), 'sɒldə(r)] **1** *n* (alloy) solda *f*. **2** *vi* soldar. **3** *vtr* soldar (**onto, to** a). ■ **solder on**: **to** ~ (**sth**) **on, to** ~ **on** (**sth**) soldar.

soldering iron *n* ferro *m* de soldar.

soldier [səʊldʒə(r)] **1** *n* soldado *m*; militar *m/f*; **old** ~ veterano *m*; ~ **of fortune** (dated, euph) mercenário *m*; **regular** ~ militar *m* de carreira. **2** *vi* ser militar, estar no exército.

soldier on perseverar.

sole [səʊl] **1** *n* **a**) ZOOL solha *f*; **b**) (of shoe, sock) sola *f*; (iron) base *f*; fundo *m*; **c**) (of foot) planta *f*. **2** *adj* **a**) (single) [*aim, concern, duty, reason, source, survivor*] única; **for the** ~ **purpose of doing sth** com a única finalidade de fazer algo; **b**) (exclusive) [*agent, importer, right*] exclusivo; [*trader*] por conta própria; **to be in** ~ **charge of sth** ser o único responsável de algo. **3** *vtr* pôr sola em [*shoe*].

solely ['səʊllɪ] *adv* **a**) (wholly) totalmente; **b**) (exclusively) unicamente.

solemn [sɒləm] *adj* **a**) (serious) [*face, occasion, person, statement*] solene; **b**) (reverent) [*celebration, tribute*] solene.

solemnity [sə'lemnɪtɪ] **1** *n* solenidade *f*. **2 solemnities** *npl* cerimonial *m*.

solicit [sə'lɪsɪt] *vtr, vi* **a**) (request) solicitar [*attention, information, money*]; pedir [*help, opinion, subsidy, vote*]; requerer, angariar [*business, investment, orders*]; **b**) JUR [*prostitute*] arranjar [*clients*]; **to** ~ **for votes** angariar votos.

solicitor [sə'lɪsɪtə(r)] *n* GB JUR **a**) (for docu-

ments, oaths) solicitador *m*; **b**) (for court and police work) advogado *m*; **a firm of** ~**s** um gabinete de advogados; **c**) US JUR (chief law officer) procurador *m* geral; **d**) US (one who solicits) angariador *m*.

solicitous [sə'lɪsɪtəs] *adj* [*expression, person*] solícito; [*enquiry, letter, response*] ansioso (**about** em relação a).

solid ['sɒlɪd] **1** *n* **a**) CHEM sólido *m*; **b**) (in geometry) sólido *m*. **2 solids** *npl* (food) alimentos *mpl* sólidos. **3** *adj* **a**) (not liquid or gaseous) sólido; **to go/become** ~ solidificar; **b**) (not hollow) [*teak, gold*] maciço; [*marble, granite*] maciço; [*chocolate*] completo, sem recheio; **the gate was made of** ~ **steel** o portão era todo em aço; **a tunnel cut through** ~ **rock** um túnel talhado em massa rochosa; **c**) (dense, compact) [*crowd*] compacto; [*earth*] compacto; **the earth was packed** ~ a terra era muito compacta; **a** ~ **bank of cloud** uma massa nebulosa densa; **d**) (unbroken) (line, expanse) **a** ~ **area of yellow** uma superfície contínua de amarelo; **e**) (uninterrupted) **5** ~ **days/5 days** ~ cinco dias inteiros; **f**) (strong) [*structure, foundation, basis*] sólido, firme; **g**) (reliable) [*evidence, information*] incontestável, sólido; [*advice*] sério; [*investment*] seguro; [*worker*] sério; **h**) (firm) [*grip*] firme; [*punch*] forte; **the strike has remained** ~ a greve manteve-se firme; **i**) (respectable) [*citizen, tax payer*] íntegro.

solidarity [sɒlɪ'dærɪtɪ] *n* solidariedade *f*; **to feel** ~ **with sb** sentir-se solidário com alg.

solidify [sə'lɪdɪfaɪ] *vi* [*liquid, semiliquid*] solidificar-se; [*honey, cooking oil*] coagular-se.

solidity [sə'lɪdɪtɪ] *n* (strength) (in a piece of wood, a building) solidez *f* (**of** de).

solidly ['sɒlɪdlɪ] *adv* **a**) (strongly) [*built*] solidamente, fortemente; **b**) (densely) ~ **packed** (crowd, earth) compacto; **c**) [*work*] sem interrupção; **d**) (staunchly) [*conservative, socialist*] a cem por cento; **they are** ~ **behind their leader** eles apoiam sem reservas o seu dirigente; **e**) [*respectable*] seriamente.

solid-state *adj* [*stereo, micro electronics*] de semi-condutor; ~ **physics** física *f* dos sólidos.

solitaire ['sɒlɪteə(r)] *n* **a**) (ring) solitário *m* (anel com uma só pedra preciosa); **b**) US (with cards) paciência *f*.

solitary ['sɒlɪtərɪ] **1** *n* **a**) (loner) solitário *m*; eremita *m*; **b**) (coll) (isolation) (prisoners' slang) isolamento *m* celular. **2** *adj* **a**) (unaccompanied) [*drinking, occupation, walk*] solitário, a sós; **b**) (lonely) [*person, widow*] muito só; **c**) (isolated) [*farm, village*] isolado; **d**) (single) [*example, incident, person*] único; **with the** ~ **exception of** com a única excepção de; **a** ~ **case of** um caso único de.

solo ['səʊləʊ] **1** *n* (gen) MUS solo *m*. **2** *adj* **a**) MUS (unaccompanied) **for** ~ **piano** para solo de piano; **for** ~ **voice** para voz solo; **b**) (single-handed) [*album, appearance, flight, pilot*] a solo, desacompanhado. **3** *adv* [*dance, fly, perform, play*] a solo.

soloist ['səʊləʊɪst] *n* solista *m/f*.

soluble ['sɒljʊbl] *adj* (dissolving) solúvel, dissolúvel; **water-**~ solúvel em água.

solution [sə'luːʃ(ə)n, sə'ljuːʃn] *n* **a**) (act of dissolving) dissolução *f*; **b)** (mixture) solução *f* (**of** de); **in** ~ em solução; **c)** (answer) solução *f* (**to** de).

solve [sɒlv] *vtr* (resolve) resolver [*equation, problem*]; explicar [*crime*]; solucionar [*mystery*]; encontrar a solução de [*clue, crossword*]; encontrar a solução para [*crisis, poverty, unemployment*].

solvent ['sɒlvənt] **1** *n* CHEM solvente *m*. **2** *adj* **a)** CHEM [*cleaner, liquid*] dissolvente; **b)** FIN solvível.

sombre GB, **somber** US ['sɒmbə(r)] *adj* (dark) sombrio.

some [sʌm] **1** *det quantif* **a)** (an unspecified amount or number) algum/a, alguns/algumas; ~ **cheese** (algum) queijo; ~ **old socks** algumas meias velhas; **b)** (certain: in contrast with others) alguns/algumas; ~ **children like it** algumas crianças gostam disso; **in** ~ **way, I agree** de certa forma, concordo; **c)** (a considerable amount or number) **he has** ~ **cause for complaint** ele tem razões de queixa; **we stayed there for** ~ **time** ficámos lá um certo tempo; **we waited for** ~ **years** esperámos vários anos; **d)** (a little, a slight) certo; **the meeting did have** ~ **effect** a reunião produziu um certo efeito; **you must have** ~ **idea where the house is** deves ter uma ideia onde é a casa; **to** ~ **extent** em certa medida; **e)** (pej) (an unspecified, unknown) ~ **man came to the house** um homem qualquer veio cá a casa; **a car of** ~ **sort**, ~ **sort of car** uma espécie de carro; **f)** (a remarkable) **that was** ~ **film!** aquilo é que era um filme!; **g)** (not much) ~ **help you are!** (iron) é isto que tu chamas ajudar?; ~ **mechanic he is!** mas que belo mecânico que ele me saiu!; **"I'd like the work to be finished by Monday" - "~ hope!"** "gostaria de ter o trabalho terminado antes de segunda-feira" - "vai esperando!". **2** *pron* **a)** (an unspecified amount or number) **I'd like** ~ **of those** queria alguns/algumas iguais àqueles/as; **(do) have ~!** sirva-se à vontade! ou pode tirar!; **b)** (certain ones: in contrast to others) alguns/algumas; ~ **(of them) are blue** alguns são azuis; ~ **say that** algumas pessoas dizem que; **I agree with** ~ **of what you say** concordo com uma parte do que estás a dizer. **3** *adv* **a)** (approximately) aproximadamente; ~ **20 people** cerca de 20 pessoas; ~ **£50** à volta de 50 libras; **b)** US (a lot) um bocado; **from here to the town center in 5 minutes, that's going** ~ daqui até ao centro em 5 minutos, é um bocado. IDIOMAS ~ **people!** há cada um!.

somebody ['sʌmbədɪ] *pron***a)** (unspecified person) alg; ~ **famous** alg famoso; **b)** (important person) **he (really) thinks he's** ~ ele (na verdade) pensa que é alg. IDIOMAS ~ **up there likes me** há alg lá em cima que vela por mim.

somehow ['sʌmhaʊ] *adv.* **a)** (by some means) (*also* ~ **or other**) (*of future action*) duma maneira ou doutra (*of past action*) não sei como; **b)** (for some reason) ~ **it doesn't seem very important** por qualquer razão, não parece ser muito importante.

someone ['sʌmwʌn] *pron* see **somebody**.

someplace ['sʌmpleɪs] *adv* see **somewhere**.

somersault ['sʌməsɒlt, 'sʌməsɔːlt] **1** *n* **a)** (of

gymnast) cambalhota *f*; **b)** (of vehicle) cambalhota *f*. **2** *vi* [*gymnast*] fazer uma cambalhota; [*vehicle*] capotar.

something ['sʌmθɪŋ] **1** *pron* **a)** (unspecified thing) qq coisa; ~ **new/interesting** qq coisa nova/interessante; **there's** ~ **wrong** há um problema; ~ **or other** qq coisa; **she's** ~ **(or other) in the army** ela é qq coisa no exército; **b)** (thing of importance, value, etc) **it proves** ~ isso prova algo; **to make** ~ **of oneself** *or* **one's life** ser bem sucedido na vida; **that house is quite** *or* **really ~!** essa casa é um espanto!; **there's** ~ **in what he says** há uma certa razão naquilo que ele diz; **c)** (forgotten, unknown name, amount, etc) **her name's Mary** ~ ela chama-se Maria qq coisa; **in nineteen-sixty-~** em mil novecentos e sessenta e qq coisa; **are you stupid or ~?** és estúpido ou quê?; **she's gone shopping or** ~ ela foi às compras ou coisa parecida. **2** *adv* **a)** (a bit) um pouco; ~ **over/under £20** um pouco acima/abaixo de 20 libras; **b)** **he was howling** ~ **awful** *or* **shocking** ele não parava de berrar. **3 something of** *adv phr* (rather, quite) **he is (also)** ~ **of an actor** ele é (também) um actor bastante bom; **it was** ~ **of a surprise** foi uma surpresa bastante grande.

sometime ['sʌmtaɪm] **1** *adv* alguma vez, um dia; **we'll have to do it** ~ temos de fazer isso alguma vez; **I'll tell you about it** ~ um dia conto-te isso. **2** *adj* **a)** (former) anterior, antigo,-a; **b)** US ocasional.

sometimes ['sʌmtaɪmz] *adv* por vezes, às vezes; (in contrast) ~ **angry,** ~ **depressed** tão depressa zangado, como deprimido.

somewhat ['sʌmwɒt] *adv.* um tanto, um pouco; ~ **differently** de maneira um tanto diferente; ~ **to her surprise** para sua grande surpresa.

somewhere ['sʌmweə(r)] *adv* **a)** (some place) em qualquer lado; **she's** ~ **about** *or* **around** ela está por aí; ~ **hot** um sítio quente; **he needs** ~ **to sleep** ele precisa dum lugar para dormir; ~ **or other** não sei onde, em qualquer lugar; ~ **(or other) in Asia** em qualquer parte da Ásia; **b)** (at an unspecified point in range) ~ **between 50 and 100 people** entre 50 e 100 pessoas; ~ **around 10 o'clock** por volta das 10 horas. IDIOMAS **now we're getting ~!** (in questioning) agora, estamos a ter resultados; (making progress) agora, estamos no bom caminho.

son [sʌn] *n* **a)** (male child) filho *m* (**of** de); **an only** ~ um filho único; **my** ~ **and heir** o meu filho mais velho; **every mother's** ~ **(of them)** todos; **b)** (liter) (descendant) filho *m*; **c)** (coll) (lad) (*always sing*) (kindly) filhinho *m*; (patronizingly) meu menino *m*.

sonata [sə'nɑːtə] *n* sonata *f*; **a violin** ~ uma sonata para violino.

song [sɒŋ] *n* **a)** MUS canção *f*; **give us a** ~ cante--nos qq coisa; **to burst into** ~ pôr-se a cantar; **b)** (of bird) canto *m* (**of** de). IDIOMAS **for a** ~ (coll) por uma ninharia Po/mixaria BR.

song and dance *n* THEAT canção *f* dançada. IDIOMAS **to make a** ~ **about sth** (coll) GB fazer um romance de qq coisa.

song: ~ **bird** *n* ave *f* canora; ~ **book** *n* cancioneiro *m*; livro *m* de canções.

songwriter ['sɒŋraɪtər] *n* (of words) autor *f* de letra; (of music) compositor *m* de canções.

sonic ['sɒnɪk] *adj* [*vibration*] sónico, acústico; ~ **interference** interferências *fpl* sonoras.

sonic boom *n* US barulho explosivo causado pela onda de choque quando um avião ultrapassa a velocidade do som.

son-in-law *n* genro *m*.

sonnet ['sɒnɪt] *n* soneto *m*.

sonorous ['sɒnərəs, sə'nɔːrəs] *adj* [*language, note, sound, voice*] sonoro.

soon [suːn] *adv* **a)** (in a short time) em breve, brevemente; **see you ~!** até logo!; **b)** (before too long) depressa; **it ~ became clear that...** tornou-se rapidamente evidente que...; **c)** (early) cedo; ~ **enough** bastante cedo; **the ~er the better** quanto mais cedo, melhor; **as ~ as possible** logo que possível; **~er or later** mais cedo ou mais tarde; **d)** (not long) **they left ~ after us** eles partiram logo a seguir a nós; **e)** (rather) **~er him than me!** antes ele que eu!. IDIOMAS **no ~er said than done** dito e efeito.

soot [sʊt] *n* fuligem *f*.

soothe [suːð] **1** *vtr* acalmar [*anger, crowd, pain, person*]; aliviar [*sunburn*]; relaxar [*muscles*]. **2** *vi* [*voice*] serenar; [*lotion, massage*] suavizar. ■ **soothe away**: **to ~ (sth) away, to ~ away (sth)** acalmar [*anger, anxiety, fear, pain*].

soothing ['suːðɪŋ] *adj* [*cream, music, person, voice*] calmante; [*word*] consolador.

sooty ['sʊtɪ] *adj* **a)** (covered in soot) [*face, hands, room*] enfarruscado; [*air*] carregado de fuligem; **b)** (black) [*cat, fur*] todo negro.

sop [sɒp] **1** *n* **a)** (of bread) pedaço *m* de pão embebido em algo; **b)** (concession) concessão *f* simbólica; **to offer sth as a ~ to sb** oferecer algo para lisonjear alg; **c)** (coll) (sissy) maricas *m* Po, fresco *m* Br (fam). **2** *vtr* (*pres p etc* **-pp-**) ensopar [*bread, cake*] (**in** em). ■ **sop up**: **~ up (sth), ~ (sth) up** absorver [*spillage, water*]; **he ~ped up his soup with bread** ele encheu a sopa com pão.

sophisticated [sə'fɪstɪkeɪtɪd] *adj* **a)** [*person*] (wordly, cultured) (in life-style, habits, taste) sofisticado; (elegant) elegante; [*clothes, restaurant, resort*] elegante, chique, refinado; (advanced) [*civilization*] evoluído; **b)** (elaborate, complex) [*equipment, machinery, technology*] sofisticado, avançado; [*argument, discussion*] subtil Po, sutil Br; [*style*] rebuscado.

sophistication [səfɪstɪ'keɪ/n] *n* **a)** (of person) (in lifestyle, habits, tastes) sofisticação *f*; refinamento *m*; (in judgement, intellect) finura *f*; (of clothes, fashion) elegância *f*; **b)** (complexity) (of equipment, machinery, technology) sofisticação *f*; (of argument, discussion) subtileza *f* Po, sutileza *f* Br.

sophomore ['sɒfəmɔː(r)] *n* US UNIV estudante *m/f* do 2.º ano da universidade.

soporific [sɒpə'rɪfɪk] **1** *n* soporífero *m*. **2** *adj* **a)** (sleep-inducing) soporífico; **b)** (sleepy) sonolento.

soppy ['sɒpɪ] *adj* **a)** (coll) GB (pej) piegas; **b)** (wet) encharcado.

soprano [sə'prɑːnəʊ] **1** *n* (*pl* **~s**) (person, voice, instrument) soprano *m/f*. **2** *adj* [*voice, register, singer*] de soprano; [*part, aria*] para soprano.

sorcerer ['sɔːsərə(r)] *n* feiticeiro *m*; bruxo *m*.

sorcery ['sɔːsərɪ] *n* **a)** (witchcraft) feiticaria *f*; **b)** (fig) magia *f* Po, mágica *f* Br.

sordid ['sɔːdɪd] *adj* [*affair, conditions, life*] sórdido.

sore [sɔː(r)] **1** *n* ferida *f*; chaga *f*. **2** *adj* **a)** MED (sensitive) [*eyes, throat, nose, gums*] irritado; [*muscle, tendon, arm, foot*] dorido; **I have a ~ throat** tenho a garganta inflamada; **to be/feel ~ (all over)** ter dores por todo o corpo; **you'll only make it ~ by scratching** se arranhares/coças vais ainda fazer pior; **b)** (coll) ESPECIALLY US (peeved) **to be ~ about/over sth** estar ofendido por; **to be ~ at sb** estar ofendido com alg; **there's no need to get ~ about it!** não vale a pena ficar irritado com isso!; **c)** (liter) (bad) **to be in ~ need of sth** ter grande necessidade de algo; **d)** (delicate) [*subject, point*] delicado. IDIOMAS **to be like a bear with a ~ head** estar com péssimo humor.

sorely ['sɔːlɪ] *adv* (sometimes hum) **~ tried** [*patience, friend-ship*] posto a rude prova.

soreness ['sɔːnɪs] *n* dor *f*.

sorrow ['sɒrəʊ] (formal) **1** *n* **a)** (grief) desgosto *m*; dor *f*; **b)** (regret, contrition) arrependimento. **2 sorrowing** *pres p adj* [*widow, mourner*] acabrunhado pela dor. IDIOMAS **I say this more in ~ than in anger** digo isto mais com tristeza do que com raiva.

sorrowful ['sɒrəʊfl] *adj* [*look, voice*] tristeza, magoado.

sorry ['sɒrɪ] **1** *adj* **a)** pesaroso, desolado; **I'm terribly ~** peço imensa desculpa; **to say ~** pedir desculpa; **b)** (sympathetic) (about bereavement) triste; **I was so ~ to hear of your uncle's death** fiquei profundamente triste quando soube da morte do teu tio Po/titio Br; **c)** (regretful) **do it now, or you'll be ~!** fá-lo agora ou arrepender-te-ás!; **d)** (pitying) **to be/feel ~ for sb** ter pena de alg, lamentar alg; **e)** (self-pitying) **to feel ~ for oneself** sentir pena de si próprio; **f)** (pathetic, deplorable) [*state, sight, business*] lamentável, deplorável; [*person, lot of people*] miserável; **to be in a ~ state** estar num estado deplorável. **2** *excl* **a)** (failing to hear) **~?** perdão? como?; **b)** (interrupting others) **~, time is running out...** lamento, mas já não temos muito tempo...; **c)** (correcting) **so we have 3, ~, 4 options...** então, temos 3, perdão, 4 opções.

sort [sɔːt] **1** *n* **a)** (kind, type) tipo *m*, género *m*; **books, recordsthat ~ of thing** livros, discos, esse género de coisas; **that's my ~ of holiday** GB *or* **vacation** US é o tipo de férias que gosto; **I'm not that ~ of person** não sou desse género; **it's some ~ of computer** é uma espécie de computador; **this must be some ~ of joke** isso deve ser alguma brincadeira; **I need a bag of some ~** preciso de um saco qualquer; **you must have some ~ of idea** deves ter alguma ideia; **an odd** *or* **strange ~ of chap** um tipo estranho; **radiation of any ~ is harmful** todos os tipos de radiação são perigosos; **any ~ of knife will do** qualquer tipo de faca serve; **what ~ of person would do such a thing?** que tipo de pessoa faria uma coisa dessas?; **what ~ of person does she think I am?** por quem é que ela me toma?; **what ~ of thing does she like?** de que tipo de coisas é que ela gosta?; **you know the ~ of thing (I mean)** estás a ver o que quero dizer; **the same ~ of thing** a mesma coisa; **a liar of**

the worst ~ um mentiroso da pior espécie; **something of that** *or* **the** ~ algo do género; **I didn't say anything of the ~!** eu nunca disse uma coisa dessas!; **nothing of the** ~ (not in the least) nada do género; **"I'll pay""you'll do nothing of the ~!"** "vou pagar""nem penses nisso!"; **b)** (in vague description) espécie *f*, género *m*; **some** ~ **of bird** uma espécie de pássaro; **c)** (type of person) **I know his** ~ conheço o género; **he's not the** ~ **to betray his friends** ele não é do género de trair os amigos; **we see all ~s here** aqui vê-se todo o tipo de pessoas; **he's a good** ~ é um bom tipo; **d)** COMPUT ordem *f*. **2 of sorts, of a sort** *adv phr* **a duck of ~s** *or* **of a** ~ uma espécie de pato; **progress of ~s** uma parecença de progresso. **3 sort of** *adv phr* **a)** (a bit) ~ **of cute** mais ou menos giro,-a; **to** ~ **of understand** compreender mais ou menos; **"is it hard?"~ of"** "é difícil?""um bocado"; **b)** (approximately) ~ **of blue-green** azul a atirar para o verde; **it just** ~ **of happened** simplesmente aconteceu; **he was just** ~ **of lying there** lá estava ele caído. **4** *vtr* **a)** (classify, arrange) classificar [*data, files, stamps*]; escolher [*letters, apples, potatoes*]; **to** ~ **books into piles** arrumar livros em pilhas; **b)** (separate) separar. IDIOMAS **to be** *or* **feel out of ~s** (ill) não estar bem; (grumpy) não estar nos seus dias (fam); **it takes all ~s (to make a world)** (Prov) é preciso de tudo para fazer o mundo (Prov). ■ **sort out**: [**sth**] **out,** ~ **out [sth] a)** (resolve) resolver [*problem, matter*]; **to** ~ **out the confusion** esclarecer um mal-entendido; **it will take me hours to** ~ **this mess out** vou levar horas a pôr tudo isto em ordem; **I'll** ~ **it out** tratarei disso; **go and** ~ **it out elsewhere** vai resolver isso noutro lado; **it's time to** ~ **this thing out** está na altura de esclarecer este assunto; **b)** (organize) tratar de [*details, arrangements*]; clarificar [*ideas*]; encontrar [*replacement*]; **I'll** ~ **something out with Tim** arranjarei qq coisa com o Tim; **I'll** ~ **out with him what I have to do** verei com ele o que tenho de fazer; **c)** (tidy up, put in order) arrumar [*cupboard, desk*]; classificar [*files, documents*]; pôr em ordem [*finances, affairs*]; **d)** (select) escolher; **e)** (mend) reparar; ~ **out [sth] a)** (separate) **to** ~ **out the clean socks from the dirty** separar as meias lavadas das sujas; **to** ~ **out the truth from the lies** separar a verdade das mentiras; **b)** (establish) **to** ~ **out who is responsible** determinar quem é responsável; **we're still trying to** ~ **out what happened** ainda estamos a tentar compreender o que se passou; [**sb**] **out** (coll) **a)** (punish) ajustar contas com alg (fam); **b)** (help) ajudar; **the doctor will soon** ~ **you out** o médico vai por-te de pé; ~ **[oneself] out** (get organized) organizar-se; (in one's personal life) resolver os seus problemas; **things will** ~ **themselves out** as coisas hão-de resolver-se por si mesmo; **the problem ~ed itself out** o problema resolveu-se por si próprio. ■ **sort through**: ~ **through [sth]** olhar.

SOS [esəʊ'es] *n* **a)** SOS *m*; **b)** (fig) pedido *m* de ajuda.

sought [sɔːt] *pp* see **seek**.

soul [səʊl] *n* **a)** RELIG (immortal entity) alma *f*; **b)** (deep appeal, emotional depth) alma *f*; garra *f*

(fam); **her performance certainly lacked** ~ a sua interpretação não tinha garra; **c)** (essence) essência *f*; **d)** (coll) (person) **he's a sensitive** ~ ele é uma alma sensível (hum); (patronizing) (coll) **she's too old now, isn't she, poor ~!** ela já é um bocado velhota, a pobrezinha! (fam); **e)** MUS música *f* soul. IDIOMAS (dated) **bless my ~!** *or* **upon my ~!** meu Deus! (exprimindo surpresa); **to sell one's** ~ vender a alma; **to throw oneself into sth heart and** ~ dar-se de corpo e alma a qq coisa.

soul-destroying *adj* [*occupation, role*] embrutecedor.

soulful ['səʊfl] *adj* (gen) [*eyes, look, expression, voice*] triste, infeliz.

soul: ~ **mate** *n* alma *f* gémea; ~**-searching** *n* exame *m* de consciência.

sound [saʊnd] **1** *n* **a)** PHYS, SCI, AVIAT som *m*; **b)** (noise) (of storm, sea, wind, car, etc) barulho *m* (**of** de); **without a** ~ sem barulho; **c)** (fig) (impression from hearsay) (hum) **a 24 hour flight? I don't like the** ~ **of that** um voo de 24 horas? isso não me diz nada; **he was in a bad temper that day, by the** ~ **of it** pelos vistos, ele estava de mau humor nesse dia; **d)** MED (instrument) sonda *f*; **e)** GEOG estreito *m*. **2** *modif* TV, RADIO [*engineer, technician*] de som. **3** *adj* **a)** (in good condition) [*roof, building, foundations*] sólido; [*lungs, physique, heart*] saudável; [*health*] bom/boa; **to be of** ~ **mind** ser são de espírito ou estar no juízo perfeito; **b)** (reasonable, well-founded) [*argument, education, knowledge*] sólido; [*judgement*] correcto; **let me give you some** ~ **advice** *or* **a piece of** ~ **advice** deixa-me dar-te um bom conselho; **a** ~ **move** uma decisão acertada; **c)** (of good character) [*person*] **he's very** ~ ele é uma pessoa sã; **d)** FIN, COMM [*investment*] bom, seguro; **e)** (deep) [*sleep*] profundo. **4** *vtr* **a)** [*person, ship*] fazer soar [*siren, foghorn*]; **to** ~ **one's horn** buzinar ou tocar a buzina; (lit, fig) **to** ~ **the alarm** tocar ou dar o alarme; **b)** MUS, MIL tocar [*trumpet, bugle, the retreat*]; **c)** LING pronunciar [*letter*]; **d)** MED [*doctor*] auscultar [*chest*]; sondar [*body cavity*]; **e)** NAUT (gen) sondar [*depth*]. **5** *vi* **a)** (seam, from reading or by hearsay) parecer; **it ~s as if he's really in trouble** parece que ele está mesmo em apuros; **b)** (strike listener a certain way) **you** ~ **like my mother!** pareces a minha mãe a falar!; **c)** (give effect, convey impression) dar a impressão de, parecer; **she calls herself Geraldine — it ~s more sophisticated** ela quer que lhe chamem Geraldine — parece ser mais sofisticado; **it may** ~ **silly, but...** pode parecer idiota, mas...; **d)** (gen) MUS (make ring, buzz, musical noise) [*trumpet, bugle, horn, alarm, buzzer*] tocar, soar; **e)** ZOOL [*whale*] mergulhar em profundidade. **6** *adv* (coll) **to be** ~ **asleep** *or* **off** dormir profundamente. IDIOMAS (fig) **to** ~ **a warning about sth** fazer um aviso acerca de qq coisa; (fig) **let me** ~ **a note of caution** permitam-me fazer um apelo à prudência; (fig) **to be** ~ **as a bell** estar em perfeita saúde. ■ **sound off** pontificar (**about** sobre). ■ **sound out**: ~ **out (sb),** ~ **(sb) out** sondar [*colleague, partner, investor*].

sound: ~ **barrier** *n* **the** ~ **barrier** a barreira *f* do som; ~ **effect** *n* (*usu pl*) efeito *m* sonoro.

sounding ['saʊndɪŋ] *n* **a)** (gen) NAUT (measurement of depth) sondagem *f*; **to take ~s** fazer sondagens; **b)** (fig) (questioning, probing) sondagem *f*.

soundless ['saʊndlɪs] *adj* silencioso.

soundly ['saʊndlɪ] *adv* **a)** [*sleep*] (very deeply) profundamente; (well) bem; **b)** [*beat, defeat*] completamente; **c)** [*base, structure*] solidamente.

soundness ['saʊndnɪs] *n* (correctness) justeza *f*; rectidão *f*.

sound: **~-proof 1** *adj* [*wall, room, material*] à prova de som. **2** *vtr* insonorizar [*room*]; **~-track** *n* MUS, TV, CIN (of film) banda *f* sonora; **~ wave** *n* onda *f* sonora.

soup [su:p] *n* sopa *f*; (thinner) caldo *m*; **creamy mushroom** creme de cogumelos. IDIOMAS **to land sb in the ~** meter alg numa alhada (fam).

soup plate *n* prato *m* de sopa ou prato *m* fundo.

sour ['saʊə(r)] **1** *adj* **a)** (bitter) [*wine, taste*] azedo; **to go ~** talhar, azedar; **b)** (bad-tempered) [*person, look*] carrancudo, mal disposto. **2** *vtr* (fig) estragar [*relations, atmosphere*]. **3** *vi* [*attitude, outlook*] azedar-se; [*friendship, relationship*] degradar-se.

source [sɔ:s] *n* GEOG, JOURN, LITERAT (fig) fonte *f* (of de); **at ~** na fonte.

souse [saʊs] *vtr* **a)** (soak) ensopar, encharcar [*person, object*]; **b)** CULIN pôr em salmoura [*herring*].

south [saʊθ] **1** *n* sul *m*. **2** *adj* do sul; [*wind*] do Sul; METEROL de Sul. **3** *adv* [*move*] em direcção ao Sul; [*lie, live*] a Sul (**of** de).

South: **~ Africa** *pr n* África *f* do Sul; **~ America** *pr n* América *f* do Sul; **~ east, SE 1** *n* sudeste *m*. **2** *adj* [*side, wall, coast, wind*] sueste. **3** *adv* [*drive, sail*] para sueste; **~eastern** *adj* [*side, coast*] sueste.

southern ['ʃʌðən] *adj* [*coast, side, wall, etc*] Sul.

Southerner ['ʃʌðənə(r)] *n* pessoa *f* do Sul; **~s** a gente do Sul.

Southernmost *adj* o mais ao Sul.

South: **~ Pole** *pr n* Pólo *m* Sul; **~ Seas** *npl* mares *mpl* do Sul.

Southward 1 *adj* [*side*] Sul. **2** *adv* (*also* **~s**) para Sul.

South: **~ West, SW** *n* Sudoeste *m*; **~western** *adj* (do) Sudoeste.

souvenir [su:və'nɪə(r)] *n* lembrança *f*; recordação *f* (**of, from** de).

sovereign ['sɒvrɪn] **1** *n* **a)** (monarch) soberano *m*; monarca *m*; **b)** (coin) soberano *m*. **2** *adj* [*contempt, indifference*] soberano (*after n*) [*rights*] de soberania.

sovereignty ['sɒvrɪntɪ] *n* soberania *f*.

Soviet Union [səʊvɪət'ju:nɪən] *pr n* União *f* Soviética.

sow[1] [saʊ] *n* porca *f* (fêmea do porco).

sow[2] [səʊ] *vtr* (*past* **sowed** *pp* **sowed, sown**) **a)** semear [*seeds, corn*]; **b)** cultivar, semear [*field, garden*] (**with** de); **c)** (fig) (stir up) semear [*discontent, discord*].

sown [səʊn] *pp* see **sow**.

soya ['sɔɪə] *n* soja *f*.

soya sauce *n* (*also* **soy sauce**) molho *m* de soja.

sozzled ['sɒzld] (coll) *adj* embriagado, bêbedo.

spa [spɑ:] *n* termas *fpl*; estância *f* termal.

space [speɪs] **1** *n* **a)** ASTRON, AEROSP, PHYS espaço *m*; **b)** (room) espaço *m*; **c)** (gap, blank, area) espaço *m*; **in the ~ provided** (on application form) no espaço previsto para o efeito; **d)** (area of land) espaço *m*; **open ~s** espaços livres; **e)** (interval of time) intervalo *m*; lapso *m* de tempo; **after a ~ of about fifteen minutes** depois de um intervalo de 15 minutos; **in a short ~ time** num curto espaço de tempo. **2** *modif* [*research, programme, exploration, rocket, etc*] espacial. **3** *vtr* espaçar. ■ **space out: to ~ out (sth), to ~ (sth) out** espaçar [*objects, rows, words, lines, events*].

space: **~-age** *adj* da era espacial; **~-bar** *n* barra *f* de espaços; **~craft** *n* (*pl* **inv**) nave *f* espacial; **~ flight** *n* **a)** (journey) voo *m* espacial; **b)** (activity) viagens *mpl* interplanetárias; **~man** *n* (*pl* **~men**) cosmonauta *m/f*; astronauta *m/f*; **~-saving** *adj* que poupa espaço; **~ station** *n* estação *f* espacial; **~suit** *n* fato *m* espacial; **~ travel** *n* viagem *f* espacial; **~walk** *n* passeio *m* no espaço.

spacing ['speɪsɪŋ] *n* **a)** PRINT espaçamento *m*; **in single/double ~** a um/dois espaços; **b)** (of payments) escalonamento *m*.

spacious ['speɪʃəs] *adj* espaçoso.

spade [speɪd] *n* **a)** (tool, toy) pá *f*; **b)** (in cards) espada *f*. IDIOMAS **to call a ~ a ~** chamar coisas pelo seu nome.

spadework ['speɪdwɜ:k] *n* trabalho *m* de base.

Spain [speɪn] *pr n* Espanha *f*.

spam ® [spæm] *n* carne *f* de porco enlatada.

span [spæn] **1** *n* **a)** (period of time) período *m*; espaço *m*; lapso *m*; **over a ~ of several years** num período e vários anos; **b)** (of hands) palmo *m*; (of arch) vão *m*; (*also* **wing ~**) envergadura *f*; (of bridge) tramo *m*. **2** *vtr* (*pres p etc* **-nn-**) **a)** [*bridge, arch*] transpor, atravessar; **b)** (fig) (encompass) estender-se sobre; **a group ~ning the age range 10 to 14** um grupo de crianças de idades compreendidas entre os 10 e os 14 anos.

Spaniard ['spænjəd] *n* Espanhol, a *m, f*.

Spaniel ['spænjəl] *n* spaniel *m* (raça *f* de cães).

Spank ['spæŋk] **1** *n* **to give sb a ~** dar uma palmada em alg. **2** *vtr* bater, dar palmadas.

spanking ['spæŋkɪŋ] **1** *n* palmada *f*; açoite *m*. **2** *adj* (coll, dated) **at a ~ pace** em andamento vivo. **3** *adv* (coll) **a ~ new car** um formidável carro novo.

spanner ['spænə(r)] *n* GB chave *f* inglesa. IDIOMAS **to put** *or* **throw a ~ in the works** meter um pauzinho na engrenagem (fam).

spar [spɑ:(r)] *vi* [*boxers*] treinar, praticar; (fig) [*debaters*] entrar em discussão; **to ~ with** praticar boxe com [*partner*]; (fig) [*politician*] entrar em discussão com [*opponent*].

spare [speə(r)] **1** *n* TECH (gen) (part, equipment) peça *f* sobressalente/de reserva; (wheel) AUT roda *f* sobressalente; **"I've forgotten my swimsuit" "it's all right, I've got a ~"** "esqueci-me do meu fato de banho Po/maiô Br" "não faz mal, tenho um a mais". **2** *adj* **a)** (surplus) [*room*] a mais; [*cash, capacity, money*] restante, de sobra; [*capital, land, chair, seat*] disponível; [*copy*] extra; **I've got a ~ ticket for the match** tenho um bilhete Po/ingresso Br a mais para o desafio; **b)** (in reserve) [*player*] Sport de reserva; [*component, fuse, light bulb*] de reserva; [*wheel*] Aut sobressalente; **c)** (lean) [*person, build*] esguio; [*design, building, style*] simples; **d)** (meagre) [*diet, meal*] frugal. **3** *vtr* **a) to have (sth) to** ~ ter (qq coisa) de sobra [*money, room*]; **have my pen, I've got one to** ~ pegue a minha caneta, eu tenho outra; **I caught the train with five minutes to** ~ apanhei o comboio com cinco minutos de avanço; **the programme was completed with only days to** ~ **before transmission** o programa foi terminado alguns dias antes da sua transmissão; **b)** (treat leniently, pardon) tratar com generosidade, poupar [*person, animal, natural feature*]; **see you next year if I'm ~d** (hum) até para o ano, se Deus quiser; **c)** (be able to afford) ter [*money, time, sth to lend*]; **can you ~ a minute/a cigarette?** tem um minuto livre/um cigarro?; **d)** (manage without) dispensar [*person*]; **to ~ sb for sth** dispensar alg para algo. IDIOMAS **enough and to** ~ eles têm mais que o preciso; **to ~ a thought for sb** pensar em alg.

spare: ~ **part** *n* Aut, Tech peça *f* sobressalente/de reserva; ~ **wheel** *n* roda *f* sobressalente.

sparing ['speərɪŋ] *adj* poupado, parcimonioso; **to be** ~ **with/of/in** economizar [*food, rations, medicine*]; ser parco de [*advice, help, energy, comments*].

spark [spɑːk] **1** *n* (gen) Elec faísca *f*; (of originality, intelligence) rasgo *m*; (of enthusiasm) chispa *f*. **2** *vtr* see ~ **off**. **3** *vi* [*fire, wire, switch*] lançar faíscas. ■ **spark off**: ~ **(sth) off,** ~ **off (sth)** suscitar [*interest, anger, fear*]; provocar [*panic, controversy, speculation, reaction*]; desencadear [*war, riot*]; lançar [*movement*]; estar na origem de [*friendship, affair*].

sparkle ['spɑːkl] **1** *n* (of light, star, tinsel) cintilação; (in eye) brilho. **2** *vi* **a)** [*flame, light*] cintilar; [*jewel, frost, metal, water, eyes*] brilhar; **to ~ with** [*eyes*] brilhar de [*excitement, fun*]; [*conversation*] (fig) estar recheada de [*wit, anecdotes*]; [*person*] (fig) irradiar [*happiness*]; **b)** (fizz) [*drink*] borbulhar.

sparkler [spɑːklə(r)] *n* (firework) fogo *m* preso.

sparkling ['spɑːklɪŋ] **1** *pres p adj* **a)** (twinkling) [*light, eyes*] brilhante; [*flame, jewel, metal, water, frost*] cintilante; **b)** (bubbly) [*drink*] gaseificado, espumoso. **2** *adv* (emphatic) ~ **clean** brilhante de tão limpo; ~ **white** de um branco imaculado.

spark plug gb, **sparking plug** us *n* Elec, Aut vela *f* de ignição.

sparrow ['spærəʊ] *n* pardal *m*.

sparse [spɑːs] *adj* [*population vegetation, hair, resources*] escasso; [*information, trading*] esparso; [*use*] moderado.

Spartan ['spɑːtn] *pr n, adj* espartano *m*.

spasm ['spæzm] *n* Med (of pain) espasmo *m*; (of anxiety, panic, rage, coughing) acesso *m* (**of** de).

spasmodic [spæz'mɒdɪk] *adj* **a)** (intermittent) [*activity*] intermitente; **b)** (occurring in spasms) [*coughing, cramp*] espasmódico.

spastic ['spæstɪk] *n* Med deficiente *m/f* motor.

spat [spæt] **1** *past, pp* see **spit**. **2** *n* (coll) (quarrel) discussão *f*; questiúncula *f*.

spate [speɪt] *n* **a** ~ **of** numa série de [*incidents*]; **in full** ~ **(river)** em plena cheia.

spatial ['speɪ/l] *adj* espacial.

spatter ['spætə(r)] **1** *n* **a)** (shower) borrifos *mpl*; **b)** (sound) crepitação *m*. **2** *vtr* **to ~ sb/sth with sth** (splash) salpicar ou borrifar alg/algo de qq coisa. **3** *vi* [*rain*] cair, bater (**on** sobre; **against** contra).

spatula ['spætjʊlə] *n* (gen) espátula *f*.

spawn [spɔːn] **1** *n* (of frog, fish) ovas *fpl*. **2** *vtr* (often pej) gerar, engendrar [*product, imitation, etc*]. **3** *vi* **a)** Zool desovar; **b)** (multiply) multiplicar-se.

spay [speɪ] *vtr* extrair os ovários a.

speak [spiːk] **1** + **speak** (*in compounds*) gíria *f*; **computer/management-~** gíria informática/de gesto. **2** *vtr* (*past* **spoke** *pp* **spoken**) **a)** falar [*language*]; **can you ~ English?** fala Inglês?; **French spoken** (sign) fala-se francês; **English as it is spoken** o inglês tal como é falado; **b)** (tell, utter) dizer [*truth, poetry*]; pronunciar [*word, name*]; **to ~ one's mind** dizer o que se pensa. **3** *vi* **a)** (talk) falar (**to** a; **about, of** de); **to ~ in a whisper** falar muito baixo, segredar; (on phone) **who's ~ing please?** faça favor de dizer quem fala?; **this is Camilla ~ing** é a Camilla, que está a falar; **"is that Miss Durham?" "~ing!"** é a Miss Duham?" "eu mesma!"; **I'm ~ing from a phone box** estou a telefonar de uma cabine telefónica; **your captain ~ing** Aviat fala o comandante de bordo; **~ing of which, Bill/~ of lunch, Nancy...** a propósito, Bill/a propósito de almoço, Nancy...; **she is well spoken of in academic circle** ela está bem considerada no meio universitário; **he spoke very highly of her/her talents** ele falou dela/do seu talento em termos elogiosos; **to ~ as sth** falar como/na qualidade de qq coisa; **~ing as a layman...** na qualidade de não especialista...; **~ing personally, I hate him** pessoalmente, detesto-o; **generally ~ing** (em) regra geral; **roughly ~ing** por alto; **strictly ~ing** falando com rigor; **relatively ~ing** relativamente falando; **we've had no trouble to ~ of** não temos tido nenhum problema especial; **they've got no money to ~ of** eles praticamente não têm dinheiro nenhum; **so to ~** por assim dizer; **b)** (converse) falar, conversar (**about, of** de; **to, with** com); **they're not ~ing (to each other)** eles não se falam; **I know her by sight not to ~ to** conheço-a de vista mas nunca falei com ela; **c)** (make a speech) falar; (more formal) tomar a palavra, discursar; **to ~ from the floor** Pol discursar do seu lugar; **to ~ about/on** falar de [*topic*]; **to ~ for** falar em favor de [*view, opinion, party*]; **d)** (liter) (express) **to ~ of** exprimir [*suffering, effort, emotion*]; **all creation spoke to me of love** toda a criação me falava de amor; **that look spoke than words** aquele olhar exprime mais que todas as palavras. ■ **speak for**: ~ **for (sth) a) (on behalf of)** falar por; (lit) falar de (fig); **~ing for myself...** pela minha parte...; **let him ~ for himself** deixa-o exprimir-se; ~ **for yourself!** fala por ti!; **b)** (reserve) **to be spoken for** [*object*] estar reservado/retido; [*person*] não estar livre. ■ **speak out** pronunciar-se (**against** contra; **in favour of** em favor de); **don't be afraid!** ~ **out!** não tenhas medo! diz o que pensas!. ■ **speak to**: ~ **to (sth)** comentar [*item, motion*]; **please ~ to point** por favor, comente o assunto. ▪ **speak up a**) (louder) falar mais alto; **b**) (dare to speak) intervir; **to ~ up for sb/sth** falar em favor de/intervir por alguém/algo.

speaker ['spi:kə(r)] *n* **a**) (gen) (making speech) (only one) orador *m*; (at conference, one of several) conferencista *m/f*; interveniente *m/f*; **b**) (of foreign language) **an English ~** um anglófono *m*; pessoa *f* que fala inglês; **native English ~** pessoa *f* que fala a língua materna inglesa; **native ~** falante *m/f* nativo; **c**) Pol presidente *m*; **deputy ~** presidente *m* dos deputados; **Mr. Speaker** Senhor Presidente; **d**) Elec, Mus alto-falante *m*.

speaking ['spi:kɪŋ] *n* (elocution) elocução *f*; discurso *m*; (pronunciation) pronúncia *f*.

spear ['spɪə(r)] **1** *n* **a**) (weapon) lança *f*; **b**) (of plant, asparagus) haste *f*. **2** *vtr* **a**) arpoar [*fish*]; trespassar com a lança [*person, part of body*]; **b**) (with fork, etc) espetar [*food*] (**with** com).

spear: ~ head 1 *n* (lit, fig) ponta *f* de lança. **2** *vtr* encabeçar [*offensive, revolt, campaign, reform*]; **~mint** *n* hortelã *f*.

special ['speʃl] **1** *n* **a**) Culin **today's ~ is roast pork** o prato do dia é porco assado; **b**) (coll) (discount offer) promoção *f*; **to be on ~** estar em promoção; **c**) (extra broadcast) emissão *f* especial; **an election ~** uma emissão especial-eleições; **d**) (additional transport) (train) comboio *m* Po/trem *f* Br especial. **2** *adj* **a**) (for a specific purpose) [*equipment, procedure, paint, clothing, correspondent*] especial; **b**) (particular) [*criticism, affection, interest*] particular; **I've nothing ~ to report** não tenho nada de especial a assinalar; **c**) (unique) [*offer, deal, package, skill*] extraordinário; **the wine was nothing ~** o vinho não era nada de excepcional.

special: S~ Branch *n* GB serviço *m* de contra-espionagem e de luta a subversão interna; **~ delivery** *n* Post correio *m* azul; **to send sth (by) ~ delivery** enviar qq coisa pelo correio azul; **~ effect 1** *n* Cin, TV efeito *m* especial. **2 ~ effects** *modif* [*specialist, team*] de efeitos especiais.

specialist ['speʃəlɪst] **1** *n* **a**) Med especialista *m/f*; **heart ~** cardiologista *m/f*; **b**) (expert) perito *m*; especialista *m/f*. **2** *adj* [*area, shop, knowledge, text, etc*] especializado; [*work*] de especialista.

speciality [speʃɪ'ælɪtɪ] **1** *n* **a**) (special service, product) especialidade *f*; **lobster is a local ~** a lagosta é uma especialidade local; **b**) (special skill, interest) especialidade *f*. **2** *modif* **a ~ recipe** *or* **dish** uma especialidade culinária.

specialize [speʃəlɑɪz] **1** *vi* especializar-se; **to ~ in languages** especializar-se em línguas. **2 specialized** *pp adj* especializado.

specially ['speʃəlɪ] *adv* **a**) (specifically) [*come, make, wait*] especialmente, de propósito; [*designed, trained, chose, created*] especialmente; **I made it ~ for you** fi-lo de propósito para ti; **b**) (particularly) [*interesting, kind, useful*] particularmente; [*like, enjoy*] principalmente.

species ['spi:ʃɪz, 'spi:ʃi:z] *n* (*pl* **~**) espécie *f*.

specific [spɪ'sɪfɪk] **1** *n* Med remédio *m* específico (**for** contra). **2 specifics** *npl* elementos *mpl* específicos; **to get down to (the) ~s** entrar em pormenores. **3** *adj* **a**) [*instruction, information, charge, etc*] específico; **b**) (unique) **to ~ sb/sth** específico de alg/algo.

specifically [spɪ'sɪfɪkəlɪ] *adv* **a**) (especially) [*designed, written*] especificamente (**for** para); **b**) (explicitly) [*ask, demand, tell, etc*] explicitamente; **c**) (in particular) [*mention, criticize*] em particular.

specification [spesɪfɪ'keɪʃn] *n* **a**) (*often pl*) (of design, building) especificação *f* (**for, of** de); **to comply with ~s** estar de acordo com as indicações; **b**) (*often pl*) (features of job, car, etc) características *fpl*; **c**) (requirement specified) estipulação *f*; condição *f* (**that** que).

specify ['spesɪfaɪ] **1** *vtr* **a**) [*law, contract, rule, will*] estipular (**that** que); **as specified above/ below** de acordo com o estipulado acima/abaixo; **unless otherwise specified** salvo indicação em contrário; **b**) [*person*] precisar (**that** que). **2 specified** *pp adj* [*amount, date, day, etc*] especificado.

specimen ['spesɪmən] *n* (of rock, urine, handwriting) amostra *f* (**of** de); (of species, plant) espécime *m* (**of** de).

specious ['spi:ʃəs] *adj* **a**) [*argument, reasoning*] capcioso; **b**) (deceptive) [*glamour, appearance*] enganador.

speck [spek] **1** *n* **a**) (small piece) (of dust, soot) grão *m* (**of** de); (of metal) partícula *f* (**of** de); **b**) (small shape, mark) (of dirt, mud) pequena mancha *f* (**of** de); (of blood, ink, light) pinta *f*; **a ~ on the horizon** um ponto no horizonte. **2** *vtr* manchar, salpicar de pintas ou manchas [*cloth, surface*] (**with** de).

spectacle ['spektəkl] **1** *n* espectáculo *m*; **to make a ~ of oneself** dar espectáculo. **2** *modif* [*case*] de óculos. **3 spectacles** *npl* óculos *mpl*; **a pair of ~** um par de óculos.

spectacular [spek'tækjʊlə(r)] **1** *n* superprodução *f*. **2** *adj* espectacular.

spectator [spek'teɪtə(r)] *n* espectador *m*.

spectator sport *n* desporto *m* que atrai multidões.

specter ['spektə(r)] *n* US espectro *m*.

spectra ['spektrə] *pl* see **spectrum**.

spectral ['spektrl] *adj* espectral; **~ analysis** análise *f* espectral.

spectre ['spektə(r)] *n* GB espectro *m* (**of** de).

spectrum ['spektrəm] *n* (*pl* **-tra, -trums**) **a**) Phys espectro *m*; **b**) (range) série *f*; **a broad** *or* **wide ~ of views** uma larga gama de opiniões.

speculate ['spekjʊleɪt] **1** *vtr* **to ~ that sth will happen** especular sobre a possibilidade de que algo aconteça. **2** *vi* **a**) especular, fazer especulações (**on** sobre; **about** acerca de); **b**) Fin especular (**in, on** em); **to ~ on the Stock Exchange** especular na Bolsa.

speculation [spekjʊ'leɪʃn] *n* **a**) especulações *fpl*; conjecturas *fpl*; **~ about his future** conjecturas sobre o seu futuro; **b**) Fin especulação *f* (**in** em).

speculative ['spekjʊlətɪv] *adj* Fin, Philos (gen) especulativo.

speculator ['spekjʊleɪtə(r)] *n* Fin especulador *m* (**in** em); **property ~** especulador imobiliário.

sped [sped] *past, pp* see **speed**.

speech [spi:tʃ] *n* **a**) (oration) discurso *m* (**on** sobre; **about** acerca de); Theat tirada *f*; **to deliver a ~** discursar; **b**) (faculty) palavra *f*; [*spoken form*] falar *f*; linguagem *f*; **direct ~** Ling discurso *m* directo; **indirect/reported** ~ LING discurso *m* indirecto; **in** ~ pela fala; **to express oneself in** ~ **than writing** exprimir-se mais oralmente do que por escrito; **free** ~/**the freedom of** ~ a expressão livre/a liberdade de expressão; **c)** (idiom) língua *f*; linguagem *f*; (enunciation) elocução *f*; expressão *f*.

speech: ~ **day** *n* GB SCH (dia da) distribuição *f* de prémios; ~ **defect** *n* erro *m* de gramática.

speechless ['spiːtʃlɪs] *adj* [*person, emotion*] mudo, silencioso; **to be** ~ **with** ficar mudo de [*joy, horror, rage*]; **I wasn't** ~ **at the sight/the news** o espectáculo/a notícia deixou-me sem voz; **I'm** ~! (coll) estou sem voz!.

speed [spiːd] **1** *n* **a)** (velocity) velocidade *f*; (rapidity: of response reaction, etc) rapidez *f*; **at a** ~ **of 100 km per hour** a uma velocidade de 100 km/h; **at (top** *or* **full)** ~ [*go, run, move*] a toda a velocidade; **to pick up** *or* **gather** ~ ganhar velocidade; **at the** ~ **of light** à velocidade da luz; **b)** (gear) velocidade *f*; **3**-~ **gear** caixa *f* de três velocidades; **c)** PHOT (of film) sensibilidade *f*; **d)** (coll) (drugs) (slang) anfetaminas *fpl*; speed *m*. **2** *vtr* (*past, pp* **sped** *or* **speeded**) apressar [*process, recovery*]; **to** ~ **sb on his way** desejar boa viagem a alg. **3** *vi* **a)** (*past, pp* **sped**) (move swiftly) **to** ~ **along** [*person, animal, vehicle, etc*] ir a toda a velocidade; **the train sped past** o comboio passou a toda a velocidade; **b)** (*past, pp speeded*) AUT (drive too fast) conduzir demasiado depressa; **he was caught** ~**ing** ele foi apanhado por excesso de velocidade. ■ **speed up** [*walker*] acelerar o passo; [*car*] acelerar; [*worker*] trabalhar mais depressa; ~ **up (sth)**, ~ **(sth) up** acelerar [*work, process*]; aumentar [*production, output*].

speed: ~**boat** *n* lancha *f* rápida; ~ **bump** *n* US (roads) banda *f* sonora.

speeding ['spiːdɪŋ] *n* AUT excesso *m* de velocidade; **to be fined for** ~ ser multado por excesso de velocidade.

speed limit *n* limite *m* de velocidade; **to exceed** *or* **break the** ~ ultrapassar o limite de velocidade.

speedometer *n* velocímetro *m*.

speedy ['spiːdɪ] *adj* rápido.

spell [spel] **1** *n* **a)** (time) momento *m*; período *m*; **for a** ~ durante um certo tempo; **a** ~ **at the wheel/on the computer** uma volta de carro/uma passagem no computador; **a** ~ **in hospital** uma estada no hospital; **a rainy/sunny/warm/cold** ~ uma chuvada/aberta/um período de tempo quente/frio; **to go through a bad** ~ atravessar um mau momento; **b)** (magic words) fórmula mágica; **evil** ~ feitiçaria *f*; **to be under a** ~ estar enfeitiçado; **to cast/put/lay a** ~ **over/on sb** enfeitiçar alg; **to break a** ~ quebrar um feitiço; **to break the** ~ (fig) quebrar o encanto; **c)** (fascination) **to be/fall under sb's** ~ estar fascinado por alg. **2** *vtr* (*pp past* **spelled** *or* **spelt**) **a)** (aloud) soletrar; (on paper) escrever; **the word is spelt like this** a palavra escreve-se assim; **she** ~**s her name with/without an e** o nome dela escreve-se com/sem e; **to** ~ **sth correctly/properly** escrever qq coisa correctamente; **C-A-T** ~**s cat** as letras C-A-T formam a palavra gato; **b)** (imply) representar, significar [*danger, disaster, ruin*];

anunciar [*fame*]. **3** *vi* [*person*] escrever correctamente; **he** ~**s badly/well** ele tem uma má/boa ortografia. ■ **spell out**: ~ **out (sth)**, ~ **(sth) out a)** (lit) soletrar [*word*]; **b)** (fig) explicar (qq coisa) claramente [*consequences, demand, details, policy*]; **I had to** ~ **it out to him** tive que lhe explicar tudo muito bem.

spellbound *adj* encantado (**by** por); **to hold sb** ~ manter alg fascinado.

spelling ['spelɪŋ] **1** *n* ortografia *f*. **2** *modif* [*lesson, book, test*] de ortografia.

spelling: ~ **bee** *n* concurso *m* de ortografia; ~ **mistake** *n* erro *m* ortográfico.

spelt [spelt] **1** *pp, past see* **spell**. **2** *n* BOT espelta *f*.

spend [spend] **1** *n* ACCTS despesas *fpl*. **2** *vtr* (*past, pp* **spent**) **a)** (pay out) gastar, despender [*money, salary*]; **b)** (pass time) passar [*time*]; **c)** (exhaust) desperdiçar [*ammunition, energy, resources*]. **3** *vi* (*past, pp* **spent**) despender. **4** *v refl* **to** ~ **it self** [*storm*] acalmar-se.

spending money *n* dinheiro *m* (para as despesas); dinheiro *m* de bolso (fam).

spendthrift ['spendθrɪft] **1** *n* **to be a** ~ ser um perdulário. **2** *adj* [*person*] gastador, perdulário, esbanjador; [*habit, policy*] dispendioso, caro.

spent [spent] **1** *pres, pp see* **spend**. **2** *adj* (used up) [*bullet*] perdido; [*battery*] descarregado, gasto; [*match*] gasto; **to be a** ~ **force** (fig) ter perdido toda a sua força.

sperm [spɜːm] *n* **a)** (coll) espermatozóide *m*; **b)** (semen) esperma *m*.

spew [spjuː] *vi, vtr* (*also* ~ **out**) vomitar [*food, drink, smoke, lava, propaganda*]; cuspir, lançar [*coins, paper, insults*].

sphere [sfɪə(r)] *n* **a)** (shape) esfera *f*; **b)** ASTRON esfera *f* celeste; **c)** (field) domínio *m* (**of** de); **d)** (social circle) meio *m*.

spherical ['sferɪkl] *adj* esférico.

spice [spaɪs] **1** *n* **a)** CULIN especiaria *f*; **b)** (fig) pimenta *f*; condimento *m*. **2** *modif* [*par, rack*] de especiarias. **3** *vtr* **a)** CULIN condimentar [*food*]; **b)** (*also* ~ **up**) apimentar [*life, story*] (**with** com). **4** **spiced** *pp adj* **a)** CULIN condimentado (**with** com); **b)** (fig) apimentado (**with** com). **IDIOMAS variety is the** ~ **of life** a variedade é o sal da vida.

spick-and-span ['spɪkændspæn] *adj* impecável.

spicy ['spaɪsɪ] *adj* **a)** [*food*] condimentado, puxado (fam); **b)** [*story*] picante.

spider ['spaɪdə(r)] *n* ZOOL aranha *f*.

spider's web, spiderweb US *n* teia *f* de aranha.

spidery ['spaɪdərɪ] *adj* [*shape, form*] em forma de aranha.

spike [spaɪk] **1** *n* **a)** (pointed object) espigão *m*; objecto *m* pontiagudo; **b)** SPORT (on shoe) (*usu pl*) pregos *mpl*. **2** *vtr* **a)** (pierce) espetar [*person, meat*]; **b)** (coll) (add alcohol to) tornar mais forte [*drink*]; **c)** JOURN (reject) pôr de lado [*story*]; **d)** SPORT (in volleyball) **to** ~ **the ball** fazer um remate. **IDIOMAS to** ~ **sb's guns** estragar os planos de alg.

spiky ['spaɪkɪ] *adj* (having spikes) [*hair*] à escovinha; [*branch*] com espinhos; [*object*] afiado.

spill [spɪl] **1** *n* **a)** (accidental) (**oil/chemical**) ~ derramamento *m* acidental (de petróleo/de) produtos químicos); **b)** (fall) (from bike, motorcycle) queda *f*; **c)** (for lighting candles) torcida *f*. **2** *vtr* (*pp* **spilt** ESPECIALLY GB **spilled)** **a)** (pour) (overturn) entornar, derramar [*liquid*]; (drip) deitar [*liquid*]; **to ~ sth on(to)/over** [*surface, machine, garment*] entornar qq coisa sobre; **b)** (disgorge) despejar [*oil, rubbish, chemical*] (**into** para dentro de; **on(to)** sobre). **3** *vi* **a)** (empty out) [*contents, liquid, light, chemicals*] derramar-se (**into sth** para dentro de qq coisa); **to ~ from/out of** [*container*] correr de; **tears ~ed down her cheeks** as lágrimas corriam-lhe pela cara abaixo; **b)** (pour out) **to ~ (out) into/onto the street** [*crowds, people*] sair para a rua. IDIOMAS **it's no use crying over spilt milk** o que não tem remédio remediado está; **to ~ the beans** (coll) dar com a língua nos dentes (fam). ■ **spill out** [*liquid, lava, contents*] sair, escorrer; **~ out (sth), ~ (sth) out** deixar escapar [*contents*]; revelar [*secrets*]; contar [*story*]. ■ **spill over** (fig) **to ~ over into** [*area of activity, relationship, street, region*] estender-se a; [*looting, hostility*] degenerar em; (lit) extravasar (**onto sth** sobre qq coisa).

spillage ['spɪlɪdʒ] *n* **a)** (spill) (oil, chemical, effluent) derramamento *m* acidental; **b)** (soiling) derramamento *m*; líquido *m* derramado.

spilt *pp* see **spill**.

spin [spɪn] **1** *n* **a)** (turn) (of wheel) volta *f*; rotação *f*; (of dancer, skater) pirueta *f*; **to give the roulette wheel a ~** fazer girar a roleta; **b)** SPORT efeito *m*; **to put ~ on a ball** dar efeito à bola; **c)** (wring) **to give the washing a ~** torcer a roupa; **d)** (panic) **to be in a ~** estar em pânico; **e)** AVIAT parafuso *m*; **to go into a ~** descer em parafuso; **f)** (pleasure trip) giro *m*; passeio *m*; **to go for a ~ in the car** dar uma volta de carro. **2** *vtr* (*pres p* **-nn-** *past, pp* **spun)** **a)** (rotate) lançar [*top*]; girar, fazer girar [*globe, roulette, wheel*]; [*bowler*] dar efeito a [*ball*]; [*driver*] voltar [*steering wheel*]; **b)** (flip) **to ~ a coin** lançar moeda ao ar; **c)** TEX fiar [*wool, thread*]; **d)** (wring out) torcer qq coisa à máquina [*clothes*]; **e)** (tell) contar. **3** *vi* (*pres p* **-nn-** *past, pp* **spun)** **a)** [*wheel, top, weathercock*] girar; [*dancer*] fazer ou dar piruetas; **the car spun off the road** o carro saiu da estrada e capotou; **my head is ~ning** (fig) estou com a cabeça a andar à roda; **b)** (turn wildly) [*wheels*] patinar; **c)** TEX fiar, tecer; **d)** (nose dive) [*plane*] descer em parafuso. ■ **spin out**: **~ (sth) out** prolongar [*visit*]; fazer durar [*money*]; arrastar [*speech*]. ■ **spin round** [*person*] voltar-se rapidamente; [*dancer, skater*] dar piruetas.

spinach ['spɪnɪdʒ] *n* (plant, vegetable) espinafre *m*.

spinal ['spaɪnl] *adj* [*injury, damage*] na ou da coluna; [*nerve, muscle*] espinal; [*disc, ligament*] vertebral.

spinal: ~ column *n* coluna *f* vertebral; **~ cord** *n* espinal medula *f*.

spindle ['spɪndl] *n* (on spinning wheel) fuso *m*.

spindly ['spɪndlɪ] *adj* [*tree, plant*] esguio.

spin-drier, spin-dryer *n* máquina *f* de secar.

spin-dry *vtr* secar (qq coisa) (na máquina).

spine [spaɪn] *n* **a)** (spinal column) coluna *f* vertebral; **it sent shivers up and down my ~** (of

fear) isso fez-me calafrios pela espinha abaixo; **b)** (prickle) (of plant, animal) espinho *m*; pico *m*; **c)** (of book) lombada *f*.

spine-chilling *adj* arrepiante.

spineless ['spaɪnlɪs] *adj* **a)** ZOOL invertebrado; **b)** (pej) mole, fraco, sem energia.

spinning: ~ top *n* pião *m*; **~ wheel** *n* roca *f* de fiar.

spin-off ['spɪnɒf] **1** *n* **a)** (incidental benefit) vantagem *f* adicional; **b)** (by-product) subproduto *m*; produto *m* derivado (**of, from** de); **the TV series is a ~ from the film** a série da televisão é uma adaptação do filme. **2** *modif* [*effect, profit*] secundário, adicional; [*technology, product*] derivado.

spinster ['spɪnstə(r)] *n* JUR (formal) celibatária *f*.

spiny ['spaɪnɪ] *adj* espinhoso.

spiral ['spaɪrl] **1** *n* **a)** (shape) espiral *f*; **in a ~** [*object, spring, curl*] em forma de espiral; **b)** (trend) espiral *f*; **a ~ of violence** uma espiral de violência; **a downward/upward ~** uma descida/ subida em espiral. **2** *adj* [*motif, spring, horns, structure*] em espiral. **3** *vi* (*pres p etc* **-ll-** GB **-l-** US) **a)** ECON (rise) subir; **to ~ downwards** cair em flecha; **b)** (gen) (of movement) **to ~ up (wards)/down (wards)** subir/descer em espiral. **4** **spiralling** *pres p adj* GB, **spiraling** US [*costs, interest rates, rents*] subindo em flecha.

spire ['spaɪə(r)] *n* **a)** ARCHIT flecha *f*; **a church ~** a flecha duma igreja; **b)** (of plant) haste *f*.

spirit ['spɪrɪt] **1** *n* **a)** (essential nature) espírito *m*; **the ~ of the time/original** o espírito da época/do original; **it's not in the ~ of the game** não está de acordo com o espírito do jogo; **b)** (mood, attitude) espírito *m* (**of** de); atitude *f*; (to future) intenção *f* (**of** de); **team ~** espírito *m* de equipa; **in a ~ of friendship/a friendly ~** num espírito amigável; **a ~ of reconciliation** uma intenção de reconciliação; **I am in a party/holiday ~** estou com disposição para festas/férias; **there is a party ~ about** há uma atmosfera de festa; **to do sth in the right/wrong ~** fazer qq coisa positivamente/negativamente, de maneira positiva/negativa; **to take a remark/joke in the right/wrong ~** levar a bem/a mal um comentário/uma piada; **to enter into the ~ of sth** participar em qq coisa; **there was a good/great ~ among the men** havia um excelente estado de espírito entre os homens; **that's the ~!** (coll) é isso!; **c)** (courage, determination) coragem *f*; vigor *m*; **to show ~** mostrar-se corajoso; **a performance full of ~** uma interpretação cheia de brio; **with ~** com determinação; **the team played with ~** a equipa jogou com determinação; **d)** (soul) (gen) MYTHOL, RELIG espírito *m*; **the life/matters of the ~** a vida espiritual/as questões espirituais; **evil ~** espírito *m* do mal; **the Holy S~** o Espírito Santo; **e)** (person) (liter) pessoa *f*; personalidade *f*; espírito *m*; **he was a courageous ~** ele era uma pessoa corajosa; **a leading ~ in the movement** a alma do movimento; **f)** (gin, whisky, etc) álcool *m* forte; **wines and ~s** COMM vinhos e bebidas alcoólicas; **g)** CHEM, PHARM álcool *m*. **2** **spirits** *npl* **to be in good/poor ~s** estar de bom/mau humor; **to be in the high/low ~s** estar animado/desanimado; **to keep up one's ~s** manter o ânimo; **to raise**

sb's ~s elevar o moral de alg; **my ~s rose/sank** ganhei/perdi a coragem. **3** *modif* [*lamp, stove*] a álcool. **4** *vtr* **to ~ (sth) away** fazer desaparecer qq coisa; **we ~ed her away in time** nós fizemo-la desaparecer a tempo; **to ~ sth in/out** introduzir/tirar discretamente qq coisa.

spirited ['spɪrɪtɪd] **1** *adj* [*horse*] fogoso; [*conversation, debate, reply*] animado, vivo; [*music, performance*] cheio de vivacidade; [*attack, defence*] enérgico. **2 ~~** (*in compounds*) **free-~** independente; **high-~** animado.

spirit level *n* nível *m* (de bolha de ar).

spiritual ['spɪrɪtʃʊəl] **1** *n* Mus (*also* **negro ~**) espiritual *m* (negro). **2** *adj* espiritual; **~ adviser/ director** conselheiro *m*/director *m* espiritual.

spiritualism ['spɪrɪtʃʊəlɪzm] *n* espiritualismo *m*; espiritismo *m*.

spiritualist ['spɪrɪtʃʊəlɪst] *n, adj* espírita *m/f*.

spit [spɪt] **1** *n* **a)** (saliva) (in the mouth) saliva *f*; (on the ground) escarro *m*; **b)** (expectoration) **he gave a ~** ele escarrou; **c)** CULIN espeto *m*; **on a ~** no espeto; **rotating ~** espeto rotativo; **d)** GEOL língua *f* de terra; banco *m* de areia alongada; restinga *f*; **e)** (likeness) **to be the (dead) ~ of sb** ser o retrato fiel de alg; **f)** (spade depth) **two ~s deep** a duas pás de profundidade. **2** *vtr* (*pres p* **-tt-** *past, pp* **spat**) **a)** (expectorate) (lit) [*person*] expectorar, vomitar [*blood, food*] (**into** em; **onto** para); (fig) [*volcano*] cuspir [*lava*]; [*pan*] espirrar [*oil*]; **b)** (utter) proferir, lançar [*oath, venom*] (**at** em direcção de). **3** *vi* (*pres p* **-tt-** *past, pp* **spat**) **a)** (expectorate) [*cat, person*] cuspir (**at** em; **into** para; **on** sobre; **out of** de); **to ~ in sb's face** (lit, fig) cuspir na cara de alg; **b)** (be angry) **to ~ with rage/anger** espumar de raiva/ fúria; **c)** (crackle) [*oil, sausage*] estalar; [*logs, fire*] crepitar. **4** *v impers* (*pres p* **-tt-** *past, pp* **spat**) **it's ~ting (with rain)** está a chuviscar; **it started to ~ (with rain)** começou a chuviscar. ■ **spit out**: **~ (sth) out, ~ out (sth)** (lit) esguichar [*blood, drink*] (**into** em; **onto** sobre); (fig) proferir [*phrase, word*]. ■ **spit up**: **~ (sth) up, ~ up (sth)** cuspir [*blood*].

spite [spaɪt] **1** *n* **a)** (malice) malícia *f*; maldade *f*; (vindictiveness) rancor *m*; ressentimento *m*; **b)** **in ~ of** [*unfavourable circumstances, event*] apesar de; **they went for a walk in ~ of the rain** eles foram passear apesar de estar a chover. **2** *vtr* magoar, ofender; (less strong) aborrecer. IDIOMAS **to cut off one's nose to ~ one's face** castigar-se a si mesmo.

spiteful ['spaɪtfl] *adj* [*person*] (malicious) maldoso, malévolo; (vindictive) rancoroso; **~ gossip** má-língua *f*.

spitting *n* **~ is a dirty habit** cuspir para o chão é uma porcaria; **"~ prohibited"** "proibido cuspir para o chão". IDIOMAS **to be the ~ image of sb** ser o retrato chapado de alg (fam); **to be within ~ distance of sth** estar a dois passos de algo.

spittle ['spɪtl] *n* **a)** (of person) (in the mouth) saliva *f*; (on a surface) escarro *m*; **b)** (of animal) baba *f*.

splash [splæʃ] **1** *n* **a)** (sound) splash *m*; chape *m*; **b)** (quantity) **a ~ of mud** um salpico de lama; (in drink) **a ~ of soda** uma gota de soda. **2** *vtr* (sprinkle) **to ~ sth over sb/sth** salpicar alg/

algo de qq coisa. **3** *vi* **a)** (spatter) **to ~ on to sth** [*coffee, paint, wine*] salpicar qq coisa; **water was ~ing from the tap** a água pingava da torneira; **b)** (move) **he ~ed through the mud** ele caminhou patinando na lama. ■ **splash around**: **~ (sth) around to ~ paint around** salpicar tinta por todo o lado. ■ **splash down** ASTRON amarar. ■ **splash out** (spend money) esbanjar dinheiro.

splay [spleɪ] *vtr* cortar em viés [*end of pipe, etc*]; alargar [*side of window, door, etc*]; afastar [*legs, feet, fingers*].

spleen [spliːn] *n* ANAT baço *m*; (fig) (bad temper) mau humor *m*.

splendid ['splendɪd] *adj* [*building, scenery, view, etc*] esplêndido; [*idea, achievement, holiday, etc*] formidável, maravilhoso; [*opportunity*] fantástico; **we had a ~ time!** divertimo-nos imenso!; **she did a ~ job** ela fez um trabalho excelente; **~!** óptimo!.

splendour GB, **splendor** US ['splendə(r)] *n* esplendor *m*; **to live in ~** viver faustosamente.

splice [splaɪs] **1** *n* (in rope) entrelaçamento *m*; (in tape, film) junção *f*; (in carpentry) encaixe *m*. **2** *vtr* (gen) unir [*pieces of tape, film, etc*]; entrelaçar NAUT [*ends of rope*]; (fig) amalgamar. IDIOMAS (coll) **to get ~d** (hum) casar-se; (coll) **to get the main-brace** NAUT (hum) (have a drink) beber um copo (fam).

splint [splɪnt] **1** *n* tala *f*; **to put sb's leg in ~s** colocar talas na perna de alg. **2** *vtr* colocar talas em.

splinter ['splɪntə(r)] **1** *n* (of glass, metal) estilhaço *m*; (of wood, bone) lasca *f*; **to get a ~ in one's finger** ter uma farpa num dedo. **2** *vtr* partir em estilhaços [*glass, windscreen, etc*]; lascar [*wood*]; (fig) dividir, cindir [*party, group*]. **3** *vi* [*glass, windscreen*] estilhaçar-se; [*wood*] lascar-se; (fig) [*party, alliance, etc*] fragmentar-se.

splinter group *n* grupo *m* dissidente.

split [splɪt] **1** *n* **a)** (lit) (in fabric, garment) rasgão *m*; (in rock, wood) fenda *f*; racha *f*; (in skin) corte *m*; **b)** (in party, movement, alliance) cisão *f*; divisão *f* (**in** em); (stronger) ruptura *f* (**in** em); **c)** (share-out) (of money, profits, jobs) divisão *f*; **d)** (small bottle of soft drink, wine) garrafa *f* pequena; **e)** CULIN (dessert) ≈ gelado *m*. **2 splits** *npl* espargata *f*. **3** *adj* [*fabric, garment*] rasgado; [*seam*] descosido; [*log, pole, hide, lip*] fendido. **4** *vtr* (*pres p etc* **-tt-** *past, pp* **split**) **a)** (lit) rachar [*wood, log, rock*] (**in/into** em); rasgar [*fabric, garment*]; **to ~ the sky** [*lightning, thunder*] rasgar o céu; **b)** (gen) POL provocar uma cisão em [*party, movement, alliance*]; **the committee was (deeply) ~ on** *or* **over this issue** a comissão estava (profundamente) dividida sobre esta questão; **c)** (*also* **~ up**) dividir [*group*]; repartir, dividir [*profit, money, work*]. **5** *vi* (*pres p etc* **-tt-** *past, pp* **split**) **a)** [*wood, log, rock*] rachar-se (**in, into** em); [*fabric, garment*] rasgar-se; [*seam*] descoser-se; **my head's ~ting** dói-me muito a cabeça; **b)** (gen) POL [*party, movement, alliance*] dividir-se; (stronger) cindir-se; **the leadership ~ on** *or* **over (the question of) the voting system** a direcção estava dividida acerca do sistema eleitoral; **c)** (*also* **~ up**) **we ~ (up) into groups (of five)** dividimo-nos em grupos (de cinco); **d**) (coll) (tell tales) denunciar, dar com a língua nos dentes. IDIOMAS **to ~ the difference** dividir a diferença ao meio; (coll) **to ~ one's sides (laughing** *or* **with laughter)** morrer de riso. ■ **split off** [*branch, piece, end*] separar-se (**from** de); [*path*] bifurcar-se. ■ **split open** [*bag, fabric*] abrir-se, rasgar-se; **to ~ one's head open** partir a cabeça. ■ **split up** [*group*] dispersar-se; **~ up with sb** deixar, separar-se de [*boyfriend, girlfriend, husband, wife*]; **~ (sb) up, ~ up (sb)** separar [*friends, partners, members of group*].

split: ~ **infinitive** *n* infinito inglês em que a partícula "to" e o verbo estão separados por um advérbio; **~ level 1** *n* **the house is on ~ levels** a casa tem vários desníveis. **2 ~-level** *adj* [*house, room*] em vários níveis; **~ personality** *n* dupla personalidade *f*; **~ second 1** *n* fracção *f* de um segundo. **2 ~-second** *adj* [*decision*] rápido.

splitting ['splɪtɪŋ] **1** *n* (action of treating) (of wood, stone) acto *m* de rachar; (of profits) repartição *f*; (of group) cisão *f*; divisão *f*. **2** *adj* **to have a ~ headache** ter uma terrível dor de cabeça.

splutter ['splʌtə(r)] **1** *n* (of person) (spitting) perdigoto *m*; (stutter) gaguejo *m*; (of fire, sparks) crepitação *f*. **2** *vtr* (*also* ~ **out**) balbuciar, gaguejar [*excuse, apology, words*]. **3** *vi* [*person*] balbuciar, gaguejar; (spit) lançar perdigotos; [*fire, sparks, match*] crepitar.

spoil [spɔɪl] **1** *n* **a**) (*pl* **spoils**) (lit) MIL despojos *mpl*; **b**) (*pl* **spoils**) (fig) (political, commercial) lucros *mpl* (**of** de); (sporting) ganhos *mpl*; **c**) (from excavation) (-*c*) aterros *mpl*; terras *fpl* escavadas. **2** *vtr* (*pp* **-ed** GB **-t**) **a**) (mar) estragar [*event, evening, view, game, landscape*] (**by doing** ao fazer); estragar [*place, appearance, taste, effect*]; **it will ~ your appetite** isso vai tirar-te o apetite; **to ~ sth for sb** estragar algo a alg; **it ~ed the day for us** isso estragou-nos o dia; **they ~ it/things for other people** eles estragam o prazer dos outros; **to ~ sb's enjoyment of** tirar a alg o prazer de [*scenery, amenity*]; **to ~ everything** estragar tudo; **to ~ sb's fun** (lit, fig) contrariar alg; **b**) (ruin) estragar, danificar [*garment, toy, crop, hedgerow, foodstuff*] (**by doing** ao fazer); **to ~ one's chances of doing sth (by doing)** estragar as suas possibilidades de fazer qq coisa (ao fazer qq coisa); **c**) (overindulge) estragar com mimos [*person, pet*] (**by doing** ao fazer); **to be ~ed**/GB **~t rotten** (coll) **by sb** ser estragado com mimos por alg; **d**) (pamper) deleitar, satisfazer [*person*]; **to ~ sb with** dar prazer a alg com [*gift, trip*]; **~ oneself** dar um pequeno prazer a si mesmo; **we've been ~ed by living so close to the sea** nós temos sido privilegiados ao viver perto do mar; **e**) POL anular [*vote, ballot paper*]. **3** *vi* [*product, foodstuff*] deteriorar-se; [*meat*] estragar-se; **your dinner will ~!** o teu jantar vai-se estragar!. IDIOMAS **to be ~ing for a fight** procurar zaragata (fam).

spoilsport ['spɔɪlspɔːt] (coll) *n* (pej) desmancha--prazeres *m/f* (fam); **to be a ~** ser um desmancha-prazeres.

spoilt 1 *pp* see **spoil**. **2 spoiled** *adj* mimado,-a.
spoke [spəʊk] **1** see **speak**. **2** *n* (in wheel) raio

m; (on ladder) degrau *m*. IDIOMAS **to put a ~ in sb's wheel** pôr um pauzinho na engrenagem; (fig) frustrar os planos de alg.

spoken ['spəʊkn] **1** *pp* see **speak**. **2** *adj* [*word, dialogue, language*] falado.

spokes: ~**man** *n* (*pl* **spokesmen**) porta-voz *m*; ~**person** *n* porta-voz *m*; ~**woman** *n* (*pl* **spokeswomen**) porta-voz *f*.

sponge ['spʌndʒ] **1** *n* **a**) (for cleaning) esponja *f*; **at that age, a child's mind is like a ~** absorver água como uma esponja; **b**) (material) esponja *f*; **c**) (*also* ~ **cake**) pão-de-ló *m*; **d**) MED (pad) compressa *f*. **2** *vtr* (wipe) limpar com uma esponja [*material, garment, stain*]; limpar, absorver [*cut, wound, excess, liquid*]. **3** *vi* (coll, pej) **to ~ off/on** [*family, friend, state*] viver à custa de (pej). ■ **sponge down:** ~ **(sth) down**, ~ **down (sth)** lavar qq coisa com uma esponja [*car, surface*]; **to ~ (oneself) down** lavar-se com uma esponja.

sponge bag *n* GB saco *m* de "toilette".
sponge pudding *n* GB pudim *m* de ovos, farinha e gordura cozido em banho-maria com um sabor específico.
sponger (coll) ['spʌndʒə(r)] *n* GB (pej) parasita *m* (pej).
spongy ['spʌndʒɪ] *adj* [*terrain, ground, moss, rotten wood*] mole, esponjoso; [*material, texture, mixture*] esponjoso; [*flesh*] mole.
sponsor ['spɒnsə(r)] **1** *n* **a**) ADVERTG, FIN (as advertiser, backer) patrocinador *m*; **b**) (as patron) mecenas *m*; **c**) (as guarantor) fiador *m*; **d**) RELIG (godparent) padrinho/madrinha *m/f*; **e**) (charity) patrono *m*; benfeitor *m*; **f**) POL (of bill, motion, law) autor *m*; apresentador *m*. **2** *vtr* **a**) ADVERTG, FIN (fund) patrocinar [*sporting event, team, TV programme*]; **b**) (back) (financially) financiar [*student, study, course, enterprise*]; (militarily, politically) apoiar [*violence, invasion*]; **c**) POL (advocate) apresentar [*bill, motion*]; **d**) (for charity) patrocinar, apadrinhar. **3 sponsored** *pp adj* **a**) (charity) ~**ed swim** uma prova de natação patrocinada (para fins de caridade); **b**) ADVERTG, RADIO, TV [*programme*] patrocinado.
sponsorship ['spɒnsəʃɪp] *n* **a**) ADVERTG, FIN (corporate funding) patrocínio *m*; apadrinhamento *m* (**from** de); **to seek ~ for sth** procurar patrocinadores para algo; **b**) (backing) (financial, cultural) patrocínio *m*; apoio *m*; (moral, political) apadrinhamento *m*; (cultural) sob o patrocínio de alguém; **c**) (*also* ~ **deal**) contrato *m* de apadrinhamento; **d**) POL (of bill, motion) apoio *m*; **e**) ADMIN (by guarantor) abonação *f*.
spontaneous [spɒn'teɪnɪəs] *adj* espontâneo.
spontaneous combustion *n* combustão *f* espontânea.
spoof [spuːf] (coll) **1** *n* (parody) paródia *f* (**on** sobre); (hoax, trick) partida *f*. **2** *modif* [*documentary, report*] enganador; **a ~ horror film** uma paródia a um filme de terror. **3** *vtr* (trick) pregar uma partida a [*person*]; (parody) parodiar [*book, film*].
spook [spuːk] (coll) **1** *n* (hum) (ghost) fantasma *m*. **2** *vtr* ESP US **a**) (frighten) (*also* ~ **out**) amedrontar; **b**) (haunt) assombrar [*house*].
spooky ['spuːkɪ] (coll) *adj* [*house, atmosphere, etc*] sinistro; [*story*] arrepiante.

spool [spuːl] *n* (of thread, tape, film) ALSO COMPUT bobina *f*.

spoon [spuːn] **1** *n* **a)** (utensil) colher *f*; **b)** (contents) colherada *f*. **2** *vtr* **a)** (in cooking, serving) **to ~ sth into** [*container, dish*] deitar ou servir com uma colher; **b)** (coll, dated) (kiss) fazer carícias. IDIOMAS **to be born with a silver ~ in one's mouth** nascer em berço de ouro.

spoonerism [ˈspuːnərɪzm] *n* troca *f* de sons ou de sílabas iniciais entre duas ou mais palavras.

spoon-feed [ˈspuːnfiːd] *vtr* **a)** (fig, pej) [*teacher, guide*] fazer a papinha toda a (fam) [*students, audience*]; **to ~ pupils with political theory** dar aos alunos a teoria política já toda preparada; **b)** (lit) [*parent, nurse*] alimentar (alg) à colher [*baby*].

spoonful [ˈspuːnfʊl] *n* (*pl* **-sful** *or* **-fuls**) colherada *f*.

sporadic [spəˈrædɪk] *adj* esporádico.

spore [spɔː(r)] *n* esporo *m*.

sport [spɔːt] **1** *n* **a)** (physical activity) desporto *m* Po, esporte *m* Br; **b)** SCH (subject) actividades *fpl* desportivas; (event) **c)** (formal) (fun) **to have great ~** divertir-se muito; **to make ~ of sb** zombar de alg; **d)** (coll, dated) (person) **he's good ~** (in games) ele é um bom jogador; (pleasant person) ele é um bom tipo (fam). **2** *vtr* usar, ostentar [*hat, rose, moustache*].

sporting [ˈspɔːtɪŋ] *adj* **a)** [*fixture, event*] desportivo; **b)** (fair, generous) [*offer*] generoso; **it's very ~ of you to give him a second chance** é muito generoso da tua parte dar-lhe uma segunda oportunidade; **we still have a ~ chance of winning** ainda temos hipóteses de ganhar.

sport: ~s car *n* automóvel *m* desportivo; **~s jacket** *n* GB casaco *m* desportivo; **~s man** *n* (*pl* **men**) desportista *m*.

sportsmanship [ˈspɔːtsmənʃɪp] *n* (skill in sports) jeito *m* para desportos; (generous behaviour) desportivismo *m*.

sportswear *n* roupa *m* de desporto Po/esporte Br; **~s woman** *n* desportista *f*.

sporty [ˈspɔːtɪ] *adj* **a)** (fond of sport) desportista; **b)** [*trousers, shirt*] à vontade, desportivo.

spot [spɒt] **1** *n* **a)** (dot) (on animal) malha *f*; mancha *f*; (on fabric, wallpaper) pinta *f*; (on dice, domino, card) ponto *m*; **b)** (stain) mancha *f*; nódoa *f*; **a grease/rust ~** uma mancha de gordura/ferrugem; **c)** (pimple) espinha *f*; borbulha *f*; **d)** (place) local *m*; sítio *m*; **in ~s** aqui e ali/por vezes; **to be on the ~** (gen) estar no lugar/estar presente; (of police) estar no local; **to make up one's mind on the ~** decidir-se imediatamente; **e)** (coll) (small amount) **a ~ of cream/whisky/exercise/sightseeing** um pouco de nata/whisky/exercício/turismo; **to have/be in a ~ of bother (with)** ter pequenos aborrecimentos (com); **f)** (drop) gota *f*; **g)** (coll) (difficulty) situação *f* aborrecida; **to be in a (tight) ~** estar numa situação muito aborrecida; **to put sb on the ~** (in an awkward situation) pôr alguém em maus lençóis; (by asking a difficult question) embaraçar alguém; **h)** ADVERTG spot *m* publicitário; **i)** TV, RADIO (regular slot) tempo *m* de antena reservado; **j)** (position) **this record has been on the top ~ for two weeks** este disco esteve em 1.º lugar durante duas semanas; **k)** (moral blemish)

mancha *f*; mácula *f*; **the scandal is a ~ on his reputation** o escândalo maculou a sua reputação; **l)** (light) CIN, THEAT (in home, display) projector *m*; **m)** SPORT (for penalty kick) marca *f* de grande penalidade. **2** *vtr* (*pres p etc* **-tt-**) **a)** (identify) reconhecer [*car, person, symptoms*]; descobrir, assinalar [*defect, difference*]; observar [*birds, trains*]; **b)** (see) avistar, distinguir [*person*]; ver [*car, roadsign, book*]; **c)** (recognize) reconhecer [*opportunity*]; descobrir [*bargain*]; **she's good at ~ting new talents** ela tem jeito para descobrir novos talentos.

spot check 1 *n* (random) controle *m* feito ao acaso (on sobre); (unannounced) controle *m* surpresa (on sobre); **to carry out a ~** (randomly) efectuar um controle ao acaso; (unannounced) efectuar um controle surpresa. **2** *vtr* (randomly) efectuar um controle sobre [*goods*]; (without warning) efectuar um controle surpresa sobre [*passengers*].

spotless [ˈspɒtlɪs] *adj* (clean) impecável.

spotlight [ˈspɒtlaɪt] **1** *n* **a)** CIN, THEAT projector *m*; **b)** (adjustable lamp) holofote *m*; reflector *m*; **c)** (fig) (focus of attention) **to be in/under the ~** [*person*] estar na berlinda; [*topic, issue*] estar em foco; **the ~ is on Aids** a Sida está em foco; **to turn/put the ~ on sb/sth** chamar a atenção para alguém/algo. **2** *vtr* (*past, pp* **spotlit**) **a)** CIN, THEAT dirigir os projectores sobre [*actor, area*]; **b)** (fig) (highlight) pôr em foco (qq coisa) [*problem corruption*].

spotted [ˈspɒtɪd] *adj* [*tie, fabric*] às pintas (*after n*) [*plumage, dog*] com manchas.

spotty [ˈspɒtɪ] *adj* **a)** (pimply) [*adolescent, skin*] com borbulhas; **he's very ~** ele está cheio de borbulhas; **b)** (covered in dots) [*dress, fabric*] às pintas (*after n*) [*dog*] às manchas.

spout [spaʊt] **1** *n* **a)** (channel) (of gutter) calha *f*; cano *m*; (of kettle, teapot) bico *m*; (of tap) cano *m*; (of hose) bocal *m*; (of fountain) repuxo *m*; **b)** (of liquid) queda *f*. **2** *vtr* **a)** (spurt) [*pipe, fountain*] fazer jorrar; **to ~ blood** jorrar sangue; **a geyser ~ing (up) a column of water** um géiser esguichando uma coluna de água; **b)** (pej) (recite) recitar, dizer continuamente [*poetry, statistics, advice*] (**at sb** a alguém). **3** *vi* **a)** (spurt) **to ~ from/out of** [*burst pipe, wand*] jorrar de; **b)** GB (pej) (talk) discursar, mandar vir (fam); **to ~ about sth** falar sobre qq coisa; **c)** [*whale*] respirar. IDIOMAS **to be up the ~** (coll) GB [*plan, scheme, life*] estar comprometido; [*woman*] estar grávida.

sprain [spreɪn] **1** *n* entorse *f*. **2** *vtr* **to ~ one's ankle** fazer uma entorse no tornozelo.

sprang [spræŋ] *past see* **spring**.

sprawl [sprɔːl] **1** *n* (of suburbs, buildings, etc) crescimento *m*; **the ~ of Lisbon in the distance** o crescimento de Lisboa que se estende pelos arredores. **2** *vi* [*person*] (casually) esparramar-se; **she lay ~ed across the sofa** ela sentou-se esparramada no sofá.

sprawling [ˈsprɔːlɪŋ] *adj* [*suburb, city*] tentacular; [*sentence*] interminável; [*position*] esparramado.

spray [spreɪ] **1** *n* **a)** (-c) (seawater) espuma do mar pulverizada pelo vento; **clouds of ~** nuvens *fpl* de pequenas gotas; **crop ~** pulverizador *m*;

hair ~ laca *f* Po, laquê *m* Br; **b)** (+ *c*) (container) (for perfume) vaporizador *m*; (for inhabitant, throat, nose) pulverizador *m*; (gadget) **garden** ~ pulverizador *m* de jardim; **paint** ~ pistola *f* para pintar; **c)** (shower) (of bullets) chuva *f*; **d)** (of flowers) (bunch) ramalhete *m*; (single branch) ramo *m*. **2** *modif* [*deodorant, paint, polish, starch*] em vaporizador. **3** *vtr* vaporizar [*water, liquid*]; aspergir [*person*] **(with** de); pulverizar [*paint, roses, crops*]; **to ~ water onto a building** projectar água contra um edifício; **to ~ champagne over sb/sth** dar um banho de champanhe a alg/algo; **to ~ on perfume** vaporizar-se de perfume. **4** *vi* borrifar; (more violently) esguichar; **to ~ over/out of sth** borrifar qq coisa/com qq coisa.

spray-on *adj* [*conditioner, glitter*] em vaporizador.

spread [spred] **1** *n* **a)** (of disease, drugs) propagação *f*; (of news, information) difusão *f*; (of education) generalização *f*; (of democracy) expansão *f*; **b)** (extent, range) (of wings, branches) envergadura *f*; (of arch) abertura *f*; ~ **of sail** *or* **canvas** Naut (o) desdobramento *m* da vela; **c)** a **three-column** ~ Journ três colunas *fpl*; **d)** Culin (meat, vegetable paté) pasta *f* para barrar; **cheese** ~ queijo *m* fundido; **e)** (assortment of dishes) banquete *m*. **2** *vtr* (*past, pp* **spread**) **a)** (open out, unfold) estender, desdobrar [*cloth, map, rug, newspaper*] **(on, over** sobre, em cima de); (lay, flatten out) espalhar [*cloth, newspaper, map*] **(on, over** sobre); (put) pôr [*cloth, sheet, newspaper*]; **we ~ dust sheets over the furniture** pusemos lençóis sobre a mobília para a proteger do pó; (coll) **~'em!** (police command) braços e pernas afastados!; **b)** (apply in layer) espalhar, barrar [*butter, jam, paste, glue*] **(on, over** em); ~ **the butter thinly on the bread** barrar o pão com uma fina camada de manteiga; **c)** (distribute over area) dispersar [*forces, troops*]; espalhar [*objects*]; repartir [*workload, responsibility*]; **the resources must be evenly ~ between the two projects** os recursos devem ser equitativamente divididos pelos dois projectos; **d)** (*also* ~ **out**) (distribute in time, space out) escalonar, distribuir [*payments, cost*]; **I'd like to ~ the course (out) over two years** gostaria de distribuir o curso por dois anos; **e)** (diffuse, cause to proliferate) propagar [*disease, infection, germs, fire*]; semear [*fear, confusion, panic*]; fazer circular [*rumour, story, lie, scandal*]; **to ~ rebellion** semear a revolta; **to ~ infection** transmitir a infecção; **wind ~ the fire to neighbouring buildings** o vento fez alastrar o incêndio aos prédios vizinhos. **3** *vi* (*past, pp* **spread**) **a)** [*butter, margarine, jam, glue*] espalhar-se; **b)** (cover area or time, extend) [*forest, desert, drought, network*] estender-se **(over** sobre); **c)** (proliferate, become more widespread) [*disease, infection, germs*] propagar-se; [*stain*] alastrar; **the rumour was ~ing that...** corriam rumores de que...; **to ~ to sth** [*fire, disease, rioting, strike*] alastrar a, propagar-se a [*building, region*]; **the fire ~ from one room to another** o fogo alastrou duma sala para a outra. **4** *v refl* **to ~ oneself a)** (take up space) **he ~ himself over the sofa** ele esparramou-se pelo sofá

(fam); **b)** (spend generously) viver à larga (fam). ■ **spread around, spread about** fazer circular [*rumour*]. ■ **spread out** [*group*] dispersar; [*landscape, town, woods*] estender-se; [*wings, tail*] abrir-se, desdobrar-se.

spreadsheet *n* Comput folha *f* de cálculo.

spree [spri:] *n* (festive) farra *f*; pândega *f* (fam); **to go on a shopping** ~ gastar à doida (em compras); **drinking** ~ bebedeira *f* Po, pileque *m* Br.

sprig [sprɪg] *n* (of thyme, lavender, etc) raminho *m*.

sprightly ['spraɪtlɪ] *adj* jovial, vivo, esperto.

spring [sprɪŋ] **1** *n* **a)** (season) primavera *f*; **b)** Tech (coil) mola *f*; **to be like a coiled** ~ (fig) (ready to pounce) estar pronto a saltar; (tense) estar tenso; **c)** (leap) salto *m*; pulo *m*; **d)** (elasticity) elasticidade *f*; **to have a ~ in one's step** andar com um passo vivo; **e)** (water source) fonte *f*; nascente *f*. **2** *modif* [*weather, flowers, shower, sunshine*] primaveril; [*day, equinox*] de primavera; [*election*] da primavera. **3** *vtr* (*past* **sprang** *pp* **sprung**) **a)** (set off) accionar, fazer saltar [*trap, lock*]; fazer explodir [*mine*]; **b)** (coll) (liberate) libertar [*prisoner*]; **c)** Hunt levantar [*bird, game*]; **d)** (develop) **to ~ a leak** [*tank, barrel*] abrir uma fenda. **4** *vi* (*past* **sprang** *pp* **sprung**) **a)** (jump) saltar, pular; **to ~ across sth** atravessar (qq coisa) de um salto; **to ~ at sb** [*dog, tiger*] atirar-se a alguém; **to ~ from sth** saltar de [*bushes, car*]; **to ~ over sth** saltar por cima de [*fence*]; **to ~ to one's feet** levantar-se de um salto; **b)** (move suddenly) **to ~ open/shut** [*door, panel*] abrir-se/fechar-se bruscamente; **to ~ into action** [*team, troops*] passar à acção; **to ~ to sb's defence/aid** precipitar-se em defesa/ para ajudar alguém; **tears sprang to his eyes** as lágrimas vieram-lhe aos olhos; **the first name that sprang to mind was Rose** o primeiro nome que me veio à cabeça foi Rose; **to ~ into/to life** [*machine, motor*] pôr-se em movimento; **c)** (originate) **to ~ from sth** [*feeling, desire*] nascer de [*jealousy, fear*]; [*project*] surgir de (qq coisa) [*idea, suggestion*]; **where did these people ~ from?** donde surgiram estas pessoas. ■ **spring back a)** (step back) [*person*] recuar de um salto; **b)** (return to its position) [*lever, panel*] voltar ao seu lugar. ■ **spring up a)** (get up) [*person*] levantar-se de um salto; **b)** (appear) [*problem*] surgir; [*weeds, flowers*] brotar; [*building*] aparecer.

spring chicken *n* **he's no** ~ ele já não é nenhuma criança.

spring clean 1 *n* grande limpeza *f* da primavera. **2** *vtr* limpar (qq coisa) a fundo [*house*].

spring: ~ **onion** *n* GB Culin cebolinha *f*; ~ **tide** *n* Naut maré viva *f*.

springtime ['sprɪŋtaɪm] *n* (lit, fig) primavera *f*; **in the** ~ na primavera.

springy ['sprɪŋɪ] *adj* [*mattress, seat*] elástico; [*floorboards, grounds curls*] flexível.

sprinkle ['sprɪŋkl] **1** *n* (of salt, herb, flour) pitada *f* (of de). **2** *vtr* **a)** **to ~ sb/sth with sth, to ~ sth on** *or* **over sb/sth** polvilhar alg/algo de [*salt, sugar*]; salpicar alg/algo de [*herbs*]; **to ~ sth with water** borrifar qq coisa; **b)** (water) regar [*lawn*].

sprinkler ['sprɪŋklə(r)] *n* **a)** (for lawn) instrumento *m* de rega; **b**) (to extinguish fires) extintor *m* de incêndios.

sprinkler system *n* (of building) sistema *m* de extinção automática de incêndios.

sprinkling ['sprɪŋklɪŋ] *n* (of salt, sugar, powder) pitada *f* (**of** de); (of snow) pequena camada *f*.

sprint [sprɪnt] **1** *n* (race) corrida *f* de velocidade, sprint *m*; **the final** ~ (lit, fig) a recta final. **2** *vi* Sport correr a toda a velocidade.

sprinter ['sprɪntə(r)] *n* sprinter *m/f*; corredor *m* de velocidade.

sprout [spraʊt] **1** *n* **a**) Bot (school) (on plant, tree) rebento *m* Po, broto *m* Br; (on potato) grelo *m*; **b**) (**Brussels**) ~ Culin (vegetable) couve *f* de Bruxelas. **2** *vtr* deixar crescer [*beard, moustache*]; **to** ~ **shoots** lançar rebentos, rebentar; **the trees are ~ing new growth** as árvores estão a rebentar. **3** *vi* **a**) (develop) [*antlers, horns*] nascer, desenvolver-se; [*grass, weeds*] crescer; [*shoots*] rebentar, nascer; **buds are ~ing on the trees** as árvores estão a ficar cheias de botões; **b**) Bot, Hort [*bulb, tuber, onion, seed*] germinar; **c**) (fig) (appear) see ~ **up**. ■ **sprout up** (lit, fig) surgir.

spruce [spruːs] **1** *n* **a**) (*also* ~ **tree**) abeto *m*; **b**) (wood) madeira *f* de abeto. **2** *adj* [*person*] elegante; [*clothes*] impecável; [*house, garden*] bem cuidado. ■ **spruce up**: **to** ~ **up** (sth), ~ (sth) **up** vestir-se com elegância, aperaltar-se [*person*]; arrumar [*house*]; arranjar [*garden*].

sprung [sprʌŋ] **1** *pp* see **spring**. **2** *adj* [*chair, mattress*] com molas; (never pred) **a well-~chair/bed** uma cadeira/cama muito flexível.

spry [spraɪ] *adj* vivo, ágil.

spud [spʌd] (coll) *n* batata *f*.

spun [spʌn] **1** *past, pp* see **spin**. **2** *adj* [*glass, gold, sugar*] em fio.

spur [spɜː(r)] **1** *n* **a**) (fig) (stimulus) estímulo *m*; motivo *m*; **to be the** ~ **for, of sth** ser o motivo de qq coisa; **b**) (for horse, on dog's, cock's leg) espora *f*; esporão *m*; **c**) Geol contraforte *m*; **d**) gb (of road, railway) entroncamento *m*. **2** *vtr* **a**) (stimulate) estimular [*economic growth, increase, advance*]; encorajar [*action, reaction, response*]; **to** ~ **sb to sth/to do sth** incitar alguém à acção; **b**) [*rider*] esporear [*horse*]. IDIOMAS **on the** ~ **of the moment** no impulso do momento. ■ **spur on**: **to** ~ **on** (sb), **to** ~ (sb) **on** [*success, good sign, legislation, government*] encorajar; [*fear, threat, example, hero*] estimular; **to** ~ **sb on to greater efforts** incitar alguém a esforçar-se mais.

spurious ['spjʊərɪəs] (formal) *adj* (pej) [*argument, notion, claim*] falacioso; [*excuse*] inventado; [*evidence, documents, credentials*] falso.

spurn [spɜːn] (formal) *vtr* recusar com desprezo, desdenhar [*advice, offer, help, etc*].

spurt [spɜːt] **1** *n* **a**) (gush) (of water, oil, blood) jacto *m*; esguicho *m*; (of flame) elevação *f* repentina; (of steam) jacto *m*; **b**) (burst) (of energy) explosão *f* de energia; (of activity, enthusiasm) recrudescimento *m*; (in growth) aumento *m* (de crescimento); **to put on a** ~ [*runner, cyclist*] fazer um esforço final. **2** *vtr* **to** ~ **flames** cuspir, vomitar fogo; **the wound was ~ing blood** a ferida esguichava sangue. **3** *vi* **a**) (gush) **to** ~ **from/out of sth** [*liquids*] jorrar/esguichar

de qq coisa; [*flames*] sair de qq coisa; **b**) (speed up) [*runner, cyclist*] aumentar de velocidade. ■ **spurt out** [*flames, liquid*] jorrar.

spy [spaɪ] **1** *n* **a**) espião *m*; espia *f*; **b**) (gen) (police) denunciante *m/f*; informador *m* Po, informante *m* Br. **2** *modif* [*film, novel, network, scandal*] de espionagem. **3** (formal) *vtr* (also hum) observar, vigiar, espreitar [*figure, object*]. **4** *vi* **to** ~ **on** Pol (report) [*army, military, manoeuvres, weapons*] espiar/informar sobre; **to** ~ **for sb** fazer espionagem por conta de alguém.

spy: ~**ring** *n* rede *f* de espionagem; ~ **satellite** *n* satélite *m* espião.

Sq abrev = **Square**.

sq. abrev = **square** quadrado; **10 sq m** 10 m2.

squabble ['skwɒbl] **1** *n* briga *f*; discussão *f*. **2** *vi* brigar, discutir (**over, about** acerca de).

squad [skwɒd] *n* (gen) Mil brigada *f*; esquadrão *m*; pelotão *m*; Sport (team) equipa *f*.

squadron ['skwɒdrən] *n* gb Mil (of armoured regiment) esquadrão *m*; Aviat, Naut esquadrilha *f*.

squalid ['skwɒlɪd] *adj* (pej) [*house, street, surroundings*] sórdido, miserável; [*clothes*] sujo; [*business, affair, story*] sórdido.

squall [skwɔːl] **1** *n* **a**) Meteorol tempestade *f* (**of** de); (fig) (quarrel) briga *f* (violenta); **b**) (cry) berro *m*. **2** *vi* [*baby*] berrar.

squalor ['skwɒlə(r)] *n* (of house, street, conditions, life) miséria *f* sordidez *f*.

squander ['skwɒndə(r)] *vtr* delapidar, esbanjar [*money, fortune, inheritance*] (**on** em); desperdiçar [*opportunities, talents, resources, time*]; dissipar [*youth, health*].

square [skweə(r)] **1** *n* **a**) (in town) praça *f*; **main** ~ praça *f* principal; **b**) (gen) Math, Mil quadrado *m*; (in board game, crossword) casa *f*; (of glass, linoleum) ladrilho *m*; **to divide a page up into** ~**s** dividir uma folha em quadrados; **c**) Math (self-multiplied) quadrado *m*; **d**) Math, Tech (for right angles) esquadria *f*; **e**) (coll) (old-fashioned) bota-de-elástico *m*. **2** *adj* **a**) (right-angled) [*shape, hole, building, box, face, shoulders*] quadrado; [*corner*] em ângulo recto; (correctly aligned) bem direito; **b**) Math, Meas [*metre, mile, etc*] quadrado; **four** ~ **metres** quatro metros quadrados; **c**) (fig) (balanced, level, quits) **to be (all)** ~ [*books, accounts*] estar equilibrado; [*people*] estar quite; [*teams, players*] estar em igualdade; **they are/it's all** ~ **at two all** eles estão em igualdade/há igualdade entre eles; **d**) (honest) [*person, transaction*] honesto (**with** com); **to give sb a** ~ **deal** tratar alguém de maneira honesta; **e**) (coll) (old-fashioned) antiquado, bota-de-elástico (*always after verb*). **3** *adv* (gen) (directly) [*fall, hit, strike*] em cheio; **he hit me** ~ **on the jaw** ela acertou-me em cheio no maxilar; **she looked me** ~ **in the eye** ela olhou-me bem nos olhos. **4** *vtr* **a**) (lit) (make right-angled) quadrar, esquadrar, esquadriar [*stone, timber*]; cortar em quadrado /em ângulo recto [*corner, end, section*]; **to** ~ **one's shoulders** endireitar os ombros; **b**) (settle) regularizar, saldar, pagar, liquidar [*account, debt, creditor*]; **c**) Sport (equalize) igualar [*score, series*]; **d**) (win over) (by persuasion) enrolar (fam); (by bribery) subornar; **go home early; I'll** ~ **it with**

the boss vai cedo para casa; eu vou arranjar isso como patrão; **I have problems ~ing this with my conscience** eu tenho problemas em conciliar isto com a minha consciência. **5 squared** *pp adj* **a)** [*paper*] quadriculado; **b)** MATH [*number*] ao quadrado. IDIOMAS **to go back to ~ one** voltar ao ponto de partida. ■ **square off:** **~ off (sth)**, **~ (sth) off** quadrangular [*end, edge, section*]. ■ **square up a)** (prepare to fight) (lit) preparar-se para lutar (**to sb** com alguém); (fig) fazer frente (**to sb** a alguém); **to ~ up for sth** (lit, fig) preparar-se para enfrentar qq coisa; **b)** (settle accounts) liquidar as suas contas; **~ up (sth)**, **~ (sth) up a)** (cut straight) cortar em quadrado [*paper, wood, corner*]; **b)** (align correctly) alinhar qq coisa. ■ **square with: ~ with (sth)** (be consistent) corresponder a [*evidence, fact, statement, theory*].

square bracket *n* parêntese *m* recto; **in square brackets** entre parênteses rectos.

squarely ['skweəlɪ] *adv* **a)** (directly) [*strike, hit, land*] (lit) em cheio; [*look at*] (lit, fig) face a face; [*confront, blame*] directamente; **b)** (honestly) honestamente, francamente.

square meal *n* boa refeição *f*.

square root *n* raiz *f* quadrada.

squash [skwɒʃ] **1** *n* (*pl* **-es**) **a)** SPORT (*also ~* **rackets**) squash *m*; **b)** (drink) sumo *m* de fruta; **c)** (vegetable) abóbora *f*; **d)** (crush) aperto *m*; esmagamento *m*; **it will be a bit of a ~ with six in the car** vai ser muito apertado levar seis pessoas num carro. **2** *vtr* **a)** (crush) esmagar [*fruit, insect, person*] (**against** contra; **between** entre); achatar [*hat*]; **b)** (force) **to ~ sth into a box** comprimir qq coisa dentro de uma caixa. **3** *vi* **a)** (become crushed) esmagar-se; **b)** (pack tightly) meter-se (comprimindo-se) (**into** em). ■ **squash flat: to ~ flat** [*hat, package*] achatar-se; **to ~ (sth, sb) flat** esmagar alg, algo. ■ **squash in** (coll) **if we move together you can ~ in** se nos juntarmos mais tu consegues caber aqui. ■ **~ up** (coll) **to ~ up** [*person*] comprimir-se (**against** contra); [*crowd*] apertar-se (**against** contra); **if I ~ up there's room for you** se eu me apertar há lugar para ti; **to ~ (sb) against sth** esmagar alg contra qq coisa.

squat [skwɒt] **1** *n* (position) posição *f* de cócoras. **2** *adj* [*person, structure*] atarracado. **3** *vtr* ocupar ilegalmente [*house, building*]. **4** *vi* (crouch) acocorar-se. ■ **squat down** agachar-se, acocorar-se.

squatter ['swɒtə(r)] *n* ocupante *m/f* ilegal.

squaw [skwɔ:] *n* índia *f*; mulher *f* pele-vermelha.

squawk [skwɔ:k] **1** *n* (of hen) cacarejo *m*; (of duck, parrot, crow) grasnido *m*; (hum) (of person) grito *m* (de surpresa, protesto, etc). **2** *vi* [*hen*] cacarejar; [*duck, parrot, crow*] grasnar.

squeak [skwi:k] **1** *n* (noise) (of door, wheel, mechanism) rangido *m*; (of mouse, soft toy) guincho *m*; (of furniture) estalido *m*; (of infant) vagido *m*. **2** *vi* (make noise) [*door, wheel, mechanism*] ranger; [*mouse, soft toy*] guinchar; [*furniture*] dar estalidos. IDIOMAS (coll) **phew! that was a narrow ~** GB uf! foi por pouco! (fam).

squeaky ['skwi:kɪ] *adj* [*voice*] agudo; [*gate, wheel, door*] que range.

squeal [skwi:l] **1** *n* (shrill noise) (of animal, person) grito *m* agudo; guincho *m*; **~s of laughter** guinchos de riso. **2** *vi* **a)** [*person, animal*] dar gritos agudos, guinchar (**in/with sth** de qq coisa); **to ~ with laughter** rir guinchando; **b)** (coll) (inform) denunciar, delatar; **to ~ on sb** denunciar alguém.

squeamish ['skwi:mɪʃ] *adj* (easily sickened) enjoado.

squeegee ['skwi:dʒi:] *n* **a)** PHOT rodo *m*; **b)** (cleaning device) (for floor) esfregão *m*.

squeeze [skwi:z] **1** *n* **a)** (application of pressure) **to give sth a ~** apertar qq coisa [*hand, tube*]; **b)** (hug) **to give sb a ~** abraçar alguém; **c)** (financial pressure) **large families/small businesses are feeling the ~** as famílias numerosas/os pequenos negócios estão a sentir dificuldades financeiras; **to put the ~ on sb** (coll) [*lenders*] fazer pressão sobre [*debtors*]; **d)** (small amount) **a ~ of lemon** mas gotas de sumo de limão. **2** *vtr* **a)** (press) espremer [*lemon, tube*]; apertar [*arm, hand*]; fazer pressão sobre [*bag, parcel*]; premir levemente [*trigger*]; furar [*spot*]; **to ~ glue onto sth** pôr cola em qq coisa; **b)** (extract) **to ~ water out of sth** (lit) extrair água de qq coisa [*cloth*]; **I ~d a loan out of dad** eu consegui um empréstimo do meu pai; **to ~ the truth out of sb** arrancar a verdade a alguém; **c)** (fig) **we can ~ a few more people into the room** conseguimos meter mais algumas pessoas na sala; **I can just ~ into that dress** eu fico toda apertada nesse vestido; **d)** (pass) **to ~ behind/between/under sth** passar por trás/entre/sob qq coisa; **e)** ECON, FIN (*often in passive*) estar em dificuldades [*profit, margins*]. ■ **squeeze in: ~ (sb) in** [*dentist*] fazer passar alguém entre duas consultas. ■ **squeeze out** [*person*] conseguir sair; **~ (sth) out** extrair [*juice, water*]; **~ water out of sth** enxugar [*cloth, sponge*]. ■ **squeeze past** [*car, person*] conseguir passar.

squeeze box *n* MUS acordeão *m*.

squelch [skwelʃ] **1** *n* (noise) som *m* de passos na lama; **the ~ of water in their boots** o plof-plof da água nas botas deles. **2** *vi* [*water, mud*] fazer chap chap, grugulejar.

squib [skwɪb] *n* bicha *f* de rabear (no fogo de artifício). IDIOMAS (coll) **to be a damp ~** GB ser um balão furado (fam).

squid [skwɪd] *n* lula *f*.

squidgy ['skwɪdʒɪ] (coll) *adj* mole.

squiggle ['skwɪgl] *n* (written) garatuja *f*.

squint [skwɪnt] **1** *n* **a)** MED (strabismus) estrabismo *m*; **b)** (coll) (look) **to have/take a ~ at sth** deitar um olhar de soslaio a qq coisa. **2** *vi* **a)** (gen) (look narrowly) **to ~ (one's eyes)** franzir os olhos; **b)** MED ser estrábico.

squire ['skwaɪə(r)] *n* **a)** (country gentleman) proprietário *m* rural, fidalgo *m* rural HIST (knight's retainer) escudeiro *m* ao serviço de um cavaleiro; **b)** US (judge) juiz *m* de paz; (lawyer) advogado *m*.

squirm [skwɜ:m] *vi* **a)** (wriggle) [*snake, worm, etc*] enroscar-se; [*fish*] agitar-se, mexer; [*person*] (in pain, agony) contorcer-se; **b)** (with embarrassment) sentir-se pouco à vontade.

squirrel ['skwɪrl] *n* esquilo *m*.

squirt [skwɜ:t] **1** *n* **a)** (jet) (of water, oil) jacto

m; esguicho *m*; **b)** (small amount) gota *f*; pingo *m*; **c)** (coll, pej) (person) **a little** ~ um presumido, um borra-botas (fam). **2** *vtr* **a)** **to** ~ **sth into** [*glass, drink*] deitar um pouco de algo em; **to** ~ **water/ink at sb** salpicar alguém de água/tinta; **b)** (spray) **to** ~ **sb** aspergir/borrifar alguém (com água). **3** *vi* **to** ~ **out of/from** [*pipe, crack*] esguichar de. ■ **squirt out** [*water, oil*] esguichar (**of, from sth** de qq coisa); ~ **(sth) out,** ~ **out (sth)** fazer sair qq coisa em esguicho [*liquid, paste, paint*] (**of sth** de algo).
Sr a) abrev = **Senior; b)** abrev = **Sister.**
Sri Lanka [sriːˈlæŋkə] *pr n* Sri Lanka *m*.
St a) abrev = **Saint; b)** abrev = **Street.**
st GB abrev = **stone.**
stab [stæb] **1** *n* (act) punhalada *f*; facada *f*; (fig) (of pain) dor *f* aguda (**of** de); (of jealousy, guilt, anger) ataque *m* (**of** de); **a** ~ **of fear** um medo súbito. **2** *vtr* **a)** (pierce) dar uma facada em, ferir (alg) com faca [*person*]; espetar, picar [*meat, piece of food*]; **to** ~ **sb to death** esfaquear alg até à morte; **to** ~ **sb in the back** (lit, fig) apunhalar alg pelas costas; **b)** (poke hard) bater fortemente [*person, object*]. **3** *v refl* **to** ~ **oneself** (accidentally) ferir-se com faca.
stabbing [ˈstæbɪŋ] **1** *n* punhalada *f*; facada *f*. **2** *adj* (sudden and sharp) [*pain*] lancinante.
stability [stəˈbɪlɪtɪ] *n* (economic, financial, political) estabilidade *f*.
stabilize [ˈsteɪbɪlaɪz] **1** *vtr* estabilizar [*prices, wages, currency, etc*]. **2** *vi* estabilizar-se. **3** **stabilizing** *pres p adj* [*effect, influence*] estabilizador.
stable [ˈsteɪbl] **1** *n* **a)** (building) (*also* ~s) estábulo *m*; cavalariça *f*; **b)** (establishment) (*also* ~s) coudelaria *f*; **riding** ~(s) escola *f* de equitação; **c)** (fig) COMM (of publications, performers) grupo *m*; (Motor-racing) (of cars) escuderia *f*. **2** *adj* **a)** (steady) [*prices, currency, economy, etc*] estável; [*construction, foundation*] sólido; [*medical condition*] estacionário; **b)** (psychologically) [*person, temperament, character*] equilibrado; **c)** CHEM, PHYS [*substance, compound*] estável. **3** *vtr* pôr num estábulo [*horse*].
staccato [stəˈkɑːtəʊ] **1** *adj* **a)** MUS [*notes, vocals*] staccato, destacado; **b)** (gen) [*gasps, tones, sounds, shots*] entrecortado. **2** *adv* [*play*] staccato.
stack [stæk] **1** *n* (pile of hay, straw, etc) meda *f*; (of books, papers, plates, wood) montão *m*; pilha *f*; (of chairs) pilha *f*; ~**s of** (coll) montes de *mpl* (fam); **we've got** ~**s of time** (coll) tempos, imenso tempo. **2** *vtr* **a)** AGRIC pôr qq coisa em meda, empilhar [*hay, straw*]; **b)** (pile) (*also* ~ **up**) empilhar [*boxes, books, plates, chairs*]; **c)** AVIAT manter em espera (em diferentes altitudes) [*airplane*]; **d)** (in cards) fazer batota Po/ trapaça BR. **IDIOMAS to blow one's** ~ (coll) ficar furiosa; **to have the odds/cards** ~**ed against one** não ter todos os trunfos, estar em desvantagem. ■ **stack up: to** ~ **up** (coll) US (compare) comparar-se (**against, with** com); **to** ~ **up (sth),** ~ **(sth) up** empilhar [*boxes, books, plates, chairs, etc*].
stadium [ˈsteɪdɪəm] *n* (*pl* **-iums/-ia**) estádio *m*.
staff [stɑːf] **1** *n* **a)** (*pl* **staves**) [steɪvz] ~**s** (stick) (for walking) bordão *m*; (crozier) bastão *m*; **b)**

(employees) pessoal *m*; **a small business with a** ~ **of ten** uma pequena empresa com dez empregados; **to be on the** ~ **of a company** fazer parte do quadro de pessoal de uma empresa; **c)** (**teaching**) ~ SCH, UNIV pessoal *m* docente; **member of** ~ membro *m* do pessoal docente; **a** ~ **of 50** um efectivo de cinquenta professores; **d)** MIL estado-maior *m*; **e)** MUS pauta *f*. **2** *vtr* **to** ~ **a company** (through recruitment agency) prover uma empresa de pessoal; **the restaurant is entirely** ~**ed by Italians** todo o pessoal do restaurante é italiano; **the school is under-**~**ed** a escola tem falta de professores.
staff: ~ **meeting** *n* SCH reunião *f* de professores; ~ **nurse** *n* enfermeiro *m*; ~ **room** *n* SCH sala *f* de professores.
stag [stæg] *n* **a)** ZOOL veado *m*; **b)** FIN especulador *m*.
stage [steɪdʒ] **1** *n* **a)** (gen) SCH, SPORT estádio *m*; grau *m* (**of, in** de); fase *f* (**of, in** de); (in journey, negotiations) etapa *f* (**of, in** de); **the baby has reached the talking** ~ o bebé PO/neném BR começou a falar; **I've reached the** ~ **where I have to decide** atingi uma fase em que tenho de decidir; **at this** ~ nesta fase; **I can't tell at this** ~ não posso dizer nada ainda; **at this** ~ **in/of your career** nesta fase da tua carreira; **at a late** ~ numa fase avançada; **at an earlier/later** ~ numa fase anterior/posterior; **at an early** ~ **in our history** no início da nossa história; **at every** ~ em cada etapa; **she should know that by this** ~ ela já deveria saber isso; **by** ~**s** por etapas; ~ **by** ~ etapa por etapas; **in** ~**s** em várias etapas; **the project is still its early** ~**s** o projecto está ainda no seu início; **she's going through a difficult** ~ ela está a atravessar um período difícil; **b)** (raised platform) (gen) estrado *m*; THEAT palco *m*; **to go on** ~ estar/entrar em cena; **to set the** ~ THEAT preparar o cenário; (fig) preparar qq coisa; **a meeting to set the** ~ **for the summit** um encontro para preparar a reunião de mais alto nível; **c)** **the** ~ THEAT o teatro; **to go on the** ~ fazer teatro; **d)** (fig) (setting) (actual place) local *m*; cena *f* de um acontecimento; palco *m*; **her appearance on the** ~ **of world politics** a sua aparição no cenário político internacional; **e)** AEROSP secção *f* de foguetão; **f)** (on scaffolding) plataforma *f*. **2** *modif* THEAT [*play, equipment, furniture, lighting*] de teatro; [*product*] teatral; [*appearance, career, performance*] no teatro. **3** *vtr* **a)** (gen) (organize) organizar [*ceremony, competition, demonstration, event*]; fomentar [*coup*]; **b)** (gen) (fake) simular [*quarrel, scene*]; **the whole thing was** ~**d** foi tudo simulado; **c)** THEAT montar, pôr (qq coisa) em cena [*play, performance*].
stage: ~**coach** *n* diligência *f*; ~ **door** *n* porta *f* dos artistas; ~**fright** *n* nervosismo *m* de actor ou orador diante da assistência; ~**-manage** *vtr* (fig) orquestrar; ~**-manager** *n* director *m* de cena; ~**-struck** *vtr* apaixonado do teatro; ~ **whisper** *n* THEAT (fig) aparte *m*.
stagger [ˈstægə(r)] **1** *n* (movement) **with a** ~ (weakly) com um movimento vacilante; (drunkenly) cambaleando. **2** *vtr* **a)** (astonish) (*usually in passive*) confundir, desconcertar, estupeficar; **b)** (time) escalonar [*holidays, journeys, timetable,*

payments, strikes]. **3** *vi* (from weakness, illness) cambalear, vacilar; (drunkenly) titubear, caminhar aos ziguezagues; [*animal*] vacilar; **to ~ in/out/off** entrar/sair/partir cambaleante/com um passo vacilante; **to ~ to the door/car** ir vacilando até à porta/carro. **4 staggered** *pp adj* (astonished) espantado, desconcertado.

staggering ['stægərɪŋ] *adj* [*amount, quantity, increase, loss*] prodigioso; [*news, revelation*] desconcertante; [*attitude, achievement, transformation*] espantoso; [*success*] estrondoso.

stagnant ['stægnənt] *adj* [*water, swamp*] estagnado.

stagnate [stæg'neɪt] *vi* **a)** [*economy, sales, prices, political party*] estar estacionário; [*person, mind, society*] estagnar; **b)** (lit) [*water, pond*] estagnar.

stagnation [stæg'neɪʃn] *n* estagnação *f* (**in sth** de algo).

staid [steɪd] *adj* (sometimes pej) [*person, character*] sério, acomodado (pej).

stain [steɪn] **1** *n* **a)** (mark) (lit, fig) mancha *f*; nódoa *f*; **it will leave a ~** isso vai fazer nódoa; **b)** (product) (for wood, fabric, etc) tinta *f*. **2** *vtr* **a)** (soil) manchar [*clothes, carpet, etc*]; **b)** TECH tingir [*wood, fabric, etc*]. **3** *vi* [*fabric*] manchar-se. **4 ~ed** (*in compounds*) **oil-~** manchado de gordura.

stained: ~ glass *n* (glass) vidro *m* pintado; **~ glass window** *n* vitral *m*.

stainless ['steɪnlɪs] *adj* [*reputation, past, etc*] sem mancha, imaculado.

stainless steel [steɪnlɪs 'stiːl] *n* aço *m* inoxidável.

stair [steə(r)] *n* (*pl* **stairs**) (staircase) **the ~** a escada *f*; **a flight of ~** um lance de escadas, uma escadaria *f*; **to fall down the ~** cair pelas escadas abaixo.

stair carpet *n* passadeira *f* da escada.

staircase ['steəkeɪs] *n* escada *f*.

stair: ~way *n* escada *f*; **~well** *n* caixa *f* de escada.

stake [steɪk] **1** *n* **a)** (fig) GAMES, TURF parada *f*; aposta *f*; **to be at ~** (fig) estar em jogo; **he has a lot at ~** ele tem bastante a perder; **b)** (fig) participação *f* (**in** em); **c)** (pole) (support) estaca *f*; (thicker) poste *m*; **d) to be burnt at the ~** ser queimado na fogueira. **2 stakes** *npl* TURF montante *m* do prémio. **3** *vtr* **a)** (gamble) apostar [*money, property*]; arriscar [*reputation*]; **b)** HORT pôr um tutor em [*plant, tree*]. **IDIOMAS to ~ one's claim to sth** (lit) delimitar com estacas o seu direito sobre [*land*]; (fig) reivindicar qq coisa. ▪ **stake out: ~ out (sth), ~ (sth) out a)** (lit) delimitar [*land*]; **b)** [*police*] vigiar [*hide-out*].

stale [steɪl] **1** *adj* **a)** (old) [*bread, cake*] seco; [*biscuit*] mole; [*air, odour*] viciado; [*beer*] morta; **the loaf has gone ~** o pão está seco; **to smell ~** [*room, house*] cheirar a bafio; **b)** (hackneyed) [*jokes, ideas*] banal, trivial; [*style, ideal*] gasto; **~ news** notícias velhas; **c)** (tired) [*player, performer*] fatigado. **2** (formal) *vi* [*pleasure, delight*] perder a graça, perder o interesse.

stalemate ['steɪlmeɪt] *n* **a)** (gen) (deadlock) impasse *m* (**in sth** em qq coisa); **b)** GAMES (in chess) empate *m*.

stalk [stɔːk] **1** *n* **a)** BOT, CULIN (of grass, rose, broccoli) caule *m*; (of leaf, apple, pepper) pedúnculo *m*; (of mushroom) pé *m*; (of cabbage) talo *m*; **b)** ZOOL (animal organ) pedículo *m*. **2** *vtr* **a)** (hunt) [*hunter*] espreitar a caça; [*animal*] caçar; [*rapist*] seguir; **b)** (formal) (affect) [*fear, danger*] reinar sobre; [*disease, famine*] flagelar; [*killer*] vaguear; **c)** COMM, FIN (in take-over bid) tomar o controlo de [*company*]. **3** *vi* **a)** (stiffly) **he ~d out of the room in a rage** furioso, ele deixou a sala de cabeça erguida; **b)** (formal) (menacingly) **to ~ through** [*countryside, streets*] andar por. **IDIOMAS** (coll) **my eyes were out on ~s** os meus olhos estavam fora das órbitas.

stall [stɔːl] **1** *n* **a)** (at market, fair, etc) tenda *f*; banca *f*; (newspaper stand) quiosque *m*; **b)** (in stable) cocheira *f*; estábulo *m*; **c)** AVIAT perda *f* de velocidade; **d)** ARCHIT (in church) assento *m* de coro mais ou menos fechado atrás e dos lados; **e)** CONSTR (for shower, etc) compartimento *m*; **f)** US (parking space) lugar *m* de estacionamento. **2 stalls** *npl* THEAT lugares *mpl* de orquestra ou primeiras filas de teatro; **in the ~s** nas primeiras filas. **3** *vtr* **a)** AUT fazer parar, afogar [*engine, car*]; **b)** (hold up) bloquear [*talks, negotiations, action, progress*]; acalmar [*person*]. **4** *vi* **a)** [*car, driver, engine*] parar, afogar-se; **b)** [*plane, pilot*] perder velocidade dificultando o controlo; **c)** (play for time) ganhar tempo; **d)** (stop, stagnate) [*market, industry*] estagnar, parar; [*talks, diplomacy*] bloquear-se.

stallion ['stæljən] *n* garanhão *m*.

stalwart ['stɔːlwət] **1** *n* partidário *m*; **he was a party ~** ele era um partidário leal. **2** *adj* (loyal) [*defender, member, supporter*] firme, leal; [*support*] incondicional; [*defence, resistance*] enérgico.

stamen ['steɪmən] *n* estame *m*.

stamina ['stæmɪnə] *n* resistência *f*.

stammer ['stæmə(r)] **1** *n* gaguez *f* PO, gagueira *f* BR. **2** *vtr* MED gaguejar; (momentarily) balbuciar (**that** que). **3** *vi* gaguejar (**with sth** com algo).

stamp [stæmp] **1** *n* **a)** POST selo *m*; **"no ~ required"** "não necessita de selo"; **b)** (marking device) carimbo *m*; (for marking gold) punção *f*; **c)** (fig) (hallmark) marca *f*; **to set one's ~ on sth** impor a sua marca em [*play, company, era*]; **d)** (calibre) índole *f*; laia *f*; **e)** (sound of a foot) bater *m* de pés. **2** *vtr* **a)** (mark) carimbar [*date, name, number*]; marcar [*goods, boxes*]; pôr o visto [*passport*]; **b)** (thump one's feet) **to ~ one's foot** (in anger) bater com o pé; **c)** POST selar [*envelope*]. **3** *vi* **a)** (thump one's foot down) [*person*] bater com o pé; **b)** (walk heavily) andar batendo com os pés no chão; **c)** (crush) **to ~ on sth** (lit) calcar [*soil, ground*]. ▪ **stamp out: ~ (sth) out, ~ out (sth) a)** (put out) extinguir (qq coisa) calcando com os pés [*fire, flames*]; **b)** (crush) eliminar [*cholera, disease*]; reprimir [*terrorism, fraud*]; esmagar [*uprising*].

stamp: ~-collecting *n* filatelia *f*; **~-collector** *n* filatelista *m/f*.

stampede [stæm'piːd] **1** *n* **a)** (rush) (of animals, humans) debandada *f*; **b)** (rodeo) rodeo *m*. **2** *vtr* **a)** (lit) semear o pânico entre [*animals, spec-*

tators]; **b**) (fig) (force sb's hand) forçar [*person*]; **to ~ sb into doing** forçar alg a fazer. **3** *vi* [*animals, people, crowd*] fugir em pânico.

stamp machine *n* Post máquina *f* distribuidora de selos.

stanch [stɑːnʃ, stɔːnʃ] *vtr* us see **staunch**.

stand [stænd] **1** *n* **a**) (piece of furniture) (gen) aparador *m*; estante *f*; (for coats) cabide *m*; (for hats) bengaleiro *m*; (for plant) jardineira *f*; (for sheet music) estante *f* de música; **b**) Comm (stall) (on market) banca *f*; posto *m* de venda; (kiosk) quiosque *m*; (at exhibition, trade fair) sala *f* de exposição; stand *m*; **c**) (in stadium) bancadas *fpl*; **d**) (witness box) tribuna *f* ou estrado *m*; **to take the ~** ir à tribuna depor; **e**) (stance) (fig) posição *f*; postura *f*; **to take** *or* **make a ~ on sth** tomar posição em qq coisa; **f**) (resistance to attack) resistência *f*; **(to make) a last ~** (travar) uma última batalha; **g**) (standstill) **to come to a ~** imobilizar-se; **h**) (growth) (of corn) campo *m*; (of trees) floresta *f*. **2** *vtr* (*past, pp* **stood**) **a**) (place) **to ~ sb on/in/etc** colocar alg em/dentro de/etc; **b**) (bear) suportar; **he can't ~ to do/doing** ele não suporta fazer; **she won't ~ any nonsense** ela não tolera disparates; **c**) (coll) (pay for) **to ~ sb sth** oferecer qq coisa a alg. **3** *vi* (*past, pp* **stood**) **a**) (be upright) [*person*] estar ou ficar de pé; [*object*] estar em posição vertical; **"don't just ~ there! do something!"** "não fiques aí parado! faz qq coisa!"; **b**) (get up) (*also ~ up*) levantar-se; **c**) (be situated) **the train was ~ing at the platform for half an hour** o comboio Po/trem Br ficou parado na plataforma durante meia hora; **d**) (be) **to ~ empty** [*house*] estar vazia; **to ~ accused at sth** ser acusado de qq coisa; **to ~ ready** estar pronto; **as things ~...** tal como as coisas estão...; **I want to know where I ~** (fig) eu quero saber qual é o meu papel nisto; **nothing ~s between me and getting the job** nada me impede de obter o emprego; **to ~ in sb's way** (lit) impedir a passagem a alg; **e**) (remain valid) [*offer, agreement, statement*] manter-se válido; **f**) (measure in height) **the tower ~s 500 metres high** a torre mede 500 metros de altura; **g**) (be at certain level) **the record ~s at 300** o máximo está em 300; **h**) (be a candidate) candidatar-se; **to ~ for parliament/president** concorrer às eleições legislativas/presidenciais; **i**) (not move) [*water, mixture*] estar em repouso. **■ stand about, stand around** estar por ali. **■ stand aside** afastar-se, pôr-se de parte, sair. **■ stand back a**) (move back) [*person, crowd*] recuar, afastar-se (**from** de); **b**) (be situated away from the road, etc) [*house*] estar retirado/afastado (**from** em relação a). **■ stand by: ~ by a**) (be prepared) (gen) estar preparado; [*doctor, army, emergency services*] estar pronto (para intervir); **to be ~ing by to do** estar pronto para fazer; **b**) (be present without acting) estar presente; **he stood by and did nothing** ele estava lá e não fez nada; **~ by (sb/sth)** (be loyal to) apoiar Po/dar uma força Br [*person*]; manter [*principles, offer, decision*]; assumir [*actions*]. **■ stand down a**) (resign) [*president, chairman, candidate*] demitir-se (**in favour of** a favor de); **b**) (in law court) deixar o banco das testemunhas. **■ stand for: ~ for sth a**) (represent)

[*party, person*] representar (qq coisa); **b**) (denote) [*initials*] querer dizer (qq coisa); **c**) (tolerate) [*person*] permitir. **■ stand in: ~ in for sb** substituir alg. **■ stand off a**) (reach a stalemate) chegar a um impasse; **b**) Naut fazer-se ao largo, afastar-se de terra; **~ (sb) off, ~ off (sb)** (lay off) despedir [*workers*]. **■ stand out a**) (be noticeable) [*person*] distinguir-se, salientar-se; [*building, design*] destacar-se, ressaltar; [*work, ability, achievement*] salientar-se; **to ~ out from** [*person*] distinguir-se de [*group, classmates, etc*]; **b**) (protrude) [*veins*] estar/ficar saliente. **■ stand over** (be postponed) ser adiado (para mais tarde); **~ over sb** (supervise) supervisionar, controlar alg. **■ stand to** Mil estar em estado de alerta, estar preparado; **to ~ to to do** Mil estar pronto para fazer; **to ~ (sb) to** Mil pôr (alg) em estado de alerta. **■ stand up a**) (rise) levantar-se (**to do** para fazer); **b**) (stay upright) estar de pé; **c**) (withstand investigation) [*argument, theory, story*] manter-se de pé, ser válido; **to ~ up to investigation** resistir à investigação; **~ up for sb/sth** defender, apoiar alg/qq coisa; **to ~ up for oneself** defender-se; **~ up to sb** fazer frente a alg.

stand-alone [stændə'ləʊn] *adj* Comput autónomo.

standard ['stændəd] **1** *n* **a**) (model measurement) padrão *m*; **b**) (level of quality) nível *m*; **~s of service have declined** a qualidade do serviço baixou; **this wine is excellent by any ~s** este vinho é excelente a todos os níveis; **by today's ~s** segundo os critérios actuais; **c**) (official specification) norma *f* (**for** de); **d**) (required level) nível *m* exigido (**for** para); **this work is not up to ~** este trabalho não tem o nível exigido; **to set the ~ for others to follow** impor um modelo a seguir pelos outros; **e**) (calibre) nível *m*; **f**) (banner) estandarte *m*; **g**) (classic song) clássico *m*. **2 standards** *npl* **a**) (moral precepts) princípios *mpl* morais; **to have high ~s** ter bons princípios; **b**) (requirements) requisitos *mpl*; **safety/hygiene ~s** condições de segurança/higiene; **c**) (usual) [*joke, comment*] clássico *m*; **d**) GB Rail (*also ~ class*) [*ticket*] de segunda classe.

standard-bearer *n* Mil (fig) porta-bandeira *m/f*.

standardize ['stændədaɪz] *vtr* normalizar, estandardizar, uniformizar [*component, laws, procedures, size*].

standard lamp *n* GB candeeiro *m* de pé.

stand-by 1 *n* (for use in emergencies) (person) apoio *m*; reserva *f*; (food, ingredient) recurso *m*; **to be on ~** [*army, emergency services*] estar pronto a intervir; (for airline ticket) estar na lista de espera. **2** *modif* **a**) (emergency) [*system, circuit, battery*] de reserva; **b**) Aviat [*ticket, person*] em lista de espera.

stand-in *n* (gen) substituto *m*; Cin, Theat duplo *m*.

standing ['stændɪŋ] **1** *n* **a**) (reputation) reputação *f*; posição *f* (**among** entre; **with** com); **of high/considerable ~** muito reputado; **b**) (length of time) **of long ~** de longa data. **2** *adj* **a**) (permanent) [*army, force*] efectivo; permanente [*committee*]; **b**) (continuing) [*rule*] permanente; **his absent-mindedness is a ~ joke among his**

friends a distracção dele é motivo de constante brincadeira entre os amigos; **c)** SPORT (from standing position) (jump) sem impulso.
standing: ~ **order** *n* FIN transferência *f* automática; ~ **ovation** *n* ovação *f* em pé; ~ **room** *n* lugar *m* de pé.
stand: ~-**offish** *adj* [*person, manner, attitude*] distante; ~**pipe** *n* tubo *m* vertical; ~**point** *n* ponto *m* de vista.
standstill ['stændstɪl] *n* **a)** (stop) (of traffic, production) paragem *f*; (of economy, growth) estagnação *f*; **to be at a** ~ [*traffic*] estar parado; [*work, production*] estar parado; [*negotiations, talks*] chegar a um impasse; **to bring sth to a** ~ paralizar qq coisa [*traffic, factory, service, city*]; **b)** (freeze) (on wages, taxes, etc) congelamento *m*.
stand-up **1** *n* (*also* ~ **comedy**) comédia *f* de um só actor. **2** *adj* **a)** ~ **comedian** THEAT, TV artista *m/f* que está sozinho em palco a dizer piadas; **b)** (eater while standing) [*buffet, meal*] em pé; **c)** (aggressive) [*row, argument*] violento.
stank *past* see **stink**.
stanza ['stænzə] *n* estrofe *f*.
staple ['steɪpl] **1** *n* **a)** (for paper) agrafo *m*; **b)** CONSTR (U-shaped) grampo *m*; **c)** (basic food) alimento *m* básico; **d)** ECON, IND (crop) cultura *f* principal; (product) artigo *m* principal; **e)** (fig) (topic, theme) assunto *m* principal; **f)** TEX (fibre) fibra *f*. **2** *adj* [*product, industry, food, diet*] de base. **3** *vtr* (gen) (attach) agrafar (**to sth** a algo; **onto sth** em algo).
stapler ['steɪplə(r)] *n* agrafador *m*.
star [stɑː(r)] **1** *n* **a)** ASTRON estrela *f*; **the ~s are out** as estrelas estão a brilhar; **b)** (person) vedeta *f*; PO, vedete *f* BR estrela *f*; **c)** (asterisk) asterisco *m*; **d)** (award) (to hotel, restaurant) estrela *f*; **e)** MIL (mark of rank) estrela *f*. **2 stars** *npl* horóscopo *m*. **3** -**star** (*in compounds*) **four-~ hotel** hotel de quatro estrelas. **4** *vtr* (*pres p etc* -**rr**-) **a)** [*film, play*] ter (alg) como actor ou actriz principal; **the film ~s Greta Garbo** Greta Garbo é a estrela do filme; **b)** (mark with star) (*often in passive*) marcar (qq coisa) com um asterisco; **c)** (decorate) (*often in passive*) salpicar; ~**red with** salpicado de [*flowers, dots*]. **5** *vi* (*pres p etc* -**rr**-) [*actor*] desempenhar o papel principal (**in** em). IDIOMAS **to reach for the ~s** querer a lua.
starboard ['stɑːbəd] **1** *n* NAUT, AVIAT estibordo *m* PO, boreste *m* BR; **to turn to** ~ voltar a estibordo PO/boreste BR. **2** *modif* [*engine, gun, wing*] de estibordo PO/boreste BR, direito; **on the** ~ **side** a estibordo PO/boreste BR.
starch [stɑːtʃ] **1** *n* **a)** (carbohydrate) (- *c*) amido *m*; f, fécula *f*; **wheat** ~ amido *m* de trigo; **potato** ~ fécula *f* de batata; **b)** (food) amido *m*; **c)** (for clothes) goma *f*. **2** *vtr* engomar. **3** *pp adj* engomado.
starchy ['stɑːtʃɪ] *adj* **a)** [*food, diet*] rico em amido; **b)** [*substance*] amiláceo; **c)** (coll, pej) [*person, tone*] empertigado, afectado.
stardom [stɑːdəm] *n* estrelato *m*; estatuto *m* de estrela; **to rise to** ~ tornar-se uma estrela.
stare [steə(r)] **1** *n* olhar *m* (fixo); **she gave me a** ~ **ela** olhou-me fixamente. **2** *vi* olhar (fixamente); **to** ~ **at sb** olhar (alg) fixamente, encarar

alg; **to** ~ **at sth** olhar (algo) fixamente; **to** ~ **at sb in surprise/disbelief** olhar alg com ar surpreendido/incrédulo; **to** ~ **into space** olhar no vazio; **to** ~ **up at sb/sth** levantar os olhos para alg/algo. ■ **stare down, stare out**: ~ (**sb**) **down** *or* **out** fazer baixar os olhos a (alg).
starfish *n* estrela-do-mar *f*.
staring ['steərɪŋ] *adj* [*eyes*] fixo; [*people, crowd*] curioso.
stark [stɑːk] *adj* **a)** (bare) [*landscape, building, appearance*] desolado, árido; [*room, decor*] despido; [*lighting*] frio; [*beauty*] áspero; **b)** (unadorned) [*statement, fact*] duro; [*warning, reminder*] severo; **a** ~ **choice** uma escolha difícil; **c)** (total) [*contrast*] total; **in** ~ **contrast to** em oposição completa com. IDIOMAS **to be** ~ **naked** estar completamente nu; ~ **staring** GB *or* **raving mad** (coll) louco furioso.
starlight *n* luz *f* das estrelas.
starling ['stɑːlɪŋ] *n* ORNITH estorninho *m*.
starry ['stɑːrɪ] *adj* **a)** [*night*] estrelado; **b)** [*eyes*] brilhante.
starry-eyed *adj* [*person*] que se maravilha com tudo.
star-studded *adj* [*cast, line-up*] cheio de estrelas.
start [stɑːt] **1** *n* **a)** (beginning) início *m*; **at the** ~ **of the season** no início da estação; **(right) from the** ~ desde o começo; **to make a** ~ **on/on doing** começar a/a fazer; **to make an early** ~ (on journey) partir cedo; (on work) começar cedo; **from** ~ **to finish** do princípio ao fim; **for a** ~ para começar; **b)** SPORT (gen) (advantage) vantagem *f*; (in time, distance) avanço *m*; **to give sb a** ~ **in business** ajudar alg a iniciar um negócio; **c)** SPORT (departure line) linha *f* de partida; **d)** (of surprise, fear) **with a** ~ em sobressalto. **2** *vtr* **a)** (begin) começar [*day, exercise, activity*]; encetar [*bottle, new packet*]; **to** ~ **doing/to do** começar a fazer; **b)** (put to work) pôr a trabalhar [*person*]; **c)** (cause, initiate) desencadear [*quarrel, war*]; instaurar [*custom*]; lançar [*fire*]; originar [*trouble, rumour*]; lançar [*fashion, enterprise*]; **to** ~ **a family** ter filhos; **d)** MECH (activate) fazer arrancar [*car*]; pôr em movimento [*machine*]; **e)** TECH (cause to loosen) fazer rodar. **f)** HUNT levantar [*game*]. **3** *vi* **a)** (begin) (gen) começar; (in job) estrear-se (**as** como); **to** ~ **again/afresh** recomeçar; **to** ~ **on** começar [*memoirs, revision, journey*]; **let's get** ~**ed on the washing-up** vamos! comecemos com a lavagem da roupa; **don't** ~ **on me** (in argument) não comeces outra vez!; ~**ing Wednesday...** a contar de quarta-feira; **b)** (depart) partir; **c)** (jump nervously) estremecer (**in** de); **d)** MECH (be activated) [*engine, machine*] ligar. IDIOMAS **the** ~ **of something big** um começo promisetedor; **to** ~ **something** (coll) semear a discórdia (fam). ■ **start off**: ~ **off a)** (set off) [*train, bus*] arrancar; [*person*] partir; **b)** (begin) [*person*] começar (**by doing** por fazer); [*matter, business, employee*] começar (**as** como; **in** em); ~ **off for** pôr-se a caminho de [*place*]; ~ (**sb**) **off**, ~ **off** (**sb**) **a)** (coll) (cause to do) **don't** ~ **her off crying** não a faças chorar; **don't** ~ **him off** não o provoques; **b)** (put to work) pôr a

trabalhar [*worker*]; **c**) SPORT [*starter*] fazer partir [*competitors*]; ~ **(sth) off,** ~ **off (sth) a)** (begin) começar [*visit, talk*] pôr em marcha [*programme*]; **b**) (activate) pôr em marcha [*machine*]. ■ **start out a)** (set off) (on journey) partir; **he** ~**ed out with the aim...** (fig) inicialmente ele tinha por objectivo...; **b**) (begin) [*matter, business, employee*] começar (**as** como; **in** em). ■ **start over** recomeçar (do zero). ■ **start up** [*engine*] ligar; [*noise*] começar; [*person*] começar; ~ **(sth) up,** ~ **up (sth)** ligar [*car*]; abrir [*shop*]; criar [*business*].

starter ['stɑ:tə(r)] *n* **a**) (in race) (participant) participante *m/f*; (official) aquele que dá o sinal de partida; **to be a fast** ~ ser rápido na partida; **b**) TECH motor *m* de arranque; **c**) CULIN entrada *f*; **d**) (in quiz) primeira questão *f*. IDIOMAS **for** ~**s** (coll) para começar.

starting: ~ **block** *n* SPORT bloco *m* de partida; ~ **line** *n* SPORT linha *f* de partida; ~ **point** *n* ponto *m* de partida.

startle ['stɑ:tl] *vttr* **a**) (take back) [*reaction, tone, event, discovery*] surpreender; **b**) (alarm) [*sight, sound, person*] assustar.

startling ['stɑ:tlɪŋ] *adj* surpreendente, assustador.

starvation [stɑ:'veɪʃn] **1** *n* fome *f*; **to die** ~ morrer de fome. **2** *modif* [~ *diet*] dieta *f* de fome.

starve [stɑ:v] **1** *vtr* **a**) (deliberately) privar (alguém) de alimento, fazer (alguém) passar fome [*population, prisoners*]; **to** ~ **oneself/sb to death** deixar-se morrer/deixar alguém morrer à fome; **b**) (deprive) (*often in passive*) **to** ~ **sb/sth of** [*investment, cash, oxygen, light affection*] privar alguém/algo de; **to be** ~**d for** [*choice, company, conversation*] estar ávido de. **2** *vi* MED (be malnourished) sofrer de subnutrição, estar subalimentado; **(die)** ~ **(to death)** morrer de fome. ■ **starve out:** ~ **(sb)** out, ~ **out (sb)** privar (alguém) de alimentos [*enemy, besieged*].

starving [stɑ:vɪŋ] *adj* **a**) (coll) (emphatic) (usually attrib) **to be** ~ estar cheio de fome; **b**) (hunger-stricken) [*person, animal*] esfomeado.

state [steɪt] **1** *n* **a**) (condition) (gen) COMPUT estado *m*; **a shocking/odd** ~ **of affairs** uma situação escandalosa/muito estranha; **to be a good/ bad** ~ estar em bom/mau estado; **in a good/bad** ~ **of repair** em bom/mau estado de conservação; **he's in a confused** ~ **of mind** ele está em estado de confusão mental; **he's in no** ~/**he's not in a fit** ~ **to drive** ele não está em estado de conduzir; **in a liquid/solid** ~ em estado líquido/ sólido; **a** ~ **of alert/emergency** um estado de alerta/emergência; **b**) POL (nation) (*also* **State**) Estado *m*; **c**) POL (government) estado *m*; **The State** o Estado; **d**) (ceremonial) pompa *f*; **in** ~ em grande pompa; **e**) (dated) (social class) posição *f* social; classe *f*. **2 the States** *npl* os Estados Unidos *mpl*. **3** *modif* **a**) (government) [*school, sector*] público; [*enterprise, radio, university, secret*] de Estado; [*army, tax*] nacional; ~ **aid** ajuda do estado, estatal; ~ **election** eleição *f* nacional; IN US eleição *f* a nível de Estado; **b**) (ceremonial) [*coach, occasion, opening*] de gala, de cerimónia; [*funeral*] nacional; [*visit*] oficial. **4** *vtr* **a**) (express, say) expor [*fact, opinion, truth, view*]; (provide information) indicar; **to** ~

one's case (gen) expor o seu caso; JUR apresentar o caso; **as** ~**d above/below** mencionado em cima/em baixo; **b**) (specify) especificar [*amount, conditions, place, time*]; **at** ~**d times/ intervals** em datas/intervalos fixos.

State Department *n* US POL ministério *m* americano dos negócios estrangeiros.

stateless ['steɪtlɪs] *n, adj* apátrida *m/f*; ~ **persons** apátridas.

stately ['steɪtlɪ] *adj* majestoso, imponente.

stately home *n* casa *f* ancestral.

statement ['steɪtmənt] *n* **a**) (gen) (expression of view) declaração *f* (**by** de; **on, about** sobre; **to** a; **of** de); **official** ~ comunicado *m* oficial; ~ **of belief** profissão *f* de fé; **b**) FIN (of bank account) extracto *m* de conta; **a financial** ~ uma relação de situação financeira; **c**) JUR declaração *f*.

state of the art *adj* de ponta.

stateside 1 *adj* dos Estados Unidos. **2** *adv* nos Estados Unidos.

statesman ['steɪtsmən] *n* (*pl* -men) homem *m* de Estado; Estadista *f*.

static ['stætɪk] **1** *n* **a**) (*also* ~ **electricity**) electricidade *f* estática; **b**) RADIO, TV (interference) barulho *m* de interferências. **2** *adj* **a**) (stationary) [*scene, actor, display, defence*] estático; [*image*] fixo; [*traffic*] parado; **b**) (unchanging) (often pej) [*society, way of life, values*] imutável; **c**) (stable) [*population, prices, profits, income, demand*] estacionário; **d**) PHYS [*force, pressure*] estático; **e**) COMPUT [*memory*] estático; [*data*] fixo.

station ['steɪʃn] **1** *n* **a**) RAIL estação *f*; **b**) RADIO, TV (*also* **radio** ~, **TV** ~) (service) RADIO rádio TV estação *f* de televisão; (frequency) estação *f*; **c**) MIL, NAUT (base) base *f*; **d**) MIL, NAUT (gen) (post) posto *m*; **at one's** ~ no seu posto; **e**) (for police) (*also* **police** ~) esquadra *f*; AGRIC exploração *f* de criação de gado; **cattle** ~ criação *f* de gado; **f**) (dated) (rank) posição *f*; condição *f*; **g**) **the Stations of the Cross** RELIG as Estações da Via Sacra. **2** *vtr* (gen) MIL nomear [*officer, guard, steward*]; colocar em posição, aquartelar [*troops*]; estacionar [*ship, tank*]; **to be** ~**ed in Germany** estar estacionado na Alemanha.

stationary ['steɪʃənrɪ] *adj* [*queue, vehicle*] parado, estacionário; [*traffic*] bloqueado; [*prices*] estável.

stationer ['steɪʃənə(r)] *n* proprietário *m* de papelaria.

stationery ['steɪʃənrɪ] **1** *n* **a**) (writing materials) artigos *mpl* de papelaria; (office) artigos *mpl* de escritório; **b**) (formal) (writing paper) papel *m* de carta. **2** *modif* [*cupboard*] de artigos de papelaria.

station: ~**master** *n* chefe *m/f* de estação; ~ **wagon** *n* US carrinha *f*.

statistic [stə'tɪstɪk] *n* (*usu pl*) estatística *f*; **official/government** ~ estatísticas oficiais; ~**s show that...** segundo as estatísticas....

statistical [stə'tɪstɪkl] *adj* estatístico.

statistically [stə'tɪstɪkəlɪ] *adv* [*reliable, representative, random*] estatisticamente.

statistician [stætɪ'stɪʃn] *n* especialista *m/f* em estatística.

statistics [stə'tɪstɪks] *n* (+ *v sg*) estatística *f*.

statue [stætju:,'stætʃu] *n* estátua *f*.

stature ['stætʃə(r)] *n* **a)** (height) estatura *f*; **small/fall of** *or* **in** ~ de estatura pequena/elevada; **b)** (status) envergadura *f*; **intellectual** ~ craveira *f* intelectual.

status ['steɪtəs] *n* (*pl* -**uses**) **a)** (position) posição *f*; **b)** (prestige) prestígio *m*; **to have** ~ ter prestígio; **c)** ADMIN, JUR estatuto *m* (**as de**); **refugee** ~ estatuto de refugiado.

status: ~ **quo** *n* status quo *m*, o estado actual das coisas; ~ **symbol** *n* símbolo *m* ou sinal *m* de prestígio.

statute ['stætjuːt] *n* **a)** JUR, POL lei; **by** ~ [*established, regulated, prohibited*] por lei; **b)** ADMIN (*usu pl*) regulamento *m* (interno); estatuto *m*; **The University** ~**s** os estatutos *mpl* da Universidade.

statutory [stætjʊtərɪ] *adj* [*duty, powers, rights, holidays, sick pay*] legal.

staunch [stɔːnʃ, stɑːnʃ] **1** *adj* [*supporter, advocate, member*] fiel; [*defender*] ardente. **2 staunch** GB **stanch** US *vtr* [stɑːntʃ, stɔːntʃ] **a)** (lit) estancar [*wound, flow, bleeding*]; **b)** (fig) deter [*decline*].

stave [steɪv] *n* MUS (staff) pauta *f*. ■ **stave in** (*pp* **staved/stove**): ~ **in (sth)**, ~ **(sth) in** arrombar, partir algo. ■ **stave off**: ~ **off (sth)** enganar [*hunger, thirst, fatigue*]; impedir [*bankruptcy, defeat, disaster*]; afastar, evitar [*attack, threat*].

stay [steɪ] **1** *n* **a)** (visit, brief residence) estadia *f*; estada *f*; **a 2-week** ~ uma estada de duas semanas; **to have an overnight** ~ **in Athens** ficar uma noite em Atenas; **b)** JUR adiamento *m*; prorrogação *f*. **2 stays** *npl* espartilho *m*; carpete *m*. **3** *vtr* **a)** JUR adiar [*proceedings*]; **b)** TURF [*horse*] manter [*distance*]. **4** *vi* **a)** (remain) ficar; **to** ~ **for lunch** ficar para almoçar; **to** ~ **in teaching** ficar no ensino; **b)** (have accommodation) ficar, estar hospedado; **c)** (spend the night) passar a noite, pernoitar; **it's very late, why don't you** ~**?** é muito tarde, porque é que não passes cá a noite?. IDIOMAS **word processing is here to** ~ o processamento de texto veio para ficar; (coll) ~ **out of this!** não te metas!. ■ **stay away a)** (not come) não vir; **b)** (not go near) ~ **away from my husband!** deixa o meu marido em paz!; **c)** (not attend) **to** ~ **away from school** não ir à escola. ■ **stay in a)** (not go out) ficar em casa, não sair; **b)** (school) (be kept in) ficar de castigo; **c)** (remain in cavity) [*nail*] ficar seguro. ■ **stay on a)** SCHOOL ficar na escola; **b)** (not leave) ficar. ■ **stay out a)** (not come in) **to** ~ **out late** entrar tarde; **b)** (continue strike) continuar a greve. ■ **stay up a)** (as treat, writing for sb) ficar acordado; **b)** (as habit) **he likes to** ~ **up late** ele gosta de se deitar tarde; **c)** (not fall down) não cair.

staying-power ['steɪŋpaʊə(r)] *n* resistência *f*; **to have** ~ SPORT ter poder de resistência.

STD *n* GB abrev = **subscriber trunk dialling** (comunicação) *f* automática *f*.

STD (area) code *n* GB indicativo *m*.

stead [sted] *n* **in sb's** ~ (formal) em lugar de alg. IDIOMAS **to stand sb in good** ~ ser útil a alg.

steadfast ['stedfɑːst, 'stedfəst] *adj* [*friend*] dedicado; [*supporter*] firme; [*determination, belief, refusal*] forte; [*gaze*] franco; **to be** ~ **in one's belief** ser firme na sua crença.

steadily ['stedɪlɪ] *adv* **a)** (gradually) [*deteriorate, increase, rise*] progressivamente; **b)** (regularly) [*bang, pump*] regularmente; **c)** (without interruption) [*work, rain*] ininterruptamente; **d)** [*look, gaze*] fixamente, firmemente.

steady ['stedɪ] **1** *adj* **a)** (gradual) [*increase, accumulation, decline*] progressivo; **b)** (uninterrupted, continual) [*pace, progress*] regular, constante, contínuo; [*rain*] incessante, contínuo; [*breathing*] regular; **c)** (firm) [*hand*] firme; **to hold sth** ~ segurar qq coisa com firmeza; (from drunkenness) ele cambaleia; **to hold** ~ FIN [*share prices, interest rates*] manter-se sem oscilação; **d)** (calm) [*voice*] firme; [*look, gaze*] calmo; **e)** (reliable) [*job, income*] fixo; [*boyfriend, relationship*] firme; **f)** (unwavering) [*trust, faith*] inabalável; **g)** (defendable) [*company, worker*] fiável, seguro. **2** (coll) *interj* GB ~ **(on)!** calma!, não se precipite!. **3** *vtr* **a)** (make firm) fixar, firmar [*ladder, camera*]; **b)** (control) **to** ~ **one's nerves** acalmar-se. **4** *vi* **a)** [*hand*] parar de tremer; [*boat*] deixar de oscilar; [*voice, nerves*] acalmar-se; **b)** [*prices, interest rates*] estabilizar-se.

steak [steɪk] *n* **a)** (beef) bife *m*; **b)** GB **salmon** ~ filete *m* de salmão.

steak-and-kidney pie, steak-and-kidney pudding *n* GB empada *f* de carne de vaca e rim.

steal [stiːl] **1** (coll) *n* **5 dollars, that's a** ~**!** 5 dólares, isso foi dado!. **2** *vtr* (*past* **stole** *pp* **stolen**) **a)** (thieve) roubar PO, garfar BR; **to** ~ **from sb** roubar alg; **b)** (fig) (take surreptitiously) **to** ~ **a glance at sth** lançar um olhar furtivo a algo; **to** ~ **a kiss** roubar um beijo. **3** *vi* (*past* **stole** *pp* **stolen**) **a)** (thieve) roubar PO, garfar BR; **b)** (creep) (lit) **to** ~ **in/out of the room** entrar/sair da sala sub-repticiamente. ■ **steal away** [*person*] esquivar-se.

stealth [stelθ] *n* (of cat, prowler) acção *f* furtiva; **by** ~ furtivamente.

stealthy ['stelθɪ] *adj* [*movement, step, glance*] furtivo.

steam [stiːm] **1** *n* **a)** (vapour) vapor *m*; **vegetables cooked in** ~ legumes cozidos ao vapor; **b)** (mist) (in the air) neblina *f*; (in room, on window) vapor *m* de água; humidade *f*; **c)** (energy) **to get** *or* **pick up** ~ (lit) [*machine, vehicle*] ganhar velocidade; (fig) [*campaign*] ganhar importância; **to run out of** ~ (lit, fig) [*athlete, economy*] perder o fôlego; [*worker*] cansar-se; **to let** *or* **blow off** ~ (lose one's temper) perder a cabeça; **under one's own** ~ pelos seus próprios meios. **2** *modif* [*bath, cloud*] de vapor; [*boiler, cooking, engine, iron, etc*] a vapor. **3** *vtr* CULIN cozer ao vapor [*vegetables*]. **4** *vi* **a)** (give off vapour) [*kettle, pan, soup, engine, machine*] fumegar; [*water*] ferver; **b)** (make progress) **we're** ~**ing ahead in the polls** estamos a progredir nas sondagens. ■ **steam up** [*window, glasses*] embaciar-se; ~ **(sth) up** embaciar [*window*]; **to get** ~**ed up** perder a cabeça (**over** por causa de).

steam: ~ **boat** *n* barco *m* a vapor; ~ **engine** *n* locomotiva *f* a vapor.

steamer ['stiːmə(r)] *n* **a)** (boat) vapor *m*; **b)** CULIN (pan) panela *f* a vapor.

steam: ~**roller 1** *n* CONSTR cilindro *m* compressor. **2** *vtr* esmagar [*opposition, rival*]; **to ~roller a bill through Parliament** impor um projecto--lei ao Parlamento; **~ship** *n* NAUT (for passengers) paquete *m*.

steamy ['sti:mɪ] *adj* **a**) (full of vapour) [*bathroom*] embaciado; **b**) (humid) [*jungle, day, climate*] quente e húmido; [*heat*] húmido; **c**) (coll) (erotic) [*affair, film, scene*] tórrido.

steel [sti:l] **1** *n* **a**) (metal) aço *m*; **made of ~** feito em aço; **b**) (knife sharpener) afiador *m*; **c**) (fig) (in character) aço *m*; **nerves of ~** nervos *mpl* de aço. **2** *modif* **a**) [*bodywork, girder, cutlery, pan*] em aço; [*sheet, plate, pipe*] de aço; **b**) [*industry, strike*] do aço; [*production, manufactures*] de aço. **3** *v refl* **to ~ oneself** armar-se de coragem (**to do sth** para fazer qq coisa) (**for sth** contra qq coisa).

steel: ~ band *n* MUS banda *f* de metais; **~ guitar** *n* viola *f* havaiana; **~worker** *n* metalúrgico *m*; **~works** *n* fundição *f* de aço.

steely ['sti:lɪ] *adj* **a**) [*determination, willpower, nerves*] inabalável, de aço; **with ~ eyes, ~-eyed** com olhar frio como o aço; **b**) [*sky, clouds*] cinzento *m* de cor de aço.

steep [sti:p] **1** *adj* **a**) (sloping) [*path, street, stairs*] íngreme; [*slope, cliff*] a pique, escarpado; [*roof, hill*] inclinado; [*ascent, climb*] abrupto; **a ~ drop** uma queda repentina; **b**) (sharp) [*increase, rise, fall*] rápido (*before n*) [*recession, decline*] profundo; **c**) (coll) (excessive) [*price, fees*] exagerado; [*bill*] exorbitante. **2** *vtr* **to ~ sth in** [*water, alcohol, bleach, dye*] pôr de molho em. **3** *vi* mergulhar (**in sth** em qq coisa); embeber. IDIOMAS **it's/that's a bit ~!** (coll) GB é duro!.

steeped [sti:pt] *adj* **to be ~ in** [*history, tradition, lore*] estar impregnado de; [*prejudice, nostalgic*] estar cheio de.

steeple ['sti:pl] *n* campanário *m*.

steeplechase ['sti:plt∫eɪs] *n* (in athletics) 3000 m obstáculos.

steeply ['sti:plɪ] *adv* **a**) [*rise, climb, descend*] a pique, abruptamente; [*drop, fall away, slope*] abruptamente; **b**) ECON, FIN [*rise*] em flecha; [*fall*] subitamente.

steer [stɪə(r)] **1** *n* **a**) AGRIC, ZOOL bezerro *m*; novilho *m*; **b**) (coll) US (tip) informação *f* confidencial; dica *f* (fam). **2** *vtr* **a**) (control direction of) pilotar, conduzir [*car, boat, ship*]; **b**) (guide) (lit) guiar [*person*]; (fig) orientar [*person, conversation*]; dirigir, conduzir [*team, country*]. **3** *vi* **a**) (gen) **to ~ towards/away from sth** dirigir-se para/afastar-se de qq coisa; **the car ~s well/badly** a direcção do carro responde bem/mal; **b**) NAUT guiar. IDIOMAS **to ~ clear of sth/sb** evitar algo/alg.

steering ['stɪərɪŋ] *n* **a**) (mechanism) direcção *f*; **b**) (action) condução *f*.

steering: ~ column *n* AUT coluna *f* de direcção; **~ committee** *n* ADMIN comissão *f* directiva; **~ lock** *n* AUT blocagem *f* de direcção; **~ wheel** *n* AUT volante *m*.

stem [stem] **1** *n* **a**) (of flower, leaf) caule *m*; pé *m*; **b**) (of fruit) pé *m*; pedúnculo *m*; **c**) (of glass, vase) pé *m*; base *f*; **d**) (of feather, pipe) tubo *m*; **e**) LING radical *m*. **2** *vtr* (*pres p etc* **-mm-**) (curb) refrear [*flood, increase, inflation, tide*]; conter [*protest*]. **3** *vi* (*pres p etc* **-mm-**) (originate) **to ~ from sth** provir de algo.

stench [stent∫] *n* fedor *m*; mau cheiro *m*.

stencil ['stensl] **1** *n* **a**) (card) chapa *f* que se usa na estampagem; **b**) (in typing) stencil *m*. **2** *vtr* pintar ou decorar através de estampagem [*motif, flowers, fabric*].

step [step] **1** *n* **a**) (pace) passo *m*; **she took three ~s forward** ela deu três passos em frente; **I'm with you every ~ of she way** estou contigo até ao fim; **b**) (sound of footsteps) passo *m*; **to hear ~s** ouvir passos; **c**) (fig) (move towards goal, in certain direction) passo *m*; **the first ~ is to...** o primeiro passo ou a primeira coisa a fazer é...; **d**) (fig) (measure, action) medida *f*; iniciativa *f*; **to take ~s to prevent sth/ensure that sth is done** tomar medidas para impedir qq coisa/para assegurar que qq coisa seja feira; **to take legal ~s** recorrer à justiça; **e**) (stage) etapa *f* (**in** em); **f**) (stair) degrau *m*; **a flight of ~s** um lanço de escadas; **~s** *npl* escadote *m*. **2** *vtr* (construct in steps, stagger) escalonar [*stitching, join*]. **3** *vi* (*past, pp* **stepped**) andar (**on** por cima de; **in** em); **to ~ into a boat** entrar para um barco; **to ~ off the pavement** descer do passeio; **to ~ onto the scales** subir para cima da balança; **to ~ into sb's office** entrar no escritório de alg. IDIOMAS **to fall onto ~ with sb** andar ao ritmo de alg; **to walk** *or* **keep in ~ (with sb)** acertar o passo (com alg); **to get out of ~, break ~** andar a passo desencontrado; (fig) **to be out of ~ with times** estar desfasado em relação à época actual; **to change ~** trocar o passo; (coll) **to ~ on it** despachar-se; (col) **to ~ on the gas** carregar no acelerador; **to ~ out of line** pisar o risco (fig); (lit) **to watch one's ~** tomar atenção onde se põe os pés; **(would you) ~ this way, please?** por aqui, se faz favor ou queira fazer o favor de me seguir. ■ **step aside a**) (physically) afastar-se (**in order to** para); **b**) (in job transfer) ceder o lugar. ■ **step down** retirar-se; (as electoral candidate) desistir. ■ **step forward** avançar. ■ **step in** intervir. ■ **step out** (coll) divertir-se. ■ **step up: ~ up (sth), ~ (sth) up** aumentar, crescer [*production*]; intensificar [*fighting, action, efforts*].

step: ~brother *n* meio-irmão *m*; **~child** *n* enteado,-a *m/f*; **~ daughter** *n* enteada *f*; **~father** *n* padrasto *m*; **~ladder** *n* escadote *m*; **~mother** *n* madrasta *f*.

steppe [step] *n* estepe *f*.

stepping stone ['stepɪŋ-stəʊn] **1** *n* (fig) trampolim *m*; **a ~ to the Presidency** um trampolim para chegar à Presidência. **2 stepping stones** *npl* pedras *fpl* para se passar um rio a vau.

step: ~sister *n* meia-irmã *f*; **~son** *n* enteado *m*.

stereo ['sterɪəʊ, 'stɪərɪəʊ] **1** *n* **a**) (concept) estéreo *m*; **broadcast in ~** transmitido em estéreo; **b**) (object) aparelhagem *f* estereofónica. **2** *modif* [*disc, cassette, effect*] estéreo; [*recording, broadcast*] em estéreo.

stereophonic [sterɪəˈfɒnɪk, stɪərɪəˈfɒnɪk] *adj* estereofónico.

stereoscopic [sterɪəˈskɒpɪk, stɪərɪəˈskɒpɪk] *adj* estereoscópico.

stereotype ['sterɪətaɪp, 'stɪərɪətaɪp] **1** *n* (person, idea) estereótipo. **2** *vtr* (gen) estereotipar [*image, person*].

sterile ['steraɪl] *adj* estéril.

sterilize ['sterɪlaɪz] *vtr* esterilizar [*person, bottle*].

sterling ['stɜ:lɪŋ] **1** *n* FIN libra *f* esterlina; ~ **rose/fell** a libra esterlina subiu/desceu; **£100** ~ 100 libras esterlinas. **2** *modif* FIN [*payment, cheque*] em libras esterlinas. **3** *adj* (excellent) [*effort, quality*] excelente.

stern [stɜ:n] **1** *n* NAUT popa *f*. **2** *adj* [*face, parent, measure, warning*] severo; [*message*] grave.

sternly [stɜ:nlɪ] *adv* [*say, speak*] severamente; [*opposed*] seriamente.

steroid ['stɪərɔɪd, 'sterɔɪd] *n* (*usu pl*) PHARM, MED esteróide *m*; **to be on** ~s tomar esteróides; **anabolic** ~ SPORT esteróides *mpl* anabolizantes.

stet [stet] PRINT *n* indicação, na concepção de provas tipográficas, que significa anular a emenda ou deixar ficar como estava o original.

stethoscope ['steθəskəʊp] *n* estetoscópio *m*.

stetson ['stetsn] *n* chapéu *m* mole de aba larga.

stew [stju:] **1** *n* CULIN guisado *m*; (made with rabbit) ensopado *m*. **2** *vtr* (gen) guisar; cozer [*fruit, vegetables*]; ~**ed apples** compota *f* de maçãs. **3** *vi* [*meat*] estufar; [*fruit*] cozer (no próprio suco); (pej) [*tea*] deixar de infusão tempo demais. **IDIOMAS** (coll) **to be/get in a** ~ **(worry)** estar preocupado/preocupar-se; (coll) **to let sb** ~ **in his** *or* **her own juice** deixar alg aprender à sua própria custa.

steward ['stju:əd] *n* (on plane, ship) comissário *m* de bordo; (at races) organizador *m*; (of estate) administrador *m*.

steward ['stju:əd] *n* (on plane, ship) comissário *m* de bordo; (at races) organizador *m*.

stewardess ['stju:ədɪs] *n* (on plan) hospedeira *f* Po, aeromoça, comissária de bordo *f* BR.

stick [stɪk] **1** *n* **a)** (piece of wood) (for lighting a fire, etc) pau *m*; (for pointing) vara *f*; **b)** (*also* **walking** ~) bengala *f*; **c)** (rod-shaped piece) bastão *m*; (of glue) **d)** SPORT (implement: in hockey) stick *m*; **e)** (conductor's baton) batuta *f*; **f)** (coll) (piece of furniture) móvel *m*; **a few** ~s (of **furniture**) algumas peças de mobiliário; **g)** (coll) (person) **a funny old** ~ um tipo engraçado (fam); **h)** (coll) (criticism) crítica *f*; **to get** *or* **take (some)** ~ ser criticado; **to give sb (some)** ~ criticar alg. **2** (coll) ~**s** *npl* **in the** ~**s** no interior no fim do mundo (fam). **3** *vtr* (*past, pp* **stuck**) **a) to** ~ **a pin into sth** espetar um alfinete em qq coisa; **b)** (put) **he stuck his head through the window** ela assomou com a cabeça à janela; (coll) ~ **your coat on the chair** põe o casaco em cima da cadeira; **c)** (fix in place) **to** ~ **a stamp on sth** colar um selo em qq coisa; **d)** (coll) (bear) suportar, aguentar [*person, situation*]; **I can't** ~ **him!** não posso com ele! (fam); **e)** (coll) (impose) **he stuck me with the bill** ele fez-me pagar a conta. **4** *vi* **a)** (be pushed) **the nail stuck in my finger** o prego espetou-se no meu dedo; **b)** (be fixed) [*stamp, gene*] colar, pegar; **the rice stuck to the bottom of the pan** o arroz pegou ao fundo do tacho; **c)** (not be able to move) [*drawer, door*] estar perro, emperrar; [*key, catch*] estar ou ficar encravado; [*price*] estar bloqueado; **to** ~ **in sb's memory** *or* **mind** (fig) ficar gravado na memória de alg; **d)** (remain) [*name, habit*] ficar; (coll) **to** ~ **in the**

house ficar em casa. ■ **stick around** (coll) ficar. ■ **stick at**: ~ **at sth** perseverar qq coisa. ■ **stick by**: ~ **by sb** apoiar alg. ■ **stick down**: ~ (**sth**) **down**, ~ **down** (**sth**) **a)** (fasten) colar (qq coisa); **b)** (coll) (write down) escrever [*name, item*]. ■ **stick on**: ~ (**sth**) **on**, ~ **on** (**sth**) colar [*label, stamp*]. ■ **stick out** [*nail, sharp, object*] projectar-se, estar saliente; **his stomach** ~**s out** ele tem um estômago proeminente. ■ **stick to**: ~ **to** (**sth/sb**) **a)** (keep to) cingir-se a [*facts, point, pan*]; manter-se fiel a [*diet*]; **b)** (stay close to) ficar perto de [*person*]. ■ **stick together a)** (become fixed to each other) [*pages*] ficar colado; **b)** (remain loyal to one another) ser solidário, manter-se unido; **c)** (not part) ficar junto. ■ **stick up** (project) [*pole, mast, hair*] projectar-se; **to** ~ **up from sth** ficar saliente em relação a qq coisa; **to** ~ **up for sb** defender alg; **to** ~ **up for oneself** defender os seus interesses; **to** ~ **up one's hand** levantar o braço; (col) ~**'em up!** mãos ao ar!. ■ **stick with**: ~ **with sb/sth** ficar com [*person*]; ficar em [*job*].

sticker ['stɪkə(r)] *n* autocolante *m*.

sticking plaster ['stɪkɪŋ pla:stə(r)] *n* adesivo *m*.

stick-in-the-mud (coll) *n* pessoa *f* lenta ou retrógrada.

stickler ['stɪklə(r)] *n* **to be a** ~ **for sth** ligar importância a pequenas coisas, ser miudinho (fam).

stick-up (coll) *n* assalto *m* à mão armada.

sticky ['stɪkɪ] *adj* **a)** (tending to adhere) [*hand, floor, substance*] pegajoso, peganhento; [*label*] adesivo; **b)** (hot and humid) [*weather, day*] abafado; **c)** (sweaty) [*hand, palm*] húmido, suado; **d)** (difficult) [*situation, problem, period*] difícil.

stiff [stɪf] **1** *n* (coll) **a)** US (corpse) cadáver *m*; **b)** US (humourless person) desmancha-prazeres *m/f* inv. **2** *adj* **a)** [*cardboard, fabric, collar*] rijo, rígido; **b)** [*mixture*] consistente, firme; **beat the egg-whites until** ~ bater as claras em neve firme; **c)** [*drawer, door, gear*] perro, emperrado; **d)** [*body*] (after sport, sleeping badly) dorido; **to have** ~ **legs** (after sport/cramped from sitting) ter as pernas entorpecidas; **e)** [*manner, person*] reservado; **f)** [*letter, warning, penalty, sentence*] duro, severo; **g)** (difficult) [*exam, climb*] difícil; [*competition*] duro; [*opposition*] forte; **h)** [*charge*] elevado; **i)** [*breeze*] forte; **I need a** ~ **drink** preciso de uma bebida Po/um drinque BR forte. **3** *adv* **to be bored** ~ (coll) estar a morrer de tédio; **to be frozen** ~ (coll) estar enregelado; **to be scared** ~ (coll) estar a morrer de medo; **to bore sb** ~ (coll) matar alg de tédio; **to scare sb** ~ (coll) causar um medo terrível a alg. **IDIOMAS to keep a** ~ **upper lip** mostrar-se firme.

stiffen ['stɪfn] **1** *vtr* endurecer [*card*]; fortalecer, reforçar [*structure*]; engomar [*fabric*]; dar a consistência a [*mixture*]; (fig) consolidar, endurecer [*resolve, determination*]. **2** *vi* **a)** [*person*] (grow tense) obstinar-se, teimar; **b)** [*egg-whites*] tornar-se firme; [*mixture*] ganhar consistência; **c)** [*joint*] emperrar-se; [*limbs*] inteiriçar-se.

stiffness ['stɪfnɪs] *n* **a)** (physical) rigidez *f*; **b)** (of manner) frieza *f*.

stifle ['staɪfl] *vtr* abafar, sufocar [*person, debate, yawn, impulse*].

stigma ['stɪgmə] *n* BOT (disgrace) estigma *m*.

stile [staɪl] *n* (in fence) degraus *mpl* que permitem a uma pessoa passar para o outro lado de uma vedação ou de um muro.

stiletto [stɪˈletəʊ] *n* **a**) (shoe, heel) salto *m* alto e fino; **b**) (dagger) punhal *m*.

still [stɪl] **1** *n* **a**) WINE (apparatus) alambique *m*; (distillery) destilaria *f*; **b**) a ~ from a film PHOT uma fotografia extraída de um filme; **c**) (calmness) (lack of motion) calma *f*; (lack of noise) silêncio *m*; **the ~ of the night** a calada da noite. **2** *adj* **a**) (motionless) [*air, day, water*] parado; [*hand, person*] imóvel; **totally ~** completamente parado; **b**) (peaceful) [*countryside, house, streets*] tranquilo; **c**) CULIN, WINE [*drink, fruit juice*] sem gás; [*water*] natural, sem gás. **3** *adv* **a**) (immobile) [*lie, stay*] imóvel; **to hold sth ~** não mexer [*camera, mirror, plate*]; **b**) (calmly) **to sit ~** estar quieto, manter-se tranquilo; **to keep ~** não se mexer. **4** *vtr* **a**) (silence) fazer calar [*critic, voice*]; **b**) (calm) acalmar [*crowd, doubt, fear*]. IDIOMAS ~ **waters run deep** o calado é o melhor.

still: ~**born** *adj* (lit, fig) nado-morto; ~ **life** *n* (*pl* **lifes**) natureza *f* morta; **a ~ life painting/drawing** uma natureza *f* morta.

stilt [stɪlt] *n* (pole) andas *fpl*; **on ~s** sobre andas.

stilted [ˈstɪltɪd] *adj* afectado, pomposo.

stimulant [ˈstɪmjʊlənt] *n* estimulante *m* (**to** para).

stimulate [ˈstɪmjʊleɪt] *vtr* (gen) estimular [*appetite, creativity, person*].

stimulation [stɪmjʊˈleɪʃn] *n* estimulação *f* (**of** de).

stimulus [ˈstɪmjʊləs] *n* (*pl* -**li**) **a**) (incentive) estímulo *m*; motivação *f*; **b**) PHYSIOL estímulo *m*.

sting [stɪŋ] **1** *n* (of insect, plant) picada *f*; **bee/wasp/nettle** ~ picada *f* de abelha/vespa/urtiga. **2** *vtr* (*pp, past* **stung**) **a**) [*insect, plant*] picar; **it ~s!** isso pica!; **b**) [*wind, hail*] fustigar; **c**) [*criticism, rebuke*] ferir alg; **d**) (coll) (rip off) explorar (fam); roubar. **3** *vi* [*eyes*] picar; [*cut*] doer, arder; **my knee ~s** o joelho dói-me. IDIOMAS **to draw the ~ from sth/take the ~ out of sth** tornar algo menos contundente [*remark, criticism*] atenuar o efeito de qq coisa [*measure, action*]; **to have a ~ in the tail** ter um final inesperado [*speech, poem*].

stinging-nettle [ˈstɪŋɪŋnetl] *n* urtiga *f*.

stingy [ˈstɪndʒɪ] (coll) *adj* (pej) [*person*] sovina, avarento; [*amount, allowance*] mesquinho.

stink [stɪŋk] **1** *n* **a**) (stench) mau cheiro *m*; fedor *f*; **there's an awful ~ in here!** cheira mal aqui!; **b**) (coll) (row) escândalo *m*; **to kick up/cause a ~ about sth** causar um escândalo por causa de algo. **2** *vi* (*past* **stank** *pp* **stunk**) **a**) (smell) cheirar mal, feder; **to ~ of petrol** cheirar a petróleo; **b**) (coll, fig) (reek) **to ~ of corruption** cheirar a corrupção.

stink-bomb *n* bomba *f* de mau cheiro.

stint [stɪnt] **1** *n* (period of work) **he did a three year ~ in Africa** ele trabalhou três anos em África; **I've done my ~ for today** já trabalhei o suficiente por hoje. **2** *v refl* **to ~ oneself** privar-se.

stipulate [ˈstɪpjʊleɪt] *vtr* estipular (**that** que).

stipulation [stɪpjʊˈleɪʃn] *n* condição *f*.

stipulation [stɪpjʊˈleɪʃn] *n* condição *f*.

stir [stɜ:(r)] **1** *n* **a**) (act of mixing) **to give the tea a ~** mexer o chá; **b**) (commotion) agitação *f*; **to cause** *or* **make a ~** fazer barulho. **2** *vtr* (*pres p etc* **-rr-**) **a**) (mix) mexer [*coffee, liquid, sauce*]; misturar [*paint, powder*]; **to ~ flour into the milk** incorporar a farinha no leite; **b**) (move slightly) [*breeze*] agitar [*leaves, papers*]; **c**) (stimulate) [*music, sight, story*] comover [*person*]; excitar [*curiosity, passions*]; estimular [*imagination*]; despertar [*emotions*]; **to ~ sb to pity** inspirar piedade de alg. **3** *vi* (*pres p etc* **-rr-**) **a**) (move gently) [*leaves, papers*] mover-se; [*person*] mexer-se; [*curtains*] agitar-se; **to ~ in one's sleeps** mexer-se durante o sono; **b**) (be awake) levantar-se; **c**) (budge) mexer-se. **4** *v refl* **to ~ oneself** agitar-se, remexer-se. ■ **stir in**: ~ (**sth**) **in**, ~ **in** (**sth**) incorporar [*flour, powder*]; juntar [*eggs, milk*]. ■ **stir up**: ~ (**sth**) **up** [*wind*] fazer voar [*dust, leaves*]; ~ **up** (**sth**) provocar [*trouble*]; remoer [*past*]; despertar [*emotions, memories*]; atiçar [*hatred*]; ~ (**sb**) **up** provocar, excitar [*child, person, crowd*].

stir-fry *vtr* (*past, pp* **fried**) saltear (qq coisa) em óleo [*beef, vegetable*].

stirring [ˈstɜ:rɪŋ] **1** *n* (*us pl*) **he felt a ~ of hope** ele sentiu uma ponta de esperança; **the ~s of change** os sintomas de mudança. **2** *adj* [*area, story*] apaixonante; [*music, speech, performance*] arrebatador.

stirrup [ˈstɪrəp] *n* estribo *m*.

stoat [stəʊt] *n* ZOOL arminho *m*.

stock [stɒk] **1** *n* **a**) COMM (goods in shop, ware house) stock *m* PO, estoque *m* BR; **to have sth in ~** (in shop) ter qq coisa em armazém; **the smaller size is out of ~** os tamanhos mais pequenos estão esgotados; **b**) (supply, store, accumulation) (on domestic scale) provisões *fpl*; ~**s are running low** as provisões estão quase esgotadas; **c**) FIN (capital) conjunto *m* das acções duma sociedade; **d**) (descent) origem *f*; **to be of/from peasant ~** ser de origem camponesa; **e**) (personal standing) cotação *f*; **his ~ has risen, since...** a sua cotação subiu desde que...; **f**) CULIN caldo *m*; **beef ~** caldo de carne; **g**) ZOOL (+ *v pl*) (cattle) gado *m*; (bloodstock) cavalos *mpl* de raça. **2 stocks** *npl* **a**) **the ~s** HIST, JUR o pelourinho *m*; **b**) FIN títulos *mpl*; **government ~** fundos *mpl* do Estado; ~**s closed higher/lower** a Bolsa fechou em alta/baixa. **3** *adj* [*size*] normal, corrente; [*answer*] clássico, costumeiro; [*character, figure*] estereotipado. **4** *vtr* **a**) COMM (sell) ter, vender; **I'm sorry, we don't ~ it** desculpe, mas não temos ou vendemos esse artigo; **b**) (fill with supplies) encher, abastecer [*larder, fridge, shelves*]; **a well-~ed library** uma biblioteca bem equipada. IDIOMAS (fig) **to take ~** fazer o ponto da situação. ■ **stock up** abastecer-se (**with** de).

stockade [stɒˈkeɪd] *n* (fence, enclosure) paliçada *f*.

stock: ~**broker** *n* corrector *m* da Bolsa; ~ **broking 1** *n* mercado *m* de títulos na Bolsa. **2** *modif* [*firm, group*] especializado no mercado de títulos na Bolsa; ~**cube** *n* cubo *m* de caldo; ~ **exchange** *n* **the ~ exchange** a Bolsa *f*; **to be listed on the ~ exchange** estar cotado na Bolsa.

stocking [ˈstɒkɪŋ] *n* **a**) FASHN meia *f* alta, de senhora; **silk/woollen** ~ meia de seda/de lã; **in one's ~(ed) feet** em meias; **b)** (*also* **Christmas ~**) meia *f* de lã que se pendura na chaminé ou aos pés da cama na noite de Natal.

stock-in-trade *n* especialidade *f*; arma *f* (fig); **irony is part of the ~ of any teacher** a ironia faz parte da panóplia de todo o professor.

stockist ['stɒkɪst] *n* COMM, FASHIN armazenista *m/f*.

stock: ~ **market 1** *n* **a)** (stock exchange) Bolsa *f* de valores; **b)** (prices, trading, activity) mercado *m* de valores. **2** *modif* [*crash, rumours, value, raid, etc*] bolsista; **~pile 1** *n* reservas *fpl*. **2** *vtr* acumular, fazer stock Po/estoque BR de [*weapons*]; **~pot** *n* panela *f*; ~ **room** *n* armazém *m*; **~-still** *adv* **to stand ~-still** ficar quieto; **~taking** *n* COMM inventário *m*; **to do ~taking** fazer o inventário.

stocky ['stɒkɪ] *adj* [*person*] atarracado; **of ~ build** baixo e forte, de estatura atarracada.

stockyard *n* cerca *f* onde está o gado.

stodgy ['stɒdʒi:] *adj* [*food*] indigesto, pesado; [*person, speech*] enfadonho; [*style*] pesado.

stoic ['stəʊɪk] *n, adj* estóico *m*.

stoical ['stəʊɪkl] *adj* estóico.

stoke [stəʊk] *vtr* (*also* ~ **up**) alimentar [*fire, furnace, engine, enthusiasm*].

stole [stəʊl] **1** *n* estola *f*. **2** (*past*) see **steal**.

stolen ['stəʊln] *pp* see **steal**.

stolid ['stɒlɪd] *adj* [*person, character*] fleumático, impassível; [*book, style*] desinteressante.

stomach ['stʌmək] **1** *n* estômago *m*; (belly) ventre *m*; **to have a pain in one's ~** ter dores de estômago ou de barriga; **she was lying on her ~** ela estava deitada de barriga para baixo. **2** *modif* [*ulcer, operation*] de estômago; **to have (a) ~ ache** ter dores de estômago. **3** *vtr* comer, engolir [*food*]; (fig) suportar [*person, behaviour, violence*]; **I can't ~ oysters** não suporto ostras. IDIOMAS **to turn sb's ~** provocar náuseas a alg.

stone [stəʊn] **1** *n* **a)** (material) (- *c*) pedra *f*; **(made) of ~** de/em pedra; **b)** (small lump) pedra *f*; calhau *m*; **c)** (for particular purpose) pedra *f*; (standing vertically) lápide *f*; **to lay a ~** pôr uma pedra; **they totally destroyed the town, not a ~ was left standing** eles destruíram completamente a cidade, não ficou pedra sobre pedra; **d)** (*also* **precious ~**) pedra *f* preciosa; gema *f*; **e)** BOT (in fruit) caroço *m*; **to take the ~ out of a peach** tirar o caroço de um pêssego; **f)** MED cálculo *m*; **kidney ~** cálculo *m* renal; **g)** GB MEAS medida de peso =6,35 Kg. **2** *modif* (made of stone) [*wall, statue, floor, building, step*] de/em pedra; ~ **cladding** revestimento *m* em pedra. **3** *vtr* **a)** (throw stones at) apedrejar [*person*]; **to ~ sb to death** matar alg à pedrada; **b)** (remove stone from) descaroçar, tirar o caroço [*peach, cherry*]. IDIOMAS **to leave no ~ unturned** revolver céus e terra; **it's a ~ throw from here**; é a dois passos daqui; **to cast a ~ at sb** criticar alg; **to sink like a ~** ir ao fundo como uma pedra.

stone: S~ **Age 1** *n* The S~ Age a Idade de Pedra. **2** *modif* (*also* ~ **age**) [*tool, village, society, man*] da Idade da Pedra; **~-cold 1** *adj* gelado. **2** *adv* **~-cold sober** perfeitamente sóbrio.

stoned (coll) [stəʊnd] *adj* pedrado (fam); sob a influência do álcool ou de drogas.

stone-deaf *adj* surdo como uma porta.

stone proof *adj* à prova de água.

stone: **~wall**. *vi* **a)** (in cricket) [*batsman*] fazer jogo defensivo; **b)** (filibuster) fazer obstrução; **~ware** *n* louça *f* de barro vidrado; faiança *f*.

stony ['stəʊnɪ] *adj* **a)** (full of stones) [*ground, path, riverbed, beach*] pedregoso, cheio de pedras; **b)** (of or resembling stone) [*colour, texture, appearance*] de pedra; **c)** (fig) (cold) [*look, silence*] glacial. IDIOMAS **to fall on ~ ground** (fig) cair em saco roto.

stood [stʊd] *past, pp* see **stand**.

stool [stu:l] *n* (furniture) banco *m*. IDIOMAS **to fall between two ~s** ter dois objectivos em vista e perdê-los por falta de decisão.

stoop [stu:p] **1** *n* **a)** (curvature) **to have a ~** ter as costas arqueadas; **to walk with a ~** andar curvado; **b)** US (veranda) alpendre *m*. **2** *vi* **a)** (to be bent over) estar curvado; **b)** (lean forward) inclinar-se; **to ~ down** baixar-se; **c)** (debase oneself) **to ~ to** descer a [*blackmail, lies*]; **to ~ so low as to do sth** rebaixar-se a ponto de fazer algo. **3 stooping** *pres p adj* [*person*] curvado; **~ing shoulders** ombros inclinados para a frente.

stop [stɒp] **1** *n* **a)** (halt, pause) paragem *f*; AVIAT, NAUT escala *f*; **to bring sth to a ~** fazer parar qq coisa [*traffic, production*]; **to come to a ~** [*vehicle, work, progress*] parar; **to put a ~ to sth** pôr fim a qq coisa; **b)** (stopping place) (for bus) paragem *f*; (for train) gare *f*; (for tube) estação *f*; **c)** (punctuation mark) (in telegram) stop *m*; **d)** MUS (on organ) (register) registo *m* de órgão; (knob) tecla *f*. **2** *modif* [*button, lever, signal*] de paragem. **3** *vtr* (*pres p etc* **-pp-**) **a)** (cease) [*person*] parar [*work, activity*]; (bring to a halt) [*person, mechanism*] fazer parar [*person, vehicle, process*]; (halt briefly, interrupt) [*referee, rain, presenter, judge*] interromper [*match, programme, trial*]; ~ **what you're doing** pára o que estás a fazer; ~ **it!** pára!; (that's enough) basta!, chega!; **to ~ doing** parar de fazer; **he couldn't ~ laughing** ele não conseguia parar de rir; **b)** (prevent) impedir [*war, publication*]; **I'm leaving and you can't ~ me!** vou-me embora e não me podes impedir; **what's to ~ you?/ what's ~ping you?** o que é que te impede?; **to ~ sb/sth (from) doing** impedir alg de fazer; **c)** (refuse to give, provide) (definitively) suprimir [*grant, allowance*]; parar com [*payments, deliveries, subscription*]; cortar [*gas, electricity, water*]; (suspend) suspender [*grant, allowance, payment, deliveries, etc*]; **they ~ped £ 50 out of my pay** eles retiveram 50 libras no meu salário; **d)** (block up, plug) tapar [*gap, hole, bottle*]. **4** *vi* **a)** (come to a halt, cease) [*person, vehicle, discussion, bleeding, battle, worry etc*] parar; **without ~ping** sem parar; **b)** (coll) GB (stay) ficar; **to ~ for dinner** ficar para jantar. **5** *v refl* **to ~ oneself I wanted to tell her but I ~ped myself just in time** eu queria-lho dizer mas parei mesmo a tempo. IDIOMAS **to pull out all the ~s** fazer todos os possíveis (**to do** para fazer). ▪ **stop by** (coll) passar por; **we ~ped by at Eric's place** passámos por casa de Eric. ▪ **stop off**: **we ~ped off in Bristol** fizemos uma paragem em Bristol. ▪ **stop over** (at person's house) ficar. ▪ **stop up**: ~ (sth) up, ~ up (sth) tapar [*hole, gap*].

stop: ~**gap 1** *n* tapa-buracos *m* (fam); substituto *m*. **2** *adj* [*role, measure, solution*] provisório; ~-**go** *n* ECON economia *f* oscilante; ~-**over** *n* (gen) paragem AVIAT, NAUT escala *f*.

stoppage ['stɒpɪdʒ] *n* **a)** (interruption) IND (strike) paralisação *f* (de trabalho); greve *f*; **b)** GB (*esp pl*) (deduction from wages) retenção *f* na fonte.

stopper ['stɒpə(r)] *n* (for bottle, jar) rolha *f*; tampa *f*.

stop-press ['stɒppres] **1** *n* últimas notícias *fpl*. **2** *modif* [*news, item*] de última hora.

stop: ~ **sign** *n* sinal *m* de stop; ~ **watch** *n* cronómetro *m*.

storage ['stɔːrɪdʒ] **1** *n* **a)** (keeping) (on food, fuel, goods) armazenagem *f* (**of** de); (of furniture) depósito *m* (**of** de); **to be in** ~ [*food, fuel, goods, furniture*] estar em armazém; **b)** (space) COMM armazém *m*; **c)** COMPUT (facility) memória *f*; (process) gravação. **2** *modif* (gen) [*compartment, space*] de armazenagem; ~ **area** COMM entreposto *m*.

storage: ~ **heater** *n* ELEC acumulador *m* eléctrico; ~ **tank** *n* (for oil, chemicals) tanque *m*; (for rainwater) cisterna *f*.

store [stɔː(r)] **1** *n* **a)** (shop) armazém *m*; (smaller) loja *f*; **the big** ~**s** os grandes armazéns; **b)** (supply) (of food, fuel, paper) reserva *f*; provisão *f* (**of** de); (of knowledge, information) armazenamento *m*; **c)** (place of storage) (*often pl*) (gen) (for food, fuel) depósito *m*; armazém *m*; COMM entreposto *m*; MIL armazém *m*; **d)** (storage) **in** ~ (gen) em armazém [*goods*]. **2 stores** *npl* (supplies) provisões *fpl*. **3** *vtr* **a)** (put away) armazenar PO, estocar BR [*food*]; guardar [*objects, furniture*]; depositar [*nuclear waste, chemicals*]; guardar [*information*]; AGRIC armazenar PO, estocar BR [*crops, grain*]; **b)** COMPUT pôr (algo) em memória, memorizar [*data, records*] (**on** sobre). ■ **store up:** ~ (**sth**) **up,** ~ **up** (**sth**) acumular [*food, supplies, energy, heat*]; (fig) acumular [*hatred, resentment, unhappiness*]; **you're storing up problems for yourself** estás a arranjar problemas para ti próprio.

store: ~ **detective** *n* vigilante *m/f* (num armazém); ~ **house** *n* entreposto *m*; depósito *m*; ~ **keeper** *n* US comerciante *m/f*; ~ **room** *n* (in house, school, office) despensa *f*; (in factory, shop) armazém *m*.

stork [stɔːk] *n* ZOOL cegonha *f*.

storm [stɔːm] **1** *n* **a)** (violent weather) (+ *c*) tempestade *f*; temporal *m*; **the** ~ **broke** o temporal eclodiu; **b)** METEOROL (gale) vento *m* forte; **c)** (irresistible attack) **to take a town by** ~ MIL tomar de assalto uma cidade; **she took Broadway by** ~ (fig) ela fez furor na Broadway; **d)** (outburst) tempestade *f*; **a** ~ **of criticism** um vendaval *m* de críticas; **to bring a** ~ **down about one's ears** provocar violentas críticas. **2** *vtr* **a)** (invade) tomar de assalto [*citadel, prison*]; **b)** (roar) **"get out!" he** ~**ed** "saiam!" vociferou ele. **3** *vi* **a)** (move angrily) **he** ~**ed off in a temper** ele partiu furibundo (fam); **to** ~ **off** sair/partir furibundo; **b)** (get angry) vociferar.

`**stormcloud** *n* **a)** (lit) nuvem *f* de tempestade; **b)** (ominous sign) nuvem *f* negra.

stormy ['stɔːmɪ] *adj* **a)** [*weather, sky, night*]

tempestuoso, de tempestade; **b)** (turbulent) [*meeting, debate, period*] agitado; [*relationship*] violento; ~ **scenes** briga *fpl*.

story ['stɔːrɪ] *n* **a)** (account) história *f*; **what is the real** ~? qual é a verdadeira história?; **b)** (tale) história *f*; (literat) conto *m*; **to read a detective/ love/ghost** ~ ler uma história policial/de amor/ fantástica; **read us a bedtime** ~! lê-nos uma história de embalar!; **c)** JOURN artigo *m* (**on, about** sobre; **in** em); **d)** (lie) história *f*; mentira *f*; **to make up a** ~ inventar uma história (**about** sobre); **e)** (rumour) boato *m*; **f)** (constructed plot, story line) intriga *f*; enredo *m*; **there was no** ~! não tinha enredo nenhum!; **g)** (unfolding of plot, series of happenings) acção *f*; **h)** US (floor) andar *m*. IDIOMAS ... **but that's another** ~ ... mas isso é outra história; **to cut a long** ~ **short...** para abreviar a história...; **to stick to one's** ~ manter a sua versão dos factos; **that is not the whole** ~, **only half the** ~ isso é apenas uma parte da história, não é tudo; **that's the** ~ **of my life** (coll) é a minha sina (fam); **it's always the same** ~/**it's the same old** ~ é sempre a mesma coisa; **the** ~ **goes/has it that...** diz-se; ... **or so the** ~ **goes** pelo menos é o que se diz.

storybook *n* livro *m* de contos.

storyteller ['stɔːrɪtelə(r)] *n* **a)** (writer) contador *m* de histórias; **b)** (narrator) narrador *m*; **c)** (fig) (liar) mentiroso *m*.

stout [staut] **1** *n* CULIN cerveja *f* escura e forte. **2** *adj* **a)** (stocky) [*person*] entroncado; **to get/ grow** ~ estar a ficar espadaúdo; [*animal*] corpulento; **b)** (strong) [*fence, wall*] resistente; [*branch, shoe, stick*] forte; **c)** (valiant) [*defence, resistance, supporter*] renhido, intrépido; [*support*] incondicional, firme.

stoutly ['stautlɪ] *adv* [*deny, resist*] obstinadamente.

stove [stəʊv] **1** *n* **a)** (cooker) fogão *m*; **electric** ~ fogão eléctrico; **b)** (heater) aquecedor *m*. **2** *past, pp* see **stave**. IDIOMAS **to slave over a hot** ~ (hum) esfalfar-se a trabalhar.

stow [stəʊ] *vtr* (pack) guardar, arrumar [*baggage, ropes, tarpaulin*] (**in sth** em qq coisa); **to** ~ **cargo in the hold** NAUT guardar a carga no porão.

straddle ['strædl] **1** *n* (*also* ~ **jump**) rolamento *m* ventral. **2** *vtr* (lit) [*person*] montar [*horse, bike*].

straggle ['stægl] **1** *vi* **a)** (spread untidily) **to** ~ **along** [*road, beach, railtrack*] estender-se ao acaso ao longo de; **b)** (dawdle) vaguear, perder-se, arrastar-se; **to** ~ **behind** [*group, main body*] arrastar-se atrás de, ir a reboque de. **2** *straggling pres p adj* **a)** ~ **village/suburb** uma aldeia/ um subúrbio que se estende ao acaso.

straggler ['strægkə(r)] *n* atrasado *m*; retardatário *m*.

straggly ['stræglɪ] *adj* [*hair, beard*] em desordem.

straight [streɪt] **1** *n* SPORT recta *f* de chegada. **2** *adj* **a)** (not bend or curved) [*line, cut, road*] direito, recto; [*hair*] liso; **dead** ~ muito direito; [*hair*] muito liso; **in a** ~ **line** em linha recta; **b)** (level, upright) [*fixture, post, shelf, top or bottom edge, wall*] muito direito; [*garment, bedclothes, rug, tablecloth*] bem posto; **is the pic-**

ture ~ **now?** o quadro está direito agora?; **to put/get** ~ pôr qq coisa direito [*furniture, picture, mirror*]; pôr bem qq coisa [*garment*]; **c)** (tidy, in order) em ordem; **d)** (clear) **to get sth ~** compreender qq coisa; **have you got that ~?** compreendeste?; **let get this ~: you are paying half** fiquemos entendidos: tu vais pagar metade; **to put/set sb ~ about sth** esclarecer alg sobre qq coisa; **to put/set the record ~** estabelecer a verdade; **e)** (honest, direct, straightforward) [*person*] honesto, leal; [*answer, question*] claro; [*advice, tip*] seguro, correcto; **to be ~ with sb** ser franco com alg; **f)** (unconditional) [*contradiction, majority, profit*] nítido; [*choice*] simples; [*denial, refusal, rejection*] categórico; **a ~ swap** uma troca; **a ~ fight** POL uma eleição com dois candidatos; **g)** (undiluted) [*spirits, drink*] puro, sem mistura; **h)** (consecutive) [*wins, defeats*] consecutivo; **she got ~ As** SCH ela teve 20 em tudo; **to win/lose in ~ sets** SPORT ganhar/perder em partidas consecutivas; **i)** THEAT [*actor, play, role*] clássico; **j)** (quits) **to be ~** estar quite; **k)** (coll) [*person*] (ordinary) normal; (not on drugs) que não se droga; (heterosexual) hetero *inv* (fam). **3** *adv* **a)** (not obliquely or crookedly) [*walk, stand up, grow, fly, hang, cut, throw, hit*] direito; [*shoot*] em cheio, com boa pontaria; **stand up ~!** põe-te direito!; **sit up ~!** senta-te direito!; **she held her arm out ~** ela estendeu o braço muito direito; **to go ~ ahead** ir a direito; **to look ~ ahead** olhar em frente; **to look sb ~ in the eye/face** olhar alg bem nos olhos/de frente; **he headed ~ for the bar** ele foi direito ao bar; **the car was moving ~ at/towards me** o carro vinha em direcção a mim; **~ above our heads** mesmo por cima das nossas cabeças; **~ up in the air** para o ar, para cima; **the bullet went ~ through his body** a bala atravessou-lhe o corpo de lado a lado; **they drove ~ past me** eles passaram a direito diante de mim; **she drove ~ into a tree** ela foi direita a uma árvore; **b)** (without delay) directamente; **to go ~ home** ir directamente para casa; **she went ~ back to Paris** ela regressou directamente a Paris; **she wrote ~ back** ela respondeu imediatamente; **to come ~ to the point** ir directo ao assunto; **~ after** logo depois; **~ away** (*also* **~ away/~ off**) imediatamente; **he sat down and read it ~ off** ele sentou-se e leu de seguida; **it seemed like something ~ out of a horror film** parecia algo tirado de um filme de terror; **c)** (frankly) francamente, sem rodeios; **I'll tell you ~/give it you ~** dir-te-ei francamente; **~ out** sem cerimónia, francamente; **to play ~ with sb** (fig) fazer jogo limpo com alg (fig); **d)** THEAT (conventionally) [*act, produce*] de maneira clássica. **IDIOMAS to keep a ~ face** manter/fazer uma cara séria; **to keep to/stray from the ~ and narrow** seguir/afastar-se do caminho certo.
straight away *adv* imediatamente.
straighten ['streɪtn] **1** *vtr* **a)** estender [*arm, leg*]; endireitar [*bent, object, teeth*]; desentortar [*sth crooked*]; pôr (qq coisa) direito [*sth leaning*]; endireitar [*back, shoulders*]; desfrisar [*curly hair*]; acertar [*hem*]; **b)** (tidy) (*also* **~ up**) pôr (qq coisa) em ordem. **2** *vi* **a)** [*road*] see **~ out**; **b)** [*person*] endireitar-se. ■ **straighten out**

[*road*] tornar direito; **~ out (sth)**, **~ (sth) out a)** (lit) endireitar [*sth crooked*]; pôr em linha recta [*road*]; **b)** (fig) (clarify) clarificar (qq coisa) [*misunderstanding, problem*]; organizar [*life*]; **to ~ things out** arranjar as coisas; **c)** (fig) (enlighten) esclarecer [*person*]. ■ **straighten up a)** (lit) [*person*] endireitar-se; **b)** (fig) (tidy up) pôr em ordem, arrumar; **~ up (sth)**, **~ (sth) up a)** (lit) pôr (qq coisa) direito [*sth leaning or crooked*]; **b)** (tidy) arrumar [*objects, room*].
straight-faced *adj* com cara séria.
straightforward [streɪt'fɔːwəd] *adj* **a)** (honest) [*answer, person*] franco (**with sb** com alg); [*business*] honesto; **b)** (simple) [*account, explanation, case, question*] simples; [*rudeness, abuse*] directo, sem rodeios; [*performance, production*] CIN, THEAT simples e directo.
strain [streɪn] **1** *n* **a)** (pressure) (from weight) pressão *f* (**on** sobre); (from pulling) tensão *f* (**on** de); (fig) (on person) tensão *f*; stress *m*; **to put a ~ on sth** (weight) pôr algo sob pressão; **to be under ~** (lit) (structure, bridge, economy, person) estar sob pressão; **to take the ~** (lit) (from weight) suportar a pressão; (from pulling) suportar a tracção *f*; (fig) [*person*] suportar a pressão; **b)** MED (injury) luxação *f*; distensão *f*; **c)** BIOL, BOT, ZOOL (breed) (of animal) raça *f*; (of plant, seed) variedade *f*; **d)** (recurring theme) (in writing, poetry, etc) (of melancholy, etc) corrente *f* (**of** de); (in family) (of madness, creativity) tendência *f* (**of** para); (in nation, party group) (of extremism, arrogance) tendência *f* (**of** para); **e)** (formal) (style) estilo *m*; tom *m*; **the rest of the speech was in the same ~** o resto do discurso foi no mesmo estilo. **2 strains** *npl* (tune) (liter) (of piece of music, song) melodia *f*; ária *f*. **3** *vtr* **a)** (stretch) esticar [*rope, cable*]; **to ~ one's eyes (to see)** esforçar os olhos para ver; **to ~ one's ears (to hear)** apurar os ouvidos (para ouvir); **b)** (fig) lesar [*resources, finances, economy*]; comprometer [*relationship, alliance*]; sobrecarregar [*network, system*]; pôr (algo) à prova [*patience, credulity, understanding*]; **c)** (injure) **to ~ a muscle** lesionar um músculo; **d)** (sieve) passar, filtrar [*tea, sauce*]. **4** *vi* **to ~ at sth** puxar algo [*leash, rope*]. ■ **strain off**: **~ (sth) off**, **~ off (sth)** fazer acabar [*water, liquid, fat*].
strained [streɪnd] *adj* **a)** (tense) [*atmosphere, expression, silence, relations, voice*] tenso; [*smile*] forçado; **b)** (injured) [*muscle*] lesionado; **c)** (having been sieved) [*baby food*] em puré.
strainer ['streɪnə(r)] *n* filtro *m*; passador *m*; coador *m*.
strait [streɪt] **1** *n* GEOG estreito *m*; **the S~ of Gibraltar** o Estreito de Gibraltar. **2 straits** *npl* dificuldades *fpl*; **to be in difficult ~s** estar numa situação bastante difícil. **3** (arch) *adj* estreito.
straitjacket ['streɪtʒækɪt] *n* **a)** (lit) colete *m* de forças; **b)** (fig) estorvo *m*.
strait-laced [streɪt'leɪst] *adj* puritano; **to be about sth** ser puritano em relação a qq coisa.
strand [strænd] **1** *n* **a)** (of hair) madeixa *f*; **b)** (of fibre, web, wire) fio *m*; **c)** (of beads) fio *m*. **2** *vtr* (abandon) (*usu in passive*); **to leave sb ~ed** deixar alg em dificuldades. **3 stranded** *pp adj* [*climber, traveller*] bloqueado.
strange [streɪndʒ] *adj* **a)** (unfamiliar) estranho;

b) (odd) esquisito; **it's ~ (that)...** é esquisito que... **(+ *subj*) it feels ~ to be back again** é uma sensação estranha estar de novo aqui; **there's something ~ about her** ela tem algo de estranho; **in a ~ way...** curiosamente...; **~ as that might seem...** por mais estranho que pareça...; **~ to say, we never met again** e por estranho que pareça, nós não nos voltámos a encontrar; **c)** (unwell) **to look/feel ~** ter um ar/sentir-se esquisito; **d)** (formal) (new) **to be ~ to** [*place, customs, works*] ser novo em.

strangely ['streɪndʒlɪ] *adj* [*behave, act, react, stare, smile*] de uma maneira estranha; [*quiet, calm, empty, beautiful, menacing*] estranhamente; **a ~ shaped building** uma construção com uma forma estranha; **she looks ~ familiar** é curioso, a sua cara não me é estranha; **S~ (enough)... he felt, as if he'd already been there** coisa estranha, ele parecia já lá ter estado.

stranger ['streɪndʒə(r)] *n* (unknown person) estranho *m*; desconhecido *m*; **a complete/total ~** um perfeito desconhecido; **"Hello, ~!"** (coll) "olá, bons olhos te vejam".

strangle ['stræŋgl] *vtr* **a)** (lit) (throttle) [*murderer*] estrangular [*victim*]; **to ~ sb to death** matar por estrangulamento; **b)** (fig) (choke) [*collar*] asfixiar [*wearer*]; [*weed*] invadir [*monument, shrub*]; **c)** (arrest) sufocar [*creativity, project*]; entravar [*development, growth*]; **d)** (repress) reprimir [*cry, protest, sb*]; **in a ~d voice** em voz sufocada.

stranglehold ['stræŋgl'həʊld] *n* **a)** (in combat) estrangulamento *m*; **b)** (fig) (control) controle *m*.

strangulation [stræŋgjʊ'leɪʃn] *n* **a)** (of person) estrangulamento *m*; **b)** (fig) (of activity, economy) estrangulamento *m*.

strap [stræp] **1** *n* **a)** (band of cloth, leather) (gen) (on shoe, cap) correia *f*; tira *f*; (on bag, case, container, harness) correia *f*; (on watch) correia *f*; pulseira *f*; (on handbag) alça *f*; (on bus, train) tira *f* (de couro para apoio) Tech correia *f*; **b)** Clothg (on dress, bra, overalls, lifejacket) alça *f*; **the ~ has broken** a alça rebentou; **c)** GB (dated) (punishment) **the ~** o chicote. **2** *vtr* (*pres p etc* **-pp-**) **a)** (secure) **to ~ sb into** [*sect, cockpit, pram*] prender alguém em; **b)** Med, Sport (bandage) ligar, enfaixar; **he ~ped (up) my ankle** ele ligou-me o tornozelo; **c)** (dated) (punish) chicotear.

strapless ['stræplɪs] *adj* [*bra, dress*] sem alças.

strapping ['stræpɪŋ] *adj* (sometimes hum) **a ~ fellow/lad** um "bruto"; **a big, ~ girl** uma rapariga Po/moça Br forte.

stratagem ['strætədʒəm] *n* estratagema *m*.

strategic [strə'tiːdʒɪk] *adj* estratégico.

strategist ['strætɪdʒɪst] *n* (gen) Mil, Pol estratego *m*.

strategy ['strætɪdʒɪ] *n* estratégia *f*; **company ~** a estratégia *f* da companhia; **financial ~** estratégia financeira.

stratosphere ['strætəsfɪə(r)] *n* estratosfera *f*.

stratum ['strɑːtəm, 'streɪtəm] *n* (*pl* **-ta**) **a)** Geol estrato *m*; **b)** Social estrato *m*; camada *f*.

straw [strɔː] **1** *n* **a)** (gen) palha *f*; **b)** (for thatching) colmo *m*; **c)** (for drinking) palha *f*. **2** *modif* [*bag, hat*] de palha. **IDIOMAS to draw the**

short ~ tirar a pior sorte; **to grasp/clutch at ~s** agarrar-se a uma quimera; **the last/final ~** a gota que faz transbordar o vaso; **a ~ in the wind** um indício.

strawberry ['strɔːbərɪ] **1** *n* (berry) morango *m*; **wild ~** morango *m* selvagem; **strawberries and cream** morangos com natas. **2** *modif* [*flan, ice-cream, tart, jam*] de morango; [*crop, field*] de morangos.

straw-coloured *adj* cor *f* de palha *inv*.

stray [streɪ] **1** *n* (animal) animal *m* perdido; (dog) cão *m* vadio. **2** *adj* (*before n*) **a)** (homeless) [*dog*] vadio; [*child*] perdido; [*sheep, goat*] transviado; **b)** (isolated) [*bullet*] perdido; [*car, tourist*] isolado. **3** *vi* **a)** (wander) [*animal, person*] vaguear [*gaze, mind, thoughts*] desviar-se; **to ~ from the point** afastar-se do assunto; **b)** (commit adultery) (euph) ter uma aventura extraconjugal.

streak [striːk] **1** *n* **a)** (in character) lado *m*; traço *m* (de carácter); **b)** (period) **to be on a winning ~** estar a atravessar um bom momento; **c)** (mark) (of colour, paint, substance, water) sinal *m*; (of light) raio *m* de luz; **~ of lightning** (lit, fig) raio *m*. **2** *vtr* raiar [*sea, sky*]; **to get one's hair ~ed** fazer madeixas nos cabelos. **3** *vi* **a)** (move fast) passar como uma flecha; **to ~ across/through sth** atravessar qq coisa como uma flecha; **b)** (coll) (run naked) correr nu/em pêlo (fam). **4 streaked** *pp adj* (with tears) sulcado (**with** de); (with dirt) maculado, sujo (**with** de); (with colour) matizado (**with** de).

streaker ['striːkə(r)] *n* pessoa *f* que corre nua num local público.

streaky ['striːkɪ] **1** (coll) *n* GB see **~ bacon**. **2** *adj* [*surface*] riscado, raiado; [*pattern*] listado.

streaky bacon *n* GB toucinho *m* defumado entremeado.

stream [striːm] **1** *n* **a)** (small river) regato *m*; riacho; **b)** (flow) (traffic, cars, customers) onda *f*; fluxo *m* (**of** de); **~s of abuse** uma torrente de insultos; **c)** (of liquid, gas) corrente *f*; **d)** GB Sch grupo *m* de nível; **the top/middle/bottom ~** um grupo de alunos bons/médios/fracos; **the A~** ≈ o grupo de alunos bons. **2** *vtr* GB Sch dividir em grupos de nível [*class, children*]. **3** *vi* **a)** (flow) [*tears, blood, water*] escorrer, jorrar; **water was ~ing down the walls** escorria água pelas paredes abaixo; **sunlight was ~ing into the room** o sol inundava a sala; **b)** (move) [*traffic, cars, people*] (into a place) afluir; (out of place) [*traffic, cars*] sair em jorro; [*people*] sair em multidão; **they ~ed through the gates and past** eles saíram em grande número pelos portões passando em frente da estátua; **c)** (flutter, blow) [*banners, hair*] esvoaçar, flutuar; **to ~ in the wind** ondular ao vento; **d)** [*eyes*] lacrimejar, verter lágrimas; [*nose*] pingar; **my eyes were ~ing** ele tinha os olhos a lacrimejar.

streamer ['striːmə(r)] *n* (flag) bandeirola *f*.

streamline ['striːmlaɪn] *vtr* **a)** Aut, Aviat, Naut dar forma aerodinâmica a; **b)** (make more efficient) racionalizar, simplificar [*distribution, production, procedures*]; **c)** (euph) (cut back) enfraquecer [*company*].

street [striːt] **1** *n* **a)** rua *f*; **in** *or* **on the ~** na rua; **across** *or* **over the ~** do outro lado da rua; **to**

take to the ~s (rioters) descer à rua; (prostitute) bater a rua, andar no engate (cal). **2** *modif* **a)** [*accident*] rodoviário; [*plan, directory*] das ruas; **b)** [*culture*] de rua. IDIOMAS (coll) **it's right up my ~** isso é do meu pelouro ou isso é o que me convém; **the man in the ~** o homem da rua; (coll) **to be ~s a head of sb/sth** ser muito melhor do que alg/algo.

streetcar *n* US carro *m* eléctrico *m*.

street: **~ cleaner** *n* varredor *m* de ruas ou varredor *m* macânico; **~lamp, ~light** *n* candeeiro *m* de rua; poste *m* de iluminação; **~ lighting** *n* iluminação *f* pública; **~ market** *n* mercado *m* ao ar livre; **~ value** *n* valor *m* de revenda. (coll) **~wise** *adj* capaz de se desenvencilhar nas ruas da cidade.

strength [streŋθ] *n* **a)** (power) (of person, wind) força *f*; (of lens, magnet, voice) poder *m*; força *f*; **to summon up/save one's ~** reunir/poupar as suas forças; **to build up one's ~** (lit) desenvolver os músculos; (after illness) recobrar as forças; **b)** (toughness) (of structure, equipment) solidez *f*; (of material, substance) resistência *f*; **c)** (concentration) (of solution, dose, medicine) concentração *f*; **the alcoholic ~ of a drink** o teor *m* alcoólico de uma bebida; **d)** (capability) força *f*; poder *m*; **e)** (intensity) (of band) força *f*; (of feeling, reaction) intensidade *f*; (of bulb) força *f*; (of current) intensidade *f*; **f)** FIN solidez *f*; **to gain ~** ganhar solidez; **g)** (resolution) força *f*; **~ of character** força *f* de carácter; **give me ~!** (coll) não é possível! (fam); **h)** (credibility) (of argument) força *f*; (of case, claim) solidez *f*; **to give ~ to sth** [*evidence*] reforçar [*argument, theory*]; **I got the job on the ~ of my research** eu arranjei o emprego graças às minhas pesquisas; **i)** (asset) (of person, team, novel, play) qualidade *f*; **j)** (total size) **the workforce is at full ~** a mão-de-obra está completa.

strengthen ['streŋθən, 'streŋkθən] **1** *vtr* **a)** (reinforce) reforçar [*building, material, wall, equipment, machine*]; **b)** (increase the power of) reforçar, fortalecer [*government, party, team, argument, claim, position*]; consolidar [*bond, links*]; **c)** (increase) fortalecer [*belief, determination, love*]; intensificar [*power, role*]; **to ~ sb's hand** (fig) consolidar a posição de alg; **d)** (build up) tonificar [*muscles*]; fortalecer [*dollar, economy*]. **2** *vi* [*muscles*] fortalecer-se; [*current, wind*] aumentar (a força); [*economy, yen*] firmar-se (**against** em relação a).

strenuous ['strenjʊəs] *adj* **a)** [*exercise*] enérgico; [*walk*] difícil; [*day, schedule*] cheio, sobrecarregado; [*work, job, activity*] árduo; **b)** [*protest, disagreement*] forte, vigoroso; **to put up ~ opposition** *or* **resistance to sth** opor-se completamente a qq coisa.

stress [stres] **1** *n* **a)** (nervous) tensão *f*; "stress" *m*; **emotional/mental ~** tensão *f* emocional/nervosa; **signs of ~** sinais de tensão; **to suffer from ~** estar cheio de "stress"; **to be under ~** estar sob "stress"; **in times of ~** em período *m* de stress; **the ~(es) and strain(s) of modern life** (cliché) as tensões da vida moderna; **b)** (emphasis) **~ on** [*aspect, point*] ênfase *f*, insistência *f* em; **to lay/put ~ on** [*fact, problem, feature*] pôr enfâse/acento em, insistir em; **c)** CIN, ENG,

MECH, TECH (tension) esforço *m*; **subject to high ~es** submetido a alto esforço; **the ~ (acting) on the fuselage** o esforço sofrido pela fuselagem; **d)** LING, PHON (phenomenon) acentuação *f*; (instance) acento *m*; **the ~ falls on...** o acento cai em.... **2** *vtr* **a)** (emphasize) salientar [*support, commitment, issue, advantage*]; **to ~ the importance of sth** sublinhar a importância de qq coisa; **to ~ the need for sth/to do** acentuar a importância de qq coisa/de fazer; **to ~ the point that...** insistir no facto de...; **to ~ (that)...** sublinhar que...; **b)** LING, MUS acentuar [*note, syllable*]. ■ **stress out** (coll) **~ (sb) out** causar stress em alguém.

stress mark *n* acento *m* tónico.

stretch [~stretʃ] **1** *n* (*pl* ~es) **a)** (extending movement) (in gymnastics) estiramento *m*; **to have a ~** fazer um estiramento; **at a ~** sem parar; **b)** (elasticity) elasticidade *f*; **c)** (section) (of road, track) troço *m*; (of coastline, river) parte *f*; **he's on the finishing ~** [*athlete*] está na recta de chegada; **d)** (period) período *m*; **e)** (col) (prison sentence) pena *f*. **2** *adj* [*cover, fabric, waist*] elástico. **3** *vtr* **a)** (extend) **to ~ one's arms/legs** (lit) estender ou esticar os braços/as pernas; **b)** (increase the size) (lit) esticar [*elastic spring*]; alargar [*shoes*]. **4** *vi* **a)** (extend one's limbs) espreguiçar-se; **b)** (spread) [*road, track, forest, beach, etc*] estender-se (**for** por); **to ~ over sth** [*empire*] estender-se por [*Europe*]; [*festivities, course*] durar [*fortnight, month*]; **to ~ to** *or* **as far as sth** [*flex, string*] ir até qq coisa; **how far does the queue ~?** a bicha vai até onde?; **c)** (damage) deformar [*clothes, shoes*]; **d)** (bend) deturpar [*truth*]; contornar [*rules, regulations*]; **e)** (push to the limit) abusar de [*patience, tolerance*]; utilizar (qq coisa) ao máximo [*budget, resources*] levar (alg) ao limite das suas possibilidades [*pupil, employee, competitor*]; **f)** (eke out) economizar [*budget*]; fazer durar [*supplies*]; **g)** (become larger) [*elastic*] esticar-se; [*fabric, jumper*] deformar-se, alargar; **h)** (coll) (afford) **I think I can ~ to a bottle of wine** creio que o dinheiro ainda chega para uma garrafa de vinho. **5** *v refl* **to ~ oneself** esticar-se. ■ **stretch back: ~ back to sth** [*problem, tradition*] remontar a [*1970, last year*]; **~ back for (sth)** [*tradition*] estender-se por [*centuries*]. ■ **stretch out a)** (lie down) estender-se; **b)** (extend) [*plain, countryside, road*] estender-se; **~ (sth) out** (extend) esticar [*hand, foot*] (**towards** para).

stretcher ['stretʃə(r)] *n* MED maca *f*.

stretcher-bearer *n* maqueiro *m*.

strew [stru:] *vtr* (*past* strewed *pp* strewed *or* strewn) espalhar [*clothes, litter, paper*]; cobrir com [*sand, straw, wreckage*]; semear [*flowers*].

stricken ['strɪkn] *adj* **a)** (afflicted) [*face, look, voice*] aflito; **b)** (affected) [*area, city*] sinistrado; **~ with/by illness** atacado pela doença; **~ with/by doubt** atacado pela dúvida; **c)** (incapacitated) [*plane, ship*] danificado.

strict [strɪkt] *adj* **a)** (severe, not lenient) [*person, rule, upbringing, discipline, school*] severo; [*view, principle*] rígido; **b)** (*before n*) (absolute) [*silence, privacy, truth*] absoluto; **in ~ confidence** a título estritamente confidencial; **in ~ secrecy**

no maior segredo; **on the ~ understanding that...** na condição expressa de que... (+ *subf*).
strictly ['strɪktlɪ] *adv* **a)** (not leniently) [*deal with, treat*] severamente; **b)** (absolutely) estritamente; (rigorously) estritamente, rigorosamente; **~ confidential** estritamente confidencial; **"camping is ~ prohibited"** "é expressamente proibido acampar"; **~ speaking** para falar com exactidão.
strictness ['strɪktnɪs] *n* (of views, principles) rigidez *f*.
stricture ['strɪktʃə(r)] (formal) *n* (censure) censura *f*; crítica *f* (**against, on** a); (restriction) restrição *f*.
strident ['straɪdənt] *adj* **a)** (harsh) [*music, sound, voice*] estridente; **b)** (vociferous) [*criticism, group, warning*] veemente.
strife [straɪf] *n* **a)** (conflict) conflitos *mpl*; (**among** no seio de; **in** em); **b)** (dissent) querelas *fpl*.
strike [straɪk] **1** *n* **a)** IND, COMM greve *f*; **to come out on ~** entrar em greve; **b)** (gen) MIL (attack) ataque *m* (**on, against** contra); **c)** (discovery of oil, mineral) descoberta *f*; (fig) **a lucky ~** um golpe de sorte; **d)** (clock mechanism) toque *m*. **2** *modif* IND, COMM [*committee, notice*] de greve. **3** *vtr* (*past, pp* **struck**) **a)** (lit) (deliver blow to) [*person, stick, bat*] bater em [*person, object, ball*]; [*ship, car*] chocar contra [*rock, tree, pedestrian*]; [*lightning*] cair sobre [*building*]; atingir [*person, animal*]; **b)** (afflict) [*earthquake, famine, disease, storm*] afectar [*area, people*]; **"earthquake ~s San Francisco"** "S. Francisco atingido por um abalo de terra"; **to ~ terror into sb** *or* **sb's heart** aterrorizar alg, incutir terror em alg; **c)** (make impression on) [*idea, thought*] chamar a atenção de [*person*]; [*resemblance*] impressionar [*person*]; **it ~s me as stupid that...** considero estúpido que...; **how did he ~ you?** que pensas dele?; **it ~s me (that)...** na minha opinião...; **d)** (discover, come upon) (lit) descobrir [*oil, gold, seam*]; (fig) dar com, esbarrar em [*obstacle, difficulty, problem*]; **e)** **he struck an attitude of defiance in his speech** ele adoptou uma atitude de desafio no seu discurso; **to ~ a balance (between x and y)** encontrar o meio termo (entre x e y); **f)** (ignite) riscar [*match*]; **g)** [*clock*] bater, dar [*time*]; **the clock struck six** o relógio bateu ou deu as seis horas; **h)** (delete) suprimir [*word, sentence, comment*]; **the judge ordered the remark to be struck from the record** o juiz ordenou que a observação fosse suprimida do processo; **i)** (dismantle) desmontar [*tent, scaffolding*]; **to ~ camp** levantar o acampamento; **j)** FIN (mint) cunhar [*coin*]. **4** *vi* (*past, pp* **struck**) **a)** (deliver, blow) [*person*] bater; (collide with sth) [*bomb, shell*] atingir; **to ~ at sb/sth** atacar alg/algo; **b)** (attack) [*killer, rapist, disease, storm*] atacar; **then disaster struck...** e, então, produziu-se a catástrofe; **c)** IND, COMM fazer greve; **to ~ for better pay** fazer greve por melhores salários; **d)** [*match*] acender-se; **e)** [*clock, time*] bater, soar; **f)** (proceed) **to ~ north** continuar em direcção ao norte. ■ **strike back** (retaliate) ripostar (**at** a). ■ **strike down**: **~ (sb) down**, **~ down (sb)** [*person*] derrubar [*person*]; **to be struck down**

by (sth) ser atingido por [*illness*]. ■ **strike off**: **~ (sth) off**, **~ off (sth) a)** (formal, lit) cortar [*branch, flowerhead*]; **b)** PRINT tirar [*copy*]; **c)** (delete) suprimir [*item on list, name*]; **~ (sb) off** suspender [*doctor*]; **to be struck off the roll** [*doctor*] ser suspenso da ordem dos médicos. ■ **strike out a)** (deliver blow) bater; **~ out at sb/sth** (lit) atacar alg/algo; **b)** (proceed) **we struck out along the path** continuámos ao longo do caminho; **to ~ out on one's own** (gen) voar com as suas próprias asas; (in business) estabelecer-se por conta própria; **~ (sth) out, ~ (out) sth** (delete) retirar, suprimir [*name, mention, paragraph*]. ■ **strike up** [*band, orchestra*] começar a tocar; [*singer, choir*] começar a cantar; **~ up (sth) a)** [*band, orchestra*] atacar [*tune, piece*]; **b)** **to ~ up an acquaintance with sb** travar conhecimento com alg; **to ~ up a friendship (with sb)** tornar-se amigo (de alg).
strike: **~breaker** *n* fura-greves *m/f*; **~ force** *n* MIL corpo *m* de intervenção.
striker ['straɪkə(r)] *n* **a)** IND, COMM grevista *m/f*; **b)** SPORT (in football) avançado *m*; atacante *m*.
striking ['straɪkɪŋ] **1** *n* **a)** (of clock) toque *m*; **b)** (of coin) cunhagem *f*. **2** *adj* **a)** [*person, clothes, pictures, pattern, design*] que chama a atenção; [*similarity, contrast*] impressionante; **b)** IND, COMM [*worker, miner, seaman*] em greve.
striking distance *n* **to be within ~ distance (of sth)** [*army, troops*] estar ao alcance de fogo.
string [strɪŋ] **1** *n* **a)** (twine) cordel *m*; **to tie sth up with ~** atar qq coisa com um cordel; **b)** (length of cord) (on garment, medal) cordão *m*; (on bow, racket) corda *f*; (on puppet) fio *m*; **c)** (series) **a ~ of** uma série de [*visitors, ministers, boyfriends, successes, crimes, novels, etc*]; uma cadeia de [*shops, businesses*]; **d)** (set) **~ of garlic** réstia *f* de alhos; **~ of pearls** colar *m* de pérolas; **e)** MUS (on instrument) corda *f*; **f)** (*pl* **strings**) MUS (*also* **~ section**) **the ~s** os instrumentos de corda; **g)** COMPUT cadeia *f*. **2** *vtr* (*past, pp* **strung**) **a)** MUS, SPORT encordoar [*racket*]; colocar cordas em [*guitar, violin*]; **b)** (thread) enfiar [*beads, pearls*]; **c)** (hang) (*often in passive*) **to ~ sth between** suspender qq coisa entre [*trees, supports*]. **IDIOMAS to have sb on a ~** ter alg sob controlo; **to pull ~s** (coll) puxar os cordelinhos para atingir os seus objectivos; **without ~s** *or* **with no ~s attached** sem condições. ■ **string along** (coll) GB **to ~ along with sb** acompanhar alg. ■ **string out: to be strung out along** [*vehicles, groups*] estender-se ao longo de [*road*]. ■ **string together: ~ (sth) together, ~ together (sth)** alinhavar [*sentences, words*]; encadear uns nos outros [*songs, rhythms*]. ■ **string up** (coll) **~ (sb) up** enforcar alg.
string-bag *n* saco *m* de rede.
stringent ['strɪndʒənt] *adj* [*check, criteria, measure, standard*] rigoroso, estrito; [*ban, order*] rígido, formal.
string-vest *n* camisola *f* interior em malha de rede.
stringy ['strɪŋɪ] *adj* **a)** (pej) CULIN [*beans, celery*] com fios; [*meat*] cheia de nervos; **b)** (pej) (thin) [*hair*] fino e seco.
strip [strɪp] **1** *n* **a)** (narrow piece) (of material,

paper, carpet) tira *f* (**of** de); (of land, sand) faixa *f* (**of** de); (of bacon) fatia *f* (**of** de); **a ~ garden/ beach** um jardim/uma praia no sentido do comprimento; **centre** GB **median** US ~ (on motor--way) faixa *f* central; **b**) (striptease) striptease *m*; **c**) SPORT (clothes) fato *m*; uniforme *m*. **2** *vtr* (*pres p etc* **-pp-**) **a**) (remove) (*also* ~ **off**) tirar [*clothes, paint*]; [*wind, storm*] arrancar [*leaves*]; **to ~ sth from/off sth** tirar/arrancar qq coisa de algo; **b**) (remove everything from) despir [*person*]; [*person*] esvaziar [*house, room*]; [*thief*] saquear [*house*]; [*wind, animal*] desfolhar [*tree, plant*]; [*person*] desfazer [*bed*]; [*remove paint or varnish from*] decapar [*window, door, table, etc*]; (dismantle) desmontar (completamente) [*gun, engine*]; **to ~ sb/sth of sth** despojar alg/ algo de qq coisa [*clothes, belongings, rights, rank*]; **c**) (damage) moer (a rosca de parafuso) [*nut, screw*]; **to ~ the gears** AUT desgastar os dentes da engrenagem. **3** *vi* (take off one's clothes) despir-se (**for** para); **to ~ naked** despir-se completamente. **4 stripped** *pp adj* [*pine, wood*] descascada. IDIOMAS **to tear sb off a ~, to tear a ~ off sb** repreender severamente alg. ▪ **strip down**: ~ **down** despir-se; ~ (**sth**) **down,** ~ **down** (**sth**) (remove everything from) desmontar [*gun, engine*]; desfazer [*bed*]; remove paint/varnish from) decapar [*door, window, table, etc*]. ▪ **strip off**: ~ **off** (take one's clothes off) [*person*] despir-se; ~ (**sth**) **off,** ~ **off** (**sth**) (remove) tirar [*paint, clothes*]; arrancar [*leaves*]. ▪ **strip out**: ~ (**sth**) **out,** ~ **out** (**sth**) (remove everything from) desnudar [*forest*]; arrancar [*plants, vegetation*].

strip cartoon *n* banda *f* desenhada.

stripe [straɪp] **1** *n* **a**) (on fabric, surface, wallpaper) risca *f*; barra *f*; **b**) (on animal) lista *f*; risca *f*; **c**) MIL galão *m*; **to lose one's ~s** ser despromovido, perder os galões (fig); **d**) (lash of whip) chicotada *f*. **2 striped** *pp adj* listado, às riscas; **blue ~d** às riscas azuis.

strip: ~ **light** *n* lâmpada *f* de néon; ~ **lighting** *n* iluminação *f* de néon.

stripper [ˈstrɪpə(r)] *n* artista *m/f* que faz striptease.

stripy [ˈstraɪpɪ] *adj* listado, às riscas.

striptease *n* striptease *m*.

strive [straɪv] *vi* (*past* **strove** *pp* **striven**) (try) esforçar-se; **to ~ for/after sth** procurar obter algo.

strobe [strəʊb] *n* (*also* ~ **light**) luz *f* estroboscópica.

stroke [strəʊk] **1** *n* **a**) (lit) (blow) golpe *m*; pancada *f*; **b**) (fig) (action, occurrence) acção *f*; golpe *m*; **a ~ of luck/bad luck** um golpe de sorte/ de azar; **c**) SPORT (in golf) pancada *f*; **d**) SPORT (tennis) jogada *f*; **e**) SPORT (swimming) (movement of arms) braçada *f*; (style) estilo *m*; **Tim can swim a few ~s** o Tim sabe nadar um pouco; **f**) SPORT (rowing) (movement) remada *f*; **g**) ART (mark of pen) traço *m*; (mark of brush) pincelada *f*; **h**) (slash, in punctuation) traço *m* oblíquo; **i**) (of clock) badalada *f*; toque *m*; **j**) MED ataque *m*; derrame *m* cerebral; ~ **victims react differently** as pessoas que sofreram um derrame cerebral reagem de maneira diferente; **k**) TECH (in engine, pump) movimento *m*; andamento *m*;

a 2/4 ~ engine um motor a 2/4 tempos; **l**) (caress) carícia *f*; **to give sb/sth a ~** acariciar alg/ algo. **2** *vtr* **a**) (caress) acariciar [*person, animal*]; **b**) SPORT (in rowing) **to ~ an eight** ser o chefe de uma equipa de 8; **c**) SPORT (in cricket) bater [*ball*]. IDIOMAS **to not do a ~ of work** não mexer uma palha (fam); **to put sb off their ~** (upset timing) fazer perder o ritmo a alg; (fig) (disconcert) desconcertar alg.

stroll [strəʊl] **1** *n* passeio *m*. **2** *vi* **a**) (walk) (*also* ~ **about/~ along/~ around**) andar a passear; (more aimlessly) vaguear; **to ~ in/around the garden** passear-se no jardim; **to ~ in/out** entrar/ sair sem pressa; **b**) (coll) (win easily) (*also* ~ **home**) ganhar facilmente (**against** contra).

stroller [ˈstrəʊlə(r)] *n* **a**) (walker) caminhante *m*; (more aimless) vagabundo *m*; **b**) US (pushchair) carrinho *m* de bebé.

strong [strɒŋ] *adj* **a**) (powerful) [*arm, person, current, wind, lens, magnet*] forte; [*army, state*] poderoso; **b**) (sturdy) (lit) [*fabric, rope, shoe*] resistente; (fig) [*relationship*] sólido; **c**) (healthy) [*heart, constitution*] forte; **d**) (concentrated) [*bleach*] concentrado; [*glue, medicine, pain--killer*] alcoólico; **e**) (noticeable) [*smell, taste*] intenso, forte; **f**) (heartfelt) [*conviction*] íntimo (*before n*) [*desire, feeling*] profundo; [*believer, supporter*] sincero; [*criticism, opposition, reaction*] vivo; **g**) (resolute) [*action, measure, sanction*] severo; [*ruler, leadership*] resoluto; **h**) (pronounced) [*resemblance, accent*] forte (*before n*) [*rhythm*] cadenciado; **i**) (brave) [*person*] corajoso, forte; **j**) LING [*verb*] forte; [*syllable*] acentuado; **k**) (at full strength) **the workforce is 500 ~** a mão-de-obra conta com 500 pessoas.

strong: ~-**arm 1** *adj* [*measure, method*] violento. **2** *vtr* **to ~-arm sb into doing** forçar alg a fazer; ~**box** *n* cofre-forte *m*; ~**hold** *n* (lit) fortaleza *f*; (fig) bastião *m*; baluarte *m*.

strongly [ˈstrɒŋlɪ] *adv* **a**) (with force) [*blow*] forte; [*defend oneself*] vigorosamente; [*criticize*] vivamente; **b**) (solidly) [*fixed, made, reinforced*] solidamente; **c**) (in large numbers) [*supported, represented, defended*] fortemente; **d**) (intensely) [*believe*] firmemente; [*suspect*] fortemente; [*resent*] verdadeiramente; [*object, oppose*] vivamente; **to feel ~ about sth** ter ideias firmes sobre [*issue*]; **I'm ~ in favour of/against the idea** sou absolutamente a favor/contra a ideia.

strong: ~-**minded** *adj* obstinado; ~**room** *n* casa-forte *f*.

stroppy [ˈstrɒpɪ] *adj* (coll) resmungão.

strove *past see* **strive**.

struck [strʌk] *past, pp see* **strike**.

structural [ˈstrʌktʃərl] *adj* **a**) [*problem, change, reform, etc*] estrutural; ANT, BOT, GEOL, PHYS, LING estrutural; **b**) CONSTR [*defect*] de construção; **the earthquake caused extensive ~ damage** o tremor de terra provocou importantes danos nos edifícios.

structure [ˈstrʌktʃə(r)] **1** *n* **a**) (gen) ANAT, BOT, GEOL, LING, LITERAT, PHYS, ECON estrutura *f*; **political ~** estrutura política; **b**) CONSTR (building) construção *f*. **2** *vtr* estruturar [*argument, essay, novel*]; organizar [*day, life, timetable, etc*]; CONSTR construir.

struggle [ˈstrʌgl] **1** *n* **a**) (battle, fight) (lit, fig) luta *f* (**against** contra; **between** entre; **for** por; **over** por causa de; **to do** para fazer); **to put up a (fierce)** ~ defender-se afincadamente; **b)** (scuffle) rixa *f*; zaragata *f* Po, brigalhada *f* Br; **c)** (difficult task, effort) **it was a ~ but it was worth** foi duro mas valeu a pena; **learning to read was a great** ~ **for him** foi-lhe difícil aprender a ler; **I find it a real** ~ **to do/doing** é-me muito difícil de fazer; **they had a** ~ **to do/doing** foi-lhes difícil fazer. **2** *vi* **a)** (lit) (put up a fight) [*person, animal*] lutar (**to do** para fazer); (tussle, scuffle) [*people, animals*] lutar, bater-se; [*armies, forces*] bater-se; **to** ~ **free** libertar-se; **b)** (fig) (battle, fight) bater-se, lutar; (strive, try hard) debater-se, lutar; (experience great difficulty) experimentar grandes dificuldades; **to** ~ **with a problem** debater-se com um problema; **to** ~ **with one's homework** (have problems) ter problemas/dificuldades com os trabalhos de casa; (try hard) esforçar-se com os trabalhos de casa; **c)** (move with difficulty) **he ~d into/out of his tight jeans** ele enfiou com dificuldade os jeans muito justos; **to** ~ **to one's feet** levantar-se com dificuldade. ■ **struggle along a)** (lit) avançar a custo; **b)** (fig) preservar. ■ **struggle back** (lit) voltar/regressar com grande custo. ■ **struggle on a)** (lit) continuar a custo; **b)** (fig) preservar. ■ **struggle through** (make an effort) esforçar-se; (manage) conseguir a custo; ~ **through (sth)** conseguir, abrir caminho em [*snow, jungle, crowd*].

strung [strʌŋ] *pp* see **string**.

stubble ['stʌbl] *n* **a)** (straw) restolho *m*; **b)** (fig) (beard) barba *f* por fazer.

stubborn ['stʌbən] *adj* [*person, animal, government*] teimoso,-a; [*attitude, behaviour*] obstinado,-a; [*affection, independence*] tenaz; [*resistance, refusal*] persistente; [*stain, lock, illness*] rebelde.

stucco ['stʌkəʊ] **1** *n* estuque *m*. **2** *modif* [*decoration*] em estuque. **3** *vtr* estucar.

stuck [stʌk] **1** *past, pp* see **stick**. **2** *adj* (stranded) abandonado; (stumped) **I'm** ~ (coll) estou perplexo; (trapped, shut up) imobilizado, preso; **to be** ~ **on sb** (coll) estar apaixonado por alg.

stuck-up (coll) *adj* pretensioso.

stud [stʌd] **1** *n* **a)** (metal) (on jacket) tacha *f*; (on door) prego *m* de cabeça grossa; **b)** (fastener) **collar** ~ botão *m* de colarinho; **c)** (for breeding) **he's now at** ~ ele tornou-se criador de cavalos; **d)** (coll) (man) macho *m*; **e)** TECH (bolt) cavilha *f*. **2 studded** *pp adj* **a)** (lit) (with studs) [*jacket*] guarnecido de pregos ou tachas; ~ **boots** SPORTS sapatos *mpl* com pitons; **b)** (sprinkled) ~ **with** [*stars, flowers, jewels, etc*] salpicado de.

student ['stju:dənt] **1** *n* **a)** (gen) US SCH aluno *m*; UNIV estudante *m/f*; **b)** (person interested in a subject) **a** ~ **of** uma pessoa que se interessa/ estuda [*literature, history, etc*]. **2** *modif* UNIV [*life, unrest*] estudantil; [*population*] de estudantes, estudantil.

studied ['stʌdɪd] *adj* estudado, calculado.

studio ['stju:dɪəʊ], US ['stu:-] *n* (*pl* ~**s**) **a)** (gen) estúdio *m*; (of painter) atelier *m*; **b)** CIN empresa *f* cinematográfica.

studious ['stju:dɪəs] *adj* **a)** (who studies a lot) [*person*] estudioso; **b)** (deliberate) [*calm, indifference*] estudado, deliberado.

study ['stʌdɪ] **1** *n* **a)** UNIV (subject) (*usually pl*) estudos *mpl*; **Computer studies** Informática *f*; **b)** (room) escritório *m*; sala *f* de trabalho; **c)** ART, MUS estudo *m*. **2** *modif* [*group, visit*] de estudo; ~ **tour/trip** viagem *f* de estudo. **3** *vtr* (all contexts) estudar UNIV fazer o curso da [*French, Law, etc*]; **she is ~ing to be a teacher** ela está a estudar para professora.

stuff [stʌf] **1** *n* **a)** (unnamed substance) coisa *f*; **what's that ~ in the bottle?** o que é essa coisa na garrafa?; **have we got any more of that cement** ~? ainda temos dessa espécie de cimento?; **b)** (coll) (unnamed objects) (personal belongings) coisas *fpl*; (implying disorder) feira *f* (fam); **c)** (coll) (content of speech, book, film, etc) **who wrote this** ~? quem escreveu isto?; **d)** (fabric, material) material *m*; **e)** (coll) **the** ~ (drugs) a droga *f*; (stolen goods) a mercadoria *f*. **2** *vtr* **a)** (fill, pack) encher [*cushion, pillow, furniture*]; (implying haste, carelessness) atafulhar (fam) [*pocket, cupboard, suitcase*] (**with** de); (block) tapar [*hole, crack*] (**with** com); **b)** (pack in) meter [*objects, clothes, paper*] (**in, into** dentro de); **to** ~ **food into one's mouth** encher-se de comida; **c)** CULIN rechear [*chicken, turkey, tomato*]; **d)** [*taxidermist*] empalhar [*animal, bird*]. **3** (coll) *v refl* **to** ~ **oneself** empaturrar-se. **IDIOMAS** (coll) **a bit of** ~ um rabo de saia (fam); (coll) **to do one's** ~ fazer o que se tem de fazer; (coll) **to know one's** ~ saber do seu ofício; (coll) **that's the** ~! é isso mesmo!.

stuffing ['stʌfɪŋ] *n* **a)** CULIN recheio *m*; **b)** (of furniture, pillow) enchimento *m*; (of stuffed animal) empalhamento *m*. **IDIOMAS** (coll) **to knock the** ~ **out of sb** [*punch, physical blow*] dar uma tareia em alg; [*illness*] abater alg; [*defeat, loss, event*] desmoralizar alg.

stuffy ['stʌfɪ] *adj* **a)** [*air, room, atmosphere*] abafado; **b)** [*nose*] entupido.

stumble ['stʌmb] **1** *n* passo *m* em falso; tropeção *m*. **2** *vi* **a)** (trip) tropeçar (**against** contra); **to** ~ **on/over** [*obstacle, root, step*] tropeçar em; **b)** (stagger) **to** ~ **in/out/off** entrar/sair/partir desajeitadamente; **to** ~ **on** [*walkers, travellers*] avançar, titubeando; [*undertaking, leadership*] continuar assim assim; **c)** (in speech) hesitar. ■ **stumble across**: ~ **across (sth)** encontrar por acaso [*person, information, fact*].

stumbling block ['stʌmblɪŋblɒk] *n* obstáculo *m*.

stump [stʌmp] **1** *n* **a)** (of tree) cepo *m*; **b)** (of candle, pencil, cigar tail, tooth) toco *m*; bocado *m*; **c)** (of limb) coto *m*; **d)** (in cricket) estaca *f* da meta. **2** *vtr* **a)** (coll) (perplex) desconcertar [*person, expert*]; **to be ~ed by sth** estar perplexo por qq coisa; **to be ~ed for an answer/a solution** não encontrar resposta/solução; **b)** (in cricket) eliminar, pôr (alguém) fora de jogo [*batsman*]; **c)** US POL fazer campanha eleitoral em [*state, region*]. **3** *vi* **a)** (stamp) **to** ~ **in/out** sair/entrar pesadamente; **to** ~ **up/down** subir/ descer pesadamente; **b)** US POL fazer uma campanha eleitoral em [*state, region*]. ■ **stump up** (coll) **to** ~ **up** pagar (**for sth** por qq coisa); **to** ~ **up (sth), to** ~ **(sth) up** desembolsar [*money, amount*].

stumpy ['stʌmpɪ] *adj* [*person, legs*] gordo, rechonchudo, pesado.

stun [stʌn] *vtr* **a)** (physically) atordoar; **b)** (shock, amaze, impress) espantar.

stung [stʌŋ] *past, pp* see **sting**.

stunk *pp* see **stink**.

stunning ['stʌnɪŋ] *adj* **a)** (coll) (superb, beautiful) sensacional, formidável; **b)** (amazing) espantoso; **c)** [*blow*] estonteante, atordoador.

stunt [stʌnt] **1** *n* **a)** (for attention) truque *m* para chamar a atenção; **b)** (with risk) **aerial ~s** acrobacias *fpl* aéreas; CIN, TV duplo *m*. **2** *vtr* impedir [*progress, development*]; fazer definhar [*plant growth, crops*.

stupid ['stju:pɪd], US ['stu:-] *adj* **a)** (unintelligent) estúpido,-a; **it is ~ of you to do** é idiotice da tua parte fazer; **I've done something ~** fiz asneira; **the ~ car won't start!** o estúpido do carro não arranca!; **b)** (in a stupor) embrutecido (**with** com).

stupor ['stju:pə(r)] *n* estupor *m*; **to be in a ~** num estado letárgico; **to be in a drunken ~** estar entorpecido pelo álcool.

stutter ['stʌtə(r)] **1** *n* gaguez *f* PO, gagueira *f* BR; **to have a ~** gaguejar. **2** *vtr, vi* gaguejar.

sty [staɪ] *n* **a)** (for pigs) pocilga *f*; chiqueiro *m*; **b)** MED (*also ~***e**) treçolho *m*.

style [staɪl] **1** *n* **a)** (manner) estilo *m*; **my writing ~** a minha maneira de escrever; **b)** (literat) estilo *m*; **c)** (elegance) classe *f*; elegância *f*; **to marry in ~** casar-se com toda a pompa; **to live in ~** viver à grande; **she likes to do things in ~** ela gosta de fazer as coisas em grande; **d)** (design) (of car, clothing) modelo *m*; (of house) tipo *m*; **e)** (fashion) moda *f*; **f)** (approach) género *m*; estilo *m*; **I don't like your ~** não gosto do teu género; **g)** (hairstyle) corte *m*; **h)** BOT estilete *m*; estilo *m*. **2** +**-style** (*in compounds*) (gen) **Californian/Western-~** estilo californiano/ocidental; **Italian-~** à italiana. **3** *vtr* **a)** (design) conceber [*car, kitchen, building*]; criar, desenhar [*collection, dress*]; **b)** (cut) cortar [*hair*]. **4** *v refl* **to ~ oneself "doctor"** intitular-se "doutor".

stylish ['staɪlɪʃ] *adj* **a)** (smart) [*car, coat, flat*] bonito (*before n*); [*person*] elegante; [*resort*] chique; **b)** (accomplished) [*director, performance, footballer*] de grande classe (*after n*); [*thriller, writer*] de grande estilo.

stylist ['staɪlɪst] *n* **a)** (hairdresser) cabeleireiro *m*; **b)** (writer) mestre *m* do estilo; **c)** (fashn) estilista *m/f*.

stylistic [staɪ'lɪstɪk] *adj* ARCHIT, ART [*quality*] de estilo, estilístico; [*relationship, similarity*] de estilo(s).

stylus ['staɪləs] *n* AUDIO agulha *f* (de gramofone).

sub [sʌb] *n* **a)** SPORT abrev = **substitute** substituto *m*; **b)** NAVY abrev = **submarine** submarino *m*; **c)** abrev = **subscription** assinatura *f*.

subconscious [sʌb'kɒnʃəs] **1** *n* **the ~** o subconsciente. **2** *adj* (gen) inconsciente PSYCH subconsciente.

subconsciously [sʌb'kɒnʃəslɪ] *adv* inconscientemente.

subcontinent [sʌb'kɒntɪnənt] *n* subcontinente *m*.

subcontract [sʌbkən'trækt] *vtr* subcontratar.

subcontractor [sʌbkɒn'tæktə(r)] *n* subempreiteiro *m*.

subdivide ['sʌbdɪvaɪd, sʌbdɪ'vaɪd] *vtr, vi* subdividir(-se).

sub-editor [sʌb'edɪtə(r)] *n* PUBLIG, JOURN director *m* adjunto (de um jornal).

subgroup ['sʌbgru:p] *n* subgrupo *m*.

subheading ['sʌbhedɪŋ] *n* (in text) subtítulo *m*.

subhuman [sʌb'hju:mən] *adj* [*behaviour*] sub-humano, monstruoso.

subject ['sʌbdʒɪkt] **1** *n* **a)** (topic) assunto *m*; **to change** *or* **drop the ~** mudar de assunto; **to raise a ~** levantar uma questão; **b)** (branch of knowledge) (at school, college) disciplina *f*; **c)** (focus) objecto *m*; **his finances were the ~ of an inquiry** as finanças dele foram objecto dum inquérito; **d)** LINGT sujeito *m*; **e)** (citizen) súbdito *m* PO, súdito *m* BR; cidadão *m*. **2** *adj* **a)** (subservient) [*people, race*] dominado; **b)** (obliged to obey) **to be ~ to sth** estar sujeito a [*law, rule*]; **c)** (liable) **to be ~ to sth** [*earnings*] ser passível de, estar sujeito a [*tax*]; [*patient*] estar sujeito a [*fits*]; **prices are ~ to increases** os preços estão sujeitos a aumentos; **d)** (dependent) **to be ~ to sth** [*plans*] depender de [*approval*]; **"~ to alteration**" "sujeito a alteração". **3** *vtr* (expose) **to ~ sb to sth** sujeitar alg a qq coisa [*stress, torture, insults*]; **to be ~ed to sth** estar sujeito a [*noise*]; **to ~ sth to heat/light** expor qq coisa ao calor/a luz.

subjective [səb'dʒektɪv] *adj* **a)** (personal) subjectivo *m*; **b)** (biased) subjectivo.

subject matter *n* assunto *m*.

subjugate ['sʌbdʒʊgeɪt] *vtr* **a)** subjugar [*country, people*]; **b)** submeter [*will, desire*].

subjunctive [səb'dʒʌŋktɪv] **1** *n* conjuntivo *m*. **2** *adj* [*form, tense*] do conjuntivo; [*mood*] conjuntivo.

sublet ['sʌblet] **1** *n* subaluguer *m*; subarrendamento *m*. **2** *vtr, vi* [*owner*] subalugar.

submachine gun [sʌbməˈʃiːn gʌn] *n* pistola-metralhadora *f*.

submission [səb'mɪʃn] *n* **a)** (obedience) submissão *f* (**to** a); **b)** (of application, document, etc) submissão *f* (**to** a); **c)** JUR (argument) conclusões *fpl*; **to make a ~ that** sugerir que.

submissive [səb'mɪsɪv] *adj* [*person, attitude*] submisso.

submit [səb'mɪt] **1** *vtr* (*pres p etc* **-tt-**) **a)** (send, present) submeter [*report, proposal, accounts, etc*] (**to** a); apresentar [*bill, application, resignation*] (**to** a); **b)** (formal); **I would ~ that...** eu permito sugerir que.... **2** *vtr* (undergo) **to ~ oneself to** [*medical examination*] sujeitar-se a. **3** *vi* (yield) submeter-se; **to ~ to** [*humiliation, injustice, pain*] sofrer.

subnormal [sʌb'nɔ:ml] *adj* **a)** (pej) [*person*] atrasado, anormal; **b)** [*temperature*] abaixo do normal.

subroutine ['sʌbru:ti:n] *n* COMPUT subrotina *f*.

subscribe [səb'skraɪb] **1** *vtr* (pay) pagar [*sum, amount*] (**to** a). **2** *vi* **a)** (agree with) **to ~ to** [*view, values*] partilhar, concordar com; **b)** (buy) **to ~ to** [*magazine*] assinar; **c)** (contribute) **to ~ to** [*charity, fund*] contribuir para.

subscriber [səb'skraɪbə(r)] *n* **a)** COMM, JOURN (magazine) assinante *m/f* (**to sth** de qq coisa); **b)** TELECOM (telephone) assinante *m/f*; **c)** FIN (to shares) subscritor *m*.

subscription [səb'skrɪp/n] *n* **a**) (magazine) assinatura *f* (**to sth** de qq coisa); **b**) (fee) (to union, club, association) quotização *f*.
subsection ['sʌbsek/n] *n* JUR alínea *f*; (gen) subdivisão *f*; parágrafo *m*.
subsidize ['sʌbsɪdaɪz] *vtr* subsidiar.
subsidy ['sʌbsɪdɪ] *n* subsídio *m* (**to, for** para, a).
subsist [səb'sɪst] *vi* subsistir.
subsistence [səb'sɪstəns] *n* subsistência *f*.
subsistence level *n* limiar *m* de sobrevivência.
substance ['sʌbstəns] *n* **a**) CHEM (matter) substância *f*; **b**) (solidity) (of argument, point) peso *m*; solidez *f*; (of claim, accusation) fundamento *m*; (of play, book) conteúdo *m*; **to lend ~ to** [*claim, allegation, threat*] fundamentar; **c**) (formal, dated) (wealth) **a man of ~** um homem de posses.
substantial [səb'stæn/l] *adj* **a**) (in amount) [*sum, fee, income, etc*] importante, considerável; [*meal*] substancial; **b**) (in degree) [*change, improvement, progress, etc*] considerável; [*role*] importante; **c**) (strongly built) [*chair, wall, evidence, proof*] sólido; **d**) (wealthy) [*business, company*] financeiramente estável; [*businessman, landowner*] rico, de recursos; **e**) **to be in ~ agreement (over sth)** estar francamente de acordo (sobre qq coisa).
substantially [səb'stæn/əlɪ] *adv* **a**) (considerably) [*increase, rise, grow, fall, etc*] consideravelmente; **b**) (mainly) [*true, correct, unchanged*] em grande parte.
substitute ['sʌbstɪtju:t] **1** *n* (person) gen SPORT substituto *m*; (product, substance) sucedâneo *m*; **coffee ~, ~ for coffee** sucedâneo de café; **there is no ~ for real leather** não há nada que se compare ao verdadeiro couro. **2** *modif* [*machine, device*] de substituição; [*family, parent*] adoptivo. **3** *vtr* substituir (**for** por). **4** *vi* **to ~ for sb/sth** substituir alg/algo.
substitution [sʌbstɪ'tju:/n] *n* (gen) substituição.
subtenant ['sʌbtenənt] *n* sublocatário *m*.
subterranean [sʌbtə'reɪnɪən] *adj* subterrâneo.
subtitle ['sʌbtaɪtl] **1** *n* CIN, TV, LITERAT legenda *f*. **2** *vtr* CIN, TV, LITERAT legendar [*film, book*].
subtle ['sʌtl] *adj* **a**) (imperceptible) [*distinction, allusion, manner*] subtil PO, sutil BR; [*change, from*] imperceptível; **b**) (perceptive) [*observer, analyst*] perspicaz; **c**) (delicate) [*colour, shade, fragrance*] delicado.
subtlety ['sʌtltɪ] *n* **a**) (complexity) (of film, book, music, style) complexidade *f*; **b**) (of flavour) delicadeza *f*.
subtly ['sʌtlɪ] *adv* **a**) (imperceptibly) [*change, alter, influence*] imperceptivelmente; [*different, humorous*] ligeiramente; **b**) (in a complex way) [*argue, evoke*] com subtileza PO, sutileza BR; **c**) (delicately) [*flavoured, coloured*] com delicadeza.
subtotal ['sʌbtəʊtl] *n* subtotal *m*.
subtract [səb'trækt] **1** *vtr* subtrair (**from** de). **2** *vi* fazer subtracções *fpl*.
subtraction [səb'træk/n] *n* subtracção *f*.
suburb ['sʌbɜ:b] **1** *n* subúrbio *m*. **2** *npl* **to live in the (outer) ~** viver nos arredores.
suburban [sə'bɜ:bən] *adj* [*street, shop, train, commuter*] de subúrbio; [*development, community*] suburbano; US [*shopping mall*] fora da cidade; **a ~ sprawl** um subúrbio gigantesco.

suburbia [sə'bɜ:bɪə] *n* (- *c*) subúrbios *mpl*.
subversive [səb'vɜ:sɪv] **1** *n* (person) elemento *m* subversivo. **2** *adj* [*activity, influence*] subversivo.
subway ['sʌbweɪ] **1** *n* **a**) GB (for pedestrians) passagem *f* subterrânea; **b**) US (underground railway) metropolitano *m* PO, metrô *m* BR. **2** *modif* US [*station*] de metropolitano PO, de metrô BR; [*train*] subterrâneo.
sub-zero *adj* [*temperature*] abaixo de zero.
succeed [sək'si:d] **1** *vtr* suceder a [*person*]; seguir-se a, suceder-se a [*bad weather, event*]; **she ~ed him as president of the University** ela sucedeu-lhe como presidente da Universidade. **2** *vi* **a**) (achieve success) [*person, plan, technique*] ser bem sucedido; **to ~ in doing sth** ser bem sucedido a fazer qq coisa; **b**) (accede) alcançar; **to ~ to the throne** subir ao trono. IDIOMAS **nothing ~s like success** sucesso chama sucesso.
success ['sək'ses] *n* **a**) sucesso *m*; êxito *m*; **without ~** sem sucesso; **to make a ~ of** [*dish, life, career*] tornar qq coisa num sucesso; [*business, venture*] fazer um sucesso de; **b**) (person, thing that succeeds) sucesso *m*; êxito *m*.
successful [sək'sesfl] *adj* [*attempt, plan, campaign, visit, treatment*] bem sucedido; [*actor, writer, musician, book*] de sucesso; [*businessman, business*] próspero; [*career*] brilhante; [*marriage, life*] feliz; [*outcome*] feliz; (in sport) vitorioso; **to be ~** triunfar; **to be ~ in business** ser bem sucedido nos negócios; **the operation was not entirely ~** a operação não foi um sucesso total.
successfully [sək'sesfəlɪ] *adv* com sucesso.
succession [sək'se/n] *n* **a**) (sequence) sucessão *f* (**of** de); **in ~** de seguida; **in close/quick/swift ~** (happen) um atrás do outro ou uns atrás dos outros; (march, go past) em fila; **b**) JUR (line of descent) herdeiros *mpl*.
successive [sək'sesɪv] *adj* [*attempt, victory, generation, government*] sucessivo; [*day, week, year*] consecutivo; **with each ~ season** em cada nova estação.
successor [sək'sesə(r)] *n* sucessor *m*; **to be sb's ~** suceder a alg, ser o sucessor de alg.
success story *n* (person, venture, business) êxito *m*.
succinct [sək'sɪŋkt] *adj* [*statement, phrase*] sucinto; [*person*] conciso.
succulent ['sʌkjʊlənt] **1** *n* planta *f* suculenta/carnuda. **2** *adj* (gen) BOT suculento, carnudo.
succumb [sə'kʌm] *vi* sucumbir (**to** a).
such [sʌt/] **1** *pron* (this) **~ is life** é a vida; **she's a good singer and recognized as ~** ela é uma boa cantora e reconhecida como tal. **2** *det* **a**) (of kind previously mentioned) tal; (similar) parecido; **~ a situation** uma tal situação; **and other ~ arguments** e outros argumentos desse tipo; **a mouse or some ~ animal** um rato ou um animal parecido; **you'll do no ~ thing!** nem penses fazeres isso!; **b**) (of specific kind) **his movements were ~ as arouse suspicion** os seus movimentos eram de forma a levantar suspeitas; **in ~ a way that** duma tal maneira que; **c**) (any possible) **~ money as I have** o dinheiro que tenho; **until ~ time as** até que; **d**) (so great) tal; **~ was his admiration that** a sua admiração era

tal que; **e)** (iron) (of such small worth, quantity) **we picked up the apples, ~ as there were** apanhámos as maçãs no estado em que estavam. **3** *adv* (to a great degree) *(with adjectives)* tão; *(with nouns)* tanto; **~ a nice boy!** um rapaz tão simpático!; **~ good quality as this** uma qualidade tão boa como esta; **~ a lot of problems** tantos problemas. **4 such as** *det phr, conj phr* como; **~ a house as this, a house ~ as this** uma casa como esta; **~ as?** (as response) (gen) tal como? ou o quê, por exemplo?; **there are no ~ things as giants** não há gigantes; **have you ~ a thing as a screwdriver?** tens, por acaso, uma chave de parafusos?.

suck [sʌk] **1** *n* **to have a ~ of sth** (coll) provar qq coisa (chupando). **2** *vtr* **a)** (drink in) *[person, animal, machine]* aspirar *[liquid, air]* **(from** de; **through** com); (extract) sorver, sugar **(from** de); **to be ~ed down/under** ser sugado para o fundo; **b)** (lick) *(also ~ at)* chupar, chuchar *[bottle, fruit, pencil, pipe, sweet, thumb, scratch]*; *[baby]* mamar *[breast]*. **3 sucking** *pp adj [noise]* de sucção. ■ **suck in**: **~ in (sth), ~ (sth) in** *[sea, wind]* tragar, engolir; *[person, machine]* absorver, aspirar *[air, dirt, liquid]*; *[person]* meter para dentro *[stomach]*. ■ **suck into** (fig) **to be ~ed into sth** estar absorvido com qq coisa (fig). ■ **suck out**: **~ (sth) out, ~ out (sth)** aspirar *[air, liquid, dirt]* **(from** de). ■ **suck up**: **~ (sth) up, ~ up (sth)** absorver *[air, liquid]*; aspirar *[dirt]*. ■ **suck up to** (coll) **~ up to (sb)** bajular alg.

sucker ['sʌkə(r)] **1** *n* **a)** (coll) (gullible) papalvo (fam); **he's a ~ for compliments/chocolates** ele tem um fraquinho especial por elogios/chocolates; **b)** Bot, Hort rebento *m* Po, broto *m* Br. **2** *vtr/vi* Bot, Hort tirar os rebentos a, deitar rebentos.

suction ['sʌkʃn] *n* sucção *f*; **by ~** por sucção.

Sudan [suː'dɑːn] *pr n* *(also* **the ~)** o Sudão *m*.

sudden ['sʌdn] *adj* súbito, rápido, repentino; **all of a ~** de repente; **it's all a bit ~** é tudo muito repentino.

sudden death 1 *n* Sport jogo *m* decisivo. **2** *modif* **a ~ play off** um jogo *m* decisivo.

suddenly ['sʌdnlɪ] (gen) subitamente; (all of a sudden) de repente.

suddenness ['sʌdnnɪs] *n* rapidez *f*.

suds [sʌdz] *npl* **a)** *(also* **soap ~)** (foam) espuma *f* (de sabão); (soapy water) água *f* de sabão; **b)** (coll) us (beer) cerveja *f* com espuma.

sue [suː, sjuː] **1** *vtr* Jur mover acção judicial; **to ~ sb for libel** processar alg por difamação. **2** *vi* Jur mover acção judicial, processar; **to ~ for damages** mover uma acção judicial por danos e perdas.

suede [sweɪd] **1** *n* camurça *f*; **imitation ~** suede (tecido que imita camurça). **2** *modif [shoe, glove]* de/em camurça.

suet ['suːɪt, 'sjuːɪt] *n* sebo *m*; gordura *f* dos rins de carneiro.

Suez ['suɪz, 'sjuːɪz] *n* Suez *m*; **the ~ Canal** o Canal do Suez.

suffer ['sʌfə(r)] **1** *vtr* **a)** (undergo) sofrer; **to ~ a heart attack** sofrer um ataque cardíaco; **b)** (formal) (tolerate) suportar, aguentar. **2** *vi* **a)** (with illness) **to ~ from sth** sofrer de qq coisa; **to ~**

from a headache ter uma dor de cabeça; **b)** (experience pain) sofrer; **to ~ for one's sins** expiar os seus pecados; **you'll ~ for it later** vais-te arrepender mais tarde; **c)** (do badly) *[company, profits, popularity]* sofrer.

sufferance ['sʌfərəns] (formal) *n* **I'm only here on ~** estou aqui só por favor.

sufferer ['sʌfərə(r)] *n* **a)** sofredor *m*; vítima *f*; **b)** Med doente *m/f*; **leukemia ~s** *or* **~s from leukemia** os doentes de leucemia.

suffering ['sʌfərɪŋ] *n* sofrimento *m* **(of** de); **needless ~** sofrimento inútil.

suffice [sə'faɪs] (formal) **1** *vtr* bastar a. **2** *vi* bastar, ser suficiente.

sufficiency [sə'fɪʃənsɪ] (formal) *n* (adequate quantity) quantidade *f* suficiente.

sufficient [sə'fɪʃənt] *adj* suficiente, bastante; **~ time** tempo suficiente; **a ~ amount** uma quantidade suficiente; **an hour will be ~** uma hora bastará; **to be more than ~** ser mais do que suficiente; **to be ~ to do sth** ser suficiente fazer algo; **to have ~ to live on** possuir o suficiente para viver; **to be ~ for sb to do sth** ser suficiente a alg para fazer algo; **to be ~ unto oneself** bastar-se a si mesmo.

sufficiently [sə'fɪʃəntlɪ] *adv* suficientemente, bastante **(to do** para fazer).

suffix [sʌfɪks] *n* sufixo *m*.

suffocate ['sʌfəkeɪt] **1** *vtr* **a)** (lit) *[smoke, fumes]* sufocar; *[person, pillow]* asfixiar, abafar; **b)** (fig) *[rage, anger]* sufocar. **2** *vi* **a)** (by smoke, fumes) ficar asfixiado; (by pillow) ser sufocado; **b)** (fig) sufocar **(with** de).

suffocation [sʌfə'keɪʃn] *n* (by smoke, fumes, enclosed space, crowd, pillow) asfixia *f*.

suffrage ['sʌfrɪdʒ] *n* (right) direito *m* de voto.

suffragette [sʌfrə'dʒet] *n* sufragista *f* (partidária do voto feminino).

sugar ['ʃʊgə(r)] **1** *n* Culin, Agric açúcar *m*; **brown/white ~** açúcar *m* amarelo/branco. **2** *modif [industry, prices]* do açúcar; *[production, refinery]* de açúcar; *[spoon, canister]* de açúcar. **3** *vtr* pôr açúcar em, adoçar. **4** *excl* bolas! (fam). IDIOMAS **to ~ the pill** dourar a pílula.

sugar: **~ beet** *n* beterraba *f* sacarina; **~ bowl** *n* açucareiro *m*; **~-coated** *adj* (lit) coberto de açúcar; (fig) adoçado; **~ content** *n* teor *m* de açúcar; **~ lump** *n* torrão *m* de açúcar.

sugary ['ʃʊgərɪ] *adj [food, taste]* adocicado, doce; *[décor]* afectado; *[sentimentality]* meloso.

suicidal [suːɪ'saɪdl, sjuːɪ'saɪdl] *adj* (lit, fig) suicida.

suicide ['suːɪ'saɪd, 'sjuːɪ'saɪd] **1** *n* (lit, fig) (action) suicídio *m*; (person) suicida *m/f*; **to commit ~** suicidar-se. **2** *modif* **attempt/bid** tentativa *f* de suicídio.

suit [suːt, sjuːt] **1** *n* **a)** (Fashn) (man's) fato *m* (completo); (woman's) fato de saia e casaco; **(to wear) a ~ and tie** (estar de) fato e gravata; **a ~ of clothes** um trajo/fatiota; **b)** Jur (lawsuit) processo *m*; **civil/libel ~** processo *m* civil/por difamação; **to file ~ against sb** intentar/pôr um processo a alg; **c)** Games naipe *m* de cartas de jogar; **to be sb's strong ~** (fig) ser o ponto forte de alg. **2** *vtr* **a)** (look well) **to ~ sb down to the ground** (coll, lit) servir a alg como uma luva; **b)** (be convenient) **she's liberal when it ~s her**

(iron) ela é liberal quando lhe convém; **it ~s us
to do** convém-nos fazer; (+ *subj*) **c**) (be appropriate) **a loan that (best) ~s your needs** um
empréstimo que melhor se adapte às suas necessidades; **d**) (be acceptable) **it ~s him to live
alone** agrada-lhe viver sozinho; **e**) (please) **to ~
oneself** (*v refl*) **~ yourself!** (coll) faz como quiseres! (fam). **3** *vi* convir; **does that ~?** isso con-
vém-lhe?.

suitability ['suːtə'bɪlɪtɪ, sjuːtə'bɪlɪtɪ] *n* (of person) (professional) aptidão *f* (**for** para); (personal) capacidade *f* (**for** para); (of place route) conveniência *f*.

suitable ['suːtəbl, 'sjuːtəbl] *adj* [*accommodation,
climate, clothing, education, facilities, opportunity, qualification, transport*] adequado; [*candidate*] apto; [*treatment, gift, gesture*] apropriado;
did you see anything ~? viste alguma coisa que
te conviesse?; **to be ~ for** ser adequado a [*child,
beginner, diabetic, family*]; adaptar-se (bem) a
[*climate, medium, activity, occasion*]; ser feito
para [*role*]; ser apto para [*job, position*]; **the
product is not ~ for human consumption** o
produto é impróprio para pessoas; **he's not a ~
model for them** ele não é um modelo próprio
para eles; **to be ~ to** convir a [*person, age,
group, culture*].

suitably ['suːtəblɪ, 'sjuːtəblɪ] *adv* **a**) (appropriately) [*dressed, labelled, equipped, qualified,
trained*] convenientemente; [*behave*] convenientemente; **b**) (to the right degree) (also hum)
[*austere, futuristic, laconic*] suficientemente;
[*chastened, impressed*] como convém *inv*.

suitcase *n* mala *f*. **IDIOMAS to be living out of
a ~** passar a vida de um lado para o outro.

suite [swiːt] *n* **a**) (furniture) mobília *f*; **b**)
(rooms) suite *f*; apartamento *m*; **a ~ of rooms**
um apartamento; **c**) (liter) (retinue) séquito *m*;
comitiva *f*.

sulfur *n* US sulphur.

sulfuric *adj* US sulphuric.

sulk [sʌlk] **1** *n* **to be in a ~** amuar, estar mal-
-humorado; **to go into a ~** ficar amuado/mal-
-humorado. **2** sulks *npl* **to have a fit of the ~**
amuar. **3** *vi* amuar (**about, over** por causa de).

sulky ['sʌlkɪ] *adj* amuado, mal-humorado; **to
look ~** mostrar má cara, amuar.

sullen ['sʌlən] *adj* [*person, expression*] mal-
-humorado, carrancudo; [*resentment*] surdo,
sombrio; [*day, sky*] sombrio; [*mood*] taciturno,
triste; [*silence*] obstinado.

sulphur GB, **sulfur** US ['sʌlfə(r)] *n* enxofre *m*.

sulphuric GB, **sulfuric** US [sʌl'fjʊərɪk] *adj* sul-
fúrico.

sultana [sʌl'tɑːnə] *n* sultana *f* (casta de uvas
sem sementes).

sultry ['sʌltrɪ] *adj* [*day, place*] sufocante; [*voice*]
voluptuoso; [*woman, look*] sensual.

sum [sʌm] *n* **a**) (amount of money) soma *f*; **a
large/small ~ of money** uma grande/pequena
soma de dinheiro; **b**) (calculation) cálculo *m*; **to
be good at ~s** ser bom em cálculo/aritmética; **to
do one's ~s** (fig) fazer as suas contas; **c**) (total)
(lit) soma *f*; total *m*; **d**) (summary) **in ~** em suma, em resumo. ■ **sum up**: **~ up a**) (gen) [*person*] recapitular; **to ~ up, I'd like to say...** reca-
pitulando/em resumo, eu queria dizer...; **b**) JUR
[*judge*] resumir; **~ (sth) up, ~ up (sth) a**) (sum-

marize) resumir, sumariar [*argument, point of
view*]; **b**) (judge accurately) apreciar [*situation*];
fazer uma ideia de [*person*].

summarily ['sʌmərɪlɪ] *adj* sumariamente.

summarize ['sʌməraɪz] *vtr* resumir [*book, problem, argument, speech*]; recapitular [*argument,
speech*].

summary ['sʌmərɪ] **1** *n* resumo *m*. **2** *adj* (gen)
JUR [*statement, judgement, justice*] sumário.

summer ['sʌmə(r)] **1** *n* Verão *m*; **in the ~ of
1990** no Verão de 1990. **2** *modif* [*weather, evening, resort clothes, holiday*] de verão; **~ holi-
daymaker/visitor** um veraneante *m*. **3** *vi* passar
o verão.

summer: **~house** casa *f* de verão, pavilhão *m*
em jardim; **~ term** *n* SCH, UNIV terceiro período
m.

summery ['sʌmərɪ] *adj* estival.

summing up ['sʌmɪŋ'ʌp] *n* JUR resumo *m*; sumário *m*; (gen) recapitulação *f*.

summit ['sʌmɪt] **1** *n* **a**) POL cimeira *f* (on sobre);
b) (of mountain) cume *m*; cimo *m*; **c**) (fig) (of
career, influence) auge *m*; apogeu *m*. **2** *modif*
POL [*meeting, talks, conference, nation*] de cimeira.

sump [sʌmp] *n* (gen) poço *m* colector; tanque *m*;
AUT cárter *m*.

sumptuous ['sʌmptjʊəs] *adj* [*room, setting,
feast*] sumptuoso Po, suntuoso BR.

sun [sʌn] **1** *n* (gen) ASTRON sol *m*; **in the ~** ao
sol; **don't lie right in the ~** não se deite muito
tempo ao sol; **you should come out of the ~**
deveria pôr-se à sombra; **a place in the ~** (fig)
um lugar ao sol; **it's the most beautiful place
under the ~** é o mais belo lugar do mundo;
they sell everything under the ~ eles vendem
de tudo; **to be up before the ~** levantar-se antes
do nascer do sol. **2** *v refl* **to ~ oneself** [*person*]
apanhar sol; [*animal*] aquecer-se Po/esquentar-
-se BR ao sol.

Sun *n* abrev = **Sunday**.

sunbathe ['sʌnbeɪð] **1** GB *n* banho *m* de sol. **2** *vi*
bronzear-se, apanhar banhos de sol.

sun: **~bather** *n* pessoa *f* que apanha banhos de
sol; **~bathing** *n* banho *m* de sol; **~beam** *n* raio
m de sol; **~ bed** *n* (lounger) cadeira *f* comprida;
(with sunlamp) cama *f* solar; **Sunbelt** *n* US Estados do Sul e Oeste dos Estados Unidos; **~ blind**
n GB estore *m*; **~burn** *n* queimadura *f* solar;
~burned, ~burnt *adj* (burnt) queimado pelo
sol; GB (tanned) bronzeado; **to get ~burned**
(burn) ficar com queimadura solar; GB (tan)
bronzear-se.

Sunday ['sʌndeɪ, 'sʌndɪ] **1** *n* domingo *m*. **2** Sundays *npl* **the ~s** GB os jornais *mpl* de domingo.
3 *modif* [*service, Mass, newspaper, walk, lunch*]
de domingo.

sun: **~dial** *n* relógio *m* de sol; **~down** *n* see **~set**.

sundry ['sʌndrɪ] **1** sundries *npl* artigos *mpl* diversos. **2** *adj* [*items, objects, occasions*] diversos, variados; **(to) all and ~** (gen) (para) toda a
gente; (pej) (para) não importa quem.

sun: **~flower** ['sʌnflaʊə(r)] **1** *n* girassol *m*. **2** *modif* **~flower margarine** margarina *f* de girassol;
~flower oil óleo *m* de girassol; **~flower seed** semente *f* de girassol.

sung [sʌŋ] *pp* see **sing**.

sun: ~**glasses** *npl* óculos *mpl* de sol; ~ **hat** *n* chapéu *m* de sol.

sunk [sʌŋk] *pp* see **sink**.

sunken ['sʌŋkn] *adj* **a**) (under water) [*treasure, wreck*] submerso; [*vessel*] afundado; **b**) (recessed) [*cheek, eye*] cavado; **c**) (low) [*bath*] encaixado, encastrado.

sun lamp *n* (for tanning) lâmpada *f* de bronzear MED lâmpada *f* de raios ultra-violetas.

sunless ['sʌnlɪs] *adj* sem sol.

sunlight ['sʌnlaɪt] *n* luz *m* do sol; **in the** ~ ao sol; **in direct** ~ em pleno sol.

sun: ~ **lit** *adj* ensolarado; ~ **lounge** GB ~ **parlor** US *n* (gen) varanda *f* envidraçada exposta ao sol; (in hospital, rest home) solário *m*.

sunny ['sʌnɪ] *adj* **a**) (lit) [*weather, morning, period*] ensolarado, de sol; [*place, garden, room*] (facing the sun) exposto ao sol; (sunlit) [*ensolarado*]; **rather dull but with** ~ **intervals** *or* **spells** tempo nublado mas com abertas; **it's going to be** ~ vai estar tempo de sol; **the outlook is** ~ prevê-se tempo de sol; **b**) (fig) [*person, disposition, temperament*] alegre; **to look on the** ~ **side (of things)** ver o lado bom das coisas; **John's on the** ~ **side of 50** (coll) o John está aquém dos 50 anos; ~ **side up** [*egg*] ovo estrelado.

sun: ~ **ray lamp** *n* see ~**lamp**. MED ~ **ray treatment** *n* helioterapia *f*.

sunrise ['sʌnraɪz] *n* nascer *m* do sol.

sun: ~**rise industry** *n* US indústria *f* em expansão; ~**roof** *n* tecto *m* de abrir.

sunset ['sʌnset] **1** *n* pôr-do-sol *m*. **2** *adj* US ADMIN, JUR [*law, bill, clause*] de período de aplicação limitado.

sun-shade *n* (parasol) guarda-sol *m*; (awning) toldo *m*; (eyeshade) viseira *f*; pala *f*; (in car) pára-sol *m*.

sunshine ['sʌnʃaɪn] *n* (gen) sol *m*; **12 hours of** ~ 12 horas de sol; **you're a real ray of** ~! tu és um verdadeiro raio de sol (cheio de vida).

sun: ~**stroke** *n* insolação *f*; ~ **suit** *n* fato *m* de verão.

suntan ['sʌntæn] *n* bronzeado *m*; **to get a** ~ bronzear-se.

sun: ~**tan cream,** ~ **cream** *n* creme *m* solar; ~ **tan lotion,** ~ **lotion** *n* loção *f* solar; ~**tanned** *adj* bronzeado; ~**tan oil,** ~ **oil** *n* óleo solar; ~ **trap** *n* canto *m* de sol; ~ **visor** *n* (in car) pára-sol *m* *inv*; (for eyes) viseira *f*.

super ['suːpə(r)] **1** *n* **a**) US (petrol) gasolina *f* super; **b**) (police) abrev = **superintendent**. **2** (coll) *adj*, *excl* formidável. **3** **super+** (*in compounds*) super-.

superannuation [suːpərænjʊ'eɪʃn] **1** *n* pensão *f* (de reforma Po/aposentadoria BR). **2** *modif* ~ **fund** caixa *f* de aposentações; ~ **plan/scheme** regime *m* de reforma Po/aposentadoria BR.

superb [sʊ'pɜːb, sju:'pɜːb] *adj* soberbo.

supercilious [suːpə'sɪlɪəs] *adj* arrogante.

superficial [suːpə'fɪʃl] *adj* superficial.

superfluous [sʊ'pɜːflʊəs, sju:'pɜːflʊəs] *adj* supérfluo (**to** para; **to do de** fazer); **to feel (rather)** ~ (coll) sentir-se a mais.

superhuman [suːpə'hjuːmən] *adj* sobre--humano.

superimpose [suːpərɪm'pəʊz] *vtr* sobrepor (**on**

a); ~**d images** CIN, PHOT imagens *fpl* sobrepostas.

superintend [suːpərɪn'tend] *vtr* superintender, supervisionar [*person, work*]; dirigir [*organization, research*].

superintendent [suːpərɪn'tendənt] *n* **a**) (supervisor) supervisor *m*; responsável *m/f*; **b**) US (in apartment house) administrador *m*; **c**) (*also* **police** ~) ≈ comissário *m*; chefe (da polícia).

superior [su:'pɪərɪə(r), sju:-, sʊ:-] **1** *n* (gen) RELIG superior *m*. **2** *adj* **a**) (better than average) [*intelligence, power, knowledge, person, team*] superior (**to** a; **in** em); [*product*] de qualidade superior; **their forces attacked in** ~ **numbers** as forças deles atacaram em maior número; **b**) (condescending) [*person, look, smile, air*] condescendente, presunçoso.

superiority [su:pɪərɪ'ɒrɪtɪ, sju:-, sʊ:-] *n* superioridade *f* (**over, to** sobre; **in** em).

superlative [su:'pɜːlətɪv, sju:-] **1** *n* LING superlativo *m*. **2** *adj* [*performance, service*] excelente Po, supimpa BR; [*physical, condition*] excepcional; [*match, player*] óptimo.

supermarket ['su:pəmɑ:kɪt] *n* supermercado *m*.

supernatural [su:pə'nætʃərl] **1** *n* sobrenatural *m*. **2** *adj* sobrenatural.

superpower ['su:pəpaʊə(r)] **1** *n* superpotência *f*. **2** *modif* [*talks, summit*] das superpotências.

supersede [su:pə'si:d] *vtr* substituir [*model, product, service*]; suplantar [*belief, idea, theory*].

supersonic [su:pə'sɒnɪk] *adj* supersónico.

superstar ['su:pəsta:(r)] *n* CIN, MUS, TV, SPORT estrela *f*.

superstition [su:pə'stɪʃn] *n* superstição *f*.

superstitious [su:pə'stɪʃəs] *adj* supersticioso.

superstore ['su:pəstɔ:(r)] *n* (large supermarket) hipermercado *m*.

superstructure ['su:pəstrʌktʃə(r)] *n* CONSTR, NAUT superstrutura *f*.

supervise ['su:pəvaɪz] **1** *vtr* **a**) (watch over) supervisionar, fiscalizar [*activity, area, staff, work*]; vigiar [*child, patient*]; **b**) (control) dirigir [*department, investigation, project*]. **2** *vi* [*supervisor*] inspeccionar, supervisionar; [*doctor, parent*] vigiar; [*manager*] dirigir. **3** **supervised** *pp adj* [*facility, playground*] com vigilância.

supervision [su:pə'vɪʒn] *n* **a**) (of staff, work) supervisão *f*; inspecção *f*; fiscalização *f*; **b**) (of child, patient, prisoner) vigilância *f*; **she is responsible for the** ~ **of two students** ela é a professora orientadora de dois estudantes.

supervisor ['su:pəvaɪzə(r)] *n* **a**) ADMIN, COMM responsável *m/f*; **canteen** ~ gerente *m/f* da cantina; **b**) CIVIL ENG, CONSTR encarregado *m*; **c**) GB UNIV (for thesis) orientador *m*; (more general) director *m* de estudos.

supervisory ['su:pəvaɪzərɪ] *adj* [*board, body, job, duty, etc*] de fiscalização, de inspecção; **the work is mainly** ~ é principalmente um trabalho de supervisão.

supper ['sʌpə(r)] *n* **a**) (evening meal) jantar *m*; **to have** *or* **eat** ~ jantar; **b**) (after a show) ceia *f*; **the Last S**~ RELIG a Última Ceia. **IDIOMAS to sing for one's** ~ fazer pela vida (fam).

supper time ['sʌpətaɪm] *n* (evening meal) hora *f* de jantar.

supplant [sə'plɑ:nt] *vtr* (*often in passive*) suplantar [*lover, rival, person, doctrine, product, system, trend*].

supple ['sʌpl] *adj* [*body, leather, person*] maleável.

supplement 1 ['sʌplɪmənt] *n* **a)** (to diet, income) suplemento *m* (**to** a); **b)** Tourism suplemento *m* (**of** de); **a single room** ~ um suplemento para quarto individual. **2** ['sʌplɪmənt, sʌplɪ'ment] *vtr* aumentar, acrescentar [*income, staff*] (**with** com); completar [*diet, knowledge, service, resources*] (**with** com).

supplementary [sʌplɪ'mentərɪ] **1** *n* GB POL questão *f* anexa. **2** *adj* [*heating, income, pension, etc*] suplementar; [*charge, payment*] adicional.

supplier [sə'plaɪə(r)] *n* (all contexts) fornecedor *m* (**of, to** de).

supply [sə'plaɪ] **1** *n* **a)** (stock) provisão *f*; reservas *fpl*; **a plentiful** ~ **of workers** uma reserva considerável de mão de obra; **to get in a** ~ **of sth** fazer provisões de qq coisa; **b)** (source) (of fuel, gas, water) abastecimento *m* (**of** de); (of food) aprovisionamento *m*; **c)** (action of providing) fornecimento *m* (**to sb** a alg). **2 supplies** *npl* **a)** (food) víveres *mpl*; (equipment) equipamento *m*; **food supplies** provisões *fpl*; **b)** Comm (for office, household) (machines, electrical goods, stationery, etc) material *m* de escritório. **3** *modif* [*ship, train, truck*] abastecedor; [*company, problem, route*] de abastecimento. **4** *vtr* **a)** (provide) fornecer [*goods, arms, fuel, water, drugs, information, etc*] (**to, for** a); levar [*love, companionship, affection*] (**to** a); **to** ~ **sth to sb, to** ~ **sb with sth** fornecer algo a alg; **b)** (provide food, fuel for) abastecer [*area, town*] (**with** com); **c)** (satisfy, fulfil) prover a [*needs, wants, requirements*]; responder a [*demand, need*].

support [sə'pɔːt] **1** *n* **a)** (physical, for weight) suporte *m*; apoio *m* (**for** para); (moral, financial) apoio *m*; amparo *m*; **air/land/sea** ~ Mil apoio aéreo/terrestre/marítimo; **to give sb/sth (one's)** ~ dar o seu apoio a alg/alg coisa; **in** ~ **of sb/sth** em apoio de alg/alg coisa; **the theatre closed for lack of** ~ o teatro fechou por falta de público; **b)** Constr, Med (for building, structure) suporte *m*; **neck** ~ coleira *f* ortopédica; **c)** (comport) amparo *m*; ajuda *f*; **Paul was a great** ~ **when she died** o Paulo foi de uma grande ajuda quando ela morreu. **2** *vtr* **a)** (lit) suportar, sustentar [*weight*]; amparar, apoiar [*person*]; **b)** (fig) (provide, moral, financial backing) apoiar [*person, case, cause, campaign, team, price, etc*]; **c)** (validate) confirmar, corroborar [*argument, claim, story, theory*]; **d)** (keep alive) [*breadwinner, farm, land*] sustentar, manter [*family, inhabitants*]; [*charity*] auxiliar [*underprivileged*]; **he has a wife and children to** ~ ele tem de sustentar mulher e filhos; **e)** (put up with) suportar [*adverse conditions, bad behaviour*]. **3** *v refl* **to** ~ **oneself** sustentar-se a si próprio.

supporter [sə'pɔːtə(r)] *n* Sport adepto *m*; POL partidário *m*; simpatizante *m/f*.

supporting [sə'pɔːtɪŋ] *adj* **a)** Cin, Theat [*actor, role*] secundário; ~ **cast** elenco *m* de artistas secundários; **b)** (lit) Constr [*wall, beam*] de sustentação ou de suporte.

supportive [sə'pɔːtɪv] *adj* [*person, organization*] apoiante; [*role, network*] de suporte.

suppose [sə'pəʊz] **1** *vtr* **a)** (assume) supor [*existence, possibility, availability*]; **I** ~ **so/not** eu suponho que sim/não; **it will be a boring evening, even supposing Mark turns up** vai ser uma noite maçadora, mesmo que o Mark apareça; **b)** (admit) **I** ~ **that if I'm honest/fair...** eu acho que se quiser ser honesto/justo...; **c)** (imagine) (always interrogative) ~ **(that) the rumour is true, what will you do?** imagina que o boato é verdadeiro, o que é que vais fazer?; **d)** (when making a suggestion) ~ **we go to a restaurant?** e se fôssemos a um restaurante?. **2** **supposed** *pp adj* **a)** (hypothetical) [*father, owner, witness*] presumido (*before n*) suposto Jur [*advantage, benefit*] pretendido (*before n*) **b)** (expected, required) **to be** ~**d to do** ser suposto fazer; **there was** ~**d to be a room for us** esperávamos que houvesse um quarto para nós; **c)** (alleged) **it's** ~**d to be a good hotel** aparentemente é um bom hotel.

supposedly [sə'pəʊzɪdlɪ] *adv* **he is** ~ **rich/intelligent** pensa-se que ele é rico/inteligente; **the** ~ **wealthy nations** as nações que se dizem ricas; ~**, she's very timid** aparentemente ela é muito tímida; ~ **no** aparentemente não.

supposition [sʌpə'zɪʃn] *n* **a)** (guess) suposição *f*; **b)** (assumption) hipótese *f*.

suppress [sə'pres] *vtr* **a)** (prevent) reprimir [*smile, urge*]; eliminar [*doubt*]; conter [*yawn*]; refrear [*anger, excitement*]; recalcar [*sexuality*]; suprimir [*information*]; abafar, ocultar [*report, evidence, fact*]; proibir [*newspaper*]; censurar [*party, group*]; reprimir [*riot, rebellion*]; suprimir [*activity*]; **to** ~ **tears** reter as lágrimas; **to** ~ **a sneeze** conter um espirro; **b)** (retard) matar [*weeds*]; impedir [*growth*]; debelar [*immune, system*].

suppression [sə'preʃn] *n* **a)** (of party, information) censura *f*; (of activity, demonstration, evidence) supressão *f*; (of scandal, report) abafamento *f*; (of feeling) repressão *f*; Psychol recalcamento *m*; repressão *f*; **b)** (retardation) (of growth, development) retardamento *f*.

supremacy [suː'preməsɪ,sjuː'prəməsɪ] *n* **a)** (power) supremacia *f*; **b)** (greater ability) superioridade *f*.

supreme [suː'priːm, sjuː-] *adj* [*ruler, power, achievement, courage*] supremo; [*importance*] máximo; [*stupidity, arrogance*] extrema; **to reign** ~ (fig) ter poder absoluto.

surcharge ['sɜːtʃɑːdʒ] **1** *n* **a)** (gen) suplemento *m*; sobretaxa *f*; **b)** Elec, Post sobrecarga *f*. **2** *vtr* fazer pagar um suplemento a [*person*].

sure [ʃʊə(r), ʃɔː(r)] **1** *adj* **a)** (certain of facts) seguro, certo (**about, of** de); **I'm not** ~ **if he's coming or not** não tenho a certeza se ele vem ou não; **we can never be** ~ não se pode ter a certeza de nada; **I think it's locked but I'll make** ~ julgo que está fechada à chave mas vou-me certificar; **make** ~ **all goes well** asseguro-te de que tudo vai correr bem; **b)** (bound to do or have) **to be** ~ **of sth/of doing** ter a certeza de qq coisa/de fazer; **c)** (confident) [*instinct, motive, skill, taste, touch*] seguro; **to be/feel** ~ **of oneself** estar/sentir-se seguro de si; **d)** (definite, incontrovertible) [*victory, fact*] certo; **one thing is** ~ uma coisa é certa; **in the** ~ **and cer-**

tain knowledge of/that com a profunda convicção de/de que; **e)** (reliable, trustworthy) [*friend*] seguro, fiel; [*method, remedy, sign, way*] infalível; **f)** (steady) [*hand, footing*]; **a ~ hand** com mão firme. **2** *adv* **a)** (coll) ESP US (yes) claro!; **"you're coming?"** - **"~!"** "vens?" - "claro!"; **b)** (certainly) **it ~ is cold** faz mesmo frio; **c)** ~ **enough** efectivamente. IDIOMAS **as ~ as eggs is eggs** *or* **as fate** *or* **as I'm standing here** tão certo como dois e dois serem quatro.

sure: **~-fire** *adj* [*success, method*] garantido; **~-footed** *adj* de andar seguro.

surely ['ʃʊəlɪ] *adv* **a)** (certainly) certamente, com certeza; **you noted his phone number, ~?** tu tomaste nota do número de telefone dele, não é verdade?; **b)** (expressing surprise) decerto; **c)** (expressing disagreement) **"it was in 1991"** - **"1992, ~"** "foi em 1991" - "1992, queres tu dizer"; **d)** (yes) com certeza; **"will you meet me?"** - **"~"** "vais ter comigo?" - "com certeza".

surf [sɜːf] **1** *n* **a)** (waves) rebentação *f* (das ondas); **b)** (foam) espuma *f*. **2** *vi* fazer "surf".

surface ['sɜːfɪs] **1** *n* **a)** (lit) (of water, land, object) superfície *f*; **on the ~** (of solid) na superfície; **b)** MATH (of solid, cube) superfície *f*; face *f*. **2** *modif* **a)** [*vessel, fleet, transport*] de superfície; [*work, worker*] à superfície, à luz do dia; ~ **measurements** superfície *f*; [*wound*] superficial; **b)** (fig) [*problem, issue, tension, resemblance*] superficial. **3** *vtr* **a)** fazer o revestimento de [*road, sports ground*]; **to ~ sth with sth** revestir uma coisa com algo; **b)** NAUT fazer vir à tona/emergir [*submarine, wreck*]. **4** *vi* **a)** (lit) [*object, animal, person*] vir à superfície, emergir; [*submarine*] emergir, vir à tona; **b)** (fig) [*tension, doubt, anxiety, idea*] manifestar-se; [*problem, subject, evidence, scandal*] aparecer; [*person*] (after absence, from working) reaparecer; (from bed) levantar-se; [*mislaid object*] reaparecer.

surface: ~ **area** *n* superfície *f*; área *f*; ~ **mail** *n* correio *m* por via terrestre.

surf: ~**board** *n* prancha *f* de "surf"; ~**er** *n* surfista *m/f*.

surge [sɜːdʒ] **1** *n* **a)** (fig) FIN (in borrowing, demand, imports) aumento *m* (súbito) (**in** de); **b)** (fig) (of emotion) onda *f* (**of** de); **c)** (lit) (of water) onda *f*; vaga *f*; (of people) multidão *f*; (of blood, energy, adrenaline) subida *f*; (of power, electricity) sobretensão *f*; SPORT (in race) aumento *m* súbito de velocidade. **2** *vi* **a)** (fig) FIN [*demand, prices, profits, sales, shares*] subir em flecha, **b)** (lit) [*crowd, water, waves*] crescer, engrossar; [*blood, energy*] aumentar; **the crowd ~ed forward into the stadium** a multidão dirigia-se em grande número para o estádio; **c)** SPORT [*runner, swimmer, team*] lançar-se.

surgeon ['sɜːdʒən] *n* cirurgião *m*.

surgery ['sɜːdʒərɪ] *n* **a)** MED (operation) (- *c*) cirurgia *f*; **to have/undergo ~** submeter-se a uma operação; **b)** MED (building) (+ *c*) consultório *m*; **doctor's ~** consultório *m* médico; **c)** (consultation time) (of doctor) consulta *f*; **to take ~** ir a uma consulta; GB (of MP) serviço *m* (de permanência).

surgical ['sɜːdʒɪkl] *adj* [*mask, instrument, treatment*] cirúrgico; [*boot, stocking*] ortopédico.

surly ['sɜːlɪ] *adj* rabugento.

surmise [sə'maɪz] **1** *n* conjectura *f*. **2** *vtr* conjecturar sobre.

surmount [sə'maʊnt] *vtr* (lit) (position on top of) resolver [*problem*].

surname ['sɜːneɪm] *n* sobrenome *m*; apelido *m* Po, sobrenome *m* BR.

surpass [sə'pɑːs] **1** *vtr* ultrapassar, superar; **to ~ sb/sth in sth** superar alg/algo em algo; **to ~ sth in size/height** ser maior que algo em tamanho/altura. **2** *v refl* **to ~ oneself** exceder-se.

surplus ['sɜːpləs] **1** *n* ECON, COMM excedente *m*; **trade/budget ~** excedente *m* comercial/orçamental; (gen) excesso *m*. **2** *adj* ECON, COMM excedentário [*money, food, labour*]; (gen) em demasia (*after n*) [*milk, bread, clothes*].

surprise [sə'praɪz] **1** *n* **a)** (unexpected event) surpresa *f*; **the result came as/was no ~** o resultado não foi surpresa nenhuma; **that's a bit of a/much more of a ~** foi surpreendente/muito mais surpreendente; **it come as/is no ~ that...** não é surpreendente que... (+ *subj*); **to spring a ~ on sb** preparar uma surpresa a alguém; **~,~!** (lit) é uma surpresa!; **b)** (astonishment) surpresa *f*; admiração *f*; **to express ~ at sth** exprimir a sua admiração por qq coisa; **much to my ~** para grande surpresa minha; **"..." she said in ~** "..." disse ela, admirada; **c)** MIL, POL (as tactic) surpresa *f*; **the element of ~** o efeito de surpresa; **to take sb by ~** (gen) apanhar alguém desprevenido; MIL surpreender alguém; **they took the town by ~** eles tomaram a cidade de surpresa.; ~ **tactics** MIL (gen) táctica *f* baseada no efeito de surpresa. **2** *vtr* **a)** (astonish) surpreender; **it ~d them that...** surpreendeu-os que... (+ *subj*) **it might ~ you to know that...** poderia ficar surpreendido ao saber que...; **nothing ~s me anymore!** já nada me espanta!; **you (do) ~ me!** (lit, iron) tu espantas-me!; **b)** (come upon) surpreender [*intruder, smuggler, thief*]; atacar (qq coisa) de surpresa [*garrison, military unit*].

surprising [sə'praɪzɪŋ] *adj* surpreendente, espantoso; **it would be ~ if...** seria espantoso se... (+ *subj*) **it is ~ (that)...** é surpreendente que....

surrealism, Surrealism [sɜ'riːəlɪzm] *n* surrealismo *m*.

surrealist [sə'riːəlɪst] *n, adj* surrealista *m/f*.

surrender ['sə'rendə(r)] **1** *n* **a)** MIL (of army) rendição *f* (**to** a); (of town, garrison) capitulação *f* (**to** perante); **b)** (giving up) (of territory) cessão *f*; entrega *f* (**to** a); (of liberties, right, power) renúncia *f* (**to** a); INSUR (of policy) resgate *f*; (fig) (of person) (to joy, despair) abandono *m* (**to** a); **c)** (handing over) (of weapons, ticket, document) entrega *f* (**to** a). **2** *vtr* **a)** MIL entregar [*town, garrison*] (**to** a); **b)** (give up) ceder, renunciar [*liberty, rights, power*] (**to** a); INSUR resgatar [*policy*]; **c)** (hand over) entregar [*firearm*] (**to** a); dar, entregar [*ticket*] (**to** a). **3** *vi* MIL [*army, soldier*] render-se (**to** a); [*country*] capitular (**to** perante); **to ~ to passion/despair** entregar-se à paixão/ao desespero.

surrogate ['sʌrəgət] **1** *n* **a)** (substitute) substituto *m* (**for** de); **b)** (*also* ~ **mother**) mãe *f* de aluguer Po/aluguel BR. **2** *adj* [*sibling, father, religion*] de substituição.

surround [sə'raʊnd] **1** *n* **a)** (for fireplace) cercadura *f*; caixilho *m*; **b)** (border) orla *f*; (between carpet and wall) parte do chão entre o tapete e a parede. **2** *vtr* (lit) [*fence, trees*] rodear [*village, garden*]; [*police*] cercar [*building*]; assediar [*person*]. **3** *v refl* **to** ~ **oneself with** rodear-se de.

surrounding [sə'raʊndɪŋ] *adj* [*countryside, hills, villages*] circundante; **the** ~ **area/region** os arredores *mpl*.

surroundings [sə'raʊndɪŋz] *npl* **a)** arredores *mpl*; **b)** circunstâncias *fpl*; cenário *m*.

surveillance [sə:'veɪləns] **1** *n* vigilância *f.* **2** *modif* [*officer, team*] de segurança/vigilância; [*equipment, device*] de vigilância.

survey [sə'veɪ] **1** *n* **a)** (of trends, prices, reasons, behaviour) (gen) estudo *m*; pesquisa *f* (**of** sobre); (by questioning the public) sondagem *f*; inquérito *m*; (study, over view of author's work, etc) estudo *m* (**of** de); **b)** GB (in housebuying) (inspection) vistoria *f* (**on** de); (report) relatório *m* de vistoria; **c)** GEOG, GEOL (of land) (action) levantamento *m* topográfico; (map, plan) carta *f*; planta *f* topográfica; (of sea) (action) levantamento *m* hidrográfico; (map, plan) carta *f* hidrográfica; (of sea) fazer um levantamento hidrográfico; **d)** (rapid examination) (of crowd, faces, town, room) exame *m*. **2** *vtr* **a)** (investigate) [*company, person*] (gen) fazer um estudo de [*market, prices, trends*]; (by questioning the public) fazer uma sondagem de opinião entre [*people*]; fazer uma sondagem de opinião sobre [*people's views, opinions, intentions*]; **b)** GB (in housebuying) fazer uma vistoria de [*property, house*]; **c)** GEOG, GEOL (inspect) fazer o estudo topográfico de [*area of land*]; fazer o estudo hidrográfico de [*sea*]; **d)** (gen) (contemplate, look at) contemplar [*scene, view, painting, audience*].

surveying [sə'veɪɪŋ] *n* **a)** (in housebuying) vistoria *f* (imobiliária); **b)** GEOG, GEOL (for land) topografia *f*; (for sea) hidrografia *f.*

surveyor [sə'veɪə(r)] *n* **a)** (in housebuying) perito *m* (em imobiliário); **b)** GEOG, GEOL (for map-making) topógrafo *m*; (for industry, oil, etc) engenheiro *m* geógrafo.

survival [sə'vaɪvl] **1** *n* **a)** (act or condition) (of person, animal, plant, custom, belief) sobrevivência *f* (**of** de); **the** ~ **of the fittest** a sobrevivência dos mais fortes; **b)** (remaining person, belief, etc) vestígio *m*. **2** *modif* [*kit, equipment, course*] de sobrevivência.

survive [sə'vaɪv] **1** *vtr* **a)** (live through) (lit) sobreviver a [*winter, operation, heart attack*]; escapar de [*accident, fire, explosion*]; (fig) ultrapassar [*recession, crisis, divorce*]; **b)** (live longer than) sobreviver a [*person*]. **2** *vi* (lit, fig) subsistir; **to** ~ **on sth** viver de algo; **I'll** ~! eu cá me arranjo!.

survivor [sə'vaɪvə(r)] *n* **a)** (of accident, attack, etc) sobrevivente *m/f*; **b)** (resilient person) **she's a** ~ ela é uma lutadora.

susceptibility [səseptɪ'bɪlɪtɪ] **1** *n* **a)** (vulnerability) ~ **to** vulnerabilidade a; **b)** (impressionability) sensibilidade *f*. **2 susceptibilities** *npl* susceptibilidade *f*; sensibilidade *f.*

susceptible [sə'septɪbl] *adj* **a)** (vulnerable to) ~ **to** sensível a; **b)** (impressionable) impressionável; **c)** (capable) ~ **of** susceptível de.

suspect 1 [sə'spekt, sə'spekt] *n* suspeito *m*. **2**

['sʌspekt] *adj* [*claim, person, notion, vehicle*] suspeito; [*practice*] duvidoso; [*item, valuable*] de autenticidade duvidosa; [*foodstuff, ingredient, water, smell*] duvidoso. **3** ['sʌspekt] *vtr* **a)** (believe) suspeitar [*sabotage, plot, bribery, fraud*]; **to** ~ **(that)** suspeitar que; **we strongly** ~ **that...** nós pressentimos que...; **it isn't, I** ~, **a very difficult task** não é, na minha opinião, um trabalho muito difícil; **b)** (doubt) duvidar de [*truth, validity, motives*]. **4 suspected** *pp adj* [*sabotage, food-poisoning, pneumonic*] presumido, suposto; **a** ~**ed war criminal** uma pessoa suspeita de crimes de guerra.

suspend [sə'spend] *vtr* **a)** (hang) (*usu in passive*) suspender (**from sth** de qq coisa); **b)** (float in air, liquid) (*in passive*) **to be** ~**ed in** [*air, cloud, mist*] flutuar em; **c)** (call off) suspender [*talks, hostilities, aid, payment, trade, trial*]; interromper [*transport services, meeting*]; **d)** (reserve) reservar [*comment*]; **e)** (remove from activities) (*usu in passive*) suspender [*employee, public servant, politician, athlete*] (**from sth** de qq coisa); **f)** JUR (*usu in passive*) **her sentence was** ~**ed** ela teve uma pena suspensa.

suspended sentence *n* condenação *f* com pena suspensa.

suspender belt [sə'spendəbelt] *n* GB cinto *m* de meias.

suspenders [sə'spendəz] *npl* **a)** GB (for stockings) ligas *fpl*; **b)** US (braces) suspensórios *mpl*.

suspense [sə'spens] *n* (tension) tensão *f*; ansiedade *f*; **to wait in** ~ **for sth** esperar qq coisa com expectativa/ansiedade; **to keep/leave sb in** ~ deixar alg na expectativa; **the** ~ **is killing me!** (lit) não posso esperar mais!; (iron) esta ansiedade mata-me!.

suspension [sə'spenʃ] *n* **a)** (postponement) (of meeting, trial, transport services) interrupção *f*; (of talks, hostilities, aid, payments) interrupção *f*; suspensão *f*; **b)** (temporary dismissal) (of employee, official, politician) suspensão (**from sth** de qq coisa); (of pupil) exclusão *f* temporária (**from sth** de qq coisa); **c)** AUT (of vehicle) suspensão *f*; **d)** CHEM (of particles) suspensão *f.*

suspension bridge *n* ponte *f* suspensa.

suspicion [sə'spɪ/iːn] *n* **a)** (mistrust) desconfiança *f*; suspeita *f* (**of** de); **to arouse** ~ levantar suspeitas; **to regard/view sb/sth with** ~ olhar alguém/algo com desconfiança; **b) to be arrested on** ~ **of murder/spying** ser preso por suspeita de assassínio/espionagem; **to be under** ~ estar sob suspeita; **to be above** ~ estar acima de qq suspeita; **c)** (belief) (*often pl*) dúvidas *fpl* (**about** quanto a); **to have** ~**s about sb/sth** ter dúvidas sobre alguém/algo; **to have a strong** ~ **that...** ter a sensação que...; **his** ~**s that all was not well were confirmed** o pressentimento que ele tinha de que as coisas não iam bem, confirmou-se; (+ *indic*) **I have my** ~**s (about her/that document)** eu tenho as minhas dúvidas (acerca dela/daquele documento).

suspicious [sə'spɪ/əs] *adj* **a)** (wary) desconfiado; **they became** ~ **when...** eles ficaram desconfiados quando...; **to be** ~ **of** [*person, motive, development*] desconfiar de; **to be** ~ **that...** suspeitar que... (+ *indic*) **b)** (suspect) [*person, character*] suspeito; [*behaviour, activity*] duvidoso.

suspiciously [sə'spɪʃəslɪ] *adv* **a)** (warily) [*say, ask, watch, approach*] com um ar suspeito; **b)** (oddly) [*behave, act*] de maneira estranha; [*quiet, heavy, keen*] estranhamente; [*clean, tidy*] espantosamente; **it sounded ~ like a heart attack tome** isso tinha todo o ar de um ataque cardíaco.

suss (coll) [sʌs] **1** *vtr* resolver; **to have it ~ed** ter compreendido tudo. **2** *pp adj* **~ed** astucioso. ■ **suss out**: **to ~ (sth/sb)**, **to ~ out (sth/sb)** compreender.

sustain [sə'steɪn] **1** *vtr* **a)** (maintain) manter [*interest, hope, demand, growth, success, popularity*]; prosseguir [*campaign, war, strike, policy*]; **b)** Mus (hold) sustentar [*note*]; **c)** (provide strength) **to ~ sb** (physically) dar energia Po/ uma força Br a alg; (morally) animar alg; **d)** (support) apoiar [*government, economy, market*]; **e)** (formal) (suffer) receber [*injury, blow, burn*]; sofrer [*loss*]; sofrer, experimentar [*defeat*]; **f)** (bear) suportar [*weight*]; **g)** Jur (uphold) apoiar, defender [*claim*]; admitir [*objection*]; **objection ~ed!** objecção aceite!. **2 sustained** *pp adj* [*assistance, attack, criticism, growth*] constante; [*period*] prolongado; [*note*] sustentado. **3 sustaining** *pres p adj* [*diet, drink, meal*] nutritivo, substancial.

sustenance ['sʌstɪnəns] (formal) *n* **a)** (nourishment) valor *m* nutritivo; **b)** (food) alimento *m*.

SW [saʊθ'west] *n* **a)** Geog abrev = **South West** SO *m*; **b)** Radio abrev = **short wave**.

swab [swɒb] **1** *n* **a)** Med (for cleaning) mecha *f* de algodão; **b)** Med (specimen) amostra *f*. **2** *vtr* **a)** Med limpar algo com uma mecha de algodão [*wound*]; **b)** Naut (gen) (*also* ~ **down**) lavar [*deck, floor*].

swagger ['swægə(r)] **1** *n* arrogância *f* Po, empáfia *m* Br; **with a ~** com um encolher de ombros. **2** *vi* **a)** (walk) pavonear-se; **b)** (boast) fanfarronar, gabar-se (**about** acerca de). **3 swaggering** *pp adj* arrogante.

Swahili [swɑːˈhiːlɪ, swəˈhiːlɪ] *n* **a)** (language) suaili *m*; **b)** (speaker) suaili *m/f*.

swallow ['swɒləʊ] **1** *n* **a)** Ornith andorinha *f*; **b)** (gulp) gole *m*. **2** *vtr* **a)** engolir [*food, drink, pill*]; **b)** (fig) (believe) engolir (fam) [*story, explanation*]; (endure) aguentar [*insult, sarcasm*]; (suppress) reprimir, conter [*pride, anger, disappointment*]; **c)** see ~ **up**. **3** *vi* engolir; (nervously, with emotion) engolir em seco. ■ **swallow up**: **to ~ up (sth)**, **~ (sth) up** (lit, fig) devorar, tragar (qq coisa); **I wanted the ground to open and ~ me up** eu queria meter-me pelo chão abaixo.

swam [swæm] see **swim**.

swamp [swɒmp] **1** *n* pântano *m*; charco *m*. **2** *vtr* (lit) inundar; **to be ~ed with/by** (fig) ficar inundado de [*applications, mail*]; estar a transbordar de [*work*]; ser invadido por [*tourists*].

swan [swɒn] **1** *n* cisne *m*. **2** *vi* **to ~ around** *or* **about** (strut, parade) pavonear-se.

swanky (coll) ['swæŋkɪ] *adj* **a)** (posh) [*car, hotel*] luxuoso, aparatoso; **b)** (boastful) [*person*] fanfarrão.

swansong *n* canto *m* do cisne.

swap [swɒp] **1** *n* troca *f*. **2** *vtr* (*past, pp* **-ped**) trocar [*object, stories, news*]. ■ **swap over**, **swap around**: **to ~ (things) over/around** permutar.

swarm [swɔːm] **1** *n* (of bees, flies, locusts) enxame *m* (**of** de); (of people) **a ~ of/~s of** uma multidão. **2** *vi* **a)** (move en masse) [*bees*] enxamear; [*people*] ~ **into/out of** entrar/sair em grande quantidade; **to ~ around sb/sth** apinhar-se à volta de alg/algo; **to be ~ing with** estar apinhado de [*ants, tourists*]; **b)** (climb) **to ~ up sth** trepar a algo.

swarthy ['swɔːðɪ] *adj* moreno.

swat [swɒt] **1** *n* **a)** (object) pá *f* para matar moscas; **b)** (action) golpe *m* violento. **2** *vtr* esmagar [*fly, wasp*] (**with** com).

swathe [sweɪð] *vtr* enfaixar (**in** em).

sway [sweɪ] **1** *n* (power) **under the ~ of** [*person, power, nation*] sob o domínio de; **to hold ~ over sb/sth** dominar alguém/algo. **2** *vtr* **a)** (influence) influenciar [*person, jury, voters*]; **to ~ sb in favour of doing** levar alguém a fazer algo; **to ~ events/an outcome (in sb's favour)** fazer inclinar os pratos da balança (em favor de alguém); **b)** (rock) oscilar [*trees, building*]; **to ~ one's hips** bambolear-se; **to ~ one's body** baloiçar-se. **3** *vi* [*tree, building, bridge*] oscilar; [*beads, robes*] flutuar; [*vessel, carriage*] balançar; [*person, body*] (from weakness, inebriation) cambalear, vacilar; (to music) balançar-se. **4 swaying** *pres p adj* [*building, train, bus*] oscilante.

swear [sweə(r)] **1** *vtr* (*past* **swore** *pp* **sworn**) **a)** (gen) Jur (promise) jurar [*loyalty, allegiance, revenge*]; **to ~ (an oath of) allegiance to** jurar fidelidade a; **b)** (by solemn oath) (*usu in passive*); **she had been sworn to secrecy** tinham-lhe jurado segredo; **she was sworn into office** ele prestou juramento; **c)** (curse) **"...!" he swore** "...!" praguejou ele; **to ~ at sth/sb** praguejar contra qq coisa/alg; **I dislike being sworn at** detesto que me insultem. **2** *vi* **a)** (curse) praguejar, blasfemar; **I never heard her ~** nunca a ouvi dizer palavrões; **b)** (attest) **to ~ to sth/to having done** jurar algo/ter feito algo; **I wouldn't/couldn't ~ to it but...** eu não posso jurar mas....

swearword *n* palavrão *m*.

sweat [swet] **1** *n* **a)** (perspiration) suor *m*; **to be in a ~** estar transpirado; **to break out into a ~** pôr-se a transpirar; **to be in a cold ~ about sth** (fig) sentir suores frios em relação a qq coisa; **b)** (liter) (hard work) labuta *f*; trabalheira *f* (fam); **by the ~ of his brow** com o suor do seu rosto. **2** *vtr* Culin refogar [*vegetables*]. **3** *vi* **a)** (lit) [*person, animal*] suar; [*hands, feet, cheese*] transpirar; **the ~ing horses** os cavalos todos transpirados; **b)** (coll, fig) (wait anxiously) **to let/make sb ~** deixar/fazer alg sofrer. **IDIOMAS to ~ blood over sth** suar as estopinhas por qq coisa. ■ **sweat out**: **to ~ it out a)** (lit) Med transpirar muito para fazer baixar a febre; **b)** (coll, fig) aguentar até ao fim. ■ **sweat over** (coll) **~ over (sth)** suar para fazer qq coisa (fam).

sweated labour *n* mão-de-obra *f* barata.

sweater ['swetə(r)] *n* camisola *f*; suéter *f*.

sweat: **~shirt** *n* camisola *f* de algodão; "sweatshirt"; **~shop** *n* oficina *f* onde os operários são explorados ao máximo.

sweaty ['swetɪ] *adj* **a)** (sweat-stained) [*person*]

suado; [*hand, palm*] transpirado; [*clothing*] molhado de suor; [*cheese*] que transpira; **b**) (makes you sweat) [*atmosphere*] sufocante; [*place, climate*] húmido; [*clothing*] que faz transpirar; [*climb, work*] difícil.

swede [swi:d] *n* rutabaga *m*; nabo-da-suécia *m*.

Sweden ['swi:dn] *pr n* Suécia *f*; **in** ~ na Suécia.

sweep [swi:p] **1** *n* **a**) (*also* ~ **out**) varridela *f*; **to give sth a (good/quick)** ~ dar uma (boa/rápida) varridela a qq coisa; **b**) (movement) **he brushed me aside with a** ~ **of his arm** ele afastou-me com um amplo movimento de braço; **we made a wide** ~ **south to avoid the mountains** fizemos um grande desvio para sul para evitar as montanhas; **c**) (tract, stretch) (of land, woods, hills, cliffs) extensão *f*; **d**) (scope, range) (of events, history, novel, country) âmbito *m*; (of opinion) leque *m*; (of telescope, gun) alcance *m*; **e**) (search) (on land) busca *f*; exploração *f*; (attack) surtida *f*; (to capture) rusga *f*; **f**) (*also* **chimney** ~) limpa-chaminés *m*. **2** *vtr* (*past, pp* **swept**) **a**) (clean) varrer [*carpet, floor, room*] limpar [*chimney*]; **b**) (clear away, remove) **to** ~ **sth up** *or* **away** varrer [*rubbish, dust, leaves, glass*]; **to** ~ **the crumbs off a table** limpar a mesa de migalhas ou tirar as migalhas da mesa; **c**) (lit, fig) (move, remove) **to** ~ **sb/sth along** [*current, water*] arrastar alg/algo; **to** ~ **sb/sth aside** (lit, fig) afastar [*person, criticism, objection, protest*]; respeitar [*offer*]; **to** ~ **sb/sth away** (lit) [*river, flood*] arrastar, levar [*person, bridge, object*]; (fig) eliminar, fazer desaparecer [*restrictions, limits, control*]; varrer [*obstacles, difficulties*]; **to be swept away by sth** deixar-se levar por [*enthusiasm, optimism*]; ser subjugado por [*passion, sb's charm*]; **to be swept into power** POL ser levado ao poder por uma esmagadora maioria; **to** ~ **sth up** [*person*] apanhar qq coisa com um gesto largo [*object*]; **d**) (lit, fig) (spread through) [*disease, crime, panic, fashion, craze, rumour*] espalhar-se por [*region, country, building*]; **e**) (search, survey) [*beam, searchlight*] varrer percorrer [*area, sky*]; [*person*] percorrer com os olhos [*scene, audience*]; MIL [*vessel, submarine*] sulcar, patrulhar [*area*]; [*police*] bater [*area*]. **3** *vi* (*past, pp* **swept**) **a**) (*also* ~ **up**) (clean) varrer; **b**) (lit, fig) **to** ~ **in/out/up/down** (move quickly) [*person, vehicle*] entrar/sair/subir/descer rapidamente; (move majestically) [*person, vehicle*] entrar/sair/subir/descer majestosamente; **the plane swept (down) low over with fields** o avião sobrevoava os campos a baixa altitude; **to** ~ **into sth** [*person*] entrar majestosamente em [*room*]; [*invader, enemy*] invadir [*region*]; **to** ~ **to victory** ter uma vitória esmagadora; **to** ~ **through sth** [*disease, crime, panic, fashion, craze, change, democracy, rumour*] espalhar-se sobre [*country, region*]; [*fire, storm*] devastar [*building, region*]; **to** ~ **over sth** [*beam, searchlight, gaze*] varrer, percorrer [*sky, area, scene, audience*]; **the feeling swept over me, that...** fui apossado pela sensação de que...; **c**) (extend) **the road** ~**s northwards** a estrada descreve uma larga curva em direcção ao norte; **the mountains** ~ **down to the sea** as montanhas descem majestosamente até ao mar; **a flight of steps** ~**s up to the main entrance** um imponente lanço de escadas leva à entrada principal. **IDIOMAS to** ~ **sth under the carpet** GB *or* **rug** US esconder ou escamotear qq coisa.

sweeper ['swi:pə(r)] *n* (cleaner) (person) varredor *m*; (machine) máquina *f* de varrer.

sweeping ['swi:pɪŋ] **1 sweepings** *npl* lixo *m*. **2** *adj* **a**) (wide, far, reaching) [*changes, reforms, proposals, review*] radical; [*legislation, powers*] de grande alcance; [*cuts, reductions*] considerável; (decisive) [*victory*] decisivo; **b**) (over-general) [*assertion*] peremptório; [*statement*] generalizado; **c**) [*movement, gesture, curve*] largo, amplo; [*blow, curtsy*] profundo; [*glance*] circular; [*skirts*] muito comprido.

sweet [swi:t] **1** *n* **a**) GB (candy) bombom *m*; (dessert) doce *m*; **b**) (coll) (term of endearment) querido. **2** *modif* [*wrapper*] de bombom; [*stall*] de bombons; [*menu*] dos doces, das sobremesas. **3** *adj* **a**) (lit) [*food, tea, coffee*] açucarado; [*fruit*] (not bitter) doce; (sugary) açucarado; [*wine, cider*] (not dry) doce; [*taste*] (pleasant) adoçicado; (sickly) demasiado açucarado; [*scent, perfume*] (pleasant) doce; (sickly) enjoativo; [*flower, rose*] cheiroso; **b**) (pleasant, agreeable) [*person*] encantador; [*nature, disposition*] simpático; [*face, smile, voice*] afável, doce; **c**) (pure, fresh, clear) [*water, breath, smell*] agradável; [*sound, song, note*] melodioso; **d**) (pretty, cute) [*baby, animal, cottage*] amoroso; [*old lady*] adorável; **e**) [*certainty, hope, innocence*] doce; **f**) (iron) **she just goes her own** ~ **way** ela age como lhe apetece; **g**) [*engine, machinery*] regular, de funcionamento suave. **4** *adv* **to taste** ~ ter um sabor doce, ter bom paladar; **to smell** ~ cheirar bem. **IDIOMAS to have a** ~ **tooth** ser lambareiro.

sweet and sour *adj* agridoce.

sweetcorn *n* milho *m* doce.

sweeten ['swi:tən] *vtr* **a**) adoçar, açucarar [*food, drink*] (with com); ~**ed with** adoçado com; **b**) perfumar [*air, room*]; **c**) COMM tornar mais tentador [*offer, deal, package*]; **d**) (*also* ~ **up**) apaziguar [*person*]; amaciar [*mood*].

sweetener ['swi:tnə(r)] *n* **a**) (lit) ® edulcorante *m*; adoçante *m*; **b**) COMM, FIN (legal) incitação *f*; instigação *f*; (illegal) suborno *m*.

sweetheart ['swi:thɑ:t] *n* (boyfriend) namorado *m*; (girlfriend) namorada *f*.

sweetness ['swi:tnɪs] *n* (of food, drink) doçura *f*; gosto *m* doce; (of air, perfume) fragrância *f*; (of sound) musicalidade *f*; (of music, voice) som *m* melodioso; (of person, character) gentileza *f*; (of cottage) encanto *m*; (of smile) doçura *f*. **IDIOMAS she's all** ~ **and light when she wants something** ela é toda doçura quando pretende qq coisa.

sweet pea *n* ervilha *f* de cheiro.

swell [swel] **1** *n* **a**) (of waves) ondulação *f*; **b**) MUS crescendo *m* e decrescendo *m*; **c**) (of organ) mecanismo *m* do órgão que regula o volume do som; **d**) (dated, coll) (fashionable person) pessoa *f* importante; **e**) (bulge) (of belly) inchaço *m* PO, inchação *f* BR; (of muscles) saliência *f*. **2** *adj* **a**) (coll) US (smart) [*car, outfit*] fino; [*restaurant*] chique; **b**) (coll) US (great) formidável. **3** *vtr* (*past* **swelled** *pp* **swollen** *or* **swelled**) **a**) (increase) aumentar [*population, crowd, membership, number, bank balance, figures*]; **b**) (fill) [*wind*] enfunar [*sail*]; [*floodwater*] engrossar [*river*]. **4** *vi* (*past* **swelled** *pp* **swollen** *or* **swelled**) **a**) (expand) [*balloon, tyre, sail, stomach*] dilatar-se; [*bud, fruit*] crescer; [*ankle, gland*] inchar; [*river*] engrossar; **b**) (increase) [*crowd, population, demand, prices*] aumentar, crescer (**to** até); **membership is ~ing** o número de membros está a aumentar; **the crowd has swollen to 20,000** a multidão atingiu as 20.000 pessoas; **c**) (grow louder) [*music*] aumentar de volume; [*note, sound*] subir; **d**) (ooze) [*blood, liquid*] escoar-se (**from, out of** de).

swelling ['swelɪŋ] **1** *n* **a**) (bump) (+ *c*) (gen) dilatação *f*; (on head) inchaço *m* Po, inchação *f* Br; galo *m* (fam); **b**) (enlargement) (-*c*) (of limb, skin) inchaço *m* Po, inchação *f* Br; (of fruit) engrossamento *m*; (of crowd, population) aumento *m*. **2** *adj* [*river*] transbordante; [*crowd, minority, number*] crescente; [*ankle*] que incha.

swept [swept] *past, pp* see **sweep**.

swerve [swɜːv] **1** *n* desvio *m*; guinada *f*. **2** *vtr* [*driver*] fazer mudança de direcção [*vehicle*]. **3** *vi* **a**) (lit) [*person, vehicle*] desviar-se; **to ~ off the road** sair da estrada; **to ~ into sth** ir embater em algo; **b**) (fig) **to ~ from sth** afastar-se de [*plan, course of action*].

swift [swɪft] **1** *n* Zool andorinhão *m*. **2** *adj* rápido, repentino, pronto; **to be ~ to do/in doing** ser pronto a fazer.

swiftly ['swɪftlɪ] *adv* rapidamente.

swiftness ['swɪftnɪs] *n* (speed) rapidez *f*.

swig [swɪg] (coll) **1** *n* gole *m* (**of** de). **2** *vtr* beber a longos tragos, emborcar (fam).

swill [swɪl] **1** *n* **a**) (food) lavagem *f* (para porcos); **b**) (act of swilling) lavagem *f*. **2** (coll) *vtr* (drink) beber sofregamente. ■ **swill around, swill about** [*water*] derramar-se, espalhar-se. ■ **swill down**: **to ~ (sth) down,. to ~ down (sth) a**) (coll) (drink) engolir, beber sofregamente; **b**) (wash) lavar com muita água, enxaguar.

swim [swɪm] **1** *n* banho *m* (em rio, etc); **to go for a ~** ir nadar, ir tomar banho. **2** *vtr* (*pres p* -**mm**- *past* **swam** *pp* **swum**) nadar [*mile, length, stroke, butterfly*]; atravessar (qq coisa) a nado [*sea, channel, river*]. **3** *vi* (*pres p* -**mm**- *past* **swam** *pp* **swum**) **a**) [*person, fish, animal*] nadar; **to ~ across/away/upstream, etc** atravessar/afastar-se/subir a nado; **to ~ in the team** fazer parte da equipa de natação; **b**) (be floating, bathed) **to ~ in** nadar/banhar-se em [*cream, syrup, sauce*]; **the kitchen was ~ming in water** a cozinha estava inundada de água; **c**) (wobble) [*scene, room, head*] girar; [*mirage*] flutuar.

swimmer ['swɪmə(r)] *n* nadador *m*.

swimming ['swɪmɪŋ] **1** *n* natação *f*; **I love ~** eu adoro natação. **2** *modif* [*contest, gala, lessons, course*] de natação.

swimming: ~ bath(s) *n* (+ *v sg*) piscina *f*; **~ costume** *n* fato *m* de banho.

swimming pool *n* piscina *f*.

swimming trunks *npl* calção *m* de banho; **a pair of ~** uns calções de banho.

swimsuit *n* fato *m* de banho.

swindle ['swɪnd(ə)l] **1** *n* trapaça *f*; **a tax ~** uma fraude fiscal. **2** *vtr* burlar, defraudar; **to ~ sb out of sth** roubar Po/garfar Br algo a alg.

swindler ['swɪndlə(r)] *n* escroque *m*; vigarista *m* Po, vivaldino *m* Br.

swine [swaɪn] *n* **a**) (arch) (*pl* ~) porco *m*; **b**) (slang) (*pl* -**s**) porcalhão *m* (cal). **IDIOMAS to cast pearls before ~** dar pérolas a porcos.

swing [swɪŋ] **1** *n* **a**) (action, movement) (of pendulum, pointer, needle) oscilação *f*; (of hips, body) balançar *m*; menear *m*; movimento *m*; **to aim** *or* **take a ~ at (sb/sth)** (with fist) tentar dar um soco a [*person, sb's head, stomach*]; **the ball veered to the right in a wide ~** a bola descreveu uma larga curva para a direita; **b**) (fluctuation, change) (in voting, public opinion) reviravolta (**in** em); Fin (in prices, values, economy) flutuação *f* (**in** em, de); (gen) (in mood) salto *m*; mudança *f* (**in** em, de); **a ~ away from** *or* **against/towards sth** (in opinions) um movimento contra/a favor de qq coisa; (in behaviour, buying habits) uma rejeição de retorno a [*method, product*]; **c**) (drive, rhythm) (of music, dance) ritmo *m*; **d**) (in playground, garden) baloiço *m*; **to give sb a ~** empurrar alg no baloiço; **e**) Mus Swing *m*; **the king of S~** o rei do Swing. **2** *modif* Mus [*band*] de swing; [*era*] do swing. **3** *vtr* (*past, pp* **swung**) **a**) (move to and pro) balançar [*object*]; **b**) (move round, up, away, etc) **he swung the car round** ele deu ou fez meia-volta; **c**) (cause to change) **it was his speech that finally swung the voters (towards him/away from him)** foi o seu discurso que fez virar os eleitores (a seu favor/contra ele); **d**) (coll) (cause to succeed) ganhar [*election, match*]; **to ~ it for sb to do** arranjar as coisas para que alg faça. **4** *vi* (*past, pp* **swung**) **a**) (move to and pro) [*object, rope*] balançar-se, baloiçar-se; [*pendulum*] oscilar; **she swung on the gate** ela baloiçava-se no portão; **b**) (move along, round, etc) **he swung along the rope (hand over hand)** ele avançava na corda balançando-se com as mãos; **to ~ open/shut** abrir-se/fechar-se; **to ~ round** [*person*] voltar-se bruscamente; **c**) **to ~ at sb/sth** (with fist) tentar dar um soco em alg/algo; **d**) (fig) (change) **he ~s from optimism to despair** ele passa do optimismo ao desespero; **the opposition swung behind the government on this issue** a oposição associou-se ao governo nesta questão; **e**) [*music, musician*] ter ritmo; **f**) (coll) (be lively) **the party was ~ing** a festa estava bem animada; **g**) (coll) **to ~ for sth** [*criminal*] ser enforcado por qq coisa; (fig) **I've lost an important file -the manager will make sure I ~ for that!** perdi um dossier importante -o director vai-me fazer pagar caro isso. **IDIOMAS** (coll) **to go with a ~** [*party*] ser um sucesso; (coll) **to get into the ~ of the things** embrenhar-se nas coisas; **to be in full ~** [*party, meeting, strike, inquiry*] estar no melhor da festa (fam).

swing: ~bridge *n* ponte *f* giratória; **~ door** GB **~ door** US *n* porta *f* de vaivém.

swinging ['swɪŋɪŋ] *adj* [*music, step*] ritmado; [*rhythm*] arrebatador; [*place, nightlife*] na moda.

swipe [swaɪp] **1** *n* **to take a ~ at** (try to hit) tentar bater [*ball, person*]; (criticize) atacar [*person, government*]. **2** (coll) *vtr* (steal) roubar Po, garfar Br. **3** *vi* **to ~ at** (try to hit) tentar bater [*person, object*]; (criticize) atacar [*person, government*].

swirl [swɜːl] **1** *n* (shape) turbilhão *m* (**of** de). **2** *vi* [*water*] redemoinhar. **3 swirling** *pres p adj* [*skirt, cloud, snow, sand, fog, water*] que rodopia/forma redemoinho.

swish [swɪʃ] **1** *n* (of water) sussurro *m*; (of skirt) barulho *m* (de tecido); (of grass) silvo *m*; (of whip, golf club, racket) silvo *m*. **2** *adj* (coll) GB chique. **3** *vtr* [*person*] fazer silvar [*whip, cane, golf club*]. **4** *vi* [*skirt, curtain, fabric*] fazer ruído; [*sword, whip, racket*] silvar.

Swiss [swɪs] **1** *n* Suíço *m*. **2** *adj* suíço.

Swiss: ~ German *n, adj* suíço-alemão,-ã *m/f*; **~ roll** *n* bolo *m* (em forma de rolo).

switch [swɪtʃ] **1** *n* **a)** (fig) (*also* **~over**) (change in weather, policy, behaviour, practice, equipment) mudança *f* (**in** de ou em); **b)** ELEC (for light, on electrical appliance) interruptor *m*; **c)** RAIL IN GB mudança *f* de agulha; **d)** (whip) chibata *f*; **e)** (hairpiece) postiço *m*. **2** *vtr* **a)** (change) desviar [*support, attention*] (**to** para); mudar de [*brands, currencies, TV channels, conversation, topic, ends, languages, etc*]; **could you ~ the TV over?** podias mudar de canal?; **to ~ the emphasis to** mudar a túnica para; **b)** (change positions) (*also* **~ round**) mudar de [*objects, jobs, roles*]; **I've ~ed the furniture round** modifiquei a disposição da mobília. **3** *vi* **a)** (change) (lit, fig) mudar; **in the end she ~ed back to teaching** afinal ela voltou a ensinar; **b)** (change positions) (*also* **~ over** *or* **round**) [*people*] mudar. ■ **switch off a)** ELEC [*light, supply*] apagar-se; [*person*] apagar; [*appliance*] desligar-se; **b)** (coll) (stop listening) desligar (fam); **~ off (sth), ~ (sth) off** AUT, ELEC apagar [*light*]; desligar [*appliance*]; cortar [*supply*]. ■ **switch on** ELEC [*light*] acender-se; [*person*] acender; **~ on (sth), ~ (sth) on a)** AUT, ELEC ligar [*appliance*]; acender [*light*]; **b)** (fig) **to ~ on a smile** esboçar um sorriso. ■ **switch over** TV, RADIO mudar de canal ou de estação.

switch: ~back *n* (lit) (roller coaster) montanha *f* russa; **~board** *n* (installation) PBX *m*; (staff) telefonista *m/f*; **~board operator** *n* telefonista *m/f*.

Switzerland ['swɪtsələnd] *pr n* Suíça *f*.

swivel ['swɪvl] **1** *n* (movement) pião *m*. **2** *modif* [*arm, lamp, tap*] giratório. **3** *vtr* (*pres p etc* **-ll-** GB **-l-** US) fazer girar [*chair, camera, telescope*]; girar [*eyes, head, body*]. **4** *vi* (*pres p etc* **-ll-** GB **-l-** US) [*person, head, chair*] girar (**on** sobre); [*eyes*] voltar. ■ **swivel round: to ~ round** girar; **to ~ (sth) round, ~ round (sth)** fazer girar (qq coisa).

swivel chair, swivel seat *n* cadeira *f* giratória.

swollen ['swəʊlən] **1** *pp* see **swell**. **2** *adj* [*ankle, gland, eyes*] inchado; **to have a ~ head** (coll) estar cheio de vaidade.

swoon [swuːn] **1** *n* (dated *or* liter) desmaio *m*; **in a ~** num desmaio. **2** *vi* (lit) desmaiar (**with** de).

swoop [swuːp] **1** *n* **a)** (of bird, plane, etc) voo *m* picado; **b)** (police raid) rusga *f*. **2** *vi* [*bird, bat, plane*] mergulhar, cair a pique.

swop *n, vtr* see **swap**.

sword [sɔːd] **1** *n* espada *f*. **2** *modif* [*blade, hilt, wound*] de espada. **IDIOMAS to be a double-edged** *or* **two-edged ~** ser uma arma de dois gumes.

swordfish *n* peixe-espada *m*.

swore *past* see **swear**.

sworn [swɔːn] **1** *pp* see **swear**. **2** *adj* **a)** JUR (under oath) [*evidence, testimony, statement*] feito sob juramento solene; **b)** (avowed) [*enemy*] declarado.

swot [swɒt] (coll) **1** *n* urso *m*; marrão *m*. **2** *vi* (*pres p etc* **-tt-**) estudar muito, marrar (cal).

swum [swʌm] *pp* see **swim**.

swung [swʌŋ] *past, pp* see **swing**.

sycamore ['sɪkəmɔː(r)] *n* sicómoro *m*.

sycophant ['sɪkəfænt, 'sɪkəfənt] *n* bajulador *m* PO, puxa-saco *m* BR.

syllable ['sɪləbl] *n* sílaba *f*; **in words of one ~** em palavras simples; **not one ~** nem uma palavra.

syllabus ['sɪləbəs] *n* programa *m* de estudos.

symbol ['sɪmbl] *n* símbolo *m* (**of, for** de).

symbolic(al) [sɪm'bɒlɪk(l)] *adj* simbólico (**of** de).

symbolism ['sɪmbəlɪzm] *n* simbolismo *m*.

symbolize ['sɪmbəlaɪz] *vtr* simbolizar (**by** por).

symmetric(al) [sɪ'metrɪk(l)] *adj* simétrico.

symmetry ['sɪmɪtrɪ] *n* simetria *f*.

sympathetic [sɪmpə'θetɪk] *adj* **a)** (compassionate) [*person*] pesaroso, condoído (**to** em ralação a); [*smile, remark, words, gesture*] cheio de compaixão; (understanding) [*person*] compreensivo; (kindly) amável; (well-disposed) [*person, government, organization*] disposto, favorável (**to, towards** a); **he is ~ to their cause** ele é solidário com a causa deles; **b)** (formal) (pleasant, friendly) [*person, manner*] simpático; **c)** (environmentally) [*building, development*] que se harmoniza com o meio ambiente; **d)** ANAT (ortho) simpático.

sympathize ['sɪmpəθaɪz] *vi* **a)** (over bereavement, misfortune) demonstrar compaixão (**with** a); **I ~ with you in your grief** associo-me à tua dor; **I ~, I used to be a teacher** eu compreendo, já fui também professor; **b)** **to ~ with** (support) ser solidário com [*cause, organization*].

sympathizer ['sɪmpə'θaɪzə(r)] *n* **a)** (gen) POL (supporter) simpatizante *m/f* (**of** de); **b)** (at funeral, etc) pessoa *f* que testemunha o seu pesar.

sympathy ['sɪmpəθɪ] **1** *n* **a)** compaixão *f*; **b)** (solidarity) solidariedade *f*; **to be in ~ with sb** estar de acordo com alg; **c)** (formal) (affinity, empathy) afinidade *f*. **2 sympathies** *npl* (gen) POL (loyalties) **what are her political ~s?** quais são as simpatias políticas dela?; **to have left-wing ~** ser de esquerda.

sympathy strike *n* greve *f* de solidariedade.

symphony ['sɪmfənɪ] *n* (lit, fig) sinfonia *f*.

symphony orchestra *n* orquestra *f* sinfónica.

sympton ['sɪmptəm] *n* sintoma *m*; sintoma *m*.

sync(h) [sɪŋk] *n* abrev = **synchronization** sincronização *f*; **in/out of ~** [*watch, system, machine*] bem/mal sincronizado; **in/out of ~ with sth** [*person, government*] em sincronia com/desfasado de PO/defasado de BR [*public opinion, person*].

synchromesh ['sɪŋkrəmeʃ] *n* AUT engrenagem *f* sincronizada.

synchronize ['sɪŋkrənaɪz] *vtr, vi* sincronizar(-se).

syndicate ['sɪndɪkət] **1** *n* **a)** COMM, FIN (of people) sindicato *m*; (of companies) consórcio *m*; **b)** JOURN (agency) agência *f* de notícias; **c)** (association) (of criminals) ESP US associação *f* de malfeitores; **drugs** ~ cartel *m* da droga. **2** *vtr* **a)** JOURN (*usu in passive*) [*agency, person*] vender (qq coisa) através duma agência de notícias [*column, photograph, comic strip*]; **her column is ~d in over 50 us newspapers** a crónica dela foi publicada simultaneamente em mais de 50 jornais americanos; **b)** (assemble) sindicalizar [*workers*]; agrupar num consórcio [*bankers*]. **3 syndicated** *pp adj* JOURN ~ **columnist** cronista *m/f* de agência.

syndrome ['sɪndrəʊm] *n* síndroma *f*.

synonym ['sɪnənɪm] *n* sinónimo *m* (**of, for** de).

synonymous [sɪ'nɒnɪməs] *adj* sinónimo (**with** de).

synopsis [sɪ'nɒpsɪs] *n* (*pl* **-ses**) (of play, film) sinopse *f*; (of book) resumo *m*.

syntactic(al) [sɪn'tæktɪkl] *adj* [*accuracy, analysis, link*] sintáctico; ~ **errors** erros *mpl* de sintaxe.

syntax ['sɪntæks] *n* sintaxe *f*.

synthesis ['sɪnθɪsɪs] *n* (*pl* **-ses**) síntese *f*.

synthesize ['sɪnθɪsaɪz] *vtr* (produce) produzir (qq coisa) por síntese.

synthesizer ['sɪnθɪsaɪzə(r)] *n* sintetizador *m*.

synthetic [sɪn'θetɪk] **1** *n* (material) fibra *f* sintética; (substance) produto *m* sintético. **2** *adj* **a)** (man-made) sintético; **b)** (false) (pej) [*smile*] postiço; [*emotion*] fictício.

syphon *n* see **siphon**.

Syria ['sɪrɪə] *pr n* Síria *f*.

syringe [sɪ'rɪndʒ] **1** *n* seringa *f*. **2** *vtr* MED lavar; **to have one's ears ~d** fazer uma lavagem aos ouvidos (com uma seringa).

syrup ['sɪrəp] *n* CULIN, MED xarope *m*; **cough** ~ xarope anti-tússico.

system ['sɪstəm] *n* **a)** (in administration, office) sistema *m* (**for doing/to do** para fazer); **filing** ~ sistema de classificação; **b)** (computer) sistema *m* (**for doing/to do** para fazer); **to store sth in the** ~ armazenar algo no sistema; **c)** (set of principles) sistema *m*; **a (gambling)** ~ um sistema de probabilidades; **d)** (air-conditioning, heating, telephone) sistema *m*; **braking** ~ sistema *m* de travagem; **e)** (pej) POL (established structures) **the** ~ o sistema; **to work within the** ~ agir no interior do sistema; **to get sth out of one's** ~ (coll) ver-se livre de uma coisa.

system analyst *n* analista *m/f* funcional.

systematic [sɪstə'mætɪk] *adj* **a)** (efficient) [*person, approach, training, planning*] metódico; **b)** (deliberate) [*abuse, attempt, murder, torture, destruction*] sistemático.

systematically [sɪstə'mætɪkəlɪ] *adv* (in ordered way) [*compile, list, work, process, collect, study*] metodicamente; [*arrange, construct, reduce*] sistematicamente.

systematize ['sɪstəmətaɪz] *vtr* sistematizar.

systemic [sɪ'stemɪk] **1** *n* insecticida *m* sistémico. **2** *adj* **a)** (gen) ECON, POL [*change, collapse*] do sistema; **b)** PHYSIOL [*poison, disease*] do organismo.

Tt

t, T [ti:] *n* (letter) t, T *m*. **IDIOMAS it suits me to a T** *or* **tee** [*work*] isso convém-me às mil maravilhas; [*garment, role*] assenta-me como uma luva.

tab [tæb] *n* **a)** (on garment) (decorative) presilha *f*; (loop) laço *m*; GB (on military uniform) insígnia *f* (da patente); **b)** US (on can) patilha *f*; **c)** (on files) ranhura *f*; **d)** (for identification) etiqueta *f*; **e)** (coll) COMPUT (tabulator) tabulador *m*. **IDIOMAS** (coll) **to keep ~s** *or* **a ~ on sb** ter alg debaixo de olho.

tabby (cat) ['tæbɪ(kæt)] *n* gato *m* malhado.

table ['teɪbl] **1** *n* **a)** (piece of furniture) mesa *f*; **to lay/set the ~** pôr a mesa; **to put a proposal/an offer on the ~** (fig) avançar com uma proposta/uma oferta; **the UN is trying to get the warring parties round the ~** a ONU está a tentar reunir as partes em conflito à volta da mesa de negociações; **b)** (list) lista *f*; tabela *f*; tábua *f*; quadro *m*; **the six-times ~** MATH a tabuada dos seis; **c)** SPORT (*also* **league ~**) classificação *f*; tabela *f*. **2** *vtr* **a)** GB (present) apresentar [*bill, amendment*]; **to ~ sth for discussion** apresentar algo para discussão; **b)** US (postpone) adiar. **IDIOMAS she drank everyone under the ~** ela aguentava-se bem enquanto os outros já estavam embriagados; **to turn the ~s on sb** inverter as posições/fazer virar o feitiço contra o feiticeiro; **to lay/put one's cards on the ~** (fig) pôr as cartas na mesa.

tablecloth *n* toalha *f* de mesa.

table manners *npl* **to have good/bad ~** saber/não saber comportar-se à mesa.

table mat *n* (under hot plate) base *f* de protecção para pratos quentes.

tablespoon ['teɪbəlspu:n] *n* **a)** (object) colher *f* de sopa; **b)** MEAS, CULIN (*also* **~ful**) colher *f* de sopa cheia.

tablet ['tæblɪt] *n* **a)** (medicine) comprimido *f*; **b)** (commemorative) placa *f* comemorativa; **c)** (of chocolate) tablete *f*; **d)** COMPUT (pad) placa digitalizadora.

table tennis *n* ténis *m* de mesa; ping-pong *m*.

tabloid ['tæblɔɪd] **1** *n* (*also* **~ newspaper**) tabloide *m*; **the ~s** a imprensa popular (pej). **2** *modif* **a)** (pej) [*journalism, journalist, press*] popular; **b)** [*format, size*] tabloide.

taboo, tabu [tə'bu] *n, adj* (gen) tabu *m*.

tabulate ['tæbjʊleɪt] *vtr* **a)** (present) apresentar (qq coisa) sob a forma de tabela; **b)** (in typing) dispor em tabelas.

tabulation [tæbjʊ'leɪʃn] *n* (of data, results) disposição *f* em tabelas.

tabulator ['tæbjʊleɪtə(r)] *n* (on typewriter) tabulador *m*; (on computer) tabuladora *f*.

tachograph ['tækəgrɑːf] *n* taquígrafo *m*.

tacit ['tæsɪt] *adj* tácito,-a.

tack [tæk] **1** *n* **a)** (nail) prego *m*; tacha *f*; **b)** (ap-

proach) táctica *f*; **c)** NAUT (course) rumo *m*; **d)** EQUIT arreio *m*; **e)** (stitch) alinhavo *m*. **2** *vtr* **a)** (nail) **to ~ sth to** pregar algo a; **b)** (in sewing) **to ~ (up)** alinhavar. **3** *vi* [*sailor*] manobrar, virar de bordo. ■ **tack on:** ~ **(sth) on,** ~ **on (sth)** acrescentar/aditar algo [*charge, clause, ending, building*] (**to sth** a algo).

tackle ['tækl] **1** *n* **a)** SPORT (in soccer, hockey) obstrução *f* (**on sb** sobre alg); (in rugby, American football) placagem *f* (**on sb** sobre alg); **b)** (gear) equipamento *m*; (for fishing) material *m* de pesca; **c)** NAUT, TECH (on ship) talha *f*; (for lifting) guincho *m*. **2** *vtr* **a)** (handle) lançar-se a; **b)** (confront) **to ~ sb** enfrentar alg; **to ~ sb about/over/on** falar a alg de; **c)** SPORT (intercept) (in soccer, hockey) obstruir; (in rugby, American football) placar; **d)** (take on) [*animal, blood cells*] lançar-se a [*predator, enemy*]; agarrar [*intruder*]. **3** *vi* (in soccer, hockey) obstruir, deter; (in rugby, American football) placar.

tacky ['tækɪ] *adj* **a)** (sticky) pegajoso,-a; **the paint is still ~** a pintura ainda não está seca; **b)** (coll) (pej) [*place, garment, object*] barato,-a, reles (fam).

tact [tækt] *n* tacto *m*.

tactful ['tæktfl] *adj* [*person, suggestion*] cheio,-a de tacto, delicado,-a; [*reply, letter, intervention*] diplomático,-a; [*enquiry*] discreto,-a.

tactic ['tæktɪk] *n* táctica *f*; **a scare ~** uma táctica alarmista.

tactical ['tæktɪkl] *adj* táctico,-a.

tactless ['tæktlɪs] *adj* [*person, suggestion, attitude, behaviour*] sem tacto, pouco delicado,-a; [*question, enquiry*] indiscreto,-a; [*reply, words*] pouco diplomático,-a; **it was ~ of him** foi indelicado da parte dele.

tactlessly ['tæktlɪslɪ] *adv* [*say, behave, ask*] sem tacto; [*worded, phrased, expressed*] sem delicadeza.

tadpole ['tædpəʊl] *n* girino *m*.

tag [tæg] **1** *n* **a)** (label) rótulo *m*; (on goods) rótulo *m*; (on luggage) etiqueta *f*; (on cat, dog) chapa *f*; **to put a ~ on sth** pôr uma etiqueta em [*suitcase, coat*]; (for hanging) presilha *f*; **b)** GAMES jogo *m* do pilha *m*; **to play (at) ~** jogar o pilha; **c)** LING etiqueta; **d)** (quotation) (gen) citação *f*; (hackneyed) lugar *m* comum; **a Latin ~** uma citação latina; **e)** JUR marcador *m*; **electronic ~** marcador *m* electrónico. **2** *vtr* (*pres p etc* **-gg-**) **a)** (label) etiquetar [*goods*]; marcar [*clothing*]; **b)** JUR marcar [*criminal*]. ■ **tag along** andar; **to ~ along behind/after sb** seguir alg. ■ **tag on:** **to ~ (sth) on** acrescentar [*paragraph, phrase*]; **to ~ (sth) onto (sth)** juntar (algo) a (algo) [*label, note*].

tailgate ['teɪlgeɪt] *n* (on truck) tampa *f* traseira (de camião PO/caminhão BR); (on two-door) porta *f* da mala; (on four-door) quinta porta *f*.

tailor ['teɪlə(r)] **1** *n* alfaiate *m*. **2** *vtr* **a)** (adapt) **to ~ sth to** adaptar qq coisa a; **to ~ sth for** conceber qq coisa para; **b)** (make) confeccionar. **3 tailored** *pp adj* [*garment*] feito por medida.

tailor-made ['teɪləmeɪd] *adj* feito por medida; **to be ~ for sth/sb** [*machine, system, building, course*] ser concebido especialmente para qq coisa/alg; **the job is ~ for you!** este emprego foi feito para ti!.

taint [teɪnt] **1** *n* **the ~ of** [*crime, corruption, cowardice*] mácula *f*; **the ~ of insanity** a tara da loucura. **2** *vtr* manchar, macular [*public figure, reputation*]; contaminar, poluir [*air, water*]; alterar, estragar [*meat, food*].

Taiwan [taɪ'waːn] *pr n* Taiwan.

take [teɪk] **1** *n* **a)** CIN tomada *f* (de vistas); **b)** FISH, HUNT (of fish) pescaria *f*; (of game) caçada *f*; **c)** (yakings) receita(s) *f(pl)*. **2** *vtr* (*past* **took**; *pp* **taken**) **a)** (get) tirar, pegar [*object, money*]; **to ~ sth from a drawer** tirar qq coisa de uma gaveta; **to ~ sb by the arm** pegar em alg pelo braço; **to ~ a bath/shower** tomar banho/duche; **to ~ a holiday** tirar férias; **~ a seat!** sente-se!; **I'll ~ a pound of apples, please** queria meio quilo de maçãs, se faz favor; **we ~ the Guardian** recebemos o Guardian; **b)** (subtract) subtrair [*number*]; **to ~ sth from sth** subtrair qq coisa de qq coisa; **c)** (carry along) levar [*person, object*]; **to ~ sb to hospital** levar alg ao hospital; **he took the car to the garage** ele levou o carro para a garagem; **to ~ sb sth, to ~ sth to sb** levar qq coisa a alg; **to ~ sb dancing** levar alg a dançar; **d)** (accept) aceitar, receber [*bribe, money, credit card*]; [*machine*] aceitar [*coin*]; **that's my last offer, ~ it or leave it!** é a minha última proposta, é pegar ou largar; **to ~ lessons (in sth)** ter lições (de qq coisa); **will you ~ £ 10 for the radio?** ofereço-lhe 10 libras pelo rádio; **e)** (require) pedir, exigir [*patience, skill, courage*];p. **it ~s** patience to do é preciso paciência para fazer; **it book her 10 minutes to repair it** foram precisos 10 minutos para ela arranjar isso; **it won't ~ long (to do)** não vai demorar muito (a fazer); **to have what it ~s (to do sth)** ter o que é preciso (para fazer qq coisa); **f)** LING [*verb*] levar [*object*]; [*preposition*] reger [*case*]; **g)** (use as transport) tomar, apanhar [*bus, plane, road, motorway*]; **~ the first turn on the right/left** vire na primeira à direita/à esquerda; **h)** (transport) **to ~ sb somewhere** [*bus*] levar alg a qq lado; **i)** (contain) [*hall, bus, tank, container*] ter capacidade para, poder conter [*50 people, passengers, 10 litres, etc.*]; **the suitcase won't ~ any more clothes** não cabe mais nenhuma peça de roupa na mala; **j)** (endure) suportar, aguentar [*pain, criticism, suffering, insults*]; aceitar [*punishment, opinions*]; **I can't ~ anymore!** não aguento mais!; **k)** (react to) reagir a [*news, matter, criticism, comments*]; **to ~ sth well/badly** reagir bem/mal a qq coisa; **to ~ sth seriously/lightly** levar qq coisa a sério/a brincar; **l)** (assume) **to ~ sb for or to be sth** tomar alg por qq coisa; **I ~ it (that)...** suponho que... **m;** (record) tomar [*notes, statement, temperature, blood pressure*]; **to ~ sb's measurements** (for suit) tirar as medidas de alg; **m)** (consider as an example) (*usu in imperatif*) tomar, consi-

derar [*person, example, case*]; **to ~ sth into consideration** *or* **account** tomar qq coisa em consideração; **n)** (adopt) adoptar [*view, attitude, measures, steps*]; **to ~ a soft/tough line on sb/ sth** adoptar uma atitude indulgente/severa para com alg; **to ~ the view** *or* **attitude that...** ser de opinião de que..., considerar que...; **o)** (consume) tomar [*milk, pills, remedy*]; **to ~ tea** tomar chá; **to ~ lunch** almoçar; **p)** (wear) usar [*size*]; **to ~ a size 4** (in shoes) calçar 37; **q)** (study) seguir [*course*]; SCH, UNIV (do) fazer [*exam, test*]; **r)** (phot) tirar [*photograph*]; **s)** (capture) [*army, enemy*] tomar [*fortress, city*]; [*person*] ganhar [*prize*]; GAMES (in chess) [*playre*] tomar [*piece*]; **t)** (officiate at) [*priest*] celebrar [*service, prayer, wedding*]; dizer, celebrar [*mass*]; **u)** (use violently) **to ~ a knife to sb** atacar alg com uma faca. **3** *vi* (*past* **took**; *pp* **taken**) **a)** (have desired effect) [*drug*] fazer efeito; [*drye*] pegar; (grow successfully) [*plant*] vingar; **b)** FISHG [*fish*] morder. ▪ **take aback:** **~ (sb) aback** surpreender [*person*]. ▪ **take after:** **~ after sb** parecer-se com alg [*father, mother, etc.*]. ▪ **take against:** **~ against sb** embirrar com alg. ▪ **take along:** **~ (sb/sth) along,** **~ along (sb/sth)** levar consigo [*object, person*]. ▪ **take apart:** **~ (sb/sth) apart a)** (separate into parts) desmontar [*car, machine*]; **b)** (defeat) [*player, team*] derrotar [*opponent, team*]; **c)** (criticize) [*person, critic, teacher*] arrasar [*essay, film, book*]. ▪ **take aside:** **~ (sb) aside** tomar (alg) de parte. ▪ **take away:** **~ (sb/sth) away,** **~ away (sb/sth) a)** (remove) levar [*object*] **(from** de); acalmar [*pain, fear, grief*] **(from** de); **b)** (subtract) subtrair [*number*] **(from** de). ▪ **take back:** **~ (sb/sth) back,** **~ back (sb/sth) a)** (return to shop) [*person, customer*] devolver [*goods*] **(to** a); **b)** (retract) retirar [*statement, words*]; **c)** (cause to remember) fazer lembrar; **d)** (accept again) aceitar de novo [*husband, wife*]; [*shop, shop assistant*] tornar a aceitar [*goods*]. ▪ **take down:** **~ (sth) down,** **~ down (sth) a)** (remove) tirar [*picture, curtains*]; **b)** (lower) baixar [*skirt, pants*]; **c)** (dismantle) desmontar [*tent, scaffolding*]; **d)** (write down) anotar [*name, details, etc.*]. ▪ **take from:** **~ from sth** diminuir qq coisa. ▪ **take hold** [*disease, epidemic*] instalar-se; [*idea, ideology*] espalhar-se; [*influence*] crescer, aumentar; **~ hold of (sb/sth) a)** (lit) (grasp) pegar [*object, hand*]; **b)** (fig) (overwhelm) [*feeling, anger*] invadir [*person*]; [*idea*] apossar-se de [*person*]. ▪ **take in:** **~ (sb/sth) in,** **~ in (sb/sth) a)** (deceive) enganar [*person*]; **don't be ~n in by appearances!** não te fies nas aparências!; **b)** (absorb) absorver [*oxygen, air*]; **c)** (understand) compreender [*everything*]; **d)** (observe) notar [*detail*]; abarcar [*scene, situation*]; **e)** (allow to stay) aceitar, acolher [*person, refugee, animal*]; **f)** SEWING compor, arranjar [*dress, skirt, etc.*]. ▪ **take off a)** (leave the ground) [*plane*] descolar; **b)** (fig) (become popular) [*idea, fashion*] pegar (fam); **c)** (leave hurriedly) fugir; **~ (sb/sth) off,** **~ off (sb/sth) a)** (remove) tirar [*shirt, coat, shoes, etc*]; (from menu, timetable) retirar [*dish, train*]; **b)** (deduct) **to ~ £ 10 off (the price)** fazer desconto de 10 libras; **c)** (have as holiday) **to ~ two days off** tirar dois dias de férias; **d)** (imitate) imitar [*person*]; **e)** (amputate) amputar [*limb*]; **f)** (withdraw) anular [*show, play*]; **g)** (make look younger) **that hairstyle ~s 15 years off you!** esse penteado faz-te 15 anos mais nova; **to ~ oneself off** partir (**to** para). ■ **take on a)** (become popular) [*idea, fashion*] pegar (fam); **b)** (get upset) enervar-se; **~ (sb/sth) on, ~ on (sb/sth) a)** (employ) empregar [*staff, worker*] (**as** como); **b)** (compete against) [*team, player*] jogar contra [*team, player*]; (fight) bater-se contra [*person, opponent*]; **c)** (accept) aceitar [*work, task, responsabilities*]. ■ **take out**: **~ (sb/sth) out, ~ out (sb/sth) a)** (remove) tirar [*object*]; (by operation) extrair, arrancar [*tooth*]; (from bank) levantar [*money*] (**of** de); **to ~ sth out of sth** tirar qq coisa de qq coisa; **b)** (go out with) sair com [*person*]; **to ~ sb to dinner** levar alg a jantar fora; **c)** (deduct) deduzir [*contributions, tax*] (**of** de); **d)** (coll) (kill, destroy) eliminar [*person*]; destribuir [*installation, target*]; **to ~ sth out on sb** passar qq coisa para alg [*anger, frustation*]; **to ~ it out on sb** descarregar em cima de alg. ■ **take over a)** (take control) (of town, country, party) [*army, faction*] tomar o poder; **b)** (be successor) [*person*] suceder; **to ~ over from sb** suceder a alg; **~ over (sth) a)** (take control of) controlar [*town, country*]; retomar [*business*]; **b)** FIN [*company*] tomar o controlo de [*company*]. ■ **take part** participar (**in** em). ■ **take place** realizar-se. ■ **take through**: **~ sb through sth I'll ~ you through the procedure** vou-te mostrar como se procede. ■ **take to**: **~ to sb/sth a)** (develop a liking for) **he has really ~n to his new job** agrada-lhe bastante o novo emprego; **b)** (start doing) **he's ~n to smoking** ele começou a fumar; **c)** (go to) refugiar-se em [*forest, hills, etc*]; **to ~ to the streets** descer à rua. ■ **take up**: **~ up with sb** fazer amizade com alg; **~ up (sth) a)** (lift up) levantar [*carpet, pavement, railway track*]; pegar em [*pen*]; **b)** (continue) continuar, retomar [*story, discussion*]; **c)** (start) começar [*job*]; **to ~ up one's duties** *or* **responsabilities** entrar em funções; **d)** (accept) aceitar [*offer, invitation*]; **e)** (occupy) ocupar [*space*]; tomar [*time*]; **f)** (adopt) adoptar [*position*]; **g)** SEWING (shorten) encurtar [*skirt, curtains, etc.*]; **h)** (absorb) [*sponge, material, paper*] absorver [*liquid*].

take-away ['teɪkəweɪ] *n* (meal) refeição *f* para levar.

taken ['teɪkn] **1** *pp* see **take. 2** *adj* **a)** (occupied) [*seat, room*] ocupado,-a; **b)** (impressed) **to be ~ with** ficar impressionado com.

take-off ['teɪkɒf] *n* **a)** AVIAT descolagem *f* PO, decolagem *f* BR; **b)** (coll) (imitation) imitação *f*.

takeover ['teɪkəʊvə(e)] *n* **a)** FIN tomada *f* de controlo; **b)** POL tomada *f* de poder.

takeover bid *n* FIN oferta *f* pública de compra.

taker ['teɪkə(r)] *n* corretor *m* de apostas.

taking ['teɪkɪŋ] **1** *n* acto *m* de pegar, tomar, apanhar. **2 takings** *npl* receitas *fpl*.

talc [tælk] *n* **a)** (*also* **talcum powder**) pó *m* de talco; **b)** (mineral) talco *m*.

tale [teɪl] *n* **a)** (story) história *f* (**about** sobre); (fantasy story) conto *m* (**about** sobre); (narrative, account) narrativa *f* (**about** sobre); (legend) lenda *f* (**about** de); **to tell a ~** contar uma histó-

ria *f*; **to tell a ~ of woe** (about oneself) contar as suas mágoas; (about others) contar uma história patética; **the figures tell their own ~** os números falam por si; **b)** (hearsay) boato *m*; (gossip) mexerico *m*; **to spread/tell ~s about sb** lançar um boato sobre alg. IDIOMAS **dead men tell no ~s** os mortos não falam; **to live to tell the ~** estar pronto para falar; **to tell ~s out of school** contar um segredo.

talent ['tælənt] *n* dom *m*; talento *m*; (natural abilities) talento *m*; habilidade *f*; **she has a remarkable ~ for music** ela é francamente dotada para a música; **a painter of ~** um homem muito dotado.

talented ['tæləntɪd] *adj* dotado,-a, talentoso,-a.

talk [tɔːk] **1** *n* **a)** (talking) assunto *m* de conversa; **there is ~ of sth/doing** fala-se de qq coisa/fazer; **there is ~ that...** diz-se que...; **he's all ~** ele fala muito (mas faz pouco); **it's just ~** são só palavras; **they are the ~ of the town** só se fala deles na cidade ou eles andam na boca do povo (fam); **b)** (conversation) conversa *f* PO, papo *m* BR; discussão *f*; **to have a ~ with sb** falar a alg; **c)** (speech) palestra *f* (**about, on** acerca de); **to give a ~** fazer ou dar uma palestra. **2 talks** *npl* (between governments, countries) conversações *fpl* (**between** entre); (between several management and unions) negociações *fpl*; **arms ~** conferência *f* sobre o desarmamento; **pay ~s** negociações salariais. **3** *vtr* (discuss) **to ~ business** falar de negócios; **to ~ nonsense** dizer disparates; **to ~ sb into doing** persuadir alg a fazer; **to ~ sb out of doing** dissuadir alg de fazer; **you've ~ed me into it!** convenceste-me!. **4** *vi* **a)** falar, discutir; **to ~ to** *or* **with sb** falar a ou com alg; **to ~ to oneself** falar sozinho; **to ~ at sb** fazer comentários desagradáveis a alg de forma a que este oiça; **to keep sb ~ing** fazer com que alg continue a falar; **~ing of films...** por falar em filmes...; **you're a fine one to ~!** olha quem fala!; **b)** (gossip) bisbilhotar; **to give people sth to ~ about** dar azo a que as pessoas falem. ■ **talk back** responder insolentemente PO, revidar BR (**to sb** a alg). ■ **talk down**: **~ down to sb** falar a alg com condescendência. ■ **talk over**: **~ (sth/sb) over a)** (discuss) discutir, falar de [*matter, issue*]; **b)** (persuade) convencer alg a mudar de opinião. ■ **talk round**: **~ round (sth)** andar à volta de [*subject*]; **~ (sb) round** fazer (alg) mudar de opinião.

talkative ['tɔːkətɪve] *adj* falador, a.

talker ['tɔːkə(r)] *n* **to be a good ~** ser um bom conservador.

talking ['tɔːkɪŋ] **1** *n* **there's been enough ~** basta de conversa!; **I'll do the ~** eu faço as despesas da conversa ou quem fala sou eu; **"no ~!"** "silêncio!". **2** *adj* [*bird, doll*] que fala.

talking point *n* assunto *m* de conversa.

tall [tɔːl] *adj* [*person, building, tree, chimney, mast*] alto,-a; **how ~ are you?** qual é a tua altura?; **he's six feet ~** ele mede um metro e oitenta; **to get/grow ~ (er)** crescer; **to walk ~** caminhar de cabeça erguida. IDIOMAS **that's a bit of a ~ order!** estás-me a pedir demasiado!; **a ~ story/tale** uma patranha *f*.

tallow ['tæləʊ] *n* sebo *m*.

tally ['tælɪ] **1** *n* registo *m*; **to keep a ~ (of sth)**

manter o registo (de algo). **2** *vi* (agree) concordar (**with** com); **his view tallies with mine** as ideias dele estão de acordo com as minhas.
talon ['tælən] *n* ZOOL garra *f.*
tambourine [tæmbə'riːn] *n* tamborim *m*; pandeiro *m.*
tame [teɪm] **1** *adj* **a)** [*animal, bird*] domesticado,-a, manso,-a; [*person*]; (usu hum) complacente; **to become/grow** ~ amansar; **b)** (unadventurous) [*story, party, contest*] enfadonho,-a; [*reform, decision*] tímido,-a; [*reply, remark, ending of book*] insípido,-a; [*ending of match*] decepcionante; [*government*] brando,-a. **2** *vtr* **a)** domesticar [*animal*]; domar [*lion, tiger*]; treinar [*horse, dog*]; **b)** dominar [*nature*]; subjugar [*person, opposition*].
tamper ['tæmpə(r)] *vi* **to** ~ **with** mexer em, forçar [*machinery, lock*]; falsificar [*accounts, records, evidence*].
tan [tæn] **1** *n* **a)** (*also* **sun** ~) (gen) bronzeado *m*; (weather-beaten) curtido *m*; **to get a** ~ bronzear-se; **b)** (colour) cor *f* castanha amarelada. **2** *adj* castanho *m* amarelado. **3** *vtr* (*pres p etc* **-nn-**) **a)** (gen) bronzear; (weather beaten) crestar; **to** ~ **one's face** bronzear o rosto; **b)** curtir [*animal hide*].
tandem ['tændəm] *n* tandem *m*; **in** ~ em tandem, um atrás do outro.
tang [tæŋ] *n* (taste) sabor *m* acidulado; (smell) odor *m* penetrante.
tangent ['tændʒənt] *n* tangente *f*; **the ball flew off at a** ~ a bola passou uma tangente; **to go off at a** ~ (in speech) desviar-se de um assunto.
tangerine [tændʒə'riːn] **1** *n* **a)** (fruit) tangerina *f*; **b)** (colour) cor *f* de tangerina. **2** *adj* tangerina.
tangible ['tændʒɪbl] *adj* tangível.
tango ['tæŋgəʊ] **1** *n* tango *m*. **2** *vi* dançar o tango.
tangy ['tæŋɪ] *adj* acidulado,-a.
tank [tæŋk] *n* **a)** MIL tanque *m* (de guerra); **b)** AUT depósito *m* (de gasolina); **c)** (container) (for storage) reservatório *m*; (for water) cisterna *f*; (for fish) aquário *m.*
tankard ['tæŋkəd] *n* caneca *f* para cerveja (geralmente com tampa).
tanker ['tæŋkə(r)] *n* **a)** NAUT petroleiro *m*; **b)** (lorry) camião PO/caminhão BR -cisterna *m.*
tanned [tænd] *adj* (*also* **sun-~**) bronzeado,-a; (weather-beaten) crestado,-a, curtido,-a.
tannery ['tænərɪ] *n* tanaria *f*; fábrica *f* PO/usina *f* BR de curtumes.
Tannoy ® ['tænɔɪ] *n* **the** ~ sistema *m* de altifalantes; **over the** ~ pelo altifalante.
tantalize ['tæntəlaɪz] *vtr* atormentar.
tantalizing ['tæntəlaɪzɪŋ] *adj* [*smell, sight, suggestion, possibility*] atractivo,-a; [*smile*] provocante; [*clothes*] excitante, provocante.
tantamount ['tæntəmaʊnt] *adj* **to be** ~ **to** equivaler a, ser equivalente a.
tantrum ['tæntrəm] *n* acesso *m* de fúria; **to throw/have a** ~ ter um ataque de fúria.
Tanzania [tænzə'niːə] *pr n* Tanzânia *f.*
tap [tæp] **1** *n* **a)** (for water, gas) torneira *f*; **the cold/hot** ~ a torneira *f* de água fria/quente; **to turn the** ~ **on/off** abrir/fechar a torneira; **on** ~ (of beer) à pressão; (of water) disponível; **b)** (blow) pancada *f* leve; pancadinha *f*; **he felt a** ~

on the shoulder ele sentiu uma pancada leve no ombro; **she heard a** ~ **at the door** ela ouviu bater à porta; **to give sth a** ~ dar uma pancada em qq coisa; **c)** (listening device) **to put a** ~ **on a phone** pôr um telefone sob escuta. **2** *vtr* (*pres p* **-pp-**) **a)** (knock) [*person*] bater de leve (**on** em; **against** contra); **to** ~ **one's feet** (to the music) bater o pé (ao ritmo); **to** ~ **one's finger on the table** bater com os dedos na mesa; **b)** (extract contents) sangrar [*tree*]; extrair/recolher (qq coisa) por incisão [*rubber*]; explorar [*talent, resources, market, energy*]; **to** ~ **sb for money** (coll) pedir dinheiro a alg; **c)** (install listening device) pôr (qq coisa) sob escuta [*telephone*]. ■ **tap in**: ~ (**sth) in,** ~ **in (sth)** cravar, pregar [*nail, peg*]; COMPUT introduzir [*information, number*].
tap dance 1 *n* sapateado *m.* **2** *vi* dançar sapateado.
tape [teɪp] **1** *n* **a)** (for recording) (**magnetic**) ~ fita *f* magnética; **on** ~ em cassete; **b)** AUDIO, COMPUT, RADIO, TV (cassette) cassete *f*; (reel) fita *f* magnética; (video) videocassete; **to play a** ~ pôr uma cassete; **c)** AUDIO (recording) gravação *f*; **to make a** ~ **of sth** gravar algo; **d)** (strip of material) fita *f*; **e)** (**adhesive** *or* **sticky**) ~ fita *f* adesiva; **f)** (in race) fita *f* de chegada; **g)** (for measuring) fita *f* métrica. **2** *vtr* **a)** (record) gravar; **to** ~ **sth from the radio/TV** gravar qq coisa transmitida pelo rádio/pela televisão; **b)** (stick) atar, prender [*parcel, article*]; **to** ~ **sb's hands together** atar as mãos de alg; **to** ~ **sth to** colar qq coisa a [*surface, door*]. IDIOMAS **to have sb/sth ~d** (coll) conhecer alg/algo de ginjeira (fam).
tape deck *n* "deck" *m* de cassetes.
tape measure *n* (sewing) fita *f* métrica; (retractable) metro *m* de enrolar.
taper ['teɪpə(r)] **1** *n* (spill) pavio *m*; RELIG (candle) círio *m.* **2** *vtr* afiar [*stick*]. **3** *vi* [*sleeve, trouser leg*] afunilar; [*column, spire*] terminar em ponta. ■ **taper off** diminuir; **to** ~ **off (sth)**, ~ **(sth) off** reduzir ou diminuir (qq coisa) progressivamente.
tape: ~ **recorder** *n* gravador *m* PO, toca-cassete *m* BR; ~ **recording** *n* gravação *f.*
tapered ['teɪpəd] *adj* see **tapering**.
tapering ['teɪpərɪŋ] *adj* [*trousers, sleeves*] afunilado,-a; [*column, spire*] afilado,-a; **to have** ~ **fingers** ter dedos afilados.
tapestry ['tæpɪstrɪ] *n* tapeçaria *f.*
tapeworm *n* bicha *f* solitária; ténia *f.*
tap water *n* água *m* da torneira.
tar [tɑː(R)] **1** *n* (gen) alcatrão *m*; (on roads) asfalto *m.* **2** *modif* ~ **content** (of cigarette) teor *m* de alcatrão. **3** *vtr* (*pres p etc* **-rr-**) alcatroar [*road, roof, fence, timber*]. IDIOMAS ~ **everyone with the same brush** meter toda a gente no mesmo saco.
tardy ['tɑːdɪ] *adj* (slow) lento,-a (**in doing** a fazer); (late) atrasado,-a.
target ['tɑːgɪt] **1** *n* alvo *m*; MIL objectivo *m*; (fig) (goal, objective) objectivo *m*; **to reach/ meet one's** ~ atingir o seu fim; **figures for last month were way off** ~ os números do último mês foram muito insuficientes. **2** *modif* [*date, figure*] previsto,-a; [*audience, group*] visado,-a. **3**

vtr **a)** MIL (aim) dirigir [*weapon, missile*] (**at, on** para); (choose as objective) tomar (qq coisa) por alvo [*city, site, installation*]; **b)** (fig) (in marketing) visar, ter em mira [*group, sector*]; **this product is ~ed at young people** este produto é dirigido aos jovens.

target practice *n* exercícios *mpl* de tiro ao alvo.

tariff ['tærɪf] **1** *n* **a)** (price list) tabela *f* de preços; **b)** (customs duty) tarifa *f* aduaneira. **2** *modif* [*agreement, heading*] tarifário,-a; [*cuts*] dos direitos de alfândega; **~ barrier** barreira *f* aduaneira; **~ reform** reforma *f* tarifária.

tarmac ['tɑːmæk] **1** *n* **a)** (*also* **Tarmac** ®) macadame *m*; **b)** (of airfield) pista *f*. **2** *modif* [*road, footpath*] alcatroado,-a. **3** *vtr* alcatroar.

tarnish ['tɑːnɪʃ] (lit, fig) **1** *n* mancha *f*. **2** *vtr, vi* manchar(-se), sujar(-se).

tarpaulin [tɑːˈpɔːlɪn] *n* **a)** (material) oleado *m*; **b)** (sheet) oleado.

tart ['tɑːt] **1** *n* CULIN (large) tarte *f*. **2** *adj* ácido,-a (fig). ■ **tart up** (coll) **~ (sth) up, ~ up (sth)** reparar [*house, room*]; **~ oneself up** ataviar-se.

tartan ['tɑːtən] **1** *n* (pattern, cloth) escocês *m*. **2** *adj* [*fabric, jacket*] escocês, ao xadrez.

task [tɑːsk] *n* tarefa *f*; **a hard ~** um trabalho árduo; **to take sb to ~** repreender alg (**about, for, over** por).

task: ~ force *n* **a)** MIL corpo *m* expedicionário; **b)** (police) destacamento *m* especial; **c)** (committee) grupo *m* de trabalho; **~master** *n* tirano *m*; **to be a hard ~master** ser implacável.

Tasmania [tæzˈmeɪnɪə] *pr n* Tasmânia *f*.

tassel ['tæsl] *n* borla *f*; pompom *m*.

taste [teɪst] **1** *n* **a)** (flavour) (gen) gosto *m*; (pleasant) sabor *m*; **a delicate ~** um sabor delicado; **I was left with a nasty ~ in the mouth** (fig) fiquei com uma certa amargura; **she's not used to the ~ of success** ela não está habituada ao sucesso; **b)** (sense) o gosto *m*; **bitter/sweet to the ~** amargo/doce; **c)** (small quantity) um pouco *m*; **have a ~ of this** prove um pouco; **add just a ~ of salt** junte apenas um pouco de sal; **d)** (fig) (brief experience) amostra *f*; ideia *f*; **a ~ of life in a big city** uma amostra do que é a vida numa grande cidade; **a ~ of things to come** uma amostra do que há-de vir; **e)** (liking, preference) gosto *m*; inclinação *f*; **he has strange ~s** ele tem gostos esquisitos; **it was too violent for my ~** era muito violento para meu gosto; **sweeten/add salt to ~** adicionar açúcar/sal a gosto; **f)** (sense of beauty, appropriateness) gosto *m*; **to have ~ in sth** ter bom gosto em relação a qq coisa; **it would be in bad** *or* **poor ~ to do** seria de mau gosto fazer. **2** *vtr* **a)** (perceive flavour) sentir o gosto de; **I can ~ the brandy in this coffee** sinto o gosto da aguardente no café; **what does it ~ like?** a que é que sabe?; **b)** (try) provar; **"would you like to ~ the wine?"** "quer provar o vinho?"; **c)** (fig) (experience) conhecer, experimentar [*freedom, success, failure, defeat*]. **3** *vi* (have flavour) **to ~ sweet/salty** estar doce/salgado; **to ~ good/horrible** ter bom/mau gosto ou saber bem/mal; **to ~ of sth** ter um gosto a qq coisa. **IDIOMAS there's no accounting for ~(s)!** gostos não se discutem.

taste bud *n* papila *f* gustativa.

tasteful ['teɪstfl] *adj* [*clothes, choice, design*] de bom gosto.

tastefully ['teɪstfəlɪ] *adv* [*dressed, decorated*] com gosto.

tasteless ['teɪstlɪs] *adj* **a)** [*remark, joke*] de mau gosto; **b)** (without flavour) [*food, drink*] insípido,-a; [*medicine*] que não sabe a nada.

tasty ['teɪstɪ] *adj* [*food*] saboroso,-a.

tatters ['tætəz] *npl* farrapos *fpl*; **to be in ~** [*clothing*] estar em farrapos; [*career, life, reputation*] estar em ruínas.

tattoo [təˈtuː] **1** *n* **a)** (on skin) tatuagem *f*; **b)** MIL (of drum, bugle) toque *m* de recolher; (public entertainment) espectáculo *m* militar. **2** *vtr* tatuar (**on** em).

tatty ['tætɪ] (coll) *adj* [*appearance*] descuidado,-a; [*book*] em mau estado; [*area, building, furniture*] deteriorado,-a, estragado,-a.

taught [tɔːt] *pp* see **teach**.

taunt [tɔːnt] **1** *n* escárnio *m*. **2** *vtr* escarnecer (**about, over** sobre).

Taurus ['tɔːrəs] *n* Touro *m*; **I'm a ~** eu sou Touro.

taut [tɔːt] *adj* estendido,-a, esticado,-a, tenso,-a.

tautology [tɔːˈtɒlədʒɪ] *n* tautologia *f*.

tavern ['tævən] *n* taberna *f*.

tawdry ['tɔːdrɪ] *adj* [*clothes*] berrante; [*jewellery*] espalhafatoso,-a; [*furnishings, house*] de mau gosto; [*motives, methods, affair*] indigno,-a.

tawny ['tɔːnɪ] *adj* fulvo,-a.

tax [tæks] **1** *n* (on individual) imposto *m*; (other) taxa *f* (**on** sobre); **property ~** imposto *m* predial; **sales ~** taxa *f* de venda; **before/after ~** ilíquido/líquido; **to pay ~, be liable for ~** ser tributável, colectável; **~ is deducted at source** os impostos são retidos na fonte. **2** *vtr* **a)** lançar imposto sobre [*profits, earnings*]; tributar [*person*]; **luxury goods are heavily ~ed** os artigos de luxo têm um grande imposto; **b)** AUT **to ~ a vehicle** pagar o selo (de imposto de circulação automóvel); **the car is ~ed till November** o selo do carro é válido até Novembro; **c)** (fig) (strain) pôr (qq coisa) à prova [*patience, goodwill, wits*].

taxable [tæksəbl] *adj* sujeito,-a a imposto.

tax allowance *n* abatimento *m* (de imposto).

taxation [tækˈseɪʃn] *n* **a)** (imposition of taxes) taxação *f*; tributação *f*; **b)** (revenue from taxes) impostos *mpl*.

tax: ~ avoidance *n* evasão *f* fiscal; **~ bracket** *n* nível *f* do imposto de renda; **~ collector** *n* cobrador *m* de impostos; **~-deductible** *adj* dedutível dos impostos; **~ disc** *n* selo *m* (de circulação automóvel); **~ evasion** *n* fraude *f* fiscal; evasão *f* fiscal; **~ exile** *n* pessoa *f* que fugiu do país por razões fiscais; **~-free** *adj* [*income*] isento de imposto; **~ haven** *n* paraíso fiscal.

taxi ['tæksɪ] **1** *n* táxi *m*; **by ~** de táxi. **2** *vi* [*airplane*] deslizar devagar.

taxidriver *n* motorista *m/f* de táxi.

taxing ['tæksɪŋ] *adj* extenuante.

taxi rank *n* praça *f* de táxis.

tax man (coll) *n* **the ~** (coll) o fisco.

tax: ~ office *n* cobrança *f* de impostos; **~ payer** *n* contribuinte *m/f*.

tax return *n* **a)** (form) impresso *m* de impostos;

b) (declaration) declaração *f* de impostos; **to file a** ~ fazer a sua declaração de impostos.
TB abrev = **tuberculosis**.
tea [ti:] *n* **a)** chá *m*; (herbal ~) infusão *f*; tisana *f*; **jasmine** ~ chá de jasmim; **I'll make a pot of** ~ vou fazer chá; **b)** GB (afternoon meal) lanche *m*. IDIOMAS **it's not my cup of** ~ não é o meu género; **to give sb** ~ **and sympathy** (hum) reconfortar alg.
tea: ~ **bag** *n* saquinho *m* de chá; ~ **break** *n* GB intervalo para o chá (ou café); ~ **caddy** *n* lata *f* de chá; ~**cake** *n* pãozinho *m* doce servido com o chá.
teach [ti:tʃ] **1** *vtr* (*pres p* ~**ing** *past, pp* **taught**) **a)** (instruct) ensinar [*children, adults, foreigner*]; **to** ~ **sb about sth** ensinar algo a alg; **to** ~ **sb (how) to do** ensinar alg a fazer; **b)** (impart) ensinar [*subject, knowledge, skill*]; **to** ~ **biology** ensinar biologia; **to** ~ **sth to sb,** ~ **sb sth** ensinar algo a alg; **she** ~**es businessmen French** ela ensina francês a homens de negócio; **c)** (as career) ensinar [*subject, skill*]; **she** ~**es swimming** ela ensina natação; **to** ~ **school** US ser professor primário; **d)** (coll) (as correction) **to** ~ **sb a lesson** [*person*] dar uma boa lição a alg; [*experience*] servir de lição a alg; **to** ~ **sb to do** ensinar alg a fazer; **e)** (advocate) ensinar [*doctrine, creed, virtue, behaviour*]; **to** ~ **that** ensinar a. **2** *vi* ensinar. IDIOMAS **you can't** ~ **an old dog new tricks** burro velho não aprende línguas Po/não toma ensino BR.
teacher ['ti:tʃər] *n* (in general) professor, a *m, f*; (special needs) educador, a *m, f*.
teacher(s') training college *n* IN GB (for primary/secondary) escola *f* superior de educação.
tea-chest *n* caixa *f* de madeira para exportação de chá.
teaching ['ti:tʃɪŋ] **1** *n* **a)** ensino *m*; **to go into/ enter** ~ entrar no ensino; **b)** (doctrine) ensinamento *m*; doutrina *f*; **the** ~**s of Gandhi** a doutrina de Gandhi. **2** *modif* [*career, union*] de ensino; [*materials, method, strategy, skill*] pedagógico,-a.
teaching aid *n* material *m* didáctico de apoio.
teaching hospital *n* hospital *m* universitário.
tea: ~**cloth** *n* toalha *f* de chá; ~ **cosy** *n* abafador *m* para o bule de chá; ~**cup** *n* chávena *f* Po/ xícara *f* BR de chá.
teak [ti:k] **1** *n* teca *f*. **2** *modif* [*furniture, construction*] em teca.
tea: ~ **lady** *n* GB empregada *f* encarregada de servir o chá nos locais de trabalho; ~**leaf** *n* (*pl* ~ **leaves**) folha *f* de chá; **to read the** ~**leaves** ler a sina através das folhas de chá.
team [ti:m] **1** *n* **a)** (of people) equipa *f*; **rugby/ management** ~ equipa de rugby/de direcção; **we work well as** ~ nós trabalhamos bem em equipa; **b)** (of horses) parelha *f*; (of oxen) junta *f*. **2** *vtr* (co-ordinate) **to** ~ **sth with** [*garment, accessories, soft furnishings*] associar algo com. ■ **team up a)** [*people*] fazer equipa (**with sb** com alg); [*organizations*] associar-se (**with sth** com qq coisa); **b) to** ~ **sb up with sb** associar alg com alg.
team member *n* membro *m* de equipa.
teamster ['ti:mstə(r)] *n* US condutor *m* de uma parelha de animais.

tea: ~ **party** *n* chá *m*; ~**pot** *n* bule *m* de chá.
tear[1] [teə(r)] **1** *n* (gen) rasgão *m* (in em). **2** *vtr* (*past* **tore** *pp* **torn**) **a)** (rip) rasgar [*garment, paper*]; dilacerar [*flesh, prey*]; **to** ~ **sth from** or **out of** rasgar ou arrancar qq coisa de [*book, notepad*]; **I've torn a hole in my coat** fiz um buraco no meu casaco; **to** ~ **sth to pieces** or **bits** or **shreds** (fig, pej) deitar abaixo, arrasar Po/ esculhambar BR [*proposal, argument, book, film*]; (lit) despedaçar, fazer em pedaços [*fabric*]; **to** ~ **one's hair (out)** (lit, fig) arrancar os cabelos; **b)** (remove by force) **to** ~ **sth from** or **off** arrancar qq coisa de [*roof, surface, object*]; **he was torn from his mother's arms** ele foi arrancado aos braços da mãe. **3** *vi* **a)** (rip) rasgar-se; **b)** (rush) **to** ~ **up/down the stairs** subir/ descer as escadas a quatro e quatro; **I tore through the book in two days** devorei o livro em dois dias; **c)** (pull forcefully) **to** ~ **at** [*animal*] despedaçar, retalhar [*flesh, prey*]; **d)** (coll) (criticize) **to** ~ **into** arrasar Po/esculhambar BR [*play, film, book*]; **to** ~ **into sb (about sth)** insultar alg (por causa de qq coisa). **4 tearing** *pres p adj* **a** ~ **sound** um estalido; **to be in a** ~ **hurry** GB estar terrivelmente apressado (**to do** para fazer). IDIOMAS **that's torn it** GB está tudo acabado!, só faltava mais essa!. ■ **tear apart:** ~ **(sth) apart,** ~ **apart (sth)** (destroy) (lit) despedaçar [*prey, game*]; demolir [*building*]; (fig) destruir [*friendship, organization*]; arrasar Po/esculhambar BR [*film, novel, essay*]; (separate) separar [*connected items*]. ■ **tear away:** ~ **away (sth)** arrancar [*wrapping, bandage*]; ~ **(sb) away from** retirar alg de [*scene, programme*]. ■ **tear off:** ~ **(sth) off,** ~ **off (sth)** (carefully) separar, retirar; (violently) arrancar. ■ **tear down:** ~ **(sth) down,** ~ **down sth** demolir [*building, wall, statue*]. ■ **tear out:** ~ **(sth) out,** ~ **out (sth)** separar [*coupon, cheque*]; arrancar [*page, picture*]. ■ **tear up:** ~ **(sth) up,** ~ **up (sth)** (destroy) rasgar [*letter, document*] (**into, in** em); escavar [*street, pavement*]; arrancar [*tramlines*].
tear[2] [tɪə(r)] *n* lágrima *f*; **close to/in** ~**s** à beira das/em lágrimas; **to burst into** ~**s** desfazer-se em lágrimas, desatar a chorar; **it brings** ~**s to the eyes** isso faz vir lágrimas aos olhos. IDIOMAS **to end in** ~**s** [*game, party*] acabar em lágrimas; [*campaign, experiment*] acabar mal.
tear: ~**away** *n* arruaceiro *m*; ~**drop** *n* lágrima *f*.
tearful ['tɪəfl] *adj* [*person, face*] em lágrimas; [*voice, tone*] choroso,-a, de choro; **to feel** ~ ter vontade de chorar.
tear: ~ **gas** *n* gás *m* lacrimogéneo; ~~**off** *adj* [*coupon, slip*] destacável; ~~**off calendar** *n* calendário *m* de folhas soltas.
tea: ~**room** *n* salão *m* de chá; ~ **rose** *n* rosa-chá *f*.
tease [ti:z] **1** *n* (joker) arreliador, a *m, f*; brincalhão,-ona *m/f*. **2** *vtr* (provoke) arreliar [*person*]; atormentar [*animal*]. **3** *vi* arreliar, implicar com.
teasel ['ti:zl] *n* BOT cardo *m*.
teaser ['ti:zə(r)] *n* (coll) **a)** (puzzle) quebra--cabeças *m*; **b)** (person) brincalhão,-ona *m/f*; trocista *m/f*.
tea: ~ **service** *n* serviço *m* de chá; ~ **set** *n* see ~ **service;** ~ **shop** *n* GB see ~**room**.

teasing ['ti:zɪŋ] **1** *n* (playful) brincadeira *f* desagradável. **2** *adj* arreliador, a, trocista.

tea: ~**spoon** *n* colher *f* de chá (ou de café); ~ **strainer** *n* coador *m* de chá.

teat [ti:t] *n* **a)** (of cow, goat, ewe) teta *f*; **b)** GB (on baby's bottle) tetina *f*.

tea: ~**time** *n* hora *f* do chá; ~ **towel** *n* GB pano *m* da loiça.

technical ['teknɪkl] *adj* (of machinery, technology) técnico,-a; **the** ~ **staff** os técnicos *mpl*.

technical drawing *n* desenho *m* industrial.

technicality [teknɪ'kælɪtɪ] *n* **a)** (gen) (technical detail) pormenor *m* técnico; **b)** ADMIN, JUR (point of procedure) vício *m* de forma.

technician [tek'nɪʃn] *n* IND, TECH (worker) técnico,-a *m*.

technique [tek'ni:k] *n* **a)** (method) técnica *f*; **marketing** ~**s** as técnicas de marketing; **b)** (skill) técnica *f*.

technological [teknə'lɒdʒɪkl] *adj* tecnológico,-a.

technology [tek'nɒlədʒɪ] *n* (gen) tecnologia *f*; **information** ~ informática *f*; **new technologies** as novas tecnologias *fpl*.

teddy ['tedɪ] *n* (*also* ~ **bear**) urso *m* de peluche.

tedious ['ti:dɪəs] *adj* aborrecido,-a, chato,-a (fam).

teem [ti:m] **1** *vi* **to** ~ *or* **be** ~**ing with** estar cheio,-a de [*people*]; abundar em [*wildlife*]. **2** *v imp* **it was** ~**ing (with rain)** chovia muito. **3 teeming** *pres p adj* (with life) [*city, continent, ocean*] cheio,-a de; [*masses, crowds*] numeroso,-a.

teenage ['ti:neɪdʒ] *adj* [*child*] adolescente; [*life, fashion, problem*] dos jovens.

teenager ['ti:neɪdʒə(r)] *n* adolescente *m/f*.

teens [ti:nz] *npl* adolescência *f*; **to be in one's** ~ estar na adolescência.

tee-shirt ['ti:ʃɜ:t] *n* T-shirt *f*.

teeter ['ti:tə(r)] *vi* vacilar; **to** ~ **on the edge of sth** (lit, fig) baloiçar à beira de qq coisa.

teeth [ti:θ] *npl* see **tooth**.

teething troubles *npl* (lit) problemas *mpl* de nascimento de dentes.

teetotal [ti:'təʊtl] *adj* abstémio,-a.

teetotaler [ti:'təʊtələ(r)] *n* US see **teetotaller**.

teetotaller [ti:'təʊtələ(r)] *n* GB abstémio,-a *m, f*.

tel *n* abrev = **telephone** telef. ou tel..

telecommunications [telɪkəmju:nɪ'keɪʃns] **1** *npl* telecomunicações *fpl*. **2** *modif* [*expert*] em telecomunicações; [*firm, satellite*] de telecomunicações.

telegram ['telɪgræm] *n* telegrama *m*.

telegraph ['telɪgrɑ:f] **1** *n* telégrafo *m*. **2** *modif* [*post, wire*] telegráfico,-a. **3** *vtr* telegrafar.

telepathic [telɪ'pæθɪk] *adj* telepático,-a; [*person*] telepata.

telepathy [tɪ'lepəθɪ] *n* telepatia *f*.

telephone ['telɪfəʊn] **1** *n* telefone *m*; **on/over the** ~ ao telefone. **2** *modif* [*conversation, equipment, message*] telefónico,-a. **3** *vtr* telefonar a ou para [*person*]; transmitir por telefone [*instructions, message*].

telephone: ~ **book** *n* see ~ **directory**; ~ **booth** US ~ **box** GB cabina *f* telefónica; ~ **call** *n* telefonema *m*; chamada *f* telefónica; ~ **directory** *n* lista *f* telefónica; ~ **number** *n* número *m* de telefone; ~ **operator** *n* telefonista *m/f*.

telephoto lens [telɪ'fəʊtəʊlenz] *n* teleobjectiva *f*.

teleprinter ['telɪprɪntə(r)] *n* teletipo *m*; teleimpressora *f*.

telescope ['telɪskəʊp] **1** *n* telescópio *m*. **2** *vtr* (lit) dobrar [*legs*]; fechar [*umbrella*]; (fig) condensar [*content, series*] (**into** em).

telescopic [telɪ'skɒpɪk] *adj* [*aerial, stand, image, umbrella*] telescópico,-a; ~ **lens** PHOT teleobjectiva *f*; ~ **sight** (on gun) mira *f* telescópica.

teletext ['telɪtekst] *n* teletexto *m*.

televise ['telɪvaɪz] **1** *vtr* televisionar. **2 televised** *pp adj* televisionado,-a.

television ['telɪvɪʒn, telɪ'vɪʒn] **1** *n* **a)** (system) televisão *f* Po, tevê *f* Br; **on** ~ na televisão; **for** ~ para a televisão; **live on** ~ em directo pela televisão; **b)** (set) televisor *m*. **2** *modif* [*actor, announcer, camera, channel*] de televisão.

television: ~ **licence** *n* taxa *f* de televisão Po, de tevê Br; ~ **screen** *n* écran *m* Po/tela *f* Br de televisão; ~ **set** *n* televisor *m*.

telex ['teleks] **1** *n* telex *m*. **2** *vtr* enviar por telex.

tell [tel] **1** *vtr* (*past, pp* **told**) **a)** (gen) [*person*] dizer [*lie, truth*]; [*manual, instruction, gauge*] indicar, dizer; **to** ~ **the time** [*clock*] indicar ou marcar as horas; **can you** ~ **me the time, please?** pode-me dizer as horas, por favor?; **b)** (emphatic use) **I told you so!** eu bem te disse; **what did I** ~ **you?** que é que eu te disse?; **you- 're** ~**ing me!** a quem o dizes!; **it's true, I** ~ **you!** é verdade, já te disse!; **c)** (narrate, recount) contar [*joke, story*]; **d)** (deduce) **you could** ~ **that he was angry** via-se que ele estava zangado; **e)** (distinguish) distinguir; **he can't** ~ **right from wrong** ele não sabe distinguir o bem do mal; **f)** (order) dizer, mandar; **to** ~ **sb to do sth** dizer a alg para fazer qq coisa; **do as you are told!** fazer o que te mandam!; **she just won't be told** ela recusa-se a obedecer. **2** *vi* (*past, pp* **told**) **a)** (reveal secret) **promise you won't** ~**!** promete que não dizes a ninguém; **b)** (be evidence of) **to** ~ **of** testemunhar; **c)** (know for certain) saber; **as** *or* **so far as I can** ~ tanto quanto sei; **you never can** ~ nunca se sabe; **d)** (produce) **her age is beginning to** ~ ela começa a acusar a idade. **3** *v refl* **to** ~ **oneself** dizer para si (próprio) (**that** que). IDIOMAS (coll) ~ **me another!** vai contar essa a outro! (fam); (coll) **to** ~ **sb where to get off** *or* **where he gets off** mandar alg ver se chove (fam); **to** ~ **the world** gritar aos quatro ventos; **time (alone) will** ~ (Prov) o tempo o dirá. ■ **tell off: to** ~ **sb off** (scold) ralhar com [*person*]. ■ **tell on: to** ~ **on (sb) a)** (reveal information about) denunciar [*person*] (**to** a); **b)** (have visible effect on) **the strain is beginning to** ~ **on him** ele começa a denunciar os efeitos da tensão.

teller ['telə(r)] *n* **a)** (in bank) caixa *m/f*; **b)** (in election) escrutinador, a *m*; **c)** (of story) (*also* **story-teller**) contador, a *m* de histórias.

telling ['telɪŋ] *n* narrativa *f*; narração *f*; **her adventures grew more and more fantastic in the** ~ as aventuras dela tornavam-se cada vez mais fantásticas à medida que ela as contava.

telling-off [telɪŋ'ɒf] *n* reprimenda *f*; (coll) **he got a good** ~ **from the teacher** o professor deu- -lhe uma valente reprimenda.

tell-tale ['telteɪl] **1** *n* queixinhas *m/f* (fam); denunciante *m/f*. **2** *adj* [*sign, stain, blush*] revelador, a.

telly ['telɪ] (coll) *n* GB abrev = **television** TV *f*.

temp [temp] (coll) **1** GB *n* trabalhador *m* temporário. **2** *vi* trabalhar a prazo.

temper ['tempə(r)] **1** *n* **a)** (mood) humor *m*; disposição *f*; **to be in a good/bad** ~ estar de bom/mau humor; **to be in a** ~ estar furioso; **to keep/control one's** ~ controlar-se; **to lose one's** ~ perder a calma (**with sb** com alg); **to fly into a** ~ ter uma fúria; **in a fit of** ~ num ataque de fúria; **b)** (nature) temperamento *m*; carácter *m*; **to have an even/sweet** ~ ter um temperamento equilibrado/meigo; **to have a hot/quick** ~ ser irascível. **2** *vtr* (gen) METALL temperar.

temperament ['temprəmənt] *n* **a)** (nature) temperamento *m*; **calm by** ~ de temperamento calmo; **b)** (excitability) génio *m*; **to have too much** ~ ter demasiado génio.

temperamental [temprə'mentl] *adj* **a)** [*person, animal*] temperamental, caprichoso,-a; [*machine*] com mancha; **b)** [*aversion, inability*] visceral.

temperance ['tempərəns] **1** *n* **a)** (moderation) moderação *f*; **b)** (teetotalism) sobriedade *f*. **2** *modif* [*meeting*] antialcoólico.

temperate ['tempərət] *adj* **a)** [*climate, zone*] temperado,-a; **b)** [*person, habit*] moderado,-a.

temperature ['temprɪtʃə(r)] *n* **a)** METEOROL, PHYS temperatura *f*; **high/low** ~ temperatura alta/baixa; **at room** ~ à temperatura ambiente; **b)** MED; febre *f*; **to have** *or* **be running a** ~ ter febre; **to have a** ~ **of 39.º** ter 39.º de temperatura ou de febre.

tempest ['tempɪst] *n* (lit, fig) tempestade *f*.

tempestuous [tem'pestʃʊəs] *adj* [*relationship, sea, wind*] tempestuoso,-a; [*music, person*] impetuoso,-a.

template ['templɪt] *n* **a)** TECH gabarito *m*; (in sewing) molde *m*; **b)** COMPUT modelo *m*.

temple ['templ] *n* **a)** (building) templo *m*; **b)** ANAT fonte *f*; têmpora *f*.

tempo ['tempəʊ] *n* (*pl* ~**s** *or* **tempi**) **a)** MUS tempo *m* andamento *m*; **b)** (fig) ritmo *m*.

temporal ['tempərl] *adj* temporal.

temporarily ['tempərərɪlɪ] *adv* (for a limited time) temporariamente; (provisionally) provisoriamente.

temporary ['tempərərɪ] *adj* [*job, contract*] temporário,-a; [*manager, secretary*] provisório,-a; [*improvement*] passageiro,-a; **on a** ~ **basis** a título provisório.

temporize ['tempəraɪz] *vi* contemporizar.

tempt [tempt] *vtr* tentar; **to be** ~**ed** ser tentado (**to do** a fazer; **by sth** por qq coisa); **to** ~ **sb with sth** tentar alg com algo; **to** ~ **sb into doing sth** instigar alg a fazer algo. **IDIOMAS to** ~ **fate** *or* **providence** desafiar o destino.

temptation [temp'teɪ/n] *n* tentação *f* (**to do** de fazer); **to give in to/to resist** ~ ceder à/resistir à tentação.

tempting ['temptɪŋ] *adj* [*offer, discount*] tentador, a; [*food*] apetitoso,-a; [*smell*] convidativo,-a, sedutor, a.

ten [ten] **1** *n* dez *m*; **in** ~**s** [*count, sell*] às dezenas *fpl*; ~**s of thousands** dezenas de milhar. **2** *adj*

dez. **IDIOMAS** ~ **to one** (**it'll rain**) aposto (em como vai chover).

tenable ['tenəbl] *adj* **a)** [*theory, suggestion*] defensável, convincente; **b)** **the scholarship is** ~ **for a year** a bolsa de estudos é concedida por um ano.

tenacious [tɪ'neɪ/əs] *adj* tenaz, obstinado,-a.

tenacity [tɪ'næsɪtɪ] *n* tenacidade *f*.

tenancy ['tenənsɪ] *n* aluguer *m* PO, aluguel *m* BR; arrendamento *m*; **terms of** ~ condições *fpl* de arrendamento.

tenant ['tenənt] *n* inquilino,-a *m, f*.

tend [tend] **1** *vtr* tratar de [*sick*]; tomar conta de [*animals*]; cuidar de [*garden*]. **2** *vi* **a)** (incline) [*person, event*] ter tendência (**to do** a fazer); **to** ~ **towards sth** inclinar-se para qq coisa; **I** ~ **to think** sinto-me inclinado a pensar; **it** ~**s to be the case** é o que acontece na maioria dos casos; **b)** (look after) **to** ~ **to sb** tratar de alg. **3 tended** *pp adj* **well-**~**ed** bem tratado; **carefully-**~**ed** bem cuidado.

tendency ['tendənsɪ] *n* tendência *f* (**to, towards** para, a; **to do** para fazer); **there is a** ~ **for people to arrive late** as pessoas têm tendência a chegar atrasadas.

tendentious [ten'denʃəs] *adj* tendencioso,-a.

tender ['tendə(r)] **1** *n* **a)** (currency) **shops accept legal** ~ as lojas aceitam moeda corrente; **b)** ECON, FIN oferta *f*; proposta *f* (**for** de, para); **to sell by** ~ vender por adjudicação. **2** *adj* **a)** (soft) [*food*] tenro,-a; [*bud, shoot*] frágil; **b)** (loving) [*kiss, love, smile*] terno,-a; ~ **care** solicitude *f*; **she needs** ~ **loving care** ela tem necessidade de ser mimada; **c)** (sensitive) [*bruise, skin, place*] sensível; **d)** (young) **a child of** ~ **years** uma criança de tenra idade. **3** *vtr* oferecer [*money*]; apresentar [*apology, fare*]. **4** *vi* apresentar uma proposta; **to put a contract out to** ~ abrir concurso para adjudicar um contrato.

tender-hearted *adj* sensível.

tenderize ['tendəraɪz] *vtr* CULIN tornar tenro,-a.

tenderly ['tendəlɪ] *adv* ternamente.

tenderness ['tendənɪs] *n* **a)** (of feeling, gesture) ternura *f*; **b)** (of skin, wound) sensibilidade *f*; **c)** (of shoot) fragilidade *f*; (of meat) **test the** ~ **of the meat** veja como a carne é tenra.

tendon ['tendən] *n* tendão *m*.

tendril ['tendrɪl] *n* **a)** (of plant) gavinha *f*; **b)** (of hair) madeixa *f* fina (de cabelo).

tenement ['tenɪmənt] *n* (*also* ~ **block** *or* **building**) edifício *m* antigo de habitação.

Tenerife [tene'ri:f] *pr n* Tenerife.

tenet ['tenɪt, 'ti:net] *n* **a)** PHILOS, POL, RELIG dogma *m*; **b)** (gen) princípio *m*.

ten-gallon hat *n* chapéu *m* de abas largas (à cowboy).

tenner ['tenə(r)] (coll) *n* (note) nota *f* de dez libras ou dez dólares.

tennis ['tenɪs] *n* ténis *m*; **a game of** ~ uma partida de ténis; **men's** ~ ténis masculino.

tennis court *n* campo *m* ou court *m* de ténis.

tenor ['tenə(r)] *n* **a)** MUS (singer) tenor *m*; (voice) voz *f* de tenor; **b)** (tone) tom *m*.

ten: ~**pin bowling** GB ~**pins** US *n* bowling *m* com dez pinos.

tense [tens] **1** *n* LING tempo *m*; **the present** ~ o presente; **in the past** ~ no passado. **2** *adj* (strain-

ed) tenso,-a; [*hours*] de tensão. **3** *vtr* retesar [*muscle, body*]. **4** *vi* [*person, animal*] retesar-se.
■ **tense up a**) (stiffen) [*muscle, body*] retesar--se; **b**) (become nervous) [*person*] ficar tenso,-a.
tension ['tenʃn] *n* **a**) (unease) tensão *f* (**within** entre, em; **over** sobre); **b**) ELECTRON tensão *f*; **c**) (suspense) ansiedade *f*.
tent [tent] *n* tenda *f*; **a four-man** ~ uma tenda para quatro pessoas.
tentacle ['tentəkl] *n* tentáculo *m*.
tentative ['tentətɪv] *adj* **a**) [*inquiry, smile, start*] tímido,-a; [*movement, person*] hesitante; **b**) [*conclusion, offer, plan*] provisório,-a; [*scheme*] experimental.
tentatively ['tentətɪvlɪ] *adv* **a**) [*agree, conclude, plan*] provisoriamente; **b**) [*smile, speak, step*] timidamente.
tenterhooks ['tentəhʊks] *npl* **to be on** ~ estar sobre brasas.
tenth [tenθ] **1** *n* **a**) (fraction) décimo *m* (**of sth** de qq coisa); **b**) (item, event) **the** ~ o décimo; **c**) (date) **the** ~ o dia 10. **2** *adj* décimo. **3** *adv* **to come** *or* **finish** ~ acabar em décima posição.
tent peg *n* estaca *f*.
tenuous ['tenjʊəs] *adj* (lit, fig) [*link*] ténue; [*distinction, theory*] subtil PO, sutil BR.
tenure ['tenjə(r)] **1** *n* **a**) (right of occupancy) ~ **of land/property** direito *m* de posse de uma terra/de uma propriedade; **b**) (formal) (job security) estabilidade *f*; **to have** ~ ser efectivo, ser titular; **c**) (period of office) cargo *m*; função *f*. **2** **tenured** *pp adj* [*professor*] titular.
tepid ['tepɪd] *adj* [*water*] tépido,-a; [*reception*] morno,-a.
term [tɜːm] **1** *n* **a**) (period of time) período *m*; SCH, UNIV período *m*; trimestre *m*; JUR (period when courts are in session) sessão *f*; ~ **of imprisonment** pena *f* de prisão; **to have reached (full)** ~ (of pregnancy) ter chegado ao fim do tempo; **b**) (word, phrase) termo *m*; ~ **of abuse** injúria *f*; **c**) MATH termo *m*; **d**) (limit) limite *m*; fim *m*. **2 terms** *npl* **a**) (conditions) termos *mpl*; condições *fpl*; COMM condições de pagamento; **name your own** ~**s** estabeleça ou diga as suas condições; **to dictate** *or* **stipulate one's** ~**s to sb** impor as suas condições a alg; **on easy** ~**s** COMM com facilidades de pagamento; ~**s of reference** GB atribuições *fpl*; **to come to** ~**s with** assumir [*identity, past, condition, disability*]; aceitar [*death, defeat, failure*]; enfrentar [*issue*]; **b**) (relations) **they are on first-name** ~**s** eles tratam-se pelo nome próprio. **3** *prep phr* **in** ~**s of** MATH em funções de; **the novel is weak in** ~**s of plot** este romance é fraco no plano da intriga. **4** *vtr* designar, nomear.
terminal ['tɜːmɪnl] **1** *n* **a**) (at station) terminal *m*; (airport) ~ AVIAT terminal *m*; **ferry** ~ gare *f* marítima; **b**) COMPUT terminal *m*; **c**) ELEC borne *m*. **2** *adj* **a**) [*stage, point*] terminal; [*illness, patient*] MED (incurable) incurável; (at final stage) em fase terminal; (fig) [*boredom*] de morte (fam); **b**) COMM, SCH trimestral.
terminate ['tɜːmɪneɪt] **1** *vtr* **a**) terminar [*discussion, phase, arrangement, relationship*]; rescindir [*contract*]; interromper [*pregnancy*]; anular [*agreement*]; parar [*treatment*]; **b**) (coll) US liquidar (fam). **2** *vi* (end) [*agreement, meeting, commercial contract*] terminar.

termination [tɜːmɪ'neɪʃn] *n* **a**) (of contract) rescisão *f*; **b**) (of discussion, relations) fim *m*; termo *m*; **c**) (of service) interrupção *f*; **d**) MED interrupção *f* de gravidez; **e**) LING terminação *f*.
terminology [tɜːmɪ'nɒlədʒɪ] *n* terminologia *f*.
terminus ['tɜːmɪnəs] *n* (*pl* **-ni** *or* **-nuses**) **a**) TRANSP términus *m*; **bus** ~ terminal *m* de autocarros; **b**) (end) fim *m*.
terrace ['terəs, 'terɪs] **1** *n* **a**) (of café, house) terraço *m*; **b**) ARCHIT alinhamento *m* de casas (idênticas e contíguas); **c**) (on hillside) socalco *m*; **d**) (in stadium) bancada *f*. **2** *vtr* dispor em socalcos [*garden, hillside*].
terrace(d) house ['terəs(t) haʊs] *n* ARCHIT casa *f* situada num alinhamento idêntico e contíguo.
terracotta [terə'kɒtə] **1** *n* (earthenware) terracota *f*. **2** *modif* [*pot, tile*] em terracota.
terrain [te'reɪn] *n* (gen) MIL terreno *m*; **all-~ vehicle** veículo *m* todo-terreno.
terrestrial [tə'restrɪəl, tɪ'restrɪəl] *adj* [*animal, channel, equator, pole, etc*] terrestre.
terrible ['terɪbl] *adj* **a**) (awful) terrível; **to be** ~ **at** [*maths, rugby*] ser uma nulidade em; **b**) (guilty) **I feel** ~ sinto-me mal; **to feel** ~ sentir-se culpado; **c**) (ill) **I feel** ~ não me sinto bem ou sinto-me mal; **d**) (ugly) **you look** ~ **in that hat** esse chapéu fica-te mal; **e**) [*liar, optimist*] inveterado,-a; **I've been a** ~ **fool** tenho sido um tolo chapado (fam).
terribly ['terɪblɪ] *adv* **a**) (very) [*flattered, pleased, obvious*] muito; [*clever, easy, hot, polite*] extremamente; **I'm** ~ **sorry** peço imensa desculpa; **b**) (badly) [*limp, suffer*] horrivelmente; [*worry*] terrivelmente; [*sing, drive, write*] pessimamente.
terrific [tə'rɪfɪk] *adj* **a**) (huge) [*amount, incentive, pleasure, size*] enorme; [*heat, noise*] excessivo,-a; [*argument*] violento,-a; [*pain, accident, shock*] terrível; **b**) (coll) (wonderful) formidável; **you look** ~ **in that dress** esse vestido fica--te a matar (fam); **we had a** ~ **time** divertimo--nos imenso.
terrify ['terɪfaɪ] *vtr* aterrorizar; (coll) **to** ~ **the life out of sb** apavorar alg.
terrifying ['terɪfaɪɪŋ] *adj* (frightening) aterrorizador, a, pavoroso,-a.
territorial [terɪ'tɔːrɪəl] *adj* territorial.
Territorial: ~ **Army** *pr n* GB MIL exército *m* territorial (formado por voluntários na reserva); ~ **waters** *npl* águas *fpl* territoriais.
territory ['terɪtərɪ] *n* **a**) território *m*; **b**) (of sales person) sector *m*; **c**) (area of influence, knowledge) domínio *m*; área *f*; **I'm on familiar** ~ **when it comes to music** a música é um assunto que conheço bem.
terror ['terə(r)] **1** *n* **a**) (fear) terror *m*; **to live** *or* **go in** ~ **of** viver no terror de; **to strike** ~ **into (the heart of) sb** semear o terror em alg; **b**) (unruly person) terror *m*. **2** *modif* [*gang*] de terroristas; [*tactic*] de intimidação; **a** ~ **campaign** uma vaga terrorista.
terrorism ['terərɪzm] *n* terrorismo *m*.
terrorist ['terərɪst] **1** *n* terrorista *m/f*. **2** *modif* [*attack, bomb, group*] terrorista; **a** ~ **bombing** um atentado à bomba.
terrorize ['terəraɪz] *vtr* aterrorizar.
terror-stricken *adj* aterrorizado,-a.

terse [tɜ:s] *adj* [*style*] conciso,-a, sucinto,-a; [*person, statement*] lacónico,-a.

tertiary ['tɜ:ʃərɪ] *adj* [*era, rock, industry, sector*] terciário,-a; [*education, college*] superior; [*burn*] em terceiro grau.

test [test] **1** *n* **a**) (of person, ability, aptitude, resources) prova *f*; PSYCH, SCH, UNIV teste *m*; **b**) COMM, IND, TECH ensaio *m*; **c**) MED (of blood, urine) análise *f*; (of organ) exame *m*; **eye** ~ exame oftalmológico; **d**) AUT **(driving)** ~ exame *m* de condução; **to pass/fail one's (driving)** ~ passar/chumbar no exame de condução. **2** *vtr* **a**) (gen) avaliar [*intelligence, efficiency*]; PSYCH fazer testes a; **b**) COMM, TECH ensaiar, testar; MED, PHARM analisar, fazer análises de [*blood, urine, sample*]; experimentar [*new drug, vaccine*]; CHEM analisar; **to have one's eyes ~ed** fazer um exame oftalmológico; **he was ~ed for AIDS** ele fez uma análise de despistagem da SIDA; **to ~ the water** (lit) [*swimmer, bather*] ver a temperatura da água; (fig) apalpar terreno; **c**) (tax, strain) pôr à prova [*strength, patience*]. **3** *vi* **his blood ~ed negative** a análise de sangue foi negativa; **to ~ for an allergy** fazer a análise para descobrir as causas de uma alergia.

test: ~ **ban treaty** *n* tratado *m* de proibição de ensaios nucleares; ~ **card** *n* GB TV mira *f* técnica; ~ **case** *n* JUR caso *m* exemplar; ~**-drive 1** *n* ensaio *m* de estrada. **2** *vtr* fazer um ensaio de estrada.

tester ['testə(r)] *n* **a**) (person) controlador *m*; (device) aparelho *m* de controlo; **b**) (sample) amostra *f*.

test flight *n* voo *m* de ensaio.

testify ['testɪfaɪ] **1** *vtr* testemunhar **(that** que). **2** *vi* testemunhar; **to** ~ **to** (fig) atestar, confirmar.

test: ~ **match** *n* jogo *m* internacional (de "cricket"); ~ **paper** *n* **a**) CHEM papel *m* reagente; **b**) GB SCH, UNIV prova *f* escrita; ~ **piece** *n* MUS trecho *m* escolhido para um concurso de música; ~ **pilot** *n* piloto *m* de ensaio; ~ **tube** *n* tubo *m* de ensaio; ~**-tube baby** *n* bebé PO/nenê BR-proveta *m*.

text [tekst] *n* texto *m* **(by** de).

texture ['tekstʃə(r)] *n* **a**) (lit) (of cream, paint, soil, surface) contextura *f*; **b**) (fig) (quality) (of music) textura *f*.

Thailand ['taɪlænd] *pr n* Tailândia *f*.

Thames [temz] *pr n* **the (river)** ~ o Tamisa *m*. IDIOMAS **he'll never set the** ~ **on fire** ele nunca será brilhante ou ele não está fadado para altos voos.

than [ðən] **1** *prep.* **a**) (in comparisons) (do) que; **thinner** ~ **him** mais magro (do) que ele; **he has more** ~ **me** ele tem mais (do) que eu; **b**) (expressing quantity, degree, value) de; **more, less** ~ **100** mais/menos de 100; **more** ~ **half** mais de metade. **2** *conj* **a**) (in comparisons) (do) que; **he's older** ~ **I am** ele é mais velho (do) que eu; **b**) (expressing preferences) **I'd sooner** *or* **rather do X** ~ **do Y** preferia antes fazer X (do) que (fazer) Y; **c**) (when) **hardly** *or* **no sooner had he left** ~ **the phone rang** mal ele saiu, o telefone tocou; **d**) US (from) **to be different** ~ **sth** ser diferente de qq coisa.

thank [θæŋk] **1 thanks** *npl* agradecimentos *mpl* **(for sth** por qq coisa; **to sb** a alg); **received/**

paid with ~ COMM com os nossos agradecimentos; **this is all the** ~ **I get!** eis os agradecimentos que eu recebo!. **2 thanks to** *prep phr* graças a; **yes, we did get in, though no** ~ **to you** sim, nós acabámos por entrar, mas tu não tiveste nada a ver com isso. **3** (coll) ~**s** *excl* obrigado; ~ **for that/for doing that** obrigado por isso/por ter feito isso; ~ **a lot/very much/a bunch** muito obrigado (iron); um grande obrigado; **no** ~ não, obrigado. **4** *vtr* agradecer **(for sth** por qq coisa); ~ **you for doing that/having me** obrigado por ter feito isso/por me ter convidado; **you've only yourself to** ~ **for your problems** a culpa é toda tua/é a ti que deves os teus problemas; ~ **God!** Deus seja louvado!; ~ **goodness/heavens!** graças a Deus!.

thankful ['θæŋkfl] *adj* (grateful) agradecido,-a, reconhecido,-a **(to sb** a alg; **for sth** por qq coisa); (relieved) aliviado,-a **(to do** por fazer; **for sth** por qq coisa); **that's something to be** ~ **for!** isso já é algo de bom!.

thankfully ['θæŋkfəlɪ] *adv* (luckily) felizmente; (with relief) com alívio; (with gratitude) com gratidão.

thankless ['θæŋklɪs] *adj* ingrato,-a, mal agradecido,-a.

thanks [θæŋks] **1** *npl* agradecimentos *mpl* **(for** por; **to** a); **"received with** ~**"** COMM "com os nossos agradecimentos"; **this is the** ~ **I get!** são estes os agradecimentos que recebo! **2 thanks to** *prep phr* graças a; **we did it, no** ~ **to you!** (coll) conseguimos mas não graças a ti! (fam). **3** (coll) *excl* obrigado!; ~ **a lot** muito obrigado, obrigadinho (also iron); **no** ~ não obrigado.

thanksgiving ['θæŋksgɪvɪŋ] *n* IN US **T~ (Day)** dia *m* de Acção de Graças.

thank you ['θəŋkju:] **1** *n* (*also* **thank-you, thankyou**) obrigado *m*; **to say** ~ **to sb, to say one's ~s to sb** agradecer a alg. **2** *noun modifier* [*letter, gift*] de agradecimento. **3** *adv* obrigado; ~ **very much** muito obrigado; **no** ~ não, obrigado.

that [ðət] **1** *det* (*pl* **those**) aquele/a, esse/a; ~ **chair** aquela cadeira; **you can't do it** ~ **way** não podes fazer isso dessa maneira; **he went** ~ **way** ele foi por ali; ~ **lazy son of yours** esse teu filho preguiçoso. **2** *dem pron* (*pl* **those**) **a**) (that one) aquele/a; **we prefer this to** ~ preferimos este àquele; **b**) (the thing or person observed or mentioned) aquilo, isso, aquele/a, esse/a; **what's** ~**?** o que é aquilo?; **who's** ~ **?** (gen) quem é aquele/a?; (on phone) quem é?; **is** ~ **John?** aquele é o João?; **who told you** ~**?** quem te disse isso?; **c**) (before relative pronoun) **those who...** aqueles que. **3** *rel pron* que (*with preposition*) o/a qual, quem; **the woman** ~ **won** a mulher que ganhou; **the book** ~ **I bought** o livro que comprei; **the man** ~ **I received the letter from** o homem de quem recebi a carta; **the house** ~ **they live in** a casa na qual ou em que vivem; **the day** ~ **she arrived** o dia em que ela chegou. **4** *conj* **a**) (gen) que; **he said** ~ **he had finished** ele disse que tinha acabado; **b**) (expressing wish) **oh** ~ **he would come** se ele pudesse vir; (expressing surprise) ~ **she should treat me so badly!** como é que ela me pode tratar tão mal! **5** *adv* (to the extent shown) **it's about** ~ **thick** é mais ou menos dessa grossura;

I can't do ~ much work in one day eu não posso fazer esse trabalho todo num só dia. IDIOMAS ...and (all) ~ ...e tudo isso; ...and he's very nice at that! ...e afinal, ele é muito simpático!; ~ is (to say)... isto é...; ~'s it! (that's right) é verdade!; (that's enough) basta!; I don't want to see you again and ~'s ~! não te quero ver mais e acabou! ou e pronto!; well, ~'s it then! bem, não há mais nada a fazer.

thatch [θætʃ] **1** *n* **a)** CONSTR colmo *m*; **b)** (of hair) gaforina *f.* **2** *vtr* cobrir de colmo. **3 thatched** *pp adj* de colmo.

thaw [θɔː] **1** *n* **a)** METEOROL degelo *m*; **b)** (fig) (political) degelo *m*; (social) **a ~ in her attitude towards me** uma melhoria da sua atitude em relação a mim. **2** *vtr* derreter [*ice, snow*]; descongelar [*frozen food*]. **3** *vi* [*snow*] derreter; [*frozen food*] descongelar. ■ **thaw out**: **to ~ out** [*frozen food*] descongelar; [*person, finger*] aquecer-se Po/esquentar-se Br; **to ~ (sth) out** [*person*] descongelar [*frozen food*].

the [ðɪ] *det* **a)** (specifying, identifying, etc) o, a, os, as; **two chapters of ~ book** dois capítulos do livro; **b)** (best, etc) **THE Portuguese restaurant** o melhor restaurante português; **c)** (with era) **~ fifties** os anos cinquenta; **d)** (with adj) **~ impossible** o impossível; **she buys only ~ best** ela só compra o melhor; **e)** (*with comparative adj*) **the news made her all ~ sadder** a notícia fê-la ainda mais triste; **f)** (in double comparatives) **~ more I learn ~ less I understand** quanto mais estudo, menos compreendo; **~ sooner, ~ better** quanto mais cedo, melhor; **g)** (*with superlatives*) **~ fastest train** o comboio mais rápido; **h)** (with names, etc) **Charles ~ First** Carlos I; **~ Browns** os Brown; **i)** (with musical instruments) **to play ~ piano** tocar piano.

theatre GB, **theater** US ['θɪətə(r)] **1** *n* **a)** (place, art form) teatro *m*; **b)** US (cinema) cinema *m*; **c)** (for lectures) anfiteatro *m*; **d)** MED (*also* **operating ~**) sala *f* de operações. **2** *modif* [*audience, lover, ticket*] de teatro; [*company, production, programme*] teatral; [*nurse*] do bloco operatório.

theatregoer *n* amador *m/f* do teatro.

theatrical [θɪˈætrɪkl] *adj* [*agency, family, production*] teatral; [*figure, star*] de teatro.

theatricals [θɪˈætrɪklz] *npl* teatro *m*.

theft [θeft] *n* roubo *m* (of de).

their [ðeə(r)] *det* seu, sua, seus, suas, deles, delas; **this is ~ book** este é o livro deles.

theirs [ðeəz] *pron* seu, sua, seus, suas, deles, delas; **my car is red but ~ is blue** o meu carro é vermelho mas o deles é azul; **the green hats are ~** os chapéus verdes são deles; **which house is ~?** qual é a casa deles?.

them [ðem] *pron* os, as, lhes, a eles, a elas, deles, delas; **both of ~** ambos, os dois; **some of ~** alguns deles ou delas; **take ~ all** leve-os todos.

theme [θiːm] *n* **a)** (topic, motif) tema *m* ALSO MUS, LING; **b)** RADIO, TV (*also* **~ song, ~ tune**) indicativo *m*; **c)** US (essay) redacção *f.*

themselves [ðəmˈselvz] *pron* **a)** (*reflexive*) se; **they washed ~** eles lavaram-se; **b)** (emphatic) eles/elas mesmos/as; **c)** (*after preposition*) eles/elas mesmos, as, eles/as próprios/as; **(all) by ~** sozinhos.

then [ðen] **1** *adv* **a)** (at that point in time) então,

nessa altura; **we were living in Dublin ~** nessa altura, vivíamos em Dublin; **just ~ she heard a noise** então ela ouviu um barulho; **a large sum of money even ~** uma considerável quantia mesmo para a época; **people were idealistic ~** nesse tempo, as pessoas eram idealistas; **since ~ there has been little news** desde então as notícias têm sido escassas; **b)** (in sequences: afterwards, next) depois, em seguida; **~ after that...** em seguida...; **and ~ what?** (with bated breath) e depois?; **c)** (in that case) então; **if it's a problem for you ~ say so** se é um problema para ti, então diz; **~ why did you tell her?** então porque é que lhe contaste?; **d)** (summarizing statement: therefore) portanto; **there ~ are the results of the policy** estes são, portanto, os resultados da política; **e)** (in addition, besides) além disso; **and ~ there's the fare to consider** e, além disso, tem de se considerar o preço do bilhete; **f)** (modifying previous statement: on the other hand) por outro lado; **she's good but ~ so is he** ela é boa pessoa mas, por outro lado, ele também é; **g)** (rounding off a topic: so) então; **it's all arranged ~?** então está tudo arranjado?. **2** *adj* **the ~ prime minister** o primeiro-ministro de então.

theology [θɪˈɒlədʒɪ] *n* teologia *f.*

theorem ['θɪərəm] *n* teorema *m.*

theorize ['θɪəraɪz] *vi* teorizar (**about** sobre).

theory ['θɪərɪ] *n* teoria *f.*

therapeutic [θerəˈpjuːtɪk] *adj* terapêutica.

therapist ['θerəpɪst] *n* terapeuta *mf*; **dance/music ~** especialista *mf* de terapia pela dança/música.

therapy ['θerəpɪ] **1** *n* MED, PSYCH terapia *f*; **to have** *or* **be in ~** fazer/seguir uma terapia; **to write as a form of ~** escrever como forma de terapia. **2** *noun modifier* [*group, session*] de terapia.

there [ðeə(r)] **1** *pron* (*as impersonal subject*) **~ seems** *or* **appears to be** parece ser ou estar; **~ is/are** há; **once upon a time ~ was** era uma vez; **~'s no denying that** ninguém pode negar que. **2** *adv* **a)** (that place or point) lá, ali, acolá; **put it in ~** põe lá dentro; **up to ~, down to ~** até ali; **b)** (at or to that place) aí, ali, lá; **stand ~** fica aí; **go over ~** vai para ali; **it's ~ that** (gen) é lá que; **take the offer while it's ~** (fig) aproveita a ocasião enquanto é possível; **c)** (to draw attention) aí, lá, ali; **what have you got ~?** que tens aí?; **~ goes the coach** ali vai o autocarro; **~ you are** (seeing somebody arrive) ah estás aí?; (giving object) toma!; (that's done) aí tens!; **that paragraph ~** esse parágrafo aí; **d)** (indicating arrival) lá; **will she be ~ now?** ela estará lá agora?; **e)** (indicating juncture) ali; **~ was our chance** ali estava a nossa oportunidade; **f)** (emphatic) **hello ~!** olá!; **hey you ~!** eh, tu aí!. **3 there and then** *adv phr* logo ali. **4 there again** *adv phr* (on the other hand) por outro lado. **5** *excl* **~!** (soothingly) vamos lá! vá, vá!; **~!** (triumphantly) ora toma!; **~, I told you!** pronto, bem te avisei!.

thermodynamics [θɜːməʊdaɪˈnæmɪks] *n* (+ *v sg*) termodinâmica *f.*

thermometer [θəˈmɒmɪtə(r)] *n* termómetro *m.*

Thermos ['θɜːmɒs] *n* (garrafa *f*) termos *m or f*; **~ flask** garrafa *f* termos.

thermostat ['θɜːməstæt] *n* termóstato *m*.
thesaurus [θɪ'sɔːrəs] *n* (*pl* **-ri** *or* **-ruses**) **a)** (of synonyms) dicionário *m* de sinónimos; **b)** (of particular field) léxico *m*.
these [ðiːz] *pl* see **this**.
thesis ['θiːsɪs] *n* (*pl* **theses**) **a)** Unɪv (doctoral) tese *f*; **doctoral** *or* **PhD** ~ tese de doutoramento; **b)** (theory) tese *f*.
they [ðeɪ] *pron* ~ **have already gone** (masculine or mixed) eles já partiram; (feminine) elas já partiram; **here** ~ **are!** cá estão eles/elas!; **there** ~ **are!** lá estão eles/elas!; **she bought one but** ~ **didn't** ela comprou um mas eles/elas não.
they'd [ðeɪd] = **they had**; = **they would**.
they'll [ðeɪl, ðel] = **they will**.
they're [ðe(r), 'ðeɪə(r)] = **they are**.
they've [ðeɪv] = **they have**.
thick [θɪk] **1** *adj* **a)** [*piece, layer, material, garment, liquid, snow, hair, make-up*] espesso,-a; [*forest, fog, vegetation*] denso,-a; [*accent*] forte; [*voice*] (from sore throat, cold) velado,-a; (from alcohol) pastoso,-a; **(to be) 6 cm** ~ (ter) 6 cm de espessura; **how** ~ **is the wall?** qual é a espessura da parede?; **to be** ~ **with** estar cheio,-a de [*smoke, noise, emotion*]; **b)** (coll) (stupid) burro,-a (fam); **I can't get it into his** ~ **head** *or* **skull that...** eu não consigo enfiar naquela cabeça dura que...; **c)** (coll, dated) **they're very** ~ **(with each other)** eles são muito ligados; **d)** (coll) (unreasonable) **it's a bit** ~ **expecting us to do that !** é um pouco forte estarem à espera que façamos isso!. **2** *adv* **don't spread the butter on too** ~ não ponhas muita manteiga; **the bread was sliced** ~ o pão estava cortado em fatias grossas. IDIOMAS (coll) **to lay on** ~ exagerar; **his tears fell** ~ **and fast** as lágrimas corriam-lhe abundantemente; **through** ~ **and thin** contra ventos e marés; **in the** ~ **of sth** precisamente no meio de qq coisa.
thicken ['θɪkn] **1** *vtr* engrossar. **2** *vi* [*sauce, soup*] engrossar; [*fog, snow, cloud, waistline*] tornar-se mais espesso,-a; [*traffic*] ficar mais congestionado; [*accent*] tornar-se mais forte. IDIOMAS **the plot** ~**s!** as coisas estão-se a complicar!.
thicket ['θɪkɪt] *n* matagal *m*.
thickly ['θɪklɪ] *adv* [*spread*] numa camada espessa; [*cut*] em pedaços grossos; [*say, speak*] com voz rouca.
thickness ['θɪknɪs] *n* espessura *f*.
thick: ~**set** *adj* atarracado,-a; [*hedge*] cercado,-a; ~**-skinned** *adj* insensível.
thief [θiːf] *n* (*pl* **thieves**) ladrão/ladra *m/f*; **stop** ~**!** agarra que é ladrão!. IDIOMAS **set a** ~ **to catch a** ~ para ladrão, ladrão e meio; **to be as thick as thieves** ser unha com carne com alg, entender-se às mil maravilhas.
thieve [θiːv] *vtr, vi* roubar Po, garfar Br.
thigh [θaɪ] *n* coxa *f*.
thigh: ~**bone** *n* fémur *m*; ~**boot** *n* bota *f* alta.
thimble ['θɪmbl] *n* dedal *m*.
thin [θɪn] **1** *adj* **a)** (in width) [*nose, lips, mouth, stick*] fino,-a; [*strip*] estreito-a; **b)** (in depth) [*slice, car board, wall, fabric*] fino,-a; **c)** (in consistency) [*mud, mixture*] líquido,-a; **d)** (lean) magro,-a; **to get** ~ emagrecer; **e)** [*mist, smoke*] ligeiro,-a; **f)** [*voice*] (high-pitched) agudo,-a;

(weak) fraco,-a, fino,-a; **g)** [*population*] disperso,-a; [*hair, beard*] ralo,-a; **h)** (fig) [*excuse*] pouco convincente; [*evidence*] insuficiente; **i)** [*soup, liquid, sauce, oil*] fluido,-a; **j)** [*air*] rarefeito,-a. **2** *adv* [*slice*] em fatias *fpl* finas; [*spread*] em camada fina. **3** *vtr* diluir [*paint*]; adelgaçar [*sauce, soup*]; desbastar [*plants, hedge, hair*]. **4** *vi* [*fog, mist*] dissipar-se; [*crowd*] dispersar. IDIOMAS **to be as** ~ **as a rake** estar magro como um pau (de virar tripas) (fam); **to be** ~ **on the ground** contar-se como os dedos da mão; **to get** ~ **on top** ficar careca; **to have a** ~ **time of it** atravessar um período difícil. ▪ **thin down**: ~ **down (sth),** ~ **(sth) down** diluir algo [*paint*]; adelgaçar [*sauce, soup*].; ~ **(sth) out,** ~ **out (sth)** desbastar [*seedlings, hedge*]; reduzir [*population*].
thing [θɪŋ] **1** *n* **a)** (object) coisa *f*; **what's this** ~ **for?** para que serve isto?; **I haven't got a** ~ **to wear!** não tenho nada que vestir!; **it was a big box** ~ era uma espécie de grande caixa; **b)** (action, task) coisa *f*; **I've got** ~**s to do** tenho coisas para fazer; **I did no such** ~**!** eu não fiz nada disso!; **c)** (matter, fact) coisa *f*; **the whole** ~ **is crazy!** tudo isto é idiota!; **the** ~ **is (that)...** o que se passa é que...; **the funny** ~ **is...** o engraçado é que...; **d)** (person, animal) **she's a pretty little** ~ ela é uma coisinha bonita (fam); (coll) **how are you, old** ~**?** como tens passado, meu velho? Po/chapa? Br; (coll) **you stupid** ~**!** seu idiota!. **2 things** *npl* **a)** (personal belongings, equipment) coisas *fpl*; **b)** (situation, circumstances, matters) as coisas *fpl*; **to take** ~**s too seriously** levar as coisas demasiado a sério; **how are** ~**s with you?, how are** ~**s going?** como vai isso?, como vão as coisas?; **as** ~ **are** *or* **stand** tal como as coisas estão; **all** ~**s considered** tendo em conta todos os aspectos; **c)** Jur bens *mpl*. IDIOMAS (coll) **it's the in** ~ está na moda; **that's just the** ~ *or* **the very** ~ é isso mesmo (que eu preciso)!; (coll) **he likes to do his own** ~ ele gosta de fazer o que lhe agrada; **for one... (and) for another** ~**...** por um lado... por outro lado... ou primeiro... depois...; (coll) **to have/get a** ~ **about sb/sth** (like) ter uma inclinação por alg/algo; (coll) **to know a** ~ **or two about sth** saber umas coisas acerca de qq coisa; **one** ~ **led to another and...** uma coisa levou a outra e...; **taking one** ~ **with another** juntando dois e dois.
thingumabob ['θɪŋəməbɒb], **thingumajig** ['θɪŋəmədʒɪg], **thingummy** ['θɪŋəmɪ] (coll) *n* fulano (fam); **Mr** ~ o Sr. Fulano-de-tal.
think [θɪŋk] **1** *n* **to have a** ~ **(about sth)** reflectir sobre qq coisa. **2** *vtr* (*past, pp* **thought**) **a)** (hold view, opinion) pensar, julgar, achar, crer (**that** que); **I** ~ **it's going to rain** tenho a impressão de que vai chover; **I don't** ~ **so** acho que não; **b)** achar (**that** que); **I** ~ **I'll go for a swim** acho que vou nadar; **c)** (rate, assess) pensar; **to** ~ **a lot/not much of sb/sth** pensar/não pensar muito acerca de alg/algo; **d)** (imagine) imaginar; **I'd never have thought it!** nunca teria podido imaginar isso!; **and to** ~ **that I believed him!** e pensar que eu acreditei nela!; **e)** (remember) lembrar-se de. **3** *vi* **a)** pensar (**about, of** em); (before acting or speaking) reflectir; **to**

~ **ahead** pensar primeiro ou antes; **to ~ hard** pensar muito; **to ~ for oneself** pensar pela sua própria cabeça; **b)** (take into account, consider) **to ~ about** *or* **of sb/sth** pensar em alg/algo; **I can't ~ of everything** não posso pensar em tudo; **c)** (have in mind) pensar, tencionar; **d)** (imagine) pensar em, imaginar; **e)** (tolerate idea) (*sempre neg*) **not to ~ of doing** nem pensar (sequer) em fazer; **I couldn't ~ of letting you pay** nem quero pensar em deixar-te pagar; **f)** (remember) lembrar-se; **I just can't ~ of his name** não me consigo lembrar do nome dele. ■ **think back** relembrar. ■ **think out**: ~ **out (sth), ~ (sth) out** reflectir bastante em, estudar (qq coisa). ■ **think over**: ~ **over (sth), ~ (sth) over** reflectir em. ■ **think through**: ~ **through (sth), ~ (sth) through** considerar todos os aspectos de [*problem, question*]. ■ **think up**: ~ **up (sth), ~ (sth) up** inventar.
thinker ['θɪŋkə(r)] *n* pensador, a *m, f.*
thinking ['θɪŋkɪŋ] **1** *n* (reasoning) reflexão *f*; **to my way of ~** na minha opinião. **2** *adj* [*person*] reflectido,-a; **the ~ man's pin-up** o símbolo sexual dos intelectuais.
think-tank ['θɪŋktæŋk] *n* grupo *m* de reflexão.
thinly ['θɪnlɪ] *adv* **a)** [*slice*] finamente; [*butter*] ligeiramente; **b) a ~ inhabited/wooded area** uma região com uma população dispersa/com árvores dispersas; **c)** (fig) (not hiding truth) **a ~ veiled insult** um insulto mal disfarçado.
thinner ['θɪnə(r)] *n* diluente *m.*
thin-skinned *adj* [*person*] susceptível.
third [θɜːd] **1** *n* **a)** (in sequence) terceiro *m*; **b)** (date) **the ~ of May, May ~** US o dia três de Maio; **c)** (fraction) **a/one ~ of** um terço de; **d)** MUS terça *f*; **e)** AUT (gear) terceira *f.* **2** *adj* terceiro,-a. **3** *adv* **a)** **to come/finish ~** chegar/acabar em terceiro lugar; **b)** (in list) em terceiro. **IDIOMAS never mind, ~ time lucky!** não te importes, à terceira é de vez!.
thirdly ['θɜːdlɪ] *adv* em terceiro lugar.
third party 1 *n* INSUR, JUR terceiro *m.* **2 third--party** *modif* ~ **insurance** INSUR seguro *m* contra terceiros; ~ **liability** responsabilidade *f* civil; **cover for ~, fire and theft** seguro contra terceiros, fogo e roubo.
third-rate *adj* (pej) de terceira (ordem/categoria) (pej); **his work is ~** o trabalho dele é fraco.
Third World *n* **the ~** o Terceiro Mundo *m.*
thirst [θɜːst] *n* (lit, fig) sede *f* (**for** de).
thirsty ['θɜːstɪ] *adj* (lit, fig) sedento,-a; **to be ~** (lit, fig) ter sede (**for** de); **to make sb ~** fazer sede a alg.
thirteen [θɜːˈtiːn] *n, adj* treze *m.*
thirteenth [θɜːtiːnθ] *n, adj* décimo,-a terceiro,-a *m, f.*
thirtieth ['θɜːtɪɪθ] *n, adj* trigésimo,-a *m, f.*
thirty ['θɜːtɪ] **1** *n* trinta *m*; **at seven-~** às sete e meia. **2** *adj* trinta.
this [ðɪs] **1** *det.* (*pl* **these**) este/a; ~ **paper is too thin** este papel é demasiado fino. **2** *pron* este/a, isto; **what's ~?** o que é isto?; **who's ~?** (gen) quem é (este)?; ~ **is the dining room** esta é a sala de jantar; **what did you mean by ~?** que querias dizer com isto?. **3** *adv* **it's ~ big** é assim grande; **I can't eat ~ much** não consigo comer isto tudo; **I didn't realize it was ~ serious** não

me apercebi de que era tão grave assim. **IDIOMAS we sat around talking about ~ and that** falámos de mil e uma coisas; **to run ~ way and that** correr de um lado para outro.
thistle ['θɪsl] *n* cardo *m.*
thong [θɒŋ] *n* **a)** (on whip) correia *f*; **b)** (on shoe) cordão *m.*
thorn [θɔːn] *n* BOT (spine) espinho *m*; (bush) espinheiro *m.* **IDIOMAS to be a ~ in sb's flesh** or **side** ser uma fonte de problemas.
thorny ['θɔːnɪ] *adj* [*plant, problem, issue*] espinhoso,-a.
thorough ['θʌrə] *adj* [*analysis, examination, investigation*] profundo,-a, minucioso,-a; [*cooking*] prolongado,-a; [*person*] consciencioso,-a; **to do a ~ job on sth** fazer um trabalho minucioso.
thoroughfare ['θʌrəfeə(r)] *n* via *f*; **"no ~"** "passagem proibida".
thoroughgoing ['θʌrəgəʊɪŋ] *adj* [*conviction*] profundo,-a; [*villain*] completo,-a.
thoroughly ['θʌrəlɪ] *adv* **a)** (meticulously) a fundo; [*check, search, test*] minuciosamente; **b)** (completely) [*agree, understand*] perfeitamente; **c)** [*confused*] profundamente; [*nice, nasty, clean, dry*] extremamente.
thoroughness ['θʌrənɪs] *n* minúcia *f.*
those [ðəʊs] see **that**.
though [ðəʊ] **1** *conj* **a)** (emphasizing: although) ainda que; **strange ~ it may seem** ainda que possa parecer estranho; **b)** (modifying information: but) mas, embora; **a foolish ~ courageous act** um acto estúpido embora ou corajoso. **2** *adv* contudo, no entanto.
thought [θɔːt] **1** *past, pp* see **think**. **2** *n* **a)** (idea) ideia *f*; pensamento *m*; **the ~ of doing** a ideia de fazer; **that's a ~!** (isso) é uma ideia!; **it was just a ~** foi apenas uma ideia; **what a kind ~!** que simpático!; **b)** (reflexion) pensamento *m*; reflexão *f*; **lost/deep in ~** perdido/mergulhado nos seus pensamentos; **after much ~** depois de muita reflexão; **c)** (consideration) consideração *f*; **with little ~ for sb/sth** sem muita consideração por alg/algo; **without ~ of the consequences** sem considerar as consequências; **with no ~ for her own life** sem consideração pela sua própria vida; **to give ~ to sth** considerar qq coisa; **more ~ should have been given to security** dever-se-ia ter examinado melhor as condições de segurança; **we never gave it much ~** nós nunca reflectimos muito nisso; **don't give it another ~** não pense mais nisso; **they put a lot of ~ into their gift** eles escolhem com cuidado o seu presente; **d)** (intention, hope) intenção *f*; **she had no ~ of leaving the city** ela não tinha nenhuma intenção de deixar a cidade; **we've given up all ~s of moving house** nós pusemos completamente de parte a ideia de mudar de casa; **e)** (*pl* **thoughts**) pensamentos *mpl* (**about** sobre); **my ~s were elsewhere/still on the film** eu pensava noutra coisa/ainda no filme; **f)** (*pl* **thoughts**) (opinions) opinião,-ões *fpl* (**about/on** sobre); **she has some ~s on how we might improve our methods** ela tem ideias sobre a maneira de melhorarmos os nossos métodos.
thoughtful ['θɔːtfl] *adj* **a)** (reflective) pensativo,-a; [*silence*] profundo,-a; **b)** (considerate)

[*person, gesture*] amável; [*letter, gift*] gentil; **c)** (well thought-out) reflectido,-a, cuidadoso,-a.

thoughtfully ['θɔːtfəlɪ] *adv* **a)** (considerately) [*behave, treat*] atenciosamente; [*chosen, worded*] cuidadosamente; **b)** [*stare, smile*] pensativamente; **c)** [*write, describe*] de maneira reflectida.

thoughtless ['θɔːtlɪs] *adj* irreflectido,-a; **to be ~ towards sb** mostrar falta de consideração para com alg.

thoughtlessly ['θɔːtlɪslɪ] *adv* **a)** (insensitively) sem consideração; **b)** (carelessly) descuidadamente.

thought-provoking *adj* que suscita reflexão.

thousand ['θaʊznd] **1** *n* mil *m*; **a** *or* **one ~** mil; **a ~ and one** mil e um; **three ~** três mil; **about a ~** um milhar. **2** *adj* mil; **a ~ years** mil anos.

thousandth ['θaʊzndθ] *n, adj* milésimo,-a *m, f*.

thrash [θræʃ] **1** *n* (coll) (party) festança *f* (fam). **2** *vtr* **a)** (whip) açoitar alg; **b)** (coll) MIL, SPORT vencer, derrotar. ■ **thrash out: ~ out (sth)** esmiuçar, chegar ao fundo de [*difficulties, problem*]; discutir exaustivamente [*plan, compromise*].

thrashing ['θræʃɪŋ] *n* (lit, fig) derrota *f*.

thread [θred] **1** *n* **a)** (lit) fio *m*; **b)** (fig) (of argument) fio *m*; **to follow/lose/pick up the ~** seguir/perder/encontrar o fio; **to pull all the ~s together** fazer a síntese; **c)** (of screw) rosca *f*; filete *m*. **2** *vtr* **a)** (lit) enfiar [*bead, needle*]; introduzir [*film, tape*]; **b)** (fig) **to ~ one's way** introduzir-se (**through** entre). **3** *vi* [*beads, needle*] enfiar-se; [*film, tape*] passar.

threat [θret] *n* **to make ~s against sb** fazer ameaças a alg; **under ~** ameaçado,-a.

threaten ['θretn] **1** *vtr* ameaçar (**to do** fazer). **2** *vi* ameaçar.

threatening ['θretnɪŋ] *adj* ameaçador, a.

three [θriː] *n, adj* três *m*.

three-dimensional *adj* tridimensional.

threefold ['θriːfəʊld] **1** *adj* triplo,-a. **2** *adv* triplamente; **to increase ~** triplicar.

threepenny ['θrəpənɪ] *n* GB moeda *f* de três dinheiros.

three-piece [θriːpiːs] **1** *n* (suit) fato *m* de três peças (calças, casaco, colete). **2** *adj* [*suit*] de três peças; **~ suite** conjunto *m* de sofá e duas poltronas.

three-ply ['θriːplaɪ] *n* lã *f* com três fios.

three-quarters ['θriːkwɔːtəz] *n* três quartos *mpl*.

threesome *n* grupo *m* de três.

three-way ['θriːweɪ] *adj* [*junction*] com três vias; [*split*] em três; [*discussion*] tripartida.

three-wheeler [θriːˈwiːlə] *n* (car) veículo *m* de três rodas; (bicycle) triciclo *m*.

thresh [θreʃ] *vtr* debulhar.

threshold ['θreʃəʊld] *n* (gen) (lit, fig) soleira *f*; **pain ~** limiar da dor.

threw [θruː] *past see* **throw**.

thrift [θrɪft] *n* (frugality) economia *f*; frugalidade *f*.

thrifty ['θrɪftɪ] *adj* [*person, life, meal*] económico,-a, frugal.

thrill [θrɪl] **1** *n* **a)** (sensation) arrepio *m*; **b)** (pleasure) prazer *m*; **the ~ of doing** o prazer de fazer; **what a ~!** que emoção!. **2** *vtr* **a)** (move)

comover [*person*]; **b)** (excite) excitar [*person*]. **3** *vi* arrepiar-se (**at, to** de). **4 thrilled** *pp adj* encantado,-a, entusiasmado,-a; **~ed to bits** muito entusiasmado.

thriller ['θrɪlə(r)] *n* CIN, LITERAT, TV filme *m* ou romance *m* de suspense.

thrilling ['θrɪlɪŋ] *adj* [*adventure, match, story, victory*] excitante, empolgante.

thrive [θraɪv] *vi* (*past* **throve** *or* **thrived** *pp* **thriven** *or* **thrived**) **a)** (lit) [*person, child, animal, virus*] desenvolver-se; **failure to ~** atrofia *f*; [*plant*] medrar, florescer; **b)** (fig) [*business, community*] prosperar; **to ~ on sth** [*idea, thing*] alimentar-se de qq coisa; **racism ~s on poverty** o racismo alimenta-se da miséria.

throat [θrəʊt] *n* garganta *f*; **sore ~** dor *f* de garganta ou garganta inflamada; **that would be cutting my own ~** isso seria provocar a minha ruína; **it sticks in my ~ that...** o facto é que isso me está atravessado (fam). IDIOMAS (coll) **to be at each other's** *or* **one another's ~s** andar à luta; (coll) **to jump down sb's ~** replicar, discordar ou interromper alg de forma zangada e violenta.

throaty ['θrəʊtɪ] *adj* **a)** (husky) gutural; **b)** (coll) (with sore throat) rouco,-a.

throb [θrɒb] **1** *n* **a)** (of engine, machine) vibração *f*; (of music) ritmo *m*; **b)** (of heart, pulse) pulsação *f*; batimento *m*. **2** *vi* **a)** [*heart, pulse*] bater; **my head is ~bing** a minha cabeça está a latejar; **b)** [*motor*] vibrar.

throes [θrəʊz] *npl* **a)** death **~** os estertores *mpl* da morte; **b)** (fig) agonia *f* (**of** de); **to be in the ~ of an election** estar em plena eleição.

throne [θrəʊn] *n* trono *m*; **on the ~** no trono. IDIOMAS **the power behind the ~** a eminência *f* parda.

throng [θrɒŋ] **1** *n* multidão *f* (**of** de). **2** *vtr* invadir [*street, town*]. **3** *vi* **to** *or* **towards** convergir para; **~ around** aglomerar-se em volta de.

throttle ['θrɒtl] **1** *n* **a)** (also **~ valve**) válvula *f* reguladora; **b)** (accelerator) acelerador *m*; **at full ~** a toda a velocidade, a todo o gás. **2** *vtr* (lit) estrangular (**with** com); (fig) asfixiar [*growth, project*].

through [θruː] **1** *prep* **a)** (from one side to the other) através de; **the nail went right ~ the wall** o prego atravessou a parede; **b)** (via, by way of) por; **to go ~ the town centre** passar pelo centro da cidade; **to look ~** olhar por [*binoculars, telescope, hole, window*]; **c)** (past) **to go ~** passar [*red light*]; **to get** *or* **go ~** passar por [*barricade, customs*]; **d)** (among) **to fly ~ the clouds** voar pelo meio das nuvens; **to leap ~ the trees** saltar de ramo em ramo; **e)** (expressing source or agency) através de, por intermédio de; **it was ~ her that I got this job** foi por intermédio dela que arranjei este emprego; **to book sth ~ a travel agent** marcar qq coisa através duma agência de viagens; **f)** (because of) por (causa de); **~ carelessness** por negligência; **g)** (until the end of) **all** *or* **right ~ the day** durante todo o dia; **h)** (up to and including) até; **from Friday ~ to Sunday** de sexta-feira a domingo; **open April ~ September** US aberto de Abril até fim de Setembro. **2** *adj* **a)** (finished) acabado,-a, terminado,-a; **are you ~ with the**

paper? já acabaste de ler o jornal?; **we're** ~ (of a couple) está tudo acabado entre nós; **b)** (direct) [*train, ticket, route*] directo; **c)** (successful) **to be** ~ **to the next round** ser seleccionado para a segunda volta; **d)** GB **your trousers are** ~ **at the knee** as tuas calças estão rotas no joelho. **3** *adv* **a)** (from one side to the other) **the water went right** ~ a água passou para o outro lado; **to let sb** ~ deixar passar alg; **cooked right** ~ bem cozinhado; **b)** (from beginning to end) **to read sth right** ~ ler até ao fim; **I'm halfway** ~ **the article** li metade do artigo; **c)** TELECOM **you're** ~ está em linha. **4 through and through** *adv phr* **to know sth** ~ **and** ~ conhecer muito bem qq coisa; **English** ~ **and** ~ inglês até à ponta dos cabelos. IDIOMAS **to have been** ~ **a lot** ter passado por muito na vida; **you really put her** ~ **it** na verdade, submeteste-a a um interrogatório cerrado.

throve [θrəʊv] *pp* see **thrive**.

throw [θrəʊ] **1** *n* **a)** (lit) GAMES, SPORT (of javelin, discus, hammer) lançamento *m*; arremesso *m*; (of dice) lançamento *m*; **it's your** ~ **now** agora é a tua vez; **b)** (coll) **a** ~ cada; **CDs £5 a** ~ CDs a 5 libras cada. **2** *vtr* (*past* **threw** *pp* **thrown**) **a)** (lit) [*person*] (with careful aim, gen) GAMES, SPORT lançar (**to sb** a alg); (casually, violently) atirar; [*explosion, impact*] projectar; **she threw the ball in(to) the air** ela lançou a bola ao ar; **she threw her arms around my neck** ela atirou-se ao meu pescoço; **he threw his opponent in the third round** no terceiro assalto ele atirou o adversário ao tapete; **you must** ~ **a six to begin** precisas de tirar um seis para começar; **b)** (fig) (direct) dirigir [*demand, punch, question, suggestion*] (**at** a); projectar [*image, light, shadow*]; fazer [*shadow*]; **to** ~ **suspicion on sb/sth** lançar suspeitas sobre alg/algo; **c)** (fig) (disconcert) desconcertar; **to** ~ **sb into** mergulhar alg em [*chaos, disarray, panic*]; **d)** TECH accionar [*switch, lever*]; **e)** (indulge in) (coll) **to** ~ **a fit** (fig) ter um ataque de nervos; (coll) **to** ~ **a party** dar uma festa. **3** *vi* lançar. **4** *v refl* **to** ~ **oneself** lançar-se, atirar-se (**onto** para cima de); **to** ~ **oneself at sb** (lit, fig) atirar-se a alg; **to** ~ **oneself into** (lit) atirar-se a [*river, sea*]; (fig) mergulhar em [*work, project*]. IDIOMAS **to** ~ **in the sponge** *or* **towel** desistir, arrumar as botas (fam). ■ **throw around, throw about**: ~ **around** (sth), ~ (sth) **around a)** (lit) lançar; **b)** (fig) atirar ou lançar ao acaso [*ideas, names, references*]. ■ **throw aside**: ~ **aside** (sth), ~ (sth) **aside a)** (lit) afastar; **b)** (fig) rejeitar. ■ **throw away** GAMES deitar uma carta; ~ **away** (sth), ~ (sth) **away a)** (lit) deitar fora; **b)** (fig) (waste) desperdiçar [*advantage, chance, opportunity*]; arruinar [*life, prestige, victory*]; esbanjar [*money*]; **c)** (fig) (utter casually) deixar escapar [*remark, information*]. ■ **throw in**: ~ **in** (sth), ~ (sth) **in a)** (fig) COMM (give free) incluir como oferta grátis; **b)** (fig) (gen) (include) incluir. ■ **throw off**: ~ **off** (sth), ~ (sth) **off a)** (lit) (take off) tirar à pressa [*clothes*]; **b)** (lit) (eject) from train, bus, plane) expulsar; **c)** (fig) (cast aside) desembaraçar-se de [*pursuers*]; libertar-se de [*legacy, tradition*]; sair de [*depression*]; **d)** (fig) (compose quickly) fazer num instante

[*poem, music*]. ■ **throw on**: ~ **on** (sth), ~ (sth) **on** (lit) **put on** enfiar à pressa. ■ **throw open**: ~ **open** (sth), ~ (sth) **open a)** (lit) abrir de par em par [*door, window*]; **b)** (fig) (to public) abrir; **to** ~ **a discussion open** declarar aberta a discussão. ■ **throw out**: ~ **out** (sth), ~ (sth) **out a)** (eject) (lit) expulsar [*troublemaker, undesirable*] (**of** de); **b)** (lit) deitar fora [*rubbish*]; **c)** (fig) rejeitar [*application, case, decision*]; **d)** (utter casually) deixar escapar [*remark*]; **e)** (mislead) induzir em erro. ■ **throw over**: (coll) ~ **over** (sb), ~ (sb) **over** abandonar (alg). ■ **throw together**: ~ (sth) **together**; improvisar [*meal, entertainment*]. ■ **throw up** vomitar; ~ **up** (sth), ~ (sth) **up a)** (abandon) abandonar [*job, post*]; **b)** (reveal) revelar [*fact*]; criar [*idea, problem, obstacle*]; **c)** (emit) deitar, lançar [*lava, smoke*]; **d)** (open) abrir de par em par [*window*]; **e)** (vomit) vomitar.

throw: ~**away** *adj* **a)** (discardable) [*goods, object, packaging*] descartável; **b)** (wasteful) [*society*] de consumo; ~-**back** *n* (fig) retrocesso *m* (**to** a).

thrower [θrəʊə(r)] *n* SPORT lançador, a *m, f*.

throw-in *n* SPORT reposição *f* da bola em jogo.

thrown [θrəʊn] *pp* see **throw**.

thru [θru:] see **through**.

thrush [θrʌʃ] *n* **a)** ZOOL tordo *m*; **b)** MED (oral) afta *f*.

thrust [θrʌst] **1** *n* **a)** (lit) (gen) MIL, TECH, ARCHIT impulso *m*; golpe *m*; **sword** ~ estocada *f*; **b)** (fig) (of argument, essay, narrative) objectivo *m*; (attack) ataque *m* (**at** dirigido contra). **2** *vtr* **to** ~ **sth towards/at sb** lançar bruscamente qq coisa contra alg; **to** ~ **one's head through the window** passar bruscamente a cabeça pela janela; **to** ~ **sb/sth away/out of the way** empurrar violentamente alg/algo; **to** ~ **sb out of the room/towards the door** empurrar alg para fora da sala/para a porta; **to** ~ **one's way to the front of the crowd** conseguir ficar à frente abrindo caminho por entre a multidão. **3** *v refl* **to** ~ **oneself he** ~ **himself to the front of the crowd** ele conseguiu pôr-se à frente abrindo caminho por entre a multidão; **to** ~ **oneself forward** (lit) lançar-se para a frente Po/forçar a barra BR; (fig) impor-se; **to** ~ **oneself on/onto sb** (gen) impor a sua presença a alg. ■ **thrust aside**: ~ (sth) **aside**, ~ **aside** (sth) (lit) empurrar (qq coisa) para o lado; (fig) rejeitar. ■ **thrust back**: ~ (sth) **back**, ~ **back** (sth) empurrar para trás, repelir, rechaçar. ■ **thrust on, thrust onto** see ~ **upon**; ~ **out** ~ (sth) **out**, ~ **out** (sth) estender bruscamente [*hand*]; lançar para a frente [*jaw, chin*]; sair com um gesto brusco [*implement*]; **to** ~ **sb out** empurrar alg para fora. ■ **thrust upon, thrust on(to)**: ~ (sth) **on(to)/upon sb** impor (algo) a alg; **some have greatness** ~ **upon them** às vezes as circunstâncias fazem os grandes homens. ■ **thrust up** crescer vigorosamente.

thruster ['θrʌstə(r)] *n* **a)** AEROSP propulsor *m*; **b)** (pej) arrivista *m/f*.

thud [θʌd] **1** *n* ruído *m* surdo. **2** *vi* (*pres p etc* **-dd-**) fazer um ruído surdo; **the body** ~**ded to the floor** o corpo caiu no chão com um baque surdo.

thug [θʌg] *n* (hooligan) rufia *m/f*; (criminal) criminoso,-a *m, f.*

thumb [θʌm] **1** *n* polegar *m.* **2** *vtr* **a)** folhear [*book, magazine*]; **a well-~ed book** um livro muito lido; **b)** (coll) (hitchhiking) (coll) **to ~ a lift** *or* **a ride** pedir boleia Po/carona Br; (coll). **■ thumb**: **~ index** *n* índice *m* alfabético com reentrâncias; **~nail** *n* unha *f* do polegar; **~nail sketch** *n* descrição *f* sumária; **~tack** *n* punaise *m.*

thumb through: **to ~ through (sth)** folhear [*book, magazine*].

thump [θʌmp] **1** *n* **a)** (blow) (grande) pancada *f*; **b)** (sound) barulho *m* surdo. **2** *vtr* dar um murro a [*person*]; dar um murro na [*table*]. **3** *vi* **a)** (pound) [*heart*] bater fortemente; [*music, rhythm*] ressoar; **my head is ~ing** a minha cabeça está a latejar; **to ~ on** martelar; **b)** (clump) **to ~ upstairs** subir a escada com passos pesados. **■ thump out**: **~ out (sth)** martelar [*tune, rhythm*].

thunder ['θʌndə(r)] **1** *n* **a)** Meteorol trovão *m*; **b)** (noise) (of cannons, traffic, applause) estrondo *m* (**of** de). **2** *vtr* (shout) (*also* **~ out**) berrar. **3** *vi* **a)** (roar) [*person, cannon*] ribombar, atroar; **b)** (rush) **lorries ~ along the road** os camiões passam na estrada Po/rodovia Br com um barulho ensurdecedor. **IDIOMAS to steal sb's ~** ser passado para trás; **with a face like** *or* **as black as ~** o rosto vermelho de raiva.

thunder: **~bolt** *n* Meteorol raio *m*; **~clap** *n* ribombar *m* do trovão; **~cloud** *n* nuvem *f* carregada.

thunderous ['θʌndərəs] *adj* **a)** (loud) [*welcome*] estrepitoso,-a; [*crash, music, noise*] ensurdecedor,a; **b)** (angry) [*face, expression*] ameaçador,a; [*look*] furioso,-a.

thunder: **~storm** *n* temporal *m* (com trovoada); **~struck** *adj* estupefacto,-a.

Thurs abrev = **Thursday** quinta-feira *f.*

Thursday ['θɜːzdeɪ, 'θɜːzdɪ] *n* quinta-feira *f.*

thus [ðʌs] *adv* assim, deste modo; **it was ever ~** foi sempre assim.

thwart [θwɔːt] **1** *vtr* contrariar, frustrar [*plan*]; opor-se a [*candidature, nomination*]. **2** **thwarted** *pp adj* contrariado,-a (**in** em).

thy [ðaɪ] *poss adj* see **your.**

thyme [taɪm] *n* tomilho *m.*

thyroid ['θaɪrɔɪd] *n* (*also* **~ gland**) tiróide *f.*

tiara [tɪ'ɑːrə] *n* tiara *f.*

Tibet [tɪ'bet] *pr n* Tibete *m.*

Tibetan [tɪ'betən] *n, adj* tibetano,-a *m, f.*

tick [tɪk] **1** *n* **a)** (of clock) tiquetaque *m*; **b)** (mark on paper) traço *m*; marca *f*; **to put a ~ against sth** pôr uma marca em qq coisa; **c)** Vet, Zool carraça *f*; **d)** (coll) (short time) minuto *m*; (fig) segundo *m*; (fig) **I'll be with you in a ~** estou contigo dentro de um segundo; **e)** (coll) GB (credit) **on ~** a crédito. **2** *vtr* (make mark) assinalar [*box, name, answer*]. **3** *vi* **a)** [*clock, watch*] fazer tiquetaque; **b)** (fig) **I know what makes him ~** eu sei o que o motiva. **■ tick away** [*time*] passar; [*clock, meter*] marcar. **■ tick by** [*hours, minutes*] passar. **■ tick off**: **~ (sth/sb) off, ~ off (sth/sb) a)** (mark) assinalar, marcar [*name, item*]; **b)** GB (coll) (reprimand) repreender [*person*]; **c)** (coll) (annoy) aborrecer

(alg). **■ tick over a)** [*car, engine, meter*] trabalhar lentamente; **b)** (fig) [*business*] trabalhar no mínimo.

ticker tape *n* fita *f* de telégrafo; **to give sb a ~ welcome/reception** receber alg com uma chuva de serpentinas.

ticket ['tɪkɪt] **1** *n* **a)** (of bus, underground, plane, train, cinema, game) bilhete *m* Po, tíquete, ingresso *m* Br (**for** para); (for library) cartão *m*; (for cloakroom, laundry, left-luggage) ficha *f*; senha *f*; **admission by ~ only** entrada com apresentação de bilhete Po/ingresso Br; **for him, football was a ~ to a better life** (fig) o futebol permitiu-lhe o acesso a uma vida melhor; **b)** (coll) Aut (for fine) aviso *m* de multa; **a speeding ~** uma multa por excesso de velocidade; **c)** us (of political party) lista *f* de candidatos; (platform) programa *m*; **to run on the Republican ~** apresentar-se na lista dos Republicanos. **2** *vtr* etiquetar [*goods, baggage*]. **IDIOMAS that's (just) the ~!** (coll) é mesmo o que nós precisamos!.

ticket: **~ inspector** *n* GB revisor *m*; **~ office** *n* (office) bilheteira *f* Po, bilheteria *f* Br.

tickle ['tɪkl] **1** *n* cócegas *fpl*; **to give sb a ~** fazer cócegas a alg. **2** *vtr* **a)** [*person, feather*] fazer cócegas; **b)** [*wool, garment*] arranhar, picar; **c)** (coll) (amuse) divertir [*person*]; (excite) excitar [*senses*]; **~ sb's fancy** excitar a imaginação de alg. **3** *vi* [*blanket, garment*] arranhar, picar; [*feather*] fazer cócegas. **IDIOMAS ~ pink** muito divertido.

ticklish ['tɪklɪʃ] *adj* **a)** [*person*] coceguento,-a; **to have ~ feet** ter cócegas nos pés; **b)** (tricky) [*situation, problem*] difícil, delicado,-a.

tick: **~-over** *n* Aut marcha *f* em vazio; **~tock** *n* tiquetaque *m.*

tidal ['taɪdl] *adj* [*river*] com maré [*current, flow*] de maré.

tidal wave *n* (lit, fig) maremoto *m.*

tiddlywinks ['tɪdlɪwɪŋks] *n* (+ *v sg*) jogo *m* da pulga.

tide [taɪd] *n* **a)** maré *f*; **the ~ is up/out** a maré está cheia/vazia; **the ~ is going out/coming in** a maré está a subir/a descer; **b)** (of emotion) vaga *f*; (of events) curso *m*; **a rising ~ of sympathy** uma vaga crescente de simpatia; **to go/swim against the ~** ir/nadar contra a corrente; **the ~ has turned** a sorte mudou. **■ tide over**: **~ (sb) over** vencer alg.

tidemark ['taɪdmɑːk] *n* **a)** (lit) linha *f* da maré alta; **b)** (coll, fig) (line of dirt) marca *f* de sujidade.

tidily ['taɪdɪlɪ] *adv* [*arrange, fold, write*] cuidadosamente; [*dress*] impecavelmente.

tidiness ['taɪdɪnɪs] *n* (of house, room, desk) asseio *m.*

tidings ['taɪdɪŋz] *npl* (liter) notícias *fpl*; **good/bad ~** boas/más notícias.

tidy ['taɪdɪ] **1** *adj* [*house, room, desk, drawer*] bem arrumado,-a; [*garden*] cuidado,-a; [*writing, work, layout*] cuidado,-a, metódico,-a; [*person*] (in appearance) cuidado,-a, asseado,-a; (in habits) metódico,-a; [*hair*] bem penteado,-a; **to make oneself ~** arranjar-se. **2** *vtr* (*also* **~ up**) arrumar [*house, room, books*]; arranjar [*appearance, hair*]; pôr em ordem [*garden, area, town*]. **3**

vi (*also* ~ **up**) fazer arrumação. **4** *v refl* ~ **oneself (up)** arranjar-se. ▪ **tidy away**: ~ **(sth) away,** ~ **away (sth)** arrumar (qq coisa). ▪ **tidy out**: ~ **(sth) out,** ~ **out (sth)** esvaziar (qq coisa) para arrumar.

tidy up *vtr; vi* see **tidy.**

tie [taɪ] **1** *n* **a)** gravata *f*; **regimental** ~ GB gravata *f* de um regimento; **b)** (fastener) atilho *m*; cordel *m*; **c)** (bond) (*usually pl*) laço *m*; **family** ~ laços familiares; **to strengthen/sever** ~**s with...** apertar/romper os laços com...; **d)** (constraint) embaraço *m*; **pets can be a** ~ os animais de estimação podem ser um embaraço; **e)** SPORT (gen) (draw) empate *m*; **in the event of a** ~ em caso de empate; **to end in** ~ [*game*] acabar em empate; **there was a** ~ **for second place** houve um ex-aequo para o segundo lugar; **there was a** ~ **between the candidates** os candidatos ficaram empatados. **2** *vtr* (*pres p* **tying** *past, pp* **tied**) **a)** (attach, fasten closely) prender [*label, animal, prisoner*] (**to** a); amarrar [*hands, ankles*] (**with** com); atar [*parcel, chicken*] (**with** com); **b)** (join in knot) dar um nó [*scarf, cravate*]; atar [*laces*]; ~ **a knot in the string** dar um nó no cordel; **c)** (fig) (link) associar; **to be** ~**d to** [*person, business*] estar sujeito a [*limitation*]; [*price, wage*] estar indexado a [*inflation, rates*]; **he's** ~**d to the house all day** ele está preso em casa todo o dia. **3** *vi* (*pres p* **tying** *past, pp* **tied**) **a)** (fasten) atar-se; **the ribbons** ~ **at the back** as fitas atam atrás; **b)** (gen) SPORT (draw) (in match) empatar (**with** com); (in race) ficar ex--aequo; (in vote) [*candidates*] obter o mesmo número de votos. ▪ **tie back**: ~ **(sth) back,** ~ **back (sth)** prender atrás [*hair*]; prender ao lado [*curtain*]. ▪ **tie down**: ~ **(sb/sth) down,** ~ **down (sb/sth)** (hold fast) amarrar, prender [*hot air balloon*]; imobilizar [*hostage*]; **she feels** ~**d down** (fig) ela sente-se amarrada (fig); ~ **(sb) down to** (limit) submeter a; ~ **oneself down** comprometer-se (**to** com). ▪ **tie in with**: ~ **in with (sth) a)** (tally) estar de acordo com, harmonizar-se com [*fact, event*]; **b)** (have link) ter ligação com; ~ **(sth) in with,** ~ **in (sth) with** (combine) combinar (algo) com algo. ▪ **tie on**: ~ **(sth) on,** ~ **on (sth)** atar, prender [*label, ribbon, bauble*]. ▪ **tie together**: **the facts all** ~ **together now** os factos agora encadeiam-se uns nos outros; ~ **(sth) together,** ~ **together (sth) we** ~**d his hands together** nós atámos-lhe as mãos. ▪ **tie up**: ~ **(sb/sth) up,** ~ **up (sb/sth) a)** (secure) prender [*prisoner, animal*]; atar [*parcel*]; **b)** FIN (freeze) congelar, imobilizar [*capital*] (**in** em); bloquear [*shares*]; **c)** (finalize) finalizar [*details, matters*]; concluir [*deal*]; **to** ~ **up the loose ends** acertar os últimos detalhes; **d)** (hinder) impedir [*procedure*]; US bloquear [*traffic, route*]; US suspender [*production*]; **to be** ~**d up** (be busy) estar ocupado,-a.

tie: ~**-break(er)** *n* (in tennis) tie-break *m*; jogo *m* decisivo; ~**-clip** *n* pinça *f* de gravata; ~**-pin** *n* alfinete *m* de gravata.

tier [tɪə(r)] **1** *n* **a)** (of cake, sandwich) camada *f*; (of organization, system) nível *m*. **2** *vtr* dispor (qq coisa) em camadas [*cake*]; organizar (qq coisa) em níveis [*organization, system*]; ~**ed seating** lugares *mpl* de bancada.

tiger ['taɪgə(r)] *n* tigre *m*; **to fight like a** ~ bater--se como um leão.

tight [taɪt] **1** *adj* **a)** (firm) [*grip*] firme; **b)** (small) [*clothes*] justo,-a, apertado,-a; [*room, car*] pequeno,-a, exíguo,-a; **a** ~ **parking space** um espaço apertado Po/estreito BR para estacionar; **my shoes are too** ~ os sapatos estão-me apertados; **c)** (strict) [*security, timetable, discipline*] rigoroso,-a; **to exercise** ~ **control over sth/sb** exercer um rigoroso controlo sobre algo/alg; **money is a bit** ~ **these days** o dinheiro é um pouco escasso hoje em dia; **d)** (taut) [*rope, string, strap*] esticado,-a; **e)** (sharp, oblique) **he shot the ball into the goal from a** ~ **angle** ele chutou a bola para a baliza dum ângulo fechado. **2** *adv* firmemente; **to fasten/close sth** ~ apertar/fechar bem qq coisa; **sleep** ~**!** dorme bem!; **hold** ~**!** segura-te bem!.

tighten ['taɪtn] **1** *vtr* **a)** apertar [*lid, screw*]; **b)** (control strictly) **to** ~ **legislation** endurecer a legislação; **to** ~ **monetary policy** reforçar a política monetária; **c)** (make more taut) esticar [*strap*]. **2** *vi* **a)** (contract) [*muscle*] contrair-se; **her mouth** ~**ed** ela apertou os lábios; **b)** [*screw, nut*] apertar-se; **c)** (become strict) [*laws, credit, controls*] endurecer-se. ▪ **tighten up**: ~ **up (sth),** ~ **(sth) up** apertar [*screw, hinge*]; reforçar [*legislation, security*]; ~ **up on** reforçar o controlo de [*immigration, fiscal policy*].

tight: ~**-fisted** (coll) *adj* sovina; ~**-fitting** *adj* FASHN justo,-a; ~**-lipped** *adj* **they are remaining** ~**-lipped about the events** eles ficaram calados sobre os acontecimentos; **he watched,** ~**-lipped** ele olhava com ar reprovador.

tightness ['taɪtnɪs] *n* **a)** (contraction) **the** ~ **of his jaw** a contracção do seu maxilar; **b)** (strictness) rigor *m* (**of** de); **c)** (smallness) exiguidade *f*.

tight: ~**rope** *n* corda *f* bamba; ~**rope walker** *n* funâmbulo *m*.

tigress ['taɪgrɪs] *n* tigre *m* fêmea.

tile [taɪl] **1** *n* (for roof) telha *f*; (for floor) mosaico *m*; (for wall) azulejo *m*. **2** *vtr* cobrir de telhas [*roof*]; de mosaicos [*floor*]; ou de azulejos [*wall*]. IDIOMAS **to have a night on the** ~**s** divertir-se à grande (fam).

tiling ['taɪlɪŋ] *n* (tiles) (of roof) cobertura *f* de telhas; (of floor) pavimento *m* de mosaicos; (of wall) cobertura *f* de azulejos.

till [tɪl] **1** *n* caixa *f* (registadora); ~ **receipt** talão *m* de caixa. **2** *vtr* lavrar. IDIOMAS **to be caught with one's hand in the** ~ ser apanhado com a boca na botija (fam).

tilt [tɪlt] **1** *n* **a)** (incline) inclinação *f*; **b)** (fig) (attack) ataque *m*; **to have** *or* **take a** ~ **at** [*person, trend, organization*] atacar, criticar; [*champion*] bater-se; **c)** HIST (in jousting) (contest) torneio *m*; justa *f*. **2** *vtr* **a)** (slant) inclinar [*head, face, table*]; **b)** (fig) **to** ~ **the balance in favour of/away from** fazer pender a balança a favor de/contra. **3** *vi* **a)** (slant) estar inclinado,-a; **b)** **to** ~ **at** lutar contra.

timber ['tɪmbə(r)] **1** *n* **a)** (for building, for furniture) madeira *f*; **b)** (trees) árvores *fpl*; **c)** (beam) viga *f*; trave *f*. **2** **timbered** *pp adj* [*house*] de madeira.

timbre ['tæmbə(r), 'tæbr] *n* timbre *m*.

time [tɑɪm] **1** *n* **a)** (continuum) tempo *m*; ~ **and space** o tempo e o espaço; **as** ~ **goes by** com o decorrer do tempo; **with** ~ com o tempo; **b)** (hour of the day, night) hora *f*; **what** ~ **is it?** que horas são?; **on** ~ na hora; **about** ~ **too!** já não era sem tempo!; **to keep** ~ [*clock*] estar certo; **to lose** ~ [*clock*] atrasar-se; **you're just in** ~ **for lunch** chegaste mesmo a tempo do almoço; **to arrive in good** ~ chegar adiantado; **c)** (schedule) **to be behind** ~ estar atrasado; **six months ahead of** ~ seis meses antes da data prevista; **d)** (era) (gen) HIST época *f*; tempo *m*; **in medieval** ~ na época medieval; **at the** ~ **of the Crusades** no tempo das Cruzadas; **at the** ~ à época ou nessa época; **to be ahead of** *or* **in advance of the** ~**s** [*person, invention*] estar avançado em relação à sua época; **to be behind the** ~**s** [*person*] ser antiquado em relação à sua época; **at my** ~ **of life** na minha época; **it was before my** ~ (before my birth) foi antes de eu ter nascido; (before I started work) foi antes de eu trabalhar aqui; **e)** (period of hours, days, years) tempo *m*; **all the** ~ todo o tempo; **most/some of the** ~ na maior parte do tempo/algum tempo; **to spend one's** ~ **doing** passar o tempo a fazer; **to take** ~ levar tempo; **a long** ~ **ago** há muito tempo; **some** ~ **ago** há um certo tempo; **some** ~ **next month** no próximo mês; **some** ~ **this week** esta semana; **for all** ~ para sempre; **in no** ~ **at all** *or* **in next to no** ~ num instante; **in your own** ~ (at your own pace) no teu ritmo; (outside working hours) fora das horas de trabalho ou nos tempos livres; **f)** (expressing the future) **in five days'/years'** ~ dentro de cinco dias/anos; **g)** (expressing multiplication) vezes *fpl*; **three** ~**s four is twelve** três vezes quatro são doze; **two at the** ~ dois por dois; **h)** (moment) momento *m*; altura *f*; **it's** ~ **to do** é a altura de fazer; **it's** ~ **for bed** é hora de ir para a cama; **this is no** ~ **for jokes** este não é o momento para brincadeiras; **at all** ~**s** a todo o momento; **at any** ~ em qq altura; **at the right** ~ na altura certa; **at** ~**s** às vezes; **from that** ~ **on** a partir desse momento; **for the** ~ **being** por agora; (occasion) vez *f*; **nine** ~**s out of ten** nove em cada dez vezes; **three** ~**s a month** três de cada vez; **from** ~ **to** ~ de tempos a tempos, de vez em quando; **(in) between** ~**s** entretanto; **i)** (spell of office, residency) **during my** ~**s as Ambassador** durante as minhas funções como Embaixador; **she enjoyed her** ~ **in Canada** ela gostou muito da sua estadia no Canadá; **j)** MUS compasso *m*; **to beat** *or* **mark** ~ marcar o compasso; **out of** ~ fora de compasso; **in waltz** ~ em ritmo de valsa; **k)** SPORT tempo *m*; **a fast** ~ um bom tempo; **to keep** ~ cronometrar; **l)** ADMIN (hourly rate) **to work** ~ trabalhar à hora; **to be paid** ~ ser pago à hora; **m)** (experience) **we had a good** ~ divertimo-nos bastante; **have a good** ~**!** diverte-te!; **to have a tough** *or* **hard** ~ **doing** ser difícil fazer; **the good/bad** ~**s** os bons/maus momentos. **2** *vtr* **a)** (schedule) marcar [*attack, holiday*] (**for** para); **to be well-/badly~d** ser oportuno,-a/inoportuno,-a; **b)** (judge) calcular [*blow, shot*]; **to** ~ **a joke** escolher o momento para fazer uma brincadeira; **c)** (measure speed, duration) cronometrar [*athlete, cyclist*]; medir a duração de [*journey, speech*]. **3** *v*

refl **to** ~ **oneself** cronometrar-se. IDIOMAS **I've got no** ~ **for pessimists** não suporto os pessimistas.

time: ~ **bomb** *n* (lit, fig) bomba *f* de relógio; ~-**consuming** *adj* que exige tempo; ~-**lag** *n* lapso *m* de tempo; ~-**limit** *n* **a)** (deadline) prazo *m*; **to put a** ~-**limit on sth** fixar um prazo para [*work, delivery, improvements*]; **within the** ~-**limit** dentro do prazo; **b)** (maximum duration) limite *m* de tempo; **there's a 20 minute** ~-**limit on speeches** os discursos não devem ultrapassar 20 minutos.

timely ['tɑɪmlɪ] *adj* oportuno,-a.

timepiece *n* (watch, clock) relógio *m*.

timer ['tɑɪmə(r)] *n* (for cooking, controlling equipment) relógio *m* programador.

time: ~-**scale** *n* período *m* (de tempo); **within a 6 month** ~-**scale** num período de seis meses; ~-**share** *n* time-share *f*; apartamento *m* ou casa *f* em multipropriedade; ~-**signal** *n* sinal *m* horário; ~-**switch** *n* interruptor *m* automático; ~**table 1** *n* (schedule) horário *m*; **bus/train** ~**table** horário dos autocarros/comboios; (for plans, negotiations) calendário *m* (**for doing** para fazer). **2** *vtr* estabelecer a hora de [*class, lecture*]; marcar a data de [*meeting, negotiations*]; ~ **travel** *n* viagem *f* no tempo; ~ **zone** *n* fuso *m* horário.

timid ['tɪmɪd] *adj* [*person, smile, behaviour*] tímido,-a; [*animal*] receoso,-a.

timing ['tɑɪmɪŋ] *n* **a)** (scheduling) **the** ~ **of the announcement was unfortunate** o momento escolhido para a declaração foi inoportuno; **b)** MUS sentido *m* do ritmo; **c)** THEAT ritmo *m* da representação.

timpani ['tɪmpəni:] *n* MUS tímbales *mpl*.

tin [tɪn] **1** *n* **a)** CHEM estanho *m*; **b)** (can) lata *f* (de conserva); **to eat out of** ~**s** alimentar-se de conservas; **c)** (container) (for biscuits, cake) caixa *f*; (for paint) lata *f*; **d)** (for baking) fôrma *f*; (for roasting) assadeira *f*. **2** *modif* [*can, mug, bath*] de estanho. **3** *vtr* (*pres p etc* -**nn**-) meter (qq coisa) dentro de uma caixa ou lata.

tinder ['tɪndə(r)] *n* mecha *f*; **as dry as** ~, ~-**dry** seco como palha.

tinfoil *n* papel *m* de alumínio.

tinge [tɪndʒ] **1** *n* matiz *m*. **2** *vtr* tingir (**with** de).

tinker ['tɪŋkə(r)] **1** *n* (odd-job man) funileiro *m*. **2** *vi* **a)** (*also* **to** ~ **about** *or* **around**) remendar, consertar; (fiddle with) mexer em, brincar com [*watch, pen, keys*]; **b)** (fig) **to** ~ **with** [*wording, document*] retocar; (illegally) falsificar.

tinkle ['tɪŋkl] **1** *n* tilintar *m*; (of water) murmúrio *m*; (of telephone) toque *m*; (coll) **to give sb a** ~ dar uma telefonadela a alg (fam). **2** *vtr* fazer tilintar. **3** *vi* tilintar; [*water*] murmurar; [*telephone*] tocar.

tin: ~ **opener** *n* abre-latas *m*; ~ **pot** (coll) *adj* (pej) de pacotilha (fam).

tinsel ['tɪnsl] *n* (decorative garland) fita *f* prateada ou dourada.

tint [tɪnt] **1** *n* **a)** (trace) matiz *m* tonalidade *f*; **b)** (hair colour) champô *m* colorante. **2** *vtr* tingir, colorir; **to** ~ **sth blue** colorir qq coisa de azul.

tiny ['tɑɪnɪ] *adj* [*person, object, house*] minúsculo,-a; [*improvement*] muito pequeno,-a.

tip [tɪp] **1** *n* **a)** (end) (of stick, branch, sword, pen, shoe, nose) ponta *f*; **to stand on the** ~**s of**

one's toes equilibrar-se na ponta dos pés; **b)** (protective cover) (of cane, umbrella) ponta *f*; **c)** (waste dump) depósito *m*; **d)** (coll) (mess) desordem *f* Po, bagunça *f* BR; **e)** (gratuity) gorjeta *f*; **f)** (hint) palpite *m*; dica *f* (fam); **a ~ for doing** *or* **on how to do** uma indicação para fazer; **g)** (in betting) informação *f* confidencial. **2 ~ped** *in compounds* **silver-~ed** de ponta prateada. **3** *vtr* (*pres p etc* **-pp-**) **a)** (tilt, incline) inclinar [*object, bowl, seat*]; **to ~ sth forward/back/to one side** inclinar qq coisa para a frente/para trás/para o lado; **b)** (pour) **to ~ sth into sth** deitar qq coisa dentro de qq coisa; **c)** (fig) (push, overbalance) **to ~ the economy into recession** empurrar a economia para a recessão; **to ~ the balance/scales** fazer pender a balança (**in favour of** a favor de); **d)** (dump) despejar [*waste*]; **to ~ sth by the roadside** despejar qq coisa ao longo da estrada; **e)** (predict) **to ~ sb/sth to win** parecer que alg/algo vai ganhar; **to be ~ped as a future champion** ser dado como futuro campeão; **f)** (give money to) dar uma gorjeta a [*waiter, driver*]; **to ~ sb £5** dar 5 libras de gorjeta a alg; **g)** (put something on the end of) cobrir a ponta de [*arrow, sword, cane, heel*] (**with** de, com); **to ~ sth with red paint** pintar de vermelho a ponta de qq coisa; **h)** (gently push) **to ~ the ball over the net** tocar levemente a bola por cima da rede. **4** *vi* **a)** (tilt) inclinar-se; **to ~ forward/back** inclinar-se para a frente/para trás; **b)** (fig) [*balance, scales*] pender, inclinar-se (**in favour of sb, in sb's favour** a favor de alg). ■ **tip off**: **~ off (sb), ~ (sb) off** dar uma informação ou uma dica (fam) a alg.

tip-off *n* denúncia *f*; informação *f*.

tipple ['tɪpl] **1** *n* bebida *f* Po/drinque *m* BR (alcoólica). **2** *vi* bebericar.

tipsy ['tɪpsɪ] *adj* tocado,-a *m*, *f* (fam).

tip: **~toe 1** *n* **on ~toe** na ponta dos pés. **2** *vi* caminhar na ponta dos pés; **to ~toe in/out** entrar/sair na ponta dos pés; **~-top** (coll) *adj* excelente Po, supimpa BR.

tirade [taɪˈreɪd, tɪˈreɪd] *n* tirada *f*.

tired ['taɪəd] *adj* **a)** (weary) (gen) cansado,-a, fatigado,-a; [*voice*] cansada; **it makes me ~** isso cansa-me; **b)** (bored) **to be ~ of sth/of doing** estar farto de algo/de fazer; **to grow** *or* **get ~ of sth/of doing** fartar-se de algo/de fazer; **c)** (hackneyed) vulgarizado; **d)** (worn out) [*machine*] usada; [*clothes, curtains*] usadas; **e)** (wilted) [*lettuce*] murcha.

tissue ['tɪ/uː, 'tɪsjuː] *n* **a)** ANAT, BOT tecido *m*; **b)** (handkerchief) lenço *m* de papel; **c)** (*also* **~ paper**) papel *m* de seda; **d)** (fabric) tecido *m*; **a ~ of lies** (fig) uma teia de mentiras.

tissue paper *n* papel *m* de seda.

tit [tɪt] *n* ZOOL melharuco, abelharuco *m*.

titbit ['tɪtbɪt] *n* (of food) guloseima *f*; (of gossip) boato *m*.

tit for tat ['tɪtfɔːˈtæt] *n* **it was (a case of) ~** olho por olho, dente por dente.

title ['taɪtl] **1** *n* (gen) ALSO PUBLG, SPORT título *m*. **2 titles** *npl* CIN genérico *m*.

titled ['taɪtld] *adj* titular, nobre.

title: **~-holder** *n* detentor *m* de um título; **~ role** *n* papel *m* titular.

T-junction ['tiːdʒʌŋkʃn] *n* intersecção *f* em forma de T.

to [tə] **1** *infinite particle* **a)** (expressing purpose) para; **to do sth ~ impress one's friends** fazer qq coisa para impressionar os amigos; **b)** (linking consecutive acts) para; **he looked up ~ see** ele levantou os olhos para ver; **c)** (avoiding repetition of verb) **"are you staying?" - "I want ~ but..."** "ficas?" - "eu gostaria (de ficar) mas..."; **d)** (following impersonal verb) **it is difficult ~ do sth** é difícil fazer qq coisa; **e)** (forming infinitive) **~ go** ir. **2** *prep* **a)** (in direction of) a; **she's gone ~ Mary's** ela foi a casa da Maria; (towards) para; **the road ~ the village** a estrada para a aldeia; **turned ~ the wall** virado para a parede; **b)** (up to) até; **~ the end/this day** até ao fim/este dia; **50 ~ 60 people** 50 a 60 pessoas, entre 50 e 60 pessoas; **c)** (in telling time) para; **ten (minutes) ~ three** dez (minutos) para as três; **d)** (introducing direct or indirect object) [*give, offer*] a, para; **give the book ~ Sophie** dá o livro à Sofia; **be nice ~ your brother** sê simpático para com o teu irmão; **~ me it's just a minor problem** para mim é apenas um problema sem importância; **e)** (in toasts, dedications) a; **~ prosperity** à prosperidade; (on tombstone) **~ our dear father** ao nosso querido pai; **here's ~ you!** à vossa!; **f)** (in according with) **is it ~ your taste?** está ao seu gosto?; **to dance ~ the music** dançar ao som da música; **g)** (in relationship, comparisons) **to win by three goals ~ two** ganhar por três a dois; **next door ~ the school** a porta ao lado da escola; **perpendicular ~ the ground** perpendicular ao chão; **h)** (belonging to) **the key ~ the safe** a chave do cofre; **a room ~ myself** um quarto só para mim; **there's no sense ~ it** isso não faz sentido; **i)** (showing reaction) para; **~ his surprise/dismay** para sua surpresa/consternação. **3** *adv* (closed) não completamente fechado; **to push the door ~** encostar a porta. IDIOMAS **that's all there is ~ it** (it's easy) é simples; (not for further discussion) é tudo, ponto final; **there's nothing ~ it** não é difícil, não há nada mais fácil; **what a ~-do!** mas que história!; **what's it ~ you?** que é que isso te interessa? que é que tens a ver com isso?.

toad [təʊd] *n* sapo *m*.

toast [təʊst] **1** *n* **a)** (grilled bread) torrada *f*; pão *m* torrado; **a piece/slice of ~** uma torrada, fatia *f* de pão torrado; **cheese ~** tosta *f* de queijo; **b)** (tribute) brinde *m*; **to drink a ~ to sb/sth** fazer um brinde a alg/qq coisa; **c)** (popular person) **the ~ of** o ídolo de. **2** *vtr* **a)** CULIN torrar, tostar; **b)** (propose a toast to) propor um brinde a; (drink a toast to) beber à saúde de [*person*]; brindar a [*success, freedom, etc*]. **3 toasted** *pp adj* tostado,-a, torrado,-a.

toaster ['təʊstə(r)] *n* torradeira *f*.

tobacco [təˈbækəʊ] **1** *n* (*pl* **~s**) tabaco *m*. **2** *noun modifier* [*company, leaf*] de tabaco; [*industry*] do tabaco; **~ tin** GB, **~ can** US caixa *f* de tabaco; **~ plant** tabaco *m*.

tobacconist [təˈbækənɪst] *n* GB (person) empregado,-a *m/f* de tabacaria; **~'s (shop)** tabacaria *f*.

today [təˈdeɪ] **1** *n* hoje *m*; **~ is Monday** hoje é segunda-feira. **2** *adv* **a)** hoje; **~ week** *or* **a week from ~** de hoje a uma semana; **a month ago ~** faz hoje um mês; **b)** (nowadays) hoje em dia.

IDIOMAS he's here ~, gone tomorrow ele vai e vem.

toe [təʊ] *n* **a)** ANAT (human) dedo *m* do pé; (animal) casco *m*; **big/little** ~ dedo grande/pequeno; **to stand on sb's ~s** pisar os calos a alg, ofender Po/xingar BR alg; **b)** FASHN (of sock, shoe) biqueira *f*. IDIOMAS **to keep sb on their ~s** obrigar alg a estar vigilante; **to ~ the line** (pej) manter-se na linha; **to ~ the party line** seguir exactamente a linha do partido; **from top to ~** da cabeça aos pés.

toecap *n* biqueira *f* (de calçado).

toehold *n* **a)** (lit) (in climbing) apoio *m* (para o pé); **b)** (fig) (access) **to get/gain a ~ in** introduzir-se em [*market, organization*].

together [tə'geðə(r)] **1** *adv* **a)** (gen) juntos; **they're always ~** eles estão sempre juntos; **they belong ~** (objects) fazem conjunto; (people) são feitos um para o outro; **the talks brought the two sides closer ~** as conversações aproximaram os dois lados; **b)** (at the same time) ao mesmo tempo; **they were all talking ~** estava todos a falar ao mesmo tempo; **all my troubles seem to come ~** todos os meus problemas parecem vir ao mesmo tempo; **c)** (without interruption) a fio, seguidos; **for four days ~** durante quatro dias seguidos. **2** *adj* [*person*] equilibrado,-a. **3 together with** *prep phr* (as well as) assim como; (in the company of) com. IDIOMAS **to get one's act ~, to get it ~** organizar-se.

token ['təʊkn] **1** *n* **a)** (for machine, phone) ficha *f*; **b)** (voucher) cupão *m* Po, cupom *m* BR; vale *m*; **book ~** cheque-livro *m*; **c)** (symbol) sinal *m*; prova *f*; **a ~ of** uma prova de [*esteem, gratitude, affection*]; **as a ~ of our esteem** em sinal da nossa estima; **but by the same ~...** mas da mesma maneira.... **2** *adj* (usu pej) simbólico,-a.

told [təʊld] *past, pp* see **tell**.

tolerance ['tɒlərəns] *n* (gen) MED tolerância *f* (**of, for** com; **towards** para com).

tolerant ['tɒlərənt] *adj* tolerante (**of** com; **towards** para com).

tolerate ['tɒləreɪt] *vtr* (permit) tolerar [*attitude, difference*]; (put up with) suportar [*isolation, treatment*]; MED tolerar [*drug, treatment*].

tomorrow [tə'mɒrəʊ] **1** *n* amanhã *m*; **I'll do it by ~** fá-lo-ei amanhã; **~'s world/citizens** (fig) o mundo/os cidadãos de amanhã. **2** *adv* amanhã; **see you ~!** até amanhã!; **I'll see you a week ~** vejo-te de amanhã a uma semana. IDIOMAS **~ is another day** amanhã será um novo dia; **never put off till ~ what should be done today** (Prov) não deixes para amanhã o que podes fazer hoje (Prov); **to live like there was no ~** viver o dia de hoje sem pensar no futuro.

tone [təʊn] **1** *n* **a)** MUS (gen) (quality of sound) timbre *m*; (of radio, TV) som *m*; **b)** (character of voice) (*also pl*) tom *m*; **his ~ of voice** o seu tom de voz; **don't speak to me in that ~** (of voice) não me fales nesse tom; **in angry ~** em tom furioso; **c)** (character) (of letter, speech, meeting) tom *m*; **to set the ~** dar o tom (**for** a); **to lower the ~ of** baixar o nível de; **d)** (colour) tonalidade *f*; **e)** PHYSIOL tonicidade *f*. **2** *vtr* (*also ~* **up**) tonificar. **3** *vi* (*also ~* **in**) (blend) [*colours*] combinar, harmonizar-se (**with** com).

■ **tone down**: ~ (**sth**) **down**, ~ **down** (**sth**) (lit)

atenuar, suavizar [*colours*]; (fig) atenuar [*criticism, remark*]; suavizar o tom de [*letter, statement*].

tone-deaf *adj* **to be ~** MUS não ter ouvido musical.

tongue [tʌŋ] **1** *n* **a)** ANAT língua *f* (also fig); **to stick out one's ~ at sb** deitar a língua de fora a alg; **to lose/find one's ~** perder a língua/recobrar a fala; **b)** (language) língua *f*; linguagem *f*; **native ~** língua *f* de origem. **2** *vtr* MUS tocar (flauta) em "staccato", fazendo uso da língua. IDIOMAS **to bite one's ~** morder a língua; **has the cat got your ~?** (coll) perdeste a língua? (fam); **her name is on the tip of my ~** o nome dela está-me de baixo da língua; **to loosen sb's ~** soltar a língua de alg; **I can't get my ~ round the name** não consigo pronunciar o nome; **a slip of the ~** um lapso; **watch your ~!** cuidado com o que dizes!.

tongue: ~-in-cheek *adj* com ironia; **~-tied** *adj* sem voz.

tonic ['tɒnɪk] **1** *n* **a)** (drink) **a gin and ~** um gim tónico; **b)** MED (lit, fig) tónico *m*; revigorante *m*; **c)** MUS tónica *f*. **2** *adj* tónico,-a.

tonight [tə'naɪt] **1** *n* **~ will be overcast** esta noite o tempo vai estar nublado. **2** *adv* esta noite.

too [tu:] *adv* **a)** (also) também; **"I love you" - "I love you ~"** "amo-te" - "também te amo"; **have you been to India ~?** também estiveste na Índia?; **she was very annoyed and quite right ~!** ela estava muito aborrecida e com razão!; **about time ~!** já não era sem tempo!; **...and in front of your mother ~!** ...e, ainda por cima, à frente da tua mãe!; **b)** (excessively) demasiado, demais; **the coat is ~ big for him** o casaco é demasiado grande para ele; **I ate ~ much** comi demais; **~ silly for words** um disparate sem nome; **you're ~ kind!** é muito amável!; **he's only ~ ready to criticize** ele não perde uma oportunidade para criticar; **that's ~ bad!** (a pity) que pena!; (hard luck) tanto pior!; **~ right!** e de que maneira!; **we're not ~ thrilled** não se pode dizer que estejamos muito excitados; **I'm not ~ sure about that** não estou assim tão certo acerca disso.

took [tʊk] *past* see **take**.

tool [tu:l] **1** *n* ferramenta *f*; instrumento *m*; **a set of ~** um jogo de ferramentas. **2** *vtr* trabalhar, gravar [*leather*]; cinzelar [*silver, gold*]. IDIOMAS **the ~s of the trade** os instrumentos *mpl* do ofício; **to down ~s** GB (stop working) parar de trabalhar; (go in strike) entrar em greve.

tool: ~ box *n* caixa *f* das ferramentas; **~ kit** *n* estojo *m* de ferramentas; **~ shed** *n* barraca *f* Po/ biboca BR das ferramentas.

toot [tu:t] **1** *n* (of car-horn) buzinadela *f* Po, buzinada *f* BR; (of train whistle) apito *m*. **2** *vtr* **to ~ one's horn at sb** dar uma buzinadela a alg. **3** *vi* [*car horn*] buzinar; [*train*] apitar.

tooth [tu:θ] **1** *n* (*pl* **teeth**) dente *m*; **set of teeth** (one's own) dentadura *f*; dentição *f*; (false) dentadura *f*; **to bare/show one's teeth** (lit, fig) mostrar os dentes. **2 ~ed** *in compounds* **fine-/wide-~ed comb** pente *m* fino/com dentes largos. IDIOMAS **to do sth in the teeth of sth** fazer qq coisa apesar de algo; **to get one's teeth into sth** meter-se a fundo em qq coisa; **to be fed up to**

the **back teeth** estar farto até à ponta dos cabelos (**of** de); **to lie through one's teeth** mentir com quantos dentes tem na boca (fam); **to set sb's teeth on edge** pôr os nervos em franja a alg.
tooth: ~**ache** *n* dor *f* de dentes; **to have (a)** ~**ache** ter (uma) dor de dentes; ~ **brush** *n* escova *f* de dentes; ~ **paste** *n* pasta *f* dentífrica; ~ **pick** *n* palito *m*.
toothy ['tu:θɪ] *adj* **to give a** ~ **smile** (pej) sorrir abertamente, sorrir mostrando os dentes todos.
top [tɒp] **1** *n* **a)** (highest or furthest part); (of mountain, hill) cume *m*; cimo *m*; (of page, sheet) alto *m*; (of list) cabeça *f*; topo *m*; (of ladder, stairs) cimo *m*; (of garden, field) extremo *m*; **at the** ~ **of the page/stairs** no alto da página/ao cimo das escadas; **b)** (fig) (highest echelon, position) **to aim for the** ~ desejar o máximo; (fig) **to get to** *or* **make it to the** ~ ser bem sucedido; **John is** ~ **of the class** o João é o primeiro da turma; **c)** (cap, lid) (of pen) tampa *f*; (of bottle) rolha *f*; (prise-off type) cápsula *f*; **d)** FASHN top *m*; **e)** (toy) pião *m*. **2** *adj* **a)** (highest) [*step, storey, shelf*] último,-a; (fig); **b) the** ~ **notes** MUS as notas mais altas; **c) to get** ~ **marks** ter as classificações máximas; **d)** (furthest way) [*bed, house*] do fundo **e)** (leading, most successful, most prestigious) o melhor; **he's now in the** ~ **three** ele encontra-se agora entre os três melhores; **f)** (upper) [*lip*] superior; **the** ~ **half of the body** a parte de cima do corpo; **g)** (maximum) [*speed*] máximo,-a. **3 on** ~ *prep phr* **you can't put paint on** ~ **of varnish** não podes pintar por cima do verniz; (fig) **on** ~ **of the salary, they get free accommodation** para além do salário, eles têm alojamento gratuito; **suddenly, the car was right on** ~ **of me** de repente, o carro estava mesmo em cima de mim. **4** *vtr* (*past, pp* ~**ped**) **a)** (head) estar à cabeça de qq coisa [*chart, polls*]; **b)** (exceed) ultrapassar [*sum, figure, contribution*]; **c)** (cap) rematar, coroar [*story, anecdote*]; **d)** CULIN cobrir (**with** com). **5 topped** *pp adj* **a)** (crowned) **a mosque** ~**ped with three domes** uma mesquita coroada por três cúpulas; **b) a cake** ~**ped with chocolate frosting** CULIN um bolo com uma cobertura de chocolate. **6** (coll) *v refl* suicidar-se. IDIOMAS **on** ~ **of everything, on** ~ **of all this** e para cúmulo...; **to come out on** ~ (win) vencer, ser bem sucedido; **things are getting on** ~ **of her** (she's depressed) ela está deprimida; (she can't cope) ela não consegue dar conta do recado (fam); (fig) **to be over the** ~ *or* (coll) OTT (behaviour, reaction) ser exagerado,-a, ultrapassar os limites; **he often says things off the** ~ **of his head** (without thinking) ele fala muitas vezes sem pensar; **to sleep like a** ~ dormir com uma pedra. ■ **top off**: ~ **off (sth),** ~ **(sth) off** rematar (qq coisa) [*meal, weekend, outing*] (**with** com). ■ **top up**: ~ **up (sth),** ~ **(sth) up** encher de novo [*tank, glass*]; juntar água a [*battery*].
topaz ['təʊpæz] *n, adj* topázio *m*.
top: ~**brass** *n* (coll) (+ *v pl*); barões *mpl* (fam); ~**-flight** *adj* de primeira ordem; ~ **hat** *n* chapéu *m* alto; ~**-heavy** *adj* **a)** [*structure, object*] mais pesado em cima, desequilibrado,-a; **b)** [*firm, bureaucracy*] mal equilibrado,-a.

topic ['tɒpɪk] *n* (of conversation, conference, discussion) tópico *m*; assunto *m*; (of essay, research) tema *m*.
topical ['tɒpɪkl] *adj* actual.
topicality [tɒpɪ'kælɪtɪ] *n* actualidade *f*.
topless *adj* [*model*] de seios nus; **a** ~ **swimsuit** um monoquini.
top-level *adj* [*talks, negotiations*] ao mais alto nível.
topmost *adj* **the** ~ **branches** os ramos *mpl* mais altos.
top-notch *adj* de alta categoria.
topography [tə'pɒɡrəfɪ] *n* topografia *f*.
topping ['tɒpɪŋ] *n* (of jam, cream) cobertura *f*; **with a** ~ **of bread crumbs** coberto de pão ralado.
topple ['tɒpl] **1** *vtr* fazer cair [*object*]; deitar abaixo [*building*]; (fig) derrubar [*leader, government*]. **2** *vi* (sway) [*vase, pile of books, person*] vacilar; (fall) ~ **over** [*vase, person*] cair; [*pile of books*] desmoronar-se.
top: ~**-ranking** *adj* importante, de elevado escalão; ~ **secret** *adj* ultra-secreto,-a; ~**-side** *n* **a)** NAUT borda *f* do navio acima da linha de água; **b)** (at the butcher's) pedaço *m* de lombo de vaca; ~**-soil** *n* camada *f* superior do solo.
topsy-turvy [tɒpsɪ'tɜ:vɪ] (coll) *adj* de pernas para o ar, às avessas.
torch [tɔ:tʃ] **1** *n* (burning) tocha *f*; archote *m*; GB (flashlight) lanterna *f* eléctrica. **2** *vtr* acender. IDIOMAS **to carry a** ~ **for sb** ter um fraquinho por alg (fam); **to carry the** ~ **for democracy** levar o facho da democracia.
tore [tɔ:(r)] *past* see **tear**.
toreador ['tɒrɪədɔ:(r)] *n* toureiro *m*.
torment 1 ['tɔ:mənt] *n* tormento *m*; **to be in** ~ estar num tormento. **2** [tɔ:'ment] *vtr* atormentar; **to be** ~**ed by remorse** ser atormentado pelo remorso. **3** [tɔ:'ment] *v refl* **to** ~ **oneself** atormentar-se.
torn [tɔ:n] **1** *pp* see **tear**. **2** *adj* rasgado,-a.
tornado [tɔ:'neɪdəʊ] *n* (*pl* ~**es** *or* ~**s**) tornado *m*.
torpedo [tɔ:'pi:dəʊ] **1** *n* MIL torpedo *m*. **2** *modif* [*bomber*] equipado com torpedos. **3** *vtr* (lit, fig) torpedear.
torpedo: ~ **boat** *n* torpedeiro *m*; ~ **tube** *n* tubo *m* lança-torpedos.
torpid ['tɔ:pɪd] *adj* entorpecido,-a.
torpor ['tɔ:pə(r)] *n* torpor *m*.
torrent ['tɒrənt] *n* **a)** (of water, rain) torrente *f*; **b)** (fig) torrente *f*; enchente *f*.
torrential [tə'renʃl] *adj* torrencial.
torrid ['tɒrɪd] *adj* tórrido,-a.
torso ['tɔ:səʊ] *n* (*pl* ~**s**) torso *m*; tronco *m*.
tortoise ['tɔ:təs] *n* tartaruga *f*.
tortoiseshell ['tɔ:təsʃel] *n* **a)** (shell) carapaça *f* de tartaruga; **b)** (butterfly) vanessa *f*.
tortuous ['tɔ:tjʊəs] *adj* [*path, road*] tortuoso,-a, sinuoso,-a; [*argument, explanation*] ardiloso,-a.
torture ['tɔ:tʃə(r)] **1** *n* (lit) tortura *f*; (fig) suplício *m*; **the long wait was absolute** ~! aquela longa espera foi um verdadeiro suplício!. **2** *vtr* (lit) torturar; (fig) atormentar; **to be** ~**d by** ser atormentado,-a por [*guilt, jealousy*].
torture chamber *n* câmara *f* de tortura.
torturer ['tɔ:tʃərə(r)] *n* (lit) torturador, a *m, f*; (fig) algoz *m*; carrasco *m*.

Tory ['tɔːrɪ] *n* GB Tory *m/f*; conservador, a *m, f.*

toss [tɒs] **1** *n* (*pl* ~es) **a**) (turn) **to give sth a** ~ mexer [*salad*]; fazer saltar [*pancake*]; **b**) **to win/ lose the** ~ SPORT, GAMES ganhar/perder quando se atira a moeda ao ar. **2** *vtr* **a**) (throw) [*person*] atirar [*ball, stick*]; fazer saltar [*pancake*]; lançar [*dice*]; mexer [*salad*]; **to** ~ **sth into the air** atirar qq coisa ao ar; ~ **me the newspaper** chega-me o jornal; **to** ~ **a coin** tirar cara ou coroa; **b**) (throw back) [*animal*] sacudir [*head, mane*]; **to** ~ **one's head** [*person*] deitar a cabeça para trás; **c**) (unseat) [*horse*] fazer cair [*rider*]; **d**) (move violently) [*wind*] agitar, sacudir [*branches, leaves*]; [*waves*] balançar [*boat*]. **3** *vi* **a**) (turn restlessly) [*person*] voltar-se; **I ~ed and turned all night** voltei-me dum lado para o outro toda a noite; **b**) (flip a coin) tirar cara ou coroa. ■ **toss about, toss around**: ~ (sth) **around** (lit) bater [*ball*]; (fig) remoer [*ideas*]. ■ **toss away**: ~ (sth) **away** deitar fora [*rubbish*]; desperdiçar [*opportunity*]. ■ **toss back**: ~ (sth) **back** devolver [*ball*]. ■ **toss off**: ~ (sth) **off**, ~ **off** (sth) expedir [*article, letter*]. ■ **toss out**: ~ (sth) **out**, ~ **out** (sth) deitar fora [*newspaper, empty bottles*].

toss-up ['tɒsʌp] (coll) *n* **let's have a** ~ **to decide who goes first** vamos tirar à sorte quem vai primeiro; **it's a** ~ **between a pizza and a sandwich** temos de escolher entre uma piza e uma sanduíche; (even chance) **who'll win? it's a** ~! quem vai ganhar? — venha o diabo e escolha! (fam).

tot [tɒt] *n* (coll) **a**) (toddler) criança *f* pequena; **b**) (of whisky, rum) dose *f* pequena. ■ **tot up** somar, adicionar; ~ **up** (sth), ~ (sth) **up** totalizar, somar.

total ['təʊtl] **1** *n* total *m*. **2** *adj* **a**) (added together) [*number, cost, amount, loss, profit*] total; **b**) (complete) [*effect*] global; [*attention, disaster, failure*] total; [*ignorance*] completo,-a. **3** *vtr* **a**) (add up) adicionar [*figures*]; **b**) (reach) [*debts, costs, sales, income*] montar a, chegar a, atingir [*sum*].

totalitarian [təʊtælɪˈteərɪən] *adj* totalitário,-a.

totality [təˈtælɪtɪ] *n* totalidade *f.*

totally ['təʊtlɪ] *adv* [*blind, deaf, at ease*] completamente; [*unacceptable, convinced*] totalmente; [*agree, change, new, different*] inteiramente.

total recall *n* PSYCH memória *f* perfeita.

totem [ˈtəʊtəm] *n* **a**) (pole) totem *m*; **b**) (symbol) símbolo *m.*

totem-pole *n* totem *m.*

totter [ˈtɒtə(r)] *vi* [*person*] vacilar; [*drunkenly*] cambalear, titubear; [*baby*] vacilar; [*pile of books, building*] oscilar; (fig) [*regime, government*] oscilar; **a country ~ing on the brink of civil war** um país oscilando à beira da guerra civil.

toucan [ˈtuːkən] *n* ZOOL tucano *m.*

touch [tʌtʃ] **1** *n* **a**) (physical contact) contacto *m* (físico); ~ **of her hand** o contacto da sua mão; **at the slightest** ~ (of hand) ao mínimo contacto; (of button) à mínima pressão; **I felt a** ~ **on my shoulder** eu senti um toque no meu ombro; **b**) (as sense) tacto *m*; **soft to the** ~ macio ao toque; **by** ~ pelo tacto; **c**) (style, skill) estilo *m*; habilidade *f*; ~ **of a master** a mão de um mestre; **to**

lose one's ~ perder a mão/a habilidade; **the Spielberg** ~ o estilo de Spielberg; **d**) toque *m*; **room with the feminine** ~ sala com um toque feminino; **to add/put the finishing ~es to sth** pôr um retoque final em qq coisa; **her gift was a nice** ~ o presente dela foi um gesto delicado; **e**) **a** ~ um pouco; **a** ~ **colder** um pouco mais frio; **just a** ~ **(more)** só um bocadinho (mais); **there's a** ~ **of class about her** ela tem um toque de classe; **he's got a** ~ **of flu** ele está um pouco engripado; ~ **of sadness in her voice** uma nota de tristeza na sua voz; ~ **of colour/ sarcasm/garlic** um pouco de cor/sarcasmo/alho; **f**) (communication) contacto *m*; **to get/stay in** ~ **with** entrar/ficar em contacto com; **to lose** ~ **with** perder contacto com; **he's out of** ~ **with reality** ele está afastado da realidade; **g**) SPORT (area) parte *f* do campo que fica fora da linha lateral. **2** *vtr* **a**) (come into contact with) tocar; **he ~ed her hand/the paint** ele tocou a mão dela/a pintura; **to** ~ **sb on the arm** tocar alg no braço; **he ~ed his hat politely** ele levou educadamente a mão ao chapéu; **b**) (interfere with) tocar em; **the police can't** ~ **me** a polícia não pode fazer nada contra mim; **c**) (affect) (gen) tocar; (adversely) afectar; (as matter of concern) atingir, dizer respeito a; **matters which** ~ **us all** questões que dizem respeito a todos nós; **we were most ~ed** nós ficámos muito sensibilizados; **this product won't** ~ **the stairs** este produto não age sobre as nódoas; **d**) (consume) comer [*meat, vegetables*]; tomar [*drink, drugs*]; fumar [*cigarettes*]; **I never** ~ **alcohol** eu nunca bebo bebidas alcoólicas; **you've hardly ~ed your meal** tu mal tocaste na comida; **e**) (reach) [*price, temperature*] atingir [*level*]; **when it comes to cooking, no-one can** ~ **her** quanto a cozinha, ninguém se lhe compara. **3** *vi* **a**) (come together) [*wires, hands*] tocar-se; **b**) (contact with hand) tocar; **"do not ~"** "não tocar". IDIOMAS **to be an easy/soft** ~ (coll) deixar-se cravar facilmente. ■ **touch down a**) AVIAT, AEROSP aterrar; **b**) SPORT (in rugby) marcar um ensaio. ■ **touch off**: ~ (sth) **off**, ~ **off** (sth) lançar [*firework*]; (fig) desencadear [*riot, debate*]. ■ **touch up**: ~ (sth) **up**, ~ **up** (sth) retocar.

touchdown [ˈtʌtʃdaʊn] *n* **a**) AVIAT, AEROSP aterragem *f*; **b**) SPORT (in rugby) ensaio *m.*

touched [tʌtʃt] *adj* **a**) (emotionally) tocado,-a, comovido,-a; ~ **by** comovido,-a com [*kindness*]; sensibilizado,-a por [*letter*]; **b**) (coll) (mad) tolo,-a, anormal.

touching [ˈtʌtʃɪŋ] *adj* tocante, comovente.

touch: ~ **line** *n* SPORT linha *f* lateral; ~ **paper** *n* papel *m* nitrado; ~ **stone** *n* (stone) pedra *f* de toque (also fig).

touch-type *vi* (*pres p* **touch-typing**) dactilografar sem olhar para as teclas.

touch-typing *n* dactilografia *f* mecanizada.

touchy [ˈtʌtʃɪ] *adj* [*person*] susceptível (**about** em relação a); [*subject, issue*] delicado,-a.

tough [tʌf] **1** *n* (person) duro,-a *m, f.* **2** *adj* **a**) [*businessman*] inflexível, firme; [*criminal*] insensível; **a** ~ **guy/customer** (coll) um duro (fam); **b**) (severe) [*policy, measure, law*] severo,-a; [*opposition, competition, criticism*] duro,-a, rude (*before n*); **get** ~ **with sb** tornar-se duro com alg; **c**) (difficult) [*way of life, conditions, situation, problem*] difícil, penoso,-a; [*challenge*] terrível; **d**) (robust) [*person, animal*] forte, robusto,-a; [*plant*] resistente; **e**) (durable) (pej) [*meat, vegetable*] rijo,-a (pej); **f**) (rough) [*area, school*] com problemas; **g**) (coll) (unfortunate) **that's ~!** pouca sorte!; ~ **luck!** que pouca sorte!; (unsympathetically) pior para ti!. **3** (coll) *excl* pior para ti!. ■ **tough out** (coll) ~ **it out** aguenta (fam).

toughen ['tʌfn] *vtr* reforçar [*leather, plastic*]; endurecer [*skin*]; fortalecer [*skin*]; reforçar [*law*]. ■ **toughen up**: ~ **up person** fortalecer-se; ~ (**sb**) **up**, ~ **up** (**sb**) endurecer, fortalecer [*person*].

toughness ['tʌfnɪs] *n* **a**) (of businessman, criminal) dureza *f*; **b**) (of law, measure, penalty) severidade *f*; **c**) (robustness) (of way of life, conditions) dificuldade *f*; dureza *f*; **d**) (durability) (of material, glass, leather) robustez *f*; (pej) [*of meat, vegetable*] dureza *f*.

toupee ['tu:peɪ] *n* cabeleira *f* ou madeixa *f* postiça.

tour [tʊə(r)] **1** *n* **a**) Tourism (of country, city) circuito *m* (**of** de); (of building) visita *f* (**of** de); **bus/coach** ~ excursão *f* em autocarro Po/ônibus Br; **cycling/walking** ~ passeio *m* de bicicleta/a pé; **to go on a** ~ **of** ir visitar [*one thing*]; fazer o circuito de [*several things*]; **to take sb on a** ~ **of sth** levar alg a visitar algo; **he took me on a** ~ **of his house** ele levou-me a ver a casa dele; **b**) Mus, Sport, Theat, Univ "tournée" *f*; digressão *f* artística; **concert** ~ tournée *f* de concertos; **to be/go on** ~ ir/partir em tournée; **a** ~ **of duty** uma viagem *f* de serviço. **2** *vtr* **a**) Tourism visitar [*building, country, gallery, sight*]; **b**) Mus, Sport, Theat ir/andar em digressão por [*country*]; **to be ~ing Australia** andar em digressão pela Austrália. **3** *vi* **a**) Tourism; **to go ~ing** ir em viagem/de férias; **b**) [*orchestra, play, team*] estar em digressão artística.

tourer ['tʊərə(r)] *n* (sports car) carro *m* descapotável; (caravan) caravana *f*; (bicycle) bicicleta *f*.

tourism ['tʊərɪzm] *n* turismo *m*.

tourist ['tʊərɪst] **1** *n* turista *m/f*. **2** *modif* [*centre, guide, resort*] turístico,-a.

tourist (information) office *n* (in holiday centre) centro *m* de informação turística;(national organization) turismo *m*.

touristy ['tʊərɪstɪ] *adj* invadido,-a por turistas.

tournament ['tʊənəmənt] *n* torneio *m* Po, certame *m* Br.

tourniquet ['tʊənɪkeɪ] *n* torniquete *m*.

tour operator *n* operador *m* turístico.

tousle ['taʊzl] **1** *vtr* desgrenhar [*hair*]. **2** *pp adj* [*hair*] desgrenhado,-a; [*person, appearance*] desleixado,-a.

tout [taʊt] **1** *n* **a**) GB (selling tickets) revendedor, a *m, f* de bilhetes Po/ingressos Br no mercado negro; **b**) Comm (soliciting custom) angariador, a *m, f*. **2** *vtr* **a**) [*street merchant*] vender (chamando a freguesia); **b**) GB (illegally) revender (algo) no mercado negro [*tickets*]; **c**) (publicize) apregoar as vantagens de [*product, invention*]. **3** *vi* **to** ~ **for business** angariar clientela.

tow [təʊ] **1** *n* **a**) Aut **to be on/in** ~ estar em reboque; **to give sb a** ~ rebocar alg; **b**) following;

in ~ sob a influência de. **2** *vtr* rebocar [*trailer, caravan*]. ■ **tow away**: ~ **away (sth)**, ~ (**sth**) **away** [*police*] levar (qq coisa) para o depósito; [*recovery service*] rebocar.

toward(s) [tə'wɔːd(z), tɔːd(z)] *prep* **a**) (in the direction of) em direcção a; ~ **the north** em direcção ao norte; **b**) (near) para; ~ **the end of** para o fim de [*day, month, life*]; **c**) (in relation to) em relação a, para com; **their attitude** ~ **Europe** a sua atitude para com a Europa; **d**) (as contribution) **the money will go** ~ **a new car** o dinheiro vai ser para pagar um carro novo; **to save** ~ **a holiday** economizar para as férias.

towel ['taʊəl] **1** *n* toalha *f*. **2** *vtr* enxugar (com uma toalha). IDIOMAS **to throw/chuck** (coll) **in the** ~ dar-se por vencido.

towel rail *n* toalheiro *m*.

tower ['taʊə(r)] **1** *n* torre *f*. **2** *vi* **to** ~ **above/over** [*village, houses, countryside*] erguer-se sobre, estar sobranceiro a; **to** ~ **above/over sb** dominar alg, elevar-se acima de alg; (in ability) **to** ~ **above** dominar. IDIOMAS **to be a** ~ **of strength** ser firme como uma rocha.

tower block *n* torre *f*.

towering ['taʊərɪŋ] *adj* **a**) imponente; **b**) **a** ~ **performance** (by musician) uma execução fantástica; (by actor) uma interpretação fantástica.

town [taʊn] *n* cidade *f*; **to go down** ~ us **to go into** ~ ir à cidade; **she's out of** ~ **at the moment** ela está fora neste momento; **look me up next time you're in** ~ vem-me ver a próxima vez que passares por cá. IDIOMAS **to go out on the ~**, **to have a night (out) on the** ~ andar na pândega; **to go to** ~ **on sth** fazer algo com entusiasmo; **he's the talk of the** ~ ele é o assunto das conversas.

town: ~ **centre** *n* centro *m* da cidade; ~ **clerk** *n* GB secretário *m* ou arquivista *m*; da câmara municipal; ~ **council** *n* câmara *f* municipal; ~ **councillor** *n* vereador *m* municipal; ~ **hall** *n* câmara *f* municipal; ~ **house** *n* **a**) (gen) casa *f* da cidade; **b**) (mansion) casa *f* elegante no centro da cidade; ~ **planning** *n* GB plano *m* de ordenamento da cidade.

tow: ~**path** *n* caminho *m* de sirga; ~**-rope** *n* cabo *m* de reboque.

toxic [tɒksɪk] *adj* tóxico,-a.

toy [tɔɪ] **1** *n* brinquedo *m*. **2** *modif* [*plane, railway*] miniatura; [*car, boat*] pequeno (de brincar); [*gun, telephone*] de brincar. **3** *vi* **to** ~ **with** brincar com [*object, feelings, food*]; acarinhar [*idea*].

toy: ~ **boy** *n* GB (pej) gigolo *m*; ~ **shop** *n* loja *f* de brinquedos; ~ **soldier** *n* soldadinho *m* (de brincar).

trace [treɪs] **1** *n* **a**) (evidence) sinal *m*; vestígio *m*; **there is no** ~ **of the fortress** não há nenhum vestígio da fortaleza; **b**) (hint) (of feeling, irony, humour) bocadinho *m*; (accent) ponta *f*; (of chemical, drug) sinal *m*; **without a** ~ **of make-up** sem nenhuma maquilhagem; **with/without a** ~ **of** com/sem o mínimo sinal de [*irony, irritation*]; **c**) (of harness) tirante *m*. **2** *vtr* **a**) (locate) encontrar [*witness, murder weapon, car, file*]; despistar [*fault, malfunction*]; encontrar vestígios de [*chemicals, pesticides*]; **to** ~ **the cause of a problem** determinar a causa de um problema; **to ~ sb to** encontrar o rasto de alg em [*hideout*]; **the call was ~d to a London number** a chamada telefónica era de um número de Londres; **b)** investigar [*development, growth*]; descrever [*life, progress*]; fazer remontar [*origins, ancestry*] **(to** a/até); **c)** (copy out) **to ~ (out)** decalcar [*map, outline*] **(onto** sobre). ■ **trace back** US; **~ (sth) back to ~ sth back to** fazer remontar qq coisa a.

tracer ['treɪsə(r)] *n* **a)** MIL (bullet) bala *f* tracejante; [*shell*] granada *f* tracejante; **b)** CHEM, MED indicador *m*; **c)** (of pattern) (instrument) marcador *m*.

trachea [trə'kiːə] *n* traqueia *f*.

tracing ['treɪsɪŋ] *n* **a)** (of map, motif, diagram) cópia *f*; **b)** (procedure) decalque *m*.

tracing paper *n* papel transparente (de decalque).

track [træk] **1** *n* **a)** (print) (of animal, person) rasto *m*; pista *f*; pegadas *fpl*; (of vehicle) marcas *fpl*; rasto *m*; **b)** (lit, fig) (course, trajectory) (of person) rasto *m*; (of missile, aircraft) trajectória *f*; **to be on the ~ of (sb/sth)** estar no rasto de (alg/algo); **the negotiations were on ~** as negociações decorriam como o previsto; **to keep ~ of** [*person*] manter-se ao corrente de [*developments, events*]; seguir o fio de [*conversation*]; [*police, rave official*] seguir os movimentos de [*criminal, competitor*]; [*computer*] ter em dia [*bank account, figures*]; **to lose ~ of** perder de vista [*friend*]; perder o rasto de [*document, aircraft, suspect*]; perder o fio de [*conversation*]; **to lose ~ of (the) time** perder a noção do tempo; **to make ~s for sth** dirigir-se para qq coisa; **we'd better be making ~s** faríamos melhor se nos fôssemos embora; **c)** (path, road) caminho *m*; trilho *m*; **d)** SPORT pista *f*; **(motor-) racing ~** (open-air) circuito *m*; (enclosed) autódromo *m*; **dog-racing ~** canídromo *m*; **e)** RAIL carris *mpl*; via *f*; US (platform) cais *m*; **f)** (of record, tape, CD) faixa *f*; **g)** US SCH (stream) grupo *m* de nível. **2** *modif* SPORT [*event, championship, race*] de velocidade. **3** *vtr* seguir o rasto de [*person, animal*]; seguir a trajectória de [*storm, hurricane, rocket, plane, satellite*]. IDIOMAS **to come from the wrong side of the ~s** vir de zonas degradadas. ■ **track down**: **~ (sb/sth) down, ~ down (sb/sth)** encontrar o rasto de [*person*]; encontrar [*file, object*].

tracker ['trækə(r)] *n* (of animal) batedor *m*; (of person) perseguidor, a *m, f*.

tracker dog *n* cão *m* polícia (para procurar pessoas ou objectos).

track: **~ record** *n* **to have a good ~ record** (gen) ter bons antecedentes; [*professional person*] ter uma boa folha de serviço; **~ shoe** *n* sapatos *mpl* de bicos; **~ suit** *n* facto *m* de treino.

tract [trækt] *n* **a)** (of land, forest) extensão *f*; **b)** **digestive/respiratory ~** ANAT aparelho *m* digestivo/respiratório; **c)** (pamphlet) panfleto *m*; folheto *m*; brochura *f*; **d)** US (housing development) lote *m*.

traction ['trækʃn] *n* tracção *f*.

tractor ['træktə(r)] *n* tractor *m*.

trade [treɪd] **1** *n* **a)** (activity) comércio *m*; **to do ~ with sb** fazer comércio com alg; **b)** (sector of industry) indústria *f*; **car ~** a indústria automó-

vel; **c)** (profession) (manual) ofício *m*; (intellectual) profissão *f*. **2** *modif* [*route, agreement*] comercial; [*magazine, journal, press*] profissional; [*sanctions, embargo*] económico,-a. **3** *vtr* trocar [*objects, insults, blows, compliments*]. **4** *vi* COMM comerciar (**with** com); **to ~ at a profit/loss** vender com lucro/prejuízo; **to ~ on** servir-se de, explorar [*name, reputation, image*]. ■ **trade in**: **~ (sth) in, ~ in (sth) he ~d in his old car for a new one** COMM ele deu o carro velho em troca do novo. ■ **trade off**: **~ (sth) off, ~ off (sth) against sth**; (exchange) trocar Po/transar BR qq coisa por qq coisa.

trade: **~ balance** *n* ECON balança *f* comercial; **~ deficit** *n* ECON deficit *m* na balança comercial; **~ discount** *n* desconto *m* de revendedor; **~ fair** *n* COMM feira *f* industrial; **~mark** *n* **a)** COMM marca *f* registada; **b)** (fig) sinal *m* particular; **the professionalism which is his ~mark** o profissionalismo que o caracteriza; **~ name** *n* COMM marca *f* registada.

trader ['treɪdə(r)] *n* **a)** COMM comerciante *m/f*; **b)** FIN (at Stock Exchange) operador *m* (na Bolsa).

trade: **~ secret** *n* segredo *m* de ofício; **~sman** *n* (shopkeeper) lojista *m*; comerciante *m*; (delivery man) fornecedor *m*; **~ union 1** *n* sindicato *m*. **2** *modif* [*activist, activity, leader, card, movement*] sindical; **~ wind** *n* vento *m* alísio.

trading ['treɪdɪŋ] *n* **a)** COMM comércio *m*; **b)** FIN (at Stock Exchange) transacções *fpl*.

trading estate *n* parque *m* industrial.

tradition [trə'dɪʃn] *n* tradição *f* (**of** de; **to do** de fazer); **by ~** por tradição; **to break with ~** acabar com a tradição.

traditional [trə'dɪʃənl] *adj* tradicional.

traditionally [trə'dɪʃənəlɪ] *adv* tradicionalmente.

traffic ['træfɪk] **1** *n* **a)** (road vehicles in street, town) trânsito *m*; **heavy ~** trânsito intenso; **~ is being diverted** o trânsito foi desviado; **b)** (dealing) (in drugs, arms, slaves) tráfico *m* (**in** de). **2** *modif* [*accident, flow, hold-up, problem*] de trânsito. **3** *vi* (pres p **trafficking** past, pp **trafficked**) **to ~ in** traficar em [*drugs, cocaine, arms, stolen goods*].

traffic: **~ island** *n* refúgio *m* de segurança para peões; **~ jam** *n* engarrafamento *m*; **~ light** *n* semáforo *m*; **~ police** *n* polícia *m/f* de trânsito; **~ signal** *n* see **~ light**; **~ warden** *n* GB polícia *m/f* de trânsito.

tragedy ['trædʒɪdɪ] *n* (gen) THEAT tragédia *f*; **it's a ~ that...** é uma tragédia que... (+ *subj*).

tragic ['trædʒɪk] *adj* (gen) THEAT trágico,-a; **it is ~ that...** é trágico que... (+ *subj*).

tragically ['trædʒɪkəlɪ] *adv* tragicamente.

trail [treɪl] **1** *n* **a)** (path) caminho *m*; **b)** (track, mark) (blood, dust, slime) rasto *m* (**of** de); **to leave a ~ of destruction behind one** deixar um rasto de destruição atrás de si; **c)** (trace) rasto *m*; pista *f* (**of** de); **the police are on his ~** a polícia está no rasto dele. **2** *vtr* **a)** (follow) [*animal, person*] seguir a pista de; [*car*] seguir; **b)** (drag along) **he ~ed his schoolbag along the ground** ele arrastava a pasta da escola pelo chão. **3** *vi* **a)** [*plant*] tombar, cair; [*skirt, scarf*] arrastar; **b)** (lag) **our team were ~ing by 3**

goals to 1 Sport a nossa equipa ficou para trás por uma diferença de 2 golos. ■ **trail away** [*voice, music*] ir diminuindo; [*signature, writing*] ir desaparecendo. ■ **trail off** diminuir gradualmente.

trailer ['treɪlə(r)] *n* **a**) (vehicle, boat) reboque *m*; **b**) us (caravan) caravana *f*.

train [treɪn] **1** *n* **a**) RAIL comboio *m* Po, trem BR; **fast** ~ comboio *m* Po/trem *m* BR rápido; **slow/stopping** ~ comboio *m* Po/trem *m* BR não rápido; **tube/underground** ~ metropolitano *m* Po, metrô *m* BR; **a** ~ **to Paris** um comboio para Paris; **on/in the** ~ no comboio; **to go/travel by** ~ ir/viajar de comboio; **to send sth by** ~/**on the** ~ enviar algo por caminho-de-ferro; **b**) (succession) (of events) sucessão *f*; (of consequences) série *f*; (of ideas) encadeamento *m*; **the bell interrupted my** ~ **of thought** a campainha interrompeu o meu raciocínio; **c**) (procession) (of animals, vehicles, people) fila *f*; MIL comboio *m* Po, trem *m* BR; (of mourners) cortejo *m*; **d**) **to set/put sth in** ~ pôr qq coisa em acção; **e**) (dated) (retinue) sequência *f*; seguimento *m*; **the war brought famine in its** ~ a guerra trouxe consigo a fome; **f**) FASHN (on dress) cauda *f*. **2** *modif* [*crash, service, station*] ferroviário,-a; [*times, timetable*] dos comboios Po, dos trens *m* BR; [*driver, ticket*] de comboio Po, de trem *m* BR; [*strike*] dos caminhos-de-ferro. **3** *vtr* **a**) (gen) Sport formar, treinar [*staff, worker, member of profession, musician*]; MIL instruir [*soldier*]; treinar [*athlete, player*]; adestrar, amestrar, ensinar [*animal*]; **to be ~ed on the job** estar formado na profissão; **she was ~ed as a linguist** ela recebeu formação de linguista; **these men are ~ed to kill** estes homens estão treinados para matar; **b**) **she ~ed the gun/binoculars on him** ela apontou a arma/os binóculos a ele. **4** *vi* **a**) (gen) (for profession) seguir/receber formação, formar-se; **he's ~ing to be a mechanic/doctor** ele está a receber formação de mecânico/médico; **b**) Sport treinar-se (**for** para).

trained [treɪnd] *adj* [*staff, worker*] qualificado,-a; [*professional*] diplomado,-a; [*mind, voice, singer, actor*] treinado,-a; [*animal*] adestrado,-a, ensinado,-a; **highly** ~ altamente qualificado,-a; **well-~** [*person*] bem formado,-a; [*animal*] bem educado,-a.

trainee [treɪ'niː] *n* estagiário,-a *m, f*.

trainer ['treɪnə(r)] *n* **a**) (of athlete, animal) treinador, a *m, f*; **dog** ~ instrutor *m* de cães; **b**) FASHN (shoe) ténis *mpl*.

training ['treɪnɪŋ] **1** *n* **a**) (gen) formação *f* (**as sth** de qq coisa); (less specialized) aprendizagem *f*; **on-the-job** ~ formação *f* profissional; **secretarial** ~ formação *f* de secretariado; **staff** ~ formação *f* do pessoal; **b**) MIL, Sport treino *m*; **to be in** ~ (undergoing instruction) seguir um treino; (fit) estar em forma/bem treinado; **to be out of** ~ ter falta de treino. **2** *modif* **a**) (gen) [*course, period, scheme, method, place, agency*] de formação; [*manual*] de instrução; **b**) MIL, Sport de treino.

training college *n* GB escola *f* profissional.

train: ~ **set** *n* comboio *m* Po/trem *m* BR em miniatura; ~ **spotter** *n* apaixonado,-a *m, f* dos comboios.

trait [treɪ] *n* [*personality, family*] traço *m*.

traitor ['treɪtə(r)] *n* traidor, a *m, f* (**to** a).

trajectory [trə'dʒektərɪ] *n* trajectória *f*.

tram [træm] *n* TRANSP (carro) eléctrico *m*.

tramp [træmp] **1** *n* **a**) (vagrant) vagabundo *m*; **b**) (sound) barulho *m*; **c**) (hike) caminhada *f*. **2** *vi* **a**) (hike) caminhar; **b**) (walk heavily) andar com passos pesados.

trample ['træmpl] **1** *vtr* (lit) calcar, pisar; (fig) espezinhar (algo/alg); **to** ~ **sth underfoot** espezinhar algo. **2** *vi* **to** ~ **on** (lit) pisar, calcar; (fig) espezinhar (alg/algo).

trampoline ['træmpəliːn] **1** *n* trampolim *m*. **2** *vi* usar o trampolim.

trance [trɑːns] *n* transe *m*; (fig) êxtase *m*; **to go into a** ~ (lit) entrar em transe.

tranquil ['træŋkwɪl] *adj* tranquilo,-a.

tranquillity [træŋkwɪlɪtɪ] *n* tranquilidade *f*.

tranquillizer ['træŋkwɪlaɪzə(r)] *n* tranquilizante *m*; **to be on ~s** estar sob o efeito de tranquilizantes.

transact ['træn'sækt] *vtr* negociar, transaccionar [*business, rights*].

transaction [træn'sæk/n] **1** *n* **a**) (gen) COMM, FIN transacção *f*; (on stock exchange) operação *f*; **cash/credit card** ~ transacção em dinheiro/ efectuada com cartão de crédito; **b**) (negotiating) **the** ~ **of business** as relações de negócio; **c**) COMPUT transacção *f*. **2 transactions** *npl* (proceedings) (of society, etc) actas *fpl*; escrituras *fpl*.

transatlantic [trænsət'læntɪk] *adj* [*crossing, flight*] transatlântico,-a; [*attitude, accent*] do outro lado do Atlântico.

transcend [træn'send] *vtr* (surpass) exceder, superar [*performance, quality*]; RELIG, PHILOS transcender.

transcendental [trænsen'dentl] *adj* transcendental.

transcribe [træn'skraɪb] *vtr* (gen) MUS (by writing) transcrever (**into** em).

transcript ['trænskrɪpt] *n* (gen) transcrição *f*; cópia *f*.

transept ['trænsept] *n* transepto *m*.

transfer [trænsˈfɜː(r)] **1** *n* **a**) transferência *f* (**from** de; **to** para/a); (of property, debt) cessão *f* (**from** de; **to** para); (of funds) transferência *f*; **b**) (relocation) (of employee, footballer, patient, prisoner) transferência *f* (**from** de; **to** para); **c**) (on skin, china, paper) decalcomania *f*; **d**) SEWING decalque *m*. **2** *vtr* (*pres p etc* **-rr-**) **a**) transferir [*data, luggage, prisoner*] (**from** de; **to** para); ceder, legar [*property, power*]; **b**) (relocate) transferir [*employee, office, prisoner, player*]. **3** *vi* (*pres p etc* **-rr-**) **a**) ser transferido [*employee, footballer, passenger*]; **I'm ~ring to the Boston office** eu vou ser transferido para o escritório de Boston; **b**) AVIAT [*air traveller*] mudar de avião; **c**) UNIV (change university) [*student*] mudar de universidade; (change course) mudar de curso.

transferable [trænsˈfɜːrəbl, 'trænsfərəbl] *adj* [*security, value*] transferível; [*right, vote*] transmissível; [*debt, expertise, skill*] transmissível.

transference ['trænsfərəns] *n* (gen) (of blame, responsibility) PSYCH transferência *f*; (of power, thought) transmissão *f*.

transfigure [trænsˈfɪgə(r)] *vtr* (formal) transfigurar.

transform [træns'fɔːm] *vtr* transformar (**from** de; **into** em); **to be ~ed into** transformar-se em.
transformation [trænsfə'meɪʃn] *n* transformação *f* (**from** de; **into** em).
transformer [træns'fɔːmə(r)] *n* transformador *m.*
transfusion [træns'fjuːʒn] *n* transfusão *f.*
transient ['trænzɪənt] *adj* [*phase*] transitório,-a, passageiro,-a; [*emotion, beauty*] efémero,-a; [*population*] de passagem.
transistor [træn'sɪstə(r)] *n* transístor *m.*
transit [trænsɪt] **1** *n* trânsito *m*; **in ~** em trânsito. **2** *modif* [*camp, lounge*] de trânsito; [*passenger*] em trânsito.
transition ['træn'zɪʃn, træn'sɪʒn] **1** *n* transição *f.* **2** *modif* [*period, point*] de transição.
transitional [træn'sɪʒənl, træn'zɪʃənl] *adj* [*arrangement, measure*] transitório,-a; [*economy, period*] de transição.
transitive [trænsɪtɪv] *adj* transitivo,-a.
transitory ['trænsɪtərɪ] *adj* [*stage*] transitório,-a; [*hope, pain*] passageiro,-a.
translate [træn'sleɪt] **1** *vtr* traduzir (**from** de); **to ~ theory into practice** traduzir a teoria na prática. **2** *vi* [*person*] traduzir; [*word, phrase, text*] traduzir-se; **this word does not ~** esta palavra não se traduz.
translation [træns'leɪʃn] *n* tradução *f* (**from** de; **into** em; **of** de); **the play loses a lot in ~** a peça perde muito com a tradução.
translator [træns'leɪtə(r)] *n* tradutor, a *m, f.*
translucent [træns'luːsənt] *adj* translúcido,-a.
transmission [træns'mɪʃn] *n* transmissão *f.*
transmit [træns'mɪt] *vtr* (*pres p etc* **-tt-**) transmitir (**from** de; **to** para).
transmitter [træns'mɪtə(r)] *n* RADIO, TV emissor *m.*
transmute [træns'mjuːt] *vtr* SCI transmudar (**in**to em).
transparency [træns'pærənsɪ] *n* **a)** (gen) (fig) transparência *f*; **b)** PHOT diapositivo *m*; **c)** (for overhead projector) transparência *f.*
transparent [træns'pærənt] *adj* (lit, fig) transparente.
transpire [træn'spɑ.ɪə(r)] *vi* **a)** (be revealed) tornar-se conhecido; **b)** (occur) acontecer, produzir-se; **c)** BOT, PHYSIOL transpirar.
transplant [træns'plɑ.ɪnt] **1** *n* (operation) transplantação *f*; (organ, tissue transplanted) transplante *m*; **to have a heart ~** submeter-se a uma operação de transplante de coração. **2** *vtr* **a)** transplantar [*plant, tree, seedlings*]; **b)** MED transplantar.
transport [træns'pɔːt] **1** *n* **a)** transporte *m*; **air/road ~** transporte aéreo/terrestre; **to travel by public ~** utilizar os transportes públicos; **Ministry** GB *or* **Department of T~** ministério *m* dos Transportes; **I haven't got any ~ at the moment** neste momento, não tenho meio de transporte; **b)** MIL (ship) (navio *m* de) transporte *m* de tropas; (aircraft) (avião *m* de) transporte de tropas; **c)** (rapture) arrebatamento *m*; entusiasmo *m*; **to go into ~s of delight** ficar extasiado,-a. **2** *modif* [*costs, facilities, ship*] de transporte; [*industry, strike, system*] dos transportes. **3** *vtr* transportar [*passengers, goods*] (**from** de; **to** a, para).

transportation [trænspə'teɪʃn] *n* **a)** (of passengers, goods) transporte *m*; **b)** HIST deportação *f.*
transport café *n* GB café *m* de estrada.
transporter [træns'pɔːtə(r)] *n* MIL transportador *m.*
transpose [træns'pəʊz] *vtr* **a)** inverter (a ordem) [*pages, arguments*]; **b)** MUS, MATH transpor.
transverse ['trænsvɜːs] **1** *n* parte *f*; transversal. **2** *adj* transversal.
transvestite [trænz'vestaɪt] *n* travesti *m/f.*
trap [træp] **1** *n* **a)** (snare) armadilha *f* PO, arapuca *f* BR; **to set a ~** pôr uma armadilha para [*animals*]; armar uma emboscada PO/tocaia BR a [*humans*]; **to fall into a ~** cair numa armadilha; **to fall into the ~ of doing** cometer o erro de fazer; **b)** (vehicle) carruagem *f* leve de molas com duas rodas; **c)** (slang) (mouth) goela *f* (fam); **shut your ~!** cala a boca! (fam). **2** *vtr* (*pres p etc* **-pp-**) **a)** apanhar em armadilha [*animal*]; **b)** (catch, immobilize) prender [*person, finger*]; **to be ~ped in a situation** estar prisioneiro de uma situação.
trapdoor *n* alçapão *m.*
trapper ['træpə(r)] *n* pessoa *f* que prepara armadilhas PO/arapucas BR.
trash [træʃ] *n* **a)** US (refuse) (in streets) resíduos *mpl*; (household) lixo *m*; **b)** (pej) (goods) fancaria *f* (fam); **c)** (coll, pej) (nonsense) disparates *mpl*; **the film is (absolute) ~** o filme não presta para nada; **d)** (coll, pej) (person) pessoa *f* ordinária; **she's just ~** ela é ordinária!.
trashcan *n* US caixote *m* do lixo.
trashy ['træʃɪ] (coll) *adj* (pej) [*novel, film, magazine*] ordinário,-a, insignificante; [*goods*] de fancaria (pej).
travel ['trævl] **1** *n* viagens *fpl*; **air/sea/space ~** viagens *fpl* aéreas/marítimas/espaciais; **foreign ~** viagens *fpl* ao estrangeiro; **~ is easy/expensive in those parts** é fácil/caro viajar nessa região. **2 travels** *npl* viagens *fpl*; **on/in the course of my ~s** no curso das minhas viagens; **he's off on his ~s again** ele está outra vez em viagem. **3** *modif* [*book, grant, plans, service*] de viagem; [*brochure, company, firm, magazine*] de viagens; [*business*] de turismo; [*writer*] (de descrição) de viagens. **4** *vtr* (GB **-ll-**, US **-l-**) percorrer [*country, district, road, distance*]. **5** *vi* **a)** (journey) [*person*] viajar; **to ~ abroad** ir ao estrangeiro; **to ~ widely** viajar muito; **to ~ by bus/car** viajar de autocarro/carro; **to ~ to Brazil** ir ao Brasil; **b)** (proceed) [*person, news, object, vehicle*] ir; [*light, sound, wave*] PHYS propagar-se; [*moving part, piston*] deslocar-se; **to ~ at 50 km/h** viajar a 50 km à hora; **the train was ~ling through a tunnel** o comboio PO/trem BR atravessava um túnel; **it was ~ling faster than the speed of sound** ultrapassava a velocidade do som; **bad news ~s fast** as más notícias correm depressa; **he let his eye ~ along the line of men** o seu olhar percorreu a fila de homens; **to ~ back/forward in time** viajar ao passado/ao futuro; **c)** COMM (sell) **to ~ in** ser representante de/ser vendedor de [*product*]; **d)** (stand up to travelling) [*cheese, fruit, vegetable, wine*] suportar o transporte. **6 ~~led** (*in compounds*) **widely-~~led** [*person*] muito viajado,-a; **much/well-~~led** [*road, route*] muito frequentado,-a.

travel agency *n* agência *f* de viagens.

travel agent *n* agente *m* de viagens.

travelator ['trævəleɪtə(r)] *n* tapete *m* rolante.

travel bureau *n* see **travel agency**.

traveller GB, **traveler** US ['trævlə(r)] *n* **a)** (voyager) viajante *m/f*; **b)** (commercial) representante *m/f*; **c)** GB (gypsy) nómada *m*, *f* PO, nômade *m*, *f* BR.

traveller's cheque GB, **traveler's cheque** US *n* cheque *m* de viagem.

travelling GB, **traveling** US ['trævlɪŋ] **1** *n* viagem *f*; viagens *fpl*; **to go** ~ partir em viagem; **the job involves** ~ o emprego exige deslocações. **2** *adj* **a)** [*actor, company, exhibition*] itinerante; [*bank*] móvel; **the** ~ **public** os utilizadores dos transportes; **b)** [*companion, rug*] de viagem; **c)** [*scholarship*] de viagem; [*allowance, expenses*] de deslocação.

travelogue GB, **travelog** US ['trævəlɒg] *n* (film) filme *m* de viagem; (talk) narração *f* de viagem.

travel-sick *adj* **to be/get** ~ ficar enjoado em viagens.

travel: ~-**sickness** *n* enjoo *m* em transportes; ~-**sickness pills** *npl* medicamento *m* contra o enjoo em transportes.

tray [treɪ] *n* (gen) travessa *f*; **baking** ~ tabuleiro *m* para bolos; **ice** ~ balde *m* de gelo; **in-/out-**~ cesto *m* de entrada/saída.

treacherous ['tretʃərəs] *adj* (gen) traiçoeiro,-a; [*road*] traiçoeira, muito perigosa.

tread [tred] **1** *n* **a)** (footstep) passo *m*; **b)** (of stair) piso *m* superior de degrau; (of tyre) face *f* de rodagem de pneu. **2** *vtr* (*past* **trod** *pp* **trodden**) palmilhar [*street, path, area*]; **to** ~ **grapes** pisar uvas; **to** ~ **sth underfoot** espezinhar qq coisa, esmagar qq coisa; **to** ~ **water** manter-se à tona da água; **a well-trodden path** (lit) um caminho muito utilizado. **3** *vi* (*past* **trod** *pp* **trodden**) (walk) caminhar; **to** ~ **on sth** (walk, step) caminhar sobre qq coisa; (squash) pisar qq coisa; **to** ~ **carefully/warily** (fig) ser/mostrar-se prudente.

treadmill ['tredmɪl] *n* (fig) trabalho *m* árduo ou enfadonho.

treason ['triːzn] *n* traição *f*; **high** ~ alta traição.

treasure ['treʒə(r)] **1** *n* **a)** tesouro *m*; **b)** (prized person) (woman) pérola *f*; (man) tesouro *m*. **2** *vtr* **a)** (cherish) estimar, acarinhar [*person, memory, gift*]; **b)** (prize) prezar, dar grande valor a [*quality, independence, friendship*]; dar valor a [*object, possession*]. **3 treasured** *pp adj* [*memory, possession, member*] precioso,-a.

treasure house *n* (fig) **a** ~ **of information** uma fonte de informações.

treasure hunt *n* caça *f* ao tesouro.

treasurer ['treʒərər] *n* **a)** (on committee) tesoureiro,-a *m, f*; **b)** US COMM, FIN (in company) director *m* financeiro.

treasure trove ['treʒə trəʊv] *n* tesouro *m*.

treasury ['treʒərɪ] *n* **a)** (state, company revenues) tesouraria *f*; **b)** (lit) (in cathedral) tesouro *m*; (in palace) museu *m*; **c)** (fig) (collection) **a** ~ **of** um tesouro de.

treat [triːt] **1** *n* (pleasure) (pequeno) prazer *m*; divertimento *m*; (food) lambarice *f*; **I took them to the theatre as a** ~ eu levei-os ao teatro como prémio; **it was a** ~ **to get your letter** foi muito

agradável receber a tua carta; **oysters! what a** ~! ostras! tu estragas-me com mimos!; **as a special** ~ **I was allowed to stay up late** como prémio deixaram-me deitar tarde; **a** ~ **in store** uma boa surpresa; **it's my** ~ sou eu que pago; **to stand sb a** ~ oferecer/pagar qq coisa a alg. **2** (coll) **a** ~ *adv phr* **the plan worked a** ~ o plano andou sobre rodas (fam); **the cake/present went down a** ~ **with the children** as crianças adoraram o bolo/o presente. **3** *vtr* **a)** (gen) tratar [*person, animal, object, topic*]; **to** ~ **sb well/ badly** tratar bem/mal alg; **to** ~ **as** tratar como [*person*]; considerar como [*remark, event, topic*]; **they** ~**ed the whole thing as a joke** eles levaram tudo a brincar; **they** ~ **the house like a hotel** eles pensam que a casa é um hotel; **b)** CHEM, CONSTR, IND, MED tratar [*chemical, disease, disorder, fabric, problem, substance, water*]; cuidar, tratar [*casualty, patient*]; **to** ~ **sb with** MED tratar alg com; **c)** (pay for) **go on, have it, I'll** ~ **you** bebe, sou eu que pago; **to** ~ **sb to sth** pagar/oferecer algo a alg. **4** *v refl* **I** ~**ed myself to a weekend in Paris/a new hairdo** eu ofereci a mim próprio um fim-de-semana em Paris/um novo penteado.

treatise ['triːtɪs, 'triːtɪz] *n* tratado *m* (**on** sobre).

treatment ['triːtmənt] *n* **a)** (gen) (on person, topic) tratamento *m* (**of** de); **special** ~ tratamento *m* especial; **it won't stand up to rough** ~ isso não resistirá a maus tratos; **her husband's** ~ **of her was...** a maneira como o marido a tratava era...; **b)** MED (in general) tratamento *m*; (more particular) cuidados *mpl*; **dental** ~ cuidados *mpl* dentários; **a course of** ~ um tratamento; **to receive** ~ **for sth** ser tratado/receber tratamento por qq coisa; **to undergo** ~ estar em tratamento; **c)** CHEM, CONSTR, IND tratamento (**against** contra; **with** com).

treaty ['triːtɪ] *n* **a)** POL tratado *m* (**for** para); **peace** ~ tratado *m* de paz; **b)** JUR; contrato *m*; **for sale by private** ~ para vender de comum acordo.

treble ['trebl] **1** *n* (voice) soprano *m*. **2** *adj* **a)** triplo; **b)** MUS [*voice*] de soprano. **3** *det* ~ **the speed** três vezes mais depressa. **4** *vtr, vi* triplicar.

tree [triː] *n* árvore *f*; **an apple** ~ uma macieira; **the** ~ **of life** a árvore da vida. IDIOMAS **he can't see the wood/forest for the** ~s ele perde-se nos pormenores; **money doesn't grow on** ~s o dinheiro não cresce nas árvores; **to get to/be at the top of the** ~ chegar/estar na frente.

tree house *n* cabana *f* numa árvore.

treeless ['triːlɪs] *adj* sem árvores.

tree: ~-**lined** *adj* ladeado,-a de árvores; ~ **trunk** *n* tronco *m* de árvore.

trek [trek] **1** *n* (long journey) jornada *f*. **2** *vi* (*pres p etc* -**kk**-) **to** ~ **across/through** atravessar penosamente [*desert, jungle*]; **I had to** ~ **into town** tive de ir a pé até à cidade.

tremble ['trembl] *vi* [*person, body, leaf*] tremer, estremecer (**with** de); [*voice, hands, lip, building*] tremer (**with** de); **how much does he owe? — I** ~ **to think!** quanto é que ele deve? — tremo só de pensar!.

trembling ['tremblɪŋ] **1** *n* estremecimento *m*; tremor *m*. **2** *adj* [*person, body, leaf*] trémulo,-a, tremente; [*voice, hand, lip, building*] tremente.

trench [trentʃ] *n* trincheira *f*.
trench coat *n* gabardina *f* Po, capa de chuva *f* Br; impermeável *m*.
trend [trend] *n* **a**) (tendency) tendência *f*; **a ~ in** uma tendência no domínio de [*medicine, education*]; **a ~ towards democracy** uma tendência para a democracia; **a ~ away from** um desinteresse por [*government aid, arts studies*]; **b**) (fashion) moda *f*; **to set a new ~** lançar uma moda nova; **to follow the ~** seguir a moda.
trendsetter *n* inovador, a *m, f*.
trendy ['trendɪ] (coll) **1** *n* GB (pej) escravo *m* da moda. **2** *adj* (often pej) [*clothes, styles, venue, district, film, opinion, politician*] à moda, moderno,-a.
trespass ['trespəs] *vi* **a**) (enter unlawfully) (gen) introduzir-se ilegalmente; **to ~ on** (gen) penetrar ilegalmente em; Jur violar [*property*]; **"no ~ing"** "proibida a entrada"; **b**) (fig) **to ~ on** abusar de [*time, generosity*]; violar [*rights, liberty*]; **c**) **to ~ against** Relig ofender.
trespasser ['trespəsə(r)] *n* intruso,-a *m, f*; **"~s will be prosecuted"** "os intrusos poderão ser molestados".
trial ['traɪl] **1** *n* **a**) Jur julgamento *m*; **to be on ~** estar a ser julgado (**for sth** por qq coisa) (**for doing sth** por ter feito qq coisa); **to go to ~** [*case*] ser julgado; **to go on/stand ~** ser julgado; **to come up for ~** [*person*] ir a julgamento; [*case*] ser julgado; **to put sb on ~** julgar alg; **~ by jury** julgamento por júri; **b**) (of applicant, machine, recruit, vehicle) experiência *f*; ensaio *m*; (of drug, process) teste *m*; **to put sb through ~s** pôr alg à prova; **take it on ~** leve-o à experiência; **~ and error** ensaios sucessivos; **c**) Mus, Sport prova *f*; **football ~s** preliminares *fpl* de futebol; **~ of strength** prova *f* de força; **d**) (trouble, difficulty) provação *f*; (less strong) dificuldade *f*; **the ~s of being a mother** as dificuldades *fpl* da maternidade. **2** *modif* (gen) [*arrangement, flight, offer, period, sample*] de ensaio.
trial run *n* ensaio *m*; **to take a car of a ~** fazer um ensaio com um carro.
triangle ['traɪaɲgl] *n* triângulo *m*.
tribe [traɪb] *n* tribo *f*.
tribesman ['traɪbzmən] *n* membro *m* de uma tribo.
tribulation [trɪbjʊ'leɪʃn] *n* **trials and ~s** adversidades *fpl*.
tribune ['trɪbjuːn] *n* (platform) tribuna *f*.
tribute ['trɪbjuːt] *n* homenagem *f*; **to pay ~ to** prestar homenagem a; **as a ~ to** em homenagem a; **this is a ~ to her genius** (fig) isto testemunha o seu génio.
trick [trɪk] **1** *n* **a**) truque *m*; combinação *f*; **to play a ~ on sb** fazer uma partida a alg; **b**) (by magician, conjurer, dog, horse) passe *m*; truque *m*; **to do/perform a ~** fazer/executar um truque; **c**) (knack, secret) truque *m*; **the ~ is to...** o segredo está em...; **d**) (habit, mannerism) mania *f*; **to have a ~ of doing** ter a mania de fazer; **e**) (in cards) vaza *f*; **to take** *or* **win a ~** fazer uma vaza. **2** *modif* [*photo, shot*] falsificado,-a. **3** *vtr* enganar Po, embromar Br; **to ~ sb into doing** levar alg pela manha a fazer qq coisa; **I've been ~ed!** fui levado! (fam). **IDIOMAS to do the ~** resolver o assunto.

trickery ['trɪkərɪ] *n* fraude *f*; trapaça *f*.
trickle ['trɪkl] **1** *n* **a**) (of liquid) fio *m*; **b**) (of investment, orders) pequena quantidade *f*; (of people) pequeno número *m*; **the ~ back to work became a flood** o retorno lento ao trabalho aumentou consideravelmente. **2** *vi* **to ~ down** escorrer ao longo de [*pane, wall*]; **blood ~d down his cheek** o sangue escorria-lhe pela cara abaixo; **to ~ into** correr para dentro de [*container, channel*]; infiltrar-se em [*country, organization*]; **to ~ out of** [*liquid*] escorrer de; [*people*] escoar-se lentamente. ■ **trickle away** [*water*] escoar-se lentamente; [*people*] afastar-se lentamente. ■ **trickle in** chegar a conta-gotas.
trickster ['trɪkstə(r)] *n* vigarista *m/f* Po, vivaldino *m* Br.
tricky ['trɪkɪ] *adj* **a**) [*decision, business, job, task*] difícil; [*problem, question*] complicado,-a; [*situation*] delicado,-a; **b**) (sly, wily) manhoso,-a, astuto,-a.
tricycle ['traɪsɪkl] *n* (cycle) triciclo *m*.
tried [traɪd] **1** *past, pp* see **try**. **2** *pp adj* **a ~ and tested remedy** um medicamento largamente testado.
trifle ['traɪfl] **1** *n* **a**) **a ~** um pouco, ligeiramente; **a ~ dull** ligeiramente/um pouco aborrecido; **b**) (triviality) (gift, money) bagatela *f*; (matter, problem) pormenor *m*; coisa *f* sem importância; **to waste time on ~s** perder o seu tempo com futilidades; **c**) GB Culin (sherry) ~ sobremesa feita de pão-de-ló ensopado em vinho ou licor com claras ou natas batidas. **2** *vi* **to ~ with** brincar com [*feelings, affections*]; **to ~ with sb** proceder levianamente com alg.
trifling ['traɪflɪŋ] (formal) *adj* [*sum, cost*] insignificante; **~ matters** ninharias.
trigger ['trɪgə(r)] **1** *n* **a**) (on gun) gatilho *m*; **to pull the ~** puxar o gatilho; **b**) (on machine) alavanca *f*. **2** *vtr* see **~ off**. ■ **trigger off**: **~ (sth) off**, **~ off (sth)** desencadear (qq coisa).
trigger-happy ['trɪgəhæpɪ] (coll) *adj* pronto a puxar o gatilho à menor provocação.
trilby ['trɪlbɪ] *n* see **~ hat**.
trilby hat ['trɪlbɪ-hæt] chapéu *m* de feltro.
trill [trɪl] **1** *n* **a**) Mus trinado *m*; **b**) Ling r *m* rolado. **2** *vtr* **a**) Mus fazer trinados; **b**) Ling rolar os rr.
trilogy ['trɪlədʒɪ] *n* trilogia *f*.
trim [trɪm] **1** *n* **a**) (cut) (of hair) corte *m* de cabelo; (of hedge) poda *f*; **he gave my hair a ~** ele cortou-me o cabelo; **b**) (good condition) **to keep oneself in ~** manter-se em forma; **c**) (border) (on clothing) orla *f*; (of braid) galão *m*; (on woodwork) moldura *f*; **d**) Aut acabamento *m*. **2** *adj* (appearance, garden, person) asseado,-a, bem apresentado,-a; [*boat, house*] em bom estado; [*figure*] esbelto,-a; [*waist*] fino,-a. **3** *vtr* (*pres p etc* **-mm-**) **a**) (cut) aparar [*beard, hedge*]; cortar [*branch, grass, material, paper*]; marginar [*page*]; aplainar [*wood*]; **to ~ (the wick of) a lamp** tirar o morrão da vela; **b**) (reduce) reduzir [*budget, expenditure, workforce*] (**by** de); encurtar [*article, speech*] (**by** de); **c**) Culin aparar, tirar a gordura [*meat*]; **d**) (decorate) decorar [*tree, woodwork, kitchen unit*] (**in** em; **with** com); guarnecer [*dress, handkerchief*] (**with** com).

trimming ['trɪmɪŋ] **1** *n* (on clothing) guarnição *f*; (on soft furnishings) enfeite *m*. **2 trimmings** *npl* **a)** CULIN acompanhamentos *mpl* tradicionais; **a turkey with all the** ~ um peru com todos os acompanhamentos; **b)** (of pastry) sobras *fpl*.

Trinidad ['trɪnɪdæd] *n* ilha *f* Trindade.

Trinity ['trɪnɪtɪ] *n* **the** ~ a Trindade *f*; **the Holy** ~ *or* **Blessed** ~ a Santíssima Trindade.

Trinity Sunday *n* o primeiro Domingo *m* depois do Pentecostes.

trinket ['trɪŋkɪt] *n* berloque *m*; bugiganga *f*.

trio ['tri:əʊ] *n* trio *m* (**of** de).

trip [trɪp] **1** *n* **a)** (journey) (abroad) viagem *f*; (excursion) excursão *f*; **a** ~ **to Greece** uma viagem à Grécia; **to go on/take a** ~ fazer uma viagem; **a** ~ **to the seaside** uma excursão até à beira-mar; **she's away on a** ~ ela está em viagem; **we did the** ~ **in five hours** nós fizemos a viagem em 5 horas; **it's only a short** ~ **into London** é apenas um pequeno passeio a Londres; **b)** (coll) (drug experience) viagem *f*. **2** *vtr* (*pres p etc* **-pp-**) (gen) fazer tropeçar; (with foot) fazer uma rasteira a [*person*]. **3** *vi* (*pres p etc* **-pp-**) **a)** (*also* ~ **over**, ~ **up**) (stumble) tropeçar, dar um passo em falso; **to** ~ **on/over sth** tropeçar em [*kerb, step, rock*]; **b) to** ~ **along** [*child*] saltitar; [*adult*] caminhar com passos rápidos; **to** ~ **into/ out** entrar/sair em passos rápidos. ■ **trip up: to** ~ **up a)** tropeçar, dar um passo em falso; **b)** (make an error) enganar-se; **to** ~ **(sb) up** (gen) fazer alg tropeçar; (with foot) fazer uma rasteira a alg.

tripe [traɪp] *n* **a)** CULIN tripas *fpl*; **b)** (coll) (nonsense) tolice *f*.

triple ['trɪpl] **1** *n* triplo *m* (*usu before n*). **2** *adj* triplo,-a; **in** ~ **time** MUS a três tempos, em compasso ternário. **3** *vtr, vi* triplicar [*rent, profits*].

triple jump ['trɪpldʒʌmp] *n* triplo salto *m*.

triplet [trɪplɪt] *n* (child) trigémeo,-a *m*.

triplicate ['trɪplɪkət] *loc adv* **in** ~ em triplicado.

tripod ['traɪpɒd] *n* tripé *m*.

tripper ['trɪpə(r)] *n* excursionista *m/f*; turista *m/f*.

trip wire *n* fio *m* de disparo.

trite [traɪt] *adj* banal, vulgar.

triumph ['traɪəmf, 'traɪʌmf] **1** *n* triunfo *m*; júbilo *m*; **a sense/an air of** ~ uma sensação de triunfo/um ar triunfante. **2** *vi* triunfar (**over** sobre, de).

triumphant [traɪ'ʌmfənt] *adj* [*person, team*] triunfante, vitorioso,-a; [*return, production, summit*] triunfal.

trivia ['trɪvɪə] *npl* (+ *v sg or pl*) futilidades *fpl*.

trivial ['trɪvɪəl] *adj* [*matter, scale, film*] trivial; [*error, offence*] ligeiro,-a; [*conversation, argument, person*] fútil.

triviality [trɪvɪ'ælɪtɪ] *n* banalidade *f*; **to waste time on trivialities** perder tempo com futilidades.

trivialize ['trɪvɪəlaɪz] *vtr* banalizar [*debate, comparison*]; minimizar [*role, art*].

trod [trɒd] *past* see **tread**.

trodden ['trɒd(ə)n] *pp* see **tread**.

trolley ['trɒlɪ] *n* **a)** carro *m*; **dessert/drinks** ~ carrinho *m* das sobremesas/bebidas; **luggage** ~ carro *m* para bagagens; **b)** US carro-eléctrico *m*.

trolleybus *n* trolei *m*.

trombone [trɒm'bəʊn] *n* trombone *m*.

troop [tru:p] **1** *n* tropa *f*. **2** *modif* [*train, plane*] de tropas. **3** *vi* **to** ~ **in/out** entrar, sair em massa.

troop carrier *n* transportador *m*; de tropa.

trooper ['tru:pə(r)] *n* **a)** MIL soldado *m* de cavalaria; **b)** US (policeman) polícia *m* montado. IDIOMAS **to swear like a** ~ praguejar como um carroceiro (fam).

trophy ['trəʊfɪ] *n* troféu *m*.

tropic ['trɒpɪk] *n* trópico *m*; **the** ~ **of Cancer/ Capricorn** o trópico de Cancer/de Capricórnio; **in the** ~**s** nos trópicos.

trot [trɒt] **1** *vi* (of horse) trote *m*; **to break into a** ~ pôr-se a trote; [*person*] pôr-se a andar em passo rápido. **2** *vtr* (*pres p etc* **-tt-**) [*horse, animal, rider*] trotar, andar a trote. IDIOMAS **to be on the** ~ (coll) andar sempre a correr/atarefado; **on the** ~ (coll) (one after the other) um atrás do outro; (continuously) de enfiada. ■ **trot out: to** ~ **out (sth), to** ~ **(sth) out** apresentar [*excuse, explanation, argument*].

trotter ['trɒtə(r)] *n* (of animal) pé *m*; **pigs'/ sheeps'** ~**s** pés de porco/de carneiro.

trouble ['trʌbl] **1** *n* **a)** (problem) problemas *fpl*; **that's the** ~ é aí que está o problema; **to cause** *or* **give sb** ~ [*machine, person, exam, question*] causar ou dar problemas a alg; **to get sb into** ~ meter alg em sarilhos; **to be asking for** ~ andar à procura de sarilhos; **the** ~ **with you is that...** o problema contigo é que...; **what's the** ~**?** que é que se passa? ou qual é o problema?; **b)** (difficulties) dificuldade(s) *m(pl)*; **to be** *or* **get into** ~ [*company, business*] ter dificuldades; **to have** ~ **doing** ter dificuldade em fazer; **to get out of** ~ livrar-se de dificuldades; **c)** (effort, inconvenience) pena *f*; esforço *m*; **it's not worth the** ~ isso não vale a pena; **to take the** ~ **to do** dar-se ao trabalho de fazer; **he put me to the** ~ **of doing** ele obrigou-me a fazer; **to save sb/oneself the** ~ **of doing** poupar alg/poupar-se ao trabalho de fazer; **I don't want to put you to any** ~ não te quero incomodar; **it's no** ~ não incomoda nada; **d)** (discord) (gen) problemas *mpl*; (with personal involvement) aborrecimentos *mpl*; **I don't want any** ~ não quero aborrecimentos; **there'll be** ~ vai haver problemas; **to make** ~ provocar problemas; **there's** ~ **brewing** há confusão no ar ou vem aí tempestade (fig). **2 troubles** *npl* (worries) preocupações *fpl*; **money** ~**s** problemas de dinheiro. **3** *vtr* **a)** (bother) [*person*] incomodar [*person*]; **sorry to** ~ **you** desculpa incomodar-te; **to** ~ **sb for sth** incomodar alg para pedir qq coisa; **may I** ~ **you for the butter?** posso-te pedir a manteiga?; **b)** (worry) preocupar [*person*]; **don't let that** ~ **you** não deixes que isso te preocupe. **4** *v refl* **to** ~ **oneself to do** dar-se ao trabalho de fazer; **don't** ~ **yourself!** (iron) não precisas de te incomodar!. **5** *vi* **to** ~ **to do** dar-se ao incómodo de fazer.

troubled ['trʌbld] *adj* [*person, expression*] preocupado,-a; [*mind*] inquieto,-a; [*sleep, times, area, waters*] agitado,-a.

trouble: ~**free** *adj* [*period, operation*] sem problemas; ~**maker** *n* pessoa *f* conflituosa; ~**shooter** *n* conciliador, a *m, f*.

troublesome ['trʌblsəm] *adj* [*person*] incómodo,-a, chato,-a (fam); [*problem, objection*] perturbador, a; [*cough, pain*] desagradável.

trouble spot *n* ponto *m* quente; área *f* de conflitos.

trough [trɒf] *n* **a**) (for drinking) bebedouro *m*; (for animal feed) comedouro *m*; **b**) (between waves, hills) vão *m*; côncavo *m*; **c**) METEOROL depressão *f*; **d**) (slack period) período *m* baixo; **to have peaks and ~s** ter altos e baixos.

troupe [tru:p] *n* grupo *m*; trupe *f*.

trouser ['trauzə] **1** *modif* [*leg, pocket*] de calças. **2 trousers** *npl* calças *fpl*; **short** ~ calções *mpl*; **long** ~ calças *fpl* compridas.

trousseau ['tru:səʊ] *n* enxoval *m* (de noiva).

trout [traʊt] **1** *n* (fish) truta *f*. **2** *modif* [*stream*] de trutas; [*fishing*] à truta.

trowel ['traʊəl] *n* **a**) (for cement) colher *f* de pedreiro; **b**) (for gardening) colher *f* de jardineiro. IDIOMAS **to lay it on with a** ~ (coll) fazer parecer as coisas melhores ou piores do que elas são (conforme as conveniências).

truancy ['tru:ənsɪ] *n* absentismo *m*.

truant ['tru:ənt] *n* criança *f* que falta à escola. IDIOMAS **to play** ~ fazer gazeta, faltar às aulas.

truce [tru:s] *n* trégua *f*.

truck [trʌk] **1** *n* **a**) (lorry) camião *m* Po, caminhão *m* BR; **b**) (rail wagon) vagão *m* de mercadorias. **2** *vtr* transportar em camião. **3** *vi* conduzir um camião. IDIOMAS **to have no** ~ **with sb/sth** não querer nada com alg/algo.

truck driver *n* camionista *m/f* Po, caminhoneiro *m* BR.

trucker ['trʌkə(r)] *n* (coll) camionista *m/f* Po, caminhoneiro *m* BR.

truckload *n* carregamento *m*; **by the** ~ em quantidade industrial.

truculent ['trʌkjʊlənt] *adj* truculento,-a, agressivo,-a.

trudge [trʌdʒ] *vi* caminhar penosamente/com um passo pesado; **to** ~ **through the snow/up the hill** caminhar com dificuldade na neve/pela montanha acima; **to** ~ **round the shops** arrastar-se de loja para loja.

true [tru:] **1** *adj* **a**) (based on fact) [*account, news, rumour, fact*] verdadeiro,-a; (from real life) vivido,-a; **it is only too** ~ **that...** infelizmente é verdade que...; **it can't be** ~! não é possível!; (agreeing) **that's** ~ é correcto/está certo; **b**) (genuine) [*god, democracy, American, worth*] verdadeiro,-a, genuíno,-a; **c**) (heartfelt, sincere) [*feeling, repentance, understanding*] sincero,-a; ~ **love** o verdadeiro amor; **d**) (accurate) [*copy*] exacto,-a; [*assessment*] correcto,-a, justo,-a; **is the photo a** ~ **likeness?** a fotografia está verdadeiramente parecida?; **e**) [*faithful, loyal*] fiel (**to** a); **to be** ~ **to one's word** ser fiel à sua palavra; **f**) [*window, post, frame*] direito,-a; **g**) MUS [*note, instrument*] bem afinado,-a. **2 out-of-~** *adj phr* não aprumado,-a. **3** *adv* (straight) [*aim*] bem. IDIOMAS **to be too good to be** ~ ser bom demais para ser verdade; **people like him run** ~ **to type** sabe-se o que se espera de pessoas como ele; ~ **to form** como previsto.

true: ~**-blue** *adj* leal, fiel *inv*; ~**-life** *adj* [*adventure, saga, story*] vivido,-a, verídico,-a.

truffle ['trʌfl] *n* (fungus, chocolate) trufa *f*.

truism ['tru:ɪzm] *n* truísmo *m*.

truly ['tru:lɪ] *adv* **a**) (extremely) [*amazing, delighted, sorry, horrendous*] verdadeiramente; **b**) (really) [*be, belong, think*] realmente; **c**) (in letter) **yours** ~ com a maior consideração. IDIOMAS **really and** ~? de verdade?.

trump [trʌmp] **1** *n* GAMES trunfo *m*. **2 trumps** *npl* GAMES trunfo *m*; **spades are** ~ o trunfo é espadas. **3** *vtr* **a**) (games) cortar com trunfo; **b**) (beat) bater, ultrapassar. IDIOMAS **to come/ turn up ~s** ganhar a sorte grande; (fig) ser mais bem sucedido do que se esperava.

trump card *n* trunfo *m*; **to play one's** ~ jogar o seu trunfo.

trumpet ['trʌmpɪt] **1** *n* **a**) MUS (instrument, player) clarim *m*; trombeta *f*; **b**) (elephant call) barrito *m* de elefante; **c**) (lit) (of daffodil) trombeta *f*. **2** *modif* [*solo*] de trombeta. **3** *vtr* JOURN (group, party) proclamar as virtudes de [*lifestyle*]; (newspaper) divulgar algo. **4** *vi* [*elephant*] barrir. IDIOMAS **to blow one's own** ~ elogiar-se a si próprio.

trumpeter ['trʌmpɪtə(r)] *n* trompeteiro *m*.

truncate [trʌŋ'keɪt] *vtr* **a**) truncar [*text*]; terminar abruptamente [*process, journey, event*]; **b**) COMPUT, MATH truncar.

truncheon ['trʌnʃn] *n* bastão *m*.

trundle ['trʌndl] **1** *vtr* exercer pressão; **to** ~ **sth in/out** pressionar qq coisa para dentro/para fora. **2** *vi* [*vehicle*] avançar pesadamente; **the lorries were trundling up and down the street** os camiões subiam e desciam pesadamente a rua.

trunk [trʌŋk] **1** *n* **a**) (of tree, body) tronco *m*; **b**) (of elephant) tromba *f*; **c**) (for travel) baú *m*; **d**) US (car boot) porta-bagagens *m*; **e**) (duct) conduta *f*. **2 trunks** *npl* calções *mpl* de banho (de homem).

trunk: ~ **call** (dated) *n* comunicação *f* a longa distância; ~ **road** *n* TRANSP via *f*; eixo *m*.

truss [trʌs] **1** *n* **a**) (of hay) fardo *m*; (of fruit, flowers) cacho *m*; **b**) MED funda *f* para hérnia; **c**) CONSTR armação *f*. **2** *vtr* **a**) see ~ **up**; **b**) CONSTR armar. ▪ **truss up: to** ~ **(sth) up, to** ~ **up (sth)** atar (com cordel) [*chicken, person*]; enfeixar [*hay*].

trust [trʌst] **1** *n* **a**) (faith) confiança *f*; **to take sth on** ~ confiar completamente em qq coisa; **b**) (group of companies) trust *m*; consórcio *m*. **2** *vtr* **a**) (believe) acreditar em, confiar em; **b**) (rely on) confiar em; ~ **me** confia em mim; **I wouldn't** ~ **him further than I could throw him** não confio minimamente nele; **c**) (entrust) **to** ~ **sb with sth** confiar qq coisa a alg; **d**) (hope) esperar (**that** que). **3 trusted** *pp adj* [*friend*] fiel. **4** *vi* **to** ~ **in sb** confiar em alg, crer em alg; **to** ~ **in God** crer em Deus; **to** ~ **to luck** fiar-se na sorte.

trustee [trʌs'ti:] *n* **a**) (for institution, company) administrador *m* (**of** de); **b**) (for another's property) fideicomisso *m*; depositário *m*.

trust fund *n* fundo *m* de fideicomisso.

trusting ['trʌstɪŋ] *adj* **he's very** ~ ele é uma pessoa confiante.

trustworthy *adj* [*staff, firm*] sério,-a; [*source*] fidedigno,-a; [*colleague, lover*] digno,-a de confiança.

truth [tru:θ] *n* **a**) (real facts) **the** ~ a verdade (**about** acerca de); **the whole** ~ toda a verdade; **whatever the** ~ **of the matter** o que quer que seja; **the** ~ **is that...** na realidade...; **to tell you**

the ~ para dizer a verdade; **I can't take one more day of this, and that's the ~!** (coll) na verdade eu já não suporto mais isto!; **b)** (accuracy) **the ~** a exactidão; **to confirm/deny the ~ of sth** confirmar/negar a exactidão de algo; **c)** (idea, fact, policy) verdade *f*; **d)** (foundation) **there is no ~ in that** isso é absolutamente falso; **there is some ~ in that** há alguma verdade nisso. IDIOMAS **~ is stranger than fiction** a realidade ultrapassa a ficção; **~ will out** a verdade há-de vir ao de cima.

truthful ['truːθfl] *adj* [*person*] que diz a verdade; [*account, version*] verdadeiro,-a; **to be absolutely/perfectly ~...** para ser franco....

try [traɪ] **1** *n* (*pl* **tries**) **a)** (attempt) tentativa *f*; **to have a ~ at doing** tentar fazer; **nice ~!** boa!; **to have a good ~** fazer o que se pode; **b)** SPORT (rugby) ensaio *m*. **2** *vtr* (*past, pp* **tried**) **a)** (attempt) tentar responder a [*exam question*]; **to ~ doing** *or* **to do** tentar fazer; **to ~ hard (to do)** fazer bastantes esforços (para fazer); **it's ~ing to rain** parece querer chover; **b)** (test out) experimentar [*recipe, tool, product, method, person*]; **to ~ one's hand at pottery** experimentar fazer olaria; **I'll ~ anything once** estou sempre aberto a novas experiências; **c)** (taste, sample) provar Po, degustar BR; **d)** (consult) perguntar a [*person*]; consultar [*book*]; **e)** (subject to stress) pôr à prova [*tolerance, faith*]; **to ~ sb's patience to the limit** levar alg ao limite da paciência; **f)** JUR julgar [*case, criminal*]. **3** *vi* (make attempt) tentar; **to ~ again** (to perform task) recomeçar; **to ~ for** tentar obter; **just you ~** (as threat) tenta e vais ver o que te acontece!. IDIOMAS **these things are sent to ~ us** (hum) tudo isto é para nosso bem. ■ **try on**: ~ **(sth) on, ~ on (sth)** experimentar [*hat, dress*]; **~ it on** experimentar até onde se pode ir. ■ **try out** [*sportsman*] fazer uma sessão de treino; [*actor*] fazer uma audição; ~ **(sb/sth) out, ~ out (sb/sth)** experimentar [*machine, theory, drug, language, recipe*]; pôr à prova [*person*].

trying [traɪɪŋ] *adj* [*person*] difícil; [*experience*] penoso,-a.

tsar [tzɑː(r)] *n* czar *m*.

T-shirt ['tiː.ʃɜːt] *n* T-shirt *f*; camisola *f* de manga curta em malha de algodão.

tub [tʌb] *n* **a)** (large, for flowers, water) tina *f*; pia *f* (**of de**); **b)** (small) (for dairy products, pâté) (pequeno) boião *m* (**of de**); **c)** (contents) vaso *m*; boião *m* (**of de**); **d)** US (bath) banheira *f*.

tuba ['tjuːbə] *n* MUS tuba *f*.

tubby ['tʌbɪ] *adj* (coll) atarracado,-a.

tube [tjuːb] *n* **a)** (cylindrical) tubo *m*; **b)** (coll) GB metro(politano) *m*; **c)** (coll) US TV televisão *f*; **d)** (in TV set) tubo *m* catódico.

tuber ['tjuːbə(r)] *n* tubérculo *m*.

tuberculosis [tjuːbɜːkjʊ'ləʊsɪs] *n* tuberculose *f*.

tubing ['tjuːbɪŋ] *n* tubagem *f*.

tubular ['tjuːbjʊlə(r)] *adj* tubular.

TUC *n* abrev = **Trades Union Congress**.

tuck [tʌk] **1** *n* prega *f*; (to shorten) dobra *f*. **2** *vtr* enfiar, guardar [*flat object*] (**behind** atrás de; **between** entre; **under** debaixo de); **he ~ed his shirt into his trousers** ele meteu a camisa por dentro das calças; **she ~ed her feet (up) under her** ela sentou-se com os pés dobrados debaixo

dela. ■ **tuck away**: ~ **(sth) away, ~ away (sth)** **a)** (safely, in reserve) guardar [*object*]; pôr em segurança [*money, valuable*]; **I've got £5,000 ~ed away in a Swiss bank account** tenho 5000 libras num banco da Suíça; **b)** (hard to find) **to be ~ed away** esconder-se. ■ **tuck in** (start eating) comer vorazmente, atacar (fam); ~ **in (sth)**, ~ **(sth) in** meter para dentro [*garment*]; prender [*bed clothes*]; ~ **(sb) in** (into bed) (*also* ~ **sb up**) aconchegar a roupa da cama (a alg).

tuck shop *n* GB bar *m*; bufete *m*.

Tue(s) abrev = **Tuesday**.

Tuesday ['tjuːzdeɪ,-dɪ] *n* terça-feira *f*.

tuft [tʌft] *n* tufo *m*.

tufted ['tʌftɪd] *adj* [*grass*] em tufos; [*bird*] com poupa.

tug [tʌg] **1** *n* **a)** (pull) (on fishing line) puxão *m*; **to give a ~ on a rope** puxar repentinamente uma corda; **b)** **I feel a ~ of loyalties** sinto-me acompanhado; **c)** (*also* ~ **boat**) rebocador *m*. **2** *vtr* rebocar [*boat*]. **3** *vi* puxar; **to ~ at one's moustache** puxar o seu bigode.

tug-of-war *n* SPORT luta *f* de tracção; (fig) luta *f*.

tuition [tju:'ɪ/n] *n* ensino *m*; **private ~** ensino privado.

tulip ['tjuːlɪp] *n* tulipa *f*.

tumble ['tʌmb] **1** *n* **a)** (fall) queda *f*; **to take a ~** (lit) dar uma queda; (fig) [*price, share, market*] cair, baixar bruscamente; **b)** (of clown, acrobat) cambalhota *f*; **c)** (jumble) confusão *f*. **2** *vi* **a)** [*person, object*] cair (**off, out of** de); **b)** **to ~ down sth** [*water, stream, waterfall*] cair em cascata; [*price, share, currency*] cair, baixar bruscamente; **c)** [*clown, acrobat, child*] fazer acrobacias, dar cambalhotas, voltear. ■ **tumble down** [*wall, building*] ruir. ■ **tumble out** [*object, from bag, box, cupboard*] cair (de).

tumble: ~ **down** *adj* desmantelado,-a; ~**-drier,** ~**-dryer** *n* secador *m* (rotativo).

tumble-dry *vtr* secar (num tambor rotativo).

tumbler ['tʌmblə(r)] *n* (glass) copo *m* sem pé; also; also.

tummy ['tʌmɪ] *n* (children's talk) barriga *f*.

tummyache ['tʌmɪeɪk] *n* (children's talk) dor *f* de barriga.

tumour GB, **tumor** ['tjuːmə(r)] US *n* tumor *m*.

tumult ['tjuːməlt] *n* **a)** (noisy chaos) tumulto *m*; **to be in ~** [*hall, meeting*] estar muito agitado,-a; [*feelings*] estar perturbado,-a; **b)** (disorder) agitação *f*.

tuna ['tjuːnə] *n* atum *m*.

tuna fish *n* CULIN see **tuna**.

tune [tjuːn] **1** *n* **a)** MUS melodia *f*; **to be in/out of ~** (lit) MUS estar afinado/desafinado (**with** com); (fig) estar/não estar em harmonia (**with** com); **to sing in/out of ~** cantar afinadamente/desafinadamente; **b)** **to the ~ of** no valor de. **2** *vtr* afinar [*musical instrument*] (**to** com); afinar, regular [*car, engine, radio, TV, signal*] (**to** com); **stay ~d!** mantenham-se à escuta!. IDIOMAS **to call the ~** ter o comando, mandar; **to change one's ~** mudar de tom/de linguagem; **to dance to sb's ~** submeter-se às exigências de alg. ■ **tune in** sintonizar o rádio; **to ~ in to** (lit, fig) pôr-se à escuta de; ~ **(sth) in** sintonizar (qq coisa) (**to** para). ■ **tune up** [*musician*] afinar os instrumentos; ~ **up (sth),** ~ **(sth) up** afinar [*musical instrument*]; afinar, regular [*engine*].

tuneful ['tju:nfl] *adj* melodioso,-a.

tuneless ['tju:nlɪs] *adj* desafinado,-a, sem melodia.

tuner ['tju:nə(r)] *n* **a)** Mus afinador *m*; **organ** ~ afinador *m* de órgão; **b)** Radio (unit) sintonizador *m*; (knob) (botão *m* de); sintonização *f*.

tungsten ['tʌŋstən] *n* Chem tungsténio *m*.

tunic ['tju:nɪk] *n* **a)** (gen) túnica *f*; **b)** (uniform) (for nurse, schoolgirl) blusa *f*.

tuning ['tju:nɪŋ] *n* (of musical instrument, choir) afinação *f*; (of radio, TV, engine) sintonização *f*.; ~ **fork** (*n*) diapasão *m*.

Tunisia [tju:'nɪzɪə] *pr n* Tunísia *f*.

tunnel ['tʌnl] **1** *n* túnel *m*; **to use a** ~ utilizar um túnel. **2** *vtr* abrir, escavar. **3** *vi* escavar, abrir. IDIOMAS **to see (the) light at the end of the** ~ ver a luz ao fundo do túnel.

tunnel vision *n* **a)** Med aperto *m* (tubular) do campo visual; **b)** (fig); **to have** ~ ser de vista curta.

turban ['tɜ:bən] *n* turbante *m*.

turbine ['tɜ:baɪn] *n* turbina *f*; **gas/steam** ~ turbina a gás/a vapor.

turbo ['tɜ:bəʊ] *n* (engine, car) turbo *m*.

turbocharged *adj* [*engine*] turbo *inv*.

turbocharger ['tɜ:bəʊtʃɑ:dʒə(r)] *n* turbocompressor *m*.

turbot ['tɜ:bət] *n* Zool rodovalho *m*.

turbulence ['tɜ:bjʊləns] *n* (- *c*) **a)** (of air, of waves) turbulência *f*; **b)** (turmoil) agitação *f*; (unrest) distúrbios *mpl*.

turbulent ['tɜ:bjʊlənt] *adj* [*times, situation, waves*] agitado,-a; [*career, history*] agitado,-a; [*passions, character, faction, air current*] turbulento,-a.

tureen [tjʊə'ri:n] *n* (*also* **soup** ~) terrina *f*.

turf [tɜ:f] **1** *n* **a)** (*pl* ~**s** *or* **turves**) (grass) relva *f*; **b)** (*pl* ~**s** *or* **turves**) (peat) turfa *f*; **c)** (horse racing) **the** ~ as corridas *fpl* de cavalos; **d)** (territory) (of gang) território *m*; **to be back on one's own** ~ sentir-se outra vez em casa. **2** *vtr* **a)** arrelvar [*lawn, patch, pitch*]; **b)** (coll) (throw) deitar fora. ■ **turf out**: **to** ~ **out** (sb), **to** ~ (sb) **out** pôr (alg) no olho da rua.

turf accountant ['tɜ:fəkaʊntənt] *n* corretor *m* de apostas.

Turk [tɜ:k] *n* (person) turco,-a *m, f*.

turkey ['tɜ:kɪ] *n* **a)** peru *m*; **b)** (coll) us Theat, Cin (flop) fiasco *m*; **c)** (coll) us (person) pessoa *f* cheia de importância. IDIOMAS (coll); **to talk cold** ~ não ter papas na língua.

Turkey ['tɜ:kɪ] *pr n* Turquia *f*.

Turkish ['tɜ:kɪʃ] **1** *n* Ling turco *m*. **2** *adj* turco,-a.

Turkish: ~ **bath** *n* banho *m* turco; ~ **delight** *n* lokum *m*.

turmeric ['tɜ:mərɪk] *n* **a)** (spice) açafrão *m* da Índia; **b)** Bot curcuma *m/f*.

turmoil ['tɜ:mɔɪl] *n* (political, emotional) agitação *f*.

turn [tɜ:n] **1** *n* **a)** (opportunity, go at activity) vez *f*; **it's my** ~ é a minha vez; "**miss a** ~" "perde uma jogada"; **to be sb's** ~ **to do** ser a vez de alg fazer qq coisa; **to take** ~**s at doing sth, to take it in** ~**s to do sth** revezar-se para fazer qq coisa; **by** ~**s** sucessivamente; **b)** (circular movement) volta *f*; **to give sth a** ~ voltar ou virar qq

coisa; **to take a** ~ **in the park** dar uma volta no parque; **c)** (in vehicle) viragem *f*; mudança *f* de direcção; **to make** *or* **do a left/right** ~ virar à esquerda/direita; "**no left** ~" "proibido virar à esquerda"; **d)** (bend, side road) curva *f*; **there's a left** ~ **ahead** à frente, há uma curva à esquerda; **e)** (change, development) curso *m*; **this is an extraordinary** ~ **of events** os acontecimentos tomaram um curso extraordinário; **to take a** ~ **for the better/the worse** [*person, situation*] melhorar/piorar; **to be on the** ~ [*luck*] começar a mudar; [*milk*] começar a azedar; **f)** (coll) GB (attack) ataque *m*; crise *f*; **g)** (act) número *m*; **to do one's** ~ fazer o seu número. **2 in** ~ *adv phr* **a)** (in rotation) [*answer, speak*] à vez; **b)** (linking a sequence or consequence) por sua vez. **3** *vtr* **a)** (rotate) [*person*] girar [*knob, handle, wheel*]; rodar [*screw*]; [*mechanism*] fazer girar [*cog, wheel*]; **to** ~ **the key on sb** fechar alg à chave; **b)** (turn over, reserve) virar [*mattress, soil, steak, collar, page*]; **to** ~ **sb onto his side** virar alg de lado; **to** ~ **one's ankle** torcer o pé; **it** ~**s my stomach** isso dá-me voltas ao estômago; **c)** (change position or direction of) virar [*chair, head, face, car*]; **d)** (transform) **to** ~ **sth white/black** branquear/escurecer qq coisa; **to** ~ **sth opaque** tornar qq coisa opaca; **to** ~ **sth into** transformar qq coisa em [*office, car park, desert*]; **to** ~ **water into ice** transformar água em gelo; **to** ~ **a book into a film** adaptar um livro ao cinema; **to** ~ **sb into** transformar alg em [*frog*]; fazer de alg [*extrovert, maniac*]; **e)** (deflect) desviar [*ball, shot*]; **to** ~ **the conversation towards** *or* **onto sth** desviar a conversa para qq coisa; **f)** (pass the age of) **he has** ~**ed 50** ele já passou dos 50; **it's just** ~**ed five o'clock** acabaram de dar as 5 horas; **g)** (on a lathe) tornear [*wood, piece, spindle*]. **4** *vi* **a)** (revolve) [*key, wheel, planet*] girar; [*person*] voltar-se; **to** ~ **in one's chair** revolver-se na cadeira; **to** ~ **and walk out of the room** dar meia volta e sair da sala; **I** ~**ed once again to my work** retomei uma vez mais o meu trabalho; **to** ~ **to do** voltar--se para fazer; **b)** (change direction) [*person, car, plane, road*] virar, mudar de direcção; **to** ~ **towards** virar em direcção a [*village, mountains*]; **c)** (reverse direction) [*person, vehicle*] dar ou fazer meia volta; [*tide, luck*] mudar; **d)** (change) **to** ~ **into** [*tadpole, person*] transformar-se em [*frog*]; [*sofa*] transformar-se [*bed*]; [*fear, surprise*] dar lugar a [*horror, relief*]; **e)** (become) tornar-se [*pale, cloudy, green*]; **to** ~ **red** corar; **the weather** ~**ed cold** o tempo arrefeceu; **to** ~ **Communist** tornar-se comunista; **to** ~ **Catholic** converter-se ao catolicismo; **f)** (go off) [*milk*] azedar. IDIOMAS **at every** ~ a todo o momento; **one good** ~ **deserves another** (Prov) amor com amor se paga (Prov); **to be done to a** ~ estar cozinhado no ponto. ■ **turn about** dar meia-volta; **about** ~**!** Mil meia--volta, volver!. ■ **turn against**: ~ **against** (sb/sth) voltar-se contra (alg/algo). ■ **turn around a)** (to face other way) [*person*] voltar-se; [*bus, vehicle*] virar; **b)** (revolve, rotate) [*object, windmill, dancer*] girar, rodopiar; **c)** (change trend) **the market has** ~**ed around** houve um volte--face no mercado; ~ **around** (sth) **a)** (to face other way) virar (qq coisa) noutro sentido [*car, chair, head, etc*]; **b**) (reverse decline in) inverter [*situation, economy, company*]; **c**) (rephrase) reformular [*question, sentence*]. ■ **turn aside** desviar-se (**from** de). ■ **turn away** virar a cabeça; ~ (**sb**) **away**, ~ **away** (**sb**) recusar [*spectator, applicant*]; afastar [*salesman, caller, beggar*]. ■ **turn back a**) (turn around) voltar para trás; **b**) (in book) voltar atrás (**to** a); ~ (**sth**) **back**, ~ **back** (**sth**) **a**) (rotate backwards) voltar atrás [*dial, clock*]; **b**) (fold back) dobrar para trás [*sheet, corner page*]; ~ (**sb**) **back**, ~ **back** (**sb**) fazer voltar para trás, repelir [*marchers, refugees, heavy vehicles*]. ■ **turn down** [*graph, curve*] descer; ~ (**sth**) **down**, ~ **down** (**sth**) **a**) (reduce) baixar [*volume, radio, heating, light, gas*]; **b**) (fold over) dobrar para baixo [*sheet, collar*]; ~ (**sb/sth**) **down**, ~ **down** (**sb/sth**) recusar [*suitor, applicant, candidate request*]; rejeitar [*offer, suggestion*]. ■ **turn in a**) (go to bed) ir-se deitar; **b**) (point inwards) **to** ~ **in on itself** [*leaf, page*] dobrar para dentro; **to** ~ **in oneself** (fig) virar-se sobre si mesmo; ~ **in** (**sth**), ~ (**sth**) **in a**) (hand in) entregar [*badge, essay, homework*]; **b**) (produce) **to** ~ **in a good performance** [*player*] jogar bem; [*company*] ter bons resultados; **c**) (coll) (give up, stop) abandonar [*job, activity*]. ■ **turn off a**) (leave road) virar; **b**) [*motor, fan*] parar; ~ **off** (**sth**), ~ (**sth**) **off** apagar [*light*]; desligar [*TV, radio, computer, oven*]; fechar [*tap*]; desligar [*water, gas, electricity*].; ~ **on** (**sth**), ~ (**sth**) **on** acender [*light, TV, radio, oven*]; abrir [*tap*]; (coll) ~ (**sb**) **on**, ~ **on** (**sb**) excitar (alg). ■ **turn out a**) (prove to be) **to** ~ **out to be** revelar-se, vir a ser; **b**) (show up, come out) [*crowd, people*] vir (**to do** para fazer); **c**) (point outwards) **his toes** *or* **feet** ~ **out** ele vira os pés para fora; ~ (**sth**) **out**, ~ **out** (**sth**) **a**) (turn off) apagar [*light*]; **b**) (empty) esvaziar [*pocket, bag*] (**onto** sobre); desenformar [*mousse, jelly*]; **c**) (produce) fabricar [*goods*]; formar [*trained workers, scientists, graduates*]; ~ (**sb**) **out**, ~ **out** (**sb**) (evict) pôr na rua. ■ **turn over a**) (roll over) [*person*] voltar-se; [*car*] capotar; [*boat*] virar-se; **b**) (turn page) virar a página; **c**) [*engine*] pôr-se em movimento; ~ (**sth/sb**) **over**, ~ **over** (**sth/sb**) **a**) (turn) virar [*page, paper, card, mattress*]; fazer virar [*ship*]; **b**) (hand over) entregar [*object, money, person, fugitive*] (**to** a); transmitir [*control, power*] (**to** a); **c**) (rob) roubar Po, garfar Br [*shop, place*]; **d**) (have a turnover of) [*company*] ter um volume de negócios de [*amount*]. ■ **turn round** see ~ **around**. ■ **turn up a**) (arrive, show up) chegar, aparecer (**to, at** a; **for** para); **b**) [*opportunity, job*] apresentar-se, aparecer; ~ **up** (**sth**), ~ (**sth**) **up a**) (increase, intensify) aumentar [*heating, lighting, volume*]; pôr mais alto [*TV, radio, music*]; **b**) (point up) levantar [*collar*]; **c**) (discover) desenterrar [*buried object*]; revelar [*discovery, information*].

turning ['tɜːnɪŋ] *n* **a**) (in road) rua *f* lateral; **the second** ~ **on the right** a segunda à direita; **b**) (work on lathe) torneamento *m*.

turning: ~ **circle** *n* raio *m* de viragem (de um carro); ~ **point** *n* momento *m* decisivo ou crítico (**in, of** de; **for** para).

turnip ['tɜːnɪp] *n* nabo *m*.

turn: ~**off** *n* **a**) (in road) desvio *m*; **b**) (coll) (passion-killer) **to be a real** ~**off** ser um desmancha-prazeres (fam); ~**-on** (coll) *n* **to be a real** ~**-on** ser tremendamente excitante; ~**out** *n* **a**) (to vote, strike, demonstrate) afluência *f* às urnas; **b**) (clearout) limpeza *f*; **c**) (appearance) aspecto *m*; ~**over** *n* **a**) Acct volume *m* de negócios; **b**) (rate of replacement) (of stock) movimento *m*; (of staff) rotação *f* de pessoal; **c**) Culin espécie *f* de pastel ou empada; ~**pike** *n* **a**) (tollgate) portagem *f*; **b**) us (toll expressway) auto-estrada *f* com portagem; ~**stile** *n* torniquete *m*; ~**table** *n* (on record player) prato *m*; ~**up** *n* GB (of trousers) dobra *f*.

turpentine ['tɜːpəntaɪn] *n* terebentina *f*; aguarrás *f*.

turps [tɜːps] (coll) *n* see **turpentine**.

turquoise ['tɜːkwɔɪz] *n*, *adj* turquesa *f*.

turret ['tʌrɪt] *n* torreão *m*.

turtle ['tɜːtl] *n* tartaruga *f*. IDIOMAS **to turn** ~ [*boat*] voltar-se.

turtle: ~ **dove** *n* rola *f*; ~**neck** *n* (neckline) gola *f* alta.

tusk [tʌsk] *n* (of elephant, walrus) defesa *f*; (of wild boar) presa *f*.

tussle ['tʌsl] **1** *n* luta *f* (**for** por). **2** *vi* disputar.

tussock ['tʌsək] *n* tufo *m*.

tut [tʌt] **1** *excl* (onomat) tss-tss. **2** *vi* produzir um som de desaprovação.

tutor ['tjuːtə(r)] **1** *n* **a**) (private teacher) professor *m* particular; **b**) GB Univ (teacher) orientador *m* dos trabalhos; **c**) us Univ assistente *m/f*; **d**) GB Schol (of class) director *m* de turma; (of year group) responsável *m/f* pedagógico de ano; **e**) Mus (instruction book) método *m*. **2** *vtr* dar aulas particulares a [*person*] (**in** de). **3** *vi* leccionar, dar aulas (**in** de).

tutorial [tjuː'tɔːrɪəl] *n* Univ (group) seminário *m*; (private) aulas *fpl* particulares.

tuxedo [tʌk'siːdəʊ] *n* us smoking *m*.

TV [tiː'viː] (coll) *n* abrev = **television** TV *f*.

twaddle ['twɒdl] (coll) *n* disparates *mpl*.

twang [twæŋ] **1** *n* (of string, wire) vibração *f*; (of tone) timbre *m* nasalado ou fanhoso. **2** *vtr* dedilhar [*instrument*]. **3** *vi* [*string, wire*] produzir uma vibração; [*instrument*] vibrar.

tweak [twiːk] (coll) **1** *n* (tug) puxão *m*; beliscão *m*. **2** *vtr* torcer, beliscar [*ear, nose*]; puxar [*hair, moustache*].

twee [twiː] (coll) *adj* GB (pej) [*house, décor*] piroso,-a (fam); [*manner*] afectado,-a.

tweed [twiːd] *n* (cloth) tweed *m*.

tweet [twiːt] *n* **a**) (chirp) chilreio *m*; **b**) (onomat) "~ ~" "piu-piu".

tweeter ['twiːtə(r)] *n* Audio altifalante *m* que reproduz os agudos com exactidão.

tweezers ['twiːzəz] *npl* (gen) pinça *f* pequena.

twelfth [twelfθ] **1** *n* **a**) (in order) décimo segundo *m*; **b**) (fraction) doze m avos; duodécimo,-a *m*. **2** *adj* décimo,-a segundo,-a.

twelve [twelv] **1** *n* doze *m*. **2** *adj* doze; **The T~** Bible os Doze Apóstolos *mpl*.

twentieth ['twentiɪθ] **1** *n* **a**) (in order) vigésimo *m*; **b**) (fraction) vigésimo *m*. **2** *adj* vigésimo,-a.

twenty ['twentɪ] *adj*, *n* vinte *m*.

twenty-one *n* Games (in cards) vinte e um *m*.

twerp [twɜ:p] (coll) *n* (pej) cretino,-a *m, f*; imbecil *m/f*.

twice [twaɪs] *adv* duas vezes; ~ **a day/week,** ~ **daily/weekly** duas vezes por dia/semana; **she's** ~ **his age, she's** ~ **as old as him** ela tem o dobro da idade dele, ela é duas vezes mais velha do que ele; ~ **as much,** ~ **as many** duas vezes mais.

twiddle ['twɪdl] *vtr* mexer [*knob, hair*]; **to** ~ **one's thumbs** girar os polegares (por falta de ocupação).

twig [twɪg] **1** *n* pequeno ramo *m*. **2** *vtr, vi* (coll) entender, perceber.

twilight ['twaɪlaɪt] **1** *n* crepúsculo *m*; **in the** ~, **at** ~ ao crepúsculo. **2** *modif* [*hours, time*] do crepúsculo; ~ **world** mundo enigmático; ~ **years** últimos anos.

twin [twɪn] **1** *n* **a)** (one of two children) gémeo,-a *m, f*; **b)** (one of two objects) **this vase is the** ~ **to yours** este vaso é o par do teu. **2** *modif* **a)** [*brother, sister, lamb*] gémeo,-a; **my** ~ **sons** os meus filhos gémeos; **b)** (two) [*masts, propellers, towers, taps*] gémeos,-as (*after n*). **3** *vtr* (*pres p* **-nn-**) (link) **to** ~ **Oxford with Bonn** geminar Oxford com Bona.

twin beds *npl* camas *fpl* gémeas.

twine [twaɪn] **1** *n* cordel *m*; fio *m*. **2** *vtr* enrolar [*rope*] (**around** à volta de). **3** *v refl* **to** ~ **itself** [*snake, vine*] enrolar-se (**around** à volta de).

twin-engined *adj* bimotor (*after n*).

twinge [twɪndʒ] *n* (of pain) pontada *f*; (of conscience) rebate *m*; (of regret, jealousy) acesso *m*.

twinkle ['twɪŋkl] **1** *n* (of light, jewel) cintilação *f*; (of eyes) piscadela *f*; piscar *m*. **2** *vi* [*light, star, jewel*] cintilar; [*eyes*] piscar (**with** de).

twinkling ['twɪŋklɪŋ] **1** *n* cintilação *f*. **2** *adj* [*light, star, eyes*] cintilante.

twin: ~ **set** *n* GB FASHN conjunto *m* de casaco de malha e camisola de senhora; ~ **town** *n* cidade *f* gémea.

twirl [twɜ:l] **1** *n* **a)** (spin) rodopio *m*; **to do a** ~ [*person*] rodopiar; **b)** (spiral) voluta *f*. **2** *vtr* fazer rodopiar [*cane, lasso, partner*]; retorcer [*moustache*]; enrolar, entrançar [*hair*]; enrolar [*ribbon, vine*] (**around** à volta de). **3** *vi* [*dancer, wheel*] girar rapidamente; **to** ~ **round and round** rodopiar.

twist [twɪst] **1** *n* **a)** (action) **with a couple of** ~**s she unscrewed the lid** com duas voltas ela desatarrachou a tampa; **he gave his ankle a nasty** ~ ele torceu o tornozelo ou ele torceu o pé; **b)** (in rope, cord, wool) torção *f*; (in road) ziguezague *m*; **the road is full of** ~**s and turns** a estrada é toda aos ziguezagues; **c)** (fig) (in play, story, episode in crisis) reviravolta *f*; **a savage** ~ **of fate** um terrível golpe do destino; **the** ~**s and turns of the plot** o fio tortuoso da intriga; **d)** **the** ~ DANCE o twist. **2** *vtr* **a)** (turn) girar [*knob, handle*]; (open) abrir [*top, cap, lid*]; (close) fechar [*top, cap, lid*]; **he** ~**ed around in his chair** ele voltou-se na cadeira; **to** ~ **sb's arm** (lit) torcer o braço a alg; (fig) forçar alg a fazer algo; **b)** (wind, twine) **to** ~ **the threads together** entrelaçar os fios; **to** ~ **X around Y** enrolar X em torno de Y; **she** ~**ed the scarf (round) in her hands** ela torcia a echarpe nas mãos; **c)** (bend, distort) contorcer [*branch, metal, rod*]; **his face**

was ~**ed with pain** o rosto dele estava contorcido pela dor; **d)** (injure) **to** ~ **one's** ~ torcer o pulso. **3** *vi* **a)** **to** ~ **round** (turn round) voltar-se; **b)** [*rope, flex, coil*] retorcer-se; [*river, road*] serpentear. IDIOMAS (coll) **to drive sb round the** ~ enlouquecer alg; **(to have a)** ~ **in the tale** (ter um) desfecho inesperado.

twisted ['twɪstɪd] *adj* **a)** (gen) [*wire, metal, rope, cord, ankle, wrist*] torcido,-a; **b)** (pej) [*logic, argument*] distraído,-a, deturpado,-a; **a** ~ **sense of humour** um sentido de humor muito especial; **to have a** ~ **mind** ter um espírito retorcido.

twit [twɪt] (coll) *n* idiota *m/f*.

twitch [twɪtʃ] **1** *n* **a)** (tic) tique *m*; **he has a** ~ **in the corner of his eye** ele tem um tique num olho; **b)** (spasm) espasmo *m*; estremeção *m*; **to give a** ~ dar uma estremeção; **c)** (jerk) **to give the curtain a** ~ dar um puxão na cortina. **2** *vtr* puxar (qq coisa) repentinamente [*fabric, curtain*]; **to** ~ **one's nose;** [*animal*] franzir o focinho. **3** *vi* **a)** (quiver) [*person, animal*] estremecer; [*mouth*] tremer; [*eye*] piscar nervosamente; [*limb, muscle*] estremecer; [*fishing line*] vibrar; **b)** (tug) **to** ~ **at sth** [*person*] dar um puxão em [*curtain, tablecloth*]; [*fish*] puxar [*bait*].

twitter ['twɪtə(r)] **1** *n* chilreio *m*; **all of a** ~ (hum) alvoroçado,-a. **2** *vi* [*bird*] chilrear; (person) see ~ **on**. ■ **twitter on** tagarelar (**about** sobre).

two [tu:] **1** *n* dois *m*; **in** ~**s** dois a dois, aos pares. **2** *adj* dois. **3** *pron* **that makes** ~ **of us** estamos os dois na mesma situação; **to put** ~ **and** ~ **together** juntar dois e dois, tirar conclusões.

two: ~**-bit** (coll) *adj* (pej) US insignificante; ~**-edged** *adj* (lit, fig) de dois gumes; ~**-faced** *adj* (pej) hipócrita: ~**-party system** *n* POL sistema *m* bi-partido; ~**pence** *n* GB dois pence *m*; ~**-piece** *n* (*also* ~**-piece suit**) (woman's) fato *m* saia e casaco; (man's) fato *m*; ~**-pin** *adj* [*plug, socket*] com dois pernos; ~**-ply** *adj* [*rope, wood, yarn*] com dois fios ou fio duplo; [*wood*] contraplacado com dupla espessura; ~**-seater** *n* AUT, AVIAT veículo *m* ou avião *m* de dois lugares.

twosome *n* (two people) casal *m*.

two: ~**-storey** *adj* de dois andares; ~**-stroke** *adj* [*engine, cycle*] de dois tempos; ~**-time 1** (coll) *vtr* enganar, ser infiel para com. **2** *vi* ser infiel; ~**-tone** *adj* (in colour or in sound) em dois tons; ~**-way** *adj* **a)** [*street*] com dois sentidos; **b)** [*communication, process, exchange*] bilateral; ~**-way mirror** *n* espelho *m* com duas faces; ~**-wheeler** *n* (vehicle, bicycle) duas-rodas *m*.

tycoon [taɪ'ku:n] *n* magnate *m*; **oil** ~ magnate do petróleo.

type [taɪp] **1** *n* **a)** (variety, kind) tipo *m*; género *m*; (of de); **hair** ~ tipo de cabelo; **I'm not that** ~ eu não sou desse tipo; **you're not my** ~ não és o meu tipo; **you know the** ~ **of thing I mean** você sabe o que eu quero dizer; **b)** PRINT tipo *m*; caracteres *mpl*; **bold** ~ negrito *m*. **2** *vtr* **a)** bater ou escrever (à máquina), dactilografar [*text*]; **a** ~**d letter** uma carta dactilografada; **b)** (classify) catalogar, classificar [*person*] (**as** como); classificar [*blood sample*]. **3** *vi* dactilografar, bater ou escrever à máquina. ■ **type in:** ~ **in (sth),** ~ **(sth) in** dactilografar [*word, character*]. ■ **type out:** ~ **out (sth),** ~ **(sth) out** escrever à máqui-

na. ■ **type over**: ~ **over (sth)** (erase) apagar.
■ **type up** escrever à máquina, dactilografar.
typecast ['taɪpkaːst] *vtr* (*past, pp* **-cast**) THEAT
(fig) catalogar (**as** como).
typeface *n* tipo *m*; letra *f.*
typescript ['taɪpskrɪpt] *n* texto *m* dactilografado.
type: ~**set** *vtr* compor; ~**setter** *n* tipógrafo *m.*
typewriter ['taɪpraɪtə(r)] *n* máquina *f* de escrever.
typewritten ['taɪprɪtn] *adj* batido à máquina, dactilografado.
typhoid ['taɪfɔɪd] *n* (*also* ~ **fever**) (febre *f*) tifóide *f.*
typhoon [taɪˈfuːn] *n* tufão *m.*
typhus ['taɪfəs] *n* (*also* ~ **fever**) tifo *m.*
typical ['tɪpɪkl] *adj* típico,-a; **a** ~ **feature** uma característica típica; **to be** ~ **of sth** ser típico de qq coisa.
typically ['tɪpɪklɪ] *adv* tipicamente; **it's a** ~ **Portuguese to do that** é tipicamente português fa-

zer isso; **it was a** ~ **warm, sunny day** era um dia quente e cheio de sol, como de costume.
typify ['tɪpɪfaɪ] *vtr* [*quality, feature, condition, behaviour, work*] caracterizar; [*person, institution*] simbolizar; **as typified by the EC** tal como é exemplificado pela CE.
typing ['taɪpɪŋ] **1** *n* (skill) dactilografia *f*; **I've got some** ~ **to do** tenho material para dactilografar. **2** *modif* [*course*] de dactilografia.
typing error *n* erro *m* de dactilografia.
typist ['taɪpɪst] *n* dactilógrafo,-a *m, f.*
typographic(al) [taɪpəˈgræfɪk] *adj* tipográfico,-a.
tyrannical [tɪˈrænɪkl, taɪˈrænɪkl] *adj* tirânico,-a.
tyrannize ['tɪrənaɪz] *vtr, vi* tiranizar; **to** ~ **over sb** tiranizar alg.
tyranny ['tɪrənɪ] *n* tirania *f* (**over** sobre).
tyrant ['taɪrənt] *n* tirano *m.*
tzar *n* see **tsar**.

Uu

u, U [juː] *n* **a**) (letter) u, U; **b**) GB CIN abrev = **universal** para todos.

ugliness ['ʌglɪnɪs] *n* fealdade *f*.

ugly ['ʌglɪ] *adj* **a**) (hideous) [*person, appearance, furniture*] feio,-a; [*sound*] desagradável; **the tower blocks are an ~ sight** os edifícios muito altos são um atentado ao bom gosto; **b**) (vicious) [*situation, conflict*] perigoso,-a; [*tactics, campaign*] desleal, injusto,-a; **to be in an ~ mood** (group, mob) estar zangado; [*individual*] estar de mau humor; **the ~ face of** o aspecto negativo de. **IDIOMAS as ~ as sin** feio como o pecado; (coll) **he looks like an ~ customer** ele parece ser um rufia; **racism rears its ~ head** o racismo começa a despontar.

ugly duckling *n* (fig) patinho *m* feio.

ultimate ['ʌltɪmət] **1** *n* **the ~** o máximo *m* (**in sth** de qq coisa). **2** *adj* **a**) [*sacrifice*] supremo,-a; [*aim, result*] último,-a, derradeiro,-a; **b**) (fundamental) [*question, truth*] fundamental.

ultimately ['ʌltɪmətlɪ] *adv* no fim de contas, por fim.

ultimatum [ʌltɪ'meɪtəm] *n* ultimato *m*; **cease- -fire ~** ultimato *m* de cessar-fogo; **to issue/deli- ver an ~** enviar um ultimato.

unable [ʌn'eɪbl] *adj* **to be ~ to do** (lacking means or opportunity) não poder fazer; (lacking knowledge or skill) não saber fazer; (incapable, not qualified) não ser capaz de fazer.

unaffected [ʌnə'fektɪd] *adj* **a**) (untouched) **his memory/the region was ~** a sua memória/a região não foi afectada; **demand is ~ by price** a procura não é afectada pelo preço; **b**) (natural, spontaneous) natural, descontraído,-a.

unafraid [ʌnə'freɪd] *adj* [*person*] sem medo; **they were ~ to speak out/of speaking** eles não tiveram medo de expor as suas ideias.

unaided [ʌn'eɪdɪd] **1** *adj* **~ by sth** sem ajuda de nada. **2** *adv* [*stand, sit, walk*] sem ajuda exterior, por si só.

unalterable [ʌn'ɔːltərəbl, ʌn'ɒltərəbl] *adj* inalterável.

unaltered [ʌn'ɔːltəd, ʌn'ɒltəd] *adj* inalterado,-a; **to remain ~** permanecer inalterado.

unambiguous [ʌnæm'bɪgjʊəs] *adj* sem ambiguidade.

unambitious [ʌnæm'bɪʃəs] *adj* [*person*] sem ambição; [*reform*] tímido,-a; [*novel*] sem pretensão.

unanimity [juːnə'nɪmɪtɪ] *n* unanimidade *f* (**bet- ween/among** entre).

unanimous [juː'nænɪməs] *adj* unânime.

unanimously [juː'nænɪməslɪ] *adv* [*agree, con- demn, approve*] unanimemente; [*vote, acquit*] por unanimidade.

unanswerable [ʌn'ɑːnsərəbl] *adj* [*question*] sem resposta; [*remark*] incontestável; [*case*] ir- refutável.

unanswered [ʌn'ɑːnsəd] *adj* [*letter, question*] sem resposta.

unappetizing [ʌn'æpɪtaɪzɪŋ] *adj* pouco apetito- so,-a.

unapproachable [ʌnə'prəʊtʃəbl] *adj* inacessí- vel.

unarmed [ʌn'ɑːmd] *adj* **a**) [*person*] desarma- do,-a; **b**) [*combat*] sem armas.

unashamed [ʌnə'ʃeɪmd] *adj* [*admirer, belief, joy*] franco,-a, sem problemas; **to be ~ of sth** não ter problemas em relação a algo.

unasked [ʌn'ɑːskt] *adv* [*come, attend*] sem ser convidado; **to do sth ~** fazer algo espontanea- mente.

unassailable [ʌnə'seɪləbl] *adj* [*gen*] invulnerá- vel; [*optimism, case*] a toda a prova.

unassisted [ʌnə'sɪstɪd] *adv* [*stand, walk, sit*] sem ajuda, por si só.

unassuming [ʌnəsju:mɪŋ] *adj* despretensio- so,-a, simples.

unattached [ʌnə'tæt/t] *adj* **a**) solteiro,-a; **b**) [*part, element*] destacado,-a, desligado,-a; [*or- ganization*] independente.

unattended [ʌnə'tendɪd] *adj* [*vehicle, dog, child*] abandonado,-a, sem vigilância.

unattractive [ʌnə'træktɪv] *adj* [*furniture, char- acteristic*] feio,-a; [*person*] pouco atraente; [*car- eer, idea*] desinteressante (**to sb** para alg).

unauthorized [ʌn'ɔːθəraɪzd] *adj* [*disclosure, reproduction*] não autorizado,-a; **no ~ access** é proibido o acesso às pessoas não devidamente autorizadas.

unavailable [ʌnə'veɪləbl] *adj* **she is ~** ela não está disponível.

unavoidable [ʌnə'vɔɪdəbl] *adj* inevitável.

unavoidably [ʌnə'vɔɪdəblɪ] *adv* **she was ~ de- tained** ela chegou atrasada, o que foi inevitável.

unaware [ʌnə'weə(r)] *adj* **a**) (not informed) **to be ~ of sth** não estar a par de qq coisa; **b**) (not conscious) **to be ~ of sth** não estar consciente de qq coisa; **she was ~ of his presence** ela não se apercebeu da sua presença; **he is politically ~** ele não é uma pessoa politizada.

unawares [ʌnə'weəz] *adv* **to catch/take sb ~** apanhar alg desprevenido.

unbalanced [ʌn'bælənst] *adj* **a**) [*person, mind*] instável, desequilibrado,-a; **b**) (biased) [*repor- ting*] parcial; [*economy, load, diet*] desequilibra- do,-a.

unbearable [ʌn'beərəbl] *adj* insuportável.

unbearably [ʌn'beərəblɪ] *adv* **a**) [*hurt, tingle*] de forma insuportável; **b**) (emphatic) [*hot, cyni- cal, tedious*] insuportavelmente.

unbeatable [ʌn'biːtəbl] *adj* imbatível.

unbeaten [ʌn'biːtn] *adj* [*player, team*] invicto,-a; [*score, record*] que não foi batido,-a.

unbecoming [ʌnbɪ'kʌmɪŋ] (formal) *adj* **that dress is ~ to her** aquele vestido não lhe assenta bem; **conduct** ~ **to a soldier** comportamento impróprio dum militar (liter).

unbelievable [ʌnbɪ'liːvəbl] *adj* inacreditável, incrível.

unbelievably [ʌnbɪ'liːvəblɪ] *adv* inacreditavelmente, incrivelmente.

unbeliever [ʌnbɪ'liːvə(r)] *n* incrédulo,-a *m*; descrente *m/f*.

unbiased [ʌn'baɪəst] *adj* [*advice, newspaper, person*] imparcial.

unbiassed [ʌn'baɪəst] see **unbiased**.

unblemished [ʌn'blemɪʃt] *adj* sem defeito.

unblock [ʌn'blɒk] *vtr* desentupir [*pipe, sink*].

unbolt [ʌn'bəʊlt] **1** *vtr* desaferrolhar [*door*]. **2** **unbolted** *pp adj* **the door was ~ed** a porta estava desaferrolhada.

unborn [ʌn'bɔːn] *adj* ~ **and new-born children** os nascituros e os recém-nascidos; **the ~ child** o feto.

unbounded [ʌn'baʊndɪd] (formal) *adj* [*joy*] sem limites, ilimitado,-a; [*love*] desmesurado,-a.

unbreakable [ʌn'breɪkəbl] *adj* inquebrável.

unbroken [ʌn'brəʊkn] *adj* **a)** (uninterrupted) [*series, sequence*] ininterrupto,-a; [*view*] contínuo,-a; **in a ~ line** (descend, transmit) em linha directa; **b)** (intact) [*pottery*] intacto,-a; **c)** (unsurpassed) **it's an ~ record** é um recorde que não foi batido.

unbuckle [ʌn'bʌkl] *vtr* desatar [*shoe*]; desafivelar [*belt*].

unburden [ʌn'bɜːdn] (formal) *vtr* **to ~ oneself** desabafar com alg; **to ~ oneself of sth** [*worries, secret*] contar qq coisa, confidenciar qq coisa.

unbusinesslike [ʌn'bɪznɪslaɪk] *adj* [*method, conduct*] contrário,-a à ética comercial.

unbutton [ʌn'bʌtn] *vtr* desabotoar.

uncalled-for [ʌn'kɔːldfɔː(r)] *adj* [*remark*] inoportuno,-a; [*behaviour*] deslocado,-a.

uncanny [ʌn'kænɪ] *adj* **a)** (strange) [*resemblance, way*] estranho,-a; [*accuracy, success*] espantoso,-a; **b)** (frightening) inquietante.

uncared-for [ʌn'keədfɔː(r)] *adj* [*house*] desleixado,-a; [*pet*] mal cuidado,-a; **an ~ child** uma criança ao Deus-dará (fam).

uncaring [ʌn'keərɪŋ] *adj* [*world*] indiferente.

unceasing [ʌn'siːsɪŋ] *adj* incessante.

uncensored [ʌn'sensəd] *adj* [*film, book*] não censurado,-a; (fig) [*version*] integral.

unceremonious [ʌnserɪ'məʊnɪəs] *adj* [*departure, end*] brusco,-a, abrupto,-a.

unceremoniously [ʌnserɪ'məʊnɪəslɪ] *adv* sem cerimónia.

uncertain [ʌn'sɜːtn, ʌn'sɜːtɪn] **1** *adj* (unsure) inseguro,-a, indeciso,-a; **to be ~ about sth** não ter a certeza de qq coisa. **2** *loc adv* **in no ~ terms** (state) em termos precisos; (changeable) [*weather, temper*] instável.

uncertainly [ʌn'sɜːtnlɪ, ʌn'sɜːtɪnlɪ] *adv* [*approach*] com hesitação; [*smile, look*] com um ar hesitante.

uncertainty [ʌn'sɜːtəntɪ, ʌn'sɜːtɪntɪ] *n* incerteza *f*.

unchanged [ʌn'tʃeɪndʒd] *adj* inalterado,-a.

unchanging [ʌn'tʃeɪndʒɪŋ] *adj* imutável, inalterável.

uncharacteristic [ʌnkærɪktə'rɪstɪk] *adj* [*generosity*] pouco habitual; **it was ~ of him to leave like that** não é próprio dele partir assim.

uncharitable [ʌn'tʃærɪtəbl] *adj* pouco caridoso,-a (**to do sth** fazer qq coisa).

unchecked [ʌn'tʃekt] **1** *adj* [*development, proliferation*] desenfreado,-a. **2** *adv* [*develop, grow, spread*] desenfreadamente.

uncivil [ʌn'sɪvɪl, ʌn'sɪvl] *adj* rude, descortês (**to sb** para com alg).

uncivilized [ʌn'sɪvɪlaɪzd] *adj* **a)** (inhumane) [*treatment*] desumano,-a; **b)** (uncouth, rude) grosseiro,-a, rude; **c)** (barbarous) [*people, nation*] não civilizado,-a.

unclaimed [ʌn'kleɪmd] *adj* [*lost property, reward*] não reclamado,-a.

uncle ['ʌŋkl] *n* tio *m*. IDIOMAS **Bob's your ~!** GB tão simples como saltar à corda!; **to cry ~** US pedir favores.

uncomfortable [ʌn'kʌmftəbl] *adj* **a)** [*shoes, garment, seating, accommodation*] desconfortável; [*journey, heat, position, conditions*] incómodo,-a, desagradável; **you look ~ in those clothes/in that chair** tens um ar pouco à vontade com essas roupas/nessa cadeira; **the bed/jacket feels ~** a cama/o casaco não é confortável; **b)** (emotionally) [*feeling, silence, situation, presence*] incómodo,-a; **to be/feel ~** estar/sentir-se mal, pouco à vontade; **to make sb (feel) ~** fazer com que alg se sinta mal; **to be ~ about** [*role, decision, fact*] sentir-se incomodado com; **I feel ~ talking about it** sinto-me mal de falar nisso. IDIOMAS **to make life/things ~ for sb** fazer a vida difícil a alg.

uncomfortably [ʌn'kʌmfətəblɪ] *adv* **a)** [*loud, bright, cramped*] desagradavelmente; **it's ~ hot/cold** está um calor/frio desagradável; **b)** (awkwardly) [*say, laugh, glance*] com um ar incomodado, constrangido; **to be ~ aware of sth** dar-se conta com constrangimento de qq coisa.

uncongenial [ʌnkən'dʒiːnɪəl] *adj* [*offer*] pouco tentadora; [*world*] pouco agradável; **to find sb ~** achar alg pouco simpático.

unconnected [ʌnkə'nektɪd] *adj* **a)** [*incident, fact*] isolado,-a; **b)** (not joined) [*appliance*] desligado,-a; [*wires*] sem contacto.

unconscious [ʌn'kɒnʃəs] **1** *n* **the ~** o inconsciente *m*. **2** *adj* **a)** (insensible) sem sentidos; **to knock sb ~** fazer perder os sentidos a alg; **b)** (unaware) **to be ~ of sth** não estar consciente de algo; **c)** (unintentional) [*bias, impulse, hostility*] inconsciente.

unconsciously [ʌn'kɒnʃəslɪ] *adv* inconscientemente.

unconsciousness [ʌn'kɒnʃəsnɪs] *n* **a)** (comatose state) inconsciência *f*; **b)** (unawareness) **her ~ of her status** o desconhecimento da sua condição social.

uncontaminated [ʌnkən'tæmɪneɪtɪd] *adj* (lit, fig) não contaminado,-a.

uncontested [ʌnkən'testɪd] *adj* [*seat*] não disputado,-a; [*gen*] incontestado,-a Po, inconteste Br.

uncontrollable [ʌnkən'trəʊləbl] *adj* (gen) incontrolável.

uncontrolled [ʌnkən'trəʊld] *adj* (not supervised) [*drainage, felling*] indiscriminado,-a; (unrestrained) [*price rises, immigration*] sem controlo; [*costs*] desenfreado,-a; [*anger, fear*] incontrolável.

uncontroversial [ʌnkɒntrə'vɜːʃl] *adj* incontroverso,-a.

unconventional [ʌnkən'venʃənl] *adj* não convencional.

unconventionally [ʌnkən'venʃənəlɪ] *adv* [*dress, live*] de maneira pouco convencional.

unconvinced [ʌnkən'vɪnst] *adj* **I remain** ~ eu continuo a não estar convencido; **to be** ~ **of the value of the plan** não estar convencido do valor do plano; **to be** ~ **that...** não estar convencido que....

unconvincing [ʌnkən'vɪnsɪŋ] *adj* pouco convincente.

uncooked [ʌn'kʊkt] *adj* não cozido,-a.

uncooperative [ʌnkəʊ'ɒpərətɪv] *adj* pouco cooperativo,-a.

uncoordinated [ʌnkəʊ'ɔːdɪneɪtɪd] *adj* [*effort*] não coordenado,-a; [*person*] descoordenado,-a.

uncork [ʌn'kɔːk] *vtr* abrir [*bottle, wine*].

uncountable [ʌn'kaʊntəbl] *adj* ~ **noun** substantivo não contável.

uncouth [ʌn'kuːθ] *adj* [*person*] grosseiro,-a; [*accent*] pouco refinado,-a, rude.

uncover [ʌn'kʌvə(r)] *vtr* **a)** (expose) revelar [*scandal*]; **b)** (discover) descobrir [*evidence, treasure*]; **c)** (remove covering from) destapar, pôr a descoberto [*body*].

uncritical [ʌn'krɪtɪkl] *adj* pouco crítico,-a, pouco exigente; **to be** ~ **of sb/sth** ser pouco crítico em relação a alg/algo.

uncrowded [ʌn'kraʊdɪd] *adj* [*street, beach*] pouco frequentado,-a; [*airport*] vazio,-a.

uncurl [ʌn'kɜːl] **1** *vtr* **to** ~ **oneself** [*person, animal*] espreguiçar-se; **to** ~ **one's legs** esticar as pernas. **2** *vi* [*snake*] desenrolar-se; [*cat*] espreguiçar-se.

uncut [ʌn'kʌt] *adj* **a)** [*branch, hair, hay*] por cortar; **b)** [*film, version, text*] integral; **c)** [*gem, stone*] em bruto, não talhado,-a.

undamaged [ʌn'dæmɪdʒd] *adj* [*flowers, crops*] não danificado,-a; [*vehicle, building*] intacto,-a; [*reputation, confidence*] incólume; **"psychologically** ~**"** psicologicamente incólume.

undaunted [ʌn'dɔːntɪd] *adj* ~ **by criticism, she...** impávida com as críticas, ela....

undecided [ʌndɪ'saɪdɪd] *adj* [*person*] indeciso,-a; [*outcome*] incerto,-a; **the voters are still** ~ os eleitores estão ainda indecisos.

undefined [ʌndɪ'faɪnd] *adj* [*work, powers, objective*] indefinido,-a; [*nature*] indeterminado,-a.

undelivered [ʌndɪ'lɪvəd] *adj* [*mail, letter*] não entregue.

undemanding [ʌndɪ'mɑːndɪŋ] *adj* [*job, task*] pouco cansativo,-a; [*husband, child*] pouco exigente; **he was** ~ **of her attention** ele não reclamava a sua atenção.

undemocratic [ʌndemə'krætɪk] *adj* antidemocrático,-a.

undemonstrative [ʌndɪ'mɒnstrətɪv] *adj* reservado,-a, pouco expansivo,-a.

undeniable [ʌndɪ'naɪəbl] *adj* [*truth, fact*] inegável; **it is** ~ **that** (irrefutable) é indiscutível que; (clear) é inegável que.

undeniably [ʌndɪ'naɪəblɪ] *adv* [*deserve, need*] incontestavelmente; [*superb, powerful, beautiful*] indiscutivelmente.

under ['ʌndə(r)] **1** *prep* **a)** (physically beneath or below) sob, debaixo de; ~ **the bed** debaixo da cama; **b)** (less than) menos de; ~ **£10** menos de

10 libras; **children** ~ **five** crianças com menos de cinco anos; **a number** ~ **ten** um número inferior a dez; **c)** (according to) de acordo com; ~ **the law** de acordo com ou segundo a lei; **d)** (subordinate) sob; **I have 50 people** ~ **me** tenho 50 pessoas sob as minhas ordens; **e)** (in classification) em; **do I look for Le Corbusier** ~ **"le" or "Corbusier"** procuro Le Corbusier em "le" ou em "Corbusier". **2** *adv* **a)** (physically beneath or below something) [*crawl, sit, hide*] debaixo; **to go** ~ [*diver, swimmer*] desaparecer debaixo de água; **b)** (less) menos; **£10 and** ~ 10 libras e menos; **to run five minutes** ~ [*event, programme*] durar menos cinco minutos do que previsto; **c)** (anaesthezied) **to put sb** ~ pôr alg a dormir; **d)** (subjugated) **to keep sb** ~ oprimir ou subjugar alg; **e)** (below, later in text) **see** ~ ver abaixo.

underarm ['ʌndərɑːm] *adj* [*deodorant*] para as axilas; [*perspiration*] das axilas.

undercarriage [ʌndə'kærɪdʒ] *n* trem *m* de aterragem.

undercharge [ʌndə'tʃɑːdʒ] **1** *vtr* levar pouco dinheiro a [*person*]; **she** ~**d me for the wine** ela levou-me menos dinheiro pelo vinho. **2** *vi* **he** ~**d for the fish** ele enganou-se no preço do peixe a meu favor.

underclothes ['ʌndəkləʊðz] *npl* roupa *f* interior.

undercooked [ʌndə'kʊkt] *adj* mal cozido,-a.

undercover [ʌndə'kʌvə(r)] *adj* [*gen*] clandestino,-a; ~ **agent** *or* **policeman** agente *m* secreto.

undercurrent ['ʌndəkʌrənt] *n* (gen) corrente *f* submarina; (fig) (in situation, relationship) corrente *f* subjacente.

undercut 1 ['ʌndəkʌt] *n* **a)** CULIN escalope *m*; **b)** SPORT bola *f* batida por baixo. **2** [ʌndə'kʌt] *vtr* **a)** COMM fazer concorrência a (baixando os preços); baixar [*prices*]; **b)** (undermine) (lit) escavar, corroer [*cliff*]; (fig) minar [*position, efforts*]; reduzir [*inflation*].

underdeveloped [ʌndədɪ'veləpt] *adj* [*country*] subdesenvolvido,-a; PHOT mal revelado,-a.

underdog ['ʌndədɒg] *n* (in society) oprimido,-a *m, f*; (in game, contest) (loser) vencido,-a *m, f*.

underdone [ʌndə'dʌn] *adj* [*food*] mal cozido; GB [*steak*] mal passado ou em sangue.

underemployed [ʌndərɪm'plɔɪd] *adj* [*person, resources, equipment*] sub-aproveitado,-a.

underestimate [ʌndər'estɪmət] *n* menosprezo *m*. **2** [ʌndər'estɪmeɪt] *vtr* subestimar.

underexpose [ʌndərɪk'spəʊz] *vtr* PHOT sub--expor.

underexposure [ʌndər'ɪkspəʊʒə(r)] *n* PHOT sub-exposição *f*.

underfed [ʌndə'fed] **1** *past, pp* see **underfeed**. **2** *adj* subalimentado,-a.

underfeed [ʌndə'fiːd] *vtr* (*past, pp* **-fed**) sub--alimentar.

underfloor [ʌndəflɔː(r)] *adj* [*pipes, wiring*] subterrâneo,-a.

underfloor heating *n* aquecimento *m* por baixo do chão.

undergo [ʌndə'gəʊ] *vtr* (*past* **underwent** *pp* **undergone**) sofrer [*change, test, alteration*]; MED submeter-se a [*operation*]; seguir [*treatment, training*]; aguentar [*hardship*]; **to** ~ **surgery** submeter-se a ou ser sujeito a uma intervenção cirúrgica; **to be ~ing repairs** estar em reparação.

undergraduate [ʌndə'grædjʊət] *n* estudante *m/f* universitário que prepara a licenciatura.

underground ['ʌndəɡraʊnd] **1** *n* **a)** TRANSP metro(politano) *m*; **to take the ~** apanhar o metro; **b)** (secret movement) organização *f* clandestina. **2** *modif* [*network, station, train*] de metro; [*plan, staff, strike*] do metro. **3** *adj* **a)** (below ground) subterrâneo,-a; **b)** (secret) clandestino,-a. **4** *adv* **a)** (below ground) debaixo de terra; **two metres ~** dois metros debaixo de terra; **b)** (secretly) clandestinamente.

undergrowth ['ʌndəɡrəʊθ] *n* matagal *m*.

underhand [ʌndə'hænd] *adj* **a)** [*person, method, behaviour*] hipócrita; **~ trick** golpe *m* baixo (cal); **b) to have an ~ serve** servir por baixo.

under: ~**insured** *adj* [*house, person*] subseguro,-a; ~**lie 2** *vtr* CONSTR base *f*; ~**lie** *vtr* (*past* -**lay** *pp* -**lain*) **a)** (lit) [*rock*] estar debaixo de [*topsoil*]; **b)** (fig) [*theory*] estar subjacente a [*principle, work*]; ~**line** *vtr* (lit, fig) sublinhar, acentuar.

underling ['ʌndəlɪŋ] *n* (pej); subalterno,-a *m, f* (deprec).

under: ~**lying** *adj* [*claim*] fundamental, essencial; [*problem, tension, trend*] subjacente; ~**manning** *n* falta *f* de mão-de-obra/de pessoal; ~**manned** *adj* [*factory, industry*] com falta de mão-de-obra; ~**mentioned**. *adj* [*item, list*] abaixo; [*person*] abaixo nomeado,-a; [*name*] abaixo citado,-a; ~**mine** *vtr* **a)** escavar [*cliff, foundations, road*]; **b)** (fig) (damage) enfraquecer, minar [*authority, efforts, foundations*]; abalar [*confidence, position, value*].

underneath [ʌndə'ni:θ] **1** *n* parte *f* de baixo. **2** *adj* inferior. **3** *adv* (lit, fig) abaixo, em baixo, por baixo. **4** *prep* (lit, fig) debaixo de, por baixo de, sob; **from ~ a pile of books** de debaixo de um monte de livros.

under: ~**nourished** *adj* subalimentado,-a; ~**paid** *adj* [*person, worker*] mal pago,-a (**for** por); ~**pants** *npl* cuecas *fpl* Po, calcinhas *fpl* BR; **a pair of ~pants** umas cuecas; ~**pass** *n* **a)** (for traffic) via *f* inferior; **b)** (for pedestrians) passagem *f* subterrânea; ~**pay** *vtr* (*past, pp* -**paid**) **a)** (pay badly) pagar mal [*employee*]; **b)** (pay too little) **I was ~-paid this month** este mês não recebi todo o meu salário; ~**play** *vtr* **a)** minimizar [*aspect, impact, severity*]; **b)** THEAT [*actor*] representar de maneira discreta; representar mal [*role*]; ~**privileged**. *adj* [*area, background, person*] desfavorecido,-a; ~**rate** *vtr* subestimar.

underscore [ʌndə'skɔ:(r)] *vtr* (lit, fig) sublinhar, acentuar.

under-secretary [ʌndə'sekrətərɪ] *n* POL (*also* ~ **of state**) subsecretário *m*; **~ at/in the Ministry of Health** subsecretário de estado do Ministério da Saúde.

undersell [ʌndə'sel] **1** *vtr* (*past, pp* -**sold**) **a)** (undercut) vender mais barato que [*competitor*]; **b)** (sell discreetly) fazer pouca publicidade (dos artigos para venda). **2** *vi* (*past, pp* -**sold**) vender a baixo preço. **3** *v refl* (*past, pp* -**sold**) **to ~ oneself** minimizar-se, desvalorizar-se.

underside ['ʌndəsaɪd] *n* **a)** (bottom) fundo *m*; **b)** (fig) (dark side) lado *m* sombrio.

undersigned ['ʌndəsaɪnd] *n* abaixo assinado,-a; **we, the ~** nós, abaixo assinados.

undersized ['ʌndəsaɪʒd] *adj* (often pej) [*person*] enfezado,-a; (pej) [*portion, ration*] magro,-a (*before n*) [*animal, plant*] raquítico,-a.

underskirt ['ʌndəskɜ:t] *n* saiote *m*.

understand [ʌndə'stænd] **1** *vtr* (*past, pp* **understood**) **a)** (intellectually) compreender, entender; **is that understood?** está entendido?; **to ~ that...** compreender que...; **b)** (emotionally) compreender; **my husband doesn't ~ me** o meu marido não me compreende; **I can ~ her being upset** compreendo que ela esteja aborrecida; **c)** (interpret) compreender, entender, perceber; **what do you ~ by...?** o que é que entende por...?; **as I ~ it** se estou a perceber bem; **d)** (believe) **to ~ that...** crer que..., pensar que...; **I understood that I was to be given the job** pensei que o lugar seria para mim; **e)** (accept mutually) **to be understood** ser entendido; **I thought that was understood** pensei que isso estivesse entendido; **f)** LING (imply) **to be understood** estar subentendido; **the subject is understood** o sujeito está subentendido. **2** *vi* (*past, pp* **understood**) **a)** (comprehend) compreender; **b)** (sympathize) compreender, entender; **I fully ~** entendo perfeitamente.

understandable [ʌndə'stændəbl] *adj* compreensível; **it is ~ that...** é compreensível que... (+ *subj*).

understandably [ʌndə'stændəblɪ] *adv* **a)** (justifiably) **~ they felt they'd been cheated** eles sentiram-se enganados e com razão; **b)** (naturally) **your mother is ~ upset** a tua mãe está naturalmente aborrecida.

understanding [ʌndə'stændɪŋ] **1** *n* **a)** (grasp) (of subject, issue) compreensão *f*; **to show an ~ of** mostrar ter compreendido; **b)** (formal) (perception, interpretation) interpretação *f*; **to my ~** quanto a mim, segundo o que compreendi; **c)** (arrangement) entendimento *m*; (**about** acerca de); **there is an ~ that...** foi acordado que...; **on the ~ that...** sob condição de que...; **d)** (sympathy) compreensão *f*; **e)** (powers of reason) inteligência *f*; raciocínio *m*. **2** *adj* [*tone, person*] afável, compreensivo,-a; **to be ~ about** ser compreensivo em relação a.

understate [ʌndə'steɪt] *vtr* **a)** exprimir (algo) sem reserva [*opinion, reaction*]; **b)** (play down) minimizar [*cost, danger, severity*].

understatement [ʌndə'steɪtmənt] *n* **a)** LING litotes *mpl*; **b)** (stylistic effect) eufemismo *m*; **c)** (remark) **that's an ~!** é o menos que se pode dizer!; **d)** (of dress, decor) discrição *f*.

understood [ʌndə'stʊd] *past, pp* see **understand**.

under: ~**study** *n* **a)** THEAT substituto *m* (**to** de); **b)** (gen) suplente *m/f* (**to** de); ~**staffed** *adj* **to be ~staffed** estar com falta de pessoal.

undertake ['ʌndə'teɪk] *vtr* (*past* -**took** *pp* -**taken**) **a)** (carry out) empreender [*search, study, trip*]; desempenhar [*function*]; encarregar-se de [*mission*]; **b)** (guarantee) **to ~ to do sth** comprometer-se a fazer algo.

undertaker ['ʌndəteɪkə(r)] *n* (person) cangalheiro *m*; (company) **Oxford's biggest ~'s** a maior agência funerária de Oxford.

undertaking [ˌʌndə'teɪkɪŋ] *n* **a)** (funeral business) agência *f* funerária; **b)** (company) empresa *f*; **c)** (venture) empreendimento *m*; **d)** (promise) garantia *f*; **to give sb a ~ to do sth** comprometer-se com alguém a fazer algo; **he gave me an ~ that he would repair the vehicle** ele prometeu-me arranjar o carro; **to give a written ~ to do sth** comprometer-se por escrito a fazer algo.

undertone ['ʌndətəʊn] *n* **a)** (low voice) voz *f* baixa; **to speak in an ~** falar em voz baixa; **b)** (undercurrent) **an ~ of jealousy** uma ideia *f* de ciúme; **comic ~s** tom cómico; **the music has African ~s** a música tem ressonâncias africanas; **c)** (hint) cambiante *m*.

undertow ['ʌndətəʊ] *n* **a)** (of wave) refluxo *m*; **b)** (at sea) contracorrente *f*; **c)** (influence) influência *f* subjacente.

underused *adj* [*land*] subutilizado,-a; [*equipment, resource*] subaproveitado,-a; [*expression*] não muito empregue.

undervalue [ˌʌndə'wælju:] *vtr* subavaliar; subestimar [*person, quality*]; menosprezar [*opinion, theory*].

underwater [ˌʌndə'wɔ:tə(r)] **1** *adj* [*cable, exploration, test, world*] submarino,-a; [*lighting, swimmer*] subaquático,-a. **2** *adv* debaixo d'água.

underwear ['ʌndəweə(r)] *n* roupa *f* interior.

underweight [ˌʌndə'weɪt] *adj* magro,-a; **this child is 2 kilos ~** esta criança está com 2 quilos abaixo do peso normal.

underwent [ˌʌndər'went] *past* see **undergo**.

underworld ['ʌndəwɜ:ld] *n* **a) the ~** MYTHOL os infernos *mpl*; **b)** (criminal world) submundo *m*; **the criminal ~** o submundo do crime.

underwrite [ˌʌndə'raɪt] *vtr* (*past* **-wrote** *pp* **-written**) **a)** (insure) garantir, subscrever [*policy, risk*]; assegurar [*property*]; **b)** (finance) financiar [*project*]; assumir [*expense, loss*]; **c)** (approve) aprovar [*decision*]; apoiar [*proposal, theory*].

underwriter *n* **a)** (of share issue) subscritor *m*; **b)** (insurance) segurador,-a *m, f*.

undeserving [ˌvndɪ'zɜ:vɪŋ] *adj* [*winner*] que não merece ganhar; **~ of attention/praise/support** indigno,-a de atenção/de louvor/de apoio.

undesirable [ˌʌndɪ'zaɪərəbl] **1** *n* indesejável *m/f*. **2** *adj* [*aspect, effect, habit, practice, result*] indesejável; [*influence*] nefasto,-a; [*friend*] pouco recomendável; **it is ~ to do sth** não é conveniente fazer algo.

undetected [ˌʌndɪ'tektɪd] **1** *adj* [*intruder*] despercebido,-a; [*cancer, fracture*] não detectado,-a; [*flaw, movement*] não detectado,-a; [*crime*] não descoberto,-a. **2** *adv* [*break in, listen*] sem ser apercebido; **to go ~** [*person*] ficar despercebido; [*cancer*] não ser detectado; [*crime*] não ser descoberto.

undeterred [ˌʌndɪ'tɜ:d] *adj* **to be ~** ser imperturbável; **to be ~ by sth/sb** não se amedrontar por algo/alguém.

undeveloped [ˌʌndɪ'veləpt] *adj* [*person, fruit*] definhado,-a; [*limb, organ*] atrofiado,-a; [*land*] inexplorado,-a; [*idea, theory*] em gérmen; [*country*] subdesenvolvido,-a.

undid [ʌn'dɪd] *past* see **undo**.

undies ['ʌndɪz] *npl* (coll) roupa interior *f* (feminina).

undignified [ʌn'dɪgnɪfaɪd] *adj* [*behaviour, fate, person*] indigno,-a; [*haste, language*] chocante; [*position*] inconveniente.

undiplomatic [ˌʌndɪplə'mætɪk] *adj* **he is ~** ele tem falta de diplomacia; **it was ~ of you to say that** não foi muito diplomático da tua parte dizer isso.

undipped [ʌn'dɪpt] *adj* **a car with ~ headlights** AUT um carro com os faróis no máximo; **to drive on/with ~ headlights** conduzir com os máximos acesos.

undisciplined [ʌn'dɪsɪplɪnd] *adj* indisciplinado,-a.

undisclosed [ˌʌndɪs'kləʊzd] *adj* não revelado,-a.

undiscovered [ˌʌndɪ'skʌvəd] *adj* [*secret*] não revelado,-a; [*land*] inexplorado,-a; [*species*] desconhecido,-a; [*crime, document*] não descoberto,-a; [*talent*] ainda não conhecido,-a.

undiscriminating [ˌʌndɪ'skrɪmɪneɪtɪŋ] *adj* [*customer, observer, reader*] acrítico,-a; **he is ~ in his choice of friends** ele não escolhe os amigos; **he has an ~ palate** ele não tem gosto próprio.

undisguised [ˌʌndɪs'gaɪzd] *adj* [*anger, curiosity*] não disfarçado,-a (*after n*) **his envy was ~** ele não disfarçava a sua inveja.

undismayed [ˌʌndɪs'meɪd] *adj* **to be ~ at/by sth** não ser desencorajado por algo.

undisputed [ˌʌndɪ'spju:tɪd] *adj* [*capital, champion, leader*] incontestado,-a PO, inconteste BR; [*fact, right*] incontestável.

undistinguished [ˌʌndɪ'stɪŋgwɪʃt] *adj* [*achievement, career, building*] mediocre; [*appearance*] insignificante.

undisturbed [ˌʌndɪ'stɜ:bd] *adj* **a)** (untouched) intacto,-a; **b)** (quiet) tranquilo,-a.

undivided [ˌʌndɪ'vaɪdɪd] *adj* [*loyalty*] inteiro,-a; **to give sb/to have sb's ~ attention** prestar toda a atenção a alg/ter toda a atenção da parte de alg.

undo [ʌn'du:] *vtr* (*pres* **undoes** *past* **undid** *pp* **undone**) **a)** (unfasten) desapertar [*fastening*]; abrir [*zip, parcel*]; **b)** (cancel out) destruir [*good, effort*]; reparar [*harm*]; **to leave sth undone** deixar qq coisa por fazer.

undoing [ʌn'du:ɪŋ] *n* perda *f*.

undone [ʌn'dʌn] *pp* see **undo**.

undoubtedly [ʌn'daʊtɪdlɪ] *adv* indubitavelmente, indiscutivelmente.

undress [ʌn'dres] **1** *n* **in a state of ~** em fato de trazer por casa. **2** *vtr, vi* despir(-se). **3** *v refl* **to ~ oneself** despir-se. **4 undressed** *pp adj* **a)** [*person*] despido,-a; **to get ~** despir-se; **b)** CULIN [*salad*] sem tempero; **c)** CONSTR [*metal, stone*] a nu.

undrinkable [ʌn'drɪŋkəbl] *adj* (unpleasant or dangerous) que não se pode beber, que não é potável.

undue [ʌn'dju:] *adj* indevido,-a, excessivo,-a.

undulation [ˌʌndjʊ'leɪʃn] *n* (bump) curva *f*; (wavy motion) ondulação *f*.

unduly [ʌn'dju:lɪ] *adv* **a)** [*concerned, optimistic, surprised*] excessivamente; **b)** [*flatter, worry*] em excesso.

unearned [ʌn'ɜ:nd] *adj* **a)** (gen) imerecido,-a; **b) ~ income** FIN, TAX rendimentos *mpl* não provenientes do trabalho individual.

unearth [ʌn'ɜ:θ] *vtr* **a)** ARCHEOL (fig, hum) desenterrar; **b)** descobrir [*fact, evidence*].

unearthly [ʌn'ɜ:θlɪ] *adj* **a)** [*apparition*] sobrenatural; [*cry, silence*] estranho,-a; [*beauty*] imaterial; **b)** (coll) **at some ~ time** *or* **hour** a uma hora insólita.

unease [ʌn'i:z] *n* **a)** (worry) inquietação *f*; apreensão *f* (**about, at** acerca de); **b)** (social) mal-estar *m*.

uneasily [ʌn'i:zɪlɪ] *adv* (anxiously) com inquietação; (uncomfortably) com constrangimento; (with difficulty) com dificuldade.

uneasiness [ʌn'i:zɪnɪs] *n* see **unease**.

uneconomical [ʌnɪkə'nɒmɪkl, ʌnekə'nɒmɪkl] *adj* **a)** (wasteful) que não é económico,-a; **b)** (not profitable) não rentável.

uneducated [ʌn'edjʊkeɪtɪd] *adj* **a)** (vulgar) [*person, speech, writing*] inculto,-a, rude; **b)** (without education) sem instrução.

unemotional [ʌnɪ'məʊʃənl] *adj* **a)** [*person, approach*] impassível, insensível; **b)** [*account*] não emotivo,-a.

unemployable [ʌnɪm'plɔɪəbl] *adj* que não serve para nenhum emprego.

unemployed [ʌnɪm'plɔɪd] **1** *n* **the ~** os desempregados *mpl*. **2** *adj* **a)** (out of work) desempregado,-a; **b)** FIN [*capital*] inactivo,-a.

unemployment [ʌnɪm'plɔɪmənt] *n* desemprego *m*; **with ~ at 20 %** com um desemprego de 20 %.

unemployment: ~ benefit GB subsídio *m* de desemprego; **~ figures** *npl* números *mpl* do desemprego.

unending [ʌn'endɪŋ] *adj* interminável, sem fim.

unenterprising [ʌn'entəpraɪzɪŋ] *adj* [*person, organization, behaviour*] sem iniciativa(s); [*decision, policy*] tímido,-a.

unenthusiastic [ʌnɪnθjuː'æstɪk, ʌnɪnθuː'zɪ'æstɪk] *adj* pouco entusiasta (**about** acerca de).

unenviable [ʌn'envɪəbl] *adj* pouco invejável.

unequal [ʌn'iːkwl] *adj* **a)** [*amounts, contest, pay*] desigual; **b) to be ~ to** não estar à altura de [*task*].

unequalled [ʌn'iːkwld] *adj* [*achievement, quality, record*] sem igual, inigualável; [*person*] incomparável (**as** enquanto ou como).

unequivocal [ʌnɪ'kwɪvəkl] *adj* [*person, declaration*] explícito,-a; [*attitude, answer, pleasure, support*] inequívoco,-a.

unerring [ʌn'ɜ:rɪŋ] *adj* infalível.

UNESCO [juː'neskəʊ] *pr n* abrev = **United Nations Educational, Scientific and Cultural Organization** UNESCO *f*.

unethical [ʌn'eθɪkl] *adj* (gen) COMM, MED contrário à ética (**to do** fazer).

uneven [ʌn'iːvn] *adj* [*colouring, pattern, performer, pulse, results, speed*] irregular; [*contest, performance, quality, surface, teeth*] desigual; [*voice*] trémulo,-a; SPORT [*bars*] assimétricas.

unevenly [ʌn'iːvnlɪ] *adv* [*distribute, affect, cover*] de forma desigual; [*hang, function, develop*] de forma irregular.

uneventful [ʌnɪ'ventfl] *adj* [*day, occasion, life, career*] rotineiro,-a, tranquilo,-a; [*journey, period*] sem sobressaltos.

unexceptional [ʌnɪk'sepʃənl] *adj* que não tem nada de excepcional.

unexciting [ʌnɪk'saɪtɪŋ] *adj* monótono,-a, sem interesse.

unexpected [ʌnɪk'spektɪd] **1** *n* **the ~** o imprevisto *m*. **2** *adj* [*arrival, development, danger, event, expense*] imprevisto,-a; [*ally, choice, bonus, gift, outcome, announcement*] inesperado,-a.

unexpectedly [ʌnɪk'spektɪdlɪ] *adv* [*happen*] inesperadamente.

unexplored [ʌnɪk'splɔːd] *adj* inexplorado,-a.

unexposed [ʌnɪk'spəʊzd] *adj* PHOT virgem.

unfailing [ʌn'feɪlɪŋ] *adj* [*support*] fiel, inabalável; [*kindness, optimism*] a toda a prova; [*efforts*] constante; [*source*] inesgotável.

unfair [ʌn'feə(r)] *adj* **a)** [*person, action, decision, advantage*] injusto,-a (**to, on sb** para com; **to do** fazer); **it is ~ that he should go** *or* **for him to go** não é justo que ele se vá embora; **b)** SPORT [*play, tactics*] desleal, desonesto,-a; **c)** COMM [*trading*] fraudulento,-a; [*competition*] desleal.

unfairly [ʌn'feəlɪ] *adv* **a)** [*treat*] injustamente; [*dismiss*] abusivamente; [*play*] de forma desonesta; **b)** [*critical*] injustamente.

unfairness [ʌn'feənɪs] *n* injustiça *f*.

unfaithful [ʌn'feɪθfl] *adj* [*partner*] infiel (**to** a; **with** com).

unfaltering [ʌn'fɔːltərɪŋ] *adj* [*step, voice*] firme; [*devotion, loyalty*] a toda a prova.

unfamiliar [ʌnfə'mɪljə(r)] *adj* **a)** (strange) [*face, name, place, surroundings, feeling, problem, situation*] desconhecido,-a, estranho,-a; [*artist, book, music*] pouco conhecido,-a; **b) ~ with sth** pouco familiarizado com qq coisa.

unfamiliarity [ʌnfəmɪlɪ'ærɪtɪ] *n* carácter *m* insólito; **his ~ with sth** o seu desconhecimento de algo.

unfashionable [ʌn'fæʃənəbl] *adj* fora de moda, antiquado,-a.

unfasten [ʌŋ'faːsn] *vtr* desapertar [*clothing, fastening*]; abrir [*bag*].

unfathomable [ʌn'fæðəməbl] *adj* (liter) insondável.

unfavourable [ʌn'feɪvərəbl] *adj* (gen) desfavorável (**for sth** a qq coisa); **~ to sb/sth** hostil a alg/algo.

unfavourably [ʌn'feɪvərəblɪ] *adv* desfavoravelmente.

unfeeling [ʌn'fiːlɪŋ] *adj* [*person*] insensível (**towards** para com); [*remark*] seco,-a; [*attitude, behaviour*] frio,-a.

unfinished [ʌn'fɪnɪʃt] *adj* [*work, product*] inacabado,-a; [*matter*] em curso.

unfit [ʌn'fɪt] *adj* **a)** (unhealthy) (ill) doente; (out of condition) **I'm ~** estou em más condições físicas; **b)** (sub-standard) [*housing*] inadequado,-a; [*road*] impraticável; **c)** (unsuitable) [*parent, person*] inapto,-a; **~ for work** inapto para o trabalho; **he's ~ to be a teacher** ele não foi feito para ser professor; **d)** (incapable) **to be ~ to do** [*person*] não ser capaz de fazer.

unflagging [ʌŋ'flægɪŋ] *adj* infatigável, incansável; [*interest*] persistente.

unflappable [ʌŋ'flæpəbl] (coll) *adj* imperturbável.

unflattering [ʌn'flætərɪŋ] *adj* [*portrait, description*] pouco lisonjeiro,-a; **to be ~ to sb** [*clothes, hairstyle*] favorecer pouco alg; [*portrait, description*] não lisonjear ninguém.

unflinching [ʌn'flɪntʃɪŋ] *adj* **a)** [*stare*] firme; [*courage*] inabalável; [*commitment*] resoluto,-a; **b)** [*account*] implacável.

unfold [ʌn'fəʊld] **1** *vtr* **a)** (open) desdobrar [*paper, chair*]; abrir, estender [*wings*]; descruzar [*arms*]; **b)** (fig) revelar [*plan*]. **2** *vi* **a)** [*deck-chair, map*] desdobrar-se; [*flower, leaf*] abrir-se; **b)** (fig) [*scene*] desenrolar-se; [*mystery*] revelar-se (pouco a pouco); [*beauty*] desabrochar (pouco a pouco).

unforeseeable [ʌnfɔ:'si:əbl] *adj* imprevisível.

unforeseen [ʌnfɔ:'si:n] *adj* imprevisto,-a.

unforgettable [ʌnfə'getəbl] *adj* inesquecível.

unforgivable [ʌnfə'gɪvəbl] *adj* imperdoável.

unformed [ʌn'fɔ:md] *adj* [*idea, belief*] imaturo,-a; **his personality is still** ~ a sua personalidade ainda não está formada.

unfortunate [ʌn'fɔ:tjʊnət, ʌn'fɔ:tʃənət] *adj* **a)** (pitiable) [*person, situation*] infeliz; **b)** (regrettable) [*incident, choice*] lamentável; [*remark*] desagradável; **it is** ~ **that...** é pena que... (+ *subj*); **c)** (unlucky) [*person, loss, attempt*] infeliz, desastroso,-a; **to be** ~ **enough to do** ter a pouca sorte de fazer.

unfortunately [ʌn'fɔ:tʃʊnətlɪ, ʌn'fɔ:tʃənətlɪ] *adv* [*end*] lamentavelmente; [*worded*] de maneira imprópria; ~,... lamentavelmente,....

unfounded [ʌn'faʊdɪd] *adj* sem fundamento.

unfreeze [ʌn'fri:z] *vtr* (*past* **unfroze** *pp* **unfrozen**) **a)** descongelar, degelar [*pipe*]; **b)** FIN liberalizar [*prices*]; desbloquear [*assets*].

unfriendly [ʌn'frendlɪ] *adj* [*person, attitude*] pouco amistoso,-a; [*reception*] hostil; [*place, climate*] adverso,-a; [*remark*] pouco amável; [*product*] nocivo,-a; **to be** ~ **towards sb** ser hostil em relação a alg.

unfulfilled [ʌnfʊl'fɪld] *adj* [*ambition, potential*] não realizado,-a; [*desire, need*] não satisfeito,-a; [*promise*] não mantido,-a; [*condition*] não preenchido,-a; [*prophecy*] não cumprido,-a; **to feel** ~ sentir-se insatisfeito.

unfurl [ʌn'fɜ:l] *vi* estender-se.

unfurnished [ʌn'fɜ:nɪʃt] *adj* [*accommodation*] não mobilado,-a.

ungainly [ʌn'geɪnlɪ] *adj* desajeitado,-a, deselegante.

ungentlemanly [ʌn'dʒentlmənlɪ] *adj* descortês.

ungodly [ʌn'gɒdlɪ] *adj* (hum) ímpio,-a; **at some** ~ **hour** fora de horas.

ungracious [ʌn'greɪʃəs] *adj* indelicado,-a.

ungrammatical [ʌngrə'mætɪkl] *adj* incorrecto,-a.

ungrateful [ʌn'greɪtfl] *adj* ingrato,-a (**towards** para com).

ungrudging [ʌn'grʌdʒɪŋ] *adj* [*support*] incondicional.

unguarded [ʌn'gɑ:dɪd] *adj* **a)** [*prisoner, frontier*] sem guarda; **b)** [*remark, criticism*] irreflectido,-a.

unhappily [ʌn'hæpɪlɪ] *adv* **a)** (miserably) com um ar infeliz; **b)** (unfortunately) infelizmente; **c)** (inappropriately) malfadadamente.

unhappiness [ʌn'hæpɪnɪs] *n* **a)** (misery) infelicidade *f*; **b)** (dissatisfaction) descontentamento *m* (**about, with** acerca de, com).

unhappy [ʌn'hæpɪ] *adj* (miserable) [*person, face, childhood, situation, remark*] infeliz.

unharmed [ʌn'hɑ:md] *adj* [*person*] incólume, ileso,-a; [*object*] intacto,-a.

unhealthy [ʌn'helθɪ] *adj* **a)** [*person, cough*] doentio,-a; [*economy, diet*] pouco saudável; [*conditions*] insalubre; **b)** (unwholesome) pernicioso,-a.

unheard [ʌn'hɜ:d] *adv* **we entered** ~ nós entrámos despercebidos.

unheeded [ʌn'hi:dɪd] *adj* **to go** ~ [*warning, plea*] ser em vão.

unhelpful [ʌn'help'fl] *adj* [*employee, attitude*] inútil; [*witness*] pouco cooperativo,-a; [*remark*] que nada resolve.

unholy [ʌn'həʊlɪ] *adj* **a)** (shocking) [*alliance, pact*] chocante; **b)** (horrendous) horrível; **c)** (profane) ímpio,-a.

unhook [ʌn'hʊk] *vtr* **a)** desapertar [*skirt*]; **b)** desenganchar [*picture*] (**from** de).

unhurried [ʌn'hʌrɪd] *adj* [*person*] pacato,-a; [*pace, meal*] tranquilo,-a, sem pressa.

unhurt [ʌn'hɜ:t] *adj* ileso,-a.

unhygienic [ʌnhaɪ'dʒi:nɪk] *adj* [*conditions, way, method*] antihigiénico,-a.

unicorn ['ju:nɪkɔ:n] *n* unicórnio *m*.

unidentified [ʌnaɪ'dentɪfaɪd] *adj* não identificado,-a.

unification [ju:nɪfɪ'keɪʃn] *n* unificação *f* (**of** de).

uniform ['ju:nɪfɔ:m] **1** *n* uniforme *m*; **out of** ~ (gen) MIL à paisana. **2** *adj* [*temperature*] constante; [*shape, size, colour*] idêntico,-a, uniforme.

uniformity [ju:nɪ'fɔ:mɪtɪ] *n* uniformidade *f*.

unify ['ju:nɪfaɪ] *vtr* unificar.

unilateral [ju:nɪ'lætərl] *adj* unilateral.

unimaginable [ʌnɪ'mædʒnəbl] *adj* inimaginável.

unimaginative [ʌnɪ'mædʒɪnətɪv] *adj* [*person*] sem imaginação; [*style, production*] sem originalidade; **to be** ~ ter falta de imaginação.

unimaginatively [ʌnɪ'mædʒɪnətɪvlɪ] *adv* [*talk, describe*] prosaicamente, sem imaginação; [*captain, manage*] sem brio.

unimpaired [ʌnɪm'peəd] *adj* intacto,-a.

unimportant [ʌnɪm'pɔ:tənt] *adj* sem importância (**for, to** para).

unimpressed [ʌnɪm'prest] *adj* (by person, performance) pouco entusiasmado,-a; **to be** ~ **by** estar um pouco impressionado por [*person, performance*]; não estar nada convencido por [*argument*].

uninformed [ʌnɪn'fɔ:md] *adj* [*person*] mal informado,-a (**about** acerca de); **the** ~ **reader** o leitor não informado.

uninhabitable [ʌnɪn'hæbɪtəbl] *adj* inabitável.

uninhibited [ʌnɪn'hɪbɪtɪd] *adj* [*person, attitude, behaviour*] desinibido,-a; **to be** ~ **about** [*person*] ser desinibido em relação a.

uninitiated [ʌnɪ'nɪʃɪeɪtɪd] **1** *adj* [*person*] não iniciado,-a (**into** em). **2** *n* **the** ~ (hum) o leigo (+ *v pl/v sg*).

uninjured [ʌn'ɪndʒəd] *adj* ileso,-a; **to escape** ~ sair ileso.

uninspired [ʌnɪn'spaɪəd] *adj* [*approach, team, times*] vulgar; [*budget, syllabus*] sem imaginação; **to be** ~ [*writer, team*] ter falta de inspiração; [*strategy*] ter falta de imaginação.

uninspiring [ʌnɪn'spaɪərɪŋ] *adj* insípido,-a, vulgar.

unintelligent [ʌnɪn'telɪdʒənt] *adj* pouco inteligente.

unintelligible [ʌnɪn'telɪdʒbl] *adj* incompreensível (**to** para).

unintended [ʌnɪn'tendɪd] *adj* [*slur, irony*] involuntário,-a; [*consequence*] não intencional, sem querer; **to be** ~ não ser intencional.

unintentional [ʌnɪn'tenʃənl] *adj* involuntário,-a.

uninterested [ʌn'ɪntrestɪd, ʌn'ɪntrɪstɪd] *adj* indiferente (**in** a).

uninteresting [ʌn'ɪntrestɪŋ, ʌn'ɪntrɪstɪŋ] *adj* sem interesse, desinteressante.

uninterrupted [ʌnɪntə'rʌptɪd] *adj* ininterrupto,-a.

uninvited [ʌnɪn'vaɪtɪd] **1** *adj* **a)** (unsolicited) [*attentions*] não solicitado,-a; **b)** (without invitation) não convidado,-a; ~ **guest** intruso,-a *m, f.* **2** *adv* [*arrive*] sem ser convidado.

uninviting [ʌnɪn'vaɪtɪŋ] *adj* [*place, prospect*] pouco convidativo,-a; [*food*] pouco apetecível.

union ['juːnjən, 'juːnɪən] **1** *n* **a)** IND (*also* **trade** ~) sindicato *m;* **b)** POL união *f;* **c)** (marriage) união, casamento *m;* **d)** (association) associação *f.* **2** *modif* IND [*activist, activity, card, movement, leader*] sindical.

Union Jack *n* bandeira *f* britânica.

unique [juː'niːk] *adj* **a)** (sole) raro,-a (**in that** no que); **to be** ~ **in doing** ser inigualável a fazer; **b)** (remarkable) [*skill, performance*] sem paralelo.

uniquely [juː'niːklɪ] *adv* **a)** (exceptionally) excepcionalmente; **b)** (only) exclusivamente, unicamente.

unisex ['juːnɪseks] *adj* unisexo.

unison ['juːnɪsən] *n* **in** ~ [*say, recite, sing*] em uníssono.

unit ['juːnɪt] *n* **a)** (whole) unidade *f;* **b)** (group with specific function) MIL, POLICE unidade *f;* grupo *m;* **c)** (building, department) MED (gen) serviço *m;* **d)** MATH, MEAS unidade *f;* **monetary** ~ unidade monetária; **e)** (piece of furniture) elemento *m.*

unite [juː'naɪt] **1** *vtr* unir (**with** com). **2** *vi* unir--se (**with** com); **in doing** a fazer (**to do** para fazer).

united [juː'naɪtɪd] *adj* [*group, front*] unido,-a (**in** em); [*effort*] conjunto. IDIOMAS ~ **we stand, divided we fall** (Prov) a união faz a força (Prov).

united: U~ **Kingdom** *pr n* Reino Unido *m;* U~ **Nations (Organization)** *n* (Organização *f* das) Nações *fpl* Unidas; U~ **States (of America)** *pr n* Estados-Unidos *mpl* (da América).

unit: ~ **furniture** ~ mobiliário por elementos; ~ **trust** *n* GB FIN fundo *m* de investimento.

unity ['juːnɪtɪ] *n* unidade *f;* ~ **of place/time/-action** THEAT unidade de lugar/tempo/acção.

universal [juːnɪ'vɜːsl] **1 universals** *npl* PHILOS universais *mpl.* **2** *adj* **a)** (gen) [*acclaim, reaction*] geral; [*truth, principle, message*] universal; [*education, health care*] para todos; **b)** LING universal.

universally [juːnɪ'vɜːsəlɪ] *adv* [*believed, criticized*] universalmente.

universe ['juːnɪvɜːs] *n* universo *m.*

university [juːnɪ'vɜːsɪtɪ] **1** *n* universidade *f.* **2** *modif* [*degree, town*] universitário,-a; ~ **entrance** entrada na universidade.

unjust [ʌn'dʒʌst] *adj* injusto,-a (**to** para com).

unjustifiably [ʌn'dʒʌstɪfaɪəblɪ] *adv* [*claim, condemn*] sem justificação; [*act*] de modo injustificável.

unkempt [ʌn'kempt] *adj* [*person, appearance*] mal arranjado,-a; [*hair*] mal penteado,-a, despenteado,-a; [*garden, home*] pouco cuidado,-a.

unkind [ʌn'kaɪnd] *adj* [*person, thought, act*] desagradável; [*remark*] cruel; [*climate*] rigoroso,-a; [*environment*] duro,-a; **to be** ~ **to sb** (by deed or verbally) ser desagradável para com alg.

unkindness [ʌn'kaɪndnɪs] *n* (of person, remark, act) dureza *f;* (liter) (of fate) crueldade *f.*

unknowing [ʌn'nəʊɪŋ] *adj* ignorante, desconhecedor,-a.

unknown [ʌn'nəʊn] **1** *n* **a)** (unfamiliar place or thing) desconhecido *m;* **b)** (person not famous) desconhecido,-a *m, f;* **c)** MATH incógnita *f.* **2** *adj* desconhecido,-a; **the man was** ~ **to me** eu não conhecia o homem; **she is an** ~ **quantity** ela é uma incógnita.

unlace [ʌn'leɪs] *vtr* desapertar, desatar [*shoes, corset*].

unladylike [ʌn'leɪdɪlaɪk] *adj* deselegante; **it is** ~ **to do** não é elegante fazer.

unlawful [ʌn'lɔːfl] *adj* [*activity, possession*] ilegal; [*killing*] indiscriminado,-a; [*detention*] arbitrário,-a.

unleaded [ʌn'ledɪd] *adj* sem chumbo.

unless [ən'les] *conj* **a)** (except if) a menos que (+ *subj*), a não ser que (+ *subj*) **he won't come** ~ **you invite him** ele não virá a não ser que o convides; ~ **I get my passport back, I can't leave the country** a menos que consiga o meu passaporte de volta, não posso deixar o país; ~ **otherwise agreed** salvo acordo em contrário; **b)** (except when) salvo quando, a não ser quando.

unlicensed [ʌn'laɪsənst] *adj* [*activity*] não autorizado,-a; [*transmitter*] sem licença.

unlike [ʌn'laɪk] **1** *prep* **a)** (in contrast to) contrariamente a; ~ **me, he** ao contrário de mim, ele; **b)** (different from) diferente de; **they are quite** ~ **each other** eles são bastante diferentes um do outro; **c)** (uncharacteristic) **it's** ~ **him** (to be so rude) nem parece dele (ser tão malcriado). **2** *adj* **the two brothers are** ~ **in every way** os dois irmãos não são nada parecidos.

unlikelihood [ʌn'laɪklɪhʊd] *n* improbabilidade *f.*

unlikely [ʌn'laɪklɪ] *adj* **a)** (unexpected) improvável, pouco provável; **it's not** ~ **that...** não é impossível que... (+ *subj*) **b)** (strange) [*partner, choice, situation*] imprevisto,-a, inesperado,-a; (probably untrue) [*story*] inverosímil; [*excuse*] pouco provável.

unlimited [ʌn'lɪmɪtɪd] *adj* ilimitado,-a.

unlined [ʌn'laɪnd] *adj* [*garment, curtain*] sem forro; [*face*] sem rugas; [*paper*] liso.

unlisted [ʌn'lɪstɪd] *adj* **a)** (gen) [*campsite, hotel*] não homologado,-a; **b)** FIN [*account*] que não figura nos registos; [*company, share*] não cotado,-a na Bolsa; **c)** TELECOM; **her number is** ~ o número dela não está na lista; **d)** CONSTR, JUR [*building*] não classificado.

unlit [ʌn'lɪt] *adj* **a)** [*room, street*] às escuras; **to be** ~ estar às escuras; **b)** [*cigarette, fire*] apagado,-a.

unload [ʌn'ləʊd] **1** *vtr* **a)** TRANSP descarregar [*goods, vessel*]; **b)** TECH descarregar [*gun*]; **c)** COMM escoar [*stockpile, goods*]; **d)** (fig) **to ~ one's problems** desabafar (**on(to)** com). **2** *vi* [*truck, vessel*] descarregar.

unlock [ʌn'lɒk] *vtr* **a)** abrir [*door, casket*]; **to be ~ed** não estar fechado à chave; **b)** (fig) abrir [*heart*]; revelar [*secrets*]; soltar [*emotions*]; resolver [*mysteries*].

unlovable [ʌn'lʌvəbl] *adj* detestável.

unloved [ʌn'lʌvd] *adj* impopular.

unluckily [ʌn'lʌkɪlɪ] *adv* infelizmente (**for sb** para alguém).

unlucky [ʌn'lʌkɪ] *adj* **a)** (unfortunate) [*person*] com pouca sorte; [*day*] aziago; **it was ~ for him that they rejected the offer** infelizmente para ele, rejeitaram a oferta; **he is ~ in love** ele é infeliz aos amores; **b)** (causing bad luck) nefasto,-a, maléfico,-a; **it's ~ to walk under a ladder** dá azar passar por baixo dum escadote.

unmade [ʌn'meɪd] *adj* [*bed*] desfeita, por fazer; [*road*] por fazer.

unmanageable [ʌn'mænɪdʒəbl] *adj* [*child, animal*] rebelde, indomável; [*prison, system*] difícil de dirigir; [*hair*] rebelde; [*problem*] de resolução difícil.

unmanly [ʌn'mænlɪ] *adj* pusilânime.

unmanned [ʌn'mænd] *adj* **a)** [*flight, rocket*] não tripulado,-a; **b)** RAIL [*crossing*] sem guarda; **don't leave the desk ~** não deixe a secretária sem ninguém.

unmarked [ʌn'mɑːkt] *adj* **a)** (not labelled) [*container*] sem etiqueta; [*police car*] sem identificação característica; **b)** (unblemished) [*skin*] estar sem marcas; **c)** SPORT [*player*] desmarcado,-a.

unmarried [ʌn'mærɪd] *adj* solteiro,-a; **~ mother** mãe *f* solteira.

unmask [ʌn'mɑːsk] *vtr* (lit, fig) desmascarar.

unmatched [ʌn'mætʃt] *adj* único,-a, sem igual.

unmentionable [ʌn'menʃənəbl] *adj* **a)** (improper to mention) que não se pode contar; **~ subject** assunto *m* vergonhoso; **b)** (unspeakable) [*suffering*] indescritível.

unmerciful [ʌn'mɜːsɪfl] *adj* cruel, desumano,-a.

unmerited [ʌn'merɪtɪd] *adj* imerecido,-a.

unmistakable [ʌnmɪ'steɪkəbl] *adj* **a)** (recognizable) característico,-a (**of** de); **b)** (unambiguous) sem ambiguidade; **c)** (marked) nítido,-a.

unmistakably [ʌnmɪ'steɪkəblɪ] *adv* [*smell, hear*] distintamente; [*his, hers*] indubitavelmente.

unmitigated [ʌn'mɪtɪgeɪtɪd] *adj* [*disaster*] completo,-a; [*cruelty*] implacável; [*terror, nonsense*] absoluto,-a; [*liar*] rematado,-a.

unmoved [ʌn'muːvd] *adj* **a)** (psychologically) indiferente (**by** a); **b)** (emotionally) insensível (**by** a).

unmusical [ʌn'mjuːzɪkl] *adj* [*sound*] dissonante; [*person*] pouco musical.

unnamed [ʌn'neɪmd] *adj* **a)** (name not divulged) **~ company/person** empresa/pessoa anónima; **b)** (without name) **the club/virus is as yet ~** o clube/o vírus está ainda sem nome.

unnatural [ʌn'nætʃərl] *adj* **a)** (affected) [*style, laugh*] afectado,-a; **b)** (unusual) [*silence, colour*] estranho,-a, fora do normal; **c)** (unhealthy) [*interest*] desnaturado,-a.

unnecessarily [ʌn'nesɪsərɪlɪ] *adv* inutilmente.

unnecessary [ʌn'nesəsərɪ] *adj* [*expense, effort, confrontation, treatment*] desnecessário,-a, escusado,-a; **it is ~ to do** é escusado fazer; **it is ~ for you to** é desnecessário que tu... (+ *subj*) **your remarks were quite ~** as tuas observações eram bem escusadas.

unnerve [n'nɜːv] *vtr* perturbar, enervar.

unnerving [ʌn'nɜːvɪŋ] *adj* enervante.

unnoticed [ʌn'nəʊtɪst] *adj* despercebido,-a.

UNO ['juːnəʊ] *n* abrev = **United Nations Organization** ONU *f.*

unobjectionable [ʌnəb'dʒekʃənəbl] *adj* irrepreensível.

unobservant [ʌnəb'zɜːvənt] *adj* pouco perspicaz.

unobserved [ʌnəb'zɜːvd] *adj* despercebido,-a.

unobstructed [ʌnəb'strʌktɪd] *adj* [*view, exit, road*] desobstruído,-a.

unobtainable [ʌnəb'teɪnəbl] *adj* **a)** COMM [*supplies*] impossível de conseguir; **b)** TELECOM [*number*] impossível de obter.

unobtrusive [ʌnəb'truːsɪv] *adj* [*person*] apagado,-a; [*site, object, noise*] discreto,-a.

unoccupied [ʌn'ɒkjʊpaɪd] *adj* **a)** (gen) [*house, block, shop*] desocupado,-a, vago,-a; [*seat*] livre; **b)** MIL [*territory*] livre.

unofficial [ʌnə'fɪʃl] *adj* oficioso,-a; **~ strike** greve ilegal.

unofficially [ʌnə'fɪʃəlɪ] *adv* oficiosamente.

unopened [ʌn'əʊpənd] *adj* [*bottle, packet*] por abrir, não encetado,-a; [*package*] fechado,-a.

unopposed [ʌnə'pəʊzd] *adj* POL [*bill*] aceite sem objecção.

unorganized [ʌn'ɔːgənaɪzd] *adj* (gen) [*event*] mal organizado,-a; [*group*] desorganizado,-a.

unoriginal [ʌnə'rɪdʒɪnl] *adj* [*idea, plot, style*] sem originalidade; **totally ~** sem nenhuma originalidade; **to be ~** ser pouco original.

unorthodox [ʌn'ɔːθədɒks] *adj* (gen) [*approach, opinion, teacher, religion*] não ortodoxo,-a.

unpack [ʌn'pæk] *vtr* desfazer [*luggage*]; desempacotar [*belongings*].

unpaid [ʌn'peɪd] *adj* [*bill, tax*] por pagar, não pago,-a; [*debt*] não saldado,-a; [*work, volunteer*] não remunerado,-a; **to take ~ leave** tirar uma licença sem vencimento.

unpalatable [ʌn'pælətəbl] *adj* (formal) **a)** [*food*] intragável; **b)** (fig) [*truth, statistic*] amargo,-a, desagradável; [*advice*] difícil de engolir (fig, fam).

unparalleled [ʌn'pærəleld] *adj* **a)** (unequalled) [*strength, luxury*] sem igual; [*success*] sem paralelo; **b)** (unprecedented) sem precedente.

unpardonable [ʌn'pɑːdənəbl] *adj* imperdoável.

unpatriotic [ʌnpætrɪ'ɒtɪk, ʌnpeɪtrɪ'ɒtɪk] *adj* [*person*] pouco patriota; [*act, attitude*] antipatriótico,.

unperturbed [ʌnpə'tɜːbd] *adj* imperturbável.

unpick [ʌn'pɪk] *vtr* **a)** desmanchar, desfazer; **b)** (fig) esclarecer, deslindar [*truth, facts*] (**from** de).

unplaced [ʌn'pleɪst] *adj* [*competitor*] não classificado,-a; [*horse*] desclassificado,-a.

unplanned [ʌn'plænd] *adj* [*stoppage, increase*] imprevisto,-a; [*pregnancy, baby*] não planeado,-a.

unpleasant [ʌn'plezənt] *adj* desagradável.

unpleasantness [ʌn'plezəntnɪs] *n* **a)** (of odour, experience, remark) carácter *m* desagradável; **b)** (bad feeling) desentendimento *m*; ~ **between the neighbours** mau estar entre os vizinhos.

unplug [ʌn'plʌg] *vtr* desligar [*appliance*]; destapar [*sink*].

unpolished [ʌn'pɒlɪʃt] *adj* [*floor*] não encerado,-a; [*silver*] não limpo,-a; [*diamond*] bruto; (fig) [*person, manners*] rude; [*state, form*] bruto.

unpolluted [ʌnpə'luːtɪd] *adj* [*water*] despoluído,-a; [*mind*] não contaminado,-a.

unprecedented [ʌn'presɪdentɪd] *adj* sem precedente.

unprejudiced [ʌn'predʒʊdɪst] *adj* [*person*] sem preconceitos; [*opinion, judgement*] imparcial.

unpremeditated [ʌnprɪ'medɪteɪtɪd] *adj* não premeditado,-a.

unprepared [ʌnprɪ'peəd] *adj* **a)** (not ready) **he was not ~ for what was to follow** ele não estava preparado para o que se ia seguir; **to be ~ to do sth** não estar preparado para fazer qq coisa; **to catch sb ~** apanhar alg desprevenido; **b)** [*speech, performance*] improvisado,-a.

unprepossessing [ʌnpriːpə'zesɪŋ] *adj* pouco atraente.

unprovoked [ʌnprə'veʊkt] *adj* [*attack, aggression*] espontâneo,-a; **the attack was ~** o ataque não foi provocado.

unqualified [ʌn'kwɒlɪfaɪd] *adj* **a)** (without qualifications) não qualificado,-a; **b)** (total) [*support, respect*] incondicional; [*cease-fire*] sem condições; **the evening was an ~ success** a noite foi um sucesso total.

unreal [ʌn'rɪəl] *adj* **a)** [*situation, conversation*] irreal; **b)** (coll) (unbelievable) incrível, louco; **he's ~!** ele é louco!; **it seemed a bit ~ to me** parecia-me um sonho.

unrealistic [ʌnrɪə'lɪstɪk] *adj* [*expectation, aim*] irrealista; [*character, presentation*] pouco realista; **it is ~ to suggest that...** é irrealista sugerir que....

unreasonable [ʌn'riːzənəbl] *adj* **a)** (not rational) [*views, behaviour, expectation*] irrealista; **it's not ~** não é insensato; **it's ~ for them to claim that they are superior** eles não têm razão em pretender ser superiores; **he's being very ~ about it** ele está a ser muito irracional acerca disso; **b)** (excessive) [*price*] excessivo,-a; [*demand*] exagerado,-a; **at an ~ hour** a uma hora indevida.

unrecognizable [ʌn'rekəgnaɪzəbl] *adj* irreconhecível.

unrecognized [ʌn'rekəgnaɪzd] *adj* **a)** [*significance, talent*] não reconhecido,-a (**by** por); **to go ~** ser ignorado; **b)** [*regime, government*] não reconhecido,-a; **c) he crossed the city ~** ele atravessou a cidade sem ser reconhecido.

unrelated [ʌnrɪ'leɪtɪd] *adj* **a) the two events are ~** os dois acontecimentos não têm ligação nenhuma; **the symptoms are ~ to the illness** os sintomas não têm nada a ver com a doença; **b)** (as family) **the two families are ~** as duas famílias não têm ligação de parentesco.

unreliable [ʌnrɪ'laɪbl] *adj* [*evidence*] duvidoso,-a; [*method, employee*] falível; [*equipment*] pouco fiável.

unresponsive [ʌnrɪ'spɒnsɪv] *adj* indiferente, pouco receptivo,-a (**to** a).

unrestrained [ʌnrɪ'streɪnd] *adj* [*growth, proliferation*] desenfreado,-a; [*emotion*] incontido,-a; [*freedom*] sem limites.

unrewarding [ʌnrɪ'wɔːdɪŋ] *adj* (unfulfilling) pouco gratificante; (thankless) ingrato,-a.

unsafe [ʌn'seɪf] *adj* **a)** [*environment*] perigoso,-a, pouco seguro,-a; [*drinking water*] não potável; [*goods*] perigoso,-a; [*working conditions*] arriscado,-a; **the car is ~ to drive** é perigoso conduzir aquele carro; **the building was declared ~** o edifício foi declarado em risco; **b)** [*person*]; **I felt ~** eu senti medo; **c)** JUR [*conviction, verdict*] duvidoso,-a.

unsavoury [ʌn'seɪvərɪ] *adj* [*business, individual*] duvidoso,-a, obscuro,-a; [*object, smell*] insípido,-a.

unscrew [ʌn'skruː] *vtr* desaparafusar.

unscrupulous [ʌn'skruːpjʊləs] *adj* [*person*] sem escrúpulos; [*tactic*] pouco escrupuloso,-a.

unseal [ʌn'siːl] *vtr* desselar [*container*]; abrir [*envelope*].

unsealed [ʌn'siːld] *adj* [*envelope*] aberto.

unseasoned [ʌn'siːznd] *adj* **a)** [*food*] não temperado,-a; **b)** [*wood*] verde.

unseemly [ʌn'siːmlɪ] *adj* inconveniente.

unseen [ʌn'siːn] **1** *n* GB **a French ~** SCH uma versão francesa não preparada. **2** *adj* **a)** [*figure, hands*] invisível; **b)** GB [*translation*] não preparado,-a. **3** *adv* [*escape, slip away*] sem ser visto.

unselfconscious [ʌnselfkɒnʃəs] *adj* [*person*] sem complexos, despreocupado,-a (**about** em relação a).

unselfish [ʌn'selfɪʃ] *adj* desinteressado,-a, altruísta.

unserviceable [ʌn'sɜːvɪsəbl] *adj* inadequado,-a, inútil.

unsettle [ʌn'setl] *vtr* perturbar [*person*]; **the event ~d the delicate process of change** o acontecimento perturbou o delicado processo de mudança.

unsettled [ʌn'setld] *adj* **a)** [*weather, economic climate*] instável; **b)** (disrupted) [*schedule*] incerto,-a, irregular; **c)** (not paid) [*account*] não pago,-a.

unsettling [ʌn'setlɪŋ] *adj* [*question, experience*]; perturbador,-a; [*work of art*] desconcertante; **psychologically ~** traumatizante.

unshak(e)able [ʌn'ʃeɪkəbl] *adj* inabalável.

unshaken [ʌn'ʃeɪkn] *adj* [*person*] resoluto,-a, determinado,-a (**in** em); [*belief, spirit*] inabalável.

unshaven [ʌn'ʃeɪvn] *adj* não barbeado,-a.

unsightly [ʌn'saɪtlɪ] *adj* feio,-a, pouco apresentável.

unsigned [ʌn'saɪnd] *adj* [*document, letter*] não assinado,-a.

unskilful GB, **unskillful** US [ʌn'skɪlf] *adj* desajeitado,-a.

unskilled [ʌn'skɪld] *adj* [*worker, labour*] não qualificado,-a; [*job, work*] não especializado,-a.

unsociable [ʌn'səʊʃəbl] *adj* pouco sociável.

unsocial [ʌn'səʊʃl] *adj* ~ **hours** horas impróprias.

unsold [ʌn'səʊld] *adj* não vendido,-a.

unsolicited [ʌnsə'lɪsɪtɪd] *adj* [*mail*] não reclamado,-a.

unsolved [ʌnˈsɒlvd] *adj* não resolvido,-a, não solucionado,-a.

unsophisticated [ʌnsəˈfɪstɪkeɪtɪd] *adj* [*person*] simples; [*tastes*] pouco refinado,-a; [*analysis*] simplista.

unsound [ʌnˈsaʊnd] *adj* [*roof, ship*] em mau estado; [*argument*] pouco válido,-a; [*credits, investment*] FIN duvidoso,-a; **to be of ~ mind** JUR não estar na posse das suas faculdades mentais.

unsparing [ʌnˈspeərɪŋ] *adj* [*efforts*] pródigo,-a; **to be ~ in one's efforts to do sth** não se poupar a esforços para fazer algo.

unspeakable [ɪnˈspiːkəbl] *adj* **a)** (dreadful) [*pain, sorrow*] tremendo,-a; [*noise*] pavoroso,-a; **b)** (inexpressible) indescritível.

unspecified [ɪnˈspesɪfaɪd] *adj* não especificado,-a.

unspectacular [ʌnspekˈtækjʊlə(r)] *adj* pouco espectacular.

unspoiled [ʌnˈspɔɪld] *adj* [*landscape*] intacto,-a; **she was ~ by fame and success** a fama e o sucesso não a tinham mudado.

unspoken [ʌnˈspəʊkn] *adj* **a)** (secret) não expresso,-a; **b)** (implicit) tácito,-a.

unstable [ʌnˈsteɪbl] *adj* instável.

unsteady [ʌnˈstedɪ] *adj* **a)** (wobbly) [*steps, legs*] vacilante; [*ladder*] instável; [*voice*] pouco firme; [*hand*] trémulo,-a; **he was ~ on his feet** ele caminhava de maneira pouco segura; **b)** (irregular) [*rhythm, speed*] irregular.

unstinting [ʌnˈstɪntɪŋ] *adj* [*effort*] ilimitado,-a; [*support*] amplo,-a; **to be ~ in one's efforts to do sth** não se furtar a esforços por fazer algo.

unstuck [ʌnˈstʌk] *adj* **to come ~ a)** descolar-se; **b)** (fig) [*person, organization*] fracassar.

unsuccessful [ʌnsəkˈsesfl] *adj* **a)** [*attempt, campaign*] infrutífero,-a; [*film*] mal sucedido,-a; [*love affair*] infeliz; **b)** [*candidate*] (for job) sem sorte; (in election) infeliz; **to be ~ in doing sth** ser mal-sucedido a fazer qq coisa.

unsuccessfully [ʌnsəkˈsesfəlɪ] *adv* [*try*] em vão; [*challenge, bid*] sem sucesso.

unsuitable [ʌnˈsuːtəbl] *adj* [*location, equipment, subject*] impróprio,-a, inadequado,-a; [*movement*] inoportuno,-a; [*friend*] pouco conveniente; **the work is ~ for her** o trabalho não lhe convém.

unsuited [ʌnˈsuːtɪd, ʌnˈsjuːtɪd] *adj* [*place, person*] não adaptado,-a (**to sth** a qq coisa); **they were given posts ~ to their talents** atribuíram--lhes lugares não adequados às suas aptidões; **she was ~ for country life** ela não era feita para a vida no campo; **they're ~ (as a couple)** eles são incompatíveis.

unsung [ʌnˈsʌŋ] *adj* (liter) [*hero, achievement*] desconhecido,-a.

unsure [ʌnˈʃʊə(r)] *adj* pouco seguro,-a (**of** de); **to be ~ about how/why/where** não saber bem como/porquê/onde; **to be ~ about going** não saber bem se vai; **to be ~ of oneself** estar pouco seguro de si.

unsuspected [ʌnsəˈspektɪd] *adj* insuspeito,-a.

unsuspecting [ʌnsəˈspektɪŋ] *adj* [*person*] sem desconfiança; **completely ~** sem nenhuma desconfiança.

unsweetened [ʌnˈswiːtnd] *adj* sem açúcar.

unswerving [ʌnˈswɜːvɪŋ] *adj* inabalável.

unsympathetic [ʌnsɪmpəˈθetɪk] *adj* **a)** [*attitude, manner, character*] pouco simpático,-a; **b)** [*person*] indiferente, frio (fig); **she is ~ to the cause** ela não simpatiza com a causa.

unsystematic [ʌnsɪstəˈmætɪk] *adj* pouco metódico,-a.

untamed [ʌnˈteɪmd] *adj* [*passion, person, lion*] indómito,-a; [*garden, beauty*] (em estado) selvagem; [*bird, fox*] não adestrado,-a.

untangle [ʌnˈtæŋgl] **1** *vtr* **a)** desenredar [*threads*]; **b)** deslindar [*difficulties, mystery*]. **2** *v refl* **to ~ oneself** (from net, wire, situation) desenvencilhar-se (**from** de).

untenable [ʌnˈtenəbl] *adj* [*position, standpoint*] insustentável; [*claim, argument*] indefensável, injustificável.

untested [ʌnˈtrstɪd] *adj* [*theory, assertion*] não verificado,-a; [*method, system, drug*] não testado,-a; [*person*] sem experiência.

unthinkable [ʌnˈθɪŋkəbl] *adj* [*prospect, action*] impensável; **it is ~ that...** é impensável que... (+ *conj*).

unthinking [ʌnˈθɪŋkɪŋ] *adj* [*person*] irreflectido,-a; [*remark, criticism*] descuidado,-a.

untidiness [ʌnˈtaɪdɪnɪs] *n* desordem *f* PO, bagunça *f* BR.

untidy [ʌnˈtaɪdɪ] *adj* [*person*] (in habits) desarrumado,-a; (in appearance) desalinhado,-a; **he looks very ~** ele tem um ar muito desleixado; **the garden looks ~** o jardim está pouco cuidado.

untie [ʌnˈtaɪ] *vtr* desatar, desprender [*knot, rope, laces*]; [*parcel*] desamarrar; soltar [*hands, hostage*]; **to come ~d** [*laces, parcel*] desamarrar-se; [*hands*] desprender-se.

until [ənˈtɪl] **1** *prep* **a)** (*also* **till**) (up to a specific time) até; **~ Tuesday** até terça-feira; **~ now** até agora; **~ then** até então; **to wait ~ after Easter** esperar até depois da Páscoa; **from Monday ~ Saturday** de segunda a sábado; **it wasn't ~ the 50's that...** não foi senão a partir dos anos 50 que...; **b)** (as far as) até. **2** *conj* (*also* **till**) até que (+ *subj*), até (*infinite*) **we'll stay ~ a solution is reached** ficaremos até ser encontrada uma solução; **wait ~ I get back** espera até eu voltar; **you can't leave ~ you've completed the course** não te podes ir embora antes de completares o curso.

untimely (formal) [ʌnˈtaɪmlɪ] *adj* [*arrival, announcement, intervention*] inoportuno,-a; **to come to an ~ end** [*person, activity, project*] ter um fim prematuro.

untiring [ʌnˈtaɪərɪŋ] *adj* [*person, enthusiasm*] infatigável (**in** em).

untiringly [ʌnˈtaɪrɪŋlɪ] *adv* incansavelmente.

untold [ʌnˈtəʊld] *adj* **a)** (not quantifiable) **~ millions** milhões e milhões; **~ damage** enormes prejuízos; **b)** (endless) [*misery, damage, joy*] ilimitado,-a.

untouchable [ʌnˈtʌtʃəbl] **1** *n* intocável *m/f*. **2** *adj* [*criminal*] intocável; [*sportsman, feat*] imbatível; [*woman*] pouco atraente.

untouched [ʌnˈtʌtʃt] *adj* **a)** (unchanged, undisturbed) intacto,-a; **b)** (unscathed) incólume.

untoward [ʌntəˈwɔːd, ʌnˈtəʊəd] *adj* desagradável, maçador,-a; **nothing ~** nada de desagradável.

untraceable [ʌn'treɪsəbl] *adj* insondável.

untrained [ʌn'treɪnd] *adj* **a)** [*worker*] sem formação; **b)** [*voice*] não treinado,-a; [*artist, actor*] não formado,-a; **c)** [*animal*] não adestrado,-a.

untranslatable [ʌntræns'leɪtəbl] *adj* não traduzível (**into** em).

untried [ʌn'traɪd] *adj* **a)** [*recruit*] sem experiência; [*method*] não ensaiado,-a; **b)** JUR [*prisoner*] não julgado,-a.

untroubled [ʌn'trʌbld] *adj* [*face, water, life*] tranquilo,-a; [*person*] impassível; **to be ~ (by doubt)** não ser perturbado; (by news) não estar perturbado (**by** por).

untrue [ʌn'truː] *adj* (false) falso,-a; **it is ~ to say that...** é falso dizer que....

untrustworthy [ʌn'trʌstwɜːðɪ] *adj* [*source, information*] duvidoso,-a; [*person*] indigno,-a de confiança.

untruth [ʌn'truːθ] *n* falsidade *f*.

untruthful [ʌn'truːθfl] *adj* [*person*] mentiroso,-a; [*account*] erróneo,-a.

unusable [ʌn'juːzəbl] *adj* inutilizável.

unused[1] [ʌn'juːst] *adj* (unaccustomed) **to be ~ to sth/to doing** não estar habituado a qq coisa/a fazer.

unused[2] [ʌn'juːzd] *adj* (not used) [*machine*] não utilizado,-a; [*building*] não habitado,-a; [*stamp*] novo,-a; **"computer, ~"** (in ad) "computador, estado novo".

unusual [ʌn'juːzʊəl] *adj* [*colour*] invulgar; [*conditions, occurrence, skill*] raro,-a; [*person*] original; **it's ~ for her to leave so early** não é habitual ela ir embora tão cedo; **the bank is ~ in having many women customers** o banco distingue-se pelo número elevado de clientes femininas; **he is ~ in his ability to listen** ele tem uma faculdade de escutar espantosa.

unusually [ʌn'juːzʊəlɪ] *adv* **a)** (exceptionally) [*large, difficult, talented*] excepcionalmente; **b)** (surprisingly) **~ for her, she made several mistakes** contrariamente ao que é habitual ela cometeu alguns erros.

unutterably [ʌn'ʌtərəblɪ] *adv* indizivelmente.

unvarying [ʌn'veərɪŋ] *adj* [*habits, routine*] invariável.

unveil [ʌn'veɪl] *vtr* descobrir [*statue, details*].

unvoiced [ʌn'vɔɪst] *adj* **a)** [*suspicion, opinion*] não expresso,-a; **b)** PHON muda.

unwaged [ʌn'weɪdʒd] *adj* [*work, worker*] não assalariado,-a.

unwanted [ʌn'wɒntɪd] *adj* [*goods, produce*] supérfluo,-a; [*visitor, pet*] indesejável; [*child, pregnancy*] não desejado,-a; **to feel ~** sentir-se a mais.

unwarranted [ʌn'wɒrəntɪd] *adj* injustificado,-a.

unwary [ʌn'weərɪ] **1** *adj* [*person*] incauto,-a. **2** *n* **the ~** os imprudentes (+ *v pl*).

unwashed [ʌn'wɒʃd] *adj* [*clothes, dishes, feet*] sujo,-a, não lavado,-a; [*person*] que não se lavou.

unwavering [ʌn'weɪvərɪŋ] *adj* [*devotion*] inabalável; [*gaze*] implacável.

unwelcome [ʌn'welkəm] *adj* **a)** [*visitor, guest, presence*] inoportuno,-a, indesejável; **to make sb feel ~** fazer com que alg se sinta indesejável; **b)** [*news, attention*] doloroso,-a, lamentável; [*bid, proposition*] inoportuno,-a; [*truth*] desagradável.

unwell [ʌn'wel] *adj* indisposto,-a; **he is feeling ~** ele não se sente bem.

unwholesome [ʌn'həʊlsəm] *adj* nocivo,-a.

unwieldy [ʌn'wɪːldɪ] *adj* [*weapon, tool*] difícil de manejar; [*parcel*] pesado,-a.

unwilling [ʌn'wɪlɪŋ] *adj* [*attention, departure*] forçado,-a; **he is ~ to do it** ele não está disposto a fazê-lo; (stronger) ele não o quer fazer.

unwillingly [ʌn'wɪlɪŋglɪ] *adv* de má vontade.

unwillingness [ʌn'wɪlɪŋnɪs] *n* **her ~ to adapt cost her the job** a sua má vontade em se adaptar custou-lhe o emprego.

unwind [ʌn'waɪnd] **1** *vtr* (*past, pp* **wound**) desenrolar. **2** *vi* **a)** [*tape, cable, scarf*] soltar-se; **b)** (relax) descontrair-se.

unwise [ʌn'waɪz] *adj* [*choice, loan, decision*] insensato,-a; [*person*] imprudente; **it is ~ to jump to conclusions** (reckless) é imprudente tirar conclusões precipitadas.

unwitting [ʌn'wɪtɪŋ] *adj* involuntário,-a.

unwittingly [ʌn'wɪtɪŋlɪ] *adv* [*remark*] inconscientemente; (without wanting to) involuntariamente; (accidentally) acidentalmente.

unworkable [ʌn'wɜːkəbl] *adj* impraticável.

unworthy [ʌn'wɜːðɪ] *adj* indigno,-a (**of sth/sb** de algo/alg).

unwrap [ʌn'ræp] *vtr* (*past, pp* **-pp-**) desembrulhar [*parcel*].

unwritten [ʌn'rɪtn] *adj* **a)** (not written) [*story, song*] não escrito,-a; [*tradition*] oral; **b)** (tacit) [*rule, agreement*] tácito,-a.

unyielding [ʌn'jiːldɪŋ] *adj* [*person, rule, temperament*] inflexível; [*surface, plank, barrier*] rígido,-a.

unzip [ʌn'zɪp] **1** *vtr* (*pres p etc* **-pp-**) abrir (o fecho eclair). **2** *vi* abrir-se.

up [ʌp] **1** *adj* **a)** (out of bed) **she's ~** ela está levantada; **we were ~ very late last night** a noite passada deitámo-nos tarde; **they were ~ all night** eles ficaram a pé toda a noite; **b)** (higher in amount, level) (mais) alto,-a; **sales/prices are ~ (by 10%)** as vendas/os preços aumentaram (10%); **shares are ~** as acções estão em alta; **c)** (wrong) **what's ~?** que é que se passa?; **there's something ~ with the brakes** há qualquer problema com os travões; **d)** (erected, affixed) **is the tent ~?** a tenda está montada?; **he had his hand ~ for five minutes** há cinco minutos que ele está com a mão no ar; **e)** (open) aberto,-a; **she had her umbrella ~** ela abriu o chapéu de chuva; **the blinds were ~** os estores estavam levantados ou abertos; **f)** (finished) acabado,-a, terminado,-a; **"time's ~!"** "acabou o tempo!"; **his leave is almost ~** a sua licença está quase a acabar; **g)** (facing upwards) para cima; **"this side ~"** (on parcel, box) "este lado para cima"; **she was floating face ~** ela estava a boiar de costas; **h)** (rising) **the wind is ~** o vento está a tornar-se forte; **the river is ~** o rio está a subir; **her blood's ~** (fig) está-lhe a chegar a mostarda ao nariz (fig); **i)** (cheerful) **to be ~** estar bem disposto; **j)** (being repaired) **the road is ~** a estrada está em obras; **k)** (in upward direction) **the ~ escalator** a escada rolante que sobe; **l)** (on trial) **he's ~ for murder** ele é acusado de assassínio. **2** *adv* **a)** (high) **~ here/there** cá/lá em cima; **~ in the tree** em cima da árvore; **~ to/**

in London em Londres; **four floors ~ from here** a quatro andares daqui ou quatro andares acima; **I live two floors ~** vivo no segundo andar; **the second shelf ~** a segunda prateleira a contar de baixo; **b)** (ahead) à frente; **to be four points ~ (on sb)** estar quatro pontos à frente (de alg); **c)** (upwards) **T-shirts from £2 ~** t-shirts a partir de 2 libras; **from (the age of) 14 ~** a partir dos 14 anos; **d)** (to high status) **~ with the workers!** viva os trabalhadores!. **3** *prep* **a)** (at, to higher level) **~ the tree** na árvore; **~ a ladder** num escadote; **the library is ~ the stairs** a biblioteca é ao cimo das escadas; **he ran ~ the stairs** ele subiu as escadas a correr; **b)** (in direction) **it's ~ the road** é lá ao cimo da estrada; **he put it ~ sleeve** meteu-o na manga. **4 up above** *adv phr, prep phr* (gen) por cima de RELIG no céu; **~ above sth** por cima de qq coisa. **5 up against** *prep phr* **~ against the wall** contra a parede; **they're ~ against a very strong team** estão a enfrentar uma equipa muito forte; **we're really ~ against it** estamos, na verdade, com problemas. **6 up and about** *adv phr* (out of bed) a pé, levantado. **7 up and down** *adv phr, prep phr* **a)** (to and fro) **to walk** *or* **pace ~ and down** andar de um lado para outro; **b)** (throughout) **~ and down the country** por/em todo o país. **8 up and running** *adj phr, adv phr* **to be ~ and running** [*company, project*] ir bem; [*system*] funcionar bem; **to get sth ~ and running** pôr qq coisa a funcionar. **9 up for** *prep phr* **he's ~ for election** ele vai-se candidatar às eleições; **the subject ~ for discussion is...** o assunto em discussão é.... **10 up to** *prep phr* **a)** (to particular level) até; **~ to here/there** até aqui/ali; **b)** (as many as) até; **~ to 50 dollars** até 50 dólares; **reductions of ~ to 50 %** reduções que podem atingir os 50 %; **c)** (until) até; **~ to 1964** até 1964; **~ to now** até agora; **d)** (good enough for) **I'm not ~ to it** (not capable) não sou capaz; **I'm not ~ to going to London** não tenho coragem para ir a Londres; **e)** (expressing responsibility) **it's ~ to you!** é contigo!; **it's ~ to him to do** é ele que tem de fazer; **if it were ~ to me** se isso dependesse de mim; **f)** (doing) **what is he ~ to?** o que é que ele está a fazer?; **what are those children ~ to?** o que é que aquelas crianças estão a magicar?; **they're ~ to something** eles estão a tramar qq coisa. **11** *vtr* (*pres p etc* **-pp-**) (increase) aumentar. **12** *vi* (*pres p etc* **-pp-**) **he ~ped and left** de repente, levantou-se e saiu. IDIOMAS **the company is on the ~ and ~** a empresa está a atravessar um bom momento; **to be one ~ on sb** fazer melhor que alguém; **to be (well) ~ on** ser versado em [*art, history, etc*]; estar a par de [*news, developments*]; **the ~s and downs** os altos e baixos (**of** de).

upbringing ['ʌpbrɪŋɪŋ] *n* educação *f*.

update 1 ['ʌpdeɪt] *n* actualização *f* (**on** de); **news ~** últimas notícias *fpl*. **2** [ʌp'deɪt] *vtr* **a)** (revise) pôr em dia [*database, information, catalogue*]; actualizar [*price, value*]; **b)** (modernize) modernizar [*method, machinery, style, image*]; **c)** pôr (alg) ao corrente [*person*].

upend [ʌp'end] *vtr* (stand upright) pôr de pé; (turn upside down) voltar ao contrário [*container*].

upfront [ʌp'frʌnt] **1** *adj* **a)** (frank) franco,-a; **b)** (conspicuous) visível; **c)** [*money*] pago antecipadamente. **2** *adv* [*pay*] antecipadamente.

upgrade ['ʌpgreɪd] *vtr* **a)** (modernize) modernizar; (improve) melhorar [*product*]; **b)** (raise) promover [*person*]; valorizar [*job, skill*].

upheaval [ʌp'hi:vl] *n* **a)** (in country, government, organization) convulsão (**in** em); **political/social ~** convulsões políticas/sociais; **b)** (in household) (lit) transtorno *m*; **emotional ~** perturbação afectiva; **c)** GEOL erupção *f*.

uphill [ʌp'hɪl] **1** *adj* **a)** [*road, slope*] ascendente; **b)** (fig) [*task, struggle, battle*] difícil. **2** *adv* [*go, walk*] para cima; **the path led** *or* **ran ~** o caminho era a subir; **it's ~ all the way** (lit) é sempre a subir; (fig) isto não vai ser fácil.

uphold [ʌp'həʊld] *vtr* (*past* **a)** (gen) sustentar, suportar [*right, principle, belief*]; fazer respeitar [*law*]; **b)** JUR confirmar.

upholster [ʌp'həʊlstə(r)] *vtr* estofar.

upholstery [ʌp'həʊlstəri] *n* **a)** (covering) revestimento *m*; (stuffing) estofo *m*; **b)** (technique) ofício *m* de estofador.

upkeep ['ʌpki:p] *n* **a)** (care) (of house, garden) manutenção *m*; (of animal) tratamento *m*; **b)** (cost of care) despesas *fpl* de manutenção.

uplifting [ʌp'lɪftɪŋ] *adj* estimulante.

upmost ['ʌpməʊst] *adj* see **uppermost**.

upon [ə'pɒn] *prep* **a)** (formal) see **on 1 a), c), f)**; **b)** (linking two nouns) **thousands ~ thousands of people** milhares e milhares de pessoas; **disaster ~ disaster** desastre após desastre; **c)** (imminent) **Spring is almost ~ us** a Primavera está quase a chegar.

upper ['ʌpə(r)] **1** *n* **a)** (of shoe) (*usu pl*) gáspea *f*; **b)** (coll) US (drug) estimulante *m*; **c)** (coll) (*pl*) **~s** DENT (false teeth) dentadura *f* de cima. **2** *adj* **a)** (in location) [*shelf, cupboard*] de cima; [*floor, deck*] superior; **the ~ body** a parte superior do corpo; **b)** (in rank) superior; **c)** (on scale) [*register, scale*] superior; **the ~ limit (on sth)** o limite máximo (de qq coisa). IDIOMAS (coll) **to be on one's ~s** estar nas lonas (cal); **to have the ~ hand** levar a melhor.

upper case ['ʌpəkeɪs] *adj* **~ letters** (letras *fpl*) maiúsculas *fpl*.

upper class ['ʌpəkla:s] **1** *n pl* **~es** (*usu pl*) **the ~** *or* **~es** a aristocracia. **2** *modif* (*also* **upper-class**) [*accent, background, person*] distinto,-a; **in ~ circles** na alta roda.

uppermost ['ʌpəməʊst] *adj* **a)** (highest) [*deck, branch*] o/a mais alto,-a; (in rank) [*echelon*] o/a mais elevado,-a; **b)** (to the fore) **to be ~ in sb's mind** estar em primeiro plano no pensamento de alg.

uppity ['ʌpɪti] *adj* (coll) arrogante.

upright ['ʌpraɪt] **1** *n* **a)** CONSTR pilar *m*; **b)** SPORT poste *m* de baliza. **2** *adj* (lit, fig) direito,-a; **to stay ~** [*person*] ficar direito. **3** *adv* **stand ~** (action) pôr-se em pé; (state) pôr-se direito; **to sit ~** (action) sentar-se direito.

uprising ['ʌpraɪzɪŋ] *n* revolta *f* (**against** contra).

upriver [ʌp'rɪvə(r)] *adv* para montante.

uproar ['ʌprɔ:(r)] *n* **a)** (violent indignation) indignação *f*; **to cause an international ~** suscitar indignação internacional; **b)** (noisy reaction) tumulto *m*; **to cause (an) ~** desencadear um tumulto; **c)** (chaos) **to be in ~** estar em rebuliço.

uproot [ʌp'ruːt] *vtr* (lit, fig) desenraizar.

upset 1 ['ʌpset] *n* **a)** (surprise) POL, SPORT golpe *m* de teatro; **b)** (upheaval) sublevação *f*; **c)** stomach ~ MED indisposição *f* do estômago. **2** [ʌp'set] *vtr* (*pres p etc* **-tt-**) **a)** (fig) (distress) afligir, abalar, comover; (weaken) transtornar; (annoy) aborrecer; **b)** (fig) (throw into disarray) transtornar [*plan, balance*]; **c)** (lit) (knock over) destruir, arruinar; **d)** MED ficar doente [*person*]; perturbar [*digestion*]. **3** [ʌp'set] (coll) *v refl* **to ~ oneself** aborrecer-se. **4** [ʌp'set] *pp adj* [*person*] **to be ~** (distressed) estar muito aflito,-a (**at sth** com qq coisa) (**about sth** por qq coisa); (annoyed) estar aborrecido,-a (**at sth** com qq coisa; **about sth** por qq coisa); **to get ~** (angry) zangar-se; (distressed) afligir-se.

upsetting *adj* (distressing) incomodativo,-a (**to do** fazer); (annoying) aborrecido,-a (**to do** fazer).

upshot ['ʌp/ɒt] *n* resultado *m*; **the ~ is that...** o resultado é que....

upside down [ʌpsaɪd'aʊn] **1** *adj* (lit) ao contrário, às avessas; (fig) de pernas para o ar. **2** *adv* **a)** (lit) às avessas, de pernas para o ar; **b)** (fig) **to turn the house ~** pôr a casa de pernas para o ar; **to turn sb's life ~** transtornar completamente a vida de alg.

upstage [ʌp'steɪdʒ] **1** *adv* THEAT [*stand*] ao fundo do palco; [*move*] para o fundo do palco; **to be ~ of sb/sth** estar mais ao fundo da cena que alg/algo. **2** *vtr* (lit, fig) eclipsar.

upstairs [ʌp'steəz] **1** *n* andar *m* superior; **the ~ is much nicer** o andar superior é mais bonito; **there is no ~ in this house** esta casa é só de um piso. **2** *modif* [*room*] do andar superior; [*neighbours*] de cima; **an ~ bedroom** um quarto do 1.ª andar; **with ~ bathroom** com casa de banho no andar de cima. **3** *adv* em cima; **to go ~** ir lá acima, subir (a escada). IDIOMAS **he hasn't got much ~** (coll) ele não tem nada na cabeça; **to be kicked ~** ser promovido.

upstanding [ʌp'stændɪŋ] *adj* (lit) imponente; (fig) honrado,-a; **to be ~** (arch) erguer-se.

upstart ['ʌpstɑːt] *n, adj* arrivista *m/f.*

upstate ['ʌpsteɪt] **1** *adj* **~ New York** a parte norte do estado de Nova Iorque. **2** *adv* **to go/come from ~** (north) ir/vir do norte; (rural) ir/vir do interior de um estado.

upstream ['ʌpstriːm] *adv* [*travel*] para montante; **~ from here** a montante daqui.

upsurge ['ʌpsɜːdʒ] *n* (of violence) escalada *f* (**of** de); (in debt, demand, industrial activity) aumento *m* (**in** de).

uptake ['ʌpteɪk] *n* IDIOMAS **to be quick/slow on the ~** (coll) compreender depressa/ser de compreensão lenta.

uptight (coll) [ʌp'taɪt] *adj* (tense) tenso; (pej) (reserved) envergonhado.

uptown [ʌp'taʊn] US **1** *adj* (smart) [*girl, restaurant*] fino,-a. **2** *adv* **a)** (upmarket) **to move ~** ir viver para um bairro elegante; (fig) subir socialmente; **b)** (central) **to go ~** ir à baixa.

upturn ['ʌptɜːn] **1** *n* melhoria *f.* **2** **upturned** *pp adj* [*bucket*] (on side) virado,-a; [*upside down*] posto,-a de pernas para o ar; [*brim*] levantado,-a; [*earth*] revolvido,-a; [*nose*] arrebitado,-a.

upward ['ʌpwəd] **1** *adj* [*push, movement*] para cima; [*path, road*] que sobe; **an ~ slope** uma subida; [*trend*] ascendente. **2** *adv* see **upwards**.

upwards ['ʌpwədz] **1** *adv* **a)** (lit) [*look, point*] para cima; **to go** *or* **move ~** subir; **to lie face ~** estar deitado de barriga para cima; **b)** (fig) **to push prices ~** fazer subir os preços; **from five years/£10 ~** a partir de cinco anos/10 libras esterlinas. **2 upwards of** *prep phr* mais de.

uranium [jʊə'reɪnɪəm] *n* CHEM urânio *m.*

urban ['ɜːbn] *adj* [*environment, life, transport, area*] urbano,-a; [*school*] de cidade; **~ dweller** citadino,-a *m, f.*

urbane [ɜː'beɪn] *adj* [*person*] fino,-a, educado,-a; [*grace, style*] refinado,-a.

urbanization [ɜːbənaɪ'zeɪʃn], US [-nɪ'z-] *n* urbanização *f.*

urchin ['ɜːtʃɪn] *n* garoto *m* PO, guri *m* BR; **street ~** garoto *m* PO/guri *m* BR de rua.

urge [ɜːdʒ] **1** *n* desejo *m* forte; anseio *m.* **2** *vtr* (encourage) recomendar, aconselhar vivamente [*caution, restraint, resistance*]; **to ~ sb to do** aconselhar vivamente alguém a fazer; (stronger) instar alguém a fazer; **we ~d her to go the police** nós insistimos com ela para que fosse à polícia; **I ~d them not to go** eu insisti para que não fossem; **to ~ that sth should be done** insistir para que algo seja feito; **to ~ patience/restraint on sb** recomendar paciência/moderação a alguém; **they needed no urging** eles não se fizeram rogados. ■ **urge on: to ~ on (sb), to ~ (sb) on a)** (encourage) encorajar, incitar; **to ~ sb on to do** incitar/levar alguém a fazer; **b)** (make go faster) esporear [*horse*].

urgency ['ɜːdʒənsɪ] *n* (of situation, appeal, request) urgência *f*; (of voice, tone) insistência *f*; **a matter of ~** um assunto urgente; **to do sth as a matter of ~** fazer algo com urgência; **there's no ~** não é urgente.

urgent ['ɜːdʒənt] *adj* **a)** (pressing) [*case, need, message*] urgente, premente; [*meeting, investigation, measures*] de urgência; **to be in ~ need of** ter uma necessidade urgente de; **it is ~ that you should leave as soon as possible** é urgente que parta o mais breve possível; **it is most ~ that we should find a solution** é absolutamente urgente encontrarmos uma solução; **it's ~!** é urgente!; **it requires your ~ attention** isso requer a sua atenção urgente; **b)** (desperate) [*plea, entreaty, request*] premente; [*tone*] insistente.

urgently ['ɜːdʒəntlɪ] *adv* [*request*] urgentemente; [*plead*] com instância; **new facilities are ~ needed** há necessidade urgente de novas instalações.

urinal [jʊə'raɪnl, 'jʊərɪnl] *n* (place) urinol *m*; (fixture) mictório *m.*

urinate ['jʊərɪneɪt] *vi* urinar.

urine ['jʊərɪn] *n* urina *f.*

urn [ɜːn] *n* urna *f.*

Uruguay ['jʊərəgwaɪ] *n* Uruguai *m.*

US 1 *n abrev* = **United States** EUA. **2** *adj* americano,-a.

USA *n abrev* = **United States of America** USA.

usable ['juːzəbl] *adj* utilizável; **no longer ~** fora de uso.

USAF [juːeseɪ'ef] *n abrev* = **United States Air Force** Força *f* Aérea dos Estados Unidos da América.

usage ['ju:sɪdʒ, 'ju:zɪdʒ] *n* **a)** (custom) uso *m*; costume *m*; **b)** LING uso *m*; **in** ~ em uso; **c)** (way something is used) utilização *f*.

use 1 [ju:s] *n* **a)** (act of using) (of substance, object, machine) emprego *m*; utilização *f* **(of** de); (of word, expression, language) emprego *m*; uso *m* **(of** de); **the ~ of force** o uso da força; **for the ~ of sb, for ~ by sb** para uso de alg [*customer, staff*]; **to make ~ of sth** fazer uso de ou utilizar qq coisa; **to put sth to (good)** ~ tirar (bom) partido de qq coisa; **the car gets regular ~** o carro é utilizado regularmente; **out of** *or* **no longer in** ~ [*machine*] (broken) fora de serviço; (because obsolete) fora de uso; [*word, expression*] já não ser usado; **the bridge comes into ~ next year** a ponte entra em funcionamento no próximo ano; **b)** (way of using) (of resource, object, material) utilização *f*; utilidade *f*; **to have no further ~ for sth/sb** não ser mais necessário para algo/alg; **c)** (usefulness) **to be of ~ (to sb)** ser útil (a alg); **to be (of) no ~** [*object*] não servir para nada; [*person*] ser um zero à esquerda (fam); ser uma nulidade; (coll) **he's no ~ at cards** ele é uma nulidade a jogar cartas; **what's the ~ of crying?** para que serve chorar?; **oh, what's the ~?** sim?, para quê?; **it's no ~** é inútil. **2** [ju:z] *vtr* **a)** (employ) servir-se de, utilizar [*object, car, room, money, method*]; usar, empregar [*word, expression*]; aproveitar [*opportunity*]; recorrer a [*blackmail, force*]; utilizar [*talent, knowledge, information*]; **to ~ sth/sb as sth** servir-se de algo/alg como algo; **to ~ sth for sth/to do** servir-se de algo para alg coisa/para fazer; ~ **your head** *or* **brains** *or* **(coll) loaf!** usa a cabeça! ou pensa!; **b)** (consume) (*also* ~ **up**) consumir [*fuel, food*]; **c)** (exploit) (pej) usar, servir-se de [*person*]; **d)** (take habitually) tomar [*drugs*]. **3 used** *pp adj* [*car*] usado, de ocasião. ■ **use up**: ~ **(sth) up,** ~ **up (sth)** consumir [*food*]; gastar [*money, savings*]; esgotar [*supplies, fuel, energy*].

useful ['ju:sfl] *adj* **a)** (helpful) [*object, information, book, discussion*] útil; **to make oneself** ~ tornar-se útil; **b)** (coll) (competent) [*footballer, cook*] bom (after*n*) **to be ~ with a gun** saber servir-se de uma arma; **to be ~ at football** saber jogar futebol.

usefulness ['ju:sflnɪs] *n* utilidade *f*.

useless ['ju:slɪs] *adj* **a)** (not helpful) inútil; **it's ~ to** *or* **doing** é inútil fazer; **b)** (coll) (incompetent) incapaz, inútil; **to be ~ at sth/doing** ser uma nulidade em qq coisa/a fazer; **he's a ~ cook** ele não vale nada como cozinheiro.

uselessly ['ju:slɪslɪ] *adv* inutilmente.

user ['ju:zə(r)] *n* **a)** (of road, public transport, credit card, service) utente *m/f*; (of product, book, computer, machine) utilizador *m*; **library ~** utente da biblioteca; **b)** (*also* **drug ~**) toxicómano,-a *m, f*; **heroin ~** heroinómano *m*.

user-friendly *adj* de fácil utilização.

usher ['ʌʃə(r)] **1** *n* (at function, lawcourt) porteiro *m*; (in theatre, church) arrumador *m*. **2** *vtr* conduzir, escoltar; **to ~ sb in/out** mandar alg entrar/sair; **to ~ sb to the door** acompanhar alg à porta. ■ **usher in:** ~ **in (sth)** abrir o caminho a [*era, negotiations*]; introduzir [*scheme, reforms*].

usherette [ʌʃə'ret] *n* arrumadeira *m*.

USN [ɪu:es'en] *n* abrev = **United States Navy** marinha *f* dos Estados Unidos da América.

usual ['ju:ʒəl] **1** (coll) *n* **the ~** o costume; **what did he say?** — **oh, the ~** o que é que ele disse? — oh, o costume. **2** *adj* [*attitude, behaviour, form, problem, place, time*] habitual; [*word, term*] usual; **it is ~ for sb to do** é costume alguém fazer; **they left earlier than was ~ for them** eles partiram mais cedo que o habitual; **it is ~ to do, the ~ practice is to do** é costume fazer-se; **she was her ~ cheerful self** ela estava alegre como de costume; **as ~** como é costume; **it was business as ~ at the school** trabalhava-se como era costume na escola; **more/less than ~** mais/menos que de costume; **he is better prepared than ~** ele está mais bem preparado do que é costume.

usually ['ju:ʒʊəlɪ] *adv* habitualmente; **he was more than ~ attentive** ele estava mais atento do que era costume.

usurp [ju:zɜ:p] *vtr* usurpar.

utensil [ju:'tensɪl] *n* utensílio *m*.

uterus ['ju:tərəs] *n* útero *m*.

utilitarian [ju:tɪlɪ'teərrən] **1** *n* PHILOS utilitarista *m/f*. **2** *adj* **a)** [*doctrine, ideal*] utilitarista; **b)** (practical) [*object, vehicle*] utilitário; [*building*]; funcional; [*clothing*] prático,-a.

utility [ju:'tɪlɪtɪ] **1** *n* **a)** (usefulness) utilidade *f*; **b)** (service) serviço *m* público. **2** *modif* **a)** [*vehicle, object*] utilitário; **b)** (multiskilled) [*player, actor*] polivalente.

utility room *n* lavandaria *f*.

utilization [ju:tɪlaɪ'zeɪ/n] *n* utilização *f*.

utilize ['ju:tɪlaɪz] *vtr* utilizar [*object, idea*]; explorar [*resource*].

utmost ['ʌtməʊst] **1** *n* **to do/try one's ~ to come** fazer os possíveis por vir; **at the ~** no máximo. **2** *adj* [*care, caution, difficulty, secrecy*] o/a maior [*limit*] extremo,-a; **with the ~ care** com o maior cuidado; **it is of the ~ importance that she should come** era extremamente importante que ela viesse; **with the ~ haste** o mais depressa possível.

Utopia [ju:'təʊpɪə] *n* utopia *f*.

Utopian [ju:'təʊpɪən] **1** *n* utópico *m/f*. **2** *adj* utópico,-a.

utter ['ʌtə(r)] **1** *adj* [*failure, disaster, amazement, boredom, despair*] total; [*honesty, sincerity*] absoluto,-a; [*fool, scoundrel*] refinado,-a (*before n*) [*stranger*] perfeito,-a (*before n*) ~ **rubbish!** parvoíce *f* completa!. **2** *vtr* **a)** pronunciar [*word, curse*]; soltar [*cry*]; emitir [*sound, warning*]; **I couldn't ~ a word** eu não consegui dizer uma palavra; **b)** JUR proferir [*libel*]; pôr em circulação [*forged banknotes*].

utterance ['ʌtərəns] *n* **a)** [*statement*] expressão *f* oral; **b)** LING enunciado *m*.

utterly ['ʌtəlɪ] *adv* completamente; **we ~ condemn this action** nós condenamos totalmente esta acção.

Vv

v, V [vi:] *n* **a)** (letter) v, V *m*; **b)** v abrev = **versus** contra; **c)** v abrev = **vide** vidé, ver; **d)** V ELEC abrev = **volt** V, Volt *m*.

vacancy ['veɪkənsɪ] *n* **a)** (free room) quarto *m* livre; **"no vacancies"** "completo"; **b)** (unfilled job) lugar *m* vago; **a ~ for an accountant** uma vaga para contabilista Po/contábil BR.

vacant ['veɪkənt] *adj* **a)** (unoccupied) [*flat, room, seat*] vago,-a, livre; [*office, land*] desocupado,-a; **b)** (available) [*job, post*] vago,-a, disponível; **"Situations ~"** "ofertas *fpl* de emprego"; **c)** (dreamy) [*look, stare*] ausente, absorto,-a; [*expression*] vazio,-a.

vacate [və'keɪt] *vtr* deixar, desocupar [*house, premises, room*]; **he ~d the seat** ele deixou o lugar vago; deixar, abandonar [*job, position*].

vacation [və'keɪʃn] **1** *n* **a)** GB UNIV férias *fpl*; **the long ~** as férias grandes; **b)** JUR férias *fpl* judiciais; **c)** US férias *fpl*; **on ~** em férias; **to take a ~** fazer umas férias. **2** *vi* US; **they're ~ing in Miami** eles estão a passar férias em Miami.

vaccinate ['væksɪneɪt] *vtr* vacinar (**against** contra).

vaccination [væksɪ'neɪʃn] *n* vacina *f*; vacinação *f* (**against, for** contra); **to have a ~** vacinar-se.

vaccine ['væksi:n, 'væksɪn] *n* vacina *f* (**against, for** contra); **~ against** vacina do tétano.

vacillate ['væsɪleɪt] *vi* vacilar, hesitar (**between** entre; **over** acerca de).

vacuum ['vækjʊəm] **1** *n* **a)** PHYS vácuo *m*; vazio *m*; **to create a ~** criar o vácuo; **b)** (lonely space) vazio *m*; **emotional/intellectual ~** vazio *m* afectivo/intelectual; **it left a ~ in our lives** isso deixou um vazio nas nossas vidas; **c)** (*also ~ cleaner*) aspirador *m*; **to give sth a ~** [*sofa, carpet*] passar o aspirador em qq coisa; [*room*] aspirar qq coisa. **2** *vtr* aspirar [*carpet, room, house*].

vacuum: **~ cleaner** *n* aspirador *m*; **~ flask** *n* GB garrafa *f* termos ®.

vacuum pack *vtr* **to ~ sth** embalar qq coisa em vácuo.

vagabond ['vægəbɒnd] *n, adj* vagabundo,-a *m, f*.

vagina [və'dʒaɪnə] *n* vagina *f*.

vagrant ['veɪgrənt] *n, adj* (gen) JUR vadio,-a *m, f*; vagabundo,-a *m, f*.

vague [veɪg] *adj* **a)** (imprecise) [*account, notion, idea, memory, rumour, thought, team*] vago,-a; **b)** (evasive) **to be ~ about** [*plans, intentions, past, Role*] ser vago/evasivo quanto a; **c)** (distracted) [*person, expression*] distraído,-a; [*gesture*] vago,-a; **to look ~** ter um ar distraído; **d)** (slight) [*fear, embarrassment, disgust, unease, doubt*] vago,-a, leve; **e)** (unsure) **I am (still) a bit ~ about events** não sei ainda muito bem o que se passou; **f)** (faint) [*shape, sound, smell, taste*] vago,-a, impreciso,-a.

vaguely ['veɪglɪ] *adv* **a)** (faintly, slightly) vagamente; **it feels ~ like a bee sting** parece um pouco uma picadela de abelha; **b)** (distractedly) [*smile, gaze, say, gesture*] com um ar vago; [*wander, more about*] distraidamente; **c)** (imprecisely) [*remember, understand, think, reply*] vagamente; [*describe*] de maneira vaga/imprecisa.

vain [veɪn] **1** *adj* **a)** (conceited) vaidoso,-a; **to be ~ about sth** ser vaidoso acerca de qq coisa; **b)** (futile) [*attempt, promise, hope*] vão, vã; [*demonstration, show*] inútil. **2 in ~** *adv phr* em vão. IDIOMAS **to take sb's name in ~** (hum) falar de alg (pelas costas); **to take God's name in ~** invocar o nome de Deus em vão.

vainly ['veɪnlɪ] *adv* **a)** (futilely) em vão; **b)** (conceitedly) [*look, stare*] com vaidade.

vale [veɪl] *n* (literat, liter) vale *m*; **~ of tears** vale de lágrimas.

valentine ['væləntaɪn] *n* (*also ~ card*) postal *m* do Dia dos Namorados.

Valentine's Day *n* Dia *m* dos Namorados.

valet ['vælɪt, 'væleɪ] **1** *n* **a)** (servant) criado *m* de quarto; **b)** US camareiro *m* (num hotel). **2** *vtr* US limpar [*clothes, car interior*].

valiant ['væljənt] *adj* [*soldier*] valente; [*attempt*] corajoso,-a; **to make a ~ effort to smile** fazer um esforço enorme para sorrir.

valiantly ['væljəntlɪ] *adv* [*struggle, strive*] valentemente.

valid ['vælɪd] *adj* **a)** (gen) JUR [*passport, contract, ticket*] válido,-a (**for** para); **b)** (well-founded) bem fundamentado; **c)** (acceptable) legítimo,-a.

validate ['vælɪdeɪt] (formal) *vtr* **a)** validar [*document, passport*]; **b)** confirmar [*claim, theory*].

validity [və'lɪdɪtɪ] *n* **a)** (gen) JUR (of ticket, document) validade *f*; **b)** (solid, foundation) fundamentação *f*; **c)** (acceptability) legitimidade *f*.

valley ['vælɪ] *n* vale *m*.

valuable ['væljʊəbl] *adj* **a)** [*commodity, asset*] de valor, valioso,-a; **a very ~ collection** uma colecção de grande valor; **b)** [*advice, contribution, experience, information*] precioso,-a.

valuation [væljʊ'eɪʃn] *n* (of house, object, company, worth) avaliação *f*; **to have a ~ done on sth** mandar avaliar qq coisa; **a ~ of £50** um valor estimado em £50; **to take sb at his own ~** julgar alguém de acordo com o que ele pensa de si próprio.

value ['vælju:] **1** *n* **a)** (monetary worth) valor *m*; **of little/great ~** de pouco/grande valor; **of no ~** sem valor; **to have a ~ of £5** valer 5 libras; **to the ~ of** de um valor de; **b)** (usefulness, general worth) valor *m*; **to have/be of educational ~** ter um valor educativo; **the ~ of sb/sth as sth** o valor de alguém/algo como algo; **the ~ of doing sth** a importância de fazer qq coisa; **c)** (worth relative to cost) **to be good/poor ~** ter uma boa/má relação qualidade-preço; **to be good ~ at £5** não ser caro a £5; **you get good ~ at Buymore**

faz-se boas compras em Buymore; **the offer** ~ **for money** ter o valor; **a** ~**-for-money product** um produto que vale o que custa; **d)** (standards, ideals) (*often pl*) valor *m* (*often pl*) **puritan/ family** ~**s** valores puritanos/familiares. **2** *vtr* **a)** (assess worth of) avaliar [*house, asset, company*]; **to have sth** ~**d** mandar avaliar qq coisa; **b)** (appreciate) apreciar, prezar [*person, friendship, advice, help*]; dar valor a [*reputation, freedom, independence, life*]; **to** ~ **sb as a friend/an adviser** estimar alguém como amigo/conselheiro.

value-added tax *n* taxa *f* de valor acrescentado.

valued ['vælju:d] *adj* [*college, customer, friend, member*] apreciado,-a [*contribution, opinion*] precioso,-a.

valueless ['væljʊlɪs] *adj* sem valor (*after n*).

valve [vælv] *n* **a)** AUT, TECH válvula *f*; (on tyre, football) pipo *m*; **b)** ANAT válvula *f*; **c)** ZOOL, BOT valva *f*.

vamp [vɜmp] *n* **a)** (pej) (woman) vamp *f*; **b)** (on shoe) gáspea *f*. ■ **vamp up**: ~ [**sth**] **up**, ~ **up** [**sth**] renovar [*clothing*]; adaptar [*story*]; actualizar [*written notes*].

vampire ['vɜmpaɪə(r)] *n* vampiro *m*; ~ **bat** morcego *m* vampiro.

van [væn] *n* **a)** AUT carrinha *f*; (larger) furgão *m*; **b)** GB (caravan) rulote *f*; **c)** (vanguard) vanguarda *f*.

vandal ['vɜndl] *n* vândalo *m*.

vandalism ['vɜndəlɪzəm] *n* vandalismo *m*.

vandalize ['vɜndəlaɪz] *vtr* vandalizar.

vane [veɪn] *n* (gen) (on windmill) vela *f*; **weather** ~ cata-vento *m*.

vanguard ['vænga:d] *n* MIL (fig) vanguarda *f* (of de); **to be in the** ~ **of sth** MIL estar à cabeça de qq coisa; (fig) estar na vanguarda de qq coisa.

vanish [vænɪ∫] *vi* desaparecer (**from** de); **to** ~ **into the distance** desaparecer ao longe.

vanishing ['vænɪ∫ɪŋ] **1** *n* desaparecimento *m*. **2** *adj* [*species, environment*] em vias de extinção. **vanishing:** ~ **cream** *n* creme *m* de dia; ~ **point** *n* ponto *m* de fuga.

vanity ['vænɪtɪ] *n* vaidade *f*.

vanquish ['vɜŋkwɪ∫] *vtr* (lit) derrotar, vencer [*enemy*].

vantage point ['va:ntɪdʒpɔɪnt] *n* (lit) posição *f* estratégica; (fig) ponto *m* de vista; **from the** ~ **of** do alto de.

vapor *n* US see Vapour.

vaporize ['veɪpəraɪz] *vtr, vi* vaporizar(-se).

vapour GB, **vapor** US ['veɪpə(r)] *n* vapor *m*.

vapour trail *n* rasto *m* de vapor.

variable ['veərɪəbl] **1** *n* (gen) COMPUT, MATH variável *f*. **2** *adj* (gen) COMPUT variável.

variance ['veərɪəns] *n* **a)** (gen) desacordo *m* (**between** entre); **at** ~ **with sth** em desacordo com qq coisa; **b)** MATH, PHYS, STAT variação *f*.

variant ['veərɪənt] **1** *n* variante *f* (**of** de; **on** em relação a). **2** *adj* [*colour, species, strain*] diferente; ~ **reading/text/version** leitura/texto/versão diferente.

variation [veərɪ'eɪ∫n] *n* **a)** (change) variações *fpl* (**in, of** de); **regional** ~ variações *fpl* regionais; ~ **between A and B** diferença entre A e B; **subject to slight** ~ sujeito a leves variações; **b)** (version) versão *f* (**of** de); (new version) variante *f* (**of** de); **c)** MUS variação *f* (**on** sobre).

varied ['veərɪd] *adj* variado,-a.

variety [və'raɪətɪ] **1** *n* **a)** (diversity, range) variedade *f* (**in, of** de); **wide** ~ grande variedade; **for a** ~ **of reasons** por diversas razões; **b)** (type) (gen) tipo *m*; BOT variedade *f*; **new** ~ BOT nova variedade; **lighters of the disposable** ~ isqueiro descartável; **c)** THEAT, TV (-c) variedades *fpl*. **2** *modif* [*artist, act*] de variedades.

various ['veərɪəs] *adj* **a)** (several) diferente, vários; **b)** (different) diverso,-a; **at** ~ **times** por diversas vezes; **in** ~ **ways** de diversas maneiras; **at their** ~ **addresses** nos seus diferentes endereços.

variously ['veərɪəslɪ] *adv* diferentemente.

varnish ['va:nɪ∫] **1** *n* verniz *m*. **2** *vtr* envernizar [*woodwork*]; **to** ~ **one's nails** pintar as unhas.

vary ['veərɪ] **1** *vtr* variar [*menu, programme*]; fazer variar [*flow, temperature*]; mudar de [*method, pace, route*]. **2** *vi* [*objects, people, tastes*] variar (**with, according to** com, de acordo com); **to** ~ **from sth** diferir de algo; **to** ~ **from X to Y** variar de X para Y; **it varies from one town to another** varia de uma cidade para outra; **they** ~ **in cost** eles variam de preço; **to** ~ **greatly** variar consideravelmente.

varying ['veərɪɪŋ] *adj* [*amounts, degrees, opinions*] variável; [*circumstances*] variado,-a; **with** ~ (**degrees of**) **success** com mais ou menos sucesso.

vascular ['væskjʊlə(r)] *adj* ANAT, BOT vascular.

vase [va:z], US [veɪs, veɪz] *n* vaso *m*; **flower** ~ vaso de flores.

vasectomy [və'sektəmɪ] *n* vasectomia *f*.

vast [va:st] *adj* **a)** (quantitatively) [*amount, sum, number*] enorme; **there has been a** ~ **improvement** tem havido um enorme progresso; **the** ~ **majority of voters...** a grande maioria dos eleitores...; **b)** (spatially) [*room, area*] vasto,-a, amplo,-a; (lit) **the** ~ **plain** a vasta planície.

vastly ['va:stlɪ] *adv* ~ **different** completamente diferente; ~ **superior** infinitamente superior.

vastness ['va:stnɪs] *n* vastidão *f*; imensidão *f*.

vault [vɔ:lt, vɒlt] **1** *n* **a)** (roof) abóbada *f*; **the** ~ **of heaven** a abóbada *f* celeste; **b)** (cellar) (of house, hotel) cave *f*; (of church, monastery) cripta *f* funerária; (of bank) caixa *f* forte; **wine** ~ adega *f*; **c)** (jump) (gen) SPORT (fig) salto *m*. **2** *vtr* (gen) SPORT saltar. **3** *vi* (gen) SPORT saltar (**over** sobre).

vaulting ['vɔ:ltɪŋ, 'vɒltɪŋ] *adj* ARCHIT abobadado,-a.

veer [vɪə(r)] *vi* **a)** (lit) (change direction) [*car, ship, bicycle*] virar; [*person, wind*] mudar de orientação, virar; **to** ~ **away/off** afastar-se; **to** ~ **away from/towards sth** desviar-se de/em direcção a algo; **to** ~ **off the road** afastar-se da estrada; **to** ~ **off course** desviar-se da rota; **the car** ~**ed across the road** o carro voltou-se em direcção contrária na estrada; **b)** (fig) [*person, opinion, emotion*] mudar; **to** ~ (**away**) **from sth** afastar-se de algo; **to** ~ **towards sth** voltar-se em direcção a algo; **to** ~ **between depression and elation** vacilar entre a depressão e a euforia.

vegetable ['vedʒɪtəbl] **1** *n* **a)** BOT vegetal *m*; **b)** AGRIC, CULIN, HORT (fig) legume *m*. **2** *modif* [*soup, plot, patch*] de legumes; [*fat, oil*] vegetal.

vegetable garden *n* horta *f*.

vegetarian [vedʒɪ'teərɪən] *n*, *adj* vegetariano,-a (*m/f*).

vegetate ['vedʒɪteɪt] *vtr* **a)** BOT (grow) crescer; **b)** (fig) (stagnate intellectually) vegetar.

vegetation [vedʒɪ'teɪ/n] *n* vegetação *f*.

vehicle ['viːɪkl] *n* **a)** AUT, TRANSP veículo *m*; **"closed to ~s"** "trânsito *m* proibido"; **b)** (medium) meio *m*; **a ~ for communication** um meio de comunicação.

veil [veɪl] **1** *n* **a)** FASH, RELIG véu *m*; **to take the ~** professar; **b)** (fig) véu *m*; **a ~ of secrecy** um manto de secretismo. **2** *vtr* [*mist, cloud*] velar, esconder, ocultar, cobrir; (fig) dissimular, disfarçar [*emotion*]. **3 veiled** *pp adj* [*person*] velado,-a; (fig) (indirect) [*hint, threat*] velado,-a; **a thinly ~ allusion** uma alusão ligeiramente velada.

vein [veɪn] *n* **a)** (blood vessel) veia *f*; **b)** (on insect wing, on plant) nervura *f*; **c)** (in marble) veio *m*; **to continue in a similar ~** para continuar no mesmo estilo; **there's a ~ of bitterness in his work** há um fundo de amargura no seu trabalho; **in the same ~** com o mesmo espírito.

velvet ['velvɪt] **1** *n* veludo *m*. **2** *noun modifier* [*garment, curtain, cushion*] de veludo. **3** *adj* [*skin, eyes*] de veludo; [*tones, softness*] aveludado; (fig) [*glove, revolution*] de veludo.

vending machine ['vendɪŋmə/iːn] *n* máquina *f* automática de vendas.

vendor ['vendə(r), 'vendɔ:(r)] *n* **a)** COMM (salesperson) vendedor *m*; **ice-cream ~** vendedor de gelados; **street ~** vendedor ambulante Po, camelô BR; **b)** US (vending machine) máquina *f* automática de vendas.

vent [vent] **1** *n* **a)** TECH abertura *f*; conduta *f*; **air ~** respiradouro *m*; **b)** GEOL (outlet) passagem *f*; **c)** FASHN abertura *f*; **d)** ZOOL orifício *m* anal. **2** *vtr* fazer um furo em [*barrel*]; evacuar, escoar [*steam, gas, smoke*]; (fig) descarregar [*spite, frustration*] (**on** sobre); discutir abertamente [*question, topic*]. **IDIOMAS to give ~ to one's feelings** dar livre curso aos seus sentimentos.

ventilate ['ventɪleɪt] *vtr* **a)** (gen) arejar, ventilar [*room, office*]; **b)** MED colocar o doente no ventilador; **c)** (fig) (air) exprimir (algo) publicamente [*idea*].

ventilation [ventɪ'leɪ/n] *n* **a)** (airing out) arejamento *m*; (technical procedure) ventilação *f*; **b)** MED (of patient) ventilação *f* artificial.

ventilator ['ventɪleɪtə(r)] *n* MED ventilador *m*.

ventriloquist [ven'trɪləkwɪst] *n* ventríloquo *m*; **~'s dummy** boneco *m* de ventríloquo.

venture ['vent/ə(r)] **1** *n* **a)** COMM, FIN (undertaking) empreendimento *m*; **a publishing ~** um empreendimento numa editora; **it is her first ~ into marketing** é o seu primeiro lançamento no mercado do marketing; **b)** (gen) SCI (experiment) ensaio *m*; **a scientific/an artistic ~** uma experiência científica/artística. **2** *vtr* **a)** (hazard) arriscar [*opinion, remark, forecast*]; **might I ~ a suggestion?** posso dar uma sugestão?; **to ~ to do** arriscar-se a fazer; **b)** (risk) arriscar [*bet, money*] (**on** em). **3** *vi* **a)** (go) **to ~ into** aventurar-se em [*place, street, city*]; **to ~ out (doors)** aventurar-se a sair; **b)** (make foray) **to ~ into** lançar-se em [*retail market, property market*]. **IDIOMAS**

nothing ~d, nothing gained (Prov) quem não arrisca não petisca (Prov).

venue ['venjuː] *n* (gen) ponto *m* de encontro; **a change of ~** uma mudança de local.

Venus ['viːnəs] *n* (planet, goddess) Vénus *f*.

veracity [və'ræsɪtɪ] *n* (formal) veracidade *f*.

veranda(h) [və'rændə] *n* varanda *f*; **on the ~** na varanda.

verb [vɜːb] *n* verbo *m*.

verbal ['vɜːbl] *adj* (gen) LING verbal.

verbally ['vɜːbəlɪ] *adv* verbalmente.

verbatim [və'beɪtɪm] **1** *adj* [*report, account*] textual. **2** *adv* [*describe, record*] literalmente, textualmente.

verbose [və'bəʊs] *adj* verboso,-a; (formal) prolixo,-a.

verdict ['vɜːdɪkt] *n* **a)** JUR veredicto *m*; **to return/overturn a ~** pronunciar/anular um veredicto; **a ~ of guilty/not guilty** um veredicto de culpado/não culpado; **b)** (gen) veredicto *m*; (hum, coll) **well, what's the ~?** então qual é o teu veredicto?; **to give one's ~ on sth** dar a opinião sobre qq coisa.

verge [vɜːdʒ] *n* **a)** (lit) (by road) berma *f*; borda *f*; **b)** (fig) (brink) **on the ~ of sth** à beira de qq coisa [*tears*]; no limiar de [*adolescence, death*]; **on the ~ of doing** na iminência de fazer qq coisa; **on the ~ of sleep/a discovery** no ponto de adormecer/fazer uma descoberta; **to bring/drive sb to the ~ of sth** levar alg à beira de qq coisa [*bankruptcy, despair, revolt, suicide*]; **to bring/drive sb to the ~ of doing** levar alg ao ponto de fazer. ■ **verge on** tocar as raias de [*panic, stupidity, contempt*].

verger ['vɜːdʒə(r)] *n* RELIG sacristão *m*.

verifiable ['verɪfaɪəbl] *adj* verificável.

verification [verɪfɪ'keɪ/n] *n* **a)** (confirmation) confirmação *f*; **b)** (checking) (of claims, facts) verificação *f*.

verify ['verɪfaɪ] *vtr* verificar.

veritable ['verɪtəbl] *adj* verdadeiro,-a.

vermilion [və'mɪljən] *n*, *adj* vermelhão *m*.

vermin ['vɜːmɪn] *n* bichos *mpl*; insectos *mpl* nocivos; (fig) canalha *f*.

vermouth ['vɜːməθ, və'muːθ] *n* vermute *m*.

vernacular [və'nækjʊlə(r)] **1** *n* (language) **the ~** o vernáculo; **in the ~** em dialecto. **2** *adj* [*architecture, language*] local.

versatile ['vɜːsətaɪl] *adj* (gen) [*person, vehicle, mind, equipment*] versátil.

versatility [vɜːsə'tɪlɪtɪ] *n* (gen) (of person, mind, equipment) versatilidade *f*.

verse [vɜːs] *n* **a)** (genre) poesia *f*; **to write ~** escrever poesia; (literary form) verso *f*; **b)** (of poem) estrofe *f*; **c)** BIBLE versículo *m*.

versed [vɜːst] *adj* (also **well-~**) versado (**in** em).

version ['vɜː/n] *n* versão *f* (**of** de).

versus ['vɜːsəs] *prep* **a)** (as opposed to) por oposição a, versus; **b)** (against) contra.

vertebra ['vɜːtɪbrə] *n* (*pl* **-brae**) vértebra *f*.

vertebrate ['vɜːtɪbrət, 'vɜːtɪbreɪt] *n*, *adj* vertebrado *m*.

vertex ['vɜːteks] *n* (*pl* **-tices**); **a)** MATH vértice *m*; **b)** ANAT vértice *m*.

vertical ['vəːtɪkl] **1** *n* vertical *f*; **out of the ~** desviado da vertical. **2** *adj* [*line, column, take-off*] vertical; [*cliff*] a pique; **a ~ drop** descida/queda a pique.

vertically ['vɜ:tɪkəlɪ] *adv* [*draw, divide*] verticalmente; [*drop, climb*] na vertical.

vertigo ['vɜ:tɪgəʊ] *n* vertigem *f*; tontura *f*.

verve [vɜ:v] *n* entusiasmo *m*; energia *f*.

very ['verɪ] **1** *adj* **a)** (actual) autêntico,-a, preciso,-a; **they've just arrived this ~ second** eles acabam de chegar neste preciso momento; **b)** (ideal) **the ~ person I need** exactamente a pessoa que eu preciso; **c)** (ultimate) mesmo,-a; **from the ~ beginning** mesmo desde o início; **to the ~ end** mesmo até ao fim; **to the ~ top of his profession** mesmo até ao topo da sua profissão; **d)** (mere) [*mention, thought, word*] mero,-a, só; **the ~ mention of his name** só ao mencionar o seu nome. **2** *adv* **a)** (extremely) muito; **~ well** muito bem; **b)** (absolutely) **the ~ best/worst thing** de longe a melhor/pior coisa; **at the ~ latest** o mais tardar; **at the ~ least** no mínimo; **the ~ same day** exactamente no mesmo dia; **you'll have a car of your ~ own** terás o teu próprio carro.

vespers ['vespəz] *n* (+ *v sg*) vésperas *fpl*.

vessel ['vesl] *n* **a)** NAUT, TRANSP navio *m*; **b)** ANAT vaso *m*; **blood ~** vaso sanguíneo; **c)** (container) vasilha *f*.

vest [vest] **1** *n* **a)** GB camisola *f* interior; **cycling ~** camisola de ciclista; **b)** US colete *m*. **2** *vtr* (gen) conferir [*authority, power*] (**in** a).

vested interest ['vestɪdɪntrest, 'vestɪdɪntrɪst] *n* **a)** (gen) interesse *m* pessoal; **b)** JUR direito *m* adquirido.

vestibule ['vestɪbju:l] *n* ANAT, ARCHIT vestíbulo *m*.

vestige ['vestɪdʒ] *n* (of civilization, faith, system) vestígio *m*; (of emotion, truth, stammer) traço *m*; resquício *m*; ANAT, ZOOL vestígio *m*.

vestment ['vestmənt] *n* (formal) veste *f*; paramento *m*.

vestry ['vestrɪ] *n* (place) sacristia *f*.

vet [vet] **1** *n* **a)** VET veterinário *m*; **b)** (coll) US veterano *m*. **2** *vtr* GB (*pres p etc* **-tt-**) investigar bem [*person*]; passar em revista [*plan, accommodation*]; examinar [*publication*].

veteran ['vetərən] **1** *n* (gen) MIL veterano *m*. **2** *modif* [*sportsman, politician*] experimentado,-a; [*division, marathon*] veterano,-a; [*ship, bicycle*] antigo,-a.

veteran: **~ car** *n* GB carro *m* antigo; **~ Day** *n* US dia *m* do armistício.

veterinarian [vetərɪ'neərɪən] *n* US veterinário,-a *mf*.

veterinary ['vetərɪnərɪ] **1** *n* veterinário *m*. **2** *adj* veterinário,-a.

veterinary surgeon cirurgião *m* veterinário.

veto ['vi:təʊ] **1** *n* (*pl* **-oes**) (practice) veto *m*; (power, right) direito *m* de veto (**over/on** sobre); **to use/exercise one's ~** usar de/exercer o direito de veto. **2** *vtr* (gen) POL vetar.

vex [veks] *vtr* aborrecer, irritar.

vexation [vek'seɪʃn] *n* aborrecimento *m*; irritação *f*.

vexatious [vek'seɪʃəs] *adj* [*situation, object*] vexatório,-a; [*person*] irritante.

vexed [vekst] *adj* **a)** (annoyed) aborrecido,-a (**with** com); **b)** (problematic) [*question, issue, situation*] controverso,-a, discutido,-a.

vexing ['veksɪŋ] *adj* see **vexatious**.

VHF *n* abrev = **Very High Frequency** VHF.

via ['vaɪə] *prep* **a)** (by way of) via; **we came here ~ Paris** nós viemos aqui via Paris/passando por Paris; **b)** (by means of) por; **images transmitted ~ satellite** imagens transmitidas por satélite.

viability [vaɪə'bɪlɪtɪ] *n* (of company, government, farm) viabilidade *f*; (of project, idea, plan) validade *f*; viabilidade *f*; (of foetus, egg, plant) vitalidade *f*.

viable ['vaɪəbl] *adj* [*company, government, farm*] viável; [*project, idea, plan*] válido,-a, viável; [*foetus, egg, plant*] viável.

viaduct ['vaɪədʌkt] *n* viaduto *m*.

vibrant ['vaɪbrənt] *adj* **a)** (lively) cheio,-a de vida; **to be ~ with health** respirar saúde; **b)** (resonant) [*voice, instrument*] sonoro,-a; **a voice ~ with emotion** uma voz vibrante de emoção.

vibrate [vaɪ'breɪt] **1** *vtr* fazer vibrar. **2** *vi* vibrar.

vibration [vaɪbreɪʃn] *n* vibração *f*.

vicar ['vɪkə(r)] *n* pastor *m* (anglicano).

vicarage ['vɪkərɪdʒ] *n* vicariato *m*.

vicarious [vɪ'keərɪəs] *adj* (indirect) [*pleasure, knowledge*] indirecto,-a; (delegated) [*authority, power*] delegado,-a.

vice [vaɪs] **1** *n* **a)** vício *m*; (hum) fraqueza *f*; **b)** (*also* **vise** US) TECH torno *m*. **2** *noun modifier* [*laws*] sobre os costumes; [*scandal*] de costumes.

vicinity [vɪ'sɪnɪtɪ] *n* vizinhança *f*; **in the ~** na vizinhança/nos arredores; **in the (immediate) ~ of Oxford** na proximidade (imediata) de Oxford.

vicious ['vɪʃəs] *adj* [*person, animal, power*] mau, maldoso,-a; [*speech, attack, price cut, revenge*] brutal; [*rumour, sarcasm, lie*] malévolo-a.

victim ['vɪktɪm] *n* (lit, fig) vítima *f*; **to fall ~ to** ser vitimado por [*disease, disaster*]; sucumbir a [*charm, unscrupulousness*].

victimization [vɪktɪmaɪ'zeɪʃn] *n* perseguição *f*.

victimize ['vɪktɪmaɪz] *vtr* perseguir.

video ['vɪdɪəʊ] **1** *n* **a)** (*also* **~ recorder**) vídeo *m* gravador; **b)** (also video cassette) videocassete *f*; **on ~** em vídeo; **c)** (also video film) vídeo *m*; **d)** US (television) televisão *f*. **2** *modif* [*company, footage*] de vídeo; [*boom, age, market*] do vídeo; [*channel, equipment, graphics*] vídeo; [*interview*] em vídeo; [*distributor, producer*] de vídeos. **3** *vtr* **a)** FROM TV gravar (em vídeo); **b)** (on camcorder) filmar em vídeo.

video: **~ camera** *n* câmara *f* de vídeo; **~disc** *n* videodisco *m*; **~ nasty** *n* filme *m* de vídeo com violência explícita.

vie [vaɪ] *vi* rivalizar (**with** com; **for** por).

Vietnam [vɪet'næm] *pr n* Vietname *m*.

view [vju:] **1** *n* **a)** (lit) vista *f*; **the trees cut off/break up the ~** as árvores tapam/tapam parcialmente a vista; **an overall ~ of the situation** uma visão geral da situação; **b)** (field of vision, prospect) (lit, fig) vista *f*; **there wasn't a single house within ~** não havia uma única casa à vista; **to do sth in (full) ~ of sb** fazer qq coisa perante alg ou à vista de alg; **what do you have in ~?** (fig) o que é que tem em vista?; **to keep sth in ~** (lit, fig) não perder qq coisa de vista; **to disappear from ~** *or* **to be lost to ~** (lit) desaparecer da vista; **with a ~ to sth** em vista de qq coisa; **to be on ~** [*exhibition*] estar exposto;

c) (personal opinion, attitude) opinião *f*; **point of ~** ponto *m* de vista; **d)** (of exhibition, house) visita *f*; (of film) projecção *f*; COMM (of new range, clothes collection) apresentação *f*. **2** *vtr* **a)** (regard, consider) considerar; (envisage) encarar; **to ~ the future with optimism** encarar o futuro com optimismo; **b)** (look at) (gen) ver [*scene, building*]; visitar [*house, castle*]; olhar para [*collection, exhibition*]; visionar [*slide*]; examinar [*documents*]; **c)** (watch) ver [*television, programme*]. **3** *vi* TV ver televisão.

viewer ['vjuːə(r)] *n* **a)** (of TV) telespectador,-a *m, f*; (of exhibition, property) visitante *m/f*; **b)** PHOT visor *m*.

viewfinder *n* visor *m*.

viewing ['vjuːɪŋ] **1** *n* **a)** (TV) **we plan our ~ ahead** nós escolhemos antecipadamente o que vamos ver na televisão; **"and that concludes Saturday night's ~"** "e assim termina o nosso programa de Sábado à noite"; **b)** (of exhibition, house) visita *f*; (of film) projecção *f*; (of new range) apresentação *f*; **"~ by appointment only"** "visita só com marcação prévia". **2** *modif* (TV) [*trends, patterns*] de audiência; [*habits, preferences*] dos telespectadores; **~ figures** taxa *f* de audiência.

viewpoint *n* ponto *m* de vista.

vigil ['vɪdʒɪl] *n* (gen) vigília *f*; (by sickbed) vela *f*; RELIG vigília *f*; POL manifestação *f* silenciosa; **to keep a ~ (over sb)** velar (alg).

vigilance ['vɪdʒɪləns] *n* vigilância *f*.

vigilant ['vɪdʒɪlənt] *adj* vigilante.

vigilante [vɪdʒɪ'læntɪ] **1** *n* membro *m* de um grupo de autodefesa. **2** *modif* [*group, protection, attack, role*] de autodefesa.

vigor *n* US see vigour.

vigorous ['vɪgərəs] *adj* [*person, plant, attempt, exercise*] vigoroso,-a; [*campaign*] enérgica; [*denial*] categórica; [*defender, supporter*] ardente.

vigorously ['vɪgərəslɪ] *adv* (gen) vigorosamente; [*defend, campaign, deny*] energicamente.

vigour GB, **vigor** US ['vɪgə(r)] *n* (gen) vigor *f*; (of campaign, efforts) energia *f*.

vile [vaɪl] *adj* **a)** [*crime, slander, traitor*] vil; [*smell, taste, food, weather*] péssimo,-a; **b)** [*place, experience, colour*] horrível; [*mood, behaviour*] desprezível.

village ['vɪlɪdʒ] **1** *n* (place, community) aldeia *f*. **2** *noun modifier* [*shop, fête, school*] de aldeia.

villager ['vɪlɪdʒə(r)] *n* aldeão,-ã *m/f*.

villain ['vɪlən] *n* (scoundrel) canalha *m*; (criminal) bandido *m*; (in book, film) vilão *m*; (child) maroto,-a *m/f*.

vine [vaɪn] *n* **a)** (producing grapes) videira *f*; **b)** (climbing plant) planta *f* trepadeira.

vinegar ['vɪnɪgə(r)] *n* vinagre *m*.

vineyard ['vɪnjɑːd] *n* vinha *f*; vinhedo *m*.

vintage ['vɪntɪdʒ] **1** *n* **a)** (wine) vindima *f*; **b)** (epoch, date) época *f*. **2** *adj* **a)** (wine) de bom ano, seleccionado; **b)** [*performance, comedy, singing*] clássico,-a; **it's ~ Armstrong** é um clássico de Armstrong; **c)** (coll) (ancient) antigo,-a.

vintage car *n* carro *f* de época.

vinyl ['vaɪnɪl] **1** *n* vinil *m*. **2** *modif* [*chair, wall paper, upholstery*] em vinil.

viola [vɪ'əʊlə] *n* viola *f*.

violate ['vaɪəleɪt] *vtr* **a)** (infringe) (gen) violar,

transgredir [*criteria, duty, taboo*]; JUR violar [*rule, regulation*]; **b)** profanar [*sacred place*]; violar [*peace*].

violation [vaɪə'leɪʃn] *n* **a)** (gen) violação *f*; (of criteria, duty, taboo) transgressão *f*; **b)** (of sacred place) profanação *f*; **c)** JUR infracção *f*; **traffic ~** infracção ao código da estrada.

violence ['vaɪələns] *n* **a)** (physical aggression) violência *f* (**against** contra); **b) to do ~ to sth** fazer mal a, violentar, violar.

violent ['vaɪələnt] *adj* **a)** [*crimes, behaviour, dispute*] violento,-a; [*cartoon, images*] violento,-a; **a ~ attack** (physical) um ataque violento; (verbal) um ataque virulento; **b)** (sudden) [*acceleration*] rápido,-a; **c)** [*colour*] berrante.

violet ['vaɪələt] **1** *n* **a)** BOT violeta *f*; **b)** (colour) violeta *m*. **2** *adj* violeta.

violin [vaɪə'lɪn] *n* violino *m*.

viper ['vaɪpə(r)] *n* ZOOL (fig) víbora *f*.

virgin ['vɜːdʒɪn] **1** *n* (woman) (mulher) virgem *f*; (man) homem *m* virgem. **2** *adj* (all contexts) virgem.

Virgo ['vɜːgəʊ] *n* Virgem *f*.

virile ['vɪraɪl] *adj* (lit, fig) viril.

virtual ['vɜːtʃʊəl] *adj* **a)** (almost complete) quase totalmente; **he was a ~ prisoner** ele era praticamente um prisioneiro; **b)** COMPUT, PHYS virtual.

virtually ['vɜːtʃʊəlɪ] *adv* praticamente, quase; **it's ~ impossible** é quase impossível; **~ every household has one** praticamente cada casa tem um.

virtue ['vɜːtjuː] *n* **a)** (goodness) virtude *f*; **a woman of easy ~** uma mulher pouco virtuosa; **b)** (advantage) vantagem *f*; **c)** (*prep phr*) **by ~ of sth** em virtude de.

virtuoso [vɜːtjʊ'əʊsəʊ] **1** *n* virtuoso *m* (**of** de). **2** *adj* virtuoso.

virtuous ['vɜːtjʊəs] *adj* virtuoso,-a.

virulent ['vɪrʊlənt, 'vɪrjʊlənt] *adj* MED (fig) virulento,-a.

virus ['vaɪərəs] *n* MED, COMPUT (fig) vírus *m*.

viscount ['vaɪkaʊnt] *n* visconde *m*.

viscous ['vɪskəs] *adj* viscoso,-a.

vise [vaɪs] *n* US torno *m*.

visibility [vɪzɪ'bɪlɪtɪ] *n* **a)** (clarify) visibilidade *f*; **b)** (ability to be seen) visibilidade *f*; **bright armbands will improve your ~** as braçadeiras luminosas torná-lo-ão mais visível à noite.

visible ['vɪzɪbl] *adj* **a)** (able to be seen) visível; **clearly ~** bem visível; **b)** (concrete) [*improvement, sign*] evidente; [*evidence*] flagrante; **with no ~ means of support** sem recursos (financeiros) aparentes.

visibly ['vɪzɪblɪ] *adv* **a)** (to the eye) visivelmente; **b)** (clearly) manifestamente, claramente.

vision ['vɪʒn] **1** *n* **a)** (mental picture) visão *f*; **to appear to sb in a ~** aparecer numa visão a alg; **b)** (foresight) **a combination of patience and ~** uma mistura de paciência e perspicácia; **c)** (ability to see) vista *f*; **to have impaired/blurred ~** ter a vista fraca/pouco nítida; **d)** TV imagem *f*. **2** *vtr* US imaginar.

visionary ['vɪʒənərɪ] *n, adj* visionário,-a *m, f*.

visit ['vɪzɪt] **1** *n* **a)** (call) visita *f*; **a state ~** uma visita oficial; **a home ~** uma visita ao domicílio; **a flying ~** uma visita rápida; **on her first ~ to**

China na sua primeira visita à China; **to pay a ~ to sb, pay sb a ~** ir ver/visitar alg; **to have a ~ from** receber a visita de; **to make a ~ to** [*premises, venue*] inspeccionar, vistoriar; **to make home ~s** fazer visitas ao domicílio; **b)** (stay) estada *f*; **to go on a ~ to** fazer uma estada em. **2** *vtr* **a)** (call on) ir ver/visitar [*family, friend*]; ir a [*doctor, dentist, solicitor, client, patient*]; **when can I come and ~ you?** quando é que eu te posso ir ver?; **b)** (see) visitar, ir ver; **c)** (inspect) inspeccionar; **d)** (stay) **to ~ sb** estar de visita a alg; **to ~ a country** fazer uma estada num país; **come and ~ us for a few days** venha passar alguns dias connosco; **e)** (coll, dated) (inflict) (*usu in passive*) **to ~ sth (up) on sb** infligir algo a alg; **f)** US (socially) **to ~ with** [*family, friend*] ir ver, fazer uma visita a.

visiting: ~ card *n* US cartão *m* de visita; **~ hours** *npl* horas *fpl* de visita.

visiting team *n* the **~** os visitantes *mpl*.

visitor ['vɪzɪtə(r)] *n* **a)** (caller) visita *f*; **we have ~s** nós temos visitas; **I've been a regular ~ to this country** eu visito muitas vezes este país; **b)** (animal, bird) migrador *m*.

visitor's book *n* (in museum, exhibition) livro *m* de honra; (in hotel) registo *m*.

visor ['vaɪzə(r)] *n* **a)** (eyeshade) viseira *f*; **b)** AUT pala *f*.

visual ['vɪʒʊəl] **1 visuals** *npl* (photographs, pictures) imagens *fpl*; CIN efeitos *mpl* visuais; SCH (visual aids) apoios *mpl* visuais. **2** *adj* (all contexts) visual.

visualize ['vɪʒʊəlaɪz] *vtr* **a)** (picture) visualizar; **I met him once, but I can't ~ his face** encontrei-o uma vez mas não consigo recordar a sua cara; **b)** (envisage) prever.

vital ['vaɪtl] *adj* **a)** (essential) [*asset, expenditure, information, research, industry, supplies*] essencial, primordial; [*document, issue, need, interest*] fundamental, primordial; [*match, point, factor*] decisivo,-a; [*service, help*] indispensável; [*treatment, organ, force*] vital; **it is ~/of ~ importance that** é vital/é de importância vital que; **b)** (lively) [*person*] cheio,-a de vida; [*culture, music*] vivo,-a.

vitality [vaɪ'tælɪtɪ] *n* vitalidade *f*.

vital statistics *n* **a)** STAT dados *mpl* demográficos; **b)** (hum) (gen) informações *fpl* essenciais; (of woman) medidas *fpl*.

vitamin ['vɪtəmɪn, 'vaɪtəmɪn] *n* vitamina *f*; **with added ~s/~ enriched** com vitaminas/vitaminado,-a.

vitamin deficiency *n* carência *f* de vitaminas.

vitreous ['vɪtrɪəs] *adj* TECH [*enamel*] vitrificado; [*china*] vidrado,-a.

vitriolic [vɪtrɪ'ɒlɪk] *adj* CHEM vitriólico,-a.

viva ['vɑːɪvə] **1** *n* (*also* **~ voce**) GB UNIV oral *f*. **2** *excl* viva!; **~ freedom!** viva a liberdade!.

vivacious [vɪ'veɪʃəs] *adj* cheio,-a de vivacidade.

vixen ['vɪksn] *n* **a)** ZOOL raposa *f*; **b)** (fig, pej) (woman) megera *f*.

viz [vɪz] *abrev* = **videlicet** a saber, isto é.

vocabulary [və'kæbjʊlərɪ] *n* **a)** (gen) vocabulário *m*; **b)** (list, glossary) léxico *m*.

vocal ['vəʊkl] **1 vocals** *npl* canto *m*; **who did the ~s?** quem assegurou a parte vocal?; **to do the backing ~s** fazer o coro. **2** *adj* **a)** (lit) vocal; **b)** (vociferous) que se faz ouvir.

vociferous [və'sɪfərəs] *adj* [*person*] vociferante.

voice [vɔɪs] **1** *n* **a)** (speaking) voz *f*; **in a loud ~** em voz alta; **in a low ~** em voz baixa; **keep your ~ down!** fala baixo!; **his ~ is breaking/has broken** a voz dele está a mudar/mudou; **to lose one's ~** (when ill) perder a voz; (when afraid) ficar sem fala; **to give ~ to sth** exprimir qq coisa; **at the top of one's ~** com toda a força; **b)** (singing sound) voz *f*; **to have a good ~** ter uma bela voz; **to be in fine ~** estar pronto para cantar; **c)** (opinion or say) voz *f*; opinião *f*; **to have a ~** ter algo a dizer (**in sth** em qq coisa; **in doing sth** quanto a fazer algo); **to add one's ~ to sth** unir a sua voz a qq coisa; **~s have been raised against** levantaram-se várias vozes contra; **to demand sth with one ~** exigir unanimemente qq coisa; **d)** (representative organization) porta-voz *m* (**of** de); **e)** LITERAT (of writer, poet) estilo *m*; **sb's narrative ~** o estilo narrativo de alg; **f)** LING voz *f*; **in the active/passive ~** na voz activa/passiva. **2 ~d in compounds hoarse/deep/shaky-~d** em voz rouca/grave/trémula. **3** *vtr* **a)** exprimir [*concern, grievance*]; **b)** PHON sonorizar. IDIOMAS **to like the sound of one's own ~** gostar de se ouvir.

voice: ~ box *n* laringe *f*; **~-over** *n* comentário *m*.

void [vɔɪd] **1** *n* (lit, fig) vazio *m*; **to fill the ~** encher o vazio. **2** *adj* **a)** JUR [*contract, agreement*] nulo; [*cheque*] anulado; **to make** *or* **render ~** anular; **b)** (empty) vazio; **~ of** desprovido de. **3** *vtr* JUR anular.

vol *n* (*pl* **-s**) abrev = **volume**.

volcanic [vɒl'kænɪk] *adj* vulcânico,-a.

volcano [vɒl'keɪnəʊ] *n* vulcão *m*.

volition [və'lɪʃn] (formal) *n* vontade *f*; **of one's own ~** de livre vontade.

volley ['vɒlɪ] **1** *n* **a)** SPORT (in tennis, football) batida *f* da bola antes de tocar no chão; **to hit/kick the ball on the ~** chutar a bola no ar; **b)** MIL salva *f*; (**of** de); **c)** (fig) (series) **a ~ of** uma torrente de [*questions, words*]. **2** *vtr, vi* (in tennis) rebater (algo) no ar [*ball*]; (in football) apanhar (algo) no ar [*ball*].

volleyball ['vɒlɪbɔːl] **1** *n* voleibol *m*. **2** *modif* [*court*] de voleibol; **~ player** voleibolista *m/f*.

volt [vəʊlt] **1** *n* volt *m*; vóltio *m*. **2** *modif* **nine-~ battery** pilha *f* de nove volts.

voltage ['vəʊltɪdʒ] *n* voltagem *f*.

volume ['vɒljuːm], US [-jəm] **1** *n* **a)** (gen) AUDIO, PHYS volume *m* (**of** de); (of container) capacidade *f*; **by ~** por volume; **b)** (book) volume *m*; (part of set) tomo *m*. **2** *noun modifier* COMM (bulk) [*production, purchasing, sales*] em número. IDIOMAS **to speak ~s (about sth)** falar longamente (sobre algo).

volume control *n* AUDIO (botão *m* de) regulação *f* do volume.

voluntarily ['vɒləntərɪlɪ] *adv* voluntariamente.

voluntary ['vɒləntərɪ] **1** *n* MUS prelúdio *m* ou solo *m* de órgão executado durante o ofício divino. **2** *adj* **a)** (not forced) [*consent, control, recruit, euthanasia*] voluntário,-a; [*statement*] espontâneo,-a; [*agreement, ban*] livremente consentido,-a; [*participation, attendance*] facultativo,-a; [*sanction*] não obrigatório,-a; **on a ~ basis** com base no voluntariado; **b)** (unpaid) [*work, worker, organization, agency, sector*] be-

neficente, voluntário,-a; **to work on a ~ basis** trabalhar em regime de voluntariado; **c)** [*movement*] voluntário,-a.
volunteer [vɒlən'tɪə(r)] **1** *n* (gen) MIL voluntário *m*. **2** *modif* (unpaid worker) voluntário. **3** *vtr* fornecer (algo) espontaneamente [*information, explanation*]; **"it was me" he ~ed** "fui eu" confessou ele. **4** *vi* **a)** (gen) oferecer-se voluntariamente **(for** para); **b)** MIL alistar-se como voluntário.
voluptuous [və'lʌptjʊəs] *adj* voluptuoso,-a.
vomit ['vɒmɪt] **1** *n* vómito *m*. **2** *vtr* vomitar.
voodoo ['vuːduː] *n* vodu *m*.
voracious [və'reɪʃəs] *adj* voraz.
vortex ['vɔːteks] *n* (*pl* **~es** *or* **-tices**) (lit, fig) turbilhão *m*; redemoinho *m*.
vote [vəʊt] **1** *n* **a)** (choice) voto *m*; **to cast one's ~** votar; **b)** (franchise) direito *m* de voto; **c)** (ballot) votação *f*; **to take a ~ on sth** votar em qq coisa; **to put sth to the ~** submeter qq coisa a votação. **2** *vtr* **a)** (affirm choice) votar; **to ~ sb into/out of ~** eleger/não eleger alg para; **b)** (coll) (propose) propor; **I ~ we all go** proponho que nos vamos todos embora. **3** *vi* votar **(on** em). ■ **vote down**: **~ (sb/sth) down, ~ down (sb/sth)** vencer por votos [*person, group*]; rejeitar [*motion*]. ■ **vote in**: **~ (sb) in, ~ in (sb)** eleger [*person, party*]. ■ **vote through**: **~ (sth) through, ~ through (sth)** conseguir aprovar [*bill, proposal*].
voter ['vəʊtə(r)] *n* POL eleitor,-a *m, f*.
voting ['vəʊtɪŋ] **1** *n* (action) votação *f*; (procedure)

escrutínio *m*; **~ is by secret ballot** a votação é por voto secreto. **2** *nodif* [*patterns, intentions*] de voto.
vouch [vaʊtʃ] *vtr* **to ~ (for the fact) that** garantir que.
voucher ['vaʊtʃə(r)] *n* **a)** (for gift, concession) vale *m*; **b)** (receipt) recibo *m*.
vow [vaʊ] **1** *n* juramento *m*; voto *m*; **a ~ of silence/poverty** um voto de silêncio/pobreza. **2** **vows** *npl* **a)** RELIG votos *mpl*; **to take one's ~s** fazer os seus votos; **b) marriage/wedding ~s** as promessas solenes do casamento. **3** *vtr* fazer voto de, jurar; **to ~ to do** jurar fazer.
vowel ['vaʊəl] **1** *n* vogal *m*. **2** *modif* [*sound*] vocábulo.
voyage ['vɔɪɪdʒ] **1** *n* viagem *f*; **to go on a ~** partir de viagem (fig); **the outward/homeward ~** a viagem de partida/de regresso. **2** *vi* (liter) viajar; **to ~ across** atravessar, viajar através de.
VSO [vːes'əʊ] *n* abrev = **Voluntary Service Overseas** cooperação *f* civil.
vulgar ['vʌlgə(r)] *adj* **a)** [*furniture, clothes, building*] de mau gosto; [*behaviour, curiosity*] grosseiro,-a; [*taste*] duvidoso,-a; [*person*] ordinário,-a; **b)** (rude) grosseiro,-a, ordinário,-a.
vulgarity [vʌl'gærɪtɪ] *n* **a)** (of furniture, clothes) falta *f* de gosto; (of person, behaviour) vulgaridade *f*; **b)** (rudeness) rudeza *f*; grosseria *f*.
vulnerable ['vʌlnərəbl] *adj* vulnerável **(to** a).
vulture ['vʌltʃə(r)] *n* (lit, fig) abutre *m*.
vying ['vaɪɪŋ] *pres p see* **vie**.

Ww

w, W ['dʌblju:] *n* **a)** (letter) w, W *m*; **b)** ELEC abrev = **watt**; **c)** W GEOG abrev = **West**.

wad [wɒd] *n* **a)** (bundle) maço *m* (**of** de); **b)** (lump) fardo *m* (**of** de).

wadding ['wɒdɪŋ] *n* **a)** (padding) enchimento *m*; **b)** (for gun) bucha *f*.

waddle ['wɒdl] **1** *n* andar *m* bamboleado; meneio *m*. **2** *vi* [*duck, person*] bambolear-se a andar.

wade [weɪd] *vi* **a)** (in water) **to ~ across** passar a vau; **b)** (proceed with difficulty) **to ~ through sth** (lit) abrir caminho através de algo; (fig) **I managed to ~ through the book** consegui ler o livro com dificuldade; **he was wading through a pile of work** ele debatia-se com um montão de trabalho. ■ **wade in** (coll) **a)** (start with determination) meter-se ao trabalho; **b)** (attack) atacar com energia. ■ **wade into** (coll) **a)** meter-se a [*task*]; **b)** (attack) atacar.

wafer ['weɪfə(r)] *n* **a)** CULIN bolacha *f* fina e estaladiça própria para comer com gelado; **b)** RELIG hóstia *f*; **c)** (of silicon) placa *f* (de silício); **d)** (on letter) selo *m* de papel vermelho.

wafer-thin *adj* fino,-a como uma mortalha.

waffle ['wɒfl] **1** *n* **a)** CULIN "waffle" *m* (tipo de bolacha americana); **b)** (coll, pej) verborreia *f*. **2** *vi* (coll) (*also* ~ **on**) (speaking or writing) alargar-se em considerações (**about** sobre).

waft [wɒft, wɑːft] **1** *vtr* levar consigo [*sound, smell*]; fazer flutuar [*curtain*]; fazer ondular [*grass*]; fazer deslizar [*boat, cloud*]. **2** *vi* [*smell, sound*] pairar.

wag [wæg] **1** *vtr* (*pres p etc* -**gg**-) abanar, sacudir [*tail*]; menear [*head*]; **to ~ one's finger at sb** fazer uma advertência agitando o dedo na direcção de alg. **2** *vi* (*pres p etc* -**gg**-) [*tail*] abanar, sacudir; [*head*] abanar; (fig) **tongues will ~** vai haver falatório (fam).

wage [weɪdʒ] **1** *n* (*often pl*) salário *m*; ordenado *m*. **2** *modif* [*agreement, claim, inflation, negotiations*] salarial; [*increase, rise*] de salário; [*policy, restraint*] dos salários. **3** *vtr* fazer, manter [*war*]; empreender [*campaign*]. **4** **waged** *pp adj* **the ~d** os assalariados.

wage: ~ **earner** *n* (paid weekly) assalariado *m* semanal; (breadwinner) ganha-pão *m* de família; ~ **packet** *n* envelope *m* do ordenado.

wager ['weɪdʒə(r)] **1** *n* aposta *f*; **to make/lay a ~** apostar. **2** *vtr* apostar (**on** sobre; **that** que).

waggish ['wægɪʃ] *adj* engraçado,-a, patusco,-a (fam).

waggle ['wægl] **1** *vtr* sacudir [*tail*]; abanar [*tooth, ear, object*]; **to ~ one's hips** abanar as ancas. **2** *vi* (*also* ~ **around**, ~ **about**) sacudir, saracotear-se.

waggon *n* see **wagon**.

wagon ['wægən] *n* **a)** (horse-drawn) carroça *f*; **b)** GB RAIL vagão *m* (de mercadorias); **c)** US abrev = **station ~**. IDIOMAS **to be on/off the ~** não beber nem uma gota (de álcool)/recomeçar a beber.

wagtail ['wægteɪl] *n* ZOOL alvéola *f*; lavandisca *f*.

waif [weɪf] *n* criança *f* abandonada.

wail [weɪl] **1** *n* (of person, wind) gemido *m*; (of siren) apito *m*; (of musical instrument) som *m* plangente. **2** *vtr* "oh, no!" he ~ed "oh não!" gemeu ele. **3** *vi* [*person, wind*] gemer; [*siren*] apitar.

waist [weɪst] *n* ANAT, FASHN cintura *f*; **a skirt/woman with a 70 cm ~** uma saia/mulher com 70 cm de cintura; **I was ~-deep in water** eu tinha água até à cintura.

waist: ~**band** *n* cós *m*; ~**coat** ['weɪskəʊt, 'weɪstkəʊt] *n* colete *m* (de homem).

wait [weɪt] **1** *n* espera *f*; **an hour's ~** uma hora de espera. **2** *vtr* **a)** (await) esperar por; **don't ~ dinner for me** não me esperes para jantar ou não atrases o jantar por minha causa; **b)** US (serve at) **to ~ table** servir à mesa. **3** *vi* **a)** (remain patiently) esperar; **please ~ here** espere aqui, por favor; **to keep sb ~ing** fazer esperar alg; **to ~ for sb/sth** esperar por alg/algo; **to ~ for sb/sth to do** esperar que alg/algo faça; (**just you**) ~ **and see** já vais ver; **just you ~!** (as threat) vais ver o que te vai acontecer!; **b)** (be left until later) esperar, ficar à espera; **c)** (serve) **to ~ at** *or* **on table** servir à mesa. ■ **wait around, wait about** esperar (por). ■ **wait behind** ficar à espera. ■ **wait in** ficar em casa. ■ **wait on: ~ on sb a)** (serve) servir; **b)** (formal) (visit formally) apresentar os seus respeitos. ■ **wait out: ~ (sth) out, ~ out sth** esperar o fim de. ■ **wait up** ficar acordado (à espera). ■ **wait upon** see ~ **on**.

waiter ['weɪtə(r)] *n* empregado *m* de mesa.

waiting ['weɪtɪŋ] **1** *n* espera *f*; **"no ~"** "estacionamento proibido". **2** *adj* [*ambulance, taxi*] de serviço (*after n*) [*reporter*] à espreita, à espera.

waiting: ~ **game** *n* política *f* de expectativa (à espera de melhor oportunidade); ~ **list** *n* lista *f* de espera; ~ **room** *n* sala *f* de espera.

waitress ['weɪtrɪs] *n* empregada *f* de mesa.

waive [weɪv] *vtr* (gen) JUR infringir a [*regulation, rule*]; renunciar a PO, arrenegar a BR [*claim, demand, privilege, right*]; suprimir [*fee, payment*]; suspender [*conditions, requirements*].

wake [weɪk] **1** *n* (over dead person) velório *m*. **2** *vtr* (*also* ~ **up**) (*past* **woke, waked** *pp* **woken, waked**) despertar, acordar (**from** de); (fig) despertar; **to ~ sb from a dream** despertar alguém de um sonho. **3** *vi* (*also* ~ **up**) (*past* **woke, waked** *pp* **woken, waked**) despertar, acordar; **I woke (up) to find him gone** quando eu acordei ele já tinha partido; **to ~ (up) from a deep sleep** sair de um sono profundo; **she finally**

woke (up) from her illusions ela finalmente despertou para a realidade. ■ **wake up** acordar, despertar; **~ up!** (lit) acorda!; (fig) abre os olhos!; **to ~ up to sth** (fig) tomar consciência de qq coisa.

wakeful ['weɪkfl] *adj* acordado,-a; **to have a ~ night** passar uma noite em claro.

waken ['weɪkn] *vtr, vi* see **wake**.

waking ['weɪkɪŋ] **1** *n* estado *m* de vigília *f*. **2** *adj* **in/during one's ~ hours** durante o dia.

Wales [weɪlz] *pr n* País *m* de Gales.

walk [wɔːk] **1** *n* **a)** passeio *m*; (shorter) volta *f*; (hike) caminhada *f*; **it's about an hour's/four hours' ~** fica a cerca de uma hora/quatro horas a pé; **on the ~ home...** a caminho de casa...; **to go for/on a ~** ir dar um passeio/ir passear; **to have/take a ~** ir passear/ir dar um passeio; (shorter) dar uma volta (a pé); **to take sb for a ~** levar alg a passear; **to take the dog for a ~** sair com o cão; **it's a short ~ to the station** a pé fica perto da estação; **b)** (gait) andar *m*; (pace) passo *m*; **she slowed to a ~** ela afrouxou para ir a passo; **c)** (path) (gen) HORT alameda *f*; **d)** SPORT prova *f* de marcha. **2** *vtr* **a)** (cover on foot) fazer (qq coisa) a pé [*path, road*]; percorrer (qq coisa) a pé [*district, countryside*]; (patrol) patrulhar, fazer a ronda; **I can't ~ another step** não consigo dar nem mais um passo; **shall we take the bus or ~ it?** vamos de autocarro Po/ ônibus BR ou a pé?; **to ~ it** (coll) SPORT vencer sem dificuldade; **b)** (escort, lead) acompanhar a pé [*friend*]; conduzir [*horse, etc*]; **I ~ed her home** eu acompanhei-a a casa. **3** *vi* **a)** (in general) andar a pé, caminhar; (for pleasure) passear a pé; (not run) ir a passo; (not ride or drive) ir a pé; **to ~ with a limp/a swing** caminhar bamboleando-se; **a policeman ~ed by** um polícia passou por mim/ele, etc; **he ~ed up/down the road** ele subiu/desceu a rua (a pé); **we've been ~ing round in circles for hours** nós andamos às voltas há horas; **I'd just ~ed in at the door when...** eu tinha acabado de passar a porta quando...; **suddenly in ~ed my father** de repente o meu pai entrou; **to ~ in one's sleep** (habitually) ser sonâmbulo; **she ~s to work/home** ela vai para o trabalho/casa a pé; **shall I ~ with you to the bus?** queres que te acompanhe ao autocarro? Po/ao ônibus BR; **b)** (coll, hum) (disappear) desaparecer. IDIOMAS **take a ~!** (coll) US desinfecta! (fam); **you must ~ before you can run** tudo se aprende a pouco e pouco. ■ **walk across** atravessar; **to ~ across to sth/sb** ir em direcção a qq coisa/alg, aproximar-se de qq coisa/alg; **~ across (sth)** atravessar qq coisa. ■ **walk around** (lit) andar; (fig) estar em circulação; **~ around (sth)** (to and fro) andar por; (make circuit of) dar a volta a [*building, space*]; **we ~ed around Paris for hours** nós andámos por Paris durante horas. ■ **walk away a)** (lit) afastar-se (**from** de); **b)** (fig) (avoid involvement) manter-se afastado (**from** de); **he ~ed away from the problem** ele manteve-se afastado do problema; **c)** (fig) (survive unscathed) sair ileso,-a (**from** de); **d) to ~ away with** ganhar (qq coisa) facilmente [*game, tournament*]; vencer [*election*]; conseguir [*prize, honour*]; **e) to ~ away with sth** (steal) see **~ off**; **f)**

~ away from sb/sth SPORT, JOURN deixar alg/qq coisa para trás. ■ **walk in** entrar; **"please ~ in"** (sign) "faça favor de entrar". ■ **walk into**: **~ into (sth) a)** (lit) entrar em; **b)** (fig) (acquire easily) arranjar [*job, position*]; **c)** (lit, fig) cair em [*trap, ambush*]; meter-se em [*tricky situation*]; **you ~ed right into that one!** (coll) caíste na esparrela! (fam); **d)** (lit) (bump into) ir de encontro a. ■ **walk off a)** (lit) partir bruscamente; **b)** (coll, fig) **~ off with sth** (innocently) levar consigo qq coisa; (as theft) furtar qq coisa; **c)** (scoop) see **~ away**; **~ off (sth)**, **~ (sth) off** passear-se para fazer passar [*hangover, large meal*]. ■ **walk on a)** (continue) continuar a andar; **b)** THEAT ser figurante. ■ **walk out a)** (lit) sair (**of** de); **b)** (fig) (desert) ir embora; **to ~ out on** abandonar [*lover, partner, contract, undertaking*]; **c)** (as protest) partir em sinal de protesto; (on strike) pôr-se em greve. ■ **walk over** (a few steps) aproximar-se (**to** de); (a short walk) dar um salto (**to** a); **~ over (sb)** (coll) **a)** (defeat) (gen) SPORT derrotar (alg); **b)** (humiliate) pôr os pés em cima de. ■ **walk round** dar a volta; **no-one answered so I ~ed round to the garden** ninguém respondeu por isso eu dei a volta para ir ao jardim; **~ round (sth)** (round edge of) dar a volta a; (visit) visitar. ■ **walk up a) to ~ up to** aproximar-se de; **b) ~ up!**, **~ up!** venham! venham!.

walkabout ['wɔːkəbaʊt] *n* (among crowd) banho *m* de multidão.

walker ['wɔːkə(r)] *n* **a)** (for pleasure) caminhante *m/f*; (for exercise) praticante *n/f* de marcha; **she's a fast ~!** ela anda depressa!; **b)** MED (device) (for invalid) muleta *f*; canadiana *f*; (for baby) andarilho *m*.

walkie-talk [wɔːkɪ'tɔːkɪ] *n* walkie-talkie *m*.

walking ['wɔːkɪŋ] **1** *n* (for pleasure) passeio *m* a pé; (for exercise, sport) marcha *f* a pé. **2** *adj* (hum) [*dictionary, advertisement*] ambulante.

walking: **~ holiday** *n* férias *fpl* para os adeptos de longas caminhadas; **~ shoes** *npl* sapatos *mpl* de marcha; **~ stick** *n* bengala *f*; **~ tour** *n* excursão *f* a pé.

walk: **~man** *n* (*pl* **mans**) walkman ® *m*.

walk-on 1 *n* THEAT figurante *m/f*. **2** *adj* [*role*] de figurante.

walkout *n* (from conference, meeting) saída *f* em sinal de protesto; (strike) greve *f*.

walkover *n* (gen) SPORT vitória *f* fácil (**for** para).

walkway *n* alameda *f*.

wall [wɔːl] **1** *n* **a)** (gen) CONSTR, ARCHIT; parede *f* (**of** de); **b)** (of cave, tunnel) parede *f*; (**of** de); **c)** ANAT, BIOL parede *f* (**of** de); **d)** AUT (of tyre) parede *f* interna. **2** *modif* [*heater, light*] de parede, mural. IDIOMAS **to drive sb up the ~** (coll) exasperar alg; **to go to the ~** abrir falência, ser posto de lado; **to push/drive sb to the ~/have sb up against the ~** encostar alg à parede (fig). ■ **wall in**: **~ in (sth)**, **~ (sth) in** rodear qq coisa; **~ (sb) in**, **~ in (sb)** aprisionar alg. ■ **wall off**: **~ off (sth)**, **~ (sth) off** (block off) tapar; [*separate by wall*] separar por uma parede. ■ **wall up**: **~ up (sb, sth)**, **~ (sb, sth) up** fechar com parede (alg, algo).

wallbars *npl* espaldar *m*.

wallet ['wɒlɪt] *n* (for notes, cards, documents) carteira *f*; **kind to your ~** barato,-a.

wallflower ['wɔ:lflaʊə(r)] *n* BOT goivo *m*.

wall hanging *n* tapeçaria *f*.

wallop ['wɒləp] **1** *n* **a)** (coll, lit) (punch) murro *m* violento; **b)** (loud noise) estrondo *m*. **2** *vtr* (*pres p etc* **-pp-**) **a)** (coll) (hit) surrar, espancar [*person*]; bater com força em [*ball, punchbag*]; **b)** (coll) (defeat) bater (alg) completamente.

wallow ['wɒləʊ] **1** *n* **to have a (good) ~** [*person, animal*] chafurdar. **2** *vi* **a)** **to ~ in** chafurdar em [*water, morass*]; deleitar-se com [*self-pity, nostalgia, glory*]; **b)** [*ship*] balançar.

wall painting *n* fresco *m*.

wallpaper ['wɔ:lpeɪpə(r)] **1** *n* papel *m* de parede. **2** *vtr* forrar [*room*].

wall-to-wall *adj* **a)** **~ carpet** alcatifa *f*; **b)** (fig); **the ~ silence of large art galleries** o silêncio completo das galerias de arte.

walnut ['wɔ:lnʌt] **1** *n* **a)** (nut) noz *f*; **b)** (tree, wood) nogueira *f*. **2** *modif* [*cake, yoghurt*] de noz; [*furniture*] em nogueira.

walrus ['wɔ:lrəs, 'wɒlrəs] *n* morsa *f*; **~ moustache** bigode *m* com as pontas viradas para baixo.

waltz [wɔ:ls, wɔ:lts wɒlts, wɒls] **1** *n* (*pl* **~es**) DANCE, MUS valsa *f*. **2** *vi* **a)** DANCE dançar a valsa (**with** com); **b)** **to ~ into/out of the room** entrar/sair da sala de maneira desenvolta; **to ~ off** partir com um passo desenvolto; **c)** (pass easily) **to ~ through an exam** passar facilmente num exame.

wan [wɒn] *adj* pálido,-a.

wand [wɒnd] *n* varinha *f* mágica.

wander ['wɒndə(r)] **1** *n* passeio *m*; **to have/take a ~** dar um passeio; **a ~ round the shops** uma volta pelas lojas. **2** *vtr* percorrer [*countryside, town*]; **to ~ the streets** vaguear pelas ruas. **3** *vi* **a)** (walk, stroll) passear-se, vaguear; **to ~ around town** passear-se na cidade; **to ~ in and out of the shops** andar pelas lojas; **b)** (stray) errar, andar perdido; **to ~ into the next field** perder-se no campo ao lado; **to ~ away** afastar-se (**from** de); **c)** **to ~ in** entrar despreocupadamente; **to ~ over to/up to sb** aproximar-se tranquilamente de alg; **d)** [*mind, attention*] (through boredom, inattention) dispersar-se; (through age, illness) divagar; **her mind ~ed back to...** a sua mente regressava a...; **to ~ off the point/subject** afastar-se do assunto, fazer divagação; **e)** [*eyes, hands*] errar (**over** sobre). ■ **wander about, wander around** (stroll) passear-se, vaguear; (lost) errar. ■ **wander off a)** [*child, animal*] afastar-se; **b)** (hum) [*object*] desaparecer.

wanderer ['wɒndərə(r)] *n* viajante *m/f*.

wane [weɪn] **1** *n* **to be on the ~** estar em declínio. **2** *vi* **a)** [*moon*] minguar; **b)** diminuir.

wangle ['wæŋg:l] (coll) **1** *n* tramóia *f* (fam). **2** *vtr* conseguir arranjar [*leave, meeting*]; **to ~ sth out of sb** apanhar algo a alg (por meios duvidosos) [*job, money, promise*]; **to ~ sth for sb** arranjar algo para alg; **to ~ one's way into the club/onto the committee** conseguir introduzir-se no clube/no comité.

want [wɒnt] **1** *n* **a)** (need) necessidade *f*; **to be in ~ of** ter necessidade de; **b)** (liter) (deprivation) indigência *f*; **c)** (lack) falta *f*; **for ~ of/of doing** por falta de/de ter feito; **there is no ~ of**

candidates não há falta de candidatos. **2** *vtr* **a)** (desire) querer; **I ~** (gen) eu quero; (would like) gostaria de; (am seeking) desejo, procuro; **how many do you ~?** quantos quer?; **I don't ~ to** não me apetece; **to ~ sb to do** querer que alg faça; **b)** (coll) (need) necessitar de, ter necessidade de; **all that's ~ed is your signature** só falta a tua assinatura; **c)** (require presence of) perguntar por; **if anyone ~s me...** se alg perguntar por mim...; **you're ~ed on the phone** chamam-te ao telefone; **to be ~ed by the police** ser procurado pela polícia; **I know when I'm not ~ed** sei quando estou a mais. **3** *vi* **a)** **to ~ for sth** ter falta de qq coisa; **b)** (coll) **to ~ in** (asking to enter) querer entrar; (asking to participate) querer participar; **to ~ out** (asking to exit) querer sair; (discontinuing participation) querer largar (fam); **I ~ out of the contract** quero sair do contrato.

wanted ['wɔ:ntɪd] *adj* **a)** (by police) procurado,-a pela polícia; **b)** (loved) **to be (very much) ~** [*child*] ser (muito) amado.

wanting ['wɒntɪŋ] *adj* **a)** (lacking) **to be ~** fazer falta; **b)** **to be found ~** não estar à altura da situação.

wanton ['wɒntən] *adj* **a)** [*cruelty, damage, waste*] gratuito,-a; [*disregard*] deliberado,-a; **b)** (liter) [*mood*] brincalhão,-ona; [*breeze*] caprichoso,-a; **c)** (pej) (immoral) desavergonhado,-a.

war [wɔ:(r)] **1** *n* **a)** (armed conflict) guerra *f* (**with** *or* **against** com ou contra; **between** entre); **to go to ~ against** entrar em guerra contra; **to go off to the ~** partir para a guerra; **to be at ~** estar em guerra; **in the ~** na guerra; **b)** (fierce competition) **price ~** guerra de preços; **a ~ of words** um conflito verbal; **c)** (to eradicate sth) luta *f* (**against** contra); **to wage ~ on** *or* **against poverty** empreender uma luta contra a pobreza. **2** *modif* [*debts, crime, economy, correspondent, film, refugee*] de guerra; [*cemetery, grave, zone*] militar; **~ deaths** vítimas *fpl* da guerra. **3** *vi* (*pres p etc* **-rr-**) **to ~ with one's neighbours** estar em guerra contra os vizinhos. **IDIOMAS you look as if you've been in the ~s** parece que andaste na guerra (iron).

warble ['wɔ:bl] *vi* [*bird*] chilrear, gorjear.

war cry *n* (lit, fig) grito *m* de guerra.

ward [wɔ:d] *n* **a)** (in hospital) (unit) serviço *m*; (room) unidade *f*; (separate building) pavilhão *m*; **he's in ~ 3** ele está na unidade 3; **maternity/pediatric ~** serviço *m* de maternidade/pediatria; **b)** GB POL circunscrição *f* eleitoral; **c)** JUR (*also* **~ of court**) custódia *f*; **a child in ~** uma criança sob tutela judicial; **to be made a ~ of court** ser posto sob tutela judicial. ■ **ward off: to ~ off (sth)** precaver-se contra [*evil, predator*]; calar [*accusations, criticism*]; repelir [*attack, threat*]; evitar [*bankruptcy, disaster*].

warden ['wɔ:dn] *n* (gen) director,-a *m, f*.

warder ['wɔ:də(r)] *n* GB guarda *m/f*.

wardrobe ['wɔ:drəʊb] *n* **a)** (furniture) guarda-fatos *m*; **b)** (set of clothes) guarda-roupa *m*; **c)** THEAT guarda-roupa *m*.

ware [weə(r)] **1** *n* artigos *mpl*. **2 wares** *npl* produtos *mpl*.

warehouse ['weəhaʊs] **1** *n* (gen) armazém *m*. **2** *vtr* guardar em armazém.

war: ~fare *n* **the art of ~fare** a arte da guerra;

~game *n* a) GAMES jogo *m* de estratégia (militar); (with real participants) guerra *f* simulada; b) MIL (*in pl*) manobras *fpl* (militares); ~ horse (lit) cavalo *m* de batalha; (fig) (campaigner) veterano *m* de guerra; ~like *adj* [*people*] guerreiro,-a; [*mood, words*] bélico,-a.

warm [wɔːm] **1** (coll) *n* a) **the** ~ o quente *m* (fam); b) **to give sth a** ~ aquecer Po, esquentar BR [*dish, plate, implement*]; **to have a** ~ aquecer-se. **2** *adj* a) (lit) quente; [*scent, trail*] (lit, fig) recente, fresco,-a; **during** ~ **weather** quando está calor; **to be** ~ [*person*] ter calor; [*weather*] estar calor; **"serve** ~**"** CULIN "servir morno"; **it's** ~ **work** é um trabalho violento; **to get** ~ [*person, weather, object*] aquecer; **to keep (oneself)** ~ (wrap) não apanhar frio; (take exercise) não arrefecer; **to keep sth** ~ manter (qq coisa) aquecida [*food*]; aquecer Po/ esquentar BR (qq coisa) [*room*]; b) (enthusiastic) [*person, atmosphere, feeling, congratulations, support*] entusiasta, entusiasmado,-a; **c)** (mellow) [*colour*] quente. **3** *vtr* aquecer Po, esquentar BR [*plate, dish, food, water, milk*]; **she was** ~ing **her hands by the fire** ela aquecia as mãos junto ao lume. **4** *vi* [*food, liquid, object*] aquecer Po, esquentar BR. **5** *v refl* **to** ~ **oneself** aquecer--se. IDIOMAS (coll) **to make things** ~ **for sb** tornar as coisas difíceis para alg. ■ **warm up** a) (gen) (fig) (become lively) [*discussion, party, guest*] animar-se; b) (sport) [*athlete, player*] fazer o aquecimento; [*orchestra, musician*] preparar-se; c) (gen) (lit) [*person, room, house, bed*] aquecer-se; d) ART, ELEC, TECH [*car, engine, appliance, TV, radio*] aquecer.

warm-blooded *adj* ZOOL de sangue quente; (fig) ardente.

war memorial *n* monumento *m* aos mortos.

warmly ['wɔːmlɪ] *adv* a) (fig) [*greet, welcome, smile, thank*] calorosamente, cordialmente; [*speak, praise, receive*] com entusiasmo; b) (lit) [*dress, wrap up*] de forma quente; **the sun shone** ~ o sol estava quente.

warmonger *n* belicista *m/f.*

warmth [wɔːmθ] *n* (lit, fig) calor *m*; **he replied with some** ~ **that...** ele respondeu com um certo calor que....

warn [wɔːn] **1** *vtr* avisar, prevenir [*person, government, authority*]; **to** ~ **that** dizer/avisar que; **to** ~ **sb that** avisar, prevenir alg que; **to** ~ **sb about/against sth** advertir alg de qq coisa; **to** ~ **sb about/against doing** advertir alg para não fazer; **to** ~ **sb to/not to do** aconselhar alg a fazer/a não fazer; **you have been** ~ed! tu foste avisado!. **2** *vi* **to** ~ **of sth** anunciar qq coisa. ■ **warn off**: ~ **(sb)** off, ~ **off (sb)** desencorajar (alg); **to** ~ **sb off doing** desaconselhar alg a fazer.

warning ['wɔːnɪŋ] **1** *n* (gen) aviso *m*; advertência *f*; (by an authority) conselho *m*; anúncio *m*; (by light, siren) sinal *m*; **a** ~ **against sth** uma advertência contra qq coisa; **a** ~ **about/on sth** um aviso a propósito de qq coisa; **to give sb** ~ **(of sth)** avisar alg (de qq coisa); **a flood/gale** ~ um aviso de cheia/ciclone. **2** *modif* (giving notice of danger) [*siren, bell, device*] de alarme; [*notice*] de advertência; ~ **shot** (lit, fig) tiro *m* de alarme; ~ **sign** (lit) (on board) sinal *m* de avi-

so; (fig) (illness, stress) sinal *m*. **3** *pres p adj* [*glance, gesture, tone voice*] de aviso; (stronger) ameaçador,-a.

warp [wɔːp] **1** *n* (deformity) (in wood, metal) deformação *f*; empenamento *m* (**in** de); (in record) defeito *m*; arqueamento *m*. **2** *vtr* a) (deform) deformar, arquear, empenar [*metal, wood, record*]; b) (fig) perverter [*mind, personality*]; falsear, deturpar [*judgement, thinking*]. **3** *vi* deformar-se/arquear-se/entortar-se.

war: ~**paint** *n* MIL pintura *f* de guerra; ~**path** *n* **to be on the** ~**path** (fig) estar com disposição para arranjar sarilhos; ~**plane** *n* avião *m* militar.

warrant ['wɒrənt] **1** *n* a) JUR mandado *m*; **to issue a** ~ emitir um mandado; **a** ~ **for his arrest/a search** um mandado de prisão/de busca; **a** ~ **is out for his arrest/against him** foi emitida uma ordem de prisão contra ele; b) FIN **dividend** ~ cupão *m* Po/cupom *m* BR de dividendo. **2** *vtr* a) (justify) justificar; b) (guarantee) garantir; c) (bet) apostar. **3** *vi* garantir; **she's famous now, Ill** ~ eu garanto que ela agora é famosa. **4 warranted** *pp adj* a) (justified) justificado,-a; b) (guaranteed) garantido,-a.

warranty ['wɒrəntɪ] *n* a) JUR simples garantia *f*; b) COMM garantia *f*.

warren ['wɒrən] *n* a) (rabbits') (whole) coutada *f*; (tunnels only) toca *f*; b) (building, maze of streets) labirinto *m*.

warring ['wɔːrɪŋ] *adj* [*factions, parties, nations*] em conflito.

warrior ['wɒrɪə(r)] *n, adj* guerreiro,-a *m, f.*

Warsaw ['wɔːsɔː] *pr n* Varsóvia.

warship *n* navio *m* de guerra.

wart [wɔːt] *n* a) (growth) MED, ZOOL verruga *f*; BOT excrescência *f*; b) (fig) (fault) defeito *m*.

wartime [wɔːtaɪm] **1** *n* **in** ~ em tempo de guerra. **2** *modif* [*economy, memories*] de guerra; **a story set in** ~ **Berlin** uma história em Berlim, no tempo da guerra.

wary ['weərɪ] *adj* a) (cautious) cauteloso,-a, prudente; **to be** ~ ser prudente (**of** em relação a); b) (distrustful) desconfiado,-a; **to be** ~ desconfiar (**of** de).

was [wɒz, wəz] *past see* **be**.

wash [wɒʃ] **1** *n* a) (by person) **to give (sth) a** ~ lavar [*window, floor, object, face*]; **to give (sb) a** ~ lavar *ou* dar banho a [*child*]; b) (laundry process) lavagem *f*; **after only two** ~es depois de apenas duas lavagens; **in the** ~ (being cleaned) na lavagem; c) (from boat, aircraft) esteira *f*; d) (coating) (gen) camada *f* (de pintura) ART aguarela *f*; **pen and** ~ **drawing** desenho a tinta e a aguarela; e) PHARM loção *f*. **2** *modif* **frequent** ~ **shampoo** champô para lavagens frequentes. **3** *vtr* a) (clean) lavar [*person, clothes, floor*]; **to get** ~ed lavar-se; **to** ~ **one's hands/face** lavar as mãos/a cara; **to** ~ **the dishes** lavar a loiça; b) (carry along) (*usu in passive*) arrastar [*silt, debris*]; **to** ~ **sb/sth overboard** arrastar (alg/algo) para fora do navio; c) (liter) (lap against) lamber; d) (dig out) cavar, escavar; **the storm water had** ~ed **a hole in the bank** a água das chuvas escavou um buraco no talude; e) (coat) CONSTR (gen) passar uma ligeira camada de tinta sobre [*wall*]. **4** *v refl* **to** ~ **oneself** [*person*] lavar-se. **5** *vi* a) (clean oneself) [*person*] lavar-se;

b) (clean clothes) lavar a roupa; **c)** (coll) (be believed) pegar (fam); **his explanation won't** ~ a sua explicação não pega. IDIOMAS **it will all come out in the** ~ (be revealed) tudo acabará por se saber; (be resolved) tudo acabará por se arranjar; **to** ~ **one's hands of** lavar daí as mãos. ■ **wash away**: ~ **(sb/sth) away,** ~ **away (sb/ sth) a)** (clean) fazer desaparecer [*dirt*]; **b)** (carry off) levar, arrastar [*structure, debris*]; (by erosion) [*sea*] corroer. ■ **wash down**: ~ **(sth) down,** ~ **down (sth) a)** (clean) lavar [*surface, vehicle*]; **b)** (coll) fazer engolir [*pill, unpleasant food*]; (hum) regar (fam) [*food*]. ■ **wash off** [*mark*] sair ao lavar; ~ **(sth) off,** ~ **off (sth)** tirar (qq coisa) na lavagem. ■ **wash out** (disappear by cleaning) [*stain*] sair ao lavar; ~ **(sth) out,** ~ **out (sth) a)** (remove by cleaning) tirar (qq coisa) na lavagem; **b)** (clean quickly) passar por água; **c)** (cause to be cancelled) **the first day's play was** ~**ed out** o primeiro dia da representação foi cancelado por causa da chuva. ■ **wash up a)** (do dishes) lavar a loiça; **b)** us (clean oneself) [*person*] arranjar-se, lavar-se.
washable ['wɒʃəbl], us ['wɔːʃ-] *adj* [*material, paint, ink*] lavável.
wash: ~**basin** *n* lavatório *m*; ~**day** *n* dia *m* da lavagem da roupa.
washed-out [wɒʃt'aʊt] *adj* **a)** (faded) [*colour*] deslavado,-a; **b)** (tired) cansado,-a.
washer ['wɒʃə(r)] *n* **a)** TECH (to spread load) arruela *f ou* anilha *f*; (as seal) junta *f*; **b)** (coll) máquina *f* de lavar.
washing ['wɒʃɪŋ] *n* **a)** (act) (of oneself) banho *m*; (of clothes) lavagem *f*; **b)** (laundry) (to be cleaned) roupa *f* suja; (when clean) roupa *f* lavada; **to do the** ~ lavar a roupa.
washing: ~ **powder** *n* GB (detergente *m* em) pó *m* para lavar roupa; ~**-up** *n* loiça *f* (para lavar); ~**-up liquid** *n* (detergente *m*) líquido *m* para lavar loiça.
wash: ~**out** *n* fiasco *m*; fracasso *m*; ~**room** *n* casa *f* de banho.
wasn't ['wɒznt] = **was not**.
wasp [wɒsp] *n* vespa *f*.
waspish ['wɑ.spɪʃ] *adj* irritadiço,-a, irritável.
wastage ['weɪstɪʒ] *n* desperdício *m*; **through** ~ para desperdício; **natural** ~ SOCIAL, ECON eliminação *f* natural.
waste 1 *n* **a)** (squandering) (of commodity, food, resources, money, energy, opportunity) desperdício *m*; esbanjamento *m* (**of** de); (of time) perda *f* (**of** de); **a** ~ **of effort** um esforço inútil; **to go to** ~ ser desperdiçado; **that's another good opportunity gone to** ~ eis outra boa oportunidade desperdiçada; **b)** (detritus) detrito *m*; resíduo *m*; lixo *m* (**from** de); **c)** (wasteland) baldio *m*. **2 wastes** *npl* desertos *mpl*. **3** *adj* **a)** [*food*] de sobra; [*heat, energy*] desperdiçado,-a; ~ **products** IND material *m* de refugo; **b)** (unused) [*land, ground*] inculto,-a; **to lay** ~ devastar. **4** *vtr* **a)** (squander) desperdiçar, esbanjar [*food, resources, energy, money, talents*]; perder [*time, opportunity*]; gastar [*strength*]; **all our efforts/ sacrifices were** ~**d** todos os nossos esforços/ sacrifícios foram inúteis; **she** ~**ed no time in contacting the police** (acted at once) ela não perdeu tempo em contactar a polícia; **b)** (make

thinner) enfraquecer; (make weaker) atrofiar; **c)** (coll) (kill) suprimir. **5** *vi* perder. IDIOMAS ~ **not want not** (Prov) guarda o que não presta e terás o que precisas. ■ **waste away** definhar.
waste: ~ **basket** *n* cesto *m* dos papéis; ~ **disposal 1** *n* tratamento *m* do lixo. **2** *modif* [*company, industry, system*] de tratamento do lixo.
wasteful ['weɪstfl] *adj* [*product, machine*] que consome muito; [*method, process*] pouco económico,-a; [*person*] esbanjador,-a; [*of money*] gastador,-a; **to be** ~ **of** desperdiçar [*commodity, resources, energy*].
wastefully ['weɪstfəlɪ] *adv* desnecessariamente; **to use** ~ desperdiçar.
wastefulness ['weɪstflnɪs] *n* (extravagance) esbanjamento *m*; (inefficiency) falta *f* de rentabilidade.
waste: ~**land** *n* **a)** (lit) (urban) (terreno *m)* baldio *m*; (rural) terra *f* inculta; **b)** (fig) deserto *m*; ~**paper** *n* papéis *mpl* velhos; ~**paper basket** *n* cesto *m* dos papéis; ~ **pipe** *n* cano *m* de esgoto.
wasting ['weɪstɪŋ] *adj* [*disease*] debilitante.
watch [wɒtʃ] **1** *n* **a)** (timepiece) relógio *m*; **my** ~ **is slow/fast** o meu relógio está atrasado/adiantado; **to set one's** ~ acertar o relógio; **b)** (surveillance) (gen) MIL vigilância *f*; (**on** sobre); **drug** ~ controlo *m* da droga; **to keep** ~ montar vigilância ou guarda; **to keep (a)** ~ **on sb/sth** (lit, fig) vigiar alg/algo; **to be on the** ~ **(for sth)** estar de sobreaviso; **to be on the** ~ **(for sb)** estar de atalaia; **to set a** ~ **on sb/sth** ter alg/algo debaixo de olho; **c)** NAUT (time on duty) quarto *m*. **2** *modif* [*chain, spring, strap*] de relógio. **3** *vtr* **a)** (lit) (look at) ver, olhar para; (observe) observar; **the match,** ~**ed by a huge crowd** o jogo, seguido por uma multidão imensa; **b)** (fig) seguir [*career, development*]; vigiar [*situation*]; **c)** (lit) (keep under surveillance) vigiar; **d)** (pay attention to) prestar atenção a [*dangerous object, obstacle, thing*]; ter cuidado com [*language, manners, weight*]; ~ **where you're going!** olha para onde vais!; **e)** (look after) tomar conta de, guardar [*property, child, dog*]. **4** *vi* **a)** (look on) olhar; **b)** (dated) (keep vigil) velar, estar de vigília (arc). **5** *v refl* **to** ~ **oneself** (lit) ver-se; **b)** (fig) ter cuidado. ■ **watch out a)** (be careful) ter cuidado com (**for** com); **b)** (be alert to) estar alerta. ■ **watch over**: ~ **over (sth)** olhar por [*person, interest, rights, welfare*].
watchdog 1 *n* **a)** (person) guardião,-ã *m/f*; (group) serviço *m* de vigilância; **consumer** ~ serviço *m* de protecção ao consumidor; **b)** (dog) cão *m* de guarda. **2** *modif* [*committee, group*] de vigilância.
watchful ['wɒtʃfl] *adj* vigilante.
watch: ~**maker** *n* relojoeiro *m*; ~**man** *n* (dated) (gen) vigia *m/f*; ~**word** *n* (gen) (slogan) lema *m*; divisa *f*.
water ['wɔːtə(r)] **1** *n* água *f*; **drinking/running** ~ água potável/corrente; **under** ~ (submerged) debaixo de água; (flooded) inundado,-a; **at high/ low** ~ na maré alta/baixa; **to let in** ~ [*shoe, boat*] deixar entrar água; **to pass** ~ MED urinar; **to turn the** ~ **on/off** abrir/fechar a torneira; **keep one's head above** ~ (lit) manter a cabeça à tona da água; (fig) (financially) fazer face aos seus compromissos. **2 waters** *npl* **a)** NAUT águas

fpl; **b)** **to take the** ~**s** fazer uma cura termal. **3** *modif* [*glass, jug, tank, snake, filter*] de água. **4** *vtr* HORT regar [*lawn, plant*]; irrigar [*crop, field*]; dar de beber a [*livestock*]. **5** *vi* **the smell of cooking makes my mouth** ~ o cheiro da cozinha faz-me crescer água na boca; **the onion made her eyes** ~ a cebola faz-lhe vir as lágrimas aos olhos. ■ **water down**: ~ **(sth) down,** ~ **down (sth)** **a)** (gen) acrescentar água a; diluir [*syrup*]; **b)** (gen) atenuar [*criticism, effects, plans, policy*].

water: ~-**bottle** *n* (for traveller, cyclist) cantil *m*; (for warmth) saco *m* de água quente; ~-**butt** *n* cisterna *f* para água da chuva; ~-**cannon** *n* auto--tanque *m*; canhão *m* de água; ~**colour** GB ~ **color** US *n* ART (paint) aguarela *f*; **a landscape painted in** ~**color** uma paisagem pintada a aguarela; ~-**cress** *n* BOT, CULIN agrião *m*; ~-**diviner** *n* vedor *m*; ~**fall** *n* cascata *f*; ~**front** *n* (harbour) cais *m*; (lakeside, riverside) margem *f*; ~-**heater** *n* esquentador *m*.

watering [ˈwɔːtərɪŋ] *n* HORT rega *f*; AGRIC irrigação *f*.

watering-can *n* regador *m*.

water: ~-**level** *n* nível *m* de água; ~-**lily** *n* nenúfar *m*; ~-**line** *n* NAUT linha *f* de água ou linha de flutuação; ~**logged** *adj* [*ground, pitch*] alagado,-a; ~-**main** *n* canalização *f* de água; ~**mark** **a)** NAUT nível a que chegou a maré alta; **b)** (on paper, banknote) marca *f* de água; ~-**melon** *n* CULIN melancia *f*; ~-**mill** *n* azenha *f*; ~-**power** *n* energia *f* hidráulica; ~**proof** **1** *n* (coat) impermeável *m*. **2** *adj* impermeável; ~-**rates** *npl* GB ADMIN taxa *f* sobre a água; ~-**repellent** *adj* [*fabric, coat, spray*] impermeável; ~-**resistant** *adj* à prova de água; ~**shed** *n* **a)** GEOG linha *f* de separação de águas; **b)** (fig) ponto *m* de viragem; ~-**ski** **1** *n* SPORT esqui *m* aquático. **2** *vi* fazer esqui aquático; ~-**skiing** *n* esqui *m* aquático; ~-**softener** *n* (substance) amaciador *m*; ~-**supply** *n* (in an area) abastecimento *m* de água; (to a building) distribuição *f* de água; ~-**table** *n* GEOG nível *m* hidrostático; ~**tight** *adj* **a)** (lit) [*container, joint, seal*] estanque; **b)** (perfect) [*defence system*] infalível; **c)** (irrefutable) [*argument, case*] incontestável; [*alibi*] irrefutável; ~-**tower** *n* torre *m* de depósito de água; ~**way** *n* GEOG, TRANSP via *f* navegável; ~-**wheel** *n* roda *f* hidráulica; ~-**wings** *npl* braçadeiras *fpl* de natação; ~-**workers** TECH sistema *f* de distribuição de águas.

watery [ˈwɔːtərɪ] *adj* **a)** [*coffee, paint*] aguado,-a; [*consistency, sauce*] demasiado líquido,-a; **b)** pálido,-a; **c)** [*eye*] cheio de lágrimas; **d)** [*vegetables*] mal escorrido,-a; **e)** NAUT **the Titanic still lies in its** ~ **grave** o Titanic jaz ainda no fundo dos mares.

watt [wɒt] **1** *n* watt *m*; vátio *m*. **2** *modif* **100-**~ **bulb** lâmpada *f* de 100 watts.

wave [weɪv] **1** *n* **a)** (hand gesture) **to give sb a** ~ acenar a alg; **with a** ~ **(of one's hand)** com um aceno; **b)** (of water) vaga *f*; **to make** ~**s** (fig) fazer ondas; **c)** (outbreak) vaga *f*; **in** ~ por levas ou vagas; **d)** (in hair) onda *f*; **e)** PHYS onda *f*. **2** *vtr* **a)** (move from side to side) agitar [*ticket, banknote, piece of paper, flag*]; brandir [*gun, umbrella, stick*]; **b)** **to** ~ **goodbye (to sb)** despe-

dir-se de alg com um aceno; **c)** (direct) **they** ~**ed us on/away** eles fizeram sinal para avançarmos/nos afastarmos; **d)** (at hairdresser's) **to have one's hair** ~**d** fazer uma permanente. **3** *vi* **a)** (with hand) **to** ~ **to** *or* **at sb** acenar com a mão à laia de cumprimento; **to** ~ **to sb to do** fazer sinal a alg para fazer; **to** ~ **frantically at sb** gesticular em direcção a alg; **b)** [*tree, branches*] ondular; [*flag*] flutuar ao vento. ■ **wave aside**: ~ **(sth) aside,** ~ **aside (sth)** rejeitar (qq coisa) com um gesto; ~ **(sb) aside** afastar alg. ■ **wave off**: ~ **(sb) off,** ~ **off (sb)** dizer adeus a alg.

wave: ~ **band** *n* banda *f* de frequência; ~**length** *n* PHYS, RADIO comprimento *m* de onda; ~ **power** *n* energia *f* das ondas.

waver [ˈweɪvə(r)] **1** *vi* **a)** (weaken) [*person*] vacilar; [*courage, faith, love*] enfraquecer; [*voice*] tremer; [*stare, look*] vacilar; **b)** (flicker) [*flame, light*] tremular; [*needle*] oscilar; **c)** (hesitate) hesitar; **to** ~ **over a decision** hesitar em relação a uma decisão; **to** ~ **between sth and sth** hesitar entre duas coisas. **2 wavering** *pres p adj* [*person, politician, voice*] hesitante; [*voter*] indeciso,-a; [*confidence, courage, faith, flame*] vacilante.

wavering [ˈweɪvərɪŋ] *n* **a)** (hesitation) indecisão *f*; **b)** (of flame) tremelejo *m*; (of voice) tremura *f* (**of** de).

wavy [ˈweɪvɪ] *adj* [*hair, line*] ondulado,-a.

wax [wæks] **1** *n* **a)** (gen) cera *f*; **b)** CHEM, TECH parafina *f*; **c)** (polish) cera *f*; **d)** BIOL, MED cerume *m*. **2** *modif* [*candle, figure, polish, seal*] em cera. **3** *vtr* **a)** encerar [*floor, table*]; polir [*car*]; **b)** COSMET depilar com cera. **4** *vi* **a)** [*moon*] crescer; **b)** (liter) (speak) **to** ~ **eloquent/indignant/poetic (about/over)** falar de maneira eloquente/indignada/poética (sobre). **5 waxed** *pp adj* [*floor, moustache, paper, table*] encerado,-a; [*fabric*] impermeável; **a** ~**ed jacket** um impermeável.

way [weɪ] **1** *n* **a)** route, road; caminho *m* (**from** de; **to** até, para); (coll) **to live over the** ~ viver do outro lado da rua; **to ask the** ~ **to** perguntar o caminho para; **the** ~ **ahead** (lit) o caminho em frente; **the** ~ **ahead looks difficult** (fig) o futuro avizinha-se difícil; **there is no** ~ **around the problem** não há maneira de contornar o problema; **the** ~ **back** o caminho de volta; **the** ~ **in** a entrada *f* (**to** para); **the** ~ **out** a saída *f* (**of** de); **there's no** ~ **out** (fig) não há escapatória possível; **on the** ~ a caminho; **we're on the** ~ **to Mary's** vamos a casa da Mary; **I'm on my** ~ estou a caminho; **on the** ~ **past...** passando...; **to send sb on his** ~ (tell to go away) mandar passear alguém (fam); **to be on the** ~ **out** (fig) passar de moda; **don't go out of your** ~ **to do** não te dês ao trabalho de fazer; **out of the** ~ (lit) isolado,-a; (unusual) fora do comum; **by** ~ **of** (via) por via; **to go the** ~ **of sb/sth** acabar como alg/algo; **to make one's** ~ **towards** dirigir-se para; **to make one's own** ~ **in life** subir na vida a pulso; **b)** (direction) direcção *f*; sentido *m*; **which** ~ **did he go?** em que direcção é que ele foi?; **he went that** ~ ele foi por ali ou naquela direcção; **"this** ~ **up"** "para subir"; **to look the other** ~ (to see) olhar do outro lado; (to avoid seeing unpleasant thing) desviar os olhos; (fig) (to ignore wrong doing) fechar os olhos; **to turn sth the other ~ around** voltar qq coisa ao contrário; **to do it the other ~ around** fazer (exactamente) o contrário; **everything is going my ~** tudo me sorri (fig); **c)** (space in front, projected route) passagem *f*; **to be in the ~** atrapalhar; **to get out of the ~** afastar-se (do caminho); **to get out of sb's ~** deixar passar alg; **out of my ~!** afasta-te!; **once the election is out of the ~** uma vez as eleições passadas; **to keep out of sb's ~** evitar alg; **to make ~ for sb/sth** arranjar lugar para alg/algo; **d)** (distance) **it's a long ~** é longe (to até, para); **to be a short ~ off** (lit) estar a curta distância; **there are cafés all the ~ along the road** há cafés ao longo de toda a estrada Po/rodovia BR; **e)** (manner) forma *f*; modo *m*; maneira *f*; **do it this ~** faz assim ou faz desta maneira; **let me explain it another ~** deixa-me explicar-te de outra maneira ou de outro modo; **to do sth the right/wrong ~** fazer qq coisa bem/mal; **in his/her/its own ~** à sua maneira; (coll) **she certainly has a ~ with her** GB ela tem decididamente um jeito especial; **a ~ of doing** (method) uma maneira de fazer; (means) um meio de fazer; **to my ~ of thinking** na minha opinião; **that's the ~!** é assim!; **that's no ~ to treat a child** isso não é maneira de tratar uma criança; **I like the ~ he dresses** gosto da maneira como ele se veste; **either ~, she's wrong** de qualquer forma, ela está errada; **one ~ or another** de uma maneira ou de outra; **no two ~s about it** não há dúvida nenhuma; (coll) **no ~!** de maneira nenhuma!; **f)** (respect, aspect) sentido *m*; aspecto *m*; ponto *m* de vista; **in a ~ it's sad** em certa medida ou de certo modo, é triste; **in every ~ possible** na medida do possível; **in many ~s** em muitos aspectos ou de muitas maneiras; **in no ~, not in any ~** de modo nenhum; **in a general ~** (generally) em geral; **g)** (custom, manner) costume *m*; hábito *m*; **that's just his ~** ele é assim mesmo; **h)** (will, desire) **to get one's ~**, **to have one's own ~** conseguir o que se quer; **have it your (own) ~** como queiras. **2 by the ~** *adv phr* (*tell, mention*) a propósito; **what time is it, by the ~?** a propósito, que horas são?.

waylay [weɪˈleɪ] *vtr* (*past, pp* **waylaid**) [*bandit, attacker*] atacar; [*beggar, questioner, friend*] fazer parar (alg), deter (alg).

way-out [weɪˈaʊt] (coll) *adj* **a)** (unconventional) excêntrico,-a; **b)** (dated) (great) bestial, formidável.

wayside [ˈweɪsaɪd] *n* (liter) beira *f* da estrada Po/rodovia BR; **at/by the ~** à beira da estrada. **IDIOMAS to fall by the ~** (stray morally) ir pelo mau caminho; (fail, not stay the course) ser eliminado,-a.

wayward [ˈweɪwəd] *adj* [*child, person, nature*] difícil, teimoso,-a; [*missile, horse*] incontrolável; [*husband, wife*] volúvel.

we [wiː] *pron* nós; **~ left at six** (gen) fomo-nos embora às seis horas; **~ all make mistakes** todos nós erramos.

weak [wiːk] *adj* **a)** (in bodily functions) [*person, animal, muscle, limb*] fraco,-a; [*health, ankle, eyes, heart, chest*] frágil; [*digestion*] difícil; [*stomach*] delicado,-a; [*nerves*] frágil; [*intellect*]

medíocre; [*memory*] fraco,-a; [*chin*] caído,-a; **to be ~ with (sth)** estar debilitado por [*hunger, excitement, fear*]; **to be ~ from (sth)** estar enfraquecido por [*hunger, fear, operation*]; **to grow/become ~(er)** [*person*] enfraquecer-se; [*pulse, heartbeat*] enfraquecer; **b)** CONSTR [*beam, support, joint*] pouco sólido,-a; [*structure*] frágil; **c)** (lacking authority, strength, interest) [*government, team, party, president, army*] fraco,-a; [*parent, teacher*] (not firm) sem firmeza; (poor inefficient) medíocre; [*script, novel*] inconsistente; [*actor*] pouco convincente; [*evidence*] inconcludente; **~ link/point/spot** (lit, fig) ponto *m* fraco; **in a ~ moment** num momento de fraqueza; **d)** (faint) [*light, current, signal, lens, sound*] fraco,-a; [*tea, coffee*] fraco,-a; [*soup*] líquido,-a; [*solution*] diluído,-a; **e)** ECON, FIN fraco,-a (**against** em relação a); [*shares*] a preço baixo; **f)** LING (regular) fraco,-a; (unaccented) não acentuado,-a.

weaken [ˈwiːkn] **1** *vtr* **a)** enfraquecer [*person, heart, immune system*]; diminuir [*resistance*]; **b)** [*earthquake, explosion, stress*] enfraquecer [*structure, beam*]; tornar menos sólido [*joint, riverbank, dyke, wall*]; **c)** prejudicar a autoridade de [*government, president*]; enfraquecer [*team, company, cause*]; diminuir [*support, influence*]; minorar [*argument, power*]; prejudicar [*morale*]; abalar [*will*]; **d)** diluir [*solution, concentration*]; **e)** ECON, FIN enfraquecer [*economy, currency*] fazer baixar [*prices, demand, shares*]. **2** *vi* **a)** [*person, muscles*] enfraquecer-se; [*grip*] afrouxar; **b)** [*government, resistance, resolve, country*] ceder; [*support, alliance*] afrouxar; [*friendship, love*] enfraquecer; **c)** ECON, FIN estar em baixa.

weakening [ˈwiːkənɪŋ] *n* **a)** (physical) (gen) debilitação *f*; (of structure) degradação *f*; **b)** (loss of power) (gen) debilitação *f* ALSO FIN; (of ties, alliance, friendship) enfraquecimento *m*.

weakling [ˈwiːklɪŋ] *n* (physically) magrizela *m/f* (fam); (morally) fraco *m* de espírito.

weak-minded *adj* **a)** (indecisive) irresoluto,-a; **b)** (simple) (euph) fraco,-a de espírito.

weakness [ˈwiːknɪs] *n* **a)** (weak point) ponto *m* fraco; **b)** (liking) fraco *m*; inclinação *f* (**for** por); **c)** (physically) (of person, limb, eyesight, heart, memory) fraqueza *f*; (of digestion) delicadeza *f*; (of nerves) fragilidade *f*; **d)** (of structure) fragilidade *f*; **e)** (lack of authority) fraqueza *f*; (of evidence, position) fragilidade *f*; **f)** (faintness) (of light, current, sound, lens, smile, voice) fraqueza *f*; **g)** ECON, FIN fraqueza *f*.

weak-willed *adj* **to be ~** ser indolente.

weal [wiːl] *n* (mark) vergão *m*.

wealth [welθ] *n* **a)** (possessions) fortuna *f*; riqueza *f*; **b)** (resources) recursos *mpl*; **c)** (large amount) **a ~ of** uma mina de [*information*]; uma quantidade de [*detail, ideas, documents*].

wealthy [ˈwelθɪ] *adj* rico,-a.

wean [wiːn] *vtr* **a)** (lit) desmamar [*baby*]; **to ~ a baby onto solids** habituar um bebé a comida sólida; **b)** (fig) **to ~ sb away from/off sth** desabituar/afastar alg de qq coisa; **to ~ sb from/onto sth** fazer alg passar (de algo) para algo.

weapon [ˈwepən] **1** *n* (lit, fig) arma *f*. **2** *modif* (*also* ~**s**) [*factory, manufacturer*] de armas, de armamento; **~ system** sistema *m* de armamento.

weaponry ['wepənrɪ] *n* material *m* de guerra.

wear [weə(r)] **1** *n* **a)** (clothing) roupa *f*; **in beach** ~ com roupa de praia; **b)** (use) **a suit for everyday** ~ um fato para usar todos os dias; **there's some** ~ **left in these tyres** estes pneus ainda não estão demasiado usados; **c)** (damage) uso *m*; desgaste *m* (**on** de); ~ **and tear** gasto *m* devido ao uso; **fair** *or* **normal** ~ **and tear** gasto normal; **to show signs of** ~ mostrar sinais de desgaste; **to be somewhat the worse for** ~ (drunk) estar embriagado,-a; (tired) estar exausto,-a. **2** *vtr* (*past* **wore** *pp* **worn**) **a)** (be dressed in) usar, vestir [*dress, skirt*]; usar [*crown, hat, shoes, glasses, jewellery, mask, tie, wig*]; **to** ~ **one's hair long/short** ter o cabelo comprido/ curto; **I haven't got a thing to** ~ não tenho nada que vestir; **b)** (use) pôr, usar; **she's** ~**ing make-up** ela está maquilhada; **c)** (display) **his face wore a puzzled frown** ele franziu as sobrancelhas de perplexidade; **d)** (damage) usar, gastar [*carpet, clothes*]; [*sea*] desgastar [*stones*]; **e)** (make) **to** ~ **a hole in sth** fazer um buraco em [*jumper, sheet*]; **f)** (accept) tolerar, suportar [*behaviour, attitude*]; aceitar Po, topar Br [*excuse*]. **3** *vi* (*past* **wore**, *pp* **worn**) **a)** (become damaged) gastar-se; **my patience is** ~**ing thin** a minha paciência está-se a esgotar; **b)** (withstand use) **choose a fabric that will** ~ **well** escolha um tecido que dure bastante; (fig) **he's worn very well** ele está muito bem para a idade. ■ **wear away** [*inscription*] apagar-se; [*tread*] desgastar-se; ~ (**sth**) **away** [*water*] desgastar. ■ **wear down** [*heel, step, tread*] ser gasto, gastar-se; ~ (**sb**) **down** esgotar alg. ■ **wear off** [*anaesthetic, drug, feeling, sensation*] passar; ~ (**sth**) **off** apagar, desvanecer [*paint, varnish*]. ■ **wear on** [*day, evening*] avançar. ■ **wear out** gastar-se; **my patience is beginning to** ~ **out** (fig) começo a perder a paciência. ■ **wear through** [*elbow, trousers, sole*] esburacar-se.

wearily ['wɪərɪlɪ] *adv* [*sigh, smile, gesture*] com um ar cansado; [*say, ask*] num tom cansado; **she got** ~ **to her feet** ela levantou-se com lassidão.

weariness ['wɪərɪnɪs] *n* fadiga *f*, cansaço *m*.

weary ['wɪərɪ] **1** *adj* [*person*] cansado,-a; **to grow** ~ **of sth/sb/doing** ficar farto de algo/alg/ fazer; [*journey, task, day*] cansativo,-a. **2** *vtr* cansar, fatigar. **3** *vi* **to** ~ **of sth/sb/doing** cansar-se de qq coisa/alg/fazer.

weasel ['wi:zl] *n* **a)** Zool doninha *f*; **b)** (sly person) manhoso,-a *m*; fuinha *m/f*.

weather ['weðə(r)] **1** *n* tempo *m*; **what's the** ~ **like?** como é que está o tempo?; **the** ~ **here is hot** o tempo aqui está quente; **in hot/cold** ~ com tempo quente/frio; **you can't go out in this** ~! não podes sair com este tempo!; **when the good** ~ **comes** quando vier o bom tempo; **if the** ~ **breaks/holds** se o tempo mudar/se mantiver; **if the** ~ **clears up** se o tempo melhorar; ~ **permitting** se o tempo o permitir; **in all** ~**s** para qualquer tempo; **whatever the** ~ (lit) qualquer que seja o tempo; (fig) quer chova quer faça sol. **2** *modif* [*chart, check, conditions, disturbance, map, picture, ship, station*] meteorológico,-a; [*centre, bureau, study*] de meteorologia. **3** *vtr* **a)** (withstand) aguentar, suportar [*gale, tempest, rain, storm*]; superar [*crisis, upheaval, recess-*

ion, bad patch]; **to** ~ **the storm** (fig) ultrapassar a crise; **b)** erodir, desgastar [*rocks, stone*]; fustigar [*landscapes, hills*]; crestar [*face*]. **4** *vi* [*rocks, landscape*] desgastar-se; **he has not** ~**ed well** (fig, hum) ele não envelheceu o suficiente. **5** **weathered** *pp adj* **a)** [*stone, rock, wood*] com patina; **b)** [*face, skin, features*] crestado,-a, tisnado,-a. **IDIOMAS to be under the** ~ não se sentir bem; **to be** ~-**wise** ser capaz de prever o tempo; **to keep a** ~ **eye on sth/sb** estar atento a algo/alg; **to keep a/one's** ~ **eye open** estar alerta, de sobreaviso.

weatherbeaten *adj* [*face, features, skin*] bronzeado,-a [*stone, brick*] erodido,-a, gasto,-a; [*rocks, cliffs, landscape*] batido (pelo intempérie).

weather: ~**cock** *n* cata-vento *m*; ~ **forecast** *n* boletim *m* meteorológico; previsão *f* meteorológica.

weatherproof ['weðəpru:f] **1** *adj* [*garment, shoe, boot*] impermeável; [*shelter, door, window*] estanque. **2** *vtr* impermeabilizar [*fabric, garment*].

weather: ~**report** *n* see ~ **forecast**; ~**vane** *n* cata-vento *m*.

weave [wi:v] **1** *n* tecelagem *f*. **2** *vtr* **a)** Tex tecer; **b)** (interlace) entrançar, entrelaçar; [*spider*] tecer; **c)** (fig) (create) inventar [*story*]; **the writer** ~**s a spell** o escritor cria um encantamento; **to** ~ **two things together** misturar duas coisas; **d)** (move) **to** ~ **one's way through/around sth** introduzir-se através/à volta de qq coisa. **3** *vi* **to** ~ **in and out** meter-se (**of sth** em qq coisa); **to** ~ **towards sth** (drunk) aproximar-se de qq coisa cambaleando; (avoiding obstacles) abrir caminho para qq coisa. **4** **woven** *pp adj* [*fabric, cloth, jacket, upholstery*] tecido,-a.

weaver ['wi:və(r)] *n* (person) tecelão; fiandeiro *m*.

web [web] *n* **a)** (*also* **spider's** ~) teia *f* (de aranha); **b)** (fig) (of ropes, lines, light) rede *f*; entrelaçamento; (of lies, deceit) série *f*; **c)** Zool membrana *f* (interdigital).

web foot *n* (*pl* **web feet**) pé *m* palmado.

wed [wed] **1** *npl* **the newly** ~**s** os recém-casados *mpl*. **2** *vtr* (dated) Journ (*pres p* -**dd**- *past, pp* **wedded** *or* **wed**) **a)** (get married to) desposar; **b)** [*priest*] unir [*couple*]; (fig) (unite) aliar; **to be** ~**ed to sth** estar aliado a qq coisa. **3** *vi* (dated) Journ (*pres p* -**dd**- *past, pp* **wedded** *or* **wed**) casar-se. **4** **wedded** *pp adj* casado,-a; **my lawful** ~**ded wife** a minha legítima esposa.

we'd [wɪd, wi:d] **a)** = **we had**; **b)** = **we would**.

wed *abrev* = **wednesday** quarta-feira *f*.

wedding ['wedɪŋ] **1** *n* **a)** (marriage) casamento *m*; **a church** ~ um casamento *m* religioso; **b)** (*also* ~ **anniversary**) bodas *fpl*. **2** *modif* [*anniversary, cake, ceremony, present*] de casamento.

wedding: ~ **day** *n* dia *m* de casamento; ~ **dress,** ~ **gown** *n* vestido *m* de casamento; ~ **night** *n* noite *f* de núpcias; ~ **ring** *n* aliança *f*.

wedge [wedʒ] **1** *n* **a)** (to insert in rock, wood, etc) cunha *f*; (to hold in position) calço *m*; (of cake, pie, cheese) pedaço *m*; **a** ~ **of lemon** uma rodela *f* de limão; **b)** (in golf) taco *m* com a cabeça em forma de cunha; (shoe) sapato *m* com tacão Po/salto Br em forma de cunha. **2** *modif*

~-shaped em forma de cunha. **3** *vtr* **a)** (make firm) **to ~ sth into place** calçar qq coisa, pôr um calço ou cunha em qq coisa; **to ~ a door open/shut** calçar uma porta para a manter aberta/fechada; **the door is ~d shut** (stuck) a porta está trancada; **b)** (squeeze) **to ~ oneself into sth** introduzir-se à força em qq coisa; **to ~ sth into** forçar qq coisa em algo; **to be ~d against/between** estar entalado contra/entre. IDIOMAS **to drive a ~ between X and Y** lançar X contra Y; **it's (only) the thin end of the ~** isto é apenas o começo.

Wednesday ['wenzdeɪ, 'wenzdɪ] *n* quarta-feira *f*.

wee [wi:] **1** *n* (coll) chichi *m* (fam). **2** *adj* pequenino,-a, minúsculo,-a. **3** *vi* (coll) fazer chichi.

weed [wi:d] **1** *n* **a)** Bot (wild plant) erva *f* daninha; **b)** (coll) (often hum) (cigarette) **the ~** o tabaco Po/fumo Br; **c)** (coll, dated) marijuana *f*; erva *f* (cal). **2** *vi*, *vtr* arrancar as ervas daninhas. ■ **weed out:** **~ (sb) out, ~ out (sb)** eliminar [*candidate, client, dissident*]; desembaraçar-se de [*troublemaker, incompetent*]; **~ (sth) out, ~ out (sth)** desembaraçar-se de [*stock, items*]; arrancar [*dead plants*].

weeding [wi:dɪŋ] *n* acção *f* de arrancar as ervas daninhas.

weedkiller *n* herbicida *m*.

weedy ['wi:dɪ] *adj* **a)** (coll, pej) [*person, build*] magricela; [*character, personality*] fraco,-a; **b)** (full of weeds) [*garden*] cheio de ervas daninhas.

week [wi:k] *n* semana *f*; **what day of the ~ is it?** que dia da semana é hoje?; **the ~ before last** há duas semanas; **the ~ after next** dentro de duas semanas; **every other ~** de quinze em quinze dias; **~ in ~ out** semana sim, semana não; **a ~ yesterday, yesterday ~** há uma semana; **a ~ today** dentro de uma semana; **a ~ tomorrow** de amanhã a uma semana; **a ~ last Saturday** fez no sábado oito dias; **to pay by the ~** pagar à semana; **during the ~** (gen) durante a semana; **the working ~** a semana de trabalho.

weekday ['wi:kdeɪ] **1** *n* dia *f* da semana; **on ~s** durante a semana. **2** *modif* **~ train** comboio Po/ trem Br que circula nos dias úteis (de 2.ª a 6.ª feira).

weekend [wi:k'end. 'wi:kend] **1** *n* fim *m* de semana; **at the ~** ao fim de semana; **at ~s** aos fins de semana. **2** *modif* [*break, excursion*] de fim de semana. **3** *vi* passar o fim de semana.

weekly ['wi:klɪ] **1** *n* (newspaper, magazine) semanário *m*. **2** *adj* semanal; **on a ~ basis** à semana. **3** *adv* [*pay*] à semana; [*check*] semanalmente; [*meet, leave*] uma vez por semana.

weep [wi:p] **1** *n* **to have a little ~** verter algumas lágrimas. **2** *vtr* (*past, pp* **wept**) **to ~ tears of joy** chorar (lágrimas) de alegria. **3** *vi* (*past, pp* **wept**) **a)** (cry) chorar (**over** sobre); **to ~ for sb** chorar por alg; **b)** [*wound, wall, joint*] escorrer.

weeping willow *n* chorão *m*; salgueiro *m* chorão.

weigh [weɪ] **1** *vtr* **a)** (lit) pesar; **to ~ sth in one's hand** tomar o peso de qq coisa; **b)** pesar [*consequences, risk, words*]; **to ~ sth against sth** comparar/confrontar algo com algo; **to ~ sth in the balance** avaliar qq coisa cuidadosamente. **2** *vi* **a)** (have influence) **to ~ with sb** ter importância para alg; **to ~ against sb** prejudicar alg, jogar contra alg; **to ~ in sb's favour** pesar a favor de alg, favorecer alg; **b)** (be a burden) **to ~ on sb** ser um fardo para alg; **to ~ on sb's mind** preocupar alg. ■ **weigh down:** **to ~ down on** pesar sobre [*person, object*]; **to ~ down (sth, sb), to ~ (sth, sb) down a)** (lit) sobrecarregar [*vehicle, boat*]; fazer vergar com o peso [*branches, tree*]; **to be ~ed down with** [*person*] vergar-se sob o peso de [*luggage, bags*]; ser acumulado de [*gifts, prizes*]; **b)** (fig) abater [*person*]; **to be ~ed down with** estar/ficar abatido por [*worry, guilt*]. ■ **weigh in a)** [*boxer, wrestler*] pesar-se; [*jockey*] ir à pesagem; **b)** (contribute to appeal, effort) contribuir (**with sth** em algo); **c)** (intervene in debate) intervir. ■ **weigh out** pesar [*ingredients, quantity*]. ■ **weigh up:** **to ~ up (sth, sb), to ~ (sth, sb) up a)** (fig) avaliar [*prospects, situation*]; julgar [*stranger, opponent*]; comparar [*options, benefits, risks*]; **after ~ing things up, I decided...** depois de tudo bem pesado, decidi...; **b)** (lit) pesar [*fruit, coal*].

weighing machine *n* **a)** (for people) balança *f*; **b)** (for luggage, freight) báscula *f*.

weight [weɪt] **1** *n* (heaviness) peso *m*; **to lose/ put on ~** perder/ganhar peso; **to be under/over 1 kilo in ~** ter um peso inferior/superior a um quilo; **by ~** a peso; **what is your ~?** quanto pesa?; **to put one's full ~ on/against sth** apoiar-se todo em/contra algo; **to put one's full ~ behind a blow** bater com toda a força; **to add one's ~ to sth** fazer jogar a sua influência a favor de qq coisa; **to give due ~ to sth** dar a qq coisa a importância que ela merece. **2** *vtr* **a)** chumbar, lastrar [*net, hem, dart, boat*]; **b)** (bias) **to ~ sth against sb/sth** fazer jogar algo contra alg/algo; **to ~ sth in favour of sb/sth** fazer jogar algo a favor de alg/algo; **c)** (in statistics) ponderar. IDIOMAS **by (sheer) ~ of numbers** pela força dos números; **to be a ~ off one's mind** ser um grande alívio; **to take the ~ off one's feet** sentar-se, descansar. ■ **weight down:** **to ~ down (sth), to ~ (sth) down** reter/prender (algo) com um peso [*paper, sheet*] (**with** com); pôr peso em [*body*].

weightless ['weɪtlɪs] *adj* **a)** (lit) [*state*] sem peso; [*object*] imponderável; **b)** (fig) ligeiro,-a.

weightlessness *n* **a)** (in space) imponderabilidade *f*; **b)** (of dancer) leveza *f*.

weight-lifter *n* halterofilista *m/f*.

weightwatcher *n* (member of group) pessoa *f* que segue um regime de emagrecimento.

weighty ['weɪtɪ] *adj* **a)** de grande peso/importância; **b)** [*tome, treatise*] monumental; **c)** [*object, responsibility*] pesado,-a.

weir [wɪə(r)] *n* (dam) açude *m*; dique *m*.

weird [wɪəd] *adj* **a)** (strange) bizarro,-a; **b)** (eerie) misterioso,-a.

welcome ['welkəm] **1** *n* acolhimento *m*; boas-vindas *fpl*. **2** *adj* bem-vindo,-a; **to make sb ~** acolher bem alg; **if you want to finish my chips, you're ~ to them** (politely) se quiseres acabar com as minhas batatas fritas, serve-te à vontade; **if you want to watch such rubbish, you're ~ to it!** (rudely) se queres ver essas parvoíces, vê!; **you're ~!** (acknowledging thanks) de nada!, faça favor!; **to be ~, to be a ~ guest/**

visitor ser bem-vindo; **nothing could be more ~!** nada poderia vir mais a propósito. **3** *vtr* acolher, dar as boas-vindas [*person*]; regozijar-se com [*news, decision, intervention, change*]; **we would ~ your view on this matter** nós gostaríamos de saber o que pensa sobre este assunto; **"please ~ our guest tonight, Willie Mays"** "os vossos aplausos para o nosso convidado de honra, Willie Mays"; (as greeting) **~!** (very formal) seja-bem-vindo!; (greeting friend) entra!; ~ **back/home!** estou feliz por o ter de volta!. ■ **welcome back**: **to ~ back (sb),** ~ **(sb) back** receber (alg) de volta com prazer. ■ **welcome in**: ~ **in (sb),** ~ **(sb) in** receber bem alg em casa.

welcoming ['welkəmɪŋ] *aadj* [*atmosphere, smile, person*] acolhedor,-a; **at the ~ ceremony...** a cerimónia de boas-vindas....

weld [weld] *vtr* **a)** (lit) soldar [*metal, joint*] (**on, to** a); **b)** (fig) (*also* ~ **together**) unir [*team, nation, workforce*].

welding ['weldɪŋ] *n* **a)** (lit) soldadura *f*; **b)** (fig) união *f*.

welfare ['welfeə(r)] **1** *n* **a)** (gen) (well-being) bem-estar *m*; (interest) interesse *m*; **to be concerned about sb's ~** estar preocupado com a sorte de alg; **to be responsible for sb's ~** ser responsável por alg; **b)** (state assistance) (gen) assistência *f* social; (money) ajuda *f* social. **2** *modif* ~ **cuts** cortes *mpl* nas despesas sociais; ~ **meal** US refeição *f* gratuita; ~ **system** sistema *m* de assistência social.

welfare: **W~ State** *n* Estado *m* providência; ~ **work** *n* assistência *f* social.

we'll a) = **we shall; b)** = **we will.**

well¹ [wel] **1** *adj* (*comparative* **better,** *superlative* **best**) **a)** (in good health) bem; **to feel ~** sentir-se bem; **are you ~?** estás bem?, sentes-te bem?; **he's not a ~ man** ele não é um homem saudável, ele tem problemas de saúde; **to get ~** restabelecer-se; **b)** (in satisfactory state) bem; **all is not ~ in their marriage** nem tudo vai bem no casamento deles; **it's all very ~ for you to laugh, but** tu podes vir, mas; ~ **and good** muito bem; **c)** (prudent) **it would be just as ~ to check** seria melhor verificar; **d)** (fortunate) **it was just as ~ for him that the shops were still open** ele teve muita sorte que as lojas ainda estivessem abertas. **2** *adv* (*comparative* **better,** *superlative* **best**) **a)** (satisfactorily) bem; **he isn't eating very ~** ele não está a comer muito (bem); **that boy will do ~** este rapaz vai longe; **to do ~ at school** ir bem na escola, ser bom aluno; **mother and baby are both doing ~** mãe e filho encontram-se bem; **the operation went ~** a operação correu bem; ~ **done!** bravo!; **to do oneself ~** viver bem; **to do ~ by sb** mostrar-se generoso para com alg; **she didn't come out of it very ~** (of situation) ela não se saiu lá muito bem!; (of article, programme etc) não foi muito lisonjeiro para ela; **b)** (*used with modal verbs*) **you may ~ be right** és capaz de ter razão; **I couldn't very ~ say no** dificilmente eu podia dizer não; **we may as ~ go home** nós também podemos ir para casa; **c)** (intensifier) bem; **it was ~ worth waiting for** merecia bem a pena esperar; **she was active ~ into her eighties** ela

continuava bem activa apesar dos seus oitenta anos; **profits are ~ above average** os lucros estão bem acima da média; **d)** (approvingly) bem; **to speak ~ of sb** falar bem de alg; **e)** **to wish sb ~** desejar boa sorte a alg. **3** *excl* (expressing astonishment) muito bem!; (expressing indignation, disgust) então?; (after pause in conversation, account) bom; ~ **then, what's the problem?** então? qual é o problema?; **oh ~, there's nothing I can do about it** ó céus, não há nada que eu possa fazer; **~, ~, ~, so you're off to America** ora com que então estás de partida para os Estados Unidos; **very ~ then** muito bem. **4** **as well** *adv phr* também. **5** **as well as** *prep phr* assim como; **they have an apartment in Paris as ~ as a house in the country** eles têm um apartamento em Paris, assim como uma casa no campo; **by day as ~ as by night** de dia como de noite. **IDIOMAS to be ~ in with sb** estar de boas relações com alg; **you're ~ out of it** felizmente, não tens nada a ver com isso; **to leave ~ alone** GB *or* ~ **enough alone** US deixar qq coisa como está; ~ **and truly** completamente.

well² [wel] **1** *n* (in ground) poço *m*; (pool) fonte *f*, nascente *f*. **2** *vi* see **well up.** ■ **well up** subir.

wellington (boot) ['welɪŋtən] *n* GB galocha.

welsh [welʃ] **1** *n* **a)** **the ~** os galeses *mpl*; **b)** LING galês *m*. **2** *adj* galês. **3** *vi* **to ~ on** faltar à palavra a [*person*]; não cumprir, faltar a [*promise, deal*].

welsh: ~ **man** *n* galês *m*; ~ **rabbit,** ~ **rarebit** *n* tosta *f* com queijo derretido; ~ **woman** *n* galesa *f*.

welterweight ['weltəweɪt] *n* peso *m* meio--médio.

wend [wend] *vtr* **to ~ one's way** encaminhar-se (**to, towards** para).

went [went] *past* see **go.**

wept [wept] *past, pp* see **weep.**

were [wɜː(r)] *past* see **be.**

we're [wɪə(r)] = **we are.**

weren't [wɜːnt] = **were not.**

west [west] **1** *n* **a)** (compass direction) oeste *m*; ocidente *m*; **b)** **the W~** POL, GEOG o Ocidente *m*. **2** *adj* [*side, bank, coast, door*] ocidental, oeste *inv*; [*wind*] (de) oeste. **3** *adv* [*go, move, head, sail*] para Oeste; **to lie/be ~ of** estar/ser a oeste de. **IDIOMAS to go ~** ser morto ou destruído.

westbound *adj* [*carriageway*] em direcção ao oeste; [*passenger, train*] para o oeste.

west country *n* GB **the West Country** o Sudoeste (de Inglaterra).

West End *n* GB **the West End** zona ocidental de Londres cheia de teatros e lojas caras.

westerly ['westəlɪ] **1** *n* vento *m* de oeste. **2** *adj* [*point*] no oeste; [*breeze, gale*] vindo de oeste; **in a ~ direction** em direcção a oeste.

western ['westən] **1** *n* CIN filme *m* sobre o Oeste americano. **2** *adj* **a)** GEOG [*coast, side, area*] oeste; [*town*] do oeste; **b)** POL, GEOG ocidental.

westerner ['westənə(r)] *n* ocidental *m/f.*

westernize ['westənaɪz] *vtr* ocidentalizar; **to become ~d** ocidentalizar-se.

West Indian 1 *n* antilhano *m.* **2** *adj* antilhano,-a.

West Indies *pr npl* **the West Indies** as Antilhas *fpl.*

westward ['westwəd] **1** *adj* [*journey, route, movement*] para o oeste. **2** *adv* (*also* ~**s**) para o oeste.

wet [wet] **1** *n* **a**) (dampness) humidade *f*; **the tyre performs well in the** ~ os pneus têm bons resultados em terreno molhado; **b**) (coll) (pej) papa-açorda *m/f*. **2** *adj* **a**) (damp) molhado,-a; ~ **with rain** molhado da chuva; **to get** ~ ficar molhado, molhar-se; **to get the floor** ~ molhar o chão; ~ **through** ensopado,-a; (fam) encharcado,-a; **b**) (freshly applied) húmido,-a; "~ **paint**" "pintado de fresco"; **to keep sth** ~ manter qq coisa húmida; **c**) [*weather, climate, season, day*] húmido,-a; [*spell*] de chuva, chuvoso,-a; **when it's** ~ quando chover; **d**) GB (pej) [*person*] sem dinamismo [*remark, action*] sem interesse; **don't be so** ~! não sejas tão indolente!; **e**) GB POL moderado,-a; **f**) (where alcohol is sold) onde se podem comprar bebidas alcoólicas. **3** *vtr* **a**) (*pres p etc* **-tt-**) molhar [*floor, object, clothes*]; **b**) (*pres p* **-tt-** *past, pp* **wet**) (urinate in or on) **to** ~ **oneself** molhar as calças, urinar-se. **4** *vi* (*pres p* **-tt-** *past, pp* **wet**) [*child, puppy*] fazer chichi (fam).

wet: ~**back** (coll) *n* US trabalhador *m* agrícola mexicano entrado clandestinamente nos Estados Unidos; ~**-nurse 1** *vtr* **a**) (lit) amamentar [*baby*]; **b**) (fig) acarinhar [*person*]; acalentar [*project*]. **2** ~ **nurse** *n* ama *f* de leite.

we've [wiːv] = **we have**.

whack [wæk] **1** *n* **a**) (blow) pancada *f*; **b**) (coll) (share) quinhão *m*; **to do one's** ~ fazer a sua parte; **c**) (coll) (wage) **to pay/earn top** ~ pagar/receber um bom salário; **d**) (coll) (try) tentativa *f*. **2** *vtr* **a**) bater em [*person, animal*]; bater [*ball*]; **b**) (coll) (defeat) derrotar. ■ **whack off** (coll) ~ **£10 off the price** baixar o preço em 10 libras.

whacky (coll) ['wɜkɪ], US ['hwɜkɪ] *adj* [*person*] doido,-a (fam); [*sense of humour, joke*] parvo,-a (fam); [*party, clothes*] delirante.

whale [weɪl] *n* ZOOL baleia *f*. IDIOMAS **to have a** ~ **of a time** divertir-se à grande.

whaler ['weɪlə(r)], US ['hweɪlər] *n* **a**) (ship) baleeiro *m*; **b**) (person) pescador *m* de baleias.

wham [wæm] *n* pancada *f* forte.

wharf [wɔːf] **1** *n* (*pl* **wharves**) cais *m*. **2** *vi* [*ship, boat*] atracar.

wharves [wɔːvz] *npl* see **wharf**.

what [wɒt] **1** *pron* **a**) (what exactly) (*as subject*) que (*with preposition*) quê; ~ **is happening?** que está a acontecer?, o que é que se passa?; **with** ~? com quê? and ~ **else?** e que mais?; ~ **does it matter?** o que é que isso interessa?; ~'**s her telephone number** qual é o número de telefone dela?; ~ **for?** (why) porquê?; (concerning what) para quê?; ~'**s it like?** como é que isso é?; ~'**s this called in Flemish,** ~'**s the Flemish for this?** como se diz isto em flamengo?; **b**) (in rhetorical questions) ~'**s life without love?** o que é a vida sem amor?; ~'**s the use?** para que serve?; **c**) (whatever) **do** ~ **you want** faz o que quiseres; **d**) (in clauses) o que; **this is** ~ **is called a "monocle"** isto é o que se chama um "monóculo"; **and** ~'**s more** e, para mais; **e**) (when guessing) o quê; **it'll cost,** ~**, £50** isto custa, o quê..., 50 libras?; **f**) (inviting repetition)

o quê?, quanto?, como?; **he did** ~? ele fez o quê?; **he earns** ~? ele ganha quanto?; ~ **did you say?** o que é que disseste?. **2** *det* **a**) (which) ~ **time is it?** que horas são?; **b**) (in exclamations) que; ~ **a nice car!** que belo carro!; **c**) (the amount of) o que; ~ **money he earns he spends** gasta tudo o que ganha; ~ **little she has** o pouco que ela tem; **d**) (when making suggestion) e se, que tal se; ~ **about a meal out** e se fôssemos comer fora?; **e**) (in reply) "~ **about your sister?**" - "~ **about her?**" "e a tua irmã?" - "que tem?". **3** **what if** *prep phr* e se. **4** **what with** *prep phr* ~ **with her shopping bags and her bike** não só com os sacos das compras como com a bicicleta ainda por cima. **5** *excl* o quê?. IDIOMAS **I'll tell you** ~ queres saber uma coisa?; **to give sb** ~ **for** GB dar um raspanete a alg; **to know** ~'**s** ~ conhecer muito bem qq coisa.

whatever [wɒt'evə(r)] **1** *pron* **a**) (that which) o que; **to do** ~ **is required** fazer o que é exigido; ~ **he says goes** ele é que manda; ~ **you say** (as you like) como quiseres; **b**) (no matter what) ~ **happens** aconteça o que acontecer; ~ **it costs it doesn't matter** custe o que custar, não tem importância; **c**) (what on earth) o que é que; ~ **do you mean?** o que é que queres dizer?; ~'**s the matter?** o que é que se passa?; **d**) (the like) **curtains, cushions and** ~ cortinas, almofadas e coisas parecidas. **2** *det* **a**) (any) ~ **hope we once had** toda a esperança que ele alguma vez teve; **b**) (no matter what) ~ **the reason** qualquer que seja a razão; **c**) (expressing surprise) ~ **idiot forgot the key?** qual foi o aselha que se esqueceu da chave?. **3** *adv* (at all) nenhum; **to have no idea** ~ não ter a mínima ideia; "**any petrol?**" - "**none** ~" "há gasolina?" - "nenhuma" ou "nada"; **anything** ~ qq coisa.

whatnot ['wɒtnɒt] *n* **a**) (furniture) prateleira *f* ou prateleiras *fpl* para pequenos objectos; **b**) (coll) (unspecified person or thing) pessoa *f* ou coisa *f* indefinida; **they sell chocolates, cakes and** ~ eles vendem chocolates, bolos e coisas assim.

whatsoever [wɒtsəʊ'evə(r)], US ['hwɒt-] *adv* = **whatever 3**.

wheat [wiːt] **1** *n* trigo *m*. **2** *modif* [*field, sheaf*] de trigo.

wheedle ['wiːdl] *vtr* **to** ~ **sth out of sb** obter qq coisa de alg à força de lisonjas; **to** ~ **sb into doing sth** lisonjear alg para que faça algo.

wheel [wiːl] **1** *n* **a**) (on vehicle) roda *f*; **spare** ~ roda sobresselente; **b**) (for steering) (in vehicle) volante *m*; NAUT roda *f* do leme; **to be at the** ~ estar ao volante. **2** *vtr* empurrar. **3** *vi* **a**) (circle) [*bird, fish*] andar às voltas, fazer círculos; **b**) (turn sharply) [*person, regiment*] dar meia volta; [*car, motorbike*] virar de repente.

wheeled (*in compounds*) **a three/four-~ed vehicle** um veículo de três/quatro rodas.

wheel: ~**barrow** *n* carrinho *m* de mão; ~**clamp** *n* AUT grampo *m* para imobilizar carros mal estacionados.

wheeler dealer (coll) *n* intriguista *m/f*.

wheeling and dealing *n* **a**) (pej) (intrigue) manigância *f*; **b**) (negotiations) negociatas *fpl*.

wheeze [wiːz] **1** *vtr* dizer com voz arquejante. **2** *vi* [*person, animal*] arquejar; [*engine, machine*] chiar.

wheezy ['wiːzɪ] *adj* [*person*] asmático,-a, com respiração arquejante [*voice, cough*] rouco,-a.

when [wen] **1** *pron* **a)** (*with prepositions*) quando; **since ~?** desde quando?; **b)** (the time when) quando; **that was ~ it all started to go wrong** foi quando tudo começou a ir mal; **that's ~ I was born** foi quando eu nasci. **2** *adv* **a)** (*as interrogative*) quando (é que); **~ are we leaving?** quando é que partimos?; **I forgot exactly ~** (time) esqueci-me da hora exacta; (date) esqueci-me da data precisa; **tell me** *or* **say ~** (pouring drink) diz-me quando devo parar; **b)** (as relative) em que; **at the time ~** (precise moment) no momento em que; (during same period) na época em que; **the week ~ it all happened** na semana em que tudo aconteceu; **one morning ~ he was getting up, he...** uma manhã, ao levantar-se, ele...; **c)** (then) então, nessa altura; **until ~ we must stay calm** até lá devemos manter a calma; **d)** (whenever) quando; **~ I sunbathe, I get freckles** quando tomo banhos de sol, fico com sardas; **~ possible** quando for possível. **3** *conj* **a)** (at the precise time when) quando, logo que; **~ she reaches 18** quando ela fizer 18 anos; **b)** (during the period when) quando, logo que; **~ he was at school** quando ele estava na escola; **c)** (as soon as) quando; **I was strolling along ~ all of a sudden...** eu passeava tranquilamente quando, de repente,...; **d)** (when it is the case that) quando; **why buy their products ~ ours are cheaper?** porquê comprar os produtos deles quando os nossos são mais baratos?; **e)** (where as) enquanto; **he refused ~ I would have gladly accepted** ele recusou enquanto eu teria aceitado de bom grado.

whenever [wen'evə(r)] *adv* **a)** (*as interrogative*) **~ will he arrive?** quando é que ele afinal chega?; **~ did she find the time?** como é que ela arranjou tempo?; **b)** (no matter when) sempre que, quando; **~ you want** quando quiseres; **c)** (some time) **or ~** em qualquer altura; **d)** (every time that) sempre que; **~ I see a black eat, I make a wish** sempre que vejo um gato preto, faço um pedido; **e)** (expressing doubt) **she promised to return them soon, ~ that night be!** ela prometeu devolvê-los em breve, embora eu não saiba quando.

where [weə(r)] **1** *pron* **a)** (*with prepositions*) onde; **from ~?** de onde?; **to go up to ~ sb is standing** aproximar-se do sítio onde está alg; **b)** (the place or point where) lá/ali que; **that is ~ he's mistaken** é ali que ele se engana; **France is ~ you'll find good wine** é em França que se encontra bom vinho. **2** *adv* **a)** (*as interrogative*) onde (é que); **~ is my coat?** onde (é que) está o meu casaco?; **~'s the harm?** que mal é que tem?; **b)** (*as indirect interrogative*) onde (é que); **I wonder ~ he's going** pergunto a mim mesmo onde é que ele vai; **c)** (as relative) onde; **the village ~ we live** a aldeia onde vivemos; **d)** (here where, there where) onde; **it's cold ~ we live** o sítio onde vivemos é frio; **it's not ~ you said** não é onde tu dizias; **e)** (wherever) onde; **put them ~ you want** põe-nos onde quiseres; **f)** (whenever) **~ necessary** onde for necessário; **~ possible** onde for possível.

whereabouts ['weərəbaʊts] **1** *n* **do you know**

his ~? conheces o paradeiro dele? ou sabes onde ele está?. **2** *adv* (gen) onde; **"I've put them in the living room" - "~?"** "pu-los na sala" - "sim, mas onde?".

whereas [weər'əz], US [hweər-] *conj* **she likes dogs ~ I prefer cats** ela gosta de cães mas eu perfiro gatos; **he chose to stay quiet ~ I would have complained** ele perferiu nada dizer onde eu me teria queixado.

whereby [weə'baɪ], US [hweər-] *conj* **a system ~ all staff will carry identification** um sistema em que todos os membros do pessoal têm um cartão.

wherever [weər'evə(r)] *adv* **a)** (*as interrogative*) onde (é que); **~ did you put them?** onde é que tu os puseste?; **b)** (anywhere) em qq parte; **~ she goes I'll go** vou para onde ela for; **~ you want** onde tu quiseres; **c)** (somewhere) **or ~** ou não interessa onde; **d)** (whenever) **~ there's an oasis, there's a settlement** onde quer que haja um oásis, encontra-se uma povoação; **e)** (expressing doubt) seja lá onde (+ *subj*); onde quer que (+ *subj*); **she's from Vernoux ~ that is!** ela é de Vernoux seja lá onde isso for ou onde quer que isso seja.

whet [wet] *vtr* (*pres p etc* **-tt-**) **a)** (arch, lit) afiar, amolar [*tool, knife*]; **b)** (fig) **to ~ the appetite** estimular o apetite.

whether ['weðə(r)] *conj* **a)** (when outcome is uncertain if) se; **I wasn't sure ~ to answer or not** não tinha a certeza se devia responder ou não; **b)** (when outcome is fixed: no matter if) **you're going to school ~ like it or not** vais para a escola quer queiras, quer não; **~ you have children or not, this book should interest you** quer tenha filhos ou não, este livro devia interessá-lo.

which [wɪtʃ] **1** *pron* **a)** (*also* **~ one**) o/a qual; **~ do you want, the red skirt or the blue one?** qual queres: a saia vermelha ou a azul?; **~ of the groups...?** (referring to one) qual dos grupos...?; (referring to several) que grupos...?; **can you tell ~ is ~?** consegues distingui-los?; **b)** (*relative to preceding noun*) o/a qual; **the contract ~ he's spoken about** *or* **about ~ he's spoken** o contrato sobre o qual ele tem falado; **c)** (*relative to preceding clause or concept*) o que; **~ reminds me...** o que me faz lembrar...; **we'll be moving, before ~ we need to...** vamo-nos mudar, mas antes precisamos de.... **2** *det*. **a)** (*interrogative*) que, qual; **~ books?** que livros?; **~ one of the children?** qual das crianças?; **b)** (relative) **he left the room, during ~ time...** ele saiu da sala e durante esse tempo...; **you may wish to join, in ~ case...** talvez te queiras inscrever e, nesse caso,....

whichever [wɪtʃ'evə(r)] **1** *pron* **a)** (the one that) o/a que; **"which restaurant?" - "~ is nearest"** "que restaurante?" - "o que for mais perto"; **choose either alternative, ~ is cheaper** escolhe a hipótese mais barata; **b)** (no matter which one) qualquer um/uma; **"do you want the big piece or the small piece?" - "~"** "queres o bocado maior ou mais pequeno?" - "qualquer um". **2** *det* **a)** (the one that) **let's go to ~ station is nearest** vamos à estação mais próxima; **you may have ~ dress you prefer** podes ficar com o vestido que preferires; **b)** (no matter which) **if won't matter ~ hotel we go to** não importa o hotel para onde vamos; **c)** (which on earth) **~ one do you mean?** mas de qual é que tu estás a falar?.

whiff [wɪf] *n* (smell) (of perfume, food) (also pej) odor *m* (**of** de); (of smoke, garlic) baforada *f* (**of** de); (fig) (of danger, failure, controversy) cheirinho *m* (fam) (**of** de).

while [waɪl] **1** *conj* **a)** (although) embora; **b)** (as long as) enquanto; **c)** (during the time that) enquanto; **he made a sandwich ~ I phoned** ele fez uma sanduíche enquanto eu telefonava; **d)** (as the same time as) a; **I fell asleep ~ watching TV** adormeci a ver televisão; **e)** (where as) enquanto que. **2** *n* **a ~ ago** *or* **back** há algum tempo; **a ~ later** pouco depois; **for a good ~** durante um certo tempo; **a short** *or* **little ~ ago** há pouco tempo; **it will be** *or* **take a ~** vai levar um certo tempo; **to stop for a ~** parar um pouco; **once in a ~** de tempos a tempos; **in between** entretanto; **and all the ~** *or* **the whole ~, he was cheating on her** desde o princípio que ele a enganava. ▪ **while away**: **~ away (sth)** matar *[time]*.

whilst [waɪlst] *conj* see **while** 1.

whim [wɪm] *n* capricho *m*; **on a ~** por capricho.

whimper ['wɪmpə(r)] **1** *n* lamúria *f* (**of** de). **2** *vtr* (pej) dizer em tom de lamúria. **3** *vi* **a)** (pej) (whinge) *[person]* choramingar; **b)** *[animal]* gemer. **IDIOMAS to end, not with a bang, but a ~** acabar algo sem fazer escândalo/sem chus nem bus.

whimsical ['wɪmzɪkl] *adj* *[person]* extravagante; *[play, tale, manner, idea]* excêntrico,-a; *[market]* caprichoso.

whine [waɪn] **1** *n* (of person, animal) gemido *m*; (of engine) guincho *m*; (of bullet) assobio *m*. **2** *vtr* **"I'm hungry", he ~d** "tenho fome", disse ele num gemido. **3** *vi* (complain) queixar-se (**about** sobre, de); (snivel) choramingar; *[dog]* gemer.

whip [wɪp] **1** *n* **a)** chicote *m*; **b)** POL (party) líder *m/f* do grupo parlamentar; **c)** CULIN (dessert) doce *m* feito com creme batido. **2** *vtr* **a)** chicotear *[person, animal]*; **b)** CULIN bater *[cream]*; bater em castelo *[egg whites]*; **c)** (coll) (take or remove quickly) **I ~ped the key out of his hand** arranquei-lhe a chave da mão; **d)** GB (steal) tirar, fanar (fam). **3** *vi* (move fast) **to ~ in/out** entrar/sair precipitadamente. ▪ **whip away**: **~ away (sth), ~ (sth) away** *[person]* retirar rapidamente; *[wind]* fazer voar, levar de repente. ▪ **whip out**: **~ out (sth), ~ (sth) out** tirar bruscamente. ▪ **whip up**: **to ~ up (sth) a)** (incite) atiçar *[hatred]*; provocar *[fear]*; estimular *[enthusiasm, interest]*; incitar *[strike, unrest]*; **b)** CULIN bater *[cream, eggs]*; (fig) (produce quickly) preparar rapidamente.

whip: **~ hand** *n* **to have the ~ hand** ter o controlo de qq coisa; **~lash injury** *n* MED traumatismo *m* cervical.

whipping ['wɪpɪŋ] *n* chicotadas *fpl*.

whip-round (coll) *n* GB colecta *f*; vaquinha *f* (fam).

whirl [wɜːl] **1** *n* **a)** (lit, fig) turbilhão *m* (**of** de); **b)** (spiral motif) espiral *f*. **2** *vtr* **a)** (swirl, turn)

fazer rodopiar, rodar; **b)** (whisk, hurry) **to ~ sb along/away** arrastar/conduzir alg a toda pressa. **3** *vi* **a)** *[dancer, snowflakes, dust]* rodopiar; *[blade, propeller]* girar; *[mind, head, thoughts]* estar confuso,-a; **b)** *[person, vehicle]* **to ~ in/past** entrar/passar a toda a velocidade. **IDIOMAS to give sth a ~** (coll) experimentar qq coisa. ▪ **whirl round**: **to ~ round** *[person]* voltar-se bruscamente; *[blade, rotor, clock hand]* virar bruscamente; **to ~ (sth) round** fazer rodopiar.

whirl: **~pool** *n* turbilhão *m*; redemoinho *m*; **~ wind** *n* redemoinho *m*; turbilhão *m*.

whirr [wɜː(r)] **1** *n* (of insect, wings, propeller, motor) zumbido *m*; (of toy, camera, shutter) sussurro *m*; zunido *m*. **2** *vi* *[motor, propeller, insect]* zumbir; *[camera, toy]* sussurrar, chiar.

whisk [wɪsk] **1** *n* CULIN (also egg ~) batedeira *f*. **2** *vtr* **a)** CULIN bater; **b)** (transport, move quickly) **she ~ed open the gate** ela abriu rapidamente o portão; **he was ~ed off to meet the president** ele foi rapidamente levado à presença do presidente; **c)** (flick) **the cat ~ed its tail** o gato agitou a cauda no ar. **3** *vi* **she ~ed into the room** ela entrou precipitadamente na sala.

whisker ['wɪskə(r)] **1** *n* cabelo *m* (de barba bigode); (fig) **to lose/win by a ~** perder ou ganhar por um triz. **2** **whiskers** *npl* (of animal) bigodes *mpl*; (of man) (side-whiskers) suíças *fpl*; (beard) barba *f*; (moustache) bigode *m*.

whisper ['wɪspə(r)] **1** *n* (of person, voices) cochicho *m*; murmúrio *m*; (fig) (rustling sound) (of trees, leaves, wind) sussurro *m*; (of water) murmúrio *m*; (fig) rumor *m*; **to speak in a ~/in ~s** falar em voz baixa; **her voice hardly rose above a ~** a sua voz era pouco mais que um sussurro; **his voice dropped to a ~** a voz dele baixou para um sussurro; **I don't want to hear a ~ out of you** eu não te quero ouvir falar. **2** *vtr* sussurrar (**to** a); **to ~ sth to sb** dizer algo em voz baixa a alg; **it is ~ed that...** (fig) diz-se que.... **3** *vi* *[person]* murmurar, falar em voz baixa; *[leaves, trees, wind]* sussurrar; **to ~ to sb** falar em voz baixa a alg.

whistle ['wɪsl] **1** *n* **a)** (small pipe) apito *m*; (siren) sirene *f*; **he blew his ~** ele apitou; **b)** (sound) assobio *m*; (with small pipe) apito *m*. **2** *vtr* (gen) assobiar *[tune, command]*. **3** *vi* **a)** (make a sound) *[bird, person, kettle, train, wind]* assobiar; **to ~ at sb/sth** assobiar a alg/a qq coisa; **to ~ for sth** chamar assobiando por *[dog]*; chamar *[cab]*; **b)** (move fast) **to ~ past/by** *[arrow, bullet]* passar sibilando; *[train]* passar a toda a velocidade. **IDIOMAS to blow the ~ on sb** denunciar alg; **to blow the ~ on sth** revelar qq coisa; **you can ~ for it!** (coll) podes ficar à espera!; **to ~ in the dark** tentar transmitir coragem.

whistle stop *n* US RAIL pequena cidade *f* interior com paragem facultativa.

white [waɪt] **1** *n* **a)** (colour) branco *m*; **b)** (part of egg) clara *f*; (part of eye) branco *m*; córnea *f*; **c)** (wine) (vinho) branco *m*; **d)** (in chess, draughts) brancas *fpl*. **2** **whites** *npl* **cricket/tennis/chef's ~** fato *m* de cricket/ténis/de chefe cozinheiro. **3** *adj* **a)** branco,-a; **bright/cold ~** branco brilhante/glacial *inv*; **to go/turn ~** ficar branco, branquear; **b)** *[race, child, skin]* bran-

co,-a; **a ~ man/woman** um branco/uma branca;
c) [*face, person, cheek*] branco,-a, pálido,-a
(**with** de); **to go/turn ~** empalidecer (**with** de).
IDIOMAS **he would swear black is ~** ele é capaz de vender a própria mãe; **the men in ~
coats** (hum) os enfermeiros psiquiátricos; **~r
than ~** imaculado,-a, mais branco,-a que a neve
pura.
white: **~bait** *n* peixe *m* miúdo; petinga *f*; **~ coffee**
n café *m* com leite; **~-collar** *adj* [*job, work*] de
empregado de escritório, de colarinho branco;
[*staff*] de escritório; **~ elephant** (coll) *n* elefante
m branco (fam).
Whitehall ['waɪtɔ:l] *pr n* GB POL avenida em
Londres onde se situam os principais ministérios e administrações públicas.
white: **~ hope** *n* esperança *f*; **~ horse** *n* (*often
pl*) NAVY carneirada; **~ hot** *adj* (lit, fig); incandescente.
whiten ['waɪtn] **1** *vtr* branquear; caiar [*wall*]. **2**
vi [*sky, face, cheeks*] empalidecer.
whiteness ['waɪtnɪs] *n* brancura *f*.
white: **~ slave** *n* escrava *f* branca; **~ spirit** *n*
aguarrás *f*.
whitewash 1 *n* **a)** (for walls) cal *f*; **b)** (cover-up)
encobrimento *m*; camuflagem *f*; **c)** (coll) SPORT
derrota *f* completa. **2** *vtr* **a)** (lit) caiar [*wall,
step*]; **b)** (*also ~ over*) encobrir, camuflar; **c)**
(coll) SPORT derrotar completamente [*team*].
white wedding *n* casamento *m* de branco.
whither ['wɪðə(r)] *adv* (liter) onde, para onde.
whitish ['waɪtɪʃ] *adj* esbranquiçado,-a.
whittle ['wɪtl] *vtr* cortar, talhar (com faca).
■ **whittle away**: **~ away (sth)** (fig) reduzir.
■ **whittle away at**: **~ away at (sth)** (lit) aparar,
cortar [*stick*]; (fig) reduzir [*allowance,
advantage*]. ■ **whittle down**: **~ down (sth)**
reduzir [*number*].
whiz (coll) [wɪz] *n* see **whizz 1**.
whizz [wɪz] **1** *n* **a)** (coll) (expert) perito *m*; ás *m*
(**at** em); **b)** (whirr) silvo *m*; zumbido *m*; **c)**
(coll) (quick trip) volta *f* rápida (**around** de); **d)**
CULIN **give the mixture a ~ in the blender** dar
uma passagem rápida da mistura no liquidificador. **2** (coll) *vtr* (deliver quickly) entregar rapidamente, passar (fam). **3** *vi* **a)** [*bullet*] silvar; **b)**
[*car, bicycle*] passar a toda a velocidade; [*person*] passar rapidamente. ■ **whizz up**: **~ up
(sth)** CULIN reduzir qq coisa a puré.
whizz-kid (coll) *n* menino *m* prodígio.
who [hu:] *pron* **a)** (*interrogative*) quem (é que);
~ knows the answer? quem (é que) sabe a resposta?; **~ did you invite?** quem é que tu convidaste?; **~ did you get it from?** quem é que te
deu isso?; **~ shall I say is calling?** (on phone)
digo que é da parte de quem; **b)** (relative) que;
his friend, ~ lives in Lisbon o amigo dele que
vive em Lisboa; **those ~ have something to say
should speak up now** aqueles, que têm qq coisa a dizer, devem falar agora; **c)** (whoever)
quem; **bring ~ you like** traz quem quiseres; **~
do you think you are?** quem pensas que és?.
who'd [hu:d] = **who had, who would**.
whoever [hu:'evə(r)] *pron* **a)** (the one that)
aquele/a; **~ wins the election will have to deal
with the problem** aquele que vencer as eleições
terá de lidar com o problema; **b)** (anyone that)

quem; **invite ~ you like** convida quem quiseres;
c) (all who) todos os que, todos aqueles que; **d)**
(no matter who) **come out ~ you are** quem quer
que seja que saia cá para fora; **write to the minister or ~** escreva ao ministro ou seja a quem
for; **e)** (who on earth) quem; **~ did that to you?**
mas quem é que diabo te fez isso?.
whole [həʊl] **1** *n* **a)** (total unit) totalidade *f*; total
m; **as a ~** (not in separate parts) em bloco, como
um todo; (overall) no conjunto ou na totalidade;
b) (all) **the ~ of Europe** toda a Europa. **2** *adj* **a)**
(entire) todo,-a, inteiro,-a; **he has spent his ~
life abroad** ele passou toda a sua vida no estrangeiro; **the ~ truth** toda a verdade; **let's forget
the ~ thing!** vamos esquecer tudo isso!; **b)**
(emphatic use) **he looks a ~ lot better after his
holiday!** ele tem muito melhor aspecto depois
que foi de férias!; **there were a ~ lot of them**
[*objects*] havia um montão de coisas (fam);
[*people*] havia uma enorme multidão; **that goes
for the ~ lot of you!** isso aplica-se a todos vocês; **a ~ new era** uma época completamente nova; **c)** (formal) (intact) intacto,-a, completo,-a;
to make sb ~ curar alg. **3** *adv* **to swallow sth ~**
(lit) engolir qq coisa inteira.
whole: **~food** *n* produtos *mpl* biológicos; **~hearted** *adj* sem reserva, sincero,-a; **to be in ~hearted agreement with sb** estar em acordo total
com alg; **~meal** *adj* integral; **~ note** *n* US MUS
semibreve *f*; **~ number** *n* número *m* inteiro;
~sale 1 *n* venda *f* por grosso ou por atacado; **by
~sale** por atacado. **2** *adj* **a)** COMM por grosso ou
por atacado; **b)** (fig) [*destruction, alteration*] total, maciço,-a; [*commitment*] total; [*attack*] em
todas as frentes. **3** *adv* **a)** COMM [*buy, sell*] por
grosso ou por atacado; **b)** (fig) em bloco, em
massa.
wholesaler *n* grossista *m/f*.
wholesome *adj* [*diet, food*] saudável; [*air, climate*] salubre, sadio.
wholewheat *adj* US see **wholemeal**.
who'll [hu:l] = **who will, who shall**.
wholly ['həʊlɪ] *adv* completamente, totalmente.
whom [hu:m] *pron* **a)** (*interrogative*) quem (é
que); **~ did she meet?** quem é que ela encontrou?; **to ~ are you referring?** a quem te estás
a referir?; **the article is by ~?** de quem é o artigo?; **b)** (relative) que; **the minister ~ he'd seen**
o ministro que ele tinha visto; **those ~ he baptized** aqueles que ele baptizou; **...four of ~ are
young and all of ~ are single...** ...quatro dos
quais são jovens, sendo todos solteiros...; **c)**
(whoever) quem.
whoop [wu:p] **1** *n* (shout) grito *m*. **2** *vi* (shout)
gritar (**with sth** de qq coisa); MED ter um ataque
de tosse convulsa. ■ **whoop it up** (coll) fazer
algazarra.
whoopee [wʊ'pi:] (coll) **1** *n* **to make ~** (hum)
(make love) fazer amor; (have fun) divertir-se a
valer, fazer uma borga (fam). **2** *excl* iupi!.
whooping cough ['hupɪŋkɔ:f] *n* tosse *f* convulsa; coqueluche *f*.
whoosh [wʊʃ] (coll) **1** *excl* zum. **2** *vi* **to ~ in/
out/past** entrar/sair/passar a toda a velocidade.
whopper ['wɒpə(r)] (coll) *n* **a)** (large thing) colosso *m*; **b)** (lie) grande mentira *f* Po/lorota *f* BR.
whopping ['wɒpɪŋ] (coll). *adj* enorme.

who're ['hu:ə(r)] = **who are**.
whore [hɔ:(r)] *n* (injur) prostituta *f*.
whorl [wɔ:l] *n* (of cream, chocolate, etc) espiral *f*; (on fingerprint) linha *f* circular; (shell pattern) espira *f*; (of petals) verticilo *m*.
who's [hu:z] = **who is**, **who has**.
whose [hu:z] **1** *pron* de quem; ~ **is this?** de quem é isto?. **2** *adj* **a)** (*interrogative*) ~ **pen is that?** de quem é esta caneta?; **with ~ permission** com a autorização de quem?; **b)** (relative) cujo/a; **the boy ~ dog was killed** o rapaz cujo cão foi morto.
why [waɪ] **1** *adv* **a)** (in questions) porque (é que), porquê; ~ **do you ask?** porque (é que) perguntas?; **"I'm annoyed" - "~ is that?"** "estou aborrecido" - "porquê?"; **oh no, ~ me?** oh não, porquê eu?; **b)** (when making suggestions) porque é que; ~ **don't we go away for the weekend?** porque é que não vamos para fora no fim de semana?; **c)** (expressing irritation, defiance) ~ **do I bother?** para que é que me estou a incomodar?; ~ **can't you be quiet?** não consegues estar quieto e calado?; **d)** (also ~ **ever**) (expressing surprise) ~ **ever not?** GB porque não?. **2** *conj* por isso; **that is ~ they came** foi por isso que eles vieram; **so that's ~!** (finally understanding) ah, então é por isso!; **the reason ~** a razão pela qual; **I need to know the reason ~** preciso de saber porquê.
WI *n* **a)** IN GB abrev = **Women's Institute**; **b)** US Post abrev = **Wisconsin**; **c)** abrev = **West Indies**.
wick [wɪk] *n* (of candle, lamp, etc) mecha *f*; pavio *m*.
wicked ['wɪkɪd] *adj* **a)** (evil) [*person*] mau, má; [*heart, deed, intention, plot, lie*] cruel, malévolo,-a, maldoso,-a; **b)** (mischievous) malicioso,-a; **c)** (naughty) perverso,-a; **d)** (nasty, vicious) [*wind*] pernicioso,-a; [*weapon*] perigoso,-a; [*sarcasm*] maldoso,-a; **a ~ tongue** uma língua maldosa; **e)** (coll) (great) grande (fam).
wickedly ['wɪkɪdlɪ] *adv* **a)** [*smile, say, chuckle, wink*] maliciosamente; ~ **funny** tremendamente engraçado; **b)** [*act, lie, plot*] com maldade.
wickedness ['wɪkɪdnɪs] *n* **a)** (evil) (of person, regime, heart) maldade *f*; (of deed, crime) crueldade *f*; **b)** (of grin, wink, joke) malícia *f*.
wicker ['wɪkə(r)] **1** *n* (*also* ~**work**) vime *m*; verga *f*. **2** *modif* [*basket, furniture*] de verga.
wicket ['wɪkɪt] *n* **a)** (field gate) cancela *f*; US (transaction window) guichê *m*; (sluice gate) comporta *f* de represa; **b)** (in cricket) (stumps) meta *f*; (pitch) terreno *m* entre as metas; **c)** (in croquet) arco *m*. **IDIOMAS to be on a sticky ~** estar em apuros.
wide [waɪd] **1** *adj* **a)** [*river, opening*] largo,-a; [*margin, mouth*] grande; **how ~ is your garden?** que largura tem o teu jardim?; **they're making the street ~r** eles estão a alargar a rua; **b)** (when giving measurements) **it's 30 cm ~** tem 30 cm de largura; **c)** [*immense*] vasto,-a; **d)** [*variety, choice*] grande; [*market*] vasto,-a; **a ~ range of products** uma vasta gama de produtos; **a ~ range of interests** uma grande diversidade de interesses; **in the ~r European context** no mais vasto contexto europeu; **e)** [*ball, shot*] falhado,-a. **2** *adv* **to open one's eyes ~** arregalar

os olhos; **his eyes are (set)** ~ **apart** ele tem os olhos muito separados; **to fall/be ~ of the mark** [*ball, dart*] bater/ficar longe do alvo; (fig) [*guess*] estar longe da verdade. **3 -~** (*in compounds*) **a country ~ search** uma busca por todo o território; **a nation ~ survey** uma sondagem à escala nacional.
wide: ~**-angle lens** *n* lente *f* de grande abertura angular; ~**-eyed** *adj* de olhos arregalados.
widely ['waɪdlɪ] *adv* **a)** (commonly) [*acknowledged*] largamente; **it is a ~ held belief that...** é uma crença largamente aceite que...; **Rouen is ~ known for its cathedral** Rouen é largamente conhecida pela sua catedral; **b) to travel ~** viajar muito; **c)** [*differ, vary*] muito.
widen ['waɪdn] **1** *vtr* **a)** (gen) alargar; **b)** (broaden) **to ~ the scope of a discussion** alargar o campo de uma discussão. **2** *vi* **a)** [*river, road*] aumentar, alargar; **his eyes ~ed** ele arregalou os olhos; **b)** (increase) **the gap is ~ing between rich and poor** o fosso entre ricos e pobres está a aumentar.
wide-ranging ['waɪdreɪndʒɪŋ] *adj* [*poll, report, enquiry*] amplo, vasto; **a ~ discussion** uma discussão muito ampla.
widespread ['waɪdspred] *adj* [*epidemic*] muito espalhado,-a; [*devastation*] vasto,-a; [*belief*] difundido,-a.
widow ['wɪdəʊ] **1** *n* (gen) PRINT viúva *f*; **golf ~** mulher *f* preterida pelo golf; **war ~** viúva *f* de guerra. **2** *vtr* **to be ~ed** ficar viúvo /-a *m/f*; **she has been ~ed for two years** ela enviuvou há dois anos.
widower ['wɪdəʊə(r)] *n* viúvo *m*.
width [wɪdθ] *n* MEAS largura *f*; **it is 30 metres in ~** tem 30 metros de largura.
widthways, width wise ['wɪdθweɪz, 'wɪdθwaɪz] *adv* transversalmente, no sentido da largura.
wield [wi:ld] (coll) *vtr* **a)** brandir, empunhar; **b)** (fig) exercer (**over** sobre).
wife [waɪf] *n* (*pl* **wives**) (spouse) mulher *f*; esposa *f*; ADMIN, JUR esposa *f*; **the baker's ~** a mulher do padeiro.
wig [wɪg] *n* (whole head) cabeleira *f* postiça; peruca *f*; (partial) chinó *m*; postiço *m*.
wiggle (coll) ['wɪgl] **1** *n* **to walk with a ~** andar rebolando as ancas; **to give sth a ~** fazer mexer qq coisa. **2** *vtr* mexer [*fingers, toes*]; fazer mexer [*tooth, wedged object*]; **to ~ one's hips** rebolar as ancas. **3** *vi* [*snake, worm*] serpear; [*road, river*] serpentear.
wild [waɪld] **1** *n* **the call of the ~** o apelo da natureza. **2 wilds** *npl* **they live in the ~s of Arizona** eles vivem nas regiões selvagens do Arizona. **3** *adj* **a)** [*animal, bird*] (undomesticated) selvagem; (uncivilized) [*tribe, person*] selvagem; (uncultivated) [*flower, herb*] silvestre; ~ **beast** animal selvagem; **b)** (desolate) [*countryside, landscape, mountain*] selvagem, agreste; **c)** (turbulent) [*weather*] tempestuoso,-a; [*wind*] violento,-a; [*sea*] agitado,-a; **it was a ~ night** foi uma noite de tempestade; **d)** (unruly, disorderly) [*party*] delirante, louco,-a; (unrestrained) [*person*] louco,-a; [*applause*] desenfreado,-a; [*imagination*] delirante; **she led a ~ life in her youth** ela levou uma vida de excessos na sua juventude; **e)** (furious) furioso,-a; **he'll be ~**

when he finds out! ele vai ficar uma fera quando descobrir! (fam); **f)** (coll) (enthusiastic) **he's ~ about computers** ele é louco por computadores; **g)** (outlandish) [*idea, plan, scheme*] louco,-a; [*claim, promise, accusation*] extravagante. **4** *adv* **the garden had run ~** o jardim foi deixado ao abandono; **those children are allowed to run ~!** aquelas crianças são completamente indisciplinadas!.

wildcat [wɑ.ɪld'kæt] **1** *n* ZOOL gato *m* selvagem; lince *m*. **2** *adj* US [*business scheme, venture*] arriscado,-a.

wildcat strike *n* greve *f* selvagem.

wilderness ['wɪldənɪs] *n* (wasteland) deserto *m*; **a beautiful ~** uma região de uma beleza selvagem; **the garden has turned into a ~** o jardim tornou-se numa selva. IDIOMAS **to be a voice crying in the ~** pregar no deserto.

wild: ~-eyed *adj* (distracted) de olhar alucinado; (amazed) de olhos esbugalhados; **~fire** *n* **to spread like ~fire** espalhar-se rapidamente; **~ fowl** *n* (wild bird) ave *f* selvagem; (birds collectively) aves *fpl* selvagens; **~-goose chase** *n* **they sent him off on a ~-goose chase** mandaram-no fazer uma busca em vão; **~life** *n* (animals) fauna *f*; (animals and plants) fauna e flora *f*; **~life conservation** *n* preservação *f* da natureza; **~life park, ~life reserve, ~life sanctuary** *n* reserva *f* natural.

wildly ['wɑ.ɪldlɪ] *adv* **a)** (recklessly) [*invest, speculate*] de forma irreflectida; **the soldier fired ~ into the crowd** o soldado atirou indiscriminadamente para a multidão; **people were running ~ through the streets** as pessoas corriam pelas ruas em todas as direcções; **his heart was beating ~** o coração batia-lhe descompassadamente; **b)** (extremely) extremamente, loucamente (fam); **the news is not ~ encouraging** as notícias não são muito encorajadoras; **the concert tour was ~ successful** a digressão musical teve um sucesso estrondoso.

wildness ['wɑ.ɪldnɪs] *n* **a)** (of landscape, mountains) aspecto *m* selvagem; (of wind, waves, weather) violência *f*; **b)** (disorderliness) (of person, behaviour) impetuosidade *f*; (of appearance) desordem *f* PO, bagunça *f* BR; (of evening, party) alegria *f*; loucura *f* (fam); (liveliness) (of imagination) vivacidade *f*; delírio *m*; **c)** (extravagance) (of idea, plan, scheme) extravagância *f*.

wilful GB, **willful** US ['wɪlfl] *adj* **a)** [*person, behaviour*] voluntarioso,-a; **b)** [*damage, disobedience*] intencional, deliberado,-a; **c)** JUR [*murder, misconduct*] voluntário,-a.

wilfully GB, **willfully** US ['wɪlfəlɪ] *adv* **a)** (in headstrong way) obstinadamente; **b)** (deliberately) deliberamente.

will¹ [wɪl, əl] **1** *modal aux* **a)** (to express the future) **she'll help you** ela ajudar-te-á; (in the near future) ela vai-te ajudar; **must I phone him or ~ you?** tenho de lhe telefonar ou telefonas-lhe tu?; **b)** (expressing consent, willingness) **he won't cooperate** ele não vai colaborar; **"have a chocolate" - "thank you, I ~"** "toma um chocolate" - "obrigado, aceito"; **do what** *or* **as you ~** faz o que quiseres; **~ do!** está bem!; **c)** (in commands, requests) **~ ~ you pass me the salt,**

please? és capaz de me passar o sal, por favor?; **"I can give the speech" - "you ~ not!"** "eu posso fazer o discurso" - "nem pensar" ou "de maneira nenhuma"; **~ you please listen to me!** és capaz de me ouvir?; **wait a minute ~ you!** espera um pouco, sim?; **d)** (in offers, invitations) **~ you marry me?** queres casar comigo?; **you'll have another cake, won't you?** vais comer outro bolo, não vais?; **e)** (expressing custom or habit) **they ~ usually ask for a deposit** normalmente, eles pedem uma caução; **any teacher ~ tell you that...** qualquer professor te dirá que...; **these things ~ happen** estas coisas acontecem; **f)** (expressing conjecture or assumption) **they won't be aware of what has happened** eles não se devem ter apercebido do que se tinha passado; **that ~ have been last month** isso deve ter sido no mês passado; **g)** (expressing ability or capacity to do) **the lift ~ hold 12** o elevador pode levar 12 pessoas; **the car won't start** o carro não consegue pegar; **that jug won't hold a litre** o jarro não leva um litro. **2** *vtr* **a)** (urge) **to ~ sb's death** desejar a morte de alg; **to ~ sb to live** rezar para que alg viva; **to ~ sb to do** pedir mentalmente para que alg faça; **b)** (wish, desire) querer, desejar; **c)** JUR legar, deixar em testamento. **3** *v refl* **he ~ed himself to stand up** ele conseguiu levantar-se à custa dum enorme esforço.

will² [wɪl] **1** *n* **a)** vontade *f* (**to do** para fazer); **to have a ~ of one's own** fazer o que se deseja; **strength of ~** força de vontade; **against my ~** contra a minha vontade; **to do sth with a ~** fazer qq coisa por gosto; **b)** JUR testamento *m*; **the last ~ and testament of** as últimas vontades de; **to leave sb sth in one's ~** deixar em testamento algo a alg. **2 at will** *adv phr* [*select, take*] à vontade; **you can change it at ~** podes mudar isso à (tua) vontade. IDIOMAS **where there's a ~ there's a way** (Prov) querer é poder (Prov).

willing ['eɪlɪŋ] *adj* **a)** (helpful) [*person, office, department*] de boa vontade; **to be ~ to do** estar pronto a fazer; **b)** (eager) [*helper, participant, pupil, servant*] zeloso,-a; [*recruit*] voluntário,-a; **we need some ~ hands to clean up** nós precisamos de voluntários para arrumar; **c)** [*donation, help*] benévolo,-a; [*sacrifice*] voluntário,-a. IDIOMAS **the spirit is ~ but the flesh is weak** o espírito é forte mas a carne é fraca.

willingly ['wɪlɪŋlɪ] *adv* [*accept suggestion, give, help, do duty*] voluntariamente, de bom grado, com gosto; [*work*] com boa vontade; **"did she go ~?"** "ela foi voluntariamente?".

willingness ['wɪlɪŋnɪs] *n* **a)** (readiness) prontidão *f* (**to do** para fazer); **b)** (helpfulness) boa vontade *f*.

willow ['wɪləʊ] *n* **a)** (*also* **~ tree**) salgueiro *m*; **b)** (wood) madeira *f* de salgueiro; **c)** (for weaving) vime *m*.

willow pattern *modif* com motivos chineses.

willy-nilly [wɪlɪ'nɪlɪ] *adv* (regardless of choice) de bom ou de mau grado.

wilt [wɪlt] **1** *n* BOT, HORT o murchar *m*. **2** *vtr* fazer definhar [*plant*]. **3** *vi* [*plant, flower*] murchar; [*person*] perder o vigor [*from heat, fatigue*]; (at daunting prospect) perder a coragem (**at** perante).

wily ['waɪlɪ] *adj* ardiloso,-a.
wimp [wɪmp] (coll) *n* (pej) (ineffectual) papa-açorda *m/f* (fam); (fearful) cagarolas *m/f* (fam).
■ **wimp out** esquivar-se.
win [wɪn] **1** *n* **a)** (victory) (gen) POL, SPORT vitória *f* (**over** sobre); **to have a ~ over sb in sth** POL, SPORT conseguir uma vitória sobre alg em qq coisa; **b)** (successful bet) aposta *f* ganha. **2** *vtr* (*past, pp* **won**) **a)** GAMES, MIL, SPORT ganhar; **b)** POL ganhar [*election, votes*] (**from opponent** ao adversário); ganhar as eleições em [*region, city*] (**from opponent** ao adversário); **to ~ a (parliamentary) seat** ser eleito deputado (**from opponent** em detrimento dos opositores); **c)** (acquire) obter [*admiration, approval, delay, reprieve*] (**from** de); conquistar [*friendship, support, sympathy*] (**from** de); **to ~ one's way to sth** alcançar qq coisa; **to ~ sb's hand/heart** (dated) conquistar a mão/o coração de alg. **3** *vi* ganhar; **to ~ against sb** vencer alg/levar a melhor sobre alg; **to ~ by two goals** ganhar por dois golos; **you ~!** (in argument) eu rendo-me!; **I've done my best to please her, but you just can't ~** fiz tudo para lhe agradar mas não há nada a fazer; **~ or lose, I shall enjoy the game** ganhar ou perder, tudo é desporto Po/esporte BR; **it's a ~ or lose situation** joga-se tudo aí/nesse momento; **~ some, lose some** não se pode ganhar sempre. ■ **win back**: **~ (sth) back**, **~ back (sth)** recuperar [*majority, support, votes*] (**from opponent** do adversário; **from supporter** de simpatizantes); voltar a ganhar [*affection, respect*]; retomar [*prize, title, territory*] (**from** a). ■ **win out** levar a melhor, vencer; **to ~ out over sth** levar de vencida qq coisa. ■ **win over, win round**: **~ over (sb)**, **~ (sb) over** convencer (alg). ■ **win through** acabar por ganhar; **to ~ through to sth** SPORT qualificar-se para qq coisa.
wince [wɪns] **1** *n* crispação *f*; estremecimento *m*. **2** *vi* (with pain) estremecer (**with** de); (with embarrassment) retrair-se (**at** por causa de).
winch [wɪntʃ] **1** *n* manivela *f*; guincho *m*. **2** *vtr* **to ~ sth down/up** descer/içar algo com um guincho.
wind[1] [wɪnd] **1** *n* **a)** METEOROL vento *m*; **North ~** vento norte; **high ~** vento forte; **which way is the ~ blowing?** de que lado sopra o vento?; **b)** (breath) respiração *f*; fôlego *m*; **to get** *or* **regain one's ~** retomar o fôlego; **to knock the ~ out of sb** (lit, fig) deixar alg sem fôlego; **c)** MED (flatulence) gases *mpl*; **to break ~** soltar gases; **d)** **the ~** MUS os instrumentos *mpl* de sopro. **2** *vtr* **a)** (make breathless) [*blow, punch*] deixar sem fôlego, conter a respiração; **b)** fazer arrotar [*baby*]. IDIOMAS **to get ~ of sth** suspeitar de qq coisa; (coll) **to put the ~ up sb** amedrontar alg; (slang) **it's like pissing** *or* **whistling in the ~** é como chover no molhado.
wind[2] [waɪnd] **1** *n* (of road) curva *f*; (of handle) volta *f*; **to give a clock a ~** dar corda a um relógio. **2** *vtr* (*past, pp* **wound**) **a)** (coil up) enrolar (**on, onto** a; **round** à volta de); **she wound her arms around him** ela abraçou-o/envolveu-o nos braços; **b)** (*also* **~ up**) dar corda a [*watch, clock, toy*]; **c)** (turn) rodar [*handle*]; **d)** **she wound her way through the crowd to the bar**

ela conseguiu passar por entre a multidão até chegar ao bar. **3** *vi* [*road, river, procession*] serpentear (**along** ao longo de); [*stairs*] dar volta.
■ **wind down a)** (fig) [*organization*] reduzir a sua actividade; [*activity, production*] chegar ao fim; [*person*] (relax) acalmar-se; **b)** [*clockwork*] estar quase a parar; **~ down (sth)**, **~ (sth) down a)** (fig) pôr fim a [*activity, organization*]; **b)** (lit) baixar [*car window*]. ■ **wind in**: **~ in (sth)**, **~ (sth) in** puxar [*cable, line, fish*]. ■ **wind on** [*film*] enrolar-se, rebobinar-se; **~ on (sth)**, **~ (sth) on** enrolar [*thread, rope*]; enrolar, rebobinar [*film*]. ■ **wind up a)** (finish) [*event*] terminar (**with** com); [*speaker*] concluir; **b)** (coll) (end up) acabar; **~ up (sth)**, **~ (sth) up a)** (terminate) liquidar [*business*]; fechar [*account, club*]; pôr fim a [*campaign, career, debate, meeting, project, tour*]; **b)** (lit) dar corda a [*clock, watch, toy*]; **c)** (coll, fig) (annoy, make tense) enervar.
wind: **~blown** *adj* [*hair*] emaranhado,-a pelo vento; [*tree*] sacudido,-a pelo vento; **~break** *n* (hedge, trees, hill, etc) pára-vento *m*; quebra-vento *m*; US (on beach) pára-vento *m*.
windbreaker ® ['wɪndbreɪkə(r)] *n* **a)** US anorak *m*; **b)** GB (on beach) pára-vento *m*.
wind: **~cheater** *n* windbreaker ®.**~-chill factor** *n* factor *m* de arrefecimento da temperatura devido ao vento.
winder ['waɪndə(r)] *n* (for watch) chave *f*; manivela *f* de dar corda; (for wool, thread) dobadoura *f*; dobadeira *f*; (for window) manivela *f*.
windfall *n* fruta *f* caída por terra devido ao vento; (fig) golpe *m* de sorte.
winding ['waɪndɪŋ] *adj* [*path, road, river, valley, course*] sinuoso,-a; [*stairs*] em espiral.
wind instrument *n* MUS instrumento *m* de sopro.
windmill ['wɪndmɪl] *n* moinho *m* de vento. IDIOMAS **to tilt at ~s** lutar contra moinhos de vento.
window ['wɪndəʊ] *n* **a)** (of house, room) janela *f*; (of shop, public or commercial building) montra *f*; vitrina *f*; (of train, car) janela *f*; (stained-glass) vitral *m*; (pane) vidro *m*; vidraça *f*; **to look out of/through the ~** olhar pela janela; **"I'd like a seat by a ~"** "queria um lugar junto da janela"; **b)** (at bank or post-office counter) guichet *m*; **c)** (of envelope) ALSO COMPUT janela *f*. IDIOMAS **to go/fly out the ~** (coll) [*plans*] ir por água abaixo (fam).
window: **~ box** *n* jardineira *f*; **~ cleaner** *n* (person) lavador *m* de janelas; (product) limpa-vidros *m*; **~ frame** *n* caixilho *m*; de janela; **~ ledge** *n* see **~sill**; **~ pane** *n* vidraça *f*; **~sill** *n* peitoril *m* de janela.
wind: **~pipe** *n* ANAT traqueia *f*; **~power** *n* energia *f* eólica; **~screen** *n* GB AUT pára-brisas *m*; **~screen wiper** *n* GB AUT limpa *m* pára-brisas; **~shield** *n* US AUT see **~screen**; **~surfer** *n* (person) praticante *m/f* de windsurf; (sailboard) prancha *f* de windsurf; **~swept** *adj* varrido,-a pelo vento, muito ventoso,-a; **~ tunnel** *n* **a)** TECH túnel *m* aerodinâmico; **b)** (windy gap or passage) passagem *f* ventosa.
windward ['wɪndwəd] **1** *n* barlavento *m*. **2** *adj* de barlavento. **3** *adv* contra o vento, para barlavento.

windy ['wɪndɪ] *adj* **a)** [*place*] ventoso,-a; [*day*] de vento; **the weather was very** ~ fazia muito vento; **b)** (pej) (verbose) [*person, speech*] palavroso,-a.

wine [waɪn] **1** *n* **a)** (drink) vinho *m*; **b)** (colour) cor de vinho *f*. **2** *modif* [*production*] de vinho; [*cellar, cask*] com vinho. **3** *vtr* **to** ~ **and dine** oferecer um bom jantar.

wine: ~ **bar** *n* bar *m* que serve vinho; ~ **cellar** *n* cave *f*; adega *f*; ~ **glass** *n* copo *m* para vinho; ~ **taster** *n* (person) provador *m* de vinhos; ~ **tasting** *n* prova *f* Po/degustação *f* Br de vinhos; ~ **vinegar** *n* vinagre *m* de vinho; ~ **waiter** *n* escanção *m*.

wing [wɪŋ] **1** *n* **a)** Constr, Archit, Pol (of building, car, party) ala *f*; **b)** Aviat [*of plane*] asa *f*; **c)** (of bird, fowl, insect) asa *f*; **to be on the** ~ estar em voo; **to catch insects on the** ~ apanhar insectos em voo; **d)** (of armchair) orelha *f*; **e)** Sport (player) lateral *m*; (side of pitch) ala *f*; lado *m*; **to play on the right** ~ jogar na ala direita; **f)** Mil (part of army) ala *f*; flanco *m*; (unit in air force) esquadrilha *f*. **2 wings** *npl* **a)** Theat **the** ~**s** os bastidores *mpl*; **b)** Aviat **to get one's** ~**s** obter a insígnia de piloto. **3** *vi* (fly) voar; **the geese are** ~**ing into the estuary/back to their winter home** os gansos estão a voar para o estuário/para a sua terra de inverno. IDIOMAS **to be waiting in the** ~**s** aguardar nos bastidores; **to clip sb's** ~**s** cortar as asas a alg.

winged [wɪŋd] *adj* [*cupid, horse, creature*] alado,-a; [*insect*] voador,-a.

winger ['wɪŋə(r)] *n* ponta *f*; extremo *m*.

wing: ~ **mirror** *n* retrovisor *m* exterior; ~ **span** *n* envergadura *f*.

wink [wɪŋk] **1** *n* piscar *m* de olhos; piscadela *f* (fam); **to give sb a** ~ piscar os olhos a alg; **we couldn't a** ~ **of sleep all night** nós não conseguimos pregar olho toda a noite (fam). **2** *vtr* piscar [*eye*]. **3** *vi* **a)** [*person*] piscar o olho; **to** ~ **at sb** piscar o olho a alg; **b)** [*light*] cintilar; [*jewellery*] brilhar. IDIOMAS **to tip sb the** ~ (coll) fazer sinal a alg piscando o olho.

winner ['wɪnə(r)] *n* **a)** (victor) vencedor,-a *m, f*; **to be the** ~**(s)** Sport, Turf ser o(s) vencedor (es); **to be on to a** ~ jogar para ganhar; ~ **takes all** Games o vencedor leva tudo; **b)** (success) **to be a** ~ ter um grande sucesso.

winning ['wɪnɪŋ] **1** *n* triunfo *m*. **2 winnings** *npl* ganhos *mpl*; lucros *mpl*. **3** *adj* **a)** (victorious) vitorioso,-a; **b)** [*smile*] encantador,-a; **to have** ~ **ways** ser cativante.

winter ['wɪntə(r)] **1** *n* inverno *m*. **2** *modif* [*activity, clothes, weather*] de inverno; [*ascent*] invernal. **3** *vtr* Agric, Hort hibernar. **4** *vi* passar o inverno (**in** em).

winter sports *npl* desportos *mpl* Po/esportes *mpl* Br de inverno.

wintry ['wɪntrɪ] *adj* **a)** (lit) invernoso,-a; **b)** (fig) [*smile, welcome*] frio,-a, gélido,-a.

wipe [waɪp] **1** *n* **a)** (rub) (dry) esfregadela *f*; limpeza *f*; (wet) limpeza *f* com pano húmido; **give the table a (quick)** ~ dar uma limpadela (rápida) na mesa; **b)** Cosmet toalhete *m*; lenço *m*; Med tampão *m*; **c)** Cin apagamento *m*. **2** *vtr* **a)** (mop) enxugar, limpar (**with** com; **on** sobre); **she** ~**ed the baby's nose** ela limpou o nariz do

bebé; **to** ~ **one's bottom** limpar-se; **to** ~ **sth clean** limpar qq coisa; ~ **that smile/grin off your face!** acaba com esse sorriso/ar trocista!; **b)** Cin, Comput, Radio, TV apagar. ■ **wipe away**: ~ **away (sth),** ~ **(sth) away** enxugar, limpar [*tears, sweat*]; tirar [*dirt, mark*]. ■ **wipe down**: ~ **down (sth),** ~ **(sth) down** limpar. ■ **wipe off**: ~ **off (sth),** ~ **(sth) off a)** tirar [*dirt, mark*]; **b)** Cin, Comput, Radio, TV apagar. ■ **wipe out**: ~ **out (sth),** ~ **(sth) out a)** (lit) (clean) limpar; **b)** Cin, Comput, Radio, TV apagar; **c)** (fig) apagar [*memory, past*]; liquidar [*debt*]; anular [*chances, inflation, gains, losses*]; **d)** (coll) (defeat) derrotar. ■ **wipe up** limpar a loiça; ~ **up (sth),** ~ **(sth) up** enxugar.

wiper ['waɪpə(r)] *n* **a)** Aut (*also* **windscreen** ~) us **windshield** ~ limpa pára-brisas *m* (*pl inv*) **b)** (gen) (cloth) esfregão *m*.

wire ['waɪə(r)] **1** *n* **a)** (length of metal) fio *m*; **b)** (telegram) telegrama *m*. **2** *vtr* **a)** Elec **to** ~ **a house** fazer a instalação eléctrica numa casa; **to** ~ **a lamp** ligar Po/conectar Br um candeeiro; **b)** (send telegram to) telegrafar a [*person*]; **c)** (stiffen) reforçar com arame. IDIOMAS **down to the** ~ us até ao último momento; **to pull** ~**s** us puxar os cordelinhos (fam). ■ **wire up**: ~ **(sth) up,** ~ **up (sth)** ligar Po/conectar Br qq coisa a qq coisa.

wire: ~ **brush** *npl* escova *f* de aço; ~ **cutters** *npl* alicate *m* corta-arame; ~**less** *n* (transmitter, receiver) rádio *m*; ~ **netting** *n* rede *f* metálica; ~**tapping** *n* escuta *f* telefónica.

wiring ['waɪərɪŋ] *n* (in house) instalação *f* eléctrica; (in appliance) circuito *m* eléctrico; **faulty** ~ (in house) instalação eléctrica defeituosa; (in appliance) circuito eléctrico defeituoso.

wisdom ['wɪzdəm] *n* sabedoria *f*; sensatez *f*; **I doubt/question the** ~ **of flying in this weather** eu não acho prudente voar com este tempo.

wisdom tooth *n* dente *m* do siso.

wise [waɪz] **1** (formal, dated) *n* maneira *f*; modo *m*. **2** *adj* **a)** (prudent) [*person*] sensato,-a, prudente; [*action, advice, decision, precaution*] sensato,-a; [*choice*] judicioso,-a; **you would be** ~ **to consult a doctor** farias bem em consultar um médico; **she was** ~ **enough to consult a doctor** ela teve o bom senso de consultar um médico; **b)** (learned) erudito,-a, sábio,-a; **to be none the** ~**r** (understand no better) não ficar a saber mais que antes; (not realize) não se aperceber de nada; **to be sadder and** ~**r** aprender à custa de tristes experiências; **c)** (coll) **to be** ~ **to sth** estar ao corrente de qq coisa; **to get** ~ **to sth** aperceber-se de qq coisa; **to get** ~ **to sb** perceber o que alg pretende; **to put sb** ~ **to sth** pôr alg ao corrente de qq coisa. **3** ~ (in compounds) **a)** (direction) no sentido de; **length-/width-** no sentido do comprimento/da largura; **b)** (with regard to) no que respeita a.

wise: ~**crack** *n* boa piada *f* (fam); ~ **guy** (coll) *n* espertalhão (fam).

wisely ['waɪzlɪ] *adv* sabiamente, prudentemente, sensatamente.

wish [wɪʃ] **1** *n* (desire) desejo *m*; vontade *f* (**for** de; **to do** de fazer); (in fairy story) pedido *m* (**for** de); **to make a** ~ fazer um voto; **to grant sb's** ~ aceder ao desejo de alg; **I have no** ~ **to**

disturb you eu não quero incomodá-lo; **at his wife's** ~ segundo a vontade da sua mulher. **2 wishes** *npl* votos *mpl*; **good/best** ~**es** os melhores votos; (ending letter) votos de felicidade. **3** *vtr* **a)** (expressing longing) **I** ~ **you hadn't told me that** era melhor que não me tivesses dito isso; **he bought it and then** ~**ed he hadn't** ele comprou-o e depois arrependeu-se; **I** ~**ed myself single again** eu queria ser solteiro outra vez; **b)** (express congratulations, greetings) desejar; **to** ~ **sb joy/happiness** desejar felicidade a alg; **to** ~ **sb joy with sth/sb** (iron) (dated) desejar que alg tenha prazer com algo/alg; **we** ~**ed each other goodbye and good luck** nós dissemos adeus Po/ tchau Br e desejámos sorte um ao outro; **I** ~**ed him well** eu desejei-lhe boa sorte; **c)** (want) desejar, querer; (weaker) esperar; **you will do it because I** ~ **it** tu vais fazer isso porque eu quero. **4** *vi* **a)** (desire, want) querer; **just as you** ~ como queiras; **to** ~ **for** desejar; (vaguer) esperar; **what more could one** ~ **for?** o que mais se poderia esperar?; **b)** (in fairy story) fazer um voto, exprimir um desejo. IDIOMAS **your** ~ **is my command** (often hum) um desejo teu é uma ordem.

wishbone *n* esterno *m* (de ave).

wishful thinking *n* ilusão *f*; **this is** ~ isto é uma ilusão.

wishy-washy [ˈwɪʃɪ,wɒʃɪ] (coll) *adj* **a)** [*colour*] desmaiado,-a; **b)** [*person, approach*] insípido,-a, desenxabido,-a (fam).

wisp [wɪsp] *n* (of hair) madeixa *f*; (of straw) feixe *m*; (of smoke, cloud) espiral *f*; **a** ~ **of a girl** cinco réis de gente.

wistful [ˈwɪstfl] *adj* **a)** (yearning) melancólico,-a; **b)** (nostalgic) nostálgico,-a.

wit [wɪt] **1** *n* **a)** (sense of humour) espírito *m*; sentido *m* de humor; **to have a quick** ~ ter um espírito vivo; **b)** (witty person) pessoa *f* espirituosa; **c)** (*often in pl*) (intelligence) inteligência *f*; (presence of mind) presença *f* de espírito; **to have/keep (all) one's** ~**s about one** (vigilant) estar/manter-se atento; (level-headed) conservar a sua presença de espírito; **to collect/gather one's** ~**s** dominar-se; **to sharpen one's** ~**s** avivar o espírito de alg; **to frighten sb out of their** ~**s** meter um medo terrível a alg; **to pit one's** ~**s against sb** medir-se intelectualmente com alg; **to live by one's** ~**s** viver de expedientes; **to lose one's** ~**s** ficar desorientado; **a battle of** ~**s** uma batalha verbal. **2** (formal) **to** ~ *adv phr* a saber. IDIOMAS **to be at one's** ~**s' end** já não saber o que fazer.

witch [wɪtʃ] *n* bruxa *f*; feiticeira *f*.

witch: ~ **craft** *n* bruxaria *f*; feitiçaria *f*; ~ **doctor** *n* curandeiro *m*; ~**-hunt** *n* caça *f* às bruxas.

with [wɪð] *prep* **a)** (in descriptions) de, com; **a girl** ~ **black hair** uma rapariga de cabelo preto; **a TV** ~ **remote control** um televisor com telecomando; **covered** ~ **mud** coberto de lama; **filled** ~ cheio de; **b)** (indicating, manner, attitude) com; ~ **difficulty/pleasure** com dificuldade/prazer; **to be patient** ~ **sb** ser paciente com alg; **c)** (indicating an agent) com; **to hit sb** ~ **sth** bater em alg com algo; **d)** (according to) com; **to increase** ~ **time** aumentar com o tempo; **e)** (accompanied by) com; **to travel** ~ **sb** viajar com

alg; **to live** ~ **sb** (in one's own house) viver com alg; (in their house) viver em casa de alg; **take your umbrella** ~ **you** leva o chapéu de chuva; **f)** (owning, bringing) **passengers** ~ **tickets** passageiros munidos de bilhetes; **people** ~ **qualifications** pessoas qualificadas; **g)** (in relation to) **the frontier** ~ **Spain** a fronteira com a Espanha; **how are things** ~ **you?** como é que vão as coisas?, como é que isso vai?; **it's a habit** ~ **her** é um costume ou hábito dela; **h)** (showing support) **I'm** ~ **you 100%** *or* **all the way** estou completamente do teu lado; **i)** (because of) de, com; **to blush** ~ **embarrassment** corar de vergonha; ~ **summer coming** com a chegada do Verão; **j)** (against) com; **the war** ~ **Germany** a guerra com a Alemanha. IDIOMAS **to be with it** (trendy) andar na moda; **I'm not really** ~ **it today** hoje estou com a cabeça nas nuvens; **get** ~ **it!** (wake up) acorda!; (face the facts) desce à terra!; **I'm not** ~ **you, can you repeat?** és capaz de repetir que não te estou a perceber?.

withdraw [wɪðˈdrɔː] (*past* **withdrew** *pp* **withdrawn**) **1** *vtr* retirar [*hand, money, support, application, offer*] (**from** de); retirar [*aid, permission*] (**from** a); renunciar a, retirar Po, arrenegar a Br [*claim*]; retratar [*accusation, statement*]; MIL retirar [*troops*] (**from** de); POL chamar [*ambassador, diplomat*]; **to** ~ **a product from sale** COMM retirar um produto de venda; **to** ~ **money from circulation** retirar dinheiro da circulação; **to** ~ **one's labour** IND fazer uma interrupção de trabalho. **2** *vi* **a)** [*person, troops*] retirar-se (**from** de); [*applicant, candidate*] retirar-se, desistir; **to** ~ **from a game** retirar-se de um jogo; **to** ~ **to one's room** retirar-se para o seu quarto; **to** ~ **from one's position** MIL abandonar a sua posição; **b)** PSYCH recolher-se.

withdrawal [wɪðˈdrɔːəl] *n* **a)** (gen) FIN, MIL retirada *f* (**of, from** de); POL (of ambassador) chamada *f*; **he has made several** ~**s from his account recently** ele fez muitos levantamentos da sua conta ultimamente; ~ **of labour** IND suspensão *f* de trabalho; **b)** PSYCH recolhimento *m* sobre si próprio; introversão *f*; MED (of drug addict) estado *m* de carência *f*.

withdrawn 1 *pp* see **withdraw**. **2** *adj* (introverted) [*person*] introvertido,-a.

wither [ˈwɪðə(r)] *vtr* murchar, secar; (liter) definhar [*face, feelings*]. ■ **wither away** [*spirit*] decair; [*hope, interest*] desvanecer-se.

withered [ˈwɪðəd] *adj* [*plant, skin*] seco,-a; [*arm*] atrofiado,-a.

withering [ˈwɪðərɪŋ] *adj* [*look*] fulminante, devastador,-a; [*contempt, comment*] contundente.

withhold [wɪðˈhəʊld] *vtr* (*past, pp* **withheld**) adiar [*payment*]; reter [*tax, grant, rent*]; recusar [*consent, permission*]; reter [*information*].

within [wɪˈðɪn] **1** *prep* **a)** (enclosed in) dentro de; ~ **the city walls** dentro das muralhas da cidade; **b)** (inside) ~ **the party** no interior do partido; **candidates from** ~ **the company** os candidatos afectos à companhia; **it's a play** ~ **a play** é uma peça dentro da peça; **c)** (in expressions of time) **I'll do it** ~ **the hour** farei isso em menos de uma hora; **"use** ~ **24 hours of purchase"** "consumir dentro de 24 horas"; **they died** ~ **a week of each other** eles morreram com uma semana de intervalo; ~ **minutes he was back** ele estava de volta alguns minutos depois; **d)** (not more than) **to be ~ several metres of sth** estar a vários metros de qq coisa; **e)** (not beyond the range of) **to be ~ sight** (lit) [*coast, town*] estar à vista; (fig) [*end*] estar próximo; **to be ~ range of** estar ao alcance de [*enemy guns*]; **stay ~ sight of the car** não te afastes do carro; **f)** (not beyond a permitted limit) **to stay ~ budget** não ultrapassar o orçamento; **to live ~ one's income** viver de acordo com o seu salário. **2** *adv* no interior, dentro; **seen from ~** visto de dentro.

without [wɪ'ðaʊt] **1** *prep* **a)** (lacking, not having) sem; **~ a key** sem chave; **to be ~ friends** não ter amigos; **b)** (not) sem; **~ doing** sem fazer; **~ saying a word** sem dizer palavra. **2** *adv* no exterior; **from ~** do exterior.

withstand [wɪð'stænd] *vtr* (*past, pp* **withstood**) resistir a.

witless ['wɪtlɪs] *adj* estúpido,-a; **to be bored ~** aborrecer-se terrivelmente.

witness ['wɪtnɪs] **1** *n* **a)** testemunha *f*; **you are the only ~ of my innocence** és a única testemunha da minha inocência; **b)** JUR (in court) testemunha *f*; **a ~ for the prosecution/the defence, a prosecution/defence ~** uma testemunha de acusação/defesa; **to call sb as a ~** citar alg como testemunha; **c)** (testimony) testemunho *m*; depoimento *m*; **to be ou to bear ~ to sth** testemunhar qq coisa. **2** *vtr* **a)** (see) ser testemunha de, testemunhar; **b)** (at official occasion) servir de testemunha; **c)** (at historic moment) **we are about to ~ a transformation of the world economy** estamos prestes a assistir a uma transformação da economia mundial; **his hard work has paid off, ~ his exam results** o seu trabalho árduo foi recompensado, como testemunham os resultados do exame.

witness: ~ box *n* banco *m* das testemunhas; **in the ~ box** no banco das testemunhas; **~ stand** see **~ box**.

witticism ['wɪtɪsɪzm] *n* dito *m* espirituoso; gracejo *m*.

witty ['wɪtɪ] *adj* espirituoso,-a.

wizard ['wɪzəd] *n* **a)** (magician) mágico *m*; feiticeiro *m*; **b)** (fig); **to be a ~ at** ter um jeito especial para; **to be a ~ at doing** ser um ás a fazer.

wizened ['wɪznd] *adj* seco,-a, murcho,-a.

wobble ['wɒbl] **1** *n* (in voice) estremecimento *m*; (of chair, table) baloiço *m*; (in movement) oscilação *f*; (fig) vacilação *f*. **2** *vtr* abanar [*table, tooth*]. **3** *vi* [*table, chair*] abanar; [*pile of books, plates, etc*] oscilar; [*voice*] tremer, estremecer; [*person*] (on bicycle) oscilar; [*on ladder, voice*] estar pouco firme; **the chair was wobbling** a cadeira oscilava; **he was so nervous his legs were wobbling under him** ele estava tão nervoso que as pernas estavam a fraquejar.

wobbly ['wɒblɪ] *adj* [*table, chair*] bambo,-a; [*tooth*] a abanar; [*chin, jelly*] trémulo,-a; [*voice, handwriting*] trémulo,-a; (fig) [*theory, plot*] pouco seguro,-a; **he is still a bit ~ on his legs** ele ainda está um pouco vacilante das pernas. **IDIOMAS to throw a ~** (coll) GB ter um ataque de nervos.

woe [wəʊ] **1** *n* **a)** dor *f*; mágoa *f*; **b)** (hum) (misfortune) (*usu pl*) desgraças *fpl*. **2** *excl* (arch *or*

hum) que desgraça!; **~ beside sb if** infeliz de alg se.

woeful ['wəʊfl] *adj* **a)** (mournful) [*look, smile*] aflito,-a; [*story, sight*] triste; **b)** (deplorable) [*lack, way*] deplorável.

woke [wəʊk] *pp* see **wake**.

woken ['wəʊkən] *paast* see **wake**.

wolf [wʊlf] **1** **wolves** *npl* lobo *m*; **she-~** loba *f*. **2** *vtr* see **~ down**. IDIOMAS **to cry ~** dar alarme falso; **his wages are barely enough to keep the ~ from the door** o seu salário dá-lhe apenas para não passar fome; **he's a lone ~** ele é um solitário. ■ **wolf down**: **to ~ down (sth), ~ (sth) down** devorar.

wolf-whistle **1** *n* assobio *m* (à passagem de uma mulher). **2** *vi* assobiar (à passagem de uma mulher).

wolves [wʊlvz] *npl* see **wolf**.

woman ['wʊmən] **1** *n* (*pl* **women**) mulher *f*; **the working ~** a mulher activa; **a ~'s place is in the home** o lugar da mulher é em casa; **a ~'s work is never done** o trabalho da dona de casa nunca acaba; **she's her own ~** ela é dona da sua vida; **to talk about sth ~ to ~** falar de qq coisa entre mulheres. **2** *modif* **a ~ Prime Minister** uma primeiro ministro mulher; **he's always criticizing women drivers** ele está sempre a criticar as mulheres ao volante; **he has lots of women friends** ele tem muitas amigas; **women voters** eleitoras *fpl*; **women writers** escritoras *fpl*.

womanizer ['wʊmənaɪzə(r)] *n* conquistador *m*; "Dom Juan" *m*.

womanly ['wʊmənlɪ] *adj* feminino,-a.

womb [wuːm] *n* ANAT útero *m*.

women ['wɪmɪn] *npl* see **woman**.

womenfolk ['wɪmɪnfəʊk] *n* **the ~** as mulheres *fpl*.

women: Women's Institute, WI *n* GB organização de mulheres de áreas rurais para participar em actividades culturais e de beneficência; **Women's Lib** (coll), **Women's Liberation Movement, WLM** *n* movimento *m* de libertação da mulher.

won [wʌn] *past, pp* see **win**.

wonder ['wʌndə(r)] **1** *n* **a)** (miracle) milagre *m*; maravilha *f*; **it's a ~ (that)...** é extraordinário que... **(it's) no ~ (that)...** não é de admirar que... **small/little ~ (that)...** não admira nada que...; **to be a ~ with children/cars** ser óptimo com as crianças/com os automóveis; **he's a ~** ele é maravilhoso!; **the ~s of modern medicine** os prodígios da medicina moderna; **b)** (amazement) admiração *f*; **in ~** com admiração; **lost in ~** maravilhado,-a. **2** *vtr* **a)** (ask oneself) perguntar a si próprio; **I ~ what/how** eu pergunto a mim próprio o que/como; (as polite request) **I ~ if you could help me?** será que me pode dar uma ajuda?; **it makes you ~ why/if** faz-nos pensar porquê/se; **b)** (be surprised) **I ~ that...** surpreende-me que... (+ *subj*). **3** *vi* **a)** (think) **to ~ about sth/doing** pensar em qq coisa/em fazer; **b)** (be surprised) **to ~ at sth** espantar-se com qq coisa; (admiringly) admirar-se com qq coisa.

wonderful ['wʌndəfl] *adj* [*book, film, meal, experience*] maravilhoso,-a, magnífico,-a Po, supimpa BR; [*musician, achievement*] excelente (*before n*); **I feel** ~ sinto-me óptimo; **you look** ~**!** (healthy, attractive) estás óptimo!.

wonderfully ['wʌndəfəlɪ] *adv* **a**) (very) maravilhosamente, muito; **b**) (splendidly) admiravelmente.

wondering ['wʌndərɪŋ] *adj* **a**) (full of wonder) maravilhado,-a; **b**) (puzzled) espantado,-a, surpreendido,-a.

wonderland *n* país *m* das maravilhas.

wonky (coll) ['wɒŋkɪ] *adj* GB **a**) (crooked) torto,-a; **b**) (wobbly) [*furniture*] pouco firme, desengonçado,-a; [*person, legs*] trémulo,-a; **the television is a bit** ~ a televisão está um pouco instável.

wont [wəʊnt] *adj* **to be** ~ **to do sth** ter o costume de fazer algo; **as is his** ~ como é seu costume.

won't [wəʊnt] = **will not**.

woo [wu:] *vtr* cortejar.

wood [wʊd] **1** *n* **a**) (fuel, timber) madeira *f*; **b**) (forest) floresta *f*; bosque *m*; **c**) (in golf) bastão *m* de madeira; **d**) (in bowls) bola *f* (de madeira). **2** *modif* [*fire, smoke, shavings*] de madeira; ~ **floor** soalho *m*; sobrado *m*. IDIOMAS **touch** ~**!** toquemos na madeira!; **we are not out of the** ~ **yet** ainda não estamos livres de perigo.

wooded ['wʊdɪd] *adj* arborizado,-a; **heavily/ thickly** ~ muito arborizado.

wooden ['wʊdn] *adj* **a**) (lit) em/de madeira; [*leg*] de pau; **b**) (fig) estúpido,-a.

wooden spoon *n* **a**) (lit) colher *f* de pau; **b**) (fig) prémio *m* de consolação.

wood: ~**land 1** *n* mata *f*; floresta *f*. **2** *modif* [*animal, plant*] da floresta; [*scenery*] florestal, silvestre; [*walk*] na floresta; ~**land management** exploração florestal; ~ **louse** *n* (*pl* -**lice**) bicho--de-conta *m*; ~**pecker** *n* pica-pau *m*; ~ **pigeon** *n* pombo *m* tocaz; ~ **shed** *n* telheiro *m* de lenhas; ~**wind 1** *npl* madeiras *mpl*. **2** *modif* ~**wind instrument** instrumento *m* de sopro de madeira; ~**wind player** tocador *m* de instrumentos de sopro de madeira; ~**wind section** grupo de madeiras; ~**work 1** *n* **a**) (carpentry) carpintaria *f*; **b**) (doors, windows, etc) madeiras *fpl*. **2** *modif* [*teacher, class*] de carpintaria. IDIOMAS **to come/crawl out of the** ~**work** (coll) (hum) aparecer um pouco por todo o lado; ~**worm** *n* **a**) (animal) bicho *m* da madeira; **b**) (disease) caruncho *m* Po, cupim *m* Br.

woody ['wʊdɪ] *adj* [*hill, landscape*] arborizado,-a; [*plant, stem*] lenhoso,-a; [*smell*] de madeira.

wool [wʊl] **1** *n* lã *f*; **pure (new)** ~ pura lã (virgem). **2** *modif* [*carpet, coat, shop*] de lã.

woollen GB, **woolen** US ['wʊlən] *adj* [*garment*] de lã.

woolly GB, **wooly** US ['wʊlɪ] **1** *n* (coll) peça *f* de roupa de lã. **2** *adj* **a**) [*garment*] de lã; [*animal coat, hair*] lãzudo,-a; [*cloud*] em flocos; **b**) (fig) [*thinking*] vago,-a.

word [wɜ:d] **1** *n* **a**) (verbal expression) palavra *f*; **those were his very** ~**s** aquelas foram as suas exactas palavras; **long** ~**s** palavras caras (fam); **in your own** ~**s** com as tuas próprias palavras; **the last** ~ (lit) a última palavra; (fig) o último grito; **what's the Portuguese** ~ **for "table"?** como se diz "table" em português?; **a** ~ **advice**

um conselho; **b**) (anything, something) (*usu in negative*) palavra *f*; **I don't believe a** ~ **of it** não acredito em nada disso; **I didn't say a** ~**!** eu nem abri a boca!; **c**) (information) notícia(s) *f(pl)* (**about** acerca de); **there is no** ~ **of the missing climbers** não há notícias dos alpinistas desaparecidos; **we are waiting for** ~ esperamos notícias; **to bring** ~ **of sth** anunciar qq coisa; **d**) (promise, affirmation) palavra *f*; **he gave me his** ~ ele deu-me a sua palavra; **to keep/break one's** ~ cumprir/faltar à palavra; **take my** ~ **for it!** acredita em mim!; **e**) (rumour) ~ **got round that...** corre o boato que...; **f**) (command) ordem *f*; **to give the** ~ **to do sth** dar ordem para fazer qq coisa; **just say the** ~ só tens que dizer. **2 words** *npl* **a**) (oratory) palavras *fpl*; **b**) THEAT, MUS (of play) texto *m*; (of song) letra *f*. **3** ~**ed** *in compounds* **a carefully**-~**ed letter** uma carta cuidadosamente redigida. **4** *vtr* redigir [*reply, letter, statement*]. IDIOMAS **my** ~**!** (in surprise) meu Deus!; (in reproof) vais ver!; **right from the** ~ **go** desde o princípio; **to have a** ~ **with sb about sth** dar uma palavra a alg sobre qq coisa; **to take sb at his** ~ tomar alg à letra.

word game *n* jogo *m* de palavras.

wording ['wɜ:dɪŋ] *n* formulação *f*; enunciado *m*.

word: ~ **order** *n* LING ordem *f* das palavras; ~-**perfect** *adj* perfeito,-a; **to be** ~-**perfect** [*person*] saber o texto de cor; ~ **processing** *n* COMPUT processamento *m* de texto; ~ **processor** *n* COMPUT processador *m* de texto.

wordy ['wɜ:dɪ] *adj* prolixo,-a, palavroso,-a.

wore [wɔ:(r)] *past see* **wear**.

work [wɜ:k] **1** *n* **a**) (physical or mental activity) trabalho *m* (**on** sobre); **to be at** ~ **on sth** estar a trabalhar em qq coisa; **to put a lot of** ~ **into sth** trabalhar [*essay, speech*]; passar muito tempo a fazer [*meal, preparations*]; **to be hard at** ~ trabalhar conscienciosamente; **to make short** ~ **of sb** mandar passear alg; **it's all in a day's** ~ é uma questão de hábito; **it's hot/thirsty** ~ isto faz calor/sede; **b**) (occupation) trabalho *m*; **to be in** ~ ter trabalho; **to be off** ~ (on holiday) estar de férias; **to be out of** ~ estar no desemprego, estar sem trabalho ou estar desempregado; **c**) (place of employment) (office) escritório *m*; (factory) fábrica *f* Po, usina *f* Br; **d**) (building, construction) trabalhos *mpl* (**on** em); **e**) (papers) **he takes his** ~ **on holiday** ele leva trabalho para férias; **f**) (achievement, product) (essay, report) trabalho *m*; (artwork, novel, sculpture) obra *f* (**by** de); **a** ~ **of genius** uma obra de génio; **a** ~ **of reference** uma obra de referência; **g**) (act, deed) obra *f*; **this attack is** ~ **of professionals** este ataque é obra de profissionais; **h**) (effect) **the drug goes to** ~ **very quickly** a droga actua ou faz efeito muito rapidamente. **2** *modif* [*clothes, shoes*] de trabalho. **3** *vtr* **a**) (drive) **to** ~ **sb hard** esgotar alg; **b**) (labour) **to** ~ **shifts** trabalhar por turnos; **c**) (operate) servir-se de, trabalhar com; **d**) (exploit commercially) explorar; **e**) (have as one's territory) cobrir [*region*]; **f**) (consume) **to** ~ **one's way through two packets of biscuits** comer dois pacotes inteiros de bolachas; **g**) (bring about) **to** ~ **miracles** (lit, fig) fazer milagres; **h**) (use to one's advantage) **to** ~ **the system** aproveitar-se do sistema; **I've** ~**ed**

things so... arranjei as coisas de maneira a que... (+ *v subj*); **i)** (fashion) trabalhar [*clay, metal*]; **j)** (embroider) bordar (**into** em); **k)** (manoeuvre) **to ~ sth into a hole** introduzir qq coisa num buraco; **to ~ sth up and down** manobrar algo [*handle, lever*]; **l)** (exercise) fazer trabalhar, exercitar [*muscles*]; **m)** (move) **to ~ one's way through the crowd** abrir caminho através da multidão; **to ~ one's hands free** libertar as mãos. **4** *vi* **a)** (engage in activity) trabalhar; **to ~ for sb** trabalhar para alg; **to ~ for a living** ganhar a vida; **b)** (use) **to ~ in water-colours** trabalhar a aguarelas; **c)** (strive) lutar (**against** contra; **for** por; **to do** para fazer); **to ~ towards sth** dirigir-se para [*solution*]; encaminhar-se para [*compromise, agreement*]; **d)** (function) trabalhar, funcionar; **to ~ on electricity/gas** trabalhar a electricidade/a gás; **e)** (act, operate) **I'm ~ing on the assumption that he's honest** presumo que ele é honesto; **f)** (be successful) [*treatment*] fazer efeito, funcionar; [*detergent, drug*] actuar (**against** contra; **on** sobre); [*plan, scheme*] ser bem sucedido, dar resultado; **sarcasm won't ~ with me** o sarcasmo não funciona comigo. **5** *v refl* **a)** (labour) **to ~ oneself too hard** trabalhar demais; **to ~ oneself to death** matar-se a trabalhar; **b)** **to ~ oneself into a rage** encolerizar-se. ▪ **work around**: **~ around to sth** abordar. ▪ **work in**: **~ (sth) in, ~ in (sth) a)** (incorporate) mencionar [*fact, name*]; **b)** CULIN incorporar [*ingredient*]. ▪ **work off**: **~ (sth) off, ~ off (sth) a)** (remove) retirar [*lid*]; **b)** (repay) trabalhar para pagar [*loan, debt*]; **c)** (get rid of) livrar-se de [*excess weight*]; despender Po, expender BR [*excess energy*]; desembaraçar-se de [*anger, frustration*]. ▪ **work on** continuar a trabalhar; (coll) **~ on sb** trabalhar alg (fam); **~ on sth** trabalhar em [*book, report, project*]; ocupar-se de [*case, problem*]; procurar [*cure, solution*]. ▪ **work out a)** (exercise) praticar; **b)** (go according to plan) ir andando; **c)** (add up) **the total ~s out at 3,000 dollars** o montante eleva-se a 3.000 dólares; **d)** (exhaust) esgotar [*mine, soil*]; **~ (sth) out, ~ out (sth) a)** (calculate) calcular [*answer, average, total*]; **b)** (solve) encontrar [*answer, reason*]; resolver [*clue, anagram, riddle*]; **c)** (devise) conceber, formular [*plan, scheme*]; encontrar [*route*]; **d)** (understand) compreender qq coisa; **~ (sb) out** compreender alg; **I can't ~ her out** não a consigo compreender. ▪ **work over** (coll) **~ (sb) over** dar uma sova em alg. ▪ **work to**: **~ to (sth)** cingir-se a [*budget*]. ▪ **work up**: **~ up (sth)** desenvolver [*interest*]; **to ~ up the courage to do** encontrar a coragem para fazer; **~ up to (sth)** [*person*] preparar-se para [*announcement, confession, confrontation*]; **the music is ~ing up to a climax** a música desenvolve-se num crescendo até ao clímax; **~ (sb) up a)** (excite) excitar [*child, crowd*]; **b)** (annoy) enervar alg; **to get ~ed up** enervar-se.
workable ['wɜːkəbl] *adj* **a)** (feasible) [*idea, plan, suggestion*] viável; [*system*] prático,-a; [*arrangement, compromise*] possível; **b)** AGRIC, IND que se pode explorar.
workaday ['wɜːkədeɪ] *adj* [*matters*] de rotina; [*life*] de todos os dias, rotineiro,-a.
workaholic *n* (coll) obcecado,-a *m* pelo trabalho.

work: **~bench** *n* bancada *f* de trabalho; **~day** *n* (gen) dia *m* de trabalho COMM dia *m* útil.
worker ['wɜːkə(r)] *n* **a)** (employee) (in manual job) operário,-a *m, f*; (in white-collar job) empregado,-a *m, f*; **b)** (proletarian) proletário,-a *m, f*; **c)** ZOOL obreira *f*.
work: **~force** *n* (in industry) mão-de-obra *f*; (in service sector) efectivos *mpl*; **~horse** *n* (fig) besta *f* de carga.
working ['wɜːkɪŋ] **1** *n* **a)** (functioning) funcionamento *m*; **b)** (preparation, shaping) trabalho *m* (**of** de); **c)** (draft solution) cálculo *m*. **2 workings** *npl* (lit, fig) trabalho *m*. **3** *adj* **a)** [*parent, woman, mother*] que trabalha, trabalhador,-a; [*conditions, methods*] de trabalho; [*population*] activo,-a; [*life*] profissional; [*day, week*] de trabalho; **during ~ hours** durante as horas de expediente; **the ~ woman** SOCIOL a mulher trabalhadora; **b)** (provisional) [*document, paper*] de trabalho; [*definition, title*] provisório,-a; **c)** (functional) [*model*] que funciona; [*farm, mine*] em exploração; **in full ~ order** em perfeito estado de funcionamento; **d)** [*expenses, plant, ratio, stock*] de exploração.
working: **~ class 1** *n* classe *f* operária. **2** *adj* [*area, background, family, life*] de classe operária; [*culture, London*] proletário,-a; **~ party** *n* grupo *m* de trabalho; **~ week** *n* semana *f* de trabalho.
work: **~load** *n* carga *f* de trabalho; **to reduce/increase sb's ~load** reduzir/aumentar a carga de trabalho de alg; **~man** *n* operário *m*; trabalhador *m*.
workmanlike *adj* (effective) bem feito,-a, cuidado,-a.
workmanship *n* **a)** (skill) habilidade *f*; **b)** (craftsmanship) **that's a fine piece of ~** esse é um trabalho bem executado.
work: **~mate** *n* colega *m/f* de trabalho; **~-out** *n* sessão *f* de treino; **~ permit** *n* licença *f* de trabalho; **~place** *n* local *m* de trabalho; **~sheet** *n* SCH ficha *f* de trabalho IND folha *f* e registo de trabalho; **~shop** *n* **a)** IND oficina *f*; **b)** (training session) sessão *f* de trabalho (**on** sobre); **~shy** *adj* (pej) preguiçoso,-a; **~ station** *n* COMPUT posto *m* de trabalho; **~ surface** *n* plano *m* de trabalho; **~ top** *n* plano *m* de trabalho; **~-to-rule** *n* greve *f* de zelo.
world [wɜːld] **1** *n* **a)** (earth) (gen) (fig) mundo *m*; **the outside ~/the ~ outside** o resto do mundo; **throughout the ~, all the ~ over** no mundo inteiro; **to go round the ~** dar a volta ao mundo; **the biggest in the ~/the ~'s biggest** o maior do mundo; **this ~ and the next** este mundo e o outro; **the ~ to come/the next ~/the other ~** RELIG o outro mundo; **to lead the ~ in electronics** liderar na electrónica; **to come into the ~** nascer, ver a luz do dia; **b)** (fig) (society, people) mundo *m*; **the ~ of politics/music/sport** o mundo da política/música/do desporto Po/esporte BR; **to make one's own way in the ~** abrir o seu próprio caminho no mundo; **he knows the ~** ele conhece a vida; **that's the way of the ~** é a vida; **he lives in a private ~/ a ~ of his own** ele vive num mundo à parte; **a man of the ~** um homem cheio de experiência; **to go up/down in the ~** subir/decair na vida. **2** *modif* [*agenda,*

events, climate, music, market, politics, pieces] mundial; [*record, tour*] do mundo; [*cruise*] à volta do mundo. IDIOMAS all the ~ and his wife (hum) toda a gente; a ~ away from sth muito afastado de qq coisa; to be all the ~ to sb representar tudo para alg; for all the ~ like/as if exactamente como/como se; I'd give the ~ to... eu daria tudo para...; how in the ~ did you know? como é que conseguiste saber?; not for (all) the ~ nem por todo o ouro deste mundo; out of this ~ (coll) extraordinário; there's a ~ of difference há uma diferença enorme; to set the ~ on fire impressionar o mundo com o seu sucesso; to think the ~ of sb pensar o melhor possível de alg; to watch the ~ go by ver o mundo a passar, ver passar os carros eléctricos (fam); what/where/who etc in the ~? que/onde/quem etc diabo?; ~s apart diametralmente oposto.

world: W~ Bank *n* the W~ Bank o Banco Mundial *m*; ~-beater *n* alg ou algo que ultrapassa os outros.

world leader *n* a) POL chefe *m* de estado; b) (best in the world) SPORT melhor *m/f* do mundo; COMM [*company*] líder *m* mundial.

worldly ['wɜːldlɪ] *adj* a) (not spiritual) material; ~ goods os bens materiais; ~ wisdom a sabedoria das nações; b) (materialistic) (pej) materialista.

world power *n* POL grande potência *f*.

world war *n* guerra *f* mundial.

world(-)wide 1 *adj* mundial. 2 *adv* mundialmente, no mundo inteiro.

worm [wɜːm] 1 *n* a) FISHG, ZOOL minhoca *f*; b) MED, VET verme *m*; lombriga *f*; c) (coll) (wretch) canalha *f* (fam); d) COMPUT abrev = write-once-read many times. 2 *vtr* a) MED, ZOOL dar um medicamento vermífugo a [*person, animal*]; b) (wriggle) to ~ one's way (lit) avançar lentamente/tortuosamente (along, through através de); (fig) insinuar-se (into em). IDIOMAS the ~ has turned a situação alterou-se completamente; the ~ in the bud o bicho no fruto. ■ worm out: ~ (sth) out arrancar [*truth, facts*] (from sb a alg).

worm-eaten *adj* [*fruit*] comido,-a pelo bicho Po/cupim Br; [*wood*] caruncho so,-a.

worn [wɔːn] 1 *pp* see wear. 2 *adj* [*carpet, clothing, shoe, tyre*] usado,-a; [*façade, stone*] gasto,-a.

worn-out *adj* a) (damaged) completamente gasto,-a; b) (exhausted) exausto,-a, esgotado,-a.

worried ['wʌrɪd] *adj* preocupado,-a; to be ~ about sb estar preocupado,-a com alg; to be ~ about/over sth preocupar-se com qq coisa; there's no need to be ~ não há razão para preocupação.

worrier [wʌrɪə(r)] *n* ansioso,-a *m, f*.

worry ['wʌrɪ] 1 *n* a) (anxiety) (-c) ansiedade *f*; preocupação *f* (about, over com, em relação a); b) (problem) (+ c) preocupação *f*; problema *m* (about, over a respeito de); that's the least of my worries essa é a coisa que menos me preocupa; he's a ~ to his parents ele é um problema para os pais. 2 *vtr* a) (concern) inquietar; it worried him that he couldn't find the keys ele aborreceu-se por não conseguir encontrar as

chaves; b) (alarm) alarmar; c) (bother) incomodar; would it ~ you if I opened the window? incomoda-te se eu abrir a janela?; d) (chase) perseguir [*sheep*]. 3 *vi* (be anxious) inquietar-se, preocupar-se; to ~ about/over sth inquietar-se com qq coisa; I ~ for his sanity sometimes eu às vezes preocupo-me com a sanidade mental dele; there's nothing to ~ about não há razão para preocupação; not to ~, I'll get a taxi não te preocupes, eu vou chamar um táxi; he'll be punished, don't you ~! podes estar certo que ele vai ser castigado!; he said it's nothing to ~ about ele disse que não há razão para preocupação. 4 *v refl* to ~ oneself preocupar-se (about sb com alg) (about sth com qq coisa); to ~ oneself sick over sth matar-se por qq coisa (fig).

worrying [wʌrɪɪŋ] 1 *n* all this ~ is making you ill toda essa preocupação está a pôr-te doente; stop your ~! pára de te preocupar!. 2 *adj* inquietante; the ~ thing is that... o inquietante é que....

worse [wɜːs] 1 *adj* (comparative of bad) a) (more unsatisfactory, unpleasant) pior; there's only one thing ~ than só há uma coisa pior do que; to get ~ [*pressure, noise*] aumentar; [*conditions, weather*] piorar; b) (more serious, severe) pior (than que); it looks ~ that it is parece pior do que é; to go from bad to ~ ir de mal a pior; to get ~ (and ~) [*illness, conflict*] agravar-se; [*patient*] passar cada vez pior; to be made ~ ser agravado (by por); you'll only make things or it ~! tu só pioras as coisas!; and to make matters ~, he lied e para piorar as coisas, ele mentiu; c) (of lower standard) pior (than que); to be even ~ at languages ser ainda pior em línguas; d) (more unwell, unhappy) pior; he's getting ~ ele vai pior; to feel ~ (more ill or unhappy) sentir-se pior; so much the ~ for them tanto pior para eles; he is none the ~ for the experience ele não sofreu os efeitos da experiência; e) (more inappropriate) he couldn't have chosen a ~ place to meet ele não podia ter escolhido um lugar menos apropriado para o encontro; the decision couldn't have come at a ~ time a decisão não podia ter vindo na altura menos oportuna. 2 *n* there is ~ to come e ainda não é o pior ou o pior ainda está para vir; to change for the ~ piorar ou mudar para pior; things took a turn for the ~ as coisas pioraram. 3 *adv* (comparative of badly) a) (more unsatisfactorily, incompetently) pior (than que); to behave ~ comportar-se pior; b) (more seriously, severely) [*cough, bleed, vomit*] mais; ~ still ainda pior.

worsen ['wɜːsn] 1 *vtr* agravar [*situation, problem*]. 2 *vi* [*condition, health, weather, situation*] deteriorar-se; [*problem, crisis, shortage, flooding*] agravar-se.

worship ['wɜːʃɪp] 1 *n* (veneration) culto *m*; (religious practice) prática *f* religiosa; freedom of ~ liberdade de culto; place of ~ lugar *m* de culto; act of ~ acto *m* de devoção. 2 W~ *pr n* your W~ (to mayor) Vossa Excelência; (to judge) Senhor Juiz. 3 *vtr* (p pres etc -pp-) a) RELIG (venerate) adorar, venerar; (give praise) prestar homenagem a; b) (idolize) (lit) venerar; to ~ money/fame adorar o dinheiro/a fama. 4 *vi* praticar a sua religião.

worshipper [ˈwɜːʃɪpə(r)] *n* (gen) (in established religion) fiel *m*; (of non-established religion) adorador,-a *m, f*.

worst [wɜːst] **1** *n* **a)** (most difficult, unpleasant) **the ~** o pior *m*; **the storm was one of the ~ in recent years** a tempestade foi uma das piores dos últimos anos; **they're the ~ of all** (people) são os piores (de todos); (things, problems, ideas) é o que há de pior; **he's not the ~** há pior que ele; **the ~ was yet to come** o pior ainda estava para vir; **b)** (expressing the most pessimistic outlook) **the ~** o pior *m*; **to think the ~ of sb** pensar o pior de alg; **if the ~ were to happen, if the ~ came to the ~** se acontecer o pior; **c)** (most unbearable) **when the heat is at its ~** quando o calor estava no máximo; **I'm at my ~ in the morning** (in temper) de manhã, é quando estou de pior humor; **when you see people at their ~** quando se vê o lado pior das pessoas; **d)** (most negative trait) **to bring out the ~ in sb** trazer à luz do dia o que há de pior em alg; **e)** (of the lowest standard, quality) o pior *m*; **to be the ~ at French** ser o pior a Francês. **2** *adj* (*superlative of* **bad**) **a)** (most unsatisfactory, unpleasant) pior; **the ~ book I've ever read** o pior livro que eu já li; **and the ~ thing about it is (that)** e o pior é que; **b)** (most serious) pior; **the ~ mistake you could have made** é o pior erro que podias ter feito. **3** *adv* **the children suffer (the) ~** são as crianças que sofrem mais; **the ~-behaved child he'd ever met** a criança mais mal educada que eu já encontrei; **to smell the ~** cheirar o pior possível; **~ of all...** o pior de tudo, (é que)....

worsted [ˈwʊstɪd] *n* tecido *m* em lã penteada; estambre *m*.

worth [wɜːθ] **1** *n* (*-c*) **a)** FIN (measure, quantity) **five pounds' ~ of** cinco libras de; **thousands of pounds' ~ of damage** milhares de libras de prejuízo; **a day's ~ of fuel** um dia de combustível; **a week's ~ of supplies** uma semana de provisões; **b)** (gen) (value, usefulness) valor *m*; **of no ~** sem valor; **what is its ~ in pounds?** qual é o seu valor em libras?; **to see sth's ~** ver o que vale qq coisa. **2** *adj* **a)** (of financial value) **to be ~ sth** [*object*] valer qq coisa; **the pound is ~ 10F** a libra vale 10 francos; **it's not ~ much** não vale grande coisa; **he is ~ £50,000** a sua fortuna eleva-se a 50.000 libras; **b)** (of abstract value) **to be ~ sth** valer qq coisa; **an experienced worker is ~ three novices** um trabalhador experiente vale por três aprendizes; **it's as much as my job's ~ to give you the keys** ponho em risco o meu emprego, se te der as chaves; **the car is only ~ what you can get for it** o carro só vale o que der; **to be ~ a mention** merecer uma menção; **to be ~ a try** valer a pena tentar; **to be ~ it** valer a pena; **don't get upset, he's not ~ it** não te aborreças, ele não o merece; **c)** (rewarding) **the book is/isn't ~ reading** vale/não vale a pena ler o livro; **that suggestion is ~ considering** essa sugestão merece ser considerada; **that's ~ knowing!** é útil saber!; **what he doesn't know about farming isn't ~ knowing** ele sabe tudo o que interessa saber sobre o trabalho do campo. **IDIOMAS for all one is ~** com todas a suas forças; **for what**

it's ~ com reserva, sem garantia de verdade ou valor; **to be ~ sb's while** valer a atenção de alg; **if you come I'll make it ~ your while** se vieres, não te irás arrepender.

worthless [ˈwɜːθlɪs] *adj* sem valor; **he's ~** ele é desprezível.

worthwhile [ˈwɜːθwaɪl] *adj* [*discussion, undertaking, visit*] que vale a pena; [*career, project*] interessante; **to be ~ doing** valer a pena fazer.

worthy [ˈwɜːðɪ] **1** *n* pessoa *f* ilustre, notável; *m*. **2** *adj* **a)** (deserving) **to be ~ of sth** merecer qq coisa, ser digno de qq coisa; **~ of note** digno de nota/interesse; **to be ~ of doing** merecer ser feito; **b)** (admirable) digno,-a; [*cause*] nobre; [*citizen, friend*] (hum *or* iron) digno,-a; **c)** (appropriate) apropriado,-a; **a speech ~ of the occasion** um discurso apropriado às circunstâncias.

would [wʊd] *modal aux* (*also* **'d**; *negative* **wouldn't**) **a)** (in sequence of past tenses, in reported speech) **she said she wouldn't come** ela disse que não viria; **we thought we ~ be late** pensávamos que estávamos atrasados; **I was sure you'd like it** eu tinha a certeza de que ias gostar; **I wish you'd be quiet!** quem me dera que tu te calasses!; **b)** (in conditional statements) **it ~ be wonderful if they came** seria óptimo se eles viessem; **if we'd left later we ~ have missed the train** se tivéssemos saído mais tarde, teríamos pedido o comboio; **who ~ ever have believed it?** quem teria, alguma vez, acreditado nisso?; **wouldn't it be nice if...** não seria bom se...?; **c)** (expressing willingness to act) **do you know anyone who ~ do it?** conheces alg que queira fazer isso?; **they couldn't find anyone who ~ take the job** eles não conseguiam encontrar ninguém que quisesse aceitar o lugar; **she just wouldn't listen** ela simplesmente não queria ouvir; **the police wouldn't give any further details** a polícia recusa-se a dar mais pormenores; **d)** (expressing inability to function) **the door wouldn't close** a porta não se queria fechar; **e)** (expressing desire, preference) **we ~ like to stay another night** gostaríamos de ficar outra noite; **we'd really love to see you** nós gostaríamos imenso de te ver; **I wouldn't mind another slide of cake** não me importava nada de comer outra fatia de bolo; **f)** (in polite requests or proposals) **~ you like something to eat?** deseja comer algo?; **~ you help me set the table?** queres-me ajudar a pôr a mesa?; **switch off the radio, ~ you?** não te importas de apagar o rádio, por favor?; **~ you mind not smoking please?** importava-se de não fumar, por favor?; **g)** (used to attenuate statements) **it ~ seem that he was right** parece que ele tinha razão; **so it ~ seem** assim parece (ser); **I wouldn't say that** eu não diria isso; **I ~ have thought it was obvious** eu teria pensado que era óbvio; **h)** (when giving advice) **I wouldn't do that if I were you** se fosse a ti, não faria isso; **wouldn't it be better to write?** não seria melhor escrever?; **i)** (expressing exasperation) **of course you ~ contradict him!** claro que tu o havias de contradizer; **j)** (expressing an assumption) **what time ~ that be?** que horas serão?; **let's see, that ~ be his youngest son** deixa ver, esse deve ser o seu filho mais novo; **it ~ have been about five years ago** isso devia ter sido há cerca de cinco anos; **k)** (indicating habitual event or behaviour in past: used to) **she ~ sit for hours at the window** ela passava horas sentada à janela.

wouldn't [ˈwʊd(ə)nt] see **would not**.

wound¹ [wuːnd] **1** *n* **a)** (injury, sore) ferida *f*; ferimento *m*; **a ~ to** *or* **in the head** uma ferida na cabeça; **to die from** *or* **of one's ~s** sucumbir aos ferimentos; **b)** (fig) ferida *f*; **it takes time for the ~s to heal** as feridas levam tempo a cicatrizar ou a sarar. **2** *vtr* (all contexts) ferir, magoar. **IDIOMAS** (fig) **to lick one's ~s** lamber as feridas; (fig) **to rub salt into the ~** remexer nas feridas.

wound² [waʊnd] *past, pp* see **wind**² **2, 3**.

wounded [ˈwuːndɪd] **1** *n* **the ~** os feridos *mpl*. **2** *adj* ferido,-a; **~ in the arm** ferido no braço.

wounding [ˈwuːndɪŋ] *adj* [*sarcasm, comment*] ofensivo.

wove [wəʊv] *past* see **weave**.

woven [ˈwəʊən] *pp, adj* see **weave**.

wow [waʊ] **1** *n* (coll) **a)** (success) sucesso *m*; **b)** AUDIO (distortion) distorção *f*. **2** *excl* olálá!. **3** *vtr* (enthuse) entusiasmar-se.

WP a) abrev = **weather permitting**; **b)** abrev = **word processing**.

wrangle [ˈrɜŋgl] **1** *n* querela *f*, disputa *f*. **2** *vi* disputar, brigar (**over, about** sobre, a propósito de; **with** com).

wrap [ræp] **1** *n* **a)** FASHN (shawl) xaile PO *m*, xale BR *m*; (stole) capa *f*; (dressing-gown) roupão *m*; **b)** (packaging) embalagem *f*. **2** *vtr* (*pres p etc* **-pp-**) (lit) (in paper, newspaper) embrulhar (**in** em); (in blanket, garment, protection) envolver (**in** em); **to ~ tape around a join** enrolar fita adesiva à volta de uma junção; **to be ~ped in sth** (lit) (for warmth, protection) estar envolto em qq coisa; (for disposal) estar embrulhado em qq coisa; (fig) (in mystery) estar rodeado de; (in stillness, silence) estar mergulhado em qq coisa; (in own preoccupations) estar absorvido em qq coisa; **would you like it ~ped?** quer que embrulhe?. **3 ~ped** (*in compounds*) **foil-/plastic-~** embalado em papel de alumínio/em plástico. ▪ **wrap up a)** (dress warmly) agasalhar-se; **~ up well/warm!** agasalha-te bem!; **b)** (coll) GB (shut up) calar a boca (fam); **~ up!** cala a boca! (fam); **~ up (sth), ~ (sth) up a)** (lit) fazer [*parcel*]; embrulhar [*gift, purchase*]; **it's cold, ~ the children up warm!** está frio, agasalha bem as crianças!; **it's a disco and sports club all ~ped up in one** é uma discoteca e um clube desportivo ao mesmo tempo; **b)** (fig) (terminate) concluir; (settle) ajustar [*project, event*]; concluir [*deal, negotiations*]; assegurar [*title, victory*]; **c)** (involve) **to be ~ped up in** ocupar-se apenas de [*person*]; estar absorvido em [*activity, work*]; estar absorvido por [*problem*]; **they are completely ~ped up in each other** eles vivem apenas um para o outro; **he is ~ped up in himself** ele está voltado para si próprio; **there is £50,000 ~ped up in the scheme** há 50.000 libras investidas neste projecto; **d)** (fig) dissimular [*meaning, facts, ideas*] (**in** atrás de).

wrapper [ˈræpə(r)] *n* **a)** (of sweet, chocolate, etc) papel *m*; (of package) embalagem *f*; **sweet ~** papel *m* de bombom; **b)** (dressing-gown) roupão *m*.

wrapping [ˈræpɪŋ] *n* embalagem *f*.

wrapping paper *n* (brown) papel *m* de embrulho; (decorative) papel *m* de fantasia.

wreck [rek] **1** *n* **a)** (car, plane) (crashed) destroços *mpl*; **b)** (sunken ship) navio *m* naufragado; (sinking, destruction of ship) naufrágio *m*; **the ~ of sb's hopes** a destruição das esperanças de alg; **c)** (person) farrapo *~m*. **2** *vtr* **a)** (lit) [*explosion, bast, fire, vandals*] devastar; [*person, crash, impact*] destruir; **b)** (fig) arruinar, destruir [*career, chances, health, life*]; estragar [*holiday, weekend*]; fazer malograr [*negotiations*].

wreckage [ˈrekɪdʒ] *n* **a)** (lit) (of plane, car) destroços *mpl*; (of building) escombros *mpl*; **b)** (fig) naufrágio *m*; destruição *f*.

wrecked [rekt] *adj* **a)** (lit) [*car, plane*] acidentado; [*ship*] naufragado; [*building*] demolido; **b)** (fig) arruinado; **c)** (coll) (exhausted) de rastos (fam).

wren [ren] *n* ZOOL carriça *f*.

wrench [rentʃ] **1** *n* **a)** (tool) chave *f* inglesa; **b)** (movement) (of handle, lid) movimento *m* brusco com torção; puxão *m*; **to give one's ankle a ~** torcer o tornozelo; **c)** (fig) dor *f*; tristeza *f*. **2** *vtr* torcer ou puxar com força [*handle, object*]; torcer, distender [*ankle, knee, muscle*]; **to ~ sth from sb** arrancar algo a alg; **to ~ sth away from/off sth** arrancar algo de algo; **to ~ a door open** abrir a porta bruscamente. **3** *vi* **to ~ at sth** deturpar algo. **4 wrenching** *pp adj* de cortar o coração. **IDIOMAS to throw a ~ in the works** US criar dificuldades.

wrestle [ˈresl] **1** *vtr* **to ~ sb for sth** lutar contra alg por algo. **2** *vi* **a)** SPORT lutar; **b)** (struggle) **to ~ with** debater-se com [*person, problem, homework, conscience*]; lutar com [*controls, zip, suitcase*]; lutar contra [*temptation*].

wrestler [ˈreslə(r)] *n* **a)** SPORT lutador, a *m/f*; **b)** HIST lutador *m*.

wrestling [ˈreslɪŋ] **1** *n* **a)** SPORT luta *f* livre; **b)** HIST luta *f*. **2** *noun modifier* [*match, champion, hold*] de luta livre.

wretch [retʃ] *n* **a)** (unlucky) infeliz; **b)** (evil) miserável *m/f* (also hum); (child) (hum) diabrete *m*.

wretched [ˈretʃɪd] *adj* **a)** **miserable** infeliz; [*existence, appearance, conditions*] miserável; [*weather*] horrível, péssimo,-a; [*amount*] mesquinho,-a; **"flu makes you feel ~"** (coll) a gripe põe-te completamente em baixo; **what ~ luck!** que pouca sorte!; **b)** (coll) (damned) malvado,-a.

wretchedness [ˈretʃɪdnɪs] *n* **a)** (unhappiness) infelicidade *f*; **b)** (poverty) miséria *f*.

wriggle [ˈrɪgl] **1** *vtr* **to ~ one's toes/fingers** remexer os dedos; **to ~ one's way out of sth** (lit, fig) escapar-se de algo. **2** *vi* [*person*] remexer-se; [*snake, worm*] contorcer-se; **to ~ along the ground** avançar contorcendo-se; **to ~ under sth** deslizar sob algo. ▪ **wriggle about, wriggle around** (gen) contorcer-se. ▪ **wriggle out** escapar ou sair contorcendo-se; **to ~ out of sth** (fig) escapar-se de [*task, duty*].

wring [rɪŋ] **1** *n* **to give sth a ~** dar uma torcidela a qq coisa. **2** *vtr* (*pp, past* **wrung**) **a)** (lit) (squeeze) (*also* **~ out**) espremer, torcer; **b)** (fig) (extract) arrancar a; extorquir [*money*] (**from, out of** a); **c)** (twist) **to ~ sb's neck** (lit, fig) torcer o nariz a alg; **to ~ one's hands** (lit) torcer as mãos; (fig) lamentar-se. **3 wringing** *pres p adj* **~ wet** torcido. IDIOMAS **to ~ sb's heart** confranger o coração de alg; **to be wrung out** (coll) estar destroçado.

wrinkle ['rɪŋkl] **1** *n* (on skin) ruga *f*; (in fabric) prega *m*; **to iron out the ~s** (lit) tirar as pregas com o ferro; (fig) eliminar as dificuldades. IDIOMAS **he knows a ~ or two** está longe de ser belo. **2** *vtr* **a)** enrugar [*skin*]; **to ~ one's nose** fazer uma careta (**at** a); **to ~ one's forehead** carregar a fronte; **b)** amachocar [*fabric*]. **3** *vi* [*skin*] enrogar-se; [*fabric*] amachocar-se; [*wallpaper*] enfolar-se. ■ **wrinkle up** [*rug, mat*] enrogar-se.

wrinkled ['rɪŋkld] *adj* **a)** [*face, skin*] enrogado,-a; [*brow*] carregado; [*apple*] engelhada; **b)** [*fabric, clothing*] vincado; [*stockings*] enroladas.

wrinkly (coll) ['rɪŋklɪ] *adj* = **wrinkled**.

wrist [rɪst] *n* pulso *m*; punho *m* Po, munheca *f* Br.

wristwatch *n* relógio *m* de pulso.

writ [rɪt] **1** (dated) *past, pp* see **~e**; **the names were ~ large across the page** os nomes estavam escritos em grandes letras ao longo da página. **2** *n* Jur mandato *m* judicial (**for** para); **to issue** *or* **serve a ~ against sb** *or* **to serve sb with a ~** demandar alg judicialmente ou emitir num mandado judicial contra alg.

write [raɪt] **1** *vtr* (*past* **wrote** *pp* **written**) **a)** (put down on paper) escrever [*letter, poem, novel*] (**to** a); compor [*song, symphony*]; redigir [*business letter, essay, report, article*]; passar [*cheque, prescription*]; elaborar [*legislation*]; **I wrote home** escrevi para casa; **b) guilt was written all over her face** ela tinha a culpa estampada no rosto; **c)** (formal) (ordain) (*always in passive*). **2** *vi* (form words) escrever; **to ~ in pencil/pen** escrever a lápis/caneta; **I have nothing to ~ with** não tenho com que escrever. ■ **write away** escrever (**to** a); **~ away for (sth)** pedir por escrito [*catalogue, details*]. ■ **write back** responder (por escrito) (**to** a). ■ **write down**: **~ (sth) down, ~ down (sth) a)** (note) anotar [*details, name*]; escrever [*ideas, suggestions*]; **b)** (record) registar (por escrito) [*informations, findings, adventures*]; **c)** (reduce) reduzir [*price*]; amortizar [*debt*]. ■ **write in** escrever (**to sb** a alg; **to do** para fazer); **~ in to (sth)** escrever para [*TV, show, presenter*]; **~ (sb)** in US Pol inscrever o nome de [*candidate*]. ■ **write off**: **~ off for (sth)** escrever para pedir [*catalogue, information*]; **~ (sth) off a)** (wreck) destruir [*car*]; **b)** amortizar [*capital*]; **c)** (end) cancelar, anular [*debt, project, operation*]. ■ **write out**: **~ (sth) out, ~ out (sth) a)** (put down on paper) escrever [*list, instructions*]; **b)** (copy) copiar. ■ **write up**: **~ (sth) up, ~ up (sth)** (produce in report form) redigir.

write-off *n* **a)** US Tax soma *f* dedutível da de-

claração de receitas; **b)** (wreck) (gen) Insur **the car was a ~** o carro foi para a sucata (fam).

writer ['raɪtə(r)] *n* (author) (professional) escritor *m*; (non-professional) autor *m*; **he's a neat/messy ~** ele escreve com/sem cuidado.

write-up *n* **a)** (review) crítica *f*; **b)** (account) **her ~ of the experiments** o seu relatório das experiências; **c)** US (Accts) falsa declaração *f*.

writing ['raɪtɪŋ] *n* **a)** (activity) escrita *f*; **his ~ is poor/good** ele escreve mal/bem; **b)** (words and letters) escrita *f*; **to put sth in ~** pôr qq coisa por escrito; **c)** (literature) literatura *f*; **modern ~** literatura moderna; **the ~s of Colette** a obra *f* de Colette; **d)** (style) estilo *m*; **e)** (handwriting) caligrafia *f*; letra *f*. IDIOMAS **the ~ is on the wall** a catástrofe é iminente.

writing: ~ case *n* pasta *f* com material de escrita; **~ pad** *n* bloco *m* de papel de carta; **~ paper** *n* papel *m* para escrever ou papel *m* de carta.

written ['rɪtn] **1** *pp* see **write**. **2** *adj* [*exam, guarantee, reply*] escrito,-a; **I'm better at oral than ~ work** sou melhor na oral do que na escrita.

wrong [rɒŋ] **1** *n* **a)** (evil) mal *m*; **she could do no ~** ela era incapaz de fazer mal; **b)** (injustice) injustiça *f*; **to right a ~** reparar uma injustiça; **c)** Jur delito *m*. **2** *adj* **a)** (incorrect) mau, má; (containing errors) [*total*] errado,-a; **in the ~ place at the ~ time** no lugar errado no momento errado; **to go the ~ way** enganar-se no caminho; **you've got the ~ number** (on phone) enganou-se no número; **b)** (reprehensible, unjust) **it is ~ to do** é incorrecto fazer; **she hasn't done anything ~** ela não fez nada de mal; **it is ~ that** é injusto que **there's nothing ~ with** *or* **in/with** *or* **in doing** não há nada de mal em/em fazer; **what's ~ with trying?** qual é o mal em tentar?; **c)** (mistaken) **to be ~** [*person*] estar errado, não ter razão; **I might be ~** pode ser que eu me engane; **to be ~ about** estar errado acerca de; **d)** (not as it should be) **there is something ~** há um problema qualquer; **what's ~?** que se passa?; **what's ~ with you?** (to person suffering) que tens?; (to person behaving oddly) que se passa contigo?; **your clock is ~** o teu relógio não está certo. **3** *adv* **to get (sth) ~** enganar-se em (algo) [*date, time, detail*]; **I think you've got it ~** creio que estás enganado; **to go ~** [*person*] enganar-se; [*machine*] não funcionar; [*plan*] não avançar; **what's gone ~ between them?** que é que aconteceu entre eles?; **you can't go ~** (in choice of route) não se pode enganar; (in choice of future course) pode estar tranquilo. **4** *vtr* (treat unjustly) ser injusto para com. IDIOMAS (coll) **to be ~ in the head** não estar bom da cabeça; **to get into the ~ hands** cair nas mãos erradas; **to jump to the ~ conclusions** tirar conclusões precipitadas; **you've got me all ~** não me compreendeste.

wrong: ~doer *n* malfeitor *m*; delinquente *m/f*; **~doing** *n* delito *m*; **~foot** *vtr* apanhar alg desprevenido.

wrongful ['rɒŋfl] *adj* Jur injusto,-a.

wrongfully ['rɒŋfəlɪ] *adv* injustamente.

wrongly ['rɒŋlɪ] *adv* mal; **he concluded, ~, that...** ele concluiu erradamente que; **rightly or ~** com razão ou sem ela.

wrote [rəʊ] *past* see **write**.

wrung [rʌŋ] *past, pp* see **wring**.

wry [raɪ] *adj* [*look, comment, amusement*] irónico,-a, malicioso,-a, trocista; **to make a ~ face** pôr um ar trocista.

wt *n abrev* = **weight**.

Wyoming *pr n* Wyoming *m*.

Xx

x, X [eks] *n* **a)** (letter) x, X *m*; **b)** **X** MATH x *m*; **for x people** para x pessoas; **c)** **X** (anonymous person, place) X *m*; **Mr. X** o sr. X; **d)** **x** (at the end of letter) **xxx** beijinhos *mpl*.

xenophobia [zenə'fəʊbɪə] *n* xenofobia *f*.

xerox, Xerox ® ['zɪərɒks, 'zerɒks] **1** *n* **a)** (machine) fotocopiadora *f*; **b)** (process) (processo *f* de) fotocópia *f*; **c)** (copy) fotocópia *f* Po, xerocópia Br. **2** *vtr* fotocopiar Po, xerocopiar Br.

Xmas ['krɪsməs, 'eksməs] *n* abrev = **Christmas**.

X rated *adj* [*film, video*] interdito a menores de 18 anos.

X-ray ['eksreɪ] **1** *n* **a)** (ray) raio *m* X; **b)** (photo) radiografia *f*; **c)** (process) radiografia *f*, radioscopia *f*; **to have an ~** fazer uma radiografia; **to give sb an ~** fazer uma radiografia a alg. **2** *vtr* radiografar.

Yy

y, Y [waɪ] *n* **a)** (letter) y, Y *m*; **b)** Y Math y *m*.
yacht [jɒt] **1** *n* **a)** (with sails) (for pleasure) veleiro *m*; (for racing) barco *m* à vela para regatas; **b)** (with or without sails) iate *m*; barco *m* de recreio. **2** *modif* [*crew*] de veleiro; [*race*] de veleiros; [*holiday*] em iate. **3** *vi* **to go ~ing** ir à vela, velejar.
yachting [ˈjɒtɪŋ] **1** *n* vela *f*. **2** *modif* [*clothes*] de vela; [*enthusiast*] da vela; [*course*] de veleiros; [*holiday*] em veleiro.
yak [jæk] *n* Zool iaque *m*.
yank [jæŋk] **1** *n* puxão *m*. **2** *vtr* puxar [*person*]; **to ~ out a tooth** arrancar um dente; **to ~ off the bed covers** arrancar a coberta da cama.
yankee [ˈjæŋkɪ] **1** *n* (injur) Ianque *m/f* (injur). **2** *modif* [*custom, system*] ianque; **~ soldier** Hist soldado *m* nortista.
yap [jæp] *vi* **a)** [*dog*] latir, ladrar (**at** a); **b)** (pej) [*person*] palrar.
yard [jɑ:d] **1** *n* **a)** Meas jarda *f*; 0,9144 m; **b)** (fig) **you've got ~s of room!** tu tens montes de espaço! (fam); **she writes poetry by the ~** ela escreve poesia a metro (fam); **c)** (of house, farm, prison, hospital) pátio *m*; us (garden) jardim *m*; **d)** (for storage) armazém *m*; (for construction) estaleiro *m*; **builder's ~** estaleiro *m* de construção. **2 Yard** *pr n* **the ~** (also **Scotland ~**) polícia judiciária britânica.
yardstick *n* jarda *f* (régua graduada do comprimento de uma jarda).
yarn [jɑ:n] *n* **a)** Tex fio *m* (para tricotar); **b)** (coll) (tale) história *f*.
yawn [jɔ:n] **1** *n* **a)** (physical action) bocejo *m*; **to give a big ~** bocejar com a boca escancarada; **b)** (fig) (bore) **what a ~!** (coll) que chato! Pô, puxa saco! Br (fam). **2** *vtr* **"see you tomorrow", he ~ed** "até amanhã", disse ele bocejando. **3** *vi* **a)** bocejar; **b)** [*abyss, chasm*] abrir-se largamente.
yawning [ˈjɔ:nɪŋ] **1** *n* bocejos *mpl*. **2** *adj* [*abyss, chasm*] enorme; (fig) **to fill a ~ gap in one's life** preencher um vazio enorme na sua vida.
yd abrev = **yard**.
yea [jeɪ] **1** (arch) *particle* sim *m*. **2** *n* **the ~s and the nays** Pol os votos a favor e os votos contra.
yeah (coll) [jeə] *particle* sim; **oh ~?** (iron) ah sim?.
year [jɪə(r)] **1** *n* **a)** (period of time) ano *m*; **two ~s ago** há dois anos (atrás); **all (the) ~ round** todo o ano; **over the ~s** no decurso dos anos; **the ~ before last** há 2 anos; **~ by ~** ano a ano, anualmente; **~ in, ~ out** ano após ano; **they have been living in Paris for ~s** eles vivem em Paris há anos; **they lived in Paris for ~s** eles viveram em Paris durante anos; **for the first time in ~s** pela primeira vez há anos; **it was a ~ ago last October that I heard the news** faz um ano em Outubro que eu soube da notícia; **it will** be four ~s in July since he died faz quatro anos em Julho, que ele morreu; **it's a ~ since I heard from him** há um ano que eu não sei nada dele; **in all my ~s as a journalist...** em toda a minha carreira de jornalista...; **b)** School, Univ (period of time, set of classes) ano *m* (escolar); **Ann is in her first ~ at Cambridge** a Ann está no primeiro ano de Cambridge. **2 years** *npl* **a)** (age) idade *f*; **from her earliest ~s** da sua mais tenra idade; **b)** (coll) (a long time) (used in exaggeration) **but that would take ~s!** mas isso levava uma eternidade!/séculos!; **it's ~s since we last met!** há séculos que não nos víamos!. IDIOMAS **this job put ~s on me!** este trabalho envelheceu-me!, este trabalho pôs-me mais velho!.
yearbook *n* anuário *m*.
year-long *adj* [*stay, course, absence*] de um ano.
yearly [ˈjɪəlɪ] **1** *adj* [*visit, account, income*] anual. **2** *adv* anualmente.
yearn [jɜ:n] *vi* **to ~ to do sth** ansiar/desejar vivamente fazer algo; **to ~ for a child** desejar muito ter um filho; **I ~ for home** ter saudades de casa; **she ~ed for her son** ela sentia muitas saudades do filho.
yearning [ˈjɜ:nɪŋ] **1** *n* **a)** **romantic ~** aspiração *f* romântica (**for** por); **b)** desejo ardente (**for** de; **to do sth** de fazer algo). **2 yearnings** *npl* aspirações *fpl*. **3** *adj* [*expression*] ansioso,-a, cheio,-a de desejo.
yeast [ji:st] *n* levedura *f*.
yell **1** *n* **a)** (shout) grito *m*; **b)** (of rage, pain) berro *m*; uivo *m*. **2** *vtr* gritar; (louder) berrar. **3** *vi* (shout) gritar.
yellow [ˈjeləʊ] **1** *n* amarelo *m*. **2** *adj* **a)** (lit) amarelo; **to go/turn ~** amarelecer; **the lights are on ~** as luzes/os semáforos estão amarelos; **b)** (coll) cobarde, cagarola (fam). **3** *vtr, vi* amarelecer.
yellowish [ˈjeləʊɪʃ] *adj* amarelado,-a.
yellow pages *npl* páginas *fpl* amarelas.
yelp [jelp] **1** *n* (of person) grito *m*; (of animal) (of pain, fear) ganido *m*; (of happiness) latido *m*; guincho *m*. **2** *vi* [*person*] gritar (**with** de); [*animal*] (with pain, fear) ganir, guinchar; (with happiness) latir.
yen [jen] *n* Fin yen *m*.
yeoman [ˈjəʊmən] *n* (*pl* **yeomen**) **a)** (*also* ~ **farmer**) pequeno proprietário rural *m*; **b)** gb Mil Hist oficial *m* ou soldado *m* da milícia.
yep [jep] (coll), **yup** [jʌp] (coll) us *particle* sim.
yes [jes] *particle, n* sim *m*; **to say ~** dizer que sim.
yesterday [ˈjestədeɪ] **1** *n* **a)** (lit) ontem *m*; **~'s newspaper** o jornal de ontem; **~ was a sad day for all of us** ontem foi um dia triste para todos nós; **the day before ~** anteontem; **b)** (fig) (the

past) ~'s **fashions** as modas de ontem; ~'s **men** (pej) homens *mpl* com ideias antiquadas; **all our** ~s todo o nosso passado. **2** *adv* **a)** (lit) ontem; **all (day)** ~ todo o dia de ontem; **a week ago** ~ há uma semana; **it was** ~ **week/a week (from)** ~ fez ontem uma semana; **early/late** ~ ontem cedo/tarde; **b)** (fig) (in the past) ontem, outrora.
yesterday: ~ **afternoon** *n, adv* ontem à tarde; ~ **evening** *n, adv* ontem à noite; ~ **morning** *n, adv* ontem de manhã.
yet [jet] **1** *conj* (nevertheless) no entanto. **2** *adv* **a)** (up till now, so far: with negatives) por enquanto, ainda; (in questions) já; (with superlatives) até agora; **it's not ready** ~, **it's not** ~ **ready** ainda não está pronto; **has he arrived** ~? ele já chegou?; **not** ~ ainda não; **it's the best** ~ é o melhor até agora; **b)** (*also* **just** ~) (now) agora, neste momento; **don't start (just)** ~ não comeces já; **c)** (still) ainda; **they may** ~ **come** eles ainda podem vir; **there is a year to go** ~ **before he retires** ainda falta um ano para ele se reformar; **he won't come for hours** ~ ele não virá tão cedo ou ele não virá antes de algumas horas; **d)** (*even, still: with comparatives etc*) ainda; ~ **more cars** ainda mais carros; ~ **again** ainda outra vez.
yew [juː] *n* **a)** (*also* ~ **tree**) teixo *m*; **b)** (wood) madeira *f* de teixo.
YHA GB abrev = **Youth Hostels Association**.
yield [jiːld] **1** *n* **a)** (gen) produção *f*; (of fruit tree, field, farm) colheita *f*; **the annual milk** ~ a produção anual de leite. **2** *vtr* **a)** (gen) AGRIC produzir; FIN render; **b)** (provide) dar, fornecer [*information, result, meaning*]; **c)** (surrender) ceder (**to** a); **to** ~ **ground to sb** MIL (fig) ceder terreno a alg. **3** *vi* **a)** (give in) ceder (**to** a); **to** ~ **to persuasion** deixar-se persuadir; **b)** (under weight, physical pressure) ceder; **the dam** ~**ed under the pressure of the water** a barragem cedeu à pressão da água; **c)** (be superseded) **cinema has largely** ~**ed to television** o cinema cedeu em grande parte o seu lugar à televisão; **d)** (be productive) **to** ~ **well/poorly** ter um bom/mau rendimento; **e)** US AUT dar prioridade (**to** a). ■ **yield up** revelar [*secret, treasure*].
yodel ['jəʊdl] *vi* (*pp, pres p* -ll-) cantar dos montanheses suíços e tiroleses.
yog(h)urt ['jɒɡət] *n* (*also* **yoghourt**) iogurte *m*.
yoke [jəʊk] **1** *n* **a)** (lit) (for oxen) jugo *m*; canga *f*; (for person) servidão *f*; (fig) jugo *m*; **b)** (sewing) encaixe *m*. **2** *vtr* **a)** (also ~ up) atrelar [*ox, horse*]; **b)** (fig) (*also* ~ **together**) juntar.
yokel ['jəʊkl] *n* (pej) saloio,-a *m, f*; parôlo,-a *m, f*.
yolk [jəʊk] *n* gema *f* (de ovo).
you [juː] *pron.* **a)** (addressing sb) **I saw** ~ **on Saturday** (one person)) (polite) vi-o no sábado;

(informal) vi-te no sábado; (more than one person) vi-os no sábado; ~ **English** vocês, os ingleses; ~ **idiot!** seu idiota!; ~ **two can stay** vocês os dois podem ficar; **do** ~ **people smoke?** vocês fumam?; **b)** (*as indefinite pronoun*) se; ~ **never know** nunca se sabe; **they say sweets give** ~ **spots** dizem que os doces provocam borbulhas.
you'd [juːd, jʊd] **a)** = **you had**; **b)** = **you would**.
you'll [juːl, jʊl] = **you will**.
young [jʌŋ] **1** *n* (young people) **the** ~ os jovens *mpl*; a juventude *f*. **2** *adj* (not very old) jovem ~ **at heart** jovem de coração; **she is ten years** ~**er than him** ela é 10 anos mais nova do que ele; **in my** ~**er days** quando eu era nova; **children as** ~ **as five years old** crianças, algumas das quais tinham apenas cinco anos; **the night is** ~ a noite ainda é uma criança; **a** ~ **lady** uma jovem.
youngish ['jʌŋɡɪʃ] *adj* bem novo,-a.
youngster ['jʌŋstə(r)] *n* **a)** (young person) jovem *m/f*; **b)** (child) criança *f*.
your [jɔː(r)] *det* vosso/a, vossos/as; (*more informally*) teu/tua, teus/tuas; **you should always look after** ~ **skin** é preciso tomar sempre cuidado com a pele.
you're [jʊə(r), jə(r), jɔː(r)] = **you are**.
yours [jɔːz] *pron* o teu, a tua, o vosso, a vossa; **my car is red but** ~ **is blue** o meu carro é vermelho mas o teu é azul; **which house is** ~? qual é a tua casa?; **he's a colleague of** ~ é um colega teu ou é um colega vosso.
yourself [jɔːˈself] *pron* **a)** (*reflexive*) te, se; **have you hurt** ~? magoaste-te? ou mais formal magoou-se?; **b)** (in imperatives) te, se; **c)** (*emphatic*) tu mesmo, você mesmo; **d)** (*after prep*) ti mesmo, si mesmo; **e)** (*expressions*) (all) **by** ~ sozinho; **you are not** ~ **today** não estás nos teus dias hoje ou mais formal você não está nos seus dias hoje.
yourselves [jəˈselvz] *pron* **a)** (*reflexive*) se; **b)** (*emphatic*) vocês mesmos; **c)** (*after prep*) vocês mesmos; **all by** ~ sozinhos.
youth [juːθ] **1** *n* **a)** (young man) jovem *m*; **a gang of** ~**s** (pej) um bando de rapazes novos; **b)** (period of being young) juventude *f*; **c)** (young people) jovens *mpl*. **2** *modif* [*club, group, organization*] de jovens; [*TV programme, magazine, theatre*] para os jovens.
youthful ['juːθfl] *adj* (young) juvenil; **his** ~ **looks** *or* **appearance** o seu ar juvenil.
youth hostel *n* albergue *m* da juventude.
you've [juːv, jʊv] = **you have**.
Yugoslavia [juːɡəˈslɑːvɪə] *pr n* Jugoslávia *f*.
Yule [juːl] (dated) *n* Natal *m*.
yuppie ['jʌpɪ] (pej) **1** *n* jovem quadro *m*. **2** *modif* [*image, style, fashion*] de yuppie, de jovem quadro.

Zz

z, Z [zed, zi:] *n* (letter) z, Z *m*.
Zaire [zɑ.:'ɪə(r)] *n* Zaire *m*.
Zambia ['zæmbɪə] *n* Zâmbia *f*.
zeal [zi:l] *n* (gen) zelo *m*; (religious) fervor *m*; ~ **to do** empenho *m* em fazer.
zealous ['zeləs] *adj* zeloso,-a; **(to be)** ~ **to do** (estar) cheio de entusiasmo em fazer.
zebra ['zebrə, zi:brə] *n* zebra *f*.
zebra crossing *n* GB passadeira *f*; passagem *f* para peões.
zenith ['zenɪθ] *n* ASTRON zénite *m*; (fig) apogeu *m*.
zero ['zɪərəʊ] **1** *n* (gen) MATH, METEOROL zero *m*; **at sub~** temperaturas a temperaturas abaixo de zero. **2** *modif* [*altitude, growth, inflation, voltage*] zero *inv*; [*confidence, interest, involvement, development*] nulo,-a. ■ **zero in** MIL intervir. ■ **zero in on**: ~ **in on (sth) a)** MIL centrar; **b)** (fig) (pinpoint) concentrar-se em [*issue, problem*]; (choose) escolher [*option*]; visar alg [*person*]; determinar [*place*].
zero-rated *adj* isento de taxa.
zest [zest] *n* **a)** (enthusiasm) entusiasmo *m*; **to do sth with** ~ fazer qq coisa com gosto; **sb's** ~ **for life** a alegria de viver de alg; **b)** (piquancy) encanto *m*; **c)** (of citrus fruit) casca *f*.
zigzag ['zɪgzæg] **1** *n* **a** ~ **of lightning** um raio em ziguezague; **the dog ran in** ~**s across the field** o cão correu em ziguezague através do campo. **2** *modif* [*design, pattern*] com ziguezagues; [*route, road*] em ziguezague; **the river follows a** ~ **course through the gorge** o rio serpenteia através do vale. **3** *vi* (*pres p etc* -gg-) [*person, vehicle, road*] ziguezaguear; [*river, path*] serpentear; **to** ~ **up/down** subir/descer em ziguezague; **to** ~ **through** [*river*] serpentear através de; [*person*] correr em ziguezague através de.
zilch [zɪltʃ] (coll) *n* **he's a real** ~ ele é um zero (fam).
Zimbabwe [zɪm'bɑ.:bwɪ] *n* Zimbabué.
zinc [zɪŋk] *n* zinco *m*.
zionism ['zaɪənɪzm] *n* sionismo *m*.
zionist ['zaɪənɪst] *n, adj* sionista *m/f*.

zip [zɪp] **1** *n* **a)** (*also* ~**per,** ~ **fastener**) fecho *m* de correr/"éclair"; **to do up/undo a** ~ fechar/abrir um fecho éclair; **the** ~ **is stuck** o fecho não corre; **a full-length/side** ~ um fecho éclair a todo o comprimento/largura; **b)** (coll) (energy) energia *f*; **c)** (sound) silvo *m*. **2** *vtr* (*pres p etc* -pp-) **to** ~ **sth open/shut** abrir/fechar o fecho de correr de qq coisa. **3** (coll) *vi* **along/past** correr a toda a velocidade. ■ **zip in**: ~ **(sb) in** fechar o fecho éclair a alg. ■ **zip on** fechar-se com fecho éclair; ~ **on (sth),** ~ **(sth) on** correr o fecho éclair de qq coisa. ■ **zip up** [*garment, bag*] fechar-se com fecho éclair (**at the back** nas costas); ~ **(sb/sth) up** subir o fecho éclair de alg/algo.
zip: ~ **code** *n* IN US código *m* postal; ~ **fastener** *n* see **zip**.
zipper ['zɪpə(r)] *n* US see **zip**.
zither ['zɪðə(r)] *n* MUS cítara *f*.
zodiac ['zəʊdɪæk] *n* zodíaco *m*.
zombie ['zɒmbɪ] *n* RELIG zumbi *m*; (fig) imbecil *m*.
zone [zəʊn] **1** *n* zona *f*. **2** *vtr* **a)** (divide) dividir (qq coisa) em zonas; **b)** (assign) destinar; **to be** ~**d for enterprise** estar destinado à empresa.
zonked [zɒŋkt] (coll) *adj* (*also* ~ **out**) (tired) estafado,-a (fam); (drunk) com os copos (fam); (on drugs) passado (fam).
Zoo [zu:] *n* jardim *m* zoológico.
zoo keeper *n* guarda *m/f* de jardim zoológico.
zoological [zəʊə'lɒdʒɪkl] *adj* zoológico,-a.
zoologist [zəʊ'ɒlədʒɪst] *n* zóologo *m*.
zoology [zəʊ'ɒlədʒɪ] *n* zoologia *f*.
zoom [zu:m] **1** *n* **a)** (of traffic, aircraft) ronco *m* (de movimento rápido); **b)** PHOT (*also* ~ **lens**) zoom *m*. **2** *vi* **a)** (thunder) **to** ~ **past** passar como um raio; **to** ~ **around** [*streets, region*] passar a toda a velocidade; **b)** (coll) [*prices, profits*] subir em flecha; **c)** AVIAT [*plane*] subir a pique. ■ **zoom in**: **to** ~ **in on** [*detail, face*] fazer uma alteração da distância focal sobre. ■ **zoom out** fazer um afastamento focal.
zucchini [zu:'ki:nɪ] *n* US courgette *f*.

ANEXO GRAMATICAL

A / AN

a / an só se utiliza para o singular

a pencil	**um** lápis
an elephant	**um** elefante

Usa-se **a** quando a palavra seguinte começa por consoante
a raincoat	**uma** gabardine

e **an** quando a palavra seguinte começa por vogal
an umbrella	**um** guarda-chuva

Porém, utiliza-se **a** antes de palavras com os sons /juː, jʊ, je/
a university	**uma** universidade
a European country	**um** país europeu
a yellow shirt	**uma** camisa amarela

e **an** antes de palavras que começam por H mudo
an hour	**uma** hora

Note que, em Inglês, **a / an** é uniforme quanto ao género — utiliza-se tanto para o masculino, como para o feminino

a book	**um** livro
a house	**uma** casa

mas **nunca** se utiliza no plural.

Há casos em que o artigo não se traduz:

com profissões

he is **a** teacher	ele é professor

com *what a*

What **a** nice girl!	Que rapariga simpática!

Quando se exprime o preço em relação ao peso, usa-se, em Português, o artigo definido
hundred escudos **a** kilo	cem escudos **o** quilo

Para tradução de expressões que usam o artigo indefinido, como a few, a little deve-se consultar a entrada respectiva (few, little)

AT / IN / ON (como preposições de tempo)
Utiliza-se **at** com <u>horas, feriados e festas religiosas</u>, com <u>night</u> e <u>week-end</u> e com algumas <u>expressões de idade</u>. A sua tradução para Português vai depender da frase.

I go to work **at** 8 o'clock	vou trabalhar **às** 8 horas
we don't go to school **at** Christmas	não vamos à escola **no** Natal
he prefers working **at** night	ele prefere trabalhar **à** noite
I always visit my parents **at** week-end	visito sempre os meus pais **no/ao** fim-de-semana
he got married **at** (the age of) 50	ele casou-se **aos** 50

Utiliza-se **in** com <u>as diferentes partes do dia</u> (exceptuando <u>night</u>), <u>os meses e as estações do ano</u>, <u>os anos</u> e <u>os séculos</u>. Novamente a sua tradução vai depender da frase.

I like sleeping **in** the morning	gosto de dormir **de** manhã

they usually study **in** the afternoon	eles normalmente estudam **à/de** tarde
my English cousins will visit me **in** (the) summer	os meus primos ingleses vêm visitar-me **no** Verão
I was born **in** 1951	nasci **em** 1951
it would have been nice to live **in** the 18th century	teria sido engraçado viver **no** séc. XVIII

Utiliza-se **on** com <u>os dias da semana</u>, <u>os dias da semana</u> + *morning, afternoon, etc.* e com as datas.

she often goes to the cinema **on** Saturday	ela vai muitas vezes ao cinema **ao** sábado
I'll see you **on** Friday evening	vejo-te **na** sexta ao fim da tarde
the English test is **on** 15th October	o teste de Inglês é **a** 15 de Outubro

---

AT / IN / ON (como preposições de lugar)

Normalmente, utiliza-se **at** quando queremos indicar a posição num determinado ponto, sem estarmos interessados numa posição exacta, mas numa localização geral.

there's someone **at** the front door	está alguém **à** porta (da rua)
I'll meet you **at** the restaurant	encontramo-nos **no** restaurante
yesterday we were **at** home	ontem estivemos **em** casa

Utilizamos **in** quando queremos indicar *dentro de*.

I left my towel **in** the bedroom	deixei a minha toalha **no** quarto
she lives **in** London	ela vive **em** Londres
the pupils play football **in** the playground	os alunos jogam à bola **no** recreio

Note que, se dissermos, por exemplo, **at the hotel**, isso significa <u>o hotel como uma localização geral</u>. Se, no entanto, dissermos **in the hotel** isso significa <u>especificamente dentro do hotel</u>.

On indica *em cima de, no cimo de, numa superfície.*

the book is **on** the table	o livro está **em cima da** mesa
there's a bird **on** the roof	há um pássaro **no/em cima do** telhado
the lamps are **on** the ceiling	os candeeiros estão **no** tecto

Como reparou, estas preposições traduzem-se para Português por **em**, exceptuando certos casos de **at** que se traduzem por **a**.

Note o seguinte quadro:

at home	in hospital	on the ceiling
at school	in prison	on the bus
at university	in the sky	on the coast
at the airport	in the garden	on a page
at the station	in the town	on a farm
at the seaside	in the water	on the beach
at the bus stop	in bed	on the wall
	in the street	
	in the picture	

BE
Traduz-se, geralmente em Português, o verbo **to be** por **ser** ou **estar**.

Peter **is** English	o Pedro **é** inglês
they **are** students	eles **são** alunos
I **am** tired	eu **estou** cansada
the children **are** in the garden	as crianças **estão** no jardim

Funções gramaticais
Passiva

To be é usado em Inglês, tal como o verbo **ser** é usado em Português, para formar a passiva. **Note**, no entanto, que o particípio passado concorda em género e número com o sujeito.

the rabbit **was killed** by a fox	o coelho **foi morto** pela raposa
their books **will be sold**	os livros deles **serão vendidos**
the window **had been broken**	a janela **tinha sido partida**

Forma progressiva
Presente

Traduz-se, em Português, por **estar.**

I **am** working	eu **estou** a trabalhar
John **is** reading a book	o João **está** a ler um livro

Futuro

Traduz-se, em Português, pelo presente.

We **are going to** London tomorrow	amanhã **vamos** a Londres
I'm **(just) coming!**	**vou** já!

Passado

Traduz-se, em Português, por **estar.**

He **was** writing to his mother	ele **estava** a escrever à mãe
they **were** watching TV	eles **estavam** a ver televisão

Obrigação

Quando **to be** é usado com outro verbo no infinito para exprimir obrigação, traduz-se por **ter de**.

she**'s to do** it at once	ela **tem de** o fazer imediatamente
what **am** I **to do?**	o que é que eu **tenho de** fazer?
he **was to arrive** last Monday	ele **tinha de** chegar na segunda-feira passada

"Question-tags"

Em Português não há um equivalente directo para a "question tag". Os nossos enfáticos "não é?", "não era?", "não foi?", etc., no final de uma afirmação suprem essa falha.

their house is lovely, **isn't it?**	a casa deles é um encanto, **não é?**
his father was a doctor, **wasn't he?**	o pai dele era médico, **não era?**
it was a very good meal, **wasn't it?**	foi uma excelente refeição, **não foi?**

Em frases de tipo negativo, a ênfase é, geralmente, dada pela expressão "pois não?".

its not broken, **is it**?	não está partido, **pois não**?
he wasn't ill, **was he**?	ele não estava doente, **pois não**?

Resposta curta (short answer)

Novamente, não temos um equivalente directo para respostas curtas do tipo "*Yes, I am*", "*No, he isn't*", etc. A resposta a dar depende das situações:

"you're not going out tonight" **"Yes, I am"**— "tu não sais hoje à noite" **"Saio"**
"is it raining?" **"Yes, it is"** — "está a chover?" **"Está"** ou **"Está sim"**

Outras funções
Exprimir sentimentos e sensações

Para exprimir sensações físicas ou psíquicas, utiliza-se em Português o verbo **ter.**

to be cold / hot	**ter** frio / calor
to be thirsty / hungry	**ter** sede / fome
to be ashamed	**ter** vergonha

Note, porém:

my hands **are** cold	as minhas mãos **estão** frias

Conversar sobre o estado de saúde

A tradução depende das frases e das situações, embora o verbo **estar** seja utilizado na generalidade dos casos:

how **are** you?	como **está**? (ou como tem passado?)
are you well?	**estás** bem? (ou sentes-te bem?)

Conversar sobre o tempo

Utiliza-se o verbo **estar**.

it's cold	**está** frio
it's windy	**está** vento

Conversar sobre viagens

Quando **to be** é usado no pretérito perfeito composto com o significado de *go, visit*, etc., em Português, traduz-se geralmente por **ir**, **visitar**, **estar**, etc.

I've never **been** to Sweden	nunca **estive na** (ou **fui** à) Suécia
have you **been** to St. Paul's Cathedral?	já **foste** à (ou **visitaste** a) Catedral de São Paulo?

Consultar a respectiva entrada para outras traduções.

BY

Quando **by** é usado com um verbo na voz passiva, traduz-se por **por**:

he was killed **by** a tiger	ele foi morto **por** um tigre

Quando **by** é usado com um gerúndio com o sentido de **através de**, ou só se traduz o gerúndio ou só se traduz a preposição:

she learned Portuguese **by** listening to the radio	ela aprendeu português **ouvindo** rádio ou ela aprendeu português **através da** rádio

Quando **by** é usado com um nome com o sentido **através de**, traduz-se por **por**:

to hold something **by** the handle   pegar em qualquer coisa **pela**

pega (**pela** = **por** + a)

Em expressões de tempo, **by** é traduzido por **até/antes de**:

it must be finished **by** Friday   tem de estar terminado **até**

sexta

By aparece muitas vezes como segundo elemento de um "phrasal verb" (*get by, stand by*, etc.), assim como em expressões determinadas, como *learn something by heart*. Nestes casos, deve-se consultar a entrada adequada.

Consultar a respectiva entrada para outras traduções.

CAN / COULD

Can e **could** são geralmente traduzidos pelo presente e pelo passado do verbo **poder**.

he **can** wait until tomorrow   ele **pode** esperar até amanhã

yesterday you **could** have waited for   ontem **podias** ter esperado por

me   mim

Quando **can** ou **could** é usado com o sentido de *ser capaz de*, traduz-se por **saber**.

she **can** speak English   ela **sabe** falar Inglês

he **could** read at the age of four   ele **sabia** ler quando tinha

quatro anos

Note que, na 3.ª pes. do sing. do presente, **can** não tem **-s**.

Quando **can** ou **could** é usado com um verbo de percepção, como *see*, *hear* ou *feel*, traduz-se por **conseguir**.

I **cant** see her   **não consigo** vê-la

she **couldnt** feel anything   ela **não conseguia** sentir nada

Quando queremos pedir qualquer coisa, **can** traduz-se pelo presente de **poder** e **could** (forma mais delicada) pelo imperfeito do mesmo verbo.

can you help me?   **podes**-me (ou és capaz de me)

ajudar?

could you help me?   **podias**-me (ou eras capaz de

me) ajudar?

O CASO POSSESSIVO

Utiliza-se em Inglês o **caso possessivo** para indicar, obviamente, uma posse. Constrói-se com **'s** junto do possuidor, se este for sing. ou plural não terminado em -s.

the pupil**'s** schoolbag is heavy   a pasta **do** aluno é pesada

the children**'s** room is big   a sala **das** crianças é grande

Se o possuidor for um nome no plural terminado em -s, acrescenta-se <u>apenas</u> um **apóstrofe** (**'**).

the pupil**'s** schoolbags are   as pastas **dos** alunos são

heavy   pesadas

Note que a tradução em Português não tem correspondência directa com o Inglês nos casos anteriores, mas tem-na quando o possuidor é uma coisa e não uma pessoa:

the legs **of** the table are too long   as pernas **da** mesa são
                                           demasiado compridas

---

DISCURSO DIRECTO / INDIRECTO

Se escrevemos ou relatamos o que outra pessoa disse, estamos a utilizar o discurso indirecto. Geralmente, começamos a frase por **he/she said that... (ele/ela disse que...)** seguindo-se determinado número de modificações entre o discurso directo e o indirecto:

DISCURSO DIRECTO	DISCURSO INDIRECTO
Present Simple **I play**	Past Simple **He played**
Present Continuous **I am playing**	Past Continuous **He was playing**
Past Simple **I played**	Past Perfect Simple **He had played**
Past Continuous **I was playing**	Past Perfect Continuous **He had been playing**
Present Perfect Simple **I have played**	Past Perfect Simple **He had played**
Present Perfect Continuous **I have been playing**	Past Perfect Continuous **He had been playing**
Future going to **I am going to play**	Future in the past **He was going to play**
Future will **I will play**	Conditional **He would play**

Há outras modificações para além destas:
a) <u>Dos verbos auxiliares de modo</u>

DISCURSO DIRECTO	DISCURSO INDIRECTO
I **can** sing	He **could** sing
I **may** come	He **might** come
I **must** work	He **must/had to** work

b) De advérbios e demonstrativos

DISCURSO DIRECTO	DISCURSO INDIRECTO
now I'm leaving **now**	**then / at that moment** He was leaving **then**
tomorrow I'll see you **tomorrow**	**the next day** he would see him **the next day**
today **today** it's sunny	**that day** **that day** it was sunny
yesterday I went to Lisbon **yesterday**	**the previous day** he had gone to Lisbon **the previous day**
next week / year, etc. I'll go to the University **next year**	**the following week / year, etc.** he would go to the University **the following year**
last week / year, etc. I wrote you a letter **last week**	**the week / year before, etc.** **the previous week / year, etc.** He had written him a letter **the week before**
here I like it **here**	**there** he liked it **there**
this **this** house is big	**that** **that** house was big
these **these** are good pupils	**those** **those** were good pupils

c) Dos pronomes pessoais e possessivos

DISCURSO DIRECTO	DISCURSO INDIRECTO
I, you	**he, she**
we, you (plural)	**they**
me, you (complemento)	**him, her (complemento)**
us, you (complemento)	**them**
my, your	**his, her**
our, your (plural)	**their**

Note que a mudança nos pronomes se faz, geralmente, de acordo com o contexto. Assim, quando digo "*I want to play with you*", tenho de ter a certeza sobre quem fala e de quem se está a falar para saber qual é a frase certa no discurso indirecto: *He/she said he/she wanted to play with him/her*, o que permite diversas variantes.

DO

A correspondência directa em Português para o verbo **to do** na sequência <u>sujeito + to do + complemento directo</u> é **fazer**.

what **are** you **doing**?	o que é que **estás a fazer**?
I'm doing my homework	**estou a fazer** os trabalhos de casa
she **does** the shopping every week	ela **faz** as compras todas as semanas

<u>Funções gramaticais</u>

O verbo **to do** serve de auxiliar da interrogativa, caso em que não tem qualquer correspondência com o Português, não sendo, por isso, traduzido. Na realidade, em Português a diferença entre uma frase de tipo afirmativo e de tipo interrogativo reside, oralmente, na entoação dada e, na escrita, na utilização do ponto de interrogação (?).

do you like Mozart?	gostas de Mozart?
does she go to school on foot?	ela vai para a escola a pé?

Note que, no presente, se utiliza a forma **do** para todas as pessoas gramaticais, excepto para a 3.ª pes. do sing. em que se utiliza **does**. No passado, o auxiliar da interrogativa toma a forma **did** para todas as pessoas.

did your sister find her keys?	a tua irmã achou as chaves?
did they enjoy the party?	eles gostaram da festa?

Da mesma forma, o verbo **to do** (**did** no passado) é utilizado como auxiliar da negativa. Também em Português não tem correspondência directa neste caso, já que utilizamos, normalmente, o advérbio **não** para transformar uma frase afirmativa em negativa.

I **don't** study on Sundays	eu **não** estudo aos domingos
he **doesn't** live in Cascais	ele **não** vive em Cascais
they **didn't** watch TV yesterday	ontem eles **não** viram televisão

Também se utiliza **to do** para dar ênfase às frases afirmativas. Em Português arranjamos formas diversas para a tradução, realçando oralmente as palavras que servem para reforçar a ideia.

I **do** like your dress	gosto **realmente** do teu vestido
I **do** hope she remembers	espero **mesmo** que ela se lembre

Muitas vezes **to do** serve para substituir uma forma de um verbo já utilizado a fim de evitar uma repetição. Fica sem tradução em Português.

I don't like him any more than you **do**	não gosto dele mais do que tu
I live in Oxford and so **does** Lily	moro em Oxford e a Lily também
"I love strawberries" "So **do** I"	"adoro morangos" "eu também"

Consultar a respectiva entrada para outras traduções.

FOR

Quando se usa **for** como preposição antes de um nome ou um pronome, traduz-se por **para**.

this is **for** my sister	isto é **para** a minha irmã
it's **for** me	é **para** mim

Quando se usa **for** como preposição de fim antes de um verbo, traduz-se por **para** + **infinito**.

a detergent **for** cleaning windows   um detergente **para lavar** janelas

Quando se usa **for** numa construção frásica do tipo **to be** + **adjectivo** + **for** + **pronome** + **infinito,** a tradução segue o seguinte esquema: **ser** + **pronome complemento** + **adjectivo** + **infinito.**

it's impossible for me to stay	**é-me impossível ficar**
it **was hard for him to understand** that...	**foi-lhe difícil compreender** que...

Expressões de tempo

Usa-se **for** depois de um verbo num tempo do perfeito para indicar a duração de tempo de uma acção que se iniciou no passado e que ainda continua no momento presente. (Ver também **SINCE.**)

I **have been waiting for** three hours (and I'm still waiting)	**estou** à espera **há** três horas
we**'ve been** together **for** two years (and were still together)	**estamos** juntos **há** dois anos

Utiliza-se **for** em frases negativas com o pretérito perfeito composto (Present Perfect Tense) para indicar o tempo que passou desde que qualquer coisa aconteceu. Em Português, continuamos a fazer a correspondência com o **presente do indicativo** e **há**.

I **haven't seen** him **for** ten years (and I still haven't seen him)	não o **vejo há** dez anos

No entanto, quando se utiliza **for** em frases negativas depois de um verbo no pretérito mais-que-perfeito composto do indicativo (Past Perfect Tense), traduzimos pelo **imperfeito do indicativo** em Português.

I **hadn't seen** him **for** ten years	não o **via há** dez anos

Quando se utiliza **for** com o imperfeito (Past Simple) para indicar o período de tempo de qualquer acção que começou e acabou no passado, traduzimos pelo **pretérito perfeito (ou pela forma perifrástica)** + **durante**.

last Sunday I **watched TV for** two hours	no Domingo passado **vi** (ou **estive a ver**) televisão **durante** duas horas

Quando se utiliza **for** depois de um futuro com *will* ou *going to* para antecipar um período de tempo no futuro, traduzimos pelo **presente** (com ideia de futuro) e a expressão **por (um período de)**.

I**'m going** to Rome **for** six weeks	**vou** para Roma **por (um período de)** seis meses

Consultar a respectiva entrada para outras traduções.

GO
Enquanto verbo intransitivo
Neste caso, é traduzido por **ir**.

we**'re going** to Faro	nós **vamos** a Faro
where **are** you **going**?	onde é que **vais**?
Mary **went** to London last week	a Maria **foi** a Londres na semana passada

O verbo **go** forma um grande número de "phrasal verbs" (verbos que podem modificar o sentido quando associados a uma preposição, advérbio, etc.) em Inglês (**go up, go down, go out, go back**, etc.). Muitos são traduzidos por um só verbo em Português (**subir, descer, sair, voltar**, etc).

Enquanto verbo auxiliar
Quando é usado como verbo auxiliar para mostrar **intenção**, é também traduzido por **ir**.

I'**m going to** buy a car tomorrow	**vou** comprar um carro amanhã
I **was going to** talk to you about it	**ia**-te falar disso
he'**s** not **going to** ask for a rise	ele não **vai** pedir aumento

Consultar a respectiva entrada para outras traduções.

GRAUS DOS ADJECTIVOS
O comparativo
Há duas maneiras de formar o **comparativo de superioridade**:
a) uma para os adjectivos "pequenos" (com uma ou duas sílabas)
b) outra para os adjectivos "grandes" (com mais de duas sílabas)
Os outros comparativos fazem-se sempre da mesma forma sem distinção de adjectivos. Repare no quadro seguinte:

<table>
<tr><td rowspan="8">COMPARATIVO</td><td rowspan="2">SUPERIORIDADE</td><td>a) Positivo: TALL</td><td>b) Positivo: COMFORTABLE</td></tr>
<tr><td>ADJECTIVO + -ER + THAN

Ex.: My father is taller than my mother — O meu pai é mais alto do que a minha mãe</td><td>MORE + ADJECTIVO + THAN

Ex.: This sofa is more comfortable than that chair — Este sofá é mais confortável do que aquela cadeira</td></tr>
<tr><td rowspan="4">IGUALDADE</td><td colspan="2" align="center">Frase afirmativa</td></tr>
<tr><td colspan="2" align="center">AS + ADJECTIVO + AS</td></tr>
<tr><td>Ex.: My father is as tall as my mother — O meu pai é tão alto como a minha mãe</td><td>Ex.: This car is as comfortable as that one — Este carro é tão confortável como aquele</td></tr>
<tr><td colspan="2" align="center">Frase negativa</td></tr>
<tr><td colspan="2"> NOT + AS + ADJECTIVO + AS NOT SO > não é muito
Ex.: My father is not as tall as my mother — O meu pai não é tão alto como a minha mãe</td></tr>
<tr><td>INFERIORIDADE</td><td colspan="2"> LESS + ADJECTIVO + THAN
Ex: My father is less tall than my mother — O meu pai é menos alto do que a minha mãe</td></tr>
</table>

Note que em Inglês, tal como em Português, raramente se usa o **comparativo de inferioridade**. É, normalmente, substituído pelo **comparativo de igualdade negativo**.

O superlativo

Acontece para o **superlativo de superioridade** o mesmo que já tinha acontecido para o **comparativo de superioridade**: duas modalidades diferentes. Repare no quadro que se segue:

SUPERLATIVO	SUPERLATIVO	a) Positivo: **TALL**	b) Positivo: **COMFORTABLE**
		THE + ADJECTIVO + **-EST**	**THE** + **MOST** + ADJECTIVO
		Ex.: John is the tall**est** pupil in my class — O João é **o** aluno **mais** alto da minha turma	Ex.: This is **the most** comfortable sofa of all — Este é **o** sofá **mais** confortável de todos
	INFERIORIDADE	**THE LEAST** + ADJECTIVO	
		Ex.: Charles is **the least** tall pupil in my class — O Carlos é **o** aluno **menos** alto da minha turma	Ex.: A bench is **the least** comfortable seat I know — Um banco é **o** assento **menos** confortável que conheço

Tal como em Inglês, em Português raramente se usa o **superlativo de inferioridade**.

HAVE / HAVE GOT

Quando é usado como um simples verbo transitivo, significa **possuir** e é, geralmente, traduzido por **ter**.

I **have (got)** a car	**tenho** um carro
they **have (got)** problems	eles **têm** problemas

Have é também usado com alguns nomes em que toda a expressão é equivalente a um verbo:

to **have** dinner = to dine	**jantar**
to **have** a try = to try	**tentar**
to **have** a walk = to walk	**passear**

Note, no entanto, como se traduzem as expressões seguintes:

to **have** breakfast	**tomar** o pequeno-almoço
to **have** a shower	**tomar** duche
to **have** a bath	**tomar** banho

Quando usado como auxiliar dos tempos compostos, traduz-se da seguinte maneira (conforme o contexto da frase em que está inserido):

I **have** bought a car	**comprei** um carro (e ainda o tenho)

the taxi **has** arrived	o táxi **acabou de chegar**
the weather **has** been fine this week	o tempo **tem** estado óptimo esta semana
He **had** spent all his money by the end of the week	ele **tinha** gasto (ou **gastara**) todo o dinheiro antes do fim de semana

To have to com o sentido de **must (dever)** traduz-se, geralmente, por **ter de**.

| I **have to** leave now | **tenho de** partir agora |
| you don't **have to** go | não **tens de** ir |

Usa-se **had** no início de uma frase para substituir uma expressão com *if*. Essas expressões são, geralmente, traduzidas por **se** + **mais-que-perfeito composto do conjuntivo**:

| **had** I taken the train, this would never have happened | **se** eu **tivesse apanhado** o comboio, isto nunca teria acontecido |

Consultar a respectiva entrada para outras traduções.

HIM / HER / THEM

Quando usados como complemento directo, **him** e **her** traduzem-se por **o** e **a**.

| I know **him/her** | conheço-**o/a** |

Quando usados como complemento indirecto, são traduzidos por **lhe**.

| I've given **him/her** the book | dei-**lhe** (a ele ou a ela) o livro |

Depois de preposições e depois do verbo <u>to be</u>, traduz-se por **ele/ela**.

| he did it for **him/her** | ele fê-lo por **ele/ela** |
| it's **him/her** | é **ele/ela** |

O plural de <u>him</u>, <u>her</u> e <u>it</u> (comp. directo) é **them**. Tudo o que foi dito para o sing., se aplica ao plural. Traduz-se para Português por **os**, **as** e **lhes**, conforme os casos.

I know **them**	eu conheço-**os/as** (comp. directo)
I gave **them** the book	eu dei-**lhes** (a eles ou a elas) o livro (comp. indirecto)
he did it for **them**	ele fê-lo por **eles/elas** (depois de preposição)
it's **them**	são **eles/elas** (depois do verbo to be)

IT

Quando **it** é usado como sujeito em referência a um determinado objecto ou animal, traduz-se em Português por **ele** ou **ela** de acordo com o género do sujeito a que se refere. **Note** que, na maior parte das vezes, se omite o pronome com função de sujeito.

| "Do you like my skirt/my coat?" "**It**'s lovely." | "Gostas da minha saia/do meu casaco?" "(**Ela/Ele**) é muito bonita/bonito." |

Também se omite o pronome, se o objecto referido se encontra nomeado na mesma frase.

it's a good film — é um bom filme

Quando **it** é usado como complemento directo, é traduzido por **o/a** de acordo com o género do objecto referido.

it's my book/my chair and I want **it** — é o meu livro/a minha cadeira e eu quero-**o/a**

Por vezes, o pronome **it** é traduzido por **isso**.

I've heard about **it** — já ouvi falar **nisso**

Consultar a respectiva entrada para outras traduções.

MAY / MIGHT

<u>May</u> é usado com outro verbo para exprimir <u>probabilidade</u>. Em Português, usa-se o advérbio **talvez + o conjuntivo** com o verbo equivalente.

It **may** rain — **talvez** chova

he **may** have got lost — **talvez** ele se tenha perdido

Por outro lado, a construção inglesa com **may** e a correspondente portuguesa com **tavez + conjuntivo** também serve para exprimir uma <u>concessão</u>.

he **may** be slow but he is not stupid — **talvez** ele seja lento, mas não é estúpido

you **may** think I'm crazy but ... — **talvez** penses que sou doido, mas...

Quando **may** é usado para <u>pedir licença</u>, o equivalente em Português é **poder**.

you **may** close the door — **podes** fechar a porta

may I make a suggestion? — **posso** fazer uma sugestão?

Quando **may** é usado formalmente para exprimir uma <u>intenção</u> na construção **in order that + may**, em Português traduz-se por **para que + conjuntivo**.

in order that he **may** know — **para que** ele saiba ou **para que** ele possa saber

Quando **may** é usado com outro verbo para exprimir um <u>desejo</u>, usa-se, em Português, **que + conjuntivo**.

may they be happy — **que** eles sejam felizes

Might

A diferença entre **may** e **might** é que este último indica uma probabilidade mais remota que **may**.

it **might** rain — talvez chova

é capaz de chover

é provável que chova (embora eu não acredite nisso pelo estado do tempo)

Quando há a ideia de uma possibilidade no passado que, de facto, não ocorreu, usamos na tradução o verbo **poder** no **imperfeito** ou no **condicional**.

it **might** have been serious (but wasn't in fact)	**podia** (ou **poderia**) ter sido grave

Existe também o caso de qualquer coisa que podia ter acontecido e não aconteceu, causando, por isso, certo desagrado.

you **might** have said thanks!	podias, ao menos, ter dito obrigado!

Consultar a entrada **may** para outras traduções.

PRETÉRITO PERFEITO COMPOSTO (Present Perfect)

É formado pelo **Presente** do verbo **to have** e o **Particípio Passado** do **verbo principal**. Serve para indicar uma acção que começou no passado mas que tem efeitos ou consequências no presente.

I **have lost** my key	perdi a chave (ou seja, não posso entrar em casa agora)

Normalmente, utiliza-se o Pret. Perf. Composto com diversas partículas — **just, since, for, yet, already** — conforme o sentido que pretendemos dar à frase. (Ver a propósito as notas gramaticais para **since** e **for** nas págs. respectivas.)

the pupils **have just written** the summary	os alunos **acabaram de escrever** o sumário
I **have taught** English **since** 1971	eu **ensino** Inglês **desde** 1971
we **haven't bought** a new car **for** 10 years	nós **não compramos** um carro novo **há** 10 anos
the pupils **haven't written** the summary **yet**	os alunos **ainda não escreveram** o sumário
he **has already done** his homework	ele **já fez** o trabalho de casa

Note que as traduções para Português utilizam tempos verbais diversos dependendo da frase em questão.

PRETÉRITO MAIS-QUE-PERFEITO (Past Perfect)

É formado pelo **Passado** do verbo **to have** e o **Particípio Passado** do **verbo principal**. Serve para indicar uma acção, no passado, que aconteceu antes de outra também no passado.

I **had met** Mary when I **saw** you	eu **tinha encontrado** a Maria quando te **vi**
my mother told me a friend of mine **had phoned** when I **was** out	a minha mãe disse-me que uma amiga minha **tinha telefonado** quando eu não **estava**
after she **had done** her copy she **watched** the cartoons	depois de **ter feito** a cópia, ela **viu** os desenhos animados

SHALL / SHOULD

Shall é usado <u>para nos oferecermos para qualquer coisa</u>, para fazermos uma sugestão ou <u>para pedirmos um conselho</u>.

shall I open the door?	**quer** que abra a porta?
shall we go now?	**e se** fôssemos embora agora? ou **vamos** embora agora?
what **shall** I do?	**o que (é que) devo** fazer?

Utilizamos **shall** para construir o <u>futuro</u> da 1.ª pes. sing. e plural. Podemos usar a forma abreviada **'ll** (**I'll** ou **we'll**).

I **shall** be there in a few minutes	esta**rei** aí dentro de minutos
we **shall** never forget you	nunca te esquece**remos**

Note, porém, que a forma mais usual de construção do <u>futuro</u> é com **will**.

Raramente é utilizada a negativa **shan't**.

I **shan't be** there tomorrow
não estarei aí amanhã
é usualmente substituído por
I **won't be** there tomorrow

Should é usado para exprimir <u>uma obrigação moral</u>. É traduzido para Português pelo **imperfeito** do verbo **dever**.

we **should** leave at seven	**devíamos** partir às sete
she **should** have told him the truth	ela **devia** ter-lhe dito a verdade

É também utilizado em frases negativas com o mesmo sentido.

you **shouldn't** do that	**não devias** fazer isso

Quando **should** é usado como auxiliar em orações de <u>that</u>, é traduzido pelo **conjuntivo do verbo principal**.

in order **that** they **should understand**	**para que** eles **compreendessem**

Quando **should** é usado como auxiliar para formar o <u>condicional</u>, traduz-se pelo **condicional do verbo principal** em Português.

I **should** like to go to Paris	**gostaria** de ir a Paris

Consultar as respectivas entradas para outras traduções.

SINCE

Como preposição

<u>Em expressões de tempo</u>

Since é usado depois de um verbo num tempo de perfeito para indicar o momento, no passado, a partir do qual começou uma acção que ainda se prolonga no presente. A sua correspondência em Português faz-se, geralmente, com o verbo no **presente** + **desde**.

I've **lived** in Rome **since** 1988	**vivo** em Roma **desde** 1988
I've **been waiting since** Saturday	**estou à espera desde** sábado ou **tenho estado à espera desde** sábado

Quando **since** é usado depois de um verbo no pretérito mais-que-perfeito, traduz-se pelo **imperfeito** ou pelo **mais-que-perfeito + desde**.

I **had been waiting since** nine o'clock	eu **estava à espera desde** as nove horas ou eu **tinha estado à espera desde** as nove horas

Como conjunção
Em expressões de tempo
Quando **since** é usado como conjunção, traduz-se por **desde que**.

she has been living in Oxford **since** she got married	ela vive em Oxford **desde que** se casou

Em expressões de causalidade
Quando **since** significa *porque*, traduz-se, geralmente, por **visto que** ou **como**.

since she was ill, she couldn't go	**visto que** (ou **como**) ela estava doente, não podia ir

Como advérbio
Quando **since** é usado como advérbio, traduz-se por **desde então**.

he hasn't been seen **since**	ele não tem sido visto **desde então**

SOME / ANY
Some indica uma quantidade indefinida e traduz-se por **alguns**.

some people can dance the waltz	**algumas** pessoas sabem dançar a valsa

Usamos **any,** em vez de **some,** em frases interrogativas e negativas, embora, por vezes, possa não se traduzir para Português.

have you got **any** stamps from Macao?	tens (**alguns**) selos de Macau?
are there **any** biscuits left?	há ainda **algumas** bolachas?
I haven't got **any** money	não tenho dinheiro **nenhum**
during holidays there aren't **any** pupils at school	durante as férias não há (**nenhuns**) alunos na escola

Note a diferente tradução de **any** (= **nenhum/nenhuns**) nas frases negativas.

Consultar as respectivas entradas para outras traduções.

THAT / WHICH / WHO /WHOM (como pronomes relativos)
That
Quando utilizado como pronome relativo **that** é traduzido por **que** e pode substituir **which** ou **who**.

I know the man **that** stole the car	eu conheço o homem **que** roubou o carro

Quando **that** é usado como pronome relativo com uma preposição é, geralmente, traduzido por **quem** ou **o/a qual**, **os/as quais**.

these are the children **that** I bought the books **for**	estes são as crianças **para quem** eu comprei os livros

| the girl **that** I was talking **to** is my friend | a rapariga, **com quem/com a qual** eu estava a falar, é minha amiga |

Note, no entanto, a tradução quando se trata de um objecto:

| the chair **that** I was sitting **on** is broken | a cadeira, **onde/na qual/em que** eu estava sentada, está partida |

Which

Quando é usado como pronome relativo na função de sujeito ou de complemento é traduzido por **que** e só se refere a coisas ou animais (pode ser substituído por **that**).

| the dog **which** (ou **that**) disappeared is black and white | o cão **que** desapareceu é preto e branco |
| tha'ts the book **which** (ou **that**) Mary was reading | este é o livro **que** a Maria estava a ler |

Quando é usado depois de uma preposição, pode ser traduzido por **o/a qual** ou **os/as quais**.

| the expressions **for which** we have translations are not enough | as expressões, **para as quais** temos tradução, não são suficientes |

Who

Quando é usado como pronome relativo na função de sujeito é traduzido por **que** e só se refere a pessoas (pode ser substituído por **that**).

| the man **who** (ou **that**) is standing over there is my father | o homem, **que** está ali de pé, é o meu pai |

Depois de preposição, em vez de <u>who</u> pode utilizar-se **whom** e a respectiva tradução é **quem**.

| the man **to whom** you spoke is my father | o homem, **com quem** falaste, é o meu pai |

Note, porém, que é menos formal e mais usual dizer-se:

| the man **who** you spoke **to** is my father | o homem, **com quem** falaste, é o meu pai |

Consultar as respectivas entradas para outras traduções.

THE

Em Português, concorda em género e número com o substantivo que ele determina: **the** traduz-se:

por **o**

| **the** dog | **o** cão (masc. sing.) |

por **a**

| the chair | **a** cadeira (femin. sing.) |

por **os**

| **the** men | **os** homens (masc. plur.) |

por **as**

| **the** women | **as** mulheres (femin. plur.) |

Quando, em Inglês, o artigo **the** é usado depois de uma preposição, as duas palavras são traduzidas por **uma só** em Português

I'm **in the** kitchen	Estou **na** cozinha — (**na** = contracção da preposição **em** mais o artigo **a**)

Ao contrário do que sucede em Português, em Inglês não se usa **the**

com os nomes próprios

Peter is coming	**O** Pedro vem aí

com nomes de refeições

I have breakfast at 10.00	Tomo **o** pequeno-almoço às 10

com nomes de cores

Red is my favourite colour	**O** vermelho é a minha cor favorita

com desportos

Football is a very popular sport	**O** futebol é um desporto muito popular

antes de certos dias festivos

Christmas is a special day for children	**O** Natal é um dia especial para as crianças

Note a tradução das frases que se seguem:

the good, **the** poor	**os** bons, **os** pobres
Charles **the** First	Carlos I (Carlos Primeiro)

THIS / THAT (como demonstrativos)

Os demonstrativos, em Português, concordam em género e número com o nome que determinam, o que não sucede em Inglês: **this** é traduzido por **este/esta** e **that** é traduzido por **aquele/aquela** ou **esse/essa**. Os respectivos plurais são **these** e **those**, que significam **estes/estas** e **aqueles/ /aquelas** ou **esses/essas**.

this lady is my mother	**esta** senhora é a minha mãe
that book is mine	**aquele/esse** livro é meu
these shoes are dirty	**estes** sapatos estão sujos
those boys and girls are my pupils	**aqueles/esses** rapazes e raparigas são meus alunos

Como pronomes, podem ser utilizados sozinhos ou ligados a *one/ones*.

this is my teacher	**esta** é a minha professora (ou **este** é o meu professor)
I like this dress but I prefer **that one**	gosto deste vestido mas prefiro **aquele**

This e **that** podem também ser traduzidos por **isto** e **aquilo/isso**.

this is what I want	**isto** é o que eu quero
that was what he said	**isso** foi o que ele disse

Consultar as respectivas entradas para outras traduções.

TO

Quando **to** é usado como preposição com verbos de movimento (*go, travel*, etc.), é traduzido por **para** ou **a**:

I go **to** Lisbon every year	eu vou **a** Lisboa todos os anos
he travelled **to** New York last month	ele viajou **para** Nova Iorque no mês passado

Quando **to** forma o infinito de um verbo considerado sozinho não é traduzido em Português:

to go	ir
to find	encontrar

No entanto, quando **to** é usado como parte de um infinito com o sentido de *in order to*, traduz-se por **para**:

he has gone into town **to** buy a shirt	ele foi à cidade **para** comprar uma camisa

To é também usado como parte de um infinito depois de certos adjectivos, sendo traduzido por **de**:

its difficult **to** understand	é difícil **de** compreender
its easy **to** read	é fácil **de** ler

Quando o infinito possui um objecto, **to** geralmente não se traduz:

it's easy **to** lose one's head	é fácil perder a cabeça

Consultar a respectiva entrada para outras traduções.

VOZ PASSIVA

A voz passiva é muito utilizada em Inglês. Tem, geralmente, uma correspondência directa com o Português

Forma-se com o <u>verbo **to be** + o **particípio passado** do verbo principal</u>.
O tempo verbal da passiva é sempre o mesmo do da activa.

I **clean** the house	eu **limpo** a casa
the house **is cleaned** by me	a casa **é limpa** por mim
the child **ate** the apple	a criança **comeu** a maçã
the apple **was eaten** by the child	a maçã **foi comida** pela criança

Note que, em Inglês, o agente da passiva é regido pela preposição **by** e, em Português, pelo seu equivalente **por**.

Muitas vezes, não interessa ou não se sabe quem pratica a acção e, por isso, omite-se o agente da passiva:

my uncle's car **was stolen**	o carro do meu tio **foi roubado** ou **roubaram** o carro do meu tio

Em títulos de jornais e em letreiros utiliza-se muito a passiva:

rain **expected** for tomorrow	**espera-se** chuva para amanhã
English **spoken** here	aqui **fala-se** Inglês
postcards **sold** here	aqui **vendem-se** postais

Note que, nestes casos, o verbo **to be** está subentendido (English is spoken here, postcards are sold here) e, em Português, usa-se a voz activa com a partícula apassivante se.

Certas frases só se podem utilizar na voz passiva:

I **was born** in Évora	nasci em Évora
this tablecloth **is made** of cotton	esta toalha de mesa é de algodão

Outras frases nunca se podem utilizar na passiva:

they have got a nice house	eles têm uma casa bonita
she arrived five minutes ago	ela chegou há cinco minutos
I like ice-cream	gosto de gelado

WHAT

Quando é usado para introduzir uma oração como complemento directo do verbo da oração anterior, traduz-se por **o que**.

I don't know **what** he wants	eu não sei **o que** ele quer
tell me **what** happened	conta-me **o que** aconteceu

WHAT /WHICH / WHO (como interrogativos)

Utilizamos **what** e **which** para pessoas ou coisas quando queremos fazer uma escolha. Traduzem-se em Português por **que** ou **qual/quais**.

what books do you like?	de **que** livros gostas?
what's your address?	**qual** é a tua morada?
which is your car?	**qual** é o teu carro?
ou	ou
which car is yours?	**que** carro é o teu?
which boy is the tallest?	**qual** é o rapaz mais alto?

Note que a diferença reside numa maior ou menor escolha: com **what,** sabemos que há um maior número por onde escolher, com **which,** o número de alternativas é menor.

Por vezes, **what**, como pronome interrogativo, traduz-se por **o que é que**.

what does he want?	**o que é que** ele quer?
what are you doing?	**o que é que** estás a fazer?
what happened?	**o que (é que)** aconteceu?

Who usa-se apenas para pessoas, sendo traduzido por **quem**.

who's there?	**quem** está aí?
who was the girl you were talking to?	**quem** era a rapariga com quem estavas a falar?

Consultar as respectivas entradas para outras traduções.

WILL / WOULD

Utiliza-se **will** para construir o <u>futuro provável, independente da nossa vontade</u> ou <u>uma decisão futura tomada em cima da hora</u>.

my son **will** be 21 next month	o meu filho **faz/vai fazer** 21 anos para o mês que vem
"which handbag do you want?" "**I'll** take the brown one, please"	"que carteira pretende?" "**levo/vou levar** a castanha, se faz favor"

Note que, na tradução, para Português, raramente utilizamos a forma de futuro correspondente. Utilizamos, geralmente, o presente com ideia de futuro ou uma perifrástica com o verbo *ir*.

Na forma interrogativa com **you**, **will** serve <u>para fazer um convite</u> ou <u>um pedido</u>.

will you have some more wine?	**não quer** um pouco mais de vinho?
will you come this way, please?	**venha** por aqui, por favor

Utiliza-se **would** para construir o chamado 2.º condicional — situação pouco provável de acontecer.

if I were rich I **would buy** a castle	se eu fosse rico, **compraria** um castelo

Também utilizamos **would** <u>para fazer um pedido de uma forma mais delicada</u> ou <u>para oferecer qualquer coisa</u>.

would you pass me the salt, please?	**era capaz de** me passar o sal, por favor?
would you like a cup of tea?	**deseja** uma chávena de chá?

Consultar as respectivas entradas para outras traduções.

YOU

Em Inglês, utiliza-se **you** para nos dirigirmos directamente a qualquer pessoa. Em Português, conforme as circunstâncias, temos várias formas diferentes para traduzir a mesma palavra: **tu** (informal para a 2.ª pes. sing.), **você** (formal para a 2.ª pes. sing.), **o senhor/a senhora** (ainda mais formal para a 2.ª pes. sing.), **vocês** (informal para a 2.ª pes. plural), **os senhores/as senhoras** (formal para a 2.ª pes. plural) e **vós** (ainda mais formal para a 2.ª pes. plural). **Note** que em Português se **omite** geralmente o sujeito, **note ainda** a concordância entre os vários sujeitos e as correspondentes formas verbais.

would **you** like some coffee?	**(tu)** queres café?
	(você) quer café?
	(o senhor/a senhora) quer café?
	(vocês) querem café?
	(os senhores/as senhoras) querem café?
	(vós) quereis café? (pouco usado)

A forma generalizada de tratamento social é, em Português, o **você** utilizado com o verbo na 3.ª pes. sing.: "Você amanhã a que horas vem?" No entanto, torna-se mais delicado omitir a forma de tratamento: "Amanhã a que horas vem?"

A forma **tu**, mais informal, é usada entre amigos chegados, pessoas de família, entre as crianças e os jovens e pelos adultos quando se dirigem a crianças ou jovens.

Quando **you** tem função de complemento, traduz-se em Português por **te**, **ti** ou **tigo**, conforme a função que desempenha na frase.

she knows **you**	ela conhece-**te**
this is for **you**	isto é para **ti**
I'm going with **you**	vou con**tigo**

Quando **you** é usado impessoalmente com o sentido de <u>qualquer pessoa</u>, traduz-se em Português por **se**.

you can do as **you** like here	aqui pode-**se** fazer o que **se** quiser

Consultar a respectiva entrada para outras traduções.

VERBOS IRREGULARES

Segue-se a lista dos verbos irregulares que se encontram traduzidos neste dicionário.

Infinitivo	Pretérito	Part. Passado
abide	abode, abided	abode, abided
arise	arose	arisen
awake	awoke	awoken
be	was / were	been
bear	bore	borne
beat	beat	beaten
become	became	become
begin	began	begun
behold	beheld	beheld
bend	bent	bent
bet	bet, betted	bet, betted
bid	bade, bid	bidden, bid
bind	bound	bound
bite	bit	bitten
bleed	bled	bled
blow	blew	blown
break	broke	broken
breed	bred	bred
bring	brought	brought
broadcast	broadcast	broadcast
browbeat	browbeat	browbeaten
build	built	built
burn	burnt	burnt
bust	busted	busted
buy	bought	bought
cast	cast	cast
catch	caught	caught
choose	chose	chosen
cling	clung	clung
come	came	come

cost	cost	cost
creep	crept	crept
crow	crowed	crowed
cut	cut	cut
deal	dealt	dealt
dig	dug	dug
dive	dived	dived
do	did	done
draw	drew	drawn
dream	dreamt	dreamt
drink	drank	drunk
drive	drove	driven
dwell	dwelt	dwelt
eat	ate	eaten
fall	fell	fallen
feed	fed	fed
feel	felt	felt
fight	fought	fought
find	found	found
flee	fled	fled
fling	flung	flung
floodlight	floodlit	floodlit
fly	flew	flown
forbear	forbore	forborne
forbid	forbade, forbad	forbidden
forecast	forecast	forecast
foresee	foresaw	foreseen
foretell	foretold	foretold
forget	forgot	forgotten
forgive	forgave	forgiven
forsake	forsook	forsaken
freeze	froze	frozen
get	got	got
give	gave	given
go	went	gone
grind	ground	ground
grow	grew	grown
hide	hid	hidden
hit	hit	hit
hold	held	held
hurt	hurt	hurt
inlay	inlaid	inlaid
hang	hung	hung
have	had	had
hear	heard	heard
heave	heaved	heaved
keep	kept	kept
kneel	kneeled, knelt	kneeled, knelt
knit	knitted, knit	knitted, knit
know	knew	known

lay	laid	laid
lead	led	led
lean	leant	leant
leap	leapt	leapt
learn	learnt	learnt
leave	left	left
lend	lent	lent
let	let	let
lie	lay	lain
light	lit	lit
lose	lost	lost
make	made	made
mean	meant	meant
meet	met	met
mislay	mislaid	mislaid
mislead	misled	misled
misread	misread	misread
/mɪs'riːd/	/mɪs'red/	/mɪs'red/
misspell	misspelt	misspelt
mistake	mistook	mistaken
misunderstand	misunderstood	misunderstood
mow	mowed	mowed, mown
outdo	outdid	outdone
outgrow	outgrew	outgrown
overcome	overcame	overcome
overdo	overdid	overdone
overdraw	overdrew	overdrawn
overhang	overhung	overhung
overpay	overpaid	overpaid
override	overrode	overridden
overrun	overran	overrun
oversee	oversaw	overseen
oversleep	overslept	overslept
overtake	overtook	overtaken
overthrow	overthrew	overthrown
pay	paid	paid
plead	pleaded	pleaded
put	put	put
quit	quit, quitted	quit, quitted
read /riːd/	read /red/	read /red/
rebuild	rebuilt	rebuilt
redo	redid	redone
repay	repaid	repaid
rewrite	rewrote	rewritten
rid	rid	rid
ride	rode	ridden
ring	rang	rung
rise	rose	risen
run	ran	run
saw	sawed	sawn

say	said	said
see	saw	seen
seek	sought	sought
sell	sold	sold
send	sent	sent
set	set	set
sew	sewed	sewn, sewed
shake	shook	shaken
shear	sheared	shorn
shine	shone	shone
shoe	shod	shod
shoot	shot	shot
show	showed	shown
shrink	shrank	shrunk, shrunken
shut	shut	shut
sing	sang	sung
sink	sank	sunk
sit	sat	sat
slay	slew	slain
sleep	slept	slept
slide	slid	slid
sling	slung	slung
slit	slit	slit
smell	smelt	smelt
sow	sowed	sowed, sown
speak	spoke	spoken
speed	sped	sped
spell	spelt	spelt
spend	spent	spent
spill	spilt	spilt
spin	spun	spun
spit	spat	spat
split	split	split
spoil	spoilt	spoilt
spread	spread	spread
spring	sprang	sprung
stand	stood	stood
stave	staved, stove	staved, stove
steal	stole	stolen
stick	stuck	stuck
sting	stung	stung
stink	stank	stunk
strew	strewed	strewed, strewn
stride	strode	stridden
strike	struck	struck
string	strung	strung
strive	strove	striven
swear	swore	sworn
sweep	swept	swept
take	took	taken

teach	taught	taught
tear	tore	torn
tell	told	told
think	thought	thought
thrive	thrived, throve	thrived
throw	threw	thrown
thrust	thrust	thrust
tread	trod	trodden
swell	swelled	swollen, swelled
swim	swam	swum
swing	swung	swung
undercut	undercut	undercut
undergo	underwent	undergone
underlie	underlay	underlain
understand	understood	understood
undertake	undertook	undertaken
undo	undid	undone
unwind	unwound	unwound
uphold	upheld	upheld
upset	upset	upset
wake	woke	woken
waylay	waylaid	waylaid
wear	wore	worn
weave	wove, weaved	woven, weaved
wed	wedded, wed	wedded, wed
wet	wet, wetted	wet, wetted
win	won	won
wind /waɪnd/	wound /waʊnd/	wound /waʊnd/
withdraw	withdrew	withdrew
withhold	withheld	withheld
withstand	withstood	withstood
wring	wrung	wrung
write	wrote	written

NOTAS VOCABULARES

S CORES

A tradução de expressões relacionadas com as cores nem sempre tem uma correspondência directa nas duas línguas. **Note** que os nomes que designam as cores são masculinos em Português.

what colour is it?	de que cor é?
it's green	é verde
to paint something green	pintar alguma coisa **de** verde
to dye something green	tingir alguma coisa **de** verde
to wear green	vestir-se **de** verde
dressed **in** green	vestida **de** verde
red suits her	**o** vermelho fica-lhe bem
it's a pretty yellow	é **um** amarelo bonito
a pretty shade of blue	**um** bonito tom de azul

Como qualquer adjectivo em Inglês, as cores precedem os nomes ao contrário do que sucede em Português:

I have got a blue car	eu tenho um carro **azul**

Em Português, alguns adjectivos que exprimem a cor concordam em género e número com o nome que qualificam, enquanto em Inglês são sempre invariáveis:

a yellow shirt	uma camisa amarel**a**
a yellow coat	um casaco amarel**o**
brown shoes	sapatos castanh**os**

Os tons das cores traduzem-se da seguinte maneira:

pale blue	azul-pálido
light blue	azul-claro
bright blue	azul-vivo
dark blue	azul-escuro
strong blue	azul-forte

Em Inglês, utiliza-se a terminação **-ish**, ou **-y**, para indicar que uma coisa é aproximadamente de certa cor. A terminação equivalente em Português é **-ado**:

blue**ish**	azul**ado**
green**ish** or greeny	esverde**ado**
grey**ish**	acinzent**ado**
redd**ish**	avermelh**ado**
yellow**ish** or yellowy	amarel**ado**

Em Inglês, junta-se a terminação **-en** a uma cor para a transformar em verbo:

to black**en**	enegrecer
to redd**en**	avermelhar
to whit**en**	embranquecer ou branquear

Para a <u>descrição de pessoas</u> (ver pág. respectiva), nem todas as cores têm uma correspondência directa entre o Inglês e o Português. As palavras que se seguem são utilizadas para descrever a cor do cabelo:

fair	louro
dark	escuro
blonde or blond	louro
brown	castanho
red	ruivo

black	preto ou negro
grey	grisalho
white	branco

O CORPO HUMANO — tópicos para uma descrição

| What is he / she like? | Como é que ele / ela é? |
| What are they like? | Como é que eles são? |

his hair is long	o cabelo dele é comprido
he has (got) long hair	ele tem cabelo comprido
a / the boy **with** long hair	um / o rapaz **de** cabelo comprido
a long-haired boy	um rapaz de cabelo comprido

her eyes are blue	os olhos dela são azuis
she has (got) blue eyes	ela tem olhos azuis
she is blue-eyed	ela tem olhos azuis
a / the girl **with** blue eyes	uma / a rapariga **de** olhos azuis
a blue-eyed girl	uma rapariga de olhos azuis

Note que, em Inglês, se usa o possessivo com as partes do corpo, o que normalmente não acontece em Português:

| I closed **my** eyes | fechei os olhos |
| she raised **her** hand | ela levantou a mão |

Para a tradução do vocabulário específico do corpo humano, deve-se consultar as respectivas entradas (hair, eye, nose, face, etc.)

A DATA

Em Inglês, pode-se escrever a data de várias maneiras:
April 25
25 April
April 25th
25th April

Em Português, será sempre: 25 de Abril

Dizer e escrever datas

what's the date?	quantos são hoje? ou a quantos estamos? ou em que dia estamos?
it's the tenth	são dez ou estamos a dez
it's the tenth of May	estamos a dez de Maio
1st May, 1992 (the first of May nineteen ninety-two)	um de Maio de mil novecentos e noventa e dois
14th July 1950 (the fourteenth of July nineteen fifty)	catorze de Julho de mil novecentos e cinquenta
16.5.68 (GB) or 5.16.68 (US)	16.5.68 (dezasseis do cinco de sessenta e oito)

AD 230 (two hundred and thirty	230 d. C. (duzentos e trinta
Anno Domini)	depois de Cristo)
55 BC (fifty-five before Christ)	55 a. C. (cinquenta e cinco
	antes de Cristo)

Note que utilizamos **on** quando, na data, dizemos o dia e **in** quando apenas dizemos o mês e/ou o ano. Em Português, utilizamos, respectivamente, **a** e **em**:

on 6th March (on the sixth of March)	**a** 6 de Março
he came **on** the 21st	ele veio **a** 21 ou ele veio no dia 21
it happened **in** December	aconteceu **em** Dezembro
she was born **in** 1951	ela nasceu **em** 1951
they went to Azores **in** August 1978	eles foram para os Açores **em** Agosto de 1978

Outras expressões

in 2000 (in the year two thousand)	no ano dois mil
in the early sixties	no início dos anos sessenta
in the late seventies	nos finais dos anos setenta
the 14-18 war	a guerra de 14-18

Note que, em Inglês, se usa a numeração árabe para os séculos, enquanto em Português se utiliza a numeração romana:

| in the 16th century (in the sixteenth century) | no séc. XVI (no século dezasseis) |

OS DIAS DA SEMANA

Monday	segunda(-feira)
Tuesday	terça(-feira)
Wednesday	quarta(-feira)
Thursday	quinta(-feira)
Friday	sexta(-feira)
Saturday	sábado
Sunday	domingo

what day is it?	que dia é hoje?
it's Monday	é segunda(-feira)
today is Monday	hoje é segunda(-feira)

| on Monday | **na** segunda(-feira) |
| I'll see her on Monday morning | vejo-a **na** segunda(-feira) de manhã |

mas

| on Mondays | **às** segundas(-feiras) |
| I see her on Monday mornings | vejo-a **às** segundas(-feiras) de manhã |

<u>Expressões específicas com dias da semana</u> (a segunda-feira serve de exemplo para todos os dias da semana)

Monday afternoon	na segunda(-feira) à tarde
one Monday evening	uma segunda(-feira) ao fim da tarde
that Monday morning	nessa segunda(-feira) de manhã
last Monday night	na noite de segunda(-feira) passada
early on Monday	na segunda(-feira) de manhã cedo
late on Monday	ao fim da tarde de segunda(-feira)
that very Monday	precisamente nessa segunda(-feira)
last Monday	na segunda(-feira) passada
next Monday	na próxima segunda(-feira)
the Monday before last	na penúltima segunda(-feira)
from Monday on	de segunda(-feira) em diante
every Monday	todas as segundas(-feiras)
each Monday	cada segunda(-feira)
every other Monday	segunda sim, segunda não
every third Monday	cada segunda(-feira) em três
most Mondays	quase todas as segundas(-feiras) ou na maior parte das segundas(-feiras)
in the second Monday in the month	na segunda segunda(-feira) de cada mês
the odd Monday or the occasional Monday	numa ou noutra segunda(-feira)

Note a diferença:

Mondays paper	o jornal de segunda(-feira) (de um determinado dia)
the Monday papers	os jornais de segunda(-feira) (todos os que saem às segundas)

FORMAS DE TRATAMENTO

Em Inglês, usa-se o apelido depois de **Mr.** (Senhor), **Mrs** (Senhora) e **Miss** (Menina).

good morning, **Mr** Jones	bom dia, **Sr.** Jones
good afternoon, **Mrs** Smith	boa tarde, *****Sra.** Smith
goodbye, **Miss** Taylor	adeus, *****Menina** Taylor

As expressões marcadas com * não são correctas em Português: no caso de uma mulher (casada ou não), diríamos "Boa tarde, Sra. D. ......" se soubéssemos o seu nome próprio, ou apenas "Boa tarde, minha senhora".

Da mesma forma, tratando-se de uma jovem, chamá-la-íamos pelo nome próprio, ou diríamos "Adeus, menina", o que, também depende do grau de intimidade que tivermos com a pessoa em questão.

Note que, em todos os casos, poderíamos omitir o nome das pessoas e cumprimentar, dizendo só "Bom dia", "Boa tarde", etc.

Em Inglês, existe uma forma de tratamento que engloba as mulheres tanto casadas como solteiras — **Ms** — que não tem equivalente em Português.

Ms Brown   *Sra. Brown ou *Menina
                                                       Brown

Quando se trata de certos títulos que antecedem o nome, em Português, usa-se o determinante definido, o que não acontece em Inglês.

Dr Blake has arrived   o Dr. Blake já chegou
Professor Johnson spoke   o Professor Johnson falou

O mesmo acontece com títulos da nobreza:

Prince Charles   o Príncipe Carlos
Princess Elizabeth   a Princesa Isabel
King Richard   o Rei Ricardo

Títulos de posições e cargos importantes são usados em Português antecedidos de **Senhor** ou **Senhora**:

Yes, Minister   sim, **Senhor** Ministro ou sim,
                                                       Senhora Ministra

---

AS HORAS

what time is it?
or   que horas são?
what's the time?

it's...   são...
4 o'clock   4 horas
4 o'clock in the morning   4 (horas) da manhã
or
4 am
4 o'clock in the afternoon   4 (horas) da tarde ou 16 horas
or
4 pm
4.02 (two past four)   4.02 (quatro e dois)
4.05 (five past four)   4.05 (quatro e cinco)
4.15 [(a) quarter past four]   4.15 (quatro e um quarto)
4.30 (half past four)   4.30 (quatro e meia ou quatro e
                                                       trinta)
4.35 (twenty-five to five)   4.35 (vinte e cinco para as
                                                       cinco ou cinco menos vinte e
                                                       cinco ou quatro e trinta e
                                                       cinco)
4.45 [(a) quarter to five]   4.45 (um quarto para as cinco
                                                       ou cinco menos um quarto ou
                                                       quatro e quarenta e cinco)
4.55 (five to five)   4.55 (cinco para as cinco ou
                                                       cinco menos cinco ou quatro
                                                       e cinquenta e cinco)

8 o'clock in the evening
or   20 horas ou 8 (horas) da noite

8 pm

12.00 (noon / midday / twelve o'clock)	12.00 (meio-dia)
24.00 (midnight)	24 horas ou meia-noite

Outras expressões

could you tell me the time?	podia-me dizer as horas?
what time did it happen?	a que horas é que isso aconteceu?
it happened **at** two o'clock	aconteceu **às** 2 horas
at five at the latest	**às** cinco o mais tardar
a little after nine	um pouco depois das nove
at about three	por volta das três
closed from 1 to 2 pm	fechado da 1 às 2 da tarde
every hour on the hour	sempre à hora certa
at ten past every hour	sempre dez minutos depois da hora

Note que, em Inglês, se utiliza **at** para dizer a que horas é que qualquer coisa aconteceu, sendo **às** o correspondente em Português.

A IDADE

Em Inglês, diz-se a idade com o verbo **to be** (I'm ....years old). Em Português, diz-se a idade com o verbo **ter** (tenho .... anos).

how old **are** you?	que idade **tens**? ou quantos anos **tens**?
I'm ten (years old)	**tenho** dez (anos)

Tanto em Inglês, como em Português podemos omitir as expressões correspondentes *years old* e *anos*. Em Inglês nunca podemos dizer I'm ten years.

Expressões que indicam a idade

they've got an eight-year-old and a five-year-old	eles têm um filho de oito anos e outro de cinco
a child of eight and a half	uma criança de oito anos e meio
he is barely nine	ele mal tem nove anos
games for the under twelve	jogos para menores de doze (anos)
only for the over sixteen	só para maiores de dezasseis
she looks sixteen	ele parece ter dezasseis anos
I feel sixteen	sinto-me como se tivesse dezasseis anos
at the age of twenty	com (a idade de) vinte anos ou quando tinha vinte anos
a woman aged thirty	uma mulher de trinta anos
she is just over thirty	ela acaba de fazer trinta anos
a forty-year-old	uma pessoa de quarenta anos
a man of fifty	um homem de cinquenta anos
he is about fifty	ele tem cerca de cinquenta anos

my father is just under seventy	o meu pai tem quase setenta anos
he is in his sixties	ele está na casa dos sessenta
he is in his early sixties	ele tem pouco mais de sessenta anos
he is in his late sixties	ele está perto dos setenta anos
he is in his mid sixties	ele anda à roda dos sessenta e cinco anos ou ele tem cerca de sessenta e cinco anos
an eighty-year-old pensioner	um reformado de oitenta anos
the house is a hundred years old	a casa tem cem anos

MEDIDAS DE COMPRIMENTO

Note que, em Português, existe uma **vírgula** em vez do **ponto** para indicar números decimais.

Equivalências

1 in	2,54 cm
1 ft	30,48 cm
1 yd	91,44 cm
1 furlong	201,17 m
1 ml	1,61 km

Comprimento

how long is the rope?	qual é o comprimento da corda?
it's ten metres long	tem dez metros de comprimento
it's three metres too short	faltam-lhe três metros
it's three metres too long	tem três metros a mais
sold by the metre	vendido ao metro
an avenue four kilometres long	uma avenida de quatro quilómetros de comprimento
a six-foot-long snake	uma cobra de um metro e oitenta de comprimento
A is the same length as B	A tem o mesmo comprimento que B
A and B are the same length	A e B têm o mesmo comprimento

Altura
Pessoas

how tall is he?	que altura tem ele? ou qual é a altura dele?
he's six feet tall	ele tem um metro e oitenta de altura ou ele mede um metro e oitenta
he's about five feet	ele mede cerca de 1 m 50
a six-foot-tall athlete	um atleta de um metro e oitenta
a footballer over six feet in height	um futebolista de mais de um metro e oitenta
A is the same height as B	A tem a mesma altura que B

A and B are the same height	A e B têm a mesma altura

Coisas

how high is the tower?	que altura tem a torre? ou qual é a altura da torre? ou de que altura é a torre? ou quanto mede a torre?
it's 50 metres (high)	(tem) 50 metros (de altura) ou mede 50 metros
at a height of two metres	a dois metros de altura ou a uma altura de dois metros
a 100-metre-high tower	uma torre de 100 metros de altura
a mountain over 4000 metres in height	uma montanha de mais de 4.000 metros de altura
how high is the plane?	a que altitude está o avião?

Distância

what's the distance from A to B?	a que distância está A de B? ou qual (é) a distância entre A e B?
how far is it from Lisbon and Oporto?	qual (é) a distância de Lisboa ao Porto?
how far away is the school from the church?	a que distância fica a escola da igreja?
it's about two kilometres	(fica) cerca de dois quilómetros
at a distance of five kilometres	a cinco quilómetros de distância ou a uma distância de cinco quilómetros
A is as far away as B	A é tão longe como B
A and B are the same distance away	A e B estão à mesma distância

Largura

what width is the river?	qual (é) a largura do rio?
how wide is the swimming-pool?	qual (é) a largura da piscina?
it's seven metres wide	tem sete metros de largura

Profundidade

what depth is the river?	qual (é) a profundidade do rio?
how deep is the swimming-pool?	qual (é) a profundidade da piscina?
its four metres deep	tem quatro metros de profundidade

OS MESES DO ANO

January	Janeiro	July	Julho
February	Fevereiro	August	Agosto
March	Março	September	Setembro
April	Abril	October	Outubro
May	Maio	November	Novembro
June	Junho	December	Dezembro

<u>Expressões específicas com meses do ano</u> (Janeiro serve para exemplo de todos os meses)

what month is it?	em que mês estamos?
it's January	estamos em Janeiro
in January	em Janeiro
they are getting married this January	eles vão-se casar em Janeiro
that January	em Janeiro desse ano
next January	no próximo mês de Janeiro
in January next year	em Janeiro do próximo ano
last January	em Janeiro último
the January after next	daqui a dois anos em Janeiro
the January before last	há dois anos em Janeiro
at the beginning of January	no princípio de Janeiro
in early January	em princípios de Janeiro
at the end of January	no final de Janeiro
in late January	em finais de Janeiro
in mid-January	em meados de Janeiro
for the whole of January	durante todo o mês de Janeiro
throughout January	durante o mês de Janeiro
every January	todos os anos em Janeiro
every other January	Janeiro sim, Janeiro não
one January morning	numa manhã de Janeiro

NÚMEROS
Numerais cardinais

Os números (1 a 20, 30, 40, etc.) podem ser consultados nas respectivas entradas. Os números compostos por mais do que um algarismo fazem-se, em Inglês, juntando à dezena respectiva a unidade que queremos:

twenty-one (21)	vinte e um
twenty-two (22)	vinte e dois
...	
twenty-nine (29)	vinte e nove

Todas as outras dezenas se constroem da mesma maneira. **Note**, em Inglês, o hífen entre a dezena e a unidade.

Com as centenas, o processo é semelhante. **Note** a inclusão da conjunção **and** entre a centena e a dezena, tal como acontece em Português:

a hundred **and** twenty-one (121)   cento **e** vinte e um

Em Inglês, o **0** (zero) pode ser lido de três maneiras diferentes — zero /ˈzɪərəʊ/ (que se usa principalmente em Matemática e para dizer a temperatura), nought /nɔːt/ ou como a letra **O** /əʊ/. Este último caso, utiliza-se mais para números de telefone.

One e **two**, quando traduzidos para Português, concordam com o género, feminino ou masculino, do substantivo que lhes sucede:

I have two books here	tenho **dois** livros aqui
those two chairs are out of place	aquelas **duas** cadeiras estão fora do lugar

Em Inglês, usa-se uma vírgula a separar os milhares, os milhões, etc., enquanto que, em Português, se utiliza um ponto ou um espaço.

1,654   1.654 ou 1 654

About ou **around** são as palavras utilizadas para dar números aproximados. Em Português, traduzimo-las por **cerca de**.

there are **about** eight hundred pupils in this school	há **cerca de** oitocentos alunos nesta escola

Outras expressões

I've got hundreds of books	tenho centenas de livros
this capital city has got a million inhabitants	esta capital tem um milhão de habitantes
hundreds and hundreds	centenas e centenas
thousands and thousands	milhares e milhares
to count up to ten	contar até dez
all ten boys	os dez rapazes

Numerais ordinais

Em Inglês, a regra geral é acrescentar **-th** aos numerais cardinais, excepto aos três primeiros:

one (1) — fir**st** (1**st**)	um — primeir**o/a**
two (2) — seco**nd** (2**nd**)	dois — segund**o/a**
three (3) — thi**rd** (3**rd**)	três — terceir**o/a**

Note que, em Português, os ordinais possuem masculino e feminino, singular e plural conforme o nome a que se referem.

Repare que, em Inglês, na formação de um número ordinal composto por mais de um algarismo, só o último leva terminação **-st, -nd, -rd** ou **-th**:

ninety-third (93rd)	nonagésimo terceiro (93.º)
twenty-fourth (24th)	vigésimo quarto (24.º)
hundred and fifty-sixth (156th)	centésimo quinquagésimo sexto (156.º)

Para casos ortográficos especiais (fifth, ninth, twelfth, etc.), consultar as respectivas entradas, tanto em Português como em Inglês.

A PONTUAÇÃO

full stop (.)	ponto (final)
comma (,)	vírgula
colon (:)	dois pontos
semi-colon (;)	ponto e vírgula
exclamation mark (!)	ponto de exclamação
question mark (?)	ponto de interrogação
open brackets (( )	abrir parênteses
close brackets ( ))	fechar parênteses
in brackets (( ))	entre parênteses
in square brackets ([ ])	entre parênteses rectos
dash (—)	travessão
three dots (...)	três pontos
open inverted commas (")	abrir aspas
close inverted commas (")	fechar aspas
in inverted commas (" ")	entre aspas

702

capital B	B maiúsculo
small b	b minúsculo
it has got a capital B	escreve-se com B maiúsculo
in capital letters	em maiúsculas
in small letters	em minúsculas
double t	dois t
apostrophe	apóstrofe
hyphen	hífen

QUANTIDADES
Expressões relacionadas com quantidades

how much is there?	quanto há?
there's a lot	há muito
there's not much	não há muito
there's two kilos	há dois quilos
how much sugar have you?	que quantidade de açúcar tens?
I've got a lot	tenho muito
I've not got much	não tenho muito
how many are there?	quantos há?
there are a lot	há muitos
there aren't many	não há muitos
much more than	muito mais do que
a little more than	um pouco mais do que
much less than	muito menos do que
a little less than	um pouco menos do que
a few more people than yesterday	um pouco mais de pessoas do que ontem
how much do apples cost a kilo?	quanto custa o quilo das maçãs?
apples cost three hundred escudos a kilo	as maçãs custam trezentos escudos o quilo ou as maçãs são a trezentos escudos o quilo

ESTA 1.ª EDIÇÃO DO
DICIONÁRIO VERBO-OXFORD
DE INGLÊS-PORTUGUÊS
FOI IMPRESSO POR
TILGRÁFICA S.A.
EM OUTUBRO DE 1997

N.º DE EDIÇÃO: 2442
DEPÓSITO LEGAL N.º 117368/97